KB153513

2024년판

법인세의 실무

TAX AFFAIRS

신찬수 · 이철재 · 정창모 공저

SAMIL | 삼일인포마인

2024년 개정증보 43판을 내면서

　　본서가 1978년에 출간된 후 올해로 43판을 발간하게 되었습니다. 그 동안 독자 여러분의 성원 덕분에 40년이 넘게 책을 발간할 수 있었습니다. 독자 여러분의 성원에 깊이 감사드립니다.

　　제43판에서는 선택과 집중을 위하여 조세특례제한법의 조세특례 및 감면규정을 요약 정리하고 적용대상 기업이 많은 내용 위주로 설명하였습니다. 또한 독자들의 이해를 돕기 위하여 문장을 쉽고 매끄럽게 다듬고 도표와 적절한 사례를 추가하였습니다.

　　법인세법의 주요 개정내용은 다음과 같습니다.

- 재평가적립금(3% 재평가세 과세분)을 감액하여 배당한 경우 종전에는 이를 주주법인의 배당소득으로 보지 않았으나 재평가적립금은 자산의 재평가로 인한 평가차액이므로 자본준비금과 성격이 같다고 보기 어렵고 재평가적립금의 감액배당이 자산재평가법에 위배되는점을 고려하여 재평가적립금(3% 재평가세 과세분)의 감액 배당을 주주법인의 배당소득으로 보도록 하였습니다.
- 상환주식의 발행으로 인한 주식발행초과금 중에서 이익잉여금으로 상환된 금액은 실질적으로는 이익잉여금이 대체된 것이므로 이를 자본에 전입하는 경우 이익잉여금을 재원으로 하는 의제배당과 동일한 효과가 있으므로 그 금액을 자본전입 시 의제배당으로 과세하도록 하였습니다.
- 유상감자 시 의제배당, 재평가적립금(재평가세 3% 과세분) 감액배당, 자기주식을 보유한 상태에서 의제배당 비대상 자본잉여금을 자본전입시 발생하는 의제배당을 수입배당금액 익금불산입대상에서 제외하였습니다.
- 종전에는 지분율 100%인 완전자회사를 연결납세대상으로 하였으나, 2024년부터 지분율 90% 이상으로 연결납세대상이 확대됨에 따라 소수주주의 재산권이 침해되지 않도록 연결법인의 결손금으로 인하여 법인세가 감소하는 경우 연결모법인이 흑자법인으로부터 법인세감소분 상당액을 받아 이를 결손법인에 지급하도록 하는 연결법인세액의 정산제도를 도입하였습니다.
- 저출산문제를 해소하기 위하여 근로자에게 지급하는 출산·양육지원금의 손금산입 근거를 마련하고, 100% 지분을 소유한 해외자회사에 파견된 임직원의 인건비의 손금산입대상을 중소·중견기업에서 모든 내국법인으로 확대하되, 해외현지법인 파견

임직원의 근로소득세를 내국법인이 원천징수하여 납부해야 한다는 요건에 추가하였습니다.

- 종전에는 징벌적 손해배상금을 규정한 법률과 법인세법이 일치하지 않았으므로 법인세법을 현행 법률에 따라 수정하고 실제 손해액이 불분명한 경우 징벌적 손해배상금의 손금불산입액 계산방법을 개선하였습니다.

- 국토교통부의 고시에 따라 취득가액 8천만원 이상인 승용자동차는 2024.1.1. 이후 등록하거나 대여한 경우 법인업무용자동차번호판을 부착해야 하므로 해당 번호판을 부착하지 않은 경우 업무용승용차 관련비용을 전액 손금불산입하는 규정을 신설하였습니다.

- 접대비의 용어가 불건전한 느낌을 주므로 2024년부터 접대비를 기업업무추진비로 용어를 변경하고, 전통시장(소비성서비스업 제외)에서 지출한 기업업무추진비를 일반기업업무추진비한도액의 10%의 범위에서 추가로 기업업무추진비 한도액에 가산하도록 하였습니다.

- 종전에는 금형에 대하여 업종별자산의 내용연수를 적용하였으나, 2024.1.1.부터 별표 5의 기준내용연수 5년(범위: 4년~6년)을 적용하도록 하였습니다.

- 시중이자율 인상에 따라 간주임대료 계산시 적용하는 정기예금이자율을 연 2.9%에서 3.5%로 인상하였습니다.

조세특례제한법의 법인세와 관련된 주요 개정내용은 다음과 같습니다.

- 연구·인력개발비 세액공제 대상에 4대 사회보험(국민연금보험, 국민건강보험, 고용보험, 산재보험)에 대한 사용자부담금을 추가하였습니다. 그러나 노인장기요양보험은 세액공제대상에 추가되지 않아 아쉬움이 있고, 이에 대한 입법적인 보완이 필요한 것으로 보입니다.

- 한류문화를 확산시키기 위하여 영상콘텐츠제작비용 세액공제율을 대폭 인상하고, 일정한 요건을 구비하면 기본공제 외에 추가공제를 적용할 수 있도록 하였습니다. 또한 문화산업전문회사에 출자에 대한 세액공제규정을 신설하였습니다.

- 감염병 예방조치에 따른 소상공인 손실보상금의 익금불산입 특례규정과 기회발전특구 창업기업에 대한 세액감면규정을 신설하였습니다. 또한 해외자원개발을 지원하기 위하여 해외자원개발투자세액공제규정을 신설하고, 해외건설자회사 대여금에 대한 대손충당금 손금산입 특례규정을 신설하였습니다.

본서의 출간에 많은 분들의 도움을 받았습니다. 삼일인포마인의 이희태 대표이사님, 최고의 편집 실력으로 휴일도 없이 편집과 교정작업에 최선을 다해준 편집부 직원들에게 깊은 감사를 드립니다. 업무와 저술로 시간을 함께하지 못한 가족에게도 이책의 출간으로 조금이나마 미안한 마음을 대신하고자 합니다.

독자 여러분의 건승을 기원합니다.

2024년 5월

공저자 신찬수 · 이철재 · 정창모 드림

일 러 두 기

본서의 내용 중 관계법 조항표시는 아래와 같이 약어로 표시하였습니다.

국 기 법 ········ 국세기본법
국 기 령 ········ 국세기본법 시행령
국 기 칙 ········ 국세기본법 시행규칙
국 기 통 ········ 국세기본법 기본통칙

국 징 법 ········ 국세징수법

조 처 법 ········ 조세범처벌법

조 특 법 ········ 조세특례제한법
조 특 령 ········ 조세특례제한법 시행령
조 특 칙 ········ 조세특례제한법 시행규칙
구 조 감 법 ········ 구조세감면규제법
구 조 감 령 ········ 구조세감면규제법 시행령
구 조 감 칙 ········ 구조세감면규제법 시행규칙
조 특 통 ········ 조세특례제한법 기본통칙
조 특 집 ········ 조세특례제한법 집행기준

법 법 ········ 법인세법
법 령 ········ 법인세법 시행령
법 칙 ········ 법인세법 시행규칙
법 기 통 ········ 법인세법 기본통칙
법 집 ········ 법인세법 집행기준

소 법 ········ 소득세법
소 령 ········ 소득세법 시행령
소 칙 ········ 소득세법 시행규칙
소 기 통 ········ 소득세법 기본통칙
소 집 ········ 소득세법 집행기준

상 증 법 ········ 상속세 및 증여세법
상 증 령 ········ 상속세 및 증여세법 시행령
상 증 칙 ········ 상속세 및 증여세법 시행규칙
상 증 통 ········ 상속세 및 증여세법 기본통칙

부 법 ········ 부가가치세법
부 령 ········ 부가가치세법 시행령
부 칙 ········ 부가가치세법 시행규칙
부 기 통 ········ 부가가치세법 기본통칙

외 투 법 ········ 외국인투자 및 외자도입에 관한 법률
외 투 령 ········ 외국인투자 및 외자도입에 관한 법률 시행령
외 투 칙 ········ 외국인투자 및 외자도입에 관한 법률 시행규칙
구 외 자 법 ········ 외자도입법

국 조 법 ········ 국제조세조정에 관한 법률
국 조 령 ········ 국제조세조정에 관한 법률 시행령
국 조 칙 ········ 국제조세조정에 관한 법률 시행규칙

농 특 법 ········ 농어촌특별세법
농 특 령 ········ 농어촌특별세법 시행령

관 세 법 ········ 관세법

기 회 기 ········ 기업회계기준
기 회 기 해 ········ 기업회계기준 등에 관한 해석
금 감 원 해 ········ 기업회계기준 등에 관한 해석
　　　　　　　　 적용사례

기 준 서 ········ 기업회계기준서
리 회 칙 ········ 리스회계처리준칙
건 회 기 ········ 건설업회계처리준칙
합 준 칙 ········ 합병회계처리준칙

지 법 ········ 지방세법
지 령 ········ 지방세법 시행령
지 칙 ········ 지방세법 시행규칙

정 치 자 금 법 ········ 정치자금에 관한 법률

중 기 법 ········ 중소기업기본법
중 기 령 ········ 중소기업기본법 시행령

공 정 거 래 법 ········ 독점규제 및 공정거래에 관한 법률
공 정 거 래 령 ········ 독점규제 및 공정거래에 관한 법률 시행령

근 퇴 법 ········ 근로자퇴직급여보장법

자 본 시 장 법 ········ 자본시장과 금융투자업에 관한 법률

K - IFRS ········ 한국채택국제회계기준
일 반 기 준 ········ 일반기업회계기준

근 기 법 ········ 근로기준법
근 기 령 ········ 근로기준법 시행령

심 사 ········ 국세청 심사례
국 심 ········ 국세심판원 판례
조 심 ········ 조세심판원 판례
감 심 사 ········ 감사원 심사례
대 법 ········ 대법원심판 판례
고 법 ········ 고등법원심판 판례
헌 재 ········ 헌법재판소 판례

차 례

제 2 장　법인세 계산구조 및 소득처분

제3장 익금과 익금불산입

제 4 장 손금과 손금불산입

제 5 장　손익의 귀속사업연도

제 7 장 재고자산의 평가

제8장 유가증권의 평가

제9장 감가상각

제 10 장 충당금

제 11 장 준비금

제 12 장 부당행위계산의 부인

제 13 장　과세표준의 계산

제14장 세액의 계산

제 15 장 합병과 분할에 대한 특례

1. 합 병 ··· 1017

제16장 법인세 신고납부절차

제 17 장 지급명세서, 계산서, 주식변동상황명세서, 지출증명서류 등

제 18 장　가 산 세

제 19 장 토지 등 양도소득에 대한 법인세

제 20 장　미환류소득에 대한 법인세

제23장 연결납세방식

제 26 장　법인세 관련 조세특례제한법의 주요내용

제 27 장　구분경리

제 28 장　벌 칙

개정세법

1. 법인세법(소득세법 중 법인 관련 내용 포함)

구 분	종 전	개 정	적용시기
신탁세제 합리화 (법법 §5, 소법 §2의3, 법령 §3의2)	□ 신탁소득 과세방식 ㅇ(원칙) 수익자 과세 ㅇ(예외) 일정요건 하에서 수탁자 또는 위탁자 과세 □ (수탁자 과세) ❶~❸에 모두 해당하는 경우 수탁자 과세 선택 가능 ❶ ①~③ 중 어느 하나에 해당하는 경우 ＊① 수익자가 특별히 정해지지 않거나 없는 경우(목적신탁) ②「신탁법」에 따른 수익증권발행신탁 ③ 유한책임신탁(사업신탁) ❷ 수익자가 2 이상일 것 ❸ 위탁자가 신탁재산을 실질적으로 지배·통제하지 않을 것 □ (위탁자 과세) ❶~❸ 중 어느 하나에 해당하는 경우 ❶ 수익자가 특별히 정해지지 않은 경우 ❷ 수익자가 부존재하는 경우 ❸ 위탁자가 신탁재산을 실질적으로 통제하는 경우	□ 과세체계 정비 ㅇ(좌 동) □ ❶과 ❸에 모두 해당하는 경우 수탁자 과세 적용 ➡ 선택 불가 - (좌 동) <삭 제> ❸ (좌 동) □ 수탁자 과세요건에 해당하는 요건 삭제 <삭 제> <삭 제> ❸ (좌 동)	'24.1.1.부터 시행
비영리법인 수익사업 현행화 (법령 §3)	□ 비영리법인의 수익사업 범위에서 제외하는 사업 ㅇ축산업(축산관련 서비스업 포함)·조경관리 및 유지 서비스업 외의 농업 ㅇ연금 및 공제업 중 다음 각 목＊의 하나에 해당하는 사업 ＊ 1) 국민연금사업 2) 특별법 및 인·허가 받은 단체의 기금조성 및 급여사업 3) 중소기업퇴직연금기금 운용사업	□ 한국표준산업분류 개정내용 반영 ㅇ축산업(축산관련 서비스업 포함) 외의 농업 ㅇ연금 및 공제업 → 연금업이나 공제업	

구 분	종 전	개 정	적용시기
이월결손금 공제한도 적용제외 대상 추가 (법령 §10)	□ 이월결손금 공제한도 ○(원칙) 각 사업연도 소득의 80% ○(예외) 각 사업연도 소득의 100% 　－ 중소기업 　－ 회생계획·기업개선계획 등을 이행 중인 법인 　－ 유동화전문회사 등 <추 가>	□ 공제한도 예외 대상 추가 ○(좌 동) － 조특법 §74 중 수익사업 소득을 전액 고유목적사업준비금으로 손금산입하는 비영리내국법인* 　* [조특법 §74①] 　(1) 학교법인·산학협력단 등 　(2) 사회복지법인 　(3) 국립대학병원 등 　(7) 국제경기대회 조직위원회 　(8) 고유목적사업등 지출액 중 장학금 비중이 80% 이상인 「공익법인법」상 공익법인 　(9) 공무원연금공단 등 　[조특법 §74④] 　지방 소재 비영리의료법인	'24.1.1. 이후 개시하는 사업연도의 과세표준에서 결손금을 공제하는 분부터 적용
간주임대료 계산 기준 이자율 조정 (법칙 §6)	□ 임대보증금 등에 대한 간주임대료* 계산 기준 이자율 　* 임대보증금 등에 대한 간주임대료 　＝ 보증금 등×정기예금이자율을 감안하여 정한 이자율 ○ 연 2.9%	□ 이자율 상향 ○ 연 2.9% → 3.5% 　* 「국세기본법 시행규칙」상 국세환급가산금 이자율과 동일 수준	'24.1.1. 이후 개시하는 사업연도 분부터 적용
잉여금 자본전입시 의제배당 과세합리화 (법령 §12)	□ 상법상 자본준비금 자본 전입 시 과세 제외 ○(예외) ❶~❹를 자본전입하는 경우에는 익금산입 ❶ 채무의 출자전환 시 채무면제이익 ❷ 자기주식 등 소각이익 　(소각당시 시가가 취득가액을 초과하지 아니하는 경우로서 소각일로부터 2년 지	□ 과세되는 의제배당 범위 확대 ○(좌 동)	'24.2.29. 이후 자본에 전입하는 분부터 적용

구 분	종 전	개 정	적용시기
	난 후 전입하는 금액 제외) ❸ 적격합병 시 합병차익 중 피합병법인의 다음 금액 (합병차익 한도) − 자산평가이익 − 의제배당대상 자본잉여금(1% 재평가적립금 등) − 이익잉여금 ❹ 적격분할 시 분할차익 중 분할법인의 다음 금액(분할차익 한도) − 자산평가이익 − 분할감자차익(1% 재평가적립금 등) <추 가>	❺ 이익잉여금으로 상환된 상환주식*의 주식발행액면초과금** * 회사의 이익으로 소각하기로 예정되어 있는 주식 ** 발행가액−액면가액	
자본준비금 감액배당 익금불산입 범위 조정 **(법법 §18(8))**	□ 자본준비금 등 감액배당시 익금불산입(주식의 장부가액 한도) ○ (예외) ❶~❹에 해당하는 경우 익금산입(자본잉여금 중 의제배당과세 대상과 일치) ❶ 채무의 출자전환 시 채무면제이익 ❷ 자기주식 등 소각이익 (소각당시 시가가 취득가를 초과하지 아니하는 경우로서 소각일로부터 2년 지난 후 전입하는 금액 제외) ❸ 재평가적립금(재평가세 1% 과세분) ❹ 적격합병 시 합병차익 중 피합병법인의 다음 금액 (합병차익 한도) − 자산평가이익 − 피합병법인 이익잉여금 − 의제배당대상 자본잉여금 (1% 재평가적립금 등)	□ 익금불산입 범위 조정 ○ (좌 동) − 재평가적립금(1%, 3% 과세분) ○ (좌 동)	'24.1.1. 이후 자본준비금을 감액하여 받는 배당부터 적용

구 분	종 전	개 정	적용시기
	<추 가>❺ 적격분할 시 분할차익 중 분할법인의 다음 금액(분할차익 한도) – 자산평가이익 – 분할감자차익(1% 재평가적립금 등) <추 가> <추 가>	– 3% 재평가적립금 ㅇ(좌 동) – 3% 재평가적립금 ❻ 상환주식의 주식발행액면초과액	
합병·분할차익에 포함된 3% 재평가적립금 감액배당 시 소득금액 계산방법 규정 (법령 §17)	<신 설>	☐ 합병차익에 포함된 3% 재평가적립금 한도금액 ㅇ합병차익 – (❶ – ❷) ❶ 피합병법인의 자본금 및 의제배당 비대상 자본준비금(3% 재평가적립금 제외)의 합계액 ❷ 합병에 따라 증가한 합병법인의 자본금 ☐ 분할차익에 포함된 3% 재평가적립금 감액배당 시 한도금액 ㅇ분할차익 – (❶ – ❷) ❶ 분할법인의 자본금 및 의제배당 비대상 자본준비금(3% 재평가적립금 제외)의 감소액 ❷ 분할신설법인의 자본금 ☐ 한도 내 감액배당 시 배당순서 ㅇ3% 재평가적립금 * 3% 재평가적립금 중 합병법인의 증가한 자본금에서 피합병법인의 자본금과 의제배당 비대상 자본잉여금의 합계액을 차감한 금액은 자본에 전입된 금액 ㅇ이익잉여금, 의제배당대상 자본잉여금 ㅇ의제배당 비대상 자본잉여금	'24.1.1. 이후 감액배당하는 분부터 적용

구 분	종 전	개 정	적용시기
		☐ 준비금 승계가 있는 경우에도 그 승계가 없는 것으로 보아 계산	
자본잉여금 감액배당 시 장부가액 계산방법 명확화 **(법령 §72)**	☐ 자산의 취득가액 조정 <신 설>	☐ 자본준비금 감액배당 시 장부가액 계산방법 규정 ㅇ 자본준비금 감액배당 시 장부가액 : 종전 장부가액 - 법법 18조 8호에 따른 감액배당 받은 금액* * 내국법인이 보유한 주식의 장부가액 한도	
수입배당금 익금불산입 규정 합리화 **(법법 §18의2)**	☐ 수입배당금 익금불산입 대상 ㅇ 이익의 배당금 또는 잉여금의 분배금 ㅇ 배당금 또는 분배금으로 의제하는 금액(의제배당)	ㅇ (좌 동)	'24.1.1. 이후 배당하는 분부터 적용
	☐ 다음의 수입배당금액은 익금불산입 대상에서 제외 ❶ 배당기준일 전 3개월 이내 취득한 주식등의 수입배당금 ❷ 지급배당 소득공제를 받은 유동화전문회사, 신탁재산 등으로부터 받은 배당금 ❸ 법인세 비과세 · 면세 · 감면 법인으로부터 받은 배당금	☐ 수입배당금 중 법인세 과세되지 않은 금액은 익금산입 ㅇ (좌 동)	
	<추 가>	❹ 「자산재평가법」 제28조 제2항을 위반하여 3% 재평가세가 과세된 재평가적립금을 감액하여 지급받은 수입배당금액 ❺ 적격합병시 합병차익 또는 적격분할시 분할차익 중 3% 재평가세가 과세된 재평가적립금 ❻ 유상감자에 따른 의제배당 ❼ 자기주식 보유 법인의 의제배당 비대상 자본잉여금 자	

구 분	종 전	개 정	적용시기
		본 전입시 발생하는 의제배당금액	
근로자 출산·양육 지원금액 손금·필요경비 인정 근거 마련 (법령 §19)	□ 손비 및 필요경비의 범위 ㅇ 판매한 상품·제품에 대한 원료의 매입가액·부대비용 ㅇ 인건비 <추 가>	□ 근로자 출산·양육 지원금을 손비 및 필요경비에 추가 ㅇ (좌 동) ㅇ 근로자에게 지급하는 출산·양육 지원금 * 근로자에게 공통 적용되는 지급기준에 따른 것에 한함	'24.2.29.이 속하는 사업연도에 지출하는 분부터 적용
해외자회사 파견 임직원 인건비에 대한 손금 인정범위 확대 (법령 §19)	□ 해외현지법인 파견 임직원 인건비에 대한 손금인정 요건 ㅇ 중소·중견기업 ㅇ 직·간접적으로 100% 출자한 해외현지법인 ㅇ 내국법인이 지급한 인건비가 내국법인 및 해외출자법인이 지급한 인건비 합계액의 50% 미만인 경우 <추 가>	□ 손금인정 범위 및 요건 개선 ㅇ 내국법인 ㅇ (좌 동) ㅇ (좌 동) ㅇ 해외현지법인 파견 임직원의 근로소득세를 내국법인이 원천징수하여 납부하는 경우 * 소득세법상 거주자에 해당하고 근로소득세를 납부한 경우에 한정	'24.2.29.이 속하는 사업연도에 지급하는 분부터 적용
징벌적 손해배상금 범위의 현행화 (법령 §23)	□ 손해배상금 관련 비용의 손금불산입 ㅇ (대상) 다음 법률 또는 외국 법령에 따라 손해액을 초과하여 지급하는 손해배상금 「가맹사업법」 「신용정보법」 「개인정보 보호법」 「제조물 책임법」 「공익신고자 보호법」 「파견법」 「기간제법」 「하도급법」 「대리점법」	□ 징벌적 손해배상금 범위 현행화 ㅇ 다음 법률 또는 이와 유사한 그 밖의 법률의 규정 또는 외국 법령에 따라 손해액을 초과하여 지급하는 손해배상금 ㅇ (좌 동)	'24.2.29. 이후 지급하는 손해배상금부터 적용

구 분	종 전	개 정	적용시기
	<추 가>	「남녀고용평등법」 「상표법」 「농수산물품질법」 「식물신품종법」 「대규모유통업법」 「실용신안법」 「상생협력법」 「자동차관리법」 「공정거래법」 「중대재해처벌법」 「디자인보호법」 「축산계열화법」 「부정경쟁방지법」 「특허법」 「산업기술보호법」 「환경보건법」	
	○(손금불산입액) 실제 발생한 손해액을 초과하는 배상금 – 다만, 실손해액이 불분명한 경우는 손해배상금의 2/3	○(좌 동) – 실손해액이 불분명한 경우 $$손금불산입액 = A \times \frac{B-1}{B}$$ A: 지급한 손해배상금 B: 실제 발생한 손해액 대비 손해배상액의 배수 상한	
업무용승용차 손금산입 시 전용번호판 부착요건 추가 (법령 §50의2)	□ 업무용승용차 손금산입 요건 ○ 업무전용보험가입 <추 가>	□ 손금산입 요건 강화 ○(좌 동) ○ 법인업무용 전용번호판 부착* * 국토부장관이 정하는 기준에 따라 부착의무대상 차량인 경우('24.1.1. 시행)	'24.1.1.이 속하는 사업연도 분부터 적용

국토교통부 고시 제2023–954호

「자동차 등록번호판 등의 기준에 관한 고시」 일부개정안을 다음과 같이 고시합니다.

2023년 12월 28일

국토교통부장관

<자동차 등록번호판 등의 기준에 관한 고시>

제1조의2(정의)

5. 법인업무용 자동차 : 다음 각 목에 해당하는 승용자동차

나. 비사업용 승용자동차로서 「자동차관리법」 제7조에 따라 자동차등록원부에 기재된 자동차 소유자가 법인인 취득가액 8,000만원 이상의 승용자동차(다만, 「여신전문금융업법」 제2조 제9호의 시설대여업을 운영하는 자가 대여한 시설대여업용 승용자동차(「여신전문금융업법」 제3조 제2항에 따른 등록을 하지 않은 자가 대여한 승용자동차를 포함한다)는 계약자가 법인인 경우로 한정한다)

다. 「여객자동차 운수사업법」 제28조에 따라 등록한 자동차대여사업자가 법인에게 대여한 승용자동차로서 취득가액 8,000만원 이상의 승용자동차(다만, 대여기간이 1년 이상인 경우 또는 동일 법인이 동일 자동차 대여사업용 승용자동차에 대하여 대여계약을 한 기간의 합산이 1년 이상인 경우로 한정한다)

구 분	종 전	개 정	적용시기
	제4조(번호판의 색상) 　다. 법인업무용 자동차 : 연녹색바탕에 검은색 문자 　　　　　　　　　＜부　　착＞ 제1조(시행일) 이 고시는 2024년 1월 1일부터 시행한다. 제2조(법인업무용 자동차 등록번호판에 대한 적용례) 제4조 제1항 제1호 다목의 개정규정은 부칙 제1조에 따른 시행일 이후 등록하거나 대여한 자동차부터 적용한다. 다만, 이 고시 시행 이전의 법인업무용 자동차 등록번호판 부착대상 자동차는 법인업무용 자동차 등록번호판으로 교체할 수 있다.		
전통시장에서 지출하는 기업업무추진 비 손금산입 한도 확대 (조특법 §136)	□ 기업업무추진비 손금산입 한도 ㅇ 기본한도: 연 1,200만원(중소기업 3,600만원) ㅇ 수입금액별 한도 | 수입금액	한 도 | |---|---| | 100억원 이하 | 0.3% | | 100억원 초과 500억원 이하 | 0.2% | | 500억원 초과 | 0.03% | ㅇ 추가 한도 특례 ❶ 문화 기업업무추진비 한도 추가 – Min[문화기업업무추진비, 일반기업업무추진비 한도액 × 20%] – (적용기한) '25.12.31. 　　　　＜신 설＞	□ 손금산입 한도 확대 ㅇ (좌 동) ㅇ 추가 한도 특례 신설 – (좌 동) ❷ 전통시장 기업업무추진비 추가 한도 신설 Min[전통시장에서 지출한 신용카드 등 사용금액에 해당하는 기업업무추진비*, 일반기업업무추진비한도액 × 10%] * 조특령 §29③의 소비성 서비스업종을 경영하는 법인 또는 사업자에게 지출한 것은 제외 – (적용기한) '25.12.31.	'24.1.1. 이후 과세표준을 신고하는 경우부터 적용

52

구 분	종 전	개 정	적용시기
문화기업업무 추진비 범위 확대 (조특법 §136)	□ 문화기업업무추진비 범위 ① 문화예술의 공연이나 전시회 또는 박물관의 입장권 구입 ② 체육활동의 관람을 위한 입장권의 구입 ③ 비디오물의 구입 ④ 음반 및 음악영상물의 구입 ⑤ 간행물의 구입 ⑥ 문화체육관광부장관이 지정한 문화관광축제의 관람 또는 체험을 위한 입장권·이용권의 구입 ⑦ 관광공연장 입장권의 구입 ⑧ 박람회의 입장권 구입 ⑨ 지정문화재 및 국가등록문화재의 관람을 위한 입장권의 구입 ⑩ 문화예술 관련 강연의 입장권 구입 또는 초빙강사에 대한 강연료 등 ⑪ 자체시설 또는 외부임대시설을 활용하여 해당 내국인이 직접 개최하는 공연 등 문화예술행사비 ⑫ 문화체육관광부의 후원을 받아 진행하는 문화예술, 체육행사에 지출하는 경비 ⑬ 미술품의 구입(취득가액이 거래단위별로 1백만원 이하인 것으로 한정함) <신 설>	□ 문화기업업무추진비의 범위 확대 ○(좌 동) ⑭ 종합유원시설업 또는 일반유원시설업의 허가를 받은 자가 설치한 유기시설 또는 유기기구*의 이용을 위한 입장권·이용권의 구입 ⑮ 수목원 및 정원의 입장권 구입 ⑯ 궤도시설의 이용권 구입 * 유기시설 또는 유기기구 : 이용자에게 재미, 즐거움, 스릴을 제공할 목적으로 기계·전기·전자	’23.6.7.이 속하는 사업연도에 지출하는 분부터 적용

구 분	종 전	개 정	적용시기
		장치 등을 활용하여 일정 공간 내에서 정형화된 방법으로 이용하도록 설치된 시설 또는 기구	
공익목적 기부금 손금산입을 위한 공익법인 지정 특례 (법령 §39)	□ 공익법인 지정방식 변경·시행 ㅇ(대상) 　- ❶ '18.2.13.전에 인·허가 받은 학술연구·장학·기술진흥·문화·예술·환경보호운동단체 　- ❷ '18.2.13.전에 舊「법인세법 시행규칙」별표 6의2에 따라 지정된 단체 ㅇ(지정방식·인정기간) 　- '20.12.31.까지는 별도 지정 절차없이 일반기부금단체로 인정 　- '21년 이후에는 별도 지정·고시를 통해 공익법인으로 인정 　- ❶,❷에 해당하는 단체로서 '22.3.31.까지 공익법인으로 지정·고시*되는 경우 '21년 이후 공익법인으로 인정 　* (신청기한) '22.2.3.	□ 공익법인 인정을 위한 지정방식 보완 ㅇ(좌 동) ㅇ(좌 동) 　- ❶,❷에 해당하는 단체로서 '23.12.31.까지 공익법인으로 지정·고시*되는 경우 '21년 이후 공익법인으로 인정 　* (신청기한) '23.10.10.	'23.9.26.부터 시행
신협공제 책임준비금 손금산입대상에 포함 (법령 §57)	□ 보험사업 또는 공제사업 관련 책임준비금 범위 ㅇ 해약환급액 　- 수산업협동조합, 무역보험공사, 새마을금고, 건설공제조합, 중소기업협동조합, 신용협동조합의 보험·공제사업의 해약환급액 ㅇ 보험금지급준비금 ㅇ 계약자배당준비금 　- 수산업협동조합 공제사업 　- 새마을금고 공제사업 　　　　<추 가>	□ 계약자배당준비금에 신협 추가 ㅇ(좌 동) 　- 신용협동조합 공제사업	'24.2.29.이 속하는 사업연도 분부터 적용

구 분	종 전	개 정	적용시기
구상채권상각 충당금 손금산입 적용대상에서 주택도시보증 공사 제외 **(법령** **§63 · §19의2)**	□ 구상채권상각충당금 손금산입 ㅇ(대상) 신용보증사업을 하는 내국법인 중 시행령으로 정하 는 법인 － 주택도시보증공사 포함 ㅇ(손금산입) 충당금적립금의 Max [1%, 구상채권발생률] ㅇ(귀속시기) 구상채권상각 충당 금을 손비로 계상한 경우 □ 대위변제금액 손금불산입 ㅇ주택도시보증공사 대위변제금 액 중 해당 사업연도에 손비로 계상한 금액은 구상채권으로 보아 손금불산입 <신 설>	□ 적용대상 조정 ㅇ(좌 동) <삭 제> ㅇ(좌 동) ㅇ(좌 동) □ 종전 충당금적립금 세무조정 <삭 제> ㅇ 손금불산입 유보액과 구상채 권상각충당금적립금 간 차액 은 5년간 균등분할 손금 산입	'24.2.29. 이후 과세표준을 신고하는 분부터 적용
국고보조금 등으로 취득한 사업용자산가 액의 손금산입 범위 확대 **(법령 §64)**	□ 국고보조금으로 취득한 자산가 액 손금산입 ㅇ다음의 법률에 따라 보조금을 지급받아 사업용자산 취득시 보조금 상당액 손금산입 － 「농어촌 전기공급사업촉진법」 － 「전기사업법」 － 「사회기반시설 민간투자법」 － 「철도공사법」 － 「농어촌정비법」 － 「도시 및 주거환경정비법」 － 「산업재해보상보험법」 － 「환경정책기본법」 <추 가>	□ 대상법률 추가 ㅇ(좌 동) － 「산업기술혁신촉진법」	'24.1.1. 이후 개시하는 사업연도 분부터 적용
진행기준 적용 토지개발 사업의 손익인식시기 보완 **(법령 §68,** **법칙 §33)**	□ 손익의 귀속사업연도 ㅇ상품 등 판매 : 인도일 ㅇ상품 등 외의 자산 양도 : 대금청산일, 소유권 이전등기 일, 인도일, 사용수익일 중 빠 른 날 ㅇ건설등 용역 제공 : 작업진행	□ 토지개발사업의 손익인식 기준 보완 ㅇ(좌 동)	'24.2.29. 이후 토지를 양도하는 분부터 적용

구 분	종 전	개 정	적용시기
	률 기준 * (예외) 중소기업의 1년 미만 건설, 인도기준 계상시 인도기준 허용, 작업진행률 계산 곤란시 인도기준 <신 설>		
		○ 프로젝트금융투자회사가 다음 중 어느 하나에 해당하는 토지개발사업의 수익 및 비용을 작업진행률에 따라 계상한 경우로서 해당 토지개발사업을 완료하기 전에 그 사업과 관련된 토지를 일부 양도한 경우에는 그 양도대금을 해당 토지개발사업의 작업진행률에 따라 각 사업연도의 익금에 산입할 수 있음. ① 도시개발사업 ② 산업단지개발사업 ③ 택지개발사업 ④ 혁신도시개발사업	
무상할당 받은 배출권 취득가액 명확화 (법령 §72)	□ 자산의 취득가액 ○ 매입가액에 취득세·등록세 등 부대비용을 가산한 금액 ○ 제조·생산 등으로 취득한 자산은 원재료비·노무비·운임 등의 합계액 ○ 「온실가스배출권거래법」에 따라 무상 할당받은 배출권은 '0'원 ○ 별도로 정하는 것 외에는 취득 당시의 시가	□ 배출권 거래 관련 취득가액 규정 명확화 ○ (좌 동) ○ 「온실가스배출권거래법」 및 「대기관리권역법」에 따라 무상 할당받은 배출권은 '0'원 ○ (좌 동)	
무증자합병 관련 합병법인 주식가액 조정규정 명확화 (법령 §72⑤)	□ 자산의 취득가액 조정 <신 설>	□ 무증자합병 관련 규정 명확화 ○ 무증자합병*시 합병법인 주식의 가액 조정 * 법인세법 제44조 제3항 제2호에 해당하는 경우로서 합병법인의 주식을 지급하지 않은 경우 : 합병법인 종전 주식의 가액 + 소각된 피합병법인 주식의 가액 − 현금 등 지급액	

구 분	종 전	개 정	적용시기
주택도시보증 공사 회계기준 변경에 따른 손익인식 방법 (법령 §11, §19)	□ IFRS17 적용법인 수익의 범위 ㅇ 보험감독회계 수익인식에 따라 보험회사의 책임준비금이 감소한 금액 <추 가> □ IFRS17 적용법인 손비의 범위 ㅇ 보험감독회계 비용인식에 따라 보험회사의 책임준비금이 증가한 금액 <추 가>	□ 주택도시보증공사의 책임준비금 감소 금액 추가 ㅇ (좌 동) ㅇ 보험계약국제회계기준 수익인식에 따라 주택도시보증공사의 책임준비금이 감소한 금액 □ 주택도시보증공사의 책임준비금 증가 금액 추가 ㅇ 보험계약국제회계기준 수익인식에 따라 주택도시보증공사의 책임준비금이 증가한 금액	'24.2.29. 이후 과세표준을 신고하는 분부터 적용
회계기준 변경에 따른 주택도시보증 공사 전환손실등 손익인식 방법 (법령 §70)	□ 보험계약 관련 손익인식기준 ㅇ (원칙) 실제 보험료·보증료 등이 수입된 날 등 현금주의에 따라 손익인식 ㅇ (예외) 「보험업법」에 따른 보험회사의 경우 회계상 수익·비용으로 인식한 사업 연도에 손익 인식 <신 설> <신 설> <신 설>	□ 주택도시보증공사의 손익인식 기준 규정 ㅇ (좌 동) ㅇ 주택도시보증공사도 예외 적용대상에 추가 □ 전환손실* 손익인식 기준 ㅇ 전환손실은 최초적용사업 연도부터 5년간 균등하게 손금에 산입 * 변경된 회계기준에 따른 책임준비금에서 종전 회계기준에 따른 미경과보험료적립금을 차감한 금액으로서 시행규칙으로 정하는 금액 □ 회계기준 변경 전 사업연도에 손금에 산입한 미경과보험료적립금은 회계기준 변경연도에 익금불산입 □ 회계기준 변경 사업연도 개시일 현재 변경된 회계기준에 따른 책임준비금 손금불산입	'24.2.29. 이후 과세표준을 신고하는 분부터 적용

구 분	종 전	개 정	적용시기
금형 감가상각 내용연수 변경 **(법칙 별표5)**	□ 자산별 기준내용연수 ○ 차량 및 운반구, 공구, 기구 및 비품 : 5년 ○ 선박 및 항공기 : 12년 ○ 연와조, 블록조, 콘크리트조, 토조, 토벽조, 목조 등의 모든 건물과 구축물 : 20년 ○ 철골·철근콘크리트조, 연와석조 등의 모든 건물과 구축물 : 40년	□ 금형에 대해 자산별 기준내용연수 적용 ○ 차량 및 운반구, 공구, 기구 및 비품, <u>금형*</u> : 5년 * 종전에는 업종별 기준내용연수 적용 ○ (좌 동)	'24.4.1.부터 시행
업종별 감가상각 내용연수표 현행화 **(법칙 별표6)**	□ 업종별 자산의 기준내용연수 및 내용연수 범위표 ○ 방송업 : 5년(4년~6년) ○ 보험 및 연금업 : 5년(4년~6년) ○ 담배제조업 : 12년 <단서 신설>	□ 한국표준산업분류 개정* 반영 (개정 전·후 각 업종의 기준내용연수는 동일) * 11차 개정 시행일 : '24.7.1. ○ 방송업 → 방송 및 영상·오디오물 제공 서비스업 ○ 보험 및 연금업 → 보험업 ○ (좌 동) – 다만, 니코틴이 함유된 전자담배 기기용 용액 제조*는 한국표준산업분류 개정 전과 동일하게 8년 적용 * 한국표준산업분류 제11차 개정으로 중분류 "화학물질 및 화학제품 제조업"(기준내용연수 8년) → "담배제조업"(12년)으로 이동	'24.7.1.부터 시행
유동화전문 회사등 및 법인과세 신탁재산 소득공제의 신청절차 보완 **(법령 §86의3· §120의4)**	□ 배당을 받은 주주등·수익자가 동업기업인 경우 소득공제 신청 방법 ○ 소득공제신청서와 함께 배당을 받은 동업기업의 동업기업과세특례적용 및 동업자과세 여부 확인서 첨부	□ 배당을 받은 동업기업의 동업자가 상위 동업기업인 경우 신청 방법 보완 ○ (좌 동)	'24.2.29. 이후 소득공제를 신청하는 분부터 적용

구 분	종 전	개 정	적용시기
	<신 설>	- 동업자 전부 또는 일부가 상위 동업기업인 경우에는 상위 동업기업의 동업기업 과세특례적용 및 동업자과 세여부 확인서 첨부	
추계시 적용배제 규정의 확대 (법법 §68)	□ 추계시 적용배제 ○ 법인세 과세표준과 세액을 추계하는 경우 다음 규정을 적용하지 아니함. 다만, 천재지변 등으로 장부나 그 밖의 증명서류가 멸실되어 추계하는 경우에는 그러하지 아니함 - 이월결손금 공제규정(법법 §13①1호) - 외국납부세액공제규정(법법 §57) <신 설>	□ 추계시 적용배제 규정 확대 ○ (좌 동) - 외국자회사 수입배당금액의 익금불산입(법법 §18의4)	'24.1.1. 이후 개시하는 사업연도의 과세표준과 세액을 추계하는 경우부터 적용
연결법인 해산 시 연결법인 변경신고 기한 합리화 (법법 §76의12④)	□ 연결대상법인 변경 시 변경 신고기한 ○ 중간예납기간 종료일 또는 사업연도 종료일 중 빠른 날로부터 1개월 이내	□ 해산 시 신고기한 추가 ○ 변경신고 사유가 발생한 날로부터 1개월 이내	'24.1.1. 이후 변경신고 사유가 발생한 분부터 적용
연결납세방식의 조기 포기 허용 예외사유 신설(법률 제19193호 법인세법 개정 부칙 §15의2)	□ 연결납세방식의 포기 ○ (제한) 최초 연결납세방식 적용 사업연도의 다음 사업연도 개시일부터 4년 이내 포기 불가(5년 의무적용) <신 설> ○ (신고기한) 연결납세방식을 적용하지 않으려는 사업연도 개	□ 의무적용기간 예외 허용 ○ (좌 동) - (예외) 연결대상법인 확대에 따라 '24.1.1. 이후 개시하는 사업연도에 완전자법인이 아닌 법인이 연결 납세 대상에 포함*된 경우 해당 사업연도에 포기 허용 * '24.1.1. 이후 연결자법인이 새롭게 연결집단에 포함된 경우는 제외 ○ (좌 동)	'24.1.1. 이후 개시하는 사업연도 분부터 적용

구 분	종 전	개 정	적용시기
	시일 3개월 전까지 <신 설>	- (특례) 예외에 해당하는 경우 연결납세방식을 적용하지 않으려는 사업연도 개시 후 2개월 이내	
연결법인 간 결손금 대가에 대한 정산규정 정비 (법법 §79의19, 법령 §120의17④, §120의22, §120의26, 법칙 §60의5)	<신 설>	□ 연결산출세액이 있는 경우 ❶ 결손금을 공제한 연결법인의 산출세액 = (연결법인별 연결조정 과세표준상당액 × 조정 연결세율) ■ 연결법인별 연결조정 과세표준상당액 : 각 연결법인의 연결조정 후 소득 - 각 연결법인의 연결조정 후 소득에서 공제된 해당 법인의 이월결손금등 ■ 연결조정 과세표준상당액 : 연결법인별 연결조정 과세표준상당액의 합계액 ■ 조정 연결산출세액 : 연결조정 과세표준상당액에 대해 법 제55조 제1항의 세율을 적용하여 계산한 금액 ■ 조정 연결세율 : 조정 연결산출세액 ÷ 연결조정 과세표준상당액 ❷ 결손금을 지급한 연결법인의 산출세액 = (연결산출세액 - 조정 연결산출세액) $\times$ 해당 연결법인의 결손금* / 연결집단 전체 결손금* * 연결소득금액 및 연결과세표준 계산 시 공제된 결손금 중 해당 법인 자신의 소득에서 공제한 이월결손금 제외 ❸ 결손금 공제·지급이 동시에 이루어진 연결법인의 산출세액 : ❶의 금액 + ❷의 금액	'24.1.1. 이후 개시하는 사업연도 분부터 적용

구 분	종 전	개 정	적용시기
		☐ 연결산출세액이 없는 경우 ❶ 연결모법인에 지급하는 정산금 = (연결법인별 연결조정 과세표준상당액 × 조정 연결세율) ❷ 연결모법인으로부터 배분받는 정산금 $$= \text{조정 연결 산출 세액} \times \frac{\text{해당 연결법인의 결손금}^*}{\text{연결집단 전체 결손금}^*}$$ * 이월결손금 및 다른 법인의 소득에서 공제되지 않은 결손금은 제외 ☐ 정산금을 0으로 할 수 있는 경우 ㅇ 완전자법인*만으로 연결납세를 적용하는 경우 * 완전지배 여부 판단시 5% 이내에서 발행주식총수에서 제외 가능한 주식 • 우리사주조합을 통하여 근로자가 취득한 주식 • 우리사주조합이 보유한 주식 • 주식매수선택권의 행사에 따라 발행되거나 양도된 주식(제3자에게 양도한 주식 포함) ㅇ 연결법인 외 주주가 동의하는 경우	
연결모법인 합병 시 구분경리 예외적용 명확화 **(법법 §113)**	☐ 합병 시 구분경리 생략 허용 범위 ※ 연결납세의 경우 구분경리 생략규정 없음 ㅇ 중소기업 간 합병 시 ㅇ 동일사업을 하는 법인 간 합병 시	☐ 연결모법인 합병 시 구분경리 생략 가능 명확화 ㅇ 연결모법인이 중소기업인 경우 포함 ㅇ 연결모법인이 동일사업을 하는 법인을 합병하는 경우 포함	
연결법인 간 양도손익 이연대상 자산 범위 합리화 **(법령**	☐ 연결법인 간 양도손익 이연대상 자산 범위 ㅇ 양도시점에 국내에 소재하는 자산	☐ 양도손익이연자산 범위에 국외자산 추가 ㅇ(좌 동)	'24.2.29. 이후 자산을 양도하는 분부터 적용

구 분	종 전	개 정	적용시기
§120의18①)	- 유형고정자산 및 무형고정 자산 - 매출채권, 대여금 등 채권 - 자본시장법상 금융투자상품 - 토지와 건축물 <추 가>	- (좌 동) ○ 외국법인의 주식등(보유 주식 등을 전부 양도하는 경우에 한정)	
비거주자·외국법인에 대한 비과세·면제 및 제한세율 경정청구 기한 변경 (**법법** §98의4⑤, §98의5②, §98의6④)	□ 외국법인에 대한 조세조약상 비과세·면제 경정청구 ○(기한) 원천징수된 날이 속하는 달의 말일부터 5년 이내	□ 경정청구 기한 변경 ○ 원천징수된 날이 속하는 달의 <u>다음 달 11일</u>부터 5년 이내 * 법정신고기한이 지난 후 5년 이내(국기법 §45의2①)	'24.1.1. 이후 경정청구 분부터 적용
외국인 통합계좌(Omni bus Account) 과세특례 규정 신설(**법법** §93의4, 소법 §119의4 신설)	<신 설> <신 설> ※ 부동산임대업 등의 경우 인적분할 시 적격분할로 보고 있지 않으나 물적분할에 대해서는 규정 불명확	□ 외국인 통합계좌*에 대한 과세 특례 규정 * 국외 증권·운용사가 주식 매매거 래를 일괄 주문·결제하기 위해 국내증권사 등에 개설한 본인 명의 계좌 ○ 외국인 통합계좌를 통한 투자 시 소득지급자는 통합계좌 명의인에 대해 원천징수(조세조약에 따른 비과세·면제·제한세율 미적용) ○ 원천징수 이후 조세조약에 따른 비과세·면제·제한세율을 적용받고자 하는 실질귀속자 및 소득지급자는 경정청구 가능 ○ <u>부동산임대업 등 사업부문 물적분할 시 적격분할로 보지 않음</u>	'24.1.1. 이후 소득을 지급하는 분부터 적용

구 분	종 전	개 정	적용시기
가상자산 거래내역 등의 제출기한 명확화 (법법 §120의4)	□ 가상자산 거래내역 등 제출기한 ㅇ 거래가 발생한 날이 속하는 분기의 종료일의 다음다음달 말일까지	□ 제출기한 명확화 ㅇ (분기별 거래명세서) 분기 종료일의 다음다음달 말일 ㅇ (연간 거래집계표) 연도 종료일의 다음다음달 말일	
현금영수증의 무발행대상 업종 확대 (소령 별표)	□ 현금영수증 의무발행*대상 * 건당 거래금액 10만원 이상 현금거래 시 소비자 요구 없더라도 현금영수증을 의무적으로 발급 ❶ 변호사 등 전문직 ❷ 병·의원, 약사업, 수의사업 등 ❸ 일반교습학원, 외국어학원 등 ❹ 가구소매업, 전기용품·조명장치 소매업, 의료용기구 소매업 등 일부 소매업 ❺ 골프장운영업, 예식장업 등 기타 업종 * 전체 125개 업종 <추 가>	□ 의무발행대상 확대 ㅇ (좌 동) ㅇ 13개 업종* 추가 및 1개 업종 정정** * ①여행사업, ②기타 여행보조 및 예약 서비스업, ③수영장 운영업, ④스쿼시장 등 기타 스포츠시설 운영업, ⑤실외경기장 운영업, ⑥실내경기장 운영업, ⑦종합스포츠시설 운영업, ⑧볼링장운영업, ⑨스키장운영업, ⑩의복 액세서리 및 모조 장신구 소매업, ⑪컴퓨터 및 주변기기 수리업, ⑫앰뷸런스 서비스업, ⑬애완동물 장묘 및 보호서비스업 ** 독서실운영업에 스터디카페 포함	'25.1.1. 이후 재화 또는 용역을 공급하는 분부터 적용
현금영수증 발급의무 위반 신고대상자 명확화 (법령 §159의2)	□ 현금영수증 발급의무 위반 신고 시 위반자 및 제출서류 ㅇ (현금영수증 발급의무 위반자) 현금영수증가맹점 ㅇ 증명서류 제출 시 포함사항 　- 신고자 성명	□ 발급의무 위반자 명확화 ㅇ (현금영수증 발급의무 위반자) 현금영수증가맹점 또는 현금영수증을 발급하여야 하는 내국법인 ㅇ (좌 동) 　- (좌 동)	

구 분	종 전	개 정	적용시기
	- 현금영수증가맹점 상호 - 현금영수증 발급이 거부 되거나 사실과 다르게 발급 받은 일자 거래내용 및 금액	- 현금영수증가맹점 또는 현금영수증을 발급하여야 하는 내국법인의 상호 - (좌 동)	
임직원의 국외 주식기준보상 거래내역 등 제출의무 부여 (소법 §164의5 신설, 소령 §216의5 신설)	<신 설>	□ (제출대상자) 임직원(임직원이었던 자 포함)의 사용자인 내국법인 또는 외국법인의 국내사업장 □ (제출요건) ❶ 내국법인 임직원 또는 ❷ 외국법인의 국내사업장 임직원이 '국외지배주주인 외국법인'으로부터 받은 주식기준보상등의 행사 또는 지급 ㅇ 국외지배주주인 외국법인의 범위 　- ❶ 내국법인 임직원인 경우 : 내국법인 주식 50% 이상 직간접 소유한 외국법인 　- ❷ 국내사업장 임직원인 경우 : 외국법인 본점·지점, 외국법인 주식 50% 이상을 직간접 소유한 다른 외국법인 　* 「국제조세조정에 관한 법률 시행령」 §45에 따른 국외지배주주 중 일부 ㅇ 주식기준보상등 정의 　- 주식이나 주식가치에 상당하는 금전으로 지급받는 상여금 　- 사전에 작성된 주식기준보상 운영기준등에 따라 지급하는 것 □ (제출자료) 주식기준보상등 거래내역 　* 주식기준보상 부여·행사·지급 내역, 행사·지급이익, 임직원 인적사항 등	'24.1.1. 이후 주식기준보상 등을 행사 또는 지급받는 분부터 적용

구 분	종 전	개 정	적용시기
		□ (제출시기) 주식기준보상등을 행사하거나 지급받은 날이 속한 과세기간의 다음연도 3월 10일(휴업, 폐업 또는 해산한 경우에는 휴업일, 폐업일 또는 해산일이 속하는 달의 다음다음 달 말일)	
상용근로소득 간이지급명세서 월별 제출 시행 유예 (소법 §164의3)	□ 간이지급명세서* 제출 * 소득자 인적사항, 지급금액 등 기재 ○ 원천징수대상 사업소득 : 매월 ○ 상용근로소득 : 매 반기 → 매월('24년 시행) ○ 인적용역 관련 기타소득 : 매월('24년 시행)	□ 상용근로소득 간이지급명세서 월별 제출 시행시기 2년 유예 ○ (좌 동) ○ 상용근로소득 : 매 반기 → 매월('26년 시행) ○ (좌 동)	
상용근로소득 간이지급명세서 관련 가산세 규정 정비(소법 §81의11, 법법 §75의7)	□ 상용근로소득 간이지급명세서 지연제출 가산세(0.125%) 적용 요건 ○ 제출기간 경과 후 3개월 내 제출 → 1개월 내 제출('24년 시행) □ 불분명금액이 5% 이하인 경우 가산세 면제('24년 시행) □ 미제출가산세 한시적 면제대상 ○ '24.1.1.~12.31.에 지급하는 소득 − 반기별납부자인 경우 '24.1.1.~'25.12.31.에 지급하는 소득	□ 시행시기 유예 ○ 제출기간 경과 후 3개월 내 제출 → 1개월 내 제출('26년 시행) □ 시행시기 유예('26년 시행) □ 대상기간 조정 ○ '26.1.1.~12.31.에 지급하는 소득 − 반기별납부자인 경우 '26.1.1.~'27.12.31.에 지급하는 소득	

2. 조세특례제한법

구 분	종 전	개 정	적용시기
중소기업 독립성 요건 중 외국법인의 자산총액 계산방법 명확화 (조특령 §2)	□ 중소기업의 실질적 독립성 기준 ㅇ 자산총액 5천억원 이상인 법인 (외국법인 포함)이 주식 등의 30% 이상을 소유한 경우로서 최다출자자가 아닌 중소기업 <추 가> ㅇ 특정 기준의 평균매출액 등을 충족하는 관계기업	□ 최다출자자인 외국법인의 자산 총액 계산방법 명확화 ㅇ (좌 동) – 외국법인이 최다출자자인 경우 자산총액 원화 환산 기준일·방법* 규정 * 자산총액이 외화로 표시된 경 우, 해당 과세연도 종료일 현 재의 매매기준율로 환산한 원화 표시금액 ㅇ (좌 동)	
중소기업 특별세액감면 적용 업종 명확화 (조특법 §7)	□ 중소기업 특별세액감면 대상 업종 ㅇ (업종) 작물재배업 등 48개 업종 – 작물재배업, 축산업, 어업 등 – 그 밖의 과학기술서비스업	□ 한국표준산업분류의 업종과 일치 ㅇ (좌 동) – (좌 동) – 기타 과학기술서비스업	’24.1.1.부터 시행
알뜰주유소 전환 중소기업 세액감면 특례 적용기한 종료 (조특법 §7)	□ 중소기업 특별세액감면 ㅇ 도·소매업 감면율 | 구 분	소기업*	중기업
---	---	---
수도권	10%	0%
지 방		5% | * (도·소매업) 매출액 50억원 이하 – 일반주유소가 ’22년 중 알뜰 주유소로 전환 시 해당 알뜰 주유소의 사업에서 ’22~’23 발생 소득에 감면율 +10%p 적용	□ 알뜰주유소 전환 특례 적용기 한 종료 ㅇ (좌 동) – 적용기한 종료	

구 분	종 전	개 정	적용시기

구 분	소기업	중기업
수도권	10%	0% → 10%
지 방	→ 20%	5% → 15%

구 분	종 전	개 정	적용시기
R&D 세액공제 대상 인건비 범위 합리화 (조특령 별표6)	□ R&D 세액공제 대상 인건비 ○ 퇴직소득, 퇴직급여충당금, 퇴직연금부담금 등 제외 대상만 규정	□ 공제 대상 인건비 범위 합리화 ○ 4대 사회보험* 보험료의 사용자 부담분을 인건비 범위에 명시 * 국민연금, 건강보험, 고용보험, 산재보험	'24.2.29.이 속하는 과세연도 분부터 적용
R&D비용 세액공제 중 신성장·원천 기술 범위 확대 (조특령 별표7)	□ 신성장·원천기술 대상 ○ 13개 분야* 258개 기술 * ①미래차, ②지능정보, ③차세대S/W, ④콘텐츠, ⑤전자정보디바이스, ⑥차세대 방송통신, ⑦바이오·헬스, ⑧에너지·환경, ⑨융복합소재, ⑩로봇, ⑪항공·우주, ⑫첨단 소재·부품·장비, ⑬탄소중립 <신 설> <추 가>	□ 신성장·원천기술 대상 확대 ○ 14개 분야 270개 기술 －(분야) 방위산업 신설 －(기술) 신규 15개, 확대 8개 ▪(신규) 15개 신규 기술 추가	'24.1.1. 이후 지출하는 분부터 적용

(신규) 15개 신규 기술 추가

분야	세부기술
에너지·환경 (3개)	대형원전 제조기술 등
로봇(1개)	Non－coding 교시 기술
첨단소부장 (5개)	나노실리콘 음극재 제조기술 등
탄소중립(3개)	암모니아 발전 기술 등
방위산업(3개)	추진체계 기술 등

(확대) 8개 현행 기술 범위 확대

분야	세부기술
미래형 자동차(1개)	자율주행 사고원인 규명 기술 → 운행기록 추가
바이오·헬스(2개)	혁신형 신약 후보 물질 발굴 기술 → 제조기술 추가 등

구 분	종 전	개 정		적용시기

		분야	세부기술	
		에너지·환경(2개)	친환경 원전해체 기술 → 후행 핵주기 기술로 확장 등	
		로봇(1개)	협동기반 차세대 제조로봇 기술 → 안전등급 기준 등 추가	
		탄소중립(2개)	바이오매스 유래 에너지 생산기술 → 항공유 추가 등	

구 분	종 전	개 정	적용시기
바이오의약품 국가전략기술 추가 (조특령 별표7의2, 조특칙 별표6의2)	☐ 국가전략기술 대상 ○6개 분야*, 54개 기술, 46개 시설 * ①반도체, ②이차전지, ③백신, ④디스플레이, ⑤수소, ⑥미래형 이동수단 <신 설>	☐ 바이오의약품 분야 신설 및 세부기술·사업화시설 추가 ○7개 분야*, 62개 기술, 50개 시설 * ①반도체, ②이차전지, ③백신, ④디스플레이, ⑤수소, ⑥미래형 이동수단, ⑦바이오의약품 − 바이오의약품 분야 ▪(기술) 8개 ☐ 국가전략기술(조특령 별표7의2) ❶ 바이오 신약 후보물질 발굴 및 제조기술 ❷ 바이오시밀러 제조 및 개량 기술 ❸ 임상약리시험 평가기술(임상1상 시험) ❹ 치료적 탐색 임상평가기술(임상2상 시험) ❺ 치료적 확증 임상평가기술(임상3상 시험) ❻ 바이오의약품 원료·소재 제조기술 ❼ 바이오의약품 부품·장비 설계·제조 기술 ❽ 바이오 신약 비임상 시험 기술 ▪(사업화시설) 4개	'23.7.1. 이후 R&D 비용을 지출하는 분 또는 사업화시설에 투자하는 분부터 적용

구 분	종 전	개 정	적용시기
		□ 사업화시설(조특칙 별표6의2) ❶ 바이오 신약 후보물질 발굴 및 제조시설 ❷ 바이오시밀러를 제조하는 시설 ❸ 바이오의약품 원료·소재 제조시설 ❹ 바이오의약품 부품·장비 설계·제조시설	
R&D비용 세액공제 중 국가전략기술 범위 확대 **(조특령 별표7의2)**	□ 국가전략기술 대상 ㅇ 7개 분야 62개 기술* 　* ①반도체 22개, ②이차전지 9개, 　③백신 7개, ④디스플레이 5개, 　⑤수소 6개, ⑥미래형이동수단 5개, ⑦바이오의약품 8개 <추 가>	□ 국가전략기술 대상 확대 ㅇ 7개 분야 66개 기술 - (기술) 신규 4개, 확대 1개 ・(신규) 4개 신규 기술 추가 <table><tr><td>분야</td><td>세부기술</td></tr><tr><td>디스플레이 (1개)</td><td>OLED 화소형성·봉지 공정 장비 및 부품 기술</td></tr><tr><td rowspan=3>수소 (3개)</td><td>수소 가스터빈(혼소·전소) 설계 및 제작 기술 등</td></tr><tr><td>수소환원제철 기술</td></tr><tr><td>수소 저장 효율화 기술</td></tr></table> ・(확대) 1개 현행 기술 범위 확대 <table><tr><td>분야</td><td>세부기술</td></tr><tr><td>반도체 (1개)</td><td>차세대 메모리반도체 설계·제조기술 → HBM 등 추가</td></tr></table>	'24.1.1. 이후 지출하는 분부터 적용
R&D 관련 출연금 등의 과세특례 적용기한 연장 **(조특법 §10의2)**	□ 연구개발 관련 출연금 등의 과세특례 ㅇ(대상) R&D 관련 정부 출연금을 받은 내국인 ㅇ(내용) 출연금 수령시 익금불산입, 연구개발비 지출 및 관련 자산 취득시 익금산입 ㅇ(적용기한) '23.12.31.	□ 적용기한 연장 ㅇ(좌 동) ㅇ '26.12.31.	

구 분	종 전	개 정	적용시기
기술 이전·대여소득 과세특례 적용기한 연장 **(조특법 §12)**	□ 기술 이전·대여소득 세액감면 ○(대상) 중소기업·중견기업 ○(내용) – 특허권 등 기술 이전 소득 : 50% 세액감면 – 특허권 등 기술 대여 소득 : 25% 세액감면 ○(적용기한) '23.12.31.	□ 적용기한 연장 ○(좌 동) ○ '26.12.31.	
지역특구 세액감면 적용기한 연장 **(조특법 §12의2, §64, §99의9, §121의8, §121의9, §121의17, §121의20~22)**	□ 지역특구 세액감면 제도 ○(감면대상) 특구 내 창업기업 등에 대해 일정기간 동안 소득·법인세 감면 ○(감면적용 특구) 위기지역 등 13개 특구	□ 적용기한 연장 ○(좌 동)	

지역특구 세액감면 제도 표:

조특법	특구명	감면율
§99의9	위기지역	5년 100%+2년 50%
§64	농공단지 중소기업특별지원 지역	5년 50%
§12의2	연구개발특구	3년 100%+2년 50% (사업시행자는 3년 50%+2년 25%)
§121의8	제주첨단과학기술 단지	
§121의9	제주투자진흥지구	
§121의17	기업도시	
	지역개발사업구역	
	여수해양박람회 특구	
	새만금지구*	
§121의20	아시아문화중심 도시	
§121의21	금융중심지	
§121의22	첨단의료복합단지	
§121의22	국가식품클러스터	

* 새만금지구 창업기업 세액감면은 '25년말 종료

○(적용기한) '23.12.31.   ○ '25.12.31.

구 분	종 전	개 정	적용시기
기술혁신형 M&A에 대한 주식등 취득기간 확대 (조특법 §12의4, 조특령 §11의4)	□ 내국법인이 기술혁신형 중소기업의 주식등 인수 시 과세특례 ㅇ(과세특례) 취득한 주식등의 매입 가액 중 기술가치금액에 대해 10% 세액공제 ㅇ(지분율 요건) 주식등을 취득한 사업연도의 종료일 현재 피인수 법인 지분의 50%(경영권 인수시 지분 30%) 초과 취득 ㅇ(취득기간) 주식등 <u>최초취득일부터 해당 사업연도 종료일까지</u>	□ 주식등의 취득기간 확대 ㅇ(좌 동) ㅇ <u>최초취득일부터 최초취득일이 속하는 사업연도 내에 또는 최초취득일이 속하는 사업연도의 다음 사업연도의 종료일까지</u>	'24.1.1. 이후 지분을 취득하는 분부터 적용
기술혁신형 M&A에 대한 세액공제 적용 시 기술가치금액 상향 (조특령 §11의3 ③·§11의4④)	□ 기술혁신형 중소기업의 합병 또는 주식 인수시 과세특례 ㅇ(과세특례) '기술가치금액'의 10%를 합병·인수법인의 법인세에서 공제 ㅇ(기술가치금액*) Max(ⓐ, ⓑ) * 주식 취득의 경우 지분비율 반영 – ⓐ : 특허권 등 평가액 합계 – ⓑ : 양도가액–(피합병·인수법인의 순자산시가 × <u>130%</u>)	□ 세액공제 범위 확대 ㅇ(좌 동) – (좌 동) – 양도가액 – (피합병·인수법인의 순자산시가 × <u>120%</u>)	'24.1.1. 이후 합병 또는 인수하는 분부터 적용
벤처기업 출자에 대한 세액공제 특례 관련 중복지원 배제조항 정비 (조특령 §12의2①)	□ 벤처기업 등에 대한 출자 시 법인세 세액공제 적용 제외 법인 * 벤처기업등 출자 관련 주식양도차익 및 배당소득 비과세(조특법 §13)가 적용되는 내국법인 제외 ❶ 벤처투자회사 ❷ 신기술사업금융업자 ❸ 벤처기업출자유한회사 ❹ 기금운용법인등	□ 제외대상 추가 ❶ 벤처투자회사 및 창업기획자 ㅇ(좌 동)	'24.2.29. 이후 출자하는 분부터 적용
민간벤처모펀드를 통한 벤처기업 등 출자시 양도차익 비과세	□ 벤처기업 등* 출자시 양도차익 비과세 * 창업자, 벤처기업, 신기술사업자, 신기술창업전문회사 ㅇ(적용대상) ❶ 창투사, 창업기획자, 신기술	□ 적용대상 확대	'24.1.1. 이후 양도하는 분부터 적용

구 분	종 전	개 정	적용시기
(조특법 §13①)	사업금융업자가 벤처기업 등에 출자하여 취득한 주식 ❷ 창투사, 창업기획자, 벤처기업출자유한회사, 신기술사업금융업자가 창투조합을 통하여 벤처기업 등에 출자하여 취득한 주식 ❸ 기금운용법인등이 창투조합 등을 통하여 벤처기업 등에 출자하여 취득한 주식 <추 가>	❹ <u>민간재간접벤처투자조합의 업무집행조합원으로서 대통령령으로 정하는 자가 민간재간접벤처투자조합을 통하여 창업기업, 신기술사업자, 벤처기업 또는 신기술창업전문회사에 출자함으로써 취득한 주식</u>	
	○ (적용기한) '25.12.31.	○ (좌 동)	
민간벤처 모펀드 출자에 대한 세액공제 특례 허용 (조특법 §13의2)	□ 내국법인이 벤처기업 등에 대한 출자 시 법인세 세액공제 ○ (공제대상) ❶~❷를 통해 취득한 주식등 ❶ 벤처기업 등에 대한 직접출자 ❷ 벤처투자조합 등을 통한 간접 출자 <추 가> ○ (출자방법) 설립시 자본금 납입 또는 7년 내 유상증자(구주 매입 제외) ○ (공제액)	□ 민간재간접벤처투자조합을 통한 출자시 세액공제 신설 ○ ❶~❸을 통해 취득한 주식등 ❶ (좌 동) ❷ (좌 동) ❸ 민간재간접벤처투자조합을 통한 간접출자 ○ (좌 동) ○ 민간재간접벤처투자조합 투자 시 세액공제 적용	'24.1.1. 이후 신고하는 분부터 적용
	– (❶, ❷를 통한 취득) 출자 가액의 5% <신 설>	– (좌 동) – (❸을 통한 취득) 출자 시 투자금액*의 5% + 주식등 취득가액의 직전 3년 평균 대비 증가분의 3%	

구 분	종 전	개 정	적용시기
		* Max[출자가액, 모펀드 투자액의 60%]	
통합투자세액공제 (조특법 §24)	□ 통합투자세액공제 ○ 당기분 기본공제(Ⓐ) + 투자증가분 추가공제(Ⓑ) - 당기분 기본공제(Ⓐ) : 당해 연도 투자액 × 기본공제율 - 투자증가분 추가공제(Ⓑ) : [당해 연도 투자액 - 직전 3년 평균 투자액] × 추가공제율 ○ 기본공제율 상향	□ 국가전략기술에 대한 공제율 상향, 임시투자세액공제 '23년 한시 적용 ○ 국가전략기술 기본공제율 상향	'23.1.1. 이후 투자하는 분부터 적용

통합투자세액공제 종전 기본공제율 표:

구 분	기본공제율			추가공제*
	대	중견	중소	
일 반	1%	5%	10%	3%
신성장·원천기술	3%	6%	12%	
국가전략기술	8%	8%	16%	4%

* 추가공제액한도 : 기본공제액의 200%

통합투자세액공제 개정 기본공제율 표:

구 분	기본공제율			추가공제*
	대	중견	중소	
일 반	1%	5%	10%	3%
신성장·원천기술	3%	6%	12%	
국가전략기술	15%	15%	25%	4%

* 추가공제액한도 : (좌 동)

구 분	종 전	개 정	적용시기
영상콘텐츠 제작비용 세액공제 확대 (조특법 §25의6, 조특령 §22의10)	□ 영상콘텐츠* 제작비용 세액공제 * 드라마·애니메이션·다큐멘터리 등 TV프로그램, 영화, OTT콘텐츠 ○ 세액공제율	□ 공제율 상향 및 추가공제 신설 ○ 세액공제액 : 기본공제금액 + 추가공제금액 - (기본공제율)	'24.1.1. 이후 발생하는 제작비용부터 적용

영상콘텐츠 종전 세액공제율 표:

구 분	대기업	중견 기업	중소 기업
세액공제율	3%	7%	10%

<신 설>

영상콘텐츠 개정 기본공제율 표:

구 분	대기업	중견 기업	중소 기업
세액공제율	5%	10%	15%

- (추가공제율)

구 분	대기업	중견 기업	중소 기업
세액공제율	10%	10%	15%

□ 추가공제 요건(❶, ❷ 모두 충족)
❶ 전체 촬영제작 비용 중 국내 지출 비중이 80% 이상

구 분	종 전	개 정	적용시기
		❷ 다음 중 3개 이상 충족 ⓐ 작가·스태프 인건비 중 내국인 지급비율 80% 이상 ⓑ 배우 출연료 중 내국인 지급비율 80% 이상 ⓒ 후반제작비용 중 국내지출비중 80% 이상 ⓓ 주요 IP* 중 3개 이상 보유 *「저작권법」에 따른 방송권, 전송권, 공연권, 복제권, 배포권, 2차적저작물작성권 등 6개 저작재산권	
문화산업전문회사 출자에 대한 법인세 세액공제 특례 신설 (조특법 §25의8, 조특령 §22의11 신설)	<신 설>	□ 문화산업전문회사 출자를 통해 영상콘텐츠 제작에 투자한 금액에 대한 법인세 세액공제 ○(적용대상) 중소기업 또는 중견기업 ○(공제대상) $$문화산업전문회사\ 출자한\ 금액 \times \frac{영상콘텐츠제작을\ 위하여\ 국내외에서\ 발생한\ 비용}{문화산업전문회사의\ 총출자금액}$$ －(대상 콘텐츠) 영화, TV프로그램, OTT콘텐츠 －(제외비용) 기업업무추진비, 광고·홍보비, 인건비 중 퇴직급여충당금 등 ○(공제율) 3% ○(공제시기) 최초 상영·공개일과 문화산업전문회사 청산일 중 더 빠른 날이 속하는 사업연도 ○(출자금액·비용의 판단시점) 동 조세특례가 적용되는 사업연도의 종료일 ○(중복지원배제대상) 제작비용 세액공제 적용 내국법인(제작사)은 문화산업전문회사 출자 세액공제 대상에서 제외	'24.1.1. 이후 출자하는 분부터 적용

구 분	종 전	개 정	적용시기
		○(적용기한) '25.12.31.까지 출자한 경우	
근로소득증대세제 계산방법 보완 (조특령 §26의4)	□ 근로제공기간이 1년 미만인 상시근로자에 대한 임금 계산 ○(환산식) (1년 미만 근로한 상시근로자의 근로소득금액 또는 임금) ÷ (해당과세연도 근무제공월수) × 12 ○(적용대상) 근로소득금액, 평균임금	□ 임금 계산방법 합리화 ○(좌 동) ○ 근로소득금액	'24.1.1. 이후 신고하는 분부터 적용
에너지절약시설에 대한 가속상각 특례 적용기한 연장 (조특법 §28의4)	□ 에너지절약시설에 대한 가속상각 특례 ○(지원내용) 기준내용연수의 50% (중소·중견기업 75%) 범위 내에서 신고한 내용연수 적용 ○(대상자산) 에너지절약시설 ○(적용기간) '23.1.1.~'23.12.31. 취득분	□ 적용기한 연장 ○ ~'24.12.31. 취득분	
통합고용세액공제의 정규직 근로자 전환기업 세액공제 적용기한 연장 (조특법 §29의8)	□ 정규직 전환 세액공제 ○(대상) 중소·중견기업 ○(요건) ❶과 ❷를 모두 충족 ❶ '22.6.30. 현재 비정규직 근로자를 '23.12.31.까지 정규직으로 전환 ❷ 전년대비 상시근로자 수 유지 • (공제금액) 정규직 전환 인원당 중소 1,300만원, 중견 900만원 • (사후관리) 정규직 전환 후 2년 내 근로관계 종료 시 공제세액 추징 ○(적용기한) '23.12.31.	□ 적용기한 연장 ○(좌 동) ○(요건) ❶과 ❷를 모두 충족 ❶ '23.6.30. 현재 비정규직 근로자를 '24.1.1.부터 '24.12.31.까지 정규직으로 전환 ❷ (좌 동) ○(좌 동) ○ '24.12.31.	
출산휴가자 대체인력에 대한 통합고용세액공제	□ 상시근로자 수 계산방법 ○ 정규직 근로자* : 1명 * 근로소득세 원천징수 사실이 확인되지 않는 근로자, 특수관계인 등 제외	□ 상시근로자 수 계산방법 보완 ○(좌 동)	'24.1.1. 이후 신고하는 분부터 적용

구 분	종 전	개 정	적용시기
상시근로자 수 계산방법 보완 (조특령 §26의8)	− 출산휴가자*와 대체인력을 가가 1명으로 계산 　* 4대보험료를 납입하는 출산휴가자는 상시근로자 수에 포함(보험료 납입의무가 없는 육아휴직자는 제외) ㅇ 1개월간 근로시간이 60시간 이상인 단시간근로자 : 0.5명 ㅇ 일정요건*을 갖춘 상용형 시간제근로자 : 0.75명 　* ① 시간제근로자를 제외한 상시근로자 수가 전년도 대비 감소하지 않을 것 　② 계약기간이 정해져 있지 않을 것 　③ 상시근로자와 시간당 임금, 복리후생 등에서 차별이 없을 것 　④ 시간당 임금이 최저임금의 130% 이상	− 출산휴가자 대체인력 고용 시 휴가자와 대체인력을 상시근로자 1명으로 계산(추가공제 적용을 위한 상시근로자 수 계산에 한정하여 적용) ㅇ (좌 동) ㅇ (좌 동)	
고용유지 중소·중견기업 세액공제 적용기한 연장 (조특법 §30의3)	□ 고용유지 세액공제 ㅇ (대상) 중소기업, 위기지역* 중견기업 　* 고용위기지역, 고용재난지역, 산업위기대응특별지역 ㅇ (요건) 근로시간 단축*을 통해 고용유지 　* 시간당 임금이 감소하지 않으면서 1인당 임금총액은 감소 ㅇ (공제금액) ㉠+㉡ 　㉠ 임금감소액 × 10% 　㉡ 임금보전액* × 15% 　* 시간당 임금이 105%를 초과하여 상승한 경우 그 증가분 　※ 해당 기업의 상시근로자에 대해서도 임금감소분의 50% 소득공제(1,000만원 한도) ㅇ (적용기한) '23.12.31.	□ 적용기한 연장 ㅇ (좌 동) ㅇ '26.12.31.	
사업전환 무역조정지원기업에 대한 과세특례 적용기한 종료	□ 무역조정지원기업* 과세특례 * FTA 발효로 매출액·생산량이 급감하는 등 피해를 받은 기업으로서 산업통상자원부 장관이 지정한 기업 ㅇ (적용요건) ❶+❷	□ 적용기한 종료	

구 분	종 전	개 정	적용시기
(조특법 §33)	❶ 업종전환을 위해 사업용고 정자산 양도 ❷ 1년 내에 전환사업의 사업 용고정자산 취득 ○(과세특례) 양도차익 3년 거치 3년 분할익금산입 ○(적용기한) '23.12.31.		
재무구조개선 계획에 대한 과세특례 적용기한 연장 (조특법 §34, §39, §40, §44)	□ 재무구조개선계획* 이행에 대 한 과세특례 * ① 기업구조조정촉진법에 따른 경 영정상화계획, ② 채권은행자율협 의회와의 특별약정, ③ 금융산업구 조조정에 관한 법률의 적기시정조 치, ④ 법원이 인가한 회생계획	□ 적용기한 연장	

구 분	주주(❹는 금융기관)	해당 법인
❶ 금 융 채 무 상환을 위 해 자산 양 도 시		자산양도차익 4년 거치 3년 분할익금산입
❷ 주주(법인) 가 채무를 인수·변 제 시	채무 인수·변제금액 손 금산입	채무면제이익 4년 거치 3년 분할익금산입
❸ 주주(법인) 가 자산을 증여 시	증여자산가액 손금산입, 자산 양도 후 양 도대금 증여 시 양도차익 익금불산입	자산수증이익 4년 거치 3년 분할익금산입
❹ 금융기관으 로부터 채 무를 면제 받는 경우	면제한 채무금 액 손금산입	채무면제이익 4년 거치 3년 분할익금산입

구 분	종 전	개 정	적용시기
	○(적용기한) '23.12.31.	○ '26.12.31.	
지주회사의 설립 등에 대한 과세특례 적용기한 연장 (조특법 §38의2)	□ 지주회사 설립·전환을 위한 주 식 현물출자에 대한 과세특례 ① 과세이연 - (특례) 현물출자로 취득한 지주회사 주식 처분시까지 과세이연 - (적용기한) '23.12.31.	□ 적용기한 연장 - (좌 동) - '26.12.31.	

구 분	종 전	개 정	적용시기
	② 분할납부 –(특례) 4년 거치 3년 분할 　과세 –(적용기한) '24.1.1.~'26.12.31.	–(좌 동) – '27.1.1.~'29.12.31.	
벤처기업 매각 후 재투자에 대한 과세특례 적용기한 연장 **(조특법 §46의8)**	□ 벤처기업 매각 후 재투자 시 과 세특례 ○(요건) –창업주 또는 발기인이 본인 　보유주식의 30% 이상 매각 –벤처기업 등*에 매각대금의 　50% 이상 재투자하여 3년 이 　상 보유 　* 벤처투자조합, 벤처기업투자신 　 탁, 벤처기업 등 –매각 후 양도세 신고기간 종 　료일부터 1년 이내에 재투자 ○(특례) 재투자한 주식 처분 시 까지 양도소득세 과세이연 ○(적용기한) '23.12.31	□ 적용기한 연장 ○(좌 동) ○ '26.12.31.	
금융기관의 자산·부채 인수에 대한 법인세 과세특례 적용기한 연장 **(조특법 §52)**	□ 금융기관이 부실금융기관의 부 채를 인수*하고 예금보험공사 로부터 보전받을 경우 * 「금융산업의 구조개선에 관한 법률」 의 적기시정조치 중 계약이전 결정 등에 따른 인수 ○(과세특례) 순부채액*을 손금 산입 * 이전받은 부채가액–이전받은 자 산가액 ○(적용기한) '23.12.31.	□ 적용기한 연장 ○ '26.12.31.	
공공기관의 혁신도시 등 이전 시 법인세 등 감면 적용기한 연장 **(조특법 §62)**	□ 공공기관이 혁신도시 등으로 본 사를 이전*하는 경우 과세특례 * 「혁신도시 조성 및 발전에 관한 특 별법」에 따른 이전 ○(과세특례) 종전 부동산에 대 한 양도차익을 5년 거치 5년 분할익금산입 ○(적용기한) '23.12.31.	□ 적용기한 연장 ○ '26.12.31.	

구 분	종 전	개 정	적용시기
영어조합법인의 양식업 소득에 대한 법인세 면제 한도 상향 (조특령 §64)	□ 영어조합법인에 대한 법인세 면제 범위 ○ (어로어업소득) 3,000만원 × 조합원수 × (사업연도 월수 ÷ 12) ○ (어로어업 외 소득) 1,200만원 × 조합원수 × (사업연도 월수 ÷ 12)	□ 양식업 소득에 대한 법인세 면제 한도 상향 ○ (어로어업 또는 양식어업 소득) 3,000만원 × 조합원수 × (사업연도 월수 ÷ 12) ○ (어로어업 · 양식어업 외 소득) 1,200만원 × 조합원수 × (사업연도 월수 ÷ 12)	'24.1.1. 이후 개시하는 사업연도 분부터 적용
농업회사법인 법인세 감면 대상소득 합리화 (조특령 §65)	□ 농업회사법인의 법인세 감면 소득 범위 ○ 식량작물재배업소득 : 전액 ○ 그 외 작물재배업 소득 : 50억 원 × 소득률 ○ 작물재배업 외 소득 : 5년간 50% 감면 - 농업식품기본법에 따른 축산업 · 임업 소득 - 농어업경영체법에 따른 농업회사법인 부대사업 소득 * ① 영농에 필요한 자재 생산·공급 ② 영농에 필요한 종자생산 · 종균배양 ③ 농산물 구매·비축 ④ 농업기계 등 장비 임대 · 수리 · 보관 ⑤ 소규모 관개시설 수탁 · 관리 - 농어업경영체법에 따른 농산물 유통 · 가공 · 판매 및 농작업 대행 소득	□ 감면소득 범위 합리화 ○ (좌 동) - 수입 농산물의 유통 · 판매 소득은 제외	'24.1.1. 이후 수입 농산물을 유통 · 판매하는 분부터 적용
영농조합법인 등의 농어업경영체 등록 요건 규정 및 과세특례 적용기한 연장 (조특법 §66~§68)	□ 영농 · 영어조합법인, 농업회사법인에 대한 법인세 면제 등 ○ (대상) 농어업경영체법에 따른 영농 · 영어조합법인, 농업회사법인 ○ (과세특례) - (법인세) 소득 종류별*로 전액 또는 한도 내 면제 * (식량작물재배업) 전액 면제 (식량작물 외 작물재배업, 어로어업, 그 외 사업소득) 일정	□ 농어업경영체 등록 요건 규정 및 과세특례 적용기한 연장 ○ 농어업경영체법에 따라 농어업경영정보를 등록한 영농 · 영어조합법인, 농업회사법인 ○ (좌 동)	(법인세 · 배당소득세) '24.1.1. 이후 개시하는 사업연도 분부터 적용 (양도소득세) '24.1.1. 이후 현물출자하는

구 분	종 전	개 정	적용시기
	한도 내 - (배당소득세) 조합원·출자자 배당소득에 대한 소득세 면제 및 분리과세 - (양도소득세) 농어업인이 각 법인에 현물출자시 세액감면 또는 이월과세 ㅇ(적용기한) '23.12.31.	ㅇ '26.12.31.	분부터 적용
착한 임대인 세액공제 적용기한 연장 (조특법 §96의3)	□ 상가임대료 인하 임대사업자의 임대료 인하액 세액공제 ㅇ(공제액) 임대료 인하액의 70% (종합소득금액 1억원 초과시 50%) ㅇ(임대인) 「상가임대차법」상 부동산임대업 사업자등록을 한 임대사업자 ㅇ(임차인*) 「소상공인기본법」상 소상공인, 임대차 계약기간이 남은 폐업 소상공인 * 단, '21년 6월 이전부터 계속 임차한 경우에 한함 ㅇ(적용기한) '23.12.31.	□ 적용기한 연장 ㅇ(좌 동) ㅇ '24.12.31.	
감염병 예방 조치에 따른 소상공인 손실보상금 익금불산입 특례 신설 (조특법 §99의13, 조특령 §99의12)	<신 설>	□ 손실보상금에 대한 과세특례 ㅇ(대상) 내국법인과 거주자가 「소상공인 보호 및 지원에 관한 법률」에 따라 감염병 예방을 위한 집합 제한 및 금지 조치*로 인해 지급받은 손실보상금 * 운영시간의 전부 또는 일부를 제한하는 조치, 이용자의 밀집도를 낮추기 위한 조치로서 손실보상 심의위원회가 심의·의결한 조치 ㅇ(특례) 손실보상금 익금불산입(거주자는 총수입금액 불산입) ㅇ손실보상금 익금불산입 신청 등 과세표준신고 시 손실보상금익금불산입명세서를 함께 제출	'24.1.1. 이후 받는 손실보상금 분부터 적용

구 분	종 전	개 정	적용시기
동업기업 과세특례 적용범위 합리화 (조특법 §100의14~18, 조특령 §100의18)	☐ 동업기업 과세특례의 중복 적용 제한 ○ 동업기업 과세특례*의 중복적용 제한 : 동업기업 과세특례를 적용받는 동업기업의 동업자는 동업기업의 자격으로 동업기업 과세특례 적용 불가 * 동업기업에게 법인세를 부과하지 않고 동업자에게 법인소득을 배분하여 동업자에게 법인소득 과세	☐ 예외 신설 ○ <u>중복제한의 예외 신설 : 기관전용 사모집합투자기구*에 대한 동업기업(상위 동업기업) 과세특례 허용**</u> * 법인만을 사원으로 하는 기관전용 사모집합투자기구에 한하여 적용 ** [최초 출자자(과세) → 모펀드(비과세) → 자펀드(비과세)] 허용	'24.1.1. 이후 과세특례를 신청하는 분부터 적용 <적용신청 특례> '23년 중 설립된 기업이 '24.1.31.까지 과세특례 신청 시 '24.1.1. 이후 신고하는 분부터 적용
동업기업 소득금액 등의 계산 및 배분 (조특법 §100의18, 조특령 §100의18)	☐ 동업기업 소득금액·결손금 계산 ○ 동업기업과 관련된 다음의 금액은 동업자간의 손익배분비율에 따라 동업자에게 배분 ☐ 결손금 배분 제한 ○ (수동적 동업자) 배분불가 ○ (능동적 동업자) 동업자의 지분가액을 한도로 배분	☐ 적용범위 합리화에 따른 소득금액·결손금 계산방법 규정 ○ 하위 동업기업(자펀드)의 소득금액 또는 결손금에 대한 상위 동업기업(모펀드)의 동업자군별 배분대상 소득금액 또는 결손금 계산 A × B × C A: 하위 동업기업의 동업자군별 소득금액 및 결손금 B: 하위 동업기업에 대한 상위 동업기업의 손익배분비율 C: 상위 동업기업의 동업자군별 손익배분비율 ○ 동업기업과 관련된 다음의 금액은 동업자간의 손익배분비율에 따라 동업자에게 배분 (특례 중복적용시 상위 동업기업의 손익배분비율 및 상위 동업기업의 동업자간 손익배분비율에 따라 상위 동업기업의 동업자에게 배분) ☐ 적용범위 합리화에 따른 결손금 배분 제한 방법 규정 ○(좌 동)	'23.12.31.이 속하는 과세기간부터 적용

81

구 분	종 전	개 정	적용시기
	\<신 설\>	ㅇ 하위 동업기업의 결손금은 상위 동업기업이 하위 동업기업의 수동적동업자가 아닌 경우에만 상위 동업기업의 동업자에게 배분 가능	
	☐ 동업기업 관련 세액의 배분	☐ 적용범위 합리화에 따른 동업기업 세액 배분방법 규정	
		ㅇ 상위 동업기업 및 상위 동업기업의 동업자 간 손익배분비율에 따라 상위 동업기업의 동업자에게 세액 배분	
투자상생협력 세제 과세 합리화 ① 임금증가금액 산정기준 합리화 (조특령 §100의32⑨)	☐ 상시근로자 임금증가금액	☐ 상시근로자 수, 임금증가액 산정기준 일원화	
	ㅇ 임금증가금액 산정방식 ❶ 고용 증가없음 : 임금증가액 ❷ 고용·임금 모두 증가 : 기존근로자 임금증가액 × 1.5 + 신규근로자 임금증가액 × 2 ❸ 청년 및 당기 정규직 전환 근로자 수 증가시 추가 공제 : 해당 임금증가액 × 2 (❷, ❸ 중복 산입 불가)	ㅇ (좌 동)	'24.2.29.이 속하는 사업연도 분부터 적용
	ㅇ 임금증가금액 - 직전사업연도 대비 해당 사업연도의 임금*지급액 증가액 * 소득세법상 근로소득	ㅇ 산정방식 구체화 - (좌 동)	
	\<신 설\>	- 사업연도별 임금지급액은 매월 말 기준 상시근로자에 지급한 임금의 합계액	
미환류소득 과세시 기업소득 범위 정비 (조특령 §100의32④)	☐ 미환류소득*에 대한 법인세 과세시 기업소득 산정방법 : 각 사업연도 소득 + 가산항목 - 차감항목	☐ 기업소득 산정시 차감항목 합리화	'24.1.1. 이후 개시하는 사업연도 분부터 적용
	※ 미환류소득 : Ⓐ 또는 Ⓑ를 선택하여 산정 Ⓐ 투자포함방법 = [기업소득 × 70% - (투자액 + 임금증가액 + 상생협력 출연금액 × 300%)]		

구 분	종 전	개 정	적용시기
	⑧ 투자제외방법 = [기업소득× 15% - (임금증가액 + 상생협 력 출연금액× 300%)]		
	○(기업소득 가산항목) 국세환급금 이자 익금불산입액, 기부금 한도 초과이월액의 손금산입액 등 ○(기업소득 차감항목) - 법인세 등 납부할 세금 - 법령상 의무적립금 - 이월결손금 - 기부금 손금한도초과액 등 - <u>외국기업지배지주회사의 외 국 자회사 수입배당금액으 로서 익금에 산입한 금액</u>	<삭 제>	
금융기관의 신용회복목적 회사 출연 시 손금산입 허용 (조특법 §104의11)	□ 신용회복목적회사(국민행복기 금)* 출연 금액 손금산입 * 국민행복기금 : 저신용자에 대한 부실채권 매입, 금리·만기 등 조정, 지급보증 등 사업 수행 ○(적용대상) 한국자산관리공사 <추 가> ○(적용기한) '24.12.31.	□ 적용대상 확대 ○(좌 동) - 금융기관 ○(좌 동)	'24.1.1. 이후 신고하는 분부터 적용
신용회복목적 회사에 대한 과세특례 적용기한 연장 (조특법 §104의12)	□ 신용회복목적회사* 지원 과세 특례 * 국민행복기금 : 저신용자에 대한 부실채권 매입, 금리·만기 등 조 정, 지급보증 등 사업 수행 ○(과세특례) 손실보전준비금 계 상 및 손금산입 - 손실발생시 준비금과 상계 - 상계되지 않은 준비금은 적 립 15년 후 환입(익금산입) ○(적용기한) '23.12.31.	□ 적용기한 연장 ○ '26.12.31.	
해외자원개발 투자 세액공제 도입 (조특법 §104의15, §127)	<신 설>	□ 해외자원개발투자 세액공제 ○(공제대상) ❶ 광업권·조광권 취득 투자 ❷ 광업권·조광권 취득을 위 한 외국법인에 대한 출자 ❸ 내국인의 외국자회사에 대 한 해외 직접투자	'24.1.1. 이후 투자 또는 출자하는 분부터 적용

구 분	종 전	개 정	적용시기
		○ (공제율) 투자 또는 출자액의 3%	
		□ 세액공제 대상 출자 또는 투자 범위	
		○ (출자) 출자비율 10% 이상 또는 임직원파견을 동반하는 경우로서 ❶, ❷ 모두 충족한 외국법인에 출자 ❶ 광업권 또는 조광권 소유, ❷ 광구 개발·운영 목적 설립	
		○ (투자) 외국자회사*에 대한 다음의 투자 * 내국인이 발행주식총수 등의 100%를 직접 출자한 외국법인에 한정 – 내국인*의 외국자회사 증자에 참여하는 투자 – 내국인*의 상환기간 5년 이상 금전대여 투자 – 다른 해외자원개발사업자가 내국인*과 공동으로 상환기간 5년 이상으로 금전을 대여하는 투자 * 외국자회사의 발행주식총수 등의 100%를 보유한 내국인	
		□ 추징세액 범위 : ❶ + ❷ ❶ (세액공제액 상당액) – 투자자산 또는 출자지분 이전·회수한 경우 : 세액공제액 × 이전·회수된 투자자산 또는 출자지분 총 투자자산 또는 출자지분 – 광업권 또는 조광권을 취득하지 못한 경우 : 세액공제액 전액 ❷ (이자상당가산액) 추징대상 일수[1] ×이자율[2] * 1) 세액공제 신청일 다음날부터 추징사유발생일 과세연도 과세표준 신고일 2) 1일 0.022%	

구 분	종 전	개 정	적용시기
		○(적용기한) '26.12.31.	
	☐ 국가 등의 보조금 등을 통한 세제지원 배제	☐ 배제 대상 세제지원 추가	
	○(대상 세제지원)	○ 배제 대상 추가	
	– 통합투자세액공제	○(좌 동)	
	– 상생협력 시설투자 세액공제		
	<추 가>	– 해외자원개발투자 세액공제	
해외진출 기업의 국내복귀 (리쇼어링) 세제지원 강화 (조특법 §104의24, 조특령 §104의21)	☐ 해외진출기업 국내복귀시 소득세·법인세 감면	☐ 감면 폭·기간 확대 및 업종요건 완화	
	○(감면대상) 2년 이상 경영한 국외사업장을 국내로 이전·복귀하는 기업	○(좌 동)	
	○(감면내용)	○ 감면 폭 및 기간 확대	
	① 완전복귀 또는 수도권 밖으로 부분복귀하는 경우 : 5년 100% + 2년 50%	① 7년간 100% + 3년간 50%	
	※ (완전복귀) 국외사업장 양도·폐쇄 (부분복귀) 국외사업장 축소·유지		'24.1.1. 이후 국내에서 창업하거나 사업장을 신설 또는 증설하는 분부터 적용
	② 수도권 안으로 부분복귀하는 경우 : 3년 100% + 2년 50%	② (좌 동)	
	○(업종요건) 대통령령에 위임	○ 업종요건을 법률에 규정 : 감면을 적용받으려는 내국인은 다음 중 어느 하나에 해당하여야 함	
		① 한국표준산업분류에 따른 세분류를 기준으로 이전 또는 복귀 전의 사업장에서 영위하던 업종과 이전 또는 복귀 후의 사업장에서 영위하는 업종이 동일한 경우	
		② 「해외진출기업의 국내복귀 지원에 관한 법률」에 따른 국내복귀기업지원위원회에서 업종 유사성을 확인받은 경우	
		* 유사성 판단 기준, 세부절차는 산업부장관이 고시	
	○(적용기한) '24.12.31.	○(좌 동)	

구 분	종 전	개 정	적용시기
프로젝트금융 투자회사 소득공제 신청절차 보완 (조특령 §104의28)	□ 배당을 받은 주주 등이 동업기업인 경우 프로젝트금융투자회사 소득공제 신청 방법 ○ 소득공제신청서와 함께 배당을 받은 동업기업의 동업기업과세특례적용 및 동업자과세여부 확인서 첨부 <신 설>	□ 신청 방법 보완 ○ (좌 동) ─ 동업자 전부 또는 일부가 상위 동업기업인 경우에는 상위 동업기업의 동업기업과세특례적용 및 동업자과세여부 확인서 첨부	'24.2.29. 이후 소득공제를 신청하는 분부터 적용
용역제공자에 관한 과세자료 제출에 대한 세액공제 적용기한 연장 (조특법 §104의32)	□ 용역제공자에 관한 과세자료 제출 세액공제 ○ (대상) 과세자료를 국세정보통신망을 통해 제출하는 사업자 ○ (공제액) 제출인원 1명당 300원 ○ (공제한도) 연간 200만원 ○ (적용기한) '23.12.31.	□ 적용기한 연장 ○ (좌 동) ○ '26.12.31.	
해외건설자 회사 대여금에 대한 대손충당금 손금산입 특례 신설 (조특법 §104의33, 조특령 §104의30 신설)	<신 설>	□ 해외건설자회사 대여금에 대한 대손충당금 손금산입 특례 ○ (적용대상) 해외건설자회사를 둔 국내건설모회사 ○ (적용요건) ❶~❹까지 모두 해당하는 경우 ❶ 해외건설자회사*의 공사 또는 운영자금으로 사용되었을 것 　* 「해외건설촉진법」에 따른 현지법인이고 국내건설모회사가 출자지분의 90% 이상 보유(대여금을 지급한 법인이 물적분할로 신설된 경우 분할존속법인인 지주회사가 출자지분의 90% 이상 보유하는 해외건설사 포함) ❷ 특수관계인에 대한 업무무관가지급금이 아닐 것 ❸ '22.12.31. 이전에 지급한	'24.1.1. 이후 개시하는 사업연도 분부터 적용

구 분	종 전	개 정	적용시기
		대여금으로서 최초 회수 기일부터 5년이 경과한 후에도 회수하지 못하였을 것 ❹ 다음 중 어느 하나에 해당할 것 ① 대손충당금을 손금에 산입한 사업연도 종료일 직전 10년 동안에 해외건설자회사가 계속하여 자본잠식*(사업연도말 자산총액에서 부채총액을 뺀 금액이 0이거나 0보다 작은 경우를 말함)인 경우 　* 누적 결손금이 순자산 시가보다 큰 경우이거나, 순자산 평가금액이 0보다 작은 경우 ② ①에 준하는 경우로서 해외채권추심기관으로부터 회수불가능 확인을 받은 경우 ○ (손금한도) (요건 충족 대여금의 기말채권잔액* − 해외건설자회사의 해당 차입금 외 순자산 장부가액**) × 손금산입 비율*** * 채권의 범위 : 　−대여금 및 그 이자 　−국내건설모회사가 해외건설자회사로 파견한 임직원의 임금을 지급하여 발생한 채권 ** 자산총액−해당 차입금을 제외한 부채총액 *** 연도별 손금산입 비율 : '24년 10%, 매년 10% 상향하여 '33년 이후 100% ○ (대손충당금의 처리) 대여금등의 대손금이 발생한 경우 그 대손금을 손금에 산	

구 분	종 전	개 정	적용시기
		입한 대손충당금과 먼저 상계하고, 상계하고 남은 대손충당금의 금액은 다음 사업연도의 소득금액을 계산할 때 익금에 산입함. ○ **신청절차 및 제출서류** 　- 과세표준 신고와 함께 대손충당금 특례 적용신청서를 납세지 관할세무서장에 제출	
외국인투자 세액감면 대상 업종명 개정 (조특령 §116의2⑤)	□ 경제자유구역·새만금사업지역 내 외국인투자에 대한 소득·법인세 감면 대상 업종 ○ 투자금액 100만달러 이상 　- 신성장·원천기술 관련 연구개발업 ○ 투자금액 500만달러 이상 　- 복합물류터미널사업 등 ○ 투자금액 1,000만달러 이상 　- 제조업, 전기통신업 등 　- <u>그 밖의</u> 과학기술서비스업	□ 한국표준산업분류 상 업종명과 일치 ○ (좌 동) ○ (좌 동) 　- (좌 동) 　- <u>기타</u> 과학기술 서비스업	
제주투자진흥 지구 입주기업 세액감면 대상 업종 확대 (조특령 §116의15①)	□ 제주투자진흥지구 입주기업 소득·법인세 감면 대상 업종 ○ 투자금액 2천만달러 이상 　- 관광호텔업·수상관광호텔업 　- 국제회의시설업, 종합유원시설, 관광식당업, 마리나업 등 ○ 투자금액 500만달러 이상 　- 문화산업, 노인복지시설, 국제학교, 청소년수련시설, 교육원, 의료기관 등 　- 궤도사업, 신·재생에너지를 이용한 전기생산업 등 　- 식료품제조업 　• 동물성 및 식물성 유지 제조업, 곡물가공품·전분 및 전분제품 제조업, 기타 식품 제조업, 동물용 사료 및 조제식품 제조업 제외 　- 음료제조업	□ 세액감면 대상 업종 확대 ○ (좌 동) ○ 대상 확대 　- (좌 동) 　- (좌 동) 　• (삭 제) 　- (좌 동)	'24.2.29. 이후 입주하는 분부터 적용

구 분	종 전	개 정	적용시기
	• 알코올 음료 제조업 제외	• (삭 제)	
평화경제특구 창업기업 등 세액감면 신설 (조특법 §121의17, §121의19)	□ 지역특구 세액감면 제도 ○(감면내용) 특구 내 창업 또는 사업장 신설 기업 등에 대해 일정 기간 소득·법인세를 감면 ○(감면적용 특구) ❶ 기업도시개발구역 ❷ 지역개발사업구역 등 ❸ 여수해양박람회특구 ❹ 새만금투자진흥지구 <추 가> ○(감면율) 3년 100% + 2년 50% (사업시행자는 3년 50% + 2년 25%) ○(적용기한) '25.12.31.	□ 평화경제특구 창업기업 세액감면 신설 ○(좌 동) ○(좌 동) ❺ 평화경제특구 ○(좌 동) ○(좌 동)	'24.1.1. 이후 평화경제특구에 창업 또는 사업장을 신설하는 기업부터 적용
사업재편계획 에 대한 과세특례 적용기한 연장 (조특법 §121의26~31, 조특법 §117)	□ 「기업활력 제고를 위한 특별법」에 따라 승인받은 사업재편계획 이행에 대한 과세특례 ❶ 금융채무 상환을 위해 자산양도 시 자산양도차익 4년 거치 3년 분할익금산입 ❷ 주주(법인)가 채무를 인수·변제 시 －(주주) 채무 인수·변제금액 손금산입 －(해당법인) 채무면제이익 4년 거치 3년 분할익금산입 ❸ 주주(법인)가 자산을 증여 시 －(주주) 증여자산가액 손금산입 • 자산 양도 후 양도대금 증여 시 양도차익 익금불산입 －(해당법인) 자산수증이익 4년 거치 3년 분할익금산입 ❹ 금융기관으로부터 채무를 면제받는 경우 －(금융기관) 면제한 채무금액 손금산입 －(해당법인) 채무면제이익 4	□ 적용기한 연장	

구 분	종 전	개 정	적용시기
	년 거치 3년 분할익금산입 ❺ 지배주주가 주식 전부를 다른 내국법인의 주식과 교환 시 - 주식양도차익 과세를 교환 주식 처분 시까지 이연 - 증권거래세 면제 ❻ 합병후 중복자산을 처분 시 - 자산양도차익을 3년 거치 3년 분할익금산입 ○(적용기한) '23.12.31.		
		○ '26.12.31.	
지역개발사업구역 창업기업 등의 세액감면 추징사유 합리화 (조특법 §121의19)	□ 지역개발사업구역 · 지역활성화지역 창업기업 세액감면액 추징사유 ○「지역개발지원법」에 따른 지정해제 <단서 신설>	□ 추징사유 합리화 ○ 예외사유 신설 - 다만, 공사 · 개발사업완료에 따른 지정해제 시는 추징 제외	'24.1.1. 이후 결정 · 경정하는 분부터 적용
	○ 투자 · 고용 요건 미달 ○ 폐업 또는 신설 사업장 폐쇄	○(좌 동)	
기회발전특구 창업기업 등 세액감면 신설 (조특법 §121의33, 조특령 §116의36)	<신 설>	□ 기회발전특구* 내 창업기업 세액감면 신설 *「지방분권균형발전법」에 따른 기회발전특구 ○(대상) 기회발전특구 내 창업(사업장 신설 포함)기업 ○(감면업종) 제조업, 연구개발업, 기타 과학기술 서비스업 등 ○(감면율) 소득발생 과세연도부터 5년간 100% + 이후 2년간 50% 소득세 · 법인세 감면 ○(감면한도) 투자누계액 50% + 상시근로자수 × 1,500만원(청년 · 서비스업 2,000만원) ① 투자누계액 : 감면받는 해당 과세연도까지의 사업용자산*에 대한 투자 합계액 * 해당 사업에 주로 사용하는 사업용 유형자산, 건설 중인 자산, 무형자산(영업권, 상	'24.1.1. 이후 기회발전특구에 창업 또는 사업장을 신설하는 기업부터 적용

구 분	종 전	개 정	적용시기
		표권, 특허권, 광업권 등)	
		② 상시근로자 : 「근로기준법」에 따라 근로계약을 체결한 내국인 근로자. 단, 근로계약기간이 1년 미만인 근로자, 단시간 근로자, 임원 및 최대주주 등은 제외	
		③ 청년 상시근로자 : 상시근로자 중 15~34세(병역이행기간은 연령에서 빼고 계산)인 근로자	
		④ 상시근로자·청년상시근로자의 수 계산방법 $$\dfrac{\text{해당 과세연도의 매월말 현재}\ (\text{청년})\text{상시근로자 수의 합}}{\text{해당 과세연도의 개월 수}}$$	
		⑤ 서비스업 정의 : 농·임·어업, 광업, 제조업, 전기·가스·증기 및 수도사업, 건설업, 소비성서비스업을 제외한 사업	
		○(최저한세) 50% 감면기간만 적용	
		○(상시근로자의 수 감소 시 추징세액 계산방법) 고용인원에 따른 추가 감면한도*를 적용하는 경우로서 추가 감면한도를 적용받아 감면받은 세액 중 감소한 인원에 해당하는 세액을 납부 　* 청년 서비스업 상시근로자 2,000만원, 그 외 상시근로자 1,500만원	
		○ 감면 신청방법 　- 과세표준신고와 함께 세액감면신청서(시행규칙으로 규정 예정)를 납세지 관할 세무서장에게 제출	
		○(적용기한) '26.12.31.	

구 분	종 전	개 정	적용시기
기회발전특구 부동산 대체 취득 시 과세특례 신설 (조특법 §121의34)	<신 설>	□ 수도권 기업의 기회발전특구* 내 부동산 대체 취득 시 과세 특례 * 인구감소지역·접경지역이 아닌 수 도권과밀억제권역 제외 ㅇ (요건) 수도권에서 3년(중소기업 2년) 이상 계속하여 사업을 한 내국 인이 기회발전특구로 이전하 기 위하여 수도권 내 사업용 부동산을 '26.12.31.까지 양도 하고 기회발전특구 내 사업용 부동산 대체취득하는 경우* * ① 기회발전특구 내 사업용 부동 산을 취득하여 사업 개시한 날부터 2년 내 수도권 내 사 업용 부동산 양도하거나 ② 수도권 내 사업용 부동산을 양도한 날부터 3년 내 기회 발전특구 내 사업용 부동산 을 취득하여 사업 개시 ㅇ (과세특례) 기회발전특구 내 사업용 부동산 처분 시까지 과세이연	'24.1.1. 이후 수도권 내 사업용 부동산을 양도하는 분부터 적용
금·스크랩 등 사업자 세액공제 적용기한 종료 (조특법 §122의4)	□ 금사업자와 스크랩등사업자의 수입금액 증가에 대한 세액공제 ㅇ (적용대상) 금거래계좌나 스크 랩등거래계좌를 사용하는 금 사업자 및 스크랩등* 사업자 * 구리와 철의 웨이스트 및 스크랩 등 ㅇ (공제액) ❶, ❷ 중 큰 금액 ❶ 산출세액 × $\frac{1}{2}$ × $\dfrac{\text{매입자납부}\ \text{익금·손금*증가분}}{\text{전체 익금·손금}}$ ❷ $\dfrac{\text{산출}}{\text{세액}}$ × $\dfrac{\text{매입자납부}\ \text{익금·손금*증가분}}{\text{전체 익금·손금}}$ * 매입자납부 익금·손금 : 금거 래계좌 및 스크랩등거래계좌	□ 적용기한 종료	

구 분	종 전	개 정	적용시기
	를 사용하여 결제받은 익금 또는 손금 ㅇ (적용기한) '23.12.31.		

제 1 장

총 론

1. 법인세의 의의

1-1. 법인세법의 목적

법인세법은 법인세의 과세 요건과 절차를 규정함으로써 법인세를 공정하게 과세하고, 납세의무의 적절한 이행을 확보하며, 재정수입의 원활한 조달에 이바지함을 목적으로 한다(법법 §1).

1-2. 법인세의 개념

경제활동의 주체에는 개인과 법인이 있다. 경제활동을 통하여 개인이 얻은 소득에는 소득세를 과세하고, 법인이 얻은 소득에는 법인세를 과세한다. 따라서 법인세는 법인을 납세의무자로 하고, 소득을 과세대상으로 하는 조세이다. 법인의 소득에 과세하는 조세에는 국세인 법인세 외에 지방세인 법인지방소득세도 있다.

1-3. 법인세의 과세소득

법인세의 과세소득에는 「각 사업연도 소득」, 「청산소득」, 「토지 등 양도소득」, 「미환류소득」의 네 가지가 있다.

(1) 각 사업연도 소득

법인이 존속하는 전체 기간의 손익을 통산하여 과세하는 것이 불가능하므로 법인의 존속기간을 일정한 기간 단위로 나누어 과세하는데, 이를 기간과세원칙이라고 하며, 법인세의 경우에는 그 일정한 기간을 사업연도라고 부른다.

법인이 사업연도마다 얻은 소득을 「각 사업연도 소득」이라 하고, 그 소득에 대한 법인세를 「각 사업연도 소득에 대한 법인세」라 한다.

● 참고 **과세소득에 대한 학설과 규정방법**

(1) 과세소득에 대한 학설

과세소득에 대한 학설에는 순자산증가설과 소득원천설이 있다. 순자산증가설은 일정기간 동안의 순자산증가액을 과세소득으로 보는 견해이고, 소득원천설은 일정한 원천에서 계속적·반복적으로 발생하는 소득만 과세소득으로 보는 견해이다. 일시적·우발적 소득은 순자산증가설에서는 과세대상이나, 소득원천설에서는 과세대상이 아니다.

법인세법은 순자산증가설을 채택하고 있으나, 소득세법은 소득원천설을 근간으로 하되 순자산증가설을 일부 채택하고 있다.

(2) 과세소득에 대한 규정방법

과세소득을 규정하는 방법에는 포괄주의와 열거주의가 있다. 포괄주의(negative system)란 모든 소득을 과세하되, 법에 구체적으로 열거된 것만 과세하지 않는 것을 말한다. 반면에, 열거주의(positive system)란 법에 구체적으로 열거된 것만을 과세하는 것을 말한다. 법인세는 포괄주의를, 소득세는 열거주의를 채택하되 이자소득과 배당소득에 한하여 유형별 포괄주의를 채택하고 있다.

◎ 과세소득의 개념과 규정방식 ◎

구 분	법인세법	소득세법
학설	순자산증가설	소득원천설을 근간으로 하되, 순자산증가설 일부 채택
규정방법	포괄주의*	열거주의 (이자소득과 배당소득은 유형별 포괄주의)

* 비영리법인의 수익사업소득과 외국법인의 국내원천소득은 열거주의로 규정되어 있다.

(2) 청산소득

법인이 해산한 경우 더 이상 영업을 할 수 없고 재산관계를 정리하는 절차를 밟는데, 이를 청산이라고 한다. 청산을 하는 경우 채권추심, 채무변제, 재산환가를 해서 잔여재산을 확정하고 잔여재산을 주주에게 분배하면 청산절차가 종결된다.

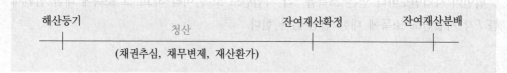

청산과정에서 발생된 소득을 청산소득, 그 소득에 대한 법인세를 「청산소득에 대한 법인세」라고 한다. 청산소득에 대한 법인세의 세율은 각 사업연도 소득에 대한 법인세의 세율과 같다. 법인은 잔여재산가액 확정일이 속하는 달의 말일부터 3개월 이내에 「청산소득에 대한

법인세」를 신고하여야 한다.

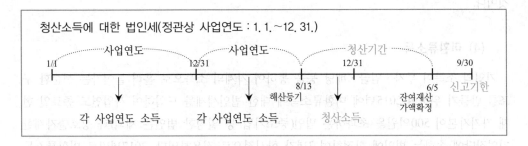

청산소득에 대한 법인세(정관상 사업연도 : 1. 1.~12. 31.)

입법취지 **청산소득에 법인세를 과세하는 이유**

① 각 사업연도 소득에 대하여 법인세를 부과할 때 착오 또는 오류 등에 의하여 과세되지 아니하고 누락된 소득이 있을 수 있다. 법인이 해산될 때 누락된 소득이 발생하게 되므로 누락된 소득을 정산하기 위하여 청산소득에 대하여 과세하는 것이다.
② 각 사업연도 소득금액을 계산할 때 자산의 평가로 인한 미실현이익은 과세하지 않는 것이 원칙이다. 법인이 해산한 후 청산과정에서 자산을 처분하면 그동안 발생된 미실현이익이 실현되므로, 실현된 소득에 대하여 법인세를 부과하기 위하여 청산소득에 대한 법인세를 과세하는 것이다.

(3) 토지 등 양도소득

우리나라는 국토면적이 협소하여 부동산투기가 자주 발생한다. 정부는 부동산투기를 막기 위하여 법인이 투기목적으로 보유하는 부동산의 양도소득에는 법인세 외에 추가로 토지 등 양도소득에 대한 법인세를 과세한다. 종전에 법인세법은 법인이 보유한 부동산 중 주택, 별장과 비사업용 토지를 토지 등 양도소득에 대한 법인세의 과세대상으로 하였으나, 2021. 1. 1. 이후 양도하는 분부터는 주택을 취득하기 위한 권리로서 조합원입주권(소법 §88(9)) 및 분양권(소법 §88(10))을 과세대상에 추가하였다.

구　분	'20. 12. 31. 이전 양도분	'21. 1. 1. 이후 양도분
주택, 별장, 비사업용 토지	과　세	과　세
주택을 취득할 권리로서 조합원입주권과 분양권	과세제외	과　세

법인은 자연인이 아니므로 주거목적인 주택이 필요 없다. 이에 따라 법인이 보유한 주택이 사택이나 일정한 요건을 갖춘 임대주택 등에 해당하지 않으면 투기를 목적으로 취득한 것으로 보아 토지 등 양도소득에 대한 법인세를 과세하는 것이다. 비사업용 토지는 법인의 업무에 사용하지 않는 토지이므로 투기목적으로 취득한 부동산으로 보는 것이고, 조합원입

주권과 분양권은 주택으로 변환되는 권리이므로 주택과 동일하게 보아 과세대상에 추가한 것이다.

(4) 미환류소득

기업의 소득이 투자·임금·배당 등을 통하여 가계의 소득으로 흘러 들어가는 선순환 구조를 만들기 위하여 2015년에 미환류소득에 대한 법인세제를 도입하여 사업연도 종료일 현재 자기자본이 500억원을 초과하는 법인(중소기업 등 일정한 법인은 제외)과 상호출자제한 기업집단에 속하는 법인에 한정하여 3년간 한시적으로 적용하였다. 2017년말로 미환류소득에 대한 세제의 적용기한이 만료됨에 따라 투자·상생협력촉진을 위한 조세특례제도로 이름을 바꾸고 법인세법에서 조세특례제한법으로 규정을 이관하였다. 2018년부터 적용하는 투자·상생협력촉진을 위한 조세특례제도에서는 배당과 토지 취득액을 환류대상에서 제외하고 세율을 10%에서 20%로 인상하였다.

중견기업의 세부담을 완화하기 위하여 2023년부터는 자기자본이 500억원을 초과하는 법인을 투자·상생협력촉진을 위한 조세특례제도의 적용대상에서 제외함에 따라 상호출자제한기업집단[1]에 속하는 법인만 과세대상이 된다.

상호출자제한기업집단에 속하는 법인은 미환류소득의 20%를 각 사업연도 소득에 대한 법인세와 함께 신고 납부하여야 한다.

○ 법인세의 종류 ○

구 분	각 사업연도 소득에 대한 법인세	청산소득에 대한 법인세	토지 등 양도소득에 대한 법인세[*1]	미환류소득에 대한 법인세
의의	사업연도마다 발생하는 각 사업연도 소득에 과세하는 법인세	해산으로 법인 소멸시 발생하는 청산소득에 과세하는 법인세	부동산투기를 막기 위하여 법인세에 추가하여 과세하는 법인세	기업소득이 가계소득으로 선순환되도록 '25. 12. 31.이 속하는 사업연도까지 한시적으로 과세하는 법인세 `23 개정`
과세 소득	각 사업연도 소득	청산소득	주택, 별장, 비사업용 토지, 주택을 취득하기 위한 권리로서 조합원입주권과 분양권의 양도소득	각 사업연도 종료일 현재 상호출자제한기업집단에 속하는 내국법인의 미환류소득[*2]

구 분	각 사업연도 소득에 대한 법인세	청산소득에 대한 법인세	토지 등 양도소득에 대한 법인세*¹	미환류소득에 대한 법인세
과세표준	당기순이익 +익금산입 및 손금불산입 -손금산입 및 익금불산입 각 사업연도 소득금액 -이월결손금 -비과세소득 -소득공제 과세표준	잔여재산가액 -자기자본 청산소득	양도가액 -장부가액 토지 등 양도소득	미환류소득 -차기환류적립금 -전기초과환류액 과세표준
세율	(표 참조)		(표 참조)	20%
신고	사업연도 종료일이 속하는 달의 말일부터 3개월 이내 신고	잔여재산가액 확정일이 속하는 달의 말일부터 3개월 이내 신고	각 사업연도 소득에 대한 법인세에 함께 신고	각 사업연도 소득에 대한 법인세에 함께 신고

세율 (각 사업연도 소득에 대한 법인세) — '23 개정

과세표준	'22.12.31. 이전 개시한 사업연도	'23.1.1. 이후 개시한 사업연도
2억원 이하	10%	9%
2억원 초과 200억원 이하	20%	19%
200억원 초과 3,000억원 이하	22%	21%
3,000억원 초과	25%	24%

세율 (토지 등 양도소득에 대한 법인세)

구분	세율
주택, 별장	20%*
비사업용 토지	10%*
조합원입주권과 분양권	20%

* 미등기자산은 40%

*1 <u>2009. 3. 16.</u>부터 <u>2012. 12. 31.</u>까지 취득한 자산을 양도함으로써 발생하는 소득에 대하여는 토지 등 양도소득에 대한 법인세를 과세하지 아니한다(2009. 5. 21. 법률 9673호 부칙 §4, 서면-2020-법인-3827 [법인세과-4118], 2020. 11. 19.).

*2 사업연도말 자기자본 500억원 초과 법인은 '23. 1. 1. 이후 개시하는 사업연도부터는 과세대상에서 제외함. 다만, 종전 규정에 따른 법인이 '21년 12월 31일이 속하는 사업연도 및 '22년 12월 31일이 속하는 사업연도에 적립한 차기환류적립금이 있는 경우에는 해당 규정에 따라 기한 내에 사용하여야 함 '23 개정

□ 투자·상생협력촉진세제 적용제외대상 법인의 이월된 차기환류적립금 납부방법(서면-2023 -법규법인-2496 [법규과-2880], 2023. 11. 17.)

【질의】

질의법인은 건설업을 영위하고 있으며, 자기자본이 500억원을 초과하나, 「독점규제 및 공정거래에 관한 법률」 제31조 제1항에 따른 상호출자제한기업집단에 속하는 내국법인은 아님. 한편, 질의법인은 '22사업연도까지 미환류소득에 대한 법인세를 다음과 같이 신고함.

▶ ('21사업연도) 미환류소득 14.7억원을 차기환류적립금으로 신고
▶ ('22사업연도) 초과환류액 1.6억원 신고

조특법 개정으로 질의법인은 '23사업연도부터 미환류소득에 대한 법인세 납부대상에서 제외되었으나 기 신고한 차기환류적립금에 대해 법인세 납부의무가 있으며, '23사업연도에는 상생협력기금 4.4억원을 출연할 예정임. 조특법 개정으로 '23사업연도 투자·상생협력촉진세제 적용대상에서 제

외된 법인이 기 신고한 차기환류적립금이 있는 경우, '23사업연도 미환류소득에 대한 법인세 계산 방법은?

【회신】
「조세특례제한법」이 법률 제19199호(2022. 12. 31.)로 개정됨에 따라 제100조의32 제1항의 투자·상생협력 촉진을 위한 과세특례 적용대상에서 제외된 법인이 2021년 12월 31일이 속하는 사업연도 및 2022년 12월 31일이 속하는 사업연도에 적립한 차기환류적립금이 있는 경우에는 같은조 제6항에 따라 차기환류적립금에서 해당 사업연도의 초과환류액을 차감한 잔액에 100분의 20을 곱하여 산출된 금액을 법인세액에 추가하여 납부하는 것임.

【요지】
조특법 §100의32②에 따라 산정한 금액이 초과환류액인 경우 이월된 차기환류적립금에서 해당 초과환류액을 차감하여 법인세를 계산하나, 미환류소득이 산정된 경우 해당 미환류소득은 고려하지 않고 이월된 차기환류적립금만으로 법인세를 계산함.

2. 법인세의 납세의무자

1. 개 요

법인세의 납세의무자는 법인이다. 법인은 법률에 따라 설립등기를 함으로써 설립되므로 설립등기를 하지 않은 단체는 법인이 아니다. 그러나 설립등기를 하지 않았지만 실질적으로 법인과 같은 경우에는 실질과세원칙에 따라 법인으로 보는 것이 타당하므로 일정한 요건을 구비한「법인 아닌 단체」를 법인으로 본다. 이에 따라 법인과 법인으로 의제된 단체가 법인세의 납세의무를 진다.

2. 내국법인과 외국법인의 납세의무

2-1. 구별기준

(1) 내국법인과 외국법인의 구별기준

법인은 본점이나 주사무소 또는 사업의 실질관리장소의 소재지에 따라 내국법인과 외국법인으로 나누어진다. 국내에 본점이나 주사무소 또는 사업의 실질적 관리장소를 둔 법인을 내국법인, 내국법인이 아닌 법인을 외국법인이라고 한다(**법법 §2(1)**). 본점이란 영리법인의 영업상 본거지를 말하며, 주사무소란 비영리법인의 사업상 본거지를 말한다.

> **입법취지** 사업의 실질적관리장소를 내국법인 판정 기준으로 둔 이유
>
> 종전에는 등기상 본점소재지를 외국에 둔 경우에는 외국법인으로 보았다. 그러나 외국에 등기상 본점을 두고 국내에 사업을 실질적으로 관리하는 장소를 둔 경우에 조세회피방지를 위하여 내국법인으로 보아 전세계소득을 합산하여 과세하는 것이 타당하다. 이에 따라 2006년부터 등기상 본점을 외국에 둔 경우에도 국내에 사업의 실질적 관리장소를 둔 경우에는 내국법인으로 보도록「법인세법」을 개정하였다.

(2) 사업의 실질적 관리장소의 의미 및 판단방법

'사업의 실질적 관리장소'란 법인의 사업 수행에 필요한 중요한 관리 및 상업적 결정이 실제로 이루어지는 장소를 뜻하며, 법인의 사업수행에 필요한 중요한 관리 및 상업적 결정이란, 법인의 장기적인 경영전략, 기본 정책, 기업재무와 투자, 주요 재산의 관리·처분, 핵

심적인 소득창출 활동 등을 결정하고 관리하는 것을 말한다.

법인의 실질적 관리장소가 어디인지는 이사회 또는 그에 상당하는 의사결정기관의 회의가 통상 개최되는 장소, 최고경영자 및 다른 중요 임원들이 통상 업무를 수행하는 장소, 고위 관리자의 일상적 관리가 수행되는 장소, 회계서류가 일상적으로 기록·보관되는 장소 등의 제반 사정을 종합적으로 고려하여 구체적 사안에 따라 개별적으로 판단하여야 한다.

실질적 관리장소는 그 결정·관리행위의 특성에 비추어 어느 정도의 시간적·장소적 지속성을 갖출 것이 요구되므로, 실질적 관리장소를 외국에 두고 있던 법인이 이미 국외에서 전체적인 사업활동의 기본적인 계획을 수립·결정하고 국내에서 단기간 그 사업활동의 세부적인 집행행위만을 수행하였다면 종전 실질적 관리장소와 법인 사이의 관련성이 단절된 것으로 보이는 등의 특별한 사정이 없는 한 그 법인이 실질적 관리장소를 국내로 이전하였다고 쉽사리 단정할 것은 아니다(대법원 2014두 8896, 2016. 1. 14.).

(3) 외국법인 판정기준

외국법인이란 외국에 본점 또는 주사무소를 둔 단체(국내에 사업의 실질적 관리장소가 소재하지 아니하는 경우만 해당한다)로서, 다음 중 어느 하나에 해당하는 단체를 말한다(법령 §2②).

① 설립된 국가의 법에 따라 법인격이 부여된 단체
② 구성원이 유한책임사원으로만 구성된 단체
③ 그 밖에 해당 외국단체와 동종 또는 유사한 국내의 단체가 「상법」 등 국내의 법률에 따른 법인인 경우의 그 외국단체

국세청장은 외국법인의 유형별 목록을 고시할 수 있으며, 위의 외국법인기준의 적용은 조세조약 적용대상의 판정(실질 귀속자 판정)에 영향을 미치지 아니한다(법령 §2③·④).

입법취지 외국법인 판정기준 신설

종전에 「법인세법」은 외국에 본점 또는 주사무소를 두거나 사업의 실질적 관리장소를 둔 법인을 외국법인으로 규정하였으나, 어떠한 경우에 '법인'인지에 대한 구체적 기준이 없었다. 2004년 론스타펀드(미국의 파트너십으로 미국에서는 도관으로 취급되는 공동사업체: Limited liability company, LLC)가 스타타워의 주식을 매각하여 얻은 소득에 대하여 국세청은 론스타펀드를 1비거주자로 보아 양도소득세를 과세하였다. 론스타펀드는 개인이 아니므로 양도소득세를 과세한 것은 위법하다는 취지로 과세에 불복하였다. 대법원은 외국단체를 외국법인으로 볼 수 있는지에 관하여는 "그 단체가 설립된 국가의 법령 내용과 단체의 실질에 비추어 우리나라의 법률에 따라 단체의 구성원으로부터 독립된 별개의 권리·의무의 귀속 주체로 볼 수 있는지 여부에 따라 판단하여야 한다"고 전제한 후, 론스타펀드는 투자목적을 가지고 자금을 운용하면서 구성원인 사원과는 별개의 재산을 보유하고 고유의 사업활동을 하는 영리목적의 단체인 바,

그 기본적인 구조가 우리 「상법」상 합자회사와 유사하므로 론스타펀드에 법인세가 아닌 양도소득세를 과세한 처분은 위법하다고 판결하였다(**대법원 2010두 19393, 2012. 1. 27.**).

이 판결에 따라 국세청은 양도소득세를 취소하고 법인세를 부과하였고, 정부는 외국단체 기준을 명확히 함으로써 예측 가능성과 법적 안정성을 제고하기 위하여 2012년 말 외국법인 기준에 관한 규정을 신설하여 2013년 1월 1일 이후 개시하는 사업연도부터 적용하도록 하였다.

2-2. 내국법인과 외국법인의 납세의무

(1) 각 사업연도 소득에 대한 법인세

내국법인은 소득의 발생장소에 관계없이 전세계 소득에 대하여 법인세의 납세의무를 진다. 따라서 내국법인은 해외지점에서 발생한 소득에 대해서도 국내에서 법인세의 납세의무가 있으며 회계처리방법 또는 본·지점 간의 거래유무 등에 관계없이 본점과 지점의 소득금액을 합산하여 과세하므로(**법인 22601-3846, 1986. 12. 29.**), 국내에서는 소득이 발생하고 해외에서는 결손금이 발생한 경우, 또는 이와 반대인 경우에도 국내외 소득 및 결손금을 통산하여 각 사업연도 소득을 계산하여야 한다.

외국법인은 「법인세법」에 열거된 국내원천소득에 대하여 법인세의 납세의무를 진다(**법법 §3①**). 이에 따라 내국법인을 무제한 납세의무자, 외국법인을 제한납세의무자라고 한다.

(2) 청산소득에 대한 법인세

내국법인은 청산소득에 대한 법인세의 납세의무가 있으나, 외국법인은 청산소득에 대한 법인세의 납세의무가 없다(**법법 §4④**). 외국법인의 청산소득에 과세하지 않는 것은, 외국법인은 본점 소재지인 외국에서 청산을 하므로 국내에서는 청산소득이 발생하지 않기 때문이다.

(3) 토지 등 양도소득에 대한 법인세

「토지 등 양도소득에 대한 법인세」에 대하여 내국법인은 물론 외국법인도 납세의무를 진다(**법법 §4④**). 내국법인과 외국법인이 모두 토지 등 양도소득에 대한 법인세의 납세의무를 지는 것은, 토지 등 양도소득에 대한 법인세는 부동산투기를 막기 위한 것이므로 내국법인과 외국법인을 차별할 이유가 없기 때문이다.

(4) 미환류소득에 대한 법인세

미환류소득에 대한 법인세는 내국법인을 대상으로 한다. 외국법인에게 미환류소득에 대한 법인세를 과세하지 않는 것은 외국법인은 본점이 외국에 있으므로 투자·임금인상 및 상생출연으로 소득을 국내에 환류시킬 필요성이 적기 때문이다.

3. 영리법인과 비영리법인의 납세의무

3-1. 구별기준

영리를 목적으로 하는 법인을 영리법인, 학술·종교·자선·기예(技藝)·사교 등 영리 아닌 사업을 목적으로 하는 법인을 비영리법인이라고 한다. '영리'란 이익추구를 목적으로 사업을 할 뿐만 아니라 그 이익을 그 구성원에게 분배하는 것을 말한다. 비영리법인도 목적을 달성하기 위하여 수익행위를 할 수 있으나, 그 이익을 분배하지 않고 비영리사업에 사용한다는 점에서 영리법인과 다르다.

주주·사원·출자자에게 배당을 할 수 있는 법인은 영리법인으로 보나, 농협·수협·신협·새마을금고 등 다음의 조합법인은 배당을 할 수 있는 경우에도 비영리법인으로 본다(**법법 §2(2)나, 법령 §2①**).

① 「농업협동조합법」에 따라 설립된 조합(조합공동사업법인 포함)과 그 중앙회
② 「소비자생활협동조합법」에 따라 설립된 조합과 그 연합회 및 전국연합회
③ 「수산업협동조합법」에 따라 설립된 조합(어촌계 및 조합공동사업법인 포함)과 그 중앙회
④ 「산림조합법」에 따라 설립된 산림조합(산림계 포함)과 그 중앙회
⑤ 「엽연초생산협동조합법」에 따라 설립된 엽연초생산협동조합과 그 중앙회
⑥ 「중소기업협동조합법」에 따라 설립된 조합과 그 연합회 및 중앙회
⑦ 「신용협동조합법」에 따라 설립된 신용협동조합과 그 연합회 및 중앙회
⑧ 「새마을금고법」에 따라 설립된 새마을금고와 그 연합회
⑨ 「염업조합법」에 따라 설립된 대한염업조합

3-2. 영리법인과 비영리법인의 납세의무

(1) 각 사업연도 소득에 대한 법인세

영리법인은 소득의 성격에 관계없이 모든 소득에 대해서 법인세의 납세의무를 지나, 비영리법인은 수익사업소득에 대해서만 법인세의 납세의무를 진다(**법법 §4③**). 비영리법인의 수익사업에 과세하는 것은 비영리법인이 영리법인과 경쟁이 되는 사업을 하는 경우에 비영리법인에 과세하지 않으면 과세형평과 조세의 중립성을 유지할 수 없고, 영리법인으로 경영할 수 있는 사업을 비영리법인을 설립하여 운영함으로써 조세를 회피할 가능성이 있기 때문이다.

(2) 청산소득에 대한 법인세

청산소득에 대한 법인세는 영리법인만 납세의무를 진다. 해산한 비영리법인의 재산은 유사한 목적을 가진 다른 비영리법인이나 국고에 귀속되므로(민법 §80), 비영리법인의 청산소득에는 법인세를 과세하지 아니한다.[2]

비영리내국법인의 청산소득에는 법인세를 과세하지 아니하나, 수익사업소득에는 법인세를 과세한다. 따라서 비영리법인은 청산기간 중 수익사업에서 생긴 소득에 대하여 법인세를 납부할 의무가 있다. 비영리법인의 경우 각 사업연도의 소득인지, 청산소득인지에 따라 과세 여부가 결정되므로 소득의 분류가 매우 중요하다.

(3) 토지 등 양도소득에 대한 법인세

토지 등 양도소득에 대한 법인세는 영리법인과 비영리법인이 모두 납세의무를 진다(법법 §4). 비영리법인도 토지 등 양도소득에 대한 법인세에 대한 납세의무를 지는 것은, 토지 등 양도소득에 대한 법인세는 부동산투기를 방지하기 위한 것이므로 영리법인과 비영리법인을 다르게 취급할 필요가 없기 때문이다.

(4) 미환류소득에 대한 법인세

미환류소득에 대한 법인세는 영리법인을 대상으로 한다. 비영리법인에 미환류소득에 대한 법인세를 과세하지 않는 것은, 비영리법인은 소득을 공익사업에 사용해야 하므로 투자·임금인상·상생출연으로 환류시켜서는 안되기 때문이다.

4. 비과세법인

법인세의 납세의무가 원칙적으로 없는 법인을 비과세법인이라 한다. 법인은 모두 법인세의 납세의무가 있는 과세법인이다. 다만, 우리나라의 국가, 지방자치단체(지방자치단체조합[3]을 포함하며, 이하 같다)는 법인세의 납세의무가 없다. 국가에 법인세를 부과하지 않는 것은 국가가 자신의 소득에 대하여 자신이 법인세를 부과하는 것이 과세의 실익이 없기 때문이다.

---

2) 의료업을 영위하는 비영리법인이 해산등기 후 잔여재산을 다른 비영리내국법인에 출연함으로써 발생하는 양도소득은 청산소득으로 법인세 납세의무가 없다(법인-574, 2009. 5. 13.).

3) 지방자치단체조합이란, 둘 이상의 지방자치단체가 공동으로 처리할 사무가 있는 경우 계약을 맺어 설립하는 조합을 말한다. 서울특별시, 인천광역시, 경기도가 수도권 대중교통 광역화사업을 위해 설립한 수도권교통본부가 그 예이다.

비과세법인인 국가와 지방자치단체는 우리나라의 국가와 지방자치단체를 말한다는 점에 유의해야 한다. 외국 정부와 지방자치단체는 「법인세법」상 비영리외국법인이므로 법인세의 납세의무를 진다(법법 §2(4)).[4] 따라서 외국의 정부와 지방자치단체의 경우 「법인세법」에서 규정하고 있는 국내원천소득 중 수익사업에서 생긴 소득과 「법인세법」에서 규정한 토지 등의 양도소득에 대하여 법인세의 납세의무가 있다(법법 §4⑤).

● 법인 종류별 납세의무의 범위 ●

구 분			각 사업연도 소득	청산소득	토지 등 양도소득에 대한 법인세	미환류소득에 대한 법인세
과세 법인	내국	영리법인	국내외 모든 소득	과 세	과 세	과 세*
		비영리법인	국내외 수익사업소득	비과세	과 세	비과세
	외국	영리법인	국내원천소득	비과세	과 세	비과세
		비영리법인	국내원천소득 중 수익사업소득	비과세	과 세	비과세
비과세 법인	우리나라의 국가·지방자치단체·지방자치단체조합		비과세	비과세	비과세	비과세

* 영리내국법인 중 상호출자제한기업집단에 속하는 법인만 미환류소득에 대한 법인세 과세대상임.

5. 법인으로 보는 단체

법인(내국법인 및 외국법인을 말함)이 아닌 사단, 재단, 그 밖의 단체(이하 "법인 아닌 단체"라 한다) 중 다음 중 어느 하나에 해당하는 것으로서 수익을 구성원에게 분배하지 아니하는 것은 법인으로 보아 국세기본법과 세법을 적용한다(국기법 §13).

---

4) 외국정부와 관련된 사례는 다음과 같다.
　① 주한 프랑스대사관의 직원 숙소용 주택을 양도하는 경우 당해 주택이 「외교관계에 관한 비엔나협약」 제1조 (i)에서 규정하는 "공관지역"에 해당하지 않는 한 그 양도소득에 대하여 한·프랑스 조세조약 제13조 제1항과 법인세법 제1조 제4호 및 제3조 제3항에 의하여 법인세가 과세된다(국조, 서면–2017–국제세원–1677, 2018. 2. 2.).

> 【외교관계에 관한 비엔나협약】 제23조
> 1. 파견국 및 공관장은, 특정 용역의 제공에 대한 지불의 성격을 가진 것을 제외하고는, 소유 또는 임차여하를 불문하고 공관지역에 대한 국가, 지방 또는 지방자치단체의 모든 조세와 부과금으로부터 면제된다.

　② 주한일본대사관이 총영사관저 신축목적으로 취득한 국내 소재 토지를 장기간 사용하지 아니하다가 양도하여 양도소득이 발생하는 경우, 동 소득은 「법인세법」 제93조 제7호 및 「한·일 조세조약」 제13조에 따른 국내원천 양도소득으로 국내에서 법인세가 과세된다(서면법규과–451, 2013. 4. 19.).

구 분	당연법인의제(국기법 §13①)	신청에 의한 법인의제(국기법 §13②)
의 의	요건을 갖추면 무조건 법인으로 봄	요건을 갖추고 관할 세무서장에게 신청하여 승인을 얻으면 법인으로 봄
요 건	다음 중 어느 하나에 해당하는 사단, 재단, 그 밖의 단체 ① 주무관청의 허가 또는 인가를 받아 설립되거나 법령에 따라 주무관청에 등록한 사단, 재단, 그 밖의 단체로서 등기되지 아니한 것으로서 수익을 구성원에게 분배하지 않는 것 ② 공익을 목적으로 출연(出捐)된 기본재산이 있는 재단으로서 등기되지 아니한 것으로서 수익을 구성원에게 분배하지 않는 것	당연법인의제 사단, 재단, 그 밖의 단체 외의 법인 아닌 단체 중 다음의 요건을 모두 갖춘 것으로서 대표자나 관리인이 관할 세무서장에게 신청하여 승인을 받은 것 ① 사단, 재단, 그 밖의 단체의 조직과 운영에 관한 규정(規程)을 가지고 대표자나 관리인을 선임하고 있을 것 ② 사단, 재단, 그 밖의 단체 자신의 계산과 명의로 수익과 재산을 독립적으로 소유·관리할 것 ③ 사단, 재단, 그 밖의 단체의 수익을 구성원에게 분배하지 아니할 것

법인으로 보는 단체는 법인세법을 적용할 때 비영리내국법인으로 본다(법법 §2(2)다).

법인으로 보는 단체로 인정한 사례와 인정하지 않은 사례는 다음과 같다(국기집 13-0-2).

법인으로 보는 단체로 인정한 사례	법인으로 보는 단체로 인정하지 않은 사례
① 공동주택 입주자대표회의(공동주택 관리기구) ② 「근로자의주거안정과목돈마련지원에관한법률」 제12조에 의하여 설치된 주택금융신용보증기금 ③ 「사회간접자본시설에대한민간투자법」 제30조에 의하여 설치된 산업기반신용보증기금과 「근로자의주거안정과목돈마련지원에관한법률」 제12조에 의하여 설치된 ○○기금 ④ 「중소기업창업지원법」 규정에 의하여 결성된 조합 ⑤ 설립 후 설립신고만을 필하고 법인 설립등기하지 아니한 노동조합 ⑥ 종중(징세 46101-1347, 2000. 9. 14.)	① 「영유아보육법」의 규정에 의한 보육시설 ② 「변호사법」에 의하여 설립된 법무조합(재조세-715, 2007. 6. 22. ③ 「산업발전법」에 의한 기업구조조정조합 ④ 「근로기준법」에 의해 설립된 우리사주조합 ⑤ 시 교육청에 등록된 학교형태의 평생교육시설인 골프학교 ⑥ 「여신전문금융업법」에 의거 신기술사업금융회사가 업무집행조합원으로서 운영하는 '신기술사업투자조합' ⑦ 「부동산등기법」 제49조 및 「법인 아닌 사단·재단 및 외국인의 부동산등기용등록번호 부여 절차에 관한 규정」 제5조에 따라 법인 아닌 사단이나 재단이 시장·군수·구청장으로부터 부동산등기용등록번호를 부여받은 경우(조세법령운용과-1397, 2018. 10. 22.)

3. 신탁소득

1. 신탁에 대한 이해

신탁(Trust)이란 신탁을 설정하는 자("위탁자")와 신탁을 인수하는 자("수탁자")간의 신임 관계에 기하여 위탁자가 수탁자에게 특정의 재산(영업이나 저작재산권의 일부 포함)을 이전 하거나 담보권의 설정 또는 그 밖의 처분을 하고 수탁자로 하여금 일정한 자("수익자")의 이익 또는 특정의 목적을 위하여 그 재산의 관리, 처분, 운용, 개발, 그 밖에 신탁 목적의 달 성을 위하여 필요한 행위를 하게 하는 법률관계를 말한다(신탁법 §2).

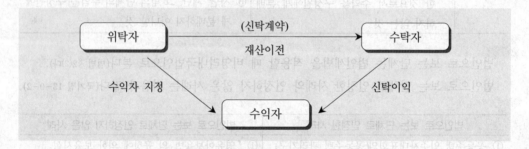

2. 신탁재산에 귀속되는 소득에 대한 납세의무자

2-1. 개 요

종전의 「법인세법」은 신탁재산에 귀속되는 소득은 그 신탁의 이익을 받을 수익자의 소득 으로 보되, 수익자가 특정되지 아니하거나 존재하지 아니하는 경우에는 그 신탁의 위탁자 또는 그 상속인의 소득으로 보았다. 신탁소득에 대한 과세방법이 획일적이어서 다양한 신탁 에 대하여 적용하는데 어려움이 있었고 신탁소득의 발생시점과 수익자에게 분배하는 시점 의 차이를 이용해 과세를 이연하는 방식으로 조세를 회피할 수도 있었다. 다양한 신탁유형 과 신탁의 경제적 실질에 맞게 과세체계를 정비하기 위하여 2020년말에 세법의 신탁소득 과세제도를 정비하였다.

2-2. 신탁소득의 귀속자

(1) 2020. 12. 31. 이전 신탁계약을 체결한 분

2020. 12. 31. 이전 신탁계약을 체결한 분에 대해서는 종전규정에 따라 신탁재산에 귀속되는 소득은 그 신탁의 이익을 받을 수익자(수익자가 특정되지 아니하거나 존재하지 아니하는 경우에는 그 신탁의 위탁자 또는 그 상속인)가 그 신탁재산을 가진 것으로 보아 「법인세법」을 적용한다(2020. 12. 22. 개정 전 법법 §5①).

(2) 2021. 1. 1. 이후 신탁계약을 체결한 분

2021. 1. 1. 이후 신탁계약을 체결한 분에 대해서는 다음과 같이 3가지의 유형으로 구분하여 신탁소득의 귀속자를 결정한다(법법 §5①~③).

구 분	요 건	신탁소득의 납세의무자
수익자과세신탁	수탁자과세신탁 및 위탁자과세신탁에 해당하지 않는 신탁	수익자
수탁자과세신탁 (법인과세신탁)	다음 중 어느 하나에 해당하는 신탁으로서 위탁자과세신탁 요건에 해당하지 않는 신탁 24 개정 ① 목적신탁(신탁법 §3① 각호 외 부분 단서) ② 수익증권발행신탁(신탁법 §78②) ③ 유한책임신탁(신탁법 §114①) ④ 그 밖의 ①부터 ③까지의 규정에 따른 신탁과 유사한 신탁으로서 대통령령으로 정하는 신탁	신탁재산을 법인으로 보아 수탁자가 법인세 납세의무를 짐. 이 경우 신탁재산별로 각각을 하나의 내국법인으로 봄.
위탁자과세신탁	수익자과세신탁 및 수탁자과세신탁규정에도 불구하고 다음 중 어느 하나에 해당하는 신탁의 경우에는 신탁재산에 귀속되는 소득에 대하여 그 신탁의 위탁자가 법인세를 납부할 의무가 있음. 24 개정 ① 위탁자가 신탁을 해지할 수 있는 권리, 수익자를 지정하거나 변경할 수 있는 권리, 신탁 종료 후 잔여재산을 귀속받을 권리를 보유하는 등 신탁재산을 실질적으로 지배·통제할 것 ② 신탁재산 원본을 받을 권리에 대한 수익자는 위탁자로, 수익을 받을 권리에 대한 수익자는 위탁자의 지배주주 등(법령 §43⑦)의 배우자 또는 같은 주소 또는 거소에서 생계를 같이 하는 직계존비속(배우자의 직계존비속을 포함한다)으로 설정했을 것	위탁자

(3) 신탁업을 경영하는 자의 구분경리

「자본시장과 금융투자업에 관한 법률」의 적용을 받는 법인의 신탁재산(같은 법 제251조 제1항에 따른 보험회사의 특별계정은 제외한다)에 귀속되는 수입과 지출은 그 법인에 귀속되는 수입과 지출로 보지 아니한다(법법 §5④).

4. 사업연도

1. 사업연도의 개념

「법인세법」상 사업연도란, 법인의 1회계기간을 의미한다. 이 회계기간은 기업회계상 법인의 성과계산이고 「법인세법」상 과세기간이다.

사업연도를 정하는 방법에는 획일적으로 정하는 방법(예 인도 : 4월 1일~다음 해 3월 31일)과 법인이 정한 회계연도를 그대로 인정하는 방법(예 일본)이 있다. 기업회계의 당기순이익을 기초로 과세소득을 계산하는 경우에는 사업연도를 회계연도와 일치시키는 것이 좋다. 그 기간이 다르면 기업은 재무보고를 위한 결산과 세무보고를 위한 결산을 각각 해야 하므로 결산업무 부담이 크기 때문이다. 우리나라에서는 기업이 정한 회계연도를 그대로 사업연도로 인정하는 방법을 채택하고 있다.

2. 사업연도

(1) 정관 등에 사업연도가 정하여져 있는 경우

법인의 사업연도는 법령이나 법인의 정관 등에서 정하는 1회계기간으로 한다. 다만, 그 기간은 원칙적으로 1년을 초과하지 못한다(법법 §6①).

(2) 정관 등에서 사업연도가 정하여져 있지 않은 경우

1) 내국법인의 경우

법인의 법령이나 정관 등에서 사업연도에 대한 규정이 없는 내국법인은 따로 사업연도를 정하여 설립등기일(사업의 실질적 관리장소를 두게 되는 경우에는 그 실질적 관리장소를 두게 된 날)부터 2개월 이내에 법인설립신고 또는 해당 사업의 개시일로부터 20일 이내에 사업자등록과 함께 납세지의 관할 세무서장에게 이를 신고하여야 한다. 이 경우 그 신고된 사업연도가 그 내국법인의 사업연도가 된다(법법 §6②).

2) 외국법인의 경우

법령이나 정관 등에 사업연도의 규정이 없는 외국법인이 국내사업장을 가지게 되었을 때에는 그 국내사업장을 가진 날부터 2개월 이내에 국내사업장 설치신고 또는 사업의 개시일부터 20일 이내에 사업자등록과 함께 납세지의 관할 세무서장에게 사업연도를 신고하여야 한다(법법 §6③). 또 국내사업장이 없는 외국법인으로서 「법인세법」제93조 제3호에 따른 국내원천 부동산소득 또는 같은조 제7호에 따른 국내원천 양도소득이 있는 법인은 따로 사업연도를 정하여 그 소득이 최초로 발생하게 된 날로부터 1개월 이내에 납세지 관할 세무서장에게 사업연도를 신고하여야 한다(법법 §6④).

3) 사업연도를 신고하여야 할 법인이 신고하지 않은 경우

사업연도가 정하여져 있지 아니한 법인으로서 따로 사업연도를 정하여 신고하여야 할 내국법인과 외국법인이 사업연도를 신고하지 아니한 때에는 매년 1. 1.부터 12. 31.까지를 해당 법인의 사업연도로 한다(법법 §6⑤).

(3) 정관에 정하여진 사업연도와 신고한 사업연도가 다른 경우

법인의 정관에 정하여진 사업연도가 해당 법인이 납세지 관할 세무서장에게 신고한 사업연도와 다른 경우에는 기한 내에 사업연도 변경신고를 한 경우를 제외하고는 해당 법인이 납세지 관할 세무서장에게 신고한 사업연도를 적용한다(법집 6-0-1 ③).

3. 사업연도의 변경

(1) 개 요

법인이 정관 등으로 정한 사업연도를 바꾸는 것을 사업연도의 변경이라고 한다. 법인이 사업연도를 변경하려는 경우 반드시 법인세법에 정한 절차에 따라 관할 세무서장에게 변경신고를 해야 한다. 법인세법이 사업연도 변경신고절차를 법정화한 것은 법인이 사업연도를 임의로 변경할 경우 생길 수 있는 세무행정의 혼란을 방지하기 위한 것이다.

(2) 사업연도 변경신고기한

사업연도를 변경하려는 법인은 변경하려는 사업연도의 직전 사업연도 종료일부터 3개월 이내에 관할 세무서장에게 사업연도 변경신고를 하여야 한다(법법 §7①). 법정기한 전에 사업연도 변경신고를 미리 한 경우에는 적법한 신고로 보므로 그 사업연도부터 사업연도가 변경된다. 반면에, 법정기한 후에 사업연도 변경신고를 한 경우 그 사업연도에는 사업연도가 변경되지 않는다. 그러나 그 다음 사업연도를 기준으로 보면 사업연도 변경신고를 미리 한 것이므로 그 다음 사업연도부터는 사업연도가 변경된다.

(3) 사업연도 변경시 잔여기간의 처리

사업연도를 변경하는 경우 변경 전 사업연도 종료일부터 변경 후 사업연도 개시일의 전 날까지의 기간이 남는데, 법인세법은 그 기간도 한 사업연도로 본다. 다만, 그 기간이 1개월 미만인 경우에는 납세편의를 위하여 변경된 사업연도에 포함한다(법법 §7③).

예를 들어, 사업연도가 1월 1일부터 12월 31일까지인 법인이 사업연도를 20×3년부터 사 업연도를 7월 1일부터 다음 연도 6월 30일까지로 변경하면 20×3년 1월 1일부터 20×3년 6월 30일까지의 기간이 남고, 그 기간도 1사업연도가 된다.

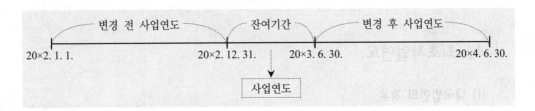

┃ 사례 » **사업연도 변경**

㈜한공(정관상 사업연도 1. 1.~12. 31.)이 2024년(제24기)부터 사업연도를 7월 1일부터 그 다음 해 6월 30일까지로 변경하려고 한다.
① ㈜한공이 사업연도 변경신고서를 제출해야 하는 기한은?
② 사업연도 변경신고서를 2024. 4. 30.에 제출하는 경우 제24기부터 제26기까지 사업연도는?

┃ 해답 ┃

① 변경하려는 사업연도의 직전 사업연도 종료일(2023. 12. 31.)부터 3개월 이내인 2024. 3. 31.이 사업연도 변경신고기한임
② 변경신고기한이 지났으므로 2024년에는 변경되지 않고 2025년에 변경됨.
   제24기(2024. 1. 1.~2024. 12. 31.), 제25기(2025. 1. 1.~2025. 6. 30.), 제26기(2025. 7. 1.~2026. 6. 30.)

(4) 신설법인의 최초 사업연도

신설법인의 경우에는 최초 사업연도가 경과하기 전에는 사업연도를 변경할 수 없는 것으 로 한다(법기통 7-5…1).

(5) 법령의 개정으로 사업연도가 변경된 법인이 사업연도 변경신고를 하지 않은 경우의 처리

법령에 따라 사업연도가 정하여지는 법인의 경우 관련 법령의 개정에 따라 사업연도가 변경된 경우에는 사업연도 변경신고를 하지 아니한 경우에도 개정 내용과 같이 사업연도가

변경된 것으로 본다(법법 §7② 단서).

> 💡주의 **사업연도 변경으로 인한 세법상 불이익**
>
> 사업연도를 변경하는 경우 다음과 같이 세법상 불이익이 생길 수 있다.
> ① 일반적으로 변경 후 최초 사업연도는 변경 전 사업연도보다 짧은데, 이 기간에 대하여 결산을 해서 법인세를 신고하여야 하므로 결산업무가 번거롭다.
> ② 이월결손금의 공제기간, 결손금소급공제 기간 및 이월세액공제와 잔존세액감면 기간이 단축되는 불이익이 있을 수 있다.

4. 최초사업연도

(1) 내국법인의 경우

내국법인의 최초사업연도는 설립등기일부터 그 사업연도 종료일까지로 한다(법령 §4①(1)). 최초사업연도의 개시일은 사업 개시 여부에 불구하고 설립등기일을 말하므로 법인설립등기를 하였으나 설립등기 후 사업실적이 없는 경우에도 설립등기일부터 정관상 사업연도 종료일까지를 최초사업연도로 한다(서이-525, 2004. 3. 22., 법인 46012-1087, 2000. 5. 3.).

신설법인의 최초사업개시일은 본점 또는 주사무소의 법인설립등기를 한 날이므로 본점설립등기일 후 사업자등록을 하였더라도 설립등기일부터 정관상 사업연도 종료일까지를 최초사업연도로 한다(국심 88서 1674, 1989. 3. 27.).

(2) 외국법인의 경우

외국법인의 최초사업연도는 「법인세법」 제94조에 따른 국내사업장을 가지게 된 날부터 그 사업연도 종료일까지로 하고, 국내사업장이 없으나 국내원천 부동산소득(법법 §93(3)) 또는 국내원천 부동산등양도소득(법법 §93(7))이 있는 경우에는 해당 소득이 최초로 발생하게 된 날부터 그 사업연도 종료일까지로 한다(법법 §6④, 법령 §4①(2)).

(3) 법인으로 보는 단체의 경우

법인으로 보는 단체의 최초사업연도는 다음의 개시일부터 그 사업연도 종료일까지로 한다(법령 §4①(1)).
① 법령에 의하여 설립된 단체에 있어서 해당 법령에 설립일이 정하여진 경우에는 그 설립일
② 설립에 관하여 주무관청의 허가 또는 인가를 요하는 단체와 법령에 의하여 주무관청에 등록한 단체의 경우에는 그 허가일·인가일 또는 등록일

③ 공익을 목적으로 출연된 기본재산이 있는 재단으로서 등기되지 아니한 것에 있어서는 그 기본재산의 출연을 받은 날

④ 「국세기본법」 제13조 제2항에 의하여 관할 세무서장의 승인을 얻은 단체의 경우에는 그 승인일. 따라서 거주자로 보던 법인 아닌 단체가 관할 세무서장의 승인을 받은 경우 동 단체의 최초사업연도의 개시일은 법인으로 승인받은 날로 한다(법인 46012−2003, 1995. 7. 22.).

5. 법인설립일 전에 생긴 손익의 귀속사업연도

법인의 설립일 전에 생긴 손익을 사실상 그 법인에 귀속시킨 것이 있는 경우 조세포탈의 우려가 없을 때에는 최초사업연도의 기간이 1년을 초과하지 아니하는 범위 내에서 이를 당해 법인의 최초사업연도의 손익에 산입하여 법인세를 부과할 수 있다. 이 경우 법인의 최초사업연도의 개시일은 당해 법인에 귀속시킨 손익이 최초로 발생한 날로 한다(법령 §4②).

법인설립일 전에 생긴 손익의 예로는, 법인이 설립등기일 전에 사업개시로 인하여 지출된 사원의 급료, 영업활동비, 소모품비(법인세과 1264.21−2119, 1984. 6. 27.), 종중이 법인으로 승인받기 전에 부동산을 양도한 경우의 양도손익(서면−2016−법인−6018 [법인세과−807], 2017. 3. 28.) 등이 있다. 그러나 법인설립일 전에 생긴 손익이라도 「상법」 제290조에 따라 정관에 기재함으로써 효력이 있는 변태설립사항인 "회사가 부담할 설립비용과 발기인이 받을 보수액"을 정관에 기재하지 아니하고 지출한 경우에는 이를 법인의 손금에 산입할 수 없다(법규법인 2010−0299, 2010. 10. 22.).

사례 » 최초 사업연도 개시일 전의 손익의 귀속

설악 강씨 종중은 1970. 1. 10.에 임야를 취득하여 선산으로 사용하다가 2024. 5. 3. 그 선산을 양도하였다. 해당 종중은 관할 세무서장에게 국세기본법 제13조 제2항에 따라 법인으로 보는 단체에 대한 승인을 신청하여 2024. 10. 31.에 승인을 받았다.

① 최초 사업연도 개시일은 언제인가?

② 해당 종중이 선산의 양도소득을 법인으로 보는 단체인 종중에 귀속시킨 경우 최초 사업연도 개시일은 언제인가? 다만, 법인에게 귀속시킨 경우 조세포탈의 우려가 없다고 가정함.

③ 선산의 양도소득을 법인에게 귀속시킨 경우와 귀속시키지 않은 경우의 선산 양도소득에 대한 과세방법의 차이는?

해답

① 국세기본법에 따라 승인을 받아 법인으로 보는 단체가 된 경우에는 그 승인일(2024. 10. 31.)이 최초사업연도 개시일임(법령 §4①(1)라).

② 최초 사업연도 개시일은 귀속시킨 손익이 최초로 발생한 2024. 5. 3.임.

③ 선산의 양도소득에 대한 과세방법
㉮ 법인에게 귀속시키지 않은 경우 : 양도소득세 과세
㉯ 법인에게 귀속시킨 경우 : 종중은 비영리법인이므로 선산의 양도소득이 수익사업소득인 경우 법인세 과세. 다만, 양도일 현재 3년 이상 계속하여 고유목적사업에 직접 사용한 경우에는 수익사업소득이 아니므로 선산의 양도소득은 법인세 과세대상이 아님(법령 §3②).

6. 사업연도의 의제

(1) 개 요

사업연도의 의제란, 법인이 해산 또는 합병으로 소멸하거나 일정한 사유가 있는 경우에 정관 등에서 정한 회계연도에 관계없이 일정한 기간을 사업연도로 보는 제도를 말한다.

(2) 사업연도의 의제의 형태

1) 해산의 경우

내국법인이 사업연도 중에 해산(합병 또는 분할에 따른 해산과 조직변경은 제외한다)한 경우에는 당해 등기부상 원인일자 또는 주주총회의 결의일에 관계없이 다음의 기간을 각각 1사업연도로 본다(법법 §8①).

① 그 사업연도 개시일부터 해산등기일(파산으로 인하여 해산한 경우에는 파산등기일을 말하며, 법인으로 보는 단체의 경우에는 해산일을 말한다)까지의 기간[5]
② 해산등기일 다음날부터 그 사업연도 종료일까지의 기간

이 규정은 비영리법인에게도 적용한다(법인 46012-1070, 1995. 4. 18.).

2) 청산 중 잔여재산의 가액이 확정된 경우

청산 중에 있는 내국법인의 잔여재산가액이 사업연도 중에 확정된 경우에는 그 사업연도 개시일부터 잔여재산의 가액이 확정된 날까지의 기간을 1사업연도로 본다(법법 §8④(1)). 이 경우 "잔여재산가액 확정일"은 잔여재산의 추심 또는 환가를 완료하거나, 잔여재산을 그대로 분배하는 경우에 그 분배를 완료한 날을 말한다. 따라서 파산선고 신청을 위하여 가결산을 한 날은 잔여재산가액 확정일이 아니다(법인 46012-1282, 1999. 4. 7.).

---

5) 정관상 사업연도가 1. 1.부터 12. 31.까지로 되어 있는 법인이 12. 20.에 해산등기를 한 경우에는 그 법인의 의제사업연도는 1. 1.부터 12. 20.까지와 12. 21.부터 12. 31.까지가 된다. 그러나 사업연도가 12. 21.부터 12. 31.까지는 1개월 미만에 해당하므로 「법인세법」 제7조 제3항에 따라 다음 사업연도에 포함되는 것으로 해석할 수 있으나, 동법 제7조 제3항의 경우는 사업연도를 변경한 경우에 한하여 적용되는 것이므로, 법인이 해산하는 경우에는 이를 적용할 수 없다(법인 1264.21-4019, 1984. 12. 17.).

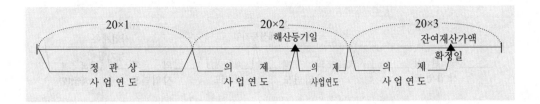

3) 합병 또는 분할에 따라 해산한 경우

내국법인이 사업연도 중에 합병이나 분할에 따라 해산한 경우에는 그 사업연도 개시일부터 합병등기일 또는 분할등기일까지의 기간을 그 해산한 법인의 1사업연도로 본다(**법법 §8②**).

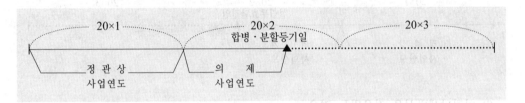

이 경우 합병등기일과 분할등기일은 다음에 해당하는 날을 말한다(**법령 §6**).

구 분	내 용
합병등기일	① 합병 후 존속하는 법인에 있어서는 변경등기일 ② 합병으로 인하여 설립되는 법인에 있어서는 설립등기일
분할등기일	① 분할(분할합병 포함) 후 존속하는 법인에 있어서는 변경등기일 ② 분할로 인하여 설립되는 법인에 있어서는 설립등기일

4) 청산 중에 있는 법인이 사업을 계속하는 경우

청산 중인 내국법인이 「상법」 제229조, 제285조, 제287조의40, 제519조 또는 제610조에 따라 사업을 계속하는 경우에는 다음의 기간을 각각 1사업연도로 본다(**법법 §8④(2)**).

① 그 사업연도 개시일부터 계속등기일(계속등기를 하지 아니한 경우에는 사실상의 사업계속일을 말한다)까지의 기간

② 계속등기일 다음날부터 그 사업연도 종료일까지의 기간

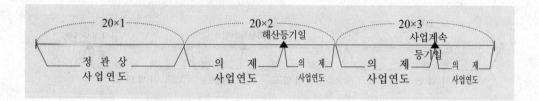

5) 설립무효 등의 판결을 받은 법인의 사업연도

법인이 사업연도 기간 중에 설립무효 또는 설립취소의 판결을 받은 경우에는 당해 사업연도 개시일부터 확정판결일까지를 1사업연도로 본다(법기통 8-0…2).

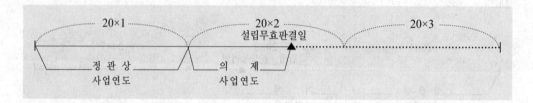

6) 연결납세방식을 적용받는 경우

내국법인이 사업연도 중에 연결납세방식을 적용받는 경우에는 그 사업연도 개시일부터 연결사업연도 개시일 전날까지의 기간을 사업연도로 본다(법법 §8⑤).

예를 들어, 사업연도가 1. 1.부터 12. 31.까지인 모법인과 7. 1.부터 그 다음 연도 6. 30. 까지인 자법인이 1. 1.부터 12. 31.까지를 연결사업연도로 하여 연결납세방식 적용을 신청하면 자법인의 사업연도는 연결사업연도와 같이 1. 1.부터 12. 31.로 변경되며, 연결 직전 사업연도는 사업연도 개시일부터 연결사업연도 개시일 전일까지의 기간이 된다.

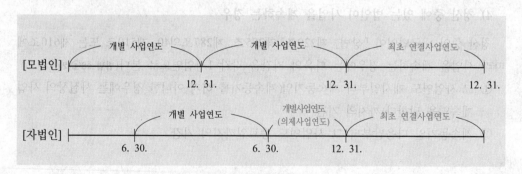

7) 외국법인이 국내사업장을 가지지 않게 된 경우

국내사업장이 있는 외국법인이 사업연도 중에 그 국내사업장을 가지지 아니하게 된 경우에는 그 사업연도 개시일부터 그 사업장을 가지지 아니하게 된 날까지의 기간을 1사업연도로 본다. 다만, 국내에 다른 사업장을 계속하여 가지고 있는 경우에는 그러하지 아니하다(법법 §8⑥).

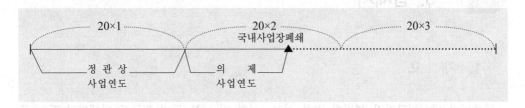

예를 들면, 외국법인의 국내사업이 종료되어 사실상 국내사업장이 청산된 경우는 휴업신고나 그 등기유지에 관계없이 국내사업장을 가지지 않게 된 날에 폐업한 것으로 본다(국일 46017-206, 1997. 3. 25.).

8) 국내사업장이 없는 외국법인이 부동산소득 또는 양도소득이 발생하지 않게 된 경우

국내사업장이 없는 외국법인이 사업연도 중에 국내원천 부동산소득(법법 §93(3)) 또는 국내원천 부동산등양도소득(법법 §93(7))이 발생하지 아니하게 되어 납세지 관할 세무서장에게 그 사실을 신고한 경우에는 그 사업연도 개시일부터 그 신고일까지의 기간을 1사업연도로 본다(법법 §8⑦).

(3) 사업연도의 의제에 해당하지 아니하는 경우

다음의 경우는 사업연도의 의제에 해당하지 아니하므로, 당해 법인의 정관상 사업연도가 세법상 사업연도에 해당한다.

1) 법인이 조직을 변경한 경우

내국법인이 사업연도 중에 다음에 해당하는 조직변경을 한 경우에는 조직변경 전의 사업연도가 계속되는 것으로 본다(법법 §8③, 법령 §121).
① 「상법」의 규정에 따라 조직변경하는 경우
② 특별법에 따라 설립된 법인이 그 특별법의 개정이나 폐지로 인하여 「상법」에 따른 회사로 조직변경하는 경우
③ 「변호사법」에 따라 법무법인이 법무법인(유한)으로 조직변경하는 경우
④ 「관세사법」에 따라 관세사법인이 관세법인으로 조직변경하는 경우
⑤ 「변리사법」에 따라 특허법인이 특허법인(유한)으로 조직변경하는 경우
⑥ 「협동조합 기본법」 제60조의2 제1항에 따라 법인 등이 협동조합으로 조직변경하는 경우
⑦ 「지방공기업법」 제80조에 따라 지방공사가 지방공단으로 조직변경하거나 지방공단이 지방공사로 조직변경하는 경우

5. 납세지

1. 개 요

납세지란 납세의무자가 세법이 정한 신고·신청 및 납부 등의 의무를 이행하고 환급 등의 권리를 행사할 때 그 상대방이 되는 과세관청을 정하는 장소적 기준인 동시에, 부과·징수권 등을 행사하는 과세관청을 정하는 장소적 기준이다.

2. 납세지

(1) 내국법인의 납세지

내국법인의 법인세 납세지는 그 법인의 등기부에 따른 본점이나 주사무소의 소재지(국내에 본점 또는 주사무소가 있지 아니하는 경우에는 사업을 실질적으로 관리하는 장소의 소재지)로 한다(법법 §9①).

(2) 외국법인의 납세지

1) 일반적인 경우

외국법인의 법인세 납세지는 국내사업장의 소재지로 한다. 다만, 국내사업장이 없는 외국법인으로서 국내원천 부동산소득(법법 §93(3)) 또는 국내원천 부동산등양도소득(법법 §93(7))이 있는 외국법인의 경우에는 각각 그 자산의 소재지를 납세지로 한다(법법 §9②).

2) 둘 이상의 국내사업장이 있는 경우

둘 이상의 국내사업장이 있는 외국법인에 대해서는 주된 사업장의 소재지를 납세지로 하고, 둘 이상의 자산이 있는 법인에 대하여는 국내원천소득이 발생하는 장소 중에서 당해 외국법인이 납세지로 신고하는 장소를 납세지로 한다(법법 §9③ 및 법령 §7④).

이 경우 그 신고는 둘 이상의 국내원천소득이 발생하게 된 날부터 1개월 이내에 납세지 신고서(「법인세법 시행규칙」 별지 제62호 서식)에 의하여 납세지 관할 세무서장에게 하여야 한다(법령 §7④).

여기서 "주된 사업장" 또는 "주된 부동산의 소재지"란 직전 사업연도의 「법인세법 시행령」 제11조 제1호의 규정에 의한 사업수입금액이 가장 많은 사업장 또는 부동산의 소재지

를 말한다. 다만, 주된 사업장 소재지의 판정은 최초로 납세지를 정하는 경우에만 적용한다
(법령 §7② · ③).

주된 사업장을 판정함에 있어서 직전 사업연도에 수입금액도 없고 납세지의 지정도 없는
경우에는 당해연도 수입금액에 의해 주사업장을 판단한다(국일 46017 - 169, 1996. 4. 1.).

3) 고정된 사업장이 없는 경우

건설업 등을 영위하는 외국법인의 국내사업장이 영해에 소재하는 이유 등으로 국내사업
장을 납세지로 하는 것이 곤란한 경우에는 국내의 등기부상 소재지를 납세지로 한다. 다만,
등기부상 소재지가 없으면 국내에서 그 사업에 관한 업무를 총괄하는 장소를 납세지로 한
다(법령 §7⑤).

(3) 법인으로 보는 단체의 납세지

법인으로 보는 단체의 납세지는 당해 단체의 사업장 소재지를 말하되, 주된 소득이 부동
산임대소득인 단체의 경우에는 그 부동산의 소재지를 말한다. 이 경우 2 이상의 사업장 또
는 부동산을 가지고 있는 단체의 경우에는 주된 사업장 또는 주된 부동산의 소재지를 말하
며, 사업장이 없는 단체의 경우에는 당해 단체의 정관 등에 기재된 주사무소의 소재지(정관
등에 주사무소에 관한 규정이 없는 단체의 경우에는 그 대표자 또는 관리인의 주소를 말한
다)를 말한다(법령 §7①).

▌ 사례 》

대한예수교○○ 총회에 소속된 교회가 동산 · 부동산을 막론하고 모든 재산을 관리하는 경우 교회의
수익사업소득에 대한 법인세의 납세지는?

▌ 해답 ▌

법인격이 없는 단체(교회)가 「국세기본법」 제13조 제1항 각호의 1(당연법인의제요건)에 해당하거
나 같은법 제13조 제2항의 각호의 요건(승인에 의한 법인의제요건)을 갖춘 것으로서 관할 세무서
장에게 신청하여 법인으로 보는 단체로 승인을 얻은 경우에는 동 단체(교회)가 당해 교회의 사업
장 소재지를 납세지로 하여 「법인세법」에 열거된 수익사업에 대한 법인세 과세표준 및 세액을 신
고 · 납부한다(법인 46012 - 1510, 1999. 4. 22., 제도 46012 - 12522, 2001. 8. 2.).

3. 원천징수한 법인세의 납세지

(1) 개인인 경우

원천징수하는 자가 개인인 경우 원천징수한 법인세의 납세지는 다음과 같다(법령 §7⑥(1)).

1) 거주자의 경우

원천징수하는 자가 거주자인 경우에는 그 거주자의 주된 사업장 소재지로 한다. 다만, 주된 사업장 외의 사업장에서 원천징수하는 경우에는 그 사업장의 소재지, 사업장이 없는 경우에는 그 거주자의 주소지 또는 거소지로 한다(법령 §7⑥(1) 및 소법 §7①(1)).

2) 비거주자의 경우

원천징수하는 자가 비거주자인 경우에는 그 비거주자의 주된 국내사업장 소재지로 한다. 다만, 주된 국내사업장 외의 국내사업장에서 원천징수를 하는 경우에는 그 국내사업장의 소재지, 국내사업장이 없는 경우에는 그 비거주자의 거류지 또는 체류지로 한다(법령 §7⑥(1) 및 소법 §7①(2)).

(2) 법인인 경우

1) 일반적인 경우

원천징수의무자가 법인인 경우에는 해당 법인의 본점·주사무소 또는 국내에 본점이나 주사무소가 소재하지 아니하는 경우에는 사업의 실질적 관리장소의 소재지(법인으로 보는 단체의 경우에는 당해 단체의 사업장 소재지를 말하되, 주된 소득이 부동산임대소득인 단체의 경우에는 그 부동산의 소재지로, 외국법인의 경우에는 해당 법인의 주된 국내사업장의 소재지로 한다)를 원천징수한 법인세의 납세지로 한다. 다만, 법인의 지점·영업소 기타 사업장이 독립채산제에 의하여 독자적으로 회계사무를 처리하는 경우에는 그 사업장의 소재지(그 사업장의 소재지가 국외에 있는 경우를 제외한다)로 한다(법령 §7⑥(2)).

"법인의 지점·영업소 기타 사업장이 독립채산제에 의하여 독자적으로 회계사무를 처리하는 경우"란 법인의 지점·영업소 기타 사업장이 당해 사업장과 관련된 일상적인 수입과 지출을 지점장 등의 책임 하에 입금 또는 지출하고 그 실적을 손익계산서 혹은 원가계산서 등으로 나타내어 본점에 보고하는 경우를 말한다(서면2팀-2591, 2004. 12. 9.). 따라서 법인이 사업부문별 본부를 책임경영제로 운영하면서 동 본부 내 각 점포의 회계사무를 동 본부에서 총괄해 독립채산제에 의해 처리하는 경우 각 점포에 대한 원천징수세액의 납세지는 그 본부의 소재지가 된다(법인 46013-1399, 2000. 6. 20.).

2) 본점에서 전산조직 등에 의하여 일괄 계산하여 본사에서 일괄납부하는 경우

법인이 지점·영업소 그 밖의 사업장에서 지급하는 소득에 대한 원천징수세액을 본점 등에서 전자계산조직 등에 의하여 일괄계산하는 경우로서 본점 등의 관할 세무서장에게 신고하거나 「부가가치세법」 제8조 제3항 및 제4항에 따라 사업자단위로 관할 세무서장에게 등록한 경우에는 해당 법인의 본점 등을 해당 소득에 대한 법인세 원천징수세액의 납세지로 할 수 있다(법령 §7⑥(2)).[6]

이 경우 해당 법인의 본점 등에서의 원천징수세액 일괄납부승인을 받으려는 법인은 원천징수세액을 일괄납부하려는 달의 말일부터 1개월 전까지 원천징수세액 본점일괄납부승인신청서를 본점 관할 세무서장에게 제출하여야 한다(법칙 §2의3).

(3) 국내사업장이 없는 외국법인이 주식 등을 외국에서 양도하는 경우

국내사업장이 없는 외국법인이나 국내에 주소 또는 거소를 가지지 않는 외국인이 내국법인 또는 외국법인이 국내에서 발행한 주식 등 또는 그 밖의 유가증권을 외국에서 양도하는 경우 그 지급액의 10%를 원천징수하거나, 당해 유가증권의 취득가액 및 양도비용이 확인되는 경우에는 그 지급액 등의 10%에 상당하는 금액과 동 유가증권의 양도차액의 20%에 상당하는 금액 중 적은 금액을 법인세 또는 소득세로 원천징수를 하여야 하는데 유가증권을 양수하는 양수자(원천징수의무자)가 외국법인 또는 외국인이 되어 국내에 주된 사업장 또는 주된 거소를 두지 아니한 경우에는 원천징수의무를 이행할 수 없게 된다.

그러나 「법인세법」 제98조 및 제98조의3에 따른 원천징수의무자가 국내에 그 소재지를 가지지 아니하는 경우에는 다음의 장소를 원천징수의무자의 소재지로 한다고 규정하고 있다(법법 §9④ 및 법령 §7⑦).

① 「법인세법」 제93조 제7호 나목에 해당하는 주식 등의 양도소득 및 「법인세법 시행령」 제132조 제8호 각호의 어느 하나에 해당하는 소득이 있는 경우에는 당해 유가증권을 발행한 내국법인 또는 외국법인의 국내사업장의 소재지

② 위 "①" 외의 경우에는 국세청장이 지정하는 장소

4. 납세지의 지정

(1) 개 요

법인의 납세지가 다음의 이유에서 그 법인의 납세지로 적당하지 아니하다고 인정되는 경

---

[6] 법인의 지점이 독립채산제에 의하여 독자적으로 회계사무를 처리하면서 퇴직급여에 관한 회계사무는 본점에서 처리하는 경우 원천징수한 퇴직소득세의 납세지는 본점소재지로 할 수 있다(법인 46013-812, 1993. 3. 31.).

우에는 관할 지방국세청장이 그 법인의 납세지를 지정할 수 있다. 이 경우 새로이 지정될 납세지가 그 관할을 달리할 때에는 국세청장이 그 납세지를 지정할 수 있다(법법 §10① 및 법령 §8① · ②).

① 내국법인의 본점 또는 주사무소의 소재지가 등기된 주소와 동일하지 아니한 경우

② 내국법인의 본점 또는 주사무소의 소재지가 자산 또는 사업장과 분리되어 있어 조세포탈의 우려가 있다고 인정되는 경우

③ 둘 이상의 국내사업장을 가지고 있는 외국법인의 경우로서 주된 사업장의 소재지를 판정할 수 없는 경우

④ 국내사업장이 없는 외국법인으로서 국내에 둘 이상의 장소에서 부동산 등이나 양도하는 자산 등을 가지고 있는 법인으로서 납세지를 신고하지 아니한 경우

(2) 납세지 지정통지

지방국세청장 또는 국세청장이 법인의 납세지를 지정하고자 할 때에는 그 법인의 당해 사업연도 종료일부터 45일 이내에 당해 법인에게 통지를 하여야 하며(법법 §10② 및 법령 §8③), 만일 이 기간 내에 통지를 하지 아니한 때에는 종전의 납세지를 그 법인의 납세지로 한다(법령 §8④).

5. 납세지의 변경

(1) 변경신고

법인의 납세지가 변경된 경우에는 그 변경된 날부터 15일 이내에 변경 후의 납세지 관할 세무서장에게 납세지 변경신고서를 제출(국세정보통신망에 의한 제출을 포함한다)하여야 한다(법법 §11①, 법령 §9①).

법인이 납세지를 변경하려는 경우에는 등기부의 본점이나 주사무소의 소재지를 변경하여야 하므로(법인 46012 - 2402, 1997. 9. 12.) 납세지 지정을 제외하고는 등기부 본점소재지를 변경함이 없이 임의로 납세지를 변경할 수 없다(법인 22601 - 1355, 1989. 4. 12.).

(2) 변경신고 의제

납세지가 변경된 법인이 「부가가치세법」 제8조【사업자 등록】에 따라 그 변경된 사실을 신고한 경우에는 납세지 변경신고를 한 것으로 본다(법법 §11① 후단).

(3) 변경신고를 하지 아니한 경우

법인이 납세지가 변경되었는데도 불구하고 법정기한 내에 변경신고를 하지 아니한 경우에는 종전의 납세지를 그 법인의 납세지로 한다(법법 §11②).

법인이 법인설립신고를 하지 아니하고 본점 이전등기를 한 경우에도 세법상 당해 법인의 납세지는 법인설립시 등기한 등기부상 본점소재지가 된다(법인 1264.21-141, 1983. 1. 17.).

(4) 신고기한이 지난 후 변경신고한 경우의 신고효력

납세지가 변경된 법인이 납세지 변경신고기한을 경과하여 변경신고를 한 경우에는 변경신고한 날부터 그 변경납세지를 당해 법인의 납세지로 한다(법칙 §3).

(5) 사업연도 중에 합병 또는 분할로 인하여 소멸한 경우

법인이 사업연도 중에 합병 또는 분할로 인하여 소멸한 경우 피합병법인·분할법인 또는 소멸한 분할합병의 상대방법인(이하 "피합병법인 등"이라 한다)의 각 사업연도의 소득(합병 또는 분할에 따른 양도손익을 포함함)에 대한 법인세 납세지는 합병법인·분할신설법인 또는 분할합병의 상대방법인(이하 "합병법인 등"이라 한다)의 납세지(분할의 경우에는 승계한 자산가액이 가장 많은 법인의 납세지를 말함)로 할 수 있다. 이 경우 납세지의 변경을 신고하여야 한다(법령 §9③).

그러나 피합병법인이 합병에 의해 사업자등록 폐업신고 및 합병법인 지점으로 사업자등록을 한 것은 납세지 변경신고를 한 것으로 볼 수 없으며, 납세지 변경신고가 없는 경우에는 종전의 납세지를 그 법인의 납세지로 한다(법인-168, 2009. 1. 15.).

6. 납세지와 관련한 세법상 문제

(1) 법인세 과세표준신고일 현재 납세지와 대표이사가 변경된 경우

법인의 사업연도 종료일부터 법인세 과세표준신고일까지의 기간 사이에 납세지와 대표이사의 명의가 변경된 경우 납세지와 대표이사의 명의가 변경되기 이전 사업연도에 대한 법인세 과세표준신고는 변경된 납세지 관할 세무서장에게 변경된 대표이사의 명의로 한다(법인 1264.21-126, 1985. 1. 15.). 「국세기본법」 제43조 제1항의 "과세표준신고서는 신고 당시 해당 국세의 납세지를 관할하는 세무서장에게 제출하여야 한다"고 규정하고 있으므로 그 신고 당시의 관할 세무서장에게 신고서를 제출하라고 한 것이다.

사례 »

▌물음 1▌

㈜한공(사업연도 : 1. 1.~12. 31.)이 2024. 3. 1.에 본사를 송파세무서 관할 구역에서 삼성세무서 관할 구역으로 이전한 후 제23기 사업연도(2023. 1. 1.~2023. 12. 31.)에 대한 법인세를 신고하려는 경우 송파세무서와 삼성세무서 중 어떤 세무서에 법인세 신고를 해야 하는가?

▌해답▌

신고 당시 세무서인 삼성세무서에 신고하여야 함.

▌물음 2▌

甲법인이 제23기에 대한 법인세 신고서를 송파세무서에 제출하고 송파세무서에 법인세액을 납부한 경우에 가산세를 부과하는가?

▌해답▌

① 무신고가산세 : 부과하지 않음.
  과세표준신고서가 관할 세무서장 외의 세무서장에게 제출된 경우에도 그 신고의 효력에는 영향이 없으므로(국기법 §43②) 무신고가산세 부과대상이 아님.
② 납부지연가산세 : 부과함.
  납부에 관하여는 관할을 위반한 경우 적법하게 납부된 것으로 본다는 규정이 없으므로 송파세무서장은 착오로 납부한 세액을 환급하고, 삼성세무서장은 납부하지 아니한 세액에 납부지연가산세를 더하여 징수함(징세 46101-318, 2000. 2. 28.).

(2) 과세표준과 세액의 결정 또는 경정결정의 경우

국세의 과세표준과 세액의 결정 또는 경정결정은 그 처분 당시 그 국세의 납세지를 관할하는 세무서장이 행한다(국기법 §44). 이 경우 "그 처분 당시 그 국세의 납세지를 관할하는 세무서장"이라 함은 결정 또는 경정하는 때의 그 국세의 납세지를 관할하는 세무서장을 말한다(국기통 44-0…1).

"국세청과 그 소속기관 직제"(대통령령 제18256호)에 따라 관할구역이 변경된 이후에는 변경 후 납세지를 관할하는 세무서장이 국세의 과세표준과 세액을 경정 또는 결정한다. 주소지·사업장의 이전 또는 납세지의 지정에 따라 납세지가 변경된 경우도 또한 같다(국기통 44-0…2).

사례 » 관할세무서장 외의 세무서장이 한 결정의 효력

㈜甲은 부산광역시 중구에 본점를 두고 사업을 경영하다가 2024. 5. 7.에 본점 소재지를 마산시로 이전하고 2024. 5. 10.에 납세지 변경신고를 하였다. 2024. 7. 19.에 조세포탈의 우려가 있다는 이유로 납세지 지정절차도 없이 ㈜甲의 종전 납세지 관할 세무서장이 2024년도 수시분 법인세 2억

원을 부과하였다. 이 처분이 적법한지 설명하시오.

▮ 해답 ▮

국세의 과세표준과 세액의 결정은 그 처분 당시 당해 국세의 납세지를 관할하는 세무서장이 한다(국기법 §44). 국세의 과세표준과 세액의 결정 또는 경정결정하는 때에 그 국세의 납세지를 관할하는 세무서장 외의 세무서장이 행한 결정 또는 경정결정처분은 효력이 없다. 다만, 세법 또는 다른 법령 등에 의하여 권한있는 세무서장이 결정 또는 경정결정하는 경우에는 그러하지 아니하다(국기통 44 -0…3).

법인이 납세지 변경신고를 하였으나 구 납세지에서 과세하는 것이 적당하다고 인정될 때에는 납세지 지정절차를 거쳐야 하고 이러한 납세지 지정절차 없이 구 납세지를 관할하는 세무서장이 과세하였다면 그와 같은 과세처분은 관할 없는 세무서장이 한 처분으로서 관계법령에 위배하는 위법한 처분이라고 할 것이다(대법원 80누 127, 1982. 9. 14.).

▮ 사례 ≫

甲법인이 종로세무서에 법인세를 납부한 후, 본점을 강남세무서로 이전하였다. 甲법인이 종로세무서에 납부한 법인세에 대하여 대법원 확정판결에서 승소한 경우 당초 처분청인 종로세무서에서 환급을 받는 것인지, 승소일 현재 세적지인 강남세무서에서 환급을 받는 것인지 여부?

▮ 해답 ▮

환급세액을 결정 또는 경정결정하는 것도 결정 또는 경정결정이므로 「국세기본법」 제44조에 따라 납세지를 관할하는 세무서장(강남세무서)이 결정 또는 경정결정을 하여야 함(징세 01254 -157, 1988. 1. 18.).

(3) 조세불복청구의 경우

납세의무자가 정부의 처분에 대하여 심사청구를 하려는 경우에는 당해 처분을 한 세무서장 또는 해당 처분을 하였거나 하여야 할 세무서장을 거쳐 국세청장에게 제출하여야 한다(국기법 §62①). 이 경우, 심사청구서가 해당 세무서장 외의 세무서장, 지방국세청장 또는 국세청장에게 제출된 경우에는 그 심사청구서를 관할 세무서장에게 지체없이 송부하고, 그 뜻을 해당 청구인에게 통지하여야 한다(국기령 §50②).

만일, 세무서의 관할구역 변경으로 처분의 통지를 한 세무서와 불복청구할 때의 세무서가 다른 경우에는 불복청구를 할 당시의 납세지를 관할하는 세무서장이 이의신청의 재결청이 되며, 납세자가 부과처분의 통지를 받은 후 납세지를 변경한 경우에는 처분의 통지를 한 세무서장(납세지 변경 전 세무서장)이 이의신청의 재결청이 된다(국기통 66 -0…1).

(4) 세무조사의 경우

세무조사는 납세지 관할 세무서장 또는 지방국세청장이 수행한다. 다만, 납세자의 주된 사업장 등이 납세지와 관할을 달리하거나 납세지 관할 세무서장 또는 지방국세청장이 세무조사를 수행하는 것이 부적절한 경우 등 일정한 사유에 해당하는 경우에는 국세청장(같은 지방국세청 소관 세무서 관할 조정의 경우에는 지방국세청장)이 그 관할을 조정할 수 있다 (국기법 §81의6①).

제 **2** 장

법인세 계산구조 및
소득처분

1. 법인세 계산구조

내국법인의 각 사업연도 소득에 대한 법인세는 다음과 같이 소득금액 계산, 과세표준 계산, 세액 계산의 3단계 구조로 되어 있다.

구 분	내 용	비 고
〈1단계〉 소 득 금 액 계 산	익 금 총 액 (−) 손 금 총 액	… 순자산증가액(자본의 납입, 익금불산입항목 제외) … 순자산감소액(자본의 환급, 잉여금의 처분, 손금불산입항목 제외)
〈2단계〉 과 세 표 준 계 산	각사업연도소득금액 (−) 이 월 결 손 금	… 세무상 결손금은 다음과 같이 이월하여 각 사업연도 소득금액의 80%(중소기업 등 일정한 법인은 100%)를 한도로 공제
		〈표: '08.12.31. 이전 개시한 사업연도에 발생한 결손금 → 5년 / '09.1.1.~'19.12.31. 개시한 사업연도에 발생한 결손금 → 10년 / '20.1.1. 이후 개시한 사업연도에서 발생한 결손금 → 15년〉
	(−) 비 과 세 소 득 (−) 소 득 공 제	… 공익신탁재산소득과 조특법상 비과세소득 … 유동화전문회사 등에 대한 소득공제와 조특법상 소득공제
〈3단계〉 세 액 계 산	과 세 표 준 (×) 세 율	… 초과누진세율
		〈표: 과세표준 2억원 이하 → 세율 9% / 2억원 초과 200억원 이하 → 19% / 200억원 초과 3천억원 이하 → 21% / 3천억원 초과 → 24%〉
	법인세산출세액 (−) 감 면 공 제 세 액 (+) 가 산 세 (+) 감면분추가납부세액	… 세액감면과 세액공제 … 국세기본법상 가산세 및 법인세법상 가산세 … 법인세법, 조특법 등에 따른 추가납부세액
	총 부 담 세 액 (−) 기 납 부 세 액	… 중간예납세액·원천납부세액·수시부과세액
	각사업연도소득에 대한 법인세 차감납부할세액	

133

구　분	내　용	비　　고
	(＋)　토지등양도소득에 대한 법인세	
	(＋)　미환류소득에 대한 법인세	
	차감납부할세액계	
	(－)　사실과 다른 회계처리	
	경정세액공제	
	(－)　분 납 할 세 액	
	차 감 납 부 세 액	

2. 세무조정

1. 개 요

법인세 과세표준의 신고는 법인이 확정한 결산을 기초로 하여 신고하도록 되어 있다. 법인이 기업회계기준을 준용하여 작성한 포괄손익계산서상 당기순이익은 기업회계기준 및 일반적으로 공정·타당하다고 인정하는 회계관행에 따라 산출된다. 기업회계는 기업실체 외부의 다양한 이해관계자의 경제적 의사결정을 위해 경영자가 기업실체의 경제적 자원과 의무, 경영성과, 현금흐름, 자본변동 등에 관한 재무정보를 제공하는 것을 목적으로 한다. 이러한 목적에 따라 작성된 재무제표가 국가의 재정을 조달하기 위하여 조세부담의 배분기준인 과세소득을 공평·타당하게 계산하도록 하고 과세소득을 적정히 계산하여 납세자 간의 소득계산의 통일성과 객관성을 유지하게 하는 세무회계의 목적에 부합된다고 할 수 없다.

이와 같이 기업회계와 세무회계는 그 목적이 다르므로 기업회계에 따라 작성한 재무제표상의 당기순이익은 각 사업연도 소득과 차이가 있다. 따라서 당기순이익을 기초로 결산서와 세법의 차이를 조정하여 각 사업연도 소득을 계산하도록 하고 있다.

2. 세무조정

기업회계에서 수익에서 비용을 빼서 당기순이익을 계산하는 것과 같이 법인세법은 익금에서 손금을 빼서 각 사업연도 소득금액을 계산한다. 그런데, 수익과 비용은 익금과 손금과 거의 같고 약간의 차이만 있으므로 당기순이익에 결산서와 세법의 차이를 가감하면 간편하게 각 사업연도 소득금액을 계산할 수 있다. 이에 따라 법인세신고서에서는 당기순이익에 결산서와 세법의 차이를 가감하여 각 사업연도 소득금액을 간접적으로 계산하도록 하고 있는데, 이를 세무조정이라고 한다.

결산서	세무조정		세　법
수　　　익	(+) 익금산입 (−) 익금불산입	=	익　　　금
(−) 비　　　용	(+) 손금산입 (−) 손금불산입	=	(−) 손　　　금
당 기 순 이 익	(+) 익금산입 및 손금불산입 (−) 손금산입 및 익금불산입	=	각사업연도소득금액

3. 세무조정항목

당 기 순 이 익		
(+) 가　산　조　정	…	익금산입 및 손금불산입
(−) 차　감　조　정	…	손금산입 및 익금불산입
각 사업연도 소득금액		

기업회계상 수익 및 비용과 세법의 익금 및 손금의 차이에 대하여 세무조정을 하기 때문에 세무조정의 항목은 가산조정인 익금산입 및 손금불산입과 차감조정인 손금산입 및 익금불산입으로 구분된다.

(1) 가산조정

① 익금산입 : 익금항목을 결산상 수익으로 계상하지 않으면 당기순이익이 과소표시되므로 당기순이익에 과소표시된 금액을 더하는 조정을 해야 하는데, 이를 "익금산입"이라고 한다.

② 손금불산입 : 손금불산입항목을 결산상 비용으로 계상하면 당기순이익이 과소표시되므로 당기순이익에 과소표시된 금액을 더하는 조정을 해야 하는데, 이를 "손금불산입"이라고 한다.

(2) 차감조정

① 손금산입 : 손금항목을 결산상 비용으로 계상하지 않으면 당기순이익이 과대표시되므로 당기순이익에서 과대표시된 금액을 빼는 조정을 해야 하는데, 이를 "손금산입"이

라고 한다.

② 익금불산입 : 익금불산입항목을 결산상 수익으로 계상하면 당기순이익이 과대표시되 므로 당기순이익에서 과대표시된 금액을 빼는 조정을 해야 하는데, 이를 "익금불산입" 이라고 한다.

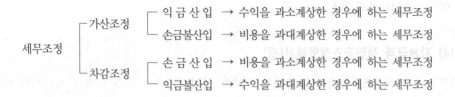

세무조정 ┬ 가산조정 ┬ 익 금 산 입 → 수익을 과소계상한 경우에 하는 세무조정
　　　　　 │　　　　　└ 손금불산입 → 비용을 과대계상한 경우에 하는 세무조정
　　　　　 └ 차감조정 ┬ 손 금 산 입 → 비용을 과소계상한 경우에 하는 세무조정
　　　　　　　　　　　└ 익금불산입 → 수익을 과대계상한 경우에 하는 세무조정

4. 세무조정계산서

세무조정의 내용은 세무조정계산서에 기재해야 한다. 세무조정계산서 중에서 다음 서식 이 중요하다.

(1) 소득금액조정합계표

소득금액조정합계표(별지 제15호 서식)는 세무조정사항을 집계하는 서식이다. 모든 세무 조정사항을 익금산입 및 손금불산입 란과 손금산입 및 익금불산입 란에 과목·금액·소득 처분으로 구분하여 소득금액조정합계표에 기재한다. 다만, 기부금 한도초과액의 손금불산입 과 전기기부금 한도초과이월액의 손금산입에 대한 세무조정은 소득금액조정합계표에 기재하 지 않고, 직접 「법인세 과세표준 및 세액조정계산서」에 기재한다. 이와 같이 기부금 한도초 과액과 전기기부금 한도초과이월액을 소득금액조정합계표에 기재하지 않는 것은 기부금 한 도액은 소득금액을 한도로 하므로 소득금액조정합계표를 먼저 작성한 후에 기부금 한도액 을 계산하기 위함이다.

(2) 법인세 과세표준 및 세액조정계산서

「법인세 과세표준 및 세액조정계산서」(별지 제3호 서식)는 당기순이익부터 시작해서 소 득금액, 과세표준 및 세액의 계산내역을 기재하는 서식이다. 각 사업연도 소득금액에 대한 법인세는 물론이고 「토지 등 양도소득에 대한 법인세」와 「미환류소득에 대한 법인세」도 세 액 계산 내역을 이 서식에 기재한다.

(3) 자본금과 적립금조정명세서(을)

「자본금과 적립금조정명세서(을)」[별지 제50호 서식(을)]은 유보로 소득처분된 금액을 관리하는 서식이다. 유보는 결산상 자산·부채가 세무상 자산·부채와 차이가 있다는 것을 나타낸다. 유보는 기업회계와 세무회계 간의 일시적 차이로서 그 후 반대 세무조정을 유발하므로 이 서식에서 관리한다.

(4) 자본금과 적립금조정명세서(갑)

「자본금과 적립금조정명세서(갑)」[별지 제50호 서식(갑)]은 세무상 자본을 계산하는 서식이다. 세무상 자본은 결산상 자본에 유보잔액을 더하고 손익 미계상 법인세비용을 빼서 계산한다. 세무상 자본은 청산소득 계산에 사용된다.

세무상 자기자본 = 결산상 자기자본 + 유보잔액 - 손익 미계상 법인세비용

(5) 소득자료 [인정상여, 인정배당, 기타소득] 명세서

법인이 법인세를 신고(또는 수정신고)하기 위하여 세무조정을 하면서 배당·상여·기타소득으로 소득처분한 경우에 소득자, 소득종류, 소득 귀속연도, 소득금액 등을 적어서 제출하는 서류를 「소득자료 [인정상여, 인정배당, 기타소득] 명세서」(별지 제55호 서식)라고 한다. 국세청은 제출된 자료를 소득세 과세자료로 활용한다.

〈소득금액변동통지서〉

「법인세법」에 따라 세무서장 또는 지방국세청장이 법인소득금액을 결정 또는 경정함에 있어서 처분(「국제조세조정에 관한 법률 시행령」 제49조에 따라 처분된 것으로 보는 경우를 포함함)되는 배당·상여 및 기타소득은 법인소득금액을 결정 또는 경정하는 세무서장 또는 지방국세청장이 그 결정일 또는 경정일부터 15일 내에 소득금액변동통지서(소칙 별지 제22호 서식)에 의하여 당해 법인에게 통지하여야 한다. 다만, 당해 법인의 소재지가 분명하지 아니하거나 그 통지서를 송달할 수 없는 경우에는 당해 주주 및 당해 상여나 기타소득의 처분을 받은 거주자에게 통지하여야 한다(소령 §192 ①). 세무서장 또는 지방국세청장이 해당 법인에게 소득금액변동통지서를 통지한 경우 통지하였다는 사실(소득금액 변동내용은 포함하지 아니함)을 해당 주주 및 해당 상여나 기타소득의 처분을 받은 거주자에게 알려야 한다(소령 §192④).

구 분	관련서류
법인이 신고하는 경우	「소득자료 [인정상여, 인정배당, 기타소득] 명세서」를 세무서에 제출
국세청에서 결정·경정하는 경우	소득금액변동통지서로 법인에게 통지

■ 법인세법 시행규칙 [별지 제15호 서식] (2022. 3. 18. 개정)

사 업 연 도	· · · ~ · · ·	소득금액조정합계표	법 인 명	
			사업자등록번호	

익금산입 및 손금불산입				손금산입 및 익금불산입			
①과 목	②금 액	③소득처분		④과 목	⑤금 액	⑥소득처분	
		처 분	코 드			처 분	코 드
합 계				합 계			

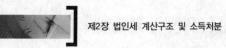

■ 법인세법 시행규칙 [별지 제3호 서식] (2024. 3. 22. 개정)

사 업 연 도	· · · ~ · · ·	법인세 과세표준 및 세액조정계산서	법 인 명	
			사업자등록번호	

① 각 사 업 연 도 소 득 계 산	⑩ 결산서상 당기순손익	01	
	소득조정 금 액 ⑩ 익 금 산 입	02	
	⑩ 손 금 산 입	03	
	⑩ 차 가 감 소 득 금 액 (⑩ + ⑩ - ⑩)	04	
	⑩ 기 부 금 한 도 초 과 액	05	
	⑩ 기부금한도초과이월액 손 금 산 입	54	
	⑩ 각 사업연도소득금액 (⑩+⑩-⑩)	06	

② 과 세 표 준 계 산	⑩ 각 사업연도소득금액 (⑩=⑩)		
	⑩ 이 월 결 손 금	07	
	⑩ 비 과 세 소 득	08	
	⑪ 소 득 공 제	09	
	⑫ 과 세 표 준 (⑩ - ⑩ - ⑩ - ⑪)	10	
	⑮ 선 박 표 준 이 익	55	

③ 산 출 세 액 계 산	⑬ 과 세 표 준 (⑫+⑮)	56	
	⑭ 세 율	11	
	⑮ 산 출 세 액	12	
	⑯ 지 점 유 보 소 득 (「법인세법」 제96조)	13	
	⑰ 세 율	14	
	⑱ 산 출 세 액	15	
	⑲ 합 계(⑮ + ⑱)	16	

④ 납 부 할 세 액 계 산	⑳ 산 출 세 액 (⑳ = ⑲)		
	㉑ 최저한세 적용대상 공 제 감 면 세 액	17	
	㉒ 차 감 세 액	18	
	㉓ 최저한세 적용제외 공 제 감 면 세 액	19	
	㉔ 가 산 세 액	20	
	㉕ 가 감 계(㉒-㉓+㉔)	21	
	기한내 납부세액 ㉖ 중 간 예 납 세 액	22	
	㉗ 수 시 부 과 세 액	23	
	㉘ 원 천 납 부 세 액	24	
	㉙ 간접투자회사등의 외 국 납 부 세 액	25	
	㉚ 소 계 (㉖ + ㉗ + ㉘ + ㉙)	26	
	㉛ 신 고 납 부 전 가 산 세 액	27	
	㉜ 합 계(㉚+㉛)	28	

⑬ 감 면 분 추 가 납 부 세 액	29	
⑭ 차 감 납 부 할 세 액 (⑫-⑫+⑬)	30	

⑤ 토 지 등 양 도 소 득 에 대 한 법 인 세 계 산	양도 차익 ⑬ 등 기 자 산	31	
	⑬ 미 등 기 자 산	32	
	⑬ 비 과 세 소 득	33	
	⑬ 과 세 표 준 (⑬+⑬-⑬)	34	
	⑬ 세 율	35	
	⑭ 산 출 세 액	36	
	⑭ 감 면 세 액	37	
	⑭ 차 감 세 액(⑭-⑭)	38	
	⑭ 공 제 세 액	39	
	⑭ 동업기업 법인세 배분액 (가산세 제외)	58	
	⑭ 가 산 세 액 (동업기업 배분액 포함)	40	
	⑭ 가 감 계(⑭-⑭+⑭+⑭)	41	
	기납부세액 ⑭ 수 시 부 과 세 액	42	
	⑭ ( ) 세 액	43	
	⑭ 계 (⑭ + ⑭)	44	
	⑮ 차감납부할세액(⑭-⑭)	45	

⑥ 미 환 류 소 득 법 인 세	⑯ 과 세 대 상 미 환 류 소 득	59	
	⑯ 세 율	60	
	⑯ 산 출 세 액	61	
	⑯ 가 산 세 액	62	
	⑯ 이 자 상 당 액	63	
	⑯ 납부할세액(⑯+⑯+⑯)	64	

⑦ 세 액 계	⑮ 차 감 납 부 할 세 액 계 (⑭ + ⑮ + ⑯)	46	
	⑮ 사실과 다른 회계처리 경 정 세 액 공 제	57	
	⑮ 분 납 세 액 계 산 범 위 액 (⑮-⑭-⑬-⑮-⑮+⑬)	47	
	⑮ 분 납 할 세 액	48	
	⑮ 차 감 납 부 세 액 (⑮-⑮-⑮)	49	

■ 법인세법 시행규칙 [별지 제50호 서식(을)] (1999. 5. 24. 개정)

사 업 연 도	· · · · · ·	자본금과 적립금조정명세서(을)	법인명	

※ 관리 번호		–		사업자등록번호		–		–	

※ 표시란은 기입하지 마십시오.

세무조정 유보소득 계산

① 과목 또는 사항	② 기초잔액	당기 중 증감		⑤ 기말잔액 (익기 초 현재)	비 고
		③ 감 소	④ 증 가		
합 계					

■ 법인세법 시행규칙 [별지 제50호 서식(갑)] (2022. 3. 18. 개정)

사 업 연 도	· · · ~ · · ·	자본금과 적립금 조정명세서(갑)	법 인 명	
			사업자등록번호	

Ⅰ. 자본금과 적립금 계산서

① 과목 또는 사항		코 드	② 기초잔액	당 기 중 증 감		⑤ 기말잔액	비 고
				③ 감 소	④ 증 가		
자본금 및 잉여금 등의 계산	1. 자 본 금	01					
	2. 자 본 잉 여 금	02					
	3. 자 본 조 정	15					
	4. 기타포괄손익누계액	18					
	5. 이 익 잉 여 금	14					
		17					
	6. 계	20					
7. 자본금과 적립금명세서(을)+(병) 계		21					
손익 미계상 법인세 등	8. 법 인 세	22					
	9. 지 방 소 득 세	23					
	10. 계 (8+9)	30					
11. 차 가 감 계 (6+7-10)		31					

Ⅱ. 이월결손금계산서

1. 이월결손금 발생 및 증감내역

⑥ 사업 연도	이 월 결 손 금				감 소 내 역					잔 액		
	발 생 액			⑩ 소급공제	⑪ 차감계	⑫ 기공제액	⑬ 당기 공제액	⑭ 보 전	⑮ 계	⑯ 기한 내	⑰ 기한 경과	⑱ 계
	⑦ 계	⑧ 일반 결손금	⑨ 배분한도 초과결손금 (⑨=㉕)									
계												

2. 법인세 신고 사업연도의 결손금에 동업기업으로부터 배분한도를 초과하여 배분받은 결손금(배분한도 초과결손금)이 포함되어 있는 경우 사업연도별 이월결손금 구분내역

⑲ 법인세 신고 사업연도	⑳ 동업기업 과세연도 종료일	㉑ 손금산입한 배분한도 초과결손금	㉒ 법인세 신고 사업연도 결손금	배분한도 초과결손금이 포함된 이월결손금 사업연도별 구분			㉖ 법인세 신고 사업연도 발생 이월결손금 해당액 (⑧ 일반결손금으로 계상) (㉑≥㉒의 경우는 "0", ㉑<㉒의 경우는 ㉒-㉑)
				㉓ 합 계 (㉓=㉕+㉖)	배분한도 초과결손금 해당액		
					㉔ 이월결손금 발생 사업연도	㉕ 이월결손금 (㉕=⑨) ㉑과 ㉒ 중 작은 것에 상당하는 금액	

Ⅲ. 회계기준 변경에 따른 자본금과 적립금 기초잔액 수정

㉗ 과목 또는 사항	㉘ 코드	㉙ 전기말 잔 액	기초잔액 수정		㉜ 수정 후 기초잔액 (㉙+㉚-㉛)	㉝ 비 고
			㉚ 증가	㉛ 감소		

■ 법인세법 시행규칙 [별지 제55호 서식] (2011. 2. 28. 개정)

사업 연도	· · · ~ · · ·	소득자료 [인정상여] [인정배당] 명세서 [기타소득]		법 인 명	
				사업자등록번호	

① 소득 구분	② 소득 귀속연도	③ 배당·상여 및 기타소득금액	④ 원천징수할 소득세액	⑤ 원천징수일	⑥ 신고 여부	소득자		⑨ 비고
						⑦ 성명	⑧ 주민등록 번호	
계								

작 성 방 법

1. "소득금액조정합계표(별지 제15호 서식)"의 ③소득처분란 중 배당·상여 및 기타소득을 소득자 별로 구분하여 원천징수할 세액을 산출하여 적습니다.
2. ①소득구분란의 경우 인정상여는 1, 인정배당은 2, 기타소득은 3으로 적습니다.
3. ②소득귀속연도란은 인정상여·인정배당·기타소득의 귀속사업연도를 적습니다.
4. ⑤원천징수일란은 당해 소득에 대한 원천징수일을 적습니다.
5. ⑥신고여부란은 당해 소득에 대해 원천징수이행상황신고서를 통해 신고한 경우에는 "여", 신고하지 않은 경우에는 "부"를 적습니다. 다만, 연말정산을 통하여 원천징수한 경우에는 ④원천징수할 소득 세액란에 세액을 "0", ⑥신고여부란은 "여", ⑨비고란에는 "연말정산 원천징수필"로 적습니다.

■ 소득세법 시행규칙 [별지 제22호 서식(1)] (2014. 3. 14. 개정)

소득금액변동통지서(1)
(법 인 통 지 용)

※ 아래의 유의사항을 읽고 작성하여 주시기 바라며, [ ]에는 해당되는 곳에
  √표를 합니다.   (앞쪽)

수령자	① 법 인 명		② 사업자등록번호
	③ 주　　소		
	④ 대표자 성명		

소득자별　[ ]배　　당
　　　　　[ ]상　　여　　소득금액 변동내용
　　　　　[ ]기타소득

⑤ 소득종류 (배당·상여·기타)	⑥ 사업 연도	⑦ 귀속 연도	⑧ 소득 금액	소　득　자		
				⑨ 성명	⑩ 주 민 등 록 번 호	⑪ 주　　소
					-	
					-	
					-	
					-	

「소득세법 시행령」 제192조 제1항에 따라 위와 같이 소득금액 변동사항을 통지합니다.

년　　월　　일

세 무 서 장　　　[직인]

유의사항

1. 소득금액변동통지서를 받은 법인은 통지받은 소득에 대한 소득세를 원천징수하여 통지서를 받은 달의 다음 달 10일까지 납부해야 합니다.
2. 「소득세법」 제155조의4 제1항에 따라 법인이 「채무자 회생 및 파산에 관한 법률」에 따른 회생절차에 따라 특수관계인이 아닌 다른 법인에 합병되는 등 지배주주가 변경된 이후 회생절차 개시 전에 발생한 사유로 인수된 법인의 대표자 등에 대하여 「법인세법」 제67조에 따라 상여로 처분되는 경우에는 해당 법인에 소득금액변동통지서를 통지하는 것이 아니라, 해당 소득자에게 직접 「소득세법 시행규칙」 별지 제22호 서식(2)의 소득금액변동통지서(2)(소득자통지용)를 통지합니다.
3. 소득금액변동통지서를 받은 법인은 종합소득과세표준확정신고 대상 소득자의 소득금액이 변동됨으로써 소득세를 추가로 납부해야 하는 경우에는 즉시 해당 소득자에게 이 통지서를 받은 날이 속하는 달의 다음 다음 달 말일까지 주소지 관할 세무서에 추가신고·자진납부해야 한다는 것을 알려주시기 바랍니다.

5. 결산조정사항과 신고조정사항

(1) 세무조정에 따른 결산조정사항과 신고조정사항의 구분

익금산입, 손금불산입과 익금불산입 세무조정은 강제조정사항이므로 반드시 세무조정을 해야 한다. 그러나 손금산입 세무조정은 손금항목을 결산상 비용으로 계상하지 않은 경우 손금산입의 세무조정을 할 수 없는 "결산조정사항"과 세무조정을 할 수 있는 "신고조정사항"으로 나누어진다. 또 신고조정사항은 다시 법인의 선택에 의하여 손금산입의 세무조정을 할 수 있는 임의조정사항과 반드시 세무조정을 해야 하는 강제조정사항으로 나누어진다.

```
              익금산입 · 손금불산입 · 익금불산입 ····················· 모두 강제조정사항
세무조정 ┤        결산조정사항 ······························ 외부와 거래 없는 항목
         └ 손금산입 ┤        임의조정사항 ············· 외부와 거래 없는 항목
                    신고조정사항 ┤
                               강제조정사항 ············· 위 이외의 항목
```

(2) 결산조정사항

감가상각비, 충당금, 자산의 평가손실과 같은 비용은 외부와의 거래 없이 법인이 결산할 때 비용으로 계상하는 항목이다. 세법은 이러한 항목에 대하여 일정한 한도를 정하고 그 한도액 이내에서 비용으로 계상하면 그 비용 계상액을 손금으로 인정하고 한도미달액에 대해서는 손금산입의 세무조정을 허용하지 않는데, 이를 결산조정사항이라고 한다.

예를 들어, 법인세법 제34조 제1항에서는 대손충당금의 손금산입에 대하여 다음과 같은 규정을 두고 있다.

┌─ 〈법인세법 제34조 제1항〉 ─

내국법인이 각 사업연도의 **결산을 확정할 때** 외상매출금, 대여금 및 그 밖에 이에 준하는 채권의 대손(貸損)에 충당하기 위하여 **대손충당금을 손비로 계상한 경우에는 대통령령으로 정하는 바에 따라 계산한 금액의 범위에서 그 계상한 대손충당금을 해당 사업연도의 소득금액을 계산할 때 손금에 산입한다.**

위의 규정의 의미를 다음과 같이 해석할 수 있다.

첫째, 어떠한 채권에 대하여 대손사유가 실제로 발생하였을 때에 손금으로 인식할 것인지, 아니면 추정손실에 따라 대손충당금을 설정하는 방법으로 대손사유가 현실화되기 전에 미리 손금으로 인식할 것인지는 법인의 선택사항이다(대법원 2012두 4111, 2015. 1. 15.).

둘째, 법인이 대손충당금을 설정하는 방법을 선택한 경우 결산서에 대손충당금을 계상해

야 한다. 대손충당금을 법인세법이 정한 한도액보다 적게 계상한 경우에는 결산서에 계상한 금액만 손금으로 인정하고, 결산서에 계상하지 않은 금액에 대해서는 손금산입의 세무조정을 할 수 없다. 그러나 대손충당금을 한도액 보다 더 계상한 경우에는 한도액까지만 손금이므로 한도초과액은 손금불산입으로 세무조정을 해야 한다.

사례 》 결산조정사항

대손충당금 한도액 100, 대손충당금 설정액이 60인 경우와 140인 경우의 세무조정을 하시오.

■ 해답 ■

대손충당금	설정액이 60인 경우	설정액이 140인 경우
설 정 액	60	140
한 도 액	100	100
한도초과액	△40	40
세 무 조 정	없음*	손금불산입 40
손금인정액	60	100

* 결산조정사항이므로 한도미달액 40을 손금산입하면 안 됨.

법인세법상 결산조정사항은 외부와의 거래가 없이 결산시 비용으로 회계처리하는 사항으로 그 내용은 다음과 같다.

구 분	결산조정사항	예 외
자산의 상각	① 감가상각비	<임의조정사항> • K-IFRS 적용법인의 유형자산과 내용연수가 비한정인 무형자산의 감가상각비 • 조특법 제28조에 따른 서비스업의 설비투자자산에 대한 감가상각비 • 조특법 제28조의2에 따른 중소·중견기업의 설비투자자산에 대한 감가상각비 • 조특법 제28조의3에 따른 설비투자자산(대기업은 혁신성장투자자산)에 대한 감가상각비 • 조특법 제28조의4에 따른 에너지절약시설의 감가상각비 23 신설 <강제조정사항> • 2016. 1. 1. 이후 개시한 사업연도에 취득한 업무용승용차에 대한 감가상각비 • 감면사업을 영위하는 법인의 감가상각비(감가상각의제액) • 특수관계인으로부터 감가상각자산을 양수하면서

구 분	결산조정사항	예 외
		장부에 계상한 자산가액이 세무상 취득가액에 미달하는 경우 그 미달액에 대한 감가상각비
	② 대손금	• 소멸시효 완성 등의 사유로 청구권이 법적으로 소멸된 경우에는 강제조정사항
	③ 파손·부패 등의 사유로 정상가격으로 판매할 수 없는 재고자산의 평가손실	
	④ 법 소정 주식의 평가손실	
	⑤ 천재지변 등으로 인한 유형자산의 평가손실	
	⑥ 시설개체·기술낙후로 인한 생산설비의 폐기손실과 사업폐지·사업장 이전으로 임차사업장의 원상회복을 위하여 시설물을 철거하는 경우의 폐기손실	
충당금	⑦ 퇴직급여충당금	• 퇴직연금충당금은 강제조정사항
	⑧ 대손충당금	
	⑨ 구상채권상각충당금	
준비금	⑩ 법인세법상 준비금(책임준비금, 비상위험준비금, 고유목적사업준비금)	• 회계감사대상법인의 고유목적사업준비금은 임의조정사항 • K-IFRS 적용대상법인의 비상위험준비금은 임의조정사항

(3) 신고조정사항 중 임의조정사항

일시상각충당금과 조세특례제한법상 준비금과 같이 기업회계상 비용으로 인정되지 않는 것을 조세정책적 목적에서 과세이연혜택을 주기 위해 세무상 손금으로 인정하는 것이 있다. 만일, 이러한 항목을 세법이 결산조정사항으로 규정하면 법인은 기업회계상 인정되지 않는 회계처리를 해야 하므로 정부가 법인에게 기업회계기준에 지키지 말라고 요구하는 것과 같다. 법인이 결산조정사항을 손금으로 인정받기 위하여 이를 결산상 비용으로 계상하면 회계감사시 한정의견이나 부적정의견을 받을 수도 있다. 따라서 기업회계기준에 위배되는 항목에 대해서는 손금산입의 세무조정을 할 수 있도록 허용하고 있는데, 이를 임의조정사항이라고 한다. 법인세법상 임의조정사항은 다음과 같다.

임의조정사항	
감가상각비	유형자산과 내용연수가 비한정인 무형자산의 감가상각비
	조세특례제한법상 설비투자자산 등에 대한 감가상각비
충당금	일시상각충당금과 압축기장충당금
준비금	비상위험준비금
	해약환급금준비금 23 신설
	고유목적사업준비금
	조세특례제한법상 준비금

▎사례 》 임의조정사항

일시상각충당금 한도액 100, 일시상각충당금 설정액이 60인 경우와 140인 경우의 세무조정을 하시오(단, 세부담 최소화를 가정함).

▎해답▎

일시상각충당금	설정액이 0인 경우	설정액이 140인 경우
설 정 액	60	140
한 도 액	100	100
한도초과액	△40	40
세 무 조 정	손금산입 40*	손금불산입 40
손금인정액	100	100

* 임의조정사항이므로 한도미달액 40을 한도로 법인이 선택한 금액을 손금산입으로 세무조정할 수 있음. 세부담 최소화의 가정이 있으므로 최대한 손금산입을 함.

(4) 신고조정사항 중 강제조정사항

인건비, 광고선전비, 세금과공과와 같은 항목은 외부와의 거래에 따라 손금귀속시기와 손금액이 확정된다. 따라서 법인이 이러한 손금항목을 손금귀속시기에 손비로 계상하지 않은 경우 반드시 손금산입으로 세무조정을 해야 한다. 이와 같이 법인에게 손금산입 여부에 대한 선택권이 없고 결산서와 세법의 차이에 대하여 반드시 세무조정을 해야 하는 항목을 강제조정사항이라고 한다. 결산조정사항과 임의조정사항이 아닌 항목은 모두 강제조정사항이다.

(5) 결산조정사항과 신고조정사항의 차이

1) 손금공제방법

결산조정사항은 결산상 비용으로 회계처리한 경우에만 손금으로 인정하나, 신고조정사항은 결산상 비용으로 회계처리해도 되고, 손금산입의 세무조정을 해도 된다.

2) 손금 귀속시기

결산조정사항은 세법의 요건을 구비하고 결산상 회계처리하는 사업연도의 손금이므로 법인이 결산조정사항에 대한 회계처리를 그 후의 사업연도로 연기함으로써 손금공제시기를 조절할 수 있다. 신고조정사항은 회계처리와 관계없이 요건을 구비한 사업연도의 손금이므로 손금공제시기를 조절할 수 없다.

3) 비용으로 회계처리하지 못한 경우 처리

결산조정사항을 결산상 비용으로 회계처리하지 못한 경우 결산상 미계상액은 그 사업연도의 손금이 아니다. 따라서 미계상액에 대하여 손금산입으로 세무조정을 할 수 없고, 경정청구도 할 수 없다. 반면에 신고조정사항은 결산상 미계상액에 대하여 손금산입의 세무조정을 할 수 있고, 세무조정도 하지 못하고 신고하였다면 경정청구를 할 수 있다.

구 분	결산조정사항	신고조정사항
손금공제방법	결산상 비용으로 회계처리하는 방법만 인정	결산상 비용으로 회계처리하는 방법과 세무조정하는 방법 모두 인정
손금귀속시기	요건을 구비하고 결산상 회계처리한 사업연도	요건을 구비한 사업연도
누락된 경우의 처리방법	세무조정 및 경정청구할 수 없음	세무조정 및 경정청구할 수 있음

(6) 임의조정사항을 손금산입하지 못한 경우 경정청구가 가능한지 여부

임의조정사항에 대하여 손금산입으로 신고조정하지 못한 경우에 경정청구가 가능한가? 과세당국(기획재정부와 국세청), 조세심판원, 법원은 다음과 같이 신고조정이 가능한 것으로 해석하고 있다.

구 분	내 용
일시상각충당금	일시상각충당금 설정대상이 되는 국고보조금 등을 수령하고 그 수령한 날이 속하는 사업연도에 이를 손금에 산입하지 아니하고 법인세를 신고한 경우에는 「국세기본법」 제45조의2의 규정에 따라 법인세 신고기한 경과 후 경정청구기간 내에 국고보조금 등에 대한 일시상각충당금을 손금산입하고 경정청구를 통하여 신고조정의 방법으로 일시상각충당금을 손금에 산입할 수 있다고 보는

구 분	내 용
	것이 입법취지에 부합함(조심 2011중 1984, 2012. 6. 8., 조심 2009서 3724, 2011. 5. 11., 조심 2009부 3431, 2011. 11. 21.).
조세특례제한법상 준비금	법인세법 제61조 제1항이 조세특례제한법상 준비금의 손금산입요건으로 당해 사업연도의 이익처분에 있어서 그 준비금 상당액을 적립금으로 적립할 것을 요구하고 있는 취지는 손금에 산입한 준비금 상당액이 추후 익금에 산입될 때까지 배당 등을 통하여 사외로 유출되는 것을 방지하고자 하는 데에 있으므로, 비록 법인세법 제61조 제1항이 손금으로 계상한 준비금 상당액을 '당해' 사업연도의 이익처분에 있어서 적립금으로 적립하도록 규정하고 있더라도, 당해 사업연도의 처분가능이익이 없거나 부족하여 적립하여야 할 금액에 미달하게 적립한 때에는 그 미달액 상당액이 배당 등을 통하여 사외로 유출될 여지가 없는 점, 조세특례제한법상 준비금의 손금산입제도는 납세자에게 조세를 영구히 면제하여 주는 것이 아니라 추후에 그 목적용도에 사용한 경우 준비금과 상계하거나 상계 후 잔액을 익금에 산입하여 일시적으로 과세를 이연하는 제도인 점 등에 비추어 보면, 어느 법인이 당해 사업연도의 처분가능이익이 없거나 부족하여 손금으로 계상한 준비금 상당액 전액을 적립금으로 적립할 수 없는 때에는 당해 사업연도의 처분가능이익을 한도로 적립할 수 있으며 이 경우 그 부족액은 다음 사업연도 이후에 추가로 적립할 것을 조건으로 손금산입을 허용하되, 만일 다음 사업연도 이후에 처분가능이익이 발생하였음에도 이를 적립하지 않는 때에는 그 한도 내에서 손금산입을 부인하는 것으로 해석함이 상당하고, 이는 조세특례제한법상 준비금의 하나인 구 조세특례제한법 제104조의3 소정의 자사주처분손실준비금에 대하여도 마찬가지라 할 것임(대법원 2007두 1781, 2009. 7. 9.). ※ 잉여금 처분에 의한 신고조정사항은 잉여금이 없거나 잉여금을 처분하여 해당 과목의 적립금을 적립한 경우에만 경정청구가 가능하다. 「조세특례제한법」에 따른 준비금의 적용 요건을 충족하였으나, 이를 적용하지 아니하고 법정신고기한 내에 과세표준신고서를 제출한 법인이 임시주주총회를 열어 해당 과세연도의 이익잉여금 재처분을 의결한 후 재무제표를 수정하여 준비금을 적립한 경우에는 「국세기본법」 제45조 제1항 또는 제45조의2 제1항에 따른 수정신고 또는 경정청구 기한 이내에 한하여 수정신고 또는 경정청구를 할 수 있음(기획재정부 조세특례제도과-236, 2010. 3. 9., 서면2팀-1661, 2006. 8. 30., 국심 2003구 3402, 2004. 3. 23., 국심 2004서 3394, 2005. 3. 15.).
감가상각특례규정(종전 조특법 §30)에 따른 감가상각비	종전에 조특법 제30조는 2003. 7. 1.부터 2004. 6. 30.까지 취득 또는 투자를 개시한 고정자산은 결산시 손비로 계상하였는지에 관계없이 추가로 손금산입을 할 수 있는 특례규정을 두었는데 이 규정이 신설된 사실을 모르거나 착오로 특례적용 신청을 하지 않은 경우 신고조정으로 손금산입이 가능한가? 이에 대하여 국세청은 처음에는 경정청구할 수 없다고 해석(서면2팀-2285, 2004. 11. 10.)하였으나, 기획재정부가 경정청구에 의해 손금산입특례를 적용받을 수 있다고 해석(재법인-228, 2007. 3. 30.)함에 따라 국세청도 경정청구할 수 있다고 당초 해석을 변경하였음(서면2팀-665, 2007. 4. 13.).

구 분	내 용
K-IFRS적용법인의 감가상각비	K-IFRS를 적용하는 내국법인은 각 사업연도별로 법인의 선택에 따라 「법인세법」 제23조 제2항의 규정(이하 "감가상각비 신고조정 특례규정"이라 함)을 적용할 수 있는 것이며, 해당 내국법인이 감가상각비 신고조정 특례규정을 적용하지 않고 법인세 과세표준 및 세액을 신고한 경우에는 「국세기본법」 제45조의2 제1항의 경정청구를 통하여 감가상각비 신고조정 특례규정을 적용할 수 있는 것임(사전-2016-법령해석법인-0337, 2016. 9. 29.).

6. 잉여금처분에 의한 신고조정

(1) 잉여금처분에 의한 신고조정대상

임의조정사항 중에서 구상채권상각충당금, 비상위험준비금, 해약환급금준비금, 고유목적사업준비금과 「조세특례제한법」상 준비금을 신고조정하는 경우에는 반드시 해당 사업연도의 이익처분에 있어서 그 과목의 적립금을 적립하고 손금산입의 세무조정을 해야 하는데, 이를 잉여금처분에 의한 신고조정이라고 한다(법법 §29②, §31②, §32, §35②, §61①).

이러한 준비금 및 충당금을 결산상 비용으로 회계처리한 기업과 신고조정하는 기업 간에 법인세부담은 동일하나 배당가능이익에 큰 차이가 발생하므로 배당가능이익의 차이를 해소하기 위하여 잉여금을 처분하여 해당 과목의 적립금을 적립하도록 한 것이다.

구 분		신고조정 대상 법인
충당금	구상채권상각충당금	K-IFRS 적용 법인
준비금	비상위험준비금	
	고유목적사업준비금	회계감사 대상 비영리내국법인
	해약환급금준비금	보험회사
	조세특례제한법상 준비금	준비금설정대상 법인

(2) 잉여금처분에 의한 신고조정방법

1) 손금산입

구상채권상각충당금 등은 해당 사업연도의 정기주주총회 등에서 잉여금을 처분하여 그 준비금 과목의 적립금을 적립한 경우 그 금액을 결산을 확정할 때 손비로 계상한 것으로 보아 해당 사업연도의 소득금액을 계산할 때 손금에 산입한다(법법 §61①). 다만, 처분가능이익이 부족한 경우 처분가능이익을 한도로 적립금을 적립하되, 준비금은 한도액까지 손금에 산입할 수 있다. 부족적립액은 그 후 사업연도에 처분가능이익이 발생하면 추가 적립해야 한다(법기통 61-98…1).

2) 익금산입

준비금을 익금에 산입하는 경우에는 동 적립금을 이익잉여금으로 이입하고 준비금을 익금산입하여야 한다. 환입하여야 할 금액보다 적립금을 과소이입한 경우에는 이입액에 관계없이 환입해야 할 금액을 익금에 산입한다. 그러나 과다이입한 경우에는 준비금을 설정한 사업연도에 적립금을 적립하지 않은 것으로 보아 손금산입한 사업연도에 준비금을 손금불산입한다(법령 §98①).

3. 소득처분

1. 소득처분의 개념

법인세를 신고(수정신고 포함)하거나 결정·경정하는 경우에 결산상 당기순이익과 각 사업연도 소득금액의 차이인 세무조정사항에 대하여 법인이나 과세관청이 소득의 귀속자와 소득의 종류를 확정시키는 것을 소득처분이라고 한다. 소득처분은 각 사업연도 소득에 대한 법인세의 납세의무가 있는 모든 법인에 적용된다. 따라서 영리내국법인은 물론 법인세 신고의무가 있는 비영리법인과 외국법인도 소득처분을 해야 한다.

2. 소득처분의 유형

2-1. 익금산입 및 손금불산입에 대한 소득처분

익금산입 및 손금불산입에 대한 소득처분은 유보, 사외유출, 기타의 세 가지가 있다.

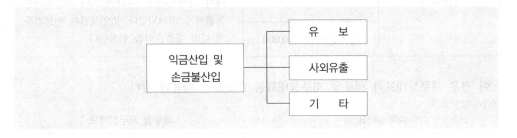

(1) 유보

1) 유보의 개념

유보란 익금산입 또는 손금불산입의 세무조정으로 발생한 소득이 법인에 남아서 재무상태표상 자산보다 세무상 자산을 증가시키거나 재무상태표상 부채보다 세무상 부채를 감소시키는 경우에 하는 소득처분이다. 재무상태표상 자산보다 세무상 자산이 증가하거나 재무상태표상 부채보다 세무상 부채가 감소하면 대차평균원리에 의하면 재무상태표상 자본보다 세무상 자본이 증가한다.

유보가 있다는 것은 세무상 관점에서 볼 때 결산상 자산(부채)과 자본이 왜곡 표시되었다는 것을 의미한다. 소득금액조정합계표에 기재된 유보를「자본금과 적립금조정명세서(을)

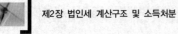

로 옮겨 적어서 관리하다가 결산서와 세법 간의 자산·부채의 차이가 해소될 때에 손금산
입하여 △유보로 처분한다.

재무상태표의 왜곡표시		세무조정과 소득처분	결산서와 비교한 세무상 금액	
자산 과소표시 부채 과대표시	자본 과소표시	가산조정(유보)	자산 증가 부채 감소	자본 증가
자산 과대표시 부채 과소표시	자본 과대표시	차감조정(△유보)	자산 감소 부채 증가	자본 감소

2) 유보의 유형

유보로 소득처분하는 경우에는 다음의 두 가지 유형이 있다.

□ 가산조정으로 재무상태표상 자산보다 세무상 자산이 증가하는 경우

예를 들어, 회사의 제21기말의 재무상태표는 다음과 같다.

재무상태표

자 산 100,000	부 채 30,000
	자 본 금 40,000
	당기순이익 30,000

〈세무조정자료〉

회사는 제21기에 제품을 10,000원에 외상매출(인도일 : 제21기말)하였으나 외상매출에 대한 회계처리가 누락되었으나 매출원가는 적절하게 처리되었다. 법인세법은 인도기준에 따라 매출손익을 인식한다.

이 경우 재무상태표와 세무상 재무상태표를 비교하면 다음과 같다.

재무상태표

자 산 100,000	부 채 30,000
	자 본 금 40,000
	당기순이익 30,000

세무상 재무상태표

자 산 110,000	부 채 30,000
	자 본 금 40,000
	소득금액 40,000

당기순이익이 과소계상되고, 자산이 과소계상되었으므로 다음과 같이 세무조정한다.

소득금액조정합계표

익금산입 및 손금불산입			손금산입 및 익금불산입		
과 목	금 액	소득처분	과 목	금 액	소득처분
매출채권	10,000	유보			

법인세 과세표준 및 세액조정계산서

결산서상 당기순손익		30,000
소득조정금액	익 금 산 입	10,000
	손 금 산 입	-
각 사업연도 소득금액		40,000

자본금과 적립금조정명세서(을)

과 목	기초잔액	당기 중 증감		기말잔액
		감 소	증 가	
매출채권	-	-	10,000	10,000

   익금산입액 10,000원을 유보로 소득처분하여 「자본금과 적립금조정명세서(을)」에서 유보를 관리하고, 「자본금과 적립금조정명세서(갑)」에서 자본과소 계상액을 관리한다. 회사가 그 후 매출채권을 회수하여 결산서와 세무 간의 차이가 해소되면 당초 세무조정의 반대 세무조정을 하여 △유보로 소득처분함으로써 유보를 소멸시킨다. 이와 같이 유보가 발생하였던 자산이나 부채가 소멸되어 결산서와 세법 간의 차이가 해소되면 당초 세무조정의 반대 세무조정을 해서 유보를 없애야 하는데 이를 "유보의 추인"이라고 한다.

□ 가산조정으로 재무상태표상 부채보다 세무상 부채가 감소하는 경우

   예를 들어, 회사의 제21기말의 재무상태표는 다음과 같다.

재무상태표

자 산 100,000	부 채 30,000
	자 본 금 40,000
	당기순이익 30,000

〈세무조정자료〉
회사는 판매한 제품에 대한 사후무료서비스를 위하여 제21기말에 "(차) 판매보증비 10,000 / (대) 판매보증충당부채 10,000"으로 회계처리하였다. 법인세법은 판매보증충당부채를 인정하지 않는다.

이 경우 재무상태표와 세무상 재무상태표를 비교하면 다음과 같다.

재무상태표

자 산 100,000	부 채 30,000
	자 본 금 40,000
	당기순이익 30,000

세무상 재무상태표

자 산 100,000	부 채 20,000
	자 본 금 40,000
	소득금액 40,000

당기순이익이 과소계상되고, 부채가 과대계상되었으므로 다음과 같이 세무조정한다.

소득금액조정합계표

익금산입 및 손금불산입			손금산입 및 익금불산입		
과 목	금 액	소득처분	과 목	금 액	소득처분
판매보증충당부채	10,000	유보			

법인세 과세표준 및 세액조정계산서

결산서상 당기순손익		30,000
소득조정금액	익금산입	10,000
	손금산입	–
각 사업연도 소득금액		40,000

자본금과 적립금조정명세서(을)

과 목	기초잔액	당기 중 증감		기말잔액
		감 소	증 가	
판매보증충당부채	–	–	10,000	10,000

손금불산입액 10,000원을 유보로 소득처분하여「자본금과 적립금조정명세서(을)」에서 유보를 관리하고,「자본금과 적립금조정명세서(갑)」에서 과소계상된 자본을 관리한다. 그 후 판매보증충당부채를 결산서에서 제거하여 결산서와 세법 간의 차이가 해소되면 당초 세무조정의 반대 세무조정을 해서 △유보로 처분함으로써 유보를 소멸시킨다.

3) 유보의 사후관리

유보나 △유보는 결산상 자산(또는 부채)이 세무상 자산(또는 부채)과 차이가 있고 그로 인하여 자본에도 차이가 있다는 것을 나타낸다. 자산과 부채의 차이는 그 자산과 부채가 소멸될 때 당초 세무조정에 반대되는 세무조정을 유발하므로 유보와 △유보를「자본금과 적립금조정명세서(을)」에서 사후관리해야 한다. 당기에 유보 또는 △유보로 처분된 금액은「자본금과 적립금조정명세서(을)」의 증감란에 기재하고, 기초유보와 가감하여 기말유보를 계산한다. 유보(또는 △유보)는 발생시 각 사업연도 소득금액을 증가(또는 감소)시키고 그 후 소멸될 때 다시 당초 세무조정의 반대되는 영향을 미칠 뿐만 아니라, 세무상 자산과 부채를 기준으로 한도액을 계산할 때 한도액에도 영향을 미친다.

4) 유보의 수정회계처리

결산상 자산·부채와 세무상 자산·부채가 유보만큼 차이가 있으므로 유보가 있으면 세무조정이 복잡해진다. 세무조정의 편의를 위하여 유보에 대한 수정회계처리를 할 수 있다.

① 수정회계처리

결산서의 자산과 부채에 유보만큼 오류가 있는 것으로 보고 다음과 같이 수정회계처리를 한다.

구　분	수정회계처리			
유　보	(차) 자　산(부 채)	×××	(대) 전기오류수정이익	×××
△유　보	(차) 전기오류수정손실	×××	(대) 자　산(부 채)	×××

② 세무조정

수정회계처리로 인하여 결산서와 세무상의 차이가 해소되었으므로 다음과 같이 세무조정하여 유보를 소멸시킨다.

구　분	전기오류수정손익을 당기 손익으로 회계처리한 경우	전기오류수정손익을 이익잉여금 증감으로 회계처리한 경우
유　보	익금불산입(△유보)	익금산입(기타), 익금불산입(△유보)
△유　보	손금불산입(유보)	손금산입(기타), 손금불산입(유보)

■ 사례 》 유보의 수정회계처리

㈜한공(사업연도 1. 1.~12. 31.)은 제21기초에 건물을 3년간(21기 1. 1.~23기 12. 31.) 임차하고 3년간의 임차료 3,000,000원을 지급하였다. ㈜한공은 담당자의 실수로 임차료 3,000,000원을 전부 제21기의 비용으로 회계처리하였다. 제21기에 대한 세무조정시 임차료에 대한 회계처리가 잘못된 것을 발견하고 다음과 같이 세무조정하였다.

익금산입 및 손금불산입			손금산입 및 익금불산입		
과목	금액	소득처분	과목	금액	소득처분
선급임차료	2,000,000	유보			

▌물음▐

(1) ㈜한공이 수정회계처리하지 않은 경우 제22기와 제23기에 대한 세무조정을 하시오.

(2) ㈜한공이 제21기의 오류를 중대한 오류(K-IFRS의 중요한 오류)로 보아 소급법에 따라 다음과 같이 회계처리한 경우 제22기와 제23기의 세무조정을 하시오.

제22기	(차) 선급임차료	2,000,000	(대) 전기오류수정이익	2,000,000
			(이익잉여금)	
제22기	(차) 임　차　료	1,000,000	(대) 선급임차료	1,000,000
제23기	(차) 임　차　료	1,000,000	(대) 선급임차료	1,000,000

(3) ㈜한공이 제21기의 오류를 중대하지 않은 오류(K-IFRS의 중요하지 않은 오류)로 보아 다음과 같이 회계처리한 경우 제22기와 제23기의 세무조정을 하시오.

제22기	(차) 선급임차료	2,000,000	(대) 영업외수익	2,000,000
제22기	(차) 임　차　료	1,000,000	(대) 선급임차료	1,000,000
제23기	(차) 임　차　료	1,000,000	(대) 선급임차료	1,000,000

▌해답▐

(1) 수정회계처리하지 않은 경우 세무조정

구 분	익금산입 및 손금불산입			손금산입 및 익금불산입		
	과목	금액	소득처분	과목	금액	소득처분
제22기				선급임차료	1,000,000	유보
제23기				선급임차료	1,000,000	유보

(2) 중대한 오류로 보아 소급법에 따라 회계처리한 경우 세무조정

구 분	익금산입 및 손금불산입			손금산입 및 익금불산입		
	과목	금액	소득처분	과목	금액	소득처분
제22기	이익잉여금	2,000,000	기타	선급임차료	2,000,000	유보

(3) 중대하지 않은 오류로 보아 영업외수익으로 회계처리한 경우 세무조정

구 분	익금산입 및 손금불산입			손금산입 및 익금불산입		
	과목	금액	소득처분	과목	금액	소득처분
제22기				선급임차료	2,000,000	유보

(2) 사외유출

1) 개 요

사외유출이란 세무조정에 의하여 발생한 소득이 사외로 유출되어 특정인에게 귀속된 경우에 하는 소득처분이다. 사외유출된 소득의 귀속자가 분명한 경우에는 귀속자에 따라 배당·상여·기타사외유출·기타소득으로 소득처분한다.

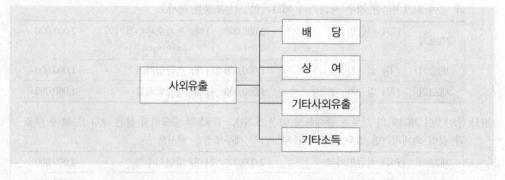

2) 사외유출 소득처분

가. 배 당

소득이 사외로 유출되어 주주에게 귀속된 경우에는 배당으로 소득처분한다. 이는 주주총

회에서 이익을 처분하는 공식적인 배당은 아니지만 세무상 배당으로 보아 과세하는 것이므로 이를 인정배당이라고 부른다. 인정배당은 소득세법의 배당소득과 동일하게 법인은 귀속자에게 소득세(외국법인은 법인세)를 원천징수하고, 귀속자는 종합과세대상인 경우에 소득세법에 따라 인정배당을 신고하여야 한다.

□ 배당으로 소득처분하는 사례

예를 들어, 회사의 제21기말의 재무상태표는 다음과 같다.

재무상태표

자 산 100,000	부　　채 30,000
	자 본 금 40,000
	당기순이익 30,000

〈세무조정자료〉

회사는 제21기에 개인 대주주가 부담할 여비교통비 10,000원을 대신 부담하고 비용으로 회계처리하였다. 법인세법은 개인 대주주가 부담할 여비교통비를 손금으로 인정하지 않는다.

이 경우 재무상태표와 세무상 재무상태표를 비교하면 다음과 같다.

재무상태표

자 산 100,000	부　　채 30,000
	자 본 금 40,000
	당기순이익 30,000

세무상 재무상태표

자 산 100,000	부　　채 30,000
	자 본 금 40,000
	소득금액 30,000
	소득금액 10,000

사외유출 주주

당기순이익이 과소계상되었으나, 세무조정에 의하여 발생된 소득이 사외로 유출되었으므로 다음과 같이 세무조정한다.

소득금액조정합계표

익금산입 및 손금불산입			손금산입 및 익금불산입		
과　목	금　액	소득처분	과　목	금　액	소득처분
여비교통비	10,000	배당			

법인세 과세표준 및 세액조정계산서

결 산 서 상 당 기 순 손 익		30,000
소득조정금액	익 금 산 입	10,000
	손 금 산 입	─
각 사 업 연 도 소 득 금 액		40,000

소득자료 [인정배당] 명세서

소득 구분	귀속 연도	소득 금액	소득자	
			성명	주민번호
배당	○○년	10,000	이○○	683015─1149635

여비교통비로 인한 현금은 법인 외부로 유출되었으며, 주주로부터 10,000원을 회수할 수 없다. 따라서 손금불산입액 10,000원을 배당으로 처분하여 주주에게 소득세를 과세해야 한다. 세무조정에도 불구하고 재무상태표상의 자산, 부채와 자본과 세무상 자산, 부채, 자본은 차이가 없다.

나. 상 여

상여는 소득이 사외로 유출되어 임직원에게 귀속된 경우에 하는 소득처분이다. 이는 회사의 급여 규정에 따른 공식적인 상여는 아니지만 세법상 이익처분에 의한 상여로 보아 과세하는 것이므로 이를 인정상여라고 한다. 인정상여는 소득세법상 근로소득이므로 법인은 소득세를 원천징수하고, 귀속자는 인정상여를 소득세법에 따라 신고하여야 한다. 다만, 근로소득만 있는 사람은 그 근로소득에 대하여 연말정산을 했다면 연말정산으로 과세가 종결되므로 소득세 신고를 하지 않아도 된다(소법 §73①(1)).

다. 기타사외유출

기타사외유출은 소득이 사외로 유출되어 법인 또는 개인사업자의 국내사업장의 소득을 구성하는 경우에 하는 소득처분이다. 사외로 유출된 소득이 법인 또는 개인사업자의 국내사업장의 소득에 포함되면 우리나라에서 소득세나 법인세가 과세된다. 이 경우 소득처분액에 대하여 다시 적극적인 과세조치를 취하면 이중과세문제가 발생하므로 기타사외유출로 소득처분하고 과세조치를 취하지 않도록 하였다. 기타사외유출로 소득처분하면 회사는 원천징수를 할 필요가 없고, 귀속자도 기타사외유출로 처분한 금액을 소득에 포함할 필요가 없다.

유의해야 할 점은 소득이 사외로 유출되어 외국법인이나 비거주자의 국외사업장에 귀속된 경우에는 기타사외유출로 소득처분해서는 안 된다는 점이다. 외국법인과 비거주자의 국외원천소득에 대해서는 우리나라에서 자동적으로 과세되지 않으므로 외국법인 또는 비거주자가 주주이면 배당, 주주가 아니면 기타소득으로 소득처분해야 한다.

라. 기타소득

사외유출된 소득이 배당·상여·기타사외유출에 해당하지 않는 경우에는 기타소득으로 처분한다. 이는 소득세법상 기타소득으로 보는 것이므로 인정기타소득이라고 한다. 인정기타소득에 대하여 법인은 소득세를 원천징수하고, 소득 귀속자는 소득세법에 따라 신고하여야 한다.

● 사외유출 소득처분에 대한 추가적인 과세조치 여부 ●

귀속자	소득처분	추가적인 과세조치	
		원천징수	소득세 신고의무*
주 주	배 당	○	○
임직원	상 여	○	○
법인 · 개인사업자의 국내사업장 소득 구성	기타사외유출	×	×
위 이외의 경우	기타소득	○	○

* 배당과 기타소득이 소득세법상 분리과세대상인 경우에는 원천징수로 과세가 종결되므로 확정신고할 필요가 없다.

3) 배당, 상여, 기타사외유출이 중복되는 경우

세무조정사항이 배당 · 상여 · 기타사외유출 중에서 둘 이상의 소득처분에 동시에 해당하는 경우에는 위의 표의 뒤에 기재된 소득처분을 한다. 배당과 상여가 중복되면 상여로, 배당 · 상여와 기타사외유출이 중복되면 기타사외유출로 소득처분한다. 예를 들어, 출자임원에게 귀속된 소득은 배당과 상여가 중복되므로 상여로 소득처분하고, 모회사인 내국법인에 귀속된 소득은 배당과 기타사외유출이 중복되므로 기타사외유출로 소득처분한다.

▎ 사례 》

㈜한공은 제21기에 개인 대주주가 부담할 여비 100,000,000원과 모회사(내국영리법인)가 부담할 수선비 50,000,000원을 대신 부담하고 비용으로 처리하였다. 이 경우 세무조정 · 원천징수 · 소득 귀속자 신고에 대하여 설명하시오. 단, 배당소득에 대한 소득세 원천징수세율은 14%이다.

▎ 해답 ▎

(1) 여비교통비

구 분	내 용
세무조정	<손금불산입> 여비 100,000,000 (배당)
원천징수	원천징수 소득세 : 100,000,000원 × 14% = 14,000,000원
신 고	인정배당 100,000,000원을 신고하고, 원천납부세액 14,000,000원을 기납부세액으로 공제함

(2) 수선비

구 분	내 용
세무조정	<손금불산입> 수선비 50,000,000 (기타사외유출)
원천징수	원천징수의무 없음
신 고	신고의무 없음

(3) 기 타

기타는 세무조정을 하였으나, 결산상 자산과 부채가 적정하게 표시되어 있고, 소득이 사외로 유출되지 않은 경우에 하는 소득처분이다. 기타로 소득처분한 경우에는 사후관리를 할 필요가 없다. 세무상 익금을 결산상 당기순이익 외의 자본항목(자본잉여금·이월이익잉여금·자본조정·기타포괄손익)의 증가액으로 회계처리한 경우가 기타로 소득처분하는 대표적인 예이다.

☐ 기타로 소득처분하는 사례

재무상태표

자 산 100,000	부 채 30,000
	자 본 금 40,000
	자본잉여금 10,000
	당기순이익 20,000

〈세무조정자료〉
자본잉여금은 당기에 발생한 자기주식처분이익이다. 법인세법은 자기주식처분이익을 익금으로 본다.

이 경우 재무상태표와 세무상 재무상태표를 비교하면 다음과 같다.

	재무상태표			세무상 재무상태표	
자 산 100,000	부 채 30,000		자 산 100,000	부 채 30,000	
	자 본 금 40,000			자 본 금 40,000	
	자본잉여금 10,000			소 득 금 액 30,000	
	당기순이익 20,000				

당기순이익이 과소계상되었으나, 자산과 부채는 차이가 없고, 소득이 사외로 유출된 것도 아니므로 다음과 같이 세무조정한다.

소득금액조정합계표

익금산입 및 손금불산입			손금산입 및 익금불산입		
과 목	금 액	소득처분	과 목	금 액	소득처분
자본잉여금	10,000	기타			

법인세 과세표준 및 세액조정계산서

결 산 서 상 당 기 순 손 익		20,000
소 득 조 정 금 액	익 금 산 입	10,000
	손 금 산 입	–
각 사 업 연 도 소 득 금 액		30,000

기타로 소득처분한 경우에는 사후관리가 불필요하다.

2-2. 손금산입 및 익금불산입에 대한 소득처분

손금산입 및 익금불산입의 세무조정에 대한 소득처분에는 △유보와 기타의 두 가지가 있다.

(1) △유보

1) △유보의 개념

△유보(부의 유보 또는 마이너스 유보)란 손금산입 및 익금불산입의 세무조정으로 감소된 소득이 회사에 남아서 재무상태표상 자산보다 세무상 자산을 감소시키거나 재무상태표상 부채보다 세무상 부채를 증가시키는 경우에 하는 소득처분이다. 세무상 자산이 감소하거나 부채가 증가하면 대차평균원리에 따라 세무상 자본도 감소한다. △유보가 있다는 것은 세무상 관점에서 볼 때 재무상태표의 자산(부채)과 자본이 왜곡 표시되었다는 것을 의미하므로 △유보를 관리해서 결산서와 세법 간의 자산·부채의 차이가 해소될 때 △유보를 추인해야 한다.

2) △유보의 유형

△유보로 소득처분하는 경우에는 다음의 두 가지 유형이 있다.

□ 차감조정으로 재무상태표상 자산보다 세무상 자산이 감소하는 경우

예를 들어, 회사의 제21기말의 재무상태표는 다음과 같다.

재무상태표

자 산 100,000	부 채 30,000	〈세무조정자료〉 회사는 제21기말에 국내은행의 정기적금에 대한 기간경과분 미수이자 10,000원(만기 제22기 초)을 계상하였다. 법인세법은 국내은행의 정기적금이자는 실제로 이자를 지급받는 날을 귀속시기로 본다.
	자 본 금 40,000	
	당기순이익 30,000	

이 경우 재무상태표와 세무상 재무상태표를 비교하면 다음과 같다.

재무상태표

자 산 100,000	부 채 30,000
	자 본 금 40,000
	당기순이익 30,000

세무상 재무상태표

자 산 90,000	부 채 30,000
	자 본 금 40,000
	소득금액 20,000

당기순이익이 과대계상되고, 자산도 과대계상되었으므로 다음과 같이 세무조정한다.

소득금액조정합계표

익금산입 및 손금불산입			손금산입 및 익금불산입		
과 목	금 액	소득처분	과 목	금 액	소득처분
			미수이자	10,000	유보

법인세 과세표준 및 세액조정계산서

결 산 서 상 당 기 순 손 익		30,000
소득조정금액	익 금 산 입	–
	손 금 산 입	10,000
각 사 업 연 도 소 득 금 액		20,000

자본금과 적립금조정명세서(을)

과 목	기초잔액	당기 중 증감		기말잔액
		감 소	증 가	
미수이자	–	–	△10,000	△10,000

익금불산입액 10,000원을 △유보로 소득처분하여「자본금과 적립금조정명세서(을)」에서 △유보를 관리하고,「자본금과 적립금조정명세서(갑)」에서 자본 과소계상액을 관리한다. 회사가 그 후 미수이자를 회수하여 결산서와 세무 간의 차이가 해소되면 당초 세무조정의 반대 세무조정을 하여 유보로 소득처분함으로써 △유보를 소멸시킨다.

□ 가산조정으로 재무상태표상 부채보다 세무상 부채가 증가하는 경우

예를 들어, 회사의 제21기말의 재무상태표는 다음과 같다.

재무상태표

자 산 100,000	부 채 30,000
	자 본 금 40,000
	당기순이익 30,000

〈세무조정자료〉
회사는 제21기에 재산세 10,000원을 납부하라는 납세고지서를 받았으나, 이를 납부하지 않았으며 미지급금에 대한 회계처리도 누락하였다. 재산세는 고지에 의하여 확정되는 세금이므로 고지한 날이 법인세법상 손금의 귀속시기이다.

이 경우 재무상태표와 세무상 재무상태표를 비교하면 다음과 같다.

재무상태표		
자 산 100,000	부 채 30,000
	자 본 금 40,000
	당기순이익 30,000

세무상 재무상태표		
자 산 100,000	부 채 40,000
	자 본 금 40,000
	소 득 금 액 20,000

당기순이익이 과대계상되고, 부채가 과소계상되었으므로 다음과 같이 세무조정한다.

소득금액조정합계표

익금산입 및 손금불산입			손금산입 및 익금불산입		
과 목	금 액	소득처분	과 목	금 액	소득처분
			미지급금	10,000	유보

법인세 과세표준 및 세액조정계산서

결 산 서 상 당 기 순 손 익		30,000
소득조정금액	익 금 산 입	–
	손 금 산 입	10,000
각 사 업 연 도 소 득 금 액		20,000

자본금과 적립금조정명세서(을)

과 목	기초잔액	당기 중 증감		기말잔액
		감 소	증 가	
미지급금	–	–	△10,000	△10,000

손금산입액 10,000원을 △유보로 소득처분하여 「자본금과 적립금조정명세서(을)」에서 △유보를 관리하고, 「자본금과 적립금조정명세서(갑)」에서 과대계상된 자본을 관리한다. 그 후 재산세를 납부하여 결산서와 세무 간의 차이가 해소되면 당초 세무조정의 반대 세무조정을 해서 유보로 처분함으로써 △유보를 소멸시킨다.

(2) 기 타

손금산입 및 익금불산입으로 세무조정을 하였으나 △유보가 아닌 것은 기타로 소득처분한다. 손금항목을 당기순이익 이외의 자본항목(자본잉여금·이월이익잉여금·자본조정·기타포괄손익)의 감소로 처리한 경우가 기타로 처분하는 대표적인 예이다.

❏ **가산조정과 차감조정의 소득처분 비교**

가산조정의 소득처분에는 유보, 사외유출, 기타가 있으나, 차감조정의 소득처분에는 △유보와 기타
만 있다. 차감조정을 하면 소득이 감소되어 소득이 사외로 유출될 수 없으므로 차감조정에는 사외
유출이 없다.

소득금액조정합계표

익금산입 및 손금불산입			손금산입 및 익금불산입		
과 목	금 액	소득처분	과 목	금 액	소득처분
		유 보			유 보
		배 당 상 여 기 타 사 외 유 출 기 타 소 득			해당사항 없음
		기 타			기 타

3. 특수한 경우의 소득처분

3-1. 소득이 사외로 유출되었으나 귀속자가 불분명한 경우

사외유출된 소득의 귀속자가 불분명한 경우에는 대표자에게 상여로 처분한다(**법령 §106①**
(1)). 일반적으로 사외유출된 소득이 대표자에게 귀속되었을 개연성이 높은 점과 대표자에게
소득의 귀속자를 밝히지 못한 것에 대한 제재를 하기 위하여 대표자에게 상여로 처분하는
것이다.

소득의 귀속자가 불분명하여 대표자에게 상여로 처분한 경우 법인이 그 소득세를 부담한
때에는 다음과 같이 처리한다.

• 비용으로 계상한 경우 : 손금불산입하여 기타사외유출로 처분한다.
• 가지급금으로 계상한 경우 : 가지급금으로 보지 않으므로(**법칙 §44(5)**) 인정이자 익금산
입과 지급이자 손금불산입을 하지 않으며, 그 후 가지급금을 비용처리하면 손금불산입
하여 기타사외유출로 처분한다.

사례 » 귀속이 불분명한 대표자 상여에 대한 소득세 대납액의 처리

㈜한공은 제21기에 관할 세무서의 세무조사를 받았다. 세무조사 결과 제19기에 현금매출 1억원이 누락된 것이 적발되었고, 그 소득은 사외로 유출되었으나 귀속자는 확인되지 않는다. 관할 세무서는 그 금액을 익금산입하여 대표자 상여로 소득처분하였고 ㈜한공이 해당 인정상여에 대하여 원천징수할 소득세(개인지방소득세 포함)는 44,000,000원이다. ㈜한공이 제21기에 소득세를 납부하고 다음과 같이 회계처리한 경우 세무조정을 하시오.

구 분	case 1	case 2
제21기	(차) 세금과 공과　44,000,000 　　(대) 현　　금　　44,000,000	(차) 대표이사대여금　44,000,000 　　(대) 현　　금　　44,000,000
제23기	–	(차) 대손상각비　　44,000,000* 　　(대) 대표이사대여금　44,000,000

* 제23기에 대표이사의 퇴직으로 특수관계가 소멸되어 대손처리하였음.

해답

구 분	case 1	case2
제21기	<손금불산입> 소득세대납액 44,000,000(기타사외유출)	–
제23기	–	<손금불산입> 소득세대납액 44,000,000(기타사외유출)

〈대표자 상여처분시 대표자 판정(법집 67-106-3)〉

사외로 유출된 금액의 귀속이 불분명하여 대표자에게 상여처분함에 있어서 대표자는 다음과 같이 판정한다.
① 주주임원(소액주주 제외) 및 그와 특수관계에 있는 자가 소유하는 주식 등을 합하여 해당 법인의 발행주식총수 또는 출자총액의 30% 이상을 소유하고 있는 경우의 그 임원이 법인의 경영을 사실상 지배하고 있는 경우에는 그 자를 대표자로 하고, 대표자가 2명 이상인 경우에는 사실상의 대표자로 한다.
② 사실상의 대표자란 대외적으로 회사를 대표할 뿐만 아니라 업무집행에 있어서 이사회의 일원으로 의사결정에 참여하고 집행 및 대표권을 가지며 회사에 대하여 책임을 지는 자를 말한다.
③ 사업연도 중에 대표자가 변경된 경우 대표자 각인에게 귀속된 것이 분명한 금액은 이를 대표자 각인에게 구분하여 처분하고, 귀속이 분명하지 아니한 경우에는 재직기간의 일수에 따라 구분계산하여 이를 대표자 각인에게 상여로 처분한다.
④ 해당 법인의 대표자가 아니라는 사실이 객관적인 증빙이나 법원의 판결에 따라 입증되는 경우를 제외하고는 등기상의 대표자를 그 법인의 대표자로 본다.
⑤ 법원의 가처분결정에 따라 직무집행이 정지된 법인의 대표자는 그 정지된 기간 중에는 대표자로서의 직무집행에서 배제되는 것이므로 법인등기부상에 계속 대표자로 등재되어 있는 경우에도 법인의 영업에 관한 장부 또는 증빙서류를 성실히 비치 기장하지 아니하여 발생되는 그 귀속이 불분명한 소득 등은 이를 그 직무집행이 배제된 명목상의 대표자에게 처분할 수 없는 것으로 한다. 따라서 이 경우에는 사실상의 대표자로 직무를 행사한 자를 대표자로 한다.

3-2. 무조건 기타사외유출로 처분하는 경우

다음의 경우에는 무조건 기타사외유출로 소득처분한다(법령 §106①(3)).

① 법인세법 제24조【기부금의 손금불산입】에 특례기부금·일반기부금의 손금산입한도액
을 초과하여 손금불산입한 금액

□ 손금불산입되는 기부금에 대한 소득처분(법기통 67-106…6)

법 제24조 제4항에 따른 기부금으로서 익금에 산입한 금액은 그 기부받은 자의 구분에 따라 다음
과 같이 처분한다. 24 개정

1. 주주(임원 또는 직원인 주주 제외) : 배당
2. 직원(임원포함) : 상여
3. 법인 또는 사업을 영위하는 개인 : 기타사외유출
4. 위 1~3 외의 자 : 기타소득

---

② 법인세법 제25조【기업업무추진비의 손금불산입】및「조세특례제한법」제136조【기업
업무추진비의 손금불산입 특례】에 따라 건당 3만원(경조금 20만원) 초과하는 기업업무
추진비 중 적격증명서류 미수취분과 기업업무추진비한도초과액

③ 법인세법 제27조의2【업무용 승용차 관련비용의 손금불산입 등 특례】에 따라 업무용승
용차별 임차료 중 감가상각비상당액 한도초과액과 처분손실의 손금불산입액

④ 법인세법 제28조【지급이자의 손금불산입】제1항 제1호 및 제2호에 따라 손금불산입한
채권자불분명사채이자와 비실명 채권·증권의 이자의 원천징수세액 및 제1항 제4호에
따라 손금불산입한 업무무관자산 등 관련이자

⑤ 조세특례제한법 제138조【임대보증금 등의 간주익금】에 따라 익금에 산입한 금액

⑥ 귀속자가 불분명하여 대표자상여로 처분한 경우 및 추계결정된 과세표준과 법인의 대차
대조표상의 당기순이익과의 차액(법인세 상당액을 공제하지 아니한 금액을 말한다)을 대
표자에 대한 이익처분에 의한 상여로 소득처분함에 따라 해당 법인이 그 처분에 따른
소득세 등을 대납하고 이를 손비로 계상하거나 그 대표자와의 특수관계가 소멸될 때까
지 회수하지 아니함에 따라 손금불산입한 금액

⑦「법인세법 시행령」제88조 제1항 제8호·제8호의2 및 제9호(같은 호 제8호 및 제8호의2
에 준하는 행위 또는 계산에 한정한다)에 부당행위계산의 부인에 의하여 익금에 산입한
금액으로서 귀속자에게「상속세 및 증여세법」에 따라 증여세가 과세되는 금액

⑧ 외국법인의 국내사업장의 각 사업연도의 소득에 대한 법인세의 과세표준을 신고하거나
결정 또는 경정함에 있어서 익금에 산입한 금액이 그 외국법인 등에 귀속되는 소득과
「국제조세조정에 관한 법률」제6조, 제7조, 제9조, 제12조 및 제15조에 따른 과세조정으
로 익금에 산입한 금액이 국외특수관계인으로부터 반환되지 않은 소득

⑨ 외국법인에 대한 과세표준을 추계결정 또는 추계경정하는 경우에 결정된 과세표준과 당기순이익과의 차액

3-3. 부당하게 사외유출된 금액을 회수하고 신고하는 경우

내국법인이 수정신고기한 내에 매출누락·가공경비 등 부당하게 사외유출된 금액을 회수하고 세무조정으로 익금에 산입하여 신고하는 경우에는 유보로 처분한다. 다만, 다음에 해당되는 경우로서 경정이 있을 것을 미리 알고 사외유출된 금액을 익금에 산입하는 경우에는 일반적인 소득처분규정에 따라 소득처분한다(법령 §106④).

① 세무조사의 통지를 받은 경우
② 세무조사가 착수된 것을 알게 된 경우
③ 세무공무원이 과세자료수집이나 민원 등을 처리하기 위하여 현지출장이나 확인업무에 착수한 경우
④ 납세지 관할 세무서장으로부터 과세자료 해명통지를 받은 경우
⑤ 수사기관의 수사 또는 재판 과정에서 사외유출 사실이 확인된 경우
⑥ 그 밖에 위와 유사한 경우로서 경정이 있을 것을 미리 안 것으로 인정되는 경우

□ 유보로 소득처분한 경우의 가지급금에 대한 인정이자와 지급이자 손금불산입 과세 여부

대표이사가 법인자금을 유용한 이후 해당 자금이 회수되기까지 대표이사에 대한 가지급금으로 보아 인정이자 익금산입 및 지급이자 손금불산입 등의 세무조정을 해야 한다(서면2팀 −1685, 2005. 10. 20.). 이 경우 인정이자는 상여로 소득처분해야 한다(제도 46012 −11464, 2001. 6. 12.).

▌사례 》 사외유출된 금액을 회수하고 수정신고하는 경우에 대한 사례

2019년도에 임원이 가공증빙으로 100을 비용으로 회계처리하고 현금을 인출한 사실을 2024년초에 발견하여 해당 임원으로부터 대금 100을 회수하고 수익으로 처리하였다. 회사는 2019년도분에 대한 수정신고를 하는 경우의 세무조정과 2024년도의 세무조정을 하시오. 경정이 있을 것을 미리 안 경우와 미리 알지 못한 경우로 구분하여 답을 제시하시오.

▌해답 ▌

구 분	경정이 있을 것을 미리 안 경우	경정이 있을 것을 미리 알지 못한 경우
2019년도분 법인세 수정신고시 세무조정	<익금산입> 가공비용 100(상여)	<익금산입> 가지급금 100(유보) * 가지급금에 대한 인정이자와 지급이자 손금불산입 세무조정도 해야 함

구 분	경정이 있을 것을 미리 안 경우	경정이 있을 것을 미리 알지 못한 경우
2024년도 법인세 신고시 세무조정	<익금불산입> 수익 100(기타) * 각사업연도의 소득으로 이미 과세 된 소득	<익금불산입> 가지급금 100(△유보)

3-4. 추계결정하는 경우

「법인세법 시행령」 제104조 제2항에 따라 추계결정 또는 경정을 하는 경우 결정된 과세표준과 법인의 재무상태표상의 당기순이익과의 차액(법인세상당액을 공제하지 않은 금액을 말한다)은 대표자에 대한 이익처분에 의한 상여로 한다. 다만, 천재지변 등으로 장부나 그 밖의 증명서류가 멸실되어 추계결정 또는 경정을 하는 경우에는 이를 기타 사외유출로 한다(법령 §106②). 이 경우 법인이 결손신고를 한 때에는 그 결손은 없는 것으로 보며, 당기순이익은 당기분 법인세와 전기분 추가 법인세 및 법인세 환수액·전기오류수정익 및 전기오류수정손 등을 각각 손금 또는 익금에 가산하지 아니한 것을 말한다(법집 67-106-4).

〈추계결정시 소득처분대상금액〉
결정된 과세표준 − (재무상태표상 당기순이익 + 비용계상된 당기분 법인세 + 비용계상된 전기분 추가 법인세 − 수익계상된 법인세 환수액 − 수익계상된 전기오류수정익 + 비용계상된 전기오류수정손실)

위의 계산식에서 당기순이익에 가감된 법인세와 전기오류수정손익에 대해서는 일반적인 소득처분방법에 따라 소득처분하여야 한다.

4. 소득처분 사례

(1) 사망한 자에 대한 소득처분 여부

「소득세법 시행령」 제192조에 의한 소득금액변동통지서를 받기 전에 소득의 귀속자가 사망한 경우에는 이에 대한 소득세를 과세하지 아니한다(소기통 2의2-0…1).

□ 사망한 자에 대한 인정상여 소득처분 여부

법인세법의 규정에 따라 대표자에 대한 인정상여로 소득처분되는 소득금액은 당해 법인이 소득금액변경통지서를 받은 날에 그 소득금액을 지급한 것으로 보게 되어 있으며 이는 그 소득금액을 현실적으로 대표자에게 지급하는 것을 의미하는 것이 아니라 법으로써 의제하는 것이므로 위와 같은 소득금액변경통지서를 받은 법인의 원천징수의무가 성립하려면 그 의무의 성립시기인 위 소득금액변경통지서를 받은 때에 소득금액을 지급한 것으로 보아야 할 거래 상대방, 즉 대표자가 생존해 있어야 하며 그가 이미 사망한 경우라면 원천납세의무 자체가 성립할 여지가 없으므로 이를 전제로 한 법인의 원천징수의무도 성립할 수 없다(대법원 85누 775, 1987. 2. 24., 86누 324, 1986. 10. 28., 91누 9527, 1992. 3. 13. 참조).

(2) 매출누락액에 대한 소득처분

각 사업연도의 소득금액 계산상 익금에 산입하는 매출누락액 등의 금액은 다음의 경우를 제외하고는 그 총액(부가가치세 등 간접세 포함)을 소득처분규정에 따라 소득처분한다(법집 67-106-11).

① 외상매출금 계상누락

② 매출누락액의 사실상 귀속자가 별도로 부담한 동 매출누락액에 대응하는 원가상당액으로서 부외처리되어 법인의 손금으로 계상하지 아니하였음이 입증되는 금액

법인이 매출누락 금액을 가수금 또는 단기차입금으로 처리함으로써 그 상대계정인 현금이 일단 법인에 들어온 것으로 회계처리하였다 하더라도, 그 가수금 채무 등이 당초부터 반제를 예정하지 아니한 명목만의 가공채무라는 등의 특별한 사정이 없는 한, 이미 사외로 유출된 위 가수금 등은 거래의 상대방에게 귀속된 것으로 보아 소득처분한다.

■ 사례 » 매출누락액에 대한 소득처분

㈜한공은 제21기에 세무조사를 받았는데 다음과 같은 사실이 적발된 경우 조사기관의 세무조정은?
(다만, 제품의 원가는 매출원가로 회계처리되었으므로 원가에 대한 세무조정은 하지 말 것)
(case 1) ㈜한공은 제18기에 제품을 11,000,000원(부가가치세 1,000,000원 포함)에 현금판매하였는데, 결산상 회계처리가 누락되고 현금 11,000,000원이 회사에 입금되지 않은 경우
(case 2) ㈜한공은 제18기에 제품을 11,000,000원(부가가치세 1,000,000원 포함)에 현금판매하였는데, 현금 11,000,000원은 회사에 입금되었으나 다음과 같이 회계처리된 경우
  (차) 현금 11,000,000   (대) 가수금* 11,000,000
  * 대여자는 대표이사로 되어 있음.

▌해답 ▌

구 분	익금산입 및 손금불산입			손금산입 및 익금불산입		
	과목	금액	소득처분	과목	금액	소득처분
case1	매출누락	11,000,000	상여	부가세예수금	1,000,000	유보
case2	매출누락	11,000,000	상여*	부가세예수금	1,000,000	유보

* 법인이 매출에 의하여 수령한 대금이나 가공비용으로 지출한 대금을 임시계정인 가수금 계정에 계상함으로써 그 상대계정인 현금이 일단 법인에 들어온 것으로 회계처리를 하였다고 하더라도, 만일 그 가수금 계정의 내용이 대표이사로부터의 단기 차입금 거래를 기장한 것으로서 장차 이를 대표이사에게 변제해야 할 채무라는 것이 밝혀진 경우에는 그 가수금 거래는 법인의 순자산의 변동 내지 증가를 수반하지 아니하는 것으로서 법인의 수익이나 비용과는 무관한 것이므로, 가수금계정의 거래상대방인 대표이사에게 귀속된 것으로 보아야 할 것이다(대법원 2011두 7250, 2011. 7. 14., 대법원 2000두 3726, 2002. 1. 11.).

(3) 가공자산의 익금산입 및 소득처분(법기통 67-106…12)

가공자산을 계상하고 있는 경우에는 다음과 같이 처리한다. 이 경우 자산을 특정인이 유용하고 있는 것으로서 회수할 것임이 객관적으로 입증되는 경우에는 가공자산으로 보지 아니하고 이를 동인에 대한 가지급금으로 본다.

① 외상매출금·받을어음·대여금 등 가공채권은 익금에 산입하여 이를 영 제106조 제1항에 따라 처분하고 동 금액을 손금에 산입하여 사내유보로 처분하며 동 가공채권을 손비로 계상하는 때에는 익금에 산입하여 사내유보로 처분한다.

② 재고자산의 부족액은 시가에 의한 매출액 상당액(재고자산이 원재료인 경우 그 원재료 상태로는 유통이 불가능하거나 조업도 또는 생산수율 등으로 미루어 보아 제품화되어 유출된 것으로 판단되는 경우에는 제품으로 환산하여 시가를 계산한다)을 익금에 산입하여 대표자에 대한 상여로 처분하고 동 가공자산은 손금에 산입하여 사내유보로 처분하며 이를 손비로 계상하는 때에는 익금에 산입하여 사내유보로 처분한다.

③ 가공계상된 고정자산은 처분당시의 시가를 익금에 산입하여 이를 영 제106조 제1항에 따라 처분하고, 해당 고정자산의 장부가액을 손금에 산입하여 사내유보로 처분한다. 다만, 그 후 사업연도에 있어서 동 가공자산을 손비로 계상하는 때에는 이를 익금에 산입하여 사내유보로 처분한다.

④ ① 내지 ③에 따라 익금에 가산한 가공자산가액 또는 매출액 상당액을 그 후 사업연도에 법인이 수익으로 계상한 경우에는 기 익금에 산입한 금액의 범위 내에서 이를 각 사업연도의 소득으로 이미 과세된 소득으로 보아 익금에 산입하지 아니한다.

사례 >> 가공자산에 대한 세무조정

㈜한공은 제21기에 관할 세무서의 세무조사를 받았는데, 제18기 사업연도에 대하여 적발된 내용은 다음과 같다.
① 재무상태표상 대여금 100은 가공자산으로 밝혀졌으며, 그 귀속자는 대표이사임.
② 재무상태표상 재고자산 50(시가는 부가가치세를 포함하여 110)은 가공자산이며 귀속자가 확인되지 않음.

해답

구 분	익금산입 및 손금불산입			손금산입 및 익금불산입		
	과목	금액	소득처분	과목	금액	소득처분
①	대표이사횡령액	100	상여	대여금	100	유보
②	매출누락	110	상여	부가세예수금	10	유보
				재고자산	50	유보

● 조정항목별 소득처분 사례 ●

구 분	내 용	익 금 가 산		손 금 가 산	
		조정구분	처 분	조정구분	처 분
수입금액	• 외상매출누락	익금산입	유 보		
	• 동 매출원가			손금산입	유 보
	• 전기외상매출을 당기 매출로 계상			익금불산입	유 보
	• 동 매출원가	손금불산입	유 보		
	• 작업진행률에 공사수익 가산	익금산입	유 보		
	• 전기익금산입분 당기 매출로 계상			익금불산입	유 보
기업업무추진비	• 건당 3만원(경조금 20만원) 초과분 중 적격증명서류 외 증빙수취분	손금불산입	기타사외유출		
	• 한도초과액	손금불산입	기타사외유출		
기부금	• 당기미지급기부금	손금불산입	유 보		
	• 전기미지급기부금 당기지급액			손금산입	유 보
	• 당기가지급계상분			손금산입	유 보
	• 전기가지급계상분 당기비용처리	손금불산입	유 보		
	• 특례·일반기부금 한도초과액	손금불산입	기타사외유출		
	• 전기한도초과액을 당기한도액의 범위에서 손금산입			손금산입	기 타
세금과공과	• 벌과금, 공과금 중 임의적 부담금, 제재목적 공과금	손금불산입	기타사외유출		

구 분	내 용	익 금 가 산		손 금 가 산	
		조정구분	처 분	조정구분	처 분
상여금	• 임원상여금 한도초과액	손금불산입	상 여		
퇴직금	• 임원퇴직금 한도초과액	손금불산입	상 여		
인정이자	• 출자자(출자임원 제외) • 사용인(임원 포함) • 법인 또는 사업영위 개인 • 전 각호 이외의 개인	익금산입 〃 〃 〃	배 당 상 여 기타사외유출 기타소득		
자본거래 부당행위	• 고가발행신주를 인수하고 유가증권으로 계상한 경우(양쪽조정)	익금산입	기타사외유출	손금산입	유 보
	• 저가발행신주의 포기, 불균등감자, 불공정합병 등(수증자 증여세 과세)	익금산입	기타사외유출		
채권자가 불분명한 사채이자	• 원천세 제외 금액 (대표자) • 원천세 해당 금액	손금불산입 〃	상 여 기타사외유출		
비실명채권· 증권의 이자	• 원천세 제외 금액 (대표자) • 원천세 해당 금액	손금불산입 〃	상 여 기타사외유출		
건설자금 이자	• 건설 중인 자산분 • 건설완료 자산 중 비상각자산분	손금불산입 〃	유 보 〃		
	• 건설완료 자산 중 상각자산분	즉시상각의제로 보아 세무조정			
	• 전기부인 유보분 중 당기에 건설이 완료되어 회사 자산계상			익금불산입	유 보
업무무관자산 등 관련이자	• 비업무용부동산 및 업무무관가지급금에 대한 지급이자	손금불산입	기타사외유출		
외화평가손익	• 외화평가차익 과소계상 • 외화평가차익 과대계상	익금산입	유 보	익금불산입	유 보
	• 외화평가차손 과소계상 • 외화평가차손 과대계상	손금불산입	유 보	손금산입	유 보
재고자산	• 당기평가감 • 전기평가감 중 당기 사용분 해당액 • 당기평가증 • 전기평가증 중 당기 사용분 해당액	익금산입 손금불산입	유 보 유 보	손금산입 손금산입	유 보 유 보
유가증권	• 단기매매증권평가이익을 수익 계상			익금불산입	유 보
	• 단기매매증권평가손실을 비용 계상	손금불산입	유 보		
	• 매도가능증권 평가이익을 기타포괄손익으로 계상(양쪽조정)	익금산입	기 타	익금불산입	유 보

구 분	내 용	익 금 가 산		손 금 가 산	
		조정구분	처 분	조정구분	처 분
	• 매도가능증권 평가손실을 기타포괄손익으로 계상(양쪽조정)	손금불산입	유 보	손금산입	기 타
	• 만기보유증권의 액면가액과 취득가액과의 차액을 이자수익으로 계상			익금불산입	유 보
감가상각비	• 당기한도초과액 • 전기부인액 중 당기 추인액 • 감가상각의제대상법인의 과소상각액	손금불산입	유 보	손금산입 손금산입	유 보 유 보
퇴직급여충당금	• 한도초과액 • 전기부인액 중 당기 지급 • 전기부인액 중 당기 환입액	손금불산입	유 보	손금산입 익금불산입	유 보 〃
퇴직연금충당금	• 한도초과액 • 한도미달액 • 전기한도초과액 중 당기 환입액	손금불산입	유 보	손금산입 익금불산입	유 보 유 보
대손충당금	• 한도초과액 • 전기한도초과액(당기에 무조건 추인)	손금불산입	유 보	익금불산입	유 보
대손금	• 대손처리한 채권 중 대손요건미비분 • 당기대손요건 구비분 중 대손처리하지 않은 채권(신고조정대상인 경우) • 전기부인액 중 당기 대손요건구비분	손금불산입	유 보	손금산입 손금산입	유 보 유 보
일시상각충당금	• 잉여금으로 계상한 국고보조금 등 • 손금산입 한도초과액 • 세무조정에 의한 손금산입	익금산입 손금불산입	기 타 유 보	손금산입	유 보
각종준비금	• 준비금한도초과액 • 준비금과소환입 • 준비금과다환입 • 전기한도초과액 중 환입액 • 세무조정으로 손금산입하는 준비금 • 세무조정에 의해 환입하는 준비금	손금불산입 익금산입 익금산입	유 보 〃 유 보	 익금불산입 〃 손금산입	 유 보 〃 유 보
법인세	• 비용계상한 법인세비용 • 수익계상한 법인세환급액	손금불산입	기타사외유출	익금불산입	기 타

구 분	내 용	익 금 가 산		손 금 가 산	
		조정구분	처 분	조정구분	처 분
환급가산금	• 수익계상한 국세·지방세환급가산금			익금불산입	기 타

5. 배당, 상여, 기타소득에 대한 추가적인 과세조치

5-1. 법인 : 원천징수

법인이 법인세를 신고하거나 과세관청이 결정 또는 경정함에 따라 배당·상여·기타소득으로 소득처분된 경우에는 다음의 지급의제일이 속하는 달의 다음달 10일까지 원천징수세액을 납부하여야 한다(소법 §131②, §135④, §145의2).

구 분	지급의제일
신고하는 경우	신고일 또는 수정신고일
결정 또는 경정의 경우	법인이 소득금액변동통지서를 받은 날

배당이나 기타소득은 소득처분액에 원천징수세율(배당소득 14%, 기타소득 20%)을 곱해서 원천징수세액을 계산하나, 상여처분은 연말정산을 다시 해서 원천징수세액을 계산해야 한다. 법인세법에 따라 소득처분된 상여 및 기타소득에 대한 원천징수세액은 반기별 납부를 할 수 없다(소법 §128②).

5-2. 소득귀속자 : 소득세 신고

(1) 소득처분으로 인한 소득의 귀속시기

구 분	근거 규정	귀속시기
배 당	소령 §46(6)	해당 사업연도의 결산확정일[1]
상 여	소령 §49①(3)	근로제공일[2]
기타소득	소령 §50①(2)	해당 사업연도의 결산확정일[1]

[1] 결산확정일이란 정기주주총회일을 말한다.
[2] 월평균금액을 계산한 것이 2년도에 걸친 때에는 각각 해당 사업연도 중 근로를 제공한 날로 한다(소령 §49①(3)).

(2) 소득세 확정신고

1) 추가신고

종합소득 과세표준확정신고기한이 지난 후에 법인이 법인세 과세표준을 신고하거나 세무서장이 법인세 과세표준을 결정 또는 경정하여 익금에 산입한 금액이 배당·상여 또는 기타소득으로 처분됨으로써 소득금액에 변동이 발생함에 따라 종합소득 과세표준확정신고 의무가 없었던 자, 세법에 따라 과세표준확정신고를 하지 아니하여도 되는 자 및 과세표준확정신고를 한 자가 소득세를 추가 납부하여야 하는 경우 해당 법인(「소득세법 시행령」 제192조 제1항 각 호 외의 부분 단서에 따라 거주자가 통지를 받은 경우에는 그 거주자를 말한다)이 소득금액변동통지서를 받은 날(「법인세법」에 따라 법인이 신고함으로써 소득금액이 변동된 경우에는 그 법인의 법인세 신고기일을 말한다)이 속하는 달의 다음다음 달 말일까지 추가신고한 때에는 소득세법의 확정신고기한까지 신고한 것으로 본다(소령 §134①).

2) 감면신청

1)에 따라 추가신고를 할 때 세액감면을 신청한 경우에는 「소득세법」 제75조 제1항에 따라 세액감면을 신청한 것으로 본다(소령 §134⑤).

3) 추가납부

1)에 따라 추가신고를 한 자로서 납부해야 할 세액이 있는 자는 추가신고기한까지 그 세액을 납부해야 한다. 추가신고기한까지 세액을 납부한 경우에는 과세표준확정신고기한까지 납부한 것으로 본다(소령 §134⑥·⑦).

※ 수정신고납부세액과 소득금액변동통지서를 받고 추가자진납부하는 경우의 추가신고자진납부세액은 분납대상이 아니다(소집 77-140-1 ②).

■ 사례 》 **소득처분된 소득에 대한 원천징수와 추가신고납부**

갑법인은 제19기 사업연도(2019. 1. 1.~2019. 12. 31., 결산확정일 2020. 3. 1.)에 대한 세무조사로 인하여 2024. 2. 5.에 소득금액변동통지서(乙주주에 대한 배당처분 1억원)를 받은 경우 원천징수와 추가자진납부절차는? 乙주주는 매년 확정신고기한까지 종합소득세 신고를 하고 있다.

■ 해답 ■

① 법인의 원천징수
  - 원천징수세액 : (소득세) 1억원 × 14% = 14,000,000,
                  (지방소득세) 14,000,000 × 10% = 1,400,000
  - 납부기한 : 소득금액변동통지서를 받은 날의 다음 달 10일(2024. 3. 10.)
② 귀속자의 종합소득세 추가신고납부
  - 추가신고방법 : 배당처분액은 제19기 사업연도의 결산확정일(2020. 3. 1.)을 귀속시기로 하므

로 2020년도 종합소득에 배당처분액 1억원을 포함하여 소득세를 재계산하고 추가자진신고납부해야 한다.

– 추가신고납부기한 : 소득금액변동통지서를 받은 날이 속하는 달의 다음다음 달 말일(2024. 4. 30.)까지 추가신고납부하면 가산세는 부과하지 않는다.

5-3. 소득금액변동통지절차

(1) 소득금액변동통지절차

「법인세법」에 의하여 세무서장 또는 지방국세청장이 법인소득금액을 결정 또는 경정할 때에 처분(「국제조세조정에 관한 법률 시행령」 제49조에 따라 처분된 것으로 보는 경우를 포함한다)되는 배당·상여 및 기타소득은 법인소득금액을 결정 또는 경정하는 세무서장 또는 지방국세청장이 그 결정일 또는 경정일부터 15일내에 소득금액변동통지서에 따라 해당 법인에 통지해야 한다. 다만, 해당 법인의 소재지가 분명하지 않거나 그 통지서를 송달할 수 없는 경우에는 해당 주주 및 해당 상여나 기타소득의 처분을 받은 거주자에게 통지해야 한다(소령 §192①).

(2) 소득금액변동통지를 받고도 법인이 원천징수하지 않은 경우의 처리

법인이 소득금액변동통지를 받고 원천징수세액을 납부하지 않은 경우에는 그 법인의 관할세무서장이 원천징수세액에 원천징수납부불성실가산세를 더한 금액을 그 법인으로부터 징수하거나, 소득귀속자의 관할세무서장이 해당 소득처분액에 대한 소득세를 그 거주자로부터 직접 징수할 수 있다.

(3) 소득금액변동통지에 대한 불복

과세관청의 소득금액변동통지에 의하여 법인은 원천징수하는 소득세의 납세의무가 성립함과 동시에 확정되어 원천징수세액을 납부하여야 할 의무를 부담하게 된다. 소득금액변동통지는 외형적으로는 통지의 형식을 취하나, 그 실질은 법인에게 원천징수하는 소득세의 납세의무를 법률의 규정에 의하여 직접 확정시키는 처분이므로 그 법적 성격은 부과처분과 유사하다(국심 95서 1073, 1996. 12. 26.). 따라서 소득금액변동통지는 원천징수의무자인 법인의 납세의무에 직접 영향을 미치는 과세관청의 행위로서 항고소송의 대상이 되는 조세행정처분에 해당한다(대법원 2002두 1878, 2006. 4. 20.).

그러나 법인으로부터 원천징수를 당하는 거주자는 과세권자가 직접 그에게 세액을 부과한 경우가 아닌 한 소득금액변동통지에 대하여 직접 불복을 할 수 없다(대법원 93누 22234,

1994. 9. 9.).

(4) 고지처분에 대한 불복 가능 여부

불복청구일이 소득금액변동통지서를 받은 날부터는 90일이 지났으나, 원천징수세액의 납세고지서를 받은 날부터는 90일이 지나지 않은 경우에 불복청구할 수 있는가? 이에 대하여 다음과 같이 대법원은 불복할 수 없다고 보나, 조세심판원은 불복할 수 있다고 보고 있다.

구 분	내 용
대법원	소득금액변동통지를 받고 원천징수의무를 이행하지 아니함에 따른 고지처분은 소득금액변동통지에 의하여 확정된 세액에 대한 징수처분에 불과하므로 항고소송의 대상이 아니다. 따라서 고지처분을 받고 고지처분에 대하여 불복하는 경우에는 고지처분의 하자만 다툴 수 있고, 당초 소득금액변동통지서에 대한 위법내용을 다툴 수는 없다(**대법원 2009두 14439, 2012. 1. 26.**).
조세심판원	소득금액변동통지에 따른 원천징수분 신고·납부를 불이행함에 따라 법인에게 통지한 원천징수세액의 납세고지에 대하여도 불복청구 대상인 처분으로 보는 것이 타당하다고 판단된다. 다만, 법인이 소득금액변동통지를 받고 불복하든지 또는 납세고지서를 받고 불복하든지 한 번만 불복기회를 주는 것이 합리적이라 할 것이며, 이중으로 불복을 제기하면서 그 내용이 동일한 경우에는 일사부재리의 원칙에 따라 처리(**조심 2009서 84, 2009. 5. 21., 참조**)하여야 한다고 판단된다(**조심 2011서 1003, 2011. 11. 18. 합동회의, 같은 뜻임**). 따라서 본 건의 경우 이의신청일이 소득금액변동통지서를 받은 날부터는 90일이 경과하였으나, 원천징수분 근로소득세 납세고지서를 받은 날부터는 90일이 경과하지 아니하였고, 이중으로 불복을 제기하지도 아니하였으므로 국세기본법 제66조의 청구기간 이내의 적법한 청구에 해당하는 것으로 판단된다(**조심 2011서 1964, 2011. 12. 13.**).

제 **3** 장

익금과 익금불산입

1. 익금의 개념

「법인세법」의 익금은 기업회계의 수익에 대응하는 개념이다. 익금은 자본 또는 출자의 납입과 「법인세법」 또는 다른 법률에서 규정하는 익금불산입항목을 제외하고 그 법인의 순자산을 증가시키는 거래에 의하여 생긴 이익 또는 수입(이하 "수익"이라 한다)을 말한다(법법 §15①).

이 경우 순자산이란 자산총액에서 부채총액을 뺀 금액이므로 자본을 의미한다. 순자산(자본)은 자본의 납입, 잉여금의 발생 및 수익의 발생으로 증가한다. 자본의 납입은 주주가 사업 밑천을 납입한 것이므로 익금이 아니며, 주식발행초과금·감자차익 등 자본의 납입과 유사한 것도 익금이 아니다. 「법인세법」은 주식발행초과금 등과 같이 자본을 증가시키는 것이라 하더라도 과세소득에 포함시키는 것이 불합리한 항목들은 익금에 산입하지 않도록 규정하고 있는데 이를 익금불산입항목이라 한다.

법인세법상 익금항목인지는 다음과 같이 판단한다.

익금판단 flowchart

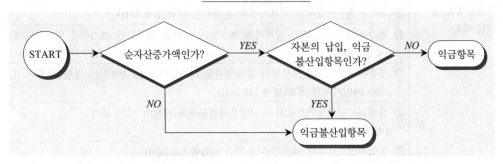

183

2. 익금항목

　모든 순자산증가액을 법에 열거하는 것이 불가능하므로 「법인세법」은 먼저 익금의 대표적인 유형을 예시하고, 끝에 그 밖의 수익을 규정하고 있다. 따라서 구체적으로 과세대상으로 열거되지 않은 순자산증가액도 익금불산입항목이 아닌 한 모두 익금이다.

구 분	익금항목
「법인세법」상 익금항목	① 사업수입금액(법령 §11(1))
	② 자산의 양도금액(법령 §11(2))
	③ 자기주식의 양도금액(법령 §11(2)의2)
	④ 자산의 임대료(법령 §11(3))
	⑤ 자산의 평가차익(법령 §11(4))
	⑥ 자산수증이익(법령 §11(5))
	⑦ 채무면제이익(법령 §11(6))
	⑧ 손금에 산입한 금액 중 환입된 금액(법령 §11(7))
	⑨ 특수관계인으로부터 자본거래로 분여받은 이익(법령 §11(8))
	⑩ 특수관계가 소멸되는 날까지의 회수되지 아니한 업무무관 가지급금 및 그 이자 (법령 §11(9))
	⑪ 특수관계인인 개인으로부터 유가증권을 시가보다 낮은 가액으로 매입한 경우 시가와 매입가액의 차액(법법 §15②(1))
	⑫ 간접외국납부세액으로서 외국납부세액공제의 대상이 되는 금액 (법법 §15②(2))
	⑬ 동업기업으로부터 배분받은 소득금액(법법 §15②(3))
	⑭ 의제배당(법법 §16)
	⑮ 그 밖의 익금항목(법령 §11(11))
「조세특례제한법」 상 익금항목	⑯ 부동산임대업이 주업인 법인의 간주임대료(또는 간주익금) (조특법 §138)

세부내용　위 외의 익금항목

① 「보험업법」에 따른 보험회사가 같은 법 제120조에 따라 적립한 책임준비금의 감소액(할인율의 변동에 따른 책임준비금 평가액의 감소분은 제외)으로서 같은 보험감독회계기준에 따라 수익으로 계상된 금액(법령 §11(10)) 23 신설
② 주택도시보증공사가 적립한 책임준비금의 감소액(할인율의 변동에 따른 책임준비금 평가액의 감소분은 제외한다)으로서 보험감독회계기준에 따라 수익으로 계상된 금액(법령 §11(10)의2) 24 신설

1. 사업수입금액

1-1. 사업수입금액

한국표준산업분류에 따른 각 사업에서 생기는 수입금액(도급금액·판매금액과 보험료액 포함)은 익금에 해당한다. 그러나 기업회계기준에 따른 매출에누리, 매출할인 및 매출환입 은 수입금액에 포함하지 아니한다(법법 §15① 및 법령 §11(1), 사전-2017-법령해석법인-0371, 2017. 9. 22.).

$$\text{사업수입금액} = \text{총매출액} - \text{매출에누리}^{*1} - \text{매출할인}^{*2} - \text{매출환입}^{*3}$$

*1 매출에누리 : 판매 당시 품질·수량·인도·대금결제 그 밖의 거래조건에 따라 값을 깎아 준 것과 판매 후에 감량·변질·파손 등으로 값을 깎아 준 것을 말하며, 일정기간의 거래수량이나 거래금액에 따라 매출액을 감액한 것도 매출에누리에 포함한다.
*2 매출할인 : 매출채권을 조기에 회수하기 위하여 일정기일 이내에 변제하는 경우 매출채권의 일정액을 깎아 주는 것을 말한다.
*3 매출환입 : 판매한 상품 등이 반품된 것. 판매한 상품 등이 반품된 경우 반품일이 속하는 사업연도에 매출의 취소로 보아 매출액에서 차감한다(법인세과-1434, 2009. 12. 28.).

예규 및 판례 | 매출에누리 및 매출할인

❶ 골프장입장료 할인이 매출에누리인지 여부

㉮ 『그린피 대우기준』에 의하여 일정 기준의 이용객에게 그린피를 할인해 준 것은 골프장의 인지도 및 품격 향상 등을 통해 다른 이용객을 유치함으로써 골프장의 영업수익을 확대하기 위한 경영 전략(요금 정책)의 일환으로 볼 수 있고, 위 『그린피 대우기준』은 사전에 공표된 일종의 요금표(가격표)로서 골프장 이용객이 위 기준에 해당하기만 하면 불특정, 무차별적으로 공표된 요금을 받고 있으므로 그린피할인액은 특정인에게 선별적으로 지출하는 기업업무추진비라고 보기는 어려우며, 사전에 정해진 기준에 따라 처음부터 요금을 할인해 준 것으로서 매출에누리에 해당한다고 보아야 함(국심 2005중 439, 2006. 7. 11.).

㉯ 골프장 경영법인이 이사회의 의결 및 정관에서 정하고 있는 공시방법을 통해 회원권을 소지하고 있는 모든 고객에 대하여 판매촉진 등의 목적으로 비회원제 골프장의 입장료를 사전에 정해진 일정한 기준에 따라 할인하는 경우, 그 할인액은 매출에누리로서 수입금액에 포함하지 아니함(서면인터넷방문상담2팀-2049, 2006. 10. 13.).

❷ 구형제품 할인액이 매출에누리인지 여부

전자제품 제조업을 영위하는 법인이 반품을 허용하는 조건으로 자사의 제품을 대리점에 판매함에 있어서, 가격에 비하여 성능이 향상된 신제품이 출시되는 경우 가격경쟁력이 뒤떨어지는 구형제품에서 발생할 수 있는 반품사태를 방지하고 동 제품의 판매를 촉진하기 위하여 자사제품을 구매하는 모든 거래처에 동일한 조건의 사전약정에 따라 가격인하시 일정기간의 재고수량에 대하여 판매가격을 소급하여 인하하는 금액은 수입금액에서 제외하는 것임(서면2팀-2374, 2006. 11. 21.).

❸ 학원수강료 할인이 매출에누리인지 여부

외국어학원을 운영하는 법인사업자가 학원 수강을 촉진하기 위하여 학원 수강생들에 대하여는 동영상 문법강좌를 그 외 수강생보다 할인된 금액의 수강료를 적용한다는 내용을 사전에 공지하고, 그 공지내용에 따라 모든 학원 수강생들에게 동일한 할인을 적용하는 경우 그 할인금액 중 사회통념과 상관행에 비추어 정상적인 거래라고 인정될 수 있는 범위 내의 금액은 매출에누리로 봄(**법인세과-628, 2009. 5. 28.**).

❹ 대출이자 면제액이 매출에누리인지 여부

중개업체를 통하지 아니하고 인터넷 광고 또는 법인이 운영하는 홈페이지를 통해 신규로 대출을 신청하는 고객에 대하여 30일간 이자를 면제한다는 내용을 사전에 공지하고 그 공지내용에 따라 요건을 충족하는 모든 고객들에게 이자를 면제해 주는 경우 그 면제금액 중 사회통념과 상관행에 비추어 정상적인 거래라고 인정될 수 있는 범위 내의 금액은 매출에누리로 봄(**법인세과-602, 2013. 10. 31.**).

❺ 수탁판매업의 할인액이 매출에누리인지 여부

위탁자로부터 위·수탁판매계약에 의하여 위탁품의 판매를 대행하는 수탁법인이 매출증대 목적으로 모든 거래처를 대상으로 지정판매 가격보다 일정금액을 할인하여 판매하는 경우로서, 수탁법인의 수입금액은 「법인세법 시행령」 제11조의 규정에 의하여 위탁자에게 당초 지급하기로 약정한 금액인 수탁수수료에서 할인판매금액을 직접 차감한 금액으로 계상하는 것임(**서면2팀-1726, 2005. 10. 27.**).

❻ 의료비할인액 매출에누리인지 여부

학교법인 산하 대학병원이 외부기관, 단체, 법인산하 대학동창회, 설립동지회 등과 사전협약을 체결하고 일정비율의 의료비를 감면하여 주는 경우로서 사전협약에 따른 의료비 감면이 환자유치 등을 통해 대학병원의 수익을 증대시킬 목적으로 행하는 경영정책의 일환인 경우에는 그 감면액을 매출에누리로 보아 사업수입금액에서 제외하는 것이나, 사전협약에 따른 의료비 감면이 대학병원의 사업과 관련하여 유관기관 등과 거래관계를 원활하게 하기 위한 목적으로 행하여지는 경우에는 그 감면액을 기업업무추진비로 보는 것임(**서면-2018-법령해석법인-2919 [법령해석과-348], 2020. 2. 4.**).

❼ 외국업체에만 매출할인은 적용한 경우 수입금액 차감 여부

의류를 제조하여 국외 수출 및 국내 판매하는 내국법인이 매출액의 대부분을 차지하는 외국법인과 거래를 함에 있어 외국법인의 모든 거래처에 동일하게 적용되는 계약조건에 따라 외국법인은 의류구매대금을 송장수취일로부터 60일 이내에 지급하고 45일 이내에 조기결제하는 경우에는 외국법인에 매출할인(5%)을 적용하고, 내국법인의 다른 국내 거래처와의 계약에는 매출할인 규정이 없어 매출할인을 적용하지 않는 경우의 매출할인금액은 법인세법 제15조 및 같은법 시행령 제11조에 따라 수입금액에서 제외하는 것임(**기획재정부 법인세과-238, 2016. 3. 7.**).

예규 및 판례   수입금액

❶ 중계무역의 수입금액

자기의 계산과 책임하에 해외현지법인이 제조한 물품을 직접 국외에 수출하는 중계무역방식의 수출의 경우 수출에 따른 총 수익은 당해 수출가액 전액을 계상하여야 하는 것임(**법인 46012 - 284, 1999. 1. 22.**).

❷ 중개무역의 수입금액

중개무역은 소유권 이전 없이 중간에서 거래를 알선·중개하고 중개수수료를 받는 것이므로 중개수수료만 매출액으로 인식함.

❸ 선불제 티켓 택시 플랫폼 서비스 용역 공급시 수입금액

'선불제 티켓 택시 플랫폼'을 개발하여 택시승차권의 예매와 그 밖의 부가서비스를 공급하는 법인이 해당 서비스 이용자로부터 예상택시요금 및 수수료를 예약대금으로 선지급받아 해당 서비스 이용자가 이용하는 택시요금을 대신 지급하는 서비스를 공급하고 그 대가로 수수료를 받는 경우 해당 수수료가 법인의 수입금액이 됨(**서면 - 2018 - 법인 - 0981 [법인세과 - 2691], 2018. 10. 16.**).

1-2. 추계하는 경우의 간주임대료

(1) 입법취지

추계결정하는 경우에는 장부나 증명서류가 없으므로 보증금의 운용수익이 확인되지 않는다. 보증금의 운용수익이 확인되지 않는다고 과세하지 않으면 보증금을 받은 법인과 임대료를 받은 법인 간의 과세형평을 유지할 수 없으므로 추계결정하는 모든 법인에 대하여 간주임대료를 계산한다.

(2) 간주임대료 계산방법

추계결정의 경우 간주임대료는 다음과 같이 계산한다(**법령 §11(1)**).

$$\text{간주임대료} = \text{보증금 등의 적수}^{*1} \times \frac{1}{365} \left(\text{윤년} \frac{1}{366} \right) \times \text{정기예금이자율}^{*2}$$

*1 보증금 등이란 부동산이나 부동산에 관한 권리를 대여하고 받은 임대보증금과 전세금을 말한다. 부동산임대업을 주업으로 하는 차입금 과다법인이 기장한 경우에는 주택은 간주임대료 계산대상에서 제외하나, 추계결정의 경우에는 주택도 간주임대료 계산대상이다.

*2 정기예금이자율은 사업연도 종료일 현재 기획재정부령이 정하는 이자율을 말한다(**법칙 §6**). 정기예금이자율은 시중 금리의 변동에 따라 변동되며, 그 내용은 다음과 같다.

개정일	2019. 3. 20.	2020. 3. 13.	2021. 3. 16.	2023. 3. 20.	2024. 3. 22.
정기예금이자율	2.1%	1.8%	1.2%	2.9%	3.5% 24 개정

사업연도 중 이자율이 변경된 경우에는 사업연도 종료일 현재의 정기예금이자율을 적용한다(법인 46012-2603, 1993. 9. 2.).

┌─ 〈적수의 개념〉 ─

적수(積數)란 해당 계정의 매일 24시의 잔액을 더한 금액을 말한다. 보증금의 적수를 365(윤년 366)로 나누면 보증금의 연평균액이 되고, 보증금의 연평균액에 정기예금이자율을 곱하면 보증금에 대한 이자가 산출된다. 보증금이 사업연도 중에 변동되지 않았다면 적수를 계산할 필요 없이 그냥 보증금에 이자율을 곱해도 된다. 그러나 사업연도 중에 보증금 잔액이 변동된 경우에는 적수계산방법에 의해야만 정확한 보증금에 대한 이자를 계산할 수 있다. 세법은 잔액의 변동을 고려해야 하는 경우에 적수계산방법을 사용한다(예 업무무관자산적수, 가지급금적수).

사례 »

다음은 ㈜한공의 제24기 사업연도(2024. 1. 1.~2024. 12. 31.)의 자료이다. 회사가 장부를 기장하지 아니하여 추계결정하는 경우의 간주임대료를 계산하시오.

(1) 임대차계약서로 확인한 임대내역은 다음과 같다.

임대물건	면 적	임대기간	임대보증금
상 가	400㎡	2024. 7. 4.~2026. 7. 3.	900,000,000원
고가주택	600㎡	2024. 7. 4.~2026. 7. 3.	400,000,000원

(2) 제24기 사업연도에 임대보증금에서 예금이자 5,000,000원이 발생하였으며, 그 밖의 수익은 확인되지 아니한다.

(3) 2024. 1. 1. 현재 기획재정부령이 정하는 정기예금이자율은 연 2.9%이었으나, 2024. 3. 22.에 3.5%로 개정되었다.

해답

(1) 임대보증금의 적수

1,300,000,000 × 181일(7. 4.~12. 31.의 일수) = 235,300,000,000

(2) 간주임대료

$235,300,000,000 \times \dfrac{1}{366} \times 3.5\% = 22,501,366$

2. 자산의 양도금액

자산의 양도금액은 익금항목이다(법령 §11(2)). 재고자산의 판매금액은 사업수입금액이므로, 이 규정의 자산은 재고자산 이외의 자산을 말한다. 기업회계기준은 재고자산 외의 자산을 양도한 경우 순액법에 따라 양도금액과 장부가액의 차액만 처분이익(또는 처분손실)으로 처리하나, 세법은 총액법에 따라 양도금액을 익금으로, 양도한 자산의 장부가액을 손금으로 본다. 그러나 기업회계기준에 따라 처분손익만 계상해도 당기순이익과 각 사업연도 소득금액은 차이가 없으므로 세무조정은 불필요하다.

> **예규 및 판례** 자산의 양도금액
>
> **❶ 유가증권의 자전거래**
>
> 경쟁제한적 시장상황 등으로 제3자가 개입할 여지가 없는 자전거래나 제3자가 개입하였을지라도 공정가액에 의한 거래를 기대하기 어려운 상황에서 보유 중인 투자유가증권 등을 매각하고 동시 또는 단기간 내에 재취득함으로써 매매가격이 일치하는 등 그 거래의 실질내용이 사실상 당해 유가증권의 장부가액을 시가에 의하여 평가하기 위한 것이라고 인정되는 경우에는 당해 유가증권의 보유 당시의 장부가액과 매각가액의 차액은 이를 익금 또는 손금에 산입하지 아니함(법기통 45-75…1). 자기주식을 자전거래하는 경우도 동일함(서이 46012-10122, 2003. 1. 17.).
>
> **❷ 특수관계인 간의 유가증권 양도가 자전거래인지 여부**
>
> 지배·종속관계에 의한 특수관계에 해당하는 지배회사의 종속회사가 다른 종속회사에 유가증권을 공정가액(시가)으로 매도하는 것은 자전거래에 해당하지 아니함(서면2팀-805, 2005. 6. 13.).
>
> **❸ 외화로 받는 경우 양도가액 계산**
>
> 법인이 부동산을 해외기업에 매각함에 있어 그 양도가액을 외화기준으로 약정한 경우 부동산의 양도가액은 계약금, 중도금, 잔금 등 각 대금을 지급받은 날의 기준환율 또는 재정환율에 의해 원화로 환산한 금액의 합계액으로 함(법인 46012-1395, 1999. 4. 14.).
>
> **❹ 주주가 신주인수권증서를 교부받아 양도한 경우의 양도손익 계산**
>
> 법인이 증자시 기존주주가 보유하고 있는 주식에 대하여 발행한 신주인수권을 교부받아 이를 타인에게 양도하는 경우 그 신주인수권증서의 취득가액을 "0"으로 하고 양도가액을 익금산입하여 양도소득을 계산함(법인 46012-330, 2002. 6. 8.).
>
> **❺ 여러 개의 자산을 일괄양도한 경우 양도가액 계산**
>
> 유형자산 등 수 개의 물건을 소유자별로 구분하지 아니하고 총괄하여 매매목적물로 하여 그 가격도 각 개별 매매대금을 정하지 아니하고 일괄하여 총매매대금만을 정해진 매매계약형태로 양도하는 경우 그 총괄 매매대금 중 어느 특정소유자의 자산에 대한 양도금액의 계산은 개별 매매목적물의 각 매매 당시의 시가를 평가하여 그 비율을 계산한 다음, 그 비율에 따라 총괄 매매대금액 중에서 해당 특정인의 물건들의 대금 상당액을 산출하여 익금에 산입함(대법원 86누241, 1988. 4. 25.).
>
> **❻ 소유 부동산으로 감자대가를 지급하는 경우 양도손익 계산**
>
> 법인이 자본을 감소함에 있어서 보유 중인 부동산으로 감자대가를 지급하는 경우에는 해당 부동산이 시가에 의하여 유상으로 양도된 것으로 보아 그 양도대금과 장부가액을 각각 익금과 손금에 산입함(서면-2115, 2016. 1. 13.).

❼ 대물변제시 양도손익

아파트 준공 후 시행사가 시공사에 지급하여야 할 공사미지급금을 미분양아파트로 대물변제하는 경우, 그 양도가액과 장부가액을 당해 법인(시행사)의 익금과 손금에 산입함(서면2팀-952, 2007. 5. 16.).

3. 자기주식의 양도금액

(1) 기업회계상 자기주식의 양도손익과 소각손익

기업회계에서는 자기주식을 자산으로 보지 않고 수권자본의 범위에서 미발행된 주식으로 보므로 법인이 자기주식을 취득하면 자본에서 차감표시(자본조정)한다. 그 후 자기주식을 처분하거나 소각하여 손익이 발생하면 그 손익은 자본거래에서 발생한 손익으로 보므로 손익계산서에 계상하지 않고 다음과 같이 처리한다.

구 분	자기주식의 처분	자기주식의 소각
자기주식 처분(소각)이익	자본잉여금	자본잉여금
자기주식 처분(소각)손실	자기주식처분손실은 이미 계상되어 있는 자기주식처분이익과 상계하고 잔액은 자기주식처분손실(자본조정)로 계상한 후 결손금의 처리방법에 따라 이익잉여금과 상계하거나 그 후 발생하는 자기주식처분이익과 상계함.	자기주식소각손실(감자차손)은 이미 계상되어 있는 감자차익과 상계하고 잔액은 감자차손으로 계상하였다가 결손금의 처리방법에 따라 이익잉여금과 상계하거나 그 후 발생하는 감자차익과 상계함.

(2) 세무상 자기주식의 양도손익과 소각손익

세무상 자기주식의 양도거래는 손익거래이므로 자기주식의 양도가액은 익금이고, 양도한 자기주식의 장부가액은 손금이다. 이 경우의 자기주식에는 합병법인이 합병에 따라 피합병법인이 보유하던 합병법인의 주식을 취득하게 된 경우의 자기주식을 포함한다(법령 §11⑵의2).

자기주식의 소각거래는 세무상 자본거래로 보므로, 자기주식소각손익은 익금 또는 손금에 해당하지 아니한다(법기통 15-11…7 ①).

구 분	세무상 관점	처분(소각)이익	처분(소각)손실
자기주식의 처분	손익거래	익금항목	손금항목
자기주식의 소각	자본거래	익금불산입항목	손금불산입항목

■ 사례 »

A법인의 다음 자료로 세무조정을 하시오.
① 자기주식을 취득하고 다음과 같이 회계처리하였다.

| (차) 자기주식(자본조정) | 400 | (대) 현   금 | 400 |

② 자기주식(취득가액 100)을 200에 처분하고, 다음과 같이 회계처리하였다.

(차) 현 금	300	(대) 자기주식(자본조정)	100
		자기주식처분이익	200
		(자본잉여금)	

③ 자기주식(취득가액 300, 액면가액 600)을 소각하고, 다음과 같이 회계처리하였다.

(차) 자 본 금	600	(대) 자기주식(자본조정)	300
		자기주식소각이익	300
		(자본잉여금)	

■ 해답 ■

구분	익금산입 및 손금불산입			손금산입 및 익금불산입		
①	자기주식(자산)[*1]	400	유보	자기주식(자본조정)	400	기타
②	자기주식처분이익[*2]	200	기타			
	자기주식(자본조정)	100	기타	자기주식(자산)	100	유보
③	자기주식(자본조정)[*3]	300	기타	자기주식(자산)[*3]	300	유보

[*1] 기업회계에서는 자기주식을 자본조정항목으로 보나 세법에서는 자산으로 본다. 자기주식을 자본조정으로 회계처리한 경우에는 자산은 과소계상되나 당기순이익은 적정하므로 당기순이익에 영향이 없도록 다음과 같이 양편조정을 한다.
〈익금산입〉 자기주식(자산) ××× (유보) / 〈손금산입〉 자기주식(자본조정) ××× (기타)

[*2] 자기주식처분이익은 익금항목이나 이를 자본잉여금으로 회계처리하였으므로 익금산입하여 기타로 처분한다.

[*3] 자기주식소각이익은 익금불산입항목이고 이를 자본잉여금으로 회계처리하였으므로 세무조정은 불필요하다. 자기주식을 처분하거나 소각한 경우에는 양편조정을 해서 유보를 소멸시킨다.
〈익금산입〉 자기주식(자본조정) ××× (기타) / 〈손금산입〉 자기주식(자산) ××× (△유보)

(3) 주식매수선택권의 행사에 따라 자기주식을 양도하는 경우의 양도가액

법인세법 시행령 제19조 제19호의 2 각 목 외의 부분 본문에 따른 주식매수선택권의 행사에 따라 주식을 양도하는 경우 종전에는 양도가액을 행사가격으로 하였으나, 2023. 2. 28. 이후 주식을 양도하는 경우부터 주식매수선택권 행사 당시의 시가로 계산한 금액으로 한다 (법령 §11(2)의2 후단). `'23 신설`

사례 》 주식매수선택권의 행사로 자기주식을 양도한 경우

(사례 1) 시가 > 장부가액 > 행사가격

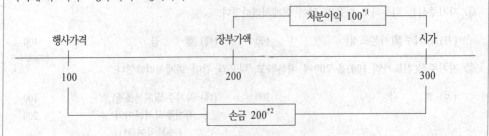

*1 양도가액(시가) 300에서 장부가액 200을 차감하면 처분이익은 100임.
*2 법 소정 요건을 구비한 주식매수선택권을 행사한 경우 실제매수가액 100과 시가 300의 차액 200은 손금임(법령 §19(19)의2).

(사례 2) 시가 > 행사가격 > 장부가액

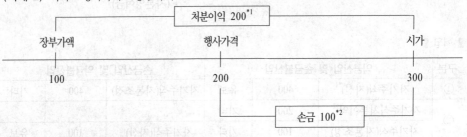

*1 양도가액(시가) 300에서 장부가액 100을 차감하면 처분이익은 200임.
*2 법 소정 요건을 구비한 주식매수선택권을 행사한 경우 실제매수가액 200과 시가 300의 차액 100은 손금임(법령 §19(19)의2).

입법취지 주식매수선택권의 행사로 자기주식을 양도하는 경우의 양도가액을 시가로 산정하는 이유

국세청이 기획재정부에 주식매수선택권 행사 당시 시가와 약정된 매수가액 중 어느 것을 양도가액으로 볼 지에 대하여 해석을 요청하자, 기획재정부는 매수가액을 양도가액으로 본다고 회신하였다. 그러나 감사원은 주식매수선택권의 행사로 임직원에게는 자기주식의 시가와 매수가액의 차액에 상당하는 소득이 발생하고, 법인에게는 그 차액만큼 상여금 등을 지급할 의무를 면하는 등의 경제적 효과가 있으므로 법인이 주식 교부 대가로 매수가액만 받아도 자기주식의 시가를 양도가액으로 보는 것이 타당하다고 지적하였다. 감사원은 기획재정부에 자기주식 양도 시 양도가액의 산정기준을 법인세법 시행령에 마련하라고 통보하였고, 이에 기획재정부는 2023. 2. 28. 법인세법 시행령을 개정하여 주식매수선택권의 행사에 따라 주식을 양도하는 경우에는 주식매수선택권 행사 당시의 시가를 양도가액으로 한다는 규정을 신설하였다.

❶ 자기주식을 처분함에 따른 증권거래세와 증권거래수수료

자기주식을 처분함에 따라 발생하는 증권거래세 및 증권 거래 수수료는 영업외 비용으로 보아 각사업연도 소득금액계산상상 손금에 산입하는 것임(서이 46012-669, 1992. 3. 21.).

❷ 합병시 자기주식 교부가 자본거래인지 여부

합병법인이 피합병법인의 주주에게 합병대가로 합병법인이 보유하고 있는 자기주식을 교부하는 거래는 자본거래에 해당하는 것이므로 합병대가로 지급한 자기주식의 시가와 장부가액과의 차이는 합병법인의 각 사업연도 소득금액 계산시 익금에 산입하지 아니하는 것(사전-2022-**법규법인-0106 [법규과-977]**, 2022. 3. 29.).

❸ 주식의 포괄적 교환대가로 자기주식을 교부하는 경우 세무처리

주권상장법인이 「자본시장과 금융투자업에 관한 법률」에 의하여 산정된 교환가액으로 주식의 포괄적 교환을 하면서 「상법」 제360조의2 제2항에 따라 신주발행에 갈음하여 자기주식을 완전자회사가 되는 회사의 주주에게 이전하는 경우, 교환 당시 발생한 자기주식처분손익은 각 사업연도의 소득금액을 계산할 때 익금 또는 손금에 산입하지 않는 것임(사전-2020-**법령해석법인-1089 [법령해석과-4321]**, 2020. 12. 29.).

4. 자산의 임대료

(1) 임대료의 처리

기업회계상 임대료는 법인이 임대업을 목적사업으로 하는 경우에는 매출로 회계처리하고, 임대업을 목적사업으로 하지 않는 경우에는 영업외수익으로 본다. 법인세법도 매출에 해당하는 임대료는 사업수입금액(법령 §11(1))으로 보나, 임대업이 목적사업이 아닌 경우에는 이 규정에 따른 자산의 임대료(법령 §11(3))로 본다.

(2) 임차인이 부담한 건물 개량수리비

임차인이 개량수리(자본적 지출에 한함)하는 조건으로 무상 또는 저렴한 요율로 건물을 임대한 경우 다음과 같이 처리한다.

① 임대인 : 임대차계약에 의하여 부담한 건물 개량수리비는 임대인의 임대수익에 해당하므로 임대인은 동 자본적 지출 상당액을 해당 임대자산의 원본에 가산하여 감가상각함과 동시에 선수임대료로 계상한 개량수리비상당액은 임대기간에 안분하여 수익으로 처리한다.

② 임차인 : 개량수리비를 선급비용으로 계상하고 임차기간에 안분하여 손금에 산입한다. 다만, 개량수리비가 임대기간의 통상임대료 총액을 초과하여 부당행위계산의 부인 규정

(법령 §88①(7))의 고가임차에 해당하는 경우에는 개량수리비에서 통상임대료 총액을 차감한 금액을 손금불산입하고 개수완료일에 소득처분규정(법령 §106)에 따라 임대인에게 소득처분한다(법기통 40-71…3).

■ 사례 »

A법인은 20×1. 1. 1.에 특수관계인 B법인 소유 건물(내용연수 10년)을 임차하였다. A법인은 임대차 계약에 따라 20×1년 초에 건물개량수리비(자본적지출) 1억원을 부담하되, 건물을 5년간 무상으로 사용하기로 하였다. A법인과 B법인 모두 사업연도는 1. 1.부터 12. 31.까지인 경우 20×1년의 다음과 같이 회계처리하였다.

구 분	임차인(A법인)	임대인(B법인)
개량수리비 (20×1. 1. 1.)	(차) 선급비용 100,000,000 　　(대) 현 금　　　100,000,000	(차) 건　　물 100,000,000 　　(대) 선수임대료　100,000,000
결산시 (20×1. 12. 31.)	(차) 임 차 료 20,000,000* 　　(대) 선급비용　　20,000,000	(차) 선수임대료 20,000,000 　　(대) 임 대 료　　20,000,000 (차) 감가상각비 10,000,000 　　(대) 감가누계액　10,000,000

* 100,000,000 × 1/5 = 20,000,000

5년간 통상임대료는 1억원인 경우와 5,000만원인 경우로 구분하여 각각 세무조정을 하시오. 다만, 부가가치세는 고려하지 않기로 한다.

■ 해답 ■

(1) 통상임대료가 1억원인 경우 : 임차인과 임대인 모두 세무조정 없음
(2) 통상임대료가 5,000만원인 경우

(단위:원)

구 분	익금산입 및 손금불산입	손금산입 및 익금불산입
개량수리비 (20×1. 1. 1.)	부당행위 50,000,000* 기타사외유출	선급비용 50,000,000 유보
결산시 (20×1. 12. 31.)	선급비용 10,000,000 유보	

* 개량수리비-통상임대료 총액 = 100,000,000-50,000,000 = 50,000,000(고가임차분)
　고가임대료를 선급비용으로 계상하였으므로 선급비용 50,000,000원을 손금산입하여 △유보로 처분하고, 다시 손금불산입하여 소득처분규정에 따라 소득처분한다. 이 사례에서는 소득이 사외로 유출되어 법인의 국내사업장의 소득을 구성하였으므로 기타사외유출로 처분한다.

예규 및 판례　자산의 임대료

❶ BTO(Build Transfer Operate)방식

법인이 소유하고 있는 토지 위에 특수관계 없는 다른 법인이 건물을 신축하여 동 건물을 일정기간 사용하는 조건으로 건물의 소유권을 무상으로 토지를 소유한 법인에게 이전하는 경우 건물의 신축비용은 사용수익기간 동안 균등하게 안분하여 토지 소유자의 수익으로 함(**법인-316, 2014. 5. 15., 법인-3098, 2008. 10. 27.**).

❷ BOT(Build Operate Transfer)방식

㉮ 대법원	토지사용기간 만료 시 이전받는 건축물의 시가 자체를 전체 토지사용기간 중 해당 사업연도에 속하는 기간의 비율로 안분한 금액을 임대료로 보아 익금에 산입해야 함(**대법원 2017두 51983, 2022. 1. 27., 대법원 2018두 39027, 2022. 1. 27.**).
㉯ 기획재정부	사업시행자가 타인의 토지 위에 시설물을 신축하고 사업기간 동안 운영한 후 사업기간 종료시에 해당 시설물을 토지소유자에게 무상이전하는 경우, 개정된 「부가가치세법 시행령」 제61조 제1항 제7호에 따라 토지소유자의 임대수입금액은 그 시설물의 설치가액을 사업기간 동안 안분하여 익금산입하나, 동 시행령 개정 전에 성립된 용역공급계약에 따라 공급하는 임대용역의 임대수입금액은 시설물의 소유권이 토지소유자에게 이전될 때의 시가를 안분하여 익금산입하는 것임(**기획재정부 법인세제과-316, 2014. 5. 15.**). ※ 법인세법에는 부가가치세의 BOT방식 규정을 준용한다는 규정이 없는데, 이를 준용한다고 해석하는 것은 합리적인 해석이 아닌 것으로 보임. 예규가 대법원의 판례와 상충되어 추후 다시 행정소송이 제기될 가능성이 있을 것 같음.

❸ 임차인이 대신 부담한 재산세 등

임대법인이 부담할 재산세·종합부동산세 등을 임차인이 부담한 경우 그 금액은 이를 임대법인의 임대료 수입으로 보아 익금에 산입하고 재산세 등으로 실제 납부된 금액은 이를 임대인의 손금에 산입함(**법인 46012-2595, 1999. 7. 8.**).

❹ 일시에 받은 시설물 사용료

임차한 건물을 특수관계 없는 다른 법인에게 전대하면서 임대보증금 및 임대료 외에 일정기간 시설물 사용료 명목으로 일시에 받은 금액은 선수임대료로서 사용수익기간 동안 균등안분한 금액을 익금에 산입함(**서이 46012-11843, 2003. 10. 23.**).

5. 자산의 평가이익

자산의 평가이익이란 법인이 보유하고 있는 자산을 시가로 평가한 경우 시가가 장부가액을 초과하는 가액을 말한다(**법령 §11(4)**). 기업회계에서는 자산을 공정가치로 평가하는 것을 원칙으로 하므로 자산을 시가로 평가하는 경우가 많다. 그러나 「법인세법」은 자산을 원가로 평가하는 것을 원칙으로 하므로 자산의 평가차익을 익금으로 보지 아니한다.

따라서 법인이 자산을 임의로 평가증한 경우에는 평가증을 인정하지 않으므로 평가증 전의 가액을 자산의 장부가액으로 하고, 평가차익을 익금으로 보지 않는다. 다만, 「보험업법」이나 그 밖의 법률에 따라 유형자산 및 무형자산 등을 평가(장부가액을 증액한 경우만 해당한다)한 경우에는 평가증을 인정하므로 평가증 후의 가액을 장부가액으로 하고, 평가차익은 익금으로 본다(**법법** §42①(1)). 법률에 따른 평가증을 세무상 인정하는 것은 세법과 다른 법률이 상충되는 것을 막기 위한 것이다.

● 법인세법의 유형자산과 무형자산의 평가차익의 처리 ●

구 분	자산증액의 인정 여부	평가차익의 과세 여부
법률에 의한 평가증	○	○
위 이외의 평가증	×	×

K-IFRS에 따라 재평가모형으로 자산을 평가하는 경우에도 법률에 따른 평가증이 아니므로 세법은 이를 적법한 평가증으로 인정하지 않는다. K-IFRS, 일반기업회계기준, 법인세법의 유형자산 평가증 규정을 비교하면 다음과 같다.

● 유형자산 평가증에 대한 K-IFRS와 세법의 비교 ●

구 분	K-IFRS(제1016호)	일반기업회계기준 (제10장)	법인세법(법법 §42)
평가모형	원가모형 또는 재평가모형 중 선택	원가모형 또는 재평가모형 중 선택	원가모형을 원칙으로 하되, 법률에 의한 평가증 허용
평가차익의 처리	기타포괄손익(이전에 당기손익으로 인식한 재평가감소액이 있으면 그 금액을 한도로 재평가증가액만큼 당기손익으로 인식)(문단 39)	좌 동(10.30)	법률에 의한 평가차익은 익금으로 보나, 임의평가증은 인정하지 않음
재평가잉여금의 대체	자산을 제거할 때 재평가잉여금을 이익잉여금으로 직접 대체하므로 당기손익으로 인식하지 않음(문단 41)	자산을 제거할 때 당기손익으로 인식(10.45)	해당 없음

입법취지 세법에서 자산의 평가증을 허용하지 않는 것을 원칙으로 하는 이유

세법이 자산의 임의평가증을 금지하는 것은 임의평가증이 이월결손금 공제기간의 연장수단으로 악용되는 것을 막기 위한 것이다. 예를 들어, 어떤 중소기업에 당기에 공제기간이 끝나는 이월결손금이 있으나 각 사업연도 소득금액은 없다고 하자. 이 경우 이월결손금은 공제시한이 지나서 차기 이후에는 공제받을 수 없게 된다. 그런데, 법인세법에서 자산의 평가증을 허용하고 그 기업에 가격이 오른 건물이 있다고 하자. 그 기업이 건물을 평가증하면 평가차익은 발생되나 이월결손금을 공제하면 법인세 부담은 없다. 그러나 자산의 평가증에 의하여 이월결손금이 건물의 장부가액으로 전환되어 감가상각이나 양도시 공제받을 수 있게 되므로 자산의 평가증이 이월결손금 공제기간의 연장수단으로 악용될 수 있다. 이에 따라 법인세법은 자산의 평가증을 금지하되, 법률에 따라 평가증한 경우에는 법률 간의 상충을 막기 위하여 평가증을 허용하고 있는 것이다.

사례 » 자산의 평가증

A법인은 20×1 사업연도에 기업회계기준의 재평가모형에 따라 토지를 재평가하였다. A법인이 토지의 평가차익 100을 수익으로 계상한 경우와 기타포괄손익으로 계상한 경우로 구분하여 각각 세무조정을 하시오. 기업회계기준에 따른 재평가모형은 세법상 인정되지 아니한다.

해답

(1) 수익으로 계상한 경우

구 분	내 용			
결산서	(차) 토　지	100	(대) 수　익	100
세법	–			
세무조정분개	(차) 수　익	100	(대) 토　지	100
세무조정	익금산입 및 손금불산입		손금산입 및 익금불산입	
			토지 100 유보	

(2) 기타포괄손익으로 계상한 경우

구 분	내 용			
결산서	(차) 토　지	100	(대) 기타포괄손익	100
세법	–			
세무조정분개	(차) 기타포괄손익	100	(대) 토　지	100
세무조정	익금산입 및 손금불산입		손금산입 및 익금불산입	
	기타포괄손익 100 기타		토지 100 유보	

6. 자산수증이익

6-1. 자산수증이익의 처리

법인이 타인으로부터 자산을 무상으로 받아 얻은 이익을 자산수증이익이라고 한다. K-IFRS에서는 자산수증이익을 당기손익으로 처리한다. 다만, 소유주로서의 자격을 행사하는 소유주와의 거래는 자본항목으로 표시해야 하므로 당기수익으로 처리해서는 아니된다(1001호 문단 106). 소유주의 자격을 행사함에 따른 자산수증이익은 주주가 추가 출자를 한 것이므로 자본항목으로 계상하는 것이다.

일반기업회계기준은 손익계산서 양식에 자산수증이익을 영업외수익으로 표시하고 있을 뿐 별다른 규정이 없다. 그러나 금융감독원은 대주주의 부동산 무상증여에 대한 일반기업회계기준의 회계처리와 관련된 질의에 대하여 "자산의 무상증여가 회사에 대한 권리를 취득 또는 증가시키는 거래라면, 소유주의 투자에 해당하므로 자본으로 회계처리할 수 있다"고 해석한 바 있다(금융감독원 2017-002, 2018. 6.).

「법인세법」도 수증자가 누구인지 여부에 관계없이 자산수증이익을 익금으로 본다(법령 §11(5)). 다만, 법인의 재무구조를 개선하기 위하여 자산수증이익 중 이월결손금의 보전에 충당된 금액은 익금불산입한다(법법 §18(6)).

◉ 자산수증이익에 대한 기업회계와 세법의 비교 ◉

구 분	K-IFRS	일반기업회계기준	법인세법
자산수증이익의 처리	당기수익. 다만, 소유주로서의 자격을 행사하는 소유주와의 거래는 자본잉여금으로 처리해야 함	당기수익. 다만, 소유주의 투자에 해당하는 경우에는 자본잉여금으로 처리할 수 있음	익금. 다만, 이월결손금의 보전에 충당한 경우에는 익금불산입

6-2. 무환수입의 세무처리

무환수입이란 외국으로부터 자산을 무상으로 수증받는 것을 말한다. 법인이 자산을 무환수입하는 경우 해당 물품의 통관시 관세 과세표준금액이 되는 감정가액을 익금에 산입하고, 관세 및 부대비용은 물품의 취득가액에 합산한다(법기통 15-11…3). 그러나 다음의 경우는 무환으로 수입된 물품이라 하더라도 익금에 산입하지 아니한다.

① 법인이 세관을 통관할 때 무환으로 수입한 물품이라 하더라도 당사자 간의 계약에 의하여 그 대금의 일부 또는 전부를 사실상 지급한 것이 증빙에 의하여 입증되는 경우

② 오퍼업을 영위하는 회사가 국외회사의 지시에 의하여 무상수리 부품을 무환통관하여 소비자에게 인도하는 경우(법인 46012-266, 1997. 1. 28.)

③ 외국법인 국내지점이 국외에 있는 회사가 국내에 판매한 사후 보증서비스를 제공함에 있어 국외에 있는 회사로부터 무상수리 부품을 무환통관하여 수탁보관하다가 국외에 있는 회사의 지시에 의하여 무상으로 부품 수요자에게 인도하는 경우(법규-3751, 2006. 9. 11.)

④ 국제위탁가공계약에 의하여 상대방이 원재료를 부담하는 조건으로 무환통관한 물품의 경우(법인 46012-1201, 1996. 4. 19.)

⑤ 내국법인이 외국의 수입업자로부터 무상 제공받은 부품에 다른 부품을 부착하여 해당 거래처에 수출함에 있어 수입업자의 제공부품에 해당하여 당해 내국법인에 귀속되지 않는 수입업자가 제공하는 부품의 시가상당액(법인-193, 2011. 3. 16.).

6-3. 광고선전용 물품 등의 무상 제공시 세무처리

제조업자 등이 자기의 상품 등을 판매하는 자 등에게 자기의 상호·로고·상품명 등을 표시하여 광고 효과가 인정되는 물품 등으로 제공하는 경우에 세무상 다음과 같이 처리한다(법기통 15-11…4).

① 광고선전용 간판, 네온사인, 플래카드와 같이 오로지 광고선전용으로 사용되는 물품 등을 제공한 경우는 제조업자 등의 광고선전비로 처리하고 판매업자 등은 이에 대하여 자산수증익으로 회계처리하지 아니한다.

② 물품 등의 소유권을 이전하거나 물품 등의 가액을 금전으로 제공한 경우는 제조업자 등은 기업업무추진비로 처리하고, 판매업자 등은 사업용자산과 자산수증익으로 회계처리한 후 해당 자산에 대하여 감가상각을 통하여 손금에 산입한다. 그러나 감가상각비는 결산조정사항이므로 결산상 감가상각비를 손금으로 계상하지 아니한 경우에는 이를 손금에 산입할 수 없다(대구지법 2009구합 1879, 2010. 8. 11. 참조).

③ 제조업자 등이 해당 물품을 회수하여 재사용이 가능한 경우로서 제조업자 등이 물품 등의 소유권을 유지하는 것을 약정한 경우에는 제조업자 등의 자산으로 계상하고 감가상각비 상당액을 광고선전비로 처리한다. 이 경우 판매업자 등은 이에 대하여 회계처리하지 아니한다.

6-4. 자기주식의 무상취득시 세무처리

기업회계에서는 법인이 자기주식을 취득한 경우 자기주식의 취득원가를 자본에서 차감하도록 하고 있다(K-IFRS 1032호 문단 33, 일반기준 15.8). 법인이 자기주식을 무상으로 취득한 경우 자산과 부채에 변동이 없고, 자기주식의 취득원가가 0(영)이므로 자본에서 차감할 금액도 없다. 따라서 자기주식의 무상수증에 대해서는 회계처리하지 않아야 한다.

세법에서는 자기주식을 자산으로 보므로 법인이 주주로부터 자기주식을 무상으로 취득한 경우 그 시가(상장주식의 경우에는 취득일이 한국거래소의 최종시세가액 : 법인-230, 2011. 3. 29.)를 자산수증익으로 하여 익금산입하고(서면2팀-1447, 2004. 7. 12.) 그 후 당해 자기주식을 소각 또는 처분하는 때에 당초 익금산입한 자기주식의 장부가액을 손금에 산입한다. 그러나 「상법」에 따라 자기주식을 감자하기 위하여 무상으로 취득하는 경우에는 자산수증이익이 아니므로 익금에 산입할 수 없다(법인 46012-2379, 1997. 9. 9., 서면-2020-법령해석법인 -3696 [법령해석과-4323], 2020. 12. 29.).

● 자기주식을 무상으로 취득한 경우 기업회계와 세법의 처리 비교 ●

구 분	기업회계기준	법인세법
자기주식의 무상수증	회계처리하지 않음	자산수증이익(단, 감자하기 위하여 수증받은 경우에는 자산수증이익이 아님)

예규 및 판례   **자산수증이익**

❶ 부담부 증여받은 경우 세무처리

증여자의 채무를 수증자가 인수하는 부담부 증여에 의하여 자산을 취득하는 경우에는 증여받은 자산의 시가에서 채무인수액을 차감한 금액을 자산수증이익으로 보아 익금에 산입하는 것임(법인세과-1120, 2010. 11. 30.).

❷ 이차보전금이 자산수증이익인지 여부

은행업을 영위하는 내국법인이 지방자치단체와 체결한 협약에 따라 해당 지방자치단체가 추천하는 중소기업에게 일반금리보다 저리의 금리로 대출을 실행하고 그 차액을 지방자치단체로부터 이차보전금으로 지급받는 경우, 해당 이차보전금 수령액은 '무상으로 받은 자산의 가액'에 해당하지 않는 것임(기준-2018-법령해석법인-0019 [법령해석과-1136], 2018. 4. 27., 대법원 -2020-두-49492, 2021. 1. 14.).

❸ 유가보조금

여객자동차 운수사업을 영위하는 내국법인이 「여객자동차 운수사업법」 제50조 제4항에 따라 지급받는 유가보조금은 "무상으로 받은 자산의 가액"에 해당하는 것임(기준-2017-법령해석법인-0042 [법령해석과-1381], 2017. 5. 24.).

❹ 절전보조금

내국법인이 한국전력공사와 전기수요조정제도에 의한 부하조정 약정을 체결하고 전력사용량을 절감함에 따라 해당 공사로부터 지급받는 지원금은 '무상으로 받은 자산의 가액'에 해당하는 것임(기준-2015-법령해석법인-0212 [법령해석과-3514], 2015. 12. 28.).

7. 채무면제이익

7-1. 채무면제이익의 처리

법인의 채무를 타인이 아무런 대가나 조건없이 대신 변제하여 주거나, 채권자가 채무를 면제해 주거나 채무가 소멸시효 등의 완성으로 소멸되어 얻은 이익을 채무면제이익이라고 한다.

K-IFRS에서는 채무면제이익을 당기손익으로 처리하나, 소유주의 자격을 행사하여 채무를 면제한 경우에는 자본항목으로 처리하여야 한다(K-IFRS 1001호 문단 106). 일반기업회계기준에서는 채무면제이익을 손익계산서의 기본요소의 차이로 규정하고 있을 뿐 소유주의 자격을 행사하여 채무를 면제하는 경우에 대한 규정은 없다. 그러나 금융감독원이 대주주의 부동산 무상증여에 대한 일반기업회계기준의 회계처리와 관련된 질의에 대하여 "자산의 무상증여가 회사에 대한 권리를 취득 또는 증가시키는 거래라면, 소유주의 투자에 해당하므로 자본으로 회계처리할 수 있다"고 해석한 바 있고(금융감독원 2017-002, 2018. 6.), 자산수증이익과 채무면제이익의 성격이 유사하므로 금융감독원의 해석은 채무면제이익에도 동일하게 적용해야 할 것으로 보인다.

「법인세법」은 채무면제자가 누구인지 여부에 관계없이 채무면제이익을 익금으로 본다(법령 §11(6)). 다만, 결손법인의 재무구조를 개선하기 위하여 채무면제이익 중 이월결손금의 보전에 충당된 금액은 익금불산입한다(법령 §18(6)).

◎ 채무면제이익에 대한 기업회계와 세법의 비교 ◎

구 분	K-IFRS	일반기업회계기준	법인세법
자산수증이익의 처리	당기수익. 다만, 소유주로서의 자격을 행사하는 소유주와의 거래는 자본잉여금으로 처리해야 함	당기수익. 다만, 소유주의 투자에 해당하는 경우에는 자본잉여금으로 처리할 수 있음	익금. 다만, 이월결손금의 보전에 충당한 경우에는 익금불산입

7-2. 채무면제이익 관련 사례

(1) 정기사원총회에서 결의한 배당을 임시주주총회에서 취소한 경우 익금산입 여부

정기주주총회에서 배당을 결의한 후 임시주주총회에서 취소한 경우 과세당국은 채무면제이익으로 보고 있으나, 조세심판원은 채무면제이익이 아니라고 해석하고 있다.

구 분	내 용
과세당국	정기사원총회에서 이익잉여금처분계산서상의 이익배당의 안을 승인한 후, 임시사원 총회에서 당해 이익배당의 전부 또는 일부를 취소한 경우, 그 취소금액은 익금에 산 입한다. 다만, 이월결손금 보전에 충당된 금액은 익금에 산입하지 아니함(**법기통 15 -11…11, 법인-2726, 2008. 10. 2.**).
조세심판원	<채무면제이익인지 여부> 주주총회에서 배당취소결의를 한 것은 회사의 의사결정기관인 주주총회의 결의로 배당금지급을 유보(배당금을 미처분 잉여금에 환입조치)한 것에 지나지 않는다고 할 것으로 이는 확정된 배당금의 청구권을 권리자인 주주가 개별적으로 청구권을 포기 하겠다는 의사표시를 한 경우, 즉 채무면제와는 구별된다 할 것이므로 청구법인이 주주총회의 결의에 의하여 이미 확정된 배당금을 청구법인의 특수한 사정에 의하여 주주총회에서 주주 전원에게 배당을 취소하기로 결의한 것을 처분청이 모든 주주가 배당청구권을 개별적으로 포기한 채무면제익으로 보아 청구법인의 각 사업연도 소 득금액계산에 있어 익금산입한 처분은 부당한 것으로 판단됨(**국심 81서 1045, 1982. 1. 19.**). <원천징수의무 성립여부> 당초배당금의 지급을 결의하였다가 2020. 5. 8.자 임시주주총회에서 이를 변경배당금 으로 감액하는 내용의 결의가 이루어졌고 해당 결의에 하자가 있다는 등의 사정도 나타나지 않으므로, 그 감액결의의 효력을 부인하기는 어려워 보이는 점, 「소득세법」 상 당초배당금에 대한 지급의제일은 2020. 6. 30.인데, 그 이전인 2020. 5. 8. 이에 대 한 감액변경이 이루어졌고, 그에 따라 2020. 5. 31. 변경배당금이 실제로 지급되었으 며, 이와 동일하게 변경배당금이 배당된 것으로 재무제표가 정정된 이상, 당초배당금 이 아닌 변경배당금만이 배당되었다고 봄이 타당한 점 등에 비추어, 처분청이 당초 배당금 결의를 이유로 감액결의를 부인하고, 변경배당금을 초과하는 부분에 대하여 도 원천징수의무가 존재한다고 보아, 청구법인에게 원천징수분 종합(배당)소득세 및 법인세(가산세)를 부과한 이 건 처분은 잘못이 있다고 판단됨(**조심-2022-서-6980, 2023. 4. 17.**).

(2) 휴면예금의 소멸시효 완성시기에 대한 조세심판원과 대법원의 견해 차이

휴면예금의 소멸시효 기산일에 대하여 조세심판원은 최종거래일로 보고 있으나, 대법원 은 예금이자 명목으로 입금한 날로 보고 있다.

구 분	내 용
조세심판원	「상법」 제64조에서 "상행위로 인한 채권은 본법에 다른 규정이 없는 때에는 5년간 행 사하지 아니하면 소멸시효가 완성한다"라고 규정하고 있고, 일반예금에 있어서의 예 금반환청구권은 기한의 정함이 없는 소비임치(消費任置)의 임치물반환청구권과 동일 한 성질을 가지는 것이므로 그 반환청구권의 성립과 동시에 소멸시효가 진행되며, 다 만 계약기간 중 예입과 반환이 되풀이 될 때에는 금융기관의 채무승인이 있는 것으로 볼 수 있으므로 최후의 예입 또는 반환시로부터 소멸시효가 진행되는 것인 바, 만기

구 분	내 용
	일 및 최종거래일부터 5년이 경과한 날을 수익의 귀속시기로 보아 익금에 산입하는 것은 적법하다(조심 2011서 1664, 2014. 1. 23., 조심 2014서 5740, 2015. 7. 8., 조심 2015서 1132, 2015. 5. 19.).
대법원	원고가 최종거래일로부터 5년이 경과하기 전의 예금에 대하여 이자가 발생한 경우 정기적으로 이자를 그 예금계좌에 예금이자 명목으로 입금한 행위는 원고가 예금주의 예금채권의 존재를 인식하고 있다는 것을 나타낸 것이어서 채무의 승인에 해당한다고 할 것이고, 이자가 예금계좌에 입금되면 예금주는 영업소를 방문하거나 인터넷뱅킹 등을 통한 잔액조회를 함으로써 그 사실을 확인할 수 있고, 그에 대한 처분권도 취득하게 되므로, 그로 인한 채무 승인의 통지는 그 시점에 예금주에게 도달하였다고 할 수 있으므로 이로써 그 예금에 대한 소멸시효는 중단되었다고 보아, 이와 다른 전제에서 피고가 이 사건 휴면예금이 최종거래일로부터 5년이 경과된 사업연도에 그 소멸시효가 완성되었다는 이유로 이를 모두 익금으로 산입한 것은 위법하다(대법원 2009두 14965, 2012. 8. 17., 대법원 2010두 12996, 2012. 8. 23., 대법원 2011두 9157, 2012. 11. 29.).

(3) 채무면제이익을 익금산입한 후 지급한 경우 지급액의 손금 해당 여부

구 분	내 용
시효완성 상품권	상품권을 발행·판매하는 내국법인이 상법상 소멸시효가 완성된 상품권 상당액을 채무면제이익으로 계상한 후 「법인세법」 제18조 제6호 및 같은법 시행령 제18조에 따라 이월결손금의 보전으로 충당하여 익금불산입한 경우, 이후 상품권이 회수되어 상품권 가맹점의 요청에 따라 지급한 상품권 대금 상당액은 손금에 해당함(서면-2018-법인-2146 [법인세과-2807], 2018. 10. 30.).
시효완성 만기보험금	내국법인인 보험회사가 휴면보험금을 채무면제이익으로 계상 후 「법인세법」 제18조 제6호 및 같은법 시행령 제18조에 따라 이월결손금을 보전하는 데에 충당하여 익금불산입한 경우, 이후 고객의 요청에 따라 지급한 휴면보험금은 손금에 해당함(기획재정부 법인세제과-233, 2016. 3. 7.).
시효 완성 예금	고객이 예탁한 예금 중 소멸시효가 완성된 예금을 익금에 산입한 은행이 당해 고객의 청구에 의하여 이미 익금에 산입한 금액을 지급하는 경우에 동 금액은 그 지급일이 속하는 사업연도의 손금에 산입함(법인 46012-2442, 1999. 6. 29.).

예규 및 판례 　채무면제이익

❶ 대주주임원이 퇴직급여를 포기한 경우
　　법인의 대주주인 상근임원이 비상근임원으로 전환하면서 임원퇴직급여지급규정에 규정된 퇴직
　　급여의 수령을 주주총회에서 전액 포기한 경우에도 해당 대주주가 포기한 퇴직급여를 수령한
　　것으로 보아 동 퇴직급여에 대한 퇴직소득세를 원천징수함. 이 경우 당해 법인은 임원퇴직급여
　　한도 내의 금액을 손금에 산입하되 동 포기한 퇴직급여액을 익금에 산입하여야 함(서이 46012
　　-12368, 2002. 12. 30.).

❷ 장기채무를 현재가치로 평가하여 조기상환하는 경우
　　장기할부조건으로 분할상환하던 채무를 현재가치로 평가하여 조기에 상환함에 따라 발생하는
　　채무면제익은 익금산입함(서울고법 2009누 39560, 2010. 6. 8., 국심 2004중 2772, 2005. 7.
　　18.).

8. 손금에 산입한 금액 중 환입된 금액

8-1. 기업회계상 환입액에 대한 회계처리

　법인이 세금을 납부하였다가 환급받거나 설정된 충당부채를 환입하는 경우가 있다. 세금
의 환급이나 충당부채의 환입이 회계상 중요한 오류[1]로 인한 경우 K-IFRS에서는 소급법
에 따라 그와 관련된 이전 사업연도의 재무제표를 재작성하므로 당기에는 이월이익잉여금
의 증가로 처리하고, 중요하지 않은 오류는 당기손익으로 처리한다(K-IFRS 1008호 문단 42).
일반기업회계기준은 전기오류는 영업외손익으로 보고하되, 중대한 오류는 소급적용하고 비
교재무제표를 재작성한다(일반기준 5.19.).

8-2. 세무상 환입액의 처리

　전기에 지출한 금액을 환급받거나 전기에 설정한 충당금이나 준비금을 환입한 경우에는
당초 손금항목인지에 따라 익금항목인지 판단한다. 당초 손금항목이 환입된 경우에는 익금
항목이나, 손금불산입항목이 환입된 경우에는 익금불산입항목이다(법령 §11(7)). 그러나 취득
세와 같이 자산의 취득가액으로 처리한 금액이 환입된 경우에는 자산의 취득가액에서 차감
하여야 한다.

---

1) K-IFRS는 중요한 오류라고 하고, 일반기업회계기준은 중대한 오류라고 한다(K-IFRS 1008호 문단 42, 일반기업회계기준
　5.18.).

당초 처리	환입시 처리	사 례
손금항목	익금항목	재산세
손금불산입항목	익금불산입항목	법인세
자산의 취득가액	자산의 취득가액차감	취득세

▌ 사례 »

㈜한공의 제21기 사업연도(1. 1.~12. 31.)의 다음 자료로 세무조정을 하시오.
① 전기에 손금으로 인정받은 업무용 토지에 대한 재산세 100을 당기에 환급받고, 다음과 같이 회계처리하였다.
   (차) 현　금 100　　　　　　　　　(대) 잡이익 100
② 전기에 손금불산입된 벌금 200을 환급받고, 다음과 같이 회계처리하였다.
   (차) 현　금 200　　　　　　　　　(대) 잡이익 200
③ 전기에 중과된 취득세 300을 환급받고, 다음과 같이 회계처리하였다. 취득세는 납부시 토지의 장부가액에 더하였다.
   (차) 현　금 300　　　　　　　　　(대) 토　지 300

▌ 해답 ▌

익금산입 및 손금불산입			손금산입 및 익금불산입		
			잡이익	200	기타

① 재산세 환급 : 전기에 손금산입한 재산세의 환급액은 익금이다. 익금을 수익으로 회계처리하였으므로 세무조정은 불필요하다.
② 벌금 환급 : 손금불산입항목인 벌금을 환급받은 것은 익금불산입항목이다. 익금불산입항목을 수익으로 회계처리하였으므로 익금불산입으로 세무조정한다.
③ 토지 취득세를 환급받은 경우 토지의 취득가액에서 차감해야 한다. 토지의 취득가액에서 차감하는 회계처리를 하였으므로 세무조정은 불필요하다.

8-3. 환입액의 사례

(1) 전기에 손금산입한 감가상각비를 임의환입하는 경우

전기에 적법하게 손금산입된 감가상각누계액을 그 후 사업연도의 임의환입하여 전기오류수정이익으로 처리하는 경우에는 세법상 동 회계처리를 인정하지 아니한다(법인 22601-1257, 1992. 6. 8., 법인 22601-1044, 1992. 5. 12.). 이미 손금에 산입된 감가상각비를 환입하는 것을 허용하면 법인은 결손금이 발생하면 과거에 손금산입한 감가상각비를 임의로 환입하여 결손금과 상계하고, 그 후 이익이 나면 다시 감가상각하는 방법으로 과세소득을 조절할 수 있으므로 손금에 산입한 감가상각비의 임의 환급을 허용하지 않는 것이다.

(2) 벌과금 회수액

임원에게 통지처분된 벌과금을 일단 법인이 납부한 후 그 원인행위자인 당해 임원에게 구상권을 행사하여 징수하는 경우 그 벌과금에 상당하는 금액은 익금에 산입하지 아니한다 (법인 1264.21-1027, 1981. 3. 18.). 벌과금 회수액을 익금에 산입하지 않은 것은 당초 벌과금 지급 시 세무상 손금불산입한 금액을 회수한 것이기 때문이다.

9. 특수관계인으로부터 자본거래로 분여받은 이익

법인이 특수관계인으로부터 합병, 증자 또는 감자 등의 자본거래로 분여받은 이익은 익금으로 본다(법령 §11(8)).

10. 특수관계가 소멸되는 날까지의 회수되지 아니한 가지급금 등

(1) 개 요

「법인세법 시행령」 제11조 제9호에는 특수관계인에 대한 가지급금과 그 미수이자를 특수관계가 소멸할 때까지 회수하지 아니한 것과 특수관계가 지속되는 경우로서 미수이자를 발생일이 속하는 사업연도 종료일부터 1년이 되는 날까지 회수하지 않으면 이를 익금에 산입하도록 하고 있다. 이 규정은 법인세법 기본통칙을 2010. 2. 18.에 법령화한 것으로서 일정한 사유에 해당하는 경우 그 가지급금 등을 회수할 수 없는 것으로 보아 귀속자에게 소득처분을 하기 위한 규정이다.

(2) 특수관계인에 대한 업무무관 가지급금 등에 대한 소득처분

특수관계인에 대한 업무무관 가지급금 및 그 이자(이하 "가지급금 등"이라 한다)로서 다음 중 어느 하나에 해당하는 금액은 익금으로 한다. 다만, 그러나 채권·채무에 대한 쟁송으로 회수가 불가능한 경우 등 정당한 사유가 있는 경우는 제외한다(법령 §11(9)).
① 특수관계가 소멸되는 날까지 회수하지 아니한 가지급금 등(아래 "②"에 따라 익금에 산입한 이자는 제외한다)
② 특수관계가 소멸되지 아니한 경우로서 가지급금의 이자를 이자발생일이 속하는 사업연도 종료일부터 1년이 되는 날까지 회수하지 아니한 경우 그 이자

채권·채무에 대한 쟁송으로 회수가 불가능한 경우 등 다음의 경우와 같이 정당한 사유가 있는 경우는 다음과 같다(법칙 §6의2).

① 채권·채무에 대한 쟁송으로 회수가 불가능한 경우
② 특수관계인이 회수할 채권에 상당하는 재산을 담보로 제공하였거나 특수관계인의 소유 재산에 대한 강제집행으로 채권을 확보하고 있는 경우
③ 해당 채권과 상계할 수 있는 채무를 보유하고 있는 경우
④ 그 밖에 위 ①부터 ③까지와 비슷한 사유로서 회수하지 아니하는 것이 정당하다고 인정되는 경우

(3) 익금에 산입한 가지급금 등을 회수한 경우 세무조정

법인이 특수관계인과의 금전거래에 있어 특수관계가 소멸되는 날까지 회수하지 아니하여 익금에 산입하고 귀속자에게 소득처분한 가지급금을 그 후에 회수하는 경우에는, 이를 각 사업연도의 소득으로 이미 과세된 소득으로 보아 회수한 사업연도의 소득금액 계산상 익금에 산입하지 아니한다(서면법규과-1312, 2014. 12. 15.).

■ 사례 »

㈜A는 제19기 1. 1. 대표이사에게 업무와 무관하게 3천만원을 대여하였으며, 해당 대여금은 법인세법상 업무무관 가지급금에 해당한다. 대표이사가 제19기 12. 1.에 지병으로 사임하였으나, 회사는 대표이사에 대한 업무무관 가지급금을 회수하지 아니하였으며, 회수하지 않은 것에 정당한 사유가 없다. 이 자료로 다음 요구사항에 답하시오.

■ 요구사항 ■

(1) 제19기 사업연도에 결산상 가지급금으로 계상하고 있는 경우 세무조정을 하시오.
(2) 제20기 사업연도에 가지급금을 대손상각비로 계상한 경우의 세무조정을 하시오.
(3) 제21기 사업연도에 가지급금 중 5,000,000원을 회수하여 잡수익으로 회계처리한 경우 세무조정을 하시오.

■ 해답 ■

(1) 제19기 사업연도

익금산입 및 손금불산입			손금산입 및 익금불산입		
과목	금액	처분	과목	금액	처분
가지급금	30,000,000	상여	가지급금	30,000,000	유보

대표이사와의 특수관계가 소멸하였으므로 가지급금을 회수할 수 없는 것으로 보아 손금산입하여 △유보로 처분하는 한편, 익금산입하여 상여로 처분한다. 가지급금을 회수할 수 없는 것은 순자산이 증가된 것이 아니므로 익금산입과 손금산입으로 동시에 세무조정을 하여야 한다.
☞ 양편조정

(2) 제20기 사업연도

익금산입 및 손금불산입			손금산입 및 익금불산입		
과목	금액	처분	과목	금액	처분
대여금	30,000,000	유 보			

대손상각비로 계상한 가지급금은 손금이 아니므로 손금불산입하여 유보로 처분하여 제19기에서 이월된 △유보와 상계한다.

(3) 제21기 사업연도

익금산입 및 손금불산입			손금산입 및 익금불산입		
과목	금액	처분	과목	금액	처분
			잡수익	5,000,000	기타

잡수익은 각 사업연도의 소득으로 이미 과세된 소득이므로 익금불산입하여 기타로 처분한다.

11. 특수관계인인 개인으로부터 유가증권을 시가보다 낮은 가액으로 매입하는 경우

11-1. 개 요

법인이 자산을 시가보다 낮은 가액으로 매입한 경우 세법은 실제 매입가액을 자산의 취득가액으로 보며 시가와 매입가액의 차액을 익금으로 보지 않는다. 저가매입으로 인한 이익을 과세하지 않는 것은 그 이익은 미실현이익일 뿐이고, 매입시 과세하지 않아도 자산 양도시 과세되기 때문이다. 「법인세법」은 1996년까지는 자산의 저가매입으로 인한 이익을 과세하지 않았다.

이에 따라 그 당시에는 개인이 자녀가 지배하는 법인에게 채권을 시가보다 저가로 양도하면 상속세나 증여세를 회피할 수 있었다. 이는 채권의 매매차익은 「소득세법」상 미열거소득이므로 양도한 개인에게 부당행위계산의 부인을 적용하여 소득세를 과세할 수 없고(지금도 채권의 매매차익을 과세하지 않는 것은 동일하다), 채권을 저가로 매입한 법인에게도 저가 매입으로 얻은 이익을 과세할 수 없기 때문이었다.

개인이 채권 등의 유가증권을 특수관계인 법인에게 시가보다 저가로 양도하는 방법으로 상속세나 증여세를 회피하는 것을 막기 위하여 1996년 말에 법인이 특수관계인 개인으로부터 유가증권을 시가보다 저가로 매입한 경우 저가매입으로 얻은 이익을 과세하는 규정을 신설하여 1997. 1. 1.부터 적용하도록 하였다.

11-2. 적용요건

법인이 특수관계인인 개인으로부터 유가증권을 법인세법 제52조【부당행위계산의 부인】제2항에 따른 시가보다 낮은 가액으로 매입하는 경우, 시가와 매입가액의 차액은 익금으로 본다(법법 §15②(1)).

(1) 거래상대방이 특수관계인인 개인일 것

이 규정은 거래상대방이 특수관계인인 개인인 경우에만 적용한다. 특수관계인인 법인이 유가증권을 저가로 양도한 경우에는 양도법인에게 부당행위계산의 부인규정을 적용하여 시가와 양도가액의 차액을 익금산입하여 과세하므로 굳이 양수법인에게 과세할 필요가 없기 때문에 법인으로부터 저가로 매입한 경우에는 이 규정을 적용하지 아니한다.

(2) 유가증권을 시가보다 저가로 매입한 경우일 것

이 규정은 유가증권을 저가로 매입한 경우에만 적용한다. 유가증권이란 재산권을 표시한 증권으로 권리행사에 증권의 점유를 필요로 하는 것을 말하며, 주식·국공채·회사채 등이 유가증권에 포함된다.

자기주식도 유가증권에 포함되므로 비상장법인이 회계법인 등 제3자의 중개에 의한 매수가격의 협의·결정을 통하여 주식매수청구권 행사 주주로부터 자기주식을 취득함에 있어 특수관계자인 개인주주로부터 취득하는 주식의 매입가액이 시가에 미달하면 시가와 당해 매입가액의 차액은 익금에 산입한다(서면2팀-244, 2004. 2. 18., 서면2팀-978, 2008. 5. 20.). 그러나 다음의 경우에는 매입거래가 아닌 감자나 현물출자이므로, 이 규정을 적용하지 아니한다.

① 자본감소 또는 소각목적으로 자기주식을 시가에 미달하게 매입하는 경우

(서면2팀-674, 2004. 4. 1., 서면2팀-2066, 2004. 10. 11., 서면2팀-1309, 2005. 8. 17., 서면2팀-795, 2006. 5. 9.)

② 다른 법인의 주식을 시가보다 낮은 가액으로 현물출자받는 경우

(재법인-489, 2004. 8. 26.)

11-3. 세무조정

법인이 특수관계인인 개인으로부터 유가증권을 저가로 매입한 경우 그 유가증권의 매입가액과 시가와의 차액은 익금산입(유보)하고, 해당 유가증권을 양도할 때 손금에 산입(△유보)한다(서면2팀-683, 2007. 4. 28. 및 서면2팀-1433, 2007. 8. 1.).

㈜A(사업연도 : 1. 1.~12. 31.)는 대표이사로부터 제21기 7. 1.에 다음과 같이 자산을 매입하고 실제 매입가액으로 토지는 유형자산으로, 주식은 매도가능증권으로 계상하였다.

매입자산	시 가	매입가액
토지(100㎡)	10,000,000원	4,000,000원
㈜B의 주식(200주)	20,000,000원	8,000,000원

회사는 제22기 말에 ㈜B의 주식 중 100주를 11,000,000원에 양도하고 7,000,000원의 매도가능증권처분이익을 영업외수익으로 계상하였다. 이 자료로 제21기와 제22기 사업연도에 대한 세무조정을 하시오.

해답

(1) 제21기 사업연도

익금산입 및 손금불산입			손금산입 및 익금불산입		
과목	금액	처분	과목	금액	처분
매도가능증권	12,000,000	유 보			

특수관계인 개인으로부터 유가증권을 시가보다 저가로 매입하였으므로, 시가와 매입가액의 차액을 익금에 산입한다. 그러나 토지를 저가로 매입한 경우에는 저가매입으로 인한 이익이 익금이 아니다.

(2) 제22기 사업연도

익금산입 및 손금불산입			손금산입 및 익금불산입		
과목	금액	처분	과목	금액	처분
			매도가능증권	6,000,000	

보유주식이 50%를 처분하였으므로, 유보의 50%를 추인한다.

12. 간접외국납부세액으로서 외국납부세액공제의 대상이 되는 금액

☞ 간접외국납부세액에 대하여는 제14장 "4. 「법인세법」상 세액공제"의 "1. 외국납부세액공제"에서 설명한다.

13. 동업기업으로부터 배분받은 소득금액

동업기업 과세특례를 적용받는 동업기업에는 과세하지 않고, 동업기업의 과세기간 종료일을 기준으로 동업기업의 소득금액(결손금)을 동업자에게 배분하여 동업자에게만 과세한다(조특법 §100의16 ①·②). 이에 따라 동업자인 법인이 동업기업으로부터 배분받은 소득금액은 익금으로 보고, 배분받은 결손금은 손금으로 본다(법법 §15②(3), §19③).

실제로 배당을 받거나 주식을 양도할 때 동업자에게 배분한 소득금액이 배당소득이나 양도소득에 포함되어 이중과세되는 것을 막기 위하여 동업자는 배분된 소득금액만큼 지분가액을 증액하고, 배분받은 결손금만큼 지분가액을 감액한다(조특령 §100의21②(3), 조특령 §100의21③(3)).

14. 의제배당(배당금 또는 분배금의 의제)

14-1. 개 요

주주는 피투자법인으로부터 여러 가지 방법으로 이익을 분여받는다. 주주는 피투자법인으로부터 현금배당을 받거나 잉여금의 자본전입으로 주식배당이나 무상주를 받으며, 감자·퇴사·탈퇴·해산·합병·분할의 경우에 소멸된 주식의 취득가액을 초과하는 대가를 받을 수 있다. 주주가 피투자법인으로부터 받은 이익은 그 형태에 관계없이 과세하여야 과세형평을 실현할 수 있고 조세회피를 막을 수 있다.

현금배당이나 현물배당은 기업회계상 배당금수익이나 그 밖의 방법에 의한 이익분여는 기업회계상 배당금 수익이 아니므로 세법은 배당을 받은 것으로 보아 과세하는데, 이를 의제배당이라고 한다.[2] 의제배당은 잉여금의 자본전입으로 인한 의제배당과 감자·퇴사·탈퇴·해산·합병·분할에 의한 의제배당의 두 가지 유형으로 나누어진다.

14-2. 잉여금의 자본전입으로 인한 의제배당

(1) 개 요

법인이 잉여금을 자본에 전입하는 경우는 주식배당을 하는 경우와 무상증자를 하는 경우이다. 주식배당은 주주총회의 결의에 의하여 이익배당을 금전 대신 새로이 발생하는 주식으로 하는 것이고, 무상증자는 주주로부터 주금을 납입받지 않고 자본준비금이나 이익준비금

---

[2] 의제(擬制)란 성질이 전혀 다른 것을 법률상 동일한 것으로 보아 동일한 법률상의 효과를 발생시키는 것을 말한다. 세법은 본래 배당이 아닌 것을 배당으로 보아 과세하는 제도인 의제배당, 본래 증여는 아니나 증여로 보아 과세하는 증여의제 등에서 의제라는 용어를 사용하고 있다. 간주임대료에서 간주(看做)도 의제와 동일한 의미이다.

과 같은 법정적립금을 자본금에 전입하여 증자하는 것을 말한다. 주식배당과 무상주를 비교하면 다음과 같다(상법 §461, §462의2).

○ **주식배당과 무상주의 비교** ○

구 분	주식배당	무상주
재 원	배당가능이익	배당불능이익
의 결	주주총회의 보통결의	이사회의 결의[2]
제 한	정관에 규정된 발행예정주식 총수 내의 미발행주식이 있어야 하며, 이익배당총액의 1/2 한도[1]	정관에 규정된 발행예정주식 총수 내의 미발행주식이 있어야 함.
이익준비금 적립	불필요	불필요

[1] 주권상장법인은 해당 주식의 시가가 액면가액에 미달하는 경우를 제외하고는 이익배당총액에 상당하는 금액까지는 새로 발행하는 주식으로 이익배당을 할 수 있다(자본시장법 §165의13).
[2] 정관으로 주주총회에서 결정하기로 정할 수도 있다(상법 §461).

주식배당의 성격에 대해서는 이익배당설과 주식분할설이 대립하고 있다. 이익배당설에 따르면 주식배당은 배당가능이익을 재원으로 하여 주주총회에서 배당결의를 하여야 한다는 점에서 이익배당과 같다고 보는 견해이고, 주식분할설에 따르면 주식배당은 배당 전후의 회사의 순자산의 크기에 변동이 없이 주식수만 늘어난 것이므로 주식배당은 주식분할에 불과하다고 보는 견해이다.

기업회계에서는 주식배당을 주식분할로 보나, 세법에서는 이익배당으로 본다. 세법에서 주식배당을 이익배당으로 보는 것은 주식배당은 현금배당을 한 후 그 돈으로 증자대금으로 납입받는 것과 같은 효과가 있기 때문이다. 사례를 통해 현금배당 후 유상증자를 하는 것과 주식배당을 비교해 보자.

현금배당 후 유상증자하는 경우	주식배당하는 경우
(차) 이익잉여금 100 (대) 현 금 100 (차) 현 금 100 (대) 자 본 금 100	(차) 이익잉여금 100 (대) 자 본 금 100

위의 회계처리를 비교하면, 둘 다 이익잉여금이 감소하고 자본금이 증가한다는 점에서 동일하다. 따라서 주식배당을 배당으로 보지 않을 경우 현금배당을 한 후 유상증자를 하는 것 대신 주식배당으로 현금배당에 대한 과세를 피할 수 있다.

주식배당을 배당으로 본다면 무상주도 배당으로 보아야 한다. 무상주를 배당으로 보지 않으면 배당가능이익을 이익준비금으로 적립한 후에 이익준비금으로 무상증자를 하는 방법으로 주식배당에 대한 과세를 피할 수 있기 때문이다. 이에 따라 세법은 법인이 잉여금을 자본에 전입함으로 주주가 받는 주식배당과 무상주를 배당으로 보는데, 이를 의제배당이라고 한다. 개인주주에게는 「소득세법」의 의제배당규정을 적용하고, 법인주주에게는 「법인세법」의 의제배당규정을 적용한다. 이 규정은 외국법인이 잉여금의 전부 또는 일부를 자본이나 출자의 가액에 전입함으로써 내국법인이 취득하는 주식이나 출자의 가액에도 적용한다(법인 46012-1692, 1997. 6. 23., 법인 46012-185, 1995. 1. 19.).

(2) 잉여금의 자본전입으로 인한 의제배당의 원칙적인 과세요건

법인이 잉여금을 자본에 전입한 경우에는 잉여금의 자본전입하기로 결의한 날에 주주가 그 주식의 액면가액(주식배당의 경우에는 발행가액)을 배당받은 것으로 본다(법령 §13(1), §14 ①(1)).[3] 다만, 주식발행초과금, 감자차익과 같은 익금불산입항목인 자본잉여금은 주주가 납입한 것이므로 그 자본잉여금을 자본전입하여 받는 무상주는 주주의 배당으로 보지 아니한다(법법 §16①(2)).

잉여금의 구분		자본전입시 의제배당 여부
자본잉여금	익금불산입항목	×
	익금항목	○
이익잉여금	−	○

자본전입한 잉여금이 당초 발생했을 때 익금항목인지와 자본전입시 주주에게 의제배당으로 과세하는지 여부를 정리하면 다음 도표와 같다.

○ 잉여금의 자본전입에 따른 의제배당 여부 ○

구 분		법인세법상		기업회계기준
		익금불산입	익금산입(의제배당)	
주식발행액면 초과금	통상적인 시가초과 발행분[*1]	익금불산입	−	수익이 아님 (단가조정)
	채무의 출자전환의 경우 시가초과 발행	익 금	의제배당	
주식의 포괄적 교환차익		익금불산입	−	〃
주식의 포괄적 이전차익		익금불산입	−	〃
합병차익	세법으로 정한 합병차익[*2]	익금불산입	−	〃
	기 타	익 금	의제배당	
분할차익	세법으로 정한 분할차익[*3]	익금불산입	−	〃
	기 타	익 금	의제배당	

---

3) 「자본시장과 금융투자업에 관한 법률」에 따른 투자회사, 투자목적회사, 투자유한회사, 투자합자회사(같은법 제9조 제19항 제1호의 기관전용 사모집합투자기구는 제외한다) 및 투자유한책임회사가 취득하는 주식 등의 경우에는 영으로 한다(법령 §14①(1)가).

구 분		법인세법상		기업회계기준
		익금불산입	익금산입(의제배당)	
감자차익	자기주식소각이익을 2년 이내 자본전입하는 경우	익금불산입	의제배당	〃
	자기주식소각 당시 시가가 취득가액을 초과하는 경우[4]	익금불산입	의제배당	〃
	기타 감자차익	익금불산입	—	〃
재평가 적립금	재평가세율 1% 적용토지	익　금	의제배당	〃
	기타 재평가적립금	익금불산입	—	〃
자기주식처분이익		익　금	의제배당	〃
이익준비금 등 법정적립금		익　금	의제배당	〃
임의적립금 및 차기이월 이익잉여금		익　금	의제배당	〃

*1 채무의 출자전환으로 주식 등을 발행할 때 당해 주식 등의 시가를 초과하여 발행하는 경우 그 시가를 초과한 발행 가액은 제외한다.
*2 「법인세법」 제17조 제1항 제5호 합병차익을 말한다.
*3 「법인세법」 제17조 제1항 제6호 분할차익을 말한다.
*4 자기주식소각이익은 익금불산입항목인 자본잉여금이나 일정한 요건을 충족하면 자본전입시 의제배당으로 과세하는 점에서 다른 항목과 차이가 있다.

(3) 합병차익

1) 적격합병의 경우

적격합병을 한 경우 합병차익을 한도로 다음 금액의 합계액을 의제배당으로 본다(법령 §12 ①(3)).

① 합병평가차익 : 합병등기일 현재 합병법인이 승계한 자산의 가액이 동 자산의 피합병법인 장부가액(세무조정사항이 있는 경우에는 그 세무조정사항 중 익금불산입액은 더하고 손금불산입액은 뺀 가액으로 한다)을 초과하는 경우 그 초과하는 금액

합병평가차익 = 합병법인이 승계한 자산의 가액 − 피합병법인의 자산의 장부가액

피합병법인의 자산에 유보(또는 △유보)가 있는 경우 세무상 장부가액에서 △유보를 더하고 유보를 뺀다. 이와 같이 계산하면 결산상 장부가액이 되므로 합병평가차익은 합병법인이 승계한 재산의 가액에서 피합병법인의 자산의 결산상 장부가액을 뺀 금액이다.

② 피합병법인의 자본잉여금 중 자본전입시 의제배당에 해당하는 자본잉여금에 상당하는 금액

③ 피합병법인의 이익잉여금에 상당하는 금액

합병차익의 일부를 자본에 전입하는 경우에는 의제배당에 해당하지 않는 금액을 먼저 전입하는 것으로 한다(**법령 §12②**).

종전에는 적격합병을 한 경우 합병차익의 구성요소를 ① 자산조정계정, ② 합병감자차익, ③ 익금불산입항목인 자본잉여금 승계분, ④ 익금항목인 자본잉여금 승계분, ⑤ 이익잉여금 승계분의 순서로 구분하고, 합병차익의 일부를 자본전입한 경우 이 순서대로 자본전입한 것으로 보았다. 이에 따라 합병 전에 비하여 합병 후의 의제배당 대상금액이 작아지는 경우가 있었다. 합병 전·후의 의제배당 대상 금액이 변동되지 않도록 2019. 2. 12. 이후 자본전입 분부터 합병차익을 한도로 합병차익과 의제배당에 해당하는 잉여금을 합한 금액을 의제배당 대상금액으로 보도록 하였다. 다만, 합병·분할에 따라 승계한 잉여금 중 2019. 2. 12. 전에 자본으로 전입하고 법인세법 시행령 개정 당시(2019. 2. 12.) 남은 잉여금에 대해서는 개정규정에도 불구하고 종전의 규정에 따른다(2019. 2. 12. **법령 개정 부칙 §4**).

입법취지 **적격합병으로 인한 합병차익 자본전입시 의제배당으로 과세하는 이유**

> 1. 합병평가차익 : 합병평가차익은 합병법인이 승계한 자산의 시가와 피합병법인의 자산의 장부가액의 차액이다. 합병법인이 합병시 합병평가차익에 대한 과세를 상각·양도시까지 이연할 수 있으나 결국 상각·양도시 합병평가차익에 법인세가 과세되므로 합병평가차익은 법인세가 과세된 잉여금과 같다. 이에 따라 합병평가차익을 자본에 전입한 경우에는 의제배당으로 과세하는 것이다.
> 2. 피합병법인의 잉여금 승계액 : 합병 전에 피합병법인이 자본에 전입하는 의제배당으로 과세하는 잉여금이 합병 후 합병차익으로 전환된다. 적격합병은 형식적인 조직개편에 불과하므로 자본전입시기에 관계없이 합병 전·후의 의제배당이 동일하게 되도록 합병차익을 구분할 때 피합병법인의 익금항목인 자본잉여금과 이익잉여금 부분을 먼저 구분하도록 한 것이다.

□ 적격합병의 경우 합병차익 구분

[사례 1]

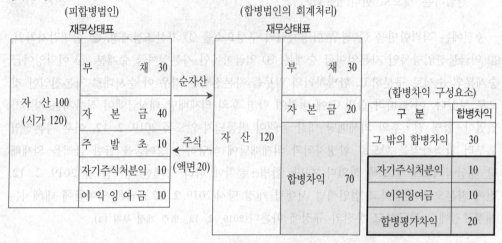

☞ 합병차익 중 50을 자본전입한 경우 의제배당 : 의제배당이 아닌 합병차익 30과 의제배당인 합병차익 20을 자본 전입한 것으로 봄.

[사례 2]

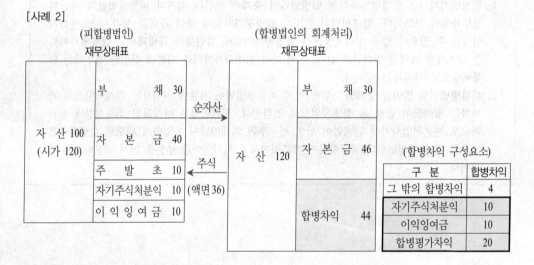

2) 비적격합병의 경우

비적격합병으로 발생한 합병차익을 자본에 전입함에 따라 주식을 교부받은 경우에는 의제배당으로 보지 아니한다. 피합병법인의 잉여금이 있는 경우 일반적으로 그만큼 합병대가를 더 받게 되므로 합병시 의제배당으로 과세된다. 이 경우 합병법인이 그 잉여금을 합병차익으로 계상한 후에, 그 합병차익을 자본전입으로써 받은 주식가액을 의제배당으로 다시 과세하면 이중과세문제가 발생한다. 이에 따라 비적격합병으로 발생한 합병차익을 자본에 전입한 경우에는 의제배당으로 보지 아니한다.

□ 비적격합병의 의제배당 규정에 대한 문제점

법인세법은 비적격합병에 의하여 발생한 합병차익을 자본에 전입함으로써 주주가 주식을 받은 경우에는 의제배당으로 보지 아니한다. 피합병법인의 잉여금이 있는 경우 그만큼 합병대가를 더 받게 되므로 그 잉여금으로 인하여 합병시 의제배당으로 과세된다. 합병법인이 그 잉여금 상당액을 합병차익으로 계상한 후 자본전입을 한 경우에 의제배당으로 또 과세하면 이중과세문제가 발생하므로 비적격합병으로 발생한 합병차익을 자본에 전입한 경우에는 의제배당으로 보지 않도록 하였다. 그러나 합병법인이 피합병법인의 자산의 염가로 매수한 경우에 발생하는 합병매수차익은 합병시 주주의 의제배당으로 과세되지 아니한 부분이므로 합병매수차익의 자본전입액은 의제배당으로 과세하는 것으로 타당하다. 이에 대한 입법상 보완이 필요하다.

□ 종전 규정

2010. 7. 1. 이후에 합병 또는 분할로 발생한 합병차익이나 분할차익을 2012. 2. 2. 이후 자본에 전입하는 경우에는 다음과 같이 의제배당을 판단한다.[4]

순 서	적격합병(분할)시 의제배당 여부	비적격합병(분할)시 의제배당 여부
① 자산조정계정의 합계액 [비적격합병·분할시 합병(분할)매수차익]	○	×
② 합병(분할) 감자차익*	×	×
③ 익금불산입항목인 자본잉여금 승계분	×	×
④ 익금항목인 자본잉여금 승계분	○	×
⑤ 이익잉여금 승계분	○	×

* 합병(분할)대가의 총합계액(주식은 액면가액) − 피합병법인(분할법인)의 자본금

적격합병과 적격분할시 합병차익과 분할차익을 구분할 때 「상법」 제459조 제2항에 따른 준비금의 승계가 있는 경우에도 그 승계가 없는 것으로 보아 이를 계산한다(법령 §12③). 적격합병과 적격분할 시에는 합병차익과 분할차익의 구성요소를 위의 순서에 따라 구분하여, ①·④ 및 ⑤의 자본전입액을 의제배당으로 본다.

합병차익과 분할차익의 일부를 자본전입한 경우에도 위의 순서에 따라 자본전입한 것으로

---

4) 2010년 6월 30일 이전에 발생한 합병차익과 분할차익은 종전 규정에 따라 자본전입시 다음과 같이 의제배당을 판단한다.

순 서	교부주식을 액면가액으로 평가한 경우 의제배당 여부	교부주식을 시가로 평가한 경우 의제배당 여부
① 합병(분할)평가차익	○	○
② 감자차익	×	
③ 익금불산입항목인 자본잉여금 승계분	×	
④ 익금항목인 자본잉여금 승계분	○	×
⑤ 이익잉여금 승계분	○	

합병차익과 분할차익을 위의 순서에 따라 구분하고, 합병차익과 분할차익을 일부 자본전입한 경우에도 위의 순서에 따라 순차적으로 자본전입한 것으로 본다.

본다. 그러나 비적격합병과 비적격분할의 경우에는 위의 과세대상 잉여금만큼 합병대가나 분할대가를 더 받아 합병·분할시 의제배당으로 과세되므로, 합병차익과 분할차익의 자본전입시에는 의제배당으로 과세하지 아니한다.

(4) 분할차익의 자본전입시 의제배당

분할차익을 자본전입함으로써 주주인 내국법인이 취득하는 주식의 가액은 다음과 같이 의제배당을 판단한다.

1) 적격분할의 경우

적격분할을 한 경우 분할차익을 한도로 다음 금액의 합계액을 의제배당으로 본다(법령 §12 ①(4)).

① 분할평가차익 : 분할등기일 현재 분할신설법인 등이 승계한 재산의 가액이 동 재산의 분할법인 장부가액(세무조정사항이 있는 경우에는 그 세무조정사항 중 익금불산입액은 더하고 손금불산입액은 뺀 가액으로 한다)을 초과하는 경우 그 초과하는 금액

② 분할시 감자차손 : 분할에 따른 분할법인의 자본금 및 자본잉여금 중 의제배당대상 자본잉여금 외의 잉여금의 감소액이 분할한 사업부문의 분할등기일 현재 순자산 장부가액에 미달하는 경우 그 미달하는 금액(분할법인의 분할등기일 현재의 분할 전 이익잉여금 및 의제배당대상 자본잉여금에 상당하는 금액의 합계액을 한도로 한다)

분할차익의 일부를 자본에 전입하는 경우에는 의제배당에 해당하지 않는 금액을 먼저 전입하는 것으로 한다(법령 §12②).

종전에는 적격분할로 발생한 분할차익의 구성요소를 ① 자산조정계정, ② 분할감자차익, ③ 익금불산입항목인 자본잉여금 승계분, ④ 익금항목인 자본잉여금 승계분, ⑤ 이익잉여금 승계분의 순서로 구분하고, 분할차익의 일부를 자본전입한 경우에는 이 순서대로 자본에 전입한 것으로 보았다. 이에 따라 분할시 교부주식에 따라 분할 전·후에 의제배당 과세대상 금액이 변동되었다. 2019. 2. 12. 법인세법 시행령 개정시 분할 전후에 의제배당 대상 금액이 변동되지 않도록 분할차익을 한도로 분할평가차익과 자본전입시 의제배당에 해당하는 잉여금을 합한 금액을 의제배당대상금액으로 보도록 하였다.

□ 적격분할의 경우 분할차익 구분

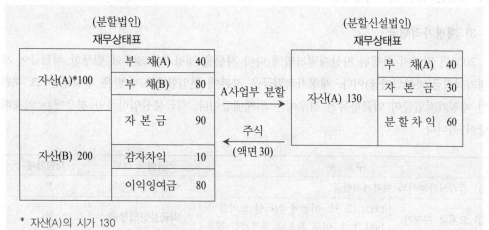

* 자산(A)의 시가 130

분할법인은 분할시 다음과 같이 회계처리하였다.

   (차) 부　채(A)　　40　　　　(대) 자　　　산(A)　100
     자 본 금　　30
     감자차익　　10
     감자차손　　20

분할신설법인이 분할차익 중 40을 자본전입하는 경우 주주의 의제배당은 얼마인가?

(1) 분할차익 60의 구성
 1) 분할차익 중 의제배당 대상금액 : ① + ② = 50
  ① 분할평가차익 30
  ② 분할시 감자차손 : 분할사업부분의 순자산 장부가액 − (자본금과 의제배당대상이 아닌 자
   본잉여금 감소액)
    = (100 − 40) − (30 + 10)
    = 20
 2) 분할차익 중 의제배당 대상이 아닌 금액 : (잔액) 10
(2) 분할차익 40 자본전입시 의제배당 : 30
 의제배당대상이 아닌 금액 10과 의제배당대상인 금액 30을 자본전입한 것임.

2) 비적격분할의 경우

 비적격분할로 발생한 분할차익을 자본에 전입함에 따라 주식을 교부받은 경우에는 의제
배당으로 보지 아니한다. 분할법인에 잉여금이 있는 경우 일반적으로 그만큼 분할대가를 더
받게 되므로 분할시 의제배당으로 과세된다. 이 경우 분할신설법인 등이 그 잉여금을 분할
차익으로 계상한 후에 분할차익을 자본전입으로써 받은 주식가액을 의제배당으로 다시 과
세하면 이중과세문제가 발생한다. 이에 따라 비적격분할의 경우에 발생한 분할차익을 자본

에 전입한 경우에는 의제배당으로 보지 아니한다.

3) 재평가적립금

2000년 말까지 시행된 자산재평가법에 따라 자산을 재평가한 경우에 발생한 적립금이 재평가적립금(자본잉여금)이다. 재평가적립금을 자본에 전입함으로써 받은 무상주는 그 재원인 재평가적립금이 익금항목인 경우에는 의제배당이나, 익금불산입항목인 경우에는 의제배당이 아니다.

구 분		익금항목 여부	재평가세
① 감가상각자산의 재평가적립금		익금불산입항목	3%
② 토지의 재평가 적립금	1983. 12. 31. 이전에 취득한 토지를 1984. 1. 1. 이후 최초로 재평가한 경우	익금불산입항목	3%
	위 이외의 경우	익금항목	1%

4) 자본잉여금의 일부를 자본전입한 경우의 자본전입 순서

법인이 재평가적립금은 재평가적립금의 일부를 자본전입한 경우에는 익금항목인 재평가적립금과 익금불산입항목인 재평가적립금의 구성비율에 따라 각각 자본전입한 것으로 본다 (법령 §12(4)).

$$\text{토지의 재평가차액에 해당하는 재평가적립금의 자본전입액} = \text{자본금 또는 출자금에 전입된 재평가적립금} \times \frac{\text{자산재평가법 제13조 제1항 제1호에 따른 토지의 재평가의 차액}}{\text{자산재평가의 차액}}$$

그러나 재평가적립금 외의 자본준비금의 일부를 자본에 전입하는 경우의 자본전입 순서에 대해서는 「법인세법」의 규정이 없다. 이에 대하여 국세청은 이사회의 결의에 의하여 자본에 전입하는 잉여금이 전입된 것으로 보는 것이며, 같은 잉여금 과목 내에서는 먼저 적립된 잉여금부터 순차로 전입한 것으로 본다고 해석하고 있다(서이 46012-10241, 2001. 9. 26., 서면2팀-2377, 2006. 11. 21.).

(5) 예외적인 과세요건

익금불산입항목인 자본잉여금을 재원으로 하는 무상주는 의제배당이 아니다. 그러나 다음의 두 가지 경우에는 예외적으로 배당으로 본다.

> ① 상환주식의 주식발행액면초과액 중 이익잉여금으로 상환된 금액
> ② 다음의 자기주식소각이익
> (가) 소각일부터 2년 이내에 자본에 전입하는 자기주식소각이익
> (나) 소각 당시 시가가 취득가액을 초과하는 경우로서 소각일부터 2년이 지난 후 자본에 전입하는 자기주식소각이익
> ③ 법인이 자기주식을 보유한 상태에서 의제배당 비재원 자본잉여금을 자본전입함에 따라 지분이 증가한 경우 증가된 지분에 해당하는 주식가액

1) 상환주식의 주식발행액면초과액 중 이익잉여금으로 상환된 금액

「상법」 제345조 제1항에 따른 주식의 상환에 관한 종류주식의 주식발행초과금 중 이익잉여금으로 상환된 금액을 자본전입한 경우에는 의제배당으로 본다. 24 신설 (2024. 2. 29. 이후 자본전입하는 분부터 적용)

입법취지 주식발행액면초과액 중 이익잉여금으로 상환된 주식에 대한 회계처리

구 분	내 용	일반기업회계기준에 따른 회계처리
발행시	액면가액 100인 주식을 200에 발행(200에 상환하기로 약정)	(차) 현 금 200 (대) 자본금 100 주식발행초과금 100
상환시	주식을 200에 상환	(차) 자기주식 200 (대) 현 금 200
자기주식 소각시	자기주식을 이익으로 소각	(차) 이익잉여금 200 (대) 자기주식 200
주발초 자본전입시	주식발행초과금 100을 자본에 전입하여 무상주 발행	(차) 주식발행초과금100 (대) 자본금 100

주식발행초과금 100은 이익잉여금이 대체된 것이므로 주식발행초과금을 자본전입하면 의제배당으로 보도록 하였다.

2) 자기주식소각이익을 자본전입하는 경우

① 입법취지

종전에는 자기주식소각이익을 자본에 전입하는 경우에도 주주에게 의제배당으로 과세하지 않았다. 그 당시 일부 법인이 주가가 하락하면 자기주식을 매입·소각하여 대주주의 지분율을 높이고, 자기주식소각이익을 단기간 내에 자본전입하여 무상주를 교부하는 방법으로 대주주의 재산을 증식시키는 사례가 있었다. 그러나 그 당시에는 자기주식소각이익의 자본전입을 의제배당으로 과세하지 않았으므로 대주주가 세금을 전혀 부담하지 않고 자기주식의 소각과 소각이익의 자본전입을 통하여 재산을 증식할 수 있었다.

세금 없는 재산증식에 대한 비판이 있어서 1990년 말에 「법인세법」을 개정하여 자기주식

소각이익을 소각일로부터 단기간(2년 이내)에 자본전입하면 의제배당으로 과세하는 규정을 신설하였다.

이 규정이 신설된 후에도 자기주식을 매입하여 소각한 후에 자기주식소각이익이 발생하면 소각일부터 2년이 지나기만 기다렸다가 2년이 지나면 즉시 자본전입을 하여 세금 없이 대주주가 재산을 증식할 수 있었다.

이에 따라 다시 그 규정을 개정하여 자기주식을 소각할 당시의 시가가 취득가액을 초과하는 경우에는 자기주식 처분이익을 자본전입한 경우와 같이 기간의 제한 없이 의제배당으로 보고, 그 밖에는 종전과 같이 2년 이내에 자본전입한 경우에만 의제배당으로 보도록 규정을 보완하여 2002년부터 시행하게 되었다.

② 의제배당 요건

자기주식소각이익을 자본에 전입함으로써 무상주를 받은 경우 자기주식을 소각할 당시의 시가가 취득가액을 초과하면 자본전입시기에 관계없이 배당으로 본다. 그러나 자기주식의 소각 당시 시가가 취득가액을 초과하지 않으면 소각일부터 2년 이내에 자본에 전입한 경우에만 배당으로 본다(법령 §12①(2)).

◉ 자기주식소각이익의 자본전입 ◉

소각 당시 자기주식	2년 이내 자본전입	2년 경과 후 자본전입
시 가 〉 취득가액	의제배당	의제배당
시 가 ≤ 취득가액	의제배당	의제배당이 아님.

③ 자기주식소각이익과 감자차익의 비교

구 분	개 념	잉여금 발생시	잉여금 자본전입시
자기주식 소각이익	법인이 보유하던 자기주식을 소각하여 발생한 이익	익금불산입항목	• 시가 〉 취득가액 　자본전입시기에 관계없이 의제배당 • 시가 ≤ 취득가액 　2년 이내 자본전입시 의제배당
일반적인 감자차익	감자절차에 따라 주식을 반납받아 소각함으로써 발생한 이익	익금불산입항목	의제배당이 아님.

3) 법인이 자기주식을 보유한 상태에서 익금불산입항목인 자본잉여금을 자본전입함에 따라 지분이 증가한 경우 증가된 지분에 해당하는 주식가액

① 입법취지

「상법」은, 자기주식은 의결권이 없다는 규정(상법 §369②)만 두고 있다. 그러나 자기주식은 이익배당청구권, 잔여재산분배청구권, 신주발행의 경우 신주인수권 등의 자익권도 인정할 수 없다는 것이 상법학계의 통설[5]이며, 법무부도 자기주식은 무상주를 받을 권리도 없다고 해석하고 있다(법무부 법심 2301-1386, 1990. 2. 2.).

종전에는 익금불산입항목인 자본잉여금을 자본에 전입함에 있어서 법인이 보유한 자기주식에 대한 무상주를 그 법인이 배정받지 아니하고 다른 주주가 배정받는 경우에만 의제배당으로 보았다. 이에 따라 자기주식에 배정할 주식을 실권시키고 나머지 주주에게만 주식을 배정하는 경우에 의제배당인지에 대하여 논란이 있어서 2001. 12. 31.에 다른 주주의 지분비율이 증가한 경우를 모두 의제배당으로 보도록 「법인세법」을 개정하였다(법법 §16① (3)).

이러한 개정에 따라 2002년부터는 자기주식에 배정할 주식을 다른 주주에게 배정하든, 실권시키고 다른 주주에게만 주식을 배정하든 모두 의제배당으로 과세된다.

② 과세요건

법인이 자기주식 또는 자기출자지분을 보유한 상태에서 자본전입시 원칙적으로 의제배당으로 보지 않는 자본잉여금을 자본전입을 함에 따라 그 법인 외의 주주 등의 지분 비율이 증가한 경우 증가한 지분 비율에 상당하는 주식 등의 가액은 배당으로 본다(법법 §16①(3)).

┌─ 사례 » 자기주식을 보유한 상태에서 익금불산입항목인 자본잉여금의 자본전입시 의제배당 ─┐

㈜삼덕이 주식발행초과금 1,000,000원을 자본에 전입하려고 한다. 자기주식에 무상주를 배정하지 않고 그 무상주를 다른 주주에게 재배정하는 경우와 실권시키는 경우로 구분하여 의제배당을 계산하시오.

(1) 자기주식에 배정할 무상주를 자기주식 이외의 주주에게 배정하는 경우

주 주	무상증자 전 지분율	무상주배정액	무상주배정액 계산내역
㈜서울	60%	750,000	$1,000,000 \times \dfrac{60\%}{80\%}$
마산남 씨	20%	250,000	$1,000,000 \times \dfrac{20\%}{80\%}$
자기주식	20%	–	–
계	100%	1,000,000	

☞ ㈜서울의 의제배당 : 750,000 - 1,000,000 × 60% = 150,000(「법인세법」의 의제배당)
　마산남 씨의 의제배당 : 250,000 - 1,000,000 × 20% = 50,000(「소득세법」의 의제배당)

---

5) 최애선, 「회사법」, 삼영사(2013), p.242

(2) 자기주식에 배정할 무상주를 실권시키는 경우

구 분	무상증자 전 지분율	무상주배정액	무상주배정액 계산내역
㈜서울	60%	600,000	$800,000 \times \dfrac{60\%}{80\%}$
마산남 씨	20%	200,000	$800,000 \times \dfrac{20\%}{80\%}$
자기주식	20%	-	-
계	100%	800,000	

☞ ㈜서울의 의제배당 : 600,000 - 800,000 × 60% = 120,000(「법인세법」의 의제배당)
　마산남 씨의 의제배당 : 200,000 - 800,000 × 20% = 40,000(「소득세법」의 의제배당)

(6) 잉여금의 자본전입으로 받은 주식의 평가

1) 잉여금의 자본전입으로 받은 주식의 평가방법

의제배당인 무상주는 액면가액 또는 출자금액(무액면주식은 자본전입액을 신규발행 주식 수로 나눈 금액)으로 평가하고, 「상법」 제462조에 따른 주식배당은 발행가액으로 평가한다 (법령 §14①(1)가·다). 그러나 의제배당이 아닌 무상주는 0(영)으로 평가한다.

구 분		평가액
의제배당인 주식	무상주	• 액면주식 : 액면가액 • 무액면 주식 : 자본전입액 ÷ 신규발행 주식수
	주식배당	발행가액
의제배당이 아닌 주식		0(영)

「자본시장과 금융투자업에 관한 법률」에 따른 투자회사, 투자목적회사, 투자유한회사, 투자합자회사(같은법 제9조 제19항 제1호의 기관전용 사모투자전문회사는 제외한다) 및 투자유한책임회사가 취득하는 무상주의 경우는 "0"으로 한다(법령 §14①(1)가). 투자회사 등이 취득하는 무상주와 주식배당은 0(영)으로 평가하는 것은 투자회사 등은 집합투자재산을 시가로 평가하므로 무상주와 주식배당을 따로 평가할 필요가 없기 때문이다(법령 §75③).

2) 주식배당이나 무상주 취득 후의 1주 또는 1좌당 장부가액

법인이 피투자법인의 잉여금의 자본전입으로 무상주나 주식배당을 받는 경우 신·구주식 등의 1주 또는 1좌당 장부가액은 다음과 같이 계산한다.

$$\text{1주 또는 1좌당 장부가액} = \frac{\text{구주식 1주 또는}}{1 + \text{구주식 등 1주 또는 1좌당 신주식 배정수}} + \frac{\text{구주식 1주 또는}}{1 + \text{구주식 등 1주 또는 1좌당 신주식 배정수}}$$

* 의제배당이 아닌 주식인 경우에는 의제배당액을 영(0)으로 할 것

(7) 의제배당의 귀속시기

잉여금의 자본전입에 의한 의제배당은 자본전입 결의일을 귀속시기로 한다(법령 §13(1)). 자본전입을 결의하면 주주가 받을 무상주식수가 확정되므로 자본전입 결의일을 의제배당의 귀속시기로 하는 것이다.

14-3. 감자·퇴사·탈퇴·해산·합병·분할의 경우 의제배당

(1) 과세요건

피투자법인이 감자·해산·합병·분할을 하거나 출자자가 피투자법인에서 퇴사·탈퇴하면, 출자자는 보유주식을 반납하고 대가를 받는다. 주주가 받은 대가가 반납한 주식의 장부가액을 초과하면 주주가 이익을 얻게 된다. 이러한 이익은, 피투자법인이 그동안 얻은 이익을 배당하지 않고 사내에 유보한 후 감자 등의 경우에 주주에게 분여함으로써 발생된 것이므로 배당과 다를 바 없다. 이에 따라 세법은 감자·퇴사·탈퇴·해산·합병·분할의 경우에 주주(해산의 경우에는 법인으로 보는 단체의 구성원을 포함함)가 받은 대가가 소멸된 주식의 장부가액을 초과하면 그 초과액을 배당으로 본다(법법 §16①(1)·(4)·(5)·(6)).

감자 등의 대가 - 소멸된 주식의 장부가액 = 의제배당

(2) 감자 등의 대가

감자 등에 의하여 받은 재산은 다음과 같이 평가한다(법령 §14①).

① 취득한 재산이 주식(출자지분 포함)인 경우

구 분		재산평가방법
적격합병과 분할	주식만 받은 경우	종전 주식의 장부가액[*1]
	주식과 그 이외의 재산을 받은 경우	Min[종전 주식의 장부가액, 교부받은 주식의 시가][*1]
위 이외의 경우		시가[*2]

225

*1 투자회사 등이 취득하는 주식은 영(0)으로 평가한다(법령 §14①(1)).
*2 특수관계인으로부터 자본거래로 분여받은 이익이 있는 경우 그 금액을 차감한 금액으로 한다(법령 §14①(1)라).

② 취득한 재산이 주식이 아닌 경우 : 시가

(3) 소멸된 주식의 장부가액

소멸된 주식의 장부가액은 감자 등으로 소멸된 주식의 세무상 장부가액을 말한다. 주식을 취득한 후 의제배당에 해당하는 주식을 받은 경우에는 의제배당만큼 장부가액이 증가하나, 의제배당에 해당하지 않는 주식을 받은 경우에는 장부가액이 증가하지 않는다. 무상주를 받은 후의 1주당 장부가액은 평균법에 따라 산정하므로 매입가액에 의제배당을 더하고 무상주 수취 후의 주식수로 나누면 1주당 장부가액이 산출된다.

$$1주당\ 장부가액 = \frac{구주식의\ 장부가액 + 의제배당금액}{구주식수 + 무상주식수}$$

그런데 무상주 수취 후 1주당 장부가액을 평균법으로 산정하는 것에 대한 예외가 있는데, 그것이 단기소각주식이다. 단기소각주식이란 감자결의일부터 역산하여 2년 이내에 취득한 의제배당이 아닌 무상주를 말한다. 단기소각주식이 있는 경우에는 단기소각주식을 먼저 소각한 것으로 보며, 그 단기소각주식의 취득가액은 0(영)으로 본다. 단기소각주식을 감자한 경우 소멸된 주식의 취득가액이 0원이므로 감자대가가 전부 의제배당이 된다. 그러나 주식을 취득한 후 감자결의일까지의 기간 중에 주식의 일부를 양도한 경우에는 평균법에 따라 단기소각주식과 다른 주식을 주식 수에 비례하여 양도한 것으로 본다(법령 §14③).

입법취지 단기소각주식 규정을 둔 이유

법인이 의제배당이 아닌 무상주를 교부한 후 유상감자를 하면 주주는 당초 보유주식의 변동 없이 감자대가를 받으므로 현금배당을 한 것과 동일한 효과가 발생한다. 이 경우 의제배당이 아닌 무상주를 먼저 감자한 것으로 보아 그 취득가액을 0(영)으로 하면 현금배당과 동일하게 과세되므로 단기소각주식 규정을 두어 변칙적인 유상감자를 규제하고 있다.

사례 » 감자시 소멸된 주식의 장부가액

[case 1] 단기소각주식이 없는 경우 : 감자결의일부터 역산하여 2년 전에 의제배당이 아닌 무상주
100주를 받은 경우

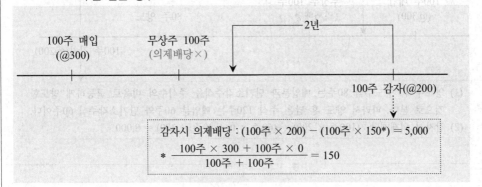

[case 2] 단기소각주식이 없는 경우 : 감자결의일부터 역산하여 2년 전에 의제배당인 무상주 100
주(1주당 액면가액 100)를 받은 경우

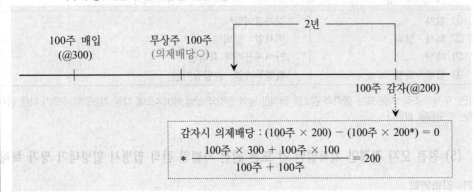

[case 3] 단기소각주식이 있는 경우 : 감자결의일부터 역산하여 2년 이내에 의제배당이 아닌
무상주 100주를 받은 경우

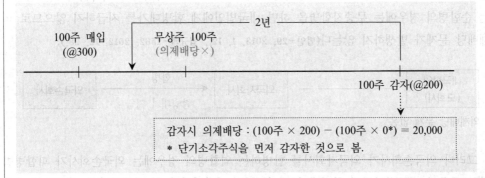

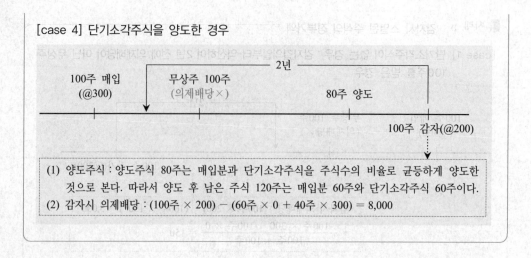

[case 4] 단기소각주식을 양도한 경우

(1) 양도주식 : 양도주식 80주는 매입분과 단기소각주식을 주식수의 비율로 균등하게 양도한 것으로 본다. 따라서 양도 후 남은 주식 120주는 매입분 60주와 단기소각주식 60주이다.
(2) 감자시 의제배당 : (100주 × 200) − (60주 × 0 + 40주 × 300) = 8,000

(4) 귀속시기(법령 §13)

구 분	귀속시기
① 감자	감자결의일*
② 퇴사·탈퇴	퇴사일·탈퇴일
③ 해산	잔여재산가액 확정일
④ 합병·분할	합병등기일·분할등기일

* 다만, 주식의 소각, 자본 또는 출자의 감소를 결의한 날의 주주와 상법 제354조에 따른 기준일의 주주가 다른 경우에는 기준일을 말한다.

(5) 완전 모자 관계인 외국법인 간 또는 완전 자법인 간의 합병시 합병대가 평가 특례

가. 입법연혁

내국법인이 외국자회사가 완전 지배하고 외국자회사가 외국손회사를 완전 지배하는 경우에 외국자회사와 외국손회사가 합병하는 경우가 있다. 외국자회사가 외국손회사를 합병하는 순합병의 경우에는 무증자합병을 하면 내국법인에게 합병대가를 지급하지 않으므로 의제배당 문제가 발생하지 않는다(법인-29, 2013. 1. 12., 법규과-1562, 2012. 12. 28.).

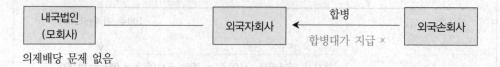

의제배당 문제 없음

그러나 외국손회사가 외국자회사를 합병하는 역합병의 경우에는 외국손회사가 피합병법인의 주주인 내국법인에게 합병대가를 지급한다. 「법인세법」의 적격합병은 내국법인 간의 합병에만 적용되므로 외국법인 간의 합병은 적격합병이 아니다. 따라서 내국법인이 외국손회사로부터 합병대가로 받는 주식을 시가로 평가하면 의제배당 문제가 발생하게 되어 구조조정에 장애가 될 수 있다. 정부는 이러한 문제점을 인식해서 완전 모자 관계인 외국법인 간의 역합병시 의제배당에 대한 과세이연규정을 신설하여 2016. 2. 12. 이후 합병분부터 적용하도록 하였다.

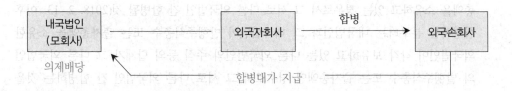

내국법인이 두 개의 외국자회사의 주식을 100% 소유한 경우에는 그 자회사 간의 합병시 합병대가를 지급하므로 의제배당문제가 발생한다. 이에 따라 2017. 2. 3. 「법인세법 시행령」을 개정하여 내국법인이 서로 다른 외국법인의 발행주식총수 또는 출자총액을 소유하고 있는 경우로서 그 서로 다른 외국법인 간 합병시에도 이 규정을 적용하도록 하였다.

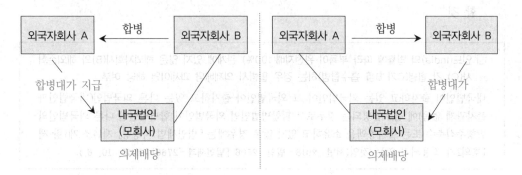

다시 「법인세법 시행령」을 개정하여 2018. 2. 13. 이후 합병분부터 외국자회사에 대한 100% 지분 판정시 직접 보유하고 있는 지분뿐만 아니라 완전지배하는 외국법인이 보유하고 있는 간접지분을 포함하도록 하였다.

◉ 입법연혁 ◉

개정일자	내 용	적용시기
2016. 2. 12.	외국손회사가 외국자회사를 합병(역합병)하는 경우 주식평가 특례규정 신설	2016. 2. 12. 이후 합병하는 분부터 적용
2017. 2. 3.	내국법인이 완전 지배하는 외국법인 간의 합병시 주식평가 특례규정 신설	2017. 2. 3. 이후 합병하는 분부터 적용
2018. 2. 13.	외국법인에 대한 100% 지분율 판정시 외국자회사를 통한 간접보유지분을 포함하여 계산	2018. 2. 13. 이후 합병하는 분부터 적용

나. 과세특례 요건

다음 요건을 모두 갖춘 경우이어야 한다(법령 §14①(1)의2).

① 외국법인이 다른 외국법인의 발행주식총수 또는 출자총액을 소유하고 있는 경우로서 그 다른 외국법인에 합병되거나 내국법인이 서로 다른 외국법인의 발행주식총수 또는 출자총액을 소유하고 있는 경우로서 그 서로 다른 외국법인 간 합병될 것(2018. 2. 13. 이후 합병하는 분부터는 내국법인과 그 내국법인이 발행주식총수 또는 출자총액을 소유한 외국법인이 각각 보유하고 있는 다른 외국법인의 주식 등의 합계가 그 다른 외국법인의 발행주식총수 또는 출자총액인 경우로서 그 서로 다른 외국법인 간 합병하는 것을 포함한다)

② 합병법인과 피합병법인이 우리나라와 조세조약이 체결된 동일 국가의 법인일 것

③ 해당 외국법인 소재지 국가에서 피합병법인의 주주인 내국법인에 합병에 따른 법인세를 과세하지 아니하거나 과세이연할 것

④ 위의 ①부터 ③까지의 사항을 확인할 수 있는 서류를 납세지 관할 세무서장에게 제출할 것

□ 인도(India)의 법률에 따라 부득이 완전지배(100%) 관계에 있지 않은 해외자회사(B)와 해외손회사(C) 간 합병(C가 B를 흡수합병)하는 경우 합병시 의제배당 과세이연 해당 여부

내국법인이 출자하고 있는 외국법인이 그 외국법인이 출자하고 있는 다른 외국법인(내국법인과 출자관계 없음)에 흡수합병되는 경우로서 피합병법인인 외국법인이 합병법인인 다른 외국법인의 발행주식총수 또는 출자총액을 소유하고 있지 않은 경우에는 「법인세법 시행령」 제14조 제1항 제1호의2가 적용되지 않는 것임(서면 – 2018 – 법인 – 2506 [법인세과 – 2766], 2019. 10. 6.).

---

15. 그 밖의 익금항목

법인세법은 사업수입금액, 자산의 양도금액 등 익금의 대표적인 항목을 예시하고 "그 밖의 수익으로서 그 법인에게 귀속되었거나 귀속될 금액"을 익금항목으로 규정하고 있다. 이는 순자산증가액을 모두 열거하는 것이 불가능하므로 순자산을 증가시킨 거래는 익금불산입항목이 아닌 한 모두 익금으로 보기 위한 규정이다. 그 밖의 익금항목의 예로는 수입이자, 수입배당금, 국고보조금, 공사부담금, 보험차익, 손해배상금수입 등이 있다.

그 밖의 익금항목

❶ 현금 캐시백

법인이 물품구매대금을 대표이사의 개인신용카드를 이용하여 결제하였으나 그 법인의 대표이사가 해당 신용카드회사로부터 결제금액의 일부를 현금으로 캐시백 받은 경우 해당 캐시백은 내국법인에게 귀속된 후 대표이사에게 다시 지급된 것으로 보아 「법인세법」 제15조 제1항 및 같은 법 시행령 제11조 제10호에 따른 익금에 해당하는 것임(기준-2019-**법령해석법인**-0334 [**법령해석과**-1853], 2019. 7. 16.).

❷ 빈용기보증금의 처리

법인이 「자원의 절약과 재활용 촉진에 관한 법률」에 따라 유리용기의 회수·재사용을 위하여 빈용기보증금을 제품가격에 포함시켜 판매한 경우에는 미반환보증금 상당액을 해당 금액이 발생한 사업연도의 다음 사업연도의 익금에 산입하고, 해당 미반환보증금을 사용하는 날이 속하는 사업연도의 손금에 산입한다. 이 경우 먼저 발생한 미반환보증금부터 사용된 것으로 봄(**법집** 15-11-6).

$$\text{미반환}\atop\text{보증금} = \left({\text{해당 연도에}\atop\text{출고된 용기 개수}} - {\text{해당 연도에 반환된}\atop\text{빈용기 개수}} \right) \times {\text{빈용기}\atop\text{보증금액}}$$

❸ 손해배상금

㉮ 손해배상청구권 또는 손실보상청구권에 의하여 받는 보상금 등은 법인의 순자산을 증가시키는 거래로 인하여 발생하는 수익이므로, 각 사업연도의 소득금액 계산상 이를 익금에 산입한다(서면2팀-196, 2008. 1. 2.).

㉯ 법인이 법원의 판결에 의하여 거래처의 위약으로 손해배상금과 법정이자를 지급받기로 하는 경우로서, 판결확정일 이후에 원금 회수시까지의 기간에 발생하는 법정이자는 실제로 지급받은 날이 속하는 사업연도에 익금에 산입하나, 법인이 판결확정 이후의 기간경과분을 결산에 의하여 미수수익으로 계상한 경우에는 그 계상한 사업연도의 익금으로 한다(서면2팀-1665, 2006. 8. 30.).

❹ 지체상금

법인이 건설중인 고정자산에 대한 완공 등의 지연으로 인하여 시공사로부터 손해배상금의 성격으로 수령하는 지체상금은 그 수령할 권리가 확정되는 날이 속하는 사업연도의 소득금액 계산시 익금에 산입하는 것으로, 동 고정자산의 취득가액에서 차감하지 아니한다(서이 46012-11513, 2002. 8. 13.).

❺ 연체이자

부동산 분양대금의 연체료(소득세법상 이자소득이 아닌 것에 한함)는 실제로 수령한 날이 속하는 사업연도의 익금에 산입하는 것이고 다만, 법인이 기간경과분을 결산에 의하여 수입으로 계상한 경우에는 이를 수입으로 계상한 날이 속하는 사업연도의 익금으로 하는 것으로, 귀 질의의 경우 부동산 분양대금의 연체료가 이자소득에 해당하는지 여부는 사실판단 사항인 것임(제도 46012-11599, 2001. 6. 18.).

16. 부동산임대업의 보증금 등에 대한 간주익금

16-1. 입법취지

종전에는 법인이 장부를 기장하는 경우에는 임대보증금 등에 대한 간주익금 과세제도가 없었다. 이에 따라 부동산임대업을 하는 법인이 부동산을 취득한 후 그 부동산을 임대하고 받은 보증금으로 새로운 부동산을 취득하고, 또 그 새로운 부동산을 임대하여 받은 보증금으로 다시 부동산을 취득하는 방법으로 부동산투자를 계속 확대할 수 있었다. 부동산가격이 상승해도 부동산을 처분하지 않는 한 소득이 발생하지 않아서 법인세를 전혀 부담하지 않아 매년 세금을 부담하는 제조업 등을 영위하는 다른 법인보다 유리하여, 법인의 부동산과다보유의 원인이 되었다.

이에 따라 1990년 말에 「법인세법」을 개정하여 부동산임대업을 주업으로 하는 법인에 대한 임대보증금 등에 대한 간주익금제도를 도입하여 1991년 1월 1일부터 시행하였다. 처음에는 차입금 과다법인이 아닌 경우에도 간주익금을 계산하였으나, 그 규정을 1998년 말에 조세감면규제법(현행 「조세특례제한법」)으로 이관하면서 부동산임대업을 주업으로 하는 차입금 과다법인에 대해서만 적용하도록 규정을 하였다.

16-2. 간주익금의 계산대상법인

법인이 장부를 기장한 경우에는 다음 요건을 모두 충족하는 경우에만 임대보증금 등의 간주익금을 계산하여 「법인세법」 제15조 제1항에 따른 익금에 가산한다(조특법 §138①, 조특령 §132①).

① 내국영리법인일 것 : 내국영리법인만 대상으로 하므로 외국법인과 비영리법인은 간주임대료 계산대상이 아니다(법인 46012-231, 1998. 1. 31.).

② 부동산임대업이 주업일 것 : 부동산임대업을 주업으로 하는 법인이란, 사업연도 말 자산총액 중 임대사업의 자산총액이 50% 이상인 법인을 말한다.

③ 차입금 과다법인일 것 : 차입금 과다법인이란 차입금적수가 자기자본적수의 2배를 초과하는 법인을 말한다.

(1) 차입금 과다 법인의 판정기준

임대보증금 등에 대한 간주익금계산 대상법인이 되는 차입금 과다 영리내국법인은 차입금적수가 자기자본적수의 2배를 초과하는 법인을 말한다(조특령 §132①).

차입금적수 〉 자기자본적수 × 2

1) 자기자본

자기자본은 다음의 금액 중 큰 금액을 말한다(조특령 §132①).

① 해당 사업연도 종료일 현재 재무상태표상의 자산의 합계액에서 부채(충당금을 포함하며, 미지급법인세를 제외한다)의 합계액을 공제한 금액

② 해당 사업연도 종료일 현재의 납입자본금(자본금에 주식발행액면초과액 및 감자차익을 가산하고, 주식할인발행차금 및 감자차손을 차감한 금액으로 한다)

사업연도 중 합병·분할하거나 증자·감자 등에 따라 자기자본의 변동이 있는 경우에는 해당 사업연도 개시일부터 자기자본의 변동일 전일까지의 기간(해당 기간에 해당하는 자기자본은 위 "①"의 규정에 따른 금액에서 증자액 또는 감자액을 차감 또는 가산하여 계산할 수 있다)과 그 변동일부터 해당 사업연도 종료일까지의 기간으로 각각 나누어 계산한 자기자본의 적수를 합한 금액을 자기자본의 적수로 한다(조특령 §132①).

2) 차입금

다음 중 어느 하나에 해당하는 금액은 차입금에서 제외한다(조특령 §132② 및 법령 §53④).

가. 「법인세법 시행령」 제61조 제2항 각호의 규정에 의한 금융회사 등이 차입한 다음의 금액

① 「공공자금관리기금법」에 따른 공공자금관리기금 또는 「한국은행법」에 따른 한국은행으로부터 차입한 금액

② 국가 및 지방자치단체(지방자치단체조합을 포함한다)로부터 차입한 금액

③ 법령에 따라 설치된 기금으로부터 차입한 금액

④ 「외국인투자촉진법」 또는 「외국환거래법」에 따른 외화차입금

⑤ 예금증서를 발행하거나 예금계좌를 통하여 일정한 이자지급 등의 대가를 조건으로 불특정다수의 고객으로부터 받아 관리하고 운용하는 자금

나. 내국법인이 한국은행총재가 정한 규정에 따라 기업구매자금대출에 의하여 차입한 금액

다. 「법인세법 시행령」 제55조의 규정에 따라 지급이자가 이미 손금불산입된 다음의 차입금

① 채권자가 불분명한 사채의 이자(법법 §28①(1))

② 지급받은 자가 불분명한 채권·증권의 이자·할인액 또는 차익(법법 §28①(2))

③ 건설자금에 충당한 특정 차입금의 이자(법법 §28①(3))

④ 업무무관자산 및 업무무관 가지급금에 대한 지급이자(법법 §53②)

라. 「주택법」에 따른 국민주택기금으로부터 차입한 금액

마. 지급이자를 부담하지 아니하는 차입금. 다만, 소비대차로 전환되어 지급이자를 지급하는 임대보증금은 포함된다(법인 46012-794, 2000. 3. 28.).

(2) 부동산임대업의 주업 판정기준

1) 개 요

"부동산임대업을 주업으로 하는 법인"이란 당해 법인의 사업연도 종료일 현재 자산총액[6] 중 임대사업에 사용된 자산가액이 100분의 50 이상인 법인을 말하며(조특령 §132③), 부동산 전대업의 경우에도 이와 같다(법인 46012-3594, 1993. 11. 26.).

$$\frac{임대에\ 사용된\ 자산가액(기준시가)}{자산총액(기준시가)} \geq 50\%$$

부동산임대업을 주업으로 하는지 여부는 사업연도 말을 기준으로 판단하므로 부동산임대업을 하던 법인이 해당 사업연도 중에 임대용 부동산을 처분함으로써 사업연도 종료일 현재 자산총액 중 임대사업에 사용된 자산가액이 50%에 미달하는 경우에는 부동산임대업을 주업으로 하는 법인으로 보지 아니한다(법인 46012-1096, 1999. 3. 25.).

2) 임대사업에 사용된 자산의 범위

① 일반적인 경우

부동산임대업이 주업인지 여부를 판정함에 있어 "임대사업에 사용된 자산"이란 토지·건물 등 임대사업에 직접 제공되는 자산을 말한다. 따라서 임대용으로 취득하였으나 임차인이 없어 임대하지 아니한 부분(법인 46012-2896, 1996. 10. 18.)과 부동산임대업과 기타 사업을 겸업하고 있는 법인이 신축 중인 임대용 부동산에 대하여 계약금 등 임대보증금을 받은 경우 그 임대보증금을 받은 자산의 부분(법인 22601-2395, 1992. 11. 6.)은 임대사업에 사용된 자산에 포함한다.

② 겸업하는 법인이 관계회사의 주식을 취득한 경우

부동산임대업과 기타 사업을 겸업하고 있는 법인이 취득한 관계회사의 주식에 대하여는 당해 주식을 취득한 자금의 원천에 따라 임대사업에 사용된 자산 여부를 판정하며, 만일 자

---

6) 이 경우 간주익금계산대상에서 제외되는 주택과 그 부속토지의 가액도 포함하여 계산한다(법인 46012-2896, 1996. 10. 18.).

금의 원천이 불분명한 경우에는 임대수입금액이 총수입금액에서 차지하는 비율에 상당하는 금액을 부동산임대사업의 자산가액으로 본다(국심 94부 6020, 1995. 7. 11.).

3) 임대사업에 사용된 자산으로 보지 않는 자산

다음의 자산은 임대사업에 사용된 자산으로 보지 아니한다.

① 임대보증금으로 운영되고 있는 금융자산(법인 22601-1832, 1992. 8. 25.)

② 법인이 사옥을 신축하기 위하여 토지를 취득하였으나, 계약조건에 따라 당해 토지의 임대차계약에 의한 잔여기간을 승계함으로써 일시적으로 임대에 공하게 된 자산(법인 46012-3543, 1994. 12. 24.)

③ 신축 중에 있는 건물로써 임대계약에 의하여 수령한 임대보증금 등이 없는 신축건물과 그 부속토지(국심 94서 1267, 1994. 7. 23., 국심 93서 3099, 1994. 7. 6.)

④ 부동산 또는 그 부동산상의 권리 등을 대여하고 보증금으로 받은 금액이 없는 부동산

4) 임대에 사용한 자산가액의 계산

임대에 사용된 "자산가액의 계산"은 「소득세법」 제99조【기준시가의 산정】의 규정에 의하며, 자산의 일부를 임대사업에 사용할 경우 임대사업에 사용되는 자산가액은 다음의 계산식에 의하여 계산한다(조특령 §132③ 및 조특칙 §59①).

$$\text{임대자산가액} = \text{일부를 임대사업에 사용하고 있는 자산의 가액} \times \frac{\text{임대사업에 사용하고 있는 부분의 면적}}{\text{당해 건물의 연면적}}$$

만일, 건물의 일부를 임대하는 법인이 그 건물의 지하주차장을 임대료계산 대상면적에서 제외하고 또 당해 주차장이 건물부속 주차장으로서 별도의 주차장업용이 아닌 경우에는 그 지하주차장 면적에 대하여도 임대비율로 안분하여 "임대사업에 사용하고 있는 부분의 면적"에 산입하여 임대사업에 사용되는 자산가액을 계산한다.[7] 임대용 건물에 일시적으로 임차인이 없어 임대되지 아니한 부분(법인 22601-2308, 1992. 10. 28.)과 임대보증금 없이 임대료만을 받는 경우(서면2팀-295, 2004. 2. 26.)도 "임대사업에 사용하고 있는 부분의 면적"에 포함한다. 그러나 시외버스터미널 운영법인이 공용정류장으로 사용하는 토지의 가액은 임대자산에서 제외된다(법인 46012-43, 1998. 1. 8.).

---

[7] 건물의 일부를 임대하는 법인이 건물의 임대차계약서와는 별도로 부속주차장을 그 건물의 임차인에게만 이용하도록 하고 월정액으로 주차료를 징수하는 경우가 「주차장법」에 따른 주차장업에 해당하는 경우를 제외하지만, 그렇지 아니하는 경우에는 이를 임대용 부동산으로 본다(법인 46012-3668, 1996. 12. 30.).

16-3. 간주익금의 계산방법

비영리내국법인이 아닌 내국법인으로서 부동산임대업을 주업으로 하는 법인이 부동산(세법으로 정한 주택 및 그 부속토지를 제외한다) 또는 그 부동산상의 권리 등을 대여하고 보증금·전세금 또는 이와 유사한 성질의 금액을 받은 경우에는 다음의 계산식에 의하여 계산한 금액을 익금에 가산하며, 익금에 가산할 금액이 영(0)보다 적은 때에는 이를 없는 것으로 본다(조특법 §138 및 조특령 §132④).

$$\left(\begin{array}{c} 보증금\ 등의 \\ 적수 \end{array} - \begin{array}{c} 건설비 \\ 상당액\ 적수 \end{array} \right) \times \frac{1}{365^*} \times 정기예금이자율 - \begin{array}{c} 보증금\ 등에서 \\ 발생한\ 금융수익 \end{array}$$

* 윤년인 경우 366으로 함.

적수(積數)란 해당 계정의 매일 24시의 잔액을 더한 금액을 말한다. 따라서 임대기간 중 매일 매일의 보증금 및 건설비 상당액을 합산하여 적수를 계산하는 것이 원칙이지만, 적수계산의 경제성을 감안하여 보증금 등의 적수와 건설비상당액의 적수는 매월 말일 현재의 잔액에 경과일수를 곱하여 계산해도 된다(조특령 §132⑤).

(1) 보증금 등의 적수

1) 일반적인 경우

보증금 등이란 부동산이나 부동산에 관한 권리 등을 빌려주고 받은 임대보증금과 전세금을 말한다. 다만, 주택임대를 지원하기 위하여 주택과 다음 중 넓은 면적 이내의 부수토지는 간주임대료의 계산대상에서 제외한다(조특령 §132④).
① 주택의 연면적(지하층의 면적, 지상층의 주차용으로 사용되는 면적 및 「주택건설기준 등에 관한 규정」 제2조 제3호의 규정에 따른 주민공동시설의 면적을 제외한다)
② 건물이 정착된 면적에 5배(도시지역 밖의 토지의 경우에는 10배를 말한다)를 곱하여 산정한 면적

보증금의 적수는 임대인이 임차인으로부터 받은 매월 말일 현재의 보증금의 적수를 의미한다. 다만, 각 사업연도 중에 임대사업을 개시한 경우에는 임대사업을 개시한 날부터 적수를 계산한다(조특칙 §59⑥). 임대보증금의 적수는 해당 사업연도의 임대기간 동안의 적수를 말하므로, 임대 전에 받은 보증금과 임대가 끝난 후 반환하지 못한 보증금은 적수 계산에 포함하지 아니한다(조특통 138-132…1 ②, 법인 46012-2898, 1993. 9. 24.).
임대보증금을 어음으로 받는 경우에는 어음결제일 또는 임대차계약에 의한 임대개시일

중 빠른 날을 기준으로 하여 보증금 등의 적수를 계산한다(법인 22601-1567, 1992. 7. 18.).

2) 부동산을 전대한 경우

부동산을 임차하여 전대하는 경우에 보증금 등의 적수는 전대보증금 등의 적수에서 임차보증금 등의 적수를 차감하여 계산하며, 임차보증금 등의 적수가 전대보증금 등의 적수를 초과하는 경우에는 그 초과하는 부분은 없는 것으로 한다(조특칙 §59③). 이 경우 장기선급임차료는 임차보증금에 포함하지 아니한다(서면2팀-1394, 2007. 7. 30.).

3) 타인소유의 토지를 임차하여 건물신축 후 임대한 경우

법인이 타인소유의 토지를 임차하고 건물을 신축하여 임대하는 경우에는 임대보증금 적수에서 토지부문의 임차보증금 적수를 차감하여 계산한다(국심 94서 5804, 1995. 8. 9., 국심 94서 3021, 1995. 7. 11.).

4) 자기소유의 토지상에 건물을 신축하여 건물만 분양하는 경우

법인이 자기소유의 토지상에 상가건물을 신축하여 그 부속토지를 제외한 신축상가건물을 분양함에 있어서, 당해 부속토지는 동 상가건물을 분양받는 자들이 일정기간(40년) 재계약 없이 사용하게 하되 분양된 건물이 매매되는 경우 매수자에게 그 사용권이 자동으로 승계되도록 하고, 그 기간 동안의 토지사용료를 건물분양대금과 함께 지급받는 경우에 동 토지사용료는 그 사용기간에 해당하는 각 사업연도에 나누어 익금에 산입하되 익금에 산입하지 아니한 토지사용료의 잔액은 이를 간주임대료계산에 있어 임대보증금 등으로 보아 임대보증금에 대한 적수를 계산하여야 한다(법인 46012-866, 1999. 3. 9.).

(2) 건설비 상당액의 적수

건설비상당액이란 건축물의 취득가액(자본적 지출을 포함하고 재평가차액과 토지가액은 제외한다)을 말한다. 임대용 부동산의 건설비 상당액의 적수는 다음과 같이 계산한다(조특령 §132⑥ 및 조특칙 §59②).

① 지하도를 건설하여 국유재산법 기타 법령에 의하여 국가 또는 지방자치단체에 기부채납하고 지하도로점용허가(1차 무상점용허가기간에 한한다)를 받아 이를 임대하는 경우

$$\text{지하도 건설비 상당액의 적수} = \text{지하도의 건설비 적수 총계} \times \frac{\text{임대면적의 적수}^{[8]}}{\text{임대가능면적의 적수}}$$

---

8) 「임대면적의 적수」는 임대보증금(전세금 포함)을 받는 임대면적의 적수와 임대보증금없이 임대료만을 받는 임대면적의 적수를 합하여 계산한다(서면2팀-295, 2004. 2. 26.).

② 위 "①" 외의 임대용 부동산의 경우

$$\text{임대용 부동산의 건설비 상당액의 적수} = \text{임대용 부동산의 건설비(토지가액 제외) 적수 총계} \times \frac{\text{임대면적의 적수}}{\text{건물연면적의 적수}}$$

임대차계약서상에 표시된 임대면적이 전용면적으로 표시되어 있다 하더라도 전용면적에 해당하는 면적만큼의 공유면적(주차장, 기계실 등)에 대하여도 임차할 권리를 가지고 있기 때문에 그 공유면적도 보증금을 받고 임대한 면적에 포함하여 건설비 상당액을 계산한다(심사 서울 97-18, 1997. 2. 28.).

③ 1991년 1월 1일 이후에 개시하는 사업연도 이전에 취득·건설한 임대용 부동산의 건설
　비상당액

1991년 1월 1일 이후에 개시하는 사업연도 이전에 취득·건설한 임대용 부동산의 건설비상당액은 당해 부동산의 취득가액과 당해 부동산의 연면적에 1990년 12월 31일이 속하는 사업연도 종료일 현재의 단위면적당 임대보증금을 곱하여 계산한 금액 중 큰 금액으로 한다. 이 경우 당해 부동산의 취득가액이 확인되지 아니하는 때에는 「소득세법」 제99조의 규정에 의한 기준시가를 그 취득가액으로 한다(조특칙 §59⑦).

(3) 정기예금이자율

정기예금이자율은 사업연도 종료일 현재 기획재정부령이 정하는 이자율을 말한다(법칙 §6). 정기예금이자율은 시중 금리의 변동에 따라 변동되며, 그 내용은 다음과 같다.

개정일	2019. 3. 20.	2020. 3. 13.	2021. 3. 16.	2023. 3. 20.	2024. 3. 22.
정기예금이자율	2.1%	1.8%	1.2%	2.9%	3.5% 24 개정

사업연도 중 이자율이 변경된 경우에는 사업연도 종료일 현재의 정기예금이자율을 적용한다(법인 46012-2603, 1993. 9. 2.).

(4) 보증금 등에서 발생한 금융수익

보증금 등에서 발생한 금융수익은 해당 사업연도에 보증금 등에서 발생한 ① 수입이자와 할인료, ② 수입배당금, ③ 유가증권처분익, ④ 신주인수권처분익을 말한다. 유가증권처분손실은 유가증권처분이익과 상계하되, 그 금액이 음수인 경우에는 영(0)으로 한다(조특칙 §59⑤). 간주임대료 계산시 금융수익은 세법의 손익 귀속시기에 관계없이 기업회계기준에 따라 발생주의로 계산한다(법인 46012-731, 1997. 3. 12.).

1) 수입이자와 할인료

① 임대사업부문에서 발생한 금융기관으로부터 받은 예금 등의 이자뿐만 아니라 부동산임대업을 주업으로 하는 법인이 임차인으로부터 받은 임대보증금을 사전약정에 따라 상환기간·이자율 등을 정하여 타인에게 대여하고 실제로 현금으로 수수한 이자도 포함된다(법인 22601-836, 1992. 4. 14., 법인 46012-325, 1999. 1. 26.).

② 법인이 주주 등과 이자부금전소비대차계약을 체결한 단기대여금에 대한 수입이자(법인 46012-4114, 1993. 12. 27., 법인 46012-2700, 1993. 9. 9.)와 기간경과에 따라 계상한 미수이자도 포함한다(법인 46012-731, 1997. 3. 12.).

③ 「법인세법」에서 규정한 부당행위계산의 부인으로 인하여 익금에 산입한 이자는 임대사업부문에서 발생한 수입이자로 보지 아니한다(법인 46012-3647, 1993. 11. 30., 법인 46012-379, 1994. 2. 5.).

2) 유가증권처분익

유가증권처분익이란 유가증권의 매각이익에서 매각손실을 차감한 금액을 말하며(조특칙 §59⑤), 이때 유가증권매각손실이 유가증권매각이익을 초과하게 되어 부수(-)인 경우에는 "0"으로 계산하여 간주익금을 계산한다(조특통 138-132…1 ①).

16-4. 간주익금에 대한 소득처분

부동산임대업을 주업으로 하는 법인이 임대보증금 등의 간주익금을 계산하여 익금에 산입하는 경우에는 무조건 기타사외유출로 소득처분한다(법령 §106①(3)가).

16-5. 구분경리

부동산임대업 또는 기타의 사업을 함께 영위하는 법인은 「법인세법」의 규정에 따라 구분경리를 하여야 하는 것이나, 부동산임대업에 대하여 별도의 재무상태표 및 손익계산서를 작성할 의무가 있는 것은 아니다(법인 22601-1399, 1991. 7. 13.).

■ 사례 »

㈜경기의 제23기 사업연도(20×3. 1. 1.~20×3. 12. 31.)의 다음 자료로 간주임대료에 대한 세무조정을 하고, 임대보증금 등의 간주익금조정명세서[별지 제18호 서식]를 작성하시오. 다만, ㈜경기는 장부를 기장하고 있으며, 부동산임대업이 주업이고 차입금과다법인이다. 20×3년은 윤년이 아니라고 가정한다.

〈자료〉
(1) 겸용주택 임대내역

임대물건	면 적	임대기간	임대보증금	임대료
상가(1층)	200㎡	20×2. 4. 1.~20×4. 3. 31.	350,000,000원	월 1,000,000원
주택(2층)	100㎡	20×2. 4. 1.~20×4. 3. 31.	150,000,000원	월 2,000,000원

(2) 겸용주택의 취득내역(취득일 : 20×2. 3. 1.)

구 분	당기 초 취득가액	당기 발생 자본적지출	당기 말 감가상각누계액	당기 말 장부가액
토지(900㎡)	500,000,000원	–		500,000,000원
건물(500㎡)	220,000,000원	50,000,000원*	200,000,000원	150,000,000원

* 20×3. 10. 20.에 건물의 보강공사비(자본적지출) 50,000,000원이 발생하였다. 상가와 주택의 가액은 구분되지 아니한다.

(3) 보증금에서 발생한 금융수익(영업외수익)은 다음과 같다.

구 분	수입이자	수입배당금	유가증권 처분이익	유가증권 처분손실	신주인수권 처분이익
상가보증금	500,000원*	–	300,000원	△600,000원	100,000원
주택보증금	–	500,000원	200,000원	–	–

* 수입이자는 정기적금에 대한 이자이나, 그중 200,000원은 당기 기간경과분 미수이자이다. 1층 상가의 보증금 중 50,000,000원을 당기 12월 1일에 대표이사에게 무상으로 대여하였으며, 익금에 산입한 인정이자 300,000원이 수입이자에 포함되어 있지 않다.

(4) 제23기 사업연도 종료일 현재 기획재정부령이 정하는 정기예금이자율은 연 3.5%이다.

∥ 해답 ∥

(1) 상가 임대보증금 적수
350,000,000 × 365 = 127,750,000,000
※ 주택보증금은 간주임대료 계산대상이 아니다.

(2) 상가 건설비상당액 적수
① 건설비 총액 적수
220,000,000 × 365 + 50,000,000 × 73 = 83,950,000,000

② 상가건물 임대면적 적수

$200 \times 365 = 73,000$

③ 건물 연면적 적수

$300 \times 365 = 109,500$

④ 상가의 건설비 적수

$83,950,000,000 \times \dfrac{73,000}{109,500} = 55,966,666,666$

(3) 간주임대료

(보증금 등의 적수 − 건설비상당액 적수) $\times \dfrac{1}{365} \times$ 정기예금이자율 − 보증금에서 발생한 금융소득

$= (127,750,000,000 - 55,966,666,666) \times \dfrac{1}{365} \times 3.5\% - 600,000^* = 6,283,333$

  * 수입이자 500,000 + (유가증권처분이익 300,000 + 유가증권처분손실 △600,000 = △300,000
    → 0으로 봄) + 신주인수권처분이익 100,000 = 600,000

부동산임대업을 주업으로 하는 법인이 임차인으로부터 받은 임대보증금을 사전약정에 따라 상환기간, 이자율 등을 정하여 특수관계자에게 대여하고 실제로 현금으로 수수하는 이자에 대하여는 "임대사업부분에서 발생한 수입이자"에 포함하나 부당행위계산의 부인으로 익금에 산입한 이자상당액은 이에 해당하지 아니한다(**법인** 46012 − 325, 1999. 1. 26.).

(4) 세무조정

<익금산입> 간주임대료 6,283,333(기타사외유출)

[별지 제18호 서식] (2012. 2. 28. 개정)

(앞쪽)

사업 연도	20×3. 1. 1. ~ 20×3. 12. 31.	임대보증금등의 간주익금조정명세서	법 인 명	(주)경기
			사업자등록번호	

❶ 임대보증금 등의 간주익금조정

①임대보증 금등적수	②건설비 상당액적수	③보증금 잔액 [(①-②)÷365 또는 366]	④이자율	⑤익금 상당액(③×④)	⑥보증금 운용수입	⑦익금산입금액 (⑤-⑥)
127,750,000,000	55,966,666,666	196,666,666	3.5%	6,883,333	600,000	6,283,333

❷ 임대보증금 등 적수계산

⑧일 자	⑨적 요	⑩임대보증금누계	⑪일 수	⑫적수(⑩×⑪)
20×3. 1. 1.	전기이월	350,000,000	365	127,750,000,000

❸ 건설비 상당액 적수계산

가. 건설비의 안분계산

⑬건설비총액적수 (⑳의 합계)	⑭임대면적적수 (㉔의 합계)	⑮건물 연면적적수 (㉘의 합계)	⑯건설비상당액적수 (⑬×⑭÷⑮)
83,950,000,000	73,000	109,500	55,966,666,666

나. 임대면적 등 적수계산

⑰건설비총액적수			㉑건물 임대면적 적수			㉕건물연면적 적수		
⑱건설비 총액누계	⑲임대 일수	⑳적수 (⑱×⑲)	㉒임대 면적누계	㉓임대 일수	㉔적수 (㉒×㉓)	㉖건물연 면적누계	㉗임대 일수	㉘적수 (㉖×㉗)
220,000,000	365	80,300,000,000	200	365	73,000	300	365	109,500
50,000,000	73	3,650,000,000						
합 계		83,950,000,000	합 계		73,000	합 계		109,500

❹ 임대보증금 운용수입금액 명세

㉙과 목	㉚계정금액	㉛보증금운용수입금액	㉜기타 수입금액	비 고
금융수익	수입이자	500,000		
	신주인수권처분이익	100,000		
계		600,000		

3. 익금불산입항목

"익금불산입항목"이란 해당 사업연도에 순자산이 증가된 경우에도 과세소득에 포함하지 않는 항목을 말한다. 법인세를 부과하는 것이 적절하지 않은 익금불산입항목은 「법인세법」에, 조세정책적으로 익금에 산입하지 않는 익금불산입항목은 「조세특례제한법」에 규정되어 있다.

법인세법상 익금불산입항목은 다음과 같다.

구 분	익금불산입항목
자본거래	① 주식발행액면초과액
	② 감자차익
	③ 주식의 포괄적 교환차익
	④ 주식의 포괄적 이전차익
	⑤ 합병차익(단, 법인세법에서 익금으로 규정한 금액 제외)
	⑥ 분할차익(단, 법인세법에서 익금으로 규정한 금액 제외)
	⑦ 자본준비금을 감액하여 받는 배당
손익거래	⑧ 자산수증이익(국고보조금 등은 제외)과 채무면제이익 중 이월결손금의 보전에 충당된 금액
	⑨ 채무의 출자전환으로 인한 채무면제이익 중 법 소정 금액
	⑩ 각 사업연도의 소득으로 이미 과세된 소득
	⑪ 손금불산입된 금액의 환입액
	⑫ 국세 또는 지방세 과오납금 환급금이자
	⑬ 내국법인 수입배당금액의 익금불산입
	⑭ 외국자회사 수입배당금액의 익금불산입
	⑮ 연결자법인 또는 연결모법인으로부터 지급받았거나 지급받을 연결법인세액 24 개정
부채성격	⑯ 부가가치세 매출세액

1. 주식발행액면초과액

(1) 일반적인 경우

법인이 주식을 액면가액보다 높은 가액으로 발행한 경우 액면가액을 초과하는 금액을 주식발행액면초과액이라 하고, 액면가액보다 낮은 가액으로 발행한 경우 액면가액에 미달하는 금액을 주식할인발행차액이라 한다.

기업회계상 주식발행액면초과액[9]은 자본거래에서 생긴 것이므로, 자본잉여금으로 계상하고 당기손익에 반영하지 아니한다. 세법도 법인의 자본충실을 위하여 주식발행액면초과액은 익금에 산입하지 아니한다.

무액면주식을 발행하는 경우에는 회사의 자본금은 주식 발행가액의 2분의 1 이상의 금액으로서 이사회(상법 제416조 단서에서 정한 주식발행의 경우에는 주주총회를 말한다)에서 자본금으로 계상하기로 한 금액의 총액으로 한다. 이 경우 주식의 발행가액 중 자본금으로 계상하지 아니하는 금액은 주식발행액면초과액으로 계상하여야 한다(상법 §451②).

무액면주식을 발행한 경우에도 발행가액 중 자본금으로 계상한 금액을 초과하는 금액은 주식발행액면초과액이므로 익금으로 보지 아니한다(법법 §17①).

(2) 채무의 출자전환으로 주식을 발행하는 경우

채무의 출자전환으로 주식을 발행하는 경우 시가가 액면가액을 초과하는 금액은 주식발행액면초과액이고, 발행가액이 시가를 초과하는 금액은 채무면제이익이다. 이 경우에도 주식발행액면초과액은 익금불산입항목이나 채무면제이익은 익금항목이다(법법 §17①(1)).

2. 감자차익

(1) 감자차익의 처리

"감자차익"이란 자본감소의 경우로서 그 감소액이 주식의 소각, 주금의 반환에 든 금액과 결손의 보전에 충당한 금액을 초과한 경우의 그 초과금액을 말한다(법법 §17①(4)).

법인의 감자는 그 감자내용에 따라 회계학상 실질적 감자와 형식적 감자로 분류할 수 있다. 전자는 법률상 감자를 실행할 경우 그 법인의 자기자본(납입자본금＋잉여금)이 실질적으로 감소하는 것을 의미하며, 이를 유상감자라 한다. 후자는 법률상 감자를 실시한 경우에도 그 법인의 자기자본이 실질적으로 감소하지 아니하는 것으로서 이를 무상감자라 한다. 감자차익은 형식적 감자의 경우에 주로 발생하나 자기주식을 액면가액 이하로 매입하여 소각하는 경우에도 감자차익이 생긴다.

기업회계에서는 감자과정에서 생긴 감자차익은 자본잉여금으로 취급하고 있으며, 세법에 있어서도 감자차익을 익금에 산입하지 아니한다(법법 §17①(4)).

---

9) 기업회계상 주식발행액면초과액은 주식발행금액에서 신주발행비를 차감한 후의 금액이 액면금액을 초과하는 금액을 말한다(K-IFRS 1032호 문단 37, 일반기준 15장 문단 15.5).
  여기서 "신주발행비"란 신주발행과 관련된 직접 비용으로서 신주발행이 없었다면 발생하지 않았을 비용을 의미하므로 신주발행비에는 주간사의 인수 수수료, 광고비 등과 같은 주주 모집비용 및 대행수수료, 주식판매 대행수수료, 신주발행을 위한 행정절차 대행수수료 등이 포함되나 신주발행을 위한 또는 신주발행과 관련하여 발생하는 간접 비용은 포함되지 않는다(GKQA 01-160, 2001. 12. 12.).

2) 특정주주 소유주식을 무상감자하는 경우

법인이 「상법」에 따라 자본을 감소함에 있어 특정주주가 소유하고 있는 주식의 무상감자로 인한 감자차익은 익금불산입하나, 「상법」상의 적법한 감자절차에 의하지 아니하고 주주로부터 자기주식을 무상으로 증여받은 경우[10]에는 증여받을 당시의 정상가액을 증여받은 날이 속하는 사업연도의 소득금액을 계산할 때 익금에 산입한다(서면2팀-1560, 2005. 9. 27.).

만일 법인이 자본을 감소함에 있어 동일 종류의 주식을 소유주식에 비례하여 소각하지 아니하고 법인소유주식만을 강제소각하기로 주주총회에서 동의함으로써 주주관계 있는 다른 주주에게 이익을 분여하였다고 인정되는 경우에는 「법인세법」 제52조에 따른 부당행위계산의 부인규정을 적용하게 된다(서면2팀-1447, 2004. 7. 12.).

3. 주식의 포괄적 교환차익

(1) 주식의 포괄적 교환차익의 개념

"주식의 포괄적 교환차익"이란 「상법」 제360조의2에 따른 주식의 포괄적 교환을 한 경우로서 같은법 제360조의7에 따른 자본금 증가의 한도액이 완전모회사의 증가한 자본금을 초과한 경우의 그 초과액을 말한다(법법 §17①(2)).

예컨대, 을회사의 주주가 소유하고 있는 주식을 갑회사에 이전하고, 갑회사가 그 대가로 갑회사의 신주를 발행하여 을회사 주주에게 교부하는 것을 말한다. 따라서 다음 그림과 같이 주식의 포괄적 교환으로 갑회사는 완전 모회사가 되고, 을회사는 완전 자회사가 되어 지주회사가 용이하게 된다.

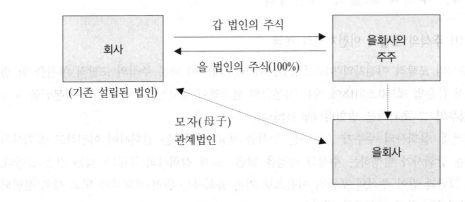

---

10) 기업회계상 주주로부터 자기주식을 무상으로 증여받는 경우 별도의 회계처리를 하지 아니하고 주석으로 주식수, 향후 처리계획 등을 공시한다(실무의견서 2001-13, 2001. 12. 19.).

(2) 주식의 포괄적 교환차익의 계산

「상법」 제360조의7에는 주식의 포괄적 교환의 경우 완전 모회사가 되는 회사가 발행할 수 있는 자본증가액의 한도액을 규정하고 있다. 그 금액은 주식교환일 현재 완전 자회사가 되는 회사에 현존하는 순자산가액에서 완전 모회사가 완전 자회사가 되는 회사의 주주에게 지급할 금액과 완전 모회사가 되는 회사의 자기주식을 소유하고 있는 경우 당해 주식을 신주 발행에 갈음하여 완전 자회사가 되는 회사의 주주에게 이전하는 경우 당해 자기주식의 장부가액과 완전 모회사의 자본금 증가액을 공제한 금액으로 한다. 따라서 완전 자회사의 순자산가액이 완전 모회사가 완전 자회사의 주주에게 지급한 교부금과 자기주식의 장부가액 및 완전 모회사의 자본금 증가액을 초과하는 경우에는 주식의 포괄적 교환차익이 발생한다.

이를 계산식으로 표시하면 다음과 같다.

$$\text{주식의 포괄적 교환차익} = \text{주식교부일 현재 완전 자회사의 순자산가액} - \left(\text{완전 자회사 주주에게 지급하는 교부금} + \text{완전 모회사 자기주식의 장부가액} + \text{완전 모회사의 자본금증가액} \right)$$

위 계산식의 "주식의 포괄적 교환차익"이란 회사 설립시 주식을 발행하는 경우 또는 회사가 자본증자시 주식을 발행하는 경우 주식발행액면초과액과 동일한 성질의 것이므로 「법인세법」상 이를 익금불산입액으로 규정하고 있다(법법 §17①(2)).

4. 주식의 포괄적 이전차익

(1) 주식의 포괄적 이전차익의 개념

"주식의 포괄적 이전차익"이란 「상법」 제360조의15에 따른 주식의 포괄적 이전을 한 경우로서 같은법 제360조의18에 따른 자본금의 한도액이 설립된 완전모회사의 자본금을 초과한 경우의 그 초과액을 말한다(법법 §17①(3)).

예컨대, 을회사의 주주가 소유하는 주식을 새로 설립하는 갑회사에 이전하고 을회사의 주주는 갑회사가 발행하는 주식의 배정을 받음으로써 갑회사의 주주가 되는 것을 말한다. 다음 그림과 같이 주식의 포괄적 이전으로 기존 을회사는 완전 자회사가 되고 새로 설립되는 갑회사는 완전 모회사가 된다.

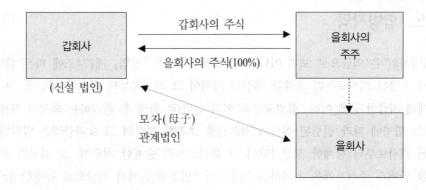

따라서 "주식의 포괄적 교환"이란 완전 자회사가 되는 회사의 주주가 완전 모회사가 되는 기존회사에 자기소유 주식을 이전하는 데 반하여, "주식의 포괄적 이전"이란 완전자회사가 되는 회사의 주주가 자기소유 주식을 출자하고 새로 회사를 설립하여 동 새로 설립한 회사가 완전 모회사가 되는 것을 말한다.

(2) 주식의 포괄적 이전차익의 계산

「상법」제360조의18에 따르면 새로 설립하는 완전 모회사의 자본은 주식이전의 날에 완전 자회사가 되는 회사에 현존하는 순자산가액에서 그 회사의 주주에게 지급할 금액을 뺀 금액을 초과하지 못한다고 규정하고 있다.

따라서 이 규정에 따라 주식의 포괄적 이전에 의하여 발생하는 차익을 계산하면 다음 계산식과 같다.

$$\text{주식의 포괄적 이전차익} = \text{주식배정일 현재 완전 자회사의 순자산가액} - \left(\text{완전 자회사 주주에게 지급하는 교부금} + \text{완전 모회사의 자본금 발행액} \right)$$

그리고 주식배정일 현재 완전 자회사가 되는 회사의 현존하는 순자산가액이 완전 모회사가 되는 회사의 주식발행가액이 되므로 동 발행가액이 완전 자회사 주주에게 지급하는 교부금과 완전 모회사의 자본금 발행액을 초과하는 경우 동 초과금은 회사신설의 경우 주식발행초과액과 동일한 성질의 것이므로「법인세법」상 이를 익금불산입액으로 규정하고 있다 (법법 §17①(3)).

5. 합병차익

"합병차익"은 익금으로 보지 아니한다. 합병차익이란 「상법」 제174조에 따른 합병의 경우로서 소멸된 회사로부터 승계한 재산의 가액이 그 회사로부터 승계한 채무액, 그 회사의 주주에게 지급한 금액(이하 "합병교부금"이라 한다)과 합병 후 존속하는 회사의 자본금증가액 또는 합병에 따라 설립된 회사의 자본금을 초과한 경우의 그 초과금액을 말한다. 다만, 소멸된 회사로부터 승계한 재산가액이 그 회사로부터 승계한 채무액, 그 회사의 주주에게 지급한 금액과 주식가액을 초과하는 경우로서 「법인세법」에서 익금으로 규정한 금액(합병매수차익)을 제외한다(법법 §17①(5)).

합병차익을 계산식으로 표시하면 다음과 같다.

$$
합병차익 = \begin{array}{c} 피합병법인으로부터 \\ 승계한\ 자산가액 \end{array} - \left(\begin{array}{c} 피합병법인으로부터 \\ 승계한\ 채무액 \end{array} + 합병교부금 + \begin{array}{c} 합병교부주식의 \\ 액면가액 \end{array} \right)
$$

6. 분할차익

"분할차익"은 익금으로 보지 아니한다. "분할차익"이란 「상법」 제530조의2에 따른 분할 또는 분할합병으로 설립된 회사 또는 존속하는 회사에 출자된 재산의 가액이 출자한 회사로부터 승계한 채무액, 출자한 회사의 주주에게 지급한 금액과 설립된 회사의 자본금 또는 존속하는 회사의 자본금증가액을 초과한 경우의 그 초과금액을 말한다. 다만, 분할 또는 분할합병으로 설립된 회사 또는 존속하는 회사에 출자된 재산의 가액이 출자한 회사로부터 승계한 채무액, 출자한 회사의 주주에게 지급한 금액과 주식가액을 초과하는 경우로서 「법인세법」에서 익금으로 규정한 금액(분할매수차익)은 제외한다(법법 §17①(6)).

분할차익을 계산식으로 표시하면 다음과 같다.

$$
분할차익 = \begin{array}{c} 분할신설법인\ 등에 \\ 출자된\ 재산의\ 가액 \end{array} - \left(\begin{array}{c} 분할신설법인\ 등에 \\ 승계한\ 채무액 \end{array} + 분할교부금 + \begin{array}{c} 분할교부주식의 \\ 액면가액 \end{array} \right)
$$

7. 자본준비금을 감액하여 받는 배당

(1) 자본준비금을 감액하여 받는 배당의 과세 여부

종전에 자본준비금은 결손보전과 자본전입의 용도로만 사용할 수 있었으나, 2011. 4. 14. 「상법」이 개정되어 적립한 자본준비금 및 이익준비금의 총액이 자본금의 1.5배를 초과하는 경우에는 주주총회의 결의에 따라 그 초과하는 금액의 범위에서 자본준비금 및 이익준비금을 감액하여 배당 등의 재원으로 사용할 수 있다(상법 §461의2). 자본준비금을 감액하여 받는 배당은 주주가 투자금을 환급받은 것이므로 익금으로 보지 아니한다. 다만, 다음 중 어느 하나에 해당하는 자본준비금을 감액하여 받는 배당금액은 익금으로 본다(법법 §18(8) 단서).

① 의제배당으로 과세되는 자본준비금

② 3% 재평가세율 적용분 재평가적립금 24 신설 ('24. 1. 1. 이후 감액하여 받는 배당부터 적용)

③ 적격합병·분할에 따른 합병·분할차익 중 승계된 3% 재평가세율 적용분 재평가적립금 24 신설 ('24. 1. 1. 이후 감액하여 받는 배당부터 적용)

입법취지 3% 재평가세가 과세된 재평가적립금의 감액배당을 받은 주주에 대한 과세

자산재평가법은 재평가적립금을 감액배당하는 것을 허용하지 않고 있으므로(재평가법 §28②) 법인이 재평가적립금을 감액하여 배당하는 것은 자산재평가법을 위반하는 것이다. 법인이 자산재평가법에 위반하면서 3%의 재평가세가 과세된 재평가적립금(익금불산입항목)을 감액하여 배당하는 경우 종전에 주주에게 배당소득으로 과세할 수 있는지 여부가 논란이 되었다. 이에 대하여 기획재정부는 자산재평가법을 위반하면서 재평가적립금을 감액하여 주주에게 배당을 하는 문제를 심각한 것으로 보아 감액배당은 법인세법에 따라 과세대상이 된다고 해석하였다(기획재정부 법인세제과-151, 2023. 3. 6.). 이러한 해석은 법령에 근거한 것은 아니므로 법령에 근거를 마련하기 위하여 2023. 12. 31. 법인세법 개정시 3% 재평가세가 과세된 재평가적립금을 감액하여 배당하는 경우 주주에게 과세하는 규정을 법인세법에 신설하였다.

구 분	재평가시 익금여부	자본전입시 주주의 의제배당 여부		감액배당시 주주의 과세 여부	
		법인주주	개인주주	법인주주	개인주주
1% 재평가세가 과세된 재평가적립금	익금항목	의제배당	의제배당	익금 (수입배당금액 익금불산입대상)	배당소득 (Gross-up 배제)
3% 재평가세가 과세된 재평가적립금	익금불산입 항목	의제배당 아님	의제배당 아님	익금 (수입배당금액 익금불산입배제)	배당소득 아님*

* 3% 재평가세가 과세된 재평가적립금을 감액하여 배당을 한 경우 개인주주는 배당소득에 포함하지 아니한다(소령 §26의3⑥). 따라서 3% 재평가세가 과세된 재평가적립금을 감액배당하는 경우 법인주주만 과세대상이 된다.

세부내용 **합병차익·분할차익 중 재평가적립금 상당액의 감액배당 한도**(법령 §17)

① 합병차익 중 재평가적립금 상당액의 감액배당 한도 : 다음 계산식에 따라 계산한 금액을 한도로 한다.

$$A - (B - C)$$

A : 합병차익
B : 피합병법인의 자본금과 의제배당대상 자본잉여금 외의 자본잉여금(3% 재평가세가 과세된 재평가적립금 제외)을 합산한 금액
C : 합병법인의 자본금 증가액

② 분할차익 중 재평가적립금 상당액의 감액배당 한도 : 다음 계산식에 따라 계산한 금액을 한도로 한다.

$$A - (B - C)$$

A : 분할차익
B : 분할법인의 자본금 감소액과 의제배당대상 자본잉여금 외의 자본잉여금(3% 재평가세가 과세된 재평가적립금 제외) 감소액을 합산한 금액
C : 분할신설법인의 자본금

③ 위 규정을 적용할 때 합병법인 또는 분할신설법인이 다음에 해당하는 경우에는 다음에서 정하는 바에 따라 계산한다.
　㉠ 「상법」 제459조 제2항에 따라 승계한 준비금이 있는 경우 : 그 승계가 없는 것으로 보아 계산
　㉡ 합병차익 또는 분할차익의 일부를 자본 또는 출자에 전입하는 경우 : 피합병법인 또는 분할법인의 「법인세법」 제16조 제1항 제2호 나목에 따른 재평가적립금에 상당하는 금액이 먼저 자본 또는 출자에 전입된 것으로 보아 그 전입 후 남은 금액만 합병차익 또는 분할차익에 포함하여 계산

④ 합병법인 또는 분할신설법인이 합병차익 또는 분할차익의 일부를 감액배당하는 경우에는 다음 순서에 따라 해당 금액을 배당한 것으로 본다.
　㉠ 3% 재평가세가 과세된 재평가적립금
　㉡ 피합병법인 또는 분할법인의 이익잉여금 및 의제배당대상 자본잉여금에 상당하는 금액
　㉢ 피합병법인 또는 분할법인의 의제배당대상 자본잉여금 외의 자본잉여금에 상당하는 금액

　사례 》　**3% 재평가적립금을 감액하여 받는 배당**

㈜A는 ㈜B의 주식 1주(액면가액 @100원)를 1,000원에 취득하고 매도가능증권으로 회계처리하였다. 그 후 ㈜B는 주식발행초과금 200원, 자기주식처분이익 300원, 3% 재평가세율이 적용되는 재평가적립금 400원을 감액하여 ㈜A에게 배당을 하였다. ㈜A가 받은 배당금 900원을 배당금수익으로 회계처리한 경우 세무조정은 다음과 같다.

```
[결 산 서]   (차) 현      금        900   (대) 매 당 금 수 익        900
[세    법]   (차) 현      금        900   (대) 매도가능증권          200
                                          매 당 금 수 익            700
```

[세 무 조 정] 〈 익금불산입 〉 매도가능증권 200 (△유보)*

* 주식발행초과금 감액 배당   200원 → 익금이 아님(주식 감액)
  자기주식처분이익 감액 배당 300원 → 익금에 해당함
  3% 재평가적립금 감액 배당 400원 → 익금에 해당함

(2) 자본준비금과 이익잉여금 등이 함께 있는 상태에서 자본준비금을 감액한 경우

종전에는 내국법인이 상법 제461조의2에 따라 자본준비금을 감액한 금액과 당기순이익으로 구성된 미처분이익잉여금을 재원으로 배당을 하는 경우 국세청은 먼저 발생한 잉여금을 먼저 배당한 것으로 본다고 해석하였다(서면법령법인－2052, 2016. 1. 18.). 그러나 기획재정부는 자본준비금, 이익준비금과 이익잉여금이 있는 내국법인이 「상법」 제461조의2에 따라 자본준비금을 감액한 금액을 주주총회 결의에 따라 배당하는 경우, 당해 내국법인의 주주는 주주총회 결의에 따라 자본준비금을 감액한 금액을 배당받은 것으로 보며, 동 배당금을 지급받은 내국법인의 주주는 그 배당금을 지급받은 사업연도의 익금에 산입하지 아니한다(기획재정부 법인세제과－676, 2016. 7. 12.)고 해석하였다. 국세청은 기획재정부의 예규와 상충되는 기존 예규를 국세법령정보시스템에서 삭제하였다.

그 후 국세청은 납세자가 감액할 준비금(자본전입 시 의제배당으로 과세되지 않는 것)을 특정하여 배당하는 경우 기획재정부 예규와 같이 그 특정한 자본준비금이 감액된 것으로 보아 익금불산입 규정을 적용하는 것으로 해석하고 있다(사전－2020－법령해석법인－194, 2020. 4. 7., 서면－2020－법령해석법인－3705, 2021. 4. 14.).

(3) 자본준비금을 감액하여 받은 배당에 대한 세무상 회계처리

㈜갑은 20×1년 초에 ㈜을의 설립시 1주당 액면가액 5,000원인 주식 100주를 1주당 50,000원에 주금을 납입하고 취득하여 매도가능증권으로 회계처리하였다.

```
(차) 매도가능증권        5,000,000   (대) 현      금        5,000,000
```

㈜을이 20×2년에 주식발행초과금 중 일부를 감액하여 배당을 함에 따라 현금배당 1,000,000원을 받고, 다음과 같이 회계처리하였다.

```
(차) 현      금          1,000,000   (대) 배 당 금 수 익     1,000,000
```

이 경우 세무조정을 어떻게 해야 하는가?

이에 대하여 다음의 실무상 두 가지 견해가 대립하고 있다.

(갑설) <익금불산입> 수입배당금액 1,000,000(기타)

(을설) <익금불산입> 매도가능증권 1,000,000(△유보)

(갑설)은 「법인세법」에서 익금불산입으로만 규정하고 있으므로 매도가능증권에서 차감해서는 아니된다는 것이다. 반면에 (을설)은 배당금수익을 익금불산입하는 취지는 투자금을 환급받았기 때문이므로 보유하는 주식에서 차감해야 한다는 것이다.

저자는 두 가지 견해 중 (을설)이 타당하다고 생각한다. 왜냐하면 이 규정의 입법취지는 주주가 투자금을 환급받아 익금불산입하는 것이므로 매도가능증권에서 차감하는 것이 입법취지에 부합한다. 또한 (갑설)에 의할 경우 액면가액보다 투자금을 많이 납입한 후 주식발행초과금을 감액하여 배당을 받는 방법으로 투자금을 돌려받고, 주식 처분시 처분손실을 손금으로 공제받을 수 있어서 조세회피의 문제가 발생한다. 국세청과 기획재정부도 모두 (을설)이 타당하다고 유권해석하였다(서면-2017-법인-2463 [법인세과-3380], 2017. 12. 11., 기획재정부 법인세제과-740 [기획재정부 법인세제과-740], 2018. 6. 22.).

예규 및 판례 **자본준비금을 감액하여 받은 배당**

❶ 자본준비금을 감액하여 받은 배당을 수익으로 처리한 경우 세무조정

내국법인이 「법인세법」 제18조 제8호 전단의 규정에 해당하는 배당을 수익으로 회계처리한 후 법인세법 제18조 본문 규정에 따라 익금불산입하는 경우 '부의 유보'로 세무조정하는 것임(서면-2017-법인-2463 [법인세과-3380], 2017. 12. 11.).

❷ 자본준비금을 감액한 배당 수령시 세무 처리

내국법인이 「상법(2011. 4. 14. 법률 제13523호로 개정된 것)」 제461조의2에 따라 주식발행초과금을 감액함에 따른 배당을 수령한 경우 해당 배당금은 각 사업연도의 소득을 계산함에 있어 「법인세법」 제18조 제8호에 따라 익금에 산입하지 않는 것이며, 당초 주식의 장부가액에서 차감하는 것임(서면-2017-법령해석법인-0106 [법령해석과-1852], 2018. 6. 29.).

❸ 주식의 포괄적교환차익을 감액하여 배당한 경우 익금 여부

내국법인이 「상법」 제360조의2에 따른 주식의 포괄적 교환으로 발생한 주식의 포괄적 교환차익을 같은 법 제459조 제1항에 따라 자본준비금으로 적립한 후, 같은 법 제461조의2에 따라 해당 자본준비금 중 일부를 감액하여 현금배당하는 경우 해당 내국법인의 법인주주가 내국법인으로부터 지급받는 배당금은 「법인세법」 제18조 제8호에 따라 법인주주의 각 사업연도 소득금액을 계산할 때 익금에 산입하지 아니하는 것임(사전-2020-법령해석법인-0904, 2020. 12. 4.).

8. 자산수증이익(국고보조금 제외)과 채무면제이익 중 이월결손금 보전에 충당한 금액

(1) 개 념

과세표준 계산상 공제하는 이월결손금은 해당 사업연도 이전 15년(2008. 12. 31. 이전 개시한 사업연도에서 발생한 결손금 5년, 2009. 1. 1.부터 2019. 12. 31.까지의 기간 중에 개시한 사업연도에서 발생한 결손금 10년) 이내에 개시한 사업연도에서 발생된 것이어야 한다. 이러한 공제시한이 지난 이월결손금이 있는 법인에 대주주 등이 재무구조를 개선하기 위하여 사재를 출연(出捐, 금품을 내어 도와준다는 뜻)할 수 있다. 대주주 등이 법인에게 사재를 출연하는 경우 법인의 입장에서는 자산을 증여받은 것이므로 자산수증이익으로 익금에 산입하여야 한다. 그러나 이월결손금은 공제시한이 지난 것이어서 「법인세법」에 별도의 규정을 두지 않으면 자산수증이익이 익금에 산입되어 법인세가 과세될 수 있다. 자산수증이익에 법인세가 과세되면 그만큼 법인의 재무구조 개선이 어려워지므로 대주주 등이 재산출연을 포기하게 되고 법인의 재무구조 개선이 어려워진다. 이에 따라 자산수증이익으로 공제기한이 지난 이월결손금의 보전에 충당하면 그 이월결손금을 소멸시키는 대신, 보전액을 익금에 산입하지 않는 특례규정을 두고 있다(법법 §18(6)).

(2) 익금불산입 요건

무상으로 받은 자산의 가액(「법인세법」 제36조에 따른 국고보조금 등은 제외한다)과 채무의 면제 또는 소멸로 인한 부채(負債)의 감소액 중 이월결손금을 보전하는 데에 충당한 금액은 익금에 산입하지 아니한다(법법 §18(6)).

종전에는 국고보조금 등도 무상으로 받은 자산의 가액에 포함되어 이월결손금의 보전대상이었다. 그러나 국고보조금 등은 기업의 국가사업수행 및 정책목적사업의 장려를 위하여 지급받은 것이므로 이월결손금을 보전하기 위하여 지급받은 것이 아니며, 「법인세법」 제36조에 따라 국고보조금 등으로 사업용자산을 취득하면 그 금액을 일시상각충당금(또는 압축기장충당금)으로 손금에 산입하여 과세를 이연할 수 있도록 하고 있으므로 이월결손금의 보전에 충당한 금액을 다시 익금불산입할 경우 이중혜택을 받을 수 있다. 이에 따라 2020. 1. 1. 이후 개시한 사업연도에 지급받은 분부터 「법인세법」 제36조에 따른 국고보조금 등은 이월결손금의 보전대상인 자산수증이익에서 제외하였다. 다만, 2010. 1. 1. 전에 개시한 사업연도에 발생한 결손금 보전에 충당한 경우에는 종전규정을 적용하도록 하였다(2019. 12. 31. 「법인세법」 개정 부칙 §11). 이는 2010. 1. 1. 이후 발생한 결손금은 이월공제기간(10년)이 남아 국고보조금 등을 익금산입해도 이월결손금으로 공제 가능한 반면, 2010. 1. 1. 전에 발생한 결손금은 이월공제기간이 경과하여 공제가 불가능한 점을 고려하여 경과규정을 둔 것이다.

(3) 보전대상 이월결손금

자산수증이익과 채무면제이익으로 보전할 수 있는 이월결손금은 다음과 같다(법령 §18).

가. 세무상 결손금(적격합병과 적격분할시 승계받은 결손금 제외)[11]으로서 그 후의 각 사업연도의 공제되지 아니한 금액

세무상 결손금은 발생연도의 제한 없이 미공제분이면 자산수증이익 등으로 보전할 수 있으나, 적격합병과 적격분할시 승계받은 결손금은 보전대상이 아니다. 적격합병과 적격분할시 승계받은 결손금은 승계받은 사업에서 발생한 소득금액의 범위에서 공제하도록 하고 있고, 자산수증이익과 채무면제이익은 기존사업에서 발생한 소득이므로 보전을 허용하지 않는 것이다. 결손금은 세무상 다음과 같이 공제하여 혜택을 받은 경우에는 소멸되므로, 소멸 후에는 보전대상이 될 수 없다(법집 13-10-1).

① 중소기업이 직전 사업연도의 소득에서 소급하여 공제받은 결손금
② 과세표준 계산상 공제한 결손금
③ 자산수증이익과 채무면제이익으로 보전된 결손금
④ 채무의 출자전환에 따른 주식의 발행가액이 시가를 초과하는 금액(채무면제이익)의 보전에 충당한 경우 그 충당된 결손금

나. 신고된 각 사업연도의 과세표준에 포함되지 아니하였으나, 다음 중 어느 하나에 해당하는 세무상 결손금

① 「채무자 회생 및 파산에 관한 법률」에 따른 회생계획인가의 결정을 받은 법인의 결손금으로서 법원이 확인한 것
② 「기업구조조정 촉진법」에 의한 기업개선계획의 이행을 위한 약정이 체결된 법인으로서 금융채권자협의회가 의결한 결손금

이는 기업의 회생(回生)을 지원하기 위하여 신고하지 않았지만 법원 등에서 확인한 결손금도 이월결손금의 보전에 충당할 수 있도록 한 특례규정이다.

(4) 자산수증이익 등의 이월결손금 보전에의 충당방법

법인이 자산수증이익 등을 다음의 방법으로 처리했을 때 이월결손금 보전에 충당한 것으로 본다(법집 18-16-2).

① 이월결손금과 직접 상계하는 방법
② 해당 사업연도 결산 주주총회 결의에 의하여 이월결손금을 보전하고 이익잉여금(결손금)

---

11) 자산수증이익 등은 합병법인의 사업에서 발생한 것인지 피합병법인의 사업에서 발생한 것인지 여부에 관계없이 피합병법인으로부터 승계받은 이월결손금의 보전에 충당할 수 없다(대법원 2017두 39822, 2017. 7. 27.).

처리계산서에 계상하는 방법

③ 기업회계기준에 따라 영업외수익으로 계상하고 「자본금과 적립금조정명세서(갑)」[규칙 별지 제50호 서식]에 동 금액을 이월결손금의 보전에 충당한다는 뜻을 표시하고 세무조정으로 익금불산입하는 방법

(5) 이월결손금 보전의 순서

① 이월결손금의 보전 순서

자산수증이익과 채무면제이익을 이월결손금의 보전에 충당하는 경우 이월결손금의 보전은 법인이 임의로 선택하여 보전할 수 없으며, 먼저 발생한 사업연도의 이월결손금부터 먼저 보전하여야 한다(법인 46012-3187, 1993. 10. 20.).

② 출자전환 채무면제이익과 일반 채무면제이익이 동시에 발생된 경우 이월결손금의 보전순서

법인이 채무 중 일부는 출자로 전환하고 일부는 면제받음으로써 출자전환 채무면제이익과 일반 채무면제이익이 동시에 발생한 경우 일반 채무면제이익, 출자전환 채무면제이익의 순서로 충당한다(법집 17-0-4 ①, 서면2팀-363, 2008. 2. 29.).

┌─ 〈동시에 발생한 채무면제이익의 이월결손금 보전 순서〉 ─────────┐
│ ① 일반채무면제이익 ➡ ② 출자전환에 따른 채무면제이익 │
└──────────────────────────────────────┘

위와 같이 보전하면 이월결손금의 보전에 충당되지 않고 남은 채무면제이익이 있다면 그 채무면제이익은 출자전환으로 인한 채무면제이익일 것이므로 (6)에 따라 익금불산입 혜택을 받을 수 있다. 이는 납세자의 재무 상황이 좋지 않은 점을 고려하여 납세자에게 유리하게 해석한 것이다.

사례 » 채무면제이익의 이월결손금의 보전 순서

회생계획인가결정을 받은 갑법인은 공제기한이 지난 이월결손금 150이 있는 상태에서 일반채무면제이익 100과 채무의 출자전환에 따른 채무면제이익 100이 동시에 발생한 경우 보전순서와 세무조정은?

∎ 해답 ∎

① 이월결손금 보전

 (1순위) 일반채무면제이익 100으로 이월결손금 보전 ➡ 익금불산입 100(기타)

 (2순위) 출자전환 채무면제이익으로 이월결손금 보전 ➡ 익금불산입 50(기타)

② 출자전환 채무면제이익 잔액 : 50 ➡ 익금불산입 50(△유보)*

> * 익금에 산입하지 아니한 금액은 그후 이월결손금의 보전에 충당할 수 있고, 결손금의 보전에 충당하기 전에 사업을 폐지하거나 해산하는 경우에는 그 사유가 발생한 날이 속하는 사업연도의 소득금액 계산에 있어서 결손금의 보전에 충당하지 아니한 금액 전액을 익금에 산입한다(법법 §17②, 법령 §15⑤).

③ 동시에 발생한 출자전환 채무면제이익과 일반 채무면제이익으로 이월결손금의 보전에 충당한 후 경정으로 이월결손금이 감소되는 경우 과대계상한 이월결손금의 감액 순서

법인이 채무면제이익을 이월결손금의 보전에 충당한 후에 과세관청이 당해 법인의 과세표준과 세액을 경정함으로 인하여 이월결손금이 감소되는 경우 그 감소된 이월결손금은 당초 채무면제이익으로 충당되지 아니한 이월결손금 잔액, 출자전환 채무면제익으로 충당한 이월결손금상당액, 일반채무면제익으로 충당한 이월결손금상당액의 순서로 계산한다(법집 17-0-4 ②, 서면2팀-1188, 2007. 6. 19.).

─ 〈보전 후 이월결손금 감소시 이월결손금의 감액 순서〉 ─
① 채무면제이익 등으로 보전되지 않은 이월결손금
② 출자전환 채무면제이익 보전 이월결손금
③ 일반채무면제이익 보전 이월결손금

예를 들어, 이월결손금 100이 있는 법인이 일반채무면제이익 30, 출자전환채무면제이익 50이 동시에 발생하여 이를 이월결손금의 보전에 충당하였다면 일반 채무면제이익 30, 출자전환 채무면제이익 50의 보전에 충당되고, 이월결손금 20이 남아 있는 것이다. 만일, 관할 세무서의 경정에 따라 이월결손금 100중에서 80이 감소하는 경우 다음의 순서로 이월결손금을 감소시킨다.

(1순위) 보전되지 않은 이월결손금	20
(2순위) 출자전환 채무면제이익으로 보전된 이월결손금	50
(3순위) 일반채무면제이익으로 보전된 이월결손금	<u>10</u>
계	<u>80</u>

보전되지 않은 이월결손금은 자본금과 적립금조정명세서(갑)에 있는 이월결손금을 소멸시키면 되고 별도의 세무조정은 필요 없다. 출자전환 채무면제이익으로 보전된 이월결손금이 감소하면 익금불산입을 한 것을 취소해야 하나, 출자전환으로 인한 채무면제이익은 과세이연을 선택할 수 있으므로 다시 익금불산입을 하면 세금부담은 없다. 그러나 일반채무면제이익으로 보전된 이월결손금 감소액 10은 이월결손금이 소멸하여 익금불산입을 할 수 없으므로 법인세가 과세된다. 결국, 이월결손금 20은 일반 채무면제이익의 보전에 충당된 것이다.

(6) 자산수증이익과 채무면제이익으로 이월결손금을 보전하는 경우 보전 한도

내국법인의 법인세의 과세표준을 계산하는 경우 이월결손금은 각 사업연도 소득의 80% (「조세특례제한법」 제6조 제1항에 따른 중소기업 등 일정한 법인은 100%)을 한도로 공제한다(법법 §13①). 자산수증이익 등으로 이월결손금을 보전하는 경우에도 이월결손금 공제한도가 적용되는가?

자산수증이익 등으로 이월결손금을 보전하는 경우에는 보전 한도에 대한 규정이 없으므로 이월결손금의 보전 한도는 없다고 해석해야 한다. 국세청도 "채무면제이익을 「법인세법시행령」 제18조 제1항에 따른 이월결손금 보전에 충당함에 있어, 해당 이월결손금이 채무면제이익을 초과하는 경우에는 채무면제이익 전액을 이월결손금 보전에 충당할 수 있다"고 해석하고 있다(서면-2017-법령해석법인-0156, 2017. 6. 8.).

(7) 자산수증이익 등으로 이월결손금을 보전하는 것이 경정청구대상인지 여부

종전에 기획재정부는 법인이 채무면제이익 등을 당해 사업연도 이월결손금에 충당하지 아니하고 법인세를 신고한 경우에는 「국세기본법」 제45조의2의 규정에 의한 경정 등의 청구에 의하여 익금불산입할 수 없다고 해석(재정경제부 법인세제과-51, 2005. 1. 24.)하였고, 국세청은 기획재정부의 해석에 따라 업무를 집행해 왔다. 그러나 대법원은 2012. 11. 29.에 "자산수증이익 등이 발생한 연도에 대한 신고 시 이월결손금의 보전에 충당한다는 주장을 하지 않았더라도 경정청구를 할 수 있다고 판결하였다(대법원 2012두 16121, 2012. 11. 29.). 이 판결에 따라 기획재정부는 2015. 2. 24.에 법인세 과세표준 신고 시 해당 사업연도에 발생한 자산수증이익을 이월결손금 보전에 충당하지 아니한 경우 경정청구로 해당 자산수증이익을 이월결손금의 보전에 충당하고 익금불산입할 수 있다고 종전의 해석을 변경하였고, 국세청도 경정청구가 가능하다고 해석을 바꾸었다(재법인-118, 2015. 2. 24., 기준법령법인-16762, 2015. 3. 10.).

(8) 자산수증이익과 채무면제이익으로 보전한 이월결손금 관련 사례

이월결손금 보전대상인 것	이월결손금 보전대상이 아닌 것
① 금융회사가 예금의 소멸시효 완성으로 지급의무가 소멸됨에 따른 채무면제이익(기준법령법인-44, 2015. 4. 21.)	① 주식발행법인으로부터 자본잉여금과 이익준비금을 자본에 전입함으로써 받는 무상주(대법원 81누 86, 1983. 7. 12.)
② 상법상 소멸시효가 완성됨에 따라 발생한 채무면제이익(서면-2015-법령해석법인-2280, 2016. 2. 3.)	② 송유관을 통하여 석유제품의 수송을 영위하는 내국법인이 도로확장공사 등의 사유로 기존의 송유관을 이설함에 따라 주된 원인제공자인 사업시행자로부터 받은 이전비(서면-2017-법령해석법인-0702, 2018. 1. 31.)

이월결손금 보전대상인 것	이월결손금 보전대상이 아닌 것
③ 휴면보험금의 시효의 완성으로 발생한 채무면제이익(기획재정부 법인세제과-233, 2016. 3. 7.)	③ 은행이 지방자치단체와 체결한 협약에 따라 지방자치단체가 추천하는 중소기업에게 일반금리보다 저리의 금리로 대출을 실행하고 지방자치단체로부터 지급받은 이자차액에 대한 보전금(기준-2018-법령해석법인-0019, 2018. 4. 27.).
④ 상품권의 소멸시효가 완성됨에 따라 발생한 채무면제이익(서면-2018-법인-2146 [법인세과-2807], 2018. 10. 30.)	④ 내국법인이 터널을 건설하여 지방자치단체에 기부채납하고, 지방자치단체로부터 터널에 대한 관리운영권을 부여받아 터널이용자에게 통행료를 징수하여 사업비를 회수하는 경우로서 터널의 실제통행료수입이 보장기준통행료수입에 미달하여 지방자치단체와 체결한 협약에 따라 통행료수입부족분을 교부받은 경우(기획재정부 법인세제과-1237 [법인세제과-1237], 2019. 9. 2.)

(9) 소멸시효의 완성으로 발생한 채무면제이익을 이월결손금의 보전에 충당한 후 고객의 요청에 따라 지급하는 경우의 처리

① 내국법인인 보험회사가 휴면보험금을 채무면제이익으로 계상 후 「법인세법」 제18조 제6호 및 같은 법 시행령 제18조에 따라 이월결손금을 보전하는 데에 충당하여 익금불산입한 경우, 이후 고객의 요청에 따라 지급한 휴면보험금은 손금에 해당하는 것임(기획재정부 법인세제과-233, 2016. 3. 7.).

② 상품권을 발행·판매하는 내국법인이 상법상 소멸시효가 완성된 상품권 상당액을 채무면제이익으로 계상한 후 「법인세법」 제18조 제6호 및 같은 법 시행령 제18조에 따라 이월결손금의 보전으로 충당하여 익금불산입한 경우, 이후 상품권이 회수되어 상품권가맹점의 요청에 따라 지급한 상품권 대금 상당액은 손금에 해당하는 것임(서면-2018-법인-2146 [법인세과-2807], 2018. 10. 30.).

■ 사례

甲 법인의 제24기(2024. 1. 1.~2024. 12. 31.)의 당기순이익의 내용과 세무조정사항 및 이월결손금은 다음과 같다. 甲 법인의 각 사업연도 소득금액을 계산하고, 자본금과 적립금조정명세서(갑) [별지 제50호 서식(갑)]상 이월결손금계산서란을 작성하시오.

① 당기순이익은 65,000,000원이다.
② 영업외수익의 자산수증이익 30,000,000원은 주주로부터 이월결손금 보전에 충당하기 위하여 무상으로 증여받은 토지(시가)의 가액이다.
③ 기타 세무조정사항(손금불산입금액) 5,000,000원
④ 이월결손금의 내역은 다음과 같다.

• 제5기(2005. 1. 1.~2005. 12. 31.)분	14,000,000원
• 제6기(2006. 1. 1.~2006. 12. 31.)분	12,000,000원
• 제15기(2015. 1. 1.~2015. 12. 31.)분	9,000,000원

⑤ 甲 법인은 세법상 중소기업에 해당한다.

■ 해답 ■

① 각 사업연도 소득=결산상 당기순이익＋익금산입 및 손금불산입－손금산입 및 익금불산입

$$=65,000,000＋5,000,000－30,000,000＝40,000,000$$

② 법인세 과세표준=각 사업연도의 소득금액－이월결손금

$$=40,000,000－5,000,000$$

$$=35,000,000$$

자산수증이익 30,000,000원으로 보전한 이월결손금은 제5기분 14,000,000원, 제6기분 12,000,000원과 제15기분 4,000,000원이다. 그러므로 제15기에 발생한 이월결손금 중 보전되지 않은 5,000,000원은 과세표준 계산상 공제할 수 있다.

[별지 제50호 서식(갑)]

| 사 업
연 도 | 2024. 1. 1.
~
2024. 12. 31. | 자본금과 적립금 조정명세서(갑) | | | | | | 법 인 명 | 甲법인 | |
| | | | | | | | | 사업자등록번호 | | |

1. 이월결손금 발생 및 증감내역

⑥ 사업연도	이월결손금			⑩ 소급 공제	⑪ 차감계	감 소 내 역				잔 액		
	발생액		⑨배분 한도초과 결손금 (⑨=⑤)			⑫ 기공제액	⑬ 당기 공제액	⑭ 보전(주)	⑮ 계	⑯ 기한내	⑰ 기한경과	⑱ 계
	⑦계	⑧일반 결손금										
2005	14,000,000	14,000,000			14,000,000			14,000,000	14,000,000			
2006	12,000,000	12,000,000			12,000,000			12,000,000	12,000,000			
2015	9,000,000	9,000,000			9,000,000		5,000,000	4,000,000	9,000,000			
계	35,000,000	35,000,000			35,000,000		5,000,000	30,000,000	35,000,000			

(주) 영업외수익으로 계상한 자산수증익 30,000,000원은 이월결손금의 보전에 충당한다.

9. 채무의 출자전환으로 인한 채무면제이익 중 일정한 요건을 구비한 금액

(1) 채무의 출자전환에 대한 기업회계의 회계처리

채무자가 채권자에게 지분상품을 발행하여 부채의 전부 또는 일부를 소멸시킬 수 있는데 이를 '출자전환'이라고도 한다. 채무의 출자전환의 경우 회계처리는 다음과 같다.

가. K-IFRS

법인이 출자전환한 경우 소멸된 금융부채(또는 금융부채의 일부)의 장부금액과 지급한 지분상품의 공정가치[12]와의 차이는 기업회계기준서 제1109호의 문단 3.3.3에 따라 당기손익으로 인식하고, 발행된 지분상품은 금융부채(또는 금융부채의 일부)가 소멸된 날에 최초로 인식하고 측정한다(K-IFRS 2119호 문단 9). 다만, 직접적인 또는 간접적인 주주이기도 한 채권자가 직접적인 또는 간접적인 기존 주주로서의 자격에서 한 경우에는 이 해석서를 적용하지 아니한다(K-IFRS 2119호 문단 3).

나. 일반기업회계기준

법인이 채무를 출자전환한 경우 지분증권의 공정가치와 채무의 장부금액과의 차이를 채무조정이익으로 인식한다. 다만, 시장성이 없는 지분증권의 공정가치를 신뢰성 있게 측정할 수 없는 경우에는 발행되는 지분증권을 조정대상 채무의 장부금액으로 회계처리하고 채무조정이익을 인식하지 않는다(일반기준 6.87).

(2) 「법인세법」상 출자전환에 대한 회계처리

채무를 출자전환하는 경우 주식의 시가가 액면가액을 초과하지만 주식발행가액(채무출자전환금상당액)에 미달하는 경우에는 시가에서 액면가액을 차감한 금액은 세법상 주식발행초과금으로 보아 이를 익금불산입하고, 주식발행가액에서 주식의 시가를 뺀 금액은 주식발행액면초과금으로 보지 아니하고 채무면제이익으로 본다(법법 §17①(1)).

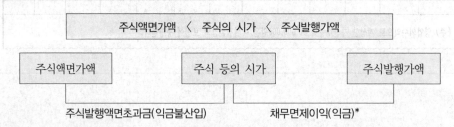

주식액면가액 〈 주식의 시가 〈 주식발행가액

주식액면가액	주식 등의 시가	주식발행가액

주식발행액면초과금(익금불산입)　　　　채무면제이익(익금)*

* 채무면제이익은 「법인세법」 제18조 제6호의 채무면제이익에 해당한다.

예를 들어, 차입금 13,000원을 출자로 전환하고 액면가액 10,000원(시가 12,000원)에 해당하는 주식을 13,000원에 발행하는 경우의 세무상 회계처리는 다음과 같다.

(차) 차 입 금	13,000	(대)	자 본 금	10,000
			주 식 발 행 액 면 초 과 금	2,000
			채 무 면 제 익	1,000

---

12) 발행된 지분상품의 공정가치를 신뢰성 있게 측정할 수 없다면, 소멸된 금융부채의 공정가치를 반영하여 지분상품을 측정한다(K-IFRS 2119호 문단 7).

그런데, 채무의 출자전환으로 발행한 주식의 시가가 액면가액에 미달하는 경우에는 주식
할인발행차금을 인식하지 않고, 주식의 발행가액에서 주식의 액면가액을 뺀 금액을 채무면
제이익으로 본다(법집 17 - 0 - 2).

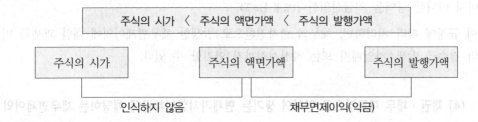

예를 들어, 차입금 13,000원을 출자로 전환하고 액면가액 10,000원(시가 8,000원)에 해당
하는 주식을 13,000원에 발행하는 경우의 세무상 회계처리는 다음과 같다.

(차) 차 입 금	13,000	(대) 자 본 금	10,000
		채 무 면 제 익	3,000

(3) 채무의 출자전환으로 발생한 채무면제이익의 과세이연

채무의 출자전환으로 발생한 채무면제이익은 일반적인 채무면제이익과 같이 이월결손금
보전에 충당할 수 있으며, 이월결손금의 보전에 충당된 채무면제이익은 익금불산입한다.
채무의 출자전환으로 발생한 채무면제익이 다음의 어느 하나에 해당하는 경우에는 이월결
손금의 보전 후에 남은 채무면제이익은 해당 사업연도의 익금에 산입하지 아니하고 그 후
의 사업연도에서 발생한 결손금 보전에 충당할 수 있다(법법 §17② 및 법령 §15①).

① 「채무자 회생 및 파산에 관한 법률」에 따라 채무를 출자로 전환하는 내용이 포함된
회생계획인가의 결정을 받은 법인이 채무를 출자전환하는 경우로서 해당 주식 등의
시가(시가가 액면가액에 미달하는 경우에는 액면가액)를 초과하여 발행된 금액

② 「기업구조조정 촉진법」에 따라 채무를 출자로 전환하는 내용이 포함된 경영정상화계
획의 이행을 위한 약정을 체결한 부실징후기업이 채무를 출자전환하는 경우로서 해당
주식 등의 시가(시가가 액면가액에 미달하는 경우에는 액면가액)를 초과하는 금액

③ 당해 법인에 대하여 채권을 보유하고 있는 「금융실명거래 및 비밀보장에 관한 법률」
제2조 제1호에 따른 금융기관과 채무를 출자로 전환하는 내용이 포함된 경영정상화계
획의 이행을 위한 협약을 체결한 법인이 채무를 출자로 전환하는 경우로서 해당 주식
등의 시가(시가가 액면가액에 미달하는 경우에는 액면가액)를 초과하는 금액

④ 「기업 활력 제고를 위한 특별법」 제10조에 따른 사업재편계획승인을 받은 법인이 채
무를 출자전환하는 경우로서 해당 주식 등의 시가(시가가 액면가액에 미달하는 경우
에는 액면가액을 말한다)를 초과하는 금액

이 규정에 따라 익금불산입한 채무면제이익은 미래에 발생하는 결손금의 보전에 충당해야 하며(미래의 결손금 발생시 익금산입하라는 뜻임), 미래의 결손금의 보전에 충당하기 전에 사업을 폐지하거나 해산한 경우에는 그 사유가 발생한 사업연도에 결손금의 보전에 충당하지 아니한 금액을 익금산입한다(법령 §15⑤).

이 규정에 따라 처리하면, 채무의 출자전환으로 발생한 채무면제이익에 대한 과세를 미래의 결손금 발생, 사업폐지 또는 해산시점까지 연기할 수 있다.

(4) 채권·채무 재조정으로 인하여 생기는 현재가치할인차금에 해당하는 채무면제이익

가. 개 요

기업회계기준에 의한 채무의 재조정에 따라 채무의 장부가액과 현재가치의 차액을 채무면제익으로 계상한 채무법인은 이를 익금에 산입하지 아니한다(법기통 19의2-19의2…9)., 그 후 채무를 분할상환하는 때마다 감소하는 현재가치할인차금상각액을 비용으로 계상하였을 때 이를 손금불산입하여 유보로 처분한다.

나. 채무재조정시 발생한 현재가치할인차금이 있는 법인이 출자전환을 받은 경우

기업회계에 따라 채무재조정할 때 발생한 현재가치할인차금에 대하여 익금불산입(△유보)의 세무조정사항이 있는 채무법인이 동 채무의 채권자로부터 해당 채권을 출자전환받은 경우에는 동 현재가치할인차금의 잔액에 대해서는 출자전환일이 속하는 사업연도의 소득금액을 계산할 때 익금(유보)에 산입한다(서이 46012-11977, 2003. 11. 13.).

10. 각 사업연도의 소득으로 이미 과세된 소득

(1) 개 념

각 사업연도의 소득으로 이미 과세된 소득(법인세법과 다른 법률에 따라 비과세되거나 면제되는 소득을 포함한다)을 해당 사업연도에 수익으로 계상하거나 익금에 산입하면 이중과세 문제가 발생하므로 이를 익금불산입항목으로 본다(법법 §18(2)). 전기의 각 사업연도의 소득에 포함되었으나 비과세, 면제되거나 이월결손금 공제 등으로 법인세를 부담하지 않은 것도 그 이후 수익으로 계상하거나 익금산입하면 익금불산입항목에 해당한다.

종전에는 각 사업연도 소득으로 이미 과세된 소득을 "이월익금"이라고 하였으나 알기 쉬운 세법을 만들기 위하여 2019년부터 "이월익금"을 "각 사업연도의 소득으로 이미 과세된 소득"으로 용어를 변경하였다.

■ 사례 »

A법인은 제21기 세무조사시 유가증권이 장부상 누락된 사실이 적발되어 익금산입하여 유보로 처분하였다.

익금산입 및 손금불산입			손금산입 및 익금불산입		
과목	금액	소득처분	과목	금액	소득처분
매도가능증권	800,000	유보			

A법인은 제22기에 장부상 누락된 유가증권을 장부에 계상하기 위하여 다음과 같이 회계처리하였다.

(차) 매도가능증권　　　　　　　800,000　　(대) 전기오류수정이익　　　　　　800,000

위의 전기오류수정이익을 수익으로 처리한 경우와 이익잉여금의 증가로 처리한 경우로 구분하여 각각 세무조정을 하시오.

■ 해답 ■

(1) 수익으로 처리한 경우

익금산입 및 손금불산입			손금산입 및 익금불산입		
과목	금액	소득처분	과목	금액	소득처분
			매도가능증권	800,000	유보

수익으로 처리한 금액은 전기에 이미 법인세가 과세된 금액이다. 동일한 소득이 전기의 각 사업연도 소득과 당기의 각 사업연도의 소득에 이중으로 포함되는 것을 막기 위하여 익금불산입하여 △유보로 처분하여야 한다.

(2) 이익잉여금의 증가로 처리한 경우

익금산입 및 손금불산입			손금산입 및 익금불산입		
과목	금액	소득처분	과목	금액	소득처분
이익잉여금	800,000	기타	매도가능증권	800,000	유보

당기에 이익잉여금 증가액은 전기에 이미 법인세가 과세된 금액이나 수익으로 회계처리하지 않았으므로 세무조정을 하지 않아야 한다. 그러나 매도가능증권 800,000원이 결산에 반영되었으므로 전기 유보 800,000원을 소멸시켜야 한다. 유보를 소멸시키는 방법으로는 세무조정 없이 자본금과 적립금조정명세서(을)의 유보를 그냥 소멸시키는 방법과 양쪽조정으로 소멸시키는 방법이 있다. 두 가지 중에서 세무조정과정이 나타나는 양쪽조정이 더 좋은 방법이므로 위와 같이 양쪽조정을 하여 유보를 소멸시켰다.

11. 손금불산입된 금액의 환입액

환입액은 당초 손금산입 여부에 따라 익금항목인지 판단한다. 당초 손금에 산입된 금액의 환입액은 익금이나, 손금불산입된 금액의 환입액은 익금이 아니다(법령 §11(7), 법법 §18(3)). 손금불산입된 금액의 환입액은 "각 사업연도의 소득으로 이미 과세된 소득"과 같으므로 익금으로 보지 않는다.

■ 사례 » **환입액**

A법인의 제21기 사업연도의 회계처리를 참고로 세무조정을 하시오.
(1) 전기에 손금산입된 재산세 200,000원을 환급받고 수익으로 회계처리하였다.
(2) 전기에 손금불산입된 법인세 1,000,000원을 환급받고 수익으로 회계처리하였다.
(3) 전기에 납부한 토지 취득세 700,000원을 환급받고 수익으로 회계처리하였다. 토지는 당기말 현재 보유하고 있다.

■ 해답 ■

(1) 세무조정 없음
(2) <익금불산입>   법인세환급   1,000,000 (기타)
(3) <익금불산입>   토   지   700,000 (△유보)

---

12. 국세 또는 지방세의 과오납금의 환급금에 대한 이자

(1) 국세 또는 지방세의 과오납금의 환급금에 대한 이자의 범위

납세의무자가 세법보다 국세 및 지방세를 과다하게 납부한 경우에 납세의무자가 초과 납부한 세금을 환급할 때 국세환급가산금의 이율(국기칙 §19의3)에 의한 이자를 지급한다. 이 경우 지급하는 이자를 국세 또는 지방세의 과오납금의 환급금에 대한 이자라고 한다(국기령 §43의3, 지기령 §43).

국세 또는 지방세의 과오납금의 환급금 이자는 과다징수에 대한 보상금이므로 이에 대하여 과세할 경우 세금부담액만큼 보상 효과가 줄어들게 된다. 이에 따라 국세 또는 지방세의 과오납금의 환급금에 대한 이자를 익금에 산입하지 아니한다(법법 §18(4)). 또한 「관세법」 제48조의3【환급가산금】에 따른 관세 과오납 환급금에 대한 이자도 익금에 산입하지 아니한다(법인 1264.21-2148, 1984. 7. 24.).

(2) 국세 또는 지방세의 과오납금의 환급금에 대한 이자에 해당하지 않는 것

다음은 국세 또는 지방세의 과오납금의 환급금에 대한 이자가 아니므로 익금불산입 대상이 아니다.

① 「형사보상법」에 따라 이미 징수한 벌금·과료액에 가산하여 보상받은 이자(법인 22601-1232, 1990. 6. 11.)

② 법인이 민사소송의 절차에 따라 지급받은 법정이자(법인 46012-2534, 1997. 10. 2.)

③ 부동산임대법인이 임차인의 국세체납으로 압류된 임대보증금을 세무서에 지급한 후 민사소송으로 반환받으면서 국세환급의 예에 따라 지급받는 환급가산금(법인 46012-2534, 1997. 10. 2.)

④ 하도급 관련 불공정행위로 인해 공정거래위원회로부터 부과된 과징금에 대한 소송을 제기하여 승소판결을 받아 받은 환급가산금(재법인-507, 2010. 6. 16., 서면2팀-276, 2005. 2. 11.).

☞ 과징금은 당초 손금불산입되었으므로 과징금 환급금은 익금불산입한다(서면2팀-2123, 2004. 10. 20.).

13. 내국법인 수입배당금액의 익금불산입

(1) 배당소득에 대한 이중과세 논란과 이중과세조정제도

법인이 얻은 소득에 법인세를 과세하고 그 세후소득을 배당하면 다시 주주에게 법인세(개인주주는 소득세)를 과세한다. 이것이 배당소득에 대한 이중과세인지에 대하여는 독립과세론과 통합과세론의 두 가지 견해가 대립하고 있다.

독립과세론은, 법인기업은 개인기업에 비하여 자본조달이 용이하고 유한책임과 같은 이점이 있으므로 법인세 과세는 정당하며, 이중과세가 아니라는 견해이다. 반면에 통합과세론은, 법인은 주주 집합체로서 도관(conduit)에 불과하므로 주주는 법인단계와 주주단계에서 이중으로 세금을 부담한다고 보는 견해이다.

우리나라에서는 통합과세론에 따라 배당소득에 대하여 이중과세가 되는 것으로 보아 이중과세를 조정하고 있다. 배당소득에 대한 이중과세조정제도는 법인단계조정제도와 주주단계조정제도로 나누어진다. 법인단계조정제도는 법인단계에서 법인세를 과세하지 않는 제도로서 동업기업 과세특례제도와 배당소득공제제도가 있다. 주주단계조정제도는 법인단계에서 법인세를 과세하되, 주주단계에서 이중과세를 조정하는 제도로서 수입배당금액 익금불산입제도와 배당세액공제제도가 있다.

○ 내국법인 수입배당금액에 대한 이중과세조정제도 ○

구 분	제 도	내 용
법인단계 조정제도	동업기업 과세특례	동업기업이 동업기업 과세특례 신청을 하면 동업기업에는 과세하지 않고, 동업기업의 소득을 손익분배비율로 동업자에게 배분하여 동업자에게만 과세하는 제도
	(지불)배당소득 공제	투자회사 등의 명목상 회사가 배당가능이익의 90% 이상을 배당하면 그 금액을 소득공제하는 제도
주주단계 조정제도	수입배당금액 익금불산입	내국법인이 다른 내국법인으로부터 받은 수입배당금액 중 일정액을 익금에서 제외시키는 제도
	배당세액공제	개인이 내국법인으로부터 받은 배당소득에 법인단계에서 부담한 법인세를 더하여 종합소득금액을 계산하고, 산출세액에서 배당소득에 더한 법인세를 공제하는 제도

(2) 수입배당금액 익금불산입제도

종전에 우리나라는 기업의 문어발식 확장에 의한 경제력 집중을 막기 위하여 법인이 받은 수입배당금액에는 이중과세조정을 하지 않았다. 1997년 한보철강, 삼미그룹, 해태그룹 등의 많은 재벌들이 연쇄부도가 발생하여 IMF의 관리를 받게 되면서 기업 지배구조의 투명성을 제고할 필요성이 높아졌다. 이에 따라 1999년 공정거래법을 개정하여 설립이 금지되었던 지주회사의 설립을 허용하였다.

지주회사는 주식의 소유를 통해 다른 회사를 지배하는 것을 사업목적으로 하므로 배당금이 주된 수입원이다. 자회사가 사업을 하여 돈을 벌면 자회사에게 과세하고, 그 소득을 재원으로 배당을 하면 다시 지주회사에게 과세한다. 이러한 배당소득에 대한 이중과세가 지주회사 설립의 걸림돌이 되므로 지주회사의 설립을 세제상 지원하기 위하여 지주회사가 자회사로부터 받은 수입배당금액에 대한 익금불산입제도를 도입하여 2000년부터 시행하게 되었다.

지주회사에 대한 수입배당금액 익금불산입제도가 도입되자, 지주회사가 아닌 일반법인들이 지주회사와 일반법인 간의 배당소득에 대한 과세의 불형평 문제를 제기하여, 2001년부터 일반법인에 대한 수입배당금액 익금불산입제도를 추가로 도입하였다. 이에 따라 수입배당금액에 대한 익금불산입제도는 지주회사 규정과 내국법인 규정의 두 가지가 되었다. 지주회사는 일반법인보다 지배구조가 투명하므로 일반법인을 지주회사로 전환하도록 유도하기 위하여 일반법인보다 지주회사에 더 많은 혜택을 주었다.

그러나 국제기준에 맞추어 법인의 이중과세조정제도를 합리화하기 위하여 지주회사 수입배당금액의 익금불입제도와 내국법인 수입배당금액의 익금불산입제도를 통합하고, 피투자법인의 상장·비상장에 따른 차별도 폐지하여 2023. 1. 1. 이후 배당받는 분부터 적용하도록 하였다.

(3) 내국법인 수입배당금액의 익금불산입 요건

내국법인(고유목적사업준비금을 손금에 산입하는 비영리내국법인 제외[13])이 다른 내국법인으로부터 수입배당금액을 받은 경우에 수입배당금액 중 일정액을 익금불산입을 할 수 있다(법법 §18의2①). 비영리법인은 수입배당금액에 대하여 고유목적사업준비금을 손금에 산입할 수 있으므로 수입배당금액 익금불산입을 적용하면 이중혜택을 받게 된다. 이에 따라 고유목적사업준비금을 손금에 산입하는 비영리법인을 수입배당금액 익금불산입대상에서 제외한 것이다.

(4) 수입배당금액 익금불산입액의 계산

내국법인이 다른 법인으로부터 받은 수입배당금액은 배당금 지급 법인별로 구분하여 다음 계산식에 따라 익금불산입액을 계산한다. 익금불산입액이 0(영) 이하인 경우 0(영)으로 한다(법법 §18의2①).

$$\text{수입배당금액 익금불산입액} = (\text{수입배당금액} \times \text{익금불산입률}) - \text{지급이자차감액}$$

1) 수입배당금액

수입배당금액은 내국법인이 다른 내국법인으로부터 받은 수입배당금액을 말한다[14] (법법 §18의2②). 다만, 다음 중 어느 하나에 해당하는 수입배당금액은 익금불산입대상이 아니다(법법 §18의2② 및 법령 §17의2④).

① 법인단계에서 이중과세조정을 한 경우

　㉮ 동업기업 과세특례(조특법 §100의15)를 적용받는 법인으로부터 받은 수입배당금액

　㉯ 유동화전문회사 등에 대한 소득공제(법법 §51의2) 또는 프로젝트금융투자회사에 대한 소득공제(조특법 §104의31)에 따라 지급받은 배당에 대하여 소득공제를 적용받는 법인으로부터 받은 수입배당금액. 그러나 PFV가 요건 불충족으로 "유동화전문회사 등에 대한 소득공제"를 받지 못하는 경우, 해당 PFV의 법인주주인 내국법인은 PFV로부터 받은 배당금에 대하여 수입배당금액의 익금불산입 규정을 적용받을 수 있다(서면법규-598, 2014. 6. 17.).

---

13) 비영리내국법인이 배당소득 중 일부 금액에 대해 고유목적사업준비금 설정으로 손금산입하는 경우에는 수입배당금액 익금불산입의 적용을 배제한다(기획재정부 법인세제과-1241, 2017. 9. 25.). 그러나 비영리내국법인이 다른 내국법인으로부터 받은 의제배당에 대해 고유목적사업준비금을 손금에 산입하지 않은 경우 수입배당금의 익금불산입 규정을 적용할 수 있다(사전-2016-법령해석법인-0053, 2016. 4. 6.).

14) 조건부매매거래 계약에 따라 매수인이 쟁점주식을 보유하던 중 주식발행법인으로부터 배당금을 수취하여 이를 매도인에게 지급하는 경우 매도인이 수령한 배당금상당액은 수입배당금 익금불산입 적용 대상이다(기획재정부 법인세제과-154, 2023. 3. 6.).

④ 법인과세신탁에 대한 소득공제(법법 §75의14)를 적용받는 법인과세 신탁재산으로부터 받은 수입배당금액

② 최저한세가 배제되는 다음의 감면이 적용되는 법인으로부터 받은 수입배당금액(감면율이 100%인 사업연도에 한한다)

⑦ 수도권 밖으로 본사를 이전하는 법인에 대한 세액감면 등(조특법 §63의2) : 다음의 경우에는 수입배당금액 익금불산입을 적용받을 수 있다.

- 법인이 「조세특례제한법」 제63조의2에 따른 감면을 적용받는 법인인 경우에도 해당 사업연도에 주주에게 지급하는 배당의 재원이 되는 잉여금이 감면이 적용되기 이전 사업연도에 발생한 것으로서 법인세가 과세된 경우(서면법령법인-1555, 2015. 10. 18., 서면법령해석-97, 2015. 2. 2.).

- 감면율이 100%인 사업연도는 배당의 재원이 되는 잉여금이 발생한 사업연도를 기준으로 판단하며, 감면비율이 100%인 경우에도 과세표준에 감면 제외 대상 소득이 포함되어 있어 해당 배당금 지급법인이 부담하여야 할 총 법인세액의 일부만을 감면받는 경우에는 수입배당금 익금불산입 적용 배제대상에 해당하지 않는다(사전-2021-법령해석법인-0421, 2021. 5. 18.).

⑭ 제주첨단과학기술단지 입주기업에 대한 법인세 등의 감면(조특법 §121의8)

⑮ 제주투자진흥지구 또는 제주자유무역지역 입주기업에 대한 법인세 등의 감면(조특법 §121의9)

③ 자본준비금의 감액으로 받은 배당 중 다음의 배당금액 〔24 신설〕

⑦ 자산재평가법의 재평가적립금 처분 규정[15]을 위반하여 3% 재평가세율 적용분 재평가적립금을 감액하여 지급받은 수입배당금액[16]

⑭ 적격합병·분할에 따른 합병·분할차익 중 승계된 3% 재평가세율 적용분 재평가적립금을 감액하여 지급받은 수입배당금액

④ 피출자법인의 소득에 법인세가 과세되지 않은 다음의 의제배당금액 〔24 신설〕

⑦ 감자 등으로 인한 의제배당금액(자본의 감소로 인한 경우로 한정함)[17]

⑭ 법인이 자기주식을 보유한 상태에서 의제배당 비재원 자본잉여금을 자본에 전입함으로써 그 법인 외의 주주인 내국법인의 지분비율이 증가한 경우 증가한 지분비율에 상당하는 주식의 가액[18]

---

[15] 자산재평가법 제28조 제2항에서는 재평가적립금은 ① 재평가세의 납부, ② 자본에의 전입, ③ 재평가일 이후 발생한 재무상태표상의 이월결손금의 보전, ④ 환율조정계정상의 금액과의 상계 외에는 처분하지 못하도록 규정하고 있다.

[16] 3% 재평가적립금은 익금불산입항목이므로 법인단계에서 법인세가 과세되지 않은 잉여금이다. 따라서 이를 감액하여 지급받은 배당은 이중과세문제가 없으므로 수입배당금 익금불산입 대상에서 제외한 것이다.

[17] 유상감자 시 피출자법인의 감자차익에는 법인세가 과세되지 않는다. 그런데 이 감자차익을 재원으로 배당할 경우 주주에 따라 주식의 취득가액을 초과하는 경우가 발생할 수 있으며, 이 경우 의제배당 대상이 되는데 이 경우 이중과세로 볼 수 없으므로 수입배당금 익금불산입 대상에서 제외한 것이다.

　〔예〕 甲법인의 주식을 액면가액 100에 취득하여 보유하고 있던 乙주주가 주식을 소각당하고 감자대가로 150을 받은 경우 乙주주의 의제배당금액 50은 甲법인의 감자차익 50을 재원으로 받게 된 것으로 볼 수 있다.

⑤ 배당기준일 전 3개월 이내[19]에 취득한 주식 등[20]에서 발생한 수입배당금액. 이 경우 동일 종목의 주식 중 일부를 양도한 경우에는 선입선출법에 따라 먼저 취득한 주식을 먼저 양도한 것으로 본다.

입법취지 **배당기준일 전 3개월 이내 취득한 주식에 대한 규제**

> 배당기준일 후에 주식을 취득한 주주는 배당금을 받을 수 없으므로 배당기준일 다음날의 주가는 전일의 주가보다 배당금만큼 하락하는데, 이를 배당락이라고 한다. 배당기준일 직전에 주식을 취득한 후 배당기준일 직후에 주식을 처분하면 배당금을 받으나, 배당락으로 인하여 배당금만큼 주가가 하락하여 주식처분손실이 발생하므로 배당금수익과 주식처분손실이 상쇄되어 당기순이익에는 변동이 없다. 이 경우에 수입배당금액 익금불산입을 적용하면 각 사업연도 소득이 감소하여 수입배당금액 익금불산입제도를 조세회피수단으로 악용할 수 있으므로 배당기준일 전 일정한 기간(현재 3개월) 이내 취득한 주식에서 발생한 배당금수익에는 수입배당금액 익금불산입을 하지 않는다.

〈배당기준일과 배당확정일에 대한 이해〉

> 법인이 배당을 하는 경우에는 일정한 날의 주주에게 배당금을 지급하는데, 그 일정한 날을 배당기준일이라고 하며, 주주총회에서 배당금을 결정한 날을 배당확정일이라고 한다. 예를 들어, 20×2. 3. 1.에 개최된 정기주주총회에서 20×1. 12. 31. 현재의 주주에게 20×1년에 대한 배당금을 지급하기로 결의한 경우 20×1. 12. 31.이 배당기준일이고 20×2. 3. 1.이 배당확정일이다.

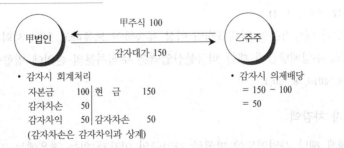

* 감자시 회계처리

자본금	100	현 금	150
감자차손	50		
감자차익	50	감자차손	50

(감자차손은 감자차익과 상계)

* 감자시 의제배당
= 150 - 100
= 50

---

18) 주식발행초과금과 같은 의제배당 비재원 자본잉여금은 익금불산입항목이므로 법인단계에서 법인세가 과세되지 않은 잉여금이다. 따라서 이를 재원으로 주주가 받은 무상주 의제배당은 이중과세문제가 없으므로 수입배당금 익금불산입 대상에서 제외한 것이다.

19) 「법인세법」 제47조 제1항의 요건을 갖춘 물적분할에 의하여 신설된 내국법인이 분할법인으로부터 승계받은 주식에 대해 같은법 제18조의2 또는 제18조의3에 따라 수입배당금 익금불산입함에 있어서 해당 주식에 대한 보유기간은 분할법인이 보유하던 기간을 합산하여 계산한다(법인 - 103, 2010. 2. 2.).

20) 인적분할로 신설된 법인의 경우에는 분할법인의 주식취득일을 기준으로 판정한다(법인 - 590, 2012. 9. 28., 서이 46012 - 10957, 2002. 5. 4.).

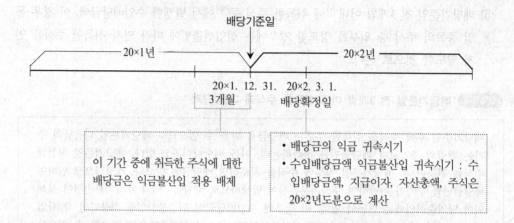

2) 익금불산입률

피출자법인에 대한 출자비율	익금불산입률
50% 이상	100%
20% 이상 50% 미만	80%
20% 미만	30%

출자비율은 배당기준일 현재 3개월 이상 계속하여 보유하고 있는 주식 등을 기준으로 계산한다. 수입배당금 익금불산입 계산시 지분비율계산은 우선주를 포함한 발행주식총수를 기준으로 한다(서면2팀-582, 2006. 4. 5.).

만일 사업연도 중 법인의 불균등 증자 또는 불균등 감자로 인하여 출자비율이 달라진다 하더라도, 수입배당금의 익금불산입액을 계산함에 있어서 지분비율계산은 출자받은 내국법인의 배당기준일 현재 3개월 이상 계속하여 보유하고 있는 주식 등을 기준으로 계산한다(서이 46012-10072, 2002. 1. 11.).

그리고 법인이 배당기준일 현재 3개월 이상 계속하여 보유하고 있던 자회사의 주식을 처분한 경우에도, 수입배당금에 대한 익금불산입액은 주식처분의 손익에 영향을 미치지 아니한다(법인-818, 2010. 8. 30.).

3) 지급이자 차감액

내국법인에게 해당 사업연도에 발생한 차입금의 이자가 있는 경우에는 지주회사가 자회사로부터 받은 수입배당금액 익금불산입의 지급이자 차감액의 규정을 준용하여 배당금지급법인별로 다음 계산식에 따라 계산한 금액의 합계액을 익금불산입대상 수입배당금액에서 차감한다(법법 §18의2①(3) 및 법령 §17의2③).

$$\text{지급이자 차감액} = A \times \frac{B}{C} \times D$$

A : 내국법인의 차입금 이자
B : 해당 피출자법인의 주식 등의 장부가액 적수(積數 : 일별 잔액의 합계액을 말함)
C : 내국법인의 사업연도 종료일 현재 재무상태표상 자산총액의 적수
D : 익금불산입률

① 내국법인의 차입금이자

내국법인의 차입금이자는 배당확정일이 속하는 사업연도의 지급이자(구매자금대출이자 포함)를 말하나, 다음 중 어느 하나에 해당하는 금액은 지급이자에 포함하지 아니한다(법령 §17의2②).

㉮ 「법인세법」상 손금불산입된 지급이자

㉯ 현재가치할인차금의 상각액(서면2팀-1983, 2004. 9. 23.)

㉰ 연지급수입에 있어서 취득가액과 구분하여 지급이자로 계상한 금액(재법인 46012-80, 2003. 5. 9.)

㉱ 금융회사의 수신자금의 이자(서면2팀-1735, 2004. 8. 19.)

㉲ 금융회사 등이 예금증서를 발행하거나 예금계좌를 통하여 일정한 이자지급 등의 대가를 조건으로 불특정다수의 고객으로부터 받아 관리하고 운용하는 자금의 이자(서면-2014-법령해석법인-22121, 2015. 5. 7.)

② 해당 피출자법인의 주식 등의 장부가액 적수

해당 피출자법인의 주식 등의 장부가액 적수는 익금불산입대상인 수입배당금액이 발생한 주식(국가 및 지방자치단체로부터 현물출자받은 주식은 제외한다)의 세무상 장부가액의 적수를 말한다.

익금불산입대상인 수입배당금액이 발생하지 않은 주식은 주식 적수 계산에 포함하지 아니한다.

③ 내국법인의 사업연도 종료일 현재 재무상태표상 자산총액의 적수

내국법인의 사업연도 종료일 현재 재무상태표상 자산총액의 적수는 내국법인의 당기말 재무상태표의 자산총액의 적수를 말한다.

재무상태표상 자산총액에 의하므로 사업연도 중의 변동을 무시하고, 유보도 고려하지 아니한다.

④ 익금불산입률

수입배당금액에 적용한 익금불산입률을 말한다.

예규 및 판례　　**수입배당금액 익금불산입**

❶ 환매조건부매매거래시 수입배당금액 익금불산입 적용 여부

【질의】

환매조건부매매거래 계약에 따라 매수인이 쟁점주식을 보유하던 중 주식발행법인으로부터 배당금을 수취하여 이를 매도인에게 지급하는 경우

매도인에 대하여 「법인세법」 제18조의2에 의한 수입배당금 익금불산입 규정이 적용되는지 여부

(제1안) 매도인이 수령한 배당금상당액은 수입배당금 익금불산입 적용대상 아님.

(제2안) 매도인이 수령한 배당금상당액은 수입배당금 익금불산입 적용 대상임.

【회신】

귀 질의의 경우 제2안이 타당함(기획재정부 법인세제과-154, 2023. 3. 6.).

❷ 감면비율이 100%인지 여부

내국법인이 「조세특례제한법」 제63조의2에 따른 감면을 적용받는 법인으로부터 수취하는 배당금에 대하여 「법인세법」 제18조의2에 따른 수입배당금 익금불산입 규정을 적용함에 있어 같은 법 시행령 제17조의2 제4항 제1호에 따른 감면율이 100%인 사업연도는 배당의 재원이 되는 잉여금이 발생한 사업연도를 기준으로 판단하는 것이며, 해당 내국법인에게 배당금을 지급하는 법인의 잉여금이 발생한 사업연도의 감면대상소득에 대한 감면비율이 100%인 경우에도 과세표준에 「조세특례제한법 시행령」 제60조의2 제5항(2021. 2. 17. 대통령령 제31444호로 개정되기 전의 것)에 따른 감면제외 대상 소득이 포함되어 있어 해당 배당금 지급법인이 부담하여야 할 총 법인세액의 일부만을 감면받는 경우에는 「법인세법」 제18조의2 제2항 제4호 및 같은 법 시행령 제17조의2 제4항 제1호에 따른 수입배당금 익금불산입 적용 배제대상에 해당하지 않는 것임(사전-2021-**법령해석법인**-0421 [법령해석과-1757], 2021. 5. 18.).

❸ 피출자법인이 자기주식을 보유하고 있는 경우 출자비율의 계산

【질의】

질의법인은 자회사(상장법인)의 지분을 보유하고 있는 공정거래법상 지주회사로서, 2022년 말 기준 양설에 따른 자회사에 대한 출자비율은 아래와 같음.

① 총 발행주식수	33,252,697주
② 자기주식수	10,858,846주
③ 유통주식수(①－②)	22,393,851주
④ 취득주식수	14,055,889주
⑤ 유효 출자비율(④÷③) → 자기주식을 제외(갑설)	62.77%
⑥ 명목 출자비율(④÷①) → 자기주식을 포함(을설)	42.27%

질의법인은 자회사로부터 수령한 배당수익에 대하여 수입배당금 익금불산입 규정을 적용함에 있어 출자비율 산정 시, 우리청 해석(서면-2019-**법령해석법인**-2886, 2019. 12. 18.[21])에 따라 「발

행주식총수에서 자기주식을 제외한 유효 출자비율」을 기준으로 하여 100%의 익금불산입률을 적용하여 왔음.

한편, 종전 규정에 따를 경우에는 유효 출자비율(62.77%) 또는 명목 출자비율(42.27%) 모두 100%의 익금불산입률 적용대상이었으므로 무차별하였으나, 최근 쟁점규정의 개정에 따라 명목 출자비율로 판단하는 경우에는 80%의 익금불산입률이 적용됨. 수입배당금 익금불산입 규정을 적용함에 있어, 출자법인의 피출자법인에 대한 출자비율(출자주식수÷발행주식총수) 산정 시, 분모의 발행주식총수에 「피출자법인이 보유한 자기주식」이 포함되는지 여부

> (갑설) 발행주식총수에 자기주식은 제외
> (을설) 발행주식총수에 자기주식을 포함

【회신】
「법인세법」 제18조의2를 적용함에 있어 '피출자법인에 대한 출자비율' 산정 시, 자기주식은 제외하고 계산하는 것임(사전－2023－법규법인－0747 [법규과－2941], 2023. 11. 23.).

❹ **수입배당금액 익금불산입의 지급이자 차감액 계산시 주식의 장부가액의 개념**

「법인세법」 제18조의3 제1항 제2호에 따라 지주회사 수입배당금 익금불산입 대상 금액에서 차감하는 지급이자 금액을 계산함에 있어 같은 법 시행령 제17조의3 제5항에 따른 계산식에서 "해당 자회사의 주식 등의 장부가액"은 기업회계상의 장부가액에서 해당 주식과 관련된 세무조정사항(압축기장충당금을 포함한 유보금액)을 가감한 세무상 장부가액을 의미하는 것임(사전－2020－법령해석법인－0911 [법령해석과－3715], 2020. 11. 16.).

❺ **합병법인이 피합병법인으로부터 승계취득한 주식에서 발생한 수입배당금의 익금불산입 적용 시, 해당 주식 보유기간 산정**

「독점규제 및 공정거래에 관한 법률」에 따른 지주회사가 완전자회사를 적격합병함에 따라 완전자회사로부터 승계하여 취득하는 주식에서 발생하는 배당금에 대하여 「법인세법」 제18조의3에 따른 수입배당금 익금불산입 규정을 적용함에 있어 그 수입배당금이 발생하는 주식이 배당기준일 전 3개월 이내에 취득한 주식인지 여부는 피합병법인의 당해 주식 취득일을 기준으로 판정하는 것임(사전－2021－법령해석법인－1167 [법령해석과－3526], 2021. 10. 12.).

---

21) 내국법인이 다른 내국법인(이하 '갑법인')의 발행주식총수 중 갑법인이 자기주식으로 보유하고 있는 주식을 제외한 나머지 주식 전부를 보유하면서 갑법인으로부터 현금배당을 받은 경우 「법인세법」(2018. 12. 24. 법률 제16008호로 개정되기 전의 것) 제18조의3을 적용함에 있어 같은 조 제1항 제1호 단서에 따라 수입배당금액 전액에 상당하는 금액을 익금에 산입하지 아니하는 것임(서면－2019－법령해석법인－2886 [법령해석과－3304], 2019. 12. 18.).

지주회사가 아닌 ㈜한공의 제24기(2024. 1. 1. ~ 2024. 12. 31.)의 다음 자료로 수입배당금액 익금불산입에 대한 세무조정을 하고, 수입배당금액명세서[별지 제16호의2 서식]를 작성하시오. 2024년은 윤년이 아니라고 가정한다.

〈자료〉

1. ㈜한공이 보유하고 있는 주식 및 배당금관련 자료는 다음과 같다. 다만, 피투자법인은 모두 내국법인이다.

구 분	㈜서울 (상장사)	㈜부산 (비상장사)	㈜광주 (상장사)
주식취득일	2024. 8. 1.	2022. 11. 8.	2023. 1. 3.
주식의 취득가액	800,000,000	700,000,000	210,000,000
발행주식총수	10,000주	20,000주	40,000주
지분율	15%	90%	10%(무의결권주식)
배당금수익	80,000,000	30,000,000	10,000,000
배당기준일	2024. 9. 30.	2023. 12. 31.	2023. 12. 31.
배당확정일	2024. 11. 30.	2024. 3. 10.	2024. 2. 24.

㈜한공은 수입배당금액을 손익계산서상 영업외수익으로 회계처리하였다. 당기말 현재 재무상태표상 자산총액은 42억원이다.

㈜광주의 주식은 국가로부터 현물출자받은 주식이다.

2. 손익계산서의 영업외비용의 이자비용은 105,000,000원이다. 당기에 특수관계인 회사에 대한 업무무관 가지급금으로 인한 지급이자 손금불산입액은 15,000,000원이며, 해당 세무조정은 이미 하였다.

■ 해답 ■

1. 수입배당금에 대한 익금불산입액 계산

   ㈜서울 : 0[*1]

   ㈜부산 : 30,000,000 × 100% − 15,000,000[*2] = 15,000,000

   ㈜광주 : 10,000,000 × 30% − 0[*3] = 3,000,000
   _____

   계 18,000,000

   [*1] 배당기준일 현재 3개월 미만 보유한 주식에서 발생한 배당금이므로 익금불산입 배제

   [*2] $(105,000,000 - 15,000,000) × \dfrac{700,000,000 × 365}{4,200,000,000 × 365} × 100\% = 15,000,000$

   [*3] $(105,000,000 - 15,000,000) × \dfrac{0* × 365}{4,200,000,000 × 365} × 30\% = 0$

   * 국가로부터 현물출자받은 주식은 지급이자 차감액 계산시 주식가액을 0으로 본다.

2. 수입배당금에 대한 익금불산입액에 대한 세무조정

   <익금불산입> 수입배당금액 18,000,000(기타)

3. 수입배당금액 명세서[별지 제16호의2 서식] 작성

[별지 제16호의2 서식] (2024. 3. 22. 개정)

(앞쪽)

수입배당금액명세서

사업연도	2024. 1. 1.~2024. 12. 31.	법인명	(주)한공	사업자등록번호	

1. 출자법인 현황

①법인명	②구분	③사업자등록번호	④소재지	⑤대표자 성명	⑥업태종목
(주)한공	일반법인				

2. 배당금 지급법인 현황

⑦법인명	⑧구분	⑨사업자등록번호	⑩소재지	⑪대표자	⑫발행 주식총수	⑬지분율(%)
(주)부산	기타					
(주)광주	주권상장법인					

3. 수입배당금 및 익금불산입 금액 명세

⑭배당금 지급법인명	⑮배당금액	⑯익금불산입 비율(%)	⑰익금불산입 대상금액 (⑮×⑯)	⑱지급이자 관련 익금불산입 배제금액	⑲익금불산입액 (⑰－⑱)
(주)부산	30,000,000	100%	30,000,000	15,000,000	15,000,000
(주)광주	10,000,000	30%	3,000,000	0	3,000,000
계	40,000,000		33,000,000	15,000,000	18,000,000

(뒤쪽)

작 성 방 법

1. ①란에는 지주회사 또는 출자법인의 법인명을 적습니다.
2. ②란에는 "일반법인", "지주회사"로 구분하여 각각 별지로 작성합니다.
3. ⑧란에는 "주권상장법인"과 "기타"로 구분하여 적습니다.
4. ⑬란에는 자회사 또는 배당금지급법인의 발행주식총수 또는 출자총액 중 지주회사 또는 출자법인이 보유하고 있는 주식 또는 지분의 비율을 적습니다.
5. ⑮란에는 「법인세법」 제18조의2 제2항(구 「법인세법」 제18조의2 제2항 및 제18조의3 제2항)에 해당하는 수입배당금액을 뺀 금액을 적습니다.
6. ⑯란에는 익금불산입비율을 다음 구분에 따라 적습니다.
   가. 법률 제19193호 법인세법 일부개정법률 부칙 제16조에 따라 구 「법인세법」 제18조의 2 및 제18조의3을 적용받는 경우
   – 구 「법인세법」 제18조의2에 따른 수입배당금액

배당금 지급법인	지분비율	익금불산입비율
주권상장법인	100%	100%
	30% 이상 100% 미만	50%
	30% 미만	30%
기타법인	100%	100%
	50% 이상 100% 미만	50%
	50% 미만	30%

   – 구 「법인세법」 제18조의3에 따른 수입배당금액

배당금 지급법인	'19.1.1. 이후 최초배당분		'20.1.1. 이후 최초배당분	
	지분비율	익금불산입비율	지분비율	익금불산입비율
주권상장법인	40% 초과	100%	40% 이상	100%
	30% 초과 40% 이하	90%	30% 이상 40% 미만	90%
	30% 이하	80%	30% 미만	80%
기타법인	80% 초과	100%	80% 이상	100%
	50% 초과 80% 이하 (벤처기업: 50% 초과 80% 이하)	90%	50% 이상 80% 미만 (벤처기업: 50% 이상 80% 미만)	90%
	50% 이하 (벤처기업: 20% 이상 50% 이하)	80%	50% 미만 (벤처기업: 20% 이상 50% 미만)	80%

   나. 「법인세법」 제18조의2를 적용받는 경우

피출자법인에 대한 출자비율	익금불산입비율
50% 이상	100%
20% 이상 50% 미만	80%
20% 미만	30%

7. ⑱란에는 다음의 산식에 따라 계산한 익금불산입 차감금액을 적습니다.

$$- \text{지급이자} \times \frac{\text{익금불산입비율 적용대상 자회사 주식의 장부가액 적수}}{\text{지주회사(출자법인)의 자산총액 적수}} \times \text{익금불산입비율}$$

14. 외국자회사 수입배당금액의 익금불산입 [23 신설]

(1) 입법취지

내국법인이 외국에 진출하는 방식에는 지점과 자회사가 있다. 외국에 지점으로 진출하는 경우에는 지점이 얻은 소득에 외국에서 법인세를 과세하고, 그 소득을 본점에 송금하는 경우에는 배당이 아니므로 본점에서는 과세되지 아니한다. 그러나 외국에 자회사로 진출하는 경우에는 외국자회사의 소득에 외국에서 법인세를 과세하고, 그 소득을 모회사인 내국법인에게 배당하면 다시 내국법인에게 국내에서 법인세를 과세하므로 이중과세 문제가 발생한다. 이러한 외국자회사 수입배당금액에 대한 이중과세를 조정하기 위한 제도에는 외국납부세액공제제도와 외국소득면제제도가 있다. 종전에 OECD 회원국(38개 국가) 중 대부분은 다음 도표와 같이 외국소득면제제도를 채택하고 있고, 우리나라를 포함한 6개국만 외국납부세액공제제도를 채택하고 있다.

◎ 외국납부세액공제제도와 외국소득면제제도의 비교 ◎

구 분	외국납부세액공제제도	외국소득면제제도
개념	내국법인에 대해 전세계에서 발생한 소득에 대하여 과세(외국소득도 국내세율 적용)	내국법인에 대해 국내 발생한 소득에 대해서만 과세(외국소득은 현지세율 적용)
도입국가 (OECD)	한국, 칠레, 아일랜드, 이스라엘, 멕시코, 콜롬비아(6개국)	미국, 일본, 영국, 독일, 프랑스 등 32개국

외국납부세액공제제도는 국내에서 얻은 소득이든 외국에서 얻은 소득이든 같은 조세부담을 지므로 국내기업 간에 조세형평성을 유지할 수 있는 제도인 반면, 해외소득면제제도는 내국기업이 외국에서 타국 기업과 동일한 조세부담을 지므로 내국법인과 외국기업 간에 조세형평성을 유지할 수 있는 제도이다. 그러나 외국납부세액공제제도는 수입배당금액이 어떤 잉여금에서 발생했는지를 파악해야 하므로 잉여금을 계속 관리해야 하고, 외국납부세액공제 한도액의 계산이 복잡해서 적용에 어려움이 많은 반면에 외국소득면제방식은 적용이 간편하다.

종전에 우리나라는 외국자회사 수입배당금액에 대한 이중과세제도로 외국납부세액공제제도를 적용하였으나, 2023. 1. 1. 이후 배당받는 분부터는 외국자회사 수입배당금액의 95%를 익금불산입(익금불산입을 하면 면제효과가 발생함)하는 제도로 전환하였다. 익금불산입률을 95%로 정한 것은 외국자회사 수입배당금액과 관련하여 발생한 비용은 손금에 산입되므로 수입배당금액에서 관련비용을 차감해서 익금불산입해야 하는데, 그 비용을 정확하게 계산하면 종전의 외국납부세액공제 한도액 계산과 같은 어려움이 발생하므로 수입배당금액의 5% 정도를 비용으로 간주하여 95%를 익금불산입하도록 한 것이다.

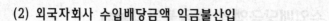

(2) 외국자회사 수입배당금액 익금불산입

1) 외국자회사 수입배당금액 익금불산입

내국법인(간접투자회사 등[22]은 제외함)이 해당 법인이 출자한 외국자회사로부터 받은 수입배당금(이익의 배당금 또는 잉여금의 분배금과 의제배당)의 95%에 해당하는 금액은 각 사업연도의 소득금액을 계산할 때 익금에 산입하지 아니한다(법법 §18의4①).

여기서, 외국자회사란 내국법인이 직접 의결권 있는 발행주식총수 또는 출자총액의 10%(해외자원개발사업을 하는 외국법인의 경우에는 5%) 이상을 배당기준일 현재 6개월 이상 계속하여 보유[23]하고 있는 외국법인을 말한다(법법 §18의4①, 법령 §18①).

2) 익금불산입 적용배제

다음 중 어느 하나에 해당하는 수입배당금액에 대해서는 1)의 규정을 적용하지 아니한다 (법법 §18의4③ · ④).

① 「국제조세조정에 관한 법률」(§27① · ② 및 §29① · ②)에 따라 특정외국법인(Controlled Foreign Company ; CFC)의 유보소득에 대하여 내국법인이 배당받은 것으로 보는 금액 (배당간주금액) 및 해당 유보소득이 실제 배당된 경우의 수입배당금액(법법 §18의4③). 여기서 특정외국법인은 다음의 요건을 모두 충족하는 외국법인을 말한다(국조법 §27①).

  ㉮ 본점, 주사무소 또는 실질적 관리장소를 둔 국가 또는 지역에서의 실제부담세액이 "외국법인의 실제발생소득 × 법인세 최고세율의 70%" 이하일 것

  ㉯ 해당 법인에 출자한 내국법인과 「국제조세조정에 관한 법률」에 따른 특수관계에 있을 것

② "특정외국법인의 유보소득에 대한 합산과세제도(CFC과세제도, 국조법 §27①)가 적용되는 특정외국법인 중 실제부담세액이 실제발생소득의 15% 이하인 특정외국법인의 해당 사업연도에 대한 다음의 금액

  ㉮ 이익잉여금 처분액 중 이익의 배당금(해당 사업연도 중에 있었던 이익잉여금 처분에 의한 중간배당 포함) 또는 잉여금의 분배금

  ㉯ 의제배당액

③ 혼성금융상품(자본 및 부채의 성격을 동시에 가지고 있는 금융상품으로서 다음의 요건을 모두 갖춘 금융상품)의 거래에 따라 내국법인이 지급받는 수입배당금액

  ㉮ 우리나라의 경우 : 우리나라의 세법에 따라 해당 금융상품을 자본으로 보아 내국법

---

[22] 간접투자회사 등 : 투자회사, 투자목적회사, 투자유한회사, 무사합자회사(기관전용 사모집합투자기구 제외), 투자유한책임회사, 부동산투자회사법에 따른 기업구조조정부동산투자회사, 위탁관리부동산투자회사 및 내국법인으로 보는 신탁재산

[23] 내국법인이 적격합병, 적격분할, 적격물적분할, 적격현물출자에 따라 다른 내국법인이 보유하고 있던 외국자회사의 주식을 승계받은 때에는 그 승계 전 다른 내국법인이 외국자회사의 주식을 취득한 때부터 해당 주식을 보유한 것으로 본다(법령 §18①).

인이 해당 금융상품의 거래에 따라 거래상대방인 외국자회사로부터 지급받는 이자 및 할인료를 배당소득으로 취급할 것

㉯ 외국자회사가 소재한 국가의 경우 : 그 국가의 세법에 따라 해당 금융상품을 부채로 보아 외국자회사가 해당 금융상품의 거래에 따라 거래상대방인 내국법인에 지급하는 이자 및 할인료를 이자비용으로 취급할 것

외국법인이 발행한 혼성금융상품(외국법인이 소재한 외국에서는 동 금융상품을 부채로, 우리나라에서는 자본으로 분류하는 금융상품)을 내국법인이 취득한 경우, 외국에서는 동 금융상품에 대한 지급이자를 손금으로 인정하여 외국의 과세소득에서 공제하고, 우리나라에서는 동 금융상품에 대한 수입배당금액에 대하여 익금불산입하는 경우 우리나라의 과세소득에 불포함되어 어느 국가에서도 과세되지 않는 국제적 이중 비과세 문제가 발생한다. 이에 따라 우리나라에서는 이러한 혼성금융상품에서 받는 배당금에 대하여 익금불산입을 적용하지 않는 것이다.

④ 위 ② 및 ③과 유사한 것으로서 대통령령으로 정하는 수입배당금액

3) 2023. 1. 1. 이후 인수한 외국자회사의 인수 전 유보된 이익잉여금의 배당에 대한 특례

내국법인이 2023. 1. 1. 이후 외국자회사를 인수하여 취득한 주식등으로서 그 주식등의 취득에 따라 내국법인이 외국자회사로부터 받은 수입배당금액이 다음의 요건을 모두 갖춘 경우에 그 수입배당금액에 대한 익금불산입액은 해당 주식등의 매입가액에서 **뺀다**(**법법 §41 ①(1)의2, 법령 §72②(1)의2**).

① 내국법인이 외국자회사의 의결권 있는 발행주식총수 또는 출자총액의 10%(「조세특례제한법」 제22조에 따른 해외자원개발사업을 하는 외국법인의 경우에는 5%) 이상을 최초로 보유하게 된 날의 직전일 기준 이익잉여금을 재원(財源)으로 한 수입배당금액일 것

② 법인세법 제18조의4【외국자회사 수입배당금액의 익금불산입】제1항에 따라 익금에 산입되지 않았을 것

(3) 외국법인의 자본준비금 감액으로 인한 배당에 대한 익금불산입

내국법인이 해당 법인이 출자한 외국법인(외국자회사인 경우에는 (2)의 규정에 따라 익금불산입함)으로부터 자본준비금을 감액하여 받는 배당으로서 익금에 산입되지 아니하는 배당에 준하는 성격의 수입배당금액을 받는 경우 그 금액의 95%에 해당하는 금액은 각 사업연도의 소득금액을 계산할 때 익금에 산입하지 아니한다(**법법 §18의4②**). 따라서 외국법인의 자본준비금 감액으로 인한 배당은 외국자회사 요건에 관계없이 95%를 익금불산입한다.

■ 사례 »

㈜경기가 제24기 사업연도(2024. 1. 1.~2024. 12. 31.)에 외국자회사로부터 받은 수입배당금액에 대한 자료는 다음과 같다. 다음 자료로 세무조정을 하시오.

〈자료〉
1. ㈜경기는 아래의 수입배당금액을 포괄손익계산서에 수익으로 계상하고 원천징수세액 7,000,000원은 법인세비용으로 계상하였다.

구 분	A법인 (A국 소재)	B법인 (B국 소재)	C법인 (C국 소재)
업종	제조업	자원개발사업	도매업
주식취득가액 (과목 : 투자주식)	500,000,000원	200,000,000원	100,000,000원
지분율	10%	5%	20%
배당금수익	30,000,000원[*1]	10,000,000원[*2]	20,000,000원[*3]
원천징수세액	3,000,000원	1,000,000원	3,000,000원
주식취득일	2024. 1. 2.	2021. 1. 5.	2021. 1. 5.
배당기준일	2024. 9. 30.	2023. 12. 31.	2024. 3. 31.
배당확정일	2024. 11. 30.	2024. 3. 10.	2024. 5. 10.

[*1] A법인의 배당금은 ㈜경기가 A법인의 의결권 있는 발행주식총의 10%를 최초로 보유하게 된 날 (2024. 1. 2.)의 직전일 기준 이익잉여금을 재원(財源)으로 한 수입배당금액이다.
[*2] B법인의 배당금은 이익잉여금을 재원으로 하는 배당이다.
[*3] C법인은 국제조세조정에 관한 법률 제27조【특정외국법인의 유보소득 배당간주】의 적용대상이 된다. C법인으로부터 받은 배당금은 2022년에 익금에 산입된 간주배당이 2024년에 실제로 배당된 경우의 수입배당금액이다. C법인에 대하여 2024년에는 익금에 산입할 간주배당은 없다.

2. ㈜경기는 간접투자회사가 아니며, 위의 배당금은 모두 혼성금융상품에 대한 배당금이 아니다. 위에 제시된 자료 외에는 세무조정사항이 없다고 가정한다.

■ 해답 ■

익금산입 및 손금불산입			손금산입 및 익금불산입		
과 목	금 액	소득처분	과 목	금 액	소득처분
법인세비용	7,000,000	기타사외유출	투자주식[*1]	28,500,000	유보
			수입배당금액[*2]	9,500,000	기타
			수입배당금액	20,000,000	유보

[*1] 30,000,000 × 95% = 28,500,000
[*2] 10,000,000 × 95% = 9,500,000

▌ 해설 ▌

① A법인의 배당금은 2024. 1. 1. 이후에 인수한 외국자회사의 인수일의 직전일 기준 이익잉여금을 재원으로 하는 배당이므로 배당금의 95%를 익금불산입하되, 자산의 취득가액에서 차감해야 한다.
② B법인은 외국자회사 요건을 충족하므로 배당금의 95%를 익금불산입하여 기타로 처분한다.
③ C법인의 배당금은 2022년에 간주배당으로 익금산입된 금액을 실제로 배당받은 것이므로 이중과세 방지를 위하여 익금불산입하여 △유보로 처분한다.

15. 연결자법인 또는 연결모법인으로부터 지급받았거나 지급받을 연결법인세액 `23 개정`

연결납세방식을 적용하는 경우 연결자법인은 법인세를 세무서에 납부하지 않고 연결과세표준 및 세액신고기한(연결사업연도 종료일이 속하는 달의 말일부터 4개월 이내)까지 연결모법인에게 지급하고, 연결모법인이 연결법인세액을 관할 세무서에 납부해야 한다. 연결자법인이 연결모법인에게 법인세비용을 지급한 경우 연결자법인에게는 그 법인세비용을 손금으로 보지 아니하고, 연결모법인에게는 익금으로 보지 아니한다(**법법 §18(7)**).

다른 연결자법인의 결손금을 공제받는 경우 결손금 공제로 세액이 감소된 연결자법인은 그 감소된 세액을 연결모법인에 지급하고 연결모법인이 결손금이 발생한 연결자법인에 지급하는 연결법인세액의 정산제도가 2024년부터 시행된다. 이에 따라 연결자법인이 연결모법인으로부터 지급받는 연결법인세액도 익금으로 보지 아니한다.

◉ 연결법인세 ◉

```
┌─────────────┐         ┌─────────────┐         ┌─────────────┐
│  연결자법인  │ ──────→ │  연결모법인  │ ──────→ │   세 무 서*  │
└─────────────┘  법인세  └─────────────┘  법인세  └─────────────┘

    손금불산입항목    익금불산입항목    손금불산입항목
```

* 연결자법인에 결손이 발생한 경우 연결자법인

16. 부가가치세의 매출세액

(1) 부가가치세 매출세액

부가가치세는 재화나 용역이 생산되거나 유통되는 모든 거래단계에서 생기는 부가가치에 과세하는 간접세이다. 법인이 재화나 용역을 공급하는 경우에는 공급받는 자로부터 부가가치세 매출세액을 거래징수해야 한다. 법인이 거래징수한 부가가치세 매출세액은 부가가치세 신고 시 관할 세무서에 납부하여야 할 금액이므로 부채에 해당한다. 기업회계에서도 특정 재화나 용역과 관련된 부가가치세와 같이 제3자를 대신하여 받는 금액은 기업에 유입되어 자본의 증가를 수반하는 경제적효익이 아니므로 수익에서 제외하고 부채로 처리한다(K-IFRS 1018호 문단 8).

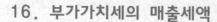

┃ 사례 》 부가가치세에 대한 회계처리

부가가치세 과세사업을 하는 법인이 상품을 110(부가가치세 10 포함)에 현금으로 매입하여 220(부가가치세 20 포함)에 현금으로 판매한 경우의 회계처리

〈매입시〉 (차) 상   품   100   (대) 현   금   110
             부가세대급금   10
〈매출시〉 (차) 현   금   220   (대) 매   출   200
                                     부가세예수금   20
〈납부시〉 (차) 부가세예수금   20   (대) 부가세대급금   10
                                     현   금   10

「법인세법」도 법인이 재화나 용역을 제공할 때 공급받는 자로부터 거래징수하는 부가가치세는 세무서에 납부하여야 할 부채이므로 익금불산입항목으로 본다(법법 §18(5)). 부가가치세 매출세액을 기업회계기준에 따라 부채로 처리하면 세무조정을 할 필요는 없다.

(2) 단수초과징수액과 단수부족징수액

예정신고 또는 확정신고시 공급가액의 합계액인 과세표준에 세율을 곱하여 매출세액을 계산하므로 거래 징수한 세액과 매출세액에 단수 차이가 발생할 수 있다. 예를 들어, 1개당 판매가격이 985원인 재화를 판매하면서 1개당 99원씩 부가가치세를 받으면 단수초과징수액이 발생하고, 98원씩 부가가치세를 받으면 단수부족징수액이 발생한다. 부가가치세의 거래징수와 납부과정에서 발생되는 단수초과징수액은 익금에 산입하고 단수부족징수액은 손금에 산입한다(부가 1265.2-765, 1982. 3. 29.).

제4장

손금과 손금불산입

1. 개 요

1. 손금의 개념

손금은 자본 또는 출자의 환급, 잉여금의 처분 및 「법인세법」에서 손금불산입으로 규정한 것을 제외하고, 법인의 순자산을 감소시키는 거래로 인하여 발생하는 손실과 비용(이하 "손비"라 한다)의 금액이다(**법법 §19①**).

손비는 수익을 획득하기 위하여 소요된 모든 비용과 기타 해당 법인에게 귀속되는 일체의 경제적 손실을 말한다. 법인의 각 사업연도 소득금액 계산에 있어서 손금에 산입할 수 있는 손비는 그 법인의 사업과 관련하여 발생하거나 지출된 손실 또는 비용으로서 일반적으로 용인되는 통상적인 것이거나 수익과 직접 관련된 것이어야 한다(**법법 §19②, 법집 19 - 0 - 2 ①**). 이때 사업관련성은 '사업에 필요하여'라거나, '사업에 수반하여' 또는 '사업의 과정에서'의 의미로 해석되고, 그 관련성 여부는 당해 법인의 목적사업이나 그 영업내용을 기준으로 객관적으로 판단되어야 할 것이다. 또한, 「법인세법」 제19조 제2항에서 말하는 '일반적으로 용인되는 통상적'인 비용이란 납세의무자와 같은 종류의 사업을 영위하는 다른 법인도 동일한 상황 아래에서는 지출하였을 것으로 인정되는 비용을 의미하고, 그러한 비용에 해당하는지 여부는 지출의 경위와 목적, 형태, 액수, 효과 등을 종합적으로 고려하여 객관적으로 판단하여야 할 것이다(**대법원 2007두 12422, 2009. 11. 12.**).

사업관련성 및 통상성의 요건을 전부 또는 일부 결여한 경우에도 법인의 수익과 직접 관련이 있는 것은 손비에 해당한다. 예를 들어, 법인이 보유하고 있던 비업무용 자산을 처분한 경우에 그 취득가액은 사업관련성을 갖추지 못하였지만, 익금인 자산의 양도가액과 직접 관련되므로 손비로 인정될 수 있다(**서울행법 2014구합 57393, 2014. 10. 24.**).

● 손금판단 플로차트 ●

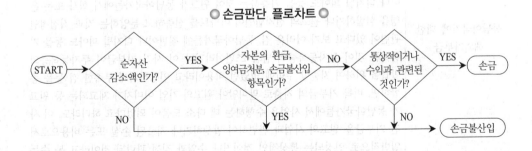

2. 일반적으로 인정되는 통상적인 지출이 아닌 것으로 손금불산입된 사례

(1) 대법원 판결

대법원은 의약품리베이트, 동남아국가에 대한 기부금, 담합법인에게 지급한 입찰포기대가를 일반적으로 인정되는 통상적인 지출이 아니라는 이유로 손금불산입한다고 판결하였다. 이와 관련된 대법원 판결은 다음과 같다.

구 분	내 용
의약품 리베이트	의약품 도매상이 약국 등 개설자에게 의약품 판매 촉진의 목적으로 경제적 이익을 제공하는 행위는 소비자에게 불필요한 의약품의 판매로 이어져 의약품의 오·남용을 초래할 가능성이 적지 않고, 궁극적으로는 국민 건강에 악영향을 미칠 우려도 있다. 나아가 이러한 경제적 이익제공행위는 의약품 유통체계와 판매질서를 해치고 의약품의 가격 상승으로 연결될 뿐만 아니라 결국 건강보험 재정의 악화를 가져와 그 부담은 현실적으로 의약품에 대하여 제한된 선택권밖에 없는 국민에게 전가된다. 의약품 도매상이 의약품 판매사업을 영위하면서 상관행상 허용될 수 있는 정도의 견본품 등을 넘어서서 제공하거나 지급하는 사례금이나 장려금은 다른 의약품 도매상이 그 사업을 수행하면서 통상적으로 지출하는 것에 해당한다고 보기도 어렵다. 따라서 의약품 도매상이 약국 등 개설자에게 의약품 판매촉진의 목적으로 이른바 '리베이트'라고 불리는 금전을 지급하는 것은 약사법 등 관계 법령이 이를 명시적으로 금지하고 있지 않더라도 사회질서에 위반하여 지출된 것에 해당하여 그 비용은 손금에 산입할 수 없다고 보아야 할 것이다(대법원 2012두 7608, 2015. 1. 15.).
동남아국가에 대한 해외기부금	동남아국가(베트남, 캄보디아, 라오스)와 기부약정을 체결하고 이들 국가에 칠판, 피아노 등의 교육물품 구입과 교육시설 및 태권도 훈련시설의 건립 등을 목적으로 기부한 금액은 동남아국가들에 진출한 다른 내국법인도 건설업과 금융업을 영위하기 위한 '직접적인' 목적으로 이 사건 기부금과 유사한 비용을 지출하였다고 인정하기에 부족하므로 이 사건 동남아국가들에 원고의 로고가 부착된 칠판이나 디지털 피아노 등을 기증하는 것이 원고가 동남아국가들에서 회사 또는 은행을 설립하거나 원고의 현지법인이 아파트를 신축하고 분양하는 것과 직접적인 관련이 있다고 보기 어려운 점, 동남아국가들에 칠판이나 디지털 피아노 등을 기증하는 것이 투자등록증의 발급 조건이라거나 이 사건 기부금이 투자등록증의 발급을 위하여 지출할 수밖에 없었던 비용이라고 인정하기에 부족한 점 등을 종합하면, 비록 기부금의 지출로 말미암아 원고의 기업 이미지가 제고되는 등 원고가 동남아국가들에서 사업을 수행하는 데 다소 도움이 되었다고 하더라도, 이 사건 기부금을 원고의 사업과 관련하여 발생하거나 지출된 손실 또는 비용으로서 일반적으로 인정되는 통상적인 것이거나 수익과 직접 관련된 것이라고 볼 수는 없다(대법원 2014두 4719, 2014. 8. 26.).

구 분	내 용
담합법인에게 지급한 입찰포기 대가	원고가 동종 업체들에게 지출한 이 사건 지급금은 「독점규제 및 공정거래에 관한 법률」 제19조 제1항 제8호에 위반하여 다른 사업자와 공동으로 부당하게 입찰에서의 자유로운 경쟁을 제한하기 위하여 지출된 담합금에 해당하므로 그 지출 자체가 사회질서에 반하는 것으로서 「법인세법」 제19조 제2항에서 말하는 '일반적으로 용인되는 통상적인 비용이나 수익과 직접 관련된 비용'에 해당한다고 볼 수 없고, 따라서 이를 손금에 산입할 수 없다고 보아야 한다(**대법원 2017두 51310, 2017. 10. 26.**).

(2) 2024. 5. 1. 현재 소송이 진행중인 사건

구 분	내 용
사회질서를 위반한 불법행위로 인한 손해배상금	비정상적인 주식매수 및 의결권 행사 등으로 인한 불법행위에 기한 손해배상책임의 이행으로 지출하게 된 손해배상금은 사업관련성, 통상성 및 수익관련성이 인정되는 비용이라고 볼 수 없음(**서울고등법원 2020누 46051, 2021. 1. 15.**). ☞ 1심 국승, 2심 국승, 3심 진행중
분식회계로 인한 상여금	당기순손실이 발생하여 당초부터 성과급 지급조건을 충족하나 의도적인 분식회계를 통해 그와 같은 사실을 은폐하고 당기순이익이 발생한 것으로 가장하여 임원들에게 성과급을 지급하였고, 그 결과 특정경제범죄 가중처벌 등에 관한 법률 위반(배임)죄로 처벌받은 경우의 성과급(**창원지방법원 2019구합 53448, 2021. 1. 28., 부산고법(창원) 2021누 10173, 2022. 4. 20.**) ☞ 1심·2심 국승, 3심 진행중

2. 결산조정사항과 신고조정사항

1. 결산조정사항과 신고조정사항의 구별

결산조정사항이란, 세법이 정한 한도액 이내에서 결산상 비용으로 회계처리한 경우에 그 결산상 계상액을 손금으로 인정하는 항목을 말한다. 결산조정사항을 손금으로 인정받으려면 결산상 비용으로 회계처리해야 하므로, 결산상 비용으로 회계처리하지 않고 세무조정으로 손금산입할 수 없다.

결산조정사항은 감가상각비, 대손금(소멸시효 완성 등 법적으로 청구권이 소멸된 경우 제외), 자산의 평가차손, 충당금, 준비금 등과 같이 외부와의 거래가 없는 비용이다. 이러한 비용은 결산을 확정함에 있어서 손비로 계상된 경우에 한하여 세법상 손금범위액을 한도로 손금으로 인정한다. 결산조정사항은 납세자에게 손금산입에 대한 선택권이 부여된 것이므로 결산서에 계상하면 손금산입을 선택한 것이므로 한도 내에서 손금으로 인정하고, 결산서에 계상하지 않으면 손금산입을 하지 않겠다고 선택한 것이므로 손금산입으로 세무조정할 수 없다.

인건비, 세금과공과, 기업업무추진비 등과 같이 외부와의 거래로서 확정되는 비용은 결산서에 비용으로 계상하지 아니하더라도 세무조정으로 손금에 산입할 수 있는데, 이를 신고조정사항이라고 한다.

2. 결산조정사항의 입법취지

세법상 감가상각비, 대손금(소멸시효 완성 등 법적으로 청구권이 소멸된 경우 제외), 자산의 평가차손, 충당금, 준비금 등을 결산조정사항을 규정한 입법취지는 다음과 같다.

(1) 선택가능한 복수의 회계처리기준의 적용을 확인하기 위한 것

결산조정사항에 대하여 확정된 결산을 기초로 하여 신고하도록 하는 것은 법인이 확정결산에 있어서 선택가능한 복수의 회계처리기준 중 그 선택한 회계처리기준이 적정하게 적용되고 있는가를 검증하고, 또 세법상 인정(변경신고 등)하고 있는 경우를 제외하고 변경하지 못하도록 하기 위해서이다.

(2) 법인이 내부거래에 의하여 발생하는 손금은 법인의 최종적인 의사결정기관에서 승인하여야만 손금으로 인정하기 위함

결산조정사항은 세법이 인정하는 범위액 내에서는 법인이 손금에 산입할 금액을 선택할 수 있다. 법인이 결산에 확정함에 있어서 선택한 금액을 비용으로 계상하면 세법이 정한 범위 내에서 이를 손금으로 인정하므로 결산조정사항을 확정결산에 반영하지 않은 경우에는 손금에 산입하지 않기로 결정한 것으로 보아 손금으로 공제하지 아니한다.

(3) 분식회계를 막기 위한 것

결산조정사항은 외부와의 거래 없이 기말정리분개를 하는 비용이다. 세법이 이를 신고조정으로 손금산입할 수 있도록 허용한다면, 기업들은 이를 비용으로 계상하지 않아 당기순이익을 과대 표시하고, 세무조정시 손금산입하여 법인세를 줄이려고 할 것이다. 결국, 세법이 손금산입의 신고조정을 허용하면 기업의 분식회계를 조장하는 결과가 되므로 결산조정사항 규정을 둔 것이다.

(4) 세무행정의 안정성에 기여

법인이 신고한 각 사업연도 소득금액과 법인세 과세표준은 법인의 의사결정기관인 이사회 및 주주총회의 의결을 거친 확정결산에 의하여 작성한 재무제표상 당기순이익을 기초로 하여 산출하기 때문에 정부에서 해당 법인의 각 사업연도 소득금액과 법인세 과세표준을 경정한다 하더라도 동 확정결산에 의하여 재무제표에 과소계상된 결산조정사항에 대해서는 이를 손금에 산입해 달라고 경정청구를 할 수 없으므로, 결산조정사항은 세무행정의 안정성에 기여한다.

3. 손금배분의 원칙

법인의 모든 손익은 소유와 경영의 분리를 전제로 하는 기업실체의 공준에 근거하여 계산한다. 따라서 주주의 사적인 비용을 법인이 부담하는 경우에는 손금에 산입할 수 없다.

법인에게 귀속되는 모든 비용은 일반적으로 공정·타당하다고 인정되는 기업회계기준에 준거하여 판매비와 일반관리비, 제조원가, 자산취득가액(자산매입부대비 포함) 등으로 명확히 구분하여 경리하여야 한다.

예를 들면, 원료의 매입에 부대하여 부담하는 공과금은 해당 원료의 매입부대비로 계상하고, 퇴직보험 등의 보험료 또는 부금(이하 "퇴직보험료 등"이라 한다)과 퇴직급여충당금은 해당 종업원의 근무내용에 따라 판매비와 일반관리비 및 제조원가로 안분계상하여야 한다(법기통 4 - 0 - 3 ①).

그러나 다음의 금액은 제조원가에 배부하지 아니할 수 있다(법기통 4 - 0 - 3 ②).
① 직전 사업연도 종료일까지의 퇴직급여추계액에 대한 퇴직보험료 등의 상당액을 해당 사업연도에 결산조정에 따라 손금에 산입한 금액
② 퇴직보험료 등을 신고조정에 따라 손금에 산입한 금액

비용에 해당하는 금액은 해당 사업연도에 손금으로 공제되나, 자산에 해당하는 금액은 자산으로 계상한 후 감가상각이나 양도시 손금으로 공제된다. 손금 중 자산을 비용으로 처리하거나 비용을 자산으로 처리하면, 당기순이익과 각 사업연도 소득금액에 차이가 발생하므로 세무조정을 해야 한다.

사례 》 비용배분의 원칙

㈜서울의 다음 자료로 세무조정을 하시오.

1. 판매비와 관리비의 내역은 다음과 같다.

계정과목	내 역	금 액	비 고
세금과공과	관세납부액	50,000,000원	수입한 원재료에 대한 관세로 원재료를 기말재고자산으로 보관하고 있음.
급여와 상여	공장장 급여	80,000,000원	제조원가에 해당하며, 공장장 급여의 20%는 기말재고자산에 배부되어야 함.
광고선전비	견 본 비	10,000,000원	신제품 출시에 따른 견본품 증정액.

2. 본사 토지에 대한 재산세 3,000,000원을 직원 실수로 토지의 장부가액에 가산하였다.

■ 해답 ■

익금산입 및 손금불산입			손금산입 및 익금불산입		
과 목	금 액	소득처분	과 목	금 액	소득처분
원 재 료	50,000,000[*1]	유 보	토 지	3,000,000[*3]	유 보
재고자산	16,000,000[*2]	유 보			

*1 원재료에 대한 관세는 원재료의 취득부대비용이므로 비용계상액을 손금불산입하여 유보로 처분한다.

*2 공장장의 급여 중 20%인 16,000,000원(80,000,000원 × 20%)은 기말재고자산에 배부해야 하므로 손금불산입하여 유보로 처분하고, 그 재고자산이 매출되면 손금산입한다.

*3 본사 토지에 대한 재산세는 판매비와 관리비이므로 손금산입하여 △유보로 처분한다.

4. 「법인세법」상 손금항목과 손금불산입 항목

1. 「법인세법」상 손비의 범위

「법인세법」에 따른 손실 또는 비용[이하 "손비"(損費)라 한다]의 범위는 「법인세법」 및 「법인세법 시행령」에서 달리 정하는 것을 제외하고는 다음의 것을 포함한다(법령 §19).

손비의 범위	교재 위치
① 판매한 상품 또는 제품의 원료의 매입가액과 판매부대비용(법령 §19(1))	
② 판매한 상품 또는 제품의 보관료, 포장비, 운반비, 판매장려금 및 판매수당 등 판매와 관련된 부대비용(판매장려금 및 판매수당의 경우 사전약정 없이 지급하는 경우를 포함함)(법령 §19(2))	5 - 1
③ 양도한 자산의 양도 당시 장부가액(법령 §19(2))	5 - 2
④ 인건비(법령 §19(3))	9
⑤ 임원 또는 직원의 출산 또는 양육 지원을 위해 해당 임원 또는 직원에게 공통적으로 적용되는 지급기준에 따라 지급하는 금액(법령 §19(3)의2) 24 신설	
⑥ 유형자산의 수선비(법령 §19(4))	
⑦ 유형자산과 무형자산에 대한 감가상각비(법령 §19(5))	
⑧ 특수관계인으로부터 자산 양수를 하면서 기업회계기준에 따라 장부에 계상한 자산의 가액이 실제 취득가액(실제 취득가액이 시가를 초과하면 시가)에 미달하는 경우 그 차액에 대하여 감가상각비 규정을 준용하여 계산한 감가상각비상당액(법령 §19(5)의2)	제9장
⑨ 자산의 임차료(법령 §19(6))	5 - 3
⑩ 지급이자(법령 §19(7))	19
⑪ 대손금(법령 §19의2)	7
⑫ 회수할 수 없는 부가가치세 매출세액 미수금(법령 §19(8))	
⑬ 자산평가손실(법령 §19(9))	8
⑭ 세금과공과금(법령 §19(10))	15
⑮ 영업자단체인 협회 또는 조합에 대한 회비(법령 §19(11))	5 - 4
⑯ 광업의 탐광비(탐광을 위한 개발비 포함)(법령 §19(12))	5 - 5
⑰ 무료진료의 가액(법령 §19(13))	5 - 6
⑱ 기증한 잉여식품 등의 장부가액(법령 §19(13)의2)	5 - 7
⑲ 업무와 관련된 해외시찰비와 훈련비(법령 §19(14))	5 - 8
⑳ 맞춤형 교육을 위한 지출(법령 §19(15))	5 - 9
㉑ 우리사주조합에 출연하는 자사주의 장부가액과 금품(법령 §19(16))	5 - 10

손비의 범위	교재 위치
㉒ 비용으로 처리한 소액미술품(법령 §19(17))	5 - 11
㉓ 광고선전 목적으로 기증한 물품의 구입비용(법령 §19(18))	5 - 12
㉔ 주식매수선택권 행사에 따른 지급액 등(법령 §19(19) · (19)의2)	5 - 13
㉕ 중소기업 및 중견기업의 핵심인력 성과보상기금 납입액(법령 §19(20))	5 - 14
㉖ 임직원 사망 후 유족에게 학자금 등 일시적으로 지급하는 금액(법령 §19(21))	5 - 15
㉗ 사내근로복지기금 등에 출연한 금품(법령 §19(22))	5 - 16
㉘ 동업기업으로부터 배분받은 결손금(법법 §19③)	5 - 17
㉙ 기타의 손비(법령 §19(23))	5 - 18

세부내용 **그 밖의 손비**

① 보험회사가 「보험업법」 제120조에 따라 적립한 책임준비금의 증가액(할인율의 변동에 따른 책임준비금 평가액의 증가분은 제외함)으로서 보험감독회계기준에 따라 비용으로 계상된 금액 [23 신설]
② 「주택도시기금법」에 따른 주택도시보증공사가 같은 법 시행령 제24조에 따라 적립한 책임준비금의 증가액(할인율의 변동에 따른 책임준비금 평가액의 증가분은 제외함)으로서 보험감독회계기준에 따라 비용으로 계상된 금액 [24 신설]

2. 손금불산입항목

「법인세법」의 손금불산입항목은 열거되어 있으며, 그 내용은 다음과 같다.

구 분	손금불산입항목의 내용	교재 위치
1. 자본거래 등으로 인한 손비의 손금불산입 (법령 §20)	① 잉여금의 처분을 손비로 계상한 금액 ② 주식할인발행차금 : 「상법」 제417조에 따라 액면미달의 가액으로 신주를 발행하는 경우, 그 미달하는 금액과 신주발행비의 합계액	6
2. 대손금의 손금불산입 (법법 §19의2)	① 채권 중 채무자의 파산 등 법 소정 사유로 회수할 수 없는 채권의 금액[이하 "대손금"(貸損金)이라 한다]은 손금에 산입한다. ② 다음 중 어느 하나에 해당하는 채권에는 ①의 규정을 적용하지 아니한다. ㉮ 채무보증(「독점규제 및 공정거래에 관한 법률」 제10조의2 각호의 어느 하나에 해당하는 채무보증 등 일정한 채무보증은 제외한다)으로 인하여 발생한 구상채권(求償債權) ㉯ 특수관계인에 대한 업무무관 가지급금(假支給金) 등	7

구 분	손금불산입항목의 내용	교재 위치
3. 자산의 평가손실의 손금불산입 (법법 §22)	자산의 평가차손은 손금에 산입하지 않는다. 다만, 다음의 자산의 평가차손은 예외로 한다(법령 §42③). ① 파손·부패 등의 사유로 인하여 정상가격으로 판매할 수 없는 재고자산의 평가차손 ② 천재지변·화재·수용·채굴예정량의 채진으로 인한 폐광에 따른 유형자산의 평가차손 ③ 일정한 요건에 해당하는 주식의 평가차손	8
4. 과다경비 등의 손금불산입 (법법 §26)	① 인건비 손금불산입 ㉮ 비상근임원보수 중 부당행위계산 부인 해당액 ㉯ 노무출자사원 보수 ㉰ 지배주주 및 그 특수관계인에게 과다 지급한 인건비 ㉱ 임원상여금 한도초과액 ㉲ 임원퇴직급여 한도초과액	9
	② 복리후생비 손금불산입	10
	③ 임직원이 아닌 지배주주의 여비 및 교육훈련비 손금불산입	11
	④ 공동경비 과다부담액	12
5. 업무와 관련이 없는 비용의 손금불산입 (법법 §27)	① 업무무관자산을 취득·관리함으로써 발생하는 비용 ② 타인이 주로 사용한 건물 등의 유지·관리비 ③ 업무무관자산의 취득을 위한 차입비용 ④ 출자자나 출연자인 임원 등이 사용하는 사택의 유지·관리비 ⑤ 뇌물 ⑥ 법률을 위반하여 노조전임자에게 지급한 급여	13
6. 업무용승용차 관련비용의 손금불산입 (법법 §27의2)	① 업무용승용차 관련비용 중 업무에 사용하지 않은 금액 ② 업무사용 감가상각비(또는 감가상각비상당액) 중 연 800만원 초과분 ③ 업무용승용차 처분손실 중 연 800만원 초과분	14
7. 세금과공과금의 손금불산입 (법령 §21)	① 조세 중 법인세비용(연결자법인이 연결모법인에 지급하였거나 지급할 법인세 포함) ② 조세 중 간접세 : 부가가치세 매입세액, 개별소비세, 「교통·에너지·환경세」, 주세 ③ 공과금 중 임의적 부담금과 제재목적 부과금 ④ 벌과금, 가산세와 징수불이행세액, 가산금과 강제징수비	15
8. 징벌적 목적의 손해배상금 등에 대한 손금불산입(법령 §21의2, 법령 §23)	내국법인이 지급한 손해배상금 중 실제 발생한 손해를 초과하여 지급하는 금액	16
9. 기업업무추진비의 손금불산입 (법법 §25)	① 건당 3만원(경조금 20만원) 초과분 중 적격증명서류 미수취분 ② 기업업무추진비 한도초과액	17

구 분	손금불산입항목의 내용	교재 위치
10. 기부금의 손금불산입 (법법 §24)	① 비지정기부금 ② 특례기부금 한도초과액 ③ 우리사주조합기부금 한도초과액 ④ 일반기부금 한도초과액	18
11. 지급이자의 손금불산입 (법법 §28)	① 채권자불분명사채이자 ② 비실명 채권·증권이자 ③ 건설자금이자 ④ 업무무관자산 등 관련 이자	19
12. 감가상각비의 손금불산입 (법령 §24)	감가상각비 한도초과액	제9장

5. 손 비

5-1. 판매한 상품 또는 제품의 원료의 매입가액과 판매부대비용

(1) 판매한 상품 또는 제품의 원료의 매입가액과 판매부대비용

판매한 상품 또는 제품의 원료의 매입가액은 손금이다. 총매입액에서 매입에누리와 매입할인을 차감하여 매입액을 계산한다(법령 §19(1)).

$$\text{총매입액} - \text{매입에누리} - \text{매입할인} = \text{매입액}$$

판매부대비용은 확정된 사업연도의 손금이다. 판매한 상품이나 제품의 보관료, 포장비, 운반비, 판매장려금 및 판매수당 등 판매와 관련된 부대비용(사전약정 없이 지급하는 판매장려금 및 판매수당 포함)도 손비로 본다(법령 §19(1)의2).

(2) 판매장려금에 대한 회계처리

법인세법은 판매장려금을 손비로 규정하고 있으나, 기업회계에서는 판매장려금을 매출액에서 차감한다(K-IFRS 1115호 문단 51, GKQA 01-122). 판매장려금을 비용으로 처리하든, 매출에누리로 처리하든 당기순이익은 동일하므로 세무조정은 불필요하다. 그러나 기업업무추진비 한도액 계산시 수입금액은 기업회계기준에 따른 매출액이므로 기업업무추진비 한도액 계산시 비용으로 회계처리한 판매장려금을 매출에누리로 보아 매출액에서 차감해야 한다(법령 §19(1)의2).

입법취지 **판매장려금**

> 판매장려금이란 제품 등의 판매를 촉진하기 위하여 거래처에 지급하는 금품을 말한다. 종전에는 판매장려금 중 사전약정이 없거나 약정을 초과하는 금액을 기업업무추진비로 간주하였다. 이에 따라 국세청과 납세자 간에 마찰이 많이 발생함에 따라 기업경영의 애로를 해소하기 위하여 2009. 2. 4. 판매장려금·판매수당은 사전 약정에 관계없이 손금에 산입됨을 명문화하였다.

(3) 판매부대비용 관련 사례

1) 판매장려금

① 사료 구매자들의 구입액에 비례하여 동등한 기준으로 지급하는 판매장려금의 손금 여부

내국법인이 모든 거래처에 동일한 조건의 판매장려금을 지급함에 있어 사회통념상 적정하다고 인정되는 범위내의 금액은 「법인세법」 제19조에 따라 손금에 산입할 수 있는 것이며, 이 경우 사회통념상 타당하다고 인정되는 범위는 지급 금액·조건 등을 종합적으로 감안하여 사실 판단할 사항임(서면-2020-법인-4857 [법인세과-4258], 2020. 11. 30.).

② 법인이 내부규정 및 사전약정에 근거하여 실행한 판매촉진활동과 관련하여 고객사업자에게 지급하는 판매장려금이 판매부대비용인지 혹은 기업업무추진비인지 여부

인터넷 상품중개업을 영위하는 내국법인이 매출 증대를 위해 그 내국법인의 판매촉진활동 내부규정에 따라 선정된 고객사업자에게 지급조건 충족 시 약정에 따라 지급하는 판매장려금으로서, 건전한 사회통념과 상관행에 비추어 정상적인 거래라고 인정될 수 있는 범위내의 금액은 판매부대비용에 해당하는 것임(법규법인 2014-55, 2014. 4. 29.).

③ 가맹점에 지급하는 판매장려금에 대하여 지출증명서류를 수취하여야 하는지 여부

법인이 「법인세법 시행령」 제158조 제1항 각 호의 사업자로부터 재화 또는 용역을 공급받고 그 대가를 지급하는 경우에는 같은 법 제116조 제2항의 규정에 따라 세금계산서 등의 지출증빙서류를 수취·보관하여야 하는 것이나, 재화 또는 용역의 공급대가가 아닌 경우에는 당해 거래와 관련된 제반서류(입금증 계약서 등)를 갖추어 동 거래의 입증자료로서 이를 수취·보관하여야 하는 것임(서면-2017-법인-3479 [법인세과-342], 2018. 2. 11.).

2) 확정수익보장금액과 해외딜러손실지원금

① 수분양자에게 지급한 확정수익 보장금액이 판매부대비용인지 여부

호텔을 신축하여 분양하는 사업을 영위하는 법인이 분양률 제고를 위해 수분양자에게 확정수익을 10년간 보장하는 내용의 광고를 실시하여 모든 수분양자와 해당 내용이 포함된 분양계약을 체결한 후 향후 수분양자에게 확정수익 보장금액을 지급하는 경우 건전한 사회통념과 상관행에 비추어 정상적으로 소요되는 비용이라고 인정될 수 있는 범위 안의 금액은 판매부대비용에 해당하는 것임(사전-2018-법령해석법인-0387, 2018. 8. 7.).

② 해외딜러에 손실금 지원금이 판매부대비용인지 여부

차량을 제조, 판매 및 수출하는 내국법인이 경기 침체와 경쟁 차종과의 가격경쟁력 악화 등으로 장기 재고 차량이 늘어난 특정 해외거래처에 향후 신규오더를 발주하기 위한 목적으로 과거 특정기간에 판매한 재고차량에 대해 일정금액을 지원해 주기로 하는 계약을 맺

고 판매증빙과 함께 청구 시 지정한 계좌로 입금할 경우 내국법인이 추가적인 차량 판매를 위해 불가피하게 해외 거래처에게 지급하는 해당 지원금은 판매부대비용에 해당하는 것임 (사전-2018-법령해석법인-0165, 2018. 6. 29.).

5-2. 양도한 자산의 양도 당시 장부가액

자산의 양도가액이 익금이므로, 그에 대응하여 양도한 자산의 장부가액은 손금이다(법령 §19(2)). 장부가액은 세무상 장부가액을 말하므로, 양도 당시의 유보(△유보)는 손금(익금)에 산입한다.

5-3. 자산의 임차료

(1) 자산의 임차료

법인이 자산을 임차한 경우 임차료는 손금이다(법령 §19(6)). 다만, 기간이 경과되지 않은 선급임차료는 자산으로 계상한 후 기간이 경과할 때 비용으로 처리해야 한다.

(2) 선급임차료

법인이 당해 사업연도 종료일 현재 기간이 경과하지 아니한 임차료를 지급한 경우 그 임차료는 선급비용이므로 손금에 산입할 수는 없다. 따라서 토지 소유자가 건물을 신축할 수 있도록 임차료를 미리 지급하여 신축건물이 준공되면 그때부터 임차인이 그 건물을 사용하기로 한 경우 실제 임차에 사용한 이후의 각 사업연도 임차료를 손금에 산입한다(법인 22601 -1417, 1988. 5. 19.).

(3) 타인 소유 토지에 시설물을 설치하여 일정기간 사용 후 소유권을 이전하는 경우

법인이 다른 법인의 토지에 시설물을 설치하여 일정기간 사용한 후 시설물을 토지 소유 자에게 이전하기로 하는 경우가 있다. 이 경우 회계처리는 다음과 같다.

① 시설물 설치자 : 시설물의 취득가액을 선급임차료로 하여 사용기간 동안 균등하게 안분하여 손금에 산입한다(법인세과-573, 2009. 5. 13.).

② 토지소유자 : 토지소유자는 시설물의 준공일 또는 임차인의 사용수익일 중 빠른 날이 속하는 사업연도에 그 시설물의 취득가액을 자산으로 계상하여 감가상각하고, 그 시설물의 설치가액을 사용기간 동안 안분하여 임대료수익으로 익금에 산입한다(법인세과-573, 2009. 5. 13., 법인 46012-716, 2001. 5. 18., 서면-2020-법인-2621 [법인세과-3788], 2020. 10. 26. 외 다수). 사용기간을 연장할 수 있거나 사용기간이 정하여지지 아니한 경우에는

해당 시설물의 신고내용연수를 사용기간으로 한다(법기통 19-19…12 ①).

■ 사례 》 BOT방식

㈜한공은 특수관계 없는 ㈜서울의 토지에 건물을 신축하여 5년간 사용한 후 ㈜서울에 건물의 소유권을 이전하기로 하였다. ㈜한공은 20×1. 1. 1. 건물을 준공하여 사용을 시작하였으며, 건물의 취득가액은 100억원이며, 내용연수는 20년이다. 이 경우 ㈜한공과 ㈜서울의 20×1년의 회계처리를 하시오?(사업연도는 1. 1.부터 12. 31.까지이며, VAT는 고려하지 말 것)

■ 해답 ■

(단위:억원)

구 분	㈜한공	㈜서울
20×1. 1. 1.	(차) 선급임차료 100 (대) 건 물 100	(차) 건 물 100 (대) 선수임대료 100
20×1.12.31.	(차) 임 차 료 20 (대) 선급임차료 20	(차) 선수임대료 20 (대) 임 대 료 20 (차) 감가상각비 5 (대) 감가상각누계 5

---

(4) 임차인이 부담한 건물개량수리비

임차인이 개량수리(자본적 지출에 한한다)하는 조건으로 무상 또는 저렴한 요율로 건물을 임대한 경우 임차인이 임대차계약에 의하여 부담한 건물개량수리비는 임대인의 임대수익에 해당하므로, 임대인은 동 자본적 지출 상당액을 당해 임대자산의 원본에 가산하여 감가상각함과 동시에 선수임대료로 계상한 개량수리비상당액은 임대기간에 안분하여 수익으로 처리한다. 이때 임차인은 동 개량수리비를 선급비용으로 계상하고 임차기간에 안분하여 손금에 산입한다. 다만, 개량수리비가 임대기간의 통상임대료 총액을 초과하여 「법인세법 시행령」 제88조 제1항 제7호에 해당하는 경우에는 개량수리비에서 통상임대료 총액을 차감한 금액을 손금불산입하고 개수완료일에 「법인세법 시행령」 제106조의 규정에 따라 임대인에게 소득처분한다(법기통 40-71…3).

5-4. 영업자단체인 협회 또는 조합에 대한 회비

(1) 개 요

실무에서 보면, 법인은 여러 개의 협회나 조합에 가입되어 있다. 건설업을 하는 어떤 기업은 상공인단체인 상공회의소, 건설회사의 단체인 대한건설업협회에 가입되어 있으며, 전국경제인연합회에도 가입되어 있다. 그 회사가 납부한 회비는 손금인가?

종전에는 협회나 조합이 법인이거나 주무관청에 등록된 경우(그 단체를 "법정단체"라고 한다)에 회비규정에 따라 납부한 회비(이를 "일반회비"라 한다)는 손금으로 보고, 그 밖의 회비(법정단체에 회비 규정에 의하지 않고 납부한 특별회비와 임의단체에 납부한 회비)는 일반기부금(종전의 지정기부금)으로 보았다.

그러나 일반기부금의 공익성을 감안하여 2018. 2. 13. 이후 지출분부터 특별회비와 임의단체 회비를 일반기부금에서 제외하고, 일반회비를 정상적인 회비징수방식에 의하여 경상경비 등에 충당할 목적인 회비로 하는 정의규정을 신설하였다.

〈2018. 2. 12. 이전 지출분〉			〈2018. 2. 13. 이후 지출분〉		
구 분	일반회비	특별회비	일반회비	특별회비	
법정단체	전액 손금	일반기부금	전액 손금	관련 기부금*	
임의단체	일반기부금	일반기부금	비지정기부금	비지정기부금	

* 법인이 정상적인 회비징수방식에 의하지 않고 납부한 회비(구 「법인세법 시행규칙」 제18조에서는 이를 '특별회비'라고 하였음)는 무상으로 재산을 증여한 점에서 보면 기부금에 해당한다고 할 수 있다. 영업자단체는 대부분 비지정기부금 단체이고 일부가 일반기부금단체[1]이므로 대부분 비지정기부금으로 보아 손금불산입된다. 영업자가 임의로 조직한 단체(법인도 아니고 주무관청에 등록되지도 않은 단체)에 대한 회비도 비지정기부금에 해당하므로 손금불산입된다.

(2) 영업자단체인 협회 또는 조합에 대한 회비

법인이 영업자가 조직한 단체로서 법인이거나 주무관청에 등록된 조합 또는 협회(이하 "법정단체"라 한다)에 지급한 회비는 공과금과 유사한 성격이므로 손금으로 본다(법령 §19(11)). 법정단체에 대한 회비가 손금으로 인정되려면 그 조합 또는 협회가 법령 또는 정관이 정하는 바에 따른 정상적인 회비징수방식에 의하여 경상경비 충당 등을 목적으로 조합원 또는 회원에게 부과하는 회비이어야 한다(법칙 §10②). 따라서 법정단체에 납부한 회비의 명칭이 특별회비인 경우라도 정상적인 회비인 경우에는 손금으로 본다.

(3) 영업자단체인 협회 또는 조합에 대한 회비 관련 사례

구 분	내 용
상공회의소 특별회비의 세무처리	【질 의】 대구상공회의소는 「상공회의소법」 제14조 제2항에 따라 산업통상자원부장관이 승인하는 금액의 범위 내에서 정관에 규정한 범위를 한도로 회원에게 회비를 부과하고 있으며, 대구상공회의소 정관에는 의원총회에 따라 특별회비를 회원에게 부과할 수 있도록 규정하고 있음. 상공회의소 정관에 따라 경상경비 충당 등을 목적으로 회원에게 부과되는 특별회비가 손금에 해당되는지 여부

---

1) 영업자단체가 일반기부금단체인 예로는 (사)한국소기업소상공인연합회, (사)한국농식품법인연합회 등이 있다. 영업자단체가 특례기부금단체인 경우는 없다.

구 분	내 용
	【회 신】 영업자가 조직한 단체로서 법인이거나 주무관청에 등록된 조합 또는 협회에 지급한 회비 중 법령 또는 정관이 정하는 바에 따라 경상경비 충당 등을 목적으로 조합원 또는 회원에게 정기적 또는 부정기적으로 부과하는 것은 「법인세법 시행령(2018. 2. 13. 대통령령 제28640호로 개정된 것)」 제19조 제11호에 따른 손금에 해당하는 것임(서면 – 2018 – 법령해석법인 – 1291 [법령해석과 – 1814], 2018. 6. 28.).
회관신축기금의 기부금 해당 여부	**【질 의】** 대한◇◇협회(이하 "협회"라 함)는 ○○법과 민법에 따라 주무부처 허가를 받아 설립된 사단법인으로 회관신축 중임. 협회는 정관에 따라 회원을 대상으로 연회비를 부과하고 있으며, 금번 회관신축기금의 경우 별도의 특별회비*를 신설하여 일정액의 연회비로 일괄 부과되고, 정상적인 회비징수방식에 따라 수납 후 회관신축을 위한 자금으로만 운영함. * 별도 특별회계로 관리, 용도 : 회관신축공사비, 설계비, 회관임시이전비용 등 기부금단체로 등록되어 있지 않으나, 주무관청에 등록된 협회가 회관신축을 위해 별도의 특별회비를 신설하여 회원으로부터 '회관신축기금'을 연회비에 포함하여 정상적인 회비징수방식에 따라 부과하는 경우 해당 회관신축기금으로서 「법인세법 시행령」 제36조 개정(2018. 2. 13.) 이후 부과되는 것도 일반기부금에 해당되는지 여부 **【회 신】** 「민법」 제32조 및 「의료법」 제28조에 의해 설립된 사단법인 대한◇◇협회가 정관이 정하는 바에 따라 회관신축을 위해 회원에게 부과하는 '회관신축기금'은 2018. 2. 13. 대통령령 제28640호로 개정되기 전의 「법인세법 시행령」 제36조에 따라 일반기부금에 해당하는 것이나, 해당 시행령 개정 이후 지출분에 대해서는 일반기부금에 해당하지 않는 것이며, 「법인세법 시행규칙(2018. 3. 21. 기획재정부령 제671호로 개정된 것)」 제10조 제2항에 따른 회비에 해당하여 같은법 시행령 제19조 제11호에 따른 손금에 해당하는 것임(사전 – 2018 – 법령해석법인 – 0795 [법령해석과 – 3370], 2018. 12. 26.).
협회가 특정회원사의 소송비용 공동부담 목적으로 부과하는 회비의 손금산입 여부	영업자가 조직한 단체로서 주무관청에 등록된 협회가 특정 회원사의 소송비용을 다른 회원사로 하여금 공동으로 부담하게 할 목적으로 정관에서 정한 절차에 따라 추가 회비를 부과하는 경우, 해당 회비는 「법인세법 시행령」 제19조 제11호 및 같은법 시행규칙(2018. 3. 21. 기획재정부령 제671호로 개정된 것) 제10조 제2항에 따른 손금에 해당하지 않는 것임(서면 – 2018 – 법령해석법인 – 2881 [법령해석과 – 3118], 2018. 11. 30.).

5-5. 광업의 탐광비

광업의 탐광비(탐광을 위한 개발비 포함)는 광업수입금액에 대응하는 비용이므로 손금으로 본다(법령 §19(12)). 탐광비란 광맥이나 유전 따위를 찾기 위한 지질조사·시추 등에 지출하는 비용을 말한다.

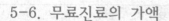

5-6. 무료진료의 가액

보건복지부장관이 정하는 무료진료권과 새마을진료권에 의한 무료진료의 가액은 손금으로 본다(법령 §19(13)). 무료진료의 가액이란 무료진료에 소요된 인건비·약품비 등을 말한다. 일반적으로 법인이 재화 또는 용역을 무상으로 제공하면 기업업무추진비나 기부금으로 보나, 무료진료의 활성화를 통하여 불우이웃을 돕기 위하여 무료진료권과 새마을진료권에 의한 무료진료의 가액을 손금으로 보도록 하였다.

5-7. 기증한 잉여식품 등의 장부가액

(1) 개 요

음식료품 관련 사업을 하는 법인이 잉여식품을 타인에게 기부하는 경우 종전에는 기부금으로 보았다. 이에 따라 그 기부금이 일반기부금이면 한도초과액이 손금불산입되고(한도초과액은 그 후 손금추인될 수 있음) 비지정기부금이면 전액 손금불산입되었다. 유효기간 경과로 잉여식품을 폐기처분하면 폐기한 잉여식품의 장부가액이 전액 손금으로 인정되므로 세법이 타인에 대한 기부보다 잉여식품의 폐기를 유도한다는 비판이 있었다. 잉여식품의 활용으로 자원낭비를 막고 고아원·양로원·독거노인 등 불우이웃을 지원하기 위하여 2000년 말에 푸드뱅크(food bank)에 잉여식품을 기부하는 경우 그 장부가액을 기부금으로 보지 않고 전액 손금에 산입하는 제도를 도입하였다.

「식품 등 기부활성화에 관한 법률」의 개정으로 2017. 2. 4.부터는 생활용품도 지원할 수 있게 되어 세법도 이를 반영하여 해당 법률의 개정규정 시행일이후 기증하는 분부터는 세제, 휴지, 기저귀, 치약 등 생활용품도 기부대상에 포함하였다.

(2) 기증한 잉여식품 등의 장부가액

「식품 등 기부 활성화에 관한 법률」에 따른 식품 및 생활용품(이하 "식품 등"이라 한다)의 제조업·도매업 또는 소매업을 영위하는 내국법인이 해당 사업에서 발생한 잉여식품 등을 같은법에 따른 제공자 또는 제공자가 지정하는 자에게 무상으로 기증하는 경우 기증한 잉여식품 등의 장부가액을 전액 손금으로 본다(법령 §19(13)의2).

기증한 잉여식품 등에 포함되는 생활용품의 범위는 다음과 같다.

● 생활용품의 종류와 범위(「식품기부활성화에 관한 법률 시행령」 [별표 1]) ●

종 류	범 위
1. 세제류	세면용 세제, 샴푸, 린스, 세탁용 세제, 주방용 세제, 욕실용 세제
2. 휴지류	화장지, 물휴지
3. 수건류	수건, 종이 수건, 손수건, 행주
4. 기저귀류	유아용 기저귀, 성인용 기저귀
5. 신체 위생용품류	치약, 칫솔, 구강세정제, 머리빗, 면도용품, 손톱깎이
6. 여성 위생용품류	생리대
7. 청소·환경 위생용품류	고무장갑, 걸레, 빗자루, 쓰레받기, 쓰레기통, 수세미, 가정용 살충제
8. 기타	그 밖에 개인 위생관리에 필요한 물품으로서 보건복지부장관이 인정하는 생활용품

5-8. 업무와 관련된 해외시찰비와 훈련비

임직원의 해외시찰비와 훈련비는 업무와 관련하여 통상 필요하다고 인정되면 손금으로 본다(법령 §19(14)). 해외시찰비와 훈련비 중에서 업무와 관련되지 않은 것과 업무상 필요한 금액을 초과하는 것은 손금으로 보지 않는다(법기통 19-19…22).

5-9. 맞춤형 교육을 위한 지출

기업의 다양하고 특수한 인력수요를 충족하기 위하여 맞춤형 교육을 위한 지출은 손금으로 본다. 맞춤형 교육을 위한 지출은 다음과 같다(법령 §19(15)).
① 「초·중등교육법」에 설치된 근로청소년을 위한 특별학급 또는 산업체부설 중·고등학교의 운영비
② 「산업교육진흥 및 산학연협력촉진에 관한 법률」 제8조의 규정에 따라 교육기관이 당해 법인과의 계약에 의하여 채용을 조건으로 설치·운영하는 직업교육훈련과정·학과 등의 운영비
③ 「직업교육훈련 촉진법」 제7조의 규정에 따른 현장실습에 참여하는 학생들에게 지급하는 수당
④ 「고등교육법」 제22조의 규정에 따른 현장실습수업에 참여하는 학생들에게 지급하는 수당

5-10. 우리사주조합에 출연하는 자사주의 장부가액과 금품

(1) 개 요

우리사주제도란 "우리 회사 주식 소유제도"의 줄임말로 기업 또는 정부가 각종 정책적 지원을 제공하여 근로자가 자신이 근무하는 회사의 주식을 취득·보유할 수 있도록 하는 종업원주식소유제도이다.

일반적으로 근로자는 자본가에 비해 재산이 많지 않으므로 근로자가 회사의 주식을 취득하여 보유하는 것이 제한적이다. 이에 따라 근로자의 주식 취득에 지원하기 위하여 법인, 우리사주조합원, 우리사주조합에 여러 가지 세제지원을 하고 있다. 그중에서 법인에 대한 세제지원제도는 다음과 같다.

구 분	내 용
출연금의 손금산입	법인이 우리사주조합에 출연하는 주식의 장부가액 또는 금품은 전액 손금으로 인정(법령 §19(16))
우리사주조합운영비 부담액의 손금산입	법인이 우리사주조합 운영비를 부담하는 경우 : 전액 손금으로 인정(법령 §45①(3))
우리사주 관련 대여금을 가지급금에서 제외	법인이 우리사주조합 또는 그 조합원에게 해당 우리사주조합이 설립된 회사의 주식취득(조합원간에 주식을 매매하는 경우와 조합원이 취득한 주식을 교환하거나 현물출자함으로써 「독점규제 및 공정거래에 관한 법률」에 의한 지주회사 또는 「금융지주회사법」에 의한 금융지주회사의 주식을 취득하는 경우를 포함한다)에 소요되는 자금을 대여한 금액(상환할 때까지의 기간에 상당하는 금액에 한한다)은 업무무관 가지급금으로 보지 않음(법칙 §44(3)).

(2) 우리사주조합에 대한 출연금

법인이 근로복지기본법에 따른 우리사주조합에 출연(기부)하는 자사주의 장부가액과 금품은 손금으로 본다(법령 §19(16)). 법인이 자기 회사의 우리사주조합에 출연하는 경우에는 출연금을 전액 손금에 산입하나, 협력업체 등의 우리사주조합에 기부하는 경우에는 기준소득금액에서 이월결손금(「법인세법」 제13조 제1항 각 호 외의 부분 단서에 따라 각 사업연도 소득의 80%를 한도로 이월결손금 공제를 적용받는 법인은 기준소득금액의 80%를 한도로 함)과 특례기부금 손금산입액을 공제한 금액에 30%를 곱하여 산출한 금액을 한도로 하여 손금에 산입한다(조특법 §88의4⑬(3)).

구 분	기부금의 처리
자기 회사의 우리사주조합에 대한 기부금	전액 손금 인정(법령 §19(16))
협력업체 등의 우리사주조합에 대한 기부금	다음 금액을 한도로 손금 인정 한도액 = (기준소득금액 – 이월결손금(각 사업연도 소득의 80%를 한도로 이월결손금을 공제하는 법인은 기준소득금액의 80%를 한도로 함) – 특례기부금 손금산입액) × 30%

5-11. 비용으로 처리한 소액미술품

(1) 개 요

법인이 보유하고 있는 서화 및 골동품은 업무무관자산이다(법령 §49①(2)). 다만, 장식·환경미화 등의 목적으로 사무실·복도 등 여러 사람이 볼 수 있는 공간에 상시 비치하는 것은 업무용 자산으로 본다.

법인이 미술품을 구입하도록 유도하여 미술시장을 활성화시키기 위하여 2005년 초에 법인이 장식·환경미화 등의 목적으로 사무실·복도 등 여러 사람이 볼 수 있는 공간에 상시 비치하는 소액 미술품을 구입하여 취득한 날이 속하는 사업연도에 손비로 계상한 경우 이를 손금으로 인정하는 규정을 신설하였다. 처음에 소액미술품은 1백만원 이하인 것이었으나, 다음과 같이 수차례 기준금액을 인상하여 현재는 1천만원 이하가 되었다.

구 분	2005. 2. 19.	2009. 2. 4.	2013. 6. 11.	2019. 2. 12.
소액미술품	1백만원 이하	3백만원 이하	500만원 이하	1,000만원 이하

(2) 소액미술품의 세무처리

법인이 미술품을 구입한 경우에는 자산으로 회계처리해야 한다. 그러나 장식·환경미화 등을 위하여 사무실·복도 등 여러 사람이 볼 수 있는 공간에 상시 비치하는 미술품으로서 거래단위별 취득가액이 1천만원 이하인 것은 취득일이 속하는 사업연도의 손비로 계상한 경우에는 이를 손금으로 본다(법령 §19(17)).

구 분	취득가액	결산상 회계처리	세무조정
A	1,000만원	비용처리	비용으로 인정하므로 세무조정 없음.
B	800만원	자산처리	자산으로 인정하므로 세무조정 없음.
C	1,100만원	비용처리	<손금불산입> 미술품 1,100만원(유보)

사례 » 장식·환경미화 등을 위하여 미술품을 구입하여 사무실에 상시 비치한 경우

5-12. 광고선전 목적으로 기증한 물품의 구입비용

(1) 광고선전비의 처리

광고선전비란, 자기의 상품·제품·용역 등의 판매촉진이나 기업이미지 개선 등 선전효과를 위하여 불특정다수인을 상대로 지출하는 비용을 말한다. 광고선전비는 전액 손금으로 인정된다.

(2) 광고선전품의 증정

법인이 광고선전목적으로 견본품·달력·수첩·부채·컵 기타 이와 유사한 물품을 기증하기 위하여 지출한 금액은 다음과 같이 처리한다(법령 §19(18)).

① 불특정다수인 경우 : 금액의 제한 없이 광고선전비로 봄.

② 특정인인 경우 : 1인당 연간 5만원을 초과하지 아니하는 경우에는 광고선전비로 보나, 5만원을 초과하는 경우에는 전액 기업업무추진비로 본다. 이 경우 3만원 이하인 물품은 5만원 한도를 적용하지 아니한다.

사례 » 특정 거래처에 광고선전물을 3개씩 증정한 경우

① 갑상회 : 30,000원, 30,000원, 50,000원

☞ • 30,000원 이하분 : 60,000원(광고선전비)

• 30,000원 초과분 : 50,000원(연간 5만원 이하이므로 광고선전비)

② 을상회 : 30,000원, 40,000원, 40,000원

☞ • 30,000원 이하분 : 30,000원(광고선전비)

• 30,000원 초과분 : 80,000원(연간 5만원을 초과하므로 기업업무추진비)

(3) 광고선전비로 인정하는 비용

1) 불특정다수의 고객에게 기증하는 견본품 및 기증품

① 법인이 자기제품을 구입하는 불특정다수의 고객에게 법인상호가 삽입된 사진액자를 제공한다는 사전광고선전에 의하여 고객에게 기증하는 사진액자(법인 22601-2088, 1987. 8. 4.)

② 법인이 자사의 제품이나 상품의 판매촉진을 위하여 유상으로 판매할 수 없는 견본품을 별도로 제작하여 대리점 또는 소매점에 무상으로 공급하는 경우 당해 견본품의 제작에 소요된 금액(법인 46012-3421, 1995. 9. 2.)

③ 법인이 자기상품의 판매를 위하여 불특정다수인을 공장 등 관련시설로 초빙하여 홍보 및 교육을 실시하면서 지출한 실비 정도의 경비(도시락대·버스대절료 등)와 사회통념상 적절하다고 인정되는 범위 내의 견본품(법인 46012-3064, 1996. 11. 5.)

④ 주방용기 제조업을 영위하는 법인이 판매촉진 등을 위해 건설회사의 승낙아래 아파트 모델하우스 내에 자기계산과 책임으로 설치·전시한 주방용기 견본품과 감가상각비 및 폐기손실(서면2팀-1450, 2006. 7. 31.)

2) 광고선전 목적으로 설치한 인테리어 비용 등

① 각 대리점에 지원된 실내시설 공사비(대법원 2005두8368, 2007. 2. 8.). 동 공사비가 대리점 간의 디자인의 통일화와 타사 제품과의 차별화를 통하여 독자적인 이미지를 구축하여 잠재적 고객의 구매의욕을 촉진시킬 목적이므로 광고선전비에 해당한다.

② 프랜차이즈 사업을 영위하는 법인이 신규 사업의 광고·홍보 및 추가 점포 모집시 견학, 안내 등 표준모델로 활용하기 위해 당해 법인이 광고모델이 운영하는 제1호점의 인테리어 공사비를 지출하고 자산계상한 후 감가상각을 통하여 비용계상하고 있는 경우 동 감가상각비(법인-1417, 2009. 12. 21.). 그러나 임대차계약서상 임차인이 부담하여야 할 인테리어 공사비와 매장바닥마감 및 매장전용방송설비 공사비로 특정 임차인에게만 특약조건으로 임차인의 영업용시설 인테리어 공사비 등을 지원하는 것은 불특정 다수인에게 광고선전을 할 목적으로 지출한 비용이라기보다는 지출의 상대방인 신규 입점하는 특정 업체와 접대 등의 행위에 의해 친목을 두텁게 하여 거래관계의 원활한 진행을 도모하기 위한 기업업무추진비로 본다(조심 2011서3770, 2012. 9. 12.).

3) 기업이미지 홍보 보조금 및 급여지원금

법인과 언론사가 공동으로 구축한 홈페이지에 구직신청한 자를 고용하는 중소기업에게 보조금을 지급하는 경우 기업이미지 홍보로서 해당 법인의 규모에 적정한 경우(재법인-121, 2010. 2. 26.)와 은행업을 영위하는 법인이 청년인턴 채용 중소기업에 대해 급여지원을 하는 경우 정부의 고용확대 정책에 적극 참여하는 기업 이미지를 홍보하기 위하여 한 것으로서 지급규모가 적정한 경우(재법인-121, 2010. 2. 26.)에는 광고선전비에 해당한다.

4) 판매촉진목적으로 지급되는 비용[2]

① 제품의 보급 및 판매촉진을 위하여 불특정다수의 고객을 초대하여 사용설명회를 개최하는 데 소요되는 비용(법인 22601-1572, 1992. 7. 15.)

② 판매촉진의 일환으로 자사상표가 부착된 상품을 사전약정에 의하여 각종 체육단체·협회·프로·아마선수 및 기타 경기단체에 무상으로 공급하고 이를 필히 착용토록 약정하고, 이를 위반한 때에는 공급분에 대한 대금을 회수하는 조건인 경우에 그 비용(법인 22601-1387, 1990. 7. 2.)

③ 과학상자를 제조·판매하는 법인이 그 제품의 실질적 판매촉진목적으로 과학상자조립경진대회를 주최하는 한국과학기술진흥재단에 주최경비의 일부를 지원하기 위해 지급하는 그 법인의 제품 등(법인 22601-376, 1992. 2. 17.)

④ 카드발급을 하는 회사가 기존에 있는 전회원을 상대로 신규회원을 추천하게 하고 사전약정에 의하여 신규회원 추천실적에 따라 지급하는 사은품(법인 22601-2358, 1992. 11. 4.)

⑤ 법인이 자기제품을 판매하는 대리점 등이 소유하고 있는 차량에 광고선전을 목적으로 자기제품의 광고문안을 도장하여 준 후 사전약정에 의하여 불특정다수인에 대한 광고선전의 대가로 금품을 지급하는 경우 동 금액이 광고효과를 감안하고 광고문안 유지를 위하여 사회통념상 일반적으로 타당하다고 인정되는 금액(법인 46012-2310, 1993. 8. 4., 법인 46012-1671, 1995. 6. 19.)

⑥ 의약품을 제조하는 법인이 자기제품의 홍보를 위하여 의사와 약사를 대상으로 배포하는 출판물에 광고를 게재하고 그 대가로 지급하는 비용(법인 46012-3874, 1995. 10. 17.)

⑦ 법인이 자사제품, 상품 및 용역 등의 판매 또는 공급촉진을 위하여 불특정다수인에게 광고선전을 할 목적으로 방송과정에서 당해 법인이 협찬사임이 표시되는 조건으로 방송국의 특정 텔레비전드라마 제작에 필요한 실내장식을 자사제품으로 무상 설치함으로써 발생하는 비용(법인 46012-2322, 1997. 9. 2.)

⑧ 커피제조업을 영위하는 법인이 판매촉진을 위하여 일정기간에 일정용량 이상의 제품을 구입하는 구매자에게 제품의 광고문안이 표시된 물컵을 무상공급하는 금액(법인 46012-2977, 1997. 11. 18.)

⑨ 주유소를 불특정다수인에게 광고선전할 목적으로 광고전단과 함께 무상으로 제공하는 볼펜, 열쇠고리 등 금품의 가액(법인 46012-3963, 1998. 12. 18., 법인 22601-644, 1985. 2. 26.)

---

[2] 당해 거래처에 지급한 금액으로서 사회통념상 일반적으로 타당하다고 인정되는 범위를 초과하거나 광고선전과 관계없이 지급한 금액은 기업업무추진비에 해당한다(법인 46012-2310, 1993. 8. 4.).

⑩ 불특정다수인에게 판매되는 지하철 승차권에 광고문안을 게재하는 조건으로 대신 지급하는 지하철승차권 제작비용(**법인 46012-1296, 1999. 4. 8.**). 그러나 음악회 등 행사비 지출액이 불특정다수인이 아닌 고객(회원)이나 그 가족을 위한 것은 광고선전비가 아니라 기업업무추진비에 해당한다(**국심 98서 313, 1999. 2. 23.**).

⑪ 백화점 경영자가 거래실적이 우수한 불특정 고객에게 선물을 증정한다고 사전에 홍보하고 백화점이 사은품을 지급하는 경우의 선물구입비용(**대법원 2000두 2990, 2002. 4. 12.**)

⑫ 담배제조 및 판매법인이 판촉목적으로 기업이미지 광고물, 공용재떨이, 의자 등 편의시설을 불특정 다수인에게 제공하는 것이 사회통념과 상관행에 따라 적정한 경우(**서면 2팀-1069, 2005. 7. 12.**)

⑬ 의약품 판매법인이 의학관련 학회 학술대회 개최시 학술지 광고료, 부스설치비로 지원한 금액, 한국건강관리협회에 간염백신으로 현물 지원한 금액(**국심 2005서 1590, 2007. 1. 17.**)

⑭ 시음용 비매품을 브랜드 홍보·제품판매 촉진의 목적으로 불특정다수인에게 무상공급하는 경우(**법인-477, 2013. 9. 6.**)

5) 그 밖의 광고선전비

① 신문사가 대학에 무상배포한 취업관련정보 및 회사소개책자에 게재된 법인의 책자발간비용으로써 사회통념상 인정되는 범위 내의 금액(**법인 46012-769, 1996. 3. 9.**)

② 상표소유권자인 판매회사가 당해 법인의 판매상품을 전량제조하여 공급하는 특수관계인인 법인과의 납품계약에 있어서 판매회사가 전액부담하기로 계약한 광고선전비(**법인 46012-3150, 1996. 11. 12.**)

③ 상품판매업을 영위하는 법인이 일간신문에 상품광고와 함께 퀴즈문제를 게재한 후 퀴즈당첨자에게 제공하는 경품의 가액이 사회통념과 상관행에 비추어 정상적이라고 인정될 수 있는 범위 내의 금액(**법인 46012-2885, 1997. 11. 7.**)

④ 체육용품(공 종류)을 제조하는 법인이 국내의 체육단체인 각종 협회 또는 연맹 등과 공개경쟁입찰에 의해 공인계약을 체결하여, 동 법인의 제품을 공인사용구로 지정받아 당해 제품만을 일정기간 동안 독점 사용하는 등의 조건으로 협회 등에 납부하는 공인료 및 대회지정사용구료(**법인 46012-1684, 1999. 5. 4.**)

⑤ 학술대회 개최시 부스설치비 및 광고게재비로 지출한 금액(**국심 2005서 2806, 2007. 1. 18.**). 동 금액은 불특정다수인을 상대로 당해 법인의 이미지 및 특정의약품의 광고선전을 위하여 지불한 대가이므로 광고선전비에 해당한다.

⑥ 불우이웃에게 주택을 신축·보수하는 방송에 제공된 공사비(**조심 2008서 1174, 2009. 2. 17.**)

⑦ 자체적인 포인트카드시스템이 없는 내국법인이 자사제품의 매출을 촉진하기 위하여

해당 시스템을 갖춘 다른 법인(이하 "포인트운영사"라 한다)과 업무제휴 계약을 체결하고, 그 계약내용에 따라 포인트운영사의 회원이 당해 내국법인의 직영 또는 자영대리점에서 제품구매 시에 적립한 포인트에 일정금액을 광고선전비로 포인트운영사에게 지급하는 경우(법인-616, 2010. 6. 29.)

⑧ 내국법인이 청년 실업 문제를 해결하기 위해 협력업체, 지역기업 등과 함께 청년구직자를 대상으로 직업훈련·인턴십 등을 실시하고 취업으로 연계하는 "고용디딤돌 프로그램"을 시행함에 따라 교육생 또는 인턴에게 지급하는 훈련수당, 급여 또는 취업지원금이 정부의 고용확대 정책에 적극 참여하는 기업이미지를 홍보하기 위하여 지급된 것으로서 그 지급규모가 해당 법인의 광고선전비·매출액 규모 등에 비추어 적정하다고 인정되는 경우의 해당 지급액(서면법령법인-2225, 2015. 12. 28.).

5-13. 주식매수선택권 행사에 따른 지급액 등

"2-7. 주식기준보상 등"을 참조(p.379)하기 바란다.

5-14. 중소기업 및 중견기업의 핵심인력 성과보상기금 납입액

중소기업기본법에 따른 중소기업 및 조세특례제한법 시행령 제4조【중소기업 등 투자 세액공제】제1항에 따른 중견기업이 「중소기업 인력지원 특별법」에 따라 부담하는 기여금은 손금으로 본다(법령 §19(20)).

중소기업 및 중견기업의 핵심인력 성과보상 제도는 핵심인력의 장기근속을 유도하기 위하여 중소기업(또는 중견기업)과 핵심인력이 함께 기금을 납입하고, 5년 이상 재직할 경우 적립액(기업납입액＋핵심인력 납입액＋만기이자)을 전액 핵심인력에게 지급하는 제도이다. 종전에는 중소기업만 대상이었으나 중견기업 근로자의 장기재직을 지원하기 위하여 2019. 2. 12. 중견기업까지 그 적용대상을 확대하였다.

◉ 중소기업 및 중견기업의 핵심인력 성과보상기금 관련 규정 ◉

구 분	내 용	중소기업	중견기업
기업의 납입액에 대한 세제지원	• 납입액의 손금산입(법령 §19(20))	손금	손금
	• 납입액에 대하여 연구·인력개발비세액공제 적용(조특칙 §7⑩(4))	세액공제	해당 없음
적립금 수령시 핵심인력에 대한 세제지원	• 핵심인력이 중소기업 핵심인력 성과보상금을 5년 이상 납입하고 성과보상기금으로부터 공제금을 수령한 경우 성과보상금 중 기업 납입금에 대한 소득세 감면(조특법 §29의6①)	소득세 50% 감면	소득세 30% 감면

● 핵심인력 성과보상기금 관련 사례 ●

구 분	내 용
내일채움공제금 5년분 일괄 선납시 손금 귀속시기	「중소기업 인력지원특별법」 제35조의2에 따른 중소기업 청년근로자 및 핵심인력 성과보상기금에 가입하고 같은 법 제35조의3 제1항 제1호에 따른 '중소기업이 부담하는 기여금'을 선납하는 경우, 해당 선납 기여금은 당초 내일채움공제 계약에 따른 공제 가입기간의 월별 납입기일이 속하는 사업연도의 손금에 산입하는 것임(서면-2019-법령해석법인-0980 [법령해석과-1964], 2020. 6. 25.).
청년내일채움공제 기업부담금의 손금 여부	「중소기업기본법」 제2조 제1항에 따른 중소기업이 「중소기업 인력지원 특별법」 제35조의6과 「고용정책 기본법」 제25조 및 「청년고용촉진 특별법」 제7조에 따른 청년내일채움공제에 가입함에 따라 납입하는 기업부담금은 「법인세법」 제19조 및 같은 법 시행령 제19조 제20호에 따라 손금에 산입하는 것임(서면-2021-법령해석법인-7515 [법령해석과-4625], 2021. 12. 23.).

5-15. 임직원 사망 후 유족에게 일시적으로 지급하는 위로금

(1) 입법취지

법인이 사망한 임직원의 유가족에게 지급하는 학자금 등은 종전에는 손금에 산입되지 아니하였다. 유가족에 대한 생활보호 지원을 위하여 임직원 사망 후 유가족에 일정한 기준에 따라 지급하는 학자금 등 일시적으로 지급하는 금액은 2015. 2. 3.이 속하는 사업연도의 지급분부터 손금에 산입하도록 하였다.

(2) 손금산입 요건

임직원(지배주주 등 제외)의 사망 이후 유족에게 학자금 등으로 일시적으로 지급하는 금액으로 임직원의 사망 전에 정관이나 주주총회·사원총회 또는 이사회의 결의에 의하여 결정되어 임직원에게 공통적으로 적용되는 지급기준에 따라 지급되는 것은 손금으로 본다(법령 §19(21), 법칙 §10의3).

5-16. 사내근로복지기금 등에 출연한 금품

종전에는 법인이 사내근로복지기금, 협력중소기업의 사내근로복지기금, 공동근로복지기금에 기부하는 금액은 일반기부금으로 보아 일정한 한도 내에서 손금에 산입하였다. 기업의 근로자 복지사업을 지원하기 위하여 2021. 1. 1. 이후 지출하는 분부터 다음 기금에 출연하는 금품을 전액 손금에 산입하도록 하였다(법령 §19(22)).

① 해당 내국법인이 설립한 「근로복지기본법」 제50조에 따른 사내근로복지기금

② 해당 내국법인과 다른 내국법인 간에 공동으로 설립한 「근로복지기본법」 제86조의2에

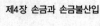

따른 공동근로복지기금

③ 해당 내국법인의 「조세특례제한법」 제8조의3 제1항 제1호에 따른 협력중소기업이 설립한 「근로복지기본법」 제50조에 따른 사내근로복지기금

④ 해당 내국법인의 「조세특례제한법」 제8조의3 제1항 제1호에 따른 협력중소기업 간에 공동으로 설립한 「근로복지기본법」 제86조의2에 따른 공동근로복지기금

5-17. 동업기업으로부터 배분받은 결손금

동업기업 과세특례를 적용받는 동업기업에는 과세하지 않고, 동업기업의 과세기간 종료일을 기준으로 동업기업의 소득금액(결손금)을 동업자에게 배분하여 동업자에게만 과세한다(조특법 §100의16① · ②).

이에 따라 동업자인 법인이 동업기업으로부터 배분받은 소득금액은 익금으로, 배분받은 결손금은 손금으로 본다(법법 §15②(3), §19③).

5-18. 기타의 손비

법인세법은 순자산증가설에 의하므로, 순자산감소액도 손금불산입항목이 아닌 한 손금으로 본다(법령 §19(20)).

┌─ 〈업무와 관련하여 지출한 손해배상금〉 ─

법인이 지출하는 손해배상금은 그 배상의 원인이 된 행위가 업무수행과 관련되고, 그 행위를 한 임직원에게 고의나 중과실이 없으면 손금으로 본다(법기통 19-19…14). 업무와 관련이 없는 것은 업무무관비용이므로, 임직원에게 고의나 중과실이 있는 것은 채권(구상권 행사)이므로 손금으로 보지 아니한다.

6. 자본거래 등으로 인한 손비의 손금불산입

자본거래란 증자 또는 감자와 같은 자본의 증감 관련 거래 및 잉여금 처분에 따른 배당과 같은 소유주와의 거래를 말한다.

자본거래에서 발생한 손비는 기업회계에서 비용으로 처리하지 않고, 세법에서도 손금에 산입하지 아니한다.

1. 잉여금의 처분을 손비로 계상한 금액

결산을 확정할 때 잉여금의 처분을 손비로 계상한 금액은 각 사업연도의 소득금액을 계산할 때 손금에 산입하지 아니한다(**법법 §20(1)**).

2. 주식할인발행차금

기업회계상 주주로부터 현금을 수령하고 주식을 발행하는 경우에 주식(상환우선주 등 포함)의 발행금액이 액면금액보다 큰 경우에는 그 차액을 주식발행액면초과액으로 하여 자본잉여금으로 회계처리한다.

그러나 이와 반대로 발행금액이 액면금액보다 적은 경우에는 그 차액을 주식발행액면초과액의 범위 내에서 상계처리하고, 미상계된 잔액이 있는 경우에는 자본조정의 주식할인발행차금으로 회계처리하고, 그후 이익잉여금으로 상각한다. 이 경우 이익잉여금처분(결손금처리)으로 상각되지 않은 주식할인발행차금은 향후 발생하는 주식발행액면초과액과 우선적으로 상계한다(**일반기준 15장 문단 3**).

세법에서도 「상법」 제417조에 따라 주식을 액면미달의 가액으로 발행하는 경우 그 미달하는 금액과 신주발행비의 합계액을 주식할인발행차금으로 본다(**법법 §20(2)**). 동 주식할인발행차금은 법인의 자본거래에서 발생하는 부의 자본금이므로 손금에 산입하지 아니한다(**법법 §20(3)**).

따라서 회사가 주식할인발행차금을 자본조정의 항목으로 계상하는 경우에는 세무조정을 할 필요가 없으나, 이를 손비로 계상한 경우에는 손금불산입으로 세무조정을 하여야 한다.

여기서 주식할인발행차금에 해당하는 "신주발행비"란 주식을 신규로 발행하는 경우에 그 신주발행 수수료와 신주발행을 위하여 직접지출한 비용을 말하는 것으로, 이는 신주발행이 없었다면 발생하지 않았을 비용을 의미한다.

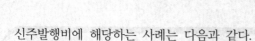

신주발행비에 해당하는 사례는 다음과 같다.

① 주식발행시 납부하는 등록면허세 및 신주발행을 위하여 직접 지급하는 법률비용, 주권인쇄비, 우송료, 등록비, 사무처리비 및 광고료(법집 20-0-1)

② 신주발행을 위한 주간사의 인수 수수료, 주주모집비용 및 대행수수료, 그 밖의 행정절차 대행수수료(법인 2003-14, 2003. 6. 30.)

③ 법인이 신주발행과 관련하여 증권사에 지급하는 공모대행 인수 수수료(서이 46012-10205, 2001. 9. 20.)

그러나 다음의 비용은 신주발행비가 아니므로, 이를 손금에 산입한다.

① 신주의 발행과 직접적인 관련없이 발생한 일반 재무적 자문, 총괄적 경영분석 및 평가, 구조조정 관련 자문 등의 대가로 지출하는 자문용역수수료(서이 46012-10415, 2003. 3. 4.)

② 제휴업무자문계약서상 자문료책정기준을 신주발행금액의 3%로 정한 경우, 그 실질이 신주의 발행과 직접적인 관련 없는 비용(국심 2003전 3080, 2004. 3. 23.)

3. 감자차손

"감자차손"이란 자본감소의 경우로서 그 감소액이 주식의 소각, 주금의 반환에 든 금액에 미달하는 금액을 말한다.

따라서 내국법인의 각 사업연도 소득금액을 계산할 때 감자차손은 손금에 산입하지 아니한다.

4. 자본거래 등으로 인한 손비의 손금불산입 사례

구 분	내 용
신주인수권의 매입소각 손실	분리형 신주인수권부사채를 발행한 법인이 신주인수권을 매입하여 소각함으로써 발생하는 손실은 손금에 해당하지 않는다(**재법인 46012-62, 2003. 4. 15.**).
이익소각 관련 자문용역수수료 등	이익소각을 위하여 지출한 관련자문용역 및 장외매수대행수수료는 손금에 산입하지 아니한다(**법인-579, 2013. 10. 25.**).
유보된 이익을 분여하기 위한 임원 보수	법인이 지배주주인 임원(그와 특수관계에 있는 임원 포함)에게 보수를 지급하였더라도, 그 보수가 법인의 영업이익에서 차지하는 비중과 규모, 해당 법인 내 다른 임원들 또는 동종업계 임원들의 보수와의 현저한 격차 유무, 정기적·계속적으로 지급될 가능성, 보수의 증감 추이 및 법인의 영업이익 변동과의 연관성, 다른 주주들에 대한 배당금 지급 여부, 법인의 소득을 부당하게 감소시키려는 주관적 의도 등 제반 사정을 종합적으로 고려할 때, 해당 보수가 임원의 직무집행에 대한 정상적인 대가라기보다는 주로 법인에 유보된 이익을 분여하기 위하여 대외적으로 보수의 형식을 취한 것에 불과하다면, 이는 이익처분으로서 손금불산입 대상이 되는 상여금과 그 실질이 동일하므로 「법인세법 시행령」 제43조에 따라 손금에 산입할 수 없다고 보아야 한다(**대법원 2015두 60884, 2017. 9. 21.**).
자본감소절차에 따른 자기주식 취득대가	자본감소절차의 일환으로서 자기주식을 취득하여 소각하는 것은 자본의 증감에 관련된 자본거래이므로 주식소각의 목적에서 자기주식 취득의 대가로 지급한 금액은 자본의 환급에 해당할 뿐 손익거래로 인하여 발생하는 손금에 해당하지 않는다(**대법원 2013두 673, 2013. 5. 25.**).

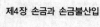
7. 대손금

1. 개 요

법인이 보유하고 있는 받을어음·외상매출금 등의 매출채권과 미수금·대여금 등의 채권이 채무자의 파산·강제집행이나 그 밖의 일정한 사유로 회수할 수 없게 될 수 있다. 이와 같이 법인의 채권이 회수할 수 없게 된 경우에 적용하는 세법규정은 「부가가치세법」 제45조의 "대손세액의 공제특례"와 「법인세법」 제19조의2의 "대손금의 손금불산입" 규정이다.

당초 부가가치세가 과세되는 재화나 용역을 공급하여 발생한 채권이 회수불능하게 된 경우에는, 다음 두 가지 중 한 가지 방법을 선택하여 처리할 수 있다.

> [방법 1] 부가가치세를 포함한 전체 채권을 대손금으로 손금에 산입하는 방법
> [방법 2] 「부가가치세법」에 따라 채권의 10/110을 대손세액공제로 부가가치세 매출세액에서 공제하고 잔액만 대손금으로 손금산입하는 방법

위의 두 가지 방법 중 [방법 2]가 절세목적상 더 좋다. 대손세액공제를 적용받으면 대손세액공제만큼 부가가치세가 감소하므로 부가가치세 매출세액 미수금을 전액 회수한 효과가 생긴다. 그러나 대손금으로 손금에 산입하면 부가가치세 매출세액 미수금에 법인세와 법인지방소득세의 한계세율(최대 27.5%)을 곱한 금액만큼의 절세효과 밖에 없다. 따라서 당초 부가가치세가 과세된 채권은 대손세액공제를 먼저 받고, 잔액을 대손처리하고, 당초 부가가치세가 과세되지 않은 채권은 대손금으로 손금에 산입하여야 할 것이다.

구 분	회수불능시 처리
당초 부가가치세가 과세된 채권	대손세액공제 → 대손세액공제를 뺀 잔액은 대손금으로 손금공제
당초 부가가치세 과세되지 않은 채권	회수불능 채권 전액을 대손금으로 손금공제

부가가치세 매출세액 미수금을 대손세액공제도 받고, 또 대손금으로 손금산입하는 것이 더 좋지 않느냐고 생각할 수도 있다. 그러나 대손세액공제를 적용받은 부가가치세 매출세액 미수금을 다시 대손금으로 손금에 산입하는 것은 세무상 허용되지 아니한다. 「법인세법 시행령」에도 회수할 수 없는 부가가치세 매출세액 미수금은 「부가가치세법」 제45조에 따라 대손세액공제를 받지 않은 것에 한정하여 손금에 산입한다고 규정하고 있으므로 이중 공제는 허용되지 아니한다(법령 §19의2(8)).

● 「법인세법」의 대손금과 「부가가치세법」의 대손세액공제 비교 ●

구 분	대손금	대손세액공제
대상채권	채무 보증으로 발생한 구상채권과 특수관계인에 대한 업무무관 가지급금을 제외한 모든 채권(부가가치세의 과세 여부 무관)	부가가치세가 과세된 채권
대손확정기한	대손확정시기에 대한 제한 없음.	공급일부터 10년이 지난 날이 속하는 과세기간에 대한 확정신고기한까지 대손이 확정되어야 함.
대손요건	법인세법 규정 적용	법인세법 규정 준용
둘 다 적용한 경우 적용 순위	대손세액공제를 받은 금액은 손금불산입함.	대손세액공제를 먼저 적용함.

2. 대손금으로 손금에 산입할 수 있는 채권의 범위

2-1. 대손금으로 손금에 산입할 수 있는 채권

「법인세법」상 대손금이 될 수 있는 채권에는 특별한 제한이 없다. 영업거래에서 발생된 채권이든 영업거래 외의 거래에서 발생된 채권이든 모든 채권은 회수불능하면 대손금으로 손금에 산입할 수 있다. 다음의 채권도 회수불능한 경우 대손금으로 손금에 산입할 수 있다.

구 분	대손금이 될 수 있는 채권 사례
매출채권	① 국외 특수관계법인과의 거래에서 발생한 매출채권(**서면법령법인**-554, 2015. 10. 5.) ② 청과물류 지정도매인이 중매인으로부터 회수하지 못한 농산물대금(**국심** 89서 141, 1989. 4. 27.) ③ 과거 사업연도분 법인세 신고를 완료한 법인이 당해 신고내용 중 법인의 자산 및 부채가 장부상 누락된 것으로 확인되는 경우에는 이를 세무조정으로 익금 또는 손금에 산입하여 수정신고한 경우에 신고조정으로 계상한 매출채권(**서이**-483, 2005. 4. 1.). ④ 법인이 할부판매사업자로부터 할부매출채권을 할인매입하면서 해당 채권의 양도·양수 후에 회수불능채권이 발생하더라도 양도자에 대하여 상환청구권을 행사하지 못하는 조건으로 계약을 체결한 경우 해당 법인의 회수불능채권(**법인** 46012-2217, 1998. 8. 8.)
선급비용	⑤ 법인이 비용으로 회계처리하였으나 해당 사업연도에 대한 세무조사 결과 선급비용으로 손금불산입(유보)한 금액(**서면2팀**-2079, 2006. 10. 17.)
대여금	⑥ 시공사가 시행사에 PF사업과 직접 관련한 대여한 금액(**재법인**-119, 2015. 2. 24.) ⑦ 업무와 관련된 해외 현지법인에 대한 대여금(**법인세과**-568, 2012. 9. 21.) ⑧ 도시개발사업조합의 조합원이며 동 도시개발구역에서 건물 개발 및 공급업을 하는 법인이 조합에 사업비를 대여한 경우 해당 사업비 대여금(**재법인**-1214, 2012. 12. 7.)

구 분	대손금이 될 수 있는 채권 사례
회사채	⑨ 내국법인이 보유한 해외신주인수권부 사채(법인-255, 2010. 3. 18.)와 코스닥상장 법인이 발행한 신주인수권부사채(법인-338, 2009. 3. 27.)
예금	⑩ 은행이 보유하고 있는 금융회사에 대한 후순위예금(서면2팀-2289, 2004. 11. 10.)
횡령액	⑪ 사용인이 고객예금을 불법인출 후 해외로 도주하여 금융회사가 대신 변제한 금액 (법인 46012-603, 1997. 2. 27.) ⑫ 사용인이 법인의 공금을 횡령한 경우에 제반조치를 취해도 회수할 수 없는 횡령액 (사전법령법인-373, 2015. 12. 14.)
기타채권	⑬ 토지 매입계약을 해지한 경우의 토지매매계약 해지환급금(서면법령법인-20598, 2015. 2. 17.) ⑭ 내국법인에게 전기사업부문을 양도한 법인이 해당 사업부문에서 발생한 부외부채를 숨긴 채 영업양도한 경우로서, 법원판결에 따라 양수법인이 해당 부외부채의 일부 금액을 채권자에게 지급하고 양도법인에 대해 계상한 구상채권(법규법인 2012-386, 2012. 11. 20.) ⑮ 사업의 양수·도계약에 따라 양도한 채권 중 회수불능채권에 대하여 양도법인이 다시 인수받기로 사전약정한 그 회수불능채권이 대손금에 해당하는 경우(법인 22601-2086, 1988. 4. 22.)
장부상 누락되었으나 익금산입된 채권	⑯ 세무조사시 매출누락으로 익금산입된 미수채권이 그 후 사업연도에 대손요건에 해당하는 경우(세무조정에 의하여 손금산입함)(법인 22601-2831, 1986. 9. 16., 국심 부산 96-630, 1997. 1. 10.) ⑰ 공사대금으로 받은 어음을 현금수입으로 계상함에 따라 장부상 누락된 경우로서 대손요건을 구비한 경우(법인 46012-176, 2001. 1. 18.)

2-2. 대손금으로 손금에 산입할 수 없는 채권

앞에서 모든 채권은 회수불능하면 대손금으로 손금에 산입할 수 있다. 다만, 다음의 채권만 예외적으로 대손금을 손금으로 인정하지 아니한다(법법 §19의2②).

---

① 채무보증으로 인하여 발생한 구상채권(求償債權)
② 특수관계인에 대한 업무무관 가지급금
③ 대손세액공제를 받은 부가가치세 매출세액 미수금

위의 ①과 ②의 경우에는 대손금뿐만 아니라 처분손실도 손금불산입되는 점에 유의해야 한다.

(1) 채무보증으로 인하여 발생한 구상채권

1) 개 요

1997년 우리나라는 재벌그룹들이 연쇄적으로 도산하면서 외환보유액이 급감하는 외환위기를 겪었다. 재벌그룹들이 연쇄 도산한 것은 계열사 간의 채무보증을 통한 과다한 차입에 의존하여 경영한 것이 원인이었다. 이에 따라 정부는 법인이 채무보증을 하는 것을 규제하기 위하여 1997년 말에 「법인세법」을 개정하여 상장법인, 협회등록법인, 대규모기업집단에 속하는 법인이 1998. 1. 1. 이후 채무보증(1997. 12. 31. 전에 채무보증한 것으로서 그 보증기한을 연장하는 것 포함)으로 발생한 구상채권은 대손금을 손금불산입하도록 하였다.

그 후 1998년 말에 다시 「법인세법」을 개정하여 1999. 1. 1. 이후 채무보증(1998. 12. 31. 전에 채무보증한 것으로서 그 보증기한을 연장하는 것 포함)분부터는 손금불산입대상을 모든 법인으로 확대하였다. 채무보증으로 인한 구상채권에 대한 대손금의 손금불산입을 회피하기 위하여 구상채권을 처분하여 처분손실을 손금에 산입하는 사례가 있어서 2001년 말 「법인세법」을 개정하여 2002. 1. 1.부터는 구상채권의 처분손실도 손금불산입하도록 하였다.

2) 채무보증으로 인한 구상채권의 대손금과 처분손실의 손금불산입

채무보증으로 인하여 발생한 구상채권(求償債權)은 회수불능한 경우에도 대손금과 처분손실을 손금에 산입할 수 없다(법법 §19의2②(1)). 다만, 다음 어느 하나에 해당하는 채무보증으로 인하여 발생한 구상채권은 대손금과 처분손실을 손금에 산입할 수 있다(법령 §19의2⑥).

① 「독점규제 및 공정거래에 관한 법률」 제10조의2 제1항 각호의 어느 하나에 해당하는 채무보증

② 「법인세법 시행령」 제61조 제2항 각호의 어느 하나에 해당하는 금융회사 등이 행한 채무보증

③ 법률에 따라 신용보증사업을 영위하는 법인이 행한 채무보증

④ 「대·중소기업 상생협력 촉진에 관한 법률」에 따른 위탁기업이 수탁기업협의회의 구성원인 수탁기업에 대하여 행한 채무보증

⑤ 건설업 및 전기통신업을 영위하는 내국법인이 건설사업(미분양주택을 기초로 하는 「법인세법 시행령」 제10조 제1항 제4호 각목 외의 부분에 따른 유동화거래를 포함한다)과 직접 관련하여 「법인세법 시행령」 제87조에 따른 특수관계인에 해당하지 아니하는 자에 대한 채무보증. 다만, 다음 중 어느 하나에 해당하는 자에 대한 채무보증은 특수관계인에 대한 채무보증을 포함한다(법칙 §10의5).

㉮ 「사회기반시설에 대한 민간투자법」 제2조 제7호에 따른 사업시행자

㉯ 「국유재산법」 제13조 제2항 제1호 또는 「공유재산 및 물품 관리법」 제7조 제2항 제1호에 따라 기부한 행정재산을 운영하는 내국법인

㉣ 「법인세법」 제51조의2 제1항 제1호·제2호·제4호·제6호에 해당하는 내국법인 또는 이와 유사한 투자회사로서 같은 항 제9호 각목에 해당하는 요건을 갖춘 내국 법인

⑥ 「해외자원개발 사업법」에 따른 해외자원개발사업자가 해외자원개발사업과 직접 관련하 여 해외에서 설립된 법인에 대하여 행한 채무보증 `23 신설`

⑦ 「해외건설 촉진법」에 따른 해외건설사업자가 해외자원개발을 위한 해외건설업과 직접 관련하여 해외에서 설립된 법인에 대해 행한 채무보증 `23 신설`

□ 건설업체가 시행사에 대한 채무보증으로 인하여 발생한 구상채권 처분손실의 손금산입 여부(서면-2017-법인-2108, 2017. 12. 8.)

(질 의)

질의법인은 건축 및 토목, 플랜트공사와 주택건설 등을 영위하고 있는 비상장법인으로 시행사 (특수관계 없음)의 주택분양사업 등과 관련한 금융기관 차입금에 대해 채무보증에 따른 대위변 제를 하였고, 시행사에 대한 구상채권(이하 "쟁점 구상채권")을 보유하고 있으며, 쟁점 구상채 권을 공개경쟁입찰 방식으로 특수관계가 없는 자에게 매각할 계획임. 채무보증으로 인하여 발 생한 구상채권 처분손실의 손금산입 여부?

(회 신)

내국법인이 「법인세법 시행령」 제19조의2 제6항의 채무보증으로 인하여 발생하는 구상채권을 특수관계가 없는 불특정 응찰자를 대상으로 공개경쟁입찰을 통하여 가장 높은 가액을 제시하는 응찰자에게 그 가액으로 매각함으로써 발생하는 처분손실은 각 사업연도 소득금액 계산을 함에 있어서 손금에 산입하는 것임.

□ 건설업체가 공사완료 후 공사대금회수를 위한 목적으로 비특수관계인에게 제공하는 채무보증(기획 재정부 법인세제과-1148 [기획재정부 법인세제과-1148], 2018. 9. 7.)

건설업을 영위하는 내국법인이 공사완료 후 공사대금회수를 위한 목적으로 비특수관계인에게 제공하는 채무보증은 「법인세법 시행령」 제19조의2 제6항 제5호의 규정에 의해 건설업과 직접 관련한 채무보증에 해당되는 것이며, 동 채무보증으로 발생한 구상채권의 처분손실은 「법인세 법 시행령」 부칙(대통령령 제27828호, 2017. 2. 3.) 제8조를 준용하여 2017년 2월 3일이 속하는 사업연도에 대한 법인세의 과세표준을 신고하는 분부터 손금에 산입할 수 있는 것임(기획재정 부 법인세제과-1148, 2018. 9. 7.).

---

3) 보증채무대위변제 구상채권 관련 사례

① 소송상대방이 부담하여야 할 소송비용 : 법인이 지출한 소송비용이 법원의 판결에 의해 소송상대방의 부담으로 확정된 경우 동 금액은 구상채권으로서 해당 법인의 자산으로 계 산하는 것이나 회수할 수 없는 때에는 손금산입할 수 있다(서면2팀-387, 2006. 2. 27.).

② 피보증회사의 청산의 경우 : 내국법인이 채무보증(「독점규제 및 공정거래에 관한 법률」 제10조의2 제1항 각호의 어느 하나에 해당하는 채무보증 등은 제외)으로 인한 구상채권 은 피보증회사의 청산 여부에 불구하고 「법인세법」 제19조의2 제2항 제1호에 적용되지 아

니하므로 손금산입할 수 없다(법인-42, 2010. 1. 12.).

③ 내국법인이 건설주간사, 건설투자자의 지위 및 시공권을 확보할 목적으로 특수관계 없는 제3자를 사업시행사의 주주로 참여시키고, 금융기관에 신용을 제공하여 그 제3자 명의로 금융채무를 일으켜 일정기간 경과 후 그 금융채무에 대한 대출원리금을 대위변제하기로 약정한 경우(금융채무에 대해 그 내국법인의 구상권이 인정되지 않는 경우로 한정), 그 금융채무 대위변제액은 「법인세법」 제19조의2 제2항 제1호에서 규정하는 채무보증으로 인하여 발생한 구상채권에 해당하지 않는다(법인세과-2000, 2017. 7. 20.).

(2) 특수관계인에 대한 업무무관 가지급금

1) 특수관계인에 대한 업무무관 가지급금의 범위

「법인세법」 제28조 제1항 제4호 나목에 해당하는 특수관계인에 대한 업무무관 가지급금의 대손금과 처분손실은 손금에 산입하지 아니한다(법법 §19의2②(2)). 특수관계인에 대한 업무무관 가지급금이란 명칭 여하에 불구하고 당해 법인의 업무와 관련이 없는 자금의 대여액(「법인세법 시행령」 제61조 제2항 각호의 1에 해당하는 금융회사 등의 경우 주된 수익사업으로 볼 수 없는 자금의 대여액을 포함한다)을 말한다(법령 §53①).

2) 업무무관 가지급금으로 보지 않는 것

직원에 대한 경조사비 대여액, 학자금 대여액 등은 가지급금으로 보지 아니한다. 이에 대한 설명은 p.567을 참조할 것

3) 특수관계인에 대한 업무무관 가지급금의 판단시기

특수관계인에 대한 업무무관 가지급금인지 여부는 어느 시점을 기준으로 판단하는 것인가? 예를 들어, 자금 대여당시는 특수관계인이었으나, 대손사유 발생시에는 특수관계인이 아닌 경우에도 대손금을 손금불산입하는가?

과세당국은 대손사유가 발생할 당시 특수관계인이 아닌 경우에도 대여시점에 특수관계인인 경우에는 업무무관 가지급금에 대한 대손금 손금불산입대상에 해당한다고 보았다. 그런데, 대법원은 "이 규정의 입법 취지는 법인이 특수관계자에게 업무와 무관하게 가지급금을 제공하고 그 회수에 노력을 기울이지 아니하다가 대손사유가 발생하여 채권 회수가 불가능하게 된 경우에는 그 대손금을 손금불산입함으로써 특수관계자에 대한 비정상적인 자금대여관계를 유지하는 것을 제한하고 기업자금의 생산적 운용을 통한 기업의 건전한 경제활동을 유도하는 데 있는 점, 법인이 특수관계자에게 업무와 무관하게 가지급금을 제공한 후 대손사유가 발생하기 전에 특수관계가 소멸하였다면 더 이상 비정상적으로 자금을 대여하고 있는 것이라고 볼 수 없으므로 업무무관 가지급금에 대한 세법적 규제를 가할 필요가 없는

점 등을 종합하여 보면, 대손금을 손금에 산입할 수 없는 특수관계자에 대한 업무무관 가지급금인지 여부는 대손사유가 발생할 당시를 기준으로 판단하여야 할 것이다"라고 판결하였다(대법원 2012두 6247, 2014. 7. 24.). 과세당국과 법원의 입장이 상충되어 실무상 혼란이 있는 점을 고려하여 "대여시점에 특수관계인인 경우에는 업무무관 가지급금으로 보아 대손금을 손금불산입하는 것"으로 법인세법을 개정하여 2021. 1. 1. 이후 대여하는 분부터 적용하도록 하였다.

(3) 대손세액공제를 받은 부가가치세 매출세액 미수금

부가가치세 매출세액미수금을 회수할 수 없는 경우에 「부가가치세법」 제45조에 따라 대손세액공제를 받지 않은 경우에는 대손금을 손금에 산입할 수 있으나, 대손세액공제를 받은 경우에는 대손금을 손금에 산입할 수 없다(법령 §19(8)). 그러나 대손세액공제를 받으면 다음과 같이 회계처리하므로 매출채권이 감소하여 그 금액을 다시 대손금으로 처리하는 회계처리를 할 수 없다. 따라서 대손금을 손금불산입하는 세무조정도 할 필요가 없다.

(차) 부가가치세 예수금 ××× (대) 매 출 채 권 ×××

부가가치세 매출세액 미수금을 대손금으로 손금에 산입한 경우에도 그 후에 그 금액에 대하여 대손세액공제를 받을 수 있다(조심 2009서 4187, 2010. 6. 17.). 이와 같이 부가가치세 매출세액 미수금을 먼저 대손금으로 손금에 산입한 후에 대손세액공제를 받는 경우에는 대손금으로 손금산입한 금액을 손금불산입으로 세무조정을 하여야 한다.

3. 대손요건

3-1. 개 요

대손금은 청구권이 법적으로 소멸된 경우와 청구권이 법적으로 소멸되지 아니하였으나 채무자의 자산상황·지급능력 등에 비추어 회수불가능하다는 회계적 인식을 기초로 하여 손금에 산입하는 경우로 나눌 수 있다.

전자의 경우에는 채권이 회수할 수 없게 된 것이므로 대손금에 대한 회계처리를 하지 않은 경우에도 청구권이 소멸된 날이 속하는 사업연도의 손금으로 보므로 신고조정사항(강제조정사항)에 해당한다(서이 46012-10868, 2002. 4. 25.). 따라서 신고조정사항에 해당하는 대손금은 대손요건을 구비한 사업연도의 손금에 해당하므로 결산상 대손처리를 하지 못한 경우에도 신고조정으로 손금산입할 수 있고, 신고조정을 하지 못한 경우에는 경정청구할 수 있다.

그러나 후자의 경우에는 채권 자체가 그대로 존재하지만 회수불가능하다고 판단되는 경우이므로 기업회계상 비용으로 처리한 경우에 한하여 세무상 손금으로 보는 결산조정사항이다

(대법원 87누 465, 1988. 9. 27., 대법원 89누 2097, 1989. 9. 12.). 결산조정사항인 대손금은 결산상 대손처리하지 않은 경우에는 손금산입의 신고조정을 할 수 없고, 경정청구도 할 수 없다.

신고조정사항인 대손금	결산조정사항인 대손금
① 소멸시효가 완성된 채권 　㉮ 「상법」에 따른 소멸시효가 완성된 외상매출금 및 미수금 　㉯ 어음법에 따른 소멸시효가 완성된 어음 　㉰ 수표법에 따른 소멸시효가 완성된 수표 　㉱ 「민법」에 따른 소멸시효가 완성된 대여금 및 선급금 ② 「채무자 회생 및 파산에 관한 법률」에 따른 회생계획인가의 결정 또는 법원의 면책결정에 따라 회수불능으로 확정된 채권 ③ 채무자의 재산에 대한 경매가 취소된 압류채권 ④ 「서민의 금융생활 지원에 관한 법률」에 따른 채무조정을 받아 같은 법 제75조의 신용회복지원협약에 따라 면책으로 확정된 채권	① 채무자의 파산, 강제집행, 형의 집행, 사업의 폐지, 사망, 실종 또는 행방불명으로 회수할 수 없는 채권 ② 부도발생일부터 6개월 이상 지난 수표 또는 어음상의 채권 및 중소기업의 외상매출금(채권자가 중소기업인 경우를 말함)으로서 부도발생일 이전의 것(저당권을 설정하고 있는 경우 제외) ③ 중소기업의 외상매출금·미수금으로서 회수기일이 2년 이상 지난 경과한 외상매출금·미수금(다만, 특수관계인과의 거래로 인하여 발생한 외상매출금·미수금은 제외) ④ 재판상 화해 등 확정판결과 같은 효력을 가지는 것으로서 민사소송법에 따른 화해 및 화해권고결정, 민사조정법에 따른 결정(조정을 갈음하는 결정) 및 조정에 따라 회수불능으로 확정된 채권 ⑤ 회수기일이 6개월 이상 지난 채권 중 채권가액이 30만원 이하(채무자별 채권가액의 합계액을 기준으로 함)인 채권 ⑥ 물품의 수출 또는 외국에서의 용역제공으로 발생한 채권으로서 기획재정부령이 정하는 사유에 해당하여 무역에 관한 법령에 따라 「무역보험법」 제37조에 따른 한국무역보험공사로부터 회수불능으로 확인된 채권 ⑦ 금융기관의 채권(여신전문금융회사인 신기술사업금융업자의 경우에는 신기술사업자에 대한 것에 한정한다) 중 다음의 채권 　㉮ 금융감독원장이 기획재정부장관과 협의하여 정한 대손처리기준에 따라 금융회사 등이 금융감독원장으로부터 대손금으로 승인받은 것 　㉯ 금융감독원장이 ㉮의 기준에 해당한다고 인정하여 대손처리를 요구한 채권으로 금융회사 등이 대손금으로 계상한 것 　㉰ 중소기업창업투자회사의 창업자에 대한 채권으로서 중소기업청장이 기획재정부장관과 협의하여 정한 기준에 해당한다고 인정한 것

3-2. 소멸시효가 완성된 채권

(1) 「민법」상 채권의 소멸시효

1) 일반적인 경우

「민법」상 채권은 10년간 행사하지 아니하면 소멸시효가 완성된다(상법 §64).

2) 단기소멸시효

「민법」은 제163조와 제164조에 1년이나 3년의 단기소멸시효를 규정하고 있는데, 그 내용은 다음과 같다.

소멸시효기간	구 분	근 거
3년	① 이자, 부양료, 급료, 사용료 기타 1년 이내의 기간으로 정한 금전 또는 물건의 지급을 목적으로 한 채권 ② 의사, 조산사, 간호사 및 약사의 치료, 근로 및 조제에 관한 채권 ③ 도급받은 자, 기사 기타 공사의 설계 또는 감독에 종사하는 자의 공사에 관한 채권 ④ 변호사, 변리사, 공증인, 공인회계사 및 법무사에 대한 직무상 보관한 서류의 반환을 청구하는 채권 ⑤ 변호사, 변리사, 공증인, 공인회계사 및 법무사의 직무에 관한 채권 ⑥ 생산자 및 상인이 판매한 생산물 및 상품의 대가 ⑦ 수공업자 및 제조자의 업무에 관한 채권	민법 제163조
1년	⑧ 여관, 음식점, 대석, 오락장의 숙박료, 음식료, 대석료, 입장료, 소비물의 대가 및 체당금의 채권 ⑨ 의복, 침구, 장구 기타 동산의 사용료에 관한 채권 ⑩ 노역인, 연예인의 임금 및 그에 공급한 물건의 대금채권 ⑪ 학생 및 수업자의 교육, 의식 및 유숙에 관한 교주, 숙주, 교사의 채권	민법 제164조

3) 판결에 의하여 확정된 채권의 소멸시효

법원의 판결에 의하여 확정된 채권은 단기의 소멸시효에 해당한 것이라도 그 소멸시효는 10년으로 한다(민법 §64). 따라서 확정판결을 받은 경우에는 확정판결이 있는 때로부터 10년 이내에 권리를 행사하여야 한다. 확정판결뿐만 아니라 그와 동일한 효력이 있는 재판상의 화해, 조정 기타 판결과 동일한 효력이 있는 것과 파산절차에 의하여 확정된 채권의 소멸시효도 10년으로 한다.

(2) 「상법」상의 소멸시효

1) 「상법」상 원칙적인 소멸시효

상행위로 인한 채권은 「상법」에 다른 규정이 없는 때에는 5년간 행사하지 아니하면 소멸시효가 완성한다. 그러나 다른 법령에 이보다 단기 시효의 규정이 있는 때에는 그 규정에 의한다(상법 §64). 상행위로 인한 채권이 「민법」 제163조와 제164조의 규정된 단기소멸시효(1년, 3년)에 해당하는 경우에는 「민법」의 소멸시효가 「상법」의 소멸시효(5년)보다 단기이므로 「민법」의 소멸시효를 적용해야 하며, 판결에 의하여 확정된 채권은 「민법」에 따라 10년을 소멸시효로 한다.

판결에 의하여 확정된 채권은 단기소멸시효에 해당하는 것이라도 그 소멸시효를 10년으로 하는 것은 확정판결에 의하여 권리관계가 확정된 경우에도 이를 다시 단기의 소멸시효에 걸리는 것으로 한다면 권리자는 권리의 보존을 위하여 여러 번 시효중단의 절차를 밟아야 하는 불편이 따르므로 이를 해소하기 위한 것이다. 상행위로 인한 외상매출금이 판결에 의하여 확정되는 경우 그 소멸시효를 「상법」에서 직접적으로 규정한 바 없다면 「상법」 제1조의 규정에 의하여 「민법」이 보충적으로 적용되어야 하는 점에 비추어 볼 때 「민법」 제165조 제1항에서 판결에 의하여 확정된 채권이란 단기소멸시효에 해당되는 민사채권뿐만 아니라 상사채권도 포함된다 할 것이므로, 「상법」 제64조 단서 및 「민법」 제163조 제6호의 규정에 의하여 3년의 단기소멸시효에 해당되는 외상매출금이 판결에 의하여 확정되는 경우에는 「상법」 제1조 및 「민법」 제165조 제1항의 규정에 의하여 그 소멸시효는 10년으로 완성한다(국심 96경 2035, 1997. 2. 5.).

2) 「상법」상 소멸시효에 대하여 특별한 규정을 두고 있는 채권

「상법」이 특별히 규정하고 있는 채권의 소멸시효에는 다음과 같은 것이 있다.

① 운송주선인의 위탁자 또는 수하인에 대한 채권 : 1년(상법 §122)

② 창고업자의 임치인 또는 창고증권 소지인에 대한 채권 : 1년(상법 §167)

③ 운송인의 용선자, 송하인, 수하인에 대한 채권 : 1년. 이 기간은 당사자의 합의에 의하여 연장될 수 있다(상법 §814①).

④ 선박소유자의 용선자 또는 수하인에 대한 채권 및 채무 : 그 청구원인의 여하에 불구하고 선박소유자가 운송물을 인도한 날 또는 인도할 날부터 2년(상법 §840)

⑤ 정기용선계약에 관하여 발생한 당사자 사이의 채권 : 선박이 선박소유자에게 반환된 날부터 2년. 이 기간은 당사자의 합의에 의하여 연장될 수 있다(상법 §846).

⑥ 선체용선계약에 관하여 발생한 당사자 사이의 채권 : 선박이 선박소유자에게 반환된 날부터 2년(상법 §851)

⑦ 공동해손으로 인하여 생긴 채권 및 「상법」 제870조에 따른 구상채권은 그 계산이 종료

한 날부터 1년(상법 §875)

⑧ 선박의 충돌로 인하여 생긴 손해배상의 청구권 : 그 충돌이 있은 날부터 2년. 이 기간은 당사자의 합의에 의하여 연장될 수 있다(상법 §881).

⑨ 구조료청구권 : 구조가 완료된 날부터 2년. 이 기간은 당사자의 합의에 의하여 연장될 수 있다(상법 §895).

⑩ 운송인의 송하인 또는 수하인에 대한 채권 : 2년간 행사하지 아니한 경우(상법 §919)

(3) 어음상 채권과 수표상 채권의 소멸시효기간

근 거	구 분	소멸시효기간
어음법 제70조	인수인에 대한 환어음상의 청구권	만기일부터 3년
	소지인의 배서인과 발행인에 대한 청구권	적법한 기간 내에 작성시킨 거절증서의 날짜부터, 무비용상환(無費用償還)의 문구가 적혀 있는 경우에는 만기일 다음의 날부터 1년간
	배서인의 다른 배서인과 발행인에 대한 청구권	배서인이 어음을 환수한 날 또는 그 자가 제소된 날부터 6개월
수표법 제51조	소지인의 배서인, 발행인, 그 밖의 채무자에 대한 상환청구권	제시기간이 지난 후 6개월
	수표의 채무자의 다른 채무자에 대한 상환청구권	채무자가 수표를 환수한 날 또는 그 자가 제소된 날부터 6개월간

(4) 소멸시효 기산일

1) 변제기한을 정한 채권

장래의 일정한 날을 변제기한으로, 채권(확정기한부채권)은 그 변제기한이 도래한 때부터 소멸시효가 기산된다.

2) 변제기한을 정하지 아니한 채권

변제기한을 정하지 아니한 채권은 채권발생시부터 채권자가 권리를 행사할 수 있으므로 채권발생시부터 소멸시효가 기산된다.

▌사례 » 소멸시효 기산일

사업자 A는 2019. 9. 1.에 재화를 판매하고 세금계산서를 발급하였다. 다음의 각 경우 소멸시효 기산일은 언제인가?
① 변제기한을 정하지 않고 외상매출한 경우
② 변제기한을 2019. 11. 30.로 하는 약속어음을 받은 경우

▌해답▌

①의 경우 2019. 9. 1.이다.

변제기한을 정하지 않은 외상매출금 기타 매출채권에 대한 소멸시효의 기산일은 당해 외상매출금 기타 매출채권을 행사할 수 있는 때로부터 진행한다(**부가 46015-3244, 2000. 9. 19.**).

②의 경우 2019. 12. 1.이다.

부가가치세가 과세되는 재화 또는 용역을 공급하고 그 대가로 어음을 수취한 경우 「상법」상 소멸시효의 기산점은 당해 어음지급기일의 다음날이다(**부가 46015-2756, 1998. 12. 16., 부집 45-87-9 ②**).

(5) 소멸시효의 중단

소멸시효의 중단이란 소멸시효가 진행하는 도중에 채권자가 권리를 주장하거나 채무자가 채권자의 권리를 인정하는 경우에 이미 경과한 시효기간의 효력이 상실되는 것을 말한다. 소멸시효 중단사유가 발생하면 중단까지에 경과한 시효기간은 이를 산입하지 아니하고 중단사유가 종료한 때로부터 새로이 진행하므로, 결국 시효기간이 연장되는 효과가 발생한다(**민법 §178**). 소멸시효 중단사유는 다음과 같다(**민법 §168**).

구 분	소멸시효 중단사유
채권자가 권리를 주장하는 경우	① 청구, ② 압류, ③ 가압류, ④ 가처분
채무자가 채권자의 권리를 인정하는 경우	⑤ 승인

① 청구 : 청구란 채권자가 채무자에게 그 권리를 행사하는 것을 말한다. 시효중단효력을 발생시키는 청구는 다음과 같다.

㉮ 재판상의 청구 : 재판상의 청구란, 민사소송에 있어서 소를 제기하는 것을 말한다. 그러나 재판상의 청구는 소송의 각하, 기각 또는 취하의 경우에는 시효중단의 효력이 없다(**민법 §170**).

㉯ 파산절차참가 : 파산절차참가란, 채권자가 파산재단의 배당에 참가하기 위하여 그의 채권을 신고하는 것을 말한다. 파산절차참가는 청구에 해당하므로 시효중단의 효력이 있으나, 채권자가 이를 취소하거나 그 청구가 각하된 때에는 시효중단의 효력이 없다(**민법 §171**).

㉰ 지급명령 : 지급명령이란, 채권자의 신청으로 법원이 금전 기타 대체물 또는 유가증권의 일정량의 급부를 명령하는 것을 말한다(**민사소송법 §462**). 지급명령은 청구의 일종이므로 시효중단의 효력이 있다.

㉱ 화해(和解) : 화해는 당사자가 상호 양보하여 당사자 간의 분쟁을 종지할 것을 약정하는 것을 말한다(**민법 §731**). 화해의 신청은 청구의 일종으로 시효중단의 효력이 있

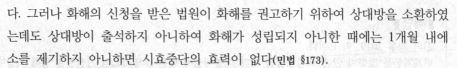

다. 그러나 화해의 신청을 받은 법원이 화해를 권고하기 위하여 상대방을 소환하였
는데도 상대방이 출석하지 아니하여 화해가 성립되지 아니한 때에는 1개월 내에
소를 제기하지 아니하면 시효중단의 효력이 없다(민법 §173).

㉮ 최고(催告) : 최고란 채권자가 채무자에 대하여 의무의 이행을 청구하는 의사통지
를 말한다. 최고는 어떤 방식이든 제한이 없으나, 최고 후 6개월 내에 재판상의 청
구, 파산절차참가, 화해를 위한 소환, 임의출석, 압류 또는 가압류, 가처분을 하지
아니하면 최고는 시효중단의 효력이 없다(민법 §174).

② 압류·가압류·가처분 : 압류는 확정판결 기타의 채무명령에 기하여 행하는 강제집행이
고, 가압류와 가처분은 장래에 강제집행이 불가능하게 되거나 곤란하게 되는 것을 방지
하기 위해 미리 채무자의 재산을 확보하는 보전절차이다. 압류·가압류·가처분은 소멸
시효 중단사유이나, 압류, 가압류 및 가처분이 권리자의 청구에 의하여 또는 법률의 규
정에 따르지 아니함으로 인하여 취소된 때에는 시효중단의 효력이 없다(민법 §175). 압류,
가압류 및 가처분은 시효의 이익을 받은 자에 대하여 하지 아니한 때에는 이를 그에게
통지한 후가 아니면 시효중단의 효력이 없다(민법 §175). 예를 들어, A의 채무에 대하여
B가 담보로 제공한 부동산을 압류한 경우에는 그 사실을 채무자인 A에게 통지한 때에
시효중단의 효력이 발생한다.

③ 승인 : 승인이란, 채무자가 상대방의 권리를 인정하는 것을 말한다. 승인이 있으면 채권
자가 그 권리를 행사하지 아니하더라도 시효중단효력이 발생한다. 승인의 방법에는 특별
한 형식을 필요로 하지 않으므로 명시적인 승인은 물론 묵시적인 승인도 가능하다(대법원
98다 38611, 1998. 11. 13.). 차용증서 작성, 담보 제공, 채무의 일부변제는 승인에 해당한
다. 따라서 시효완성 전에 채무의 일부를 변제한 경우에는 그 수액에 관하여 다툼이 없
는 한 채무승인으로서의 효력이 있어서 시효중단의 효과가 발생한다(국심 2007부 4110,
2008. 5. 19., 대법원 95다 39854, 1996. 1. 23.).

(6) 소멸시효 관련 사례

① 소멸시효의 기산일 : 통상적으로 외상매출금의 소멸시효 기산일은 해당 매출거래의 발생
사실이 관련 증빙서류 등에 의하여 객관적으로 확인되는 날로 한다(법인 46012-523,
1999. 2. 8.). 다만, 할부판매의 미수채권에 대한 소멸시효의 기산점은 계약에 의하여 각
부분의 대가를 받기로 한 날로 한다(법인 1264.21-4255, 1983. 12. 17.).

② 일부 변제시 소멸시효의 중단 : 사업자가 세금계산서를 발행한 후 매출채권 중 일부를
받았을 때 「민법」 제168조 제3호의 "승인"에 해당되어 소멸시효가 중단된다. 따라서 최
종 입금일부터 3년이 경과한 후에 소멸시효완성에 의한 대손이 확정된다(부가-2749,
2008. 8. 27.).

③ 어음을 받고 자금을 대여한 경우의 소멸시효 : 타인이 발행한 어음을 담보로 제공받고 자금을 대여하였는데, 제공받은 담보어음이 부도가 발생한 경우는 어음상의 채권이 아니라 대여금에 해당하므로 동 채권에 대하여는 소멸시효 10년이 경과한 시점에 대손으로 처리할 수 있다(국심 법인 98-361, 1999. 2. 5.).

④ 채권회수조치 없이 소멸시효가 완성된 경우 : 채무자가 변제능력이 있음에도 아무런 채권회수조치를 취하지 아니하여 소멸시효가 완성된 경우에는 채권을 임의 포기한 것으로 보아 기업업무추진비·기부금으로 보거나 또는 부당행위계산 부인의 규정을 적용한다(서면2팀-2235, 2006. 11. 2., 법집 19의2-19의2-9).

⑤ 회생계획인가 절차기간 중 소멸시효가 완성되는 채권의 경우 : 법인이 상거래로 인하여 발생된 채권에 대하여 「채무자 회생 및 파산에 관한 법률」에 따른 회생계획인가 절차에 참가하는 경우가 있다. 이 경우 회생계획인가 절차에 참가한 채권은 시효중단(같은법 제32조)의 효력이 있으므로 동 회생계획인가 중 「상법」상 시효가 완성되는 채권이라 하더라도 동 채권은 시효소멸로 인한 채권으로 보아 대손금으로 손금에 산입할 수 없다(서이 46012-10779, 2002. 4. 12.).

⑥ 소멸시효 완성된 채권에 대한 경정청구 : 내국법인이 어음법에 의한 소멸시효가 완성된 어음은 그 소멸시효가 완성된 날이 속하는 사업연도에 신고조정으로 손금에 산입할 수 있는 것으로서, 소멸시효가 완성된 대손금을 해당 사업연도의 소득금액 계산에 있어서 손금에 산입하지 못한 경우에는 「국세기본법」 제45조의2에 따라 경정청구를 할 수 있다(서이 46012-10868, 2002. 4. 25.). 또한 소멸시효가 완성된 날이 속하는 사업연도의 손금에 산입하지 아니한 대손금은 그 사업연도가 국세부과의 제척기간이 만료되지 아니한 경우에는 납세지 관할 세무서장이 이를 해당 사업연도의 손금에 산입하여 법인세 과세표준 및 세액을 경정할 수 있다(법인 46012-3339, 1998. 11. 3.).

⑦ 대손금의 손금귀속시기 변경으로 경정청구 : 법인이 매출채권에 대하여 「법인세법」상 대손요건에 충족된 것으로 판단하여 대손처리하였으나 해당 사업연도에 대한 세무조사 결과 대손금의 손금귀속시기가 그 이후 사업연도로 판명되어 과세관청이 당초 손금산입한 동 대손금을 손금불산입하여 법인세 과세표준 및 세액을 경정하는 경우 「국세기본법」 제26조의2에 따른 국세부과의 제척기간이 만료되기 전까지는 해당 손금불산입(유보)한 금액을 대손금으로 확정된 사업연도의 손금에 가산하여 법인세 과세표준 및 세액을 경정청구할 수 있다(법인 46012-1195, 1999. 3. 31.).

⑧ 부과제척기간이 경과한 소멸시효 완성 채권을 손금산입한 경우 : 소멸시효 완성된 채권에 대하여는 부과제척기간이 경과하여 「국세기본법」 제26조의2 제1항에 따라 과세표준이나 세액을 변경하는 그 어떠한 결정(경정)도 할 수 없으므로, 해당 대손금에 대해서는 손금에 산입할 수 없다(국심 법인 2011-1, 2011. 4. 4.).

3-3. 회생계획인가 결정·법원 면책결정에 따른 회수불능 확정 채권

(1) 대손요건

내국법인이 보유하고 있는 채권 중 「채무자 회생 및 파산에 관한 법률」에 따른 회생계획인가의 결정 또는 법원의 면책결정에 따라 회수불능으로 확정된 채권은 해당 사업연도의 소득금액을 계산할 때 이를 손금에 산입하며(법령 §19의2①(5)), 기업회생개시 결정 후 그 진행과정에서 채무자와 채권단들이 동일한 조건으로 일부 채권을 면제하기로 합의한 재조정안이 반영되어 법원에서 회생계획인가결정이 된 경우 그 인가일이 속하는 사업연도에 손금으로 산입한다(법인법규 2011-484, 2011. 12. 19.).

민법상 정지조건에 해당하는 조건이 붙어 있는 회생계획에 대해 「채무자 회생 및 파산에 관한 법률」에 따른 회생계획인가의 결정이 있는 경우에는 동 조건이 성취되어 채무면제가 확정되는 날이 속하는 사업연도에 해당 채권의 금액을 대손금으로 손금에 산입한다(재법인-274, 2013. 4. 9.). 그러나 법원의 회생계획인가 결정에 채권면제의 시기가 별도로 정하여진 경우에는 그 시기가 도래하여 해당 채권면제가 확정된 날이 속하는 사업연도의 손금에 산입한다(법인-934, 2010. 10. 13.).

(2) 정당한 사유 없이 정리채권을 법원에 신고하지 않은 경우

법인이 정당한 사유없이 정리채권을 법원에 신고하지 아니함으로써 그 권리의 행사를 포기한 것으로 인정되는 경우에는 대손금으로 할 수 없으며, 거래처에 특수관계인에 해당하는지 여부에 따라 부당행위계산 부인의 규정을 적용하거나 이를 기부금 또는 기업업무추진비로 본다(제도 46012-11602, 2001. 6. 20.). 화의인가 결정 이후 특수관계인이 아닌 법인에게 정당한 사유없이 화의조건을 변경해 법원승인된 화의채권 중 추가로 면제하는 채권가액은 기업업무추진비 또는 기부금으로 본다(서이 46012-10370, 2001. 10. 17.).

3-4. 채무자의 재산에 대한 경매가 취소된 압류채권

채권회수를 목적으로 채무자 명의의 부동산을 법원에 강제경매신청하였으나, 최저경매가격으로는 해당 법인의 채권에 우선하는 제3자의 선순위채권과 절차비용을 변제하면 잉여가 없다고 인정되어 법원이 민사집행법 제102조에 따라 경매절차를 취소한 경우에는 대손금으로 손금에 산입할 수 있다(법령 §19의2①(6)).

3-5. 채무자 파산, 강제집행, 형의집행, 사업폐지, 사망, 실종 또는 행방불명으로 인한 회수할 수 없는 채권

(1) 개 요

채무자가 파산, 강제집행, 형의 집행 또는 사업 폐지, 사망, 실종 또는 행방불명으로 인하여 회수할 수 없는 채권은 결산조정사항인 대손금이다(법령 §19의2①(8)). 이 경우 채무자란 원채무자와 연대보증인, 해당 어음의 발행인·배서인 등 채무를 변제할 의무가 있는 자 모두를 포함하며(법인 22601-377, 1985. 2. 7.), 부도어음의 대손처리에 있어서는 채무법인의 무한책임사원도 포함한다(법인 22601-408, 1985. 2. 7.). "회수할 수 없는 채권"에 해당하는지 여부는 법원의 강제집행불능조서 등 법적 조치에 의하여만 확인되는 것이 아니라, 다른 객관적인 증명자료에 의할 수도 있다(법인 46012-2419, 2000. 12. 20.).

(2) 파 산

1) 파산으로 회수할 수 없는 채권

채무자의 "파산"이란 「채무자 회생 및 파산에 관한 법률」에 의하여 법원이 파산폐지를 결정하거나 파산종결을 결정하여 공고한 경우를 말한다(서면2팀-1891, 2007. 10. 18., 법기통 19의2-19의2…1 ①). 파산에는 동시폐지를 포함한다.

채무자에게 파산선고가 내려진 경우에는 일반적으로 배당이 확정된 날을 대손확정일로 본다(서면3팀-2868, 2006. 11. 21.). 그러나 재화 또는 용역을 공급받은 자에 대해 「채무자 회생 및 파산에 관한 법률」에 따른 파산폐지 또는 파산종결 공고일 이전에 파산절차 진행과정에서 관계서류 등에 의해 재화 또는 용역을 공급한 자가 배당받을 금액이 매출채권 금액에 미달하는 사실이 객관적으로 확인되는 경우, 그 미달금액에 대하여는 회수할 수 없는 채권으로 본다(부집 45-87-9 ⑤, 사전-2019-법령해석법인-0725, 2020. 1. 28.).

2) 파산선고는 이루어졌으나 배당종결공고가 없는 경우

채무자가 법원으로부터 파산선고를 받았으나 배당종결공고가 없어 파산종결시 배당받을 금액이 객관적으로 확인되지 아니하여 파산선고 후 배당이 확정되는 날을 대손확정일로 적용할 경우 파산선고를 받은 후 청산절차에 따라 잔여재산이 분배되기까지는 상당한 기간이 소요되고, 공급자는 매출채권을 회수하기 어려움에도 청산절차가 종료되지 않았다는 이유로 대손세액공제를 받지 못하는 것은 납세자에게 경제적 부담이 되는 것으로 파산선고일을 대손확정일로 보는 것이 타당하다(조심 2014중 2265, 2015. 1. 9.).

3) 사채발행법인의 파산폐지 결정의 경우

내국법인이 보유한 해외신주인수권부사채가 발행법인의 「채무자 회생 및 파산에 관한 법률」에 따른 파산폐지 결정으로 채권금액을 회수할 수 없는 경우 해당 사유가 발생하여 비용으로 계상한 날이 속하는 사업연도의 손금으로 본다(법인-255, 2010. 3. 18.). 이는 「채무자 회생 및 파산에 관한 법률」에 의한 파산폐지 결정은 "채무자의 파산"에 해당되는 것이므로 해당 사유로 회수할 수 없는 채권에 대한 대손금은 결산조정사항이기 때문이다.

(3) 강제집행

법인이 외상매출금 등의 회수를 위하여 법원의 강제집행결과 무재산, 행방불명 등의 원인으로 "강제집행 불능조서"가 작성된 경우에는 대손금으로 처리할 수 있다.

다만, 부동산 등 회수가능한 재산이 있는 것이 확인되는 경우에는 그러하지 아니한다(법기통 19의2-19의2…3).

(4) 사업 폐지

사업자가 공급받는 자가 사업을 폐지하여 채권을 회수할 수 없음이 객관적으로 입증되는 경우에는 대손금으로 처리할 수 있다(서면3팀-3224, 2007. 11. 30.). 이 경우 "사업의 폐지"란 사실상 채무자가 당해 사업을 폐업하고 소유재산 등이 없어 채권을 회수할 수 없는 상태를 말하며, "사업의 폐지로 인하여 회수할 수 없는 채권"이란 당해 과세기간에 공급받는 자의 사업폐지로 인하여 그 채권 전부의 회수불능 사실이 객관적으로 확정된 채권을 말한다.

사업폐지로 인한 대손금과 관련된 사례는 다음과 같다.

① 법인이 청산 중에 있는 법인에 대하여 보유하고 있는 채권으로서 그 채무자가 환가처분하거나 추심한 재산의 가액을 적법한 기준에 따라 채권자에게 모두 분배하고 잔여재산이 없는 상태에서 사업을 폐지함으로써 채권자인 법인이 회수할 수 없는 채권은 그 사유가 발생하여 해당 법인이 이를 대손금으로 계상한 날이 속하는 사업연도의 손금으로 한다(법인 46012-3929, 1999. 11. 9.).

② 금융감독당국과의 약정에 따라 출자관계에 있는 해외현지법인(이하 "해외자회사"라 한다)의 폐쇄를 진행하고 있는 금융업 법인이 해외 자회사에 대한 회수불능채권(「법인세법」제19조의2 제2항 각호에 해당하는 채권과 같은법 시행령 제19조의2 제1항 제7호에 따른 채권을 제외한다)을 해외 자회사의 자발적 청산을 위하여 해외현지법률에 따라 부득이하게 포기해야 하는 경우 동 채권포기액은 채권자인 해당 법인의 손금에 산입한다(서이 46012-11427, 2002. 7. 24.). 이 경우 외국의 파산법이 적용되는 외국법인은 외국의 파산법에 의하여 대손 여부를 판단한다(법인 22601-967, 1990. 2. 5.).

③ 청산을 진행 중인 법인의 총재산이 총채무액에 미달하여 법률상 파산절차를 취하여야

하나 시간과 비용이 많이 소요되는 관계로 채권단과 합의에 의해 변제가능 채무액을 확정함과 동시에 채권자들로부터 잔여채무에 대하여 포기의사를 받아 청산을 종결하는 경우 포기한 채권자가 해당 포기채권을 대손처리할 수 있다(법인 46012-2404, 1998. 8. 25.).

④ 재산압류가 실익이 없는 경우 : 거래처의 소유 부동산은 채무액이 자산가치를 초과하고, 예금 등은 이미 압류되었거나 소멸되어 실질적으로 재산이 없으므로 대손금은 사업의 폐지로 인해 회수불능이 확정된 것으로 본다(조심 2014구 4438, 2015. 2. 6.).

(5) 채무자의 사망·실종선고

채무자가 사망한 경우에는 피상속인의 권리와 의무가 상속인에게 포괄승계되므로 상속인이 없거나 상속인이 상속을 포기하거나 한정상속하여 상속재산으로 채권을 회수할 수 없는 경우에 대손처리할 수 있다(서면3팀-1653, 2006. 7. 31.). 따라서 상속인이 상속을 단순 승인한 때에는 피상속인의 권리와 의무가 모두 승계되므로 그 상속인의 재산 상태에 따라 대손처리 가능 여부를 판단하여야 한다.

(6) 채무자의 행방불명

행방불명인지 여부는 법인의 해산등기 여부 및 관할 세무서의 제적처리 여부에 관계없이 사실판단에 따르며(법인 22601-1835, 1990. 9. 17.), 법원의 기소중지처분만으로 행방불명 등의 요건이 충족되었다고 일률적으로 판단할 수 없다(법인 1234-903, 1978. 4. 21., 법인 22601-1405, 1986. 4. 30.).

(7) 실질적으로 채권을 회수할 수 없는 사례

1) 압류자산의 시가가 채권액에 현저히 미달하거나, 예상배당률에 의한 회수가능한 재산이 없는 경우

법인이 채무자의 파산·강제집행·형의집행·사업의 폐지·사망·실종·행방불명으로 채권회수를 위하여 채무자의 재산을 근저당설정 등으로 압류하였으나 압류한 자산의 시가가 채권액에 현저히 미달하고 압류한 재산 외의 재산도 없으며 보증인 등으로부터 구상권행사도 불가능한 경우에는 압류자산시가 상당액을 초과하는 금액(해당 사업연도 이전에 결산에 반영하여 대손처리한 것을 세무조정으로 손금불산입 유보처분한 금액을 포함)을 대손금으로 처리한 경우에는 법인의 손금에 산입할 수 있다(서면2팀-1247, 2008. 6. 19., 법인 46012-118, 2001. 1. 12.).

이 경우 채권회수를 위한 근저당권 설정재산의 시가는 법원에서 경매하기 위하여 감정한 가액 등 객관적으로 그 시가평가액이 적정한 것으로 인정되는 가액을 말하는 것이며, 근저당권설정재산에 선순위채권자가 있는 경우에 동 재산의 시가는 선순위채권의 가액을 차감한 금액으로 하는 것으로, 선순위채권의 가액은 객관적으로 확인이 가능한 실제의 채권가액으로 한다(제도 46012-10639, 2001. 4. 18.).

2) 법인이 외상매출금을 회수하기 위하여 채무자 및 보증인에 대하여 채권자로서 제반 조치를 취하였으나 채무자 등이 무재산·행방불명 등으로 회수할 수 없는 경우

해당 채권의 소멸시효가 완성되지 아니한 경우에도 대손금으로 계상하여 손금산입할 수 있는 것이나, 외상매출금의 소멸시효가 완성되는 날이 속하는 사업연도까지 손금에 계상하지 아니한 경우에는 그 후 사업연도의 손금에 산입할 수 없다(법인 46012-1068, 2000. 5. 1., 법인 46012-2530, 1999. 7. 5.).

3-6. 부도발생일부터 6개월 이상 지난 수표·어음 및 외상매출금

(1) 대손요건

부도발생일부터 6개월 이상 지난 수표 또는 어음상의 채권과 「조세특례제한법」상 중소기업의 외상매출금(부도발생일 이전의 것에 한함)은 채무자의 재산소유 여부, 회생계획인가결정 여부 및 소구권행사 가능 여부에 불구하고 부도발생일로부터 6개월 이상 경과한 날부터 소멸시효가 완성된 날까지 사업자가 대손처리하는 사업연도에 대손금으로 인정된다. 다만, 채무자의 재산에 대해 저당권을 설정하고 있는 경우는 제외된다.

구 분	대손세액공제 요건	비 고
어음 또는 수표상의 채권	부도발생일부터 6개월 이상 지났을 것[*2]	채무자 재산에 저당권을 설정한 경우에는 제외
중소기업[*1]의 외상매출금	부도발생일 이전의 것[*3]으로서 부도발생일부터 6개월 이상 지났을 것[*2]	

[*1] 채권자가 대손이 확정된 날이 속하는 사업연도의 직전 사업연도말 현재 「조세특례제한법 시행령」 제2조에 따른 중소기업에 해당하여야 한다(부가-4699, 2008. 12. 9.).

[*2] 사업연도가 1. 1.~12. 31.인 법인이 6. 30.에 부도가 발생한 경우 초일불산입원칙에 따라 7. 1.이 기산일이 되고 그 날부터 6개월이 되는 날은 12. 31.이고, 6개월이 지난 날은 다음 해 1. 1.이므로 6. 30.에 부도가 발생한 경우 그 사업연도에는 대손요건을 충족하지 못한다. 따라서 6. 29. 이전에 부도가 발생한 경우 부도발생일부터 6개월이 지난 사유로 대손금을 인정받을 수 있다.

[*3] 부도발생일 이전의 것이란, 수표 또는 어음의 발행자가 최초로 부도가 발생한 날 이전에 확정된 외상매출금을 말한다(법인 46012-2408, 1997. 9. 12.).

(2) 부도수표나 부도어음의 손금에 산입할 수 있는 범위

부도수표나 부도어음 중 대손금으로 손금에 계상할 수 있는 금액은 사업연도 종료일 현재 회수되지 아니한 경우 어음·수표는 매수당, 외상매출금은 채무자별로 해당 채권의 금액에서 1천원을 뺀 금액으로 한다(법령 §19의2②).

(3) 부도어음의 범위

1) 개 요

"부도어음"이란, 은행에서 예금의 부족과 위조 또는 변조 등의 사유에 따라 지급을 거절 당한 어음을 말한다. 그러므로 문방구에서 판매하는 어음용지를 이용하여 발행한 어음을 받 아 만기일에 발행자에게 제시하였으나 대금회수를 하지 못한 어음(법인 46012-2887, 1996. 10. 18.)과 금융기관이 대출금회수가 지연됨에 따라 대출시에 채무자로부터 받은 백지어음에 회 수할 금액을 기재하여 교환에 회부하여 부도처리된 경우 해당 부도어음(법인 46012-483, 1997. 2. 15.)은 대손처리되는 어음상의 채권으로 볼 수 없다.

2) 동일거래처의 부도어음을 여러 장 보유한 경우 대손처리 방법

부도발생일부터 6개월 이상 지난 "수표 또는 어음상의 채권"이란 동일인으로부터 여러 매의 어음이나 수표를 수취한 경우에도 각각의 어음이나 수표의 지급기일부터 기산되어 6 개월이 지난 것을 말한다(법인 46012-2408, 1997. 9. 12.).

이 경우 법인이 동일거래처로부터 받은 여러 장의 어음을 보유하고 있으면서 그중 채무 자의 부도발생일 1일 전에 만기가 도래하는 어음에 대하여만 지급은행으로부터 부도사실 확인을 받고 나머지는 부도사실 확인을 받지 아니한 경우, 그 나머지 어음의 부도사실이 사 실상 확인되는 경우에는 해당 어음도 세법상 부도어음에 해당한다(법인 46012-158, 1998. 1. 20.). 또한 동일거래처에 대한 여러 장의 부도어음의 소멸시효 완성시기가 같은 사업연도에 도래하는 경우 회수가능한 것을 제외하고는 같은 사업연도에 손금에 산입하여야 한다(서면2 팀-835, 2007. 5. 2., 서면2팀-908, 2004. 4. 28.).

3) 부도어음 2매 중 1매만 대손처리한 경우 나머지 부도어음에 대한 대손처리

법인이 부도발생일부터 6개월 이상이 지나 회수가능성이 없는 어음으로서 동일한 사업연도 에 소멸시효가 도래하는 부도어음 2매 중 1매를 부도발생일부터 6개월 이상이 지난 사업연도 에 손금에 산입하지 못한 경우에는 기 대손처리한 사업연도의 소득금액계산상 대손금에 산입 하여 「국세기본법」 제45조의2에 따라 경정청구를 할 수 있다(서면2팀-390, 2004. 3. 6.).

4) 부도어음의 과다 대손세액공제분에 대한 부가가치세의 대손처리

법인이 부도어음과 관련하여 「부가가치세법」에 따른 대손세액공제를 과다하게 공제하고 수정신고에 의하여 납부한 부가가치세상당액(가산세 제외)은 어음상의 채권으로, 「법인세법 시행령」 제19조의2 제1항 제9호의 대손요건을 충족하는 경우에는 해당 채권의 소멸시효가 완성하기 전에 기업회계에 따라 회수할 수 없다고 판단하여 장부에 대손금으로 계상한 날이 속하는 사업연도의 손금에 산입한다(제도 46012-12540, 2001. 8. 3.).

(4) 부도발생일

1) 부도발생일의 개념

부도발생일은 소지하고 있는 부도수표나 부도어음의 지급기일을 말하나, 지급기일 전에 해당 수표나 어음을 제시하여 금융회사 등으로부터 부도확인을 받은 경우에는 그 부도확인일을 말한다(법령 §19의2②).

2) 부도어음을 당좌수표로 교환한 후에 부도가 발생한 경우

부도어음을 발행한 법인의 최초 부도발생일 이후 법인이 소지하고 있는 부도어음을 해당 법인이 발행한 당좌수표로 교환한 경우로서, 그 수표에 대하여도 부도가 발생된 경우에는 그 부도수표의 지급기일(지급기일 전에 해당 수표를 제시하여 금융기관으로부터 부도확인을 받은 경우에는 그 부도확인일)을 부도발생일로 한다(법인 46012-1802, 2000. 8. 22.).

(5) 특수관계인이 지급 제시기간을 경과하여 금융기관에 제시하여 부도 확인이 된 경우

어음상의 채권을 지급기일 경과 후에 금융기관에 제시하여 부도 확인을 받은 경우의 부도발생일은 해당 어음의 지급기일로 한다(법인-1006, 2009. 3. 11.). 이 경우 특수관계인의 부도수표 또는 부도어음의 소지인이 지급기일을 경과하여 제시함에 따라 회수가능한 채권을 회수하지 못한 경우에는 부당행위계산 부인 대상이 된다(법인(財)-595, 2006. 8. 24.).

(6) 부도어음을 반환하고 새로운 어음을 교부받은 경우

법인이 부도가 발생한 당좌수표를 그 발행인에게 반환하는 대신 새로운 지급기일의 약속어음을 교부하였으나, 그 약속어음도 부도가 발생한 경우에는 해당 약속어음의 부도발생일부터 6개월이 지난 후 어음상의 채권으로 손금에 산입할 수 있다(법인 46012-596, 1999. 2. 12.).

이 경우 부도발생일부터 6개월 이상 지난 수표 또는 어음상의 채권의 범위에는 배서받은 어음으로서 배서인에 대하여 어음법 제43조에 따른 소구권을 행사할 수 있는 어음을 포함하나(법기통 34-62…7), 다음의 어음은 포함하지 아니한다.

① 담보용으로 보관하고 있는 약속어음(법인 22601-2861, 1986. 9. 22.). 그러나 거래처로부터 받은 어음이 부도발생일부터 6개월이 경과하고 당해 부도어음이 저당권에 의하여 담보된 채권최고액을 초과하는 경우에는 그 초과금액을 대손처리할 수 있다(법인 46012-1421, 1999. 4. 15.).

② 법정관리 등으로 인하여 지급 중지된 수표 또는 어음상의 채권(법인 46012-607, 1994. 3.

2., 법인 46012-2005, 1995. 7. 22.)

③ 법인이 거래처로부터 수취한 어음이 지급거절된 후 부도법인과의 협의에 의해 부도어음이 채무자에게 회수되어 어음상의 권리를 행사할 수 없게 된 어음(법인 46012-2402, 1998. 8. 25.)

(7) 거래처별로 1역월의 공급가액으로 세금계산서를 교부하는 경우 부도발생일 전의 거래인지의 판단

「부가가치세법 시행령」 제54조 제1호에 따라 거래처별로 1역월의 공급가액을 합계하여 해당 월의 말일자를 발행일자로 하여 다음달 10일까지 세금계산서를 교부하는 법인이 거래처의 월중 부도발생으로 부도발생일 전에 판매한 상품 등에 대하여 부도일 현재 세금계산서를 발행 및 교부하지 못한 때에는 해당 상품인도시 작성·교부한 거래명세표, 거래처로부터 수취한 인수증 기타 보조장부(매출처원장) 등에 의하여 외상매출채권의 발생사실이 객관적으로 확인되는 경우 동 거래일자를 기준으로 부도발생일 이전의 외상매출금인지의 여부를 판단한다(법인 46012-1974, 1998. 7. 16.).

(8) 배서어음 중 분실로 제권판결을 받은 매출채권의 경우

법인이 매출처로부터 교부받은 어음을 매입처에 배서하여 주었으나, 동 어음이 분실되어 법원의 제권판결에 따라 매입대금을 지급한 경우 그 제권판결을 받은 어음과 관련된 매출채권은 「법인세법 시행령」 제19조의2 제1항 제9호에 따른 사유[부도발생일로부터 6개월 이상 지난 어음]로는 대손금으로 손금산입할 수 없으나(중소기업의 외상매출금으로서 부도발생일 이전의 것은 제외), 같은 영에서 규정하고 있는 다른 대손사유가 발생한 경우 대손금으로 손금산입할 수 있다(법인-83, 2010. 1. 28.).

(9) 부도 등의 사유로 매출채권을 회수할 수 없어 보험사로부터 보험금을 지급받는 경우

법인이 거래처 부도 등의 사유로 매출채권을 회수할 수 없는 경우 동 매출채권 중 일부를 지급받기로 하는 보험에 가입하고 해당 보험계약에 따라 보험금을 지급받은 경우에는, 동 매출채권에서 보험금 수령액을 차감한 금액에 대하여 대손금으로 처리할 수 있다(법인-1994, 2008. 8. 13.).

(10) 도난수표 및 위조수표 등의 경우

다음의 도난 또는 위조수표 등에 대하여는 대손금으로 손금에 산입한다.
① 도난수표를 받음으로써 생긴 손실을 구상청구할 수 없는 경우(법인 22601-2631, 1989. 7. 19.)
② 법인의 사용인이 위조·변조하여 불법으로 유통시킨 약속어음으로서 해당 법인이 배상한 금액 중 연대보증인으로부터 구상권 행사가 불가능한 부분(국심 90서 2637, 1991. 4. 13.)

3-7. 회수기일이 2년 이상 지난 중소기업의 외상매출금과 미수금

중소기업은 인력이 적어서 채무자의 재산조사가 어려워 대손요건 입증이 어렵다. 이에 따라 중소기업의 외상매출금 및 미수금으로서 회수기일이 2년 이상 지났다는 것만 입증하면 대손요건을 구비한 것으로 인정하는 규정을 신설하여 2020. 1. 1. 이후 개시한 사업연도부터 적용하도록 하였다. 다만, 특수관계인과의 거래로 인하여 발생한 외상매출금과 미수금은 이 규정의 적용대상에서 제외한다(법령 §19의2①(9)의2).

● 관련예규 ●

구 분	내 용
매출처의 경영악화로 대금을 지급받지 못하고 있는 경우 대손처리 가능 여부	중소기업인 내국법인의 외상매출금(특수관계인과의 거래로 인하여 발생한 것은 제외)으로서 회수기일이 2년 이상 지난 외상매출금은 채무자가 사업을 계속 영위하는지 여부에 상관 없이 「법인세법 시행령」 제19조의2 제3항에 따라 대손금으로 비용 계상한 날이 속하는 사업연도에 손금으로 산입할 수 있는 것임(서면-2021-법인-0073 [법인세과-321], 2021. 2. 8.).
채무자의 사업부진으로 대금을 회수하지 못하고 있는 경우 대손처리 가능 여부	중소기업인 내국법인의 외상매출금(특수관계인과의 거래로 인하여 발생한 것은 제외)으로서 회수기일이 2년 이상 지난 외상매출금은 「법인세법 시행령」 제19조의2 제3항에 따라 대손금으로 비용 계상한 날이 속하는 사업연도에 손금으로 산입할 수 있는 것임(서면-2020-법인-2077 [법인세과-3215], 2020. 9. 7.).
신설규정 시행전에 회수기일이 2년이 지난 경우 대손처리 가능 여부	중소기업이 「법인세법 시행령」(2020. 2. 11. 대통령령 제30396호로 개정된 것) 제19조의2 제1항 제9호의2(이하 "개정규정")를 적용함에 있어 해당 개정규정 시행전에 외상매출금등(특수관계인과의 거래로 인하여 발생한 외상매출금등은 제외)의 회수기일이 2년을 경과하였다고 하더라도 2020. 1. 1. 이후 개시하는 사업연도에 손비로 계상한 경우 그 계상한 날이 속하는 사업연도의 소득금액 계산 시 손금에 산입하는 것임(서면-2020-법령해석법인-2501 [법령해석과-3424], 2020. 10. 26.).

3-8. 화해·화해권고결정이나 강제조정결정에 따라 회수불능으로 확정된 채권

(1) 개 요

당사자가 상호 양보하여 당사자 간의 분쟁을 종지할 것을 약정하는 것을 화해라고 한다(민법 §731). 재판상의 화해는 소송 진행 중에 소송물인 권리관계에 대하여 당사자의 합의가 성립하여 이를 조서화하면 소송이 종결되는 것을 말하며, 이때 조서에 기재한 당사자 간의 합의는 확정판결과 동일한 효력이 있다.

법원에서는 소송 중인 사건에 대하여 직권으로 당사자의 이익, 그 밖의 모든 사정을 참작하여 청구의 취지에 어긋나지 아니하는 범위 안에서 사건의 공평한 해결을 위한 화해권고

결정(和解勸告決定)을 할 수 있다(민사소송법 §225). 당사자는 화해권고결정에 대하여 그 조서 또는 결정서의 정본을 송달받은 날부터 2주 이내에 이의를 신청할 수 있으며, 그 정본이 송달되기 전에도 이의를 신청할 수 있다(민사소송법 §226). 화해권고결정은 다음 중 어느 하나에 해당하면 재판상 화해와 같은 효력을 가진다(민사소송법 §231).

① 이의신청기간 이내에 이의신청이 없는 때
② 이의신청에 대한 각하결정이 확정된 때
③ 당사자가 이의신청을 취하하거나 이의신청권을 포기한 때

당사자 간의 협의와 관계없이 담당 판사가 합리적인 선에서 조정결정을 하는 것이 강제조정이다. 당사자는 강제조정에 대해서 2주 안에 이의제기를 할 수 있으며, 이의제기가 있으면 소송은 계속 진행된다. 그러나 이의제기가 없으면 조정은 재판상의 화해와 동일한 효력이 있다(민사조정법 §29).

(2) 대손요건

재판상 화해 등 확정판결과 같은 효력을 가지는 것으로서, 다음 중 어느 하나에 해당하는 것에 따라 회수불능으로 확정된 채권을 대손요건에 추가하여 2019. 2. 12. 이후 재판상 화해 등이 확정되는 분부터 적용하도록 하였다(법령 §19의2①(10)).

① 「민사소송법」에 따른 화해
② 「민사소송법」에 따른 화해권고결정
③ 「민사조정법」에 따른 강제조정결정
④ 「민사조정법」에 따른 조정(2020. 3. 13. 이후 조정이 성립되는 분부터 적용)

재판상의 화해가 있는 경우에는 조서화한 날에 대손이 확정되고, 화해권고결정이나 강제조정의 경우에는 이의신청기간 이내에 이의신청이 없는 등의 사유로 재판상 화해와 같은 효력이 생기면 대손이 확정된 것으로 보아야 할 것이다.

3-9. 회수실익이 없는 소액채권

회수기일을 6개월 이상 지난 채권 중 채권가액이 30만원(2019. 12. 31. 이전 개시한 사업연도 20만원) 이하(채무자별 채권가액의 합계액을 기준으로 한다)인 채권은 대손처리가 가능하다(법령 §19의2①(11)). 이 경우 해당 대손사유가 발생하여 법인이 비용으로 계상한 날이 속하는 사업연도의 대손금으로 손금에 산입하며, 동일한 채무자에 대하여 회수기일이 다른 매출채권이 있는 경우 변제순위는 「민법」 제477조 규정을 준용하여 처리한다(서면2팀-210, 2006. 1. 25.).

3-10. 한국무역보험공사로부터 회수불능으로 확인된 해외채권

물품의 수출 또는 외국에서의 용역제공으로 발생한 채권으로서 다음의 사유에 해당하여 무역에 관한 법령에 따라 한국무역보험공사로부터 회수불능으로 확인된 채권은 결산상 손비로 계상하면 그 계상한 날이 속하는 사업연도의 손금으로 본다(법령 §19의2(7), 법칙 §10의4).

① 채무자의 파산·행방불명 또는 이에 준하는 불가항력으로 채권회수가 불가능함을 현지의 거래은행·상공회의소·공공기관 또는 해외채권추심기관(「무역보험법」 제37조에 따른 한국무역보험공사와 같은 법 제53조 제3항에 따른 대외채권 추심 업무 수행에 관한 협약을 체결한 외국의 기관을 말한다)이 확인하는 경우 `23 개정`

② 거래당사자 간에 분쟁이 발생하여 중재기관·법원 또는 보험기관 등이 채권금액을 감면하기로 결정하거나 채권금액을 그 소요경비로 하기로 확정한 경우(채권금액의 일부를 감액하거나 일부를 소요경비로 하는 경우에는 그 감액되거나 소요경비로 하는 부분으로 한정한다)

③ 채무자의 인수거절·지급거절에 따라 채권금액의 회수가 불가능하거나 불가피하게 거래당사자 간의 합의에 따라 채권금액을 감면하기로 한 경우로서 이를 현지의 거래은행·검사기관·공증기관·공공기관 또는 해외채권추심기관이 확인하는 경우(채권금액의 일부를 감액한 경우에는 그 감액된 부분으로 한정한다) `23 개정`

3-11. 금융회사 등의 채권 중 금융감독원장의 대손승인 등을 얻은 경우

(1) 금융감독원장이 기획재정부장관과 협의하여 대손금으로 승인받은 금액

「법인세법 시행령」 제61조 제2항 각호 외의 부분 단서에 따른 금융회사 등의 채권(여신전문금융회사인 신기술사업금융회사의 경우에는 신기술사업자에 대한 것에 한정한다) 중 다음에 해당하는 채권은 손금으로 인정한다(법령 §19의2①(12)).

① 금융감독원장이 기획재정부장관과 협의하여 정한 대손처리기준(금융기관채권대손인정업무세칙)에 따라 금융회사 등이 금융감독원장으로부터 대손금으로 승인받은 채권(법령 §19①(12)가). 「금융기관 채권 대손인정 업무세칙」에 따라 금융회사 등이 금융감독원장으로부터 대손금으로 승인받은 채권에 대하여는 「법인세법」상 대손금으로서의 요건을 갖추었는지 여부에 관한 과세관청의 별도 판단에 불구하고, 이 규정에 따라 해당 사업연도의 손금에 산입한다(법인세제과-912, 2016. 9. 7.).

② 금융감독원장이 위 "①"의 기준에 해당한다고 인정하여 대손처리를 요구하는 채권으로 금융회사 등이 대손금으로 계상한 채권(법령 §19①(12)나).

(2) 「법인세법 시행령」 제61조 제2항 각호 부분단서에 따른 금융회사의 범위

금융감독원장이 위 "(1)"의 기준에 해당한다고 인정하여 대손처리를 요구한 금융회사 등을 열거하면 다음과 같다(법령 §19의2①(12)).

① 「은행법」에 의한 인가를 받아 설립된 금융기관

② 한국산업은행법에 의한 한국산업은행

③ 중소기업은행법에 의한 중소기업은행

④ 한국수출입은행법에 의한 한국수출입은행

⑤ 농업협동조합법에 따른 농업협동조합중앙회(같은법 제134조 제1항 제4호의 사업에 한정한다)와 농협은행

⑥ 「수산업협동조합법」에 따른 수산업협동조합중앙회(같은법 제138조 제1항 제3호부터 제5호까지의 사업에 한정한다)

⑦ 「자본시장과 금융투자업에 관한 법률」에 따른 투자매매업자 및 투자중개업자

⑧ 「자본시장과 금융투자업에 관한 법률」에 따른 종합금융회사

⑨ 「상호저축은행법」에 의한 상호저축은행중앙회(지급준비예탁금에 한한다) 및 상호저축은행

⑩ 「보험업법」에 따른 보험사업자

⑪ 「자본시장과 금융투자업에 관한 법률」에 따른 신탁업자

⑫ 「여신전문금융업법」에 따른 여신전문금융회사(여신전문회사인 신기술사업금융업자의 경우에는 신기술사업자에 대한 것에 한정한다)

⑬ 「산림조합법」에 따른 산림조합중앙회(같은법 제108조 제1항 제3호, 제4호 및 제6호의 사업에 한정한다)

⑭ 「한국주택금융공사법」에 따른 한국주택금융공사

⑮ 「자본시장과 금융투자업에 관한 법률」에 따른 자금중개회사

⑯ 「금융지주회사법」에 따른 금융지주회사

⑰ 신용협동조합법에 따른 신용협동조합중앙회(같은법 제78조 제1항 제5호·제6호 및 제78조의2 제1항의 사업에 한정한다)

3-12. 중소기업창업투자회사의 창업자에 대한 채권으로서 대손처리 승인기준에 해당하는 채권

(1) 개 요

「중소기업 창업지원법」에 따른 중소기업창업투자회사의 창업자에 대한 채권으로서 중소기업청장이 기획재정부장관과 협의하여 정한 기준에 해당한다고 인정한 것은 대손처리 가능하다(법령 §19의2①(13)).

이에 해당하지 않는 중소기업창업투자회사의 채권에 대한 대손은 「법인세법 시행령」 제19조의2 제1항 각호의 요건에 따라 대손처리하여야 하는 것이며, 채권의 소멸시효 중단사유 해당 여부는 「민법」 제168조에 따라 판정하여야 한다.

(2) 대손승인대상 채권의 범위

「중소기업창업투자회사의 대손처리승인에 관한 규정」 제5조에 따른 대손승인 대상채권의 범위는 다음과 같다.

① 채무자 및 그 상속인 기타 채무관계인("채무자 등"이라 한다)의 파산, 강제집행, 해산, 사업폐지 등의 사유로 회수가 불가능한 경우

② 채무자 등의 사망, 실종, 행방불명으로 회수가 불가능한 경우

③ 채권 회수비용이 회수금액을 초과하여 회수의 실익이 없는 경우

④ 채무자 등의 재산에 대한 임의경매, 강제경매 등의 법적 절차나 기타 가능한 모든 회수방법에 의하여도 회수가 불가능한 경우

⑤ 기타 상기 내용에 준하는 사정에 따라 회수가 불가능한 경우

4. 대손금으로 확정하기 위한 구비서류

법인이 채권을 대손금으로 확정하는 경우에는 객관적인 자료에 의하여 그 채권이 회수불능임을 입증하여야 한다. 다만, 확인서나 증명서를 교부받을 수 없는 사업의 폐지 여부, 행방불명, 무재산 등에 관한 사항은 대표이사의 결재를 받은 채권관리부서의 다음과 같은 내용을 기재한 조사보고서 등에 의할 수 있다(법인 46012-1341, 1995. 5. 16.).

① 채무자의 본적지, 최종 및 직전주소지(법인의 경우는 등기부상 소재지)와 사업장소재지를 관할하는 관서의 공부상 등록된 소유재산이 있는지의 여부. 이 경우 채무자의 소유재산이 없는 경우 확인서류는 법원의 강제집행 불능조서 작성 등 법적 조치에 의하여만 확인되는 것이 아니라 다른 객관적인 증빙자료에 의하여도 확인될 수 있다(법인 46012-279, 1994. 1. 26.).

② 채무자가 보유하고 있는 동산에 관한 사항

③ 다른 장소에서의 사업영위 여부

④ 그 밖의 채무자의 거래처, 거래은행 등에 대한 탐문조사내용 등 채권회수를 위한 조치사항

⑤ 보증인이 있는 경우에는 보증인에 대하여도 위와 같은 조사내용을 기재한 서류

⑥ 강제집행불능조서

⑦ 부도발생일부터 6개월 이상 지난 수표 또는 어음상의 채권의 경우에는 은행의 부도확인서 등 객관적인 증빙서류(법인 46012-2620, 1993. 9. 3., 법인 46012-80, 1994. 1. 10.)

⑧ 공부상 확인이나 증명이 곤란한 무재산 등의 경우는 채권관리부서의 조사보고서 등에 의하여 확인할 수 있는 것이며, 해당 조사보고서의 작성요령과 첨부하여야 할 서류는 무재산으로 해당 채권액을 회수할 수 없는 경우에 해당되는 것임을 객관적으로 입증할 수 있는 구체적인 내용과 자료(서이 46012-11866, 2003. 10. 27.)

5. 채권 포기와 채권 상계

(1) 채권 포기

1) 약정에 의해 채권의 전부 또는 일부를 포기하는 경우

약정에 의하여 채권의 전부 또는 일부를 포기하는 경우에는 이를 대손금으로 보지 아니하고 기부금 또는 기업업무추진비로 본다(법기통 19의2-19의2…5). 그러나 특수관계인에 대한 채권을 이익분여를 위하여 포기한 경우에는 부당행위계산의 부인을 적용한다.

예를 들어, 건설업을 영위하는 법인이 특수관계인과 비특수관계인이 공동으로 출자하고 있는 개인사업자와의 거래에서 발생한 공사비채권을 객관적으로 인정되는 정당한 사유 없이 포기하는 경우 동 채권포기액 중 특수관계인의 출자지분에 해당하는 금액은 부당행위계산부인 규정이 적용되며, 비특수관계인의 출자지분에 해당하는 금액은 기업업무추진비로 본다(법인-457, 2010. 5. 17.).

그러나 법인이 특수관계인이 아닌 개인과 공동사업을 영위하던 도중에 사업부진으로 사업부문을 폐업하는 경우 해당 사업부문에 대한 투자금을 회수할 수 없는 경우의 해당 투자금은 손금으로 한다(서면2팀-2637, 2004. 12. 15.).

2) 회수가 불확실한 채권 등을 조기회수하기 위해 해당 채권의 일부를 불가피하게 포기하는 경우

특수관계인이 아닌 자와의 거래에서 발생한 채권으로서 채무자의 부도발생 등으로 장래에 회수가 불확실한 어음·수표상의 채권 등을 조기에 회수하기 위하여 해당 채권의 일부를 불가피하게 포기한 경우 동 채권의 일부를 포기하거나 면제한 행위에 객관적으로 정당한 사유가 있는 때에는 동 채권 포기액을 손금에 산입한다(법기통 19의2-19의2…5 단서).

(2) 채권과 채무의 상계

1) 일시적 상계시 세무상 취급

부채가 많아 부채비율(부채/자본)을 낮추어 금융기관으로부터 대출업무를 원활히 하고자 할 목적과 「외부감사에 관한 법률」에 따라 일정금액 이상의 자산규모가 되어 회계감사받는 것을 회피하기 위하여 자산인 외상매출금과 부채인 외상매입금을 상계한 후 다음 사업연도 초에 다시 원상회복하고, 또 사업연도 말에 다시 자산인 외상매출금과 부채인 외상매입금을 상계하고 다음 사업연도 초에 다시 원상회복하는 방법으로 재무상태표상의 외상매출금과 외상매입금 잔액숫자만을 줄이는 회계처리를 한 경우 이는 실제 채권의 청구권을 포기하거나 상대방에게 채무를 면제한 것으로 해석할 수 없으므로 외상매입금과 상계한 외상매출금을 대손금으로 처리한 것으로 볼 수 없다. 따라서 해당 상계한 외상매출금의 경우 대손요건이 충족한 때에 손금에 산입할 수 있다(조심 2009중 3433, 2009. 12. 31.).

2) 동일거래처의 어음상의 채권과 선수금이 함께 있는 경우

동일거래처에 대하여 어음상의 채권과 선수금 채무가 동시에 있는 경우 어음상의 채권이 대손요건에 해당하여 대손금으로 처리하는 경우에는 해당 거래처의 선수금을 상계한 후 그 잔액을 대손처리한다(법인 46012-3162, 1998. 10. 28.).

6. 채권재조정

(1) 채권재조정의 개념

채권재조정은 채무자의 현재 또는 장래의 채무변제능력이 크게 저하된 경우에 채권자와 채무자 간의 합의 또는 법원의 결정 등의 방법으로 채무자의 부담완화를 공식화하는 것을 말한다. 채무자의 부담을 완화하는 방법은 이자율, 만기 등 계약조건이 채무자의 부담이 경감되도록 변경된 경우를 말한다(일반기준 6.82). 일반기업회계기준의 채권재조정에는 채권의 감면도 포함되나, 「법인세법」의 채권감면은 채권포기로 보므로, 이 규정의 채권재조정은 이자율, 만기 등의 조건을 변경하는 것만 해당한다.

(2) 채권재조정의 경우의 회계처리

1) 한국채택국제회계기준

종전의 K-IFRS 제1039호에서는 채권자의 채무조정에 대한 규정이 없었으나, 2018. 1. 1. 이후 개시하는 사업연도부터 적용되는 K-IFRS 제1109호에는 "계약상 현금흐름의 변경"규정이 있다. 그 규정에 따르면, 금융자산의 계약상 현금흐름이 재협상되거나 변경되었으나 그 금융자산이 이 기준서에 따라 제거되지 아니하는 경우에는 해당 금융자산의 총 장부금액을 재계산하고 변경손익을 당기손익으로 인식한다(K-IFRS 1109호 문단 5.4.3.).

2) 일반기업회계기준

일반기업회계기준을 적용하는 경우 채권재조정을 한 경우 채권자는 채권·채무조정에 따른 채권의 현재가치와 채권의 대손충당금 차감전 장부금액과의 차이로 계산하여 대손충당금을 설정한다.

이미 설정된 대손충당금이 채권·채무조정에 따라 결정된 대손상각비 금액보다 작은 경우에는 부족분에 대해서 대손충당금을 추가로 설정하며, 이미 설정된 대손충당금이 채권·채무조정에 따라 결정된 대손상각비 금액보다 큰 경우에는 초과분에 대하여 대손충당금을 환입한다(일반기준 6.98).

채무자는 조건변경으로 채무가 조정되는 경우에는 채권·채무조정에 따른 채무의 현재가치와 채무의 장부금액과의 차이를 채무에 대한 현재가치할인차금과 채무조정이익으로 인식한다(일반기준 6.90).

(3) 채권재조정에 대한 「법인세법」의 규정

기업회계기준의 채권재조정 규정에 따라 채권자가 채권의 장부가액과 현재가치의 차액을 대손금으로 계상한 경우에는 이를 손금에 산입하며, 손금에 산입한 금액은 기업회계기준의 환입방법에 따라 익금에 산입한다(법령 §19의2⑤). 그러나 채무자는 채무의 장부가액과 현재가치의 차액을 수익으로 계상한 경우에도 이를 익금으로 보지 아니한다. 채권자의 피해가 큰 점을 고려하여 채권자의 손해액은 손금으로 인정하고, 채무자의 기업회생을 지원하기 위하여 채무자의 채무조정이익은 익금으로 보지 아니한다.

종전의 K-IFRS 제1039호를 적용하는 경우에는 채권재조정에 관한 규정이 없으므로 채권재조정에 관한 회계처리를 할 수 없어서 세법의 채권재조정 규정을 적용할 수 없었다(법규과-1060, 2012. 9. 14.). 그러나 K-IFRS 제1109호를 적용하는 경우에는 계약상 현금흐름이 변경되면 변경손익을 당기손익으로 인식할 수 있으므로 채권재조정으로 인한 손실을 결산상 계상하면 이를 대손금으로 인정해야 할 것이다.

사례 》 채권·채무재조정

1. ㈜갑은 20×1. 1. 1.에 거래처인 ㈜을에 10,000,000원을 이자율 연 10%로 3년을 만기로 대여하였으며, 이자는 매년 말 후급조건이다. ㈜을은 자금난으로 인하여 20×1. 7. 1.에 부도처리되었다. ㈜갑과 ㈜을은 모두 12월 말 결산법인이다.

2. 20×1. 8. 1.에 ㈜을은 법원에 회생계획인가신청을 하였고, 20×1. 12. 31.에 법원은 다음과 같이 채권·채무조정을 결정하였다.
   ① 채권·채무조정일 : 20×1. 12. 31.
   ② 차입채무(대출채권)의 명목금액 : 10,000,000원
   ③ 채권·채무조정내용 : 만기 10년, 이자율 연 5%(연도말 후급)

3. ㈜갑과 ㈜을은 다음과 같이 회계처리하였다. ㈜갑과 ㈜을 모두 적정한 할인율은 연 10%이며, 채권의 현재가치(이자율 10%, 10년)는 6,927,716원이다.

(1) ㈜갑

20×1년	(차) 대손상각비	3,072,284	(대) 대손충당금	3,072,284
20×2년	(차) 현　　금	500,000	(대) 이자수익	692,772 *
	대손충당금	192,772		

* 6,927,716 × 10% ≒ 692,772

(2) ㈜을

20×1년	(차) 현재가치할인차금	3,072,284	(대) 채무조정이익	3,072,284
20×2년	(차) 이 자 비 용	692,772 *	(대) 현　　금	500,000 *
			현재가치할인차금	197,772

* 6,927,716 × 10% ≒ 692,772

<요구사항>
1. ㈜갑과 ㈜을이 모두 일반기업회계기준을 적용하는 경우 20×1년과 20×2년의 세무조정을 하시오.
2. ㈜갑과 ㈜을이 모두 K-IFRS 제1109호를 적용하는 경우 20×1년과 20×2년의 세무조정을 하시오.

■ 해답 ■
1. 일반기업회계기준을 적용하는 경우의 세무조정
(1) ㈜갑

연도	익금산입 및 손금불산입			손금산입 및 익금불산입		
	과 목	금 액	처 분	과 목	금 액	처 분
20×1년	대손충당금	3,072,284	유보	대 여 금	3,072,284	유보
20×2년	대 여 금	192,772	유보	대손충당금	192,772	유보

① 20×1년 세무조정
<결산서>　(차) 대손상각비 3,072,284 (대) 대손충당금 3,072,284
<세 법>　(차) 대손상각비 3,072,284 (대) 대 여 금 3,072,284
<세무조정> (차) 대손충당금 3,072,284 (대) 대 여 금 3,072,284
　　　　　　↳ 익금산입(유보)　　　　　↳ 손금산입(△유보)

세법은 조건 변경으로 인한 채권의 명목가치와 현재가치의 차액을 결산서에 대손금으로 계상한 경우 채권이 감액된 것으로 본다.
따라서 과대계상된 대손충당금을 익금산입하여 유보로 처분하는 한편, 과대계상된 대여금을 손금산입하여 △유보로 처분한다.

[유의사항] 대손충당금 한도액 계산시 다음에 유의해야 한다.

① 채권의 장부가액 : 채권의 장부가액과 현재가치의 차액을 손금에 산입함에 따라 계상한 기업회계기준상의 현재가치할인차금 상당액은 「법인세법 시행령」 제61조 제2항에 의한 채권잔액에 포함되지 아니한다(법인 46012-154, 2002. 3. 18.).

따라서 대여금에 대한 △유보 3,072,284원을 결산상 채권의 장부가액에서 차감하여 세무상 채권의 장부가액을 계산한다.

② 대손실적률 : 손금으로 인정된 3,072,284원은 대손실적률 계산시 대손금으로 보지 않는다. 손금산입액은 그 후에 유효이자율법에 따라 환입하여 수익으로 계상되므로 대손실적률 계산에 포함되는 대손금으로 볼 수 없기 때문이다(법인-2015, 2008. 8. 14.).

② 20×2년 세무조정

<결산서> (차) 대손충당금 192,772 (대) 이 자 수 익 192,772

<세 법> (차) 대 여 금 192,772 (대) 대 여 금 192,772

<세무조정> (차) 대 여 금 192,772 (대) 대손충당금 192,772
↳ 익금산입(유보)   ↳ 손금산입(△유보)

(2) ㈜을

연도	익금산입 및 손금불산입			손금산입 및 익금불산입		
	과 목	금 액	처 분	과 목	금 액	처 분
20×1년				현재가치할인차금	3,072,284	유보
20×2년	현재가치할인차금	192,772	유보			

채무자는 채무재조정으로 계상한 채무조정이익은 인정되지 아니하므로 익금불산입하고, 20×2년에 계상한 현재가치할인차금상각액은 손금불산입한다.

2. K-IFRS 제1109호를 적용하는 경우

(1) ㈜갑

연도	익금산입 및 손금불산입			손금산입 및 익금불산입		
	과 목	금 액	처 분	과 목	금 액	처 분
20×1년	대손충당금	3,072,284	유보			
20×2년				대손충당금	192,772	유보

K-IFRS에는 채권재조정 규정이 없으므로 20×1년에 계상한 대손상각비는 손금으로 인정되지 아니하고, 20×2년에 계상한 대손충당금환입액도 인정되지 아니한다.

(2) ㈜을 : 요구사항 1의 ㈜을의 세무조정과 같음.

7. 채무의 출자전환시 채권자의 처리

(1) 채무의 출자전환시 취득한 주식의 「법인세법」상 취득가액

회생계획인가 결정에 따라 출자전환으로 취득한 주식의 「법인세법」상 취득가액은 다음과 같이 채무자가 채무면제이익에 대한 과세이연요건을 구비하였는지 여부에 따라 달라진다.

1) 채무자가 과세이연요건을 구비한 경우

채무자가 출자전환으로 발생한 채무면제이익에 대한 과세이연요건(p.261 참조)을 구비한 경우에는 채무자가 채무면제이익을 익금불산입할 것이므로, 그에 상응하여 채권자도 출자전환으로 발생한 손실을 이연시키기 위하여 출자전환한 채권의 장부가액을 주식의 취득가액으로 대체한다. 이와 같이 처리하면 출자전환으로 인한 손실은 주식의 취득가액에 포함되어 그 주식을 양도하는 시점에 손금에 산입된다.

2) 채무자가 과세이연요건을 구비하지 못한 경우

채무자가 과세이연요건을 구비하지 못한 경우에는 채무자의 채무면제이익이 과세될 것이므로 그에 상응하여 채권자도 채권을 출자전환하고 취득한 주식을 취득 당시 시가로 평가하고 출자전환으로 인한 손실을 대손금으로 인식할 수 있다. 다만, 특수관계인에 대한 업무무관 가지급금과 보증채무대위변제 구상채권을 출자전환하여 취득한 주식은 취득 당시 시가를 취득가액으로 한다(법령 §72②(4)의2).

◉ 출자전환에 따라 취득한 주식의 취득가액 ◉

구 분		주식의 취득가액
채무면제이익의 과세이연요건을 구비하지 못한 경우		취득 당시 시가
채무면제이익의 과세이연요건을 구비한 경우	특수관계인에 대한 업무무관 가지급금과 보증채무대위변제 구상채권	취득 당시 시가
	그 밖의 채권	출자전환한 채권의 장부가액

(2) 출자전환시 「부가가치세법」의 대손세액공제 적용 여부

종전에 국세청, 기획재정부, 조세심판원은 회생계획인가결정에 따라 채권을 출자전환하는 경우 채권의 장부가액과 주식의 시가와의 차액은 대손세액공제대상에 해당한다는 입장이었다. 그러나 법원에서는 회생계획인가결정에 따라 변제에 갈음하여 출자전환한 경우 출자전환한 주식을 모두 무상소각한 경우에는 실질적으로 '채무의 면제'에 해당하므로 대손사유에 해당하나(대법원 2017두 75781, 2018. 7. 26.), 전부를 무상소각하지 않은 경우에는 해당 채권은 변제받은 것이므로 대손사유에 해당하지 않는다(대전고등법원(청주) 2019누 1174, 2019.

10. 2.)고 보았다. 이와 같이 국세청 등과 법원의 견해가 달라서 실무상 업무처리에 혼선이 발생하는 점을 고려하여 2019. 2. 12. 「부가가치세법 시행령」에 법원의 회생계획인가결정에 따라 채무를 출자로 전환한 경우 출자전환된 매출채권의 장부가액과 출자전환된 주식 또는 출자지분의 시가와의 차액은 대손세액공제대상임을 명확히 규정하였다.

┃ 사례 ≫ 채권의 출자전환에 대한 대손세액공제와 대손금

A법인은 2020. 7. 1. B법인에게 상품을 11억원(부가가치세 포함)에 외상판매하였다. 2024. 5. 2.에 B법인이 채무를 출자로 전환하는 내용이 포함된 회생계획인가 결정에 따라 A법인은 외상매출금 11억원을 출자로 전환하여 시가 4억4천만원인 비상장주식을 받았다. 이 경우 대손세액공제액을 계산하고 대손세액공제와 대손금에 대한 「법인세법」의 회계처리를 하시오. 다만, 대손충당금 잔액은 없다.

┃ 해답 ┃

① 대손세액공제
  (1,100,000,000 − 440,000,000) × 10/110 = 60,000,000
② 「법인세법」상 회계처리
  (차) 부가세예수금 60,000,000 (대) 외상매출금 1,100,000,000
    매도가능증권 1,040,000,000*
  * 채무자가 과세이연요건을 구비했으므로 출자전환한 채권의 장부가액을 주식의 취득가액으로 함.

---

(3) 다른 채권자에 비하여 불리한 조건에 동의하여 회수불능하게 된 경우

내국법인이 보유하고 있는 채권 중 「채무자 회생 및 파산에 관한 법률」에 따른 회생계획인가의 결정 또는 법원의 면책결정에 따라 회수불능으로 확정된 채권은 해당 사유가 발생한 날이 속하는 사업연도의 대손금으로 손금에 산입하나, 해당 채권에 대하여 정당한 사유 없이 다른 채권자에 비하여 불리한 조건에 동의함으로써 채권의 임의포기에 해당되는 경우 그 임의포기 금액은 대손금으로 보지 아니하는 것으로 특수관계자 해당 여부에 따라 「법인세법」 제52조에 의한 부당행위계산의 부인이 적용되거나 기부금 또는 기업업무추진비로 본다(법인세과-995, 2009. 9. 14.).

8. 공금횡령 등에 관련한 대손처리

8-1. 법인을 실질적으로 지배하는 자인 경우

법인의 대표이사·임원 또는 지배주주 등으로서 그 지위의 명칭여하에 불구하고 법인을 실질적으로 경영하는 자가 자신의 지위를 이용하여 해당 법인의 자금을 횡령하고 사외유출시킨 데 대하여 법인이 동 횡령액을 손해배상채권 등 자산으로 계상한 경우 해당 횡령금액은 그 유출된 날이 속하는 사업연도에 익금에 산입하고 「법인세법 시행령」 제106조 제1항에 따라 그 귀속자에게 소득처분하며, 동 자산계상액은 손금산입(△유보)으로 세무조정하여 야 한다(법인법규 2014-446, 2014. 10. 7., 서면2팀-1501, 2007. 8. 8.).

법인의 실질적 경영자인 대표이사 등이 법인의 자금을 유용하는 행위는 특별한 사정이 없는 한 당초 회수를 전제로 하여 이루어진 것이 아니어서 그 금액에 대한 지출 자체로서 이미 사외유출에 해당하므로 대손금으로 손금에 산입할 수 없다. 여기서 그 유용 당시부터 회수를 전제하지 않은 것으로 볼 수 없는 특별한 사정에 관하여는 횡령의 주체인 대표이사 등의 법인 내에서의 실질적인 지위 및 법인에 대한 지배 정도, 횡령행위에 이르게 된 경위 및 횡령 이후의 법인의 조치 등을 통하여 그 대표이사 등의 의사를 법인의 의사와 동일시하거나 대표이사 등과 법인의 경제적 이해관계가 사실상 일치하는 것으로 보기 어려운 경우인지 여부 등 제반 사정을 종합하여 개별적·구체적으로 판단하여야 하며, 이러한 특별한 사정은 이를 주장하는 법인이 입증하여야 한다(대법원 2012두 23822, 2013. 2. 28., 대법원 2007두 23323, 2008. 11. 13.).

8-2. 법인을 실질적으로 지배하는 자가 아닌 경우

(1) 법인을 실질적으로 지배하는 자가 아닌 경우의 횡령액의 처리

사용인 또는 임원이 법인의 공금을 횡령한 경우로서 동 사용인과 그 보증인에 대하여 횡령액의 회수를 위하여 법에 의한 제반절차를 취하였음에도 무재산 등으로 회수할 수 없는 경우에는 동 횡령액을 대손처리할 수 있다. 이 경우 대손처리한 금액에 대하여는 사용인 또는 임원에 대한 근로소득으로 보지 아니한다(서면2팀-87, 2005. 1. 12., 법기통 19의2-19의2…6).

따라서 법인이 공금을 횡령한 사용인을 형사고소하고 그 횡령액을 회수하기 위하여 사용인과 그 보증인에 대하여 횡령액 중 일부금액에 대하여만 먼저 손해배상청구소송을 제기하여 승소한 경우 형사고소 또는 승소금액 집행 종결 및 손해배상 미청구액의 추가소송 여부에 불구하고 미회수 횡령금액이 「법인세법 시행령」 제19조의2 제1항의 대손요건에 해당하는 대손금으로 손금산입할 수 있다(법인-82, 2010. 1. 28.).

(2) 법인을 실질적으로 지배하는 자가 아닌 경우의 횡령액 관련 사례

1) 무재산·사업폐지 등의 경우

사용인이 법인의 공금을 횡령하여 사업을 영위하는 타인에게 대여한 경우로서 법인이 동 사용인과 횡령액을 대여받은 자 등에 대하여 구상권을 행사하였으나 무재산·사업폐지 등으로 회수할 수 없는 경우에는 무재산임이 객관적으로 입증되어 회수할 수 없음이 확정되는 날이 속하는 사업연도의 손금에 산입한다(법인 46012-2874, 1993. 9. 23.). 이 경우 강제집행 불능조서 등 객관적인 입증서류는 결산확정일까지 보완할 수 있으며, 손금에 산입하는 횡령액은 사용인에 대한 근로소득으로 보지 아니한다.

2) 소멸시효가 완성되는 경우

법인의 직원이 회사공금을 횡령한 경우 동 법인이 횡령액의 회수를 위하여 제반절차를 취하였음에도 회수할 수 없음이 객관적으로 인정되거나 소멸시효가 완성되는 사업연도에 대손금으로 처리할 수 있다(서면2팀-84, 2004. 1. 27.).

3) 동업자의 횡령으로 투자금을 회수할 수 없는 경우

내국법인이 해외현지법인을 설립하기 위한 투자금을 동업자에게 송금하였으나 동업자의 횡령 등으로 인하여 동 법인이 설립되지 않고 동업자로부터 받을 횡령액 상당의 채권은 「법인세법 시행령」 제19조의2 제1항 각호의 어느 하나에 해당하는 대손사유로 회수할 수 없는 경우 대손금으로 손금에 산입할 수 있다(법인-1175, 2009. 10. 23.).

4) 횡령액을 회수하기 위해 손해배상청구소송이 진행 중인 경우

내국법인이 금융기관에 예치한 예금을 해당 금융기관의 입·출금 업무를 담당하던 직원이 횡령한 경우, 해당 법인이 횡령액을 회수하기 위해 해당 금융기관과 횡령한 직원에 대해 손해배상청구소송 또는 강제집행 등 민·형사상 법적인 제반절차를 취하였음에도 이를 회수할 수 없음이 객관적으로 입증되는 경우에는 해당 횡령액을 대손처리할 수 있으나, 해당 금융기관에 대한 손해배상청구소송이 진행 중임에도 단순히 횡령한 직원이 무재산·무자력 또는 형 집행 중이라는 사유만으로는 해당 횡령액을 대손처리할 수 없다(법인법규 2011-505, 2011. 12. 20., 법인 46012-4152, 1995. 11. 13.).

9. 상각채권의 회수

대손처리한 채권을 회수한 경우에는 당초 대손처리시 손금에 산입된 경우에는 익금항목으로 보나, 손금불산입된 경우에는 익금불산입항목으로 본다(법법 §19의2③).

- 손금산입액의 회수액 : 익금항목
- 손금불산입액의 회수액 : 익금불산입항목

■ 사례 » 대손금의 회수

㈜갑은 제20기에 외상매출금 1,000,000원을 대손처리한 후, 제21기에 대손처리한 채권을 회수하였다. ㈜갑의 제20기와 제21기의 회계처리를 하면 다음과 같다.

구 분	제20기	제21기
내 용	대손처리	상각채권 회수
결 산 서	(차) 대손상각비 1,000,000 　(대) 외상매출금 1,000,000	(차) 현 금 1,000,000 　(대) 수 익 1,000,000

제20기에 「법인세법」상 대손요건을 구비한 경우와 대손요건을 구비하지 못한 경우로 구분하여 제20기와 제21기에 대한 세무조정을 하시오.

■ 해답 ■

구 분	제20기[*1]	제21기[*2]
대손요건을 구비한 경우	세무조정 없음	세무조정 없음
대손요건을 구비하지 못한 경우	<손금불산입> 외상매출금 1,000,000 (유보)	<익금불산입> 외상매출금 1,000,000 (△유보)

*1 제20기에 대손처리시 대손충당금과 상계한 경우에도 대손상각비로 처리한 경우의 세무조정과 동일하다.
*2 제21기에 상각채권 회수액을 대손충당금 증가액으로 처리한 경우에도 수익으로 처리한 경우와 세무조정은 동일하다. 이 경우 대손충당금 한도초과액을 계산할 때 대손충당금 증가액으로 처리한 금액을 대손충당금 기말잔액에 포함한다.

10. 부당한 대손금 관련 세무조정

10-1. 부당한 대손처리의 유형

국세청의 대손금 조사요령에 따르면 부당한 대손처리의 다음과 같은 사례를 들고 있다. 따라서 동 대손금은 손금불산입하게 된다.

① 거래처의 매출채권을 사용인이 회수하여 유용한 금액에 대하여 소멸시효가 완성된 것으로 하여 대손처리하는 사례

② 회수불능채권의 채무자에 대한 대손요건만을 갖추고, 그 채무자의 연대보증인 등에 대한 구상절차를 이행하지 아니하고 대손처리하는 사례

③ 결산상 대손금으로 계상하여야 손금으로 인정되는 채권을 신고조정에 의하여 대손으로 손금산입하는 사례

④ 거래처의 지원 등 기타의 목적으로 채권의 전부 또는 일부를 포기하고 대손처리하는 사례

⑤ 채무자의 변제능력이 있어 청구권을 행사할 수 있음에도 고의적으로 청구권행사를 이행하지 아니함으로써 소멸시효가 완성되어 대손으로 처리하는 사례

⑥ 공표이익 또는 과세소득을 조정하기 위하여 동일채권을 분할하여 손금산입하는 사례

⑦ 개인사업을 법인으로 전환할 때 부실채권을 인수하여 법인이 대손금으로 손금산입하는 사례

⑧ 대손금으로 처리한 채권을 그 후 사업연도에 회수하고 그 금액을 계상 누락하는 사례

10-2. 대손금 부인액의 세무조정

(1) 대손시기 미도래로 부인하는 대손금

법적으로 청구권이 소멸하지 않은 채권을 대손금으로 처리하거나 회수불능의 요건을 갖추지 아니한 채권을 대손금으로 처리한 경우, 다음과 같이 세무조정을 한다.

① 해당 대손금을 손금불산입(유보)하고 자본금과 적립금조정명세서(을)[별지 제50호 서식(을)]에 동 금액을 기재한다.

② 법인이 그 다음 사업연도에 위 "①"의 채권을 장부에 익금으로 계상한 경우에는 이를 각 사업연도 소득으로 이미 과세된 소득으로 하여 익금불산입(△유보)한다.

③ 법인이 위 "②"와 같이 회계처리를 하지 아니하는 경우에는 대손이 확정되는 사업연도에 단순신고조정에 의하여 손금산입(△유보)한다.

(2) 가공계상채권의 대손금 부인

사용인이 법인의 채권을 회수하였으나, 이를 법인에 수납하지 아니하고 사용인이 사적으로 유용한 경우로서 법인이 동 채권에 대한 구상권을 행사하지 아니하고 대손금으로 처리한 경우 다음과 같이 세무조정을 한다.

① 대손금을 손금불산입하고 유용한 사용인에 대하여 상여로 처분한다.

② 그 후 사업연도에 해당 사용인으로부터 유용한 금액을 회수하고 수익으로 계상한 경우에는 각 사업연도 소득으로 이미 과세된 소득으로 보아 익금불산입(기타)한다.

③ 만일, 유용사실을 회사가 발견하고 적법한 회수조치를 취하였으나 회수불능으로 대손처리하는 경우는 이를 손금산입하며, 이 경우의 대손금은 사용인의 근로소득으로 보지 아니한다(법기통 34 – 62…6).

(3) 담보가 있는 채권의 대손금 부인

연대보증인이 있음에도 그에 대한 구상권을 행사하지 아니하고 대손금으로 처리하거나

채권에 대한 담보물이 있음에도 이를 처분하지 아니하고 대손금으로 한 경우 동 대손금을 손금불산입(유보)하고 담보물을 처분하여 상계한 잔액 또는 연대보증인에 대한 구상채권이 대손사유에 해당한 때 동 금액을 손금산입(△유보)한다.

(4) 조세회피 등의 목적으로 분할 대손처리한 금액의 부인

과세소득을 조정하여 조세를 회피할 목적으로 대손이 확정된 채권을 여러 사업연도에 분할하여 대손처리하거나 금융기관 등이 감독기관의 대손승인을 받은 채권을 공표이익의 분식목적으로 분할하여 손금으로 계상한 사례 또는 산업합리화지정기업이 합리화기준의 기업회계특례에 의하여 대손채권을 이연상각하는 경우에는 다음과 같이 세무조정을 한다.

① 대손이 확정된 사업연도에 채권을 분할하여 대손금으로 손금에 산입한 경우에는 대손으로 계상하지 아니한 잔여채무금액을 손금산입(△유보)한다.

② 대손이 확정되지 아니한 채권을 분할하여 손금산입한 경우에는 이를 손금불산입(유보)한다.

(5) 상각채권의 회수금액을 익금으로 계상하지 아니한 금액

이미 대손으로 처리한 부도어음(수표) 또는 채권을 회사가 회수하였음에도 이를 익금으로 계상하지 아니한 경우 다음과 같이 세무조정을 한다.

① 대손처리한 금액 중 회수한 금액을 익금에 산입한다.

② 익금산입한 금액은 귀속자(귀속자가 불분명한 경우에는 대표자)에게 소득처분한다.

(6) 대물변제로 취득한 자산의 취득가액을 과대계상한 금액

미수채권을 정상가액이 채권액보다 적은 채무자 소유자산으로 상계함으로써 해당 자산의 취득가액을 채권가액으로 과대계상하는 경우 다음과 같이 세무조정을 한다.

① 대물변제로 취득한 자산의 취득가액은 취득시(채권과 상계시) 정상가액이어야 하므로 취득가액 과대계상액은 손금산입(△유보)하고,

② 차액은 당사자의 협의 내용에 따라 채권을 완전 감소시킨 경우에는 비지정기부금으로 보아 익금산입(기타)하고, 채권을 존속시킨 경우에 대손의 요건이 성립되지 아니한 경우에는 익금산입(유보)한다.

8. 자산평가손실의 손금불산입

1. 자산평가손실의 처리

「법인세법」은 자산의 평가손실을 손금으로 보지 아니한다. 다만, 다음의 경우에는 자산의 평가손실을 손금으로 본다(법법 §42③).

(1) 재고자산의 평가손실

1) 재고자산의 평가손실

재고자산 중에서 파손·부패 등의 사유로 인하여 정상가격으로 판매할 수 없는 것은 감액사유가 발생한 사업연도에 당해 재고자산의 장부가액을 사업연도 종료일 현재 처분가능한 시가로 감액하고, 그 감액한 금액을 당해 사업연도의 손비로 계상하면 이를 손금으로 인정한다(법법 §42③(1)). 그러나 단순히 유행이 변화된 제품, 구형 모델상품·구식화 상품이나 진열용으로 공하였던 상품 등에 대한 평가손실은 손금에 산입하지 아니한다(법인 22601-360, 1988. 2. 9., 법인 22601-815, 1985. 3. 18.).

2) 재고자산의 폐기처분

법인이 재고자산을 폐기처분하고자 하는 경우에는 폐기물관리법의 적용을 받는 폐기물에 대하여는 해당 법률의 절차에 따라 폐기하는 등 그 폐기사실이 객관적으로 입증될 수 있는 증거를 갖추어 처리하여야 한다(제도 46012-10682, 2001. 4. 19.). 따라서 물품의 폐기를 객관적으로 입증할 폐기사진·폐기비용 입증서류·폐기비용의 송금내역 등의 제시가 없는 경우에는 폐기손실을 부인한다(조심 2010서 2149, 2011. 4. 29.).

재고자산을 폐기함에 따라 발생한 손실은 폐기처분일이 속하는 사업연도의 손금으로 계상하나, 해당 손실을 경영책임자 등으로부터 변상받은 경우에는 변상받은 금액과 해당 재고자산의 장부가액과의 차액을 손금 또는 익금으로 할 수 있다(법인 46012-3286, 1995. 8. 19.).

(2) 주식의 평가손실

법인이 보유하고 있는 주식의 발행법인이 다음에 해당하는 경우에는 해당 주식의 장부가액을 당해 감액사유가 발생한 사업연도에 사업연도 종료일 현재 시가(주식 등의 발행법인별로 보유주식총액을 시가로 평가한 가액이 1천원 이하인 경우에는 1천원으로 한다)로 감액하고, 그 감액한 금액을 당해 사업연도에 손비로 계상하면 이를 손금으로 인정한다(법법 §42③(3)).

평가손실 사유	평가손실 대상 주식 등
• 주식 등의 발행법인이 부도가 발생한 경우 • 「채무자 회생 및 파산에 관한 법률」에 따른 회생계획인가의 결정을 받은 경우 • 「기업구조조정촉진법」에 따른 부실징후기업이 된 경우	① 주권상장법인이 발행한 주식 등 ② 「중소기업창업지원법」에 따른 중소기업창업투자회사 또는 「여신전문금융업법」에 따른 신기술사업금융업자가 보유하는 주식 등 중 각각 창업자 또는 신기술사업자가 발행한 것 ③ 비상장법인 중 「법인세법 시행령」 제87조 제1항에 따른 특수관계에 있지 아니한 법인이 발행한 주식 등. 다만, 지분율 5% 이하이고 취득가액이 10억원 이하인 주주는 특수관계로 보지 않음.
주식의 발행법인이 파산된 경우	파산된 모든 법인의 주식 등

법인이 보유하고 있는 주식의 발행법인인 해외현지법인이 「파산법」에 의한 파산선고와 동일한 성격의 현지국 관련법상 결정을 받은 경우에는 사업연도 종료일 현재 시가로 평가할 수 있다(서이 46012-12186, 2002. 12. 6.). 그러나 주식 등 발행법인이 폐업한 경우에는 파산한 경우가 아니므로, 폐업법인의 주식에 대한 평가손실은 손금에 산입할 수 없다(서이 46012-10586, 2003. 3. 21.).

입법연혁 **비상장주식의 평가손실**

> 종전에는 법인이 보유한 주식은 주식발행법인이 부도가 난 경우에도 평가손실을 손금으로 인정하지 않았다. 기업회계와 세법 간의 차이를 해소하기 위하여 2006. 2. 9. 상장주식의 평가손실을 손금으로 인정하는 규정을 신설하였다. 규정이 신설된 후 비상장주식도 평가손실을 인정해 달라는 요구가 많아서 2008. 2. 22.부터 비상장주식은 특수관계 없는 경우에 평가손실을 손금으로 인정하게 되었다. 처음에는 지분율 1% 이상은 모두 특수관계로 보아 비상장주식의 평가손실을 인정하지 않았으나, 지분율이나 취득가액에 관계없이 평가손실을 손금으로 인정하는 상장주식과의 형평성을 감안하여 2010. 2. 18.부터 비상장법인에 대한 지분율이 5% 이하이고, 취득가액 10억원 이하인 경우에는 특수관계로 보지 않도록 규정을 개정하여 평가손실의 손금산입 대상을 확대하였다.

(3) 유형자산의 평가손실

유형자산은 천재지변·화재·수용·채굴예정량의 채진으로 폐광(토지를 포함한 광업용 유형자산이 그 고유의 목적에 사용될 수 없는 경우를 포함한다)한 경우 감액사유가 발생한 사업연도(파손 또는 멸실이 확정된 사업연도를 포함한다)에 당해 유형자산의 장부가액을 사업연도 종료일 현재 시가로 평가한 가액으로 감액하고, 그 감액한 금액을 당해 사업연도의 손비로 계상하면 이를 손금으로 인정한다(**법법** §42③(2), **법령** §78①·③).

2. 자산평가손실의 손금산입방법

자산평가손실은 감액사유가 발생한 사업연도에 장부가액을 사업연도 종료일 현재의 시가(주식발행 법인별로 보유주식의 장부가액의 시가총액이 1천원 이하인 때에는 1천원)로 감액하고, 그 감액한 금액을 비용으로 계상해야만 손금으로 인정한다(법령 §78③). 감액사유가 발생한 사업연도(파손 또는 멸실이 확정된 사업연도를 포함한다)에 평가손실을 비용으로 계상하지 않은 경우에는 자산을 처분하거나 폐기하는 사업연도에 손금에 산입해야 한다.

일반적으로 결산조정사항은 요건을 구비하면 그 사업연도에 비용으로 처리해도 되고 그 후의 사업연도에 비용으로 회계처리해도 된다. 그러나 자산의 평가손실은 감액사유가 발생한 사업연도의 평가손실을 비용으로 계상해야 하며, 그 후의 사업연도에 계상하면 평가손실을 인정하지 않는 점에 유의하여야 한다. 이와 같이 자산의 평가손실을 감액사유가 발생한 사업연도에 손금으로 계상하도록 한 것은 거액의 자산의 평가손실을 법인이 사업연도별로 임의로 계상하는 방법으로 사업연도별 소득을 조절하는 것을 막기 위한 것이다.

▮ 사례 ›› **임목의 평가손실**

제20기에 태풍으로 공장의 임목(장부가액 3,000,000원)이 상당한 피해를 입었으나 살아 있다가 제21기에 임목이 죽은 경우 제20기와 제21기 중 언제 평가손실을 인식해야 하는가?

▮ 해답 ▮

종전에는 천재지변 등이 발생한 사업연도에 감액하도록 규정하고 있어서 실무상 평가손실을 인식하는 데 어려움이 있었다. 2019. 2. 12. 법인세법 시행령 개정시 <u>감액사유가 발생한 사업연도뿐만 아니라 파손 또는 멸실이 확정된 사업연도에도 평가손실을 손금에 산입할 수 있도록</u> 하였다.

▮ 사례 ›› **평가손실의 손금산입시기**

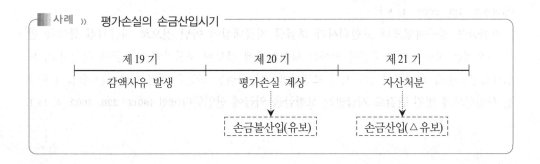

> **■ 사례 » 주식의 평가손실**
>
> ㈜갑은 제18기 초에 상장주식인 ㈜을의 주식을 1,000,000원에 취득하여 단기매매증권으로 회계처
> 리하였다. 제18기 중에 ㈜을이 부도가 발생하여 제18기 말의 보유주식의 시가가 200,000원이 되었
> 다. ㈜갑은 제18기에는 주식에 대한 평가손실을 계상하지 아니하고 제19기에 평가손실 800,000원
> 을 비용으로 계상하였다. 제20기에 그 주식을 50,000원에 처분하고, 처분손실 150,000원을 계상한
> 경우 제18기부터 제20기까지 세무조정을 하시오.
>
> **■ 해답 ■**
>
> | 구 분 | 세무 조정 | 조정 이유 |
> |---|---|---|
> | 제18기 | – | 결산조정사항을 비용으로 계상하지 않았으므로 세무조정 없음. |
> | 제19기 | <손금불산입>
단기매매증권 800,000 (유보) | 감액사유가 발생한 사업연도가 아니므로 평가손실을 손금불산입함. |
> | 제20기 | <손금산입>
단기매매증권 800,000 (△유보) | 자산을 처분하였으므로 유보를 손금산입함. |

(1) 화재보험에 가입된 유형자산의 평가손실

화재보험에 가입된 유형자산이 화재로 인하여 소실된 경우에는 화재가 발생한 사업연도에는 평가차손을 계상하여도 손금으로 인정하지 아니한다. 왜냐하면 세법은 화재손실과 보험금 지급을 하나의 사건으로 보기 때문이다. 따라서 보험금 지급이 확정된 사업연도에 보험금이 소실된 자산의 장부가액을 초과하면 그 초과액을 보험차익으로 익금에 산입하고, 보험금이 소실된 자산의 장부가액에 미달하면 그 미달액을 재해손실로 손금에 산입하면 된다 (법인세과-419, 2009. 4. 8.).

보험금을 청구하였으나 보험회사가 보험금 지급대상이 아닌 것으로 지급거절 통지를 받은 경우에는 지급거절 통지일이 속하는 사업연도에 멸실된 자산가액을 손금에 산입하고, 보험금청구소송을 제기하여 법원에서 보험금을 지급하라는 판결을 받은 경우에는 판결이 확정된 사업연도에 법원 판결로 지급받는 보험금을 익금에 산입한다(법인 46012-220, 2002. 4. 15.).

9. 인건비

1. K-IFRS상 종업원급여

종업원급여란, 종업원이 제공한 근무용역의 대가로 또는 종업원을 해고하는 대가로 기업이 제공하는 모든 종류의 대가를 말한다(K-IFRS 1019호 문단 8). 종업원급여에는 급여, 수당, 상여, 퇴직급여가 포함되나, K-IFRS에서는 단기종업원급여, 퇴직급여, 기타장기종업원급여와 해고급여로 분류하고 있다.

(1) 단기종업원급여

1) 단기종업원급여의 범위

단기종업원급여는 종업원이 관련 업무용역을 제공하는 연차보고기간 말 이후 12개월 이전에 전부 결제될 것으로 예상되는 다음의 급여를 포함한다(K-IFRS 1019호 문단 9).
① 임금, 사회보장분담금
② 유급연차휴가와 유급병가
③ 이익분배금·상여금
④ 현직 종업원을 위한 비화폐성급여(예 의료, 주택, 자동차, 무상이나 일부 보조로 제공하는 재화·용역)

2) 단기종업원급여의 인식

단기종업원급여는 종업원이 회계기간에 근무용역을 제공할 때, 그 대가로 지급이 예상되는 단기종업원급여를 할인하지 않은 금액으로, 이미 지급한 금액이 있다면 이를 차감한 후 부채(미지급비용)로 인식한다.

(차) 단 기 종 업 원 급 여　　×××　　(대) 미 지 급 비 용　　×××

이미 지급한 금액이 해당 급여의 할인하지 않은 금액보다 많은 경우, 그 초과액으로 미래 지급액이 감소하거나 현금이 환급된다면 그만큼을 자산(선급비용)으로 인식한다.

(차) 선 급 비 용　　×××　　(대) 단 기 종 업 원 급 여　　×××

단기종업원급여는 다른 한국채택국제회계기준서(예 기업회계기준서 제1002호 '재고자산', 제1016호 '유형자산')에 따라 해당 급여를 자산의 원가에 포함하는 경우가 아니라면, 비용으로 인식한다.

(2) 퇴직급여

퇴직급여란, 퇴직급여제도에 의하여 퇴직 후에 지급하는 종업원급여(해고급여와 단기종업원급여는 제외)를 말한다(K - IFRS 1019호 문단 8). 퇴직급여제도는 기업이 한 명 이상의 종업원에게 퇴직급여를 지급하는 근거가 되는 공식 약정이나 비공식 약정을 말한다(K - IFRS 1019호 문단 8).

K - IFRS에서 퇴직급여제도는 확정기여제도와 확정급여제도로 나누어진다. 확정기여제도란 기업이 별개의 실체(기금)에 고정 기여금을 납부하고, 더 이상 기여금을 납부할 법적의무나 의제의무가 없는 퇴직급여제도이다.

즉, 그 기금에서 당기와 과거 기간에 제공된 종업원 근무용역과 관련된 모든 종업원급여를 지급할 수 있을 정도로 자산을 충분히 보유하지 못하더라도 기업에는 추가로 기여금을 납부할 의무가 없다. 확정기여제도 외의 모든 퇴직급여제도를 확정급여제도라고 한다(K - IFRS 1019호 문단 26).

(3) 기타 장기종업원급여

기타장기종업원급여란, 종업원이 관련 근무용역을 제공하는 연차보고기간 말 이후 12개월 이전에 전부 결제될 것으로 예상되지 않는 다음의 급여를 말한다(K - IFRS 1019호 문단 153).
① 장기근속휴가나 안식년휴가와 같은 장기유급휴가
② 그 밖의 장기근속급여
③ 장기장애급여
④ 이익분배금과 상여금
⑤ 이연된 보상

(4) 해고급여

1) 해고급여의 범위

해고급여란, 기업이 통상적인 퇴직시점 전에 종업원을 해고하는 결정을 하거나, 종업원이 해고의 대가로 기업에서 제안하는 급여를 받아들이는 결정으로 발생한다(K - IFRS 1019호 문단 8). 다음 중 이른 날에 해고급여에 대한 부채와 비용을 인식한다(K - IFRS 1019호 문단 165).
① 기업이 해고급여의 제안을 더는 철회할 수 없을 때
② 기업이 기업회계기준서 제1037호의 적용범위에 포함되고 해고급여의 지급을 포함하는 구조조정 원가를 인식할 때

2) 해고급여의 인식

해고급여는 그 종업원급여의 성격에 따라 최초 인식시점에 측정하고, 후속적 변동을 측정하고 인식한다. 해고급여가 퇴직급여를 증액하는 것이라면, 퇴직급여 규정을 적용한다. 그 밖의 경우에는 다음과 같이 처리한다(K-IFRS 1019호 문단 169).

① 해고급여가 인식되는 연차 보고기간 말 후 12개월이 되기 전에 해고급여가 모두 결제될 것으로 예상되는 경우 단기종업원급여 규정을 적용한다.

② 해고급여가 인식되는 연차 보고기간 말 후 12개월이 되기 전에 해고급여가 모두 결제될 것으로 예상되지 않는 경우 기타장기종업원급여 규정을 적용한다.

해고급여는 근무용역의 대가로 제공되는 것이 아니기 때문에, 급여를 근무제공기간에 배분과는 관련이 없다(K-IFRS 1019호 문단 170).

2. 세법상 인건비

2-1. 개 요

인건비란, 법인이 임직원에게 근로제공대가로 지급하는 금품으로서 급여·상여금·퇴직급여로 나누어진다. 인건비는 사업경비이므로 손금에 산입함을 원칙으로 하되, 손금불산입 항목으로 규정한 것은 손금으로 인정되지 아니한다. 인건비의 손금산입 여부를 정리하면 다음과 같다.

구 분	대상자	내 용
보수·급여·임금·수당	합명회사 또는 합자회사의 노무출자사원의 보수	이익처분에 의한 상여로 보아 손금불산입
	지배주주 등 및 그와 특수관계에 있는 임직원	정당한 사유없이 동일직위에 있는 지배주주 등 외의 임직원에게 지급하는 금액을 초과하여 보수를 지급한 경우 그 초과금액은 손금불산입(**법령 §43③**)
	비상근임원	손금으로 인정하나, 부당행위계산부인의 대상이 되는 부분은 손금불산입(**법령 §43④**)
	임 원	주주총회 결의로 정하여진 한도액 이내에서 지급하는 금액은 손금인정
	직 원	손금
상여금	임 원	임원상여금 중 정관·주주총회·사원총회 또는 이사회의 결의에 의하여 결정된 급여지급기준에 의하여 지급하는 금액을 초과하여 지급한 경우 그 초과금액은 손금불산입(**법령 §43②**)

구 분	대상자	내 용
퇴직급여	직 원	손금
	임 원	정관 또는 정관의 위임에 따라 주주총회에서 정한 퇴직급여지급에 정하여진 금액(규정이 없으면 「법인세법」에 의한 금액)을 초과하는 금액은 손금불산입(법령 §44④)
해산수당 또는 퇴직위로금	직 원	손금인정
	임직원	법인의 해산에 의하여 퇴직하는 임직원에게 지급하는 해산수당 또는 퇴직위로금 등은 최종 사업연도의 손금(법령 §43⑤)

2-2. 임원과 직원의 구별

(1) 임원과 직원의 구별 기준

법인에서 종사하는 자는 임원과 직원으로 구분된다. 임원은 다음 직무에 종사하는 자를 말하며, 그 밖의 자를 직원이라고 한다(법령 §40①).

① 법인의 회장, 사장, 부사장, 이사장, 대표이사, 전무이사, 상무이사 등 이사회의 구성원 전원과 청산인
② 합명회사, 합자회사 및 유한회사의 업무집행사원 또는 이사
③ 유한책임회사의 업무집행자
④ 감사
⑤ 그 밖에 위의 ① 내지 ④에 준하는 직무에 종사하는 자

임원인지는 등기 또는 명칭에 관계없이 실질적인 직무내용으로 판단한다. 예를 들어, 이사대우인 사람이 임원인지는 그 직위에 관계없이 위의 직무에 종사하는지의 여부에 따라 다음과 같이 판단한다(법인 22601-3294, 1987. 12. 10.).

(2) 임원과 직원의 구별 사례

① 사업경영의 전부 또는 일부에 대해 포괄적 위임을 받고 책임지는 근로자는 임원으로 본다(법인 46012-1258, 1999. 4. 3.).
② 출자임원이 아니어도 이사 등의 지위에 있는 자는 임원으로 본다(국심 법인 99-256, 1999. 10. 22.).
③ 법인등기부상 이사로 등재되지 아니하였으나 임시주주총회를 통해 임원으로 선임되어 임원명부에 등재된 자는 임원으로 본다(국심 99중 2630, 2000. 4. 4.).
④ 비등기 업무집행임원으로서 해당 법인의 직제규정에 따라 '상무'의 명칭을 사용하여 재

무결산·경영기획 및 손익관리·법무·인사 및 총무업무를 총괄하여 집행할 권한과 책임이 있는 경영지원본부장은 임원에 해당한다(법인법규 2009-228, 2009. 6. 23.).

⑤ 합자회사에 소액현물출자한 자가 유한책임사원으로 등재되었으나 임원으로는 등재되지 아니하였을 경우 사실상 임원자격으로 업무를 집행한 것으로 볼 수 없으므로 임원에 해당되지 않는다(법인 2000-132, 2001. 3. 9.).

2-3. 보수·급여·임금·수당

(1) 직 원

직원에 대한 급여, 임금, 수당은 부당행위계산의 부인에 해당하는 것과 잉여금의 처분에 의한 것을 제외하고는 손금에 산입함을 원칙으로 한다. 법인이 외국인불법체류자를 고용하여 근로를 제공받고 그 대가로 지급한 금액은 인건비로서 손금에 산입한다. 이 경우 법인이 지급한 인건비에 대한 증빙으로서 그 비용이 당해 법인에 귀속되고 실질적으로 결제되었음이 객관적으로 확인할 수 있는 서류(여권사본, 지급받는 자의 수령증 등)를 보관하여야 한다(법인 46012-1896, 1995. 7. 11.).

(2) 임 원

1) 원 칙

「상법」은 이사의 보수는 정관에 그 액을 정하지 아니한 때에는 주주총회의 결의로 이를 정한다(상법 제388조에서 규정하고 있고, 그 규정은 감사에게도 준용한다)(상법 §415). 임원의 보수를 주주총회 결의에 따라 정하는 경우 주주총회에서 임원의 보수 총액을 정한 후 이사회에 개인별 지급금액을 위임하는 것은 적법한 것으로 본다(대법원 2012다 1993, 2012. 3. 29.).

실무에서 보면 회사가 주주총회의 결의 없이 임원보수를 지급하는 경우도 있고, 주주총회에서 결의된 보수 한도를 초과하여 임원 보수를 지급하는 경우도 있다. 이와 같이 주주총회에서 결정된 임원의 보수한도를 초과하여 지급한 금액은 손금인가?

① 손금불산입이라는 견해 : 임원은 정관이나 주주총회 결의에 따라 정한 한도를 초과하는 금액에 대해서는 보수청구권을 행사할 수 없다고 보아야 하므로 임원의 보수가 정관이나 주주총회의 결의에 의하여 정하여진 한도액을 초과하는 경우 그 한도초과액은 손금에 산입할 수 없다고 보아야 한다(서울행정법원 2015구합 70676, 2016. 4. 21., 국징 1234.21-659, 1967. 8. 16.).

② 손금이라는 견해 : 조세심판원은 처음에는 임원의 보수가 상법상 주주총회 결의에 의한 연간 보수한도를 초과하면 손금불산입하다고 결정(조심 2014서 1536, 2015. 5. 11.)하였으나, 그 후에는 한도초과액을 이익처분에 의한 상여로 볼 수 있는 근거가 없고, 법

인이 임원에게 지급하는 기본급여의 손금인정 범위에 대해 법인세법상 명문규정이 없으므로 정기주주총회에서 의결한 임원들의 연간 보수 한도액을 초과하여 지급한 기본급여도 손금에 포함해야 한다고 결정(조심 2016서 1418, 2017. 1. 23.)하였다.

이와 같이 임원 보수 한도액을 초과하는 금액에 대한 손금 여부에 대하여 견해의 충돌이 있으므로 회사에서는 주주총회에서 임원 보수 한도를 정하고 그 한도액 이내에서 임원 보수를 지급하길 권장한다.

2) 노무출자사원의 보수

합자회사 또는 합명회사의 노무출자사원의 인건비는 손금에 산입하지 아니한다(법령 §43 ①). 이는 노무출자사원이 노무를 제공하는 것은 출자를 하는 것이므로, 그 대가는 이익처분에 의한 배당으로 지급해야 하기 때문이다. 그러나 금전출자사원·현물출자사원 및 신용출자사원은 노무를 출자하지 않았으므로 그들의 인건비는 손금이다(직세 1234.21-1804, 1970. 10. 29., 법인 1234.21-502, 1975. 2. 27.).

회사가 노무출자사원의 인건비를 비용으로 회계처리한 경우에는 손금불산입하여 상여로 소득처분한다. 상여로 소득처분하는 것은 노무출자사원은 업무집행사원으로서 출자임원이기 때문이다.

3) 비상근임원 보수 중 부당행위계산의 부인 해당액

가. 비상근임원 보수

비상근임원이란, 통상적으로 법인에 출근하여 업무를 집행하지 않는 임원을 말한다. 비상근임원은 상시 근무하지 않으므로 과다하게 보수를 지급하면 그 과다지급액을 부당행위계산의 부인규정에 따라 손금불산입한다(법령 §43④). 비상근임원의 보수가 부당한지는 법인의 규모, 영업내용, 근로의 제공 및 경영참여 사실 여부 등에 비추어 판단한다(법인 46012-1394, 2000. 6. 19.).

나. 비상근임원 보수 관련 사례

① 국내에 주소를 두지 않은 비상근임원

법인이 국내에 주소를 두고 있지 않은 비상근임원에게 근로의 대가로 지급한 급여는 그 비상근임원이 주소지를 국내에 두고 있지 않거나, 국내에 상주해서 근무하고 있지 않다는 이유로 부당행위계산부인에 해당되는 것으로 보고 손금불산입할 수 없다. 다만, 법인의 규모, 영업내용, 비상근임원의 근로의 제공이나 경영참여 사실 여부 등을 미루어 보았을 때 비상근임원에게 급여를 지급한 것이 법인의 소득을 부당하게 감소시키기 위한 것으로 인정되는 경우라면 손금에 산입하지 않는다(법인 46012-2575, 1999. 7. 6.).

② 비상근 외국인 대표이사의 보수

법인의 비상근 외국인 대표이사가 국내에 수시로 방문하여 당해 법인의 제품생산 등 제반 경영을 지도하고, 생산된 제품을 거주지국의 회사나 무역상에게 수출알선 등을 하며 매일 법인의 운영실태를 팩스 또는 전화로 보고받고 지시를 하는 등 사실상 법인의 경영에 참가한 사실이 인정되는 경우로서 법인이 주주총회의 결의 등에 의해 결정된 지급기준에 의하여 동 대표이사에게 지급하는 급여는 부당행위계산 부인대상인 경우를 제외하고는 손금에 산입한다(법인 46012-2254, 1998. 8. 11.).

③ 현금출납전표에 대표이사의 결제가 없는 경우 대표이사가 비상근임원인지 여부

주식회사의 대표이사는 그 회사의 집행기관에 해당하는 것으로서 그 집행기관 구성자가 비상근이라고 입증하는 데 있어서는 이에 대한 특별한 거증이 있어야 하며, 이러한 특별한 거증도 없이 전무이사 전결사항인 현금출납전표에 대표이사의 결재가 없다는 이유로 대표이사를 비상근임원으로 인정함은 부당하다(국심 78부 1052, 1978. 7. 31.).

④ 사업연도 중 81일간 결근한 이사가 비상근임원인지 여부

결근한 출근부 내용을 조사한 바 사업연도 중 81일간 결근한 사실이 확인되나 사업연도 중에 개최하였던 3회의 이사회에 출석한 사실이 이사회의사록에 의하여 확인되고 법인의 일계표, 대체전표, 입금전표에 상무이사로서 결재한 사실이 확인되며 판매와 경영의 고유업무를 담당한 임원임에 비추어 결근이 많다는 이유만으로 비상근임원이라 할 수 없다(국심 78중 2085, 1978. 12. 2.).

⑤ 다른 회사의 임원을 겸하는 자가 비상근임원인지 여부

다른 회사의 임원을 겸하고 있다는 사실만을 가지고 비상근임원이라 말할 수 없다(국심 78광 2256, 1979. 1. 15.).

4) 지배주주 등인 임직원에게 과다 지급한 인건비

가. 지배주주

지배주주 등(특수관계에 있는 자 포함)인 임직원에게 정당한 사유 없이 동일 직위의 지배주주 등 외의 임직원에게 지급하는 금액을 초과하여 보수를 지급한 경우 그 초과금액은 이를 손금에 산입하지 아니한다(법령 §43③). 이 경우 동일직위 여부는 법인등기부상 직위 등에 관계없이 실제 종사하는 사실상의 직무를 기준으로 판단한다(법인 46012-1526, 1999. 4. 23.).

나. 지배주주의 범위

지배주주 등이란 법인의 발행주식총수 또는 출자총액의 1% 이상의 주식 또는 출자지분을 소유한 주주 등으로서 그와 특수관계 있는 자와의 소유주식 또는 출자지분의 합계가 해당 법인의 주주 등 가장 많은 경우의 해당 주주 등을 말한다(법령 §43⑦). 지배주주 등의 판정 시 "특수관계인"이란 해당 주주 등과 다음의 어느 하나에 해당하는 관계에 있는 자를 말한다(법령 §43⑧).

① 해당 주주 등이 개인인 경우에는 다음의 어느 하나에 해당하는 관계에 있는 자

㉮ 친족(「국세기본법 시행령」 제1조의2 제1항에 해당하는 자를 말한다)

㉯ 「법인세법 시행령」 제2조 제5항 제1호의 관계에 있는 법인

㉰ 해당 주주 등과 위 '㉮ 및 ㉯'에 해당하는 자가 발행주식총수 또는 출자총액의 30% 이상을 출자하고 있는 법인

㉱ 해당 주주 등과 그 친족이 이사의 과반수를 차지하거나 출연금(설립을 위한 출연금에 한한다)의 30% 이상을 출연하고 그중 1명이 설립자로 되어 있는 비영리법인

㉲ 위 '㉰ 및 ㉱'에 해당하는 법인이 발행주식총수 또는 출자총액의 30% 이상을 출자하고 있는 법인

② 해당 주주 등이 법인인 경우에는 「법인세법 시행령」 제2조 제5항 각호(제3호는 제외한다)의 어느 하나에 해당하는 관계에 있는 자

2-4. 상여금

(1) 직원의 상여금

상여금이란, 사용자가 근로자에게 명절·연말 등에 정기적 또는 임시적으로 지급되는 일시금을 말한다. 직원에 대한 상여금은 이익처분에 의하지 아니하면 급여지급규정의 한도에 관계 없이 전액 손금에 산입한다.

법인의 사규상 직원의 연간 상여금 지급액과 지급기간이 정해져 있으나 법인의 자금사정으로 이를 지급하지 못한 경우로서 상여금 지급대상자와 직원별 지급액을 확정하여 이를 미지급비용으로 계상한 경우에는 지급시기에 불구하고 그 확정된 사업연도의 손금에 산입한다(법인 22601-3526, 1988. 12. 2., 법인 46012-1295, 1995. 5. 12.).

(2) 임원의 상여금

1) 개 요

법인이 임원에게 지급하는 상여금 중 정관·주주총회·사원총회 또는 이사회의 결의에 따라 결정된 급여지급기준 이내의 금액은 손금으로 보나, 급여지급규정에 의한 금액을 초과하여 지급한 금액은 손금에 산입하지 아니한다(법령 §43②). 또한 법인이 정관·주주총회·사원총회 또는 이사회의 결의에 의하여 결정된 지급기준이 없이 임원에게 지급한 상여금은

손금에 산입할 수 없다(서이 46012-10090, 2001. 9. 3.).

구 분	세무상 처리
① 급여규정이 있는 경우	임원상여금을 규정상 한도 내에서 손금으로 봄.
② 급여규정이 없는 경우	임원상여금을 전액 손금불산입함.

2) 상여금 규정보다 상여금을 적게 지급한 것이 채무면제이익인지 여부

이사회에서 임원별로 성과평가를 통하여 임원 상여금지급규정에서 정한 상여금보다 적게 지급하는 금액은 채무면제이익에 해당하지 아니한다(서면2팀-747, 2005. 5. 31.).

3) 임원상여금 규정 관련 사례

① 단체협약에 의한 일반급여지급기준이 임원상여금 규정인지 여부

단체협약에 의한 일반급여지급기준은 「법인세법 시행령」 제43조 제2항의 "정관·주주총회·사원총회 또는 이사회의 결의에 의하여 결정된 급여지급기준"으로 볼 수 없다(법인 46012-3342, 1994. 12. 8.).

② 주주총회에서 대표이사에게 임원상여금 결정권을 일임한 경우 규정 인정 여부

임원상여금 책정에 대해 주주총회에서 대표이사에게 그 결정권을 일임한 것에 대해 이사회에 일임한 것으로 보더라도, 이사회의 결의가 없는 경우에는 지급기준이 없는 것으로 본다(국심 2001구 724, 2001. 6. 1.).

③ 총급여한도액만을 정한 급여지급기준의 경우

법인이 임원에 대한 급여지급기준을 주주총회결의로 정하면서 임원별로는 한도액을 정하지 아니하고 임원 전체에 대한 총급여한도액만을 정한 후 그 한도액 내에서 기본급과 상여금을 지급하고 있으며, 특히 상여금은 이사회결의로 정한 직원에 대한 급여지급기준상의 상여금지급비율과 동일한 비율로 지급하는 경우에도 당해 상여금은 손금산입대상 상여금으로 본다(법인 46012-206, 1998. 1. 26., 법인 98-79, 1998. 5. 8.).

유한회사가 사원총회의 결의에 의하여 임원에 대한 상여금 지급총액이 결정되고 구체적인 지급기준에 관하여 「상법」 제564조 제1항에 따른 이사 과반수의 결의로 정해진 지급기준에 의하도록 위임된 경우, 이사 과반수의 결의에 의한 동 지급기준에 의해 지급하는 임원의 상여금은 「법인세법 시행령」 제19조 제3호에 따른 인건비에 해당되므로 이를 손금으로 본다(서면2팀-433, 2006. 2. 28.).

그러나 주주총회 회의록에도 임원에 대한 급여한도액만 정하고 있고, 직원에 대한 급여기준을 임원에게 적용한다는 지급기준 규정이 없이 임원에게 상여금을 지급하는 경우에는 손금으로 인정하지 아니한다(국심 99서 1457, 1999. 12. 29.).

④ 객관적인 지급기준 없이 이사회 결의로 지급한 특별상여

정기상여금에 대하여는 임원상여금 지급규정에 그 지급시기와 지급률이 정하여져 있으나, 정기상여금을 초과하여 지급한 상여금에 대하여는 특정임원의 공로가 인정되는 경우에 한하여 지급하되 이의 집행을 이사회에서 정한다고 되어 있을 뿐 객관적인 지급시기나 지급률 및 지급액 등의 기준이 없고, 또 그 지급내역에 대해 주주총회에 보고한 사실이 없는 경우, 동 임원상여금은 손금불산입한다(국심 2003서 3734, 2004. 5. 10.).

따라서 임원들의 급여액 범위 내에서 직원과 동일한 지급비율 등에 따른 객관적인 기준에 의하여 임원에게 지급된 상여금이라 하더라도, 법령에서 정한 요건을 갖춘 급여지급규정을 근거로 지급하지 아니한 상여금은 손금불산입한다(국심 98서 0690, 1999. 3. 18.).

⑤ 특정 임직원과 장기성과급 지급약정을 체결하고 성과급 지급요건이 충족한 경우

내국법인이 사업연도 중 특정 임직원과 장기성과급 지급약정을 체결하고 이후 사업연도에 당초 약정한 성과급 지급요건을 충족함에 따라 성과상여금을 지급한 경우 해당 상여금은 성과급 지급의무가 확정된 날이 속하는 사업연도에 손금에 산입하는 것으로(임원에 대한 상여금은 「법인세법 시행령」 제43조 제2항에 의한 급여지급기준 이내 지급한 것에 한함), 성과상여금 지급요건을 충족하였으나 성과상여금 지급시점에는 퇴직한 임직원에게 지급한 성과상여금도 손금에 산입한다(법인세과-243, 2011. 3. 30.).

4) 특별상여금

다음에 해당하는 특별상여금은 지급기준이 없거나 이익처분의 성격이므로 손금에 산입할 수 없다.

① 법인이 임원의 특별상여에 대하여 회사의 경영실적과 형편을 감안해 지급 여부와 지급률을 결정한다는 지급규정이 있는 경우에도 구체적인 지급시기와 지급률이 정해지지 않고 객관적인 지급기준이 없이 지급한 상여금(국심 99서 2678, 2000. 6. 20.)

② 법인이 급여지급기준과 별도로 지급하거나 임시주주총회의 결의에 의하여 임원에게 지급한 특별상여금이 사실상 이익처분에 의하여 지급한 상여금에 해당하는 경우(법인 46012-1483, 2000. 7. 3.)

③ 주주총회에서 사전결의된 임원급여지급기준에 따라 대표자에게 지급한 성과급이 사회통념에 비추어 과다하고 급여형식을 가장한 이익처분에 해당하는 경우(국심 2003중 2221, 2005. 6. 24.)

④ 급여지급기준과 임원의 실적에 따라 차등지급하지 않고 대표이사 개인만 업무성과에 따라 특별성여를 지급하고 비용으로 세상한 경우(서면2팀-1257, 2005. 8. 3.)

⑤ 금융업을 영위하는 법인이 임원에 대한 총 보수수준을 결정한 후 그 중 일부를 사전에 결

정된 장기성과지표(예 총자산규모, ROA, Relative TSR)의 달성 정도에 따라 임기종료 후에 자사주를 매입하여 지급하거나 주식시가에 해당하는 금액을 현금으로 지급하는 경우로서 동 금액이 사실상 이익처분에 의한 상여로 인정되는 경우(법인-4140, 2008. 12. 23.)

5) 임원상여금 관련 기타 사례

① 미확정 상여금을 미리 지급하고 잉여금 처분에 의한 상여금과 상계하는 경우

확정되지 아니한 주주임원의 상여금을 사업연도 중 직원의 상여금을 지급할 때 함께 지급하고 선급금으로 계상한 후 그 사업연도 잉여금처분에 의한 상여금과 상계할 경우 그 선급금은 각 사업연도의 손금에 산입할 수 없다. 따라서 당해 선급금은 세무상 가지급금으로 인정하여 가지급금의 인정이자계산 및 업무무관 가지급금 등에 대한 지급이자의 손금불산입 등을 한다(법인 22601-3531, 1986. 12. 3.).

② 임원상여금을 주식으로 지급하는 경우

법인이 정관·주주총회 또는 이사회의 결의에 의하여 결정된 임원상여금지급기준에 따라 상여금을 주식으로 지급하는 경우 동 상여금 지급액은 지급기준 범위 내에서 이를 손금에 산입한다(서이 46012-11815, 2002. 10. 1.). 이 경우 법인이 취득한 자기주식을 임직원에게 상여로 지급하는 경우 그 지급일 현재 상여금으로 지급한 자기주식의 시가와 장부가액과의 차액은 익금 또는 손금으로 산입한다(법인 46012-1088, 2000. 5. 3.).

③ 주가연동상여금 지급의 경우

법인이 임원과 주가연도 P-STOCK 상여금 약정을 하여 일정기간 후에 주가변동에 따라 상여금을 지급하는 경우 약정일 현재 확정된 상여금은 약정일이 속하는 사업연도의 손금에 산입하며 P-STOCK 행사 시 주가변동으로 인한 차액은 행사일이 속하는 사업연도의 손금에 산입한다(서면2팀-647, 2005. 5. 3.).

④ 임원을 수익자로 하는 보험의 보험료 납부액

임원을 수익자로 하는 보험료를 법인이 부담하는 경우는 정관·주주총회 또는 사원총회나 이사회의 결의에 의하여 결정된 급여지급기준에 따라 지급하는 범위 내에서 손금에 산입한다(법인 46012-281, 1998. 2. 3., 서이-2145, 2006. 10. 25.).

⑤ 임원을 피보험자로 법인을 계약자와 수익자로 하는 보험의 보험료 납부액

내국법인이 퇴직기한이 정해지지 않아 퇴직시점을 예상할 수 없는 임원(대표이사 포함)을 피보험자로, 법인을 계약자와 수익자로 하는 보장성보험에 가입하여 사전에 해지환급금을 산정할 수 없는 경우에는 법인이 납입한 보험료 중 만기환급금에 상당하는 보험료 상당액은 자산으로 계상하고, 기타의 부분은 이를 보험기간의 경과에 따라 손금에 산입한다(서면

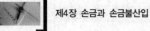

법인-22118, 2015. 5. 22., 재법인-306, 2015. 4. 20.).

(3) 이익처분에 의한 상여

K-IFRS에서는 이익분배제도와 상여금제도에 따라 기업이 부담하는 의무는 종업원이 제공하는 근무용역에서 생기는 것이지 주주와의 거래에서 생기는 것은 아니므로 이익분배제도와 상여금제도와 관련된 원가는 이익분배가 아닌 당기 비용으로 인식한다(K-IFRS 1019호 문단 23). 일반기업회계기준에서도 종업원이 근무용역을 제공한 때 근무용역에 대한 대가로 경제적 효익이 사용 또는 유출됨으로써 자산이 감소하거나 부채가 증가하고 그 금액을 신뢰성 있게 측정할 수 있다면, 종업원급여를 자산의 원가에 포함하는 경우를 제외하고는 비용으로 인식한다(일반기준 21.5).

법인세법은 법인이 이익처분에 의하여 임직원에게 지급하는 상여금은 손금에 산입하지 아니한다(법령 §43①). 이익처분에 의한 상여는 이익을 처분해서 지급하는 상여뿐만 아니라 비용으로 회계처리한 상여도 직무집행에 대한 정상적인 대가라기보다는 법인에 유보된 이익을 분여하기 위해서 보수의 형식을 취한 것일 경우에는 이익처분에 의한 상여로 볼 수 있다. 이익처분 상여와 관련된 사례는 다음과 같다.

① 법인이 지배주주인 임원(그와 특수관계에 있는 임원을 포함한다)에게 보수를 지급하였더라도, 그 보수가 법인의 영업이익에서 차지하는 비중과 규모, 해당 법인 내 다른 임원들 또는 동종업계 임원들의 보수와의 현저한 격차 유무, 정기적·계속적으로 지급될 가능성, 보수의 증감 추이 및 법인의 영업이익 변동과의 연관성, 다른 주주들에 대한 배당금 지급 여부, 법인의 소득을 부당하게 감소시키려는 주관적 의도 등 제반 사정을 종합적으로 고려할 때, 해당 보수가 임원의 직무집행에 대한 정상적인 대가라기보다는 주로 법인에 유보된 이익을 분여하기 위하여 대외적으로 보수의 형식을 취한 것에 불과하다면, 이는 이익처분으로서 손금불산입 대상이 되는 상여금과 그 실질이 동일하므로 「법인세법 시행령」 제43조에 따라 손금에 산입할 수 없다고 보아야 한다(대법원 2015두 60884, 2017. 9. 21.).

┌─〈대법원이 이익처분상여로 본 근거〉
⑦ 1인 주주이면서 대표이사로서 회사에서 자신의 보수를 별다른 제약 없이 자유롭게 정할 수 있는 지위에 있고,
⑭ 다른 임원들과는 달리 기본급, 수당 등 보수의 구성항목이 정하여져 있는 연봉계약서를 작성한 사실도 없고, 2005 사업연도 내지 2009 사업연도 중 ○○○의 보수를 차감하기 전 원고의 영업이익에서 ○○○의 보수가 차지하는 비율은 약 38% 내지 95%에 달하여 동종업체의 평균 수치인 5% 내지 9%에 비하여 비정상적으로 높고,
⑭ 해당 대표이사의 보수는 같은 기간 또 다른 대표이사인 최○○, 이사 이○○의 보수(연 7,000만

원)의 약 50배에 달하고, 사업규모가 유사한 동종업체 중 상위 3개 업체의 대표이사들의 평균 연봉(약 5억원에서 8억원)과도 현격한 차이를 보이고 있고,

㉣ 해당 대표이사의 보수는 영업이 적자 상태였던 2004 사업연도까지는 월 3,000만원 이하였으나, 최초로 영업이익이 발생하여 증가하기 시작한 2005 사업연도 중인 2005. 1.부터 갑작스럽게 월 3억원으로 10배가 인상되었으며, 2005. 3. 31.에는 별다른 이유 없이 19억원이 별도의 보수로 책정되었고, 월 보수금 중 상당 부분이 인건비로 계상된 때로부터 1, 2년 뒤에야 실제로 지급되었으며,

㉤ 설립 이래 지속적인 영업이익의 증가에도 불구하고, 단 한 번도 주주에게 배당금을 지급한 바 없고,

㉥ 직원이 작성한 내부 문건 등에 의하면 '세금 절약을 위하여 미지급이 가능한 사장의 급료를 높인다'는 취지로 기재되어 있고, 본래의 당기순이익에 따른 법인세와 대표이사의 보수금 수준별로 차감된 당기순이익에 따른 법인세를 비교·검토하였던 점 등에 비추어, ○○○의 보수를 전액 손금으로 인정받아 법인세 부담을 줄이려는 주관적 의도가 뚜렷해 보인다.

② 원고의 2008. 3. 26.자 정기주주총회에서 임원 보수 한도를 회장·부회장의 경우 ○○○○원으로 결의하였다고 하더라도 그것만으로는 「법인세법 시행령」 제43조 제2항 소정의 '급여지급기준'이 정해져 있다고 할 수 없고, 나아가 이 사건 상여금의 액수를 ○○○○원으로 정한 근거를 알 수 없을 뿐만 아니라 그 액수가 2008 사업연도 당기순이익의 약 42%에 이르는 거액이어서 이를 임원 개인에 대한 임금으로 보기도 어렵다는 점 등에 비추어, 이 사건 상여금은 원고가 유보된 이익을 원고의 발행주식 71%를 보유한 지배주주인 강○○에게 배분하기 위하여 상여금의 형식을 취한 것으로서 실질적으로 이익처분에 의하여 지급되는 상여금에 해당한다(대법원 2013두 4842, 2013. 7. 12.).

③ 청구법인이 제시한 임원상여금 지급규정에는 영업이익에 따른 성과급 지급범위만이 기재되어 있어 성과급 지급을 위한 평가요소에 대한 산정요령이 구체적으로 나타나지 아니하여 청구법인의 임원들이 수취할 성과급을 사전에 확정할 수 없고, 대표이사이자 지배주주인 ○○○이 사업연도 말 이후 임의의 상여금을 임의의 임원에게 성과급으로 지급할 수 있는 것으로 보이며, 결과적으로 청구법인 경영성과에 대한 기여가 없다고 보기 어려운 공동대표이사인 ○○○을 배제하고, 지배주주이자 대표이사인 ○○○ 본인에게만 성과급을 지급한 점, 청구법인의 외형 성장에 따른 법인세 부담을 줄이면서 청구법인의 성장에 따른 과실을 분배함에 있어 다른 소액주주들을 배제하기 위해 배당이 아닌 성과급 형식으로 쟁점임원보수를 지급한 것으로 보이는 점 등에 비추어 처분청이 쟁점임원보수를 사실상 이익처분에 의한 상여로 보아 이 건 법인세를 과세한 처분은 잘못이 없다고 판단된다(조심 2017서 3083, 2018. 1. 2.).

2-5. 퇴직급여

(1) 직원의 퇴직급여

퇴직급여란, 계속적 근로관계의 종료를 사유로 사용자가 퇴직하는 근로자에게 지급하는 금전급부를 말한다. 직원에 대한 퇴직급여는 이익처분에 의하지 아니하는 한, 퇴직급여지급규정의 한도에 관계 없이 전액 손금에 산입한다.

(2) 임원의 퇴직급여

1) 임원의 퇴직급여 한도액

법인이 임원에게 지급하는 퇴직급여(「근로자퇴직급여 보장법」 제2조 제5호에 따른 급여를 말한다)는 임원이 현실적으로 퇴직하는 경우에 지급하는 것에 한하여 다음 금액을 한도로 손금에 산입한다(법령 §44④).

구 분	퇴직급여한도액
정관 또는 정관의 위임에 따라 주주총회에서 정한 퇴직급여지급규정이 있는 경우	규정상 정해진 금액(퇴직위로금 포함)
위 이외의 경우	퇴직 직전 1년간 총급여액[*1] × 10% × 근속연수[*2]

[*1] 퇴직 직전 1년간 총급여액이란, 퇴직일부터 소급하여 1년간 임원에게 지급한 총급여액[「소득세법」 제20조 제1항 제1호 및 제2호에 따른 금액(소득세법 제12조에 따른 비과세소득은 제외한다)으로 하되, 「법인세법 시행령」 제43조에 따라 손금에 산입하지 아니하는 금액은 제외한다]을 말한다(법령 §44④(2)).

근로소득(소법 §20①)	총급여액에 포함 여부
(1호) 근로를 제공함으로써 받는 봉급·급료·보수·세비·임금·상여·수당과 이와 유사한 성질의 급여	○
(2호) 법인의 주주총회·사원총회 또는 이에 준하는 의결기관의 결의에 따라 상여로 받는 소득	○
(3호) 「법인세법」에 따라 상여로 처분된 금액	×
(4호) 퇴직함으로써 받는 소득으로서 퇴직소득에 속하지 아니하는 소득	×
(5호) 종업원 등 또는 대학의 교직원이 지급받는 직무발명보상금	×

[*2] 근속연수는 역(曆)에 따라 계산하되, 1개월 미만은 없는 것으로 한다(법칙 §22③). 만약, 임원이 직원에서 임원으로 된 때에 퇴직금을 지급하지 아니한 경우에는 직원으로 근무한 기간을 근속연수에 합산할 수 있다(법령 §44④(2)).

세법상 임원에게 지급할 퇴직급여를 정관이나 정관의 위임에 따라 주주총회에서 정하도록 한 것은 임원이 자기의 직위를 이용하여 퇴직급여를 과다하게 지급받는 것을 방지하기 위함이다 (법인 46012-1043, 1997. 4. 14.). 퇴직할 당시 퇴직급여지급규정에 따라 한도를 계산하므로 퇴직 후에 정한 퇴직급여지급규정에 따라 지급한 임원퇴직급여는 규정이 없는 것으로 보고 계산한 한도액 범위에서 손금에 산입한다(법인 22601-2127, 1992. 10. 10.).

2) 임원에 대한 퇴직급여지급규정

① 임원퇴직금규정의 요건

정관에서 위임된 퇴직금지급규정은 당해 위임에 의한 임원퇴직금지급규정의 의결내용 등이 정당하고, 특정임원의 퇴직시마다 퇴직금을 임의로 지급할 수 없는 일반적이고 구체적인 기준을 말하는 것으로, 당해 지급규정의 내용에 따라 임원 퇴직시마다 계속·반복적으로 적용하여 온 규정이라야 할 것이다.

만약, 정관에 퇴직금지급규정에 대한 구체적인 위임사항을 정하지 아니하고 "별도의 퇴직금지급규정에 의한다"라고만 규정하면서 특정임원의 퇴직시마다 임의로 동 규정을 변경·지급할 수 있는 경우에는 「법인세법」상 퇴직급여지급규정이라고 할 수는 없다. 임원에게 지급하는 퇴직금이 정당하게 지급한 퇴직금인지 여부는 특정임원의 퇴직을 앞두고, 당해 임원만을 위한 퇴직금지급규정인지, 아니면 당해 임원의 퇴직 전·후에도 계속·반복적으로 적용하여 온 퇴직금지급규정인지, 직원에 비하여 지나치게 많이 지급되는 퇴직금인지 등 제반상황에 따라 사실판단한다(서면2팀-1455, 2004. 7. 13.).

② 이사회에서 규정을 정한 경우

임원퇴직금규정은 정관이나 정관의 위임에 따라 주주총회에서 정해야 한다. 임원퇴직급여지급규정을 이사회에서 정한 경우에는 규정이 없는 것으로 본다(법인 22601-2805, 1985. 9. 17.). 임원에게 지급할 퇴직급여에 관한 기준 또는 규정을 이사회에서 정하도록 정관에서 포괄적으로 위임하고 있는 법인이 이사회결의에 의하여 임원퇴직급여액을 일시적 또는 일회적으로 정할 수 있는 경우, 이에 따라 퇴직 임원에게 지급한 퇴직급여는 규정이 없는 것으로 본다(법인-1226, 2009. 11. 5.).

③ 일반적으로 적용되는 규정이 아닌 경우

임원이 퇴직할 때마다 법인의 재정형편을 감안하여 퇴직금을 감액하거나 퇴직임원에 대한 사원의 평가에 따라 지급금액이 달라지는 등 임원이 퇴직할 때마다 그 지급기준이 달라지는 것으로 볼 수 있는 규정이라면 일반적으로 적용되는 퇴직금지급규정이라고 보기 어려우므로 퇴직금지급규정이라고 볼 수 없다(서면2팀-1455, 2004. 7. 13.). 퇴직급여지급규정이 불특정다수를 대상으로 지급배율을 정하지 아니하고 개인별로 지급배율을 정하는 경우에는 정관에서 위임된 퇴직급여지급규정으로 볼 수 없다(서이 46012-11540, 2003. 8. 25.).

④ 임원퇴직금지급규정의 개정

임원이 퇴직하기 전에 규정을 개정한 경우에는 당해 규정의 개정 전의 근속기간에 대하여도 개정된 규정을 적용할 수 있다(서면2팀-1754, 2004. 8. 23.).

⑤ 특정 임원에게만 정당한 사유 없이 높게 지급하는 경우

특정 임원에게만 정당한 사유없이 차별적으로 높게 지급하고자 현행보다 차등하게 지급배율을 개정하는 것은 정관에서 위임된 퇴직급여지급규정으로 볼 수 없다(서이-1418, 2004. 7. 7. 및 서이 46012-11540, 2003. 8. 25.)

⑥ 이사회에서 개별 임원의 퇴직급여를 정하는 경우

내국법인이 개별 임원별 퇴직급여 한도액을 정관에 정하되 재임기간, 재임시 성과 및 임원 취임시 약정내용 등을 감안하여 이사회에서 개별 임원별 퇴직급여를 정하는 경우에는 정관에 퇴직급여로 지급할 금액이 정하여진 경우에 해당하지 아니한다(법인-580, 2010. 6. 25.).

⑦ 일부 임원에게만 퇴직급여지급규정을 두면서 지급배율을 세분한 경우

3인의 임원(주주인 대표이사·이사 각 1명과 주주가 아닌 감사 1명)이 있는 법인이 주주인 임원 2인(감사 제외)에 대하여만 퇴직급여지급규정을 두면서 지급배율을 세분하여 정한 경우에는 정관에서 위임된 퇴직급여지급규정이 정하여진 경우에 해당하지 아니한다(재법인-570, 2010. 7. 2).

3) 임원퇴직급여 관련 사례

① 상근·비상근 임원을 번갈아 지낸 임원의 퇴직급여 계산

법인의 상근·비상근 임원을 번갈아 지내다가 퇴직한 임원의 퇴직급여는 상근임원으로 근무한 기간만을 재직기간으로 보아 퇴직급여를 지급하여야 하고, 상근·비상근 임원을 번갈아 지냄으로써 상근임원으로 재직한 기간이 단절된 비상근임원의 기간을 근속기간으로 통산하여 근속연수를 적용할 수 없다(국심 92서 4230, 1993. 2. 27.).

그러나 상근임원이 비상근임원이 된 경우에는 현실적 퇴직으로 보므로(법기통 26-44…1 ① (4)) 퇴직급여를 지급할 수 있다.

② 외국법인의 본사에서 채용된 임원의 퇴직급여

외국법인의 본사에 채용되어 국내사업장에서 근무하다가 외국법인 본사로 전출한 후 다시 국내사업장에 파견되어 근무하던 임원이 그 후 국내사업장에서 퇴직하여 퇴직급여를 지급받는 경우 외국법인의 국내사업장의 소득금액계산상 손금에 산입할 퇴직급여는 국내사업장에서 근속한 기간부분에 대하여만 손금에 산입하고 본사 근무기간에 상당하는 퇴직급여는 손금에 산입할 수 없다(국일 46507-305, 1993. 6. 18.).

③ 퇴직급여 위임규정 외에 추가로 지급한 퇴직위로금

정관에 의한 퇴직급여 위임규정이 없는 경우로서 희망 퇴직하는 임원에게 이사회결의에 의하여 퇴직급여 이외에 추가로 지급하는 퇴직위로금은 정관에 의한 퇴직급여 지급금액으

로 볼 수 없다(서면2팀-1499, 2004. 7. 16.).

따라서 정관에서 위임된 퇴직급여지급규정의 지급기준에 의한 퇴직급여 외에 이사회결의에 따라 임원에게 추가로 지급되는 퇴직위로금은 손금에 산입하지 아니하고 상여로 처분한다(서면2팀-89, 2005. 1. 12.).

④ 법원의 화해결정에 따라 지급하는 임원의 상여금

법인이 불특정다수의 퇴직자에게 적용되는 퇴직급여지급규정에 따르지 아니하고 법원의 임의조정결과에 따라 퇴직한 임원에게 지급한 금액은 근로소득에 해당한다. 그리고 이러한 급여지급기준이 없이 퇴직한 임원에게 법원의 조정결과에 따라 지급하는 상여금은 손금에 산입할 수 없다(법규소득 2009-79, 2009. 4. 23.).

⑤ 임원퇴직급여 포기액의 원천징수 및 세무처리

법인의 대주주인 상근임원이 비상근임원으로 전환하면서 임원퇴직급여지급규정에 규정된 퇴직급여의 수령을 주주총회에서 전액 포기한 경우에는 당해 대주주가 퇴직급여 포기시에 퇴직급여를 수령한 것으로 보아 동 포기금액에 대하여 퇴직소득에 대한 소득세를 원천징수하여야 한다. 이 경우 해당 법인은 임원퇴직급여 한도 내의 금액을 손금에 산입하는 한편, 포기금액을 익금에 산입하여야 한다(서이 46012-12368, 2002. 12. 30.).

⑥ 임원이 급여를 반납한 후 퇴직한 경우

「법인세법 시행령」 제44조 제5항에 따라 정관에서 위임된 임원퇴직급여지급규정에 따라 퇴직급여를 지급하는 법인의 임원이 급여를 반납한 경우에도 반납 전의 급여를 기준으로 퇴직급여를 지급하는 경우 그 퇴직급여기준을 한도로 손금에 산입한다(법인-699, 2009. 6. 11.).

(3) 임원퇴직급여의 소득구분

1) 임원퇴직소득의 소득구분

종전에는 임원퇴직급여지급규정에 따라 퇴직급여를 지급한 경우에는 법인에게는 손금으로 인정하고, 임원에게는 전액 퇴직소득으로 보아 퇴직소득세를 과세하였다. 근로소득보다 퇴직소득이 조세부담이 가벼우므로 근로소득은 적게 하고 퇴직소득을 많이 받는 방법으로 소득세를 회피할 수 있었다. 이에 따라 소득세 회피를 막기 위하여 2012. 1. 1. 이후 근속기간에 대한 임원퇴직급여에 대한 한도규정을 신설하고, 한도를 초과하는 퇴직급여는 근로소득으로 보도록 하였다(소법 §22③).

이는 「소득세법」상 임원의 소득구분에 대한 규정이므로 법인이 정관이나 정관에서 위임된 규정에 따라 퇴직급여를 지급하였다면 「소득세법」상 소득구분에 관계없이 법인에게는 퇴직급여 전액이 손금으로 인정된다.

임원의 퇴직급여가 「소득세법」상 퇴직소득인지는 다음과 같이 2단계로 판단하여야 한다.

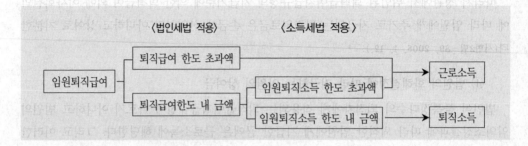

2) 「소득세법」상 임원퇴직소득 한도

임원의 퇴직소득이 「법인세법」상 한도액 이내인 경우에도 「소득세법」상 한도액을 초과하는 경우 그 초과액은 근로소득으로 본다. 「소득세법」상 임원퇴직소득 한도규정은 2012. 1. 1. 이후 근무기간분 퇴직소득에만 적용한다. 2012. 1. 1.부터 2019. 12. 31.까지 근무분에 대한 임원의 퇴직소득 한도액 계산시 지급배수를 3배 적용하였으나, 2020. 1. 1. 이후 근무분에 대해서는 2배로 축소하였다(소법 §22③).

① 임원 퇴직소득 한도액

$$2019. 12. 31.부터 소급하여 3년 동안^{*1} 지급받은 총급여^{*2}의 연 환산액 \times 10\% \times \frac{2012. 1. 1.부터 \ 2019. 12. 31.까지 \ 근무기간^{*4}}{12} \times 3 +$$

$$퇴직일부터 소급하여 3년^{*3} 동안 받은 총급여의 연환산액 \times 10\% \times \frac{2020. 1. 1. \ 이후 \ 근무기간^{*4}}{12} \times 2$$

② 임원 퇴직소득 한도초과액

(임원퇴직급여 - 2011. 12. 31. 퇴직시 지급할 퇴직소득[*5]) - 임원 퇴직소득 한도액

*1 2012. 1. 1.부터 2019. 12. 31.까지의 근무기간이 3년 미만인 경우에는 해당 근무기간으로 한다.

*2 총급여액은 제20조 제1항 제1호 및 제2호에 따른 근로소득(비과세소득은 제외한다)을 말한다(소법 §22④(2)).

근로소득(소법 §20①)	총급여액에 포함 여부
(1호) 근로를 제공함으로써 받는 봉급·급료·보수·세비·임금·상여·수당과 이와 유사한 성질의 급여	○
(2호) 법인의 주주총회·사원총회 또는 이에 준하는 의결기관의 결의에 따라 상여로 받는 소득	○
(3호) 「법인세법」에 따라 상여로 처분된 금액	×
(4호) 퇴직함으로써 받는 소득으로서 퇴직소득에 속하지 아니하는 소득	×
(5호) 종업원 등 또는 대학의 교직원이 지급받는 직무발명보상금	×

총급여액에는 근무기간 중 해외현지법인에 파견되어 국외에서 지급받는 급여를 포함한다. 다만, 정관 또는 정관의 위임에 따른 임원 급여지급규정이 있는 법인의 주거보조비, 교육비수당, 특수지수당, 의료보험료, 해외체재비, 자동차임차료 및 실의료비 및 이와 유사한 급여로서 임원이 국내에서 근무할 경우 국내에서 지급받는 금액을 초과

하여 받는 금액은 제외한다(소령 §42의2⑦).

*3 2020. 1. 1.부터 퇴직일까지의 근무기간이 3년 미만인 경우 해당 근무기간으로 한다.

*4 근무기간은 개월 수로 계산하며, 1개월 미만의 기간은 1개월로 본다.

*5 퇴직소득 $\times \dfrac{\text{2011. 12. 31. 이전 근무기간(1개월 미만은 1개월로 봄)}}{\text{전체 근무기간}}$

다만, 2011. 12. 31.에 정관의 위임에 따른 임원 퇴직급여지급규정이 있는 법인의 임원의 경우에는 2011. 12. 31.에 퇴직한다고 가정할 때 해당 규정에 따라 지급받을 퇴직소득금액으로 할 수 있다(소령 §42의2⑥).

사례 ≫ 임원의 퇴직소득 구분

(1) 법인세법의 임원 퇴직급여 한도초과액

   600,000,000 − 592,000,000 = 8,000,000(근로소득)

(2) 소득세법의 임원 퇴직소득 한도초과액

   ① 임원 퇴직소득 한도액

$$\begin{array}{c}\text{2019. 12. 31.부터} \\ \text{소급하여 3년 동안} \\ \text{지급받은 총급여의} \\ \text{연평균환산액}\end{array} \times 10\% \times \dfrac{\text{2012. 1. 1.부터 2019. 12. 31.까지 근무기간}}{12} \times 3 \; +$$

$$\begin{array}{c}\text{퇴직일부터 소급하여} \\ \text{3년 동안 지급받은} \\ \text{총급여의} \\ \text{연평균환산액}\end{array} \times 10\% \times \dfrac{\text{2020. 1. 1. 이후 근무기간}}{12} \times 2$$

$$= 120,000,000^{*1} \times 10\% \times \dfrac{96^{*2}}{12} \times 3 + 140,000,000^{*3} \times 10\% \times \dfrac{60^{*4}}{12} \times 2$$

$$= 428,000,000$$

   *1 (115,000,000 + 115,000,000 + 130,000,000) ÷ 3 = 120,000,000
   *2 2012. 1. 1.부터 2019. 12. 31.까지 근무기간 : 96개월
   *3 (130,000,000 + 140,000,000 + 150,000,000) ÷ 3 = 140,000,000
   *4 2020. 1. 1.부터 2024. 12. 31.까지 근무기간 : 60개월

   ② 임원 퇴직소득 한도초과액

   (592,000,000 − 100,000,000*) − 428,000,000 = 64,000,000(근로소득)

   * Max[①, ②] = 100,000,000

   ① 2011. 12. 31. 퇴직시 받을 퇴직급여 : 100,000,000

   ② 근무월수로 안분계산한 금액 : $592,000,000 \times \dfrac{\text{16개월(2011. 12. 31. 이전 근무월수)}}{\text{172개월(전체 근무월수)}}$

   $$= 55,069,767$$

☞ 근무월수 : 2010. 9. 10.~2024. 12. 31. → 14년 4개월 → 172개월

(3) 소득구분
① 근로소득 : 8,000,000 + 64,000,000 = 72,000,000
② 퇴직소득 : 600,000,000 – 72,000,000 = 528,000,000
계 600,000,000

2-6. 해산수당 또는 퇴직위로금

(1) 해산수당 또는 퇴직위로금

법인이 해산에 의하여 퇴직하는 임원에게 지급하는 해산수당 또는 퇴직위로금 등은 최종 사업연도의 손금에 산입한다(법령 §43⑤). 따라서 해산법인의 퇴직위로금은 해산등기일이 속하는 사업연도의 손금에 산입한다(법인 46012-2571, 1993. 8. 30.).

(2) 명예퇴직금

1) 명예퇴직금의 개념

명예퇴직이란, 근로자수 감축에 의한 감량경영이나 인사적체를 해소한다는 차원에서 정년에 도달하지 아니한 근로자들에게 금전적인 보상을 주고 미리 퇴직하도록 유도하는 제도이다. 근로자가 명예퇴직을 신청(청약)하면 사용자가 요건을 심사한 후 이를 승인(승낙)함으로써 합의에 의하여 근로관계를 종료시키는 것이고, 이러한 합의가 있은 후에는 당사자 일방이 임의로 그 의사표시를 철회할 수 없으며, 이 합의에 따라 명예퇴직예정일이 도래하면 근로자는 당연히 퇴직되고 사용자는 명예퇴직금을 지급할 의무를 부담하게 된다(대법원 98다 42172, 2000. 7. 7., 대법원 2002다 11458, 2003. 4. 25.).

명예퇴직금은 후불임금이라기보다는 조기 퇴직에 대한 사례금 또는 장려금적인 성격이다 (대법원 2005다 28358, 2007. 11. 29.).

2) 기업회계에서의 명예퇴직급여의 회계처리

명예퇴직급여는 K-IFRS의 해고급여에 해당한다. K-IFRS는 해고급여는 정상적인 퇴사일 이전에 종업원을 해고하는 기업의 결정이나 해고에 대한 대가로 기업이 제안하는 급여를 받아들이는 종업원의 결정에 의해 생기며, 다음 중 이른 날에 해고급여를 인식하여야 한다(K-IFRS 1109호, 문단 8).

① 기업이 해고급여의 제안을 더는 철회할 수 없을 때
② 관련 구조조정 원가를 인식할 때

일반기업회계기준은 명예퇴직금(조기퇴직의 대가로 지급하는 인센티브 등 포함)을 퇴직급여 외의 종업원급여로서 구분하며, 판매비와관리비로 처리하도록 하고 있다(일반기준 21.4, 실2.47).

3) 세법의 명예퇴직급여에 대한 처리

퇴직급여충당금을 설정한 기업이 구조조정과정에서 조기에 퇴직하는 직원에게 통상적인 퇴직금 외에 추가로 지급하는 명예퇴직금을 퇴직급여충당금과 상계하지 아니하고 비용으로 처리할 수 있는가?

종전에는 국세청은 명예퇴직금을 퇴직급여충당금과 먼저 상계해야 한다고 해석하였다(서이 46012-2448, 2004. 11. 25.). 그러나 조세심판원은 명예퇴직금은 과거 근속기간에 따라 지급되는 통상적인 퇴직금과는 별도로 지급된 것으로서, 지급액 산정에 있어서 근속기간 외의 요소가 포함되어 있고 지급내역을 볼 때 연도별로 상당한 차이가 있는 점 등을 감안할 때 퇴직금 추계액에 이를 미리 반영하여 퇴직급여충당금을 계상할 수 없는 성격의 비용이라 할 것이어서 통상적인 퇴직금과 같이 기 설정된 퇴직급여충당금에서 먼저 지급하여서는 아니되고 오히려 지급한 사업연도의 손금으로 직접 처리할 수 있도록 한다고 결정하였다(국심 2001서 2990, 2002. 6. 29., 국심 2003서 137, 2003. 5. 12.). 기획재정부는 2015. 4. 13.에 심판례를 고려하여 명예퇴직금을 퇴직급여충당금에서 지급하지 않고 손비로 처리할 수 있다고 새로운 해석을 내놓았다.

⟨명예퇴직금의 처리⟩

「법인세법」에 따라 퇴직급여충당금을 손금에 산입한 내국법인이 일부 사업의 중단으로 인하여 우발적으로 퇴직하게 되는 임직원에게 퇴직급여지급규정에 따라 명예퇴직금을 지급하는 경우 동 금액은 퇴직급여충당금에서 지급하지 아니하고 직접 당해 사업연도의 손비로 처리할 수 있다(재-법인세제과-247, 2005. 4. 13.).

2-7. 주식기준보상 등

(1) 개 요

종전의 법인세법은 이익처분에 의하여 지급하는 인건비는 손금에 산입하지 않았으나, 일정한 요건을 구비한 주식기준보상 등은 예외로 하였다. 그러나 기업회계기준은 인건비를 이익처분에 의하여 지급하는 것을 부당한 회계처리로 보므로 세법과 기업회계와의 차이를 해소하기 위하여 2018. 1. 1. 이후 개시하는 사업연도부터는 주식기준보상 등을 비용으로 처리한 경우에만 손금으로 인정하도록 하였다.

(2) 주식기준보상 등의 손금산입

1) 주식기준보상 등의 손금산입

「상법」 제340조의2, 「벤처기업육성에 관한 특별조치법」 제16조의3 또는 「소재·부품·장비산업 경쟁력강화를 위한 특별조치법」 제56조에 따른 주식매수선택권(이하 "주식매수선택권"이라 한다), 「근로복지기본법」 제39조에 따른 우리사주매수선택권(이하 "우리사주매수선택권"이라 한다)이나 금전을 부여받거나 지급받은 자에 대한 다음의 금액. 다만, 해당 법인의 발행주식총수의 100분의 10 범위에서 부여하거나 지급한 경우로 한정한다(2022. 2. 15. 이후 행사분부터 우리사주매수선택권 포함).

① 주식매수선택권 또는 우리사주매수선택권을 부여받은 경우로서 다음의 어느 하나에 해당하는 경우 해당 금액
   ㉮ 약정된 주식매수시기에 약정된 주식의 매수가액과 시가의 차액을 금전 또는 해당 법인의 주식으로 지급하는 경우의 해당 금액
   ㉯ 약정된 주식매수시기에 주식매수선택권 또는 우리사주매수선택권 행사에 따라 주식을 시가보다 낮게 발행하는 경우 그 주식의 실제 매수가액과 시가의 차액(우리사주매수선택권 추가)
② 주식기준보상으로 금전을 지급하는 경우 해당 금액

2) 「조세특례제한법」 제16조의4에 따라 행사이익에 대한 과세특례 적용시 손금산입 불가

조세특례제한법 제16조의4【벤처기업 주식매수선택권 행사이익에 대한 과세특례】에 따라 소득세를 과세하지 아니한 경우(주식매수선택권 행사 이후 소득세를 과세한 경우를 포함한다)에는 해당 주식매수선택권의 행사에 따라 발생하는 비용으로서 약정된 주식매수시기에 약정된 주식의 매수가액과 시가의 차액(다만, 주식매수선택권의 행사 당시 실제 매수가액이 해당 주식매수선택권 부여 당시의 시가보다 낮은 주식매수선택권의 경우에는 시가 이하 발행이익을 제외한 금액을 말한다)을 「법인세법」 제19조, 제20조 및 제52조에도 불구하고 해당 벤처기업의 각 사업연도의 소득금액을 계산할 때 손금에 산입하지 아니한다(조특법 §16의4④, 조특령 §14의4⑦).

(3) 주식매수선택권

1) 주식매수선택권의 개념

주식매수선택권(stock option)은 유리한 조건으로 신주를 매입하거나 주가와 행사가격의 차액을 보상받을 수 있는 권리를 말한다. 주식선택권은 주식결제형과 현금결제형으로 나누어진다.

주식결제형은 지분상품을 부여하는 것을 말하며, 현금결제형은 주가에 기초하여 현금이나 기타 자산으로 결제하는 것을 말한다. K-IFRS에서는 임직원에게 근무조건에 따라 부여한 주식선택권은 공정가치를 측정하여 용역의 가득기간에 따라 비용으로 처리하도록 하고 있다(K-IFRS 1102호 문단 11·15).

법인세법은 일정한 요건을 갖춘 주식매수선택권과 우리사주매수선택권의 행사에 따른 차액 보상액, 신주발행시 시가 미달 발행시 매수가액과 시가와의 차액, 주식기준보상은 비용으로 처리한 경우에 손금으로 인정한다. 다만, 벤처기업 임직원의 적격주식매수선택권 행사이익에 대하여 「조세특례제한법」 제16조의4에 따라 소득세를 과세하지 아니한 경우(주식매수선택권 행사 이후 「조세특례제한법」 제16조의4 제5항에 따라 소득세를 과세한 경우를 포함한다)에는 약정된 주식매수시기에 약정된 주식의 매수가액과 시가의 차액은 법인세법 규정에도 불구하고 손금에 산입하지 아니한다(조특법 §16의4).

종전에는 주식매수선택권의 행사가격을 부여 당시 시가보다 낮은 가액으로 하는 경우에는 주식매수선택권 행사이익에 대한 과세이연 혜택을 주지 않았다. 그러나 시가 이하 발행 스톡옵션 관련 제도를 합리화하기 위하여 2022. 1. 1. 이후 부여분부터는 주식매수선택권의 행사가격을 부여당시 시가 이하로 하는 경우 주식매수선택권의 행사이익 중 시가 이하 발행이익은 근로소득으로 과세하고, 시가초과분은 과세이연 혜택을 적용받을 수 있도록 하였다. 이와 같이 시가 이하 발행차익에 대해 근로소득으로 과세하고, 시가초과분에 대하여 과세이연혜택을 받는 경우 주식매수선택권을 부여한 법인은 근로소득으로 과세되는 시가 이하 발행 이익부분만 손금에 산입할 수 있다(조특법 §16의4④, 조특령 §14의4⑦).

2) 주식결제형 주식매수선택권

가. K-IFRS에 따른 신주발행형 주식매수선택권에 대한 회계처리

K-IFRS에서는 주식매수선택권을 부여받은 임직원으로부터 제공받은 용역의 공정가치를 신뢰성 있게 측정할 수 없으므로 주식매수선택권의 부여일을 기준으로 부여한 지분상품의 공정가치에 기초하여 주식보상원가를 측정한다. 부여일을 기준으로 공정가치를 측정하므로 부여일 이후의 지분상품의 단위당 공정가치가 변동되고 이를 반영하지 않는다. 그러나 가득되는 지분상품의 수량은 임직원의 퇴직 등에 따라 변동되므로 보상원가는 다음과 같이 측정한다.

보상원가＝당기말 누적보상원가－전기말 누적보상원가

주식결제형 주식매수선택권의 공정가치는 부여일을 기준으로 측정하고, 그 후 공정가치가 변동되도 재측정하지 않는다. 공정가치를 재측정하지 않으므로 가득일 이후에는 주식보상비용을 인식하지 않는다.

■ 사례 ≫

㈜한국은 20×1. 1. 1.에 임직원 10명에서 주식매수선택권 50개(개당 행사가격 7,000원)를 부여하고 3년의 용역제공조건을 부여하였다. 부여일 현재 부여한 지분상품의 가치에 근거하여 측정한 주식매수선택권의 단위당 공정가치는 3,000원으로 측정되었다. 임직원 중 20%가 부여일부터 3년 이내에 퇴직하여 주식매수선택권을 상실한 것으로 추정된다. 20×4년초에 임직원이 부여받은 주식매수선택권의 80%를 행사하여 신주 400주(1주당 액면가액은 5,000원, 시가 12,000원)를 7,000원에 발행하였다. 이 자료로 주식보상원가에 대한 회계처리를 하시오.

■ 해답 ■

1. 주식보상비용의 계산

회계연도	계산근거	당기보상원가	누적보상원가
20×1	500개×80%×3,000×1/3	400,000	400,000
20×2	(500개×80%×3,000×2/3) − 400,000	400,000	800,000
20×3	(500개×80%×3,000×3/3) − 800,000	400,000	1,200,000

2. 회계처리

사업연도	K-IFRS에 따른 회계처리			
20×1	(차) 주식보상비용	400,000	(대) 주식매수선택권 (자본조정)	400,000
20×2	(차) 주식보상비용	400,000	(대) 주식매수선택권 (자본조정)	400,000
20×3	(차) 주식보상비용	400,000	(대) 주식매수선택권 (자본조정)	400,000
20x4	(차) 현　　　금 　주식매수선택권 　(자본조정)	2,800,000[*1] 1,200,000	(대) 자　본　금 　주식발행초과금	2,000,000[*2] 2,000,000

*1 500주×80%×7,000=2,800,000
*2 500주×80%×5,000=2,000,000

나. 주식결제형 주식매수선택권에 대한 손금산입액에 대한 논란

① 국세청의 예규

어떤 회사가 손금산입 요건을 갖춘 주식매수선택권을 부여한 후 주식매수선택권을 행사한 경우 세무조정을 어떻게 해야 하는지를 국세청에 질의하였다. 이에 대하여 국세청은 "내국법인이 신주발행형 주식매수선택권을 부여하여 손금산입을 하는 경우 기업회계기준에 따라 용역제공기간 동안 안분하여 계상한 주식보상비용은 손금불산입(기타) 처분하는 것이며, 해당 주식보상비용의 누적액을 잉여금의 처분으로 보아 주식을 발행하는 사업연도에 손금에 산입하는 것"이라고 회신하였다(서면-2018-법인-0854, 2018. 6. 21.). 앞의 사례에서 국세청의 예규에 따른 세무조정은 다음과 같다.

사업연도	K-IFRS에 따른 회계처리				세무조정
20×1	(차) 주식보상비용 (자본조정)	400,000	(대) 주식매수선택권	400,000	<손금불산입> 주식매수선택권 400,000(기타)
20×2	(차) 주식보상비용 (자본조정)	400,000	(대) 주식매수선택권	400,000	<손금불산입> 주식매수선택권 400,000(기타)
20×3	(차) 주식보상비용 (자본조정)	400,000	(대) 주식매수선택권	400,000	<손금불산입> 주식매수선택권 400,000(기타)
20×4	(차) 현　　금 2,800,000 주식매수선택권 1,200,000 (자본조정)		(대) 자　본　금 2,000,000 주식발행초과금 2,000,000		<손금산입> 주식매수선택권 1,200,000(기타)

이와 같이 세무조정하면 손금산입액은 1,200,000원이 된다. 법인세법 시행령 제19조 제19호의2에서는 약정된 주식의 매수시기에 주식매수선택권을 행사에 따라 주식을 시가보다 낮게 발행하는 경우 그 주식의 실제 매수가액과 시가와의 차액이 손금이라고 규정하고 있으므로 손금은 다음과 같이 산출해야 한다.

$$(주식의\ 시가 - 실제\ 매수가격) \times 매수주식수 = (12,000 - 7,000) \times 400주 = 2,000,000$$

K-IFRS에서는 주식결제형 주식매수선택권인 경우 행사 당시의 주식의 시가로 보상비용을 재측정하지 않으므로 누적주식보상비용은 1,200,000원이나, 매수당시의 주가가 당초 추정액보다 상승하였으므로 세무상 손금산입액은 2,000,000원으로 누적주식보상비용과는 800,000원의 차이가 있다. 따라서 회계상 인식한 누적보상비용을 손금에 산입한다는 국세청의 예규는 주식의 실제 매수가액과 시가와의 차액이 손금이라는 법인세법 시행령에 위배되어 국세청 예규가 타당한지 실무상 논란이 많았다.

② 기획재정부의 새로운 예규

벤처기업이며 코스닥 상장법인인 A법인이 신주발행형 주식매수선택권을 부여하였으며, 연도별 회계처리 및 세무조정 내역은 다음과 같다.

구 분	사업연도	기업회계	세무조정
주식보상 비용 인식	2015	(차) 주식보상비용 ×× (대) 주식매수선택권 ××	<손금불산입> 주식보상비용 ×× (기타)
	2016	(차) 주식보상비용 ××× (대) 주식매수선택권 ×××	<손금불산입> 주식보상비용 ××× (기타)
	2017	(차) 주식보상비용 ×,××× (대) 주식매수선택권 ×,×××	<손금불산입> 주식보상비용 ×,××× (기타)

구 분	사업연도	기업회계				세무조정
주식매수 선택권 행사 시	2018	(차) 주식보상비용	×××	(대) 주식매수선택권	×××	<손금불산입> 주식보상비용 ××× (기타)
	2017	(차) 보통예금 주식매수선택권	×,××× ××	(대) 자본금 주식발행초과금	××× ×××	세무조정 누락
	2018	(차) 보통예금 주식매수선택권	××× ×,×××	(대) 자본금 주식발행초과금	××× ×,×××	

　A법인은 기업회계기준에 따라 주식보상비용을 계상한 후 법인세 신고 시 해당 주식보상비용을 손금불산입(기타)하였으나 2017~2018 사업연도의 법인세 신고 시 임직원의 주식매수선택권 행사와 관련한 별도의 세무조정을 하지 않았다. 그 후 A법인은 주식매수선택권 행사 시점의 시가와 행사가액의 차액 전액이 손금산입 대상이라는 취지의 경정청구를 하였다. 국세청은 앞에 발표한 예규가 법인세법 시행령과 달라서 문제가 있다는 것을 인지하였다. 국세청은 기획재정부에 "임직원에게 신주발행형 주식매수선택권을 부여한 경우로서 약정된 주식매수시기에 임직원이 주식매수선택권을 행사함에 따라 주식을 시가보다 낮게 발행하는 경우 회계상 상계된 주식보상비용 누적액을 손금산입하는 것인지, 아니면 행사시점의 시가와 행사가액의 차액을 손금산입하는 것인지"를 질의하였다. 기획재정부는 행사시점의 시가와 행사가액의 차액을 손금산입하는 것이 타당하다고 회신하였다(기획재정부 법인세제과-1204, 2020. 9. 4.). 기획재정부의 예규는 법인세법 시행령 제19조 제19호의 2에 따른 타당한 해석이다.

　2020. 10. 8. 국세청은 기획재정부의 새로운 예규와 상충되는 종전 예규(기준-2019-법령해석법인-0598, 2020. 1. 28.)를 국세법령정보시스템에서 삭제하였다.

3) 자기주식교부형 주식매수선택권의 세무조정방법에 대한 논란

가. 개 요

　법인이 「상법」 제340조의2, 「벤처기업육성에 관한 특별조치법」 제16조의3 또는 「소재·부품·장비산업 경쟁력강화를 위한 특별조치법」 제56조에 따른 주식매수선택권을 부여받은 자에 대하여 약정된 주식매수시기에 주식매수선택권 행사에 따라 주식을 시가보다 낮게 발행하는 경우 그 주식의 실제 매수가액과 시가의 차액을 손금에 산입한다. 다만, 해당 법인의 발행주식총수의 100분의 10 범위에서 부여하거나 지급한 경우로 한정한다(법령 §19(19)의2).

　주식매수선택권을 부여받은 임직원이 약정된 주식의 매수시기에 주식매수선택권을 행사하는 경우 법인은 약정된 금액으로 신주를 발행하거나 자기주식을 양도한다.

　법인이 신주를 발행하는 경우의 세무조정방법에 대해서는 종전에 회계상 상계된 주식보상비용 누적액을 손금에 산입해야 하는지, 아니면 행사시점의 시가와 행사가액의 차액을 손금에 산입해야 하는지 논란이 있었으나 기획재정부가 행사시점의 시가와 행사가격의 차액을 손금에 산입한다고 해석(기획재정부 법인세제과-1204, 2020. 9. 4.)함에 따라 논란이 해소되었다.

그러나 주식매수선택권을 행사함에 따라 법인이 보유하던 자기주식을 약정된 금액에 양도하는 경우에 대한 세무조정과 관련된 예규나 판례가 없어서 자기주식 교부형 주식매수선택권에 대한 세무조정에 논란이 있었다.

나. 쟁점사항

법인이 임직원의 자기주식교부형 주식매수선택권 행사에 따라 시가 700, 행사가격 300, 장부가액 400인 자기주식을 임직원에게 양도하고 다음과 같이 회계처리하였다.

(차) 현   금   300   (대) 자 기 주 식   400
　　자기주식처분손실   100
　　(자본조정)

이 경우 자기주식처분손실은 손금이므로 법인은 다음과 같이 세무조정하였다.

<손금산입> 자기주식처분손실 100(기타)

법인세법 시행령 제19조 제19호의2에 따르면 자기주식의 시가 700과 행사가격 300의 차액인 400이 손금이나, 이미 결산상 계상된 자기주식처분손실 100을 손금산입하였으므로 추가로 300을 더 손금에 산입하여야 한다. 이 경우 자기주식을 시가에 양도한 것으로 보아 300을 자기주식처분이익으로 익금에 산입해야 하는지가 논란이 된다.

(갑설) 자기주식을 시가에 양도한 것으로 보아 추가 손금산입액과 동일한 금액을 자기주식처분이익으로 익금에 산입

<손금산입> 행사차액(인건비) 300   <익금산입> 자기주식처분이익 300

(을설) 자기주식을 행사가액에 양도한 것으로 보아 추가 익금산입 금액은 없음.

<손금산입> 행사차액(인건비) 300

다. 기획재정부의 예규(기획재정부 법인세제과-387, 2021. 8. 26.)

【질의】

A법인은 「상법」 제340조의2에 따라 임직원에게 근로용역 제공에 대한 대가로 자기주식교부형 주식매수선택권을 부여하였으며, 임직원의 주식매수선택권 행사시점의 회계처리 및 세무조정 내역은 다음과 같음(행사일의 주식 시가 700, 행사가액 300).

(단위 : 원)

〈회계처리〉

(차) 현　　　　　금　　　300　　(대) 자 기 주 식　　　　400
　　자기주식처분손실　　　100
　　(자본조정)

〈세무조정〉(손금산입) 자기주식처분손실 100(기타)

A법인은 주식매수선택권 행사 시 법인세법상 손금산입 대상 금액이 시가와 행사가액의 차액인 400이므로 당초 손금산입액 100과의 차액인 300이 추가 손금산입 대상이라는 취지의 경정청구를 하였음. 내국법인이 임직원의 자기주식교부형 주식매수선택권 행사에 따라 자기주식을 임직원에게 양도하는 경우 자기주식의 양도가액이 "시가"와 "행사가액" 중 어떤 것인지

(1안) 자기주식을 시가에 양도한 것으로 보아 추가 손금산입액과 동일한 금액을 자기주식처분이익으로 익금에 산입
　　〈손금산입〉 행사차액(인건비) 300　　〈익금산입〉 자기주식처분이익 300
(2안) 자기주식을 행사가액에 양도한 것으로 보아 추가 익금산입 금액은 없음.
　　〈손금산입〉 행사차액(인건비) 300

【회신】

귀 질의의 경우 제2안이 타당함.

라. 감사원의 지적과 법인세법 시행령의 개정

감사원은 주식매수선택권의 행사로 임직원이 자기주식의 시가와 매수가액의 차액에 상당하는 소득이 발생하고, 법인은 차액만큼 상여금 등을 지급할 의무를 면하는 등 경제적 효과가 있다며 "법인이 주식 교부 대가로 매수가액만 받았어도 매수가액이 아닌 시가를 이익금 산정기준으로 보는 것이 타당한데 기획재정부가 매수가액을 이익금 산정기준으로 볼 근거가 '법인세법 시행령'에 없는데도 시가가 아닌 매수가액이라고 회신했다"고 지적하였다. 이에 감사원은 기획재정부에 자기주식 양도 시 이익금 산정기준을 법인세법 시행령에 마련하라고 통보하였고, 기획재정부는 2023. 2. 28. 법인세법 시행령을 개정하여 "법인세법 시행령 제19조 제19호의2 각 목 외의 부분 본문에 따른 주식매수선택권의 행사에 따라 주식을 양도하는 경우에는 주식매수선택권 행사 당시의 시가로 계산한 금액을 자기주식을 양도가액으로 한다"는 규정을 신설하여, 2023. 2. 28. 이후 주식을 양도하는 경우부터 적용하도록 하였다(**법령 §11(2)의2 후단**). 23 신설

사례 »

㈜한공은 「상법」 제340조의2에 따라 임직원에게 근로용역 제공에 대한 대가로 자기주식교부형 주식매수선택권을 부여하였으며 임직원의 주식매수선택권 행사일의 자기주식의 시가는 700원, 행사가액은 300원이다. 회사의 회계처리는 다음과 같다. 이 주식매수선택권은 법인세법 시행령 제19조 제19호의2의 손금산입요건을 구비하였다.

<회계처리>			
(차) 현금	300	(대) 자기주식	400
자기주식처분손실(자본조정)	100		

행사일이 2023. 2. 27. 이전인 경우와 2023. 2. 28. 이후인 경우로 구분하여 세무조정을 하시오.

해답

(1) 행사일이 2023. 2. 27. 이전인 경우
  ① 익금과 손금의 파악 : 자기주식의 시가 700과 행사가격 300원과의 차액 400이 법인세법 시행령 제19조 제19호의2에 따라 손금으로 인정된다.
   손금액 : 700 - 300 = 400
  ② 세무조정 : 결산상 수익과 비용을 계상하지 않았으므로 400원을 손금산입한다.

익금산입 및 손금불산입			손금산입 및 익금불산입		
과목	금액	소득처분	과목	금액	소득처분
			자기주식처분손실*	100	기타
			행사차액* (인건비)	300	기타

* 두 개를 합해서 400으로 세무조정해도 된다.

(2) 행사일이 2023. 2. 28. 이후인 경우
  ① 익금과 손금의 파악 : 자기주식의 양도가액은 시가인 700원이고 자기주식의 장부가액은 400이므로 자기주식처분이익 300이 발생한다. 그 다음 자기주식의 시가 700과 행사가격 300원과의 차액 400이 법인세법 시행령 제19조 제19호의2에 따라 손금으로 인정된다.
   익금액 :
   자기주식처분이익 : 700 - 400 = 300
   법인세법 시행령 제19조 제19호의2에 따른 손금 : 700 - 300 = 400
  ② 세무조정 : 결산상 수익과 비용을 계상하지 않았으므로 300원을 익금산입하고 400을 손금산입한다.

익금산입 및 손금불산입			손금산입 및 익금불산입		
과목	금액	소득처분	과목	금액	소득처분
			자기주식처분손실	100*	기타
자기주식처분이익	300	기타	행사차액(인건비)	300*	기타

* 두 개를 합해서 400으로 세무조정해도 된다.

4) 현금결제형

구 분	기업회계	세 법	세무조정
권리부여	–	–	–
가득기간	(차) 주식보상비용　　100 　(대) 장기미지급비용　100	–	<손금불산입> 장기미지급비용 100(유보)
권리행사	(차) 장기미지급비용　100 　(대) 현　　　금　　100	(차) 주식보상비용　　100 　(대) 현　　　금　　100	<손금산입> 장기미지급비용 100(△유보)

(4) 성과급 관련 사례

1) 자기주식을 상여금 및 성과급으로 지급한 경우

　법인이 증권시장에서 취득한 자기주식을 종업원에게 상여금으로 지급하는 경우 근로소득에 대한 수입금액은 지급 당시의 시가에 의해 계산하는 것이며, 이 경우 시가는 상여금을 지급하는 날의 한국거래소 최종시세가액으로 하고, 상여금으로 지급한 자기주식의 장부가액과 시가와의 차이는 당해 법인의 각 사업연도 소득금액을 계산할 때 익금 또는 손금으로 산입한다(서면2팀-24, 2006. 1. 5., 서이 46012-10977, 2002. 5. 7.).

2) 삭감한 급여를 재원으로 취득한 자기주식을 상여금으로 지급한 경우

　법인이 경영상의 어려움으로 직원의 급여를 삭감하면서 그 삭감한 급여를 재원으로 자기주식을 취득하고 차후 경영이 호전되는 때에 그 주식의 일부를 직원에게 지급하기로 한 약속에 따라 급여삭감 당시의 모든 직원(퇴직자 포함)에게 삭감한 급여 등의 일정한 기준에 의하여 자기주식을 상여금으로 지급하는 경우 지급 당시의 시가에 의하여 평가한 해당 주식의 가액을 손금에 산입한다. 이 경우 퇴직한 직원에게 지급하는 자기주식 상당액은 해당 자기주식을 지급하는 날이 속하는 사업연도에 귀속되는 근로소득으로 보아 원천징수하여야 한다(법인 46012-2429, 1999. 6. 28.).

3) 자기주식을 성과급으로 지급한 경우

　법인이 종업원에게 성과급으로 자기주식을 지급하는 경우 지급일 현재의 자기주식의 시가 상당액(시가)을 종업원에게 근로소득을 지급한 것으로 하고, 해당 시가와 장부가액과의 차액은 처분손익으로 처리한다.
　또한, 자기주식을 실제 지급한 경우 지급일을 기준으로 손금에 산입하고, 해당 주식을 추후 약정에 의하여 반환을 받는 경우 반환을 받은 날 현재의 시가를 기준으로 반환받은 날이 속하는 사업연도의 익금으로 계상하며, 이 경우 당초 원천징수한 내용을 수정하지 아니한다(서면2팀-24, 2006. 1. 5.).

4) 계량적·비계량적 요소를 평가하여 지급하는 경우

성과급을 계량적, 자산수익률·매출액 영업이익률 등 계량적 요소에 따라 지급하기로 한 경우 당해 성과급의 귀속시기는 자산수익률 등의 계량적 요소가 확정되는 날이 속하는 사업연도가 되는 것이나, 계량적·비계량적 요소를 평가하여 그 결과에 따라 차등지급하는 경우 당해 성과급의 귀속시기는 개인별 지급액이 확정되는 날이 속하는 연도가 된다(서면1팀-40, 2005. 1. 12.).

5) 임직원과 장기성과급 지급약정을 체결한 경우

내국법인이 사업연도 중 특정 임직원과 장기성과급 지급약정을 체결하고 이후 사업연도에 당초 약정한 성과급 지급요건을 충족함에 따라 성과상여금을 지급한 경우 해당 상여금은 성과급 지급의무가 확정된 날이 속하는 사업연도에 손금에 산입하는 것으로(임원에 대한 상여금은 「법인세법 시행령」 제43조 제2항에 의한 급여지급기준 이내 지급한 것에 한함), 성과상여금 지급요건을 충족하였으나 성과상여금 지급시점에는 퇴직한 임직원에게 지급한 성과상여금도 손금에 산입한다(법인-243, 2011. 3. 30.).

2-8. 모회사가 자회사의 임직원에게 부여한 주식매수선택권 또는 주식기준보상을 행사하거나 지급받는 경우의 자회사가 모회사에 지급하는 그 행사 또는 지급비용 보전액

(1) 개 요

종전에는 상장법인인 모회사로부터 비상장 자회사의 임직원이 부여받은 주식매수선택권을 행사한 경우에 자회사가 모회사에 지급한 행사비용 보전액이 인건비로 손금에 산입되는지에 대하여 국세청과 납세자 간에 마찰이 많았다. 자회사가 모회사에 지급하는 주식매수선택권의 행사비용 보전액에 대한 규정을 명확히 하기 위하여 2009. 2. 4.에 주식매수선택권의 행사비용의 보전에 대한 손금산입요건을 규정하고, 2010. 2. 18. 주식기준보상의 보전비용에 대한 규정을 추가하였다.

(2) 손금산입대상

임직원이 다음 중 어느 하나에 해당하는 주식매수선택권 또는 주식이나 주식가치에 상당하는 금전으로 지급받는 상여금으로서 주식기준보상[1](이하 "주식매수선택권 등"이라 한다)을 부여하거나 지급한 법인에 그 행사 또는 지급비용으로서 보전하는 금액은 손비로 본다(법령 §19(19)).

① 금융지주회사법에 따른 금융지주회사로부터 부여받거나 지급받은 주식매수선택권 등(주

식매수선택권은 「상법」 제542조의3에 따라 부여받은 경우만 해당한다)

② 해외모법인[2]으로부터 부여받거나 지급받은 <u>주식매수선택권 등</u>으로서 일정한 요건을 구비한 것[3]

구 분	요 건
[1]주식기준보상의 범위(법칙 §10의2①)	주식기준보상이란, 다음의 요건을 모두 갖춘 것을 말한다. ① 주식 또는 주식가치에 상당하는 금전으로 지급하는 것일 것 ② 사전에 작성된 주식기준보상 운영기준 등에 따라 지급하는 것일 것 ③ 임원이 지급받는 경우 정관·주주총회·사원총회 또는 이사회의 결의로 결정된 급여지급기준에 따른 금액을 초과하지 아니할 것 ④ 「법인세법 시행령」 제43조 제7항에 따른 지배주주 등인 임직원이 지급받는 경우 정당한 사유 없이 같은 직위에 있는 지배주주 등 외의 임직원에게 지급하는 금액을 초과하지 아니할 것
[2]해외모법인 범위(법칙 §10의2②)	해외모법인이란, 다음의 요건을 모두 갖춘 법인을 말한다. ① 외국법인으로서 발행주식이 「자본시장과 금융투자업에 관한 법률」에 따른 증권시장 또는 이와 유사한 시장으로서 증권의 거래를 위하여 외국에 개설된 시장에 상장된 법인 ② 외국법인으로서 주식매수선택권 등의 행사 또는 지급비용을 보전하는 내국법인(「자본시장과 금융투자업에 관한 법률」에 따른 상장법인은 제외한다)의 의결권 있는 주식의 90% 이상을 직접 또는 간접으로 소유한 법인. 이 경우 주식의 간접소유비율은 다음 산식에 따라 계산하되[해당 내국법인의 주주인 법인(이하 "주주법인"이라 한다)이 둘 이상인 경우에는 각 주주법인별로 계산한 비율을 합산한다], 해당 외국법인과 주주법인 사이에 하나 이상의 법인이 개재되어 있고, 이들 법인이 주식소유관계를 통하여 연결되어 있는 경우에도 또한 같다. 해당 외국법인이 소유하고 있는 주주법인의 의결권 있는 주식 수가 그 주주법인의 의결권 있는 총주식 수에서 차지하는 비율 × 주주법인이 소유하고 있는 해당 내국법인의 의결권 있는 주식 수가 그 내국법인의 의결권 있는 총주식 수에서 차지하는 비율
[3]해외모법인으로부터 받은 주식매수선택권 등의 요건(법칙 §10의2③)	주식매수선택권 등은 다음의 요건을 모두 갖춘 것을 말한다. ① 「상법」에 따른 주식매수선택권과 유사한 것으로서 해외모법인의 주식을 미리 정한 가액(이하 "행사가액"이라 한다)으로 인수 또는 매수(행사가액과 주식의 실질가액과의 차액을 현금 또는 해당 해외모법인의 주식으로 보상하는 경우를 포함한다)할 수 있는 권리일 것(주식매수선택권만 해당한다) ② 해외모법인이 발행주식총수의 10%의 범위에서 부여하거나 지급한 것일 것 ③ 해외모법인과 해당 법인 간에 해당 주식매수선택권 등의 행사 또는 지급비용의 보전에 관하여 사전에 서면으로 약정하였을 것

2-9. 그 밖의 인건비

직원에게 지급되는 인건비에는 급여·제수당·상여금 및 퇴직급여 이외에 비정기적으로 지급하는 인건비도 있다. 이와 같은 경비가 복리후생비로 인정되지 않는 한 그 밖의 인건비로 인정하여 손금에 산입한다.

이와 같은 인건비를 예시하면 다음과 같다.

구 분	내 용
불우종업원에게 지급하는 생계비 및 학비보조금	법인이 불우종업원에게 지급하는 생계비 및 학비보조금은 인건비로 보아 이를 손금에 산입한다(법집 19-19-3 ①).
부임수당	종업원에게 지급하는 부임수당은 이를 손금에 산입한다. 그 수당 중 이사에 소요되는 비용 상당액은 여비·교통비로 보며, 이를 초과하는 부분은 인건비로 본다(법집 19-19-3 ②).
자녀교육비 보조금	임직원에게 지급하는 자녀교육비 보조금은 그 임직원에 대한 인건비로 보아 손금에 산입한다. 다만, 임원의 경우 급여지급기준을 초과하는 상여금 해당액 및 지배주주인 임원의 경우 지배주주 외의 임원 보수를 초과하는 보수에 해당하는 금액은 손금에 산입하지 아니한다(법집 19-19-3 ③).
우리사주 주식취득자금의 대출금이자부담액	우리사주조합원이 취득하는 우리사주 주식취득자금을 당해 법인이 일시대여하지 아니하고 우리사주조합이 금융기관으로부터 대출을 받아 그 자금으로 우리사주주식을 취득한 후 그 주식취득자금의 이자를 당해 법인이 부담하는 경우에는 그 이자상당액은 우리사주조합원의 급여로 보아 손금에 산입한다(재법인-261, 2006. 3. 31.).
종업원의 의료비 부담액	법인이 종업원 의료비를 부담한 금액은 급여로 보아 손금산입한다(법인 1264. 21-2690, 1982. 8. 13.).
종업원이 피보험자 및 보험수익자인 보장성보험료 부담액	법인이 종업원을 피보험자 및 만기수익자로 하는 직장인보장보험의 보험료 일부를 부담하는 경우에 동 금액은 종업원에 대한 급여로 보아 손금에 산입한다(법인 22601-857, 1991. 5. 1.).
우리사주조합원 장려금	법인이 우리사주조합의 조합원에게 이익배당과는 별도로 우리사주의 보유기간이나 신규매입에 따라 지급하는 일정률의 장려금은 손금에 산입되는 근로소득으로 보아 원천징수한다(법인 22601-1744, 1991. 9. 11.).
직원에게 건설수주실적에 따라 지급하는 금액	건설업을 영위하는 법인이 건설공사를 수주해 오는 자에게 지급하는 수수료는 건전한 사회통념 내지 상관행에 비추어 부당하다고 인정되는 경우를 제외하고는 당해 건설공사의 원가로 처리하는 것이고, 회사내규에 의하여 건설수주실적에 따라 당해 법인의 종업원에게 추가로 지급하는 금액은 인건비로 인정한다(법인 46012-3610, 1993. 11. 27.).
지방노동청장의 시정지시에 의해 지급하는 수당	당초 급여지급규정에 없던 제수당을 지방노동청장의 시정지시에 의거 지급하는 경우에는 그 지급의무가 확정된 사업연도의 손금으로 처리한다(법인 46012-102, 1995. 1. 12.).

2-10. 해외파견된 임직원의 인건비

(1) 해외현지법인에 파견된 임직원의 인건비 처리

내국법인이 해외현지법인에 파견된 임직원에 대한 인건비는 그 임직원이 내국법인의 업무만 수행하면 전액 손금으로 보나, 내국법인의 업무와 해외현지법인의 업무를 함께 수행하면 합리적인 방법으로 배분한 금액을 손금으로 본다. 이에 따라 해외파견 임직원이 내국법인의 업무와 해외현지법인의 업무를 함께 수행하면 업무수행에 대한 기록을 작성해야 하는 등 업무 부담이 가중된다.

중소기업과 중견기업의 업무부담을 경감하기 위하여 2020. 1. 1. 이후 개시하는 사업연도분부터 중소기업(조특령 제2조에 따른 중소기업)과 중견기업(조특령 제6조의4 제1항에 따른 중견기업)이 발행주식총수 또는 출자지분의 100%를 직접 또는 간접 출자한 해외현지법인에 파견된 임직원에 대하여 해당 내국법인이 지급한 인건비가 해당 내국법인 및 해외출자법인이 지급한 인건비 합계의 50% 미만인 경우에는 업무수행 정도를 입증하지 않아도 전액 손금으로 보도록 하였다(법령 §19(3)). 2024. 2. 29.이 속하는 사업연도분부터는 중소기업과 중견기업에서 모든 내국법인으로 대상을 확대하되, 「소득세법」 제127조 제1항에 따라 근로소득세가 원천징수된 인건비이어야 한다는 요건을 추가하였다. 24 개정

개정 해외자회사 파견 임직원 인건비에 대한 손금 인정범위 확대(법령 §19(3))

종 전	개 정
☐ 해외현지법인 파견 임직원 인건비에 대한 손금인정 요건 : 다음 요건이 모두 충족된 경우	☐ 손금인정요건 : 다음 요건이 모두 충족된 경우
① 중소·중견기업이	① 내국법인이
② 직·간접적으로 100% 출자한 해외현지법인이고	② (좌 동)
③ 내국법인이 지급한 인건비가 내국법인 및 해외출자법인이 지급한 인건비 합계액의 50% 미만인 경우	③ (좌 동)
<추 가>	④ 해외현지법인 파견 임직원의 인건비로서 소득세법 §127①에 따라 근로소득세를 원천징수한 인건비의 경우
<개정이유> 손금 인정범위 합리화 및 기업경쟁력 제고 <적용시기> '24. 2. 29.이 속하는 사업연도에 지급하는 분부터 적용	

(2) 해외파견 임직원의 인건비 관련 사례

① 내국법인의 업무에 종사하는 경우

내국법인이 외화획득사업과 관련한 업무를 원활히 수행하기 위하여 100% 출자한 해외현지법인에 파견한 직원에게 지급한 급여로서 당해 직원이 사실상 내국법인의 업무에 종사하는 경우, 당해 내국법인이 지급한 파견직원의 인건비는 손금에 산입한다(서면2팀-2108, 2004. 10. 18., 법인 46012-2724, 1994. 9. 29.). 또한 내국법인이 출자한 해외현지법인에 직원을 파견하여 현지법인의 생산과 경영 등을 지원하게 하면서 인건비를 부담하는 경우 해당 비용이 사실상 내국법인업무에 종사하는 것으로 인정되는 때에는 손금에 산입할 수 있다(법집 19-19-3 ④).

□ 내국법인의 업무에 종사하는 것으로 인정되는 사례

㉮ 내국법인이 100% 출자하여 설립한 해외 현지법인에 원·부자재 등을 공급하여 생산된 제품을 다시 당해 내국법인이 수입하는 경우로서, 동 내국법인이 현지법인에 파견한 기술자 및 관리자의 인건비는 당해 기술자 등이 행하는 업무의 성격 등으로 보아 사실상 내국법인의 업무에 종사하는 것으로 인정되는 경우(서면2팀-2108, 2004. 10. 18.)

㉯ 텐트를 제조하는 현지법인을 중국에 설립하고 중국 근로자들의 기술이 미흡하므로 기술지도, 품질관리, 생산관리, 자재관리 등 모든 경영 및 재무관리를 위해 매 평균 8명의 직원을 현지법인에 상주시키면서 청구법인을 위해 업무를 수행한 점이 출장보고서에서 확인되고, 텐트 제조에 필요한 원재료 등을 현지법인에 공급하고 현지법인이 생산한 제품을 전량 청구법인이 개입하여 수출하고 있는 거래의 형태를 취하고 있는 경우에는 종업원들이 중국 현지법인의 업무를 보조한 부분이 있을지라도 그 업무가 해당 법인의 지시에 의하여 이루어지고 궁극적으로 현지법인을 설립한 청구법인의 영리를 위해 활동하였다고 보이는 경우(심사경인 95-1014, 1995. 11. 17.)

---

② 내국법인과 현지법인의 업무에 함께 종사하는 경우

내국법인이 당해 법인에 소속된 직원을 해외현지법인에 파견하여 내국법인의 업무와 해외현지법인의 업무를 함께 담당하게 하고 당해 직원의 급여액을 합리적인 방법으로 배분하여 일부를 내국법인의 손비로 계상하는 경우에는 이를 손금에 산입할 수 있다(법인 46012-1532, 1996. 5. 28.).

③ 해외현지법인의 업무를 위하여 종사하는 경우

해외현지법인에 귀속하여 현지법인의 업무를 위하여 근무하는 직원에 대한 급여를 내국법인이 부담하는 경우에는 이를 당해 내국법인의 손금에 산입하지 아니한다(법인 22601-2417, 1990. 12. 20.).

2-11. 국내 다른 법인에 파견된 임직원의 인건비

(1) 자회사에 파견된 직원의 급여

출자법인(모회사)과 자회사 간에 사전약정에 의하여 모회사소속 직원이 자회사에 파견되어 근무하는 경우 당해 파견직원에 대한 급여 및 복리후생비를 모회사의 급여지급규정에 따라 자회사가 지급하기로 한 경우에 당해 파견직원의 업무수행 내용이 자회사의 업무와 직접 관련있다고 인정되는 부분에 대한 급여 등에 대하여는 자회사의 손금에 산입할 수 있다(서면2팀-1878, 2007. 10. 17., 법인 46012-2253, 1997. 8. 21.).

(2) 백화점 등에 파견한 판매전담 직원의 급여

법인이 자기가 생산한 제품 등을 백화점에서 판매하기 위하여 백화점에 판매직원을 파견하기로 사전에 약정한 경우로서, 당해 법인이 동 직원의 인건비 등으로 지급하는 금액은 손금에 산입한다(법인 46012-756, 1997. 3. 14.).

(3) 사업양수 전 업무관련 파견직원의 성과상여금을 부담하는 경우

법인이 특수관계인인 법인으로부터 일부 사업부분을 양수받고 당해 양수받은 사업부분의 양수 전 업무관련 직원을 일시적으로 파견받은 경우 파견직원에 대하여 해당 사업연도 귀속 성과상여금을 지급하는 것은 당해 법인의 손금에 산입할 수 없으므로 손금불산입하여 기타사외유출로 처분한다(제도 46012-11699, 2001. 6. 25.).

2-12. 두 회사의 겸직 임직원의 인건비

(1) 다른 법인의 임원을 겸직하는 사람에 대한 인건비를 한 법인이 부담한 경우

A법인의 임원이 B법인의 대표이사를 겸직하는 경우 A법인에서만 급여를 지급하는 경우 동 금액이 B법인의 급여를 실질적으로 대신 부담하는 경우에는 부당행위계산의 부인규정이 적용된다(법인 46012-694, 1997. 3. 8.).

(2) 두 법인을 겸직하는 사람에 대한 퇴직급여

① 특수관계에 있는 법인의 대표이사를 겸직하고 있는 임원에게 퇴직급여를 지급하는 경우, 법인별로 정관에 정하여진 퇴직급여(퇴직위로금 포함)로 지급할 금액 또는 정관에서 위임된 퇴직급여지급규정에 의한 금액(규정이 없으면 「법인세법」이 정하는 산식에 따른 금액)을 한도로 손금에 산입한다(법인세과-104, 2010. 2. 2.).

② 법인의 대표이사가 관계회사 대표이사를 겸직하는 때에는 겸직한 법인의 퇴직급여추계액 계산시 대표이사가 근무기간을 통산하여 계산할 수 없고, 각 법인별 임원퇴직급여지급규정에 따라 계산한 퇴직급여추계액으로 한다(서면2팀-2101, 2004. 10. 5.).

(3) 두 법인의 대표이사를 겸직하는 사람을 보좌하는 종업원의 급여

특정인이 A법인과 B법인의 대표이사를 겸직하는 경우 대표이사의 업무를 보좌하는 종업원의 급여 및 관리비는 공동경비규정에 따라 안분계산해야 한다(서면2팀-2101, 2004. 10. 15.).

(4) 한 사람이 두 회사의 종업원을 겸직하는 경우

당해 법인(A)의 종업원이 특수관계에 있는 법인(B)의 종업원을 겸직하고 있는 경우 당해 종업원에 대한 급여 등은 「법인세법」의 부당행위계산의 부인규정이 적용되는 경우를 제외하고는, A법인과 B법인에 기여하는 업무량의 정도 등에 따라 두 회사의 급여지급규정, 용역(고용)계약서상의 약정내용, 재직기간 등에 의하여 합리적으로 배분된 금액을 손금에 산입할 수 있다(서면2팀-214, 2006. 1. 25.).

2-13. 인력공급업체에서 파견한 근로자

사용사업주가 파견근로자에게 지급한 복리후생비, 성과급, 연장수당 계약에 따라 파견사업주로부터 근로자를 파견받아 용역을 제공받는 법인이 동 계약 조건에 따라 파견근로자에게 직접 지급하는 성과급은 인력공급에 대한 용역의 대가에 포함한다(서이-1238, 2008. 6. 19.). 별도의 약정없이 지급의무 없는 복리후생비나 성과급을 파견근로자에게 지급하는 경우 종전에는 기업업무추진비로 보았으나, 2013. 2. 15. 이후 최초 신고분부터 복리후생비는 전액 손금으로 본다(서이 46012-11136, 2002. 5. 30.).

2013. 2. 14. 이전 신고분	2013. 2. 15. 이후 신고분
계약 없이 지급한 복리후생비와 성과급 - 복리후생비 : 기업업무추진비 - 성과급, 연장근로수당 : 기업업무추진비	계약 없이 지급한 복리후생비와 성과급 - 복리후생비 : 복리후생비(전액 손금) - 성과급, 연장근로수당 : 기업업무추진비

2-14. 사이닝보너스

(1) 사이닝보너스의 개념

사이닝보너스(Signing Bonus)란 기업이 우수한 인재를 유치하기 위하여 해당 기업에 근무하기로 계약을 하면 지급하는 전속계약금을 말한다. 통상적으로 사이닝보너스를 지급하는 경우 그 직원은 일정기간 의무적으로 근무하기로 계약을 하고, 그 조건을 위반하면 사이닝보너스의 전부 또는 일부를 반환하기로 약정을 한다.

(2) 사이닝보너스 지급시 처리

사이닝보너스를 근로계약 체결시 일시에 선지급(계약기간 내 중도퇴사시 일정금액 반환조건)한 경우 선급비용으로 처리한 후 당해 선지급 사이닝보너스를 계약조건에 따른 근로기간 동안 안분계산한 금액을 손금산입하고, 동 금액을 근로소득 수입금액으로 하여 근로소득세를 원천징수한다(서면2팀-1738, 2006. 9. 11.).

(3) 계약위반으로 환수시 처리

직원이 의무근속기간 불이행에 따라 환수하는 금액은 사이닝보너스의 미상각잔액과 상계하고, 초과환수액은 그 환수조건이 확정되는 날이 속하는 사업연도에 익금에 산입한다(서면2팀-838, 2008. 5. 1.).

2-15. 퇴직임원 등에게 지급하는 경영자문료

(1) 비상임자문역에 지급한 경영고문료의 소득구분

경영자문료는 통상적으로 고문이 개인적 사정으로 자문에 응할 수 없는 사유가 발생하는 경우를 감안하여 일시불이 아니라 매월 지급하는 것이 사회적 관행이다.

세법에서는 거주자가 고용관계나 이와 유사한 계약에 의하여 근로를 제공하고 지급받은 대가는 근로소득(소법 §20①), 고용관계없이 독립된 자격으로 계속적으로 용역을 제공하고 일의 성과에 따라 지급받는 수당·기타 유사한 성질의 금액은 사업소득(소법 §19①)으로 보며, 일시적으로 용역을 제공하고 지급받는 수당·기타 유사한 성질의 금액은 기타소득(소법 §21①)으로 본다.

따라서 전문직 또는 컨설팅 등을 전문으로 하는 사업자가 독립적인 지위에서 사업상 또는 사업에 부수적인 용역인 경영자문용역을 계속적 또는 일시적으로 제공하고 얻은 소득은 사업소득으로 보며, 근로소득 및 사업소득 외에 고용관계없이 일시적으로 경영자문용역을 제공하고 얻은 소득은 기타소득으로 본다(재소득 46073-136, 2000. 8. 18.).

(2) 퇴직임원에게 지급한 내용이 불분명한 경영자문료

퇴직한 전직임원에게 지급한 경영자문료로서 경영자문 내용이 불분명한 경우 구체적인 지급기준 없이 일부 임원에게만 선별적으로 퇴직급여 외에 추가지급한 퇴직위로금으로 보아 손금불산입한다(국심 2003서 2175, 2004. 4. 12.).

2-16. 연차유급휴가비용

(1) 근로기준법상 연차유급휴가제도

1) 연차유급휴가의 부여

사용자는 1년간 80% 이상 출근한 근로자에게 15일의 유급휴가를 주어야 한다(근로기준법 §60①). 계속하여 근로한 기간이 1년 미만인 근로자 또는 1년간 80% 미만 출근한 근로자에게 1개월 개근시 1일의 유급휴가를 주어야 한다(근로기준법 §60②). 사용자는 3년 이상 계속하여 근로한 근로자에게는 15일의 유급휴가에 최초 1년을 초과하는 계속 근로 연수 매 2년에 대하여 1일을 가산한 유급휴가를 주어야 하며, 이 경우 가산휴가를 포함한 총 휴가 일수는 25일을 한도로 한다(근로기준법 §60③).

유급휴가는 사용자의 귀책사유로 사용하지 못한 경우를 제외하고 근로자가 1년간 행사하지 아니하면 소멸한다(근로기준법 §60⑦).

2) 연차유급휴가 사용촉진제도

연차유급휴가를 사용하는 근로자가 적어서 노동생산성이 저하되는 경향이 있으므로 연차휴가 사용률을 높이기 위하여 근로기준법에 연차휴가 사용촉진제도를 두고 있다.

사용자가 유급휴가의 사용을 촉진하기 위하여 다음의 조치를 하였음에도 불구하고 근로자가 휴가를 사용하지 아니하여 연차유급휴가가 소멸된 경우에는 사용자는 그 사용하지 아니한 휴가에 대하여 보상할 의무가 없고 사용자의 귀책사유에 해당하지 아니하는 것으로 본다(근로기준법 §61).

① 연차유급휴가 소멸기간이 끝나기 6개월 전을 기준으로 10일 이내에 사용자가 근로자별로 사용하지 아니한 휴가 일수를 알려주고, 근로자가 그 사용시기를 정하여 사용자에게 통보하도록 서면으로 촉구할 것

② 위 "①"에 따른 촉구에도 불구하고 근로자가 촉구를 받은 때부터 10일 이내에 사용하지 아니한 휴가의 전부 또는 일부의 사용 시기를 정하여 사용자에게 통보하지 아니하면 연차유급휴가 소멸기간이 끝나기 2개월 전까지 사용자가 사용하지 아니한 휴가의 사용시기를 정하여 근로자에게 서면으로 통보할 것

사용자가 위와 같은 유급휴가 사용촉진제도를 실시하지 아니한 경우에는, 근로자가 사용하지 아니한 휴가에 대하여 금전적 보상을 하여야 한다.

(2) 기업회계상 연차유급휴가에 대한 회계처리

1) 유급휴가

가. 유급휴가의 구분

기업은 연차휴가, 병가, 단기장애휴가, 출산·육아휴가 및 병역 등과 같은 여러 가지 이유로 생기는 사용인의 휴가에 대하여 보상할 수 있다.

이러한 유급휴가는 다음과 같이 누적유급휴가와 비누적유급휴가로 구분한다(K-IFRS 1019호 문단 12·13 및 16).

① 누적유급휴가 : 당기에 사용되지 않으면 이월되어 차기 이후에 사용되는 유급휴가
② 비누적유급휴가 : 당기에 사용되지 않으면 소멸되며, 미사용유급휴가에 상응하는 현금을 지급할 필요가 없는 유급휴가

나. 유급휴가급여의 회계처리

K-IFRS상 유급휴가 형식을 취하는 단기사용인급여의 예상원가는 다음과 같이 회계처리한다.

① 누적유급휴가 : 미래 유급휴가 권리를 증가시키는 근무용역을 제공하는 때에 인식
② 비누적유급휴가 : 휴가가 실제로 사용되는 때에 인식

누적유급휴가는 미래 유급휴가 권리를 증가시키는 근무용역을 제공한 회계연도 종료일을 기준으로 미사용유급휴가 예상금액을 비용으로 측정하여 비용과 미지급비용(부채)으로 인식한다. 그러나 비누적유급휴가는 사용인이 실제 유급휴가를 사용하기 전에는 비용으로 인식하지 아니한다.

2) 연차유급휴가에 대한 기업회계기준의 회계처리

가. 개 요

근로기준법의 연차유급휴가의 발생과 보상을 정리하면 다음 그림과 같다.

● 연차유급휴가의 발생과 보상 ●

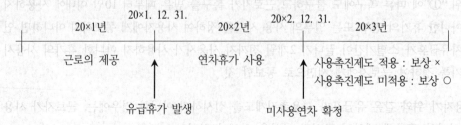

종전에는 연차유급휴가에 대하여 근로를 제공하여 연차유급휴가에 대한 권리가 발생한

20×1년에는 회계처리하지 않고 연차유급휴가를 20×2에 사용하지 않아서 미사용연차가 확정되는 20×2. 12. 31.에 지급의무가 확정된 미지급연차수당에 대한 회계처리만을 하였다. 이러한 회계처리가 발생주의 회계처리와 맞지 않아서 K-IFRS는 2011년부터, 일반기업회계기준은 2012년부터 근로의 제공으로 인하여 연차유급휴가에 대한 권리가 발생한 회계연도에 연차유급휴가를 급여와 미지급비용으로 계상하도록 회계처리방법을 변경하였다.

나. 연차유급휴가에 대한 회계처리

우리나라의 근로기준법에 따른 연차유급휴가는 누적유급휴가에 해당한다. 따라서 종업원의 근무용역을 제공하여 연차유급휴가에 대한 권리가 발생된 회계기간에 연차휴가급여와 관련 부채를 인식하여야 한다(일반기준 21장 문단 5의2). 이러한 유급휴가에 대한 회계처리는 K-IFRS과 일반기업회계기준이 동일하다. 다만, 연차휴가 사용촉진제도를 사용하는 경우에는 연차유급휴가를 사용하지 않는 경우에 보상하지 않으므로 사용할 연차유급휴가 사용일수를 추정하여 그 추정액에 대한 급여만 인식하나, 연차휴가 사용촉진제도를 사용하지 않는 경우에는 연차휴가급여에 대한 권리가 발생한 금액 전액을 비용으로 인식한다.

(3) 세법상 연차유급휴가의 처리

1) 「법인세법」상 손금귀속시기

세법은 연차유급휴가에 대하여 근무용역을 제공하여 연차유급휴가에 대한 권리가 발생된 20×1년에 연차휴가급여를 인식하지 않고 그 연차유급휴가를 20×2년에 사용하지 않아서 근로자별로 지급할 금액이 확정된 날인 20×2. 12. 31.이 속하는 사업연도의 손금으로 한다(서면2팀-2646, 2004. 12. 16.). 예를 들어, 근로자가 근로기준법에 의한 연차휴가일에 근로를 제공함에 따라 통상임금에 가산하여 지급하는 연차수당을 매년 12. 31.을 기준일로 하여 계산하고 다음연도 1월에 지급하는 경우에 연차수당에 대한 손금귀속시기는 그 기준일(12. 31.)이 속하는 사업연도로 한다(법인 46012-3223, 1996. 11. 20., 법인 46012-3071, 1997. 11. 28.).

2) 「소득세법」상 연차수당의 근로소득 수입시기

근로기준법에 따른 연차유급휴가일에 근로를 제공한 경우의 연차수당의 수입시기는 소정의 근로일수를 개근한 연도의 다음연도가 되며, 그 지급대상기간이 2개 연도에 걸쳐 있는 경우에는 그 지급대상 연도별로 안분하여 해당 연차수당의 근로소득 수입시기를 판단한다(소집 24-49-3).

퇴직할 때까지 지급받지 못한 수당에 대한 근로소득의 귀속연도는 조건이 성취되어 개인별 지급액이 확정되는 연도로 한다(서면1팀-357, 2008. 3. 19.).

〈기본자료〉

① ㈜한국에 20×1년에 종업원 A는 근로기준법에 따라 20×1년의 근무분에 대하여 20×1. 12. 31.에 15일의 연차가 발생하였고, 이 중 12일을 사용할 것으로 예상된다. 종업원 A의 20×2년의 총급여액은 50,000,000원, 1일 통상임금은 200,000원이다.

② 20×2년에 A는 법정근무일수를 근무하고 20×1년에 발생한 연차 15일 중 12일을 사용하였다. 그리고 20×2년의 근무분에 대하여 15일의 연차가 발생하였으며, 이 중 13일을 사용할 것으로 예상된다. 종업원 A의 20×3년의 총급여액은 54,000,000원으로 예상되며, 1일 통상임금은 216,000원이다.

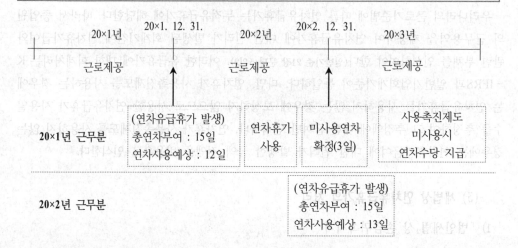

3) 연차휴가사용촉진제도를 사용하는 경우의 연차휴가급여에 대한 회계처리와 세무조정

회사가 연차휴가사용촉진제도를 사용하는 경우에는 종업원이 연차휴가를 사용하지 않는 경우에 미사용연차에 대한 연차수당지급의무가 면제되므로, 다음 사업연도에 사용할 것으로 예상되는 연차휴가분을 합리적으로 추정하여 비용과 부채를 인식한다.

① 연차휴가급여에 대한 회계처리와 세무조정

구 분	결산상 회계처리	세무조정
20×1년 말 연차휴가급여 인식	(차) 급 여 2,400,000[*1] (대) 미지급금 2,400,000	<손금불산입> 미지급금 2,400,000(유보)
20×2년에 전기에 인식한 연차휴가급여 수정회계처리	(차) 미지급금 2,400,000[*2] (대) 급 여 2,400,000	<손금산입> 미지급금 2,400,000(△유보)
20×2년 말 연차휴가급여 인식	(차) 급 여 2,808,000[*3] (대) 미지급금 2,808,000	<손금불산입> 미지급금 2,808,000(유보)

*1 연차휴가급여 = 사용 예상 유급휴가일수 × (20×2년 통상임금)
      = 12일 × 200,000
      = 2,400,000
*2 20×2년의 급여 중 2,400,000원은 20×1년에 발생한 연차휴가급여 과대계상분을 제거하기 위하여 20×1년의

연차휴가급여의 분개를 취소하였다.

*3 연차휴가급여 = 사용 예상 유급휴가일수 × (20×3년 통상임금)

           = 13일 × 216,000

           = 2,808,000

  ② 종업원 A의 20×2년의 「소득세법」상 근로소득 : 50,000,000원

4) 연차휴가촉진제도를 사용하지 않는 경우의 연차휴가급여에 대한 회계처리와 세무조정

회사가 연차휴가사용촉진제도를 사용하지 않는 경우에는 연차휴가의 사용에 관계없이 근로를 제공한 사업연도에 발생된 연차휴가급여를 전액 비용과 부채로 회계처리하여야 한다.

  ① 연차휴가급여에 대한 회계처리와 세무조정

구 분	결산상 회계처리	세무조정
20×1년 말 연차휴가급여 인식	(차) 급 여 3,000,000*1 (대) 미지급금 3,000,000	<손금불산입> 미지급금 3,000,000(유보)
20×2년에 전기에 인식한 연차휴가급여 수정회계처리	(차) 미지급금 3,000,000*2 (대) 급 여 3,000,000	<손금산입> 미지급금 3,000,000(△유보)
20×2년 말 미사용연차수당 인식	(차) 급 여 600,000*3 (대) 미지급금 600,000	–
20×2년 말 연차휴가급여 인식	(차) 급 여 3,240,000*4 (대) 미지급금 3,240,000	<손금불산입> 미지급금 3,240,000(유보)

*1 연차휴가급여 = 발생된 유급휴가일수 × (20×2년 통상임금)

           = 15일 × 200,000

           = 3,000,000

*2 20×2년의 급여 중 3,000,000원은 20×1년에 발생한 연차휴가급여 과대계상분을 제거하기 위하여 20×1년의 연차휴가급여의 분개를 취소하였다.

*3 연차휴가급여 = 미사용 휴가일수 × (20×2년 통상임금)

           = 3일 × 200,000

           = 600,000

  20×2년에 연차유급휴가일에 근로를 제공한 것에 대한 대가이므로 20×2년도분의 급여이다.

*4 연차휴가급여 = 발생된 유급휴가일수 × (20×3년 통상임금)

           = 15일 × 216,000

           = 3,240,000

  ② 종업원 A의 20×2년의 「소득세법」상 근로소득

급여 50,000,000원 + 20×2. 12. 31. 기준일에 확정된 연차수당 600,000원 = 50,600,000원

10. 복리후생비

1. 개 요

기업발전의 요소로서 종업원의 근로의욕을 고취시키는 것은 기업경영상 빼놓을 수 없는 것이다. 따라서 기업에 있어서는 직원의 근로의욕을 높이기 위하여 여러 가지 시책을 강구하고 있는데, 그중에 하나로 복리후생시책을 들 수 있다.

세법상 임직원의 복리후생을 위하여 지급되는 금품은 원칙적으로 손금에 산입하지만, 그 지급의 내용, 즉 지급대상자, 지급의 정도 및 그 성격 등에 따라 손금에 산입되지 않는 것도 있다. 예컨대 대한건축사협회가 건축사들의 복지증진과 연금지급 등을 목적으로 수납하는 복지회비·연금회비를 건축사가 속한 법인이 부담하는 경우에는 각 사업연도 소득금액 계산상 손금불산입하고 건축사에 대한 상여로 처분한다(법인 22601-2018, 1991. 10. 24.). 또한 법인이 그 임직원을 위하여 지출한 복리후생비 중 「법인세법 시행령」 제45조 제1항에 열거된 복리후생비를 제외하고는 당해 법인의 손금에 산입할 수 없다(법인 46012-1815, 2000. 8. 25.).

2. 복리후생비의 범위

법인이 그 임직원을 위하여 지출한 복리후생비 중 다음의 어느 하나에 해당하는 비용 외의 비용은 손금에 산입하지 아니한다. 이 경우 직원에 「파견근로자보호 등에 관한 법률」 제2조에 따른 파견근로자를 포함한다(법령 §45①).

(1) 직장체육비

임직원의 직장체육비는 세법상 복리후생비로 하여 손금으로 인정한다(법령 §45①(1)). 따라서 직원의 복리후생을 위한 사내운동부 유지비용도 복리후생비에 해당한다(법인 22601-903, 1987. 4. 14.).

그리고 법인이 직원의 복지후생조직인 등산회, 낚시회 등 직원 단체에 복리후생을 위하여 지출한 금액은 당해 금액이 모든 직원의 복리후생증진 목적으로 「법인세법 시행령」 제45조 제1항 각호에 준하는 복리후생비로 사용된 금액에 한하여 법인의 각 사업연도의 소득금액을 계산할 때 손금으로 인정한다(법인 22601-511, 1988. 2. 22., 법인 22601-1865, 1992. 9. 1.).

(2) 직장문화비

사내에서 부서별 노래자랑 등 직장문화비에 해당하는 금액을 지급한 경우 이를 손금산입한다(법령 §45①(2)).

(3) 직장회식비

직장회식비는 복리후생비에 해당한다. 예를 들어, 법인이 영업사원 등의 복리후생이나 판매활성화를 위하여 영업전략회의 후 사기진작을 위한 송년회식을 하는 경우 부서별로 일정금액을 정하여 소속직원의 회식비 등으로 사용하기 위해 지출하는 경우 사회통념상 적정하다고 인정되는 금액을 복리후생비로 본다(서면2팀-2744, 2004. 12. 27.).

(4) 우리사주조합의 운영비

복리후생비 중 우리사주조합의 운영비는 세법상 손금으로 인정한다(법령 §45①(3)). 이 경우 조합원에게 지급하는 장려금은 손금으로 인정되지만, 동 금액은 근로소득으로 하여 원천징수하여야 한다(법인 22601-1744, 1991. 9. 11.).

(5) 사용자로서 부담하는 사회보험료

임직원에 대한 「국민건강보험법」, 「노인장기요양보험법」 및 「고용보험법」에 의하여 사용자로서 부담하는 보험료[3]는 손금으로 인정한다(법령 §45①(5)).[4] 법인이 「국민건강보험법」 제74조 및 같은법 시행령 제34조 제1항에 따라 국민건강보험공단의 고지에 의하여 납부하는 보험료 중 사용자가 부담하는 금액도 포함한다(서면2팀-1625, 2006. 8. 28.).

(6) 영유아보육법에 따라 설치된 직장어린이집의 운영비

직원의 자녀를 위하여 지급한 「영유아보육법」에 따라 설치한 직장어린이집의 운영비는 손금산입한다(법령 §45①(6)).

(7) 그 밖의 복리후생비

내국법인이 임직원에게 사회통념상 타당하다고 인정되는 범위 안에서 지급하는 경조사비 등 위 "(1)" 내지 "(6)"의 비용과 유사한 비용은 복리후생비로 보아 손금에 산입한다.

---

[3] 직원이 부담하여야 할 의료보험료를 당해 법인이 부담한 경우에는 이를 손금산입하며, 해당 직원의 급여로 본다(법인 1264.21-57, 1985. 1. 10.).

[4] 직원의 사고에 의하여 지급한 보상비 중 「산업재해보상보험법」에 따라 보상받을 수 있는 금액을 법인이 지급하는 경우 손비로 처리할 수 없다(법인 22601-948, 1987. 4. 16.).

3. 복리후생비 관련 사례

(1) 손금산입 대상 복리후생비 사례

구 분	내 용
종업원에게 무상지급하기 위한 올림픽대회 입장권의 구입비용	내국법인이 종업원들에게 무상지급하기 위해 올림픽대회 입장권을 구입하고 지출하는 손금에 산입할 수 있다(서면-2017-법인-3286 [법인세과-3384], 2017. 12. 11.).
임직원에 대한 경조사비	사회통념상 타당하다고 인정되는 범위 안에서 지급하는 임원(출자임원 포함)이나 직원에게 지급하는 경조비는 손금으로 인정한다. 여기서 "사회통념상 타당하다고 인정되는 범위"란 경조사비 지급규정, 경조사 내용, 법인의 지급능력, 종업원의 직위·연봉 등을 종합적으로 감안하여 판단한다(서이 46012-11058, 2003. 5. 27.).
체육시설 등록비용	사회통념상 타당한 범위 내에서 법인이 부담하는 직원들의 체육시설 등록비용은 손금에 산입한다(법인-614, 2011. 8. 25.).
임직원의 순직 관련 장례비 및 위로금	임직원의 순직과 관련하여 지급하는 장례비나 위로금 등으로서 사회통념상 타당하다고 인정되는 범위 안의 금액은 세법상 복리후생비로 하여 손금에 산입한다. 또한, 관계회사로 전출한 임직원이 당해 법인과 전입법인의 업무 수행과정에서 얻은 질병을 원인으로 사망하여 그 유족에게 지급하는 위로금의 경우 당해 법인이 부담해야 할 금액이 객관적으로 합리적인 기준에 따라 분배된 것으로서 사회통념상 적정하다고 인정되는 범위 내의 경우에는 이를 손금에 산입한다(서이 46012-11959, 2002. 10. 28.). 「법인세법」 제19조 제2항에 따라 내국법인이 임원(지배주주 등인 임원 포함)의 순직과 관련하여 지급하는 장례비나 위로금 등으로서 사회통념상 타당하다고 인정되는 범위 내의 금액은 손금에 산입할 수 있다. 이 경우 "사회통념상 타당하다고 인정되는 범위"는 정관, 유족보상금 지급규정, 유족보상 내용, 법인의 지급능력, 지배주주인 임원 등의 직위·연봉 등을 종합적으로 감안하여 사실 판단할 사항이다.
직원의 장례행사를 위한 상조상품 가입비용	직원의 장례행사에 제공하기 위하여 상조회사의 상조상품에 가입함에 있어 사회통념상 타당하다고 인정되는 범위 안에서 법인이 부담한 대금은 해당 상품이 직원의 장례행사에 제공된 날이 속하는 사업연도의 손금에 산입한다(법인-555, 2011. 8. 5.).
건강검진비용	「건강검진관련 법률」 등에 따라 모든 임직원에 대하여 건강검진을 실시하는 데 따른 비용은 손금으로 인정되나 이를 임직원의 근로소득에는 해당하지 아니한다. 이 경우 직원은 기본검진을, 임원은 종합검진을 하는 등 직원이나 임원에 대하여 검진내용에 차별을 두고 실시하는 경우로서 발생하는 비용 차액이 임원의 근로소득에 해당하는지 여부는 관련 법률규정 등의 검진범위, 검진내용 및 비용의 차액 등 건전한 사회통념 등을 감안하여 사실 판단하여야 한다(서면2팀-921, 2005. 6. 27.).

구 분	내 용
노조전임자에게 지급하는 복리후생비	노조전임자에게 지급하는 복리후생비가 종업원의 후생복지차원에서 일반 무급 휴직자에게 일률적으로 지급되는 것으로서 경조사비 등 「법인세법 시행령」에서 인정하고 있는 복리후생비에 해당하는 경우 손금에 산입한다(법인－1038, 2011. 12. 28.). 그러나 내국법인이 노조전임자에게 지급하는 것으로서 복리후생비 또 는 그 명칭여하에 불구하고 그 실질이 사실상 급여성 경비에 해당하는 경우에는 「법인세법 시행령」 제50조 제1항 제5호에 따른 업무와 관련 없는 지출로 본다 (법규과－1694, 2011. 12. 20.).

(2) 손금불산입 대상 복리후생비 사례

구 분	내 용
열거되지 않은 복리후생비	법인이 그 임직원을 위하여 지출한 복리후생비 중 「법인세법 시행령」 제45조 제1항 각호의 1에 규정하는 비용 외의 비용은 이를 손금에 산입하지 아니한다 (서면인터넷방문상담2팀－426, 2008. 3. 11.).
복리후생을 위한 골프경비 부담액	법인이 임직원의 복리후생을 위하여 지출하는 비용은 손금으로 보나, 특정 임원 들 간의 경영관리 회의와 단합 및 사기증진을 위해 골프장 이용료로 지출한 비 용은 건전한 사회통념과 상관행에 비추어 정상적인 법인의 지출로 인정할 수 없으므로 법인의 손금에 산입할 수 없는 것이며, 이와 관련된 지출비용은 해당 임원의 상여로 처분한다(서면2팀－1251, 2005. 8. 3.).

(3) 변액연금보험료의 세무처리

법인이 임원(대표이사 포함) 또는 종업원을 피보험자로 하는 보험에 가입하고 변액연금 보험료 등을 납입한 경우에는 다음과 같이 처리한다(서면인터넷방문상담2팀－1631, 2006. 8. 28.).

① 법인이 수익자인 경우 : 법인이 피보험자를 임원(대표이사 포함) 또는 종업원으로, 수익 자를 법인으로 하여 보장성보험과 저축성보험에 가입한 경우 법인이 납입한 보험료 중 만기환급금에 상당하는 보험료상당액은 자산으로 계상하고 기타의 부분은 이를 보험기 간의 경과에 따라 손금에 산입한다. 이 경우 납입한 보험료는 피보험자인 임원 및 종업 원의 근로소득으로 볼 수 없다(재법인－306, 2015. 4. 20.). 그러나 퇴직기한이 정해지지 않 아 퇴직시점을 예상할 수 없는 임원(대표이사 포함)을 피보험자로, 법인을 계약자와 수 익자로 하는 보장성보험에 가입하여 사전에 해지환급금을 산정할 수 없는 경우, 법인이 납입한 보험료 중 만기환급금에 상당하는 보험료 상당액은 자산으로 계상하고, 기타의 부분은 이를 보험기간의 경과에 따라 손금에 산입한다.

② 임원과 종업원이 보험수익자인 경우 : 임원이 수익자인 경우 법인이 납입한 보험료 중 「법인세법 시행령」 제43조의 규정에 따라 정관, 주주총회 또는 이사회 결의에 의해 결정 된 급여지급기준을 초과하는 금액은 손금불산입하여 상여처분한다. 그러나 종업원이 수 익자인 경우 법인이 납입한 보험료는 종업원의 급여로 보아 손금에 산입한다.

11. 임직원이 아닌 지배주주의 여비교통비 및 교육훈련비

1. 여비교통비

(1) 개 요

법인이 임원 또는 직원에게 지급하는 여비교통비가 업무와 관련된 경우에는 손금으로 본다. 다만, 법인이 임원 또는 직원이 아닌 지배주주 등(「법인세법 시행령」 제43조 제8항에 따른 특수관계에 있는 자 포함)에게 지급한 여비는 이를 손금에 산입하지 아니한다(법령 §46). 이와 같이 지배주주에 지급한 금액을 손금불산입하는 것은 임원 또는 직원이 아닌 지배주주는 회사의 업무를 수행하지 않으므로, 그들에게 지급한 여비는 배당금을 변칙적으로 처리한 것으로 보기 때문이다.

(2) 국내 여부의 손금산입

업무와 관련하여 임원이나 직원에게 지급하는 국내 여비교통비는 당해 법인의 업무 수행상 통상 필요하다고 인정되는 부분의 금액에 한하여 손금으로 인정하며, 초과하는 부분은 당해 임원이나 직원의 급여로 본다. 따라서 법인의 업무수행상 필요하다고 인정되는 범위 안에서 지급규정, 사규 등 합리적인 기준에 의하여 계산하고 거래증빙과 객관적인 자료에 의하여 지급사실을 입증하여야 한다. 다만, 사회통념상 부득이하다고 인정되는 범위 내의 비용과 당해 법인의 내부통제기능을 감안하여 인정할 수 있는 범위 내의 지급은 그러하지 아니한다(법집 19 - 19 - 14).

(3) 해외 여비의 손금산입

1) 해외여비의 손금산입기준

임원 또는 직원의 해외여행에 관련하여 지급하는 여비는 그 해외여행이 해당 법인의 업무수행상 통상 필요하다고 인정되는 부분의 금액에 한한다. 따라서 법인의 업무수행상 필요하다고 인정되지 아니하는 해외여행의 여비와 법인의 업무수행상 필요하다고 인정되는 금액을 초과하는 부분의 금액은 원칙적으로 해당 임원 또는 직원에 대한 급여로 한다. 다만, 그 해외여행이 여행기간의 거의 전 기간을 통하여 분명히 법인의 업무수행상 필요하다고 인정되는 것인 경우에는 그 해외여행을 위해 지급하는 여비는 사회통념상 합리적인 기준에 따라 계산하고 있는 등 부당하게 과다한 금액이 아니라고 인정되는 한 전액을 해당 법인의 손금으로 한다(법집 19 - 19 - 11 ①).

임원 또는 직원의 해외여행에 있어서 그 해외여행기간에 걸쳐 법인의 업무수행상 필요하다고 인정할 수 없는 여행을 겸한 때에는 그 해외여행에 관련하여 지급되는 여비를 법인의 업무수행상 필요하다고 인정되는 여행의 기간과 인정할 수 없는 여행의 기간과의 비율에 따라 안분하여 업무수행과 관련이 없는 여비는 이를 해당 임원 또는 직원에 대한 급여로 한다. 이 경우 해외여행의 직접 동기가 특정의 거래처와의 상담, 계약의 체결 등 업무수행을 위한 것인 때에는 그 해외여행을 기회로 관광을 병행한 경우에도 그 왕복교통비(해당 거래처의 주소지 등 그 업무를 수행하는 장소까지의 것에 한함)는 업무수행에 관련된 것으로 본다(법집 19-19-11 ②).

2) 업무수행상 필요한 해외 여부의 판정

임원 또는 직원의 해외여행이 법인의 업무수행상 필요한 것인가는 그 여행의 목적, 여행지, 여행기간 등을 참작하여 판정한다. 다만, 다음에 해당하는 여행은 원칙적으로 법인의 업무수행상 필요한 해외여행으로 보지 아니한다(법집 19-19-12 ①).

① 관광여행의 허가를 얻어 행하는 여행
② 여행알선업자 등이 행하는 단체여행에 응모하여 행하는 여행
③ 동업자단체, 기타 이에 준하는 단체가 주최하여 행하는 단체여행으로서 주로 관광목적이라고 인정되는 것

3) 해외여행 동반자의 여비처리

임원이 법인의 업무수행상 필요하다고 인정되는 해외여행에 그 친족 또는 그 업무에 상시 종사하고 있지 아니하는 자를 동반한 경우에 있어서 그 동반자와 관련된 여비를 법인이 부담하는 때의 그 여비는 그 임원에 대한 급여로 한다. 다만, 그 동반이 다음의 경우와 같이 분명히 그 해외여행의 목적을 달성하기 위하여 필요한 동반이라고 인정되는 때에는 그러하지 아니하다(법집 19-19-13).

① 그 임원이 항상 보좌를 필요로 하는 신체장애자이므로 동반하는 경우
② 국제회의의 참석 등에 배우자를 필수적으로 동반하도록 하는 경우
③ 그 여행의 목적을 수행하기 위하여 외국어에 능숙한 자 또는 고도의 전문적 지식을 지니는 자를 필요로 하는 경우에 그러한 적임자가 법인의 임원이나 직원 가운데 없기 때문에 임시로 위촉한 자를 동반하는 경우

(4) 여비교통비 관련 사례

구 분	내 용
거래증명서류가 없는 여비교통비	여비교통비는 거래증명서류와 객관적인 자료를 첨부하여야만 손금에 산입한다. 증명서류의 첨부가 불가능한 경우는 사회통념상 부득이하다고 인정되는 범위 내의 금액과 내부통제기능을 감안하여 인정할 수 있는 범위 내의 지급은 손비로 인정하나, 이에 해당하는지의 여부는 합리적인 기준에 의거 회사의 규모, 출장목적, 업무수행 여부 및 정도에 따라 사실판단할 사항이다(서면2팀-2632, 2006. 12. 20.).
사용인의 개인 신용카드로 사용한 출장여비	법인의 사용인이 자신의 신용카드를 사용하여 지출한 금액을 출장여비를 사후에 정산하여 지급하는 경우에 그 지출액이 당해 법인의 사업과 관련하여 지출된 것으로 확인되는 때에는 이를 손금에 산입할 수 있다(법인 46012-3630, 1999. 10. 4.).
숙박비, 교통비, 입장료를 여행사에게 지급한 경우의 증명서류 수취	법인이 여행사에게 여행알선용역 외에 대가를 지급함에 있어서 당해 용역의 대가에 해당하는 수수료 외에 숙박비, 교통비, 입장료 등 여행경비를 함께 지급한 후 여행경비를 여행사로 하여금 대신 지급하도록 한 경우 그 위탁지급한 여행경비는 「법인세법 시행령」 제158조 제2항 각호(적격증빙수취 제외대상을 말함)의 경우를 제외하고는 당해 법인이 실제 용역을 제공한 자로부터 증명서류를 받아야 한다(법인 46012-2268, 2000. 11. 16.).
임직원의 해외연수 비용	내국법인이 임직원의 해외연수에 소요된 비용(동반가족의 실비 변상적 여비 포함)을 지원할 경우 임직원의 해외연수가 법인의 사업 또는 수익과 직접 관련 있는 경우에는 손금에 산입한다(법인-1382, 2009. 12. 4.).
법인의 대표자가 개인사업체를 함께 운영하면서 지출한 해외출장 비용	복합운송 주선업을 영위하는 법인의 대표이사가 개인사업체로서 당해 법인의 업무와 밀접한 관계에 있는 무역업체를 운영함에 따라 동일한 출장기간 동안 해외에 출장하여 양사의 업무를 동시에 수행하는 경우, 대표자가 실제 지출한 출장비는 해외출장의 목적, 출장지, 출장경로, 출장기간 및 수령한 업무의 내용 등을 기준으로 구분하여 당해 법인 또는 개인사업체의 손비로 처리한다(법인 46012-2573, 1998. 9. 12.).
직원 채용을 위한 귀국항공료 및 이사비용	사용인으로 채용하기 위하여 해외거주자의 귀국항공료 및 이사비용을 법인이 부담하는 경우 사회통념상 적정하다고 인정되는 범위 내의 금액은 손금에 산입한다(법인 22601-694, 1988. 3. 10.).

2. 교육훈련비

(1) 임원 또는 직원에 대한 교육훈련비

법인이 업무와 관련하여 임원 또는 직원을 위하여 지출하는 교육훈련비는 손금으로 본다. 다만, 법인이 임원 또는 직원이 아닌 지배주주 등(「법인세법 시행령」 제43조 제8항에 따른 특수관계에 있는 자 포함)에게 지급한 교육훈련비는 이를 손금에 산입하지 아니한다(법령 §46).

(2) 직업훈련비

1) 자체기능공 확보를 위해 부담하는 훈련경비 등의 경우

「근로자직업능력개발법」에 따른 직업능력개발훈련을 실시하는 법인이 자체기능공의 확보를 위하여 부담하는 교재, 피복, 필기도구 등 훈련경비와 훈련수당 등은 이를 손금에 산입한다. 이 경우 훈련수당 등의 명목으로 지급되는 현금 및 현물급여는 이를 지급받는 자의 근로소득으로 한다(법기통 19-19…26).

그러나 전문건설공제조합이 조합원(출자자)인 건설업자의 교육훈련에 필요한 비용을 동 조합이 부담한 경우 이를 손금불산입한다(법인 46012-2013, 1993. 7. 7.).

2) 고용관계 없는 판매원에게 판매촉진 등을 위해 지급한 교육훈련비 등

법인이 판매촉진 등을 위하여 고용관계없이 판매실적에 따라 대가를 받는 독립된 자격의 판매원을 대상으로 교육훈련·회의 등을 개최하면서 교육훈련·회의 등에 참가하는 판매원의 교통비, 식비, 숙박비 등을 지출하는 경우로서 동 교육훈련·회의 등이 당해 법인의 필요에 의하여 실시하는 것이며, 그 비용이 사회통념상 판매원에게 부담시킬 수 없는 성격의 것으로 일반적으로 타당하다고 인정되는 범위인 경우에는 이를 당해 법인의 손금에 산입할 수 있다(법인 46012-3277, 1999. 8. 20.).

3) 연수원에 가입하는 잔여재산 분배권 있는 사원가입비

금융업을 영위하는 법인이 사원들의 교육훈련을 목적으로 해산시 잔여재산 분배권을 가지고 있는 사단법인에 사원으로 가입하고 납부하는 가입비는 당해 법인의 순자산을 감소시키는 거래에서 생긴 손비의 금액이 아니므로 이를 손금에 산입할 수 없다(법인 46012-3380, 1995. 8. 29.).

12. 공동경비 과다부담액

1. 개 요

법인이 다른 자와 공동으로 사업을 하거나 구매·광고선전을 함께하는 경우에 공동경비가 발생한다. 모회사와 자회사가 대내외적인 업무를 효율적으로 수행하기 위해서 그룹사 전체를 통합하는 그룹웨어시스템을 구축하는 경우의 구축비용도 공동경비에 해당한다(법인법규 2012-282, 2012. 7. 30.).

공동경비를 자의적으로 배분하면 조세부담을 회피할 수 있으므로 「법인세법」은 공동경비 배분기준을 정하고 있다(법령 §48①, 법칙 §25). 공동경비 중 배분기준을 초과하여 부담한 금액은 손금으로 인정하지 아니하며, 손금불산입되는 동 추가지급액은 다른 법인의 손금에 추가로 산입되지 아니한다(법인-534, 2010. 6. 10.).

2. 공동경비 배분기준

법인이 해당 법인 외의 자와 동일한 조직 또는 사업 등을 공동으로 운영하거나 영위함에 따라 발생되거나 지출된 손비 중 다음 기준에 따른 분담금액을 초과하는 금액은 해당 법인의 소득금액을 계산할 때 이를 손금에 산입하지 아니한다(법령 §48①).

(1) 출자공동사업인 경우

출자에 의하여 특정사업을 공동으로 영위하는 경우에는 특수관계 여부에 관계 없이 출자총액 중 당해 법인이 출자한 금액의 비율에 의하여 분담해야 한다(법령 §48①(1)).

(2) 출자공동사업 외의 경우

출자공동사업 외의 경우로서 해당 조직·사업 등에 관련되는 모든 법인 등이 지출하는 비용에 대하여는 다음에 따른 기준에 의하여 분담한다(법령 §48①(2)).

1) 비출자공동사업자 사이에 특수관계가 있는 경우

비출자공동사업자 사이에 「법인세법 시행령」 제2조 제5항 각호의 어느 하나의 관계(특수관계)가 있는 경우에는 직전 사업연도 또는 해당 사업연도의 매출액 총액과 총자산가액(한 공동사업자가 다른 공동사업자의 지분을 보유하고 있는 경우 그 주식의 장부가액은 제외한

다) 총액 중 법인이 선택하는 금액(선택하지 아니한 경우에는 직전 사업연도의 매출액 총액을 선택한 것으로 보며, 선택한 사업연도부터 연속하여 5개 사업연도 동안 적용하여야 한다)에서 해당 법인의 매출액(총자산가액 총액을 선택한 경우에는 총자산가액을 말한다)이 차지하는 비율에 의한다.

이 경우 매출액 및 총자산가액은 기업회계기준에 따른 매출액(중단사업의 매출액을 포함하며 「자본시장과 금융투자업에 관한 법률」에 따른 집합투자업자, 투자매매업자 또는 투자중개업자의 경우에는 「법인세법 시행령」 제42조【기업업무추진비의 수입금액 계산기준 등】제1항 제1호 및 제2호에 따라 산정한 금액으로 할 수 있다) 및 총자산가액으로 한다(법령 §48①(2)가, 법칙 §25①). 다만, 공동행사비 및 공동구매비 등 다음의 손비에 대하여는 다음 기준에 따를 수 있다(법칙 §25②).

① 공동행사비 등 참석인원의 수에 비례하여 지출되는 손비 : 참석인원비율
② 공동구매비 등 구매금액에 비례하여 지출되는 손비 : 구매금액비율
③ 공동광고선전비
   ㉮ 국외 공동광고선전비 : 수출금액(대행수출금액은 제외하며, 특정 제품에 대한 광고선전의 경우에는 해당 제품의 수출금액을 말한다)
   ㉯ 국내 공동광고선전비 : 기업회계기준에 따른 매출액 중 국내의 매출액(특정 제품에 대한 광고선전의 경우에는 해당 제품의 매출액을 말하며, 주로 최종 소비자용 재화나 용역을 공급하는 법인의 경우에는 그 매출액의 2배에 상당하는 금액 이하로 할 수 있다)
   이 경우 내국신용장 및 구매승인서에 의하여 재화를 수출하면서 발생하는 매출액은 수출액이 아니고 국내의 매출액에 해당한다(서면2팀-2528, 2006. 12. 8.).
④ 무형자산의 공동사용료 : 해당 사업연도 개시일의 기업회계기준에 따른 자본의 총합계액. 무형자산 공동사용료의 배분기준인 자본합계액을 종전에는 직전 사업연도 종료일의 자본합계액으로 하였으나, 신설법인은 직전 사업연도가 없는 점을 고려하여 2019. 3. 20. 법인세법 시행규칙 개정시 직전 사업연도 종료일을 해당 사업연도 개시일로 변경하였다.

2) 비출자공동사업자 사이에 특수관계가 없는 경우

비출자공동사업자 사이의 약정에 따른 분담비율에 의하되, 해당 비율이 없는 경우에는 "1)"의 비율에 따른다(법령 §48①(2)나).

● 공동경비 배분기준 ●

구 분			공동경비 배분기준	
출자공동사업자의 공동사업비용			출자비율	
비출자 공동사업자	특수관계인 경우		전기매출, 당기매출, 전기자산총액, 당기자산총액 비율 중 선택. 다만, 다음의 공동비용에 대하여는 아래 배분기준에 따를 수 있음.	
			구 분	배분기준
			공동행사비 등 참석인원수에 비례 하는 비용	참석인원비율
			공동구매비 등 구매금액에 비례하 는 비용	구매금액비율
		공동광고선전비	국외 공동광고 선전비	수출액비율(대행수출금액 제외, 특 정 제품에 대한 광고선전비는 해 당 제품의 수출금액)
			국내 공동광고 선전비	국내 매출액비율(특정 제품에 대 한 광고선전비는 해당 제품의 매 출액, 주로 최종소비자용 재화나 용역을 공급하는 법인은 그 매출 액의 2배 이하로 할 수 있음)
		무형자산의 공동사용료		해당 사업연도 개시일의 기업회계 기준에 따른 자본의 총합계액
	특수관계가 아닌 경우		약정한 분담비율로 하되, 그 비율이 없는 경우에는 특수관계인 경 우의 배분기준에 의함.	

3. 공동광고선전비를 분담하지 아니할 수 있는 경우

다음에 해당하는 법인의 경우에는 공동광고선전비를 분담하지 아니하는 것으로 할 수 있다(법칙 §25④).

① 해당 공동광고선전에 관련되는 자의 직전 사업연도의 매출액 총액에서 해당 법인의 매출액이 차지하는 비율이 1%에 미달하는 법인

② 해당 법인의 직전 사업연도의 매출액에서 해당 법인의 광고선전비(공동광고선전비를 제외한다)가 차지하는 비율이 0.1%에 미달하는 법인

③ 직전 사업연도 종료일 현재 청산절차가 개시되었거나 「독점규제 및 공정거래에 관한 법률」에 의한 기업집단에서의 분리절차가 개시되는 등 공동광고의 효과가 미치지 아니한다고 인정되는 법인

■ 사례 » **공동경비**

㈜갑은 제21기 사업연도(20×1. 1. 1.~20×1. 12. 31.)에 ㈜을과 다음과 같이 공동사업 및 공동구매를 사용하고 공동경비를 부담하였다. 다음 자료를 참고로 요구사항에 답하시오.

(1) ㈜갑과 ㈜을은 출자에 의한 공동사업을 하고 있으며, 출자비율은 4 : 6이다. 공동사업의 비용은 20,000,000원으로 ㈜갑은 약정에 따른 분담비율로 10,000,000원의 공동사업비용을 부담하였다.

(2) ㈜갑과 ㈜을은 공동구매를 하고, 공동구매비 30,000,000원을 약정한 분담비율에 따라 25,000,000원을 부담하였다. ㈜갑과 ㈜을의 구매금액비율은 5 : 5이다.

구 분	매출액		총자산가액*	
	전기	당기	전기	당기
㈜갑	105억원	150억원	55억원	72억원
㈜을	45억원	50억원	45억원	48억원
합 계	150억원	200억원	100억원	120억원

* ㈜갑은 ㈜을의 주식을 소유하고 있으며, ㈜갑이 소유하고 있는 ㈜을의 주식의 장부가액은 총자산가액에서 제외하였다.

다음 두 가지 상황으로 구분하여 ㈜갑의 제21기 사업연도의 공동경비에 대하여 세무조정을 하시오. 다만, 제20기까지는 공동경비가 발생하지 않았으며, 선택가능한 방법이 있는 경우에는 제21기 사업연도의 조세부담을 최소화하는 방법을 선택할 것.

[상황 1] ㈜갑과 ㈜을이 특수관계가 아닌 경우
[상황 2] ㈜갑과 ㈜을이 특수관계인 경우

■ 해답 ■

1. ㈜갑과 ㈜을이 특수관계가 아닌 경우
   (1) 출자공동사업비용
      10,000,000 −(20,000,000 × 40%) = 2,000,000(손금불산입, 기타사외유출)
   (2) 그 밖의 공동경비 : 세무조정 없음
      특수관계가 아닌 자인 경우에 공동경비는 약정에 따른 분담비율이 있으면 그 비율에 따른 부담액을 적정한 것으로 인정한다. 다만, 출자에 의한 공동사업의 비용은 출자비율에 따라 부담하여야 하므로 출자공동사업비용에 대하여만 세무조정을 하였다.
2. ㈜갑과 ㈜을이 특수관계인 경우
   (1) 출자공동사업비용
      10,000,000 −(20,000,000 × 40%) = 2,000,000(손금불산입, 기타사외유출)
   (2) 공동구매비
      25,000,000 − Max[30,000,000 × 75%*] = 2,500,000(손금불산입, 기타사외유출)
   * 전기 매출액비율(70%), 당기매출액(75%), 전기총자산가액비율(55%), 당기총자산가액비율(60%), 구매금액비율(50%) 중 ㈜갑에게 가장 유리한 것은 당기 매출액비율인 75%이다.

4. 실무사례

(1) 사업구조 변경시 등의 경우 공동경비 배분기준

구 분	내 용
사업구조변경시 공동경비를 사업구조 변경전과 변경후의 기간의 매출액 비율로 배부할 수 있는지 여부	내국법인이 특수관계인인 다른 내국법인과 인력 및 사무실을 공동으로 사용하면서 발생한 비용을 「법인세법 시행령」 제48조 제1항 제2호 가목에 따라 해당 사업연도의 매출액 비율로 배부하던 중 사업구조의 변경으로 해당 내국법인의 매출액이 현저히 감소한 경우 사업구조를 변경한 사업연도에 발생하는 공동경비는 사업구조 변경 전 기간과 변경 후 기간으로 사업연도를 나누어 배부 될 수 없고 연간 매출액을 기준으로 배부되어야 하는 것임(서면-2019-법령해석법인-0285, 2019. 7. 16.).
분할법인 및 분할신설법인의 직전 사업연도의 매출액	법인이 분할하는 경우 분할등기일 이후 분할법인 및 분할신설법인의 직전 사업연도의 매출액은 분할법인 및 분할신설법인 각각의 사업부문에 해당하는 매출액으로 한다. 이 경우 분할등기일이 속하는 사업연도의 다음 사업연도의 분할신설법인의 직전 사업연도 매출액은 분할 전 분할사업부문의 매출액을 포함하여 계산한다(법집 26-48-2).
합병법인의 직전 사업연도의 매출액	공동광고선전비를 비출자공동사업자 사이에 직전 사업연도 매출액 비율로 분담하면서 비출자공동사업자 간 합병한 경우 합병법인의 직전 사업연도의 매출액은 피합병법인의 매출액을 포함하는 것으로, 피합병법인의 직전 사업연도 매출액이 공동광고선전에 관련되는 법인의 직전 사업연도 매출액 총액의 1%에 미달하더라도 피합병법인의 직전 사업연도 매출액을 포함하여 계산하는 것이며, 비출자공동사업자 간 일부 사업부문을 양도·양수한 경우 양수한 법인의 직전 사업연도의 매출액은 양수받은 사업부문의 직전 사업연도 매출액을 포함하여 계산한다(법인-91, 2010. 1. 29.).
	법인이 합병하는 경우 합병법인의 '직전 사업연도의 매출액'은 합병등기일이 속하는 사업연도의 합병법인과 피합병법인의 기업회계기준에 의하여 계산한 매출액의 합계액으로 한다(서면2팀-1961, 2007. 10. 31.).
사업양수법인의 직전 사업연도 매출액	해당 법인 간에 직전 사업연도에 양수도한 공동광고선전 관련 사업부분의 직전 사업연도 매출액은 사업양수법인의 직전 사업연도 매출액에 포함한다(서면2팀-1366, 2007. 7. 24.).
개인기업의 법인전환시 법인의 직전 사업연도 매출액	개인사업자에서 포괄적 사업양수도의 방식으로 법인전환된 내국법인이 법인전환일이 속하는 사업연도의 다음 사업연도에 발생한 공동광고선전비를 직전 사업연도 매출액 비율로 분담하는 경우, 해당 내국법인의 '직전 사업연도 매출액'에는 개인사업자의 직전 사업연도 매출액을 포함한다(서면법규-1198, 2013. 10. 31.).

(2) 공동광고선전비, 통합플랫폼 관련 국내광고선전비

구 분	내 용
공동경비의 분담기준으로 통합플랫폼을 통해 실행된 각 사의 매출액을 사용할 수 있는지 여부	내국법인이 자동차금융 경쟁력 강화를 위해 특수관계에 있는 다른 내국법인들과 자동차금융 관련 통합플랫폼을 구축하여 비출자공동사업을 영위하는 경우 비출자공동사업과 관련된 모든 법인들이 통합플랫폼과 관련하여 공동으로 부담하는 공동경비는 「법인세법 시행령」 제48조 제1항 제2호 가목에 따라 직전 사업연도 또는 해당 사업연도의 매출액 총액과 총자산가액 총액 중 법인이 선택하는 금액에서 해당법인의 매출액(총자산가액 총액을 선택한 경우에는 총자산가액)이 차지하는 비율로 안분하는 것임. 다만, 통합플랫폼 관련 국내 공동광고선전비는 같은 법 시행규칙 제25조 제2항 제3호 나목 괄호 안의 규정에 따라 해당 통합플랫폼을 통해 실행된 매출액을 기준으로 분담할 수 있는 것임(사전-2020-법령해석법인-0905 [법령해석과-900], 2021. 3. 17.).
통합 온라인몰 운영·홍보 등 공동경비	내국법인이 특수관계에 있는 다른 내국법인들과 함께 통합 온라인몰을 구축하여 비출자공동사업을 영위하는 경우 비출자공동사업과 관련된 모든 법인들이 통합 온라인몰 운영·홍보 등을 위해 공동으로 부담하는 비용은 「법인세법 시행령」 제48조에 따른 공동경비에 해당하는 것이며, 상기 공동경비의 분담율을 직전 사업연도 또는 해당 사업연도의 매출액 총액에서 해당 법인의 매출액이 차지하는 비율로 선택한 경우 해당 매출액은 같은 법 시행규칙 제25조 제1항에 따라 기업회계기준에 따른 매출액을 적용하는 것임. 다만, 통합 온라인몰의 매출이 「법인세법 시행규칙」 제25조 제2항 제3호 나목에 따른 특정 제품의 매출에 해당하는 경우 통합 온라인몰의 국내 공동광고선전비는 해당 온라인몰의 매출액을 기준으로 분담할 수 있는 것임(서면-2019-법령해석법인-2804, 2020. 3. 12.).
제조업체가 판매업체와 공동으로 광고선전을 하는 경우 또는 판매업체들이 공동광고 선전을 하는 경우 공동광고선전비의 분담	제품을 판매하는 법인들이 그 판매활동과 관련하여 제조회사와는 별개로 독립적인 공동광고를 하고 그 비용을 분담하기로 한 경우에는 제조회사가 그 비용을 반드시 분담하여야 하는 것은 아님. 이 경우 광고선전비가 판매법인들 간의 독립적인 광고선전활동으로 인하여 발생한 것인지 또는 실질적으로 제조법인을 포함한 공동광고행위로 인한 것인지 여부는 광고주, 실제 광고내용, 제조회사와 판매회사 간의 물품공급단가계약 및 광고선전비에 대한 특약 등 실제 거래내용에 따라 사실판단할 사항임(법인-681, 2009. 6. 5., 법인46012-1939, 2000. 9. 19.).
그룹 명의의 이미지 광고, 경영전략 및 사회봉사활동 홍보 광고비의 분담	금융그룹(금융지주회사 및 계열사)의 계열사로 편입된 은행(이하 "은행"이라 함)이 계열사 편입사실을 한국거래소의 공시시스템에 공시하였으나 상호로서 그 금융그룹의 계열사로 인지할 수 있도록 은행명을 변경하지 아니한 상태에서 금융지주회사가 그룹 명의의 이미지 광고, 경영전략 및 사회봉사활동 홍보 등을 주된 내용으로 하는 공동광고를 시행하고 그 비용을 「법인세법 시행령」 제48조 제1항에 따라 각 계열사에 배분한 경우 배분된 분담금액을 지출한 은행은 그 지출 비용을 해당 사업연도의 손금에 산입함(법인법규 2012-335, 2012. 10. 10.).

구 분	내 용
브랜드 사용 비용의 공동광고선전비 해당 여부	「독점거래 및 공정거래에 관한 법률」에 따라 설립한 지주회사가 자신이 보유한 상표권 관련 브랜드를 자회사의 제품광고에 사용하도록 약정하고 자회사로부터 매출액의 일정 비율에 해당하는 금액을 브랜드사용료로 지급받는 경우 자회사가 해당 브랜드를 사용하여 지출한 광고비용은 지주회사와 자회사의 공동광고선전비에 해당하지 아니함(법인법규 2012-55, 2012. 5. 1.).
스포츠구단 지원금이 공동경비인지 여부	내국법인이 사전약정에 따라 결손금 보전을 목적으로 자회사인 스포츠구단에 지급하는 지원금은 결손금 범위 내에서 광고선전비로 처리하는 것이며, 해당 광고선전비는 「법인세법 시행령」 제48조에 따른 공동경비에 해당함(사전-2018-법령해석법인-0443, 2018. 12. 17.).
국외지역에서의 제품 브랜드 광고선전비의 배분 여부	제품을 제조하는 법인이 특수관계인인 판매법인이 소재하는 국외 지역에서 제품 브랜드에 대한 광고선전을 하는 경우 해당 법인과 판매법인 간 광고선전비의 배분 여부 등은 해당 브랜드의 광고효과, 제품 공급단가에 광고선전비 상당액 포함 여부, 광고선전비 배분 등에 대한 특약, 다른 판매법인과의 제품 공급계약내용 등을 종합하여 사실판단할 사항임(법인-588, 2009. 5. 18.).

(3) CI 및 BI 개발비, 그룹경영기획실 운영비, 공동조직 운영비

구 분	내 용
CI 및 BI 개발에 소요되는 공동경비의 분담	내국법인이 특수관계에 있는 법인과 공동으로 CI(Corporate Identity) 및 BI(Brand Identity)를 개발하는 경우, 해당 CI 및 BI 개발에 소요되는 공동경비는 「법인세법 시행령」 제48조 제1항 제2호 가목에 따라 직전 사업연도 또는 해당 사업연도의 매출액 총액과 총자산가액 총액 중 법인이 선택하는 금액에서 해당법인의 매출액(총자산가액 총액을 선택한 경우에는 총자산가액)이 차지하는 비율로 안분함(서면-2016-법령해석법인-4673 [법령해석과-2980], 2017. 10. 23.).
그룹 경영기획실 운영경비의 분담	법인이 운영하여 왔던 경영기획실 또는 구조조정본부는 그룹내 관계회사들의 업무를 조정하고 지원하는 업무를 수행한 것이며, 구조조정본부의 업무내용이 기존 경영기획실의 업무내용과 본질적으로 달라진 것이 아니므로 경영기획실의 운영에 소요된 이 경비는 그룹의 공동경비에 해당함(대법원 2012두16305, 2012. 11. 29.).
특수관계인 두 법인의 업무를 공동으로 수행하는 부서의 인건비를 매출액과 매출처수의 평균비율로 안분계산한 것의 적법 여부	「법인세법」 제26조 및 쟁점조항에 의하면, 특수관계가 있는 비출자공동사업자의 공동경비 중 '매출액' 비율(직전 사업연도 매출액 총액에서 해당 법인의 매출액이 차지하는 비율)에 해당하는 분담금액을 초과하는 금액을 손금불산입한다고 규정하고 있을 뿐, '매출처수' 비율 또는 약정에 따른 분담비율을 분담금액 계산의 기준으로 한다는 문언은 없는 점, 2008. 2. 22. 대통령령 제20619호로 일부개정된 「법인세법 시행령」의 쟁점조항에서 특수관계 없는 비출자공동사업자의 경우에만 약정에 따른 분담비율을 공동경비 분담금액 계산의 기준으로 할 수 있도록 한 것은 조세회피가 발생할 가능성이 크지 아니하기 때문인 점 등에 비추어 이 건과 같이 특수관계가 있는 비출자공동사업자의 공동경비는 '매출액' 비율만으로 그 분담금액을 계산하는 것이 타당함(조심 2017부 0072, 2017. 8. 22.).

13. 업무와 직접 관련 없는 경비

1. 개 요

업무무관비용은 사업과 관련 없는 지출로서 재무구조를 부실화시키고, 조세수입을 감소시키므로 손금불산입한다. 업무무관비용은 다음과 같다(법령 §50). "법인의 업무"란, 영리법인의 경우 정관상의 사업목적에 따라 영리를 추구하는 일체의 행동을 말하는 것으로서 법규에 반하지 아니하고 선량한 풍속을 해치지 않는 이상, 그 종류와 양태에 어떤 제한이 있는 것은 아니며, 업무와의 관련 정도도 구체적 자산에 따라 개별적으로 판단하여야 한다(국심 93부 749, 1993. 6. 22.).

2. 업무무관비용의 범위

(1) 업무무관자산을 취득·관리함으로써 발생하는 비용

해당 법인의 업무와 직접 관련이 없다고 인정되는 자산을 취득·관리함으로써 생기는 비용, 유지비, 수선비 및 이와 관련되는 비용은 손금에 산입하지 아니한다(법법 §27(1), 법령 §49③). 이 규정은, 업무무관자산의 취득 자체를 부인하기 위한 것은 아니며, 업무무관자산을 취득·관리함으로써 발생하는 비용을 부인하기 위한 것이다(국심 76서 391, 1976. 6. 1.). 따라서 업무무관자산의 수선유지비·관리비·세금과 공과금 등의 비용은 손금으로 보지 아니하나, 업무무관자산의 취득가액과 자본적 지출은 자산의 취득가액이므로 처분시 손금으로 공제한다. 업무무관자산의 감가상각비는 손금불산입하여 유보로 처분한다.

업무무관자산을 감가상각하면 장부가액이 감소하여 양도시 처분이익이 과대표시되므로 양도시 유보를 손금산입한다.

◉ 업무무관자산에 대한 세무상 처리방법 ◉

구분		취득단계	보유단계	처분단계
지출		• 취득가액, 취득세 등 취득부대비용 → 자산의 취득가액(처분시 손금으로 공제)	• 수선비, 관리비, 재산세 등 → 업무무관비용 • 감가상각비 → 손금불산입(유보)* * 양도시 추인	–
수입		–	–	양도가액 → 익금

업무무관자산의 처분손실을 손금으로 인정하는 이유

> 업무무관비용 손금불산입 규정은 업무무관자산의 보유와 관련된 비용을 손금불산입함으로써
> 업무무관자산을 매각하도록 유도하기 위한 것이므로, 업무무관자산의 처분손실은 손금으로
> 인정한다. 순액법으로는 처분손실이 손금이고, 총액법으로는 양도가액은 익금이고, 양도자산
> 의 장부가액은 손금이다.

(2) 타인이 주로 사용한 건물 등의 유지·관리비

해당 법인이 직접 사용하지 아니하고 다른 사람(비출자 임원, 소액주주 임원은 제외한다)
이 주로 사용하고 있는 장소·건축물·물건 등의 유지비·관리비·사용료와 이에 관련되는
지출금은 업무와 직접 관련없는 경비로 본다.

다만, 법인이 「대·중소기업 상생협력 촉진에 관한 법률」 제35조에 따른 사업을 중소기
업(제조업을 영위하는 자에 한한다)에게 이양하기 위하여 무상으로 해당 중소기업에 대여하
는 생산설비와 관련된 지출금 등은 제외한다(법령 §50①(1)).

(3) 업무무관자산의 취득을 위한 차입비용

업무무관자산을 취득하기 위하여 지출한 자금의 차입과 관련되는 비용은 손금으로 보지
아니한다(법령 §50①(3)).

(4) 출자자나 출연자인 임원 등이 사용하는 사택의 유지·관리비

임직원에게 제공한 사택의 유지비는 복리후생비이므로 손금으로 보나, 출자임원(그 친족
을 포함하나, 소액주주임원 제외)에게 제공한 사택의 유지비는 손금으로 보지 아니한다.[5]
소액주주란 지분율이 1% 미만인 주주를 말하나, 지배주주와 특수관계인은 제외한다(법령
§50①(2)).

구 분	사택유지비
출자임원	손금불산입
비출자임원(소액주주임원 포함)	손금산입
직원	손금산입

---

[5] 사택 또는 합숙소를 제공받음으로써 얻는 이익은 근로소득에서 제외되는 것이나, 해당 근로소득자의 생활과 관련된 사적비
용(냉난방비, 전기·수도·가스·전화요금 등)으로 지출되는 금액은 근로소득에 해당된다(서이 46012 – 10770, 2003. 4. 14.,
법인 46012 – 3960, 1995. 10. 24.).

■ 사례 » **사택유지비**

A법인이 사택유지비를 복리후생비로 회계처리한 경우 세무조정

구 분	지분율	사택유지비	세무조정
임원 A	1%	100	<손금불산입> 사택유지비 100 (상여)
임원 B	0.8%	200 →	―*
직원 C	2%	100	―*

* 임원 A는 대주주, 임원 B는 소액주주이다. 대주주임원의 사택유지비는 손금불산입항목이다.

(5) 뇌 물

법인이 공여한 형법 또는 「국제상거래에 있어서 외국공무원에 대한 뇌물방지법」에 따른 뇌물에 해당하는 금전 및 금전 외의 자산과 경제적 이익의 합계액은 업무와 직접 관련 없는 경비로 본다(법령 §50①(4)).

(6) 「노동조합 및 노동관계조정법」 제24조 제2항 및 제4항을 위반하여 지급하는 급여

「노동조합 및 노동관계조정법」 제24조 제2항 및 제4항을 위반하여 지급하는 급여는 업무와 직접 관련없는 경비로 본다(법령 §50①(5)). 이 경우 동 급여는 근로소득이 아니라 기타소득으로 과세한다(소령 §41⑩).

그러나 종업원의 후생복지차원에서 일반 무급휴직자에게도 일률적으로 지급되는 것으로서 「법인세법 시행령」 제45조 제1항 각호에서 규정한 복리후생비를 노조전임자에게 지급하는 경우에는 이를 손금산입한다. 다만, 내국법인이 노조전임자에게 지급하는 것으로서 복리후생비 또는 그 명칭여하에 불구하고 그 실질이 사실상 급여성 경비에 해당하는 경우에는 「법인세법 시행령」 제50조 제1항 제5호가 적용된다(법인-1038, 2011. 12. 28., 법규과-1694, 2011. 12. 20.).

3. 업무무관비용 관련 사례

① 해외현지법인의 금융차입을 위한 지급보증료 : 내국법인과 특수관계인인 해외현지법인이 현지은행으로부터 자금차입을 위하여, 국내은행으로부터 내국법인이 보증료를 납부하고 발급받은 지급보증서를 담보로 제출하는 경우 내국법인이 부담한 지급보증료는 손금에 산입할 수 없다(국심 2002서 3177, 2003. 4. 28., 법인 46012-3217, 1998. 10. 31.). 왜냐하면, 해외현지법인에 대한 대여금을 국내은행의 지급보증으로 외국은행에서 차입함에

따라 국내은행에 지급한 지급보증료는 해외현지법인이 부담할 비용이기 때문이다. 국내 모법인이 해외자회사에게 지급보증을 제공하고 그 대가를 받지 아니한 경우에는 그 정상대가 상당액을 「국제조세조정에 관한 법률」에 따라 모법인에 익금산입한다(국제세원-261, 2010. 5. 28., 서면2팀-135, 2006. 1. 17.).

② 법인이 사업의 포괄양수도 계약에 의한 사업양수시 승계받지 아니한 채무를 법원의 판결에 따라 대신 부담한 경우 해당 법인이 대신 부담한 채무상당액(법인 46012-2234, 1993. 7. 27.)의 경우 동 채무상당액을 손금불산입(유보)하였다가 구상권을 행사하여 회수한 경우 이를 익금불산입(△유보)한다.

③ 법인이 법원의 경락[6]에 의하여 부동산을 취득함에 있어 경락 전 임차인의 임차보증금을 주택임대차보호법에 의한 변제의무없이 지급한 금액(법인 46012-1224, 1995. 5. 4.)과 법인이 채무자의 담보 부동산 경매와 관련해 사전약정에 의해 응찰자가 최저입찰가격 이상으로 입찰해 경락받고 납부한 금액 중 약정금액을 초과하는 배당금액을 응찰자에게 반환하는 경우, 동 반환금(서이 46012-10730, 2002. 4. 4.)

④ 법인의 임원이 법인의 업무와 직접 관련이 없는 정치문제 등에 대하여 사적 견해를 밝히는 광고행위를 한 경우 법인명과 로고를 함께 표시한 경우에 그 비용(법인 46012-2988, 1998. 10. 13.)

⑤ 대표이사 개인명의의 골프회원권을 취득·소요한 금액을 부담하고 법인의 자산으로 계상한 경우, 그 회원권 사용이 그 명의인에 전속되고 주로 개인적 용도로 사용되는 경우 그 유지·관리 비용(법인 46012-3409, 1998. 11. 10.)

⑥ 대물변제로 취득한 스포츠회원권이 특정인에게 전속되어 사용되는 등 업무에 직접 사용하지 아니한 경우 그 취득·관리·유지비(법인 46012-418, 1999. 2. 1.)

⑦ 해외모법인에 지급한 경영자문수수료가 직접적인 용역제공의 대가로 볼 수 없고, 본·지점 간의 비용배분에 해당하지 않는 경우(감심사 2000-348, 2000. 12. 27.) 및 국내자회사가 해외특수관계 회사에 지급한 경영자문료가 그 산정방법 및 국내원천소득 발생관련성이 불분명한 경우(국심 2002서 1979, 2002. 11. 6.)

⑧ 개인의 특허권을 법인이 독점 사용하던 중 제3자의 특허권 침해로 인해 소송당사자를 동 특허권자로 하는 소송시 법인이 부담하는 소송비용(서이 46012-10083, 2001. 9. 3.)

⑨ 특수관계 있는 법인에 지급보증한 보증채무를 임의로 대위변제한 경우(국심 2002서 2182, 2002. 11. 4.)

⑩ 헬스 등 운동설비운영업을 종전사업자로부터 승계받지 않고 신규로 사업개시한 법인이 기존회원들의 입회보증금을 반환한 경우(국심 2002서 3666, 2003. 5. 13.)

⑪ 「독점규제 및 공정거래에 관한 법률」상 지주회사 요건인 자회사 주식의 합계액이 자산

---

6) 경락받은 골프장의 경락 전 회원들의 반환의무없는 골프장 입회금은 영업권 또는 경락받은 해당 사업연도의 손금으로 계상할 수 없다(서이 46012-10446, 2001. 10. 31.).

의 50%를 넘지 아니하게 하려고 매사업연도 말 금융회사로부터 자금을 차입하여 자산을 증가시킴에 따라 발생한 이자비용은 통상적인 영업활동 비용으로 볼 수 없다(조심 2013중 4366, 2013. 12. 19.).

⑫ 법인이 업무와 관련 없이 주주의 개인적인 경영권 분쟁 등과 관련하여 부담한 소송비용 (서면법인-664, 2015. 8. 26.)

4. 업무와 직접 관련있는 경비로 보는 내용

(1) 금융회사 등이 저당권 실행으로 취득·보유한 자산의 제경비

「법인세법 시행령」제61조 제2항 각호에서 규정하는 금융회사 등이 저당권의 실행으로 취득하여 보유하고 있는 자산에 대한 재산세·보험료 및 숙직비는 업무에 관련이 없는 비용으로 보지 않는다.

(2) 기술도입계약에 의한 외국인 기술자의 생활용품 유지비용

기술도입계약에 의한 현지 지도를 위하여 체재 중인 외국인 기술자의 국내체류에 필요한 생활용품(가구, TV, 냉장고 등)을 기술도입기업이 취득한 후 그 생활용품을 기술도입계약의 내용에 따라 외국인 기술자에게 무상으로 제공하였을 경우 동 자산의 유지관리비는 업무와 직접 관련있는 경비로 본다(외인 22601-1650, 1986. 5. 21.).

(3) 임원이 사용하고 있는 사택을 주로 회의개최 용도로 사용한 경우

회사소유의 아파트에 임원이 입주하여 사택으로 사용하는 한편, 중요한 회의개최, 외국고객과 행사 등 대내외 업무를 수행하고 있는 경우에 발생하는 아파트 관리·유지비(전기료, 수도료, 난방비 등)는 실질귀속에 따라 해당 법인 또는 임원이 부담하여야 하므로 그 아파트가 주로 회사의 업무수행을 위하여 사용하는 경우 또는 그 아파트의 사용인이 비출자임원인 경우 법인이 부담하는 관리·유지비는 업무와 직접 관련있는 경비로 본다(법인 22601-1864, 1986. 6. 7.).

(4) 골프장 주업법인이 정관 및 법인등기부상 축산업을 겸업한 경우

골프장업을 주업으로 영위하고 있다 하더라도 정관 및 법인등기부에 축산업도 사업목적으로 나타나고 있고, 해당 사슴으로부터 채취된 녹용의 판매수입금액으로 보아 그 자체로도 상당한 수익성이 있는 경우 동 사슴과 관련한 비용은 업무와 직접 관련있는 경비로 본다(국심 90중 90, 1990. 3. 26.).

(5) 임대수입이 없는 임대자산에 대한 감가상각비

기계장치를 해외현지법인에게 임대하였더라도 임대료를 수취한 사실이 없고 동 기계장치를 이용하여 생산한 제품을 전량 해당 법인에게 납품한 것이 확인되지 아니하므로, 감가상각비는 해당 법인의 손금에 해당하지 아니한다(국심 2005서 2324, 2006. 1. 4.).

(6) 그 밖의 업무와 직접 관련있는 경비로 보는 내용

예규통첩 및 판례에서 업무와 직접 관련있는 경비로 보는 실무상 내용을 살펴보면 다음과 같다.

① 리스자산을 법인이 업무형편상 당초 취득목적에 사용하지 않고, 타법인에게 이를 임대한 경우 동 자산의 유지비(국심 85서 2088, 1985. 3. 19.)

② 법인명의 골프회원권이 1구좌 2인용으로 하나는 사장명의로 다른 하나는 상무명의로 각각 발행하여 고객접대에 이용한 경우(국심 광주 94-180, 1994. 7. 1.)

③ 법인이 비출자임원에게 사택제공시 임대자의 임대규정에 의해 해당 임원명의로 임차·제공함으로써 지출하는 비용(법인 46012-2959, 1998. 10. 12.)

④ 대표이사 개인명의로 취득한 차량이나 법인의 자산으로 계상하고 법인의 업무에 사용된 경우 그 구입 및 유지비(국심 소득 99-751, 2000. 1. 7.)

⑤ 법인이 자기소유의 생산설비 등을 해외현지법인에 임대하고 임대료를 수입하는 경우 당해 생산설비 등은 업무무관자산으로 보지 아니한다(법인 46012-1054, 2000. 4. 27.).

⑥ 보험업을 영위하는 법인이 당해 법인의 보험만을 취급하는 모든 대리점에 대하여 보험업감독업무시행세칙 및 공시된 대리점관리규정에 의하여 대리점의 전산망설비, 집기비품 등의 자산을 무상사용토록 제공하는 경우로서 동 자산의 무상제공내용이 건전한 사회통념과 상관행에 비추어 정상적인 거래라고 인정되는 경우에는 동 자산의 감가상각비를 당해 법인의 손금에 산입하는 등 동 자산은 업무무관자산에 해당되지 아니한다(서이 46012-11195, 2002. 6. 12.).

⑦ 부산광역시 도시개발공사가 영구임대주택관리규정에 따라 관리비의 일부를 보전하는 경우 동 임대주택관리비 상당액(법인 46012-369, 2000. 2. 9.)

⑧ 내국법인 갑이 해외법인의 채권을 매입하는 형식을 통해 특수관계법인인 을에게 자금을 대여한 것으로 보는 경우라도 채권의 매입과정에서 발생한 수수료(국심 2003서 2712, 2003. 12. 29.)

⑨ 국내자회사의 임직원이 해외 모법인으로부터 부여받은 주식매수선택권을 행사함에 따라 해외 모법인에 발생한 비율을 국내자회사가 부담하는 경우(서면2팀-1294, 2004. 6. 22.)

⑩ 선급임차료를 제공하고 임원에게 제공한 사택에 대해 임원이 퇴직하여 잔여임차기간 동안 계속 사택에 거주하는 경우 잔여기간의 미회수 임차료 기간경과(서면2팀-2194, 2004.

10. 29.)

⑪ 법인의 대표자로서의 경영정상화를 위한 경영상 판단행위는 해당 법인의 업무수행과 밀접하게 관련된 행위로서 그 행위에 고의나 중과실이 없는 경우(국심 2007서 351, 2007. 7. 5.)

⑫ 모회사의 임차료를 대신 지급하였더라도 해당 사업장에서 이사회 개최 등 법인의 업무를 수행한 경우(조심 2008서 2810, 2008. 10. 27.)

⑬ 사옥신축을 목적으로 취득한 토지 및 건물을 사옥신축 전에 임대하고 임대료를 수입하는 경우 비업무용 부동산으로 볼 수 없는 관련 유지관리비(조심 2008서 3197, 2010. 2. 5.)

⑭ 공동피고인 중 1인이 단독으로 변호사를 수임하여 소송에 대응한 경우라도 그 소송의 결과가 공동피고 모두에게 미친다면 자기지분에 해당하는 수임료만 손금산입하고, 그 결과가 변호사를 수임한 해당 법인에게만 미친다면 수임료 전액을 손금산입한다(서면법규-1524, 2012. 12. 24.).

(7) 업무무관자산의 처분손실

업무와 관련 없는 자산의 관리비 손금불산입규정은 업무와 관련 없는 자산의 취득 자체를 부인하는 것이 아니고 취득·관리함으로써 발생하는 관리비를 손금불산입하는 것이며, 이 관리비에 업무와 관련 없는 자산의 매각손까지 포함하는 것은 아니다. 따라서 업무와 관련 없는 자산도 법인소유자산이고 그 매각차손은 순자산을 감소시키는 거래로 인하여 발생하는 손금이므로, 이를 각 사업연도의 소득금액을 계산할 때 손금산입한다(국심 76서 391, 1976. 6. 1.).

14. 업무용승용차 관련비용의 손금불산입

1. 입법취지

승용차를 회사 명의로 구입하거나 임차하여 자녀의 통학 등 사적 용도로 사용하면서 승용차의 감가상각비나 임차료는 물론 유지비와 관리비를 비용으로 회계처리하는 경우 사업과 관련 없는 비용이므로 손금불산입하여야 한다. 그러나 종전에는 업무용승용차 관련 규정이 없어서 과세당국이 승용차를 사적인 용도로 사용하였는지를 적발하기 어려웠고, 업무에 일부만 사용한 경우에도 과세기준이 없어서 업무용승용차 관련비용이 전액 손금에 산입되었다. 고가의 승용차일수록 손금산입액이 커져서 세금감소액이 많아지므로 업무용승용차에 대한 입법미비는 법인이나 개인사업자가 고가의 차량을 구매하는 요인이 되었다.

임직원이 법인 명의의 승용차를 사적인 용도로 사용하는 것을 막기 위하여 2015년 말 「법인세법」에 업무용승용차와 관련된 규정을 신설하여 2016. 1. 1. 이후 개시하는 사업연도부터 적용하도록 하였다.

2. 「법인세법」상 업무용승용차 관련비용에 대한 규제

업무용승용차 관련 규정은 각 사업연도 소득금액 계산상 업무용승용차 관련비용을 손금에 산입하는 모든 법인이 적용대상이며, 그 구체적인 내용은 다음과 같다.

① 영리내국법인 : 무조건 대상(법법 §27의2)

② 비영리내국법인 : 수익사업소득 계산시 업무용승용차 관련비용을 손금에 산입하는 경우 대상(법법 §3③)

③ 외국법인 : 국내원천소득 계산시 업무용승용차 관련비용을 손금에 산입하는 경우 대상 (법법 §92①)

「법인세법」상 업무용승용차에 대한 규정은 업무용승용차 관련비용을 각 사업연도 소득금액을 계산할 때 손금산입하는 법인을 대상으로 한다. 영리내국법인은 당연히 이 규정의 적용대상이다. 비영리내국법인이 수익사업에서 사용하는 업무용승용차는 관련비용을 수익사업에서 손금에 산입하므로 적용대상이나, 비수익사업의 업무용승용차는 관련비용을 손금에 산입하지 않으므로 적용대상이 아니다.

외국법인의 국내사업장에서 사용하는 업무용승용차도 이 규정의 적용대상인가? 업무용승용차 규정에 내국법인이라고 규정되어 있으므로 외국법인은 대상이 아니라는 견해도 있다.

그러나 외국법인의 업무용승용차를 규제대상에서 제외하면 외국법인의 임직원이 업무용승용차를 사적인 용도로 사용하여 세금을 탈루하는 것을 방치하는 것이 되고, 외국법인에 비하여 내국법인을 역차별하는 결과가 되기 때문에 외국법인이 국내원천소득 계산 시 관련비용을 손금에 산입하는 업무용승용차는 이 규정의 적용대상이라고 보아야 한다.

「법인세법」 제92조【국내원천소득 금액의 계산】에는 외국법인의 국내원천소득 금액은 내국법인의 규정을 준용하여 계산하도록 하고 있는데, 준용규정 중에 「법인세법」 제27조의2【업무용승용차 관련비용의 손금불산입 등 특례】규정도 포함되어 있으므로 외국법인의 업무용승용차도 이 규정의 적용대상이라고 해석해야 한다(**법법 §92①**).[7]

3. 업무용승용차의 범위

(1) 적용대상

업무용승용차란 법인이 취득하거나 임차(리스 포함)한 「개별소비세법」 제1조 제2항 제3호에 해당하는 승용자동차를 말한다(**법법 §27의2①**).

① 법인이 취득하거나 임차(리스 포함)한 승용차일 것. 종업원의 소유차량을 종업원이 직접 운전하여 사용자의 업무수행에 이용하고 시내출장 등에 소요된 실제여비를 받거나 당해 사업체의 규칙 등에 의하여 차량유지비를 받는 경우의 차량은 회사 소유가 아니므로 이 규정의 적용대상이 아니다.

② 개별소비세 과세대상 자동차일 것. 개별소비세 과세대상 자동차의 범위는 다음과 같다.

〈「개별소비세법」 제1조 제2항 제3호〉

① 「자동차관리법」 제3조의 구분기준에 따라 승용자동차로 구분되는 자동차(정원 8명 이하의 자동차로 한정하되, 배기량이 1,000cc 이하의 것으로서 길이가 3.6m 이하이고 폭이 1.6m 이하인 것은 제외한다)
② 「환경친화적 자동차의 개발 및 보급촉진에 관한 법률」 제2조 제3호 또는 제6호에 따른 전기자동차 또는 수소전기자동차로서 자동차관리법 제3조에 따른 구분기준에 따라 승용자동차로 구분되는 자동차(정원 8명 이하의 자동차로 한정하되, 길이가 3.6m 이하이고 폭이 1.6m 이하인 것은 제외한다)
③ 「자동차관리법」 제3조에 따른 구분기준에 따라 이륜자동차*로 구분되는 자동차(내연기관을 원동기로 하는 것은 그 총배기량이 125cc를 초과하는 것으로 한정하며, 내연기관 외의 것을 원동기로 하는 것은 그 정격출력이 12킬로와트를 초과하는 것으로 한정한다)
④ 「자동차관리법」 제29조 제3항에 따른 구분기준에 따라 캠핑용자동차*로 구분되는 자동차(캠핑용 트레일러 포함)
  * 이륜자동차와 캠핑용자동차는 승용자동차가 아니므로 업무용승용차 관련비용 손금불산입대상이 아닌 것으로 보인다.

---

7) 「법인세법」은 제92조 제1항에 제20조부터 제30조까지를 준용하도록 하고 있는데, 업무용승용차 관련비용의 손금불산입특례규정은 제27조의2이므로 제20조부터 제30조까지의 규정에 포함된다.

화물차, 경차, 승차정원 9인승 이상 승용차는 개별소비세 과세대상이 아니므로 이 규정의 적용대상이 아니다. 종전의 「개별소비세법」은 지프형 승용차는 승차정원에 관계없이 개별소비세를 과세하였으나, 지프형 승용차와 일반승용차 간의 차별을 없애기 위하여 2008. 1. 1.부터 지프형 승용차도 일반형 승용차와 동일하게 8인승 이하인 경우에만 개별소비세를 과세하도록 규정을 개정하였다. 그러나 국세청의 국세법령시스템에는 지프형 승용차는 9인승 이상인 경우에도 매입세액을 불공제한다는 종전의 예규가 삭제되지 않고 있으므로, 그 예규를 현재도 유효한 것으로 오해해서는 아니된다.

● 업무용 승용자동차 규정 적용대상 예시 ●

회사별	명 칭	차 종	정 원	경차 여부	업무용승용차 여부
현대	갤로퍼	승용	5, 6		○
	갤로퍼 – 밴	화물	2		×
	그레이스 – 미니버스	승용, 승합	9, 12		×
	그레이스 – 밴	화물	3, 6		×
	베라크루즈	승용	7		○
	산타모	승용	5, 6, 7		○
	산타모	승용	9		×
	산타페	승용	7		○
	스타렉스	승용	7		○
	스타렉스	승용	9		×
	스타렉스 – 밴	화물	6		×
	아토스	승용	4	경차	×
	테라칸	승용	7		○
	투싼, 투싼ix	승용	5		○
	트라제XG	승용	7		○
	트라제XG	승용	9		×
	포타	화물	3		×
	뉴클릭, 엑센트	승용	5		○
	i30, i30cw	승용	5		○
	아반떼	승용	5		○
	제네시스쿠페	승용	4		○
	NF쏘나타, YF소나타	승용	5		○
	그랜저, 제네시스	승용	5		○
	에쿠스	승용	4, 5		○

회사별	명 칭	차 종	정 원	경차 여부	업무용승용차 여부
현대	펠리세이드	승용	8		○
	테라칸	승용	7		○
	그랜드 스타렉스(왜건)	승합	9, 11		×
	그랜드 스타렉스(밴)	화물	3, 5		×
	e마이티, 트라고, 포터Ⅱ	화물	2~7		×
	베르나, 엑셀, 엘란트라, 쏘나타2, 마르샤, 제네시스, 그랜져, 다이너스티, 투스카니, 티뷰론, 스쿠프	승용	4, 5		○
기아	레토나, 록스타	승용	5		○
	레토나-밴, 모닝-밴	화물	2		×
	모닝	승용	5	경차	×
	모하비	승용	5		○
	비스토	승용	5	경차	×
	셀토스	승용	5		○
	쏘렌토	승용	5~7		○
	스팅어	승용	5		○
	스포티지	승용	5, 7		○
	스포티지-밴	화물	2		×
	오피러스	승용	5		○
	K3, K5, K7, K9	승용	5		○
	카니발, 카렌스	승용	7		○
	그랜드 카니발	승합	11		×
	카니발	승용	7		○
	카니발	승합	9		×
	카니발-밴	화물	6		×
	타우너-코치, 밴, 트럭	승용, 화물	7, 2	경차	×
	프레지오	승용, 승합	9, 12, 15		×
	프레지오-밴	화물	6		×
	프라이드, 리오, 쏘울, 포르테, 쎄라토, 스펙트라, 슈마, 로체, 옵티마, 크레도스, 엔터프라이즈	승용	5		○
쉐보레 (GM대우)	다마스-밴	화물	2	경차	×
	다마스-코치	승용	7	경차	×
	라보	화물	2	경차	×
	레조	승용	7		○

427

회사별	명 칭	차 종	정 원	경차 여부	업무용승용차 여부
쉐보레 (GM대우)	마티즈 크리에이티브	승용	5	경차	×
	마티즈 - 밴	화물	2	경차	×
	알페온	승용	5		○
	윈스톰	승용	5, 7		○
	젠트라X	승용	5		○
	라세티프리미어	승용	5		○
	말리부	승용	5		○
	이쿼녹스	승용	5		○
	티코	승용	5	경차	×
	젠트라, 칼로스, 라노스, 라세티, 누비라, 에스페로, 토스카, 매그너스, 레간자, 프린스, 슈퍼살롱, 브로엄, 베리타스, 스테이츠맨	승용	5		○
쌍용	렉스턴	승용	5, 7		○
	로디우스	승용, 승합	9, 11		×
	무쏘	승용	5		○
	무쏘 - 밴, 스포츠	화물	2, 5		×
	액티언	승용	5		○
	액티언 스포츠	화물	5		×
	이스타나	승합	11, 12, 14, 15		×
	이스타나 - 밴	화물	2, 6		×
	체어맨	승용	5		○
	카이런	승용	7		○
	코란도 - 밴	화물	3		×
	코란도(패밀리)	승용	4, 5, 6		○
	티볼리	승용	5		○
르노삼성	QM5, QM5	승용	5		○
	SM3, SM5, SM6, SM7	승용	5		○

(자료출처 : 2018 부가가치세 상담실무, 481~482쪽, 국세청)

(2) 제외대상

다음 중 어느 하나에 해당하는 승용자동차는 이 규정의 적용대상이 아니다(법령 §50의2①, 법칙 §27의2①).

① 「부가가치세법 시행령」 제19조에 해당하는 업종*에서 수익을 얻기 위하여 직접 사용하

는 승용자동차

* 승용차동차와 관련된 매입세액의 공제대상 업종인 운수업, 자동차판매업, 자동차임대업, 운전학원업, 기계경
  비업(출동차량에 한정한다) 및 이와 유사한 업종

② 여신전문금융업법에 따른 시설대여업에서 사업상 수익을 얻기 위하여 직접 사용하는 승
용자동차

③ 장례식장 및 장의 관련 서비스업을 영위하는 법인이 소유하거나 임차한 운구용 승용차

④ 「자동차관리법」 제27조 제1항 단서에 따라 국토교통부장관의 임시운행허가를 받은 자율
주행자동차

4. 업무용승용차에 대한 강제상각

종전에 「법인세법」에서는 업무용승용차의 감가상각방법은 정률법과 정액법 중 선택하도
록 하고, 내용연수는 [별표 5]의 구분 1에 따라 기준내용연수를 5년(내용연수범위 : 4년~6
년)으로 하고, 임의상각제도를 채택하였다. 따라서 업무용승용차에 대하여 상각범위액 이내
에서 원하는 금액을 결산서에 계상하면 이를 그대로 인정하여 과소상각액에 대한 세무조정
을 하지 않았다.

그러나 2016. 1. 1. 이후 개시하는 사업연도에 취득하는 업무용승용차에 대하여는 감가상
각제도를 전면 개편하여 감가상각방법은 정액법, 내용연수는 5년으로 하고, 강제상각제도로
전환하였다. 따라서 업무용승용차에 대하여 상각범위액까지 반드시 감가상각비를 손금에
산입하여야 하며, 결산상 감가상각비를 과소계상하면 그 과소계상액을 손금에 산입하여야
한다(법령 §50의2②).

이와 같이 2016. 1. 1. 이후 개시한 사업연도에 취득하는 업무용승용차의 감가상각비를
획일적으로 손금산입하도록 한 것은 업무용승용차의 감가상각비를 상각범위액 이내에서 임
의로 계상하도록 할 경우 감가상각비를 조절함으로써 업무용승용차 관련비용을 1천만원 이
하로 만들어서 운행일지 작성의무를 회피할 수 있기 때문이다.

◉ 업무용승용차의 감가상각제도 비교 ◉

구 분	2015. 12. 31. 이전에 개시한 사업연도에 취득한 업무용승용차	2016. 1. 1. 이후 개시한 사업연도에 취득한 업무용승용차
감가상각방법	정률법과 정액법 중 선택	정액법
내용연수	내용연수 범위인 4년부터 6년까지의 연수 중 선택. 선택하지 않으면 기준내 용연수 5년 적용	5년

구 분		2015. 12. 31. 이전에 개시한 사업연도에 취득한 업무용승용차	2016. 1. 1. 이후 개시한 사업연도에 취득한 업무용승용차
감가상각제도		임의상각제도	강제상각제도
세무조정	과대상각	손금불산입	손금불산입
	과소상각	세무조정 없음	손금산입

5. 업무용승용차의 업무무관 비용의 손금불산입

5-1. 업무용승용차 관련비용의 범위

업무용승용차 관련비용이란 법인이 업무용승용차를 취득하거나 임차함에 따라 해당 사업연도에 발생한 감가상각비(손금에 산입하여야 하는 감가상각비를 말한다), 임차료, 유류비, 보험료, 수선비, 자동차세, 통행료 및 금융리스부채에 대한 이자비용 등 업무용승용차의 취득·유지를 위하여 지출한 모든 비용을 말한다(**법령 §50의2②**). 그러나 내국법인이 외부업체로부터 업무용승용차의 운전기사를 제공받고 지급하는 용역대가는 업무용승용차 관련비용에 포함되지 아니한다(**사전법령법인-539, 2016. 11. 21.**).

5-2. 업무용승용차 관련비용의 손금산입 요건

(1) 업무전용자동차보험 가입의무

1) 업무전용자동차보험

법인이 업무용승용차에 대하여 해당 사업연도 전체 기간(임차한 승용차는 해당 사업연도 중에 임차한 기간) 동안 업무전용자동차보험에 가입하여야 한다. 업무전용자동차보험이란 다음 중 어느 하나에 해당하는 사람이 운전한 경우만 보상하는 자동차보험을 말한다(**법령 §50의2④(2), 법칙 §27의2②**).

① 해당 법인의 임원 또는 직원
② 계약에 따라 해당 법인의 업무를 위하여 운전하는 사람[8)
③ 해당 법인의 운전자 채용을 위한 면접에 응시한 지원자

임차한 승용차의 임차계약기간이 30일 이내인 경우(해당 사업연도에 임차계약기간의 합

---

8) 내국법인(이하 'A법인')이 지방자치단체에서 발주한 용역 건에 대하여 공동도급 회사(이하 'B법인')와 함께 용역을 제공하고 있는 경우로서 A법인이 임차한 렌트카를 A법인과 B법인의 직원들이 함께 사용하는 경우, B법인의 직원들은 「법인세법 시행령」 제50조의2 제4항 제1호 나목에 따른 "계약에 따라 해당 법인(A법인)의 업무를 위하여 운전하는 사람"에 해당하지 않는 것임(서면-2020-법령해석법인-1654 [법령해석과-1679], 2020. 6. 4.).

이 30일을 초과하는 경우 제외)로서 법인의 임직원 또는 계약에 따라 법인의 업무를 위하여 운전하는 사람을 운전자로 한정하는 임대차 특약을 체결한 경우에는 업무전용자동차보험에 가입한 것으로 본다(법령 §50의2⑧).

2) 일부기간만 가입한 경우에 대한 특례

실무에서 보면, 업무용승용차에 대하여 업무전용자동차보험에 가입을 늦게 하는 사례가 있다. 처음에 「법인세법」에 업무용승용차 관련 규정을 신설할 때에는 업무전용자동차보험에 가입해야 하는 기간 중 단 하루라도 가입하지 않으면 해당 사업연도의 업무용승용차 관련비용을 전액 손금불산입하도록 하였다.

그러나 이 제도가 처음 시행되어 이 규정을 미처 알지 못해서 뒤늦게 업무전용자동차보험에 가입하는 사례가 있었다. 그런 경우에 업무용승용차 관련비용을 전액 손금불산입하는 것은 너무 가혹하다는 비판이 있어서 정부는 2016. 1. 1. 이후 최초로 개시하는 사업연도에 한하여 의무가입기간 중 일부기간만 업무전용자동차보험에 가입한 경우에는 가입일수에 비례하여 업무용승용차 관련비용을 업무사용으로 인정하는 제도를 추가로 도입하였다.

그러나 2017년도에도 유사 사례가 발생하고 아직 제도 도입 초기인 점을 고려하여 정부는 2017년 이후에도 그 규정을 계속 유지하도록 「법인세법 시행령」을 개정하였다. 업무전용자동차보험에 가입해야 하는 기간 중 일부기간만 업무전용자동차보험에 가입한 경우에는 다음 계산식에 따라 일할계산하여 업무사용금액을 구하여야 한다(법령 §50의2⑨).

$$\text{업무용승용차 관련비용} \times \text{업무사용비율} \times \frac{\text{해당 사업연도에 실제로 업무전용자동차보험에 가입한 일수}}{\text{해당 사업연도에 업무전용자동차보험에 의무적으로 가입하여야 할 일수}}$$

□ 업무전용자동차보험으로 소급하여 가입한 것이 적법한지 여부

A법인은 2016. 4. 1. 이후 최초 차량의 보험계약 갱신시 운전자를 임직원 등으로 한정하는 업무전용자동차보험에 가입하지 못하였다. 그후 보험회사에서 업무전용자동차보험에 가입하지 못한 것을 보험회사 측의 실수로 인정하여 보험계약기간 종료 이후 소급하여 업무전용자동차보험에 가입한 것으로 처리하였다. 국세청은 이를 업무전용자동차보험에 가입하지 않은 것으로 보아 업무용 승용차 관련비용을 손금불산입하여 상여로 처분하였다. 이에 A법인은 조세심판원에 심판청구를 하였으나 기각되어(조심 2019서 1935, 2019. 9. 9.), 행정소송을 제기하였다.

서울행정법원에서는 다음과 같이 손금불산입부분에 대해서는 국가가 승소하였으나 소득처분에 대해서는 국가가 패소하였고, 2024. 5. 1. 현재 2심 재판이 진행 중에 있다.

〈서울행정법원 2019구합 89067, 2020. 8. 18.〉

업무전용자동차보험에 가입하지 아니한 경우 업무용승용차관련비용 전액을 손금불산입대상에 해

당하나, 이 사건 ① 운행일지에는 2016, 2017 사업연도를 기준으로 하는 차량의 사용자, 사용목적, 사용일자, 출발지, 도착지, 주행거리, 업무용 주행거리 등이 수기로 상세하게 기재되어 있는데, 이에 의하면 차량은 원고의 직원이 대표자를 위하여 업무용으로 운행한 차량으로 보이는 점, ② 운행일지는 차량의 하이패스 출입기록과 상당 부분 일치하고 있고, 그 구체성, 작성 시기 및 작성 방식 등에 비추어 신뢰할 수 있는 점, ③ 원고는 당초 차량에 대하여 임직원 한정 운전 특약을 조건으로 자동차보험에 가입하고자 하였으나 보험회사 측의 과실로 특약 조건이 누락되었던 점 등을 종합하면 이 사건 차량은 원고의 업무와 관련한 용도로 운행되었다고 봄이 상당하다. 따라서 업무용승용차가 실질적으로는 원고를 위하여 사용되었다 할 것이므로, 이를 사외에 유출된 것이라고 볼 수 없고, 이 사건의 비용이 사외에 유출되었음을 전제로 하는 소득금액 변동통지는 위법하므로 취소되어야 한다.

(2) 법인업무용 자동차번호판 부착의무 `24 신설`

국토교통부장관이 정하는 바에 따라 법인업무용 자동차번호판을 부착하여야 하는 업무용승용차가 해당 자동차번호판을 부착하지 않은 경우에는 업무용승용차 관련 비용을 전액 손금불산입한다(법령 §50의2④(1)).

`개정` 업무용승용차 손금산입 시 전용번호판 부착요건 추가(법령 §50의2)

종 전	개 정
☐ 업무용승용차 손금산입 요건 　○ 업무전용보험가입 ＜추 가＞	☐ 손금산입 요건 강화 　○ (좌 동) 　○ 법인업무용 전용번호판 부착* 　　* 국토부장관이 정하는 기준에 따라 부착의 　　무대상 차량인 경우('24. 1. 1. 시행)

<개정이유> 법인 업무용승용차의 사적 이용 방지
<적용시기> '24. 1. 1.이 속하는 사업연도 분부터 적용

국토교통부 고시 제2023-954호(2023년 12월 28일 국토교통부장관)
〈자동차 등록번호판 등의 기준에 관한 고시〉

제1조의2(정의)

5. 법인업무용 자동차 : 다음 각 목에 해당하는 승용자동차

나. 비사업용 승용자동차로서 「자동차관리법」 제7조에 따라 자동차등록원부에 기재된 자동차 소유자가 법인인 취득가액 8,000만원 이상의 승용자동차(다만, 「여신전문금융업법」 제2조 제9호의 시설대여업을 운영하는 자가 대여한 시설대여업용 승용자동차(「여신전문금융업법」 제3조 제2항에 따른 등록을 하지 않은 자가 대여한 승용자동차를 포함한다)는 계약자가 법인인 경우로 한정한다)

다. 「여객자동차 운수사업법」 제28조에 따라 등록한 자동차대여사업자가 법인에게 대여한 승용자동차로서 취득가액 8,000만원 이상의 승용자동차(다만, 대여기간이 1년 이상인 경우 또는 동일 법인이 동일 자동차 대여사업용 승용자동차에 대하여 대여계약을 한 기간의 합산이 1년 이상인 경우로 한정한다)

제4조(번호판의 색상)

다. **법인업무용 자동차 : 연녹색바탕에 검은색 문자**

〈부 칙〉

제1조(시행일) 이 고시는 2024년 1월 1일부터 시행한다.

제2조(법인업무용 자동차 등록번호판에 대한 적용례) 제4조 제1항 제1호 다목의 개정규정은 부칙 제1조에 따른 시행일 이후 등록하거나 대여한 자동차부터 적용한다. 다만, 이 고시 시행 이전의 법인업무용 자동차 등록번호판 부착대상 자동차는 법인업무용 자동차 등록번호판으로 교체할 수 있다.

국토교통부　　　　　　보도자료

보도시점 : 2023. 11. 2.(목) 11:00 이후(11. 3.(금) 조간) / 배포 : 2023. 11. 2.(목)

법인 업무용승용차 전용 '연두색번호판' 도입
… 고가의 법인차 사적사용 차단한다
- 「자동차 등록번호판 등의 기준에 관한 고시」 개정안 행정예고 -

□ 국토교통부(장관 원희룡)는 공공 및 민간법인에서 이용하는 업무용 승용자동차에 대해 일반 등록번호판과 구별이 되도록 새로운 등록번호판을 도입하기 위해 「자동차 등록번호판 등의 기준에 관한 고시」 개정안을 행정예고('23.11.3~11.23)하고, **2024년 1월 1일**부터 시행할 계획이라고 밝혔다.

□ 법인 업무용승용차 전용번호판 도입방안의 세부 내용은 다음과 같다.
　ㅇ 적용대상은 **차량가액 8,000만원 이상**의 업무용 승용자동차가 해당된다. 고가의 전기차 등을 감안하여 배기량이 아닌 가격 기준을 활용하였으며, 8,000만원이 **자동차관리법상 대형차(2,000cc 이상)**의 평균적인 가격대로, 모든 차량이 가입하는 **자동차보험의 고가차량 할증 기준에 해당하여 범용성, 보편성이 있는 기준**임을 고려하여 결정하였다.
　ㅇ 적용색상은 탈·변색이 취약한 색상이나 현재 사용 중인 색상을 제외하고 시인성이 높은 연녹색 번호판을 적용한다.
　ㅇ 적용시점은 제도 시행('24.1.1) 이후 신규 또는 변경 등록하는 승용차부터 적용한다.

□ 법인 업무용승용차 전용번호판은 고가의 '슈퍼카'를 법인 명의로 구입하여 사적으로 이용하는 문제가 지속적으로 제기됨에 따라 **대선 공약 및 국정과제**로 추진되었다.
　ㅇ 전용번호판은 법인차에 대해 일반번호판과 구별되는 색상의 번호판을 부착하여, 법인들이 스스로 업무용 승용차를 용도에 맞게 운영하도록 유도하는 방안으로서 도입이 검토되었다.

□ 국토교통부는 그간 전용번호판 도입을 위해 **연구용역('22.4~'22.12)**, 대국민 공청회('23.1), 전문가·업계 의견수렴 등을 진행하여 왔다.
　ㅇ 논의 과정에서 사적사용 및 탈세문제가 제기되는 **민간 법인소유, 리스차량** 뿐만 아니라, **장기렌트(1년 이상), 관용차**도 동일하게 사적사용 문제가 있다는 의견이 있어 포함하기로 하였고,
　ㅇ 이 중, 고가 '슈퍼카'의 사적이용 방지라는 대통령 공약 취지에 부합하도록 **고가차량에 대해 적용**하기로 결정하였다.

□ 개정안 전문은 국토교통부 누리집(http://www.molit.go.kr)의 "정보마당/법령정보/입법예고·행정예고"에서 확인 가능하고, 개정안에 대해 의견이 있는 경우 우편, 팩스 또는 국토교통부 누리집을 통해 의견을 제출*할 수 있다.
　* 주소: (30103) 세종특별자치시 도움6로 11 정부세종청사 6동 국토교통부 자동차운영보험과 /
　　전화: 044-201-3857 / 팩스 044-201-5587

담당 부서	모빌리티자동차국 자동차운영보험과	책임자	과 장	임월시	(044-201-3855)
		담당자	사무관	장문석	(044-201-3856)
		담당자	주무관	최혜영	(044-201-3857)

● 참고 주요 Q&A

1. 왜 연두색번호판 대상차량 기준을 8천만원으로 하였는지?

☐ 당초 공약의 취지가 **고가차량**의 사적사용 방지인 점을 고려하여 고가 차량 기준을 검토하였고,

　○ 배기량 기준은 고가의 **전기차나 하이브리드 등 저배기량 고가차**를 적용하기 곤란하여 **가격 기준을 활용**

☐ 국민들이 고급차량으로 인식하는 대형 승용차(2,000cc 이상)의 **평균 가격대**인 8천만원을 기준점으로 사용하였으며,

　○ 이는 **7월부터 자동차보험의 고가차량 할증 기준***으로도 사용되고 있어 통상의 고가차량에 대한 기준으로 범용성과 보편성이 있는 기준이라고 판단하였음

　　* 고가 가해차량, 저가 피해차량 간 사고발생시 8천만원 이상 고가차량에 대해서는 보험료 할증 부과('23.6.7, 금융감독원 제도개선 발표)

2. 왜 기존차량은 소급 적용을 안하는지?

☐ **법인 전용번호판 도입 취지**가 새로운 권리·의무를 부과하는 것이 아니라 별도의 번호판 적용으로 **사회적 자율규제 분위기를 조성**하자는 취지이므로, **내용연수 도래 시 자연스럽게 교체**하는 것이 바람직

　* '17년도 전기차 번호판 도입 시에도 신규차량만 적용

3. 올해 초 공청회(안)과 달리 대상을 축소한 이유는?

☐ 공청회 발표 후 적용대상에 대한 다양한 의견이 제시됨에 따라 그간 합리적인 적용 방안에 대해 다각도로 검토하였음

　○ 당초 공약 취지가 **고가 법인차량**(슈퍼카)의 **사적사용 및 탈세**를 막기 위한 것이며, **모든 법인차에 적용**하는 것은 **기업활동을 위축**시킬 수 있다는 의견이 있어 이를 감안하여 검토하였고,

☐ **개인사업자 차량**도 세제감면을 받으니 법인차량과 형평성 차원에서 연두색 번호판을 적용해야 한다는 의견도 있었지만,

　○ **개인사업자**는 횡령·배임상의 문제는 아니고, 업무와 사적이용 구분이 곤란한 점을 고려하여 **적용대상에서 제외**하고, **법인차량을 고가차량에 한정**하는 것으로 결정

4. 8천만원 미만의 중저가 차량의 사적사용을 막을 방법은?

☐ 이미 모든 법인차는 **사적사용 방지**를 위해 **운행일지 기록, 임직원 전용 보험 가입** 등의 세법상 관리를 받고 있음

☐ 이번 법인차 전용번호판 도입은 기존 세법상 관리 외에도 고가의 차량에 대해서는 일반차량과 구분되는 번호판을 부착하게 함으로써 **사적사용의 자율적 규제를 보다 강화**하고자 하는 취지임

　○ 다만, 중·저가 차량은 직원들이 **업무용으로 사용**하는 경우가 상대적으로 다수이므로 개인 과시용 등 **사적사용의 가능성**이 낮다고 보아 제외

　　* 차량 외관에 회사명, 로고 등을 래핑하여 외관으로도 구분이 되는 차량이 다수

(3) 업무용승용차 운행기록의 작성

업무용승용차의 운행기록은 국세청장이 기획재정부장관과 협의하여 고시하는 운행기록방법(국세청고시 제2019-16호, 2019. 4. 1.)에 의해 작성하여야 한다. 국세청장이 고시한 업무용승용차 운행기록방법은 업무용승용차별로 고시된 서식인 「업무용승용차 운행기록부」를 작성하는 것으로 하되, 별지 서식상의 차종, 자동차등록번호, 사용일자, 사용자, 운행내역이 포함된 별도의 서식으로 작성할 수 있다(국세청고시 제2019-16호, 2019. 4. 1. §2).

【업무용승용차 운행기록부에 관한 별지 서식】 (2016. 4. 1. 개정)

업무용승용차 운행기록부

사업연도	. . . ~ . . .	법인명	
		사업자등록번호	

1. 기본정보

①차 종		②자동차등록번호	

2. 업무용 사용비율 계산

③사용 일자 (요일)	④사용자		운 행 내 역						
	부서	성명	⑤주행 전 계기판의 거리(km)	⑥주행 후 계기판의 거리(km)	⑦주행거리(km)	업무용 사용거리(km)			⑩비 고
						⑧출·퇴근용 (km)	⑨일반 업무용 (km)		
			⑪사업연도 총주행 거리(km)			⑫사업연도 업무용 사용거리(km)			⑬업무사용비율 (⑫/⑪)

437

(뒤 쪽)

작 성 방 법

1. ① 업무용승용차의 차종을 적습니다.

2. ② 업무용승용차의 자동차등록번호를 적습니다.

3. ③ 사용일자를 적습니다.

4. ④ 사용자(운전자가 아닌 차량이용자)의 부서, 성명을 적습니다.

5. ⑤ 주행 전 자동차 계기판의 누적거리를 적습니다.(당일 동일인이 2회 이상 사용하는 경우 ⑤란을 적지 않고 ⑦란에 주행거리의 합만 적을 수 있습니다.)

6. ⑥ 주행 후 자동차 계기판의 누적거리를 적습니다.(당일 동일인이 2회 이상 사용하는 경우 ⑥란을 적지 않고 ⑦란에 주행거리의 합만 적을 수 있습니다.)

7. ⑦ 사용시마다 주행거리((⑥-⑤)를 적거나, 사용자별 주행거리의 합을 적습니다.

8. ⑧ 업무용 사용거리 중 출·퇴근용(원거리 출퇴근을 포함) 사용거리를 적습니다.

9. ⑨ 업무용 사용거리 중 제조·판매시설 등 해당 법인의 사업장 방문, 거래처·대리점 방문, 회의 참석, 판촉 활동, 업무관련 교육·훈련 등 일반업무용 사용거리를 적습니다.

10. ⑪~⑬ 해당 사업연도의 주행거리 합계, 업무용 사용거리 합계, 업무사용 비율을 각각 적습니다.

210mm×297mm[백상지 80g/㎡ 또는 중질지 80g/㎡]

(3) 업무미사용금액에 대한 세무조정

업무용승용차 관련비용 중 업무에 사용하지 아니하는 금액은 손금불산입하여 그 업무용 승용차를 사용한 사람에게 상여 등으로 소득처분한다(법법 §27의2②, 법령 §50의2④). 감가상각비 중 업무에 사용하지 않은 금액도 상여로 소득처분하는 점에 유의하여야 한다.

업무용승용차 관련비용 중 업무에 사용한 금액은 다음과 같다(법령 §50의2④(1)).

구 분	업무사용금액
업무전용자동차보험 가입하지 않은 경우	전액 손금불산입
법인업무용자동차번호판을 부착해야 하는 업무용 승용차가 해당 자동차번호판을 부착하지 않은 경우	전액 손금불산입
업무전용자동차보험에 가입한 경우(법인업무용자 동차번호판 부착해야 하는 승용차가 해당 법호판을 부착하지 않은 경우 제외)	업무용승용차 관련비용 × 업무사용비율

업무용승용차의 업무사용비율은 다음과 같이 계산한다.

구 분		업무사용비율
① 운행기록 등을 작성·비치한 경우[*1]		$\dfrac{\text{업무용 사용거리}[*2]}{\text{총주행거리}}$
② 운행기록 등을 작성·비치하지 않은 경우	업무용승용차 관련비용이 1천5백만원[*3] 이하인 경우	100%
	업무용승용차 관련비용이 1천5백만원[*3]을 초과하는 경우	$\dfrac{\text{1천5백만원}[*3]}{\text{업무용승용차 관련비용}}$[*4]

[*1] 운행기록 등에 의한 업무사용비율을 적용하려는 법인은 업무용승용차별로 운행기록 등을 작성하여 비치하여야 하며, 납세지 관할 세무서장이 요구할 경우 이를 즉시 제출하여야 한다.

[*2] 업무용 사용거리란 제조·판매시설 등 해당 법인의 사업장 방문, 거래처·대리점 방문, 회의 참석, 판촉 활동, 출·퇴근 등 업무수행에 따라 주행한 거리를 말한다(법칙 §27의2④). 거래처의 접대와 관련 운행도 업무상 거래에 포함된다(서면법령법인-3468, 2016. 7. 18.).

[*3] 해당 사업연도가 1년 미만인 경우에는 1천5백만원에 해당 사업연도의 월수를 곱하고 이를 12로 나누어 산출한 금액을 말하고, 사업연도 중 일부 기간 동안 보유하거나 임차한 경우에는 1천5백만원에 해당 보유기간 또는 임차기간 월수를 곱하고 이를 사업연도 월수로 나누어 산출한 금액을 말한다. 이 경우 보유기간 월수는 역에 따라 계산하되, 1개월 미만의 일수는 1개월로 한다(법령 §50의2⑯).

[*4] "1천5백만원 ÷ 업무용승용차 관련비용"은 업무용승용차 관련비용 중 1천5백만원 초과분을 전액 손금불산입하는 비율이다. 이는 운행기록을 작성하지 않아도 1년간 보유한 업무용승용차에 대한 비용은 1천5백만원까지는 업무사용으로 인정한다는 의미이다.

6. 업무용승용차의 감가상각비 한도초과액의 손금불산입

(1) 업무용승용차의 감가상각비 한도초과액

1) 법인 소유 업무용승용차

고가차량을 구입하여 단기간 내에 감가상각하는 것을 막기 위하여 업무사용 감가상각비는 연 800만원을 한도로 손금에 산입한다. 따라서 업무사용 감가상각비 중 연 800만원을 초과하는 금액은 손금불산입하여 유보로 처분한다. 이 경우 800만원은 1년 보유한 차량을 기준으로 한 것이므로 사업연도가 1년 미만인 경우에는 800만원에 해당 사업연도의 월수를 곱하고 이를 12로 나누어 산출한 금액을 말하고, 사업연도 중 일부 기간 동안 보유하거나 임차한 경우에는 800만원에 해당 보유기간 또는 임차기간 월수를 곱하고 이를 사업연도 월수로 나누어 산출한 금액을 말한다(법법 §27의2③, 법령 §50의2⑨). 해당 사업연도가 1년 미만이거나 사업연도 중 일부 기간 동안 보유하거나 임차한 경우의 월수의 계산은 역에 따라 계산하되, 1개월 미만의 일수는 1개월로 한다(법령 §50의2⑯).

종전에는 업무용승용차를 사업연도 중에 취득하거나 처분한 경우에도 업무사용 감가상각비(또는 감가상각비상당액)는 800만원을 한도로 하였으나, 2018. 1. 1. 이후 과세표준을 신고하는 분부터 월할계산하여 "800만원 × 보유월수/12"를 한도로 하도록 「법인세법」을 개정하였다(법법 §27의2③, 2017. 12. 19., 법률 개정부칙 §4).

---

① 업무사용 감가상각비 = 감가상각비 × 업무사용비율

② 업무사용 감가상각비 한도액 = 800만원 × 해당 사업연도 중 $\dfrac{\text{보유월수}}{12}$

③ 한도초과액 = ①－②

---

2) 운용리스 또는 장기렌트한 업무용승용차

법인이 운용리스 또는 장기렌트로 업무용승용차를 운용하는 경우에는 결산상 감가상각비는 없다. 이 경우 업무사용 감가상각비 한도(연 800만원)를 적용하지 않으면 리스나 장기렌트한 승용차를 법인이 매입한 승용차보다 우대하는 결과가 되므로 운용리스나 장기렌트로 임차한 승용차는 리스료나 임차료 중 일정한 금액을 감가상각비로 보아 연 800만원 한도를 적용한다. 법인이 운용리스하거나 장기렌트한 승용차에 대한 감가상각비상당액은 다음과 같이 계산한다(법령 §27의2③).

① 여신전문금융업법에 따라 등록한 시설대여업자로부터 임차한 승용차 : 임차료에서 해당 임차료에 포함되어 있는 보험료, 자동차세, 수선유지비를 차감한 금액. 다만, 수선유지비를 별도로 구분하기 어려운 경우 임차료(보험료와 자동차세를 차감한 금액을 말한다)의

7%를 수선유지비로 계산할 수 있다.

② 「여객자동차 운수사업법」에 따라 등록한 자동차대여사업자로부터 임차한 승용차 : 임차료의 70%에 해당하는 금액

차량정비를 포함하여 리스계약을 한 경우에는 리스료에서 보험료, 자동차세와 수선유지비를 차감하여 감가상각비상당액을 계산하되, 리스료에 포함된 수선유지비가 확인되지 않는 경우에는 리스료의 7%를 수선유지비로 보아 감가상각비상당액을 계산할 수 있다. 그러나 리스계약에 차량정비를 포함하지 않은 경우에는 리스료에 포함된 보험료와 자동차세만 차감하여 감가상각비상당액을 계산하여야 한다.

업무사용 감가상각비상당액이 연 800만원을 초과하는 경우 한도초과액은 손금불산입하여 기타사외유출로 소득처분한다(법령 §106①(3)다). 기타사외유출로 소득처분하는 것은 임차료가 사외로 유출되었다는 이유 때문이나 감가상각비상당액 한도초과액은 그 후 손금으로 추인된다는 점에서 일반적인 기타사외유출과는 다르다(법령 §50의2⑨(2)).

(2) 업무용승용차의 감가상각비(또는 감가상각비상당액) 한도초과액의 이월공제

업무용승용차의 감가상각비(또는 임차료 중 감가상각비상당액)의 한도초과액은 다음과 같이 이월하여 손금에 산입한다(법법 §27의2④, 법령 §50의2⑨).

① 업무용승용차별 감가상각비 이월액 : 해당 사업연도의 다음 사업연도부터 해당 업무용승용차의 업무사용금액 중 감가상각비가 800만원에 미달하는 경우 그 미달하는 금액을 한도로 하여 손금에 산입한다.

② 업무용승용차별 임차료 중 감가상각비상당액 이월액 : 해당 사업연도의 다음 사업연도부터 해당 업무용승용차의 업무사용금액 중 감가상각비상당액이 800만원에 미달하는 경우 그 미달하는 금액을 한도로 손금에 산입한다.

세부내용 **업무용승용차에 대하여 정률법을 적용하는 경우 상각범위액 계산방법**

2015. 12. 31. 이전에 개시한 사업연도에 취득한 업무용승용차는 감가상각방법으로 정률법을 적용할 수 있다. 정률법을 적용하는 경우 상각범위액은 취득가액에서 이미 감가상각비로 손금에 산입한 금액(업무미사용으로 손금불산입된 금액과 업무사용 감가상각비 중 800만원 초과로 손금불산입된 금액 포함)을 공제한 잔액(이하 "미상각잔액"이라 한다)에 해당 자산의 내용연수에 따른 상각률을 곱하여 계산한다(법령 §26②(2)).

예를 들어, 취득가액이 1억원이고 결산상 감가상각누계액이 50,000,000원인데, 감가상각누계액에 업무미사용으로 손금불산입된 금액 10,000,000원(상여 처분)과 업무사용 감가상각비 중 800만원 초과로 손금불산입된 금액 5,000,000원(유보 처분)이 포함된 경우 상각범위액은 다음과 같이 계산한다.

$$미상각잔액 = (100,000,000 - 50,000,000) \times 상각률$$

업무미사용으로 손금불산입된 감가상각비를 미상각잔액 계산 시 감가상각누계액에서 제외할 경우 업무미사용으로 인하여 손금불산입된 감가상각비가 상각범위액을 증가시키는 문제가 발생하므로, 업무미사용으로 손금불산입된 감가상각비를 감가상각누계액으로 보아 미상각잔액 계산시 차감하도록 한 것이다. 또한 업무사용 감가상각비 중 800만원 초과로 손금불산입된 감가상각비는 그 후 업무사용 감가상각비가 800만원에 미달될 때 그 미달액의 범위에서 손금에 산입하므로 그 금액이 상각범위액에 영향을 미쳐서는 안 된다.

따라서 800만원 초과로 손금불산입된 감가상각비를 감가상각누계액으로 보아 미상각잔액 계산시 차감하도록 하였다.

7. 업무용승용차의 처분손실의 이월공제

업무용승용차별 처분손실이 800만원(해당 사업연도가 1년 미만인 경우 800만원에 해당 사업연도의 월수를 곱하고 이를 12로 나누어 산출한 금액을 말한다)을 초과하는 경우 그 초과액을 손금불산입하여 기타사외유출로 처분한다(법령 §27의2④, 법령 §106①(3)다). 기타사외유출로 소득처분하는 이유는 업무용승용차를 처분하여 업무용승용차를 보유하고 있지 않다는 이유 때문이나, 이 경우 기타사외유출은 그 후 손금으로 추인된다는 점에서 일반적인 기타사외유출과는 다르다.

이월된 처분손실은 다음 사업연도부터 800만원을 균등하게 손금에 산입하되, 남은 금액이 800만원 미만인 사업연도에는 남은 금액을 모두 손금에 산입한다(법령 §50의2⑪).

처분손실 한도 800만원은 사업연도가 1년 미만인 경우에는 월할계산하나, 사업연도가 1년인 경우 업무용승용차의 보유기간이 1년 미만이더라도 월할계산하지 아니한다. 해당 사업연도가 1년 미만인 경우의 월수의 계산은 역에 따라 계산하되, 1개월 미만의 일수는 1개월로 한다(법령 §50의2⑯).

◎ 업무용승용차 관련비용에 대한 세무조정 순서 ◎

구 분	내 용
[1단계] 감가상각비 시부인	• 2015. 12. 31. 이전에 개시한 사업연도 취득분 : 결산조정사항 • 2016. 1. 1. 이후에 개시한 사업연도 취득분 : 강제조정사항 (정액법, 5년)
[2단계] 업무용승용차 관련비용 중 업무미사용금액의 손금불산입	업무용승용차 관련비용 × (1 − 업무사용비율) = 업무미사용금액 → 손금불산입(상여 등)
[3단계] 업무사용 감가상각비 중 800만원 초과분 손금불산입	업무용승용차 감가상각비 × 업무사용비율 − 800만원[*1] = 한도초과액 → 손금불산입(유보)[*] 　* 감가상각비상당액은 기타사외유출
[4단계] 처분손실 중 800만원 초과분 손금불산입	업무용승용차의 처분손실 − 800만원[*2] = 손금불산입(기타사외유출)

*1 사업연도가 1년 미만이거나 사업연도 중 일부 기간 동안 보유하거나 임차한 경우에는 800만원을 월할계산함.

*2 사업연도가 1년 미만인 경우에는 800만원을 월할계산함(사업연도가 1년이지만 사업연도 중 일부기간만 보유한 경우에는 월할계산하지 않음).

8. 특정법인의 업무용승용차 관련비용 손금산입한도

(1) 입법취지

가족회사 소유의 고급승용차를 개인적으로 사용하는 사례가 있어서 부동산임대업을 주업으로 하는 등 일정한 요건을 갖춘 법인에 대해서는 업무용승용차 관련비용 한도를 2분의 1로 축소하여 2017. 1. 1. 이후 개시하는 사업연도부터 적용하도록 하였다.

(2) 특정법인의 범위

특정법인은 기업업무추진비의 특정법인과 같다.

(3) 특정법인의 업무용승용차 관련비용 손금산입 한도

특정법인은 업무용승용차 관련비용 규정을 적용할 때 다음의 특례를 적용한다(법법 §27의2 ⑤, 법령 §50의2⑮).
① 운행기록을 작성·비치하지 않은 경우의 "1,500만원"은 "500만원"으로 한다.
② 감가상각비와 감가상각비상당액의 한도액은 "800만원" 대신 "400만원"으로 한다.
③ 업무용승용차 처분손실 한도는 "800만원" 대신 "400만원"으로 한다.

9. 해산 시 감가상각비상당액과 업무용승용차 처분손실 중 한도초과 이월액의 추인

내국법인이 해산(합병·분할 또는 분할합병에 따른 해산 포함)한 경우에는 임차료 등 감가상각비상당액과 업무용승용차 처분손실 중 한도초과로 이월된 금액 중 남은 금액을 해산등기일(합병·분할 또는 분할합병에 따라 해산한 경우에는 합병등기일 또는 분할등기일을 말한다)이 속하는 사업연도에 모두 손금에 산입한다(법칙 §27의2⑥).

업무용승용차의 감가상각비 한도초과액과 연 800만원을 초과하여 손금불산입된 업무사용 감가상각비는 해산등기한 사업연도에 손금에 산입하지 않고 청산소득 계산에 반영하여야 한다.

구 분	소득처분	해산등기시 처리
감가상각비 한도초과액	유보	청산소득 계산시 자기자본에 가산
업무사용 감가상각비 중 800만원 초과액	유보	청산소득 계산시 자기자본에 가산
업무사용 감가상각비상당액 중 800만원 초과액	기타사외유출	해산등기일이 속하는 사업연도에 손금산입
업무용승용차 처분손실 중 800만원 초과액	기타사외유출	해산등기일이 속하는 사업연도에 손금산입

10. 업무용승용차 관련비용 등에 관한 명세서의 제출

업무용승용차 관련비용 또는 처분손실을 손금에 산입한 법인은 법인세 과세표준을 신고할 때 업무용승용차 관련비용 명세서를 납세지 관할 세무서장에게 제출하여야 한다(법령 §50의2⑫).

11. 업무용승용차 관련 예규

구 분	내 용
임차하여 사용하던 업무용승용차를 취득하는 경우 감가상각비 상당액 이월액의 세무처리 방법	임차하여 사용하던 업무용승용차를 사업연도 중에 취득하여 사용하는 경우 해당 업무용승용차의 임차기간에 대한 감가상각비 상당액 한도초과 이월액은 다음 사업연도부터 연간 800만원을 한도로 하여 손금에 산입하는 것임(사전-2020-법령해석법인-0295, 2020. 10. 19.).
친환경차를 취득하면서 국고보조금을 받아 일시상각충당금을 설정한 경우 업무용승용차에 대한 감가상각비 세무조정	내국법인이 업무용승용차를 취득하면서 지급받은 국고보조금에 대하여 「법인세법」 제36조 제1항 및 같은 법 시행령 제64조 제3항에 따라 일시상각충당금을 설정한 경우에는 일시상각충당금과 상계하기 전 같은 법 시행령 제50조의2 제3항에 따른 상각범위액을 기준으로 해당 업무용승용차 감가상각비 손금불산입 금액을 먼저 계산한 후 법인세법상 손금으로 인정되는 감가상각비를 기준으로 일시상각충당금 환입에 대한 세무조정을 하는 것임(서면-2019-법령해석법인-1435 [법령해석과-1835], 2020. 6. 12.).
지점리스차량에 대하여 본점 명의로 업무전용자동차 보험에 가입한 경우	내국법인이 지점에서 업무용승용차를 리스하면서 본점 명의로 업무전용자동차 보험에 가입한 경우, 지점에서 지출한 리스료, 차량유지비 등의 업무용승용차 관련비용에 업무사용비율을 곱한 금액을 손금에 산입할 수 있음. 또한 내국법인이 대표지점에서 리스계약을 체결한 업무용승용차를 본점 명의로 업무전용자동차보험에 가입한 후 대표지점 외의 다른 지점에서 업무용으로 사용하는 경우, 해당 지점에서 지출한 차량유지비 등의 업무용승용차 관련비용에 업무사용비율을 곱한 금액을 손금에 산입할 수 있음(서면-2016-법령해석법인-6118 [법령해석과-421], 2018. 2. 13.).

구 분	내 용
리스차량을 취득하는 경우 업무용승용차 관련비용 손금산입 한도 계산방법	내국법인이 업무전용자동차보험에 가입하였으나, 운행기록 등을 작성·비치하지 아니한 업무용승용차를 임차하여 사용하다가 임차기간의 만료로 사업연도 중에 취득하여 계속 사용하는 경우 업무용승용차 관련비용의 손금산입 한도액은 임차 또는 취득 구분 없이 하나의 업무용승용차로 계산함(서면-2017-법령해석법인-0554 [법령해석과-3700], 2017. 12. 26.).
공동으로 임차한 경우 업무용승용차	내국법인이 다른 법인과 공동으로 업무용승용차를 임차하는 임대차계약을 자동차대여사업자와 체결한 후 월 임차료를 안분하여 지급한 경우, 해당 업무용승용차가 업무전용자동차보험에 가입된 경우에는 해당 법인이 납부한 임차료에 업무사용비율을 곱한 금액을 손금에 산입할 수 있음(서면-2017-법령해석법인-0698 [법령해석과-2717], 2017. 9. 26.).
제3자명의 업무전용 자동차보험에 가입한 경우	내국법인이 업무용승용차를 리스계약으로 이용하면서 해당 내국법인이 아닌 제3자를 계약자로 하여 자동차보험에 가입한 경우에는 업무전용자동차보험에 가입한 경우에 해당하지 않음(서면-2017-법령해석법인-1401 [법령해석과-2710], 2017. 9. 26.).
국내에 파견된 외국법인의 소속직원들이 사용하기 위하여 알선·주선한 승용자동차	내국법인이 국내에 파견된 외국법인의 소속직원들이 사용하기 위한 승용자동차를 알선 또는 주선하는 경우 해당 승용자동차는 업무용승용차 적용대상에서 제외됨(기획재정부 법인세제과-879, 2017. 7. 13.).
임원명의로 보험 가입	내국법인이 업무용승용차를 법인과 임원의 공동명의로 취득하고 임원을 보험의 계약자 및 피보험자로 하여 자동차보험에 가입한 경우에는 업무전용자동차보험에 가입한 경우에 해당하지 않음(서면-2016-법령해석법인-5680 [법령해석과-1805], 2017. 6. 28.).
승용차의 리스계약승계로 인해 지급하는 보상금이 업무용승용차 관련비용인지 여부	운용리스를 통해 업무용승용차를 임차하여 사용하는 내국법인이 해당 운용리스계약을 제3자에게 승계하고, 잔여리스기간에 대한 미지급리스료와 해당 업무용승용차의 중고시세의 차이를 보전하는 명목으로 제3자에게 지급하는 보상금은 「법인세법」 제27조의2 제2항에 따른 업무용승용차 관련비용 및 같은 조 제4항에 따른 처분손실에 해당하지 않음(서면-2016-법령해석법인-6019 [법령해석과-1681], 2017. 6. 19.).
전시용으로 취득한 승용차	자동차박물관에서 전시용으로 사용하는 승용자동차는 업무용승용차 관련규정이 적용되지 않음(서면-2016-법령해석법인-5036 [법령해석과-1022], 2017. 4. 17.).
테스트용 연구개발 차량	완성차에 탑재되는 네비게이션 소프트웨어 등을 개발·납품하는 내국법인이 기업부설연구소에서 사용하는 네비게이션 소프트웨어 테스트용 승용자동차는 업무용승용차 관련 규정이 적용됨(사전-2016-법령해석법인-0356, 2017. 4. 6.).
차량 운행위탁용역 수행 승용차	위탁법인이 수탁법인에 지급하는 차량운행 업무위탁 대가는 업무용승용차 관련 규정이 적용되며, 수탁법인이 차량운행 위탁용역과 관련하여 지출하는 비용은 동 규정이 적용되지 않음(사전-2016-법령해석법인-0218, 2017. 3. 9.).
국외사업장에서 사용하는 승용차	내국법인이 국외사업장에서 보유·운영하고 있는 승용차는 업무용승용차 관련 규정이 적용되지 않음(기획재정부 법인세제과-320, 2017. 3. 6.).

구 분	내 용
고객에게 일시적으로 빌려주는 승용차	차량정비업을 영위하는 내국법인이 차량수리 고객에게 수리기간 동안 빌려주는 임차차량은 업무용승용차 관련 규정이 적용됨(기획재정부 법인세제과-320, 2017. 3. 6.).
퇴직자에 대한 업무용승용차 사적사용에 따른 소득처분액 산정방법	업무용승용차 사적 사용자가 사업연도 중간에 퇴직하는 경우 해당 퇴직자에 대한 소득처분 금액은 해당 사업연도 개시일부터 퇴직시까지 발생한 업무용승용차 관련비용에 동 기간의 사적사용비율(해당 퇴직자의 사적사용거리÷총주행거리)을 곱하여 산출한 금액으로 함(기획재정부 법인세제과-320, 2017. 3. 6.).
비영리외국법인의 비수익사업에서 사용하는 승용차	비영리외국법인이 비수익사업을 영위하고 수익사업과 비수익사업 부문을 구분 경리하는 경우에 비수익사업의 개별손금에 해당하는 업무용승용차 관련비용은 업무용승용차 관련 규정의 적용 대상에 해당하지 않음(서면-2016-법인-5433 [법인세과-455], 2017. 2. 22.).
운전기사 용역대가가 업무용승용차 관련비용인지 여부	내국법인이 외부업체로부터 업무용승용차의 운전기사를 제공받고 지급하는 용역대가는 업무용승용차 관련비용에 포함되지 않음(사전-2016-법령해석법인-0539, 2016. 11. 21.).

사례 » 운행기록 미작성시 세무조정

㈜세무는 제24기 사업연도(2024. 1. 1.~2024. 12. 31.) 4월 5일에 대표이사가 사용하는 업무용승용차를 1억원에 구입하였다. 회사는 해당 승용차에 대하여 법인업무전용번호판을 부착하였으며, 업무전용자동차보험에 가입하였다. 회사가 제24기에 해당 승용차에 대하여 정률법(내용연수 5년, 상각률 0.451, 9개월분 월할계산)을 적용하여 33,825,000원을 감가상각하였다. 감가상각비 외의 업무용승용차 관련비용은 다음과 같다.

(단위:원)

구 분	유류비	보험료	자동차세	통행료	계
지출액	2,900,000	800,000	1,000,000	300,000	5,000,000

회사가 운행기록을 작성·비치하지 않은 경우의 세무조정을 하시오.

해답

1. 감가상각비 시부인
   회사상각액　33,825,000
   상각범위액　15,000,000 (1억원 × 0.2 × 9/12)
   상각부인액　18,825,000 (손금불산입, 유보)

2. 업무용승용차 관련비용 중 업무미사용금액의 손금불산입
   업무용승용차 관련비용 × (1 - 업무사용비율)
   = (15,000,000 + 5,000,000) × (1 - 56.25%*)
   = 8,750,000 (손금불산입, 상여)

$$\text{* 업무사용비율}: \frac{15,000,000 \times 9/12}{\text{업무용승용차 관련비용}} = \frac{11,250,000}{20,000,000} = 56.25\%$$

3. 업무사용 감가상각비 중 800만원 초과분의 손금불산입

   $15,000,000 \times 56.25\% - (8,000,000 \times 9/12) = 2,437,500$(손금불산입, 유보)

4. 세무조정

익금산입 및 손금불산입			손금산입 및 익금불산입		
과 목	금 액	처 분	과 목	금 액	처 분
감가상각비	18,825,000	유보			
업무미사용금액	8,750,000	상여			
업무사용 감가상각비	2,437,500	유보			

■ 사례 » **업무용승용차 관련비용에 대한 세무조정계산서 작성**

㈜국세의 제24기 사업연도(2024. 1. 1.~2024. 12. 31.)의 업무용승용차에 대한 자료는 다음과 같다. 이 자료로 업무용승용차별로 세무조정을 표시하고, 업무용승용차 관련비용 명세서[별지 제29호 서식]을 작성하시오. 법인업무전용번호판 부착대상은 해당 번호판을 부착하였다.

1. 대표이사 전용 업무용승용차

   ㈜국세는 2024. 4. 5.에 업무용승용차(35나1234)를 1억원에 구입하여 대표이사가 사용하였다. ㈜국세는 제24기에 해당 승용차에 대하여 업무전용자동차보험에 가입하였으며, 정률법(내용연수 5년, 상각률 0.451, 9개월분 월할계산)으로 33,825,000원을 감가상각하였으며, 다음과 같이 업무용승용차 관련비용을 지출하였다.

   (단위:원)

구 분	유류비	보험료	자동차세	통행료 등	계
지출액	2,900,000	800,000	1,000,000	300,000	5,000,000

   운행기록을 작성·비치하고 있으며 운행기록상 총주행거리가 10,000㎞이고 업무상 주행거리가 9,000㎞이다. ㈜국세는 이 승용차를 2024. 12. 31.에 60,000,000원에 양도하고 유형자산처분손실 6,175,000원을 손익계산서에 계상하였다.

2. 전무이사 전용 업무용승용차

   전무이사가 사용할 업무용승용차(35나1235)를 2024. 4. 9.에 ㈜서울리스에서 운용리스로 임차하였다. 리스차량과 관련하여 제24기에 손익계산서에 계상한 리스료 및 유류대 등 기타 운행 관련 비용은 다음과 같다.

   (단위:원)

구 분	리스료	유류비	통행료 등	계
지출액	36,000,000	5,000,000	3,000,000	44,000,000

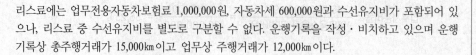

리스료에는 업무전용자동차보험료 1,000,000원, 자동차세 600,000원과 수선유지비가 포함되어 있으나, 리스료 중 수선유지비를 별도로 구분할 수 없다. 운행기록을 작성·비치하고 있으며 운행기록상 총주행거래가 15,000㎞이고 업무상 주행거래가 12,000㎞이다.

3. 영업본부장 전용 업무용승용차
   영업본부장이 업무에 사용할 업무용승용차(35나1236)를 2023. 1. 5.에 자동차대여사업자인 ㈜서울렌트로부터 임차하였다. 임차차량에 대하여 업무전용자동차보험에 가입하였으며, 제24기에 손익계산서에 계상한 임차료 및 유류대 등 기타 운행 관련비용은 다음과 같다. 회사는 운행기록을 작성·비치하지 아니하였다.

(단위:원)

구 분	임차료	유류비	통행료 등	계
지출액	15,000,000	4,000,000	1,000,000	20,000,000

제23기 사업연도에 영업본부장 전용 업무용승용차에 대한 세무조정내역은 다음과 같다.
① 업무미사용금액 : 5,000,000원(손금불산입, 상여)
② 업무사용 감가상각비상당액 중 8,000,000원 초과액 : 2,000,000원(손금불산입, 기타사외유출)

▌ 해답 ▌

1. 대표이사 전용 업무용승용차(35나1234)
   (1) 감가상각비 시부인
      회사상각액   33,825,000
      상각범위액   15,000,000 (1억원 × 0.2 × 9/12)
      상각부인액   18,825,000 (손금불산입, 유보)

   (2) 업무용승용차 관련비용 중 업무미사용 금액의 손금불산입
      업무용승용차 관련비용 × (1 − 업무사용비율)
      = (15,000,000 + 5,000,000) × (1 − 90%*)
      = 2,000,000 (손금불산입, 상여)

      * 업무사용비율 : $\dfrac{업무용\ 주행거리}{총주행거리} = \dfrac{9,000}{10,000} = 90\%$

   (3) 업무사용 감가상각비 중 800만원 초과분의 손금불산입
      (15,000,000 × 90%) − (8,000,000 × 9/12) = 7,500,000(손금불산입, 유보)

   (4) 업무용승용차 처분손실 중 800만원 초과분 손금불산입
      ① 업무용승용차의 세무상 장부가액
         100,000,000 − 15,000,000 + 7,500,000 = 92,500,000
      ② 업무용승용차 처분손실 : 92,500,000 − 60,000,000 = 32,500,000
      [검증] 결산상 처분손실 : 6,175,000 + 18,825,000(유보) + 7,500,000(유보)
                              = 32,500,000
      ③ 업무용승용차 처분손실 중 800만원 초과분
         32,500,000 − (8,000,000 × 12/12*) = 24,500,000

      * 업무용승용차 처분손실의 800만원은 사업연도가 1년 미만인 경우에는 월할계산하나, 사업연도

가 1년인 경우에는 사업연도 중에 처분하더라도 월할계산하지 아니한다.

2. 전무이사 전용 업무용승용차(35나1235)
   (1) 업무용승용차 관련비용 중 업무미사용금액 손금불산입
   $(36,000,000 + 8,000,000) \times (1 - 80\%^*)$
   = 8,800,000 (손금불산입, 상여)

   * 업무사용비율 = $\dfrac{12,000km}{15,000km} = 80\%$

   (2) 업무사용 감가상각비상당액 중 800만원 초과분 손금불산입
   ① 감가상각비상당액
      임차료 – 임차료에 포함된 보험료, 자동차세, 수선유지비
      = $36,000,000 - 1,000,000 - 600,000 - (36,000,000 - 1,000,000 - 600,000) \times 7\%$
      = 31,992,000
   ② 업무사용 감가상각비상당액 중 800만원 초과분
      (감가상각비상당액 × 업무사용비율) – 업무사용 감가상각비상당액 한도액
      = $(31,992,000 \times 80\%) - (8,000,000 \times 9^*/12)$
      = 19,593,600(손금불산입, 기타사외유출)
      * 2024. 4. 9.~2024. 12. 31. : 8개월 22일 ➡ 9개월

3. 영업본부장 전용 업무용승용차(35나1236)
   (1) 업무용승용차 관련비용 중 업무미사용금액 손금불산입
   $(15,000,000 + 5,000,000) \times (1 - 75\%^*)$
   = 5,000,000(손금불산입, 상여)

   * 업무사용비율 = $\dfrac{15,000,000}{20,000,000}$ = 75%

   (2) 업무사용 감가상각비상당액 중 800만원 초과분 손금불산입
   ① 감가상각비상당액 : $15,000,000 \times 70\% = 10,500,000$
   ② 업무사용 감가상각비상당액 중 800만원 초과분
      $(10,500,000 \times 75\%) - (8,000,000 \times 12/12^*) = \triangle125,000$(세무조정 없음)
      * 2024. 1. 1.~2024. 12. 31. ➡ 12개월
   ③ 세무조정 : <손금산입> 전기감가상각비상당액 125,000(기타)

4. 세무조정

익금산입 및 손금불산입			손금산입 및 익금불산입		
과 목	금 액	처 분	과 목	금 액	처 분
감가상각비(1234)	18,825,000	유보	감가상각비(1234)	18,825,000^{주)} 유보 → 18,825,000^{주)}	유보
업무미사용금액(1234)	2,000,000	상여	업무사용 감가상각비 중 800만원 초과액 (1234)	7,500,000^{주)}	유보
업무사용 감가상각비 중 800만원 초과액(1234)	7,500,000	유보			
업무용승용차 처분손실 중 800만원 초과액(1234)	24,500,000	기타사외 유출			
업무미사용금액(1235)	8,800,000	상여			
업무사용 감가상각비상당 액 중 800만원 초과액(1235)	19,593,600	기타사외 유출			
업무미사용금액(1236)	5,000,000	상여	업무사용 감가상각비 상당액 중 800만원 초과분(1236)	125,000	기타

주) 업무용승용차를 처분하였으므로 유보를 추인함.

[별지 제29호 서식] (2020. 3. 13. 개정)

(3쪽 중 제1쪽)

사업연도	2024. 1. 1. ~ 2024. 12. 31.

업무용승용차 관련비용 명세서

법인명	(주)구세
사업자등록번호	

1. 업무사용비율 및 업무용승용차 관련비용 명세 [부동산임대업 주업법인 [ ]여, [O]부]

①차량번호	②차종	③임차여부	④보험가입여부	⑤운행기록작성여부	⑥총주행거리(km)	⑦업무용사용거리(km)	⑧업무사용비율(⑦/⑥)	⑨취득가액(취득일,임차기간)	⑩해당연도보유또는임차기간월수	⑪ 업무용승용차 관련비용								
										⑫감가상각비	⑬임차료	⑭감가상각비상당액	⑮유류비	⑯보험료	⑰수선비	⑱자동차세	⑲기타	⑳합계
35나12 34	자가		여	여	10,000	9,000	90%	100,000,000 (2024.4.5.~2024.12.31.)	9	15,000,000			2,900,000	800,000	-	1,000,000	300,000	20,000,000
35나12 35		임차	여	여	15,000	12,000	80%	(2024.4.9.~2024.12.31.)	9		36,000,000	31,992,000	5,000,000				3,000,000	44,000,000
35나12 36		임차	여	부			75%	(2023.1.5.~2024.12.31.)	12		15,000,000	10,500,000	4,000,000				1,000,000	20,000,000
								(. . .~ . . .)										
								(. . .~ . . .)										
㉑합계																		

2. 업무용승용차 관련비용 손금불산입 계산

①차량번호	업무사용금액			업무외사용금액			㉘감가상각비(상당액)한도초과금액	㉙손금불산입합계(㉗+㉘)	㉚손금산입합계(㉘-㉙)
	㉒감가상각비(상당액)[(⑫또는⑭)×⑧]	㉓관련비용[(⑳-⑫또는⑭)×⑧]또는(⑳-㉒)	㉔합계(㉒+㉓)	㉕감가상각비(상당액)(⑫-㉒또는⑭-㉒)	㉖관련비용[(⑳-⑫또는⑭)-㉓]또는(⑳-㉔)	㉗합계(㉕+㉖)			
35나12 34	13,500,000	4,500,000	18,000,000	1,500,000	500,000	2,000,000	7,500,000	9,500,000	10,500,000
35나12 35	25,593,600	9,606,400	35,200,000	6,398,400	2,401,600	8,800,000	19,593,600	28,393,600	15,606,400
35나12 36	7,875,000	7,125,000	15,000,000	2,625,000	2,375,000	5,000,000	-	5,000,000	15,000,000
㉛합계									

210mm×297mm[백상지 80g/㎡ 또는 중질지 80g/㎡]

(3쪽 중 제2쪽)

3. 감가상각비(상당액) 한도초과금액 이월명세

㉟ 차량번호	㊱ 차종	㊲ 취득일(임차기간)	㊳ 전기이월액	㊴ 당기 감가상각비(상당액) 한도초과금액	㊵ 감가상각비(상당액) 한도초과금액 누계	㊶ 손금추인(산입)액	㊷ 차기이월액(㊵-㊶)
35나1234		2024.4.5.	-	7,500,000	7,500,000	-	7,500,000
35나1235		2024.9.9.	-	19,593,600	19,593,600	0	19,593,600
35나1236		2023.1.5.	2,000,000	-	2,000,000	125,000	1,875,000
㊸ 합계							

4. 업무용승용차 처분손실 및 한도초과금액 손금불산입액 계산

㊹ 차량번호	㊺ 차종	㊻ 양도가액	㊼ 취득가액	㊽ 감가상각비 누계액	㊾ 감가상각비한도초과금액 차기이월액(=㊷)	㊿ 합계(㊼-㊽+㊾)	㉕ 처분손실(㊺-㊿<0)	㉖ 당기손금산입액	㉗ 한도초과금액 손금불산입(㉕-㉖)
35나1234		60,000,000	100,000,000	15,000,000	7,500,000	92,500,000	32,500,000	8,000,000	24,500,000
㉘ 합계									

5. 업무용승용차 처분손실 한도초과금액 이월명세

㉙ 차량번호	㉚ 차종	㉛ 처분일	㉜ 전기이월액	㉝ 손금산입액	㉞ 차기이월액(㉜-㉝)
㉟ 합계					

210mm×297mm[백상지 80g/㎡ 또는 중질지 80g/㎡]

작성방법

1. 업무사용비율 및 업무용승용차 관련비용 명세

가. "부동산임대업 주업법인" 여부란은 다음요건을 모두 갖는 경우 "여"에 체크합니다(「법인세법 시행령」제42조제2항의 요건에 해당하는 법인)

　　i)지배주주와 그 특수관계자 지분이 50% 초과, ii)부동산임대업을 주업으로 하거나 매출액 중 부동산 또는 부동산상의 권리 대여 이자·배당 소득의 합계가 70%이상, iii)상시 근로자수가 5인 미만일 것

나. 차량번호란(①) : 업무용승용차의 차량번호를 적습니다.

다. 차종란(②) : 업무용승용차의 차종을 적습니다.

라. 임차여부(③) : 업무용승용차의 임차여부(자기, 렌트, 리스)를 적습니다.

마. 보험가입여부란(④) : 「법인세법 시행령」제50조의2 제4항 제1호에 따른 자동차 보험 가입 여부를 적습니다. (기재형식 : 여 또는 부)

바. 운행기록작성여부란(⑤) : 「법인세법 시행령」제50조의2 제5항에 따른 운행기록 등의 작성여부를 적습니다. (기재형식 : 여 또는 부)

사. 총주행거리란(⑥) : 해당 사업연도의 총 주행거리를 적습니다.

아. 업무용사용거리란(⑦) : 「법인세법 시행령」제27조의2 제4항에 따른 거래처·대리점 방문, 회의 참석, 판촉 활동, 출·퇴근 등 직무와 관련된 업무수행에 따라 주행한 거리를 적습니다.

자. 업무용 사용비율란(⑧) : 「법인세법 시행령」제50조의2 제5항에 따른 비율을 적습니다. 운행기록 등을 작성하지 않은 경우에는 같은 법 시행령 제50조의2 제7항에 따라 아래 각 호의 비율을 적습니다. 이하 같음) 이하인 경우는 500만원, 이하 같음) 이하인 경우 : 100분의 100

　　1. 해당 사업연도의 업무용승용차 관련비용이 1,500만원「법인세법 시행령」제50조의2 제11항을 초과하는 경우 : 1,500만원을 업무용승용차 관련비용으로 나눈 비율

　　2. 해당 사업연도의 업무용승용차 관련비용이 1,500만원을 초과하는 경우 : 「법인세법 시행령」제50조의2 제11항을 초과하는 경우 : 1,500만원 × 보유 또는 임차기간 월수/12를 초과하는 금액

　* 사업연도 중 취득 또는 처분(임차의 경우 임차개시 또는 종료)하는 경우 : 1,500만원 × 보유 또는 임차기간 월수/12에 해당하는 금액

차. 보유 또는 임차기간란(⑩) : 사업연도 중 신규 취득(임차)하는 경우 취득일부터, 보유 또는 임차 개시일부터 종료일(임차의 경우 임차 만료 또는 종료일)을 항목별로 적습니다.

카. 업무용승용차 관련비용란(⑪) : 「법인세법 시행령」제50조의2 제2항에 따른 업무용승용차 관련비용을 각 항목별로 적습니다.

2. 업무용승용차 관련비용 손금불산입액 계산

가. 업무사용금액(⑫) : 업무용승용차 관련비용에 업무사용비율을 곱한 비율을 적용한 금액을 계산합니다.

나. 업무외사용금액(⑬) : 업무용승용차 관련비용에서 업무사용금액을 차감한 금액을 적습니다.

다. 감가상각비(상당액)(⑭) : 업무용승용차 관련비용 중 감가상각비(상당액)이 800만원「법인세법 시행령」제42조 제2항에 해당하는 경우에는 400만원)을 초과하는 금액을 적습니다.

　* 사업연도 중 취득 또는 처분(임차의 경우 임차개시 또는 종료)하는 경우 800만원 × 보유 또는 임차기간 월수/12를 적습니다.

3. 감가상각비 한도초과금액 명세

가. 전기이월액(⑮) : 전기에 발생한 차기이월액을 적습니다.

나. 감가상각비 한도초과액 누계(⑯) : ⑭의 금액과 ⑮의 금액을 합한 금액을 적습니다.

다. 손금추인(산입)액(⑰) : 「법인세법 시행령」제50조의2 제11항의 방법에 따른 감가상각비(상당액) 이월액을 적습니다.

4. 업무용승용차 처분손실 및 한도초과금액 손금불산입액 계산

가. 감가상각비 누계액(⑱) : 「법인세법」제23조 및 제27조의2 제1항에 따른 업무용승용차 중 감가상각비(상당액)이 800만원「법인세법 시행령」제42조 제2항에 해당하는 경우에는 400만원) 이하인 금액을 적습니다.

나. 처분손실(⑲) : 처분손실이 발생한 경우에만 적습니다.

다. 당기손금산입액(⑳) : ⑲의 금액이 800만원「법인세법 시행령」제42조 제2항에 해당하는 경우 800만원 × 해당 사업연도 월수/12를 초과하는 금액

라. 처분손실 한도초과금액 손금불산입액(㉑) : 처분손실 중 당기손금산입액을 초과하는 금액을 적습니다.

5. 업무용승용차 처분손실 한도초과금액 명세

가. 전기이월액(㉒) : 전기에 발생한 차기이월액을 적습니다.

나. 손금산입액(㉓) : 전기이월액 중 800만원「법인세법 시행령」제42조 제2항에 해당하는 경우에는 400만원)을 한도로 손금에 산입할 금액을 적습니다.

　* 해당 사업연도가 1년 미만인 경우 800만원 × 해당 사업연도 월수/12를 초과하는 금액

15. 세금과 공과금

1. 세 금

세금이란 국가 또는 지방자치단체가 그 경비에 충당하기 위하여 세법에 따라 국민으로부터 강제로 징수하는 금품을 말한다. 세금은 사업의 수행 또는 자산의 취득 및 보유와 관련하여 강제로 징수되므로 손금에 산입한다. 다만, 성질상 비용이 아니거나 조세정책적 이유에 의하여 손금산입하는 것이 바람직하지 않아서 손금불산입으로 열거한 것은 예외로 한다. 손금불산입항목인 세금은 다음과 같다.

구 분	내 용
① 소득에 대한 조세	법인세비용(연결자법인이 연결모법인에 지급하였거나 지급할 법인세비용 포함)
② 간접세	부가가치세 매입세액, 개별소비세, 주세, 「교통·에너지·환경세」

1-1. 법인세비용

(1) 법인세비용의 처리

세법은 법인세비용을 손금에 산입하지 아니한다. 법인세를 손금불산입하는 것은, 법인이 국가의 보호로 소득을 얻었으므로 그 소득의 일부를 국가에 분배하는 것이 법인세라는 이익처분설에 근거한 것이다.

법인세비용은 법인세, 법인세 감면에 대한 농어촌특별세와 법인지방소득세를 말한다.

$$법인세비용 = 법인세^{*1} + 법인세\ 감면에\ 대한\ 농어촌특별세^{*2} + 법인지방소득세^{*3}$$

*1 법인세에는 각 사업연도 소득에 대한 법인세 외에 토지 등의 양도소득에 대한 법인세, 미환류소득에 대한 법인세액, 청산소득에 대한 법인세 및 「법인세법」 제97조 제2항 및 제3항에 따른 신고기한 연장으로 법인세에 가산하여 납부하는 이자상당액(국일 46507 - 314, 1993. 4. 26.)을 포함한다.

*2 「조세특례제한법」에 따라 법인세를 감면받은 경우 일정한 감면세액의 20%의 농어촌특별세를 납부하여야 한다.

*3 법인지방소득세는 법인세 과세표준(각 사업연도의 소득에 대한 법인세 과세표준에 국외원천소득이 포함되어 있는 경우로서 법인세법에 따라 외국납부세액공제를 하는 경우에는 외국법인세액을 법인세과세표준에서 차감한 금액을 법인지방소득세 과세표준으로 함)에 법인지방소득세율(법인세율의 1/10 수준)을 곱하고 「지방세특례제한법」에서 정한 공제·감면세액을 빼서 계산한다. 그러나 「지방세특례제한법」에는 법인지방소득세에 대한 공제·감면세액을 규정하고 있지 않으므로 세액공제나 세액감면이 있는 경우에도 법인지방소득세는 법인세 산출세액의 10% 상당액이 된다. 법인지방소득세는 소득에 부과하는 조세이므로 손금불산입항목이다.

(2) 법인세 추납액과 법인세 환급액

K-IFRS와 일반기업회계기준에서는 전기이전의 기간과 관련된 법인세부담액(환급액)을 당기에 인식한 금액(법인세 추납액 또는 환급액)은 당기법인세부담액(환급액)으로 하여 법인세비용에 포함한다(K-IFRS 1012호 문단 80, 일반기준 22.46).

법인세법은 과거의 법인세비용은 손금으로 보지 않으며, 납부하였던 법인세를 환급받으면 익금으로 보지 아니한다.

▌ 사례 » **법인세 추납액과 법인세 환급액**

甲법인은 제23기 사업연도에 대한 세무조사를 받고 고지된 법인세 1,000,000원을 다음과 같이 회계처리하였다.

(차) 법 인 세 비 용　　1,000,000　　(대) 미 지 급 금　　1,000,000

▌ 해답 ▌

<손금불산입> 　법인세비용　　　　　　　1,000,000(기타사외유출)

▌ 해설 ▌

종전에는 법인세 추납액을 다음과 같이 전기오류수정손실로 회계처리하였다.

(차) 전기오류수정손실　　1,000,000　　(대) 미 지 급 금　　1,000,000
　　(이익잉여금)

이 경우 세무조정은 다음과 같다(제도 46012-11371, 2001. 6. 7.).

<손금산입> 　　전기오류수정손실　　　　1,000,000(기타)
<손금불산입> 　법인세비용　　　　　　　1,000,000(기타사외유출)

---

(3) 외국납부세액

내국법인이 외국에서 직접 납부한 법인세비용(직접외국납부세액) 중 법인세법 제18조의4 외국자회사 수입배당금액의 익금불산입 적용대상이 되는 수입배당금액에 대하여 외국에서 납부한 세액과 법인세법 제57조 외국납부세액공제를 적용하는 경우의 외국납부세액은 손금에 산입하지 아니한다. 직접외국납부세액의 처리방법은 다음과 같다.

구 분	내 용
외국자회사 수입배당금액의 익금불산입 대상인 경우	외국자회사 수입배당금액의 익금불산입을 적용하고 직접외국납부세액은 손금불산입함 → 외국납부세액공제 선택 불가
외국자회사 수입배당금액의 익금불산입 대상이 아닌 경우	외국납부세액공제와 외국납부세액의 손금산입 중 선택

직접외국납부세액에 대하여 외국납부세액공제와 외국납부세액의 손금산입 중 하나를 선택하는 경우에는 다음과 같은 이유에서 세액공제를 선택하는 것이 기업에 유리하다.

첫째, 간주외국납부세액과 간접외국납부세액이 있는 경우 세액공제방법을 선택하면 간주외국납부세액과 간접외국납부세액에 대해서도 외국납부세액공제를 받을 수 있다. 그러나 손금산입방법을 선택하면 직접외국납부세액만 손금산입할 수 있고, 간주외국납부세액과 간주외국납부세액을 손금산입할 수 없다.

둘째, 세액공제방법에서는 외국납부세액만큼 국내에서 납부할 법인세가 감소한다. 그러나 손금산입방법에서는 외국납부세액에 한계세율을 곱한 만큼만 세액이 감소하므로 세액공제방법이 손금산입방법보다 절세효과가 더 크다.

셋째, 국내에서 계속 결손금이 발생하여 세액이 없는 경우에는 외국납부세액공제를 적용받을 수 없다. 그러나 외국납부세액공제액은 10년간 이월하여 한도 내에서 세액공제하고 10년이 되는 사업연도의 미공제분은 그 다음 사업연도에 손금산입할 수 있다. 따라서 그냥 손금산입하는 것보다 세액공제방법을 적용하고 세액공제받지 못하는 경우 손금산입하는 것이 절세상 더 좋다.

(4) 연결납세방식을 적용하는 경우의 법인세

연결납세방식을 적용하는 경우 연결자법인은 법인세를 세무서에 납부하지 않고 연결모법인에게 지급하고, 연결모법인이 연결법인세액을 연결모법인의 관할 세무서에 납부해야 한다. 연결모법인이 납부한 법인세비용과 연결자법인이 연결모법인에게 지급한 법인세비용은 손금이 아니며(법법 §21(6)), 연결모법인이 연결자법인으로부터 받은 법인세비용은 익금이 아니다(법법 §18(7)).

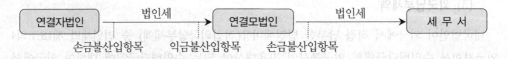

다른 연결자법인의 결손금을 공제받는 경우 결손금 공제로 세액이 감소된 연결자법인은 그 감소된 세액을 연결모법인에 지급하고 연결모법인이 결손금이 발생한 연결자법인에 지급하는 연결법인세액의 정산제도가 2024년부터 시행된다. 이에 따라 연결자법인이 연결모법인으로부터 지급받는 연결법인세액도 익금으로 보지 아니한다.

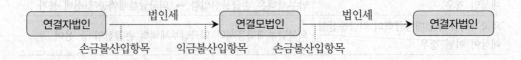

개정 **연결납세방식 적용시 법인세의 지급에 대한 개정내용(법법 §18(7), §21(6))**

연결납세제도의 활용을 제고하기 위하여 '24. 1. 1. 이후 개시하는 사업연도부터 연결납세대상 자회사를 지분율 100%에서 90% 이상으로 완화하였다. 종전에는 100% 지분을 소유한 완전자법인만 연결대상으로 하였으므로 소수주주가 없었다. 그러나 '24. 1. 1.부터는 90% 이상 100% 미만의 지분을 보유한 경우에는 연결자법인에 소수주주가 존재한다. 결손금이 발생한 연결자회사의 입장에서 그 결손금이 다른 연결법인의 소득과 통산되어 소멸되므로 미래에 법인세를 절감할 기회를 상실하게 되고, 이로 인하여 결손법인의 소수주주의 보유주식의 가치가 감소하는 문제가 발생한다. 이 문제를 해소하기 위하여 '24. 1. 1. 이후 개시하는 사업연도분부터는 연결법인이 다른 연결법인의 결손금을 공제받음으로써 절감된 세액을 결손금이 발생한 연결법인에 지급하는 제도를 도입하였다. 이에 따라 연결자법인이 연결모법인 등으로부터 법인세를 지급받았거나 지급받을 수 있으므로 이를 법인세법에 반영하여 '24. 1. 1. 이후 개시하는 사업연도부터 적용하도록 하였다.

종 전	개 정
□ 익금불산입	□ 익금불산입
○ <u>연결자법인</u>으로부터 지급받았거나 지급받을 금액	○ <u>연결자법인 또는 연결모법인</u>으로부터 지급받았거나 지급받을 금액
□ 손금불산입	
○ <u>연결모법인</u>에 따라 지급하였거나 지급할 금액	○ <u>연결모법인 또는 연결자법인</u>에 지급하였거나 지급할 금액

<개정이유> 연결법인 간 연결소득 배분방법 보완
<적용시기> '24. 1. 1. 이후 개시하는 사업연도 분부터 적용

1-2. 부가가치세 매입세액

(1) 법인이 재화나 용역을 공급받을 때 부담한 매입세액

법인은 외부에서 재화나 용역을 매입하거나 재화를 수입하여 이를 제조·가공하여 생산한 재화나 용역을 판매한다. 법인이 부가가치세 과세대상 재화나 용역을 매입하거나 수입할 때 부가가치세를 부담하는데, 이를 매입세액이라고 한다. 매입세액은 돌려받을 수 있으므로 채권에 해당하므로 손금에 산입할 수 없다. 다만, 「부가가치세법」상 매입세액이 불공제되는 경우에는 사업자에게 귀책사유가 있으면 손금불산입항목으로 보고, 사업자에게 귀책사유가 없으면 손금항목(해당 거래에 대한 부대비용)으로 본다.

부가가치세 매입세액의 처리방법은 다음과 같다.

구 분		내 용	매입세액 처리
매입세액공제대상			채권으로 처리
매입세액 불공제	사업자 귀책사유	① 사업 무관 지출 관련 매입세액 ② 등록 전 매입세액 ③ 세금계산서의 미수취·부실기재분 수취, 합계표 미제출·부실기재 관련 매입세액	손금불산입항목 (기타사외유출)
	조세정책적 목적	④ 「개별소비세법」 제1조 제2항 제3호의 과세대상 자동차[운수업, 자동차 판매업, 자동차 임대업, 운전학원업, 기계경비업무업(출동차량에 한정함), 이와 유사한 업종에 직접 사용되는 것 제외]의 구입·임차·유지에 관한 매입세액 ⑤ 면세사업 관련 매입세액 ⑥ 기업업무추진비 및 이와 유사한 비용의 지출에 관련된 매입세액 ⑦ 영수증을 교부받은 거래분에 포함된 매입세액으로서 매입세액공제대상이 아닌 금액	해당 지출에 대한 부대비용[*1]
		⑧ 토지 조성 등 자본적 지출 관련 매입세액	토지의 취득가액
		⑨ 부동산 임차인이 부담한 전세금 및 임차보증금에 대한 매입세액	손금항목[*2] (비용처리)

*1 해당 지출이 자산의 취득가액이면 매입세액도 자산의 취득가액으로 처리하고, 해당 지출이 비용이면 매입세액도 비용으로 처리한다.

*2 사업자가 부동산임대용역을 공급하고 받은 전세금이나 보증금에 대한 간주임대료를 부가가치세 과세표준에 포함하여 신고하여야 한다. 그런데 「부가가치세법」은 간주임대료에 대해서 세금계산서 발급을 금지하고 있으므로, 간주임대료를 임대인이 부담한 경우에는 임대인은 세금과공과로 처리하고, 임차인이 부담한 경우에는 임차인은 임차료로 처리하고 임대인은 거래징수한 매출세액과 동일하게 처리한다(법인 22601-609, 1987. 3. 7., 법칙 §11(2)).

[예] 임대인이 간주임대료에 대한 부가가치세 10,000원을 부담하는 경우의 회계처리

(차) 세 금 과 공 과   10,000   (대) 부 가 세 예 수 금   10,000
    (손 금)

[예] 임차인이 간주임대료에 대한 부가가치세 10,000원을 부담하는 경우의 회계처리

〈임차인〉

(차) 임 차 료   10,000   (대) 현   금   10,000
    (손 금)

〈임대인〉

(차) 현   금   10,000   (대) 부 가 세 예 수 금   10,000

(2) 의제매입세액 및 조특법상 재활용폐자원 등에 대한 매입세액의 처리

법인이 재화를 구입할 때 매입세액을 부담하지 않은 경우에도 일정한 금액을 매입세액으로 보아 공제하는 것을 의제매입세액이라고 한다. 이와 같이 매입세액을 부담하지 않고 공제하는 의제매입세액은 구입한 자산의 매입가액에서 이를 공제한다(법령 §22②).

의제매입세액공제제도는 다음과 같다.

① 사업자가 부가가치세를 면제받아 공급받거나 수입한 농산물·축산물·수산물·임산물·소금·단순가공식품을 원재료로 하여 제조·가공한 재화 또는 창출한 용역의 공급에 대하여 부가가치세가 과세되는 경우에 구입한 농산물 등의 매입가액에 일정한 율을 곱해서 공제(부법 §42)

사례 » 의제매입세액

갑법인은 음식점업을 영위하는 법인으로서 원재료인 면세농산물 등을 10,600,000원에 외상으로 구입하고 의제매입세액공제로 600,000원을 공제받은 경우 회계처리

(차) 원 재 료	10,600,000	(대) 매 입 채 무	10,600,000
부 가 세 대 급 금	600,000	원 재 료	600,000

---

② 재활용폐자원 및 중고자동차를 수집하는 사업자가 세금계산서를 발급할 수 없는 자, 일정한 자로부터 재활용폐자원과 중고자동차를 취득하여 제조 또는 가공하거나 이를 공급하는 경우에는 일정한 율에 따른 금액을 매입세액으로 공제(조특법 §108).

(3) 간주공급(재화공급의 특례)에 대한 부가가치세 부담액의 처리

① 면세전용과 개별소비세 과세대상 자동차와 관련된 재화에 대한 매출세액 : 해당 재화의 취득가액에 가산

② 종업원에 대한 개인적 공급에 대한 매출세액 : 사업자가 부담한 경우 재화의 시가와 매출세액을 종업원의 급여로 처리한다. 임원인 경우에는 임원상여금 한도초과 여부를 검토하여야 함.

③ 사업상 증여에 대한 매출세액 : 사업상 증여에 해당되어 해당 법인이 매출세액상당액을 부담하는 경우에는 사업상 증여의 성질에 따라 처리한다(법기통 25-0…3).

例 사업자가 제품(시가 100,000원, 원가 60,000원)을 거래처에 증정하고 VAT를 부담한 경우

(차) 기 업 업 무 추 진 비	70,000	(대) 제 품	60,000
		부 가 세 예 수 금	10,000

→ 세무상 기업업무추진비 : 110,000원이므로 기업업무추진비 해당액에 40,000원으로 가산하여야 한다.

(4) 대리납부하여야 할 부가가치세의 납부

부가가치세법상 사업자가 매출세액에서 공제받는 매입세액과 부가가치세가 면제되는 사업을 영위하는 법인이 국내사업장이 없는 비거주자 또는 외국법인으로부터 용역을 공급받고 그 대가를 지급(계약내용에 부가가치세의 징수 및 부담에 관한 조항이 없음)하는 때에 부가가치세를 대리납부하지 아니하여 추징받은 경우 대리납부하여야 할 세액은 추징받은 사업연도의 소득금액계산에 있어 손금에 산입하고, 대리납부의무불이행으로 인하여 가산하여 징수하는 금액은 손금에 산입하지 아니한다(서이 46012-10565, 2001. 11. 19.).

(5) 부가가치세 매입세액 관련 사례

① 법인이 세금계산서를 교부받지 아니함으로써 공제받지 못한 부가가치세 매입세액은 손금에 산입하지 아니한다(법인 46012-3153, 1999. 8. 11.).
② 부가가치세 과세사업과 면세사업을 겸영하는 법인이 납부환급세액 재계산에 따라 면세비율이 증가하여 추가로 납부하는 부가가치세는 당해 부가가치세 과세기간 종료일이 속하는 사업연도에 해당 감가상각자산의 취득가액으로 가산하고, 자산을 이미 양도한 경우에는 비용으로 처리한다(서이 46012-10487, 2002. 3. 15.).
③ 주택판매사업의 공급가액에 대한 과세분과 면세분의 안분계산 착오로 부가가치세를 추징당한 경우, 그 추징세액 상당액만큼 수익금액이 감소되는 것이므로 계약서상 구상권을 행사할 수 있는 경우를 제외하고는 그 추징세액 상당액은 추징당한 사업연도의 손금에 산입할 수 있다(법인 22601-738, 1985. 6. 10.).
④ 사용수익 기부자산을 기부한 후 세무서장으로부터 고지된 부가가치세는 이를 실제로 납부한 때로부터 기부자산의 잔존내용연수 또는 잔존사용수익기간에 따라 안분계산한 금액을 각 사업연도의 손금으로 한다(법인 22601-111, 1992. 1. 16.).

1-3. 개별소비세, 주세, 「교통·에너지·환경세」

(1) 개별소비세 등의 처리

반출하였으나 판매하지 아니한 제품에 대한 개별소비세(주세, 「교통·에너지·환경세」를 포함하며, 이하 "개별소비세 등"이라 한다)의 미납액은 손금에 산입하지 않는다. 다만, 제품 가격에 그 세액에 상당하는 금액을 가산한 경우에는 예외로 한다(법법 §21(2)).

제품에 대한 개별소비세(또는 주세)는 과세물품을 제조장에서 반출할 때를 과세시기로 한다(개소법 §4). 따라서 제조장에서 개별소비세의 과세대상인 제품을 반출하면 매 분기별 (석유류는 매월) 개별소비세(또는 주세)를 신고·납부하여야 한다. 이에 따라 과세물품에 대한 개별소비세(또는 주세)를 법인이 먼저 부담하고, 추후 해당 물품 판매시 개별소비세(또는 주세)를 회수하게 된다.

「법인세법」상 개별소비세(또는 주세)는 다음의 두 가지 방법으로 처리할 수 있다.

구 분	[방법 1] 채권으로 처리하는 방법	[방법 2] 제품가액에 가산하는 방법
반출시	(차) 미수세금 100 　　　(대) 미납세금 100	(차) 제　품 100 　　　(대) 미납세금 100
납부시	(차) 미납세금 100 　　　(대) 현　금 100	(차) 미납세금 100 　　　(대) 현　금 100
판매시	(차) 현　금 100 　　　(대) 미수세금 100	(차) 현　금 100 　　　(대) 매　출 100 (차) 매출원가 100 　　　(대) 제　품 100

기업회계에서는 개별소비세, 주세, 담배소비세와 같은 소비세는 매출과 매출원가에 포함하지 아니한다. 따라서 [방법 2]는 기업회계기준에 위배되는 회계처리이므로 외부회계감사대상 법인은 [방법 1]로 회계처리하여야 한다(GKQA04-051, 2004. 10. 13.).

(2) 개별소비세 또는 주세의 처리

「개별소비세법」 제1조 제3항에 규정된 개별소비세의 과세장소를 경영하는 법인이 내부규정에 따라 무료입장을 허용하고 징수하지 아니한 개별소비세를 당해 법인이 대신 납부하는 경우 동 개별소비세(법인-1037, 2009. 9. 23.)와 석유류 판매 법인이 그 매입자로부터 거래징수한 개별소비세 및 교통세의 무납부 또는 거래징수하지 않은 경우, 동 개별소비세 및 교통세는 손금불산입한다(서이 46012-10804, 2003. 4. 17.).

1-4. 징수의무불이행으로 부과된 조세 및 가산세

「법인세법」과 「소득세법」에서 규정한 원천징수불이행으로 대신 납부한 원천징수세액(법기통 21-0…1 2호)과 그 가산세 및 간접국세의 징수불이행과 납부불이행으로 부과한 세액과 그 가산세는 손금에 산입하지 아니한다(법법 §21(1), 법령 §21).

그러나 국내사업장이 없는 비거주자 또는 외국법인에게 지급하는 사용료 등 대가에 대하여 원천징수세액 상당액을 법인이 부담하는 조건으로 용역계약을 체결한 경우에는 그 원천징수세액상당액을 용역대가의 일부로 보아 손금에 산입한다(법기통 19-19…27).

피합병법인이 원천징수의무를 이행하지 아니하여 추징당한 원천세를 합병법인이 납부한 경우 당초 피합병법인이 외국법인과의 사용료 등 대가에 대한 원천징수상당액을 당해 법인이 부담하는 조건으로 계약을 체결한 경우에도 동 원천세상당액은 피합병법인의 손금이므로 합병법인의 손금에 산입할 수 없다(법인 46012-94, 1996. 1. 12.).

1-5. 조세 관련 사례

(1) 취득세

손금항목인 조세는 성격에 따라 자산과 비용으로 적절히 배분하여야 한다. 예를 들어, 손금항목인 조세 중에서 취득세와 관세는 자산을 취득하기 위한 조세이므로 자산의 취득가액으로 처리한다.

① 분양주택에 대한 취득세

주택신축판매업을 영위하는 법인이 분양주택에 대한 취득세를 납부하기 전에 당해 주택을 양도하는 경우에는 양도하는 날이 속하는 사업연도에 「지방세법」에 의한 동 세액상당액을 산출하여 공사원가로 손금에 산입하고, 그 후 실제로 납부한 세액과 차액이 발생한 경우 그 차액은 납부일이 속하는 사업연도의 손금 또는 익금으로 처리한다(법인 46012-4572, 1995. 12. 14.).

② 과점주주에 대한 취득세

법인이 타법인의 주식을 취득함으로써 과점주주가 됨에 따라 납부하는 취득세는 동 주식의 취득원가에 산입한다(법기통 21-0…4 ②).

③ 공사도급계약시 건물소유주에게 부과될 취득세 등을 부담한 경우

건축물을 신축분양하는 사업시행자에게 준공 후 부과될 취득세를 시공자가 부담하는 조건으로 공사도급계약을 체결하고, 이러한 부담금을 공사도급금액에 포함시킨 경우에는 동 부담금을 시공자의 손비로 처리한다(법인 46012-2543, 1997. 10. 2.).

(2) 등록면허세

구 분	내 용	근 거
법인설립 관련 등록면허세	손금항목(비용)	
증자관련 등록면허세	손금불산입항목(신주발행비)	법령 §20③
자산 취득관련 등록면허세	자산으로 처리	

(3) 분양목적으로 보유하는 토지에 대한 재산세와 종합부동산세

법인이 판매를 목적으로 취득한 토지 등을 보유하고 있는 경우 동 토지 등에 부과되는 재산세 등(취득세 제외)은 손금에 산입하나, 해당 부동산이 「법인세법」상 업무무관부동산에 해당하는 경우에는 업무무관경비로 손금불산입하여야 한다(서면2팀-1695, 2005. 10. 21.).

(4) 제2차 납세의무자로서의 조세부담금

제2차 납세의무자로서 납부한 법인세 등은 손금에 산입하지 아니한다. 다만, 출자법인이 해산한 법인으로부터 잔여재산을 분배받은 후 「지방세징수법」 제12조 또는 「국세기본법」 제38조에 따라 해산한 법인의 법인세를 제2차 납세의무자로서 납부한 경우에는 다른 제2차 납세의무자 등에게 구상권을 행사할 수 없는 부분에 한하여 손금에 산입할 수 있다(법기통 21-0…13호).

2. 벌금·과료 및 과태료

(1) 벌금·과료 및 과태료를 손금불산입하는 이유

벌금, 과료(통고처분에 따른 벌금 또는 과료에 상당하는 금액 포함), 과태료(과료와 과태금 포함)는 손금불산입항목이다. 벌과금을 손금불산입하는 것은, 사회질서유지 또는 불법행위에 대한 제재 수단인 벌금·과료·과태료 등을 손금으로 인정하게 될 경우 법인세 효과만큼 그 제재의 효과가 반감되어 결과적으로 세법이 사회질서유지를 저해하는 행위 또는 불법행위를 오히려 지원하게 되는 불합리한 결과를 방지하기 위한 것이다.

우리나라 정부뿐만 아니라 외국정부에 의해 부과된 벌과금도 외국에서 행해진 사회질서위반 또는 불법행위에 대한 제재 목적이라는 점에서 동일하므로 세법상 국내법에 의해 부과된 벌금 등과 차별할 이유가 없다(조심 2014서 3384, 2015. 4. 15.).

벌과금은 공권력에 의하여 강제로 부과된 것이므로 계약서에 의한 지체상금(정부와의 납품계약에 의한 지체상금 포함)·연체이자·연체금 등은 벌과금이 아니다.

(2) 벌과금 관련 사례

1) 벌과금인 것 … 손금불산입항목

① 법인의 임원 또는 직원이 「관세법」을 위반하고 지급한 벌과금(법인 22601-2305, 1992. 10. 28.)과 그 벌과금 외에 수입재산을 몰수당한 경우 몰수재산의 가액(국심 81서 113, 1981. 4. 3.), 「관세법」 위반에 따른 추징금(서면-2015, 2015. 8. 18., 법기통 21-0…3 1호)

② 업무와 관련하여 발생한 교통사고벌과금(법기통 21-0…3 2호)

③ 「고용보험 및 산업재해보상보험의 보험료 징수 등에 관한 법률」 제24조에 따라 징수하는 산업재해보상보험료의 가산금(법기통 21-0…3 3호)

④ 금융기관의 최저예금지급준비금 부족에 대하여 한국은행법 제60조 제2항에 따른 금융기관이 한국은행에 납부하는 과태금(법기통 21-0…3 4호)

⑤ 국민건강보험법 제80조에 따라 징수하는 연체금(법기통 21-0…3 5호)

⑥ 외국의 법률에 따라 납부한 벌금(법기통 21-0…3 6호)

⑦ 퇴직자가 부정한 방법으로 보험급여를 받아 국민건강보험법 제45조에 따라 법인이 추가로 납부한 진료비(법인 1264.21-3944, 1984. 12. 10.)

⑧ 「특정건축물정리에 관한 특별조치법」에 의해 무허가건축물의 양성화에 따른 과태료(법인 1264.21-3692, 1984. 11. 16., 법인 1264.21-3692, 1984. 11. 6.)

⑨ 원양어선이 불법어로작업으로 상대국의 법률에 따라 납부한 벌금(국심 92서 3051, 1992. 10. 8., 법인 22601-2363, 1992. 11. 5.)

⑩ 「환경보전법」 및 행정처분명령(조업중지) 위반으로 법인 및 대표자에게 각각 부과하는 벌과금(법인 22601-2305, 1992. 10. 28.)

⑪ 건설업을 영위하는 법인이 건설업법 제17조의 규정을 위반하여 같은법 제62조에 따라 납부한 벌금(과징금)(법인 46012-3448, 1996. 12. 11.)

⑫ 「독점규제 및 공정거래에 관한 법률」에 의해 과징금을 납부기한 내 납부하지 않아 징수하는 가산금(서이 46012-10145, 2001. 9. 11.). 또한, 형사보상법 제4조 제4항에 따라 이미 징수한 벌금 또는 과료액에 가산하여 보상받은 이자 상당액(법인 22601-1232, 1990. 6. 11.)

⑬ 「재활용 촉진에 관한 법률」 제19조 등과 관련하여 재활용의무 미이행으로 인한 재활용부과금이 벌과금적 성격의 부담금(서면2팀-1857, 2004. 9. 6.)

⑭ 발전소를 운영하는 내국법인이 「신에너지 및 재생에너지 개발·이용·보급 촉진법」에 따른 의무를 불이행하여 납부한 과징금(국심 법인 2015-19, 2015. 6. 4., 법인-186, 2014. 4. 17.)

2) 벌과금이 아닌 것 … 손금항목

① 사계약상의 의무불이행으로 인하여 징수하는 지체상금(정부와 납품계약으로 인한 지체상금을 포함하며 구상권행사가 가능한 지체상금을 제외한다)(법기통 21-0…2 1호, 법인 22601-2122, 1990. 11. 9.) 및 위약금(법인 22601-2122, 1990. 11. 9.)

② 보세구역에 장치되어 있는 수출용 원자재가 「관세법」상의 장치기간 경과로 국고귀속이 확정된 자산의 가액(법기통 21-0…2 2호)

③ 철도화차사용료의 미납액에 대하여 가산되는 연체이자(법기통 21-0…2 3호)

④ 「고용보험 및 산업재해보상보험의 보험료 징수 등에 관한 법률」 제25조에 따른 산업재해보상보험료의 연체금(법기통 21-0…2 4호)

⑤ 국유지사용료의 납부지연으로 인한 연체료(법기통 21-0…2 5호)

⑥ 전기요금의 납부지연으로 인한 연체가산금(법기통 21-0…2 6호)

⑦ 국민연금연체료(법인 46012-1063, 1994. 4. 13.)

⑧ 금융기관이 사단법인 전국어음교환소 내부규약인 서울어음교환소 규약 및 동 시행세칙에 의하여 납입하는 과태금 및 제재금(소득 22601-649, 1985. 6. 19., 법인 1264.21-3226, 1983. 9. 20.)

⑨ 법인이 동업자협회에 납부한 협약위반금과 택시공제조합이 공제사업에 결손이 발생하여 이를 보전할 목적으로 건설교통부장관의 승인을 받아 조합원으로부터 징수하는 특별부담금

⑩ 증시안정기금의 출자자인 법인이 배정받은 증시안정기금의 출자금을 약정일에 납부하지 못하여 그 지연일수에 대한 연체금을 지급하는 경우의 연체금(법인 46012-4742, 1995. 12. 30.)

⑪ 개발부담금의 납부기한 연장에 따라 납부하는 이자상당액(법인 46012-3136, 1997. 12. 5., 법인 46012-3319, 1997. 12. 17.) 및 「하도급거래 공정화에 관한 법률」 제13조 제7항에 따라 지급하는 이자상당액(서면2팀-1085, 2007. 6. 4.)

(3) 임원 등에 대한 벌과금 등 대납액에 대한 소득처분

법인이 임원 또는 직원에게 부과된 벌금·과료·과태료 또는 교통벌과금을 대신 부담한 경우에도 그 벌금 등의 부과대상이 된 행위가 법인의 업무수행과 관련된 것일 때에는 법인에게 귀속된 금액으로 보아 손금불산입하고 기타사외유출로 처분한다. 다만, 내부규정에 의하여 원인유발자에게 변상조치하기로 되어 있는 경우에는 당해 원인유발자에 대한 상여로 처분한다(법집 67-106-13 ⑦).

그러나 부가가치세 가공거래 등으로 회사 임원 등이 고발 조치되어 부담하는 벌금을 법인이 대납하는 경우는 법인의 업무와 관련 없는 것으로 해당 임원에게 상여로 처분한다(법집 67-106-13 ⑧).

3. 가산금 및 강제징수비

납세자가 납부고지서를 받고 지정된 납부기한까지 세금을 납부하지 않으면 일정한 금액을 추가로 부담해야 하는데, 종전에는 이를 가산금이라고 하였다. 이에 따라 종전에는 자진 신고납부하는 세금을 법정납부기한이 지난 후에 납부하면 납부불성실가산세가 적용되고, 고지서상 지정납부기한이 지난 후에 납부하면 가산금이 적용되었다. 유사한 제도가 중첩적으로 운영됨에 따른 납세자의 혼란을 방지하기 위하여 2020. 1. 1. 이후 납세의무 성립분부터는 납부불성실가산세와 가산금을 납부지연가산세로 통합하였다(국기법 §47의4, 지기법 §55).

납세의무자가 고지된 세금을 지정된 납부기한까지 납부하지 않으면 과세관청은 다시 독촉장을 보내고, 독촉장에 지정된 납부기한까지도 세금을 납부하지 않으면 과세관청은 체납자의 재산을 압류하여 매각함으로써 세금을 강제로 징수하게 된다. 이와 같은 과세관청이 세금을 강제징수과정에서 체납자의 재산을 압류하고 보관·운반하며 매각하게 되는데 이 때 비용이 든다. 이러한 강제징수를 위한 비용은 강제징수비라고 한다. 종전에는 체납처분

비라고 하였으나 2020. 12. 19. 국세징수법을 개정하여 강제징수비로 용어를 변경하였다. 그러나 지방세징수법은 종전과 같이 체납처분비라는 용어를 사용하고 있다(지기법 §2(22)).

가산금(현행 납부지연가산세)과 강제징수비(지방세법상 체납처분비)는 세금납부 지연에 대한 제재로서 부과한 것이므로 손금에 산입하지 아니한다(법법 §21(3)).

4. 공과금

(1) 공과금에 대한 규정

종전에는 공과금을 손금불산입하되, 대통령령에 정하는 것만을 손금에 산입하는 열거주의(positive system)규정을 채택하고 있었다. 그 당시 보험회사가 보험감독원에 납부한 계쟁출연금을 손금산입하였는데, 국세청은 계쟁출연금이 대통령령에 열거되어 있지 않다는 이유로 손금불산입하였고, 보험회사는 이에 대하여 불복청구를 한 후 기각되자 행정소송을 제기하였다. 해당 보험회사는 행정소송 중 공과금을 열거주의로 규정한 「법인세법」 규정이 위헌인지에 대한 헌법소원심판을 청구하였다.

헌법재판소는 공과금이란 "국가 또는 공공단체에 의하여 국민 또는 공공단체의 구성원에게 강제적으로 부과되는 모든 공적부담"(대법원 89누 5386, 1990. 3. 23.)으로 법인의 일정한 사업이나 자산의 존재, 거래 등의 행위에 수반하여 강제적으로 부과되는 것이기 때문에 사업경비의 성격을 띠는 것이므로, 공과금은 「법인세법」상 손금에 산입됨이 원칙이고 예외적으로 그 성질상 비용성을 갖지 않거나 조세정책적 또는 기술적 이유에 의하여 손금에 산입함이 바람직하지 않아 법률이 정한 경우에 한하여 손금산입이 부정되는 것이 소득에 대한 과세로서의 「법인세법」의 본질 및 구조에 부합한다고 할 것이므로, 대통령령이 정하는 것 이외의 공과금은 손금에 산입하지 아니한다는 「법인세법」 규정은 있지도 않은 소득에 대하여 과세한다는 점에서 실질적 조세법률주의에 위배되어 위헌이라고 결정하였다(헌재 96헌바 36 내지 49[병합], 1997. 7. 16.).

이러한 결정에 따라 공과금을 모두 손금에 산입하되, 다음의 두 가지만 손금불산입하는 포괄주의(negative system)로 변경하였다(법법 §21(4)·(5)).

① 법령에 따라 의무적으로 납부하는 것이 아닌 공과금
② 법령에 따른 의무의 불이행 또는 금지·제한 등의 위반에 대한 제재(制裁)로서 부과되는 공과금

(2) 손금불산입대상인 공과금

「법인세법」은 공과금을 손금에 산입하는 것을 원칙으로 하되, 법령에 따라 의무적으로 납부하는 것이 아닌 공과금과 법령에 따른 의무의 불이행 또는 금지·제한 등의 의무에 대

한 제재로서 부과하는 공과금만 손금불산입한다. 실무상 어떤 공과금이 손금불산입 대상인지는 공과금을 부과하는 근거 법령의 내용을 검토해서 판단하여야 한다. 손금불산입대상 공과금의 사례는 다음과 같다.

1) 대기오염배출허용기준을 초과한 배출량에 부과되는 초과배출부담금

법인이 대기환경보전법 제19조 및 같은법 시행령 제15조의 규정에 의하여 부과되는 기본배출부과금과 초과배출부과금을 납부하는 경우 배출허용기준까지의 대기오염물질 배출량에 대하여 부과되는 기본배출부과금은 공과금으로 보아 손금에 산입할 수 있는 것이나, 배출허용기준을 초과한 배출량에 대하여 부과되는 초과배출부담금은 공과금에 해당되지 아니하므로 손금에 산입할 수 없다(법인 46012-2369, 1999. 6. 23.).

2) 신·재생에너지 공급 의무불이행으로 인한 과징금

발전소를 운영하는 내국법인이 「신에너지 및 재생에너지 개발·이용·보급 촉진법」에 따른 의무를 불이행하여 납부한 과징금은 「법인세법」 제21조에 따라 내국법인의 각 사업연도의 소득금액을 계산할 때 손금에 산입하지 아니한다(법인세과-186, 2014. 4. 17.).

(쟁점) 장애인고용부담금의 손금 여부에 대한 논란

(1) 장애인고용부담금의 손금 여부
「장애인고용촉진 및 직업재활법」은 장애인의 고용을 촉진하기 위하여 100명 이상의 근로자를 고용한 사업자가 의무고용률에 미달하게 장애인을 고용한 경우에는 장애인고용부담금을 부담하도록 하고 있다(「장애인고용촉진 및 직업재활법」 §33①). 사업주가 의무고용률 미만으로 장애인을 고용하여 부담한 장애인고용부담금은 법인세법상 손금인가?

(2) 과세당국의 예규
장애인고용부담금이 "법령에 따른 의무의 불이행 또는 금지·제한 등의 위반에 대한 제재(制裁)로서 부과되는 공과금"이라면 손금불산입항목이다.
법인세법의 공과금규정을 개정한 이후 국세청은 2001년과 2003년에 장애인고용부담금이 손금인지에 대한 예규를 발표했는데, 두 번 모두 손금이라고 해석하였다. 그러나 2018년 초에 기획재정부는 장애인고용부담금은 의무의 불이행에 대한 제재로서 부과되는 공과금이므로 손금불산입하는 새로운 예규를 발표하였다.

예 규	내 용
서이 46012-10673, 2001. 12. 5. 서이 46012-10993, 2003. 5. 19.	「법인이 장애인고용촉진 및 직업재활법」 제27조의 규정에 의하여 노동부장관에게 납부하는 장애인고용부담금은 각 사업연도의 소득금액을 계산함에 있어 손비로 인정되는 공과금에 해당하는 것임.
기획재정부 법인세제과-145,	「장애인고용촉진 및 직원재활법」 제33조 제1항에 따라 고용

예 규	내 용
2018. 2. 21.	노동부장관에게 납부하는 장애인고용부담금은 「법인세법」 제21조 제5호에 따른 공과금*에 해당되는 것임. 다만, 동 예규는 회신일 이후 장애인고용부담금을 신고·납부하여야 하는 분부터 적용하는 것임.
사전-2021-법령해석법인 -0411, 2021. 4. 9.	「장애인 고용촉진 및 직업재활법」 제33조 제1항에 따라 장애인고용부담금(이하 "부담금")을 납부하여야 하는 내국법인이 실제로 납부하여야 할 금액에 미치지 못하게 부담금을 과소신고함에 따라 새로운 유권해석(기획재정부 법인세제과-145, 2018. 2. 21.) 시행일 이후 같은 조 제7항 제1호에 따라 고지된 부담금을 납부하는 경우 해당 부담금은 「법인세법」 제21조 제5호에 따른 공과금*에 해당하는 것임.

* 법령에 따른 의무의 불이행 또는 금지·제한 등의 위반에 대한 제재(制裁)로서 부과되는 공과금(법법 §21(5))

(3) 법원의 판결

국세청에서 장애인고용부담금을 2001. 12. 5.에 손금산입되는 공과금으로 본 이후 17년 정도 그 유권해석을 유지하였으나, 2018. 2. 21. 기획재정부에서 손금불산입으로 예규를 변경하였다. 그러나 어떤 기업이 관할 세무서에 장애인고용부담금을 손금에 산입해 달라고 경정청구한 후 거부되자 심판청구를 제기한 사건들에서 조세심판원은 기각 결정하였다. 그러나 서울행정법원은 다음과 같이 장애인고용부담금은 손금이라고 판결하였고, 서울고등법원도 1심 판결을 그대로 인용하였다.

〈서울행정법원-2022-구합-65757, 2023. 5. 2.〉

장애인고용부담금이 기본적으로 사업주가 장애인고용의무를 위반하였을 때 발생하는 것이기는 하나, 장애인 고용의무 불이행에 대한 형사처벌 규정은 없고 그에 대하여 공표 등의 조치를 하는 것은 예외적인 경우에 이루어질 수 있으므로, 법령상 의무위반이 있는 경우 형사적, 행정적 제재(과태료, 가산금과 같이 제재적 성격이 명확한 것을 상정함)가 예정된 의무들과 비교하였을 때 장애인 고용의무에는 그와 같은 강한 규범력이 부여되었다고 보기는 어렵고, 일정한 범위의 작은 규모의 사업주에게는 현실적인 여건을 고려하여 장애인 고용의무에도 불구하고 장애인 고용부담금을 부담하지 않도록 하는 등의 내용을 두고 있으므로, 이 사건 장애인 고용부담금은 법령에 따른 의무불이행에 대한 '제재'라기 보다는 장애인고용에 대한 정책적 목적을 달성하기 위하여 독립적으로 부과되는 금전지급의무의 성격이 더 강하다고 판단된다. 장애인 고용부담금은 사회연대책임의 이념을 반영하여 장애인의 고용에 따르는 경제적 부담을 장애인을 고용하는 사업주와 고용하지 아니하는 사업주간에 평등하게 조정하고, 실업중인 장애인의 고용촉진을 위해 장애인을 새로이 고용하는 사업주가 작업설비 등의 개선을 위하여 지는 부담을 줄이기 위한 사업주의 공동각출금이라고 할 수 있으므로, 원고의 사업이나 자산의 존재, 거래 등의 행위에 수반되어 발생하는 사업경비의 성격을 가진다고 볼 수밖

<u>에 없다</u>. 또한 장애인 고용부담금은 책임 요건에 대한 고려 없이 일률적으로 계
산·부과된다는 점에서 이를 의무위반에 대한 '제재'로 보기 어려운 측면이 많다.
따라서 **장애인고용부담금이 '법령에 따른 의무 불이행'에 대하여 부과된 공과금이
라고 하더라도 그 의무 불이행에 대한 '제재'로서 부과된 것이라고 보기 어려우므
로,** 이와 다른 전제에 선 이 사건 처분은 위법하다.

〈서울고등법원 2023누 45325, 2023. 12. 5.〉

이 사건에 관하여 우리 법원이 설시할 이유는 제1심 판결의 이유 부분 기재와 같으
므로, 행정소송법 제8조 제2항, 민사소송법 제420조 본문에 따라 이를 인용한다.

아직 대법원의 판결이 나오지 않은 상태이므로 장애인고용부담금을 납부한 기업들은 대
법원의 판결을 지켜보면서 경정청구 여부 및 시기를 판단해야 할 것 같다.

(3) 손금에 산입되는 공과금 사례

손금에 산입되는 공과금의 사례는 다음과 같다.

① 영업자가 조직한 단체로서 법인이거나 주무관청에 등록된 조합 또는 협회에 월정액 이
외에 사업실적에 따라 정기적으로 납부하는 조합비 또는 협회비

② 내국법인이 공정거래 관련 문제로 미국에서 간접구매자집단으로부터 민사소송을 제기당
하는 한편 캐나다에서 직·간접구매자집단에게 민사소송을 제기당하여 합의금 지급으로
민사소송을 종결하였으며, 동 공정거래관련 문제에 대하여 우리나라 공정거래위원회에
서 제재를 받지 아니한 경우 당해 지급한 민사합의금(기획재정부 법인세제과-101, 2016. 2.
5., 기획재정부 법인세제과-623, 2016. 6. 22.)

③ 성실보고회원 조합원이 동 조합에 납부하는 조합비

④ 수출입업을 영위하는 법인이 수출대금 네고(Nego)시 한국무역협회에 납부하는 수출부담금

⑤ 법인이 상공회의소법에 따라 설립된 상공회의소에 납부하는 회비(서이 46012-12362, 2002.
12. 30.)

⑥ 수질환경보전법 제19조에 따라 납부한 배출부과금(법인 46012-2369, 1999. 6. 23.)과 「대
기환경보전법」 제35조 제1항 제2호에 따라 배출허용기준 이하의 대기오염물질 배출량에
대하여 부과되는 기본배출부과금

⑦ 항만하역업체가 정부의 지시에 따라 통상적인 하역요금 외에 부두근로자(일용노무자)의
퇴직금의 재원을 목적으로 하역협회에 납부하는 금액(직세 1234-517, 1979. 2. 22.)

⑧ 도로점용료(법인 46012-677, 1994. 3. 8.)

⑨ 담배사업법에 의해 제조업자가 연초경작자의 영농기술개발을 지원하기 위하여 납입하는
국민건강증진기금 출연금(법인 46012-284, 2002. 5. 14.)과 담배수입판매업자가 담배사업
법에 의해 납부하는 국민건강증진기금 출연금(법인 46012-2233, 1997. 8. 20.). 그러나 동

출연금이 출자지분 취득 등 자산의 취득대가로 지출된 경우에는 그러하지 아니하다(서이 46012-11043, 2002. 5. 17., 국심 2002부 3392, 2003. 4. 7.).

⑩ 정부의 통신사업허가 조건으로 매사업연도 매출확정액의 일정액을 정보화촉진기금 등에 납부하는 금액(법인 46012-1366, 1998. 5. 25.)

⑪ 금융기관이 「신기술사업금융지원에 관한 법률」에 의해 기술신용보증기금에 납부하는 출연금과는 별도로, 정부의 벤처기업 지원정책에 의거 원활한 자금대출 및 동 업무의 유기적인 상호협조를 위해 체결한 협약에 따라 벤처기업에 특별보증을 해 주는 기술신용보증기금에 납부하는 특별출연금(법인 46012-1603, 1998. 6. 17.)

⑫ 기업이 금융기관으로부터 부동산담보에 의한 대출시 신용보증기금으로부터 별도의 신용보증서를 발급받아야 하는 조건인 경우 신용보증에 따른 보증료를 채무자와의 약정에 의해 금융기관이 부담하는 금액(법인 46012-1209, 1998. 5. 11.)

⑬ 채용 안된 훈련생의 사내직업훈련비(법인 46012-863, 1995. 3. 30.) 및 직업훈련을 위탁하고 지급하는 위탁훈련비(법인 46012-50, 1995. 4. 13.)

⑭ 법인이 국유재산법 제51조에 따라 국가에 납부한 변상금으로서 당해 법인의 정상적인 영업수행과정에서 발생한 것에 해당하는 금액(법인 46012-4253, 1995. 11. 20.)

⑮ 환경관리공단이 공업단지 내에 설치한 폐수종말처리장 건립비용을 환경개선비용부담법 제13조 원인자별 부담규정에 의하여 동 공단입주업체가 부담하는 환경오염방지사업비용 부담금(법인 46012-152, 1994. 3. 3.)

⑯ 민법 제32조에 따라 설립된 사단법인 한국증권연구원에 지출하는 입회비와 연회비(법인 46012-128, 1998. 1. 16.)

⑰ 선물거래업 법인이 한국선물협회에 납부하는 회비(법인 46012-1053, 1998. 4. 28.)

⑱ 건설근로자 퇴직공제회에 납부하는 공제부금 및 운영경비로 출연하는 금액. 그러나 동 공제회의 정관에 의해 납부하는 부가금은 의무적인 것이 아니므로 손금불산입한다(재법인 46012-47, 1998. 6. 30.).

⑲ 산업단지통합방위협의회에 산업단지의 방호 및 예비군의 육성지원을 위해 산업단지 내 입주업체가 납부하는 회비(법인 46012-21, 1999. 1. 4.)

⑳ 동종사업자단체인 조합이 공동폐기물처리시설 등을 설치하고 소요된 차입금 원금과 이자를 그 조합원이 이용실적 등에 따라 부담하는 분담금(국심 2002부 3392, 2003. 4. 7., 국심 2001부 1604, 2001. 12. 12.)

㉑ 전국건설폐기물처리공제조합의 조합원이 납부하는 방치폐기물 처리를 위한 공제사업 분담금(서이 46012-10969, 2003. 5. 14.)

(4) 자산의 취득가액으로 처리하는 공과금

① 수도권정비계획법에 따라 건축물의 건축자가 납부하는 과밀부담금은 당해 자산의 취득 원가에 산입한다(재법인 46012-5, 1997. 1. 11.).

② 법인이 건물을 신축함에 있어 하수도법 제32조에 따라 하수종말처리시설의 설치 또는 사용에 따라 납부하는 원인자부담금은 건물의 취득가액에 산입한다(법인 46012-1453, 1997. 5. 29.).

③ 내국법인이 보유한 토지에 대하여 「개발이익환수에 관한 법률」에 의하여 부과받은 개발 부담금은 당해 토지에 대한 자본적지출로 보아 토지가액에 가산한다. 그러나 개발부담금 이 부과되기 전에 토지를 양도한 경우 양도일이 속하는 사업연도에 개발부담금상당액을 추산하여 토지의 원가로 손금산입하고 그 후 실제로 부과된 개발부담금과의 차액이 발 생한 경우 그 차액은 부과일이 속하는 사업연도의 손금 또는 익금에 산입한다(법인 46012 -4582, 1995. 12. 15., **법기통** 40-71…14).

④ 주택건설사업을 영위하는 법인이 시공중인 공사와 관련하여 대도시권 「광역교통관리에 관한 특별법」에 의하여 납부하는 광역교통시설부담금은 공사원가에 포함된다(서면2팀-2445, 2004. 11. 25.).

■ 사례 » 세금과 공과금

다음은 ㈜한공의 제21기 사업연도의 손익계산서의 비용으로 계상한 세금과 공과금의 내역이다. 이 자료로 세무조정을 하시오.

(1) 세금과공과 계정

(단위:원)

구 분	금 액	비 고
가　산　세	1,000,000	세금계산서 미발급 가산세
매　입　세　액	2,000,000	당기말 보유하고 있는 토지의 조성과 관련된 매입세액 불공제액
주 민 세 (균 등 분)	1,500,000	
재　산　세	4,120,000	업무용 재산에 대한 재산세로 가산금 120,000원 포함
종 합 부 동 산 세	3,000,000	업무용 토지에 대한 종합부동산세
등 록 면 허 세	300,000	증자 등기 관련 등록면허세
교 통 유 발 부 담 금	4,000,000	
개 발 부 담 금	6,000,000	보유 토지의 개발사업 관련
지 체 상 금	500,000	조달청 납품 관련
벌　금	400,000	외국에서 부과한 벌금
산 재 보 험 료 가 산 금	300,000	
산 재 보 험 료 연 체 료	700,000	
전 기 요 금 연 체 가 산 금	900,000	

(2) 법인세비용 계정 : 회사의 법인세비용에 대한 회계처리는 다음과 같다.

(차) 법인세비용   10,000,000   (대) 미지급법인세   11,600,000

이연법인세자산   1,600,000

▌ 해답 ▌

익금산입 및 손금불산입			손금산입 및 익금불산입		
과 목	금 액	처 분	과 목	금 액	처 분
가 산 세	1,000,000	기타사외유출			
토 지	2,000,000	유 보			
가 산 금	120,000	기타사외유출			
등 록 면 허 세	300,000	기타사외유출			
개 발 부 담 금	6,000,000	유 보			
벌 금	400,000	기타사외유출			
산 재 가 산 금	300,000	기타사외유출			
법 인 세 비 용	11,600,000	기타사외유출	이연법인세자산	1,600,000	유 보

▌ 해설 ▌

(1) 세금과공과

구 분	금 액	세무상 처리
가 산 세	1,000,000	가산세는 손금불산입항목임.
매 입 세 액	2,000,000	토지 조성을 위한 자본적지출 관련 매입세액은 토지의 취득가액으로 봄.
주 민 세 (균 등 분)	1,500,000	주민세는 손금항목이므로 세무조정 없음.
재 산 세	4,120,000	재산세는 손금이므로 세무조정하지 않으나, 가산금은 손금불산입함.
종 합 부 동 산 세	3,000,000	업무용 토지에 대한 종합부동산세는 손금이므로 세무조정 없음.
등 록 면 허 세	300,000	증자 등기 관련 등록면허세는 신주발행비이므로 손금불산입함.
교 통 유 발 부 담 금	4,000,000	교통유발부담금은 손금이므로 세무조정 없음.
개 발 부 담 금	6,000,000	개발부담금은 토지의 취득가액이므로 손금불산입함.
지 체 상 금	500,000	지체상금은 손금이므로 세무조정 없음.
벌 금	400,000	외국에서 부과한 벌금은 손금불산입항목임.
산 재 보 험 료 가 산 금	300,000	산재보험료가산금은 손금불산입항목임.
산 재 보 험 료 연 체 료	700,000	산재보험료연체료는 손금항목이므로 세무조정 없음.
전 기 요 금 연 체 가 산 금	900,000	전기요금연체가산금은 손금이므로 세무조정 없음.

(2) 법인세비용

구 분	내 용			
결산서	(차) 법인세비용 　　　이연법인세자산	10,000,000 1,600,000	(대) 미지급법인세	11,600,000
세법	(차) 법인세비용	11,600,000	(대) 미지급법인세	11,600,000
세무조정	익금산입 및 손금불산입		손금산입 및 익금불산입	
	법인세비용　11,600,000 기타사외유출		이연법인세자산 1,600,000 유보	

내국법인이 이연법인세회계에 따라 계상한 이연법인세자산·부채와 법인세비용을 세무조정하는 경우에는 이연법인세자산·부채를 손금산입(손금불산입) 유보처분하고, 해당 법인이 계상한 법인세비용에 이연법인세자산·부채에 상당하는 금액을 가감한 금액을 손금불산입(기타사외유출)하는 것임(**법규과**-181, 2012. 2. 22.).

16. 징벌적 손해배상금의 손금불산입

1. 개 요

법인이 임원 또는 직원의 행위 등으로 인하여 타인에게 손해를 끼침으로써 법인이 손해배상금을 지출한 경우에는 그 손해배상의 대상이 된 행위 등이 법인의 업무수행과 관련된 것이고 또한 고의나 중과실로 인한 것이 아닌 경우에는 그 지출한 손해배상금은 손금에 산입한다(법집 19 - 19 - 18). 다만, 손해배상금과 관련된 비용의 손금인정을 합리적으로 조정하기 위하여 2018. 1. 1. 이후 개시하는 사업연도부터는 내국법인의 사업연도의 소득금액을 계산할 때 징벌적 손해배상금 중 실제 손해발생액을 초과하는 금액은 손금에 산입하지 아니하도록 하였다.

2. 징벌적 손해배상금의 개념

손해배상에는 전보적 손해배상과 징벌적 손해배상의 두 가지가 있다. 전보적 손해배상이란 독일·프랑스 등 대륙법계국가에서 채택하고 있는 제도로서 타인에게 입힌 손해를 전보(塡補)하고 손해가 발생하지 않은 것과 똑같은 상태로 원상 복귀시키는 손해보상 제도이다. 반면에, 징벌적 손해배상제도는 미국·영국 등 주로 영미법계 국가에서 채택하고 있는 제도로서 끼친 손해보다 더 큰 금액을 손해배상하게 하는 방식이다. 고액의 배상을 치르게 함으로써 장래에 유사한 불법행위의 재발을 억제하자는 데 그 목적이 있다.

종전에 우리나라는 전보적 손해배상 제도를 채택하고 있었다. 그러나 2013년에 「하도급거래 공정화에 관한 법률」에서 징벌적 손해배상제도를 도입한 이후 개인정보보호법 등 여러 법률에서 징벌적 손해배상제도를 도입하였다.

징벌적 손해배상제도를 도입한 취지를 살리기 위하여 2017. 12. 19. 「법인세법」 개정시 내국법인이 지급한 징벌적 손해배상금을 손금불산입하는 제도를 도입하여 2018. 1. 1. 이후 개시하는 사업연도부터 적용하도록 하였다.

3. 손금불산입 대상 징벌적 손해배상금의 범위

손금불산입 대상 손해배상금의 범위는 다음과 같다(**법령 §23①**).

① 다음 중 어느 하나에 해당하는 법률의 규정에 따라 지급한 손해배상액 중 실제 발생한 손해액을 초과하는 금액 `24 개정`

[법령 별표 1] 손금불산입 대상 손해배상금에 관한 법률

1. 「가맹사업거래의 공정화에 관한 법률」 제37조의2 제2항
2. 「개인정보 보호법」 제39조 제3항
3. 「공익신고자 보호법」 제29조의2 제1항
4. 「기간제 및 단시간근로자 보호 등에 관한 법률」 제13조 제2항
5. 「남녀고용평등과 일·가정 양립 지원에 관한 법률」 제29조의2 제2항
6. 「농수산물 품질관리법」 제37조 제2항
7. 「대규모유통업에서의 거래 공정화에 관한 법률」 제35조의2 제2항
8. 「대리점거래의 공정화에 관한 법률」 제34조 제2항
9. 「대·중소기업 상생협력 촉진에 관한 법률」 제40조의2 제2항
10. 「독점규제 및 공정거래에 관한 법률」 제109조 제2항
11. 「디자인보호법」 제115조 제7항
12. 「부정경쟁방지 및 영업비밀보호에 관한 법률」 제14조의2 제6항
13. 「산업기술의 유출방지 및 보호에 관한 법률」 제22조의2 제2항
14. 「상표법」 제110조 제7항
15. 「식물신품종 보호법」 제85조 제2항
16. 「신용정보의 이용 및 보호에 관한 법률」 제43조 제2항
17. 「실용신안법」 제30조
18. 「자동차관리법」 제74조의2 제2항
19. 「제조물 책임법」 제3조 제2항
20. 「중대재해 처벌 등에 관한 법률」 제15조 제1항
21. 「축산계열화사업에 관한 법률」 제34조의2 제2항
22. 「특허법」 제128조 제8항
23. 「파견근로자 보호 등에 관한 법률」 제21조 제3항
24. 「하도급거래 공정화에 관한 법률」 제35조 제2항
25. 「환경보건법」 제19조 제2항

---

② 외국의 법령에 따라 지급한 손해배상액 중 실제 발생한 손해액을 초과하여 손해배상금을 지급하는 경우 실제 발생한 손해액을 초과하는 금액

4. 손금불산입 대상인 징벌적 배상금의 계산방법

실제 발생한 손해액이 분명하지 아니한 경우에는 다음 계산식에 따라 계산한 금액을 손금불산입 대상 손해배상금으로 한다(법령 §23②). 24 개정

$$\text{손금불산입 대상 손해배상금} = A \times \frac{B-1}{B}$$

A : ①의 법률 또는 ②의 외국 법령에 따라 지급한 손해배상액
B : ①의 법률 또는 ②의 외국 법령에서 정한 손해배상액의 상한이 되는 배수

┃ 사례 》

㈜경진은 「제조물 책임법」 제3조 제2항에 따른 징벌적 손해배상금으로 피해자에게 3억원을 배상하고, 이를 비용으로 계상하였다. 제조물책임법에는 징벌적 배상의 상한을 손해의 3배로 규정하고 있다. 다음 각 경우의 세무조정을 하시오.
[상황 1] 실제 손해액이 1억 5천만원인 경우
[상황 2] 실제 손해액이 불분명한 경우

┃ 해답 ┃

[상황 1] 실제 손해액이 1억5천만원인 경우

  <손금불산입> 손해배상금   150,000,000* (기타사외유출)

   * 300,000,000 − 150,000,000 = 150,000,000

[상황 2] 실제 손해액이 불분명한 경우

  <손금불산입> 손해배상금   200,000,000* (기타사외유출)

   * $300,000,000 \times \dfrac{2}{3} = 200,000,000$

□ 당사자 간의 합의에 따라 지급하는 손해배상금의 손금불산입 여부

동일한 사업을 영위하는 내국법인(이하 'A법인')과 다른 내국법인(이하 'B법인') 간에 미국에서 영업비밀 침해 등의 사유로 분쟁이 발생하여 민사소송 등이 진행되던 중 상호 합의에 따라 모든 법적 분쟁을 취하하고 A법인이 B법인에게 합의금(이하 '쟁점합의금')을 지급하는 경우, 쟁점합의금이 「법인세법 시행령」 제23조 제1항 제2호에 따른 "외국의 법령에 따라 지급한 손해배상액"에 해당하는 경우로서 법원 또는 이에 준하는 기관의 결정에 의하여 지급하는 손해배상금과 달리 실제 발생한 손해액이 법원 판결문 등에 의하여 명확히 확정되지 않아 분명하지 않은 경우라 하더라도 합의에 이르는 과정 및 합의내용 등의 제반 사항을 고려할 때 쟁점합의금이 실제 발생한 손해액을 초과하지 않는 것으로 인정되는 경우에는 「법인세법」 제21조의2 및 같은 법 시행령 제23조 제2항이 적용되지 않는 것이나, 귀 질의가 이에 해당하는지 여부는

사실판단할 사항임(서면-2021-법령해석법인-6997 [법령해석과-4772], 2021. 12. 30.).

□ 소제기 후 법원 판결 전 분쟁당사자 간 합의에 따라 지급하는 쟁점합의금이 외국의 법령에 따른 배상금인지 여부

소제기 후 법원 판결 전 분쟁당사자 간 합의에 따라 지급하는 쟁점합의금은 「법인세법 시행령」 제23조【징벌적 목적의 손해배상금 등의 범위】제1항 제2호에 따른 "외국의 법령에 따라 지급한 손해배상금"에 해당하지 않음(기획재정부 법인세제과-443, 2022. 10. 20.).

17. 기업업무추진비

1. 기업업무추진비의 개념

기업업무추진비란 접대, 교제, 사례 또는 그 밖에 어떠한 명목이든 상관없이 이와 유사한 목적으로 지출한 비용으로서, 내국법인이 직접 또는 간접적으로 업무와 관련이 있는 자와 업무를 원활하게 진행하기 위하여 지출한 금액을 말한다(법법 §25①).

대법원은 기업업무추진비를 "계정과목의 명칭에 불구하고 법인이 사업을 위하여 지출한 비용 가운데 상대방이 사업에 관련 있는 자이고 접대 등의 행위에 의하여 사업관계자 사이에 친목을 두텁게 하여 거래관계의 원활한 진행을 도모하기 위한 지출"로 본다(대법원 92누 16249, 1993. 9. 14.).

기업업무추진비는 업무와 관련된 지출이므로 주주·사원 또는 출자자나 임원 또는 직원이 부담하여야 할 성질의 지출을 법인이 부담하고 기업업무추진비로 처리한 것은 기업업무추진비로 보지 아니하고 직접 손금불산입하여 귀속자에게 배당·상여 등으로 소득처분한다(법령 §42①).

[개정] 접대비를 기업업무추진비로 명칭 변경(법법 §25)

> 접대비라는 명칭이 부정적 이미지를 형성한다는 문제가 있어서 2022년말 법인세법, 소득세법, 부가가치세법, 조세특례제한법의 접대비 명칭을 기업업무추진비로 변경하여 2024. 1. 1.부터 적용하도록 하였다.

(1) 기업업무추진비와 유사 지출과의 구별

기업업무추진비는 광고선전비, 판매부대비용, 기부금과 다음과 같은 차이가 있으므로 이를 구별하여야 한다.

◉ 기업업무추진비와 유사비용의 구별기준 ◉

구 분	내 용	업무관련	지출상대방	손금인정여부
기업업무추진비	접대행위에 의해 사업관계자들과의 사이에 친목을 두텁게 하여 거래관계의 원활한 진행을 도모하기 위한 지출	업무관련	특정인	한도 내 손금
광고선전비	불특정 다수인의 구매의욕을 자극하기 위한 지출		불특정다수	전액 손금
판매부대비용	건전한 사회통념이나 상관행에 비추어 볼 때 상품 또는 제품의 판매에 직접 관련하여 정상적으로 소요되는 지출(대법원 2003두6559, 2003. 12. 12.)		특정인	전액 손금
기부금	사업과 관련이 없는 재산 증여	업무무관	특정인	한도 내 손금(비지정기부금은 전액 부인)

1) 판매부대비용

가. 판매부대비용의 개념

판매부대비용은 지출경위나 성질, 액수 등을 건전한 사회통념이나 상관행에 비추어 볼 때 상품 또는 제품의 판매에 직접 관련하여 정상적으로 소요되는 비용이나, 기업업무추진비는 지출의무가 없는 임의적인 지출로서 상품 또는 제품의 판매와 직접 관련되지 아니한다. 실무상 기업업무추진비와 판매부대비용을 구별하기 어려운 경우가 많으나, 상품이나 제품의 판매와 직접 관련하여 정상적으로 지출되거나, 사전광고하고 그에 따라 지출된다면 판매부대비용으로 본다.

예를 들어, 신문, 방송, 현수막, 팸플릿 등으로 사전광고하고 고객에게 상품 등의 판매시 증정하는 휴지, 생수 등과 일정기간 동안 일정금액 이상 구매한 고객을 대상으로 추첨을 통해 당첨자에게 증정하는 냉장고, 공구세트 등에 대한 지출은 판매부대비용에 해당한다.

나. 판매부대비용의 판정기준

다음과 같이 건전한 사회통념과 상관행에 비추어 정상적인 거래라고 인정될 수 있는 범위 안의 금액은 판매부대비용으로 본다.

① 모든 거래처에 동일한 조건에 의하여 차별 없이 관행적으로 계속하여 지급하는 식대로서 기업회계기준에 따라 판매부대비용으로 계산된 경우 해당 금액
② 제조업 영위 법인이 제품을 판매하면서 사전 약정에 따라 자사의 제품을 판매하는 모든 거래처에 동일한 조건으로 할인판매가액 상당액을 부담하는 경우 해당 금액

다. 판매장려금

① 판매장려금의 개념 : 판매장려금이란, 판매촉진을 위하여 거래상대방에게 지급하는 금품을 말한다. 반면에, 상품 등을 판매할 때 그 품질이나 수량, 인도조건 또는 공급대가의 결제방법이나 그 밖의 공급조건에 따라 통상의 판매가격에서 일정액을 직접 깎아 주는 것은 매출에누리이다. 「법인세법」은 판매장려금은 손금으로 규정하고 있으나, 매출에누리는 매출액에서 차감한다. 반면에, 기업회계에서는 판매장려금을 매출에누리로 보아 매출액에서 차감한다(일반기준 실16.23). 판매장려금을 비용으로 처리하든 매출액에서 차감하든 당기순이익은 동일하므로 세무조정은 불필요하다. 다만, 판매장려금을 비용으로 회계처리하면 결산상 매출액은 기업회계기준에 따른 매출액보다 과대 계상되어 기업업무추진비한도액이 과다하게 계산되는 문제가 생긴다.

② 사전약정 없는 판매장려금 : 종전에 「법인세법」은 사전약정이 없거나 사전약정된 금액을 초과하는 판매장려금은 기업업무추진비로 보았다. 이에 따라 실무상 판매장려금이 기업업무추진비인지 여부에 대하여 납세자와 과세관청 간의 분쟁이 많이 발생함에 따라 정부에서는 판매장려금에 대한 기업의 세무상 부담을 덜어주기 위하여 「법인세법 시행령」을 개정하여 2009년 이후 지출분부터는 사전약정 없이 지급하는 경우에도 손금에 산입됨을 명문화하였다(법령 §19(1)의2).

라. 판매부대비용의 사례

① 판매한 상품 또는 제품의 보관료, 포장비, 운반비, 판매장려금 및 판매수당 등 판매와 관련된 부대비용(판매장려금 및 판매수당의 경우 사전약정 없이 지급하는 경우를 포함한다)(법령 §19(1)의2).

② 그 밖의 판매부대비용 사례(법집 19-19-2)

㉮ 사전약정에 따라 협회에 지급하는 판매수수료

㉯ 수탁자와의 거래에 있어서 실제로 지급하는 비용

㉰ 관광사업 및 여행알선업을 영위하는 법인이 고객에게 통상 무료로 증정하는 수건, 모자, 쇼핑백 등의 가액

㉱ 용역대가에 포함되어 있는 범위 내에서 자가시설의 이용자에게 동 시설의 이용시에 부수하여 제공하는 음료 등의 가액

㉲ 일정액 이상의 자기상품 매입자에게 자기출판물인 월간지를 일정기간 무료로 증정하는 경우의 동 월간지의 가액 상당액

㉳ 판매촉진을 위하여 경품부 판매를 실시하는 경우 경품으로 제공하는 제품 또는 상품 등의 가액

㉴ 기타 위와 유사한 성질이 있는 금액

③ 주택신축판매업을 영위하는 법인이 분양률 제고를 위해 수분양자에게 확정수익을 보장

하는 내용의 광고를 실시하고 이를 시행함에 따라 비용이 발생하는 경우 건전한 사회통념과 상관행에 비추어 정상적으로 소요되는 비용이라고 인정될 수 있는 범위 안의 금액은 「법인세법 시행규칙」 제10조에 따른 판매부대비용에 해당한다(사전-2015-법령해석법인-0466, 2016. 6. 22.).

2) 회의비 및 행사비

① 회의비 : 정상적인 업무를 수행하기 위하여 지출하는 회의비로서 사내 또는 통상회의가 개최되는 장소에서 제공하는 다과 및 음식물 등의 가액 중 사회통념상 인정될 수 있는 범위 내의 금액(통상회의비)은 회의비로서 손금에 산입한다. 그러나 통상회의비를 초과하는 금액과 유흥을 위하여 지출하는 금액은 이를 기업업무추진비로 본다(법기통 25-0…4).

> **사례 》 유흥을 위한 회의비**
>
> A법인(20×1. 1. 1.~20×1. 12. 31.)은 임직원의 사기 진작을 위하여 룸살롱, 가요주점 등에서 매월 2회 정도 회의를 하고 연간 500만원을 지출하였다. A법인은 해당 금액을 회의비로 회계처리한 경우 이에 대한 세무조정을 하시오. 다만, A법인의 기업업무추진비는 위 회의비를 고려하지 않아도 이미 한도액을 초과하고 있다.
>
> **■ 해답 ■**
>
> <손금불산입> 5,000,000(기타사외유출)
>
> (이유) 회의비는 회의개최 장소에서 회의에 필요한 음료, 다과 등에 사용하는 등 정상적인 업무수행을 위하여 지출하고 이를 손금에 산입하는 것인데도 A법인이 지출한 위 회의비는 그 지출처가 대부분 통상적인 업무노고를 위한 직원 회의장소라고 보기 어려운 룸살롱 등으로 월 평균 2회 이상 지출하고 있는 것으로 보아, 위 회의비는 비록 직원들의 사기진작을 위한 목적이 어느 정도 있었다 하더라도 그 본질은 회사운영에 필수 불가결한 손금 성격의 비용이 아닌 유흥비에 가깝다 할 것이므로 기업업무추진비로 보아 세무조정을 하는 것이 타당하다(국심 1999경 1550, 1999. 12. 7.).

② 주주총회 또는 기념식 관련비용 : 주주총회 또는 건물의 준공, 개업, 창립기념 등의 행사에 소요된 비용은 기업업무추진비로 보지 않는다(법인 1264.21-2281, 1983. 7. 1.). 그러나 행사비 중 사회통념상 인정될 수 있는 범위를 초과하는 금액과 유흥을 위하여 지출하는 금액은 기업업무추진비로 본다(법인 46012-3714, 1999. 10. 12.).

③ 특정고객을 위한 음악회 등 행사비용 : 학습지 제공 및 학습지를 통한 교육서비스업을 하고 있는 법인이 학습지 구독자를 위한 음악회 등의 행사경비를 지출한 경우 음악회 등에 참석한 관객들 대부분이 해당 법인의 회원과 그 가족인 점에 비추어 볼 때 불특정 다수인을 상대로 지출하는 광고선전비로 인정하기는 어렵고, 오히려 회원과의 친목을 도모하고 거래관계를 원활하게 하기 위한 행사비로서 기업업무추진비에 해당된다(국심 98서 313, 1999. 2. 23.).

④ 다수의 의료보건전문가를 대상으로 식사와 주류를 제공한 제품설명회 관련비용 : 영업사
원들이 다기관 제품설명회에서 의사 등을 대상으로 청구법인이 취급하는 의약품의 효능
등에 대하여 제품설명을 한 사실이 확인되고, 의사들을 초빙하여 청구법인의 의약품 제품
설명회를 하면서 음식료를 제공하는 것이 제품설명회와 관련된 비용이 아니라고 보는 것
도 적합하지 않다고 보이는 점, 청구법인이 다기관 의료인을 대상으로 실시한 제품설명회
의 연간 개최횟수가 ○○○회, 지출금액이 ○○○원 이하로 개최횟수와 지출금액이 과도
하다고 보이지도 않아 쟁점비용을 친목을 두텁게 하여 거래관계의 원활을 도모하기 위한
비용으로 보기 어려운 점 등에 비추어 처분청이 쟁점비용을 「법인세법」 제25조의 기업업
무추진비로 보아 경정청구를 거부한 처분은 잘못이라고 판단된다(조심 2017서 1142, 2018. 1.
12.).

3) 상품권 증정

① 상품권 증정액에 대한 처리

㉮ 고객증정분 : 법인이 개발한 신상품의 홍보 및 판매촉진을 위해 잠재고객이나 고객
에게 사전공시하고 공정한 기준에 의해 차등 지급하는 상품권은 판매부대비용으로
보나, 사전공시없이 특정고객에게 동일하지 않은 기준을 적용하는 경우에는 기업업
무추진비로 본다. 이 경우 상품권에 의하여 지급받는 당첨금품은 「소득세법」상 기
타소득에 해당하므로 원천징수대상이다. 원천징수의무자인 법인이 당첨고객으로부터
원천징수세액을 징수하지 아니하고 원천징수세액을 대신 납부하는 경우에는 법인의
각 사업연도 소득금액 계산상 이를 손금에 산입하지 아니한다(서면2팀-2207, 2005.
12. 28.).

㉯ 종업원증정분 : 법인이 근로자에게 생일이나 회사의 창립기념일에 지급하는 상품권
등의 선물은 법인에게는 인건비이므로 손금산입되나, 근로자에게는 과세되는 근로
소득에 포함된다(법인 46013-1358, 1999. 4. 13., 법인 46013-1378, 1993. 5. 14). 실무에
서 종업원선물을 복리후생비로 처리하는 사례가 있으나 근로소득으로서 원천징수
대상인 점에 유의해야 한다.

② 상품권 구입시 증빙서류

상품권은 재화가 아니므로 상품권 판매시 세금계산서, 계산서, 현금영수증의 발행대상이
아니다. 상품권을 기업업무추진비의 용도로 사용할 경우에는 신용카드로 구매한 경우에만
기업업무추진비로 인정되는 점에 유의해야 한다.

▌사례 » 　접대용 상품권 구입시 세금계산서를 받은 경우의 처리 ────

A법인은 거래처에 선물할 상품권 30매(1매당 부가가치세를 포함하여 110,000원)를 구입하면서 세금계산서를 수취하였다. 이 경우 세무조정은?

▌해답▌

<손금불산입> 3,300,000(기타사외유출)

상품권은 세금계산서 수취대상이 아니며 3만원 초과 기업업무추진비인 경우 적격증명서류를 수취하지 않으면 전액 손금불산입된다(국심 2007부 3464, 2007. 11. 7.).

---

4) 법인이 거래처에 제공한 자산에 대한 처리

가. 광고선전용 자산의 처리방법

제조업자 등이 자기의 상품 등을 판매하는 자 등에게 자기의 상호·로고·상품명 등을 표시하여 광고효과가 인정되는 물품 등을 제공하는 경우에는 다음과 같이 처리한다(법기통 15-11…4).

① 광고선전용 간판, 네온사인, 플래카드와 같이 오로지 광고선전용으로 사용되는 물품 등을 제공한 경우는 제조업자 등의 광고선전비로 처리하고 판매업자 등은 회계처리하지 아니한다.

② 물품 등의 소유권을 이전하거나 물품 등의 가액을 금전으로 제공한 경우는 제조업자 등은 기업업무추진비로 처리하고, 판매업자 등은 사업용자산과 자산수증익으로 회계처리한 후 당해 자산에 대하여 감가상각을 통하여 손금에 산입한다.

③ 제조업자 등이 당해 물품을 회수하여 재사용이 가능한 경우로서 제조업자 등이 물품 등의 소유권을 유지하는 것을 약정한 경우에는 제조업자 등의 자산으로 계상하고 감가상각비상당액을 광고선전비로 처리한다. 이 경우 판매업자 등은 회계처리하지 아니한다.

나. 거래처에 제공한 자산 관련 사례

① 독점판매권 취득을 위한 물품 증정 : 법인이 거래 병원에 혈액투석 관련 제품을 판매함에 있어 혈액투석기기, 정수기 및 인테리어 시설 등을 설치하여 주고 병원과 환자가 무상으로 이용하는 조건으로 혈액투석기기 관련 소모품(필터, 투석액 등)을 유상으로 판매하는 패키지(Package)로 일괄 계약을 체결하여 장기계약으로 독점판매하는 것으로, 거래의 법적 형식은 법인이 인테리어 등의 시설을 거래처에 무상으로 설치하여 주고 이용하게 하는 거래이지만, 그 경제적 실질은 그 법인의 제품을 일정기간 독점적으로 판매할 수 있는 권리를 취득하는 것과 대가관계에 있는 것으로 보아 위의 지출금액은 해당 법인의 사업용자산으로 인정되므로 이를 기업업무추진비로 볼 수 없다(국심 2008서 1588, 2009. 9. 16.).

② 브랜드 이미지 구축 등을 위해 모든 대리점에 인테리어 시설물을 지원하는 경우 : 제조업을 영위하는 법인이 차별화된 브랜드 이미지 구축을 통한 소비자의 구매의욕 증대 및 판매촉진을 위하여, 일정 기준에 해당하는 모든 대리점을 대상으로 당해 법인의 로고·상표 등을 부착한 인테리어 시설물을 통일된 사양·규격으로 설치하도록 하고 설치비용의 일부를 표준약정에 의한 동일 기준에 따라 지원하는 경우로서, 대리점이 계약기간 동안 시설물의 유지·관리의무 및 설치기준 위반시 동 지원금상당액을 당해 제조법인에 반환하기로 하는 조건으로 제조법인이 부담하는 당해 인테리어 시설비 지원금은 기업업무추진비에 해당하지 아니한다(서면2팀-2198, 2006. 10. 30.).

③ 브랜드 홍보 및 제품 판매촉진을 위해 모든 대리점을 대상으로 리모델링을 실시하고 비용의 일부를 약정에 의한 동일 기준에 따라 지원하고, 대리점이 계약기간 동안 시설물의 유지·관리의무 및 설치기준 위반시 동 지원금상당액을 당해 법인에 반환하기로 한 경우에는 기업업무추진비에 해당하지 않는다(법인-885, 2009. 7. 31., 서면2팀-2198, 2006. 10. 30.).

④ 내국법인이 소비자의 구매의욕 증대 및 판매촉진 등 광고선전 목적으로 사전 약정에 따라 일정 기준에 해당하는 거래처에 해당 법인의 로고·상표 등 홍보물을 부착하는 상품진열용 쇼케이스 구입비용의 일부를 지원하는 경우에 해당 법인이 부담하는 상품 진열용 쇼케이스 구입비용은 기업업무추진비에 해당하지 아니한다(서면법규과-49, 2014. 1. 20.).

5) 종업원단체에 대한 복리시설비

법인이 종업원단체에 대하여 지출한 복리시설비는 그 단체가 법인인 경우에는 기업업무추진비로 보나, 그 단체가 법인이 아닌 경우에는 경리의 일부로 본다(법령 §40②). 복리시설비란 법인이 종업원을 위하여 지출한 복리후생의 시설비, 시설구입비 등을 말하며(법기통 25-40…1), "경리의 일부로 본다"는 것은 법인의 지출로 보아 자산이나 비용으로 회계처리하는 것을 말한다.

법인의 종업원으로 구성된 노동조합 지부에 지출한 보조금은 위의 규정에 따라 처리한다(법기통 19-19…41).

6) 약정에 따라 포기한 채권

가. 약정에 따라 포기한 채권의 처리

약정에 의하여 채권의 전부 또는 일부를 포기하는 경우에도 이를 대손금으로 보지 아니하며 기부금 또는 기업업무추진비로 본다. 다만, 특수관계자 외의 자와의 거래에서 발생한 채권으로서 채무자의 부도발생 등으로 장래에 회수가 불확실한 어음·수표상의 채권 등을 조기에 회수하기 위하여 당해 채권의 일부를 불가피하게 포기한 경우 동 채권의 일부를 포기하거나 면제한 행위에 객관적으로 정당한 사유가 있는 때에는 동 채권포기액을 손금에 산입한다(법기통 19의2－19의2…5).

거래상대방	채권포기유형		처리내용
특수관계인 외의 자	정당한 사유가 있는 경우		손금산입(대손금)
	정당한 사유가 없는 경우	업무와 관련된 채권의 포기	기업업무추진비
		업무와 관련 없는 채권의 포기	기부금(손금불산입)
특수관계인			부당행위

나. 채권 포기 사례

① 통신요금 미납자에 대한 소액채권을 추심업체를 통해 회수함에 있어, 채권추심비용이 회수액을 초과하는지 여부에 대한 합리적 판단에 의하여 재산조사를 실시하지 않는 대신에 납부독촉 등 추심절차를 이행하던 중 소멸시효가 완성된 경우 이를 정당한 이유없이 채권의 임의포기나 기업업무추진비·기부금으로 볼 수 없다(법인－70, 2011. 1. 27.).

② 정당한 사유없이 채권회수를 위한 법적 조치를 취하지 아니함에 따라 채권의 소멸시효가 완성된 경우에는 기업업무추진비 또는 기부금으로 본다(서면－2297, 2007. 12. 17.). 예를 들어, 부도발생일부터 6개월 이상 경과한 시점까지 채무자의 재산이 있었는데도 불구하고 아무런 회수 노력없이 소구권을 일정기간 묵시적으로 행사하지 아니하여 소멸시효가 완성된 경우에는 기업업무추진비 또는 기부금으로 본다.

③ 이해관계가 대립되는 양당사자 간 채권·채무의 이행에 대한 합의가 안되어 소송을 제기하여 소송진행 중의 합의금을 받고 일부 채권이 포기된 경우 일방적인 채권의 포기가 아니므로 기업업무추진비로 볼 수 없다(국심 98서 1907, 1999. 3. 16.).

④ 거래처에 전산용역을 제공하고 지연지급시 계약상 받기로 한 연체료를 받지 않은 경우 동 금액은 기업업무추진비로 본다(국심 2003서 511, 2003. 7. 3.).

⑤ 손해배상청구소송 등에 있어 승소 가능 여부를 떠나 청구 가능한 범위의 배상금 전부를 주위적 청구로, 승소 가능한 부분을 예비적 청구로 하는 일반적인 소송관행과 같이 소송을 제기한 후, 예비적 청구내용과 같은법원의 조정에 갈음하는 결정에 따라 주위적 청구를 포기한 경우, 주위적 청구와 예비적 청구의 차이에 상당하는 금액을 포기하는 것은 기업업무추진비에 해당하지 않는다(서면2팀－711, 2005. 5. 20.).

⑥ 기부금반환소송에서 승소하여 반환받게 될 채권을 약정에 의하여 포기하는 경우 동 채권포기금액은 기부금 또는 기업업무추진비에 해당한다(서면2팀－1252, 2008. 6. 20.).

⑦ 건설업 법인이 미회수공사대금을 건축물로 대물변제받거나 그 분양권을 위임받아 분양대금으로 충당하는 경우, 당해 자산의 시가가 채권에 미달되는 금액이나 분양가액을 임의로 할인해 분양하고 그 할인한 금액을 채권과 상계하여 부담하는 경우 동 금액과 대

물변제로 취득한 아파트의 취득가액과 공사미수금과의 차액을 기업업무추진비로 본다 (법인-1364, 2009. 12. 3., 법인 46012-677, 1999. 2. 22.).

⑧ 특수관계인과 비특수관계인이 공동출자한 개인사업자와의 거래에서 발생한 공사채권을 정당한 사유 없이 포기한 경우 특수관계인의 출자지분에 해당하는 금액은 부당행위가 비특수관계인의 출자지분에 해당하는 금액은 기업업무추진비로 본다(법인-457, 2010. 5. 17.).

7) 기업업무추진비 관련 부가가치세 부담액

기업업무추진비에 대한 매입세액불공제액과 사업상 증여에 대한 매출세액은 기업업무추진비에 대한 부대비용이므로 기업업무추진비로 본다(법령 §22①(2), 법기통 25-0…3).

8) 골프와 관련된 사례

① 골프회원권의 취득과 관련된 매입세액 공제 여부 : 기업업무추진비와 관련된 매입세액은 매출세액에서 공제하지 아니한다. 이 경우 기업업무추진비와 관련된 매입세액이란, 비용인 기업업무추진비와 관련된 매입세액뿐만 아니라 접대를 위하여 구입한 자산(예를 들면, 골프회원권)과 관련된 매입세액을 포함한다(대법원 2013두 14887, 2013. 11. 28.).

② 골프대회 개최비용 : 광고선전목적으로 골프대회를 개최하면서 사전약정에 의해 불특정 거래처를 참가대상으로 한 경우에는 골프대회 개최비용은 기업업무추진비로 보지 아니하나, 특정거래처(또는 주요 고객)에 대한 사례 및 원활한 거래관계 유지 등을 목적으로 하는 경우에는 기업업무추진비로 본다(법인-2820, 2008. 10. 9., 법인 460212-1151, 2000. 5. 15.).

③ 임원 간의 단합을 위하여 지출한 골프비용 : 특정 임원들 간의 경영관리 회의와 단합 및 사기증진을 위해 골프장 이용료로 지출한 비용은 건전한 사회통념과 상관행에 비추어 정상적인 법인의 지출로 인정할 수 없으므로 손금불산입하여 해당 임원의 상여로 처분한다(서면2팀-1259, 2005. 8. 3.).

④ 골프장 입장료 할인 : 골프장을 운영하는 법인이 입장권을 할인해주는 경우, 할인액은 다음과 같이 처리한다.

구 분	할인료의 처리
특수관계인에게 정당한 사유없이 입장료를 할인해주는 경우	부당행위계산부인
사전에 공시하고 판매촉진 등의 목적으로 비회원제 골프장의 입장료를 사전에 정해진 일정한 기준에 따라 할인하는 경우	매출에누리 (서면2팀-2049, 2006. 10. 13.)

구 분	할인료의 처리
법인이 그린피 대우기준에 의하여 일정 기준의 이용객에게 그린피를 할인해 준 것은 골프장의 인지도 및 품격 향상 등을 통해 다른 이용객을 유치함으로써 골프장의 영업수익을 확대하기 위한 경영 전략(요금 정책)의 일환으로 볼 수 있고, 그린피 대우기준은 사전에 공표된 일종의 요금표(가격표)로서 골프장 이용객이 위 기준에 해당하기만 하면 불특정, 무차별적으로 공표된 요금을 받고 있는 경우	매출에누리 (국심 2004중 2682, 2005. 3. 3., 국심 2005중 439, 2006. 7. 11.)
회원제 골프장을 운영하는 법인이 비회원의 정상요금을 할인하여 회원요금으로 받는 경우	기업업무추진비 (서면2팀-1686, 2004. 8. 16., 국심 98서 313, 1999. 2. 23.)

⑤ 골프클럽에 지급하는 금품 : 골프장을 경영하는 법인이 그 고객이 조직한 임의단체(골프클럽)에 지급하는 금품은 기업업무추진비로 본다(법기통 25-0…5).

9) 거래처에 대한 포상금 및 성과급

① 건설업을 영위하는 법인이 산업재해예방을 위하여 하도급업자 중 일정한 기준에 따라 안전관리우수업체를 선정하여 사회통념상 적정하다고 인정되는 범위 내에서 지급하는 포상금은 기업업무추진비로 보지 아니한다(법인 46012-4218, 1995. 11. 16.).

② 제조업을 영위하는 법인이 당해 법인과 거래 관계에 있는 법인 또는 개인을 대상으로 일정한 포상기준에 따라 제품의 품질향상, 기술개발, 시장 개척 등에 공로가 크게 인정되어 사회통념상 적정하다고 인정되는 범위 내에서 지급하는 포상금은 기업업무추진비로 보지 아니한다(법인 46012-3193, 1996. 11. 16.).

③ 제조업을 영위하는 법인이 제품의 품질향상을 위해 원자재 등을 납품받는 거래처 중 일정한 기준에 따라 선정된 거래처의 품질개선활동을 지원하는 데 지출하는 비용으로서 사회통념상 적정하다고 인정되는 범위 내의 금액은 기업업무추진비로 보지 아니한다(서면법령법인-20060, 2015. 7. 21.).

④ 하도급계약에 따라 용역을 제공받는 법인이 동 계약 조건에 따라 용역대가의 일부로서 하도급업체 직원에게 성과급을 지급하는 경우에는 용역의 대가에 포함하나, 지급의무가 없는 성과급을 법인이 임의로 하도급업체 직원에게 지급하는 경우에는 기업업무추진비로 본다(법인-408, 2013. 7. 30.).

10) 특정거래처에만 제공하는 금품

① 법인이 취득한 경기관람용 입장권 등을 업무와 관련하여 특정거래처에게 제공하거나 이용하게 하는 경우 당해 취득비용은 기업업무추진비로 본다(서이 46012-10804, 2001. 12. 26.).

② 도매업을 영위하는 법인이 집중호우로 피해를 입은 지역의 특정 거래처 및 축산농가에 한

정하여 배합사료를 무상으로 지원하는 경우에는 기업업무추진비에 해당한다(서면2팀-1833, 2006. 9. 20.).

11) 금전의 무상 또는 저율 대여

① 법인이 당좌대출이자율보다 높은 이율로 금전을 차입한 경우 또는 당좌대출이자율보다 낮은 이자율로 금전을 대여한 경우 당좌대출이자율에 의하여 계산한 이자상당가산액과 차액은 기업업무추진비로 보지 아니한다(서이-357, 2006. 2. 16., 서이 46012-11622, 2003. 9. 9.).

② 내국법인이 「대·중소기업간 공정거래 및 동반성장협약 절차·지원 등에 관한 기준」에 따른 중소기업 협력사 지원방안의 일환으로 은행과 협약을 맺고 펀드를 조성하여 은행에 예치하면 특수관계 없는 협력사는 자금을 시중금리보다 저리로 대출을 받고, 내국법인은 예치금에 대한 이자수익을 받지 못하거나 시중금리보다 저리로 지급받는 경우 시중금리 등에 의해 계산한 이자상당액과의 차액은 기업업무추진비의 손금불산입 규정을 적용하지 아니한다(서면-2015-법령해석법인-1224 [법령해석과-153], 2016. 1. 18.).

12) 거래처 자녀에 대한 장학금

법인이 사업과 관련하여 거래처의 자녀에게 장학금으로 지급하는 금액은 기업업무추진비로 본다. 그러나 학교장에 추천한 학생에게 지급한 장학금은 그 학생이 거래처의 자녀인 경우에도 기부금으로 본다(법인 46012-90, 1999. 1. 9.).

13) 보험설계사에게 지출한 비용

보험사업을 영위하는 법인이 사업자인 보험설계사에게 지출한 비용은 지출 목적 등에 따라 기업업무추진비·판매부대비 등으로 구분하여 손금에 산입한다. 이 경우 판매부대비로 보아 손금에 산입하는 것을 예시하면 다음과 같다(법집 25-0-5).

① 「보험업법 시행령」에 따라 보험모집인 등록요건을 갖추기 위한 연수에 소요되는 비용 등 신규 보험설계사 모집·선발을 위하여 지출하는 비용

② 보험회사, 협회, 보험연수원에서 실시하는 보험설계사 교육훈련비

③ 보험설계사의 사기진작을 위해 지출하는 비용으로서 정기적으로 개최하는 체육대회 등의 행사비용

④ 「법인세법 시행령」 제19조 제18호를 적용받는 광고선전용 물품을 보험설계사를 통하여 고객에게 기증하는 경우 해당 물품의 구입비용

⑤ 사전에 공지된 우수고객 선정기준에 따라 법인의 우수고객에게 기증되는 물품을 보험설계사를 통하여 기증하는 경우 해당 물품의 구입비용

14) 정부의 지시에 따른 임대료 인하분

시설의 관리·운영 등을 위하여 설립된 공기업으로 사업의 일환으로 상업시설 등의 임대사업을 시행하고 있는 공사가 정부의 지시에 따라 상업시설 등의 임대료를 인하하는 경우 임대료 인하액은 기업업무추진비에 해당하지 아니한다(사전-2017-법령해석법인-0621, 2017. 10. 10.).

2. 현물기업업무추진비인 경우 기업업무추진비 가액의 계산

법인이 기업업무추진비로 금전 외의 자산을 제공한 경우 기업회계에서는 장부가액을 기업업무추진비로 대체하는 회계처리를 한다(회계 제8360-00161, 2001. 2. 2.). 그러나 「법인세법」은 금전 외의 자산을 제공한 때의 장부가액과 시가 중 큰 금액을 기업업무추진비로 본다(법령 §42⑥, 법령 §36①(3)).

┃ 사례 ≫ 현물기업업무추진비

㈜한공은 제품(장부가액 100, 시가 300)을 거래처에 증정하고 부가가치세 30을 추가로 부담하고 기업회계기준에 따라 다음과 같이 회계처리한 경우 세무조정을 하시오.

(차) 기업업무추진비	130	(대) 제 품	100
		부가세예수금	30

┃ 해답 ┃

구 분	회계처리			
결산서	(차) 기업업무추진비	130	(대) 제 품	100
			부가세예수금	30
세법	(차) 기업업무추진비	330	(대) 제 품	100
			잡 수 익	200
			부가세예수금	30
세무조정	① 회계처리 오류에 대한 세무조정 → 당기순이익에 영향이 없음으로 생략해도 됨. 　　<손금산입> 기업업무추진비 200 <익금산입> 잡수익 200 ② 기업업무추진비 세무조정 　㉮ 기업업무추진비 해당액 : 손익계산서의 기업업무추진비금액 + 현물기업업무추진비 평가차익 200 　㉯ 기업업무추진비 한도액 : 영향 없음			

3. 기업업무추진비의 귀속시기

기업업무추진비의 귀속시기는 발생주의에 따라 접대행위를 한 날이 속하는 사업연도로 한다. 따라서 기업업무추진비를 신용카드로 결제하였으나 사업연도말 현재 카드대금을 미지급한 경우도 접대한 날이 속하는 사업연도의 기업업무추진비로 회계처리하여야 한다(법인 22601-2471, 1985. 8. 19.). 기업업무추진비의 귀속시기는 발생주의에 의하는 점에서 현금주의에 의하는 기부금과 다르다.

법인이 기업업무추진비를 지출한 사업연도의 손비로 처리하지 아니하고 이연처리한 경우에는 이를 지출한 사업연도의 기업업무추진비로서 시부인 계산하고 그 후 사업연도에 있어서는 이를 기업업무추진비로 보지 아니한다(법기통 25-0…1).

사례 》 기업업무추진비의 귀속시기에 대한 세무조정

제23기 말에 거래처 임원을 접대하고 신용카드로 결제(결제액 100만원)하였다. 회사는 이를 제23기에는 회계처리하지 않고 결제일이 속하는 제24기에 기업업무추진비로 회계처리한 경우의 세무조정을 하시오.

해답

구 분	제23기	제24기
결산서	–	(차) 기업업무추진비 1,000,000 　　(대) 현　금 1,000,000
세 법	(차) 기업업무추진비 1,000,000 　　(대) 미지급금 1,000,000	(차) 미지급금 1,000,000 　　(대) 현　금 1,000,000
세무조정	<손금산입> 미지급금 1,000,000 (△유보) → 기업업무추진비에 포함	<손금불산입> 미지급금 1,000,000 (유보) → 기업업무추진비에서 제외

---

4. 기업업무추진비에 대한 규제

4-1. 개 요

기업업무추진비는 기업의 원활한 운영을 위해서 필요한 지출이지만 소모성 경비로서 법인의 재무구조를 부실화시키고 임직원의 사적인 용도로 유용될 가능성이 많다. 이에 따라 기업업무추진비 지출의 투명성을 확보하기 위하여 기업업무추진비에 대한 증명서류를 규제하고, 과다지출을 억제하기 위하여 기업업무추진비 한도초과액을 손금불산입한다.

기업업무추진비 손금불산입 순서를 도표로 나타내면 다음과 같다.

◉ 기업업무추진비에 대한 세무조정 ◉

	1단계	2단계

```
                    ┌─────────────────┐
                    │ 증명서류요건 미비분 │
                    │   손금불산입액    │
                    └─────────────────┘
        ┌──────────────────────┐         ┌─────────────────┐
        │ ❶ 기업업무추진비 범위   │         │  기업업무추진비   │
 기업업무 │ ❷ 현물기업업무추진비   │  기업업무 │   한도초과액     │   기업업무
 추진비  │    평가             │  추진비  ├─────────────────┤   추진비
 총   액 │ ❸ 기업업무추진비 귀속  │  해당액  │     손금인       │   한도액
        │    시기             │         │  기업업무추진비   │
        └──────────────────────┘         └─────────────────┘
```

4-2. 증명서류요건 미비분 손금불산입

(1) 적용대상

한차례 접대에 지출한 기업업무추진비가 3만원(경조비 20만원)을 초과하는 경우에는 적격증명서류를 수취하여야 한다. 다만, 다음의 기업업무추진비는 적격증명서류를 수취하지 않은 것에 정당한 사유가 있으므로 적격증명서류를 수취하지 않은 경우에도 직접 손금불산입하지 아니하고, 기업업무추진비해당액에 포함하여 기업업무추진비 한도초과액을 계산한다(법령 §41②, 법칙 §20②, 법집 25-0-1).

① 법인이 직접 생산한 제품 등으로 접대한 현물기업업무추진비(사업상 증여에 대한 매출세액 포함)

② 지출사실이 객관적으로 명백한 경우로서 적격증명서류를 구비하기 어려운 다음의 기업업무추진비

㉮ 기업업무추진비가 지출된 국외지역의 장소(해당 장소가 소재한 인근 지역 안의 유사한 장소를 포함한다)에서 현금 외에 다른 지출수단이 없어 법 제25조 제2항 각호의 증거자료를 구비하기 어려운 경우의 해당 국외지역에서의 지출

㉯ 농·어민(농업 중 작물재배업·축산업·복합농업, 임업 또는 어업에 종사하는 자를 말하며 법인은 제외한다)으로부터 직접 재화를 공급받는 경우로서 그 대가를 「금융실명거래 및 비밀보장에 관한 법률」 제2조 제1호에 따른 금융회사 등을 통하여 지급한 경우의 지출(해당 법인은 법인세 과세표준 신고를 할 때 송금사실을 적은 송금명세서를 첨부하여 납세지 관할 세무서장에게 제출한 경우에 한정한다)

③ 채권포기 등 거래실태상 원천적으로 증빙을 구비할 수 없는 기업업무추진비

(2) 적격증명서류의 범위

1) 적격증명서류의 범위

기업업무추진비에 대한 적격증명서류는 다음 중 어느 하나에 해당하는 것을 말한다(법법 §25②, 법령 §41④).

① 「여신전문금융업법」에 따른 신용카드, 외국에서 발행된 신용카드, 「여신전문금융업법」에 의한 직불카드, 「조세특례제한법」 제126조의2 제1항의 규정에 의한 기명식 선불카드, 직불전자지급수단, 기명식선불전자지급수단 또는 기명식전자화폐를 사용하여 지출하고 수취한 증명서류(2019. 2. 12. 이후 기업업무추진비를 지출하는 분부터 직불전자지급수단, 기명식선불전자지급수단 또는 기명식전자화폐를 적격증명서류로 인정함)

② 현금영수증

③ 계산서

④ 세금계산서

⑤ 매입자발행세금계산서

⑥ 매입자발행계산서

⑦ 사업자등록을 하지 아니한 자로부터 용역을 제공받은 경우로서 교부하는 원천징수영수증

2) 신용카드매출전표 등의 명의

기업업무추진비는 법인 명의로 받은 신용카드매출전표 등만 적격증명서류로 인정한다(법령 §41⑥). 따라서 "임직원 명의"의 신용카드매출전표 등을 수취한 경우에는 적격증명서류로 보지 않으므로 다음과 같이 처리한다.

구 분	세무상 처리
기업업무추진비	적격증명서류로 보지 않음. - 3만원 초과분 : 전액 손금불산입(기타사외유출) - 3만원 이하분 : 영수증을 수취한 것으로 보나, 3만원 이하이므로 직접 손금 불산입하지 않음(제도 46012 - 10356, 2001. 3. 29.).
기업업무추진비 이외의 지출	적격증명서류로 인정함(서이 - 1090, 2005. 7. 14.).

법인명의 신용카드로 인정되는 경우는 다음과 같다.

구 분	법인공용카드	법인임직원카드	법인개별카드*
카드형태	법인의 신용으로 발급되며, 카드에 법인이름만 새겨짐.	법인의 신용으로 발급되며, 카드에 법인이름과 임직원명이 같이 표시됨.	법인의 신용(개인의 신용 포함)으로 발급되며, 카드에 법인의 이름과 임직원 개인의 이름이 같이 새겨짐.
출금계좌	법인계좌	법인계좌	개인계좌 또는 법인계좌
대금결제 책임	법인	법인	개인이 1차적인 책임을 지되, 법인이 연대책임을 짐.
사용범위	모든 임직원 사용가능	카드에 표시된 임직원만 사용가능	본인만 사용

* 신용도가 낮은 기업은 법인신용으로 법인카드를 발급받기 어려우므로 법인과 임직원이 연대하여 책임을 지는 법인카드를 발급받는 경우가 있는데, 그 신용카드가 법인개별카드이다. 법인개별카드도 "법인 명의로 발급받은 신용카드"로 보므로 법인개별카드 사용액은 임직원이 신용카드 등 사용금액에 대한 소득공제를 받을 수 없다(재법인 46012-150, 2000. 10. 12., 법인 46012-2098, 2000. 10. 12.).

3) 위장카드가맹점에서 교부받은 신용카드매출전표

위장카드가맹점이란, 매출전표 등에 기재된 상호 및 사업장 소재지가 재화 또는 용역을 공급하는 신용카드 등의 가맹점의 상호 및 사업장 소재지와 다른 경우를 말한다(법령 §41⑤). 위장카드가맹점에서 교부받은 신용카드매출전표는 적격증명서류로 보지 아니하므로 3만원(경조금 20만원) 초과분은 직접 손금불산입하여 기타사외유출로 처분한다(법법 §25③). 다만, 위장카드가맹점에서의 지출이 당해 법인의 업무와 관련이 없거나, 특정개인이 부담할 성격의 비용인 경우에는 당해 소득자에게 상여로 소득처분한다(법인 46012-551, 2001. 3. 14.).

(3) 세무조정

건당 3만원(경조금 20만원) 초과 기업업무추진비에 대하여 적격증명서류 이외의 증명서류를 수취한 경우, 그 금액을 전액 손금불산입하여 기타사외유출로 처분한다(법법 §25②, 법령 §106①(3)).

● 기업업무추진비에 대한 증명서류 ●

사 례	증명서류 관련 세무조정
① 증명서류가 없는 기업업무추진비 30만원(귀속자 불분명)	<손금불산입> 30만원(상여) 가공비용이므로 대표자에게 상여로 처분함.
② 대표이사의 개인용도 사용한 기업업무추진비 30만원	<손금불산입> 30만원(상여) 개인이 부담할 지출이므로 업무무관지출임.
③ 법인의 기업업무추진비이나 대표이사 명의의 신용카드를 사용한 기업업무추진비 30만원	<손금불산입> 30만원(기타사외유출) 적격증명서류가 아니므로 기타사외유출로 처분함.
④ 위장카드가맹점에서 신용카드매출전표를 발급받은 기업업무추진비 30만원	<손금불산입> 30만원(기타사외유출) 적격증명서류가 아니므로 기타사외유출로 처분함.
⑤ 위장카드가맹점에서 신용카드매출전표를 발급받은 기업업무추진비 3만원	세무조정 없음. 적격증명서류로 보지 않으나, 건당 3만원 이하이므로 손금불산입대상이 아님.

4-3. 기업업무추진비 한도초과액의 손금불산입

(1) 특정법인이 아닌 경우의 기업업무추진비한도액

기업업무추진비한도액은 기본한도금액과 수입금액기준을 합한 금액으로 한다(**법법** §25④).

(1) 일반기업업무추진비한도액 = ① + ②

① 기본한도금액 : 1,200만원(중소기업 3,600만원) × $\dfrac{\text{사업연도월수}}{12}$

② 수입금액기준 : 일반수입금액 × 적용률 + 특정수입금액 × 적용률 × 10%

(2) 문화기업업무추진비한도액 : Min[문화기업업무추진비, 일반기업업무추진비한도액 × 20%]

(3) 전통시장기업업무추진비한도액: Min[전통시장기업업무추진비, 일반기업업무추진비한도액 × 10%]

(4) 기업업무추진비한도액 : (1) + (2)

1) 기본한도금액

기업업무추진비 기본한도금액은 1년에 1,200만원(중소기업의 경우에는 3,600만원)이다(**법법** §25④). 사업연도가 1년 미만인 경우에는 12로 나누고 사업연도 월수를 곱하여 계산한다. 사업연도 월수는 역(曆)에 따라 계산하되, 1개월 미만은 1개월로 한다. 예를 들어, 사업연도가 7월 20일부터 12월 31일인 경우 사업연도월수는 6개월이다.

2) 수입금액기준

가. 수입금액의 범위

기업업무추진비한도액 계산 기준인 수입금액은 기업회계기준에 따라 계산한 매출액[중단사업부문의 매출액을 포함하며 파생결합증권 및 파생상품 거래의 경우 해당 거래의 손익을 통산(通算)한 순이익(0보다 작은 경우 0으로 한다)]을 말한다(**법령 §42①**). 매출의 범위와 귀속시기는 기업회계기준에 따라 판단한다.

수입금액에 포함하는 것과 제외하는 것을 예시하면 다음과 같다.

수입금액에 포함하는 것	수입금액에 포함하지 않는 것
① 영업수입금액 ② 반제품·부산물·작업폐물 등의 매각액 　: 부수수익은 매출액에 포함함. ③ 중단사업부문의 매출액	① 영업외수익 ② 간주임대료 ③ 부당행위계산의 부인에 따라 익금산입한 금액 ④ 부가가치세·개별소비세와 같이 제3자를 대신하여 받는 금액(**법인 46012-534, 2002. 9. 30.**) ⑤ 매출에누리와 매출할인 : 매출액 계산시 차감 ⑥ 부가가치세법상 간주공급(재화공급의 특례) ⑦ 기업회계에 따라 매출액에서 차감계상한 반품추정액을 익금산입(유보)한 경우에도 수입금액 계산에 있어서는 동 반품추정액을 수입금액에 포함하지 않음(**서면2팀-65, 2005. 1. 10.**)

나. 반품권이 있는 판매

① K-IFRS 제1115호

기업이 반품권이 있는 판매를 한 경우 반품이 예상되는 제품에 대해서는 수익을 인식하지 않고 환불부채를 인식한다. 환불부채를 결제할 때 고객에게서 제품을 회수할 기업의 권리에 대해 인식하는 자산(반환재고회수권)은 처음 측정할 때 제품의 이전 장부금액에서 그 제품 회수에 예상되는 원가(반품된 제품이 기업에 주는 가치의 잠재적인 감소를 포함)를 차감한다. 이 자산은 환불부채와는 구분하여 표시한다(**문단 B25**).

> **사례 》 반품가능판매**
>
> K-IFRS를 적용하는 甲법인은 제24기 사업연도 말에 제품을 1,000,000원(원가 600,000원)에 현금으로 판매하되, 매입자가 제품을 사용하지 않은 경우 14일 이내에 반품할 수 있는 조건을 부여하였다. 매입자가 반품하면 甲법인은 판매대금을 전액 환불한다. 甲법인의 추정한 반품예상액은 판매액의 5%이며, 그 제품 반품과 관련된 제품의 가치가 10,000원만큼 감소될 것으로 추정된다. 이 경우 K-IFRS에 따른 甲법인의 회계처리를 하시오.
>
> **해답**
>
> | (차) 현　　　　금 | 1,000,000 | (대) 매　　　　출 | 950,000 |
> |---|---|---|---|
> | | | 환 불 부 채 | 50,000[*1] |

(차) 반 환 재 고 회 수 권   20,000[*2]   (대) 재 고 자 산   600,000
    반 품 비 용   10,000[*3]
    매 출 원 가   570,000[*4]

[*1] 반품예상액 : 1,000,000×5%=50,000
[*2] 반품이 예상되는 재고자산의 장부금액－회수에 예상되는 원가
    = 30,000－10,000=20,000
[*3] 회수에 예상되는 원가(반품될 재고자산 가치의 잠재적인 감소분 포함)
    = 10,000
[*4] 수익으로 인식한 재고자산의 장부금액
    = 950,000×60%
    = 570,000

② 법인세법

법인세법은 반품추정액을 인정하지 않으므로 반품과 관련하여 회계처리한 것에 대하여 세무조정을 해야 한다. 이 경우 기업업무추진비의 한도액 계산시 수입금액은 기업회계기준에 의하여 계산한 매출액을 말하므로 기업회계기준에 의한 매출액과「법인세법」상 익금산입과의 차액을 세무조정으로 익금산입한 금액은 포함하지 아니한다(서면2팀－12188, 2005. 1. 10.).

▐ 사례 ≫ **반품가능판매**

앞의 사례에서 甲법인에 대한 세무조정을 하고, 기업업무추진비 한도액 계산시 사용할 수입금액을 구하시오.

▌해답▐

(1) 세무조정

익금산입 및 손금불산입			손금산입 및 익금불산입		
과목	금액	소득처분	과목	금액	소득처분
환불부채	50,000	유보	반환재고회수권	20,000	유보

세법은 환불부채를 인정하지 않으므로 환불부채를 익금산입하고, 반환재고회수권은 손금산입한다.

(2) 기업업무추진비 한도 계산 수입금액 : 950,000
기업업무추진비 한도 계산 수입금액은 기업회계기준에 따른 매출액을 말하므로 환불부채를 익금에 산입한 경우에도 세무조정사항을 고려하지 않고 기업회계기준에 따른 매출액인 950,000원을 기업업무추진비 한도 계산 수입금액으로 한다.

다. 금융업 영위 법인에 대한 수입금액 특례

수수료 등을 주된 수입으로 하는 금융공기업은 업종의 특성상 매입원가가 없어 매출이

적게 계상되므로 기업업무추진비한도액을 계산할 때 다음과 같이 매출액에 수수료의 9배를 가산하되, 금융공기업은 대부분 독점적으로 사업을 하므로 기업업무추진비를 지출할 필요성이 적고, 공기업과의 과세형평성을 고려하여 수수료의 배율을 6배를 가산하도록 하였다 (법령 §42①).

● 수입금액 ●

구 분	수입금액의 계산에 있어서 매출액에 가산하는 금액
「자본시장과 금융투자업에 관한 법률」에 따른 투자매매업자 또는 투자중개업자	매출액 + 「자본시장과 금융투자업에 관한 법률」 제6조 제1항 제2호의 영업과 관련한 보수 및 수수료 × 9배
「자본시장과 금융투자업에 관한 법률」에 따른 집합투자업체	매출액 + 「자본시장과 금융투자업에 관한 법률」 제9조 제20항에 따른 집합투자재산의 운영과 관련한 보수 및 수수료 × 9배
한국투자공사	매출액 + 「한국투자공사법」 제34조 제2항에 따른 운용수수료 × 6배
한국수출입은행	매출액 + 수입보증료 × 6배
한국자산관리공사	매출액 + 「한국자산관리공사의 설립 등에 관한 법률」 제31조 제1항의 업무수행에 따른 수수료 × 6배
주택도시보증공사 24 신설	매출액 + 수입보증료 × 6배
신용보증기금, 기술신용보증기금, 농림수산업자신용보증기금, 주택금융신용보증기금, 한국무역보험공사, 신용보증재단, 근로복지공단(근로자신용보증 지원사업에서 발생한 구상채권에 한정한다), 대한주택보증주식회사, 산업기반신용보증기금, 신용보증재단중앙회, 엔지니어링공제조합, 소프트웨어공제조합, 방문판매등공제조합, 한국주택금융공사, 「건설산업기본법」에 따른 공제조합·전기공사공제조합·자본재공제조합, 소방산업공제조합, 정보통신공제조합, 건축사협회, 「건설기술 진흥법」 제74조에 따른 공제조합, 콘텐츠공제조합	매출액 + 수입보증료 × 6배

라. 적용률

일반적으로 매출액이 큰 기업이 매출액이 작은 기업보다 기업업무추진비를 더 쓸 것이므로 기업업무추진비는 수입금액별 한도액을 두고 있다. 그러나 대기업은 시장지배적인 위치에 있으므로 기업업무추진비의 지출가능성이 적은 점을 고려하여 매출액이 커질수록 적용률이 체감되도록 하였다.

수입금액	적용률(법법 25조 4항)
100억원 이하	0.3%
100억원 초과 500억원 이하	3천만원 + (수입금액 − 100억원) × 0.2%
500억원 초과	1억1천만원 + (수입금액 − 500억원) × 0.03%

마. 일반수입금액과 특정수입금액의 구분의 적용률 적용방법

수입금액 중 특수관계인과의 거래분을 특정수입금액, 그 이외의 수입금액을 일반수입금액으로 구분한다. 특수관계인인지는 거래일을 기준으로 판단하므로 특수관계인이 아닌 법인과 장기도급공사계약을 체결하여 공사를 해오다가, 공사진행기간 중에 당해 건설회사가 특수관계인에 해당하는 경우에는 특수관계인에 해당된 날 이후에 발생한 수입금액은 특정수입금액으로 본다(법인 22601-1620, 1991. 8. 22.).

일반수입금액과 특정수입금액이 함께 있는 경우에는 일반수입금액과 특정수입금액의 합계액을 기준으로 하되, 일반수입금액부터 적용률을 적용한다. 예컨대, 일반수입금액이 100억원이고 특정수입금액이 100억원인 경우, 일반수입금액은 100억원 이하의 구간의 율인 2/1,000를, 특정수입금액은 100억원 초과 200억원 이하의 구간의 율인 1/1,000을 적용한다.

3) 문화기업업무추진비 한도액

내국법인이 2025년 12월 31일 이전에 문화기업업무추진비를 지출한 경우, 다음의 금액을 일반기업업무추진비 한도액에 가산한다(조특법 §136③, 조특령 §130⑥).

> 문화기업업무추진비 한도액 = Min[문화기업업무추진비, 일반기업업무추진비 한도액 × 20%]

문화기업업무추진비란 국내에서 다음 용도로 지출한 기업업무추진비를 말한다(조특령 §130⑤).

① 「문화예술진흥법」 제2조에 따른 문화예술의 공연이나 전시회 또는 「박물관 및 미술관 진흥법」에 따른 박물관의 입장권 구입

② 「국민체육진흥법」 제2조에 따른 체육활동의 관람을 위한 입장권의 구입

③ 「영화 및 비디오물의 진흥에 관한 법률」 제2조에 따른 비디오물의 구입

④ 「음악산업진흥에 관한 법률」 제2조에 따른 음반 및 음악영상물의 구입

⑤ 「출판문화산업 진흥법」 제2조 제3호에 따른 간행물의 구입

⑥ 「관광진흥법」 제48조의2 제3항에 따라 문화체육관광부장관이 지정한 문화관광축제의 관람 또는 체험을 위한 입장권·이용권의 구입

⑦ 「관광진흥법 시행령」 제2조 제1항 제3호 마목에 따른 관광공연장 입장권의 구입

⑧ 2012년 여수세계박람회의 입장권 구입

⑨ 「문화재보호법」 제2조 제2항에 따른 지정문화재 및 같은 조 제3항 제1호에 따른 등록문

화재의 관람을 위한 입장권의 구입

⑩ 「문화예술진흥법」 제2조에 따른 문화예술 관련 강연의 입장권 구입 또는 초빙강사에 대한 강연료 등

⑪ 자체시설 또는 외부임대시설을 활용하여 해당 내국인이 직접 개최하는 공연 등 문화예술행사비

⑫ 문화체육관광부의 후원을 받아 진행하는 문화예술, 체육행사에 지출하는 경비

⑬ 미술품의 구입(취득가액이 거래단위별로 1백만원 이하인 것으로 한정한다)

⑭ 「관광진흥법」 제5조 제2항에 따라 같은 법 시행령 제2조 제1항 제5호 가목 또는 나목에 따른 종합유원시설업 또는 일반유원시설업의 허가를 받은 자가 설치한 유기시설 또는 유기기구의 이용을 위한 입장권·이용권의 구입 23 신설

⑮ 「수목원·정원의 조성 및 진흥에 관한 법률」 제2조 제1호 및 제1호의2에 따른 수목원 및 정원의 입장권 구입 23 신설

⑯ 「궤도운송법」 제2조 제3호에 따른 궤도시설의 이용권 구입 23 신설

○ 문화기업업무추진비 관련 사례 ○

구 분	내 용
영화상영입장권으로만 교환이 가능한 상품권	내국법인이 영화상영업법인이 발행한 상품권을 취득하여 이를 기업업무추진비로 사용하는 경우로서, 이용약관상 동 상품권은 현금환불이 불가능하고 영화상영업법인이 운영하는 영화상영관의 영화상영입장권으로만 교환이 가능한 경우 동 기업업무추진비는 '문화기업업무추진비'에 해당한다(법인-3032, 2008. 10. 23.).
전자상품권	문화사업에 주로 사용할 수 있으나, 문구·음료·간식 등을 구입할 수 있는 전자상품권을 취득하여 기업업무추진비로 사용하는 경우 문화기업업무추진비에 해당하지 아니한다(법인-205, 2012. 3. 21.).

4) 전통시장 기업업무추진비 한도액 24 신설

내국인이 2025년 12월 31일 이전에 「전통시장 및 상점가 육성을 위한 특별법」 제2조 제1호에 따른 전통시장에서 지출한 기업업무추진비로서 조특법 제126조 제1항의 신용카드등 사용금액에 해당하고 소비성서비스업을 경영하는 법인 또는 사업자에게 지출한 것이 아닌 기업업무추진비는 내국인의 기업업무추진비 한도액에도 불구하고 해당 과세연도의 소득금액을 계산할 때 내국인의 기업업무추진비 한도액의 10%에 상당하는 금액의 범위에서 손금에 산입한다.

Min[전통시장에서 지출한 신용카드 등 사용금액에 해당하는 기업업무추진비*, 일반기업업무추진비한도액 × 10%]

* 다음의 소비성 서비스업을 경영하는 법인 또는 사업자에게 지출한 것은 제외

① 호텔업 및 여관업(관광숙박업 제외)
② 주점업(일반유흥주점업, 무도유흥주점업 및 단란주점 영업만 해당하되, 외국인전용유흥음식점업 및 관광유흥음식점업은 제외)
③ 무도장 운영업, 기타 사행시설 관리 및 운영업(「관광진흥법」 제5조 또는 「폐광지역 개발 지원에 관한 특별법」 제11조에 따라 허가를 받은 카지노업은 제외함), 유사 의료업 중 안마를 시술하는 업, 마사지업
24 신설 ('24. 3. 22. 이후 개시하는 사업연도부터 적용)

(2) 특정법인의 기업업무추진비한도액

1) 입법취지

최근 부동산임대업을 하는 가족회사의 기업업무추진비를 사적 용도로 사용하는 사례가 있어서 사회적으로 거센 논란이 제기되었다. 이에 따라 부동산임대업을 하는 가족회사에 대한 기업업무추진비 한도액을 축소하여 2017. 1. 1. 이후 개시하는 사업연도부터 적용하도록 하였다.

2) 특정법인의 요건

특정법인이란, 다음 요건을 모두 갖춘 내국법인을 말한다(법령 §42②).
① 해당 사업연도 종료일 현재 내국법인의 지배주주(법령 §43⑦)가 보유한 주식의 합계가 해당 내국법인의 발행주식총수 또는 출자총액의 50%를 초과할 것
② 해당 사업연도에 부동산 임대업을 주된 사업으로 하거나 다음 금액 합계가 기업회계기준에 따라 계산한 매출액(㉮부터 ㉰까지에서 정하는 금액이 포함되지 않은 경우에는 이를 포함하여 계산한다)의 50% 이상일 것. 이 경우 내국법인이 2 이상의 서로 다른 사업을 영위하는 경우에는 사업별 사업수입금액이 큰 사업을 주된 사업으로 본다.
  ㉮ 부동산 또는 부동산상의 권리의 대여로 인하여 발생하는 소득의 금액(「조세특례제한법」 제138조 제1항에 따라 익금에 가산할 간주임대료 포함)
  ㉯ 「소득세법」 제16조 제1항에 따른 이자소득의 금액
  ㉰ 「소득세법」 제17조 제1항에 따른 배당소득의 금액
③ 해당 사업연도의 상시근로자 수가 5인 미만일 것. 이 경우 상시근로자란 근로기준법에 따라 근로계약을 체결한 내국인 근로자로 한다. 다만, 다음 중 어느 하나에 해당하는 사람은 제외한다.
  ㉮ 해당 법인의 최대주주 또는 최대출자자 및 그와 「국세기본법 시행령」 제1조의2 제1항에 따른 친족관계인 근로자
  ㉯ 「소득세법 시행령」 제196조에 따른 근로소득원천징수부에 의하여 근로소득세를 원천징수한 사실이 확인되지 아니하는 근로자
  ㉰ 근로계약기간이 1년 미만인 근로자(다만, 근로계약의 연속된 갱신으로 인하여 그 근로계약의 총 기간이 1년 이상인 근로자는 제외한다)

㉑「근로기준법」제2조 제1항 제8호에 따른 단시간근로자

상시근로자 수는 다음과 같이 계산한다(조특법 §26의4③).

$$\frac{\text{해당 과세연도의 매월 말 상시근로자 수의 합}}{\text{해당 과세연도의 개월수}} = \text{상시근로자 수}$$

3) 특정법인의 기업업무추진비한도액

특정법인의 기업업무추진비한도액은 다음과 같이 계산한다(법법 §25⑤).

〈일반법인의 일반기업업무추진비한도액〉

ⓐ 기본한도금액 : 12,000,000원(중소기업 36,000,000원) × $\frac{\text{사업연도월수}}{12}$

ⓑ 수입금액기준 : 일반수입금액 × 적용률 + 특정수입금액 × 적용률 × 10%

〈특정법인의 기업업무추진비한도액〉

(1) 일반기업업무추진비한도액 : (ⓐ + ⓑ) × 50%

(2) 문화기업업무추진비한도액 : Min[문화기업업무추진비, (ⓐ + ⓑ) × 50% × 20%]

(3) 전통시장기업업무추진비한도액 : Min[전통시장기업업무추진비, (ⓐ + ⓑ) × 50% × 10%]

(4) 기업업무추진비한도액 : (1) + (2) + (3)

(3) 정부출자기관 등의 기업업무추진비한도액

다음의 법인에 대하여는 각 사업연도의 소득금액을 계산할 때 손금에 산입하는 기업업무추진비의 금액은 "일반기업업무추진비한도액의 70%에 상당하는 금액으로 한다(조특법 §136② 및 조특령 §130③·④).

① 정부가 20% 이상을 출자한 정부출자기관. 다만「공공기관의 운영에 관한 법률」제5조에 따른 공공기관·준정부기관이 아닌 상장법인은 제외한다.

② 위 "①"의 최대주주인 법인. 이 경우 최대주주법인 해당 여부는 사업연도 종료일 현재를 기준으로 한다(법인 46012-2458, 2000. 12. 27.).

정부출자기관 등의 기업업무추진비한도액을 계산식으로 표시하면 다음과 같다.

정부출자기관 등의 기업업무추진비한도액 = 일반법인의 일반기업업무추진비한도액 × 70%

(4) 농협경제지주회사 등과 수협은행의 경우

농협경제지주회사와 법률 제10522호 농업협동조합법 일부개정법률 부칙 제6조에 따른 분할로 설립된 그 자회사가 다음의 어느 하나에 해당하는 사업을 위한 목적으로 농업협동조합법에 따라 설립된 조합(조합원 및 조합공동사업법인을 포함한다)에 지출하는 금전, 재화 또는 용역에 대해서는 「법인세법」제24조【기부금의 손금불산입】, 제25조【기업업무추진비의 손금불산입】, 제52조【부당행위계산의 부인】을 적용하지 아니한다(**조특법 §121의23⑤ 및 조특령 §116의28②**).

① 「농업협동조합법」제134조 제1항 제2호 나목·다목 및 같은 항 제3호 나목의 사업 중 지원 및 지도 사업
② 「농업협동조합법」제134조의2 제3항에 따른 경제사업 활성화에 필요한 자금지원 사업
③ 「농업협동조합법 시행령」별표 4 제3호에 따른 사업 중 지원 및 지도 사업

또한 수협은행이 「법인세법 시행령」으로 정하는 사업을 위한 목적으로 수산업협동조합법에 따라 설립된 조합(조합원 포함)에 지출하는 금전, 재화 또는 용역에 대해서도 「법인세법」제24조【기부금 손금불산입】, 제25조【기업업무추진비 손금불산입】, 제52조【부당행위계산의 부인】규정을 적용하지 아니한다(**조특법 §121의25③**).

4-4. 자산 계상 기업업무추진비의 시부인계산

(1) 개 요

법인이 지출한 기업업무추진비는 비용배분의 원칙에 따라 비용과 자산으로 적절히 회계처리하여야 한다. 해당 사업연도의 기업업무추진비를 비용·건설 중인 자산·기타의 고정자산으로 계상한 경우에는 비용·건설 중인 자산·기타의 고정자산의 순서로 한도초과액이 발생된 것으로 본다(**법기통 25-0…2**).

① 비용 계상분 → ② 건설 중인 자산 계상분 → ③ 기타의 고정자산 계상분

자산으로 계상된 기업업무추진비에서 한도초과액이 발생한 경우에는 손금산입하여 △유보로 처분하는 한편, 동 금액을 손금불산입하여 기타사외유출로 처분한다. 그후에 자산을 상각하면 자산감액분에 대한 상각비를 손금불산입하여 유보로 처분하고, 자산을 양도하면 △유보잔액을 손금불산입한다.

◎ 자산감액분에 대한 세무조정 ◎

구 분	세무조정
자산계상 기업업무추진비 중 한도초과액에 대한 세무조정	<손금산입> 자　　　　산 ××× (△유보) <손금불산입> 기업업무추진비 한도초과액 ××× (기타사외유출)
자산감액분의 상각비에 대한 세무조정	<손금불산입> 상　　　각　　　비 ××× (유보) ※ 자산감액분 상각비 = 상각비 × $\dfrac{\triangle유보}{자산의 장부가액}$
양도시 세무조정	<손금불산입> 자　　　　산 ××× (유보) ※ △유보잔액을 손금불산입하여 유보처분함.

사례 » 자산 계상 기업업무추진비

㈜한공의 제24기 사업연도(2024. 1. 1.~2024. 12. 31.)의 다음 자료에 의하여 세무조정을 하시오.
(1) 회사는 해당 사업연도의 기업업무추진비를 다음과 같이 회계처리하였다.

과 목	기업업무추진비 발생액	비 고
판매비와관리비	40,000,000	
건설중인자산	25,000,000	건설 중인 자산과 관련된 기업업무추진비
건　　　　물	35,000,000	7. 1. 사용개시한 건물 취득 관련 기업업무추진비
계	100,000,000	

(2) 기업업무추진비는 모두 적격증명서류를 수취하였으며, 기업업무추진비한도액은 30,000,000원
이다.
(3) 건물의 취득가액은 300,000,000원(기업업무추진비 해당액 35,000,000원 포함)이며, 해당 사업
연도에 15,000,000원을 감가상각비로 계상하였다. 건물의 내용연수는 10년이고, 정액법을 사용
한다.

해답

(1) 기업업무추진비한도초과액 : 100,000,000 − 30,000,000 = 70,000,000
　　비용 계상 기업업무추진비 40,000,000원, 건설 중인 자산 계상 기업업무추진비 25,000,000원,
　　건물 계상 기업업무추진비 5,000,000원의 순서로 한도초과액이 발생된 것으로 본다.

(2) 감가상각비에 대한 세무조정
　　1) 건물감액분에 대한 감가상각비

$$감가상각비 \times \dfrac{\triangle유보}{취득가액} = 15,000,000 \times \dfrac{5,000,000}{300,000,000} = 250,000(손금불산입, 유보)$$

　　2) 감가상각비시부인
　　　① 회사상각액
　　　　감가상각비 15,000,000 − 건물감액분에 대한 감가상각비(250,000) = 14,750,000

② 상각범위액

세무상 건물 취득가액 × 상각률 × 사용개시 후 월수/12

$= (300,000,000 - 5,000,000) \times 0.1 \times 6/12$

$= 14,750,000$

③ 상각부인액 : ①－② = 0

(3) 세무조정사항

익금산입 및 손금불산입			손금산입 및 익금불산입		
과 목	금 액	처 분	과 목	금 액	처 분
① 기업업무추진비한도초과액	70,000,000	기타사외유출	① 건설중인자산	25,000,000	유 보
			② 건 물	5,000,000	유 보
② 건 물	250,000	유 보			

사례 》 기업업무추진비 세무조정계산서 작성사례

다음은 제조업을 영위하는 중소기업인 ㈜한공의 제24기 사업연도(2024. 1. 1.~ 2024. 12. 31.)의 기업업무추진비 관련 세무조정자료이다. 이 자료로 제시된 기업업무추진비조정명세서(갑, 을)를 작성하시오.

1. 기업업무추진비내역 : 기업업무추진비는 모두 건당 3만원(경조금 20만원) 초과분이며, 그 내역은 다음과 같다.

구 분	기업업무추진비	비 고
판매비와 관리비의 기업업무추진비	60,000,000원	경조금 중 20만원 초과분 13,500,000원(업무관련 지출이나 청첩장을 증빙서류로 구비함)과 법인카드사용분 46,500,000원(문화기업업무추진비 2,000,000원과 전통시장기업업무추진비 1,000,000원 포함)
제조경비의 기업업무추진비	44,500,000원	전액 법인카드사용분이나 대표이사의 사적용도 사용액 1,000,000원 포함
계	104,500,000원	

2. 손익계산서에는 매출액 180억원(특수관계인에 대한 매출액 50억원 포함)과 중단사업이익 4억원이 계상되어 있다. 중단사업의 매출액은 20억원(특수관계 없는 자와의 거래분임)은 매출액에 포함되지 아니하였다.

3. 영업외수익에는 부산물매각액(특수관계 없는 자와의 거래분) 4억원이 포함되어 있다.

∥ 해답 ∥

1. 계산내역

   (1) 수입금액

   ① 일반수입금액 : 180억원 − 50억원 + 20억원 + 4억원 = 154억원

   ② 특정수입금액 : 50억원

   (2) 직접 손금불산입할 금액

   <손금불산입> 경조금   13,500,000(기타사외유출)

                  사적용도사용분 1,000,000(상여)

   (3) 기업업무추진비한도초과액

   1) 기업업무추진비해당액

기업업무추진비총액	104,500,000
20만원 초과 경조금	(−) 13,500,000
사적용도사용분	(−) 1,000,000
기업업무추진비해당액	90,000,000

   2) 일반기업업무추진비한도액

   $$36,000,000 \times \frac{12}{12} + 100억원 \times 0.3\% + 54억원 \times 0.2\% + 50억원 \times 0.2\% \times 10\%$$

   $$= 77,800,000$$

   3) 문화기업업무추진비한도액 : Min[문화기업업무추진비, 일반기업업무추진비한도액의 20%]

                           = Min[2,000,000, 77,800,000 × 20%] = 2,000,000

   4) 전통시장기업업무추진비한도액 : Min[전통시장기업업무추진비, 일반기업업무추진비한도액의 10%]

                           = Min[1,000,000, 77,800,000 × 10%] = 1,000,000

   5) 기업업무추진비한도액 : 77,800,000 + 2,000,000 + 1,000,000 = 80,800,000

   6) 기업업무추진비한도초과액 : 90,000,000 − 80,800,000 = 9,200,000(손금불산입, 기타사외유출)

2. 「법인세법 시행규칙」 별지 제23호 서식 작성

[별지 제23호 서식(을)] (2023. 3. 20. 개정)

(앞쪽)

사 업 연 도	2024. 1. 1. ~ 2024. 12. 31.	기업업무추진비조정명세서 (을)	법 인 명	(주)한공
			사업자등록번호	

1. 수입금액명세

구 분	①일반수입금액	②특수관계인간 거래금액	③합 계 (①+②)
금 액	15,400,000,000	5,000,000,000	20,400,000,00

2. 기업업무추진비 해당 금액

④계 정 과 목		기업업무 추진비 (판관)	기업업무 추진비 (제조경비)			합 계
⑤계 정 금 액		60,000,000	44,500,000			104,500,000
⑥기업업무추진비계상액 중 사적사용경비			1,000,000			1,000,000
⑦기업업무추진비 해당 금액 (⑤ - ⑥)		60,000,000	43,500,000			103,500,000
⑧신용카드 등 미사용 금액	경조사비 중 기준 금액 초과액	⑨신용카드 등 미사용금액	13,500,000			13,500,000
		⑩총 초과금액	13,500,000			13,500,000
	국외지역 지출액 (「법인세법 시행령」 제41조 제2항 제1호)	⑪신용카드 등 미사용금액				
		⑫총 지출액				
	농어민 지출액 (「법인세법 시행령」 제41조 제2항 제2호)	⑬송금명세서 미제출금액				
		⑭총 지출액				
	기업업무추진비 중 기준금액 초과액	⑮신용카드 등 미사용금액	–	–		–
		⑯총 초과금액	46,500,000	43,500,000		90,000,000
	⑰신용카드 등 미사용 부인액 (⑨ + ⑪ + ⑬ + ⑮)		13,500,000			13,500,000
⑱접 대 비 부 인 액 (⑥ + ⑰)			13,500,000	1,000,000		14,500,000

(뒤쪽)

작성방법

1. ①일반수입금액란과 ②특수관계인간 거래금액란은 해당 업종별로 기업회계기준에 따라 계산한 매출액에 상당하는 금액을 적습니다. 다만, 「자본시장과 금융투자업에 관한 법률」에 따른 투자매매업자 또는 투자중개업자, 집합투자업자 등의 법인은 「법인세법 시행령」 제42조 제1항 각 호에 따라 계산한 금액을 적습니다.

2. ④계정과목란은 기업업무추진비로 사용된 비용, 건설 중인 자산 또는 유형자산 및 무형자산 등의 계정과목을 각각 적습니다.

3. ⑦기업업무추진비 해당 금액란은 기업업무추진비 지출금액 중 사적비용 성격의 기업업무추진비를 제외한 금액을 적습니다(「법인세법」 제25조 제2항에 따른 신용카드 등 증빙미수취에 따라 손금에 산입하지 않은 금액을 포함하여 적습니다).

4. ⑧신용카드 등 미사용금액란은 해당 사업연도에 지출한 ⑦기업업무추진비 해당 금액 중 신용카드(직불카드와 해외발행 신용카드를 포함합니다), 현금영수증, 계산서·세금계산서 및 비사업자에 대한 원천징수영수증을 발급·발행하지 아니한 금액을 경조사비, 국외지역 지출액, 농어민 지출액 및 기준금액 초과액으로 구분하여 다음과 같이 적습니다.

   가. 경조사비 중 기준금액 초과액란 : ⑨에는 경조사비 중 1회 20만원 초과 지출금액 중 신용카드 등 미사용금액, ⑩에는 총 초과금액을 적습니다.

   나. 국외지역 지출액란 : ⑪에는 국외지역에서 지출한 금액 중 「법인세법 시행령」 제41조 제2항 제1호에 해당하는 지역 외의 지역에서 신용카드 등 미사용금액, ⑫에는 총 지출액을 적습니다.

   다. 농어민 지출액란 : ⑬에는 「법인세법 시행령」 제41조 제2항 제2호에 따른 농어민으로부터 직접 업무추진 목적에 사용하기 위한 재화를 공급받는 경우의 지출로서 「금융실명거래 및 비밀보장에 관한 법률」 제2조 제1호에 따른 금융회사등을 통하여 대가를 지급하지 않거나 「법인세법」 제60조에 따른 과세표준 신고시 송금명세서를 제출하지 아니한 금액, ⑭에는 총 지출액을 적습니다.

   라. 기업업무추진비 중 기준금액 초과액란 : ⑮에는 ⑩, ⑫ 및 ⑭란의 지출금액을 제외한 3만원 초과 기업업무추진비 지출액 중 신용카드 등 미사용금액, ⑯에는 총 초과액을 적습니다.

   마. ⑰신용카드 등 미사용 부인액란에는 ⑨, ⑪, ⑬ 및 ⑮란의 합계액을 적습니다.

5. ⑱기업업무추진비부인액란 : 사적사용경비 성격의 기업업무추진비와 신용카드 등 증빙미수취에 따른 손금불산입 기업업무추진비 금액을 더하여(⑥란과 ⑰란의 합계) 적습니다.

210mm×297mm[백상지 80g/㎡ 또는 중질지 80g/㎡]

[별지 제23호 서식(갑)] (2024. 3. 22. 개정)　　　　　　　　　　　　　　(앞쪽)

사 업 연 도	2024. 1. 1. ~ 2024. 12. 31.	기업업무추진비조정명세서 (갑)	법 인 명	(주)한공
			사업자등록번호	

구　　　분			금　　액
① 기업업무추진비 해당 금액			103,500,000
② 기준금액 초과 기업업무추진비 중 신용카드 등 미사용으로 인한 　손금불산입액			13,500,000
③ 차감 기업업무추진비 해당 금액(①-②)			90,000,000
일반 기업업무 추진비 한도	④	1,200만원 (중소기업 3,600만원) × 해당 사업연도 월수(12)/12	36,000,000
	총수입금액 기준	100억원 이하의 금액 × 30/10,000 (2020년 사업연도 분은 35/10,000)	30,000,000
		100억원 초과 500억원 이하의 금액 × 20/10,000 (2020년 사업연도 분은 25/10,000)	20,800,000
		500억원 초과 금액 × 3/10,000(2020년 사업연도 분은 6/10,000)	
		⑤ 소계	50,800,000
	일반수입금액 기준	100억원 이하의 금액 × 30/10,000 (2020년 사업연도 분은 35/10,000)	30,000,000
		100억원 초과 500억원 이하의 금액 × 20/10,000 (2020년 사업연도 분은 25/10,000)	10,800,000
		500억원 초과 금액 × 3/10,000 (2020년 사업연도 분은 6/10,000)	
		⑥ 소계	40,800,000
	⑦ 수입금액 기준	(⑤-⑥)×20(10)/100	1,000,000
	⑧ 일반기업업무추진비 한도액(④+⑥+⑦)		(　　　　　) 77,800,000
문화기업 업무추진비 한도 (「조세특례 제한법」 제136조 제3항)	⑨ 문화기업업무추진비 지출액		2,000,000
	⑩ 문화기업업무추진비 한도액 　(⑨와 (⑧×20/100)에 해당하는 금액 중 적은 금액)		2,000,000
전통시장 기업업무 추진비한도 (「조세특례 제한법」 제136조 제6항)	⑪ 전통시장 기업업무추진비 지출액		1,000,000
	⑫ 전통시장 기업업무추진비 한도액 　[⑪과 (⑧×10/100)에 해당하는 금액 중 적은 금액]		1,000,000
⑬ 기업업무추진비 한도액 합계(⑧+⑩+⑫)			(　　　　　) 80,800,000
⑭ 한도초과액(③-⑬)			9,200,000
⑮ 손금산입한도 내 기업업무추진비지출액(③과 ⑬에 해당하는 금액 중 　적은 금액)			80,800,000

(뒤쪽)

작성방법

1. ① 기업업무추진비 해당 금액란에는 "기업업무추진비조정명세서(을)[별지 제23호 서식(을)]"의 ⑦ 기업업무추진비 해당 금액의 합계란 금액을 적습니다.

2. ② 기준금액 초과 기업업무추진비 중 신용카드 등 미사용으로 인한 손금불산입액란에는 "기업업무추진비조정명세서(을)[별지 제23호 서식(을)]"의 ⑰ 신용카드 등 미사용 부인액의 합계란 금액을 적습니다.

   * 기준금액(「법인세법 시행령」 제41조 제1항)
   − 경조사비 : 20만원
   − 경조사비 외의 기업업무추진비 : 3만원

3. 일반기업업무추진비 한도(④ ~ ⑧)

가. ④란에서 중소기업 외의 법인은 1,200만원, 중소기업은 3,600만원을 적용합니다.

나. 총수입금액 기준의 금액란은 "기업업무추진비조정명세서(을)[별지 제23호 서식(을)]"의 ③란의 금액을 금액별 적용률에 따라 계산한 금액을 적습니다.

다. 일반수입금액 기준의 금액란은 "기업업무추진비조정명세서(을)[별지 제23호 서식(을)]"의 ①란의 금액을 금액별 적용률에 따라 계산한 금액을 적습니다.

라. 정부가 100분의 20 이상 출자한 정부출자기관 및 정부출자기관이 출자한 법인으로서 그 정부출자기관 등이 최대주주인 법인의 경우에는 ⑧ 일반기업업무추진비 한도액의 금액란에 「법인세법」 제25조 제4항 각 호 외의 부분에 따른 금액을 합한 금액(④ + ⑥ + ⑦)의 100분의 70에 상당하는 금액을 적습니다.

마. ⑦ 수입금액 기준란의 적용률은 2013년 1월 1일 이후 개시하는 사업연도 분부터는 10%를 적용합니다.

바. ⑧ 일반기업업무추진비 한도액 계산 시 법인이 「법인세법 시행령」 제42조 제2항에 해당하는 경우에는 ⑧ 일반기업업무추진비 한도액의 50%에 해당하는 금액을 적습니다.

4. 문화기업업무추진비 한도(⑨~⑩)는 「조세특례제한법」 제136조 제3항에 따른 문화기업업무추진비 지출금액이 있는 경우에 작성합니다. ⑨ 문화기업업무추진비 지출액은 ③ 차감 기업업무추진비 해당 금액 중 「조세특례제한법 시행령」 제130조 제5항에 따른 지출액을 적습니다.

5. 전통시장 기업업무추진비 한도(⑪~⑫)는 「조세특례제한법」 제136조 제6항에 따른 전통시장 기업업무추진비 지출금액이 있는 경우 작성합니다. ⑪ 전통시장 기업업무추진비 지출액은 ③ 차감 기업업무추진비 해당 금액 중 「조세특례제한법」 제136조 제6항에 따른 지출액을 적습니다.

6. ⑭ 한도초과액은 음수인 경우 "0"으로 적습니다.

210mm×297mm[백상지 80g/㎡ 또는 중질지 80g/㎡]

18. 기부금

1. 개 요

기부금이란, 사업과 직접 관련 없이 종교·자선·학술 등의 사업을 돕기 위하여 대가 없이 증여하는 재산을 말한다. 기부금은 사업과 관련이 없는 지출이므로 조세수입을 감소시킨다. 기부금은 이와 같이 부정적인 면도 있으나, 기업이 번 돈을 사회에 환원한다는 긍정적인 면도 있으므로 공익성기부금인 특례기부금과 일반기부금 등은 일정한도에서 손금으로 인정하고 공익성 없는 기부금인 비지정기부금은 전액 손금불산입한다.

2. 기부금의 범위

(1) 본래의 기부금

기부금이란, 내국법인이 사업과 직접적인 관계없이 무상으로 지출하는 금액을 말한다(법법 §24①).

특수관계에 있는 단체 등에 지출한 특례기부금이나 일반기부금은 기부금으로 인정된다(법기통 24-39…4).

(2) 의제기부금

1) 의제기부금의 범위

법인이 특수관계인 외의 자에게 정당한 사유 없이 자산을 정상가액보다 낮은 가액으로 양도하거나 특수관계인 외의 자로부터 정상가액보다 높은 가액으로 자산을 매입함으로써 실질적으로 증여한 것으로 인정되는 금액은 기부금으로 본다(법법 §24①, 법령 §35). 정상가액은 시가에 시가의 30%를 더하거나 30%를 뺀 범위의 가액으로 한다(법령 §35).

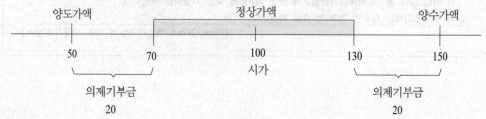

시가가 100인 토지를 50에 양도한 경우와 150에 양수한 경우의 의제기부금

법인이 특수관계인과 자산을 매매한 경우에는 부당행위계산의 부인규정에 따라 시가와 거래금액의 차액을 부인하므로 의제기부금규정은 적용되지 아니한다.

법인세법은 자산의 매매에 대해서만 의제기부금규정을 두고 있으나, 국세청은 법인이 특수관계인 외의 자에게 해당 법인의 사업과 직접 관계없이 부동산을 무상으로 임대하는 경우에는 시가상당액을 기부금으로 보고, 정당한 사유없이 정상가액보다 낮은 가액으로 임대하는 경우에는 정상가액과 실제 임대료와의 차액을 기부금으로 본다고 해석하고 있다(법집 24-35-1).

■ 사례 » 저가양도시 의제기부금

① 특수관계인 이외의 자에게 정당한 사유 없이 시가 100인 토지(장부가액 50)를 50에 양도한 경우

구 분	내 용			
결산서	(차) 현　　　금	50	(대) 토　　　지	50
세 법	(차) 현　　　금	50	(대) 토　　　지	50
	기　부　금	20*	처 분 이 익	20
	* 100 × 70% - 50 = 20			
세무조정	① 회계처리 오류에 대한 세무조정			
	<손금산입> 기부금 20　　<익금산입> 처분이익 20　→ 생략해도 됨			
	② 기부금 20에 대한 기부금 세무조정			

② 특수관계인 이외의 자로부터 정당한 사유 없이 시가 100인 건물을 150에 양수한 경우
(취득일 : 사업연도 초, 신고내용연수 : 10년)

구 분	내 용			
결산서	(차) 건　　　물	150	(대) 현　　　금	150
세법	(차) 건　　　물	130	(대) 현　　　금	150
	기　부　금	20*		
	* 150 - 100 × 130% = 20			
	(차) 감가상각비	15	(대) 감가상각누계액	15
세무조정	① 회계처리 오류에 대한 세무조정			
	<손금산입> 건물　20 (△유보)　→ 생략하면 안 됨			
	② 기부금 20에 대한 기부금 세무조정			
	③ 건물 감액분 20에 대한 감가상각비 손금불산입			
	$감가상각비 \times \dfrac{△유보}{건축물의 \ 취득가액}$			
	$= 15 \times \dfrac{20}{150} = 2$(손금불산입, 유보) → 감가상각할 때마다 손금불산입해야 함.			

2) 의제기부금 관련 사례

구 분	내 용
경영권이 수반되는 주식을 상증법상 평가액보다 고가로 취득한 경우 의제기부금 여부	경영권이 수반되는 주식을 매매하는 경우 통상적인 감정가격이나 「상속세 및 증여세법」에 따라 평가하는 보충적평가액보다 상당히 높은 가액으로 거래되고 있다. 따라서 법인이 특수관계인이 아닌 개인으로부터 다른 비상장법인이 발행한 주식을 경영권의 지배를 수반하는 등 정당한 사유로 객관적인 교환가치를 반영하여 「상속세 및 증여세법」 제63조에 따른 유가증권의 보충적 평가방법에 의한 가액보다 높은 가액으로 취득한 경우, 단순히 「상속세 및 증여세법」에 따른 평가액보다 높은 가액으로 취득하는 경우라 하더라도 이를 기부금으로 보지 아니한다(서면2팀-2396, 2004. 11. 22., 국심 94서 162, 1994. 6. 15.).
저율 대여시 의제기부금 여부	법인이 특수관계인이 아닌 법인에게 시중금리 또는 국세청장이 정하는 당좌대월 이자율보다 낮은 이율로 금전을 대여한 경우, 시중금리 등에 의한 이자상당액과의 차액은 의제기부금에 따른 손금불산입 규정을 적용하지 않는다(서이 46012-11622, 2003. 9. 9.).
불균등 증자시 주식의 발행가액과 정상가액의 차액이 의제기부금인지 여부	불균등증자시 법인주주가 신주를 시가보다 저가로 배정받을 수 있는 권리의 포기로 발생한 실권주를 특수관계인 외의 우리사주조합원에게 직접 배정하는 경우, 주식의 발행가액과 정상가액의 차액은 손금불산입하는 의제기부금에 해당되지 않는다(서이 46012-11957, 2003. 11. 12.).
	법인이 유상증자시 고가발행주식을 기존주주와 특수관계인이 아닌 제3자에게 배정하는 경우에는 당해 주식의 인수법인에 「법인세법 시행령」 제35조 제2호의 기부금규정을 적용하지 아니한다(서면2팀-2236, 2004. 11. 4., 법인-759, 2009. 7. 2.).
정부의 정책시달에 따라 저가임대한 경우 의제기부금 여부	임대조건이 정부의 정책시달에 따른 목적을 실현하는 등 정당한 사유가 있는 경우로서 저가임대를 한 경우 임대료와 시가의 차액은 손금불산입되는 의제기부금으로 보지 아니한다(서면2팀-159, 2007. 1. 22.).
보통주와 우선주를 차등배당한 경우 배당금 차액이 의제기부금인지 여부	내국법인 설립 시 출자법인 간에 보통주와 우선주를 차등할당함에 따라 이후 이익분배를 함에 있어 차등배당이 이루어진 경우, 특수관계자가 아닌 출자법인 간의 배당금 차액에 대해서는 기부금의 범위에 관한 「법인세법 시행령」 제35조의 규정이 적용되지 아니한다(법규과-183, 2012. 2. 22.).
교환거래시 의제기부금	법인이 채권을 골프장업을 영위하는 법인에게 양도하고 그 대가로 골프회원권을 취득한 경우에 당해 자산의 취득 당시 정상가액이 당해 채권액에 미달한 경우에는 그 차액에 해당하는 금액을 기부금으로 본다(법인 46012-676, 1999. 2. 24.).

(3) 기부금과 유사지출의 구분

1) 기부금과 기업업무추진비의 구별

법인이 사업과 직접 관계있는 자와의 우의를 두텁게 하기 위하여 금전 또는 물품을 기증한 경우에는 기업업무추진비로 보나, 사업과 직접 관계가 없는 자에게 금전 또는 물품 등을 기증한 경우에 그 물품의 가액은 기부금으로 본다(법기통 24-0…1).

① 업무와 관련하여 지출한 금품 ········ 기업업무추진비

② 위에 해당되지 아니하는 금품 ········ 기부금

2) 사업과 직접 관련된 지출

사업과 관련된 지출이므로, 기부금으로 보지 않는 사례는 다음과 같다.

① 아파트를 분양하는 시행회사가 낮은 분양률 제고를 위해 시공회사의 임직원을 대상으로 특별판매를 실시하면서, 그 조건으로 향후 새로운 피분양자에게 그 분양계약이 승계될 것을 전제로 특별판매 계약을 해지할 때는 반환할 불입금에서 위약금을 차감하지 않기로 하는 납부원금보장제 방식으로 계약을 체결한 경우, 해당 위약금은 기업업무추진비 또는 기부금에 해당하지 아니한다(법인-263, 2011. 4. 11.).

② 법인이 초등학교에서 유상으로 컴퓨터교육을 하기 위해 관련 장비 등을 무상으로 기증하는 경우 기부금에 해당하지 아니하며, 동 무상으로 기증한 장비의 가액은 교육계약기간에 안분계산하여 손금산입한다(법인 46012-462, 2001. 3. 2.).

③ 골재채취업을 영위하는 법인이 인근주민의 동의서를 받기 위하여 보상명목으로 지급하는 보상비는 기부금이 아닌 업무관련비용이므로 토석채취허가기간 동안 안분하여 손금산입한다(국심 2003중 3806, 2004. 4. 19.).

④ 법인이 「농어촌 전기공급사업 촉진법」 제20조에 따라 자가발전시설 운영자인 지방자치단체에 지원하는 도서지역 자가발전 운영에 따른 결손금 보전액은 「법인세법」 제19조의 손금에 해당한다(법인-419, 2011. 6. 20., 법규과-652, 2011. 5. 26.).

⑤ 도서판매업을 영위하는 법인이 대학이나 병원과 제휴하여 도서를 판매하거나 제휴처의 장소를 빌려 일회성 도서바자회 행사 등을 개최하고 그 도서판매대금의 일정액을 제휴처에 기부금 명목으로 지급한 경우, 이를 세법상 기부금으로 인정하지 아니하고 업무와 관련한 비용으로 인정한다(법인법규 2012-404, 2012. 11. 20.).

⑥ 가설건축물 사용허가기간 만료 후에 기부채납한 경우 : 법인이 구청 소유의 토지에 대한 사용허가를 받아 가설건축물을 신축하여 사무실, 창고 등으로 사용하여 오다가 사용허가기간이 만료되었을 경우 해당 가설건축물을 철거하고 원상으로 반환하기로 하되, 사용목적의 성질상 사용재산의 원상회복이 불필요한 경우와 원상변경에 관한 구청의 승인을 얻은 경우 원상회복없이 반환할 수 있도록 한 사용허가 조건에 따라 그 가설건축물을 철거하지 아니하고 「공유재산 및 물품관리법」 제7조에 따라 해당 구청에 기부채납한 경우 기부채납일 현재 해당 가설건축물의 미상각잔액은 그 기부채납일이 속하는 사업연도의 소득금액 계산상 손금에 산입한다(법인법규 2009-237, 2009. 7. 2.).

3) 도로개설비용

기부의 목적이 자산의 취득을 위한 경우 또는 기부가 자산의 가치를 증가시키는 경우에는 자산의 취득가액으로 처리하여야 한다.

구 분	내 용
회사의 토지와 관련 없이 불특정 다수가 사용하는 도로를 개설하여 지방자치단체에 기부하는 경우	「기부금품의 모집 및 사용에 관한 법률」 제5조 제2항의 규정에 의하여 접수하는 것에 한하여 특례기부금으로 본다. 따라서 해당 법에 따라 접수하지 않으면 비지정기부금에 해당한다(법인 46012-1944, 2000. 9. 19.).
사업상 필요로 진입도로를 개설하여 지방자치단체에 기부하는 경우	법인이 사업을 영위하기 위하여 필요한 토지의 진입도로를 개설하기 위해 도로부지를 매입하고 도로포장공사를 한 후에 이를 도로관리청인 지방자치단체에 기부하는 경우 기부가액상당액은 당해 토지에 자본적지출로 한다(법인 46012-2371, 1993. 8. 11.).
사업승인 또는 건축허가조건으로 도로 편입 토지를 기부하는 경우	사업승인이나 건축허가 조건으로 도로에 편입되는 토지를 기부채납을 하는 경우 해당 기부 토지가액은 잔존 토지의 자본적 지출로 보는 것이 원칙이다(서면2팀-2128, 2005. 12. 20.). 그러나 화력발전소 신고 건설공사와 관련하여 민원을 해소하고 섬 지역발전사업의 일환으로 교량 및 진입도로를 완공한 후 지방자치단체에 기부하는 경우 기부채납 대상인 교량 및 진입도로 건설공사비는 발전소의 건축물의 취득가액에 가산한다(서면2팀-472, 2005. 3. 31.)

4) 사용수익기부자산

금전 이외의 자산을 국가, 지방자치단체, 특례기부금 해당단체 또는 일반기부금 해당 단체에 기부한 후 그 자산을 사용하거나 그 자산으로부터 수익을 얻는 경우에는 기부자산의 장부가액으로 무형자산인 사용수익기부자산으로 대체한다(법령 §24①(2), 법령 §26①(7)).

5) 잉여식품활용사업자에게 기증한 잉여식품

「식품등 기부 활성화에 관한 법률」 제2조 제1호 및 제1호의2에 따른 식품 및 생활용품(이하 "식품 등"이라 한다)의 제조업·도매업 또는 소매업을 영위하는 내국법인이 해당 사업에서 발생한 잉여식품 등을 같은법 제2조 제4호에 따른 제공자 또는 제공자가 지정하는 자에게 무상으로 기증하는 경우 기증한 잉여식품 등의 장부가액은 전액 손금에 산입하므로 기부금에 포함하지 아니한다(법령 §19(13)의2). 기부금이 아니고 전액 손금이다.

6) 우리사주조합에 출연한 자사주의 장부가액과 금품

법인이 「근로복지기본법」에 따른 우리사주조합에 출연하는 자사주의 장부가액 또는 금품은 전액 손금에 산입한다(법령 §19(16)). 법인이 협력업체 등 다른 법인의 우리사주조합에 기부한 금액은 소득금액에서 이월결손금을 공제한 금액의 30%를 한도로 손금에 산입한다(조특법 §88의4⑬).

구 분	기부금의 처리
자기 회사의 우리사주조합에 대한 기부금	전액 손금 인정(법령 §19(16))
협력업체 등의 우리사주조합에 대한 기부금	다음 금액을 한도로 손금 인정 한도액 = (기준소득금액 - 이월결손금(각 사업연도 소득의 80%를 한도로 이월결손금을 공제하는 법인은 기준소득금액의 80%를 한도로 함) - 특례기부금 손금산입액) × 30% 23 개정

3. 현물기부금의 평가

(1) 현물기부금에 대한 기부금액 계산

기부금은 금전 외의 자산을 기부한 경우 기부금을 장부가액 또는 시가 중 어느 것으로 계산할 것인지가 문제가 된다. 법인이 기부금을 금전 이외의 자산으로 제공한 경우, 기부금의 가액은 다음에 따라 산정한다(법령 §36①).

구 분	현물기부금 평가
특례기부금	장부가액
일반기부금	장부가액(특수관계인에게 기부한 경우에는 장부가액과 시가 중 큰 금액)
비지정기부금	장부가액과 시가 중 큰 금액

위에서 장부가액이란, 세무상 장부가액을 말한다(법인-227, 2010. 3. 12.). 현물기부금과 관련하여 부가가치세를 부담한 경우 부가가치세는 기부금에 대한 부대비용이므로 기부금에 더한다(법인 22601-1893, 1990. 9. 27.).

(2) 현물기부금에 대한 세무조정

예를 들어, 법인이 판매를 목적으로 생산한 제품(장부가액 100, 시가 300)을 기부한 경우에 장부가액법과 시가법에 의한 회계처리는 다음과 같다.

```
<장부가액법> (차) 기  부  금    100   (대) 제      품    100
<시 가 법>   (차) 기  부  금    300   (대) 제      품    100
                                          잡    수    익    200
```

위의 회계처리를 보면, 장부가액법으로 회계처리하든 시가법으로 회계처리하든 당기순이익은 동일하다. 시가법으로 분개하면 기부금 200, 잡수익 200이 추가로 계상되나 비용과 수익을 상계하면 장부가액법의 당기순이익과 동일하다. 그러나 현물기부금을 시가로 평가하면 기부금은 300이 되어 특례기부금과 일반기부금은 기부금한도초과액이 더 발생할 가능성이 높아지고 비지정기부금은 손금불산입액이 커진다.

사례 » 현물기부금의 평가

법인이 토지(장부가액 100, 시가 300)를 비지정기부금 단체에 기부하고 장부가액법으로 회계처리한 경우의 세무조정은 다음과 같다.

구 분	내 용			
결산서	(차) 기 부 금	100	(대) 토 지	100
세 법	(차) 기 부 금	300	(대) 토 지	100
			처 분 이 익	200
세무조정	① 회계처리 오류에 대한 세무조정 <손금산입> 기부금 200 <익금산입> 처분이익 200 → 생략해도 됨 ② 기부금 세무조정 <손금불산입> 비지정기부금 300 (기타사외유출)			

(3) 기부금 평가 관련 사례

구 분	내 용
부동산의 무상임대	법인이 사업과 직접 관계없이 일반기부금단체에 부동산을 무상임대하고 당해 단체에서 고유목적사업에 사용하는 경우 적정임대료 상당액을 일반기부금으로 본다(법인 - 481, 2014. 11. 19., 법인 - 1082, 2010. 11. 22.).
객실의 무상제공	관광숙박업을 영위하는 법인이 일반기부금단체에 객실을 무상으로 제공하는 경우에는 객실 숙박료 상당액을 일반기부금의 가액으로 하며, 이때 객실 숙박료 상당액은 「법인세법」제52조 제2항의 규정에 의한 시가로 한다(서면 - 32, 2015. 1. 9.).
건설용역의 무상제공	건설업을 영위하는 내국법인이 특례기부금단체에 건설용역을 무상으로 제공하는 경우 건설용역의 대가 상당액은 특례기부금에 해당하지 않으나, 해당 건설용역을 제공하면서 자재구입비, 일용근로자 인건비 등을 지출한 경우 해당 금전적 지출액은 특례기부금에 해당한다(법인 - 19563, 2015. 5. 19.). ☞ 특례기부금을 현물로 기부한 경우 장부가액을 기부금으로 하므로 실제 부담한 금전적 지출을 장부가액으로 본 것이다.
자문용역의 일부 기부	내국법인이 특례기부금단체에 자문용역을 제공하고 해당 용역의 대가를 익금으로 계상하면서 그 익금계상한 금액 중 일부를 해당단체에 기부하고 차액만을 수취하는 경우 그 기부금액은 특례기부금에 해당된다(서면법규 - 1362, 2012. 11. 20.).

구 분	내 용
비상장주식의 기부	법인이 소유하고 있는 비상장주식을 특수관계인에 해당하는 일반기부금단체에 기부하는 경우로서 시가가 불분명한 주식의 경우에는 「상속세 및 증여세법」 제63조를 준용하여 평가한 가액에 의한다. 이 경우 최대주주에 해당하는 때에는 당해 규정에 의한 가산율을 적용한 가액으로 한다(서이 46012-10625, 2002. 3. 26.).
현물기부금 평가시 장부가액의 의미	내국법인이 사립학교에 연구비조로 지출하는 소프트웨어 상당액은 특례기부금에 해당한다. 특례기부금 평가시 장부가액은 세무상 장부가액을 의미하는 것이며, 법인이 무상으로 소프트웨어를 기부함에 있어 당해 소프트웨어 개발비 중 이미 비용으로 계상한 부분은 특례기부금의 장부가액에 포함되지 않는다(법인-343, 2009. 3. 27.).
자산을 재평가하여 기부하는 경우 장부가액	비영리법인이 고유목적사업과 수익사업에 사용되는 토지 및 건물을 재평가하여 사립학교에 시설비·교육비·장학금 또는 연구비에 충당할 목적으로 출연하는 경우에는 수익사업에 속하는 토지 및 건물의 재평가하기 전의 장부가액을 특례기부금으로 본다(법인-632, 2009. 5. 28.).
외화를 기부한 경우 적용환율	내국법인이 「법인세법 시행령」 제39조 제1항 제6호에 따라 기획재정부장관이 지정하여 고시한 국제기구(이하 '국제기구')에 외화로 기부하는 경우 국제기구가 해당 외화 기부금에 대하여 기부금영수증을 발급할 때 적용할 환율은 「법인세법 시행령」 제36조 제1항 제2호에 따라 내국법인이 외화를 기부했을 때의 해당 내국법인의 장부가액에 적용된 환율을 적용한다(서면-2021-법령해석법인-0819 [법령해석과-4342], 2021. 12. 10.).

4. 기부금의 귀속시기

4-1. 기부금의 귀속시기

세법상 기부금의 귀속시기는 실제 지출일로 한다. 기부금을 어음으로 지급한 때에는 결제된 날에 지출한 것으로 보며, 수표를 발행한 경우에는 해당 수표를 교부한 날에 지출한 것으로 본다(법칙 §18).[9] 다만, 선일자 수표는 어음과 성격이 유사하므로 결제일을 귀속시기로 한다.

기부금 종류		실제 지출일	근 거
현 금		현금지출일	법령 §36②·③
현 물		현물증정일	
수 표	선일자수표	결제일	서면2팀-1669, 2006. 8. 30.

---

[9] 국세청에서는 법인이 선일자 수표를 발행하여 기부한 경우에는 실제로 대금이 결제된 날에 기부금을 지출한 것으로 본다고 해석하고 있다(서면2팀-1669, 2006. 8. 30.). 선일자 수표는 수표에 기재된 발행일까지는 추심하지 않기 때문에 약속어음과 성격이 유사한 점을 고려한 것이다.

기부금 종류	실제 지출일	근 거
선일자수표 외의 수표	교부일	법칙 §18
약속어음	결제일	

그러나 설립 중인 공익법인 등에 공익성 기부금을 지출하는 경우에는 정부로부터 인·허가를 받은 날이 속하는 사업연도의 기부금으로 한다(법집 24-36-3). 설립 중인 공익법인에 기부한 금액을 지출시점의 기부금으로 보면 비지정기부금에 해당하여 전액 손금불산입되는 문제점이 있는 점을 고려하여 인·허가를 받은 날이 속하는 사업연도의 기부금으로 보도록 배려한 것이다.

4-2. 기부금 귀속시기와 관련된 사례

(1) 기부금을 가지급금 또는 미지급금으로 계상한 경우의 세무조정

1) 가지급금으로 계상한 경우

① 기부금을 가지급금으로 계상한 사업연도

법인이 실제로 지급한 기부금을 가지급금 등으로 이연계상한 경우에는 이를 지출한 사업연도의 기부금으로 하고, 그후 사업연도에 있어서는 이를 기부금으로 보지 아니한다(법령 §36②). 따라서 가지급금으로 계상한 사업연도에는 가지급금을 손금산입하여 △유보로 처분하고, 해당 사업연도의 기부금으로 보아 시부인계산한다.

② 전기 가지급금을 기부금으로 대체한 사업연도

법인이 전기에 이연계상한 가지급금 등을 당해 사업연도에 기부금으로 대체한 경우에는 그 금액을 전액 손금불산입하여 유보로 처분한다.

2) 기부금을 미지급금으로 계상한 경우

① 기부금을 미지급금으로 계상한 사업연도

법인이 기부금을 미지급금으로 계상한 경우 실제로 이를 손금에 계상한 경우에는 그 기부금 전액을 손금불산입(유보)한다(법령 §36③).

② 기부금을 실제로 지출한 사업연도

법인이 당해 사업연도 전에 미지급금으로 계상한 기부금 중 당해 사업연도에 실제로 지급한 기부금은 이를 손금산입하여 △유보로 처분하여 기부금시부인계산을 한다.

(2) 대학건물의 기부채납의 경우

건물의 기부채납에 대하여 일반건축물 관리대장에 대학교 명의로 소유자등록이 된 날과 대학교 총장이 법인에게 기부채납을 승인한다는 통지를 한 날 중 빠른 날을 기부채납일로 보고 이에 속하는 사업연도의 특례기부금으로 본다(조심 2010부 2614, 2010. 12. 31.).

5. 기부금의 분류

법인세법은 기부금을 공익성 기부금인 특례기부금과 일반기부금, 공익성 없는 기부금인 비지정기부금으로 나눈다. 「조세특례제한법」에는 특례규정으로서 우리사주조합 기부금에 대한 규정을 두고 있다. 기부금공제한도는 다음과 같다.

구 분	근 거	한 도
특례기부금	법법 §24②(1)	(기준소득금액[*1] − 이월결손금[*3]) × 50%
우리사주조합기부금[*2]	조특법 §88의4⑬	(기준소득금액[*1] − 이월결손금[*3] − 특례기부금 손금산입액) × 30%
일반기부금	법법 §24③(1)	(기준소득금액[*1] − 이월결손금[*3] − 특례기부금 손금산입액 − 우리사주조합기부금 손금산입액) × 10%(20%)

[*1] 기준소득금액은 법인세법 제44조, 제46조 및 제46조의5에 따른 양도손익은 제외하고 특례기부금, 우리사주조합 기부금과 일반기부금을 손금에 산입하기 전의 해당 사업연도의 소득금액을 말한다(법법 §24②(2)).
　기준소득금액 = 차가감소득금액 + 특례기부금지출액 + 우리사주조합기부금지출액 + 일반기부금지출액
[*2] 법인이 근로복지기본법에 따른 우리사주조합에 출연하는 자사주의 장부가액 또는 금품은 전액 손금이므로(법령 §19(16)), 이 규정은 협력업체 등 다른 법인의 우리사주조합에 기부한 금액을 말한다.
[*3] 이월결손금은 과세표준 계산상 공제가능한 이월결손금(법법 §13①(1))을 말한다. 다만, 각 사업연도 소득의 80%를 한도로 이월결손금 공제를 적용받는 법인은 기준소득금액의 80%를 한도로 이월결손금을 공제한다. 23 개정

□ 대학 재정 건전화를 위한 과세특례

고등교육법에 따른 학교법인이 발행주식총수의 50% 이상을 출자하여 설립한 법인이 해당 법인에 출자한 학교법인에 출연하는 금액은 다음 금액을 한도로 한다(조특법 §104의16④).

$$해당\ 사업연도의\ 소득금액^{*1} - 이월결손금^{*2} - \frac{「법인세법」 제24조에 따른 특례기부금과}{일반기부금(학교법인 출연금 제외)}$$

[*1] 해당 연도의 특례기부금과 일반기부금을 손금에 산입하기 전의 소득금액을 말한다.
[*2] 「법인세법」 제13조 제항 제1호에 따른 결손금 합계액을 말한다.

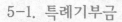

5-1. 특례기부금

(1) 특례기부금의 내용

특례기부금이란, 다음의 어느 하나에 해당하는 기부금을 말한다(법법 §24②(1)).

구 분	특례기부금
국가 등에 대한 기부금	① 국가·지방자치단체에 대한 기부금.「기부금품의 모집 및 사용에 관한 법률」의 적용을 받는 것은 같은법 제5조 제2항에 따라 접수하는 것만 특례기부금으로 보되, 국·공립학교가 후원회를 통하여 받는 기부금은 기부심사위원회의 심의대상이 아니므로 심의를 거치지 아니한 경우에도 특례기부금으로 본다(법집 24-0-4 ②). ② 국방헌금과 국군장병 위문금품
이재민 구호금품	천재지변(「재난 및 안전관리기본법」 제60조에 따라 특별재난지역으로 선포된 경우 그 선포의 사유가 된 재난 포함)으로 생기는 이재민을 위한 구호금품. 천재지변으로 생기는 이재민구호금품에는 다음의 기부금을 포함한다(법집 24-0-4 ④). ① 해외의 천재·지변 등으로 생긴 이재민을 위한 구호금품의 가액 ② 재해복구공사를 시공하는 법인이 공사대금 중 이재민이 부담해야 할 공사대금 상당액을 이재민을 위하여 부담한 경우 그 부담금액 ③ 북한지역의 수해복구 지원을 위해 기부금 모집처를 경유하여 기부하는 구호금품가액
학교 기부금	다음의 기관(병원 제외)에 시설비·교육비·연구비 또는 장학금으로 지출하는 기부금 ① 사립학교 ② 비영리 교육재단(국립·공립·사립학교의 시설비, 교육비, 장학금 또는 연구비 지급을 목적으로 설립된 비영리 재단법인으로 한정한다) ③ 기능대학 ④ 전공대학의 명칭을 사용할 수 있는 평생교육시설 및 원격대학 형태의 평생교육시설 ⑤ 「경제자유구역 및 제주국제자유도시의 외국교육기관 설립·운영에 관한 특별법」에 따라 설립된 외국교육기관 및 「제주특별자치도 설치 및 국제자유도시 조성을 위한 특별법」에 따라 설립된 비영리법인이 운영하는 국제학교 ⑥ 산학협력단 ⑦ 한국과학기술원, 광주과학기술원, 대구경북과학기술원, 울산과학기술원 및 한국에너지공과대학교 ⑧ 국립대학법인 서울대학교, 국립대학법인 인천대학교, 한국개발연구원에 설치된 국제대학원, 한국학중앙연구원에 설치된 대학원, 「과학기술분야 정부출연연구기관 등의 설립·운영 및 육성에 관한 법률」에 따라 설립된 대학원대학 ⑨ 「재외국민의 교육지원 등에 관한 법률」에 따른 한국학교로서 기획재정부장관이 지정·고시하는 학교(기획재정부고시 제2024-10호, 2024. 3. 29.) ⑩ 「한국장학재단 설립 등에 관한 법률」에 따른 한국장학재단 `23 신설` (2023. 1. 1. 이후 개시하는 사업연도부터 적용)
특정병원 기부금	다음의 병원에 시설비·교육비 또는 연구비로 지출하는 기부금 ① 국립대학병원 ② 국립대학치과병원

구 분	특례기부금
	③ 서울대학교병원
	④ 서울대학교치과병원
	⑤ 사립학교가 운영하는 병원
	⑥ 국립암센터
	⑦ 지방의료원
	⑧ 국립중앙의료원
	⑨ 대한적십자사가 운영하는 병원
	⑩ 한국보훈복지의료공단이 운영하는 병원
	⑪ 한국원자력의학원
	⑫ 국민건강보험공단이 운영하는 병원
	⑬ 산업재해보상보험법에 따라 근로복지공단에 두는 의료기관

구 분	특례기부금
전문모금 기관에 대한 기부금	사회복지사업, 그 밖의 사회복지활동의 지원에 필요한 재원을 모집·배분하는 것을 주된 목적으로 하는 비영리법인으로서 기획재정부장관이 지정·고시하는 법인에 지출하는 기부금 ☞ 기획재정부고시 제2024-10호, 2024. 3. 29.

번호	공익법인	지정기간
1	사회복지법인 사회복지공동모금회	2023. 1. 1.~
2	재단법인 바보의나눔	2028. 12. 31.

💡 주의 **공공기관 또는 법률에 따라 직접 설립된 기관에 지출하는 기부금의 분류 조정에 대한 경과 규정**

> 종전에 "공공기관(공기업은 제외) 또는 법률에 따라 직접 설립된 기관으로서 해당 법인의 설립목적이나 수입금액 등이 일정한 요건을 갖춘 기관"은 특례기부금단체로 보았으나, 이들 기관이 일반기부금단체에 비해 공익성이 현저히 높다고 보기 어려워 2017. 12. 19. 법인세법의 개정시 특례기부금에서 일반기부금으로 전환되었다. 그러나 2018. 1. 1. 전에 종전의 규정에 따라 특례기부금단체로 지정된 기관은 개정규정에도 불구하고 지정기간까지는 특례기부금단체로 보도록 하였다 (**법률 제15222호 부칙 §9**).

(2) 국가나 지방자치단체에 무상으로 기증하는 금품의 가액

1) 국가나 지방자치단체에 대한 기부금의 범위

국가나 지방자치단체에 무상으로 기증하는 금품의 가액은 특례기부금에 해당된다. 다만, 「기부금품의 모집 및 사용에 관한 법률」의 적용을 받는 기부금품은 같은법 제5조 제2항에 따라 접수하는 것만 해당한다(**법법 §24③(1)**). 그러나 국·공립학교가 「기부금품의 모집 및 사용에 관한 법률」 제2조 제1호 「라」목의 규정에 의하여 후원회 등을 통하여 받는 기부금은 동법상의 기부심사위원회의 심의대상이 아니므로 동법에 의한 심의절차를 거치지 않은 경우에도 특례기부금에 포함된다(**법기통 24-0…2**).

〈기부금품의 모집 및 사용에 관한 법률 제5조 제2항〉

국가 또는 지방자치단체 및 그 소속 기관·공무원과 국가 또는 지방자치단체에서 출자·출연하여 설립된 법인·단체는 자발적으로 기탁하는 금품이라도 법령에 다른 규정이 있는 경우 외에는 이를 접수할 수 없다. 다만, 다음 각호의 어느 하나에 해당하면 이를 접수할 수 있다.
1. 대통령령으로 정하는 바에 따라 사용용도와 목적을 지정하여 자발적으로 기탁하는 경우로서 기부심사위원회의 심의를 거친 경우
2. 모집자의 의뢰에 의하여 단순히 기부금품을 접수하여 모집자에게 전달하는 경우
3. 제1항 단서에 따른 대통령령으로 정하는 국가 또는 지방자치단체에서 출자·출연하여 설립한 법인·단체가 기부금품을 접수하는 경우

국가 또는 지방자치단체에 무상으로 기증하는 금품의 가액에는 법인이 개인 또는 다른 법인에게 자산을 기증하고 이를 기증받은 자가 지체없이 다시 국가 또는 지방자치단체에 기증한 금품의 가액과 한국은행이 「국제금융기구에의 가입조치에 관한 법률」 제2조 제2항에 따라 출연한 금품의 가액을 포함한다(법령 §37①).

2) 국가나 지방자치단체에 대한 기부금 관련 사례

① 언론사에게 기부하고 해당 언론사가 국가나 지방자치단체에 기부한 경우

법인의 자산을 언론사에게 기부하고 해당 언론사가 「기부금품의 모집 및 사용에 관한 법률」 제5조 제2항의 절차에 따라 국가나 지방자치단체에 기부한 경우에도 기부의 대상이 국가나 지방자치단체인 때에는 특례기부금으로 본다(국심 96광 3922, 1997. 3. 27.).

② 출자자인 지방자치단체에게 자산을 무상기증하는 경우

법인이 지방자치단체에 토지를 무상으로 기증하는 경우(「기부금품의 모집 및 사용에 관한 법률」의 적용을 받는 경우에는 같은법 제5조 제2항에 따라 접수하는 것에 한함)에는 동 지방자치단체가 당해 법인의 출자자인 경우에도 그 장부가액을 특례기부금으로 한다. 그러나 동 기증행위가 출자자인 지방자치단체에 대한 출자금의 반환에 해당하는 경우에는 동 토지의 시가와 장부가액의 차액을 익금에 산입하거나 손금에 산입하여야 한다(서이 46012-11955, 2002. 10. 28.).

③ 산업단지 입주업체가 주변마을주민이주대책기탁금을 지방자치단체에 지출하는 경우

지방자치단체가 국가산업단지 주변마을주민이주대책을 수행하기 위하여 특별회계를 설치하고 동 특별회계에 소요되는 재원에 충당하기 위하여 국가산업단지 입주업체들로부터 자율부담원칙에 따른 기탁금을 받은 경우 그 기탁금이 「기부금품의 모집 및 사용에 관한 법률」 제5조 제2항에 따라 접수되는 것에 한하여 기탁한 입주업체의 특례기부금에 해당한다(서이 46012-10149, 2002. 1. 24.).

④ 지방자치단체의 도서관에 기부하는 경우

지방자치단체에 무상으로 기증하는 금품의 가액(지방자치단체의 소속기관이며 동 단체가 설치·운영하는 도서관으로서 도서관법에 따라 접수된 기부금품에 한함)은 특례기부금에 해당한다(서면2팀-1326, 2008. 6. 26.).

⑤ 지방자치단체에 납부한 찬조금

법인이 지방자치단체의 소속 체육대회추진위원회에 납부한 찬조금이 지방자치단체를 대신하여 「기부금품의 모집 및 사용에 관한 법률」 제5조 제2항에 따라 접수하는 것에 해당하는 경우에만 특례기부금에 해당되며, 그렇지 않은 경우에는 특례기부금이나 일반기부금에 해당되지 아니한다(서면2팀-713, 2005. 5. 21.).

3) 「기부금품의 모집 및 사용에 관한 법률」의 적용을 받지 아니하는 기부금품 범위

다음에 해당하는 기부금품은 「기부금품의 모집 및 사용에 관한 법률」을 적용받는 기부금품으로 보지 아니한다.

① 법인·정당·사회단체·종친회·친목단체 등이 정관이나 규약 또는 회칙 등에 의하여 그 소속원으로부터 가입금·일시금·회비 또는 그 구성원의 공동이익을 위하여 갹출하는 금품

② 사찰·교회·향교 기타 종교단체가 그 고유활동에 필요한 경비에 충당하기 위하여 신도로부터 갹출하는 금품

③ 국가·지방자치단체·법인·정당·사회단체 또는 친목단체 등이 소속원 또는 제3자에게 기부할 목적으로 그 소속원으로부터 갹출하는 금품

④ 학교기성회·후원회·장학회 또는 동창회 등이 학교의 설립 또는 유지 등에 필요한 경비에 충당하기 위하여 그 구성원으로부터 갹출하는 금품

(3) 국방헌금과 국군장병위문금품의 가액

국방헌금과 국군장병 위문금품의 가액은 특례기부금에 해당한다(법법 §24③(2)).

향토예비군설치법에 따라 설치한 향토예비군에 직접 지출하거나 국방부장관의 승인을 얻은 기관 또는 단체를 통하여 지출한 기부금도 국방헌금으로 보며(법령 §37②), 법인이 도서 등 출판물을 구입하여 국방부에 기증하고 국방부 책임하에 모든 장병들에게 배부한 경우 동 도서 등 출판물가액(법인 46012-797, 1997. 3. 20.)과 법인이 신문사와 특수관계에 있다 할지라도 정상가격으로 신문을 구입하여 군부대에 공급하는 경우 동 기부금은 특례기부금에 해당한다(국심 94서 5593, 1995. 3. 27.).

그러나 법인이 당해 법인의 직장민방위대를 위하여 지출하는 금품의 가액은 기부금이 아니고 법인의 경리의 일부로 본다(법기통 19-19…31).

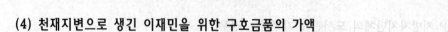

(4) 천재지변으로 생긴 이재민을 위한 구호금품의 가액

1) 천재지변으로 생긴 이재민을 위한 구호금품의 가액의 범위

천재지변으로 생긴 이재민을 위한 구호금품을 수해·한해 등 이재민에게 보내주는 구호
금품의 가액은 특례기부금에 해당된다(법법 §24③(3)). 여기서 천재지변에는 「재난 및 안전관
리기본법」 제60조에 따라 특별재난지역으로 선포된 경우 그 선포의 사유가 된 재난을 포함
하며(법령 §38①), "이재민"이란 우리나라의 이재민은 물론 해외의 천재지변으로 생긴 이재민
을 위한 구호금품의 가액을 포함한다(법기통 24-0…4).

2) 천재지변으로 생긴 이재민을 위한 구호금품의 가액 관련 사례

가. 천재지변으로 생긴 이재민을 위한 구호금품가액에 포함하는 경우

① 코로나19 관련 기부금이 특례기부금인지 여부(기획재정부 법인세제과-324, 2020. 3. 24.)

(질의 1)
「법인세법」 제24조 제3항 제3호 및 같은 법 시행령 제38조 제1항에 따르면 "특별재난지역 선포의
사유가 된 재난으로 생기는 이재민 구호금품 가액"은 특례기부금에 해당하는바, 특별재난지역 선포
일 전에 지출한 기부금에 대하여도 특례기부금으로 볼 수 있는지 여부

(질의 2)
코로나19 관련 기부금품을 수령하여 자원봉사자 및 의사·간호사의 숙식비, 인건비, 각종 진료소모
품 구입비 등으로 사용하는 경우에도 해당 기부금품을 이재민을 위한 구호금품 가액으로 볼 수 있
는지 여부

(질의 3)
특별재난지역으로 선포된 지역 외 지역의 코로나19 퇴치를 위하여 지출하는 기부금의 경우에도 특
례기부금으로 볼 수 있는지 여부

[회신]
귀 질의의 경우 질의1, 질의2, 질의3 모두 특례기부금에 해당하는 것임.

---

② 재해복구공사를 시공하는 법인이 공사대금 중 이재민이 부담하여야 할 공사대금 상당액
을 이재민을 위하여 부담한 금액(법기통 24-0…3)
③ 일반기부금 단체인 공익법인이 「기부금품의 모집 및 사용에 관한 법률」 제4조에 따라
행정자치부에 등록하고 북한지역의 수해복구 지원을 위한 구호금품을 기부금 모집처를
경유하여 기부하는 경우 당해 구호금품가액(서면2팀-2202, 2007. 12. 4.)
④ 내국법인이 해외의 천재지변으로 생긴 이재민을 지원하기 위해 기부금 모집자에게 지출
하는 구호금품(법인-1053, 2011. 12. 29.)
⑤ 지진피해로 어려움을 겪고 있는 네팔협동조합의 조합원을 구호하기 위해 국제협동조합

연맹(ICA)을 통해 구호금품을 기부하는 경우로서 해당 기부금의 사용내역이 객관적으로
확인되는 경우 동 기부금(서면법령법인-1617, 2016. 2. 23.)

나. 천재지변으로 생긴 이재민을 위한 구호금품가액에 포함하지 않는 경우

① 천재지변으로 생긴 이재민 중 당해 법인의 거래처에 한정하여 금품을 기증하거나 차등
하여 기증한 구호금품(법인 22601-147, 1989. 1. 18.). 이는 사업과 관련된 지출이므로 기
부금이 아니라 기업업무추진비에 해당한다.

② 태풍으로 인한 아파트건설현장의 산사태에서 발생한 인근주민의 피해에 대하여 법인의
책임이 있어 지급하는 피해보상금(법인 46012-3419, 1993. 11. 11.). 이는 건설현장의 산사
태로 인한 피해보상금이므로 아파트 건설원가에 해당한다.

(5) 다음의 각 기관(병원 제외)에 시설비, 교육비, 장학금 또는 연구비로 지출하는 기부금

다음의 기관(병원 제외)에 시설비, 교육비, 장학금 또는 연구비로 지급하는 금액은 특례
기부금에 해당된다(법법 §24②(1)라).

① 「사립학교법」에 따른 사립학교. 이 경우 학교법인이 수령하여 사립학교에 전출처리하는
경우를 포함한다(법인-510, 2013. 9. 15.). 사립학교법에 따른 사립학교 등에 지출한 기부
금품 중 특례기부금에 해당하는 사례를 살펴보면 다음과 같다.

㉮ 학교법인이 당초 기부받은 자산을 부동산임대업 등의 수익사업에 사용하고 그 수
익을 사립학교의 시설비·교육비 또는 연구비로 지출하는 경우에 당초 타인이 기
부한 수익사업용 자산도 사립학교기부금에 해당한다(재소득 22601-306, 1989. 3. 7.).

㉯ 학교법인이 영리법인으로부터 자산을 기부받아 이를 처분하여 학교시설비 등에 사
용하는 경우(법인 22601-2329, 1991. 12. 26.)

㉰ 당해 법인과 학교법인의 특수관계 유무에 관계없이 사립학교법에 따른 사립학교(또
는 학교법인)에 시설비·교육비·연구비로 출연한 금품(법인 46012-147, 1993. 9. 7.)

㉱ 학교법인이 전액 출자하여 설립한 영리 내국법인이 사립학교에 시설비 및 교육비 또는
연구비로 지출하는 기부금(법인 46012-1766, 1993. 6. 16., 법인 46012-2198, 1994. 8. 1.)

㉲ 내국법인이 학교법인에 지출한 기부금이 당해 학교법인의 교육시설 건립을 위해
대출받을 원리금 상환 또는 시설금융리스의 상환용도에 사용된 경우(법인 46012-
1506, 1996. 5. 25.)

㉳ 사립학교의 교사신축공사를 수주하여 공사미수금을 회수하지 아니하고 기부하는
경우(서이-2471, 2004. 11. 29., 법인 46012-720, 1998. 3. 25.)

㉴ 내국법인이 사립학교에 연구비조로 지출하는 소프트웨어 상당액(법인-343, 2009. 3.
27.)과 법인이 도서를 「사립학교법」에 의한 사립학교에 기부하는 경우(법인-339,

2009. 3. 27.)

㉙ 내국법인이 학교법인 또는 공공단체 외의 법인 기타 개인이 설치하는 초·중등교육법상 대안학교에 시설비·교육비·장학금 또는 연구비로 지출하는 기부금(법인-1145, 2010. 12. 9.)

그러나 내국법인이 사립학교법에 따른 사립학교에 해당법인의 임직원의 자녀를 기부금 수혜자로 지정하여 지출하는 기부금은 사립학교에 대한 기부금에 해당하지 아니한다(법규-821, 2013. 7. 17.).

② 비영리교육재단(국립·공립·사립학교의 시설비, 교육비, 장학금 또는 연구비 지급을 목적으로 설립된 비영리 재단법인으로 한정한다)

③ 「근로자직업능력 개발법」에 따른 기능대학

④ 「평생교육법」에 따른 전공대학의 명칭을 사용할 수 있는 평생교육시설 및 원격대학 형태의 평생교육시설

⑤ 「경제자유구역 및 제주국제자유도시의 외국교육기관 설립·운영에 관한 특별법」에 따라 설립된 외국교육기관 및 「제주특별자치도 설치 및 국제자유도시 조성을 위한 특별법」에 따라 설립된 비영리법인이 운영하는 국제학교

⑥ 「산업교육진흥 및 산학연협력촉진에 관한 법률」에 따른 산학협력단. 다만, 산학협력단이 산학융합지구 조성사업을 수행하기 위하여 참여기업으로부터 관련 소요경비를 지급받고, 이에 대한 대가로 해당 참여기업에게 각종 시설·기자재 사용, 임직원 교육 등의 프로그램을 제공하기로 약정하여 상호 동등한 가치의 대가관계가 성립하는 경우, 해당 참여기업이 지출하는 관련 소요경비는 특례기부금에 해당하지 아니한다(법인법규 2012-286, 2012. 7. 31.).

⑦ 「한국과학기술원법」에 따른 한국과학기술원, 광주과학기술원법에 따른 광주과학기술원, 대구경북과학기술원법에 따른 대구경북과학기술원 및 울산과학기술원법에 따른 울산과학기술원

⑧ 「국립대학법인 서울대학교 설립·운영에 관한 법률」에 따른 국립대학법인 서울대학교, 「국립대학법인 인천대학교 설립·운영에 관한 법률」에 따른 국립대학법인 인천대학교 및 다음의 학교

㉮ 「정부출연연구기관 등의 설립·운영 및 육성에 관한 법률」에 따라 설립된 한국개발연구원에 설치된 국제대학원

㉯ 「한국학중앙연구원 육성법」에 따라 설립된 한국학중앙연구원에 설치된 대학원

㉰ 「과학기술분야 정부출연연구기관 등의 설립·운영 및 육성에 관한 법률」 제33조에 따라 설립된 대학원대학

⑨ 「재외국민의 교육지원 등에 관한 법률」 제2조 제3호에 따른 한국학교(다만, 다음의 요건을 충족하는 학교에 한한다)(법령 §36의2③) ☞ 기획재정부 고시 제2024-10호(2024. 3. 29.)

㉮ 기부금 모금액 및 그 활용 실적을 공개할 수 있는 인터넷 홈페이지가 개설되어 있을 것
㉯ 「법인세법 시행령」 제36조의2 제14항에 따라 지정이 취소된 경우에는 그 취소된 날부터 3년, 같은 항에 따라 재지정을 받지 못하게 된 경우에는 그 지정기간의 종료일부터 3년이 지났을 것

◎ 공익법인 중 한국학교의 범위(법령 §38⑥)(기획재정부 고시 제2024-10호, 2024. 3. 29.) ◎

번호	공익법인	지정기간
1	리야드한국학교	2019. 1. 1. ~ 2024. 12. 31.
2	싱가포르한국국제학교	
3	옌타이한국국제학교	
4	타이뻬이한국학교	
5	까오숑한국국제학교	
6	필리핀한국국제학교	
7	소주한국학교	2020. 1. 1. ~ 2025. 12. 31.
8	광저우한국학교	2021. 1. 1. ~ 2026. 12. 31.
9	프놈펜한국국제학교	2022. 1. 1. ~ 2027. 12. 31.
10	말레이시아한국국제학교	
11	건국한국학교	
12	교토국제중학고등학교	
13	대련한국국제학교	
14	동경한국학교	
15	무석한국학교	
16	북경한국국제학교	
17	상해한국학교	2023. 1. 1. ~ 2028. 12. 31.
18	선양한국국제학교	
19	아르헨티나한국학교	
20	오사카금강학교	
21	자카르타한국국제학교	
22	젯다한국학교	
23	천진한국국제학교	
24	테헤란한국학교	

(6) 국립대학병원 등에 대한 시설비·교육비 또는 연구비로 지출하는 기부금

다음의 병원에 시설비·교육비 또는 연구비로 지출하는 금액은 특례기부금에 해당한다 (법법 §24②(1)마).

① 「국립대학병원 설치법」에 따른 국립대학병원

② 「국립대학치과병원 설치법」에 따른 국립대학치과병원

③ 「서울대학교병원 설치법」에 따른 서울대학교병원

④ 「서울대학교치과병원 설치법」에 따른 서울대학교치과병원

⑤ 「사립학교법」에 따른 사립학교가 운영하는 병원

⑥ 「암관리법」에 따른 국립암센터

⑦ 「지방의료원의 설립 및 운영에 관한 법률」에 따른 지방의료원

⑧ 「국립중앙의료원의 설립 및 운영에 관한 법률」에 따른 국립중앙의료원

⑨ 「대한적십자사 조직법」에 따른 대한적십자사가 운영하는 병원

⑩ 「한국보훈복지의료공단법」에 따른 한국보훈복지의료공단이 운영하는 병원

⑪ 「방사선 및 방사성동위원소 이용진흥법」 제13조의2에 따른 한국원자력의학원

⑫ 「국민건강보험법」에 따른 국민건강보험공단이 운영하는 병원

⑬ 「산업재해보상보험법」 제43조 제1항 제1호에 따른 의료기관

(7) 기획재정부장관이 고시하는 전문모금기관에 대한 기부금

다음의 전문모금기관에 대한 기부금은 특례기부금으로 본다(법법 §24②(1)바, 법령 §38④, 기획재정부 고시 제2024-10호, 2024. 3. 29.).

번호	공익법인	지정기간
1	사회복지법인 사회복지공동모금회	2023. 1. 1.~2028. 12. 31.
2	재단법인 바보의나눔	

5-2. 일반기부금

(1) 개 요

일반기부금이란, 사회복지·문화·예술·교육·종교·자선·학술 등 공익성을 고려하여 「법인세법」으로 정하는 다음의 기부금을 말한다.

① 일반기부금단체 등에 대하여 해당 단체의 고유목적사업비로 지출하는 기부금

② 특정용도로 지출하는 기부금

③ 사회복지시설 등 중 무료 또는 실비로 사용할 수 있는 법 소정의 시설 등에 기부하는 금품가액

④ 기획재정부장관이 지정하여 고시하는 국제기구에 지출하는 기부금

⑤ 법인으로 보는 단체가 수익사업소득을 고유목적사업으로 지출하는 금액

⑥ 2018. 2. 13. 전에 정부로부터 허가 또는 인가를 받은 학술연구단체, 기술진흥단체와 문

화·예술단체 및 환경보호운동단체에 2020. 12. 31.까지 지출하는 기부금

⑦ 2018. 2. 13. 전에 종전의 「법인세법 시행규칙」 [별표 6의2]에 일반기부금단체로 지정되어 있던 단체에 2020. 12. 31.까지 지출하는 기부금

(2) 공익법인 등에 대하여 해당 단체의 고유목적사업비로 지출하는 기부금

법인이 다음 중 어느 하나의 비영리법인(단체 및 비영리외국법인을 포함하며, 이하 "공익법인 등"이라 한다)에 대하여 해당 공익법인 등의 고유목적사업비로 지출하는 기부금은 일반기부금에 해당한다(법령 §39①(1)). 이 경우 "고유목적사업비"란 해당 비영리법인 또는 단체에 관한 법령 또는 정관에 규정된 설립목적을 수행하는 사업으로서 「법인세법 시행령」 제2조 제1항에 해당하는 수익사업(보건업 및 사회복지 서비스업 중 보건업은 제외한다) 외의 사업에 사용하기 위한 금액을 말한다(법령 §39③). 그러나 「법인세법」은 고유목적사업비 중 어떤 용도의 지출(예 장학금, 연구비 또는 시설비 등)로 사용해야 하는지에 대해서는 규정을 하고 있지 않다.

① 「사회복지사업법」에 의하여 설립한 사회복지법인(법령 §39①(1)가)

② 「영유아보육법」에 따른 어린이집(법령 §39①(1)나)

③ 「유아교육법」에 따른 유치원, 「초·중등교육법」 및 「고등교육법」에 의한 학교, 「근로자직업능력개발법」에 의한 기능대학, 「평생교육법」 제31조 제4항에 따른 전공대학 형태의 평생교육시설 및 같은법 제33조 제3항에 따른 원격대학 형태의 평생교육시설(법령 §39①(1)다)

④ 「의료법」에 따른 의료법인(법령 §39①(1)라)

⑤ 종교단체 : 종교의 보급 그 밖에 교화를 목적으로 「민법」 제32조에 따라 문화체육관광부장관 또는 지방자치단체의 장의 허가를 받아 설립한 비영리법인(그 소속단체 포함)(법령 §39①(1)마)

⑥ 기획재정부장관이 지정·고시하는 공익법인 기부금 대상 단체 : 다음의 단체 중 지정요건을 모두 충족한 것으로서 국세청장(주사무소 및 본점소재지 관할 세무서장을 포함한다)의 추천을 받아 기획재정부장관이 지정하여 고시한 법인. 이 경우 국세청장은 해당 법인의 신청을 받아 기획재정부장관에게 추천해야 한다(법령 §39①(1)바).

㉮ 「민법」 제32조에 따라 주무관청의 허가를 받아 설립된 비영리법인

㉯ 비영리외국법인

㉰ 「협동조합 기본법」 제85조에 따라 설립된 사회적협동조합

㉱ 「공공기관의 운영에 관한 법률」 제4조에 따른 공공기관(같은법 제5조 제3항 제1호에 따른 공기업은 제외한다) 또는 법률에 따라 직접 설립된 기관

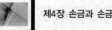

(3) 특정용도로 지출하는 기부금

법인이 다음의 용도에 지출하는 기부금은 일반기부금으로 본다(법령 §39①(2)).

1) 학교장이 추천하는 교육비·연구비 또는 장학금으로 지출하는 기부금

「유아교육법」에 따른 유치원의 장, 「초·중등교육법」 및 「고등교육법」에 의한 학교의 장, 「근로자직업능력개발법」에 의한 기능대학의 장 또는 「평생교육법」 제31조 제4항에 따른 전공대학 형태의 평생교육시설 및 같은법 제33조 제3항에 따른 원격대학 형태의 평생교육시설의 장이 추천하는 개인에게 교육비·연구비 또는 장학금으로 지출하는 기부금은 일반기부금으로 본다. 학교의 장이 해당 학교의 선정기준에 따라 추천하는 자가 법인의 임직원의 자녀인 경우에도 법인이 지출하는 장학금 등은 일반기부금으로 본다(법인 22601-1212, 1988. 4. 28.).

2) 공익신탁기부금

「상속세 및 증여세법 시행령」 제14조 제1항 각호의 요건을 갖춘 공익신탁으로 신탁하는 기부금은 일반기부금으로 본다.

3) 사회복지·문화·예술·교육·종교·자선·학술 등 공익목적으로 지출하는 기부금으로서 기획재정부장관이 지정하여 고시하는 기부금

사회복지·문화·예술·교육·종교·자선·학술 등 공익목적으로 지출하는 기부금으로서 기획재정부장관이 지정하여 고시하는 기부금은 일반기부금에 해당한다(법령 §39①(2)다). 기획재정부장관이 고시한 공익목적기부금은 다음과 같다(기획재정부 고시 제2024-10호, 2024. 3. 29.).

● 공익목적 기부금 범위(법령 §39①(2)다)(기획재정부 고시 제2024-10호, 2024. 3. 29.) ●

번호	기부금
1	삭 제 <2018. 3. 30.>
2	삭 제 <2018. 3. 30.>
3	보건복지가족부장관이 인정하는 의료취약지역에서 비영리법인이 행하는 의료사업의 사업비·시설비·운영비로 지출하는 기부금
4	「국민체육진흥법」에 따른 국민체육진흥기금으로 출연하는 기부금
5	「전쟁기념사업회법」에 따른 전쟁기념사업회에 전쟁기념관 또는 기념탑의 건립비용으로 지출하는 기부금
6	「중소기업협동조합법」에 따른 중소기업공제사업기금 또는 소기업·소상공인공제에 출연하는 기부금
7	「중소기업협동조합법」에 따른 중소기업중앙회에 중소기업연수원 및 중소기업제품전시장의 건립비와 운영비로 지출하는 기부금

번호	기부금
8	「중소기업협동조합법」에 따른 중소기업중앙회에 중소기업글로벌지원센터(중소기업이 공동으로 이용하는 중소기업 지원시설만 해당한다)의 건립비로 지출하는 기부금
9	「중소기업협동조합법」에 따른 중소기업중앙회에 중소기업의 정보자원(정보 및 설비, 기술, 인력 등 정보화에 필요한 자원을 말한다) 도입을 무상으로 지원하기 위한 사업비로 지출하는 기부금
10	삭 제 <2022. 12. 30.>
11	「근로복지기본법」에 따른 근로복지진흥기금으로 출연하는 기부금
12	「발명진흥법」에 따른 발명진흥기금으로 출연하는 기부금
13	「과학기술기본법」에 따른 과학기술진흥기금으로 출연하는 기부금
14	「여성기업지원에 관한 법률」에 따른 한국여성경제인협회에 여성경제인박람회개최비 또는 연수원 및 여성기업종합지원센터의 건립비로 지출하는 기부금
15	「방송법」에 따라 종교방송을 하는 방송법인에 방송을 위한 건물(방송에 직접 사용되는 부분으로 한정한다)의 신축비로 지출하는 기부금
16	「보호관찰 등에 관한 법률」에 따른 범죄예방자원봉사위원지역협의회 및 그 전국연합회에 청소년 선도보호와 범법자 재범방지활동을 위하여 지출하는 기부금
17	「한국은행법」에 따른 한국은행, 그 밖의 금융기관이 「금융위원회의 설치 등에 관한 법률」 제46조 제2호 및 제3호에 따라 금융감독원에 지출하는 출연금
18	국제체육대회 또는 세계선수권대회의 경기종목에 속하는 경기와 씨름·국궁 및 택견의 기능향상을 위하여 지방자치단체나 대한체육회(시도체육회, 시·군·구체육회 및 대한체육회 회원종목단체, 시도체육회 회원종목단체, 시·군·구 회원종목단체를 포함한다. 이하 이 호에서 같다)가 추천하는 자에게 지출하거나 대한체육회에 운동선수양성, 단체경기비용, 생활체육진흥 등을 위하여 지출하는 기부금
19	국제기능올림픽대회에 참가할 선수의 파견비용으로 국제기능올림픽대회한국위원회에 지출하는 기부금
20	「지능정보화 기본법」에 따른 한국지능정보사회진흥원에 지출하는 기부금(정보통신기기 및 소프트웨어로 기부하는 것으로 한정한다)
21	「근로자직업능력 개발법 시행령」 제2조에 따른 공공단체에 근로자훈련사업비로 지출하는 기부금
22	「숙련기술장려법」 제6조에 따라 한국산업인력공단에 숙련기술장려적립금으로 출연하는 기부금
23	「국민기초생활 보장법」 제15조의2 제1항에 따른 중앙자활센터와 같은 법 제16조 제1항에 따른 지역자활센터에 각각 같은 법 제15조의2 제1항 및 제16조 제1항 각 호에 따른 사업을 위하여 지출하는 기부금
24	「한국교통안전공단법」에 따른 교통안전공단에 자동차손해배상보장사업비로 지출하는 기부금
25	사단법인 한국중화총상회에 국내에서 개최되는 세계화상대회 개최비로 지출하는 기부금
26	「협동조합 기본법」에 따른 사회적협동조합, 사회적협동조합연합회(전체 사업량의 40% 이상을 협동조합기본법 제93조 제1항에 따른 사업을 수행하는 것으로 정관에 규정한 연합회로 한정한다) 및 「사회적기업 육성법」에 따른 사회적기업(비영리법인으로 한정한다)의 사회서비스 또는 일자리를 제공하는 사업을 위하여 지출하는 기부금

번호	기부금
27	「농어업경영체 육성 및 지원에 관한 법률」에 따른 농어업경영체에 대한 교육사업을 위하여 사단법인 한국농수식품씨이오연합회에 지출하는 기부금
28	「대한소방공제회법」에 따른 대한소방공제회에 직무수행 중 순직한 소방공무원의 유가족 또는 상이를 입은 소방공무원의 지원을 위하여 지출하는 기부금
29	「장애인기업활동 촉진법」에 따른 한국장애경제인협회에 장애경제인에 대한 교육훈련비, 장애경제인 창업지원사업비, 장애경제인협회 회관·연수원 건립비, 장애경제인대회 개최비 및 장애인기업종합지원센터의 설치·운영비로 지출하는 기부금
30	「대한민국헌정회 육성법」에 따른 대한민국헌정회에 정책연구비 및 헌정기념에 관한 사업비로 지출하는 기부금
31	사단법인 한국회계기준원에 국제회계기준위원회재단 재정지원을 위하여 지출하는 기부금
32	저소득층의 생활 안정 및 복지 향상을 위한 신용대출사업으로서 「법인세법 시행령」 제3조 제1항 제11호에 따른 사업을 수행하고 있는 비영리법인에 그 사업을 위한 비용으로 지출하는 기부금
33	「건설근로자의 고용개선 등에 관한 법률」에 따른 건설근로자공제회에 건설근로자의 복지증진 사업을 위하여 지출하는 기부금
34	「문화예술진흥법」 제7조에 따른 전문예술단체에 문화예술진흥사업 및 활동을 지원하기 위하여 지출하는 기부금
35	「중소기업진흥에 관한 법률」에 의한 중소벤처기업진흥공단에 같은 법 제67조 제1항 제20호에 따른 사업을 위하여 지출하는 기부금
36	「여신전문금융업법」 제62조에 따른 여신전문금융업협회에 금융사고를 예방하기 위하여 같은 법 시행령 제6조의13 제1항에 따른 영세한 중소신용카드가맹점의 신용카드 단말기 교체를 지원하기 위하여 지출하는 기부금
37	「정보통신기반 보호법」 제16조에 따른 정보공유·분석센터에 금융 분야의 주요 정보통신기반시설에 대한 침해사고 예방, 취약점의 분석·평가 등 정보통신기반시설 보호 사업을 위하여 지출하는 기부금
38	삭 제 <2022. 12. 30.>
39	「보험업법」 제175조에 따른 보험협회에 생명보험 사회공헌사업 추진을 위한 협약에 따라 사회공헌기금 등을 통하여 수행하는 사회공헌사업을 위하여 지출하는 기부금
40	「노동조합 및 노동관계조정법」 제10조 제2항에 따른 총연합단체인 노동조합이 시행하는 노사상생협력증진에 관한 교육·상담 사업, 그 밖에 선진 노사문화 정착과 노사 공동의 이익증진을 위한 사업으로서 고용노동부장관이 정하는 사업을 위하여 지출하는 기부금
41	해외난민을 위하여 지출하는 기부금
42	「법인세법」 제24조 제2항 제1호 마목의 병원에 자선의료비로 지출하는 기부금
43	「도서관법」에 따라 등록된 작은도서관에 사업비, 시설비, 운영비로 지출하는 기부금
44	「신용보증기금법」에 따른 신용보증기금의 보증·보험사업을 위해 기업이 출연하는 기부금
45	「기술보증기금법」에 따른 기술보증기금의 보증사업을 위해 기업이 출연하는 기부금

번호	기부금
46	「근로복지기본법」에 따른 사내근로복지기금 또는 공동근로복지기금으로 출연하는 기부금(사업자 외의 개인이 출연하는 것으로 한정한다)
47	「지역신용보증재단법」에 따른 신용보증재단 및 신용보증재단중앙회의 보증사업을 위해 기업이 출연하는 기부금
48	「여신전문금융업법」 제62조에 따른 여신전문금융업협회에 기획재정부에서 시행하는 상생소비지원금 사업의 통합서버 구축·운영비로 지출하는 기부금
49	「중소기업협동조합법」 제106조 제8항에 따른 중소기업중앙회 공동사업지원자금에 출연하는 기부금
50	「새마을금고법」에 따라 설립된 새마을금고에 「사랑의 좀도리운동」을 위하여 지출하는 기부금

(4) 사회복지시설 등 중 무료 또는 실비로 사용할 수 있는 다음의 시설 등에 기부하는 금품가액

다음의 어느 하나에 해당하는 사회복지시설 또는 기관 중 무료 또는 실비로 이용할 수 있는 시설 또는 기관에 기부하는 금품의 가액은 일반기부금에 해당한다. 다만, 아래 ②의 "㉮"에 따른 노인주거복지시설 중 양로시설을 설치한 자가 해당 시설의 설치·운영에 필요한 비용을 부담하는 경우 그 부담금 중 해당 시설의 운영으로 발생한 손실금(기업회계기준에 따라 계산한 해당 과세기간의 결손금을 말한다)이 있는 경우에는 그 금액을 일반기부금에 포함한다(법령 §39①(4)).

① 「아동복지법」 제52조 제1항에 따른 아동복지시설

② 「노인복지법」 제31조에 따른 노인복지시설 중 다음의 시설을 제외한 시설

   ㉮ 「노인복지법」 제32조 제1항에 따른 노인주거복지시설 중 입소자 본인이 입소비용의 전부를 부담하는 양로시설·노인공동생활가정 및 노인복지주택

   ㉯ 「노인복지법」 제34조 제1항에 따른 노인의료복지시설 중 입소자 본인이 입소비용의 전부를 부담하는 노인요양시설·노인요양공동생활가정 및 노인전문병원

   ㉰ 「노인복지법」 제38조에 따른 재가노인복지시설 중 이용자 본인이 재가복지서비스에 대한 이용대가를 전부 부담하는 시설

③ 「장애인복지법」 제58조 제1항에 따른 장애인복지시설. 다만, 다음의 시설은 제외한다.

   ㉮ 비영리법인(「사회복지사업법」 제16조 제1항에 따라 설립된 사회복지법인을 포함한다) 외의 자가 운영하는 장애인 공동생활가정

   ㉯ 「장애인복지법 시행령」 제36조에 따른 장애인생산품 판매시설

   ㉰ 장애인 유료복지시설

④ 「한부모가족지원법」 제19조 제1항에 따른 한부모가족복지시설

⑤ 「정신건강증진 및 정신질환자 복지서비스 지원에 관한 법률」 제3조 제6호 및 제7호에

따른 정신요양시설 및 정신재활시설

⑥ 「성매매방지 및 피해자보호 등에 관한 법률」 제6조 제2항, 제10조 제2항에 따른 지원시
설 및 성매매피해상담소

⑦ 「가정폭력방지 및 피해자보호 등에 관한 법률」 제5조 제2항, 제7조 제2항에 따른 가정폭
력관련상담소 및 피해자보호시설

⑧ 「성폭력방지 및 피해자보호 등에 관한 법률」 제10조 제2항 및 제12조 제2항에 따른 성
폭력피해상담소 및 성폭력피해자보호시설

⑨ 「사회복지사업법」 제34조에 따른 사회복지시설 중 사회복지관과 부랑인 및 노숙인 시설

⑩ 「노인장기요양보험법」 제32조에 따른 재가장기요양기관

⑪ 「다문화가족지원법」 제12조에 따른 다문화가족지원센터

⑫ 「건강가정기본법」 제35조 제1항에 따른 건강가정지원센터

(5) 기획재정부장관이 지정하여 고시하는 국제기구에 지출하는 기부금

다음 요건을 모두 갖춘 국제기구로서 기획재정부장관이 지정하여 고시하는 국제기구에
지출하는 기부금은 일반기부금으로 본다(법령 §39①(6)).

① 사회복지, 문화, 예술, 교육, 종교, 자선, 학술 등 공익을 위한 사업을 수행할 것

② 우리나라가 회원국으로 가입하였을 것

◉ **국제기구의 범위**(법령 §39①(6))(기획재정부 고시 제2024-10호, 2024. 3. 29.) ◉

번호	국 제 기 구
1	유엔난민기구(United Nations High Commissioner for Refugees, UNHCR)
2	세계식량계획(World Food Programme, WFP)
3	국제이주기구(International Organization for Migration, IOM)
4	글로벌녹색성장연구소(Global Green Growth Institute, GGGI)
5	녹색기후기금(Green Climate Fund, GCF)
6	유엔개발계획(United Nations Development Programme)
7	아시아산림협력기구(Asian Forest Cooperation Organization)
8	재한유엔기념공원(UN Memorial Cemetery in Korea, UNMCK)
9	유엔여성기구(UN Women, UNW)
10	국제백신연구소(International Vaccine Institute, IVI)
11	감염병혁신연합(Coalition for Epidemic Preparedness Innovations, CEPI)

(6) 법인으로 보는 단체의 수익사업 소득을 고유목적사업비로 지출하는 경우

법인으로 보는 단체 중 다음의 단체를 제외한 단체가 수익사업에서 빌생한 소득을 고유
목적사업비로 지출하는 금액은 일반기부금으로 본다(법령 §39②).

① 「법인세법 시행령」 제36조 제1항 제1호의 일반기부금단체 등

② 법령에 의하여 설치된 기금

③ 「주택법」 제2조 제2호에 따른 공동주택의 입주자 대표회의·임차인대표회의 또는 이와 유사한 관리기구를 제외한 단체

그러나 「법인세법」상 법인으로 보는 단체가 아닌 단체가 수익사업에서 생긴 소득을 고유목적사업비로 지출하는 것은 일반기부금으로 보지 아니한다(서이 46012-10507, 2002. 3. 16.).

5-3. 비지정기부금

특례기부금과 일반기부금으로 열거되지 않은 기부금은 비지정기부금에 해당한다. 비지정기부금의 예로는 정당에 대한 정치자금 기부금이나 향우회·동창회·종친회에 대한 기부금이 있다. 비지정기부금은 전액 손금불산입하고 그 기부받은 자의 구분에 따라 다음과 같이 처분한다(법기통 67-106…6).

① 출자자(출자임원 제외) : 배당

② 직원(임원 포함) : 상여

③ 그 밖의 경우 : 기타사외유출

6. 특례기부금 시부인 계산

(1) 1단계 …… 차가감소득금액의 계산

기부금은 개인 또는 법인이 번 돈을 사회에 환원하는 것이므로 기부금 지출능력의 척도로는 소득이 적합하다. 그러나 결손금이 있는 상태에서 소득을 결손금의 보전에 사용하지 않고 기부하는 것은 기업부실의 원인이 되므로 소득에서 이월결손금을 공제한 금액을 기부금 한도액 계산의 기준이 되는 소득으로 하고 있다. 기부금 한도액은 소득금액을 기준으로 하므로 다른 세무조정을 완료한 후에 기부금한도액을 계산하여야 한다. 기부금 세무조정을 하기 위해서는 먼저 특례기부금, 우리사주조합기부금과 일반기부금의 한도초과액에 대한 세무조정을 제외하고, 다른 세무조정을 모두 완료하여 소득금액조정합계표를 작성한다. 당기순이익에 소득금액조정합계의 익금산입 및 손금불산입을 가산하고, 손금산입 및 익금불산입을 차감해서 차가감소득금액을 계산한다.

당기순이익 + 익금산입 및 손금불산입 - 손금산입 및 익금불산입 = 차가감소득금액

535

(2) 2단계 ······ 특례기부금한도액 계산

차가감소득금액에 합병·분할시 양도손익이 포함되어 있으면 그 금액을 제외하고, 특례기부금·우리사주조합기부금·일반기부금의 지출액을 더하여 기준소득금액을 계산한다.

기준소득금액에서 이월결손금(과세표준 계산시 공제대상인 이월결손금으로 하되, 각 사업연도 소득의 80%를 한도로 이월결손금 공제를 적용받는 법인은 기준소득금액의 80%를 한도로 함)을 차감한 금액의 50%를 특례기부금한도액으로 한다(법법 §24②(2)). 23 개정

① 기준소득금액[*2] = 차가감소득금액(합병·분할에 따른 양도손익 제외[*1]) + 특례기부금지출액 + 우리사주조합기부금지출액 + 일반기부금지출액

② 특례기부금한도액 = [기준소득금액 − 이월결손금(각 사업연도 소득금액의 80%를 한도로 이월결손금을 공제하는 법인은 기준소득금액의 80%를 한도로 함)[*3]] × 50% 23 개정

[*1] 합병·분할에 따른 양도손익은 종전에는 청산소득이었으나, 2010년 합병·분할세제를 전면개편하면서 각 사업연도 소득으로 소득분류를 변경하였다. 소득분류의 변경에 불구하고 합병·분할시 양도손익이 기부한도액에 영향을 미치지 않도록 기준소득금액에서 합병·분할시 양도손익을 제외하도록 하였다.

[*2] 차가감소득금액은 특례기부금, 우리사주조합기부금과 일반기부금이 손금에 산입된 금액이므로 차가감소득금액에 특례기부금, 우리사주조합기부금과 일반기부금을 더해서 기준소득금액을 산출해야 한다.

[*3] 공제대상 이월결손금 : 2008년말 이전에 개시한 사업연도에서 발생한 결손금은 5년, 2009년 이후 개시한 사업연도부터 2019. 12. 31. 이전에 개시한 사업연도에서 발생한 결손금은 10년간, 2020. 1. 1. 이후 개시한 사업연도에서 발생한 결손금은 15년간 공제한다. 2022년부터 2024년까지 세무조정시 공제하는 이월결손금은 다음과 같다.

구 분	2023년분 세무조정시	2024년분 세무조정시	2025년분 세무조정시
공제대상 이월결손금	2013년~2022년(10년분)	2014년~2023년(10년분)	2015년~2024년(10년분)

중소기업 등 일정한 법인이 아닌 법인은 과세표준을 계산할 때 각 사업연도 소득금액의 80%를 한도로 이월결손금을 공제하나, 종전에는 기부금한도액 계산시에는 공제가능한 이월결손금을 전액 공제하였다. 기부문화를 활성화하기 위하여 80%한도를 적용받는 법인은 기준소득금액의 80%를 한도로 이월결손금을 공제한다. 23 개정

(3) 특례기부금한도초과이월액의 손금산입

특례기부금과 일반기부금은 소득금액을 기초로 한도를 계산하므로 기부할 때 기부금한도액을 정확하게 예측하는 것은 곤란하다. 이에 따라 기업이 기부금을 탄력적으로 지출할 수 있도록 기부금한도초과액을 그 후의 사업연도로 이월하여 손금산입하는 제도를 두고 있다.

특례기부금한도초과액으로 손금불산입된 금액은 그 다음 사업연도 개시일부터 10년 이내에 끝나는 각 사업연도로 이월하여 그 이월된 사업연도의 특례기부금한도액의 범위에서 손금에 산입(기타로 소득처분)한다(법법 §24⑤). 특례기부금과 일반기부금의 한도초과액의 이월공제기간은 종전에는 5년이었으나, 2018년 말에 10년으로 연장하였다. 다만, 법인이 장부를 5년간 보관하는 점을 고려하여 2013. 1. 1. 이후 지출한 기부금부터 이월공제기간을 10년으로 한다*(2018. 12. 24. 법법 부칙 §4②).

* 특례기부금과 일반기부금의 한도초과액의 이월공제기간

2023년분 세무조정시 한도액 발생	2024년분 세무조정시 한도액 발생	2025년분 세무조정시 한도액 발생
2013년~2022년(10년간) 기부금한도초과이월액 손금산입	2014년~2023년(10년간) 기부금한도초과이월액 손금산입	2015년~2024년(10년간) 기부금한도초과이월액 손금산입

"해당 사업연도에 지출한 특례기부금"과 전기에서 이월된 "특례기부금 한도초과이월액"이 있는 경우 특례기부금 한도액의 범위에서 먼저 전기 이월 특례기부금 한도과이월액"을 먼저 손금에 산입한다. 한도초과 이월액은 먼저 발생된 것부터 손금에 산입한다(법법 §24⑥).

(4) 특례기부금에 대한 세무조정

해당 사업연도에 지출한 특례기부금과 특례기부금한도액의 잔액(특례기부금한도액에서 특례기부금 한도초과이월액의 손금산입액을 차감한 금액)과 비교하여 특례기부금한도초과 액(또는 한도미달액)을 계산한다. 특례기부금한도초과액은 손금불산입하여 기타사외유출로 소득처분하고, 특례기부금한도미달액에 대해서는 세무조정을 하지 아니한다.

특례기부금 세무조정
① 특례기부금한도초과이월액의 손금산입
　Min[특례기부금한도초과이월액, 특례기부금한도액]을 손금산입(기타)
② 당기에 지출한 특례기부금 세무조정
　특례기부금 당기 지출액 - (특례기부금한도액 - 위 ①의 손금산입액)
　$=\begin{cases}(+)\ 한도초과액\ \cdots\ 손금불산입(기타사외유출)\\(-)\ 한도미달액\ \cdots\ 세무조정\ 없음\end{cases}$

입법취지 **기부금 이월공제 계산방법**

종전에는 각 사업연도에 지출한 기부금을 기부금 한도액의 범위에서 먼저 손금산입하고, 남은 기부금 한도 내에서 전기한도초과이월액을 손금에 산입하였으나, 2020. 1. 1. 이후 신고하는 분부터는 전기한도초과이월액을 당기 기부금 한도액의 범위에서 먼저 손금산입하고, 남은 기부금 한도 내에서 각 사업연도에 지출한 기부금을 손금산입하도록 기부금의 공제 순서를 변경하였다. 이는 10년의 이월공제 기간 내에 기부금을 공제받을 수 있도록 지원하려는 것이다. 개정규정은 2020. 1. 1. 이후 과세표준을 신고하는 분부터 적용하되, 과세표준 신고시 이월공제가 가능한 기부금에 대해서도 적용한다.

7. 우리사주조합기부금 시부인 계산

(1) 우리사주조합기부금의 한도

법인이 협력업체 등 다른 법인의 우리사주조합에 기부한 금액(우리사주조합기부금)은 기준소득금액에서 이월결손금(과세표준 계산시 공제대상인 이월결손금으로 하되, 각 사업연도 소득의 80%를 한도로 이월결손금을 공제하는 법인은 기준소득금액의 80%를 한도로 함)과 특례기부금 손금산입액을 공제한 금액의 30%를 한도로 손금에 산입한다(조특법 §88의4⑬(3)).

`'23 개정`

우리사주조합에 대한 기부금한도액 = (기준소득금액 − 이월결손금 − 특례기부금 손금산입액) × 30%

법인이 「근로복지기본법」에 따른 우리사주조합에 출연하는 자사주의 장부가액 또는 금품은 전액 손금이므로(법령 §19(16)) 위의 한도를 적용하지 아니한다.

(2) 우리사주조합기부금에 대한 세무조정

"해당 사업연도에 지출한 우리사주조합기부금"과 우리사주조합기부금 한도액을 비교하여 우리사주조합기부금한도초과액(또는 한도미달액)을 계산한다. 우리사주조합기부금 한도초과액은 손금불산입하여 기타사외유출로 소득처분하고 우리사주조합기부금 한도미달액은 세무조정을 하지 아니한다.

우리사주조합기부금 세무조정
우리사주조합기부금지출액 − 우리사주조합기부금한도액
= ┌ (+) 한도초과액 … 손금불산입(기타사외유출)
  └ (−) 한도미달액 … 세무조정 없음

※ 우리사주조합기부금 한도초과액은 이월공제되지 아니한다.

8. 일반기부금 시부인 계산

(1) 일반기부금 한도액

기준소득금액에서 이월결손금(과세표준 계산시 공제대상인 이월결손금으로 하되 각 사업연도 소득의 80%를 한도로 이월결손금을 공제하는 법인은 기준소득금액의 80%를 한도로 함)과 특례기부금손금산입액(특례기부금 한도초과이월액을 해당 사업연도에 손금에 산입한 금액에 포함함)과 우리사주조합기부금 손금산입액을 공제한 금액의 10%(사업연도 종료일 현재 사회적기업육성법에 따른 사회적기업은 20%)를 일반기부금한도액으로 한다(법법 §24③ (2)). `23 개정`

$$\left[기준소득금액 - 이월결손금 - \genfrac{}{}{0pt}{}{특례기부금\ 손금산입액(이월하여}{손금에\ 산입한\ 금액\ 포함)} - \genfrac{}{}{0pt}{}{우리사주조합기부금}{손금산입액} \right] \times 10\%(사회적기업\ 20\%)$$

(2) 일반기부금 한도초과이월액의 손금산입

해당 사업연도에 지출하는 일반기부금 중 일반기부금한도초과로 손금에 산입하지 아니한 금액은 해당 사업연도의 다음 사업연도 개시일부터 10년 이내에 끝나는 각 사업연도로 이월 하여 그 이월된 사업연도의 소득금액을 계산할 때 일반기부금한도액의 범위에서 손금에 산 입(기타로 소득처분)한다(법법 §24⑤). 10년간의 이월공제는 개정규정 부칙에 따라 2013. 1. 1. 이후 개시한 사업연도에 지출한 기부금부터 적용한다(2018. 12. 24. **법법 부칙 §4②**).

"해당 사업연도에 지출한 일반기부금"과 전기에서 이월된 "일반기부금 한도초과이월액" 이 있는 경우 전기에서 이월된 "일반기부금 한도초과이월액"을 먼저 손금에 산입한다. 이 경우 이월된 금액은 먼저 발생된 것부터 손금에 산입한다(법법 §24⑥).

(3) 일반기부금에 대한 세무조정

해당 사업연도에 지출한 일반기부금과 일반기부금한도액의 잔액(일반기부금한도액에서 일반기부금 한도초과이월액의 손금산입액을 차감한 금액)과 비교하여 일반기부금한도초과 액(또는 한도미달액)을 계산한다. 일반기부금한도초과액은 손금불산입하여 기타사외유출로 소득처분하고, 일반기부금한도미달액에 대해서는 세무조정을 하지 아니한다.

일반기부금 세무조정
① 일반기부금한도초과이월액의 손금산입
　　Min[이월된 일반기부금, 일반기부금한도액]을 손금산입(기타)
② 당기에 지출한 일반기부금 세무조정
　　일반기부금 당기 지출액 - (일반기부금한도액 - ①의 손금산입액)
　　$= \left[\begin{array}{l} (+) \ 한도초과액 \cdots 손금불산입(기타사외유출) \\ (-) \ 한도미달액 \cdots 세무조정 \ 없음 \end{array} \right.$

9. 각 사업연도 소득금액의 계산

차가감소득금액에 기부금한도초과액을 가산하고, 기부금한도초과이월액의 손금산입액을
차감하여 각 사업연도 소득금액을 계산한다.

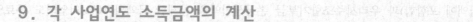

각 사업연도 소득금액 = 차가감
소득금액 + 기부금
한도초과액 − 기부금한도초과 이월액의
손금산입액

사례 »

다음 자료에 의하여 중소기업인 ㈜한공(사회적기업이 아님)의 제24기 사업연도(2024. 1. 1.~2024.
12. 31.)의 기부금에 대한 세무조정을 하고, 「법인세법 시행규칙」 별지 제21호 서식(기부금 조정명
세서)을 계산하시오.

1. 영업외비용의 기부금계정의 금액은 다음과 같다.
   ① 한서대학(사립대학) 시설비 등 지출액(특례기부금)   170,000,000원
   ② 사회복지법인의 고유목적사업비로 지출하는 기부금(일반기부금)   42,000,000원
   ③ 향우회기부금(비지정기부금)   15,000,000원
   계   227,000,000원
2. 결산상 당기순이익   185,000,000원
3. 익금산입·손금불산입   25,000,000원
   (1) 법인세비용   10,000,000원
   (2) 향우회기부금   15,000,000원
4. 손금산입·익금불산입(수입배당금액 익금불산입)   20,000,000원
5. 공제가능한 세무상 이월결손금(제23기 발생분)   300,000,000원
6. 제23기에서 이월된 특례기부금 한도초과액   9,000,000원

해답

1. 소득금액조정합계표

익금산입 및 손금불산입			손금산입 및 익금불산입		
과 목	금 액	처 분	과 목	금 액	처 분
법인세비용	10,000,000	기타사외유출	수입배당금액	20,000,000	기타
향우회기부금	15,000,000	기타사외유출			
계	25,000,000		계	20,000,000	

2. 차가감소득금액 : 185,000,000 + 25,000,000 − 20,000,000 = 190,000,000

3. 기부금 세무조정
   (1) 기부금 해당액
      ① 특례기부금
         ㉮ 이월분 : 9,000,000

　　　㉯ 당기분 : 170,000,000

　② 일반기부금

　　　㉮ 이월분 : 0

　　　㉯ 당기분 : 42,000,000

(2) 특례기부금 세무조정

　① 한도액 : (402,000,000* − 300,000,000) × 50% = 51,000,000

　　　* 기준소득금액 : 190,000,000 + 170,000,000 + 42,000,000 = 402,000,000

　② 세무조정

　　　㉮ 이월분 : Min[9,000,000, 51,000,000] = 9,000,000(손금산입, 기타)

　　　㉯ 당기분 : 특례기부금 당기 지출액 − 남은 특례기부금한도액

　　　　　= 170,000,000 − (51,000,000 − 9,000,000)

　　　　　= 128,000,000(손금불산입, 기타사외유출)

(3) 일반기부금

　① 한도액 : (402,000,000 − 300,000,000 − 51,000,000) × 10% = 5,100,000

　② 한도초과액 : 42,000,000 − 5,100,000 = 36,900,000(손금불산입, 기타사외유출)

(4) 특례기부금과 일반기부금 세무조정

　한도초과액 손금불산입 : 128,000,000 + 36,900,000 = 164,900,000

　전기한도초과이월액의 손금산입 : 9,000,000

　→ 소득금액조정합계표[별지 제15호 서식]에 기재하지 않고 법인세 과세표준 및 세액조정 계산서[별지 제3호 서식] ⑯란에 기재함.

4. 기부금조정명세서 작성

[별지 제21호 서식] (2023. 3. 20. 개정) (앞쪽)

사업 연도	2024. 1. 1. ~ 2024. 12. 31.	기부금 조정명세서	법 인 명	(주)한공
			사업자등록번호	

1. 「법인세법」제24조 제2항 제1호에 따른 특례기부금 손금산입액 한도액 계산

① 소득금액 계	402,000,000	⑤ 이월잔액 중 손금산입액 MIN(④, ㉓)	9,000,000
② 「법인세법」제13조 제1호에 따른 이월결손금 합계액 (「기준소득금액의 80% 한도)	300,000,000	⑥ 해당 연도 지출액 손금산입액 MIN[(④-⑤))0, ③]	42,000,000
③ 「법인세법」제24조 제2항에 따른 특례기부금 해당 금액	170,000,000	⑦ 한도초과액 [(③-⑥))0]	128,000,000
④ 한도액{[(①-②))0]×50%}	51,000,000	⑧ 소득금액 차감잔액 [(①-②-⑤-⑥))0]	51,000,000

2. 「조세특례제한법」제88조의 4에 따라 우리사주조합에 지출하는 기부금 손금산입액 한도액 계산

⑨ 「조세특례제한법」제88조의4제13 항에 따른 우리사주조합 기부금 해 당 금액		⑪ 손금산입액 MIN[⑨, ⑩]	
⑩ 한도액(⑧)×30%		⑫ 한도초과액[(⑨-⑩))0]	

3. 「법인세법」제24조 제3항 제1호에 따른 일반기부금 손금산입 한도액 계산

⑬ 「법인세법」제24조 제3항 제1호 에 따른 일반기부금 해당 금액	42,000,000	⑯ 해당 연도 지출액 손금산 입액 MIN[(⑭-⑮))0, ⑬]	5,100,000
⑭ 한도액[(⑧-⑪)×10%, 20%]	5,100,000	⑰ 한도초과액[(⑬-⑯))0]	36,900,000
⑮ 이월잔액 중 손금산입액 MIN(⑭, ㉓)	-		

4. 기부금 한도초과액 총액

⑱ 기부금 합계액(③+⑨+⑬)	⑲ 손금산입 합계((⑥+⑪+⑯)	⑳ 한도초과액 합계 (⑱-⑲) = (⑦+⑫+⑰)
212,000,000	47,100,000	164,900,000

(뒤쪽)

5. 기부금 이월액 명세

사업연도	기부금 종류	㉑한도초과 손금불산입액	㉒기공제액	㉓공제가능 잔액(㉑-㉒)	㉔해당사업연도 손금추인액	㉕차기이월액 (㉓-㉔)
합계	「법인세법」 제24조 제2항 제1호에 따른 특례기부금	128,000,000	–	128,000,000	–	128,000,000
	「법인세법」 제24조 제3항 제1호에 따른 일반기부금	36,900,000	–	36,900,000	–	36,900,000
23기	「법인세법」 제24조 제2항 제1호에 따른 특례기부금	9,000,000	–	9,000,000	9,000,000	–
	「법인세법」 제24조 제3항 제1호에 따른 일반기부금					
24기	「법인세법」 제24조 제2항 제1호에 따른 특례기부금	128,000,000	–	128,000,000	–	128,000,000
	「법인세법」 제24조 제3항 제1호에 따른 일반기부금	36,900,000	–	36,900,000	–	36,900,000

6. 해당 사업연도 기부금 지출액 명세

사업연도	기부금 종류	㉖지출액 합계금액	㉗해당 사업연도 손금산입액	㉘차기 이월액 (㉖-㉗)
제24기	「법인세법」 제24조 제2항 제1호에 따른 특례기부금	170,000,000	42,000,000	128,000,000
	「법인세법」 제24조 제3항 제1호에 따른 일반기부금	42,000,000	5,100,000	36,900,000

작 성 방 법

1. ①소득금액계란 : "법인세 과세표준 및 세액조정계산서(별지 제3호서식)"의 ⑩차가감소득금액에서 이 서식의 ⑱기부금 합계액(③+⑨+⑬)을 합하여 적습니다. ⑲손금산입 합계(⑥+⑪+⑯)에는 그 금액을 합하여 적습니다.

2. ③, ⑨, ⑬란 : "기부금명세서(별지 제22호서식)"의 ⑨란의 가. ~ 다.에 해당하는 기부금 종류별 소계 금액과 일치해야 합니다.

3. ④한도액란 : "(①-②)>0"은 ①에서 ②(「법인세법」 제13조 제1항 각 호 외의 부분 단서에 따라 각 사업연도 소득의 80%를 한도로 이월결손금 공제를 적용받는 법인은 기준소득금액의 80%를 한도로 함)를 차감한 금액을 적되, 그 금액이 음수(-)인 경우에는 "0"으로 적습니다. 이하에서 (Ⓐ-Ⓑ)>0 표시된 경우는 모두 같은 방법으로 적습니다.

4. ⑤이월잔액 중 손금산입액란 : 전기 이월된 한도초과액 잔액 중 「법인세법」 제24조 제5항 및 제6항에 따라 손금산입되는 금액을 적되, 「법인세법」 제24조 제5항의 기부금 전기이월액 중 ㉔해당사업연도 손금추인액의 합계금액과 일치해야 합니다.

5. ⑥해당연도지출액 손금산입액란 : ④금액에서 ⑤금액을 뺀 금액과 ③금액 중 작은 금액을 적되, 그 금액이 음수(-)인 경우에는 "0"으로 적습니다.

6. ⑦한도초과액란 : ③금액에서 ⑥금액을 빼서 적되, 그 금액이 음수(-)인 경우에는 "0"으로 적습니다.

※ 3. 「법인세법」 제24조 제3항 제1호에 따른 일반기부금의 손금산입 한도초과액(⑰란)도 같은 방법으로 적습니다.

7. ⑧소득금액 차감잔액란 : ①금액에서 ②금액을 뺀 금액에서 ⑤란과 ⑥란의 손금산입액을 뺀 금액을 적되, 그 금액이 음수(-)인 경우에는 "0"으로 적습니다.

8. ⑭한도액란 : 사업연도 종료일 현재 「사회적기업 육성법」 제2조 제1호에 따른 사회적기업에 해당하는 경우 (⑧소득금액 차감금액 – ⑪)의 20%로 합니다.

9. ⑳한도초과액 합계란 : 해당 사업연도 기부금 한도초과액 총합계금액으로서 별지 제3호서식의 ⑯기부금한도초과액란에 적습니다.

10. "5. 기부금 이월액 명세"는 사업연도별로 작성하며, ㉔해당 사업연도 손금추인액 합계금액은 "법인세 과세표준 및 세액조정계산서(별지 제3호서식)"의 ⑩기부금한도초과이월액 손금산입란에 적습니다.

11. "6. 해당 사업연도 기부금 지출액 명세"는 기부금 종류별로 작성하며, ㉖지출액 합계금액은 기부금 종류별 합계금액으로 "기부금명세서(별지 제22호서식)"의 ⑨란의 가.-나.에 해당하는 기부금 종류별 소계 금액과 일치해야 합니다.

※ 「법인세법」 제24조 제5항에 따라 손금산입한도액을 초과하여 손금에 산입하지 않은 기부금은 10년 이내에 끝나는 각 사업연도로 이월하여 공제가능하며, 법인세법 일부개정법률(법률 제16008호로 2018. 12. 24. 공포, 2019. 1. 1. 시행된 것을 말함) 부칙 제4조 제2항에 따라 2013. 1. 1. 이후 개시한 사업연도에 지출한 기부금에 대해서도 적용합니다.

10. 기부금영수증 발급명세의 작성·보관의무 등

(1) 기부금영수증의 수령 및 보관의무

기부금을 지출한 법인이 손금산입을 하고자 하는 경우 기부금을 지급받는 자로부터 기부금 영수증을 받아서 보관하여야 한다(법령 §39④). 일반기부금 단체의 기부금 수납업무를 대리하는 금융기관은 기부금납입영수증을 발급할 수 있는 것이나 대리발급하는 영수증은 [별지 제63호의3 서식]과 동일한 형식과 내용이 포함된 서식을 사용하여야 한다(서면2팀-1125, 2005. 7. 19.).

□ 일반기부금단체의 분사무소 명의로 기부금영수증 발급 가능 여부

[질의]

질의법인은 「민법」 제32조에 따라 주무관청의 허가를 받아 설립된 비영리법인으로 기획재정부장관으로부터 일반기부금단체로 지정받았음. 질의법인은 전국에 다수의 분사무소(이하 지점, 지회, 지부 등 포함)를 개설하여 운영하고 있으며 현재 결산서류 등의 공시, 출연재산보고서 제출, 회계처리 등은 분사무소 내용을 포함하여 주사무소에서 일괄적으로 처리함. 지정기부금단체의 분사무소가 기부금 수령시 분사무소 명의로 기부금영수증을 발급할 수 있는지에 대하여 질의함.

(질의1) 기부금 단체의 분사무소 명의로 기부금영수증 발급가능 여부
- 제1안 : 발급할 수 있음.
- 제2안 : 발급할 수 없음.

(질의2) 분사무소 명의로 발급된 기부금영수증에 대한 「법인세법」 제75조의4 제1항 제1호 나목(기부금영수증 발급불성실 가산세) 적용 여부
- 제1안 : 적용됨.
- 제2안 : 적용되지 않음.

(질의3) 당해 신규 해석의 적용 시기
- 제1안 : 신규 해석 회신일 이후 신고분(결정·경정 포함)부터 적용
- 제2안 : 신규 해석 회신일 이후 기부금영수증 발급분부터 적용

[회신]

귀 (질의1)의 경우 제2안이, (질의2)의 경우 제1안이, (질의3)의 경우 제2안이 각각 타당함(기획재정부 법인세제과-326, 2021. 7. 9.).

[별지 제63호의3 서식] (2023. 3. 20. 개정)

일련번호		기부금 영수증

※ 뒤쪽의 작성방법을 읽고 작성하여 주시기 바랍니다.　　　　　　　　　　　　　　　　　　（앞쪽）

❶ 기부자

성명(법인명)		주민등록번호 (사업자등록번호)
주소(소재지)		

❷ 기부금 단체

단 체 명		사업자등록번호(고유번호)
(지 점 명*)		(지점 사업자등록번호 등)
소 재 지		기부금공제대상 공익법인등 근거법령
(지점 소재지)		

＊ 기부금 단체의 지점(분사무소)이 기부받은 경우, 지점명 등을 추가로 기재할 수 있습니다.

❸ 기부금 모집처(언론기관 등)

단 체 명		사업자등록번호
소 재 지		

❹ 기부내용

코 드	구 분 (금전 또는 현물)	연월일	내 용			금 액
			품명	수량	단가	

　　「소득세법」 제34조, 「조세특례제한법」 제58조·제76조·제88조의4 및 「법인세법」 제24조에 따른 기부금을 위와 같이 기부하였음을 증명하여 주시기 바랍니다.

　　　　　　　　　　　　　　　　　　　　　　　　　　　　　　　　　　　년　　　월　　　일

　　　　　　　　　　　　　　　　　신청인
　　　　　　　　　　　　　　　　　　　　　　　　　　　　　　　　　　　　　（서명 또는 인）

　　위와 같이 기부금을 기부받았음을 증명합니다.

　　　　　　　　　　　　　　　　　　　　　　　　　　　　　　　　　　　년　　　월　　　일

　　　　　　　　　　　　　　　　　기부금 수령인
　　　　　　　　　　　　　　　　　　　　　　　　　　　　　　　　　　　　　（서명 또는 인）

210mm×297mm[백상지 80g/㎡ 또는 중질지 80g/㎡]

(뒤쪽)

작 성 방 법

1. ❷ 기부금 대상 공익법인등은 해당 단체를 기부금 공제대상 공익법인등, 공익단체로 규정하고 있는 「소득세법」 또는 「법인세법」 등 관련 법령을 적어 기부금영수증을 발행해야 합니다.

기부금공제대상 기부금단체 근거법령	코드
「법인세법」 제24조 제2항 제1호 가목(국가·지방자치단체), 나목(국방헌금과 국군장병 위문금품)	101
「법인세법」 제24조 제2항 제1호 다목(천재지변으로 생기는 이재민을 위한 구호금품)	102
「법인세법」 제24조 제2항 제1호 라목(같은 목에 열거된 사립학교, 비영리 교육재단, 산학협력단 등의 기관(병원은 제외한다)에 시설비·교육비·장학금 또는 연구비로 지출하는 기부금)	103
「법인세법」 제24조 제2항 제1호 마목(같은 목에 열거된 병원에 시설비·교육비 또는 연구비로 지출하는 기부금)	104
「법인세법」 제24조 제2항 제1호 바목[사회복지사업, 그 밖의 사회복지활동의 지원에 필요한 재원을 모집·배분하는 것을 주된 목적으로 하는 비영리법인(일정 요건을 충족하는 법인만 해당)으로서 기획재정부장관이 지정·고시하는 법인]	105
「소득세법」 제34조 제2항 제1호 나목(「재난 및 안전관리 기본법」에 따른 특별재난지역을 복구하기 위하여 자원봉사를 한 경우 그 용역의 가액에 대해 기부금영수증을 발급하는 단체)	116
「정치자금법」에 따른 정당(후원회, 선거관리위원회 포함)	201
「법인세법 시행령」 제39조 제1항 제1호 가목(「사회복지사업법」에 따른 사회복지법인)	401
「법인세법 시행령」 제39조 제1항 제1호 나목(「영유아보육법」에 따른 어린이집)	402
「법인세법 시행령」 제39조 제1항 제1호 다목(「유아교육법」에 따른 유치원, 「초·중등교육법」 및 「고등교육법」에 따른 학교, 「국민 평생 직업능력 개발법」에 따른 기능대학, 「평생교육법」 제31조 제4항에 따른 전공대학 형태의 평생교육시설 및 같은 법 제33조 제3항에 따른 원격대학 형태의 평생교육시설)	403
「법인세법 시행령」 제39조 제1항 제1호라목(「의료법」에 따른 의료법인)	404
「법인세법 시행령」 제39조 제1항 제1호 마목[(종교의 보급, 그 밖에 교화를 목적으로 「민법」 제32조에 따라 문화체육관광부장관 또는 지방자치단체의 장의 허가를 받아 설립한 비영리법인(그 소속 단체를 포함한다)]	405
「법인세법 시행령」 제39조 제1항 제1호 바목(기획재정부장관이 지정하여 고시한 법인)	406
「법인세법 시행령」 제39조 제1항 제2호 가목(「유아교육법」에 따른 유치원의 장 등이 추천하는 개인에게 교육비·연구비·장학금으로 지출하는 기부금)	407
「법인세법 시행령」 제39조 제1항 제2호 나목(공익신탁으로 신탁하는 기부금)	408
「법인세법 시행령」 제39조 제1항 제2호 다목(기획재정부장관이 지정하여 고시하는 기부금)	409
「법인세법 시행령」 제39조 제1항 제4호(같은 호 각 목에 열거된 사회복지시설 또는 기관 중 무료 또는 실비로 이용할 수 있는 시설 또는 기관)	410
「법인세법 시행령」 제39조 제1항 제6호(기획재정부장관이 지정하여 고시하는 국제기구)	411
「소득세법 시행령」 제80조 제1항 제2호(노동조합 등의 회비)	421
「소득세법 시행령」 제80조 제1항 제5호(공익단체)	422
「조세특례제한법」 제88조의4(우리사주조합)	461
「조세특례제한법」 제58조(고향사랑기부금)	462

2. ❸기부금 모집처(언론기관 등)는 방송사, 신문사, 통신사 등 기부금을 대신 접수하여 기부금 단체에 전달하는 기관을 말하며, 기부금 대상 공익법인등에게 직접 기부한 경우에는 적지 않습니다.

3. ❹기부내용의 코드는 다음 구분에 따라 적습니다.

기부금 구분	코드
「소득세법」 제34조 제2항 제1호, 「법인세법」 제24조 제2항 제1호에 따른 기부금	10
「조세특례제한법」 제76조에 따른 기부금	20
「소득세법」 제34조 제3항 제1호(종교단체 기부금 제외), 「법인세법」 제24조 제3항 제1호에 따른 기부금	40
「소득세법」 제34조 제3항 제1호에 따른 기부금 중 종교단체기부금	41
「조세특례제한법」 제88조의4에 따른 기부금	42
「조세특례제한법」 제58조에 따른 기부금	43
필요경비(손금) 및 세액공제 금액대상에 해당되지 않는 기부금	50

4. ❺기부내용의 구분란에는 "금전기부"의 경우에는 "금전", "현물기부"의 경우에는 "현물"로 적고, 내용란은 현물기부의 경우에만 적습니다. "현물기부"시 "단가"란은 아래 표와 같이 기부자, 특수관계여부 등에 따라 장부가액 또는 시가를 적습니다.

구 분	기부자	
	법인	개인
특례기부금	장부가액	Max(장부가액, 시가)
특수관계인이 아닌 자에게 기부한 일반기부금	장부가액	
그 밖의 기부금	Max(장부가액, 시가)	

5. (유의사항) 2021년 7월 1일 이후 전자기부금영수증(「법인세법」 제75조의4제2항 및 제112조의2에 따른 전자기부금영수증을 말함)을 발급한 경우에는 기부금영수증을 중복발행하지 않도록 유의하시기 바랍니다.

210mm× 297mm[백상지 80g/㎡ 또는 중질지 80g/㎡]

546

(2) 기부금영수증 발급명세의 작성·제출의무

기부금영수증을 발급하는 법인은 기부자별 발급명세를 작성하여 발급한 날부터 5년간 보관하여야 한다(법법 §112의2①).

기부금영수증을 발급하는 법인은 보관하고 있는 기부법인별 발급명세를 국세청장·지방국세청장 또는 납세지 관할 세무서장이 요청하는 경우 이를 제출하여야 한다(법법 §112의2②).

기부금영수증을 발급하는 법인은 해당 사업연도의 기부금영수증 총발급건수 및 금액 등이 적힌 기부금영수증 발급합계표를 해당 사업연도의 종료일이 속하는 달의 말일부터 6개월 이내에 관할 세무서장에게 제출하여야 한다(법법 §112의2③).

19. 지급이자

1. 지급이자에 대한 「법인세법」 규정

법인이 사업을 위하여 자금을 차입하고 부담하는 지급이자는 사업 관련 비용이므로 손금에 산입하는 것을 원칙으로 한다. 다만, 조세정책적 목적에서 다음의 지급이자는 지급이자 총액을 한도로 다음 순서에 따라 손금에 산입하지 아니한다.

---

① 채권자가 불분명한 사채이자(**법법 §28①(1) 및 법령 §51①**)
② 비실명채권·증권의 이자(**법법 §28①(2) 및 법령 §51②**)
③ 건설자금이자(**법법 §28①(3) 및 법령 §52**)
④ 업무무관자산 등 관련이자(**법법 §28①(4) 및 법령 §53**)

여러 가지 이유로 지급이자 손금불산입이 적용되는 경우, 업무무관자산 등의 지급이자의 계산은 다음과 같이 한다.

지급이자 손금불산입대상이 되는 지급이자 총액(I_n)
① 채권자가 불분명한 사채의 이자(I_1)
  - 채권자가 불분명한 사채의 적수(A_1)
② 비실명 채권·증권의 이자·할인액 또는 차익(I_2)
  - 비실명 채권·증권의 이자·할인액 또는 차익 관련 차입금적수(A_2)
③ 건설자금이자(I_3)
  - 건설자금이자 관련 차입금의 적수(A_3)
④ 업무무관자산의 취득·보유 및 업무와 직접 관련 없이 지급한 가지급금 등에 관련한 지급이자(I_4)

$$I_4 = (I_n - I_1 - I_2 - I_3) \times \frac{\text{업무무관자산과 가지급금 등의 자산적수}}{\text{총차입금의 적수} - A_1 - A_2 - A_3}$$

2. 채권자가 불분명한 사채이자

(1) 개 요

금융회사 등이 아닌 개인 또는 법인으로부터 자금을 차입하는 것을 사채(私債)라고 한다. 사채이자를 지급하고 채권자를 불분명하게 처리하면 채권자에게 소득세를 과세할 수 없으므로 채권자를 불분명하게 처리하는 것을 규제하여 사채시장을 양성화하기 위하여 채권자

불분명사채이자에 대한 손금불산입 규정을 두고 있다.

(2) 채권자불분명사채의 범위

채권자가 불분명한 사채이자란, 다음 중 어느 하나에 해당하는 차입금을 말한다. 다만, 거래일 현재 주민등록표에 의하여 그 거주사실 등이 확인된 채권자가 차입금을 변제받은 후 소재불명이 된 경우 그 차입금은 제외한다(**법법 §28①(1) 및 법령 §51①**).

① 채권자의 주소 및 성명을 확인할 수 없는 차입금
② 채권자의 능력 및 자산상태로 보아 금전을 대여한 것으로 인정할 수 없는 차입금
③ 채권자와의 금전거래사실 및 거래내용이 불분명한 차입금

이자를 지급한 사실이 확인된다 할지라도 그 이자의 지급사실이 기장되어 있지 아니하여 상대계정을 알 수 없는 경우(**대법원 89누 3410, 1989. 10. 28.**)와 회사가 신고한 사채권자들이 대여사실을 부인한 경우(**대법원 92누 1810, 1993. 1. 26.**)에는 출처가 불분명하므로 손금으로 인정할 수 없다.

(3) 채권자불분명사채이자의 처리

채권자가 불분명한 사채의 이자(알선수수료·사례금 등 명목여하에 불구하고 사채를 차입하고 지급하는 금품을 포함한다)를 손금불산입하되, 원천징수세액 상당액은 국가에 귀속되므로 기타사외유출로 처분하고, 잔액은 사외유출되었으나 귀속이 불분명하므로 대표자에 대한 상여로 처분한다(**법기통 67-106…3**).

사례 » 채권자불분명사채이자

(1) 원천징수를 하지 않은 경우
    채권자불분명사채이자 1,000,000원에 대하여 다음과 같이 회계처리한 경우의 세무조정

    <결 산 서> (차) 지급이자   1,000,000   (대) 현   금   1,000,000
    <세무조정> 손금불산입 채권자불분명사채이자   1,000,000 (상여)

    채권자불분명사채이자에 대하여 원천징수하지 않은 경우에는 전액을 대표자상여로 처분한다
    (**대법원 84도 852, 1986. 12. 23.**).

(2) 원천징수를 한 경우
    채권자불분명사채이자 1,000,000원에 대하여 원천징수하고, 다음과 같이 회계처리한 경우의
    세무조정

    <결 산 서> (차) 지급이자   1,000,000   (대) 예수세금   462,000*
                                                  현   금   538,000

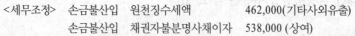

> <세무조정> 손금불산입 원천징수세액   462,000(기타사외유출)
> 　　　　　　손금불산입 채권자불분명사채이자   538,000 (상여)
> * 실지명의가 확인되지 아니하는 이자소득은 소득세 42%(다만, 「금융실명거래 및 비밀보장에 관한 법률」
>   제5조가 적용되는 경우에는 같은 조에서 정한 세율(90%로 하되, 특정채권이자는 15%)과 지방소득세(소
>   득세의 10%)를 원천징수한다(소법 §129②(2), 지법 §103의13①, 지법 §103의29①).

(4) 대표자에 대한 상여로 처분한 경우의 소득세 대납액의 처리

채권자가 불분명한 사채이자를 손금불산입하고 대표자 상여로 처분한 경우 법인이 그 처분에 따른 소득세 등을 대납하고 이를 손비로 계상하거나 그 대표자와의 특수관계가 소멸될 때까지 회수하지 아니함에 따라 익금에 산입한 금액은 기타사외유출로 처분한다(법령 §106①(3)아).

이와 같이 채권자불분명사채이자의 손금불산입액을 상여로 처분한 경우에 법인이 부담한 소득세에 대하여 기타사외유출로 처분하는 것은, 그 금액을 또 상여로 처분하면 상여처분액에 대한 소득세에 또 소득세가 과세되는 순환현상이 발생하여 법인의 부담이 과중해지기 때문이다.

> **사례** » 채권자불분명사채이자에 대한 원천징수세액 대납액
>
> 채권자불분명사채이자 1,000,000원에 대하여 대표자 상여로 처분하고 그 대표자 상여에 대한 소득
> 세와 지방소득세 400,000원을 대납하고, 다음과 같이 회계처리한 경우의 세무조정
>
> <결 산 서> (차) 세금과공과   400,000   (대) 현   금   400,000
> <세무조정> 손금불산입 원천징수세액   400,000(기타사외유출)

3. 지급받는 자가 불분명한 채권·증권의 이자 등

(1) 의 의

1993년 8월 12일에 금융실명제가 전격적으로 실시되었다. 이에 따라 금융회사와 거래시 실명을 사용하게 되었고, 금융회사에서 지급하는 금융소득이 개인별로 파악되었다. 금융소득이 개인별로 파악됨에 따라 1996년부터 금융소득종합과세제도를 실시하였다. 금융소득종합과세제도를 실효성 있게 운영하기 위해서는 금융회사가 아닌 법인이 지급하는 금융소득도 개인별로 파악되어야 한다.

금융회사가 아닌 법인이 채권·증권에 대한 이자 등을 직접 지급하는 경우에는 금융실명

제를 적용받지 않으므로 채권·증권을 발행한 법인이 이자 등을 직접 지급하는 경우에 그 이자를 손금불산입하는 제도를 1995년에 도입하였다.

(2) 비실명채권·증권이자의 처리

다음 중 어느 하나에 해당하는 채권·증권의 발행법인이 그 이자·할인액 또는 차익을 직접 지급하는 경우에 그 지급사실이 객관적으로 인정되지 않는 때에는 그 이자·할인액 또는 차익을 손금불산입하여 원천징수세액은 기타사외유출로, 잔액은 대표자상여로 처분한다(법법 §28①(2), 법령 §51②).

① 국가나 지방자치단체가 발행한 채권 또는 증권의 이자와 할인액
② 내국법인이 발행한 채권 또는 증권의 이자와 할인액
③ 외국법인의 국내지점 또는 국내영업소에서 발행한 채권이나 증권의 이자와 할인액
④ 환매조건부 매매차익 : 「금융실명거래 및 비밀보장에 관한 법률」 제2조 제1호에 해당하는 금융회사 등과 「법인세법 시행령」 제111조 제1항에 해당하는 법인이 환매기간에 따른 사전약정이율을 적용하여 환매수 또는 환매도하는 조건으로 매매하는 채권 또는 증권의 매매차익

"지급받는 자가 불분명한 채권·증권의 이자"란 채권·증권의 이자 또는 할인액을 해당 채권·증권의 발행법인이 직접 지급하는 경우에 그 지급사실이 객관적으로 인정되지 아니하는 이자 또는 할인액을 말한다. 그러나 정리기업에 있어서 세무상 부외부채로 인정되고 또 그 부외부채에 대한 이자를 지급받은 자가 분명한 경우에는 이를 지급받는 자가 불분명한 채권의 이자에 포함되지 아니한다(국심 법인 99-57, 1999. 8. 13.).

(3) 비실명 채권·증권의 이자에 대한 처리

비실명 채권·증권의 이자·할인액·차익을 손금불산입하되, 원천징수세액 상당액은 기타사외유출로 처분하고, 잔액은 대표자에 대한 상여로 처분한다(법기통 67-106…3).

4. 건설자금이자

4-1. 기업회계상 차입원가

(1) 개 요

자산의 취득과 관련한 이자비용을 기업회계에서는 차입원가라고 하고, 세법에서는 건설자금이자라고 한다. 차입원가의 처리방법에는 취득원가설과 비용설의 두 가지 견해가 있

다. 「취득원가설」은 자산의 취득기간에는 수익이 발생하지 않으므로 수익·비용의 대응을 위하여 차입원가를 자본화해야 한다는 견해이다. 반면, 「비용설」은 타인자본비용만 자본화하면 동일한 자산을 취득한 경우에도 자본조달방법에 따라 자산의 취득원가가 달라져 비교가능성이 훼손되므로 차입원가를 기간비용으로 처리해야 한다는 견해이다.

K-IFRS에서는 취득원가설에 따라 적격자산의 취득, 건설 또는 제조와 직접 관련된 차입원가는 자본화하도록 하고 있다(K-IFRS 1023호 문단 8). 그러나 일반기업회계기준은 차입원가 자본화규정을 적용하는 어려움을 고려하여 차입원가를 비용으로 처리하는 것을 원칙으로 하되, 자본화를 선택할 수 있도록 하고 있다(일반기준 18장 문단 18.4).

○ 차입원가에 대한 K-IFRS, 일반기업회계기준, 「법인세법」의 비교 ○

구 분	K-IFRS 제1023호	일반기업회계기준
차입원가 (특정차입금과 일반차입금)	적격자산의 취득과 직접 관련된 차입원가는 당해 자산 원가의 일부로 자본화하여야 함 → 자본화 강제(문단 8)	적격자산의 취득을 위한 차입금의 이자는 자본화 가능 → 자본화 선택(문단 18.4)

(2) 자본화대상자산 : 적격자산

K-IFRS에서 자본화대상은 적격자산이다. 적격자산이란 의도된 용도로 사용하거나 판매가능한 상태에 이르게 하는데 상당한 시간을 필요로 하는 자산으로서, 다음의 자산이 적격자산이 될 수 있다(K-IFRS 1023호 문단 7).

① 재고자산　　　　　　② 제조설비자산
③ 전력생산설비　　　　④ 무형자산
⑤ 투자부동산　　　　　⑥ 생산용식물

그러나 금융자산과 단기간 내에 제조되거나 다른 방법으로 생산되는 재고자산은 적격자산에 해당하지 아니하며, 취득시점에 의도된 용도로 사용할 수 있거나 판매가능한 상태에 있는 자산인 경우에도 적격자산에 해당하지 아니한다.

일반기업회계기준의 적격자산도 K-IFRS와 같이 유형자산, 무형자산 및 투자부동산과 제조, 매입, 건설, 또는 개발(이하 "취득"이라 한다)이 개시된 날로부터 의도된 용도로 사용하거나 판매할 수 있는 상태가 될 때까지 1년 이상의 기간이 소요되는 재고자산이다(일반기준 18.4).

(3) 자본화대상 차입원가의 산정

자본화할 수 있는 차입원가는 적격자산을 취득할 목적으로 직접 차입한 자금(이하 "특정차입금"이라 한다)에 대한 차입원가와 일반적인 목적으로 차입한 자금 중 적격자산의 취득에 소요되었다고 볼 수 있는 자금(이하 "일반차입금"이라 한다)에 대한 차입원가로 나누어 산정한다(K-IFRS 1023호 문단 14 및 일반기준 18장 문단 18.6).

① 특정차입금에 대한 이자

특정차입금에 대한 차입원가 중 자본화할 수 있는 금액은 자본화 기간 동안 특정차입금으로부터 발생한 차입원가에서 동 기간 동안 자금의 일시적 운용에서 생긴 수익을 차감한 금액으로 한다(K-IFRS 1023호 문단 12 및 일반기준 18장 문단 18.7).

이를 계산식으로 표시하면 다음과 같다.

> 자본화 대상 특정차입금이자 = 특정차입금이자 - 특정차입금의 일시적 운용에서 발생한 이자수익

② 일반차입금에 대한 이자

일반차입금에 대한 차입원가 중 자본화할 수 있는 차입원가는 회계기간 동안의 적격자산에 대한 평균지출액 중 특정차입금을 사용한 평균지출액을 초과하는 부분에 대해 자본화이자율을 적용하는 방식으로 산정한다(K-IFRS 1023호 문단 14, 일반기준 18.9).

자본화이자율은 회계기간 동안 발생한 일반차입금이자를 가중평균하여 산정한다. 건설기간 동안이 아닌 회계기간 전체의 차입금이자를 가중평균하여 자본화이자율을 산정하는 것은 원가개념과는 맞지 않으나 실무상 편의성을 위한 것이다.

> ☐ 자본화대상 일반차입금이자 : Min[㉮, ㉯]
> ㉮ (평균지출액 - 특정차입금 평균지출액) × 자본화이자율
> ㉯ 해당 회계기간에 발생한 일반차입금의 차입원가

4-2. 세법상 건설자금이자

(1) 개 요

법인세법은 1970년에 사업용 유형자산 및 무형자산의 매입·제작·건설에 소요되는 특정차입금이자만 자본화하고, 일반차입금 이자는 자본화하지 않았었다. 2011년부터 도입된 K-IFRS에서는 일반차입금이자도 자본화를 강제하므로 기업의 세무조정의 부담을 덜어주기 위하여 일반차입금이자의 자본화를 선택할 수 있도록 「법인세법 시행령」을 개정하였다.

(2) 건설자금이자 계산대상

건설자금이자는 그 명목 여하에 관계없이 사업용 유형자산 및 무형자산의 매입·제작·

건설에 소요되는 차입금의 이자 및 기타 이와 유사한 성질의 지출금을 말한다(법령 §52①).

① 대상자산 : 사업용 유형자산과 무형자산만 건설자금이자 계산대상이므로 투자부동산과 재고자산은 건설자금이자 계산대상이 아니다. 매매를 목적으로 매입 또는 건설하는 토지, 주택과 아파트는 재고자산이므로 건설자금이자 계산대상이 아니다(법기통 28-52…1, 법인-700, 2010. 7. 26.). 그리고 축산업을 영위하는 법인이 암컷 송아지(육성우)를 사육하여 일부는 판매하고 일부는 임신분만을 시켜 우유를 생산하는 착유우로 대체하는 경우, 성장단계에 있는 육성우는 전부 재고자산으로 분류하여 회계처리를 하는 경우라도 착유우에 대하여는 취득시부터 착유우가 될 때까지 건설자금이자를 계산하여야 한다(법인 22601-3424, 1986. 11. 22.).

② 차입금 : 특정차입금이자는 반드시 자본화해야 하나, 일반차입금이자는 자본화를 선택할 수 있다.

(3) 건설자금이자 계산기간

1) 개 요

건설자금이자는 건설을 개시한 날로부터 건설이 준공된 날(토지매입의 경우는 그 대금을 완불한 날까지로 하되, 대금을 완불하기 전에 해당 토지를 사업에 제공한 경우에는 사업에 제공한 날)까지 발생한 지급이자를 말한다. 예를 들어, 법인이 공장신축을 위해 토지를 장기할부조건으로 매입하는 경우 건설자금이자는 해당 토지대금을 청산한 날까지 계산하지만 대금을 청산하기 전에 착공 등으로 토지를 업무에 사용한 경우에는 그 사용한 날까지 계산한다(법인-956, 2010. 10. 21.).

잔금지급 후 토지등기를 위한 측량과정에서 당초의 계약면적보다 추가면적이 발생하여 동 추가면적에 대한 금액이 추가로 지출되는 경우에도 계약서상 계약면적에 대한 대금완불일까지 건설자금이자를 계상한다(법인 46012-4078, 1993. 12. 24.). 그러나 법인이 건설중인 자산에 대하여 건설가계정에 포함된 지급이자 중 일부를 면제받은 경우에는 해당 건설가계정에서 이를 직접 차감하여 처리한다(법인 46012-387, 2001. 2. 19.).

2) 준공된 날

"준공된 날"이란 해당 건설의 목적물이 전부 준공된 날을 말하며, 그 구체적인 내용은 다음과 같다.

① 토지의 경우 : 토지를 매입한 경우에는 대금을 청산한 날까지로 하되, 대금을 완불하기 전에 해당 토지를 사업에 제공한 경우에는 사업에 사용되기 시작한 날까지로 한다(법령 §52⑥(1)). 여기서 "사업에 사용되기 시작한 날"이란 공장 등의 건설에 착공한 날 또는 해당 토지를 업무에 직접 사용한 날을 말하며(법기통 28-52…1 5호), 토지를 취득한 후 토

지를 본래 목적에 사용하기 위하여 정지작업을 하는 경우에는 그 정지작업이 완료된 때를 사업에 제공한 날로 보아야 한다. 그리고 매매목적으로 취득한 토지를 건축물의 착공 전에 법인의 사업용유형자산으로 전환한 경우에 건설자금이자는 최초 취득일로부터 계산한다(법인 22601-927, 1990. 4. 27.).

② 건축물의 경우 : 「소득세법 시행령」 제162조에 따른 취득일 또는 해당 건설의 목적물이 그 목적에 실제로 사용되기 시작한 날(이하 "사용개시일"이라 한다) 중 빠른 날을 말한다(법령 §52⑥(2)). 이 경우 "사용개시일"이란 정상제품을 생산하기 위하여 실제로 가동되는 날을 말한다(법기통 28-52…1 4호).

③ 그 밖의 사업용유형자산 및 무형자산의 경우 : 토지와 건축물을 제외한 그 밖의 사업용 유형자산 및 무형자산의 경우에는 사용개시일을 말한다(법령 §52⑥(3)). 예를 들면 기계장치는 정상제품을 생산하기 위하여 실제로 가동되는 날, 선박은 최초의 출항일, 발전소를 건설하는 경우에는 사용허가를 받은 날이 사용개시일이 된다(법기통 28-52…1 4호).

3) 건설착공 전의 이자와 준공 이후의 이자

건설착공 이전에 차입한 차입금으로서 건설착공 이전의 이자상당액은 건설자금이자에 포함할 수 없으나 건설이 시작된 이후에 건설자금을 차입한 경우에는 그 차입금을 차입한 날로부터 준공될 때까지의 지급이자를 건설자금이자로 하여 건설원가에 산입하여야 한다(직세 1234-2270, 1975. 10. 20.).

건설을 위하여 차입한 차입금의 지급이자라 할지라도 준공일 이후에 남은 차입금에 대한 발생이자는 건설원가에 산입할 수 없으며, 각 사업연도의 손금에 산입한다(법인-956, 2010. 10. 21., 국심 86나 822, 1986. 12. 29.).

(4) 건설자금이자 계산방법

1) 특정차입금

건설 등에 사용된 것이 분명한 차입금에 대하여 자본화기간 동안에 발생한 지급이자와 유사 지출금을 건설자금이자로 한다. 다만, 건설자금을 운영자금으로 전용한 경우 그 전용기간의 지급이자는 비용으로 하고, 건설자금에 사용할 자금을 일시 예금하여 발생하는 수입이자는 취득가액에서 차감한다(법령 §52②).

건설자금이자 = (건설에 소요된 차입금이자 - 운영자금 전용이자) - 수입이자

자본화대상 지급이자 여부를 도표로 표시하면 다음과 같다.

자본화대상인 것	자본화대상이 아닌 것
① 건설에 소요된 차입금에 대한 보증료(법집 28-52-1 (1))	① 외화차입금의 환율변동손익
② 건설자금의 연체이자 : 자본화대상(단, 원본에 가산한 연체 이자에 대한 지급이자는 자본화하지 않음)(법령 §52④)	(재법인 46012-180, 1999. 11. 11.)
③ 금융기관으로부터 차입하는 때에 지급하는 지급보증료 (법기통 28-52…1)	② 기업회계기준에 따라 매각거래로 보는 경우의 상업어음의 할인료
④ 사채할인발행차금상각액(법인 22601-2241, 1986. 7. 14.)	③ 운용리스료 (법인 22601-2020, 1986. 6. 24.)
⑤ 사채를 조기상환함에 따라 사채할인발행차금 미상각액을 전부 상각한 경우 상각액(법인 22601-720, 1991. 4. 10.)	④ 현재가치할인차금 상각액 (법령 §72④(1))
⑥ 전환사채에 대한 지급이자(법인 46012-114, 1995. 1. 13.)	⑤ 연지급수입이자(법령 §72④(2))
⑦ 진성어음할인료와 당좌차월로 발행한 당좌수표가 건설자 금에 사용된 경우의 할인료 및 지급이자 (법인 46012-3238, 1997. 12. 11.)	
⑧ 해외로부터 특정차입금을 차입함에 있어 대출약정의 내용 에 따라 이자율스왑계약을 체결하고 동 계약에 의하여 실 제로 지급되는 순지출액(서면2팀-2288, 2004. 11. 10.).	
⑨ 당좌차월에 대한 지급이자(법인 46012-3238, 1997. 12. 11.)	
⑩ 금융리스료 중 이자상당액(법기통 28-53…1)	
⑪ 사업용유형자산의 건설비를 운영자금으로 먼저 지급하고 그후에 시설자금명목으로 자금을 차입하여 이를 운영자금 에 충당한 경우의 이자(법인 46012-618, 1998. 3. 12.)	

2) 일반차입금

일반차입금이자에 대하여 자본화를 선택할 경우 자본화할 금액은 다음과 같이 계산한다 **(법법 §28②, 법령 §52⑦).**

> Min[①, ②]
> ① (건설 등을 위한 평균지출액[*1] − 특정차입금 평균액[*2]) × 자본화이자율[*3]
> ② 해당 사업연도의 자본화기간에 발생한 일반차입금이자

[*1] 해당 사업연도의 건설 등에 지출한 금액의 적수 ÷ 사업연도 일수

[*2] 해당 사업연도의 특정차입금적수 ÷ 사업연도 일수

[*3] 일반차입금이자 ÷ $\dfrac{\text{일반차입금적수}}{\text{사업연도 일수}}$

● 건설자금이자에 대한 기업회계와「법인세법」의 비교 ●

구 분		K-IFRS (제1023호)	일반기업회계기준 (제18장)	법인세법 (법령 제52조)
자본화 강제 여부	특정차입금	자본화 강제	자본화 선택	자본화 강제
	일반차입금	자본화 강제	자본화 선택	자본화 선택
자본화 대상자산		적격자산 : 의도된 용도로 사용하거나 판매가능한 상태에 이르게 하는데 상당한 기간을 필요로 하는 자산*(문단 5)	적격자산 : 유형자산, 무형자산, 투자부동산, 제조·건설기간이 1년 이상인 재고자산(문단 18.4)	사업용 유형자산과 무형자산 ※ 재고자산과 투자자산은 불포함
자본화 기간	자본화 개시일	적격자산에 대한 지출이 있었고 차입원가가 발생하였고 취득활동이 수행되는 날(문단 17)	좌동(문단 18.13)	규정 없음
	자본화 종료일	적격자산을 의도된 용도로 사용하거나 판매가능한 상태에 이르게 하는 데 필요한 대부분의 활동이 완료된 시점(문단 22)	좌동(문단 18.14)	토지, 건축물, 그 밖의 자산으로 구분하여 규정되어 있음(법령 §52⑥)
자본화 대상 금융 비용	금융비용의 범위	자금의 차입과 관련하여 발생하는 이자 및 기타원가(문단 5)	지급이자와 유사한 금융비용(문단 18.2)	지급이자 또는 이와 유사한 지출금 (법령 §52①)
	연체이자	규정 없음	연체이자는 자본화대상 금융비용에 포함하지 않음(문단 18.2)	연체이자도 자본화하나, 연체이자에 대한 지급이자는 자본화하지 않음 (법령 §52④)
	환율변동 손익	외화차입금과 관련되는 외환차이 중 이자원가의 조정으로 볼 수 있는 부분은 차입원가에 포함(문단 6)	외화차입금과 관련되는 외환차이 중 이자원가의 조정으로 볼 수 있는 부분은 차입원가에 포함. 다만, 원화차입금의 가중평균이자율 한도(문단 18.3)	환율변동손익은 차입원가로 보지 않음(재법인 46012-180, 1999. 11. 11.)
특정차입금 차입원가		금융비용-일시적인 운용수익	금융비용-일시적인 운용수익	금융비용-운영자금전용이자-일시적인 운용수익
일반 차입금 차입 원가	계산식	(적격자산 연평균 지출액-특정차입금 연평균지출액)×자본화이자율	(적격자산 연평균 지출액-특정차입금 연평균 지출액)×자본화이자율	(건설 등을 위한 연평균 지출액-특정차입금 연평균액)×자본화 이자율

구 분	K-IFRS (제1023호)	일반기업회계기준 (제18장)	법인세법 (법령 제52조)
이전 연도 자본화한 금액	적격자산의 평균지출액 계산시 포함(문단 18)	적격자산의 평균지출액 계산시 불포함 (실 18.19)	규정 없음
특정차입금 연평균지출액	일시예치액의 연평균액 차감	좌 동	차감하지 않음 (법령 §52⑦(2))
한 도	해당 사업연도의 일반차 입금이자(문단 14)	좌 동(문단 18.12)	자본화기간의 일반차입금 이자(법령 §52⑦(1))

* 적격자산의 예 : 제조설비자산, 전력생산설비, 무형자산, 투자부동산, 생산용식물, 1년 이상 제조·건설하는 재고자산(K-IFRS 1023호 문단 7)

(5) 건설자금이자에 대한 세무조정

1) 건설자금이자를 과소계상한 경우

내국법인이 건설자금이자를 스스로 계산하여 유형자산 및 무형자산의 취득가액에 포함시킨 경우에는 세무조정이 불필요하다.

그러나 법인이 건설자금이자를 유형자산 및 무형자산의 취득가액에 계상하지 아니하고 비용으로 처리한 경우에는 다음과 같이 세무조정을 한다.

① 비상각자산인 경우 : 손금불산입(유보)한 후 해당자산을 처분할 때 손금산입(△유보)하여야 한다(서면2팀-1080, 2004. 5. 25.).
② 상각자산인 경우
　㉮ 건설이 준공된 경우 : 해당 사업연도 종료일 현재 준공된 경우에는 감가상각자산이므로 건설자금이자 과소계상액을 즉시상각의 의제로 보아 감가상각비 시부인계산한다.
　㉯ 건설 중인 자산 : 해당 사업연도 종료일 현재 건설 중에 있는 자산인 경우의 해당자산은 감가상각자산이 아니므로 건설자금이자 과소계상액은 손금불산입하여 유보로 처분한 후, 준공되는 때에는 이를 상각부인액으로 보아 준공된 이후의 사업연도의 시인부족액의 범위 안에서 손금추인한다(법기통 23-32…1).

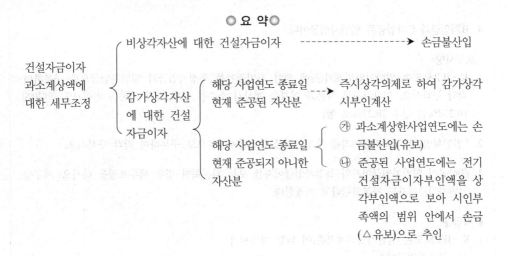

○ 요 약 ○

2) 건설자금이자를 과다계상한 경우

법인이 「법인세법」의 규정에 의한 금액을 초과하여 계상한 건설자금이자는 세무조정으로 손금산입(△유보)하여 취득가액에서 차감하는 것이며, 해당자산을 감가상각하는 경우 손금산입한 금액에 해당하는 감가상각비를 손금불산입(유보)하고, 해당 자산을 양도하는 경우에 건설자금이자를 과대하게 계상하여 세무조정상 손금산입한 금액 중 잔액을 손금불산입(유보)한다(서면2팀-1080, 2004. 5. 25.).

┃ 사례 》 건설자금이자

㈜한공(사업연도 : 20×1. 1. 1.~20×1. 12. 31.)은 보유 중인 토지에 사옥을 건설하였다. 건설공사는 20×1. 7. 1.에 착공하여 20×1. 12. 31.에 건설중이다. 20×1년은 평년이라고 가정한다.

1. 공사비지출 현황

    20×1. 7. 1.   1,500,000원

    20×1. 9. 1.   2,000,000원

    20×1. 11. 1.   1,000,000원

2. 차입금 관련 자료

차입금 구분	차입일	상환일	차입금	이자율
A	20×1. 7. 1.	20×3. 7. 1.	2,500,000원	연 10%
B	20×1. 4. 1.	20×2. 3. 31.	5,000,000원	연 10%
C	20×1. 7. 1.	20×2. 6. 30.	1,000,000원	연 12%

3. A차입금은 사옥 건설을 위하여 차입하였으며, 이 중 1,500,000원은 20×1. 7. 1.에 지출되었고, 20×1. 9. 1.에 1,000,000원이 지출되었다. 특정차입금 1,000,000원을 20×1. 7. 1.부터 20×1. 8. 31.까지 예치(이자율 연 7.3%)하여 12,200원의 이자수익이 발생하였다.

4. B차입금과 C차입금은 일반차입금이다.

<요구사항>

1. K-IFRS(또는 일반기업회계기준)에 의한 차입원가를 특정차입금과 일반차입금으로 구분하여 각각 구하시오. 일반차입금 자본화 이자율 계산시 소수점 셋째 자리 이하는 버리기도 한다(예 10.278%인 경우 10.27%로 함).

2. 「법인세법」상 건설자금이자를 특정차입금과 일반차입금으로 구분하여 각각 구하시오.

3. ㈜한공이 일반차입금이자와 특정차입금이자를 모두 자본화한 경우 세무조정을 하시오. 세무상 일반차입금이자도 자본화한다고 가정한다.

▌해답▐

1. K-IFRS(또는 일반기업회계기준)에 의한 차입원가
   (1) 특정차입금이자
       ① 자본화기간 동안 특정차입금이자

   $$2,500,000 \times 10\% \times \frac{184}{365} = 126,027$$

       ② 자본화기간 동안 특정차입금의 일시투자수익 : 12,200
       ③ 특정차입금 차입원가 : ① - ② = 113,827

   (2) 일반차입금이자
       ① 적격자산 연평균지출액
          $(1,500,000 \times 184 + 2,000,000 \times 122 + 1,000,000 \times 61) \div 365 = 1,591,780$
       ② 특정차입금 연평균지출액
          $(1,500,000 \times 184 + 1,000,000 \times 122) \div 365 = 1,090,410$
       ③ 자본화이자율 : 437,205 ÷ 4,271,232 = 10.23%

차입금 구분	차입금 ①	차입일수 ②	연평균차입금 (①×②÷365)=④	이자율 ⑤	지급이자 (④×⑤)
B	5,000,000원	275	3,767,123원	연 10%	376,712원
C	1,000,000원	184	504,109원	연 12%	60,493원
계	6,000,000원		4,271,232원		437,205원

       ④ 일반차입금 차입원가 : (1,591,780 - 1,090,410) × 10.23% = 51,290(한도 : 437,205)

2. 「법인세법」상 건설자금이자
   (1) 특정차입금이자 : 113,827(기업회계와 동일함)
   (2) 일반차입금이자 : 33,913
       ① 적격자산 지출액 적수
          $1,500,000 \times 184 + 2,000,000 \times 122 + 1,000,000 \times 61 = 581,000,000$
       ② 특정차입금 연평균액
          $2,500,000 \times 184 = 460,000,000 \rightarrow$ 기업회계와의 차이

③ 자본화이자율 : 10.23%

④ 일반차입금 차입원가 : $(581,000,000 - 460,000,000) \div 365 \times 10.23\% = 33,913$

(한도 : 312,547*)

* 건설기간의 일반차입금이자 $(5,000,000 \times 10\% + 1,000,000 \times 12\%) \times 184/365$
$= 312,547$

3. 건설자금이자를 모두 자본화한 경우 세무조정

① 일반차입금이자의 차이 : $51,290 - 33,913 = 17,377$

② 세무조정 : <손금산입> 건설 중인 자산 17,377(△유보)

5. 업무무관자산 등 관련 이자

5-1. 개 요

법인이 업무무관자산을 보유하거나 특수관계인에게 업무와 관련 없이 자금을 대여한 경우에는 지급이자를 손금불산입한다. 이는 비생산적인 자산 보유와 법인이 주주의 사금고화되는 것을 규제함으로써 법인의 재무구조를 개선하기 위한 규정이다.

5-2. 업무무관자산 등 관련 이자의 계산

업무무관자산 관련 이자는 다음과 같이 계산한다(법령 §53②).

$$\text{지급이자} \times \frac{\text{업무무관자산과 특수관계인에 대한 업무무관가지급금적수(총차입금적수 한도)}}{\text{총차입금적수}}$$

(1) 지급이자

1) 지급이자의 범위

위 산식의 차입금과 지급이자는 서로 대응관계에 있다. 차입금이 분모에 포함되면 그 금융비용은 분자에 포함된다. 지급이자는 세무조정의 대상이 되는 사업연도에 지급이자로서 선급이자는 제외하고 미지급이자는 포함한다.

지급이자에 포함되는 것	지급이자에 포함되지 않는 것

① 기업회계기준에 따라 차입거래로 보는 경우의 상업어음의 할인료
② 미지급이자
③ 금융리스료 중 이자상당액
④ 사채할인발행차금상각액(**법인** 22601-1203, 1986. 12. 1., **법인** 22601-3304, 1988. 11. 5.), 사채를 조기상환함으로 인하여 발생한 사채할인발행차금잔액의 전액상각액(**법인** 22601-720, 1991. 4. 10.) 및 해외전환사채에 대한 지급이자(**법인** 22601-163, 1991. 1. 24., **법인** 22631-514, 1991. 4. 20.)
⑤ 전환사채에 대하여 지급한 상환할증금(**서면법규과**-238, 2014. 3. 18.)
⑥ 재고자산에 포함한 건설자금이자
⑦ 「채무자 회생 및 파산에 관한 법률」에 따라 면제받은 미지급이자(**서이** 46012-11087, 2002. 5. 24.)
⑧ 「상법」상 사채에 해당하는 원화표시 신종자본증권을 발행하고 투자자에게 권면이자를 지급하면서 한국채택국제회계기준(K-IFRS)에 따라 이익잉여금의 감소로 회계처리한 경우 동 이익잉여금 감소액으로 처리한 금액
  ☞ 손금산입(기타)하고 지급이자에 포함
    (**법인세과**-1012, 2011. 12. 19.)
	① 기업회계기준에 따라 매각거래로 보는 경우의 상업어음의 할인료
	② 운용리스료(**법인** 22601-2020, 1986. 6. 24.)
	③ 현재가치할인차금 상각액(**법령** §72④(1))
	④ 연지급수입이자(**법령** §72④(2))
	⑤ 한국은행총재가 정한 규정에 따라 기업구매자금대출에 의하여 차입한 금액의 이자(**법령** §53④(2))
	⑥ 지급보증료, 신용보증료, 지급수수료(**법인** 22601-256, 1985. 1. 26., **법인** 22601-194, 1987. 1. 24.)
	⑦ 금융기관의 차입금을 조기상환하는 경우의 조기상환수수료(**법인** 46012-1076, 2001. 11. 23.)
	⑧ 수출대금결제시 발생하는 환가료(**법인** 22601-1815, 1987. 7. 8.)
	⑨ 전환권 조정계정 상각액(**법인** 46012-2071, 1994. 7. 19.). 전환권조정계정상각은 기업회계상 사채이자로 처리토록 하고 있으며 세무상 동 상각액을 손금불산입하기 때문임.
	⑩ 금융기관 등이 차입한 다음 차입금의 이자(**법령** §53④(1))
	  ㉮ 공공자금관리기금 또는 한국은행으로부터 차입한 금액
	  ㉯ 국가 및 지방자치단체(지방자치단체조합 포함)로부터 차입한 금액
	  ㉰ 법령에 의하여 설치된 기금으로부터 차입한 금액
	  ㉱ 외국인투자촉진법 또는 외국환거래법에 의한 외화차입금
	  ㉲ 예금증서를 발행하거나 예금계좌를 통하여 일정한 이자지급 등의 대가를 조건으로 불특정 다수의 고객으로부터 받아 관리하고 운용하는 자금

2) 타인명의 차입금(법기통 4-0…8)

차입금의 명의인과 실질적인 차용인이 다른 경우에는 실질적인 차용인의 차입금으로 한다. 실질적인 차용인은 금전대차계약의 체결, 담보의 제공, 차입금의 수령, 각종 비용의 부담 등 차입에 관한 업무의 실질적인 행위내용과 차입한 금액의 용도 등을 기준으로 판단한다. 이 경우 차입금을 분할한 경우에는 차입한 금액의 전부 또는 일부를 타인에게 다시 대여한 것으로 인정되는 경우에 한하여 당해 차입금 총액을 당초 차용인의 차입금으로 한다.

3) 외화차입금의 원화환산 적수계산

사업연도 중에 발생된 외화부채는 발생일 현재 외국환거래법에 따른 매매기준율 또는 재정된 매매기준율에 의하여 환산한다. 이 경우 외화부채의 발생일이 공휴일인 때에는 그 직전일의 환율에 의한다(법기통 42 - 76…2 1호). 따라서 외화차입금의 적수를 계산함에 있어서 직전 사업연도 이전에 발생한 차입금은 직전 사업연도 종료일 현재의 환율에 의하여 평가한 금액으로 하는 것이고, 해당 사업연도에 발생한 차입금은 차입시의 환율에 의하여 평가한 금액으로 한다(서이 46012 - 10421, 2003. 3. 4.).

(2) 차입금적수

차입금적수는 다음과 같이 원칙적인 방법과 역산법에 의하여 계산할 수 있다.

---

① [원　칙] 차입금적수 = 차입금잔액 × 일수

② [역산법] 차입금적수 = 지급이자 ÷ 연이자율 × 365(윤년 366)

〈역산법 도출과정〉

지급이자 = 차입금 × 연이자율 × $\dfrac{일수}{365}$

∴ 차입금 × 일수(차입금적수) = 지급이자 ÷ 연이자율 × 365

---

(3) 업무무관자산 적수

업무무관자산 등에 대한 지급이자 손금불산입을 적용함에 있어서 자산가액은 다음과 같이 계산한다.

1) 업무무관부동산의 가액

업무무관부동산의 가액은 취득가액(「법인세법 시행령」 제72조의 규정에 의한 자산의 취득가액으로 하되, 특수관계인으로부터의 시가초과액을 포함한다)으로 한다(법령 §53③).

업무무관부동산의 취득가액에는 자본적 지출액(법인 46012 - 669, 2000. 3. 13.)과 취득세 중과세분(지방세법상 법인의 비업무용토지)이 포함되나, 자산재평가법에 의한 재평가차액은 포함하지 않는다(재법인 46012 - 69, 2003. 4. 22.).

2) 업무무관동산의 가액

업무와 관련없는 서화·골동품 등의 자산가액에 관하여는 세법상 명문규정이 없다. 따라서 업무와 관련없는 서화·골동품 등의 자산가액은 장부가액으로 계산하여야 한다.

(4) 특수관계인에 대한 업무무관 가지급금 적수

1) 특수관계인에 대한 업무무관 가지급금에 대한 규제

특수관계인에 대한 업무무관 가지급금이란 법인이 주주·임직원·관계회사 등의 「법인세법 시행령」 제52조 제1항의 특수관계인에게 업무와 무관하게 자금을 대여한 것을 말한다. 법인이 주주 등의 사금고화되는 것을 방지하고, 법인의 재무구조의 부실화를 막기 위하여 특수관계인에 대한 업무무관 가지급금에 대하여는 다음과 같이 규제하고 있다.

구 분	거래상대방	이자율
지급이자 손금불산입	특수관계인	이자율 무관
대손금과 처분손실 손금불산입	특수관계인	이자율 무관
대손충당금 설정대상에서 제외	특수관계인	이자율 무관
인정이자	특수관계인	무상 또는 저율인 경우에 한함.

특수관계인에 대한 가지급금만을 규제하므로 특수관계가 아닌 자에 대한 가지급금은 규제대상이 아니다.

2) 가지급금의 범위

가. 가지급금의 개념

가지급금이란 명칭 여하에 관계없이 해당 법인의 업무와 관련이 없는 자금의 대여액(금융기관의 주된 수익사업으로 볼 수 없는 자금의 대여액 포함)을 말한다. 세법은 특수관계인에 대한 가지급금만을 규제하므로 특수관계가 아닌 자에 대한 가지급금은 규제대상이 아니다. 가지급금인지는 실질에 따라 판단한다. 법인이 특수관계인과의 거래에서 발생된 외상매출금 등의 회수가 지연되는 경우로서 해당 매출채권이 실질적인 소비대차로 전환된 것으로 인정되는 때에는 업무와 관련없는 가지급금으로 본다. 다만, 거래상대방의 자금사정 등으로 불가피하게 그 회수가 지연되는 등 매출채권의 회수가 지연되는 데 정당한 사유가 있다고 인정되는 경우에는 해당 매출채권의 지연에 따른 연체료 상당액을 받기로 한 경우에도 해당 매출채권이 업무와 관련없는 가지급금으로 전환된 것으로 보지 아니한다(법집 28-53-2).

나. 「법인세법」 집행기준의 업무무관 가지급금(법집 28-53-2)

① 업무무관 가지급금이란 명칭 여하에 관계없이 해당 법인의 업무와 관련이 없는 자금의 대여액(금융기관 등의 주된 수익사업으로 볼 수 없는 자금의 대여액을 포함한다)을 말하는 것으로서, 지급이자 손금불산입 대상은 특수관계인에 대한 대여금만 해당된다.

② 업무무관 가지급금에는 순수한 의미의 대여금뿐만 아니라 채권의 성질상 대여금에 준하는 것도 포함되고 적정한 이자율에 따라 이자를 받는 경우도 포함되며, 그 가지급금의 업무관

련성 여부는 해당 법인의 목적사업이나 영업내용 등을 기준으로 객관적으로 판단한다.

③ 법인이 특수관계인과의 거래에서 발생된 외상매출금 등의 회수가 지연되는 경우로서 해당 매출채권이 실질적인 소비대차로 전환된 것으로 인정되는 때에는 업무와 관련없는 가지급금으로 본다. 다만, 거래상대방의 자금사정 등으로 불가피하게 그 회수가 지연되는 등 매출채권의 회수가 지연되는 데 정당한 사유가 있다고 인정되는 경우에는 해당 매출채권의 지연에 따른 연체료 상당액을 받기로 한 경우에도 해당 매출채권이 업무와 관련없는 가지급금으로 전환된 것으로 보지 아니한다.

④ 자금대여를 주업으로 하지 아니하는 법인이 특수관계인에게 당좌대월이자율에 따라 이자를 수수하기로 약정하고 자금을 대여한 경우에도 해당 대여금은 업무와 관련없는 가지급금에 해당한다.

⑤ 내국법인이 해외현지법인의 시설 및 운영자금을 대여한 경우에 그 자금의 대여가 사실상 내국법인의 영업활동과 관련된 것인 때에는 이를 업무무관 가지급금 등으로 보지 아니한다.

다. 업무무관 가지급금 여부와 관련된 사례

구 분	내 용
시행사에 대한 자금대여	- 시공회사로 참여한 건설업 영위법인이 시행사(특수관계 여부 불문)의 결격사유 발생으로 책임준공보증, 채무보증 사전약정 등에 따라 해당 시행사업과 직접 관련된 시행사의 채무를 대위변제하고 시행사에 대한 대여금으로 계상하고 있는 경우 동 대여금은 업무무관 가지급금에 해당되지 않는다. - 시공회사로 참여한 건설업 영위법인(시행사)이 특수관계에 있는 시행사의 자금부족으로 책임준공보증 약정, 공사수익 실현 등 정상적인 공사진행을 위하여 시행사에 사업부지 매입대금, 사업운영비 등 해당 사업시행에 직접 사용되는 자금을 대여하고 자금집행을 시공사가 관리하고 있는 경우 동 대여금은 업무무관 가지급금에 해당하지 않는다.
재건축사업 관련 자금대여	청구법인은 당초 특수관계 없는 청구외법인으로부터 재건축사업 공동경영 및 도급공사 수주를 위해 자금조달 및 사업추진이 어려운 청구외법인에게 이 건 재건축사업 추진에 필요한 자금을 대여하여 이 건 재건축사업을 진행시켜 오던 중 청구법인의 대표이사와 주주 1인이 청구외법인을 인수함에 따라서 특수관계에 있게 된 사실과 청구법인이 청구외법인에게 쟁점금액을 대여하게 된 것이 자금이 없는 청구외법인의 이 건 재건축사업이 확대되어 추가로 자금이 소요된데 따른 것이라는 사실 및 청구법인이 청구외법인에게 쟁점금액을 대여함으로써 청구외법인의 재건축사업이 진행되었으며 이에 따라서 청구법인이 도급공사를 하여 1996 사업연도에 1,156,000,000원, 1997 사업연도에 3,624,000,000원의 공사수입금액이 있은 사실 등을 종합하여 볼 때 청구법인이 청구외법인에게 쟁점금액을 대여한 것은 이 건 재건축사업의 공사를 함으로써 이에 따른 공사수입금액을 얻기 위한 것으로 보인다. 그러하다면 청구법인이 청구외법인에 대여한 쟁점금액은 업무와 직접관련하여 지급한 것이라고 할 것이므로 이를 업무무관 가지급금으로 본 당초 처분은 부당한 것으로 판단된다(국심 97서 3128, 1998. 10. 8.).

구 분	내 용
주유소시설자금 대여	석유정제업을 영위하는 법인이 제품판매량 및 시장점유율확대를 위한 주유소 확보를 위하여 당해 법인의 석유판매대리점을 통하여 주유소의 시설자금을 대여하는 경우로서 특수관계에 있는 대리점이 포함되어 있는 경우에 특수관계인에 대한 자금대여가 상거래관행상 당해법인의 업무와 직접 관련된 것으로 인정되는 경우에는 동 대여금을 업무와 관련없는 가지급금으로 보지 아니한다(법인 46012-1817, 1997. 7. 3.).
해외현지법인에 대한 자금대여	- 내국법인이 해외현지법인에 시설 및 운영자금을 대여한 경우 그 자금의 대여가 사실상 당해 내국법인의 영업활동과 관련된 것인 때에는 업무와 관련없이 지급한 가지급금 등으로 보지 아니한다(법인-599, 2009. 5. 21.). - 골프장 개발및 골프장운영업을 주업으로 하고 있는 내국법인이 외국환거래법 및 외국환거래규정에 따른 해외직접투자에 의하여 골프장을 개발하고 있는 해외현지법인에 대여한 시설 및 운영자금은 해외직접투자 목적 외에도 당해 내국법인이 해외골프장의 국내 회원권 판매를 대행하는 등 그 자금의 대여가 당해 내국법인의 영업활동과 직접 관련된 것으로 인정되는 경우에는 업무와 관련없이 지급한 가지급금으로 보지 아니한다(법인-45, 2011. 1. 13.).
외상매출금의 회수지연	특수관계인에 대한 매출채권의 회수가 지연되는 경우로서 해당 매출채권이 실질적인 소비대차로 전환된 것으로 인정되는 때에는 업무와 관련없는 가지급금으로 본다. 다만, 거래상대방의 자금사정 등으로 불가피하게 그 회수가 지연되는 등 매출채권의 회수가 지연되는 데 정당한 사유가 있다고 인정되는 경우에는 해당 매출채권의 지연에 따른 연체료 상당액을 받기로 한 경우에도 해당 매출채권이 업무와 관련없는 가지급금으로 전환된 것으로 보지 아니한다(법집 28-53-2 ③).
자기주식취득	법인이 「상법」 및 기타의 법률에서 자기주식의 취득을 예외적으로 허용하는 경우 외에 자기의 계산으로 자기주식을 취득함으로써, 해당 자기주식 취득행위가 「상법」에 위반되어 무효에 해당하는 경우 해당 법인이 특수관계인 주주에게 자기주식 취득대금으로 지급한 금액은 법률상 원인없이 지급된 것으로서 이를 정당한 사유없이 회수하지 않거나 회수를 지연한 때에는 업무무관 가지급금으로 본다(법규과-1796, 2010. 12. 2.).
예금담보제공	고율의 이자로 대출한 자금을 그보다 이율이 낮은 정기예금에 예치함과 동시에 정기예금을 특수관계인의 대출금에 대한 담보로 제공하여 대출받도록 한 행위는 건전한 사회통념이나 상관행 등에 비추어 경제적 합리성을 무시한 비정상적인 거래로서 부당행위부인대상인 이익분여에 해당하나, 이를 특수관계인에 대한 직접적인 대여행위로 볼 수는 없으므로 업무무관 가지급금에 해당한다고 볼 수는 없다(대법원 2006두 11224, 2009. 5. 14.).
후순위채인수	가지급금에는 순수한 의미의 대여금, 채권의 성질상 대여금에 준하는 것, 적정한 이자율에 의하여 이자를 받으면서 가지급금을 제공한 경우도 포함되며, 경제적 합리성이 결여된 후순위사채를 인수하여 자금을 저리 대여한 것도 포함된다(대법원 2006두 15530, 2008. 9. 25.).
업무무관 가지급금에서 발생한	내국법인이 국외 특수관계인과의 자금대여 거래에서 발생한 미수이자에 대해 당사자간에 대여금 원본에 포함한다는 약정이 없이 회수하지 않은 경우로서, 해당 미수이자에 대한 채권 청구사실, 이자수수 실태, 당사자 간의 회계처리 등 제반 상황에 비추어

구 분	내 용
미수이자의 원본 포함 여부	사실상 금전소비대차로 전환되었다고 보기 어려운 경우, 해당 미수이자는「법인세법」 제28조 제1항 제4호 나목에 따른 가지급금에 해당하지 않는 것이며, 다만 같은법 시 행령 제11조 제9조의2에 따라 처리한다(서면－2015－법령해석법인－0131 [법령해석과 －150], 2016. 1. 18.).

3) 가지급금으로 보지 않는 경우

부득이한 사유가 있거나 종업원의 복지후생목적에 의한 경우에는 가지급금으로 보지 아니한다(법칙 §44). 가지급금으로 보지 않는 경우는 다음과 같다.

① 「소득세법」상 지급한 것으로 보는 배당소득과 상여금에 대한 소득세 대납액(지방소득세 법인세분 포함)으로서 다음 산식에 의한 금액

$$\text{미지급소득에 대한 소득세액} = \text{종합소득 총결정세액} \times \frac{\text{미지급소득}}{\text{종합소득금액}}$$

② 우리사주조합 또는 우리사주조합원에게 해당 법인의 주식취득자금을 대여한 금액
③ 직원에 대한 월정급여액의 범위에서의 일시적인 급료의 가불금
④ 직원에 대한 경조사비 대여액
⑤ 직원에 대한 학자금(자녀 학자금 포함) 대여액
⑥ 「조세특례제한법 시행령」 제2조에 따른 중소기업에 근무하는 직원(지배주주 등인 직원은 제외한다)에 대한 주택구입 또는 전세자금의 대여액
⑦ 「국민연금법」에 따라 근로자가 지급받은 것으로 보는 퇴직금전환금
⑧ 소득의 귀속이 불분명하여 대표자에게 상여처분한 금액에 대한 소득세 대납액
⑨ 국외에 자본을 투자한 내국법인이 해당 국외투자법인에 종사하거나 종사할 자의 여비·급료 기타 비용을 대신하여 부담한 금액
⑩ 한국자산관리공사가 출자총액의 전액을 출자하여 설립한 법인에 대여한 금액

4) 가지급금 적수 계산

가지급금 적수는 가지급금의 매일의 잔액을 합한 금액을 말하므로, 가지급금이 발생한 초일은 산입하고 회수된 날은 제외한다(법집 28-53-1). 가지급금적수는 매일의 잔액을 합하는 방법만 인정하므로 매월 말 잔액에 그 달의 경과일수를 곱하는 간편법은 사용할 수 없다.

동일인에 대한 가지급금과 가수금이 함께 있는 경우에는 당해 사업연도의 가지급금적수와 가수금적수를 상계한 후의 잔액에 의한다(법령 §53③). 다만, ① 가지급금과 가수금이 발생할 때 상환기간·이자율 등에 대한 약정이 있어 서로 상계할 수 없는 경우와 ② 가지급금

과 가수금이 사실상 동일인의 것이라고 볼 수 없는 경우에는 가지급금과 가수금이 각각 별개의 것이므로 상계하지 않는다(법칙 §28②).

(5) 소득처분

업무무관자산 등 관련 이자는 손금불산입하여 기타사외유출로 소득처분한다.

5-3. 업무무관자산의 범위

(1) 업무무관자산의 범위

업무무관자산의 범위는 다음과 같다(법령 §49①).

① 업무무관부동산 : 다음 중 어느 하나에 해당하는 부동산. 다만, 법령에 의하여 사용이 금지되거나 제한된 부동산, 「자산유동화에 관한 법률」에 의한 유동화전문회사가 동법 제3조의 규정에 의하여 등록한 자산유동화계획에 따라 양도하는 부동산 등 법 소정 부득이한 사유가 있는 부동산을 제외한다.

㉮ 법인의 업무에 직접 사용하지 아니하는 부동산. 다만, 유예기간이 경과하기 전까지의 기간 중에 있는 부동산을 제외한다.

㉯ 유예기간 중에 당해 법인의 업무에 직접 사용하지 아니하고 양도하는 부동산. 다만, 부동산매매업을 주업으로 영위하는 법인의 경우를 제외한다.

② 서화·골동품. 다만, 장식·환경미화 등의 목적으로 사무실·복도 등 여러 사람이 볼 수 있는 공간에 상시 비치하는 것을 제외한다.

③ 업무에 직접 사용하지 아니하는 자동차, 선박 및 항공기. 다만, 저작권의 실행 기타 채권을 변제받기 위하여 취득한 선박으로서 3년이 경과되지 아니한 선박 등 세법이 정하는 부득이한 사유가 있는 자동차, 선박 및 항공기는 제외한다.

④ 기타 위 "②"와 "③"의 자산과 유사한 자산으로서 당해 법인의 업무에 직접 사용하지 아니하는 자산

(2) 업무와 관련된 자산으로 보는 사례

① 출판업 법인이 출판·인쇄관련 물품박물관에 전시하는 경우 해당 물품(법인 46012-1759, 1994. 6. 16.)과 섬유제조업을 영위하는 법인이 업무와 관련없이 수집하여 별도의 전시공간을 마련하고 전시 중인 미술품(법인 46012-2273, 1994. 8. 9.)

② 다음의 어느 하나에 해당하는 회원권

㉮ 법인이 종업원의 사기진작 및 복지후생측면에서 노사합의에 의하여 콘도미니엄회원권을 취득한 후 전종업원의 복지후생목적으로 사용하는 경우(법인 46012-3030,

1997. 11. 26.)

㉴ 법인명의 골프회원권을 영업상 고객접대 및 직원복지 등의 목적으로 업무와 관련해 사용하는 것이 입증되는 경우(제도 46012-10624, 2001. 4. 17.)

③ 호텔업을 영위하는 법인이 호텔주변에 이용객 및 일반시민에게 휴식공간을 제공할 목적으로 마련한 조각조형물공원 내에 설치한 조형물 등이 장식·환경미화 등에 사용되는 것으로서 사회통념상 업무와 관련있다고 인정되는 범위 내의 것인 경우(서면2팀-1924, 2005. 11. 28.)

④ 사업장에 전시실을 설치하고 내방하는 고객들의 접견실 및 휴식공간 등의 대고객서비스에 제공하기 위해 설치한 음향기기 및 조명장치 등의 비품(조심 2008부 726, 2008. 10. 20.)

5-4. 업무무관부동산

(1) 개 요

"업무무관부동산"이란 다음에 해당하는 자산을 말한다(법령 §49①(1)). 다만, 법령에 의하여 사용이 금지되거나 제한된 부동산, 「자산유동화에 관한 법률」에 따른 유동화전문회사가 동법 제3조에 따라 등록한 자산유동화계획에 따라 양도하는 부동산 등 세법이 정하는 부득이한 사유가 있는 부동산은 제외한다[이에 대하여는 후술하는 (4) "1) 유예기간 동안 업무무관부동산으로 보지 않는 자산"(p.570)을 참고하기 바란다].

① 법인의 업무에 직접 사용하지 아니하는 부동산. 다만, 「법인세법 시행규칙」으로 정하는 기간(이하 "유예기간"이라 한다)이 경과하기 전까지의 기간 중에 있는 부동산을 제외한다.

② 유예기간 중에 해당 법인의 업무에 직접 사용하지 아니하고 양도하는 부동산. 다만, 부동산매매업을 주업으로 영위하는 법인으로써 한국표준산업분류에 따른 부동산개발 및 공급업(묘지분양업을 포함한다) 및 건물건설업(자영건설업에 한한다)을 주업으로 하는 법인이 취득한 매매용 부동산을 제외한다.

(2) 법인업무의 범위

1) 개 요

법인의 업무무관부동산을 판정할 때 "법인의 업무"란 다음의 업무를 말한다(법칙 §26②).

① 법령에서 업무를 정한 경우에는 그 법령에 규정된 업무

② 각 사업연도 종료일 현재의 법인등기부상의 목적사업(행정관청의 인가·허가 등을 요하는 사업의 경우에는 그 인가·허가 등을 받은 경우에 한한다)으로 정하여진 업무

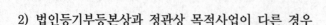

2) 법인등기부등본상과 정관상 목적사업이 다른 경우

상법상 설립되는 법인은 설립시 정관을 작성하고 정관에 기재되어 있는 주된 사업을 법인등기부에 등재하여야 한다. 정관의 목적사업이 변경된 경우에는 법인등기부를 변경하여야 하나 이를 변경하지 아니한 경우 또는 정관상 목적사업을 법인등기부의 목적사업에 기재하지 아니하여 정관과 법인등기부등본상의 목적사업이 상이한 경우에는 정관상의 목적사업은 비업무용부동산 판정시 법인의 고유업무로 인정하지 아니한다. 이는 정관변경은 사후적으로 임의 조작이 가능한 측면이 있기 때문이다(대법원 91누 1707, 1992. 12. 8.).

(3) 부동산의 범위

1) 토 지

「공간정보의 구축 및 관리 등에 관한 법률」에 따라 지적공부에 등록하여야 할 지목에 해당하는 것으로 지적공부상의 지목에 관계없이 사실상의 지목에 의한다.

2) 건축물

「건축법」(건축법 §2(2) 및 (4))에 따른 건축물, 건축설비를 말하며 시설물을 포함한다. 여기서 "건축물"이란 그 건물 본래의 용도에 따른 사용수익이 가능할 정도로 완성되거나 신축행위에 의하여 소유권의 대상이 될 수 있는 부동산을 말한다. 즉, 지붕과 주위벽을 갖추고 토지에 정착한 1개의 건축물로서 존재함을 의미한다(법인 46012-1614, 1993. 6. 3.).

3) 입 목

「입목에 관한 법률」(입목에 관한 법률 §2①(1))에 따른 입목으로 하며, 동법에 의하여 등기되지 아니한 입목도 포함한다.

(4) 세법상 업무무관부동산으로 보지 않는 부동산 범위

1) 유예기간 동안 업무무관부동산으로 보지 않는 자산

법인이 소유하고 있는 부동산이 업무에 직접 사용하지 아니한 경우에도 다음의 토지를 유예기간 동안 보유하고 있는 경우에는 이를 업무무관부동산으로 보지 아니한다(법령 §49①(1)가 단서 및 법칙 §26①). 이 경우 업무무관부동산의 유예기간 중에 건축물이 없는 토지를 임대하는 경우 유예기간이 경과하기 전까지는 업무무관부동산으로 보지 아니하며, 유예기간 이후에는 해당 부동산을 업무에 직접 사용하지 아니한 기간 중에 유예기간과 겹치는 기간은 제외한다(서면법규-171, 2014. 2. 25., 재법인-782, 2011. 8. 8.).

가. 건축물 또는 시설물 신축용 토지의 경우

건축물 또는 시설물 신축용 토지의 경우에는 취득일부터 5년(「산업집적활성화 및 공장설립에 관한 법률」제2조 제1호에 따른 공장용 부지로서 「산업집적활성화 및 공장설립에 관한 법률」또는 「중소기업 창업지원법」에 의하여 승인을 얻은 사업계획서상의 공장건설계획기간이 5년을 초과하는 경우에는 해당 공장건설계획기간)의 유예기간 동안 업무무관부동산으로 보지 아니한다(법칙 §26①(1)).

위 유예기간 규정을 적용함에 있어서 토지를 취득하여 업무용으로 사용하기 위하여 건설에 착공한 경우(착공일이 불분명한 경우에는 착공신고서 제출일을 기준으로 한다)에는 해당 부동산을 업무에 직접 사용한 것으로 본다. 다만, 천재지변·민원의 발생 기타 정당한 사유 없이 건설을 중단한 경우에는 중단한 기간 동안 업무에 사용하지 아니한 것으로 본다(법칙 §26③(1)).

그러나 다음의 경우는 업무무관부동산으로 본다.

① 공장용 부지 취득 후 자금사정으로 관리기관에 환매도하는 경우, 취득시부터 환매도일까지 업무무관부동산으로 본다(법인 46012-2019, 1996. 7. 10.).

② 건설업 및 임대업 영위법인이 오피스텔 신축용 부지를 구입해 유예기간 내에 착공하였으나 중도에 건설중인 건물과 토지를 양도하는 경우, 건설을 중단한 날부터 업무무관부동산으로 본다(제도 46012-11479, 2001. 6. 13.).

③ 골프장 용지로 취득한 토지 중 일부가 사업승인시 편입면적에서 제외되었으나 각 필지를 분필하여 취득할 수 없고 제외된 면적이 다른 용도로 사용할 수 없다면 사업용토지로 봄이 타당하다(국심 2005중 27, 2006. 3. 16.).

나. 부동산매매업을 주업으로 하는 법인이 취득한 부동산의 경우

① 개 요

부동산매매업[한국표준산업분류에 따른 부동산 개발 및 공급업(묘지분양업 포함) 및 건물건설업(자영건설업에 한한다)을 말한다]을 주업으로 하는 법인이 취득한 매매용부동산의 경우에는 취득일부터 5년의 유예기간 동안 업무무관부동산으로 보지 아니한다(법칙 §26①(2)). 이 경우 위 유예기간 내에 양도하는 경우에는 해당 부동산을 업무에 직접 사용한 것으로 본다(법칙 §26③(2)).

② 주업의 판정기준

"부동산매매업을 주업으로 영위하는 법인"이란 부동산매매업[한국표준산업분류에 따른 부동산개발 및 공급업(묘지분양업 포함) 및 건물건설업(자영건설업에 한한다)]을 말하며 주업의 판정에 있어서 부동산매매업과 다른 사업을 겸영하는 경우에는 해당 사업연도와 그 직전 2사업연도의 부동산매매업 매출액의 합계액(해당 법인이 토목건설업을 겸영하는 경우에는 토목건설업 매출액을 말한다)이 이들 3사업연도의 총수입금액의 합계액의 50%을 초과하는 경우에 한하여 부동산매매업을 주업으로 하는 법인으로 본다(법칙 §26⑦).

만일, 부동산매매업 법인이 자영건설업을 제외한 건물건설업을 겸영할 경우 해당 건물건설업의 매출액은 부동산매매업의 매출액에 합하지 아니하고 부동산매매입의 주입 여부를 판정한다(법인-1334, 2009. 12. 8.).

③ 유예기간의 적용

유예기간 규정을 적용함에 있어서 토지를 취득하여 업무용으로 사용하기 위하여 건설에 착공한 경우(착공일이 불분명한 경우에는 착공신고서 제출일을 기준으로 한다)에는 해당 부동산을 업무에 직접 사용한 것으로 본다. 다만, 천재지변·민원의 발생 기타 정당한 사유없이 건설을 중단한 경우에는 중단한 기간 동안 업무에 사용하지 아니한 것으로 본다(법칙 §26③(1)). 그리고 부동산매매업을 주업으로 하는 법인이 부도발생으로 인하여 유예기간 중에 주택신축판매용 토지가 경매개시되었으나 채권자와의 합의에 따라 동 유예기간이 종료하기 전에 경매가 취하된 경우에는 해당 토지의 취득일부터 유예기간까지는 동 토지를 업무와 관련이 없는 부동산으로 보지 아니하는 것이나, 유예기간 이후에 경매가 취하되어 동 토지를 업무에 사용하지 아니하고 경매개시일부터 5년 이내에 양도하는 경우에는 경매가 취하된 날로부터 양도일까지의 기간에 대하여 동 토지를 업무와 관련이 없는 부동산으로 본다(법인 46012-374, 2003. 6. 12.).

또한 주택건설촉진법 제33조 제2항 및 「주택건설기준 등에 관한 규정」 제50조 제1항이 주택단지에 설치하는 상가 등에 대하여 설치할 수 있는 상한만을 규정하고 있으므로 분양이 되지 않은 공실상가는 업무무관부동산에 해당하고 세법상 인정하는 부득이한 사유가 없는 한 사용검사일로부터 5년이 지나도록 분양하지 않고 보유하고 있는 해당 공실상가에 대하여는 업무와 관련없는 자산으로 본다(국심 2005서 4284, 2007. 4. 6.).

다. 위 "가. 및 나." 외의 부동산의 경우

위 "가. 및 나." 외의 부동산으로서 취득일부터 2년의 유예기간 동안을 업무무관부동산으로 보지 아니한다(법칙 §26①(3)).

2) 업무무관부동산으로 보는 건축물이 없는 토지를 임대하는 경우로서 해당법인이 건설에 착공하는 등의 경우 착공일 이후 토지

가. 개 요

건축물이 없는 토지를 임대하는 경우(공장·건축물의 부속토지 등 법인의 업무에 직접 사용하던 토지를 임대하는 경우를 제외한다) 해당 토지는 업무에 직접 사용하지 아니하는 부동산으로 본다. 다만, 해당 토지를 임대하던 중 해당 법인이 건설에 착공하거나 그 임차인이 해당 법인의 동의를 얻어 건설에 착공한 경우 해당 토지는 그 착공일(착공일이 불분명한 경우에는 착공신고서 제출일을 말한다)부터 업무에 직접 사용하는 부동산으로 본다(법칙 §26④).

이와 관련한 실무상 사례를 살펴보면 다음과 같다.

① 나대지에 시멘트 포장을 하고 철조망울타리 및 주차장관리를 위한 가건축물을 설치한 주차장을 임대하는 경우에도 건축물이 없는 토지의 임대로 본다(재법인 46012-5, 2002. 1. 7.).

② 임대 건물의 부속토지가 수개의 필지로서 임대 건물의 활용에 필요한 토지 면적을 훨씬 초과함으로써 사실상 건축물이 없는 토지의 임대에 해당하는 경우에는 해당 초과 토지를 업무와 관련없는 부동산으로 본다(서면2팀-2084, 2004. 10. 13.).

나. 골프장용 부동산을 임대한 경우

법인이 「체육시설의 설치·이용에 관한 법률 시행규칙」 [별표 4] 골프장업 체육시설업 기준에 따른 골프장용 부동산을 「체육시설의 설치·이용에 관한 법률」에 따른 골프장업 체육시설업자에게 임대하는 경우 동 골프장용 부동산은 업무와 직접 관련이 없는 부동산으로 보지 않는다(재법인-88, 2009. 5. 5.).

다. 공장기준면적을 초과한 토지를 임대한 경우

법인의 공장·건축물 부속토지가 「지방세법」상 공장기준면적을 초과하더라도 해당 토지에 대하여는 업무와 관련이 없는 부동산으로 보지 아니하는 것이나, 동 부속토지를 업무에 직접 사용하지 않고 나대지 상태로 임대하는 경우에는 업무무관자산에 해당하며(서이 46012-11811, 2003. 10. 20.) 또한 부동산임대업 및 주차장업을 회사정관 및 등기부등본에 목적사업으로 등재한 후 주차장용으로 타인에게 임대하면서 주차장관리 목적의 가설건축물이 있었다고 하더라도 그 건물을 목적사업인 부동산임대를 위한 건물로 볼 수 없으므로 업무무관자산에 해당한다고 해석하고 있다(서면2팀-684, 2005. 5. 12.).

라. 토지임차자가 건축물을 신축하여 사용하던 중 사용기간이 만료되어 반환한 경우

법인의 토지를 임차하여 임차인이 건물을 신축하여 사용한 이후 해당 토지의 임대차기간이 만료한 이후의 업무무관 여부 판정은 임대차기간이 만료한 이후의 사용 내용에 따라 판단하여 결정한다고 해석하고 있다(서면2팀-48, 2006. 1. 6.).

마. 법인이 등기부상 목적사업으로 부동산임대업이 규정되지 않은 상태에서 토지를 임대하는 경우

법인이 독립된 사업장의 지역난방시설에 관련된 권리·의무를 제3자에게 양도하면서 해당 사업장의 토지를 임대하는 경우 토지임대에 관한 사업자등록 여부와 관계없이 부동산임대업이 법인등기부상의 목적사업으로 정하여진 업무가 아닌 경우에는 업무와 관련없는 자산에 해당하는 것이나, 「법인세법 시행규칙」 제26조 제5항 제17호의 규정에 의한 유예기간이 경과되기 전에는 업무와 관련없는 자산으로 보지 아니한다(서이 46012-11861, 2003. 10. 25.).

3) 법령 등으로 사용이 제한된 부동산

법령에 의하여 사용이 금지되거나 제한된 부동산, 「자산유동화에 관한 법률」에 의한 유동화전문회사가 동법 제3조에 따라 등록한 자산유동화계획에 따라 양도하는 부동산 등 다음의 어느 하나에 해당하는 부득이한 사유가 있는 부동산은 업무무관부동산에서 제외한다(법칙 §26⑤).

① 해당 부동산의 취득 후 다음의 어느 하나에 해당하는 사유가 발생한 부동산[아래 '㉮ 및 ㉯'의 경우에는 전술한 위 1)의 "나. 부동산매매업을 주업으로 하는 법인이 취득한 부동산의 경우"를 제외한다](법칙 §26⑤(2))

㉮ 법령에 의하여 사용이 금지 또는 제한된 부동산(사용이 금지 또는 제한된 기간에 한한다)

㉯ 문화재보호법에 의하여 지정된 보호구역 안의 부동산(지정된 기간에 한한다)

② 법률 제6538호 「조세특례제한법」 중 개정법률로 개정되기 전의 「조세특례제한법」 제78조 제1항 각호 또는 같은 법 제81조 제1항에 규정된 자가 보유하는 같은 법 제78조 제1항 각호 또는 동법 제81조 제1항의 규정된 부동산

③ 「광업법」에 의하여 산업통상자원부장관의 인가를 받아 휴광 중인 광업용 부동산

④ 사업장(임시작업장 제외)의 진입도로로서 사도법에 의한 사도 또는 불특정다수인이 이용하는 도로

⑤ 「건축법」에 의하여 건축허가를 받을 당시에 공공공지로 제공한 토지(해당 건축물의 착공일부터 공공공지로의 제공이 끝나는 날까지의 기간에 한한다)

⑥ 「대덕연구개발특구 등의 육성에 관한 법률」 제34조의 특구관리계획에 의하여 원형지로 지정된 토지(원형지로 지정된 기간에 한한다)

⑦ 「농업협동조합의 구조개선에 관한 법률」에 의한 농업협동조합자산관리회사가 같은법 제30조에 따라 농업협동조합법에 의한 조합, 농업협동조합중앙회, 농협은행, 농협생명보험 또는 농협손해보험으로부터 취득한 부동산

⑧ 「농업협동조합법」에 의한 조합, 농업협동조합중앙회, 농협은행, 농협생명보험 또는 농협손해보험이 「농업협동조합의 구조개선에 관한 법률」에 의한 농업협동조합자산관리회사에 매각을 위임한 부동산

⑨ 「민사집행법」에 의하여 경매가 진행 중인 부동산과 「지방세징수법」에 의하여 공매가 진행 중인 부동산으로서 최초의 경매기일 또는 공매일부터 5년이 경과되지 아니한 부동산

⑩ 저당권의 실행 기타 채권을 변제받기 위하여 취득한 부동산 및 청산절차에 따라 잔여재

산의 분배로 인해 취득한 부동산으로서 취득일부터 5년이 경과되지 아니한 부동산

⑪ 「한국자산관리공사의 설립 등에 관한 법률」에 의하여 설립된 한국자산관리공사에 매각을 위임한 부동산으로서 3회 이상 유찰된 부동산

⑫ 「법인세법 시행령」 제61조 제2항 각호의 어느 하나에 해당하는 금융기관 등이 저당권의 실행 그 밖의 채권의 변제를 받기 위하여 취득한 자산으로서 다음의 어느 하나에 해당하는 부동산

㉮ 한국자산관리공사에 매각을 위임한 부동산

㉯ 부동산의 소유권에 관한 소송이 계속 중인 부동산

⑬ 해당 부동산을 취득한 후 소유권에 관한 소송이 계속 중인 부동산으로서 법원에 의하여 사용이 금지된 부동산과 그 부동산의 소유권에 관한 확정판결일부터 5년이 경과되지 아니한 부동산

⑭ 「도시개발법」에 의한 도시개발구역 안의 토지로서 환지방식에 의하여 시행되는 도시개발사업이 구획단위로 사실상 완료되어 건축이 가능한 날부터 5년이 경과되지 아니한 토지

⑮ 건축물이 멸실·철거되거나 무너진 경우에는 해당 건축물이 멸실·철거되거나 무너진 날부터 5년이 경과되지 아니한 토지

⑯ 법인이 사업의 일부 또는 전부를 휴업·폐업 또는 이전함에 따라 업무에 직접 사용하지 아니하게 된 부동산으로서 그 휴업·폐업 또는 이전일부터 5년이 경과되지 아니한 부동산

⑰ 다음의 어느 하나에 해당하는 법인이 신축건물로서 사용검사일부터 5년이 경과되지 아니한 건물과 그 부속토지

㉮ 주택신축판매업[한국표준산업분류에 의한 주거용 건물공급업 및 주거용 건물건설업(자영건설업에 한한다)]을 영위하는 법인·아파트형공장의 설치자 또는 건설업을 영위하고 있는 법인이 신축한 건물로서 사용검사일부터 5년이 경과되지 아니한 건물과 그 부속토지

㉯ 「산업집적활성화 및 공장건설에 관한 법률」에 의한 아파트형공장의 설치자

㉰ 건설업을 영위하는 법인

⑱ 「주택법」에 따라 주택건설사업자로 등록한 법인이 보유하는 토지 중 같은 법에 따라 승인을 얻은 주택건설사업계획서에 기재된 사업부지에 인접한 토지로서 해당 계획서상의 주택 및 대지 등에 대한 사용검사일부터 5년이 경과되지 아니한 토지

⑲ 「염관리법」 제16조의 규정에 의하여 허가의 효력이 상실된 염전으로서 허가의 효력이 상실된 날부터 5년이 경과되지 아니한 염전

⑳ 공유수면매립법에 의하여 매립의 면허를 받은 법인이 매립공사를 하여 취득한 매립지로서 해당 매립지의 소유권을 취득한 날부터 5년이 경과되지 아니한 매립지

㉑ 행정청이 아닌 도시개발사업의 시행자가 도시개발법에 의한 도시개발사업의 실시계획인가를 받아 분양을 조건으로 조성하고 있는 토지 및 조성이 완료된 후 분양되지 아니하

거나 분양 후 「산업집적활성화 및 공장설립에 관한 법률」 제41조의 규정에 의하여 환수 또는 환매한 토지로서 최초의 인가일부터 5년이 경과되지 아니한 토지

㉒ 다음의 어느 하나에 해당하는 기관이 「금융산업의 구조개선에 관한 법률」 제10조에 따른 적기시정조치 또는 같은 법 제14조 제2항에 따른 계약 이전의 결정에 따라 같은 법 제2조 제3호에 따른 부실금융기관으로부터 취득한 부동산

㉮ 예금자보호법 제3조의 규정에 의한 예금보험공사

㉯ 예금자보호법 제36조의3의 규정에 의한 정리금융기관

㉰ 「금융산업의 구조개선에 관한 법률」 제2조 제1호의 규정에 의한 금융기관

㉓ 「자산유동화에 관한 법률」에 의한 유동화전문회사가 같은 법 제3조에 따른 자산유동화계획에 따라 자산보유자로부터 취득한 부동산

㉔ 유예기간 내에 법인의 합병 또는 분할로 인하여 양도되는 부동산

㉕ 공장의 가동에 따른 소음·분진·악취 등에 의하여 생활환경의 오염피해가 발생되는 지역 안의 토지로서 해당 토지소유자의 요구에 따라 취득한 공장용 부속토지의 인접 토지

㉖ 전국을 보급지역으로 하는 일간신문을 포함한 3개 이상의 일간신문에 다음 각목의 조건으로 매각을 3일 이상 공고하고, 공고일(공고일이 서로 다른 경우에는 최초의 공고일을 말한다)부터 1년이 경과하지 아니하였거나 1년 이내에 매각계약을 체결한 부동산. 여기서 "3개 이상의 일간신문에 매각을 3일 이상 공고"라 함은 3개 이상의 일간신문에 다음의 "㉮ 및 ㉯"의 조건으로 매각을 3회 이상 공고하는 것을 말한다(법기통 27 - 49…2 ①).

㉮ 매각예정가격이 「법인세법」 제52조의 규정에 의한 시가 이하일 것

㉯ 매각대금의 70% 이상을 매각계약 체결일부터 6개월 이후에 결제할 것

이 경우 법인의 부동산을 양도하기 위하여 위의 규정에 의한 신문공고를 한 법인에 대한 업무무관부동산 해당 여부의 판정은 다음에 의한다(법기통 27 - 49…2 ②).

㉗ 위 "㉖"의 규정에 의한 부동산으로서 해당 요건을 갖추어 매년 매각을 재공고하고, 재공고일부터 1년이 경과되지 아니하였거나 1년 이내에 매각계약을 체결한 부동산(직전 매각공고시의 매각예정가격에서 동 금액의 10%를 차감한 금액 이하로 매각을 재공고한 경우에 한한다)

㉘ 「주택법」 제16조 및 같은법 시행령 제18조 제5호에 따라 사업계획승인권자로부터 공사착수기간의 연장승인을 받아 연장된 공사착수기간 중에 있는 부동산으로서 최초의 공사착수기간 연장승인일부터 5년이 경과되지 아니한 부동산(공사착수가 연장된 기간에 한정한다)

㉙ 해당 부동산의 취득 후 위 "①부터 ㉘"까지의 사유 외에 도시계획의 변경 등 정당한 사유로 인하여 업무에 사용하지 아니하는 부동산. 여기서 정당한 사유로 인하여 업무에 사

용하지 아니하는 부동산에 대한 실무상 내용을 살펴보면 다음과 같다.

㉮ 법인이 토지를 취득하여 업무용으로 사용하기 위하여 건설에 착공하였으나 해당 건설공사를 도급받은 건설업체의 부도발생으로 인하여 일시적으로 그 건설이 중단된 경우(법인 46012-2420, 1999. 6. 26.)

㉯ 국가기관의 지시 또는 승인을 받아 취득·보유하는 토지로서 국가정책이나 예산사정 등에 의해 사용하지 못한 정당한 사유가 있는 경우(감심사 2000-276, 2000. 9. 19.)

㉰ 건설업 법인이 매입한 토지에 유예기간 내에 착공해 건축 중이거나 준공된 건물만을 양도하고 부속토지를 임대하는 경우(법인 46012-233, 2001. 1. 31.)

㉱ 대물변제로 콘도를 부득이하게 취득하게 된 과정, 그후 이의 매각을 위하여 노력한 점과 그동안 우리나라 경제사정상 콘도의 경기가 활성화되지 못하였던 점 등을 고려할 때 유예기간 내 모두 매각하지 못한 경우(국심 2003중 1786, 2004. 1. 6.)

㉚ 「송·변전설비 주변지역의 보상 및 지원에 관한 법률」 제5조에 따라 주택매수의 청구에 따라 사업자가 취득하여 보유하는 주택 및 그 대지

(5) 업무무관자산의 취득시기

업무와 관련이 없는 자산을 적용함에 있어서 부동산의 취득시기는 「소득세법 시행령」 제162조의 규정을 준용하되 「소득세법 시행령」 제162조 제1항 제3호에 따른 장기할부조건에 의한 취득의 경우에는 해당 부동산을 사용 또는 수익할 수 있는 날로 한다(법칙 §26⑥). 따라서 부동산의 취득일은 다음의 경우를 제외하고는 해당 부동산의 대금을 청산한 날로 하고 있다(소령 §162①부터③).

① 대금을 청산한 날이 분명하지 아니한 경우에는 등기부·등록부 또는 명부 등에 기재된 등기·등록접수일 또는 명의개서일

② 대금을 청산하기 전에 소유권이전등기(등록 및 명의의 개서를 포함한다)를 한 경우에는 등기부·등록부 또는 명부 등에 기재된 등기접수일

③ 자기가 건설한 건축물에 있어서는 건축법 제22조 제2항에 따른 사용승인서 교부일. 다만, 사용승인서 교부일 전에 사실상 사용하거나 같은 조 제3항 제2호에 따른 임시사용승인을 받은 경우에는 그 사실상의 사용일 또는 임시사용승인을 받은 날 중 빠른 날로 하고 건축허가를 받지 아니하고 건축하는 건축물에 있어서는 그 사실상의 사용일로 한다.

④ 상속 또는 증여에 의하여 취득한 자산에 대하여는 그 상속이 개시된 날 또는 증여를 받은 날

⑤ 「민법」 제245조 제1항의 규정에 의하여 부동산의 소유권을 취득하는 경우에는 해당 부동산의 점유를 개시한 날

⑥ 「공익사업을 위한 토지 등의 취득 및 보상에 관한 법률」이나 그 밖의 법률에 따라 공익사업을 위하여 수용되는 경우에는 대금을 청산한 날, 수용의 개시일 또는 소유권이전등기접수일 중 빠른 날. 다만, 소유권에 관한 소송으로 보상금이 공탁된 경우에는 소유권 관련 소송판결 확정일로 한다.

⑦ 완성 또는 확정되지 아니한 자산을 취득한 경우로서 해당 자산의 대금을 청산한 날까지 그 목적물이 완성 또는 확정되지 아니한 경우에는 그 목적물이 완성 또는 확정된 날. 이 경우 건설 중인 건물의 완성된 날은 위 "③"을 준용한다.

⑧ 「도시개발법」 또는 그 밖의 법률에 따른 환지처분으로 인하여 취득한 토지의 취득시기는 환지 전의 토지의 취득일. 다만, 교부받은 토지의 면적이 환지처분에 의한 권리면적보다 증가 또는 감소된 경우에는 그 증가 또는 감소된 면적의 토지에 대한 취득시기는 환지처분의 공고가 있은 날의 다음날

위 세법규정 이외에 취득시기와 관련한 실무상 내용을 살펴보면 다음과 같다.

① 대금지불은 완료하였으나 토지의 조성공사가 완료되지 아니하여 사용하지 못하는 토지의 경우에는 해당 토지의 조성공사가 완료되는 날(법인 46012-1296, 1995. 5. 12., 국심 96서 429, 1996. 9. 3.)

② 명의신탁해지에 의한 소유권이전 확정판결에 의하여 실소유자의 명의로 소유권이 환원된 부동산의 경우에는 실소유자의 당초 취득일(법인 22601-2349, 1990. 12. 11.)

③ 다수인이 공유자로 되어 있는 토지에 대해 그 공유지분 전부를 취득해야 스포츠센터를 신축할 수 있음을 당초부터 알았으므로 마지막 공유자로부터 취득한 날(대법원 98두 13928, 1999. 1. 29.)

④ 다수법인이 조합을 결성하여 토지를 매입해 공업용지를 조성, 조합원인 법인에게 분할한 경우 법인이 해당 토지를 취득한 시기를 조합이 매입한 시기(국심 99서 557, 1999. 6. 21.)

⑤ 법인이 하나의 건축물을 신축하기 위하여 수필지의 토지를 순차적으로 취득하는 경우에도 업무무관부동산의 해당 여부는 해당 토지의 각 취득시기를 기준으로 판단한다(서이 46012-10171, 2003. 1. 24.).

⑥ 법인이 채권회수를 위한 대물변제를 취득한 부동산은 소유권 이전 등기 접수일(서면2팀-2275, 2004. 11. 9.)

(6) 업무무관부동산으로 보는 기간의 계산

1) 법인의 업무에 직접 사용하지 아니하는 부동산의 경우

법인의 업무에 직접 사용하지 아니하는 부동산의 업무무관부동산으로 보는 기간은 해당 부동산을 업무에 직접 사용하지 아니한 기간 중 유예기간과 겹치는 기간을 제외한 기간으

로 한다. 다만, 해당 부동산을 취득한 후 계속하여 업무에 사용하지 아니하고 양도하는 경우에는 취득일(유예기간이 경과되기 전에 법령에 의하여 사용이 금지 또는 제한된 부동산 및 문화재보호법에 의하여 지정된 보호구역 안의 부동산에 해당하는 경우에는 각각 해당 법령에 의한 사용의 금지·제한이 해제된 날 또는 문화재보호법에 의한 보호구역지정이 해제된 날)부터 양도일까지의 기간으로 한다(법칙 §26⑧(1), §26⑨(1)).

2) 유예기간 중 법인의 업무에 사용하지 않고 양도하는 경우

유예기간 중에 해당 법인의 업무에 직접 사용하지 아니하고 양도하는 부동산은 취득일(법령에 의하여 사용이 금지 또는 제한된 부동산 및 문화재보호법에 의하여 지정된 보호구역 안의 부동산에 해당하는 경우에는 각각 해당 법령에 의한 사용의 금지·제한이 해제된 날 또는 문화재보호법에 의한 보호구역지정이 해제된 날)부터 양도일까지의 기간으로 한다(법칙 §26⑧(1), §26⑨(2)).

3) 수용 및 산업단지 안 토지를 양도하는 경우

업무무관부동산이 다음에 의하여 수용되거나 이를 양도하는 경우에는 해당 부동산을 업무에 직접 사용하지 아니한 기간 중 유예기간과 겹치는 기간을 제외한 기간을 해당 부동산에 대하여 업무와 관련 없는 것으로 보는 기간으로 한다(법칙 §26⑪).
① 「공익사업을 위한 토지 등의 취득 및 보상에 관한 법률」 및 그 밖의 법률에 의하여 수용 (협의매수를 포함한다)되는 경우
② 「산업집적활성화 및 공장설립에 관한 법률」 제2조 제14호에 따른 산업단지 안의 토지를 같은법 제39조에 따라 양도하는 경우

4) 부동산을 취득한 후 법령에 의하여 사용이 금지되는 등의 경우

해당 부동산의 취득 후 법령의 규정에 의하여 사용이 금지 또는 제한된 부동산(그 사용이 금지 또는 제한된 기간에 한한다)과 문화재보호법에 의하여 지정된 보호구역 안의 부동산(그 지정된 기간에 한한다)의 경우에 기간계산의 기산일은 법령에 의한 사용의 금지·제한이 해제된 날 또는 문화재보호법에 의한 보호구역지정이 해제된 날로부터 기산한다(법칙 §26⑧(1)). 이 경우 유예기간이 경과한 후 법령의 제한 등을 받은 경우에는 업무무관부동산에서 제외되지 아니한다(법인 46012-3565, 1999. 9. 22.).

5) 건축허가의 제한과 행정지도로 착공이 제한된 경우

부동산(매매용 부동산 중 부동산매매업을 주업으로 하는 법인이 취득한 매매용 부동산을 제외한다)을 취득한 후 유예기간이 경과되기 전에 법령에 의하여 해당 사업과 관련된 인가·허가(건축허가 포함)·면허 등을 신청한 법인이 건축법 제12조의 규정 및 행정지도에

의하여 건축허가가 제한됨에 따라 건축을 할 수 없게 된 토지(건축이 제한된 기간에 한한다)의 경우 건축허가(건축허가가 제한된 기간에 한한다)와 건축자재의 수급조절을 위한 행정지도에 의하여 착공(착공이 제한된 기간에 한한다)이 제한된 기간을 가산한 기간을 유예기간으로 한다(법칙 §26⑧(2)). 이와 관련한 실무상 내용을 살펴보면 다음과 같다.

① 건축법 제12조에 따라 건축허가가 제한된 기간 중에 있는 부동산을 취득하는 경우 취득시점에 이미 건축허가가 제한된 기간은 건축허가가 제한된 기간에 포함되지 아니한다(법인 22601-1123, 1992. 5. 22.).

② 유예기간 내에 건축허가신청을 하지 않고 있다가 유예기간 이후에 건축허가·제한기간이 있더라도 동 기간은 유예기간의 계산에 가산할 수 없으며 업무에 직접 사용하는 날의 전일까지는 업무무관부동산에 해당한다(법인 46012-684, 1993. 3. 20., 법인 46012-1350, 1993. 5. 13.).

③ 취득당시 건축허가가 제한된 토지였으나, 취득 후 그 제한조치가 해제되었다가 일정기간 경과 후 다시 건축허가가 제한된 경우에는 다시 제한된 기간 동안은 비업무용부동산에서 제외된다(대법원 97누 14194, 1999. 6. 25.).

6) 그 밖의 업무무관부동산으로 보는 기간 계산에 관련한 내용

업무무관부동산에 대한 지급이자 손금불산입 규정을 적용함에 있어서 그 밖의 업무무관부동산으로 보는 기간 계산에 관련한 실무상 내용을 살펴보면 다음과 같다.

① 기간 계산에 있어서 부동산의 기존 세입자의 명도불능으로 인하여 소송 중에 있는 기간은 제외하지 아니한다(법인 22601-1401, 1992. 6. 29.).

② 지하수개발에 시일이 소요되어 유예기간 내에 건설에 착수하지 아니한 경우에는 취득한 날로부터 업무무관부동산으로 본다(법인 46012-2821, 1993. 9. 20.).

③ 토지공사로부터 상업지역으로 분양받은 토지가 당초 주거지역으로 되어 있어 이후 상업지역으로 변경고시된 경우의 토지에 대하여는 당초 분양받은 용도로 사용이 가능한 날을 기준으로 경과기간을 계산한다(법인 46012-279, 1993. 2. 5.).

④ 취득시기 도래 전에 매매계약에 의하여 사용·수익이 허용되어 실질적인 취득이 있었던 것으로 인정되는 경우에는 그 날을 기산일로 하여 경과기간을 계산한다(법인 46012-3518, 1993. 11. 20., 법인 46012-2970, 1997. 8. 20.).

⑤ 설계기간이 장기간 소요되어 일정한 유예기간 내에 업무에 직접 사용하지 아니한 경우에는 업무무관부동산에서 제외한다(대법원 93누 19788, 1994. 2. 8.).

⑥ 준농림지의 용도변경에 필요한 기간은 비업무용부동산 판정 유예기간에 별도로 가산하지 아니한다(법인 46012-1488, 1998. 6. 5.).

⑦ 토지를 취득하여 업무용으로 사용하기 위하여 건축물을 건설하던 법인이 정당한 사유 없이 건설을 중단하고 건설 중인 건축물과 그 부속토지를 양도한 경우에 당해 토지는

그 건설을 중단한 날부터 양도한 날까지 비업무용부동산으로 본다(법인 46012-2046, 1999. 6. 1.).

⑧ 토지거래허가지역 내 토지를 허가 전에 매수하여 잔금을 청산하고 이를 인도받은 후 허가받아 등기한 경우 비업무용부동산의 유예기간 기산점인 그 취득시기는 잔금청산으로 사용가능한 날이 된다(대법원 97누 7219, 1999. 7. 9.).

⑨ 공장용 토지, 건축물, 기계장치 등을 경락취득한 경우로서 공장신축목적으로 그 토지만을 사용하기 위해 건축물이 있는 토지를 취득할 경우에는 건축물이 없는 토지를 취득한 것으로 보아 비업무용부동산의 유예기간을 산정한다(국심 법인 99-96, 1999. 8. 13.).

⑩ 사업양수도로 취득한 부동산의 유예기간 적용시 그 취득일은 사업양수도에 의해 취득한 날이다(법인 46012-1244, 2000. 5. 29.).

⑪ 나대지를 건물신축용으로 임대하는 경우 임대에 공한 시점부터 업무무관자산에 해당하나, 건축물의 완공시점 이후에는 그러하지 아니하다(법인 46012-1535, 2000. 7. 8.).

⑫ 개발사업지구 내 토지취득대금을 청산했으나 조성공사 진행 중이어서 미사용시는 토지조성이 완성 또는 확정된 날부터 유예기간이 기산된다(법인 46012-1626, 2000. 7. 22.).

⑬ 염색가공업 휴업으로 직접 사용하지 않게 된 공장용 부동산의 경우, 해당 공장에서 제품의 생산을 중단한 날부터 업무무관부동산 유예기간 5년이 기산된다(제도 46012-10519, 2001. 4. 9.).

(7) 양도한 업무무관부동산의 소급적용시 법인세 추가납부

1) 추가납부세액 계산방법

법인이 부동산을 취득 후 업무에 사용하지 아니하고 양도한 경우에는 취득일부터 양도일까지 업무무관자산으로 본다. 이 경우 업무무관부동산을 양도한 날이 속하는 사업연도 이전에 종료한 각 사업연도("종전 사업연도")의 업무와 관련 없는 비용 및 지급이자를 손금에 산입하지 아니하는 경우 다음 방법 중 하나를 선택하여 계산한 세액을 그 양도한 날이 속하는 사업연도의 법인세에 가산하여 납부하여야 한다(법칙 §27).

① 정규세무조정방법

종전 사업연도의 각 사업연도의 소득금액 및 과세표준 등을 다시 계산함에 따라 산출되는 결정세액에서 종전 사업연도의 결정세액을 차감한 세액(가산세 제외)

② 산출세액의 차액으로 계산하는 방법

종전 사업연도의 과세표준과 손금에 산입하지 아니하는 지급이자 등을 합한 금액에 법인세 세율을 적용하여 산출한 세액에서 종전 사업연도의 산출세액을 차감한 세액(가산세 제외)

$$추가납부세액 = \left(\begin{array}{c} 종전\ 사업연도의 \\ 과세표준금액 \end{array} + \begin{array}{c} 손금불산입할 \\ 지급이자 \end{array} \right) \times 세율 - \left(\begin{array}{c} 종전\ 사업연도의 \\ 산출세액 \end{array} \right)$$
$$(가산세\ 제외)$$

업무무관부동산으로 소급 적용함에 따라 추가 납부하는 법인세액을 위 계산식에서 적용할 세율은 업무무관부동산으로 보는 각 사업연도별 법인세율로 한다(법인-262, 2011. 4. 11.).

2) 추가납부세액을 자진납부하지 않는 경우 납부지연가산세

법인이 업무무관부동산을 양도한 날이 속하는 사업연도의 법인세신고기한 내에 종전 사업연도의 법인세를 추가납부하지 않은 경우에는 납부지연가산세가 적용된다(재법인 46012-67, 1996. 5. 20.).

(8) 업무무관자산을 업무에 직접 사용한 것으로 보는 시기

업무와 관련이 없는 자산을 판정함에 있어서 다음에 해당하는 경우에는 해당 부동산을 업무에 직접 사용한 것으로 본다(법칙 §26③).

① 토지를 취득하여 업무용으로 사용하기 위하여 건설에 착공한 경우(착공일이 불분명한 경우에는 착공신고서 제출일을 기준으로 한다). 다만, 천재·지변, 민원의 발생 기타 정당한 사유없이 건설을 중단한 경우에는 중단한 기간 동안 업무에 사용하지 아니한 것으로 본다.

② 부동산매매업을 주업으로 하는 법인이 매매용 부동산을 유예기간 내에 양도하는 경우. 이 경우 부동산매매업과 다른 사업을 겸영하는 경우에는 해당 사업연도와 그 직전 2사업연도의 부동산매매업 매출액의 합계액(해당 법인이 토목건설업을 겸영하는 경우에는 토목건설업 매출액을 합한 금액을 말한다)이 이들 3사업연도의 총수입금액의 합계액의 100분의 50을 초과하는 경우에 한하여 부동산매매업을 주업으로 하는 법인으로 본다(법칙 §26⑦).

③ 유예기간 경과로 업무무관자산에 해당하는 공장을 해당 법인의 물류기지 및 자재창고로 사용하는 경우에는 그 사용하는 때부터(법인 46012-1210, 2000. 5. 23.)

제5장

손익의
귀속사업연도

1. 손익귀속사업연도의 중요성

법인세 과세표준의 기준이 되는 소득금액계산은 법인의 사업연도라는 기간계산의 독립을 전제로 하기 때문에 소득금액계산의 기초가 되는 손익의 귀속사업연도에 관한 세법상의 규정은 매우 중요하다. 즉, 익금이나 손금을 어느 사업연도에 귀속하든 그 익금과 손금의 총액의 변동이 없으나, 손익의 귀속사업연도를 잘못 적용하면 사업연도별 과세표준이 달라지게 되어 누진세율의 적용이 달라진다. 또한 손익을 어느 사업연도 귀속분으로 볼 지에 따라 이월결손금공제와 결손금소급공제의 기간, 특례기부금과 일반기부금한도초과액 등의 이월공제기간이 달라지므로 손익귀속사업연도는 매우 중요하다.

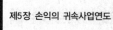

2. 기업회계상 수익의 인식기준

1. K-IFRS 제1115호에 의한 수익인식

K-IFRS 제1115호【고객과의 계약에서 생기는 수익】에서는 다음과 같이 5단계법에 따라 수익을 인식한다(K-IFRS 1115호 IN7).

단 계		내 용
1단계	계약의 식별	K-IFRS 제1115호의 적용범위에 해당하는 고객과의 계약인지의 여부를 식별함.
2단계	수행의무의 식별	고객에게 이행해야 할 수행의무를 식별하고 이행시기를 판단 ① 수행의무 : 단일의무인지 복수의무인지 여부 ② 이행시기 : 한 시점에 이행되는지, 아니면 기간에 걸쳐 이행되는지 여부
3단계	거래가격의 산정	고객에게 약속한 재화나 용역을 이전하고 그 대가로 기업이 받을 권리를 갖게 될 것으로 예상하는 거래가격을 산정함. 거래가격에는 제삼자를 대신해서 회수한 금액(예 일부 판매세)은 제외하며, 고객과의 계약에서 약속한 대가는 고정금액, 변동금액 또는 둘 다를 포함할 수 있음.
4단계	거래가격의 배분	수행의무가 복수인 경우 각 수행의무에 거래가격을 배분함.
5단계	수익의 인식	거래가격을 수행의무의 이행에 따라 수익으로 인식

(1) 1단계 : 계약의 식별

고객과의 거래에 대하여 수익을 인식하려는 경우 제일 먼저 할 일은 고객과의 계약을 식별하는 일이다. 다음의 기준을 모두 충족하는 때에만, 고객과의 계약으로 회계처리한다(K-IFRS 1115호 문단 9).

① 계약 당사자들이 계약을 (서면으로, 구두로, 그 밖의 사업 관행에 따라) 승인하고 각자의 의무를 수행하기로 확약한다.

② 이전할 재화나 용역과 관련된 각 당사자의 권리를 식별할 수 있다.

③ 이전할 재화나 용역의 지급조건을 식별할 수 있다.

④ 계약에 상업적 실질이 있다(계약의 결과로 기업의 미래 현금흐름의 위험, 시기, 금액이 변동될 것으로 예상된다).

⑤ 고객에게 이전할 재화나 용역에 대하여 받을 권리를 갖게 될 대가의 회수 가능성이 높다. 대가의 회수 가능성이 높은지를 평가할 때에는 지급기일에 고객이 대가(금액)를 지급할 수 있는 능력과 지급할 의도만을 고려한다. 기업이 고객에게 가격할인(price concessions)을

제공할 수 있기 때문에 대가가 변동될 수 있다면, 기업이 받을 권리를 갖게 될 대가는 계약에 표시된 가격보다 적을 수 있다.

(2) 2단계 : 수행의무의 식별

계약 개시시점에 고객과의 계약에서 약속한 재화나 용역을 검토하여 고객에게 다음 중 어느 하나를 이전하기로 한 각 약속을 하나의 수행의무로 식별한다(K-IFRS 1115호 문단 22).

① 구별되는 재화나 용역(또는 재화나 용역의 묶음)

② 실질적으로 서로 같고 고객에게 이전하는 방식도 같은 일련의 구별되는 재화나 용역

고객에게 이행하는 수행의무가 한 시점에 이행되는지, 아니면 기간에 걸쳐 이행되는지 여부를 판단한다. 자산은 고객이 그 자산을 통제할 때(또는 기간에 걸쳐 통제하게 되는 대로) 이전된다. 다음 기준 중 어느 하나를 충족하면, 기업은 재화나 용역에 대한 통제를 기간에 걸쳐 이전하므로, 기간에 걸쳐 수행의무를 이행하는 것이고 기간에 걸쳐 수익을 인식한다(K-IFRS 1115호 문단 35).

① 고객은 기업이 수행하는 대로 기업의 수행에서 제공하는 효익을 동시에 얻고 소비한다(예 청소용역).

② 기업이 수행하여 만들어지거나 가치가 높아지는 대로 고객이 통제하는 자산을 기업이 만들거나 그 자산 가치를 높인다(예 고객의 토지에서 제공하는 건설용역).

③ 기업이 수행하여 만든 자산이 기업 자체에는 대체 용도가 없고, 지금까지 수행을 완료한 부분에 대해 집행 가능한 지급청구권이 기업에 있다(예 일부 예약매출).

수행의무가 기간에 걸쳐 이행하는 것이 아니라면 한 시점에 이행되는 것이다. 고객이 약속된 자산을 통제하고 기업이 수행의무를 이행하는 시점을 판단하기 위해서는 통제(K-IFRS 1115호 문단 31~34)에 관한 요구사항을 참고한다. 또 자산에 대한 지급청구권 유무, 고객에게 자산의 법적소유권 이전 여부, 물리적 점유의 이전 여부, 자산의 소유에 따른 유의적인 위험과 보상의 이전 여부, 자산의 인수 여부와 같은 통제 이전의 지표를 참고하여야 한다(K-IFRS 1115호 문단 38).

(3) 3단계 : 거래가격의 산정

거래가격을 산정하기 위해서는 계약 조건과 기업의 사업 관행을 참고한다. 거래가격은 고객에게 약속한 재화나 용역을 이전하고 그 대가로 기업이 받을 권리를 갖게 될 것으로 예상하는 금액이며, 제삼자를 대신해서 회수한 금액(예 일부 판매세)은 제외한다. 고객과의 계약에서 약속한 대가는 고정금액, 변동금액 또는 둘 다를 포함할 수 있다(K-IFRS 1115호 문단 47). 고객이 약속한 대가의 특성, 시기, 금액은 거래가격의 추정치에 영향을 미친다. 거래가

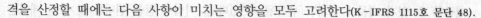

격을 산정할 때에는 다음 사항이 미치는 영향을 모두 고려한다(K-IFRS 1115호 문단 48).
① 변동대가
② 변동대가 추정치의 제약
③ 계약에 있는 유의적인 금융요소
④ 비현금 대가
⑤ 고객에게 지급할 대가

(4) 4단계 : 거래가격을 계약 내 수행의무에 배분

거래가격을 배분하는 목적은 기업이 고객에게 약속한 재화나 용역을 이전하고 그 대가로 받을 권리를 갖게 될 금액을 나타내는 금액으로 각 수행의무(또는 구별되는 재화나 용역)에 거래가격을 배분한다(K-IFRS 1115호 문단 73).

거래가격 배분의 목적에 맞게, 거래가격은 상대적 개별 판매가격을 기준으로 계약에서 식별된 각 수행의무에 배분한다. 다만, 문단 81~83(할인액의 배분)과 문단 84~86(변동금액이 포함된 대가의 배분)에서 정한 경우는 그 기준에 따라 배분한다(K-IFRS 1115호 문단 74).

(5) 5단계 : 수익의 인식

기업이 약속한 재화나 용역을 고객에게 이전하여 수행의무를 이행할 때 수익을 인식한다. 인식하는 수익 금액은 이행한 수행의무에 배분된 금액이다. 한 시점에 수행의무는 이행하면 수익도 그 시점에 인식하고, 기간에 걸쳐 수행의무를 이행하면 수익은 진행기준에 따라 인식한다. 진행기준을 적용하는 경우 수행의무의 진행률을 적절하게 측정하는 방법을 선택하여 기간에 걸쳐 인식한다. 진행률 측정방법에는 산출법과 투입법이 포함된다(K-IFRS 1115호 문단 41).
① 산출법 : 산출법은 계약에서 약속한 재화나 용역의 나머지 부분의 가치와 비교하여 지금까지 이전한 재화나 용역이 고객에 주는 가치의 직접 측정에 기초하여 수익을 인식한다. 산출법은 지금까지 수행을 완료한 정도를 조사, 달성한 결과에 대한 평가, 도달한 단계, 경과한 시간, 생산한 단위나 인도한 단위와 같은 방법이 포함된다. 진행률을 측정하기 위해 산출법을 적용할지를 판단할 때, 선택한 산출물이 수행의무의 완료 대비 기업의 수행 정도를 충실하게 나타내는지를 고려한다(K-IFRS 1115호 문단 B15).
② 투입법 : 투입법은 해당 수행의무의 이행에 예상되는 총 투입물 대비 수행의무를 이행하기 위한 기업의 노력이나 투입물(예 소비한 자원, 사용한 노동시간, 발생원가, 경과한 시간, 사용한 기계시간)에 기초하여 수익을 인식하는 것이다. 기업의 노력이나 투입물을 수행기간에 걸쳐 균등하게 소비한다면, 정액법으로 수익을 인식하는 것이 적절할 수 있다(K-IFRS 1115호 문단 B18). 투입법을 사용하는 경우 발생원가가 기업이 수행의무를 이

행할 때 그 진척도에 이바지하지 않는 경우(예를 들면 계약가격에 반영되지 않았고 기업의 수행상 유의적인 비효율 때문에 낭비된 재료원가, 노무원가, 그 밖의 자원의 원가)에 기초하여 수익을 인식하지 않는다. 발생원가가 기업이 수행의무를 이행할 때 그 진척도에 비례하지 않는 경우에는 기업의 수행 정도를 나타내는 최선의 방법은 발생원가의 범위까지만 수익을 인식하도록 투입법을 조정하는 것일 수 있다(K-IFRS 1115호 문단 B19).

2. 일반기업회계기준에 의한 수익인식

일반기업회계기준은 제16장에 수익의 인식기준을 다음과 같이 재화의 판매, 용역의 제공, 이자수익, 로열티수익, 배당수익과 건설형 공사계약으로 구분하여 규정하고 있다(일반기준 16장).

(1) 재화의 판매

재화의 판매로 인한 수익은 다음 조건이 모두 충족될 때 인식한다(일반기준 16.10).
① 재화의 소유에 따른 유의적인 위험과 보상이 구매자에게 이전된다.
② 판매자는 판매된 재화의 소유권이 있을 때 통상적으로 행사하는 관리나 효과적인 통제를 할 수 없다.
③ 수익금액을 신뢰성 있게 측정할 수 있다.
④ 경제적 효익의 유입 가능성이 매우 높다.
⑤ 거래와 관련하여 발생했거나 발생할 원가를 신뢰성 있게 측정할 수 있다.

(2) 용역의 제공

용역의 제공으로 인한 수익은 다음과 같이 인식한다(일반기준 16.11~16.14).

구 분		수익인식방법
용역제공거래의 성과를 신뢰성 있게 추정할 수 있는 경우*1		진행기준*2
용역제공거래의 성과를 신뢰성 있는 추정할 수 없는 경우	원가의 회수가능성이 높은 경우	발생한 비용의 범위 내에서의 회수가능한 금액을 수익으로 인식함. 따라서 이익은 인식하지 않음.*3
	원가의 회수가능성이 낮은 경우	수익은 인식하지 않고 발생한 원가를 비용으로 인식함.*3

*1 다음 조건이 모두 충족되는 경우 용역제공거래의 성과를 신뢰성 있게 추정할 수 있다고 본다(일반기준 16.11).
　① 거래 전체의 수익금액을 신뢰성 있게 측정할 수 있다.
　② 경제적 효익의 유입 가능성이 매우 높다.
　③ 진행률을 신뢰성 있게 측정할 수 있다.
　④ 이미 발생한 원가 및 거래의 완료를 위하여 투입하여야 할 원가를 신뢰성 있게 측정할 수 있다.
*2 진행기준 : 진행기준을 적용하여 수익을 인식하는 데 있어 거래의 진행률은 다양한 방법에 따라 결정될 수 있다.

일반기업회계기준은 진행률을 결정하는데 특정 방법만을 사용하도록 제한하지 않았다. 그러나 이러한 규정이 기업이 진행률 결정방법을 임의적으로 선택할 수 있다는 의미는 아니다. 기업은 기업의 성격 또는 제공되는 용역의 성격에 따라 용역수행정도를 가장 신뢰성 있게 측정할 수 있는 방법을 선택하여 계속해서 사용하여야 한다(일반기준 실16.10).

*3 거래의 성과를 신뢰성 있게 추정하는 것을 어렵게 만들었던 불확실성이 해소된 경우에는 진행기준에 따라 수익을 인식한다(일반기준 16.14).

(3) 이자수익, 배당금수익 및 로열티수익

자산을 타인에게 사용하게 함으로써 생기는 이자, 배당금, 로열티 등은 다음 조건을 모두 충족하는 경우에 다음의 기준에 따라 각각 수익을 인식한다(일반기준 16.15).

① 수익금액을 신뢰성 있게 측정할 수 있다.
② 경제적 효익의 유입가능성이 매우 높다.

이자수익은 원칙적으로 유효이자율법을 적용하여 발생기준에 따라 인식한다. 배당금수익은 배당금을 받을 권리와 금액이 확정되는 시점에서 인식한다. 로열티수익은 관련된 계약의 경제적 실질을 반영하여 발생기준에 따라 인식한다(일반기준 16.16).

(4) 기타 수익

재화의 판매, 용역의 제공, 이자, 배당금, 로열티로 분류할 수 없는 기타의 수익은 다음 조건을 모두 충족할 때 발생기준에 따라 합리적인 방법으로 인식한다(일반기준 6.17).

① 수익가득과정이 완료되었거나 실질적으로 거의 완료되었다.
② 수익금액을 신뢰성 있게 측정할 수 있다.
③ 경제적 효익의 유입 가능성이 매우 높다.

(5) 건설형 공사계약

"건설형 공사계약"이란 단일자산의 건설공사 또는 설계나 기술, 기능 또는 그 최종적 목적이나 용도에 있어서 밀접하게 상호 연관되어 있는 복수자산의 건설을 위해 협의된, 법적으로 구속력 있는 계약을 말한다(일반기준 16장 용어정의).

구 분		일반기업회계기준 제16장 제2절
건설계약의 결과를 신뢰성 있게 추정할 수 있는 경우	손익인식방법	진행기준 적용(문단 16.39)
	공사진행률	공사진행률은 실제공사비 발생액을 토지의 취득원가와 자본화대상 금융비용 등을 제외한 총공사예정원가로 나눈 비율로 계산함을 원칙으로 함. 다만, 공사수익의 실현이 작업시간이나 작업일수 또는 기성공사의 면적이나 물량 등과 보다 밀접한 비례관계에 있고, 전체공사에서 이미 투입되었거나 완성된 부분이 차지하는 비율을 객관적으로 산정할 수 있는 경우에는 그 비율로 할 수 있음(일반기준 16.47). 하자보수비는 공사가 종료되는 회계기간에는 공사원가로 인식하고 공사진행률 계산의 기준이 되는 누적발생원가에 포함함(일반기준 실16.37).
	공 사 수 익	당기공사수익은 공사계약금액에 보고기간종료일 현재의 공사진행률을 적용하여 인식한 누적공사수익에서 전기말까지 계상한 누적공사수익을 차감하여 산출함(문단 16.39)
	공 사 원 가	당기에 실제로 발생한 총공사비용에 공사손실충당부채전입액(추정공사손실)을 가산하고 공사손실충당부채환입액을 차감하며 다른 공사와 관련된 타계정대체액을 가감하여 산출함(일반기준 16.40.)
진행률을 신뢰성 있게 추정할 수 없는 경우		계약원가는 발생하면 즉시 비용으로 인식하고, 수익은 회수가능성이 높은 발생한 계약원가의 범위에서만 인식함(일반기준 16.49).
중소기업 단기공사특례		중소기업의 1년 이내에 완료되는 용역매출 및 건설형 공사계약에 대하여는 공사 등을 완성한 날에 수익을 인식할 수 있음(문단 31.9)
예약매출		청약을 받아 분양하는 아파트 등의 예약매출도 건설형 공사계약에 포함함(문단 16.23 (3))

※ 건설형 공사계약의 결과가 신뢰성 있게 추정할 수 있는 경우란 다음과 같다.
  1. 정액공사계약의 경우 : 다음의 조건이 모두 충족되는 경우(일반기준 16.41)
   (1) 총공사수익 금액을 신뢰성 있게 측정할 수 있다.
   (2) 계약과 관련된 경제적 효익이 건설사업자에게 유입될 가능성이 매우 높다.
   (3) 계약을 완료하는 데 필요한 공사원가와 공사진행률을 신뢰성 있게 측정할 수 있다.
   (4) 공사원가를 명확히 식별할 수 있고 신뢰성 있게 측정할 수 있어서 실제 발생한 공사원가를 총공사예정원가의 예상치와 비교할 수 있다.
  2. 원가보상계약인 경우 : 다음의 조건이 모두 충족되는 경우
   (1) 계약과 관련된 경제적 효익이 건설사업자에게 유입될 가능성이 매우 높다.
   (2) 계약에 귀속될 수 있는 공사원가를 명확히 식별할 수 있고 신뢰성 있게 측정할 수 있다.

3. 세법상 손익귀속사업연도

1. 개 요

「법인세법」 제40조 제1항에 따르면 '내국법인의 각 사업연도의 익금과 손금의 귀속사업연도는 그 익금과 손금이 확정된 날이 속하는 사업연도로 한다'라고 규정하고 있다. 익금과 손익이 "확정된 날"이란 익금은 수취할 권리가 확정된 날을, 손금은 지급할 의무가 확정된 날을 말하므로 이를 "권리의무확정주의"라고 한다.

「법인세법」이 손익의 귀속시기에 관하여 권리의무확정주의를 채택하고 있는 이유는 납세자의 과세소득을 획일적으로 파악하여 과세의 공평을 기함과 동시에 납세자의 자의를 배제하기 위함이다(대법원 91누 1691, 1991. 11. 22.).

그러나 오늘날의 다양한 거래에 대하여 권리의무확정주의라는 획일적 기준으로 손익 귀속시기를 판단하는 데는 어려움이 있으므로 「법인세법 시행령」 제68조부터 제71조까지 거래형태별 기준을 두고 있다.

법인세법상 손익의 귀속사업연도의 기본원리는 권리의무확정주의를 바탕으로 하고 있지만, 거래형태별로 규정하고 있는 손익의 귀속사업연도는 모두 권리의무확정주의와 일치하는 것은 아니므로 세법에서 규정한 법정기준(Legal Test)에 따라 손익의 귀속사업연도를 결정하여야 한다.

2. 세법상 기업회계기준 적용규정

거래유형 등에 따른 세법상의 손익귀속에 관한 규정은 현대사회의 다양한 모든 거래유형을 예측하여 완결적으로 손익의 귀속을 정한 규정이라 할 수 없으므로, 「법인세법」의 열거된 조항으로 손익의 귀속을 정하는 것이 어려운 경우에는, 「법인세법」의 규정에 반하지 않는 한, 일반적으로 공정·타당한 회계관행으로 받아들여지는 기업회계기준에 따라 손익의 귀속을 정할 수도 있다. 또한 그렇게 하는 것이 「국세기본법」 제20조 등에서 규정하고 있는 기업회계존중의 원칙에도 부합한다(대법원 92누 2936, 92누 2943, 1992. 10. 23.).

이와 같은 취지에서 「법인세법」 제43조에서 "내국법인의 각 사업연도의 소득금액을 계산할 때 법인이 익금과 손금의 귀속사업연도와 자산·부채의 취득 및 평가에 관하여 일반적으로 공정·타당하다고 인정되는 기업회계의 기준을 적용하거나 관행을 계속 적용하여 온 경우에는 「법인세법」 및 「조세특례제한법」에서 달리 규정하고 있는 경우를 제외하고는 그 기업회계기준 또는 관행에 따른다"라고 규정하고 있다.

따라서 「법인세법」상 내국법인의 각 사업연도 소득금액 계산에 있어서 익금과 손금의 귀속 사업연도 규정은 세법상 규정을 우선 적용하고, 세법에서 규정하고 있지 않은 것에 대하여는 기업회계기준 또는 관행을 따른다.

여기서 기업회계의 기준 또는 관행은 다음의 어느 하나에 해당하는 회계기준(해당 회계 기준에 배치되지 아니하는 것으로서 일반적으로 공정·타당하다고 인정되는 관행을 포함한 다)으로 한다(법령 §79).

① 한국채택국제회계기준

② 「주식회사의 외부감사에 관한 법률」 제5조 제1항 제2호 및 같은 조 제4항에 따라 한국 회계기준원이 정한 회계처리기준

③ 증권선물위원회가 정한 업종별 회계처리준칙

④ 「공공기관의 운영에 관한 법률」에 따라 제정된 공기업·준정부기관 회계규칙

⑤ 「상법 시행령」 제15조 제3호에 따른 회계기준

⑥ 그 밖의 법령에 따라 제정된 회계처리기준으로서 기획재정부장관의 승인을 받은 것

◐ 기업회계기준과 관행의 적용 관련 사례 ◑

구 분	내 용
K-IFRS 제1115호의 적용에 따른 법인세법상 손익인식 방법 (기획재정부 법인세제과-102, 2020. 1. 23.)	1. 한국채택국제회계기준 의무적용 대상 주권상장 내국법인이 법인세법 시행령 제69조 제1항에 따른 건설 등의 제공에 대하여 건설 등을 완료한 정도(이하 '작업진행률')를 기준으로 계산한 수익과 비용을 각각 해당 사업연도의 익금과 손금에 산입하던 중, 새로운 개정기준서(K-IFRS 1115호)의 적용에 따라 건설등의 제공으로 인한 수익과 비용을 그 목적물의 인도일이 속하는 사업연도의 수익과 비용으로 회계처리를 변경한 경우 인도일이 속하는 사업연도의 익금과 손금에 산입할 수 있는 것이나, 새로운 개정기준서의 적용일이 속하는 사업연도 이전까지 작업진행률에 따라 기간손익을 인식한 금액은 종전의 방식대로 작업진행률에 따라 인식하는 것이며, 작업진행률에 따라 인식하지 않고 남아있는 손익에 대하여만 인도기준을 적용할 수 있는 것임. 따라서 작업진행률에 따라 진행기준으로 과거 사업연도에 인식한 수익과 비용을 새로운 개정기준서를 적용한 사업연도에 이익잉여금의 감소로 회계처리한 경우 동 이익잉여금 조정금액은 손금산입(기타) 및 손금불산입(유보)으로 세무조정하는 것임. 2. 법인세법 시행령 제69조 제1항에 따른 작업진행률에 따라 익금과 손금을 산입 하던 한국채택국제회계기준 의무적용대상 주권상장 내국법인이 새로운 개정기준서(K-IFRS 1115호) 적용에 따라 총공사예정비에서 진행의 수행정도를 나타내지 못하는 투입물(이하 '과대재료비')을 제외하여 작업진행률을 계산하는 경우, 개정 기준서를 적용하는 사업연도에 익금에 산입하는 금액은 법인세법 시행규칙 제34조 제2항 및 제34조 제3항에 따라 계산하되 작업진행률 계산시에만 과대재료비를 제외하고 계산하는 것이며 계약금액은 과대재료비 부분을 분리하여 계산하지 않는 것임. 3. 법인세법 시행령 제68조 제1항 제1호에 따라 상품·제품 또는 기타의 생산품의

구 분	내 용
K-IFRS 제1115호의 적용에 따른 법인세법상 손익인식 방법 (기획재정부 법인세제과-102, 2020. 1. 23.)	판매의 익금 및 손금의 귀속사업연도는 그 상품 등을 인도한 날이며, 인도한 날이란 법인세법 시행규칙 제33조 제1호에 따라 당해 물품을 계약상 인도하여야 할 장소에 보관한 날로 보는 것임. 4. 재화와 용역이 혼재된 공급에 있어 용역의 공급을 재화의 공급에 부수되는 것으로 보아 재화의 인도시기에 손익에 산입하던 한국채택국제회계기준 의무적용대상 내국법인이 새로운 개정기준서(K-IFRS 1115호) 적용에 따라 혼재된 공급에 대한 수행의무를 구분하여 재화의 공급과 용역의 공급으로 각각 수익을 인식하는 경우 재화와 용역의 손익의 귀속은 각 수행 의무별로 판단할 수 있는 것이나, 종전의 기준에 따라 새로운 개정기준서의 적용일이 속하는 사업연도 이전의 사업연도의 손익으로 산입한 금액은 종전의 방식에 따르는 것임. 5. 부동산개발사업을 영위하는 내국법인이 주택건설사업의 승인을 조건으로 기부하는 자산의 가액을 새로운 개정기준서(K-IFRS 1115호)의 적용에 따라 주택건설사업과 기부채납을 위한 건설사업 수행의무를 분리하여 각각의 진행률에 따라 수익을 인식한 경우와 관련하여, 주택건설사업의 승인을 조건으로 기부채납하는 자산의 건설은 주택건설사업과 분리하여 그 자체만으로 수익을 발생시키는 것으로 볼 수는 없으므로 해당 기부채납을 위한 자산의 건설은 세법상 구분하여 손익을 인식할 수 있는 대상에 해당되지 않는 것임.

4. 거래유형별 세법상 손익의 귀속사업연도

1. 자산의 판매손익 등의 귀속사업연도

자산을 판매(또는 양도)하는 경우에는 손익의 귀속사업연도는 다음과 같다(법령 §68①).

구 분		손익의 귀속사업연도
재고자산 (부동산 제외) 의 판매	국내판매	인도일. 다만, 납품계약 또는 수탁가공계약에 의하여 물품을 납품하거나 가공하는 경우에는 당해 물품을 계약상 인도하여야 할 장소에 보관한 날. 다만, 계약에 따라 검사를 거쳐 인수 및 인도가 확정되는 물품은 검사가 완료된 날
	수 출	수출물품을 계약상 인도하여야 할 장소에 보관한 날
재고자산의 시용판매		상대방이 구입의사를 표시한 날
재고자산 외의 자산 (부동산 포함)의 양도		대금청산일, 이전등기일(등록일), 인도일, 사용수익일 중 가장 빠른 날
위탁판매		수탁자가 그 위탁자산을 판매한 날
증권시장에서 보통거래방식으로 한 유가증권의 매매		매매계약을 체결한 날
매출할인		매출할인금액은 상대방과의 약정에 의한 지급기일(그 지급기일이 정하여 있지 아니한 경우에는 지급한 날)이 속하는 사업연도의 매출액에서 차감
장기할부조건에 의한 판매 및 양도손익	구 분	내 용
	원 칙	명목가치인도기준
	결산특례	결산상 현재가치인도기준 또는 회수기일도래기준으로 회계처리한 경우 수용
	중소기업특례	중소기업은 결산상 회계처리에 관계없이 회수기일도래기준으로 신고조정할 수 있음.

「법인세법」상 손익귀속시기는 「부가가치세법」의 공급시기나 세금계산서 발행과는 관계가 없다. 예를 들어, 「부가가치세법」에서는 재화를 인도하기 전에 대가를 미리 받는 경우 받은 대가에 대하여 세금계산서를 발급할 수 있다. 「부가가치세법」에서는 대가를 받고 세금계산서를 발급하면 자산을 인도하지 않았어도 공급시기가 도래한 것으로 보나, 「법인세법」은 세금계산서의 발급과 관계없이 재화의 인도일을 손익의 귀속시기로 보며, 인도 전에 받은 대가는 선수금으로 본다.

1-1. 재고자산의 국내판매

(1) 일반적인 경우

상품(부동산 제외)·제품 또는 기타의 생산품(이하 "재고자산"이라 한다)의 판매는 그 재고자산을 인도한 날이 속하는 사업연도를 귀속사업연도로 한다(법령 §68①(1)). 다만, 납품계약 또는 수탁가공계약에 의하여 물품을 납품하거나 가공하는 경우에는 당해 물품을 계약상 인도하여야 할 장소에 보관한 날로 하되, 계약에 따라 검사를 거쳐 인수 및 인도가 확정되는 물품의 경우에는 당해 검사가 완료된 날로 한다(법칙 §33(1)).

> **주의** 청약철회조건이 있는 온라인쇼핑몰에서 판매한 경우의 귀속시기
>
> (1) 부가가치세의 공급시기
>
> ① 청약철회조건이 있는 판매의 공급시기
>
> 사업자가 온라인 쇼핑몰에서 재화를 판매하는 경우로서 「전자상거래 등에서의 소비자보호에 관한 법률」 제17조에 따라 일정기간 내에 소비자가 청약철회 할 수 있으나 계약상 그 외 다른 조건이나 기한의 약정이 없는 경우 재화의 공급시기는 「부가가치세법」 제15조 제1항 제1호에 따라 해당 재화가 인도되는 때로 하는 것이며 온라인 쇼핑몰의 약관에 따라 재화를 수령한 소비자가 일정기간 내에 구매결정(확정)이나 교환, 반품 등의 의사표시를 하도록 하고 의사표시가 없는 경우 일정기간 경과시 자동으로 구매결정(확정)되는 경우 해당 재화의 공급시기는 같은 법 제15조 제2항 및 같은 법 시행령 제28조 제2항에 따라 약관상 조건이 성취되거나 기한이 지나 판매가 확정되는 때로 하는 것임(서면-2019-법령해석부가-1949 [법령해석과-2611], 2019. 10. 8.).
>
> ② 약관에 따른 구매확정기한 내 현금영수증 발급 시 공급시기
>
> 사업자가 온라인 쇼핑몰에서 재화를 판매하는 경우로서 온라인 쇼핑몰의 이용약관에 따라 재화를 수령한 소비자가 일정기간 내에 구매결정(확정)이나 교환, 반품 등의 의사표시를 하도록 하고 의사표시가 없는 경우 일정기간 경과시 자동으로 구매결정(확정)되는 경우에는 현금으로 결제하면서 현금영수증을 발급하는 때에도 해당 재화의 공급시기는 「부가가치세법」 제15조 제2항 및 같은 법 시행령 제28조 제2항에 따라 약관상 조건이 성취되거나 기한이 지나 판매가 확정되는 때로 하는 것임(사전-2023-법규부가-0485 [법규과-2177], 2023. 8. 25.).
>
> ③ 약관에 따른 구매확정기한 내 신용카드 결제 시 공급시기
>
> 사업자가 온라인 쇼핑몰에서 재화를 판매하는 경우로서 온라인 쇼핑몰의 약관에 따라 재화를 수령한 소비자가 일정기간 내에 구매결정(확정)이나 교환, 반품 등의 의사표시를 하도록 하고 의사표시가 없는 경우 일정기간 경과시 자동으로 구매결정(확정)되는 경우에는 신용카드매출전표를 선발급하는 때에도 해당 재화의 공급시기는 「부가가치세법」 제15조 제2항 및 같은 법 시행령 제28조 제2항에 따라 약관상 조건이 성취되거나 기한이 지나 판매가 확정되는 때로 하는 것임(서면-2022-법규부가-1407 [법규과-1934], 2022. 6. 28.).
>
> > **정리** 공급자가 통신판매중개업자를 통하여 재화를 소비자에게 공급하면서 신용카드매출전표를 발급하는 경우에도 개별 약관상 소비자가 구매결정하거나 기한이 경과되어 자동으로 구매결정되기 전에는 판매대금을 정산받을 수 없는 점, 소비자는 재화를 수령한 후 구매결정 의사표시를 함으로써 완

전한 사용 · 소비 권한을 이전받는 점을 고려하여 약관상 구매결정이 있는 거래는 신용카드매출전표를 발급한 경우에도 그 조건이 성취되거나 기한이 지나 판매가 확정되는 때를 공급시기로 본 것임.

(2) 법인세의 손익귀속시기

의류제조업을 영위하는 내국법인(이하 '갑법인')이 자사의 온라인 몰 또는 통신판매중개자가 운영하는 온라인 몰에서 상품을 판매하는 경우로서 갑법인으로부터 상품을 구입한 소비자가 「전자상거래 등에서의 소비자보호에 관한 법률」 제17조에 따른 청약철회가능기간 및 통신판매중개자의 약관에 규정된 구매결정기간 내에 반품, 교환 등을 할 수 있는 경우 해당 상품의 손익귀속시기는 「법인세법」 제40조 및 같은 법 시행령 제68조 제1항 제1호에 따라 그 상품 등을 인도한 날이 속하는 사업연도임(서면-2020-법인-2518 [법인세과-3577], 2020. 10. 19., 서면-2019-법령해석법인-1879, 2019. 11. 25.).

(2) 미인도청구판매

1) K-IFRS와 일반기업회계기준

'미인도청구'판매('Bill and hold' sales)란 재화의 인도가 구매자의 요청에 따라 지연되고 있으나, 구매자가 소유권을 가지며 대금청구를 수락하는 판매를 말한다. K-IFRS와 일반기업회계기준에서 미인도청구판매는 다음을 충족하면 구매자가 소유권을 가지는 시점에 수익을 인식한다(K-IFRS 1018호 적용사례 1, 일반기준 16장 적용사례 1).

① 재화가 인도될 가능성이 높다.
② 판매를 인식하는 시점에 판매자가 해당 재화를 보유하고 있고, 재화가 식별되며, 구매자에게 인도될 준비가 되어 있다.
③ 재화의 인도 연기에 대하여 구매자의 구체적인 확인이 있다.
④ 통상적인 대금지급 조건을 적용한다.

2) 「법인세법」

「법인세법」은 미인도청구판매에 대한 별도의 규정을 두고 있지 않다. 국세청은 외국법인에게 석유상품을 판매하면서 계약에 따라 해당 석유상품의 소유권을 이전한 후 탱크에 저장한 상태로 보관하다가 일정기간 이후에 그 외국법인에게 인도하는 경우여서 기업회계와 동일하게 법률상 · 계약상 소유권이 이전된 날이 속하는 사업연도를 손익의 귀속시기로 한다고 해석한 바 있다(법규과-1001, 2012. 9. 4.).

(3) 백화점 · 대리점에 납품하는 경우

1) 기업회계기준

K-IFRS와 일반기업회계기준에서는 유통업자, 판매자, 재판매를 목적으로 하는 기타 상

인 등과 같은 중간상에 대한 판매의 경우 판매에 따른 수익은 소유에 따른 위험과 보상이 구매자에게 이전되는 시점에 인식하고, 구매자가 실질적으로 대리인 역할만을 한다면 이러한 거래를 위탁판매로 처리한다(K-IFRS 1018호 적용사례 문단 6, 일반기준 16장 적용사례 6).

예를 들어, 사업자가 백화점에 제품을 납품하고 판매비율에 따라 수수료를 공제한 대금을 받고, 백화점에서 판매할 때까지 재고자산에 대한 소유와 위험을 부담하는 경우 백화점은 대리인 역할만을 한 것이므로 수수료만 수익으로 인식하여야 한다.

2) 법인세법

가. 개 요

「법인세법」은 특정매입거래의 손익인식기준에 대하여 규정을 두고 있지 않다. 종전에 국세청은 특정매입거래의 경우 납품업자는 그 재화를 백화점에 인도하는 날을 매출손익의 귀속사업연도로 본다고 해석(서이 46012-11779, 2003. 10. 15., 서면법규과-900, 2013. 8. 20. 외 다수)하였고 그 예규를 종전의 「법인세법 집행기준」 40-68-3에 반영하였다.

그러나 2016년에 기획재정부에서 "의류 제조법인이 제품에 대한 소유권을 가지고 당해 법인의 브랜드만 취급하는 대리점사업자에게 제품을 반출하고, 대리점사업자가 당해 제조법인의 판매시점인식시스템을 통하여 소비자에게 실제 판매한 제품에 대하여만 대금청구권을 가지며 제조법인이 전적으로 반출한 제품과 반입할 제품의 품목과 수량을 결정하고, 대리점사업자는 주문에 대한 책임과 권한이 없는 거래에 있어서 대리점사업자가 제품을 최종 소비자에게 판매하는 시점이 「법인세법 시행령」 제68조 제1항 제1호의 "그 상품 등을 인도한 날"에 해당하여 판매손익 등의 귀속사업연도가 되는 것이며, 의류 제조법인이 대리점사업자에게 제품 등을 반출한 날이 "상품 등을 인도한 날"에 해당하는지의 여부는 판매계약 내용, 제품의 소유권, 대금지급조건 등을 종합적으로 고려하여 사실판단할 사항임"이라는 새로운 예규를 발표하였다(기획재정부법인-384, 2016. 5. 2.).

나. 국세청의 「법인세법 집행기준」 개정

기획재정부의 새로운 예규와 종전의 「법인세법 집행기준」 40-68-3이 상충되는 점이 있는 것을 고려하여 국세청은 「법인세법 집행기준」에 기획재정부의 예규를 반영하였다.

「법인세법 집행기준」 40-68-3 백화점사업자 등에 납품하는 경우의 손익 귀속시기	
종 전	2018년 개정(현재와 동일)
• 백화점사업자와 상품 등의 위탁판매계약을 체결하고 백화점사업자에게 판매를 위탁한 경우에는 수탁자인 백화점사업자가 해당 상품 등을 판매한 날이 속하는 사업연도를 손익의 귀속 사업연도로 한다.	• (좌 동)

「법인세법 집행기준」 40 - 68 - 3 백화점사업자 등에 납품하는 경우의 손익 귀속시기	
종 전	2018년 개정(현재와 동일)
• 법인이 백화점사업자에게 재고반품조건으로 상품 등을 납품하여 백화점 매장을 통하여 구매자에게 판매하고 일정률의 수수료를 차감한 금액을 백화점사업자로부터 지급받는 경우에는 해당 상품 등을 백화점에 인도하는 날이 속하는 사업연도를 손익의 귀속 사업연도로 한다.	• 의류 제조법인이 제품에 대한 소유권을 가지고 당해 법인의 브랜드만 취급하는 대리점사업자에게 제품을 반출하고 대리점사업자가 당해 제조법인의 판매시점인식시스템을 통하여 소비자에게 실제 판매한 제품에 대하여만 대금청구권을 가지며 제조법인이 전적으로 반출한 제품과 반입할 제품의 품목과 수량을 결정하고 대리점사업자는 주문에 대한 책임과 권한이 없는 거래에 있어서 대리점사업자가 제품을 최종소비자에게 판매하는 시점이 「법인세법 시행령」 제68조 제1항 제1호의 "그 상품 등을 인도한 날"에 해당하여 판매손익 등의 귀속사업연도가 되는 것이다.

다. 조세심판원의 결정(조심 2021전 6986, 2022. 7. 12.)

① 사건의 개요

A법인은 백화점, 대형마트 등(이하 "백화점등"이라 한다)과 특약매입거래계약을 체결하여, 백화점등이 매입한 상품 중 판매되지 아니한 상품을 A법인에게 반품할 수 있는 조건으로 외상 매출하고, 백화점등이 소비자에게 상품을 판매한 다음 일정률이나 일정액의 판매수익을 공제한 상품판매대금을 A법인에게 지급하기로 약정하였다(이하 이러한 형태의 거래를 "특약매입거래"라 한다). A법인은 특약매입거래와 관련하여 회계상 매출은 백화점등이 소비자에게 판매하는 시점에 인식하였으나, 「법인세법」상 익금과 손금의 귀속시기는 A법인이 백화점등에 제품을 공급하는 때로 봄에 따라 백화점등에 공급한 제품 중 소비자에게 판매되지 않고 남아있는 제품이 회계상 매출 및 매출원가가 인식되어 있지 않은 것을 「법인세법」상 매출 및 매출원가로 인식하는 세무조정을 수행하였다. A법인은 2021. 1. 21. 관할세무서에 특약매입거래의 「법인세법」상 손익귀속시기는 백화점이 최종소비자에게 판매한 시점이므로 2015~2019사업연도 법인세를 환급해 달라는 취지의 경정청구를 하였으나, 관할세무서는 A법인의 경정청구를 거부하였다. A법인은 이에 불복하여 2021. 11. 10. 심판청구를 제기하였다.

② 청구법인과 처분청의 주장

청구법인 주장	처분청 주장
기획재정부 유권해석(기획재정부 법인세제과 - 384, 2016. 5. 2.)에 따라 특약매입거래의 「법인세법」 상 손익귀속시기가 변경되었으므로, 백화점 등이	기획재정부의 해석은 제조법인의 브랜드만 취급하는 '대리점'에 대한 공급으로서 제조법인이 '전적으로 반출한 제품과 반입할 제품의 품목과 수량을

청구법인 주장	처분청 주장
소비자에게 판매하는 시점을 기준으로 손익을 인식하는 것이 타당함.	결정하고 대리점은 주문에 대한 책임과 권한이 없는 거래'에 있어서만 제한적으로 적용되는 해석으로 판단됨.

③ 조세심판원의 결정

처분청은 기획재정부의 해석을 제조법인의 브랜드만 취급하는 '대리점'에 대한 공급으로서 제조법인이 '전적으로 반출한 제품과 반입할 제품의 품목과 수량을 결정하고 대리점은 주문에 대한 책임과 권한이 없는 거래'에 있어서만 제한적으로 적용되는 것으로 보아 청구법인이 쟁점해석의 적용 요건을 충족한 것으로 보기 어렵다는 의견이나, 쟁점해석은 「대규모유통업에서의 거래 공정화에 관한 법률」에 따른 특약매입거래에 대하여 입점(납품)업자의 「법인세법」상 손익의 귀속시기를 판단함에 있어, 종전에는 '입점업자가 제품을 백화점에 인도한 시점'으로 보던 것을 '입점업자가 제품을 최종소비자에게 판매하는 시점'으로 변경한 해석이고(그에 따라 「법인세법 집행기준」도 같은 내용으로 변경됨), 청구법인은 공정거래위원회에서 제공하는 특약매입 표준거래계약서를 참고하여 백화점등과 특약매입계약을 체결하였으므로 청구법인의 경우에도 쟁점해석이 적용되는 것이 타당할 것으로 보이는 점, 청구법인이 쟁점해석에 언급된 구체적 요건을 충족하였는지를 보더라도 청구법인은 백화점 등 내에 청구법인의 브랜드만 취급하는 매장을 두고, 백화점등이 소비자에게 실제 판매한 제품에 대하여만 대금청구권을 가지며, 백화점등에 청구법인의 직원을 파견하여 백화점등에 반입할 제품의 품목과 수량을 청구법인의 전산시스템(POS 시스템)을 통하여 결정하는 것으로 확인되므로 쟁점해석의 구체적 요건을 충족한 것으로 보이는 점 등에 비추어 청구법인이 쟁점해석의 적용 요건을 충족하지 않은 것으로 보아 청구법인의 경정청구를 거부한 이 건 처분은 잘못이 있는 것으로 판단된다.

(4) 상품 등을 판매하고 이미 발행된 상품권으로 결제받은 경우

1) K-IFRS와 일반기업회계기준

일반기업회계기준은 법인이 먼저 상품권을 판매한 후 그 후에 고객이 상품을 구입하고 상품권으로 결제하는 경우에는 하고 그 후 상품을 인도하고 발행한 후 상품과 매출수익은 물품 등을 제공 또는 판매하여 상품권을 회수한 때에 인식하며 상품권 판매시는 선수금(상품권선수금계정 등)으로 처리한다(일반기준 16장 실무 16 · 16 (1)). K-IFRS도 상품권에 대한 회계처리는 일반기업회계기준과 동일하다.

2) 「법인세법」

「법인세법」은 상품권을 판매하고 그 후 상품 등을 인도하고 상품권으로 결제한 경우에 손익귀속시기에 대한 규정을 두고 있지 않다. 국세청은 외식업을 영위하는 법인이 외식상품권을 발행(판매)하고 차후 고객이 외식 이용 후 그 대가를 상품권으로 결제하는 사례에 있어서 외식상품권을 판매하는 시점에는 재화의 판매 또는 용역의 제공으로 보지 아니하고, 외식이용대금을 상품권으로 결제하는 시점에 익금과 손금에 산입한다고 해석하고 있다(서면법인-4680, 2016. 12. 6.).

예규 및 판례 **상품권 관련 손익의 귀속시기**

❶ 외식상품권의 손익귀속시기

외식업을 영위하는 법인이 외식상품권을 발행(판매)하고 차후 고객이 외식 이용 후 그 대가를 상품권으로 결제하는 경우에 외식상품권을 판매하는 시점에는 재화의 판매 또는 용역의 제공으로 보지 아니하고, 외식이용대금을 상품권으로 결제하는 시점에 익금과 손금에 산입함(서면-2016-법인-4680, 2016. 12. 6.).

❷ 상품권 할인액의 손금산입시기

내국법인이 상품권을 할인판매하는 경우 그 할인액은 부채(상품권 선수금)의 차감계정이며 손금에 해당하지 아니함(법규과-771, 2013. 7. 3.).

1-2. 수출 손익

재고자산을 수출한 경우에는 수출물품을 계약상 인도하여야 할 장소에 보관한 날이 속하는 사업연도로 한다(법칙 §33(2)). "수출물품을 계약상 인도하여야 할 장소에 보관한 날"이란 계약상 별단의 명시가 없는 한 선적(또는 기적)을 완료한 때를 말한다.

다만, 선적완료일이 분명하지 아니한 경우로써 수출할 물품을 「관세법」 제155조 제1항 단서에 따라 보세구역이 아닌 다른 장소에 장치하고 통관절차를 완료하여 수출면장을 발급받은 경우에는 세법상의 인도장소에 보관되어 있는 것으로 보며(법기통 40-68…2), 선하증권상의 선적일과 실제선적일이 다른 경우에는 실제선적일을 기준으로 선적을 완료한 때로 한다(서면2팀-2797, 2004. 12. 30.).

예규 및 판례 **수출의 손익귀속시기**

❶ 공장인도조건(EXW)

내국법인이 미국 소재 법인으로부터 석유시추선에 장착하는 장비(이하 "해당물품")를 공장인도
조건(EXW)으로 수주받아 제작완료 후 구매자의 검수를 거쳐 이를 인도하고 물품인수증을 수령
한 경우, 해당물품의 판매로 인한 익금과 손금의 귀속사업연도는 해당물품을 계약상 인도하여
야 할 장소에 보관한 날이 속하는 사업연도로 하는 것임(법규법인 2012-1, 2012. 1. 11.).

❷ 도착지 물류창고에서 출고한 후 소유권이 이전되는 수출물품

법인이 수출물품을 도착지 물류창고에서 출고한 후에 소유권이 이전되는 경우에는 수출물품을
계약상 인도하여야 할 장소에 보관한 날에 손익을 인식하는 것임(서면2팀-925, 2007. 5. 15.).

■ **사례** » **공장인도조건(EX Works)으로 수출한 경우의 공급시기**

A법인은 외국법인 B에게 공장인도조건(EX Works)으로 수출하기로 계약하고 20×1. 12. 30.에 공
장에서 외국법인 B의 검사를 받고 합격 후 수출물품을 콘테이너에 실었다. 외국법인 B는 20×2. 1.
20.에 제품을 선박에 선적하였으며, 동 선박은 20×2. 2. 15.에 목적항에 도착하였다. 「법인세법」상
손익귀속시기는 언제인가?

■ **해답** ■

법인세법은 수출물품을 계약상 인도하여야 할 장소에 보관한 날을 수입시기로 한다. 따라서 공장
에서 인도한 20×1. 12. 30.이 「법인세법」상 수입시기이다.

■ **참고** ■

「부가가치세법」상 공급시기

부가가치세법은 수출에 대하여는 수출조건에 관계없이 수출재화의 선적일을 공급시기로 한다. 따
라서 「부가가치세법」상 공급시기는 외국법인이 선적일인 20×2. 1. 20.이다.

1-3. 재고자산의 시용판매

"시용판매"란 거래처에 상품 등을 시용품으로 인도하고 일정한 사용기간 중에 무상으로
사용하게 하여 그 결과에 따라 매매를 결정하는 판매형태를 말한다. 매매의 결정권이 거래
상대방에 있고 또 매매의 준비기간인 시용기간이 있다는 점이 통상의 판매형태와 다르다.
이와 같이 상품 등을 사용하게 하기 위하여 거래처에 인도한 경우이거나, 또한 시용기간
중에 있는 예탁품의 경우에는 그 시용품의 인도시기를 수익의 확정시기로 정할 수는 없고
거래상대방이 구입의 의사를 표시한 때에 비로소 수익에 계상하는 것이 합리적이며, 이 시
점이 권리의 확정시기라 할 것이다.
또 시용판매에는 일정기간이 경과되면 자동으로 판매가 확정되는 경우가 있다. 예컨대

거래상대방의 의사에 따라 상품 등이 적송되거나 배달되어 거래상대방이 일정기간 내에 반품 또는 거절의 의사표시를 하지 않는 한, 특약 등에 의하여 그 판매가 확정되는 경우에는 그 기간이 만료되는 날로 한다(법령 §68①(2)).

1-4. 재고자산 외의 자산의 양도손익

(1) 일반적인 경우

재고자산 외의 자산(부동산 포함)을 양도함으로써 생긴 익금 또는 손금의 귀속사업연도는 그 대금을 청산한 날이 속하는 사업연도이다. 다만, 대금을 청산하기 전에 소유권 등 이전등기(등록 포함)를 하거나 해당 자산을 인도하거나 상대방이 해당 자산을 사용수익하는 경우에는 소유권 등 이전등기일(등록일 포함)·인도일 또는 사용수익일 중 가장 빠른 날이 속하는 사업연도로 한다(법령 §68①(3)). 이 경우 "사용수익일"이란 당사자 간의 계약에 의하여 사용수익을 하기로 약정한 날을 말하나, 별도의 약정이 없는 경우에는 자산을 양도하는 법인의 사용승낙으로 인하여 매수인이 해당 자산을 실질적으로 사용할 수 있게 된 날을 말한다(법기통 40-68…4).

> **예규 및 판례** **부동산 관련 사례**
>
> ❶ **부동산 양도시 잔금을 어음으로 받은 경우 대금청산일**
> 내국법인이 부동산 양도에 따른 손익 귀속시기를 적용함에 있어 부동산 양도대금의 잔금을 어음으로 받은 경우 "대금을 청산한 날"은 당해 어음의 결제일을 말하는 것임(서면2팀-2270, 2007. 12. 31.).
>
> ❷ **토지거래계약 허가구역 내 토지거래허가를 받지 못한 경우의 양도시기**
> 토지가 토지거래허가구역 내에 위치하고 있다고 하더라도 해당 토지를 양도하고 매도대금을 지급받아 이를 지배·관리·향수하고 있다면, 이와 같은 소득은 과세소득으로서 해당 토지에 관한 매매계약의 유·무효와 관련이 없으며, 해당 토지의 양도로 인한 익금의 귀속 사업연도는 대금을 청산한 날이 속하는 사업연도임(서울고법 2012누 6393, 2013. 1. 18., 대법원 2013두 6640, 2013. 7. 11.). 그러나 대금 청산 후 토지거래계약에 관한 허가를 받지 아니한 경우에는 해당 토지에 대하여 대금을 청산한 경우라도 해당 토지 거래계약은 효력이 발생하지 아니하기 때문에 자산의 양도 또는 취득으로 보지 아니하므로 잔금청산일이 속하는 사업연도 법인세 신고 분을 수정신고 또는 경정청구하여야 함(서울행법 2011구합 28691, 2012. 2. 3., 서면2팀-1457, 2006. 7. 31.).

(2) 프로젝트금융회사의 토지양도대금 귀속시기 특례

조세특례제한법에 따른 프로젝트금융투자회사가 다음 중 어느 하나에 해당하는 사업을 하는 경우로서 해당 사업을 완료하기 전에 그 사업의 대상이 되는 토지의 일부를 양도하는 경우에는 (1)에도 불구하고 그 양도 대금을 해당 사업의 작업진행률에 따라 각 사업연도의 익금에 산입할 수 있다(법령 §68⑦). 24 신설 ('24. 2. 29. 이후 토지를 양도하는 경우부터 적용함)

① 「도시개발법」에 따른 도시개발사업
② 「산업입지 및 개발에 관한 법률」에 따른 산업단지개발사업
③ 「택지개발촉진법」에 따른 택지개발사업
④ 「혁신도시 조성 및 발전에 관한 특별법」에 따른 혁신도시개발사업

1-5. 위탁판매

"위탁판매"란 타인에게 위탁하여 상품 등을 판매하고 수탁자에게 수수료를 지급하는 판매형태로서, 일체의 위험은 위탁자가 부담하고 수탁자는 미리 약정된 수수료를 받는다는 점에서 통상적 판매형태와 구별된다. 따라서 수탁자는 수탁품판매에 필요한 비용을 미리 부담하고 수탁품을 판매할 때, 매출계산서를 작성하여 매출액에서 자기가 대신 부담한 비용과 수수료를 공제한 잔액만을 위탁자에게 송금하게 된다. 기업회계에서나 법인세법에서는 수탁자가 그 상품을 판매하였을 때 수익과 익금을 확정짓는다.

예규 및 판례   **위탁판매**

❶ 위탁가공무역수출

내국법인이 원재료를 무환반출하는 위탁 가공무역수출의 경우에 원재료비 및 가공비 지급액의 손금귀속사업연도는 일반적으로 공정 · 타당하다고 인정되는 기업회계에 따라 그 손금이 확정된 날이 속하는 사업연도로 한다(서면2팀-348, 2006. 2. 15.).

❷ 판매대행 수수료

법인이 항공권 판매대행계약을 체결하고 항공권 판매용역을 제공함으로써 계약에 의한 일정률에 따라 해당 수수료를 수수하기로 하는 경우의 손익의 귀속사업연도는 그 용역의 제공이 완료되어 동 수수료를 수령할 권리가 확정되는 항공권을 판매한 날이 속하는 사업연도로 한다(서이46012-11496, 2003. 8. 18.).

▌ 사례 》

갑법인은 상품의 일부를 위탁판매하고 있다. 제21기 사업연도(1. 1.~12. 31.) 말 현재 적송품계정 중 18,000,000원은 수탁자인 을법인이 제21기 12. 26.에 21,000,000원에 판매한 상품의 원가로서, 그 매출계산서가 제22기 1. 12.에 갑법인에 도착하여 동일자에 아래와 같이 회계처리를 한 경우, 제21기와 제22기 사업연도의 세무조정을 하시오.

(차) ⎰외 상 매 출 금   20,880,000   (대) ⎰적 송 품 매 출   21,000,000
    ⎱판 매 수 수 료   120,000   ⎱적   송   품   18,000,000
    ⎱매 출 원 가   18,000,000

▌ 해답 ▌

(1) 제21기 사업연도의 세무조정

익금산입 및 손금불산입			손금산입 및 익금불산입		
과 목	금 액	처 분	과 목	금 액	처 분
매 출	21,000,000	유 보	매출원가	18,000,000	유 보
			판매수수료	120,000	유 보

수탁자가 적송품을 제21기에 매출하였으나 결산상 회계처리를 누락하였으므로 제21기 사업연도에 매출 21,000,000원을 익금에 산입하고, 그 매출원가 18,000,000원과 위탁판매수수료 120,000원을 손금에 산입한다.

(2) 제22기 사업연도의 세무조정

익금산입 및 손금불산입			손금산입 및 익금불산입		
과 목	금 액	처 분	과 목	금 액	처 분
전기매출원가	18,000,000	유 보	전 기 매 출	21,000,000	유 보
전기판매수수료	120,000	유 보			

제22기의 적송품매출은 제21기 사업연도의 매출이므로 적송품 매출과 관련된 유보를 추인한다.

1-6. 증권시장에서 보통거래방식으로 한 유가증권의 매매

(1) K-IFRS와 일반기업회계기준

정형화된 유가증권의 매매에 대한 손익귀속시기는 다음과 같다.

K-IFRS 제1109호 문단 3.1.2	일반기업회계기준 제6장 문단 6.4의2
금융자산의 정형화된 매입이나 매도는 매매일 또는 결제일에 인식하거나 제거함.	매매일에 해당 거래를 인식함.

유가증권의 정형화된 매입 또는 매도란, 관련 시장의 규정이나 관행에 의하여 일반적으로 설정된 기간 내에 당해 금융상품을 인도하는 계약조건에 따라 금융자산을 매입하거나

매도하는 것을 말한다.

(2) 법인세법

종전에 「법인세법」은 증권시장에서 보통거래방식으로 양도하는 유가증권의 손익귀속시기에 대한 규정을 두지 않았으나, 기획재정부는 증권회사가 보유하고 있는 상품유가증권을 유가증권시장에서 증권거래소업무규정에 따라 보통거래방식에 의하여 매매를 하는 경우 그 매매손익의 귀속시기는 매매계약체결일이 속하는 사업연도라고 해석하였다(재법인 46012 - 71, 2001. 3. 28.).

2011년부터 도입된 K - IFRS에서는 매매일과 결제일 중 선택하여 회계처리하도록 함에 따라 세무상 혼란을 방지하기 위하여 2012. 2. 2. "「자본시장과 금융투자에 관한 법률」 제9조 제13항에 따라 증권시장에서 같은법 제393조 제1항에 따른 증권시장업무규정에 따라 보통 거래방식으로 한 유가증권의 매매로 인한 익금과 손금의 귀속사업연도는 매매계약을 체결한 날이 속하는 사업연도로 한다(법령 §68①(5))"는 규정을 신설하였다.

1-7. 매출환입, 매출할인, 매출에누리

구 분	귀속시기
매출환입	판매한 상품 등이 반품된 경우에는 그 반품일이 속하는 사업연도에 매출의 취소로 보아 매출액에서 차감함(법인 -1434, 2009. 12. 28.).
매출할인	상대방과의 약정에 의한 지급기일(지급기일이 정하여 있지 아니한 경우에는 지급한 날)이 속하는 사업연도 매출액에서 차감함(법령 §68⑤).
매출에누리	매출에누리 금액이 확정된 날이 속하는 사업연도의 매출액에서 차감함(법인 46012 - 3117, 1997. 12. 3.).

■ 사례 » 반품가능판매

제조업을 영위하는 ㈜명성(영리내국법인)의 제24기 사업연도(1. 1.~12. 31.) 법인세 관련 자료이다.

1. ㈜명성은 판매 후 3개월 이내에 반품가능한 조건으로 제품을 판매하고 있으며 인도기준으로 회계처리하고 있다. 매출원가율은 70%를 유지하고 있으며, 전기말 반품추정액의 회계처리에 대한 세무조정은 다음과 같다.

구 분	익금산입 · 손금불산입	손금산입 · 익금불산입
매 출	60,000,000원	-
매출원가	-	18,000,000원*

* 반품자산 예상가치는 60,000,000원×30%임.

2. 제24기 반품내역은 다음과 같다.

① 전기 매출 중 당기 반품액 : 36,000,000원

② 당기 매출 중 당기 반품액 : 240,000,000원

3. 제24기말 현재 당기 매출 중 반품추정액은 70,000,000원이며, 반품자산의 예상가치는 매출액의 30%이다.

4. ㈜명성의 제24기 반품관련 회계처리는 다음과 같다.

① 전기말 반품추정액의 반품기간 종료

가. 환불부채 회계처리

| (차) 환 불 부 채 | 60,000,000 | (대) 매 출 채 권 | 36,000,000 |
| | | 매   출 | 24,000,000 |

나. 반환제품회수권 회계처리

| (차) 제   품 | 10,800,000 | (대) 반환제품회수권 | 18,000,000 |
| 매 출 원 가 | 7,200,000 | | |

② 당기 매출 중 당기 반품액

가. 반품의 매출 및 매출원가 회계처리

| (차) 매   출 | 240,000,000 | (대) 매 출 채 권 | 240,000,000 |
| 제   품 | 168,000,000 | 매 출 원 가 | 168,000,000 |

나. 반품된 제품의 평가손실 회계처리

| (차) 제 품 평 가 손 실 | 96,000,000 | (대) 제   품 | 96,000,000 |

③ 당기말 반품추정액 회계처리

| (차) 매   출 | 70,000,000 | (대) 환 불 부 채 | 70,000,000 |
| 반환제품회수권 | 21,000,000 | 매 출 원 가 | 21,000,000 |

5. ㈜명성은 재고자산의 평가방법을 원가법으로 적법하게 신고하였다.

〈요구사항〉

㈜명성의 반품조건부 판매 관련하여 제24기 사업연도에 대한 세무조정 및 소득처분을 하시오.

▌해설▌

반품관련 회계처리와 세무조정

1. K-IFRS와 법인세법 규정 비교

(1) K-IFRS

반품권이 있는 판매를 한 경우 K-IFRS 제1115호에서는 반품이 예상되는 제품에 대하여 수익을 인식하지 않고 환불부채를 인식하고, 반품이 예상되는 제품에 대한 기업의 권리를 반환재고회수권으로 자산으로 인식한다(문단 B23). 환불부채를 결제할 때 고객에게서 제품을 회수할 기업의 권리에 대해 인식하는 자산은 처음 측정할 때 제품의 이전 장부금액에서 그 제품 회수에 예상되는 원가를 차감한 금액으로 한다. 이 경우 원가에는 반품된 제품이

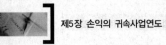

기업에 주는 가치의 잠재적인 감소분을 포함한다(문단 B25).

(2) 법인세법

법인세법에서는 반품이 예상되는 경우에도 수익을 인식하고, 실제 반품되었을 때 매출액에서 차감하고, 반품된 재고의 원가를 자산으로 인식한다. 재고자산평가방법으로 원가법을 사용하는 경우 파손·부채 등의 사유가 없으면 반품된 재고의 가치의 잠재적인 감소분은 손금으로 인정하지 아니한다.

2. 세무조정

(단위 : 백만원)

구 분	결산상 회계처리	세법상 회계처리	세무조정	
			익금산입	손금산입
제23기말 반품예상액	(차) 매 출 60 (대) 환불부채 60	-	환불부채 60(유보)	
	(차) 반품제품회수권 18 (대) 매출원가 18	-		반품제품회수권 18(유보)
제24기 전기판매분 반품기간종료	(차) 환불부채 60 (대) 매출채권 36 매 출 24	(차) 매 출 36 (대) 매출채권 36		환불부채 60(유보)
	(차) 제 품 10.8 매출원가 7.2 (대) 반환제품회수권 18	(차) 제 품 25.2 (대) 매출원가 25.2	제품 14.4(유보) 반환제품회수권 18(유보)	
제24기 당기매출 중 반품액	(차) 매 출 240 (대) 매출채권 240	(차) 매 출 240 (대) 매출채권 240	-	-
	(차) 제 품 168 (대) 매출원가 168	(차) 제 품 168 (대) 매출원가 168	-	-
제24기 반품된 제품의 평가손실	(차) 제품평가손실 96 (대) 제 품 96	-	제품 96(유보)	
제24기말 반품예상액	(차) 매 출 70 (대) 환불부채 70	-	환불부채 70(유보)	
	(차) 반품제품회수권 21 (대) 매출원가 21	-		반품제품회수권 21(유보)

1-8. 장기할부판매손익

(1) 개 요

장기할부조건부 판매(양도)란, 자산을 인도한 후 그 대금을 장기간에 걸쳐 분할하여 회수하는 판매방식을 말한다. 할부판매계약이 체결되면 판매자는 즉시 목적물을 인도하지만, 할부대금을 완불할 때 소유권을 이전하는 것이 일반적이다.

장기할부판매의 경우에는 대금회수기간이 장기간이므로 대금회수와 관련하여 발생하는 지급이자 및 대금회수비용이 많이 소요되고 할부채권의 대손 발생가능성이 높다. 기업회계는 장기할부판매손익을 인도시점에서 수익이 실현된 것으로 보아 받기로 한 대가를 현재가치로 평가하여 수익으로 인식하고 현재가치할인차금은 대금회수기간 동안 이자수익으로 인식한다. 다만, 현재가치 평가가 어려운 점을 고려하여 K-IFRS를 적용하지 않는 중소기업은 명목가치인도기준 또는 회수기일도래기준으로 회계처리할 수 있도록 하고 있다(일반기준 문단 31.7, 31.9).

법인세법은 장기할부판매(양도)손익을 일시에 과세할 경우 납세자금마련에 어려움이 생기는 점을 고려하여 명목가치 인도기준, 현재가치 인도기준, 회수기일 도래기준 중 선택하여 회계처리할 수 있도록 배려하고 있다.

(2) 장기할부조건의 범위

「법인세법」상 "장기할부조건"이란 자산의 판매 또는 양도(국외거래에 있어서는 소유권이전 조건부 약정에 의한 자산의 임대를 포함한다)로서 판매금액 또는 수입금액을 월부·연부 기타의 지불방법에 따라 2회 이상으로 분할하여 수입하는 것 중 해당 목적물의 인도일의 다음날부터 최종의 할부금의 지급기일까지의 기간이 1년 이상인 것을 말한다(법령 §68④).

(3) 장기할부조건에 의한 자산의 판매(양도)손익의 귀속시기

「법인세법」에서는 장기할부판매(양도)손익을 명목가치인도기준으로 인식하는 것을 원칙으로 한다. 그러나 결산상 현재가치 인도기준으로 회계처리한 기업의 세무조정의 부담을 덜어 주기 위하여 기업회계기준에 따라 현재가치인도기준으로 회계처리한 경우에는 이를 수용하여 세무조정을 하지 않도록 하고 있다.

또한 장기할부거래에 대하여 인도기준을 적용하여 인도한 사업연도에 매출손익을 과세하면 할부판매대금의 일부만 받았으므로 세금 납부에 어려움이 있다. 이에 따라 인도한 사업연도에 회수기일도래기준으로 회계처리한 경우에는 이를 수용하여 세무조정을 하지 않도록 배려하고 있다.

구 분	내 용	적용방법
명목가치 인도기준	자산을 인도한 사업연도에 장기할부채권을 명목가치로 평가한 금액을 익금에, 그 자산의 장부가액을 손금에 산입하는 방법	원칙적인 방법
현재가치 인도기준	자산을 인도한 사업연도에 장기할부판매에서 발생한 채권을 기업회계기준에 의한 현재가치로 평가하여 현재가치 상당액을 익금에, 자산의 장부가액을 손금에 산입하고, 현재가치할인차금은 채권의 회수기간 동안 유효이자율법에 따라 익금에 산입하는 방법	인도한 사업연도에 결산상 회계처리한 경우에는 이를 수용함.
회수기일 도래기준	자산을 인도한 사업연도에 장기할부조건에 따라 해당 사업연도에 회수하였거나 회수할 금액을 익금에, 그에 대응하는 비용을 손금에 산입하는 방법	

주의 회수기일도래기준의 적용방법

① 인도 전에 받은 할부금 : 인도일 귀속
② 인도일부터 폐업일까지 받기로 한 할부금 : 회수약정일 귀속[1]
  ※ 약정한 금액보다 더 받은 할부금은 선수금임
③ 폐업일 이후에 회수약정일 도래분 : 폐업일 귀속
例 회수기일도래기준 적용사례 : 판매액 400(계약금 100은 인도 전 수령, 인도 후 매년 말에 100씩 3회 회수), 3회분 회수 전 폐업, 원가 200

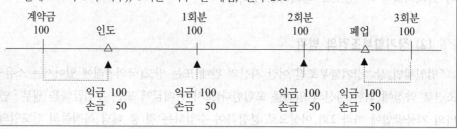

(4) 중소기업의 회수기일도래기준에 따른 세무조정 허용

앞에서 설명한 것과 같이, 「법인세법」은 법인이 장기할부거래에 대하여 명목가치인도기준, 현재가치인도기준, 회수기일도래기준 중 한 가지 방법을 선택하여 회계처리하면 이를 수용하고 있다. 이 세 가지 방법 중에서는 회수기일도래기준이 다른 방법보다 세금을 가장 늦게 납부하게 하므로 절세관점에서 가장 좋다.

그런데 2011년에 도입된 K-IFRS에서는 장기할부매출에 대하여 현재가치인도기준으로 손익을 인식하므로 K-IFRS를 적용하는 중소기업은 장기할부매출을 결산상 회수기일도래기준으로 회계처리할 수 없게 되었다.

---

1) 현재가치할인차금 중 해당 사업연도에 기업회계기준에 따라 유효이자율법에 의한 이자비용을 확정결산에 의하여 비용으로 계상하지 아니한 경우에는 신고조정에 의하여 손금에 산입할 수 있다(서면2팀-719, 2004. 4. 7.). 그러나 장기할부조건으로 토지를 취득하면서 지급한 할부이자를 현재가치할인차금으로 계상하여 상각하지 아니하고 지급이자로 계상한 경우 현재가치할인차금으로 손금산입할 수 없다(국심 2006서 2734, 2007. 4. 4.).

이에 따라 중소기업은 적용하는 회계기준에 따라 조세부담이 달라지게 되어 2011년부터 중소기업은 장기할부매출에 대하여 결산상 회계처리에 관계없이 회수기일도래기준으로 신고조정할 수 있도록 하였다(법령 §68②).

● 장기할부판매(양도)손익의 귀속시기 ●

구 분	귀속시기
원 칙	명목가치인도기준
결 산 특 례	결산상 현재가치인도기준 또는 회수기일도래기준으로 회계처리한 경우 수용
중소기업특례	중소기업은 결산상 회계처리에 관계없이 회수기일도래기준으로 신고조정할 수 있음.

(5) 회계처리의 오류가 발생한 경우의 세무조정

장기할부판매에 대하여 앞의 세 가지 방법 중 한 가지를 선택하여 회계처리하였으나, 회계처리에 오류가 발생한 경우의 세무조정이 문제가 된다. 예를 들면, 현재가치평가의 오류가 발생하거나 회수기일도래금액의 계산에 오류가 발생한 경우가 이에 해당한다. 이러한 회계처리의 오류가 발생한 경우의 세무조정은 장기할부판매만의 문제는 아니며, 회계처리를 선택하여 인식할 수 있는 경우의 공통적인 문제이다.

장기할부판매손익의 인식기준을 세 가지를 정한 것은 납세자마다 각각 형편이 다르므로 자신의 사정에 따라 한 방법을 선택하여 회계처리하면 이를 최대한 존중하기 위한 것이다. 이러한 입법취지를 고려하면, 한 방법을 선택하여 회계처리하였으나 오류가 발생한 경우 납세자의 의도를 최대한 인정하여, 오류만 조정하는 것이 바람직할 것이다. 이와 같이 하는 것이 납세자의 사정에 따라 회계처리를 선택하도록 한 본 규정의 입법목적에 부합되며, 예측하지 못한 오류 발생시 의도하지 않은 손익인식기준이 적용됨에 따른 부당한 재산권의 침해도 방지할 수 있기 때문이다. 국세청과 기획재정부도 이와 같이 해석하고 있음에 유의해야 할 것이다(법인 46012 - 230, 1999. 1. 19., 재법인 46012 - 64, 1999. 5. 4.).

(6) 장기할부조건의 실무상 손익귀속 사례

▎사례 »

갑법인이 장기할부조건으로 제품을 판매하여 K - IFRS에 따라 다음과 같이 회계처리하였다.
① 공급가액 : 90,000,000원
② 매출원가 : 69,000,000원
③ 매년 말 30,000,000원씩 3년간 대금을 분할하여 지급받기로 계약함.
④ 유효이자율 : 10%

구 분	20×1. 1. 1.	20×1. 12. 31.	20×2. 12. 31.	20×3. 12. 31.
현금 회수액		30,000,000	30,000,000	30,000,000
현재가치할인차금상각액		7,460,700	5,206,500	2,727,300
매출채권 장부가액	74,605,500	52,065,000	27,273,000	–

K-IFRS에 따른 회사의 회계처리

20×1. 1. 1.   인도일

       (차) 매출채권   90,000,000   (대) 매   출   74,605,500

                                              현재가치할인차금   15,394,500

       (차) 매출원가   69,000,000   (대) 재고자산   69,000,000

20×1. 12. 31.

       (차) 현금및현금성자산   30,000,000   (대) 매출채권   30,000,000

       (차) 현재가치할인차금   7,460,700   (대) 이자수익   7,460,700

20×2. 12. 31.

       (차) 현금및현금성자산   30,000,000   (대) 매출채권   30,000,000

       (차) 현재가치할인차금   5,206,500   (대) 이자수익   5,206,500

20×3. 12. 31.

       (차) 현금및현금성자산   30,000,000   (대) 매출채권   30,000,000

       (차) 현재가치할인차금   2,727,300   (대) 이자수익   2,727,300

▌물음▐

갑법인이 중소기업이 아닌 경우와 중소기업인 경우로 구분하여 각각 세무조정을 하시오. 갑법인은 20×1년에 이익이 많이 나서 세법이 허용하면 과세이연을 하려고 한다.

〈세무조정〉

1. 중소기업이 아닌 경우

    현재가치인도기준을 그대로 수용하므로 세무조정할 수 없다.

2. 중소기업인 경우

    20×1년의 소득을 과세이연하려면 회수기일도래기준에 따라 세무조정을 하여야 한다.

(1) 각 사업연도별 손익비교

과 목	20×1년		20×2년		20×3년	
	결산서	세법	결산서	세법	결산서	세법
매출	74,605,500	30,000,000	–	30,000,000	–	30,000,000
매출원가	69,000,000	23,000,000	–	23,000,000	–	23,000,000
이자수익	7,460,700	–	5,206,500	–	2,727,300	–

(2) 세무조정
(20×1년)

익금산입 및 손금불산입			손금산입 및 익금불산입		
과 목	금 액	처 분	과 목	금 액	처 분
매출원가	46,000,000	유 보	매 출	44,605,500	유 보
			이자수익	7,460,700	유 보

(20×2년)

익금산입 및 손금불산입			손금산입 및 익금불산입		
과 목	금 액	처 분	과 목	금 액	처 분
매 출	30,000,000	유 보	매출원가	23,000,000	유 보
			이자수익	5,206,500	유 보

(20×3년)

익금산입 및 손금불산입			손금산입 및 익금불산입		
과 목	금 액	처 분	과 목	금 액	처 분
매 출	30,000,000	유 보	매출원가	23,000,000	유 보
			이자수익	2,723,300	유 보

2. 용역제공 등에 의한 손익의 귀속사업연도

(1) 원 칙

건설·제조 기타 용역(도급공사 및 예약매출을 포함하며, 이하 "건설 등"이라 한다)의 제공으로 인한 익금과 손금은 장·단기에 관계없이 그 목적물의 인도일(용역제공의 경우에는 그 제공을 완료한 날을 말하며, 이하 이 규정에서는 같다)이 속하는 사업연도까지 그 목적물의 건설등을 완료한 정도(이하 "작업진행률"이라 한다)를 기준으로 하여 계산한 수익과 비용을 각각 해당 사업연도의 익금과 손금에 산입한다.

다만, 법인이 비치·기장한 장부가 없거나 비치·기장한 장부의 내용이 충분하지 아니하여 당해 사업연도 종료일까지 실제로 소요된 총공사비 누적액 또는 작업시간 등을 확인할 수 없는 경우에는 그 목적물의 인도일이 속하는 사업연도에 익금과 손금에 산입한다(법령 §69).

법인이 상가 등을 신축 분양함에 있어 그 목적물의 완공일 이전에 분양계약이 이루어진 부분은 '예약매출'로 보아 손익을 인식하며, 그 목적물이 완공된 이후에 분양계약이 이루어진 부분은 '상품 등 외의 자산의 양도'로 보아 손익을 인식한다(법집 40-69-6 ②).

(2) 중소기업의 단기용역매출 특례

종전에 「법인세법」은 단기용역매출(예약매출 포함)에 대하여 결산상 완성기준(예약매출은 인도기준)으로 회계처리하면 이를 수용하여 세무조정을 하지 않았다. 단기용역매출에 대한 완성기준을 수용한 것은 단기용역은 용역제공기간이 짧아 진행기준으로 손익을 인식할 실익이 적기 때문이었다.

2011년부터 회계기준이 K-IFRS와 일반기업회계기준으로 이원화되었다. 중소기업이 제공하는 단기용역에 대하여 K-IFRS을 적용하는 경우에는 진행기준을 적용해야 하나, 일반기업회계기준을 적용하는 경우에는 제31장 중소기업 회계처리 특례에 따라 완성기준을 적용할 수 있다.

이에 따라 K-IFRS를 적용하는 중소기업은 결산상 완성기준을 사용할 수 없어서 일반기업회계기준을 적용하는 중소기업보다 조세부담이 증가하게 되었다. 적용하는 회계기준에 따라 조세부담이 달라지는 것은 과세형평상 맞지 않으므로 「법인세법 시행령」을 개정하여 2011년부터 중소기업의 단기용역매출에 대해서는 결산상 회계처리에 관계없이 완성기준(예약매출은 인도기준)으로 신고조정할 수 있도록 하였다(법령 §69①).

(3) 예약매출 특례

1) 아파트 분양 등의 예약매출에 대한 K-IFRS

K-IFRS에서는 아파트분양 등의 예약매출은 기업이 수행하여 만든 자산이 기업 자체에는 대체 용도가 없고, 지금까지 수행을 완료한 부분에 대해 집행 가능한 지급청구권이 기업에 있어야 진행기준을 적용할 수 있다(문단 35). 아파트 분양에 대한 K-IFRS의 진행기준 요건을 구체적으로 설명하면 다음과 같다.

① 기업자체에는 대체용도가 없을 것 : 자산이 그 기업 자체에 대체 용도가 있는지를 판단할 때, 그 자산을 다른 용도(예 다른 고객에게 판매)로 쉽게 전환할 수 있는 능력에 계약상 제약이나 실무상 제한이 주는 영향을 고려한다. 기업이 그 자산을 다른 용도로 쉽게 전환할 수 있는지를 판단할 때, 고객과의 계약이 종료될 가능성을 고려하는 것은 적절하지 않다. 고객과 아파트에 대한 분양계약을 체결한 경우 기업은 그 아파트를 다른 고객에게 판매할 수 없으므로 아파트의 예약매출은 대체용도가 없는 것에 해당한다.

② 지금까지 수행을 완료한 부분에 대해 집행 가능한 지급청구권이 기업에 있을 것 : 지금까지 수행을 완료한 부분에 대해 집행 가능한 지급청구권이 기업에 있는지를 판단할 때에는 계약에 적용되는 법률뿐만 아니라 계약 조건도 고려한다. 기업이 약속대로 수행하지 못했기 때문이 아니라 그 밖의 사유로 고객이나 다른 당사자가 계약을 종료한다면 적어도 지금까지 수행을 완료한 부분에 대한 보상 금액을 받을 권리가 계약기간에는 언제든지 있어야 한다. 기업이 약속한 대로 수행하지 못했기 때문이 아니라 그

밖의 사유로 고객이나 다른 당사자가 계약을 종료하는 경우에는 적어도 지금까지 수행을 완료한 부분에 대해 보상하는 금액을 받을 권리가 있다면, 기업에는 지금까지 수행을 완료한 부분에 대한 지급청구권이 있는 것이다. 지금까지 수행을 완료한 부분에 대해 기업에 보상하는 금액은 계약이 종료된다고 가정할 때, 기업이 잠재적으로 상실하는 이익만을 보상하는 것이 아니라 지금까지 이전된 재화나 용역의 판매가격에 가까운 금액(예 수행의무의 이행에 든 원가의 회수금액에 적정한 이윤을 더한 금액)이 될 것이다. 적정한 이윤에 대한 보상은 계약에서 약속한 대로 이행한 것을 가정한 예상 이윤과 동일할 필요는 없으나, 다음 금액 중 어느 하나에 대해 보상 받을 권리는 있어야 한다.

㉮ 계약상 예상 이윤 중 고객(또는 다른 당사자)이 계약을 종료하기 전에 기업이 계약을 수행한 정도를 합리적으로 반영하는 부분

㉯ 계약 특유의 이윤이 비슷한 계약에서 일반적으로 생기는 기업의 이익보다 더 높은 경우에, 비슷한 계약에서 기업의 자본원가에 대한 적정한 보상(또는 비슷한 계약에서 기업의 일반적인 영업 이윤)

아파트 분양계약에 지급청구권이 있는지는 개별 계약에 따라 판단해야 할 것이다. 아파트분양의 경우 우리나라에서는 주택법 등의 관계 법령과 아파트 표준공급계약서에 따라 고객과 분양계약을 체결할 것이다. 이 경우 지급청구권이 있는지에 대해서는 한국회계기준원의 다음의 질의회신을 참고해야 한다.

□ [2017-I-KQA015] K-IFRS 제1115호 도입시 자체 분양공사의 수익인식 방법 질의

【배경 및 질의】

1. 회사는 주택법 등의 관계 법령과 아파트 표준공급계약서에 따라 고객과 분양계약을 체결하고 자체 분양공사를 통해 아파트를 건설하고 있다.

2. 아파트 표준공급계약서에 따르면, 고객은 1차 중도금 납부기일(또는 실제로 납부한 날)전까지는 회사의 동의 없이 분양계약을 해제할 수 있으나, 1차 중도금 납부기일(또는 실제로 납부한 날) 이후에는 회사의 동의 없이 분양계약을 해제할 수 없다.

3. 고객이 1차 중도금 납부기일(또는 실제로 납부한 날) 전에 분양계약을 해제하면 고객이 납부한 계약금 중 분양대금 총액의 10% 상당액은 위약금으로 회사에 귀속된다.

4. 이 질의에서는 다음 사항을 전제로 한다.

> ① 기업회계기준서 제1115호 문단 35(진행기준 인식조건)의 3가지 조건 중 문단 35(1)과 35(2)를 충족하지 않음
>
> ② 문단 35(3)의 두 가지 세부조건(① 기업 자체에는 대체 용도 없음, ② 지금까지 수행을 완료한 부분에 대한 집행 가능한 지급청구권 존재) 중 '① 기업 자체에는 대체 용도 없음' 조건을 충족함

5. (질의 1) 회사는 고객에 대하여 수행을 완료한 부분에 대해 집행 가능한 지급청구권을 보유하

고 있다고 볼 수 있는가?

6. (질의 2) 만약 질의 1의 검토 결과 일부 기간[계약개시일~1차 중도금 납부기일(또는 실제로 납부한 날)]에는 수행을 완료한 부분에 대해 집행 가능한 지급청구권이 없다고 할 경우 그 기간도 기업회계기준서 제1115호 문단 9를 충족한 계약으로 볼 수 있는가?

【회신】

7. 질의 1의 경우, 고객이 계약을 종료할 수 있는 기간 중에는 고객이 계약을 종료하는 경우에 기업이 받을 권리가 있는 위약금으로 적어도 기업이 그 시점까지 수행을 완료한 부분에 대하여 보상할 수 있고, 고객이 계약을 종료할 수 없는 기간 중에는 고객이 계약의 해제를 요청하더라도 계약상 약속한 재화나 용역을 고객에게 계속 이전할 수 있는 권리가 기업에 있고 고객에게 그 대가의 지급을 요구할 수 있다면, 기업회계기준서 제1115호 문단 35(3)에 따라 지금까지 수행을 완료한 부분에 대한 지급청구권이 기업에 있다.

8. 또한 같은 기준서 제1115호 문단 B12에 따라 해당 지급청구권의 존재와 그 권리의 집행 가능성을 판단하기 위해서는 계약 조건을 보충하거나 무효화할 수 있는 법률이나 판례도 참고하여야 한다.

9. 질의 2의 경우, 집행 가능한 지급청구권의 존재 여부와는 별도로 기업회계기준서 제1115호 문단 9의 충족 여부를 판단하여 해당 기준서의 적용 시점을 결정하여야 한다.

【판단근거】

10. 기업회계기준서 제1115호 문단 32에 따라 수행의무를 한 시점에 이행하는지, 기간에 걸쳐 이행하는지는 계약 개시시점에 판단하여야 하므로 해당 기준서의 문단 37과 B9는 고객에게 계약을 종료할 권리가 있는 경우에 적용하며, 고객에게 계약을 종료할 수 있는 권리가 없는 경우에는 기업회계기준서 제1115호 문단 B11을 적용한다.

11. 한편, 기업회계기준서 제1115호 문단 9(5) 조건의 충족 시점은 고객에게 이전할 재화나 용역에 대하여 받을 권리를 갖게 될 대가의 회수 가능성을 판단하여 결정하나, 해당 기준서 문단 35(3)의 집행 가능한 지급청구권의 존재 여부는 계약을 종료할 권리를 누가 언제 가지는지를 고려하여 판단하므로 문단 35(3)의 집행가능한 지급청구권의 존재 여부가 문단 9(5) 조건 충족 여부를 결정하는 것은 아니다.

2) 예약매출에 대한 법인세법과 K-IFRS의 손익인식방법의 차이 해소를 위한 규정

아파트분양 등의 예약매출에 대하여 법인세법은 진행기준을 적용하나 K-IFRS는 집행 가능한 지급청구권이 있으면 진행기준을 적용할 수 있으나, 집행 가능한 지급청구권이 없으면 인도기준에 따라 손익을 인식해야 한다. (분양계약이 체결된 아파트는 다른 사람에게 판매할 수 없으므로 기업 자체에는 대체 용도 없을 것이므로 이는 고려대상에서 제외하였음) 만일, 예약매출에 대하여 K-IFRS에 따라 인도기준으로 회계처리하는 경우에 세법이 진행기준을 적용하면 인도기준과 진행기준의 차이에 대하여 세무조정을 해야 한다. 그러나 그 세무조정이 복잡해서 기업에 상당한 업무부담이 되므로 2012. 2. 2. 「법인세법 시행령」을 개정하여 기업회계기준에 따라 그 목적물의 인도일이 속하는 사업연도의 수익과 비용으로 계상한 경우에는 세무상으로도 인도일이 속하는 사업연도의 익금과 손금에 산입할 수 있는 특례규정을 도입하였다.

3) 예약매출 특례

기업회계기준에 따라 그 목적물의 인도일이 속하는 사업연도의 수익과 비용으로 계상한 경우에는 그 목적물의 인도일이 속하는 사업연도의 손익에 산입할 수 있다(법령 §69①(2)).

○ 용역매출과 예약매출의 귀속시기 ○

구 분	귀속시기
원 칙	진행기준. 다만, 기장 불비로 총공사비 누적액 또는 작업시간 등을 확인할 수 없는 경우에는 완성기준(예약매출은 인도기준)
중소기업의 단기용역 (예약) 매출 특례	중소기업인 법인이 수행하는 계약기간이 1년 미만인 경우 : 인도기준(용역제공의 경우에는 완성기준) 선택 가능
예약매출 특례	기업회계기준에 따라 그 목적물의 인도일이 속하는 사업연도의 수익과 비용으로 계상한 경우 : 인도기준 선택 가능

(4) 진행기준

1) 진행기준에 의한 익금과 손금의 계산

진행기준을 적용하는 경우 다음과 같이 계산한 공사수익을 익금에, 이에 대응하는 공사원가를 손금에 산입한다(법칙 §34① · ②).

- 익금 : 공사수익 = 도급금액 × 작업진행률 − 직전 사업연도까지의 익금산입액
- 손금 : 해당 사업연도에 발생한 총비용

2) 작업진행률

작업진행률은 원가기준법을 원칙으로 한다. 다만, 수익실현이 작업시간 · 작업일수 또는 기성공사의 면적이나 물량 등과 비례관계가 있고, 전체 작업시간 등에서 이미 투입되었거나 완성된 부분이 차지하는 비율을 객관적으로 산정할 수 있는 경우에는 그 비율로 할 수 있다(법칙 §34①).

원가기준법에 의한 작업진행률은 다음과 같이 계산한다.

$$원가기준법에 의한 작업진행률 = \frac{해당 사업연도 말까지 발생한 총공사비 누적액}{총공사 예정비}$$

위 산식의 공사비는 자재비·노무비 기타 공사경비의 합계액을 말한다(법기통 40-69…3). 총공사 예정비는 기업회계기준에 따라 합리적으로 추정한 공사원가를 말한다(법칙 §34①).

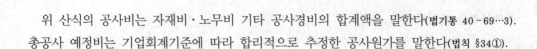

예규 및 판례　　**작업진행률**

❶ 시행사가 시공사에 지급한 분양대행수수료가 시행사의 총공사예정비에 포함되는지 여부

창도시개발사업 및 공동주택 건설사업의 시행자인 법인이 예약매출로 인한 익금과 손금의 귀속 사업연도를 작업진행률을 기준으로 인식함에 있어, 작업진행률 계산 시 '총공사예정비'는 기업 회계기준을 준용하여 계약당시에 추정한 공사원가에 해당 사업연도말까지의 변동상황을 반영 하여 합리적으로 추정한 공사원가로 하는 것이므로, 해당 법인이 시공사에 지급한 분양대행수 수료가 총공사예정비에 해당하는지 여부는 기업회계기준에 따라 판단하는 것임(서면-2022-법 규법인-3393 [법규과-3031], 2023. 12. 4.).

❷ 주택건설사업 승인조건으로 기부채납자산 건설 시, 토지 취득원가를 공사원가에 분배하는 작업진행률

내국법인이 주택건설사업 승인조건에 따라 국립대학교에 기부채납하는 자산을 건설하는 경우, 주택 및 기부채납자산의 건설사업과 관련된 부속토지의 취득원가는 해당 건설사업 전체의 작업 진행률에 따라 안분하여 각 사업연도의 손금에 산입하는 것임(서면-2020-법령해석법인-5079 [법령해석과-2595], 2021. 7. 26.).

가. 예약매출의 용지비

아파트, 상가 등을 분양하는 경우에 구입한 토지는 건설공사기간에 걸쳐 계속적으로 사용되므로 작업진행률 계산에 포함하지 않는다. 토지를 구입한 시점에서 재고자산으로 계상한 후 작업진행률에 따라 손금에 산입한다(법기통 40-69…7).

① 토지구입 : (차) 재 고 자 산 ×××　　(대) 현　　　　금 ×××
② 결 산 시 : (차) <u>공 사 원 가</u> ×××　　(대) 재 고 자 산 ×××
　　　　　　　　↳ 작업진행률에 따라 공사원가로 대체

나. 과대재료비

① K-IFRS

진행률을 투입법에 따라 산정하는 경우 K-IFRS에서는 고객에게 재화나 용역에 대한 통제를 이전하는 과정에서 기업의 수행 정도를 나타내지 못하는 투입물의 영향은 투입법에서 제외한다. 발생원가가 기업이 수행의무를 이행할 때 그 진척도에 비례하지 않는 경우에 발생원가의 범위까지만 수익을 인식한다.

② 법인세법

법인세법 시행규칙 제34조에는 원가기준법에 따른 진행기준을 적용하는 경우 해당 사업

연도말까지 발생한 총공사누적액을 총공사예정비로 나누어 진행률을 산정하도록 하고 있으므로 과대재료비를 진행률 산정에서 제외해서는 안 된다. 기획재정부 및 국세청의 해석도 이와 같다.

□ 사전-2019-법령해석법인-0042, 2020. 2. 11.

【질의】

1. 사실관계

갑법인은 소프트웨어 개발 및 구축 그리고 엔지니어링 사업 등을 주목적으로 하는 법인으로서 신설된 K-IFRS 기준서 제1115호【고객과의 계약에서 생기는 수익】의 내용을 2018년 1월 1일 이후 시작되는 회계연도부터 적용함. 종전 기준서에 따르면 용역을 제공하는 경우 그 수익인식은 수행하는 의무에 투입되는 모든 원가(재료비, 노무비, 기타 경비)를 합한 금액을 총공사예정원가로 하여 진행률을 계산하고 그에 따라 수익을 인식하여야 하는 것이나 개정 기준서에 따르면 기간에 걸쳐 이행하는 수행의무의 경우에는 수행의무 완료까지의 진행률을 측정하여 기간에 걸쳐 수익을 인식하여야 하고 수행의무의 진행률을 측정할 때 수행의무의 이행에 예상되는 총 투입물 대비수행의무를 이행하기 위한 기업의 노력이나 투입물에 기초하여 수익을 인식하여야 하는 것이므로 기업의 수행 정도를 나타내지 못하는 투입물은 제외하여 진행률을 계산하여야 하고 기업의 수행 정도를 나타내지 못하는 투입물에 대해서는 발생원가의 범위까지만 수익을 인식하여야 함.

이에 갑법인은 2018사업연도부터 진행률을 계산함에 있어 법인의 업무 수행정도를 나타내지 못하는 투입물인 과대재료비는 진행률 계산 시 제외하여 다음과 같이 수익을 인식하였으며 총 계약금액에서 기업의 업무 수행정도를 나타내지 못하는 투입물인 과대재료비 상당액을 차감한 금액은 총공사예정원가에서 원가가 투입되는 비율(작업진행률)에 따라 수익을 인식하고, 과대재료비 상당액은 과대재료비가 발생한 사업연도에 과대재료비 발생액과 동일한 금액을 수익으로 인식하였음. 이러한 회계정책변경에 따라 2017사업연도 말 현재 진행하고 있는 과대재료비 프로젝트에 대한 종전 기준서에 따라 계산한 이익과 개정 기준서에 따라 계산한 이익의 차액을 2018사업연도의 기초 이익잉여금을 감소시키는 회계처리를 하였음.

2. 질의요지

K-IFRS 기준서 제1115호가 도입·적용됨에 따라 기업의 업무 수행정도를 나타내지 못하는 투입물인 과대재료비를 제외하여 진행률을 계산하고 계산된 진행률을 기준으로 총 계약금액에서 과대재료비 상당액을 차감한 금액에 대한 수익을 인식하고 과대재료비 상당액에 대해서는 과대재료비 발생원가의 범위까지만 수익으로 인식한 경우 변경된 수익 인식방법의 법인세법상 인정 여부

【회신】

귀 사전답변 신청의 경우 기획재정부의 해석(기획재정부 법인세제과-102, 2020. 1. 23.)을 참조하기 바람.

〈기획재정부 법인세제과-102, 2020. 1. 23.〉

법인세법시행령 제69조 제1항에 따른 작업진행률에 따라 익금과 손금을 산입하던 한국채택국제회계기준 의무적용대상 주권상장 내국법인이 새로운 개정기준서(K-IRFS 제1115호) 적용에 따라 총공사예정비에서 진행의 수행정도를 나타내지 못하는 투입물(이하 '과대재료비')을 제외하여 작

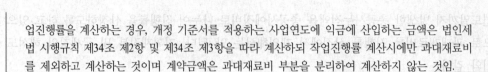

업진행률을 계산하는 경우, 개정 기준서를 적용하는 사업연도에 익금에 산입하는 금액은 법인세법 시행규칙 제34조 제2항 및 제34조 제3항을 따라 계산하되 작업진행률 계산시에만 과대재료비를 제외하고 계산하는 것이며 계약금액은 과대재료비 부분을 분리하여 계산하지 않는 것임.

다. 수주비

① 일반기업회계기준

공사원가는 계약체결일로부터 계약의 최종적 완료일까지의 기간동안에 당해 공사에 귀속될 수 있는 원가를 포함한다. 그러나 계약에 직접 관련이 되며 계약을 획득하기 위해 공사계약체결 전에 부담한 지출은, 개별적으로 식별이 가능하며 신뢰성 있게 측정될 수 있고 계약의 체결가능성이 매우 높은 경우에 공사원가의 일부로 포함된다. 공사원가에 포함되는 공사계약전 지출은 경과적으로 선급공사원가로 계상하며, 당해 공사를 착수한 후 공사원가로 대체한다(일반기준 16.38).

② K-IFRS

계약 체결 여부와 무관하게 드는 계약체결원가는 계약 체결 여부와 관계없이 고객에게 그 원가를 명백히 청구할 수 있는 경우가 아니라면 발생시점에 비용으로 인식한다(K-IFRS 1115호 문단 95).

③ 법인세법

법인세법에는 수주비에 대한 규정을 두고 있지 않으므로 법인세법 제43조 제43조【기업회계기준과 관행의 적용】에 따라 기업회계기준에 따른 회계처리를 수용하는 것이 타당하다. 국세청의 다음의 사전답변은 K-IFRS에 따른 회계처리를 세무상 인정하고 있다.

□ 사전-2018-법령해석법인-0771, 2018. 12. 20.

【질의】

1. 질의내용

   ○내국법인이 2018사업연도에 K-IFRS 제1115호를 최초로 도입함에 따라 종전에 회계상 선급비용으로 인식하던 수주비를 발생 시점에 비용으로 인식하는 경우로서

   - 수주비 회계처리 변경 및 작업진행률 산정방식 변경에 따른 회계처리 소급적용 누적효과로 인한 2018사업연도 기초 이익잉여금 감소분에 대하여 당기에 전액 손금산입이 가능한지 여부

2. 사실관계

   ○A법인은 2017사업연도까지는 기존 K-IFRS 제1011호(건설계약)에 따라 공사계약과 관련된 수주비를 발생시점에 회계상 선급공사원가(이연수주비)로 처리하고 공사착수 시점에 공사원가로 대체하여 왔으나

   - 2018사업연도부터 K-IFRS 제1115호(고객과의 계약에서 생기는 수익)가 최초로 도입되었는 바

− 기존 회계처리방법 및 K−IFRS 제1115호 도입으로 인한 수주비의 회계상 처리방법에 관한 변경 내용은 다음과 같음.

K−IFRS 제1115호 도입 전(기존)	K−IFRS 제1115호 도입 후
수주비를 발생 시점에 선급공사원가(이연수주비) 과목으로 하여 자산으로 처리하고 공사 착수 후 공사원가(비용)로 대체	계약 체결 여부와 무관하게 드는 계약체결원가는 계약 체결 여부와 관계없이 고객에게 명백하게 청구할 수 있는 경우가 아니라면 발생시점에 비용으로 인식

○ 또한, 기존 공사원가로 회계처리되었던 이연수주비가 판매관리비로 변경됨으로써 변경 전·후 작업진행률 산정 방법이 다음과 같이 변경되었음.

K−IFRS 제1115호 도입 전(기존)	K−IFRS 제1115호 도입 후
(분자) 해당 사업연도말까지 발생한 총공사비누적액(수주비 포함)	(분자) 해당 사업연도말까지 발생한 총공사비누적액(수주비 제외)
(분모) 총공사예정비(수주비 포함)	(분모) 총공사예정비(수주비 제외)

○ 한편, K−IFRS 제1115호에 의하면 해당 기준서를 최초 적용하는 경우 경과규정에 따라 최초 적용 누적효과를 기초 이익잉여금의 증감에 반영하여 소급 적용하도록 명시하고 있는 바,
 − A법인은 2018사업연도에 K−IFRS 제1115호가 최초 도입되어 발생시점에 선급비용(자산)으로 인식하던 수주비를 발생시점의 비용으로 인식함에 따른 소급적용 누적효과(1,488억원) 및
 − 작업진행률 변경에 따른 수익인식금액 소급적용 누적효과(368억원)을 2018사업연도의 기초 이익잉여금 조정으로 다음과 같이 회계처리하였음.

(차) 이 익 잉 여 금	1,488억원		(대) 선 급 공 사 비	1,488억원
(차) 이 익 잉 여 금	368억원		(대) 미 청 구 공 사	368억원

【사전답변】
건설업을 영위하는 내국법인이 종전 한국채택국제회계기준(K−IFRS)에 따라 선급공사원가로 계상하고 공사착수 시점에 공사원가로 처리하던 수주비를 2018사업연도부터 새로운 한국채택국제회계기준(K−IFRS)을 도입함에 따라 발생시점에 전액 비용으로 처리하면서 수주비 회계처리 변경 및 작업진행률 산정방식 변경에 따른 회계처리 소급적용 누적효과를 이익잉여금의 변동(감소)으로 조정한 경우, 해당 이익잉여금 조정금액은 변경된 한국채택국제회계기준(K−IFRS)을 도입·적용한 사업연도에 손금산입하는 것임.

라. 모델하우스 설치비용

일반기업회계기준에서는 분양계약 전의 모델하우스 건립관련비용(특정 분양계약과 직접 관련된 경우에 한하며 회사홍보목적 등으로 상설로 운영되는 경우는 제외됨)도 공사계약 전 지출로서, 문단 16.38의 조건을 충족시킬 경우 선급공사원가로 회계처리하여 당해 공사를 착수한 후 작업진행률에 따라 공사원가로 대체한다(문단 16.38). 「법인세법」에서는 모델하

우스 설치비용에 대한 규정을 두고 있지 않으나, 국세청은 분양계약 전 지출한 모델하우스 설치비용은 그 비용이 확정된 날이 속하는 사업연도의 손금으로 하되, 해당 설치비용을 기업회계기준에 선급공사원가로 계상하고, 공사를 착수한 후 공사원가로 대체하는 방법으로도 처리할 수 있다고 해석하고 있다(법집 40-69-10).

마. 그 밖의 진행기준 관련 사례

① 자기가 부담하지 않은 자재비 : 자재비를 부담하지 아니하는 조건으로 도급계약을 체결한 경우 해당 사업연도 말까지 발생한 총공사비 누적액에는 자기가 부담하지 아니한 자재비는 포함하지 아니한다(법집 40-69-4 ②).

② 시행사가 직접 부담하는 공사관련 보험료, 설계비 및 기술지원비와 시공사에 대한 도급공사비 등의 원가는 총공사비에 포함한다(법집 40-69-4 ③).

③ 건물을 신축하여 분양하는 시행사와 시공사가 공사계약시 공사대금 지연에 따른 연체이자율 약정을 하고 분양대금 입금예정과 공사대금 지급예정을 비교하여 산출한 연체이자 상당액은 총공사예정비에 가산하지 아니한다(법집 40-69-4 ⑤).

④ 해외건설용역의 경우 도급금액 및 작업진행률 계산시 적용할 환율 : 법인이 장기도급계약에 해당하는 해외건설용역에 대하여 작업진행률에 의한 수입금액을 계산함에 있어서 해당 법인이 해외공사현장의 손익항목에 대한 원화환산을 법인세법 기본통칙 42-76…4 제1항 제1호 나목의 방법을 선택하여 거래발생일의 기준환율 또는 재정환율에 의하여 환산하는 경우에는 도급금액 및 작업진행률을 아래와 같이 계산한다(법인 46012-542, 1998. 3. 4.).

- 도급금액
  (해당 사업연도 말까지 기성고확정분×실제 발생일의 환율)+(해당 사업연도 말까지 미확정분×해당 사업연도 종료일의 환율)
- 작업진행률 : [①/(①+②)]
  ① 해당 사업연도 말까지 공사비 투입액 × 실제 발생일의 환율
  ② 다음 사업연도 이후 투입할 공사예정비 × 해당 사업연도 종료일의 환율

⑤ 급여가 미확정인 경우 작업진행률 계산 : 작업진행률을 계산함에 있어 근로제공에 대한 급여인상안이 노사 간의 합의 지연으로 지급해야 할 해당 사업연도 종료일까지 확정되지 않았다 하더라도 기업회계기준을 적용하여 합리적으로 추정할 수 있는 경우에는 이를 해당 사업연도의 작업진행률을 계산할 때 총공사예정비 및 총공사비누적액에 각각 포함하여 계산한다(서이 46012-10503, 2003. 3. 13.).

⑥ 작업진행률의 오류금액이 부과제척기간이 만료된 경우 : 법인이 장기건설용역을 제공하고 「법인세법 시행령」 제69조 제2항에 따라 작업진행률을 기준으로 계산한 수익을 해당 사업연도의 익금으로 계상하였으나, 세무조정의 오류로 인하여 익금을 과소신고(△유보)

한 경우, 해당 과소신고 금액이 부과제척기간의 만료로 인하여 이를 증액 경정할 수 없는 경우에 부과제척기간이 만료되지 아니한 그 이후 사업연도의 과세소득의 계산은 당초의 세무조정 오류에 불구하고 세무상 정당하게 신고하여야 할 익금 또는 손금을 기준으로 한다(법규과-4977, 2006. 11. 17.).

사례 » 원가기준법

㈜한공(사업연도 : 1. 1. ~12. 31.)의 공사손익과 관련된 자료는 다음과 같다.

(1) ㈜한공은 교량공사를 1,000,000원에 수주하였다. 공사기간은 제7기 4. 1.부터 제9기 3. 31.까지이다.

(2) 공사완료 후 2년간 하자보수를 해야 하며, 하자보수비는 계약수익의 5%인 50,000원으로 추정된다. 누적발생계약원가의 내역은 다음과 같다. 누적발생원가에는 하자보수비가 제외되어 있고, 추정총계약원가에는 하자보수비 50,000원이 포함되어 있다.

(단위:원)

구 분	제7기	제8기	제9기
누적발생계약원가 (하자보수비 제외)	360,000	600,000	750,000
추정총계약원가 (하자보수비 포함)	720,000	800,000	800,000
계약대금청구액	400,000	300,000	300,000
계약대금수령액	370,000	330,000	300,000

이 자료로 일반기업회계기준에 따라 원가기준법에 의한 진행기준을 적용할 경우 제7기부터 제9기까지의 공사수익과 공사원가를 계산하고, 그렇게 회계처리한 경우의 세무조정을 하시오.

해답

1. 일반기업회계기준에 따른 공사손익

구 분	제7기	제8기	제9기
① 누적발생계약원가	360,000	600,000	800,000*
② 추정총계약원가 (하자보수비 포함)	720,000	800,000	800,000*
③ 진행율(① ÷ ②)	50%	75%	100%
④ 누적계약수익(계약금액 × ③)	500,000	750,000	1,000,000
⑤ 전기누적계약수익	–	500,000	750,000
⑥ 공사수익(④ - ⑤)	500,000	250,000	250,000
⑦ 공사원가(하자보수비 제외)	360,000	240,000	150,000
⑧ 하자보수비	–	–	50,000
⑨ 공사이익(⑥ - ⑦ - ⑧)	140,000	10,000	50,000

* 하자보수비는 추정총계약원가에 포함하고, 공사가 완료된 사업연도에 누적발생계약원가에 포함한다.

2. 세무조정

사업연도	익금산입 및 손금불산입			손금산입 및 익금불산입		
	과 목	금 액	소득처분	과 목	금 액	소득치분
제7기						
제8기						
제9기	하자보수충당부채	50,000	유 보			

하자보수충당부채를 손금불산입하고, 하자보수충당부채를 장부에서 제거할 때 손금추인한다.

> 〈「법인세법」상 수입금액과 「부가가치세법」상 과세표준의 차이〉
>
> 법인세법은 작업진행률에 따라 공사수익을 계산하나, 「부가가치세법」은 계약에 따라 받기로 한 대가의 각 부분을 부가가치세 과세표준으로 하므로 수입금액과 부가가치세 과세표준에 차이가 발생한다. 이 경우 법인세 신고시 별지 제17호 서식[조정 후 수입금액명세서]에 부가가치세 과세표준과 수입금액의 차액 검토란에 그 차이를 기재해야 한다.

3) K-IFRS 도입에 따른 전기공사수익 변동액의 익금산입시기

일반기업회계기준을 적용하던 법인이 K-IFRS을 적용함에 따라 작업진행률 산정방식이 변경되어 전기까지 계산한 작업진행률을 재계산하고 전기까지 인식한 전기공사수익과의 차액을 이익잉여금의 변동으로 조정한 경우 당해 이익잉여금은 한국채택국제회계기준(K-IFRS)을 도입·적용한 사업연도에 익금산입한다(법집 40-69-5).

4) 공사계약의 해약에 따른 손익

작업진행률에 의한 익금 또는 손금이 공사계약의 해약으로 인하여 확정된 금액과 차액이 발생된 경우에는 그 차액을 해약일이 속하는 사업연도의 익금 또는 손금에 산입한다(법령 §69③).

3. 이자소득 등의 귀속사업연도

(1) 수입이자

1) 금융 및 보험업을 영위하지 않는 법인이 수입하는 이자와 할인액

개인의 이자소득 수입시기에 대하여 「소득세법 시행령」 제45조에 다음과 같이 상세한 규정을 두고 있으므로, 「법인세법」은 법인의 수입이자에 대하여 「소득세법」의 이자소득 수입시기 규정을 준용하도록 하고 있다(법령 §70①(1)).

● 소득세법상 이자소득의 수입시기(소령 제45조) ●

구 분	수입시기
① 보통예금 · 정기예금 · 적금 또는 부금의 이자	• 실제 지급일 • 원본에 전입하는 뜻의 특약이 있는 이자 : 원본전입일 • 해약으로 인하여 지급되는 이자 : 해약일 • 계약기간을 연장하는 경우 : 계약 연장일 • 정기예금연결정기적금의 이자 : 정기예금 또는 정기적금이 해약되거나 정기적금의 저축기간이 만료되는 날
② 통지예금 이자	인출일
③ 저축성보험의 보험차익	보험금 또는 환급금의 지급일(다만, 기일 전에 해지하는 경우에는 그 해지일)
④ 채권의 이자와 할인액	• 무기명채권의 이자와 할인액 : 실제 지급일 • 기명채권의 이자와 할인액 : 약정에 의한 지급일 • 채권 보유기간 이자상당액 : 채권 매도일 또는 이자 등의 지급일
⑤ 환매조건부 채권 또는 증권의 매매차익	약정에 의한 환매수일(또는 환매도일)과 실제 환매수일(또는 환매도일) 중 빠른 날
⑥ 비영업대금의 이익	약정에 의한 이자지급일과 실제 지급일 중 빠른 날 ※ 이자지급일의 약정이 없거나 회수불능으로 인하여 총수입금액 계산에서 제외하였던 이자를 받는 경우에는 실제 지급일
⑦ 유형별 포괄주의에 해당하는 이자	약정에 의한 상환일과 실제 상환일 중 빠른 날
⑧ 이자소득이 발생하는 거래 또는 행위와 결합된 파생상품의 이익	약정에 의한 상환일과 실제 상환일 중 빠른 날

그런데 「소득세법」의 이자소득은 대부분 실제 지급일을 수입시기로 하고, 비영업대금의 이익 등 일부 이자소득은 약정상 지급일을 수입시기로 한다. 「소득세법」의 규정은 발생주의에 따라 수입이자를 인식하는 기업회계와 차이가 있다. 이에 따라 법인이 결산을 확정할 때 귀속시기가 도래하지 않은 이미 경과한 기간에 대응하는 이자와 할인액을 해당 사업연도의 수익으로 계상한 경우에는 세무조정의 부담을 덜어주기 위하여 이를 익금으로 본다. 다만, 「법인세법」 제73조에 따라 원천징수되는 이자와 할인액에 대한 기간경과분 미수이자를 계상한 경우에 이를 익금으로 인정하면, 미수이자 계상 여부에 따라 원천징수할 금액이 달라져서 원천징수업무가 복잡해지므로 「법인세법」상 원천징수대상 이자는 기간경과분 미수이자를 계상해도 이를 익금으로 보지 않는다(**법령 §70①(1)**).

◉ 금융 및 보험업을 영위하지 않는 법인의 수입이자의 귀속시기 ◉

구 분	귀속시기
원칙	소득세법상 이자소득의 수입시기
예외	기간경과분 미수이자를 계상한 경우 계상한 사업연도의 익금으로 보되, 「법인세법」상 원천징수대상은 익금으로 보지 않음.

■ 사례 » 예금이자

제조업을 영위하는 갑법인은 제21기 초에 국내은행에 정기예금을 가입하고 제21기 말에 기업회계기준에 따라 기간경과분 미수이자 1,000,000원을 계상하였다. 이 경우 제21기 사업여도에 대한 세무조정을 하시오.

(차) 미수이자   1,000,000   (대) 수입이자   1,000,000

■ 해답 ■

<익금불산입> 미수이자 1,000,000(△유보) → 이자 수령시 익금산입

※ 국내은행 예금이자이므로 「법인세법」 제73조에 따라 원천징수를 하는 이자이므로 기간경과분 미수이자를 인정하지 아니한다. 미수이자를 장부에서 제거할 때 △유보를 추인한다.

■ 사례 » 대여금이자

도매업을 하는 갑법인은 제21기 11. 20.에 국내자회사에 자금을 대여하고 월 이자 3,000,000원씩을 12. 20.부터 매월 20일에 받기로 하였다. 갑법인이 제21기 결산시 제1기에 지급약정일이 도래한 3,000,000원과 약정일 미도래분(12. 21.~12. 30.까지 기간경과분) 1,000,000원을 수익으로 계상한 경우 제21기 사업연도에 대한 세무조정을 하시오.

(차) 미수이자   4,000,000   (대) 수입이자   4,000,000

■ 해답 ■

<익금불산입> 미수이자 1,000,000(△유보) → 이자수령시 익금산입

※ 약정일 도래분 3,000,000원은 익금이므로 세무조정이 불필요하다. 그러나 약정일 미도래분 기간경과분 미수이자 1,000,000원은 「법인세법」 제73조에 따른 원천징수대상이므로 익금불산입으로 세무조정한다.

■ 사례 » 국외이자

㈜한공은 미국현지법인 乙(완전자회사)에게 제21기(1. 1.~12. 31.) 7월 1일에 USD10,000을 1년간 대여하고 대여일부터 상환일까지의 이자(연이자율 6%) USD 600을 상환일에 일시에 받기로 하였다.

■ 물음 ■

1. ㈜한공이 제21기 사업연도에 대한 결산을 확정함에 있어서 기업회계기준에 따른 기간경과분 미

수이자 400,000원을 결산상 수익으로 계상한 경우의 세무조정을 하시오.

2. ㈜한공이 제21기 사업연도에 대한 결산을 확정함에 있어서 기업회계기준에 따른 기간경과분 미 수이자는 400,000원이나, 담당 직원의 실수로 300,000원만 수익으로 계상한 경우의 세무조정을 하시오.

┃ 해답 ┃

1. 세무조정 없음

국외이자는 「법인세법」 제73조에 따른 원천징수대상이 아니므로, 결산상 미수이자를 계상하면 익금으로 보므로 세무조정을 할 수 없다.

[참고] 외국납부세액공제

국외이자가 제21기 사업연도에 익금에 산입되었으므로 외국납부세액공제도 제21기 사업연도에 받아야 한다. 그러나 기간경과분 미수이자에 대한 외국납부세액이 과세표준 신고 후 확정되는 사유로 법인세 과세표준신고와 함께 외국납부세액공제계산서를 제출할 수 없는 경우에는 외국 정부의 국외원천소득에 대한 법인세 결정통지를 받은 날부터 3개월 이내에 외국납부세액 공제세 액계산서에 증빙서류를 첨부하여 제출하여 공제받을 수 있다(**법령 §94④**).

2. <익금산입> 100,000원(유보)

내국법인이 해외현지법인에게 대여한 자금에 대해 과소계상한 기간경과 미수이자를 결산상 해 당 사업연도의 수익으로 계상한 경우 경과기간에 발생한 이자상당액 전액을 해당 사업연도의 익금으로 한다(**재법인-107, 2011. 2. 16.**).

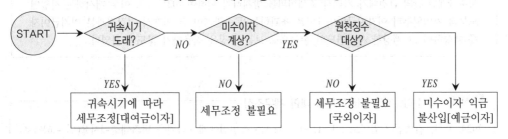

● 수입이자 세무조정 flowchart ●

2) 금융 및 보험업 영위 법인이 수입하는 이자와 할인액

한국표준산업분류상 금융 및 보험업을 영위하는 법인이 수입하는 이자와 할인액의 귀속 사업연도는 실제 수입된 날이 속하는 사업연도로 하되, 선수입이자 및 할인액은 제외한다. 법인이 결산을 확정함에 있어서 귀속시기가 도래하지 않은 이미 경과한 기간에 대응하는 이자와 할인액을 해당 사업연도의 수익으로 계상한 경우에는 세무조정의 부담을 덜어주기 위하여 이를 익금으로 본다. 「법인세법」 제73조에 따라 원천징수되는 이자와 할인액에 대 한 기간경과분 미수이자를 계상해도 이를 익금으로 보지 않는다(**법령 §70①(1)**).

◎금융 및 보험업 영위 법인의 수입이자의 귀속시기◎

구 분	귀속시기
원칙	현금주의(단, 선수분 제외)
예외	기간경과분 미수이자를 계상한 경우 계상한 사업연도의 익금으로 보되, 「법인세법」에 의한 원천징수대상은 익금으로 보지 않음.

(2) 지급이자

법인이 지급하는 이자와 할인액의 귀속사업연도는 「소득세법 시행령」 제45조의 규정에 의한 수입이자의 귀속시기가 속하는 사업연도로 한다. 따라서 지급이자의 귀속시기도 수입 이자와 같이 실제 지급일이나 약정상 지급일이므로 발생주의에 의하는 기업회계기준과 차이 가 있다. 기업회계와 세법의 차이를 해소하기 위하여 법인이 결산을 확정할 때 이미 경과한 기간에 대응하는 이자와 할인액(차입일부터 이자지급일이 1년을 초과하는 특수관계인과의 거래에 따른 이자와 할인액은 제외한다)을 해당 사업연도의 손비로 계상한 경우에는 그 계 상한 사업연도의 손금으로 한다(법령 §70①(2)). 다만, 이미 지급한 이자비용으로서 차입기간 이 경과하지 아니한 선급비용은 해당 사업연도의 손금에 산입하지 아니한다(재법인 – 112, 2003. 10. 24.).

입법취지 특수관계인 간의 금전대차 지급이자 손금귀속시기 보완

> 특수관계인 간의 금전대가 거래시 조세회피를 방지하기 위하여 2021. 1. 1. 이후 개시하는 사업연 도부터 차입일부터 이자지급일이 1년을 초과하는 특수관계인 간 거래시 기간경과분 미지급이자 를 계상하면 그 계상한 사업연도의 손금으로 보는 규정을 적용하지 않도록 하였다.

■ 사례 » 수입이자와 지급이자에 대한 세무조정

2024. 1. 1. 갑법인(사업연도 : 1. 1.~12. 31.)은 을법인에게 1억원을 당좌대출이자율(연 4.6%)로 대여하고 2025. 6. 30.에 이자를 지급하기로 하였다. 갑법인과 을법인은 2024년에 대한 결산시 다 음과 같이 기간 경과분을 미수이자와 미지급이자로 회계처리하였다.
(갑법인) (차) 미수이자 4,600,000   (대) 이자수익   4,600,000
(을법인) (차) 이자비용 4,600,000   (대) 미지급이자 4,600,000
갑법인과 을법인이 특수관계인이 아닌 경우와 특수관계인인 경우로 구분하여 2024년에 대한 세무 조정을 하시오.

┃ 해답 ┃

구 분	갑법인*1	을법인*2
특수관계가 아닌 경우	<익금불산입> 미수이자 4,600,000(△유보)	세무조정 없음
특수관계인 경우	<익금불산입> 미수이자 4,600,000(△유보)	<손금불산입> 미지급이자 4,600,000(유보)

*1 갑법인이 을법인으로부터 받는 이자는 법인세법에 따른 원천징수대상이므로 기간경과분 미수이자는 특수관계 여부에 관계없이 익금불산입한다.

*2 을법인이 계상한 기간경과분 미지급이자는 갑법인과 을법인이 특수관계가 아닌 경우에는 손금으로 인정되나, 특수관계인 경우에는 차입일부터 이자지급일까지가 1년을 초과하므로 손금불산입한다.

(3) 법인이 수입하는 배당금

개인의 배당소득의 귀속시기에 대하여 「소득세법 시행령」 제46조에 상세한 규정을 두고 있으므로, 「법인세법」은 법인의 배당소득의 귀속시기에 대하여 「소득세법」을 준용한다(법령 §70②).

◉ 소득세법의 배당소득 수입시기 ◉

구 분	수입시기
(1) 실지배당	• 기명주식의 이익배당 : 잉여금처분결의일 • 무기명주식*의 이익배당 : 실제 지급일
(2) 의제배당	p.225, 228 참조
(3) 집합투자기구로부터의 이익	이익을 받는 날, 특약에 의한 원본전입일
(4) 유형별 포괄주의 배당	실제 지급일
(5) 배당소득이 발생하는 거래 또는 행위와 결합된 파생상품의 이익	실제 지급일

* 무기명주식 : 무기명주식은 소유자의 파악이 곤란하여 양도소득세 회피 등 과세 사각지대가 발생할 우려가 있고 기업소유구조의 투명성이 결여되므로 「상법」을 개정하여 2014. 5. 20. 무기명주식 제도를 폐지하였다. 그러나 내국법인과 거주자가 외국에서 발행한 무기명주식을 보유할 수 있으므로 「법인세법」과 「소득세법」은 무기명주식에 관한 규정을 그대로 유지하고 있다.

사례 » **배당소득**

갑법인(사업연도 : 1. 1.~12. 31.)은 을법인이 발행한 기명주식을 20×1. 10. 5.에 취득하여 보유하고 있다. 을법인의 주주총회에서 20×1. 12. 20.에 배당을 결의함에 따라 갑법인은 20×2. 1. 5.에 을법인으로부터 현금배당금 1,000,000원을 받아 그 날에 배당금수익으로 계상한 경우 20×1년과 20×2년의 세무조정을 하시오.

해답

• 20×1년 : <익금산입>　　배당금수익　　　 1,000,000(유보)
• 20×2년 : <익금불산입> 전기배당금수익　 1,000,000(△유보)

---

(4) 금융 및 보험업을 영위하는 법인의 보험료·부금·보증료 및 수수료

한국표준산업분류상 금융 및 보험업을 영위하는 법인이 수입하는 보험료 등의 귀속사업연도는 그 보험료 등이 실제로 수입된 날이 속하는 사업연도로 하되, 선수입보험료 등을 제외한다. 다만, 결산을 확정함에 있어서 이미 경과한 기간에 대응하는 보험료상당액 등을 해당 사업연도의 수익으로 계상한 경우에는 그 계상한 사업연도의 익금으로 하고, 「자본시장과 금융투자업에 관한 법률」에 따른 투자매매업자 또는 투자중개업자가 정형화된 거래방식으로 증권을 매매하는 경우 그 수수료의 귀속사업연도는 매매계약이 체결된 날이 속하는 사업연도로 한다(법령 §70③).

예를 들어, 증권투자신탁업법에 따른 위탁회사가 결산을 확정함에 있어서 신탁계산 종료일이나 해지일이 도래하지 아니한 신탁관리 보수와 신탁운용 보수 중 이미 경과한 기간에 대응하는 것을 해당 사업연도의 수익으로 계상한 경우에는 그 계상한 사업연도의 익금으로 한다(제도 46012-10977, 2001. 5. 4.).

(5) 보험회사의 보험계약과 관련된 이자·보험료 등의 손익귀속시기

보험회사가 보험계약과 관련하여 수입하거나 지급하는 이자·할인액 및 보험료등으로서 「보험업법」 제120조에 따른 책임준비금 산출에 반영되는 항목은 보험감독회계기준에 따라 수익 또는 손비로 계상한 사업연도의 익금 또는 손금으로 한다(법령 §70⑥). `24 개정`

① 보험회사가 보험계약과 관련하여 수입하거나 지급하는 이자·할인액 및 보험료등으로서 「보험업법」 제120조에 따른 책임준비금의 산출에 반영되는 항목

② 「주택도시기금법」에 따른 주택도시보증공사가 신용보증계약과 관련하여 수입하거나 지급하는 이자·할인액 및 보험료등으로서 같은 법 시행령 제24조에 따른 책임준비금의 산출에 반영되는 항목

(6) 투자회사 등의 증권 등의 투자와 관련된 수익

투자회사 등이 결산을 확정할 때 증권 등의 투자와 관련된 수익 중 이미 경과한 기간에 대응하는 이자 및 할인액과 배당소득을 해당 사업연도의 수익으로 계상한 경우에는 위의 규정에 불구하고 그 계상한 사업연도의 익금으로 한다(법령 §70④).

(7) 신탁업자가 운용하는 신탁재산

「자본시장과 금융투자업에 관한 법률」에 따른 신탁업자가 운용하는 신탁재산(같은법에 따른 투자신탁재산은 제외한다. 이하 제111조 및 제113조에서 같다)에 귀속되는 「소득세법」 제127조 제1항 제1호의 이자소득금액의 귀속사업연도는 위의 규정에도 불구하고 「법인세법 시행령」 제111조 제6항에 따른 원천징수일이 속하는 사업연도로 한다(법령 §70⑤).

4. 임대료의 귀속사업연도

자산의 임대로 인한 익금과 손금의 귀속시기는 다음과 같다(법령 §71①).

(1) 임대료 지급기간이 1년 이하인 경우

임대료 지급기간이 1년 이하인 경우에는 계약상 정해진 지급일(지급일이 정해져 있지 않은 경우에는 실제 지급일)을 귀속시기로 한다. 다만, 결산을 확정함에 있어서 이미 지난 기간에 대응하는 임대료 상당액과 이에 대응하는 비용을 수익과 비용으로 계상한 경우에는 이를 계상한 사업연도의 익금과 손금으로 한다.

(2) 임대료 지급기간이 1년을 초과하는 경우

임대료 지급기간이 1년을 초과하는 경우에는 회계처리에 관계없이 이미 지난 기간에 대응하는 임대료 상당액과 이에 대응하는 비용을 익금과 손금으로 한다. 임대료 지급기간이란 임대료 지급약정일부터 그 다음 임대료 지급약정일까지의 기간을 말한다.

예컨대, 임대기간을 3년으로 하고 임대료를 3개월마다 받기로 한 경우 임대료 지급기간은 3개월이다(서이 46012-10818, 2002. 4. 18.).

● 임대손익의 귀속시기 ●

임대료 지급기간	회계처리	임대손익의 귀속시기
① 1년 이하	원칙	계약상 지급일(계약상 지급일이 없는 경우에는 실제 지급일)이 속하는 사업연도의 익금으로 함.
	예외	기간경과분 임대료와 그에 대응하는 비용을 결산상 수익과 비용으로 회계처리한 경우에는 계상한 사업연도의 익금과 손금으로 함.
② 1년 초과	예외 없음	기간경과분 임대료와 그에 대응하는 비용을 익금과 손금으로 함.

■ 사례 》 임대손익

다음 자료에 의하여 제21기 사업연도의 세무조정을 하시오.

① 갑법인은 제21기(1. 1.~12. 31.) 10. 1.에 건물을 3년간 임대하고, 매월분 임대료 100만원을 다음 달 10일에 받기로 하였으나, 제21기에 10월분만 받고 11월분은 받지 못하였다. 갑법인이 다음과 같이 회계처리한 경우 세무조정을 하시오.

(차) 현 금 1,000,000 (대) 임대료수익 3,000,000
미수임대료(자산) 2,000,000

② 갑법인은 제21기(1. 1.~12. 31.) 초부터 건물을 3년간 임대하기로 계약하고 3년분 임대료 36,000,000원을 일시에 받고 제21기에 다음과 같이 회계처리하였다.

(차) 현 금 36,000,000 (대) 임대료수익 12,000,000
선수임대료(부채) 24,000,000

■ 해답

세무조정 없음.

(이유) ①은 임대료 지급기간이 1년 이하로서 기간경과분 임대료 1,000,000원을 수익으로 계상하였으므로 세무조정은 없고, ②는 임대료 지급기간이 1년을 초과하나 기간경과분을 수익으로 계상하였으므로 세무조정이 없다.

5. 기타 손익의 귀속사업연도

(1) 금전등록기 설치 법인의 익금 귀속사업연도

「소득세법」 제162조 및 「부가가치세법」 제36조 제4항의 규정을 적용받는 업종(영수증 발급대상 사업)을 영위하는 법인이 금전등록기를 설치·사용하는 경우 그 수입하는 물품대금과 용역대가의 귀속사업연도는 그 금액이 실제로 수입된 사업연도로 할 수 있다(법령 §71 ②).

(2) 사채할인발행차금 상각

1) 「법인세법」상 사채할인발행차금의 상각방법

법인이 사채를 발행하는 경우에 상환할 사채금액의 합계액에서 사채발행가액(사채발행수수료와 사채발행을 위하여 직접 필수적으로 지출된 비용을 차감한 후의 가액을 말한다)의 합계액을 공제한 금액(이하 "사채할인발행차금"이라 한다)은 기업회계기준에 의한 사채할인발행차금의 상각방법에 따라 이를 손금에 산입한다(법령 §71③).

기업회계기준은 사채할인발행차금을 유효이자율법(effective interest rate method)에 의하여 상각 또는 환입한다. 유효이자율법에서는 사채의 기초장부금액에 유효이자율을 곱해서 사채이자비용을 계산한다.

2) 사채할인발행차금 관련 사례

① 사채를 액면가액으로 발행함에 있어 표면금리가 시장금리에 미달하는 경우 발행법인이 사채총액을 액면가액으로 인수하는 주간회사에 지급하는 인수수수료 중 표면금리와 시장금리와의 차액을 보전하여 주기 위한 금액은 사채할인발행차금에 해당한다(법인 46012 - 3301, 1993. 11. 1.).

② 「자산유동화에 관한 법률」에 의하여 설립된 유동화전문회사가 사채를 액면가액보다 높은 가액으로 발행함에 따라 발생한 사채할증발행차금은 기업회계기준에 의한 사채할증발행차금의 환입방법에 따라 이를 익금에 산입한다(서이 46012 - 11686, 2002. 9. 10.).

■ 사례 » **사채할인발행차금 상각**

(1) 12월 결산법인인 ㈜갑은 20×1. 1. 1. 다음과 같은 조건으로 회사채를 발행하였다. 이 자료를 참고하여 기업회계기준에 따른 회계처리를 하고, 기업회계기준에 따라 회계처리한 경우의 세무조정을 하시오.
  ① 액면금액 : 10,000원
  ② 표시이자율 : 연 10%
  ③ 유효이자율 : 연 12%
  ④ 발행금액 : 1억원
  ⑤ 이자지급방법 : 매연도말 후급
  ⑥ 상환기일(만기) : 20×3. 12. 31.
  ⑦ 원금상환방법 : 상환기일에 액면금액을 일시상환
  ⑧ 사채 발행비는 없다고 가정한다.
  ⑨ 발행가액 = 10,000 × 0.7118* + 1,000 × 2.4018* = 9,520
      * 이자율 12%의 현가계수

---

(2) 사채할인발행차금 상각표

(단위 : 원)

구 분		20×1년	20×2년	20×3년
기초장부금액(A)		9,520	9,662	9,821
사채이자비용(B=A×12%)		1,142	1,159	1,179
액면이자(C)		1,000	1,000	1,000
사채할인 발행차금	상각액(B − C)	142	159	179
	잔액	338	179	0
기말장부금액		9,662	9,821	10,000

▌해답▐

(1) 회계처리

20×1. 1. 1.(발행시)

(차) 현　　　　　금　　9,520　　(대) 사　　　　채　　10,000
　　　사채할인발행차금　　480

20×1. 12. 31.(이자지급시)

(차) 이 자 비 용　　1,142　　(대) 현　　　　　금　　1,000
　　　　　　　　　　　　　　　　　사채할인발행차금　　142

<20×1. 12. 31. 재무상태표 표시>

사　　　　채　　10,000
사채할인발행차금　　(338)
잔　　　　액　　9,662

20×2. 12. 31.(이자지급시)

(차) 이 자 비 용　　1,159　　(대) 현　　　　　금　　1,000
　　　　　　　　　　　　　　　　　사채할인발행차금　　159

<20×2. 12. 31. 재무상태표 표시>

사　　　　채　　10,000
사채할인발행차금　　(179)
잔　　　　액　　9,821

20×3. 12. 31.(이자지급시)

(차) 이 자 비 용　　1,179　　(대) 현　　　　　금　　1,000
　　　　　　　　　　　　　　　　　사채할인발행차금　　179

20×3. 12. 31.(만기상환시)

(차) 사　　　　채　　10,000　　(대) 현　　　　　금　　10,000

(2) 세무조정 : 없음

사채할인발행차금을 기업회계기준의 유효이자율법으로 상각하였으므로 세무조정은 하지 아니한다.

(3) 전환사채 또는 신주인수권부사채의 발행 및 상환에 따른 세무상 처리방법

세법은 전환사채 또는 신주인수권부 사채에 대한 전환권가치와 상환할증금을 인식하지 않는 방법을 채택하고 있다. 법인이 기업회계기준에 따라 전환권가치를 별도로 인식하고, 상환할증금을 전환사채 등에 부가하는 형식으로 계상한 경우 다음과 같이 세무조정한다.

① 전환사채 등의 발행 : 발행시 전환사채 등의 차감계정으로 계상한 전환권 등 조정금액은 손금산입하여 △유보로 처분하고, 기타자본잉여금으로 계상한 전환권 등 대가는 익금산입하여 기타로 처분하며, 상환할증금은 손금불산입하여 유보로 처분한다.

② 이자지급 : 만기일 전에 전환권 등 조정금액을 이자비용으로 계상한 경우 동 이자비용은 이를 손금불산입하여 유보처분한다.

③ 전환권 등의 행사 : 전환권 등을 행사한 경우 손금불산입한 상환할증금 중 전환권 등을 행사한 전환사채 등에 해당하는 금액은 손금으로 추인하고, 주식발행초과금으로 대체된 금액에 대해서는 익금산입 기타처분하며, 전환권 등 조정과 대체되는 금액은 익금산입하여 유보로 처분한다.

④ 전환사채 등의 상환 : 만기까지 전환권 등을 행사하지 아니함으로써 지급하는 상환할증금은 그 만기일이 속하는 사업연도에 손금으로 추인한다.

■ 사례 ≫ **전환사채**

㈜한공(사업연도 1. 1.~12. 31.)은 제10기 1월 1일에 다음과 같은 조건으로 전환사채를 액면가액에 발행하였다.

• 액면금액 : 10,000,000원
• 표시이자율 : 연 7%, 이자는 매년 말에 지급한다.
• 일반사채 시장수익률 : 연 15%
• 상환기일 : 제12기 12. 31.
• 상환방법 : 상환기일에 액면금액의 116.87%를 일시상환
• 15% 이자율의 현가계수 : 3년 현가계수 0.65752, 3년 연금현가계수 2.28323
• 전환조건은 전환사채 액면가액 100,000원당 보통주 1주(액면가액 20,000원)를 발행교부한다.
• 제11기 1. 1.에 전환사채의 50%가 전환청구되어 주식을 발행하여 교부하였다.

㈜한공의 전환사채와 관련된 결산상 회계처리가 다음과 같은 경우 세무조정을 하시오.

구 분	회계처리				
제10기 1. 1. 발행시	(차) 현　　　　금	10,000,000	(대) 전 환 사 채	10,000,000	
	전 환 권 조 정	2,404,302	상 환 할 증 금	1,687,000	
			전 환 권 대 가	717,302	
제10기 12. 31. 이자지급시	(차) 이 자 비 용	1,392,405	(대) 현　　　　금	700,000	
			전 환 권 조 정	692,405	
제11기 1. 1. 전환청구	(차) 전 환 사 채	5,000,000	(대) 전 환 권 조 정	855,948	
	상 환 할 증 금	843,500	자　　본　　금	1,000,000	
	전 환 권 대 가	358,651	주식발행초과금	4,346,203	
제11기 12. 31. 이자지급시	(차) 이 자 비 용	748,133	(대) 현　　　　금	350,000	
			전 환 권 조 정	398,133	
제12기 12. 31. 이자지급시	(차) 이 자 비 용	807,816	(대) 현　　　　금	350,000	
			전 환 권 조 정	457,816	
제12기 12. 31. 상환	(차) 전 환 사 채	5,000,000	(대) 현　　　　금	5,843,500	
	상 환 할 증 금	843,500			

▌해답▐

1. 세무조정 내역

(1) 제10기 전환사채 발행

(차)현　　금 10,000,000　(대) 전 환 사 채 10,000,000
　　　전환권조정 2,404,302　　　상환할증금　1,687,000
　　　　　　　　　　　　　　　전환권대가　　717,302

익금산입	손금산입
상환할증금 1,687,000 유보	전환권조정 2,404,302 유보
전환권대가 717,302 기타	

※ 당기순이익에 영향이 없으므로 양쪽조정

(2) 제10기 이자지급

(차)이 자 비 용　700,000　(대) 현　　금　700,000
　　이 자 비 용　692,405　　　전환권조정　692,405

익금산입	손금산입
전환권조정 692,405 유보	

※ 이자비용이 과대계상되어 당기순이익이 과소계상되었으므로 한쪽조정

(3) 제11기 전환권행사

(차)전 환 사 채 5,000,000　(대)자　본　금　1,000,000

　　　　　　　　　　　　　　　주　발　초　4,000,000

　　상환할증금　843,500　　전환권조정　855,948

　　전환권대가　358,651　　주　발　초　346,203

익금산입	손금산입
전환권조정　855,948 유보	상환할증금　843,500 유보
주　발　초　346,203 기타	전환권대가　358,651 기타

※ 당기순이익에 영향이 없으므로 양편조정(양쪽조정)

(4) 제11기 이자지급

(차)이 자 비 용　700,000　(대)현　　금　700,000

　　이 자 비 용　398,133　　전환권조정　398,133

익금산입	손금산입
전환권조정　398,133 유보	

※ 이자비용이 과대계상되어 당기순이익이 과소계상되었으므로 한쪽조정

(5) 제12기 이자지급

(차)이 자 비 용　700,000　(대)현　　금　700,000

　　이 자 비 용　457,816　　전환권조정　457,816

익금산입	손금산입
전환권조정　457,816 유보	

(6) 전환사채 상환

(차)전 환 사 채 5,000,000　(대)현　　금　5,000,000

　　상환할증금　843,500　　현　　금　843,500

익금산입	손금산입
	상환할증금　843,500 유보

※ 상환할증금으로 인하여 <u>사채상환손실</u>이 과소계상되어 당기순이익에 영향이 있으므로 한쪽조정

2. 세무조정사항 요약

구 분	익금산입 및 손금불산입			손금산입 및 익금불산입		
	과 목	금 액	소득처분	과 목	금 액	소득처분
제10기 발행	상환할증금	1,687,000	유 보	전환권조정	2,404,302	유 보
	전환권대가	717,302	기 타			
제10기 이자지급	전환권조정	692,405	유 보			
제11기 전환청구	전환권조정	855,948	유 보	상환할증금	843,500	유 보
	주식발행초과금	346,203	기 타	전환권대가	358,651	기 타

구 분	익금산입 및 손금불산입			손금산입 및 익금불산입		
	과 목	금 액	소득처분	과 목	금 액	소득처분
제11기 이자지급	전환권조정	398,133	유 보			
제12기 이자지급	전환권조정	457,816	유 보			
제12기 상환				상환할증금	843,500	유 보

(4) 「자산유동화에 관한 법률」 제13조에 따라 보유자산 등을 양도하는 경우와 매출채권과 받을어음의 배서양도

1) 「법인세법」의 손익 귀속사업연도

「자산유동화에 관한 법률」 제13조에 따른 방법에 의하여 보유자산을 양도하는 경우 및 매출채권 또는 받을어음을 배서양도하는 경우에는 기업회계기준에 의한 손익인식 방법에 따라 관련 손익의 귀속사업연도를 정한다(법령 §71④).

2) K-IFRS과 일반기업회계기준의 매각거래와 차입거래의 판단기준

가. K-IFRS

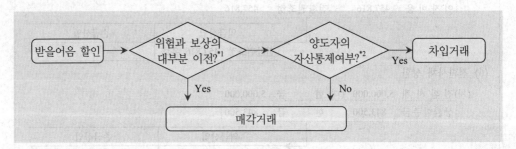

*1 양도자가 금융자산 소유에 따른 위험과 보상의 대부분을 이전하였다면 매각거래로 본다. 그러나 양도자가 위험과 보상의 대부분을 이전하지 않았다면 금융자산을 담보로 제공하고 자금을 차입한 것과 같으므로 차입거래로 본다(K-IFRS 1109호 문단 3.2.6).

*2 양도자가 금융자산 소유에 따른 위험과 보상의 대부분을 이전하지도 않고 보유하지도 않는 경우에는 금융자산의 통제 여부에 따라 거래를 판단한다. 양도자가 양도자산의 소유에 따른 위험과 보상의 대부분을 보유하지도 이전하지도 아니하며, 양도자가 양도자산을 통제하고 있다면, 그 양도자산에 대하여 지속적으로 관여하는 정도까지 그 양도자산을 계속하여 인식한다(K-IFRS 1109호 문단 6). 양도자가 양도자산에 대한 보증을 제공하는 형태로 지속적관여가 이루어지는 경우, 지속적관여의 정도는 ① 양도자산의 장부금액과 ② 수취한 대가 중 상환을 요구받을 수 있는 최대금액(보증금액) 중 작은 금액이 된다(K-IFRS 1109호 문단 3.2.16).

나. 일반기업회계기준

금융자산의 양도의 경우에는 다음 요건을 모두 충족하는 경우에는 양도자가 금융자산에 대한 통제권을 이전한 것으로 보아 매각거래로, 그 밖의 경우에는 금융자산을 담보로 차입한 것으로 본다(일반기준 6.5).

① 양도인은 금융자산 양도 후 당해 양도자산에 대한 권리를 행사할 수 없어야 한다. 즉, 양도인이 파산 또는 법정관리 등에 들어갈지라도 양도인 및 양도인의 채권자는 양도한 금융자산에 대한 권리를 행사할 수 없어야 한다.

② 양수인은 양수한 금융자산을 처분(양도 및 담보제공 등)할 자유로운 권리를 갖고 있어야 한다.

③ 양도인은 금융자산 양도 후에 효율적인 통제권을 행사할 수 없어야 한다.

양수인에게 상환청구권을 부여하는 조건의 매출채권 배서양도·할인거래에 대한 회계처리에 있어, 배서양도(할인)한 어음의 경우 어음양수인은 상환청구권을 지니고 있으므로 어음양수인의 지급청구가 있을 때 어음양도인은 지급을 담보하여야 하며, 이러한 상환청구권에 따른 위험은 '금융상품에 내재된 위험(예 신용위험 등)에 따라 양도인이 부담할 수 있는 위험(예 환매위험), 즉 담보책임'에 해당된다. 양도인이 부담하는 위험(환매위험)은 양도 여부의 판단에 영향을 미치지 아니하므로, 상환청구권 유무로 양도에 대한 판단을 하는 것은 아니며, 따라서 일반적으로 매출채권(받을어음)을 금융기관 등에서 배서양도(할인)하는 거래에 대하여는 해당 금융자산의 미래 경제적 효익에 대한 양수인의 통제권에 특정한 제약이 없는 한 매각거래로 회계처리한다(실 6.9).

다. 상환청구권(with recourse)을 조건으로 금융자산을 배서·양도한 경우 K-IFRS와 일반기업회계기준의 차이점

할인·배서양도한 금융자산이 부도가 나면 상환청구할 것을 조건으로 금융자산을 할인하거나 배서양도하는 경우 K-IFRS에서는 양도자가 양도자산에 대한 보증을 제공하는 형태로 지속적관여가 이루어지는 것으로 보아 지속적관여하는 정도인 ① 양도자산의 장부금액과 ② 수취한 대가 중 상환을 요구받을 수 있는 최대금액(보증금액) 중 작은 금액은 양도하지 않은 것으로 본다. 반면에, 일반기업회계기준은 상환청구권부로 받을어음 등을 할인·배서양도의 경우에도 매각거래로 본다.

(5) 개발이 취소된 개발비의 손금 귀속사업연도

내국법인이 「법인세법 시행령」 제24조 제1항 제2호 바목에 따른 개발비로 계상하였으나 해당 제품의 판매 또는 사용이 가능한 시점이 도래하기 전에 개발을 취소한 경우에는 다음의 요건을 모두 충족하는 날이 속하는 사업연도의 손금에 산입한다(법령 §71⑤).

① 해당 개발로부터 상업적인 생산 또는 사용을 위한 해당 재료·장치·제품·공정·시스템 또는 용역을 개선한 결과를 식별할 수 없을 것

② 해당 개발비를 전액 손비로 계상하였을 것

(6) 파생상품 거래로 인한 손익의 귀속사업연도

계약의 목적물을 인도하지 아니하고 목적물의 가격변동에 따른 차액을 금전으로 정산하는 파생상품의 거래로 인한 손익은 그 거래에서 정하는 대금결제일이 속하는 사업연도의 익금과 손금으로 한다(법령 §71⑥).

(7) 법인이 아닌 조합 등으로부터의 분배이익금

법인이 아닌 조합 등으로부터 받는 분배이익금의 귀속사업연도는 당해 조합 등의 결산기간이 종료하는 날이 속하는 사업연도로 한다(법칙 §35②).

(8) 징발된 재산을 매도하고 그 대금을 징발보상증권으로 받는 경우

「징발재산정리에 관한 특별조치법」에 의하여 징발된 재산을 국가에 매도하고 그 대금을 징발보상증권으로 받는 경우 그 손익은 상환조건에 따라 각 사업연도에 상환받았거나 상환받을 금액과 그 상환비율에 상당하는 매도재산의 원가를 각각 해당 사업연도의 익금과 손금에 산입한다. 이 경우 징발보상증권을 국가로부터 전부 상환받기 전에 양도한 경우 양도한 징발보상증권에 상당하는 금액에 대하여는 그 양도한 때에 상환받은 것으로 본다(법칙 §35③).

징발이란 전시, 사변 등의 비상사태 하에서 군사작전을 수행하기 위하여 필요한 토지, 물자 등을 민간에서 강제로 거두는 것을 말한다. 법인이 징발된 재산에 대하여 징발보상채권을 받은 경우에는 세금을 현금으로 납부하기 어려우므로 채권의 상환비율에 따라 소득에 포함하는 특례규정을 둔 것이다.

(9) 리스료의 귀속사업연도

법인세법은 자산을 시설대여하는 자(이하 "리스회사"라 한다)를 기준으로 리스에 대하여 기업회계기준을 적용하여 금융리스와 운용리스로 구분한다. 금융리스로 구분되면 그 리스자산은 리스이용자의 감가상각자산으로 보고, 금융리스 외의 리스로 구분되면 그 리스자산은 리스회사의 감가상각자산으로 본다(법령 §24⑤). 리스이용자가 리스로 인하여 수입하거나 지급하는 리스료(리스개설직접원가를 제외한다)의 익금과 손금의 귀속사업연도는 기업회계기준으로 정하는 바에 따른다. 다만, 한국채택국제회계기준을 적용하는 법인의 금융리스 외의 리스자산에 대한 리스료의 경우에는 리스기간에 걸쳐 정액기준으로 손금에 산입한다(법칙 §35).

(10) 그 밖의 익금과 손금의 귀속사업연도

「법인세법 시행령」제71조【임대료 등 기타 손익의 귀속사업연도】를 적용할 때 「법인세법 시행규칙」에서 별도로 규정한 것 외의 익금과 손금의 귀속사업연도는 그 익금과 손금이 확정된 날이 속하는 사업연도로 한다(법칙 §36).

제36조【기타 손익의 귀속사업연도】

영 제71조 제7항을 적용할 때 이 규칙에서 별도로 규정한 것 외의 익금과 손금의 귀속사업연도는 그 익금과 손금이 확정된 날이 속하는 사업연도로 한다.

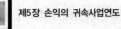

5. 전기오류수정손익

1. 전기오류수정손익의 개념

전기오류수정손익이란, 전기 또는 그 이전기간의 손익에 관한 오류를 당기에 발견하여 수정한 것을 말한다. 이러한 오류에는 산술적 계산오류, 회계정책의 적용 오류, 사실의 간과 또는 해석의 오류 및 부정 등의 영향을 포함한다(K-IFRS 1008호 문단 5).

K-IFRS와 일반기업회계기준에서는 전기오류수정손익을 다음과 같이 처리한다.

K-IFRS 제1008호	일반기업회계기준 제5장
- 중요한[*1]오류 : 소급법을 적용하여 오류가 발생한 과세기간의 재무제표가 비교표시되는 경우에는 그 재무정보를 재작성함. 당기에는 이월이익잉여금에 반영함(문단 42).	- 중대한 오류[*2] : 좌동(문단 5.19)
- 중요하지 않은 오류 : 당기손익에 반영(문단 42)	- 중요하지 않은 전기오류수정손익 : 영업외손익 중 전기오류수정손익으로 보고(문단 5.19)

*1 중요성 : 어떠한 항목이 개별적으로나 집합적으로 재무제표에 기초한 경제적 의사결정에 영향을 미치는 경우
*2 중대한 오류 : 재무제표의 신뢰성을 심각하게 손상할 수 있는 매우 중요한 오류

2. 세무상 처리

세법은 전기오류수정손익에 대하여 별도의 규정을 두고 있지 않으므로 전기오류수정손익은 전기오류수정손익을 계상한 해당 사업연도의 익금과 손금이 아니라, 그 익금이나 손금이 확정된 날이 속하는 종전 사업연도의 익금과 손금이다(대법원 2003두 6870, 2004. 9. 23.).

따라서 전기오류수정손익이 확정된 과거의 사업연도에 대하여 「국세기본법」에 따라 수정신고 또는 경정청구를 하고, 당해 사업연도의 당기순이익에 포함된 손익을 제거하는 세무조정을 해야 한다.

다만, 결산조정사항은 계상한 사업연도의 손익으로 보므로 전기에 과소계상한 감가상각비나 퇴직급여충당금을 전기오류수정손실로 계상한 경우에는 계상한 사업연도의 손금으로 보아 세무조정을 하여야 한다.

사례 » 전기오류수정이익에 대한 세무조정

2024. 5. 3.에 ㈜한공은 2023년에 신용카드 매입거래로 발생한 매입세액을 부가세대급금으로 회계처리하지 않고 판매비와 관리비로 회계처리한 것을 발견하고 부가가치세는 경정청구하고 법인세는 수정신고하기로 하였다. ㈜한공은 다음과 같이 회계처리하였다.

---

① 신용카드 매입거래 발생

(차) 판 매 관 리 비   50,000,000   (대) 미 지 급 금   55,000,000
　　판매관리비(매입세액)   5,000,000

② 2024 사업연도 전기오류수정이익 반영

(차) 부 가 세 대 급 금   5,000,000   (대) 전기오류수정이익   5,000,000
　　　　　　　　　　　　　　　　　　　　　　(영업외수익)

이 자료로 2023년에 대한 수정신고와 2024년 법인세 신고를 위한 세무조정을 하시오.

▌해답 ▌

구 분	세무조정
2023년에 대한 수정신고	<손금불산입> 부가세대급금 5,000,000(유보)
2024년에 대한 세무조정	<익금불산입> 부가세대급금 5,000,000(△유보)

내국법인이 당해 사업연도 이전에 부가가치세 매입세액을 판매관리비로 계상하여 과다하게 손금산입한 후 당해 사업연도에 전기오류수정이익으로 익금에 산입한 경우 동 전기오류수정이익은 당해 사업연도의 소득금액 계산상 익금불산입하는 것이며, 당초의 귀속 사업연도에 따라 국세기본법 제45조 규정에 의해 과세표준수정신고서를 제출해야 한다(서면 – 2020 – 법인 – 3837 [법인세과 – 3819], 2020. 10. 28.).

제6장

자산·부채의
취득 및 평가

1. 개 요

자산평가에 따라 재무상태와 경영성과가 달라지므로 자산평가는 기업회계상 매우 중요하다. 기업회계는 신뢰성 있는 회계정보를 제공하기 위하여 자산을 역사적 원가에 의하여 평가하는 것을 원칙으로 한다. 그러나 취득가액과 공정가치가 다른 경우 공정가치에 의한 측정이 역사적원가에 의한 측정보다 더 유용한 정보를 제공할 수 있으므로 시가에 대한 객관적인 정보를 입수할 수 있는 자산은 시가법을 적용하고 있다. 그리고 자산이 손상된 경우에는 보수주의의 관점에서 저가법을 적용하여 손상차손을 인식하고 있다.

자산평가에 따라 과세소득이 달라지므로 세법은 자산평가에 대한 상세한 규정을 두고 있다. 그러나 과세형평이나 조세저항 해소의 관점에서 보면, 시가법보다는 원가법이 더 적절하다. 시가법을 적용하게 되면, 미실현이익에 대한 과세로 조세저항이 유발되고, 미실현손실의 공제로 조세수입이 감소하기 때문이다. 이에 따라 세법은 자산을 원가법으로 평가하며, 보유기간 중에 자산의 장부가액을 증액하거나 감액하는 것을 허용하지 않는 것을 원칙으로 한다.

2. 취득가액에 대한 일반규정

1. 자산의 취득가액

기업이 자산의 취득하는 경우 기업회계에서는 매입원가(또는 제작원가·건설원가)에 경영진이 의도하는 방식으로 자산을 가동하는 데 필요한 장소와 상태에 이르게 하는 데 직접 관련되는 모든 원가를 자산의 취득가액으로 한다. 경영진이 의도하는 장소와 상태에 이르게 하는데 직접 관련되는 모든 원가가 기계의 취득가액이 된다. 이 사례에서는 취득가액에는 다음과 같은 것들이 포함될 수 있다.

① 기계의 매입가격(만일, 매입할인을 받았다면 매입할인은 취득가액에서 차감한다)
② 운송비
③ 관세 및 통관수수료
④ 설치장소 준비원가
⑤ 설치비 및 설치에 필요한 전문가 수수료
⑥ 시운전비

💡 주의 **시운전과정에서 생산된 시제품의 순매각금액의 처리**

> 기계장치를 설치하고 시운전하는 과정에서 생산된 시제품을 매각하는 경우 일반기업회계기준과 법인세법은 순매각금액(매각금액에서 매각부대비용을 뺀 금액)을 유형자산의 취득원가에서 차감하나, K-IFRS에서는 당기손익으로 처리한다.
>
> | 구 분 | 시운전 과정에서 시제품의 매각액의 처리 |
> | --- | --- |
> | K-IFRS | 시제품의 매각금액과 관련 원가를 당기 손익으로 인식한다(K-IFRS 1016호 문단 20A). 종전에는 시제품의 순매각금액을 유형자산의 취득가액에서 차감하였으나, 2020년 9월 개정시 당기손익으로 처리하도록 개정하였다. |
> | 일반기업 회계기준 | 유형자산이 정상적으로 작동되는지 여부를 시험하는 과정에서 생산된 재화(예 : 장비의 시험과정에서 생산된 시제품)의 순매각금액은 당해 유형자산의 취득원가에서 차감한다(일반기준 문단 10.8). |
> | 법인세법 | 설치중인 기계장치의 시운전 기간 중 생산된 시제품을 처분하여 회수된 금액은 기계장치의 자본적 지출에서 차감한다(법기통 23-31…1). |

법인세법 제41조와 동 시행령 제72조에는 자산의 취득가액에 대한 규정을 두고 있다. 그 규정의 내용은 기업회계의 자산의 취득가액에 대한 규정과 거의 유사하다. 다만, 합병·분할·교환 등 일정한 경우에는 조세정책적 목적에 맞게 기업회계의 취득가액을 수정해서 사용하고 있다. 이하 법인세법상 자산의 취득가액에 대하여 살펴보자.

1-1. 매입한 자산의 취득가액

(1) 단기금융자산 등 외의 자산

1) 자산의 취득가액

타인으로부터 매입한 자산[기업회계기준에 따라 단기매매목적으로 분류된 금융자산 및 파생상품(이하 "단기금융자산 등"이라 함)은 제외한다]은 매입가액에 취득세(농어촌특별세와 지방교육세를 포함한다)·등록면허세 그 밖의 부대비용을 가산한 금액을 취득가액으로 한다 (법령 §72②(1)).

(2) 단기금융자산 등

기업회계기준에 따라 단기매매항목으로 분류된 금융자산 및 파생상품을 매입하는 경우에는 해당 금융자산을 매입 당시 매입가액으로 하고 부대비용은 비용으로 처리한다(법법 §41① (1) 및 법령 §72①(5)의2).

종전에 세법은 단기금융자산 등은 매입가액에 부대비용을 더한 금액을 취득가액으로 하였다. 그러나 K-IFRS과 일반기업회계기준이 2011년부터 매입가액만 취득가액으로 하도록 함에 따라 기업의 세무조정의 부담을 덜어 주기 위하여 단기금융자산 등의 취득기업회계기준과 일치시켰다.

┃ 사례 》 유가증권의 매입

㈜한공은 주식을 1,000,000원에 매입하고 취득부대비용 20,000원을 지출하였다. 그 주식이 단기매매증권인 경우와 매도가능증권인 경우의 회계처리를 하시오.

┃ 해답 ┃

구 분	회계처리			
단기매매증권	(차) 단기매매증권 1,000,000 비 용 20,000		(대) 현 금 1,020,000	
매도가능증권	(차) 매도가능증권 1,020,000		(대) 현 금 1,020,000	

(3) 일괄매입한 자산

법인이 토지와 그 토지에 정착된 건물 및 그 밖의 구축물 등을 함께 취득하여 토지의 가액과 건물 등의 가액의 구분이 불분명한 경우 「법인세법」 제52조 제2항에 따른 시가에 비례하여 안분계산한다(법령 §72②(1)). 시가가 불분명한 경우에는 「법인세법 시행령」 제89조 제2항의 순서에 따라 감정평가법인 등이 감정한 가액(주식등 및 가상자산은 제외), 「상속세 및 증여세법」을 준용하여 평가한 가액을 순서대로 적용하여 계산한 금액을 기준으로 안분계산한다(서이 46012-10645, 2002. 3. 27.).

<일괄매입한 자산의 안분계산기준>
① 시가 → ② 감정평가법인 등의 감정가액(주식등과 가상자산 제외) → ③ 상증세법상 평가액

📗 사례 » 일괄구입한 자산의 취득가액

㈜한공은 ㈜서울로부터 제21기 6월 1일에 토지와 건물을 12억원에 일괄취득하였으나 자산별 취득가액의 구분이 불분명하다. 취득 당시 토지와 건물의 시가는 불분명하나, 장부가액, 감정평가액, 기준시가는 다음과 같다.

구 분	㈜서울의 장부가액	감정평가법인의 감정가액	기준시가
토 지	3억원	10억원	8억원
건 물	3억원	5억원	4억원
계	6억원	15억원	12억원

㈜한공이 장부에 기장해야 하는 토지와 건물의 취득가액은 각각 구하시오.

📗 해답 📗

일괄매입가액을 토지와 건물의 시가로 안분계산한다. 시가가 불분명하므로 감정가액으로 안분계산한다.

- 토지 : 12억원 × $\dfrac{10억원}{15억원}$ = 8억원
- 건물 : 12억원 − 8억원 = 4억원

1-2. 외국자회사 주식의 취득가액 특례 23 신설

(1) 입법취지

내국법인이 외국자회사로부터 배당금을 받은 경우 법인세법 제18조의4에 따라 익금불산입하여 기타로 소득처분한다. 그런데, 내국법인이 외국자회사를 인수할 당시 유보되어 있는

이익잉여금을 재원으로 인수 후 배당을 받는 경우에는 인수 당시 유보된 잉여금으로 인하여 인수대가를 더 지급했을 것이므로 수입배당금액 익금불산입액은 투자주식에서 차감하는 것이 타당하다. 예를 들어, 내국법인 A가 2024년 1월초에 자본 200(자본금 100과 이익잉여금 100)이 있는 외국법인 B의 주식 전부를 200에 인수한 후 2024년 10월에 이익잉여금 100을 전부 배당을 받고 2024년 11월에 그 주식을 100에 매각한다고 가정하자. 이 경우 내국법인이 외국자회사의 수입배당금 익금불산입액을 기타로 소득처분하는 경우와 주식의 취득가액에서 차감하는 경우를 비교해 보자. 배당금에 대한 외국의 원천징수세액은 없다고 가정한다.

구 분	회계처리				세무조정	
					기타로 처분	주식취득가액 차감
주식취득	(차) 투자주식	200	(대) 예 금	200	–	–
배 당 금	(차) 예 금	100	(대) 배당금수익	100	익금불산입 95(기타)	익금불산입 95(△유보)
주식처분	(차) 예 금 투자주식처분손실	100 100	(대) 투자주식	200	–	익금산입 95(유보)

손익계산서상 배당금수익 100과 투자주식처분손실 100이 상쇄되어 당기순이익은 0이 된다. 그런데 기타로 소득처분하는 경우에는 익금불산입 95로 인하여 각 사업연도 소득은 결손금 95가 된다. 그러나 주식취득가액에서 차감하는 경우에는 익금불산입 95는 주식처분시 익금산입 95와 상쇄되어 각 사업연도 소득금액은 0이 된다. 이와 같이 외국자회사를 인수하기 전에 유보된 잉여금으로 배당을 받는 경우에 기타로 소득처분하면 외국자회사 주식 인수를 이용한 조세회피가 가능해 진다. 이에 따라 인수당시 외국자회사에 유보된 이익잉여금을 재원으로 배당을 받는 경우에는 수입배당금액 익금불산입액을 주식의 취득가액에서 차감하는 규정을 도입하여 2023. 1. 1. 이후 외국자회사를 인수하는 경우부터 적용하도록 하였다.

(2) 외국자회사 주식 취득가액 특례

내국법인이 2023. 1. 1. 이후 외국자회사를 인수하여 취득한 주식으로서 그 주식의 취득에 따라 내국법인이 외국자회사로부터 받은 수입배당금액이 다음의 요건을 모두 갖춘 경우에 해당하는 주식은 해당 주식의 매입가액에서 다음의 요건을 모두 갖춘 수입배당금액을 뺀 금액을 주식의 취득가액으로 한다(법법 §41①(1)의2, 법령 §72②(1)의2).
① 내국법인이 외국자회사의 의결권 있는 발행주식총수 또는 출자총액의 10%(해외자원개

발사업을 하는 외국법인의 경우에는 5%) 이상을 최초로 보유하게 된 날의 직전일 기준
이익잉여금을 재원으로 한 수입배당금액일 것
② "외국자회사 수입배당금액의 익금불산입" 규정에 따라 익금에 산입되지 않았을 것

사례 》 외국자회사 주식의 취득가액

㈜한국은 총발행주식 전부를 보유한 외국법인 B로부터 2024. 12. 30.에 현금배당금 1,000,000원
(배당기준일 2024. 10. 30.)을 받아 수익으로 계상하였다. 동 배당금이 "외국자회사 수입배당금액의
익금불산입" 적용대상인 경우 다음 case별로 수입배당금 익금불산입에 대한 세무조정과 소득처분
을 제시하시오.

	인수일	배당금의 재원
(case 1)	2022. 1. 5.	인수 직전일 기준 유보된 이익잉여금
(case 2)	2023. 1. 5.	인수 직전일 기준 유보된 이익잉여금
(case 3)	2023. 1. 5.	인수 후 발생한 이익잉여금

해답

(case 1) <익금불산입> 수입배당금액 950,000(기타)
　　　　2023. 1. 1. 전에 주식을 인수하였으므로 기타로 처분함.
(case 2) <익금불산입> 수입배당금액 950,000(△유보)
　　　　2023. 1. 1. 이후 주식을 인수하였고 인수 직전일 기준 이익잉여금을 재원으로 배당하였
　　　　으므로 주식의 취득가액에서 차감함.
(case 3) <익금불산입> 수입배당금액 950,000(기타)
　　　　2023. 1. 1. 이후 주식을 인수하였지만, 인수 후 발생된 이익잉여금을 재원으로 하는 배당
　　　　이므로 기타로 처분함.

1-3. 자기가 제조·생산 또는 건설 등으로 취득한 자산

자기가 제조·생산 또는 건설하거나 기타 이에 준하는 방법으로 취득한 자산의 취득원가는
원재료비·노무비·운임·하역비·보험료·수수료·공과금(취득세와 등록면허세 포함)·설치
비와 그 밖의 부대비용을 더한 금액으로 한다(법법 §41①(2) 및 법령 §72②(2)).

1-4. 현물출자에 따라 취득하는 자산

(1) 현물출자한 법인이 취득하는 주식

현물출자에 따라 출자법인이 취득한 주식(출자지분 포함)의 취득원가는 다음의 구분에
따른 금액으로 한다(법령 §72②(4)).

구 분	취득가액
출자법인*이 현물출자로 인하여 피출자법인을 새로 설립하면서 그 대가로 주식만 취득하는 경우	현물출자한 순자산의 시가
그 밖의 경우	취득한 주식의 시가

* 「법인세법」 제47조의2 【현물출자시 과세특례】 제1항 제3호에서는 다른 내국인 또는 외국인과 공동출자하는 경우에도 현물출자시 발생한 양도차익을 과세이연할 수 있도록 하고 있다. 그 규정에 따라 출자법인과 공동으로 출자한 자도 출자법인에 포함한다.

입법취지 **현물출자로 법인을 설립한 경우 현물출자한 순자산의 시가로 평가하는 이유**

현물출자로 주식을 취득한 경우 주식의 시가를 주식의 취득가액으로 해야 한다. 그런데 현물출자로 법인을 설립한 경우에는 신설법인은 비상장법인일 것이고 주식도 거의 거래되지 않을 것이므로 시가가 불분명할 것이다. 주식의 시가가 불분명하면 「상속세 및 증여세법」에 따른 보충적 평가방법으로 주식을 평가해야 한다(**법령 §89②**). 보충적 평가방법에서는 순손익가치와 순자산가치를 가중평균하여 비상장주식을 평가하는 것을 원칙으로 하되, 사업개시전의 법인, 사업개시 후 3년 미만 등 순손익을 평가하는 것이 의미가 없는 경우에는 순자산가치로 평가한다(**상증령 §54④**). 이에 따라 법인세법에서는 현물출자로 법인을 설립하면서 그 대가로 주식을 취득한 경우에는 현물출자한 순자산의 시가를 주식의 취득가액으로 하도록 규정한 것이다.

(2) 현물출자에 따라 취득하는 자산

현물출자에 따라 취득한 자산의 취득원가는 해당 자산의 시가로 한다(**법령 §72②(3)**).

▌사례 » **현물출자에 의하여 취득한 자산의 취득가액**

㈜A가 ㈜B에 토지(장부가액 100, 시가 500)를 현물출자하고 ㈜B가 발행한 주식(액면가액 100, 시가 520)을 교부받았다.

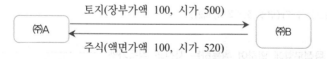

현물출자에 대한 세무상 회계처리를 하시오. 다만, ㈜A가 현물출자로 ㈜B를 설립한 경우와 ㈜A가 기존법인인 ㈜B에 현물출자한 경우로 구분하여 표시하시오(취득한 주식은 매도가능증권으로 할 것).

▌해답 ▌

구 분	㈜A	㈜B

현물출자로 법인을 설립한 경우	(차) 매도가능증권 500*1
	   (대) 토 지 100
	     유형자산처분이익 400
		(차) 토 지 500*3
		   (대) 자 본 금 100
		     주식발행초과금 400

기존법인에 현물출자한 경우	(차) 매도가능증권 520*2
	   (대) 토 지 100
	     유형자산처분이익 420	

*1 현물출자로 법인을 설립하는 경우에는 출자한 자산의 시가를 주식의 취득가액으로 한다.
*2 기존법인에 현물출자하는 경우에는 주식의 시가를 주식의 취득가액으로 한다.
*3 현물출자에 따라 취득한 토지는 취득당시 시가를 취득가액으로 한다.

1-5. 물적분할

물적분할은 회사의 특정사업부를 분할하여 신설법인을 만들고 그 법인의 주식을 받아 분할법인이 소유하는 형태의 분할이다. 물적분할은 현물출자에 의한 법인설립과 그 성격이 같으므로 자산의 취득가액도 현물출자에 의한 법인설립의 취득가액과 같다.

(1) 물적분할에 따라 취득하는 자산

물적분할에 의하여 취득하는 자산은 시가를 자산의 취득가액으로 한다(**법령** §72②(3)).

(2) 물적분할에 따라 취득하는 주식 등의 경우

물적분할에 따라 분할법인이 취득하는 주식(출자지분 포함)은 물적분할한 순자산의 시가를 취득가액으로 한다(**법령** §72②(3)의2).

▌**사례** » 물적분할에 의하여 취득하는 자산의 취득가액

㈜A는 전자사업부를 분할하여 ㈜B를 설립하였다. 물적분할시 전자사업부의 자산(유형자산으로 장부가액 200, 시가 500)과 차입금(100)은 ㈜B로 이전하고 ㈜B가 발행한 주식(액면가액 100)은 ㈜A가 받았다.

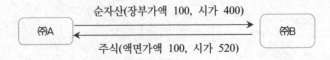

물적분할에 대한 세무상 회계처리를 하시오(취득한 주식은 투자주식으로 할 것).

▌ 해답 ▌

㈜A			㈜B		
(차) 차 입 금	100		(차) 유형자산	500*2	
투자주식	400*1		(대) 차 입 금	100	
(대) 유형자산		200	자 본 금	100	
처분이익		300	주식발행초과금	300	

*1 물적분할한 순자산의 시가 400(자산 500 - 부채 100)을 주식의 취득가액으로 한다.
*2 물적분할로 취득한 자산은 그 시가인 500을 취득가액으로 한다.

1-6. 합병 또는 인적분할에 따라 취득한 자산

(1) 합병 또는 인적분할에 따라 취득하는 자산

합병 또는 인적분할에 따라 취득한 자산의 취득원가는 다음의 구분에 따른 금액으로 한다(법령 §72②(3)).

구 분	취득가액
적격합병과 적격분할	장부가액(「법인세법 시행령」 제80조의4 제1항 또는 「법인세법 시행령」 제82조의4 제1항에 따른 장부가액임)
비적격합병과 비적격분할	해당 자산의 시가

(2) 합병 또는 인적분할에 따라 취득한 주식 등의 경우

합병 또는 인적분할에 따라 취득한 주식 등의 취득원가는 종전의 장부가액에 의제배당(법법 §16①(5) 또는 (6)의 금액)과 특수관계인으로부터 자본거래로 분여받은 이익(법령 §11(8)의 금액)을 더한 금액에서 합병대가 또는 분할대가 중 금전이나 그 밖의 재산가액의 합계액을 뺀 금액으로 한다(법령 §72②(5)).

종전의 장부가액 + 의제배당 + 특수관계인으로부터 자본거래로 분여받은 이익 – 금전 등 대가

사례 » 합병에 의하여 취득한 자산의 취득가액

㈜A가 ㈜B를 흡수합병하였으며, 합병당시 ㈜B의 순자산은 다음과 같다.

매출채권 100	차입금 100
유형자산 200	자본금 130
계 300	잉여금 70

유형자산의 시가는 500이고 매출채권과 차입금은 장부가액과 시가가 같다. ㈜A는 합병대가로 주식(액면가액 100, 시가 500)을 교부하였다. 합병당시 ㈜B의 주식은 ㈜C가 전부 소유하고 있고 주식의 취득가액은 100이다. 이 자료로 비적격합병과 적격합병으로 구분하여 ㈜A가 취득하는 자산(매출채권과 유형자산)의 취득가액과 ㈜C가 취득하는 주식의 취득가액을 구하시오. ㈜C가 특수관계인으로부터 분여받은 이익은 없다.

∎ 해답 ∎

구 분	㈜A의 자산의 취득가액	㈜C가 취득하는 주식의 취득가액
비적격합병	매출채권 100 유형자산 500	종전의 장부가액 + 의제배당 + 특수관계인으로부터 분여받은 이익 - 금전 등 대가 =100+400[*1] + 0=500
적격합병	매출채권 100 유형자산 200[*2]	100+0[*3]+0=100

[*1] 의제배당 = 합병대가 - 종전 주식의 취득가액 = 500 - 100 = 400
[*2] 합병법인이 합병으로 피합병법인의 자산을 승계한 경우에는 그 자산을 피합병법인으로부터 시가로 양도받은 것으로 본다. 이 경우 시가와 장부가액의 차액을 세무조정계산서에 계상해야 한다(법법 §44의3①).
[*3] 의제배당 = 합병대가 - 종전 주식의 취득가액 = Min[100, 500] - 100 = 0
　의제배당을 계산할 때 교부받은 주식은 비적격합병에서는 시가로 계산하나, 적격합병에서는 시가와 종전주식의 장부가액 중 작은 금액으로 계산한다.

1-7. 채무의 출자전환에 따라 취득한 주식 등의 경우

채무의 출자전환에 따라 취득한 주식 등의 취득원가는 취득당시의 시가로 한다. 다만, 채무자가 출자전환으로 인한 채무면제이익의 과세이연요건을 갖춘 채무의 출자전환인 경우 채무자가 채무면제이익을 과세이연할 것이므로 채권자도 출자전환으로 인한 손실을 인식하지 않기 위하여 출자전환된 채권의 장부가액을 주식의 취득가액으로 대체하여야 한다. 다만, 대손금이 손금불산입되는 채무보증으로 인한 구상채권과 특수관계인에 대한 업무무관가지급금도 장부가액을 대체해서 주식을 취득가액을 인식하면 손금불산입될 대손금이 주식의 장부가액으로 전환되어 주식 처분시 손금으로 공제받는 문제가 발생하므로 취득한 주식의 시가로 평가하여야 한다(법령 §72②(4)의2). 이 경우 '출자전환 채권의 장부가액'은 출자전환일 직전 사업연도 종료일 현재의 출자전환된 채권의 세무상 장부가액을 말한다(법규과-162, 2014. 2. 20.).

● 출자전환에 따라 취득한 주식의 취득가액 ●

구 분		주식의 취득가액
채무면제이익의 과세이연요건을 구비하지 못한 경우		취득당시 시가
채무면제이익의 과세이연요건을 구비한 경우	특수관계인에 대한 업무무관 가지급금과 보증채무대위변제 구상채권	취득당시 시가
	그 밖의 채권	출자전환한 채권의 장부가액

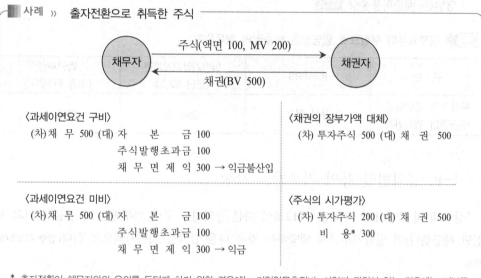

사례 》 출자전환으로 취득한 주식

주식(액면 100, MV 200)

채무자 ⟶ 채권자

채권(BV 500)

〈과세이연요건 구비〉
　(차)채　무 500 (대)자　　본　　금 100
　　　　　　　　　　주식발행초과금 100
　　　　　　　　　　채 무 면 제 익 300 → 익금불산입

〈채권의 장부가액 대체〉
　(차)투자주식 500 (대)채　권　500

〈과세이연요건 미비〉
　(차)채　무 500 (대)자　　본　　금 100
　　　　　　　　　　주식발행초과금 100
　　　　　　　　　　채 무 면 제 익 300 → 익금

〈주식의 시가평가〉
　(차)투자주식 200 (대)채　권　500
　　　비　용* 300

* 출자전환이 채무자와의 우의를 두텁게 하기 위한 경우에는 기업업무추진비, 사업과 관련이 없는 경우에는 기부금, 채권의 일부를 회수하기 위한 불가피한 경우에는 대손상각비로 처리한다. 그러나 특수관계인에게 부당하게 이익을 분여한 경우에는 부당행위계산의 부인규정에 따라 비용을 전액 손금불산입한다.

1-8. 정부로부터 무상으로 할당받은 배출권의 경우

(1) 개 요

온실가스의 배출을 감축하기 위하여 정부는 기업이 배출할 수 있는 온실가스 배출허용량을 할당하고 기업은 그 범위 내에서 온실가스를 감축하되, 각 기업이 감축을 해서 허용량이 남을 경우 다른 기업에 남는 배출허용량을 판매할 수 있고, 반대로 허용량이 부족할 경우 다른 기업으로부터 부족한 허용량을 구입할 있다. 2015. 2. 3. 「법인세법 시행령」에 「온실가스 배출권의 할당 및 거래에 관한 법률」 제12조에 따라 기업이 정부로부터 무상으로 할당받은 배출권을 영(0) 원으로 평가하는 규정을 신설하였고, 2024. 2. 29. 「법인세법 시행령」 개정시 「대기관리권역의 대기환경개선에 관한 특별법」 제17조에 따라 정부로부터 무상으로 할당받은 배출허용총량도 영(0) 원으로 평가하는 규정을 신설하였다(법령 §72②(6)).

(2) 정부로부터 무상으로 할당받은 배출권과 배출허용총량의 평가

정부로부터 무상으로 할당받은 다음의 배출권과 배출허용총량의 취득가액은 영(0) 원으로 한다.

① 「온실가스 배출권의 할당 및 거래에 관한 법률」 제12조에 따라 정부로부터 무상으로 할당받은 배출권

② 「대기관리권역의 대기환경개선에 관한 특별법」 제17조에 따라 정부로부터 무상으로 할당받은 배출허용총량 24 신설

<비교> 정부로부터 무상으로 할당받은 배출권의 취득원가

구 분	K-IFRS	일반기업회계기준 (문단 33.3)	법인세법 (법령 §72②(7))
무상으로 할당받은 배출권의 취득원가	규정 없음	영(0) 원	영(0) 원

1-9. 공익법인 등이 기부받은 자산

「상속세 및 증여세법 시행령」 제12조에 따른 공익법인 등이 기부받은 자산(금전 외의 자산만 해당한다)이 일반기부금에 해당하는 경우 다음 금액을 취득가액으로 한다(법령 §72②(5) 의3).

구 분	취득가액
특수관계인 외의 자로부터 기부받은 자산	기부자의 장부가액 (기부자가 비사업자 개인인 경우에는 「소득세법 시행령」 제89조에 따른 취득가액)*
특수관계인으로부터 기부받은 자산	시가

* 증여세 과세가액에 산입되지 않은 출연재산이 그 후에 과세요인이 발생하여 그 과세가액에 산입되지 않은 출연재산에 대하여 증여세의 전액이 부과되는 경우에는 기부 당시의 시가를 취득가액으로 한다.

▌사례 》 공익법인 등이 기부받은 자산

㈜A가 「상속세 및 증여세법 시행령」 제12조에 따른 공익법인 B에 토지(장부가액 100, 시가 500)를 기부하였다.

㈜A	토지(장부가액 100, 시가 500) →	공익법인B
	(일반기부금에 해당)	

㈜A와 공익법인 B가 특수관계가 아닌 경우 ㈜A가 장부가액을 기부금으로 보므로 공익법인 B도 ㈜A의 장부가액을 토지의 취득가액으로 한다.

그러나 ㈜A와 B장학재단이 특수관계인 경우 ㈜A는 토지의 장부가액과 시가 중 큰 금액을 기부금으로 보므로 B장학재단도 시가와 장부가액 중 큰 금액을 토지의 취득가액으로 보아야 하나, 「법인세법」은 시가를 취득가액으로 규정하고 있다. 이에 따라 시가가 장부가액보다 작은 경우 ㈜A는 장부가액을 기부한 것으로 보나, B장학재단은 시가를 기부받은 자산의 취득가액으로 처리하여 기부자의 기부금액과 수증자의 취득가액이 달라진다.

이에 대한 입법상 보완이 요구된다.

1-10. 그 밖의 방법으로 취득한 자산

그 밖의 방법으로 취득한 자산의 취득원가는 취득당시의 시가로 한다(법령 §72②(7)).

교환으로 취득한 자산과 증여받은 자산은 취득 당시 시가를 취득가액으로 한다(법령 §72②(6)). 부대비용이 있으면 취득가액에 가산한다.

(1) 교환에 의하여 취득한 자산

① K-IFRS : 교환거래에 상업적 실질이 있는 경우에는 제공한 자산의 공정가치로 측정하되, 취득한 자산의 공정가치가 제공한 자산의 공정가치보다 더 명백한 경우에는 취득한 자산의 공정가치를 취득가액으로 한다. 그러나 상업적 실질이 결여된 경우에는 수익창출과정이 완료되지 않았기 때문에 교환에 따른 거래손익을 인식하지 않아야 하므로 제공한 자산의 장부가액을 교환으로 취득한 새로운 자산의 취득가액으로 대체한다(K-IFRS 1016호 문단 24).

② 일반기업회계기준 : 다른 종류의 자산과의 교환으로 취득한 유형자산의 취득원가는 교환을 위하여 제공한 자산의 공정가치로 측정한다. 다만, 교환을 위하여 제공한 자산의 공정가치가 불확실한 경우에는 교환으로 취득한 자산의 공정가치를 취득원가로 할 수 있다. 자산의 교환에 현금수수액이 있는 경우에는 현금수수액을 반영하여 취득원가를 결정한다(문단 10.18). 다만, 동일한 업종 내에서 유사한 용도로 사용되고 공정가치가 비슷한 동종자산과의 교환인 경우에는 제공된 유형자산으로부터의 수익창출과정이 아직 완료되지 않았기 때문에 교환에 따른 거래손익을 인식하지 않기 위하여 교환으로 받은 자산의 원가는 교환으로 제공한 자산의 장부금액으로 한다.

③ 법인세법 : 상업적 실질 여부 또는 동종자산 여부에 관계없이 교환으로 취득한 자산은 취득 당시 시가를 취득가액으로 한다(법법 §72②(6)).

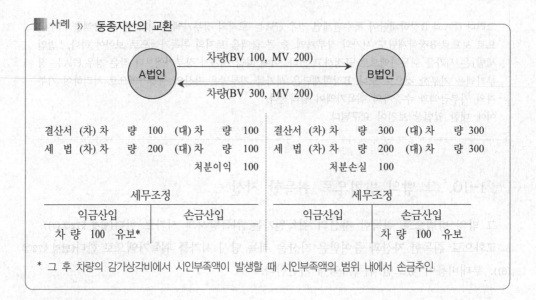

■ 사례 » 동종자산의 교환

A법인 → 차량(BV 100, MV 200) → B법인

A법인 ← 차량(BV 300, MV 200) ← B법인

결산서 (차)차 량 100 (대)차 량 100	결산서 (차)차 량 300 (대)차 량 300
세 법 (차)차 량 200 (대)차 량 100	세 법 (차)차 량 200 (대)차 량 300
처분이익 100	처분손실 100

세무조정		세무조정	
익금산입	손금산입	익금산입	손금산입
차 량 100 유보*			차 량 100 유보

* 그 후 차량의 감가상각비에서 시인부족액이 발생할 때 시인부족액의 범위 내에서 손금추인

(2) 무상으로 취득한 자산

법인이 무상으로 받은 토지의 가액은 당해 토지의 취득당시의 시가에 의하는 것이며, 시가가 불분명한 경우에는 감정평가법인이 감정한 가액에 의하고, 감정한 가액이 없는 경우에는 「상속세 및 증여세법」 제61조의 규정에 따라 평가한 가액으로 한다(법인-144, 2013. 3. 12.).

2. 보유하는 자산에 법 소정 사유가 발생한 경우의 취득가액

법인이 보유하는 자산에 대하여 다음의 어느 하나에 해당하는 사유가 발생한 경우의 취득가액은 다음과 같다(법령 §72⑤).

구 분	법 소정 사유 발생 후의 취득가액
자본준비금을 감액하여 배당을 받아 익금불산입된 경우	그 금액을 차감(내국법인이 보유한 주식의 장부가액을 한도로 함)한 금액
보험업법 등 법률에 따라 자산을 평가증한 경우	그 평가액
파손·부패 등으로 인한 재고자산의 평가손실을 계상한 경우	그 평가액
천재지변·화재·수용·폐광으로 인하여 유형자산평가손실을 계상한 경우	

구 분	법 소정 사유 발생 후의 취득가액
부도, 회생계획인가결정, 부실징후기업이 된 경우, 파산으로 인한 주식의 평가손실을 계상한 경우	
동일한 내국법인이 발행주식총수 또는 출자총액을 소유하고 있는 서로 다른 법인 간에 합병하는 경우 합병으로서 합병법인으로부터 합병대가로 취득하는 주식등이 없는 경우	해당 피합병법인 주식등의 취득가액(주식등이 아닌 합병대가가 있는 경우에는 그 합병대가의 금액을 차감한 금액으로 함)을 가산한 금액
자본적 지출이 있는 경우	그 금액을 가산한 금액
합병 또는 분할합병으로 받은 특수관계인으로부터 자본거래로 분여받은 이익이 있는 경우	그 이익을 가산한 금액

3. 취득가액의 특수문제

(1) 고가매입

법인이 자산을 시가보다 고가로 매입한 경우 양도자가 특수관계인이면 부당행위계산의 부인규정을 적용하여 시가초과액을 취득가액으로 보지 않는다. 그러나 거래상대방이 특수관계인이 아니면 기부금의제 규정을 적용하여 정상가액(시가의 130%)을 초과하는 금액을 취득가액으로 보지 않는다(법령 §88①(1), §35).

구 분	고가매입시 처리
특수관계	시가초과액은 부당행위계산의 부인 금액이므로 취득가액으로 보지 않음.
비특수관계	시가의 130% 초과액은 기부금이므로 취득가액으로 보지 않음.

▎사례 » 고가매입

㈜갑(사업연도 : 1. 1.~12. 31.)은 20×1년 초에 ㈜을로부터 시가가 5억원인 건물을 10억원에 구입하고 유형자산으로 계상하였다.

건물의 신고내용연수는 10년이다. 회사는 해당 건물에 대하여 감가상각비 1억원을 비용으로 계상하였다. ㈜갑과 ㈜을이 특수관계인 경우와 특수관계가 아닌 경우로 구분하여 ㈜갑에 대한 세무조정을 하시오.

▎해답▎

1. 특수관계인 경우

익금산입 및 손금불산입			손금산입 및 익금불산입		
과 목	금 액	처 분	과 목	금 액	처 분
부당행위	500,000,000[*1]	기타사외유출	건물	500,000,000	유보
건물	50,000,000[*2]	유보			

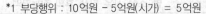

*1 부당행위 : 10억원 − 5억원(시가) = 5억원

*2 △유보에 대한 감가상각비 : $100,000,000 \times \dfrac{5억원}{10억원} = 50,000,000$

특수관계인 경우에는 시가초과액 5억원을 부당행위로 본다. 부당행위에 해당하는 금액을 건물로 계상하였으므로 손금산입하여 △유보로 처분하여 자산을 감액하는 한편, 동 금액을 익금산입하여 기타사외유출로 처분한다. 건물의 감가상각비 중 △유보에 해당하는 감가상각비를 손금불산입한다.

2. 특수관계가 아닌 경우

익금산입 및 손금불산입			손금산입 및 익금불산입		
과 목	금 액	처 분	과 목	금 액	처 분
비지정기부금	350,000,000[*1]	기타사외유출	건물	350,000,000	유보
건물	35,000,000[*2]	유보			

*1 기부금의제액 : 10억원 − 5억원 × 130% = 3억5천만원

*2 △유보에 대한 감가상각비 : $100,000,000 \times \dfrac{3억5천만원}{10억원} = 35,000,000$

특수관계가 아닌 경우에는 정상가액(시가의 130%)을 초과하는 금액 3억5천만원을 비지정기부금으로 본다. 비지정기부금을 건물로 계상하였으므로 손금산입 △유보로 처분하여 자산을 감액하는 한편, 동 금액을 손금불산입하여 기타사외유출로 처분한다. 건물의 감가상각비 중 △유보에 해당하는 감가상각비를 손금불산입한다.

(2) 저가매입

법인이 자산을 시가보다 저가로 매입한 경우에는 실제 매입가액을 취득가액으로 본다. 다만, 특수관계인 개인으로부터 유가증권을 시가보다 저가로 매입한 경우에는 시가와 매입가액의 차액을 익금으로 보고, 그 금액을 자산의 취득가액에 포함한다(법법 §15②(1)).

구 분	저가매입시 처리
특수관계인 개인으로부터 유가증권의 저가매입	시가와 매입가액의 차액을 익금산입하고 취득가액에 가산함.
위 외의 경우	실제매입가액을 취득가액으로 함.

(3) 강제매입채권

기업회계기준은 자산 취득과 관련하여 강제매입한 채권은 현재가치를 채권의 취득가액으로 하고, 매입가액과 현재가치의 차액은 해당 자산의 취득원가에 산입한다. 반면에, 종전의 「법인세법」은 강제매입채권을 실제 매입가액을 취득가액으로 하였다. 이러한 차이로 인하

여 강제매입채권을 기업회계기준에 따라 현재가치로 평가한 경우 그 차이에 대하여 세무조정을 하였는데, 그 자산이 유형자산인 경우 내용연수 동안 세무조정을 해야 하므로 세무조정 업무의 부담이 상당하였다.

법인의 세무조정 업무의 부담을 덜어 주기 위하여 유형자산의 취득과 관련된 강제매입채권의 매입가액과 현재가치의 차액을 유형자산의 취득가액으로 계상한 경우 그 회계처리를 수용하는 특례규정을 신설하여 2006년부터 적용하고 있다(법령 §72③(3)). 유형자산과 함께 취득한 강제매입채권만 현재가치평가를 허용하므로 재고자산과 함께 취득한 강제매입채권은 명목가치로 평가하여야 하는 점에 유의하여야 한다.

◎ 강제매입채권 ◎

구 분	취득가액
원 칙	실제 매입가액을 채권의 취득가액으로 함.
특 례	유형자산과 함께 취득한 강제매입채권에 대하여 현재가치만 계상하고 매입가액과 현재가치의 차액을 해당 유형자산의 취득가액으로 계상한 경우 → 수용

■ 사례 » 강제매입채권의 평가

건물 취득과 관련된 채권을 매입. 그 건물이 유형자산인 경우와 재고자산인 경우의 세무조정

구 분	명목가치평가	현재가치평가
① 결산서	(차) 채 권 10,000 (대) 현 금 10,000	(차) 채 권 7,000 (대) 현 금 10,000 건 물 3,000
② 세무조정		
• 유형자산	–	–
• 재고자산	–	<익금산입> 채 권 3,000(유보) <손금산입> 건 물 3,000(△유보)

4. 장기할부조건으로 취득한 자산의 취득가액

(1) 개 요

종전에 기업회계기준과 「법인세법」은 장기할부조건으로 매입한 자산을 명목가치로 평가하였다. 그러나 기업회계기준은 장기할부조건으로 취득한 자산에 대한 현재가치평가제도를 1990. 3. 29.에 도입하였으나, 세법은 종전과 같이 명목가치로 평가하였으므로 기업회계기준에 따라 현재가치로 평가한 기업들은 명목가치와 현재가치의 차이에 대하여 세무조정을

하였다. 그러나 이 세무조정은 취득한 자산의 내용연수에 걸쳐 해야 하므로 세무조정 업무 부담이 상당하였다. 기업들은 기업회계기준과 세법을 일치시켜 세무조정의 부담을 덜어달라고 요구하였고, 정부는 요구를 받아들여 1994. 12. 31. 장기할부조건으로 매입한 자산에 대하여 현재가치로 평가한 경우 이를 수용하여 세무조정하지 않도록 하는 규정을 「법인세법 시행령」에 신설하여 1995. 1. 1.부터 적용하도록 하였다.

(2) 장기할부조건으로 매입한 자산에 대한 「법인세법」 규정

정부에서 장기할부조건으로 매입한 자산에 대하여 현재가치평가를 수용하도록 한 것은 명목가치로 평가하든, 현재가치로 평가하든 사업연도별로 소득금액의 차이는 있으나 그 차이는 일시적 차이에 불과하여 국가 재정수입에 실질적인 차이가 없기 때문이다.

그런데 현재가치로 평가한 경우 현재가치할인차금을 계상하고 이를 상각하여 지급이자로 처리한다. 현재가치할인차금상각액을 지급이자로 보면 명목가치평가와 현재가치평가에 따라 지급이자 손금불산입액과 수입배당금액 익금불산입액이 달라지며, 원천징수와 지급명세서 제출의무가 생기므로 「법인세법」은 현재가치할인차금상각액에 대하여 다음과 같은 규정을 두고 있다(법령 §72④(1)).

첫째, 장기할부조건으로 매입한 자산에 대하여 결산상 계상한 현재가치할인차금은 기업회계기준에 따라 유효이자율법으로 상각하여야 한다.

둘째, 현재가치로 평가한 법인은 현재가치할인차금 상각액을 결산상 지급이자로 계상해도 세무상 지급이자로 보지 않으므로 다음과 같이 처리한다(법령 §72⑥).

① 현재가치할인차금은 수입배당금액 익금불산입과 지급이자 손금불산입시 지급이자로 보지 아니한다.

② 현재가치할인차금은 원천징수대상이 아니며 지급명세서 제출대상이 아니다.

▎사례 » 장기연불매입

㈜한공(사업연도 1. 1.~12. 31.)은 제21기 초에 기계장치를 3,000,000원(신고내용연수 6년, 정액법, 잔존가액 0)에 매입하되, 매입대금은 무이자부 어음을 발행하여 지급하고 대금은 제21기 말부터 매년 말에 1,000,000원씩 지급하기로 하였다. 해당 채무의 현재가치는 2,486,800원(유효이자율 10%, 3년에 대한 연금현가계수는 2.4868)이다. 회사가 다음과 같이 회계처리한 경우 상황별로 제21기의 세무조정을 하시오.

구 분	명목가치로 평가한 경우	현재가치로 평가한 경우
취득	(차) 기계장치 3,000,000 　(대) 장기미지급금　3,000,000	(차) 기계장치　　　　　　　2,486,800 　　현재가치할인차금　　　513,200 　　(대) 장기미지급금　　3,000,000

구 분	명목가치로 평가한 경우	현재가치로 평가한 경우
현재가치 할인차금 상각	–	(차) 이자비용　　　　　　248,680* 　　(대) 현재가치할인차금　　248,680 * 2,486,800 × 10% = 248,680
감가상각	(차) 감가상각비 500,000* 　　(대) 감가상각누계액　500,000 * 3,000,000 ÷ 6 = 500,000	(차) 감가상각비　　　　　414,466* 　　(대) 감가상각누계액　　414,466 * 2,486,800 ÷ 6 = 414,466

❚ 해답 ❚

명목가치로 평가하든 현재가치로 평가하든 세무조정은 없다.

감가상각비는 결산조정사항이나, 현재가치할인차금상각은 강제조정사항인 점에 유의하여야 한다. 결산상 감가상각비와 현재가치할인차금상각액을 계상하지 않은 경우 감가상각비는 세무조정을 할 수 없으나, 현재가치할인차금상각액은 손금산입으로 세무조정해야 한다.

(3) 장기금전대차거래에 대한 현재가치 평가 배제

기업회계에서는 장기금전대차거래에서 발생하는 채권·채무로서 명목가치와 현재가치의 차이가 중요한 것은 현재가치로 평가하나, 「법인세법」은 장기금전대차거래에 대하여 현재가치평가를 인정하지 않는다(법기통 42 - 0…1).

따라서 장기금전대차거래에서 발생하는 채권·채무를 현재가치로 평가하여 명목가액과 현재가치의 차액을 현재가치할인차금으로 계상하여 당기손익으로 처리한 경우 이를 익금 또는 손금에 산입하지 아니하며, 추후 현재가치할인차금을 상각 또는 환입하면서 이를 이자비용 또는 이자수익으로 계상한 경우에도 각 사업연도 소득금액계산상 익금 또는 손금으로 산입하지 아니한다.

❚ 사례 ❚ 　장기금전대차거래

㈜한공은 제21기(1. 1.~12. 31.)에 특수관계 없는 ㈜세무에게 3년 후 일시상환, 무이자 조건으로 1,000,000원을 대여하였다. 그 채권과 채무의 현재가치는 751,310원(유효이자율 10%)이다. ㈜갑과 ㈜을이 다음과 같이 회계처리한 경우의 세무조정을 하시오.

① 명목가치로 평가한 경우

구 분	㈜갑	㈜을
대여	(차) 장기대여금　　　1,000,000 　　(대) 현　금　　　　　　1,000,000	(차) 현　금　　　　　1,000,000 　　(대) 장기차입금　　　　1,000,000

② 현재가치로 평가한 경우

구 분	㈜갑	㈜을
대여	(차) 장기대여금　　　 1,000,000 　　　 기 부 금 　　　 248,690 　(대) 현　　　　 금 　1,000,000 　　　 현재가치할인차금 248,690	(차) 현　　금　　　　 1,000,000 　　　 현재가치할인차금 248,690 　(대) 장기차입금 　　 1,000,000 　　　 자산수증이익 　　 248,690
상각	(차) 현재가치할인차금 75,131 　(대) 이 자 수 익 　　 75,131	(차) 이 자 비 용 　　 75,131 　(대) 현재가치할인차금 　75,131

┃ 해답 ┃

① 명목가치로 평가한 경우 : 세무조정 없음.

② 현재가치로 평가한 경우

구 분	㈜한공	㈜세무
대여	<손금불산입> 현재가치할인차금　248,690 (유보)	<익금불산입> 현재가치할인차금　248,690 (△유보)
상각	<익금불산입> 현재가치할인차금　75,131 (△유보)	<손금불산입> 현재가치할인차금　75,131 (유보)

5. 연지급수입의 경우

(1) 개 요

　　외국에서 물품을 수입하는 경우에 지급이자가 발생할 수 있다. 예를 들어, 법인이 호주에서 원재료인 철광석을 기한부 신용장방식으로 수입하면서 거래은행에서 선적서류를 먼저 받아 수입물품을 먼저 인수하고 수입대금은 2개월 후에 10,100(수출상에 대한 2개월분 이자 100 포함)을 지급하기로 하였다. 거래은행은 2개월 후 수출상에게 수입대금 10,100을 지급하고, 법인은 3개월 후에 거래은행에 이자 200을 포함하여 10,300을 지급하였다.

　　이 사례에서 법인이 은행에 지급한 금액 10,300은 다음과 같이 세 가지로 구성되어 있다.

철광석 구입액	10,000
수출상에 대한 이자	100
은행에 대한 이자	200
합계액	10,300

실무에서는 수출상에 대한 이자를 shipper's usance이자(신용장이 개설되지 않은 경우에는 D/A이자), 은행에 대한 이자를 banker's usance이자라고 하나 세법은 이를 통틀어서 연지급수입이자(延支給輸入利子)라고 한다.

연지급수입이자를 기업회계에서는 이자비용으로 처리하나(K-IFRS 1002호 문단 18, 일반기준 실7.3), 세법은 처음에는 수입물품의 취득가액으로 처리하였다. 기업회계기준에 따라 연지급수입이자를 이자비용으로 처리한 기업은 연지급수입이자를 수입물품의 취득가액으로 보는 세법과의 차이에 대하여 세무조정을 하였다. 그런데, 이 세무조정은 수입원재료의 취득가액이 달라져서 제품의 원가계산을 다시 해야 하므로 세무조정이 상당히 복잡했다.

기업들은 기업회계와 세무회계의 차이를 해소하여 세무조정의 부담을 덜어달라고 정부에 요구하였고, 정부는 요구를 받아들여 연지급수입이자를 지급이자로 처리한 경우에 이를 수용하여 세무조정하지 않도록 하는 규정을 「법인세법 시행령」에 신설하여 1995. 1. 1.부터 적용하도록 하였다.

(2) 연지급수입의 범위

연지급수입이란, 다음 중 어느 하나에 해당하는 수입을 말한다(법칙 §37③).

① 은행이 신용을 공여하는 기한부 신용장방식(banker's usance) 또는 공급자가 신용을 공여하는 수출자신용방식(shipper's usance)에 의한 수입방법에 의하여 그 선적서류나 물품의 영수일로부터 일정기간이 지난 후에 해당 물품의 수입대금 전액을 지급하는 방법의 수입

② 수출자가 발행한 기한부 환어음을 수입자가 인수하면 선적서류나 물품이 수입자에게 인도되도록 하고 그 선적서류나 물품의 인도일부터 일정기간이 지난 후에 수입자가 해당 물품의 수입대금 전액을 지급하는 방법에 의한 수입(D/A: documents against acceptance)

③ 정유회사, 원유·액화천연가스 또는 액화석유가스 수입업자가 원유·액화천연가스 또는 액화석유가스의 일람불방식·수출자신용방식 또는 사후송금방식에 의한 수입대금 결제를 위하여 연지급수입기간 이내에 단기외화자금을 차입하는 방법에 의한 수입

④ 기타 위와 유사한 연지급수입

(3) 연지급수입이자에 대한 「법인세법」 규정

법인이 연지급수입이자를 취득가액과 구분하여 이자비용으로 회계처리한 경우에는 이를 취득가액에 포함하지 아니한다(법령 §72④(2)). 따라서 연지급수입이자는 수입부대비용과 이자비용 중 어떤 것으로 회계처리하든 세무조정을 하지 않는다.

연지급수입이자를 이자비용으로 처리한 경우 세무상 지급이자로 보지 않으므로 다음에 유의해야 한다(법령 §72⑥).

① 연지급수입이자는 수입배당금액 익금불산입과 지급이자 손금불산입시 지급이자로 보지 아니한다.

② 연지급수입이자는 원천징수대상이 아니며 지급명세서 제출대상이 아니다.

6. 의제매입세액

사업자가 부가가치세를 면제받아 공급받거나 수입한 농산물·축산물·수산물 또는 임산물을 원재료로 하여 제조·가공한 재화 또는 창출한 용역의 공급에 대하여 부가가치세가 과세되는 경우 면세농산물 등을 공급받거나 수입할 때 매입세액이 있는 것으로 보아 일정액을 매입세액으로 공제하는데, 이를 의제매입세액이라고 한다(부법 §42). 그리고 조세특례제한법에도 재활용폐자원 및 중고자동차에 대한 의제매입세액규정을 두고 있다(조특법 §108).

부가가치세법 및 조세특례제한법에 따라 공제받는 의제매입세액은 해당 원재료의 매입가액에서 이를 공제한다(법령 §22②).

■ 사례 》 의제매입세액

원재료 102백만원에 대한 의제매입세액 2백만원을 공제하였으며 원재료는 기말재고로 있음.

(단위:1,000,000원)

구 분	원재료에서 차감한 경우	수익으로 처리한 경우
결산서	(차) 원 재 료 102 (대) 현 금 102 매입세액 2 원재료 2	(차) 원 재 료 102 (대) 현 금 102 매입세액 2 수 익 2
세무조정	–	<익금불산입> 원재료 2 (△유보) → 비용처리시 추인

3. 세법상 자산·부채의 평가

세법상 내국법인이 보유하고 있는 자산과 부담하고 있는 부채는 취득가액을 원칙으로 한다. 따라서 내국법인이 보유하는 자산과 부채의 장부가액을 증액 또는 감액(감가상각을 제외하며, 이하 "평가"라 한다)한 경우에는 그 평가일이 속하는 사업연도와 그 후 사업연도의 소득금액을 계산할 때 그 자산과 부채의 장부가액은 그 평가 전의 가액으로 하여 소득금액을 계산하도록 규정하고 있다. 다만, 다음 중 어느 하나에 해당하는 경우는 그 평가손익을 반영한 가액으로 하여 소득금액을 계산한다(**법법** §42①).

1. 법률에 따른 유형자산 등의 평가증

(1) 개 요

법인세법은 자산을 임의로 평가증하는 것을 허용하지 않는다. 세법이 자산의 임의평가증을 금지하는 것은 임의평가증이 이월결손금 공제기간의 연장수단으로 악용될 수 있기 때문이다. 예를 들어, 당기에 공제기간이 만료되는 이월결손금이 10억원이고 소득금액이 0(영)이라고 하자. 세법이 임의평가증을 허용할 경우 법인이 유형자산을 평가증하여 평가차익 10억원을 계상하면 소득금액은 10억원이 되나 이월결손금을 공제하면 과세표준은 0원이 된다. 평가증에 따라 이월결손금 10억원이 유형자산으로 변하여 감가상각이나 양도시 손금으로 공제되므로 이월결손금 공제기간이 연장되는 효과가 발생한다. 이와 같이 평가증을 이용한 조세회피를 막기 위하여 자산의 평가증을 금지하고 있는 것이다. 다만, 법률에 따라 평가증한 경우에는 세법이 이를 막으면 법률 간에 충돌이 생기므로 법률에 따라 평가증한 경우에는 이를 인정하고 있다.

(2) 「보험업법」이나 그 밖의 법률에 따른 유형자산 및 무형자산 등의 평가증

법인이 자산을 임의로 평가증한 경우에는 평가증을 인정하지 않으므로 평가증 전의 가액을 자산의 장부가액으로 하고, 평가차익을 익금으로 보지 않는다. 다만, 보험업법이나 그 밖의 법률에 따라 유형자산 및 무형자산 등을 평가증한 경우에는 평가증을 인정하므로 평가증 후의 가액을 장부가액으로 하고, 평가차익은 익금으로 본다(**법법** §42①(1)). 법률에 따라 평가를 한 경우 자산의 시가가 장부가액보다 큰 경우의 평가증을 하는 것은 인정하나 시가가 장부가액보다 낮은 경우 자산을 평가감하는 것은 인정하지 아니한다(**법법** §42①(1)).

◎ 자산의 평가차익의 처리 ◎

구 분	자산증액의 인정 여부	평가차익의 과세 여부
법률에 의한 평가증	인정	익금
위 이외의 평가증	불인정	익금불산입

◎ 유형자산과 무형자산의 평가에 대한 기업회계와 세법의 비교 ◎

구 분	K-IFRS (제1023호, 제1038호)	일반기업회계기준	법인세법(법법 제42조)
평가모형	원가모형 또는 재평가모형 중 선택	원가모형과 재평가모형 중 선택. 단, 무형자산은 원가모형만 적용하고 재평가모형은 불허	원가모형을 원칙으로 하되, 법률에 의한 평가증 허용
평가차익의 처리	재평가잉여금(기타포괄손익)	재평가잉여금(기타포괄손익)	법률에 의한 평가차익은 익금
재평가잉여금의 당기손익 순환 여부	감가상각 또는 자산이 제거될 때 이익잉여금으로 대체 (당기손익으로 순환시키지 않음)	자산을 제거할 때 당기손익으로 인식	해당 없음

K-IFRS과 일반기업회계기준에 따라 재평가모형으로 자산을 평가하는 것은 법률에 따른 평가증이 아니므로 세법은 이를 적법한 평가증으로 인정하지 않는다. 따라서 K-IFRS과 일반기업회계기준의 재평가모형을 법률에 따른 평가증으로 오해하지 않아야 한다.

▌ 사례 » 자산의 평가증

㈜한공은 제20기초에 토지를 100에 취득하여 사업에 사용하고 있다. ㈜한공은 제21기말에 토지를 시가인 200으로 재평가하였으며, 제22기 중에 토지를 230에 양도하였다. ㈜한공의 회계처리가 다음과 같은 경우 세무조정을 하시오. 다만, 이 토지의 재평가는 법률에 따른 평가증은 아니다.

구 분	K-IFRS에 따른 회계처리				일반기업회계기준에 따른 회계처리			
제20기 토지취득	(차) 토지	100	(대) 현금	100	(차) 토지	100	(대) 현금	100
제21기 재평가	(차) 토지	100	(대) OCI[*1]	100	(차) 토지	100	(대) OCI[*1]	100
제22기 토지처분	(차) 현금	230	(대) 토지	200	(차) 현금	230	(대) 토지	200
			처분이익	30	OCI[*2]	100	처분이익	130
	(차) OCI[*2]	100	(대) 이익잉여금	100				

*1 OCI : 기타포괄손익(other comprehensive income)
*2 K-IFRS에서는 토지 처분시 OCI를 이익잉여금으로 대체하나, 일반기업회계기준에서는 OCI를 당기손익으로 인식한다. 이에 따라 K-IFRS와 일반기업회계기준의 유형자산처분이익이 달라진다.

┃ 해답 ┃

1. K-IFRS에 따라 회계처리한 경우의 세무조정

구 분	익금산입 및 손금불산입			손금산입 및 익금불산입		
	과 목	금 액	처 분	과 목	금 액	처 분
제21기[*1]	OCI	100	기타	토지	100	유보
제22기[*2]	토지	100	유보			

*1 세법에서는 재평가를 인정하지 않는다. 그러나 재평가를 하였지만 토지와 기타포괄손익이 동시에 증가되었으므로 당기순이익은 적정하게 표시되었다. 따라서 손익에 영향이 없도록 양쪽조정(양편조정)을 한다.

*2 세법은 재평가를 인정하지 않았으므로 토지의 장부가액은 100이다. 토지를 230에 처분하면 유형자산처분이익 130이 계상되어야 하나, 결산상 처분이익은 30이므로 그 차이 100을 익금산입하여 유보로 처분한다.

2. 일반기업회계기준에 따라 회계처리한 경우의 세무조정

구 분	익금산입 및 손금불산입			손금산입 및 익금불산입		
	과 목	금 액	처 분	과 목	금 액	처 분
제21기[*1]	OCI	100	기타	토지	100	유보
제22기[*2]	토지	100	유보	OCI	100	기타

*1 세법에서는 재평가를 인정하지 않는다. 그러나 재평가를 하였지만 토지와 기타포괄손익이 동시에 증가되었으므로 당기순이익은 적정하게 표시되었다. 따라서 양쪽조정(양편조정)을 한다.

*2 세법은 재평가를 인정하지 않았으므로 토지의 장부가액은 100이다. 토지를 230에 처분하면 유형자산처분이익 130이 계상되어야 한다. 결산상 처분이익도 130이므로 당기순이익은 적정하게 표시되었다. 따라서 손익에 영향이 없도록 양쪽조정(양편조정)을 한다.

따라서 해당 자산에 대한 재평가증가액은 그 평가일이 속하는 사업연도에 손금산입(유보처분)하여 자산의 장부가액을 감액하는 것이며, 이 경우 해당 자산에 대한 감가상각은 기업회계기준에 따른 감가상각비 중 재평가증가액에 대한 감가상각비를 손금불산입(유보)한 후 잔여 감가상각비에 대하여 같은법 제23조를 적용하는 것이며, 상기 재평가증가액에 대한 감가상각비 손금불산입액은 법인세법 기본통칙 67-106…9 제3항을 준용하여 계산한다(법인-1111, 2010. 11. 30.).

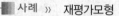

██ 사례 ›› 재평가모형

K-IFRS를 적용받은 갑법인은 20×1. 12. 31.에 업무에 사용하고 있는 토지에 대해서 재평가모형
으로 평가하기로 하였다. 다음 자료를 기초로 하여 세무조정을 하시오(이연법인세 계산시 적용할
세율은 22%로 가정함).

〈자료〉

① 재평가 전 토지의 장부가액은 10억원이다.
② 재평가 당시 해당 토지의 공정가액은 18억원이며, 이에 관한 회계처리는 다음과 같이 한다.

(차) | 토　　　지 | 800,000,000 | (대) | 재 평 가 잉 여 금 | 800,000,000
재 평 가 잉 여 금 | 176,000,000 | | (기타포괄손익누계액)
(기타포괄손익누계액) | | | 이 연 법 인 세 부 채 | 176,000,000*

* 800,000,000원 × 22% = 176,000,000원

██ 세무조정 ██

| 익금산입 및 손금불산입 | | | 손금산입 및 익금불산입 | | |
과　목	금　액	처　분	과　목	금　액	처　분
재평가잉여금	800,000,000	기타	토지	800,000,000	유보
이연법인세부채	176,000,000	유보	재평가잉여금	176,000,000	기타

██ 사례 ››

갑법인은 앞 〈사례〉의 해당 자산을 20×3년 회계연도에 재평가한 바, 공정가치가 13억원으로 하락
하여 다음과 같이 회계처리를 하였다.

(차) | 재 평 가 잉 여 금 | 500,000,000 | (대) | 토　　　지 | 500,000,000
(기타포괄손익누계액) | | | 재 평 가 잉 여 금 | 110,000,000
이 연 법 인 세 부 채 | 110,000,000* | | (기타포괄손익누계액)

* 재평가잉여금 500,000,000원에 대한 법인세(22%)을 적용한 금액이다.

██ 세무조정 ██

| 익금산입 및 손금불산입 | | | 손금산입 및 익금불산입 | | |
과　목	금　액	처　분	과　목	금　액	처　분
토지	500,000,000	기타	재평가잉여금	500,000,000	기타
재평가잉여금	110,000,000	기타	이연법인세부채	110,000,000	유보

사례 》

갑법인이 재평가한 위 <사례>의 토지를 20×4. 3. 29. 1,700,000,000원에 매각하여 다음과 같이 회계처리한 경우 이에 관한 세무조정을 하시오.

(차)	현금및현금성자산	1,700,000,000	(대)	토　　　　　지	1,300,000,000
	재평가잉여금	234,000,000[*1]		유형자산처분이익	634,000,000
	(기타포괄손익누계액)			미지급법인세	66,000,000
	이연법인세부채	66,000,000[*2]			

*1 800,000,000원 − 176,000,000원 − 500,000,000원 + 110,000,000원 = 234,000,000원
*2 176,000,000원 − 110,000,000원 = 66,000,000원

세무조정

익금산입 및 손금불산입			손금산입 및 익금불산입		
과　목	금　액	처　분	과　목	금　액	처　분
토지	300,000,000	기타	재평가잉여금	234,000,000	기타
법인세비용	66,000,000	기타사외유출	이연법인세부채	66,000,000	유보

① 토지를 양도하였으므로 토지에 대한 유보 3억원을 익금산입(유보)한다.
② 재평가잉여금(기타포괄손익누계액) 2,340,000,000원을 손금산입(기타)한다.
③ 이연법인세부채 66,000,000원을 손금산입(△유보)함으로써 20×1. 12. 31. 손금불산입(유보)한 잔액을 정리한다.
④ 이연법인세가 법인세비용에 해당하므로 66,000,000원을 손금불산입하여 기타사외유출로 처분한다.

〈20×1년~20×4년까지 자본금과 적립금조정명세서(을)의 내용〉

과　목	기초잔액	감소금액	증가금액	기말잔액
<20×1>				
토　　　　　지	−	−	△800,000,000	△800,000,000
이연법인세부채	−	−	176,000,000	176,000,000
<20×3>				
토　　　　　지	△800,000,000	△500,000,000		△300,000,000
이연법인세부채	176,000,000		△110,000,000	66,000,000
<20×4>				
토　　　　　지	△300,000,000	△300,000,000	−	0
이연법인세부채	66,000,000	66,000,000	−	0

2. 재고자산 등의 평가손실

(1) 자산의 평가손실에 대한 세법의 입장

법인이 보유하는 자산이 시가가 하락한 경우 법인이 시가에 따라 자산을 감액하여 평가손실을 계상한 경우 세법은 이를 인정하지 아니한다. 따라서 그 평가일이 속하는 사업연도와 그 후의 각 사업연도의 소득금액을 계산할 때 그 자산의 장부가액은 평가 전의 가액으로 한다. 다만, 다음의 경우에는 그 장부가액을 감액하여 평가손실을 계상하면 이를 손금으로 인정한다.

(2) 자산의 평가손실을 손금으로 인정하는 경우

1) 재고자산

재고자산으로서 파손·부패 등의 사유로 정상가격으로 판매할 수 없는 경우 감액사유가 발생한 사업연도에 장부가액을 사업연도 종료일 현재 처분 가능한 시가로 감액하고 그 감액한 금액을 해당 사업연도의 손비로 계상하면 그 평가손실을 손금으로 인정한다(법법 §42③ (1) 및 법령 §78③(1)).

2) 유형자산

유형자산으로서 천재지변 또는 화재, 법령에 의한 수용 등, 채굴예정량의 채진으로 인한 폐광(토지를 포함한 광업용 유형자산이 그 고유의 목적에 사용될 수 없는 경우를 포함한다)으로 파손되거나 멸실된 것은 자산의 장부가액을 해당 감액사유가 발생한 사업연도(파손 또는 멸실이 확정된 사업연도를 포함한다)에 사업연도 종료일 현재의 시가로 평가한 가액으로 감액하고, 그 감액한 금액을 해당 사업연도의 손비로 계상하는 경우에는 평가손실을 손금으로 인정한다(법령 §78① · ③).

입법취지 천재지변으로 피해를 입은 임목이 멸실된 경우

> 천재지변으로 임목의 상당한 피해를 입었으나 그 사업연도 말까지는 살아 있다가 그 다음 사업연도에 임목이 죽어서 멸실되는 경우가 있다. 이 경우 자산의 평가손실은 천지지변이 발생한 사업연도와 멸실이 확정된 사업연도 중 어느 사업연도에 귀속되는가? 종전에는 천재지변 등이 발생한 사업연도에 감액하도록 규정하고 있어서 실무상 평가손실을 인식하는 데 어려움이 있었다. 2019. 2. 12. 법인세법 시행령 개정시 감액사유가 발생한 사업연도뿐만 아니라 파손 또는 멸실이 확정된 사업연도에도 평가손실을 손금에 산입할 수 있도록 하였다.

3) 주 식

법인이 보유하고 있는 주식(출자지분 포함)의 발행법인이 다음 중 어느 하나에 해당하는 경우 감액사유가 발생한 사업연도에 장부가액을 사업연도 종료일 현재의 시가(주식발행 법인별로 보유주식의 장부가액의 시가총액이 1천원 이하인 때에는 1천원)로 감액하고, 그 감액한 금액을 해당 사업연도의 손비로 계상하면 그 평가손실을 손금으로 인정한다(법령 §78 ③).

평가사유	주식의 발행법인이 부도발생, 회생계획인가결정, 부실징후기업이 된 경우	주식의 발행법인이 파산된 경우
대상주식	① 주권상장법인이 발행한 주식 ② 「중소기업 창업지원법」에 따른 중소기업창업투자회사 또는 「여신전문금융업법」에 따른 신기술사업금융업자가 보유하는 주식 등 중 각각 창업자 또는 신기술사업자가 발행한 것 ③ 위 외에 특수관계*가 아닌 법인이 발행한 주식	모든 주식

* 특수관계는 법인세법 시행령 제2조 제5항 각 호의 어느 하나의 관계를 말한다. 이 경우 주식평가손실규정에서 법인과 특수관계의 유무를 판단할 때 주식등의 발행법인의 발행주식총수 또는 출자총액의 5% 이하를 소유하고 그 취득가액이 10억원 이하인 주주등에 해당하는 법인은 소액주주등으로 보아 특수관계인에 해당하는 지를 판단한다(법령 §78④).

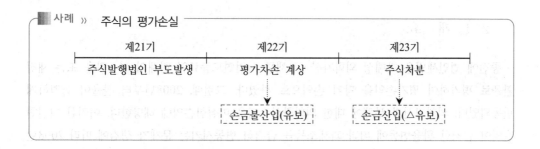

사례 » 주식의 평가손실

675

4. 외화 자산 및 부채의 평가

1. 기업회계상 외화평가

기업의 외화자산과 부채는 환율변동에 따라 그 가치가 변하므로 기업회계에서는 외화환산규정을 두고 있다. K-IFRS에서는 기능통화 외의 통화(외화)로 이루어진 거래는 거래일의 환율로 기록하고 매 보고기간 말에 화폐성 외화항목은 보고기간 말의 환율로 재환산하여 환산손익을 당기손익으로 처리한다. 그러나 역사적 원가로 측정되는 비화폐성 외화항목은 재환산하지 않으며, 공정가치로 측정하는 비화폐성 외화항목은 공정가치가 결정된 날의 환율로 재환산한다(K-IFRS 1021호 문단 23). 비화폐성 항목에서 생긴 손익을 기타포괄손익으로 인식하는 경우에 그 손익에 포함된 환율변동효과도 기타포괄손익으로 인식한다(K-IFRS 1021호 문단 30).

2. 법인세법상 외화평가규정

2-1. 개　요

종전에 법인세법은 화폐성 외화자산·부채를 사업연도종료일 현재의 기준환율 또는 재정환율로 평가하여 평가손익을 당기 손익으로 하였다. 그런데, 2008년부터 환율이 급격하게 변동되었다. 외화자산과 부채에 대한 외화환산손익은 미실현손익에 해당한다. 이러한 미실현손익이 급격한 환율변동에 따라 과세소득을 급격히 변동시키는 문제가 생김에 따라 2008년부터 은행이 아닌 법인인 경우 외화자산과 부채의 외화환산손익은 인정하지 않고 실현될 때 생기는 외환차손익만 인정하도록 법인세법 시행령을 개정하였다. 그러나 은행은 외환매매가 주업인 점을 고려하여 종전과 같이 화폐성 외화자산·부채는 기말 환율로 평가하여 외화평가손익을 인식하도록 하고 통화선도와 통화스왑은 외화평가 여부를 선택하도록 하였다.

2011년부터는 은행이 아닌 기업도 다시 화폐성 외화자산·부채와 환위험회피목적 통화선도·통화스왑에 대하여 외화평가를 선택할 수 있도록 하고, 2012년에는 외화평가대상 파생상품에 환변동보험을 추가하였다.

법인세법의 현행 외화평가규정을 요약하면 다음과 같다.

① 은행 : 다음 두 가지 방법 중 선택

구 분	화폐성 외화자산·부채	통화선도·스왑
방법 1	평가 ○	평가 ×
방법 2	평가 ○	평가 ○

② 비은행 : 다음 두 가지 방법 중 선택

구 분	화폐성 외화자산·부채	헷지 목적 통화선도·스왑
방법 1	평가 ×	평가 ×
방법 2	평가 ○	평가 ○

2-2. 「법인세법」상 외화평가대상

법인세법상 외화평가대상은 다음과 같다(법령 §73(3)부터(5)).

① 기업회계기준에 따른 화폐성 외화자산과 부채(이하 "화폐성 외화자산·부채"라 한다)

◉ 화폐성 항목과 비화폐성 항목의 비교 ◉

구 분	화폐성 항목	비화폐성 항목
외화평가	평가대상	평가대상이 아님
성격	지급받거나 지급할 금액이 일정 화폐단위로 고정되어 있는 자산과 부채	지급받거나 지급할 금액이 일정 화폐단위로 고정되어 있지 않은 자산과 부채
사례	현금, 예금, 매출채권, 대여금, 회사채	선급금(물품채권), 선급비용, 선수금(물품채무), 재고자산, 유형자산, 무형자산

② 금융회사 등[1]이 보유하는 통화 관련 파생상품 중 「법인세법 시행규칙」으로 정하는 통화선도, 통화스왑 및 환변동보험(이하 "통화선도 등"이라 한다)

③ 금융회사 등 외의 내국법인이 화폐성 외화자산·부채의 환위험을 회피하기 위하여 보유하는 통화선도 등(이하 "환위험 회피용 통화선도 등"이라 한다)

2-3. 화폐성 외화자산 및 부채의 평가

세법에서는 금융회사 등이 보유하고 있는 화폐성 외화자산·부채와 통화선도 등과 금융회사 등 외의 법인이 보유하고 있는 화폐성 외화자산·부채와 환위험회피용 통화선도 등으로 각각 구분하여 다음과 같이 평가하고 있다.

---

1) "금융회사 등"이란 「법인세법 시행령」 제61조 제2항 제1호부터 제7호까지의 금융회사 등을 말한다(법령 §73(4)).

(1) 금융회사 등의 경우

금융회사가 보유하는 화폐성 외화자산·부채와 통화선도, 통화스왑 및 환변동보험(이하 "통화선도 등"이라 한다)에 대하여는 다음과 같이 평가한다. 이 경우 금융회사란 은행법에 의한 인가를 받아 설립된 은행, 한국산업은행, 중소기업은행, 한국수출입은행, 농업협동조합중앙회(농업협동조합법 제134조 제1항 제4호의 사업에 한정한다) 및 농협은행, 수산업협동조합중앙회(수산업협동조합법 제138조 제1항 제4호 및 제5호의 사업에 한정한다) 및 수협은행을 말한다(법령 §76①).

1) 화폐성 외화자산·부채

금융회사는 외환거래가 영업활동이므로 화폐성 외화자산·부채를 사업연도 종료일 현재의 외국환거래규정에 따른 매매기준율 또는 재정된 매매기준율(이하 "매매기준율 등"이라 한다)로 반드시 평가하여야 한다.

2) 통화선도 등

기업회계기준과 「법인세법」의 통화선도 등에 대한 외화평가방법이 달라서 통화선도 등에 대하여 「법인세법」상 외화평가를 하면 세무조정이 복잡한 점을 고려하여 다음의 두 가지 방법 중 관할 세무서장에게 신고한 방법에 따라 평가하도록 하였다. 다만, 최초로 "②"의 방법을 신고하여 적용하기 이전 사업연도에는 "①"의 방법을 적용하여야 한다.
① 계약의 내용 중 외화자산 및 부채를 계약체결일의 매매기준율 등으로 평가하는 방법
② 계약의 내용 중 외화자산 및 부채를 사업연도 종료일 현재의 매매기준율 등으로 평가하는 방법

따라서 금융회사가 화폐성 외화자산·부채의 외화평가손익과 통화선도와 통화스왑을 위 "②"의 방법을 선택·신고하여 적용한 경우에 생기는 외화평가손익은 해당 사업연도의 소득금액을 계산할 때 이를 익금 또는 손금에 산입한다(법령 §76④).

(2) 금융회사 등 외의 법인의 경우

금융회사 등 외의 법인이 보유하는 화폐성 외화자산·부채(보험회사의 책임준비금 제외)와 화폐성 외화자산·부채의 환위험을 회피하기 위하여 보유하는 통화선도 통화스왑 및 환율변동보험(이하 "통화선도 등"이라 한다)은 다음의 어느 하나에 해당하는 방법 중 관할 세무서장에게 신고한 방법에 따라 평가하도록 규정하고 있다. 다만, 최초로 "②"의 방법을 신고하여 적용하기 이전 사업연도의 경우에는 "①"의 방법을 적용하여야 한다(법령 §76②).
① 화폐성 외화자산·부채와 환위험회피용 통화선도 등의 계약 내용 중 외화자산 및 부채를 취득일 또는 발생일(통화선도 등의 경우에는 계약체결일을 말한다) 현재의 매매기준

율 등으로 평가하는 방법

② 화폐성 외화자산·부채와 환위험회피용 통화선도 등의 계약 내용 중 외화자산 및 부채를 사업연도 종료일 현재의 매매기준율 등으로 평가하는 방법

따라서 금융회사 등 외의 법인이 위 "②"의 방법을 선택·신고하여 적용하는 경우에 생기는 외화평가손익은 해당 사업연도의 소득금액을 계산할 때 이를 익금 또는 손금에 산입한다(법령 §76④).

구 분	평가대상	외화평가 규정의 성격
은행	화폐성 외화자산·부채	강제규정
	통화선도 등	선택규정
비은행	화폐성 외화자산·부채	선택규정
	환위험회피목적 통화선도 등	

(3) 평가방법의 신고 및 변경신고

1) 최초 신고

외화평가손익을 인식하는 방법을 적용하려는 법인은 최초로 평가손익을 인식하는 방법을 적용하려는 사업연도의 법인세 신고와 함께 「화폐성 외화자산 등 평가방법신고서」를 관할 세무서장에게 제출하여야 한다. 신고한 평가방법은 그 후의 사업연도에도 계속 적용하여야 하나, 금융회사가 아닌 법인은 5년이 지난 후에는 평가방법 변경이 가능하다(법령 §76③·⑥).

2) 비은행의 평가방법 변경신고

종전에는 한번 선택한 외화평가방법은 그 후에도 계속 적용해야 하고 다른 방법으로 변경할 수 없었다. 납세편의를 제고하기 위하여 2014. 1. 1. 이후 개시한 사업연도부터는 평가방법을 선택한 지 5년이 지난 후에는 다른 방법을 선택할 수 있도록 평가방법 변경제도를 도입하였다. 금융회사가 아닌 법인은 신고한 평가방법을 적용한 사업연도를 포함하여 5개 사업연도가 지난 후에 다른 방법으로 신고를 하여 변경된 평가방법을 적용할 수 있다. 변경된 평가방법을 적용하려는 사업연도의 법인세 신고와 함께 「화폐성 외화자산 등 평가방법신고서」를 관할 세무서장에게 제출하여야 한다(법령 §76⑥).

(4) 평가손익을 인식하는 경우 외화평가손익의 계산

화폐성 외화자산·부채, 통화선도 등 및 환위험회피목적 통화선도 등을 평가함에 따라 발생하는 외화평가손익은 당기손익으로 한다.

$$\text{평가대상} \times \text{환 율}^{*1} = \begin{array}{l} \text{기 말 평 가 액} \\ (-)\ \text{평 가 전 금 액}^{*2,\ *3} \\ \hline \text{외 화 평 가 손 익} \rightarrow \text{당기손익} \end{array}$$

*1 환율은 평가하는 사업연도 종료일 현재의 매매기준율 등을 말한다. 다만, 사업연도 종료일이 토요일·공휴일이어서 매매기준율 등이 고시되지 않은 경우에는 그 전일에 고시한 환율에 의한다(서면2팀-1986, 2005. 12. 5., 법인 46012-462, 2000. 2. 17.).

*2 화폐성 외화자산과 부채의 평가 전 금액은 다음을 말한다.
　① 사업연도 중 발생된 경우 : 발생일 현재 매매기준율 등에 따라 환산한 금액. 다만, 발생일이 공휴일인 경우에는 그 직전일의 환율로 환산한 금액으로 함.
　② 사업연도 중에 보유외환을 매각하거나 외환을 매입한 경우 : 실제 적용환율에 따름
　③ 사업연도 중에 보유외환으로 다른 외화자산을 취득하거나 기존의 외화부채를 상환한 경우 : 보유외화의 장부상 원화금액으로 회계처리
　④ 전기에 외화평가를 한 경우 : 전기 말의 매매기준율 등으로 평가한 금액

*3 통화선도 등 및 환위험 회피목적 통화선도 등의 평가 전 금액은 계약의 내용 중 외화자산 및 부채의 가액에 계약체결일의 매매기준율 등을 곱한 금액을 말한다.

(5) 외화평가방법을 최초로 신고한 사업연도의 평가 특례

외화평가방법을 신고하지 않고 있다가 최초로 외화평가손익을 인식하는 방법으로 신고하는 경우 외화평가손익을 계산할 때 평가전 금액을 얼마로 할 것인지가 문제가 된다. 예를 들어, 갑법인(사업연도 : 1. 1.~12. 31.)이 20×1년 1월 1일에 100만불을 차입한 후 외화평가를 하지 않다가 20×3년에 처음으로 외화평가를 하는 것으로 신고한 경우 평가전 금액은 차입당시의 환율에 의한 금액인지 아니면 20×2년말의 환율에 의한 금액인지가 문제가 된다. 그런데, 당초 외화차입금이 발생할 당시의 20×1년 1월 1일의 환율로 평가한 금액을 평가전 금액으로 하면 20×1년과 20×2년의 외화평가손익이 20×3년의 외화평가손익에 포함된다. 회사는 20×1년과 20×2년에는 외화평가손익을 인식하지 않는 방법을 선택했다. 그러면 그 사업연도의 환율변동으로 인한 손익은 미실현상태에서는 인식할 수 없고 실현될 때 인식되어야 한다. 이에 따라 외화평가방법을 최초로 적용하는 사업연도 개시일 이전에 취득(통화선도 등은 계약을 체결)한 화폐성 외화자산·부채 및 통화선도·통화스왑에 대하여는 최초 평가방법을 적용하는 사업연도 개시일 전일(20×2년 12월 31일)의 매매기준율 등으로 평가하도록 하고 있다(2010. 12. 30. 대통령령 제22577호 부칙 §16②).

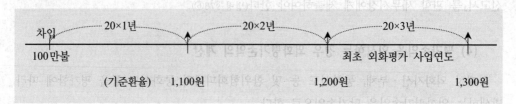

따라서 20×3년의 외화평가손익은 다음과 같이 계산해야 한다.

기말평가액 : 1,000,000 × 1,300 ＝ 1,300,000,000

평가전금액 : 1,000,000 × 1,200 ＝ 1,200,000,000

외화평가손실 :   100,000,000

2-4. 외환차손익

내국법인이 상환받거나 상환하는 외화채권·채무의 원화금액과 원화기장액의 차익 또는 차손은 해당 사업연도의 익금 또는 손금에 이를 산입한다. 다만, 한국은행법에 따른 한국은행의 외화채권·채무 중 외화로 상환받거나 상환하는 금액(이하 "외화금액"이라 한다)의 환율변동분은 한국은행이 정하는 방식에 따라 해당 외화금액을 매각하여 원화로 전환한 사업연도의 익금 또는 손금에 산입한다(**법령 §76⑤**).

┃ 사례 》 **외화평가**

20×1. 10. 5. ㈜甲(사업연도 1. 1.~12. 31.)은 선적지 인도기준으로 미국에 상품을 US $10,000에 수출하기로 계약을 체결하였다. ㈜甲은 20×1. 11. 1.에 상품을 선적하고, 수출대금은 20×3. 5. 31.에 송금받아, 즉시 원화 10,000,000원으로 환전하였다.

<매매기준율>

일 자	매매기준율	일 자	매매기준율
20×1. 11. 1.	1,090	20×1. 12. 31.	1,100
20×2. 12. 31.	1,050	20×3. 5. 31.	1,020

다음 각 경우의 20×1년부터 20×3년까지 거래별로 법인세법에 따른 회계처리를 하시오.

[경우 1] 외화환산방법을 신고하지 않은 경우

[경우 2] 20×0년도 법인세 신고시 화폐성 외화자산·부채 등을 사업연도 종료일 현재의 매매기준율 등으로 평가하는 방법을 신고한 경우

┃ 해답 ┃

구 분	[경우 1]	[경우 2]
20×1. 11. 1.	(차) 매출채권　　10,900,000[*1] 　　(대) 매　출　10,900,000	(차) 매출채권　　10,900,000[*1] 　　(대) 매　출　10,900,000
20×1. 12. 31.	－	(차) 매출채권　　100,000 　　(대) 외화환산이익　100,000[*2]
20×2. 12. 31.	－	(차) 외화환산손실　500,000[*3] 　　(대) 매출채권　500,000
20×3. 5. 31.	(차) 현　금　10,000,000 　　외환차손　900,000 　　(대) 매출채권　10,900,000	(차) 현　금　10,000,000 　　외환차손　500,000 　　(대) 매출채권　10,500,000

*1 US $10,000 × 1,090 = 10,900,000
*2 US $10,000 × 1,100 - 10,900,000 = 100,000
*3 US $10,000 × 1,050 - 11,000,000 = △500,000

사례 ›› 환위험회피목적 통화선도의 평가

갑법인(12월 말 결산법인)은 20×1. 10. 1.에 미국에 상품을 US$ 10,000에 수출하고 대금을 6개월 후에 받기로 하였다. 갑법인은 환율변동에 따른 위험을 회피하기 위하여 다음과 같은 내용의 통화 선도계약을 체결하였다.

① 계약기간 : 20×1. 10. 1.부터 20×2. 3. 31.까지
② 계약조건 : US$ 10,000을 20×1. 10. 1. 현재 만기 6개월의 선도환율로 매도

이와 관련된 US$에 대한 환율은 다음과 같다.

일 자	현행환율(매매기준율)	선도환율(만기 20×2. 3. 31.)
20×1. 10. 1.	1,100원	1,050원
20×1. 12. 31.	1,050원	1,010원
20×2. 3. 1.	1,000원	-

갑법인은 K-IFRS에 따라 20×1. 10. 1., 20×1. 12. 31., 20×2. 3. 31.에 다음과 같이 회계처리하였다(다만, 통화선도의 공정가치를 측정하는 경우 현재가치할인효과는 반영하지 않음).

(1) 20×1. 10. 1.
(차) 매출채권   11,000,000*   (대) 매   출   11,000,000
* US$ 10,000 × 1,100 = ₩ 11,000,000
통화선도계약에 따라 20×2. 3. 1.에 10,500,000원을 수령할 권리와 US$ 10,000을 인도할 의무가 동시에 발생하는데, 부채의 공정가치는 선도환율에 의한 10,500,000원이므로 자산과 부채의 공정가치가 같으므로 통화선도계약의 평가손익은 없다.

(2) 20×1. 12. 31.
① 매출채권의 외화평가손익
(차) 외화평가손실   500,000*   (대) 매출채권   500,000
* US$ 10,000 × 1,050 - 11,000,000 = △ 500,000
② 통화선도계약의 공정가치변동
(차) 통화선도   400,000*   (대) 통화선도평가이익   400,000
* US$ 10,000 × (1,010 - 1,050) = 400,000

(3) 20×2. 3. 31.
① 매출채권의 외화평가손익
(차) 현   금   10,000,000*   (대) 매출채권   10,500,000
외환차손   500,000
* US$ 10,000 × 1,000 = 10,000,000

② 통화선도결제

(차) 현　　금　　10,500,000　　(대) 현　　금　　10,000,000
　　　　　　　　　　　　　　　　　　통화선도　　　 400,000
　　　　　　　　　　　　　　　　　　파생상품거래이익　100,000

위의 자료로 세무조정을 하시오. 갑법인은 통화선도 등의 평가방법은 사업연도 종료일 현재 매매기준율로 평가하는 것으로 관할 세무서장에게 적법하게 신고하였다.

∥ 해답 ∥

(1) 매출채권 : 매출채권은 매매기준율로 평가하였으므로 세무조정은 없다.

(2) 통화선도
　1) 20×1. 10. 1.
　　세무조정 없음.
　2) 20×1. 12. 31.
　　① 세무상 평가손익 : US$ 10,000 × (1,050 - 1,100) = 500,000(평가이익)
　　② 세무조정금액 : 500,000 - 400,000 = 100,000
　　③ 세무조정 : <익금산입> 통화선도 100,000(유보)
　　결산서에서는 선도환율의 차이에 대한 평가이익을 계상하였으나, 세무상으로는 매매기준율의 차이에 대한 평가이익을 계산하므로 평가이익 100,000원이 과소계상된 것이다.
　3) 20×2. 3. 31.
　　<손금산입> 통화선도　100,000(△유보)
　　통화선도 계약이 끝나서 결제되었으므로 유보를 추인한다.

∥ 해설 ∥

통화선도 등에 대한 적용환율

환위험 회피목적의 통화선도, 통화스왑, 환변동보험에 대하여 외화평가를 하는 경우 적용환율에 대해서는 다음의 두 가지 견해가 있다.

<견해 1> 통화선도환율 적용	<견해 2> 매매기준율 등 적용

다음의 두 가지 이유에서 <견해 2>가 타당하다.
첫째, 법인세법은 환위험회피목적의 통화선도 등에 매매기준율 등을 적용해야 하며(**법령 §76①(2)**), 매매기준율 등은 외국환거래규정에 따른 매매기준율과 재정된 매매기준율을 말한다(**법칙 §39의2**). 외국환거래규정의 "매매기준율"이란 최근 거래일의 외국환중개회사를 통하여 거래가 이루어진 미화와 위안화 각각의 현물환매매 중 익익영업일 결제거래에서 형성되는 율과 그 거래량을 가중 평균하여 산출되는 시장평균환율을 말하며, "재정된 매매기준율"은 최근 주요 국제금융시장에서 형성된 미화와 위안화 이외의 통화와 미화와의 매매중간율을 미화 매매기준율로 재정한 율을 말한다(**외국환거래규정 §1-2(7)**). 외국환거래규정의 매매기준율은 현물환율의 가중평균 시장환율이므로 주요 외국환은행이 기간별로 예측한 선물환율을 평균하여 산출한 통화선도환율을 법인세법의 외화평가시 적용해서는 아니된다.

둘째, 2012. 2. 2. 「법인세법 시행령」을 개정하여 환위험회피목적의 통화선도 등을 외화평가대상에 추가한 것은 헷지거래로 실질적인 소득변동이 없는 경우에도 기초자산의 손익만 인식하여 과세되는 문제점을 해소하기 위한 것이다. 환위험회피목적의 통화선도 등의 환율을 선물환율을 적용하면 기초자산의 외화평가손익이 통화선도 등의 외화평가손익과 전부 상쇄되지 않아서 개정취지가 훼손된다.

5. 가상자산의 평가

1. 개 요

가상자산(virtual asset)은 가상화폐, 암호화폐로 불리기도 하는데, 2008년 이후 다양한 가상자산이 거래되면서, 가상자산의 정의 및 규제, 조세 부과 방식에 대한 논의가 이루어지기 시작하였다. 우리나라에서는 종전에는 가상자산을 양도·대여하여 얻은 소득에 대한 과세 규정이 없었다. 그러나 「법인세법」은 내국법인의 경우 순자산증가설에 따라 모든 소득을 과세하되, 법에 열거된 소득만 과세대상에서 제외하고 있다. 가상자산을 양도·대여하여 얻은 소득이 법인세 과세 제외대상으로 열거되어 있지 않으므로 가상자산의 양도·대여소득은 내국법인의 각 사업연도 소득에 대한 법인세의 과세대상이다.

그러나 외국법인의 국내원천소득에 대한 법인세와 개인의 소득에 대한 소득세는 대부분 열거주의(소득세의 이자소득, 배당소득, 사업소득은 유형별 포괄주의)로 규정하고 있으므로 가상자산의 양도·대여소득은 과세대상이 아니었다. 정부는 과세형평성을 제고하기 위하여 가상자산의 양도·대여소득을 외국법인의 국내원천소득과 개인의 소득세 과세대상 소득(분리과세 기타소득)에 포함하는 세법 개정안을 국회에 제출하였고, 개정안은 2020. 12. 29. 국회를 통과하였다. 개정규정은 2022. 1. 1. 이후 가상자산의 양도·대여하는 분부터 과세한다.

2. 가상자산의 범위

가상자산(virtual asset)이란 경제적 가치를 지닌 것으로서 전자적으로 거래 또는 이전될 수 있는 전자적 증표(그에 관한 일체의 권리를 포함함)를 말한다. 다만, 다음 중 어느 하나에 해당하는 것은 제외한다(특정금융정보법 §2(3)).

① 화폐·재화·용역 등으로 교환될 수 없는 전자적 증표 또는 그 증표에 관한 정보로서 발행인이 사용처와 그 용도를 제한한 것
② 게임물의 이용을 통하여 획득한 유·무형의 결과물
③ 선불전자지급수단 및 전자화폐
④ 전자등록주식 등
⑤ 전자어음
⑥ 전자선하증권
⑦ 거래의 형태와 특성을 고려하여 특정금융정보법 시행령으로 정하는 것

3. 가상자산의 평가방법

가상자산은 선입선출법에 따라 평가해야 한다(법령 §77). 개정규정은 2022. 1. 1. 이후 거래하는 분부터 적용한다.

6. 한국채택국제회계기준 적용 보험회사에 대한 소득금액 계산의 특례

1. 개 요

보험계약에 대한 종전 국제회계기준인 IFRS 4에서는 국가별 회계 요구사항과 그 요구사항들의 다양성을 반영한 보험계약에 대한 다양한 회계 실무를 허용하였다. 그러나 국가별, 상품별 회계처리의 차이로 인하여 보험회사의 성과를 이해하고 비교하기 어려웠고, IFRS 4에서 허용되던 종전의 일부 보험회계는 보험계약에서 생기는 재무상태나 재무성과를 적절히 반영하지 못하였다. 이에 따라 IFRS 4를 대체하는 신보험계약회계기준인 IFRS 17을 발표하여 2023년부터 시행하게 되었다. 우리나라도 IFRS 17을 도입하기 위하여 기업회계기준서 제1117호를 제정하여 2023년 1월 1일 이후 최초로 시작하는 회계연도부터 적용하도록 하되, 조기적용도 가능하도록 하였다. IFRS 4와 IFRS 17의 주요 내용을 비교하면 다음 도표와 같다.

구 분	IFRS 4	IFRS 17
보험수익인식	보험료 수취시 수취한 보험료를 보험수익으로 인식 ➡ 현금주의	매 회계연도별 보험회사가 제공한 서비스를 반영하여 수익 인식 ➡ 발생주의
보험부채 평가	보험판매 시점의 할인율을 적용하여 원가기준으로 평가 ➡ 취득원가평가	평가시점 가정과 위험을 반영한 할인율로 보험부채 측정 ➡ 현재가치 평가

IFRS 17의 도입에 따라 법인세법을 다음과 같이 개정하였다.

첫째, IFRS 17 적용대상 보험회사는 2023. 1. 1. 이후 개시하는 사업연도부터 책임준비금의 손금산입대상에서 제외하였다. 이는 「법인세법」의 책임준비금 제도는 IFRS 4에서 보험료수익을 현금주의로 인식함에 따라 이에 대응하는 비용을 손금에 산입하기 위한 제도이므로 현재가치 평가를 통한 보험부채 측정 등이 적용되는 IFRS 17에는 부합하지 않기 때문이다. 따라서 IFRS 17이 적용되지 않는 수산업협동조합, 새마을금고 등의 공제사업에는 종전과 같이 책임준비금 손금산입제도가 적용된다.

둘째, IFRS 17에서 현재시점의 가정과 위험을 반영한 할인율로 보험부채를 측정하는데, 보험부채의 현재가치 평가에 따라 전환이익 또는 전환손실이 발생할 수 있다. 종전계약에 대한 보험수리적 가정의 변화에 따라 거액의 전환이익이 발생할 수 있으며, 금리상승 등으로 보험회사가 적립하는 보험부채가 지속적으로 감소할 수 있으므로 해약환급금준비금을 적립하도록 함으로써 해약환급금 부족사태를 방지하도록 하였다. 이에 따라 법인세법을 개정하여 IFRS 17을 적용하는 보험회사의 전환이익에 대한 과세특례규정과 해약환급금준비금 규정을 신설하였다. 다만, 보험회사의 전환이익에 대한 과세특례규정을 적용하는 경우에는 해약환급금준비금 규정을 적용할 수 없도록 하여 이중 혜택을 받는 것을 방지하였다.

2. 한국채택국제회계기준 적용 보험회사에 대한 소득금액 계산의 특례

(1) K-IFRS 제1117호를 최초로 적용하는 사업연도의 익금산입액

보험회사가 보험업에 대한 "보험계약국제회계기준[2]"을 최초로 적용하는 경우에는 다음 금액을 최초적용사업연도의 소득금액을 계산할 때 익금에 산입한다(법법 §42의3①, 법령 §78의3②, 법칙 §39의3).

$$A - B + C$$

A. 보험계약국제회계기준을 최초로 적용하는 사업연도("최초적용사업연도")의 직전 사업연도에 손금에 산입한 책임준비금(「보험업법」에 따른 책임준비금을 말한다)
B. 다음에 해당하는 금액의 합계액
 ① 직전사업연도 당시의 보험감독회계기준에 따르면 자산에 해당하여 익금에 산입되었으나 최초적용사업연도 이후의 새로운 보험감독회계기준에 따르면 책임준비금 산출에 반영되는 항목으로 변경된 것으로서 직전사업연도 종료일 현재 미상각신계약비, 보험약관대출금(관련 미수수익 포함), 보험미수금, 미수금
 ② 직전 사업연도 종료일 현재 「보험업법 시행령」 제63조 제2항에 따른 재보험자산
C. 직전사업연도 당시의 보험감독회계기준에 따르면 기타 부채에 해당하여 손금에 산입되었으나 최초적용사업연도 이후 새로운 보험감독회계기준에 따르면 책임준비금 산출에 반영되는 항목으로 변경된 것으로서 직전사업연도 종료일 현재 보험미지급금, 선수보험료, 가수보험료, 미지급비용

(2) K-IFRS 제1117호를 최초로 적용하는 사업연도의 손금산입액

보험회사는 최초적용사업연도의 개시일 현재 「보험업법」 제120조 제3항의 회계처리기준에 따라 계상한 책임준비금에 최초적용사업연도 개시일 현재 책임준비금의 금액(할인율 변동에 따른 책임준비금 평가액의 변동분은 제외한다)에서 보험계약자산 및 재보험계약자산의 금액을 뺀 금액을 해당 사업연도의 소득금액을 계산할 때 손금에 산입한다(법법 §42의3②, 법령 §78의3③).

---

2) "보험계약국제회계기준"이란 보험계약에 대한 한국채택국제회계기준으로서 「주식회사 등의 외부감사에 관한 법률 시행령」 제7조 제1항에 따라 한국회계기준원이 제1117호로 제정하여 2023년 1월 1일부터 시행되는 회계처리기준을 말한다(법령 §78의3①).

(3) 전환이익에 대한 과세특례

보험회사는 "(1)"에도 불구하고 "(1)"에 따른 금액에서 "(2)"에 따른 금액을 뺀 금액에 1을 곱한 금액(금액이 양수인 경우로 한정하며, 이하 "전환이익"이라 한다)을 최초적용사업연도와 그 다음 3개 사업연도의 소득금액을 계산할 때 익금에 산입하지 아니할 수 있다. 이 경우 전환이익은 최초적용사업연도의 다음 4번째 사업연도 개시일부터 3년간 균등하게 나누어 익금에 산입한다(법법 §42의3③, 법령 §78의3③). 전환이익을 익금에 산입하는 경우에는 다음 계산식에 따라 익금에 산입할 금액을 계산한다. 이 경우 1개월 미만의 일수는 1개월로 하고, 사업연도 개시일이 속한 월을 계산에 포함한 경우에는 사업연도 개시일부터 3년이 되는 날이 속한 월은 계산에서 제외한다(법령 §78의3⑤).

$$전환이익 \times \frac{해당\ 사업연도의\ 개월수}{36}$$

보험회사가 전환이익의 익금산입기간(거치기간 포함) 중에 해산(적격합병 또는 적격분할로 인한 해산은 제외함)하는 경우 익금에 산입되지 아니한 전환이익이 있으면 이를 해산등기일이 속하는 사업연도의 소득금액을 계산할 때 익금에 산입한다(법법 §42의3④).

(4) 해약환급금준비금의 적용배제

전환이익에 대한 과세특례를 적용받는 보험회사에 대해서는 "(3)"에 따른 기간에 관계없이 해약환급금준비금규정을 적용하지 아니한다(법법 §42의3⑤).

제7장

재고자산의 평가

1. 재고자산의 개념

상품·제품·반제품·재공품·원재료 및 저장품 등과 같이 판매를 목적으로 보유하거나 제품의 원재료로 사용하기 위하여 기업이 갖고 있는 자산을 재고자산이라 한다.

법인세법은 다음의 자산을 재고자산으로 분류하고 있다(**법령 §73(1)**).

① 제품 및 상품(부동산매매업자가 매매를 목적으로 소유하는 부동산을 포함하고 유가증권을 제외한다)

② 반제품 및 재공품

③ 원재료

④ 저장품

예규 및 판례   **재고자산으로 보는 사례**

❶ 염색가공업을 하는 법인의 수탁가공품에 부가된 경제적 가치

❷ 내용물을 포함하여 판매하는 용기(법기통 42-74…5)

  ※ 판매를 목적으로 하지 않는 용기는 유형자산임(법기통 42-74…5).

❸ 건설업의 건설용 가설재(비계목, 거푸집, 동거리, 각목 등)(법인 22601-837, 1986. 3. 13.).

❹ 조경공사 및 관상수판매업을 하는 법인의 조경공사원재료 및 판매하기 위하여 소유하는 정원수 등 입목(법인 22601-2807, 1985. 9. 17., 법인 22601-333, 1988. 2. 6.)

❺ 단종건설업의 형틀(법인 22601-292, 1986. 1. 30.)

❻ 주문제품의 금형(법인 22601-3056, 1986. 10. 13.)

❼ 법인이 판매할 목적으로 건설한 아파트가 분양되지 않아 일시적으로 임대에 공한 후 판매하는 아파트(법인 22601-2513, 1987. 9. 16.)

❽ 축산업을 하는 법인이 판매목적으로 사육하는 한우와 그 한우가 분만한 송아지(법인 22601-333, 1988. 2. 6.)

  ※ 사역용, 종축용, 착유용, 농업용 등에 사용하기 위하여 소, 말, 돼지, 면양은 유형자산임.

❾ 주문생산한 제품의 수량이 주문량을 초과하는 경우 불량품으로 폐기한 사실이 입증되는 것을 제외한 초과수량(법인 46012-3237, 1997. 12. 11.)

2. 재고자산의 평가

1. 재고자산평가의 중요성

상품 또는 제품을 판매하거나 원재료 또는 저장품을 제품의 원료로 사용한 때에는 그 상품·제품의 매출원가 또는 원재료·저장품의 소비액을 정확히 계산하지 않으면 안 된다. 그러나 같은 상품이나 원재료라도 매입할 때마다 매입가액이 다르고, 동종의 제품도 제조할 때마다 제조원가가 다르다.

따라서 상품이나 제품이 판매되거나 원재료나 저장품이 제품을 생산하기 위하여 출고할 경우, 얼마에 매입한 것이 얼마에 매출되거나 출고되었는지를 일일이 파악하기가 어렵다.

상품·제품의 매출원가를 계산하고 원재료·저장품의 소비가액을 계산하기 위하여, 또 기말에 남아 있는 상품·제품과 원재료·저장품의 가액을 계산하기 위하여 재고자산의 단가 산정 등에 따른 원가흐름을 가정하여 기말재고자산을 평가한다. 기초재고자산가액에 당기에 매입한 매입가액(또는 당기제품제조원가)을 더하고 기말재고자산가액을 빼면 매출원가가 산출된다.

● 재고자산가액결정 ●

```
┌──────────────────────┬──────────────────────┐
│   기초재고상품가액   │   당기매입(제조)액   │
└──────────────────────┴──────────────────────┘
              │
          ┌───────┐
          │ 배  분 │
          └───────┘
       ┌──────┴──────────────────────┐
┌──────────────┐              ┌──────────────┐
│  매 출 원 가  │              │   기말재고액  │
└──────────────┘              └──────────────┘
       │                              │
┌──────────────┐              ┌──────────────┐
│ 손익계산서상 │              │ 재무상태표상 │
│ 매출원가로 계상, 매출액에  │ 유동자산에 계상된다. │
│ 서 공제하여 매출총이익을  │              │
│ 결정한다.    │              │
└──────────────┘              └──────────────┘
```

┌──┐
│ 기초재고자산가액 + 당기매입액(제조원가) − 기말재고자산가액 = **매출원가** │
└──┘

회사의 비용 중 매출원가가 가장 큰 비중을 차지한다. 기말재고상품가액의 평가에 따라 매출원가가 달라지므로, 재고자산의 평가는 기업회계의 당기순이익 계산 및 세무상 소득금액의 계산에 있어서 매우 중요하다.

2. 재고자산의 평가방법

재고자산평가란, 기초재고와 당기매입액(또는 당기제품제조원가)을 더한 총원가를 기말재고와 매출원가로 배분하는 것을 말한다. 재고자산평가는 각 사업연도 소득금액에 중요한 영향을 미치므로 세법은 재고자산평가에 대한 상세한 규정을 두고 있다. 재고자산평가는 재고자산의 수량결정과 단가산정절차로 구성된다.

2-1. 재고자산의 수량결정

(1) 재고수량의 결정방법

기말재고자산의 수량을 결정하는 방법에는 계속기록법과 실지재고조사법의 두 가지가 있다. 계속기록법은 재고자산을 매입하거나 매출할 때마다 장부에 기록하는 방법이다. 계속기록법에서는 언제든 재고자산의 수량을 파악할 수 있다는 장점이 있으나, 장부상 기말재고수량이 실제로 창고 등에 보관하고 있는 수량과 일치하는지 알 수 없다는 단점이 있다.

실지재고조사법은 회계기간 동안의 매입은 장부에 기록하지만 매출은 기록하지 않고 기말에 회사의 창고 등에 실제로 있는 재고자산을 조사하여 기말재고수량을 확정하는 방법이다. 이 방법은 재고출고수량을 기록하지 않으므로 간편하고 결산상 기말재고수량이 실제 재고수량과 같으므로 자산평가를 정확하게 할 수 있고 편리하다는 장점이 있으나, 기중에는 재고수량이 얼마인지 파악할 수 없고 도난 등으로 재고자산이 없어져도 이를 파악할 수 없다는 단점이 있다.

실무에서는 계속기록법에 따라 재고수불부를 기록하고, 기말에 재고자산을 실사하여 실지재고수량을 파악하는 방법을 가장 많이 사용한다. 이 방법에서는 실사 결과 실지재고수량과 장부상 재고수량에 차이가 있으면 장부상 수량을 실지재고수량으로 수정하고 그 차이가 있으면 그 차이의 원인을 파악할 수 있으므로 내부통제측면에서도 가장 좋은 방법이다.

(2) 세무조사 시 재고부족액 등에 대한 처리

세무조사 시 실제 재고수량이 장부상 수량보다 부족한데 그 원인이 불분명한 경우에는 그 부족한 수량에 해당하는 재고자산을 현금 매출하고 기장을 누락한 것으로 본다. 따라서 그 재고자산의 시가(부가가치세 과세대상인 경우 부가가치세 포함)를 익금산입하여 대표자에 대한 상여로 처분하고, 부가가치세를 익금불산입하여 △유보로, 재고자산의 장부가액을 손금산입하여 △유보로 처분한다.

반면에 실제 수량이 장부상 수량보다 남는데 그 원인이 불분명한 경우에는 재고자산평가의 오류로 보아 그 남는 수량의 원가를 손금불산입하여 유보로 처분한다.

■ 사례 »

㈜갑은 세무조사를 받았는데, 세무조사 결과 상품의 실사결과는 다음과 같다.
(상품의 시가 @2,000,000원, 원가 @1,000,000원, 부가가치세 과세대상)

실사결과	세무조정	
	익금산입 및 손금불산입	손금산입 및 익금불산입
상품 1개 부족 (원인 불분명)	매 출 2,200,000 (상여)	부가세예수금 200,000 (유보) 상 품 1,000,000 (유보)
상품 1개 남음 (원인 불분명)	상 품 1,000,000 (유보)	

2-2. 재고자산의 단가결정

법인세법은 기말재고자산의 평가방법에 대하여 비교적 상세한 규정을 두고 있다.「법인세법」상 허용되는 재고자산(유가증권 제외)평가방법에는 원가법과 저가법이 있다(법령 §74①).

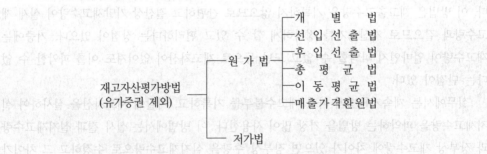

재고자산평가방법을 월별·분기별 또는 반기별로 행하는 경우에는 전월 전분기 또는 전반기와 동일한 평가방법에 의하여야 한다(법칙 §38). 따라서 법인이 계속하여 후입선출법, 총평균법 또는 이동평균법 등을 월별, 분기별 또는 반기별로 적용하여 재고자산을 평가하는 경우에는 이를 후입선출법, 총평균법 또는 이동평균법 등에 의하여 평가한 것으로 본다(법기통 42-74…1).

(1) 원가법에 의한 재고자산평가방법의 비교

K-IFRS, 일반기업회계기준과 「법인세법」의 원가법에 의한 재고자산평가방법을 비교하면 다음과 같다.

K-IFRS 제1002호 문단 21, 27	일반기업회계기준 제7장 문단 7.13	법인세법(법령 §74①(1))
• 개별법	• 개별법	• 개별법
• 선입선출법	• 선입선출법	• 선입선출법
• 가중평균법[*1]	• 가중평균법[*1]	• 총평균법
• 소매재고법[*3]	• 후입선출법[*2]	• 이동평균법
	• 소매재고법[*3]	• 후입선출법[*2]
		• 매출가격환원법[*3]

[*1] 가중평균법이란, 이동평균법이나 총평균법을 말한다.

[*2] K-IFRS에서는 후입선출법은 재고자산의 흐름을 충실하게 표현하지 못한다는 이유로 사용하지 아니한다. 그러나 일반기업회계기준과 「법인세법」은 후입선출법을 사용한다.

[*3] 소매재고법은 「법인세법」의 매출가격환원법과 같은 방법으로 K-IFRS에서는 평가한 결과가 실제 원가와 유사한 경우에 사용할 수 있고, 일반기업회계기준에서는 유통업에서만 사용할 수 있다. 일반기업회계기준에서는 유통업 외의 업종에 속한 기업이 소매재고법을 사용하는 경우에는 실제 원가에 기초한 다른 방법보다 이 방법이 합리적이라는 정당한 이유와 소매재고법의 원가율 추정이 합리적이라는 근거를 주석에 기재해야 한다(일반기준 7장 문단 7.14). 그러나 「법인세법」에서는 매출가격환원법을 사용하는 정당한 이유를 묻지 않으므로 업종에 관계없이 법인이 원하면 매출가격환원법을 사용할 수 있다.

(2) 세법상 원가법에 의한 재고자산평가방법

원가법이란, 재고자산의 취득가액을 기초로 하여 기말재고자산을 평가하는 방법을 말한다. 원가법에는 개별법·선입선출법·후입선출법·총평균법·이동평균법 및 매출가격환원법이 있다(법령 §74①(1)).

1) 개별법

"개별법"이란 품질·종류·형태가 같은 재고자산이라 하더라도 취득가액이 다를 경우에는 그 취득가액이 다른 것을 구분하여 기록하고, 기말재고자산의 가액은 개별적으로 각각 그 취득한 가액에 따라 산출한 그 자산의 평가액으로 하는 방법을 말한다(법령 §74①(1)가). 재고자산의 매입부대비용은 발생시에 재고자산의 가액에 합산하여야 한다.

개별법은 법인이 개별적으로 재고자산의 취득가액을 명확히 구분하여 처리하는 것을 전제로 하기 때문에 개별법에 의하여 평가하는 재고자산은 다음과 같다.

① 상품의 취득으로부터 판매에 이르기까지 개별관리가 가능한 상품

② 제품·재공품 및 반제품이 취득으로부터 판매 또는 소비에 이르기까지 개별관리와 개별 원가계산이 가능한 제품·반제품 및 재공품

③ 위 "②"의 제품·반제품 및 재공품의 제조에 소비되는 원재료 및 저장품

이와 같이 개별법은 개별관리와 개별원가계산이 가능하고, 또 그 방법이 필요한 특수한 업종에 적용되고 있다. 예컨대 보석상·귀금속상·골동품상·조선업 및 부동산업에서 흔히 이 방법을 적용한다.

2) 선입선출법

품질·종류·형태가 같은 재고자산이라 할지라도 취득시기가 상이함에 따라 그 취득가액이 다를 수 있다. 이와 같은 이유에서 취득가액이 다른 동질·동종·동형 재고자산을 기말에 보유하게 되어 그 재고자산을 평가할 때 적용하는 평가방법의 하나가 선입선출법이다.

"선입선출법"이란 재고자산이 먼저 입고된 것부터 출고되고 사업연도 종료일부터 가장 가까운 날에 취득한 것이 사업연도 종료일 현재 재고로 되어 있는 것으로 하여 산출한 취득가액을 그 자산의 평가액으로 하는 방법을 말한다(법령 §74①(1)나).

그런데 품질·종류·형태가 같은 원재료라 하더라도 그 원재료의 생산국·제조회사에 따라 특성(품질)이 다소 다를 수 있다. 이와 같은 원재료를 사용하여 제품을 만드는 법인은 자기제품의 품질을 유지하기 위하여 생산국별·제조회사별로 일정한 비율에 의하여 배합사용하게 되고 그 원재료의 수불은 생산국·제조회사별 물질이 다른 원재료마다 별도의 구좌를 두고 수불하게 된다.

이와 같이 법인의 선입선출법에 따른 재고자산평가는 생산국·제조회사별 원재료의 수불을 기준으로 하여 평가하여야 한다. 그 이유는 재고자산의 평가는 수불구좌 단위별로 하여야 하기 때문이다.

3) 후입선출법

"후입선출법"이란 선입선출법과는 정반대로 사업연도 종료일로부터 소급하여 가장 가까운 날에 입고된 것부터 출고되고 사업연도 종료일부터 가장 먼 날에 취득한 것이 사업연도 종료일 현재 재고로 되어 있는 것으로 하여 산출한 취득가액을 그 자산의 평가액으로 하는 방법을 말한다(법령 §74①(1)다).

4) 총평균법

재고자산을 품종별·종목별로 해당 사업연도 개시일 현재의 재고자산에 대한 취득가액의 합계액과 해당 사업연도 중에 취득한 자산의 취득가액의 합계액의 총액을 그 자산의 총수량(기초재고수량+기중취득량)으로 나누어 평균단가를 산출하고, 이 단가에 기말재고자산의 수량을 곱하여 산출한 가액을 사업연도 종료일 현재 재고자산의 평가액으로 하는 방법을 총평균법이라 말한다(법령 §74①(1)라).

이때 "해당 사업연도 개시일 현재 재고자산에 대한 취득가액"이란 해당 사업연도 개시일 현재 이월된 세무상 취득가액을 뜻한다(법인 1264.21, 1981. 9. 29.). 그러므로 직전 사업연도의 소득금액계산에 있어서 손금에 산입된 재고자산평가감이 있을 때에는 이를 포함하여야 한다.

총평균법의 평가방법을 계산식으로 나타내면 다음과 같다.

$$1단위당\ 평균단가\ =\ \frac{기초재고자산가액+기중매입액}{기초재고자산수량+기중매입수량}$$

$$기말재고자산가액\ =\ 1단위당\ 평균단가\times 기말재고자산수량$$

이 경우도 월별·분기별 또는 반기별 총평균법이 인정된다(법기통 42-74…1).

따라서 법인이 재고자산의 평가방법을 모두 총평균법을 적용하고 있으나 그중 상품·제품·반제품 및 재공품은 연단위로 총평균법을 적용·평가하고, 원재료 및 저장품은 월단위로 총평균법을 적용·평가하는 경우에도 적법한 재고자산평가방법으로 보며(법인 1264.21-957, 1984. 3. 16.), 직전 사업연도까지 월별 총평균법으로 적용하다가 해당 사업연도부터는 반기별 총평균법으로 평가한 경우에도 적법한 평가방법으로 인정한다(법인 22601-153, 1986. 1. 17.).

5) 이동평균법

재고자산을 취득할 때마다 장부시재금액을 장부시재수량으로 나누어 평균단가를 산출하고, 그 평균단가에 기말재고자산의 수량을 곱하여 산출된 금액을 그 재고자산의 평가액으로 하는 방법을 이동평균법이라 말한다(법령 §74①(1)마). 이 경우에도 월별·분기별 또는 반기별 이동평균법이 인정된다(법기통 42-74…1).

그리고 재고자산평가방법을 월별 이동평균법을 적용하다가 해당 사업연도부터 계속하여 반기별 이동평균법으로 평가할 경우에도 이동평균법에 따라 평가한 것으로 본다(법인 22601 -153, 1986. 1. 17.).

이동평균법의 평가방법을 계산식으로 나타내면 다음과 같다.

$$기말재고자산평가액\ =\ \frac{취득시\ 장부시재금액}{취득시\ 장부시재수량}\times 기말재고자산수량$$

6) 매출가격환원법

재고자산을 품종별로 해당 사업연도 종료일에 있어서 판매될 예정가격에서 판매예정차익금을 공제하여 산출한 가액을 그 재고자산의 평가액으로 하는 방법을 매출가격환원법이라 한다(법령 §74①(1)바).

이때 법인이 재고자산을 매출가격환원법에 따라 평가하는 경우에는 재고자산을 평가할 때마다 품목별 재고조사표를 기록·비치하여야 한다(법기통 42-74…2).

매출가격환원법의 평가방법을 계산식으로 나타내면 다음과 같다.

매출가격환원법에 의한 기말재고자산평가액 = 매출예정가액 − 매출예정차익금

　　　　　　　　　　　　　　　　 = 매출예정가액 − 매출예정가액 × 이익률

　　　　　　　　　　　　　　　　 = 매출예정가액 × (1 − 이익률)

　　　　　　　　　　　　　　　　 = 매출예정가액 × 원가율

판매업과 제조업의 경우, 그 원가율을 계산하면 다음과 같다.

$$판매업의\ 원가율 = \frac{기초상품가액 + 당기순매입액}{기중매출액 + 기말상품매출예정가액}$$

$$제조업의\ 원가율 = \frac{기초제품가액 + 당기제품제조원가}{기중매출액 + 기말제품매출예정가액}$$

원가율이 1보다 클 경우에는 다음 예와 같이 매출총이익이 음수가 되어 판매예정차손이 발생하는 경우에는 매출가격환원법에 의하여 기말재고자산을 평가하게 되면 매출예정가액보다 높게 평가되는 문제가 발생한다.

이에 따라 국세청은 판매예정차손이 발생되는 경우에는 판매예정가액을 취득가액으로 본다고 해석하고 있다(법기통 42−74…3).

▌▌ 사례 ≫ **매가환원법**

다음은 소매업을 영위하고 있는 ㈜한국의 제21기(20×1. 1. 1. ~ 20×1. 12. 31.)의 상품평가와 관련된 자료이다. 이 자료를 참고로 ㈜한국의 세무상 기말재고자산금액을 구하고, 재고자산과 관련된 세무조정을 하시오.

1. 상품의 기초재고와 매입자료

구 분	취득원가	소비자가격
기초상품	15,128,000원	18,910,000원
당기매입	28,566,000원	43,510,000원
합 계	43,694,000원	62,420,000원

2. ㈜한국은 계속해서 매출가격환원법을 사용하여 기말재고자산금액을 평가해 왔는데 매출원가율은 평균법을 적용하여 구하였다. 판매예정차익은 기말소비자가격과 평균법에 의한 매출원가율을 적용하여 추정된 기말재고자산금액(원가)과의 차이를 말한다. 재고자산평가방법은 적절하게 신고하였다.

3. 기말보유재고자산에 대한 판매예정가액은 17,000,000원인데 ㈜한국은 결산상 기말재고를 12,000,000원으로 계상하고 있다.

```
┃ 해답 ┃
(1) 세무상 기말상품 : 12,588,800
```
① 원가율 = $\dfrac{43,694,000}{62,420,000}$ = 70%

② 기말재고자산금액 = 기말재고시가 × 원가율

= 17,000,000 × 70%

= 11,900,000

```
(2) 재고자산 관련 세무조정 : <손금산입> 상품평가증 100,000*(△유보)
     * 12,000,000 - 11,900,000 = 100,000
```

(3) 저가법

1) 기업회계기준의 저가법

K-IFRS과 일반기업회계기준에서는 다음과 같은 사유가 있으면 재고자산의 시가가 원가 이하가 될 수 있다고 본다(K-IFRS 1002호 문단 28, 일반기준 7장 문단 7.16).

K-IFRS 제1002호 문단 28	일반기준 제7장 문단 7.16
① 물리적으로 손상된 경우 ② 완전히 또는 부분적으로 진부화된 경우 ③ 판매가격이 하락한 경우 ④ 완성하거나 판매하는 데 필요한 원가가 상승한 경우	① 손상을 입은 경우 ② 보고기간 말로부터 1년 또는 정상영업주기 내에 판매되지 않았거나 생산에 투입할 수 없어 장기 체화된 경우 ③ 진부화하여 정상적인 판매시장이 사라지거나 기술 및 시장 여건 등의 변화에 의해서 판매가치가 하락한 경우 ④ 완성하거나 판매하는 데 필요한 원가가 상승한 경우

K-IFRS와 일반기업회계기준에서는 재고자산의 순실현가능가치가 장부가액보다 하락하면 재고자산을 순실현가능가치에 따라 감액하여 평가손실을 인식한다. 이 경우 시가는 순실현가능가치를 말하나, 원재료는 현행대체원가를 순실현가능가치에 대한 최선의 이용가능한 측정치로 본다(K-IFRS 1002호 문단 32, 일반기준 7장 문단 7.17).

저가법을 적용하는 경우 종목별로 적용하나, 서로 유사하거나 관련있는 항목들을 통합하여 조별로 평가할 수 있다. 그러나 전체 재고자산의 평가손익을 가감하는 총액평가는 허용하지 아니한다(K-IFRS 1002호 문단 29, 일반기준 7장 문단 7.18).

2) 「법인세법」의 저가법

저가법이란 재고자산을 「법인세법 시행령」 제74조 제1항 제1호에 따라 평가한 원가법과

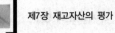
기업회계기준이 정하는 바에 따라 시가로 평가한 가액 중 낮은 가액을 평가액으로 하는 방법을 말한다(법령 §74①(2)).

기업회계에서는 재고자산의 순실현가능가치가 하락하면 반드시 재고자산을 순실현가능가치에 따라 감액하여야 한다. 반면에, 「법인세법」에서는 파손·부패 등의 사유가 있는 경우에는 신고방법에 관계없이 결산상 계상한 재고자산평가손실을 손금으로 보나, 파손·부패 등의 사유가 없는 경우에는 재고자산평가방법을 저가법으로 신고한 경우에만 저가평가를 한다(법법 §42①).

저가법으로 신고하는 경우에는 시가와 비교될 원가를 결정하는 원가법의 종류를 기재하여 재고자산평가방법을 신고하여야 한다[재고자산 등 평가방법신고서(변경신고서) 별지 제64호 서식].

재고자산의 순실현가능가액 등을 감안하지 않고 일정기간 경과시 일률적으로 취득원가의 10%로 평가하는 것은 저가법에 해당하지 아니한다(법인 46012-3670, 1998. 11. 28.).

(4) 저가법에 의한 평가손실 및 환입과 세무처리

1) K-IFRS의 내용

재고자산을 순실현가능가치로 감액한 평가손실은 발생한 기간에 비용으로 인식한다(K-IFRS 1002호 문단 34).

그 이후 재고자산의 감액을 초래했던 상황이 해소되거나 경제상황의 변동으로 순실현가능가치가 상승한 명백한 증거가 있는 경우에는 최초의 장부금액을 초과하지 않는 범위 내에서 평가손실을 환입하며, 이러한 재고자산평가손실의 환입은 환입이 발생한 기간의 비용으로 인식된 재고자산 금액의 차감액으로 인식한다(K-IFRS 1002호 문단 33 및 34).

2) 일반기업회계기준의 내용

재고자산의 시가가 장부금액 이하로 하락하여 발생한 평가손실은 재고자산의 차감계정으로 표시하고 매출원가에 가산한다(일반기준 7장 문단 7.20).

그 이후 저가법의 적용에 다른 평가손실을 초래했던 상황이 해소되어 새로운 시가가 장부금액보다 상승한 경우에는 최초의 장부금액을 초과하지 않는 범위 내에서 평가손실을 환입하며, 이러한 재고자산평가손실의 환입은 매출원가에서 차감한다(일반기준 7장 문단 7.19).

3) 세법상 규정

법인이 재고자산평가방법을 저가법으로 신고하고 이를 적용하여 시가가 원가보다 낮을 경우에 계상되는 재고자산평가손실은 손금에 산입한다.

3. 재고자산평가방법의 최초신고 및 변경신고

3-1. 개 요

법인이 어떤 방법에 의하여 재고자산을 평가하느냐에 따라 그 법인의 각 사업연도의 소득금액이 달라진다.

그러므로 절세면에서 볼 때에는 재고자산평가방법의 선택이 매우 중요하며 재고자산의 평가방법을 선택하는 데 있어서 상품·제품·반제품·재공품·원재료 및 저장품 등 모든 재고자산에 대하여는 반드시 동일한 평가방법으로 평가할 필요는 없다.

세법에서는 재고자산을 다음과 같이 분류하여 영업종목(한국표준산업분류에 의한 중분류 또는 소분류에 의한다)별·영업장별·자산종류별로 각각 다른 평가방법에 의하여 평가할 수 있다(법령 §74②).

① 제품 및 상품(부동산매매업자가 매매를 목적으로 소유하는 부동산 포함)

② 반제품 및 재공품

③ 원재료

④ 저장품

3-2. 영업종목별·영업장별 및 자산종류별 평가

(1) 개 요

재고자산을 평가함에 있어서는 해당 자산을 제품 및 상품, 반제품 및 재공품, 원재료, 저장품으로 구분하여 종류별·영업장별로 각각 다른 방법에 따라 평가할 수 있다(법집 42-74-1 ②).

이 경우 재고자산을 영업종목별·영업장별로 평가하고자 하는 법인은 수익과 비용을 영업의 종목별(한국표준산업분류에 의한 중분류 또는 소분류에 의한다) 또는 영업장별로 각각 구분하여 기장하고, 영업종목별·영업장별로 제조원가보고서와 포괄손익계산서(포괄손익계산서가 없는 경우에는 손익계산서를 말한다. 이하 같다)를 작성하여야 한다고 세법상 규정하고 있다(법령 §74②).

따라서 내국법인이 영위하는 2개 이상의 사업을 영업장별로 수익과 비용을 각각 구분하여 기장하고, 영업장별로 제조원가보고서와 포괄손익계산서를 작성할 경우에는 영업장별 재고자산평가방법을 달리 적용할 수 있다(법인-810, 2011. 10. 26.).

반면에 K-IFRS에서는 동일한 재고자산이 동일한 기업 내에서 영업부문에 따라 서로 다른 용도로 사용되는 경우에도 /재고자산의 지역별 위치나 과세방식이 다르다는 이유만으로 동일한 재고자산에 다른 단위원가 결정방법을 적용하는 것을 허용하지 않는다(K-IFES 1002

호 문단 26).

일반기업회계기준에서도 성격과 용도 면에서 유사한 재고자산에는 동일한 단위원가 결정 방법을 적용해야 한다고 규정하고 있으므로 지역별 위치 등이 다르다는 이유로 다른 방법을 적용할 수 없을 것으로 판단된다(일반기준 7장 7.13).

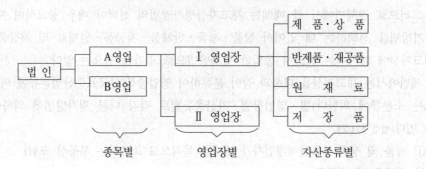

◎ 재고자산평가방법의 선택단위 ◎

3-3. 재고자산평가방법의 최초신고 및 변경신고

(1) 재고자산평가방법의 최초신고

신설법인과 새로 수익사업을 개시한 비영리법인이 각 사업연도 소득금액계산에 있어서 적용할 재고자산의 평가방법에 대하여는 해당 법인의 설립일 또는 수익사업 개시일이 속하는 사업연도의 법인세 과세표준의 신고기한까지 납세지 관할 세무서장에게 신고하여야 한다(법령 §74③(1)). 저가법을 신고하는 경우에는 기업회계기준이 정하는 바에 따른 평가액과 비교되는 원가법을 함께 신고하여야 한다(법령 §74①(2)).

최초 신고기한이 지난 후 재고자산평가방법을 신고한 경우에는 그 신고일이 속하는 사업연도까지는 무신고로 하고, 그 후의 사업연도에는 법인이 신고한 평가방법에 의한다(법령 §74⑤).

💡 주의 **새로운 업종을 개시한 경우의 최초신고**

서비스업을 목적사업으로 하여 설립된 내국법인이 이후 사업연도에 새로운 업종을 목적사업으로 추가하고 새로운 업종을 개시한 날이 속하는 사업연도에 대한 법인세 과세표준 신고기한까지 추가 업종에 대한 재고자산평가방법을 신고한 경우 새로운 업종을 개시한 사업연도부터 신고한 평가방법에 따라 재고자산을 평가한다(법인-585, 2010. 6. 25.). 이 유권해석은 설립일이 속하는 사업연도에 대한 법인세 과세표준 신고기한 내에 재고자산평가방법을 신고하여야 한다는 규정과 상충되지만, 당초 서비스업의 재고자산이 없어서 재고자산평가방법을 신고하지 않은 점을 고려한 합리적인 해석이다.

예를 들어, 건설업을 하는 법인이 신규로 유통업을 경영하게 되는 경우 유통업을 개시하는 사업연도의 법인세 과세표준신고기한까지 유통업에 관련되는 재고자산(즉, 상품)의 평가방법을 관할 세무서에 신고하는 경우에 이는 세무상 적법한 신고로 보고 유통사업을 개시한 사업연도 부터 신고한 평가방법에 따라 재고자산을 평가할 수 있다(법인 22601-2938, 1986. 9. 30.).

(2) 재고자산평가방법의 변경신고

재고자산의 평가방법신고를 한 법인으로서 그 평가방법을 변경하고자 하는 법인은 변경할 평가방법을 적용하고자 하는 사업연도의 종료일 이전 3개월이 되는 날까지 납세지 관할 세무서장에게 신고하도록 규정하고 있다(법령 §74③(2)).

□ 재고자산 평가방법을 변경하고 소급법을 적용한 경우의 세무처리(서면-2020-법령해석법인-4245 [법령해석과-2858], 2021. 8. 19.)

【질의】

A법인은 광산업을 영위하는 법인으로 광물, 원석 등을 재고자산으로 보유하고 있는데 향후 재고 자산 평가방법을 선입선출법에서 총평균법으로 변경하고 일반기업회계기준에 따라 평가방법 변경에 따른 누적효과를 기초 이익잉여금에 반영하는 회계처리(소급법)를 할 예정임.

〈회계처리 예시〉

　(차) 전기이월이익잉여금　　　10,000,000　　　(대) 재 고 자 산　　　10,000,000

A법인은 상기와 같이 재고자산 평가방법을 변경한 후 재고자산 평가방법변경신고서를 법인세법 상 신고기한 이내에 납세지 관할세무서장에게 제출할 예정임.

(질의1)
내국법인이 재고자산 평가방법을 변경하고 변경된 평가방법을 소급법에 따라 회계처리하는 경우 세무조정 방법
(갑설) <손금산입> 이익잉여금 10,000,000(기타)
(을설) <손금산입> 이익잉여금 10,000,000(기타)
　　　 <익금산입> 재고자산 10,000,000(유보)

(질의2)
질의1에서 (을설)에 따라 세무조정할 경우 유보로 소득처분한 금액에 대한 사후관리 방법(유보금액의 추인 시점)

【회신】

내국법인이 재고자산 평가방법을 변경하고 평가방법 변경에 따른 누적효과를 전기이월이익잉여금의 감소로 회계처리한 경우, 해당 이익잉여금의 감소로 회계처리한 금액은 이를 세무조정에 의하여 손금산입 기타처분하고 같은 금액을 익금산입 유보처분하는 것이며, 유보로 소득처분된 금액은 해당 재고자산이 처분되어 매출원가에 반영되는 시점에 손금산입(△유보)하는 것임.

> **저자주** 재고자산평가방법을 변경한 경우 기업회계에서는 소급법을 적용하나 법인세법은 전진법을 적용하므로 소급법에 따른 회계처리를 인정하지 않는다고 해석한 것임.

> **주의 연간 총평균법을 월단위 총평균법으로 변경하는 경우**
>
> 연단위 총평균법에 의하여 재고자산을 평가하던 법인이 월단위 총평균법으로 재고자산의 평가방법을 변경하고자 하는 경우에는 그 변경할 평가방법을 적용하고자 하는 사업연도의 종료일 이전 3개월이 되는 날까지 「법인세법 시행규칙」 [별지 제64호 서식]을 납세지 관할 세무서장에게 제출함으로써 재고자산의 평가방법을 변경할 수 있다(서이 46012-109337, 2003. 5. 12.).

□ **재고자산평가방법을 신고하지 않은 경우의 재고자산평가방법의 변경**

종전에 재고자산평가방법을 신고하지 않은 법인이 평가방법의 변경신고를 할 수 있는지에 대하여 명문규정이 없었다. 그러나 국세청에서는 무신고로 인하여 무신고시 평가방법을 적용받는 법인도 그 후 사업연도 종료일 이전 3개월 이전에 변경신고를 할 수 있다고 해석하였다(법인 46012-959, 1997. 4. 8.). 2013. 2. 15.에 「법인세법 시행령」을 개정하여 그 해석을 명문화하였는데 그 내용은 다음과 같다.

> 재고자산평가방법을 신고하지 아니하여 선입선출법(매매목적용 부동산은 개별법)을 적용받는 법인이 그 평가방법을 변경하려는 경우에는 변경할 평가방법을 적용하려는 사업연도의 종료일 이전 3개월이 되는 날까지 변경신고를 하여야 한다(법령 §74⑥).

3-4. 재고자산평가방법의 무신고와 임의변경 경우의 평가방법

(1) 무신고시 재고자산평가벙법

법인이 법정신고기한 내에 재고자산평가방법을 신고하지 아니한 경우에는 선입선출법(매매를 목적으로 소유하는 부동산은 개별법)에 의하여 기말의 재고자산을 평가하여 각 사업연도 소득을 계산하도록 규정하고 있다(법령 §74④).

(2) 임의변경시 재고자산평가방법

재고자산을 신고한 평가방법 외의 평가방법으로 평가한 경우와 법정기한 내에 재고자산평가방법을 변경신고하지 아니하고 그 방법을 변경한 경우에는 선입선출법(매매를 목적으로 소유하는 부동산의 경우에는 개별법)에 의한 평가액과 당초에 신고한 평가방법에 의하여 평가한 가액 중 큰 금액으로 기말재고자산을 평가한다(법령 §74④).

● 재고자산의 무신고와 임의변경시 평가방법 ●

구 분	무신고	임의변경
재고자산평가방법	선입선출법(매매목적용 부동산은 개별법)으로 평가	Max[선입선출법에 의한 평가액, 신고한 방법에 의한 평가액]

▌ 사례 》

다음과 같이 법인이 신고한 재고자산평가방법과 법인이 실제 적용한 재고자산평가방법이 다른 경우, 선입선출법을 적용할 재고자산은? 다만, 기말재고자산을 선입선출법에 의하여 평가한 금액이 다른 평가방법에 따라 평가한 금액보다 높다.

재고자산	신고된 평가방법	실제적용평가방법
제품	이동평균법	총평균법
반제품·재공품	총평균법	총평균법
원재료	선입선출법	선입선출법
저장품	선입선출법	선입선출법

▌ 해답 ▌

재고자산종류별로 구분하여 신고된 방법과 다르게 평가한 부분만 법정평가방법을 적용한다(직세 1234.21-1102, 1975. 5. 29.). 따라서 제품만 임의변경으로 보아 당초 신고한 방법인 이동평균법과 선입선출법 중 큰 금액을 기말재고자산으로 한다(법령 §74④).

▌ 사례 》

㈜한공은 법정기한 내에 상품의 평가방법을 후입선출법으로 신고하였으나 해당 사업연도에 상품의 평가방법을 총평균법에 따라 임의평가하였다. 이 자료로 세무조정을 하시오.

상품의 평가방법	재고자산평가액
후입선출법	24,000,000원
총 평 균 법	22,000,000원
선입선출법	18,000,000원

▌ 해답 ▌

(1) 결산상 기말상품평가액 : 22,000,000(총평균법)
(2) 세무상 기말상품평가액 : 임의변경
   Max[선입선출법에 의한 평가액, 당초 신고한 방법에 의한 평가액]
  = Max[18,000,000, 24,000,000]
  = 24,000,000
(3) 세무조정금액 : 24,000,000 - 22,000,000 = 2,000,000
(4) 세무조정 : <익금산입> 상품평가감 2,000,00(유보)

상품평가감이란 상품이 결산상 낮게 평가감되어 있으므로 익금산입하라는 의미이다. 세무조정과목에 대해서는 세법에 규정이 없으므로 다른 과목을 써도 되나, 실무상 많이 사용하는 용어이므로 상품평가감이라고 표시하였다. 익금산입 대신 손금불산입으로 써도 된다.

사례 »

㈜한공(사업연도 : 1. 1.~12. 31.)은 상품평가방법을 관할 세무서장에게 신고하지 아니하였다가 제3기 사업연도 11. 20.에 이동평균법으로 신고하였다. 제1기와 제2기의 회사에서 실제 적용한 상품평가방법이 이동평균법인 경우, 다음 자료에 의하여 제1기와 제2기의 재고자산에 대한 세무조정을 하시오.

	제1기	제2기
• 이동평균법에 의한 평가액	12,000,000원	18,000,000원
• 선입선출법에 의한 평가액	13,000,000원	20,000,000원

해답

사업연도	익금산입 및 손금불산입			손금산입 및 익금불산입		
	과 목	금 액	처 분	과 목	금 액	처 분
제1기	상품평가감	1,000,000	유보			
제2기	상품평가감	2,000,000	유보	전기상품평가감	1,000,000	유보

법인세법상 재고자산평가방법은 법인의 설립일이 속하는 사업연도의 과세표준신고기한 내에 신고하여야 한다. 법인이 법정기한을 경과하여 재고자산평가방법을 신고한 경우에는 그 신고일이 속하는 사업연도까지 무신고로 보므로 제2기까지는 선입선출법으로 기말재고자산을 평가하여야 한다.

□ 재고자산평가에 착오가 있는 경우

법인이 재고자산의 평가방법을 신고하고, 신고한 방법에 의하여 평가하였지만 기장상 또는 계산상의 착오로 인하여 평가액이 다를 때, 이는 평가방법을 달리하여 평가한 것으로는 보지 아니한다(법기통 42-74…10). 이 경우에는 임의변경이 아니므로 착오로 인한 차이분만을 세무조정하면 된다.

┌─ ■ 사례 » 재고자산의 평가 ──────────────────────────────

다음은 ㈜한공의 제24기(1. 1.~ 12. 31.) 재고자산과 관련된 자료이다. 이 자료에 의하여 세무조정을 하시오.

〈자료〉

1. ㈜한공의 제24기 사업연도 말 현재 재무상태표상 재고자산 금액과 법인세법상 평가금액은 다음과 같다.

구 분	재무상태표상 금액	법인세법상 평가금액		
		선입선출법	총평균법	이동평균법
제 품	20,000,000원	30,000,000원	20,000,000원	27,000,000원
재공품	8,000,000원	8,000,000원	6,400,000원	7,000,000원
원재료	3,600,000원	3,800,000원	3,000,000원	3,400,000원

2. ㈜한공은 제23기 사업연도까지 제품의 평가방법을 이동평균법으로 신고하고 평가하여 왔으나, 제24기 사업연도부터 총평균법으로 변경하기로 하고, 제24기 10. 31. 재고자산 평가방법 변경신고를 하였다.

3. ㈜한공은 제23기 사업연도까지는 재공품의 평가방법을 신고하지 아니하였으나, 제24기 10. 4. 재공품의 평가방법을 선입선출법으로 신고하였다.

4. ㈜한공은 원재료의 평가방법을 총평균법으로 신고하여 제23기 이전부터 적용하여 오고 있다. 따라서 ㈜한공은 신고한 방법(총평균법)에 의하여 평가하였으나 계산상의 착오로 실제금액과 다른 금액으로 평가하였다.

■ 해답 ■

1. 계산내역

구 분	상 태	장부상 계상금액		세법상 평가액		차 이
제 품	임의변경	총 평 균 법	20,000,000	Max[①, ②] = 30,000,000 ① 이동평균법 27,000,000 ② 선입선출법 30,000,000		10,000,000
재공품	무 신 고	선입선출법	8,000,000	선입선출법	8,000,000	0
원재료	계산착오	총 평 균 법	3,600,000	총 평 균 법	3,000,000	△600,000

2. 세무조정

익금산입 · 손금불산입			손금산입 · 익금불산입		
과 목	금 액	소득처분	과 목	금 액	소득처분
제 품	10,000,000	유보	원재료	600,000	유보

└──

3-5. 파손·부패된 재고자산의 평가손실

파손·부패 기타 사유로 정상가액으로 평가할 수 없어 폐기되는 제품은 처분가능한 시가로 평가할 수 있다. 이 경우 제품을 해체하여 원재료로 재사용하고자 하는 경우에는 원재료로 재사용하는 때의 원재료매입가액에 준하여 평가할 수 있다(서이 46012-11111, 2003. 6. 9., 법인 46012-1218, 1996. 4. 19.).

파손·부패 등의 사유로 인하여 정상가격으로 처분할 수 없는 경우에 해당하는 실무상 내용을 살펴보면 다음과 같다.

① 관리종업원의 과실로 인한 파손·부패 등의 사유로 발생하는 재고자산평가손실은 내부규정에 의해 관리종업원에게 변상책임이 있는 경우(법기통 42-78…1)

② 풍수해 기타 관리상의 부주의 등으로 품질이 저하된 제품 등을 등급을 달리하여 재고자산을 분류하는 경우에 생기는 재고자산평가손실(법집 42-78-2 ③)

③ 재해 등 비정상적인 요인에 의하여 발생하는 수목을 시가로 평가함으로써 생기는 재고자산평가손실(법인 1264.21-990, 1983. 3. 26.). 그러나 수목 중 정상적인 재배과정에서 발생한 수목의 평가손실은 각 사업연도 소득금액계산상 손금에 산입하지 아니하고 타수목의 원가에 산입한다.

④ 개정판이 출간됨에 따라 상품가치가 저하된 전문서적에 대한 평가손실(법인 46012-183, 1993. 1. 25.)

⑤ 법인이 폐기물을 폐기물관리법의 절차에 따라 폐기하는 등 폐기사실이 객관적으로 인정되는 경우(서면2팀-36, 2004. 7. 30.)

⑥ 판매상품 등의 흠으로 새로운 상품 등을 교환하여 준 경우 회수한 상품 등의 평가손실(법집 42-78-2 ②)

3-6. 재고자산의 폐기처분

재고자산이 파손·부패되거나 시장가치가 상실되어 판매가 불가능한 그 재고자산을 폐기처분하는 경우에는 폐기처분 사실이 객관적으로 입증될 수 있는 증빙을 갖추어야 한다(법인-859, 2009. 7. 24., 서면-2019-법인-0238, 2019. 3. 31.).

폐기물관리법의 적용을 받는 폐기물인 경우에는 당해 법률의 절차에 따라 폐기하는 등 그 폐기사실이 객관적으로 입증될 수 있는 증거를 갖추어 처리하여야 한다(서면2팀-1613, 2004. 7. 30.).

재고자산을 폐기처분하였는데, 그 사실을 입증하는 서류를 구비하지 않으면 국세청은 재고부족분에 대하여 소명을 요구하고, 제대로 소명하지 못하면 매출누락으로 과세하려고 할 것이므로 입증서류를 구비하여 과세된 후 불복과 소송까지 가는 일이 없도록 해야 할 것이다.

3-7. K-IFRS을 최초로 적용하는 사업연도에 후입선출법을 다른 평가방법으로 변경하는 경우의 특례

(1) 입법취지

K-IFRS는 재고자산평가방법으로 후입선출법을 인정하지 않으므로 재고자산평가방법으로 후입선출법을 적용하는 법인이 K-IFRS를 도입하면 재고자산평가방법을 다른 방법으로 변경해야 한다.

물가가 많이 상승한 경우 후입선출법을 다른 평가방법으로 변경하면 거액의 재고자산평가차익이 발생한다. 이에 따라 K-IFRS를 도입한 기업의 조세부담을 완화하기 위하여 재고자산평가차익을 5년간 나누어 익금에 산입하는 제도를 도입하였다.

(2) 재고자산평가차익의 익금불산입

내국법인이 K-IFRS를 최초로 적용하는 사업연도에 재고자산평가방법을 후입선출법에서 다른 평가방법으로 변경신고한 경우에는 다음과 같이 계산한 재고자산평가차익을 익금에 산입하지 아니할 수 있다(법법 §42의2①).

$$\text{재고자산}\atop\text{평가차익} = \text{K-IFRS를 최초로 적용하는}\atop\text{사업연도의 기초 재고자산평가액} - \text{K-IFRS를 적용하는 사업연도의}\atop\text{직전 사업연도의 기말 재고자산평가액}$$

(3) 익금불산입한 재고자산평가차익의 사후관리

익금에 산입하지 아니한 재고자산평가차익은 K-IFRS를 최초로 적용하는 사업연도의 다음 사업연도 개시일부터 5년이 되는 날이 속하는 사업연도까지 다음 산식에 따라 계산한 금액을 익금에 산입한다(법법 §42의2①).

$$\text{익금산입액} = \text{재고자산평가차익} \times \frac{\text{해당 사업연도 월수*}}{60}$$

* 월수는 역에 따라 계산하되 1개월 미만의 일수는 1개월로 하고, 이에 따라 사업연도 개시일이 속한 월을 1개월로 계산한 경우에는 사업연도 개시일부터 5년이 되는 날이 속한 월은 계산에서 제외한다(법령 §78의2③).

익금에 산입하는 기간 중에 법인이 해산(적격합병·적격분할로서 양도손익이 없는 것으로 한 경우 제외)한 경우에는 익금에 산입하고 남은 금액을 해산등기일이 속하는 사업연도에 익금에 산입한다(법법 §42의2②).

(4) 재고자산평가차익 익금불산입 신청서의 제출

이 규정을 적용받으려는 내국법인은 국제회계기준을 최초로 적용하는 사업연도의 법인세 과세표준 신고를 할 때 재고자산평가차익 익금불산입 신청서를 납세지 관할 세무서장에게 제출하여야 한다(법령 §78의2④).

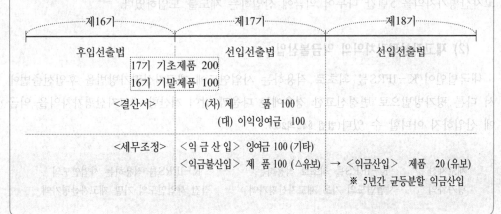

┌─ 사례 》 재고자산평가차익 익금불산입 ─────────────────────────

㈜한국석유는 제17기에 K-IFRS를 최초로 적용하면서 제품의 평가방법을 후입선출법에서 선입선출법으로 변경하였다.
제16기 말 제품의 기말재고는 100이고 제17기 초 제품의 기초재고는 200이다. 회계정책의 변경을 소급법으로 회계처리한 경우 세무조정은 다음과 같다.

	제16기	제17기	제18기
	후입선출법	선입선출법	선입선출법
		17기 기초제품 200	
		16기 기말제품 100	
	<결산서>	(차) 제 품 100	
		(대) 이익잉여금 100	
	<세무조정>	<익 금 산 입> 잉여금 100 (기타)	
		<익금불산입> 제 품 100 (△유보) → <익금산입> 제품 20 (유보)	
		※ 5년간 균등분할 익금산입	

제**8**장

유가증권의 평가

1. 유가증권의 개념과 분류

1. 유가증권의 개념

일반적으로 "유가증권"이란 재산권 또는 재산적 이익을 얻을 수 있는 자산이 증권화되어 있는 것을 의미한다. 일반기업회계기준에서 "유가증권은 재산권을 나타내는 증권을 말하며, 실물이 발행된 경우도 있고, 명부에 등록만 되어 있을 수도 있다(일반기준 6.20)"고 규정하고 있다. 그리고 "유가증권은 적절한 액면 금액 단위로 분할되고 시장에서 거래되거나 투자의 대상이 된다"고 정의하고 "유가증권에는 지분증권과 채무증권이 포함된다"(일반기준 6장 문단 6.20)라고 규정하고 있다. K-IFRS에서는 지분증권과 채무증권을 유가증권의 명칭으로 특별히 사용하지 않고 관계회사투자(K-IFRS 1028호)와 금융상품(K-IFRS 1032호, 1039호 및 1107호)의 하나로 분류하고 있다.

「법인세법」에서는 유가증권에 대한 정의에 대하여 특별히 규정하고 있지 않지만 「법인세법 시행령」 제73조 제2호에서 세법으로 정하는 "유가증권"이란 다음의 것을 말한다고 규정하고 있다.

① 주식 등
② 채권
③ 「자본시장과 금융투자업에 관한 법률」 제9조 제20항에 따른 집합투자 투자자산
④ 「보험업법」 제108조 제1항 제3호의 특별계정에 속하는 자산

2. 기업회계기준의 유가증권의 분류

2-1. K-IFRS

K-IFRS 제1109호에서는 금융자산의 관리를 위한 사업모형과 금융자산의 계약상 현금 흐름 특성을 고려하여 유가증권을 당기손익-공정가치측정(FVPL) 금융자산, 기타포괄손익-공정가치측정(FVOCI) 금융자산, 상각후원가측정(AC) 금융자산으로 구분한다. 그리고 피투자자에 대하여 공동지배력이나 유의적인 영향력을 갖는 기업은, 관계기업이나 공동기업에 대한 투자가 지분법 면제규정(K-IFRS 1028호 문단 17~19)을 충족하는 경우를 제외하고, 그 투자에 대하여 지분법을 사용하여 회계처리한다(K-IFRS 1028호 문단 16).

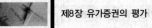
2-2. 일반기업회계기준

일반기업회계기준에 따른 유가증권은 보유목적과 증권의 특성 등에 따라 단기매매증권·매도가능증권·만기보유증권으로 분류하고 있으나(일반기준 6장 문단 6.22), 세법상으로는 지분법적용투자주식도 유가증권의 분류에 포함시키고 있다.

2. 유가증권의 평가

1. 개 요

법인이 유가증권을 취득하여 보유하고 있는 동안 해당 유가증권의 가치가 변동하거나 피투자회사의 재무상태의 변동에 따라 보유중인 유가증권의 가치가 변동할 수 있다. 이 경우 법인이 소유하고 있는 유가증권의 장부가액을 사업연도 종료일 현재 공정가치 또는 지분법에 따라 수정하게 되는데 이 절차를 유가증권의 평가라고 한다.

K-IFRS와 일반기업회계기준 및 「법인세법」의 유가증권분류와 평가방법을 비교하면 다음과 같다.

◉ 유가증권 평가방법의 비교 ◉

구 분		K-IFRS 제1109호	일반기업회계기준 제6장	법인세법
유가증권 분류		당기손익 - 공정가치(FVPL) 측정 금융자산, 기타포괄손익 - 공정가치(FVOCI) 측정 금융자산, 상각 후 원가(AC) 측정 금융자산	단기매매증권, 만기보유증권, 매도가능증권	유가증권을 구분하지 않음.
평가 방법	당기손익 - 공정가치 측정금융자산 (단기매매증권)	공정가치 (당기손익)	공정가치 (당기손익)	원가법
	기타포괄손익 - 공정가치 측정금융자산 (매도가능증권)	공정가치 (기타포괄손익[*1])	공정가치 (기타포괄손익[*2])	
	상각 후 원가 측정금융자산 (만기보유증권)	상각 후 원가법 (당기손익)	상각 후 원가법 (당기손익)	

*1 기타포괄손익 - 공정가치 측정 금융자산에 대한 미실현보유손익은 기타포괄손익누계액으로 처리하고, 당해 누적손익은 관련된 금융자산이 제거되는 시점에 재분류조정으로 자본에서 당기손익으로 재분류한다(K-IFRS 1109호 문단 5.7의 10). 그러나 단기매매목적이 아닌 지분상품은 최초 인식시점에서 기타포괄손익 - 공정가치 측정을 선택한 경우에는 해당 지분증권 처분시 공정가치로 재측정하고 기타포괄손익으로 표시하는 금액은 후속적으로 당기손익으로 이전되지 않는다. 그러나 자본 내에서 누적손익을 이전할 수는 있다(K-IFRS 1109호 B5.7의1).

*2 매도가능증권에 대한 미실현보유손익은 기타포괄손익누계액으로 처리하고, 당해 유가증권에 대한 기타포괄손익누계액은 그 유가증권을 처분하거나 손상차손을 인식하는 시점에 일괄하여 당기손익에 반영한다(일반기준 6장 문단 6.31).

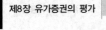

2. 법인세법상 유가증권 평가방법

법인이 소유하고 있는 유가증권은 다음 방법 중 한 방법을 선택하여 법인이 납세지 관할 세무서장에게 신고한 방법에 따라 평가한다(법령 §75①).

구　분	평가 방법
주　식	원가법인 총평균법·이동평균법 중 선택
채　권	원가법인 총평균법·이동평균법·개별법 중 선택

세부내용 **집합투자자산과 보험업법에 따른 특별계정**

① 「자본시장과 금융투자업에 관한 법률」에 따른 집합투자재산 : 「자본시장과 금융투자업에 관한 법률」에 따른 투자회사 등이 보유한 같은법 제9조 제20항의 집합투자재산에 대하여는 기업회계기준이 정하는 바에 따라 시가로 평가한 가액(이하 "시가법"이라 한다)에 따라 집합투자재산의 단가를 산정하여야 한다. 다만, 「자본시장과 금융투자업에 관한 법률」 제230조에 따른 환매금지형집합투자기구가 보유한 같은법 시행령 제242조 제2항에 따른 시장성 없는 자산은 개별법(채권의 경우에 한한다)·총평균법과 이동평균법 중 어느 하나에 해당하는 방법 또는 시가법 중 해당 환매금지형집합투자기구가 납세지 관할 세무서장에게 신고한 방법에 따라 평가하되, 그 방법을 이후 사업연도에 계속 적용하여야 한다(법령 §75③).

② 보험업법에 따른 특별계정에 속하는 자산 : 보험업법에 따른 보험회사가 보유한 같은법 제108조 제1항 제3호의 특별계정에 속하는 자산은 총평균법과 이동평균법 중 어느 하나의 방법 또는 시가법 중 해당 보험회사가 법인세과세표준 및 세액 신고와 함께 특별계정평가방법신고서를 납세지 관할 세무서장에게 제출하여야 하고 신고한 방법에 따라 평가하되, 그 방법을 이후 사업연도에도 계속 적용하여야 한다(법령 §75④ 및 법칙 §39).

3. 유가증권평가방법의 최초신고 및 변경신고

3-1. 유가증권평가방법의 최초신고

신설법인 또는 수익사업을 개시한 비영리법인이 유가증권의 평가방법에 대하여 해당 법인의 설립일 또는 수익사업 개시일이 속하는 사업연도의 법인세 과세표준의 신고기한까지 납세지 관할 세무서장에게 신고하여야 한다(법령 §75②). 만일 신설법인 또는 새로 수익사업을 개시한 비영리내국법인이 법정기간 내에 유가증권의 평가방법을 신고하지 아니한 경우에는 총평균법에 따라 유가증권을 평가한다(법령 §75②).

내국법인이 유가증권의 평가방법을 법정기한이 경과된 후에 신고한 경우에는 그 신고일이 속하는 사업연도까지는 총평균법에 따라 유가증권을 평가하고 그 후의 사업연도부터 그 법인이 신고한 평가방법에 의한다(법령 §75②).

3-2. 유가증권평가방법의 변경신고

유가증권평가방법을 신고한 법인으로서 그 평가방법을 변경하고자 하는 경우에는 변경할 평가방법을 적용하고자 하는 사업연도의 종료일 이전 3개월이 되는 날까지 변경신고를 하여야 한다(법령 §74③(2)).

유가증권의 평가방법을 신고하지 아니하여 세무상 총평균법을 적용받아 온 법인이 유가증권의 평가방법을 신고하면서 변경할 평가방법을 사업연도의 종료일 이전 3개월이 되는 날까지 신고한 경우에는 변경신고로 본다(법인-1586, 2008. 7. 15.).

유가증권평가방법을 임의변경한 경우에는 총평균법에 의한 평가액과 당초 신고한 평가방법에 의한 평가액 중 큰 금액으로 평가한다(법령 §75②).

⌐〈평가대상이 되는 유가증권을 최초로 취득하는 경우〉────────────────────

기존에 설립된 법인이 유가증권평가방법의 적용대상인 유가증권을 최초로 취득하는 경우에는 해당 자산을 취득한 사업연도의 법인세 과세표준의 신고기간까지 납세지 관할 세무서장에게 신고하여야 한다. 세법상으로는 이와 같은 경우에 대하여 구체적인 명문규정은 없으나 이는 새로운 자산을 취득한 것으로 보아 평가방법을 신고하는 것이 합리적이라 생각된다.

└──

4. 유가증권의 자전거래

(1) 기업회계상 규정

K-IFRS에서는 금융자산을 매도한 직후에 그 자산을 재매입하는 것을 자전거래라고 한다. 해당 매도거래가 제거의 조건을 충족한다면, 재매입거래가 있더라도 제거 조건을 충족할 수 있다. 그러나 매도한 금융자산과 같은 자산을 매도가격에 양도자에게 금전을 대여하였더라면 그 대가로 받았을 이자수익을 더한 금액 또는 미리 정한 가격으로 재매입하는 계약을 매도계약과 동시에 체결한다면 해당 자산은 제거하지 아니한다(K-IFRS 1109호 문단 B3.2.16).

일반기업회계기준에 따르면 보유 중인 유가증권을 매도하고 동시 또는 단기간 내에 재취득하는 자전거래방식에 의하여 법인이 보유하고 있는 유가증권의 처분손익을 발생시키는 경우, 여기서 경쟁제한적 자전거래로 볼 수 있는 때에는 처분손익을 인식하지 아니한다. "경쟁제한적 자전거래"란 거래시스템 또는 경쟁제한적 시장상황에 의하여 제3자가 개입할 여지가 없거나 제3자가 개입하였더라도 공정가치로 거래되는 것을 기대하기 어려운 상황 때문에 매매가격이 일치하는 등, 거래당사자 간에 실질적인 경제적 효익의 이전이 없는 유가증권의 매매를 말한다.

일반기업회계기준에 따르면 경쟁제한적 자전거래로 매도가능증권을 매도한 후 재매수하는 경우에는, 이를 매매거래로 보지 아니하고 해당 유가증권을 계속 보유하고 있는 것으로 보고 있다(일반기준 6장 부록 실6.54.2). 따라서 관련된 거래 내역은 주석으로 기재하며, 다음과 같은 거래는 경쟁제한적 자전거래에 해당된다.

① 유가증권시장 내에서 한국거래소의 업무규정에 의한 신고대량매매 또는 시간외 대량매매 방식을 통하여 이루어진 자전거래(제3자가 개입된 경우 포함)
② 코스닥시장 내에서 이루어진 자전거래 중 결과적으로 제3자의 개입 없이 이루어진 자전거래

(2) 세무상 처리

법인세법 기본통칙 42-75…1(투자유가증권 등의 자전거래로 인한 손익의 처리)에 따르면 경쟁제한적 시장상황 등으로 제3자가 개입할 여지가 없는 자전거래나 제3자가 개입하였을지라도 공정가액에 의한 거래를 기대하기 어려운 상황에서 보유 중인 투자유가증권 등을 매각하고 동시 또는 단기간 내에 재취득함으로써 매매가격이 일치하는 등 그 거래의 실질 내용이 사실상 해당 유가증권의 장부가액을 시가에 의하여 평가하기 위한 것이라고 인정되는 경우에는 해당 유가증권의 보유 당시의 장부가액과 매각가액의 차액은 이를 익금 또는 손금에 산입하지 아니한다라고 규정하고 있다.

5. 유가증권평가손익 세무조정 사례

(1) 단기매매증권

▎사례 ≫

㈜한공(사업연도 : 1. 1.~12. 31.)이 단기매매목적으로 구입한 유가증권에 대하여 일반기업회계기준에 따라 다음과 같이 회계처리하였다.
1. ㈜한공은 20×1년 1월 3일에 상장주식인 ㈜일진의 주식 100주를 시가인 1주당 10,000원에 취득하였으며, 이와 관련하여 거래수수료 12,000원을 지출하였다.

(차) 단 기 매 매 증 권   1,000,000   (대) 현   금   1,012,000
　　　　수 수 료 비 용   12,000

2. 20×1년 말 ㈜일진의 주식의 공정가치는 1,500,000원이다.

(차) 단 기 매 매 증 권   500,000   (대) 단기매매증권평가이익   500,000
　　　　　　　　　　　　　　　　　　　　　　　　(영업외수익)

3. 20×2년 2월 1일에 ㈜일진의 주식 50주를 시가인 1주당 18,000원에 처분하였다.

(차) 현 금	900,000	(대) 단 기 매 매 증 권	750,000
		단기매매증권처분이익	150,000
		(영업외수익)	

4. 20×2년 말 ㈜일진의 주식의 공정가치는 600,000원이다.

(차) 단기매매증권평가손실	150,000	(대) 단 기 매 매 증 권	150,000
(영업외비용)			

위의 회계처리에 대한 세무조정을 하시오.

▌해답 ▌

구분	결 산 서	세 법	세무조정
1	(차) 단기매매증권 1,000,000 　　 수수료비용　 12,000 　(대) 현금　　 1,012,000	(차) 단기매매증권 1,000,000 　　 수수료비용　 12,000 　(대) 현금　　 1,012,000	–
2	(차) 단기매매증권 500,000 　(대) 단기매매증권평가이익 500,000	–	<익금불산입> 단기매매증권 500,000 (△유보)
3	(차) 현금　　 900,000 　(대) 단기매매증권 750,000 　　 단기매매증권처분이익 150,000	(차) 현금　　 900,000 　(대) 단기매매증권 500,000 　　 단기매매증권처분이익 400,000	<익금산입> 단기매매증권 250,000(유보)
4	(차) 단기매매증권평가손실 150,000 　(대) 단기매매증권 150,000	–	<손금불산입> 단기매매증권 150,000(유보)

<세무조정근거>

1. 단기매매증권을 매입하고 매입가액을 취득가액으로 하고, 부대비용은 비용으로 처리하였으므로 세무조정은 없다.
2. 단기매매증권평가이익은 익금불산입항목이므로 익금불산입하여 △유보로 처분한다.
3. 처분 직전 유보 △500,000원에 처분비율(50주/100주)을 곱한 금액을 익금산입한다.
4. 단기매매증권평가손실을 손금불산입하여 유보로 처분한다.

<K-IFRS를 적용하는 경우 회계처리>

K-IFRS 제1109호에서는 당기손익-공정가치 측정(FVPL) 금융자산이라고 하나, 그 외의 회계처리는 일반기업회계기준과 동일하다. 따라서 K-IFRS에 따라 회계처리한 경우 세무조정은 과목만 다르고 나머지는 같다.

(2) 만기보유증권

| 사례 »

㈜한공(사업연도 : 1. 1.~12. 31.)은 보유하는 채무증권에 대하여 일반기업회계기준에 따라 나음과 같이 회계처리하였다.

1. 20×1. 1. 1. 만기보유 목적으로 액면가액 1,000,000원의 3년 만기 사채를 948,456원에 취득하고 다음과 같이 회계처리하였다.

    (차) 만기보유증권   948,456   (대) 현   금   948,456

이 사채의 액면이자율은 6%이고, 유효이자율은 8%이며, 이자는 매년 말 지급한다. 유효이자율법에 따른 이자와 상각액, 장부가액은 다음과 같다.

구 분	유효이자 (장부가액×8%)	액면이자 (1,000,000×6%)	상각액	장부금액
20×1. 1. 1.				948,456
20×1. 12. 31.	75,876	60,000	15,876	964,332
20×2. 12. 31.	77,147	60,000	17,147	981,479
20×3. 12. 31.	78,521	60,000	18,521	1,000,000

2. 20×1. 12. 31. 유효이자율에 따라 이자수익 75,876원을 계상하였으며, 액면이자 60,000원을 지급받을 때 9,240원(법인세 8,400원과 지방소득세 840원)이 원천징수되었다.

    (차) 현   금   50,760   (대) 이자수익   75,876
        선급법인세   9,240
        만기보유증권   15,876

3. 20×2. 12. 31. 유효이자율에 따라 이자수익 77,147원을 계상하였고 액면이자 60,000원을 지급받을 때 9,240원(법인세 8,400원과 지방소득세 840원)이 원천징수되었다.

    (차) 현   금   50,760   (대) 이자수익   77,147
        선급법인세   9,240
        만기보유증권   17,147

4. 20×3. 12. 31. 유효이자율법에 따라 이자수익 78,521원을 계상하였다. 원금 1,000,000원과 이자 60,000원을 받을 때 액면이자 60,000원과 할인료 51,544원에 대하여 17,170원(법인세 15,610원과 1,560원)이 원천징수되었다.

    (차) 현   금   1,042,830   (대) 이자수익   78,521
        선급법인세   17,170   만기보유증권   1,000,000
        만기보유증권   18,521

이 자료에 의하여 세무조정을 하시오.

▌해답▌

구분	결 산 서	세 법	세무조정
1.	(차) 만기보유증권 948,456 　　(대) 현금　　　　948,456	(차) 만기보유증권 948,456 　　(대) 현금　　　　948,456	–
2.	(차) 현금　　　　　50,760 　　선급법인세　　 9,240 　　만기보유증권 15,876 　　(대) 이자수익　 75,876	(차) 현금　　　　　50,760 　　선급법인세　　 9,240 　　(대) 이자수익　 60,000	<익금불산입> 만기보유증권 15,876 (△유보)
3.	(차) 현금　　　　　50,760 　　선급법인세　　 9,240 　　만기보유증권 17,147 　　(대) 이자수익　 77,147	(차) 현금　　　　　50,760 　　선급법인세　　 9,240 　　(대) 이자수익　 60,000	<익금불산입> 만기보유증권 17,147(△유보)
4.	(차) 현금　　　　 1,042,830 　　선급법인세　　17,170 　　만기보유증권 18,521 　　(대) 이자수익　 78,521 　　　만기보유증권 1,000,000	(차) 현금　　　　 1,042,830 　　선급법인세　　17,170 　　(대) 이자수익　 111,544 　　　만기보유증권 948,456	<익금산입> 만기보유증권 33,023 (유보)

<세무조정근거>

상각 후 원가법에 따라 만기보유증권의 장부가액을 증액한 경우 이를 익금에 산입하지 아니하고 동 금액은 채권의 매각 또는 만기시점이 속하는 사업연도의 익금에 산입한다(법인-1079, 2009. 9. 30., 서면2팀-1423, 2005. 9. 6.).

<K-IFRS에 따라 회계처리한 경우>

K-IFRS 제1109호에서는 유가증권의 과목만 "상각 후 원가측정(AC) 금융자산"으로 표시하고 나머지 회계처리는 일반기업회계기준과 같다. 따라서 과목만 다르고 나머지 세무조정도 위와 같다.

(3) 매도가능증권

▌사례》

▌물음 1▌

㈜한공(사업연도 : 1. 1.~12. 31.)은 보유하고 있는 지분증권에 대하여 일반기업회계기준을 적용하여 다음과 같이 회계처리한 경우 세무조정을 하시오.

1. 회사는 20×1년 7월 1일에 ㈜이진의 주식 100주를 특수관계 있는 영리법인으로부터 1주당 10,000원(시가 10,000원)에 취득하였다.

　　(차) 매도가능증권　　　1,000,000　　(대) 현　금　　　　1,000,000

2. 20×1년 말 ㈜이진 주식의 공정가치는 1,300,000원이다.

    (차) 매도가능증권   300,000   (대) 매도가능증권평가이익   300,000
                                            (기타포괄손익)

3. 20×2년 1월 2일에 ㈜이진의 주식 중 50주를 1주당 12,000원에 처분하였다.

    (차) 현   금   600,000   (대) 매도가능증권   650,000
          기타포괄손익   150,000   매도가능증권처분이익   100,000

4. 20×2년 말 ㈜이진의 주식을 공정가치(750,000원)로 평가하고, 다음과 같이 회계처리하였다.

    (차) 매도가능증권   100,000   (대) 매도가능증권평가이익   100,000
                                              (기타포괄손익)

▮ 물음 2 ▮

한공(사업연도 : 1. 1.~12. 31.)은 보유하고 있는 지분증권에 대하여 K-IFRS 제1109호에 따라 기타포괄손익-공정가치 측정 금융자산(FVOCI금융자산)으로 지정하여 다음과 같이 회계처리한 경우 세무조정을 하시오.

1. 회사는 20×1년 7월 1일에 ㈜이진의 주식 100주를 특수관계 있는 영리법인으로부터 1주당 10,000원(시가 10,000원)에 취득하였다.

    (차) FVOCI금융자산   1,000,000   (대) 현   금   1,000,000

2. 20×1년 말 ㈜이진 주식의 공정가치는 1,300,000원이다.

    (차) FVOCI금융자산   300,000   (대) FVOCI금융자산평가이익   300,000
                                            (기타포괄손익)

3. 20×2년 1월 2일에 ㈜이진의 주식 중 50주를 1주당 12,000원에 처분하였다.

    (차) FVOCI금융자산평가이익   50,000   (대) FVOCI금융자산   50,000*
      (기타포괄손익)

    (차) 현   금   600,000   (대) FVOCI금융자산   600,000

    * K-IFRS 제1109호에서는 단기매매목적이 아닌 지분상품은 최초 인식시점에서 기타포괄손익-공정가치 측정을 선택할 수 있다. 이 경우 해당 지분증권 처분시 공정가치로 재측정하고 기타포괄손익은 당기손익으로 재순환할 수 없다(K-IFRS 1109호 B5.7.1, BC4.152).

4. 20×2년 말 ㈜이진의 주식을 공정가치(750,000원)로 평가하고, 다음과 같이 회계처리하였다.

    (차) FVOCI금융자산   100,000   (대) FVOCI금융자산평가이익   100,000
                                            (기타포괄손익)

▮ 해답 ▮

(물음 1) 일반기업회계기준에 따라 회계처리한 경우의 세무조정

구분	결 산 서	세 법	세무조정

1	(차) 매도가능증권 1,000,000
	    (대) 현금 1,000,000
		(차) 매도가능증권 1,000,000
		    (대) 현금 1,000,000
			-

구분	결 산 서	세 법	세무조정
2	(차) 매도가능증권 300,000 　(대) 기타포괄손익　300,000	–	<익금산입> 기타포괄손익 300,000 (기타) <익금불산입> 매도가능증권 300,000 (△유보)
3	(차) 현금　　　　600,000 　기타포괄손익　150,000 　(대) 매도가능증권 650,000 　매도가능증권처분이익 100,000	(차) 현금　　　　600,000 　(대) 매도가능증권 500,000 　매도가능증권처분이익 100,000	<익금산입> 매도가능증권 150,000 (유보) <익금불산입> 기타포괄손익 150,000 (기타)
4	(차) 매도가능증권 100,000 　(대) 기타포괄손익　100,000	–	<익금산입> 기타포괄손익 100,000 (기타) <익금불산입> 매도가능증권 100,000 (△유보)

<세무조정근거>
1. 결산서와 세법의 회계처리가 같으므로 세무조정은 없다.
2. 매도가능증권평가이익을 기타포괄손익으로 계상하였으므로 매도가능증권 300,000원을 익금불산입하여 △유보로 처분하고, 동시에 기타포괄손익 300,000원을 익금산입하여 기타로 처분한다.
3. 매도가능증권의 1/2을 처분하고 기타포괄손익을 당기손익으로 재순환시켰으므로 2의 세무조정 금액의 1/2을 반대 세무조정을 해서 소멸시킨다.
4. 매도가능증권평가이익을 기타포괄손익으로 계상하였으므로 매도가능증권 100,000원을 익금불산입하여 △유보로 처분하고, 동시에 기타포괄손익 100,000원을 익금산입하여 기타로 처분한다.

(물음 2) K－IFRS에 따라 회계처리한 경우의 세무조정

구분	결 산 서	세 법	세무조정
1	(차) FVOCI금융자산 1,000,000 　(대) 현금　　　　1,000,000	(차) FVOCI금융자산 1,000,000 　(대) 현금　　　　1,000,000	–
2	(차) FVOCI금융자산　300,000 　(대) 기타포괄손익　300,000	–	<익금산입> 기타포괄손익 300,000 (기타) <익금불산입> 　FVOCI금융자산 300,000 (△유보)
3	(차) 기타포괄손익　50,000 　(대) FVOCI금융자산　50,000	–	<익금산입> FVOCI금융자산 50,000 (유보) <익금불산입> 기타포괄손익 50,000 (기타)
	(차) 현금　　　　600,000 　(대) FVOCI금융자산 600,000	(차) 현금　　　　600,000 　(대) FVOCI금융자산 500,000 　처분이익　　　100,000	<익금산입> FVOCI금융자산 100,000 (유보)

구분	결 산 서	세 법	세무조정
4	(차) FVOCI금융자산 100,000 　(대) 기타포괄손익 100,000	–	<익금산입> 기타포괄손익 100,000 (기타) <익금불산입> FVOCI금융자산 100,000 (△유보)

<세무조정근거>

1. 결산서와 세법의 회계처리가 같으므로 세무조정은 없다.
2. FVOCI금융자산평가이익을 기타포괄손익으로 계상하였으므로 FVOCI금융자산 300,000원을 익금불산입하여 △유보로 처분하고, 동시에 기타포괄손익 300,000원을 익금산입하여 기타로 처분한다.
3. 처분하는 FVOCI금융자산을 처분 당시 공정가치로 평가하여 기타포괄손익으로 계상하였으므로 양쪽조정을 하고 100,000을 익금산입한다.
4. FVOCI금융자산평가이익을 기타포괄손익으로 계상하였으므로 양쪽조정을 한다.

(4) 지분법

■ 사례 »

■ 물음 1 ■

㈜한공(사업연도 : 1. 1.~12. 31.)이 지분법적용투자주식에 대한 자료는 다음과 같다.

1. ㈜한공은 20×1년 1. 1.에 상장법인인 ㈜서울(사업연도 : 1. 1.~12. 31.)의 주식 4,000주(지분율 40%)를 4,000,000원에 취득하여 유의적인 영향력을 행사할 수 있게 되었다. 자산과 부채의 장부가액은 공정가치와 일치한다.

구 분	장부금액	공정가치	비 고
상 품	1,000,000원	1,200,000원	20×1년에 전부 판매됨
토 지	600,000원	900,000원	20×2년에 전부 처분함
기계장치	500,000원	1,000,000원	내용연수 5년, 잔존가치 0원, 정액법 상각

2. ㈜서울의 순자산변동은 다음과 같다.

20×1. 1. 1.	현재 순자산 장부금액	8,000,000원
20×1. 12. 31.	당기순이익	<u>1,000,000원</u>
20×1. 12. 31.	현재 순자산 장부금액	9,000,000원
20×2. 3. 2.	현금배당금 지급	(500,000원)(배당확정일에 지급함)
20×2. 12. 31.	당기순이익	<u>700,000원</u>
20×2. 12. 31.	현재 순자산 장부금액	<u>9,200,000원</u>

㈜한공은 무차입경영으로 지급이자는 없다.

㈜한공의 20×1년과 20×2년의 일반기업회계기준에 따른 회계처리는 다음과 같다.

(20×1. 1. 1.)

| (차) 지분법적용투자주식 | 4,000,000 | (대) 현　　금 | 4,000,000 |

(20×1. 12. 31.)

| (차) 지분법적용투자주식 | 200,000 | (대) 지분법이익 | 200,000[*1] |

*1 1,000,000(당기순이익) × 40% -200,000[*2](평가차액 및 영업권의 상각액) = 200,000
*2 평가차액 및 영업권의 상각액(영업권은 5년간 상각하는 것으로 함)

구　　분	평가차액 및 영업권	상각방법	20×1년 상각액	20×2년 상각액
상　　품	80,000	판매시점 상각	80,000	-
토　　지	120,000	양도시점 상각	-	120,000
기 계 장 치	200,000	정액법, 5년	40,000	40,000
영 업 권	400,000	정액법, 5년	80,000	80,000
합　　계	800,000		200,000	240,000

㉮ 평가차액은 ㈜서울의 자산별 평가차액에 ㈜한공의 지분율을 곱해서 계산한다.
 · 상품 : [1,200,000(시가) -1,000,000(장부가액)] × 40%(지분율) = 80,000
 · 토지 : [900,000(시가) -600,000(장부가액)] × 40%(지분율) = 120,000
 · 기계장치 : [1,000,000(시가) -500,000(장부가액)] × 40%(지분율) = 200,000
㉯ 영업권(투자제거차액)
 ⓐ 주식의 취득가액 : 4,000,000
 ⓑ 순자산공정가치 : [8,000,000 + 1,000,000(평가차액)] × 40% = 3,600,000
 ⓒ 영업권평가액(ⓐ - ⓑ) : 400,000

(20×2. 3. 2.)

| (차) 현　　금 | 200,000 | (대) 지분법적용투자주식 | 200,000 |

※ 지분율이 40%인 경우 법인세법 제18조의2[내국법인 수입배당금액의 익금불산입]에 따른 수입배당금액 익금불산입률은 80%이다.

(20×2. 12. 31.)

| (차) 지분법적용투자주식 | 40,000 | (대) 지분법이익 | 40,000* |

* 지분법이익
 700,000(당기순이익) × 40% -240,000(평가차액과 영업권 상각액) = 40,000

▌물음 2▐

㈜한공이 ㈜서울의 주식을 K -IFRS에 따라 다음과 같이 회계처리한 경우 세무조정을 하시오.

(20×1. 1. 1.)

| (차) 관계기업투자주식 | 4,000,000 | (대) 현　　금 | 4,000,000 |

(20×1. 12. 31.)

| (차) 관계기업투자주식 | 280,000 | (대) 현　　금 | 280,000[*1] |

*1 지분법이익
 1,000,000(당기순이익) × 40% -120,000[*2](평가차액 상각액) = 280,000

*2 평가차액 상각액

구 분	㈜한공의 평가차액 및 영업권	상각방법	20×1년 상각액	20×2년 상각액
상 품	80,000	판매시점 상각	80,000	-
토 지	120,000	양도시점 상각	-	120,000
기 계 장 치	200,000	정액법, 5년	40,000	40,000
영 업 권	400,000	상각하지 않음	-	-
합 계	800,000		120,000	160,000

K-IFRS에서는 영업권을 상각하지 아니한다.

(20×2. 3. 2.)

(차) 현   금   200,000   (대) 관계기업투자주식   200,000

※ 지분율이 40%인 경우 법인세법 제18조의2[내국법인 수입배당금액의 익금불산입]에 따른 수입배당금액 익금불산입률은 80%이다.

(20×2. 12. 31.)

(차) 관계기업투자주식   120,000   (대) 지분법이익   120,000*

* 지분법이익
700,000(당기순이익) × 40% - 160,000(평가차액 상각액) = 120,000

┃ 해답 ┃

(물음 1) 일반기업회계기준에 따라 회계처리한 경우의 세무조정

구분	결 산 서	세 법	세무조정
20×1.1.1.	(차) 투자주식 4,000,000 (대) 현금 4,000,000	(차) 투자주식 4,000,000 (대) 현금 4,000,000	-
20×1.12.31.	(차) 투자주식 200,000 (대) 지분법이익 200,000	-	<익금불산입> 투자주식 200,000 (△유보)
20×2.3.2.	(차) 현금 200,000 (대) 투자주식 200,000	(차) 현금 200,000 (대) 배당금수익 200,000	<익금산입> 투자주식 200,000 (유보) <익금불산입> 수입배당금액 160,000 (기타)
20×2.12.31.	(차) 투자주식 40,000 (대) 지분법이익 40,000	-	<익금불산입> 투자주식 40,000 (△유보)

<세무조정근거>

(20×1. 12. 31.) 세법은 지분법평가를 인정하지 않으므로 지분법이익 200,000원을 익금불산입하여 △유보로 처분한다.

(20×2. 3. 2.)   세법은 배당금을 익금으로 보므로 투자주식 200,000원을 익금산입하여 유보로 처분하고, 수입배당금액 익금불산입규정에 따라 수입배당금액의 80%인 160,000원을 익금불산입한다.

(20×2. 12. 31.) 세법은 지분법평가를 인정하지 않으므로 지분법이익 40,000원을 익금불산입하여 △유보로 처분한다.

(물음 2) K-IFRS에 따라 회계처리한 경우의 세무조정

구분	결 산 서	세 법	세무조정
20×1.1.1.	(차) 투자주식 4,000,000 　　(대) 현금 　　4,000,000	(차) 투자주식 4,000,000 　　(대) 현금 　　4,000,000	-
20×1.12.31.	(차) 투자주식 　280,000 　　(대) 지분법이익 280,000	-	<익금불산입> 투자주식 280,000 (△유보)
20×2.3.2.	(차) 현금 　　200,000 　　(대) 투자주식 　200,000	(차) 현금 　　　200,000 　　(대) 배당금수익 200,000	<익금산입> 투자주식 200,000 (유보) <익금불산입> 수입배당금액 160,000 (기타)
20×2.12.31.	(차) 투자주식 　120,000 　　(대) 지분법이익 120,000	-	<익금불산입> 투자주식 120,000 (△유보)

세무조정근거는 (물음 1)의 내용을 참조하시오.

제 9 장

감가상각

1. 감가상각자산의 범위

> 감가상각이란 자산의 취득가액에서 잔존가액을 차감한 감가상각대상 금액을 내용연수 동안 체계적이고 합리적인 방법으로 배분하는 과정을 말한다. 세법은 감가상각대상 자산, 상각범위액(감가상각비 한도액) 계산방법, 감가상각비 시부인(감가상각비에 대한 세무조정) 등에 대한 상세한 규정을 두고 있다.

사업용 유형자산 및 무형자산 중 시간의 경과에 따라 가치가 감소하는 것이 감가상각대상이다.

1. 감가상각자산의 유의할 점

(1) 서화 및 골동품

시간의 경과에 따라 그 가치가 감소하는 경우에는 감가상각자산이나, 시간의 경과에 따라 가치가 감소하지 않는 서화, 골동품 등은 감가상각자산이 아니다(법집 23-24-1).

※ 장식·환경미화 등의 목적으로 미술품을 구입한 경우에 자산으로 회계처리해야 한다. 다만, 취득가액이 거래단위별로 1천만원 이하인 미술품을 사무실·복도 등 여러 사람이 볼 수 있는 공간에 상시 비치하기 위하여 구입한 경우에는 미술품의 취득가액을 그 취득한 날이 속하는 사업연도의 비용으로 회계처리하면 이를 비용으로 인정한다(법령 §19(17)).

(2) 유휴설비

가공할 수 있는 상태에 있는 자산이나 재고누적·노사분규 등으로 일시적으로 가동을 중단한 자산은 감가상각대상이다. 그러나 가동하기 전의 상태에 있는 자산과 매각하기 위하여 철거한 자산은 감가상각대상이 아니다.

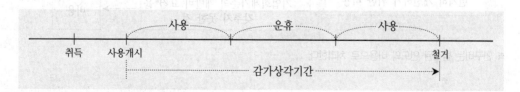

(3) 건설 중인 자산

감가상각은 사용개시일부터 시작하므로 건설 중인 자산(그 성능을 시험하기 위한 시운전기간에 있는 자산을 포함한다)은 감가상각대상이 아니다. 그러나 건설 중인 자산의 일부를 완성하여 사용을 시작한 경우 그 부분은 감가상각대상이다(법칙 §12④).

(4) 장기연불조건으로 매입한 유형자산과 무형자산

장기연불조건으로 매입한 유형자산과 무형자산은 대금청산이나 소유권이전에 관계없이 매입자가 자산으로 계상하고 사업에 사용하면 매입자의 감가상각자산이다(법령 §24④).

(5) 정원수와 과일나무

정원수는 시간의 경과에 따라 자라서 가치가 증가하므로 감가상각자산이 아니다. 그러나 과수원의 과일나무는 수확기간이 한정적이므로 감가상각자산이다.

(6) 동물

사역용, 종축용, 착유용, 농업용, 경마용, 관람용 등에 사용되는 동물은 시간의 경과에 따라 가치가 감소하는 유형자산이므로 감가상각자산이다.

(7) 개발비

개발비란 상업적인 생산 또는 사용 전에 재료·장치·제품·공정·시스템 또는 용역을 창출하거나 현저히 개선하기 위한 계획 또는 설계를 위하여 연구결과 또는 관련지식을 적용하는 데 발생하는 비용으로서 기업회계기준에 따른 개발비 요건을 갖춘 것(산업기술연구조합의 조합원이 해당 조합에 연구개발 및 연구시설 취득 등을 위하여 지출하는 금액을 포함한다)을 말한다(법령 §24①(2)).

※ 연구비는 발생된 연도의 비용으로 처리한다.

● 기업회계기준의 개발비 요건 ●

K-IFRS	일반기업회계기준
다음 사항을 모두 제시할 수 있는 경우에만 개발활동(또는 내부 프로젝트의 개발단계)에서 발생한 무형자산을 인식한다(기준서 1038호 문단 57).	개발단계에서 발생한 지출은 다음의 조건을 모두 충족하는 경우에만 무형자산으로 인식하고, 그 외의 경우에는 발생한 기간의 비용으로 인식한다(일반기준 11.20).
(1) 무형자산을 사용하거나 판매하기 위해 그 자산을 완성할 수 있는 <u>기술적 실현가능성</u>	(1) 무형자산을 사용 또는 판매하기 위해 그 자산을 완성시킬 수 있는 <u>기술적 실현가능성</u>을 제시할 수 있다.
(2) 무형자산을 완성하여 사용하거나 판매하려는 <u>기업의 의도</u>	(2) 무형자산을 완성해 그것을 사용하거나 판매하려는 <u>기업의 의도</u>가 있다.
(3) 무형자산을 사용하거나 판매할 수 있는 <u>기업의 능력</u>	(3) 완성된 무형자산을 사용하거나 판매할 수 있는 <u>기업의 능력</u>을 제시할 수 있다.
(4) 무형자산이 <u>미래경제적효익</u>을 창출하는 방법. 그 중에서도 특히 무형자산의 산출물이나 무형자산 자체를 거래하는 시장이 존재함을 제시할 수 있거나 또는 무형자산을 내부적으로 사용할 것이라면 그 유용성을 제시할 수 있다.	(4) 무형자산이 어떻게 <u>미래경제적효익</u>을 창출할 것인가를 보여줄 수 있다. 예를 들면, 무형자산의 산출물, 그 무형자산에 대한 시장의 존재 또는 무형자산이 내부적으로 사용될 것이라면 그 유용성을 제시하여야 한다.
(5) 무형자산의 개발을 완료하고 그것을 판매하거나 사용하는 데 필요한 <u>기술적, 재정적 자원 등의 입수가능성</u>	(5) 무형자산의 개발을 완료하고 그것을 판매 또는 사용하는 데 필요한 <u>기술적, 금전적 자원</u>을 충분히 확보하고 있다는 사실을 제시할 수 있다.
(6) 개발과정에서 발생한 무형자산 관련 지출을 <u>신뢰성 있게 측정</u>할 수 있는 기업의 능력	(6) 개발단계에서 발생한 무형자산 관련 지출을 <u>신뢰성 있게 구분하여 측정</u>할 수 있다.

(8) 사용수익기부자산가액

① 개념 : 사용수익기부자산이란 금전외의 자산을 국가 또는 지방자치단체, 특례기부금 해당법인 또는 일반기부금 해당법인에게 기부한 후 그 자산을 사용하거나 그 자산으로부터 수익을 얻는 경우 해당 자산의 장부가액을 말한다(법령 §24①(2)사).

② 기부시 처리 : 기부시 해당 자산의 장부가액을 무형자산(사용수익기부자산)으로 대체한다. 자산을 기부하고 그 대가로 무상사용 · 수익권을 취득하는 것은 교환거래에 해당하므로 부가가치세 과세대상이다. 기부시 국유재산법이나 지방재정법 등에 따라 감정하여 기부채납된 재산가액을 결정하는데, 과세사업과 관련된 기부채납시 결정된 <u>기부채납된 가액</u>(부가가치세가 포함된 경우에는 이를 제외한다)을 부가가치세 과세표준으로 하고, 기부채납절차가 완료된 때를 공급시기로 하여 국가 등에 세금계산서를 발급해야 한다. 국가 등은 발급받은 세금계산서의 매입세액을 공제받을 수 있다.

③ 상각범위액 계산 : 사용수익기부자산의 사용수익기간(그 기간에 관한 특약이 없는 경우 신고내용연수를 말한다)에 따라 균등하게 안분한 금액(그 기간 중에 당해 기부자

산이 멸실되거나 계약이 해지된 경우 그 잔액을 말함)을 상각범위액으로 한다(법령 §26 ①(7)).

④ 사용수익기부자산에 대한 자본적 지출 : 사용수익기부자산을 사용수익하던 중 자본적 지출에 해당하는 수선비를 지출한 경우 동 금액은 당해 사용수익기부자산의 잔존사용 수익기간에 안분하여 손금산입한다(서면2팀 – 2702, 2004. 12. 21.).

☐ 사용수익기부자산 사례

사업자 A가 지방자치단체 B의 토지에 지하도를 100억원을 들여 건설하여 이를 해당 지방자치단 체에 기부(기부채납가액 120억원으로 가정)하고 10년간 무상사용하기로 한 경우

(단위 : 억원)

구 분	사업자 A	지방자치단체 B
건설단계	(차) 구 축 물 100　(대) 현　　　금 110 　　　부가세대급금　10 → 해당 사업자 A가 매입세액공제	–
기부채납 절차완료 (1.1.)	(차) 무 형 자 산 100　(대) 구 축 물 100 　　　현　　　금　12　　　부가세예수금　12 ※ 기부채납자산의 장부가액을 무형자산으로 　 대체하나, 부가가치세 과세표준은 장부가 　 액이 아닌 기부채납가액으로 하는 점에 　 주의할 것	(차) 무 형 자 산 120　(대) 선수임대료 120 　　　부가세대급금　12　　　현　　　금　12 → 매입세액공제
결산기말 12.31.	(차) 감가상각비　10*　(대) 무 형 자 산 10 　* 100 × 1/10 = 10	(차) 선수임대료　12　(대) 임대료수익　12 　* 120 × 1/10 = 12

☐ 타인의 토지 위에 건물 신축하여 무상이전 후 사용하는 경우

법인이 특수관계없는 다른 법인이 소유하고 있는 토지 위에 건물을 신축하여 동 건물 및 건물의 부속토지를 일정기간 사용하는 조건으로 건물의 소유권을 무상으로 이전하는 경우 건물의 신축비 용은 선급임차료에 해당하며 사용수익기간 동안 균등하게 안분하여 손금산입한다(재법인 46012 – 86, 2001. 5. 3.).

(9) 영업권

일반적으로 영업권은 어떤 기업이 특수한 기술과 사회적신용 및 거래관계 등 영업권의 기능 내지 특성으로 인하여 동종의 사업을 경영하는 다른 기업의 통상수익보다 높은 초과 수익을 올릴 수 있는 무형의 재산적 가치를 의미한다(대법원 85누 592, 1986. 2. 11.). 영업권에 는 다음 금액이 포함된다(법칙 §12①).

① 사업의 양도·양수과정에서 양도·양수자산과는 별도로 양도사업에 관한 허가·인가 등 법률상의 지위, 사업상 편리한 지리적 여건, 영업상의 비법, 신용·명성·거래선 등 영업상의 이점 등을 감안하여 적절한 평가방법에 따라 유상으로 취득한 금액

② 설립인가, 특정사업의 면허, 사업의 개시 등과 관련하여 부담한 기금·입회금 등으로서 반환청구를 할 수 없는 금액과 기부금 등

※ 합병·분할시 계상한 영업권 : 법인세법은 합병·분할로 양도받은 순자산 시가보다 초과지급액을 합병(분할)평가차손으로 부르고 이에 대한 처리규정을 합병과 분할규정에 별도로 두고 있으므로 합병과 분할시 계상한 영업권은 영업권으로 보지 않는다(법법 §44의2③, §46의2③, 법령 §80의3, §82의3②).

◉ 영업권 사례 ◉

구 분	내 용
건설업면허취득을 위한 입회금	건설업 법인이 대한건설협회에 가입하면서 납부한 반환받을 수 없는 입회비는 영업권을 취득하기 위하여 지출한 금액에 해당한다.
프로야구위원회 입회비	프로야구 구단을 영위하는 법인이 한국야구위원회에 가입하면서 납부한 반환청구할 수 없는 입회비 및 특정지역의 연고권을 갖고 있는 구단에 적절한 평가방법에 의해 당해 연고지 분할의 대가로 지급하는 금액은 영업권에 해당한다(법인 46012 -73, 2001. 1. 8.).
시내버스운송노선을 취득하기 위한 특별분담금	시내버스 운송사업을 영위중인 법인이 동업자단체인 버스운송사업조합에 납부하는 특별부담금이 새로운 버스 운송노선 운영권을 취득하기 위한 필수적인 비용으로 반환청구할 수 없는 경우, 동 납부금액은 영업권에 해당한다(법인-320, 2009. 3. 20.).
도메인 구입비용	법인이 사업과 관련하여 유상으로 취득한 도메인에 대하여는 법인세법시행규칙 [별표3] 무형자산의 내용연수표 구분 1의 영업권으로 하여 내용연수를 적용한다 (법인 46012-571, 2001. 3. 17.).
점포권리금	① 법인이 새로운 사업장용 건물을 임차하면서 선점 임차인에게 지급하는 비반환성 권리금으로서 사업상 편리한 지리적 여건 등 영업상의 이점 등을 감안하여 적절히 평가하여 유상으로 지급한 금액은 영업권에 해당한다(서이 46012- 10970, 2002. 5. 7.). ② 사업자가 사업장을 임차하여 사업을 영위하던 중 임차건물을 양수한 자가 임대차계약을 해지함에 따라 사업을 폐업하고 양수자로부터 이주비 명목으로 금전을 지급받은 경우, 동 금전이 사업 폐업에 따른 자기의 사업과 관련이 있는 권리금 및 시설투자비에 의하여 형성된 영업권의 대가에 해당하는 경우에는 부가가치세가 과세되나, 재화 또는 용역 공급 없이 잔여임대기간에 대한 보상성격으로 지급받는 손실보상금인 경우에는 부가가치세 과세대상이 아니다(부가가치세과-813, 2009. 6. 15.). ③ 거주자가 사업소득(소칙 제16조의2에 규정된 사업 제외)이 발생하는 점포를 임차하여 점포 임차인으로서의 지위를 양도함으로써 얻는 경제적 이익(점포임차권과 함께 양도하는 다른 영업권 포함)은 기타소득에 해당한다(소법 §21①(7), 소령 §41④, 소칙 §16의2). 점포임차권 양도에 대하여는 총수입금액에서 필요경비(실제 필요경비와 총수입금액의 80% 중 큰 금액)를 빼서 기타소득금액을 계산하고, 기타소득금액의 22%(소득세 20%와 지방소득세 2%)를 원천징수한다 (소령 §87(1), 소법 §129(6)). 양도인에 영업권양도에 대하여 세금계산서를 발급한 경우에도 원천징수의무가 있다(원천-483, 2011. 8. 12.).

> **사례 》 점포권리금의 양도**
>
> 법인이 안경점을 개설하기 위해 부동산임대차계약을 체결하면서 기존 임차인인 개인사업자(안경점)에게 영업권 명목으로 권리금(점포임차권)을 22,000,000원(부가가치세 포함)을 지급하였다. 기존 임차인이 권리금에 대하여 세금계산서(공급가액 20,000,000원, 부가가치세 2,000,000원)를 발급한 경우 법인의 원천징수와 개인사업자의 소득세 신고는? 다만, 점포권리금의 필요경비는 확인되지 아니한다.
>
> **▌해답 ▌**
> (1) 원천징수
>
> 　점포권리금을 무형자산의 양도로 보아 세금계산서를 발급받은 경우에도 점포권리금은 소득세법상 기타소득에 해당하므로 원천징수를 해야 한다. 점포권리금은 필요경비가 확인되지 않아도 총수입금액의 60%를 필요경비로 공제한다.
>
> - 소득세
>
> | | | |
> |---|---:|---|
> | 기타소득 총수입금액 : | 20,000,000 | |
> | 기타소득 필요경비 : | − 12,000,000 | (20,000,000 × 60%) |
> | 기타소득금액 : | 8,000,000 | |
> | 원천징수세율 : | × 20% | |
> | 소득세 원천징수세액 : | 1,600,000 | |
>
> - 개인지방소득세 : 1,600,000 × 10% = 160,000
>
> (2) 소득세 신고
>
> 　기타소득금액이 연 300만원 이상인 경우에 종합소득에 포함하여 확정신고를 해야 한다.

(10) 소프트웨어구입비용

구 분	내 용
자체개발	컴퓨터 프로그램저작물이 자체개발한 것으로서 무형자산 인식조건을 충족하여 당해 법인이 개발비로 계상한 경우에는 개발비규정에 따라 감가상각한다(서면2팀-2016, 2007. 11. 7.).
범용소프트웨어 구입	새로운 소프트웨어·설비·기기 등을 구입하는데 소요되는 금액은 기구 및 비품으로 본다(법인 46012-2126, 1999. 6. 5.).
소프트웨어의 버전업 비용	사용 중인 소프트웨어를 버전업(Version Up)하는 데 소요되는 금액은 자본적 지출에 해당한다(법인 46012-2126, 1999. 6. 5.).

(11) 홈페이지 구축비용

　법인이 대외홍보를 목적으로 인터넷 홈페이지를 구축하면서 소요되는 비용은 자산(기구 및 비품)으로 계상하여 동 홈페이지가 정상적으로 가동되기 시작한 날부터 감가상각한다(법인 46012-306, 2001. 2. 6.).

※ 홈페이지 구축비용은 기업회계상으로는 무형자산으로 처리해야 한다.

(12) 창업비

법인을 설립하기 위하여 지출하는 등록면허세, 공증수수료, 법무사 수수료 등은 설립된 사업연도의 비용이므로 무형자산으로 계상해서는 아니된다(서면인터넷방문상담2팀-761, 2006. 5. 4). 다만, 법인의 창업과 관련하여 발기인이 부담하여야 할 비용을 법인이 부담하고 창업비로 계상한 경우에는 이를 손금부인하고 당해 발기인에 대한 상여로 처분한다(법기통 67-106…5).

(13) 신주발행비

신주발행비는 세법상 주식할인발행차금에 포함하여 처리하므로 손금으로 공제받을 수 없다(법령 §20). 신주발행비란 증자하는 경우에 신주발행 수수료와 신주발행을 위하여 직접 지출한 비용을 말하는 것으로, 이는 신주발행이 없었다면 발생하지 않았을 비용을 의미한다(회계연구원 질의회신 01-160, 2001. 12. 12.). 예를 들면, 신주발행을 위한 주간사의 인수수수료, 주주모집비용 및 대행수수료, 증자로 인한 등기시 납부하는 등록면허세, 법무사 수수료, 증자 관련 컨설팅비용 등이 신주발행비에 해당한다.

(14) 외국현지 임가공업체가 사용하는 기계장치

법인이 자기소유의 기계장치를 해외 현지법인에 설치하고 그 임가공업체가 그 기계장치를 이용하여 생산한 제품을 전량 납품받는 경우로서 당해 기계장치가 소유법인의 제품에만 사용되는 경우에는 당해 법인의 감가상각 자산으로 보나, 사실상 당해 기계장치를 해외현지법인에 양도한 것으로 인정되는 경우에는 그러하지 아니한다(법인 46012-1596, 2000. 7. 18.).

(15) 리스자산

자산을 시설대여하는 자(이하 "리스회사"라 한다)가 대여하는 리스자산 중 기업회계기준에 따른 금융리스의 자산은 리스이용자의 감가상각자산으로, 금융리스 외의 리스자산은 리스회사의 감가상각자산으로 한다(법령 §24⑤). 이 규정을 적용하는 경우 유동화전문회사가 자산유동화계획에 따라 금융리스의 자산을 양수한 경우 당해 자산에 대하여는 리스이용자의 감가상각자산으로 한다(법령 §24⑥).

K-IFRS 제1116호[리스]에서는 리스이용자는 운용리스와 금융리스의 구분 없이 사용권자산을 인식하고 감가상각을 한다. 그러나 세법은 리스회사를 기준으로 금융리스와 운용리스를 구분하여 운용리스인 경우에는 리스료만 손금산입하는 점에 유의해야 한다.

한국채택국제회계기준을 적용하는 법인의 금융리스 외의 리스자산에 대한 리스료의 경우에는 리스기간에 걸쳐 정액기준으로 손금에 산입한다(법칙 §35①).

> **저자주** K-IFRS에서는 금융리스와 운용리스의 구분없이 리스이용자가 사용권자산을 인식하여 감가상각을 한다. 그러나 법인세법은 리스회사를 기준으로 금융리스인지 운용리스인지를 판단하여 운용리스인 경우에는 리스회사의 감가상각자산으로 보고, 금융리스인 경우에는 리스이용자의 감가상각자산으로 본다. 운용리스자산에 대하여 K-IFRS에 따라 사용권자산을 계상하여 감가상각한 경우에는 세법에 따라 리스료를 리스기간에 걸쳐 정액으로 손금에 산입한 것과의 차이에 대하여 세무조정을 해야 한다.

사례 » 리스자산

㈜경기는 20×1.1.에 리스회사로부터 9인승 승합차를 리스하였으며, 관련 자료는 다음과 같다.
① 보증금 : 20,000,000원(리스기간이 만료되면 회수), 할인율 연 2%(국고채 이자율)
② 리스료 : 연 14,400,000원(매년 말에 지급함), 할인율 연 5%(증분차입이자율)
③ 리스기간 : 3년
이 리스계약은 리스회사의 입장에서 기업회계기준상 금융리스조건을 충족하지 못한다. K-IFRS에 따른 회사의 회계처리는 다음과 같다.

구 분	회계처리				
리스계약일	(차) 사 용 권 자 산 리 스 보 증 금	40,368,325 * 18,846,446	(대) 리 스 부 채 현　　　　금	39,214,771 20,000,000
리스료지급	(차) 이 자 비 용 리 스 부 채	1,960,738 12,439,262	(대) 현　　　　금	14,400,000
이자수익	(차) 리 스 보 증 금	376,929	(대) 이 자 수 익	376,929
감가상각	(차) 감 가 상 각 비	13,456,108	(대) 감가상각누계액	13,456,108

* 사용권자산 = 리스보증금의 현재가치할인차금 + 리스료의 현재가치

이 자료에 세무조정을 하시오.

해답

구 분	익금산입 및 손금불산입			손금산입 및 익금불산입		
	과 목	금 액	소득처분	과 목	금 액	소득처분
리스계약일	리스부채	39,214,771	유보	사용권자산	40,368,325	유보
	리스보증금	1,153,554	유보			
리스료지급				리스부채	12,439,262	유보
이자수익				리스보증금	376,929	유보
감가상각	사용권자산	13,456,108	유보			

리스이용자는 운용리스인 경우 리스료만 손금으로 인정하므로 사용권자산과 리스부채를 감액하고 임차보증금을 증액하는 세무조정을 한 다음, 감가상각비를 손금불산입하고, 리스부채상환액을 손금에 산입하며, 이자수익을 익금불산입한다. 이와 같이 세무조정하면 매년 리스료 14,400,000원을 손금으로 인정받는 결과가 된다.

2. 감가상각 시부인 계산구조

1. 감가상각비 시부인 계산의 원리

법인이 결산상 계상한 감가상각비를 세무상 한도와 비교하여 그 차액에 대하여 세무조정하는 것을 감가상각비 시부인 계산이라고 하는데, 그 내용은 다음과 같다.

회 사 상 각 액	……	결산상 비용으로 계상한 감가상각비
(－) 상 각 범 위 액	……	세무상 감가상각비 한도액
상 각 부 인 액	……	손금불산입(유보), 그 후 시인부족액 발생시 추인. 상각부인액이 있는 상태에서 자산을 양도하면 상각부인액 전액 추인
(△시 인 부 족 액)	……	세무조정 없음. 그 후 상각부인액 발생시 충당 불가

감가상각비 시부인 계산의 특징은 다음과 같다.

(1) 결산조정사항

내국법인이 결산을 확정할 때 유형자산과 무형자산에 대한 감가상각비를 손비로 계상한 경우에는 상각범위액의 범위에서 이를 손금으로 인정하고, 그 계상한 금액 중 상각범위액을 초과하는 금액은 손금으로 인정하지 아니한다(**법법 §23①**). 따라서 감가상각비를 결산상 비용으로 회계처리하지 않고 신고조정으로 손금산입할 수 없다.

(2) 임의상각제도

법인이 상각범위액 내에서 감가상각비를 계상하면 그 계상액을 손금으로 인정한다. 따라서 상각범위액 내에서 손금에 산입할 감가상각비를 자유롭게 결정할 수 있으므로 세무상 감가상각제도를 임의상각제도라고 한다.

사례 » 감가상각비 시부인 원리

(1) 상각부인액이 먼저 발생하고 그 후 시인부족액이 발생하는 경우

제1기(1. 1.~12. 31.) 초에 비품을 600에 취득(내용연수 3년, 정액법, 잔존가액 0). 제1기에 차량을 전액 감가상각한 경우의 세무조정.

구 분	제1기	제2기	제3기
회사상각액	600	–	–
상각범위액	200	200	200
상각부인액	400	△200	△200
세무조정	손금불산입 400 (유보)	손금산입 200 (△유보)	손금산입 200 (△유보)

제1기에 감가상각비를 상각범위액보다 과대계상하였으므로 상각부인액 400을 손금불산입한다. 그러나 제2기에 시인부족액 200이 발생하였으므로 전기상각부인액 200을 손금산입하며, 제3기에도 시인부족액이 발생하였으므로 전기상각부인액 200을 손금산입한다. 회사는 취득한 사업연도에 전액 감가상각하였으나, 세무상으로는 3년간 감가상각한 것이 된다.

(2) 시인부족액이 먼저 발생하고 그 후 상각부인액이 발생하는 경우

제1기(1. 1.~12. 31.) 초에 비품을 600에 취득(내용연수 3년, 정액법, 잔존가액 0). 제1기부터 제4기까지 4년간 매년 150씩 감가상각한 경우의 세무조정.

구 분	제1기	제2기	제3기	제4기
회사상각액	150	150	150	150
상각범위액	200	200	200	150*
상각부인액	△50	△50	△50	–
세무조정	–	–	–	–

* 제1기부터 제3기까지 결산상 450을 감가상각하였으므로 제4기 초 미상각잔액은 150이다. 정액법 공식을 적용하면 상각범위액은 200(600 ÷ 3)이 되나, 미상각잔액이 150이므로 150을 상각범위액으로 한다.

제1기부터 제4기까지 결산상 감가상각비는 상각범위액 200(제4기에는 150)을 초과하지 않으므로 결산상 감가상각비를 그대로 시인(인정)하여 세무조정을 하지 않는다. 회사가 내용연수보다 장기인 4년간 감가상각하였으며, 세법이 이를 인정하여 세무조정을 하지 않았다. 이러한 감가상각비 시부인 계산에서 다음과 같은 원리를 도출할 수 있다.

① 세무상 내용연수보다 짧은 기간 동안 감가상각할 수 없다. 내용연수는 감가상각해야 할 최소한의 상각기간을 의미하기 때문이다.

② 세무상 내용연수보다 긴 기간 동안 감가상각하는 것은 가능하다. 이는 감가상각비를 상각범위액보다 적게 계상하는 것을 허용한다는 것을 의미한다.

사례 》 내용연수가 경과한 자산에 대한 감가상각

㈜한공(사업연도 : 1. 1.~12. 31.)의 차량 10,000,000원은 2013년초에 취득한 것으로 2023년까지 감가
상각을 하지 않았으며, 내용연수 5년(상각방법은 정률법이며, 상각률은 0.451임)은 모두 경과하였다.
2024년에 동 차량에 대하여 감가상각을 할 수 있는가? 다만, 감가상각의제대상은 아니다.

해답

상각범위액 : 10,000,000 × 0.451 = 4,510,000
세법상 내용연수는 상각범위액 계산시 상각률을 정하는 기준일 뿐이다. 따라서 내용연수가 지
나도 미상각잔액이 있으면 상각이 완료될 때까지 계속 상각할 수 있다.

2. 감가상각비 시부인 단위

감가상각비는 개별자산 단위별로 시부인 계산을 하므로 한 자산의 상각부인액을 다른 자
산의 시인부족액과 상계할 수 없다(**법령 §33**).

사례 감가상각비 시부인 단위

구 분	건물 A	건물 B	세무조정
회사상각액	200	100	<손금불산입> 상각부인액(A) 100 (유보)
상각범위액	100	200	* 건물 A의 상각부인액을 건물 B의 시인부족
상각부인액	100	△100	액과 상계할 수 없다.

(상각범위액 건물 B 행에 → 표시)

사례 》 감가상각비 시부인 단위

다음은 K-IFRS 적용대상이 아닌 ㈜한공의 제2기 감가상각비에 대한 자료이다. 이 자료에 의하여
세무조정을 하고, 세무조정 후 유보잔액을 계산하시오.

(단위 : 원)

구 분	비품 A	비품 B	비품 C	비품 D	비품 E
전기상각부인액 (△시인부족액)	3,000,000	△1,000,000[*]	1,000,000	2,000,000	△2,000,000[*]
당기회사상각액	6,000,000	3,000,000	3,000,000	4,000,000	4,000,000
당기상각범위액	4,000,000	2,000,000	3,600,000	8,000,000	6,000,000

* 시인부족액에 대하여는 제1기에 세무조정하지 않았다.

‖ 해답 ‖

구 분	비품 A	비품 B	비품 C	비품 D	비품 E
전기말유보잔액	3,000,000	–	1,000,000	2,000,000	–
당기회사상각액	6,000,000	3,000,000	3,000,000	4,000,000	4,000,000
당기상각범위액	4,000,000	2,000,000	3,600,000	8,000,000	6,000,000
당기상각부인액	2,000,000[*1]	1,000,000[*1]	△600,000[*2]	△4,000,000[*2]	△2,000,000
당기세무조정	손금불산입 2,000,000 (유보)	손금불산입 1,000,000 (유보)	손금산입 600,000 (△유보)	손금산입 2,000,000 (△유보)	–
당기말유보잔액	5,000,000	1,000,000	400,000	–	–

*1 상각부인액이 발생한 경우 : 전기 세무조정 결과에 관계없이 손금불산입한다.
*2 시인부족액이 발생한 경우 : 전기 상각부인액이 있으면 상각부인액을 시인부족액의 범위 내에서 손금산입하고, 전기 상각부인액이 없으면 세무조정을 하지 아니한다.

3. 회사상각액

(1) 회사상각액으로 보는 것

다음과 같이 감가상각자산의 장부가액이 감소하는 것을 모두 감가상각비로 본다.
① 판매비와 관리비·제조경비 등 비용으로 계상한 감가상각비
② 이익잉여금의 감소로 처리한 감가상각비

┌───
▓ 사례 》 이익잉여금의 감소로 처리한 감가상각비

감가상각비 100을 이익잉여금 감소로 처리한 경우
[1단계] <손금산입> 이익잉여금 100(기타)
[2단계] 감가상각비 100을 비용으로 회계처리할 경우 자산으로 배부할 금액의 손금불산입
　　　　　예를 들어, 감가상각비 100을 비용으로 처리할 경우 제조경비에 해당하여 그 중 20을
　　　　　재고자산에 배부해야 한다고 가정할 경우 다음과 같이 세무조정
　　　　　<손금불산입> 재고자산 20(유보) → 자산처분시 손금산입
[3단계] 위 [1단계]의 손금산입액 100을 감가상각비로 보아 감가상각비 시부인 계산
└───

③ 손상차손 : 감가상각자산이 진부화, 물리적 손상 등에 따라 시장가치가 급격히 하락하여 법인이 기업회계기준에 따라 손상차손을 계상한 경우에는 해당 금액을 감가상각비로서 손비로 계상한 것으로 보아 감가상각비 시부인계산을 한다. 다만, 천재지변·화

재·수용·채굴예정량의 채진으로 폐광(토지를 제외한 광업용 유형자산이 그 고유의 목적에 사용될 수 없는 경우 포함)한 경우에는 그 감액사유가 발생한 사업연도에 장부가액을 사업연도 종료일 현재의 시가로 감액하고, 그 감액한 금액을 비용으로 계상하면 손금으로 인정하므로 이 경우에는 감가상각비로 보지 아니한다.

④ 즉시상각의제 : 감가상각자산의 취득가액과 자본적 지출을 비용으로 처리한 경우 그 금액을 자산으로 계상한 후 즉시 감가상각한 것으로 본다. 따라서 즉시상각의제를 취득가액에 더하여 상각범위액을 계산하고, 회사상각비로 보아 세무조정한다(법령 §31①).

(2) 즉시상각

감가상각자산의 취득가액이나 자본적 지출을 비용으로 처리한 경우 그 금액을 자산으로 계상한 후 즉시 감가상각한 것으로 보는데, 이를 즉시상각의제라고 한다(법법 §23④). 그러나 다음의 경우에는 중요성이 없으므로 비용으로 회계처리하면 이를 손금으로 인정하여 세무조정을 하지 아니한다.

구 분	즉시상각대상 자산	처리방법
(1) 소액자산	거래단위*별 자산의 취득가액이 100만원 이하인 감가상각자산. 다만, 다음의 자산은 그러하지 아니한다. ① 고유업무의 성질상 대량으로 보유하는 자산 ② 사업의 개시 또는 확장을 위하여 취득한 자산	사업에 사용한 사업연도에 비용으로 계상하면 세무조정하지 않음
(2) 대여사업용 비디오테이프 등	대여사업용 비디오테이프와 음악용 콤팩트디스크로서 개별 자산의 취득가액이 30만원 미만인 자산	
(3) 단기사용 자산 등	영화필름·공구·가구·전기기구·가스기기·가정용 기구 및 비품·시계·시험기기·측정기기 및 간판·어업에 사용되는 어구(어선용구 포함)·전화기(휴대용 전화기 포함) 및 개인용 컴퓨터(그 주변기기 포함)	

* 자산을 독립적으로 사업에 직접 사용할 수 있는 것을 거래단위라고 한다(법령 §31⑤).

(3) 소액수선비 특례

종전에 비용으로 처리한 수선비가 자본적 지출인지, 아니면 수익적 지출인지 여부에 대하여 국세청과 납세자 간에 마찰이 자주 발생하였다. 수선비가 중요한 경우에는 그 처리에 옳고 그름을 따져야 하지만 수선비가 중요하지 않은 경우에는 소모적인 다툼을 막기 위해서라도 비용으로 처리한 것을 그대로 인정해 줄 필요가 있다.

이에 따라 해당 사업연도에 비용으로 처리한 수선비(자본적 지출과 수익적 지출의 합계액)가 다음 중 어느 하나에 해당하는 경우에는 중요하지 않은 수선비로 보아 비용으로 처리한 것을 그대로 인정한다(법령 §31③).

① 개별 자산별로 수선비로 지출한 금액이 600만원(2019. 12. 31. 이전에 개시하는 사업 연도까지는 300만원) 미만인 경우

② 개별자산별로 수선비로 지출한 금액이 직전 사업연도 종료일 현재 재무상태표상의 자산가액(취득가액에서 감가상각누계액 상당액을 차감한 금액을 말한다)의 5%에 미달하는 경우

③ 3년 미만의 기간마다 주기적인 수선을 위하여 지출하는 경우

💡 주의 **소액수선비 특례규정의 적용대상**

소액수선비 특례규정은 수선비에만 적용하므로 취득세와 같은 취득부대비용, 건설자금이자에는 적용되지 아니한다. 따라서 취득세나 건설자금이자는 600만원 미만인 경우에도 비용으로 처리하면 즉시상각의제로 보아 세무조정을 해야 한다.

📗 사례 》 **즉시상각**

① 개인용 컴퓨터와 프린터를 4,000,000원에 구입하고 전액 비용으로 회계처리한 경우 세무조정은?
   ☞ 개인용 컴퓨터와 주변기기를 비용으로 처리하면 이를 비용으로 인정하므로 세무조정은 없다.

② 수선비계정에는 건물 수선비가 4억원이 포함되어 있다. 건물의 전기말 재무상태표상 장부가액은 100억원이다. 건물 수선비 중 3억원은 자본적지출인 엘리베이터설치비이며, 1억원은 수익적지출인 건물도색비이다. 이 경우 세무조정은?
   ☞ 건물의 수선비가 전기말 장부가액의 5% 미만이므로 비용으로 인정한다. 따라서 세무조정은 없다.

📗 사례 》 **즉시상각의제와 소액수선비**

다음은 제조업을 영위하는 영리내국법인 ㈜A의 제13기 사업연도 포괄손익계산서상 수선비 및 소모품비 계정의 내역이다. 법인세법상 즉시상각의 의제규정에 따라 감가상각한 것으로 보아야 하는 금액을 구하시오. (단, 제12기 이전의 모든 세무조정은 적정하게 이루어졌으며, 주어진 자료 이외의 다른 사항은 고려하지 않음)

과 목	금 액	내　　　　역
수선비	7,000,000원	㈜A 소유 본사 건물(전기말 재무상태표상 장부가액 40,000,000원)에 대한 피난시설 설치비
	3,000,000원	기계장치(전기말 재무상태표상 장부가액 30,000,000원)에 대하여 2년마다 주기적으로 실시하는 수선을 위해 지출한 금액이며, 이로 인해 기계의 성능이 향상됨
소모품비	2,000,000원	㈜A의 사업 확장을 위해 개인용 컴퓨터 1대를 구입하여 사용하고 그 취득가액을 소모품비로 계상한 것임

▌해답 ▌

과 목	내　　　역	즉시상각의제
수선비	수선비가 600만원 이상이고 장부가액의 5% 이상이므로 즉시상각의 제임	7,000,000원
	3년 미만의 기간마다 주기적인 수선을 위하여 지출하는 경우이므로 비용으로 인정	–
소모품비	개인용 컴퓨터는 사업 확장 여부에 관계없이 비용으로 인정	–
계		7,000,000원

(4) 예외 : 폐기시 즉시상각

다음 중 어느 하나에 해당하는 경우에는 해당 자산의 장부가액에서 1천원을 공제한 금액을 폐기일이 속하는 사업연도에 비용으로 계상하면 그대로 손금으로 인정한다(법령 §31⑦).

① 시설의 개체 또는 기술의 낙후로 인하여 생산설비의 일부를 폐기한 경우
② 사업의 폐지 또는 사업장의 이전으로 임대차계약에 따라 임차한 사업장의 원상회복을 위하여 시설물을 철거하는 경우

사례 시설개체·기술낙후로 인하여 생산설비 폐기시 즉시상각

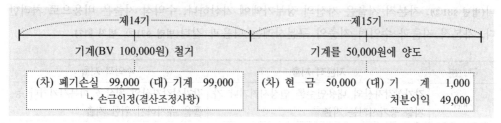

3. 상각범위액 계산방법

1. 상각범위액 계산요소

(1) 세무상 취득가액

1) 취득가액

세무상 취득가액에 포함하는 것	세무상 취득가액에 포함하지 않는 것
① 자본적 지출 ② 법률에 의한 평가차익	① 부당행위계산에 의한 시가초과금액 ② 기부금으로 의제된 정상가액초과액 ③ 법률에 의하지 않은 평가차익 ④ 결산상 계상한 현재가치할인차금 ⑤ 자산으로 계상한 복구비용의 추정액

2) 자본적 지출과 수익적 지출

자본적 지출은 감가상각자산의 내용연수를 연장시키거나 가치를 증가시키는 지출을 말하며, 수익적 지출은 감가상각자산의 원상을 회복시키거나 능률을 유지하기 위한 지출을 말한다(법령 §31②). 자본적 지출은 자산의 장부가액에 가산하나, 수익적 지출은 비용으로 처리한다. 자본적 지출과 수익적 지출의 구분사례는 다음과 같다(법령 §31②, 법칙 §17).

구 분	자본적 지출	수익적 지출
개념	감가상각자산의 내용연수를 연장시키거나 가치를 증가시키는 지출	감가상각자산의 원상을 회복시키거나 능률을 유지하기 위한 지출
회계처리	취득가액에 가산	비용 처리
사례	① 본래의 용도를 변경하기 위한 개조 ② 엘리베이터 또는 냉·난방 장치의 설치 ③ 빌딩의 피난시설 등의 설치 ④ 재해 등으로 인한 건물·기계·설비 등이 멸실·훼손되어 해당 자산의 본래의 용도에 이용가치가 없는 것의 복구 ⑤ 기타 개량·확장·증설 등 위와 유사한 성질의 것	① 건물 또는 벽의 도장 ② 파손된 유리나 기와의 대체 ③ 기계의 소모된 부속품과 벨트의 대체 ④ 자동차의 타이어 튜브의 대체 ⑤ 재해를 입은 자산에 대한 외장의 복구·도장·유리의 삽입 ⑥ 기타 조업 가능한 상태의 유지 등 위와 유사한 것

◉ 임차인의 인테리어비용 사례 ◉

구 분	내 용
인테리어 공사비	법인이 타인의 건물을 임차하여 그 임차한 건물에 당해 법인의 업무용 시설물을 설치하고 임대차계약의 해지 또는 계약기간 만료시 이를 철거하여 원상복구하기로 한 경우에 그 시설물은 당해 법인의 사업용 유형자산으로 보아 업종별자산의 기준내용연수 및 내용연수범위표의 내용연수에 따라 감가상각한다(**법인 46012-2741, 1998. 9. 24.**).
임차기간 만료로 시설 폐기	• 폐기시 처리 : 임차기간의 만료 등의 사유로 동 자산을 폐기하는 때에는 당해자산의 장부상 잔액을 그 폐기일이 속하는 사업연도에 손금산입한다(**법인 46012-2741, 1998. 9. 24.**). • 폐업시 잔존재화 과세여부 : 사업자가 사업과 관련하여 인테리어비를 지급하고 매입세액공제를 받고 사업을 영위하던 중 폐업하는 때에는 폐업시 잔존재화로 부가가치세가 과세된다. 그러나 사업자가 폐업 전에 해당 자산을 파쇄 또는 멸실한 경우에는 폐업 시 잔존재화로 보지 아니한다. 폐업 전에 파쇄 하였는지의 여부는 관련 사실을 종합하여 사실판단 할 사항이다(**제도 46015-12029, 2001. 7. 10.**).

(2) 감가상각방법

1) 감가상각방법의 선택

법인은 다음의 구분에 따른 감가상각방법 중 적용할 방법을 선택하여 영업개시일(아래 구분을 달리하는 유형자산과 무형자산을 새로 취득한 경우에는 그 취득일)이 속하는 사업연도의 과세표준 신고기한 내에 관할 세무서장에게 신고하여야 한다(**법령 §26①**).

구 분		선택 가능한 상각방법	무신고시 상각방법
유형자산	① 건축물	정액법	정액법
	② 광업용 유형자산	정액법·정률법·생산량비례법	생산량비례법
	③ 폐기물매립시설 (차단형매립시설·관리형 매립시설)	정액법·생산량비례법	생산량비례법
	④ 업무용승용차 (2016.1.1. 이후 취득분)	정액법 (내용연수 5년)	정액법 (내용연수 5년)
	⑤ 위 이외의 유형자산	정액법·정률법	정률법
무형자산	① 개발비	20년의 범위에서 선택한 내용연수에 따른 정액법	5년간 정액법
	② 사용수익 기부자산 가액	사용수익기간에 따른 정액법	좌 동
	③ 주파수이용권, 공항시설 관리, 항만시설관리권	사용기간에 따른 정액법	좌 동
	④ 광업권 (해저광물자원채취권 포함)	정액법·생산량비례법	생산량비례법
	⑤ 위 이외의 무형자산	정액법	정액법

2) 개발비

개발비는 관련 제품별로 20년의 범위에서 상각기간을 연단위로 정하여 신고하고 그 신고한 상각기간(무신고시 5년)에 따라 정액법으로 상각범위액을 계산한다. 여러 개의 제품을 개발하는 경우 개발비 상각기간은 제품별로 선택할 수 있으며, 사업연도 중 개발이 완료되어 제품의 판매나 사용이 시작된 경우에는 그 달부터 사업연도 말까지의 월수에 따라 상각범위액을 계산한다. 이 경우 1개월 미만의 기간은 1개월로 본다.

□ 제품을 개발하던 중 개발이 취소되는 경우

제품을 개발하던 중 개발이 취소되는 경우에 이미 무형자산으로 계상되어 있는 개발비를 어떻게 처리할 것인지가 문제가 된다. 다음 요건을 모두 충족하는 날이 속하는 사업연도에 그 개발비를 손금에 산입한다(법령 §71⑤).

① 해당 개발로부터 상업적인 생산 또는 사용을 위한 해당 재료·장치·제품·공정·시스템 또는 용역을 개선한 결과를 식별할 수 없을 것
② 해당 개발비를 전액 손비로 계상하였을 것

사례) 개발비

㈜甲(사업연도 1. 1.~12. 31.)은 제4기 초부터 신약개발을 해왔으며, 제5기 7월 5일에 개발이 완료된 즉시 판매가 시작되었다. 개발비는 10억원이며, 개발비상각방법은 신고하지 않은 경우 제5기의 상각범위액은?

☞ $10억원 \times \dfrac{6*}{60} = 1억원$

* 개발비 상각기간을 신고하지 않았으므로 5년으로 하여 판매가 시작된 달부터 월할상각한다.

3) 사용수익기부자산

사용수익기부자산가액은 사용수익기간(사용수익기간에 대한 특약이 없는 경우 신고내용연수)에 따라 균등하게 안분한 금액(월할상각)을 상각범위액으로 하되, 상각 중에 해당 자산이 멸실되거나 계약이 해지된 경우에는 미상각잔액을 상각범위액으로 한다.

사례) 사용수익기부자산

㈜甲(사업연도 1. 1.~12. 31.)은 제4기 1. 8.에 지하도(장부가액 100)를 수원시에 기부하고 10년간 무상으로 사용하기로 하였다. 제6기 5월 4일에 계약위반으로 지하도사용계약이 해지된 경우 제4기부터 제6기까지 세법상 손금으로 인정받을 수 있는 최대 금액은?

구 분	제4기	제5기	제6기
손금액	$100 \times \dfrac{12}{120} = 10$	$100 \times \dfrac{12}{120} = 10$	80(잔액)

4) 감가상각방법의 신고기한

법인이 감가상각방법을 신고하려는 경우에는 자산 구분별로 하나의 방법을 선택하여 감가상각방법신고서[별지 제63호 서식]를 다음의 날이 속하는 사업연도의 법인세 과세표준의 신고기한까지 납세지 관할세무서장에게 제출(국세정보통신망에 의한 제출 포함)하여야 한다(법령 §26③).

① 신설법인과 새로 수익사업을 개시한 비영리법인은 그 영업을 개시한 날

② 위 ①외의 법인이 (1)의 구분에 따른 감가상각자산을 새로 취득한 경우에는 그 취득한 날

□ 감가상각방법 신고 없이 감가상각비조정명세서에만 상각방법을 기재한 경우

신설법인은 그 영업을 개시한 날이 속하는 사업연도의 법인세신고기한까지 감가상각방법과 내용연수를 신고해야 한다. 감가상각방법과 내용연수를 신고를 하지 않으면 광업용 유형자산과 광업권은 생산량비례법, 건축물 외의 유형자산은 정률법, 건축물과 무형자산은 정액법, 내용연수는 기준내용연수(개발비는 5년)를 적용한다. 실무에서 감가상각방법과 내용연수를 유형·무형자산감가상각비조정명세서[별지 제20호 서식]에만 기재하여 신고하는 사례가 있다. 감가상각방법과 내용연수에 대한 신고는 법정서식인 [별지 제63호 서식]을 제출해야 하므로 앞의 신고는 무신고에 해당하게 되는 점에 주의해야 한다(법인세과-824, 2010. 8. 30.).

[별지 제63호 서식] (2019. 3. 20. 개정)

[ ] 감가상각방법신고서	[ ] 감가상각방법변경신청서
[ ] 내용연수신고서	[ ] 내용연수승인신청서
[ ] 내용연수변경승인신청서	[ ] 내용연수변경신고서

접수번호	접수일자	처 리 기간	즉시

신고(청)인 인적사항	법인명		사업자등록번호	
	본점소재지			
	대표자성명		생년월일	
	사업개시일	년 월 일	변경방법적용 사업연도	년 월 일 부터

내용 연수 신고(청) 및 변경	자산및업종	내용연수범위	신고 내용연수 (당초 신고 내용연수)	변경 내용 연수	변경사유

감가상각 방법 신고 (청) 및 변경	자산명	신고상각방법 (당초 신고상각방법)	변경상각방법	변경사유
	유형자산 (건축물제외)			
	광업권			
	광업용자산 (건축물제외)			

「법인세법 시행령」 제26조제3항·제27조제2항·제28조제3항·제29조제2항 및 제29조의2제5항에 따라 감가상각방법신고서, 감가상각방법변경신청서, 내용연수신고서, 내용연수승인신청서, 내용연수변경승인신청서 및 내용연수변경신고서를 제출합니다.

년   월   일

신고(신청)인

(서명 또는 인)

세무서장 귀하

210mm×297mm[백상지 80g/㎡ 또는 중질지 80g/㎡]

(3) 잔존가액

1) 세무상 잔존가액

잔존가액은 자산의 내용연수가 종료될 때 그 자산의 예상처분가액에서 예상처분비용을 차감한 금액을 말한다. 기업회계에서는 추정에 의하여 잔존가액을 정한다.

잔존가액을 추정에 의하여 정할 경우 납세자와 국세청 간의 마찰이 발생할 가능성이 있으므로 세법은 잔존가액을 0(영)으로 한다(법령 §26⑥).

2) 정률법의 상각률 계산시 잔존가액

정률법의 상각률은 다음과 같이 계산한다.

$$\text{정률법의 상각률} = 1 - \sqrt[n]{\frac{S}{C}} \quad (n = \text{내용연수}, \; S = \text{잔존가액}, \; C = \text{취득가액})$$

잔존가액을 0(영)으로 하면 정률법의 상각률을 계산할 수 없으므로 정률법의 상각률을 계산하는 경우 취득가액의 5%를 잔존가액으로 본다. 이렇게 계산한 상각률을 사용하면 내용연수 말에 취득가액의 5% 정도의 미상각잔액이 남게 되므로, 미상각잔액이 최초로 취득가액의 5% 이하가 되는 사업연도에 미상각잔액을 상각범위액에 더한다(법령 §26⑥).

3) 상각완료자산의 비망계정

세법은 잔존가액을 0(영)으로 하므로 상각완료자산의 처분이익이 누락될 수 있다. 이에 따라 상각완료자산은 취득가액의 5%와 1천원 중 작은 금액을 비망계정으로 하고, 그 금액은 처분시 처분손익의 계산에 반영해야 한다(법령 §26⑦).

$$\text{비망계정} = \text{Min}[\text{취득가액} \times 5\%, \; 1\text{천원}]$$

(4) 내용연수

1) 내용연수표

기업회계는 추정에 의하여 내용연수를 정하나, 세법은 추정을 배제하기 위하여 내용연수를 상세히 규정하고 있다. 내용연수표는 다음과 같이 네 가지가 있다(법령 §28).

구 분	적용대상	내용연수
[별표 5] 건축물 등의 기준내용 연수와 내용연수범위표	건축물, 차량 및 운반구, 공구, 기구 및 비품, 금형, 선박 및 항공기	내용연수 범위에서 선택 가능
[별표 6] 업종별 자산의 기준내용 연수와 내용연수범위표	공통사용자산 이외의 자산	내용연수 범위에서 선택 가능
[별표 2] 시험연구용 자산의 내용 연수표	시험연구용 자산(연구 및 인력 개발설비투자세액공제를 받은 자산 제외)	내용연수 선택 불가
[별표 3] 무형자산의 내용연수표	무형자산	내용연수 선택 불가. 다만, 개 발비만 20년 이내에서 선택 가능

2) 일반적인 경우 내용연수의 선택

[별표 5]와 [별표 6]의 자산은 기준내용연수와 내용연수범위(기준내용연수의 25%를 가감한 범위)를 규정하고 있다. 법인은 기준내용연수가 같은 자산별로 구분하여 내용연수 범위내에서 적용할 내용연수를 선택하여 영업개시일(기준내용연수가 다른 자산 취득시 취득일)이 속하는 사업연도의 법인세 신고기한까지 신고하여야 한다. 내용연수를 신고한 경우에는 상각범위액 계산시 신고내용연수를 적용하고, 내용연수를 신고하지 않은 경우에는 기준내용연수를 적용한다.

□ 내용연수범위의 이해
내용연수표에서, 기준내용연수 5년인 경우 내용연수범위는 4년~6년, 기준내용연수 10년인 경우 내용연수범위는 8년~12년이다. 법인은 별표 5와 6에 정해진 내용연수범위에서 신고할 내용연수를 선택하면 되므로 내용연수 범위를 직접 계산하는 것은 아니다. 내용연수범위는 기준내용연수에 25%를 곱한 연수(1년 미만 절사)를 기준내용연수에서 가감해서 계산한 것이다.
에 기준내용연수 : 10년인 경우
    10년 × 25% = 2.5 → 2년, 10년 − 2년 = 8년(하한), 10년 + 2년 = 12년(상한)

[별표 5] (2024. 3. 22. 개정)

◎ 건축물 등의 기준내용연수 및 내용연수범위(제15조 제3항 관련) ◎

구분	기준내용연수 및 내용연수범위(하한~상한)	구조 또는 자산명
1	5년 (4년~6년)	차량 및 운반구[운수업, 임대업(부동산은 제외한다)에 사용되는 차량 및 운반구는 제외한다], 공구, 기구, 금형 및 비품 24 신설 (금형에 대한 기준내용연수를 업종과 상관없이 5년으로 변경하여)
2	12년 (9년~15년)	선박 및 항공기[어업, 운수업, 임대업(부동산은 제외한다)에 사용되는 선박 및 항공기는 제외한다]
3	20년 (15년~25년)	연와조, 블록조, 콘크리트조, 토조, 토벽조, 목조, 목골모르타르조, 기타 조의 모든 건물(부속설비를 포함한다)과 구축물
4	40년 (30년~50년)	철골·철근콘크리트조, 철근콘크리트조, 석조, 연와석조, 철골조의 모든 건물(부속설비를 포함한다)과 구축물

비고

1. 이 표를 적용할 때 "건물(부속설비를 포함한다)"과 "구축물"이 그 기준내용연수 및 내용연수범위가 서로 다른 둘 이상의 복합구조로 구성되어 있는 경우에는 주된 구조에 따른 기준내용연수 및 내용연수범위를 적용한다.

2. 이 표 제3호 및 제4호를 적용할 때 "부속설비"에는 해당 건물과 관련된 전기설비, 급배수·위생 설비, 가스설비, 냉방·난방·통풍 및 보일러 설비, 승강기 설비 등 모든 부속설비를 포함하고, "구축물"에는 하수도, 굴뚝, 경륜장, 포장도로, 교량, 도크, 방벽, 철탑, 터널, 그 밖에 토지에 정착한 모든 토목설비나 공작물을 포함한다. 다만, "부속설비"를 해당 건물과 구분하여 업종별 자산으로 회계처리하는 경우에는 별표 6을 적용할 수 있다.

3. 이 표 제3호 및 제4호에도 불구하고 다음 각 목의 건물(부속설비를 포함한다) 또는 구축물에 대해서는 해당 목에서 정하는 기준내용연수 및 내용연수범위를 적용할 수 있다. 24 개정

   가. 변전소, 발전소, 공장, 창고, 정거장·정류장·차고용 건물, 폐수·폐기물 처리용 건물, 「유통산업발전법」 별표에 따른 대형마트 또는 전문점(해당 대형마트 또는 전문점의 지상층에 주차장이 있는 경우로 한정한다), 「국제회의산업 육성에 관한 법률」에 따른 국제회의시설, 「무역거래기반 조성에 관한 법률」에 따른 무역거래기반시설(별도의 건물인 무역연수원은 제외한다), 축사 : 10년(8년~12년)

   나. 하수도, 굴뚝, 경륜장, 포장도로, 폐수·폐기물 처리용 구축물, 진동이 심하거나 부식성 물질에 심하게 노출된 구축물 : 20년(15년~25년)

□ 금형의 내용연수 변경(법칙 별표 5)

종 전	개 정
□ 자산별 기준내용연수	□ 금형에 대해 자산별 기준내용연수 적용
○ 차량 및 운반구, 공구, 기구 및 비품 : 5년	○ 차량 및 운반구, 공구, 기구 및 비품, 금형* : 5년 　　* 종전에는 업종별 기준내용연수 적용
○ 선박 및 항공기 : 12년 ○ 연와조, 블록조, 콘크리트조, 토조, 토벽조, 목조 등의 모든 건물과 구축물 : 20년 ○ 철골·철근콘크리트조, 연와석조 등의 모든 건물과 구축물 : 40년	○ (좌 동)

<개정이유> 금형에 대한 감가상각 내용연수 적용 합리화

<적용시기> 2024. 3. 22.이 속하는 사업연도부터 적용

□ 별표 5의 변전소, 발전소, 공장, 창고 등에 대한 내용연수 개정

종 전	개 정
3. 구분 3과 구분 4를 적용할 때 건물 중 변전소, 발전소, 공장, 창고, 정거장·정류장·차고용 건물, 폐수 및 폐기물처리용 건물, 「유통산업발전법 시행령」에 따른 대형점용 건물(해당 건물의 지상층에 주차장이 있는 경우에 한정한다), 「국제회의산업 육성에 관한 법률」에 따른 국제회의시설 및 「무역거래기반 조성에 관한 법률」에 따른 무역거래기반시설(별도의 건물인 무역연수원을 제외함), 축사, 구축물 중 하수도, 굴뚝, 경륜장, 포장도로와 폐수 및 폐기물처리용 구축물과 기타 진동이 심하거나 부식성 물질에 심하게 노출된 것은 기준내용연수를 각각 10년, 20년으로 하고, 내용연수범위를 각각(8년~12년), (15년~25년)으로 하여 신고내용연수를 선택적용할 수 있다.	3. [별표 5] 제3호 및 제4호에도 불구하고 다음 각 목의 건물(부속실비 포함) 또는 구축물에 대해서는 해당 목에서 정하는 기준내용연수 및 내용연수범위를 적용할 수 있다.

	구조	내용연수
3	연와조, 블록조, 콘크리트조, 토조, 토벽조, 목조, 목골모르타르조, 기타 조의 모든 건물(부속설비 포함)과 구축물	10년 (8년~12년)
4	철골·철근콘크리트조, 철근콘크리트조, 석조, 연와석조, 철골조의 모든 건물(부속설비를 포함한다)과 구축물	20년 (15년~25년)

	구조	내용연수
3과 4	변전소, 발전소, 공장, 창고, 정거장·정류장·차고용 건물, 폐수·폐기물 처리용 건물, 「유통산업발전법」 별표에 따른 대형마트 또는 전문점(해당 대형마트 또는 전문점의 지상층에 주차장이 있는 경우로 한정한다), 「국제회의산업 육성에 관한 법률」에 따른 국제회의시설, 「무역거래기반 조성에 관한 법률」에 따른 무역거래기반시설(별도의 건물인 무역연수원은 제외한다), 축사 : 10년(8년~12년)	10년 (8년~12년)
	하수도, 굴뚝, 경륜장, 포장도로, 폐수·폐기물 처리용 구축물, 진동이 심하거나 부식성 물질에 심하게 노출된 구축물 : 20년(15년~25년)	20년 (15년~25년)

<적용시기> 2024. 3. 22.부터 시행

[별표 2] (2021. 3. 16. 개정)

◉ 시험연구용자산의 내용연수표 ◉

자산범위	자산명	내용연수
1. 새로운 지식이나 기술의 발견을 위한 실험연구시설 2. 신제품이나 신기술을 개발할 목적으로 관련된 지식과 경험을 응용하는 연구시설	(1) 건물부속설비 (2) 구축물 (3) 기계장치	5년
3. 신제품이나 신기술과 관련된 시제품, 원형, 모형 또는 시험설비 등의 설계, 제작 및 시설을 위한 설비 4. 새로운 기술에 수반되는 공구, 기구, 금형 등의 설계 및 시험적 제작을 위한 시설 5. 직업훈련용 시설	(4) 광학기기 (5) 시험기기 (6) 측정기기 (7) 공구 (8) 기타 시험연구용설비	3년

비고

1. 시험연구용 자산 중 「조세특례제한법 시행령」 제25조의3 제3항 제2호에 따른 연구·시험용 시설 및 직업훈련용 시설에 대한 투자에 대해 「조세특례제한법」 제24조에 따른 세액공제를 이미 받은 자산에 대해서는 이 내용연수표에 따른 감가상각비를 손금에 산입할 수 없다.

2. 법인이 시험연구용자산에 대하여 이 내용연수표를 적용하지 않으려는 경우에는 별표 5 건축물 등의 기준내용연수 및 내용연수범위표 또는 별표 6 업종별 자산의 기준내용연수 및 내용연수 범위표를 적용하여 감가상각비를 손금에 산입할 수 있다.

[별표 3] (2019. 3. 20. 개정)

◎ 무형자산의 내용연수표(제15조 제2항 관련) ◎

구 분	내용연수	무형자산
1	5년	영업권, 디자인권, 실용신안권, 상표권
2	7년	특허권
3	10년	어업권, 「해저광물자원 개발법」에 따른 채취권(생산량비례법 선택 적용), 유료도로관리권, 수리권, 전기가스공급시설이용권, 공업용수도시설이용권, 수도시설이용권, 열공급시설이용권
4	20년	광업권(생산량비례법 선택 적용), 전신전화전용시설이용권. 전용측선이용권, 하수종말처리장시설관리권, 수도시설관리권
5	50년	댐사용권

[별표 6] (2024. 3. 22. 개정)

◎ 업종별 자산의 기준내용연수 및 내용연수범위(제15조 제3항 관련) ◎

구분	기준내용연수 및 내용연수범위 (하한~상한)	적용대상 자산 (다음의 한국표준산업분류상 업종에 사용되는 자산)	
		대분류	중분류
1	4년 (3년~5년)	제조업	15. 가죽, 가방 및 신발 제조업. 다만, 모피 및 가죽 제조업(1511)은 제4호의 기준내용연수 및 내용연수범위[8년(6년~10년)]를 적용한다.
		교육 서비스업	85. 교육 서비스업
2	5년 (4년~6년)	농업, 임업 및 어업	01. 농업. 다만, 과수의 경우에는 제9호의 기준내용연수 및 내용연수범위[20년(15년~25년)]를 적용한다. 02. 임업
		광업	05. 석탄, 원유 및 천연가스 광업
		제조업	18. 인쇄 및 기록매체 복제업 21. 의료용 물질 및 의약품 제조업
		수도, 하수 및 폐기물 처리, 원료 재생업	37. 하수, 폐수 및 분뇨 처리업 38. 폐기물 수집, 운반, 처리 및 원료재생업. 다만, 해체, 선별 및 원료 재생업(383) 중 재생용 금속·

구분	기준내용연수 및 내용연수범위 (하한~상한)	적용대상 자산 (다음의 한국표준산업분류상 업종에 사용되는 자산)	
		대분류	중분류
			비금속 가공원료 생산업은 제5호의 기준내용연수 및 내용연수범위[10년(8년~12년)]를 적용한다. 39. 환경 정화 및 복원업
		건설업	42. 전문직별 공사업
		도매 및 소매업	45. 자동차 및 부품 판매업 46. 도매 및 상품 중개업 47. 소매업(자동차는 제외한다)
		운수 및 창고업	49. 육상운송 및 파이프라인 운송업. 다만, 철도 운송업(491) 및 도시철도 운송업(49211)은 제9호의 기준내용연수 및 내용연수범위[20년(15년~25년)]를 적용하고, 택배업(49401) 및 늘찬 배달업(49402)은 제4호의 기준내용연수 및 내용연수범위[8년(6년~10년)]를 적용한다.
		정보통신업	58. 출판업 59. 영상·오디오 기록물 제작 및 배급업 60. 방송 및 영상·오디오물 제공 서비스업 62. 컴퓨터 프로그래밍, 시스템 통합 및 관리업 63. 정보서비스업
		금융 및 보험업	64. 금융업 65. 보험업 66. 금융 및 보험 관련 서비스업
		전문, 과학 및 기술 서비스업	70. 연구개발업 71. 전문 서비스업 72. 건축기술, 엔지니어링 및 기타 과학기술 서비스업 73. 기타 전문, 과학 및 기술 서비스업
		사업시설 관리, 사업지원 및 임대 서비스업	74. 사업시설 관리 및 조경 서비스업 75. 사업지원 서비스업. 다만, 여행사 및 기타 여행보조 서비스업(752)은 제4호의 기준내용연수 및 내용연수범위[8년(6년~10년)]를 적용한다. 76. 임대업(부동산은 제외한다)
		공공행정, 국방 및 사회보장 행정	84. 공공행정, 국방 및 사회보장 행정
		보건업 및 사회복지 서비스업	86. 보건업 87. 사회복지 서비스업
		예술, 스포츠 및 여가관련 서비스업	90. 창작, 예술 및 여가관련 서비스업 91. 스포츠 및 오락관련 서비스업

구분	기준내용연수 및 내용연수범위 (하한~상한)	적용대상 자산 (다음의 한국표준산업분류상 업종에 사용되는 자산)	
		대분류	중분류
		협회 및 단체, 수리 및 기타 개인 서비스업	94. 협회 및 단체 96. 기타 개인 서비스업
		가구 내 고용활동 및 달리 분류되지 않은 자가소비 생산활동	97. 가구 내 고용활동 98. 달리 분류되지 않은 자가소비를 위한 가구의 재화 및 서비스 생산활동
		국제 및 외국기관	99. 국제 및 외국기관
3	6년 (5년~7년)	제조업	26. 전자부품, 컴퓨터, 영상, 음향 및 통신장비 제 조업. 다만, 마그네틱 및 광학 매체 제조업 (2660)은 제4호의 기준내용연수 및 내용연수범 위[8년(6년~10년)]를 적용하고, 전자코일, 변 성기 및 기타 전자 유도자 제조업(26293) 및 유선 통신장비 제조업(26410) 중 중앙통제실 송신용 침입 및 화재경보 시스템 제조는 제5호 의 기준내용연수 및 내용연수범위[10년(8년~ 12년)]를 적용한다.
		정보통신업	61. 우편 및 통신업
4	8년 (6년~10년)	제조업	14. 의복, 의복 액세서리 및 모피제품 제조업. 다만, 편조의복 제조업(143) 및 편조의복 액세서리 제조업(1441)은 제5호의 기준내용연수 및 내용 연수범위[10년(8년~12년)]를 적용한다. 20. 화학물질 및 화학제품 제조업(의약품은 제외한 다). 다만, 살균·살충제 및 농약 제조업(2032)은 제1호의 기준내용연수 및 내용연수범위[4년(3년 ~5년)]를 적용하고, 화약 및 불꽃제품 제조업 (20494) 중 성냥 제조는 제5호의 기준내용연수 및 내용연수범위[10년(8년~12년)]를 적용한다. 34. 산업용 기계 및 장비 수리업
		건설업	41. 종합 건설업
		운수 및 창고업	52. 창고 및 운송관련 서비스업
		숙박 및 음식점업	55. 숙박업 56. 음식점 및 주점업
		부동산업	68. 부동산업
		협회 및 단체, 수리 및 기타 개인 서비스업	95. 개인 및 소비용품 수리업

구분	기준내용연수 및 내용연수범위 (하한~상한)	적용대상 자산 (다음의 한국표준산업분류상 업종에 사용되는 자산)	
		대분류	중분류
5	10년 (8년~12년)	농업, 임업 및 어업	03. 어업. 다만, 내수면 양식 어업(03212) 중 수생파충류 및 개구리 양식은 제2호의 기준내용연수 및 내용연수범위[5년(4년~6년)]를 적용한다.
		광업	06. 금속 광업
			07. 비금속광물 광업(연료용은 제외한다). 다만, 그 외 기타 비금속광물 광업(0729) 중 토탄 채굴은 제2호의 기준내용연수 및 내용연수범위[5년(4년~6년)]를 적용한다.
			08. 광업 지원 서비스업. 다만, 광업 지원 서비스업(08000) 중 채굴목적 광물탐사활동, 유·무연탄 채굴 지원 서비스 및 갈탄 및 토탄 채굴 지원 서비스는 제2호의 기준내용연수 및 내용연수범위[5년(4년~6년)]를 적용한다.
		제조업	10. 식료품 제조업
			11. 음료 제조업
			13. 섬유제품 제조업(의복은 제외한다). 다만, 섬유제품 염색, 정리 및 마무리 가공업(134)은 제4호의 기준내용연수 및 내용연수범위[8년(6년~10년)]를 적용한다.
			16. 목재 및 나무제품 제조업(가구는 제외한다)
			17. 펄프, 종이 및 종이제품 제조업
			22. 고무 및 플라스틱제품 제조업
			23. 비금속 광물제품 제조업. 다만, 산업용 유리 제조업(2312) 중 평판 디스플레이용 유리의 제조업과 브라운관용 벌브유리의 제조업은 제2호의 기준내용연수 및 내용연수범위[5년(4년~6년)]를 적용한다.
			24. 1차 금속 제조업. 다만, 기타 비철금속 제련, 정련 및 합금 제조업(24219) 중 우라늄 제련 및 정련업은 제4호의 기준내용연수 및 내용연수범위[8년(6년~10년)]를 적용한다.
			25. 금속가공제품 제조업(기계 및 가구는 제외한다)
			27. 의료, 정밀, 광학기기 및 시계 제조업
			28. 전기장비 제조업
			29. 기타 기계 및 장비 제조업
			31. 기타 운송장비 제조업
			32. 가구 제조업
			33. 기타 제품 제조업

구분	기준내용연수 및 내용연수범위 (하한~상한)	적용대상 자산 (다음의 한국표준산업분류상 업종에 사용되는 자산)	
		대분류	중분류
6	12년 (9년~15년)	제조업	12. 담배 제조업. 다만, 니코틴이 함유된 전자담배 기기용 용액 제조는 제4호의 기준내용연수 및 내용연수범위[8년(6년~10년)]를 적용한다. 30. 자동차 및 트레일러 제조업
		운수 및 창고업	50. 수상 운송업. 다만, 외항 화물 운송업(50112)은 제9호의 기준내용연수 및 내용연수범위[20년(15년~25년)]를 적용한다. 51. 항공 운송업
7	14년 (11년~17년)	제조업	19. 코크스, 연탄 및 석유정제품 제조업. 다만, 코크스 및 연탄 제조업(1910) 중 연탄, 갈탄·토탄의 응집 유·무연탄 및 기타 유·무연탄 제조는 제2호의 기준내용연수 및 내용연수범위[5년(4년~6년)]를 적용한다.
8	16년 (12년~20년)	전기, 가스, 증기 및 공기조절 공급업	35. 전기, 가스, 증기 및 공기조절 공급업
9	20년 (15년~25년)	수도, 하수 및 폐기물 처리, 원료 재생업	36. 수도업

비고

1. 이 표는 별표 3 또는 별표 5의 적용을 받는 자산을 제외한 모든 감가상각자산에 대해 적용한다.

2. 내용연수범위가 서로 다른 둘 이상의 업종에 공통으로 사용되는 자산이 있는 경우에는 그 사용기간이나 사용정도의 비율에 따라 사용비율이 큰 업종의 기준내용연수 및 내용연수범위를 적용한다.

□ 업종별 감가상각 내용연수표 현행화(법칙 별표 6)

종 전	개 정
□ 업종별 자산의 기준내용연수 및 내용연수 범위표	□ 한국표준산업분류 개정* 반영 (개정 전·후 각 업종의 기준내용연수는 동일) * 11차 개정 시행일 : '24. 7. 1.
○ 방송업 : 5년(4년~6년)	○ 방송업 → 방송 및 영상·오디오물 제공 서비스업
○ 보험 및 연금업 : 5년(4년~6년)	○ 보험 및 연금업 → 보험업
○ 담배제조업 : 12년	○ (좌 동)
<단서 신설>	- 다만, 니코틴이 함유된 전자담배 기기용 용액 제조*는 한국표준산업분류 개정전과 동일하게 8년 적용 * 표준산업분류 제11차 개정으로 중분류 "화학물질 및 화학제품 제조업"(기준내용연수 8년) → "담배제조업"(12년)으로 이동

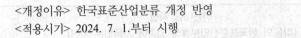

<개정이유> 한국표준산업분류 개정 반영
<적용시기> 2024. 7. 1.부터 시행

저자주 별표 5의 공통사용자산(차량운반구, 공구, 기구 및 비품)의 내용연수
종전에는 감가상각비가 판관비와 제조경비 중 어떤 것에 해당하는지에 따라 내용연수를 다르게 적용하였으나, 1999년부터 공통자산의 내용연수를 통일하였다. 따라서 공통사용자산은 감가상각비가 판관비와 제조경비 중 어떤 것에 해당하는지에 관계없이 [별표 5]의 내용연수를 적용한다(98 간추린 개정세법, 기획재정부).

☐ 비품의 내용연수(법인-3695, 2008. 11. 28.)

> [질 의]
> 당사는 관광진흥법에 의하여 등록된 관광숙박업을 영위하고 있는 호텔로서 당사가 취득하여 사용하고 있는 비품은 크게 아래의 5가지로 구분할 수 있다. 내용연수 적용방법은?
> ① 내부관리팀(경리부, 마케팅부 등 고객과 직접적인 대면이 없는 부서)에서 사용하는 책상, 의자, 컴퓨터, 프린터 등
> ② 영업관리팀(프론트, 캐셔 등 고객과 직접 대면하는 부서)에서 사용하는 Reception Desk, 책상, 의자, 컴퓨터, 프린터 등
> ③ 식당 주방에서 사용하는 가스렌지, 오븐, 냉장고, 온장고, 식기세척기 등으로서 요리 제작에 필수적인 물품
> ④ 객실, 식당(Hall), 로비, 통로 등의 인테리어 시설, 벽지, 카페트, 장식물 및 소품류로서 투숙객 또는 내장객이 직접 이용하거나 접하게 되는 시설물 및 물품
> ⑤ 객실내 침대, 소파, TV, 냉장고, 금고 등과 식당영업장(Hall)내 테이블, 의자 등으로서 투숙객 또는 내장객이 직접 사용하는 물품
>
> [회 신]
> 법인의 비품에 대해 감가상각을 함에 있어서 내용연수는 「법인세법 시행규칙」 별표 5의 구분 1이 적용되는 것으로, 귀 질의의 자산 중 비품에 대해서는 용도에 구분없이 동일한 내용연수가 적용된다.

3) 내용연수 신고

법인이 내용연수를 신고하고자 하는 때에는 내용연수신고서를 다음의 날이 속하는 사업연도의 법인세 과세표준의 신고기한까지 납세지 관할세무서장에게 제출(국세정보통신망에 의한 제출 포함)하여야 한다(**법령 §28③**).

구 분	내 용
신설법인과 새로 수익사업을 개시한 비영리내국법인	영업을 개시한 날
자산별·업종별 구분에 의한 기준내용연수가 다른 감가상각자산을 새로 취득하거나 새로운 업종의 사업을 개시한 경우	취득일 또는 사업개시일

내용연수는 연단위로 신고해야 하며, 신고기한까지 내용연수를 신고하지 않은 경우에는 기준내용연수를 적용한다. 자산별·업종별로 적용한 신고내용연수 또는 기준내용연수는 그

후의 사업연도에 있어서도 계속하여 적용하여야 한다(**법령 §28④**).

☐ 건축물 등에 대한 신고내용연수의 적용기준

> 구조 또는 자산별 내용연수범위 안에서 법인이 적용할 내용연수를 선택하여 납세지 관할세무
> 서장에게 신고하는 경우에 [별표 5]의 자산은 동표상 구조 또는 자산명 단위로 같은 내용연수
> 를 적용하여야 한다. 예를 들면, [별표 5]의 차량 및 운반구와 공구는 내용연수범위 안에서 각
> 각 다른 내용연수를 선택할 수 있으나, 차량 및 운반구에 속하는 모든 차량은 같은 내용연수
> 를 적용하여야 한다(**법기통 23 – 28…4**).

☐ 내용연수를 신고한 후 동일 구조 건물을 취득한 경우 내용연수신고여부(**법인-3612, 2008. 11. 25.**)

> 법인이 구조 또는 자산별 내용연수범위 안에서 법인이 적용할 내용연수를 선택하여 납세지
> 관할세무서장에게 신고하는 경우에 [별표 5]의 자산은 동표상 구조 또는 자산명 단위로 같은
> 내용연수를 적용해야 하므로, 새로 취득한 건물이 기존 건물과 동일구조로 인해 동일구조 건
> 물에 대한 내용연수가 이미 신고된 경우에는 건물을 새로 취득한 시점에 동일구조 기존 건물
> 이 수용되었더라도 종전에 신고한 내용연수를 적용해야 하므로 내용연수 선택 사유에 해당되
> 지 않는다.

4) 중고자산에 대한 수정내용연수

법인이 기준내용연수의 50% 이상 경과한 중고자산을 다른 법인 또는 사업자로부터 취득
(합병·분할에 의하여 자산을 승계한 경우 포함)한 경우 그 중고자산에 대한 감가상각 적용
시 그 자산의 기준내용연수의 50%에 상당하는 연수와 기준내용연수의 범위에서 선택하여
납세지 관할세무서장에게 신고한 수정내용연수를 내용연수로 할 수 있다. 수정내용연수의
계산에 있어서 1년 미만은 없는 것으로 한다(**법령 §29의2**).

사례 기준내용연수 8년인 경우 수정내용연수 범위

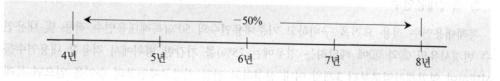

■ 사례 » 중고자산 수정내용연수 계산

다른 사업자로부터 다음의 중고자산을 구입한 경우 적용할 내용연수는?

구 분	기준내용연수	경과연수
A	40년	25년
B	10년	4년
C	5년	4년

■ 해답 ■

구 분	수정내용연수
A	20년(40년 × 50%)부터 40년 사이에서 선택
B	수정내용연수 적용 불가
C	2년(5년×50% = 2.5 → 2년)부터 5년 사이에서 선택

□ 수정내용연수 적용단위

[질 의]
[별표 5]에 속하는 기준내용연수가 50% 이상인 차량을 각각 구입한 경우 어느 차량은 3년, 어느 차량은 4년으로 수정내용연수의 범위에서는 각각 달리 선택하여 적용할 수 있는지 여부?

[회 신]
법인세법시행규칙 [별표 5]의 자산은 구조 또는 자산명 단위로 같은 내용연수를 적용하는 것으로 "차량 및 운반구"에 속하는 모든 차량은 같은 내용연수를 적용해야 한다(법인 46012－530, 2001. 3. 12.).

5) 특례내용연수

특례내용연수 적용 요건을 구비하고 기준내용연수의 50%(특례내용연수 적용 및 내용연수 변경사유의 ⑤와 ⑥에 해당하는 경우에는 25%)를 가감한 범위에서 적용할 내용연수를 선택하여 영업개시일로부터 3개월 이내 신청하고 관할 지방국세청장의 승인을 얻으면 특례내용연수를 적용할 수 있다(법령 §29①).

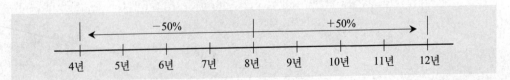

□ 특례내용연수 적용 요건

① 사업장의 특성으로 자산의 부식·마모 및 훼손의 정도가 현저하여 내용연수 범위와 달리 내용연수를 적용하거나 적용하던 내용연수를 변경할 필요가 있다고 인정되는 경우

② 영업개시 후 3년이 경과한 법인으로서 해당 사업연도의 생산설비(건축물 제외)의 가동률이 직전 3개 사업연도의 평균가동률보다 현저히 증가하여 적용하던 내용연수를 변경할 필요가 있다고 인정되는 경우

③ 새로운 생산기술 및 신제품의 개발·보급 등으로 기존 생산설비의 가속상각이 필요하다고 인정되는 경우

④ 경제적 여건의 변동으로 조업을 중단하거나 생산설비의 가동률이 감소되어 적용하던 내용연수를 변경할 필요가 있다고 인정되는 경우

⑤ 유형자산(시험연구용 자산 제외)에 대하여 K-IFRS를 최초로 적용하는 사업연도에 결산내용연수를 변경한 경우(결산내용연수가 연장된 경우 내용연수를 연장하고 결산내용연수가 단축된 경우 내용연수를 단축하는 경우만 해당하되 내용연수를 단축하는 경우에는 결산내용연수보다 짧은 내용연수로 변경할 수 없다)

⑥ 유형자산(시험연구용 자산 제외)에 대한 기준내용연수가 변경된 경우. 다만, 내용연수를 단축하는 경우로서 결산내용연수가 변경된 기준내용연수의 25%를 가감한 범위 내에 포함되는 경우에는 결산내용연수보다 짧은 내용연수로 변경할 수 없다.

6) 내용연수의 변경

내용연수를 변경하고자 하는 경우에는 내용연수 변경사유를 갖추고 변경할 내용연수를 적용할 최초 사업연도 종료일까지 신청하고 관할 지방국세청장의 승인을 얻어야 한다. 내용연수는 기준내용연수의 50%(변경사유 ⑤와 ⑥은 25%) 범위 내에서 내용연수를 변경할 수 있다(법령 §29①). 내용연수를 변경(재변경 포함)한 후 그 자산의 내용연수를 다시 변경하는 경우에는 변경한 내용연수를 최초로 적용한 사업연도 종료일로부터 3년이 지나야 한다(법령 §29⑤).

내용연수를 변경한 경우 당초 상각대상 금액에 변경된 내용연수에 따른 상각률을 적용하여 상각범위액을 계산한다.

내용연수 변경시 상각범위액 = 당초 상각대상 금액 × 변경된 내용연수에 따른 상각률

사례) 내용연수의 변경

제1기 초 1,000에 취득한 비품, 내용연수는 10년으로 제1기에 정액법으로 100을 감가상각한 후, 제2기부터 내용연수를 5년으로 변경하고 225를 감가상각한 경우.

① 상각범위액 : 1,000 × 0.2(변경된 5년에 대한 상각률) = 200

   ※ 정액법이므로 취득가액에 변경된 내용연수에 따른 상각률을 적용하여 상각범위액을 계산한다.

② 세무조정 : 225 - 200 = 25(손금불산입, 유보)

(5) 상각률

법인세법은 정액법과 정률법으로 구분하여 다음과 같이 상각률을 규정하고 있다(법칙 별표 4).

[별표 4] (1999. 5. 24. 개정)

◎ 감가상각자산의 상각률표(제15조 제2항 관련) ◎

내용연수	정액법에 의한 상각률	정률법에 의한 상각률
년	할분리	할분리
2	500	777
3	333	632
4	250	528
5	200	451
6	166	394
7	142	349
8	125	313
9	111	284
10	100	259
11	090	239
12	083	221
13	076	206
14	071	193
15	066	182
16	062	171
17	058	162
18	055	154
19	052	146
20	050	140
21	048	133
22	046	128
23	044	123
24	042	118
25	040	113
26	039	109
27	037	106
28	036	102
29	035	099

내용연수	정액법에 의한 상각률	정률법에 의한 상각률
30	034	096
31	033	093
32	032	090
33	031	087
34	030	085
35	029	083
36	028	080
37	027	078
38	027	076
39	026	074
40	025	073
41	025	071
42	024	069
43	024	068
44	023	066
45	023	065
46	022	064
47	022	062
48	021	061
49	021	060
50	020	059
51	020	058
52	020	056
53	019	055
54	019	054
55	019	054
56	018	053
57	018	052
58	018	051
59	017	050
60	017	049

위 표의 내용연수는 상각 횟수를 의미한다. 사업연도가 1년 미만인 경우에는 내용연수와 상각 횟수가 다르므로 다음과 같이 환산내용연수에 대한 상각률을 적용해야 한다(법령 §28 ②).

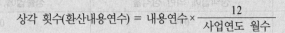

$$상각 \ 횟수(환산내용연수) = 내용연수 \times \frac{12}{사업연도 \ 월수}$$

예컨대, 내용연수가 5년이고 사업연도가 6개월인 경우 상각 횟수는 10회이므로 그에 대한 상각률(정액법 0.100, 정률법 0.259)을 적용한다.

사례 사업연도가 1년 미만인 경우의 상각범위액

정관상 사업연도 6개월, 당기초 기계장치를 1천만원에 취득. 내용연수 5년, 정률법 상각범위액 계산, 상각률 5년 : 0.451, 10년 : 0.259.
☞ 상각범위액 : 10,000,000 × 0.259 = 2,590,000

2. 상각범위액 계산방법

(1) 일반적인 경우의 상각범위액 계산방법

구 분	상각범위액
정 액 법	세무상 취득가액 × 상각률 $= \left(\begin{array}{c}당기말 \ 결산상 \\ 취득가액\end{array} + \begin{array}{c}전기말까지의 \\ 즉시상각의제액\end{array} + \begin{array}{c}당기즉시 \\ 상각의제액\end{array} \right) \times 상각률$
정 률 법	세무상 미상각잔액 × 상각률 = (세무상 취득가액 − 손금에 산입한 감가상각비 누계액) × 상각률 $= \left(\begin{array}{c}당기말 \ 결산상 \\ 취득가액\end{array} - \begin{array}{c}전기말 \ 결산상 \\ 감가상각누계액\end{array} + \begin{array}{c}상 \ 각 \\ 부인액\end{array} + \begin{array}{c}당기 \ 즉시 \\ 상각의제액\end{array} \right) \times 상각률$
생산량비례법	세무상 취득가액 × $\dfrac{당기채굴량^*}{총채굴예정량^*}$ $= \left(\begin{array}{c}당기말 \ 결산상 \\ 취득가액\end{array} + \begin{array}{c}전기말까지의 \\ 즉시상각의제액\end{array} + \begin{array}{c}당기즉시 \\ 상각의제액\end{array} \right) \times \dfrac{당기채굴량^*}{총채굴예정량^*}$ * 매립시설 : $\dfrac{당기매립량}{총매립예정량}$

□ 즉시상각의제가 세무상 취득가액, 감가상각누계액, 감가상각비에 미치는 영향

즉시상각의제가 있는 경우에는 세무상 취득가액·감가상각누계액과 감가상각비는 다음과 같다.

① 당기말 세무상 취득가액 :

당기말 결산상 취득가액 + 전기말까지의 즉시상각의제액 + 당기 즉시상각의제액

② 전기말 세무상 감가상각누계액 :

전기말 결산상 감가상각누계액 + 전기말까지의 즉시상각의제액 - 상각부인액

③ 당기 세무상 감가상각비 :

결산상 감가상각비 + 당기 즉시상각의제액

□ 정률법 산식의 도출 근거

세무상 미상각잔액 × 상각률

= (당기말 세무상 취득가액 - 전기말 세무상 감가상각누계액) × 상각률

= {(당기말 결산상 취득가액 + ~~전기말까지의 즉시상각의제액~~ + 당기 즉시상각의제액)

  - (전기말 결산상 감가상각누계액 + ~~전기말까지의 즉시상각의제액~~ - 상각부인액)} × 상각률

= (당기말 결산상 취득가액 - 전기말 결산상 감가상각누계액 + 상각부인액 + 당기 즉시상각의제액) × 상각률

🔎 주의 **상각범위액 계산시 즉시상각의제액의 고려**

> 정액법과 생산량비례법에서는 즉시상각의제누계액(전기말까지의 즉시상각의제액 + 당기 즉시상각의제액)을 취득가액에 더하나, 정률법에서는 당기 즉시상각의제액만 장부가액에 더한다. 정률법에서 전기말까지의 즉시상각의제액은 당기말 결산상 취득가액과 전기말 결산상 감가상각누계액에 동시에 가산되어 상계되므로 전기말까지의 즉시상각의제액은 고려할 필요가 없다.

▌사례 》 **감가상각비 시부인 계산**

다음은 A법인의 제5기 사업연도(2024. 1. 1.~2024. 12. 31.)의 감가상각비의 자료이다. 감가상각방법을 정액법과 정률법으로 신고한 경우로 구분하여 각각 세무조정을 하시오.

(1) 기계장치의 내역

구　분	금　액
① 당기말 재무상태표 취득가액	100,000,000
② 당기말 재무상태표 감가상각누계액	40,000,000
③ 당기 감가상각비 계상액	10,000,000
④ 전기말 상각부인액	7,000,000

(2) 기계장치에 대한 자본적 지출의 발생내역은 다음과 같다. 회사는 자본적 지출을 모두 발생된 사업연도의 수선비로 비용처리하였다.

　　<제4기> 8,000,000　　<제5기> 6,000,000

(3) 기계장치의 내용연수는 8년이며, 상각률은 정액법 0.125이며 정률법 0.313이다.

▌해답 ▌

(1) 정액법

구 분	계 산 내 역	금 액
회사상각액	$10,000,000 + 6,000,000^{*1)}$	16,000,000
상각범위액	$(100,000,000 + 8,000,000^{*3)} + 6,000,000^{*1)}) \times 0.125$	14,250,000
상각부인액		1,750,000
세무조정	<손금불산입> 상각부인액 1,750,000 (유보)	

*1) 제5기분 소액수선비 판단 :
  $6,000,000 \geq Max[6,000,000, (100,000,000 - 30,000,000^{*2)}) \times 5\% = 3,500,000]$
  소액수선비에 해당하지 않으므로 자본적지출 6,000,000은 즉시상각의제액이다.
*2) 기초 감가상각누계액 : 40,000,000(기말 감가상각누계액) − 10,000,000(당기 감가상각누계액 증가액) = 30,000,000
*3) 제4기분 소액수선비 판단 :
  $8,000,000 \geq Max[6,000,000, 제3기말 재무상태표상 장부가액(1억원 이하) \times 5\%]$
  소액수선비에 해당하지 않으므로 자본적지출 8,000,000은 즉시상각의제액이다.

(2) 정률법

구 분	계 산 내 역	금 액
회사상각액	$10,000,000 + 6,000,000$	16,000,000
상각범위액	$(100,000,000 - 30,000,000 + 7,000,000 + 6,000,000) \times 0.313$	25,979,000
상각부인액		△9,979,000
세무조정	<손금산입> 상각부인액 7,000,000*(△유보)	

* $Min[9,979,000, 7,000,000] = 7,000,000$

(2) 특수한 경우의 상각범위액 계산방법

1) 신규 취득자산에 대한 상각범위액

해당 사업연도에 신규로 취득한 자산의 상각범위액은 다음과 같이 계산한다.

$$상각범위액 = 1년의 상각범위액 \times \frac{당기 중 사용개시 후 월수}{12}$$

당기 중 사용개시 후 월수는 사용을 시작한 날부터 사업연도 종료일까지의 월수를 말한다. 월수는 역에 따라 계산시 1개월 미만의 기간은 1개월로 한다(법령 §26⑨). 월수 계산시 사용을 시작한 날을 포함한다(법인 46012-2435, 2000. 12. 21.).

신규 취득자산의 상각범위액

7. 31.에 사용을 개시한 자산 10,000, 상각률(정액법 0.2, 정률법 0.451), 사업연도 1. 1.~12. 31.

- 정액법 : $Min[10,000 \times 0.2 \times \dfrac{6^*}{12}, \quad 10,000] = 1,000$

- 정률법 : $10,000 \times 0.451 \times \dfrac{6^*}{12} = 2,255$

  * 7. 31.부터 12. 31.까지는 5개월 1일 → 6개월

2) 양도자산에 대한 상각범위액

양도자산에 대해서는 감가상각비 시부인 계산을 하지 않는다. 이는 양도자산의 감가상각비 과대계상은 처분손익을 변동시켜 당기순이익은 적정하게 표시되기 때문이다.

3) 자본적 지출에 대한 상각범위액

자본적 지출은 취득가액에 합하여 기존 자산의 상각방법에 따라 상각한다. 따라서 자본적 지출은 발생한 달부터 월할상각하지 않고 기존 자산의 취득가액에 가산하여 상각범위액을 계산한다.

4) 정관상 사업연도는 1년이지만 일시적으로 사업연도가 1년 미만이 된 경우의 상각범위액

정관상의 사업연도는 1년이지만 사업연도 의제 또는 사업연도 변경으로 인하여 일시적으로 사업연도가 1년 미만이 되는 경우의 상각범위액은 다음과 같이 계산한다.

$$1년분 \ 상각범위액 \times \frac{해당 \ 사업연도의 \ 월수}{12}$$

해당 사업연도의 월수는 역에 따라 계산하되, 1개월 미만의 월수는 1개월로 한다(**법령 §26** ⑧). 사업연도가 1년 미만인 경우에도 신규 취득자산이나 양도자산의 상각범위액은 앞의 1)과 2)의 규정에 의하여 계산한다.

3. 감가상각방법의 변경

(1) 감가상각방법의 변경요건

법인이 신고한 감가상각방법(무신고시는 세법이 정한 감가상각방법)은 그 후 사업연도에도 계속 적용해야 한다. 법인이 감가상각방법을 임의로 변경한 경우에는 변경 전의 감가상각방

법으로 상각범위액을 계산한다.

그러나 다음 중 어느 하나의 요건을 구비한 경우에는 「변경할 감가상각방법을 적용하고자 하는 사업연도의 종료일」까지 감가상각방법 변경신청을 하고, 관할 세무서장의 승인을 얻으면 감가상각방법을 변경할 수 있다(법령 §27①).

① 상각방법이 서로 다른 법인이 합병(분할합병 포함)한 때

② 상각방법이 서로 다른 사업자의 사업을 인수 또는 승계한 때

③ 외국투자자가 내국법인의 주식 또는 지분을 20% 이상 인수 또는 보유하게 된 때

④ 회계정책의 변경에 따라 결산상각방법이 변경된 경우(변경한 결산상각방법과 같은 방법으로 변경하는 경우만 해당한다). 이 경우 회계정책의 변경이란 다음 중 어느 하나에 해당하는 경우를 말한다.

　㉮ K-IFRS를 최초로 적용한 사업연도에 결산상각방법을 변경하는 경우

　㉯ K-IFRS를 최초로 적용한 사업연도에 지배기업의 연결재무제표 작성 대상에 포함되는 종속기업이 지배기업과 회계정책을 일치시키기 위하여 결산상각방법을 지배기업과 동일하게 변경하는 경우

⑤ 해외시장의 경기변동 또는 경제적 여건의 변동으로 인하여 종전의 상각방법을 변경할 필요가 있을 때

(2) 감가상각방법 승인통지

감가상각방법의 변경신청서를 접수한 납세지 관할세무서장은 신청서의 접수일이 속하는 사업연도 종료일부터 1개월 이내에 그 승인여부를 결정하여 통지하여야 한다(법령 §27③). 납세지 관할세무서장이 "해외시장의 경기변동 또는 경제적 여건의 변동으로 인하여 종전의 상각방법을 변경할 필요가 있는 경우에 해당하는 사유로 인하여 상각방법의 변경을 승인하고자 할 때에는 국세청장이 정하는 기준에 따라야 한다(법령 §27④).

(3) 감가상각방법 변경시 상각범위액

감가상각방법을 변경한 경우 상각범위액은 다음과 같이 계산한다(법령 §27⑥).

변경 후 상각방법	상각범위액
① 정액법	미상각잔액[*1] × 상각률[*2]
② 정률법	미상각잔액[*1] × 상각률[*2]
③ 생산량비례법	미상각잔액[*1] × $\dfrac{\text{해당 연도 중 채굴량}^{[*3]}}{\text{총채굴예정량}^{[*3]} - \text{기채굴량}^{[*3]}}$

*1) 미상각잔액 = 취득가액 - 감가상각누계액 + 상각부인액

*2) 상각률은 감가상각방법 변경 후의 상각방법에 대한 신고내용연수(내용연수를 신고하지 않은 경우에는 기준내용 연수)에 대한 상각률을 말한다.

*3) 폐기물매립시설은 채굴량은 매립량으로, 총채굴예정량은 총매립량으로 한다.

◉ 감가상각방법의 변경에 대한 K-IFRS와 법인세법의 비교 ◉

구 분	K-IFRS	법인세법
감가상각방법의 변경	추정의 변경	변경시 세무서장의 승인 필요
변경효과의 처리	전진법	전진법(세법에 따라 계산)

■ 사례 》 감가상각방법 변경시 시부인계산

㈜경기는 제11기 사업연도(1. 1.~12. 31.)에 기계장치(신고내용연수 5년, 정액법 상각률 0.200, 정률법 상각률 0.451)를 1,000,000원에 취득하여 제11기까지 정액법으로 200,000원을 감가상각하였다. 회사는 제12기 12월 20일에 정액법을 정률법으로 변경하는 감가상각방법변경신청서를 제출하여 세무서장의 승인을 받았다. 회사는 제12기에 다음과 같이 회계처리하였다.

(차) 감가상각비   422,400   (대) 감가상각누계액   422,400

이 자료에 의하여 세무조정을 하시오. 다만, 내용연수 4년에 대한 정률법 상각률은 0.528이다.

■ 해답 ■

(1) 감가상각비 시부인 계산

구 분	계 산 근 거	금 액
회사상각액		422,400
상각범위액	$(1,000,000 - 200,000) \times 0.451^*$	360,800
상각부인액		61,600

* 변경후 감가상각방법인 정률법의 신고내용연수 5년에 대한 상각률인 0.451을 적용한다.

(2) 세무조정 : <손금불산입> 상각부인액 61,600 (유보)

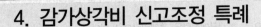

4. 감가상각비 신고조정 특례

1. 감면사업을 영위하는 경우의 감가상각의제

(1) 감가상각의제 적용대상

감가상각의제는 다음 두 가지 요건을 모두 갖춘 경우에 적용한다(법령 §30①).

① 감면사업에 속하는 감가상각자산일 것. 감면사업이란 감가상각비 계상 여부에 따라 감면액이 달라지는 감면을 말한다.

감가상각의제대상인 감면의 예	감가상각의제대상이 아닌 감면의 예
• 창업중소기업에 대한 감면(조특법 §6) • 중소기업에 대한 특별세액감면(조특법 §7) • 수도권 밖으로 공장을 이전하는 기업에 대한 세액감면(조특법 §63) • 농공단지입주기업에 대한 감면(조특법 §64) • 농업회사법인에 대한 법인세의 면제(조특법 §68) • 외국인투자기업에 대한 감면(조특법 §121의2)	• 해외자원개발투자배당소득에 대한 면제(조특법 §22) • 기술이전 및 대여소득에 대한 감면(조특법 §12)

법인이 2개 이상의 사업장에서 각각 감면사업과 과세사업을 영위하는 경우에는 법인세가 면제되거나 감면받은 사업에 제공하는 자산에 한하여 감가상각의 의제규정을 적용한다(법집 23-30-2).

② 법인세를 실제로 감면을 받은 경우일 것. 감면사업을 영위하는 법인이 결손·감면포기 등으로 실제로 감면을 받지 못한 경우에는 감가상각의제 규정을 적용하지 아니한다.

※ 감가상각의제는 유형자산뿐만 아니라 무형자산에도 적용된다(서면2팀-1220, 2005. 7. 27.).

(2) 감가상각의제의 효과

구 분	2010. 12. 31. 이전 종료하는 사업연도	2011. 1. 1. 이후 개시하는 사업연도
감가상각비 과소계상한 사업연도	손금산입의 세무조정을 하지 않고 감가상각비조정명세서에 감가상각의제라고 표시함	과소상각액을 손금산입으로 세무조정하여 △유보로 소득처분함
그 후 사업연도의 상각범위액 계산	미상각잔액 계산시 전기 감가상각의제액을 차감함	미상각잔액 계산시 전기 △유보를 차감함
자산처분시 세무조정	없음	유보를 없애기 위하여 익금산입(유보)로 세무조정을 해야 함

☐ 감가상각의제금액의 손금산입

<u>내국법인이 법인세를 면제·감면받는 경우에는 2011. 1. 1. 이후 개시하는 사업연도 분부터는 개별 자산에 대한 감가상각비를 상각범위액이 되도록 손금에 산입하여야 하며, 감가상각비를 상각범위액에 미달하게 손금에 산입함에 따라 발생하는 차액은 해당 자산의 처분일이 속하는 사업연도에 손금에 산입할 수 없다</u>(기재부법인세제과-84, 2014. 2. 18.).

☐ 추계결정·경정시 감가상각의제

소득금액을 계산할 때 필요한 장부 또는 증빙서류가 없거나 그 중요한 부분이 미비 또는 허위인 경우 등 일정한 경우에는 소득금액을 추계결정·경정한다. 추계결정·경정하는 경우에는 기장을 하지 않았으므로 감가상각비를 장부상 계상하여 손금에 산입할 수 없다. 그러나 세법에서는 추계결정 또는 경정하는 경우에는 감가상각자산에 대한 감가상각비를 계산하여 손금에 산입한 것으로 본다(법령 §30②).

추계결정 또는 경정시 감가상각비가 반영된 기준경비율을 사용하여 소득금액을 계산하므로 추계하는 과세기간에는 상각범위액만큼 감가상각비를 손금에 산입한 것으로 보아 장부가액에서 차감하라는 것이다. 장부가액이 줄어들면 그 후 상각범위액이 감소하고, 양도시 처분이익도 증가(처분손실은 감소)한다. 이 규정은 추계하는 법인에 제재함으로써 기장하도록 유도하기 위한 정책적 목적에서 2018년 초에 신설되었다.

▰ 사례 » **감가상각의제**

㈜한공(사업연도 : 1. 1.~12. 31.)은 중소기업에 대한 특별세액감면을 적용받는 법인으로서 설립 후 매년 감면을 받았다. 다음 자료를 참고로 제2기부터 제5기까지의 세무조정을 하시오.

1. 회사는 제2기 사업연도 초에 기계장치를 100,000,000원에 취득한 후 다음과 같이 감가상각비를 계상하였다.

   [제2기] 50,000,000원,   [제3기] 0원,   [제4기] 30,000,000원

2. 제3기에 자본적 지출 6,000,000원이 발생하여 수선비로 회계처리하였다.

3. 회사는 제5기 사업연도 초에 위의 기계장치를 처분하고, 처분가액 10,000,000원과 장부가액 20,000,000원의 차액 10,000,000원을 비용으로 회계처리하였다.

4. 회사는 기계장치에 대하여 감가상각방법과 내용연수를 신고하지 않았으며, 동 기계장치의 내용연수와 상각률은 다음과 같다.

   (1) 기준내용연수 : 5년(내용연수 범위 4년~6년)

   (2) 상각률(정액법, 정률법) : 3년(0.333, 0.632), 4년(0.250, 0.528), 5년(0.200, 0.451)

▌해답 ▌

구 분	회사상각액	상각범위액	상각부인액	세 무 조 정		유보잔액
제2기	50,000,000	45,100,000*1)	4,900,000	<손금불산입> 감가상각비	4,900,000 (유보)	4,900,000
제3기	6,000,000	27,465,900*2)	△21,465,900	<손금산입> 감가상각비	21,465,900 (△유보)	△16,565,900
제4기	30,000,000	15,078,779*3)	14,921,221	<손금불산입> 감가상각비	14,921,221 (유보)	△1,644,679
제5기	–	–	–	<손금불산입> 감가상각비	1,644,679 (유보)	–

2. 특수관계인으로부터 양수한 자산에 대한 감가상각비 특례 … 강제조정사항

특수관계인으로부터 자산을 양수하면서 기업회계기준에 따라 장부에 계상한 유형자산과 무형자산의 가액이 세무상 취득가액에 미달하는 경우 그 미달액에 대하여 감가상각규정을 준용하여 계산한 감가상각비 상당액은 손금에 산입한다(법령 §19(5)의2).

입법취지 특수관계인으로부터 양수한 자산에 대한 감가상각비

기업회계에서는 지배종속회사 간의 사업양수도시 양수자는 양도자의 장부가액을 승계하고 지급한 대가와 장부가액의 차액은 잉여금에서 조정한다. 이 경우 결산에 계상한 취득가액이 세무상 취득가액에 미달되면, 그 차액은 영구히 결산상 감가상각을 할 수 없는 문제가 생긴다. 이러한 문제를 해결하기 위하여 기업회계기준에 따라 특수관계인으로부터 양수한 자산의 결산상 취득가액이 세무상 취득가액에 미달하는 경우 그 미달액에 대한 감가상각비를 강제로 손금산입하는 규정을 2002년 말에 신설하였다.

사례 특수관계인으로부터 양수한 자산에 대한 감가상각비 손금산입 특례

1. 1.에 종속회사는 지배회사로부터 건물을 700에 매입, 내용연수 10년(상각률 0.1).

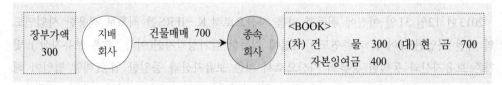

구 분	익 금 산 입	손 금 산 입
시가가 800인 경우	건 물 400 (유보)	자본잉여금 400 (기타) 건 물 40 (유보)
시가가 600인 경우	건 물 300 (유보) 부당행위 100 (기외)	잉 여 금 400 (기타) 건 물 30 (유보)

☐ 특수관계인 간 사업양수도시 취득한 영업권 상각액의 손금산입

법인이 특수관계자로부터 영업권을 양수하면서 기업회계기준에 따라 장부에 계상한 가액이 시가에 미달하는 경우에는 특수관계인으로부터 양수한 자산에 대한 감가상각비 특례규정(**법령 §19(5)의 2**)을 적용한다(**법기통 19-19…46**).

3. K-IFRS를 적용하는 경우의 감가상각비 손금산입 특례

3-1. 취 지

회계기준의 국제적 정합성과 회계정보의 유용성을 제고하기 위하여 우리나라는 2011년부터 상장법인과 금융회사에 대하여 국제회계기준을 의무적으로 적용하였다. 국제회계기준에서는 감가상각방법과 내용연수를 국제기준과 비교하여 정하므로 감가상각방법을 정률법에서 정액법으로 변경하거나 내용연수가 늘어나는 사례가 많고, 내용연수가 비한정인 무형자산에 대하여 감가상각을 하지 않고 손상차손만 검사하므로 국제회계기준 도입 전보다 유형자산과 내용연수가 비한정인 무형자산의 감가상각비가 감소하는 사례가 있었다.

국제회계기준의 조기정착을 지원하기 위하여 국제회계기준을 도입한 기업들이 감가상각비가 감소하여 세부담이 급증하지 않도록 2010년 말에 유형자산과 내용연수가 비한정인 무형자산에 대하여 감가상각비를 신고조정할 수 있는 제도를 도입하였다.

3-2. 2013. 12. 31. 이전 취득 자산

(1) 신고조정대상

2013년 12월 31일 이전에 취득한 다음 자산으로서 K-IFRS를 최초로 적용한 사업연도의 직전 사업연도(이하 '기준연도') 이전에 취득한 감가상각자산(이하 '기존 보유자산') 및 기존 보유자산과 동일한 종류의 자산으로서 기존 보유자산과 동일한 업종(해당 법인이 해당 업종을 국제회계기준 도입 이후에도 계속하여 영위하는 경우로 한정한다)에 사용되는 것(이하 '동종자산')을 말한다.

① 유형자산
② 내용연수가 비한정인 무형자산 : 다음 중 어느 하나에 해당하는 것
　㉮ 감가상각비를 손금으로 계상할 때 적용하는 내용연수('결산내용연수')를 확정할 수 없는 것으로서 다음 요건을 모두 갖춘 무형자산
　　(a) 법령 또는 계약에 따른 권리로부터 발생하는 무형자산으로서 법령 또는 계약에 따른 사용 기간이 무한하거나, 무한하지 아니하더라도 취득가액의 10% 미만의 비용으로 그 사용 기간을 갱신할 수 있을 것
　　(b) K-IFRS에 따라 내용연수가 비한정인 무형자산으로 분류될 것
　　(c) 결산을 확정할 때 해당 무형자산에 대한 감가상각비를 계상하지 아니할 것
　㉯ K-IFRS를 최초로 적용하는 사업연도 전에 취득한 영업권

(2) 신고조정금액

2013년 12월 31일 이전에 취득한 자산에 대한 감가상각비는 개별자산의 감가상각비 한도액(①)의 범위에서 개별자산에 대하여 추가로 손금에 산입한 감가상각비를 동종자산별로 합하여 동종자산의 감가상각비 한도(②)를 초과하지 아니하는 범위에서 손금에 산입한다(법법 §23②).

① 개별자산의 감가상각비 한도
　㉮ 기준연도의 결산상 상각방법이 정액법인 경우

> 개별자산의 취득가액 × 기준상각률* - 이미 손금으로 인정된 감가상각비

* 기준상각률은 K-IFRS를 최초로 도입한 사업연도의 직전 사업연도(기준연도) 및 그 이전 2개 사업연도에 대하여 각 사업연도별로 다음과 같이 계산한 상각률을 평균한 상각률을 말한다.

- 정액법의 상각률 = $\dfrac{\text{동종자산의 감가상각비 손금산입액 합계액}}{\text{동종지산의 취득가액 합계액}}$

- 정률법의 상각률 = $\dfrac{\text{동종자산의 감가상각비 손금산입액 합계액}}{\text{동종자산의 미상각잔액 합계액}}$

  ㉯ 기준연도의 동종자산에 대한 결산상 상각방법이 정률법인 경우

> 개별자산의 미상각자산 × 기준상각률 이미 손금으로 인정된 감가상각비

② 동종자산의 감가상각비 한도
  ㉮ 기준연도의 결산상 상각방법이 정액법인 경우

> 당기에 감가상각비를 손금으로 계상한   당기에 동종자산에 대하여 이미
> 동종자산의 취득가액 합계액   ×   기준상각률   −   손금으로 인정된 감가상각비 합계액

  ㉯ 기준연도의 동종자산에 대한 결산상 상각방법이 정률법인 경우

> 당기에 감가상각비를 손금으로 계상한   당기에 동종자산에 대하여 이미
> 동종자산의 미상각잔액 합계액   ×   기준상각률   −   손금으로 인정된 감가상각비 합계액

3-3. 2014년 1월 1일 이후 취득한 자산

1) 신고조정대상

 법인이 2014년 1월 1일 이후에 취득한 유형자산과 내용연수가 비한정인 무형자산 중 기존 보유자산 및 동종자산이 신고조정대상 자산이다.

2) 신고조정금액

 개별자산의 감가상각비 한도(①)의 범위에서 개별 자산에 대하여 추가로 손금에 산입한 감가상각비를 동종자산별로 합한 금액이 기준감가상각비를 고려한 동종자산의 감가상각비 한도(②)와 종전 감가상각비를 고려한 동종자산의 감가상각비 한도(③) 중 큰 금액을 초과하지 아니하는 범위에서 손금에 산입한다.

  ① 개별 자산의 감가상각비 한도

> 해당 사업연도의 결산상각방법과 기준내용연수를 적용하여 계산한 금액 − 이미 손금으로 인정된 감가상각비

② 동종자산의 추가 손금산입 한도 : Min[ⓐ, ⓑ]

> ⓐ 기준감가상각비를 고려한 동종자산의 추가 손금산입 한도
>   해당 사업연도에 동종자산에 대하여 결산상각방법과 기준내용연수를 적용하여 계산한 감가상각비 합계
>   - 동종자산에 대하여 1단계 손금인정액 합계
> ⓑ 종전 감가상각비를 고려한 동종자산의 추가 손금산입 한도
>   (가) 기준연도의 결산상각방법이 정액법인 경우
>   동종자산의 취득가액합계액 × 기준상각률 – 동종자산에 대한 1단계 손금인정액 합계
>   (나) 기준연도의 결산상각방법이 정률법인 경우
>   동종자산의 미상각잔액 합계액 × 기준상각률 – 동종자산에 대한 1단계 손금인정액 합계

4. 에너지절약시설의 감가상각비 손금산입 특례

(1) 특례내용

내국인이 다음의 에너지절약시설을 2023. 1. 1.부터 2024. 12. 31.까지 취득하는 경우 해당 에너지절약시설에 대한 감가상각비는 각 과세연도의 결산을 확정할 때 손비로 계상하였는지와 관계없이 기준내용연수에 그 기준내용연수의 50%(중소기업 및 중견기업은 75%)를 더하거나 뺀 범위(1년 미만은 없는 것으로 함)에서 선택하여 관할 세무서장에게 신고한 내용연수를 적용하여 계산한 상각범위액의 범위에서 해당 과세연도의 소득금액을 계산할 때 손금에 산입할 수 있다. 사업연도가 1년 미만인 경우에는 "신고내용연수 × 12/사업연도월수"에 따라 계산한 신고내용연수와 그에 따른 상각률을 적용한다(조특법 §28의4①, 조특령 §25의3④ · ⑤).

□ 에너지절약시설의 범위(조특령 §25의3③(3))

　가. 「에너지이용 합리화법」에 따른 에너지절약형 시설(대가를 분할상환한 후 소유권을 취득하는 조건으로 같은 법에 따른 에너지절약전문기업이 설치한 경우를 포함한다) 등으로서 조특칙 별표 7의 에너지절약시설

　나. 「물의 재이용 촉진 및 지원에 관한 법률」 제2조 제4호에 따른 중수도와 「수도법」 제3조 제30호에 따른 절수설비 및 같은 조 제31호에 따른 절수기기

　다. 「신에너지 및 재생에너지 개발 · 이용 · 보급 촉진법」 제2조 제1호에 따른 신에너지 및 같은 조 제2호에 따른 재생에너지를 생산하는 설비의 부품 · 중간재 또는 완제품을 제조하기 위한 시설로서 조특칙 별표 7의 2의 신에너지 및 재생에너지를 생산하기 위한 시설을 제조하는 시설

---

(2) 신고내용연수의 계속 적용

내국인이 에너지절약시설에 대하여 자산별·업종별로 적용한 신고내용연수는 이후의 과세연도에 계속하여 적용하여야 한다(조특령 §25의4⑤).

(3) 특례적용 배제

이 규정을 적용받는 에너지절약시설에 대해서는 "K-IFRS를 적용하는 법인의 감가상각비 신고조정 특례 규정(조특령 §25의4⑥)"을 적용하지 아니하며, 해당 설비투자자산을 적격합병 또는 적격분할로 취득한 경우에는 양도법인의 상각범위액을 승계하는 방법을 적용한다(조특령 §25의4⑥).

(4) 특례적용 신청

이 규정을 적용받으려는 자는 에너지절약시설을 취득한 날이 속하는 과세연도의 과세표준 신고기한까지 내용연수 특례적용 신청서를 관할 세무서장에게 제출하여야 한다(조특령 §25의4④). 에너지절약시설을 그 밖의 자산과 구분하여 감가상각비조정명세서를 작성·보관해야 하고(조특령 §25의4⑨), 과세표준 신고를 할 때 감가상각비조정명세서와 감가상각비조정명세서합계표를 관할 세무서장에게 제출(국세정보통신망을 통한 제출을 포함함)하여야 한다(조특령 §25의4⑩).

5. 감가상각에 대한 그 밖의 문제

1. 법률에 의한 평가증과 감가상각

(1) 상각부인액의 손금산입

상각부인액과 시인부족액이 있는 유형자산과 무형자산 등을 법률에 따라 평가증한 경우 상각부인액과 시인부족액은 다음과 같이 처리한다(법령 §32③).

① 상각부인액 : 상각부인액으로 인하여 결산상 평가차익이 과대계상되므로 평가차익을 한도로 상각부인액을 손금에 산입하고, 평가차익을 초과하는 상각부인액은 그 후의 사업연도로 이월할 상각부인액으로 본다. 이와 같이 함으로써 상각부인액이 평가차익에 포함되어 이중과세되는 것을 방지할 수 있다.

② 시인부족액 : 시인부족액은 유보가 아니므로 결산상 장부가액과 세무상 장부가액에 차이가 없다. 따라서 세무조정 없이 시인부족액을 소멸시킨다.

사례 » 평가증시 상각부인액의 처리

[case 1] 평가증 후의 금액이 세무상 장부가액을 초과하는 경우

결산상 건물의 장부가액은 500이고 유보가 200이 있는 상태에서 건물을 1,000으로 평가증하고 다음과 같이 회계처리하였다.

(차) 건 물	500	(대) 건물평가차익(수익)	500

이 경우 세무조정은?

┃ 해답 ┃

결산상 평가차익 500	세무상 평가차익 300	평가증 후 금액 1,000
	유 보 200	
결산상 장부가액 500	결산상 장부가액 500	세무상 장부가액 700

(세무조정) <익금불산입> 전기상각부인액 200(△유보)

상각부인액으로 인하여 결산상 평가차익 500은 세무상 평가차익 300보다 200이 과대계상되었다. 따라서 상각부인액 200을 결산상 평가차익 500을 한도로 손금산입한다. 평가증 후 결산상 장부가액과 세무상 장부가액은 1,000으로 같은 금액이다.

[case 2] 평가증 후의 금액이 세무상 장부가액을 초과하지 않는 경우

결산상 건물의 장부가액은 500이고 유보가 200이 있는 상태에서 건물을 600으로 평가증하고 다음과 같이 회계처리하였다.

(차) 건 물	100	(대) 건물평가차익(수익)	100

이 경우 세무조정은?

▌해답▐

(세무조정) <익금불산입> 전기상각부인액 100(△유보)

결산상 평가차익 100이나 세무상 평가차익은 0(영)이다. 따라서 상각부인액 200을 결산상 평가차익 100을 한도로 손금산입한다. 평가증 후 결산상 자산은 600이나 세무상 자산은 700이므로 유보 100이 남아서 그 차이를 나타낸다.

(2) 법률에 의한 평가증과 감가상각의 순서

법률에 의하여 유형자산과 무형자산 등의 장부가액을 평가증한 경우에는 먼저 감가상각을 한 후 평가증한 것으로 본다(법령 §32④). 이와 같이 보면, 반대로 보는 경우보다 상각범위액이 작아지고 평가차익이 커지므로 조세수입이 늘어난다.

▌사례 » 법률에 의한 평가증

법인이 보험업법 등 법률에 의하여 건물의 장부가액 4,000,000원(취득가액 10,000,000원, 감가상각누계액 6,000,000원)을 감정가액 7,000,000원으로 평가증하고 평가차익 3,000,000원을 수익으로 계상한 경우 다음 상황별로 세무조정을 하고, 차기이월 상각부인액을 계산하시오.
[상황 1] 상각부인액이 2,000,000원이 있는 경우
[상황 2] 상각부인액이 5,000,000원이 있는 경우
[상황 3] 시인부족액이 1,000,000원이 있는 경우

▌ 해답 ▌

구 분	세 무 조 정	차기이월 상각부인액
[상황 1]	<손금산입> 상각부인액 2,000,000 (△유보)	–
[상황 2]	<손금산입> 상각부인액 3,000,000 (△유보)*	2,000,000
[상황 3]	세무조정 없음	–

* 손금산입액 : Min[평가차익, 상각부인액] = Min[3,000,000, 5,000,000] = 3,000,000
   → 유보 5,000,000원 중 손금산입액 3,000,000원만 소멸하므로 잔액 2,000,000원은 차기로 이월된다.

2. 자산 양도시 감가상각누계액과 상각부인액의 처리

(1) 자산을 전부 양도한 경우

양도한 자산의 결산상 감가상각누계액은 제거하고 상각부인액은 양도한 사업연도에 손금산입한다(법령 §32⑤). 그러나 시인부족액에 대해서는 세무조정을 하지 않는다.

(2) 자산의 일부만을 양도한 경우

감가상각자산의 일부를 양도한 경우 양도한 자산의 감가상각누계액과 상각부인액은 그 자산이 속한 전체 자산의 감가상각누계액과 상각부인액을 취득가액의 비율로 안분계산한다 (법령 §32⑥).

- 양도자산의 감가상각누계액 = 전체 자산의 감가상각누계액 $\times \dfrac{\text{양도자산의 취득가액}}{\text{전체 자산의 취득가액}}$

- 양도자산의 상각부인액 = 전체 자산의 상각부인액 $\times \dfrac{\text{양도자산의 취득가액}}{\text{전체 자산의 취득가액}}$

▌ 사례 ≫ 양도자산의 상각부인액

법인이 비품(취득가액 10,000,000원, 감가상각누계액 6,000,000원) 중 일부(취득가액 4,000,000원)를 3,000,000원에 처분하고 다음과 같이 회계처리한 경우 요구사항에 답하시오.

(차) 현 금	3,000,000	(대) 비 품	4,000,000
감가상각누계액	2,400,000	유형자산처분이익	1,400,000

▌ 요구사항 ▌

1. 양도 직전 상각부인액이 2,000,000원이 있는 경우
2. 양도 직전 시인부족액이 1,000,000원이 있는 경우

┃ **해답** ┃

1. 상각부인액이 있는 경우

　　① 양도자산의 상각부인액 : $2,000,000 \times \dfrac{4,000,000}{10,000,000} = 800,000$

　　② 세무조정 : <손금산입> 상각부인액 800,000 (△유보)

2. 시인부족액이 있는 경우

　　세무조정 없음

---

3. 적격합병, 적격분할, 적격물적분할 또는 적격현물출자로 취득한 자산의 감가상각 특례

(1) 적격합병 등으로 취득한 자산의 상각범위액

적격합병, 적격분할, 적격물적분할 또는 적격현물출자(법법 §47의2① 각 호의 요건을 모두 갖추어 양도차익에 해당하는 금액을 손금에 산입하는 현물출자를 말함)에 의하여 취득한 자산의 상각범위액을 정할 때 취득가액은 적격합병등에 의하여 자산을 양도한 법인의 취득가액으로 하고, 미상각잔액은 양도법인의 양도 당시의 장부가액에서 적격합병등에 의하여 자산을 양수한 법인이 이미 감가상각비로 손금에 산입한 금액을 공제한 잔액으로 하며, 해당 자산의 상각범위액은 다음 중 어느 하나에 해당하는 방법으로 정할 수 있다. 이 경우 선택한 방법은 그 후 사업연도에도 계속 적용한다(법령 §29의2②).

① 양도법인의 상각범위액을 승계하는 방법. 이 경우 상각범위액은 양도법인이 적용하던 상각방법 및 내용연수에 의하여 계산한 금액으로 한다.

② 양수법인의 상각범위액을 적용하는 방법. 이 경우 상각범위액은 양수법인이 적용하던 상각방법 및 내용연수에 의하여 계산한 금액으로 한다.

적격물적분할 또는 적격현물출자를 하여 위의 규정을 적용하는 경우로서 상각범위액이 해당 자산의 장부가액을 초과하는 경우에는 그 초과하는 금액을 손금에 산입할 수 있으며, 그 자산을 처분하면 손금에 산입한 금액의 합계액을 그 자산을 처분한 날이 속하는 사업연도에 익금산입한다(법령 §29의2③).

(2) 적격합병 이탈 사유 발생시 처리

위 (1)의 규정을 적용받은 법인이 적격요건위반사유에 해당하는 경우 해당 사유가 발생한 날이 속하는 사업연도 이후의 소득금액을 계산할 때 (1)의 규정을 최초로 적용한 사업연도 및 그 이후의 사업연도에 (1)의 규정을 적용하지 아니한 것으로 보고 감가상각비 손금산입액을 계산하며, ①의 금액에서 ②의 금액을 뺀 금액을 적격요건위반사유가 발생한 날이 속하는 사업연도의 소득금액을 계산할 때 익금에 산입한다(법령 §29의2③).

　① 앞의 (1)의 규정을 최초로 적용한 사업연도부터 해당 사업연도의 직전 사업연도까지 손금에 산입한 감가상각비 총액

　② 앞의 (1)의 규정을 최초로 적용한 사업연도부터 해당 사업연도의 직전 사업연도까지 (1)의 규정을 적용하지 아니한 것으로 보고 재계산한 감가상각비 총액

　이 경우 위 ①의 금액에서 ②의 금액을 뺀 금액이 0보다 작은 경우에는 0으로 보며, 해당 사유가 발생한 날이 속하는 사업연도의 법인세 신고와 함께 적격합병등으로 취득한 자산 중 중고자산에 대한 수정내용연수를 신고하되, 신고하지 아니하는 경우에는 양수법인이 해당 자산에 대하여 기준내용연수로 신고한 것으로 본다(법령 §29의2④).

제 10 장

충당금

1. 충당금의 개념

기업회계상 충당부채란 과거 사건의 결과로 현재의무가 존재하고, 그 의무를 이행하기 위하여 경제적 효익이 내재된 자원이 유출될 가능성이 높고 그 의무이행에 소요되는 금액을 신뢰성 있게 측정할 수 있는 경우에 계상한 부채를 말한다(K-IFRS 1037호 문단 14, 일반기준 14.4). 충당부채는 충당부채는 결제에 필요한 미래 지출의 시기 또는 금액에 불확실성이 있다는 점에서 매입채무와 미지급비용과 같은 그 밖의 부채와 구별된다(K-IFRS 1037호 문단 11).

법인세법은 손익인식기준으로 권리의무확정주의를 채택하고 있으므로 미확정비용인 충당부채(세법은 충당금이라고 부르므로 이하 '충당금'이라고 함)를 인정하지 않는 것을 원칙으로 한다. 다만, 법인세법은 익금과 손금을 대응시키고, 기업회계와 세법의 차이를 해소하기 위하여 권리의무확정주의에 대한 예외로서 퇴직급여충당금 · 대손충당금 · 퇴직연금충당금 · 구상채권상각충당금 · 일시상각충당금을 세법상 한도 내에서 손금으로 인정하고 있다. 세법상 인정되는 충당금과 인정되지 않는 충당금은 다음과 같다.

구 분	내 용
(1) 세법상 인정되는 충당금	퇴직급여충당금 · 대손충당금 · 퇴직연금충당금 · 구상채권상각충당금 · 일시상각충당금
(2) 세법상 인정되지 않는 충당금	제품보증충당부채 · 하자보수충당부채, 복구충당부채, 경품충당부채, 소송충당부채 등 위 외의 것

사례 ›› **제품보증충당부채**

㈜한공(사업연도 : 1. 1.~12. 31.)은 판매한 제품에 대하여 1년간 무상으로 수리해 주고 있다. ㈜한공이 판매한 제품에 대하여 20×1년에 제품보증충당부채를 설정하고, 20×2년에 판매보증비를 지출한 경우 세무조정 사례는 다음과 같다.

구 분	20×1년	20×2년
결 산 서	(차) 비　　　　용　　100 　　(대) 제품보증충당부채　　100	(차) 제품보증충당부채　　100 　　(대) 원　　재　　료　　100
세무조정	<손금불산입> 제품보증충당부채 100 (유보)	<손금산입> 제품보증충당부채 100 (△유보)

789

> **주의** 산림훼손복구충당금의 손금인정 여부
>
> 산림훼손복구충당금은 「법인세법」상 손금으로 인정되는 충당금은 아니다. 그런데, 조세심판원은 "수익·비용 대응의 관점에서 장래에 지급의무가 확정된 산림훼손복구비용은 산림훼손기간의 수익에 대응하는 손비로 계상하는 것이 합리적이며, 토석채광업의 경우 폐광 시점에 계속기업으로서의 존속 여부가 불투명하므로 고액의 산림훼손복구비를 폐광 시점의 사업연도에 일시에 비용 처리할 경우 결손금만 과다하게 발생해 이미 납부한 법인세를 환급받기 어려운 점 등에 비추어 관련 법령에 따라 예치한 산림훼손복구비를 허가기간에 안분하는 것이 합리적이다(조심 2015광 982, 2015. 6. 25.)"고 결정한 바 있다.
>
> 조세심판원의 결정이 나온 이후 국세청에서도 "산지전용허가 등을 받은 내국법인이 「산지관리법」에 따른 산림훼손복구예치금을 지급보증서로 예치하면서 해당 예치금 상당액을 산림훼손복구충당금으로 하여 부채 및 비용으로 계상한 경우 해당 예치금 상당액은 허가기간에 안분하여 손금에 산입한다"고 해석하고 있다(서면-2015-법령해석법인-1916 [법령해석과-3151], 2015. 11. 26.).

2. 퇴직급여제도

1. 퇴직급여제도의 개요

(1) 퇴직연금제도

퇴직연금이란 기업이 퇴직급여재원을 외부의 금융회사 등에 적립하여 근로자의 퇴직급여의 수급권을 보장하기 위한 제도로서 확정급여형과 확정기여형으로 나누어진다.

1) 확정급여형 퇴직연금

확정급여형(DB형 : Defined Benefit) 퇴직연금이란, 회사가 외부 금융회사에 퇴직연금을 적립하고 자신의 책임으로 적립금을 운용하는 제도이다. 회사가 퇴직연금의 운용에 대한 책임을 지므로 퇴직연금에서 발생하는 손익은 회사에 귀속되며, 근로자는 운용실적에 관계없이 퇴직급여지급규정에 의한 퇴직급여를 지급받는다.

따라서 확정급여형 퇴직연금은 근로자가 받을 급여의 수준이 사전에 결정되어 있는 퇴직연금제도이다(근퇴법 §2(8)). 근로자퇴직급여보장법은 가입자의 퇴직일을 기준으로 산정한 일시금이 계속근로기간 1년에 대하여 30일분의 평균임금에 상당하는 금액 이상을 퇴직급여로 지급하도록 규정하고 있다(근퇴법 §15).

2) 확정기여형 퇴직연금

확정기여형(DC형 : Defined Contribution) 퇴직연금이란, 회사가 퇴직급여 전액을 근로자의 개인별 계좌에 적립하면 퇴직급여에 대한 책임이 종결되는 퇴직연금이다. 근로자가 퇴직연금 운용에 대한 책임을 지므로 퇴직연금에서 발생하는 손익은 근로자에게 귀속된다. 확정기여형 퇴직연금의 적립으로 회사의 퇴직급여에 대한 책임이 종결되므로 근로자 퇴직시 회사는 퇴직급여를 지급할 의무가 없다. 근로자가 개인적으로 개설한 개인형 퇴직연금(IRP : Individual Retirement Pension)도 확정기여형 퇴직연금과 성격이 동일하다. 확정기여형 퇴직연금은 급여의 지급을 위하여 사용자가 부담하여야 할 부담금의 수준이 사전에 결정되어 있는 퇴직연금제도이다(근퇴법 §2(9)). 확정기여형 퇴직연금은 가입자의 연간 임금총액의 12분의 1 이상에 해당하는 부담금을 현금으로 가입자의 확정기여형 퇴직연금제도 계정에 납입하도록 규정하고 있다(근퇴법 §20①).

□ 혼합형 퇴직연금(DB형 + DC형)

혼합형 퇴직연금이란 한 명의 근로자가 DB형 퇴직연금과 DC형 퇴직연금에 동시에 가입하는 것을 말한다. 예를 들어, 한명의 근로자가 퇴직급여의 60%는 DB형 퇴직연금에 가입하고, 퇴직급여의 40%는 DC형 퇴직연금에 가입하는 경우가 혼합형 퇴직연금에 해당한다.

◉ 퇴직연금의 비교 ◉

구 분	확정급여형(DB형)	확정기여형(DC형)
근로자가 받을 급여(연금)수준	• 근로자가 받을 급여가 사전에 확정되나, 사용자의 부담금은 운용수익에 따라 달라짐. • 근로자가 일정한 연령(연금 55세 이상)에 달할 때 약정에 따른 급여를 지급함(일시금은 현행 퇴직금제도의 금액과 동일함).	• 사용자가 부담할 기여금은 확정되나, 근로자가 받을 급여는 운용수익에 따라 달라짐. • 근로자가 일정한 연령(연금 55세 이상)에 달할 때 그 운영 결과에 기초하여 급여를 지급받음.
사용자의 부담	적립금 상품 운용결과에 따라 변동됨.	연금가입시 사용자 부담금 확정 (연봉의 1/12 이상)
적립금 운용방법	사용자가 운용지시	근로자가 운용지시
중도인출	불가능	세법이 정한 경우에 한하여 인정
직장 이동시 퇴직연금의 이동	개인형퇴직연금(IRP)로 이전 가능	옮긴 회사의 확정기여형 연금 또는 개인형퇴직연금으로 이전 가능
계좌운용방법	사업장별로 하나의 기금운용 (개인별 계좌 없음)	개인별 계좌 운용
적합한 사업장	• 연봉급 임금제 적용사업장 • 대기업, 재무구조 안정적 기업	• 연봉제 적용사업장 • 재무구조 변동이 심한 기업
적합한 근로자	장기근속 근로자	직장 이동이 빈번한 근로자
손금산입대상	퇴직보험료 등과 동일하게 퇴직급여추계액 범위액 내에서 손금산입	부담액 전액 손금산입

(2) K-IFRS와 법인세법의 퇴직급여제도 비교

임직원	K-IFRS	법인세법
DC형 퇴직연금 가입분	DC형(확정기여형) 퇴직연금 납부시 비용처리(퇴직급여에 대한 회계처리 종결)	좌 동
DC형 퇴직연금 미가입분	보험수리적 방법으로 확정급여채무 설정	퇴직급여충당금을 설정하면 일정액을 한도로 손금인정(결산조정사항)
	DB형(확정급여형) 퇴직연금 납부액은 사외적립자산으로 회계처리	좌 동
		사외적립자산에 대해서 퇴직연금충당금으로 손금인정(신고조정사항)

2. 퇴직급여충당금 …… 사내적립제도

(1) 개 요

퇴직급여충당금이란 임직원의 퇴직급여에 충당하기 위해서 설정하는 충당금(K-IFRS의 확정급여채무)이다. 법인이 퇴직연금을 납부하지 않은 경우에도 퇴직급여충당금을 설정할 수 있다. 퇴직급여충당금은 결산조정사항이므로 법인이 결산서에 비용으로 회계처리한 경우에만 일정한 금액을 한도로 손금으로 인정한다(법법 §33①).

(2) 한도액

퇴직급여충당금 한도액은 다음과 같다(법령 §60①~③).

□ 한도액 = Min[①, ②]
① 급여액기준 : 총급여액 × 5%
② 추계액기준* : 퇴직급여추계액 × 설정률 + 퇴직금전환금잔액 − 세무상 퇴직급여충당금 설정 전 잔액

* 추계액기준이 음수가 되는 경우에도 그 금액을 익금으로 환입하지 아니한다. 추계액기준이 음수가 되는 것은 설정률이 매년 5%씩 감소된 것 때문이므로 기설정분을 환입하지는 않는 것이다(법령 §60③).

1) 총급여액

① 대상자 : 당기말 현재 재직하는 임직원 중 퇴직급여지급대상자. DC형 퇴직연금과 IRP 설정자와 퇴직자는 제외하고, 신입사원은 퇴직급여지급대상이면 포함한다.

② 총급여액 : 총급여액은 소득세법 제20조 제1항 제1호 및 제2호에 따른 금액을 말하되, 소득세법 제12조에 따른 비과세소득과 손금에 산입하지 아니하는 금액은 제외한다.

근로소득(소법 §20①)	총급여액에 포함 여부
(1호) 근로를 제공함으로써 받는 봉급·급료·보수·세비·임금·상여·수당과 이와 유사한 성질의 급여	○
(2호) 법인의 주주총회·사원총회 또는 이에 준하는 의결기관의 결의에 따라 상여로 받는 소득	○
(3호) 「법인세법」에 따라 상여로 처분된 금액	×
(4호) 퇴직함으로써 받는 소득으로서 퇴직소득에 속하지 아니하는 소득	×
(5호) 종업원 등 또는 대학의 교직원이 지급받는 직무발명보상금	×

퇴직금 중간정산자의 중간정산일 이전 급여는 총급여액에 포함하지 않는다.

2) 퇴직급여추계액

퇴직급여추계액은 일시퇴직기준과 보험수리적기준 중 큰 금액(임원퇴직급여 한도초과액 제외)을 말한다.

$$\text{퇴직급여추계액} = \text{Max}[\text{일시퇴직기준 추계액}^{*1)},\ \text{보험수리적기준 추계액}^{*2)}]$$

*1) 일시퇴직기준 추계액 : 당기말 재직하는 임직원(DC형 퇴직연금과 IRP 설정자 제외)이 당기말에 일시에 퇴직할 경우에 퇴직급여지급규정(퇴직급여지급규정이 없는 경우에는 「근로자퇴직급여 보장법」)에 따라 지급할 퇴직급여를 말한다.
*2) 보험수리적기준 추계액 : 확정급여형 퇴직연금에 가입한 자에 대한 「근로자퇴직급여 보장법」에 따른 보험수리적기준 추계액 + 확정급여형 퇴직연금에 가입하지 아니한 재(DC형 퇴직연금과 IRP 설정자 제외)에 대한 일시퇴직기준 추계액 + 확정급여형 퇴직연금에 가입하였으나 그 재직기간 중 미가입기간이 있는 자의 그 미가입기간에 대한 일시퇴직기준 추계액

3) 설정률

사업연도*1)	2010년	2011년	2012년	2013년	2014년	2015년	2016년 이후
설 정 률*2)	30%	25%	20%	15%	10%	5%	0%

*1) 개시일이 속하는 사업연도를 기준으로 설정률 판단
*2) 퇴직급여충당금은 사내적립제도이므로 회사가 도산하는 경우 퇴직금수급권이 보장되지 않는다. 이에 따라 퇴직연금을 활성화하기 위하여 퇴직급여충당금의 한도액을 매년 축소시켜 2016년 이후에는 설정률을 0%로 하였다.

4) 퇴직금전환금

퇴직금전환금은 당기말 재무상태표에 계상된 퇴직금전환금 잔액이다(법령 §60③).

> **입법취지** **퇴직금전환금**
>
> 1999. 3. 31. 이전에는 사용자가 국민연금을 3등분하여 1/3은 사용자가 부담하고, 1/3은 임직원이 부담하고, 1/3은 사용자가 퇴직급여에 충당할 금액에서 납부하였다. 이 경우 퇴직급여에 충당할 금액에서 납부한 연금납부액을 퇴직금전환금이라고 한다. 임직원이 회사에서 퇴직하면 사용자가 그 동안 납부한 퇴직금전환금을 퇴직급여에서 공제하여 회수하여야 하므로 퇴직금전환금을 인명별로 관리해야 한다. 그런데 직원이 많은 회사인 경우에는 퇴직금전환금을 인명별로 관리하는 업무부담이 많았다. 기업의 업무부담을 덜기 위하여 1999. 4. 1.부터는 퇴직금전환금이 폐지하고 국민연금을 사용자 1/2, 임직원 1/2씩 부담하도록 제도를 개선하였다. 그러나 종전에 납부한 퇴직금전환금 잔액은 임직원의 퇴직시까지 재무상태표상 퇴직급여충당금의 차감계정으로 계상해야 하는데, 이 차감계정으로 인하여 퇴직급여충당금 잔액이 음수가 산출되므로 이를 퇴직급여충당금 한도액 계산시 가산하도록 한 것이다(법령 §60④).

5) 세무상 퇴직급여충당금 설정 전 잔액

세무상 퇴직급여충당금 설정 전 잔액은 당기에 퇴직급여충당금을 설정하기 전의 세무상 잔액을 말하며, 다음과 같이 계산한다.

$$
\begin{array}{c}
\text{세무상 퇴직급여충당금} \\
\text{설정 전 잔액}
\end{array}
=
\begin{array}{c}
\text{결산상} \\
\text{퇴직급여충당금} \\
\text{기초잔액}
\end{array}
-
\begin{array}{c}
\text{결산상} \\
\text{퇴직급여충당금} \\
\text{감소액}
\end{array}
-
\begin{array}{c}
\text{퇴직급여충당금} \\
\text{설정 전 유보}^*
\end{array}
$$

* 퇴직급여충당금의 기초유보가 당기 퇴직급여충당금 설정 전에 변동된 경우에는 변동액을 반영하여 퇴직급여충당금 설정 전 유보를 계산한다.

$$
\begin{array}{c}
\text{퇴직급여충당금} \\
\text{설정 전 유보}
\end{array}
=
\begin{array}{c}
\text{퇴직급여충당금} \\
\text{유보 기초잔액}
\end{array}
\pm
\begin{array}{c}
\text{퇴직급여충당금} \\
\text{설정 전 유보 변동액}
\end{array}
$$

세무상 퇴직급여충당금 설정 전 잔액이 음수인 경우에는 그 금액을 손금에 산입하고, 설정 전 잔액을 0(영)으로 하여 퇴직급여충당금 한도액을 계산한다.

사례 세무상 퇴직급여충당금 설정 전 잔액

[상황 1]

퇴직급여충당금			
당 기 지 급	20	기 초 잔 액	100 (유보 70)
기 말 잔 액	120	당 기 설 정	40
	140		140

• 세무상 퇴직급여충당금 설정 전 잔액 : 100 − 20 − 70 = 10

[상황 2]

퇴직급여충당금			
당 기 지 급	60	기 초 잔 액	100 (유보 70)
기 말 잔 액	90	당 기 설 정	50
	150		150

• 세무상 퇴직급여충당금 설정 전 잔액 : 100 − 60 − 70 = △30 (손금산입 30, 잔액 0)

(3) 세무조정

퇴직급여충당금은 결산조정사항이므로 당기 퇴직급여충당금 설정액과 한도액을 비교하여 한도초과액은 손금불산입하고, 한도미달액은 세무조정하지 않는다.

$$\text{당기 퇴직급여충당금 설정액} - \text{한도액} = \begin{cases} (+) \ \text{한도초과액} \rightarrow \text{손금불산입(유보)} \\ (-) \ \text{한도미달액} \rightarrow \text{세무조정 없음} \end{cases}$$

[세부내용] 합병 · 분할 또는 사업양도시 퇴직급여충당금의 인계

퇴직급여충당금을 손금에 산입한 내국법인이 합병하거나 분할하는 경우 그 법인의 합병등기일 또는 분할등기일 현재의 해당 퇴직급여충당금 중 합병법인·분할신설법인 또는 분할합병의 상대방 법인 (이하 "합병법인 등"이라 한다)이 승계받은 금액은 그 합병법인 등이 합병등기일 또는 분할등기일에 가지고 있는 퇴직급여충당금으로 본다(**법법** §33③). 사업자가 그 사업을 내국법인에게 포괄적으로 양도하는 경우에 관하여는 합병·분할 규정을 준용한다(**법법** §33④). 퇴직급여충당금 승계액은 합병 법인 등의 퇴직급여충당금 기초잔액에 가산한다. 이와 같이 퇴직급여충당금을 합병법인 등이 승계 한 경우에는 그와 관련된 세무조정사항을 승계한다(**법령** §85(2)).

3. 퇴직연금충당금 …… 사외적립제도

(1) 확정급여형 퇴직연금

1) 손금산입요건

내국법인이 확정급여형 퇴직연금제도를 시행·운용하기 위하여는 임원이나 직원의 퇴직을 퇴직급여의 지급사유로 하고 임원 또는 직원을 수급자로 하는 연금으로 다음의 어느 하나에 해당하는 기관이 취급하는 것(이하 "퇴직연금 등"이라 한다)의 부담금으로서 지급하여야 하 고, 동 지급한 금액이 세법상 퇴직연금 등의 손금산입범위액 내의 금액인 경우에는 이를 해당 사업연도의 소득금액계산에 있어서 이를 손금에 산입한다(**법령** §44의2② 및 **법칙** §23).

① 「보험업법」에 따른 보험회사
② 「자본시장과 금융투자업에 관한 법률」에 따른 신탁업자·집합투자업자·투자매매업 자 또는 투자중개업자
③ 「은행법」에 따른 은행
④ 「산업재해보상보험법」 제10조에 따른 근로복지공단

2) 회계처리와 세무조정

전기말 퇴직연금 100 납부(손금한도액 80), 당기에 퇴직연금에서 퇴직급여 30 지급.

구 분	결 산 조 정	신 고 조 정
① 퇴직연금납부	(차) 사 외 적 립 자 산 100 　　(대) 현　　　　금　　100	(차) 사 외 적 립 자 산 100 　　(대) 현　　　　금　　100
② 비 용 계 상	(차) 비　　　　용　100 　　(대) 퇴 직 연 금 충 당 금　100 <손금불산입> 퇴직연금충당금 20(유보)	회계처리 없음 <손금산입> 퇴직연금충당금 80(△유보)
③ 퇴직연금에서 퇴직급여지급	(차) 퇴 직 연 금 충 당 금　30 　　(대) 사 외 적 립 자 산　　30 세무조정 없음	(차) 퇴 직 급 여 충 당 금　30 　　(대) 사 외 적 립 자 산　　30 <익금산입> 퇴직연금충당금 30(유보)* <손금산입> 퇴직급여충당금 30(△유보)*
④ 세무상퇴직연금 충 당 금 잔 액	결산상 기초잔액 - 결산상 감소액 - 유보 = 100 - 30 - 20 = 50	결산상 기초잔액 - 결산상 감소액 - 유보 = 0 - 0 - (△80 - △30) = 50

* 사외적립자산에서 지급한 퇴직급여는 퇴직연금충당금과 상계해야 한다. 결산상 퇴직연금충당금과 상계하지 않고 퇴직급여충당금과 상계하였으므로 당기순이익은 적정하나 퇴직급여충당금은 과소표시되고 퇴직연금충당금은 과대표시되었으므로 양쪽조정을 한다.

3) 퇴직연금충당금의 손금한도액(법령 §44의2)

□ 퇴직연금충당금 손금한도액 : Min[①, ②]

| ① | 추계액
기준한도 | 퇴직급여
추 계 액*1) | - | 세무상 퇴직급여충당금
기말잔액*2) | - | 세무상 퇴직연금충당금
설 정 전 잔 액*3) |

| ② | 사외적립자산
기준한도 | 사외적립자산
기말잔액 | - | 세무상 퇴직연금충당금
설 정 전 잔 액*3) |

*1) 퇴직급여추계액 : Max[㉮, ㉯]

㉮ 일시퇴직기준 추계액 : 해당 사업연도 종료일 현재 재직하는 임원 또는 직원의 전원이 퇴직할 경우에는 퇴직급여로 지급되어야 할 금액의 추계액(「법인세법 시행령」 제44조에 따라 손금에 산입하지 아니하는 임원퇴직급여한도초과액과 확정기여형 퇴직연금으로 손금에 산입하는 금액은 제외한다)

㉯ 보험수리적기준 추계액 : 다음의 금액을 더한 금액(「법인세법 시행령」 제44조에 따라 손금에 산입하지 아니하는 임원퇴직급여한도초과액과 확정기여형 퇴직연금으로 손금에 산입하는 금액은 제외한다)

　ⓐ 「근로자퇴직급여 보장법」 제16조 제1항 제1호에 따른 금액(보험수리적기준추계액)

　ⓑ 해당 사업연도 종료일 현재 재직하는 임원 또는 직원 중 「근로자퇴직급여 보장법」 제2조 제8호에 따른 확정급여형퇴직연금제도에 가입하지 아니한 사람 전원이 퇴직할 경우에 퇴직급여로 지급되어야 할 금액의 추계액과 확정급여형퇴직연금제도에 가입한 사람으로서 그 재직기간 중 가입하지 아니한 기간이 있는 사람 전원이 퇴직할 경우에 그 가입하지 아니한 기간에 대하여 퇴직급여로 지급되어야 할 금액의 추계액을 더한 금액

구 분	확정급여형 가입기간	확정급여형 미가입기간
확정급여형 퇴직연금가입자	보험수리적기준 추계액	일시퇴직기준 추계액
확정급여형 퇴직연금미가입자	일시퇴직기준 추계액	

*2) 세무상 퇴직급여충당금 기말잔액 : 결산상 퇴직급여충당금 기말잔액에서 당기말 퇴직급여충당금 유보를 차감하여 계산한다.

> 세무상 퇴직급여충당금 기말잔액 = 결산상 퇴직급여충당금 기말잔액 − 퇴직급여충당금 기말 유보

*3) 세무상 퇴직연금충당금 설정 전 잔액 : 세무상 퇴직연금충당금 설정 전 잔액은 당기에 퇴직연금충당금을 설정하기 전의 세무상 잔액을 말하며, 다음과 같이 계산한다.

> 세무상 퇴직연금충당금 설정 전 잔액 = 결산상 퇴직연금충당금 기초잔액 − 결산상 퇴직연금 충당금 감소액 − 퇴직연금충당금 설정 전 유보잔액

입법취지 퇴직급여추계액

> ① 확정급여형 퇴직연금 미가입자의 보험수리적기준 추계액 : 확정급여형 퇴직연금에 가입하지 않은 종업원은 보험회사에서 보험수리적기준 추계액을 계산해 주지 않는 점을 고려하여 확정급여형 퇴직연금가입자의 보험수리적기준 추계액에 미가입자의 일시퇴직기준 추계액을 더한 금액을 보험수리적기준 추계액으로 한다.
> ② 종전에는 확정기여형 퇴직연금(개인형 퇴직연금 포함) 가입자의 퇴직급여추계액은 퇴직연금충당금 한도액 계산시 퇴직급여추계액에 포함하지 아니하였다. 그러나 혼합형 퇴직연금에 가입하고 있는 점을 고려하여 확정기여형 퇴직연금(개인형 퇴직연금 포함)에 가입한 사람도 일시퇴직기준 및 보험수리적기준 퇴직급여추계액 계산에 포함하되, 확정기여형 퇴직연금(개인형 퇴직연금)으로 손금에 산입한 금액을 차감하도록 하였다.

사례 퇴직연금충당금 손금한도액

> 당기말 퇴직급여추계액 100, 세무상 퇴직급여충당금 기말잔액 20, 당기말 세무상 퇴직연금충당금 설정 전 잔액 50, 당기말 사외적립자산잔액 70.
>
>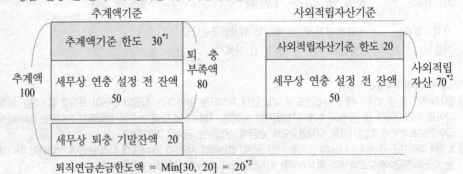
>
> 퇴직연금손금한도액 = Min[30, 20] = 20*2

*1 당기말 퇴직급여추계액 100 중 20은 퇴직급여충당금으로 이미 손금에 산입하였고, 50은 퇴직연금충당금으로 전기까지 손금에 산입했으므로 당기말까지 추계액 중 30을 손금에 산입하지 못했다. 이 손금산입하지 못한 30이 퇴직급여추계액 기준 한도액이다.

*2 사외적립자산 70 중 50은 퇴직연금충당금으로 전기까지 이미 손금에 산입했고 20을 아직 손금산입하지 못했다. 이 20이 사외적립자산기준 한도액이다.

*3 퇴직급여추계액기준 한도액 30과 사외적립자산기준 한도액 20 중 작은 금액인 20이 퇴직연금충당금 손금한도액이다.

4) 세무조정(강제조정사항)

$$당기 ~ 퇴직급여충당금 ~ 설정액 - 한도액 = \begin{cases} (+) ~ 한도초과액 \rightarrow 손금불산입(유보) \\ (-) ~ 한도미달액 \rightarrow 손금산입(\triangle유보) \end{cases}$$

5) 확정급여형 퇴직연금에서 발생하는 수익

확정급여형 퇴직연금에서 발생하는 수익은 확정일이 속하는 사업연도의 익금이므로 수익이 확정되면 다음과 같이 회계처리한다.

(차) 사외적립자산	×××		(대) 수　익	×××	

(2) 확정기여형 퇴직연금

1) 확정기여형 퇴직연금 납입액의 처리

법인이 확정기여형 퇴직연금의 기여금을 납부하면 퇴직급여지급에 대한 책임이 종결되므로 기여금을 비용으로 처리한다.

(차) 퇴 직 급 여	×××		(대) 현　금	×××	

2) 확정기여형 퇴직연금에 가입한 임원의 퇴직시 세무조정

내국법인이 임원 퇴직시까지 부담한 확정기여형 퇴직연금부담금의 합계액은 이를 퇴직급여로 보아 임원퇴직급여한도초과액에 대한 손금불산입규정(법령 §44④)을 적용하여, 손금산입한도 초과금액이 있는 경우에는 퇴직일이 속하는 사업연도의 부담금 중 손금산입 한도초과액을 손금불산입하되, 손금산입 한도초과액이 퇴직일이 속하는 사업연도의 부담금을 초과하는 경우 그 초과한 금액은 퇴직일이 속한 사업연도의 익금에 산입한다(법령 §44의2③).

> □ 임원에 대한 확정기여형 퇴직연금의 귀속시기(대법원 2016두 48256, 2019. 10. 18.)
>
> 구 법인세법 시행령(2010. 12. 30. 대통령령 제22577호로 개정되기 전의 것, 이하 같다) 제44조의2 제2항은 내국법인이 임원 또는 사용인을 위해 지출한 퇴직연금 부담금의 손금산입에 관하여 '내국법인이 임원 또는 사용인의 퇴직을 연금의 지급사유로 하고 임원 또는 사용인을 수급자로 하는 연금의 부담금으로서 지출하는 금액은 당해 사업연도의 소득금액계산에 있어서 이를 손금에 산입한다.'라고 규정하고 있다. 그리고 구 법인세법 시행령 제44조의2 제3항(이하 '이 사건 조항'이라고 한다)은 그 중 확정기여형 퇴직연금 부담금의 손금산입에 관하여 '제2항에 따라 지출하는 금액 중 확정기여형 퇴직연금의 부담금은 전액 손금에 산입한다. 다만, 임원에 대한 부담금은 법인이 퇴직 시까지 부담한 부담금의 합계액을 퇴직급여로 보아 제44조 제4항을 적용하되, 손금산

입한도 초과금액이 있는 경우에는 퇴직일이 속하는 사업연도의 부담금 중 손금산입한도 초과금액 상당액을 손금에 산입하지 아니하고, 손금산입한도 초과금액이 퇴직일이 속하는 사업연도의 부담금을 초과하는 경우 그 초과금액은 퇴직일이 속하는 사업연도의 익금에 산입한다.'라고 규정하고 있다.

원심은 이 사건 조항을 근거로 삼아 원고가 2010. 12. 30. 대표이사에 대한 퇴직연금 부담금으로 퇴직연금사업자에 납입한 부담금 중 근로자퇴직급여 보장법의 기준에 따라 산정한 퇴직금 중간 정산금액을 초과한 금액을 그 납입일이 속하는 2010 사업연도의 손금에 산입하지 아니할 수 없고, 원고의 이 사건 부담금 납입이 부당행위계산에 해당한다고 보기도 어렵다는 등의 이유로 피고들의 각 처분 중 이 사건 금액에 관한 부분은 위법하다고 판단하였다. 앞서 본 규정과 관련 법리에 따라 기록을 살펴보면, 원심의 위와 같은 판단에 상고이유 주장과 같이 이 사건 조항의 해석 및 법인세법상 부당행위계산 부인 규정 등에 관한 법리를 오해한 잘못이 없다. 그러므로 상고를 모두 기각하고, 상고비용은 패소자들이 부담하기로 하여, 관여 대법관의 일치된 의견으로 주문과 같이 판결한다.

사례 »

갑법인(사업연도 : 1. 1.~12. 31.)은 임원인 A씨에 대한 퇴직급여를 확정기여형 퇴직연금방식을 선택하여, 20×1년부터 다음과 같이 확정기여형 퇴직연금을 불입하였다.

사업연도	확정기여형 퇴직연금불입액
20×1. 12. 31.	10,000,000
20×2. 12. 31.	10,000,000
20×3. 12. 31.	10,000,000
20×4. 12. 31.	8,000,000
20×5. 12. 31.	12,000,000
20×6. 6. 30.	5,000,000
계	55,000,000

A씨는 20×1. 1. 1. 이사로 취임하여 20×6. 6. 30.에 퇴직하였으며, 정관에서 규정하고 있는 임원에 대한 퇴직급여에 따라 계산한 바 40,000,000원이 산출되었다. 아래의 회계처리를 참고하여 세무조정을 하시오.

일 자	회사의 회계처리			
20×1. 12. 31.	(차) 퇴직급여	10,000,000	(대) 현금및현금성자산	10,000,000
20×2. 12. 31.	(차) 퇴직급여	10,000,000	(대) 현금및현금성자산	10,000,000
20×3. 12. 31.	(차) 퇴직급여	10,000,000	(대) 현금및현금성자산	10,000,000
20×4. 12. 31.	(차) 퇴직급여	10,000,000	(대) 현금및현금성자산	8,000,000
			미지급금	2,000,000

일 자	회사의 회계처리				
20×5. 12. 31.	(차) 퇴직급여	10,000,000	(대) 현금및현금성자산		12,000,000
	미지급금	2,000,000			
20×6. 6. 30.	(차) 퇴직급여	5,000,000	(대) 현금및현금성자산		5,000,000

▌ 해답 ▌

사업연도	익금산입 및 손금불산입			손금산입 및 익금불산입		
	과 목	금 액	처 분	과 목	금 액	처 분
20×4	미지급금	2,000,000	유보			
20×5				미지급금	2,000,000	유보
20×6	퇴직급여	5,000,000*	상여			
	퇴직급여	10,000,000*	상여			

* 임원퇴직급여한도초과액

= 55,000,000원−40,000,000원=15,000,000원

　　20×6년의 기여금 5,000,000원을 손금불산입하고, 초과액 10,000,000원을 익금산입한다.

4. 퇴직급여의 처리

(1) 퇴직급여의 지급순서

퇴직급여는 현실적으로 퇴직한 임직원에게 지급해야 한다. 현실적으로 퇴직하지 않은 임직원에 대한 퇴직급여는 퇴직할 때까지 업무무관 가지급금으로 본다.

임직원이 퇴직한 경우 확정급여형 퇴직연금에서 지급하는 그 금액은 퇴직연금충당금과 상계하고, 부족액은 퇴직급여충당금과 상계한다. 퇴직연금충당금은 개인별로 상계하나, 퇴직급여충당금은 개인별 설정액에 관계없이 총액과 상계한다. 퇴직급여충당금이 없는 경우 퇴직급여지급액은 비용으로 처리한다.

<1순위> (차) 퇴직연금충당금 ×××	(대) 사 외 적 립 자 산 ×××	⋯⋯ 개인별 상계
<2순위> (차) 퇴직급여충당금 ×××	(대) 현 　　　 금 ×××	⋯⋯ 총액 상계
<3순위> (차) 퇴직급여(비용) ×××	(대) 현 　　　 금 ×××	

(2) 현실적 퇴직

1) 현실적 퇴직의 범위

현실적으로 퇴직하지 아니한 임원 또는 직원에게 지급한 퇴직급여는 이를 손금에 산입하지 아니하고 해당 임원 또는 직원이 현실적으로 퇴직할 때까지 업무무관 가지급금으로 본다. 현실적 퇴직의 범위는 다음과 같다.

◉ **현실적 퇴직의 범위**(법령 §44②) ◉

현실적 퇴직인 경우 (법령 §44②, 법집 26 - 44 - 3)	현실적 퇴직이 아닌 경우 (법기통 26 - 44…1)

① 직원이 임원으로 취임한 경우
② 상근임원이 비상근임원이 된 경우
③ 근로자퇴직급여보장법에 따라 직원의 퇴직급여를 중간정산(종전에 퇴직급여를 중간정산하여 지급한 적이 있는 경우에는 직전 중간정산 대상기간이 종료한 다음 날부터 기산하여 퇴직급여를 중간정산한 것을 말함)하여 지급하는 경우
④ 임원에게 정관이나 정관에서 위임된 퇴직급여지급규정에서 정한 다음의 사유로 중간정산(종전에 퇴직급여를 중간정산하여 지급한 적이 있는 경우에는 직전 중간정산 대상기간이 종료한 다음 날부터 기산하여 퇴직급여를 중간정산한 것을 말함)하여 퇴직급여를 지급하는 경우
  • 1년 이상 무주택 세대주[*1]인 임원의 주택구입[*2]
  • 임원(부양가족 포함)의 3개월 이상의 질병 치료 또는 요양
  • 천재지변 기타 재해
⑤ 법인의 직영차량 운전기사가 법인소속 지입차량의 운전기사로 전직하는 경우
⑥ 법인의 임원 또는 직원이 사규에 따라 정년퇴직을 한 후 다음날 동 법인의 별정직 사원(촉탁)으로 채용된 경우
	① 임원이 연임된 경우
	② 대주주의 변동으로 인하여 계산의 편의, 기타 사유로 퇴직급여를 지급하는 경우
	③ 외국법인의 국내지점 종업원이 본점(본국)으로 전출하는 경우
	④ 정부투자기관 등이 민영화됨에 따라 전종업원의 사표를 일단 수리한 후 재채용한 경우
	⑤ 근로자퇴직급여보장법에 따라 퇴직급여를 중간정산하기로 하였으나 이를 실제로 지급하지 않은 경우

---

*1 퇴직급여 중간정산일 현재 내국법인의 임원이 속한 세대가 1년 이상 주택을 소유하지 아니하고, 해당 임원이 세대주로서 기간이 1년 미만인 경우 해당 내국법인이 해당 임원에게 주택취득자금으로 지급하는 퇴직급여는 「법인세법 시행령」 제44조 제2항 제5호 및 「법인세법 시행규칙」 제22조 제3항 제1호에 따라 손금에 산입할 수 있는 것임(서면-2021-법령해석법인-5117 [법령해석과-3264], 2021. 9. 17.).

*2 주택의 명의
  ① 배우자 명의 주택 : 중간정산일 현재 1년 이상 주택을 소유하지 아니한 세대의 세대주인 대표이사의 배우자 명의로 주택을 구입하기 위하여 해당 대표이사에게 퇴직급여를 중간정산하여 지급하는 것은 「법인세법 시행규칙」 제22조 제3항 제1호에 따른 중간정산 사유에 해당하지 않는 것임(서면-2018-법인-2925 [법인세과-1378], 2020. 4. 20.).

② 부부 공동명의 주택 : 내국법인이 퇴직급여 중간정산일 현재 1년 이상 주택을 소유하지 아니한 세대의 세대주로서 중간정산일부터 3개월 내에 <u>부부공동명의로 주택을 취득</u>하고자 하는 임원에게 정관 또는 정관에서 위임된 퇴직급여지급규정에 따라 퇴직급여를 중간정산하여 지급하는 경우 해당 퇴직급여에 대하여 「법인세법 시행령」 제44조 제2항 제5호 및 「법인세법 시행규칙」 제22조 제3항 제1호를 적용하여 손금에 산입할 수 있는 것임(서면-2021-법령해석법인-1320 [법령해석과-1783], 2021. 5. 20.).

2) 직원 퇴직급여의 중간정산

「근로자퇴직급여 보장법」에 따른 퇴직금 중간정산사유는 다음과 같다(근퇴령 §3).

① 무주택자인 근로자가 본인 명의로 주택을 구입하는 경우

② 무주택자인 근로자가 주거를 목적으로 「민법」 제303조에 따른 전세금 또는 「주택임대차보호법」 제3조의2에 따른 보증금을 부담하는 경우. 이 경우 근로자가 하나의 사업 또는 사업장(이하 "사업"이라 한다)에 근로하는 동안 1회로 한정한다.

③ 근로자가 6개월 이상 요양을 필요로 하는 다음의 어느 하나에 해당하는 사람의 질병이나 부상에 대한 의료비를 해당 근로자가 본인 연간 임금총액의 1천분의 125를 초과하여 부담하는 경우

  ㉮ 근로자 본인

  ㉯ 근로자의 배우자

  ㉰ 근로자 또는 그 배우자의 부양가족

④ 퇴직금 중간정산을 신청하는 날부터 거꾸로 계산하여 5년 이내에 근로자가 「채무자 회생 및 파산에 관한 법률」에 따라 파산선고를 받은 경우

⑤ 퇴직금 중간정산을 신청하는 날부터 거꾸로 계산하여 5년 이내에 근로자가 「채무자 회생 및 파산에 관한 법률」에 따라 개인회생절차개시 결정을 받은 경우

⑥ 사용자가 기존의 정년을 연장하거나 보장하는 조건으로 단체협약 및 취업규칙 등을 통하여 일정나이, 근속시점 또는 임금액을 기준으로 임금을 줄이는 제도를 시행하는 경우

⑦ 사용자가 근로자와의 합의에 따라 소정근로시간을 1일 1시간 또는 1주 5시간 이상 변경하여 그 변경된 소정근로시간에 따라 근로자가 3개월 이상 계속 근로하기로 한 경우

⑧ 재난으로 피해를 입은 경우로서 고용노동부장관이 정하여 고시하는 사유에 해당하는 경우(☞ 고용노동부고시 제2020-139호, 2020. 12. 21.)

3) 중간정산 후 퇴직금의 산정

퇴직급여를 중간정산한 직원이 실제 퇴직하는 경우 중간정산 이후의 근속기간이 1년 미만인 경우에도 중간정산 이후의 근속기간에 대한 퇴직급여를 지급해야 한다. 따라서 중간정산한 직원이 당기말까지 계속 근무하는 경우에 퇴직급여충당금한도액 계산시 중간정산 이

후의 급여액과 퇴직급여추계액을 퇴직급여충당금 한도액 계산에 포함한다(법인 46012-750, 1998. 3. 26.).

4) 임원퇴직급여의 중간정산

임원은 「근로자퇴직급여보장법」의 적용대상이 아니므로 「법인세법」에 중간정산규정을 별도로 두고 있다. 임원에 대하여 정관 또는 정관에서 위임된 퇴직급여지급규정에 따라 다음의 사유로 그때까지의 퇴직급여를 중간정산하여 지급한 때(종전에 퇴직급여를 중간정산하여 지급한 적이 있는 경우에는 직전 중간정산 대상기간이 종료한 다음 날부터 기산하여 퇴직급여를 중간정산한 것을 말함)에도 현실적인 퇴직으로 인정한다(법령 §44②(5) 및 법칙 §22③).

① 중간정산일 현재 1년 이상 주택을 소유하지 아니한 세대의 세대주인 임원이 주택을 구입하려는 경우(중간정산일부터 3개월 내에 해당 주택을 취득하는 경우만 해당한다)

② 임원(임원의 배우자 및 「소득세법」 제50조 제1항 제3호에 따른 생계를 같이 하는 부양가족을 포함한다)이 3개월 이상의 질병 치료 또는 요양을 필요로 하는 경우

③ 천재·지변, 그 밖에 이에 준하는 재해를 입은 경우

(3) 임원이나 직원이 직·간접으로 출자관계 있는 법인에 전출한 경우

1) 전출법인이 전출임원이나 직원에게 퇴직급여를 지급하는 경우

임원이나 직원이 근무하는 법인과 「법인세법 시행령」 제87조에 따른 특수관계인인 법인에 전출하는 경우로서 전출법인이 전출하는 임원이나 직원에게 퇴직급여를 지급하는 경우에는 이를 현실적인 퇴직으로 보아 해당 퇴직급여를 전출법인의 각 사업연도 소득금액을 계산할 때 손금에 산입(퇴직급여충당금에서 이를 지급한 경우를 포함한다)한다.

2) 전출법인이 전출임원이나 직원의 퇴직급여를 전입법인에 인계한 경우

임원(「법인세법 시행령」 제43조 제8항에 따른 특수관계인은 제외한다)이나 직원이 근무하고 있는 법인과 「법인세법 시행령」 제87조에 따른 특수관계인인 법인에 전출하는 경우로서 전출법인이 전출하는 임원이나 직원에게 지급하여야 할 퇴직급여상당액을 현금으로 전입법인에게 인계하고 전입법인은 이를 인수(퇴직연금 등에 관한 계약의 인수를 포함한다)하여, 전입법인에서 해당 임원이나 직원이 퇴직할 경우에 전출법인과 전출법인에 근무한 기간을 통산하여 전입법인의 퇴직급여지급규정에 따라 지급하기로 약정한 경우, 그 인수받은 퇴직급여충당금상당액은 인수일 현재 전입법인의 퇴직급여충당금으로 본다(서이-856, 2005. 6. 20.).

이 경우 퇴직급여충당금의 인계·인수에 관한 회계처리는 다음과 같이 한다.

〈전출법인의 경우〉

　(차) 퇴 직 급 여 충 당 부 채　　　×××　　　(대) 현 금 및 현 금 성 자 산　　　×××
　　　(또는 확정급여채무)

〈전입법인의 경우〉

　(차) 현 금 및 현 금 성 자 산　　　×××　　　(대) 퇴 직 급 여 충 당 부 채　　　×××
　　　　　　　　　　　　　　　　　　　　　　　(또는 확정급여채무)

　이때 전출법인이 전출 임원이나 직원의 퇴직급여상당액을 퇴직급여충당부채(또는 확정급여채무)에서 지급하는 경우로서 동 퇴직급여 중 손금불산입된 퇴직급여충당부채에서 지급한 금액이 있는 경우에는 이를 손금에 산입한다.

　그리고 전입법인에서 해당 임원이나 직원의 퇴직급여추계액 계산과 퇴직할 때 지급할 퇴직급여는 전출법인에서 근속한 기간을 통산하여 지급하게 된다(법인-1371, 2009. 12. 3.).

　이 경우 전출임원이나 직원의 퇴직급여 상당액을 전입법인에 인계한 것은 전출법인의 입장에서는 해당 임원이나 직원이 현실적 퇴직으로 보아 퇴직급여지급에 대하여 세법상 손금을 인정하는 것이다.

3) 전출법인이 전출임원이나 직원의 퇴직급여를 지급하지도 않고, 전입법인에 인계하지도 아니한 경우

가. 지배주주 등이 아닌 임원과 직원의 경우

　법인이 임원(지배주주 등 및 지배주주 등과 「법인세법 시행령」 제43조 제8항에 따른 특수관계 있는 자는 제외한다) 또는 직원에게 「법인세법 시행령」 제87조에 따른 특수관계인인 법인에 전출한 때, 전출법인이 해당 임원이나 직원에게 퇴직급여를 지급하지 않고 또한 전출법인이 전입법인에 전출한 임원이나 직원에 대한 퇴직급여도 인계하지 아니한 경우, 전입법인에서 해당 임원이나 직원이 퇴직할 때 지급할 퇴직급여는 전출법인과 전입법인의 근무기간을 합산하여 각 법인별로 다음과 같이 안분하여 지급하며(법령 §44③ 및 법칙 §22④), 이 경우 전출법인으로부터 전출 또는 전입법인으로의 전입을 각각 퇴직 및 신규채용으로 보아 퇴직급여를 계산하여야 한다.

> • 전출법인이 부담할 퇴직급여
> = 퇴직임직원에게 지급할 퇴직급여총액 × $\dfrac{\text{전출법인의 퇴직급여(A)}}{\text{전출법인의 퇴직급여(A)} + \text{전입법인의 퇴직급여(B)}}$
>
> • 전입법인이 부담할 퇴직급여
> = 퇴직임직원에게 지급할 퇴직급여총액 × $\dfrac{\text{전입법인의 퇴직급여(A)}}{\text{전출법인의 퇴직급여(A)} + \text{전입법인의 퇴직급여(B)}}$

> **주** 전출법인의 퇴직급여(A)는 전출한 때의 통상임금에 전출법인에서 근무한 근무기간을 곱하여 산출한 금액이며 전입법인의 퇴직급여(B)는 전입법인에서 퇴직할 때 통상임금에 전입법인에서 근무한 근속기간을 곱하여 산출한 금액이다(법인 22601-3872, 1985. 12. 23., 법인 46012-3517, 1993. 11. 20.).

이 경우 해당 임원이나 직원이 마지막으로 근무한 법인은 해당 퇴직급여에 대한 「소득세법」에 따른 원천징수 및 지급명세서의 제출을 일괄하여 이행할 수 있다(법령 §44③).

나. 지배주주 등인 임원과 「법인세법 시행령」 제43조 제8항에 따른 특수관계인인 임원의 경우

지배주주 등인 임원과 「법인세법 시행령」 제43조 제8항에 따른 특수관계에 있는 자인 임원이 「법인세법 시행령」 제87조에 따른 특수관계인인 법인에 전출하는 경우에는 그 전출할 때에 해당 임원에 대하여 현실적인 퇴직으로 보아 퇴직급여를 지급하여야 한다. 따라서 이 경우에는 해당 임원이 전입법인에서 퇴직할 때 퇴직급여를 전출법인과 전입법인의 근무기간을 통산하여 전입법인에서 지불할 수 없다(법령 §44③).

이때 지배주주 등과 「법인세법 시행령」 제43조 제8항에 따른 특수관계인의 유무를 판단할 때 지배주주와 「법인세법 시행령」 제2조 제5항 제7호의 관계에 있는 임원의 경우에는 특수관계 있는 것으로 보지 아니한다(법령 §44⑥). **23 개정** ('24. 1. 1.부터는 5항 → 8항)

여기서 「법인세법 시행령」 제2조 제5항 제7호의 "관계에 있는 임원"이란 해당 법인의 「독점규제 및 공정거래에 관한 법률」에 관한 기업집단에 속하는 법인인 경우 그 기업집단에 소속된 다른 계열회사 및 그 계열회사의 임원을 말한다.

> **사례 »** **일반기업회계기준을 적용하는 경우의 퇴직급여충당금과 퇴직연금에 대한 세무조정**
>
> ㈜한공의 제33기 사업연도(2024. 1. 1.~2024. 12. 31.)의 인건비와 퇴직급여충당금 등과 관련된 자료는 다음과 같다. 이 자료에 의하여 세무조정을 하고, 퇴직급여충당금조정명세서와 퇴직연금부담금조정명세서를 작성하시오.

┃ 자료 ┃

1. 총급여액의 내역

계정명 \ 구분	총급여액		총급여액에 포함된 퇴직자의 급여액	
	인 원	금 액	인 원	금 액
(판매관리비) 임원급여	3명	320,000,000원	1명	100,000,000원
(판매관리비) 직원급여	25명	1,310,000,000원		–
(제조원가) 급여	60명	1,800,000,000원	10명	320,000,000원
계	88명	3,430,000,000원	11명	420,000,000원

2. 결산상 퇴직급여충당부채는 다음과 같으며, 회사의 퇴직급여지급규정에는 1년 미만자에게도 퇴직급여를 지급하도록 하고 있다.

퇴직급여충당부채

(단위:원)

적 요	금 액	적 요	금 액
퇴직연금운용자산	80,000,000	전 기 이 월	320,000,000
현금 및 현금성자산	20,000,000	당 기 설 정	180,000,000
기 말 잔 액	400,000,000		
합 계	500,000,000	합 계	500,000,000

3. 당기말 현재 재직하고 있는 임직원 77명에 대한 퇴직급여지급규정에 의한 퇴직급여추계액은 일시퇴직기준 300,000,000원이고 보험수리적기준 320,000,000원이다.

4. 장부상 확정급여형 퇴직연금운용자산의 변동 내역은 다음과 같다. 회사는 퇴직연금에 대해 별도의 충당금을 장부상 계상하지 않고 있다.

퇴직연금운용자산

(단위:원)

적 요	금 액	적 요	금 액
전 기 이 월	270,000,000	당 기 지 급	80,000,000
당 기 납 입	70,000,000	기 말 잔 액	260,000,000
합 계	340,000,000	합 계	340,000,000

5. 전기말 현재 「자본금과 적립금 조정명세서(을)」상 퇴직급여충당금과 퇴직연금충당금의 잔액은 다음과 같다.

(단위:원)

과 목	금 액	소득처분
퇴직급여충당금 한도초과	270,000,000	유 보
퇴직연금충당금 손금산입	△270,000,000	△유보

6. 전기말과 당기말 퇴직금전환금 잔액은 각각 4,000,000원과 3,000,000원이다.

▌해답 ▌

(1) 퇴직급여충당금

구 분	회사 계상액	세무상 금액	차 이	세무조정
기초잔액	320,000,000	50,000,000	270,000,000	
당기감소	100,000,000	20,000,000	80,000,000	손금산입 80,000,000(△유보)
당기증가	180,000,000	0*	180,000,000	손금불산입 180,000,000(유보)
기말잔액	400,000,000	30,000,000	370,000,000	

* 한도액 : Min[(가), (나)] = 0

(가) 급여액기준 : (3,430,000,000 - 420,000,000) × 5% = 150,500,000

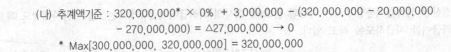

(나) 추계액기준 : 320,000,000* × 0% + 3,000,000 - (320,000,000 - 20,000,000
- 270,000,000) = △27,000,000 → 0
* Max[300,000,000, 320,000,000] = 320,000,000

(2) 퇴직연금충당금

구 분	회사 계상액	세무상 금액	차 이	세무조정
기초잔액	0	270,000,000	△270,000,000	
당기감소	0	80,000,000	80,000,000	손금불산입 80,000,000(유보)
당기증가	0	70,000,000*	△70,000,000	손금산입 70,000,000(△유보)
기말잔액	0	260,000,000	△260,000,000	

* 한도액 : Min[(가), (나)] = 70,000,000
(가) 추계액기준 : 320,000,000 - (400,000,000 - 370,000,000) - (270,000,000
- 80,000,000) = 100,000,000
(나) 운용자산기준 : 260,000,000 - (270,000,000 - 80,000,000) = 70,000,000

(3) 세무조정요약

익금산입 및 손금불산입			손금산입 및 익금불산입		
과 목	금 액	소득처분	과 목	금 액	소득처분
퇴직연금충당금	80,000,000	유 보	퇴직급여충당금	80,000,000	유 보
퇴직급여충당금	180,000,000	유 보	퇴직연금충당금	70,000,000	유 보

[별지 제32호 서식] (2019. 3. 20. 개정)

(앞쪽)

사 업 연 도	2024. 1. 1. ~ 2024. 12. 31.	퇴직급여충당금 조정명세서	법 인 명	㈜한궁
			사업자등록번호	

1. 퇴직급여충당금 조정

「법인세법 시행령」제60조 제1항에 따른 한도액	① 퇴직급여 지급대상이 되는 임원 또는 직원에게 지급한 총급여액(⑲의 계)		② 설정률	③ 한도액 (①×②)	비 고
	3,010,000,000		5/100	150,500,000	

「법인세법 시행령」 제60조 제2항 및 제3항에 따른 한도액	④ 장부상 충당금 기초잔액	⑤ 확정기여형 퇴직연금자의 퇴직연금 설정 전 기계상된 퇴직급여충당금	⑥ 기중 충당금 환입액	⑦ 기초충당금 부인누계액	⑧ 기중퇴직금 지급액	⑨ 차감액 (④-⑤-⑥ -⑦-⑧)
	320,000,000			270,000,000	20,000,000	30,000,000
	⑩ 추계액 대비 설정액 (㉒ × 설정률)		⑪ 퇴직금전환금	⑫ 설정률 감소에 따른 환입을 제외하는 금액 MAX(⑨-⑩-⑪, 0)		⑬ 누적한도액 (⑩-⑨+⑪+⑫)
			3,000,000	27,000,000		

한도초과액 계 산	⑭ 한도액 MIN(③, ⑬)	⑮ 회사계상액	⑯ 한도초과액 (⑮-⑭)
		180,000,000	180,000,000

2. 총급여액 및 퇴직급여추계액 명세

구 분 계정명	⑰ 총급여액		⑱ 퇴직급여 지급대상이 아닌 임원 또는 직원 에 대한 급여액		⑲ 퇴직급여 지급대상이 되는 임원 또는 직원 에 대한 급여액		⑳ 기말 현재 임원 또는 직원 전원 의 퇴직 시 퇴직 급여 추계액	
	인원	금 액	인원	금 액	인원	금 액	인원	금 액
임원급여(판)	3	320,000,000	1	100,000,000	2	220,000,000	77	300,000,000
직원급여(판)	25	1,310,000,000			25	1,310,000,000	㉑「근로자퇴직급여 보장법」에 따른 추계액[퇴직연금 미가입자의 경우 일시퇴직기준(⑳) 을 적용하여 계산 한 금액]	
급여(제)	60	1,800,000,000	10	320,000,000	50	1,480,000,000		
							인원	금 액
							77	320,000,000
							㉒ 세법상 추계액 MAX(⑳, ㉑)	
계	88	3,430,000,000	11	420,000,000	77	3,010,000,000	320,000,000	

[별지 제33호 서식] (2014. 3. 14. 개정)

사 업 연 도	2024. 1. 1. ~ 2024. 12. 31.	퇴직연금부담금 조정명세서	법 인 명	㈜한공
			사업자등록번호	

1. 퇴직연금 등의 부담금 조정

① 퇴직급여추계액	당기말 현재 퇴직급여충당금				⑥ 퇴직부담금 등 손금산입 누적 한도액 (①-⑤)
	② 장부상 기말잔액	③ 확정기여형 퇴직연금자의 퇴직연금 설정 전 기계상된 퇴직급여충당금	④ 당기말 부인 누계액	⑤ 차감액 (②-③-④)	
320,000,000	400,000,000		370,000,000	30,000,000	290,000,000

⑦ 이미 손금 산입한 부담금 등(⑰)	⑧ 손금산입한도 액 (⑥-⑦)	⑨ 손금산입대상 부담금 등(⑱)	⑩ 손금산입범위액 (⑧과⑨중 작은 금액)	⑪ 회사손금 계상액	⑫ 조정금액 (⑩-⑪)
190,000,000	100,000,000	70,000,000	70,000,000		70,000,000

2. 이미 손금산입한 부담금 등의 계산

가. 손금산입대상 부담금 등 계산

⑬ 퇴직연금 예치금 등 계(㉒)	⑭ 기초퇴직연금 충당금 등 및 전기말 신고조정에 의한 손금산입액	⑮퇴직연금충당금 등 손금부인 누계액	⑯기중 퇴직연금등 수령 및 해약액	⑰ 이미 손금산입한 부담금 등 (⑭-⑮-⑯)	⑱ 손금산입대상 부담금 등 (⑬-⑰)
260,000,000	270,000,000		80,000,000	190,000,000	70,000,000

나. 기말 퇴직연금 예치금 등의 계산

⑲ 기초퇴직연금예치금 등	⑳ 기중 퇴직연금예치금 등 수령 및 해약액	㉑ 당기 퇴직연금예치금 등의 납입액	㉒ 퇴직연금예치금 등 계 (⑲-⑳+㉑)
270,000,000	80,000,000	70,000,000	260,000,000

▌사례 ≫ K-IFRS를 적용한 경우의 퇴직급여충당금과 퇴직연금에 대한 세무조정

코스닥상장법인인 ㈜한공(도매업 영위)의 제24기 사업연도(2024. 1. 1.~2024. 12. 31.)의 확정급여채무와 퇴직연금충당금과 관련된 자료는 다음과 같다. 회사는 한국채택국제회계기준을 적용하고 있다. 이 자료에 의하여 세무조정을 하고, 퇴직급여충당금조정명세서와 퇴직연금부담금조정명세서를 작성하시오.

▌자료▌

1. 순확정급여부채의 산정내역

(단위:원)

구 분	당기말	전기말
확정급여채무의 현재가치	14,500,000	11,000,000
사외적립자산의 공정가치	(12,500,000)	(10,000,000)
재무상태표상 순확정급여부채	2,000,000	1,000,000

2. 확정급여채무의 변동내역

(단위:원)

구 분	확정급여채무의 현재가치	비 고
(1) 기초금액	11,000,000	
(2) 당기손익		
① 당기근무원가	4,000,000	당기비용
② 이자비용	1,000,000	당기비용
(3) 확정급여채무의 재측정요소(손실)	900,000	기타포괄손익
(4) 퇴직급여 지급액	(2,400,000)	2,000,000원은 사외적립자산에서, 400,000원은 현금으로 지급
(5) 기말금액	14,500,000	

3. 사외적립자산의 변동내역

(단위:원)

구 분	사외적립자산의 공정가치	비 고
(1) 기초금액	10,000,000	
(2) 이자수익	800,000	당기수익
(3) 재측정요소(기타포괄손익)	700,000	기타포괄손익
(4) 퇴직급여 지급액	(2,000,000)	
(5) 기여금납부액	3,000,000	
(6) 기말금액	12,500,000	

4. 전기 「자본금과 적립금 조정명세서(을)」의 유보내역
 - 확정급여채무 : 10,000,000원
 - 퇴직연금충당금 : △10,000,000원

5. 퇴직급여지급대상자(확정기여형 퇴직연금 등 설정자 제외)에 대한 총급여액은 임원(3명) 10,000,000원, 직원(40명) 20,000,000원이며, 퇴직급여추계액은 일시퇴직기준 13,000,000원이고 보험수리적기준 14,500,000원이다.

6. 회사는 당기에 현실적으로 퇴직한 임직원에게 지급한 퇴직급여 2,400,000원 중 2,000,000원은 사외적립자산에서 지급하고, 잔액 400,000원은 현금으로 지급하였다.

7. 회사는 퇴직연금충당금을 장부에 계상하고 있지 않으며, 당기말 재무상태표상 퇴직금전환금 잔액은 없다.

▌해답▌

(1) 기타포괄손익에 대한 세무조정
   ① 확정급여채무의 재측정요소 : <손금산입> 기타포괄손익   900,000(기타)
   ② 사외적립자산의 재측정요소 : <익금산입> 기타포괄손익   700,000(기타)

(2) 퇴직급여충당금

구 분	회사 계상액	세무상 금액	차 이	세무조정
기초잔액	11,000,000	1,000,000	10,000,000	
당기감소	2,400,000	400,000	2,000,000	손금산입 2,000,000(△유보)
당기증가	5,900,000	0*	5,900,000	손금불산입 5,900,000(△유보)
기말잔액	14,500,000	600,000	13,900,000	

* 한도액 : Min[(가), (나)] = 0
  (가) 급여액기준 : 30,000,000 × 5% = 1,500,000
  (나) 추계액기준 : 14,500,000* × 0% − (11,000,000 − 10,000,000 − 400,000) = △600,000 → 0
      * Max[13,000,000, 14,500,000] = 14,500,000

(3) 퇴직연금충당금

구 분	회사 계상액	세무상 금액	차 이	세무조정
기초잔액	0	10,000,000	△10,000,000	
당기감소	0	2,000,000	2,000,000	손금불산입 2,000,000(유보)
당기증가	0	4,500,000*	△4,500,000	손금산입 4,500,000(△유보)
기말잔액	0	12,500,000	△12,500,000	

* 한도액 : Min[(가), (나)] =4,500,000
  (가) 추계액기준 : 14,500,000 − (14,500,000 − 13,900,000) − (10,000,000 − 2,000,000)
      = 5,900,000
  (나) 예치금기준 : 12,500,000 − (10,000,000 − 2,000,000) = 4,500,000

(4) 세무조정 요약

익금산입 및 손금불산입			손금산입 및 익금불산입		
과 목	금 액	소득처분	과 목	금 액	소득처분
기타포괄손익	700,000	기 타	기타포괄손익	900,000	기 타
퇴직연금충당금	2,000,000	유 보	퇴직급여충당금	2,000,000	유 보
퇴직급여충당금	5,900,000	유 보	퇴직연금충당금	4,500,000	유 보

[별지 제32호 서식] (2016. 3. 7. 개정)

(앞쪽)

사 업 연 도	2024. 1. 1. ~ 2024. 12. 31.	퇴직급여충당금 조정명세서	법 인 명	㈜한공
			사업자등록번호	

1. 퇴직급여충당금 조정

「법인세법 시행령」 제60조 제1항에 따른 한도액	① 퇴직급여 지급대상이 되는 임원 또는 직원에게 지급한 총급여액(⑲의 계)		② 설정률	③ 한도액 (①×②)	비 고
	30,000,000		5/100	1,500,000	

「법인세법 시행령」 제60조 제2항 및 제3항에 따른 한도액	④ 장부상 충당금 기초잔액	⑤ 확정기여형 퇴직연금자의 퇴직연금 설정 전 기계상된 퇴 직급여충당금	⑥ 기중 충당금 환입액	⑦ 기초충당금 부인누계액	⑧ 기중퇴직금 지급액	⑨ 차감액 (④－⑤－⑥ －⑦－⑧)
	11,000,000			10,000,000	400,000	600,000
	⑩ 추계액 대비 설정액 (㉒ × 설정률)		⑪ 퇴직금전환금	⑫ 설정률 감소에 따른 환입을 제외하는 금액 MAX(⑨－⑩－⑪, 0)		⑬ 누적한도액 (⑩－⑨+⑪+⑫)
				600,000		

한도초과액 계 산	⑭ 한도액 MIN(③, ⑬)	⑮ 회사계상액	⑯ 한도초과액 (⑮－⑭)
		5,900,000	5,900,000

2. 총급여액 및 퇴직급여추계액 명세

구 분 계정명	⑰ 총급여액		⑱ 퇴직급여 지급대상이 아닌 임원 또는 직원 에 대한 급여액		⑲ 퇴직급여 지급대상이 되는 임원 또는 직원 에 대한 급여액		⑳ 기말 현재 임원 또는 직원 전원의 퇴직 시 퇴직급여 추계액	
	인원	금 액	인원	금 액	인원	금 액	인원	금 액
임원급여(딴)	3	10,000,000			3	10,000,000	43	13,000,000
직원급여(딴)	40	20,000,000			40	20,000,000	㉑「근로자퇴직급여 보장법」에 따른 추계액[퇴직연금 미가입자의 경우 일시퇴직기준(⑳) 을 적용하여 계산 한 금액]	
							인원	금 액
							43	14,500,000
							㉒ 세법상 추계액 MAX(⑳, ㉑)	
계	43	30,000,000			43	30,000,000	14,500,000	

[별지 제33호 서식] (2014. 3. 14. 개정)

사 업 연 도	2024. 1. 1. ~ 2024. 12. 31.	퇴직연금부담금 조정명세서	법 인 명	㈜한공
			사업자등록번호	

1. 퇴직연금 등의 부담금 조정

① 퇴직급여추계액	당기말 현재 퇴직급여충당금				⑥ 퇴직부담금 등 손금산입 누적 한도액 (①-⑤)
	② 장부상 기말잔액	③ 확정기여형 퇴직연금자의 퇴직연금 설정 전 기계상된 퇴직급여충당금	④ 당기말 부인 누계액	⑤ 차감액 (②-③-④)	
14,500,000	14,500,000		13,900,000	600,000	13,900,000

⑦ 이미 손금 산입한 부담금 등(⑰)	⑧ 손금산입한도액 (⑥-⑦)	⑨ 손금산입대상 부담금 등(⑱)	⑩ 손금산입범위액 (⑧과 ⑨ 중 작은 금액)	⑪ 회사손금 계상액	⑫ 조정금액 (⑩-⑪)
8,000,000	5,900,000	4,500,000	4,500,000		4,500,000

2. 이미 손금산입한 부담금 등의 계산

가. 손금산입대상 부담금 등 계산

⑬ 퇴직연금 예치금 등 계(㉒)	⑭ 기초퇴직연금 충당금 등 및 전기 말 신고조정에 의 한 손금산입액	⑮퇴직연금충당금 등 손금부인 누계 액	⑯기중 퇴직연금등 수령 및 해약액	⑰ 이미 손금산입한 부담금 등 (⑭-⑮-⑯)	⑱ 손금산입대상 부담금 등 (⑬-⑰)
12,500,000	10,000,000		2,000,000	8,000,000	4,500,000

나. 기말 퇴직연금 예치금 등의 계산

⑲ 기초퇴직연금예치금 등	⑳ 기중 퇴직연금예치금 등 수령 및 해약액	㉑ 당기 퇴직연금예치금 등의 납입액	㉒ 퇴직연금예치금 등 계 (⑲-⑳+㉑)
10,000,000	2,000,000	4,500,000	12,500,000

3. 대손충당금

1. 개 요

법인이 결산일 현재 보유하고 있는 매출채권, 미수금 및 대여금과 같은 채권은 채무자의 부도·파산 등으로 회수할 수 없게 될 수 있다. 채권 중에서 회수할 수 없게 될 수 있는 금액을 추정하여 비용과 충당금으로 계상해야 자산평가와 기간손익계산을 적정하게 할 수 있다. 이와 같이 채권의 회수불능예상액을 추정하여 비용으로 계상한 것을 대손상각비라고 하고, 그 상대계정을 대손충당금이라고 한다.

대손충당금을 설정하는 모형에는 발생손실모형과 기대손실모형이 있다. 발생손실모형은 채권의 손상이 발생하였다는 객관적 증거가 있는 경우에만 손실을 인식하는 것을 말하며, 기대손실모형은 채권의 손상이 발생하였다는 객관적 증거가 없는 경우에도 손실을 인식하는 것을 말한다. 종전에 K-IFRS 제1039호에서는 발생손실모형을 채택하였으나, 2018. 1. 1. 이후 개시하는 사업연도부터 적용하는 K-IFRS 제1109호에서는 기대손실모형에 따라 계약상 수취하기로 한 현금흐름과 수취할 것으로 예상하는 현금흐름의 차이를 손실로 손실충당금으로 인식하도록 하고 있다(K-IFRS 1109호 B5.5.29.). 일반기업회계기준은 기대손실모형에 따라 대손충당금을 설정하도록 하고 있다(일반기준 6장 문단 6.17의2).

법인세법에서는 내국법인이 각 사업연도의 결산을 확정할 때 외상매출금, 대여금 및 그 밖에 이에 준하는 채권의 대손(貸損)에 충당하기 위하여 대손충당금을 손비로 계상한 경우에는 법령이 정하는 한도액의 범위에서 그 계상한 대손충당금을 해당 사업연도의 소득금액을 계산할 때 손금에 산입한다(법법 §34①).

구 분	K-IFRS 제1109호	일반기업회계기준	법인세법
모형	기대손실모형	기대손실모형	기대손실모형
인식금액	기대신용손실을 측정	합리적이고 객관적인 기준에 따라 추정	결산을 확정할 때 대손충당금을 손비로 계상한 경우에는 일정 한도 내에서 손금에 산입함.
설정방법	손실충당금 설정 (재무상태표의 표시방법에 대한 규정은 없음)	대손충당금 설정	대손충당금 설정

2. 대손충당금 설정대상법인

「법인세법」상 대손충당금을 손금으로 설정할 수 있는 법인에 특별한 제한은 없다. 다만, 사업을 완전히 폐업한 법인이거나 사업을 포괄양도하는 외국법인[1]의 최종 사업연도에는 대손충당금을 설정할 수가 없다(외인 22601-667, 1986. 2. 26.). 그러나 법인이 영업의 일부가 정지명령으로 해당 영업을 하지 못하는 경우에는 대손충당금을 설정할 수 있다(대법원 85누 447, 1986. 2. 11.).

3. 대손충당금 한도액

(1) 대손충당금 한도액

대손충당금 한도액은 대손충당금 설정대상 채권잔액에 설정률을 곱해서 계산한다(법령 §61②).

대손충당금 손금한도액 = 당기말 대손충당금 설정대상 채권잔액 × 설정률*

* 설정률 : Max[1%, 대손실적률]

$$대손실적률 = \frac{당기대손금}{전기말 \ 대손충당금 \ 설정대상 \ 채권잔액}$$

위 계산식의 당기대손금은 당기에 「세무상」 손금으로 인정받은 대손금을 말하며, 전기말 대손충당금 설정대상 채권잔액은 전기말 대손충당금 설정대상 채권의 「세무상」 잔액을 말한다.

(2) 대손충당금 설정대상 채권의 범위

대손충당금 설정대상 채권은 다음과 같다(법령 §61①). 법인세법은 기대손실모형을 채택하고 있으므로 손상이 발생하지 않은 채권도 대손충당금 설정대상이다.

---

1) 세법상 대손충당금은 단지 징수를 유예하는 것에 불과하므로 외국법인의 폐쇄일이 속하는 최종 사업연도에 대손충당금 설정액을 손금에 산입하는 것을 허용한다면 청산소득의 신고의무가 없는 외국법인의 경우에는 대손충당금 설정액에 대하여 과세할 방법이 없게 되므로 외국법인의 최종 사업연도에는 대손충당금을 설정할 수 없다고 본 것이다.

대손충당금 설정대상 채권	대손충당금 설정 제외 채권
① 매출채권 : 사업수입금액의 미수액	① 특수관계인에 대한 업무무관 가지급금
② 미수금 : 정상적인 영업거래 이외의 채권	② 채무보증으로 인하여 발생한 구상채권
③ 대여금 : 금전소비대차계약 등에 의하여 대여한 금액	③ 부당행위계산의 부인규정을 적용받는 시가초과 채권
④ 기타채권 : 기업회계기준 및 관행상 대손충당금 설정대상인 채권	④ 할인어음과 배서양도어음(기업회계기준에 따라 매각거래로 보는 경우)

* 매출채권에는 외상매출금·받을어음·부도어음, 매출대금으로 받은 선일자 수표상 채권, 작업진행률에 의한 공사미수금, 할부판매미수금, 물품판매 관련 간접세 미수금이 포함된다.

예규 및 판례 **대손충당금 설정대상 채권**

❶ 미청구공사가 대손충당금 설정대상 채권인지 여부

[질의]

질의법인은 건축물 등 특정 목적물을 장기간에 걸쳐 건설하는 용역을 제공하고 있으며, 계약서 상 약정내용에 따라 건설공사 용역대금을 고객에게 청구하여 수령함. 질의법인은 「K-IFRS」 제1115호에 따라 진행기준으로 수익을 인식하고 있으며, 수익으로 인식한 금액보다 고객에게 청구한 금액이 적을 경우 미청구공사라는 계약자산이 발생함. 질의법인은 결산 확정 시 「법인세법」 제34조 제1항 및 같은 법 시행령 제61조 제1항에 따라 미청구공사에 대한 대손충당금을 손비로 계상함. 기업회계기준을 적용하여 진행기준으로 수익을 인식함에 따라 발생하는 미청구공사가 법인세법 상 대손충당금 설정대상 채권에 해당하는지

[회신]

건설업을 영위하는 내국법인이 한국채택국제회계기준(K-IFRS)에 따라 손실충당금 인식대상인 계약자산으로 계상한 미청구공사는 「법인세법」 시행령 제61조 제1항에 따른 대손충당금 설정대상 채권에 해당하는 것임(서면-2023-법인-1079, 2023. 8. 23.).

❷ 매출채권에 대하여 보험에 가입한 경우 대손충당금 설정대상 채권인지 여부

내국법인이 거래처 부도 등의 대손사유로 매출채권을 회수할 수 없는 경우에 대비하여 대손사유 발생 시 회수불능 채권금액 중 일부금액을 지급받기로 하는 보험에 가입한 경우, 「법인세법 시행령」 제61조 제2항에 따른 "채권잔액"은 해당 매출채권의 장부가액 전체 금액을 기준으로 계산하는 것임(사전-2020-법령해석법인-0475, 2020. 6. 11.).

(3) 대손충당금 설정 제외 채권

1) 채무보증으로 인하여 발생한 구상채권

세법상 채무보증으로 발생된 구상채권에 대하여는 대손충당금을 설정할 수 없다(**법법 §34** ②). 그 이유는 채무보증에 의한 과도한 차입을 억제함으로써 재무구조건실화를 유도하고 연쇄도산으로 인한 사회적 비용이 증대되는 것 등을 막기 위해서이다. 그러나 다음에 해당

하는 채무보증으로 인하여 발생한 구상채권은 대손충당금을 설정할 수 있다(법법 §19의2②(1) 및 법령 §19의2⑥).

① 「독점규제 및 공정거래에 관한 법률」 제10조의2 제1항에 해당하는 채무보증

② 「법인세법 시행령」 제61조 제2항 각호의 어느 하나에 해당하는 금융회사 등이 행한 채무보증

③ 법률에 따라 신용보증사업을 영위하는 법인이 행한 채무보증

④ 「대·중소기업 상생협력 촉진에 관한 법률」에 따른 위탁기업이 수탁기업협의회의 구성원인 수탁기업에 대하여 행한 채무보증

⑤ 건설업 및 전기 통신업을 영위하는 내국법인이 건설사업(미분양주택을 기초로 하는 제10조 제1항 제4호 각목 외의 부분에 따른 유동화거래를 포함한다)과 직접 관련하여 제87조에 따른 특수관계인에 해당하지 아니하는 자에 대한 채무보증. 다만, 다음에 해당하는 자에 대한 채무보증은 제87조에 따른 특수관계인에 대한 채무보증을 포함한다 (법칙 §10의5).

㉮ 「사회기반시설에 대한 민간투자법」 제2조 제7호에 따른 사업시행자

㉯ 「국유재산법」 제13조 제2항 제1호 또는 「공유재산 및 물품 관리법」 제7조 제2항 제1호에 따라 기부한 행정재산을 운영하는 내국법인

㉰ 「법인세법」 제51조의2 제1항 제1호·제2호·제4호·제6호에 해당하는 내국법인 또는 이와 유사한 투자회사로서 「조세특례제한법」 제104조의31 제1항 각 호에 해당하는 내국법인

⑥ 「해외자원개발 사업법」에 따른 해외자원개발사업자가 해외자원개발사업과 직접 관련하여 해외에서 설립된 법인에 대하여 행한 채무보증 23 신설 [이 규정은 2023. 2. 28. 전의 채무보증으로 발생한 구상채권으로서 2023. 2. 28. 이후 해당 채권을 회수할 수 없게 되는 경우에도 적용함('23. 2. 28. 법령 개정부칙 §5).]

⑦ 「해외건설 촉진법」에 따른 해외건설사업자가 해외자원개발을 위한 해외건설업과 직접 관련하여 해외에서 설립된 법인에 대해 행한 채무보증 23 신설 [이 규정은 2023. 2. 28. 전의 채무보증으로 발생한 구상채권으로서 2023. 2. 28. 이후 해당 채권을 회수할 수 없게 되는 경우에도 적용함('23. 2. 28. 법령 개정부칙 §5).]

사례 보증채무대위변제 구상채권

구 분	결산상 회계처리	세무조정
자회사 A의 채무에 대하여 지급보증함	− ※ 우발부채이므로 회계처리하지 않음	−
자회사 A의 파산으로 보증채무 100 대위변제	(차) 구 상 채 권 100 (대) 현 금 100	−
자회사 A의 구상채권이 회수불능하게 됨	(차) 대손상각비 100 (대) 구상채권 100	\<손금불산입\> 구상채권 100 (기타사외유출)
인정이자	특수관계인	무상 또는 저율인 경우에 한함.

2) 특수관계인에게 업무와 관련 없이 지급한 가지급금

특수관계인에 대한 업무무관 가지급금이란 명칭여부에 불구하고 법인이 특수관계인에게 업무와 관련 없이 자금을 대여한 것(금융기관의 경우 주된 수익사업으로 볼 수 없는 자금의 대여액을 포함한다)을 말한다. 특수관계인에 대한 업무무관 가지급금은 대손충당금 설정대상 채권이 아니다(법법 §34② 및 §19의2②(2) 및 §28①(4)나). 이 경우 특수관계인에게 지급한 대여금이 업무무관 가지급금에 해당하는지 여부를 판단함에 있어 업무무관 여부 및 특수관계인지 여부는 대여시점을 기준으로 한다(서면−2021−법규법인−7996, 2023. 2. 7., 법법 §19①(2)).

다음에 해당하는 금전의 대여는 업무무관 가지급금에서 제외한다(법칙 §44).

① 「소득세법」 제132조 제1항 및 제135조 제3항에 따라 지급한 것으로 보는 배당소득 및 상여금(이하 "미지급소득"이라 함)에 대한 소득세(개인지방소득세와 미지급소득으로 인한 중간예납세액상당액을 포함하며, 다음 계산식에 따라 계산한 금액을 한도로 한다)를 법인이 납부하고 이를 가지급금 등으로 계상한 금액(해당 소득을 실제로 지급할 때까지의 기간에 상당하는 금액으로 한정함)

$$\text{미지급소득에 대한 소득세액} = \text{종합소득 총결정세액} \times \frac{\text{미지급소득}}{\text{종합소득금액}}$$

② 국외에 자본을 투자한 내국법인이 해당 국외투자법인에 종사하거나 종사할 자의 여비·급료 기타 비용을 대신하여 부담하고 이를 가지급금 등으로 계상한 금액(그 금액을 실지로 환부받을 때까지의 기간에 상당하는 금액에 한함)

③ 법인이 「근로자복지기본법」 제2조 제4호에 따른 우리사주조합 또는 그 조합원에게 해당 우리사주조합이 설립된 회사의 주식취득(조합원 간에 주식을 매매하는 경우와 조합원이 취득한 주식을 교환하거나 현물출자함으로써 「독점규제 및 공정거래에 관한 법률」에 의한 지주회사 또는 「금융지주회사법」에 의한 금융지주회사의 주식을 취득하

는 경우를 포함함)에 소요되는 자금을 대여한 금액(상환할 때까지의 기간에 상당하는 금액에 한함)

④ 「국민연금법」에 의하여 근로자가 지급받은 것으로 보는 퇴직금전환금(당해 근로자가 퇴직할 때까지의 기간에 상당하는 금액에 한함)

⑤ 「법인세법 시행령」제106조 제1항 제1호 단서의 규정에 의하여 대표자에게 상여처분한 금액에 대한 소득세를 법인이 납부하고 이를 가지급금으로 계상한 금액(특수관계가 소멸될 때까지의 기간에 상당하는 금액에 한함)

⑥ 직원에 대한 월정액급여액의 범위 안에서의 일시적인 급료의 가불금

⑦ 직원에 대한 경조사비 또는 학자금(자녀의 학자금을 포함함)의 대여액

⑧ 「조세특례제한법 시행령」제2조에 따른 중소기업에 근무하는 직원(지배주주 등인 직원은 제외함)에 대한 주택구입 또는 전세자금의 대여액

⑨ 「금융기관부실자산 등의 효율적 처리 및 한국자산관리공사의 설립에 관한 법률」에 의한 한국자산관리공사가 출자총액의 전액을 출자하여 설립한 법인이 대여한 금액

> **저자주** 특수관계인에 대한 업무무관 가지급금에 대하여는 지급이자 손금불산입, 대손금과 처분손실의 손금불산입, 대손충당금 설정대상 채권에서 제외하고 인정이자를 익금산입한다. 그러나 앞의 ①~⑨에 해당하는 것은 부득이한 사유가 있거나 복리후생을 위한 것이므로 이러한 규정을 적용하지 아니한다.

3) 특수관계인에게 고가 양도시 시가초과액

「법인세법 시행령」제88조 제1항 제1호의 규정에 의한 특수관계인과의 거래에 있어서 양도법인의 채권 중 시가초과 매입액은 대손충당금설정대상 채권에서 제외된다(법령 §61①(3)).

예를 들어, 갑법인이 특수관계인 을법인에게 제품(시가 1억원)을 3억원에 외상으로 판매하고 매출채권 3억원을 계상한 경우에 을법인은 시가초과매입액 2억원에 대하여 부당행위계산의 부인을 적용한다. 이 경우 갑법인의 매출채권 중 2억원(을법인의 부당행위계산의 부인 해당액)을 대손충당금 설정대상 채권에서 제외한다.

4) 매출채권과 받을어음의 배서양도(매각거래로 보는 경우)

매출채권과 받을어음을 배서양도한 경우에는 기업회계기준에 따라 매각거래와 차입거래로 구분한다. 매각거래로 보는 경우에는 매출채권과 받을어음을 제거해야 하므로 대손충당금 설정대상이 아니나, 차입거래로 보는 경우에는 매출채권과 받을어음을 계속 보유하고 있으므로 대손충당금 설정대상이다.

(4) 채권잔액

채권잔액이란 대손충당금 설정대상 채권의 「세무상」장부가액을 말한다. 따라서 재무상태표상 채권의 장부가액에서 설정대상이 아닌 채권을 차감하고 대손충당금 설정대상 채권

에 대한 유보(△유보)를 가산(차감)한다.

$$\frac{\text{대손충당금 설정대상}}{\text{채권잔액}} = \frac{\text{재무상태표상 대손충당금}}{\text{설정대상 채권잔액}} \pm \frac{\text{대손충당금 설정대상}}{\text{채권에 대한 유보}(\triangle\text{유보})}$$

① 동일 거래처에 채권과 채무가 함께 있는 경우 : 동일 거래처에 채권과 채무가 함께 있는 경우 채권과 채무를 상계한다는 약정이 없는 때에는 채권 전액에 대하여 대손충당금을 설정할 수 있다(법칙 §32②).

② 채권의 재조정에 따라 장부가액과 현재가치의 차액을 손금에 산입한 경우 : 내국법인이 기업회계기준에 따른 채권의 재조정에 따라 채권의 장부가액과 현재가치의 차액을 「법인세법 시행령」 제19조의2 제5항에 따라 손금에 산입한 경우 동 현재가치차금에 상당하는 금액은 대손충당금의 설정시 채권잔액에 포함되지 아니한다(법인-173, 2011. 3. 9.).

세부내용 **은행 등 법 소정 금융회사의 대손충당금 특례**

은행법의 인가를 받아 설립된 은행 등 법 소정 금융회사[2]의 대손충당금한도액은 다음과 같다(법령 §61②).

$$\text{Max}\begin{bmatrix} \text{금융위원회·행정안전부가 기획재정부장관과 협의하여 정하는 대손충당금적립기준에 의한 금액} \\ \text{채권잔액} \times 1\% \\ \text{채권잔액} \times \text{대손실적률} \end{bmatrix}$$

---

2) 은행법의 인가를 받아 설립된 은행 등 법 소정 금융회사는 다음과 같다(§34②).
  ① 「은행법」에 의한 인가를 받아 설립된 은행
  ② 「한국산업은행법」에 의한 한국산업은행
  ③ 「중소기업은행법」에 의한 중소기업은행
  ④ 「한국수출입은행법」에 의한 한국수출입은행
  ⑤ 「농업협동조합법」에 따른 농업협동조합중앙회(같은법 제134조 제1항 제4호의 사업에 한정한다)
  ⑥ 「수산업협동조합법」에 따른 수산업협동조합중앙회(같은법 제138조 제1항 제4호 및 제5호의 사업에 한정한다) 및 수협은행
  ⑦ 「자본시장과 금융투자업에 관한 법률」에 따른 투자매매업자 및 투자중개업자
  ⑧ 「자본시장과 금융투자업에 관한 법률」에 따른 종합금융회사
  ⑨ 「상호저축은행법」에 의한 상호저축은행중앙회(지급준비예탁금에 한한다) 및 상호저축은행
  ⑩ 보험회사
  ⑪ 「자본시장과 금융투자업에 관한 법률」에 따른 신탁업자
  ⑫ 「여신전문금융업법」에 따른 여신전문금융회사
  ⑬ 「산림조합법」에 따른 산림조합중앙회(같은법 제108조 제1항 제3호, 제4호 및 제5호의 사업에 한정한다)
  ⑭ 「한국주택금융공사법」에 따른 한국주택금융공사
  ⑮ 「자본시장과 금융투자업에 관한 법률」에 따른 자금중개회사
  ⑯ 「금융지주회사법」에 따른 금융지주회사
  ⑰ 「신용협동조합법」에 따른 신용협동조합중앙회(같은법 제78조 제1항 제5호, 제6호 및 제78조의2 제1항의 사업에 한정한다)
  ⑱ 「새마을금고법」에 따른 새마을금고중앙회(같은 법 제67조 제1항 제5호 및 제6호의 사업으로 한정한다)

(5) 세무조정

$$대손충당금\ 기말잔액 - 한도액 = \left[\begin{array}{l} (+) \ 한도초과액 \rightarrow 손금불산입(유보) \\ (-) \ 한도미달액 \rightarrow 세무조정\ 없음 \end{array} \right.$$

1) 대손충당금 기말잔액으로 한도액을 계산하는 이유

세법은 대손충당금을 총액법으로 설정한다. 총액법이란 전기 이월된 대손충당금을 당기 회수불능채권과 상계한 후 잔액을 모두 환입하고, 당기말 대손충당금잔액이 되어야 하는 금액을 당기에 설정하는 방법이다. 예컨대, 대손충당금 기초잔액이 400, 대손충당금감소액이 100이며 대손충당금 기말잔액이 되어야 하는 금액이 500인 경우 총액법은 대손충당금 설정전 잔액 300을 환입하고, 대손충당금 기말잔액이 되어야 하는 금액 500을 설정한다.

대손충당금

매 출 채 권	100	기 초 잔 액	400
대 손 충 당 금 환 입	300	대 손 상 각 비	500
기 말 잔 액	500		
	900		900

세법은 총액법으로 회계처리하므로 세무조정시 다음과 같은 결론이 도출된다.
① 대손충당금 한도초과액 계산 : 총액법에서는 대손충당금 기말잔액은 당기에 설정한 것이므로 대손충당금 기말잔액과 한도액을 비교하여 한도초과액을 계산한다.
② 전기 대손충당금부인액 : 전기 대손충당금은 당기에 모두 환입되어 소멸되므로 전기 대손충당금부인액은 무조건 손금산입한다.

2) 결산상 보충법으로 회계처리한 경우의 세무조정

보충법은 대손충당금 설정 전의 잔액과 대손충당금 기말잔액이 되어야 하는 금액을 비교하여 차액을 설정하거나 환입하는 방법이다. 앞의 사례를 보충법으로 회계처리하면 대손충당금 계정은 다음과 같다.

대손충당금

매 출 채 권	100	기 초 잔 액	400
기 말 잔 액	500	대 손 상 각 비	200
	600		600

보충법은 총액법과 달리 비용과 수익을 동시에 누락하였으나 당기순이익에는 차이가 없다. 이에 따라 세법은 결산상 보충법으로 회계처리한 경우에도 결산상 대손충당금을 총액법으로 설정한 것으로 보아 세무조정한다.

3) 대손충당금 시부인 단위

대손충당금한도액의 계산은 외상매출금·대여금 그 밖의 이에 준하는 채권의 장부가액의 개별채권에 대한 설정액의 합계액을 기준으로 하는 것이 아니고 대손충당금 대상채권의 장부가액의 합계액을 기준으로 계산하는 것이므로, 해당 법인이 개별채권에 대하여 대손충당금 설정을 달리 적용하거나 또는 대손충당금 설정대상채권이 아닌 채권에 대하여 대손충당금을 설정하였다 하더라도 해당 법인이 손금으로 계상한 대손충당금의 합계액이 동 손금산입 한도액을 초과하지 아니하는 경우에는 그 손금계상액 전액을 손금에 산입한다(서이 46012 -10667, 2003. 3. 31.).

사례 대손충당금 시부인 단위

구 분	대손충당금 기말잔액	대손충당금 한도액	세무조정
매출채권	300	400	–
가지급금	100	–	※ 대손충당금 기말잔액 400, 한도액 400이므로 세무조정 없음. 가지급금에 대한 대손충당금을 직접 손금불산입하지 않음.
계	400	400	

세부내용 합병·분할시 대손충당금의 승계

대손충당금을 손금에 산입한 내국법인이 합병하거나 분할하는 경우 그 법인의 합병등기일 또는 분할등기일 현재의 해당 대손충당금 중 합병법인등이 승계(해당 대손충당금에 대응하는 채권이 함께 승계되는 경우만 해당한다)받은 금액은 그 합병법인등이 합병등기일이나 분할등기일에 가지고 있는 대손충당금으로 본다(**법법 §34④**). 합병법인 등은 대손충당금 승계액을 결산상 대손충당금의 기초잔액에 가산한다. 합병·분할시 대손충당금을 승계한 경우 대손충당금에 대한 유보도 승계한다(**법령 §85**).

4. 대손금

(1) 대손금의 개념

대손금이란 채권의 회수불능으로 인한 손실을 말한다. 대손금은 먼저 대손충당금과 상계하고 대손충당금이 부족한 경우에는 비용으로 처리한다.

| 〈1순위〉 | (차) 대손충당금 | ××× | (대) 채 권 | ××× |
| 〈2순위〉 | (차) 대손상각비 | ××× | (대) 채 권 | ××× |

대손금을 대손충당금과 상계하지 않고 비용으로 처리해도 대손충당금을 총액법으로 처리하는 세무상 당기순이익은 적정표시되므로 세무조정은 불필요하다. 따라서 세무조정시 위

의 처리순서는 의미가 없다.

(2) 대손금이 될 수 없는 채권

대손금이 될 수 있는 채권에는 특별한 제한이 없다. 그러나 다음의 채권은 회수불능해도 대손금으로 손금에 산입할 수 없다.

구 분	대상채권	규제내용
제 재 목 적	• 특수관계인에 대한 업무무관가지급금* • 채무보증으로 인하여 발생한 구상채권	대손금과 처분손실의 손금불산입
이중혜택방지	• 대손세액공제를 받은 부가가치세 매출세액미수금	대손금 손금불산입

* 이 경우 특수관계인에 대한 판단은 대여시점을 기준으로 한다.

입법취지 대손금과 대손충당금 규정에서의 업무무관 가지급금의 특수관계인 판단시점

대여당시는 특수관계인이었으나 중간에 특수관계가 해소된 후 대손이 확정된 경우 그 대여금을 업무무관 가지급금으로 보아 대손금을 손금불산입할 것인지가 문제가 된다. 과세당국은 대여시 특수관계인 경우에는 그 후 특수관계가 해소되었더라도 업무무관 가지급금으로 보아 대손금을 손금불산입한다고 해석하였다. 그러나 대법원은 특수관계인에게 업무와 무관하게 가지급금을 제공한 후 대손사유가 발생하기 전에 특수관계가 소멸하였다면 더 이상 비정상적으로 자금을 대여하고 있다고 볼 수 없으므로 대손금을 손금에 산입할 수 있다고 판결하였다(대법원 2012두 6247, 2014. 7. 24., 대법원 2014두 2256, 2017. 12. 22.). 그러나 법인이 특수관계인에게 업무와 무관하게 가지급금을 제공한 후에 특수관계가 소멸하더라도 그 가지급금을 회수하기 전까지는 그 가지급금에 상당하는 자금을 해당 법인의 생산적인 부분에 사용하지 않고 있는 상태에 변함이 없으므로 법인세법은 동 가지급금에 대하여도 대손금을 손금에 산입할 수 없도록 하기 위해 대손금이 손금불산입되는 업무무관가지급금의 특수관계인에 대한 판단은 대여시점을 기준으로 한다는 규정을 신설하여 2021. 1. 1. 이후 대여하는 분부터 적용하도록 하였다.

구 분	대여시점	특수관계 해소 및 성립 여부	대손확정시점	세무상 처리
case1	특수관계	특수관계 해소	비특수관계	• 대손충당금 설정대상에서 제외 • 대손금 및 처분손실 손금불산입
case2	비특수관계	특수관계 성립	특수관계	• 대손충당금 설정대상 • 대손금 및 처분손실 손금산입

☐ 대여시 특수관계이었으나 그 후 특수관계가 소멸된 경우의 지급이자 손금불산입과 인정이자 익금산입

① 지급이자 손금불산입 : 업무무관 가지급금에 대한 지급이자 손금불산입규정은 특수관계가 있는 자에게 지출한 가지급금에 대하여 적용하는 것이므로 특수관계 소멸시점까지만 적용함이 타당함(법인 46012-1230, 1997. 5. 1.).

② 인정이자 : 가지급금에 대한 인정이자는 특수관계가 소멸하는 날까지 계산하는 것임(법인세과-62, 2012. 1. 16.).

(3) 회수불능 판단기준(대손사유)

신고조정사항	결산조정사항
① 소멸시효가 완성된 채권 　㉮ 상법에 따른 소멸시효가 완성된 외상매출금 및 미수금 　㉯ 어음법에 따른 소멸시효가 완성된 어음 　㉰ 수표법에 따른 소멸시효가 완성된 수표 　㉱ 민법에 따른 소멸시효가 완성된 대여금 및 선급금 ② 「채무자 회생 및 파산에 관한 법률」에 의한 회생계획인가의 결정 또는 「법원의 면책결정」에 따라 회수불능으로 확정된 채권 ③ 민사집행법에 의하여 채무자의 재산에 대한 경매가 취소된 압류채권 ④ 「서민의 금융생활 지원에 관한 법률」에 따른 채무조정을 받아 신용회복지원협약에 따라 면책으로 확정된 채권	① 채무자의 파산, 강제집행, 형의 집행, 사업폐지, 사망, 실종, 행방불명으로 인하여 회수할 수 없는 채권 ② 부도발생일*1)부터 6개월 이상 지난*2) 수표 또는 어음상 채권 및 중소기업의 외상매출금(부도발생일 이전의 것에 한함) 　※ 다만, 채무자의 재산에 대해 저당권을 설정하고 있는 경우 제외 ③ 회수기일이 6개월 이상 지난 채권 중 채권가액이 30만원 이하(채무자별 채권가액의 합계액을 기준으로 함)인 채권 ④ 재판상 화해 등 확정판결과 같은 효력을 가지는 것으로서 민사소송법에 따른 화해 및 화해권고결정, 민사조정법에 따른 결정(조정을 갈음하는 결정) 및 조정에 따라 회수불능으로 확정된 채권 ⑤ 중소기업의 외상매출금·미수금으로서 회수기일이 2년 이상 지난 경과한 외상매출금·미수금 　※ 다만, 특수관계인과의 거래로 인하여 발생한 외상매출금·미수금은 제외함 ⑥ 물품의 수출 또는 외국에서의 용역제공으로 발생한 채권으로서 기획재정부령으로 정하는 사유에 해당하여 무역에 관한 법령에 따라 한국무역보험공사로부터 회수불능으로 확인된 채권 ⑦ 금융회사 등의 채권(신기술사업금융업자의 경우에는 신기술사업자에 대한 것에 한정함) 중 다음의 채권 　㉮ 금융감독원장이 기획재정부장관과 협의하여 정한 대손처리기준에 따라 금융회사 등이 금융감독원장으로부터 대손금으로 승인받은 것 　㉯ 금융감독원장이 위 ㉮의 기준에 해당한다고 인정하여 대손처리를 요구한 채권으로 금융회사 등이 대손금으로 계상한 것 ⑧ 벤처투자회사의 창업자에 대한 채권으로서 중소벤처기업부장관이 기획재정부장관과 협의하여 정한 기준에 해당한다고 인정한 것

*1) 부도발생일은 소지하고 있는 부도수표나 부도어음의 지급기일을 말한다. 다만, 지급기일 전에 수표나 어음을 제시하여 금융기관으로부터 부도확인을 받은 경우에는 그 부도확인일로 한다.

*2) 부도어음, 부도수표, 중소기업의 외상매출금은 부도발생일부터 6개월이 되는 날의 다음 날부터 대손처리를 할 수 있다(서면3팀-1223, 2006. 6. 23.).

　　　예) 부도발생일부터 6개월 경과한 날(사업연도 : 1. 1.~12. 31.인 경우)

　　　　① 약속어음이 20×1. 6. 29.에 부도가 발생한 경우

　　　　　☞ 20×1. 6. 29.부터 6개월이 되는 날은 20×1. 12. 29.이므로 그 다음 날인 20×1. 12. 30.부터 대손처리 가능

　　　　② 약속어음이 20×1. 6. 30.에 부도가 발생한 경우

　　　　　☞ 20×1. 6. 30.부터 6개월이 되는 날은 20×1. 12. 31.이므로 그 다음 날인 20×2. 1. 1.부터 대손처리 가능 ☞ 20×1년에 대손처리하면 손금불산입됨.

(4) 대손금액

대손요건을 구비한 경우에는 회수불능 채권액을 대손처리할 수 있다. 다만, 부도발생일부터 6개월 이상 경과 사유로 대손처리하는 경우에는 수표·어음 1매당, 외상매출금은 거래처별로 1천원을 남겨 놓아야 한다. ☞ 채권 사후관리 목적

사례 소멸시효 완성 …… 신고조정사항

구 분	제21기(20×1.1.1.~20×1.12.31.)	제22기(20×2.1.1.~20×2.12.31.)
내 용	채권 10,000 소멸시효 완성	채권 10,000 대손처리
결 산 서		(차) 대손상각비　　　10,000 　　　(대) 채　　　권　　　10,000
세 무 조 정	<손금산입> 채권 10,000 (△유보)	<손금불산입> 채권 10,000 (유보)

※ 소멸시효 완성으로 인한 대손금은 신고조정사항이나 결산상 비용으로 처리하지 않았으므로 손금산입하고, 그 후 결산상 비용으로 회계처리할 때 손금불산입한다.

사례 부도 후 6개월 이상 경과한 어음상 채권 …… 결산조정사항

구 분	제21기(20×1.1.1.~20×1.12.31.)	제22기(20×2.1.1.~20×2.12.31.)
내 용	6. 1. 약속어음 10,000 부도발생	부도어음 대손처리
결 산 서	－	(차) 대손상각비　　　9,000 　　　(대) 채　　　권　　　9,000
세 무 조 정	－*	－

* 결산조정사항인 대손금은 대손요건을 구비하고 회계처리하는 사업연도의 손금으로 본다. 제21기에 대손요건을 구비했고 제22기에 회계처리를 하였으므로 대손금은 제22기의 손금이다.

┌───┐
│ **■ 사례 »** 대손금

다음 자료로 세무조정을 하시오.
① 상법에 따라 당기 7월 1일에 소멸시효가 완성된 외상매출금 1,000,000원이 있으나, 이를 당기
  에 대손처리하지 않고 장부상 채권으로 남겨두었다.
② 당기 2월 1일에 부도가 발생한 어음상의 채권 2,000,000원이 있으나, 이를 당기에 대손처리하
  지 않고 장부상 채권으로 남겨두었다. 소멸시효는 완성되지 아니하였다.
③ 특수관계법인에 업무와 관련 없이 지급한 대여금 3,000,000원이 특수관계법인의 파산으로 회수
  불가능하게 됨에 따라 당기 6월 1일에 대손처리하여 비용으로 계상하였다.

▌해답▐

① <손금산입> 외상매출금 1,000,000 (△유보)
  소멸시효 완성으로 인한 대손금은 신고조정사항이나, 이를 결산상 대손처리하지 않았으므로 손
  금산입한다.
② 세무조정 없음
  부도 후 6개월 경과사유로 인한 대손금은 결산조정사항이다. 결산조정사항인 대손금을 결산상
  대손처리하지 않았으므로 세무조정은 없다.
③ <손금불산입> 대여금 3,000,000 (기타사외유출)
  특수관계인에 대한 업무무관 가지급금은 회수불능해도 대손금을 손금으로 인정하지 않는다.
  특수관계인에 대한 업무무관 가지급금을 결산상 대손처리하였으므로 손금불산입한다.
└───┘

(5) 상각채권의 회수

대손처리한 채권을 회수한 경우에는 당초 대손처리시 손금에 산입된 경우에는 익금항목
으로 보나, 손금불산입된 경우에는 익금불산입항목으로 본다(**법령 §11(7)**).

• 손금산입액의 회수액 : 익금항목
• 손금불산입액의 회수액 : 익금불산입항목

사례 상각채권의 회수

구 분	제21기	제22기
내 용	대손처리	상각채권 회수
결 산 서	(차) 대손상각비 100 (대) 채 권 100	(차) 현 금 100 (대) 수 익 100

☞ 제5기 대손금이 손금인 경우와 손금이 아닌 경우의 세무조정

대 손 금	제21기	제22기
손금인 경우	세무조정 없음	세무조정 없음
손금이 아닌 경우	<손금불산입> 채권 100 (유보)	<익금불산입> 채권 100 (△유보)

※ 상각채권 회수액을 대손충당금 증가액으로 처리한 경우에도 수익으로 처리한 경우와 당기순이익에 차이가 없으
므로 수익으로 회계처리한 경우와 동일하게 세무조정한다.

세부내용 합병·분할시 대손금 계상 특례

법인이 다른 법인과 합병하거나 분할하는 경우로서 결산조정사항에 해당하는 대손금을 합병등기일 또는 분할등기일이 속하는 사업연도까지 손비로 계상하지 아니한 경우에도 그 대손금은 해당 법인의 합병등기일 또는 분할등기일이 속하는 사업연도의 손금으로 한다(법령 §19의2④). 이는 피합병법인으로부터 결산조정사항인 대손요건을 구비한 채권을 합병법인이 승계하여 대손처리함으로써 조세를 회피하는 것을 방지하기 위한 규정이다.

5. 채권재조정에 따라 대손금을 계상한 경우의 세무처리

(1) 채권재조정에 따른 대손금의 인정 여부

법인이 기업회계기준에 따른 채권을 재조정에 따라 채권의 장부가액과 현재가치와의 차액을 대손금으로 계상한 경우에는 이를 손금에 산입하며, 손금에 산입한 금액은 기업회계기준의 환입방법에 따라 익금에 산입한다(법령 §19의2⑤).

일반기업회계기준에는 채권의 재조정규정이 있으므로 채권재조정에 의하여 장부가액과 현재가치의 차액을 대손금으로 계상하면 손금으로 인정된다(일반기준 6.97). 종전의 K-IFRS 제1039호[금융상품 : 인식과 측정]에는 채권 재조정규정이 없으므로 법인이 채권재조정을 하고 장부가액과 현재가치의 차액을 대손금으로 계상한 경우에도 손금으로 인정하지 아니한다(법인세과-296, 2013. 6. 19.). 그러나 2018. 1. 1. 이후 개시한 회계연도부터 적용되는 K-IFRS 제1109호[금융상품]에는 "계약상 현금흐름의 변경"에서 금융자산의 계약상 현금흐름이 재협상되거나 변경되었으나 그 금융자산이 이 기준서에 따라 제거되지 아니하는 경우에는 해당 금융자산의 총 장부금액을 재계산하고 변경손익을 당기손익으로 인식하도록 하고 있으므로(K-IFRS 1109호 문단 5.4.3.) 그 규정에 따라 대손금을 계상하면 손금으로 인정된다고 보아야 할 것이다.

구 분	일반기업회계기준	K-IFRS	
		K-IFRS 제1039호	K-IFRS 제1109호
채권재조정	규정 있음 (일반기준 문단 6.97)	규정 없음	규정 있음 (문단 5.4.3)

내국법인이 기업회계기준에 따른 채권의 재조정에 따라 채권의 장부가액과 현재가치의 차액을 대손금으로 계상한 경우에는 이를 손금에 산입하며, 손금에 산입한 금액은 기업회계기준의 환입방법에 따라 익금에 산입한다(법령 §19의2⑤).

(2) 채권재조정 후 대손충당금 한도액 계산

일반기업회계기준에 따라 채권재조정에 대하여 회계처리하는 경우, 채권의 장부가액과 현재가치의 차액은 다음과 같이 처리한다.

(차) 대 손 상 각 비　　×××　　　(대) 대 손 충 당 금　　×××

세법은 조건 변경으로 인한 채권의 명목가치와 현재가치의 차액을 결산서에 대손금으로 계상한 경우 채권이 감액된 것으로 본다. 따라서 세무상 회계처리는 다음과 같다.

(차) 대 손 상 각 비　　　×××　　　(대) 채　　　　　권　　×××

일반기업회계기준에 따라 회계처리한 경우에는 비용은 동일하나, 채권을 감액할 것을 대손충당금으로 회계처리하였으므로 다음과 같이 양편조정을 한다.

구　분	내　용					
결　산　서	(차) 대손상각비　×××			(대) 대손충당금　×××		
세　　법	(차) 대손상각비　×××			(대) 외상매출금　×××		
세무조정	익금산입 및 손금불산입			손금산입 및 익금불산입		
	과목	금액	소득처분	과목	금액	소득처분
	대손충당금	×××	유보	외상매출금	×××	유보

이 경우 대손충당금 한도액 계산시 다음에 유의해야 한다.

① 채권의 장부가액 : 외상매출금에 대한 △유보를 결산상 채권의 장부가액에서 차감하여 세무상 채권의 장부가액을 계산한다.

② 대손실적률 : 손금으로 인정된 금액은 대손실적률 계산시 대손금으로 보지 않는다. 손금산입액은 그 후에 유효이자율법에 따라 환입하여 수익으로 계상되므로 대손실적률 계산에 포함되는 대손금으로 볼 수 없기 때문이다(법인-2015, 2008. 8. 14.).

▌사례 》　대손충당금 및 대손금 세무조정

다음 자료에 의하여 중소기업인 ㈜한공의 제24기 사업연도(2024. 1. 1.~2024. 12. 31.)의 세무조정을 하고, 대손충당금 및 대손금조정명세서를 작성하시오.

〈자료〉

1. 전기유보금 내역
　① 대손충당금한도초과액 : 2,000,000원
　② 대손금부인액(부도어음) : 8,999,000원(제23기 6월 30일 부도발생한 어음으로 어음상 금액은 9,000,000원이나 1,000원을 제외한 금액을 대손처리함. 채무자 재산에 저당권은 설정되지 않음)

2. 당기 대손충당금 계정의 내역

기초잔액	당기설정액	당기상계액	기말잔액
35,000,000	36,000,000	21,000,000	50,000,000

당기 상계액은 12월 31일에 대손처리한 금액으로 그 중 5,000,000원은 채무자의 폐업으로 대손처리한 외상매출금(회수기일 2024. 4. 11.)이나 대손요건을 충족하지 못한 것이며, 16,000,000원은 제24기 10월 1일에 법원의 면책결정으로 회수불능이 확정된 외상매출금(제품판매관련)이다.

3. 당기말 재무상태표상 채권잔액은 다음과 같다.
   ① 매출채권　　　　 850,000,000원 (제품판매로 인한 채권)
   ② 대여금　　　　 100,000,000원 (대표이사 업무무관가지급금 50,000,000원 포함)
   ③ 미수금　　　　 10,000,000원 (토지 처분 미수금)
   ④ 선급금　　　　 <u>30,000,000원</u> (원재료 구입을 위한 선급금)
   　　계　　　　 <u>990,000,000원</u>

4. 전기 재무상태표상 대손충당금 설정대상 채권 : 824,301,000

▌ 해답 ▌

1. 채권분석표

| 구 분 | 기초잔액 | 당기감소 | | 기말잔액 |
		대손금	기 타	
B / S 상 잔 액	① 824,301,000	② 21,000,000	③	④ 990,000,000
채 권 유 보	⑤ 8,999,000	⑥손入8,999,000 손不5,000,000		⑦ 5,000,000
설 정 제 외 채 권	⑧ －			⑨ 50,000,000
세 무 상 잔 액	⑩ 833,300,000	⑪ 24,999,000		⑫ 945,000,000

• 대손충당금 한도액 $= 945{,}000{,}000 \times \text{Max}[1\%, \frac{24{,}999{,}000}{833{,}300{,}000} = 3\%] = 28{,}350{,}000$

• 대손충당금 한도초과액 $= 50{,}000{,}000 - 28{,}350{,}000 = 21{,}650{,}000$

〈채권분석표 작성방법〉

대손충당금에 대한 세무조정은 복잡하고 실수하기 쉬우므로 대손충당금에 대한 세무조정을 신속·정확하게 하기 위해 만든 것이 채권분석표이다. 채권분석표는 다음과 같이 작성한다.
① 전기말 B/S상 채권 잔액을 적는다.
② 당기 대손처리한 금액을 적는다. 채권을 대손처리할 때 대손충당금과 상계했든 대손상각비로 비용으로 회계처리했든 상관 없이 모두 대손금란에 적는다.
③ 대손금에 기업업무추진비(거래관계 개선목적 포기한 채권)와 같이 대손금이 아닌 것이 포함된 경우 대손금에서 제외하고 기타란에 적는다. 이 경우 기업업무추진비는 기업업무추진비 해당액에 포함하여 기업업무추진비 한도초과액을 계산해야 한다.
④ B/S상 채권의 기말잔액을 적는다.

⑤ 전기말 채권에 대한 대손금 부인액(유보)을 적는다.

⑥ 전기말 대손금부인액이 추인되는 금액과 당기대손금 중 대손요건 미비로 손금불산입되는 금액에 대한 세무조정내용을 적는다.

⑦ 전기말 채권에 대한 유보에서 ⑥의 세무조정으로 증가된 유보를 더하고 감소된 유보를 뺀 당기말 채권에 대한 유보를 적는다.

⑧ 전기말 B/S상 채권에 포함되어 있는 대손충당금 설정대상이 아닌 채권을 적는다.

⑨ 당기말 B/S상 채권에 포함되어 있는 대손충당금 설정대상이 아닌 채권을 적는다.

⑩ 전기말 B/S상 채권에서 설정제외채권을 빼고 유보를 더하고 △유보는 뺀 세무상 대손충당금설정대상 채권을 적는다.

⑪ 당기 대손금(②)에서 대손금 손금불산입액은 빼고 대손금 손금산입액은 더해서 계산한 세무상 당기 대손금을 적는다.

⑫ ⑩과 같은 방법으로 계산한 당기말 세무상 대손충당금 설정대상 채권잔액을 적는다.

2. 세무조정사항 요약

익금산입 및 손금불산입			손금산입 및 익금불산입		
과 목	금 액	소득처분	과 목	금 액	소득처분
외상매출금	5,000,000	유보	전기대손충당금	2,000,000	유보
대손충당금	21,650,000	유보	부도어음	8,999,000	유보

▌해설▐

1. 전기 대손충당금부인액

전기 대손충당금 부인액은 무조건 다음 연도에 손금산입해야 한다.

2. 부도어음 대손금 부인액

전기에 6개월 미경과로 부인된 부도어음은 당기말에는 6개월 이상 경과요건을 구비하므로 손금 추인해야 한다.

3. 당기 대손충당금 한도액 계산시 채권 유보

결산상 채권잔액에 가감하는 채권유보는 당기 대손금조정 후 채권유보이다. 채권 기초유보에 당기 유보의 증감을 고려하여 채권 기말유보를 계산해야 한다.

4. 대손충당금 한도초과액

세법은 총액법을 사용하므로 당기에 비용으로 계상한 대손충당금증가액(36,000,000원)에 대손충당금기초잔액에서 당기 대손금과 상계하고 남은 잔액(35,000,000 − 21,000,000=14,000,000)을 보충 설정한 것으로 보므로 설정액은 기말잔액인 50,000,000원이 된다.

기말잔액 50,000,000원을 대손충당금한도액과 비교한다.

[별지 제34호 서식] (2019. 3. 20. 개정)

(앞쪽)

사 업 연 도	2024. 1. 1. ~ 2024. 12. 31.	대손충당금 및 대손금조정명세서	법 인 명	㈜안공
			사 업 자 등 록 번 호	

1. 대손충당금조정

손 금 산입액 조 정	① 채권잔액 (⑳의 금액)	② 설정률			③ 한도액 (①×②)	회사계상액			⑦ 한도초과액 (⑥-③)
		(ㄱ) $\frac{1(2)}{100}$ ( )	(ㄴ) 실적률 (3%)	(ㄷ) 적립기준 ( )		④ 당기계상액	⑤ 보충액	⑥ 계	
	945,000,000				28,350,000	36,000,000	14,000,000	50,000,000	21,650,000

익 금 산입액 조 정	⑧ 장부상 충당금 기초잔액	⑨ 기중 충당금 환입액	⑩ 충당금 부 인 누계액	⑪ 당기 대손금 상 계 액 (⑳의 금액)	⑫ 당기 설정충당금 보 충 액	⑬ 환입할 금 액 (⑧-⑨-⑩ -⑪-⑫)	⑭ 회사 환입액	⑮ 과소환입 · 과다환입(△) (⑬-⑭)
	35,000,000		2,000,000	21,000,000	14,000,000	-2,000,000		-2,000,000

채 권 잔 액	⑯ 계정과목	⑰ 채권잔액의 장부가액	⑱ 기말 현재 대손금부인누계	⑲ 합계 (⑰+⑱)	⑳ 충당금 설정제외 채 권	㉑ 채권잔액 (⑲-⑳)	비고
	매출채권	850,000,000	5,000,000	855,000,000		855,000,000	
	대여금	100,000,000		100,000,000	50,000,000	50,000,000	
	미수금	10,000,000		10,000,000		10,000,000	
	선급금	30,000,000		30,000,000		30,000,000	
	계	990,000,000	5,000,000	995,000,000	50,000,000	945,000,000	

2. 대손금조정

㉒ 일자	㉓ 계정 과목	㉔ 채권 명세	㉕ 대손 사유	㉖ 금액	대손충당금상계액			당기 손금계상액			비고
					㉗ 계	㉘ 시인액	㉙ 부인액	㉚ 계	㉛ 시인액	㉜ 부인액	
12/31	외상매출금	제품판매대	폐업	5,000,000	5,000,000		5,000,000				
12/31	외상매출금	제품판매대	면책결정	16,000,000	16,000,000	16,000,000					
	계			21,000,000	21,000,000	16,000,000	5,000,000				

3. 한국채택국제회계기준 등 적용 내국법인에 대한 대손충당금 환입액의 익금불산입액의 조정

㉝ 대손충당금 환입액의 익금불산입 금액	익금에 산입할 금액			㊱ 차액 Min[㉝, Max(0,㉞-㉟)]	㊲ 상계 후 대손충당금 환입액의 익금불산입 금액(㉝-㊱)	비 고
	㉞ 「법인세법」 제34조제1항에 따라 손금에 산입해야 할 금액 Min(③,⑥)	㉟ 「법인세법」 제34조제4항에 따라 익금에 산입해야 할 금액 Max[0, (⑧-⑩-⑪)]				

4. 구상채권상각충당금

1. 개 요

법률에 따라 신용보증사업을 하는 내국법인 중 일정한 법인이 각 사업연도의 결산을 확정할 때 구상채권상각충당금(求償債權償却充當金)을 손비로 계상한 경우에는 법령이 정하는 금액의 범위에서 그 계상한 구상채권상각충당금을 해당 사업연도의 소득금액을 계산할 때 손금에 산입한다(법법 §35①).

2. 설정대상법인

구상채권상각충당금을 설정할 수 있는 법인은 다음에 해당하는 법인을 말한다(법령 §63①).

① 「신용보증기금법」에 따른 신용보증기금
② 「기술신용보증기금법」에 따른 기술신용보증기금
③ 「농림수산업자신용보증법」에 따른 농림수산업자신용보증기금
④ 「한국주택금융공사법」에 따른 주택금융신용보증기금[3]
⑤ 「무역보험법」에 따른 한국무역보험공사
⑥ 「지역신용보증재단법」 제35조에 따른 신용보증재단
⑦ 「산업재해보상보험법」에 따른 근로복지공단(근로자 신용보증 지원사업에서 발생한 구상채권에 한정한다)
⑧ 「사회기반시설에 대한 민간투자법」에 따른 산업기반신용보증기금
⑨ 「지역신용보증재단법」 제35조에 따른 신용보증재단중앙회
⑩ 「서민의 금융생활 지원에 관한 법률」 제3조에 따른 서민금융진흥원
⑪ 「엔지니어링산업진흥법」에 따른 엔지니어링공제조합
⑫ 「소프트웨어 진흥법」에 따른 소프트웨어공제조합
⑬ 「방문판매 등에 관한 법률」에 따른 공제조합
⑭ 「한국주택금융공사법」에 따른 한국주택금융공사
⑮ 「건설산업기본법」에 따른 공제조합[4]

---

3) 주택법에 따라 설립되어 주택건설사업과 관련한 각종 보증 또는 국가의 위탁업무를 수행하는 신용보증기관이 K-IFRS에 따른 보험계약기준서의 보험계약을 적용받음에 따라 지급준비금으로 계상한 금액과 부채적정성평가 추가적립액으로 계상한 금액은 책임준비금에 해당되므로 구상채권상각충당금으로 보아 「법인세법」 제35조에 따른 손금산입 규정을 적용할 수 없다(법규법인 2011-364, 2011. 12. 9.).

4) 건설산업기본법에 의한 "대위변제준비금"이 「법인세법 시행령」 제63조 제2항의 신용보증잔액에 대하여 계상하는 경우 "구상채권상각충당금"으로 손금처리가 가능하다(법인-1976, 2008. 8. 12.).

⑯ 「전기공사공제조합법」에 따른 전기공사공제조합

⑰ 「산업발전법」에 따른 자본재공제조합

⑱ 「소방산업의 진흥에 관한 법률」에 따른 소방산업공제조합

⑲ 「정보통신공사업법」에 따른 정보통신공제조합

⑳ 「건축사법」에 따른 건축사공제사업

㉑ 「건설기술진흥법」 제74조에 따른 공제조합

㉒ 「콘텐츠산업진흥법」 제20조의2에 따른 콘텐츠공제조합

3. 구상채권상각충당금 손금산입 한도

구상채권상각충당금은 해당 사업연도 종료일 현재의 신용보증사업과 관련한 신용보증잔액[5]에 1%와 구상채권발생률(직전 사업연도 종료일 현재의 신용보증잔액 중 해당 사업연도에 발생한 구상채권의 비율을 말한다) 중 낮은 비율을 곱하여 계산한 금액을 한도로 한다 (법법 §35① 및 법령 §63③).

4. 구상채권상각충당금의 손금산입방법

구상채권상각충당금 설정대상법인이 구상채권상각충당금을 세법상 손금에 산입하고자 할 때에는 사업연도의 결산을 할 때 이를 비용으로 계상하여야 한다.

5. 대손금의 상계 허용

구상채권상각충당금을 손금으로 계상한 내국법인이 다음에 해당하는 대손금이 발생한 경우에는 그 대손금은 구상채권상각충당금과 상계할 수 있다(법령 §63④).

(1) 대손금 사유에 해당하는 구상채권

법인세법 시행령 제19조의2 【대손금의 손금불산입】의 대손요건에 해당하는 구상채권

---

5) 신용보증사업을 영위하는 법인이 세법상 구상채권상각충당금으로 손금에 산입함에 있어 법률에 따른 신용보증금액의 일부에 대하여 담보를 취득한 경우에도 이를 해당 신용보증잔액에 포함하여 계산한다(서면2팀-782, 2004. 4. 14.).

(2) 그 밖의 구상채권

해당 법인의 설립에 관한 법률에 의한 운영위원회(농림수산업자 신용보증기금의 경우에는 농림수산업자 신용보증심의회, 신용보증재단의 경우에는 「지역신용보증재단법」 제35조에 따른 신용보증재단중앙회, 근로복지공단의 경우에는 이사회를 말함)가 기획재정부장관과 협의하여 정한 기준에 해당한다고 인정한 구상채권(법령 §63④(2))

6. 환 입

손금에 산입한 구상채권상각충당금 중 대손금과 상계하고 남은 금액은 다음 사업연도의 소득금액계산에 있어서 익금에 산입한다(법법 §35③).

7. 상각채권추심익에 대한 익금 귀속연도

대손금으로 처리한 상각채권 중 회수된 금액은 회수된 날이 속하는 사업연도의 익금에 산입한다.

5. 일시상각충당금과 압축기장충당금

1. 개 요

공사부담금·국고보조금 및 보험차익은 익금항목이나 이를 일시에 과세하면 자산 취득에 사용할 자금이 세금으로 유출되어 자산 취득에 어려움이 발생한다. 이에 따라 자산의 취득가액을 일시에 손금산입한 후 감가상각비와 상계하거나 자산처분시 익금산입하는 과세이연제도를 두고 있다.

공사부담금 등으로 취득한 자산이 상각자산이면 일시상각충당금, 비상각자산이면 압축기장충당금을 설정한다. 일시상각충당금과 압축기장충당금을 결산에 반영하는 것은 기업회계기준에 위배되므로 법인의 선택에 따라 신고조정(임의조정사항)할 수 있다.

국고보조금 등으로 취득한 사업용자산에 대하여 일시상각충당금이나 압축기장충당금을 설정하여 손금에 산입하면 사업용자산을 취득한 사업연도에는 법인세가 줄어들지만, 그 후 해당 자산을 감가상각할 때 감가상각비를 일시상각충당금과 상계하여야 하고, 그 자산 양도시 일시상각충당금이나 압축기장충당금을 전액 환입해야 하므로 법인세가 늘어난다. 따라서 일시상각충당금과 압축기장충당금 제도는 법인세 감면제도가 아니라, 국고보조금 등을 수령한 사업연도에 일시에 과세하지 않고 내용연수 동안 분할하여 과세하거나 처분시 일시에 과세하는 과세유예제도이다.

예를 들어, 어떤 법인(사업연도 : 1. 1.~12. 31.)이 20×1년 1월 초에 「보조금 관리에 관한 법률」에 따라 국고보조금 100억원을 받아 20×1년 1월 말에 기계장치를 취득하였다고 하자. 기계장치의 내용연수가 4년이고 정액법으로 매년 25억원씩 감가상각한다고 가정하는 경우 일시상각충당금을 설정하지 않는 경우와 설정하는 경우의 익금(국고보조금)과 손금(감가상각비와 일시상각충당금)을 비교해 보자.

● 일시상각충당금 설정시와 미설정 시 손익 비교 ●

(단위:억원)

구 분	20×1년	20×2년	20×3년	20×4년	합계
일시상각충당금 미설정	익금 100 손금 25	익금 - 손금 25	익금 - 손금 25	익금 - 손금 25	익금 100 손금 100
일시상각충당금 설정	익금 100 손금 100	익금 - 손금 -	익금 - 손금 -	익금 - 손금 -	익금 100 손금 100

일시상각충당금을 손금에 산입하면 법인세가 감소하나 그 후 감가상각비를 일시상각충당금과 상계하므로 법인세가 증가한다. 따라서 일시상각충당금 제도는 국고보조금에 대한 과세를 감가상각이나 처분시까지 이연하는 제도일뿐 법인세 감면제도는 아니다.

◉ K-IFRS와 법인세법의 비교 ◉

구 분	K-IFRS	법인세법
공사부담금	K-IFRS 제1115호[고객과의 계약에서 생기는 수익]에 따라 수익인식*	
자산 취득 목적의 정부보조금	기준서 제1020호 "정부보조금의 회계처리와 정부지원의 공시"에 따라 다음 두 가지 중 선택* ① 자산 장부금액에서 차감표시한 후 내용연수에 걸쳐 감가상각비와 상계 ② 이연수익으로 처리한 후 내용연수에 걸쳐 수익으로 인식	익금으로 보되, 일시상각충당금 등을 설정하여 과세이연 가능
보험차익	자산의 손상차손을 인식하고 보험금은 별도의 수익으로 회계처리	보험차익(보험금에서 손상액을 뺀 금액)을 익금으로 보되, 일시상각충당금을 설정하여 과세이연 가능

* 일반기업회계기준은 공사부담금을 정부보조금과 같은 방법으로 회계처리하도록 하고 있고, 정부보조금은 자산차감방법만 인정한다는 점에서 K-IFRS와 다르다(문단 17.1, 17.5).

2. 일시상각충당금 등의 손금산입

(1) 손금산입 요건

구 분	공사부담금	국고보조금	보험차익
대상	일정한 사업[*1]을 영위하는 법인이 그 사업에 필요한 시설을 하기 위하여 해당 시설의 수요자 또는 편익자로부터 수령한 공사부담금	일정한 법률[*2]에 따라 받은 국고보조금	유형자산의 멸실이나 손괴로 인하여 발생한 보험차익
자산 취득요건	공사부담금을 제공받은 사업연도의 다음 사업연도 개시일부터 1년 이내[*3]에 유형자산 및 무형자산의 취득에 사용하거나, 유형자산 및 무형자산을 취득하고 이에 대한 공사부담금을 사후에 제공받은 경우[*4]	국고보조금을 지급받은 사업연도의 다음 사업연도 개시일부터 1년 이내[*3]에 사업용 자산을 취득하거나 개량하는 데에 사용한 경우 또는 사업용 자산을 취득하거나 개량하고 이에 대한 국고보조금을 사후에 지급받은 경우[*4]	보험금을 지급받은 사업연도의 다음 사업연도 개시일부터 2년 이내[*3]에 멸실한 보험대상자산과 같은 종류의 유형자산[*6]의 취득하거나 손괴된 유형자산의 개량에 사용한 경우 ※ 개별보험대상자산별로 사용한 금액을 계산

구 분	공사부담금	국고보조금	보험차익
손금 산입액	공사부담금으로 취득한 유형자산 및 무형자산의 취득가액	국고보조금으로 취득한 사업용 자산[*5]의 취득가액	보험차익으로 취득한 같은 종류의 자산의 취득가액 또는 손괴된 자산의 개량에 사용한 금액
손금산입 시기	지급받은 사업연도	지급받은 사업연도	지급받은 사업연도

*1 일정한 사업은 다음과 같다(법법 §37①, 법령 §65①).
 ① 「전기사업법」에 따른 전기사업
 ② 「도시가스사업법」에 따른 도시가스사업
 ③ 「액화석유가스의 안전관리 및 사업법」에 따른 액화석유가스 충전사업, 액화석유가스 집단공급사업 및 액화석유가스 판매사업
 ④ 「집단에너지사업법」 제2조 제2호에 따른 집단에너지공급사업
 ⑤ 「지능정보화 기본법」에 따른 초연결지능정보통신기반구축사업
 ⑥ 「수도법」에 의한 수도사업
*2 일정한 법률이란 다음의 법률을 말한다.
 ① 「보조금관리에 관한 법률」
 ② 지방재정법
 저자주 법인세법에는 지방재정법으로 되어 있으나 법인세법 시행령에는 「지방자치단체 보조금 관리에 관한 법률」로 되어 있음. 2021. 7. 12.부터 「지방자치단체 보조금 관리에 관한 법률」이 시행되므로 지방재정법은 「지방자치단체 보조금 관리에 관한 법률」로 개정되어야 할 것으로 보임.
 ③ 「농어촌 전기공급사업 촉진법」
 ④ 전기사업법
 ⑤ 「사회기반시설에 대한 민간투자법」
 ⑥ 한국철도공사법
 ⑦ 농어촌정비법
 ⑧ 「도시 및 주거환경정비법」
 ⑨ 산업재해보상보험법
 ⑩ 환경정책기본법
 ⑪ 산업기술혁신촉진법 24신설 ('24. 1. 1. 이후 개시하는 사업연도 분부터 적용)
*3 다음의 사유로 인하여 공사부담금·국고보조금·보험차익을 기한 내에 사용하지 못한 경우에는 그 사유가 종료된 사업연도의 종료일을 그 기한으로 본다(법법 §36②).
 ① 공사의 허가 또는 인가 등이 지연되는 경우
 ② 공사를 시행할 장소의 미확정 등으로 공사기간이 연장되는 경우
 ③ 용지의 보상 등에 관한 소송이 진행되는 경우
 ④ 그 밖의 위의 ① 내지 ③에 준하는 사유가 발생한 경우
*4 유형자산 및 무형자산을 취득(국고보조금은 개량 포함)한 후 국고보조금이나 공사부담금을 받은 때에는 지급일이 속하는 사업연도 이전 사업연도에 이미 손금에 산입한 감가상각비에 상당하는 금액은 일시상각충당금 손금산입액에서 제외한다.
 예 20×1년 건물 100 취득하여 감가상각비 10 손금산입. 20×2년에 건물에 대한 국고보조금 100을 받은 경우
  ☞ 20×2년에 일시상각충당금 90을 손금산입할 수 있음(∵ 국고보조금 수령 후 건물의 장부가액이 90이므로 일시상각이 가능한 금액은 90임).
*5 사업용 자산이란 사업용 유형자산 및 무형자산과 석유류를 말한다(법령 §64①).
*6 같은 종류의 유형자산이란 멸실한 보험대상지산을 대체하여 취득한 유형자산으로서 그 용도나 목적이 멸실한 보험대상자산과 같은 것을 말한다(법령 §66①). 건물의 보험차익을 토지의 취득에 사용한 경우에는 건물과 토지는 동일한 자산이 아니므로 이 규정을 적용할 수 없다.

비교 보험차익에 대한 K-IFRS와 세법의 회계처리 비교

- **K-IFRS**

  보험사고 발생으로 인한 자산 손상과 보험금 수령을 별개의 경제적 사건으로 보아 다음과 같이 회계처리한다(1016호 문단 66).

(차) 손 상 차 손	100	(대) 건 물	100
(차) 현 금	200	(대) 보험금수익	200

- **세법**

  보험사고 발생으로 인한 자산 손상과 보험금 수령을 하나의 경제적 사건으로 보아 다음과 같이 회계처리한다(법법 §38).

(차) 현 금	200	(대) 건 물	100
		보 험 차 익	100

(2) 손금산입시기

공사부담금 등을 지급받은 사업연도에 자산을 취득하지 못한 경우에도 법인세 신고시 「공사부담금 등 사용계획서」를 관할 세무서장에게 제출하면 일시상각충당금(또는 압축기장충당금)을 손금에 산입할 수 있다(법법 §36②·§37②·§38②). 이 경우 그 사업연도의 다음 사업연도 개시일부터 1년(보험차익 2년) 이내에 자산을 취득해야 하며, 다음의 사유가 발생한 때에는 사유가 발생한 사업연도에 일시상각충당금을 익금에 산입한다(법법 §36③·§37②·§38②).

① 사용기간 이내에 자산을 취득하지 아니한 때
② 자산을 취득하기 전에 폐업 또는 해산한 때. 다만, 합병 또는 분할로 인하여 해산하는 경우로서 합병법인 등이 그 금액을 승계한 경우를 제외한다.

3. 일시상각충당금의 사용 및 환입

(1) 일시상각충당금의 감가상각비와의 상계 및 환입

일시상각충당금을 설정한 자산의 감가상각비는 일시상각충당금과 상계한다. 유형자산 및 무형자산의 취득가액 중 일부에 대하여 일시상각충당금을 설정한 경우에는 일시상각충당금에 대한 감가상각비를 일시상각충당금과 상계한다(법령 §64④, §65②, §66③).

$$\text{일시상각충당금에 대한 감가상각비} = \text{감가상각비} \times \frac{\text{일시상각충당금}}{\text{신규취득자산가액}}$$

일시상각충당금이 설정된 자산을 처분하는 경우에는 일시상각충당금 잔액을 환입한다.

┃ 사례 ≫ 보험차익에 대한 일시상각충당금

㈜한공의 제21기 사업연도(1. 1.~12. 31.)의 다음 자료에 의하여 조세부담 최소화의 가정에서 세무조정을 하시오.

(단위:백만원)

일자	구 분	결산상 회계처리
1. 5.	화재로 건물(장부가액 100)이 소실되어 보험금 300을 받음	(차) 현　　　금 300　(대) 건　　　물 110 　　　　　　　　　　　　보 험 차 익 200
1. 30.	동종 건물을 200에 취득	(차) 건　　　물 200　(대) 현　　　금 200
12. 31.	건물의 감가상각비 30 계상 (내용연수 10년, 정액법)	(차) 감 가 상 각 비 30　(대) 감가상각누계 30

┃ 해답 ┃

(step 1) 일시상각충당금 손금산입

동종 건물 200의 취득에 구자산가액 100을 먼저 사용하고 그 다음 보험차익 100을 사용한 것으로 본다. → 구자산가액공제법

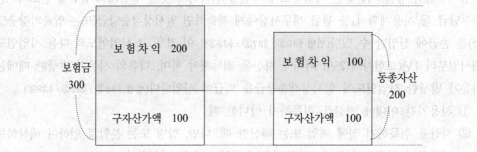

      \<손금산입\> 일시상각충당금 100 (△유보)

(step 2) 감가상각비 시부인

    회사상각액　　　　　　　　　　30

    상각범위액(200 ÷ 10)　　　(−) 20

    상각부인액　　　　　　　　　　10　(손금불산입, 유보)

(step 3) 일시상각충당금과 감가상각비의 상계

    손금으로 인정되는 감가상각비와 일시상각충당금을 상계한다.

$$손금으로\ 인정되는\ 감가상각비 \times \frac{일시상각충당금}{취득가액}$$

$$= 20 \times \frac{100}{200}$$

$$= 10\ (손금불산입,\ 유보)$$

※ 세무조정 순서 비교

구 분	1단계	2단계
자산감액분이 있는 자산	<자산감액분 상각비 손금불산입> = 감가상각비 × $\dfrac{\triangle 유보}{자산의 장부가액}$	<감가상각비 시부인> 회사상각액 계산시 1단계 부인액을 차감하고, 상각범위액 계산시 취득가액에서 △유보차감
일시상각충당금을 설정한 자산	<감가상각비 시부인> 감가상각비 시부인 계산	<일시상각충당금과 감가상각비 상계> 일시상각충당금과 손금으로 인정되는 감가상각비와 상계

(2) 감가상각비 시부인과 일시상각충당금의 상계 순서

일시상각충당금이 설정된 자산은 감가상각비 시부인 계산을 한 후, 그 세무조정결과 손금으로 인정되는 감가상각비와 일시상각충당금을 상계한다(서이 46012-10646, 2002. 3. 27.).

▌사례 1 》 **국고보조금을 자산차감법으로 회계처리한 경우의 세무조정**

다음은 제조업을 영위하는 ㈜대한(상장내국법인이며 중소기업이 아님)의 보조금 관리에 관한 법률에 따른 국고보조금 관련 자료이다. 국고보조금에 대하여 과세를 이연하는 경우의 세무조정을 하시오.

1. ㈜대한은 2023. 3. 1. 국고보조금 20,000,000원을 현금으로 수령하고 다음과 같이 회계처리 하였다.

(차) 예 금	20,000,000	(대) 국고보조금	20,000,000
		(예금차감)	

2. ㈜대한은 수령한 국고보조금으로 2023. 4. 30.에 취득가액 40,000,000원의 기계장치를 구입하여 사업에 사용하고 다음과 같이 회계처리 하였다.

(차) 기계장치	40,000,000	(대) 현 금	40,000,000
(차) 국고보조금	20,000,000	(대) 국고보조금	20,000,000
(예금차감)		(기계장치 차감)	

3. 2023. 12. 31. ㈜대한은 위 기계장치에 대해 감가상각을 하고 다음과 같이 회계처리 하였다. 기계장치의 잔존가치는 없으며 신고내용연수는 5년, 감가상각방법은 정액법으로 신고하였다.

(차) 감가상각비	6,000,000	(대) 감가상각누계액	6,000,000
국고보조금	3,000,000	감가상각비	3,000,000

4. ㈜대한은 2024. 1. 1. 위 기계장치를 25,000,000원에 처분하고 다음과 같이 회계처리 하였다.

(차) 현 금	25,000,000	(대) 기계장치	40,000,000
감가상각누계액	6,000,000	유형자산처분이익	8,000,000
국고보조금	17,000,000		

▌물음▌

㈜대한의 법인세부담이 최소화되도록 제23기(2023. 1. 1.~2023. 12. 31.)와 제24기(2024. 1. 1.~ 2024. 12. 31.)의 세무조정을 다음 양식에 따라 작성하시오.

구 분		익금산입 및 손금불산입			손금산입 및 익금불산입		
		과목	금액(단위 : 원)	소득처분	과목	금액(단위 : 원)	소득처분
제23기	3. 1.						
	4. 30.						
	12. 31.						
제24기	1. 1.						

▌해답▌

일 자		익금산입 및 손금불산입			손금산입 및 익금불산입		
		과 목	금 액	처분	과 목	금 액	처분
제23기	3. 1.	국고보조금 (예금차감계정)	20,000,000	유보			
	4. 30.	국고보조금 (기계차감계정)	20,000,000	유보	국고보조금 (예금차감)	20,000,000	유보
	4. 30.				일시상각충당금	20,000,000	유보
	12. 31.	일시상각충당금	3,000,000[*1]	유보	국고보조금 (기계차감계정)	3,000,000	유보
제24기	1. 1.	일시상각충당금	17,000,000[*2]	유보	국고보조금 (기계차감계정)	17,000,000	유보

*1 일시상각충당금 환입액 : $6,000,000원 \times \dfrac{20,000,000원}{40,000,000원} = 3,000,000원$

*2 일시상각충당금 환입액 : 20,000,000원 − 3,000,000원 = 17,000,000원

■ 해설 ■

구 분	결산상 회계처리	세법상 회계처리	세무조정
2023. 3. 1. 보조금수령	(차) 현 금 20,000,000 (대) 국고보조금 20,000,000	(차) 현 금 20,000,000 (대) 익 금 20,000,000	국고보조금 20,000,000 (예금차감계정) 익금산입·유보
2023. 4. 30. 자산취득	(차) 기계장치 40,000,000 (대) 현 금 40,000,000	(차) 기계장치 40,000,000 (대) 현 금 40,000,000	-
2023. 4. 30. 국고보조금 대체	(차) 국고보조금 20,000,000 (예금차감계정) (대) 국고보조금 20,000,000 (기계차감계정)	-	국고보조금 20,000,000 (기계차감계정) 익금산입·유보 국고보조금 20,000,000 (예금차감계정) 손금산입·△유보
2023. 4. 30. 충당금설정	-	(차) 일시상각충당금전입액 20,000,000 (대) 일시상각충당금 20,000,000	일시상각충당금 20,000,000 손금산입·△유보
2023. 12. 31. 결산시	(차) 감가상각비 6,000,000 국고보조금 3,000,000 (기계차감계정) (대) 감가상각누계액 6,000,000 감가상각비 3,000,000	(차) 감가상각비 6,000,000 (대) 감가상각누계액 6,000,000	국고보조금 3,000,000 (기계차감계정) 손금산입·△유보
2023. 12. 31. 충당금환입	-	(차) 일시상각충당금 3,000,000 (대) 일시상각충당금환입액 3,000,000	일시상각충당금 3,000,000 익금산입·유보
2024. 1. 1. 자산처분	(차) 현 금 25,000,000 감가상각누계액 6,000,000 국고보조금 17,000,000 (기계차감계정) (대) 기계장치 40,000,000 유형자산처분이익 8,000,000	(차) 현 금 25,000,000 감가상각누계액 6,000,000 처 분 손 실 9,000,000 (대) 기계장치 40,000,000	국고보조금 17,000,000 (기계차감계정) 익금불산입·△유보
2024. 1. 1. 충당금환입	- 회계처리 없음 -	(차) 일시상각충당금 17,000,000 (대) 일시상각충당금환입액 17,000,000	일시상각충당금 17,000,000 익금산입·유보

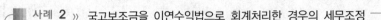

사례 2 » 국고보조금을 이연수익법으로 회계처리한 경우의 세무조정

다음은 제조업을 영위하는 ㈜민국(상장내국법인이며 중소기업이 아님)의 보조금 관리에 관한 법률에 따른 국고보조금 관련 자료이다. 국고보조금에 대하여 과세를 이연하는 경우의 세무조정을 하시오.

1. ㈜민국은 2023. 3. 1. 국고보조금 20,000,000원을 현금으로 수령하고 다음과 같이 회계처리 하였다.

(차) 현 금	20,000,000	(대) 이연국고보조금수익	20,000,000
		(부채)	

2. ㈜민국은 수령한 국고보조금으로 2023. 4. 30.에 취득가액 40,000,000원의 기계장치를 구입하여 사업에 사용하고 다음과 같이 회계처리 하였다.

(차) 기계장치	40,000,000	(대) 현 금	40,000,000

3. 2023. 12. 31. ㈜민국은 위 기계장치에 대해 감가상각을 하고 다음과 같이 회계처리 하였다. 기계장치의 잔존가치는 없으며 신고내용연수는 5년, 감가상각방법은 정액법으로 신고하였다.

(차) 감가상각비	6,000,000	(대) 감가상각누계액	6,000,000
이연국고보조금수익	3,000,000	국고보조금수령이익	3,000,000
(부채)			

4. ㈜민국은 2024. 1. 1. 위 기계장치를 25,000,000원에 처분하고 다음과 같이 회계처리 하였다.

(차) 현 금	25,000,000	(대) 기계장치	40,000,000
감가상각누계액	6,000,000		
유형자산처분손실	9,000,000		
(차) 이연국고보조금수익	17,000,000	(대) 국고보조금수령이익	17,000,000
(부채)			

▌물음▐

㈜민국의 법인세부담이 최소화되도록 제23기(2023. 1. 1.~2023. 12. 31.)와 제24기(2024. 1. 1.~2024. 12. 31.)의 세무조정을 다음 양식에 따라 작성하시오.

구 분		익금산입 및 손금불산입			손금산입 및 익금불산입		
		과목	금액(단위 : 원)	소득처분	과목	금액(단위 : 원)	소득처분
제23기	3. 1.						
	4. 30.						
	12. 31.						
제24기	1. 1.						

▌해답 ▌

일 자		익금산입 및 손금불산입			손금산입 및 익금불산입		
		과 목	금 액	처분	과 목	금 액	처분
제23기	3. 1.	이연국고보조금수익 (부채)	20,000,000	유보			
	4. 30.				일시상각충당금	20,000,000[*1]	유보
	12. 31.	일시상각충당금	3,000,000[*2]	유보	이연국고보조금수익 (부채)	3,000,000	유보
제24기	1. 1.	일시상각충당금	17,000,000[*3]	유보	이연국고보조금수익 (부채)	17,000,000	유보

[*1] 법인세 부담 최소화 가정에 따라 회사가 장부에 일시상각충당금을 계상하지 않았더라도 신고조정에 의하여 설정한다.

[*2] 일시상각충당금 환입액 : $6,000,000원 \times \dfrac{20,000,000원}{40,000,000원} = 3,000,000원$

[*3] 일시상각충당금 환입액 : 20,000,000원 - 3,000,000원 = 17,000,000원

▌해설 ▌

구 분	결산상 회계처리	세법상 회계처리	세무조정
2023. 3. 1. 보조금수령	(차) 현 금 20,000,000 (대) 이연국고보조금수익 20,000,000 (부채)	(차) 현 금 20,000,000 (대) 익 금 20,000,000	이연국고보조금수익(부채) 20,000,000 익금산입 · 유보
2023. 4. 30. 자산취득	(차) 기계장치 40,000,000 (대) 현 금 40,000,000	(차) 기계장치 40,000,000 (대) 현 금 40,000,000	- 세무조정 없음 -
2023. 4. 30. 충당금설정	- 회계처리 없음 -	(차) 일시상각충당금전입액 20,000,000 (대) 일시상각충당금 20,000,000	일시상각충당금 20,000,000 손금산입 · △유보
2023. 12. 31. 결산시	(차) 감가상각비 6,000,000 이연국고보조금수익 3,000,000 (부채) (대) 감가상각누계액 6,000,000 정부보조금수령이익 3,000,000	(차) 감가상각비 6,000,000 (대) 감가상각누계액 6,000,000	이연국고보조금수익(부채) 3,000,000 익금불산입 · △유보
2023. 12. 31. 충당금환입	- 회계처리 없음 -	(차) 일시상각충당금 3,000,000 (대) 일시상각충당금환입액 3,000,000	일시상각충당금 3,000,000 익금산입 · 유보
2024. 1. 1. 자산처분	(차) 현 금 25,000,000 감가상각누계액 6,000,000 처분손실 9,000,000 (대) 기계장치 40,000,000 (차) 이연국고보조금수익 17,000,000 (부채)	(차) 현 금 25,000,000 감가상각누계액 6,000,000 처분손실 9,000,000 (대) 기계장치 40,000,000	이연국고보조금수익(부채) 17,000,000 익금불산입 · △유보

구 분	결산상 회계처리	세법상 회계처리	세무조정
	(대) 정부보조금수령이익 17,000,000		
2024. 1. 1. 충당금환입	– 회계처리 없음 –	(차) 일시상각충당금 17,000,000 (대) 일시상각충당금환입액 17,000,000	일시상각충당금 17,000,000 익금산입 · 유보

세부내용 **조세특례제한법상 일시상각충당금과 압축기장충당금**

① 주식의 포괄적 교환·이전에 대한 과세특례(**조특법** §38)
② 주식의 현물출자 등에 의한 지주회사의 설립 등에 대한 과세특례(**조특법** §38의2)
③ 공모부동산투자회사의 현물출자자에 대한 과세특례(**조특법** §97의8)
④ 해외자원개발투자에 대한 과세특례(**조특법** §104의15④)
⑤ 기업 간 주식 등의 교환에 대한 과세특례(**조특법** §121의30)

제 **11** 장

준비금

1. 개 요

세법상 준비금은 법인의 각 사업연도 소득금액을 계산할 때 손금에 산입하는 항목이지만, 손금에 산입하는 취지는 다양하다. 예를 들면 보험사업을 하는 내국법인의 책임준비금의 경우는 장래 보험계약이 해약될 경우 계약자에게 지급할 환급금과 보험사고가 발생했으나 사업연도 종료일 현재 아직 보험금이 확정되지 않은 추정보험금에 대한 준비금으로서 이는 미확정부채에 해당한다. 고유목적사업준비금은 비영리법인이 당해 사업연도의 소득 중 전부 또는 일부를 장래 고유목적사업을 위하여 지출할 자금의 재원으로 사용하기 위하여 법인 내부에 유보시키는 준비금이다. 「법인세법」상 준비금은 다음과 같다.

구 분	설정대상
고유목적사업준비금(**법법** §29)	비영리내국법인
책임준비금 등(**법법** §30)	보험사업을 하는 내국법인(「보험업법」에 따른 보험회사는 제외)
비상준비금(**법법** §31)	보험사업을 하는 내국법인
해약환급금준비금(**법법** §32)	「보험업법」에 따른 보험회사

세부내용 **조특법상 준비금**

신용회복목적회사는 조세특례제한법에 따라 손실보전준비금을 설정할 수 있다(조특법 §104의12).

2. 고유목적사업준비금

고유목적사업준비금에 관하여는 제22장 중 "5. 고유목적사업준비금"을 참조하기 바란다.

3. 책임준비금

(1) 책임준비금의 손금산입대상 법인

보험사업을 하는 내국법인(「보험업법」에 따른 보험회사는 제외함)이 각 사업연도의 결산을 확정할 때 「수산업협동조합법」 등 보험사업 관련 법률에 따른 책임준비금(이하 "책임준비금"이라 함)을 손비로 계상한 경우에는 법 소정 금액을 한도로 그 계상한 책임준비금을 해당 사업연도의 소득금액을 계산할 때 손금에 산입한다(**법법** §30①). 23 개정

(2) 손금한도액

책임준비금은 다음의 금액을 합한 금액 범위에서 해당 사업연도의 소득금액을 계산할 때 이를 손금에 산입한다(법법 §30① 및 법령 §57①).

① 「수산업협동조합법」, 「무역보험법」, 「새마을금고법」, 「건설산업기본법」, 「중소기업협동조합법」 및 「신용협동조합법」에 따른 보험사업 또는 공제사업에 관한 약관에 따라 해당 사업연도종료일 현재 모든 보험계약이 해약된 경우 계약자 또는 수익자에게 지급하여야 할 환급액(해약공제액을 포함하며, 이하 "환급액"이라 함) [23 개정]

② 해당 사업연도 종료일 현재 보험사고가 발생했으나 아직 지급해야 할 보험금이 확정되지 않은 경우에 손해액을 고려하여 추정한 보험금상당액(손해사정, 보험대위 및 구상권행사 등에 소요될 것으로 예상되는 금액을 포함함)

③ 보험계약자에게 배당하기 위하여 적립한 배당준비금으로서 「수산업협동조합법」에 따른 공제사업의 경우에는 해양수산부장관이, 「새마을금고법」에 따른 공제사업의 경우에는 행정안전부장관이 기획재정부장관과 협의하여 승인한 금액 [23 개정]

(3) 책임준비금의 사용 및 환입

1) 보험계약이 해약된 경우 그 해약에 따른 환급액에 대한 책임준비금으로 손금에 산입한 경우

보험업을 영위하는 법인이 책임준비금을 손금에 산입한 경우에는 책임준비금을 손금에 산입한 사업연도의 다음 사업연도의 소득금액을 계산할 때 이를 익금에 산입한다(법령 §57②).

2) 배당준비금에 해당하는 책임준비금으로 손금에 산입한 경우

① 일반적인 경우

보험업을 영위하는 법인이 보험계약자에게 배당하기 위해 적립한 배당준비금에 해당하는 책임준비금의 금액을 손금에 산입한 경우에는 보험계약자에게 배당한 때 먼저 계상한 것부터 그 배당금과 순차로 상계하되 손금에 산입한 사업연도 종료일 이후 3년이 되는 날까지 상계하고 남은 잔액이 있는 경우에는 그 3년이 되는 날이 속하는 사업연도의 소득금액을 계산할 때 이를 익금에 산입한다(법법 §30② 및 법령 §57②).

이 경우 당기에 환입하여야 할 준비금 상당액을 당기에 설정한 준비금 상당액에서 차감하여 상계하였음이 기장내용과 신고서에 첨부된 준비금명세서에 의하여 객관적으로 입증되는 경우에 한하여 그 상계부분을 각각 익금 및 손금에 산입한 것으로 본다(법기통 61-98…2).

② 3년이 되기 전에 해산 등의 사유가 발생한 경우

책임준비금을 손금에 산입한 법인이 손금에 산입한 사업연도 종료일 이후 3년이 되기 전에 다음의 해산 등 사유가 발생한 경우에는 그 사유가 발생한 날이 속하는 사업연도의 소득금액을 계산할 때 익금에 산입한다(**법법 §30③ 및 법령 §57④**).

㉮ 해산. 다만, 합병 또는 분할에 따라 해산한 경우로서 보험사업을 영위하는 합병법인 등이 그 잔액을 승계한 경우는 제외한다.

㉯ 보험사업의 허가 취소

(4) 이자상당액의 납부

보험업을 영위하는 법인이 책임준비금을 손금에 산입한 날이 속하는 사업연도의 종료일 이후 3년이 되는 날이 속하는 사업연도의 소득금액을 계산할 때 책임준비금을 익금에 산입하는 경우 다음 계산식에 따른 이자상당액을 해당 사업연도의 법인세에 가산하여 납부하여야 한다(**법법 §30④ 및 법령 §57⑤**).

$$\text{이자상당액} = \begin{pmatrix} \text{책임준비금의 잔액을 손금에} \\ \text{산입한 사업연도에 그 잔액을} \\ \text{손금에 산입함에 따라 발생한} \\ \text{법인세액의 차액} \end{pmatrix} \times \begin{pmatrix} \text{손금에 산입한 사업연도의} \\ \text{다음 사업연도의 개시일부터} \\ \text{익금에 산입한 사업연도의} \\ \text{종료일까지의 기간의 일수} \end{pmatrix} \times 0.022\%^*$$

* 이자율은 종전에 일 0.03%이었으나 납세자의 부담을 경감하기 위하여 2019. 2. 12.에 일 0.025%로, 다시 2022. 2. 15.에 일 0.025%에서 일 0.022%로 인하되었다. 개정 전에 발생한 사유로 개정 후에 세액을 납부 또는 부과하는 경우 개정규정 시행일 전일까지의 기간분은 개정 규정에도 불구하고 종전 규정에 따른다(2019. 2. 12. 법령 개정부칙 §17, 2022. 2. 15. 법령 개정부칙 §8①). 이자율은 다음과 같이 적용한다.

구 분	2019. 2. 11.까지의 기간	2019. 2. 12.부터 2022. 2. 14.까지의 기간	2022. 2. 15. 이후 기간
이자율	일 0.03%	일 0.025%	일 0.022%

(5) 합병 또는 분할시 책임준비금의 승계

합병법인 또는 분할신설법인이 피합병법인 또는 분할법인이 영위하고 있는 보험사업부문의 자산과 부채를 승계하면서 당해 보험사업부문에서 계상하고 있는 책임준비금을 함께 승계한 경우 동 책임준비금은 피합병법인 또는 분할법인이 손금에 산입한 연도에 합병법인 또는 분할신설법인이 손금에 산입한 것으로 본다(**법령 §57⑤**).

이 경우 분할법인의 각 사업연도의 소득금액 및 과세표준을 계산할 때 익금 또는 손금에 산입하거나 산입하지 아니한 세무조정 사항은 적격분할의 경우에는 승계되나 비적격분할의 경우에는 승계되지 아니한다(**법령 §85(2)**).

4. 비상위험준비금

(1) 설정대상

보험사업을 하는 내국법인이 각 사업연도의 결산을 확정할 때 「보험업법」이나 그 밖의 법률에 따른 비상위험준비금을 손비로 계상한 경우에는 해당 사업연도의 보험종목(화재보험, 해상보험, 자동차보험, 특종보험, 보증보험, 해외수재 및 해외원보험을 말한다)별 적립대상보험료의 합계액에 「보험업법 시행령」 제63조 제4항에 따라 금융위원회가 정하는 보험종목별 적립기준율을 곱하여 계산한 금액(이하 "보험종목별 적립기준금액"이라 한다)의 범위에서 그 계상한 비상위험준비금을 해당 사업연도의 소득금액을 계산할 때 손금에 산입한다(법법 §31①, 법령 §58①).

(2) 손금한도액

손금에 산입하는 비상위험준비금의 누적액은 해당 사업연도의 보험종목별 적립대상보험료의 합계액의 50%(자동차보험의 경우에는 40%, 보증보험의 경우에는 150%)를 한도로 한다(법령 §58②). 비상위험준비금의 처리 및 적립대상보험료의 계산방법은 「보험업법 시행령」 제63조 제4항에 따라 금융위원회가 정하여 고시하는 바에 따른다(법령 §58④). 23 개정

(3) 비상위험준비금에 관한 명세서의 제출

이 규정을 적용하려는 내국법인은 법인세 과세표준 신고와 함께 비상위험준비금명세서를 납세지 관할 세무서장에게 제출해야 한다(법령 §58⑤).

예규 및 판례　　비상위험준비금

❶ 결산확정후 재무제표를 수정하여 비상위험준비금에 대하여 경정청구할 수 있는지 여부

비상위험준비금은 결산서상 손금으로 계상한 경우이거나 잉여금처분에 의한 신고조정에 한하여 손금으로 산입하는 것이므로 결산확정 후 이를 수정하여 손금에 산입할 수 없다. 따라서 재무제표를 수정하여 추가로 손금산입할 수 없는 비상위험준비금을 손금에 산입하고 이를 경정청구할 수 없다(국심 2004서 2640, 2004. 12. 14.).

❷ 사업양도시 비상위험준비금 부인액의 세무처리

사업양도로 해산하는 법인의 비상위험준비금의 세무상 부인액은 사업양도로 해산하는 법인의 청산소득금액을 계산할 때 잔여재산가액에서 차감하는 자기자본에 가산한다. 따라서 사업양도법인의 최종 사업연도 소득금액을 계산할 때 손금에 산입하는 것이 아니며 또한 사업양수법인에 승계되지 아니한다(법인 46012-2421, 2000. 12. 20.).

5. 해약환급금준비금 `23 신설`

(1) 개 요

보험회사가 2023. 1. 1.부터 의무적용하는 K-IFRS 제1117호에서는 평가시점의 가정과 위험을 반영한 할인율로 보험부채를 측정한다. 금리가 지속적으로 상승하면 보험회사가 적립하는 보험부채가 지속적으로 감소하고, 감소된 부채는 이익잉여금으로 전환되므로 배당의 재원으로 사용될 수 있다. 이에 따라 보험부채의 감소로 인한 이익이 배당으로 사외로 유출될 수 있으므로 해약환급금준비금을 적립하도록 하여 보험부채 감소로 인한 이익이 배당으로 사외유출되는 것을 방지하도록 하였다.

(2) 해약환급금준비금의 손금산입

「보험업법」에 따른 보험회사(이하 "보험회사"라 한다)가 해약환급금준비금(보험회사가 보험계약의 해약 등에 대비하여 적립하는 금액으로서 「보험업법 시행령」 제65조 제2항 제3호에 따라 해약환급금준비금에 관하여 금융위원회가 정하여 고시하는 방법으로 계산한 금액을 세무조정계산서에 계상하고 그 금액 상당액을 해당 사업연도의 이익처분을 할 때 해약환급금준비금으로 적립한 경우에는 그 금액을 결산을 확정할 때 손비로 계상한 것으로 보아 해당 사업연도의 소득금액을 계산할 때 손금에 산입한다(법법 §32①, 법령 §59①).

(3) 해약환급금준비금의 처리

손비로 계상한 해약환급금준비금의 처리에 필요한 사항은 「보험업법 시행령」 제65조 제2항 제3호에 따라 금융위원회가 정하여 고시하는 바에 따른다(법령 §59②).

(4) 해약환급금준비금명세서의 제출

해약환급금준비금 손금산입규정을 적용받으려는 보험회사는 법인세 과세표준 신고를 할 때 해약환급금준비금 명세서를 납세지 관할 세무서장에게 제출해야 한다(법령 §59③).

6. 잉여금처분에 의한 신고조정

(1) 신고조정대상 준비금

구 분		신고조정 여부
법인세법상 준비금	해약환급금준비금	보험업법에 따른 보험회사가 신고조정
	비상위험준비금	K - IFRS 적용 법인은 신고조정 가능
	고유목적사업준비금	회계감사 대상 법인은 신고조정 가능
조세특례제한법상 준비금	손실보전준비금	신고조정 가능

(2) 신고조정방법

1) 손금산입

내국법인이 구상채권상각충당금, 해약환급금준비금, 비상위험준비금, 고유목적사업준비금과 조세특례제한법상 준비금(이하 '준비금등'이라 한다)을 세무조정계산서에 계상하고 그 금액 상당액을 해당 사업연도의 이익처분을 할 때 그 준비금등으로 적립한 경우에는 그 금액을 결산을 확정할 때 손비로 계상한 것으로 본다(법법 §29②, §31②, §35①, §61①). 그 내국법인은 해당 사업연도의 소득금액을 계산한 때 손비로 계상한 것으로 보는 준비금등을 손금에 산입하는 세무조정을 해야 하는데, 이를 잉여금처분에 의한 신고조정이라고 한다(법법 §61①). 다만, 그 사업연도에 처분가능이익이 없거나 부족한 경우 준비금등을 전액 손금에 산입하되, 처분가능이익을 한도로 준비금등을 적립할 수 있으며, 부족액은 그 후 사업연도에 처분가능이익이 발생하면 추가로 적립하여야 한다.

2) 익금산입

준비금을 익금에 산입하는 경우에는 동 적립금을 이익잉여금으로 이입하고 준비금을 익금산입하여야 한다. 환입하여야 할 금액보다 적립금을 과소이입한 경우에는 이입액에 관계없이 환입해야 할 금액을 익금에 산입한다. 그러나 과다이입한 경우에는 준비금을 설정한 사업연도에 적립금을 적립하지 않은 것으로 보아 손금산입한 사업연도에 준비금을 손금불산입한다(법령 §98①).

제 **12** 장

부당행위계산의
부인

1. 개 요

법인의 행위 또는 소득금액의 계산이 특수관계인과의 거래에 있어서 그 법인의 소득에 대한 조세의 부담을 부당하게 감소시킨 것으로 인정되는 경우에는 그 행위 또는 소득금 액의 계산에 관계없이 납세지 관할 세무서장 또는 관할 지방국세청장이 그 각 사업연도 소득금액을 계산할 수 있는데, 이를 부당행위계산의 부인이라고 한다(**법법** §52①).

법인의 부당행위계산의 부인규정을 둔 취지는, 법인이 특수관계인과의 거래에 있어 정상적인 경제인의 합리적인 방법에 의하지 아니하고 그 거래가 세법에서 열거한 제반거래형태 (**법령** §88①)를 빙자하여 조세법을 남용함으로써 조세의 부담을 부당하게 회피하거나 경감시켰다고 인정되는 경우에 과세권자가 이를 부인하고 법령이 정하는 방법에 의하여 객관적으로 타당하다고 보여지는 소득이 있었던 것으로 의제하여 과세함으로써 과세의 공평을 기하고 조세회피행위를 방지하고자 하는 데 있으며, 이는 실질과세원칙에 그 근거를 두고 있는 것이다(**대법원** 2005두 7358, 2005. 9. 29.).

한편 「법인세법」의 부당행위계산 부인에 있어 법인과 특수관계인 사이의 거래행위가 경제적 합리성을 무시한 비정상적인 것인지 여부를 판단함에 있어서 당해 거래행위의 대가관계만을 따로 떼어내어 단순히 특수관계인 외의 자와의 거래형태가 통상적인 거래가 아니라 하여 바로 경제적 합리성이 없다고 볼 것이 아니라, 거래행위의 제반 사정을 구체적으로 고려하여 과연 그 거래행위가 건전한 사회통념이나 상관행에 비추어 경제적 합리성을 결한 것인지 여부에 따라 판단하여야 할 것이다(**대법원** 2007두 9198, 2007. 7. 27.).

물론 특수관계인 법인 간에 있어서 자산을 저렴한 가액으로 양도하거나 자금을 적정이자율보다 낮은 이자율로 대여한 경우 그 특수관계인 법인 중 자산을 양도하거나 자금을 대여한 법인의 경우는 조세부담을 부당하게 감소시킨 것으로 인정되지만, 반면에 그 자산을 양수하거나 자금을 차입한 법인의 경우에는 정상적 거래에 비하여 저렴한 가액으로 재화를 취득하거나 저렴한 이자율로 자금을 제공받았기 때문에 더 많은 조세부담을 지게 될 것이다. 따라서 이와 같은 특수관계인의 거래내용을 종합하여 살펴보면 조세부담을 부당히 감소시키는 것으로 인정할 수 없지만 현행 세법에서는 거래당사자의 경제적 이익을 합산하여 조세부담의 내용을 판단하는 것이 아니라 자산을 저렴한 가액으로 양도하거나 자금을 저율로 대여한 법인에 대하여만 부당행위계산의 부인규정을 적용한다(**대법원** 83누 160, 1985. 3. 26.).

2. 부당행위계산의 부인의 요건

1. 부당행위계산의 부인의 요건

법인이 특수관계인과 부당한 거래를 함으로써 조세의 부담이 부당히 감소된 경우에 부당행위계산의 부인규정을 적용한다(법법 §52①).

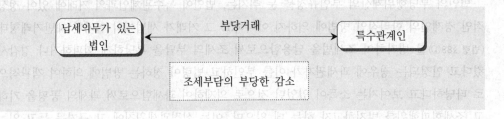

(1) 부당행위계산의 부인 적용대상 법인

부당행위계산의 부인규정의 적용대상 법인은 법인세 납세의무가 있는 법인이어야 한다. 부당행위계산의 부인규정은 국내에서 납세의무가 있는 모든 법인에 적용된다. 청산 중에 있는 법인과 법원의 회생계획인가결정을 받아 회생계획을 이행 중인 법인도 부당행위계산의 부인규정대상이 된다(법인 22601-1018, 1992. 5. 6.).

비영리내국법인인 경우에는 수익사업의 소득에만 과세하므로 특수관계인과의 거래로 인하여 조세의 부담을 부당히 감소시킨 것으로 인정되는 경우에는 부당행위계산 부인의 적용대상이나, 비수익사업의 소득이 감소된 경우에는 법인세의 납세의무가 없으므로 부당행위계산의 부인이 적용대상이 아니다.

「조세특례제한법」 제72조는 조합법인 등에 대하여 당기순이익 과세를 선택할 수 있도록 규정하고 있는데 이 경우에는 조특법에 열거된 몇가지 항목에 대해서만 세무조정을 하도록 규정(조특법 §72①, 조특령 §69①)하고 있다. 그런데, 열거된 항목에 부당행위계산의 부인규정은 없으므로 당기순이익 과세대상 조합법인 등은 부당행위계산의 부인대상이 아니다(조특통 72-0…2 ①).

(2) 거래상대방

거래상대방은 거래당시 특수관계이어야 한다. 특수관계가 성립되기 전이나 특수관계가 소멸된 후에 발생된 거래에 대하여는 부당행위계산의 부인을 적용할 수 없다(국심 98구 854, 1999. 6. 14.).

(3) 부당거래로 인하여 조세의 부담이 부당히 감소된 것으로 인정될 것

그 거래로 인하여 조세부담을 부당하게 감소시킨 것으로 인정되어야 한다.

2. 특수관계인

특수관계인이란 다음 중 어느 하나에 해당하는 자를 말한다. 이 경우 해당 법인도 그 특수관계인의 특수관계인으로 본다(법령 §2①).

① 주주(출자자를 포함하며 소액주주를 제외한 주주를 말하며, 이하 '비소액주주'라고 함)와 그 친족 : 법인의 주주는 모두 그 법인의 특수관계인으로 보나 소액주주는 특수관계인으로 보지 아니한다. 소액주주란 발행주식총수의 1% 미만의 주식을 소유한 주주를 말하나, 지배주주와 특수관계인은 소액주주로 보지 아니한다(법령 §50②). 친족이란 다음에 해당하는 자를 말한다(국기령 §1의2①).

㉮ 4촌 이내의 혈족 `23 개정` (종전 : 6촌)

㉯ 3촌 이내의 인척 `23 개정` (종전 : 4촌)

㉰ 배우자(사실상의 혼인관계에 있는 자 포함)

㉱ 친생자로서 다른 사람에게 친양자 입양된 자 및 그 배우자·직계비속

㉲ 본인이 「민법」에 따라 인지한 혼인 외 출생자의 생부나 생모(본인의 금전이나 그 밖의 재산으로 생계를 유지하는 사람 또는 생계를 함께하는 사람으로 한정함)
`23 신설`

② 임직원과 생계유지자 : 다음 중 어느 하나에 해당하는 자 및 이들과 생계를 함께하는 친족

㉮ 법인의 임원·직원 또는 비소액주주의 직원(비소액주주가 영리법인인 경우에는 그 임원을, 비영리법인인 경우에는 그 이사 및 설립자를 말함)

㉯ 법인 또는 비소액주주의 금전이나 그 밖의 자산에 의하여 생계를 유지하는 자

⊙ 직원의 범위 ⊙

구 분		특수관계인의 범위	비 고
해당 법인		모든 임원과 직원	직원 포함
주주	영리법인	임원	직원 제외
	비영리법인	이사 및 설립자	직원 제외
	개인	모든 직원	직원 포함

③ 실질지배자와 그 친족 : 임원의 임면권의 행사, 사업방침의 결정 등 해당 법인의 경영에 대하여 사실상 영향력을 행사하고 있는 자(상법에 따라 이사로 보는 자 포함)와 그

친족. 사실상 영향력을 행사하는 자에는 개인과 법인이 모두 포함된다(재법인 46012 - 13, 2002, 1, 18.).

④ 1차 지배 법인 : 해당 법인이 직접 또는 그와 ①부터 ③까지의 관계에 있는 자를 통하여 어느 법인의 경영에 대하여 지배적인 영향력을 행사하고 있는 경우 그 법인. 지배적인 영향력을 행사하고 있는 경우란 다음에 해당하는 경우를 말한다.

구 분	지배적인 영향력을 행사하고 있는 경우
영리법인	• 법인의 발행주식총수의 30% 이상을 출자한 경우 • 임원의 임면권의 행사, 사업방침의 결정 등 법인의 경영에 대하여 사실상 영향력을 행사하고 있다고 인정되는 경우
비영리법인	• 법인의 이사의 과반수를 차지하는 경우 • 법인의 출연재산(설립을 위한 출연재산만 해당한다)의 30% 이상을 출연하고 그 중 1인이 설립자인 경우

⑤ 2차 지배 법인 : 해당 법인이 직접 또는 그와 ①부터 ④까지의 관계에 있는 자를 통하여 어느 법인의 경영에 대하여 지배적인 영향력을 행사하고 있는 경우 그 법인

⑥ 다른 법인을 통해 해당 법인을 지배하는 자 : 해당 법인에 30% 이상을 출자하고 있는 법인에 30% 이상을 출자하고 있는 개인이나 법인

⑦ 동일기업집단의 계열사와 임원 : 「독점규제 및 공정거래에 관한 법률」에 의한 동일기업집단[1] 소속 계열회사 및 계열회사의 임원. 동일기업집단은 동일인이 지배하는 회사의 집단을 말하므로 대기업집단인 상호출자제한기업집단이나 공시대상기업집단만을 말하는 것이 아닌 점에 유의해야 한다. 소기업집단이라도 동일인이 지배하는 회사의 집단이라면 이 규정에 따른 기업집단에 해당될 수 있다.

> **예규 및 판례**   **특수관계인의 범위**
>
> ❶ 특수관계인으로 보는 사례
> ① 영리법인과 그 영리법인에 출자한 비영리법인(법인 22601 - 225, 1991, 2, 1.)
> ② 무보수 비상근감사(법인 46012 - 3474, 1993, 11, 16.)
> ③ 법인이 현물출자를 통해 새로운 법인을 설립하는 경우 당해 법인과 신설법인 간(법기통 2 - 2…3)
> ④ 「채무자 회생 및 파산에 관한 법률」에 따른 회생계획 정리절차의 개시로 인하여 주주권을

---

1) 기업집단이란 동일인이 다음 구분에 따라 대통령령으로 정하는 기준에 따라 사실상 그 사업내용을 지배하는 회사의 집단을 말한다(공정거래법 §2(11)).
 ① 동일인이 회사인 경우 : 그 동일인과 그 동일인이 지배하는 하나 이상의 회사의 집단
 ② 동일인이 회사가 아닌 경우 : 그 동일인이 지배하는 둘 이상의 회사의 집단

행사할 수 없는 주주 등에 대하여 특수관계가 존속된다(**법기통 2-2…2**).

⑤ Work-out 대상기업으로 선정된 당해 법인의 주주가 주주권을 포기하였지만 출자자로서의 관계가 유지되는 경우(**적부 99-60, 1999. 8. 19.**)

⑥ 기업개선작업이 진행 중인 법인의 대주주로서 대주주의 주식이 소각되기 전의 경우(**국심 2001중 1680, 2002. 2. 8.**)

❷ **특수관계인으로 보지 않는 사례**

① 사내근로복지기금과 그 기금의 수혜대상자인 법인의 종업원(**법인 46012-816, 1994. 3. 19.**)

② 법인이 「채무자 회생 및 파산에 관한 법률」에 따라 파산선고를 받은 경우 당해 법인과 그 법인의 임원 간의 관계(∵파산으로 위임관계가 소멸되므로 특수관계가 소멸된 것으로 봄)

② 법인이 자신의 소유주식 전부를 양도하고 임원직에서 퇴임한 전임회장을 주주총회에서 선임하지 아니하고 경영자문 등 비상근 고문으로서 임원의 임면권 행사나 사업방침의 결정 등 법인의 업무에 영향력을 행사함이 없이 경영자문의 역할만을 수행하는 고문(**서면2팀-1634, 2005. 10. 11.**)

◎ 법인세법상 특수관계인의 범위 ◎

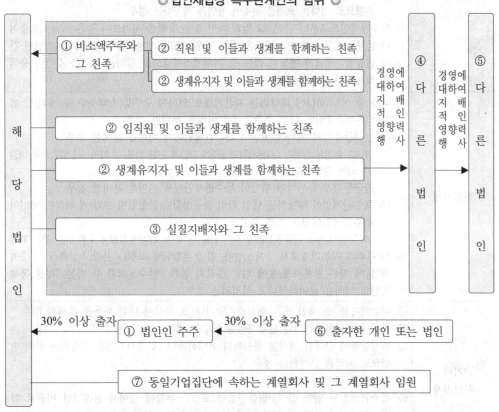

3. 부당거래

구 분	부당거래 유형
매매와 현물출자	① 특수관계인으로부터 자산을 시가보다 높은 가액으로 매입 또는 현물출자받았거나 그 자산을 과대상각한 경우 ② 특수관계인에게 자산을 무상 또는 시가보다 낮은 가액으로 양도 또는 현물출자한 경우. 다만, 「법인세법 시행령」 제19조 제19호의2 각 목 외의 부분에 해당하는 주식매수선택권등의 행사 또는 지급에 따라 주식을 양도하는 경우는 제외한다.
용역제공·소비 대차·임대차	③ 특수관계인에게 금전, 그 밖의 자산 또는 용역을 무상 또는 시가보다 낮은 이율·요율이나 임대료로 대부하거나 제공한 경우. 다만, 다음의 경우에는 부당행위계산의 부인대상에서 제외한다. ㉠ 「법인세법 시행령」 제19조 제19호의 2 각 목 외의 부분에 해당하는 주식매수선택권등의 행사 또는 지급에 따라 금전을 제공하는 경우 ㉡ 주주등이나 출연자가 아닌 임원(소액주주등인 임원 포함) 및 직원에게 사택(법소정 임차사택[*1] 포함)을 제공하는 경우 ㉢ 연결납세방식을 적용받는 연결법인 간에 연결법인세액의 변동이 없는 등 기획재정부령으로 정하는 요건을 갖추어 용역을 제공하는 경우[*2] ④ 특수관계인으로부터 금전, 그 밖의 자산 또는 용역을 시가보다 높은 이율·요율이나 임차료로 차용하거나 제공을 받은 경우. 연결납세방식을 적용받는 연결법인 간에 연결법인세액의 변동이 없는 등 기획재정부령으로 정하는 요건을 갖추어 용역을 제공하는 경우[*2]는 제외한다.
자본거래	⑤ 다음 중 어느 하나에 해당하는 자본거래로 인하여 주주등(소액주주 등 제외)인 법인이 특수관계인인 다른 주주등에게 이익을 분여한 경우 ㉠ 불균등증자에 의하여 법인이 특수관계인에게 이익을 분여한 경우 　※ 그 포기한 신주가 「자본시장과 금융투자업에 관한 법률」에 따라 모집방법으로 배정되는 경우 제외 ㉡ 불균등감자에 의하여 법인이 특수관계인에게 이익을 분여한 경우 ㉢ 특수관계인에 해당하는 법인 간의 불공정합병(분할합병 포함)에 의하여 법인이 특수관계인에게 이익을 분여한 경우 　※ 「자본시장과 금융투자업에 관한 법률」에 따라 합병(분할합병 포함)하는 경우 제외 ⑥ 위 이외의 자본거래로서 증자·감자, 합병(분할합병 포함)·분할, 「상속세 및 증여세법」에 따른 전환사채 등에 의한 주식의 전환·인수·교환 등 자본거래를 통해 법인의 이익을 분여하였다고 인정되는 경우
기타 부당거래	⑦ 무수익자산[*3]을 매입 또는 현물출자받거나 그 자산에 대한 비용을 부담한 경우 ⑧ 불량자산을 차환하거나 불량채권을 양수한 경우 ⑨ 파생상품에 근거한 권리를 행사하지 아니하거나 그 행사기간을 조정하는 등의 방법으로 이익을 분여하는 경우 ⑩ 출연금을 대신 부담한 경우 ⑪ 특수관계인인 법인 간 합병(분할합병 포함)·분할에 있어서 불공정한 비율로 합병·분할하여 합병·분할에 따른 양도손익을 감소시킨 경우 　※ 「자본시장과 금융투자업에 관한 법률」에 따라 합병(분할합병 포함)·분할하는 경우 제외 ⑫ 기타 법인의 이익을 분여하였다고 인정되는 경우

*1 "법 소정 임차사택"이란 법인이 직접 임차하여 임원 또는 직원(이하 "직원 등"이라 한다)에게 무상으로 제공하는 주택[2])으로서 다음의 경우를 제외하고는 임차기간 동안 직원 등이 거주하고 있는 주택을 말한다(법칙 §42의3).
  ① 입주한 직원 등이 전근·퇴직 또는 이사한 후에 해당 법인의 직원 등 중에서 입주 희망자가 없는 경우
  ② 해당 임차사택의 계약 잔여기간이 1년 이하인 경우로서 주택임대인이 주택임대차계약의 갱신을 거부하는 경우
*2 연결납세방식을 적용받는 연결법인 간에 다음의 요건을 갖추어 용역을 제공하거나 제공받은 경우에는 부당행위에서 제외한다(법령 §88①(6)·(7), 법칙 §42의5).
  ① 용역의 거래가격에 따른 연결납세방식을 적용받는 연결법인 간에 연결법인세액의 변동이 없을 것. 이 경우 다음 중 어느 하나에 해당하는 사유로 연결법인세액의 변동이 있는 경우는 변동이 없는 것으로 본다.
    ㉮ 연결 조정항목의 연결법인별 배분
    ㉯ 법인세 외의 세목의 손금산입
    ㉰ 그 밖에 ㉮ 및 ㉯와 유사한 것으로서 그 영향이 경미하다고 기획재정부장관이 인정하는 사유
  ② 해당 용역의 착수일 등 용역을 제공하기 시작한 날이 속하는 사업연도부터 그 용역의 제공을 완료한 날이 속하는 사업연도까지 연결납세방식을 적용하는 연결법인 간의 거래일 것
*3 무수익자산이란 법인의 수익파생에 공헌하지 못하거나 법인의 수익과 관련이 없는 자산으로서 장래에도 그 자산의 운용으로 수익을 얻을 가망성이 희박한 자산을 말한다. 법인이 무수익자산을 매입한 것으로 인정되면, 무수익자산의 매입은 부인되고 대신 매입대금 상당을 법인이 대여한 것으로 의제한다(대법원 98두 12055, 2000. 11. 10.).

☐ **부당행위계산의 부인의 중요성 기준**

부당행위계산의 부인은 시가를 기준으로 부당거래인지 판단한다. 실무상 시가산정에 어려움이 있으므로 매매·현물출자·용역제공·소비대차·임대차(앞의 도표의 ① ~ ④) 및 이에 준하는 거래는 중요성 기준에 해당하는 경우에 부당거래로 본다.

> [중요성 기준] ①과 ② 중 어느 하나에 해당하는 경우
> ① 금액기준 : 시가와 거래금액의 차액 ≥ 3억원
> ② 비율기준 : $\dfrac{\text{시가와 거래금액과의 차액}}{\text{시가}} \geq 5\%$
>
> ※ 상장주식은 시가산정의 어려움이 없으므로 상장주식을 거래한 경우에는 중요성 기준을 적용하지 않는다(법령 §88④). 따라서 차이가 중요하지 않은 경우에도 부당행위로 본다.

4. 부당행위계산의 부인의 적용시기

(1) 개 요

부당행위계산 부인규정은 그 행위 당시를 기준으로 하여 당해 법인과 특수관계인 간의 거래(특수관계인 외의 자를 통하여 이루어진 거래를 포함함)에 대하여 이를 적용한다. 다만, 불공정합병에 대한 부당행위계산의 부인규정을 적용함에 있어서 특수관계인 법인의 판정은 합병등기일이 속하는 사업연도의 직전 사업연도의 개시일(그 개시일이 서로 다른 법인이 합병한 경우에는 먼저 개시한 날을 말함)부터 합병등기일까지의 기간에 의한다(법령 §88②). 이

---

2) 종업원 명의로 임차한 주택은 사택의 범위에 해당하지 아니하므로 동 금전 대여액은 부당행위계산의 부인에 해당한다(서면2팀-269, 2008. 2. 12.).

경우 특수관계에 있는 법인의 판정은 합병등기일이 속하는 사업연도의 직전사업연도개시일로부터 합병등기일까지의 기간 중 1회라도 특수관계에 있는 법인에 해당한 사실이 있는 경우의 해당 법인을 말한다(상증통 38-28…1).

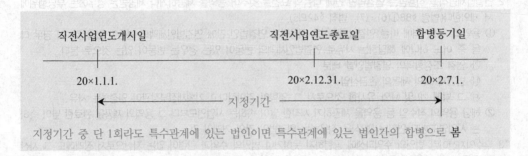

부당행위계산의 부인 요건의 충족 여부 거래조건이 결정되는 시점에서 판단하므로 법인이 소유한 부동산을 양도하는 경우 특수관계인에게 양도가액과 양도시기 등을 사전에 약정한 후, 특수관계가 소멸된 후에 당초 약정한 자 또는 그와 특수관계인에게 당초 약정내용을 일부 변경하여 양도하는 경우로서 동 거래가 조세를 부당히 감소시킨 것으로 인정되는 경우에는 부당행위계산 부인의 규정이 적용된다(법인 22601-872, 1986. 3. 17.).

(2) 부동산 또는 주식 등을 양도·양수하는 경우 부당행위계산의 부인 적용시기

부동산이나 주식 등을 양수도하는 거래의 경우에는 양수도인 간의 거래가액을 합의하고 계약금·중도금 및 잔금을 수수하는 형태로 이루어진다. 이 경우 해당 거래의 대금을 확정짓는 시기를 부당행위계산 부인 여부를 판단하는 시기로 본다.

따라서 다음의 시기를 기준으로 부당행위계산 부인규정 적용 여부를 판단해야 한다.

① 법인이 특수관계인과 임대차 거래를 함에 있어서 부당행위계산의 유형에 해당하는지 여부는 임대차 계약일 기준으로 하며,[3] 이 경우 임대료의 시가는 임대차계약 체결 시점에서 시가, 감정가액 및 「법인세법 시행령」 제89조 제4항 제1호에 따라 계산한 임대료를 순차적으로 적용하여 산출한 가액으로 한다(법집 52-88…5 ②).

② 특수관계인에게 주식을 양도하는 경우 해당 주식의 매매계약일 현재를 기준으로 판단하며(법집 52-88…5 ③) 부동산 거래의 경우 거래당사자 간에 그 거래가액에 대한 합의가 이루어진 계약일을 기준으로 한다.

③ 자산의 취득이 부당행위계산에 해당하는지 여부의 기준시기는 거래 당시이고 만약 거래계약 체결 시기와 양도 시기가 다르다면 그것이 부당행위계산에 해당하는지 여부는 그 대금을 확정짓는 거래 당시를 기준으로 판단한다(대법원 2007두 14978, 2010. 5. 13.).

---

3) 임대차계약체결 당시에는 특수관계인에 해당하지 아니하였음에도 그 임대기간 중에 특수관계인에 해당되었다 하여 특수관계인에 해당하는 날부터 부당행위계산 부인한 처분은 부당하다(국심 2003구 1462, 2003. 12. 11.).

④ 풋옵션 조항이 있는 약정이 체결된 경우 그 약정 및 풋옵션의 행사가 부당행위인지 여부의 판단은 풋옵션을 부여한 약정일을 기준으로 한다(서면법령법인-21852, 2015. 7. 21., 대법원 2010두 1484, 2010. 5. 27.).

5. 국제조세조정에 관한 법률과의 관계

「국제조세조정에 관한 법률」은 국세와 지방세에 관하여 규정하는 다른 법률보다 우선하여 적용한다(국조법 §4①). 「국제조세조정에 관한 법률」에 관련한 국제거래에 대해서는 「법인세법」 제52조【부당행위계산의 부인】를 적용하지 아니한다. 다만, 다음의 자산의 증여 등에 대해서는 그리하지 아니하다(국조법 §4②, 국조령 §4).

① 자산을 무상으로 이전(현저히 저렴한 대가를 받고 이전하는 경우는 제외한다)하거나 채무를 면제하는 경우
② 수익이 없는 자산을 매입하였거나 현물출자를 받았거나 그 자산에 대한 비용을 부담한 경우
③ 출연금을 대신 부담한 경우
④ 그 밖의 자본거래로서 「법인세법 시행령」 제88조 제1항 제8호 각목의 어느 하나 또는 같은 항 제8호의2에 해당하는 경우

"국제거래"란 거래 당사자 중 어느 한쪽이나 거래 당사자 양쪽이 비거주자 또는 외국법인(비거주자 또는 외국법인의 국내사업장은 제외한다)인 거래로서 유형자산 또는 무형자산의 매매·임대차, 용역의 제공, 금전의 대차(貸借), 그 밖에 거래자의 손익(損益) 및 자산과 관련된 모든 거래를 말한다(국조법 §2①(1)).

> **사례 » 부당행위계산의 부인 규정 적용 여부**
>
> ㈜한공은 10%의 지분을 소유한 주주인 영국법인에게 100억원의 자금을 연 1% 이자율로 대여하려고 한다. 대여당시 법인세법에 의한 가중평균차입이자율은 4.6%이다. 영국법인은 ㈜한공과 「법인세법」상 특수관계자에 해당하지만, 「국제조세조정에 관한 법률」상의 국외특수관계자는 아니다. 이 경우 ㈜한공은 영국법인에게 저율로 자금을 대여한 것에 대하여 법인세법상의 인정이자를 익금산입해야 하는가?
>
> **해답**
>
> 내국법인이 「국제조세조정에 관한 법률」상의 국외특수관계자에는 해당하지 아니하는 외국법인주주에게 가중평균차입이자율보다 낮은 이자율로 자금을 대여하는 경우, 동 거래의 상대방이 외국법인이므로 동 거래는 국제거래에 해당하며 동 거래가 「국제조세조정에 관한 법률」 시행령 제4조에서 정하고 있는 자산의 증여 등에 해당하지 않으므로 동 거래에 대하여는 「국제조세조정에 관한 법률」 제4조 제1항에 따라 「법인세법」 제52조[부당행위계산의 부인] 규정은 적용하지 아니함(국제세원-2273, 2008. 11. 20.). 따라서 인정이자를 익금산입할 필요는 없음.

3. 부당거래판정기준

부당행위계산의 부인규정을 적용할 때 건전한 사회통념 및 상관행과 시가를 기준으로 한다. 시가란 특수관계인이 아닌 자 간의 정상적인 거래에서 적용되거나 적용될 것으로 판단되는 가격(요율·이자율·임대료 및 교환비율 기타 이에 준하는 것 포함)을 말한다(법법 §52②).

1. 일반적인 시가산정방법

"시가"란 해당 거래와 유사한 상황에서 해당 법인이 특수관계인 외의 불특정다수인과 계속적으로 거래한 가격 또는 특수관계인이 아닌 제3자간에 일반적으로 거래된 가격이 있는 경우에는 그 가격에 따른다(법령 §89①). 다만, 주권상장법인이 발행한 주식을 거래소에서 거래한 경우 그 거래가격은 특수관계인이 아닌 제3자간에 일반적으로 거래된 가격이므로 시가로 인정된다. 다만, 주권상장법인이 발행한 주식을 다음 중 어느 하나에 해당하는 방법으로 거래한 경우 해당 주식의 시가는 그 거래일의 거래소 최종시세가액(거래소 휴장 중에 거래한 경우에는 그 거래일의 직전 최종시세가액)으로 한다(법령 §89①).

① 증권시장 외에서 거래하는 방법
② 거래소의 증권시장업무규정에서 일정 수량 또는 금액 이상의 요건을 충족하는 경우에 한정하여 매매가 성립하는 거래방법

그러나 다음과 같이 사실상 경영권의 이전이 수반되는 경우(해당 주식이 「상속세 및 증여세법 시행령」 제53조 제8항 각 호의 어느 하나에 해당하는 주식인 경우는 제외함)에는 「상속세 및 증여세법」 제63조 제3항을 준용하여 최종시세가액의 20%를 가산한다. "사실상 경영권의 이전이 수반되는 경우"란 다음 중 어느 하나에 해당하는 경우를 말한다. 다만, 회생계획, 기업개선계획, 경영정상화계획 또는 사업재편계획을 이행하기 위하여 주식을 거래하는 경우는 제외한다.

① 「상속세 및 증여세법」 제63조 제3항에 따른 최대주주 또는 최대출자자가 변경되는 경우
② 「상속세 및 증여세법」 제63조 제3항에 따른 최대주주등 간의 거래에서 주식등의 보유비율이 1% 이상 변동되는 경우

◉ 상장주식의 시가 ◉

구 분		시 가
증권시장에서 거래한 경우		거래금액
증권시장 외에서 거래한 경우와 시간 외대량매매의 경우	경영권의 이전이 수반되지 않은 경우	최종시세가액
	경영권의 이전이 수반된 경우	최종시세가액 × 120%*

* 해당 주식이 「상속세 및 증여세법 시행령」 제53조 제8항 각 호의 어느 하나에 해당하는 주식인 경우는 할증평가하지 아니한다.

〈할증평가대상이 아닌 주식〉(상증령 §53⑧)
① 평가기준일이 속하는 사업연도 전 3년 이내의 사업연도부터 계속하여 「법인세법」 제14조 제2항에 따른 결손금이 있는 경우
② 평가기준일 전후 6개월(증여재산의 경우에는 평가기준일 전 6개월부터 평가기준일 후 3개월로 한다) 이내의 기간중 최대주주등이 보유하는 주식등이 전부 매각된 경우(제49조 제1항 제1호의 규정에 적합한 경우에 한한다)
③ 「상속세 및 증여세법」 제28조, 제29조, 제29조의2, 제29조의3 및 제30조에 따른 이익을 계산하는 경우
④ 평가대상인 주식등을 발행한 법인이 다른 법인이 발행한 주식등을 보유함으로써 그 다른 법인의 최대주주 등에 해당하는 경우로서 그 다른 법인의 주식등을 평가하는 경우
⑤ 평가기준일부터 소급하여 3년 이내에 사업을 개시한 법인으로서 사업개시일이 속하는 사업연도부터 평가기준일이 속하는 사업연도의 직전사업연도까지 각 사업연도의 기업회계기준에 의한 영업이익이 모두 영이하인 경우
⑥ 상속세과세표준신고기한 또는 증여세과세표준신고기한 이내에 평가대상 주식등을 발행한 법인의 청산이 확정된 경우
⑦ 최대주주등이 보유하고 있는 주식등을 최대주주등외의 자가 법 제47조 제2항에서 규정하고 있는 기간 이내에 상속 또는 증여받은 경우로서 상속 또는 증여로 인하여 최대주주등에 해당되지 아니하는 경우
⑧ 주식등의 실제소유자와 명의자가 다른 경우로서 법 제45조의2에 따라 해당 주식등을 명의자가 실제소유자로부터 증여받은 것으로 보는 경우
⑨ 중소기업이 발행한 주식등 : 중소기업이란 「중소기업기본법」 제2조에 따른 중소기업을 말한다.
⑩ 중견기업이 발행한 주식등 : 중견기업이란 「중견기업 성장촉진 및 경쟁력 강화에 관한 특별법」 제2조에 따른 중견기업으로서 평가기준일이 속하는 과세기간 또는 사업연도의 직전 3개 과세기간 또는 사업연도의 매출액의 평균이 5천억원 미만인 기업을 말한다. 이 경우 매출액은 기업회계기준에 따라 작성한 손익계산서상의 매출액을 기준으로 하며, 과세기간 또는 사업연도가 1년 미만인 과세기간 또는 사업연도의 매출액은 1년으로 환산한다.

입법취지 상장주식의 시가 산정방법 합리화

상장주식을 장외거래하거나 시간외대량매매하는 경우 종전에는 거래일의 최종시세가액을 시가로 보았으나, 2021. 2. 17. 이후 거래하는 분부터는 경영권 이전을 수반하는 경우에는 상증법 제63조 제3항을 준용하여 최종시세가액의 20%를 할증평가하도록 하였다.

2. 시가가 불분명한 경우

(1) 시가가 불분명한 경우의 시가 산정방법

시가가 불분명한 경우에는 다음 순서에 따라 시가를 판정한다(법령 §89②).

① 「감정평가 및 감정평가사에 관한 법률」에 따른 감정평가법인 등이 감정한 가액이 있는 경우 그 감정평가액(감정한 가액이 2 이상인 경우에는 그 감정한 가액의 평균액). 다만, 주식(출자지분 포함) 및 가상자산은 감정가액을 인정하지 아니한다.

입법취지 감정평가액

> 종전 「법인세법」에서는 감정평가법인의 감정가액만을 인정하고 감정평가사의 감정가액은 인정하지 아니하였다. 그러나 2018. 2. 13. 이후에는 감정가액이 5억원 이하인 경우에는 감정평가사의 감정가액도 인정하도록 하였고, 감정평가법인과 감정평가사 간 형평성을 제고하기 위하여 2019. 2. 12. 이후 감정평가분부터는 금액의 제한 없이 감정평가사의 감정가액을 인정하도록 하였다.

② 「상속세 및 증여세법」 제38조·제39조·제39조의2·제39조의3 및 동법 제61조부터 제66조까지의 규정을 준용하여 평가한 가액. 이 경우 「상속세 및 증여세법」 제63조 제1항 제1호 나목 및 같은 법 시행령 제54조에 따라 비상장주식을 평가할 때 해당 비상장주식을 발행한 법인이 보유한 주식(주권상장법인이 발행한 주식으로 한정한다)의 평가금액은 평가기준일의 거래소 최종시세가액으로 하며, 「상속세 및 증여세법」 제63조 제2항 제1호·제2호 및 같은 법 시행령 제57조 제1항·제2항을 준용할 때 직전 6개월 (증여세가 부가되는 주식 등의 경우에는 3개월로 한다)은 각각 "직전 6개월"로 본다.

(2) 자산(금전 제외) 또는 용역의 제공에 있어서 시가가 불분명하고 감정가액도 없는 경우 시가평가액

법인이 자산(금전 제외) 또는 용역을 제공하는 경우에 있어서 시가가 불분명하고 위 "(1)" 의 규정도 적용할 수 없는 경우에는, 다음에 따라 계산한 금액을 시가로 한다(법령 §89④).

1) 유형 또는 무형의 자산을 제공하거나 제공받은 경우

$$\left(\text{당해 자산의 시가} \times \frac{50}{100} - \text{당해 자산의 제공과 관련한 전세금·보증금} \right) \times \text{정기예금이자율}^*$$

* 정기예금이자율은 종전에는 연 2.9%이었으나 2024. 3. 22.에 연 3.5%로 변경되었다(법칙 §6). **24 개정**

2) 건설 기타 용역을 제공하거나 제공받는 경우

당해 용역의 제공에 소요된 금액(직접비 및 간접비를 포함하며, 원가라 한다)과 원가에 해당 사업연도 중 특수관계인 외의 자에게 제공한 유사한 용역제공거래 또는 특수관계인이 아닌 제3자간의 일반적인 용역제공거래를 할 때의 수익률(기업회계기준에 따라 계산한 매출액에서 원가를 차감한 금액을 원가로 나눈 율을 말한다)을 곱하여 계산한 금액을 합한 금액을 시가로 본다(법령 §89④(2)).

> 용역의 시가 = 용역의 원가 + 용역의 원가 × 원가 기준 수익률*

* 용역을 제공한 사업연도에 특수관계인 외의 자에게 제공한 유사한 용역제공거래 또는 특수관계인이 아닌 제3자간의 일반적인 용역제공거래를 할 때의 원가 기준 수익률

$$\text{원가 기준 수익률} = \frac{\text{매출액} - \text{원가}}{\text{원가}}$$

입법취지 **용역제공거래의 시가기준 보완**

> 특수관계인에게 용역을 제공한 경우에 시가가 불분명하고 감정가액도 없는 경우에는 그 용역의 원가에 특수관계인 외의 자에게 제공한 유사거래의 수익률로 계산한 적정이익을 가산한 금액을 용역의 시가로 하였다. 그러나 특수관계인 외의 자에게 제공한 유사거래의 수익률이 없는 경우에는 용역의 시가를 산정할 수 없었다. 이에 따라 수익률에 특수관계 없는 제3자 간의 거래에서의 수익률로 사용할 수 있도록 하였다.

▌ 사례 》 저가양도

㈜한공은 대표이사에게 토지를 장부가액인 8억원에 양도하고 다음과 같이 회계처리하였다.

    (차) 현   금   800,000,000   (대) 토   지   800,000,000

양도 당시 토지의 10억원인 경우 세무조정을 하시오.

▌ 해답 ▌

(1) 중요성 판단(비율기준)

$$\frac{\text{시가와 거래금액의 차액}}{\text{시가}} = \frac{10\text{억원} - 8\text{억원}}{10\text{억원}} = 20\% \geq 5\%$$

(2) 세무조정 : <익금산입> 저가양도 2억원(상여)

    토지의 시가와 양도가액의 차액 2억원은 중요성 기준(시가의 5% 이상)에 해당하므로 시가와 양도가액의 차액 2억원을 익금산입하여 상여로 처분한다.

■ 사례 ≫ 고가매입…매매대금 지급

㈜한공은 대표이사로부터 건물을 5억원(시가 2억원)에 매입하고 매매대금을 일시에 지급하였다㈜
한공의 회계처리는 다음과 같다.
20×1. 1. 30. 건물매입

(차) 건   물   500,000,000   (대) 현   금   500,000,000

20×1. 12. 31. 감가상각

(차) 감 가 상 각 비   100,000,000   (대) 감 가 상 각 누 계 액   100,000,000

20×2. 1. 1. 건물 처분(시가에 매각함)

(차) 감 가 상 각 누 계 액   100,000,000   (대) 건   물   500,000,000
    현   금   160,000,000
    유형자산처분손실   240,000,000

이 자료에 의하여 세무조정을 하시오. 다만, 건물의 감가상각방법은 정액법이며, 신고내용연수는 5
년(상각률 0.200)이다.

■ 해답 ■

구 분	익금산입 및 손금불산입			손금산입 및 익금불산입		
	과 목	금 액	처 분	과 목	금 액	처 분
20×1. 1. 1.	고가매입	300,000,000	상 여	건물	300,000,000	유 보
20×1.12.31.	건물	60,000,000	유 보			
20×2. 1. 1.	건물	240,000,000	유 보			

■ 해설 ■
(1) 건물매입 : 건물의 매입가액과 시가와의 차액 3억원은 중요성 기준(3억원 이상 또는 시가의 5%
   이상)에 해당한다. 법인이 고가매입액을 자산으로 회계처리하였으므로 당기순이익과 각 사업연
   도 소득에 차이가 없으므로 양쪽조정을 한다. 먼저 3억원을 손금산입하여 건물에 대한 △유보
   로 처분하고 3억원을 익금산입하여 고가매입대금 지급액 3억원은 상여로 처분한다.
(2) 감가상각비
   감액된 건물(△유보)에 대한 감가상각비를 손금불산입한다.

$$감가상각비 \times \frac{유보}{자산가액} = 100,000,000 \times \frac{300,000,000}{500,000,000} = 60,000,000$$

(3) 건물양도 : 양도가액과 장부가액으로 구분하여 각각 세무조정한다.
   ① 양도가액 : 시가에 매각하였으므로 세무조정은 없다.
   ② 장부가액 : 자산양도 직전의 △유보를 익금산입한다.

┃ 사례 》 **고가매입…매매대금 분할지급**

㈜한공은 대표이사 A로부터 건물을 5억원(시가 2억원)에 매입하고 3억원은 20×1. 1. 30.에 지급하고, 나머지 2억원은 20×2. 1. 30.에 지급하였다. ㈜한공의 회계처리는 다음과 같다.

20×1. 1. 30. 건물매입

| (차) 건　　　　　물 | 500,000,000 | (대) 현　　　　　금 | 300,000,000 |
| | | 미　지　급　금 | 200,000,000 |

20×1. 12. 31. 감가상각

| (차) 감 가 상 각 비 | 100,000,000 | (대) 감 가 상 각 누 계 액 | 100,000,000 |

20×2. 1. 1. 미지급금 지급

| (차) 미　지　급　금 | 200,000,000 | (대) 현　　　　　금 | 200,000,000 |

20×2. 12. 31. 감가상각

| (차) 감 가 상 각 비 | 100,000,000 | (대) 감 가 상 각 누 계 액 | 100,000,000 |

20×3. 1. 1. 건물을 시가에 매각함

(차) 감 가 상 각 누 계 액	200,000,000	(대) 건　　　　　물	500,000,000
현　　　　　금	120,000,000		
유형자산처분손실	180,000,000		

이 자료에 의하여 세무조정을 하시오. 다만, 건물의 감가상각방법은 정액법이며, 신고내용연수는 5년(상각률 0.200)이다.

┃ 해답 ┃

구 분	익금산입 및 손금불산입			손금산입 및 익금불산입		
	과 목	금 액	처 분	과 목	금 액	처 분
20×1. 1. 1.	미지급금	200,000,000	유 보	건물	300,000,000	유 보
	고가매입	100,000,000	상 여			
20×1.12.31.	건물	60,000,000	유 보			
20×2. 1. 1.	고가매입	200,000,000	상 여	미지급금	200,000,000	유 보
20×2.12.31.	건물	60,000,000	유 보			
20×3. 1. 1.	건물	180,000,000	유 보			

┃ 해설 ┃

(1) 건물매입 : 건물의 매입가액과 시가와의 차액 3억원은 중요성 기준(3억원 이상 또는 시가의 5% 이상)에 해당한다. 법인이 고가매입액을 자산으로 회계처리하였으므로 당기순이익과 각 사업연도 소득에 차이가 없다. 따라서 양쪽조정을 해야 한다. 먼저 3억원을 손금산입하여 건물에 대

한 △유보로 처분하고 3억원을 익금산입하여 미지급액 2억원은 유보로, 지급액 1억원은 상여로 처분한다. 시가 해당액을 먼저 지급한 것으로 보므로 대금지급액 3억원은 시가 2억원과 시가초과액 1억원이다.

시 가 초과액
| ③ 미지급금 2억원 | ┄┄➤ 익금산입 미지급금(유보), 손금산입 건물(△유보) |
| ② 대금지급 1억원 | ┄┄➤ 익금산입 고가매입(상여), 손금산입 건물(△유보) |

시 가
| ① 대금지급 2억원 | ┄┄➤ 세무상 건물의 취득가액 |

(2) 감가상각비
감액된 건물(△유보)에 대한 감가상각비를 손금불산입한다.

$$\text{감가상각비} \times \frac{\text{유보}}{\text{자산가액}} = 100,000,000 \times \frac{300,000,000}{500,000,000} = 60,000,000$$

(3) 미지급금의 지급 : 시가초과분 2억원을 지급하여 이익을 분여하였으나 장부상 미지급금을 감액하는 회계처리를 하였으므로 당기순이익은 적정하므로 양쪽조정을 한다. 먼저 시가초과액 2억원을 익금산입하여 상여로 처분하고, 동 금액을 손금산입하여 미지급금에 대한 유보로 처분한다.

(4) 건물양도 : 양도가액과 장부가액으로 구분하여 각각 세무조정한다.
① 양도가액 : 시가에 매각하였으므로 적정하다.
② 장부가액 : 자산양도 직전의 △유보를 익금산입한다.

■ 사례 » 무수익자산의 매입

㈜한공은 20×1. 1. 1.에 자회사인 ㈜한국골프로부터 골프회원권 3구좌를 3억원에 매입하고 매입대금을 일시에 지급하였다. ㈜한공은 이 골프회원권 매입 전에 직원들의 체력단련 및 접대용으로 사용하기에 충분한 골프회원권을 보유하고 있다. ㈜한국골프는 골프회원권을 공개모집했으나, 골프회원권의 시세가 하락추세에 있어 대부분 팔리지 않아서 ㈜한공이 골프회원권을 매입한 것이다. 이 골프회원권은 법인세법상 무수익자산에 해당한다. ㈜한공의 회계처리는 다음과 같다.
<20×1. 1. 1. 골프회원권 매입>

(차) 투자자산   300,000,000   (대) 현 금   300,000,000

㈜한공의 20×1년의 차입금은 100억원(전기 차입분으로 연간 변동 없음)이고 이자율은 연 4%이고 이자비용은 400,000,000원이다. ㈜한공은 인정이자 계산시 가중평균차입이자율을 적용하고 있다.

■ 물음 ■

(1) 20×1년에 대한 세무조정을 하시오.
(2) 20×2. 1. 1. 골프회원권을 시가인 1억원에 매각하여 투자자산처분손실 2억원을 영업외비용으로 계상한 경우 20×2년에 대한 세무조정을 하시오.

▌해답 ▌

(1) 20×1년의 세무조정

익금산입 및 손금불산입			손금산입 및 익금불산입		
과 목	금 액	처 분	과 목	금 액	처 분
가지급금	300,000,000	유 보	투자자산	300,000,000	유 보
업무무관자산등관련이자	12,000,000[*1]	기타사외유출			
인정이자	12,000,000[*2]	기타사외유출			

*1 업무무관자산 등 관련이자 : $400,000,000 \times \dfrac{3억원 \times 365}{100억원 \times 365} = 12,000,000$

*2 인정이자 : $(3억원 \times 365) \times 4\% \times \dfrac{1}{365} = 12,000,000$

(2) 20×2년의 세무조정

익금산입 및 손금불산입			손금산입 및 익금불산입		
과 목	금 액	처 분	과 목	금 액	처 분
투자자산	300,000,000	유 보	가지급금	300,000,000	유 보
투자자산처분손실	200,000,000	기타사외유출			

▌해설 ▌

① 무수익자산을 매입한 경우 무수익자산의 매입이 부인되고 대신 매입대금상당을 법인이 출자자 등에게 대여한 것으로 보므로 업무무관가지급금에 대한 지급이자를 손금불산입하고, 인정이자를 익금산입하여야 한다(**대법원 99두 2567, 2000. 11. 10., 조심 2016서 1700, 2016. 7. 7.**). 그리고 해당 무수익자산의 유지·관리비 등의 비용도 손금에 산입하지 아니한다.

② 업무무관가지급금에 대한 지급이자를 손금불산입하여 기타사외유출로 처분하고, 인정이자를 익금산입하여 배당, 상여 등 적절하게 소득처분한다.

③ 무수익자산을 처분하면 무수익자산에 대한 △유보를 익금산입하여 유보로 처분하고 가지급금에 대한 유보를 손금산입하여 △유보로 처분하며, 무수익자산의 처분손실을 손금불산입하여 귀속 자에 따라 배당, 상여 등으로 소득처분한다.

■ 사례 » 저가임대

㈜한공은 전무이사 갑에게 건물을 임대하였으며, 갑은 그 건물에서 음식점을 하고 있다. 다음 자료로 ㈜한공의 제21기(1. 1.~12. 31.)의 세무조정을 하시오.

(1) 임대기간 : 제21기 1. 1.~제22기 12. 31.
(2) 건물의 시가 : 1,000,000,000원
(3) 임대보증금 : 200,000,000원
(4) 월임대료 : 500,000원(매월 말 지급 약정). 해당 연도분 임대료 6,000,000원을 결산상 임대료로 계상하였다. 건물의 임대의 시가는 불분명하며, 감정평가액은 없다.
(5) 기획재정부령으로 정하는 정기예금이자율은 3.5%이다.

▌해답 ▌

(1) 중요성 판단
 ① 실제 임대료 : 6,000,000

 ② 시가인 임대료 : $(1,000,000,000 \times 50\% - 200,000,000) \times 3.5\% \times \dfrac{365}{365}$

 = 10,500,000
 ③ 중요성 판단(비율기준)

 $\dfrac{\text{시가와 거래금액의 차액}}{\text{시가}} = \dfrac{10,500,000 - 6,000,000}{10,500,000} \fallingdotseq 42\% \geq 5\%$

(2) 세무조정 : <익금산입> 저가임대료 4,500,000 (기타사외유출*)
 * 전무이사가 임차한 건물을 음식점용으로 사용하고 있으므로 임대료를 적게 주면 음식점의 사업소득이 커진다. 따라서 소득이 법인에서 유출되어 개인사업자의 사업소득을 구성하고 있으므로 기타사외유출로 처분한다.

██ 사례 » 사택의 저가임대

㈜한공은 제21기(1. 1.~12. 31.)에 소액주주가 아닌 출자임원에 대해 다음과 같이 사택을 제공하고 있다. ㈜A의 사택 제공과 관련된 세무조정시 익금에 산입할 금액은 얼마인가?
(1) 사택 제공 내역(제21기 1. 1.~제22기 12. 31.)

구 분	임대보증금	월 임대료	사택의 시가
사택 1	100,000,000원	280,000원	400,000,000원
사택 2	150,000,000원	300,000원	600,000,000원

(2) ㈜한공은 당기 임대료수입을 손익계산서상 영업외수익으로 계상하였다.
(3) 사택의 적정 임대료는 확인되지 않으며, 감정가액도 없다.
(4) 기획재정부령으로 정하는 정기예금이자율은 연 3.5%이다.

██ 해답 ██

(1) 사택 1
① 임대료의 시가 : (400,000,000 × 50% − 100,000,000) ×3.5% = 3,500,000
② 실제 임대료 : 280,000 × 12 = 3,360,000
③ 차이 : 140,000
④ 중요성 기준(비율 기준) : $\dfrac{140,000}{3,500,000}$ = 4%
⑤ 세무조정 : 없음

(2) 사택 2
① 임대료의 시가 : (600,000,000 × 50% − 150,000,000) × 3.5% = 5,250,000
② 실제 임대료 : 300,000 × 12 = 3,600,000
③ 차이 : 1,650,000
④ 중요성 기준(비율 기준) : $\dfrac{1,650,000}{5,250,000}$ = 31%
⑤ 세무조정 : <익금산입> 사택임대료 1,650,000 (상여)

■ 사례 ≫ 용역의 저가제공

㈜한공은 제21기 사업연도에 대표이사에게 용역을 제공하고 용역대가 100,000,000원을 매출로, 용역원가 80,000,000원을 매출원가로 회계처리한 경우에 세무조정을 하시오. 동 용역의 시가는 불분명하나, 해당 사업연도에 특수관계 없는 자에게 제공한 유사용역 내역은 다음과 같다.

매 출 액	800,000,000원
매 출 원 가	500,000,000원
매 출 총 이 익	300,000,000원

■ 해답 ■

(1) 중요성 판단

① 실제 용역대가 : 100,000,000

② 용역의 시가 : $80,000,000 + 80,000,000 \times \dfrac{300,000,000}{500,000,000} = 128,000,000$

③ 중요성 판단(비율기준)

$$\dfrac{\text{시가와 거래금액의 차액}}{\text{시가}} = \dfrac{128,000,000 - 100,000,000}{128,000,000} ≒ 21\% \geq 5\%$$

(2) 세무조정 : <익금산입> 저가공급 28,000,000(상여)

4. 가지급금 인정이자

1. 개 요

법인이 특수관계인에게 금전을 무상으로 대여하거나 시가보다 낮은 이자율로 대여한 경우에는 부당행위계산 부인규정을 적용하여 시가와 약정이자율의 차액을 계산하여 이를 익금에 산입한다. 이 경우에도 중요성기준을 적용하므로 시가와 약정이자율의 차액이 3억원 이상이거나 시가의 5%에 상당하는 금액 이상인 경우에 한하여 적용한다.

2. 인정이자 계산대상 가지급금

특수관계인에게 무상 또는 낮은 이자율로 금전을 대여한 경우에 인정이자를 계산한다. 인정이자의 계산은 특수관계가 소멸하는 날까지 적용하는 것이며, 특수관계가 소멸한 이후에는 인정이자를 계산하지 아니한다. 한편, 특수관계법인간 대여금의 회수를 포기하고 대손처리한 경우에는 대손금의 손금처리를 부인하고, 채무자에게는 채무면제이익으로 익금산입하며, 포기 이후부터는 지급이자의 손금불산입 및 인정이자의 익금산입을 하지 아니한다(법집 52-89-8).

주의 가지급금에 대한 법인세법상 규제

구 분	내 용	업무관련성	이자율
특수관계인에 대한 업무무관 가지급금	① 지급이자 손금불산입 ② 대손충당금 설정대상에서 제외 ③ 대손금 및 처분손실의 손금불산입	업무무관	이자율 무관
특수관계인에 대한 가지급금 (무상·저율대여)	④ 인정이자	업무무관, 업무관련 모두 포함	무상·저율대여

다만, 다음의 가지급금은 복리후생목적이 있거나 부득이한 사유가 있으므로 가지급금에 대한 규제를 하지 아니한다(법령 §89⑤, 법칙 §44).

다음에 해당하는 금전의 대여는 부당행위계산 부인대상에서 제외된다(법칙 §44).

① 「소득세법」 제132조 제1항 및 제135조 제3항에 따라 지급한 것으로 보는 배당소득 및 상여금(이하 "미지급소득"이라 한다)에 대한 소득세(개인지방소득세와 미지급소득으로 인한 중간예납세액상당액을 포함하며, 다음 계산식에 따라 계산한 금액을 한도

로 한다)를 법인이 납부하고 이를 가지급금 등으로 계상한 금액(해당 소득을 실제로 지급할 때까지의 기간에 상당하는 금액으로 한정한다)

$$\text{미지급소득에 대한 소득세액} = \text{종합소득 총결정세액} \times \frac{\text{미지급소득}}{\text{종합소득금액}}$$

② 국외에 자본을 투자한 내국법인이 해당 국외투자법인에 종사하거나 종사할 자의 여비·급료 기타 비용을 대신하여 부담하고 이를 가지급금 등으로 계상한 금액(그 금액을 실지로 환부받을 때까지의 기간에 상당하는 금액에 한한다)

③ 법인이 「근로자복지기본법」 제2조 제4호에 따른 우리사주조합 또는 그 조합원에게 해당 우리사주조합이 설립된 회사의 주식취득(조합원 간에 주식을 매매하는 경우와 조합원이 취득한 주식을 교환하거나 현물출자함으로써 「독점규제 및 공정거래에 관한 법률」에 의한 지주회사 또는 「금융지주회사법」에 의한 금융지주회사의 주식을 취득하는 경우를 포함한다)에 소요되는 자금을 대여한 금액(상환할 때까지의 기간에 상당하는 금액에 한한다)

④ 「국민연금법」에 의하여 근로자가 지급받은 것으로 보는 퇴직금전환금(당해 근로자가 퇴직할 때까지의 기간에 상당하는 금액에 한한다)

⑤ 「법인세법 시행령」 제106조 제1항 제1호 단서의 규정에 의하여 대표자에게 상여처분한 금액에 대한 소득세를 법인이 납부하고 이를 가지급금으로 계상한 금액(특수관계가 소멸될 때까지의 기간에 상당하는 금액에 한한다)

⑥ 직원에 대한 월정액급여액의 범위 안에서의 일시적인 급료의 가불금

⑦ 직원에 대한 경조사비 또는 학자금(자녀의 학자금을 포함한다)의 대여액

⑧ 「조세특례제한법 시행령」 제2조에 따른 중소기업에 근무하는 직원(지배주주 등인 직원은 제외한다)에 대한 주택구입 또는 전세자금의 대여액

⑨ 「금융기관부실자산 등의 효율적 처리 및 한국자산관리공사의 설립에 관한 법률」에 의한 한국자산관리공사가 출자총액의 전액을 출자하여 설립한 법인이 대여한 금액

3. 인정이자의 계산방법

특수관계인에 대한 가지급금 인정이자는 다음과 같이 계산한다.

$$\text{인정이자} = \text{가지급금적수} \times \text{시가인 이자율} \times \frac{1}{365}^* - \text{약정이자}$$

* 윤년인 경우에는 1/366로 한다.

(1) 가지급금적수

가지급금적수는 가지급금의 매일의 잔액을 합한 금액을 말한다. 가지급금적수는 매일의 잔액을 합하는 방법만 인정하므로 매월 말 잔액에 그 달의 경과일수를 곱하는 간편법은 사용할 수 없다. 동일인에 대하여 가지급금과 가수금이 함께 있는 경우에는 이를 상계한 금액으로 인정이자를 계산한다. 다만, 가수금에 대하여 별도로 상환기간 및 이자율 등에 관한 약정이 있어 가지급금과 상계할 수 없는 경우에는 이를 상계하지 아니하고 인정이자를 계산한다.

(2) 시가인 이자율

1) 가중평균차입이자율

금전의 대여 또는 차용의 경우에는 가중평균차입이자율을 시가로 한다. 가중평균차입이자율이란 대여시점 현재 각각의 차입금 잔액에 차입 당시의 각각의 이자율을 곱한 금액의 합계액을 해당 차입금 잔액의 합계액으로 나눈 비율을 말한다(법칙 §43①).

$$\text{가중평균차입이자율} = \frac{\sum(\text{각각의 차입금 잔액}^{*1} \times \text{해당 차입금 이자율}^{*2})}{\text{차입금 잔액의 합계액}}$$

*1) 차입금잔액은 자금대여시점별로 계산하되, 특수관계인으로부터의 차입금과 채권자불분명사채, 비실명채권 등의 발행으로 조달된 차입금, 연지급수입이자 발생 차입금의 경우에는 제외한다. 신주인수권부사채를 할인발행하는 경우 사채할인발행차금에 상당하는 이자, 당좌차월이자, 사채이자 및 금융리스 이용료 중 이자상당액(법인-25, 2010. 1. 12.)은 가중평균차입이자율 계산에 포함하고 상환할증금과 전환권조정에 상당하는 이자(법인-1232, 2009. 11. 5.)는 가중평균차입이자율 계산에서 제외한다.
*2) 변동금리로 차입한 경우에는 차입 당시의 이자율에 의한 차입금은 상환하고 대여 당시 변동된 이자율로 다시 차입한 것으로 본다(법칙 §43⑥).

━━ 사례 » 가중평균차입이자율을 적용하는 경우 인정이자계산 ━━

다음 자료에 의하여 ㈜삼덕(20×1. 1. 1.~20×1. 12. 31.)의 가지급금에 대한 인정이자를 계산하고 [가지급금 등 인정이자조정명세서(갑), (을)]를 계산·작성하시오. 해당 법인은 가중평균차입금이자율을 적용하여 인정이자를 계산하고자 한다.

1. 대표이사 이수현의 가지급금 명세 및 가중평균차입이자율

일 자	적 요	차 변	대 변	잔 액	가중평균 차입이자율
20×1. 1. 1.	전기이월	30,000,000		30,000,000	5.0%
20×1. 4. 1.	대여	20,000,000		50,000,000	5.4%
20×1. 6. 30.	대여	20,000,000		70,000,000	5.2%
20×1. 8. 30.	대여	10,000,000		80,000,000	5.3%
20×1. 12. 1.	대여	50,000,000		130,000,000	5.4%

2. 대표이사 이수현의 가수금명세

일 자	적 요	차 변	대 변	잔 액
20×1. 5. 30.	가수		20,000,000	20,000,000
20×1. 6. 30.	반제	10,000,000		10,000,000
20×1. 7. 30.	가수		10,000,000	20,000,000
20×1. 8. 30.	변제	20,000,000		0
20×1. 9. 30.	가수		50,000,000	50,000,000

3. 회사는 대표이사와의 약정에 의한 수입이자 700,000원을 영업외수익으로 계상하였다.

4. 20×1년은 윤년이 아니다.

▌해답▐

인정이자를 계산할 때 가수금적수는 먼저 발생한 가지급금적수부터 상계한다(법칙 별지 서식 제19호). 가중평균차입이자율과 당좌대출이자율은 대여 당시의 이자율을 적용하므로 대여건별로 적수를 계산해야 한다.

1. 가수금적수

기 간	일 자	가 수 금	적 수(②)
5/30~6/29	31	20,000,000	620,000,000
6/30~7/29	30	10,000,000	300,000,000
7/30~8/29	31	20,000,000	620,000,000
9/30~12/31	93	50,000,000	4,650,000,000
			6,190,000,000

2. 가지급금 인정이자 계산

대여일	대여기간	일수	가지급금	가지급금 적수(①)	가수금 적수(②)	잔액적수 (①-②)	가중평균 차입이자율	인정이자
전기이월	1/1~12/31	365	30,000,000	10,950,000,000	6,190,000,000	4,760,000,000	5.0%	652,054
4/1	4/1~12/31	275	20,000,000	5,500,000,000	–	5,500,000,000	5.4%	813,698
6/30	6/30~12/31	185	20,000,000	3,700,000,000	–	3,700,000,000	5.2%	527,123
8/30	8/30~12/31	124	10,000,000	1,240,000,000	–	1,240,000,000	5.3%	180,054
12/1	12/1~12/31	31	50,000,000	1,550,000,000	–	1,550,000,000	5.4%	229,315
계				22,940,000,000	6,190,000,000	16,750,000,000		2,402,244

[별지 제19호 서식(갑)]

(앞쪽)

사 업 연 도	20×1. 1. 1. ~ 20×1. 12. 31.	가지급금 등의 인정이자조정명세서(갑)	법 인 명	㈜삼덕
			사업자등록번호	

1. 적용 이자율 선택

[✓] 원칙 : 가중평균차입이자율

[ ] 가중평균차입이자율 적용이 불가능한 경우 해당 사업연도만 당좌대출이자율을 적용

[ ] 「법인세법 시행령」 제89조 제3항 제2호에 따른 당좌대출이자율

2. 가중평균차입이자율에 따른 가지급금 등의 인정이자 조정

① 성명	②가지급금 적수	③가수금 적수	④차감적수 (②-③)	⑤ 인정이자	⑥회사 계상액	시가인정범위		⑨조정액(=⑦) ⑦≥3억이거나 ⑧≥5% 인경우
						⑦차액 (⑤-⑥)	⑧비율(%) (⑦/⑤)×100	
이수현	22,940,000,000	6,190,000,000	16,750,000,000	2,402,244	700,000	1,702,244	71%	1,702,244
계	22,940,000,000	6,190,000,000	16,750,000,000	2,402,244	700,000			1,702,244

3. 당좌대출이자율에 따른 가지급금 등의 인정이자 조정

⑩ 성명	⑪가지급금 적수	⑫가수금 적수	⑬차감적수 (⑪-⑫)	⑭ 이자율	⑮인정이자 (⑬×⑭)	⑯회사 계상액	시가인정범위		⑲조정액(=⑰) ⑰≥3억이거나 ⑱≥5% 인경우
							⑰차액 (⑮-⑯)	⑱비율(%) (⑰/⑮)×100	
계									

[별지 제19호 서식(을)] (앞쪽)

사 업 연 도	20×1. 1. 1. ~ 20×1. 12. 31.	가지급금 등의 인정이자조정명세서(을)		법 인 명	㈜삼덕
				사업자등록번호	

직책(대표이사) 성명 (이수현)

1. 가중평균차입이자율에 따른 가지급금 등의 적수, 인정이자 계산

대여기간		③연월일	④적요	⑤차 변	⑥대 변	⑦잔 액 (⑤-⑥)	⑧일수	⑨가지급금 적수 (⑦×⑧)	⑩가수금 적수	⑪차감적수 (⑨-⑩)	⑫이자율	⑬인정이자 (⑪×⑫)
①발생 연월일	②회수 연월일											
1.1.	차기이월	1.1.	전기이월	30,000,000		30,000,000	365	10,9500,000,000	6,190,000,000	4,7600,000,000	5	652,054
4.1.	〃	4.1.	대여	20,000,000		20,000,000	275	5,500,000,000	-	5,500,000,000	5.4	813,698
6.30.	〃	6.30.	〃	20,000,000		20,000,000	185	3,700,000,000	-	3,700,000,000	5.2	527,123
8.30.	〃	8.30.	〃	10,000,000		10,000,000	124	1,240,000,000	-	1,240,000,000	5.3	180,054
12.1.	〃	12.1	〃	50,000,000		50,000,000	31	1,550,000,000	-	1,550,000,000	5.4	229,315
계								22,940,000,000	6,190,000,000	16,750,000,000		2,402,244

2. 당좌대출이자율에 따른 가지급금 등의 적수 계산

⑭연월일	⑮적 요	⑯차 변	⑰대 변	⑱잔 액	⑲일수	⑳가지급금 적수(⑱×⑲)	㉑가수금 적수	㉒차감적수 (⑳-㉑)
계								

3. 가수금 등의 적수 계산

㉓연월일	㉔적 요	㉕차 변	㉖대 변	㉗잔 액	㉘일수	㉙가수금 적수(㉗×㉘)
5.30.	가수		20,000,000	20,000,000	31	620,000,000
6.30.	반제	10,000,000		10,000,000	30	300,000,000
7.30.	가수		10,000,000	20,000,000	31	620,000,000
8.30.	반제	20,000,000		0	0	0
9.30.	가수		50,000,000	50,000,000	93	4,650,000,000
계		30,000,000	80,000,000	50,000,000		6,190,000,000

2) 당좌대출이자율

다음의 경우와 같이 가중평균차입이자율의 적용이 불가능한 경우에는 다음의 경우에는 당좌대출이자율을 시가로 한다(법령 §89③).

구 분	이자율
① 특수관계인이 아닌 자로부터 차입한 금액이 없는 경우 ② 차입금 전액이 채권자 불분명 사채 또는 비실명 채권·증권으로 조달된 경우 ③ 자금을 대여한 법인의 대여시점 현재 가중평균차입이자율이나 대여금리가 자금을 차입한 법인의 가중평균차입이자율보다 높은 경우 ④ 대여한 날(계약을 갱신한 경우에는 그 갱신일)부터 해당 사업연도 종료일까지의 기간이 5년을 초과하는 대여금이 있는 경우	해당 대여금만 당좌대출이자율 적용
⑤ 해당 법인이 법인세 신고와 함께 당좌대출이자율을 시가로 선택하는 경우	선택한 사업연도와 이후 2개 사업연도는 당좌대출이자율을 시가로 함.[4]

입법취지 대여법인의 가중평균차입이자율이 차입법인의 가중평균차입이자율보다 높은 경우

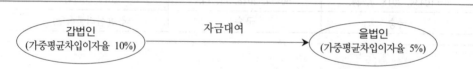

A법인의 가중평균차입이자율 10%를 적용하여 이자를 받으면 B법인이 부당행위에 해당하고, B법인의 가중평균차입이자율 5%를 적용하여 이자를 받으면 A법인이 부당행위에 해당한다. 따라서 A법인과 B법인의 가중평균차입이자율 중 어떤 것을 적용해도 부당거래에 해당하므로 당좌대출이자율을 적용하도록 한 것이다.

□ 당좌대출이자율을 시가로 선택하여 신고한 경우의 적용기간

법인이 법인세신고와 함께 당좌대출이자율을 시가로 선택하는 경우에는 당좌대출이자율을 시가로 하여 선택한 사업연도와 이후 2개 사업연도는 당좌대출이자율을 시가로 본다(법령 89조 3항 2호). A법인이 2010년부터 2015년까지의 법인세를 신고하면서 2010년부터 2013년까지 4년간 당좌대출이자율을 적용하고, 2014년과 2015년에는 가중평균차입이자율을 적용하여 인정이자를 계산하였다.

사업연도	2010년	2011년	2012년	2013년	2014년	2015년
적용이자율	당좌대출이자율				가중평균차입이자율	

관할 세무서장은 당좌대출이자율을 시가로 선택하는 경우 선택한 사업연도와 이후 2개 사업연도는

---

[4] 가지급금 등의 인정이자 계산시 선택한 당좌대출이자율 또는 가중평균차입이자율은 그 후 사업연도에 수정신고 등으로 변경할 수 없다(법인-957, 2009. 8. 31.).

당좌대출이자율을 시가로 하여야 하므로 2010년에 처음으로 당좌대출이자율을 시가로 선택한 후 2012년까지 의무적용하고, 다시 2013년도에 당좌대출이자율을 시가로 선택한 경우 2014년과 2015년 사업연도에도 당좌대출이자율이 적용되어야 한다(서면 - 2016 - 법령해석법인 - 4875 [법령해석과 - 3239], 2016. 10. 12.도 동일한 취지임)는 이유로 2014년과 2015년 사업연도의 인정이자를 재계산하여 법인세를 과세하였다. A법인은 당좌대출이자율을 선택한 사업연도와 그 후 2년간 의무적용하면 그 후에는 언제든지 가중평균차입이자율을 적용할 수 있다는 취지로 조세심판원에 심판청구를 제기하였으나 기각(조심 - 2017 - 중부청 - 3972, 2017. 11. 21.)되자 행정소송을 제기하였다. 의정부지방법원은 "당좌대출이자율을 선택하면 선택한 사업연도와 이후 2개 사업연도는 당좌대출이자율을 시가로 하고, 그 후 다시 당좌대출이자율을 선택하면 그 이후 2개 사업연도도 당좌대출이자율을 시가로 하여야 한다는 의미로 해석함이 타당하고, 법인이 2010년 사업연도 귀속 법인세 신고 당시 당좌대출이자율을 선택한 이후 2개 사업연도(2011년 및 2012년 사업연도)를 당좌대출이자율을 적용한 다음 2013년 사업연도에 다시 당좌대출이자율을 선택하였으므로, 2014년 및 2015년 사업연도는 당좌대출이자율을 의무적으로 적용하여야 하는데도 가중평균차입이자율을 적용하여 법인세를 신고·납부한 위법이 있다"라고 판결하였다. 서울고등법원도 1심과 동일하게 판결하였고 대법원은 심리불속행으로 판결하여 사건이 종결되었다.

1심	2심	3심
의정부지방법원 - 2018 - 구합 - 10434, 2018. 7. 24.	서울고등법원 - 2018 - 누 - 60474, 2018. 11. 14.	대법원 - 2018 - 두 - 64870, 2019. 3. 14.
국승	국승	국승(심리불속행)

4. 가지급금과 동 미수이자 등의 소득처분

특수관계인과의 자금거래에서 발생한 가지급금 등과 동 이자상당액은 다음과 같이 소득처분한다(법령 §11(9)).

(1) 특수관계가 소멸하는 경우

특수관계가 소멸할 때까지 회수되지 아니한 가지급금 등과 미수이자는 특수관계가 소멸하는 날에 「법인세법 시행령」 제106조 제1항에 따라 처분한 것으로 본다.

(2) 특수관계가 계속되는 경우

이자발생일이 속하는 사업연도 종료일로부터 1년이 되는 날까지 회수하지 아니한 미수이자는 발생일이 속하는 사업연도 종료일로부터 1년이 되는 날에 소득처분한 것으로 본다(법인 46012 - 987, 1993. 4. 16.).

　그러나 위 "(1)" 및 "(2)"의 경우에 있어서 가지급금 등과 이자상당액을 회수하지 아니한 정당한 사유가 있거나 회수할 것임이 객관적으로 입증되는 다음의 사유가 있는 경우와 회수할 수 없음이 명백한 경우에는 그러하지 아니다. 여기서 "회수할 수 없음이 명백한 경우"란 다음 중 어느 하나에 해당하는 경우를 말한다(법칙 §6의2).

① 채권·채무에 대한 쟁송으로 회수가 불가능한 경우

② 특수관계인이 회수할 채권에 상당하는 재산을 담보로 제공하였거나 특수관계인의 소유재산에 대한 강제집행으로 채권을 확보하고 있는 경우

③ 해당 채권과 상계할 수 있는 채무를 보유하고 있는 경우

④ 그 밖에 "①"부터 "③"까지와 비슷한 사유로서 회수하지 아니하는 것이 정당하다고 인정되는 경우

(3) 처분한 것으로 보는 미수이자를 영수하는 경우

　처분한 것으로 보는 미수이자를 영수하는 경우 동 금액은 각 사업연도 소득으로 이미 과세된 소득(이월익금)으로 보아 영수하는 사업연도의 소득금액계산상 익금불산입한다.

(4) 처분한 것으로 보는 미수이자에 상당하는 다른 상대방의 미지급이자가 있는 경우

　미수이자에 상당하는 다른 상대방의 미지급이자가 있는 경우 이를 실제로 지급할 때까지는 채무로 보지 아니한다. 따라서 동 미지급이자는 그 발생일이 속하는 사업연도 종료일로부터 1년이 되는 날이 속하는 사업연도의 소득금액계산상 익금에 산입하고, 동 미지급이자를 실제로 지급하는 사업연도의 소득금액계산상 손금에 산입한다.

┃ 사례 »　가중평균차입이자율

㈜한공은 제21기 사업연도(1. 1.~12. 31.) 4월 1일에 대표이사에게 1억원을 대여하려고 한다. 대여일 현재 ㈜한공의 차입금이 다음과 같은 경우 가중평균이자율을 계산하시오.

이 자 율	차 입 금	대 여 자	비　　고
연 2%	300,000,000	서울은행	건설자금이자
연 3%	300,000,000	한라은행	-
변동금리	400,000,000	백두은행	차입 당시 연 5%, 대여 당시 연 4%
연 4%	500,000,000	특수관계인	관계회사 차입금
계	1,500,000,000		

┃ 해답 ┃

$$\text{가중평균차입이자율} = \frac{300,000,000 \times 2\% + 300,000,000 \times 3\% + 400,000,000 \times 4\%}{300,000,000 + 300,000,000 + 400,000,000}$$

$$= 3.1\%$$

가중평균차입이자율 계산시 건설자금이자는 포함하며, 변동이자율인 경우에는 대여 당시에 이자율로 차입한 것으로 본다.

사례 » 당좌대출이자율로 신고한 경우 인정이자계산

다음 자료에 의하여 ㈜갑의 대표이사에 대한 가지급금 인정이자를 계산하시오. ㈜갑은 직전 사업연도부터 법인세 과세표준신고시 당좌대출이자율을 적용하는 것으로 신고하였으며, 당좌대출이자율은 4.6%이다.

〈자료 1〉

◎ 대표이사에 대한 가지급금계정 ◎

일 자	적 요	차 변	대 변	잔 액
20×1. 1. 1.	전 기 이 월	40,000,000		40,000,000
2. 1.	대표이사일시가지급	10,000,000		50,000,000
4. 1.	전기이월분일부회수		30,000,000	20,000,000
5. 31.	종합소득세납부	20,000,000		40,000,000
8. 1.	전기이월분잔액회수		10,000,000	30,000,000
12. 31.	차 기 이 월		30,000,000	

〈자료 2〉

가지급금계정의 내용은 다음과 같다.
① 전기이월 40,000,000원은 전기 12. 26.에 주택자금을 대여한 것이다.
② 대표이사 종합소득세 납부액은 미지급배당금에 대한 소득세를 대납한 금액이다.
③ 대표이사에 대한 가수금은 없다.
④ 위의 가지급금은 모두 무상 대여이며, 회사는 인정이자를 계상하지 않았다.

┃ 해답 ┃

1. 가지급금 적수

연월일	가지급금	기 간	일 수	적 수
20×1. 1. 1.	40,000,000	20×1. 1. 1.～20×1. 1. 31.	31	1,240,000,000
2. 1.	50,000,000	20×1. 2. 1.～20×1. 3. 31.	59	2,950,000,000
4. 1.	20,000,000	20×1. 4. 1.～20×1. 7. 31.	122	2,440,000,000
8. 1.	10,000,000	20×1. 8. 31.～20×1. 12. 31.	153	1,530,000,000
			365	8,160,000,000

주 : 미지급배당금에 대한 소득세대납액은 가지급금으로 보지 아니한다.

2. 가지급금 인정이자 계산

$$8,160,000,000원 \times 4.6\% \times \frac{1}{365} = 1,028,383원$$

[별지 제19호 서식(갑)] (앞쪽)

사 업 연 도	20×1. 1. 1. ~ 20×1. 12. 31.	가지급금 등의 인정이자조정명세서(갑)	법 인 명	㈜갑
			사업자등록번호	

1. 적용 이자율 선택

[ ] 원칙 : 가중평균차입이자율

[ ] 「법인세법 시행령」 제89조 제3항 제1호에 따라 해당 사업연도만 당좌대출이자율을 적용

[ ] 「법인세법 시행령」 제89조 제3항 제1호의2에 따라 해당 대여금만 당좌대출이자율을 적용

[✓] 「법인세법 시행령」 제89조 제3항 제2호에 따른 당좌대출이자율

2. 가중평균차입이자율에 따른 가지급금 등의 인정이자 조정

① 성명	②가지급금 적수	③가수금 적수	④차감적수 (②-③)	⑤ 인정이자	⑥회사 계상액	시가인정범위		⑨조정액(=⑦) ⑦≧3억이거나 ⑧≧5%인경우
						⑦차액 (⑤-⑥)	⑧비율(%) (⑦/⑤)×100	
계								

3. 당좌대출이자율에 따른 가지급금 등의 인정이자 조정

⑩ 성명	⑪가지급금 적수	⑫가수금 적수	⑬차감적수 (⑪-⑫)	⑭ 이자율	⑮인정 이자 (⑬×⑭)	⑯회사 계상액	시가인정범위		⑲조정액(=⑰) ⑰≧3억이거나 ⑱≧5%인경우
							⑰차액 (⑮-⑯)	⑱비율(%) (⑰/⑮)×100	
김학경	8,160,000,000		8,160,000,000	4.6%	1,028,383	0	1,028,383	100	1,028,383
계									1,028,383

[별지 제19호 서식(을)]　　　　　　　　　　　　　　　　　　　　　　　　　　　(앞쪽)

사 업 연 도	20×1. 1. 1. ~ 20×1. 12. 31.	가지급금 등의 인정이자조정명세서(을)		법 인 명	㈜갑
				사업자등록번호	

직책(대표이사)　성명 (김한경)

1. 가중평균차입이자율에 따른 가지급금 등의 적수, 인정이자 계산

대여기간		③ 연월일	④적 요	⑤차 변	⑥ 대 변	⑦잔 액 (⑤-⑥)	⑧ 일수	⑨ 가지급금 적수 (⑦×⑧)	⑩가수금 적수	⑪ 차감적수 (⑨-⑩)	⑫ 이자율	⑬인정 이자 (⑪×⑫)
①발생 연월일	②회수 연월일											
	계											

2. 당좌대출이자율에 따른 가지급금 등의 적수 계산

⑭ 연월일	⑮적 요	⑯차 변	⑰대 변	⑱잔 액	⑲일수	⑳가지급금 적수(⑱×⑲)	㉑가수금 적수	㉒차감적수 (⑳-㉑)
20×1. 1. 1.	전기이월	40,000,000		40,000,000	31	1,240,000,000		1,240,000,000
2. 1.	일시가지급	50,000,000		50,000,000	59	2,950,000,000		2,950,000,000
4. 1.	회　수		30,000,000	20,000,000	122	2,440,000,000		2,440,000,000
8. 1.	회　수		10,000,000	10,000,000	153	1,530,000,000		1,530,000,000
12. 31.	차기이월							
계					365	8,160,000,000		8,160,000,000

3. 가수금 등의 적수 계산

㉓ 연월일	㉔적 요	㉕차 변	㉖대 변	㉗잔 액	㉘일수	㉙가수금 적수(㉗×㉘)
계						

5. 자본거래에 대한 부당행위계산의 부인

1. 개 요

증자·감자·합병과 같은 거래를 자본거래라고 한다. 종전에는 영리법인 간의 자본거래에 의한 이익분여는 규제하지 않았다. 이러한 점을 이용하여 부모가 지배하는 영리법인이 그의 자녀가 지배하는 영리법인에 이익을 분여함으로써 증여세나 상속세를 회피하는 사례가 있었다. 이에 따라 1999년부터 영리법인이 증자, 감자, 합병에 의하여 특수관계인 영리법인에게 이익을 분여한 경우에 이익을 분여한 법인에 부당행위계산의 부인을 적용하고, 이익을 분여받은 영리법인에 분여받은 이익을 익금에 산입하도록 「법인세법」을 보완하였다. 그 후 2008. 2. 22. 자본거래범위를 증자, 감자, 합병 외의 자본거래에도 적용하도록 규정을 확대하였다.

자본거래로 이익을 분여한 경우 과세문제는 다음과 같다.

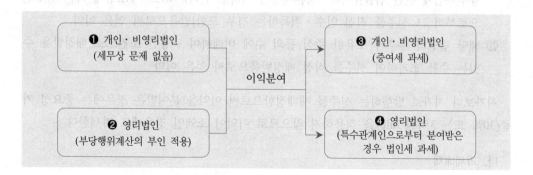

위의 도표에서 ❷는 「법인세법」의 부당행위계산의 부인규정(법령 §88①(8)·(8)의2), ❹는 「법인세법」의 익금규정(법령 §11(8)), ❸은 상속세 및 증여세법의 자본거래에 따른 이익의 증여규정(상증법 §39~§39의2)에 따른 것이다.

2. 불균등증자

(1) 개 요

지분율에 따르지 않고 불균등하게 증자하거나 주주가 아닌 제3자에게 신주를 배정하여 증자하면 주주의 증자 전의 지분율과 증자 후의 지분율이 달라진다. 이 경우 주식의 발행가액이 시가와 차이가 있으면 증자에 참여하지 않은 주주와 증자에 참여한 주주(제3자 배정 시에는 제3자) 간에 이익이 분여될 수 있다.

불균등증자에 의하여 이익을 분여하는 경우에는 다음과 같은 과세문제가 발생한다.

(2) 저가발행신주의 재배정(제3자 배정, 초과 배정)

1) 이익을 분여받은 개인과 비영리법인에 대한 증여세 과세

가. 과세요건

법인이 자본금을 증가시키기 위하여 새로운 주식을 시가보다 낮은 가액으로 발행함으로써 다음 중 어느 하나에 해당하는 이익을 얻은 경우에는 그 이익에 상당하는 금액을 그 이익을 얻은 자의 증여재산가액으로 한다(상증법 §39①(1), 상증령 §29①).

① 해당 법인의 주주가 신주를 배정받을 수 있는 권리(이하 "신주인수권"이라 한다)의 전부 또는 일부를 포기한 경우로서 해당 법인이 그 포기한 신주를 배정하는 경우에는 그 실권주를 배정받은 자가 실권주를 배정받음으로써 얻은 이익

② 해당 법인의 주주가 아닌 자가 해당 법인으로부터 신주를 직접 배정[「자본시장과 금융투자업에 관한 법률」(이하 "자본시장법"이라고 한다) 제9조 제12항에 따른 인수인으로부터 그 신주를 직접 인수·취득하는 경우 포함]받음으로써 얻은 이익

③ 해당 법인의 주주가 소유한 주식 등의 수에 비례하여 균등한 조건으로 배정받을 수 있는 수를 초과하여 신주를 직접 배정받음으로써 얻은 이익

시가보다 저가로 발행하는 신주를 재배정함으로써 이익을 분여받은 경우에는 중요성 기준(30% 또는 3억원 rule)을 적용하지 않으므로 이익이 소액인 경우에도 과세한다.

나. 과세배제

주권상장법인이 자본시장법 제9조 제7항에 따른 유가증권의 모집방법(「자본시장법 시행령」에 따라 산출한 50인 이상의 투자자에게 새로 발행되는 증권의 취득의 청약을 권유하는 것을 말한다)으로 주주가 포기한 신주를 배정하는 경우에는 적법한 절차에 따라 신주를 배정하였으므로 증여세를 과세하지 아니한다(상증법 §39①(1), 법령 §88⑤(8)나).

다만, 자본시장법 시행령 제11조 제3항에 따른 간주모집[5]으로 배정하는 경우에는 특정인에게 주식을 배정할 수 있는 점을 고려하여 2016. 1. 1. 이후 배정분부터 증여세를 과세한다(상증령 §29③).

---

5) 자본시장법은 청약권유를 받은 자가 50인 미만이더라도 증권의 발행일로부터 1년 이내에 50인 이상의 자에게 양도될 수 있는 경우에는 유가증권의 모집으로 간주하고 있으나, 상증법은 특정인에게 배정할 수 있는 점을 고려하여 증여세 과세대상으로 규정하고 있다(자본시장법 시행령 §11③).

다. 증여재산가액의 계산

신주를 시가보다 낮은 가액으로 발행하는 경우 초과 배정받은 주주의 증여재산가액은 다음과 같이 계산한다(상증령 §29②(1)).

다만, 증자 전·후의 주식평가액이 모두 0(영)인 경우에는 이익은 없는 것으로 본다(상증령 §29②).

> 증여이익 = (증자 후 1주당 평가액 − 신주 1주당 인수가액) × 초과배정받은 신주수

위 계산식에서 증자 후 1주당 평가액은 다음과 같이 계산한다(상증령 §29②(1)).

구 분	1주당 평가액
비상장주식	$\dfrac{증자\ 전\ 주식수 \times 증자\ 전\ 1주당\ 평가액 + 증자주식수 \times 증자시\ 1주당\ 발행가액}{증자\ 전\ 주식수 + 증자주식수}$
상장주식	Min[①, ②] ① $\dfrac{증자\ 전\ 주식수 \times 증자\ 전\ 1주당\ 평가액 + 증자주식수 \times 증자시\ 1주당\ 발행가액}{증자\ 전\ 주식수 + 증자주식수}$ ② 권리락일 이후 2개월의 최종시세가액의 평균액(상증통 39-29…2)

위에서 증자 전 1주당 평가액은 다음과 같다(상증통 39-29…2).

① 비상장주식 : 시가 또는 보충적 평가방법에 의한 평가액

② 상장주식 : 증자에 따른 권리락일 전 2개월이 되는 날부터 권리락 전일까지 2개월간의 최종시세가액 평균액

증자 후 1주당 평가액 계산 시 최대주주 등의 할증평가규정은 적용하지 아니한다(상증령 §28⑥(2)).

라. 소액주주로부터 증여받은 경우의 특례

증여세는 증여자별, 수증자별로 계산하므로 어떤 사람이 여러 명으로부터 증여를 받은 경우에는 증여자별로 각각 증여세를 계산해야 한다. 그러나 저가발행신주로 인해 이익을 얻은 경우로서 신주를 포기한 소액주주가 2명 이상인 경우에는 1인이 포기한 것으로 보아 그 이익을 계산한다(상증법 §39②). 이 경우 소액주주란 지분율이 1% 미만이고 주식 등의 액면가액 합계가 3억원 미만인 주주를 말한다(상증령 §29④).

마. 증여시기

저가발행신주로 인한 이익의 증여일은 다음과 같다(상증령 §29①).

① 유가증권시장 또는 코스닥시장에 상장된 주권을 발행한 법인이 해당 법인의 주주에게

신주를 배정하는 경우 : 권리락(權利落)이 있은 날

② ① 외의 경우 : 주식대금 납입일(주식대금 납입일 이전에 실권주를 배정받은 자가 신주인수권증서를 교부받은 경우에는 그 교부일)

2) 영리법인에 대한 법인세 과세

가. 특수관계인에게 이익을 분여한 영리법인

법인의 자본(출자액 포함)을 증가시키는 거래에 있어서 신주(전환사채·신주인수권부사채 또는 교환사채 등 포함)를 배정·인수받을 수 있는 권리의 전부 또는 일부를 포기(그 포기한 신주가 자본시장법 제9조 제7항에 따른 모집방법으로 배정되는 경우 제외)하여 특수관계인에게 이익을 분여한 경우에는 분여한 영리법인에게 부당행위계산의 부인을 적용하여 분여한 이익을 익금산입한다(법령 §88①(8)나).

자본시장법 시행령 제11조 제2항에 따른 간주배정의 경우에는 상증세법은 증여세를 과세하나, 「법인세법」은 부당행위계산의 부인으로 보지 아니한다.

● **자본시장법 시행령 제11조 제3항에 따른 간주배정** ●

구 분	상증법	법인세법
간주배정에 따른 불균등증자	증여세 과세	법인세를 과세하지 않음.

법인세법은 익금에 산입할 금액의 계산은 상증법 규정을 준용한다고 규정하고 있다(법령 §89⑥). 그러나 저가발행신주의 재배정의 경우 상증법은 특수관계인이 아닌 자로부터 분여받은 이익에도 증여세를 과세하나, 「법인세법」은 특수관계인에게 분여한 이익만 과세하므로 상증법의 계산식을 다음과 같이 수정해서 사용해야 할 것으로 판단된다.

$$(증자 \ 후 \ 1주당 \ 평가액 - 신주 \ 1주당 \ 인수가액) \times 초과배정 \ 주식수 \times \frac{특수관계법인의 \ 포기주식수}{포기주식총수}$$

나. 특수관계인으로부터 이익을 분여한 영리법인

영리법인이 「법인세법 시행령」 제88조 제1항 제8호 각목의 어느 하나 및 같은 항 제8호의2에 따른 자본거래로 인하여 특수관계인으로부터 분여받은 이익은 익금으로 보아 법인세를 과세한다(법령 §11(8)).

■ 사례 » **저가발행신주의 재배정**

비상장법인인 ㈜서울의 20×1. 1. 31.의 총발행주식은 1,000주(1주당 평가액 @ 400원)이다. ㈜서울은 20×1. 2. 1.에 주식 1,000주를 1주당 200원에 발행하여 주주에게 배정하였으나, ㈜甲이 신주인수를 포기하여 포기한 신주를 다른 주주에게 지분율에 따라 재배정하였다.
증자내역은 다음과 같다.

구 분	증자 전 주식	증자주식	증자 후 주식
㈜甲	500주	–	500주
㈜乙	200주	400주	600주
㈜丙	200주	400주	600주
개인 丁	100주	200주	300주
계	1,000주	1,000주	1,000주

㈜甲과 ㈜乙은 특수관계이며, 그 외의 자는 특수관계가 아니다. 이 자료로 증자로 인하여 주주에게 과세되는 세목과 증여금액(법인은 익금액)을 구하시오.

■ 해답 ■

1. 과세요건 검토

　저가발행주식의 재배정이므로 법인 간에는 특수관계만 성립하면 이익을 분여한 법인에 부당행위계산의 부인규정을 적용하고, 이익을 분여받은 법인은 분여받은 이익을 익금으로 본다. 이익을 분여받은 개인은 특수관계에 관계없이 증여세를 과세한다. 따라서 이익을 분여한 ㈜甲, 이익을 분여받은 ㈜乙과 개인 丁에게 세무상 문제가 발생한다.

2. 분여이익 계산

세법의 공식을 사용해서 분여이익을 계산하는 것은 불편하므로, 엑셀로 다음과 같이 계산하는 것에 좋다.

구 분	증자 전 주식 (A)	증자주식 (B)	증자 후 주식 (C)	증자로 인한 재산변동 (C-A-B)
㈜甲	500주 × 400 = 200,000	–	500주 × 300 = 150,000	– 50,000
㈜乙	200주 × 400 = 80,000	400주 × 200 = 80,000	600주 × 300 = 180,000	+ 20,000
㈜丙	200주 × 400 = 80,000	400주 × 200 = 80,000	600주 × 300 = 180,000	+ 20,000
개인 丁	100주 × 400 = 40,000	200주 × 200 = 40,000	300주 × 300 = 90,000	+ 10,000
합계	1,000주 × 400 = 400,000	1,000주 × 200 = 200,000	2,000주 × 300 = 600,000*	–

* 증자 전 주식평가액(400,000원)과 증자시 주금납입액(200,000원)의 합계액을 증자 후 주식 합계란에 기재하고, 그 합계액을 증자 후 주식수(2,000주)로 나누면 증자 후 주식의 1주당 평가액 300원이 산출된다. 각 주주의 증자 후 주식수에 300원을 곱하면 증자 후 각 주주가 보유한 주식의 평가액이 된다.

3. 과세되는 세목과 증여이익(또는 익금액)

  (1) ㈜甲 : <익금산입> 부당행위계산의 부인 20,000(기타사외유출)

    ㈜甲이 특수관계인인 ㈜乙에 분여한 이익을 부당행위계산의 부인에 따라 익금산입한다.

  (2) ㈜乙 : <익금산입> 매도가능금융자산 20,000(유보)

    ㈜乙이 특수관계인이 ㈜甲으로 분여받은 이익은 익금산입하여 유보로 처분한다.

  (3) ㈜丙 : 과세문제 없음.

  (4) 개인 丁 : 증여재산 10,000

    특수관계 여부에 관계없이 개인 丁이 얻은 이익에 증여세를 과세한다.

(3) 저가발행신주의 실권

1) 이익을 분여받은 개인과 비영리법인에 대한 증여세 과세

가. 과세요건

법인이 자본금(출자액 포함)을 증가시키기 위하여 새로운 주식 또는 지분을 시가보다 낮은 가액에 발행하는 경우에 해당 법인의 주주 등이 신주인수권의 전부 또는 일부를 포기하고 해당 법인이 실권주를 배정하지 아니하면 그 신주를 인수한 주주가 신주 인수를 포기한 주주로부터 간접적으로 이익을 얻을 수 있다.

이 경우에는 신주를 포기한 주주로부터 이익을 직접 증여받은 것은 아니므로 신주 인수를 포기한 주주와 신주를 인수한 주주가 특수관계로서 다음 ①과 ② 중 어느 하나에 해당하는 경우에만 증여세를 과세한다.

$$① \quad \frac{균등증자\ 시\ 신주\ 1주당\ 평가액\ -\ 신주\ 1주당\ 인수가액}{균등증자시\ 신주\ 1주당\ 평가액} \geq 30\%$$

② 분여받은 이익 ≥ 3억원

나. 분여이익의 계산

저가발행신주를 실권시키는 경우의 분여이익은 다음과 같이 계산한다.

$$분여이익 = \left(\begin{array}{c} 균등증자시\ 신주 \\ 1주당\ 평가액 \end{array} - \begin{array}{c} 신주\ 1주당 \\ 인수가액 \end{array} \right) \times \begin{array}{c} 특수관계인의 \\ 실권주수 \end{array} \times \begin{array}{c} 증자\ 후\ 신주인수자의 \\ 지분비율 \end{array}$$

증자 전·후의 주식평가액이 모두 0(영)인 경우에는 이익은 없는 것으로 보며, 신주를 포기한 소액주주가 2명 이상인 경우에는 1인이 포기한 것으로 보아 증여세를 과세한다. 이 경우 소액주주란 지분율이 1% 미만이고 주식 등의 액면가액 합계가 3억원 미만인 주주를 말한다(**상증법** §39②, **상증령** §29②, ④).

균등증자 시 1주당 평가액은 다음과 같이 계산한다(**상증령** §29②(2)).

구 분	1주당 평가액
비상장주식	$\dfrac{\text{증자 전 주식수} \times \text{증자 전 1주당 평가액} + \text{균등증자시 증자주식수} \times \text{증자시 1주당 발행가액}}{\text{증자 전 주식수} + \text{증자주식수}}$
상장주식	Min[①, ②] ① $\dfrac{\text{증자 전 주식수} \times \text{증자 전 1주당 평가액} + \text{균등증자시 증자주식수} \times \text{증자시 1주당 발행가액}}{\text{증자 전 주식수} + \text{균등증자시 증가주식수}}$ ② 권리락일 이후 2개월의 최종시세가액의 평균액(**상증통** 39-29…2)

증자 전 주식평가액은, 비상장주식은 시가 또는 보충적 평가방법에 의한 평가액을 말하며, 상장주식은 증자에 따른 권리락일 전 2개월이 되는 날부터 권리락 전일까지 2개월간의 최종시세가액 평균액을 말한다.

증자 후 1주당 평가액 계산시 최대주주 등의 할증평가규정은 적용하지 아니한다(**상증령** §53⑥(2)).

다. 증여시기

저가발행신주의 실권 시 증여시기는 저가발행신주의 재배정의 경우와 동일하다(**상증령** §29 ①).

2) 영리법인에 대한 법인세 과세

가. 특수관계인에게 이익을 분여한 영리법인

영리법인이 시가보다 저가로 발행되는 신주 인수를 포기(그 포기한 신주가 「자본시장법」 제9조 제7항에 따른 모집방법으로 배정되는 경우 제외)함으로써 특수관계인에게 이익을 분여한 경우에는 분여한 영리법인에게 부당행위계산의 부인을 적용하여 분여한 이익을 익금 산입한다(**법령** §88①(8)나). 이 경우 중요성 기준(30% 또는 3억원 rule)과 익금에 산입할 금액의 계산은 상증세법 규정을 준용한다(**법령** §89⑥).

나. 특수관계인으로부터 이익을 분여한 영리법인

영리법인이 「법인세법 시행령」 제88조 제1항 제8호 및 같은 항 제8호의2에 따른 자본거래로 인하여 특수관계인으로부터 분여받은 이익은 익금으로 보아 법인세를 과세한다(**법령** §11(8)).

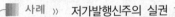

사례 » 저가발행신주의 실권

비상장법인인 ㈜서울의 20×1. 1. 31.의 총발행주식은 1,000주(1주당 평가액 @ 400)이다. ㈜서울은 20×1. 2. 1.에 주식 1,000주를 1주당 100원에 발행하여 주주에게 배정하였으나, ㈜甲이 신주인수를 포기하여 포기한 신주를 실권시켰다. 증자내역은 다음과 같다.

구 분	증자 전 주식	증자주식	증자 후 주식
㈜甲	500주	–	500주
㈜乙	200주	200주	400주
㈜丙	200주	200주	400주
개인 丁	100주	100주	200주
계	1,000주	500주	1,500주

㈜甲과 ㈜乙은 특수관계이며, 그 외의 자와는 특수관계가 아니다. 이 자료로 증자로 인하여 주주에게 과세되는 세목과 증여금액(법인은 익금액)을 구하시오.

▌해답 ▌

1. 과세요건 검토

저가발행주식의 실권이므로 특수관계와 중요성 기준에 해당해야 한다.

(1) 특수관계 : ㈜甲과 ㈜乙

(2) 30% 또는 3억원 rule

① 균등증자시 1주당 평가액 = $\dfrac{1,000주 \times 400 + 1,000주 \times 100}{1,000주 + 1,000주}$ = 250

② 30% rule : $\dfrac{400 - 250}{400}$ = 37.5%(요건을 충족하므로 3억원 rule 검토 불필요)

2. 분여이익

구 분	증자 전 주식 (A)	증자주식 (B)	증자 후 주식 (C)	증자로 인한 재산변동 (C-A-B)
㈜甲	500주 × 400 = 200,000	–	500주 × 300 = 150,000	50,000
㈜乙	200주 × 400 = 80,000	200주 × 100 = 20,000	400주 × 300 = 120,000	+ 20,000
㈜丙	200주 × 400 = 80,000	200주 × 100 = 20,000	400주 × 300 = 120,000	+ 20,000
개인 丁	100주 × 400 = 40,000	100주 × 100 = 10,000	200주 × 300 = 60,000	+ 10,000
합계	1,000주 × 400 = 400,000	500주 × 100 = 50,000	1,500주 × 300 = 450,000	–

3. 과세되는 세목과 증여이익(또는 익금액)

(1) ㈜甲 : <익금산입> 부당행위계산의 부인 20,000(기타사외유출)

㈜甲이 특수관계인인 ㈜乙에 분여한 이익을 부당행위계산의 부인에 따라 익금산입한다.

(2) ㈜乙 : <익금산입> 매도가능금융자산 20,000(유보)

㈜乙이 특수관계인이 ㈜甲으로 분여받은 이익은 익금산입하여 유보로 처분한다.

(3) ㈜丙 : 과세문제 없음.

(4) 개인 丁 : 과세문제 없음.

(4) 고가발행신주의 재배정(제3자 배정 또는 직접 초과 배정)

1) 이익을 분여받은 개인과 비영리법인에 대한 증여세 과세

가. 과세요건

법인의 주주 등이 시가보다 고가로 발행되는 신주의 인수를 포기하고 그 포기한 신주를 배정하는 경우(제3자에게 배정하거나 직접 초과 배정하는 경우 포함)에 다음과 같이 이익을 얻은 경우에는 그 이익에 상당하는 금액을 이익을 얻은 자의 증여재산가액으로 한다(상증법 §39①(2)).

① 해당 법인의 주주 등이 신주인수권의 전부 또는 일부를 포기한 경우로서 해당 법인이 실권주를 배정하는 경우에는 그 실권주를 배정받은 자가 그 실권주를 인수함으로써 그의 특수관계인에 해당하는 신주 인수 포기자가 얻은 이익

② 해당 법인의 주주 등이 아닌 자가 해당 법인으로부터 신주를 직접 배정받아 인수함으로써 그의 특수관계인인 주주 등이 얻은 이익

③ 해당 법인의 주주 등이 소유한 주식 등의 수에 비례하여 균등한 조건으로 배정받을 수 있는 수를 초과하여 신주를 직접 배정받아 인수함으로써 그의 특수관계인인 주주 등이 얻은 이익

이 경우에는 중요성 기준(30% 또는 3억원 rule)을 적용하지 않으므로 소액의 이익을 얻은 경우에도 증여세를 과세한다.

나. 분여이익의 계산

① 시가보다 고가로 발행되는 신주 인수를 포기하고 재배정한 경우(상증령 §29②(3))

$$분여이익 = \left(\begin{array}{c}신주\ 1주당 \\ 인수가액\end{array} - \begin{array}{c}신주\ 발행\ 후 \\ 1주당\ 평가액\end{array}\right) \times \begin{array}{c}특정주주의 \\ 실권주수\end{array} \times \frac{그\ 주주와\ 특수관계인이\ 초과배정받은\ 주식수}{실권주총수}$$

② 시가보다 고가로 발행되는 신주를 제3자에게 배정하거나 직접 배정한 경우

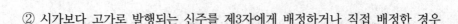

$$\text{분여이익} = \left(\begin{array}{c} \text{신주 1주당} \\ \text{인수가액} \end{array} - \begin{array}{c} \text{신주 발행 후} \\ \text{1주당 평가액} \end{array} \right) \times \begin{array}{c} \text{특정주주가} \\ \text{미달되게 배정} \\ \text{받은 신주수} \end{array} \times \frac{\begin{array}{c} \text{그 주주와 특수관계인이} \\ \text{초과배정받은 주식수} \end{array}}{\text{실권주총수}}$$

증자 전·후의 주식 1주당 가액이 0(영) 이하인 경우에는 이익이 없는 것으로 본다(상증령 §29②).

신주 발행 후 1주당 평가액은 다음과 같이 계산한다(상증령 §29②(3)).

구 분	1주당 평가액
비상장주식	$\dfrac{\text{증자 전 주식수} \times \text{증자 전 1주당 평가액} + \text{증자주식수} \times \text{증자시 1주당 발행가액}}{\text{증자 전 주식수} + \text{증자주식수}}$
상장주식	Min[①, ②] ① $\dfrac{\text{증자 전 주식수} \times \text{증자 전 1주당 평가액} + \text{증자주식수} \times \text{증자시 1주당 발행가액}}{\text{증자 전 주식수} + \text{증자주식수}}$ ② 권리락일 이후 2개월의 최종시세가액의 평균액

증자 전 주식평가액은, 비상장주식은 시가 또는 보충적 평가방법에 의한 평가액을 말하며, 상장주식은 증자에 따른 권리락일 전 2개월이 되는 날부터 권리락 전일까지 2개월 간의 최종시세가액 평균액을 말한다.

증자 후 1주당 평가액 계산시 최대주주 등의 할증평가규정은 적용하지 아니한다(상증령 §53⑥(2)).

다. 증여시기

고가발행신주의 실권 시 증여시기는 저가발행신주의 재배정의 경우와 동일하다(상증령 §29①).

2) 영리법인에 대한 법인세 과세

가. 특수관계인에게 이익을 분여한 영리법인

영리법인이 시가보다 고가로 발행되는 신주를 인수함으로써 특수관계인에게 이익을 분여한 경우에는 분여한 영리법인에게 부당행위계산의 부인을 적용하여 분여한 이익을 익금산입한다(법령 §88①(8)나).

이 경우에는 인수한 주식을 자산으로 계상한 경우에는 부당행위계산의 부인 해당액을 손금산입하여 △유보로 처분하고, 동 금액을 익금산입하여 배당 등으로 소득처분한다(법령 §72④(3)).

나. 특수관계인으로부터 이익을 분여한 영리법인

영리법인이 「법인세법 시행령」 제88조 제1항 제8호 및 같은 항 제8호의2에 따른 자본거래로 인하여 특수관계인으로부터 분여받은 이익은 익금으로 보아 법인세를 과세한다(법령 §11(8)).

■ 사례 》 고가발행신주의 재배정

비상장법인인 ㈜서울의 20×1. 1. 31.의 총발행주식은 1,000주(1주당 평가액 @ 200원)이다. ㈜서울은 20×1. 2. 1.에 주식 1,000주를 1주당 400원에 발행하여 주주에게 배정하였으나, ㈜乙과 개인 丁이 신주인수를 포기하여 포기한 신주를 ㈜甲이 인수하였다. 증자내역은 다음과 같다.

구 분	증자 전 주식	증자주식	증자 후 주식
㈜甲	500주	800주	1,300주
㈜乙	200주	–	200주
㈜丙	200주	200주	400주
개인 丁	100주	–	100주
계	1,000주	1,000주	2,000주

㈜甲, ㈜乙 및 개인 丁은 특수관계이며, ㈜丙은 특수관계가 아니다. 이 자료로 증자로 인하여 주주에게 과세되는 세목과 증여금액을 구하고, 법인은 세무조정을 하시오. ㈜甲과 ㈜병(丙)은 신주인수금액을 매도가능금융자산으로 회계처리하였다.

■ 해답 ■

1. 과세요건 검토

    고가발행주식의 재배정이므로 특수관계에 해당해야 하나, 중요성 기준은 적용하지 아니한다.

    (1) 특수관계 : ㈜甲, ㈜乙, 개인 丁

    (2) 30% 또는 3억원 rule : 적용배제

2. 분여이익

구 분	증자 전 주식 (A)	증자주식 (B)	증자 후 주식 (C)	증자로 인한 재산변동 (C-A-B)
㈜甲	500주 × 200 = 100,000	800주 × 400 = 320,000	1,300주 × 300 = 390,000	– 30,000
㈜乙	200주 × 200 = 40,000	–	200주 × 300 = 60,000	+ 20,000
㈜丙	200주 × 200 = 40,000	200주 × 400 = 80,000	400주 × 300 = 120,000	–
개인 丁	100주 × 200 = 20,000	–	100주 × 300 = 30,000	+ 10,000
합계	1,000주 × 200 = 200,000	1,000주 × 400 = 400,000	2,000주 × 300 = 600,000	–

3. 과세되는 세목과 증여이익(영리법인은 세무조정)

  (1) ㈜甲 : <손금산입> 매도가능금융자산 30,000(△유보)

           <익금산입> 부당행위계산의 부인 30,000(기타사외유출)

      ㈜甲이 특수관계인인 ㈜乙과 개인 丁에게 분여한 이익을 매도가능금융자산으로 회계처리하였으므로 손금산입하여 △유보로 처분하는 한편, 동 금액을 익금산입하여 기타사외유출로 처분한다.

  (2) ㈜乙 : <익금산입> 매도가능금융자산 20,000(유보)

      ㈜乙이 특수관계인이 ㈜甲으로 분여받은 이익은 익금산입하여 유보로 처분한다.

  (3) ㈜丙 : 과세문제 없음.

  (4) 개인 丁 : (증여세) 증여재산가액 10,000

(5) 고가발행신주의 실권

1) 이익을 분여받은 개인과 비영리법인에 대한 증여세 과세

가. 과세요건

시가보다 높은 가액으로 발행하는 경우 주주 등이 신주인수권의 전부 또는 일부를 포기하고 해당 실권주를 배정하지 아니함에 따라 신주를 인수한 자의 특수관계에 해당하는 신주 인수 포기자가 다음 ①과 ② 중 어느 하나에 해당하는 이익을 얻은 경우에는 증여세를 과세한다(상증법 §39①(2)나).

> ① $\dfrac{\text{신주 1주당 인수가액} - \text{신주발행 후 1주당 평가액}}{\text{신주 발행 후 1주당 평가액}} \geq 30\%$
>
> ② 분여받은 이익 $\geq$ 3억원

나. 분여이익의 계산

고가발행신주를 실권시키는 경우의 분여한 이익은 다음과 같이 계산한다(상증령 §29②(4)).

> 분여이익 $= \left(\begin{matrix} \text{신주 1주당} \\ \text{인수가액} \end{matrix} - \begin{matrix} \text{증자 후 1주당} \\ \text{평가액} \end{matrix} \right) \times \begin{matrix} \text{특정주주의} \\ \text{실권주수} \end{matrix} \times \dfrac{\text{그 주주의 특수관계인이 인수한 주식수}}{\text{균등증자시 증자주식총수}}$

증자 전·후의 주식 1주당 가액이 0(영) 이하인 경우에는 이익이 없는 것으로 본다. 증자 후 1주당 평가액은 다음과 같이 계산한다(상증령 §29②).

구 분	1주당 평가액
비상장주식	$$\dfrac{\text{증자 전 주식수} \times \text{증자 전 1주당 평가액} + \text{증자주식수} \times \text{증자시 1주당 발행가액}}{\text{증자 전 주식수} + \text{증자주식수}}$$
상장주식	Min[①, ②] ① $$\dfrac{\text{증자 전 주식수} \times \text{증자 전 1주당 평가액} + \text{증자주식수} \times \text{증자시 1주당 발행가액}}{\text{증자 전 주식수} + \text{증자주식수}}$$ ② 권리락일 이후 2개월의 최종시세가액의 평균액

증자 전 주식평가액은, 비상장주식은 시가 또는 보충적 평가방법에 의한 평가액을 말하며, 상장주식은 증자에 따른 권리락일 전 2개월이 되는 날부터 권리락 전일까지 2개월간의 최종시세가액 평균액을 말한다.

증자 후 1주당 평가액 계산시 최대주주 등의 할증평가규정은 적용하지 아니한다(상증법 §39②).

다. 증여시기

고가발행신주의 실권 시 증여시기는 저가발행신주의 재배정의 경우와 동일하다(상증령 §29①).

2) 영리법인에 대한 법인세 과세

가. 특수관계인에게 이익을 분여한 영리법인

영리법인이 시가보다 고가로 발행되는 신주를 인수함으로써 특수관계인에게 이익을 분여한 경우에는 분여한 영리법인에게 부당행위계산의 부인을 적용한다(법령 §88①(8)나). 이 경우 중요성 기준(30% 또는 3억원 rule)과 익금에 산입할 금액의 계산은 상증세법 규정을 준용한다(법령 §89⑥).

법인이 시가를 초과하여 인수한 주식을 자산으로 계상한 경우에는 부당행위계산의 부인 해당액을 손금산입하여 △유보로 처분하고, 동 금액을 익금산입하여 배당 등으로 소득처분한다(법령 §72④(3)).

나. 특수관계인으로부터 이익을 분여한 영리법인

영리법인이 「법인세법 시행령」 제88조 제1항 제8호 및 같은 항 제8호의2에 따른 자본거래로 인하여 특수관계인으로부터 분여받은 이익은 익금으로 보아 법인세를 과세한다(법령 §11(8)).

▌ 사례 » 고가발행신주의 실권

비상장법인인 ㈜서울의 20×1. 1. 31.의 총발행주식은 1,000주(1주당 평가액 @ 60원)이다. ㈜서울은 20×1. 2. 1.에 주식 1,000주를 1주당 400원에 발행하여 주주에게 배정하였으나, ㈜乙과 개인 丁이 신주인수를 포기하여 포기한 신주를 실권시켰다. ㈜甲과 ㈜丙은 인수한 주식은 매도가능금융자산으로 회계처리하였다. 증자내역은 다음과 같다.

구 분	증자 전 주식	증자주식	증자 후 주식
㈜甲	500주	500주	1,000주
㈜乙	200주	–	200주
㈜丙	200주	200주	400주
개인 丁	100주	–	100주
계	1,000주	700주	1,700주

㈜甲, ㈜乙과 개인 丁은 특수관계이며, ㈜丙은 특수관계가 아니다. 이 자료로 증자로 인하여 주주에게 과세되는 세목과 증여금액(법인은 세무조정내역)을 기재하시오.

▌해답

1. 과세요건 검토
    저가발행주식의 실권이므로 특수관계와 중요성 기준에 해당해야 한다.
    (1) 특수관계 : ㈜甲, ㈜乙, 개인 丁
    (2) 30% 또는 3억원 rule

    ① 균등증자시 1주당 평가액 $= \dfrac{1,000주 \times 60 + 700주 \times 400}{1,000주 + 700주} = 200$

    ② 30% rule : $\dfrac{400-200}{200} = 100\%$(요건을 충족하므로 3억원 rule 검토 불필요)

2. 분여이익

구 분	증자 전 주식 (A)	증자주식 (B)	증자 후 주식 (C)	증자로 인한 재산변동 (C-A-B)
㈜甲	500주 × 60 = 30,000	500주 × 400 = 200,000	1,000주 × 200 = 200,000	- 30,000
㈜乙	200주 × 60 = 12,000	–	200주 × 200 = 40,000	+ 28,000
㈜丙	200주 × 60 = 12,000	200주 × 400 = 80,000	400주 × 200 = 80,000	- 12,000
개인 丁	100주 × 60 = 6,000	–	100주 × 200 = 20,000	+ 14,000
합계	1,000주 × 60 = 60,000	700주 × 400 = 280,000	1,700주 × 200 = 340,000	–

3. 과세되는 세목과 증여이익(영리법인은 세무조정)
    (1) ㈜甲 : <손금산입> 매도가능금융자산 30,000(△유보)
                    <익금산입> 부당행위계산의 부인 30,000(기타사외유출)
    ㈜甲이 특수관계인인 ㈜乙과 개인 丙에게 분여한 이익을 매도가능금융자산으로 회계처리하

였으므로 손금산입하여 △유보로 처분하고, 익금산입하여 기타사외유출로 처분한다.

(2) ㈜乙 : <익금산입> 매도가능금융자산 20,000*(유보)

$$* \text{ 증자로 인한 재산증가액} \times \frac{\text{특수관계인의 인수주식수}}{\text{증자주식총}}$$

$$= 28,000 \times \frac{500주}{700주}$$

$$= 20,000$$

㈜乙이 특수관계인인 ㈜甲으로부터 분여받은 이익은 익금산입하여 유보로 처분한다.

(3) ㈜丙 : 과세문제 없음.

(4) 개인 丁 : (증여세) 증여재산가액 10,000*

$$* \text{ 증자로 인한 재산증가액} \times \frac{\text{특수관계인의 인수주식수}}{\text{증자주식총수}}$$

$$= 14,000 \times \frac{500주}{700주}$$

$$= 10,000$$

지분율에 따라 유상증자를 하면 자본거래 전후의 주주의 재산가치는 변동되지 않는다. 그러나 유상증자시 주주가 배정된 신주를 포기하고 포기한 신주를 다른 자에게 배정하거나 실권시키면 자본거래 전후의 주주의 재산가치가 변동된다. 이와 같이 불균등증자로 법인이 특수관계인에게 이익을 분여한 경우에는 부당행위로 본다. 그러나 포기한 신주를 「자본시장과 금융투자업에 관한 법률」에 의한 모집방법으로 배정하는 경우에는 적법한 절차에 따라 신주를 배정하므로 부당행위로 보지 않는다.

3. 불균등 감자 시 과세문제

(1) 개인과 비영리법인에 대한 감자에 얻은 이익에 대한 증여세 과세

1) 개 요

법인의 모든 주주가 지분율에 따라 균등하게 감자되는 경우에는 증여세가 과세되지 아니한다. 그러나 지분율에 따라 감자하지 아니하고 특정주주의 주식만 불균등하게 감자를 하는 경우에 감자된 주주와 감자되지 않은 주주 간에 재산이 변동될 수 있으므로 증여세 과세문제가 발생할 수 있다.

2) 증여세 과세 요건

법인이 자본을 감소시키기 위하여 주식을 소각할 때 일부 주주의 주식을 소각함으로써 그의 특수관계인에 해당하는 대주주가 이익을 얻은 경우에는 그 이익에 상당하는 금액을 그 대주주의 증여재산가액으로 한다(상증법 §39의2①). 이 경우 특수관계란 주주 1인과

「상속세 및 증여세법 시행령」 제12조의2 제1항 각호의 어느 하나에 해당하는 관계에 있는 자를 말하며, 대주주란 해당 주주의 지분 및 그의 특수관계인의 지분을 포함하여 해당 법인의 발행주식총수 등의 1% 이상을 소유하고 있거나 소유하고 있는 주식 등의 액면가액이 3억원 이상인 주주를 말한다.

감자로 인한 이익은 감자를 위한 주주총회결의일을 증여일로 다음과 같이 계산한다(상증법 §39의2①, 상증령 §29의2).

① 감자한 주식 1주당 평가액에서 주식소각시 지급한 1주당 금액을 차감한 가액이 감자한 주식 1주당 평가액의 30% 이상이거나 다음 산식에 의하여 계산한 금액이 3억원 이상인 경우의 당해 이익

$$\left(\begin{array}{c}\text{감자한 주식} \\ \text{1주당 평가액}\end{array} - \begin{array}{c}\text{1주당} \\ \text{감자대가}\end{array}\right) \times \begin{array}{c}\text{총감자} \\ \text{주식수}\end{array} \times \begin{array}{c}\text{대주주의 감자} \\ \text{후 지분비율}\end{array} \times \frac{\text{대주주와 특수관계인의 감자주식수}}{\text{총감자주식수}}$$

감자한 주식 1주당 평가액은 상장주식은 평가기준일 이전 2개월간 최종시세가액 평균액을 말하며, 비상장주식은 시가(시가가 불분명하면 보충적 평가액)를 말한다(상집 39의2-29의2-4).

② 주식 등을 시가보다 높은 대가로 소각한 경우[주식 등의 1주당 평가액이 액면가액(대가가 액면가액에 미달하는 경우에는 해당 대가를 말한다)에 미달하는 경우로 한정한다]로서 그 평가액을 초과하여 대가를 지급한 경우에는 주식소각 시 지급한 1주당 금액에서 감자한 주식 1주당 평가액을 차감한 가액이 감자한 주식 1주당 평가액의 30% 이상이거나 다음 산식에 의하여 계산한 금액이 3억원 이상인 경우의 당해 이익

$$(\text{주식소각시 지급한 1주당 금액} - \text{감자한 주식 1주당 평가액}) \times \text{해당 주주 등의 감자주식수}$$

(2) 영리법인 주주에 대한 과세

1) 특수관계인에게 분여한 영리법인에 대한 과세

법인의 지분율에 따라 균등하게 감자하지 아니하고 일부 주주의 주식을 소각하여 주주인 영리법인이 특수관계인인 다른 주주에게 이익을 분여한 경우에는 부당행위계산의 부인을 적용하여 분여한 이익을 익금산입한다(법법 §88①(8)).

이 경우 「상속세 및 증여세법」 제39조의2의 규정을 준용한다. 이 경우 "대주주" 및 "특수관계인"은 「법인세법 시행령」에 의한 "특수관계인"으로 보고, "이익" 및 "대통령령으로 정하는 이익"은 "특수관계인에게 분여한 이익"으로 본다(법령 §89⑥).

2) 특수관계인으로부터 이익을 분여받은 영리법인에 대한 과세

영리법인이 감자로 인하여 특수관계인으로부터 분여받은 이익은 익금에 산입하되, 익금산입액만큼 보유주식의 장부가액에 더한다(법령 §11⑧).

사례 》 불균등 감자시 증여세

비상장법인인 ㈜서울의 유상감자에 대한 다음 자료로 주주별 세무조정을 하시오.
1. ㈜서울의 주식 1주당 액면가액은 10,000원이고, 감자 전 1주당 평가액은 5,000원이었다.

2. ㈜서울은 감자대가로 1주당 2,000원을 지급하고, 다음과 같이 감자하였다.

주 주	감자 전 주식수	감자 주식수	감자 후 주식수
㈜갑	500주	250주	250주
㈜을	200주	-	200주
㈜병	200주	100주	100주
㈜정	100주	50주	50주
합계	1,000주	400주	600주

3. ㈜갑과 ㈜을은 특수관계인에 해당되며, 그 밖에는 특수관계인은 없다.

4. 각 주주는 보유하고 있는 주식을 매도가능증권으로 회계처리하였다.

해답

(1) 과세요건
　　① 특수관계 여부 : ㈜갑과 ㈜을
　　② 현저한 차이 여부 : $\dfrac{5,000 - 2,000}{5,000} = 60\% \geq 30\% \rightarrow$ 충족

(2) ㈜갑이 ㈜을에게 분여한 이익

$$\left(\begin{array}{c}\text{감자한 주식} \\ \text{1주당 평가액}\end{array} - \begin{array}{c}\text{1주당} \\ \text{감자대가}\end{array}\right) \times \begin{array}{c}\text{총감자} \\ \text{주식수}\end{array} \times \begin{array}{c}\text{대주주의 감자} \\ \text{후 지분비율}\end{array} \times \dfrac{\substack{\text{대주주와 특수관계인의} \\ \text{감자주식수}}}{\text{총감자주식수}}$$

$$= (5,000 - 2,000) \times 400 \times \dfrac{200}{600} \times \dfrac{250}{400}$$

$$= 250,000$$

(3) 세무조정
　㈜갑 : <익금산입> 부당행위계산의 부인 250,000(기타사외유출)
　㈜을 : <익금산입> 매도가능증권 250,000(유보)

4. 불공정합병 시 증여세와 법인세 과세문제

(1) 개인 또는 비영리법인이 불공정합병으로 얻은 이익에 대한 증여세 과세

1) 요 건

특수관계인 법인의 합병(분할합병 포함)으로 인하여 합병당사법인의 대주주가 합병으로 현저한 이익을 얻은 경우에는 그 합병일에 그 이익상당액을 그 이익을 얻은 자의 증여재산으로 본다(상증법 §38①).

특수관계인 법인이란 합병등기일이 속하는 사업연도의 직전 사업연도 개시일(그 개시일이 서로 다른 법인이 합병한 경우에는 먼저 개시한 날을 말한다)부터 합병등기일까지의 기간에 다음 중 어느 하나에 해당하는 법인을 말한다. 다만, 「자본시장과 금융투자업에 관한 법률」에 따른 주권상장법인이 다른 법인과 같은 법 제165조의 4 및 같은 법 시행령 제176조의 5에 따라 하는 합병은 동 법률에 따라 적정한 비율로 합병을 하므로 특수관계에 있는 법인 간의 합병으로 보지 아니한다(상증령 §28①).

① 「법인세법 시행령」 제2조 제5항에 규정된 특수관계에 있는 법인
② 「상속세 및 증여세법 시행령」 제12조의2 제1항 제3호 나목에 규정된 법인
③ 동일인이 임원의 임면권의 행사 또는 사업방침의 결정 등을 통하여 합병당사법인의 경영에 대하여 영향력을 행사하고 있다고 인정되는 관계에 있는 법인

대주주란 해당 주주 등의 지분 및 그의 특수관계인의 지분을 포함하여 해당 법인의 발행주식총수의 1% 이상을 소유하고 있거나 소유하고 있는 주식 등의 액면가액이 3억원 이상인 주주 등을 말한다(상증령 §28②).

현저한 차이란 다음 ① 또는 ② 중 어느 하나에 해당하는 경우를 말한다(상증령 §28③).

$$① \quad \frac{\text{합병법인의 합병 후}^{*1} \, \text{1주당 평가액} - \text{주가가 과대평가된 합병당사 법인의 1주당 평가액} \times \text{합병}^{*2} \, \text{비율}}{\text{합병법인의 합병 후 1주당 평가액}} \geq 30\%$$

② 분여이익 ≥ 3억원

*1 합병법인의 합병 후 1주당 평가액

$$\frac{\text{주가가 과대평가된 합병당사 법인의 합병 직전 주식가액} \times \text{합병 전 주식수} + \text{주가가 과소평가된 합병당사 법인의 합병 전 주식가액} \times \text{합병 전 주식수}}{\text{합병법인의 합병 후 주식수}}$$

상장주식은 상장주식 평가규정에 의하여 평가한 1주당 가액과 위의 산식에 의하여 계산한 금액 중 작은 것을 합병 후 1주당 평가액으로 한다.

*2 합병비율 = $\dfrac{\text{주가가 과대평가된 합병당사법인의 합병 전 주식수}}{\text{주가가 과대평가된 합병당사법인의 합병 후 주식수}}$

2) 증여재산가액의 계산

$$
\begin{array}{c}
증여재산 \\
가\quad 액
\end{array} = \left(\begin{array}{c} 합병 \ 후 \\ 1주당 \ 평가액^* \end{array} - \left(\begin{array}{c} 주가가 \ 과대평가된 \\ 합병당사법인의 \\ 1주당 \ 평가액 \end{array} \times 합병비율 \right) \right) \times \begin{array}{c} 주가가 \ 과대평가된 \\ 합병당사법인의 \\ 대주주의 \ 합병 \ 후 \ 주식수 \end{array}
$$

* 1주당 평가액이 액면가액 미만인 경우 특례 : 합병당사법인의 1주당 평가가액이 액면가액 미만인 경우로서 그 평가 가액을 초과하여 합병대가를 주식 등 외의 재산으로 지급한 때에는 액면가액에서 그 평가가액을 뺀 가액에 합병당 사법인의 대주주의 주식수를 곱한 금액이 3억원 이상인 경우의 해당 이익을 증여재산가액으로 한다(상증령 §28③ (3)). 주가가 액면가액에 주식을 취득한 경우 액면가액에서 평가액을 뺀 금액에 대해서는 의제배당으로 과세되지 않는 문제점을 보완하기 위한 규정이다.

3) 불공정합병으로 과세된 후 주식 양도시 증여세의 필요경비 산입

「상속세 및 증여세법」 제38조【합병에 따른 이익의 증여】에 따라 증여세가 과세된 경우 에는 해당 증여재산가액을 주식의 취득가액에 더한다(소령 §163⑩(2)). 그 후 증여세가 과세된 주식을 양도하는 경우에 당초 증여재산가액은 주식의 취득가액으로 양도소득의 필요경비에 산입된다.

(2) 영리법인에 대한 법인세 과세문제

1) 불공정합병으로 특수관계인에게 이익을 분여한 영리법인에 대한 과세

가. 요 건

「법인세법」상 특수관계에 있는 법인 간에 합병(분할합병 포함)하는 경우 주식을 시가보 다 높거나 낮게 평가하여 현저한 이익을 분여한 경우 「법인세법」의 부당행위계산의 부인규 정을 적용한다. 다만, 「자본시장과 금융투자업에 관한 법률」 제165조의4에 따라 합병(분할 합병 포함)하는 경우는 동 법률에 따라 적정한 비율로 합병하므로 부당행위계산의 부인대 상에서 제외한다(법령 §88①(8)).

특수관계인 법인의 판정은 합병등기일이 속하는 사업연도의 직전 사업연도의 개시일(그 개시일이 서로 다른 법인이 합병한 경우에는 먼저 개시한 날을 말한다)부터 합병등기일까 지의 기간에 의한다(법령 §88②).

나. 분여이익의 계산

$$
\begin{array}{c}
분여 \\
이익
\end{array} = \left(\begin{array}{c} 합병 \ 후 \\ 합병법인의 \\ 1주당 \ 평가액 \end{array} - \left(\begin{array}{c} 주가가 \ 과대평가된 \\ 합병당사법인의 \\ 1주당 \ 평가액 \end{array} \times 합병비율 \right) \right) \times \begin{array}{c} 특수관계인의 \\ 합병 \ 후 \ 주식수 \end{array} \times \begin{array}{c} 이익을 \ 분여한 \\ 법인의 \ 합병 \ 전 \\ 지분비율 \end{array}
$$

다. 세무조정

특수관계인에게 이익을 분여한 영리법인은 분여이익을 익금산입하여 기타사외유출로 처분한다(재법인 46012 - 168, 2000. 10. 26.).

2) 특수관계인으로부터 불공정합병으로 이익을 분여한 영리법인에 대한 과세

자본거래로 인하여 특수관계인으로부터 이익을 분여받은 영리법인은 분여받은 이익을 「법인세법」에 따라 익금산입하여 유보로 처분한다(법령 §11(8)). 유보는 주식을 양도하는 사업연도에 손금에 산입한다.

5. 자본거래 포괄규정

위 외의 경우로서 증자·감자, 합병(분할합병 포함)·분할, 「상속세 및 증여세법」 제40조 제1항에 따른 전환사채 등에 의한 주식의 전환·인수·교환 등 법인의 자본(출자액을 포함한다)을 증가시키거나 감소시키는 거래를 통하여 법인의 이익을 분여하였다고 인정되는 경우. 다만, 「법인세법 시행령」 제20조 제1항 제3호 각목 외의 부분에 해당하는 주식매수선택권 등 중 주식매수선택권의 행사에 따라 주식을 발행하는 경우는 제외한다.

6. 특수관계인 간 거래명세서 제출

부당행위계산을 부인함에 있어서는 건전한 사회통념 및 상관행과 특수관계인이 아닌 자 간의 정상적인 거래에서 적용되거나 적용될 것으로 판단되는 가격(요율·이자율·임대료 및 교환비율 등이 이에 준하는 것을 포함하며, 이를 "시가"라 한다)을 기준으로 하며, 내국법인 은 각 사업연도에 특수관계인과 거래한 내용에 관한 명세서를 납세지 관할 세무서장에게 제출해야 한다(법법 §52③). 다만, 「국제조세조정에 관한 법률」 제16조에 따른 납세지 관할 세무서장에게 그 내역을 제출한 국제거래의 내역은 제외할 수 있다(법령 §90①).

납세지 관할 세무서장 또는 관할 지방국세청장은 제출받은 특수관계인 간 거래명세서의 내역을 확인하기 위하여 필요한 때에는 법인에 대하여 그 거래에 적용한 시가의 산정 및 그 계산근거, 기타 필요한 자료의 제출을 요구할 수 있다(법령 §90②).

제 **13** 장

과세표준의 계산

제13장

국제표준의 제정

1. 과세표준 계산구조

각 사업연도 소득의 범위에서 이월결손금·비과세소득·소득공제액을 차례로 공제하여 과세표준을 계산한다(**법법 §13①**).

각 사업연도 소득금액 − 이월결손금 − 비과세소득 − 소득공제 = 과세표준

이월결손금이 각 사업연도 소득금액을 초과하는 경우 이월결손금 미공제액은 그 다음 사업연도로 이월하여 공제하나, 비과세소득과 소득공제 미공제액은 그 다음 사업연도로 이월하여 공제할 수 없다(**법법 §13②**). 이월결손금·비과세소득·소득공제를 비교하면 다음과 같다.

구 분	이월결손금	비과세소득	소득공제
공제순서	1순위	2순위	3순위
이월공제 여부	15년간 이월공제	이월공제 안됨.	이월공제 안됨.

사례 》 과세표준 계산

각 사업연도 소득금액 100, 이월결손금 60, 비과세소득 60, 소득공제 30.

각 사 업 연 도 소 득 금 액	100	
이 월 결 손 금	(−) 60	
비 과 세 소 득	(−) 40	…… 미공제잔액 20
소 득 공 제	(−) −	…… 미공제잔액 30
과 세 표 준	−	

다음 사업연도로 이월가능한 이월결손금을 먼저 공제함에 따라 미공제분을 다음 사업연도에 공제할 수 없는 비과세소득과 소득공제가 남게 되므로, 이와 같은 공제순서는 납세자에게는 불리하다.

2. 결손금공제제도

1. 개 요

법인세는 사업연도 단위로 과세한다. 이러한 기간과세제도에서는 어느 한 사업연도에 발생한 결손금은 다른 사업연도의 소득에서 공제하여야 한다. 결손금을 공제할 수 없다면 소득이 매년 일정한 법인과 경기에 따라 변동하는 법인 간에 과세형평을 유지할 수 없기 때문이다.

이에 따라 「법인세법」은 법인의 결손금을 공제하는 제도를 두고 있는데, 결손금공제제도는 소급공제와 이월공제로 나누어진다. 소급공제(carry back)는 결손금을 그 이전 사업연도로 소급하여 공제해서 이미 납부한 세액을 환급하는 제도이고, 이월공제(carry forward)는 결손금을 그 후 사업연도로 이월시켜 과세표준 계산상 공제함으로써 과세표준을 감소시켜 납부할 세액을 줄이는 제도이다.

불경기에는 많은 기업에 결손금이 발생하므로 조세수입이 감소한다. 이 경우 결손금소급공제를 적용하여 세액을 환급하면 징수할 세금은 없고 환급할 세금만 있어서 정부의 재정이 악화될 수 있다. 이에 따라 결손금 소급공제대상을 중소기업에 한정하고 신청을 요건으로 하고 있다. 반면에, 이월공제는 모든 법인을 대상으로 하고 신청에 관계없이 무조건 적용한다.

● 소급공제와 이월공제의 비교 ●

구 분		소급공제	이월공제
대상법인		중소기업	모든 법인
대상기간		직전 사업연도	해당 사업연도 이후 15년간
공제요건		신청요건	강제공제
공제효과	세금감소	기납부 법인세 환급	납부할 법인세 감소
	공제한 결손금	결손금 소멸	결손금 소멸

2. 결손금 소급공제

(1) 소급공제요건

결손금소급공제는 다음 요건을 모두 충족한 경우에 적용한다(법법 §72①).

① 결손금이 발생한 사업연도에 「조세특례제한법 시행령」 제2조에 따른 중소기업일 것 : 결손금이 발생한 사업연도에 중소기업인 경우에는 직전 사업연도에 중소기업이 아닌 때에도 결손금 소급공제를 받을 수 있다(법인-624, 2009. 5. 28.).

직전 사업연도(소득 발생)	당해 사업연도(결손금 발생)	소급공제 여부
비중소기업	중소기업	소급공제 가능
중소기업	비중소기업	소급공제 불가

② 전기 및 당기 법인세를 기한 내에 신고하였을 것 : 결손금이 발생한 사업연도와 그 직전 사업연도의 법인세를 신고기한까지 신고하였을 것. 이는 성실납세법인만 소급공제 대상으로 하겠다는 의미이다. 전기 법인세를 신고하지 않았거나 기한 후 신고한 법인은 결손금소급공제대상이 아니다.

③ 환급신청할 것 : 결손금 소급공제에 따른 환급을 받으려는 법인은 법인세 신고기한 내에 소급공제 법인세액환급신청서를 납세지 관할 세무서장에게 제출(국세정보통신망에 의한 제출을 포함한다)하여야 한다(법법 §72②). 납세지 관할 세무서장은 결손금소급공제환급신청을 받으면 지체 없이 환급세액을 결정하여 「국세기본법」 제51조 및 제52조에 따라 환급하여야 한다(법법 §72③). 결손금소급공제는 신청을 요건으로 하므로 법인세 신고기한까지 결손금소급공제에 의한 환급을 신청하지 않은 경우에는 경정청구 절차에 의해 환급신청서를 제출해도 결손금소급공제에 의한 환급을 받을 수 없다(법기통 72-110…2). 또한 소급공제 법인세액 환급신청을 하지 아니한 경우에는 경정에 의해 납부세액이 발생한 경우에도 결손금소급공제에 의한 환급을 적용받을 수 없다(법인 46012-1314, 2000. 6. 7.).

예규 및 판례　　**결손금 소급공제**

❶ 소멸되거나 폐업한 최종사업연도의 소급공제 여부

중소기업이 합병으로 인하여 소멸하거나 폐업한 경우에도 그 합병등기일 또는 폐업일이 속하는 사업연도에 발생한 결손금에 대하여 결손금 소급공제를 받을 수 있다(법기통 72-110…1).

❷ 외국법인 국내지점이 소급공제 여부

「법인세법」 제97조에서 준용하도록 규정한 「법인세법」 제72조의 내용(결손금소급공제에 의한 환급)은 「법인세법」 제25조의 규정에 따른 중소기업인 법인에 한해 적용되는 것으로서 외국법인의 국내지점에게는 적용되지 아니한다(기획재정부 국제조세-250, 2010. 6. 15.).

❸ 해산등기를 한 법인의 청산기간 중에 사업을 계속하여 결손금이 발생한 경우 소급공제 여부

해산등기를 한 법인이 청산기간 중에 해산 전의 사업을 계속 영위함에 따라 동 사업에서 결손금이 발생한 경우, 당해 법인이 「조세특례제한법 시행령」 제2조의 규정에 의한 중소기업에 해당하는 경우에는 동 결손금에 대하여 「법인세법」 제72조【결손금소급공제에 의한 환급】의 규정을 적용할 수 있다(서면인터넷방문상담2팀-44, 2004. 1. 19.).

❹ 대규모기업집단 소속법인에서 제외됨에 따라 중소기업에 해당되는 경우 소급공제 여부

「조세특례제한법 시행령」 제2조 제1항 제3호의 요건을 갖추지 못한 법인이 「독점규제 및 공정거래에 관한 법률 시행령」 제21조의 규정에 의하여 대규모기업집단 소속법인에서 제외됨에 따라 중소기업에 해당하게 된 때에는 그 통지를 받은 날이 속하는 사업연도부터 결손금소급공제 규정을 적용받을 수 있는 중소기업으로 본다(법인 46012-44, 2000. 1. 7.).

(2) 소급공제신청할 결손금

결손금 중 얼마를 소급공제할 것인지는 법인의 의사에 달려 있다. 법인이 결손금소급공제환급신청서에 소급공제받을 결손금을 기재하여 제출하면, 그 금액을 소급공제하고, 잔액은 이월공제한다.

(3) 소급공제기간

결손금 소급공제기간은 직전 사업연도이다. 직전 사업연도가 6개월인 경우 소급공제기간이 6개월(직전 사업연도)인지 아니면 1년인지에 대한 의문이 있을 수 있다. 그러나 사업연도는 「법인세법」에 따라 판단하므로 직전 사업연도인 6개월이 소급공제기간이다(서이 46012-10960, 2002. 5. 6.).

(4) 결손금 소급공제 환급세액의 계산

결손금소급공제를 하는 경우 전기의 소급공제 전 산출세액과 소급공제 후 산출세액의 차액을 환급세액으로 하되, 납부한 세액을 한도로 한다. 이를 산식으로 표시하면 다음과 같다(법령 §110①).

□ 환급세액 : Min[①, ②]

① 직전 사업연도 산출세액[*1] - (직전 사업연도 과세표준 - 소급공제결손금) × 직전 사업연도 세율[*2]
  ↳ 소급공제 전 산출세액   ↳ 소급공제 후 산출세액
② 한도액 : 직전연도 산출세액 - 직전연도 감면공제세액

*1 산출세액에는 토지 등 양도소득에 대한 산출세액은 제외한다.

916

*2 직전 사업연도 세율은 직전 사업연도에 당해 법인의 과세표준에 실제로 적용된 법인세율을 말한다(서면2팀-1477, 2005. 9. 16.).

환급세액은 산출세액 차액이므로 토지 등 양도소득에 대한 법인세·가산세·추가납부세액은 결손금소급공제를 해도 환급되지 않는다.

소급공제를 받은 결손금은 소멸된 것으로 보므로 그 후 이월공제를 하거나 소급공제를 받을 수 없다(법령 §110③).

(5) 결손금 소급공제 환급세액을 추징하는 경우

납세지 관할 세무서장은 다음의 경우에 환급세액("①"과 "②"는 과다환급세액)에 이자상당액을 가산한 금액을 해당 결손금이 발생한 사업연도의 법인세로서 징수한다(법령 §110④).

구 분	추징세액
① 결손금이 감소된 경우	과다환급세액* + 이자상당액**
② 직전 사업연도의 법인세의 과세표준이 세액이 경정됨으로써 환급세액이 감소된 경우	과다환급세액 + 이자상당액**
③ 중소기업이 아닌 법인이 소급공제받은 경우	환급세액 전액 + 이자상당액**

* 결손금을 일부만 소급공제받은 경우에는 이월공제분부터 먼저 감소된 것으로 본다. 결손금이 감소된 경우 과다환급세액은 다음과 같이 계산한다(법령 §110③).

$$당초\ 환급세액 \times \frac{소급공제\ 결손금\ 중\ 감소액}{소급공제\ 결손금}$$

** 이자상당액은 다음과 같이 계산한다(법령 §110④).

$$이자상당액 = 환급취소세액 \times 일수^{*1} \times 0.022\%^{*2, *3}$$

*1 일수 : 당초 환급세액의 통지일의 다음날부터 환급취소세액의 고지일까지의 기간
*2 납세자를 탓할 수 없는 정당한 사유가 있는 때에는 국세환급가산금 이자율[연 3.5%('24. 3. 22. 2.9%에서 3.5%로 개정됨)(국기령 §43의3② 본문의 이자율)]을 적용한다.
*3 이자율은 종전에 일 0.03%이었으나 납세자의 부담을 경감하기 위하여 2019. 2. 12.에 일 0.025%로, 다시 2022. 2. 15.에 일 0.025%에서 일 0.022%로 인하되었다. 개정 전에 발생한 사유로 개정 후에 세액을 납부 또는 부과하는 경우 개정규정 시행일 전일까지의 기간분은 개정 규정에도 불구하고 종전 규정에 따른다 (2019. 2. 12. 법령 개정부칙 §17, 2022. 2. 15. 법령 개정부칙 §8①). 이자율은 다음과 같이 적용한다.

구 분	2019. 2. 11.까지의 기간	2019. 2. 12.부터 2022. 2. 14.까지의 기간	2022. 2. 15. 이후 기간
이자율	일 0.03%	일 0.025%	일 0.022%

(6) 환급세액의 재결정

납세지 관할 세무서장은 당초 환급세액을 결정한 후 당해 환급세액의 계산의 기초가 된 직전 사업연도 법인세액 또는 과세표준금액이 달라진 경우에는 즉시 당초 환급세액을 재결

정하여 추가로 환급하거나 과다환급세액을 징수하여야 한다(법법 §72⑥). 따라서 결손금소급 공제에 의한 환급 후 경정으로 직전 사업연도의 법인세 과세표준이 증가한 경우(법집 72-110 -4, 법인 46012-1644, 2000. 7. 26.) 및 결손금이 발생한 사업연도의 결손금이 증가된 경우(재 법인 46012-189, 2000. 11. 22.)에도 추가로 결손금소급공제를 받을 수 있다. 그러나 당초 환 급세액을 재결정함에 있어서 소급공제 결손금액이 과세표준금액을 초과하는 경우 그 초과 결손금액은 소급공제 결손금액으로 보지 아니한다(법령 §110⑤).

(7) 결손금 소급공제에 따른 법인지방소득세의 환급

1) 개 요

종전에는 지방소득세는 부가세(surtax)이므로 결손금소급공제에 따른 환급으로 인하여 법 인세액이 달라진 경우에는 별도의 환급신청을 하지 않아도 결정·경정 또는 환급세액에 따 라 지방소득세를 환급하거나 추징하였다. 그러나 2014. 1. 1. 이후 과세기간이 시작되어 납 세의무가 성립되는 분부터 지방소득세는 부가세에서 독립세로 개편되었으므로 법인지방소 득세를 환급받기 위해서는 법인세에 대한 결손금소급공제환급신청과 별도로 「지방세법」에 따라 지방소득세에 대한 결손금소급공제환급신청을 하도록 하였다.

이와 같이 법인세와 법인지방소득세의 결손금 소급공제를 각각 신청하도록 되어 있으나 법인세에 대한 환급신청만 하고 지방소득세에 대한 환급신청을 별도로 하지 않는 사례가 빈번히 발생하여 다시 「지방세법」을 개정하여 2016. 1. 1. 이후 결손금소급공제를 신청하는 분부터는 세무서장에게 「법인세법」에 따라 결손금 소급공제 환급을 신청한 경우에는 지방 소득세에 대한 환급을 신청한 것으로 보도록 하였다(지법 §103의28②).

● 법인지방소득세의 결손금소급공제의 신청규정 ●

구 분	2014. 1. 1. 이후 납세의무 성립분부터	2016. 1. 1. 이후 소급공제 신청분부터
법인지방소득세에 대한 결손금소급공제 신청	법인세에 대한 결손금소급공제를 신청한 경우에도 지방소득세에 대한 환급신청을 별도로 하여야 함.	법인세에 대한 결손금소급공제를 신청하면 법인지방소득세도 환급신청한 것으로 봄 → 신청불필요

2) 환급요건

법인지방소득세에 대한 결손금소급공제는 다음 요건을 모두 충족한 경우에 적용한다(지법 §103의28).

① 「법인세법」에 따라 결손금소급공제 환급신청을 제출한 경우일 것

② 전기 및 당기 법인지방소득세를 기한 내에 신고하였을 것

③ 환급신청할 것 : 내국법인이 법인지방소득세 신고기한(사업연도 종료일부터 4개월 이

내)까지 납세지 관할 지방자치단체의 장에게 환급신청을 할 것. 다만, 2016. 1. 1. 이후 결손금소급공제를 신청하는 분부터는 내국법인이 세무서장에게 「법인세법」에 따라 결손금소급공제 환급을 신청한 경우에는 지방소득세에 대한 환급을 신청한 것으로 본다.

3) 환급세액 계산

법인지방소득세에 대한 결손금소급공제를 하는 경우 다음의 세액을 환급한다(지령 §100의18②).

□ 환급세액 : Min[①, ②]
① 직전 연도 법인지방소득세 산출세액 − (직전 연도 법인지방소득세 과세표준 − 소급공제결손금) × 직전 연도 법인지방소득세 세율
② 한도액 : 직전 연도 법인지방소득세 산출세액 − 직전 연도 법인지방소득세 감면공제세액

4) 결손금소급공제 환급세액의 추징

납세지 관할 지방자치단체의 장은 법인지방소득세를 환급받은 내국법인이 다음에 해당하는 경우에는 그 환급세액("①"과 "②"는 과다환급세액)에 이자상당액을 가산한 금액을 해당 결손금이 발생한 사업연도의 법인지방소득세로서 징수한다(지법 §103의28, 지령 §100의18⑤).

구 분	추징세액
① 결손금이 감소된 경우	과다환급세액* + 이자상당액**
② 직전 사업연도의 법인세의 과세표준이 세액이 경정됨으로써 환급세액이 감소된 경우	과다환급세액 + 이자상당액**
③ 중소기업이 아닌 법인이 소급공제받은 경우	환급세액 전액 + 이자상당액**

* 결손금의 일부만을 소급공제받은 경우에는 이월공제분부터 먼저 감소된 것으로 본다. 결손금이 감소된 경우 과다환급세액은 다음과 같이 계산한다(지령 §100의18④).

$$\text{당초 환급세액} \times \frac{\text{소급공제 결손금 중 감소액}}{\text{소급공제 결손금}}$$

** 이자상당액은 다음과 같이 계산한다(지령 §100의18⑤).

$$\text{이자상당액} = \text{환급취소세액} \times \text{일수}^{*1} \times 0.022\%^{*2 \cdot *3}$$

*1 일수 : 당초 환급세액의 통지일의 다음날부터 환급취소세액의 고지일까지의 기간
*2 납세자를 탓할 수 없는 정당한 사유가 있는 때에는 국세환급가산금 이자율을 적용한다(지령 §100의18⑤(2) 단서, 지령 §34).
*3 2019. 1. 1. 전에 납부불성실가산세·환급불성실가산세 또는 특별징수납부 등 불성실가산세를 부과해야 하는 사유가 발생한 경우에는 제34조의 개정규정에도 불구하고 종전의 규정(1일 0.03%)에 따른다.
※ 2022. 2. 15. 국세의 이자율은 1일 0.025%에서 0.022%로 인하되었고, 지방세법의 이자율은 2022. 6. 7.에 0.022%로 인하되었다(지기령 §34).

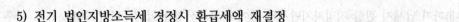

5) 전기 법인지방소득세 경정시 환급세액 재결정

납세지 관할 지방자치단체의 장은 당초환급세액을 결정한 후 해당 환급세액의 계산의 기초가 된 직전 사업연도의 법인지방소득세액 또는 과세표준금액이 달라진 경우에는 즉시 당초환급세액을 재결정하여 추가로 환급하거나 과다하게 환급한 세액 상당액을 징수하여야 한다. 당초환급세액을 재결정할 때에 소급공제 결손금액이 과세표준금액을 초과하는 경우에는 그 초과 결손금액은 소급공제 결손금액으로 보지 아니한다(지령 §100의18⑥ · ⑦).

(8) 농어촌특별세의 환급

결손금소급공제를 신청하는 경우에도 농어촌특별세는 환급되지 않는다(서이 46012-10328, 2001. 10. 10.).

┃ 사례 〉

중소기업인 ㈜한공의 제23기 사업연도(2023. 1. 1.~2023. 12. 31.)의 과세표준은 400,000,000원, 산출세액은 56,000,000원이다. ㈜정진은 산출세액에서 세액공제 7,000,000원을 차감하고 49,000,000원을 납부하였다.

〈요구사항 1〉
제24기 사업연도(2024. 1. 1.~2024. 12. 31.)에 결손금 300,000,000원이 발생하여 그중에서 240,000,000원을 소급공제한 경우 환급세액을 구하시오.

〈요구사항 2〉
결손금 240,000,000원을 소급공제하여 세액을 환급받은 후 다음과 같은 사유가 발생한 경우 환급취소세액을 각각 구하시오. 다만, 이자상당가산액을 계산하지 말 것.
(1) 제24기 결손금이 180,000,000원으로 경정된 경우
(2) 제23기 사업연도의 과세표준이 360,000,000원, 산출세액은 48,400,000원, 세액공제는 8,000,000원으로 경정된 경우
(3) 중소기업이 아닌 것으로 판정된 경우

〈요구사항 3〉
결손금 240,000,000원을 소급공제하여 세액을 환급받은 후 제23기의 과세표준이 450,000,000원, 산출세액이 65,500,000원, 세액공제가 10,000,000원인 경우 추가 환급세액을 구하시오

┃ 해답 ┃

〈요구사항 1〉
① 산출세액 차액 : 56,000,000 - (400,000,000 - 240,000,000) × 세율
  = 56,000,000 - 160,000,000 × 9%
  = 41,600,000
② 환급한도 : 56,000,000 - 7,000,000 = 49,000,000
③ 환급세액 : Min[①, ②] = 41,600,000

〈요구사항 2〉

(1) 제24기 결손금이 160,000,000원으로 경정된 경우 환급취소세액

$$환급세액 \times \frac{소급공제결손금 \ 중 \ 감소액}{소급공제결손금}$$

$$= 41,600,000 \times \frac{60,000,000}{240,000,000}$$

$$= 10,400,000 \ (추징)$$

   ※ 결손금이 300,000,000원에서 180,000,000원으로 경정되었다면 결손금 감소액은 120,000,000원이다. 결손금은 이월공제분 60,000,000원이 먼저 감소되고, 그 다음 소급공제분 60,000,000원이 감소된다.

(2) 제23기 과세표준과 세액이 경정된 경우 환급취소세액

   1) 당초 환급세액 : 41,600,000

   2) 경정 환급세액

   ① 산출세액 차액 : 48,400,000 − (360,000,000 − 240,000,000) × 세율

   $$= 48,400,000 − 120,000,000 \times 9\%$$

   $$= 37,600,000$$

   ② 환급한도 : 48,400,000 − 8,000,000 = 40,400,000

   ③ 경정 환급세액 : Min[①, ②] = 37,600,000

   3) 환급취소세액 : 1) − 2) = 4,000,000 (추징)

(3) 중소기업이 아닌 것으로 판정된 경우 환급취소세액 : 41,600,000

〈요구사항 3〉

1) 당초 환급세액 : 41,600,000

2) 경정 환급세액

   ① 산출세액 차액 : 65,500,000 − (450,000,000 − 240,000,000) × 세율

   $$= 65,500,000 − (18,000,000 + 10,000,000 \times 19\%)$$

   $$= 45,600,000$$

   ② 환급한도 : 65,500,000 − 10,000,000 = 55,500,000

   ③ 경정 환급세액 : Min[①, ②] = 45,600,000

3) 추가 환급세액 : 1) − 2) = △4,000,000 (환급)

[별지 제68호 서식]   (앞쪽)

※ 접수번호	소급공제 법인세액환급신청서		처리기간
—			즉 시

신청인	법 인 명	(주)한공	사 업 자 등 록 번 호	
	대 표 자 성 명		업 태 · 종 목	
	소 재 지			

①결 손 사 업 연 도	2024년 1월 1일~2024년 12월 31일	②직전 사업연도	2023년 1월 1일~2023년 12월 31일

③결 손 사 업 연 도 결 손 금 액	⑥결손금액	300,000,000
	⑦소급공제받을 결손금액	240,000,000

④직 전 사 업 연 도 법 인 세 액 계 산	⑧과세표준	400,000,000
	⑨세 율	9%·19%
	⑩산출세액	56,000,000
	⑪공제감면세액	7,000,000
	⑫차감세액(⑩ − ⑪)	49,000,000

⑤환 급 신 청 세 액 계 산	⑬직전 사업연도법인세액(⑬＝⑩)	56,000,000
	⑭차감할 세액[(⑧ − ⑦)×세율][⑭≧(⑩ − ⑫)]	14,400,000
	⑮환급신청세액(⑬ − ⑭)(⑮≦⑫)	41,600,000

국세환급금 계좌신고	⑯ 예입처	은행	(본)지점
	⑰ 예금종류		
	⑱ 계좌번호	예금	

「법인세법」 제72조 제2항 및 같은 법 시행령 제110조 제2항에 따라 소급공제법인세액환급신청서를 제출합니다.

2025 년 3 월 31 일

신청인(법 인)   (주)한공   (인)
신청인(대표자)   (서명)

세무서장 귀하

210mm×297mm[백상지 80g/㎡ 또는 중질지 80g/㎡]

3. 이월결손금 공제

(1) 공제대상 이월결손금

과세표준 계산시 공제하는 이월결손금은 해당 사업연도의 개시일부터 소급하여 일정기간 이내에 개시한 사업연도에서 발생한 세무상 결손금 중 미공제분을 말한다. 결손금은 신고하거나 결정·경정되거나 수정신고한 과세표준에 포함된 결손금에 한정한다(법법 §13①(1)).

① 세무상 결손금일 것 : 결손금은 회계상 결손금과 세무상 결손금이 있다. 세무상 결손금만 과세표준 계산상 공제하므로 회계상 결손금은 공제대상이 아니다.

② 공제기간 내에 발생된 것일 것 : 결손금 공제기간은 처음에는 5년이었으나, 2009. 1. 1. 이후 개시한 사업연도에서 발생한 결손금은 10년, 2009. 1. 1.부터 2019. 12. 31.까지의 기간에 개시한 사업연도에서 발생한 결손금은 10년, 2020. 1. 1. 이후 개시한 사업연도에 발생한 결손금은 15년으로 공제기간이 연장되었다.

구 분	2008. 12. 31. 이전에 개시한 사업연도에서 발생한 결손금	2009. 1. 1.부터 2019. 12. 31.까지의 기간에 발생한 결손금	2020. 1. 1. 이후 개시한 사업연도에서 발생한 결손금
공제기간	5년	10년	15년

입법취지 결손금 이월공제기간의 확대

종전에는 결손금을 10년간 이월공제하였으나, 코로나-19 피해기업을 지원하기 위하여 2020. 1. 1. 이후 개시한 사업연도에 발생한 결손금부터 결손금 이월공제기간을 10년에서 15년으로 연장하였다. 이월결손금 공제기한 연장 효과는 2020년에 발생한 결손금이 10년이 지나는 2031년부터 발생한다.

구 분	2021년~ 2030년	2031년	2032년	2033년	2034년	2035년 이후
이월결손금 공제	직전 10년분	직전 11년분	직전 12년분	직전 13년분	직전 14년분	직전 15년분

③ 미공제분일 것 : 결손금의 공제로 인하여 「법인세법」상 혜택을 받은 경우에는 결손금이 소멸된다. 세무상 결손금의 소멸사유는 다음과 같다.

㉮ 소급공제한 경우

㉯ 과세표준 계산상 공제한 경우

㉰ 자산수증이익과 채무면제이익으로 보전한 경우

㉱ 채무의 출자전환으로 인한 채무면제이익을 이월하여 결손금 보전에 충당한 경우

법인이 주주총회의 결의에 따라 자본잉여금 또는 이익잉여금으로 이월결손금을 보전한 경우에도 세무상 이월결손금은 소멸된 것이 아니므로 과세표준 계산상 공제할 수 있다.

(2) 이월결손금공제한도

1) 각 사업연도 소득금액의 100%를 한도로 이월결손금을 공제하는 법인

다음의 법인은 각 사업연도 소득금액의 100%를 한도로 공제한다(법령 §10①).

① 「조세특례제한법 시행령」 제6조 제1항에 따른 중소기업

② 「채무자 회생 및 파산에 관한 법률」 제245조에 따라 법원이 인가결정한 회생계획을 이행 중인 법인. 회생계획을 이행 중인지는 사업연도 종료일을 기준으로 판단한다(서면-2016-법령해석법인-6027 [법령해석과-1560], 2017. 6. 7.).

③ 「기업구조조정 촉진법」 제14조 제1항에 따라 기업개선계획의 이행을 위한 약정을 체결하고 기업개선계획을 이행 중인 법인

④ 해당 법인의 채권을 보유하고 있는 「금융실명거래 및 비밀보장에 관한 법률」 제2조 제1호에 따른 금융회사등이나 그 밖의 법률에 따라 금융업무 또는 기업 구조조정 업무를 하는 「공공기관의 운영에 관한 법률」에 따른 공공기관으로서 「한국해양진흥공사법」에 따른 한국해양진흥공사와 경영정상화계획의 이행을 위한 협약을 체결하고 경영정상화계획을 이행 중인 법인. 금융기관 등 채권단과 재무구조 개선약정을 체결한 법인은 「법인세법 시행령」 제10조 제1항 제3호의 경영정상화계획의 이행을 위한 약정에 해당하지 아니한다(서면-2016-법인-4351, 2016. 9. 30.).

⑤ 채권, 부동산 또는 그 밖의 재산권(이하 "유동화자산"이라 한다)을 기초로 「자본시장과 금융투자업에 관한 법률」에 따른 증권을 발행하거나 자금을 차입(이하 "유동화거래"라 한다)할 목적으로 설립된 법인으로서 다음의 요건을 모두 갖춘 법인

㉮ 「상법」 또는 그 밖의 법률에 따른 주식회사 또는 유한회사일 것

㉯ 한시적으로 설립된 법인으로서 상근하는 임원 또는 직원을 두지 아니할 것

㉰ 정관 등에서 법인의 업무를 유동화거래에 필요한 업무로 한정하고 유동화거래에서 예정하지 아니한 합병, 청산 또는 해산이 금지될 것

㉱ 유동화거래를 위한 회사의 자산 관리 및 운영을 위하여 업무위탁계약 및 자산관리위탁계약이 체결될 것

㉲ 2015. 12. 31.까지 유동화자산의 취득을 완료하였을 것

⑥ 법 제51조의2 【유동화전문회사 등에 대한 소득공제】 제1항 각호의 어느 하나에 해당하는 내국법인이나 「조세특례제한법」 제104조의31 【프로젝트금융투자회사에 대한 소득공제】 제1항에 따른 내국법인

⑦ 「기업 활력 제고를 위한 특별법」 제10조에 따른 사업재편계획 승인을 받은 법인

⑧ 「조세특례제한법」 제74조 제1항(제4호부터 제6호까지는 제외함) 또는 제4항에 따라

법인의 수익사업에서 발생한 소득을 고유목적사업준비금으로 손금에 산입할 수 있는 비영리내국법인 24 신설 ('24. 1. 1. 이후 개시하는 사업연도의 과세표준을 신고하는 경우부터 적용)

조특법 §74①	(제1호) 「사립학교법」에 따른 학교법인, 산학협력단, 원격대학 형태의 평생교육시설을 운영하는 비영리법인, 국립대학법인 서울대학교 및 발전기금, 국립대학법인 인천대학교 및 발전기금
	(제2호) 사회복지법인
	(제3호) 국립대학병원 및 국립대학치과병원, 서울대학교병원, 서울대학교치과병원, 국립암센터, 지방의료원, 대한적십자사가 운영하는 병원, 국립중앙의료원
	(제7호) 「국제경기대회 지원법」에 따라 설립된 조직위원회로서 기획재정부장관이 효율적인 준비와 운영을 위하여 필요하다고 인정하여 고시한 조직위원회
	(제8호) 「공익법인의 설립·운영에 관한 법률」에 따라 설립된 법인으로서 해당 과세연도의 고유목적사업이나 「법인세법」 제24조 제3항 제1호에 따른 일반기부금에 대한 지출액 중 100분의 80 이상의 금액을 장학금으로 지출한 법인
	(제9호) 공무원연금공단, 사립학교교직원연금공단
조특법 §74④	수도권 과밀억제권역 및 광역시를 제외하고 [조특칙 별표 8]의 지역에 의료기관을 개설하여 의료업을 영위하는 비영리내국법인

2) 각 사업연도 소득금액의 80%를 한도로 공제하는 법인

각 사업연도 소득금액의 100%를 한도로 공제하는 법인 외의 법인은 각 사업연도 소득금액에 80%를 곱한 금액을 한도로 이월결손금을 공제한다(법법 §13①). 23 개정 (종전 : 60%)

정리 **이월결손금 공제한도**

구 분		2015년 이전	2016년	2017년	2018년	2019년~2022년	2023년 이후
개별 납세 방식	중소기업 등 일정한 내국법인 (법법 §13)	100%	100%	100%	100%	100%	100%
	위 외의 내국법인 (법법 §13)	100%	80%	80%	70%	60%	80%
	외국법인 (법법 §91①)	100%	100%	80%	80%	60%	80%
연결 납세 방식	중소기업 등 일정한 연결법인 (법법 §76의13①)	100%	100%	100%	100%	100%	100%
	중소기업 등 일정한 법인이 아닌 연결법인 (법법 §76의13①)	100%	80%	80%	80%	60%	80%

■ 사례 ≫

㈜서울(사업연도 : 1. 1~12. 31.)은 전기에서 이월된 미공제 이월결손금 300억원(2015년 발생분)이 있다. ㈜서울의 2024년의 각 사업연도 소득금액이 100억원인 경우 다음의 case별로 과세표준과 차기이월결손금을 구하시오. 다만, 비과세소득과 소득공제는 없다.
(case 1) 중소기업 등 일정한 법인인 경우
(case 2) 중소기업 등 일정한 법인이 아닌 경우

▌해답▐

(1) 과세표준

	case 1	case 2
각사업연도 소득금액	100억원	100억원
이월결손금	(−)100억원	(−) 80억원*
비과세소득	(−) −	(−) −
소득공제	(−) −	(−) −
과세표준	0원	20억원

* Min[300억원, 100억원 × 80% = 80억원] = 80억원

(2) 차기이월결손금   200억원   220억원

(3) 이월결손금의 공제 순서

이월결손금이 여러 사업연도에서 발생된 경우 먼저 발생한 사업연도의 이월결손금부터 차례로 공제하여야 한다(법인 46012-3187, 1993. 10. 20.).

따라서 종전 사업연도의 과세표준 및 세액이 확정되었더라도 그 후 사업연도의 과세표준 등을 산출함에 있어서는 종전 사업연도에 공제가 가능한 정당한 이월결손금이 순차로 공제되었음을 전제로 하여 해당 사업연도에 공제할 결손금을 계산하여야 한다(대법원 2003두 13212, 2004. 6. 11.).

(4) 과세표준과 세액을 추계하는 경우 이월결손금 공제배제

법인세의 과세표준과 세액을 추계하는 경우 그 추계결정 또는 추계경정한 사업연도에는 이월결손금을 공제하지 아니한다. 이는 기장을 하지 않은 법인을 제재하기 위한 규정이다. 그러나 천재·지변 등으로 장부 기타 증빙서류가 멸실되어 추계하는 경우에는 장부가 없어진 것에 대한 귀책사유가 없으므로 이월결손금을 공제한다(법법 §68).

예규 및 판례　　　이월결손금

❶ 이월결손금을 공제하지 아니하고 법인세 과세표준을 신고한 경우

법인이 착오로 당해 사업연도의 과세표준계산시 공제할 수 있는 이월결손금이 있는 경우에도 이를 공제하지 아니하고 법인세 과세표준신고를 한 경우 해당 사업연도에 공제받을 수 있는 대상 이월결손금은 그 후 사업연도의 법인세 과세표준계산시 공제할 수 없다. 그러나 법인이 법정기간 내에 법인세 과세표준을 신고한 후 「국세기본법」 제45조의2에 따른 경정청구기간 내에 이월결손금 미공제에 대하여 경정청구를 한 경우에는 이를 공제할 수 있다(**법인 46012 - 1768, 1994. 6. 17.**).

❷ 직전 사업연도 이전에 과대계상된 이월결손금에 대한 수정신고

직전 사업연도 이전에 과대계상된 이월결손금은 과대계상된 사업연도의 과세표준을 수정신고에 의하여 정정하여야 한다(**법인 22601 - 1044, 1992. 5. 12.**).

❸ 개인기업을 법인전환한 경우 개인기업의 이월결손금 승계 여부

개인사업을 포괄적으로 현물출자하여 법인으로 전환한 경우, 개인사업에서 발생한 이월결손금은 전환한 법인의 과세표준계산시 승계할 수 없다(**서이 46012 - 10141, 2001. 9. 10.**).

❹ 폐업 후 재개업시 폐업신고 전 이월결손금의 공제

법인이 사업부진으로 폐업신고를 한 후에 다시 사업을 재개한 경우 폐업신고 전에 공제받지 못한 이월결손금으로서 공제기간이 경과되지 아니한 것은 재개업일이 속하는 사업연도 이후의 소득금액에서 공제할 수 있다(**서면2팀 - 1778, 2005. 11. 4., 법집 13 - 10 - 2 ②**). 이 경우 사업자등록증상의 개업일은 재개업일이다.

3. 비과세소득

1. 개 요

세법의 규정에 따라 법인세를 부과하지 아니하는 특정소득을 비과세소득이라 한다.
「법인세법」의 비과세소득으로는 공익신탁의 신탁재산에서 생기는 소득이 있다.

> **세부내용** **조세특례제한법상 비과세소득**
>
> ① 벤처투자회사 등의 주식양도차익 등에 대한 비과세(조특법 §13)
> ② 외국법인의 정기외화예금에 대한 이자소득세 비과세(조특법 §21의2)

2. 공익신탁의 신탁재산에서 생기는 소득에 대한 비과세소득

「공익신탁법」에 따른 공익신탁의 신탁재산에서 생기는 소득은 법인세를 과세하지 아니한
다(법법 §51).

> **예규 및 판례** 공익신탁의 신탁재산에서 생기는 소득
>
> ❶ 공익신탁 기부금의 귀속시기 및 공익신탁재산 소득의 비과세 여부
>
> 「법인세법 시행령」 제36조* 제1항 제2호 나목의 기부금은 공익신탁으로 신탁하는 날이 속하는
> 사업연도의 손금에 산입하는 것이며, 공익신탁의 경우 신탁재산에서 생기는 소득에 대하여는 「법
> 인세법」 제51조의 규정에 따라 법인세를 과세하지 아니하는 것임(서면2팀-1436, 2004. 7. 12.).
> * 현행 「법인세법 시행령」 제39조임.
>
> ❷ 비과세 소득의 범위(법집 51-0-1)
>
> ① 내국법인의 각 사업연도 소득 중 「공익신탁법」에 따른 공익신탁의 신탁재산에서 생기는 소
> 득에 대하여는 각 사업연도의 소득에 대한 법인세를 과세하지 아니한다.
> ② 제1항의 공익신탁이란 공익사업을 목적으로 하는 신탁법에 따른 신탁으로서 법무부장관의
> 인가를 받은 신탁을 말한다.

4. 소득공제

1. 개 요

"소득공제"란 특정산업의 육성과 재무구조의 개선 등 조세정책적 목적에 따라 「조세특례제한법」 및 「법인세법」에서 특정한 소득에 대한 법인세를 부과하지 않기 위하여 법인세 과세표준을 계산할 때 각 사업연도의 소득금액에서 공제하는 제도를 말한다. 법인세법의 소득공제는 유동화전문회사 등에 대한 소득공제가 있다.

세부내용 **조세특례제한법상 소득공제**

• 프로젝트금융투자회사에 대한 소득공제(조특법 §104의31)

2. 유동화전문회사 등에 대한 소득공제

(1) 개 요

유동화전문회사 등의 내국법인이 배당가능이익의 90% 이상을 배당한 경우 그 금액은 배당을 결의한 잉여금 처분의 대상이 되는 사업연도의 소득금액에서 공제한다(법법 §51의2). 이 경우 유동화전문회사가 배당가능이익의 90% 이상을 배당결의하고, 현금부족 등의 사유로 외국주주로부터 미지급배당금에 대한 지급을 면제받은 경우에도 당해 잉여금 처분의 대상이 되는 사업연도의 소득금액 계산에 있어서 소득공제를 적용한다(서이-537, 2004. 3. 23.).

여기서 "배당"이란 현금배당 및 주식배당을 모두 포함한다. 이 경우 재무제표상 배당가능이익의 한도를 초과하여 관련법령에 따라 배분하는 경우를 포함하는 것이며, 소득공제는 배당을 결의한 잉여금처분의 대상이 되는 사업연도에 적용한다(법기통 51의2-86의 2…1).

(2) 유동화전문회사 등의 내국법인의 범위

유동화전문회사 등의 내국법인이란 다음 중 어느 하나에 해당하는 내국법인을 말한다(법법 §51의2①).

① 「자산유동화에 관한 법률」에 따른 유동화전문회사
② 「자본시장과 금융투자업에 관한 법률」에 따른 투자회사, 투자목적회사, 투자유한회사, 투자합자회사(같은 법 제9조 제19항 제1호의 기관전용 사모집합투자기구는 제외한다) 및 투자유한책임회사

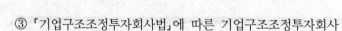

③ 「기업구조조정투자회사법」에 따른 기업구조조정투자회사

④ 「부동산투자회사법」에 따른 기업구조조정 부동산투자회사 및 위탁관리 부동산투자회사

⑤ 「선박투자회사법」에 따른 선박투자회사

⑥ 「민간임대주택에 관한 특별법」 또는 「공공주택 특별법」에 따른 특수 목적 법인 등으로서 임대사업을 목적으로 「민간임대주택에 관한 특별법 시행령」 제4조 제1항 제3호 다목의 투자회사의 규정에 따른 요건을 갖추어 설립된 법인(법령 §86의3②)

⑦ 「문화산업진흥 기본법」에 따른 문화산업전문회사

⑧ 「해외자원개발 사업법」에 따른 해외자원개발투자회사

(3) 배당가능이익의 범위

1) 개 요

"배당가능이익"이란 기업회계기준에 따라 작성한 재무제표상의 법인세비용 차감 후 당기순이익에 이월이익잉여금을 가산하거나 이월결손금을 공제하고, 「상법」 제458조에 따라 적립한 이익준비금을 차감한 금액을 말한다.

이 경우 다음의 어느 하나에 해당하는 금액은 제외한다(법령 §86의3①).

① 「상법」 제461조의2에 따라 자본준비금을 감액하여 받는 배당(자본전입시 의제배당으로 과세하는 자본준비금의 배당은 제외함)

② 당기순이익, 이월이익잉여금 및 이월결손금 중 「법인세법 시행령」 제73조 제2호 가목부터 다목까지의 규정에 따른 자산의 평가손익. 다만, 「법인세법 시행령」 제75조 제3항에 따라 시가법으로 평가한 투자회사 등의 「법인세법 시행령」 제73조 제2호 다목에 따른 자산의 평가손익은 배당가능이익에 포함한다.

따라서 법인이 구 「상법」 제454조 및 구 기업회계기준 제72조 제1호에 따라 주식할인발행차금과 상계한 이익잉여금은 당해 배당가능이익에 포함되지 아니한다(서면2팀-591, 2006. 4. 5.).

2) 당기순이익의 범위

배당가능이익을 계산함에 있어 "당기순이익"은 법인세비용을 차감하기 전의 금액을 말한다. 다만, 기업회계기준의 변경에 따라 기업회계와 세무회계의 차이가 발생함으로써 기업회계기준에 따라 작성된 재무제표상 배당가능이익의 100%를 배당하였음에도 불구하고 「법인세법」상 배당가능이익의 90%에 미달하는 경우에도 소득공제의 대상이 된다(재법인 46012-58, 2003. 10. 6.). 그리고 당기순이익에는 투자회사 등이 「법인세법」 제79조 제5항에 따른 청산기간 중에 금융기관 등에 자산을 예치함에 따라 발생하는 이자소득도 포함한다(법기통 51의 2-86의 2…2).

3) 「상법」에 따라 자본준비금을 감액하여 배당하는 경우

「부동산투자회사법」에 따른 위탁관리 부동산투자회사가 「상법」제461조의2에 따라 자본 준비금을 감액하여 이를 재원으로 주주에게 배당하는 경우 해당 자본준비금 감소액 및 이를 재원으로 하는 배당액은 「법인세법」 제51조의2 제1항의 "배당가능이익" 및 "그 금액"에 각각 해당하지 아니한다(서면법규과-330, 2014. 4. 8.).

(4) 소득시기

배당가능이익의 90% 이상을 배당한 경우 소득공제되는 대상사업연도는 배당한 연도가 아닌 배당을 결의한 잉여금처분의 대상이 되는 사업연도이다(법기통 51의2-86의2…1 ①).

사례 배당소득공제 적용 사업연도

20×1 사업연도에 대한 정기주주총회를 20×2년 초에 개최하여 배당을 결의한 경우 배당소득공제 적용 사업연도

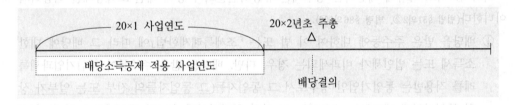

사례 배당소득공제

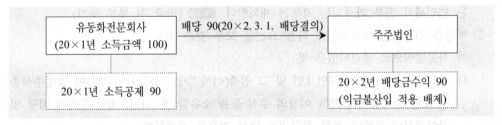

이 경우 배당가능이익의 90% 이상을 배당하였으나 그 후 회계상의 착오 등에 의하여 배당가능이익이 증가되는 경우 그 증가된 이익의 범위 내에서 이사회의 결의에 의하여 추가배당이나 「상법」제462조의3에 따른 중간배당을 하는 경우도 "배당한 경우"에 해당되는 것으로 본다. 이 경우 추가적인 소득공제와 소득공제신청서의 제출은 수정신고 및 경정청구 방법에 따른다(서울고법 2009누 5147, 2010. 4. 2., 국업 46500-84, 2000. 2. 10.).

(5) 초과배당액의 이월공제 [23 신설]

배당금액이 해당 사업연도의 소득금액을 초과하는 경우 그 초과하는 금액은 해당 사업연도의 다음 사업연도 개시일부터 5년 이내에 끝나는 각 사업연도로 이월하여 그 이월된 사업연도의 소득금액에서 공제할 수 있다. 다만, 내국법인이 이월된 사업연도에 배당가능이익의 90% 이상을 배당하지 아니하는 경우에는 그 초과배당금액을 공제하지 아니한다(법법 §51의2④).

이월된 초과배당금액을 해당 사업연도의 소득금액에서 공제하는 경우에는 다음의 방법에 따라 공제한다(법법 §51의2⑤).

① 이월된 초과배당금액을 해당 사업연도의 배당금액보다 먼저 공제할 것
② 이월된 초과배당금액이 둘 이상인 경우에는 먼저 발생한 초과배당금액부터 공제할 것

(6) 적용배제

다음 중 어느 하나에 해당하는 경우에는 유동화전문회사 등에 대한 소득공제를 적용하지 아니한다(법법 §51의2②, 법령 §86의6⑩).

① 배당을 받은 주주등에 대하여 이 법 또는 「조세특례제한법」에 따라 그 배당에 대한 소득세 또는 법인세가 비과세되는 경우. 다만, 배당을 받은 주주등이 동업기업과세특례를 적용받는 동업기업인 경우로서 그 동업자들(그 동업자들의 전부 또는 일부가 상위 동업기업에 해당하는 경우에는 그 상위 동업기업에 출자한 동업자들을 말함)에 대하여 같은 법 제100조의18에 따라 배분받은 배당에 해당하는 소득에 대한 소득세 또는 법인세가 전부 과세되는 경우는 제외한다. [24 개정] (밑줄 친 부분 추가)

② 배당을 지급하는 내국법인이 다음 요건을 모두 갖춘 경우
㉮ 사모방식으로 설립되었을 것
㉯ 개인 2인 이하 또는 개인 1인 및 그 친족(이하 "개인 등"이라 한다)이 발행주식총수 또는 출자총액의 95% 이상의 주식 등을 소유할 것. 다만, 개인 등에게 배당 및 잔여재산의 분배에 관한 청구권이 없는 경우를 제외한다.

(7) 소득공제 신청

유동화전문회사 등에 대한 소득공제를 적용받으려는 법인은 법인세 과세표준신고와 함께 소득공제신청서에 해당 배당소득에 대한 실질귀속자별 명세를 첨부하여 납세지 관할세무서장에게 제출하여야 한다. 다만, 배당을 받은 주주등이 동업기업과세특례를 적용받는 동업기업인 경우로서 그 동업자들에 대하여 배분받은 배당에 해당하는 소득에 대한 소득세 또는 법인세가 전부 과세되어 유동화전문회사 등에 대한 소득공제를 적용받으려는 법인은 배당을 받은 동업기업으로부터 동업기업의 소득의 계산 및 배분명세 신고기한(조특법 §100의23)까

지 제출받은 동업기업과세특례적용 및 동업자과세여부 확인서(법칙 별지 제71호의8 서식)를 첨부하여야 한다(법령 §86의3⑨).

예규 및 판례　유동화전문회사 등의 소득공제

❶ **유동화전문회사 등이 영업인가 취소로 해산하는 경우 잔여재산을 주주에게 분배하는 경우**

「부동산투자회사법」에 따른 기업구조조정 부동산투자회사가 영업인가 취소로 해산하는 경우로서 청산기간 중에 해산등기일 현재 보유하는 부동산을 환가처분하여 발생한 부동산매각차익을 포함한 모든 잔여재산을 전액 주주에게 분배하는 경우 해당 분배금액은 「법인세법」 제51조의2 및 제79조 제7항에 따라 각 사업연도소득 또는 청산소득에 대한 법인세 과세표준 계산시 소득금액에서 공제한다. 또한, 기업구조조정 부동산투자회사가 영업인가를 받아 사업을 하던 중, 국토교통부로부터 취소의 효력이 장래에 발생하는 영업인가 취소처분을 받는 경우 영업인가 취소 전의 사업연도에 「법인세법」 제51조의2에 따라 적용받은 소득공제는 소급하여 취소하지 아니한다(법규법인 2014-115, 2014. 4. 8.).

❷ **해산한 사업연도 의제기간에 발생한 소득에 대한 소득공제 여부**

「법인세법」 제51조의2 제1항 제2호에 해당하는 내국법인이 해산등기를 하고 청산 중인 경우로서 청산기간 중에는 「상법」 규정에 따라 배당을 할 수 없으므로 「법인세법」 제8조 제1항에 따른 사업연도 의제기간(해산한 사업연도의 개시일부터 해산등기일까지의 기간, 이하 "의제사업연도"라 한다)에 발생한 소득과 청산기간 중에 발생한 모든 소득을 잔여재산분배방식으로 전액 출자자에게 분배하는 경우에는 해당 의제사업연도에 발생한 소득금액(「법인세법 시행령」 제86조의3 제1항에 따른 배당가능이익 범위 이내 금액)을 같은 법 제51조의2 제1항 본문의 "배당한 경우"로 보아 해당 의제사업연도의 소득금액에서 공제한다(법규법인 2013-273, 2013. 9. 26., 법인 46012-12122, 2002. 11. 27.).

❸ **해산등기 후 청산인에 의한 잔여재산 일부를 선분배한 경우 의제사업연도에 대한 소득공제 여부**

「법인세법」 제51조의2를 적용함에 있어 배당가능이익의 90% 이상을 배당한 경우 소득공제되는 사업연도의 배당한 연도가 아닌 배당의 대상이 되는 이익이 발생한 사업연도를 말하는 것으로(재법인 46012-23, 2000. 2. 8.) 해산등기 이후 청산인에 의한 잔여재산 일부를 선분배한 경우 해당 금액은 의제사업연도(사업연도 개시일~해산등기일)에 대한 같은 법 제51조의2에 의한 소득공제가 적용되지 않는다(서면2팀-169, 2008. 1. 28.).

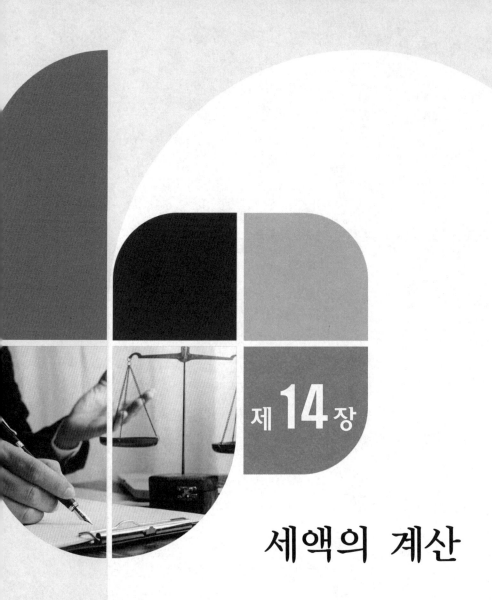

제 **14** 장

세액의 계산

1. 세액계산 구조

세액계산 구조

과 세 표 준			

과세표준	세율
2억원 이하	9%
2억원 초과 200억원 이하	19%
200억원 초과 3,000억원 이하	21%
3,000억원 초과	24%

(×) 세   율 ……

　　산　출　세　액

(−) 감 면 공 제 세 액 …… 세액감면과 세액공제

(+) 가   산   세 …… 법인세법이 정한 의무 위반시 부과하는 일종의 과태료 (국세기본법과 법인세법에 규정됨)

(+) 감 면 분 추 가 납 부 세 액 …… 준비금 등 미사용시 이자상당가산액, 신고기한 연장시 이자상당액 등

　　총　부　담　세　액

(−) 기 납 부 세 액 …… 중간예납세액·원천납부세액·수시부과세액

각사업연도소득에 대한 법인세
차 감 납 부 할 세 액

(+) 토지등양도소득에대한 법인세

(+) 미환류소득에 대한 법인세

차 감 납 부 할 세 액 계

(−) 사실과 다른 회계처리 경정세액공제

(−) 분 납 할 세 액

차 감 납 부 세 액

937

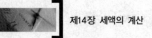

2. 산출세액

1. 사업연도가 1년인 경우의 산출세액 계산

사업연도가 1년인 경우 과세표준에 세율을 곱하여 산출세액을 계산한다.

$$법인세\ 산출세액\ =\ 과세표준\ \times 세율$$

법인세의 세율은 다음과 같이 4단계 초과누진세율로 되어 있다(**법법 §55①**).

과세표준	법인세 세율 23개정 (각 구간별 1%p씩 인하)
2억원 이하	과세표준의 9%
2억원 초과 200억원 이하	1천800만원 + 2억원을 초과하는 금액의 19%
200억원 초과 3천억원 이하	37억8천만원 + 200억원을 초과하는 금액의 21%
3천억원 초과	625억8천만원 + 3천억원을 초과하는 금액의 24%

2. 사업연도가 1년 미만인 경우의 산출세액 계산

사업연도가 1년 미만인 내국법인의 각 사업연도의 소득에 대한 법인세는 그 사업연도의 과세표준을 그 사업연도의 월수로 나눈 금액에 12를 곱하여 산출한 금액(연환산 과세표준)에 세율을 곱하여 계산한 세액에 그 사업연도의 월수를 12로 나눈 수를 곱하여 산출한 금액을 그 세액으로 한다(**법법 §55②, 법령 §92**). 이 경우 월수는 태양력에 따라 계산하되, 1개월 미만의 일수는 1개월로 한다. 이를 계산식으로 표시하면 다음과 같다(**법칙 §45**).

$$법인세\ 산출세액\ =\ \left(과세표준 \times \frac{12}{사업연도의\ 월수}\right) \times 세율 \times \frac{사업연도의\ 월수}{12}$$

입법취지 사업연도가 1년 미만인 경우 과세표준을 연환산해서 산출세액을 계산하는 이유

사업연도가 1년 미만인 경우 과세표준을 연환산해서 산출세액을 계산하는 것은 사업연도를 쪼개는 방법으로 과세표준을 줄여서 누진세율 적용을 피하는 것을 막기 위해서이다. 예를 들어 사업연도가 1년인 갑법인의 경우와 사업연도가 6개월인 을법인의 경우에 모두 같은 조건으로 누진세율을 적용하는 경우를 비교해 보자.

구 분	갑법인	을법인	
사업연도	1년	상반기, 하반기 각각 6개월씩	
과세표준	400,000,000원	상반기 200,000,000원	
		하반기 200,000,000원	
1년간의 산출세액	18,000,000 + (400,000,000 − 200,000,000)× 19% = 56,000,000원	연환산하지 않는 경우	<상반기> 200,000,000×세율(9%) = 18,000,000
			<하반기> 200,000,000×세율(9%) = 18,000,000
		연환산하는 경우	<상반기> (200,000,000×12/6)×세율×6/12 = 28,000,000
			<하반기> (200,000,000×12/6)×세율×6/12 = 28,000,000

사업연도가 6개월인 경우 과세표준을 연환산하지 않고 그냥 세율을 곱하면 과세표준 200,000,000원에 9% 세율이 적용되어 반기별 산출세액은 18,000,000원이 되고 연간 산출세액은 36,000,000원이 된다. 이 경우 산출세액 36,000,000원은 사업연도가 1년인 경우의 산출세액 56,000,000원에 비하여 20,000,000원이 적다. 이와 같이 산출세액이 20,000,000원 적은 이유는 19%의 세율이 적용되지 않고 9%의 세율이 적용되기 때문이다. 이에 따라 6개월의 과세표준을 연환산해서 세율을 적용하도록 하고 있다. 이 경우 사업연도가 1년이 적용되는 누진세율과 같은 세율이 적용되어 연간 산출세액은 56,000,000원으로 사업연도가 1년인 경우의 산출세액과 같다. 따라서 사업연도를 1년 미만으로 줄여도 누진세율을 피할 수 없다.

사례 »

㈜한국은 2024. 7. 6.에 설립된 법인으로서 제1기 사업연도(2024. 7. 6.~2024. 12. 31.)의 과세표준은 150,000,000원이다. 이 자료에 의하여 법인세 산출세액을 계산하시오.

해답

$$(150,000,000원 \times \frac{12}{6} \times 세율) \times \frac{6}{12}$$
$$= (200,000,000원 \times 9\% + 100,000,000원 \times 19\%) \times \frac{6}{12}$$
$$= 18,500,000원$$

3. 세액감면

1. 세액감면의 개념

세액감면이란, 특정소득에 대한 세액의 전부 또는 일부의 부담을 덜어주는 것을 말한다. 세액감면은 다음의 계산식에 따라 계산한다.

$$세액감면 = 산출세액 \times \frac{감면소득}{과세표준} \times 감면율$$

저자주 감면율이 100%인 것을 세액면제라고 한다. 그러나 조세특례제한법은 100% 감면을 어떤 규정에서는 면제(예 조특법 제66조)라고 하고, 또 다른 규정(예 조특법 제85조의6)에서는 "100분의 100에 상당하는 세액을 감면한다"고 하고 있어서 그 두 표현을 혼용하고 있고, 세액면제는 감면율이 100%인 것을 제외하고는 세액감면과 같으므로 본 교재에서는 이를 구분하지 않고 세액감면이라고 하겠다.

2. 세액감면액의 계산

(1) 세액감면액의 계산방법

세액감면을 하는 경우 그 감면되는 세액은 별도의 규정이 있는 경우를 제외하고는 산출세액(토지 등 양도소득에 대한 법인세액 및 미환류소득에 대한 법인세액은 제외함)에 그 감면되는 소득이 과세표준에서 차지하는 비율(100분의 100을 초과하는 경우에는 100분의 100)을 곱하여 산출한 금액에 해당 감면율을 곱하여 산출한 금액으로 한다(법법 §59②).

$$세액감면 및 면제세액 = 법인세 산출세액^{*1} \times \frac{감면 \cdot 면제소득}{법인세 \ 과세표준}^{*2} \times 감면율$$

*1 토지 등 양도소득에 대한 법인세와 미환류소득에 대한 법인세액은 제외한다.
*2 100분의 100을 초과하는 경우 100분의 100으로 한다.

(2) 감면소득의 계산

각 사업연도의 과세표준 계산 시 공제한 이월결손금·비과세소득 또는 소득공제액(이하 "공제액 등"이라 한다)이 있는 경우 감면소득은 다음의 금액을 공제한 금액으로 한다(법령 §96).

① 공제액 등이 감면사업에서 발생한 경우에는 공제액 전액

② 공제액 등이 감면사업에서 발생한 것인지가 불분명한 경우에는 소득금액에 비례하여 안분계산한 금액

사례 › 세액감면

㈜한공의 제21기 사업연도(1. 1.~12. 31.)의 각 사업연도 소득금액은 물류산업 3억원, 부동산임대업 2억원이고 공제대상 이월결손금 2억원(물류산업에서 발생함)인 경우 감면세액을 구하시오. 물류산업에 대한 감면율은 15%이며, 부동산임대업은 감면대상이 아니다.

해답

(1) 과세표준

구 분	물류산업	부동산임대업	계
각 사업연도 소득금액	3억원	2억원	5억원
이월결손금	-2억원	-	-2억원
과세표준	1억원	2억원	3억원

(2) 산출세액 : 18,000,000 + (3억원-2억원) × 19% = 37,000,000

(3) 감면세액 : 37,000,000 × $\dfrac{1억원}{3억원}$ × 15% = 1,850,000

세부내용 **감면신청서에 기재된 소득금액과 결정·경정한 소득금액이 동일하지 않은 경우**

감면 및 세액공제액의 계산에 관한 규정(법법 §59)을 적용함에 있어서 법인이 법인세법 또는 다른 법률에 의하여 제출한 법인세의 감면신청서에 기재된 소득금액과 납세지 관할세무서장 또는 관할지방국세청장이 결정 또는 경정한 소득금액이 동일하지 아니한 경우 감면 또는 세액공제의 기초가 될 소득금액은 납세지 관할세무서장 또는 관할지방국세청장이 결정 또는 경정한 금액에 의한다(법칙 §50).

3. 세액감면과 세액공제의 적용순서

법인세법 및 다른 법률을 적용할 때 법인세의 감면에 관한 규정과 세액공제에 관한 규정이 동시에 적용되는 경우에 그 적용순위는 별도의 규정이 있는 경우 외에는 다음 순서에 따른다. 이 경우 제1호와 제2호의 금액을 합한 금액이 법인이 납부할 법인세액(토지등 양도소득에 대한 법인세액, 미환류소득에 대한 법인세액 및 가산세는 제외함)을 초과하는 경우에는 그 초과하는 금액은 없는 것으로 본다(법법 §59①).

(제1호) 세액감면(면제 포함)

(제2호) 이월공제가 인정되지 아니하는 세액공제

(제3호) 이월공제가 인정되는 세액공제. 이 경우 해당 사업연도 중에 발생한 세액공제액과 이월된 미공제액이 함께 있을 때에는 이월된 미공제액을 먼저 공제한다.

(제4호) 사실과 다른 회계처리로 인한 경정에 따른 세액공제(법법 §58의3)에 따른 세액공제. 이 경우 해당 세액공제액과 이월된 미공제액이 함께 있을 때에는 이월된 미공제액을 먼저 공제한다.

조세특례제한법을 적용할 때 최저한세가 적용되는 감면 등과 그 밖의 감면 등이 동시에 적용되는 경우 그 적용순위는 최저한세가 적용되는 감면 등을 먼저 적용한다(조특법 §132③).

> **예규 및 판례 최저한세대상 공제감면세액과 그 밖의 공제감면세액의 적용 순서**
>
> ❶ 내국법인이 최저한세가 적용되는 공제·감면과 최저한세가 적용되지 않는 공제·감면을 동시에 적용하는 경우에는 최저한세가 적용되는 공제·감면을 먼저 적용하는 것이며, 해당 내국법인이 법인세 신고 시 신청한 공제·감면을 취소하고자 하는 경우에는 수정신고를 통해 당초 신청한 공제·감면을 취소할 수 있는 것임(서면-2020-법인-4041 [법인세과-546], 2021. 3. 8.).
>
> ❷ 「조세특례제한법」 제132조의 규정은 최저한세 대상 공제감면을 최저한세 배제 공제감면보다 우선 적용하는 것을 전제로 하는 규정으로서 「법인세법」 제59조의 별도규정이라고 보는 것이 타당하다고 판단됨(조심 2009중 2396, 2011. 5. 2. 같은 뜻임). 따라서 처분청이 '최저한세 대상 공제감면'인 임시투자세액공제를 '최저한세 배제 공제감면'인 외국인투자기업세액 감면보다도 우선 적용하여 과세한 처분은 달리 잘못이 없다고 판단됨(조심 2011전 3809, 2012. 6. 28.).

4. 세액감면의 종류

(1) 기간제한이 없는 감면

구 분	감면대상	감면율
중소기업특별세액 감면 **(조특법 §7)**	중소기업 중 감면업종을 경영하는 기업에 대해서는 2025. 12. 31. 이전에 끝나는 과세연도까지 해당 사업장에서 발생한 소득에 대한 소득세 또는 법인세 〈감면율〉 * 통관대리 및 관련 서비스업은 위의 감면율의 50%로 함. ※ 감면한도 ① 해당 과세연도의 상시근로자수가 직전 과세연도의 상시근로자 수보다 감소한 경우 : 1억원 − (감소한 상시근로자수 × 5백만원) ☞ (음수인 경우 0으로 함) ② 그 밖의 경우 : 1억원	좌측 표 참조
기술이전에 대한 감면 **(조특법 §12)**	중소기업 및 중견기업이 자체 연구·개발한 특허권, 실용신안권, 기술비법 또는 기술을 2026. 12. 31.까지 내국인에게 이전(특수관계인에게 이전한 경우 제외)함으로써 발생하는 소득에 대한 소득세 또는 는 법인세 `24 개정`	50%
	중소기업 및 중견기업이 자체 연구·개발한 특허권 등을 2026. 12. 31.까지 대여(특수관계인에게 대여한 경우 제외)함으로써 발생하는 소득에 대한 소득세 또는 법인세 `24 개정`	25%
공공차관도입에 따른 과세특례 **(조특법 §20)**	공공차관의 도입과 직접 관련하여 대주가 부담하여야 할 조세와 공공차관의 도입과 관련하여 외국인에게 지급되는 기술 또는 용역의 대가에 대한 법인세 또는 소득세	공공차관 협약에 따라 감면
국제금융거래에 따른 이자소득 등에 대한 법인세 면제 **(조특법 §21)**	다음 소득을 지급받는 자(거주자, 내국법인 및 외국법인의 국내사업장 제외)에 대한 법인세 또는 소득세 ① 국가·지방자치단체 또는 내국법인이 국외에서 발행하는 외화표시채권의 이자와 수수료 ② 외국환취급기관이 외국환업무를 하기 위하여 외국금융기관으로부터 차입하여 외화로 상환하여야 할 외화채무에 대하여 지급하는 이자와 수수료 ③ 금융회사 등이 국외에서 발행하거나 매각하는 외화표시어음과 외화예금증서의 이자 및 수수료	100%

〈감면율〉

소재지	업 종	중기업	소기업
수 도 권	• 도매 및 소매업, 의료업	−	10%
	• 제조업 등 기타 감면업종*	−	20%
지 방	• 도매 및 소매업, 의료업	5%	10%
	• 제조업 등 기타 감면업종*	15%	30%

구 분	감면대상	감면율
영농조합법인에 대한 면제 (조특법 §66①)	영농조합법인의 2026. 12. 31. 이전에 종료하는 과세연도까지 다음의 소득에 대한 법인세 24 개정 ① 곡물 및 식량작물재배업의 소득 : 전액 ② 기타 작물재배업의 소득 : 식량작물재배업 외의 작물재배업에서 발생하는 소득금액 × {6억원 × 조합원 수 × (사업연도 월수 ÷ 12) ÷ 식량작물재배업 외의 작물재배업에서 발생하는 수입금액} ③ 작물재배업 외의 소득 : {1천 200만원 × 조합원 수 × (사업연도 월수 ÷ 12)}	100%
영어조합법인에 대한 면제 (조특법 §67①)	영어조합법인의 2026. 12. 31. 이전에 종료하는 과세연도까지 각 사업연도 소득 중 다음 계산식에 따른 금액에 대한 법인세 24 개정 ① 어로어업소득(연근해어업, 내수면어업 또는 양식어업에서 발생하는 소득금액) : {3,00만원 × 조합원 수 × (사업연도 월수 ÷ 12)} 24 개정 (양식어업 추가) ② 어로어업소득을 제외한 소득금액 : {1천 200만원 × 조합원 수 × (사업연도 월수 ÷ 12)}	100%
소형주택임대 사업자에 대한 세액감면 (조특법 §96)	내국인이 일정한 임대주택을 1호 이상 임대하는 경우 2025. 12. 31. 이전에 끝나는 과세연도까지 임대사업에서 발생한 소득에 대한 법인세 또는 소득세 〈감면율〉	좌측 표 참조

〈감면율〉

구 분	임대주택을 1호 임대하는 경우	임대주택을 2호 이상 임대하는 경우
공공지원민간임대주택 또는 장기일반민간임대주택의 경우	75%	50%
위 외의 경우	30%	20%

(2) 기간제한이 있는 감면

구 분	감면대상	감면기간	감면율
창업중소기업 등에 대한 세액감면 (조특법 §6)	2024. 12. 31. 이전에 창업한 창업중소기업과 창업보육센터사업자로 지정받은 내국인의 해당 사업에서 발생한 소득에 대한 법인세 또는 소득세 ① 창업중소기업 　㉮ 수도권과밀억제권역 외의 지역에서 창업한 청년창업중소기업	최초로 소득이 발생한 과세연도와 그 다음 과세연도의 개시일부터 4년간	100%
	㉯ 수도권과밀억제권역에서 창업한 청년창업중소기업 및 수도권과밀억제권역 외의 지역에서 창업한 창업중소기업		50%
	② 창업보육센터사업자		50%
	창업 후 3년 이내에 2024. 12. 31.까지 벤처기업으로 확인받은 창업벤처중소기업의 해당 사업에서 발생한 소득에 대한 법인세 또는 소득세	확인받은 날 이후 최초로 소득이 발생한 과세연도와 그 다음 과세연도의 개시일부터 4년간	50%
	창업일이 속하는 과세연도와 그 다음 3개 과세연도가 지나지 아니한 중소기업으로서 2024. 12. 31.까지 에너지신기술중소기업에 해당하는 경우 해당 사업에서 발생한 소득에 대한 소득세 또는 법인세	에너지신기술중소기업에 해당하는 날 이후 최초로 해당 사업에서 소득이 발생한 과세연도와 그 다음 과세연도의 개시일부터 4년간	50%
	2024. 12. 31. 이전에 수도권과밀억제권역 외의 지역에서 창업한 창업중소기업(청년창업중소기업은 제외), 2024. 12. 31.까지 벤처기업으로 확인받은 창업벤처중소기업 및 2024. 12. 31.까지 에너지신기술중소기업에 해당하는 경우로서 신성장 서비스업을 영위하는 기업의 소득세 또는 법인세	최초로 세액을 감면받는 과세연도와 그 다음 과세연도의 개시일부터 2년간	75%
		그 다음 2년간	50%
	2024. 12. 31. 이전에 창업한 창업중소기업(청년창업중소기업 제외)에 대해서는 감면기간에 속하는 과세연도의 수입금액(과세기간이 1년 미만인 경우 1년으로 환산한 금액)이 8,000만원 이하인 경우 그 과세연도에 대한 소득세 또는 법인세 ① 수도권과밀억제권역 외의 지역에서 창업한 창업중소기업	최초로 소득이 발생한 과세연도와 그 다음 과세연도의 개시일부터 4년 이내에 끝나는 과세연도까지의 기간	100%

구 분	감면대상	감면기간	감면율
	② 수도권과밀억제권역에서 창업한 창업중소기업의 경우		50%

	<고용창출시 추가감면>
	업종별 최소고용인원(광업·제조업·건설업 및 물류산업은 10명, 그 밖의 업종은 5명) 이상을 고용하는 수도권과밀억제권역 외에서 창업한 창업중소기업(청년창업중소기업은 제외), 창업보육센터사업자, 창업벤처중소기업 및 에너지신기술중소기업의 감면기간 중 해당 과세연도의 상시근로자 수가 직전 과세연도의 상시근로자 수보다 큰 경우에는 다음의 금액을 위의 감면세액에 더하여 감면함. 다만, 100%의 감면을 받는 과세연도는 추가감면규정을 적용하지 아니함.
	• 추가감면액 = ⓐ × ⓑ
	  ⓐ 해당 사업에서 발생한 소득에 대한 소득세 또는 법인세
	  ⓑ $\dfrac{\text{당기 상시근로자 수} - \text{전기 상시근로자 수}}{\text{전기 상시근로자 수}}$
	다만, ⓑ는 50%(위에서 75%에 상당하는 세액을 감면받는 과세연도의 경우에는 25%)를 한도로 하고, 1% 미만인 부분은 없는 것으로 봄		

연구개발특구에 입주하는 첨단기술기업 등에 대한 감면
(조특법 §12의2)
	연구개발특구에 입주한 기업으로서 2025. 12. 31.까지 지정받은 첨단기술기업과 2025. 12. 31.까지 등록한 연구소기업이 해당 구역의 사업장에서 감면대상 사업을 하는 경우에 발생한 소득에 대한 법인세 또는 소득세 [24 개정]
	※ 감면기간 동안 감면받는 세액 합계액의 한도 = ① + ②
	  ① 투자누계액 × 50%
	  ② 감면대상 사업장의 상시근로자 수 × 1,500만원(청년상시근로자와 서비스업의 상시근로자는 2,000만원)
		최초로 소득이 발생한 과세연도의 개시일부터 3년간	100%

		그 다음 2년간	50%
공공기관이 혁신도시로 이전하는 경우의 법인세 등 감면 (조특법 §62)	성장관리권역에 본사가 소재하는 이전공공기관이 2018. 12. 31.까지 혁신도시로 본사를 이전하는 경우 이전일 이후 발생한 소득에 대한 법인세 ※ 이전일 이후 5년이 되는 날이 속하는 과세연도까지 소득이 발생하지 않으면 이전일부터 5년이 되는 날이 속하는 과세연도부터 감면기간을 기산	이전일 이후 최초로 소득이 발생한 과세연도와 그 후 2년간	100%
		그 다음 2년간	50%
수도권 밖으로 공장을 이전하는 기업에 대한 세액감면 (조특법 §63)	공장이전기업이 공장을 이전하여 2025. 12. 31.(공장을 신축하는 경우로서 공장의 부지를 2025. 12. 31.까지 보유하고 2025. 12. 31.이 속하는 과세연도의 과세표준 신고를 할 때 이전계획서를 제출하는 경우에는 2028. 12. 31.)까지 사업을 개시하는 경우에는 이전 후의 공장에서 발생하는 소득(공장이전기업이 이전 후	이전일 이후 해당 공장에서 최초로 소득이 발생한 과세연도의 개시일부터 일정한 기간* * 일정한 기간 ① 수도권 등으로 이전하는 경우 : 5년	100%

구 분	감면대상	감면기간	감면율
	합병·분할·현물출자 또는 사업의 양수를 통하여 사업을 승계하는 경우 승계한 사업장에서 발생한 소득은 제외함)에 대한 소득세와 법인세(단, 법 소정의 부동산업, 건설업, 소비성서비스업, 무점포판매업 및 해운중개업을 경영하는 내국인인 경우에는 그렇지 않음) ※ 이전일 이후 5년이 되는 날이 속하는 과세연도까지 소득이 발생하지 않으면 이전일부터 5년이 되는 날이 속하는 과세연도부터 감면기간을 기산	② 수도권 밖에 소재하는 광역시 등으로 이전하는 경우 ⓐ 성장촉진지역 등으로 이전하는 경우 : 7년 ⓑ ⓐ 외의 지역으로 이전하는 경우 : 5년 ③ ① 또는 ② 외의 지역으로 이전하는 경우 ⓐ 성장촉진지역 등으로 이전하는 경우 : 10년 ⓑ ⓐ 외의 지역으로 이전하는 경우 : 7년	
		그 다음 2년간(또는 3년간*) * 위 ②.ⓐ 또는 ③.ⓑ에 해당하는 경우	50%
수도권 밖으로 본사를 이전하는 법인에 대한 세액감면 (조특법 §63의2)	법 소정의 요건을 모두 갖추어 본사를 이전하여 2025. 12. 31.(본사를 신축하는 경우로서 본사의 부지를 2025. 12. 31.까지 보유하고 2025. 12. 31.이 속하는 과세연도의 과세표준신고를 할 때 이전계획서를 제출하는 경우에는 2028. 12. 31.)까지 사업을 개시하는 법인(이하 '본사이전법인'이라 함)의 감면대상소득(이전 후 합병·분할·현물출자 또는 사업의 양수를 통하여 사업을 승계하는 경우 승계한 사업장에서 발생한 소득은 제외함)에 대한 법인세(단, 법 소정의 부동산업, 건설업, 소비성서비스업, 무점포판매업 및 해운중개업을 경영하는 법인인 경우에는 그렇지 않음) ※ 이전일 이후 5년이 되는 날이 속하는 과세연도까지 소득이 발생하지 않으면 이전일부터 5년이 되는 날이 속하는 과세연도부터 감면기간을 기산	이전일 이후 본사이전법인에서 최초로 소득이 발생한 과세연도의 개시일부터 일정한 기간* * 일정한 기간 ① 수도권 등으로 이전하는 경우 : 5년 ② 수도권 밖에 소재하는 광역시 등으로 이전하는 경우 ⓐ 성장촉진지역 등으로 이전하는 경우 : 7년 ⓑ ⓐ 외의 지역으로 이전하는 경우 : 5년 ③ ① 또는 ② 외의 지역으로 이전하는 경우 ⓐ 성장촉진지역 등으로 이전하는 경우 : 10년 ⓑ ⓐ 외의 지역으로 이전하는 경우 : 7년	100%
		그 다음 2년간(또는 3년간*) * 위 ②.ⓐ 또는 ③.ⓑ에 해당하는 경우	50%

구 분	감면대상	감면기간	감면율
농공단지입주 기업감면 (조특법 §64)	2025. 12. 31.까지 농공단지에 입주하여 농어촌 소득원개발사업을 영위하는 내국인과 2025. 12. 31.까지 중소기업특별지원지역에 입주하여 사업을 영위하는 중소기업의 해당 사업에서 발생한 법인세 또는 소득세 [24 개정] ※ 감면기간 동안 감면받는 세액 합계액의 　한도 = ① + ② 　① 투자누계액 × 50% 　② 감면적용대상 사업장의 상시근로자 수 　　× 1,500만원(청년상시근로자와 서비스업의 　　상시근로자는 2,000만원) ※ 적용순서 및 사후관리 : ①, ②의 순서로 적용함. ②를 적용받은 경우에는 감면받은 과세연도의 종료일부터 2년이 되는 과세연도 종료일까지 상시근로자수가 감소한 경우 감면세액 추가납부	최초로 소득이 발생한 과세연도의 개시일부터 5년 이내에 끝나는 과세연도까지	50%
농업회사법인에 대한 면제 (조특법 §68①)	농업회사법인의 2026. 12. 31. 이전에 종료하는 과세연도까지 다음의 소득에 대한 법인세 [24 개정] ① 곡물 및 기타식량작물재배업의 소득 : 전액 ② 기타 작물재배업의 소득 : 식량작물재배업 외의 작물재배업에서 발생하는 소득금액 × {50억원 × (사업연도 월수 ÷ 12) ÷ 식량작물재배업 외의 작물재배업에서 발생하는 수입금액}	기간 제한 없음	100%
	작물재배업 외의 소득 중 대통령령으로 정하는 소득	최초로 소득이 발생한 과세연도와 그 다음 과세연도 개시일부터 4년간	50%
행정중심복합도시 · 혁신도시개발예정 지구 내 공장의 지방 이전에 대한 감면 (조특법 §85의2)	행정중심복합도시 · 혁신도시개발예정지구 내에서 공장시설을 갖추고 사업을 영위하던 내국인이 지방으로 이전하여 사업을 개시하는 경우 이전사업에서 발생하는 소득 ※ 이 규정은 2020. 1. 1.부터 삭제되었으나, 종전의 규정에 따라 행정중심복합도시 등에서 지방으로 이전하여 사업을 개시한 경우에는 개정규정에도 불구하고 종전의 규정에 따른다.	이전일 이후 최초로 소득이 발생한 과세연도와 그 다음 3년간	50%
사회적기업 및 장애인 표준사업장에 대한 법인세 등의 감면 (조특법 §85의6)	2025. 12. 31.까지 사회적기업으로 인증을 받거나 장애인 표준사업장으로 인증받은 내국인의 해당 사업에서 발생한 소득에 대한 법인세 또는 소득세	최초로 소득이 발생한 과세연도와 그 다음 2년간	100%
		그 다음 2년간	50%

구 분	감면대상	감면기간	감면율
위기지역 창업기업에 대한 법인세 등의 감면 (조특법 §99의9)	위기지역에 <u>2025. 12. 31.까지</u> 창업중소기업 감면대상 사업으로 창업하거나 사업장을 신설(기존 사업장을 이전하는 경우는 제외하며, 위기지역으로 지정 또는 선포된 기간에 창업하거나 사업장을 신설하는 경우로 한정함)하는 기업에 대해서는 법인세 또는 소득세를 감면함 `24 개정`	최초로 소득이 발생한 과세연도의 개시일부터 5년 이내에 끝나는 과세연도까지	100%
		그 다음 2년간	50%
	※ 중소기업 외의 기업의 감면한도 = ① + ② ① 투자누계액 × 50% ② 감면적용대상 사업장의 상시근로자 수 × 1,500만원(청년상시근로자와 서비스업의 상시근로자는 2,000만원) ※ 적용순서 및 사후관리 : ①, ②의 순서로 적용함. ②를 적용받은 경우에는 감면받은 과세연도의 종료일부터 2년이 되는 과세연도 종료일까지 상시근로자수가 감소한 경우 감면세액 추가납부		
해외진출기업의 국내복귀에 대한 세액감면 (조특법 §104의24)	대한민국 국민 등 일정한 자가 국외에서 2년 이상 계속하여 경영하던 사업장을 국내로 이전하는 경우로서 2024. 12. 31.까지 국내(수도권과밀억제권역은 제외)에서 창업하거나 사업장을 신설 또는 증설(증설한 부분에서 발생하는 소득을 구분경리하는 경우로 한정함)하는 경우 이전 후의 사업장에서 발생하는 소득(기존 사업장을 증설하는 경우에는 증설한 부분에서 발생하는 소득)에 대한 소득세 또는 법인세 ※ 이전일 이후 5년이 되는 날이 속하는 과세연도까지 소득이 발생하지 않으면 이전일부터 5년이 되는 날이 속하는 과세연도부터 감면기간을 기산	이전일 이후 해당 사업(기존 사업장을 증설하는 경우에는 증설한 부분)에서 최초로 소득이 발생한 과세연도와 그 후 <u>6년간</u> `24 개정`	100%
		그 다음 <u>3년간</u> `24 개정`	50%
	대한민국 국민 등 일정한 자가 국외에서 2년 이상 계속하여 경영하던 사업장을 부분 축소 또는 유지하면서 국내로 복귀하는 경우로서 2024. 12. 31.까지 국내(수도권과밀억제권역은 제외)에서 창업하거나 사업장을 신설 또는 증설(증설한 부분에서 발생하는 소득을 구분경리하는 경우로 한정함)하는 경우 복귀 후의 사업장에서 발생하는 소득(기존 사업장을 증설하는 경우에는 증설한 부분에서 발생하는 소득)에 대한 소득세 또는 법인세	복귀일 이후 해당 사업장(기존 사업장을 증설하는 경우에는 증설한 부분)에서 최초로 소득이 발생한 과세연도와 그 후 <u>6년</u>(수도권 내의 지역에서 창업하거나 사업장을 신설 또는 증설하는 경우 2년)간 `24 개정`	100%
		그 다음 <u>3년</u>(수도권 내의	50%

구 분	감면대상	감면기간	감면율
	※ 복귀일 이후 5년이 되는 날이 속하는 과세연도까지 소득이 발생하지 않으면 이전일부터 5년이 되는 날이 속하는 과세연도부터 감면기간을 기산	지역에서 창업하거나 사업장을 신설 또는 증설하는 경우 2년)간 `24 개정`	
외국인투자에 대한 법인세 등의 감면 (조특법 §121의2)	2018. 12. 31.까지 조세감면신청을 한 외국인투자기업이 신성장동력산업기술을 수반하는 사업 등 감면대상이 되는 사업을 함으로써 발생한 소득에 대한 법인세 또는 소득세 상당금액에 외국인투자비율을 곱하여 산출한 감면대상 세액	최초로 소득이 발생한 과세연도의 개시일부터 5년간	100%
		그 다음 2년간	50%
	2018. 12. 31.까지 조세감면신청을 한 외국인투자기업이 경제자유구역 등에 입주하여 경영하는 사업 등 감면대상이 되는 사업을 함으로써 발생한 소득에 대한 법인세 또는 소득세 상당액에 외국인투자비율을 곱하여 산출한 감면대상 세액	최초로 소득이 발생한 과세연도의 개시일부터 3년간	100%
		그 다음 2년간	50%
	2018. 12. 31.까지 조세감면신청을 한 외국인투자기업이 사업양수도방식에 의한 외국인투자기업의 감면대상 사업에서 발생한 소득에 대한 법인세 또는 소득세 상당액에 외국인투자비율을 곱하여 산출한 감면대상 세액	최초로 소득이 발생한 과세연도의 개시일부터 3년간	50%
		그 다음 2년간	30%
제주첨단과학기술단지 입주기업에 대한 법인세 등의 감면 (조특법 §121의8)	제주첨단과학기술단지·제주투자진흥지구·제주자유무역지역에 2025. 12. 31.까지 입주한 기업의 감면대상 사업에서 발생한 소득에 대한 법인세 또는 소득세 `24 개정` ※ 감면기간 동안 감면받는 세액 합계액의 한도 = ① + ② ① 투자누계액 × 50% ② 감면대상 사업장의 상시근로자 수 × 1,500만원(청년상시근로자와 서비스업의 상시근로자는 2,000만원)	최초로 소득이 발생한 과세연도의 개시일부터 3년간	100%
		그 다음 2년간	50%
제주투자진흥지구·제주자유무역지역 입주기업에 대한 법인세 등의 감면 (조특법 §121의9)	제주투자진흥지구 또는 제주자유무역지역에 2025. 12. 31.까지 입주한 기업이 영위하는 감면대상 사업에서 발생한 소득에 대한 법인세 또는 소득세 `24 개정` ※ 감면기간 동안 감면받는 세액 합계액의 한도 = ① + ② ① 투자누계액 × 50% ② 감면대상 사업장의 상시근로자 수 × 1,500만원(정년상시근로자와 서비스업의 상시근로자는 2,000만원)	최초로 소득이 발생한 과세연도의 개시일부터 3년간	100% (개발 사업 시행자 50%)
		그 다음 2년간	50% (개발 사업 시행자 25%)

구 분	감면대상	감면기간	감면율
기업도시개발구역 등의 창업기업에 대한 법인세 등의 감면 (조특법 §121의17)	다음의 감면대상 사업에서 발생한 소득에 대한 법인세와 소득세	최초로 소득이 발생한 과세연도의 개시일부터 3년간	100%
	① 기업도시개발구역에 2025. 12. 31.까지 창업하거나 사업장을 신설(기존 사업장 이전 제외)하는 기업이 그 구역의 사업장에서 하는 사업	그 다음 2년간	50%
	② 낙후지역 중 지역개발사업구역의 지역개발사업 또는 지역활성화지역에 2025. 12. 31.까지 창업하거나 사업장을 신설(기존사업장을 이전하는 경우 제외)하는 기업(폐광지역진흥지구에 개발사업 시행자로 선정되어 입주하는 경우에는 관광숙박업 및 종합휴양업과 축산업을 경영하는 내국인 포함)이 그 구역 또는 지역 안의 사업장에서 하는 사업과 낙후지역 중 「주한미군 공여구역주변지역 등 지원 특별법」에 따른 사업계획에 따른 대통령령으로 정하는 구역 안에서 2025. 12. 31.까지 창업하거나 사업장을 신설(기존 사업장을 이전하는 경우 제외)하는 기업이 그 구역 안의 사업장에서 하는 사업		
	③ 해양박람회특구에 2025. 12. 31.까지 창업하거나 사업장을 신설(기존 사업장 이전 제외)하는 기업이 그 구역 안의 사업장에서 하는 사업		
	④ 새만금투자진흥지구에 2025. 12. 31.까지 창업하거나 사업장을 신설하는 기업이 해당 구역 안의 사업장에서 하는 사업		
	⑤ 평화경제특구에 2025. 12. 31.까지 창업하거나 사업장을 신설(기존 사업장을 이전하는 경우 제외)하는 기업이 해당 구역 안의 사업장에서 하는 사업 `24 신설`		
	⑥ 기업도시개발사업 시행자가 하는 기업도시개발사업	최초로 소득이 발생한 과세연도의 개시일부터 3년간	50%
	⑦ 지역개발사업구역과 지역활성화지역에서 지정된 사업시행자가 하는 지역개발사업과 낙후지역 내에서 「주한미군 공여구역 주변지역 등 지원 특별법」에 따른 사업시행자가 하는 같은 법 제10조 제2항에 따	그 다음 2년간	25%

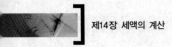

구 분	감면대상	감면기간	감면율
	른 사업 ⑧ 「여수세계박람회 지원 및 사후활용에 관한 특별법」에 따른 사업시행자가 박람회 사후활용에 관하여 시행하는 사업 ⑨ 「새만금사업 추진 및 지원에 관한 특별법」에 따라 지정된 사업시행자가 하는 새만금사업 ⑩ 「평화경제특별구역의 지정 및 운영에 관한 법률」에 따라 지정되는 개발사업시행자가 시행하는 평화경제특구개발사업 24 신설 ※ 감면기간 동안 감면받는 세액 합계액의 한도 = ① + ② ① 투자누계액 × 50% ② 감면대상 사업장의 상시근로자 수 × 1,500만원(청년상시근로자와 서비스업의 상시근로자는 2,000만원)		
아시아문화중심도시 투자진흥지구 입주 기업 등에 대한 감면 (조특법 §121의20)	「아시아문화중심도시 조성에 관한 특별법」에 따른 투자진흥지구에 2025. 12. 31.까지 입주하는 기업의 감면대상 사업에서 발생한 소득에 대해서는 사업개시일 이후 해당 감면대상 사업에서 발생하는 소득에 대한 법인세 또는 소득세 24 개정 ※ 감면기간 동안 감면받는 세액 합계액의 한도 = ① + ② ① 투자누계액 × 50% ② 감면대상 사업장의 상시근로자 수 × 1,500만원(청년상시근로자와 서비스업의 상시근로자는 2,000만원)	최초로 소득이 발생한 과세연도와 그 다음 과세연도의 개시일부터 3년간 그 다음 2년간	100% 50%
금융중심지 창업기업 등에 대한 감면 (조특법 §121의21)	금융중심지(수도권과밀억제권역 안의 금융중심지 제외)에 2025. 12. 31.까지 창업하거나 사업장을 신설(기존 사업장 이전 제외)하여 해당 구역 안의 사업장에서 일정한 기준을 충족하는 금융 및 보험업을 영위하는 경우에 발생하는 소득에 대한 법인세 또는 소득세 24 개정 ※ 감면기간 동안 감면받는 세액 합계액의 한도 = ① + ② ① 투자누계액 × 50% ② 감면대상 사업장의 상시근로자 수 × 1,500만원(청년상시근로자와 서비스업의 상시근로자는 2,000만원)	최초로 소득이 발생한 과세연도의 개시일부터 3년간 그 다음 2년간	100% 50%
첨단의료복합단지 및 국가식품클러스터	다음 중 어느 하나에 해당하는 사업을 하는 경우에 발생하는 소득에 대한 법인세 또는 소	최초로 소득이 발생한 과세연도의 개시일부터 3년간	100%

구 분	감면대상	감면기간	감면율
입주기업에 대한 법인세 등의 감면 (조특법 §121의22)	득세 24 개정 ① 첨단의료복합단지에 2025. 12. 31.까지 입주한 기업이 첨단의료복합단지에 위치한 사업장에서 보건의료기술과 관련된 사업 ② 국가식품클러스터에 2025. 12. 31.까지 입주한 기업이 국가식품클러스터에 위치한 사업장에서 하는 식품산업과 그에 관련된 사업 ※ 감면기간 동안 감면받는 세액 합계액의 한도 = ① + ② ① 투자누계액 × 50% ② 감면대상 사업장의 상시근로자 수 × 1,500만원(청년상시근로자와 서비스업의 상시근로자는 2,000만원)	그 다음 2년간	50%
기회발전특구의 창업기업 등에 대한 법인세 등의 감면 (조특법 §121의33) 24 신설	기회발전특구에 2026. 12. 31.까지 제조업 등 대통령령으로 정하는 업종으로 창업하거나 사업장을 신설(기존 사업장을 이전하는 경우 제외, 기회발전특구로 지정된 기간에 창업하거나 사업장을 신설하는 경우로 한정)하는 기업 ※ 감면기간 동안 감면받는 세액 합계액의 한도 = ① + ② ① 투자누계액 × 50% ② 감면대상 사업장의 상시근로자 수 × 1,500만원(청년상시근로자와 서비스업의 상시근로자는 2,000만원)	최초로 소득이 발생한 과세 연도의 개시일부터 5년간 그 다음 2년간	100% 50%

세부내용 **조세감면의 중복지원 배제**

내국인의 동일한 사업장에 대하여 동일한 과세연도에 기간제한이 있는 감면과 중소기업특별세액감면 규정이 중복되는 경우에는 그중 하나만을 선택하여 이를 적용받을 수 있다(조특법 §127⑤).

4. 법인세법상 세액공제

구 분	공제 대상	세액공제액
1. 외국납부세액 공제 (법법 §57)	내국법인의 과세표준에 국외원천소득이 포함되어 있는 경우로서 그 국외원천소득에 대한 외국납부세액이 있는 경우(외국자회사 수입배당금액의 익금불산입의 적용대상이 되는 수입배당금액에 대해서는 외국납부세액공제를 적용하지 아니함)	Min[①, ②] ① 외국납부세액 : 직접외국납부세액+간주외국납부세액+간접외국납부세액 ② 한도액=산출세액×$\dfrac{국외원천소득}{과세표준}$ ※ 한도초과액은 그 후 10년간 이월하여 이월된 사업연도의 한도액 이내에서 공제하고, 미공제분은 이월공제기간의 종료일의 다음 날이 속하는 사업연도에 손금산입함
2. 간접투자회사 등의 외국납부 세액공제 및 환급특례 (법법 §57의2)	투자회사, 투자목적회사, 투자유한회사, 투자합자회사(경영참여형 사모집합투자기구 제외), 투자유한책임회사 및 기업구조조정 부동산투자회사, 위탁관리 부동산투자회사 및 내국법인("간접투자회사 등"이라 함)으로 보는 신탁재산이 국외의 자산에 투자하여 얻은 소득에 대하여 납부한 직접외국법인세액이 있는 경우 외국납부세액을 세액공제하고 미공제분은 환급	Min[직접외국납부세액, 국외자산에 투자하여 얻은 소득 × 14%] × 환급비* * 환급비 = $\dfrac{과세대상 소득금액}{국외원천 과세대상 소득금액}$ (환급비가 0보다 작으면 0으로 하고 1보다 크면 1로 함)
3. 재해손실세액 공제 (법법 §58)	각 사업연도 중 천재지변이나 그 밖의 재해로 인하여 자산총액의 20% 이상을 상실하여 납세가 곤란하다고 인정되는 경우	다음 금액을 상실된 자산의 가액을 한도로 세액공제함 ① 재해발생일 현재 부과되지 아니한 법인세와 부과된 법인세로서 미납된 법인세 : 미납부된 법인세(신고·납부·기장 관련 가산세 포함) × 재해상실비율 ② 재해발생일이 속하는 사업연도의 법인세 : (산출세액 - 다른 법률에 따른 세액감면·공제+신고·납부·기장 관련 가산세)×재해상실비율
4. 사실과 다른 회계처리로 인 한 경정에 따 른 세액공제 (법법 §58의3)	내국법인이 사업보고서 및 감사보고서를 제출할 때 사실과 다르게 이익을 과대계상하여 내국법인, 감사인 또는 그에 소속된 공인회계사가 경고·주의 등의 조치를 받은 경우로서 국세기본법에 따라 경정을 청구하여 경정을 받은 경우 ※ 분식회계로 과다 납부한 세액은 환급하지 않고 세액공제함	경정일이 속하는 사업연도부터 각 사업연도의 법인세액에서 과다 납부한 세액의 20% 한도로 세액공제(공제기한의 제한은 없음)

1. 외국납부세액공제

1-1. 개 요

내국법인이 국외에서 얻은 소득에 대해서는 원천지국인 외국과 거주지국인 우리나라에서 법인세를 각각 과세하므로 국외원천소득에 대한 이중과세문제가 발생한다. 이러한 이중과세문제를 해소하기 위하여 「법인세법」은 "외국납부세액공제제도"를 두고 있다. 내국법인이 외국납부세액공제를 적용하지 않는 경우 직접외국납부세액은 손금에 산입할 수 있다(법법 §21⑴). 다만, 법인세법 제18조의4【외국자회사 수입배당금액의 익금불산입】에 따른 익금불산입의 적용대상이 되는 수입배당금액에 대해서는 외국납부세액공제규정을 적용하지 아니한다(법법 §57⑦). 23신설

1-2. 세액공제대상 외국납부세액

외국납부세액은 직접외국납부세액, 간주외국납부세액 및 간접외국납부세액을 말한다.

외국납부세액 = 직접외국납부세액 + 간주외국납부세액 + 간접외국납부세액

(1) 직접외국납부세액

1) 직접외국납부세액의 범위

직접외국납부세액이란 내국법인의 과세표준에 포함된 국외원천소득에 대하여 외국정부(지방자치단체 포함)에 납부하였거나 납부할 다음의 세액(가산세 제외)을 말한다(법령 §94①).
① 초과이윤세 및 기타 법인의 소득 등을 과세표준으로 하여 과세된 세액
② 법인의 소득 등을 과세표준으로 하여 과세된 세의 부가세액
③ 법인의 소득 등을 과세표준으로 하여 과세된 세와 동일한 세목에 해당하는 것으로서 소득 외의 수익금액 기타 이에 준하는 것을 과세표준으로 하여 과세된 세액

직접외국납부세액은 내국법인이 직접 납부한 법인세이므로 조세조약에 관계없이 공제한다. 외국납부세액은 내국법인의 각 사업연도의 과세표준금액에 포함된 국외원천소득에 대하여 납부하였거나 납부할 것으로 확정된 금액을 말한다(법기통 57-94…2). 따라서 납부한 외국 납부세액뿐만 아니라 납부할 외국납부세액도 외국납부세액공제 대상이 된다.

2) 직접외국납부세액이 아닌 것

다음의 경우에는 직접외국납부세액으로 보지 않으므로 외국납부세액공제를 받을 수 없다

(법령 §94①).

① 국조법 제12조 제1항에 따라 내국법인의 소득이 감액조정된 금액 중 국외특수관계인에게 반환되지 않고 내국법인에게 유보되는 금액에 대하여 외국정부가 과세한 금액 : 예를 들어, 국내모회사가 외국자회사에 정상가격을 초과하여 판매한 것에 대하여 외국자회사 소재지국에서 정상가격 초과분을 손금불산입하여 과세소득이 증가한 경우 그에 대한 대응조정으로 국내모회사의 소득을 감액조정한다. 그 감액조정된 금액을 외국자회사에 돌려주지 않은 경우 국조법 제13조는 그 금액을 익금에 산입하지 아니한다고 규정하고 있다. 이 경우 외국자회사 소재지국에서 돌려받지 못한 금액을 국내모회사의 배당으로 과세하는 경우에 국내모회사가 외국에서 납부한 외국납부세액은 외국납부세액공제를 받을 수 없다. 왜냐하면 국내에서는 감액조정된 소득 중 반환하지 않은 금액을 익금으로 보지 않으므로 국내에서는 과세된 것이 없어 국제적인 이중과세의 문제가 발생하지 않기 때문이다.

② 해당 세액이 조세조약에 따른 비과세·면제·제한세율에 관한 규정에 따라 계산한 세액을 초과하는 경우에는 그 초과하는 세액은 제외하되, <u>러시아연방 정부가 비우호국과의 조세조약 이행중단을 내용으로 하는 자국 법령에 근거하여 조세조약에 따른 비과세·면제·제한세율에 관한 규정에 따라 계산한 세액을 초과하여 과세한 세액은 포함한다</u>(법령 §94①). 24 개정

> **입법취지** 해당 세액이 조세조약에 따른 비과세 등에 관한 규정에 따라 계산한 세액을 초과하는 경우에는 그 초과하는 세액에 대한 공제배제

> 어떤 내국법인이 중국자회사에 지급보증을 하고 지급보증료를 수취하였는데, 중국자회사는 중국 세무당국의 답변에 따라 지급보증료를 이자소득으로 보아 제한세율을 적용하여 원천징수하였다. 그 내국법인은 원천징수된 세액을 법인세 신고시 외국납부세액에 포함하지 않았다가 그 후에 외국납부세액공제를 해달라는 취지의 경정청구를 하였다. 관할 세무서는 지급보증료는 한중조세조약의 기타소득으로서 한국에 과세권이 있으므로 중국에서 원천징수한 것은 적법하게 납부한 것이 아니라는 이유로 경정을 거부하였다. 이에 그 내국법인은 심판청구를 제기하였다.
> 조세심판원은 쟁점수수료는 기타소득이므로 중국에서 보증수수료를 이자소득으로 보아 원천징수되었다면 이는 중국 과세당국이 조세조약에 위배되게 징수한 것이므로 적법하게 납부한 세액으로 보기 어려우므로 외국법인세액에 해당된다고 보기 어렵다고 보아 기각결정을 하였다(조심 2016서 1525, 2018. 6. 20.). 이 사건으로 정부는 "조세조약에 따른 비과세·면제·제한세율에 관한 규정에 따라 계산한 세액을 초과하는 경우에는 그 초과하는 세액은 외국납부세액에서 제외한다"는 규정을 신설하였다.

세부내용 **외국법인이 원천징수세액을 대신 부담하는 조건인 경우**

외국법률에 의하여 원천징수 납부하는 세액을 외국법인이 부담하는 조건으로 계약을 체결하고 자금을 대여하는 경우, 동 대여금에 대한 이자를 영수함에 있어 외국법인이 납부한 외국납부세액이 법인세법 시행령 제94조 제1항에 해당하는 조세인 경우에는 법인세법 제57조의 규정에 의하여 외국납부세액으로 공제할 수 있다. 이 경우 동 외국법인이 부담한 외국납부세액은 이자수입으로 익금에 산입하여야 한다(법기통 57 – 94…3).

■ 사례 ≫　외국법인이 대신 부담한 외국납부세액

㈜한공은 외국법인 A에 자금을 대여하였으며, 대여시 이자소득에 대해 외국에서 납부할 세액을 외국법인 A가 부담하기로 약정하였다. ㈜한공이 제24기 사업연도(2024. 1. 1.~2024. 12. 31.)에 외국에서 받은 이자는 2억원이며, 외국법인은 이에 대한 법인세 40,000,000원을 부담하였다. ㈜한공의 산출세액은 다음과 같다.

구 분	금 액
국내원천소득	260,000,000
국외원천소득(외국이자와 법인세대납액)	200,000,000+40,000,000 = 240,000,000
각 사업연도 소득금액	500,000,000
이월결손금 등	–
과세표준	500,000,000
산출세액	75,000,000

이 자료로 ㈜한공의 외국이자에 대한 회계처리를 하고, 외국납부세액을 구하시오.

■ 해답 ■

(1) 외국이자에 대한 회계처리

(차) 현　　　　　금　200,000,000　(대) 이 자 수 익　240,000,000
　　법 인 세 비 용　　40,000,000

* 법인세비용을 손금불산입하고 외국납부세액공제를 적용한다.

(2) 외국납부세액 : 40,000,000

(2) 간주외국납부세액

1) 개　요

국외원천소득이 있는 내국법인이 우리나라와 조세조약을 체결한 상대국에서 당해 국외원천소득에 대해서 법인세를 감면받은 국외원천소득이 각 사업연도 소득에 대한 과세표준에 포함되어 있는 경우, 감면받은 세액상당액을 해당 조세조약이 정하는 범위 내에서 외국납부세액으로 간주하는 바, 이 간주외국납부세액은 외국납부세액공제의 대상이 되는 외국납부세액으로 본다(법법 §57③). 외국납부세액을 손금산입하는 방법을 선택한 경우, 간주외국납부세액은 손금산입되지 아니한다.

간주외국납부세액공제제도는 일반적으로 개발도상국이 자국의 경제발전을 위하여 외국인투자자에 대하여 조세감면을 하는 경우, 감면세액을 원천지국에서 납부한 것으로 간주하여 외국납부세액에 포함시킴으로써 개발도상국의 조세감면효과가 국내에서 유지되도록 하는 제도이다.

2) 적용요건

가. 일반적인 경우

간주외국납부세액공제는 소득에 대하여 감면 등을 허용하는 국가와 조세조약이 체결되어 있고 조세조약상에 간주외국납부세액공제규정이 있는 경우에만 적용한다. 또한 국외원천소득에 대한 면세가 상대국가의 특별 법률에 의하여 감면되는 경우에만 간주외국납부세액공제 대상이 된다.

예컨대 내국법인이 조세조약이 체결·발효되어 있는 상대국가의 원천으로부터 취득하는 소득에 대하여 상대국가에 의하여 면세(비과세, 감면을 포함한다)받는 경우 당해 면세받은 금액에 대한 간주외국납부세액공제는 국외원천소득에 대한 면세가 상대국가의 특별 법률에 의한 감면이어야 하고, 상대국가와의 조세조약에 간주외국납부세액공제가 규정되어 있는 경우에 한하여 적용한다(법인 46012-1806, 1997. 7. 3.).

종전에 어떤 법인이 「대한민국 정부와 중화인민공화국 정부 간의 소득에 대한 조세의 이중과세회피와 탈세방지를 위한 협정의 제2의정서」에 따라 중국에서 납부한 것으로 간주하는 배당소득의 10%와 실제 납부인 배당소득의 5%의 차액에 대하여 외국납부세액공제를 해 달라고 경정청구하였으나 국세청은 중국의 세법상 감면규정이 따로 존재하지 않는다는 이유로 경정을 거부하였는데, 대법원은 한·중 조세조약 체약국의 의사에 따라 그 적용대상과 시한이 명확히 한정되어 있는 만큼, 상대국의 특별 세법에 따른 감면이 아니라도 간주외국납부세액을 적용하는 것이 타당하다고 판결(대법원 2017두 61393, 2018. 3. 13.)한 바 있다. 따라서 당사국이 조세조약이나 협정으로 간주외국납부세액으로 보기로 하였다면 원천지국의 세법상 감면규정이 존재하지 않는 경우에도 간주외국납부세액공제가 적용될 수 있다고 보아야 한다.

나. 당초부터 외국과세당국으로부터 과세되지 않는 배당금의 경우

내국법인이 외국자회사로부터 수취하는 배당금 등을 내국법인의 각 사업연도 소득금액 계산상 익금에 산입함에 있어 당해 익금에 산입되는 배당금이 당초부터 외국과세당국으로부터 법인세가 과세되지 않는 경우에는 조세협약상의 간주외국납부세액공제의 규정은 적용하지 아니한다(법기통 57-0…3).

(3) 간접외국납부세액

1) 개 요

법인이 해외에 진출하는 방법에는 지점방식과 자회사방식이 있다. 지점은 내국법인의 한 부서이므로 외국지점에서 얻은 소득은 본점의 소득에 합산하고 외국지점이 납부한 세액은 본점에서 외국납부세액공제를 받을 수 있다.

반면에, 외국자회사는 별도 법인이므로 외국자회사의 소득은 모회사의 소득에 합산하지 않고 배당금을 받는 경우에 수입배당금액을 모회사의 소득에 포함하므로 외국자회사가 납부한 법인세는 모회사가 직접외국납부세액으로 공제받을 수 없다.

이에 따라 지점방식의 진출보다 자회사방식의 지출이 조세부담면에서 불리한 문제가 있어서 1995년 말에 간접외국납부세액공제규정을 신설하여 1996. 1. 1.부터 적용하고 있다. 간접외국납부세액은 조세조약에 관계없이 적용한다. 2023. 1. 1.부터 시행되는 외국자회사 수입배당금액의 익금불산입규정이 적용되는 수입배당금액에 대해서는 외국납부세액공제규정이 적용되지 않으므로 간접외국납부세액공제도 적용받을 수 없다(**법법** §57⑦).

2) 간접외국납부세액의 계산

가. 간접외국납부세액의 계산방법

내국법인의 각 사업연도 소득금액에 외국자회사로부터 받은 이익의 배당이나 잉여금의 분배액이 포함되어 있는 경우 그 외국자회사의 소득에 대하여 부과된 외국법인세액 중 그 수입배당금액에 대응하는 것으로서, 다음과 같이 계산한 금액을 외국납부세액공제되는 외국법인세액으로 본다(**법법** §57④).

$$\text{외국납부}\atop\text{세액공제액} = {\text{외국자회사의 해당}\atop\text{사업연도 법인세}} \times \frac{\text{수입배당금액}}{{\text{외국자회사의 해당}\atop\text{사업연도 소득금액*}} - {\text{외국자회사의 해당}\atop\text{사업연도 법인세}}}$$

* 간접외국납부세액공제 계산시 '외국자회사의 해당 사업연도 소득금액'은 이월결손금을 차감한 법인세 과세표준을 의미한다(세원-456, 2010. 10. 19.).

내국법인이 간접외국납부세액을 계산함에 있어 각각의 계산 항목(외국자회사의 해당 사업연도 법인세, 수입배당금액, 외국자회사의 해당 사업연도 소득금액)은 수입배당금의 재원이 된 해당 잉여금 등이 발생하는 각 사업연도별로 모두 외화로 계산하며, 세액공제대상인 외국법인세액으로 보는 금액은 잉여금이 발생한 각 사업연도별 외국자회사의 법인세액을 자회사가 납부한 때를 기준으로 「법인세법 시행규칙」제48조에 따라 원화로 환산한다. 간접외국납부세액 공제대상인 외국자회사란 내국법인이 직접 외국자회사의 의결권 있는 발행주식총수 또는 출자총액의 10%(「조세특례제한법」제22조에 따른 해외자원개발사업을 하는 외국법인의 경우에는 5%를 말한다) 이상을 해당 외국자회사의 배당기준일 현재 6개월 이상 계속하여 보유(내국법인이 적격합병, 적격분할, 적격물적분할, 적격현물출자에 따라 다른 내국법인이 보유하고 있던 외국자회사의 주식등을 승계받은 때에는 그 승계 전 다른 내국법인이 외국자회사의 주식등을 취득한 때부터 해당 주식등을 보유한 것으로 본다) 하고 있는 법인을 말한다(법령 §94⑨). `2 3 개정`

사례) 간접외국납부세액

㈜한공은 지분율 100%인 외국자회사에서 배당금 400을 받았다. 해당 배당금은 외국자회사 수입배당금 익금불산입대상은 아니나 간접외국납부세액공제대상이다. 외국자회사의 소득금액은 1,000이고 법인세는 200인 경우 외국납부세액공제를 하는 경우 간접외국납부세액은?

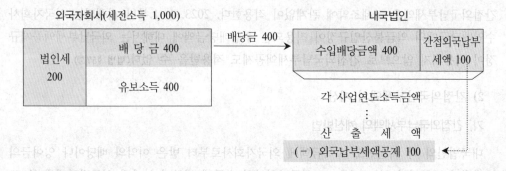

나. 외국자회사가 제3국에서 납부한 세액 법인세액

다음의 세액으로서 외국자회사가 외국납부세액으로 공제받았거나 공제받을 금액 또는 해당 수입배당금액이나 제3국(본점이나 주사무소 또는 사업의 실질적 관리장소 등을 둔 국가 외의 국가를 말한다) 지점 등 귀속소득에 대하여 외국자회사의 소재지국에서 국외소득 비과세·면제를 적용받았거나 적용받을 경우 해당 세액 중 50%에 상당하는 금액을 "외국자회사의 해당 사업연도 법인세액"에 포함하여 계산한다(법령 §94⑧).

① 외국자회사가 외국손회사*로부터 지급받는 수입배당금액에 대하여 외국손회사의 소재지국 법률에 따라 외국손회사의 소재지국에 납부한 세액

② 외국자회사가 제3국의 지점 등에 귀속되는 소득에 대하여 그 제3국에 납부한 세액

* 외국손회사란, 다음의 요건을 모두 갖춘 법인을 말한다(법령 §94⑩).
  ① 해당 외국자회사가 직접 외국손회사의 의결권 있는 발행주식총수 또는 출자총액의 10%(「조세특례제한법」제22조에 따른 해외자원개발사업을 경영하는 외국법인의 경우에는 5%를 말한다) 이상을 해당 외국손회사의 배당기준일 현재 6개월 이상 계속하여 보유하고 있을 것.
  ② 내국법인이 외국손회사의 의결권 있는 발행주식총수 또는 출자총액의 10%(「조세특례제한법」제22조에 따른 해외자원개발사업을 경영하는 외국법인의 경우에는 5%를 말함) 이상을 「법인세법」제57조 제5항에 따른 외국자회사를 통하여 간접 소유할 것. 이 경우 주식의 간접소유비율은 내국법인의 외국자회사에 대한 주식소유비율에 그 외국자회사의 외국손회사에 대한 주식소유비율을 곱하여 계산한다. `2 3 개정`

다. 잉여금이 누적되어 있는 경우 배당에 사용된 잉여금의 구분

외국자회사가 이익을 전부 배당하지 않고 유보한 후에 배당을 하는 경우 어떤 잉여금에서 배당이 되었는지를 구분해야 한다. 법인세법은 수입배당금액(외국자회사가 외국손회사로부터 지급받는 수입배당금액을 포함한다)은 이익이나 잉여금의 발생순서에 따라 먼저 발생된 금액부터 배당되거나 분배된 것으로 본다고 규정하고 있다(**법령 §94⑧**).

3) 간접외국납부세액의 처리

외국납부세액공제를 받는 경우에는 간접외국납부세액을 외국자회사의 배당확정일이 속하는 사업연도에 익금에 산입한 후에 외국납부세액공제를 하여야 한다(**법법 §15②(2)**). 그러나 외국납부세액을 손금산입하는 경우에는 간접외국납부세액은 손금에 산입할 수 없다.

4) 공제시기

간접외국납부세액의 공제시기는 외국자회사로부터 배당이 확정된 날이 속하는 사업연도의 법인세 납부시 공제한다.

사례 》 간접외국납부세액

㈜한공은 외국자회사(지분율 50%)로부터 현금배당 100,000원에서 원천징수세액 10,000원을 차감하고 90,000원을 받았다. 외국자회사 소득금액은 200,000원, 법인세는 40,000원이다. 동 외국자회사에서 받은 배당금은 "외국자회사 수입배당금의 익금불산입" 적용대상이 아니다.

```
                   현금배당 100,000
  외국자회사  ─────────────────────────▶  국내모회사
                (원천세 10,000 공제)
 소득금액 200,000(법인세 40,000)
```

모회사가 외국자회사로부터의 배당금을 다음과 같이 회계처리하고 외국납부세액공제의 적용을 선택한 경우 세무조정을 하고, 세액공제대상인 외국납부세액을 구하시오.

(차) 현 금	90,000	(대) 배당금수익	100,000
법인세비용	10,000		

▌해답 ▌

(1) 세무조정
 ① 직접외국납부세액
  <손금불산입> 외국납부세액 10,000 (기타사외유출)
 ② 간접외국납부세액
  <익금산입> 간접외국납부세액 25,000*(기타)

  * $40,000 \times \dfrac{100,000}{160,000} = 25,000$

(2) 세액공제대상 외국납부세액 : 35,000원

 **외국 Hybrid 사업체를 통해 국외투자시 직접외국납부세액**

내국법인의 각 사업연도의 소득금액에 외국법인으로부터 받는 수입배당금액이 포함되어 있는 경우로서 그 외국법인의 소득에 대하여 해당 외국법인이 아닌 출자자인 내국법인이 직접 납세의무를 부담하는 등 다음의 어느 하나의 요건을 갖춘 경우에는 그 외국법인의 소득에 대하여 출자자인 내국법인에게 부과된 외국법인세액 중 해당 수입배당금액에 대응하는 것으로서 외국납부세액을 세액공제대상인 외국법인세액으로 본다(**법법 §57⑥, 법령 §94⑬**).

① 외국법인의 소득이 그 본점 또는 주사무소가 있는 국가(이하 "거주지국"이라 한다)에서 발생한 경우로서 거주지국의 세법에 따라 그 외국법인의 소득에 대하여 해당 외국법인이 아닌 그 주주 또는 출자자인 내국법인이 직접 납세의무를 부담하는 경우

② 외국법인의 소득이 거주지국 이외의 국가(이하 "원천지국"이라 한다)에서 발생한 경우로서 다음의 요건을 모두 갖춘 경우

  ㉮ 거주지국의 세법에 따라 그 외국법인의 소득에 대하여 해당 외국법인이 아닌 그 주주 또는 출자자인 내국법인이 직접 납세의무를 부담할 것

  ㉯ 원천지국의 세법에 따라 그 외국법인의 소득에 대하여 해당 외국법인이 아닌 그 주주 또는 출자자인 내국법인이 직접 납세의무를 부담할 것

내국법인의 각 사업연도의 소득금액에 위의 요건을 갖춘 외국법인의 수입배당금액이 포함되어 있는 경우 그 외국법인의 소득에 대하여 출자자인 내국법인에게 부과된 외국법인세액 중 다음의 계산식에 따라 해당 수입배당금액에 대응하는 금액을 공제대상 외국납부세액으로 한다(**법령 §94⑭**).

$$\text{외국납부세액공제} = \begin{array}{c}\text{내국법인이 부담한}\\\text{외국법인의 해당}\\\text{사업연도 소득에 대한}\\\text{법인세액}\end{array} \times \frac{\text{수입배당금액}}{\left(\begin{array}{c}\text{외국법인의 해당 사업연도}\\\text{소득금액} \times \text{내국법인의 해당}\\\text{사업연도 손익배분비율}\end{array}\right) - \begin{array}{c}\text{내국법인이 부담한}\\\text{외국법인의 해당 사업연도}\\\text{소득에 대한 법인세액}\end{array}}$$

1-3. 외국납부세액공제방법

(1) 외국납부세액공제액의 계산

외국납부세액공제액은 다음과 같이 계산한다. 여러 국가에서 외국납부세액을 납부한 경우에는 국가별 구분하여 외국납부세액공제액을 각각 계산(국별한도방식)하여야 한다(**법령 §94⑦**).

□ 외국납부세액공제액 = Min[①, ②]

① 외국납부세액 : 직접외국납부세액 + 간주외국납부세액 + 간접외국납부세액

② 한도액 : 법인세 산출세액* × $\dfrac{\text{국외원천소득}}{\text{과세표준}}$

* 법인세 산출세액은 해당 사업연도의 산출세액을 말하나 토지 등 양도소득에 대한 법인세액 및 미환류소득에 대한 법인세액은 제외한다(법법 §57①).

(2) 국외원천소득

국외원천소득은 국외에서 발생한 소득으로서 내국법인의 각 사업연도 소득의 과세표준 계산에 관한 규정을 준용해 산출한 금액으로 한다. 이 경우 외국납부세액의 세액공제방법이 적용되는 경우의 국외원천소득은 해당 사업연도의 과세표준을 계산할 때 손금에 산입된 금액(국외원천소득이 발생한 국가에서 과세할 때 손금에 산입된 금액은 제외한다)으로서 국외원천소득에 대응하는 다음의 비용(이하 "국외원천소득 대응 비용"이라 한다)을 뺀 금액으로 한다. 연구개발 관련 비용 등 기획재정부령으로 정하는 비용에 대하여 기획재정부령으로 정하는 계산방법을 선택하여 계산하는 경우에는 그에 따라 계산한 금액을 국외원천소득 대응 비용으로 한다(법령 §94②).

① 직접비용 : 해당 국외원천소득에 직접적으로 관련되어 대응되는 비용. 이 경우 해당 국외원천소득과 그밖의 소득에 공통적으로 관련된 비용은 제외한다.

② 배분비용 : 해당 국외원천소득과 그밖의 소득에 공통적으로 관련된 비용 중 다음의 배분방법에 따라 계산한 국외원천소득 관련 비용(법칙 §47③)

㉮ 국외원천소득과 그 밖의 소득의 업종이 동일한 경우의 공통손금 : 국외원천소득과 그 밖의 소득별로 수입금액 또는 매출액에 비례하여 안분계산

㉯ 국외원천소득과 그 밖의 소득의 업종이 다른 경우의 공통손금 : 국외원천소득과 그 밖의 소득별로 개별 손금액에 비례하여 안분계산

이월결손금·비과세소득·소득공제는 다음과 같이 차감하여 국외원천소득금액을 계산한다(법령 §94⑥).

- 이월결손금 등 ⎡ 발생된 국가가 분명한 경우 : 해당 국가의 소득금액에서 차감
  ⎣ 발생된 국가가 불분명한 경우 : 소득금액비율로 안분하여 차감

어느 국가의 소득금액이 결손인 경우의 기준 국외원천소득금액 계산은 각국별 소득금액에서 그 결손금액을 총소득금액에 대한 국가별 소득금액 비율로 안분계산하여 차감한 금액으로 한다(법집 57-94-4 ③).

외국자회사 수입배당금액의 익금불산입 대상인 수입배당금액에 대하여 수입배당금액의 95%를 익금불산입한 경우 수입배당금액의 5%가 과세표준에 포함된다. 그러나 수입배당금액 전액이 외국납부세액공제대상이 아니므로 과세표준에 포함된 5%는 국외원천소득으로 보지 아니한다.

(3) 연구개발비에 대한 기획재정부령이 정하는 배분방법

내국법인이 조특법 제2조 제1항 제11호의 연구개발 활동에 따라 발생한 비용(연구개발 업무를 위탁하거나 공동연구개발을 수행함에 따른 비용을 포함하며, 이하 "연구개발비"라

한다)에 대하여 기획재정부령으로 정하는 계산방법을 선택하여 계산하는 경우에는 그에 따라 계산한 금액을 국외원천소득 대응 비용으로 하고, 기획재정부령으로 정하는 계산방법을 선택한 경우에는 그 선택한 계산방법을 적용받으려는 사업연도부터 5개 사업연도 동안 연속하여 적용해야 한다(법령 §94②, 법칙 §47).

─〈기획재정부령이 정하는 방법〉─

"기획재정부령으로 정하는 계산방법"이란 다음의 방법을 말한다. 다만, ②에 따라 계산한 금액이 ①에 따라 계산한 금액의 50% 미만인 경우에는 ①에 따라 계산한 금액의 50%를 국외원천소득 대응 비용으로 한다(법칙 §47②).

① 매출액 방법 : 해당 사업연도에 내국법인의 전체 연구개발비 중 국내에서 수행되는 연구활동에 소요되는 비용이 차지하는 비율(이하 "연구개발비용비율"이라 한다)의 구분에 따른 다음의 계산식에 따라 국외원천소득 대응 비용을 계산하는 방법

구 분	계산식
가. 연구개발비용비율이 50% 이상인 경우	$A \times \dfrac{50}{100} \times \dfrac{C}{B+C+D}$
나. 연구개발비용비율이 50% 미만인 경우	$(A \times \dfrac{50}{100} \times \dfrac{C}{C+D})$ $+(A \times \dfrac{50}{100} \times \dfrac{C}{B+C+D})$

비고 : 위의 계산식에서 기호의 의미는 다음과 같다.
    A : 연구개발비
    B : 기업회계기준에 따른 내국법인의 전체 매출액[내국법인의 법 제93조 제8호 가목 및 나목에 해당하는 권리·자산 또는 정보(이하 "권리등"이라 한다)를 사용하거나 양수하여 내국법인에게 그 권리등의 사용대가 또는 양수대가(이하 "사용료소득"이라 한다)를 지급하는 외국법인으로서 내국법인이 의결권이 있는 발행 주식총수 또는 출자총액의 50% 이상을 직접 또는 간접으로 보유하고 있는 외국법인(이하 "외국자회사"라 한다)의 해당 내국법인에 대한 매출액과 내국법인의 국외 소재 사업장(이하 "국외사업장"이라 한다)에서 발생한 매출액은 해당 내국법인의 전체 매출액에서 뺀다]
    C : 해당 국가에서 내국법인에게 사용료소득을 지급하는 모든 비거주자 또는 외국법인의 해당 사용료소득에 대응하는 매출액(내국법인이 해당 매출액을 확인하기 어려운 경우에는 사용료소득을 기준으로 내국법인이 합리적으로 계산한 금액으로 갈음할 수 있다)의 합계액(내국법인의 국외 사업장의 매출액을 포함한다). 다만, 외국자회사의 경우 그 소재지국에서 재무제표 작성 시에 일반적으로 인정되는 회계원칙에 따라 산출한 외국자회사의 전체 매출액(해당 외국자회사에 대한 내국법인의 매출액이 있는 경우 이를 외국자회사의 전체 매출액에서 뺀다)에 내국법인의 해당 사업연도 종료일 현재 외국자회사에 대한 지분비율을 곱한 금액으로 한다.
    D : 해당 국가 이외의 국가에서 C에 따라 산출한 금액을 모두 합한 금액

② 매출총이익 방법 : 해당 사업연도에 내국법인의 연구개발비용비율의 구분에 따른 다음의 계산식에 따라 국외원천소득 대응 비용을 계산하는 방법

구 분	계산식
가. 연구개발비용비율이 50% 이상인 경우	$A \times \dfrac{75}{100} \times \dfrac{F}{E+F+G}$
나. 연구개발비용비율이 50% 미만인 경우	$(A \times \dfrac{25}{100} \times \dfrac{F}{F+G})$ $+ (A \times \dfrac{75}{100} \times \dfrac{F}{E+F+G})$

비고 : 위의 계산식에서 기호의 의미는 다음과 같다.
 A : 연구개발비
 E : 기업회계기준에 따른 내국법인의 매출총이익(국외사업장의 매출총이익과 비거주자 또는 외국법인으로부터 지급받은 사용료소득은 제외한다)
 F : 해당 국가에 소재하는 비거주자 또는 외국법인으로부터 내국법인이 지급받은 사용료소득과 내국법인의 해당 국가에 소재하는 국외사업장의 매출총이익 합계액
 G : 해당 국가 이외의 국가에 소재하는 비거주자 또는 외국법인으로부터 내국법인이 지급받은 사용료소득과 내국법인의 해당 국가 이외의 국가에 소재하는 국외사업장의 매출총이익 합계액

■ 사례 » 여러 국가에서 외국납부세액을 납부한 경우 외국납부세액공제액 계산

㈜한공의 제24기 사업연도(2024. 1. 1.~2024. 12. 31.)의 소득금액 및 외국법인세의 명세는 다음과 같다. ㈜A가 외국납부세액공제의 적용을 선택한 경우 ㈜A의 외국납부세액공제액을 계산하시오.

구 분	국 내	외국			합 계
		A국지점	B국지점	C국지점	
소 득 금 액	200,000,000원	200,000,000원	△100,000,000원	100,000,000원	400,000,000원
외국납부세액	-	40,000,000원	-	10,000,000원	50,000,000원

외국납부세액은 소득금액 계산시 손금불산입하였다.

■ 해답 ■

구 분	국 내	외국			합 계
		A국지점	B국지점	C국지점	
소 득 금 액	200,000,000	200,000,000	△100,000,000	100,000,000	400,000,000
결 손 금 배 분	-40,000,000	-40,000,000[*1]	+100,000,000	-20,000,000	-
기준소득금액	160,000,000	160,000,000	-	80,000,000	400,000,000
산 출 세 액					56,000,000[*2]
외국납부세액		40,000,000		10,000,000	

구 분	국 내	외국			합 계
		A국지점	B국지점	C국지점	
외국납부세액 공제한도액		22,400,000*3		11,200,000	
외국납부세액 공 제 액		22,400,000		10,000,000	32,400,000

*1 $100,000,000 \times \dfrac{200,000,000}{500,000,000} = 40,000,000$

　　B국지점의 결손금을 소득금액에 비례하여 공제한다.

*2 $200,000,000 \times 9\% + 200,000,000 \times 19\% = 56,000,000$

*3 $56,000,000 \times \dfrac{160,000,000}{400,000,000} = 22,400,000$

┃해설┃

국외사업장이 2개 이상의 국가에 있는 경우에는 종전에는 일괄한도방식과 국가별한도방식 중 선택하여 외국납부세액공제 한도를 계산하였으나 2015년부터 국가별한도방식만 적용하도록 하였다(**법령 §94⑦**). 외국납부세액공제를 계산함에 있어 국외사업장이 2개 이상의 국가에 있는 경우에는 어느 국가의 소득금액이 결손인 경우의 기준국외원천소득금액 계산은 각국별 소득금액에서 그 결손금액을 총소득금액에 대한 국가별 소득금액 비율로 안분계산하여 차감한 금액으로 한다(**법기통 57 −94…1**).

세부내용 ┃「조세특례제한법」 등에 따라 세액감면 등을 적용받는 법인의 경우

국외원천소득에 대하여 「조세특례제한법」 기타 법률에 의한 면제 또는 세액감면을 받는 경우에는 다음과 같이 계산한 금액을 한도로 해당 사업연도의 법인세액에서 공제한다(**법법 §57①**).

$$\text{외국납부세액 공제한도액} = \text{산출세액} \times \frac{\text{국외원천소득} - \left(\begin{array}{l} \text{조세특례제한법 그 밖의 법률에 따라 면제} \\ \text{또는 세액감면의 대상이 되는 국외원천소득} \end{array} \times \begin{array}{l} \text{면제 또는} \\ \text{감면비율} \end{array} \right)}{\text{당해 사업연도의 법인세 과세표준}}$$

위 계산식에서 「조세특례제한법」 및 그 밖의 법률에 따라 면제되거나 세액감면(이하 "감면"이라 한다)의 대상이 되는 국외원천소득에 곱하는 감면비율은 당해 법인이 실제로 감면받은 세액을 기준으로 산정하는 것으로서 외국납부세액공제와 감면 중 납세자가 유리한 방법을 선택함에 따라 해당 감면을 적용받지 아니하거나, 최저한세의 적용으로 감면이 배제되는 금액은 동 면제 또는 감면비율을 산정할 때에는 제외된다(서이 46012−12332, 2002. 12. 27.).

(4) 외국납부세액공제액의 이월세액공제

외국정부에 납부하였거나 납부할 외국법인세액이 해당 사업연도의 공제한도금액을 초과

하는 경우 그 초과하는 금액은 해당 사업연도의 다음 사업연도 개시일부터 10년 이내에 끝나는 각 사업연도(이하 "이월공제기간"이라 한다)로 이월하여 그 이월된 사업연도의 공제한도금액 내에서 공제받을 수 있다. 다만, 외국정부에 납부하였거나 납부할 외국법인세액을 이월공제기간 내에 공제받지 못한 경우 그 공제받지 못한 외국법인세액은 이월공제기간의 종료일 다음 날이 속하는 사업연도의 소득금액을 계산할 때 손금에 산입할 수 있다(**법법 §57 ②**). 이 경우에는 이월된 외국법인세액에 직접외국납부세액은 물론 간주외국납부세액과 간접외국납부세액도 포함되어 있으므로 간주외국납부세액과 간접외국납부세액도 세액공제방식에서는 이월공제기간 내에 공제되지 않은 경우 그 다음 연도에 손금산입할 수 있다.

입법취지 **외국납부세액공제 이월공제기간 연장과 미공제액의 손금산입**

> 종전에는 외국납부세액공제액이 한도액을 초과하는 경우 미공제분은 5년간 이월하여 한도내에서 세액공제하고 5년간 공제하지 못한 세액공제액은 소멸시켰다. 그러나 외국법인세액이 공제한도를 초과하여 2021. 1. 1. 이후 개시하는 사업연도의 직전 사업연도까지 공제되지 아니하고 남아있는 금액(2015년도분~2020년도분)에 대해서는 이월공제기간을 5년에서 10년으로 연장하고, 이월공제액 중 미공제액은 이월공제기간의 종료일이 속하는 사업연도의 다음 사업연도에 손금산입하도록 하였다. 이 경우 이월액에는 직접외국납부세액 외에 간주외국납부세액과 간접외국납부세액이 포함되어 있으므로 그 금액도 이월공제기간이 끝나면 그 다음 사업연도에 손금산입된다.

(5) 외국납부세액의 이월공제 배제

외국납부세액공제 한도금액을 초과하는 외국법인세액 중 ①의 금액에서 ②의 금액을 뺀 금액에 대해서는 외국납부세액공제 한도초과액의 이월공제규정을 적용하지 아니한다. 이 경우 해당 외국법인세액은 세액공제를 적용받지 못한 사업연도의 다음 사업연도 소득금액을 계산할 때 손금에 산입할 수 있다(**법령 §94⑮**). **'23개정**

① 국외원천소득 대응 비용을 차감하지 않고 산출한 국외원천소득을 기준으로 계산한 공제한도금액

② 국외원천소득 대응 비용을 차감하고 산출한 외국납부세액공제 한도금액

┌ **사례 »** **외국납부세액의 이월공제** ─────────

㈜한공의 제24기 사업연도(2024. 1. 1.~2024. 12. 31.)의 과세표준은 400,000,000원이고 법인세 산출세액은 56,000,000원이다. 국외원천소득은 국내의 손금 중 외국원천소득에 대한 대응비용을 차감하기 전에는 150,000,000원이나 대응비용 50,000,000원을 차감하면 100,000,000원이다. 외국납부세액이 25,000,000원인 경우 외국납부세액공제 중 당해 사업연도에 공제되는 금액과 한도초과로 이월되는 금액을 구하시오.

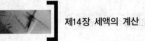

┃ 해답 ┃

(1) 외국납부세액공제액

① 외국납부세액 : 25,000,000

② 한도액 : $56,000,000 \times \dfrac{100,000,000}{400,000,000} = 14,000,000$

③ 외국납부세액공제액 : Min[①, ②] = 14,000,000

(2) 외국납부세액공제 한도초과액 중 이월공제액

1) 외국납부세액공제 한도초과액 : 11,000,000

2) 이월공제배제액

① 대응 비용을 차감하지 않고 산출한 국외원천소득을 기준으로 계산한 공제한도금액

$$56,000,000 \times \dfrac{150,000,000}{400,000,000} = 21,000,000$$

② 대응 비용을 차감하고 계산한 외국납부세액 공제 한도금액 : 14,000,000

③ 이월공제배제액 : ①-② = 7,000,000 ➡ 제25기 사업연도에 손금산입

3) 이월공제액 : 4,000,000

1-4. 외국법인세액의 원화환산

(1) 일반적인 경우

외국법인세액은 외국에서 외화로 납부하게 되기 때문에 법인세 산출세액에서 공제하려면 이를 원화로 환산하여야 한다. 외국납부세액을 외화로 환산할 때 적용할 환율은 외국법인세액을 납부한 때의 기준환율 또는 재정환율에 의하고(법칙 §48①), 당해 사업연도 종료일 이후 그 사업연도의 과세표준금액에 포함된 국외원천소득에 대한 외국정부의 법인세결정통지를 받은 때는 결정통지를 받은 날의 환율을 적용하여 외국납부세액공제세액계산서를 제출하여야 한다(법인 22601-2555, 1988. 9. 9.).

(2) 미납세액에 대한 원화환산

당해 사업연도 중에 확정된 외국법인세액이 분납 또는 납기미도래로 인하여 미납되었을 경우 그 미납세액에 대한 원화환산은 그 사업연도 종료일 현재 기준환율 또는 재정환율에 의하며, 사업연도 종료일 이후 확정된 외국법인세액을 납부하는 경우 미납된 분납세액에 대하여는 확정일 이후 최초로 납부하는 날의 기준환율 및 재정환율에 의하여 환산할 수 있다(법칙 §48②).

(3) 국내에서 공제받은 외국납부세액을 외국에서 환급받아 국내에서 추가로 세액을 납부하는 경우

국내에서 공제받은 외국납부세액을 외국에서 환급받아 국내에서 추가로 세액을 납부하는 경우의 원화환산은 외국세액을 납부한 때 또는 그 사업연도 종료일 현재나 확정일 이후 최초로 납부하는 날의 외국환거래법에 따른 기준환율 또는 재정환율에 따른다. 다만, 환급받은 세액의 납부일이 분명하지 아니한 경우에는 해당 사업연도 동안 해당 국가에 납부한 외국납부세액의 원화 환산액 합계액을 해당 과세기간 동안 해당 국가에 납부한 외국납부세액의 합계액으로 나누어 계산한 환율에 따른다(법칙 §48③).

1-5. 경정청구

(1) 부과제척기간 경과 후 외국납부세액에 변동이 생긴 경우

과세표준신고서를 법정신고기한까지 제출한 내국법인이 국외원천소득에 대하여 외국정부로부터 외국납부세액의 변동을 부과제척기간이 지난 이후에 결정통지를 받은 경우, 해당 내국법인은 외국정부로부터 국외원천소득에 대한 법인세 결정통지를 받은 날로부터 3개월 이내에 경정청구를 할 수 있다(법집 57-94-9).

(2) 외국정부의 국외원천소득에 대한 법인세 결정 지연 등의 경우

국외원천소득에 대한 외국납부세액이 과세표준 신고기한까지 확정된 경우에는 당해 세액을 해당 국외원천소득이 법인세 과세표준에 포함되어 있는 사업연도의 법인세액에 외국납부세액공제를 적용한다.

내국법인은 외국정부의 국외원천소득에 대한 법인세의 결정·통지의 지연, 과세기간의 상이 등의 사유로 법인세 과세표준신고와 함께 외국납부세액공제세액계산서를 제출할 수 없는 경우에는 외국정부의 국외원천소득에 대한 법인세결정통지서를 받은 날로부터 3개월 이내에 외국납부세액공제세액계산서에 증빙서류를 첨부하여 제출할 수 있다(법령 §94④).

이 경우 외국정부가 국외원천소득에 대하여 결정한 법인세액을 경정함으로써 외국납부세액에 변동이 생긴 경우에 관하여 이를 준용한다. 이 경우 환급세액이 발생하면 「국세기본법」 제51조에 따라 충당하거나 환급할 수 있다(법령 §94⑤).

(3) 위 "(2)"의 경우로서 결정통지를 받은 날로부터 3개월이 경과한 경우

법인이 외국정부로부터 국외원천소득에 대한 법인세 결정통지를 받은 날로부터 3개월이 경과한 경우에는 「국세기본법」 제45조의2에 따라 국외원천소득이 있는 사업연도의 법인세 신고기한 경과 후 5년(5년이 지나서 외국정부로부터 국외원천소득에 대한 법인세 결정통지

를 받은 경우에는 그 통지를 받은 날로부터 3개월) 이내에 경정청구를 할 수 있다(서이
46012-10914, 2003. 5. 7.).

사례 1 » 외국납부세액공제

㈜한공의 제24기 사업연도(2024. 1. 1.~2024. 12. 31.)의 법인세 과세표준 계산내용은 다음과 같
다. 이 자료에 의하여 산출세액에서 공제할 외국납부세액공제액과 한도초과로 차기로 이월되는 외
국납부세액을 구하시오. 다만, ㈜한공은 외국납부세액을 산출세액에서 공제하는 방법을 적용하고
있다.

① 산출세액 계산내역

구 분	국내원천소득	국외원천소득	합계
각 사업연도 소득금액	180,000,000	240,000,000*	420,000,000
비과세소득	20,000,000	–	20,000,000
과세표준	160,000,000	240,000,000	400,000,000
산출세액			56,000,000

* 외국납부세액을 손금불산입한 금액임.

② 외국납부세액 50,000,000원

해답

(1) 외국납부세액공제 : Min[①, ②] = 33,600,000
  ① 외국납부세액 : 50,000,000
  ② 외국납부세액공제 한도액

$$56,000,000원 \times \frac{240,000,000원}{400,000,000원} = 33,600,000원$$

(2) 외국납부세액 한도초과액 : 16,400,000
  외국납부세액 중 한도초과액은 그 다음 사업연도 개시일부터 10년 이내에 끝나는 각 사업연도
  로 이월하여 그 이월된 사업연도의 공제한도금액 내에서 공제받을 수 있다. 외국납부세액을 이
  월공제기간 내에 공제받지 못한 경우 그 공제받지 못한 외국법인세액은 이월공제기간의 종료
  일 다음 날이 속하는 사업연도의 소득금액을 계산할 때 손금에 산입할 수 있다.

사례 2 » 외국납부세액공제 한도초과 이월액의 공제

㈜한공의 제24기 사업연도(2024. 1. 1.~2024. 12. 31.)의 법인세 과세표준 및 해당 사업연도의 외
국납부세액공제액이 다음과 같은 경우, 당해 사업연도 법인세 산출세액에서 공제할 외국납부세액
공제액과 한도초과로 차기로 이월되는 외국납부세액을 구하시오.
① 산출세액 계산내역

구 분	국내원천소득	국외원천소득	합계
각 사업연도 소득금액	120,000,000	180,000,000*	300,000,000
비과세소득	–	–	
과세표준	120,000,000	180,000,000	300,000,000
산출세액			37,000,000

* 외국납부세액을 손금불산입한 금액임.

② 제24기의 외국납부세액 : 22,600,000원

③ 제23기에서 한도초과로 이월된 외국납부세액 : 50,000,000원 중 36,000,000원을 공제받고 14,000,000원은 제23기로 이월됨.

▌해답▌

(1) 외국납부세액공제 : Min[①, ②] = 22,200,000
    ① 외국납부세액 : 14,000,000+22,600,000 = 36,600,000
    ② 외국납부세액공제 한도액

$$37,000,000원 \times \frac{180,000,000원}{300,000,000원} = 22,200,000원$$

(2) 외국납부세액 한도초과액 : 14,400,000

사업 연도	당초 외국납부세액 발생액	전기 누적 공제액	당기 공제대상 세액	당기 실제 세액공제액	차기이월액
2023	50,000,000	36,000,000	14,000,000	14,000,000	–
2024	22,600,000		22,600,000	8,200,000	14,400,000
합계	72,600,000		36,600,000	22,200,000	14,400,000

이월공제가 인정되는 세액공제의 경우 해당 사업연도 중에 발생한 세액공제액과 이월된 미공제액이 함께 있을 때에는 이월된 미공제액을 먼저 공제한다(**법법** §59①(3)).

2. 간접투자회사 등의 외국납부세액공제 및 환급 특례

(1) 개 요

간접투자회사는 배당소득공제를 적용받아 국내에서 납부할 법인세가 거의 없으므로 외국납부세액공제제도에 의해서는 이중과세를 해소할 수 없다. 이에 따라 간접투자회사에 대해서는 미공제 외국납부세액을 환급하는 제도를 두고 있다.

그러나 2023. 1. 1. 이후 간접투자회사 등에서 지급받는 소득부터는 이 제도를 폐지하고 투자신탁 이익은 지급 시 외국납부세액을 차감 후 원천징수하고, 투자신탁 이익 외의 경우에는 투자자의 외국납부세액공제 대상에 간접투자회사 등의 외국납부세액을 포함하도록 하였다.

(2) 적용대상

간접투자회사 등의 외국납부세액공제 적용대상 법인은 다음과 같다(법법 §57의2①).

① 「자본시장과 금융투자업에 관한 법률」에 따른 투자회사, 투자목적회사, 투자유한회사, 투자합자회사[같은 법 제9조 제19항 제1호에 따른 기관전용 사모집합투자기구(법률 제18128호 자본시장과 금융투자업에 관한 법률 일부개정법률 부칙 제8조 제1항부터 제4항까지의 규정에 따라 기관전용 사모집합투자기구, 기업재무안정 사모집합투자기구 및 창업·벤처전문 사모집합투자기구로 보아 존속하는 종전의 경영참여형 사모집합투자기구를 포함한다)는 제외한다], 투자유한회사

② 「부동산 투자회사법」에 따른 기업구조조정부동산투자회사·위탁관리부동산투자회사

③ 「법인세법」 제5조 제2항에 따라 내국법인으로 보는 신탁재산

(3) 간접투자회사 등의 외국납부세액 공제액

1) 외국납부세액공제액 계산방법

외국납부세액을 공제받을 수 있는 간접투자회사 등이 국외의 자산에 투자하여 얻은 소득에 대하여 납부한 외국법인세액(직접외국납부세액과 외국 Hybrid 사업체를 통해 국외투자시 직접외국납부세액을 말함)이 있는 경우에는 외국법인세액공제규정에 불구하고 다음의 외국납부세액공제액을 법인세액에서 공제한다. 이 경우 공제할 외국납부세액이 그 사업연도의 법인세액을 초과하는 경우 초과액을 환급받을 수 있다(법법 §57의2①·②, 법칙 별지 제11호 서식).

> 외국납부세액공제액
> = Min[외국납부세액, 국외자산에 투자하여 얻은 소득 × 14%] × 환급비율*

* 환급비율 = $\dfrac{\text{해당 사업연도 과세대상 소득금액}}{\text{해당 사업연도 국외원천과세대상 소득금액}}$

환급비율이 0보다 작은 경우에는 0으로 하고, 1보다 큰 경우에는 1로 한다(법령 §94의2②). 국외원천과세대상 소득금액은 국외의 자산에 투자하여 얻은 소득(그 소득에 대하여 직접외국납부세액을 납부한 경우에 해당 소득의 세전금액)을 말한다. 국내에서는 결손금이, 국외에서는 소득이 발생한 경우에 결손금으로 인하여 배당재원이 감소한다. 이 경우 국외자산에 투자하여 얻은 소득에 14%를 곱하면 원천징수세액이 과다하게 계산되므로 환급비를 곱하도록 한 것이다.

2) 투자신탁 등에 대한 특례

「자본시장과 금융투자업에 관한 법률」에 따른 투자신탁, 투자합자조합 및 투자익명조합

(이하 "투자신탁등"이라 한다)의 경우에는 그 투자신탁등을 내국법인으로 본다. 이 경우 "사업연도"는 "투자신탁등의 회계기간"으로 보고, "과세표준 신고 시"는 "결산 시"로 본다 (**법법 §57의2③**). 그리고 투자신탁의 외국납부세액의 환급세액을 계산함에 있어 해당 사업연도의 법인세액은 없는 것으로 본다.

(4) 외국납부세액 확인서의 제출

다음의 어느 하나에 해당하는 법인은 해당 법인이 보관 및 관리하는「자본시장과 금융투자업에 관한 법률」에 따른 집합투자재산(이하 "집합투자재산"이라 한다)에 귀속되는 외국납부세액에 대하여 집합투자재산에 대한 외국납부세액 확인서(이하 "확인서"라 한다)를 작성하여 해당 법인이 보관 및 관리하는 집합투자재산이 귀속되는 간접투자회사 등의 사업연도 종료일부터 1개월 이내에 납세지 관할 세무서장에게 제출하여야 한다. 이 경우 아래 "②"의 법인은 동 확인서의 사본을 해당 집합투자재산을 운용하는 집합투자업자에게 교부하여야 한다(**법령 §94의2⑤**).

① 「자본시장과 금융투자업에 관한 법률」에 따른 신탁업을 겸업하는 금융회사 등
② 「자본시장과 금융투자업에 관한 법률」에 따라 집합투자재산을 보관·관리하는 신탁업자

(5) 환급신청

외국납부세액을 환급받으려는 간접투자회사 등은「법인세법」제60조에 따른 신고기한까지 간접투자회사 등의 외국납부세액계산서,「자본시장과 금융투자업에 관한 법률」제239조 제1항 제1호·제2호의 서류 및 부속명세서를 첨부하여 환급세액에 대하여 납세지 관할 세무서장에게 환급신청할 수 있다(**법령 §94의2⑦**).

이 경우 납세지 관할 세무서장은 환급신청을 받은 때에는 지체없이 환급세액을 결정하여 환급하여야 한다(**법령 §94의2⑨**).

세부내용 간접투자회사 등이 납부한 외국법인세액의 공제특례에 관한 경과조치

「자본시장과 금융투자업에 관한 법률」제9조 제18항 제7호의 사모투자전문회사가 법률 제9267호 「법인세법」일부개정법률 부칙 제20조 제1항에 따라「조세특례제한법」제100조의17에 따른 동업기업과세특례의 적용을 신청하지 아니한 경우에는 제57조의2 제1항의 개정규정에도 불구하고 해당 법인의 해산등기일이 속하는 사업연도까지 종전의 규정을 적용한다(**법법 부칙 §17, 법률 제12166호 2014. 1. 1. 공포**).

3. 재해손실세액공제

(1) 공제요건

각종 재난으로 피해를 입은 경우 재해복구를 지원하기 위하여 재해손실세액공제 제도를 두고 있다. 법인은 각 사업연도 중 천재지변이나 그 밖의 재해(이하 "재해"라 한다)로 인하여 사업용 총자산가액(토지가액 제외)의 20% 이상이 상실되어서 납세가 곤란하다고 인정되는 경우에는 재해손실세액공제를 받을 수 있다(법법 §58①). 재해상실비율이 20% 이상이어야 하므로, 재해상실비율이 20% 미만인 경우에는 재해손실세액공제를 적용받을 수 없다.

(2) 재해상실비율

1) 재해상실비율의 계산

재해상실비율은 재해 전의 사업용 총자산가액에 대한 상실된 사업용자산가액의 비율을 말한다(법법 §58①).

$$재해상실비율 = \frac{재해상실자산가액}{상실\ 전의\ 사업용\ 자산(토지\ 제외)의\ 합계액}$$

2) 재해상실자산의 계산

재해손실자산의 비율을 계산하는 경우에 그 기초가 될 자산의 가액은 재해발생일 현재 그 법인의 장부가액에 의하여 계산한다. 이 경우에 상실한 타인소유의 자산으로서 그 상실로 인한 변상책임이 당해 법인에게 있는 것이 있을 때에는 이를 포함한다. 따라서 재해로 인하여 수탁받은 자산을 상실하고, 그 자산가액의 상당액을 보상하여 주는 경우에는 이를 재해자산가액 및 상실 전의 사업용 총자산가액에 포함한다(법령 §95①). 다만, 예금·받을어음·외상매출금 등의 경우에는 당해 채권추심에 관한 증서가 소실된 경우에도 이를 재해상실가액에 포함하지 아니한다(법칙 §49②). 또한 재해자산이 보험에 가입되어 있음으로써 보험금을 수령할 때에도 재해자산가액은 그 보험금을 차감하여 계산하지 아니한다(법칙 §49②).

그리고 법인의 사업용자산이 수해로 상실되어 수해책임자로부터 손해배상금을 수령한 경우에도 요건을 충족하면 재해손실세액공제가 적용가능하며 재해로 인하여 상실된 자산가액 계산시 손해배상금을 차감하지 아니한다(법인-1284, 2009. 11. 17.).

3) 동일한 사업연도 중 2회 이상의 재해가 발생한 경우의 재해상실비율계산

납세의무 있는 법인이 동일 사업연도 중에 2회 이상의 재해를 입은 경우, 재해상실비율의 계산은 다음과 같이 계산한다(법칙 §49③).

$$재해손실비율 = \frac{재해로\ 인하여\ 상실된\ 자산가액의\ 합계액}{최초\ 재해발생\ 전\ 자산가액\ +\ 최종\ 재해발생\ 전까지의\ 증가된\ 자산가액}$$

(3) 재해손실세액공제액의 계산

재해손실세액공제는 다음과 같이 계산하되, 재해상실자산의 가액을 한도로 한다(법법 §58①).

구 분	재해손실세액공제액
재해발생일 현재 부과되지 아니한 법인세와 부과된 법인세로서 미납된 법인세	미납부된 법인세(가산세[*1] 포함) × 재해상실비율
재해발생일이 속하는 사업연도의 법인세	$\left(산출세액 - \frac{다른\ 법률에\ 따른}{세액감면^{*2} \cdot 공제} + 가산세^{*1}\right) × 재해상실비율$

[*1] 가산세는 "장부의 기록·보관 불성실 가산세"(법법 §75의3), 무신고가산세(국기법 §47의2), 과소신고·초과환급신고가산세(국기법 §47의3), 납부지연가산세(국기법 §47의4), 원천징수납부 등 납부지연가산세(국기법 §47의5)를 말한다(법령 §95③).

[*2] 다른 법률이란 「법인세법 이외의 법률」을 말한다. 따라서 「법인세법」상 세액공제인 외국납부세액공제는 차감하지 않는다(법칙 §49①).

(4) 재해손실세액공제신청서의 제출

재해손실세액공제를 받으려는 내국법인은 다음 구분에 따른 기한까지 재해손실세액공제신청서를 납세지 관할세무서장에게 제출해야 한다(법령 §95⑤).

① 재해발생일 현재 과세표준신고기한이 지나지 않은 법인세의 경우에는 그 신고기한. 다만, 재해발생일부터 신고기한까지의 기간이 3개월 미만인 경우에는 재해발생일부터 3개월로 한다.

② 재해발생일 현재 미납된 법인세와 납부해야 할 법인세의 경우에는 재해발생일부터 3개월

그러나 재해손실세액공제를 그 신고기한이 지난 후에 신청한 경우라 하더라도 재해로 인해 자산총액의 20% 이상을 상실해 납세가 곤란한 것으로 인정되는 경우에는 세액공제를 적용받을 수 있다(법인 46012-2794, 1999. 7. 15.).

(5) 지정납부기한 등의 연장

납세지 관할세무서장은 법인이 재해손실세액공제 규정에 따라 공제받을 법인세에 대하여 해당 세액공제가 확인될 때까지 「국세징수법」에 따라 그 법인세의 지정납부기한·독촉장에서 정하는 기한을 연장하거나 납부고지를 유예할 수 있다(법령 §95⑤).

▌사례 》 재해손실세액공제

㈜한공이 제21기 사업연도에 재해손실을 입은 경우 다음 자료로 재해손실세액공제액을 계산하시오.
① 재해 전 사업용 자산가액은 5억원(토지 1억원 포함, 수탁자산 1억원 불포함)인데, 재해로 인하여 자산 3억원과 수탁자산 1억원이 소실되었으며 수탁자산에 대한 변상책임이 있다.
② 재해와 관련하여 보험금 5억원을 수령하였다.
③ 재해발생일 현재 법인세미납액은 400,000,000원이다.
④ 해당 사업연도의 법인세 산출세액은 170,000,000원이며, 공제 가능한 외국납부세액공제 20,000,000원과 투자세액공제 5,000,000원 및 지급명세서제출불성실가산세 1,000,000원이 있다.

▌해답 ▌

1. 재해상실비율 : $\dfrac{3억원 + 1억원}{5억원 - 1억원 + 1억원} = 80\%$

수탁자산도 재해로 상실되어 변상책임이 있는 것은 재해상실비율 계산에 포함하며, 보험금은 재해상실비율 계산시 고려하지 않는다.

2. 재해손실세액공제액
   (1) 미납부 법인세 : Min[①, ②] = 320,000,000
      ① 세액공제액 : 400,000,000 × 80% = 320,000,000
      ② 한 도 액 : 400,000,000
   (2) 해당 연도의 법인세 : Min[①, ②] = 80,000,000
      ① 세액공제액 : (170,000,000 − 20,000,000) × 80% = 120,000,000
      ② 한 도 액 : 400,000,000 − 320,000,000 = 80,000,000
         미납부법인세에 대하여 320,000,000원의 세액공제를 받았으므로 재해상실재산가액에서 그 금액을 공제한 잔액을 한도로 세액공제를 받아야 한다.

---

4. 사실과 다른 회계처리로 인한 경정에 따른 세액공제

(1) 개 요

법인이 실제보다 이익이 많이 난 것처럼 분식회계를 한 경우에는 일반적으로 분식회계된 회계장부를 기초로 법인세도 과다하게 신고·납부한다. 그 후에 분식회계 사실이 적발되면 법인은 과다납부한 세액을 환급받기 위하여 경정청구를 한다. 종전에는 분식회계를 한 경우에도 일반적인 환급규정에 따라 과다납부한 세액을 즉시 환급하고 환급가산금도 지급하였다. 그러나 분식회계로 인하여 국가의 대외신인도가 하락하므로 2004년부터 분식회계로 인한 환급세액은 5년간 환급을 제한하도록 하였다.

그후 또 다시 대규모의 분식회계가 밝혀져서 분식회계에 대하여 더 강도 높게 제재해야 한다는 여론이 많았다. 이에 따라 2017. 1. 1. 이후 경정하는 분부터 분식회계로 인하여 과다납부한 세액에 대한 환급과 환급가산세를 폐지하고 매년 과다납부한 세액의 20%를 한도로 세액공제(공제기한은 제한 없음)하도록 하였다.

(2) 적용요건

내국법인이 다음의 요건을 모두 충족하는 사실과 다른 회계처리를 하여 과세표준 및 세액을 과다하게 계상함으로써 「국세기본법」 제45조의2에 따라 경정을 청구하여 경정을 받은 경우에는 과다납부한 세액을 환급하지 아니하고 그 경정일이 속하는 사업연도부터 각 사업연도의 법인세액에서 과다납부한 세액을 공제한다.

① 사업보고서 및 감사보고서를 제출할 때 수익 또는 자산을 과다 계상하거나 손비 또는 부채를 과소 계상할 것
② 내국법인, 감사인 또는 그에 소속된 공인회계사가 법 소정 경고·주의 등의 조치[1]를 받을 것

(3) 세액공제액

사실과 다른 회계처리로 인한 경정에 따른 세액공제를 적용하는 경우 각 사업연도별로 공제하는 금액은 과다납부한 세액의 20%를 한도로 하고, 공제 후 남아 있는 과다납부한 세액은 이후 사업연도에 이월하여 공제한다(법법 §58의3①). 이 경우 이월공제기간의 제한은 없다.

---

1) 법 소정 경고·주의 등의 조치
　㉮ 「자본시장과 금융투자업에 관한 법률 시행령」 제175조 각호에 따른 임원해임권고 등 조치
　㉯ 「자본시장과 금융투자업에 관한 법률」 제429조 제3항에 따른 과징금의 부과
　㉰ 「자본시장과 금융투자업에 관한 법률」 제444조 제13호 또는 제446조 제28호에 따른 징역 또는 벌금형의 선고
　㉱ 「주식회사등의 외부감사에 관한 법률」 제29조 제3항 및 제4항에 따른 감사인 또는 그에 소속된 공인회계사의 등록취소, 업무·직무의 정지건의 또는 특정 회사에 대한 감사업무의 제한
　㉲ 「주식회사 등의 외부감사에 관한 법률」 제29조 제1항에 따른 주주총회에 대한 임원의 해임권고 또는 유가증권의 발행제한
　㉳ 「주식회사 등의 외부감사에 관한 법률」 제39조부터 제44조까지의 규정에 따른 징역 또는 벌금형의 선고

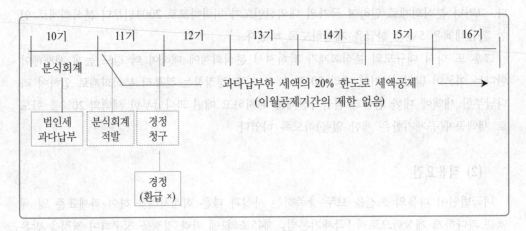

◉ 분식회계에 따른 과다납부한 세액의 처리◉

───

┃ 사례 》 사실과 다른 회계처리로 인한 경정에 따른 세액공제

다음 자료로 사실과 다른 회계처리로 인한 경정에 따른 세액공제액을 구하시오.
• 20×2. 7. 1. 경정에 의하여 20×1년의 분식회계로 인한 과다납부세액 100억원 결정
• 20×2년의 법인세 산출세액 40억원
• 제시된 세액공제 외의 세액공제 및 세액감면은 없음.

┃ 해답 ┃
Min[40억, 100억×20%]=20억원
과다납부한 세액의 20%를 세액공제한다.

(4) 사실과 다른 회계처리와 관련하여 수정신고할 경우의 공제순서

법인이 사실과 다른 회계처리와 관련하여 그 경정일이 속하는 사업연도 이전의 사업연도에
「국세기본법」 제45조에 따른 수정신고를 하여 납부할 세액이 있는 경우에는 그 납부할 세액
에서 과다납부한 세액을 먼저 공제하여야 한다(법법 §58의3②).

(5) 동일사업연도에 일반경정청구가 동시에 있는 경우 환급이 제한되는 세액의 계산

동일한 사업연도에 일반경정청구와 사실과 다른 회계처리로 인한 경정청구를 동시에 하는
경우 환급이 제한되는 과다납부한 세액은 다음의 계산식에 따라 계산한다(법령 §95의3②).

$$\text{과다납부한 세액} \times \frac{\text{사실과 다른 회계처리로 인하여 과다계상한 과세표준}}{\text{과다계상한 과세표준의 합계액}}$$

(6) 과다납부한 세액이 남아 있는 법인이 해산하는 경우

과다납부한 세액이 남아 있는 법인이 해산하는 경우에는 다음에 따른다(법법 §58의3③).

① 합병 또는 분할에 따라 해산하는 경우 : 합병법인 또는 분할신설법인(분할합병의 상대방법인 포함)이 남아 있는 과다납부한 세액을 승계하여 "(1)"에 따라 세액공제한다.

② "①" 외의 방법에 따라 해산하는 경우 : 납세지 관할 세무서장 또는 납세지 관할 지방국세청장은 남아 있는 과다납부한 세액에서 청산소득에 대한 법인세 납부세액을 빼고 남은 금액을 즉시 환급하여야 한다.

5. 조세특례제한법상 세액공제

1. 주요 세액공제

구 분	공 제 대 상	세액공제액
연구・인력개발비에 대한 세액공제 (조특법 §10)	내국인이 연구・인력개발비가 있는 경우	세액공제 = ① + ② + ③ ① 신성장・원천기술 연구개발비 당기 발생액 × 공제율(20%~40%) ② 국가전략기술 연구개발비 당기 발생액 × 공제율(20%~50%) ③ 일반연구・인력개발비 : ① 및 ②에 해당하지 않거나 ① 및 ②를 선택하지 않은 경우의 연구・인력개발비 세액공제액 = 선택[㉮, ㉯] ㉮ 증가분방식 : (당기 발생액 - 직전 사업연도 발생액) × 공제율(2%~25%) ㉯ 당기분방식 : 당기 발생액 × 공제율(25%~50%)
통합투자 세액공제 (조특법 §24)	소비성서비스업 및 부동산임대・공급업 외의 사업을 영위하는 내국인이 아래의 공제대상 자산에 투자(중고품 및 금융리스 이외의 리스에 의한 투자는 제외함)하는 경우 <공제대상 자산> ① 기계장치 등 사업용 유형자산. 다만, 토지와 건축물 등 기획재정부령으로 정하는 자산은 제외함 ② 위 ①에 해당하지 않는 유형자산과 무형자산으로서 다음의 자산 ⓐ 연구・시험, 직업훈련, 에너지절약, 환경보전 또는 근로자복지 증진 등의 목적으로 사용되는 사업용자산으로서 기획재정부령으로 정하는 자산 ⓑ 운수업을 경영하는 자가 사업에 직접 사용하는 차량 및 운반구 등 기획재정부령으로 정하는 자산	① + ② ① 기본공제 금액 : 해당 과세연도에 투자한 금액 × 3% (중견기업 7%, 중소기업 12%). 단, 신성장사업화시설에 투자하는 경우에는 6%(중견기업 10%, 중소기업 18%), 국가전략기술사업화시설에 투자하는 경우에는 15%(중소기업 25%) ② 추가공제 금액 : 해당 과세연도에 투자한 금액이 해당 과세연도의 직전 3년간 연 평균 투자금액을 초과하는 경우에는 그 초과하는 금액 × 10%. 단, 추가공제 금액이 기본공제 금액을 초과하는 경우에는 기본공제 금액의 2배를 한도로 함

구 분	공 제 대 상	세액공제액
	ⓒ 중소기업 및 중견기업이 취득한 다음의 자산(특수관계인으로부터 취득한 자산은 제외) : 내국인이 국내에서 연구·개발하여 최초로 설정등록받은 특허권·실용신안권·디자인권	
통합고용세액공제 **(조특법 §29의8)**	내국인(소비성서비스업을 경영하는 내국인 제외)의 2025. 12. 31.이 속하는 과세연도까지의 기간 중 해당 과세연도의 상시근로자의 수가 직전 과세연도의 상시근로자의 수보다 증가한 경우 ※ 이 규정은 고용을 증대시킨 기업에 대한 세액공제(조특법 §29의7) 또는 중소기업 사회보험료 세액공제(조특법 §30의4)를 받지 아니한 경우에만 적용함	ⓐ + ⓑ ⓐ 청년 등 상시근로자(청년 정규직 근로자, 장애인 근로자, 60세 이상인 근로자 또는 경력단절 여성 등 상시근로자)의 증가 인원 수×400만원[중견기업 800만원, 중소기업 1,450만원(중소기업으로서 수도권 밖의 지역에서 증가한 경우 1,550만원)] ⓑ 청년 등 상시근로자를 제외한 상시근로자의 증가 인원 수× 0원(중견기업 450만원, 중소기업으로서 수도권 내의 지역에서 증가한 경우 850만원, 중소기업으로서 수도권 밖의 지역에서 증가한 경우 950만원)
	중소기업 또는 중견기업이 2023. 6. 30. 당시 고용하고 있는 기간제근로자 및 단시간근로자, 파견근로자, 수급사업자에게 고용된 기간제근로자 및 단시간근로자를 2024. 1. 1.부터 2024. 12. 31.까지 정규직 근로자로 전환하는 경우 `24 개정`	정규직 근로자로의 전환에 해당하는 인원×1,300만원(중견기업 900만원)
	중소기업 또는 중견기업이 일정한 요건을 충족하는 육아휴직 복귀자를 2025. 12. 31.까지 복직시키는 경우	육아휴직 복귀자 인원×1,300만원(중견기업 900만원)

2. 그 밖의 세액공제

구 분	공 제 대 상	세액공제액
상생협력시설 투자세액공제 (조특법 §8의3③)	내국인이 「대·중소기업 상생협력 촉진에 관한 법률」에 따른 수탁·위탁거래의 상대방인 수탁기업에 설치(무상임대하는 경우는 제외)하는 일정한 시설에 2025. 12. 31.까지 투자(중고품 및 금융리스 이외의 리스에 의한 투자는 제외함)하는 경우	투자금액 × 1%(중견기업 3%, 중소기업 7%)
상생결제 지급금액에 대한 세액공제 (조특법 §7의4)	중소기업 및 중견기업을 경영하는 내국인이 2025. 12. 31.까지 중소기업 및 중견기업에 지급한 구매대금 중 상생결제제도를 통하여 지급한 금액이 있는 경우로서 해당 과세연도에 지급한 구매대금 중 약속어음으로 결제한 금액이 차지하는 비율이 직전 과세연도보다 증가하지 않은 경우	Min[①, ②] ① ㉮ + ㉯ + ㉰ 　㉮ (A − B) × 0.5% 　　A : 상생결제제도를 통한 지급금액 중 지급기한이 세금계산서등의 작성일부터 15일 이내인 금액 　　B : 전기에 지급한 현금성결제금액이 당기의 현금성결제금액을 초과하는 경우 그 초과하는 금액 　㉯ (C − D) × 0.3% 　　C : 상생결제제도를 통한 지급금액 중 지급기한이 세금계산서등의 작성일부터 15일 초과 30일 이내인 금액 　　D : ㉮에 따른 B가 A를 초과하는 경우 그 초과하는 금액 　㉰ (E − F) × 0.15% 　　E : 상생결제제도를 통한 지급금액 중 지급기한이 세금계산서등의 작성일부터 30일 초과 60일 이내인 금액 　　F : ㉯에 따른 D가 C를 초과하는 경우 그 초과하는 금액 ② 법인세 또는 소득세 × 10%

구 분	공 제 대 상	세액공제액
상생협력을 위한 기금출연시 세액공제 (조특법 §8의3①·②·④)	내국법인이 상생협력을 위하여 2025. 12. 31.까지 다음 중 어느 하나에 해당하는 출연하는 경우(다만, 해당 출연금이 특수관계인을 지원하기 위하여 사용된 경우 세액공제 제외) ① 중소기업에 대한 보증 또는 대출목적 등으로 신용보증기금·기술보증기금에 출연하는 경우 ② 대·중소기업·농어업협력재단에 출연하는 경우 ③ 상생중소기업이 설립한 사내근로복지기금에 출연하거나 상생중소기업 간에 공동으로 설립한 공동근로복지기금에 출연하는 경우 ④ 공동사업지원자금에 출연하는 경우	출연금 × 10%
	내국법인이 협력중소기업(해당 내국법인의 특수관계인인 경우는 제외함)을 지원하기 위하여 2025. 12. 31.까지 대통령령으로 정하는 유형고정자산을 무상으로 임대하는 경우	유형고정자산 장부가액 × 3%
	내국법인이 사업에 사용하던 자산 중 연구시험용 시설 등을 대학 등 교육기관에 2025. 12. 31.까지 무상으로 기증하는 경우	기증한 자산의 시가 × 10%
기술혁신형 합병에 대한 세액공제 (조특법 §12의3)	내국법인이 2024. 12. 31.까지 기술혁신형 중소기업을 일정한 요건을 갖추어 합병하는 경우	기술가치금액 × 10%
기술혁신형주식 취득에 대한 세액공제 (조특법 §12의4)	내국법인(인수법인)이 2024. 12. 31.까지 기술혁신형 중소기업의 주식을 일정한 요건을 갖추어 취득하는 경우	기술가치금액 × 10%
내국법인의 벤처기업 등에의 출자에 대한 세액공제 (조특법 §13의2)	내국법인이 2025. 12. 31.까지 직접 또는 창업·벤처전문 사모집합투자기구 또는 창투조합 등(민간재간접벤처투자조합 제외)을 통하여 창업기업·신기술사업자·벤처기업·신기술창업전문회사의 주식 또는 출자지분을 취득하는 경우 [24 개정]	주식·출자지분 취득가액 × 5%
	내국법인이 2025. 12. 31.까지 민간재간접벤처투자조합을 통하여 창업기업, 신기술사업자, 벤처기업 또는 신기술창업전문회사에 출자	① + ② ① Max[해당 주식 또는 출자지분의 취득가액, 민간재간접벤처

구 분	공 제 대 상	세액공제액
	함으로써 주식 또는 출자지분을 취득하는 경우 _{24 신설}	투자조합에 투자한 금액 × 60%] × 5% ② 해당 사업연도에 취득한 해당 주식 또는 출자지분의 취득가액이 직전 3개 사업연도의 해당 주식 또는 출자지분 취득가액의 평균액을 초과하는 경우 그 초과하는 금액 × 3%
내국법인의 소재·부품·장비 전문기업 등에의 출자·인수에 대한 세액공제 (조특법 §13의3)	둘 이상의 내국법인(투자기업)이 2025. 12. 31. 까지 일정한 요건을 갖추어 소재·부품·장비 관련 중소기업·중견기업(투자대상기업)의 주식 또는 출자지분을 공동으로 취득하는 경우	주식·출자지분 취득가액 × 5%
	내국법인(외국법인이 특수관계인인 법인과 금융 및 보험업을 영위하는 법인은 제외)이 일정한 요건을 갖추어 2025. 12. 31.까지 소재·부품·장비 또는 국가전략기술 관련 외국법인(내국법인이 특수관계인인 경우는 제외)의 주식을 취득하거나 동 외국법인의 소재·부품·장비 또는 국가전략기술 관련 사업의 양수 또는 사업의 양수에 준하는 자산의 양수를 하는 경우	주식 취득가액 또는 사업·자산의 양수가액 × 5%(중견기업 7%, 중소기업 10%)
성과공유 중소기업의 경영성과급에 대한 세액공제 (조특법 §19)	「중소기업 인력지원 특별법」에 따른 중소기업으로서 영업이익(성과급 지급을 약정한 과세연도의 기업회계기준에 따른 영업이익)이 발생한 기업이 상시근로자에게 2024. 12. 31. 까지 경영성과급을 지급하는 경우. 다만, 성과공유 중소기업의 해당 과세연도의 상시근로자 수가 직전 과세연도의 상시근로자 수보다 감소한 경우에는 공제하지 아니함	경영성과급 × 15%
영상콘텐츠 제작비용에 대한 세액공제 (조특법 §25의6)	내국인이 2025. 12. 31.까지 다음의 영상콘텐츠의 제작을 위하여 국내외에서 발생한 비용 중 영상콘텐츠 제작비용이 있는 경우 ① 방송프로그램으로서 텔레비전방송으로 방송된 드라마, 애니메이션, 다큐멘터리, 오락을 위한 프로그램 ② 영화 ③ 등급분류를 받고 온라인 동영상 서비스를 통하여 시청에 제공된 비디오물	① + ② _{24 개정} ① 기본공제금액 : 영상콘텐츠 제작비용 × 5%(중견기업 10%, 중소기업 15%) ② 추가공제금액 : 대통령령으로 정하는 요건을 충족하는 영상콘텐츠 제작비용 × 10%(중소기업 15%)

구 분	공 제 대 상	세액공제액
내국법인의 문화 산업전문회사에의 출자에 대한 세액공제 (조특법 §25의7) 24 신설	중소기업 또는 중견기업이 다음의 영상콘텐츠를 제작하는 문화산업전문회사에 2025. 12. 31.까지 출자하는 경우 ① 방송프로그램으로서 텔레비전방송으로 방송된 드라마, 애니메이션, 다큐멘터리, 오락을 위한 프로그램 ② 영화 ③ 등급분류를 받고 온라인 동영상 서비스를 통하여 시청에 제공된 비디오물	해당 중소기업 또는 중견기업이 문화산업전문회사에 출자한 금액 × 해당 영상콘텐츠 제작비용비용을 해당 문화산업전문회사의 총 출자금액으로 나눈 비율 × 3%
산업수요맞춤형 고등학교 졸업자 복직 세액공제 (조특법 §29의2)	중소기업 또는 중견기업이 산업수요맞춤형 고등학교 등을 졸업한 사람을 고용한 경우로서 해당 근로자가 병역을 이행한 후 2020. 12. 31.까지 복직시킨 경우(병역을 이행한 후 1년 이내에 복직시킨 경우만 해당한다)	해당 복직자에게 복직일 이후 2년 이내에 지급한 인건비* × 30%(중견기업 15%) * 인건비 : 근로의 대가로 지급하는 비용(퇴직급여, 퇴직급여충당금, 퇴직연금 등의 부담금을 제외하며, 이하 세액공제에서 동일함)
경력단절 여성 고용 기업에 대한 세액공제 (조특법 §29의3)	중소기업 또는 중견기업이 경력단절여성(해당 기업 또는 해당 기업과 동일한 업종의 기업에서 1년 이상 근무한 후 결혼 · 임신 · 출산 · 육아 · 자녀교육의 사유로 퇴직하고, 동 사유로 퇴직한지 2년 이상 15년 미만이며, 해당기업의 최대주주나 개인사업자의 특수관계인이 아닌 여성)과 2022. 12. 31.까지 1년 이상의 근로계약을 체결하는 경우	고용한 날부터 2년이 되는 날이 속하는 달까지 해당 경력단절 여성에게 지급한 인건비 × 30%(중견기업 15%)
	중소기업 또는 중견기업이 육아휴직 복귀자*를 2022. 12. 31.까지 복직시키는 경우에는 복직한 날부터 1년이 되는 날이 속하는 달까지 세액공제. 다만, 해당 중소기업 또는 중견기업의 해당 과세연도의 상시근로자 수가 직전 과세연도의 상시근로자수보다 감소한 경우에는 공제 배제 ※ 육아직 복귀자의 자녀 1명당 한 차례에 한정하며, 복직한 날부터 1년 이내에 근로관계가 종료하면 세액공제액을 납부하여야 함	해당 육아휴직 복귀자*에게 지급한 인건비 × 30%(중견기업 15%) * 육아휴직복귀자 : 다음 요건 모두 충족 ① 1년 이상 근무(육아휴직 복귀자의 근로소득세를 원천징수하였던 사실이 확인될 것) ② 「남녀고용평등과 일 · 가정 양립 지원에 관한 법률」에 따라 육아휴직한 경우로서 육아휴직 기간이 연속하여 6개월 이상일 것 ③ 해당 기업의 최대주주 또는 최대출자자(개인사업자의 경우에는 대표자)나 그와 특수관계인이 아닐 것
근로소득을 증대 시킨 기업에 대한 세액공제 (조특법 §29의4)	중소기업 또는 중견기업이 직전 다음 요건을 모두 충족하는 경우 2025. 12. 31.이 속하는 과세연도까지 세액공제 ① 상시근로자*의 해당 과세연도의 평균임	직전 3년 평균 초과 임금증가분* × 20%(중견기업 10%) * 직전 3년 평균 초과 임금증가분 = [해당 과세연도 상시근로자의 평균

구 분	공 제 대 상	세액공제액
	금 증가율이 직전 3개 과세연도의 평균임금 증가율의 평균보다 클 것 ② 해당 과세연도의 상시근로자 수*가 직전 과세연도의 상시 근로자 수보다 크거나 같을 것 　* 상시근로자 : 근로기준법에 따라 근로계약을 체결한 근로자(다만, 임원, 근로소득 1억2천만원 이상인 자, 최대주주(개인사업자는 대표자) 및 그 친족관계인 근로자, 근로계약기간 1년 미만인 자, 단시간근로자 제외)	임금 − 직전 과세연도 상시근로자의 평균임금 × (1 + 직전 3년 평균임금 증가율의 평균)] × 직전 과세연도 상시근로자 수 ※ 중소기업이 다음 요건을 모두 충족하는 경우에는 2025. 12. 31.이 속하는 과세연도까지 "전체 중소기업의 평균임금증가분을 초과하는 임금증가분의 20%"를 위의 금액 대신 공제할 수 있음 ⓐ 상시근로자의 해당 과세연도의 평균임금 증가율이 전체 중소기업의 직전 3년 평균임금증가율을 고려하여 기획재정부령으로 정하는 비율보다 클 것 ⓑ 해당 과세연도의 상시근로자 수가 직전 과세연도의 상시 근로자 수보다 크거나 같을 것 ⓒ 직전 과세연도의 평균임금 증가율이 음수가 아닐 것
	중소기업 또는 중견기업이 다음 요건을 모두 충족하는 경우에는 2025. 12. 31.이 속하는 과세연도까지 세액공제 ① 해당 과세연도에 정규직 전환 근로자가 있을 것 ② 해당 과세연도의 상시근로자 수가 직전 과세연도의 상시 근로자 수보다 크거나 같을 것	정규직 전환 근로자의 임금증가분 합계액 × 20%(중견기업 10%)
고용을 증대시킨 기업에 대한 세액공제 (조특법 §29의7)	① 내국인(소비성서비스업을 경영하는 내국인 제외)의 2024. 12. 31.이 속하는 과세연도까지의 기간 중 해당 과세연도의 상시근로자의 수가 직전 과세연도의 상시근로자의 수보다 증가한 경우에는 해당 과세연도와 해당 과세연도의 종료일부터 1년(중소기업 및 중견기업의 경우에는 2년)이 되는 날이 속하는 과세연도까지 세액공제 ② 세액공제받은 내국인이 공제를 받은 과세연도의 종료일부터 2년이 되는 날이 속하는 과세연도의 종료일까지의 기간 중 전체 상시근로자의 수가 공제를 받은 직전 과세연도에 비하여 감소한 경	ⓐ + ⓑ ⓐ 청년 등 상시근로자(청년 정규직 근로자, 장애인 근로자, 60세 이상인 근로자 등 법 소정의 상시근로자)의 증가한 인원 수(증가한 상시근로자의 인원 수를 한도로 함) × 400만원[중견기업 800만원, 중소기업 1,100만원(중소기업으로서 수도권 밖의 지역에서 증가한 경우 1,200만원)] ⓑ 청년 등 상시근로자 외 상시근로자의 증가한 인원 수(증가한 상시근로자의 인원 수

구 분	공 제 대 상	세액공제액
	우에는 감소한 과세연도부터 세액공제를 적용하지 아니하고, 청년등 상시근로자의 수가 공제를 받은 직전 과세연도에 비하여 감소한 경우에는 감소한 과세연도부터 세액공제 중 ⓐ를 적용하지 아니하며, 공제받은 세액에 상당하는 금액을 소득세 또는 법인세로 납부하여야 함	를 한도로 함)×0원(중견기업은 450만원, 중소기업은 수도권 내의 지역에서 증가한 경우 700만원, 수도권 밖의 지역에서 증가한 경우 770만원)
고용유지중소기업에 대한 세액공제 (조특법 §30의3)	중소기업기본법에 따른 중소기업과 위기지역 내 중견기업의 사업장으로서 다음의 요건을 모두 충족하는 경우 2026. 12. 31.이 속하는 과세연도까지 세액공제 `24 개정` ① 해당 과세연도의 상시근로자(해당 과세연도 중에 근로관계가 성립한 상시근로자 제외) 1인당 시간당 임금이 직전 과세연도에 비하여 감소하지 아니한 경우 ② 해당 과세연도의 상시근로자 수가 직전 과세연도의 상시근로자 수와 비교하여 감소하지 아니한 경우 ③ 해당 과세연도의 상시근로자(해당 과세연도 중에 근로관계가 성립한 상시근로자 제외) 1인당 연간 임금총액이 직전 과세연도에 비하여 감소한 경우	세액공제액 = ① + ②(해당 금액이 음수인 경우에는 영으로 봄) ① (직전 과세연도 상시근로자 1인당 연간 임금총액 − 해당 과세연도 상시근로자 1인당 연간 임금총액) × 해당 과세연도 상시근로자 수×10% ② (해당 과세연도 상시근로자 1인당 시간당 임금 − 직전 과세연도 상시근로자 1인당 시간당 임금×105%)×해당 과세연도 전체 상시근로자의 근로시간 합계×15%
중소기업 사회보험료 세액공제 (조특법 §30의4)	① 중소기업이 2024. 12. 31.이 속하는 과세연도까지의 기간 중 해당 과세연도의 상시근로자 수가 직전 과세연도의 상시근로자 수보다 증가한 경우(해당 과세연도와 해당 과세연도의 종료일부터 1년이 되는 날이 속하는 과세연도까지 법인세에서 공제) ※ ①에 따라 법인세를 공제받은 중소기업이 최초로 공제를 받은 과세연도의 종료일부터 1년이 되는 날이 속하는 과세연도의 종료일까지의 기간 중 전체 상시근로자의 수가 최초로 공제를 받은 과세연도에 비하여 감소한 경우에는 감소한 과세연도에 대하여 ①을 적용하지 아니하고, 청년 등 상시근로자의 수가 최초로 공제를 받은 과세연도에 비하여 감소한 경우에는 감소한 과세연도에 대하여 ①을 적용하지 않음. 이 경우 공제받은 세액에 상당하는 금액을 법인세로 납부하여야 함	ⓐ + ⓑ ⓐ 청년·경력단절여성 상시근로자 고용증가인원에 대한 사용자 사회보험료×100% ⓑ 청년·경력단절여성 외 상시근로자 고용증가인원에 대한 사용자 사회보험료×50%(신성장서비스업 영위 중소기업은 75%)

구 분	공 제 대 상	세액공제액
	② 상시근로자 수가 10명 미만이고 과세표준이 5억원 이하인 중소기업이 2020. 1. 1. 현재 고용 중인 근로자 중 2020. 12. 31.까지 사회보험에 신규 가입하는 근로자가 있는 경우	신규 가입을 한 날부터 2년이 되는 날이 속하는 달까지 사용자가 부담하는 사회보험료 상당액(국가 등의 지원금 제외)으로서 대통령령으로 정하는 금액 × 50%
상가임대료를 인하한 임대사업자에 대한 세액공제 (조특법 §96의3) `24 개정`	상가건물에 대한 부동산임대업의 사업자등록을 한 상가임대인이 상가건물에 대한 임대료를 임차인(소상공인에 한정함)으로부터 2020. 1. 1.부터 2024. 12. 31.까지 인하하여 지급받는 경우 `24 개정`	임대료 인하액 × 70%(해당 과세연도의 기준소득금액이 1억원을 초과하는 경우에는 50%)
지급명세서 등에 대한 세액공제 (조특법 §104의5, 2026. 1. 1.부터 시행) `24 개정`	소규모 사업자(세액공제를 받으려는 과세연도의 상시 고용인원이 20명 이하인 원천징수의무자)가 2026. 1. 1.부터 2027. 12. 31.까지 지급하는 간이지급명세서를 제출기한까지 국세정보통신망을 이용하여 직접 제출하는 경우	간이지급명세서상의 소득자 인원수 × 200원 ※ 간이지급명세서 제출자별로 연 1만원 미만인 때에는 1만원으로 하고, 연 300만원을 초과하는 때에는 그 초과하는 금액은 이를 없는 것으로 함
전자신고세액공제 (조특법 §104의8)	납세자가 직접 전자신고의 방법으로 법인세 과세표준 신고를 하는 경우	2만원(납부할 세액이 음수인 경우에는 이를 없는 것으로 함)
해외자원 개발투자에 대한 세액공제 (조특법 §104의15) `24 개정`	해외자원개발사업자가 해외자원개발을 위하여 2024. 1. 1.부터 2026. 12. 31.까지 다음 중 어느 하나에 해당하는 투자나 출자를 하는 경우 ① 광업권과 조광권을 취득하는 투자 ② 광업권 또는 조광권을 취득하기 위한 외국법인에 대한 출자로서 대통령령으로 정하는 투자 ③ 내국인의 외국자회사에 대한 해외직접투자로서 외국환거래법에 따라 대통령령으로 정하는 투자. 다만, 내국인의 외국자회사가 ①과 ②의 방법으로 광업권 또는 조광권을 취득하는 경우로 한정함	투자금액 또는 출자금액 × 3%
기업의 운동경기부 등 운영비용에 대한 세액공제 (조특법 §104의22)	내국법인이 일정한 종목의 운동경기부를 설치하는 경우 설치한 사업연도와 그 다음 2년간	운동경기부 운영비용 × 10%
	내국법인이 법 소정 장애인운동경기부를 설치하는 경우 설치한 날이 속하는 사업연도와 그 다음 사업연도의 개시일부터 4년 이내에 끝나는 사업연도까지	장애인운동경기부 운영비용 × 20%
	내국법인이 이스포츠경기부를 설치하는 경우 설치한 날이 속하는 사업연도와 그 다음 사업연도의 개시일부터 2년 이내에 끝나는 사업연도까지	이스포츠경기부 운영비용 × 10%

구 분	공 제 대 상	세액공제액
석유제품전자 상거래에 대한 세액공제 (조특법 §104의25)	석유판매업자 중 일반대리점·주유소·일반 판매소가 석유제품 전자결제망을 이용하여 석유제품을 2025. 12. 31.까지 공급하거나 공 급받는 경우	공급가액 × 0.3% ※ 세액공제액은 법인세 또는 소득세 의 10% 한도
우수 선화주기업 인증을 받은 화주기업에 대한 세액공제 (조특법 §104의30)	우수 선화주기업 인증을 받은 화주기업(국제 물류주선업자로 등록한 기업으로 한정함) 중 직전 과세연도의 매출액이 100억원 이상인 기업이 다음의 요건을 모두 충족하는 경우 ① 화주기업이 해당 과세연도에 외항 정기화물운송 사업자에게 지출한 해 상운송비용이 전체 해상운송비용의 40% 이상일 것 ② 화주기업이 해당 과세연도에 지출한 해 상운송비용 중 외항정기화물운송사업자 에게 지출한 비용이 차지하는 비율이 직 전 과세연도보다 증가할 것	Min[①, ②] ① ㉮ + ㉯ 　㉮ 2025. 12. 31.까지 외항정기 　　화물운송사업자에게 수출입 　　을 위하여 지출한 운송비용 　　× 1% 　㉯ 직전 과세연도에 비하여 증 　　가한 운송비용 × 3% ② 한도 : 법인세 또는 소득세 × 　10%
용역제공자에 관한 과세자료의 제출에 대한 세액공제 (조특법 §104의32)	용역제공자에 관한 과세자료를 제출하여 야 할 자가 제출기한 내에 국세정보통신 망을 통하여 2026. 12. 31.까지 수입금액 또 는 소득금액이 발생하는 용역에 관한 과세자 료를 제출하는 경우 `24 개정`	Min[①, ②] ① 제출하는 각각의 과세자료에 　기재된 용역제공자 인원 수 × 　300원 ② 한도 : 200만원
성실신고확인비용에 대한 세액공제 (조특법 §126의6)	성실신고확인대상 내국법인이 성실신고확인 서를 제출하는 경우	Min[①, ②] ① 성실신고 확인에 직접 사용한 　비용 × 60% ② 한도 : 150만원

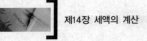

세부내용 투자세액공제의 제한과 사후관리

(1) 투자세액공제의 제한(조특법 §127)

구 분	내 용
국가 등의 보조금으로 투자한 금액에 대한 세액공제 배제 (조특법 §127①)	내국인이 투자한 자산 또는 출자로 취득한 지분에 대하여 투자세액공제를 적용받는 경우 다음 금액을 투자금액, 출자금액 또는 취득금액에서 차감한다. ① 내국인이 투자 또는 출자지분의 취득을 목적으로 국가, 지방자치단체, 공공기관, 지방공기업으로부터 출연금 등의 자산을 지급받아 투자 또는 출자에 지출한 경우 : 출연금 등의 자산을 투자에 지출한 금액 ② 내국인이 자산에 대한 투자 또는 출자지분의 취득을 목적으로 금융회사 등으로부터 융자를 받아 투자 또는 출자에 지출하고 금융회사 등에 지급하여야 할 이자비용의 전부 또는 일부를 국가 등이 내국인을 대신하여 지급하는 경우 : 국가 등이 지급하였거나 지급하기로 약정한 이자비용의 합계액 ③ 내국인이 자산에 대한 투자 또는 출자지분의 취득을 목적으로 국가 등으로부터 융자를 받아 투자 또는 출자에 지출하는 경우 : 융자받은 시점의 법인세법 부당행위계산의 부인규정에 따른 시가인 이자율을 적용하여 계산한 원리금합계액 – 융자받은 시점의 실제 융자받은 이자율을 적용하여 계산한 원리금합계액 ④ 내국인이 전기사업 등 법령 제37조 제1항에 열거된 사업에 필요한 자산에 대한 투자를 목적으로 해당 자산의 수요자 또는 편익을 받는 자로부터 공사부담금을 제공받아 투자에 지출하는 경우 : 공사부담금을 투자에 지출한 금액에 상당하는 금액
투자세액공제의 중복적용 배제 (조특법 §127②)	① 내국인이 투자한 자산에 대하여 여러 가지 투자세액공제가 동시에 적용되는 경우에는 하나의 투자세액공제만 선택 ② 동일한 과세연도에 ⓐ 성과공유중소기업의 경영성과급에 대한 세액공제와 근로소득증대기업에 대한 세액공제, ⓑ 고용창출투자세액공제와 청년고용을 증대시킨 기업에 대한 세액공제, ⓒ 고용창출투자세액공제와 중소기업 사회보험료 세액공제가 동시에 적용되는 경우에는 각각 그 중 하나만 선택
세액감면과 투자세액공제의 중복적용 배제 (조특법 §127④)	내국인에 대하여 동일한 과세기간에 세액감면(①)과 세액공제(②)가 중복되는 경우에는 세액감면과 세액공제 중 하나만 선택하여 적용받을 수 있다. 다만, 창업중소기업 등에 대한 세액감면 적용시 조세특례제한법 제6조 제6항에 따라 업종별 최소고용인원 이상을 고용하는 창업중소기업 등에 대하여 추가 감면율을 적용하여 감면받는 경우에는 고용을 증대시킨 기업에 대한 세액공제(조특법 §29의7) 또는 통합고용세액공제(조특법 §29의8①)를 동시에 적용하지 않는다. ① 중소기업특별세액감면·영농조합법인·영어조합법인에 대한 세액면제, 기간제한이 있는 감면 ② 각종 투자세액공제, 대·중소기업 상생협력을 위한 기금 출연시 세액공제, 내국법인의 벤처기업 등에의 출자에 대한 세액공제, 영상콘텐츠 제작비용에 대한 세액공제, 중소기업 사회보험료 세액공제(중소기업에 대한 특별세액감면과 동시에 적용되는 경우는 제외함), 제3자 물류비용에 대한 세액공제, 기업의 운동경기부 등 설치·운영에 대한 세액공제, 석유제품전자상거래에 대한 세액공제, 금사업자와 구리 스크랩 등 사업자의 수입금액의 증가 등에

구 분	내 용
	대한 세액공제, 금지금사업자에 대한 세액공제
	※ 세액감면을 적용받는 사업과 그 밖의 사업을 구분경리하는 경우로서 그 밖의 사업에 공제규정이 적용되는 경우에는 해당 세액감면과 공제는 중복지원에 해당하지 아니한다(조특법 §127⑩).
외국인투자에 대한 감면을 받는 경우 투자세액공제 등의 제한 (조특법 §127③)	내국인의 동일한 과세연도에 각종 투자세액공제, 청년고용을 증대시킨 기업에 대한 세액공제, 고용을 증대시킨 기업에 대한 세액공제, 통합고용세액공제(조특법 §29의8①), 중소기업 사회보험료 세액공제, 제3자 물류비용에 대한 세액공제와 외국인투자에 대한 감면을 받는 경우 세액공제는 다음과 같이 계산한다. 세액공제액 × 내국인투자자의 지분율 = 적용받는 세액공제 ※ 세액감면을 적용받는 사업과 그 밖의 사업을 구분경리하는 경우로서 그 밖의 사업에 공제규정이 적용되는 경우에는 해당 세액감면과 공제는 중복지원에 해당하지 아니한다(조특법 §127⑩).

(2) 투자세액공제의 사후관리

① 추징사유 : 세액공제를 받은 자산에 다음 사유가 발생한 경우에는 처분(전용)한 날이 속하는 과세연도의 과세표준 신고시 세액공제액에 이자상당가산액을 가산하여 납부하여야 한다.

㉮ 투자세액공제를 받은 자산을 투자완료일부터 2년(건물과 구축물은 5년)이 지나기 전에 처분(임대 포함)한 경우. 다만, 현물출자·합병·적격교환·통합·사업전환 또는 사업의 승계로 인하여 해당 자산의 소유권이 이전되는 경우와 내용연수가 경과된 자산을 처분하는 경우, 국가·지방자치단체 또는 학교에 기부하고 그 자산을 사용하는 경우에는 제외한다(조특법 §146).

㉯ 통합투자세액공제를 받은 자가 투자완료일부터 2년(건물과 구축물은 5년, 신성장사업화시설 또는 국가전략기술사업화시설 중 해당 기술을 사용하여 생산하는 제품 외에 다른 제품의 생산에도 사용되는 시설은 투자완료일이 속하는 과세연도의 다음 3개 과세연도의 종료일까지의 기간) 내에 그 자산을 다른 목적으로 전용하는 경우(조특법 §24③)

㉰ 해외자원개발투자세액공제를 받은 후 투자일 또는 출자일부터 5년이 지나기 전에 투자자산 또는 출자지분을 이전하거나 회수하는 경우 또는 투자일 또는 출자일부터 3년이 되는 날까지 광업권 또는 조광권을 취득하지 못하는 경우(조특법 §104의15②)

② 이자상당가산액 : 이자상당가산액 = 세액공제액 × 일수* × 0.022%

* 일수는 공제받은 과세연도의 과세표준 신고일의 다음 날부터 추징사유가 발생한 날이 속하는 과세연도의 과세표준 신고일까지의 일수를 말한다.

6. 최저한세

1. 취 지

「조세특례제한법」상의 손금산입·익금불산입·비과세소득·특별상각비의 손금산입·소득공제·세액감면 및 세액공제 등과 같은 조세감면제도는 국민개납의 원칙과 공평과세의 원칙에서 볼 때 바람직한 것이 아니지만 중소기업의 육성·연구 및 인력개발의 촉진·에너지절약시설 등 국가정책의 중요성을 인식하여 불가피하게 마련한 제도이다.

그러나 국가정책상의 중요성을 감안하여 조세감면제도를 마련한 것이라도 조세부담의 형평·국민개납 및 재정수입확보 등의 측면에서 조세부담의 기초가 되는 소득이 있는 자에게 조세특례로 인한 감면받은 조세를 무제한 허용하지 않고 최소한 과세소득에 대하여는 법인세를 납부한다는 취지에서 감면 후 세액이 최저한세액에 미달하는 경우 그 미달액에 대하여는 조세특례 및 감면의 적용을 배제한다. 최저한세는 과도한 감면을 배제함으로써 과세형평을 제고하기 위한 제도이다.

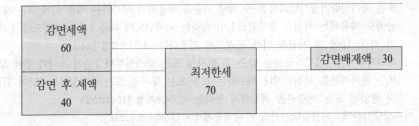

사례 » 최저한세 개념

감면 전 세액 100, 감면세액 60, 감면 후 세액 40인데 최저한세가 70인 경우 감면배제액 계산

2. 최저한세 적용대상 법인

최저한세의 적용대상은 다음과 같다(조특법 §132①).
① 내국법인(다만, 당기순이익 과세대상인 조합법인 제외)
② 국내사업장 귀속소득 또는 부동산소득이 있는 외국법인

따라서 국내사업장 귀속소득이나 부동산소득이 없는 외국법인은 최저한세대상이 아니다.

3. 최저한세 적용대상 조세특례 및 감면

「조세특례제한법」상 조세특례 및 감면이 최저한세대상이다(조특법 §132①).

① 조세특례 : 주로 세금을 연기하는 제도인 익금불산입·손금산입

② 조세감면 : 세금이 감소되는 제도인 비과세·소득공제·세액감면·세액공제

조세특례제한법상 조세특례 및 감면만 최저한세대상이므로, 「법인세법」상 조세특례 및 감면은 최저한세대상이 아니다.

구 분	최저한세 대상
① 익금불산입 ② 손 금 산 입	• 중소기업지원설비에 대한 손금산입특례(조특법 §8) • 상생협력중소기업으로부터 받는 수입배당금액 익금불산입(조특법 §8의2) • 연구개발 관련 출연금 등의 과세특례(조특법 §10의2) • 서비스업 감가상각비의 손금산입 특례(조특법 §28) • 중소·중견기업 설비투자자산의 감가상각비의 손금산입 특례(조특법 §28의2) • 설비투자자산의 감가상각비 손금산입 특례(조특법 §28의3) • 공장의 대도시 밖 이전에 대한 양도차익의 익금불산입(조특법 §60②) • 법인 본사의 수도권과밀억제권역 밖 이전에 따른 양도차익의 익금불산입 (조특법 §61③) • 공공기관이 혁신도시로 이전하는 경우 종전 부동산 양도차익의 익금불산입 (조특법 §62①) • 수도권 밖으로 공장을 이전하는 익금불산입(조특법 §63④) • 수도권 밖으로 본사를 이전하는 경우 익금불산입(조특법 §63의2④)
③ 비 과 세	• 중소기업창업투자회사 등의 주식양도차익 등에 대한 비과세(조특법 §13) • 중소기업창업투자회사 등에의 출자에 대한 과세특례(조특법 §14)
④ 소득공제	• 자기관리부동산투자회사 등에 대한 과세특례(조특법 §55의2 ④)
⑤ 세액감면	• 창업중소기업에 대한 세액감면(조특법 §6) • 중소기업특별세액감면(조특법 §7) • 기술이전에 대한 세액감면(조특법 §12① · ③) • 연구개발특구에 입주하는 첨단기술기업 등에 대한 세액감면(조특법 §12의2) • 국제금융거래에 따른 이자소득 등에 대한 면제(조특법 §21) • 중소기업 간의 통합의 경우 잔존감면기간의 승계(조특법 §31④ · ⑤) • 법인전환의 경우 잔존감면기간의 승계(조특법 §32④) • 사업전환중소기업에 대한 세액감면(조특법 §33의2) • 공공기관이 혁신도시로 이전하는 경우 세액감면(조특법 §62④) • 수도권과밀억제권역 외 지역 이전 중소기업에 대한 세액감면(조특법 §63) • 농공단지입주기업 등에 대한 세액감면(조특법 §64) • 농업회사법인에 대한 법인세의 면제 등(조특법 §68) • 소형주택임대사업자에 대한 세액감면(조특법 §96) • 상가건물 장기 임대사업자에 대한 세액감면(조특법 §96의2) • 위기지역 창업기업에 대한 법인세 등의 감면(조특법 §99의9)

구 분	최저한세 대상
	• 산림개발소득에 대한 세액감면(**조특법** §102) • 제주첨단과학기술단지 입주기업에 대한 법인세 등의 감면(**조특법** §121의8) • 제주투자진흥지구 또는 제주자유무역지역 입주기업에 대한 법인세 등의 감면(**조특법** §121의9) • 기업도시개발구역 등의 창업기업 등에 대한 법인세 등의 감면(**조특법** §121의17) • 아시아문화중심도시 투자진흥지구 입주기업 등에 대한 법인세 등의 감면 등(**조특법** §121의20) • 금융중심지 창업기업 등에 대한 법인세 등의 감면 등(**조특법** §121의21) • 첨단의료복합단지 및 국가식품클러스터 입주기업에 대한 법인세 등의 감면(**조특법** §121의22) 다만, 다음의 경우는 최저한세 대상에서 제외한다. • 「조세특례제한법」 제6조 제1항 또는 제6항, 제12조의2, 제99조의9, 제121조의8, 제121조의9, 제121조의17, 제121조의20부터 제121조의22까지의 규정에 따라 법인세의 100분의 100에 상당하는 세액을 감면받는 과세연도의 경우 • 「조세특례제한법」 제6조 제7항에 따라 추가로 감면받는 부분의 경우 • 「조세특례제한법」 제63조에 따라 수도권 밖으로 이전하는 경우 • 「조세특례제한법」 제68조에 따라 작물재배업에서 발생하는 소득의 경우
⑥ 세액공제	• 기업의 어음제도 개선을 위한 세액공제(**조특법** §7의2) • 상생결제 지급금액에 대한 세액공제(**조특법** §7의4) • 상생협력을 위한 기금출연시 세액공제(**조특법** §8의3) • 연구 및 인력개발비세액공제(중소기업 제외)(**조특법** §10) • 기술취득금액에 대한 세액공제(**조특법** §12②) • 기술혁신형 합병에 대한 세액공제(**조특법** §12의3) • 기술혁신형 주식취득에 대한 세액공제(**조특법** §12의4) • 내국법인의 벤처기업 등에의 출자에 대한 세액공제(**조특법** §13의2) • 내국법인의 소재·부품·장비전문기업에의 출자·인수에 대한 세액공제(**조특법** §13의3) • 성과공유 중소기업의 경영성과급에 대한 세액공제 등(**조특법** §19①) • 통합투자세액공제(**조특법** §24) • 영상콘텐츠 제작비용에 대한 세액공제(**조특법** §25의6) • 고용창출투자세액공제(**조특법** §26) • 산업수요맞춤형고등학교 등 졸업자를 병역 이행 후 복직시킨 중소기업에 대한 세액공제(**조특법** §29의2) • 경력단절 여성 재고용 중소기업에 대한 세액공제(**조특법** §29의3) • 근로소득을 증대시킨 기업에 대한 세액공제(**조특법** §29의4) • 청년고용을 증대시킨 기업에 대한 세액공제(**조특법** §29의5) • 고용을 증대시킨 기업에 대한 세액공제(**조특법** §29의7) • 통합고용세액공제(**조특법** §29의8) 23 신설 • 고용유지 중소기업 등에 대한 세액공제(**조특법** §30의3) • 중소기업의 고용증가 인원에 대한 사회보험료 세액공제(**조특법** §30의4)

구 분	최저한세 대상
	• 중소기업 간의 통합의 경우 미공제 세액공제의 이월공제(조특법 §31⑥) • 법인전환의 경우 미공제 세액공제의 이월공제(조특법 §32④) • 선결제 금액에 대한 세액공제(조특법 §99의12) • 전자신고세액공제(조특법 §104의8) • 제3자 물류비용에 대한 세액공제(조특법 §104의14) • 해외자원개발투자에 대한 세액공제(조특법 §104의15) • 대학 맞춤형 교육비용 등에 대한 세액공제(조특법 §104의18) • 기업의 운동경기부운영비용에 대한 세액공제(조특법 §104의22) • 석유제품 전자상거래에 대한 세액공제(조특법 §104의25) • 우수 선화주기업 인증을 받은 화주기업에 대한 세액공제(조특법 §104의30) • 금사업자와 구리 스크랩등사업자의 수입금액의 증가 등에 대한 세액공제 (조특법 §122의4①) • 금지금사업자에 대한 세액공제(조특법 §126의7⑧)

4. 최저한세 계산구조

[1단계] 감면 후 세액 계산

최저한세대상인 조세특례와 감면(①~⑥)을 차감하여 (4) 감면 후 세액(A)을 계산한다.

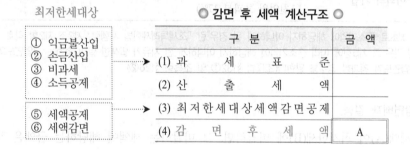

최저한세대상

● **감면 후 세액 계산구조** ●

구 분	금 액
① 익금불산입 ② 손금산입 ③ 비과세 ④ 소득공제	(1) 과 세 표 준	
	(2) 산 출 세 액	
⑤ 세액공제 ⑥ 세액감면	(3) 최 저 한 세 대 상 세 액 감 면 공 제	
	(4) 감 면 후 세 액	A

그러나 다음의 법인세액은 최저한세 계산에 있어서 감면 후 세액 계산에 포함하지 아니한다.

① 토지 등 양도소득에 대한 법인세액

② 미환류소득에 대한 법인세

③ 외국법인의 국내지점에 대한 지점세

④ 가산세

⑤ 다음의 추가납부세액

㉮ 「조세특례제한법」에 의하여 각종 준비금 등을 익금산입하는 경우와 감면세액을 추

징하는 경우(법인세에 가산하여 자진납부하거나 부과징수하는 경우를 포함한다)에
있어서의 이자상당가산액
④ 「조세특례제한법」 또는 「법인세법」에 의하여 법인세의 감면세액을 추징하는 경우
당해 사업연도에 법인세에 가산하여 자진납부하거나 부과징수하는 세액

[2단계] 최저한세 계산

과세표준에 과세표준 산출 전에 차감한 최저한세대상인 조세특례와 감면(①~④)을 더한
감면 전 과세표준에 최저한세율을 곱해서 최저한세를 계산한다.

> [과세표준 + 조세특례와 감면(①~④)] × 최저한세율 = 최저한세(B)

최저한세율은 다음과 같다(조특법 §132①).

구 분	최저한세율
중소기업(유예기간 포함)	7%
중소기업이 최초로 중소기업에 해당하지 않게 된 경우*	• 최초 3년 이내 끝나는 과세연도 : 8% • 그 다음 2년 이내 끝나는 과세연도 : 9%
위 이외의 기업	10%(과세표준이 100억원 초과 1천억원 이하분 12%, 과세표준이 1천억원 초과분 17%)

* "중소기업이 최초로 중소기업에 해당하지 아니하게 된 경우"란 「조세특례제한법 시행령」 제2조 제2항 각호 외의
부분 본문 및 같은 조 제5항에 따라 중소기업에 해당하지 아니하게 된 사유가 발생한 날이 속하는 사업연도와 그
다음 3개 사업연도가 경과한 경우를 말한다(조특법 §132① 및 조특령 §126②).

[3단계] 감면배제 결정

감면 후 세액(A)이 최저한세(B)에 미달하면, 그 미달하는 세액에 해당하는 금액은 감면
을 적용하지 아니한다.

• A ≥ B → 감면 후 세액이 최저한세 이상이므로 감면배제 없음
• A 〈 B → 감면 후 세액이 최저한세 미만이므로 B와 A의 차액만큼 감면을 배제

주의 조세부담 최소화를 위한 배제대상의 선택

최저한세로 인하여 조세특례 및 감면을 배제하는 경우 어떤 것을 배제하든 해당 사업연도의 법인세와 법인지방소득세는 동일하다. 그러나 감면배제에 따라 농어촌특별세가 달라지므로 해당 사업연도의 조세부담을 최소화하려면 농어촌특별세 과세대상인 조세감면을 배제해야 한다.

[4단계] 총부담세액 계산

Max[A, B]
(-) 최저한세대상이 아닌 세액감면과 공제
(+) 토지 등 양도소득에 대한 법인세 · 미환류소득에 대한 법인세 · 가산세 · 추가납부세액 · 지점세

　　총부담세액

사례 » 최저한세

중소기업인 ㈜한공의 제24기(2024. 1. 1.~2024. 12. 31.)의 다음 자료로 최저한세 고려 후 차감납부세액과 최저한세로 인한 감면배제액을 구하시오.

1. 당기 세무조정 내역

　(1) 손익계산서상의 당기순이익 　　　　274,000,000원

　(2) 익금산입 및 손금불산입

　　① 법인세비용 　　　　24,000,000원

　　② 기업업무추진비한도초과액 　　12,000,000원 　　　　36,000,000원

　(3) 손금산입 및 익금불산입

　　① 연구개발출연금 등의 과세특례 　　50,000,000원* 　　50,000,000원

　(4) 각 사업연도 소득금액 　　　　　　260,000,000원

　　* 연구개발출연금 등 과세특례는 최저한세대상이다.

2. 공제대상 이월결손금 　　　　　　10,000,000원
3. 연구 · 인력개발비세액공제 　　　2,000,000원
4. 통합투자세액공제 　　　　　　　15,000,000원
5. 가산세 　　　　　　　　　　　　1,000,000원
6. 원천납부세액 　　　　　　　　　7,000,000원
7. 최저한세로 인한 감면배제는 세액공제를 이월시켜도 내년 이후에 공제를 받을 가능성이 높아 통합투자세액공제를 먼저 배제하고, 그 다음 익금불산입의 순서에 의한다.

해답

(1) 감면 후 세액

　각 사업연도 소득금액 　　　　　260,000,000

　이 월 결 손 금 　　　　　　　(-) 10,000,000

과 세 표 준	250,000,000
산 출 세 액	27,500,000
최저한세대상 세액감면공제	(−) 15,000,000*
감 면 후 세 액(A)	12,500,000

* 통합투자세액공제는 최저한세 대상이나, 중소기업이므로 연구·인력개발비세액공제는 최저한세대상이 아니니다.

(2) 최저한세

과 세 표 준		250,000,000
출 연 금 과 세 특 례	(+)	50,000,000
감 면 전 과 세 표 준		300,000,000
최 저 한 세 율	(×)	7%
최 저 한 세(B)		21,000,000

(3) 차감납부세액

Max[A, B]		21,000,000
최저한세대상이 아닌 세액감면공제	(−)	2,000,000
가 산 세	(+)	1,000,000
총 부 담 세 액		20,000,000
기 납 부 세 액	(−)	7,000,000
차 감 납 부 세 액		13,000,000

(4) 감면배제액

① 세액증가액 : 21,000,000 − 12,500,000 = 8,500,000

② 세액공제 배제 : 8,500,000(10년간 이월공제)

5. 경정시 최저한세로 인한 감면배제 순서

납세의무자가 신고(국세기본법에 의한 수정신고 및 경정 등의 청구를 포함한다)한 법인세액이 최저한세의 세액에 미달하여 법인세를 경정하는 경우에는 다음의 순서(같은 호 안에서는 「조세특례제한법」 제132조 제1항 및 제2항 각호에 열거된 조문 순서를 따른다)에 따라 다음의 감면을 배제하여 세액을 계산한다(조특령 §126⑤).

① 준비금의 손금산입

② 손금산입 및 익금불산입

③ 세액공제. 이 경우 동일 조문에 의한 감면세액 중 이월된 공제세액이 있는 경우에는 나중에 발생한 것부터 적용배제한다.

④ 세액감면

⑤ 소득공제 및 비과세

6. 최저한세의 적용으로 공제받지 못한 세액공제의 이월공제

최저한세의 적용으로 공제받지 못한 부분에 상당하는 세액공제대상금액은 일정기간 동안 이월하여 공제받을 수 있다. 이에 대한 자세한 내용은 후술하는 "**7. 세액공제액의 이월공제**"를 참조하시오.

7. 세액공제액의 이월공제

1. 「조세특례제한법」상 세액공제액의 이월공제

(1) 세액공제 중 이월공제의 대상

조세특례제한법의 세액공제액 중 이월공제가 인정되는 것은 다음과 같다(조특법 §144①).

① 기업의 어음제도개선을 위한 세액공제(조특법 §7의2)

② 상생결제 지급금액에 대한 세액공제(조특법 §7의4)

③ 대·중소기업 상생협력을 위한 기금 출연시 세액공제(조특법 §8의3)

④ 연구 및 인력개발비에 대한 세액공제(조특법 §10)

⑤ 특허권취득금액에 대한 세액공제(조특법 §12②)

⑥ 기술혁신형 중소기업 합병에 대한 세액공제(조특법 §12의3)

⑦ 기술혁신형 중소기업 주식취득에 대한 세액공제(조특법 §12의4)

⑧ 내국법인의 벤처기업 등에의 출자에 대한 세액공제(조특법 §13의2)

⑨ 내국법인의 소재·부품·장비전문기업에의 출자·인수에 대한 세액공제(조특법 §13의3)

⑩ 성과공유 중소기업의 경영성과급에 대한 세액공제(조특법 §19①)

⑪ 통합투자세액공제(조특법 §24)

⑫ 영상콘텐츠 제작비용에 대한 세액공제(조특법 §25의6)

⑬ 고용창출투자세액공제(조특법 §26)

⑭ 산업수요맞춤형고등학교 등 졸업자의 병역이행 후 복직시킨 중소기업에 대한 세액공제
(조특법 §29의2)

⑮ 경력단절여성 재고용 중소기업에 대한 세액공제(조특법 §29의3)

⑯ 근로소득을 증대시킨 기업에 대한 세액공제(조특법 §29의4)

⑰ 청년고용을 증대시킨 기업에 대한 세액공제(조특법 §25의5)

⑱ 고용을 증대시킨 기업에 대한 세액공제(조특법 §29의7)

⑲ 통합고용세액공제(조특법 §29의8) 23 신설

⑳ 고용유지중소기업 등에 대한 세액공제(조특법 §30의3)

㉑ 고용증대세액공제(조특법 §30의4)

㉒ 상가임대료를 인하한 임대사업자에 대한 세액공제(조특법 §96의3)

㉓ 선결제금액에 대한 세액공제(조특법 §99의12)

㉔ 지급명세서등에 대한 세액공제(조특법 §104의5) 23 신설 (2024. 1. 1. 이후 간이지급명세서
를 제출하는 분부터 적용)

㉕ 전자신고에 대한 세액공제(조특법 §104의8)

㉖ 제3자물류비용에 대한 세액공제(조특법 §104의14)

㉗ 해외자원개발투자에 대한 세액공제(조특법 §104의15)

㉘ 기업의 운동경기부 설치·운영비에 대한 세액공제(조특법 §104의22)

㉙ 석유제품 전자상거래에 대한 세액공제(조특법 §104의25)

㉚ 우수선화주기업 인증을 받은 화주기업에 대한 세액공제(조특법 §104의30)

㉛ 금사업자와 스크랩등사업자의 수입금액의 증가등에 대한 세액공제(조특법 §122의4①)

㉜ 성실신고확인비용에 대한 세액공제(조특법 §126의6)

㉝ 금현물시장에서 거래되는 금지금에 대한 세액공제(조특법 §126의7⑧)

㉞ 구조세감면규제법(법률 제5584호) 부칙 제12조 제2항(종전 제37조의 개정 규정에 한한 다)의 규정을 적용받은 세액공제(법률 제5584호, 1998. 12. 28. 공포)

(2) 이월공제사유 및 이월공제기간

해당 사업연도에 납부할 세액이 없거나 최저한세액에 미달하여 세액공제를 받지 못한 경우[2] 공제받지 못한 위 "(1)"의 세액공제는 해당 사업연도의 다음 사업연도 개시일로부터 다음 기간 10년 이내에 끝나는 각 과세연도에 이월하여 그 이월된 각 과세연도의 법인세에서 공제한다(조특법 §144①).

종전에는 세액공제의 이월공제기간은 5년을 원칙으로 하되, 창업초기 중소기업은 결손이 발생하는 점을 고려하여 이월공제기간을 투자세액공제는 7년, 연구·인력개발비에 대한 세액공제는 10년으로 하고, 신성장·원천기술 연구·인력개발비에 대한 세액공제는 국가경제에 매우 중요하므로 이월공제기간을 10년으로 하였다. 그러나 2020년에 코로나-19의 확산으로 기업들이 대규모 결손이 발생될 것으로 예상되므로 세액공제의 이월공제기간을 모두 10년으로 연장하여 2021. 1. 1. 이후 과세표준을 신고하는 경우부터 적용하도록 하였다 (2020. 12. 29. 조특법 개정부칙 §35). 다만, 2021. 1. 1. 전에 종전의 규정에 따라 이월공제기간이 지난 세액에 대해서는 개정규정에도 불구하고 종전의 규정에 따른다(2020. 12. 29. 조특법 개정부칙 §51).

---

2) 법인이 전년도에 일반기업의 최저한세 적용으로 인하여 공제받지 못한 부분에 상당하는 금액은 당해연도에 중소기업에 해당하여 중소기업에 대한 최저한세 범위 내에서 이월하여 공제받을 수 있다(서면2팀-574, 2006. 4. 3.).

구 분	이월공제기간		
	종전 규정		2020. 12. 29. 개정 규정
① 중소기업이 설립일부터 5년이 되는 날이 속하는 과세연도까지 공제받지 못한 중소기업투자세액공제와 연구·인력개발비세액공제	중소기업 등 투자세액공제 : 7년		10년*
	연구·인력개발비에 대한 세액공제 : 10년		
② 연구·인력개발비 중 신성장·원천기술을 얻기 위한 연구개발비에 대한 세액공제(중소기업의 연구·인력개발비에 대한 세액공제 제외)	10년		
③ 그 밖의 조특법상 세액공제	5년		

* 2021. 1. 1. 전에 이월공제기간이 지나지 않은 세액공제의 이월공제기간은 모두 10년임.

2. 해당 사업연도의 세액공제와 이월된 세액공제의 공제순서

해당 사업연도의 세액공제 금액과 이월된 미공제 세액공제 금액이 중복되는 경우에는 이월된 미공제 금액을 먼저 공제하고 그 이월된 미공제 금액 간에 중복되는 경우에는 먼저 발생한 것부터 차례대로 공제한다(조특법 §144②).

8. 감면세액의 추징

1. 추징사유

다음의 투자세액공제를 받은 법인이 투자 완료일부터 2년(조특칙 제12조의3 각호의 어느 하나에 해당하는 건물과 구축물[3]은 5년)이 지나기 전에 해당 자산을 처분한 경우(임대하는 경우를 포함하며 후술하는 "3. 감면세액의 추징배제"의 경우를 제외한다)에는 처분한 날이 속하는 사업연도의 과세표준신고를 할 때 해당 자산에 대한 세액공제상당액에 이자상당가산액을 가산하여 법인세로 납부하여야 한다(조특법 §146).

① 상생협력을 위한 설비 투자에 대한 세액공제(조특법 §8의3③)

② 통합투자세액공제(조특법 §24)

③ 고용창출투자세액공제(조특법 §26)

④ 법률 제5584호 「조세감면규제법」 개정법률 부칙 제12조 제2항의 세액공제

2. 이자상당가산액의 계산

투자세액공제를 적용받은 후 감면세액의 추징사유에 해당하여 법인세로 납부하여야 할 이자상당가산액은 다음의 계산식에 따라 계산한 금액으로 한다(조특령 §137③).

$$\text{법인세로 납부할 이자상당가산액} = \text{공제받은 사업연도 과세표준신고일의 다음 날부터 감면세액의 추징사유가 발생한 날이 속하는 사업연도의 과세표준신고일까지의 기간} \times 1\text{일} \; 0.022\%^*$$

* 이자율은 종전에 일 0.03%이었으나 납세자의 부담을 경감하기 위하여 2019. 2. 12.에 일 0.025%로, 다시 2022. 2. 15.에 일 0.022%로 인하되었다. 개정 전에 발생한 사유로 개정 후에 세액을 납부 또는 부과하는 경우 개정규정 시행일 전일까지의 기간분은 개정 규정에도 불구하고 종전 규정에 따른다(2019. 2. 12. 조특령 개정부칙 §25, 2022. 2. 15. 조특령 개정부칙 §21). 이자율은 다음과 같이 적용한다.

구 분	2019. 2. 11.까지의 기간	2019. 2. 12.부터 2022. 2. 14.까지의 기간	2022. 2. 15. 이후 기간
이자율	일 0.03%	일 0.025%	일 0.022%

---

3) 조특칙 제12조의3 각호의 건물과 구축물
  ① 조특칙 제12조 제2항 제4호에 따른 근로자복지 증진 시설
  ② 조특칙 제12조 제3항 제4호에 따른 유통산업합리화시설 중 창고시설 등
  ③ 조특칙 제12조 제3항 제6호에 따른 숙박시설, 전문휴양시설(골프장 시설은 제외한다) 및 종합유원시설업의 시설

3. 감면세액의 추징배제

다음의 경우에는 감면세액의 추징을 배제한다(조특령 §137①).

① 현물출자, 합병, 분할, 분할합병, 「법인세법」 제50조의 적용을 받는 교환, 통합, 사업전
환 또는 사업의 승계로 인하여 당해 자산의 소유권이 이전되는 경우

② 내용연수가 경과된 자산을 처분하는 경우

③ 국가·지방자치단체 또는 「법인세법 시행령」 제39조 제1항 제1호 나목에 따른 학교
등에 기부하고 그 자산을 사용하는 경우

9. 법인세 감면에 대한 농어촌특별세

1. 개 요

농어촌특별세는 농어업의 경쟁력 강화와 농어촌의 산업기반시설의 확충에 필요한 재원에 충당하기 위하여 2024. 6. 30.까지 과세하는 목적세이다. 「조세특례제한법」에 따라 법인세를 감면받은 경우에는 농어촌특별세의 과세대상이 될 수 있다.

2. 과세대상

조세특례제한법에 따라 법인세를 감면받는 경우 감면세액에 대하여 20%의 농어촌특별세가 과세된다(농특세법 §3). 농어촌특별세의 과세대상인 감면이란 비과세·소득공제·세액감면·세액공제·특례세율을 적용받아 세액이 감소하는 것을 말한다. 그러나 준비금·익금불산입 및 손금산입은 대부분 과세이연에 불과하므로 농어촌특별세 과세대상인 감면으로 보지 않는다.

구 분	조세특례 및 감면	농특세 과세 여부
법인세법	비과세·소득공제·세액공제	비과세
조세특례제한법	준비금·익금불산입·손금산입	비과세
	비과세·소득공제·세액감면·세액공제·특례세율*	과 세

* 특례세율이란 조합법인 등에 대한 특례세율을 적용하는 경우를 말한다(농특세법 §2①).

3. 비과세

농어촌특별세는 농어업의 경쟁력 강화 등을 위한 제도이나. 농어촌 못지않게 중소기업도 중요하므로 중소기업 감면에는 농어촌특별세를 비과세한다. 연구 및 인력개발은 국가경쟁력 강화에, 지방이전은 국토의 균형적인 발전에 필요하고, 농어촌기업은 농어촌에서 어려움을 겪고 있으므로 이러한 감면에도 농어촌특별세를 비과세한다. 농어촌특별세 비과세의 주요 내용은 다음과 같다(농특세법 §4).

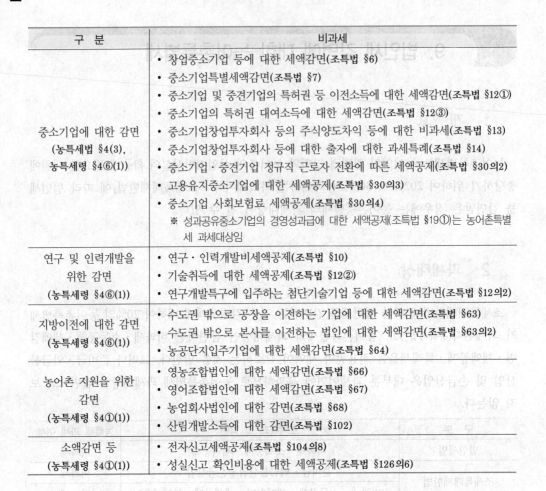

구 분	비과세
중소기업에 대한 감면 (농특세법 §4(3), 농특세령 §4⑥(1))	• 창업중소기업 등에 대한 세액감면(조특법 §6) • 중소기업특별세액감면(조특법 §7) • 중소기업 및 중견기업의 특허권 등 이전소득에 대한 세액감면(조특법 §12①) • 중소기업의 특허권 대여소득에 대한 세액감면(조특법 §12③) • 중소기업창업투자회사 등의 주식양도차익 등에 대한 비과세(조특법 §13) • 중소기업창업투자회사 등에 대한 출자에 대한 과세특례(조특법 §14) • 중소기업·중견기업 정규직 근로자 전환에 따른 세액공제(조특법 §30의2) • 고용유지중소기업에 대한 세액공제(조특법 §30의3) • 중소기업 사회보험료 세액공제(조특법 §30의4) 　※ 성과공유중소기업의 경영성과급에 대한 세액공제(조특법 §19①)는 농어촌특별 　　세 과세대상임
연구 및 인력개발을 위한 감면 (농특세령 §4⑥(1))	• 연구·인력개발비세액공제(조특법 §10) • 기술취득에 대한 세액공제(조특법 §12②) • 연구개발특구에 입주하는 첨단기술기업 등에 대한 세액감면(조특법 §12의2)
지방이전에 대한 감면 (농특세령 §4⑥(1))	• 수도권 밖으로 공장을 이전하는 기업에 대한 세액감면(조특법 §63) • 수도권 밖으로 본사를 이전하는 법인에 대한 세액감면(조특법 §63의2) • 농공단지입주기업에 대한 세액감면(조특법 §64)
농어촌 지원을 위한 감면 (농특세령 §4①(1))	• 영농조합법인에 대한 세액감면(조특법 §66) • 영어조합법인에 대한 세액감면(조특법 §67) • 농업회사법인에 대한 감면(조특법 §68) • 산림개발소득에 대한 감면(조특법 §102)
소액감면 등 (농특세령 §4①(1))	• 전자신고세액공제(조특법 §104의8) • 성실신고 확인비용에 대한 세액공제(조특법 §126의6)

4. 농어촌특별세 과세표준과 세율

「조세특례제한법」에 따라 법인세를 감면받은 경우에는 법인세 감면세액의 20%를 농어촌특별세로 한다. 농어촌특별세의 과세표준인 감면세액은 다음과 같이 계산한다(농특세법 §5①(1)).

(1) 세액감면 및 세액공제를 적용받은 경우

조세특례제한법에 따라 세액감면 및 세액공제를 적용받는 경우에는 감면세액과 공제세액이 농어촌특별세 과세표준인 감면세액이다.

(2) 조합법인이 특례세율을 적용받은 경우

「조세특례제한법」제72조 제1항에 따른 조합법인 등의 경우에는 ①에 규정된 세액에서 ②에 규정된 세액을 차감한 금액을 감면을 받는 세액으로 본다(농특세법 §5②).

① 해당 법인의 각 사업연도 과세표준금액에 「법인세법」제55조 제1항에 규정된 세율을 적용하여 계산한 법인세액

② 해당 법인의 각 사업연도 과세표준금액에 「조세특례제한법」제72조 제1항에 규정된 세율을 적용하여 계산한 법인세액

(3) 비과세 및 소득공제를 적용받은 경우

비과세 및 소득공제를 받는 경우에는 다음 산식에 의하여 계산한 금액을 감면을 받는 세액으로 본다(농특세법 §5③, 농특세령 §5).

$$
\text{비과세소득 및 소득공제액을 과세표준에 산입하여 계산한 세액} - \text{비과세소득·소득공제액을 과세표준에서 제외하고 계산한 세액}
$$

5. 본세에 따른 신고·납부절차

농어촌특별세는 해당 본세를 신고·납부(중간예납 제외)하는 때에 그에 대한 농어촌특별세도 함께 신고·납부하여야 하며, 신고·납부할 본세가 없는 경우에는 해당 본세의 신고·납부의 예에 따라 신고·납부하여야 한다(농특세법 §7①).

6. 농어촌특별세의 분납

법인세의 납세의무자가 법인세를 분납하는 경우에는 농어촌특별세도 그 분납금액의 비율에 의하여 법인세의 분납의 예에 따라 분납할 수 있다(농특세법 §9①).

법인세가 1천만원 이하이어서 법인세를 분납하지 아니하는 경우에도 농어촌특별세의 세액이 500만원을 초과하는 경우에는 법인세의 분납기간 이내에 다음의 세액을 분납할 수 있다(농특세법 §9②, 농특세령 §8).

① 농어촌특별세의 세액이 1천만원 이하인 때에는 500만원을 초과하는 금액

② 농어촌특별세의 세액이 1천만원을 초과하는 때에는 그 세액의 100분의 50 이하의 금액

7. 농어촌특별세의 환급

농어촌특별세의 과오납금 등(감면을 받은 세액을 추징함에 따라 발생하는 환급금을 포함한다)에 대한 환급은 본세의 환급의 예에 따른다(농특세법 §12).

8. 손금불산입

「법인세법」에 따라 손금에 산입되지 아니하는 본세에 대한 농어촌특별세는 「법인세법」에 따른 소득금액계산에 있어서 손금에 산입하지 아니한다(농특세법 §13). 법인세가 손금불산입 항목이므로 법인세감면에 대한 농어촌특별세도 손금불산입항목이다.

[별지 제13호 서식] (2024. 3. 22. 개정)　　　　　　　　　　　　　　　　　　　(3쪽 중 제1쪽)

사 업 연 도	·　·　· ~ ·　·　·	농어촌특별세 과세대상 감면세액 합계표	법 인 명	
			사업자등록번호	

1. 일반법인의 감면세액

① 구 분	② 감 면 내 용	③ 「조세특례제한법」 근거 조항	코 드	④ 감 면 세 액 (소 득 금 액)	비 고
⑤ 비과세	⑩ 기업구조조정전문회사의 양도차익 비과세	법률 제9272호 부칙 제10조·제40조	604	(　　　)	「법인세법 시행규칙」 별지 제6호 서식의 ⑩란 해당 금액
	⑩ 중소기업창업투자회사 등의 소재·부품·장비전문기업 주식양도차익 등에 대한 비과세	제13조의4	62Q	(　　　)	
	⑩		606		
⑥ 소 득 공 제	⑩ 국민주택임대소득공제	제55조의2 제4항	460	(　　　)	「법인세법 시행규칙」 별지 제7호 서식의 ⑧란 해당 금액
	⑯ 주택임대소득공제(연면적 149㎡ 이하)	제55조의2 제5항	463	(　　　)	
	⑯			(　　　)	
	⑰		458		
⑦ 비과세·소득공제분 감면세액			6A1		(과세표준+소득금액) ×세율－산출세액
⑧ 세 액 감 면	⑱ 국제금융거래이자소득 면제	제21조	123		
	⑲ 해외자원개발배당 감면	제22조	103		
	⑩ 사업전환 중소기업에 대한 세액감면	구 제33조의2	192		
	⑪ 무역조정지원기업의 사업전환 세액감면	구 제33조의2	13A		
	⑫ 기업구조조정전문회사의 주식양도차익 감면	법률 제9272호 부칙 제10조·제40조	13B		
	⑬ 혁신도시 이전 공공기관 세액감면	제62조 제4항	13F		
	⑭ 행정중심복합도시 등 공장이전 조세감면	제85조의2(19. 12. 31. 법률 제16835호로 개 정되기 전의 것)	11A		
	⑮ 사회적 기업에 대한 감면	제85조의6	11L		
	⑯ 장애인 표준사업장에 대한 감면	제85조의6	11M		
	⑰ 소형주택 임대사업자에 대한 세액감면	제96조	13I		
	⑱ 상가건물 장기 임대사업자에 대한 감면	제96조의2	13N		
	⑲ 제주첨단과학기술단지입주기업 조세감면(최저한세적용제외)	제121조의8	181		
	⑳ 제주투자진흥지구 등 입주기업 조세감면(최저한세적용제외)	제121조의9	182		
	㉑ 기업도시개발구역 등 입주기업 감면(최저한세적용제외)	제121조의17 제1항 제 1호·제3호·제5호	197		「법인세법 시행규칙」 별지 제8호 서식(갑)의 ④란 해당 금액
	㉒ 기업도시개발사업 등 시행자 감면	제121조의17 제1항 제 2호·제4호·제6호· 제7호	198		
	㉓ 아시아문화중심도시 투자진흥지구 입주기업 감면(최저한세적용제외)	제121조의20 제1항	11C		
	㉔ 금융중심지 창업기업에 대한 감면(최저한세적용제외)	제121조의21 제1항	11G		
	㉕ 첨단의료복합단지 입주기업에 대한 감면(최저한세적용제외)	제121조의22	17A		
	㉖ 국가식품클러스터 입주기업에 대한 감면(최저한세적용제외)	제121조의22	17B		
	㉗ 첨단의료복합단지 입주기업에 대한 감면(최저한세적용대상)	제121조의22	13H		
	㉘ 국가식품클러스터 입주기업에 대한 감면(최저한세적용대상)	제121조의22	13V		
	㉙ 제주첨단과학기술단지입주기업 조세감면(최저한세적용대상)	제121조의8	13P		
	㉚ 제주투자진흥지구 등 입주기업 조세감면(최저한세적용대상)	제121조의9	13Q		
	㉛ 기업도시개발구역 등 입주기업 감면(최저한세적용대상)	제121조의17 제1항 제 1호·제3호·제5호	13R		
	㉜ 금융중심지 창업기업에 대한 감면(최저한세적용대상)	제121조의21 제1항	13U		
	㉝ 아시아문화중심도시 투자진흥지구 입주기업 감면(최저한세적용대상)	제121조의20 제1항	13T		
	㉞ 기회발전특구 창업기업 등에 대한 법인세 등의 감면(최저한세적용제외)	제121조의33	1D1		
	㉟ 기회발전특구 창업기업 등에 대한 법인세 등의 감면(최저한세적용대상)	제121조의33	1C1		
	㊱		164		

210mm×297mm[백상지 80g/㎡ 또는 중질지 80g/㎡]

① 구 분	② 감 면 내 용	③ 「조세특례제한법」 근거 조항	코 드	④ 감 면 세 액 (소득금액)	비 고
⑨ 세 액 공 제	⑬ 중소기업투자세액공제	구 제5조	131		
	⑬ 상생결제 지급금액에 대한 세액공제	제7조의4	14Z		
	⑬ 대중소기업 상생협력을 위한 기금출연 세액공제	제8조의3 제1항	14M		
	⑭ 협력중소기업에 대한 유형고정자산 무상임대 세액공제	제8조의3 제2항	18D		
	⑭ 수탁기업에 설치하는 시설에 대한 세액공제	제8조의3 제3항	18L		
	⑭ 교육기관에 무상 기증하는 중고자산에 대한 세액공제	제8조의3 제4항	18R		
	⑭ 기술혁신형 합병에 대한 세액공제	제12조의3	14T		
	⑭ 기술혁신형 주식취득에 대한 세액공제	제12조의4	14U		
	⑭ 벤처기업 등 출자에 대한 세액공제	제13조의2	18E		
	⑭ 성과공유 중소기업 경영성과급 세액공제	제19조	18H		
	⑭ 에너지절약시설투자 세액공제	구 제25조 제1항 제2호	177		
	⑭ 환경보전시설투자 세액공제	구 제25조 제1항 제3호	14A		
	⑭ 근로자복지증진시설투자 세액공제	구 제25조 제1항 제4호	142		
	⑮ 안전시설투자 세액공제	구 제25조 제1항 제5호	136		
	⑮ 생산성향상시설투자세액공제	구 제25조 제1항 제6호	135		
	⑮ 의약품 품질관리시설투자 세액공제	구 제25조의4	14B		
	⑮ 신성장기술 사업화를 위한 시설투자 세액공제	구 제25조의5	18B		
	⑮ 영상콘텐츠 제작비용에 대한 세액공제(기본공제)	제25조의6	18C		
	⑮ 영상콘텐츠 제작비용에 대한 세액공제(추가공제)	제25조의6	1B8		
	⑮ 초연결 네크워크 시설투자에 대한 세액공제	구 제25조의7	18I		
	⑮ 고용창출투자세액공제	제26조	14N		
	⑮ 산업수요맞춤형고등학교등 졸업자 복직 중소기업 세액공제	제29조의2	14S		「법인세법 시행규칙」
	⑮ 경력단절 여성 고용 기업 등에 대한 세액공제	제29조의3 제1항	14X		별지 제8호
	⑯ 육아휴직 후 고용유지 기업에 대한 인건비 세액공제	제29조의3 제2항	18J		서식(갑)의
	⑯ 근로소득을 증대시킨 기업에 대한 세액공제	제29조의4	14Y		④·⑦란 세액공제
	⑯ 청년고용을 증대시킨 기업에 대한 세액공제	제29조의5	18A		해당 금액
	⑯ 고용을 증대시킨 기업에 대한 세액공제	제29조의7	18F		
	⑯ 통합고용세액공제	제29조의8	18S		
	⑯ 통합고용세액공제(정규직 전환)	제29조의8	1B4		
	⑯ 통합고용세액공제(육아휴직복귀)	제29조의8	1B5		
	⑯ 제3자 물류비용 세액공제	제104조의14	14E		
	⑯ 대학 맞춤형 교육비용 등 세액공제	구 제104조의18 제1항	14I		
	⑯ 대학등 기부설비에 대한 세액공제	구 제104조의18 제2항	14K		
	⑰ 산업수요맞춤형 고등학교 등 재학생에 대한 현장훈련수당 등 세액공제	구 제104조의18 제4항	14R		
	⑰ 기업의 경기부 설치운영비용 세액공제	제104조의22	140		
	⑰ 석유제품 전자상거래에 대한 세액공제	제104조의25	14P		
	⑰ 금 현물시장에서 거래되는 금지금에 대한 과세특례	제126조의7 제8항	14V		
	⑰ 금사업자와 스크랩등사업자의 수입금액의 증가 등에 대한 세액공제	제122조의4	14W		
	⑰ 우수 선화주 인증 국제물류주선업자 세액공제	제104조의30	18M		
	⑰ 용역제공자에 관한 과세자료의 제출에 대한 세액공제	제104조의32	10C		
	⑰ 소재·부품·장비 수요기업 공동출자 세액공제	제13조의3 제1항	18N		
	⑱ 소재·부품·장비 외국법인 인수세액 공제	제13조의3 제3항	18P		
	⑱ 상가임대료를 인하한 임대사업자에 대한 세액공제	제96조의3	10B		
	⑱ 선결제 금액에 대한 세액공제	제99조의12	18Q		
	⑱ 통합투자세액공제(일반)	제24조	13W		
	⑱ 임시통합투자세액공제(일반)	제24조	1B1		
	⑱ 통합투자세액공제(신성장·원천기술)	제24조	13X		
	⑱ 임시통합투자세액공제(신성장·원천기술)	제24조	1B2		
	⑱ 통합투자세액공제(국가전략기술)	제24조	13Y		
	⑱ 임시통합투자세액공제(국가전략기술)	제24조	1B3		
	⑱ 해외자원개발투자에 대한 과세특례	제104조의15	1B6		
	⑱ 문화산업전문회사 출자에 대한 세액공제	제25조의7	1B7		
	⑱		165		
	⑩ 감 면 세 액 합 계			1A2	

2. 조합법인 등의 감면세액

① 법인세 과세표준	② 「조세특례제한법」 제72조 세율	③ 산출세액 (①×②)	④ 과세표준 구 분	금 액	⑤ 「법인세법」 제55조의 세율	⑥ 산출세액	⑦ 감면세액 (⑥－③)
			2억원 이하				
			200억원 이하				
			3천억원 이하				
			3천억원 초과				
합 계			합 계				

210mm×297mm[백상지 80g/㎡ 또는 중질지 80g/㎡]

3. 조합법인에 대한 공제세액

⑧ 공제내용	코드	⑨ 공제세액	비 고
청년고용을 증대시킨 기업에 대한 세액공제	18A		「법인세법 시행규칙」 별지 제8호 서식(갑)의 ⑦란 공제세액 해당 금액
고용을 증대시킨 기업에 대한 세액공제	18F		「법인세법 시행규칙」 별지 제8호 서식(갑)의 ⑦란 공제세액 해당 금액
기업의 경기부 설치운영비용 세액공제	140		「법인세법 시행규칙」 별지 제8호 서식(갑)의 ⑦란 공제세액 해당 금액
상가임대료를 인하한 임대사업자에 대한 세액공제	10B		「법인세법 시행규칙」 별지 제8호 서식(갑)의 ④란 감면(공제)세액 해당 금액
선결제금액에 대한 세액공제	18Q		「법인세법 시행규칙」 별지 제8호 서식(갑)의 ⑦란 공제세액 해당 금액
통합고용세액공제	18S		「조세특례제한법 시행규칙」 별지 제10호의9 서식의 ④란 공제세액 해당 금액
합 계			

작 성 방 법

1. 일반법인의 감면세액 계산

   가. ⑦란 중 ④ 감면세액(소득금액)란의 금액은 각 사업연도 소득에 대한 법인세 과세표준[법인세 과세표준 및 세액조정계산서(별지 제3호 서식)의 ⑪란의 금액을 말합니다]에 ⑤란의 비과세 소득금액과 ⑥란의 소득공제금액을 합산한 조정과세표준에 대한 산출세액에서 법인세 과세표준 및 세액조정계산서(별지 제3호 서식)의 ⑩란의 산출세액의 금액을 빼서 적습니다.

   나. 그 밖에 ⑤ 비과세, ⑥ 소득공제, ⑧ 세액감면, ⑨ 세액공제의 빈 란에는 「조세특례제한법」의 개정으로 추가하여 감면세액이 발생되거나 개정 전 규정의 부칙에 따라 적용되는 감면세액이 농어촌특별세 과세대상에 해당하는 경우에 해당 감면세액을 각각 적습니다.

2. 조합법인 등의 감면세액 계산: ⑤ 「법인세법」 제55조의 세율은 다음과 같이 적용합니다.

   가. 2012년 1월 1일 이후 개시하는 사업연도

과세표준	세 율
2억원 이하	과세표준의 100분의 10
2억원 초과 200억원 이하	2천만원 + (2억원 초과 200억원 이하 금액의 100분의 20)
200억원 초과	39억 8천만원 + (200억원을 초과하는 금액의 100분의 22)

   나. 2018년 1월 1일 이후 개시하는 사업연도

과세표준	세 율
2억원 이하	과세표준의 100분의 10
2억원 초과 200억원 이하	2천만원 + (2억원 초과 200억원 이하 금액의 100분의 20)
200억원 초과 3천억원 이하	39억8천만원 + (200억원을 초과하는 금액의 100분의 22)
3천억원 초과	655억8천만원 + (3천억원을 초과하는 금액의 100분의 25)

   다. 2023년 1월 1일 이후 개시하는 사업연도

과세표준	세 율
2억원 이하	과세표준의 100분의 9
2억원 초과 200억원 이하	1천8백만원 + (2억원 초과 200억원 이하 금액의 100분의 19)
200억원 초과 3천억원 이하	37억8천만원 + (200억원을 초과하는 금액의 100분의 21)
3천억원 초과	625억8천만원 + (3천억원을 초과하는 금액의 100분의 24)

3. 조합법인 등의 공제세액 계산: 「조세특례제한법」의 개정으로 조합법인 등에 추가로 공제되는 공제세액이 농어촌특별세 과세대상에 해당하는 공제세액을 적습니다.

※ 근거법조항 중 "구"는 「조세특례제한법」(2020. 12. 29. 법률 제17759호로 개정되기 전의 것)에 따른 조항을 의미합니다.

210mm×297mm[백상지 80g/㎡ 또는 중질지 80g/㎡]

[별지 제12호 서식] (2017. 3. 10. 개정)

(앞 쪽)

사 업 연 도	· · · ~ · · ·	농어촌특별세과세표준 및 세액조정계산서	법 인 명	
			사업자등록번호	

농어촌특별세 과세표준 및 세액 조정내역

①법 인 유 형	②과 세 표 준		세 율	③세 액
	구 분	금 액		
④일 반 법 인	⑤법 인 세 감 면 세 액		20%	
	⑥			
	⑦			
	⑧소　　　　계			
⑨조 합 법 인 등	⑩법인세 공제·감면세액		20%	
	⑫소　　　　계			

작 성 방 법

1. ②란 중 ⑤법인세감면세액란에는 농어촌특별세과세대상감면세액합계표[별지 제13호 서식]상의 ⑩감면세액합계란의 금액을 옮겨 적습니다.

2. ②란 중 ⑩법인세공제·감면세액란에는 농어촌특별세과세대상감면세액합계표[별지 제13호 서식] 2. 조합법인 등 감면세액중 ⑦감면세액란의 합계금액과 3. 조합법인 등 공제세액중 ⑨ 공제세액란 합계금액을 더하여 기입합니다.

210mm×297mm[백상지 80g/㎡ 또는 중질지 80g/㎡]

[별지 제2호 서식] (2024. 3. 22. 개정)

농어촌특별세 과세표준 및 세액신고서

※ 뒤쪽의 신고안내 및 작성방법을 읽고 작성하여 주시기 바랍니다.

(앞쪽)

1. 신고인 인적사항

①소　재　지			
②법　인　명		③대 표 자 성 명	
④사업자등록번호		⑤사 업 연 도	⑥전 화 번 호

2. 농어촌특별세 과세표준 및 세액 조정내역

⑦과　세　표　준	
⑧산　출　세　액	
（미납세액, 미납일수, 세율） ⑨가　산　세　액	（　　　　　,　　　　　, 2.2/10,000）
⑩총　부　담　세　액	
⑪기　납　부　세　액	
⑫환　급　예　정　세　액	
⑬차　감　납　부　할　세　액	
⑭분　납　할　세　액	
⑮차　감　납　부　세　액	
⑯충　당　후　납　부　세　액	
⑰국　세　환　급　금 　충　　당　　신　　청	환 급 법 인 세	
	충당할 농어촌특별세	

　　신고인은 「농어촌특별세법」 제7조에 따라 위의 내용을 신고하며, 위 내용을 충분히 검토하였고 신고인이 알고 있는 사실 그대로를 정확하게 적었음을 확인합니다.

년　　　월　　　일

신고인(대표자)

(서명 또는 인)

　　세무대리인은 조세전문자격자로서 위 신고서를 성실하고 공정하게 작성하였음을 확인합니다.

세무대리인

(서명 또는 인)

세무서장 귀하

210mm×297mm[백상지 80g/㎡ 또는 중질지 80g/㎡]

(뒤쪽)

작 성 방 법

1. ⑦과세표준란 및 ⑧산출세액란: "농어촌특별세과세표준 및 세액조정계산서(별지 제12호서식)"의 ⑧·⑫소계란 중 ② 과세표준란 및 ③세액란의 금액을 옮겨 적습니다.

2. ⑩총부담세액란: ⑧산출세액란의 금액에 「국세기본법」 제47조의4 및 제48조에 따른 가산세액(⑨)을 더하여 적습니다.

    * 가산세액(⑨)은 미납세액에 가산세율(2.2/10,000를 적용하되, 2019년 2월 11일까지의 기간에 대해서는 3/10,000을, 2019년 2월 12일부터 2022년 2월 14일까지의 기간에 대해서는 2.5/10,000를 적용합니다)과 미납일수를 곱하여 계산 합니다.

3. ⑫환급예정세액란: 「농어촌특별세법」 제5조 제1항 제1호에 따라 계산한 세액(= 「조세특례제한법」 등에 따른 감면세액 × 20%)을 납부한 이후 감면분 추가납부 등으로 환급이 예정되어 있는 농어촌특별세액이 있는 경우 그 금액을 적습니다.

4. ⑭분납할 세액란: 「농어촌특별세법」 제9조에 따라 분납할 세액을 적습니다.

5. ⑯충당 후 납부세액란: ⑮차감납부세액란의 금액에서 ⑰란 중 충당할 농어촌특별세란의 금액을 뺀 금액을 적습니다.

6. ⑰국세환급금 충당신청란: 법인세를 환급받는 법인이 법인세분 농어촌특별세를 납부해야 하는 경우 해당 환급금 중 농어 촌특별세에 충당하려는 금액(⑰충당할 농어촌특별세 ≤ ⑮차감납부세액)을 적습니다.

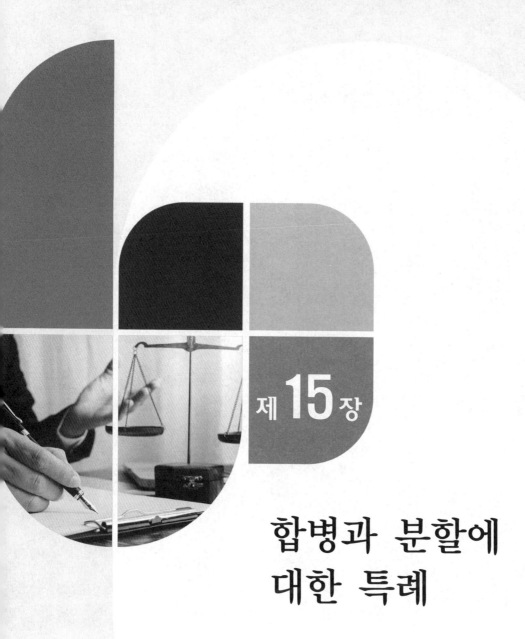

제 **15** 장

합병과 분할에
대한 특례

1. 합 병

1. 합병의 개념

1-1. 개 요

법인의 합병은 기업규모의 확장·경쟁력 강화 또는 시장지배 등을 목적으로 「상법」상의 절차에 따라 당사자인 회사의 일부 또는 전부가 해산하고 그 재산은 청산절차 없이 존속회사 또는 신설회사에 포괄적으로 이전하는 회사 간의 법률행위를 말한다.

따라서 두 개 이상의 회사가 「상법」의 특별절차에 따라 회사 간의 합병계약에 의하여 하나의 회사로 합병하고 한 회사 이상의 소멸과 소멸회사의 권리·의무가 포괄적으로 합병회사에 이전하고 합병법인은 피합병법인의 권리의무를 포괄적으로 승계하는 한편, 피합병법인은 청산절차를 밟지 않고 해산이 되는 법률적 효과를 갖는다.

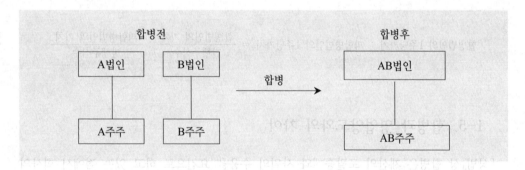

이 경우 합병당사회사 간에 합병계약서를 작성하여 합병조건·존속회사 또는 신설회사의 정관의 내용 등을 정하고 각 합병당사회사의 합병승인 결의를 얻어야 한다(상법 §522 및 §603).

1-2. 합병의 목적

법인합병의 일반적 목적은 경쟁의 회피 및 시장점유율 향상 등으로 이윤의 극대화, 생산의 집중화, 전문화, 다각화 등 경영의 합리화 및 경영규모의 경제성, 기술개발능력의 함양 등으로 경영상 효율을 제고시키는 데 있다고 볼 수 있다. 그러나 우리나라에 있어서는 경영상의 목적보다 자본적 특수관계에 있는 법인 간의 합병이 성행하고 있고, Group 기업 간의 정리방법 등으로 합병이 이루어지는 경우가 많으며 또 부실기업의 구제수단으로 합병을 하는 경우가 빈번하다. 이로 인하여 합병당사 법인 간의 과세소득조정, 부동산양도차익에 대한 조세회피, 피합병법인의 부실채권 및 가공자산의 승계, 피합병법인의 악성채무에 대한 특수관계인의 보증채무이행의 전가 등이 성행되고 있다.

1-3. 합병의 형태

합병에는 합병형태에 따라 흡수합병·신설합병 및 분할합병으로 구분할 수 있다. 흡수합병은 합병당사 회사 중 한 회사가 다른 회사를 흡수하여 존속하는 합병형태를 말하며, 신설합병은 합병으로 인하여 두 개 이상의 회사가 전부 소멸하고 새로운 회사가 신설되는 합병형태를 말한다. 그리고 분할합병은 기존회사의 사업 일부를 분할하여 분할한 사업과 이미 존립 중에 있는 다른 회사 1개와 합병하는 것을 말한다.

1-4. 합병비율

"합병비율"이란 합병법인의 주식과 피합병법인의 주식과의 교환비율을 말하는 것이며, 일반적으로 다음과 같은 방법에 의하여 산정한다.

$$\text{합병법인의 1주당가치} : \text{피합병법인의 1주당가치} = \frac{\text{합병법인의 가치}}{\text{발행주식수}} : \frac{\text{피합병법인의 가치}}{\text{발행주식수}}$$

1-5. 합병과 영업양도와의 차이

「상법」상 합병은 재산의 포괄승계와 사원의 수용을 요건으로 하고 있는 점에서 회사의 영업 전부를 타회사에 양도하는 영업양도와 다르다. 즉, 합병의 경우는 소멸하는 주주(또는 사원)가 존속 또는 신설하는 회사에 일괄하여 수용되는 데 반해서 영업양도의 경우는 주주(또는 사원)를 수용하지 않는다. 또한, 합병의 경우에는 피합병법인의 권리·의무가 포괄적으로 존속 또는 신설하는 회사에 승계되는 데 반하여, 영업양도의 경우는 반드시 포괄승계를 요건으로 하지 않는다.

또한 합병의 경우에는 청산절차를 밟지 않고 회사가 자동으로 소멸하는 데 반하여, 영업양도의 경우에는 영업양도를 한 회사가 소멸하고자 할 때에는 반드시 청산절차를 밟아야 하는 점에서 차이가 있다.

1-6. 합병에 따른 영업권

법인이 피합병법인의 기업가치를 평가하고 순자산가치를 초과하여 합병대가를 지급하는 경우 그 순자산가치를 초과하여 지출한 합병대가가 피합병법인의 상호·거래관계 그 밖에 영업상의 비밀 등으로 사업상 가치가 있어 대가를 지급한 것일 때에는 영업권에 해당한다 (재법인-111, 2005. 2. 4.).

2. 기업회계상 합병의 회계처리

2-1. 취득법과 지분통합법

종전에 우리나라에서는 합병에 대한 회계처리방법으로 취득법과 지분통합법을 규정하였다. 취득법(또는 매수법)은, 합병을 어느 한 기업이 다른 기업의 순자산을 매입하는 것으로 보아 회계처리하는 방법이다. 반면에 지분통합법은, 합병을 주주의 지분이 단순히 결합하여 둘 이상의 회사가 경제적 가치의 변화 없이 법률적 구조만 변경하는 것으로 보아 회계처리하는 방법이다.

◉ 취득법과 지분통합법의 비교 ◉

구 분	취득법	지분통합법
합병의 본질	합병회사가 피합병회사의 자산을 매수하는 거래로 봄	동일한 실체인 둘 이상의 회사가 경제적 가치의 변화없이 법률적 소유구조만 변경하는 것으로 봄
순자산 평가	공정가액으로 평가	장부가액으로 평가
교부주식평가	공정가액으로 평가	액면가액으로 평가
순자산과 매수원가의 차이	영업권 또는 부의 영업권으로 계상	차액은 합병법인과 피합병법인의 자본잉여금과 이익잉여금에서 조정

기업합병은 실질적으로 자산의 취득 및 부채의 인수와 유사하며, 지분통합법에 의하여 제공된 정보는 경영자에게 기업합병에 대한 회계책임을 지우지 않으므로 의사결정에 유용하지 않으므로 한국채택국제회계기준(K-IFRS)과 일반기업회계기준은 취득법만을 인정한다 (K-IFRS 1103호 문단 14, 일반기준 12.7).

2-2. 취득법의 회계처리

기업회계(K-IFRS과 일반기업회계기준)에서는 사업결합을 취득법(aquisition method)으로 회계처리한다. 취득법에 따른 회계처리는 다음과 같은 절차에 따른다.

(1) 취득자의 식별	→	(2) 취득일의 결정	→	(3) 취득한 자산과 인수한 부채의 인식과 측정	→	(4) 영업권 또는 염가매수 차익의 인식과 측정

(1) 취득자의 식별

취득자(acquirer)란 피취득자(acquiree)에 대한 지배력을 획득한 기업을 말한다. 취득법에서는 취득자가 자산을 취득하고 부채를 인수한 것으로 회계처리하므로 취득자와 피취득자가 바뀌면 사업결합 회계처리에 중요한 차이가 발생한다. 취득자는 기업결합 후의 의결권의 과반수를 소유하는 주주가 있는 기업결합참여자를 말한다.

주식을 발행한 기업(법적 취득자)이 회계목적상 피취득자로 식별되는 경우가 있는데 이를 역취득(reverse acquisitions)이라고 한다. 예를 들어, 발행주식수가 100주인 A기업이 B기업을 합병하면서 300주의 주식을 발행하는 경우 기업결합 후 A기업의 주주는 25%의 지분을 보유하나 B기업의 주주는 75%의 지분을 보유한다. 이 경우 A기업이 지분을 발행하였으므로 법적취득자이나, B기업의 주주가 과반수의 의결권을 행사하므로 B기업이 회계상 취득자이다.

(2) 취득일의 결정

취득일(acquisition date)은 취득자가 피취득자에 대한 지배력을 획득한 날이다. 취득자는 취득일에 자산 취득과 부채 인수에 대한 회계처리를 해야 한다. 일반적으로 취득일은 취득자가 법적으로 대가를 이전하여, 피취득자의 자산을 취득하고 부채의 인수를 완료한 날이다.

(3) 취득한 자산과 인수한 부채의 인식과 측정

1) 취득한 자산과 인수한 부채의 인식과 측정원칙

취득자는 취득한 자산과 인수한 부채를 취득일의 공정가치(fair value)로 측정한다. 취득한 자산과 인수한 부채를 인식하기 위해서는 다음의 요건을 충족해야 한다.

① 자산은 과거 사건의 결과로 기업이 통제하고 있고 경제적 효익이 유입될 것으로 기대되는 자원을 말하며, 부채는 과거 사건에 의하여 발생하였으며 경제적 효익을 갖는 자원이 기업으로부터 유출됨으로써 이행될 것으로 기대되는 의무를 말한다.

② 취득한 자산과 인수한 부채는 별도 거래의 결과가 아니라 사업결합 거래에서 취득자와 피취득자(또는 피취득자의 이전 소유주) 사이에 교환된 것의 일부이어야 한다. 취득자는 취득법을 적용하면서 피취득자에 대한 이전대가와 피취득자에 대한 교환으로 취득한 자산과 인수한 부채만 인식한다.

2) 이전대가의 인식과 측정

사업결합에서 취득자가 피취득자의 자산을 취득하고 부채를 인수하면서 지급한 대가를 이전대가(transferred consideration)라고 한다. 사업결합의 이전대가는 취득일의 공정가치로 측정한다. 취득일에 공정가치와 장부가액이 다른 자산과 부채를 이전하는 경우에는 취득일의 공정가치로 재측정하고 그 차손익은 당기손익으로 처리한다. 그러나 이전한 자산과 부채가 결합기업에 남아서 취득자가 그에 대한 통제권을 계속 보유하는 경우에는 해당 자산과 부채를 취득일 직전의 장부가액으로 측정하고 차손익을 인식하지 않는다.

취득자가 피취득자에 대한 교환으로 이전한 대가에는 조건부 대가 약정으로 인한 자산이나 부채를 모두 포함한다. 취득자는 피취득자에 대한 교환으로 이전한 대가의 일부로서 조건부 대가를 취득일의 공정가치로 인식한다.

3) 취득관련 원가의 처리

취득관련원가는 취득자가 사업결합을 하기 위해 발생시킨 원가로서 다음과 같이 회계처리한다.

비용의 범위	매수비용의 처리
중개수수료(자문, 법률, 가치평가 및 그 밖의 전문가 또는 컨설팅 수수료)와 내부취득부서의 유지관리비를 포함한 일반관리원가	비용으로 처리
채무상품이나 지분상품의 발행원가	당해 증권의 발행금액에서 차감
자산 취득 등기 관련 등록세 등	자산의 취득가액

(4) 영업권과 염가매수차익의 인식과 측정

이전대가와 인수한 순자산과의 차액은 다음과 같이 처리한다.

구 분	회계처리
이전대가 〉 인수한 순자산	영업권(자산)으로 회계처리
이전대가 〈 인수한 순자산	자산과 부채를 정확하게 식별하였는지 재검토하고, 재검토 후에도 남는 차액은 염가매수차익(당기손익)으로 회계처리

기업을 전체로 거래할 때의 가치인 이전대가가 순자산의 공정가치보다 크다면 그 차액은 그 기업이 가진 제조비법, 상호 또는 상표의 인지도, 고객과의 신뢰관계, 인적자원의 가치에 대한 대가이므로 그 초과액을 영업권(goodwill)으로 인식한다.

염가매수차익이 발생하는 원인은 취득하는 순자산의 공정가치가 실제보다 저평가되었거나 염가로 순자산을 취득했기 때문이다. 염가매수차익이 발생하는 경우 취득 자산과 인수 부채를 정확하게 식별하였는지 재검토하고, 재검토 후에도 차액이 남는 경우 이는 염가(廉

價)로 취득한 결과이므로 염가매수차익(gain from bargain purchase)으로 하여 당기손익에 반영한다.

K-IFRS에서는 사업결합으로 취득한 영업권은 내용연수가 비한정인 무형자산으로 보아 상각을 하지 않고 결산기말에 회수가능가액을 평가하여 손상차손이 발생한 경우 이를 당기비용으로 회계처리한다. 영업권에 대한 손상차손은 후속기간에 환입할 수 없다(K-IFRS 1036 문단 124). 반면에, 일반기업회계기준은 그 내용연수에 걸쳐 정액법으로 상각하며, 내용연수는 미래에 경제적 효익이 유입될 것으로 기대되는 기간으로 하며, 20년을 초과하지 못한다 (일반기준 12.32).

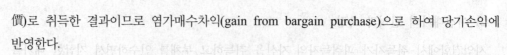

사례 » 영업권과 염가매수차익

다음 두 가지 상황에서 K-IFRS에 따른 합병법인의 회계처리를 표시하시오.

[상황 1] A법인이 B법인의 자산(시가 800원)과 부채(시가 300원)을 합병시 승계하고 주식(시가 700원, 액면가액 100원)을 교부한 경우

[상황 2] A법인이 B법인의 자산(시가 1,000원)과 부채(시가 500원)을 승계하고 주식(시가 300원, 액면가액 100원)을 지급한 경우

▌해답 ▌

[상황 1] 재무상태표

자 본 금 800	부 채	300
	자 본 금	100
	주식발행초과금	600
영 업 권 200		

[상황 2] 재무상태표

자 산 1,000	부 채	500
	자 본 금	100
	주식발행초과금	200
	염가매수차익	200

사례 » 염가매수차익

A법인은 B법인을 합병하였으며 합병직전 B법인의 재무상태표는 다음과 같다.

현 금	100,000	부 채	400,000
재고자산	200,000	자 본 금	300,000
유형자산	500,000	이익잉여금	100,000
계	800,000	계	800,000

재고자산의 시가는 400,000원이고, 유형자산의 시가는 600,000원이며, 현금과 부채는 장부가액과 시가가 일치한다. A법인은 B법인에게 합병대가로 주식(시가 400,000원, 액면가액 200,000원)을 교부하였다. 이 자료에 의하여 취득법에 의하여 회계처리한 경우 염가매수차익을 계산하시오.

해답

현 금	100,000	부 채	400,000
재 고 자 산	400,000	자 본 금	200,000
유 형 자 산	600,000	주식발행초과금	200,000
		염가매수차익	300,000
계	1,100,000	계	1,100,000

2-3. 동일지배하에 있는 기업 간의 합병

일반기업회계기준에 따르면, 지배·종속기업 간 합병의 경우 종속기업의 자산·부채에 대하여 연결장부금액으로 인식하며, 종속기업 간 합병의 경우 피합병기업의 연결장부금액과 그 대가로 지급하는 금액의 차이는 자본잉여금으로 반영한다. 장부금액법은 연결재무제표상의 장부금액을 승계하도록 하는 과거 기업회계기준과 일관되며, 종속기업이 지배기업 또는 다른 종속기업과의 거래에 대해 장부금액법을 적용하는 것은 지배기업의 회계처리와 일관성을 가지며, 동일지배하의 거래와 제3자간의 거래의 차이를 명확하게 보여줄 수 있다.

3. 합병과 관련된 「법인세법」상 과세방법

3-1. 개 요

종전에는 법인이 합병하는 경우 피합병법인에게는 청산소득에 대한 법인세를 과세하고, 합병법인에게는 합병평가차익에 대해서 과세하되, 적격합병의 경우에는 청산소득 계산시 교부받은 주식을 시가와 액면가액 중 작은 금액으로 평가하도록 함으로써 청산소득이 발생하지 않도록 하고, 합병법인에게는 사업용 유형고정자산의 합병평가차익에 대하여 일시상 각충당금이나 압축기장충당금으로 과세를 이연하였다.

그런데, 액면가액으로 주식을 평가하는 경우에도 청산소득이 발생하는 경우도 있고, 유형 자산 이외의 자산의 합병평가차익은 과세이연이 되지 않아 불완전한 세제지원규정이 원활 한 구조조정의 장애가 되었다.

이에 따라 개념을 전환하여 2010. 7. 1. 이후 합병을 하는 경우에는 취득법에 따라 피합 병법인이 합병법인에게 대가를 받고 자산을 양도한 것으로 보도록 하였다. 합병을 취득법의 입장에서 보면, 피합병법인은 자산을 양도하고 대가를 받은 것이므로 자산양도손익에 대한 과세문제가 발생하고, 피합병법인의 주주는 주식(출자지분을 포함하며, 이하 같다)을 반납 하고 대가를 받은 것이므로 의제배당에 대한 과세문제가 발생한다. 그리고 합병법인이 자산 을 시가보다 저가로 매입한 경우에 합병매수차익에 대한 과세문제가 발생한다.

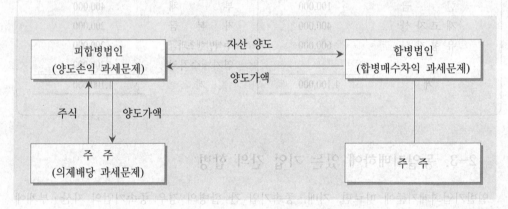

경영환경의 변화에 따라 기업의 구조조정을 위해서 합병을 하는 사례가 많다. 합병을 자 산의 양도로 보아 위와 같이 과세하면 기업은 세금부담으로 인하여 합병을 할 수 없게 되어 구조조정을 할 수 없고, 국가경쟁력 강화에도 장애가 된다. 이에 따라 적격합병의 경우에는 합병시 양도손익을 0(영)으로 하고, 합병법인은 자산을 장부가액으로 승계받도록 하고, 합 병대가로 주식을 받으면 의제배당이 생기지 않도록 적격합병에 대한 특례규정을 두고 있다.

경영환경의 변화에 따라 기업이 구조조정을 하기 위하여 합병을 하는 경우가 많다. 합병 을 자산의 양도로 보아 과세하면 기업은 구조조정을 할 수 없고, 국가경쟁력 강화에도 장애 가 될 수 있다. 이에 따라 적격합병의 경우에는 합병시 과세문제가 발생하지 않도록 특례규 정을 두고 있다.

3-2. 합병에 대한 원칙적인 과세방법

(1) 피합병법인

피합병법인이 합병으로 해산하는 경우에는 그 법인의 자산을 합병법인에게 양도한 것으로 본다. 이 경우 그 양도에 따라 발생하는 양도손익은 피합병법인이 합병등기일이 속하는 사업연도의 소득금액을 계산할 때 익금 또는 손금에 산입한다(법법 §44①). 양도손익은 다음 계산식에 따라 계산한다.

$$
\text{양도손익} = \begin{array}{c}\text{피합병법인이 합병법인}\\\text{으로부터 받은 양도가액}\end{array} - \begin{array}{c}\text{피합병법인의 합병등기일}\\\text{현재 순자산 장부가액}\end{array}
$$

1) 피합병법인이 합병법인으로부터 받은 양도가액

"피합병법인이 비적격합병에 따라 합병법인으로부터 받은 양도가액"은 다음의 금액을 모두 더한 것으로 한다(법령 §80①(2)).

① 합병대가의 총합계액 : 합병으로 인하여 피합병법인의 주주 등이 지급받는 합병법인 또는 합병법인의 모회사(합병등기일 현재 합병법인의 발행주식총수 또는 출자총액을 소유하고 있는 내국법인을 말한다)의 주식 등(이하 "합병교부주식 등"이라 한다)의 가액 및 금전이나 그 밖의 재산가액의 합계액을 합병대가로 한다. 다만, 합병법인이 합병등기일 전 취득한 피합병법인의 주식 등(신설합병 또는 3 이상의 법인이 합병하는 경우 피합병법인이 취득한 다른 피합병법인의 주식 등을 포함한다. 이하 "합병포합 (抱合)주식 등"이라 한다)이 있는 경우에는 그 합병포합주식 등에 대하여 합병교부주식 등을 교부하지 아니하더라도 그 지분비율에 따라 합병교부주식 등을 교부한 것으로 보아 합병교부주식 등의 가액을 계산한다.

② 법인세비용 대납액 : 합병법인이 납부하는 피합병법인의 법인세 및 그 법인세(감면세액 포함)에 부과되는 국세와 「지방세법」 제88조 제2항에 따른 법인지방소득세의 합계액

양도가액을 계산식으로 표시하면 다음과 같다.

$$
\text{양도가액} = \begin{array}{c}\text{합병교부주식 등의}\\\text{가액 및 합병교부금 등}\end{array} + \begin{array}{c}\text{합병포합주식 등의}\\\text{합병교부주식 등 가액}\end{array} + \begin{array}{c}\text{합병법인이 납부한 피합병법인의}\\\text{법인세 및 법인지방소득세}\end{array}
$$

2) 피합병법인의 합병등기일 현재 순자산 장부가액

피합병법인의 합병등기일 현재 순자산 장부가액은 합병등기일 현재의 자산의 장부가액 총액에서 부채의 장부가액 총액을 뺀 가액을 말하며(법법 §44①(2)), 「국세기본법」에 따라 환급되는 법인세액이 있는 경우에는 이에 상당하는 금액을 피합병법인의 합병등기일 현재의 순자산장부가액에 더한다(법령 §80②).

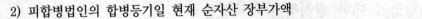

순자산 장부가액 = 자산의 장부가액 − 부채의 장부가액 + 법인세비용 환급액

이 경우 장부가액은 세무상 장부가액을 말하므로 유보나 △유보를 반영해서 세무상 장부가액을 계산해야 한다. 그러나 비적격합병의 경우 피합병법인의 유보 중 퇴직급여충당금, 대손충당금과 관련된 세무조정사항은 합병법인에 승계되므로(법령 §85(2)) 합병법인이 승계하는 퇴직급여충당금과 대손충당금에 관련된 유보는 피합병법인이 세무상 부채의 장부가액에 가산해야 한다(사전 - 2015 - 법령해석법인 - 0264, 2015. 10. 5.). 이는 합병법인이 승계하는 유보는 고려하지 않는 것과 결과가 동일하다.

피합병법인의 재무상태표				양도손익 계산시 순자산의 장부가액		
자 산 600*		부 채 300		자 산		부 채
		자본금 200	⇨	600+200=800		$\underline{(300-100)}$+$\underline{100}$=300
		잉여금 100				세무상부채 유보승계분

* 자산 유보 200과 부채 유보 100(퇴직급여충당금 부인액)이 있음. 퇴직급여충당금에 대한 유보 100은 합병법인으로 승계됨.

순자산 장부가액=800 − 300=500

[별해]
부채 300(합병법인이 승계하는 유보 무시)

사례 》 합병포합주식에 주식을 교부하지 않은 경우 양도가액 계산

합병법인이 합병등기일 전에 피합병법인의 총발행주식 중 80%의 주식(합병포합주식)을 보유한 상태에서 합병하면서 합병포합주식을 제외한 외부 주주에게만 시가 2억원의 주식을 교부한 경우 양도가액을 계산하시오.

해답

양도가액 : 합병대가지급액 + 간주지급액

$$= 2억원 + 2억원 \times \frac{80\%}{20\%}$$

$$= 10억원$$

※ 외부주주 20%에 대하여 2억원의 합병대가를 지급하였으므로 합병포합주식에도 합병대가를 지급했다면 양도가액은 10억원이 된다.

□ 삼각합병

합병법인이 피합병법인의 주주에게 합병대가로 모회사주식을 주는 합병을 삼각합병이라고 한다. 삼각합병을 하면 모회사는 주주총회를 진행하지 않아도 되고, 주주들에게 주식매수청구권 기회를 주지 않아도 되며, 인수기업의 채무에 대한 책임을 면할 수 있다는 장점이 있다. 또한 인수회사를 직접 인수합병(M&A)하는 경우와 달리 자회사를 합병당사회사로 활용함으로써 인수회사의 우발채무를 승계하는 위험도 피할 수 있다. 예를 들어, 모회사(A)가 모회사 A의 주식을 출자하여 자회사(B)를 설립한 후, 자회사 B에 C회사를 합병하고 그 대가로 자회사 B가 보유하고 있는 모회사 A의 주식을 준다고 하자. 이 경우 합병전, 합병, 합병후의 지배구조의 변동은 다음과 같다.

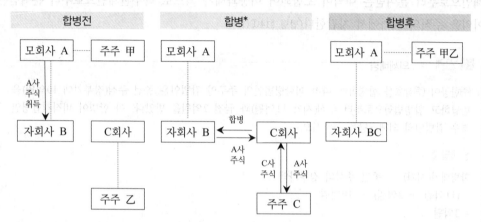

* 삼각합병시 자회사 B가 C회사를 합병하면 삼각합병이라고 하고, C회사가 B회사를 합병하면 역삼각합병이라고 한다. 이와 같이 삼각합병을 하는 경우 주주C는 합병법인 B의 모회사 A의 주식을 합병대가로 받게 된다. 합병대가로 받는 모회사 A의 주식도 피합병법인의 양도손익 계산시 양도가액으로 본다.

(2) 피합병법인의 주주

1) 피합병법인의 주주에 대한 의제배당

피합병법인의 주주 등이 합병으로 받는 합병대가가 그 피합병법인의 주식 등을 취득하기 위하여 사용한 금액을 초과하는 금액은 이익의 배당 또는 잉여금의 분배로 보고 법인세 또는 소득세를 과세한다(법법 §16①(5) 및 소법 §26(4)). 이 경우 합병대가는 합병법인으로부터 합병으로 인하여 취득하는 합병법인(합병등기일 현재 합병법인의 발행주식총수 또는 출자총액을 소유하고 있는 내국법인을 포함한다)의 주식등의 가액과 금전 또는 그 밖의 재산가액의 합계액을 말한다(법령 §14①(1)라). 합병법인이 피합병법인의 법인세 등을 대납한 경우 법인세대납액은 피합병법인의 양도손익을 계산할 때는 양도가액에는 포함되나, 피합병법인의 주주에 대한 의제배당을 계산할 때는 합병대가에 포함되지 않는다.

피합병법인의 주주에 대한 의제배당을 계산식으로 표시하면 다음과 같다.

합병으로 인한 배당금의 의제액	=	피합병법인의 주주 등이 합병법인 으로부터 받은 합병대가(주식 등· 금전 기타 재산가액의 합계)	−	피합병법인의 주식 등을 취득하기 위하여 소요된 금액

비적격합병의 경우에는 합병법인으로부터 받은 주식의 가액은 시가로 계산한다. 다만, 불공정합병의 경우에 특수관계인으로부터 분여받은 이익이 있는 경우에는 의제배당에 특수관계인으로부터 분여받은 이익이 포함되어 이중과세가 되므로 특수관계인으로부터 분여받은 이익을 주식의 시가에서 차감한다(법령 §14①(1)라).

> **사례** » **의제배당**
>
> ㈜한공이 ㈜삼호를 합병함에 따라 피합병법인의 주주인 갑법인은 종전 주식(장부가액 10억원)을 반납하고 합병법인으로부터 주식(시가 11억원)과 금전 2억원을 받았다. 이 합병이 비적격합병인 경우 갑법인의 의제배당을 구하시오.
>
> **▌해답▌**
>
> 합병대가(시가) − 종전 주식의 장부가액
> = (11억원 + 2억원) − 10억원
> = 3억원

2) 해외완전모자회사 간 역합병 및 해외완전자회사 간 합병시 주주인 내국법인의 의제배당에 대한 과세이연

가. 입법취지

내국법인 A가 외국법인 B의 주주인 상태에서 외국법인 B가 완전지배하는 외국법인 C를 합병한다고 하자. 법인세법의 적격합병은 내국법인 간의 합병에만 적용되므로 외국법인 간의 합병은 적격합병이 아니다. 그러나 외국법인 B는 자기가 C법인의 주식을 전부 보유하고 있으므로 합병시 신주를 발행하지 않는 무증자 합병을 하므로 내국법인 A는 합병대가를 받지 않으므로 의제배당 문제가 발생하지 않는다. 반면에, 완전자법인 C가 모법인 B를 합병하는 역합병을 하는 경우에는 내국법인 A가 피합병법인 B의 주주이므로 합병대가를 받게 된다. 이 경우 내국법인 A는 합병대가로 받은 주식을 시가로 평가해야 하므로 의제배당에 대한 과세문제가 발생한다. 의제배당에 대한 과세는 해외자회사에 대한 구조조정에 장애가 될 수 있으므로 해외완전모자회사 간의 역합병시 의제배당에 대한 과세이연규정을 신설하여 2016. 2. 17. 이후 합병부터 적용하도록 하였다.

2017. 2. 3. 이후 합병부터는 내국법인이 100%를 지배하는 해외완전자회사 간 합병시 의제배당에 대하여도 과세이연규정을 적용하도록 하고,. 2018. 2. 13. 이후 합병부터는 100%

지분 판정시 간접보유를 포함하도록 하였다.

나. 과세특례 요건

다음 요건을 모두 갖춘 경우이어야 한다(법령 §14①(1)의2).

① 외국법인이 다른 외국법인의 발행주식총수를 소유하고 있는 경우로서 그 다른 외국법인에 합병되거나(역합병) 내국법인이 서로 다른 외국법인의 발행주식총수를 소유하고 있는 경우로서 그 서로 다른 외국법인 간 합병될 것(내국법인과 그 내국법인이 발행주식총수 또는 출자총액을 소유한 외국법인이 각각 보유하고 있는 다른 외국법인의 주식 등의 합계가 그 다른 외국법인의 발행주식총수 또는 출자총액인 경우로서 그 서로 다른 외국법인 간 합병하는 것을 포함한다)

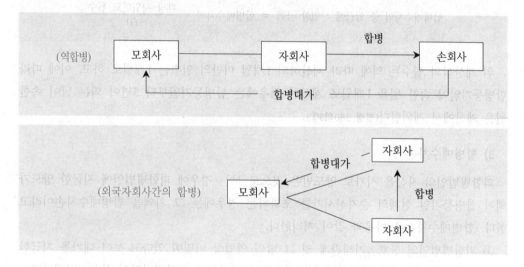

② 합병법인과 피합병법인이 우리나라와 조세조약이 체결된 동일 국가의 법인일 것
③ 해당 외국법인 소재지 국가에서 피합병법인의 주주인 내국법인에 합병에 따른 법인세를 과세하지 아니하거나 과세이연할 것
④ 위의 ①~③을 확인할 수 있는 서류를 납세지 관할 세무서장에게 제출할 것

다. 주식평가방법

적격합병시 주식평가와 같이 종전 주식의 장부가액과 교부받은 주식의 시가 중 적은 금액으로 평가한다(법령 §14①(1)의2).

(3) 합병법인

1) 합병법인이 합병으로 승계한 자산의 취득가액

합병법인이 비적격합병으로 피합병법인의 자산을 승계한 경우에는 그 자산을 피합병법인으로부터 합병등기일 현재의 시가(「법인세법」 제52조 제2항에 따른 시가를 말한다)로 양도받은 것으로 본다(법법 §44의2① 및 법령 §85(2)).

2) 합병매수차익

비적격합병으로 합병법인이 피합병법인의 자산을 시가로 양도받은 것으로 보는 경우, 피합병법인에 지급한 양수가액이 피합병법인의 합병등기일 현재의 자산총액에서 부채총액을 뺀 금액(이하 "순자산시가"라 한다)보다 적은 경우 그 차액을 합병매수차익(기업회계에서는 염가매수차익)이라고 한다. 합병매수차익은 합병등기일부터 5년이 되는 날이 속하는 사업연도까지 다음 계산식에 따른 금액을 익금에 산입한다(법법 §44의2②).

$$\text{합병매수차익 중 익금에 산입할 금액} = \text{합병매수차익} \times \frac{\text{해당 사업연도 월수}}{60}$$

위 계산식의 월수는 역에 따라 계산하되 1개월 미만의 일수는 1개월로 하고, 이에 따라 합병등기일이 속한 월을 1개월로 계산한 경우에는 합병등기일부터 5년이 되는 날이 속한 월은 계산에서 제외한다(법령 §80의3①).

3) 합병매수차손

피합병법인의 자산을 시가로 양도받은 것으로 보는 경우에 피합병법인에 지급한 양도가액이 합병등기일 현재의 순자산시가를 초과하는 경우에는 그 차액을 합병매수차손이라고 한다. 합병매수차손은 다음과 같이 처리한다.

① 피합병법인의 상호·거래관계 및 그 밖의 영업상 비밀이 있다고 보아 대가를 지급한 경우 : 합병법인이 피합병법인에 지급한 양도가액이 피합병법인의 상호·거래관계·그 밖의 영업상 비밀 등으로 인하여 피합병법인의 순자산시가를 초과하는 경우 합병매수차손을 세무조정계산서에 계상하고 합병등기일부터 5년간 균등하게 나누어 손금에 산입한다(법법 §44의2③).

② ① 외의 경우 : 합병법인이 지급한 양도가액이 피합병법인의 상호·거래관계 및 그 밖의 영업상 비밀이 없는 경우에는 합병매수차손을 손금으로 인정하지 아니한다. 따라서 합병법인이 피합병법인의 순자산가치보다 초과하여 지급한 합병대가를 기업회계기준에 따라 영업권으로 계상한 경우에는 이를 손금산입(△유보)하는 한편 손금불산입(기타)하고, 그 후 영업권을 상각하면 손금불산입(유보)한다.

● 합병매수차익과 합병매수차손의 비교 ●

구 분	합병매수차익	합병매수차손
개 념	피합병법인의 순자산 시가가 지급한 양도가액을 초과하는 경우의 초과액	피합병법인의 순자산 시가가 지급한 양도가액에 미달하는 경우의 미달액
요 건	무조건 인정	상호·거래관계, 그 밖의 영업상의 비밀 등에 대하여 사업상 가치가 있는 경우에만 인정
손익인식	5년간 균등하게 나누어 익금산입	5년간 균등하게 나누어 손금산입

사례 » 합병매수차익

A법인은 B법인을 합병(합병등기일 20×1. 10. 1.)하였으며 합병과 관련된 자료는 다음과 같다. A법인과 B법인의 정관상 사업연도는 매년 1월 1일부터 매년 12월 31일이다.

(1) 합병직전 B법인의 재무상태표는 다음과 같다.

현 금	100,000	부 채	400,000
재고자산	200,000	자 본 금	300,000
유형자산	500,000	이익잉여금	100,000
계	800,000	계	800,000

재고자산의 시가는 400,000원이고, 유형자산의 시가는 600,000원이며, 현금과 부채는 장부가액과 시가가 일치한다. A법인은 B법인에게 합병대가로 주식(시가 600,000원, 액면가액 200,000원)을 교부하였다.

(2) A법인은 합병시 자산과 부채를 시가로 평가하고, 염가매수차익은 수익으로 회계처리하였다.

현 금	100,000	부 채	400,000
재 고 자 산	400,000	자 본 금	200,000
유 형 자 산	600,000	주식발행초과금	400,000
		염가매수차익	100,000
계	1,100,000	계	1,100,000

이 합병이 비적격합병인 경우 A법인의 20×1 사업연도 합병과 관련된 세무조정을 하시오.

해답

익금산입 및 손금불산입			손금산입 및 익금불산입		
과 목	금 액	처 분	과 목	금 액	처 분
합병매수차익	5,000	유 보	합병매수차익	100,000	유 보

※ 염가매수차익 100,000원은 세무상 합병매수차익이므로 익금불산입하여 △유보로 처분한다. 합병매수차익은 합병등기일부터 60개월간 익금산입한다.

구 분	20×1년	20×2년	20×3년	20×4년	20×5년	20×6년
익금	5,000[*1]	20,000[*2]	20,000[*2]	20,000[*2]	20,000[*2]	15,000[*3]

*1 100,000×3/60 = 5,000

*2 100,000×12/60 = 20,000

*3 100,000×9/60 = 15,000

사례 》 합병매수차손의 처리

A법인은 B법인을 합병(합병등기일 20×1. 10. 1.)하였으며 합병과 관련된 자료는 다음과 같다. A법인과 B법인의 정관상 사업연도는 매년 1월 1일부터 매년 12월 31일이다.

(1) 합병직전 B법인의 재무상태표는 다음과 같다.

현 금	100,000	부 채	400,000
재고자산	200,000	자 본 금	300,000
유형자산	500,000	이익잉여금	100,000
계	800,000	계	800,000

재고자산의 시가는 400,000원이고, 유형자산의 시가는 600,000원이며, 현금과 부채는 장부가액과 시가가 일치한다. A법인은 B법인에게 합병대가로 주식(시가 800,000원, 액면가액 200,000원)을 교부하였다.

(2) A법인은 합병시 자산과 부채를 시가로 평가하고, 영업권은 무형자산으로 계상하였다.

현 금	100,000	부 채	400,000
재 고 자 산	400,000	자 본 금	200,000
유 형 자 산	600,000	주식발행초과금	600,000
영 업 권	100,000		
계	1,200,000	계	1,200,000

K-IFRS에 따라 영업권은 상각하지 않고 손상검사를 하여 손상차손 10,000원을 비용으로 처리하였다.

▌물음▐

이 합병이 비적격합병에 해당하는 경우 합병법인이 피합병법인의 상호·거래관계 및 그 밖의 영업상 비밀 등에 대하여 사업상 가치가 있다고 보아 대가를 지급한 경우와 그 밖의 경우로 구분하여 A법인의 20×1 사업연도 합병과 관련된 세무조정을 하시오.

▌해답▐

(1) 피합병법인의 상호·거래관계 및 그 밖의 영업상 비밀 등에 대하여 사업상 가치가 있다고 보아 대가를 지급한 경우

익금산입 및 손금불산입			손금산입 및 익금불산입		
과 목	금 액	처 분	과 목	금 액	처 분
합병매수차손	100,000	유 보	영업권	100,000	유 보
영업권	10,000	유 보	합병매수차손	5,000	유 보

※ 영업권은 합병매수차손이므로 손금산입하여 △유보로 처분하고, 합병매수차손을 익금산입하여 유보로 처분한다. 합병매수차손은 합병등기일부터 60개월간 손금산입한다.

구 분	20×1년	20×2년	20×3년	20×4년	20×5년	20×6년
손금	5,000[*1]	20,000[*2]	20,000[*2]	20,000[*2]	20,000[*2]	15,000[*3]

*1 100,000×3/60 = 5,000
*2 100,000×12/60 = 20,000
*3 100,000×9/60 = 15,000

(2) 그 밖의 경우

익금산입 및 손금불산입			손금산입 및 익금불산입		
과 목	금 액	처 분	과 목	금 액	처 분
주식발행초과금	100,000	기 타	영업권	100,000	유 보
영업권	10,000	유 보			

합병매수차손이 손금으로 인정되지 않는 경우에는 영업권을 손금산입하여 △유보로 처분하고, 주식발행초과금을 익금산입하여 기타로 처분한다. 영업권에 대한 손상차손을 손금불산입하여 유보로 처분한다.

4) 피합병법인의 유보, 이월결손금, 세액감면과 세액공제이월액의 미승계

합병법인이 피합병법인의 퇴직급여충당금 또는 대손충당금을 승계한 경우에는 그와 관련된 세무조정사항을 승계하고, 그 밖의 세무조정사항은 모두 승계하지 아니한다. 그리고 합병법인은 피합병법인의 이월결손금, 세액감면 및 세액공제를 승계할 수 없다.

3-3. 적격합병에 대한 특례

(1) 피합병법인

1) 적격합병시 피합병법인에 대한 과세

가. 적격합병시 피합병법인의 양도손익

① 사업목적합병, ② 지분의 연속성, ③ 사업의 계속성, ④ 고용승계의 요건을 모두 갖춘 합병을 적격합병이라고 한다. 적격합병의 경우 피합병법인은 "피합병법인이 합병법인으로부터 받은 양도가액"을 "피합병법인의 합병등기일 현재의 순자산 장부가액으로 보아 양도

손익이 없는 것으로 할 수 있다. 다만, 법령으로 정하는 부득이한 사유가 있는 경우에는 ②
·③ 또는 ④의 요건을 갖추지 못한 경우에도 적격합병으로 보아 양도손익이 없는 것으로
할 수 있다(법법 §44②, 법령 §80의4①).

$$
\begin{aligned}
\text{양도손익} &= \begin{matrix}\text{피합병법인이} \;\; \text{합병법인}\\ \text{으로부터 받은 양도가액}\end{matrix} - \begin{matrix}\text{피합병법인의 합병등기일}\\ \text{현재 순자산 장부가액}\end{matrix}\\[2mm]
&= \begin{matrix}\text{피합병법인의} \;\; \text{합병등기}\\ \text{일 현재 순자산 장부가액}\end{matrix} - \begin{matrix}\text{피합병법인의 합병등기일}\\ \text{현재 순자산 장부가액}\end{matrix}\\[2mm]
&= 0(\text{영})
\end{aligned}
$$

나. 적격합병 요건에도 불구하고 양도손익을 없는 것으로 할 수 있는 경우

다음 중 어느 하나에 해당하는 경우에는 위의 요건에도 불구하고 적격합병으로 보아 양
도손익을 없는 것으로 할 수 있다[1](법법 §44③).

① 내국법인이 발행주식총수 또는 출자총액을 소유하고 있는 다른 법인을 합병하거나 그
다른 법인에 합병되는 경우
② 동일한 내국법인이 발행주식총수 또는 출자총액을 소유하고 있는 서로 다른 법인 간
에 합병하는 경우

완전모회사와 완전자회사는 법률적으로는 별개의 법인이지만, 주식을 100% 소유하고 있
으므로 실질적으로 하나의 회사이다. 완전모회사와 완전자회사 간의 합병 또는 완전자회사
간에 합병을 하는 경우에는 피합병법인과 합병법인은 경제적 동일체이므로 합병은 형식적
조직개편에 불과하므로 적격합병 요건을 충족하지 못한 경우에도 적격합병으로 보아 양도
손익이 없는 것으로 할 수 있으며, 적격합병 요건에서 이탈한 경우에도 사후관리 규정도 적
용하지 않는다(법법 §44의3③).

> ■ 사례 » **주식매입이나 감자를 통해 완전자회사를 만들어 합병하는 경우**
>
> A법인은 B법인을 합병하려고 한다. A법인은 B법인의 주식을 70%를, 다른 주주가 30%를 보유하고
> 있다. A법인과 B법인의 합병은 사업목적합병의 요건을 구비하지 못한 비적격합병에 해당하여 양도
> 손익 과세문제가 발생할 수 있다. 이에 따라 A법인은 B법인의 주주로부터 30%의 주식을 매입하거
> 나 불균등감자로 다른 주주가 보유한 30%의 주식을 감자하여 B회사를 A회사의 완전자회사를 만든
> 후에 합병하려고 한다. 이와 같이 A법인이 B법인을 완전자회사로 만들어 합병하면 양도손익을 0
> (영)으로 할 수 있는가?

---

1) 완전자회사를 합병하고 합병등기일이 속하는 사업연도 중에 승계받은 자산을 처분하는 경우 피합병법인의 양도손익이 없
는 것으로 할 수 있다(법인-707, 2011. 9. 28.).

‖ 해답 ‖

내국법인이 발행주식총수 또는 출자총액을 소유하고 있는 다른 법인을 합병하거나 그 다른 법인에 합병되는 경우에는 「법인세법」 제44조 제2항의 요건을 충족하는지 여부와 관계없이 양도손익이 없는 것으로 할 수 있음(서면 – 2015 – 법령해석법인 – 1085, 2015. 8. 13.).

다. 적격합병 요건을 구비한 경우 양도손익의 인식 가능 여부

적격합병의 요건을 구비한 경우에는 법인의 선택에 의하여 양도손익이 없는 것으로 할 수 있으므로 무조건 양도손익을 0(영)으로 해야 하는 것은 아니다. 피합병법인이 원칙적인 방법에 따라 양도손익을 인식하였다면 그 양도손익을 합병등기일이 속하는 사업연도의 소득금액을 계산할 때 익금 또는 손금에 산입해야 한다. 피합병법인이 양도손익을 인식한 경우에는 "적격합병에 대한 특례"를 적용하지 않으므로 "합병에 대한 원칙적인 과세방법"에 따라야 한다. 따라서 합병법인은 피합병법인의 순자산을 시가로 평가해야 하고, 피합병법인의 합병등기일 현재의 이월결손금, 세액감면, 세액공제 등은 합병법인이 승계할 수 없다(서면 – 2016 – 법인 – 6020 [법인세과 – 798], 2017. 3. 29.).

2) 합병과세특례신청

적격합병요건을 구비하여 양도손익이 없는 것으로 하려는 피합병법인은 과세표준 신고를 할 때 합병법인과 함께 합병과세특례신청서를 납세지 관할 세무서장에게 제출하여야 한다. 이 경우 합병법인은 자산조정계정에 관한 명세서를 피합병법인의 납세지 관할 세무서장에게 함께 제출하여야 한다(법령 §80③).

법인세법상 적격합병의 요건을 갖추었으나 합병과세특례신청서를 제출하지 않은 경우에 적격합병에 따른 과세특례를 적용할 수 있는가? 국세청은 피합병법인이 합병등기일이 속하는 사업연도의 법인세를 신고하면서 과세표준 신고기한까지 합병과세특례신청서를 납세지 관할 세무서장에게 제출하지 않았으나, 「법인세법」 제44조 제3항 제1호에 따른 적격합병 요건을 충족하면서 「국세기본법 시행규칙」 제12조 각호의 모두에 해당하지 아니하는 경우에는 「법인세법 시행령」 제80조 제1항 제1호에 따른 합병과세특례를 적용받을 수 있다(서면 – 2017 – 법령해석법인 – 0910 [법령해석과 – 467], 2018. 2. 21.)고 해석하고 있다.

3) 사업목적 합병 요건

가. 사업목적 합병 요건

합병등기일 현재 1년 이상 사업을 계속하던 내국법인 간의 합병이어야 한다. "합병등기일 현재 1년 이상 사업을 계속하던 내국법인"이란 "합병등기일로부터 소급하여 1년(이하 "지정기간"이라 한다) 이상[2] 휴업 등 사업을 중단한 바 없이 법인등기부상의 목적사업을 경영한 경우"를 말한다(법인세과-603, 2013. 10. 31.). 이는 합병을 위하여 회사를 급조한 것이 아니고 정상적으로 사업을 하던 내국법인 간의 합병을 했다는 의미이다.

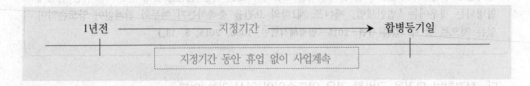

그러나 다른 법인과 합병하는 것을 유일한 사업목적으로 하는 「자본시장과 금융투자업에 관한 법률 시행령」 제6조 제4항 제14호에 따른 기업인수목적회사(Special Purpose Acquisition Company : SPAC)로서 같은 호 각목의 요건을 모두 갖춘 법인은 이 요건을 갖춘 것으로 보나, 그 상대방법인은 이 요건을 구비해야 한다(법법 §44②(1), 법령 §80②).

나. 사업목적 합병 요건을 충족하는 사례

다음의 경우에는 사업목적 합병 요건을 충족한 것으로 본다.

① 지정기간 중에 당해 법인의 업종이 축소되거나 확대된 경우

② 내국법인이 정관이나 등기부에 자회사의 주식보유를 목적사업으로 규정하고 있지 아니하나, 합병등기일 현재 사실상 한국표준산업분류상 비금융 지주회사(71520)에 해당하는 사업을 1년 이상 계속하여 영위하는 경우(법인-792, 2001. 7. 14.)

③ 매출은 없으나 지정기간 동안 수명의 연구원을 고용하여 그 목적사업인 연구 및 개발업을 실제로 영위한 법인의 경우(서면2팀-216, 2008. 1. 31.)

④ 매출실적이 없다 하더라도 법인이 게임개발을 위한 연구 및 개발활동, 컴퓨터 관련 컨설팅 사업의 수주를 위한 제안서 및 견적서의 작성·제출 등 사실상 휴업기간 없이 정상적인 영업활동을 한 경우(법인-2317, 2008. 9. 4.)

⑤ 내국법인이 정관이나 등기부에 자회사의 주식보유를 목적사업으로 규정하고 있지 아니하나, 합병등기일 현재 사실상 지주회사에 해당하는 사업을 지정기간 동안 계속하여 영위한 경우(법인-792, 2009. 7. 14.)

⑥ 내국법인이 법인등기부상의 목적사업인 부동산임대업을 지정기간 동안 휴업 등 사업을 중단한 바 없이 영위한 경우에는 「법인세법」 제44조 제2항 제1호에서 규정하고 있는 "합병등기일 현재 1년 이상 사업을 계속하던 내국법인"에 해당한다(법령해석과-340, 2017. 2. 2.).

---

2) 분할신설법인이 다른 법인과 합병하는 경우 사업목적합병 여부를 판단할 때에는 분할법인의 분할 전 사업영위기간을 포함하여 계산한다(법인-699, 2011. 9. 23., 법규과-1244, 2011. 9. 21.).

다. 사업목적 합병 요건을 충족 못한 사례

다음의 경우에는 사업목적 합병 요건을 충족하지 못한 것으로 본다.

① 합병등기일 이후에 사실상 합병하여 합병일 이후 피합병법인의 손익을 합병법인에 귀속시킴으로써 피합병법인의 사업개시일부터 합병일까지의 사업영위기간이 1년 미만인 경우(서면2팀-805, 2004. 4. 17.)

② 합병등기일 현재 1년 이상 계속한 업종은 폐업하고 1년 미만인 업종만 합병(또는 분할)하는 경우(법인-2315, 2008. 9. 4.)

③ 직원을 고용하거나 물리적인 사무실을 보유한 적이 없이 내국법인의 대표이사가 대표이사로 되어 있는 주식회사의 주식 및 전환사채만을 취득하여 보유만 하고 있는 경우(법규법인 2010-339, 2010. 12. 2.)

④ 내국법인의 정관상 목적사업을 위한 물적·인적설비를 갖추었더라도 실질적으로 목적사업을 1년 이상 계속하여 경영하지 아니한 경우(법인-666, 2012. 10. 26., 법인-626, 2009. 5. 28.)

4) 지분의 연속성 요건

가. 지분의 연속성 요건

피합병법인의 주주 등이 합병으로 인하여 받은 합병대가의 총합계액 중 합병법인의 주식 등의 가액이 80%(주무부처의 장이 승인한 사업재편계획에 따라 2021. 12. 31.까지 합병 또는 분할합병하는 경우에는 조특법 제121조의32에 따라 80%를 70%로 본다) 이상이거나 합병법인의 모회사의 주식 등의 가액이 80% 이상인 경우로서 그 주식 등을 배정할 때에는 피합병법인의 지배주주 등에게는 다음 계산식에 따른 가액 이상의 주식 등을 배정하고,[3] 그 지배주주 등은 합병등기일이 속하는 사업연도의 종료일까지 그 주식 등을 보유하여야 한다[4](법법 §44②(2), 법령 §80④). 피합병법인의 지배주주는 합병교부주식에 종전의 지분비율을 곱한 금액 만큼 합병교부주식을 받아 그 주식을 해당 사업연도말까지 보유해야 적격합병으로 본다는 것이다. 반면에, 피합병법인의 지배주주가 아닌 주주는 합병대가를 현금으로 받아도 되고 주식을 받은 경우에도 합병 직후 바로 주식을 매각해도 적격합병에 위배되는 것이 아니다.

---

3) 「법인세법」 제44조 제2항 제2호에 따른 합병시 지분의 연속성 요건을 판단할 때, 주권상장법인이 다른 내국법인을 합병하면서 주식의 종류별로 「자본시장과 금융투자업에 관한 법률」에 의하여 산정된 합병가액에 따라 합병교부주식을 교부하는 경우에는 피합병법인의 주주에게 해당 주식의 종류별로 「법인세법 시행령」 제80조의2 제4항의 계산식에 따른 가액 이상의 주식을 각각 배정하여야 한다(사전법령법인-187, 2015. 8. 31.).

4) 주권상장법인이 비상장 내국법인(이하 "피합병법인"이라 한다)을 합병하면서 「자본시장과 금융투자업에 관한 법률 시행령」 제176조의5에 따라 산정한 피합병법인의 1주당 합병가액이 '0'에 미달하여 합병신주를 발행하지 않은 경우라 하더라도 적격합병의 요건을 충족하지 못한 경우에는 합병과세특례를 적용할 수 없다(법규법인 2013-7, 2013. 5. 24., 서면법규-564, 2013. 5. 16.).

$$\begin{array}{c}\text{피합병법인의 지배주주*} \\ \text{등에게 배정하는 주식}\end{array} = \begin{array}{c}\text{피합병법인의 주주 등이 받은} \\ \text{합병교부주식 등의 가액의 총합계액}\end{array} \times \begin{array}{c}\text{지배주주 등의 피합병법인에} \\ \text{대한 지분비율}\end{array}$$

* 피합병법인의 지배주주 등이란 「법인세법 시행령」 제43조 제3항에 따른 피합병법인의 지배주주 중 다음의 어느 하나에 해당하는 자를 제외한 주주를 말한다(법령 §80의2⑤).
① 친족(법령 §43⑧(1)가) 중 4촌인 혈족 및 인척 `23 개정`
② 합병등기일 현재 피합병법인에 대한 지분비율이 1% 미만이면서 시가로 평가한 그 지분가액이 10억원 미만인 자
③ 기업인수목적회사와 합병하는 피합병법인의 지배주주등인 자
④ 피합병법인인 기업인수목적회사의 지배주주등인 자
이 경우 지배주주 등이란 법인의 발행주식총수 또는 출자총액의 1% 이상의 주식 또는 출자지분을 소유한 주주등으로서 그와 특수관계에 있는 자(법령 §43⑧ 참조)와의 소유 주식 또는 출자지분의 합계가 해당 법인의 주주등 중 가장 많은 경우의 해당 주주등(이하 "지배주주등"이라 한다)을 말한다.

■ 사례 » 지분의 연속성 요건

(case 1)

A법인(사업연도 : 1. 1.~12. 31.)은 B법인을 20×1. 7. 1.에 합병하려고 한다. A법인은 합병대가로 주식 8,000주(1주당 시가 10,000원)과 합병교부금 20,000,000원을 주려고 한다. B법인의 주주는 지배주주인 갑(지분율 70%)과 소액주주들(30%)로 구성되어 있다. 합병대가를 다음과 같이 배정한 경우 지분연속성 요건을 구비했는지 검토하시오. 갑은 합병교부주식을 합병등기일이 속하는 사업연도말까지 계속 보유하고 있다.

구 분	합병교부주식	금 전	합 계
주주 갑	6,000주×10,000=60,000,000	10,000,000	70,000,000
소액주주	2,000주×10,000=20,000,000	10,000,000	30,000,000
합계	8,000주×10,000=80,000,000	20,000,000	100,000,000

(case 2)

합병대가를 다음과 같이 배정한 것을 제외하고는 (case 1)과 같다.

구 분	합병교부주식	금 전	합 계
주주 갑	5,500주×10,000=55,000,000	15,000,000	70,000,000
소액주주	2,500주×10,000=25,000,000	5,000,000	30,000,000
합계	8,000주×10,000=80,000,000	20,000,000	100,000,000

■ 해답 ■

(case 1)

① 합병대가 중 합병교부주식비율이 80% 이상인지 여부

$$\frac{\text{합병교부주식가액}}{\text{합병대가의 총합계액}} = \frac{80,000,000}{100,000,000} = 80\% \geq 80\% \rightarrow \text{요건 충족}$$

② 지배주주에게 지분비율에 해당하는 합병교부주식을 배정했는지 여부

지배주주에게 배정한 합병교부주식가액≥합병교부주식가액의 총합계액×지배주주의 지분비율

= 60,000,000 ≥ 80,000,000 × 70% → 요건 충족

③ 지배주주가 합병등기일이 속하는 사업연도말까지 합병교부주식을 보유하고 있는지 여부

→ 요건 충족

(결론) 위의 세 가지 요건을 모두 충족하였으므로 지분연속성 요건을 구비하였다.

(case 2)

① 합병대가 중 합병교부주식비율이 80% 이상인지 여부

$$\frac{합병교부주식가액}{합병대가의\ 총합계액} = \frac{80,000,000}{100,000,000} = 80\% \geq 80\% \rightarrow 요건\ 충족$$

② 지배주주에게 지분비율에 해당하는 합병교부주식을 배정했는지 여부

지배주주에게 배정한 합병교부주식가액≥합병교부주식가액의 총합계액×지배주주의 지분비율

55,000,000 < 80,000,000 × 70% → 요건 미충족

③ 지배주주가 합병등기일이 속하는 사업연도말까지 합병교부주식을 보유하고 있는지 여부

→ 검토불필요

(결론) 위의 두 번째 요건을 충족하지 못하므로 지분연속성 요건을 구비하지 못하였다.

나. 합병포합주식등이 있는 경우 주식교부비율의 계산

합병대가의 총합계액 중 주식가액이 80% 이상인지를 판정할 때 합병법인이 합병등기일 전 2년 이내에 취득한 합병포합주식등이 있는 경우에는 다음 금액을 금전으로 교부한 것으로 한다. 이 경우 신설합병 또는 3 이상의 법인이 합병하는 경우로서 피합병법인이 취득한 다른 피합병법인의 주식이 있는 경우에는 그 다른 피합병법인의 주식을 취득한 피합병법인을 합병법인으로 보아 다음 규정에 따라 계산한 금액을 금전으로 교부한 것으로 한다[5], [6] **(법령 §80의2③).** 이 규정에서 합병대가의 총합계액은 "3-2. 합병에 대한 원칙적인 과세방법"의 "(1) 1) ①"을 말한다.

① 합병법인이 합병등기일 현재 피합병법인의 지배주주등이 아닌 경우 : 합병등기일 전 2년 이내에 취득한 합병포합주식이 피합병법인의 발행주식총수의 20%를 초과하는 경우 그 초과하는 합병포합주식에 대하여 교부한 합병교부주식(합병대가를 지급한 것으

---

[5] 포합주식에 대해 신주를 교부하는 경우 합병대가의 총합계액 중 주식 등의 가액이 80% 이상인지의 여부는 해당 포합주식에 교부된 합병신주의 가액을 포함한 「법인세법」 제16조 제1항 제5호에 따른 합병대가에 같은법 시행령 제80조의2 제3항에 따라 해당 포합주식에 대해 금전으로 교부된 것으로 보는 금액을 더하여 합병대가의 총합계액을 계산하고 이를 기준으로 주식교부비율을 판단한다(법인 - 841, 2011. 10. 28.).

[6] 합병법인이 합병등기일로부터 2년 전에 취득한 피합병법인의 주식을 보유하고 있는 상태에서 합병을 하면서 별도의 합병교부금 지급없이 합병포합주식을 제외한 기타 주주에 대해서만 그 지분비율대로 합병교부주식을 교부하는 경우, 합병포합주식에 대해서는 「법인세법 시행령」 제80조 제1항 제2호 가목 단서에 따라 합병교부주식을 교부하지 아니하더라도 그 지분비율에 따라 합병교부주식을 교부한 것으로 보는 것이므로 2012. 2. 2. 이후 합병하는 분부터 「법인세법」 제44조 제2항 제2호 및 같은법 시행령 제80조의2 제3항 및 제4항에 따른 지분의 연속성 요건을 충족하는 것으로 본다(서면법규 - 564, 2013. 5. 16.).

로 보는 경우 그 합병대가를 포함한다)의 가액

② 합병법인이 합병등기일 현재 피합병법인의 지배주주등인 경우 : 합병등기일 전 2년 이내에 취득한 합병포합주식등에 대하여 교부한 합병교부주식등(합병대가를 지급한 것으로 보는 경우 그 주식 등을 포함한다)의 가액

사례 ›› 합병포합주식이 있는 경우 주식교부비율의 계산

(case 1) 합병법인이 피합병법인의 지배주주가 아닌 경우

㈜한공이 ㈜경기를 흡수합병하기 전의 ㈜경기의 총발행주식수는 100주이고, ㈜한공은 그 중 40주(30주는 2년 이내 취득분이고 10주는 2년 전의 취득분임)를 보유하고 있으나 지배주주는 아니다. ㈜한공이 ㈜경기를 합병하면서 합병대가로 교부할 주식은 100주(1주당 시가는 10,000원)이다.

• ㈜한공 : 40주(합병포합주식에 교부할 주식)
• 기타주주 : 60주

㈜한공이 합병포합주식에 합병교부주식을 교부하는 경우와 교부하지 않는 경우로 구분하여 합병대가의 총합계액에 대한 주식교부비율을 구하시오.

(case 2) 합병법인이 피합병법인의 지배주주인 경우

㈜한공은 乙법인의 지배주주가 아닌 것을 제외하고는 (case 1)과 같은 경우 주식교부비율을 구하시오.

┃ 해답 ┃

(case 1) 합병법인이 피합병법인의 지배주주가 아닌 경우

① 합병대가의 총합계액 : 100주*×10,000=1,000,000

  * 합병포합주식에 합병교부주식을 교부하지 않아도 교부한 것으로 본다. 따라서 합병포합주식에 주식을 교부하든 교부하지 않든 합병교부주식은 100주이다.

② 금전교부간주액 : {30주−(100주×20%)}×10,000=100,000

  합병등기일 전 2년 이내에 취득한 합병포합주식 중 총발행주식의 20%를 초과하는 주식에 대하여 교부한 합병교부주식은 금전으로 교부한 것으로 본다.

③ 주식교부비율 : $\dfrac{\text{합병대가의 총합계액}-\text{금전교부액}}{\text{합병대가의 총합계액}} = \dfrac{1,000,000-100,000}{1,000,000} = 90\%$

(case 2) 합병법인이 피합병법인의 지배주주인 경우

① 합병대가의 총합계액 : 100주*×10,000=1,000,000

  * 합병포합주식에 합병교부주식을 교부하지 않아도 교부한 것으로 본다. 따라서 합병포합주식에 주식을 교부하든 교부하지 않든 합병교부주식은 100주이다.

② 금전교부간주액 : 30주×10,000=300,000

  합병등기일 전 2년 이내에 취득한 합병포합주식에 대하여 교부한 합병교부주식은 금전으로 교부한 것으로 본다.

③ 주식교부비율 : $\dfrac{\text{합병대가의 총합계액}-\text{금전교부액}}{\text{합병대가의 총합계액}} = \dfrac{1,000,000-300,000}{1,000,000} = 70\%$

다. 지분의 연속성 요건 위배에 대한 부득이한 사유

다음 중 어느 하나에 해당하는 사유로 지분의 연속성의 요건을 갖추지 못한 경우 부득이한 사유가 있으므로 지분의 연속성 요건을 구비한 것으로 본다(법령 §80의2①(1)).

① 피합병법인의 지배주주(법령 §80의2⑤)가 합병으로 교부받은 전체 주식 등의 2 분의 1 미만을 처분[7]한 경우. 해당 지배주주 등이 합병으로 교부받은 주식 등을 서로 간에 처분하는 것은 해당 주주 등이 그 주식 등을 처분한 것으로 보지 않으며, 지배주주 등이 합병교부주식과 그 외의 주식을 보유한 상태에서 합병법인의 주식을 처분하는 경우에는 합병법인이 선택한 주식 등을 먼저 처분하는 것으로 본다. 종전에는 주식 처분에 대한 사후관리요건 위반여부를 판단할 때 복수의 합병을 한 경우에는 주식처분 순서에 대한 규정이 없었으나, 주식처분순서를 선택할 수 있도록 하여 주식보유의무 부담을 완화하기 위하여 2019. 2. 12. 이 규정을 신설하였다. 합병법인이 처분한 주식을 선택하는 규정을 적용받으려는 법인은 납세지 관할 세무서장이 해당 법인이 선택한 주식 처분 순서를 확인하기 위해 필요한 자료를 요청하는 경우에는 그 자료를 제출해야 한다(법령 §80의2⑧).

② 해당 주주 등이 사망하거나 파산하여 주식 등을 처분한 경우

③ 해당 주주 등이 적격합병, 적격분할, 적격물적분할 또는 적격현물출자에 따라 주식 등을 처분한 경우

④ 해당 주주 등이 주식 등을 포괄적으로 양도, 현물출자 또는 교환 · 이전하고 과세를 이연받으면서 주식 등을 처분한 경우

⑤ 해당 주주 등이 회생절차에 따라 법원의 허가를 받아 주식 등을 처분하는 경우

⑥ 해당 주주 등이 기업개선계획의 이행을 위한 약정 또는 기업개선계획의 이행을 위한 특별약정에 따라 주식 등을 처분하는 경우

⑦ 해당 주주 등이 법령상 의무를 이행하기 위하여 주식 등을 처분하는 경우

5) 사업의 계속성 요건

가. 사업의 계속성 요건

합병법인이 합병등기일이 속하는 사업연도의 종료일까지 피합병법인으로부터 승계받은 사업을 계속하여야 한다(법법 §44②(3)). 다만, 피합병법인이 다른 법인과 합병하는 것을 유일한 목적으로 하는 법인으로서 「자본시장과 금융투자업에 관한 법률 시행령」 제6조 제4항 제14호에 따른 법인으로서 같은 호 각 목의 요건을 모두 갖춘 법인(이하 "기업인수목적회사"라 한다)인

---

[7] 피합병법인의 주주 등이 합병법인으로부터 받은 주식을 합병등기일 현재 피합병법인의 주주가 아닌 피합병법인의 주주 등과 특수관계 있는 자에게 증여하는 경우 「법인세법」 제44조의3 제3항 제2호의 "피합병법인의 주주 등이 합병법인으로부터 받은 주식 등을 처분하는 경우"에 해당하며, 같은법 시행령 제80조의2 제1항 제1호의 "해당 주주 등이 합병으로 교부받은 주식 등을 서로 간에 처분하는 것"에는 해당하지 않는다(사전－2016－법령해석법인－0124, 2016. 5. 16.).

경우에는 사업의 계속성 요건을 갖춘 것으로 본다(법법 §44②(3), 법령 §80②). (비상장 중소 혁신기업의 자금조달 지원을 위해 스팩 소멸합병에 대한 과세이연 특례를 도입하여 2022. 1. 1. 이후 합병하는 분부터 적용)

합병법인이 합병등기일이 속하는 사업연도의 종료일 이전에 피합병법인으로부터 승계한 자산가액(유형자산, 무형자산 및 투자자산의 가액을 말한다)의 2분의 1 이상을 처분하거나 사업에 사용하지 아니하는 경우에는 사업의 계속성 요건을 구비하지 못한 것으로 본다. 다만, 피합병법인이 보유하던 합병법인의 주식을 승계받아 자기주식을 소각하는 경우에는 해당 합병법인의 주식을 제외하고 피합병법인으로부터 승계받은 자산을 기준으로 사업을 계속하는지 여부를 판정하되, 승계받은 자산이 합병법인의 주식만 있는 경우에는 사업을 계속하는 것으로 본다(법령 §80의2⑦).

나. 사업의 계속성 요건 위배에 대한 부득이한 사유

다음 중 어느 하나에 해당하는 사유로 사업의 계속성 요건을 구비하지 못한 경우에도 부득이한 사유가 있으므로 사업의 계속성 요건을 구비한 것으로 본다(법령 §80의2①(2)).

① 합병법인이 파산함에 따라 승계받은 자산을 처분한 경우
② 합병법인이 적격합병, 적격분할, 적격물적분할 또는 적격현물출자에 따라 사업을 폐지한 경우
③ 합병법인이 기업개선계획의 이행을 위한 약정 또는 기업개선계획의 이행을 위한 특별약정에 따라 승계받은 자산을 처분한 경우
④ 합병법인이 회생절차에 따라 법원의 허가를 받아 승계받은 자산을 처분한 경우

6) 고용승계 요건

가. 입법취지

종전에는 적격합병과 적격분할 요건에 고용승계와 관련된 규정이 없었다. 기업구조조정 시 고용 안정을 제고하기 위하여 2018. 1. 1. 이후 합병·분할하는 분부터 적격합병과 적격분할 요건에 고용승계요건을 추가하여 합병·분할등기일 1개월 전 당시 피합병법인·분할사업부문에 종사하는 근로자 중 80% 이상을 합병법인 또는 분할신설법인이 승계하는 요건을 추가하였다.

나. 고용승계 요건

합병등기일 1개월 전 당시 피합병법인에 종사하는 「근로기준법」에 따라 근로계약을 체결한 내국인 근로자 중 합병법인이 승계한 근로자의 비율이 80% 이상이고, 합병등기일이 속하는 사업연도의 종료일까지 그 비율을 유지하여야 한다(법법 §44②(4)). 다음 중 어느 하나에 해당하는 근로자는 피합병법인에 종사하는 근로자에서 제외한다(법령 §80의2⑥).

① 임원

② 합병등기일이 속하는 사업연도의 종료일 이전에 정년이 도래하여 퇴직이 예정된 근로자

③ 합병등기일이 속하는 사업연도의 종료일 이전에 사망한 근로자 또는 질병·부상 등 「고용보험법 시행규칙」 별표 2 제9호에 해당하는 사유로 퇴직한 근로자(법칙 §40의2①)

④ 일용근로자

⑤ 근로계약기간이 6개월 미만인 근로자. 다만, 근로계약의 연속된 갱신으로 인하여 합병 등기일 1개월 전 당시 그 근로계약의 총 기간이 1년 이상인 근로자는 제외한다.

⑥ 금고 이상의 형을 선고받는 등 「고용보험법」 제58조 제1호에 해당하는 사유로 퇴직한 근로자(법칙 §40의2②)

다. 고용승계요건 위배에 대한 부득이한 사유

다음 중 어느 하나에 해당하는 사유가 있는 경우에는 부득이한 사유가 있으므로 고용승계요건을 구비한 것으로 본다(법령 §80의2①(3)).

① 합병법인이 회생계획을 이행 중인 경우

② 합병법인이 파산함에 따라 근로자의 비율을 유지하지 못한 경우

③ 합병법인이 적격합병, 적격분할, 적격물적분할 또는 적격현물출자에 따라 근로자의 비율을 유지하지 못한 경우

④ 합병등기일 1개월 전 당시 피합병법인에 종사하는 「근로기준법」에 따라 근로계약을 체결한 내국인 근로자가 5명 미만인 경우

(2) 합병법인

1) 자산의 취득가액

적격합병의 요건을 갖추거나 완전자법인과의 합병으로 피합병법인의 양도손익이 없는 것으로 한 경우, 합병법인은 피합병법인의 자산을 장부가액으로 양도받은 것으로 한다(법법 §44의3①).

2) 자산조정계정

가. 자산조정계정

합병법인은 피합병법인의 자산을 장부가액으로 양도받은 경우 양도받은 자산 및 부채의 가액을 결산서에는 합병등기일 현재의 시가로 계상하되, 시가에서 피합병법인의 장부가액을 뺀 금액이 0보다 큰 경우에는 그 차액을 익금에 산입하고 이에 상당하는 금액을 자산조정계정으로 손금에 산입하여 △유보로 처분하고, 시가에서 피합병법인의 장부가액을 뺀 금

액이 0보다 작은 경우에는 시가와 장부가액의 차액을 손금에 산입하고 이에 상당하는 금액을 자산조정계정으로 익금하여 유보로 처분한다(법령 §80의4① 전단).

$$
\text{양도받은 자산 시가} - \text{피합병법인의 장부가액} = \begin{bmatrix} (+) & \text{자산조정계정} \rightarrow \text{손금산입}(\triangle \text{유보}) \\ (-) & \text{자산조정계정} \rightarrow \text{익금산입}(\text{유 \ 보}) \end{bmatrix}
$$

이 경우 장부가액은 세무상 장부가액을 말한다. 그러나 피합병법인이 양도손익을 0(영)으로 한 경우 피합병법인의 세무조정사항은 모두 합병법인에 승계되므로 장부가액을 계산할 때 유보(또는 △유보)를 고려하지 않아야 한다. 이에 따라 세무상 장부가액에 세무조정사항 중 익금불산입액은 더하고 손금불산입액은 뺀 가액을 장부가액으로 한다.

법인세법이 합병으로 양도받은 자산과 부채를 시가로 회계처리하라고 하는 것은 기업회계가 합병을 매수법에 따라 회계처리하는 점을 고려한 것이고, 결산상 계상된 순자산의 시가를 피합병법인의 장부가액으로 수정하기 위하여 그 차이를 세무조정하라는 것이다.

나. 자산조정계정의 추인

① 감가상각자산에 관련하여 설정된 자산조정계정

자산조정계정으로 손금에 산입한 경우에는 해당 자산의 감가상각비(해당 자산조정계정에 상당하는 부분에 대한 것만 해당한다)와 상계하고, 자산조정계정으로 익금에 산입한 경우에는 감가상각비에 가산한다. 이 경우 해당 자산을 처분하는 경우에는 상계 또는 더하고 남은 금액을 그 처분하는 사업연도에 전액 익금 또는 손금에 산입한다(법령 §80의4①(1)).

② 비상각자산에 관련하여 설정된 자산조정계정

해당 자산을 처분하는 사업연도에 전액 익금 또는 손금에 산입한다. 다만, 자기주식을 소각하는 경우에는 익금 또는 손금에 산입하지 아니하고 소멸한다(법령 §80의4①(2)).

■ 사례 » **자산조정계정**

㈜한공(사업연도 : 1. 1.~12. 31.)은 ㈜세무를 20×1. 7. 1.(합병등기일)에 합병하였다. 이 합병은 적격합병에 해당하며 ㈜세무는 양도손익을 없는 것으로 하였다. 합병과 관련된 자료는 다음과 같다.

(1) ㈜세무의 합병등기일 현재 재무상태표

● **재무상태표** ●

구 분	장부가액	시 가	구 분	장부가액	시 가
상 품	100,000	110,000	매 입 채 무	120,000	120,000
건 물	180,000	180,000	차 입 금	210,000	210,000
토 지	150,000	200,000	자 본 금	80,000	
			주식발행초과금	20,000	
합 계	430,000	490,000	합 계	430,000	330,000

㈜세무는 합병직전 토지에 대한 유보 10,000원(비용으로 처리한 취득세를 손금불산입하여 발생한 유보)이 있다.

(2) 합병법인이 피합병법인에게 교부한 주식은 100주(액면가액 1,000원, 시가 1,600원)를 교부하였다. 합병법인은 합병시 다음과 같이 회계처리하였다.

(차) 상 품	110,000	(대) 매 입 채 무	120,000
건 물	180,000	차 입 금	210,000
토 지	200,000	자 본 금	100,000
		주 식 발 행 초 과 금	60,000

(3) ㈜한공은 20×1년말에 상품의 1/2을 시가로 판매하고 매출손익을 계상하였다.

▌물음▌

(1) ㈜한공의 합병에 대한 세무조정을 하시오.

(2) ㈜한공이 상품의 1/2을 판매한 것에 대한 세무조정을 하시오.

▌해답▌

(1) 합병시 세무조정

결 산 서		세 법		세무조정
(차) 상 품 110,000		(차) 상 품 100,000		<익금산입>
건 물 180,000		건 물 180,000		주발초 60,000(기타)
토 지 200,000		토 지 150,000*		<손금산입>
(대) 매입채무 120,000		(대) 매입채무 120,000		상 품 10,000(△유보)
차 입 금 210,000		차 입 금 210,000		토 지 50,000(△유보)
자 본 금 100,000		자 본 금 100,000		↳ 자산조정계정
주 발 초 60,000				

* 토지의 결산상 장부가액은 150,000원이고 세무상 장부가액은 유보 10,000원을 더한 160,000원이다. 토지의 유보 10,000원을 피합병법인에게 승계되어 토지 매각시 추인되므로 자산조정계정을 계산할 때 토지의

세무상 장부가액 160,000원에서 손금불산입된 유보 10,000원을 차감한 150,000원을 장부가액으로 한다.

(2) 상품의 1/2을 판매한 경우 세무조정
   <손금불산입> 상품 5,000*(유보)
   * 상품의 1/2을 판매하였으므로 상품에 대한 △유보의 1/2을 추인한다.

그리고 상품의 자산조정계정은 해당 제품이 매출한 사업연도에, 토지의 자산조정계정은 토지가 매각된 사업연도에 손금불산입(유보)한다.

이와 같이 세무조정을 함으로써 적격합병의 경우, 합병에 따라 발생한 자산 및 부채평가손익을 합병일이 속하는 사업연도의 피합병법인의 각 사업연도의 소득금액을 계산할 때 익금 또는 손금에 산입되지 아니하고 합병법인이 해당 자산을 매출 또는 매각하거나 해당 자산을 감가상각하는 경우 합병법인의 각 사업연도의 소득금액을 계산할 때 익금 또는 손금에 산입된다.

3) 세무조정사항, 이월결손금 및 세액감면, 공제 등의 승계

적격합병을 한 합병법인은 피합병법인의 자산을 장부가액으로 양도받은 경우 피합병법인의 합병등기일 현재의 세무상 공제가능한 이월결손금과 피합병법인이 각 사업연도의 소득금액 및 과세표준을 계산할 때 익금 또는 손금에 산입하거나 산입하지 아니한 세무조정사항 및 그 밖의 자산·부채 및 세액감면·세액공제 등을 승계한다(**법법 §44의3②** 및 **법령 §85(1)**).

사례 » 적격합병시 피합병법인의 기부금한도초과액의 승계 여부

A법인은 B법인을 20×2. 1. 1.에 흡수합병하였다. A법인은 20×1년말 현재 B법인의 일반기부금한도초과이월액은 A법인에게 승계되므로 이를 A법인의 20×2년의 일반기부금한도 내에서 손금산입하여 법인세를 환급해 달라는 취지로 경정청구를 하려고 한다. 경정청구를 하면 세금을 환급받을 가능성은 있는가?

▌해답▐

법인세법 시행령 제85조에서 적격합병 요건을 충족하는 경우 합병등기일 현재 피합병법인의 '각 사업연도 소득금액 및 과세표준을 계산할 때 익금 또는 손금에 산입하거나 산입하지 아니한 금액'(세무조정사항)을 합병법인이 승계하도록 규정하고 있고, 일반기부금한도초과이월액은 피합병법인의 각 사업연도 소득금액 계산시 손금에 산입하지 아니한 금액에 해당하므로 과세관청이 경정청구를 받아들여 세액을 경정해야 한다(**조심 2018서 1802, 2018. 8. 27.**).

● 합병법인의 세무조정사항 등의 승계 여부 ●

구 분	적격·비적격 여부	세무조정사항			이월결손금		세액감면·세액공제		법적근거
		세무조정 사항 내용	승계	비승계	승계	비승계	승계	비승계	
합 병	비적격합병	퇴직급여충당금	○			○		○	법법 §44의2① 법령 §85(2)
		대손충당금	○						
		기타		○					
	적격합병	퇴직급여충당금	○		○		○		법법 §44의3① 법령 §85(1)
		대손충당금	○						
		기타	○						
인 적 분 할	비적격 인적분할	퇴직급여충당금	○			○		○	법법 §46의2① 법령 §85(2)
		대손충당금	○						
		기타		○					
	적격 인적분할	퇴직급여충당금	○		○		○		법법 §46의3② 법령 §85(2)
		대손충당금	○						
		기타	○						
물 적 분 할	비적격 물적분할	퇴직급여충당금	○			○		○	법령 §85(2)
		대손충당금	○						
		기타		○					
	적격 물적분할	퇴직급여충당금	○		○	○			법령 §84⑫ 법령 §85(2)
		대손충당금	○						
		기타		○					

(3) 피합병법인의 주주

1) 주주의 적격합병 요건

피합병법인과 합병법인의 적격합병 요건은 앞에서 본 것과 같이 ① 사업목적합병, ② 지분연속성, ③ 사업계속성 및 고용유지의 네 가지였다. 그러나 피합병법인의 주주에 대한 의제배당 계산시 적격합병 요건은 ① 사업목적합병과 ② 지분연속성의 두 가지뿐이며, 지분연속성 요건에서 지배주주의 주식보유 요건도 없다(법령 §14①(1)나).

● 적격합병 요건 ●

구 분	피합병법인과 합병법인의 요건	피합병법인 주주의 요건
① 사업목적의 합병 요건	○	○
② 지분의 연속성 요건	○	○(주식보유 요건 불필요)
③ 사업의 계속성 요건	○	×
④ 고용 유지 요건	○	×

피합병법인의 주주에게 사업계속성 요건과 고용유지 요건을 요구하지 않는 것은 사업계속성과 고용유지는 합병법인이 결정할 사항이기 때문이고, 주식보유 요건을 요구하지 않는 것은 지배주주가 주식을 처분하면 합병시 과세되지 않았던 의제배당이 주식 양도소득으로 과세되기 때문이다(법령 §14①(1)).

2) 합병시 주주의 의제배당

적격합병 요건을 구비한 경우 피합병법인의 주주가 합병으로 받은 주식은 종전의 주식의 장부가액으로 평가한다. 이와 같이 평가하면 합병대가로 주식만 받은 경우 의제배당은 "0"(영)이 된다(법령 §14①(1)).

합병대가(종전 주식의 장부가액) − 종전 주식의 장부가액 = 의제배당(0)

그러나 합병대가로 주식과 기타재산을 함께 받은 경우에는 주식에서 의제배당이 발생되지 않도록 해도 기타재산이 있으므로 기타재산만큼의 의제배당이 발생한다. 이 경우 기타재산이 합병시 실현된 이익보다 크면 과도하게 과세되는 문제가 있으므로 적격합병의 경우에는 기타재산과 실현된 이익 중 작은 금액을 의제배당으로 보기 위하여 합병시 받은 주식을 다음과 같이 평가한다(법령 §14①(1)).

합병시 받은 주식의 평가 = Min[종전 주식의 장부가액, 교부받은 주식의 시가]

위의 규정을 고려하면 의제배당 계산식은 다음과 같이 된다.

[Min(종전 주식의 장부가액, 교부받은 주식의 시가) + 기타재산의 시가] − 종전 주식의 장부가액
    ↳ 주식평가액   ↳ 기타재산평가액

피합병법인은 적격합병 요건을 구비한 경우에도 양도손익에 대한 특례규정을 적용받으려면 반드시 특례신청을 해야 한다. 그러나 피합병법인의 주주가 적격합병 요건을 구비한 경우에는 신청에 관계없이 의제배당에 대한 특례규정을 적용한다.

3-4. 적격합병에서의 이탈

(1) 개 요

적격합병을 한 합병법인은 합병등기일이 속하는 사업연도의 다음 사업연도 개시일부터 2년(고용승계요건은 3년) 이내에 다음 중 어느 하나에 해당하는 사유가 발생하는 경우에는 그 사

유가 발생한 날이 속하는 사업연도의 소득금액을 계산할 때 양도받은 자산의 장부가액과 시가와의 차액(시가가 장부가액보다 큰 경우만 해당한다), 승계받은 결손금 중 공제한 금액 등을 익금에 산입하고, 피합병법인으로부터 승계받아 공제한 감면ㆍ세액공제액 등을 해당 사업연도의 법인세에 더하여 납부한 후 해당 사업연도부터 감면 또는 세액공제를 적용하지 아니한다. 다만, 법령이 정하는 부득이한 사유가 있는 경우에는 그러하지 아니하다(법법 §44의3③ 및 법령 §80의4①).

① 사업의 계속성 요건 위배 : 합병법인이 피합병법인으로부터 승계받은 사업을 폐지하는 경우

② 지분의 연속성 요건 위배 : 피합병법인의 지배주주가 합병법인으로부터 받은 주식을 처분하는 경우

③ 고용유지 요건 위배 : 각 사업연도 종료일 현재 합병법인에 종사하는 근로계약을 체결한 내국인 근로자 수가 합병등기일 1개월 전 당시 피합병법인과 합병법인에 종사하는 근로자 수의 80% 미만으로 하락하는 경우

그러나 다음 중 어느 하나에 해당하는 경우에는 경제적으로 동일한 회사 간의 합병이므로 무조건 적격합병 요건을 갖춘 것으로 보며, 적격합병에 대한 사후관리규정을 적용하지 아니한다(법법 §44의3③).

① 내국법인이 발행주식총수 또는 출자총액을 소유하고 있는 다른 법인을 합병하거나 그 다른 법인에 합병되는 경우

② 동일한 내국법인이 발행주식총수 또는 출자총액을 소유하고 있는 서로 다른 법인 간에 합병하는 경우

(2) 사업의 계속성 요건 위배

1) 사업의 계속성 요건 위배에 해당하는 경우

피합병법인이 합병등기일이 속하는 사업연도의 다음 사업연도 개시일부터 2년 이내에 피합병법인으로부터 승계받은 사업을 폐지하는 경우는 사업계속성 요건에 위배된 것으로 본다. 또한 합병법인이 합병등기일이 피합병법인으로부터 승계한 자산가액[유형자산, 무형자산 및 투자자산의 가액을 말한다. 이하 합병 및 분할 등에 관한 특례 및 구분경리(법령 §156②)에서 같다]의 2분의 1 이상을 처분하거나 사업에 사용하지 아니하는 경우에도 피합병법인으로부터 승계받은 사업을 폐지한 것으로 본다.

다만, 피합병법인이 보유하던 합병법인의 주식을 승계받아 자기주식을 소각하는 경우에는 해당 합병법인의 주식을 제외하고 피합병법인으로부터 승계받은 고정자산을 기준으로 사업을 계속하는지 여부를 판정하되, 승계받은 고정자산이 합병법인의 주식만 있는 경우에

는 사업을 계속하는 것으로 본다(법령 §80의4⑧).

그러나 승계한 자산가액의 2분의 1 이상이 되는 임대용 부동산이 공가의 상태로 합병하였으나 임차를 위한 광고·홍보·유지 및 관리활동 등을 지속적으로 하고 있는 경우로서 건전한 사회통념 및 상관행에 비추어 계속적으로 임대를 위한 활동을 영위하고 있다고 인정될 때에는, 승계한 고정자산을 합병등기일이 속하는 사업연도 종료일까지 일시적으로 직접 사업에 사용하지 못하는 경우에도 위의 승계받은 사업을 계속하는 것으로 본다(법인-800, 2012. 12. 24., 법규과-1463, 2012. 12. 11.).

2) 사업의 계속성 요건 위배에 대한 부득이한 사유

사업의 계속성 요건을 위배하더라도 다음 중 어느 하나에 해당하는 경우에는 부득이한 사유가 있는 것으로 본다(법령 §80의4⑦(1)).
① 합병법인이 파산함에 따라 승계받은 자산을 처분한 경우
② 합병법인이 적격합병, 적격분할, 적격물적분할 또는 적격현물출자에 따라 사업을 폐지한 경우
③ 합병법인이 기업개선계획의 이행을 위한 약정 또는 기업개선계획의 이행을 위한 특별약정에 따라 승계받은 자산을 처분한 경우
④ 합병법인이 회생절차에 따라 법원의 허가를 받아 승계받은 자산을 처분한 경우

(3) 지분의 연속성 요건 위배

1) 지분의 연속성 요건 위배 요건

피합병법인의 지배주주 등이 합병으로부터 받은 주식을 처분하는 경우에는 지분의 연속성 요건을 위배한 것으로 본다(법법 §44의3③(2)).

2) 지분의 연속성 요건 위배에 대한 부득이한 사유

지분의 연속성 요건을 위배하더라도 다음 중 어느 하나에 해당하는 경우에는 부득이한 사유가 있는 것으로 본다(법령 §80의4⑦(2)).
① 피합병법인의 지배주주가 합병으로 교부받은 전체 주식 등의 2분의 1 미만을 처분한 경우. 이 경우 해당 주주 등이 합병으로 교부받은 주식 등을 서로 간에 처분하는 것은 해당 주주 등이 그 주식 등을 처분한 것으로 보지 아니하며, 합병으로 교부받은 주식 등과 합병 외의 다른 방법으로 취득한 주식 등을 함께 보유하고 있는 해당 주주 등이 주식 등을 처분하는 경우에는 합병 외의 다른 방법으로 취득한 주식 등을 먼저 처분하는 것으로 본다.
② 해당 주주 등이 사망하거나 파산하여 주식 등을 처분한 경우

③ 해당 주주 등이 적격합병, 적격분할, 적격물적분할 또는 적격현물출자(법인세법 제47
조의2 제1항 각호의 요건을 모두 갖추어 양도차익에 해당하는 금액을 손금에 산입하
는 현물출자를 말한다)에 따라 주식 등을 처분한 경우

④ 해당 주주 등이 주식 등을 현물출자 또는 교환·이전하고 과세를 이연받으면서 주식
등을 처분한 경우

⑤ 해당 주주 등이 회생절차에 따라 법원의 허가를 받아 주식 등을 처분하는 경우

⑥ 해당 주주 등이 기업개선계획의 이행을 위한 약정 또는 기업개선계획의 이행을 위한
특별약정에 따라 주식 등을 처분하는 경우

⑦ 해당 주주 등이 법령상 의무를 이행하기 위하여 주식 등을 처분하는 경우

(4) 고용유지 요건 위배

1) 고용유지요건 위배 요건

각 사업연도 종료일 현재 합병법인에 종사하는 「근로기준법」에 따라 근로계약을 체결한
내국인 근로자 수가 합병등기일이 속하는 사업연도의 다음 사업연도의 개시일부터 3년 이
내에 합병등기일 1개월 전 당시 피합병법인과 합병법인에 각각 종사하는 근로자 수의 합의
80% 미만으로 하락하는 경우에는 고용유지요건을 위배한 것으로 본다.

2) 고용유지의무 위반에 대한 부득이한 사유

각 사업연도 종료일 현재 합병법인에 종사하는 근로자(「근로기준법」에 따라 근로계약을
체결한 내국인 근로자를 말한다) 수가 합병등기일 1개월 전 당시 피합병법인과 합병법인에
각각 종사하는 근로자 수의 합의 80% 미만으로 하락하는 경우에도 다음 중 어느 하나에
해당하는 사유가 있으면 부득이한 사유가 있는 것으로 본다(법령 §80의4⑦(2)).

① 합병법인이 회생계획을 이행 중인 경우

② 합병법인이 파산함에 따라 근로자의 비율을 유지하지 못한 경우

③ 합병법인이 적격합병, 적격분할, 적격물적분할 또는 적격현물출자에 따라 근로자의 비
율을 유지하지 못한 경우

(5) 적격합병에서의 이탈시 처리

1) 자산조정계정의 익금산입

합병법인이 적격합병에서 이탈된 경우에는 계상된 자산조정계정 잔액의 총합계액(총합계
액이 0보다 큰 경우에 한정하며, 총합계액이 0보다 작은 경우에는 없는 것으로 본다)을 익
금에 산입한다. 이 경우 계상된 자산조정계정은 소멸하는 것으로 한다(법령 §80의4④).

2) 합병매수차익 또는 합병매수차손의 처리

자산조정계정 잔액의 총합계액을 익금에 산입한 경우 합병법인이 피합병법인에 지급한 양도가액과 피합병법인의 합병등기일 현재의 순자산시가와의 차액인 합병매수차익 또는 합병매수차손에 상당하는 금액은 다음과 같이 처리한다(**법법 §44의3④ 및 법령 §80의4⑤**).

① 합병 당시 합병법인이 피합병법인에 지급한 양도가액이 피합병법인의 합병등기일 현재의 순자산시가에 미달하는 경우 : 적격합병에서 이탈된 사업연도에 합병매수차익을 손금산입한 후 다음과 같이 합병등기일부터 5년간 분할하여 익금산입한다.

구 분	합병매수차익의 익금산입액
적격합병 이탈사유가 발생한 사업연도	합병매수차익 × $\dfrac{\text{합병등기일부터 적격합병에서 이탈된 사업연도 종료일까지 월수*}}{60개월}$
적격합병에서 이탈된 사업연도의 다음 사업연도부터 합병등기일부터 5년이 되는 날이 속하는 사업연도까지	합병매수차익 × $\dfrac{\text{해당 사업연도 월수*}}{60개월}$

* 월수는 역에 따라 계산하되 1개월 미만의 일수는 1개월로 한다. 합병등기일이 속하는 월의 일수가 1개월 미만인 경우 합병등기일부터 5년이 되는 날이 속하는 월은 없는 것으로 한다.

② 합병 당시 합병법인이 피합병법인에 지급한 양도가액이 피합병법인의 합병등기일 현재의 순자산시가를 초과하는 경우 : 합병매수차손에 상당하는 금액을 적격합병 이탈사유가 발생한 날이 속하는 사업연도에 익금에 산입하되, 합병법인이 피합병법인의 상호·거래관계, 그 밖의 영업상의 비밀 등에 대하여 사업상 가치가 있다고 보아 대가를 지급한 경우에 한정하여 그 금액에 상당하는 금액을 합병등기일부터 5년이 되는 날까지 다음 구분에 따라 분할하여 손금에 산입한다.

구 분	합병매수차손의 손금산입액
적격합병 이탈사유가 발생한 사업연도	합병매수차손 × $\dfrac{\text{합병등기일부터 적격합병에서 이탈된 사업연도 종료일까지 월수*}}{60개월}$
적격합병에서 이탈된 사업연도의 다음 사업연도부터 합병등기일부터 5년이 되는 날이 속하는 사업연도까지	합병매수차손 × $\dfrac{\text{해당 사업연도 월수*}}{60개월}$

* 월수는 역에 따라 계산하되 1개월 미만의 일수는 1개월로 한다. 합병등기일이 속하는 월의 일수가 1개월 미만인 경우 합병등기일부터 5년이 되는 날이 속하는 월은 없는 것으로 한다.

3) 승계하여 공제한 이월결손금의 익금산입

합병법인이 피합병법인으로부터 승계받은 이월결손금 중 공제받은 금액을 적격합병에서 이탈된 사업연도에 익금산입한다(**법법 §44의3③ 및 법령 §80의4 ④**).

4) 승계한 세무조정사항의 추인

합병법인의 소득금액 및 과세표준을 계산할 때 피합병법인으로부터 승계한 세무조정사항 중 익금불산입액은 더하고 손금불산입액은 빼며, 피합병법인으로부터 승계하여 공제한 감면 또는 세액공제액 상당액을 적격합병에서 이탈한 사업연도의 법인세에 더하여 납부하고, 해당 사업연도부터 이를 적용하지 아니한다(**법령 §80의4⑥**).

5) 승계하여 공제한 세액감면과 세액공제의 추징

피합병법인으로부터 승계하여 공제한 감면 또는 세액공제액 상당액을 적격합병에서 이탈한 사업연도의 법인세에 더하여 납부하고, 해당 사업연도부터 이를 적용하지 아니한다(**법령 §80의4⑥**).

▌사례 》 적격합병에서의 이탈시 처리

㈜한공(사업연도 : 1. 1.~12. 31.)은 ㈜세무를 20×1. 1. 1.(합병등기일)에 주식(시가 500, 액면가액 100)을 주고 합병하였다.

피합병법인의 재무상태표		합병법인의 관련 재무상태표	
기계장치 400*1 (시가 800)	부 채 200 자 본 금 120 이 익 잉 여 금 80 ⇨	기 계 장 치 800	부 채 200 자 본 금 100 주 발 초 400 염가매수차익 100*2

*1 기계장치에 대한 유보 100이 「자본금과 적립금조정명세서(을)」에 있다.
*2 염가매수차익은 수익으로 회계처리하였다.

▌물음▌

(1) 이 합병은 적격합병에 해당하며 ㈜세무는 양도손익을 없는 것으로 한 경우 ㈜한공의 20×1년의 세무조정을 하시오.
(2) ㈜한공이 기계장치에 대하여 정액법(신고내용연수 5년)을 적용하여 감가상각한 경우 20×1년에 대한 세무조정을 하시오.
(3) 20×2. 7. 1.에 적격합병에서 이탈된 경우 세무조정을 하시오.

▌해답▌

(1) 합병에 대한 세무조정

결 산 서		세　법		세무조정
(차) 기계장치	800	(차) 기계장치	400	<익금산입>
(대) 부채	200	(대) 부채	200	주발초 300(기타)
자본금	100	자본금	100	<손금산입>
주발초	400	주발초	100	기계장치 400(△유보)
염가매수차익	100			

(2) 감가상각비에 대한 세무조정

① 자산조정계정에 대한 세무조정 : 손금불산입 80*(유보)

　* 자산조정계정 × 상각률 = 400 × 0.2 = 80

② 승계한 세무조정사항의 추인 : 손금산입 20*(△유보)

　* 승계한 유보 × 상각률 = 100 × 0.2 = 20

(3) 적격합병에서 이탈시 세무조정

구 분	익금산입 및 손금불산입			손금산입 및 익금불산입		
	과목	금액	소득처분	과목	금액	소득처분
자산조정계정의 익금산입과 합병매수차손 손금산입	기계장치	320	유보	합병매수차익	100*1	유보
합병매수차익 익금산입	합병매수차익	40*2	유보			
승계한 세무조정사항의 추인				기계장치	80*3	유보

*1 합병매수차익 = 양도받은 순자산시가 - 양도가액

　　　　　　　　= 600 - 500

　　　　　　　　= 100

*2 적격합병에서 이탈된 사업연도에 합병매수차익 100을 60개월로 나누어 그 중 24개월분[합병등기일(20×1. 1. 1.)~적격합병에서 이탈된 사업연도종료일(20×2. 12. 31.)까지의 월수]을 익금산입한다. 적격합병에서 이탈된 사업연도의 다음 사업연도(20×3년)부터 합병등기일부터 60개월이 되는 사업연도(20×5년)까지는 사업연도월수만큼 익금산입한다.

구 분	20×1년	20×2년	20×3년	20×4년	20×5년
익금	-	20,000주1)	10,000주2)	10,000주2)	10,000주2)

주1) 100×24/60 = 40

주2) 100×12/60 = 20

*3 승계한 세무조정사항 : 100 - 20(20×1년 부인액) = 80(적격합병 이탈 당시 유보잔액)

3-5. 합병시 이월결손금 등의 승계

(1) 합병법인의 이월결손금 공제

합병법인의 합병등기일 현재 세무상 공제가능한 이월결손금 중 피합병법인이 승계한 결손금을 제외한 금액은 합병법인의 각 사업연도의 과세표준을 계산할 때 피합병법인으로부터 승계받은 사업에서 발생한 소득금액에 대하여는 공제하지 아니한다(법법 §45①).

이 경우 합병법인과 피합병법인의 소득금액은 중소기업 간 또는 동일사업을 하는 법인 간에 합병하는 경우로서 회계를 구분하여 기록하지 아니한 경우에는 합병등기일 현재 합병법인과 피합병법인의 사업용 자산가액 비율을 기준으로 계산한다. 그리고 합병법인이 승계한 피합병법인의 사업용 자산가액은 승계결손금을 공제하는 각 사업연도의 종료일 현재 합병법인이 계속 보유(처분 후 대체하는 경우를 포함한다)·사용하는 사업용 자산에 한정하여 그 자산의 합병등기일 현재 가액에 따른다(법령 §81①).

(2) 피합병법인으로부터 승계받은 이월결손금 공제

적격합병의 경우 합병법인이 승계한 피합병법인의 결손금은 피합병법인으로부터 승계받은 사업에서 발생한 소득금액의 범위에서 합병법인의 각 사업연도의 과세표준을 계산할 때 공제한다(법법 §45②).

이 경우 합병법인의 각 사업연도의 과세표준을 계산할 때 승계하여 공제하는 결손금은 합병등기일 현재의 피합병법인의 「법인세법」 제13조 제1항 제1호에 따른 결손금(합병등기일을 사업연도의 개시일로 보아 계산한 금액을 말한다)으로 하되, 합병등기일이 속하는 사업연도의 다음 사업연도부터는 매년 순차적으로 1년이 지난 것으로 보아 계산한 금액으로 한다(법령 §81②).

(3) 합병법인의 이월결손금 공제한도

합병법인의 합병등기일 현재 결손금과 합병법인이 승계한 피합병법인의 결손금에 대한 공제는 이월결손금공제규정(법법 §13① 각 호 외의 부분 단서)에도 불구하고 다음의 구분에 따른 소득금액의 80%(중소기업과 회생계획을 이행 중인 기업 등 법 소정 법인은 100%)를 한도로 한다(법령 §81⑤). 23 개정

① 합병법인의 합병등기일 현재 결손금의 경우 : 합병법인의 소득금액에서 피합병법인으로부터 승계받은 사업에서 발생한 소득금액을 차감한 금액

② 합병법인이 승계한 피합병법인의 결손금의 경우 : 피합병법인으로부터 승계받은 사업에서 발생한 소득금액

(4) 적격합병의 경우 피합병법인으로부터 승계받은 자산의 처분손실의 처리

1) 입법취지

법인세법은 처음에는 결손법인이 흑자법인과의 합병을 통하여 조세회피를 하는 것을 막기 위하여 합병법인의 기존 사업의 결손금과 피합병법인에서 승계받은 사업의 결손금을 각각 구분하여 해당 사업에서 발생한 소득금액의 범위에서 공제하도록 하였다. 그런데, 결손법인이 장부가액보다 시가가 하락하여 내재손실(built-in loss)이 있는 자산을 보유하고 있는 경우 적격합병을 하면서 합병법인이 그 자산을 장부가액으로 양도받은 후에 처분하면 피합병법인에서 발생할 처분손실이 합병법인에서 발생하게 된다. 합병법인은 그 자산의 처분손실을 합병법인의 소득에서 제한 없이 공제할 수 있다면 합병을 이용하여 내재손실을 합병법인에서 실현시키면 조세회피가 가능해진다. 이에 따라 내재손실이 있는 자산을 합병등기일 이후 5년 이내에 끝나는 사업연도까지 처분함에 따라 발생하는 처분손실은 결손금과 동일하게 처리하도록 법인세법을 개정하여 2010년부터 적용하도록 하였다. 그런데, 합병 후 5년 이내에 처분하는 자산의 처분손실을 전액 공제를 제한하면 합병 후 시가가 하락한 자산은 합병 당시의 내재손실보다 더 많은 손실액의 공제를 제한당하는 문제가 발생한다. 이에 따라 2017년부터 공제제한대상인 자산의 처분손실은 합병 당시 내재손실(= 합병시 시가 − 장부가액)을 한도로 하도록 하였다.

2) 자산 처분손실의 공제제한

적격합병을 한 합병법인은 합병법인과 피합병법인이 합병 전 보유하던 자산의 처분손실(합병등기일 현재 해당 자산의 법인세법 제52조 제2항에 따른 시가가 장부가액보다 낮은 경우로서 그 차액을 한도로 하며, 합병등기일 이후 5년 이내에 끝나는 사업연도에 발생한 것만 해당한다)을 각각 합병 전 해당 법인의 사업에서 발생한 소득금액(해당 처분손실을 공제하기 전 소득금액을 말한다)의 범위에서 해당 사업연도의 소득금액을 계산할 때 손금에 산입한다. 이 경우 손금에 산입하지 아니한 처분손실은 자산 처분시 합병 전 해당 법인의 사업에서 발생한 결손금으로 본다(법법 §45③).

> ┃ 사례 » **자산처분손실의 공제제한**
>
> A법인은 20×1. 12. 1.에 B법인을 합병하면서 토지를 장부가액 20억원(합병 당시 시가 15억원)에 승계하였다. A법인은 20×2. 2. 1.에 그 토지를 14억원에 처분하여 6억원의 처분손실이 발생한 경우 처분손실의 처리는?
>
> ┃ 해답 ┃
> ① 공제제한대상 처분손실 : Min[처분손실 6억원, 합병 당시 내재손실 5억원*] = 5억원
>   * 장부가액 20억원 − 시가 15억원 = 5억원

공제제한 결손금이 발생한 자산은 합병 전 피합병법인이 보유하던 자산이므로 합병 후 피합병 법인으로부터 승계받은 사업에서 발생한 소득에서 공제한다.

② 나머지 처분손실 : 6억원 - 5억원 = 1억원

처분손실 1억원은 공제제한 대상이 아니므로 합병법인에서 발생한 전체 소득에서 공제할 수 있다.

(5) 합병법인의 합병등기일 현재 기부금한도초과액

합병법인의 합병등기일 현재 특례기부금 및 일반기부금 중 한도초과로 이월된 금액으로서 그 후의 각 사업연도의 소득금액을 계산할 때 손금에 산입하지 아니한 금액(이하 "기부금한도초과액"이라 한다) 중 합병법인이 승계한 기부금한도초과액을 제외한 금액은 합병법인의 각 사업연도의 소득금액을 계산할 때 합병 전 합병법인의 사업에서 발생한 소득금액을 기준으로 특례기부금 및 일반기부금 각각의 손금산입한도액의 범위에서 손금에 산입한다(법법 §45⑥).

(6) 피합병법인으로부터 승계받은 기부금한도초과액

피합병법인의 합병등기일 현재 기부금한도초과액으로서 합병법인이 승계한 금액은 합병법인의 각 사업연도의 소득금액을 계산할 때 피합병법인으로부터 승계받은 사업에서 발생한 소득금액을 기준으로 특례기부금 및 일반기부금 각각의 손금산입한도액의 범위에서 손금에 산입한다(법법 §45⑦).

(7) 적격합병의 경우 피합병법인으로부터 승계받은 세액감면 또는 세액공제의 처리

적격합병의 경우 합병법인은 피합병법인으로부터 승계받은 감면 또는 세액공제를 다음과 같이 적용받을 수 있다(법법 §45④ 및 법령 §81③).

1) 세액감면(일정기간에 걸쳐 감면되는 것으로 한정함)의 경우

합병법인이 승계받은 사업에서 발생한 소득에 대하여 합병 당시의 잔존감면기간 내에 종료하는 각 사업연도분까지 그 감면을 적용한다. 따라서 법인이 창업중소기업에 대한 세액감면을 적용받던 법인을 흡수합병하는 경우, 합병으로 존속하는 법인이 중소기업에 해당하는 때에 합병으로 소멸한 법인의 사업에서 발생하는 소득에 대하여 그 피합병법인의 잔존감면기간 동안 승계하여 세액감면을 적용받을 수 있다(법인-1954, 2008. 8. 11., 서이-1654, 2005. 10. 17.).

2) 이월공제가 인정되는 세액공제의 미공제액

이월공제가 인정되는 세액공제(외국납부세액공제 포함)로서 이월된 미공제액의 경우에는 합병법인이 다음 구분에 따라 이월공제잔여기간 내에 종료하는 각 사업연도분까지 공제한다(법령 §81③).

① 이월된 외국납부세액공제 미공제액 : 승계받은 사업에서 발생한 국외원천소득을 해당 사업연도의 과세표준으로 나눈 금액에 해당 사업연도의 세액을 곱한 금액의 범위에서 공제

② 법인세 최저한세액에 미달하여 공제받지 못한 금액으로서 이월된 미공제액 : 승계받은 사업부문에 대하여 계산한 법인세 최저한세액의 범위에서 공제. 이 경우 공제하는 금액은 합병법인의 법인세 최저한세액을 초과할 수 없다.

③ 위 ① 및 ② 외에 납부할 세액이 없어 공제받지 못한 금액으로서 이월된 미공제액 : 승계받은 사업부문에 대하여 계산한 법인세 산출세액의 범위에서 공제

(8) 합병법인의 구분경리

다른 내국법인을 합병하는 법인은 다음 구분에 따른 기간 동안 자산·부채 및 손익을 피합병법인으로부터 승계받은 사업에 속하는 것과 그 밖의 사업에 속하는 것을 각각 다른 회계로 구분하여 기록하여야 한다. 다만, 중소기업 간 또는 동일사업을 하는 법인 간에 합병하는 경우에는 회계를 구분하여 기록하지 아니할 수 있다(법법 §113③).

① 합병등기일 현재 세무상 공제가능한 이월결손금이 있는 경우 또는 피합병법인의 이월결손금을 공제받으려는 경우 : 그 결손금 또는 이월결손금을 공제받는 기간

② 그 밖의 경우 : 합병 후 5년간

2. 법인분할

1. 법인분할의 필요성

법인분할은 산업사회에서 다음과 같은 경우에서 그 필요성을 느끼고 있다.

① 기업규모의 비대화에 따라 경영상 관리·감독의 폭에 한계성이 있는 경우
② 강력한 사업부제도가 별개기업의 형태로 실시하는 것이 동일기업체 내에서 실시하는 것보다 우위성이 있는 경우
③ 불황사업에 대하여는 별개기업으로 경영하는 것이 자생력과 경쟁력을 강화시킬 수 있는 경우
④ 수익성의 정도에 따라 부담할 인건비이어야 함에도 수종의 사업을 동일기업 내에서 운영하게 된다면 임금의 평준화에 따라 고임금화가 이루어진 경우
⑤ 강력한 노사분쟁을 회피하려면 가급적 단위기업의 종업원수를 극소화하는 것이 바람직한 경우

2. 법인분할시 세무상 고려할 점

(1) 법인세비용 등의 부담

분할대상사업의 자산과 부채를 포괄적으로 현물출자하거나 양도하는 경우 적격분할의 경우를 제외하고는 장부가격과 양도자산의 시가와의 차액이 「법인세법」상 소득에 해당하는 경우에는 당해 소득에 대하여 법인세비용을 부담하게 된다(법법 §46①).

(2) 등록면허세의 부담

법인의 설립에 따른 자본납입(증자 포함)에 대한 등록면허세를 납부하며, 분할되는 법인이 대도시 내에서 설립하는 경우에는 등록세율이 중과되어 과중한 등록면허세를 부담하게 된다.

(3) 법인의 수입배당금액에 대한 이중과세

법인이 물적분할을 하는 경우 분할법인이 분할신설법인의 지배회사가 되며 분할신설법인은 종속회사가 된다. 이 경우 지배법인이 종속법인으로부터 배당금을 받게 되는 경우 그 배당금이 지배법인의 각 사업연도 소득을 구성하게 된다. 이 경우 수입배당금의 익금불산입

규정이 있어 법인세비용 부담은 경감할 수 있지만 분할법인이 분할하지 아니하는 경우보다 법인세비용을 더 부담하는 경우가 생긴다.

3. 「상법」상 분할[8]

3-1. 개 념

"법인분할"이란 하나의 법인의 영업을 둘 이상으로 분리하고 분리된 영업재산을 자본으로 하여 법인을 신설하거나 다른 법인과 합병시키는 조직법적 행위를 말한다. 이에 의해 기존의 법인은 소멸하거나 규모가 축소된 상태로 존속하고, 특히 인적분할의 경우 분할법인의 주주는 분할법인의 권리·의무를 승계한 분할신설법인의 주식을 취득한다.

3-2. 분할의 유형

법인분할의 유형으로는 단순분할과 분할합병, 그리고 물적분할과 인적분할로 구분할 수 있다.

(1) 단순분할과 분할합병

1) 단순분할

"단순분할"이란 법인의 영업을 수개로 분할하고 분할한 영업을 출자하여 한 개 또는 수 개의 법인을 신설하는 분할방법을 말한다. 단순분할에는 분할법인이 소멸하는 경우와 존속하는 경우로 다시 구분할 수 있다.

① 존속단순분할의 형태

[기존법인 갑의 사업] [신설법인 을의 사업] / [존속법인 갑의 사업]

---

8) 「채무자 회생 및 파산에 관한 법률」 제226조에 따라 설립된 신회사의 경우에는 「상법」상 분할이 아니므로, 분할의 경우에 적용되는 자산·부채의 승계 및 중고자산 등의 내용연수 수정관련 규정이 적용되지 않는다(법인 46012 - 166, 2003. 3. 7.).

② 소멸단순분할의 형태

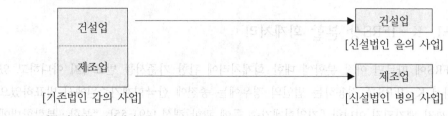

[기존법인 갑의 사업]   [신설법인 을의 사업] / [신설법인 병의 사업]

※기존법인은 소멸된다.

2) 분할합병

"분할합병"이란 법인의 영업을 수개로 분할하고 분할한 각각의 영업을 기존 다른 법인에 흡수합병시키거나 또는 분할한 영업을 가지고 기존 다른 법인과 더불어 법인을 신설하는 분할방법을 말한다.

〈존속분할합병의 형태〉

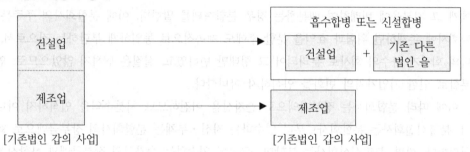

[기존법인 갑의 사업]   [기존법인 갑의 사업]

〈소멸분할합병의 형태〉

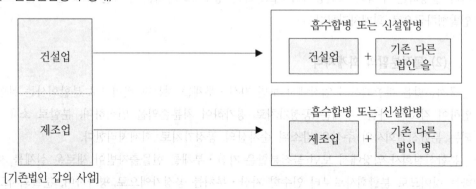

[기존법인 갑의 사업]

(2) 물적분할과 인적분할

법인분할에 의하여 설립된 법인의 주식이 분할한 법인에게 교부되는 법인분할 형태를 물적분할이라 하고, 법인분할에 의하여 설립된 법인의 주식이 분할한 법인의 주주 지분율에 따라 교부되는 법인분할 형태를 인적분할이라 한다.

4. 기업회계상 분할의 회계처리

4-1. K-IFRS상 분할 회계처리

K-IFRS에 따르면 아직 분할에 대한 회계처리에 관한 기준서를 발표하지 아니하고 있다. 따라서 K-IFRS를 적용하는 법인의 경우에는 종전에 한국회계기준원에서 발표하였으며 아직까지 폐기되지 아니한 「기업회계기준 등에 관한 해석 [49-55]」 "분할·분할합병에 관한 회계처리"에 따라 분할·분할합병의 회계처리를 하여야 한다고 본다.

이 해석 [49-55]에 따르면 인적분할과 물적분할로 구분하여 회계처리를 각각 달리하여 다음과 같이 처리하도록 하고 있다.

(1) 인적분할의 회계처리

인적분할은 분할회사가 분할대가로 전액 분할신설회사의 주식으로 받아 분할법인의 주주에게 그 지분율에 비례하여 배분하는 경우 분할형태를 말한다. 이때 분할회사의 주주는 분할회사에 존재하던 위험과 효익을 분할 후에도 계속적으로 동일하게 부담하는 것으로서, 하나의 회사가 다수의 회사로 분리되어 그 형태만 변하였고, 실질은 변하지 않았으므로, 인적분할로 인한 기업가치의 변화를 인식하지 아니한다.

이에 따라 분할회사는 장부가액으로 순자산을 이전하므로 처분손익을 인식하지 아니하며, 분할신설회사는 분할회사로부터 인수하는 자산·부채는 분할회사의 장부금액으로 회계처리한다. 한편, 분할신설회사는 분할회사로부터 인수하는 순자산의 장부금액과 분할신설회사가 발행하는 주식의 액면총액이 서로 다른 경우 그 차액은 주식발행초과금 또는 주식할인발행차금으로 회계처리한다.

(2) 물적분할의 회계처리

물적분할은 분할회사의 입장에서 보면 자산·부채를 처분한 것이므로 분할회사는 분할로 인하여 감소된 자산·부채는 공정가치로 평가하여 처분손익을 인식하며, 분할로 소유하게 되는 분할신설회사의 주식은 감소된 순자산의 공정가치로 회계처리한다.

분할신설회사 입장에서 보면 물적분할은 자산·부채를 현물출자받아 새로운 실체를 시작하는 것이므로 분할회사로부터 인수한 자산·부채를 공정가액으로 평가하며, 분할회사로부터 인수하는 순자산의 공정가치와 분할대가(발행한 주식의 액면총액과 기타 분할대가의 공정가치의 합계액)의 차액은 주식발행초과금 또는 주식할인발행차금으로 회계처리한다.

4-2. 일반기업회계기준상 분할 회계처리

일반기업회계기준 제32장 '동일지배거래'에 의한 분할의 회계처리를 살펴보면 기본논리가 「기업회계기준 등에 관한 해석 [49-55]」와 차이가 없다.

물적분할의 경우 일반적인 제3자와의 거래와 동일하게 공정가치법으로 회계처리한다. 따라서 새로운 기업은 이전받은 사업에 대하여 공정가치로 인식하고, 이전대가로 발행한 주식의 액면금액과의 차이는 주식발행초과금 또는 주식할인발행차금으로 회계처리한다.

인적분할의 경우, 기업은 자신의 사업 전부 또는 일부를 분할하여 새로운 기업에게 이전할 때 자신의 장부금액으로 이전하고, 새로운 기업은 이전받은 사업에 대하여 분할한 기업의 장부금액으로 인식하며, 이전대가로 발행한 주식의 액면금액과의 차이는 주식발행초과금 또는 주식할인발행차금으로 회계처리한다.

5. 분할과 관련된 「법인세법」상 과세방법

5-1. 개 요

「법인세법」상으로도 분할은 분할의 형태에 따라 인적분할과 물적분할로 구분할 수 있고 또한 「법인세법」에서는 분할의 경우도 세법상 일정한 요건을 갖춘 적격분할과 그 요건을 갖추지 못한 비적격분할로 구분하여 과세방법을 각각 달리 규정하고 있다.

즉 적격분할의 경우에는 분할법인 등이 분할법인의 자산과 부채를 분할신설법인 또는 분할합병의 상대방법인(이하 "분할신설법인 등"이라 한다)에게 양도하고 해당 분할신설법인 등으로 받은 양도가액은 분할등기일 현재 분할법인 등의 장부가액으로 처리하도록 규정하고 있다. 따라서 적격분할의 경우에는 분할에 따라 분할법인 등이 분할신설법인 등에게 자산과 부채를 양도하게 될 때 양도소득이 없는 것으로 본다. 그러나 적격분할이 아닌 분할의 경우에는 분할법인 등이 분할신설법인 등으로부터 받는 분할법인 등의 자산과 부채를 분할신설법인 등에 양도할 때 분할등기일 현재 시가로 처리하도록 규정하고 있기 때문에 양도손익이 생기게 된다. 이 경우 분할법인 등은 분할에 따라 발생한 양도손익을 각 사업연도의 소득금액을 계산할 때 익금 또는 손금에 산입하여야 한다.

5-2. 인적분할에 대한 원칙적인 과세문제

(1) 인적분할에 대한 과세문제

인적분할의 경우 분할법인은 자산을 양도하고 대가를 받아 주주에게 분배하므로 분할법인은 자산양도손익에 대한 과세문제가 발생하고, 분할법인의 주주는 주식을 반납하고 대가를 받은 것이므로 의제배당에 대한 과세문제가 발생한다. 분할신설법인이나 분할합병의 상대방법인이 분할법인의 자산을 시가보다 저가로 매입한 경우에 분할매수차익에 대한 과세문제가 발생한다. 분할시 과세문제는 합병시 과세문제와 동일하다.

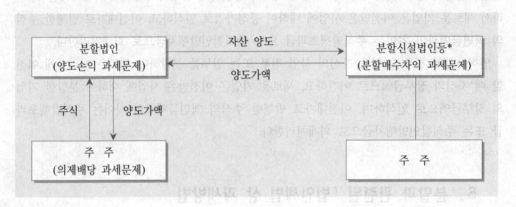

* 단순분할의 경우에는 분할신설법인이라고 하며, 분할합병의 경우에는 분할합병의 상대방법인이라고 한다.

분할을 통한 기업의 구조조정을 지원하기 위하여 일정한 요건을 구비한 적격분할의 경우에는 분할시 과세문제가 발생하지 않도록 특례규정을 두고 있다.

(2) 분할법인

1) 분할법인이 해산하는 경우

내국법인이 분할로 해산하는 경우(물적분할 제외) 그 분할법인 등의 자산을 분할신설법인에 양도한 것으로 본다. 이 경우 그 양도에 따라 발생하는 다음의 계산식에 따른 양도손익은 분할법인 등이 분할등기일이 속하는 사업연도의 소득금액을 계산할 때 익금 또는 손금에 산입한다(**법법** §46①).

$$\text{양도손익} = \begin{array}{c}\text{분할법인 등이 분할신설법인} \\ \text{등으로부터 받은 양도가액}\end{array} - \begin{array}{c}\text{분할법인 등의 분할등기일} \\ \text{현재의 순자산장부가액}\end{array}$$

2) 분할법인이 존속하는 경우

내국법인이 분할(물적분할 제외)한 후 존속하는 경우 분할한 사업부문의 자산을 분할신설법인 등에 양도함으로써 발생하는 다음의 계산식에 따른 양도손익은 분할법인이 분할등기일이 속하는 사업연도의 소득금액을 계산할 때 익금 또는 손금에 산입한다(**법법** §46의5①).

다만, 분할법인의 결손금은 분할신설법인에 승계하지 아니한다(법법 §46의5③).

$$양도손익 = \begin{array}{c}분할법인이\ 분할신설법인\\등으로부터\ 받은\ 양도가액\end{array} - \begin{array}{c}분할법인의\ 분할한\ 사업부문의\\분할등기일\ 현재의\ 순자산장부가액\end{array}$$

3) 양도가액의 계산

비적격 인적분할을 하는 경우 위 "1) 및 2)"의 계산식에서 "분할법인이 분할신설법인으로부터 받은 양도가액"이란, 다음의 금액을 모두 더한 금액으로 한다(법령 §83의2①(2)).

① 분할대가의 총합계액 : 분할신설법인 등이 분할로 인하여 분할법인의 주주에 지급한 분할신설법인 등의 주식(분할합병의 경우에는 분할등기일 현재 분할합병의 상대방법인의 발행주식총수 또는 출자총액을 소유하고 있는 내국법인의 주식을 포함하며, 이하 같다)의 가액 및 금전이나 그 밖의 재산가액의 합계액. 다만, 분할합병의 경우 분할합병의 상대방법인이 분할합병포합주식이 있는 경우에는 그 주식에 대하여 분할합병교부주식을 교부하지 아니하더라도 그 지분비율에 따라 분할합병교부주식을 교부한 것으로 보아 분할합병의 상대방법인의 주식의 가액을 계산한다.

② 법인세 대납액 : 분할신설법인 등이 납부하는 분할법인의 법인세 및 그 법인세(감면세액 포함)에 부과되는 국세와 「지방세법」 제88조 제2항에 따른 법인지방소득세의 합계액

4) 순자산의 장부가액

비적격 인적분할법인 등의 순자산장부가액을 계산할 때 「국세기본법」에 따라 환급되는 법인세액이 있는 경우에는 이에 상당하는 금액을 분할법인 등의 분할등기일 현재의 순자산장부가액에 더한다(법령 §83의2②).

(3) 분할신설법인 등

1) 승계받은 자산의 취득가액

분할신설법인 등이 분할로 분할법인 등의 자산을 승계한 경우에는 그 자산을 분할법인 등으로부터 분할등기일 현재의 시가로 양도받은 것으로 본다. 이 경우 분할법인 등의 각 사업연도의 소득금액 및 과세표준을 계산할 때 익금 또는 손금에 산입하거나 산입하지 아니한 금액 또는 분할법인의 결손금은 분할신설법인 등이 승계하지 아니한다(법법 §46의2① 및 법령 §85(2)).

2) 분할매수차익의 처리

분할신설법인 등은 비적격분할의 경우 분할법인 등의 자산을 시가로 양도받은 경우로서 분할법인 등에 지급한 양도가액이 분할법인 등의 분할등기일 현재의 순자산시가보다 적은 경우에는 그 차액을 분할매수차익이라고 한다.

분할매수차익은 세무조정계산서에 계상하고 분할등기일부터 5년간 균등하게 나누어 익금에 산입한다(법법 §46의2②).

3) 분할매수차손의 처리

분할신설법인 등이 비적격분할의 경우 분할법인 등에 지급한 양도가액이 분할등기일 현재의 순자산시가를 초과하는 경우로서 그 차액을 분할매수차손이라고 한다. 분할매수차손(분할신설법인 등이 분할법인 등의 상호·거래관계·그 밖의 영업상의 비밀 등에 대하여 사업상 가치가 있다고 보아 대가를 지급한 경우에 한정한다)을 세무조정계산서에 계상하고 분할등기일부터 5년간 균등하게 나누어 손금에 산입한다(법법 §46의2③ 및 법령 §82의3②,③).

(4) 분할법인의 주주

인적분할의 경우 분할법인의 주주는 보유하던 주식을 반납하고 분할신설법인 등의 주식이나 금전 등의 재산을 받는다. 주주가 받은 분할대가의 시가가 종전에 보유하던 주식(분할법인이 존속하는 경우에는 분할시 감소된 주식)의 장부가액을 초과하면 그 초과액을 배당받은 것으로 본다(법법 §16①(6)).

의제배당 = 분할대가(시가) - 종전 주식의 장부가액

5-3. 적격인적분할에 대한 특례

(1) 피합병법인

인적분할의 경우 ① 사업목적분할, ② 지분의 연속성, ③ 사업의 계속성 및 ④ 고용승계의 요건을 모두 갖춘 경우에 이를 적격인적분할이라 한다(법법 §46②). 적격인적분할의 요건을 갖춘 경우에는 분할에 따라 받은 양도금액은 분할법인 등의 분할등기일 현재의 순자산장부가액으로 보아 양도손익이 없는 것으로 할 수 있다(법법 §46②). 다만, 부득이한 사유가 있는 경우에는 지분의 연속성, 사업의 계속성 또는 고용승계의 요건을 갖추지 못한 경우에도 양도손익이 없는 것으로 할 수 있다(법법 §46②).

분할법인 등은 과세표준 신고를 할 때 분할신설법인 등과 함께 분할과세특례신청서를 납세지 관할 세무서장에게 제출하여야 한다. 이 경우 분할신설법인 등은 자산조정계정에 관한 명세서를 분할법인 등의 납세지 관할 세무서장에게 함께 제출하여야 한다(**법령 §82③**).

1) 사업목적분할 요건

가. 사업목적분할 요건

분할등기일 현재 5년 이상 사업을 계속하던 내국법인이 다음의 요건을 모두 갖추어 분할하는 경우일 것(분할합병의 경우에는 소멸한 분할합병의 상대방법인 및 분할합병의 상대방법인이 분할등기일 현재 1년 이상 사업을 계속하던 내국법인일 것) (**법법 §46②(1)**)

① 분리하여 사업이 가능한 독립된 사업부문을 분할하는 것일 것

② 분할하는 사업부문의 자산 및 부채가 포괄적으로 승계될 것. 다만, 공동으로 사용하던 자산, 채무자의 변경이 불가능한 부채 등 분할하기 어려운 자산과 부채 등 다음의 자산과 부채는 제외한다(**법령 §82의2④**).

구 분	내 용
㉮ 자 산	㉠ 변전시설 · 폐수처리시설 · 전력시설 · 용수시설 · 증기시설
	㉡ 사무실 · 창고 · 식당 · 연수원 · 사택 · 사내교육시설
	㉢ 물리적으로 분할이 불가능한 공동의 생산시설 및 사업지원시설과 그 부속토지 및 자산
	㉣ 공동으로 사용하는 상표권
㉯ 부 채	㉠ 지급어음
	㉡ 차입조건상 차입자의 명의변경이 제한된 차입금
	㉢ 분할로 인하여 약정상 차입자의 차입조건이 불리하게 변경되는 차입금
	㉣ 분할하는 사업부문에 직접 사용되지 아니한 공동의 차입금
	㉤ 위 "㉠"부터 "㉣"까지의 부채와 유사한 부채
총시가평가액의 20% 이하인 자산과 부채	분할하는 사업부문이 승계하여야 하는 자산 · 부채로서 분할 당시 시가로 평가한 총자산가액 및 총부채가액의 각각 20% 이하인 자산 · 부채 (총자산가액과 총부채가액 계산시 위 ㉮의 자산과 ㉯의 부채는 포함하지 아니함)

③ 분할법인 등만의 출자에 의하여 분할하는 것일 것

□ 분할등기일 현재 5년 이상 사업을 계속하였는지의 판단

분할등기일 현재 5년 이상 사업을 계속하였다는 것은 분할등기일부터 소급하여 5년(이하 "지정기간"이라 한다) 동안 사실상 휴업이나 폐업 등 사업을 중단하지 아니하고 법인등기부상의 목적사업을 영위한 것을 말한다.

예를 들어, 시공사의 폐업 등으로 상가 건물의 신축공사가 중단된 기간에도 신축공사 재개를 위한 공사현장관리, 설계변경검토, 분양마케팅 등 실질적인 영업을 계속하고, 법인세·원천제세 및 부가가치세 신고 등 제반 의무와 「주식회사의 외부감사에 관한 법률」에 의한 회계감사를 이행한 경우에는 사업을 계속한 것으로 보며(법인-860, 2009. 7. 29.), 분할신설법인이 다른 법인과 합병하는 경우 1년 이상 계속하여 사업을 영위하였는지 여부는 분할법인의 분할 전 사업영위기간을 포함하여 계산한다(법인-539, 2013. 9. 30., 법인-669, 2011. 9. 23.).

여기서 5년 이상 계속하여 사업을 영위하던 내국법인에 해당하는지를 판단하는 경우 지정기간 중에 업종이 축소되거나 확대된 경우에도 동 요건을 충족하는 것으로 보나, 지정기간 이상 영위한 업종은 폐업하고 지정기간 미만 영위한 업종만 합병 또는 분할하는 경우에는 동 요건을 충족하는 것으로 볼 수 없다(법인-2315, 2008. 9. 4.).

그러나 지정기간 이상된 업종이 폐업하지 아니하고 분할법인이 계속 경영하는 경우에는 지정기간 5년의 요건은 분할법인 자체의 사업 경영기간에 적용되는 것이므로 분할되는 사업자체가 5년 이상 경영한 사업일 필요는 없다(제도 46012-11437, 2001. 6. 11.).

그리고 다음의 경우에는 분할등기일 현재 5년 이상 계속하여 사업을 경영하는 것으로 인정하지 아니한다.

① 다른 사업자로부터 자산양수도 방식으로 자산을 양수받아 사업을 영위하는 분할법인이 분할등기일 현재 법인 설립일 이후 5년이 경과되지 아니한 경우에는 그 다른 사업자의 사업영위기간에 관계없이 사업계속요건에 해당하지 아니한다(서이-1421, 2007. 7. 31.).

② 법인이 분할합병으로 인하여 승계받은 사업부문만을 분리하여 다시 분할하는 경우 그 사업영위기간은 분할합병 전 분할법인의 사업기간을 포함하여 계산하는 것이나, 기타의 사업부문 등을 분할하는 경우에는 그러하지 아니한다(법인 46012-297, 2002. 5. 22., 서이 46012-11090, 2002. 5. 24.).

나. 독립된 사업부문의 분할로 인정하지 않는 경우

분할하는 사업부문(분할법인으로부터 승계하는 부분을 말한다)이 다음의 어느 하나에 해당하는 사업부문인 경우에는 분리하여 사업이 가능한 독립된 사업부문을 분할하는 것으로 보지 아니한다(법령 §82의2②).

① 부동산 임대업을 주업으로 하는 사업부문 : "부동산 임대업을 주업으로 하는 사업부문"이란 분할하는 사업부문(분할법인으로부터 승계하는 부문을 말한다)이 승계하는 자산총액 중 부동산 임대업에 사용된 자산가액이 50% 이상인 사업부문을 말한다. 이 경우 하나의 분할신설법인 등 또는 피출자법인이 여러 사업부문을 승계하였을 때에는 분할신설법인 등 또는 피출자법인이 승계한 모든 사업부문의 자산가액을 더하여 계산한다(법칙 §41①).

② 분할하는 사업부문이 승계한 사업용 자산가액[분할일 현재 3년 이상 계속하여 사업을 경영한 사업부문이 직접 사용한 자산(부동산 임대업에 사용되는 자산은 제외한다)]으로서 토지, 건물 및 부동산에 관한 권리(소법 §94①(2))가 80% 이상인 사업부문

다. 주식등과 그와 관련된 자산·부채만으로 구성된 사업부문

다음 중 어느 하나에 해당하는 사업부문인 경우로 한정하여 분리하여 사업이 가능한 독립된 사업부문을 분할하는 것으로 본다(법령 §82③).

① 분할법인이 분할등기일 전일 현재 보유한 모든 지배목적 보유 주식등(지배목적으로 보유하는 주식등으로서 기획재정부령으로 정하는 주식등을 말한다)과 그와 관련된 자산·부채만으로 구성된 사업부문

② 「독점규제 및 공정거래에 관한 법률」 및 「금융지주회사법」에 따른 지주회사(이하 "지주회사"라 한다)를 설립하는 사업부문(분할합병하는 경우로서 다음 어느 하나에 해당하는 경우에는 지주회사를 설립할 수 있는 사업부문을 포함한다). 다만, 분할하는 사업부문이 지배주주등으로서 보유하는 주식등과 그와 관련된 자산·부채만을 승계하는 경우로 한정한다.

㉮ 분할합병의 상대방법인이 분할합병을 통하여 지주회사로 전환되는 경우

㉯ 분할합병의 상대방법인이 분할등기일 현재 지주회사인 경우

㉰ 분할하는 사업부문이 다음의 요건을 모두 갖춘 내국법인을 설립하는 경우. 다만, 분할하는 사업부문이 지배주주등으로서 보유하는 주식등과 그와 관련된 자산·부채만을 승계하는 경우로 한정한다(법칙 §41④).

ⓐ 해당 내국법인은 외국법인이 발행한 주식등 외의 다른 주식등을 보유하지 아니할 것

ⓑ 해당 내국법인이 보유한 외국법인 주식등 가액의 합계액이 해당 내국법인 자산총액의 50% 이상일 것. 이 경우 외국법인 주식등 가액의 합계액 및 내국법인 자산총액은 분할등기일 현재 재무상태표상의 금액을 기준으로 계산한다.

ⓒ 분할등기일이 속하는 사업연도의 다음 사업연도 개시일부터 2년 이내에 「자본시장과 금융투자업에 관한 법률 시행령」 제176조의9 제1항에 따른 유가증권시장 또는 대통령령 제24697호 자본시장과 금융투자업에 관한 법률 시행령 일부개정령 부칙 제8조에 따른 코스닥시장에 해당 내국법인의 주권을 상장할 것

라. 분할사업부문이 주식 등을 승계하는 경우

분할하는 사업부문이 주식 등을 승계하는 경우에는 분할하는 사업부문의 자산·부채가 포괄적으로 승계된 것으로 보지 아니한다. 다만, 다음에 해당하는 주식 등을 승계하는 경우에는 그러하지 아니하다(법령 §82의2⑤, 법칙 §41⑧).

① 분할법인이 분할등기일 전일 현재 보유한 모든 지배목적 보유 주식 등(분할법인이 지배주주 등으로서 3년 이상 보유한 주식 또는 출자지분을 말한다)과 그와 관련된 자산·부채만으로 구성된 사업부문

② 「독점규제 및 공정거래에 관한 법률」 및 「금융지주회사법」에 따른 지주회사(이하 "지

주회사"라 한다)를 설립하는 사업부문(분할합병하는 경우로서 다음 중 어느 하나에 해당하는 경우에는 지주회사를 설립할 수 있는 사업부문을 포함한다). 다만, 분할하는 사업부문이 지배주주등으로서 보유하는 주식등과 그와 관련된 자산·부채만을 승계하는 경우로 한정한다.

㉮ 분할합병의 상대방법인이 분할합병을 통하여 지주회사로 전환되는 경우

㉯ 분할합병의 상대방법인이 분할등기일 현재 지주회사인 경우

③ 다음 중 어느 하나에 해당하는 주식을 승계하는 경우

㉮ 분할하는 사업부문이 분할등기일 전일 현재 법령상 의무로 보유하거나 인허가를 받기 위하여 보유한 주식 등

㉯ 분할하는 사업부문이 30% 이상을 매출하거나 매입하는 법인의 주식 등과 분할하는 사업부문에 30% 이상을 매출 또는 매입하는 법인의 주식 등. 이 경우 매출 또는 매입 비율은 분할등기일이 속하는 사업연도의 직전 3개 사업연도별 매출 또는 매입 비율을 평균하여 계산한다.

㉰ 분할존속법인이 「독점규제 및 공정거래에 관한 법률」 및 「금융지주회사법」에 따른 지주회사로 전환하는 경우로서 분할하는 사업부문이 분할등기일 전일 현재 사업과 관련하여 보유하는 다음 중 어느 하나에 해당하는 주식 등

ⓐ 분할하는 사업부문이 지배주주 등으로서 보유하는 주식 등

ⓑ 분할하는 사업부문이 「법인세법」 제57조 제5항에 따른 외국자회사의 주식 등을 보유하는 경우로서 해당 외국자회사의 주식 등을 보유한 내국법인 및 거주자인 주주 또는 출자자 중에서 가장 많이 보유한 경우의 해당 분할하는 사업부문이 보유한 주식 등

㉱ 분할하는 사업부문과 한국표준산업분류에 따른 세분류상 동일사업을 영위하는 법인의 주식 등. 이 경우 다음 중 어느 하나에 해당하는 경우에는 동일사업을 영위하는 것으로 본다(법칙 §41⑨).

ⓐ 분할하는 사업부문 또는 승계하는 주식 등의 발행법인의 사업용 자산가액 중 세분류상 동일사업에 사용하는 사업용 자산가액의 비율이 각각 70%을 초과하는 경우

ⓑ 분할하는 사업부문 또는 승계하는 주식 등의 발행법인의 매출액 중 세분류상 동일사업에서 발생하는 매출액의 비율이 각각 70%을 초과하는 경우

마. 분리하여 사업이 가능한 사업부문의 포괄승계 관련 사례

구 분	내 용
회원제골프장과 대중제 골프장 중 대중제 골프장 사업부문의 분할	회원제 골프장과 대중제 골프장 사업부문을 영위하고 있는 내국법인이 인적분할에 따라 대중제 골프장 사업부문을 분할하여 분할신설법인에게 이전하고, 분할법인은 회원제 골프장 사업부문을 계속 영위하는 경우, 분할한 사업부문과 관련된 자산·부채가 포괄적으로 승계되어 주된 물적·인적 조직이 분할 전과 그 동일성을 유지하면서 분할법인과는 독립적으로 사업이 가능한 경우에는 "분리하여 사업이 가능한 독립된 사업부문을 분할하는 것일 것"의 요건을 갖춘 것으로 본다(서면-2017-법인-2018 [법인세과-3014], 2017. 11. 6.).
여러 개의 독립된 사업장 중 일부 사업장을 분할하면서 공동차입금을 포함한 경우	통신업부문과 부동산관리부문을 영위하는 내국법인이 분할신설법인에게 자산·부채를 승계함에 있어서 여러 개의 독립된 사업장 중 분할하는 일부 사업장의 토지와 건물 등 자산 및 부채를 포괄적으로 승계하고, 분할되는 사업부문에 직접 사용되지 아니한 공동의 차입금에 해당되는 공동부채를 포함하여 승계하는 경우에는 적격분할 요건을 갖추어 분할하는 것으로 본다(법인-516, 2012. 8. 27.).
복수의 공장 중 독립적 사업이 가능한 사업장을 분할한 경우	내국법인이 산업자재 사업부문과 관련한 복수 개의 공장 중 독립적으로 사업이 가능한 일부 공장을 인적분할하는 경우 분할하는 일부 공장이 속한 사업부문의 자산 및 부채(분할법인에 존속하는 다른 공장과 관련한 자산 및 부채 제외)가 포괄적으로 승계된 경우에는 「법인세법」 제46조 제2항 제1호 나목의 요건을 갖춘 것으로 보는 것이고, 분할법인과 분할신설법인의 사업부문에 공동으로 사용되어 물리적으로 분할이 불가능한 변전시설, 연수원, 연구소는 「법인세법 시행령」 제82조의2 제4항 제1호에 따라 포괄승계의 예외가 인정되는 자산에 해당한다(서면-2017-법인-2023 [법인세과-2799], 2017. 10. 19.).
분할하는 사업부문이 사용하던 토지와 건물로서 구분등기가 가능한 자산을 승계하지 않은 경우	A사업부문과 B사업부문을 영위하던 내국법인이 B사업부문을 분할하면서, B사업부문이 사용하던 토지와 건물로서 구분등기가 가능한 자산을 승계하지 않는 경우에는 「법인세법」 제46조 제2항 제1호 나목에 따른 포괄승계 요건을 갖춘 것에 해당하지 아니한다(서면법령법인-20728, 2015. 11. 13.).

2) 지분의 연속성 요건

가. 지분의 연속성 요건

분할법인 등의 주주가 분할신설법인 등으로부터 받은 분할대가의 전액(분할합병의 경우에는 80%의 비율 이상)이 주식(분할합병의 경우에는 분할등기일 현재 분할합병의 상대방법인의 발행주식총수 또는 출자총액을 소유하고 있는 내국법인의 주식을 포함한다)으로서 그 주식을 배정할 때 분할법인 등의 주주가 소유하던 주식의 비율에 따라 배정(분할합병의 경우에는 지배주주에게 다음 계산식에 따른 가액 이상을 배정하여야 한다)되고 분할법인 등의 지배주주가 분할등기일이 속하는 사업연도의 종료일까지 그 주식을 보유하여야 한다(법법 §46②(2), 법령 §82의2⑦).

$$\frac{\text{분할법인 등의 주주 등이 지급받은}}{\text{분할신설법인 등의 주식의 가액의 총합계액}} \times \text{지배주주의 분할법인 등에 대한 지분비율}$$

나. 분할법인 등이 받은 분할대가의 총합계액 중 주식 등의 가액이 80% 이상의 판단기준

분할법인 등의 주주가 받은 분할대가의 총합계액은 분할에 따른 양도손익을 계산하는 경우의 "분할대가의 총합계액"으로 하고, 분할합병의 경우에는 분할대가의 총합계액 중 주식 등의 가액이 80% 이상인지를 판단할 때, 분할합병의 상대방법인이 분할등기일 전 2년 내에 취득한 분할법인의 분할합병포합주식이 있는 경우에는 다음의 금액을 금전으로 교부한 것으로 본다. 이 경우 신설분할합병 또는 3 이상의 법인이 분할합병하는 경우로서 분할법인이 취득한 다른 분할법인의 주식이 있는 경우에는 그 다른 분할법인의 주식을 취득한 분할법인을 분할합병의 상대방법인으로 보아 다음 규정을 적용하고, 소멸한 분할합병의 상대방법인이 취득한 분할법인의 주식이 있는 경우에는 소멸한 분할합병의 상대방법인을 분할합병의 상대방법인으로 보아 다음과 같이 계산한 금액을 금전으로 교부한 것으로 본다(법령 §80의2③).

① 분할합병의 상대방법인이 분할등기일 현재 분할법인의 지배주주 등이 아닌 경우 : 분할합병의 상대방법인이 분할등기일 전 2년 이내에 취득한 분할합병포합주식이 분할법인 등의 발행주식총수의 20%를 초과하는 경우 그 초과하는 분할합병포합주식에 대하여 교부한 분할합병교부주식(분할포합주식에 분할합병교부주식을 교부하지 않아도 교부한 것으로 보는 경우 그 주식을 포함한다)의 가액

② 분할합병의 상대방법인이 분할등기일 현재 분할법인의 지배주주 등인 경우 : 분할등기일 전 2년 이내에 취득한 분할합병포합주식에 대하여 교부한 분할합병교부주식(분할포합주식에 분할합병교부주식을 교부하지 않아도 교부한 것으로 보는 경우 그 주식을 포함한다)의 가액

다. 부득이한 사유로 지분의 연속성 요건을 갖추지 못한 경우

부득이한 사유로 지분의 연속성 요건을 갖추지 못한 경우에도 분할에 따른 양도소득이 없는 것으로 할 수 있도록 규정하고 있다. 여기서 부득이한 사유가 있는 것으로 보는 경우란 다음의 어느 하나에 해당하는 경우를 말한다(법령 §82의2①(1)).

① 분할법인 등의 지배주주 등이 각각 분할로 교부받은 주식 등의 2분의 1 미만을 처분한 경우. 이 경우 해당 주주 등이 분할로 교부받은 주식 등을 서로 간에 처분하는 것은 해당 주주 등이 주식 등을 처분한 것으로 보지 아니하며 분할로 교부받은 주식 등과 분할 외의 다른 방법으로 취득한 주식 등은 함께 보유하고 있는 해당 주주 등이

주식 등을 처분하는 경우에는 분할신설법인 등이 선택한 주식 등을 먼저 처분하는 것으로 본다. "분할법인 등의 주주"란 지배주주등(법령 §43③) 중 다음의 어느 하나에 해당하는 자를 제외한 주주를 말한다(법령 §82의2⑧).

㉮ 친족 중 4촌 이상의 혈족 및 인척

㉯ 분할등기일 현재 분할법인 등에 대한 지분비율이 1% 미만이면서 시가로 평가한 그 지분가액이 10억원 미만인 자

② 해당 주주 등이 사망하거나 파산하여 주식 등을 처분한 경우

③ 해당 주주 등이 적격합병, 적격분할, 적격물적분할 또는 적격현물출자에 따라 주식 등을 처분한 경우

④ 해당 주주 등이 주식 등을 포괄적으로 양도, 현물출자 또는 교환·이전하고 과세를 이연받으면서 주식 등을 처분한 경우

⑤ 해당 주주 등이 회생절차에 따라 법원의 허가를 받아 주식 등을 처분하는 경우

⑥ 해당 주주 등이 경영정상화계획의 이행을 위한 약정 또는 경영정상화계획의 이행을 위한 특별약정에 따라 주식 등을 처분하는 경우

⑦ 해당 주주 등이 법령상 의무를 이행하기 위하여 주식 등을 처분하는 경우. 이 경우 분할법인의 지배주주 등이 분할신설법인으로부터 교부받은 주식을 「독점규제 및 공정거래에 관한 법률」 제8조의2 제3항 제2호의 요건을 충족하기 위하여 처분하는 경우를 포함한다(법인-271, 2014. 6. 13., 법인-1005, 2011. 12. 14.)

3) 사업의 계속성 요건

가. 개 요

분할신설법인 등이 분할등기일이 속하는 사업연도의 종료일까지 분할법인 등으로부터 승계받은 사업을 계속할 것(법법 §46②(3)). 이 경우 분할신설법인 등이 분할등기일이 속하는 사업연도의 종료일 이전에 분할법인으로부터 승계한 자산가액(유형자산, 무형자산 및 투자자산의 가액을 말한다)의 2분의 1 이상을 처분하거나 사업에 사용하지 아니하는 경우에는 분할신설법인 등이 분할등기일이 속하는 사업연도 종료일까지 분할법인으로부터 승계받은 사업을 계속한 것으로 보지 아니한다(법령 §82의2⑨ 및 법령 §80의2⑦). 다만, 분할법인이 보유하던 분할합병법인의 주식을 승계받아 자기주식을 소각하는 경우에는 해당 분할합병법인의 주식을 제외하고 분할법인으로부터 승계받은 자산을 기준으로 사업을 계속하는지 여부를 판정하되, 승계받은 자산이 분할합병법인의 주식만 있는 경우에는 사업을 계속하는 것으로 본다.[9]

---

9) 지주회사인 A법인이 적격분할의 요건을 모두 갖추어 B법인이 보유하던 지배목적 보유 주식과 그와 관련된 자산·부채만으로 구성된 사업부문을 분할합병한 후, A법인이 승계한 자산 중 하나인 C법인 주식의 일부가 C법인의 적격분할로 인해 분할신설법인의 주식으로 대체되는 것은 「법인세법」 제46조 제2항 제3호의 '승계받은 사업의 계속 여부'를 판정할 때 같은

나. 부득이한 사유로 승계사업의 계속성 요건을 갖추지 못한 경우

다음의 어느 하나에 해당하는 부득이한 사유로 승계받은 사업의 계속성 요건을 갖추지 못한 경우에도 분할에 따른 양도소득이 없는 것으로 할 수 있다(법령 §82의2①(2)).

① 분할신설법인 등이 파산함에 따라 승계받은 자산을 처분한 경우
② 분할신설법인 등이 적격합병, 적격분할, 적격물적분할 또는 적격현물출자에 따라 사업을 폐지한 경우
③ 분할신설법인 등이 포괄적 양도에 따라 자산을 장부가액으로 양도하면서 사업을 폐지한 경우
④ 분할신설법인 등이 회생절차에 따라 법원의 허가를 받아 승계받은 자산을 처분한 경우

4) 고용승계 요건

가. 고용승계 요건

분할등기일 1개월 전 당시 분할하는 사업부문에 종사하는 근로자 중 분할신설법인 등이 승계한 근로자의 비율이 80% 이상이고, 분할등기일이 속하는 사업연도의 종료일까지 그 비율을 유지하여야 한다. 이 경우 근로자의 범위에 대해서는 적격합병 규정(법령 §82의2⑥)을 준용하되, 다음 중 어느 하나에 해당하는 근로자는 제외할 수 있다(법법 §46②(4), 법령 §82의2⑩, 법령 §82⑩).

① 분할 후 존속하는 사업부문과 분할하는 사업부문에 모두 종사하는 근로자
② 분할하는 사업부문에 종사하는 것으로 볼 수 없는 인사, 재무, 회계, 경영관리 업무 또는 이와 유사한 업무를 수행하는 근로자(법칙 §41⑩)

나. 부득이한 사유

다음 중 어느 하나에 해당하는 사유가 있는 경우에는 부득이한 사유가 있으므로 고용승계요건을 구비한 것으로 본다(법령 §82의2①(3)).

① 분할신설법인 등이 회생계획을 이행 중인 경우
② 분할신설법인 등이 파산함에 따라 근로자의 비율을 유지하지 못한 경우
③ 분할신설법인 등이 적격합병, 적격분할, 적격물적분할 또는 적격현물출자에 따라 근로자의 비율을 유지하지 못한 경우
④ 분할등기일 1개월 전 당시 분할하는 사업부문(분할법인으로부터 승계하는 부분을 말한다)에 종사하는 근로자(근로계약을 체결한 근로자)가 5명 미만인 경우

법 시행령 제82조의2 제9항 및 제80조의2 제6항에 따른 '승계한 자산가액의 처분'으로 보지 아니한다(서면 - 2015 - 법령해석법인 - 0138, 2015. 5. 14.).

(2) 분할신설법인 등

1) 자산·부채의 양수가액

적격분할의 경우로서 분할법인이 양도손익이 없는 것으로 한 경우 분할신설법인 등은 분할법인 등의 자산을 장부가액으로 양도받은 것으로 한다. 이 경우 분할신설법인 등은 분할법인 등의 자산을 장부가액으로 양도받은 경우 양도받은 자산 및 부채의 가액을 분할등기일 현재의 시가로 계상하되, 시가에서 분할법인 등의 장부가액(세무조정사항이 있는 경우에는 그 세무조정사항 중 익금불산입액은 더하고 손금불산입액은 뺀 가액으로 한다)을 뺀 금액이 0보다 큰 경우에는 그 차액을 익금에 산입하고 이에 상당하는 금액을 자산조정계정으로 손금에 산입하며, 0보다 작은 경우에는 시가와 장부가액의 차액을 손금에 산입하고 이에 상당하는 금액을 자산조정계정으로 익금에 산입한다. 이 경우 자산조정계정의 처리에 관하여는 적격합병법인의 규정을 준용한다(법법 §46의3① 및 법령 §82의4①).

2) 적격분할시 세무조정사항 승계

적격분할법인 등의 각 사업연도의 소득금액 및 과세표준을 계산할 때 익금 또는 손금에 산입하거나 산입하지 아니한 금액(이하 "세무조정사항"이라 한다)은 분할신설법인이 승계한다(법령 §85(1)).

3) 세액감면 및 공제 등의 승계

분할신설법인 등은 적격분할법인 등의 자산을 장부가액으로 양도받은 경우 분할법인 등이 분할 전에 적용받던 세액감면 또는 세액공제를 승계하여 감면 또는 세액공제의 적용을 받을 수 있다. 이 경우 법인세법 또는 다른 법률에 해당 감면 또는 세액공제의 요건 등에 관한 규정이 있는 경우에는 분할신설법인 등이 그 요건 등을 갖춘 경우에만 이를 적용하며, 분할신설법인 등은 다음의 구분에 따라 승계받은 사업에 속하는 감면 또는 세액공제에 한정하여 적용받을 수 있다(법령 §82의4②).

① 이월된 감면·세액공제가 특정 사업·자산과 관련된 경우 : 특정 사업·자산을 승계한 분할신설법인 등이 공제한다.
② 위 "①" 외의 이월된 감면·세액공제의 경우 : 분할법인 등의 사업용 자산가액 중 분할신설법인 등이 각각 승계한 사업용 자산가액 비율로 안분하여 분할신설법인 등이 각각 공제한다.

(3) 분할시 이월결손금의 공제제한

1) 분할법인의 상대방법인의 이월결손금의 공제

분할합병의 상대방법인의 분할등기일 현재 세무상 공제가능 이월결손금 중 분할신설법인

등이 승계한 결손금을 제외한 금액은 분할합병의 상대방법인의 각 사업연도의 과세표준을 계산할 때 분할법인으로부터 승계받은 사업에서 발생한 소득금액(「법인세법」 제113조 제4항 단서에 해당되어 회계를 구분하여 기록하지 아니한 경우에는 그 소득금액을 세법으로 정하는 자산가액비율로 안분계산한 금액으로 한다)의 범위에서는 공제하지 아니한다(법법 §46의4①).

여기서 "세법으로 정하는 자산가액비율"이란 분할합병등기일 현재 분할법인(승계된 사업분만 해당한다)과 분할합병의 상대방법인(소멸하는 경우를 포함한다)의 사업용 자산가액비율을 말한다. 이 경우 분할신설법인 등이 승계한 분할법인 등의 사업용 자산가액은 승계결손금을 공제하는 각 사업연도의 종료일 현재 합병법인이 계속 보유(처분 후 대체 취득하는 경우를 포함한다)·사용하는 사업용 자산에 한정하여 그 자산의 분할합병등기일 현재 가액에 따른다(법령 §83①).

2) 분할신설법인 등의 승계한 분할법인의 이월결손금 공제

적격분할의 경우 분할신설법인 등이 승계한 분할법인 등의 결손금은 분할법인 등으로부터 승계받은 사업에서 발생한 소득금액의 범위에서 분할신설법인 등의 각 사업연도의 과세표준을 계산할 때 공제한다(법법 §46의4②).

이 경우 분할신설법인 등이 각 사업연도의 과세표준을 계산할 때 승계하여 공제하는 결손금은 분할등기일 현재 분할법인 등의 세무상 공제가능 이월결손금(분할등기일을 사업연도의 개시일로 보아 계산한 금액을 말한다) 중 분할신설법인 등이 승계받은 사업에 속하는 결손금으로 하되, 분할등기일이 속하는 사업연도의 다음 사업연도부터는 매년 순차적으로 1년이 지난 것으로 보아 계산한 금액으로 한다(법령 §83②).

분할신설법인 등이 승계받은 사업에 속하는 결손금은 분할등기일 현재 분할법인 등의 결손금을 분할법인 등의 사업용 자산가액 중 분할신설법인 등이 각각 승계한 사업용 자산가액비율로 안분계산한 금액으로 한다(법령 §83③).

3) 분할합병의 상대방법인과 분할신설법인의 이월결손금의 공제제한

"1)"과 "2)"에 따른 분할합병의 상대방법인의 분할등기일 현재 결손금과 분할신설법인 등이 승계한 분할법인 등의 결손금에 대한 공제는 이월결손금공제규정(법법 §13① 각 호 외의 부분 단서)에도 불구하고 다음의 구분에 따른 소득금액의 80%(중소기업과 회생계획을 이행 중인 기업 등 일정한 법인의 경우는 100%)를 한도로 한다(법법 §46의4⑤). `'23 개정`
① 분할합병의 상대방법인의 분할등기일 현재 결손금의 경우 : 분할합병의 상대방법인의 소득금액에서 분할법인으로부터 승계받은 사업에서 발생한 소득금액을 차감한 금액
② 분할신설법인 등이 승계한 분할법인 등의 결손금의 경우 : 분할법인 등으로부터 승계받은 사업에서 발생한 소득금액

4) 적격합병으로 분할신설법인 등이 승계받은 자산의 처분손실 공제제한

양도손익이 없는 것으로 한 분할합병을 한 분할신설법인 등은 분할법인과 분할합병의 상대방법인이 분할합병 전 보유하던 자산의 처분손실(분할등기일 현재 해당 자산의 법인세법 제52조 제2항에 따른 시가가 장부가액보다 낮은 경우로서 그 차액을 한도로 하며, 분할등기일 이후 5년 이내에 끝나는 사업연도에 발생한 것만 해당한다)을 각각 분할합병 전 해당 법인의 사업에서 발생한 소득금액(해당 처분손실을 공제하기 전 소득금액을 말한다)의 범위에서 해당 사업연도의 소득금액을 계산할 때 손금에 산입한다. 이 경우 손금에 산입하지 아니한 처분손실은 자산 처분시 각각 분할합병 전 해당 법인의 사업에서 발생한 결손금으로 본다(법법 §46의4③).

5) 세액감면 · 세액공제의 승계

적격분할에 따라 분할신설법인 등이 승계한 분할법인 등의 감면 또는 세액공제는 분할법인 등으로부터 승계받은 사업에서 발생한 소득금액 또는 이에 해당하는 법인세액 범위에서 분할 당시의 잔존감면 기간 내에 종료하는 각 사업연도분까지 그 감면을 적용한다(법령 §83④).

① 세액감면(일정기간에 걸쳐 감면되는 것으로 한정한다)의 경우에는 합병법인이 승계받은 사업에서 발생한 소득에 대하여 합병 당시의 잔존감면기간 내에 종료하는 각 사업연도분까지 그 감면을 적용

② 세액공제(외국납부세액공제를 포함한다)로서 이월된 미공제액의 경우에는 합병법인이 다음의 구분에 따라 이월공제잔여기간 내에 종료하는 각 사업연도분까지 공제

㉮ 이월된 외국납부세액공제 미공제액의 경우에는 승계받은 사업에서 발생한 국외원천소득을 해당 사업연도의 과세표준으로 나눈 금액에 해당 사업연도의 세액을 곱한 금액의 범위에서 공제

㉯ 법인세 최저한세액에 미달하여 공제받지 못한 금액으로서 이월된 미공제액의 경우에는 승계받은 사업부문에 대하여 법인세 최저한세액의 범위에서 공제. 이 경우 공제하는 금액은 합병법인의 법인세 최저한세액을 초과할 수 없다.

㉰ 위 "㉮" 및 "㉯" 외에 납부할 세액이 없어 공제받지 못한 금액으로서 이월된 미공제액의 경우에는 승계받은 사업부문에 대하여 계산한 법인세산출세액의 범위에서 공제

6) 분할합병의 상대방법인의 분할등기일 현재 기부금한도초과이월액

분할합병의 상대방법인의 분할등기일 현재 특례기부금 및 일반기부금 중 한도초과로 이월된 금액으로서 그 후의 각 사업연도의 소득금액을 계산할 때 손금에 산입하지 아니한 금액(이하 "기부금한도초과액"이라 한다) 중 분할신설법인등이 승계한 기부금한도초과액을 제외한 금액은 분할신설법인등의 각 사업연도의 소득금액을 계산할 때 분할합병 전 분할합

병의 상대방법인의 사업에서 발생한 소득금액을 기준으로 특례기부금 및 일반기부금에 따른 기부금 각각의 손금산입한도액의 범위에서 손금에 산입한다(법법 §46의4⑥).

7) 분할법인의 기부금한도초과액 중 승계받은 금액

분할법인등의 분할등기일 현재 기부금한도초과액으로서 분할신설법인등이 승계한 금액은 분할신설법인등의 각 사업연도의 소득금액을 계산할 때 분할법인등으로부터 승계받은 사업에서 발생한 소득금액을 기준으로 특례기부금 및 일반기부금 각각의 손금산입한도액의 범위에서 손금에 산입한다(법법 §46의4⑦). 이 경우 분할법인등으로부터 승계받은 사업에 속하는 "기부금한도초과액"은 분할등기일 현재 분할법인등의 기부금한도초과액을 분할법인등의 사업용 자산가액 중 분할신설법인등이 각각 승계한 사업용 자산가액 비율로 안분계산한 금액으로 한다(법령 §83⑤).

(4) 분할법인의 주주

분할법인 등의 주주에 대한 의제배당을 계산하는 경우 ① 사업목적의 분할과 ② 지분의 연속성(주식의 보유와 관련된 부분 제외)의 요건을 모두 갖추면 적격분할로 본다. 분할에 대한 의제배당 계산방법은 합병의 경우와 같다.

◉ 적격분할 요건 ◉

구 분	분할법인 등과 분할신설법인 등의 요건	분할법인 등의 주주 요건
① 사업목적의 합병	○	○
② 지분의 연속성	○	○(주식보유 요건 불필요)
③ 사업의 계속성	○	×
④ 고용승계	○	×

5-4. 적격분할에서 이탈시 처리

(1) 개 요

적격분할에 따라 분할법인 등의 자산을 장부가액으로 양도받은 분할신설법인 등이 분할등기일이 속하는 사업연도의 다음 사업연도 개시일부터 2년(고용승계요건은 3년) 이내 적격분할 이탈 사유가 발생하면 당초 적격분할로 처리한 것으로 비적격분할로 보아 추가로 과세한다.

(2) 적격분할 이탈사유

적격분할 이탈 사유는 다음과 같다. 다만, 부득이한 사유가 있는 경우에는 그러하지 아니하다(법법 §46의3③ 및 법령 §82의4⑤).

① 사업의 계속성 요건 위배 : 분할신설법인 등이 분할법인 등으로부터 승계받은 사업을 폐지하는 경우

② 지분의 연속성 요건 위배 : 분할법인 등의 지배주주[10]가 분할신설법인 등으로부터 받은 주식을 처분하는 경우

③ 고용유지요건 위배 : 각 사업연도 종료일 현재 분할신설법인에 종사하는 근로계약을 체결한 내국인 근로자[11] 수가 분할등기일 1개월 전 당시 분할하는 사업부문에 종사하는 근로자 수의 80% 미만으로 하락하는 경우. 다만, 분할합병의 경우에는 다음 중 어느 하나에 해당하는 경우를 말한다.

㉮ 각 사업연도 종료일 현재 분할합병의 상대방법인에 종사하는 근로자 수가 분할등기일 1개월 전 당시 분할하는 사업부문과 분할합병의 상대방법인에 각각 종사하는 근로자 수의 합의 80% 미만으로 하락하는 경우

㉯ 각 사업연도 종료일 현재 분할신설법인에 종사하는 근로자 수가 분할등기일 1개월 전 당시 분할하는 사업부문과 소멸한 분할합병의 상대방법인에 각각 종사하는 근로자 수의 합의 80% 미만으로 하락하는 경우

(3) 부득이한 사유

1) 사업의 계속성 요건 위배에 대한 부득이한 사유

분할신설법인 등이 분할등기일이 속하는 사업연도의 다음 사업연도 개시일부터 2년 이내에 분할법인 등으로부터 승계받은 사업을 폐지하더라도 다음 중 어느 하나에 해당하는 경우에는 부득이한 사유가 있는 것으로 본다(법령 §82의4⑥(1)).

① 분할신설법인 등이 파산함에 따라 승계받은 자산을 처분한 경우

② 분할신설법인 등이 적격합병, 적격분할, 적격물적분할 또는 적격현물출자에 따라 사업을 폐지한 경우

---

10) 분할법인 등의 제43조 제3항에 따른 지배주주 등 중 다음 중 어느 하나에 해당하는 자를 제외한 주주를 말한다(법령 §82의4⑧, 법령 §82의8⑧).
　① 제43조 제8항 제1호 가목의 친족 중 4촌인 혈족 및 인척 **23 개정**
　② 분할등기일 현재 분할법인 등에 대한 지분비율이 1% 미만이면서 시가로 평가한 그 지분가액이 10억원 미만인 자
11) 분할하는 사업부문에 종사하는 근로자의 경우에는 다음 중 어느 하나에 해당하는 근로자를 제외할 수 있다(법령 §84의4⑨, 법령 §82의4⑩).
　① 분할 후 존속하는 사업부문과 분할하는 사업부문에 모두 종사하는 근로자
　② 분할하는 사업부문에 종사하는 것으로 볼 수 없는 인사, 재무, 회계, 경영관리 업무 또는 이와 유사한 업무를 수행하는 근로자(법칙 §41⑩)

③ 분할신설법인이 기업개선계획의 이행을 위한 약정 또는 기업개선계획의 이행을 위한 특별약정에 따라 승계받은 자산을 처분한 경우

④ 분할신설법인 등이 회생절차에 따라 법원의 허가를 받아 승계받은 자산을 처분한 경우

2) 지분의 연속성 요건 위배에 대한 부득이한 사유

지배주주가 분할등기일이 속하는 사업연도의 다음 사업연도 개시일부터 2년에 주식을 처분하더라도 다음 중 어느 하나에 해당하는 경우에는 부득이한 사유가 있는 것으로 본다(법령 §82의4⑥(2)).

① 지배주주(이하 "해당 주주 등"이라 한다)이 각각 분할로 교부받은 주식 등의 2분의 1 미만을 처분한 경우

② 해당 주주 등이 사망하거나 파산하여 주식 등을 처분한 경우

③ 해당 주주 등이 적격합병, 적격분할, 적격물적분할 또는 적격현물출자(「법인세법」 제47조의2 제1항 각호의 요건을 모두 갖추어 양도차익에 해당하는 금액을 손금에 산입하는 현물출자를 말한다)에 따라 주식 등을 처분한 경우

④ 해당 주주 등이 주식 등을 현물출자 또는 교환·이전하고 과세를 이연받으면서 주식 등을 처분한 경우

⑤ 해당 주주 등이 회생절차에 따라 법원의 허가를 받아 주식 등을 처분하는 경우

⑥ 해당 주주 등이 기업개선계획의 이행을 위한 약정 또는 기업개선계획의 이행을 위한 특별약정에 따라 주식 등을 처분하는 경우

⑦ 해당 주주 등이 법령상 의무를 이행하기 위하여 주식 등을 처분하는 경우

3) 고용유지요건 위배에 대한 부득이한 사유

분할신설법인 등이 고용유지요건을 위배하더라도 다음 중 어느 하나에 해당하는 경우에는 부득이한 사유가 있는 것으로 본다(법령 §82의4⑥(3)).

① 분할신설법인 등이 회생계획을 이행 중인 경우

② 분할신설법인 등이 파산함에 따라 근로자의 비율을 유지하지 못한 경우

③ 분할신설법인 등이 적격합병, 적격분할, 적격물적분할 또는 적격현물출자에 따라 근로자의 비율을 유지하지 못한 경우

④ 분할신설법인 등이 분할등기일 1개월 전 당시 분할법인에 종사하는 「근로기준법」에 따라 근로계약을 체결한 내국인 근로자가 5명 미만인 경우

(4) 적격분할 이탈시 처리

적격분할에서의 이탈 사유가 발생한 날이 속하는 사업연도의 소득금액을 계산할 때 다음과 같이 처리한다(법법 §46의3③).

1) 자산조정계정의 익금산입

분할신설법인 등은 적격분할이탈 사유가 발생한 사업연도의 소득금액을 계산할 때 계상된 자산조정계정 잔액의 총합계액(총합계액이 0보다 큰 경우에 한정하며, 총합계액이 0보다 작은 경우에는 없는 것으로 본다)을 익금에 산입한다. 이 경우 계상된 자산조정계정은 소멸하는 것으로 한다(법령 §82의4④, §80의4④).

2) 분할매수차익 또는 분할매수차손의 처리

자산조정계정 잔액의 총합계액을 익금에 산입한 경우 분할신설법인 등이 분할법인 등에 지급한 양도가액과 분할법인의 분할등기일 현재의 순자산시가와의 차액인 분할매수차익 또는 분할매수차손에 상당하는 금액은 다음과 같이 처리한다(법법 §44의3④ 및 법령 §80의4⑤).

① 분할 당시 분할신설법인 등이 분할법인에 지급한 양도가액이 분할법인 등의 분할등기일 현재의 순자산시가에 미달하는 경우 : 적격분할에서 이탈된 사업연도에 분할매수차익을 손금산입한 후 다음과 같이 분할등기일부터 5년간 분할하여 익금산입한다.

구 분	분할매수차익의 익금산입액
적격분할 이탈사유가 발생한 사업연도	분할매수차익 × $\dfrac{\text{분할등기일부터 적격분할에서 이탈된 사업연도 종료일까지 월수*}}{60개월}$
적격분할에서 이탈된 사업연도의 다음 사업연도부터 분할등기일부터 5년이 되는 날이 속하는 사업연도까지	분할매수차익 × $\dfrac{\text{해당 사업연도 월수*}}{60개월}$

* 월수는 역에 따라 계산하되 1개월 미만의 일수는 1개월로 한다. 분할등기일이 속하는 월의 일수가 1개월 미만인 경우 분할등기일부터 5년이 되는 날이 속하는 월은 없는 것으로 한다.

② 분할 당시 분할신설법인 등이 분할법인에 지급한 양도가액이 분할법인의 분할등기일 현재의 순자산시가를 초과하는 경우 : 분할매수차손에 상당하는 금액을 적격분할 이탈사유가 발생한 날이 속하는 사업연도에 익금에 산입하되, 분할신설법인 등이 분할법인의 상호·거래관계, 그 밖의 영업상의 비밀 등에 대하여 사업상 가치가 있다고 보아 대가를 지급한 경우에 한정하여 그 금액에 상당하는 금액을 분할등기일부터 5년이 되는 날까지 다음 구분에 따라 분할하여 손금에 산입한다.

구　분	분할매수차손의 손금산입액
적격분할 이탈사유가 발생한 사업연도	분할매수차손 × $\dfrac{\text{분할등기일부터 적격분할에서 이탈된 사업연도 종료일까지 월수*}}{60\text{개월}}$
적격분할에서 이탈된 사업연도의 다음 사업연도부터 분할등기일부터 5년이 되는 날이 속하는 사업연도까지	분할매수차손 × $\dfrac{\text{해당 사업연도 월수*}}{60\text{개월}}$

* 월수는 역에 따라 계산하되 1개월 미만의 일수는 1개월로 한다. 분할등기일이 속하는 월의 일수가 1개월 미만인 경우 분할등기일부터 5년이 되는 날이 속하는 월은 없는 것으로 한다.

3) 승계받은 이월결손금 공제액의 익금산입

분할신설법인 등은 적격분할이탈 사유가 발생한 사업연도의 소득금액을 계산할 때 승계 받은 이월결손금 중 공제받은 금액 전액을 익금산입한다(법령 §82의4④, §80의4④).

4) 승계받은 세무조정사항의 추인

분할신설법인 등은 적격분할이탈시 승계받은 세무조정사항 중 익금불산입액은 더하고 손 금불산입액은 뺀다(법령 §82의4④, §80의4⑤).

5) 승계받아 공제한 감면 · 세액공제액의 납부

분할신설법인 등이 분할법인 등으로부터 승계받아 공제한 감면 · 세액공제액 등을 적격분 할이탈 사유가 발생한 사업연도의 법인세에 더하여 납부한 후 해당 사업연도부터 감면 · 세 액공제를 적용하지 아니한다(법령 §82의4⑤).

6. 물적분할시 분할법인의 과세

6-1. 물적분할의 원칙적인 과세방법

물적분할이란 분할법인이 분할하는 사업부문의 자산과 부채를 시가로 이전하고 그 대가 로 분할신설법인 등의 주식을 취득하여 주주에게 분배하지 않고 자신이 보유하는 것을 말 한다. 분할법인은 물적분할로 취득한 주식을 물적분할한 순자산의 시가로 평가해야 하므로 물적분할한 순자산의 시가가 장부가액보다 크면 양도차익(순자산의 시가가 장부가액보다 작으면 양도차손)이 발생한다(법령 §72②). 물적분할의 경우에 주주나 분할신설법인의 과세문 제는 발생하지 아니한다.

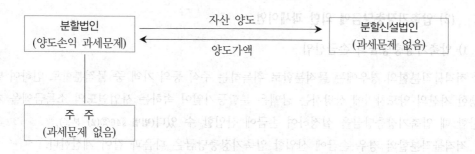

기업의 구조조정을 지원하기 위하여 적격물적분할한 경우에 발생하는 양도차익에 대하여 압축기장충당금을 설정하여 손금에 산입할 수 있다. 그러나 양도차손이 발생하는 경우에는 적격물적분할로 인정되지 아니한다.

6-2. 적격물적분할의 특례

(1) 적격물적분할 요건

적격물적분할의 요건은 적격인적분할의 요건과 같이 사업목적의 분할, 지분의 연속성(분할대가의 전액이 주식 등인 경우로 한정한다), 사업의 계속성 및 고용승계의 요건을 갖추어야 하며, 부동산임대업을 주업으로 하는 사업부문 등 대통령령으로 정하는 사업부문을 분할하는 경우에는 적격분할로 보지 아니한다. 23 개정 다만, 법령으로 정하는 부득이한 사유가 있는 경우에는 지분의 연속성, 사업의 계속성 또는 고용승계의 요건을 갖추지 못한 경우에도 자산의 양도차익에 상당하는 금액을 손금에 산입할 수 있다(법법 §47①, 및 법령 §84②). 이 경우 법령으로 정하는 부득이한 사유는 인적분할의 부득이한 사유와 동일하나, 고용승계의 경우 분할등기일 1개월 전 당시 분할하는 사업부문에 종사하는 제82조의4 제9항의 근로자가 5명 미만인 경우는 없다(법령 §84⑫).

위의 규정에도 불구하고 부동산임대업을 다음 중 어느 하나에 해당하는 사업부문을 분할하는 경우에는 적격분할로 보지 아니한다(법법 §46③, 법령 §82②). 23 신설

① 부동산 임대업을 주업으로 하는 사업부문

② 분할법인으로부터 승계한 사업용 자산가액[분할일 현재 3년 이상 계속하여 사업을 경영한 사업부문이 직접 사용한 자산(부동산 임대업에 사용되는 자산은 제외한다)으로서 토지, 건물, 부동산에 관한 권리의 가액은 제외한다] 중 토지, 건물, 부동산에 관한 권리의 가액이 80% 이상인 사업부문

(2) 압축기장충당금에 의한 과세이연

1) 압축기장충당금의 손금산입

적격물적분할의 경우에는 물적분할로 취득하는 주식 등의 가액 중 물적분할로 인하여 발생한 자산의 양도차익에 상당하는 금액은 분할등기일이 속하는 사업연도의 소득금액을 계산할 때 압축기장충당금을 설정하여 손금에 산입할 수 있다(법법 §46②(2) 본문).

적격물적분할의 경우 손금에 산입할 압축기장충당금은 다음과 같이 계산한다.

$$\text{손금에 산입할 압축기장충당금} = \text{물적분할한 순자산의 시가} - \text{분할법인이 분할신설법인에 양도한 순자산의 장부가액}^*$$

* 분할법인이 분할신설법인에 양도한 순자산의 장부가액은 세법상 장부가액을 말한다(서면2팀-679, 2007. 4. 17.). 따라서 양도한 순자산의 세무조정사항이 있는 경우에는 이를 가감하여 양도차익을 계산한다.

2) 압축기장충당금의 익금산입

가. 압축기장충당금의 일반적인 익금산입

압축기장충당금을 손금에 산입한 분할법인이 다음 중 어느 하나에 해당하는 경우에는 해당 사업연도에 해당 주식 등과 자산의 처분비율을 고려하여 산정한 금액을 익금에 산입한다. (법법 §47②, 법령 §84⑤).

① 분할법인이 분할신설법인으로부터 받은 주식 등을 처분하는 경우. 분할법인이 분할신설법인으로부터 취득한 주식의 가액 중 물적분할에 의하여 발생한 양도차익 상당액을 압축기장충당금으로 계상한 후 그 사업연도 이후에 분할신설법인이 유상감자를 실시하는 경우로서 분할법인이 소유한 분할신설법인의 주식의 지분율이 변동되지 아니하는 경우, 분할법인은 당초 계상한 압축기장충당금을 익금에 산입하지 아니한다(법규법인 2013-482, 2013. 11. 28., 서면2팀-1829, 2006. 9. 19.). 또한 물적분할에 의해 설립된 분할신설법인이 분할 후 분할법인 외의 제3자를 대상으로 적정 시가에 의해 유상증자함에 따라 분할법인이 소유한 분할신설법인의 주식 지분율이 분할등기일보다 감소한 경우에는 당초 손금산입한 압축기장충당금의 익금산입 사유에 해당하지 아니한다(서면2팀-2361, 2007. 12. 26.).

② 분할신설법인이 분할법인으로부터 승계받은 감가상각자산(유휴자산 포함), 토지 및 주식 등을 처분하는 경우. 이 경우 분할신설법인은 그 자산의 처분 사실을 처분일부터 1개월 이내에 분할법인에 알려야 한다.

압축기장충당금의 익금산입액은 다음과 같이 계산한다(법령 §84②).

$$
\begin{array}{c}
\text{전기말 압축기장} \\
\text{충당금 잔액}
\end{array}
\times
\left\{
\left(
\begin{array}{c}
\text{당기 주식} \\
\text{처분비율(a)}
\end{array}
+
\begin{array}{c}
\text{당기 처분한 자산의} \\
\text{양도차익 실현비율(b)}
\end{array}
\right)
- [(a) \times (b)]
\right\}
$$

(a) 당기 주식처분비율 : 분할법인이 직전 사업연도 종료일 현재 보유하고 있는 분할에 따라 취득한 분할신설법인의 주식의 장부가액에서 해당 사업연도에 처분한 분할신설법인의 주식의 장부가액이 차지하는 비율

(b) 당기 처분한 자산의 양도차익 실현비율 : 분할신설법인이 전기말 현재 보유하고 있는 분할법인으로부터 승계받은 자산의 양도차익에서 당기에 처분한 승계자산의 양도차익이 차지하는 비율. 이 경우 승계자산의 양도차익은 분할등기일 현재의 승계자산의 시가에서 분할등기일 전날 분할법인이 보유한 승계자산의 장부가액을 차감한 금액으로 한다.

입법취지 **압축기장충당금 익금산입 계산식의 의미**

> 압축기장충당금 환입액 계산시 주식처분비율[(a)]과 자산의 양도차익 실현비율[(b)]을 더하므로, 그 두 비율이 중복되는 부분[(a) × (b)]을 빼서 비율이 과다하게 계산되지 않도록 하였다.

◉ **양도차익 계산 도해(법집 47 - 0 - 1)** ◉

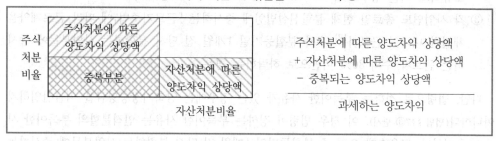

그러나 다음 중 어느 하나에 해당하는 경우에는 부득이한 사유가 있으므로 압축기장충당금을 익금산입하지 아니한다(법법 §47② 단서, 법령 §84⑤).

① 분할법인 또는 분할신설법인이 최초로 적격합병, 적격분할, 적격물적분할, 적격현물출자, 「조세특례제한법」 제38조에 따라 과세를 이연받은 주식의 포괄적 교환등 또는 같은 법 제38조의2에 따라 과세를 이연받은 주식의 현물출자(이하 "적격구조조정"이라 한다)로 주식등 및 자산을 처분하는 경우

② 분할신설법인의 발행주식 또는 출자액 전부를 분할법인이 소유하고 있는 경우로서 다음 중 어느 하나에 해당하는 경우

㉮ 분할법인이 분할신설법인을 적격합병(적격분할합병을 포함한다)하거나 분할신설법인에 적격합병되어 분할법인 또는 분할신설법인이 주식등 및 자산을 처분하는 경우

㉯ 분할법인 또는 분할신설법인이 적격합병, 적격분할, 적격물적분할 또는 적격현물출

자로 주식등 및 자산을 처분하는 경우. 다만, 해당 적격합병, 적격분할, 적격물적분할 또는 적격현물출자에 따른 합병법인, 분할신설법인등 또는 피출자법인의 발행주식 또는 출자액 전부를 당초의 분할법인이 직접 또는 기획재정부령으로 정하는 바에 따라 간접으로 소유하고 있는 경우로 한정한다.

③ 분할법인 또는 분할신설법인이 「법인세법 시행령」 제82조의2 제3항 각 호의 어느 하나에 해당하는 사업부문의 적격분할 또는 적격물적분할로 주식등 및 자산을 처분하는 경우

나. 압축기장충당금의 잔액의 일시 익금산입

압축기장충당금을 손금에 산입한 분할법인이 분할등기일이 속하는 사업연도의 다음 사업연도 개시일부터 2년(③은 3년) 이내에 다음 중 어느 하나에 해당하는 사유가 발생하는 경우에는 손금에 산입한 금액 중 압축기장충당금 잔액을 그 사유가 발생한 날이 속하는 사업연도의 소득금액을 계산할 때 익금에 산입한다(법법 §47③ 본문).

① 분할신설법인이 분할법인으로부터 승계받은 사업을 폐지하는 경우

② 분할법인이 분할신설법인의 발행주식총수 또는 출자총액의 50% 미만으로 주식 등을 보유하게 되는 경우

③ 각 사업연도 종료일 현재 분할신설법인에 종사하는 「근로기준법」에 따라 근로계약을 체결한 내국인 근로자12) 수가 분할등기일 1개월 전 당시 분할하는 사업부문에 종사하는 근로자 수의 80% 미만으로 하락하는 경우

다만, 법령으로 정하는 부득이한 사유가 있는 경우에는 압축기장충당금을 익금산입하지 아니한다(법법 §47③ 단서). 이 경우 법령이 정하는 부득이한 사유는 인적분할의 부득이한 사유와 동일하나, 고용승계 요건 중 분할등기일 1개월 전 당시 분할하는 사업부문에 종사하는 「근로기준법」에 따라 근로계약을 체결한 내국인 근로자가 5명 미만인 경우에 대한 규정은 없다(법령 §84⑫).

(3) 적격분할신설법인이 적격구조조정으로 과세를 이연받은 주식을 처분하거나 사업을 폐지하는 경우 압축기장충당금의 대체

1) 압축기장충당금의 대체

분할법인 또는 분할신설법인이 최초로 적격합병, 적격분할, 적격물적분할, 적격현물출자,

---

12) 분할하는 사업부문에 종사하는 근로자의 경우에는 다음 중 어느 하나에 해당하는 근로자를 제외할 수 있다(법령 §84⑪, 법령 §82의4⑩).
　① 분할 후 존속하는 사업부문과 분할하는 사업부문에 모두 종사하는 근로자
　② 분할하는 사업부문에 종사하는 것으로 볼 수 없는 인사, 재무, 회계, 경영관리 업무 또는 이와 유사한 업무를 수행하는 근로자(법칙 §41⑩)

과세를 이연받은 주식의 포괄적 교환등 또는 같은 과세를 이연받은 주식의 현물출자로 주식을 처분하거나 승계받은 사업을 폐지하는 경우 해당 분할법인이 보유한 분할신설법인주식 등의 압축기장충당금은 다음 구분에 따른 방법으로 대체한다(법령 §84⑥).

① 분할신설법인주식 등의 압축기장충당금 잔액에 자산처분비율[비율을 산정할 때 처분한 승계자산은 적격구조조정으로 분할신설법인으로부터 분할신설법인의 자산을 승계하는 법인(이하 "자산승계법인"이라 한다)에 처분한 승계자산에 해당하는 것을 말한다]을 곱한 금액을 분할법인 또는 분할신설법인이 새로 취득하는 자산승계법인의 주식 등(이하 "자산승계법인주식 등"이라 한다)의 압축기장충당금으로 할 것. 다만, 자산승계법인이 분할법인인 경우에는 분할신설법인주식 등의 압축기장충당금 잔액을 분할법인이 승계하는 자산 중 최초 물적분할 당시 양도차익이 발생한 자산의 양도차익에 비례하여 안분계산한 후 그 금액을 해당 자산이 감가상각자산인 경우 그 자산의 일시상각충당금으로, 해당 자산이 감가상각자산이 아닌 경우 그 자산의 압축기장충당금으로 한다.

② 분할신설법인주식 등의 압축기장충당금 잔액에 주식처분비율[비율을 산정할 때 처분한 주식은 적격구조조정으로 분할법인으로부터 분할신설법인주식 등을 승계하는 법인(이하 이 조에서 "주식승계법인"이라 한다)에 처분한 분할신설법인주식 등에 해당하는 것을 말한다]을 곱한 금액을 주식승계법인이 승계한 분할신설법인주식 등의 압축기장충당금으로 한다.

2) 새로 손금산입한 압축기장충당금의 익금산입

가. 압축기장충당금의 일반적 익금산입

위 "1)"에 따라 새로 압축기장충당금을 설정한 분할법인, 분할신설법인 또는 주식승계법인은 분할등기일이 속하는 사업연도의 다음 사업연도 개시일부터 2년 이내에 다음 중 어느 하나에 해당하는 사유가 발생하는 경우에는 그 사유가 발생한 날이 속하는 사업연도의 소득금액을 계산할 때 압축기장충당금의 일반적인 익금산입 규정[(2)의 2)]에 따라 익금에 산입한다. 다만, 자산승계법인이 분할법인인 경우로서 압축기장충당금 잔액을 자산의 양도차익에 비례하여 감가상각자산은 일시상각충당금, 비상각자산은 압축기장충당금으로 설정한 경우에는 압축기장충당금에는 국고보조금으로 취득한 자산에 대한 일시상각충당금 및 압축기장충당금 익금산입방법으로 익금에 산입한다(법령 §84⑦).

① 분할법인 또는 분할신설법인이 적격구조조정에 따라 새로 취득한 자산승계법인주식 등을 처분하거나 주식승계법인이 적격구조조정에 따라 승계한 분할신설법인주식 등을 처분하는 경우

② 자산승계법인이 적격구조조정으로 분할신설법인으로부터 승계한 감가상각자산, 토지 및 주식 등을 처분하는 경우

나. 새로 설정한 압축기장충당금의 일시 익금산입

위 "1)"에 따라 새로 압축기장충당금을 설정한 분할법인, 분할신설법인 또는 주식승계법인은 분할등기일이 속하는 사업연도의 다음 사업연도 개시일부터 2년 이내에 다음 중 어느 하나에 해당하는 사유가 발생하는 경우에는 압축기장충당금 잔액 전부를 그 사유가 발생한 날이 속하는 사업연도의 소득금액을 계산할 때 익금에 산입한다. 다만, 법령으로 정하는 부득이한 사유가 있는 경우에는 그러하지 아니하다(법령 §84⑨).

① 사업의 계속성 요건 위배 : 자산승계법인이 분할신설법인으로부터 적격구조조정으로 승계받은 사업을 폐지하거나 분할신설법인이 분할법인으로부터 승계받은 사업을 폐지하는 경우[13]

② 지분의 연속성 요건 위배 : 분할법인 또는 분할신설법인이 보유한 자산승계법인주식 등이 자산승계법인의 발행주식총수 또는 출자총액에서 차지하는 비율(이하 "자산승계법인지분비율"이라 한다)이 자산승계법인주식 등 취득일의 자산승계법인지분비율의 50% 미만이 되거나 주식승계법인이 보유한 분할신설법인주식 등이 분할신설법인의 발행주식총수 또는 출자총액에서 차지하는 비율(이하 "분할신설법인지분비율"이라 한다)이 분할신설법인주식 등 취득일의 분할신설법인지분비율의 50% 미만이 되는 경우

(4) 감면·세액공제의 승계

1) 감면·세액공제의 승계 요건

분할신설법인은 분할법인이 "(2)"에 따라 압축기장충당금을 계상한 경우 분할법인이 분할 전에 적용받던 감면 또는 세액공제를 승계하여 감면 또는 세액공제의 적용을 받을 수 있다. 이 경우 법 또는 다른 법률에 해당 감면 또는 세액공제의 요건 등에 관한 규정이 있는 경우에는 분할신설법인이 그 요건 등을 갖춘 경우에만 이를 적용하며, 분할신설법인은 다음 구분에 따라 승계받은 사업에 속하는 감면 또는 세액공제에 한정하여 적용받을 수 있다(법법 §47⑤, 법령 §84⑫).

① 이월된 감면·세액공제가 특정 사업·자산과 관련된 경우 : 특정 사업·자산을 승계한 분할신설법인이 공제

② 위 ① 외의 이월된 감면·세액공제의 경우 : 분할법인의 사업용 자산가액 중 분할신설법인이 각각 승계한 사업용 자산가액 비율로 안분하여 분할신설법인이 각각 공제

2) 감면·세액공제의 적용방법

분할신설법인이 분할법인으로부터 승계받은 감면 또는 세액공제를 적용하는 경우에는 다

---

13) 분할신설법인 등이 분할법인 등으로부터 승계받은 사업의 폐지 여부 판정 등에 관하여는 「법인세법 시행령」 제80조의4 제8항을 준용한다(법령 §82의4⑦).

음과 같이 적용받을 수 있다(법령 §84⑬, 법령 §81③).

① 감면(일정기간에 걸쳐 감면되는 것으로 한정한다)의 경우에는 합병법인이 승계받은 사업에서 발생한 소득에 대하여 합병 당시의 잔존감면기간 내에 종료하는 각 사업연도분까지 그 감면을 적용

② 세액공제(외국납부세액공제를 포함한다)로서 이월된 미공제액의 경우에는 합병법인이 다음 구분에 따라 이월공제잔여기간 내에 종료하는 각 사업연도분까지 공제

⑦ 이월된 외국납부세액공제 미공제액 : 승계받은 사업에서 발생한 국외원천소득을 해당 사업연도의 과세표준으로 나눈 금액에 해당 사업연도의 세액을 곱한 금액의 범위에서 공제

⑭ 법인세 최저한세액에 미달하여 공제받지 못한 금액으로서 이월된 미공제액 : 승계받은 사업부문에 대하여 법인세 최저한세액의 범위에서 공제. 이 경우 공제하는 금액은 합병법인의 법인세 최저한세액을 초과할 수 없다.

⑮ 위 "⑦" 및 "⑭" 외에 납부할 세액이 없어 공제받지 못한 금액으로서 이월된 미공제액 : 승계받은 사업부문에 대하여 계산한 법인세 산출세액의 범위에서 공제

6-3. 분할법인의 세무조정사항 승계

물적분할에 의하여 자산과 부채를 양도받은 경우에는 적격·비적격 여부에 관계 없이 분할법인의 퇴직급여충당금 또는 대손충당금을 분할법인이 분할신설법인에게 승계한 경우에는 그와 관련된 세무조정사항을 승계하고 그 밖의 세무조정사항은 승계하지 아니한다(법법 §47④ 및 법령 §85(1)). 분할신설법인 등이 물적분할에 따라 취득한 자산을 시가를 취득가액으로 하므로(법령 §72②(3)나) 유보를 승계하지 못하도록 하였다.

6-4. 물적분할 과세특례신청서 등의 제출

내국법인이 물적분할에 따라 과세특례를 적용받고자 하는 경우에는 분할법인 또는 분할신설법인은 법인세 과세표준 및 세액신고서를 제출할 때 분할신설법인과 함께 물적분할 과세특례신청서 및 자산의 양도차익에 관한 명세서를 납세지 관할 세무서장에게 제출하여야 한다(법령 §84⑫).

> **사례 》 물적분할시 손금산입한 압축기장충당금의 익금산입**

㈜甲은 20×1. 1. 1.에 가전사업부를 물적분할하여 ㈜乙을 설립하였으며, 이 물적분할은 적격물적분할에 해당한다. ㈜甲이 물적분할에 따라 양도한 순자산의 장부가액은 10억원(=자산가액 13억원 - 부채 3억원)이며, 적격물적분할에 따라 취득한 ㈜乙 주식의 시가는 14억원(물적분할한 순자산의 시가)이다. ㈜甲은 20×1 사업연도 소득금액을 계산할 때 적격물적분할에 따라 발생한 양도차익 4억원(=14억원 - 10억원)을 압축기장충당금으로 손금에 산입하였다. ㈜甲과 ㈜乙이 사업연도별로 처분한 주식의 취득가액과 승계자산의 취득시 양도차익은 다음과 같다.

사업 연도	㈜갑이 처분한 주식			㈜을이 처분한 승계자산		
	전기말 주식의 장부가액 ①	양도주식의 장부가액 ②	주식처분 비율 (②÷①)	승계자산의 전기말 양도차익 ③	당기에 처분한 승계자산의 양도차익 ④	양도차익 실현비율 (④÷③)
20×2	1,400,000,000	168,000,000	12%	400,000,000	–	–
20×3	1,232,000,000	–	–	400,000,000	60,000,000	15%
20×4	1,232,000,000	73,920,000	6%	340,000,000	27,200,000	8%

이 자료로 20×2년부터 20×4년까지 각 사업연도별 압축기장충당금의 익금산입액을 계산하시오.

┃ 해답 ┃

압축기장충당금 중 익금에 산입할 금액을 다음의 계산식에 따라 계산하여야 한다.

$$\text{직전 사업연도말 압축기장충당금 잔액} \times \left[\left(\text{당기주식 처분비율} + \text{당기 처분한 자산의 양도차익의 실현비율} \right) - \left(\text{당기주식 처분비율} \times \text{당기 처분한 자산의 양도차익의 실현비율} \right) \right]$$

① 20×2 사업연도에 익금에 산입할 압축기장충당금

4억원 × 12% = 48,000,000원

② 20×3 사업연도에 익금에 산입할 압축기장충당금

(400,000,000원 − 48,000,000원) × 15% = 52,800,000원

③ 20×4 사업연도에 익금에 산입할 압축기장충당금

(400,000,000원 − 48,000,000원 − 52,800,000원) × [(6% + 8%) − (6% × 8%)]

= 299,200,000원 × (14% − 0.48%) = 40,451,840원

|보론| 현물출자, 교환 및 사업양수에 대한 특례

(1) 현물출자로 인한 자산양도차익 상당액의 손금산입

1) 개 요

법인이 자산을 현물출자하고 주식을 받는 경우 교부받은 주식을 시가로 평가하므로 양도차익이 발생한다. 현물출자시점에서 양도차익을 일시에 과세할 경우 유동성 부족으로 세금납부에 어려움이 생기므로 주식을 처분할 때까지 과세를 이연할 수 있도록 하고 있다.

2) 과세이연 요건

내국법인(이하 '출자법인'이라고 한다)이 다음 요건을 모두 갖춘 현물출자를 하는 경우 그 현물출자로 취득한 주식가액 중 현물출자로 발생한 자산의 양도차익에 상당하는 금액은 현물출자일이 속하는 사업연도의 소득금액을 계산할 때 손금에 산입할 수 있다. 다만, 합병에서 설명한 부득이한 사유가 있는 경우에는 ② 또는 ④의 요건을 갖추지 못한 경우에도 자산의 양도차익에 상당하는 금액을 손금에 산입할 수 있다(법법 §47의2①).

① 출자법인이 현물출자일 현재 5년 이상 사업을 계속한 법인일 것
② 피출자법인이 그 현물출자일이 속하는 사업연도의 종료일까지 출자법인이 현물출자한 자산으로 영위하던 사업을 계속할 것
③ 다른 내국인 또는 외국인과 공동으로 출자하는 경우 공동으로 출자한 자가 출자법인의 특수관계인이 아닐 것
④ 출자법인과 위 ③에 따라 출자법인과 공동으로 출자한 자가 현물출자일 다음 날 현재 피출자법인의 발행주식총수 또는 출자총액의 80% 이상의 주식 등을 보유하고, 현물출자일이 속하는 사업연도의 종료일까지 그 주식 등을 보유할 것

3) 피출자법인의 회계처리와 세무조정

피출자법인은 현물출자로 취득한 자산의 시가를 취득가액으로 한다.

4) 압축기장충당금의 익금산입

① 압축기장충당금의 일반적 환입 : 출자법인이 손금에 산입한 압축기장충당금은 출자법인이 피출자법인으로부터 받은 주식을 처분하거나 피출자법인이 출자법인으로부터 승계받은 자산(감가상각자산, 토지 및 주식을 말한다)을 처분하는 사업연도에 다음 산식에 따른 금액을 익금에 산입한다. 다만, 출자법인 또는 피출자법인이 최초로 적격구조조정에 따라 주식 및 자산을 처분하는 경우 등 법 소정의 부득이한 사유가 있는 경우

에는 그러하지 아니한다.

$$\text{전기말 압축기장} \atop \text{충당금 잔액} \times \left\{ \left({\text{당기 주식} \atop \text{처분비율(a)}} + {\text{당기 처분한 자산의} \atop \text{양도차익 실현비율(b)}} \right) - [(a) \times (b)] \right\}$$

(a) 당기 주식 처분비율 : 출자법인이 전기말 현재 보유하고 있는 현물출자에 따라 취득한 피출자법인의 주식의 장부가액에서 당기에 처분한 피출자법인의 주식의 장부가액이 차지하는 비율

(b) 당기 처분한 자산의 양도차익 실현비율 : 피출자법인이 전기말 현재 보유하고 있는 출자법인으로부터 승계받은 자산의 양도차익에서 당기에 처분한 승계자산의 양도차익이 차지하는 비율. 이 경우 승계자산의 양도차익은 현물출자일 현재 승계자산의 시가에서 현물출자일 전날 출자법인이 보유한 승계자산의 장부가액을 차감한 금액으로 한다.

② 압축기장충당금의 일시환입 : 출자법인은 현물출자일이 속하는 사업연도의 다음 사업연도 개시일부터 2년 이내에 다음 중 어느 하나에 해당하는 사유가 발생하는 경우에는 압축기장충당금 잔액을 일시에 익금에 산입하여야 한다. 다만, 부득이한 사유가 있는 경우에는 그러하지 아니한다.

㉮ 피출자법인이 출자법인이 현물출자한 자산으로 영위하던 사업을 폐지하는 경우

㉯ 출자법인이 피출자법인의 발행주식총수의 50% 미만으로 주식을 보유하게 되는 경우

(2) 교환으로 인한 자산양도차익의 손금산입

법인이 자산을 교환한 경우 취득한 자산의 시가가 양도한 자산의 장부가액을 초과하는 경우에 발생하는 양도차익은 각 사업연도 소득에 포함된다. 이 경우 양도차익을 일시에 과세하면 자산이나 사업의 교환을 통한 구조조정에 어려움이 발생하므로 자산의 교환으로 발생한 양도차익에 대한 과세이연제도를 두고 있다.

1) 요 건

부동산업* 이외의 사업을 영위하는 내국법인이 2년 이상 해당 사업에 직접 사용하던 사업용자산(토지, 건축물, 통합투자세액공제 공제대상 자산 및 그 밖에 기획재정부령이 정하는 자산을 말함)을 특수관계인 외의 다른 내국법인이 2년 이상 해당 사업에 직접 사용하던 동일한 종류의 사업용 자산과 교환(3 이상의 법인 간에 하나의 교환계약에 의하여 자산을 교환하는 것 포함)하고 교환일이 속하는 사업연도 종료일까지 교환취득자산을 사업에 사용하는 경우에는 해당 교환취득자산의 가액 중 교환으로 발생한 사업용자산의 양도차익에 상당하는 금액을 손금에 산입할 수 있다(법법 §50①·②, 법령 §86①·②·③).

* 부동산업이란 부동산임대업 · 부동산중개업 · 부동산매매업을 말한다.

2) 손금산입금액

손금에 산입하는 양도차익에 상당하는 금액은 다음과 같이 계산한다(법령 §86④).

> 양도차익 = 교환취득자산의 가액 − (교환시 현금지급액 + 양도한 자산의 장부가액)

위의 양도차익이 양도한 해당 사업용자산의 시가에서 장부가액을 차감한 금액을 초과하는 경우 그 초과한 금액을 제외한다. 교환으로 발생한 양도차익 중 손금산입대상이 되는 금액은 교환취득자산별로 구분하여 일시상각충당금(또는 압축기장충당금)으로 계상한다. 일시상각충당금은 해당 사업용 자산의 감가상각비와 상계하고 잔액은 해당 자산을 처분하는 경우에 익금에 산입하며, 압축기장충당금은 해당 자산을 처분하는 경우에 익금에 산입한다(법령 §86⑤).

(3) 사업양수 시 이월결손금 공제 제한

내국법인이 다른 내국법인의 사업을 양수하는 경우로서 다음의 기준에 모두 해당하는 경우에는 사업양수일 현재 이월결손금은 사업을 양수한 내국법인의 각 사업연도의 과세표준을 계산할 때 양수한 사업부문에서 발생한 소득금액의 범위에서는 공제하지 아니한다(법법 §50의2, 법령 §86의2①).

① 양수자산이 사업양수일 현재 양도법인의 자산총액의 70% 이상이고, 양도법인의 자산총액에서 부채총액을 뺀 금액의 90% 이상인 경우
② 사업의 양도 · 양수 계약일 현재 양도 · 양수인이 특수관계인인 법인인 경우

제 16 장

법인세
신고납부절차

◎ **법인세신고납부절차 개요** ◎

| 결산확정 |—| 상법에 따라 주주(사원)총회에서 재무제표 승인 |

세무조정

당기순이익
+ 익금산입·손금불산입
− 손금산입·익금불산입
각사업연도 소득금액

사업연도종료일이 속하는 달의 말일부터 3개월(성실신고확인서 제출대상 법인으로서 성실신고확인서를 제출시 4개월) 이내 신고·납부(납부세액이 1천만원 초과시 1개월(중소기업 2개월) 이내에 분납 가능)

법인세신고와 납부

법인세신고서(1호 서식)에 첨부할 서류		
구 분	대 상	미제출시 불이익
필수적 첨부서류	재무상태표, 포괄손익계산서, 이익잉여금처분계산서, 결손금처리계산서, 법인세과세표준 및 세액조정계산서	무신고가산세
주식등변동상황 명세서 **(법법 §119)**	주식 변동상황이 있는 경우 주식등 변동상황명세서 제출	가산세 **(법법 §75의2②)** (액면가액 × 1%)
해외현지법인 등에 대한 자료 제출 **(국조법 §58)**	해외직접투자를 한 경우 해외현지법인명세서 제출	건별 5천만원 이하의 과태료 **(국조법 §91①)**
	해외부동산 등을 취득하거나 처분(물건별 취득가액 또는 처분가액이 2억원 이상인 경우로 한정)한 경우 해외부동산등의 취득·보유·투자운용(임대) 및 처분명세서(별지 제51호 서식) 제출	해외부동산등의 취득가액, 처분가액 및 투자운용 소득의 10%(1억원 한도) **(국조법 §91②)**
혼성금융상품 거래관련자료 **(국조법 §88)** `'23 신설`	혼성금융상품 이자를 익금에 산입한 법인	3천만원 이하의 과태료
특정외국법인의 유보소득명세서 **(국조법 §34(3))**	특정유보소득명세서(국조칙 별지 제30호 서식)	<가산세> 유보소득 × 0.5% **(법법 §75의9)**
기타서류	현금흐름표(외감대상) 기타 서류	가산세 없음

신고내용 오류·탈루

수정신고 또는 경정청구

구 분		수정신고(국기법 §45)	경정청구(국기법 §45의2)
대상		과소신고한 경우	과대신고한 경우
신고· 청구기한		세무서장이 경정하여 통지하기 전으로서 국세부과제척기간이 끝나기 전까지	신고기한이 지난 후 5년 이내(후발적사유 있는 경우 사유발생을 안 날부터 3개월 이내)
가산세 감면 등		2년 이내 수정신고시 과소신고가산세 감면	경정거부시 불복청구 가능

1097

1. 법인세 신고와 납부

1. 법인세 신고

(1) 법인세 신고기한

납세의무가 있는 내국법인은 각 사업연도의 종료일이 속하는 달의 말일부터 3개월(성실신고확인서를 제출하는 경우에는 4개월) 이내에 법인세의 과세표준과 세액을 납세지 관할 세무서장에게 신고하여야 한다(법법 §60①). 내국법인이 각 사업연도의 소득금액이 없거나 결손금이 있는 법인의 경우에도 법인세의 과세표준을 신고하여야 한다(법법 §60③). 법인세 신고기한이 다음 중 어느 하나에 해당하는 경우에는 그 다음날을 기한으로 한다(국기법 §5①).

① 토요일 및 일요일
② 공휴일 및 대체공휴일
③ 근로자의 날

사례 » 법인세 신고기한

사업연도가 2024. 1. 1.부터 2024. 12. 7.까지인 경우 법인세 신고기한?(성실신고확인대상 아니며, 2024. 3. 31.은 월요일임)

해답

2024. 12. 31.로부터 3개월이 되는 2025. 3. 31.이 신고기한임.

주의 해산한 법인과 폐업한 법인의 법인세 과세표준의 신고기한

① 해산한 법인 : 해산한 법인의 사업연도는 사업연도 개시일부터 해산등기일까지이므로 해산한 법인은 해산등기일이 속하는 달의 말일부터 3개월 이내에 법인세 신고를 하여야 한다.
② 폐업한 법인 : 폐업한 법인이 해산등기를 하지 않은 경우 폐업한 법인은 사업연도 종료일이 속하는 달의 말일부터 3개월 이내에 법인세 신고를 하여야 한다(법인 46012-62, 1998. 1. 10.). 법인이 사업연도 개시일부터 폐업일까지의 기간에 대한 법인세 신고한 경우에도 이는 적법한 신고가 아니다(법인 22601-1691, 1985. 6. 3., 법인-737, 2009. 6. 26.).

(2) 법인세 신고시 제출서류

법인의 과세준 신고는 법인세 과세표준 및 세액신고서(법칙 별지 제1호 서식)에 의한다. 법인세 신고를 할 때에는 다음의 서류를 첨부하여야 한다(법법 §60②).

구 분	대 상	미제출시 불이익
필수적 첨부서류 (법법 §60⑤)	① 재무상태표[*1] ② 포괄손익계산서[*1] ③ 이익잉여금처분(결손금처리)계산서[*1,*2] ④ 법인세 과세표준 및 세액조정계산서(별지 제3호 서식)	무신고가산세
임의적 첨부서류	① 현금흐름표(외부감사 대상법인에 한정함) ② 세무조정계산서 부속서류 등	무신고가 아님

[*1] 재무제표, 기능통화재무제표, 원화재무제표 및 표시통화재무제표의 제출은 국세정보통신망을 이용하여 기획재정부령으로 정하는 표준재무상태표·표준손익계산서 및 표준손익계산서부속명세서(이하 "표준재무제표"라 한다)를 제출하는 것으로 갈음할 수 있다. 다만, 한국채택국제회계기준을 적용하는 법인은 표준재무제표를 제출해야 한다(법령 §97⑪).

[*2] 합병 또는 분할로 인하여 소멸하는 법인의 최종사업연도의 과세표준과 세액을 신고함에 있어서는 이익잉여금처분계산서(또는 결손금처리계산서)를 제출하지 아니한 경우에도 법에 의한 신고를 한 것으로 본다(법령 §97⑧).

외부감사 대상 법인이 전자신고를 통하여 법인세 과세표준과 세액을 신고하는 때에는 그 신고서에 대표자가 서명날인하여 서면으로 납세지 관할 세무서장에게 제출하여야 한다(법령 §97①).

세부내용 그 밖의 제출서류

구 분	대 상
합병 또는 분할한 경우의 첨부서류	내국법인이 합병 또는 분할로 해산하는 경우에 신고서에 다음의 서류를 첨부하여야 한다(법법 §60④). • 합병등기일 또는 분할등기일 현재의 피합병법인·분할법인 또는 소멸한 분할합병의 상대방법인의 재무상태표와 합병법인 등이 그 합병 또는 분할에 따라 승계한 자산 및 부채의 명세서 • 합병법인 등의 본점 등의 소재지, 대표자의 성명, 피합병법인 등의 명칭, 합병등기일 또는 분할등기일, 그 밖에 필요한 사항이 기재된 서류 합병 또는 분할한 경우 다음의 서류(합병법인 등만 해당) • 합병등기일 또는 분할등기일 현재의 피합병법인 등의 재무상태표와 합병법인 등이 그 합병 또는 분할로 승계한 자산 및 부채의 명세서 • 합병법인 등의 본점 등의 소재지, 대표자의 성명, 피합병법인 등의 명칭, 합병등기일 또는 분할등기일, 그 밖에 필요한 사항이 기재된 서류
기타 서류	• 기능통화재무제표에 대해 표시통화를 원화로 하여 환산한 재무제표(표시통화재무제표) • 원화 외의 통화를 기능통화로 채택하여 재무제표를 작성하는 법인의 경우 기능통화를 선택하지 않고 계속해서 원화로 작성하였을 경우의 재무제표(원화재무제표) 기타 서류

증명서류가 소실된 경우

장부 및 증명서류가 소실된 경우에는 「국세기본법」 제6조에 따라 정부의 승인을 얻어 그 기한을 연장할 수 있으며 장부 및 제증명서류가 소실된 경우에도 필수적인 첨부서류를 첨부하지 아니하고 법인세 과세표준 및 세액신고서만을 제출한 경우에는 적법한 신고로 보지 아니한다. 다만, 이 경우 「국세기본법」 제48조 제1항의 규정에 의하여 가산세의 감면을 받을 수 있다(법기통 60-0…2).

(3) 전자신고하는 경우 서류 제출기한 특례

전자신고하는 경우 국세청장이 지정 고시하는 서류는 10일의 범위에서 제출기한을 연장할 수 있다(국기법 §5의2② · ③, 국기령 §1의3②).

법인세 과세표준 및 세액을 전자신고 시 제출하는 신고서와 첨부서류 중 「국세기본법」 제5조의2 제3항, 같은 법 시행령 제1조의3 제2항의 위임에 따라 국세청장이 제출기한을 연장하는 서류와 제출기한을 다음과 같이 고시합니다.

2022. 2. 1. 국세청고시 제2022-1호

제1조 【목적】

이 고시는 법인세 과세표준 및 세액을 전자신고 시 제출하는 신고서와 첨부서류 중 「국세기본법」 제5조의2 제3항, 같은 법 시행령 제1조의3 제2항의 위임에 따라 국세청장이 제출기한을 연장하는 서류의 범위와 적용대상, 그리고 제출기한을 명확히 규정함을 목적으로 한다.

제2조 【제출연장서류의 범위와 적용대상】

법인세 과세표준 및 세액을 전자신고하는 경우 제출기한을 연장하는 서류는 다음 각 호의 하나에 해당하는 법인이 기업회계기준을 준용하여 작성한 재무상태표 · 포괄손익계산서 및 이익잉여금처분계산서(또는 결손금처리계산서)의 부속서류(결산보고서 및 부속명세서)를 말한다.
1. 「주식회사 등의 외부감사에 관한 법률」 제4조에 따라 외부의 감사인에 의한 회계감사를 받아야 하는 법인
2. 주식회사가 아닌 법인 중 직전 사업연도말의 자산총액이 100억원 이상인 법인(비영리법인은 수익사업부문에 한정하여 판정한다)
3. 그 밖의 제1호 및 제2호 외의 법인으로서 해당 사업연도의 수입금액이 30억원 이상인 법인

제3조 【제출연장서류의 제출기한】

제2조에 따라 제출 연장된 서류는 「법인세법」 제60조에 따른 과세표준 등의 신고 종료일로부터 10일 이내에 제출하여야 한다.

제4조 【서식 및 제출방법】

제2조의 서류는 별지 제1호의 서식에 의하여 제출하거나 국세청 홈택스를 통해 전자제출하여야 한다.

[별지 제1호 서식] (2023. 3. 20. 개정)

홈택스(www.hometax.go.kr)에서도 신고할 수 있습니다.

법인세 과세표준 및 세액신고서

※ 뒤쪽의 신고안내 및 작성방법을 읽고 작성하여 주시기 바랍니다.

(앞쪽)

①사업자등록번호						②법인등록번호	
③법 인 명						④전 화 번 호	
⑤대 표 자 성 명						⑥전자우편주소	
⑦소 재 지							
⑧업 태				⑨종 목		⑩주업종코드	
⑪사 업 연 도	. . . ~ . . .				⑫수시부과기간	. . . ~ . . .	

⑬법 인 구 분	1. 내국 2.외국 3.외투(비율 %)	⑭조 정 구 분	1. 외부 2. 자기

⑮종 류 별 구 분	중소 기업	일반			당기순이익 과세	⑯외부감사 대상	1. 여 2. 부
		중견 기업	상호출자 제한기업	그외 기업			
영리 법인 / 상 장 법 인	11	71	81	91		⑰신 고 구 분	1. 정기신고
영리 법인 / 코스닥상장법인	21	72	82	92			2. 수정신고(가.서면분석, 나.기타)
영리 법인 / 기 타 법 인	30	73	83	93			3. 기한후 신고
비 영 리 법 인	60	74	84	94	50		4. 중도폐업신고
							5. 경정청구

⑱법인유형별구분		코드		⑲결 산 확 정 일	
⑳신 고 일				㉑납 부 일	
㉒신고기한 연장승인	1. 신청일			2. 연장기한	

구 분	여	부	구 분	여	부
㉓주식변동	1	2	㉔장부전산화	1	2
㉕사업연도의제	1	2	㉖결손금소급공제 법인세환급신청	1	2
㉗감가상각방법(내용연수)신고서 제출	1	2	㉘재고자산등평가방법신고서 제출	1	2
㉙기능통화 채택 재무제표 작성	1	2	㉚과세표준 환산시 적용환율		
㉛동업기업의 출자자(동업자)	1	2	㉜한국채택국제회계기준(K-IFRS)적용	1	2
㊼기능통화 도입기업의 과세표준 계산방법			㊽미환류소득에 대한 법인세 신고	1	2
㊾성실신고확인서 제출	1	2			

구 분	법 인 세			
	법 인 세	토지 등 양도소득에 대한 법인세	미환류소득에 대한 법인세	계
㉝수 입 금 액	(		)	
㉞과 세 표 준				
㉟산 출 세 액				
㊱총 부 담 세 액				
㊲기 납 부 세 액				
㊳차 감 납 부 할 세 액				
㊴분 납 할 세 액				
㊵차 감 납 부 세 액				

㊶조 정 반 번 호		㊸조정자	성 명	
㊷조 정 자 관 리 번 호			사업자등록번호	
			전 화 번 호	

국세환급금 계좌신고	㊹예 입 처		은행 (본)지점
	㊺예금종류		예금
	㊻계좌번호		

신고인은 「법인세법」 제60조 및 「국세기본법」 제45조, 제45조의2, 제45조의3에 따라 위의 내용을 신고하며, 위 내용을 충분히 검토하였고 신고인이 알고 있는 사실 그대로를 정확하게 적었음을 확인합니다.

년 월 일

신고인(법 인) (인)

신고인(대표자) (서명 또는 인)

세무대리인은 조세전문자격자로서 위 신고서를 성실하고 공정하게 작성하였음을 확인합니다.

세무대리인 (서명 또는 인)

세무서장 귀하

첨부서류	1. 재무상태표 2. (포괄)손익계산서 3. 이익잉여금처분(결손금처리)계산서 4. 현금흐름표(「주식회사 등의 외부감사에 관한 법률」 제2조에 따른 외부감사의 대상이 되는 법인의 경우만 해당합니다), 5. 세무조정계산서	수수료 없음

210mm×297mm[백상지 80g/㎡ 또는 중질지 80g/㎡]

2. 법인세의 납부

(1) 법인세의 납부

내국법인은 각 사업연도의 소득에 대한 법인세 산출세액에서 다음의 법인세액(가산세 제외)을 공제한 금액을 각 사업연도의 소득에 대한 법인세로서 법인세 신고기한까지 신고와 함께 납세지 관할 세무서에 납부하거나 「국세징수법」에 의한 납부서에 의하여 한국은행(그 대리점 포함) 또는 체신관서에 납부하여야 한다(법법 §64①).

① 해당 사업연도의 감면세액·세액공제액
② 해당 사업연도의 중간예납세액
③ 해당 사업연도의 수시부과세액
④ 해당 사업연도에 원천징수된 세액

(2) 납부방법

1) 통화 또는 법 소정 증권에 의한 납부

법인세는 통화 또는 '증권에 의한 세입납부에 관한 법률에 따른 증권'에 따라 다음의 증권으로도 납부할 수 있다(증권에 의한 세입납부에 관한 법률 시행령 §1①).

① 국가기관 또는 지방자치단체가 발행한 수표
② 금융기관이 발행한 자기앞수표 또는 송금수표
③ 세입을 수납하여야 할 수입금출납공무원, 한국은행(본점·지점 또는 대리점을 포함한다), 특별시·광역시·시 또는 군(이하 "수납기관"이라 한다)을 수취인으로 지정하였거나 수취인으로 위임한 우편통상환증서·우편소액환증서·우편전신환증서·우편대체지급증서 또는 우편대체수표
④ 금융기관과의 약정에 의하여 발행한 가계수표 또는 납부자 명의로 발행한 당좌수표

종전에는 토지보상채권에 의한 물납제도가 있었으나, 2015년 말에 물납제도를 폐지하였다.

2) 신용카드에 의한 납부

법인세를 포함한 모든 국세는 신용카드, 직불카드, 통신과금서비스 등으로 납부할 수 있다(국기법 §46의2①). 국세를 신용카드로 납부하는 경우 납부세액의 0.8%(체크카드 0.5%)의 납부대행수수료를 납세자가 부담해야 하는 점에 유의해야 한다(국세청고시 제2021-29호).

종전에는 신용카드로 납부할 수 있는 국세는 1천만원을 한도로 하였으나, 2015년부터는 한도가 폐지되었다.

※ 지방세도 신용카드로 납부할 수 있는데, 지방세는 납부대행수수료가 없으므로 국세보다는 지방세를 신용카드로 납부하는 것이 좋다.

(3) 분 납

1) 분납제도의 의의

법인세를 신고한 법인은 법인세 신고기한 내에 법인세를 자진납부하여야 한다. 그러나 납부세액이 거액인 경우에는 일시에 납부하기 어려우므로 법인세를 2회로 나누어 납부하는 제도를 두고 있는데, 이를 분납(분할납부)이라고 한다. 외국법인의 법인세 납부는 내국법인의 납부규정을 준용하므로 외국법인도 분납을 적용받을 수 있다(**법법** §97①).

2) 분납방법

법인세 납부세액이 1천만원을 초과하는 경우에 다음의 분납세액을 납부기한 경과 후 1개월(중소기업 2개월) 이내에 납부할 수 있다(**법법** §64② 및 **법령** §101②).

구 분	분납세액
① 납부세액이 2천만원 이하인 경우	1천만원을 초과하는 금액
② 납부세액이 2천만원을 초과하는 경우	납부세액의 50% 이하의 금액

그러나 가산세와 「법인세법」 또는 「조세특례제한법」에 따라 법인세에 가산하여 납부하여야 할 감면분 추가 납부세액 등은 분납대상 세액에 포함하지 아니한다(**법기통** 64 - 0…3).

■ 사례 » **법인세의 분납**

중소기업인 갑법인(성실신고확인대상이 아님)의 제24기(2024. 1. 1.~2024. 12. 31.)의 분납기한과 분납금액을 제시하시오.
다만, 최대한 분납을 하려고 한다.

[상황 1] 납부세액 16,000,000원(가산세 400,000원, 감면분 추가납부세액 600,000원 포함)

[상황 2] 납부세액 27,000,000원(가산세 400,000원, 감면분 추가납부세액 600,000원 포함)

■ 해답 ■

[상황 1] 납부기한(2025. 3. 31.) : 1,000,000 + 10,000,000 = 11,000,000
　　　　분납기한(2025. 5. 31.) : 5,000,000

[상황 2] 납부기한(2025. 3. 31.) : 1,000,000 + 13,000,000 = 14,000,000
　　　　분납기한(2025. 5. 31.) : 13,000,000

예규 및 판례   **법인세의 분납**

❶ 외국법인의 기한연장신청시 이자상당액의 분납 여부

외국법인이 본점 등의 결산이 확정되지 아니하거나 기타 부득이한 사유로 인하여 법인세 신고
서를 제출할 수 없는 외국법인은 해당 사업연도 종료일부터 60일 이내에 사유서를 갖추어 납세
지 관할 세무서장에게 신고기한연장승인신청을 할 수 있다. 이와 같이 기한연장신청을 한 경우
이자상당액을 부담해야 하는데, 이 이자상당액은 분납대상세액에 포함한다(국일 22601-383,
1992. 8. 10.).

❷ 피합병법인의 최종사업연도분 법인세 및 청산소득의 분납대상 법인세 여부

합병으로 인하여 소멸하는 법인이 최종사업연도 소득에 대한 법인세를 신고기한 내에 신고하는
때에는 분납할 수 있으나, 청산소득에 대한 법인세는 분납할 수 없다(법인 22601-2423, 1991.
12. 26.).

❸ 분납내역을 미기재한 경우에도 분납 가능

내국법인이 「법인세법」 제63조의 규정에 의한 법인세 중간예납신고납부계산서 [별지 제58호 서
식]을 제출함에 있어 그 분납내역을 기재하지 않은 경우에도 같은 법 제63조 제7항(분납규정)이
적용된다(법인 46012-203, 2002. 4. 4.).

3. 외부세무조정

(1) 외부세무조정의 개념

사업규모가 큰 법인이나 조세특례를 적용받는 법인 등은 기업회계와 세무회계의 차이가
많이 발생하고 세액계산이 복잡해서 정확한 법인세를 자체적으로 산출하기가 쉽지 않다. 정
확하고 성실한 납세의무 이행을 위하여 외부의 세무대리인이 세무조정을 하도록 하고 있는
데, 이를 '외부세무조정'이라고 한다. 법령에 정하는 내국법인의 세무조정계산서는 다음 중
어느 하나에 해당하는 자로서 조정반[1]에 소속된 자가 작성하여야 한다(법법 §60⑨).

① 세무사법에 따른 세무사등록부에 등록한 세무사

② 세무사법에 따른 세무사등록부 또는 공인회계사 세무대리업무등록부에 등록한 공인회
계사

③ 세무사법에 따른 세무사등록부 또는 변호사 세무대리업무등록부에 등록한 변호사[2]

---

1) 조정반이란 대표자를 선임하여 지방국세청장의 지정을 받은 2명 이상의 세무사등, 세무법인, 회계법인, 법무법인, 법무법인
(유한) 또는 법무조합 중 어느 하나에 해당하는 자를 말하며, 세무사등은 하나의 조정반에만 소속되어야 한다(법령 §97의3
①).

2) 세무사 자격 보유 변호사에 대하여 세무대리를 할 수 없도록 금지한 것은 헌법과 불합치한다는 헌법재판소의 결정(2015헌
가19, 2018. 4. 26.)에 따라 2003. 12. 31.부터 2017. 12. 31.까지 변호사 자격을 취득하여 세무사 자격이 있는 변호사는 1개월
이상의 실무교육을 이수한 후 변호사 세무대리업무등록부에 등록하여 세무대리 업무(장부작성 대행 및 성실신고확인 업무

(2) 외부세무조정대상 법인

외부세무조정대상법인은 다음의 어느 하나에 해당하는 법인을 말한다. 다만, 당기순이익 과세를 적용받는 법인(조특법 §72)은 제외한다(법령 §97의2①).

① 직전 사업연도의 수입금액*이 70억원 이상인 법인 및 「주식회사 등의 외부감사에 관한 법률」 제4조에 따라 외부의 감사인에게 회계감사를 받아야 하는 법인
   * 신설법인은 해당 사업연도의 수입금액을 1년으로 환산한 금액을 직전 사업연도의 수입금액으로 본다(법령 §97의2③).

② 직전 사업연도의 수입금액*이 3억원 이상인 법인으로서 고유목적사업준비금(법법 §29), 책임준비금(법법 §30), 비상위험준비금(법법 §31), 합병 시 이월결손금 등 공제 제한(법법 §45) 또는 「조세특례제한법」에 따른 조세특례(전자신고 등에 대한 세액공제는 제외)를 적용받는 법인
   * 신설법인은 해당 사업연도의 수입금액을 1년으로 환산한 금액을 직전 사업연도의 수입금액으로 본다(법령 §97의2③).

③ 직전 사업연도의 수입금액*이 3억원 이상인 법인으로서 해당 사업연도 종료일 현재 법 및 「조세특례제한법」에 따른 준비금 잔액이 3억원 이상인 법인
   * 신설법인은 해당 사업연도의 수입금액을 1년으로 환산한 금액을 직전 사업연도의 수입금액으로 본다(법령 §97의2③).

④ 해당 사업연도 종료일부터 2년 이내에 설립된 법인으로서 해당 사업연도 수입금액이 3억원 이상인 법인

⑤ 직전 사업연도의 법인세 과세표준과 세액에 대하여 추계결정 또는 경정(법법 §66③ 단서)받은 법인

⑥ 해당 사업연도 종료일부터 소급하여 3년 이내에 합병 또는 분할한 합병법인, 분할법인, 분할신설법인 및 분할합병의 상대방 법인

⑦ 국외에 사업장을 가지고 있거나 외국자회사(법법 §57⑤)를 가지고 있는 법인

외부세무조정대상법인이 아닌 법인도 외부조정계산서를 첨부할 수 있다(법령 §97의2②).

(3) 외부세무조정대상법인이 외부조정계산서를 첨부하지 않은 경우의 제재

외부세무조정대상법인이 외부세무조정을 하지 않은 경우에는 신고를 하지 않은 것으로 보므로 무신고가산세가 부과된다(법법 §60⑤·⑨).

제외)를 할 수 있도록 하였다(세무사법 §20의2②).

4. 신고기한의 연장

(1) 천재지변 등의 경우 신고기한의 연장

관할 세무서장은 다음의 사유로 국세기본법 또는 세법에서 규정하는 신고, 신청, 청구, 그 밖에 서류의 제출 또는 통지를 정하여진 기한까지 할 수 없다고 인정하는 경우나 납세자가 기한 연장을 신청한 경우에는 그 기한을 연장할 수 있다(국기법 §6, 국기령 §2).

① 천재지변

② 납세자가 화재, 전화(戰禍), 그 밖의 재해를 입거나 도난을 당한 경우

③ 납세자 또는 그 동거가족이 질병이나 중상해로 6개월 이상의 치료가 필요하거나 사망하여 상중(喪中)인 경우

④ 정전, 프로그램의 오류, 그 밖의 부득이한 사유로 한국은행(그 대리점을 포함함) 및 체신관서의 정보통신망의 정상적인 가동이 불가능한 경우

⑤ 금융회사 등(한국은행 국고대리점 및 국고수납대리점인 금융회사 등만 해당함) 또는 체신관서의 휴무, 그 밖의 부득이한 사유로 정상적인 세금납부가 곤란하다고 국세청장이 인정하는 경우

⑥ 권한 있는 기관에 장부나 서류가 압수 또는 영치된 경우

⑦ 납세자의 장부 작성을 대행하는 세무사(세무법인 포함) 또는 공인회계사(회계법인 포함)가 화재, 전화, 그 밖의 재해를 입거나 도난을 당한 경우

⑧ 위 ②, ③ 또는 ⑥에 준하는 사유가 있는 경우

기한연장은 3개월 이내로 하되, 해당 기한연장의 사유가 소멸되지 아니하는 경우 관할 세무서장은 1개월의 범위에서 그 기한을 다시 연장할 수 있다. 신고와 관련된 기한연장은 9개월을 넘지 아니하는 범위에서 관할 세무서장이 할 수 있다(국기령 §2의2).

(2) 외부감사 미종결 시 법인세 신고기한의 연장

「주식회사 등의 외부감사에 관한 법률」 제4조에 따라 감사인에 의한 감사를 받아야 하는 내국법인이 해당 사업연도의 감사가 종결되지 아니하여 결산이 확정되지 아니하였다는 사유로 법인세 과세표준신고기한의 종료일 3일 전까지 신고기한연장신청서를 제출한 경우에는 그 신고기한을 1개월의 범위에서 연장할 수 있다(법법 §60⑦).

이 경우 신고기한이 연장된 내국법인이 세액을 납부할 때에는 다음과 같이 계산한 이자상당액을 법인세액에 가산하여 납부하여야 하며 기한연장일수는 신고기한의 다음날부터 신고 및 납부가 이루어진 날(연장기한까지 신고납부가 이루어진 경우만 해당함) 또는 연장된 날까지의 일수로 한다(법령 §97⑬, 국기령 §43의2②, 국기칙 §19의3).

법인세액 × 국세환급가산금의 이자율* × 기한연장일수/365

* 국세환급가산금의 이율은 다음과 같다(국기칙 §19의3).

구 분	2019. 3. 20.~ 2020. 3. 11.	2020. 3. 12.~ 2021. 3. 15.	2021. 3. 16.~ 2023. 3. 19.	2023. 3. 20.~ 2024. 3. 21.	2024. 3. 22.~
정기예금이자율	2.1%	1.8%	1.2%	2.9% `'23 개정`	3.5% `24 개정`

2. 성실신고확인서의 제출

1. 개 요

종전에 성실신고확인제도는 소득세법에만 있고 법인세법에는 없었다. 이러한 점을 악용하여 성실신고대상인 개인사업자가 현물출자나 사업양수도의 방법으로 법인으로 전환하여 성실신고확인제도의 적용을 피하였다. 이에 따라 2018년부터 성실신고확인대상 개인사업자가 법인으로 전환한 경우 3년간 성실신고확인을 받도록 하는 제도를 도입하면서 기업업무추진비와 업무용승용차 관련 비용을 규제하는 특정법인을 성실신고확인대상에 추가하였다.

2. 성실신고확인대상 법인의 범위

성실신고확인대상 법인은 다음 중 어느 하나에 해당하는 내국법인을 말한다. 다만,「주식회사의 외부감사에 관한 법률」제4조에 따라 외부회계감사를 받은 내국법인은 외부감사인의 검증을 거쳤으므로 성실신고확인서를 제출하지 않아도 된다(법법 §60의2①).

성실신고확인대상법인	확인대상 사업연도
① 내국법인 중 특정법인(법령 §42②)[3] (법법 §51의2 ① 각 호의 어느 하나에 해당하는 내국법인 및 조특법 §104의31①에 해당하는 내국법인은 제외)	요건에 해당되는 사업연도
② 소득세법의 성실신고확인대상사업자[*1]가 2018. 2. 13. 이후 현물출자 및 사업양도 · 양수 등의 방법으로 법인으로 전환한 경우	사업연도종료일 현재 법인으로 전환한 후 3년 이내인 경우[*2]
③ "②"에 따라 전환한 내국법인이 그 전환에 따라 경영하던 사업을 "②"에서 정하는 방법으로 인수한 다른 내국법인(2022. 1. 1. 이후 사업인수분부터 적용)	"②"에 따른 전환일부터 3년 이내인 경우로서 그 다른 내국법인의 사업연도 종료일 현재 인수한 사업을 계속 경영하고 있는 경우

---

3) 다음 요건을 모두 갖춘 내국법인일 것(법령 §42②)
  ① 해당 사업연도 종료일 현재 내국법인의 지배주주등이 보유한 주식등의 합계가 해당 내국법인의 발행주식총수 또는 출자총액의 50%를 초과할 것
  ② 해당 사업연도에 부동산 임대업을 주된 사업으로 하거나 다음의 금액 합계가 기업회계기준에 따라 계산한 매출액(다음 금액이 포함되지 아니한 경우에는 이를 포함하여 계산함)의 50% 이상일 것
    ㉮ 부동산 또는 부동산상의 권리의 대여로 인하여 발생하는 소득의 금액(조특법 §138①에 따른 간주익금 포함)
    ㉯ 소득세법 제16조 제1항에 따른 이자소득의 금액
    ㉰ 소득세법 제17조 제1항에 따른 배당소득의 금액
  ③ 해당 사업연도의 상시근로자 수가 5명 미만일 것

*1 내국법인의 설립일이 속하는 연도 또는 직전 연도에 소득세법 제70조의2 제1항에 따른 성실신고확인대상사업자에 해당하는 경우를 말한다(법령 §97의4④).

*2 성실신고확인대상자가 '22. 4. 1. 법인(결산기 12월말 법인)으로 전환시 성실신고확인대상 사업연도는 제1기('22. 4. 1. ~'22. 12. 31.), 제2기('23. 1. 1.~'23. 12. 31.), 제3기('24. 1. 1.~'24. 12. 31.)가 된다.

◎ [기획재정부 세법개정안 문답자료] 적용 사례 ◎

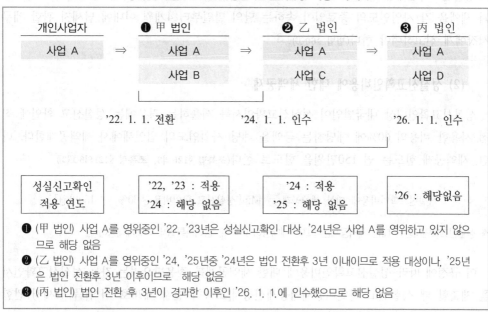

● (甲 법인) 사업 A를 영위중인 '22, '23년은 성실신고확인 대상, '24년은 사업 A를 영위하고 있지 않으므로 해당 없음

② (乙 법인) 사업 A를 영위중인 '24, '25년중 '24년은 법인 전환후 3년 이내이므로 적용 대상이나, '25년은 법인 전환후 3년 이후이므로 해당 없음

③ (丙 법인) 법인 전환 후 3년이 경과한 이후인 '26. 1. 1.에 인수했으므로 해당 없음

3. 성실신고확인 절차규정

(1) 성실신고확인서의 제출

성실신고확인대상 내국법인은 성실한 납세를 위하여 법인세의 과세표준과 세액을 신고할 때 법인세 신고서 등의 서류에 더하여 비치·기록된 장부와 증명서류에 의하여 계산한 과세표준금액의 적정성을 세무사(「세무사법」 제20조의2에 따라 등록한 공인회계사를 포함함), 세무법인 또는 회계법인이 확인하고 작성한 "성실신고확인서"를 납세지 관할 세무서장에게 제출하여야 한다(법법 §60의2①).

(2) 보정요구

납세지 관할 세무서장은 제출된 성실신고확인서에 미비한 사항 또는 오류가 있을 때에는 보정할 것을 요구할 수 있다(법법 §60의2②).

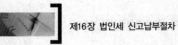

4. 성실신고확인서 제출시 혜택

(1) 신고기한의 1개월 연장

성실신고확인대상 내국법인이 성실신고확인서를 제출하는 경우에는 법인세의 과세표준과 세액을 각 사업연도의 종료일이 속하는 달의 말일부터 4개월 이내에 납세지 관할 세무서장에게 신고하여야 한다(법법 §60①).

(2) 성실신고확인비용에 대한 세액공제

성실신고확인대상 내국법인이 성실신고확인서를 제출하는 경우에는 성실신고 확인에 직접 사용한 비용의 60%에 해당하는 금액을 해당 사업연도의 법인세에서 세액공제한다. 다만, 세액공제 한도는 연 150만원을 한도로 한다(조특법 §126의6, 조특령 §121의6①(2)).

> 성실신고확인비용에 대한 세액공제 = Min[성실신고 확인비용 × 60%, 연 150만원]

※ 성실신고확인비용에 대한 세액공제는 최저한세대상이 아니며, 농어촌특별세 비과세대상이다.

이 규정에 따라 성실신고확인비용에 대한 세액공제를 적용받으려는 자는 성실신고확인서를 제출할 때 성실신고 확인비용세액공제신청서[조특칙 별지 제78호 서식]를 납세지 관할 세무서장에게 제출하여야 한다(조특령 §121의6②).

5. 성실신고확인서 미제출시 불이익

(1) 성실신고확인서 제출 불성실 가산세

성실신고 확인대상인 내국법인이 각 사업연도의 종료일이 속하는 달의 말일부터 4개월 이내에 성실신고확인서를 납세지 관할 세무서장에게 제출하지 아니한 경우에는 다음 금액을 가산세로 해당 사업연도의 법인세액에 더하여 납부하여야 한다(법법 §75①).

> □ 성실신고확인서 제출 불성실 가산세 : Max[①, ②]
> ① 법인세 산출세액*(토지등 양도소득에 대한 법인세액 및 투자·상생협력 촉진을 위한 과세특례를 적용하여 계산한 법인세액은 제외함)의 5%
>   * 경정으로 산출세액이 0보다 크게 된 경우에는 경정된 산출세액을 기준으로 가산세를 계산함(법법 §75②).
> ② 수입금액의 0.02%

성실신고확인서 제출 불성실 가산세는 산출세액이 없는 경우에도 적용한다(법법 §75③).

(2) 세무조사 선정

성실신고확인서를 제출하지 아니한 경우에는 정기선정에 의한 조사 외의 세무조사를 할 수 있다(국기법 §81의6③(1)).

예규 및 판례 **성실신고확인**

❶ 법인으로 보는 단체인 종중이 성실신고확인대상인지 여부

「국세기본법」 제13조에 따라 법인으로 보는 단체에 해당하는 종중은 성실신고확인서 제출대상에 해당하지 아니하는 것임(사전-2018-법령해석법인-0847, 2019. 2. 8., 사전-2019-법령해석법인-0121, 2019. 4. 3.).

❷ 학교법인이 성실신고확인대상인지 여부

비영리내국법인에 해당하는 학교법인은 성실신고확인서 제출대상에 해당하지 않는 것임(사전-2019-법령해석법인-0082, 2019. 4. 3.).

❸ 매출액이 없으나 이자소득이 있는 경우 성실신고확인대상인지 여부

내국법인이 상시근로자수가 5인 미만이며 지배주주 등이 보유한 주식 등의 합계가 해당 내국법인의 발행주식총수의 100분의 50을 초과하는 경우로서 기업회계기준에 따라 계산한 매출액은 없으나 이자소득의 금액이 있는 경우에는 성실신고확인서 제출대상에 해당하는 것임(사전-2019-법령해석법인-0166, 2019. 4. 24.).

❹ 토지와 건물을 제외한 자산과 부채를 포괄양도하여 법인을 설립한 경우 성실신고확인대상인지 여부

내국법인이 제조업을 영위하는 성실신고확인서 제출 대상 개인사업자로부터 토지와 건물을 제외한 그 사업에 관한 일체의 권리와 의무를 양수하여 법인을 설립한 경우, 해당 내국법인은 성실신고확인서 제출대상에 해당하는 것임(사전-2019-법령해석법인-0136, 2019. 4. 3.).

❺ 의료법인이 상증세법에 따라 외부감사를 받는 경우 성실신고확인서 제출대상인지 여부

의료법인이 성실신고확인대상사업자로부터 사업을 포괄적으로 양수하여 지점으로 등기한 경우 해당 의료법인이 「상속세 및 증여세법」 제50조 제3항에 따라 「주식회사 등의 외부감사에 관한 법률」 제2조 제7호에 따른 감사인의 감사를 받은 경우에는 「법인세법」(2018. 12. 24. 법률 제16008호로 개정되기 전의 것)에 따라 성실신고확인서를 제출하지 아니할 수 있음(사전-2019-법령해석법인-0138, 2019. 5. 9.).

❻ 성실신고확인대상인 개인사업자의 사업을 포괄양수한 경우 성실신고확인대상인지 여부

내국법인이 도매업을 영위하는 성실신고확인서 제출 대상 개인사업자로부터 채권·채무를 제외한 그 사업에 관한 일체의 권리와 의무를 양수한 경우, 해당 내국법인은 성실신고확인서 제출 대상에 해당하는 것임(사전-2020-법령해석법인-0965, 2020. 12. 2.).

❼ 휴업중인 법인이 성실신고확인대상인 개인사업자의 사업을 포괄양수한 경우 성실신고확인 대상인지 여부

　　휴업 중에 있던 기존 내국법인이 성실신고확인서 제출 대상 개인 사업자의 사업을 포괄적으로 양수한 경우, 해당 내국법인은 성실신고확인서 제출 대상에 해당하는 것임(사전-2020-법령해석법인-1147, 2020. 12. 24.).

3. 수정신고, 경정청구 및 기한 후 신고

1. 개 요

법인세 과세표준신고서를 제출한 자 및 기한후과세표준신고서를 제출한 자가 그 신고서 기재내용에 오류·누락이 있음을 발견하였을 때에는 납세의무자로 하여금 이를 수정할 기회를 주어야 한다. 당초 과소신고를 한 경우에는 수정신고를, 당초 과대신고를 한 경우에는 경정청구를 하여야 한다.

구 분	수정절차
당초 과소신고	수정신고
당초 과대신고	경정청구

법정신고기한까지 법인세 신고를 하지 못한 경우에는 기한후 신고를 할 수 있다.

2. 수정신고

(1) 수정신고대상

과세표준신고서를 법정신고기한까지 제출한 자 및 기한후과세표준신고서를 제출한 자가 다음 중 어느 하나에 해당하는 때에는 관할 세무서장이 해당 법인세의 과세표준과 세액을 결정 또는 경정하여 통지하기 전으로서 국세부과의 제척기간(국기법 §26의2①)이 끝나기 전까지 과세표준수정신고서를 제출할 수 있다(국기법 §45①, 국기령 §27②).

① 법인세 과세표준신고서 또는 기한후과세표준신고서에 기재된 과세표준 및 세액이 세법에 따라 신고하여야 할 과세표준 및 세액에 미치지 못할 때

② 법인세 과세표준신고서 또는 기한후과세표준신고서에 기재된 결손금액 또는 환급세액이 세법에 따라 신고하여야 할 결손금액이나 환급세액을 초과할 때

③ 세무조정 과정에서 국고보조금 등(법법 §36①)과 공사부담금(법법 §37①)에 상당하는 금액을 익금과 손금에 동시에 산입하지 아니한 것

④ 합병, 분할, 물적분할 및 현물출자에 따른 양도차익[법인세법(법률 제9898호 「법인세법」 일부개정법률로 개정되기 전의 것을 말한다) 제44조 및 제46조에 따른 합병평가차익 또는 분할평가차익을 포함한다]에 대하여 과세를 이연받는 경우로서 세무조정과정에서 양도차익의 전부 또는 일부에 상당하는 금액을 익금과 손금에 동시에 산입

하지 아니한 것을 말한다. 다만, 다음의 모두에 해당하는 경우는 제외한다(국기칙 §12①).

㉮ 정당한 사유 없이 「법인세법 시행령」 제80조, 제82조, 제83조의2, 제84조 및 제84조의2에 따라 과세특례를 신청하지 아니한 경우[「법인세법 시행령」(대통령령 제22184호 「법인세법 시행령」 일부 개정령으로 개정되기 전의 것을 말한다)]. 이 경우 제80조, 제82조, 제83조 및 제83조의2에 따라 과세특례를 적용받기 위한 관련 명세서를 제출하지 아니한 것을 포함한다. 그러나 납세의무자가 법인세 신고시에 종전 질의회신에 따라 합병평가차익이 없는 것으로 판단하여 과세이연을 위한 합병평가차익명세서를 제출하지 않았으나 새로이 변경된 질의회신에 따라 누락된 합병평가차익에 대해서 수정신고를 하고자 하는 경우는 "정당한 사유없이 합병평가차익명세서를 제출하지 아니한 경우"에 해당하지 않는다(서면법규-1054, 2014. 10. 1.; 서면법규-848, 2014. 8. 12.).

㉯ 해당 법인세에 관하여 세무공무원이 조사에 착수한 것을 알고 과세표준수정신고서를 제출하는 경우

㉰ 해당 법인세에 관하여 관할 세무서장으로부터 과세자료 해명통지를 받고 과세표준수정신고서를 제출한 경우

(2) 수정신고시 가산세 감면

법정신고기한이 지난 후 2년 이내에 수정신고하는 경우 과소신고·초과환급신고가산세의 10%~90%를 감면받을 수 있다(국기법 §48②).

수정신고 내용	과소신고·초과환급신고가산세 감면율
법정신고기한이 지난 후 1개월 이내 신고	90%
법정신고기한이 지난 후 1개월 초과 3개월 이내 신고	75%
법정신고기한이 지난 후 3개월 초과 6개월 이내 신고	50%
법정신고기한이 지난 후 6개월 초과 1년 이내 신고	30%
법정신고기한이 지난 후 1년 초과 1년 6개월 이내 신고	20%
법정신고기한이 지난 후 1년 6개월 초과 2년 이내 신고	10%

수정신고서를 제출한 과세표준과 세액을 경정할 것을 미리 알고 과세표준수정신고서를 제출한 경우에는 가산세를 감면하지 아니한다. 이 경우 경정할 것을 미리 알고 제출한 경우란 다음에 해당하는 경우를 말한다(국기령 §29).

① 해당 국세에 관하여 세무공무원이 조사에 착수한 것을 알고 과세표준수정신고서를 제출한 경우

② 해당 국세에 관하여 관할 세무서장으로부터 과세자료 해명통지를 받고 과세표준수정

신고서를 제출한 경우

과세적부심사사무처리규정에 의한 결정전통지를 받은 경우에도 당해 국세의 과세표준과 세액을 결정 또는 경정하여 통지를 하기 전이므로 과세표준과 세액에 관하여 경정이 있을 것을 미리 알고 수정신고서를 제출한 경우에는 수정신고에 의한 가산세의 감면이 배제된다 (징세 46101-2949, 1997. 11. 12.).

(3) 수정신고시 조세범처벌법의 적용 여부

법인세는 납세의무자가 신고함으로써 조세채권·채무가 확정되며, 사기 기타 부정한 행위로 조세를 포탈하는 경우는 조세범처벌법에 의하여 형벌을 받게 된다. 이 경우 포탈범칙행위의 기수시기는 법인세 과세표준과 세액신고기한이 경과한 때가 된다. 그러므로 당초의 신고한 법인세 과세표준 및 세액에 누락과 오류가 있음을 인정하고도 이에 대하여 수정신고를 하지 않는 경우에는 조세범처벌법의 규정에 따라 형벌을 받게 되고, 수정신고를 한 납세의무자는 정상참작의 이유일 뿐 원칙상 형벌을 면제하는 것은 아니다.

(4) 수정신고한 세액의 추가자진납부

법인세 과세표준의 수정신고서를 제출한 자가 이미 납부한 세액이 과세표준수정신고액에 상당하는 세액에 미치지 못할 때에는 그 부족한 금액과 과소신고가산세의 경감세액을 뺀 가산세액 및 동 납부불성실가산세를 추가하여 납부하여야 한다(국기법 §46).

3. 경정청구

(1) 경정청구 개요

법인세 과세표준과 세액신고서를 법정신고기한까지 제출한 자 및 기한후과세표준신고서를 제출한 자는 최초에 신고한 국세의 과세표준과 세액 등에 관하여 경정청구를 할 수 있다. 납세자가 법인세 과세표준과 세액 등에 관한 경정청구를 할 수 있는 형태로는 일반적인 경우와 후발적 사유가 발생하는 경우로 구분할 수 있다.

(2) 일반적인 경정청구

과세표준신고서를 법정신고기한까지 제출한 자 및 기한후과세표준신고서를 제출한 자는 다음의 어느 하나에 해당할 때에는 최초 신고 및 수정신고한 국세의 과세표준 및 세액의 결정 또는 경정을 법정신고기한이 지난 후 5년 이내에 관할 세무서장에게 경정청구할 수 있다. 다만, 결정 또는 경정으로 인하여 증가된 과세표준 및 세액에 대하여는 해당 처분이 있음을 안 날(처분의 통지를 받은 때에는 그 받은 날)부터 90일 이내(법정신고기한이 지난 후 5년 이내로 한정한다)에 경정을 청구할 수 있다(국기법 §45의2①).

① 과세표준신고서 또는 기한후과세표준신고서에 기재된 과세표준 및 세액(각 세법에 따라 결정 또는 경정이 있는 경우에는 해당 결정 또는 경정 후의 과세표준 및 세액을 말한다)이 세법에 따라 신고하여야 할 과세표준 및 세액을 초과할 때

② 과세표준신고서 또는 기한후과세표준신고서에 기재된 결손금액 또는 환급세액(각 세법에 따라 결정 또는 경정이 있는 경우에는 해당 결정 또는 경정 후의 결손금액 또는 환급세액을 말한다)이 세법에 따라 신고하여야 할 결손금액 또는 환급세액에 미치지 못할 때

입법취지 ▶ 수정신고 후 경정청구기한 내 수정신고분에 대한 경정청구 여부

과세표준신고서를 법정신고기한 내에 제출한 후 최초의 과세표준 및 세액에 대하여 수정신고를 한 경우에도 경정청구를 할 수 있는가? 이에 대하여 기획재정부는 기한 내에는 수정신고한 과세표준 및 세액에 대하여 다시 경정청구를 할 수 있다(재조예 46019-135, 2003. 4. 7.)고 해석하였다. 2013. 12. 30. 기획재정부의 예규에 맞춰 국세기본법을 개정하여 최초의 과세표준 및 세액에 대하여 수정신고를 한 경우에도 수정신고한 과세표준 및 세액에 대하여 경정청구가 가능하도록 명확히 하였다(국기법 §45의2①).

주의 ▶ 경정청구기간 내에 동일한 내용으로 재경정 청구 가능 여부

법인이 경정청구를 신청하였으나 처분청이 거부처분을 하였으며, 그 법인은 불복청구를 하지 않았다. 그 후 그 법인이 1차 경정청구와 같은 내용으로 다시 경정청구를 할 수 있는가?
「국세기본법」 제45조의2에는 동일한 사유에 기하여는 재차 경정청구를 할 수 없다는 규정을 두고 있지 않으나 기획재정부는 최초신고 및 수정신고한 국세의 과세표준 및 세액의 결정 또는 경정을 청구한 자는 관할 세무서장으로부터 그 과세표준 및 세액을 결정 또는 경정하여야 할 이유가 없다는 뜻을 통지받은 경우에도 법정신고기한이 지난 후 5년 이내에는 동일한 내용으로 그 과세표준 및 세액의 결정 또는 경정을 다시 청구할 수 있다고 해석하고 있다(기획재정부 조세법령운용과 -18, 2021. 1. 4.). 기획재정부는 과세관청은 납세자의 신고나 당초 처분에 오류 등이 있는 경우 부과제척기간이 도과하기 전까지 횟수에 제한을 받지 않고 경정처분할 수 있는데 반해 납세의무자에게는 재경정청구를 제한하는 것은 불합리한 점을 고려한 것으로 보인다.

(3) 후발적 사유가 발생한 경우 경정청구

과세표준신고서를 법정신고기한까지 제출한 자 또는 국세의 과세표준 및 세액의 결정을 받은 자는 다음의 어느 하나에 해당하는 사유가 발생하였을 때에는 일반적인 경정청구기간

에도 불구하고 그 사유가 발생한 것을 안 날부터 3개월 이내에 결정 또는 경정을 청구할 수 있다(국기법 §45의2② 및 국기령 §25의2).

① 최초의 신고·결정 또는 경정에서 과세표준 및 세액의 계산 근거가 된 거래 또는 행위 등이 그에 관한 심사청구, 심판청구, 「감사원법」에 따른 심사청구에 대한 결정이나 소송에 대한 판결*(판결과 같은 효력을 가지는 화해나 그 밖의 행위를 포함함)에 의하여 다른 것으로 확정되었을 때 `23 개정`

> * 판결이란 그로 말미암아 당해 거래 또는 행위의 법률효과 내지 법적 의미에 관하여 직접적인 영향을 미치는 것을 말하는 것이며, 그 영향은 당해 소송으로 제기된 다툼에 한정되는 것이고, 다른 사건의 유사한 다툼이나 설사 같은 사건의 유사한 다툼이라 하더라도 판결에서 제기되지 않은 다툼에까지 그와 같은 세법의 적용 내지 해석을 원용할 수 없다(조심 2015서 2848, 2015. 9. 14.).

② 소득이나 그 밖의 과세물건의 귀속을 제3자에게로 변경시키는 결정 또는 경정이 있는 때

③ 조세조약에 따른 상호합의가 최초의 신고·결정 또는 경정의 내용과 다르게 이루어졌을 때

④ 결정 또는 경정으로 인하여 그 결정 또는 경정의 대상이 된 과세표준 및 세액과 연동된 다른 세목(같은 과세기간으로 한정함)이나 연동된 다른 과세기간(같은 세목으로 한정함)의 과세표준 또는 세액이 세법에 따라 신고하여야 할 과세표준 또는 세액을 초과할 때 `23 개정`

⑤ 다음에 해당하는 사유가 당해 국세의 법정신고기한이 지난 후에 발생하였을 때

㉮ 최초의 신고·결정 또는 경정을 할 때 과세표준 및 세액의 계산근거가 된 거래 또는 행위 등의 효력과 관계되는 관청의 허가나 그 밖의 처분이 취소된 경우

㉯ 최초의 신고·결정 또는 경정을 할 때 과세표준 및 세액의 계산근거가 된 거래 또는 행위 등의 효력과 관계되는 계약이 해제권의 행사에 의하여 해제되거나 해당 계약의 성립 후 발생한 부득이한 사유로 해제되거나 또는 취소된 경우

㉰ 최초의 신고·결정 또는 경정을 할 때 장부 및 증거서류의 압수 그 밖의 부득이한 사유로 과세표준 및 세액을 계산할 수 없었으나 그 후 해당 사유가 소멸한 경우

㉱ 그 밖에 위 "㉮"부터 "㉰"까지의 규정과 유사한 사유에 해당하는 경우

(4) 경정청구에 대한 결정 또는 경정의 통지

결정 또는 경정의 청구를 받은 세무서장은 그 청구를 받은 날부터 2개월 이내에 과세표준 및 세액 등을 결정 또는 경정하거나 결정 또는 경정하여야 할 이유가 없다는 뜻을 그 청구를 한 자에게 통지하여야 한다. 다만, 청구를 한 자가 2개월 이내에 아무런 통지(경정청구 처리지연시 진행상황 등의 통지는 제외함)를 받지 못한 경우에는 통지를 받기 전이라도 그 2개월이 되는 날의 다음날부터 이의신청, 심사청구, 심판청구 또는 감사원법에 따른 심사청구를 할 수 있다(국기법 §45의2③).

(5) 경정청구 처리 지연시 진행상황 등의 통지

경정청구를 받은 세무서장은 그 청구를 받은 날부터 2개월 이내에 과세표준 및 세액의 결정 또는 경정이 곤란한 경우에는 청구를 한 자에게 관련 진행상황 및 이의신청, 심사청구, 심판청구 또는 「감사원법」에 따른 심사청구를 할 수 있다는 사실을 통지하여야 한다(국기법 §45의2④).

예규 및 판례　　**경정청구**

❶ 손익귀속시기 임의 조정에 대한 경정 후 다른 과세기간에 대한 후발적 경정청구 가능 여부

A법인이 회계분식 목적으로 '11~'15사업연도의 유형자산 처분손실을 이연하여 '16~'20사업연도의 손실로 허위계상한 것에 대하여 과세관청이 이를 경정하여 '16~'20사업연도 처분손실을 부인함. A법인은 상기 과세관청의 경정을 후발적 사유로 하여 이미 경정청구 기간이 도과한 '11~'15사업연도에 누락한 유형자산 처분손실을 손금산입하여 줄 것을 경정청구함. 납세자가 임의로 손익귀속시기를 조정하는 경우 국세기본법 제45조의2 제2항 제4호에 따라 후발적 경정청구가 가능한지 여부

(제1안) 후발적 경정청구 가능함.

(제2안) 후발적 경정청구 불가함.

[회신]
해당 질의의 경우 제2안이 타당함(기획재정부 조세정책과-533, 2023. 3. 7.).

❷ 재경정청구 가능 여부

「국세기본법」 제45조의2 제1항에 따라 최초신고 및 수정신고한 국세의 과세표준 및 세액의 결정 또는 경정을 청구한 자는 같은 조 제3항 본문에 따라 관할 세무서장으로부터 그 과세표준 및 세액을 결정 또는 경정하여야 할 이유가 없다는 뜻을 통지받은 경우에도 법정신고기한이 지난 후 5년 이내에는 동일한 내용으로 그 과세표준 및 세액의 결정 또는 경정을 다시 청구할 수 있는 것임(기획재정부 조세법령운용과-18, 2021. 1. 4.).

---

4. 기 한 후 신 고

(1) 기 한 후 신 고 의 개 요

법정신고기한까지 과세표준신고서를 제출하지 아니한 자는 관할 세무서장이 세법에 따라 해당 국세의 과세표준과 세액(가산세 포함)을 결정하여 통지하기 전까지 기한후과세표준신고서를 제출할 수 있다(국기법 §45의3①). 종전에는 법정신고기한을 넘긴 무신고자는 세액을 신고하고 납부하고 싶어도 과세관청의 결정이 있기 전에는 기한 후에 세액을 신고·납부할 수 없었다. 신고기한을 넘긴 납세자의 과다한 납부불성실가산세를 부담을 덜어주고, 과세관

청이 무신고자에 대한 세액결정에 필요한 자료를 용이하게 취득할 수 있도록 하기 위하여 1999. 8. 31.에 기한 후 신고제도를 도입하였다.

(2) 기한 후 신고 대상

법정신고기한까지 신고서를 제출하지 않는 법인은 모두 기한 후 신고를 할 수 있다. 환급받을 세액이 있는 자도 법정신고기간 내 신고하지 아니한 경우 무신고에 대한 가산세를 납부하면서 기한 후 신고제도를 이용하여 과다납부된 세액을 환급받을 수 있다(국심 2007서3399, 2008. 2. 26.).

(3) 기한 후 신고한 세액의 납부

기한 후 과세표준신고서를 제출한 자로서 세법에 따라 납부하여야 할 세액이 있는 자는 그 세액을 납부하여야 한다(국기법 §45의3②).

(4) 과세표준과 세액의 결정 및 통지

기한후과세표준신고서를 제출하거나 기한후과세표준신고서를 제출한 자가 과세표준수정신고서를 제출한 경우 관할 세무서장은 세법에 따라 신고일부터 3개월 이내에 해당 국세의 과세표준과 세액을 결정 또는 경정하여 신고인에게 통지하여야 한다. 다만, 그 과세표준과 세액을 조사할 때 조사 등에 장기간이 걸리는 등 부득이한 사유로 신고일부터 3개월 이내에 결정 또는 경정할 수 없는 경우에는 그 사유를 신고인에게 통지하여야 한다(국기법 §45의3③).

(5) 기한 후 신고 시 무신고가산세의 감면

법정신고기한이 지난 후 기한 후 신고를 한 경우(무신고 가산세만 해당하며, 과세표준과 세액을 결정할 것을 미리 알고 기한 후 과세표준신고서를 제출한 경우에는 제외함)에는 다음의 구분에 따른 금액을 감면한다(국기법 §48②(2)).

법정신고기한이 지난 후 6개월 이내에 기한 후 신고하는 경우 다음과 같이 무신고가산세를 감면한다(국기법 §48②).

기한 후 신고 내용	무신고가산세 감면율
법정신고기한이 지난 후 1개월 이내 신고	50%
법정신고기한이 지난 후 1개월 초과 3개월 이내 신고	30%
법정신고기한이 지난 후 3개월 초과 6개월 이내 신고	20%

(6) 기한 후 신고를 하는 경우 조세특례의 적용배제

「국세기본법」 제45조의3에 따라 기한 후 신고를 하는 경우에는 「조세특례제한법」상 법인세 감면 등을 적용받을 수 없다(조특법 §128②).

4. 중간예납

1. 개 요

법인세는 해당 법인의 과세기간인 사업연도가 종료된 후에 해당 사업연도의 법인세를 확정하여 신고납부하는 것이 원칙이다. 그러나 사업연도가 6개월을 초과하는 법인은 사업연도 개시일부터 6개월간을 중간예납기간으로 하여 중간예납세액을 중간예납기간이 지난 날부터 2개월 이내에 납세지 관할 세무서·한국은행(그 대리점 포함) 또는 체신관서에 납부하여야 하는데, 이를 중간예납이라고 한다. 중간예납은 조세수입의 확보, 조세수입의 평균화, 조세부담의 분산을 목적으로 한다.

2. 중간예납대상법인

사업연도의 기간이 6개월을 초과하는 내국법인은 각 사업연도 중 중간예납기간에 대한 법인세액을 납부할 의무가 있다. 다만, 다음 중 어느 하나에 해당하는 법인은 중간예납세액을 납부할 의무가 없다(법법 §63①, 법집 63-0-3).

① 신설법인의 최초 사업연도(다만, 합병이나 분할에 의하여 설립된 법인은 제외)

② 다음 중 어느 하나에 해당하는 법인

  ㉮「고등교육법」제3조에 따른 사립학교를 경영하는 학교법인

  ㉯ 국립대학법인 서울대학교

  ㉰ 국립대학법인 인천대학교

  ㉱ 산학협력단

  ㉲「초·중등교육법」제3조 제3호에 따른 사립학교를 경영하는 학교법인

② 직전 사업연도의 중소기업으로서 직전 사업연도의 산출세액을 기준으로 하는 방법에 따라 계산한 금액이 50만원 미만인 내국법인 23 개정

③ 청산법인(청산기간 중에 해산 전의 사업을 계속하여 영위하는 경우로서 해당사업에서 사업수입금액이 발생하는 경우는 제외)

④ 납세지 관할 세무서장이 중간예납기간 중 휴업 등의 사유로 사업수입금액이 없는 것으로 확인한 휴업법인

⑤ 국내사업장이 없는 외국법인

❶ **결손으로 인하여 직전 사업연도 산출세액 기준 중간예납 세액이 50만원 미만인 경우**

내국법인이 직전 사업연도에 중소기업으로서 직전 사업연도에 결손으로 인하여 직전 사업연도의 산출세액 기준 중간예납세액이 50만원 미만인 경우에는 당해 사업연도의 법인세 중간예납세액을 납부할 의무가 없다(사전-2019-법령해석법인-0439, 2019. 8. 29.).

❷ **이자소득만 있는 비영리법인이 분리과세방식으로 법인세를 납부한 경우**

이자소득만 있는 비영리법인이 분리과세에 의하여 법인세를 납부하는 경우에는 중간예납을 하지 않을 수 있음(법인 22601-3168, 1989. 8. 26.).

❸ **직전 사업연도의 기납부세액이 산출세액을 초과하는 경우 중간예납의무 유무**

직전 사업연도의 법인세 산출세액이 있으나 중간예납·원천징수세액 및 수시부과세액이 산출세액을 초과함으로써 납부한 세액이 없는 경우는 「법인세법」 제63조 제1항 단서의 "직전 사업연도의 법인세액이 없는 경우"로 보지 아니한다(법칙 §5②). 즉, 법인이 직전 사업연도 법인세로 확정된 산출세액은 있으나 공제감면세액(최저한세 미적용)에 미달하여 납부할 세액이 없는 경우 해당 법인은 직전 사업연도 산출세액이 있는 법인에 해당하여 「법인세법」 제63조 제1항에 따라 직전 사업연도 법인세 산출세액에 따라 중간예납 계산하여 납부할 수 있다(서면2팀-1293, 2005. 8. 16.). 그러나 결손 등으로 인하여 직전 사업연도의 법인세 산출세액이 없는 법인이 직전 사업연도에 가산세로서 확정된 세액이 있는 경우는 「법인세법」 제63조 제5항에 따라 가결산에 의하여 당해 중간예납세액을 계산하여 납부하여야 한다(법칙 §51③).

3. 중간예납기간

각 사업연도의 기간이 6개월을 초과하는 법인은 해당 사업연도 개시일로부터 6개월간을 중간예납기간으로 한다.

4. 중간예납세액의 계산

(1) 중간예납세액의 일반적인 계산방법

중간예납세액은 다음 중 하나의 방법을 선택하여 계산한다(법법 §63의2①).

1) 직전 사업연도의 산출세액을 기준으로 하는 방법

직전 사업연도의 법인세가 확정되고 또 직전 사업연도의 법인세기준에 따라 중간예납을 하고자 할 때에는 해당 사업연도의 직전 사업연도의 법인세로서 확정된 산출세액(가산세액을 포함하고 토지 등 양도소득에 대한 법인세 및 미환류소득에 대한 법인세는 제외함)에서 감면된 법인세액, 원천납부세액과 수시부과세액을 공제한 금액을 직전 사업연도의 개월수로 나눈 금액에 6을 곱하여 계산한다(법법 §63의2①).

$$중간예납세액 = (A - B - C - D) \times \frac{6}{E}$$

A : 해당 사업연도의 직전 사업연도에 대한 법인세로서 확정된 산출세액(가산세를 포함하고, 토지 등 양도소득에 대한 법인세액 및 미환류소득에 대한 법인세액은 제외함)
B : 해당 사업연도의 직전 사업연도에 감면된 법인세액(소득에서 공제되는 금액은 제외함)
C : 해당 사업연도의 직전 사업연도에 법인세로서 납부한 원천납부세액
D : 해당 사업연도의 직전 사업연도에 법인세로서 납부한 수시부과세액
E : 직전 사업연도 개월 수. 이 경우 개월 수는 역에 따라 계산하되, 1개월 미만의 일수는 1개월로 한다.

여기서 "직전 사업연도의 법인세"란 당해 법인이 신고(중간예납기간 종료일까지 수정신고 또는 기한 후 신고를 한 분을 포함함)에 의하여 확정된 세액을 말하며, 중간예납기간 만료일까지 직전 사업연도의 법인세가 경정된 경우에는 그 경정으로 인하여 증감된 세액을 가감하여 계산한다(법기통 63-0…3). 법인이 해당 중간예납기간 중에 적용되는 세율이 변동되는 경우에도 직전 사업연도의 법인세로서 확정된 산출금액(가산세 포함)을 기준으로 한다. 다만, 「법인세법」에서 세율적용에 관하여 특례규정을 둔 경우에는 그러하지 아니한다(법기통 63-0…2 1).

2) 해당 중간예납기간의 법인세액을 기준으로 하는 방법

직전 사업연도의 법인세가 확정된 경우에도 중간예납기간을 1사업연도로 하고 가결산에 의하여 산출된 중간예납세액으로 하여 납부할 수 있다(법법 §63의2①(2)).

$$중간예납세액 = (A - B - C - D)$$

A : 해당 중간예납기간을 1사업연도로 보고 계산한 과세표준에 세율을 적용하여 산출한 법인세액
B : 해당 중간예납기간에 감면된 법인세액(소득에서 공제되는 금액은 제외함)
C : 해당 중간예납기간의에 법인세로서 납부한 원천징수세액
D : 해당 중간예납기간에 법인세로서 부과한 수시부과세액

(2) 중간예납세액 계산방법을 선택할 수 없는 경우

위의 규정에도 불구하고 다음 중 어느 하나에 해당하는 경우에는 다음 구분에 따라 중간예납세액을 계산한다(법법 §63의2②).

① 중간예납의 납부기한까지 중간예납세액을 납부하지 아니한 경우(아래 ②에 해당하는

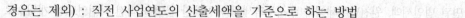

경우는 제외) : 직전 사업연도의 산출세액을 기준으로 하는 방법
② 다음 중 어느 하나에 해당하는 경우 : 해당 중간예납기간의 법인세액을 기준으로 하는
방법
  ㉮ 직전 사업연도의 법인세로서 확정된 산출세액(가산세 제외)이 없는 경우(제51조의2
  제1항 각 호 또는 「조세특례제한법」 제104조의31 제1항의 법인의 경우는 제외함)
  ㉯ 해당 중간예납기간 만료일까지 직전 사업연도의 법인세액이 확정되지 아니한 경우
  ㉰ 분할신설법인 또는 분할합병의 상대방 법인의 분할 후 최초의 사업연도인 경우

세부내용 합병 또는 분할을 한 경우와 연결납세방식을 적용하지 않게 된 경우 중간예납세액의 계산

구 분	중간예납세액의 계산
합병법인의 합병 후 최초 사업연도의 중간예납	합병법인이 합병 후 최초의 사업연도에 직전 사업연도의 산출세액을 기준으로 중간예납세액을 납부하는 경우에는 다음 구분에 따른 사업연도를 모두 직전 사업연도로 본다(법법 §63의2③). ① 합병법인의 직전 사업연도 ② 각 피합병법인의 합병등기일이 속하는 사업연도의 직전 사업연도
분할신설법인 또는 분할합병의 상대방법인	해당 중간예납기간의 법인세액을 기준으로 하는 방법으로 중간예납세액을 계산한다(법법 §63의2②).
연결납세방식을 적용하다가 연결납세방식을 적용하지 않게 된 경우	연결납세방식을 적용하다가 연결납세방식의 취소(법법 §76의9), 연결납세방식의 포기(법법 §76의10) 및 연결자법인의 배제(법법 §76의12)에 따라 연결납세방식을 적용하지 아니하게 된 법인이 연결납세방식을 적용하지 아니하는 최초의 사업연도에 직전 사업연도의 산출세액을 기준으로 하는 방법으로 중간예납세액을 납부하는 경우에는 직전 연결사업연도의 연결법인별 산출세액을 중간예납세액 계산식의 직전 사업연도에 대한 법인세로서 확정된 산출세액으로 본다(법법 §63의2④).

5. 해당 중간예납기간의 법인세액을 기준으로 하는 방법의 구체적인 내용

(1) 중간예납기간의 소득금액계산

가결산에 따라 중간예납기간의 소득금액계산을 계산할 때에는 각 사업연도 소득금액계산의 내용과 동일한 방법으로 하며, 다만 각종 준비금 및 감가상각비 등의 손금산입과 충당금 및 준비금의 환입에 따른 소득금액계산은 다음과 같이 한다.

1) 감가상각비 등의 손금산입

① 감가상각비는 당해 중간예납기간의 상각범위액을 한도로 결산에 반영한 경우에 한하여 손금에 산입한다. 따라서 중간예납기간의 상각범위액 계산은 감가상각대상자산가액에 법정상각률을 적용하여 산출한 감가상각비에 6개월을 곱하고 12개월로 나누어 계산한다(법기통 63-0…5 4).

② 기타 각종 비용에 대하여도 세법에 특별한 규정이 있는 경우를 제외하고는 결산에 반영된 경우에 한하여 당해 중간예납기간의 손비로 본다(법기통 63-0…5 4).

③ 분할 신설법인의 최초 사업연도에 대한 중간예납 과세표준을 「법인세법」 제63조 제4항에 따라 계산하는 경우로서 손금에 산입하는 감가상각비를 계산함에 있어 당해 법인이 중간예납 납부기한까지 감가상각방법 등을 신고한 경우에는 신고한 감가상각방법 및 신고내용연수를 적용할 수 있는 것이나, 그 기한까지 감가상각방법 등을 신고하지 아니한 때에는 분할 전 법인이 적용하던 감가상각방법 등에 의하여 감가상각비를 계산한 후 최초 사업연도의 법인세 과세표준 신고기한까지 감가상각방법 등을 신고한 때에는 신고한 방법을 적용하여 각 사업연도 소득금액을 계산할 수 있다(서이 46012-10459, 2001. 11. 3.).

중간예납기간 중 보유주식의 발행법인이 파산선고를 받은 경우 당해 주식의 장부가액은 법인이 가결산에 의한 중간예납세액을 계산할 때 손금에 산입할 수 있다(서면2팀-580, 2004. 3. 24.).

④ 「법인세법 시행령」 제27조의 '감가상각방법의 변경'은 같은 법 제63조 제5항에 따라 중간예납세액을 납부하는 경우에도 적용되는 것이나, 중간예납기간에 변경된 감가상각방법은 해당 중간예납기간이 속하는 같은 법 제6조의 사업연도에도 같이 적용하여야 한다(법인-41, 2012. 1. 12.).

2) 공제감면세액의 계산

해당 중간예납기간의 법인세액을 기준으로 하는 방법의 계산식을 적용할 때 해당 내국법인이 「조세특례제한법」에 따라 세액감면 등의 특례를 적용받는 중소기업에 해당하는지를 판단할 필요가 있는 경우 매출액은 해당 중간예납기간의 매출액을 연간 매출액으로 환산한 금액으로 한다(법칙 §51⑤).

┃ 사례 ≫

㈜한공은 제24기 사업연도(2024. 1. 1.~2024. 12. 31.)의 중간예납세액을 계산하려고 한다. 직전 사업연도의 법인세 신고 내용을 참고로 중간예납세액을 계산하시오.

<직전 사업연도의 법인세 신고내용>
(1) 산출세액 : 36,000,000원(토지 등 양도소득에 대한 법인세 4,000,000원 포함)
(2) 감면공제세액 : 3,000,000원
(3) 가산세 : 2,000,000원
(4) 원천납부세액 : 1,000,000원
(5) 중간예납세액 : 8,000,000원
(6) 차감납부세액 : 26,000,000원

┃ 해답 ┃

$$(\text{산출세액} - \text{공제감면세액} + \text{가산세} - \text{원천납부세액} \cdot \text{수시부과세액}) \times \frac{6}{12}$$

$$= (32,000,000^* - 3,000,000 + 2,000,000 - 1,000,000) \times \frac{6}{12}$$

$$= 15,000,000$$

* 토지 등 양도소득에 대한 법인세는 중간예납세액 대상이 아니다.

세부내용 **외국인투자기업의 중간예납 납세의무**

외국인투자가가 자본금의 100%를 출자하여 설립한 외국인투자기업이 「조세특례제한법」 제121조의 2에 따라 당해 사업연도에 있어서 법인세의 전액을 면제받을 수 있는 경우에는 그 면제를 받은 부분에 대하여는 중간예납의무도 면제하는 것으로 한다(**법기통 63-0…6**).

세부내용 **당기순이익과세대상인 조합법인**

「조세특례제한법」 제72조 제1항에 따른 조합법인 등(당기순이익과세를 포기한 법인은 제외)이 직전 사업연도의 법인세액이 없거나 당해 중간예납기간 종료일까지 확정되지 아니한 경우에는 당해 중간예납기간을 1사업연도로 보아 계산한 당기순이익을 과세표준으로 하여 중간예납세액을 계산 납부하여야 한다(**법칙 §51④**).

6. 중간예납 관련 절차규정

(1) 분 납

내국법인으로서 중간예납세액으로 납부할 세액이 1,000만원을 초과하는 경우에는 다음과 같이 납부할 세액의 일부를 납부기한이 지난 날로부터 1개월(중소기업의 경우에는 2개월) 이내에 분납할 수 있다(**법법 §63④**).

① 납부할 세액이 2천만원 이하인 때에는 1천만원을 초과하는 금액
② 납부할 세액이 2천만원을 초과하는 때에는 그 세액의 100분의 50 이하의 금액

(2) 중간예납세액의 징수

납세지 관할 세무서장은 내국법인이 중간예납세액의 전부 또는 일부를 납부하지 아니하면 그 미납된 중간예납세액을 「국세징수법」에 따라 징수하여야 한다. 다만, 중간예납세액을 납부하지 아니한 법인이 해당 중간예납기간의 법인세액을 기준으로 하는 방법을 의무적으로 적용하여야 하는 법인인 경우에는 중간예납세액을 결정하여 「국세징수법」에 따라 징수하여야 한다(법법 §71②).

(3) 중간예납을 하지 않은 경우의 가산세

중간예납세액을 신고·납부하지 않은 경우에는 무신고가산세는 부과하지 아니하나, 납부지연가산세는 부과한다(국기법 §47의4①).

$$
\text{납부지연가산세} = \begin{array}{c} \text{납부하지 아니한 세액} \\ \text{(과소납부한 세액)} \end{array} \times \begin{array}{c} \text{납부기한의 다음날부터 자진} \\ \text{납부일 또는 고지일까지의 기간} \end{array} \times 0.022\%^*
$$

* 이자율은 종전에 일 0.03%이었으나 납세자의 부담을 경감하기 위하여 2019. 2. 12.에 일 0.025%로, 다시 2022. 2. 15.에 일 0.025%에서 일 0.022%로 인하되었다. 개정 전에 발생한 사유로 개정 후에 세액을 납부 또는 부과하는 경우 개정규정 시행일 전일까지의 기간분은 개정 규정에도 불구하고 종전 규정에 따른다(2019. 2. 12. 국기령 개정부칙 §9, 2022. 2. 15. 국기령 개정부칙 §6). 이자율은 다음과 같이 적용한다.

구 분	2019. 2. 11.까지의 기간	2019. 2. 12.부터 2022. 2. 14.까지의 기간	2022. 2. 15. 이후 기간
이자율	일 0.03%	일 0.025%	일 0.022%

5. 원천징수

1. 원천징수의 개요

원천징수(withholding)란, 특정한 소득을 지급할 때 지급자가 세액을 징수하여 납부하는 제도를 말한다. 원천징수는 법인세법과 소득세법에 규정되어 있는데, 소득자가 법인이면 법인세법의 원천징수규정을 적용하여 법인세를 원천징수하고, 소득자가 개인인 경우에는 소득세법의 원천징수규정을 적용하여 소득세를 원천징수한다. 법인세 또는 소득세를 원천징수하는 경우에 그 세액의 10%의 지방소득세도 징수해야 하는데, 지방소득세는 원천징수라고 하지 않고 특별징수라고 부른다. 원천징수한 법인세나 소득세는 관할 세무서에 납부하고, 특별징수한 지방소득세는 관할 지방자치단체에 납부하여야 한다.

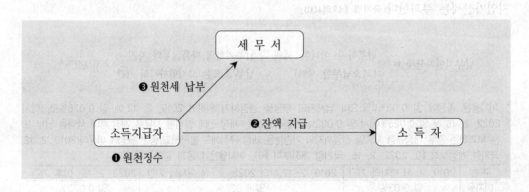

2. 법인세법의 원천징수

(1) 원천징수대상

내국법인에게 다음의 소득(금융 및 보험업을 영위하는 법인의 수입금액 포함)을 지급하는 경우 법인세(1천원 이상인 경우만 해당한다)를 원천징수하여 그 징수일이 속하는 달의 다음 달 10일까지 납세지 관할 세무서 등에 납부하여야 한다(**법법** §73①).

원천징수대상소득		원천징수세율
이자소득금액	비영업대금의 이익	25%(단, 금융위원회에 등록한 온라인투자연계금융업자를 통하여 지급받는 이자소득은 14%)
	기타 이자소득	14%
투자신탁이익		14%

(2) 원천징수대상에서 제외되는 금융회사의 소득

다음의 법인에 지급하는 소득은 원천징수대상에서 제외한다. 다만, 원천징수대상채권등 (단기사채등 중 만기 1개월 이내의 것은 제외함)의 이자등을 투자회사 및 자본확충목적회사 가 아닌 법인에 지급하는 경우에는 원천징수대상이다(법령 §111①).

① 「법인세법 시행령」 제61조 제2항 제1호부터 제28호까지의 법인
② 「한국은행법」에 의한 한국은행
③ 「자본시장과 금융투자업에 관한 법률」에 따른 집합투자업자
④ 「자본시장과 금융투자업에 관한 법률」에 따른 투자회사, 투자목적회사, 투자유한회사 및 투자합자회사[같은 법 제9조 제19항 제1호에 따른 기관전용 사모집합투자기구(법률 제18128호 자본시장과 금융투자업에 관한 법률 일부개정법률 부칙 제8조 제1항부 터 제4항까지에 따라 기관전용 사모집합투자기구, 기업재무안정 사모집합투자기구 및 창업·벤처전문 사모집합투자기구로 보아 존속하는 종전의 경영참여형 사모집합투자 기구를 포함한다)는 제외한다]
⑤ 「농업협동조합법」에 의한 조합
⑥ 「수산업협동조합법」에 따른 조합
⑦ 「산림조합법」에 따른 조합
⑧ 「신용협동조합법」에 따른 조합 및 신용협동조합중앙회
⑨ 「새마을금고법」에 따른 금고
⑩ 「자본시장과 금융투자업에 관한 법률」에 따른 증권금융회사
⑪ 거래소(위약손해공동기금으로 한정한다)
⑫ 「자본시장과 금융투자업에 관한 법률」에 따른 한국예탁결제원
⑬ 「한국투자공사법」에 따른 한국투자공사
⑭ 「국가재정법」의 적용을 받는 기금(법인 또는 법인으로 보는 단체에 한정한다)
⑮ 법률에 따라 자금대부사업을 주된 목적으로 하는 법인 또는 기금(다른 사업과 구분 경리되는 것에 한정한다)
⑯ 「조세특례제한법」 제104조의3 제1항에 따른 자본확충목적회사
⑰ 「산업재해보상보험법」 제10조에 따른 근로복지공단(「근로자퇴직급여 보장법」에 따른 중소기업퇴직연금기금으로 한정한다)
⑱ 그 밖에 기획재정부령으로 정하는 금융보험업을 영위하는 법인

(3) 원천징수 제외대상

다음의 소득은 원천징수대상이 아니다(법법 §73①, 법령 §111②).

① 법인세가 부과되지 아니하거나 면제되는 소득

② 신고한 과세표준에 이미 산입된 미지급소득

③ 법령 또는 정관에 의하여 비영리법인이 회원 또는 조합원에게 대부한 융자금과 비영리법인이 당해 비영리법인의 연합회 또는 중앙회에 예탁한 예탁금에 대한 이자수입

④ 법률에 따라 설립된 기금을 관리·운용하는 기금운용법인과 법률에 따라 공제사업을 영위하는 법인으로서 법인 중 건강보험·연금관리 및 공제사업을 영위하는 비영리내국법인(기금운용법인의 경우에는 해당 기금사업에 한정한다)이 「국채법」에 따라 등록하거나 「주식·사채 등의 전자등록에 관한 법률」에 따라 전자등록한 다음 각 목의 국공채 등을 발행일부터 이자지급일 또는 상환일까지 계속하여 등록·보유함으로써 발생한 이자 및 할인액

㉮ 국가 또는 지방자치단체가 발행한 채권 또는 증권

㉯ 한국은행이 발행한 통화안정증권

㉰ 기획재정부령이 정하는 채권 또는 증권 : 기획재정부령이 정하는 채권 또는 증권은 다음과 같다(법칙 §57).

ⓐ 한국산업은행이 발행하는 산업금융채권

ⓑ 중소기업은행이 발행하는 중소기업금융채권

ⓒ 한국수출입은행이 발행하는 수출입금융채권

ⓓ 국민은행이 발행하는 국민은행채권(1998. 12. 31. 국민은행과 장기신용은행이 합병되기 전의 장기신용은행이 발행한 장기신용채권의 상환을 위하여 발행하는 채권에 한한다)

ⓔ 주택저당채권유동화회사가 발행하는 주택저당증권 및 주택저당채권담보부채권

ⓕ 한국주택금융공사가 발행하는 주택저당채권담보부채권·주택저당증권·학자금대출증권 및 사채

⑤ 다음 중 어느 하나에 해당하는 조합의 조합원인 법인(금융 및 보험업을 영위하는 법인을 제외함)이 해당 조합의 규약에 따라 조합원 공동으로 예탁한 자금에 대한 이자수입

㉮ 상장유가증권에 대한 투자를 통한 증권시장의 안정을 목적으로 설립된 조합으로서 증권시장의 안정을 위하여 조합원이 공동으로 출자하여 주권상장법인의 주식을 취득하는 조합으로서 기획재정부장관이 정하는 조합

㉯ 채권시장의 안정을 목적으로 설립된 조합으로서 기획재정부령이 정하는 조합

⑥ 「한국토지주택공사법」에 따른 한국토지주택공사가 「주택도시기금법」 제6조 제2항에 따라 주택도시기금에 예탁한 자금(「국민연금법」에 의한 국민연금 및 「우체국예금·보험에 관한 법률」에 의한 우체국예금으로부터 사채발행을 통하여 조성한 자금을 예탁한 것으로서 이자소득 지급 당시 국민연금 및 우체국예금이 그 사채를 계속 보유하고 있는 경우에 한한다)에 대한 이자수입

⑦ 은행법의 인가를 받아 설립한 은행 등 일정한 금융회사의 수입금액

(4) 투자신탁재산에 귀속되는 소득에 대한 원천징수특례

원천징수규정을 적용할 때 소득금액이 「자본시장과 금융투자업에 관한 법률」에 따른 투자신탁재산에 귀속되는 시점에는 해당 소득금액이 지급되지 아니한 것으로 보아 원천징수하지 아니한다(**법법 §73③**).

3. 채권 등의 보유기간이자상당액에 대한 원천징수

법인이 채권 등(법인세가 비과세되거나 면제되는 채권 등 세법으로 정하는 채권 등을 제외)에서 발생하는 이자, 할인액 및 집합투자기구로부터의 이익(이하 "이자 등"이라 한다)의 계산기간 중에 당해 채권 등을 타인에게 매도[4](중개·알선 기타 세법이 정하는 경우를 포함하되, 환매조건부채권매매 등 세법에서 정하는 경우를 제외한다)하는 경우 채권 등의 보유기간에 따른 이자 등에 대하여는 원천징수의무자를 대리하여 원천징수하여야 한다(**법법 §73의2**).

4. 원천징수된 법인세액의 공제

(1) 개 요

법인이 사업연도 도중에 원천징수세액을 납부한 경우 당해 원천징수세액은 법인세 과세표준신고 및 자진납부할 때에 납부할 법인세액에서 차감하여 납부하게 된다. 따라서 법인세의 원천징수제도는 일종의 예납적 성질의 것이다.

(2) 원천징수세액을 착오징수한 경우

이자소득금액 및 배당소득금액을 지급할 때 원천징수규정을 잘못 이해하여 착오징수된 원천징수세액이 있을 수 있다. 예컨대 「법인세법」 제73조에서 원천징수대상으로 규정하지 아니한 소득에 대하여 원천징수를 한 경우에는 그 원천징수세액에 대하여는 법인세 납부세액에서 공제할 수 없다. 따라서 원천징수납부한 법인세에 과오납이 있는 경우 이에 대한 환급은 「소득세법 시행규칙」 제93조의 규정을 준용, 원천징수하여 납부할 세액에서 조정하여

---

[4] 금융기관과 성업공사 간의 부실채권 양수·도협약 해제사유로 부실채권정리기금채권을 반환하는 경우 보유기간이자상당액에 대해 원천징수하지 않으며 기납부세액은 환급되지 않는다(법인 46013-2303, 1998. 8. 14.).

환급한다(법기통 64 - 0···1).

반면에 법인이 보유 중인 산업금융채권을 만기 상환하는 과정에서 착오에 의해 개인 임직원 명의로 원천징수된 경우, 당해 산업금융채권 보유에 따라 발생한 이자소득의 귀속이 법인의 이자소득임이 확인되는 경우에는 동 개인명의 이자소득세는 「법인세법」 제64조 제1항 제4호에 따른 기납부세액으로 공제할 수 있다(서면2팀-1217, 2005. 7. 27.).

(3) 명의상 귀속자와 실지귀속자가 다른 경우

「법인세법」 제4조 실질과세의 규정에 따라 자산 또는 사업에서 생기는 수입의 전부 또는 일부가 법률상 귀속되는 법인과 실질상 귀속되는 법인이 서로 다른 경우에는 그 수입이 실질상 귀속되는 법인에 대하여 「법인세법」을 적용한다. 따라서 금융자산으로부터 발생하는 이자소득의 명의상 귀속자와 실지귀속자가 다른 경우 해당 이자소득에 대한 원천징수세액은 실지귀속자의 기납부세액으로 공제하여야 하는 것으로, 그 거래의 실질내용은 건전한 사회통념, 통상 사인간의 상관행(지급조건, 지급방법 등을 포함) 및 구체적인 정황을 기준으로 판단하여야 한다(법인-495, 2012. 8. 14., 서면2팀-2114, 2005. 12. 20.).

6. 수시부과 결정

1. 수시부과제도의 개요

조세포탈의 우려가 있는 경우에는 사업연도 종료 전이라도 조세수입을 확보하기 위하여 미리 법인세를 부과할 수 있는데, 이를 「수시부과」라고 한다. 수시부과는 법인세 포탈의 우려가 있는 경우와 외국군 등에 군납한 경우로 나누어진다(법령 §108① · ③).

2. 조세포탈의 우려가 있는 경우의 수시부과

(1) 조세포탈의 우려가 있는 경우의 수시부과사유

다음 중 어느 하나에 해당하는 경우에는 법인세를 수시부과할 수 있다(법법 §69①).
① 신고를 하지 아니하고 본점 또는 주사무소를 이전한 때
② 사업부진, 그 밖의 사유로 인하여 휴업 또는 폐업상태에 있을 때
③ 기타 조세를 포탈할 우려가 있다고 인정되는 상당한 이유가 있을 때

(2) 수시부과기간

조세포탈의 우려가 있어서 수시부과하는 경우 당해 사업연도 개시일부터 다음의 수시부과사유가 발생한 날까지를 수시부과기간으로 한다. 다만, 직전 사업연도에 대한 「법인세법」 제60조에 따른 과세표준 등의 신고기한 이전에 수시부과사유가 발생한 경우(직전 사업연도에 대한 과세표준신고를 한 경우는 제외한다)에는 직전 사업연도 개시일부터 수시부과사유가 발생한 날까지를 수시부과기간으로 한다(법법 §69① · ②, 법령 §108①).

(3) 수시부과세액의 결정

납세지 관할 세무서장 또는 관할 지방국세청장이 위의 수시부과사유가 발생한 법인에 대하여 수시부과를 하는 경우에는 신고서 및 그 첨부서류에 의하거나 비치 · 기장된 장부 기타 증빙서류에 의한 실지조사에 의함을 원칙으로 하고, 추계결정사유가 있는 경우에는 추계결정한다. 수시부과세액은 다음과 같이 계산한다(법칙 §55).

$$\frac{\text{수시부과기간의}}{\text{과세표준}} \times \frac{12}{\text{수시부과기간 월수*}} \times \text{세율} \times \frac{\text{수시부과기간 월수*}}{12}$$

* 월수는 태양력에 따라 계산하되, 1개월 미만의 일수는 1개월로 한다(법령 §39②, §92).

　수시부과하는 경우에는 법인세법상의 가산세를 적용하지 아니한다(법령 §108②).

　사업부진 기타의 사유로 인하여 휴업 또는 폐업상태에 있는 경우로서 납세지 관할 세무서장 또는 관할 지방국세청장이 조사결과 명백한 탈루혐의가 없다고 인정하는 경우에는 동업자권형방법(법령 §104②(2) 본문)에 규정된 방법에 의하여 그 과세표준 및 세액을 결정하되, 동일업종의 다른 법인이 없는 경우에는 과세표준신고 후에 장부 기타 증빙서류가 멸실된 때에는 신고서 및 그 첨부서류에 의하고 과세표준신고 전에 장부 기타 증빙서류가 멸실된 때에는 직전 사업연도의 소득률에 의하여 과세표준을 결정 또는 경정한다(법령 §108⑤).

3. 주한 국제연합군 등으로부터 사업수입금액을 외국환은행을 통하여 외환증서나 원화로 영수하는 경우의 수시부과

(1) 개　요

　법인이 주한 국제연합군 또는 외국기관에 재화나 용역을 공급하는 경우 주한 국제연합국 등은 매입처별세금계산서합계표 등을 제출하지 않으므로 거래를 파악하기 어렵다. 이에 따라 법인이 주한 국제연합군 또는 외국기관으로부터 사업수입금액을 외국환은행을 통하여 외환증서 또는 원화로 영수할 때에는 그 영수할 금액에 대한 과세표준을 결정할 수 있도록 하였다.

(2) 수시부과세액의 계산

　주한 국제연합군 또는 외국기관으로부터 사업수입금액을 외국환은행을 통하여 외환증서나 원화로 영수하는 것에 대하여 수시부과를 하는 경우에는 추계결정규정을 준용하여 계산한 금액에 법인세율을 곱하여 산출한 금액을 그 세액으로 한다(법령 §108④).

4. 수시부과된 사업연도에 대한 법인세 신고

　수시부과된 소득도 법인세 신고시 각 사업연도 소득에 포함하여야 하고, 수시부과된 세액은 이중과세를 방지하기 위하여 법인세 신고·납부시 기납부세액으로 공제한다(법법 §64①(3)).

7. 결정·경정, 징수·환급

1. 결정 및 경정

1-1. 결정 및 경정사유

(1) 결정사유

법정신고기한까지 신고하지 않는 경우, 결정은 법인세 과세표준 신고기한부터 1년 내에 완료해야 한다. 다만, 국세청장이 조사기간을 따로 정하거나 부득이한 사유로 인하여 국세청장의 승인을 받은 경우에는 그러하지 아니한다(법령 §103③).

(2) 경정사유

① 신고내용에 오류·탈루가 있는 경우
② 지급명세서, 매출·매입처별 세금계산서(또는 계산서)합계표의 전부 또는 일부를 제출하지 아니한 경우
③ 다음 중 어느 하나에 해당하는 경우로서 시설규모나 업황(業況)으로 보아 신고내용이 불성실하다고 판단되는 경우
  ㉮ 신용카드가맹점 가입요건에 해당하는 법인이 정당한 사유 없이 신용카드가맹점으로 가입하지 아니한 경우
  ㉯ 신용카드가맹점이 정당한 사유 없이 신용카드에 의한 거래를 거부하거나 신용카드 매출전표를 사실과 다르게 발급한 경우
  ㉰ 현금영수증가맹점으로 가입하여야 하는 법인 및 현금영수증가맹점 가입대상자로 지정받은 법인이 정당한 사유 없이 현금영수증가맹점으로 가입하지 아니한 경우
  ㉱ 현금영수증가맹점이 정당한 사유 없이 현금영수증의 발급을 거부하거나 사실과 다르게 발급한 경우

1-2. 결정 및 경정권자

법인세 과세표준과 세액의 결정·경정은 납세지 관할세무서장이 행한다. 다만, 국세청장이 특히 중요하다고 인정하는 것에 대하여는 납세지 관할지방국세청장이 결정·경정할 수 있다. 국세청장이 특히 중요하다고 인정하는 것에 대하여는 납세지 관할지방국세청장이 이를 결정 또는 경정할 수 있으며, 이 경우 납세지 관할 세무서장은 해당 과세표준을 결정 또

는 경정하기 위하여 필요한 서류를 납세지 관할 지방국세청장에게 지체 없이 보내야 한다
(법령 §103①).

1-3. 결정·경정 방법

(1) 실지조사결정……원칙적인 방법

각 사업연도 소득에 대한 법인세의 과세표준과 세액의 결정 또는 경정은 신고서 및 그
첨부서류에 의하거나 비치·기장된 장부 또는 그 밖의 증명서류에 의한 실지조사에 의함을
원칙으로 한다(법법 §66③, 법령 §103②).

법인세의 과세표준과 세액은 실지조사방법에 의하여 결정하는 것이 원칙이고, 추계조사
결정은 납세자의 장부나 증명서류가 없거나 중요한 부분이 미비 또는 허위로 기재되어 신
뢰성이 없고 달리 과세관청이 그 소득금액을 계산할 수 있는 방법이 없는 경우에 한하여 예
외적으로 허용되고 있음에 비추어 볼 때, 납세자가 비치·기장한 장부 중 일부가 허위기재
또는 누락된 부분이 있는 경우에도 그 부분을 제외한 나머지 부분을 근거로 과세가 가능하
다면 과세표준과 세액을 실지조사방법에 의하여 결정하여야 한다.

(2) 추계조사결정……예외적인 방법

1) 추계조사사유

세법상으로는 다음과 같은 사유로 장부나 그 밖의 증명서류에 의하여 소득금액을 계산할 수
없는 경우에는 추계결정할 수 있다(법법 §66③, 법령 §104①).

① 소득금액을 계산할 때 필요한 장부 또는 증명서류가 없거나 그 중요한 부분이 미비
   또는 허위인 경우
② 기장의 내용이 시설규모·종업원수와 원자재·상품·제품 또는 각종 요금의 시가 등
   에 비추어 허위임이 명백한 경우
③ 기장의 내용이 원자재사용량·전력사용량 기타 조업상황에 비추어 허위임이 명백한
   경우

2) 추계결정방법

추계조사에 의하여 결정·경정하는 경우에는 기준경비율방법에 의하는 것을 원칙으로 한
다. 기준경비율에 의하는 경우에는 다음과 같이 과세표준을 계산한다. 공제할 금액이 수입
금액을 초과하는 경우 초과액은 없는 것으로 한다(법령 §104②(1)).

$$
\begin{pmatrix} 조합법인\ 등의 \\ 당기순이익 \\ 과세금액에 \\ 대한\ 산출세액 \end{pmatrix} = \left(\begin{array}{c} 결산재무 \\ 제표상 \\ 당기순이익 \end{array} + \begin{array}{c} 법인세법\ 제24조\ 기부금 \\ 등\ 일정한\ 항목의\ 손금 \\ 불산입액(수익사업관련된 \\ 것만\ 해당함) \end{array} \right) \times 9\%(20억원\ 초과분은\ 12\%)
$$

$$수입금액 - (매입비용^{*1} + 임차료^{*2} + 인건비^{*3} + 수입금액 \times 기준경비율^{*4})$$

*1 매입비용(사업용 유형자산 및 무형자산에 대한 매입비용 제외)으로서 증명서류에 의하여 지출사실이 확인되는 것을 말한다.
*2 사업용 유형자산 및 무형자산에 대한 임차료로서 증명서류에 의하여 지출하였거나 지출할 금액을 말한다.
*3 임직원의 급여·임금 및 퇴직급여로서 증명서류에 의하여 지급하였거나 지급할 금액을 말한다.
*4 기준경비율은 소득세법의 기준경비율을 준용한다.

법인의 사업수입금액을 추계결정한 경우에도 법인이 비치한 장부와 기타 증명서류에 의하여 소득금액을 계산할 수 있는 때에는 당해 사업연도의 과세표준과 세액은 실지조사에 의하여 결정하여야 한다(법령 §105②).

□ 과세표준에 가산하는 금액
　　과세표준을 추계결정 또는 경정을 하는 경우에는 다음 금액을 가산한다(법령 §104③).
① 익금에 산입하여야 할 준비금과 충당금
② 익금 중 사업수익을 제외한 수익(비영리법인의 경우에는 수익사업에서 생기는 수익으로 한정하며, 이하 '사업외수익'이라고 한다)의 금액에서 다음의 금액을 차감한 금액
　㉮ 사업외수익에 직접 대응되고 증빙서류나 객관적인 자료에 의하여 확인되는 원가 상당액
　㉯ 사업외수익에 해당 사업연도 중에 지출한 손비 중 환입된 금액이 포함된 경우에는 그 금액
　㉰ 부동산을 임대하는 법인의 수입이자가 사업외수익에 포함된 경우에는 부동산임대에 의한 전세금 또는 임대보증금에 대한 수입이자 상당액
③ 부당행위계산의 부인규정에 따라 익금에 산입하는 금액

주의 추계결정·경정시 적용배제

소득금액을 추계결정 또는 추계경정하는 경우에는 이월결손금공제(법법 §13(1)), 외국자회사 수입배당금액 익금불산입(법법 §18의4) 및 외국납부세액공제(법법 §57)가 배제된다. 다만, 천재지변 등으로 장부나 그 밖의 증명서류가 멸실되어 추계하는 경우에는 그러하지 아니하다(법법 §68).
24 개정

세부내용 추계결정시 수입금액 계산방법

기준경비율 적용에 의한 추계결정시 내국법인의 사업수입금액은 장부 기타 증명서류에 의하여 계산하여야 하나, 만일 그 법인의 장부 기타 증명서류에 의하여 계산할 수 없는 경우에 그 사업수입금액은 다음의 방법 중 관할 세무서장 또는 관할 지방국세청장이 가장 적당하다고 인정하는 방법에 의하여 계산한 금액으로 한다(법령 §105①).
① 기장이 정당하다고 인정되어 기장에 의하여 조사결정한 동일 업황의 다른 동업자와의 권형에 의하여 계산하는 방법
② 국세청장이 사업의 종류·지역 등을 고려하여 사업과 관련된 인적·물적지역(종업원·객실·사업장·차량·수도·전기 등)의 수량 또는 가액과 매출액의 관계를 정한 영업효율이 있는 경우에는 이를 적용하여 계산하는 방법
③ 국세청장이 업종별로 투입원재료에 대하여 조사한 생산수율을 적용하여 계산한 생산량에 당해

사업연도 중에 매출된 수량의 시가를 적용하여 계산하는 방법

④ 국세청장이 사업의 종류별·지역별로 정한 다음의 기준 중 하나에 의하여 계산하는 방법

　㉮ 원단위투입량 : 생산에 투입되는 원·부재료 중에서 일부 또는 전체의 수량과 생산량과의 관계

　㉯ 비용관계비율 : 인건비·임차료·재료비·수도광열비 기타 영업비용 중에서 일부 또는 전체의 비용과 매출액과의 관계

　㉰ 상품의 회전율 : 일정기간 동안의 평균재고금액과 매출액 또는 매출원가와의 관계

　㉱ 매매총이익률 : 일정기간 동안의 매출액과 매출액 총이익의 비율

　㉲ 부가가치율 : 일정기간 동안의 매출액과 부가가치액의 비율

⑤ 추계결정·경정대상 법인에 대하여 위 "②∼④"의 비율을 산정할 수 있는 경우에는 이를 적용하여 계산하는 방법

⑥ 주로 최종 소비자를 대상으로 거래하는 업종에 대하여는 국세청장이 정하는 입회조사기준에 의하여 계산하는 방법

세부내용 　예외적인 추계결정방법

① 기준경비율이 결정되지 않은 경우 등의 동업자권형에 의한 추계결정 : 기준경비율이 결정되지 아니하였거나 천재지변 등으로 장부나 그 밖의 증명서류가 멸실된 때에는 기장이 가장 정확하다고 인정되는 동일업종의 다른 법인의 소득금액을 참작하여 그 과세표준을 결정한다. 다만, 동일업종의 다른 법인이 없는 경우로서 과세표준신고 후에 장부나 그 밖의 증명서류가 멸실된 때에는 법인세 과세표준신고서 및 그 첨부서류에 의하고 과세표준신고 전에 장부 등이 멸실된 때에는 직전 사업연도의 소득률에 의하여 과세표준을 결정한다(**법령 §104②(2)**).

② 기준경비율이 있는 업종과 없는 업종을 겸영하는 경우 : 기준경비율이 있는 업종과 기준경비율이 없는 업종을 겸영하는 법인에 있어서는 기준경비율이 있는 업종에 대하여는 기준경비율에 의하고, 기준경비율이 없는 업종에 대하여는 동업자권형에 따른다(**법칙 §53①**).

③ 소기업이 폐업하는 경우 : 소기업(**조특법 §7①(2)**)이 폐업한 때에는 다음에 따라 계산한 금액 중 적은 금액을 과세표준으로 하여 결정 또는 경정하는 방법에 따른다(**법령 §104②(3)**).

　㉮ 단순경비율방법 : 수입금액 - (수입금액 × 단순경비율)

　㉯ 기준경비율방법

　㉰ 직전 사업연도 소득률 방법 : 수입금액 × 직전 사업연도 소득률

2. 징수 및 환급

(1) 징 수

① 납세지 관할 세무서장은 내국법인이 각 사업연도의 소득에 대한 법인세로서 납부하여야 할 세액의 전부 또는 일부를 납부하지 아니하면 그 미납된 법인세액을 「국세징수법」에 따라 징수하여야 한다(법법 §71①).

② 납세지 관할 세무서장은 내국법인이 납부하여야 할 중간예납세액의 전부 또는 일부를 납부하지 아니하면 그 미납된 중간예납세액을 「국세징수법」에 따라 징수하여야 한다. 다만, 중간예납세액을 납부하지 아니한 법인이 해당 중간예납기간의 법인세액을 기준으로 하는 방법을 적용해야 하는 경우에는 중간예납세액을 결정하여 「국세징수법」에 따라 징수하여야 한다(법법 §71②).

③ 납세지 관할 세무서장은 원천징수의무자가 그 징수하여야 할 세액을 징수하지 아니하였거나 징수한 세액을 기한까지 납부하지 아니하면 지체 없이 원천징수의무자로부터 그 원천징수의무자가 원천징수하여 납부하여야 할 세액에 상당하는 금액에 원천징수등 납부지연가산세액을 더한 금액을 법인세로서 징수하여야 한다. 다만, 원천징수의무자가 원천징수를 하지 아니한 경우로서 납세의무자가 그 법인세액을 이미 납부한 경우에는 원천징수의무자에게 그 가산세만 징수한다(법법 §71③).

(2) 환 급

납세지 관할 세무서장은 기납부세액이 각 사업연도의 소득에 대한 법인세액(가산세 포함)을 초과하는 경우 그 초과하는 금액은 국세기본법에 따라 환급하거나 다른 국세 및 강제징수비에 충당하여야 한다(법법 §71④).

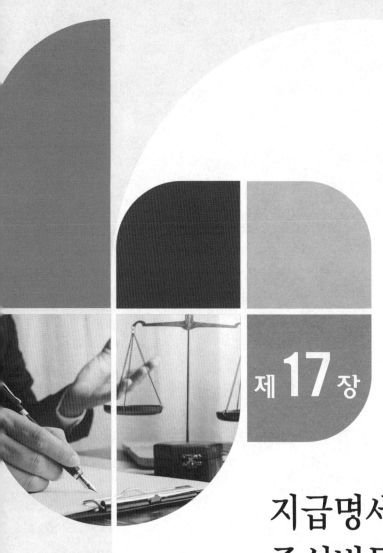

제 **17** 장

지급명세서, 계산서,
주식변동상황명세서,
지출증명서류 등

1. 지급명세서 제출의무

1. 개 요

법인이 다음의 소득을 지급하는 경우에는 지급명세서를 소득자별로 법정제출기한까지 납세지 관할 세무서장에게 제출하여야 한다(**법법 §120, §120의2 및 소법 §164, §164의2**).

① 내국법인에게 이자소득과 배당소득을 지급하는 경우 : 내국법인이 내국법인에게 이자소득과 배당소득을 지급하는 경우에는 지급명세서를 제출하여야 한다(**법법 §120①**).

💡주의 **배당소득에 대한 지급명세서 제출의무**

> 종전에는 원천징수대상 소득에 대해서만 지급명세서를 제출하도록 하였으므로 법인이 내국법인 주주에게 배당금을 지급한 경우 지급명세서를 제출하지 않았다. 그 당시 국세청에서 이익잉여금처분계산서의 배당액과 제출된 지급명세서의 배당소득을 대조하여 신고누락을 찾으려고 해도 내국법인주주에 대한 지급명세서가 제출되지 않아서 이를 대조하기 어려웠다. 이에 따라 내국법인 주주에 대한 배당소득도 지급명세서제출대상에 추가하여 2012년부터 적용하도록 하였다. 그런데 지금도 일부 실무담당자는 원천징수대상만 지급명세서를 제출하는 것으로 오해하여 내국법인주주에게 지급한 배당소득에 대한 지급명세서를 제출하지 않았다가 가산세가 부과되는 사례가 있으므로 주의해야 한다.

② 외국법인에게 「법인세법」 제93조에 따른 국내원천소득을 지급하는 경우(**법법 §120의2**)

③ 거주자에게 다음 소득을 국내에서 지급하는 경우(**소법 §164**)

㉮ 이자소득

㉯ 배당소득

㉰ 원천징수대상 사업소득

㉱ 근로소득 또는 퇴직소득

㉲ 연금소득

㉳ 기타소득("㉴"에 따른 봉사료는 제외한다)

㉴ 일정한 요건을 갖춘 봉사료

㉵ 대통령령으로 정하는 장기저축성보험의 보험차익

④ 「소득세법」 제119조에 따른 국내원천소득을 비거주자에게 지급하는 경우

(**소법 §164의2①**)

□ 지방자치단체에 지급한 배당소득에 대하여 지급명세서 제출의무에 대한 판례

① 사건의 개요

어떤 법인이 법인세 납세의무가 없는 지방자치단체에 지급한 배당소득에 대하여 지급명세서를 제출하지 않았다. 과세관청은 해당 법인에게 지급명세서를 제출하지 않았다는 이유로 가산세를 부과하였고, 해당 법인은 심판청구를 한 후 기각되자 행정소송을 제기하였다.

② 소송의 진행

1심	2심	3심
창원지방법원 2017구합 52694, 2018. 5. 30	부산고등법원(창원) 2018누 10821, 2018. 10. 31.	대법원 2018두 62997, 2019. 2. 28.(심리불속행)
국패	국승	국승

③ 고등법원의 판결

원고가 배당금을 지급한 지방자치단체는 법인세법 제2조 제3항에 따라 법인세 부과대상에서 제외되어 있으나, 국가나 지방자치단체와 같이 법인세가 부과되지 않는 내국법인에 소득을 지급한 자에 대하여도 지급명세서 제출의무를 부과함으로써, 과세관청으로서는 일정한 이자소득 또는 배당소득이 지급된 사실과 해당 소득이 누구에게 지급되었는지 및 그 소득을 지급받은 자에게 납세의무가 있는지 여부까지도 쉽게 확인할 수 있게 되므로, 내국법인에 소득을 지급한 자에게 지급명세서 제출의무를 부과하는 것이 아무런 실익이 없는 것이라고 보기는 어렵다. 그렇다면 원고의 이 사건 청구는 이유 없어 이를 기각하여야 할 것인데, 제1심판결은 이와 결론을 달리하여 부당하므로 이를 취소하고, 원고의 청구를 기각하기로 하여 주문과 같이 판결한다.

2. 신탁재산에 귀속되는 이자소득 또는 배당소득 등

「자본시장과 금융투자업에 관한 법률」의 적용을 받는 법인의 신탁재산에 귀속되는 수입과 지출은 그 법인에 귀속되는 소득으로 보지 아니한다(법법 §5④)는 규정에도 불구하고 신탁재산에 귀속되는 이자소득과 배당소득은 그 법인에 소득이 지급된 것으로 보아 해당 소득을 지급하는 자는 지급명세서를 제출하여야 한다(법법 §120① 후단).

3. 지급명세서 제출의무자

다음의 어느 하나에 해당하는 법인은 지급명세서를 제출하여야 한다.

① 내국법인에 「소득세법」 제127조 제1항 제1호 또는 제2호에 따른 이자소득과 배당소득을 지급하는 법인(법법 §120①)

② 원천징수의무자를 대리하거나 그 위임을 받은 자의 행위 중 수권 또는 위임의 범위에서

본인 또는 위임인의 원천징수 의무행위를 하는 법인(**법법 §73④**)[1]

③ 금융회사 등이 거주자나 내국법인이 발행한 어음이나 채무증서를 인수·매매·중개 또는 대리하는 경우 해당 금융회사 등과 거주자나 내국법인 간에 대리 또는 위임의 관계가 있어 원천징수의 의무를 행하는 법인(**법법 §73⑤**)

④ 내국법인이 「소득세법」 제46조 제1항에 따른 채권등 또는 투자신탁의 수익증권(이하 "원천징수대상채권등"이라 한다)을 타인에게 매도(중개·알선과 그 밖에 대통령령으로 정하는 경우를 포함하되, 환매조건부 채권매매 등 대통령령으로 정하는 경우는 제외한다)하는 경우(**법법 §73의2①**)

⑤ 외국법인이 발행한 채권 또는 증권에서 발생하는 이자소득 및 배당소득을 내국법인에게 지급하는 경우에는 국내에서 그 지급을 대리하거나 그 지급권한을 위임 또는 위탁받은 자가 그 소득에 대하여 원천징수를 하여야 하는 자(**법법 §73⑥**)

4. 지급명세서 제출대상 소득 또는 수입금액 및 제출기한

지급명세서 제출대상 금액과 제출기한을 살펴보면 법인이 내국법인 또는 거주자에게 지급하는 경우와 내국법인이 외국법인 또는 비거주자에게 지급하는 경우로 구분할 수 있다(**소법 §164①**).

(1) 내국법인 또는 거주자에게 지급하는 경우

구 분	지급명세서 제출대상 소득 또는 수입금액	제출기한	
		2021. 6. 30. 이전 지급분	2021. 7. 1. 이후 지급분
법인이 휴업 또는 폐업하지 아니하는 경우	① 이자소득 ② 배당소득 ③ 연금소득 ④ 기타소득(봉사료수입금액과 종교인소득 제외)[2] ⑤ 장기저축성보험의 보험차익[3]	소득의 지급일 또는 지급의제일이 적용되는 날의 다음 연도 2월 말일(휴업, 폐업 또는 해산한 경우에는 휴업일, 폐업일 또는 해산일이 속하는 달의 다음다음 달 말일)	(좌 동)

---

1) 배당금 지급 및 원천징수업무를 대행하는 증권예탁원에 무상증자 신주배정비율만을 통지하고, 법인이 자기주식지분 해당 무상주를 배정받지 않고 다른 주주에게 의제배당한 사실을 통지하지 않은 경우에도 법인이 당해 의제배당소득에 대한 원천징수 및 지급명세서 제출의무가 있다(감사원 2001-31, 2001. 3. 27.).

2) 개인사업자가 법인으로 전환할 때 영업권만 별도로 법인에게 양도하면서 해당 영업권 양도대가에 대한 세금계산서를 「부가가치세법」 제17조 제4항에 따라 발급하고 사업장 소재지 관할 세무서장에게 매출·매입처별 세금계산서합계표를 제출한 경우 영업권의 양도대가를 지급하는 법인은 「소득세법」 제164조 제6항에 따라 지급명세서를 제출한 것으로 본다(사전법령해석소득-22126, 2015. 5. 1.).

3) 「소득세법」 제16조 제1항 제9호에 해당하지 아니하는 보험차익(피보험자의 사망·질병·부상·그 밖의 신체상의 상해 또

구 분	지급명세서 제출대상 소득 또는 수입금액	제출기한	
		2021. 6. 30. 이전 지급분	2021. 7. 1. 이후 지급분
법인이 휴업 또는 폐업하지 아니하는 경우	⑥ 원천징수대상 사업소득 ⑦ 근로소득(일용근로자의 근로소득 제외) ⑧ 퇴직소득 ⑨ 기타소득 중 종교인소득 ⑨ 봉사료수입금액	지급한 날 또는 지급 의제일이 적용되는 날의 다음 연도 3월 10일(휴업, 폐업 또는 해산한 경우에는 휴업일, 폐업일 또는 해산일이 속하는 달의 다음다음 달 말일)	(좌 동)
	⑩ 일용근로자의 근로소득	그 지급일이 속하는 분기의 마지막 달의 다음 달 말일(휴업, 폐업 또는 해산한 경우에는 휴업일, 폐업일 또는 해산일이 속하는 분기의 마지막 달의 다음 달 말일)[4]	그 지급일이 속하는 달의 다음 달 말일(휴업, 폐업 또는 해산한 경우에는 휴업일, 폐업일 또는 해산일이 속하는 달의 다음 달 말일)

(2) 외국법인 또는 비거주자에게 국내원천소득을 지급하는 경우

구 분	지급명세서 제출대상 소득	제출기한
휴업 또는 폐업하지 아니한 경우	「법인세법」 제93조 및 「소득세법」 제119조에 따른 국내원천소득. 다만, 세법상으로 정하는 비과세 또는 면제대상임이 확인되는 소득 등은 제외한다.	국내원천소득을 지급한 날이 속하는 연도의 다음 연도 2월 말일
휴업 또는 폐업한 경우	위와 같은 소득	휴업일 또는 폐업일이 속하는 달의 다음 다음 달의 말일

(3) 지급명세서 제출기한에 관한 실무사례

지급명세서 제출기한에 관한 실무사례를 살펴보면 다음과 같다.

1) 합병등기일 전에 중도퇴사한 피합병법인 근로자의 지급명세서 제출기한

합병으로 인하여 폐업된 법인의 중도퇴사자의 지급명세서는 「소득세법」 제164조에 따라 폐업일이 속하는 달의 다음다음 달 말일까지 제출하여야 한다(원천-319, 2009. 4. 9.).

이 경우 보험대리점업을 영위하는 법인간의 합병에 있어 「소득세법」 제73조 제1항 제5호의 사업소득이 있는 보험모집인과 피합병법인과의 거래계약에 관한 권리·의무를 합병법인이 승계한 경우, 당해 사업자의 당해연도분 사업소득세액의 연말정산과 같은 법 제164조에

는 자산의 멸실이나 손괴로 보험금을 받는 것을 제외한다)을 말한다(소령 §213⑥).
4) 일용근로자를 고용하는 사업자가 「고용보험법 시행령」 제7조 제1항 후단에 따라 근로내용확인신고서를 고용노동부장관에게 제출한 경우에는 「소득세법」 제164조 제1항 각호 외의 부분 단서에 따라 지급명세서를 제출한 것으로 본다(소령 §213④).

따른 지급명세서의 제출은 합병법인이 한다(서면1팀 - 153, 2008. 1. 31.).

2) 사업장의 통폐합으로 폐업한 경우 지급조서 제출기한

조직개편으로 인하여 일부 사업장이 통폐합되어 폐업신고를 하고 기존의 다른 사업장에 통합되는 경우 조직개편으로 인하여 폐지된 사업장의 원천징수대상 사업소득의 지급명세서는 사업장의 통폐합으로 폐업한 경우는 폐업일이 속하는 달의 다음다음 달 말일까지 관할 세무서장에게 제출하여야 한다(서면1팀 - 1302, 2005. 10. 27.).

5. 연간지급합계액 제출의무

다음의 어느 하나에 해당하는 경우에는 각 소득자에게 연간 지급된 금액의 합계액에 대한 지급명세서를 납세지 관할 세무서장·지방국세청장 또는 국세청장에게 제출하여야 한다 (소령 §213③).

① 「국민건강보험법」에 의한 국민건강보험공단 또는 「산업재해보상보험법」에 의한 근로복지공단이 「의료법」에 의한 의료기관 또는 「약사법」에 의한 약국에게 요양급여비용 등을 지급하는 경우

② 「방문판매 등에 관한 법률」에 의하여 다단계판매업자가 다단계판매원에게 후원수당을 지급하는 경우

③ 금융회사 등이 연간 계좌별로 거주자에게 지급한 이자소득금액(「소득세법」 제46조 제1항에 따른 채권 등에 대한 이자소득금액은 제외한다)이 1백만원 이하인 경우

6. 지급명세서의 제출방법

(1) 정보통신망 또는 전자적 정보저장매체로 제출하여야 하는 경우

지급명세서를 제출하여야 할 자는 지급명세서의 기재사항을 「국세기본법」 제2조 제18호에 따른 정보통신망에 의하여 제출하거나 디스켓 등 전자적 정보저장매체로 제출하여야 한다. 이 경우 다음의 소득을 지급하는 자는 「조세특례제한법」 제126조의3의 규정에 따른 현금영수증 발급장치 등 세법으로 정하는 방법을 통하여 제출할 수 있다(소법 §164③).

① 「소득세법 시행령」 제213조 제5항에 따른 일용근로자에게 지급하는 근로소득
② 「소득세법 시행령」 제215조 제2항에 따른 거주자에게 지급하는 근로소득

여기서 "세법으로 정하는 방법"이라 함은 「조세특례제한법」 제126조의3에 따른 현금영수증 발급장치를 통하여 다음의 사항을 모두 제출하는 것을 말한다. 이 경우 지급명세서를

제출한 것으로 본다(소령 §213의2②).

① 급여의 귀속연도

② 일용근로자 또는 거주자의 주민등록번호

③ 급여액

④ 소득세(결정세액을 말한다)

(2) 문서로 제출할 수 있는 경우

직전 과세기간에 제출한 지급명세서의 매수가 50매 미만인 자 또는 상시 근무하는 근로자의 수(매월 말일의 현황에 따른 평균인원수를 말한다)가 10명 이하인 자는 지급명세서를 문서로 제출할 수 있다. 다만, 다음의 어느 하나에 해당하는 자는 제외한다(소법 §164④ 및 소령 §214③).

① 한국표준산업분류상의 금융보험업자

② 국가·지방자치단체 또는 지방자치단체조합

③ 법인

④ 복식부기의무자

7. 지급명세서제출의 의제

(1) 원천징수영수증부본 제출의 경우

원천징수의무자가 지급명세서제출 대상금액에 대하여 원천징수를 하여 원천징수영수증부본을 지급명세서제출 기한 내에 원천징수 관할 세무서장에게 제출한 경우에는 지급명세서를 제출한 것으로 본다(소법 §164⑤ 및 소령 §215①).

(2) 매출·매입처별계산서합계표와 매출·매입처별세금계산서합계표 제출의 경우

사업장 소재지 관할 세무서장에게 제출한 매출·매입처별계산서합계표와 매출·매입처별세금계산서합계표 중 지급명세서에 해당하는 것이 있으면, 그 제출부분에 대하여 지급명세서를 제출한 것으로 본다(소법 §164⑥).

(3) 지급명세서제출기한의 연장

천재지변 등이 발생한 경우에는 다음의 규정에 의하여 지급명세서미제출에 대한 가산세 없이 그 의무를 면제하거나 그 기한을 연장할 수 있다(법령 §163②).

① 천재지변 등으로 장부나 그 밖의 증명서류가 멸실된 때에는 그 사유가 발생한 월의

전월 이후분은 해당 사업이 원상회복한 월이 속하는 전월분까지 그 보고서의 제출의
무를 면제

② 권한 있는 기관에 장부나 그 밖의 증명서류가 압수 또는 영치된 경우 그 사유가 발생
한 당월분과 직전월분에 대하여는 보고서의 제출이 가능한 상태로 된 날이 속하는 월
의 다음달 말일까지 제출기한을 연장

지급명세서의 제출의 면제 또는 연장을 받고자 하는 법인은 지급명세서 제출기한 내에
납세지 관할 세무서장에게 그 승인을 신청하여야 한다(법령 §163③).

(4) 고용노동부에 매월 제출하는 근로내용확인신고서

「소득세법」 제164조 제1항에 따라 지급명세서를 제출하여야 하는 자가 「고용보험법 시
행령」 제7조 제1항 후단에 따라 근로내용확인신고서를 고용노동부장관에게 제출한 경우에
는 「소득세법」 제164조 제1항 각호 외의 부분 단서에 따라 지급명세서를 제출한 것으로 본
다(소령 §213④).

8. 외국법인의 국내원천소득 및 채권 등에 대한 지급명세서 제출 의무의 특례

(1) 국내원천소득을 외국법인에게 지급하는 경우

법인이 외국법인에게 국내원천소득 중 「법인세법」 제98조의4에 따라 비과세 또는 면제
대상임이 확인되는 소득 등 다음의 소득을 지급하는 경우에는 지급명세서를 제출할 필요
가 없다(법법 §120의2① 단서 및 법령 §162의2①).
① 「법인세법」 및 「조세특례제한법」에 의하여 법인세가 과세되지 아니하거나 면제되는
국내원천소득. 다만, 다음의 어느 하나에 해당하는 국내원천소득은 제외한다.
㉮ 「조세특례제한법」 제21조 제1항에 따른 국내원천소득
㉯ 「조세특례제한법」 제21조의2 제1항에 따른 국내원천소득
㉰ 「조세특례제한법」(법률 제12173호 「조세특례제한법」 일부개정법률로 개정되기 전
의 것을 말한다) 제121조의2 제3항에 따른 국내원천소득
② 「법인세법」 제93조 제1호·제2호·제4호·제8호·제9호 및 제10호(아래 "⑤"를 제외
한다)의 국내원천소득으로서 국내사업장과 실질적으로 관련되거나 그 국내사업장에
귀속되는 소득(「법인세법」 제73조 제1항 또는 「법인세법」 제98조의3에 따라 원천징
수되는 소득을 제외한다)
③ 「법인세법」 제93조 제3호의 국내원천소득

④ 「법인세법」 제93조 제5호 및 제6호의 국내원천소득(「법인세법」 제98조의 규정에 의하여 원천징수되는 소득을 제외한다)

⑤ 「법인세법」 제93조 제10호 사목에 해당하는 소득

⑥ 「법인세법」 제98조의4의 규정에 의하여 비과세 또는 면제신청을 한 국내원천소득

⑦ 원천징수세액이 1천원 미만인 소득(「법인세법」 제93조 제7호 및 제9호에 따른 소득을 제외한다)

⑧ 그 밖에 지급명세서를 제출할 실효성이 없다고 인정되는 소득으로서 다음의 소득

㉮ 예금 등의 잔액이 30만원 미만으로서 1년간 거래가 없는 계좌에서 발생하는 이자소득 또는 배당소득

㉯ 계좌별로 1년간 발생한 이자소득 또는 배당소득이 3만원 미만인 경우의 당해 소득

(2) 외국법인의 채권 등

「법인세법 시행령」 제138조의3에서 규정하는 외국법인의 채권 등의 이자에 관한 원천징수 특례규정과 「법인세법」 제98조 제7항의 규정에 의한 유가증권을 증권거래법에 의한 증권회사를 통해 양도하는 경우 법인세를 원천징수하는 때에는 당해 원천징수의무자는 그 지급금액에 대한 지급명세서를 제출하여야 한다(법령 §162의2③). 또한, 「법인세법」 제93조 제1호, 제2호 및 제9호의 소득에 대하여 제출하는 지급명세서에 갈음하여 세법이 정하는 지급명세서를 제출할 수 있다(법령 §162의2④).

9. 지급명세서 제출의무의 면제

(1) 금융회사 등에 지급하는 이자 등

다음의 소득에 대하여는 지급명세서를 제출하지 아니할 수 있다(법령 §162① 단서).

① 「법인세법 시행령」 제111조 제2항 각호의 금융회사 등에 지급하는 이자소득 중 같은 조 제3항 제2호의 소득

② 「자본시장과 금융투자업에 관한 법률」에 따른 한국예탁결제원이 증권회사 등 예탁자에게 지급하는 「법인세법」 제16조 제1항에 따른 소득

(2) 「소득세법」상 다음의 어느 하나에 해당하는 소득

다음 중 어느 하나에 해당하는 소득에 대해서는 소득세법에 따라 지급명세서 제출의무가 면제된다(소령 §214①).

1) 비과세 근로소득과 퇴직소득 중 다음의 소득

① 병역의무의 수행을 위하여 징집·소집되거나 지원하여 복무 중인 사람으로서 병장 이하의 현역병(지원하지 아니하고 임용된 하사를 포함함), 의무경찰, 그 밖에 이에 준하는 사람이 받는 급여

② 법률에 따라 동원된 사람이 그 동원 직장에서 받는 급여

③ 산업재해보상보험법에 따라 수급권자가 받는 요양급여, 휴업급여, 장해급여, 간병급여, 유족급여, 유족특별급여, 장해특별급여, 장의비 또는 근로의 제공으로 인한 부상·질병·사망과 관련하여 근로자나 그 유족이 받는 배상·보상 또는 위자(慰藉)의 성질이 있는 급여

④ 근로기준법 또는 선원법에 따라 근로자·선원 및 그 유족이 받는 요양보상금, 휴업보상금, 상병보상금(傷病補償金), 일시보상금, 장해보상금, 유족보상금, 행방불명보상금, 소지품 유실보상금, 장의비 및 장제비

⑤ 고용보험법에 따라 받는 실업급여, 육아휴직 급여, 육아기 근로시간 단축 급여, 출산전후휴가 급여등, 「제대군인 지원에 관한 법률」에 따라 받는 전직지원금, 국가공무원법·지방공무원법에 따른 공무원 또는 「사립학교교직원 연금법」·별정우체국법을 적용받는 사람이 관련 법령에 따라 받는 육아휴직수당

⑥ 국민연금법에 따라 받는 반환일시금(사망으로 받는 것만 해당한다) 및 사망일시금

⑦ 공무원연금법, 「공무원 재해보상법」, 군인연금법, 「군인 재해보상법」, 「사립학교교직원 연금법」 또는 별정우체국법에 따라 받는 공무상요양비·요양급여·장해일시금·비공무상 장해일시금·비직무상 장해일시금·장애보상금·사망조위금·사망보상금·유족일시금·퇴직유족일시금·유족연금일시금·퇴직유족연금일시금·퇴역유족연금일시금·순직유족연금일시금·유족연금부가금·퇴직유족연금부가금·퇴역유족연금부가금·유족연금특별부가금·퇴직유족연금특별부가금·퇴역유족연금특별부가금·순직유족보상금·직무상유족보상금·위험직무순직유족보상금·재해부조금·재난부조금 또는 신체·정신상의 장해·질병으로 인한 휴직기간에 받는 급여

⑧ 「국가유공자 등 예우 및 지원에 관한 법률」 또는 「보훈보상대상자 지원에 관한 법률」에 따라 받는 보훈급여금·학습보조비

⑨ 「전직대통령 예우에 관한 법률」에 따라 받는 연금

⑩ 종군한 군인·군무원이 전사(전상으로 인한 사망을 포함한다)한 경우 그 전사한 날이 속하는 과세기간의 급여

⑪ 국민건강보험법, 고용보험법 또는 노인장기요양보험법에 따라 국가, 지방자치단체 또는 사용자가 부담하는 보험료

⑫ 「국군포로의 송환 및 대우 등에 관한 법률」에 따른 국군포로가 받는 보수 및 퇴직일

시금

⑬ 비과세대상 복리후생적 성질의 급여

⑭ 실비변상적 성질의 급여 중 다음의 것

   ㉮ 선원법에 의하여 받는 식료

   ㉯ 일직료·숙직료 또는 여비로서 실비변상정도의 금액(종업원이 소유하거나 본인 명의로 임차한 차량을 종업원이 직접 운전하여 사용자의 업무수행에 이용하고 시내 출장 등에 소요된 실제여비를 받는 대신에 그 소요경비를 해당 사업체의 규칙 등으로 정하여진 지급기준에 따라 받는 금액 중 월 20만원 이내의 금액을 포함함)

   ㉰ 법령·조례에 의하여 제복을 착용하여야 하는 자가 받는 제복·제모 및 제화

   ㉱ 병원·시험실·금융회사 등·공장·광산에서 근무하는 사람 또는 특수한 작업이나 역무에 종사하는 사람이 받는 작업복이나 그 직장에서만 착용하는 피복(被服)

2) 기타소득 중 다음의 소득

① 비과세 기타소득. 다만, 종교관련종사자가 소속 종교단체의 규약 또는 소속 종교단체의 의결기구의 의결·승인 등을 통하여 결정된 지급 기준에 따라 종교 활동을 위하여 통상적으로 사용할 목적으로 지급받은 금액 및 물품은 지급명세서를 제출해야 한다.

② 복권, 경품권, 그 밖의 추첨권에 당첨되어 받는 금품에 해당하는 기타소득(「복권 및 복권기금법」 제2조에 따른 복권 당첨금은 제외함)으로서 1건당 당첨금품의 가액이 10만원 이하인 경우

③ 「한국마사회법」에 따른 승마투표권, 「경륜·경정법」에 따른 승자투표권, 「전통소싸움경기에 관한 법률」에 따른 소싸움경기투표권 및 「국민체육진흥법」에 따른 체육진흥투표권의 구매자가 받는 환급금(발생 원인이 되는 행위의 적법 또는 불법 여부는 고려하지 아니한다)에 해당하는 기타소득으로서 1건당 환급금이 200만원 미만(체육진흥투표권의 경우 10만원 이하)인 경우

④ 소득세법 제84조【기타소득의 과세최저한】에 따라 소득세가 과세되지 아니하는 기타소득

🔔 주의 **과세최저한인 경우에도 지급명세서를 제출해야 하는 것**(소칙 §97(3) 단서)

① 문예·학술·미술·음악 또는 사진에 속하는 창작품(「신문 등의 자유와 기능보장에 관한 법률」에 따른 정기간행물에 게재하는 삽화 및 만화와 우리나라의 창작품 또는 고전을 외국어로 번역하거나 국역하는 것을 포함함)에 대한 원작자로서 받는 소득으로서 다음 중 어느 하나에 해당하는 것

   ㉮ 원고료

   ㉯ 저작권사용료인 인세(印稅)

㉲ 미술·음악 또는 사진에 속하는 창작품에 대하여 받는 대가
② 다음 중 어느 하나에 해당하는 인적용역을 일시적으로 제공하고 받는 대가
  ㉮ 고용관계 없이 다수인에게 강연을 하고 강연료 등 대가를 받는 용역
  ㉯ 라디오·텔레비전방송 등을 통하여 해설·계몽 또는 연기의 심사 등을 하고 보수 또는 이와 유사한 성질의 대가를 받는 용역
  ㉰ 변호사, 공인회계사, 세무사, 건축사, 측량사, 변리사, 그 밖에 전문적 지식 또는 특별한 기능을 가진 자가 그 지식 또는 기능을 활용하여 보수 또는 그 밖의 대가를 받고 제공하는 용역
  ㉱ 그 밖에 고용관계 없이 수당 또는 이와 유사한 성질의 대가를 받고 제공하는 용역
③ 복권, 경품권, 그 밖의 추첨권에 당첨되어 받는 금품 `23 신설`

3) 봉사료

안마시술소에서 제공하는 용역에 대한 소득으로서 안마시술소가 소득세를 원천징수하는 소득

`입법연혁` **지급명세서 제출대상 확대**(소령 §214)

종 전	개 정
□ 지급명세서 제출의무가 면제되는 소득 ○ **복권**, 경품권, 추첨권 등에 **당첨되어 받는 10만원 이하의 금품**	□ 제출 면제대상 조정 ○ **복권 당첨금은 제외**
○ 비과세 기타소득 - 국가유공자 보훈급여금, 북한 이탈주민에 대한 정착금 등 ○ 비과세 근로소득 - 병급여, 산업재해에 따른 요양급여, 배상·보상금 등 - 실업급여, 육아휴직급여, 출산전후휴가 급여 등	○ (좌 동)
- **식사 또는 식사대**	<삭 제>
○ 그 밖에 기획재정부령으로 정하는 소득 * 과세최저한이 적용되는 기타소득 등	
<개정이유> 복권당첨금에 대한 과세최저한 상향에 따른 조문정비 및 비과세소득 지급 현황 파악 <적용시기> '23. 2. 28.이 속하는 과세기간 분에 대한 지급명세서를 제출하는 경우부터 적용	

2. 간이지급명세서의 제출

1. 취 지

근로장려금을 반기별로 지급함을 전제로 하여 상용근로소득 및 원천징수대상 사업소득에 대한 간이지급명세서의 제출 근거를 신설하여 2019. 1. 1. 이후 발생하는 소득부터 적용하도록 하였다. 간이지급명세서는 소득 지급일이 속하는 반기의 마지막 달의 다음 달 10일까지로 하며, 간이지급명세서를 제출하지 아니하거나 지연하여 제출하는 등의 경우 가산세를 부과한다(소법 §81①, 소법 §164①, 소법 §164의3).

전국민 고용보험 추진에 따라 소득정보를 적시에 파악하기 위하여 2021. 7. 1. 이후 지급하는 소득분부터 원천징수대상 사업소득에 대한 간이지급명세서의 제출기한을 매 반기에서 매월로 단축하였다. 원천징수대상 사업소득에 대한 간이지급명세서의 제출주기가 단축되어 사업자의 납세협력의무가 증가한 점을 고려하여 간이지급명세서의 불성실가산세를 인하하고, 원천징수세액을 반기별로 납부하는 원천징수의무자가 2021. 7. 1.부터 2022. 6. 30.까지 간이지급명세서를 개정전 제출기한 내에 제출하면 간이지급명세서 미제출 가산세를 부과하지 아니하는 한편, 간이지급명세서에 기재된 지급사실 불분명 금액 등이 일정비율 이하인 경우에는 간이지급명세서 등 불분명 가산세를 부과하지 않도록 하였다.

2. 간이지급명세서의 제출대상

소득세 납세의무가 있는 개인에게 다음에 해당하는 소득을 국내에서 지급하는 자(법인, 소득세법에 따라 소득의 지급을 대리하거나 그 지급 권한을 위임 또는 위탁받은 자 및 납세조합, 소득세법 또는 법인세법에 따라 원천징수세액의 납세지를 본점 또는 주사무소의 소재지로 하는 자와 사업자 단위 과세 사업자를 포함하고, 휴업, 폐업 또는 해산을 이유로 간이지급명세서 제출기한까지 지급명세서를 제출한 자는 제외함)는 간이지급명세서를 다음의 제출기한까지 원천징수 관할 세무서장, 지방국세청장 또는 국세청장에게 제출하여야 한다(소법 §164의3①).

구 분	2019. 1. 1.~2013. 12. 31.에 지급하는 소득분까지 적용	2014. 1. 1. 이후 지급하는 소득분부터 적용
① 일용근로자가 아닌 근로자에게 지급하는 근로소득	○	○
② 원천징수대상 사업소득	○	○
③ 인적용역 관련 기타소득*		○

* 인적용역 관련 기타소득(소법 §21①(19))
  ① 고용관계 없이 다수인에게 강연을 하고 강연료 등 대가를 받는 용역
  ② 라디오·텔레비전방송 등을 통하여 해설·계몽 또는 연기의 심사 등을 하고 보수 또는 이와 유사한 성질의 대가를 받는 용역
  ③ 변호사, 공인회계사, 세무사, 건축사, 측량사, 변리사, 그 밖에 전문적 지식 또는 특별한 기능을 가진 자가 그 지식 또는 기능을 활용하여 보수 또는 그 밖의 대가를 받고 제공하는 용역
  ④ 그 밖에 고용관계 없이 수당 또는 이와 유사한 성질의 대가를 받고 제공하는 용역

3. 간이지급명세서 제출기한

(1) 간이지급명세서 정기제출

간이지급명세서 제출기한은 다음과 같다(소법 §164의3①).

구 분	2019. 1. 1.~2021. 6. 30.에 지급하는 소득분에 적용		2021. 7. 1.~2023. 12. 31.에 지급하는 소득분에 적용		2024. 1. 1. 이후 지급하는 소득분부터 적용	
	제출주기	제출기한	제출주기	제출기한	제출주기	제출기한
원천징수대상 사업소득	반기별	반기 마지막 달의 다음달 말일	매월	지급일이 속하는 달의 다음달 말일	매월	지급일이 속하는 달의 다음달 말일
상용근로소득			반기별	반기 마지막달의 다음달 말일		
인적용역 관련 기타소득*						

* 인적용역 관련 기타소득이란 다음 중 어느 하나에 해당하는 인적용역을 일시적으로 제공하고 받는 대가를 말한다(소법 §21①(19)).
  ① 고용관계 없이 다수인에게 강연을 하고 강연료 등 대가를 받는 용역
  ② 라디오·텔레비전방송 등을 통하여 해설·계몽 또는 연기의 심사 등을 하고 보수 또는 이와 유사한 성질의 대가를 받는 용역
  ③ 변호사, 공인회계사, 세무사, 건축사, 측량사, 변리사, 그 밖에 전문적 지식 또는 특별한 기능을 가진 자가 그 지식 또는 기능을 활용하여 보수 또는 그 밖의 대가를 받고 제공하는 용역
  ④ 그 밖에 고용관계 없이 수당 또는 이와 유사한 성질의 대가를 받고 제공하는 용역

개정 **간이지급명세서 제출대상 추가 및 제출주기 단축(소법 §164의3①)**

종 전	개 정
☐ 간이지급명세서* 제출	☐ 제출주기 단축
* 소득자 인적사항, 지급금액 등 기재	
○ (원천징수대상 사업소득) 매월	○ (좌 동)
○ (상용근로소득) 매 반기	○ (좌 동)
<추 가>	○ (인적용역 관련 기타소득) 매월

<개정이유> 「소득기반 고용보험」 시행 지원을 위한 인프라 구축
<적용시기> '24. 1. 1. 이후 지급하는 소득분부터 적용

(2) 간이지급명세서 수시 제출

구 분	간이지급명세서 제출기한
휴업, 폐업 또는 해산한 경우	휴업일, 폐업일 또는 해산일이 속하는 반기의 마지막 달의 다음 달 말일
소득세법 제135조【근로소득 원천징수시기에 대한 특례】또는 제144조의5【연말정산 사업소득의 원천징수시기에 대한 특례】를 적용받는 소득	해당 소득에 대한 과세기간 종료일

(3) 간이지급명세서 제출시 지급명세서 제출 면제 23 신설

원천징수대상 사업소득(연말정산대상 사업소득은 제외함) 또는 인적용역 관련 기타소득에 대한 간이지급명세서를 제출한 경우에는 그 제출한 부분에 대하여 지급명세서를 제출한 것으로 본다(소법 §164⑦).

4. 간이지급명세서 제출방법

구 분	간이지급명세서 제출방법
원 칙	간이지급명세서를 제출하여야 하는 자는 간이지급명세서의 기재 사항을 국세정보통신망(국기법 §2(18))을 통하여 제출하거나 디스켓 등 전자적 정보저장매체로 제출하여야 한다(소법 §164의3②).
현금영수증 발급장치를 통한 제출 특례	일용근로자에게 지급하는 근로소득과 거주자에게 지급하는 근로소득을 지급하는 자는 현금영수증 발급장치를 통해 다음 사항을 모두 제출하는 방법을 통하여 제출할 수 있다(소령 §213의2③). ① 급여의 귀속연도

구 분	간이지급명세서 제출방법
	② 소득자의 주민등록번호 ③ 급여액
문서에 의한 제출 특례	국세청장은 소득세법에 따라 제출한 직전 과세연도 지급명세서가 20매 미만인 자 또는 상시 근무하는 근로자의 수(매월 말일의 현황에 따른 평균인원수를 말한다)가 5명 이하인 자에게는 간이지급명세서를 문서로 제출하게 할 수 있다. 다만, 다음 중 어느 하나에 해당하는 자는 제외한다(소법 §164의3③, 소령 §214④). ① 한국표준산업분류상의 금융보험업자 ② 국가·지방자치단체 또는 지방자치단체조합 ③ 법인 ④ 복식부기의무자

5. 간이지급명세서의 제출요구

원천징수 관할 세무서장, 지방국세청장 또는 국세청장은 필요하다고 인정할 때에는 간이지급명세서의 제출을 요구할 수 있다(소법 §164의3④).

3. 부가가치세 면세사업법인의 매입처별세금계산서합계표의 제출

1. 부가가치세 면세사업을 하는 법인의 매입처별세금계산서합계표 제출의무

「부가가치세법」 및 「조세특례제한법」에 따라 부가가치세가 면제되는 사업을 하는 법인은 재화 또는 용역을 공급받고 「부가가치세법」에 따라 세금계산서(수정세금계산서 포함)를 발급받은 경우에는 매년 2월 10일까지 매입처별세금계산서합계표(부법 §54)를 납세지 관할 세무서장에게 제출하여야 한다. 사업자가 국세청장이 정하는 바에 따라 매출·매입처별 세금계산서합계표의 기재사항을 모두 적은 것으로서 전자계산조직을 이용하여 처리된 테이프 또는 디스켓을 제출하는 경우에는 매출·매입처별 세금계산서합계표를 제출한 것으로 본다 (법령 §163의2②, 부령 §97②).

2. 국가, 지방자치단체 등의 매입처별세금계산서합계표 제출의무

세금계산서를 발급받은 다음에 해당하는 자는 매입처별세금계산서합계표를 부가가치세법에 따라 해당 부가가치세 과세기간이 끝난 후 25일 이내에 사업장 관할 세무서장에게 제출하여야 한다(법법 §120의3② 및 법령 §163의2② 및 부법 §54⑤, 부령 §99). 이와 같이 매입처별세금계산서합계표를 제출한 경우에는 매년 2월 10일까지 매입처별세금계산서합계표를 제출하는 규정은 적용하지 아니한다(법법 §120의3①).

① 국가·지방자치단체·지방자치단체조합
② 부가가치세가 면제되는 사업자 중 소득세 또는 법인세의 납세의무가 있는 자(「조세특례제한법」에 따라 소득세 또는 법인세가 면제되는 자를 포함한다)
③ 「민법」 제32조에 따라 설립된 법인
④ 특별법에 따라 설립된 법인
⑤ 각급학교 기성회·후원회 또는 이와 유사한 단체

4. 계산서 등의 작성 및 발급 [5]

1. 계산서 등의 작성 · 발급

1-1. 개 요

법인이 부가가치세 면세대상 재화 또는 용역을 공급하는 경우에는 계산서 2매를 작성하여 그중 1매를 공급받는 자에게 발급하여야 한다. 법인은 계산서를 발급할 때 반드시 전자계산서를 발급해야 한다(법법 §121① 및 법령 §164①). 법인이 종이계산서를 발급하면 공급가액의 1%의 가산세를 부과한다(법법 §75의8①(4)).

계산서의 기재사항은 다음과 같다.

① 공급하는 사업자의 등록번호와 성명 또는 명칭

② 공급받는 자의 등록번호와 성명 또는 명칭. 다만, 공급받는 자가 사업자가 아니거나 등록한 사업자가 아닌 경우에는 「소득세법」 제168조 제5항의 규정에 따른 고유번호 또는 공급받는 자의 주민등록번호

③ 공급가액

④ 작성연월일

⑤ 기타 참고사항

전자계산서는 다음 중 어느 하나에 해당하는 방법으로 위의 기재사항을 계산서 작성자의 신원 및 계산서의 변경 여부 등을 확인할 수 있는 공인인증시스템을 거쳐 정보통신망으로 발급하는 것을 말한다(부령 §68⑤).

① 「조세특례제한법」 제5조의2 제1호에 따른 전사적(全社的) 기업자원 관리설비로서 「전자문서 및 전자거래 기본법」 제18조, 제23조 및 제24조에 따른 표준인증을 받은 설비를 이용하는 방법

② 재화 또는 용역을 실제 공급하는 사업자를 대신하여 전자세금계산서 발급업무를 대행하는 사업자의 전자세금계산서 발급 시스템을 이용하는 방법

③ 국세청장이 구축한 전자세금계산서 발급 시스템을 이용하는 방법

④ 전자세금계산서 발급이 가능한 현금영수증 발급장치 및 그 밖에 국세청장이 지정하는 전자세금계산서 발급 시스템을 이용하는 방법

---

5) 상품권 발행회사의 상품권을 취득해 일반소비자에게 판매하는 상품권 유통회사의 경우 계산서의 작성 및 발급의무가 없다(부가 46015 - 3650, 2000. 10. 26.).

1-2. 계산서 등의 발급대상자

(1) 농산물 등의 위탁판매 또는 대리인에 의한 판매의 경우

「부가가치세법」제26조 제1항 제1호에 따라 부가가치세가 면제되는 농산물·축산물·수산물과 임산물의 위탁판매 또는 대리인에 의한 판매의 경우에는 수탁자나 대리인이 재화를 공급한 것으로 보아 계산서 등을 작성하여 그 재화를 공급받는 자에게 발급하여야 한다. 다만, 위탁자 또는 본인의 명의로「소득세법 시행령」제212조 제2항의 규정에 의하여 계산서 등을 발급하는 경우에는 그러하지 아니하다(법법 §121②ᅠ및ᅠ법령 §164②).

(2) 면세재화 수입의 경우

면세재화를 수입하는 경우에는 세관장이 수입하는 법인에 계산서를 발급하여야 한다. 이 경우 세관장으로부터 계산서를 발급받은 법인은 그 계산서의 매입처별합계표를 제출하지 아니할 수 있다(법법 §121③).

(3) 면세사업자가 사용한 차량을 매각의 경우

면세사업을 영위하는 법인이 당해 사업에 사용 중이던, 고정자산인 차량을 매각하는 경우에는 계산서 등을 작성·발급하여야 한다(서면2팀-1918, 2004. 9. 14.).

(4) 선박대리점이 대납하는 경우

외국선박회사가 부가가치세 면세사업자로부터 제공받은 용역의 대가를 국내선박대리점이 대납한 경우 그 면세사업자로부터 발급받은 계산서에 대한 매출·매입처별계산서 합계표는 국내선박대리점이 관할 세무서장에게 제출하여야 한다(법기통 121-164…1).

(5) 조출료 및 체선료의 경우

선주와 화주 간의 계약에 따라 화주가 조기선적으로 인하여 선주로부터 받는 조출료는 용역제공에 대한 대가가 아니므로 계산서 작성·발급대상이 아니며, 선주가 지연선적으로 인하여 화주로부터 받는 체선료는 운송용역에 대한 대가의 일부로서 부가가치세가 과세되는 것이므로 세금계산서를 작성·발급하여야 한다(법기통 121-164…4).

(6) 출판사가 교과서를 교육청 단위로 공급하는 경우

제조업자가 교과서용 도서를 출판하여 최종소비자인 학생에게 공급함에 있어 공급과정상 시·군 교육청 단위로 공급하는 경우에는 당해 교육장을 공급받는 자로 하여 계산서를 작성·발급하여야 한다(법기통 121-164…5).

(7) 수산업협동조합 등의 경우

수산업협동조합이 군부대에 군부식인 수산물을 납품하는 경우에는 영수증을 교부할 수 있으나 그 조합 상호 간의 거래에 대하여는 계산서를 작성·교부하여야 한다.

농업협동조합도 위에 준하여 계산서를 교부하여야 하나 조합원, 회원, 농민이 실수요자인 경우는 교부하지 아니할 수 있다(법기통 121-164…2).

(8) 시설대여업자의 경우

「여신전문금융업법」에 의한 시설대여업자가 금융리스조건으로 재화·용역을 공급하는 경우 당해 금융리스는 금융보험업에 해당하여 계산서 대신 영수증을 발급할 수 있으나, 운용리스의 경우에는 금융보험업에 해당하지 않아 리스이용자로부터 리스료를 수취하는 때 반드시 계산서를 발급해야 한다(법기통 121-164…6).

(9) 본·지점 간 판매재화의 이동

본·지점 간에 판매용 재화의 이동은 재화의 공급에 해당하지 아니하므로 계산서를 발급할 의무가 없는 것이며, 계산서 발급의무가 없는 본·지점 거래에 계산서를 발급하고 동 계산서에 대하여 본점 사업자등록번호로 매출·매입처별계산서합계표를 합산하여 일괄 제출한 경우에는 가산세규정을 적용할 수 없다(서면2팀-1157, 2008. 6. 11.).

부가가치세 면세사업을 영위하는 내국법인이 판매활동은 본점에서, 상품의 생산 및 거래처 공급은 지점에서 하는 경우에는 공급자를 지점으로 하는 계산서를 거래처에 교부하는 것이나, 이미 지점에서 본점으로 계산서를 교부한 경우에는 본점에서 거래처에 계산서를 교부한다(서면-2015-법령해석법인-1553, 2015. 11. 30.).

(10) 주택임대업을 영위하는 법인이 사업자가 주택임대용역을 제공하는 경우

주택임대업을 영위하는 법인이 사업자가 아닌 개인에게 주택임대용역을 제공하는 경우 영수증을 발급할 수 있는 것이나 제공받는 자가 사업자인 경우에는 계산서를 발급하여야 한다(법인-947, 2009. 8. 31.).

(11) 금융업을 영위하는 법인이 금융업과 관련한 재화·용역을 공급하는 경우

금융업을 영위하는 법인이 금융업과 관련한 재화 또는 용역을 공급하는 때에는 영수증을 교부할 수 있는 것이며, 영수증을 발급하지 않은 경우에도 계산서미발급에 관한 가산세를 적용하지 아니하나, 공급받은 사업자가 사업자등록증을 제시하고 계산서의 발급을 요구하는 때에는 계산서를 교부하여야 한다(법규-1014, 2014. 9. 19., 원천-659, 2009. 8. 4.).

(12) 법인이 중도에 토지를 취득할 수 있는 권리를 다른 법인에게 양도하는 경우

법인이 토지를 매수하기로 계약 후 계약금과 중도금을 지급한 상태에서 토지를 취득할 수 있는 권리를 다른 법인(A)에게 양도하는 경우 권리 양도에 따른 대가 전체에 대하여 계산서를 발급해야 하는 것이며, 당초 토지소유자가 다른 법인(A)으로부터 수령하는 잔금에 대하여는 「법인세법」 제121조 제4항에 따라 계산서 발급의무가 없다(법인-804, 2009. 7. 14.).

(13) 국내사업자가 국외에서 구매·가공하여 국내 또는 국외사업자에게 인도하는 경우

① 국내사업자(A)가 국외사업자(Z)에게 공급할 목적으로 국내사업자(B)와의 계약에 따라 물품을 공급받기로 하고 "B"는 당해 물품을 국외사업자(Y)로부터 구매하여 국내에 반입하지 아니하고 "A"가 지정하는 "Z"에게 인도하는 경우로서 "B"가 국외에서 인도하는 재화의 공급거래에 대하여 계산서를 작성·발급하여야 한다(법인-601, 2009. 5. 21.).

② 국내사업자(갑)가 다른 국내사업자(을)로부터 국외에서 물품을 구입함과 동시에 국내의 다른 사업자(병)에게 공급하고 「병」이 해당 물품을 국내에 반입하는 경우 갑이 병에게 국외에서 인도하는 해당 공급거래에 대하여 계산서를 교부하여야 한다(법인-1012, 2010. 10. 29.).

③ 국외에서 내국법인 간에 재화 또는 용역의 공급이 이루어진 경우 공급하는 자는 「법인세법」 제121조에 따라 계산서 발급의무가 있다(재법인-894, 2013. 9. 12.).

(14) 정부출연금 또는 국고보조금을 수령하는 경우

비영리내국법인이 계약 등에 의하여 그 대가를 받고 연구 및 개발용역을 제공하는 사업은 수익사업에 해당하며, 비영리내국법인이 부가가치세가 면제되는 재화나 용역을 공급할 경우에는 계산서를 공급받는 자에게 발급하여야 한다.

그러나 기업의 연구기관 등이 국가연구개발 사업에 참여하여 정부로부터 출연금을 직접 수령하지 않고 해당 연구의 주관연구기관으로부터 수령하는 경우 출연금이 재화 또는 용역 제공에 대한 대가에 해당되지 않는 경우에는 계산서를 교부하지 아니한다(법인-850, 2010. 9. 7.).

이 경우 출연금 또는 국고보조금이 재화 또는 용역 제공의 대가인지 여부는 협약 내용에 따라 연구개발 결과물의 소유권을 출연금 또는 국고보조금의 제공자가 취득하는지 여부 등을 고려하여 사실 판단할 사항이다.

만일, 법인이 국가연구개발 사업에 참여하고 주관연구기관으로부터 정부출연금을 수령하는 경우로서 연구개발 결과물의 소유권이 주관연구기관에 있는 등 수령하는 정부출연금이 재화·용역의 공급대가에 해당하는 때에는 계산서를 교부하여야 한다(법인-933, 2010. 10. 13.).

그러나 정부출연금을 주관연구기관이 수령하여 이를 다시 참여연구기관에 지급하는 경우로서, 해당 출연금이 연구관련 재화 또는 용역의 제공에 대한 대가에 해당하지 않는 경우에는 계산서 발급대상이 아니다(서면2팀-1720, 2004. 8. 18.).

(15) 그 밖의 경우

① 교육서비스업 영위 법인이 정부와 교육위탁계약 등에 의해 실직자직업훈련교육 등을 실시하고 관련기관의 장으로부터 그 대가를 수령시 계산서 발급대상이나, 최종 소비자에게 공급시는 영수증 발급가능하다(서이 46012-11941, 2003. 11. 10.).

② 비영리법인이 기부금을 받은 경우에는 계산서 발급대상에 해당하지 아니하며 기부금 영수증을 발행하여야 한다(서면2팀-1438, 2005. 9. 8.).

③ 사업자가 수입면세물품에 대한 선하증권을 양도하고 당해 선하증권을 양수한 자가 수입통관하는 경우의 계산서 발급대상 금액은 총거래금액에서 세관장이 「법인세법」 제121조 제3항에 따라 발급한 계산서 가액을 차감한 금액으로 하는 것이며, 차감한 금액이 없는 경우(음의 수 포함)에는 계산서 발급의무가 없다(서면2팀-149, 2006. 1. 18., 법인-813, 2011. 10. 26.).

④ 부가가치세 면제대상 축산물을 수탁자를 통해 매입한 경우 위탁자는 수탁자로부터 계산서 수취의무가 없다(재법인-139, 2009. 2. 22.).

⑤ 내국법인이 리스이용자를 대표하는 사무수탁대행자 지위에서 리스회사(「여신전문금융업법」에 의한 시설대여업자)와 운용리스계약을 체결한 경우, 리스이용자가 리스회사에 지급하는 리스료에 대해서는 리스회사가 리스이용자를 공급받는 자로 하여 계산서를 교부한다(법규법인 2012-98, 2012. 4. 17.).

2. 계산서 등 발급의무의 면제

(1) 개 요

다음의 재화 또는 용역의 공급에 대하여는 계산서(또는 영수증)의 발급을 하지 아니할 수 있다(법령 §164③ 및 소령 §211④).

① 토지 및 건축물을 공급하는 경우

② 노점상인·행상인 또는 무인판매기를 이용하여 재화를 공급하는 자가 공급하는 재화 또는 용역

③ 「부가가치세법」 제26조 제1항 제7호의 용역 중 시내버스에 의한 용역

④ 국내사업장이 없는 비거주자 또는 외국법인과 거래되는 재화 또는 용역(다만, 외국법인연락사무소(**법법 §94의2①**)와 거래되는 재화 또는 용역은 제외함) 〔23 신설〕

⑤ 기타 「부가가치세법 시행령」 제36조 제1항 제1호, 같은 법 시행령 제71조 및 제73조에 따라 세금계산서 또는 영수증의 발급이 면제되는 재화 또는 용역

(2) 토지 등의 공급시 계산서 발급의무의 면제

토지 및 건축물과 그 각각의 분양권을 공급하는 경우에는 계산서의 발급 및 매출·매입처별계산서합계표의 제출의무가 없다(**법령 §164③**). 〔23 개정〕

3. 비대칭리스의 계산서 공급가액

「여신전문금융업법」 제3조 제2항에 따라 자산을 시설대여하는 자(이하 "리스회사"라 한다)가 리스이용자와 리스계약을 체결한 경우로서 리스회사가 리스이용자와 특수관계가 없는 제3자로부터 잔존가치의 보증을 받은 때에는 계산서의 공급가액을 리스회사와 리스이용자의 리스계약에 따라 작성한다(**법령 §164⑨**).

4. 매출·매입처별계산서합계표의 제출

법인은 계산서를 발급하였거나 발급받은 계산서의 매출·매입처별계산서합계표(이하 "매출·매입처별계산서합계표"라 한다)를 매년 2월 10일(외국법인의 경우에는 2월 19일) 내에 관할 세무서장에게 제출하여야 한다(**법법 §121⑤** 및 **법령 §164④** 및 **⑤**).[6)]

5. 매출·매입처별계산서합계표의 제출면제

다음 중 어느 하나에 해당하는 계산서의 합계표는 제출하지 아니할 수 있다(**법법 §121⑤** 단서).

① 법인이 외국으로부터 재화를 매입하는 경우 세관장으로부터 발급받은 법인은 그 계산서의 매입처별 합계표

② 전자계산서를 발급하거나 발급받고 전자계산서 발급명세를 국세청장에게 전송한 경우에는 매출·매입처별계산서합계표

---

6) 국내선박대리점이 외국선박회사가 지급하여야 할 공급대가를 대납하고 계산서를 발급받는 경우에는 재화와 용역의 직접적인 공급자 및 공급받는 자에 관계 없이 계산서를 발급받은 당해 대리점이 매출·매입처별계산서합계표를 관할 세무서장에게 제출하여야 한다(법기통 121-164…1).

6. 계산서의 발급 및 합계표 제출의 간주

(1) 계산서 발급대상에 대하여 세금계산서를 발급한 경우

「부가가치세법」에 따라 세금계산서 또는 영수증을 작성·발급하였거나 매출·매입처별 세금계산서합계표를 제출한 분(分)에 대하여는 계산서등을 작성·발급하였거나 매출·매입처별 계산서합계표를 제출한 것으로 본다(법법 §121⑥).

사례 » 계산서 발급대상에 세금계산서를 발급한 경우 가산세 부과 여부

사례

의료업을 영위하는 서울병원이 부가가치세가 면제되는 용역을 공급하면서 부가가치세가 과세되는 것으로 착오하거나 부지로 부가가치세법상 세금계산서를 교부하였다. 이 경우 계산서 미발급가산세가 부과되는가?

해답

비영리내국법인이 부가가치세가 면제대상 용역을 공급하면서 계산서를 교부하는 대신 부가가치세가 과세되는 것으로 착오하거나 부지로 세금계산서를 교부한 경우에는 「법인세법」 제121조 제6항에 따라 계산서를 작성·발급한 것으로 보아 계산서미발급가산세를 적용하지 않는다(기획재정부 법인세제과-1279 [법인세제과-1279], 2019. 9. 18.).

해설

종전에 국세청은 법인이 부가가치세가 면제되는 용역을 공급하면서 계산서를 교부하여야 하나 착오로 세금계산서를 교부한 경우에는 계산서미발급가산세가 적용된다고 해석하였고(법인세과-303, 2009. 3. 20., 법인세과-211, 2010. 3. 11.), 조세심판원도 "계산서 발급대상을 영세율세금계산서 발급대상으로 착오하여 영세율세금계산서를 발급한 것만으로 정당한 계산서 발급을 기대하는 것이 무리라고 하는 사정이 있다고 보기 어려운 점 등에 비추어 계산서불성실가산세를 과세한 처분은 잘못이 없다고 결정(조심 2017서 4953, 2018. 1. 31.)한 바 있다. 그러나 기획재정부는 법인세법 제121조 제6항에 세금계산서를 발급하면 계산서를 발급한 것으로 본다고 규정되어 있는 것을 고려하여 계산서 미발급 가산세를 부과하지 않는다고 해석하였다. 이에 따라 국세청은 2019년 10월에 기획재정부의 해석과 상충되는 두 건의 국세청 해석을 국세법령정보시스템에서 삭제하였다.

삭제사례 (법인세과-303, 2009. 3. 20., 법인세과-211, 2010. 3. 11.)	유지사례 (법인세제과-1279, 2019. 9. 18.)
법인이 부가가치세가 면제되는 용역을 공급하면서 계산서를 교부하여야 하나 착오로 세금계산서를 교부한 경우에는 법인세법 제76조 제9항의 규정에 의한 가산세가 적용되는 것임.	의료업을 영위하는 비영리내국법인이 부가가치세가 면제되는 용역을 공급하면서 계산서를 교부하는 대신 부가가치세가 과세되는 것으로 착오하거나 부지로 부가가치세법상 세금계산서를 교부한 경우에는 계산서를 작성·발급한 것으로 보아 같은 법 제76조 제9항에 따른 계산서미발급가산세를 적용하지 않는 것임.

(2) 사업소득에 대하여 원천징수영수증을 발급하고 지급명세서를 제출한 경우

원천징수의무자가 원천징수대상 사업소득을 지급할 때에는 그 지급금액에 원천징수세율을 적용하여 계산한 소득세를 원천징수하고, 원천징수영수증을 사업소득자에게 발급하여야한다(소법 §144①). 이와 같이 사업자가 용역을 공급받는 자로부터 원천징수영수증을 발급받는 것에 대하여는 계산서를 발급한 것으로 보며, 원천징수의무자가 지급명세서를 제출한 거래에 대해서는 매출·매입처별계산서합계표를 제출한 것으로 본다(소령 §212⑤).

5. 영수증의 작성 및 발급

영수증은 재화를 구입하거나 용역을 제공받는 거래상대방과 부가가치세액을 따로 기재하지 않는 계산서를 말한다. 일반적으로 계산서는 사업자 간에 있어서 발급되는 것이며, 사업자가 최종소비자에게 재화나 용역을 공급하는 경우에는 영수증을 발급하도록 하고 있다.

이와 같이 계산서와는 별도로 영수증제도를 두고 있는 이유는 주로 최종소비자와 거래하는 사업자인 경우에는 거래상대방을 일일이 확인할 수 없고, 또한 그 실익이 없기 때문이다.

다음에 해당하는 사업을 영위하는 자가 재화 또는 용역을 공급하는 경우에는 「법인세법」상 계산서의 작성·발급 규정에 불구하고 그 공급받는 자를 따로 기재하지 아니한 영수증을 발급하여야 한다(법령 §164① 및 소령 §211②). 부가가치세가 면제되는 사업도 또한 같다(소령 §211②(3)).

① 「부가가치세법」 제36조 제1항 제1호 및 같은 법 시행령 제73조 제1항·제2항을 적용받는 사업

② 「부가가치세법」 제36조 제1항 제1호 및 같은 법 시행령 제73조 제1항·제2항에 규정된 사업으로서 부가가치세가 면제되는 사업

③ 주로 사업자가 아닌 소비자에게 재화 또는 용역을 공급하는 사업으로서 「소득세법 시행규칙」 제96조의2에서 정하는 사업

④ 「우정사업운영에 관한 특례법」에 의한 우정사업조직이 우편법 제15조 제1항에 따른 선택적 우편업무 중 소포우편물을 방문접수하여 배달하는 용역을 공급하는 사업

⑤ 「국민건강보험법」 제41조 제3항에 따라 요양급여의 대상에서 제외되는 다음의 진료용역은 제외한다.

㉮ 쌍꺼풀수술, 코성형수술, 유방확대·축소술(유방암 수술에 따른 유방 재건술은 제외한다), 지방흡인술, 주름살제거술, 안면윤곽술, 치아성형(치아미백, 라미네이트와 잇몸성형술을 말한다)등 성형수술(성형수술로 인한 후유증 치료, 선천성 기형의 재건수술과 종양 제거에 따른 재건수술은 제외한다)과 악안면 교정술(치아교정치료가 선행되는 악안면 교정술은 제외한다)

㉯ 색소모반·주근깨·흑색점·기미 치료술, 여드름 치료술, 제모술, 탈모치료술, 모발이식술, 문신술 및 문신제거술, 피어싱, 지방융해술, 피부재생술, 피부미백술, 항노화치료술 및 모공축소술

⑥ 「부가가치세법 시행령」 제35조 제5호 단서에 해당하지 아니하는 것으로서 수의사가 제공하는 동물의 진료용역

⑦ 무도학원 및 자동차운전학원의 용역을 공급하는 사업

⑧ 「전자서명법」 제2조 제10호에 따른 공인인증기관이 같은 법 제15조에 따라 공인인증서를 발급하는 용역. 다만, 공급받는 자가 사업자로서 세금계산서 발급을 요구하는 경우는 제외한다.

⑨ 주로 사업자가 아닌 소비자에게 재화 또는 용역을 공급하는 가사사업 등

⑩ 「부가가치세법 시행령」 제10조에 따른 임시사업장개설 사업자가 그 임시사업장에서 사업자가 아닌 소비자에게 재화 또는 용역을 공급하는 경우

⑪ 「전기사업법」에 의한 전기사업자가 산업용이 아닌 전력을 공급하는 경우

⑫ 「전기통신사업법」에 의한 전기통신사업자가 전기통신용역을 제공하는 경우. 다만, 부가통신사업자가 통신판매업자에게 「전기통신사업법」 제5조 제4항에 따른 부가통신역무를 제공하는 경우를 제외한다.

⑬ 「도시가스사업법」에 의한 도시가스사업자가 산업용이 아닌 도시가스를 공급하는 경우

⑭ 「집단에너지사업법」에 따라 집단에너지를 공급하는 사업자가 산업용이 아닌 열 또는 산업용이 아닌 전기를 공급하는 경우

⑮ 「방송법」 제2조 제3호에 따른 방송사업자가 아닌 자에게 방송용역을 제공하는 경우

⑯ 「인터넷 멀티미디어 방송사업법」 제2조 제5호 가목에 따른 인터넷 멀티미디어 방송제공사업자가 사업자가 아닌 자에게 방송용역을 제공하는 경우

⑰ 주로 사업자가 아닌 소비자에게 재화 또는 용역을 공급하는 다음의 사업. 다만, "㉯"부터 "㉺"까지에 해당하는 사업은 직접 최종 소비자에게 재화 또는 용역을 공급하는 경우에 한한다(소칙 §96의2).

㉮ 금융 및 보험업[7]

㉯ 사업시설 관리 및 사업지원 서비스업

㉰ 교육서비스업[8]

㉱ 보건업 및 사회복지사업 서비스업

㉲ 예술, 스포츠 및 여가 관련 서비스업

㉳ 협회 및 단체, 수리 및 기타 개인 서비스업

㉴ 가구내 고용활동에서 발생하는 소득

㉵ 그 밖에 "㉮~㉴"와 유사한 사업으로서 계산서 발부가 불가능하거나 현저히 곤란한 사업

⑱ 토지 및 건축물을 공급하는 경우

---

7) 한국표준산업분류상 금융 및 보험업을 영위하는 법인이 금융 및 보험업과 관련한 재화 또는 용역을 공급하는 때에는 영수증을 발급할 수 있는 것이나, 재화 또는 용역을 공급받은 사업자가 사업자등록증을 제시하고 계산서의 발급을 요구하는 때에는 계산서를 발급하여야 한다(서면1팀-109, 2006. 1. 26.).

8) 교육서비스업 영위 법인이 정부와 교육위탁계약 등에 의해 실직자직업훈련교육 등을 실시하고 관련기관의 장으로부터 그 대가를 수령시 계산서 발급대상이나, 최종소비자에게 공급시는 영수증을 발급할 수 있다(서이 46012-11941, 2003. 11. 10.).

⑲ 세법이 정하는 정부업무를 대행하는 단체가 공급하는 재화 또는 용역 중 다음에 해당하는 경우(법령 §164⑧)

⑦ 「항만공사법」에 의한 항만공사가 공급하는 동법 시행령 제13조 제1항 제1호 나목의 규정에 의한 화물료 징수 용역

⑭ 그 밖에 거래금액 및 거래 건수 등을 고려하여 세법이 정하는 재화 또는 용역

6. 주식등변동상황명세서의 제출

1. 주식등변동상황명세서의 제출

사업연도 중에 주식 등의 변동사항[9]이 있는 법인은 법인세 과세표준 신고기한까지 주식 등변동상황명세서에 주식 등의 실제 소유자를 기준으로 다음의 내용을 적어 납세지 관할 세무서장에게 제출하여야 한다(법법 §119① 및 법령 §161⑥).

① 주주 등의 성명 또는 법인명, 주민등록번호·사업자등록번호 또는 고유번호[10]

② 주주 등별 주식보유현황[11]

③ 사업연도 중의 주주 등의 변동사항[12], [13]

"주식 등의 변동"이란 매매·증자·감자·상속 및 증여 및 출자 등에 의하여 당해 법인의 주주 등·지분비율·보유주식 액면총액 및 보유출자총액 등의 변동이 당해 사업연도의 주주명부 등 관련 증빙에 의해 확인되는 사항을 말한다(법령 §161⑦). 만일, 법인이 사업연도 중 감자, 증자로 인하여 주식의 변동사항이 있음에도 주식등변동상황명세서를 제출하지 아니하거나 변동상황을 누락하여 제출한 경우에는 해당 증자, 감자로 인한 변동상황을 각각 별도로 계산하여 가산세를 적용한다(서면2팀-2691, 2004. 12. 20.).

또한 무상균등감자로 인하여 주주의 보유주식수와 보유주식 총액 등이 변동되는 경우도 주식등변동상황명세서의 제출대상이 되는 주식 등의 변동에 해당하며(법집 119-161…1 ③), 피합병법인의 의제사업연도 중에 무상감자가 있는 경우에는 당해 법인의 의제사업연도에 대한 법인세 신고기한까지 주주별 감자내역 등을 기재한 주식 등 변동상황명세서를 제출하여야 한다(서이 46012-10134, 2003. 1. 21.).

이때 주식등변동상황명세서는 국세청장이 정하는 바에 따라 전산처리된 테이프 또는 디스켓으로 제출할 수 있다(법칙 §82⑳).

---

9) 우리사주조합원의 주식이동상황은 개인별명세서를 제출하여야 한다(서면2팀-1111, 2008. 6. 3.).

10) 주식 등 변동상황명세서상 주주명을 실질주주가 아닌 차명주주명의로 기재하여 제출시는 가산세가 적용되며, 이 경우 주주명부상 변동주식의 액면가액에 대하여 적용한다(재법인 46012-89, 2003. 5. 21.).

11) 주식 등 변동상황명세서는 주식 등의 실제소유자를 기준으로 작성하는 것으로, 비상장내국법인의 주주가 공직자윤리법에 따라 주식을 금융기관에 백지신탁하는 것은 '주식 등의 변동'에 해당하지 아니한다(사전법령법인-22224, 2015. 4. 6.).

12) 주식 등 변동상황명세서에 지분배율변동이 없더라도 해외전환사채의 출자전환·무상균등감자·계열법인간 균등합병·채권금융단의 출자전환에 관한 사항을 기재누락한 경우, 가산세가 부과된다(국심 2003중 1251, 2003. 6. 19.).

13) 법인이 사업연도 중에 특정주주로부터 자기주식을 취득하여 상법규정에 따라 이익소각한 경우 기말 주식수는 기초 주식수에서 이익소각한 주식수를 차감하여 기재하나 주당 액면가액 및 기말 자본금은 변경하지 않는 것이다(법인-793, 2010. 8. 25.).

2. 주식 등의 변동상황명세서의 제출면제법인

사업연도 중에 주식 등의 변동항목이 있는 법인 중 다음의 조합법인 등은 주식 등 변동 상황명세서 제출의무를 배제한다(법령 §161①).

가. 농협중앙회 등

① 「농업협동조합법」에 의하여 설립된 조합(조합공동사업법인을 포함한다)과 그 중앙회
② 「소비자생활협동조합법」에 따라 설립된 조합과 그 연합회 및 전국연합회
③ 「수산업협동조합법」에 의하여 설립된 조합(어촌계를 포함한다)과 그 중앙회
④ 「산림조합법」에 의하여 설립된 산림조합(산림계를 포함한다)과 그 중앙회
⑤ 「엽연초생산협동조합법」에 의하여 설립된 엽연초생산협동조합과 그 중앙회
⑥ 「중소기업협동조합법」에 의하여 설립된 협동조합·사업협동조합 및 중앙회
⑦ 「신용협동조합법」에 의하여 설립된 신용협동조합과 그 중앙회
⑧ 「새마을금고법」에 따라 설립된 새마을금고와 그 연합회
⑨ 「염업조합법」에 의하여 설립된 대한염업조합

나. 투자회사 등

「자본시장과 금융투자업에 관한 법률」에 따른 투자회사·투자유한회사·투자합자회사 및 투자전문회사(같은 법 제9조 제18항 제7호의 사모투자전문회사는 제외한다)

다. 기업구조조정투자회사 등

기업구조조정투자회사 등 「자본시장과 금융투자업에 관한 법률」 제6조 제5항의 어느 하나에 해당하는 법인

라. 공공기관 등

해당 법인의 주주 등이 다음의 공공기관 또는 기관투자자와 주권상장법인의 소액주주(후술하는 "3"의 "(2)"를 말한다)로 구성된 법인

① 「공공기관의 운영에 관한 법률」에 따른 공공기관으로서 [별표 11]의 공공기관
② 「법인세법 시행령」 제61조 제2항 제1호부터 제11호까지, 제21호 및 제28호의 금융기관
③ 「자본시장과 금융투자업에 관한 법률」에 따른 집합투자업자 또는 증권금융회사
④ 「법인세법 시행규칙」 제56조의2 제1항 각호의 법인
⑤ 「법인세법 시행규칙」 제56조의2 제2항 각호의 법인

마. 「도시 및 주거환경정비법」 제38조에 따른 정비사업조합

3. 소액주주 등에 대한 주식 등의 변동상황명세서 제출면제

(1) 개 요

다음의 주식 등에 대하여는 당해 주식 등의 변동상황명세서를 제출할 필요가 없다(**법법 §119② 및 법령 §161②**).

① 주권상장법인으로서 해당 사업연도 중 주식의 명의개서 또는 변경을 취급하는 자를 통하여 1회 이상 주주명부를 작성하는 경우 지배주주(그 특수관계인을 포함한다) 외의 주주 등이 소유하는 주식 등

② 위 "①" 외의 법인의 경우에는 해당 법인의 소액주주(다음 "(2)"를 말한다)가 소유하는 주식

(2) 소액주주의 범위[14]

"소액주주"란 다음의 어느 하나에 해당하는 주주 등을 말한다(**법령 §161④ 및 소칙 §79의3②**).

① 유가증권시장 상장법인의 경우 보유하고 있는 주식의 액면금액의 합계액이 3억원에 미달하고 그 주식의 시가(「소득세법 시행령」 제157조 제6항에 따른 최종시세가액 또는 평가액을 말한다)의 합계액이 100억원 미만인 주주

② 코스닥시장 상장법인의 경우 보유하고 있는 주식의 액면금액의 합계액이 3억원에 미달하고 그 주식의 시가(「소득세법 시행령」 제157조 제6항에 따른 최종시세가액 또는 평가액을 말한다)의 합계액이 100억원 미만인 주주. 다만, 코스닥시장상장 전에 주식을 취득한 경우에는 해당 주식의 액면금액의 합계액이 500만원 이하인 주주와 중소기업의 주식을 코스닥시장을 통하여 양도한 주주

③ 위 "①" 및 "②" 외의 법인의 경우 보유하고 있는 주식의 액면금액 또는 출자총액의 합계액이 500만원 이하인 주주 등

(3) 지배주주

"지배주주"란 법인의 발행주식총수의 100분의 1 이상의 주식을 소유한 주주로서 그와 특수관계에 있는 자와의 소유 주식의 합계가 해당 법인의 주주 중 가장 많은 경우의 해당 주주를 말하는 것이며(**법령 §43⑦**), 여기서 특수관계에 있는 자란 해당 주주 등과 「법인세법 시행령」 제43조 제8항의 어느 하나에 해당하는 관계에 있는 자를 말한다(**법령 §43⑧**).

---

14) 자기주식을 취득하여 사업연도 말 현재 보유(총발행주식의 4.1%) 중인 법인이 주식 등 변동상황명세서에 자기주식 보유내역을 별도로 구분하여 기재하지 아니하고 소액주주의 합계란에 포함시켜 작성 · 제출한 경우에는 가산세가 적용된다(서이 46012 - 10882, 2003. 4. 30.).

(4) 지배주주 등 또는 소액주주 등과 액면가액·시가 등의 판단기준

지배주주 등 또는 소액주주 등과 액면금액·시가 또는 출자총액은 해당 법인의 사업연도 개시일과 사업연도 종료일 현재의 현황에 의한다.

이 경우 어느 한 날이라도 지배주주(그 특수관계자를 포함한다) 등에 해당하면 「법인세법 시행령」 제119조 제2항 제1호에 따른 지배주주 등으로 보고, 어느 한 날이라도 소액주주 등에 해당하지 아니하면 위 "(2)"에 따른 소액주주 등으로 보지 아니한다(법령 §161⑤).

7. 지출증명서류의 수취 및 보관

1. 개 요

법인은 각 사업연도에 그 사업과 관련된 모든 거래에 관한 증명서류[15]를 작성 또는 수취하여 법인세 신고기한이 지난 날부터 5년간 이를 보관하여야 한다.[16], [17] 다만, 각 사업연도 개시일 전 5년이 되는 날 이전에 개시한 사업연도에서 발생한 결손금을 각 사업연도의 소득에서 공제하려는 법인은 해당 결손금이 발생한 사업연도의 증명서류를 공제되는 소득의 귀속 사업연도의 법인세 신고기한부터 1년이 되는 날까지 보관하여야 한다(법법 §116①).

이 경우 법인이 사업과 관련된 재화나 용역의 대가에 해당하지 않는 협회의 회원 자격으로 납부하는 경상회비의 경우 정규지출증명수취대상에 해당하지 아니한다(서면2팀-1030, 2006. 6. 7.). 따라서 법인이 사업자로부터 재화나 용역을 공급받고 그 대가를 지급하는 경우가 아닌 노동조합에 복지기금 및 노동조합비를 납입하는 경우에는 동 규정을 적용하지 아니한다(서이 46012-11056, 2002. 5. 21.).

2. 지출증명 대상서류 등

(1) 개 요

법인이 "지출증명서류 수취대상자"로부터 재화나 용역을 공급받고 그 대가를 지급하는 경우에는 다음의 어느 하나에 해당하는 증명서류를 받아 보관하여야 한다(법법 §116②).

① 「여신전문금융업법」에 따른 신용카드매출전표[18](신용카드와 유사한 것으로서 여신전문금융업법에 의한 직불카드, 외국에서 발행된 신용카드 및 「조세특례제한법」 제126조의2 제1항의 규정에 의한 선불카드를 사용하여 거래하는 경우에는 그 증명서류를 포함한다). 이 경우 내국법인이 「법인세법 시행령」 제158조 제4항에 따라 신용카드

---

[15] 법인이 적격증빙을 갖추지 아니한 경우에는 증빙불비가산세가 적용되나 다른 객관적인 자료에 의하여 그 지급사실이 확인되는 경우에는 손금에는 산입하는 것이다(법인-789, 2009. 7. 14.).

[16] 세금계산서 등 증빙 및 장부보존기간(5년) 경과 후에는 과세관청이 세금계산서를 발행한 사업자로부터 가공거래를 시인하는 내용의 확인을 받는 등 실물거래없이 발행되었음을 충분히 입증한 후 과세하여야 한다(조심 2010중 2914, 2010. 11. 29., 국심 2007서, 2007. 7. 5.).

[17] 법인이 상품권유통법인으로부터 상품권을 구입하는 경우와 같이 재화 또는 용역의 공급대가에 해당하지 않는 거래 또는 사업자가 아닌 자 등과의 거래로 인하여 '지출증빙서류의 수취관련 가산세'가 적용되지 아니하는 경우에도 해당 거래와 관련된 증빙서류를 작성 또는 수취하여 법인세 신고기한이 경과한 날부터 5년간 이를 보관하여야 한다(법집 116-158-2).

[18] 법인이 여신전문금융업법에 따른 신용카드업자로부터 교부받은 신용카드 및 직불카드 등의 월별이용대금명세서를 보관하고 있는 경우에는 신용카드 매출전표를 수취하여 보관하고 있는 것으로 본다(법인-631, 2011. 8. 31.).

및 직불카드 등의 거래정보(「국세기본법 시행령」 제65조의7에 따른 요건을 충족하는 경우에 한함)를 「여신전문금융업법」에 따른 신용카드업자로부터 전송받아 전사적 자원관리 시스템에 보관하고 있는 경우를 포함한다(서면2팀-11, 2007. 1. 4.).

② 현금영수증

③ 「부가가치세법」 제32조에 따른 세금계산서(「부가가치세법」 제34조의2에 따른 매입자발행세금계산서 포함)

④ 「법인세법」 제121조 및 「소득세법」 제163조에 따른 계산서

(2) 지출증명 대상서류 수취 · 보관의무 면제

다음의 경우에는 지출증명대상서류의 수취 · 보관의무를 면제한다(법령 §158② 및 법칙 §79).

① 공급받은 재화 또는 용역의 건당 거래금액(부가가치세를 포함한다)이 3만원 이하인 경우[19]

② 농 · 어민(한국표준산업분류에 의한 농업 중 작물재배업 · 축산업 · 복합농업 · 임업 또는 어업에 종사하는 자를 말하며, 법인을 제외한다)으로부터 재화 또는 용역을 직접 공급받은 경우

③ 「소득세법」 제127조 제1항 제3호에 규정된 원천징수대상 사업소득자로부터 용역을 공급받은 경우(원천징수한 것에 한한다)

④ 「항만공사법」에 의한 항만공사가 공급하는 동법 시행령 제13조 제1항 제1호 나목의 규정에 의한 화물료징수용역

⑤ 기타 다음에 해당하는 경우

㉮ 「부가가치세법」 제10조의 규정에 의하여 재화의 공급으로 보지 아니하는 사업의 양도에 의하여 재화를 공급받은 경우

㉯ 「부가가치세법」 제26조 제1항 제8호에 따른 방송용역을 제공받은 경우

㉰ 「전기통신사업법」에 의한 전기통신사업자로부터 전기통신용역을 공급받은 경우. 다만, 「전자상거래 등에서의 소비자보호에 관한 법률」에 따른 통신판매업자가 전기통신사업자법에 따른 부가통신사업자로부터 동법 제4조 제4항에 따른 부가통신역무를 제공받는 경우를 제외한다.

㉱ 국외에서 재화 또는 용역을 공급받은 경우[20](세관장이 세금계산서 또는 계산서를 교부한 경우를 제외한다)

㉲ 공매 · 경매 또는 수용에 의하여 재화를 공급받은 경우

---

[19] 운수업을 영위하는 법인이 식사 용역을 제공받고 거래상대방으로부터 건당 거래금액 3만원을 초과하는 재화 또는 용역을 제공받고 세금계산서 등이 아닌 영수증을 교부받는 경우에는 「부가가치세법」 제32조에 따라 용역을 공급받은 때마다 영수증을 교부받아야 하는 것이므로, 그 용역의 대가를 월단위로 합산하여 정산하더라도 교부받은 영수증상의 거래 금액을 기준으로 「법인세법」 제76조 제5항의 지출증명불성실가산세를 적용한다(법규법인 2012 – 393, 2012. 11. 1.).

[20] 원양어선업을 영위하는 내국법인이 국내사업자로부터 국외에서 재화 등을 공급받는 경우 적용한다(법규 – 1006, 2013. 9. 12.).

㉥ 토지 또는 주택을 구입하거나 주택의 임대업을 영위하는 자(법인을 제외한다)로부터 주택임대용역을 공급받은 경우

㉦ 택시운송용역을 제공받은 경우

㉧ 건물(토지를 함께 공급받은 경우에는 당해 토지를 포함하며, 주택을 제외한다)을 구입하는 경우로서 거래내용이 확인되는 매매계약서 사본을 법인세 과세표준신고서에 첨부하여 납세지 관할 세무서장에게 제출하는 경우

㉨ 「소득세법 시행령」 제208조의2 제1항 제3호의 규정에 의한 금융·보험용역을 제공받은 경우

㉩ 항공기의 항행용역을 제공받은 경우

㉪ 부동산임대용역을 제공받은 경우로서 「부가가치세법 시행령」 제65조 제1항의 규정을 적용받는 전세금 또는 임대보증금에 대한 부가가치세액을 임차인이 부담하는 경우

㉫ 재화공급계약·용역제공계약 등에 의하여 확정된 대가의 지급지연으로 인하여 연체이자를 지급하는 경우

㉬ 「한국철도공사법」에 의한 한국철도공사로부터 철도의 여객운송용역을 공급받는 경우

㉭ 다음에 해당하는 경우로서 공급받은 재화 또는 용역의 거래금액을 「금융실명거래 및 비밀보장에 관한 법률」에 의한 금융기관을 통하여 지급한 경우로서 법인세 과세표준신고서에 송금사실을 기재한 경비 등의 송금명세서를 첨부하여 납세지 관할 세무서장에게 제출하는 경우

• 「부가가치세법」 제61조를 적용받는 사업자로부터 부동산임대용역을 제공받은 경우

• 임가공용역을 제공받은 경우(법인과의 거래를 제외한다)

• 운수업을 영위하는 자(「부가가치세법」 제61조를 적용받는 사업자에 한한다)가 제공하는 운송용역을 공급받은 경우(위 "㉦"의 규정을 적용받는 경우를 제외한다)

• 「부가가치세법」 제61조를 적용받는 사업자로부터 「조세특례제한법 시행령」 제110조 제4항 각호의 규정에 의한 재활용폐자원 등이나 「자원의 절약과 재활용촉진에 관한 법률」 제2조 제2호에 따른 재활용가능자원(동법 시행규칙 별표 1 제1호 내지 제9호에 열거된 것에 한한다)을 공급받은 경우

• 「항공법」에 의한 상업서류 송달용역을 제공받은 경우

• 「공인중개사의 업무 및 부동산거래 신고에 관한 법률」에 의한 중개업자에게 수수료를 지급하는 경우

• 「복권 및 복권기금법」에 의한 복권사업자가 복권을 판매하는 자에게 수수료를 지급하는 경우

• 「전자상거래 등에서의 소비자보호에 관한 법률」 제2조 제2호 본문에 따른 통신판매에 따라 재화 또는 용역을 공급받은 경우

• 그 밖에 다음의 국세청장이 정하여 고시하는 경우

고시 **국세청고시 제2022-2호, 2022. 2. 1.**

> **제1조【지출증빙서류의 수취특례거래】**
> 지출증빙서류의 수취특례가 인정되는 거래는 거래대금을 「금융실명거래 및 비밀보장에 관한
> 법률」에 따른 금융기관을 통하여 지급하고 소득세 확정신고서 또는 법인세 과세표준 신고서
> 에 송금사실을 기재한 별지 제1호 서식의 「경비 등의 송금명세서」를 첨부하여 납세지 관할
> 세무서장에게 제출하는 다음 각호의 어느 하나에 해당하는 경우를 말한다.
> 1. 인터넷, PC통신 및 TV홈쇼핑을 통하여 재화 또는 용역을 공급받는 경우
> 2. 우편송달에 의한 주문판매를 통하여 재화를 공급받는 경우

㉮ 유료도로법에 따른 유료도로를 이용하고 통행료를 지급하는 경우

그 이외에도 다음에 해당하는 경우에는 증명서류로 보지 아니한다(**법기통 116-158…1**).

① 실제 거래처와 다른 사업자 명의로 발급된 세금계산서·계산서나 신용카드매출전표

② 「부가가치세법」상 미등록사업자로부터 재화나 용역을 공급받고 발급받은 세금계산서
또는 계산서

③ 간이과세자로부터 재화나 용역을 공급받고 발급받은 세금계산서

> ☐ 토지 매입시 적격증명서류 미수취 가산세 적용 여부
>
> 법인세법 시행규칙 제79조의3【지출증명서류의 수취 특례】에 의하면 적격증명서류 수취를 하지
> 않아도 되는 경우로 제6호에 토지만을 구입하는 경우를, 제8호에 건물(토지를 함께 공급받은 경우
> 에는 당해 토지를 포함하며, 주택을 제외한다)을 구입하는 경우로서 거래내용이 확인되는 매매계
> 약서사본을 법인세 과세표준신고서에 첨부하여 납세지 관할세무서장에게 제출하는 경우를 규정
> 하고 있다.
>
> > 〈지출증명서류 수취대상이 아닌 것〉(**법칙 §79의3**)
> > (6호) 토지 또는 주택을 구입하거나 주택의 임대업을 영위하는 자(법인을 제외한다)로부터 주
> > 택임대용역을 공급받은 경우
> > (8호) 건물(토지를 함께 공급받은 경우에는 당해 토지를 포함하며, 주택을 제외한다)을 구입하
> > 는 경우로서 거래내용이 확인되는 매매계약서 사본을 법 제60조의 규정에 의한 법인세
> > 과세표준신고서에 첨부하여 납세지 관할세무서장에게 제출하는 경우
>
> 법인이 토지와 건물을 함께 구입했을 경우에 토지에 대하여 적격증명서류를 받지 않고 매매계약
> 서 사본도 법인세 과세표준 신고서에 첨부하지 않은 경우 법인세법 제75조의5【증명서류 수취 불
> 성실 가산세】 가산세가 부과되는지에 대하여 논란이 있다. 국세청은 이 사건에 대하여 가산세를
> 부과하였는데, 서울고등법원에서는 가산세를 부과하지 않는 것이 타당하다고 판결하였다. 서울고
> 등법원의 판결내용은 다음과 같다(서울고등법원 2006누 23359, 2007. 5. 17. 이 사건은 국세청이
> 대법원에 상고하지 않아 이 판결로 종결되었다.)

〈서울고등법원 2006누 23359, 2007. 5. 17.〉

(1) 토지 거래의 경우 세법이 세금계산서 또는 계산서의 수취의무를 면제하여 가산세 부담을 배제할 수 있는 길을 열어 놓은 이유를 살펴보면, 토지 거래에 대해서 과세관청은 부동산 등기법이나 부동산등기특별조치법에 의해 등기소나 검인관청으로부터 거래자료를 송부받아 그 거래내용을 파악하고 관리할 수 있는 제도를 마련해 놓고 있을 뿐만 아니라, 부가가치세의 과세대상이 되는 거래가 아니어서 공급자가 공급을 받는 자에게 세금계산서를 교부할 필요가 없기 때문인데, 하나의 거래 대상에 토지 외에 건물이 포함되어 있다고 하더라도 그 취지가 달라진다고 할 수 없으므로 건물과 함께 토지를 구입하는 경우 토지 거래분에 대해 법정증빙서류 수취의무를 구태여 부과할 이유가 없고, 피고의 해석대로라면 토지와 건물을 함께 취득할 때 계약서를 둘로 나누어 토지 부분에 대한 매매계약과 건물 부분에 대한 매매계약을 별 개로 체결한 것으로 하면, 토지 부분에 관하여 세금계산서 또는 계산서를 수취할 의무가 없지만, 하나의 계약으로 계약을 하게 되면, 토지 부분에 관하여 세금계산서 또는 계산서를 수취해야 할 의무가 발생하게 되어 같은 것을 다르게 취급하는 불합리마저 생기게 되므로, 토지만을 구입하는 경우는 물론 건물과 함께 토지를 구입하는 경우에도 위 시행규칙 제6호에서 말하는 토지를 구입하는 경우에 해당한다고 보아 법정증빙서류 수취의무가 면제된다고 해석해야 한다.

(2) 한편, 건물 거래는 토지 거래와 달리 부가가치세 과세대상 거래이므로 원칙적으로 매수인은 매도인으로부터 세금계산서 또는 계산서를 수취해야 하나, 구 법인세법 시행규칙 제79조 제8호에서는 일정한 경우에 건물 거래에 관하여 그 수취의무를 면제하고 있는데, 이 경우 건물 거래의 의미에 관하여 건물만을 구입한 경우뿐 아니라 그 괄호 부분에 따라 건물과 토지를 함께 구입하는 경우에도 '건물' 거래에 관한 세금계산서 또는 계산서의 수취의무를 면제하는 것으로 해석해야 하고, 건물과 토지를 동시에 거래하는 경우에는 이미 위 시행규칙 제8호에서 수취의무를 부과한 후 그 면제요건을 별도로 규정한 것으로 해석할 수는 없다. 특히 토지와 건물이 함께 거래되는 경우 부가가치세법은 토지 거래와 건물 거래를 달리 규율하고 있어 거래당사자는 건물과 함께 토지를 구입하더라도 부가가치세가 면제되는 토지 거래와 부가가치세가 과세되는 건물 거래를 별개로 나누어 매매가액을 정하게 되고, 그 금액에 따라 건물에 대한 부가가치세를 신고, 납부하게 되므로, 위 시행규칙 제79조 제8호는 건물만을 구입하거나, 건물과 토지를 함께 공급받은 경우에도 부가가치세의 신고, 납부 대상이 되는 건물 거래에 대해서 세금계산서 등의 수취의무를 면제하는 대신, 그 거래내용, 특히 토지의 가격과 별개로 정해진 건물의 가격에 관한 거래내용이 확인되는 매매계약서 사본을 법인세과세표준신고서에 첨부하여 납세지 관할세무서장에게 제출할 의무를 부과하고 있는 것으로 보아야 한다.

(3) 결국 토지 거래에 대해서는 토지만을 구입하는 경우는 물론 건물과 함께 토지를 구입하는 경우에도 구 법인세법 시행규칙 제6호에서 말하는 토지에 대해서는 법정증빙서류 수취의무가 면제된다고 해석해야 하고, 위 시행규칙 제79조 제6호에서 토지 거래에 대한 법정증빙서류 수취의무가 이미 면제된 이상 위 시행규칙 제79조 제8호는 건물만 구입한 경우뿐 아니라 건물과 함께 토지를 공급받는 경우에도 건물 거래에 대한 법정증빙서류 수취의무를 면제한 규정으로 해석해야 한다. 따라서 원고의 이 사건 토지거래는 구 법인세법 시행규칙 제79조 제6호가 적용되어 법정증빙서류를 수취하지 않았다는 이유로 가산세를 부과한 피고의 이 사건 처분은 위법하다.

(3) 지출증명대상서류 수취·보관의무 이행의 간주

① 법인이 세금계산서를 발급받지 못한 경우 「부가가치세법」 제34조의2 제2항에 따른 매입자발행세금계산서를 발행하여 보관하면 지출증명서류의 수취 및 보관의무를 이행한 것으로 본다(법법 §116③).

② 계산서를 발급받지 못하여 매입자발행계산서를 발행하여 보관한 경우 23 신설

③ 법인이 다음의 어느 하나에 해당하는 지출증명서류를 받은 경우에는 지출증명서류를 보관한 것으로 보아 이를 별도로 보관하지 아니할 수 있다(법령 §158⑤).

⑦ 「조세특례제한법」 제126조의3 제4항에 따른 현금영수증

④ 「법인세법」 제116조 제2항 제1호에 따른 신용카드 매출전표

⑤ 「부가가치세법」 제32조 제3항 및 제5항에 따라 국세청장에게 전송된 전자세금계산서

⑥ 「소득세법」 제163조 제8항에 따라 국세청장에게 전송된 전자계산서

(4) 공통경비를 일괄지급한 대표법인이 개별법인의 부담분을 금전으로 지급받은 경우

법인이 공통적인 업무를 수행하기 위해 소요된 경비를 다수의 법인을 대표하여 지급한 후 합리적인 배분기준에 의해 개별법인에게 배부함에 있어 소요된 경비를 동 개별법인으로부터 금전으로 받는 것은 재화나 용역의 공급에 해당하지 아니하는 것으로, 개별법인은 「법인세법」 제116조에 규정한 지출증명서류의 수취 및 보관 대상이 아니며, 그 경비 중 대표법인이 세금계산서를 수취한 분에 대하여는 「부가가치세법 시행규칙」 제51조에 따라 개별법인에게 세금계산서를 발급할 수 있다(서면2팀-2557, 2006. 12. 12., 서면2팀-1200, 2004. 6. 10.).

(5) 회식비 지출증빙

사규에 따라 지급하는 회식비는 법인의 업무수행상 필요하다고 인정되는 범위 안에서 지급규정, 사규 등의 기준에 의하여 계산하고 거래증명과 객관적인 자료에 의하여 지급사실을 입증하여야 한다(서면2팀-2362, 2006. 11. 17.).

(6) 고객에게 마일리지 보상금을 지급하는 경우

법인이 고객에게 지급하는 마일리지 보상금은 재화나 용역의 대가로 볼 수 없어 증명수취대상이 아니지만 지출증명으로 고객에게 보상금을 지급한 근거(마일리지 기록)와 지출증명(입금증 등)을 보관해야 한다(서면2팀-1105, 2005. 7. 15.).

그리고 법인이 거래처에 지급하는 소비자의 포인트 사용에 따른 금액이 재화나 용역을 공급받고 그 대가를 지급하는 경우에 해당이 되지 않으면 지출증빙서류의 수취대상이 아니

다(서면2팀-835, 2006. 5. 12.).

(7) 판매장려금 지급의 경우

법인이 거래처와의 사전약정에 의하여 판매실적 등에 따라 지급하는 판매장려금은 재화 또는 용역거래가 아니므로 지출증빙서류 수취대상에 해당하지 아니한다(법인 46012-3975, 1999. 11. 13.).

그리고 판매장려금 지급약정서에 의하여 지급하는 판매장려금을 매출채권에서 상계처리하고 그 내역을 거래처에 통보하는 경우 지출증명으로 판매장려금을 매출채권과 상계처리한 사실을 확인할 수 있는 서류를 보관하는 것이며, 반드시 거래처로부터 입금표를 수취해야 하는 것은 아니다(서면2팀-585, 2005. 4. 22.).

(8) 개점행사에 참가한 종업원에게 지급한 격려금의 경우

유통업을 영위하는 법인이 지역별로 새로운 대형 할인점을 개점할 때 본사의 임원이 개점행사에 참가하여 격려금을 지급하는 경우 그 종업원이 지급받은 격려금을 회사의 업무와 관련하여 사용하면 「법인세법」 제116조에 따라 지출증명을 수취·보관하여야 한다(서이 46012-10163, 2001. 9. 13.).

(9) 법인이 비상근 고문에게 지급하는 경영고문료의 경우

법인이 「법인세법 시행령」 제158조 제1항에 따른 사업자에 해당하는 비상근고문에게 그 업무관련 정도 및 업무기여도 등에 따라 사회통념상 용인되는 범위 내에서 경영고문료를 지급하는 경우 같은 조 제2항에 해당하는 경우를 제외하고는 「법인세법」 제116조 제2항에 해당하는 증명서류를 수취하여 이를 보관하여야 한다(서이 46012-10560, 2001. 11. 17.).

(10) 여행경비를 여행사가 대신 지급하는 경우

법인이 여행사에게 여행알선용역의 대가를 지급함에 있어서 당해 용역의 대가에 해당하는 수수료 외에 교통비, 숙박비, 입장료 등 여행경비를 함께 지급한 후 동 여행경비를 여행사로 하여금 대신 지급하도록 한 경우 그 위탁 지급한 여행경비에 대하여도 「법인세법 시행령」 제158조 제2항에 규정한 경우를 제외하고는 당해 법인이 실제 용역을 제공한 자로부터 같은 법 제116조 제2항의 지출증명서류를 수취하여야 한다(법인 46012-2268, 2000. 11. 16.).

(11) 재화구입시 공동구매의 경우

법인(공동구매의 대표법인, 이하 "갑법인"이라 한다)이 사무용 컴퓨터 구입시 구매단가를 낮추고자 다른 법인(이하 "을법인"이라 한다)과 공동구매한 재화를 사전약정에 따라 을법인이 갑법인으로부터 재화를 분배받고 그 대가로 지급한 금액에 대하여는 지출증빙서류의 수취 및 보관의 규정을 적용하지 아니하는 것이나, 이 경우에도 갑법인은 사업자로부터 공동구매한 재화 또는 용역에 대하여 「법인세법」 제116조 제2항 각호에 규정된 증빙서류를 수취하여 이를 보관하여야 한다(서면2팀-2184, 2006. 10. 30.).

(12) 토지만을 사용할 목적으로 토지와 건물 등을 함께 취득한 경우

건물과 토지를 하나의 거래대상으로 삼아 하나의 계약으로 공급받았다면, 비록 법인이 토지만을 사용할 목적으로 부동산을 취득하였다고 하더라도, 부동산 매매계약서를 통하여 토지만을 취득한 것이 아니라, 토지와 건물 등을 함께 취득한 것으로 보아야 하므로 건물 등에 대하여 지출증빙을 수취하지 않는 데 대하여 증빙불비가산세를 부과한 처분은 정당하다(심사 법인 2012-0019, 2012. 7. 17.).

(13) 법인 내부 간의 거래

법인이 동일한 사업장으로 여러 종류의 사업을 영위함에 따라 사업의 종류별로 사업부서를 운영하는 경우 각 사업부서간의 거래시 재화 또는 용역을 공급받고 내부관리목적상 대가를 지급하는 경우에는 지출증빙서류 수취대상에 해당하지 아니한다(법인 46012-2216, 1999. 6. 10.).

(14) 경조사비 및 급여성 경비 등

법인이 근로계약조건 및 사규 등에 의하여 사용인이 선지출한 의료비, 학자금, 문화생활비 등 급여성격의 비용을 당해 거래상대방에게 직접 지출할 의무 없이 당해 사용인에게 지급하는 경우에는 지출증빙서류의 수취 및 보관규정이 적용되지 아니한다(법인 46012-1913, 2000. 9. 15., 법인 46013-1550, 2000. 7. 12.).

그리고 법인이 사업자로부터 재화 또는 용역을 공급받고 그 대가를 지급하는 경우가 아닌 사용인에게 지급하는 경조사비, 여비 중 일비, 자가운전보조금 및 일용근로자에 대한 급여, 건물파손보상금 등의 일부에는 지출증빙수취대상에 해당하지 아니한다(법인 46012-296, 1999. 1. 23.).

(15) 출장여비

법인이 사규에 따라 업무와 관련하여 출장하는 사용인에게 지급한 경비 중 사업자로부터 거래건당 소액거래기준금액 이상의 재화 또는 용역을 공급받고 그 대가를 지급한 금액에 대하여 정규증빙을 수취하지 아니한 경우에는 증빙불비가산세가 적용되는 것이나, 사업자가 아닌 자로부터 재화 또는 용역을 공급받는 경우에는 그러하지 아니하다(법인 46012-1366, 2000. 6. 15.).

임직원의 국내 출장경비에 대하여도 반드시 정규증빙을 수취하여야 하나 실비변상적인 출장여비(유류대, 버스요금, 숙박비 등)에 대하여 정규증빙을 수취하지 아니한 경우에도 지급 규정·사규 등 당해 법인의 내부통제기능에 따라 계산되고 작성된 객관적인 자료에 의하여 그 지급사실이 확인되는 경우에는 당해 법인의 각 사업연도 소득금액계산상 이를 손금에 산입할 수 있다(법인 46012-3687, 1999. 10. 9.).

(16) 매출채권의 임의포기에 따라 기업업무추진비로 보는 경우

법인이 거래처에 대한 매출채권을 임의포기함에 따라 기업업무추진비로 보는 경우와 같이 「법인세법」 제25조 제2항의 손금불산입 규정을 적용함에 있어 거래실태상 원천적으로 증빙을 구비할 수 없다(서면-2015-법인-1241, 2015. 7. 21.).

(17) 그 밖에 적격지출증명의 수취대상 여부

① 법인이 사업과 관련된 재화 또는 용역의 대가에 해당하지 않는 협회의 회원 자격으로 납부하는 경상회비의 경우 지출증빙수취대상에 해당하지 아니한다(서이-1335, 2004. 6. 25. 및 법인 46012-3975, 1999. 11. 13.).

② 사업자가 국제복합운송계약에 의하여 화주로부터 화물을 인수하여 자기명의로 선하증권·항공화물운송장 등을 발급하고 타인의 운송수단을 이용하여 자기 책임하에 국제간에 화물을 수송해 주는 운송주선사업자로부터 운송용역을 제공받는 경우에는 세금계산서 등을 증빙서류로 수취하여야 한다(소득 46011-484, 1999. 12. 13.).

③ 법인이 재화 또는 용역의 공급대가가 아닌 위약금 등을 지급하는 경우에는 지출증빙서류의 수취 및 보관규정이 적용되지 아니한다(법인 46015-882, 2000. 4. 20.).

④ 법인이 「법인세법 시행령」 제24조 제1항 제2호의 규정에 의한 영업권을 취득하고 그 대가를 지급하는 경우 정규지출증빙을 수취하여야 한다(법인 46012-1316, 2000. 6. 7.).

⑤ 법인이 사업자가 아닌 동문회 또는 학교학생회 등이 발간하는 회보 및 행사지 등에 광고를 게재하는 대가로 회보발간비 및 행사비를 지원한 경우 지출증빙수취 관련규정을 적용하지 아니한다(법인 46012-1338, 2000. 6. 9.).

⑥ 법인이 사업자로부터 재화 등을 공급받고 그 대가를 지급하는 경우가 아닌 노동조합에 복지기금 및 노동조합비를 납입하는 경우에는 지출증빙서류의 수취규정을 적용하지 아니한다(서이 46012-11056, 2002. 5. 21.).

⑦ 종업원 개인명의의 신용카드를 사용하고 매출전표를 수취한 경우에도 손금불산입으로 달리 규정된 경우를 제외하고 법인의 업무와 직접 관련된 것으로 인정되는 경우 정규

지출증빙으로 인정된다(서면2팀-1928, 2005. 11. 28.).

⑧ 종합건강검진비 등 급여성격의 비용을 당해 거래상대방에게 직접 지출할 의무 없이 법인이 대신 지급하고 이를 급여로 보아 원천징수를 하는 경우 지출증명서류의 수취 및 보관 규정이 적용되지 않는다(서면2팀-881, 2007. 5. 8.).

⑨ 여신전문금융업법에 따른 신용카드업자로부터 발급받은 신용카드의 월별이용대금명세서를 보관하고 있는 경우 신용카드매출전표를 수취하여 보관하고 있는 것으로 본다(법인-2473, 2008. 9. 16.).

⑩ 부가가치세 면제대상 축산물을 수탁자를 통해 매입한 경우 위탁자는 수탁자로부터 계산서 수취의무가 없으며, 수탁자를 통해 농·어민으로부터 위탁 매입한 경우에는 적격지출증명의 수취대상이 아니다(재법인-139, 2009. 2. 22.).

3. 지출증명서류 수취대상자

법인이 다음에 해당하는 사업자로부터 재화 또는 용역을 공급받고 그 대가를 지급하는 경우에는 증명서류를 수취하여야 한다(법령 §158①).

① 법인.[21] 다만, 다음에 해당하는 법인을 제외한다.
   ㉮ 비영리법인[22](수익사업과 관련된 부분은 제외함)
   ㉯ 국가 및 지방자치단체
   ㉰ 금융보험업을 영위하는 법인(「소득세법 시행령」 제208조의2 제1항 제3호의 규정에 의한 금융·보험용역을 제공하는 경우에 한한다)
   ㉱ 국내사업장이 없는 외국법인

② 「부가가치세법」 제3조에 따른 사업자. 다만, 읍·면지역에 소재하는 간이과세자로서 「여신전문금융업법」에 의한 신용카드가맹점 또는 「조세특례제한법」 제126조의3에 따른 현금영수증가맹점이 아닌 사업자를 제외한다.

③ 「소득세법」 제1조의2 제1항 제5호에 따른 사업자 및 같은 법 제119조 제3호 및 제5호에 따른 소득이 있는 비거주자. 다만, 같은 법 제120조에 따른 국내사업장이 없는 비거주자를 제외한다.

---

21) 법인이 국외에서 재화나 용역을 공급받은 경우 지출증명서류의 수취특례 규정이 적용된다(서면2팀-590, 2007. 4. 3.).
22) 공동사업을 영위하는 비영리법인이 건물신축자금을 시행사인 상대법인에게 사업비로 투자하는 경우에는 이에 해당하지 아니한다(서면2팀-2637, 2006. 12. 21.).

4. 지출증명서류 합계표의 작성

(1) 개 요

직전 사업연도의 수입금액이 30억원(사업연도가 1년 미만인 법인의 경우 30억원에 해당 사업연도의 월수를 곱하고 12로 나누어 산출한 금액) 이상으로서 지출증명서류를 수취하여 보관한 법인은 지출증명서류 합계표(법칙 별지 제77호 서식)를 작성하여 보관하여야 한다(법령 §158⑥). 지출증명서류 합계표는 법인세 신고시 제출하지 않고 법인이 작성해서 자체적으로 보관하는 서류이나, 과세관청의 제출요구가 있으면 제출해야 한다.

(2) 지출증명서류 합계표의 작성방법 및 유의사항

1) 지출증명서류 합계표 작성방법

1. 표준대차대조표 계정과목별 지출증명서류 수취금액

계정과목			지출증명서류 수취금액						⑩ 수취제외대상금액	⑪ 차이 (③-④-⑩)
① 코드	② 과목명	③ 금액	④ 계 (⑤+⑥+⑦ +⑧+⑨)	신용카드 등		⑦ 현금영수증	⑧ 세금계산서	⑨ 계산서		
				⑤ 법인	⑥ 개인					
⑫ 소 계										

2. 표준손익계산서 계정과목별 지출증명서류 수취금액

계정과목			지출증명서류 수취금액						㉒ 수취제외대상금액	㉓ 차이 (⑮-⑯-㉒)
⑬ 코드	⑭ 과목명	⑮ 금액	⑯ 계 (⑰+⑱ +⑲+⑳+ ㉑)	신용카드 등		⑲ 현금영수증	⑳ 세금계산서	㉑ 계산서		
				⑰ 법인	⑱ 개인					
㉔ 소 계										

3. 표준손익계산서부속명세서(제조·공사원가 등) 계정과목별 지출증명서류 수취금액

계정과목				지출증명서류 수취금액						㉟ 수취제외대상금액	㊱ 차이 (㉘-㉙-㉟)
㉕ 구분	㉖ 코드	㉗ 과목명	㉘ 금액	㉙ 계 (㉚+㉛+㉜ +㉝+㉞)	신용카드 등		㉜ 현금영수증	㉝ 세금계산서	㉞ 계산서		
					㉚ 법인	㉛ 개인					
㊲ 소 계											

4. 합계금액

㊳ 합 계 (1+2+3)											

각 사업연도에 계상한 자산·비용 중 지출증명서류 수취대상 거래가 있는 계정의 금액에 대하여 작성해야 한다.

2) 표준대차대조표

표준대차대조표의 과목별로 해당 사업연도에 신규로 취득한 자산의 취득금액, 신용카드 매출전표 등 지출증명서류 수취금액 및 그 차이금액을 기재한다. 그러나 현금 및 현금성자산, 단기예금, 유가증권, 매출채권, 단기대여금, 미수금, 미수수익, 이연법인세자산, 선급법인세, 부가가치세대급금, 장기대여금, 보증금 등은 지출증명서류 수취대상이 아니므로 작성하지 않아도 된다.

3) 표준손익계산서 및 부속명세서

해당 사업연도에 손익계산서 및 부속명세서에 계상한 비용에 대하여 작성한다. 다만, 급여, 퇴직급여, 감가상각비, 대손상각비, 이자비용, 각종 자산의 처분손실, 외환차손, 외화환산손실, 기부금, 자산의 손상차손, 사채상환손실, 위약금 등은 지출증명서류 수취대상이 아니므로 작성하지 않아도 된다.

지출증명서류 합계표의 제일 하단에 신용카드, 현금영수증, 세금계산서, 계산서 수취액의 합계액을 적게 되어 있다. 국세청에서는 법인이 제출한 지출증명서류의 합계액과 국세청에서 파악한 법인 명의의 신용카드 사용액, 현금영수증 수취액, 세금계산서, 계산서 수취액의 합계액을 대조하여 차이가 있으면 법인의 신고에 대한 신뢰성을 의심할 수 있으므로 지출증명서류 합계액은 국세청의 자료와 일치되도록 정확하게 작성하여야 한다.

┌─ 〈임직원의 신용카드 사용액〉 ─

임직원의 신용카드를 사용한 경우에는 법인의 업무용으로 사용된 것으로 인정되는 것은 신용카드(개인)란에 적는다. 임직원의 신용카드에 적은 경우 국세청에서는 사적경비가 아닌지, 법인의 업무상 사용했다면 그 개인이 신용카드 등 사용금액에 대한 공제를 받았는지 검토할 것이다.

4) 차이금액

차이금액은 적격증명서류 수취대상이 아닌 것과 수취의무가 있으나 수취하지 아니한 것으로 나누어진다. 적격증명서류 수취대상이 아닌 것(공급자가 사업자가 아닌 것, 적격증명서류 수취 제외대상인 것)은 문제가 없다. 그러나 적격증명서류 수취대상이나 수취하지 않은 것은 기업업무추진비는 직접 손금불산입되고, 기업업무추진비 외의 지출은 적격증명서류 미수취가산세(2%)가 부과된다. 그리고 증명서류가 아예 없는 것은 가공경비로서 손금불산입되어 상여로 처분되는 점에 유의해야 한다.

[별지 제77호 서식] (2021. 10. 28. 개정)
(앞쪽)

사 업 연 도	· · · ~ · · ·	지출증명서류 합계표 [　]일반법인,　[　]금융 · 보험 · 증권업 법인	법 인 명	
			사업자등록번호	

1. 표준대차대조표 계정과목별 지출증명서류 수취금액

계정과목			지출증명서류 수취금액						⑩ 수취 제외 대상 금액	⑪ 차 이 (③- ④-⑩)
① 코드	② 과목명	③ 금액	④ 계 (⑤+⑥+⑦ +⑧+⑨)	신용카드 등		⑦ 현금 영수증	⑧ 세금 계산서	⑨ 계산서		
				⑤ 법인	⑥ 개인					
⑫ 소 계										

2. 표준손익계산서 계정과목별 지출증명서류 수취금액

계정과목			지출증명서류 수취금액						㉒ 수취 제외 대상 금액	㉓ 차 이 (⑮- ⑯-㉒)
⑬ 코드	⑭ 과목명	⑮ 금액	⑯ 계 (⑰+⑱ +⑲+⑳+㉑)	신용카드 등		⑲ 현금 영수증	⑳ 세금 계산서	㉑ 계산서		
				⑰ 법인	⑱ 개인					
㉔ 소 계										

3. 표준손익계산서부속명세서(제조 · 공사원가 등) 계정과목별 지출증명서류 수취금액

계정과목				지출증명서류 수취금액						㉟ 수취 제외 대상 금액	㊱ 차이 (㉘- ㉙-㉟)
㉕ 구분	㉖ 코드	㉗ 과목명	㉘ 금액	㉙ 계 (㉚+㉛+㉜ +㉝+㉞)	신용카드 등		㉜ 현금 영수증	㉝ 세금 계산서	㉞ 계산서		
					㉚ 법인	㉛ 개인					
㊲ 소 계											

4. 합계금액

㊳ 합　계(1+2+3)											

210mm×297mm[백상지 80g/㎡ 또는 중질지 80g/㎡]

(뒤쪽)

작 성 방 법

※ 각 사업연도에 계상한 자산·비용 중 지출증명서류 수취대상 거래가 있는 계정의 금액에서 법인세법 제116조 제2항에 따른 지출증명서류 수취금액을 공제한 차이금액을 작성해야 합니다.

1. 표준대차대조표 계정과목별 지출증명서류 수취금액

   가. 해당 사업연도에 계상한 자산에 대하여 작성합니다.

   나. 계정과목(① ~ ③란): 해당 사업연도에 추가로 계상한 자산에 대하여 표준대차대조표(별지 제3호의2 서식)의 각 계정과목별 코드, 계정과목명, 금액(해당 사업연도 취득금액)을 적습니다.

   다. 지출증명서류 수취금액(④ ~ ⑨란): 각 계정과목별로 신용카드 매출전표등 「법인세법」 제116조 제2항 각 호의 지출증명서류 수취금액을 적습니다. 다만, 개인 신용카드 등(⑥)의 경우에는 법인 업무용으로 사용된 것으로 「법인세법」상 인정되는 것에 한정하여 적습니다.

   라. 수취 제외대상금액(⑩란) : 지출증명서류 수취대상 거래가 아닌 유가증권, 대여금, 이자비용 등 관련 거래금액을 적습니다.(⑫,⑤ 동일)

2. 표준손익계산서 계정과목별 지출증명서류 수취금액

   가. 해당 사업연도에 계상한 비용에 대하여 작성합니다.

   나. 계정과목(⑬~⑮란): 해당 사업연도에 계상한 비용에 대하여 표준손익계산서(별지 제3호의3 서식)의 각 계정과목별 코드, 계정과목명, 금액(손익계산서 금액)을 적습니다.

   다. 지출증명서류 수취금액(⑯~㉑란): 각 계정과목별로 신용카드 매출전표등 「법인세법」 제116조 제2항 각 호의 지출증명서류 수취금액을 적습니다. 다만, 개인 신용카드 등(⑱)의 경우에는 법인 업무용으로 사용된 것으로 「법인세법」상 인정되는 것에 한정하여 적습니다.

   라. 표준손익계산서(일반법인용)의 당기총원가(코드 44)의 경우 표준손익계산서 부속명세서 각 계정과목별로 "3. 표준손익계산서 부속명세서 계정과목별 지출증명서류 수취금액"에 적습니다.

3. 표준손익계산서 부속명세서 계정과목별 지출증명서류 수취금액

   가. 해당 사업연도에 계상한 비용에 대하여 작성합니다.

   나. 구분(㉕란) : 해당 부속명세서에 따라 아래의 코드를 적습니다.

구분	제조	공사	임대	분양	운송	기타
코드	41	42	43	44	45	46

   다. 계정과목(㉕~㉘란): 해당 사업연도에 계상한 비용에 대하여 "부속명세서[별지 제3호의3(3) 서식]"의 각 계정과목별 코드, 계정과목명, 금액(부속명세서 금액)을 적습니다.

   라. 지출증명서류 수취금액(㉙~㉞란): 각 계정과목별로 신용카드 매출전표등 「법인세법」 제116조 제2항 각 호의 지출증명서류 수취금액을 적습니다. 다만, 개인 신용카드 등(㉛)의 경우에는 법인 업무용으로 사용된 것으로 「법인세법」상 인정되는 것에 한정하여 적습니다.

8. 신용카드가맹점 가입·발급의무 등

1. 신용카드 가맹점의 가맹 및 가맹점의 의무

국세청장은 주로 사업자가 아닌 소비자에게 재화나 용역을 공급하는 법인으로서 소득세법 시행령 [별표 3의2]에 따른 소비자상대업종을 영위하는 법인에 대하여 납세관리를 위하여 필요하다고 인정되면 신용카드가맹점가입대상자로 지정하여 신용카드가맹점으로 가입하도록 지도할 수 있다(**법법 §117①**).

신용카드가맹점에 가맹한 법인은 사업과 관련하여 신용카드에 의한 거래를 이유로 재화나 용역을 공급하고 그 사실과 다르게 신용카드 매출전표를 발급하여서는 아니 된다. 다만, 유통산업발전법 제2조에 따른 대규모 점포 또는 「체육시설의 설치·이용에 관한 법률」 제3조에 따른 체육시설을 운영하는 사업자가 판매시점정보관리시스템을 설치·운영하는 등 전사적기업자원관리설비 또는 판매시점정보관리시스템 설비를 설치·운영하는 방법으로 다른 사업자의 매출과 합산하여 신용카드 매출전표를 발급하는 경우에는 사실과 다르게 발급한 것으로 보지 아니한다(**법법 §117②, 법령 §159② · ③**).

[별표 3의 2] (2024. 2. 28. 개정)

◎ 소비자상대업종(제210조의2 제1항 및 제210조의3 제1항 관련) ◎

구 분	업 종
1. 소매업	복권소매업 등 기획재정부령으로 정하는 업종을 제외한 소매업 전체 업종
2. 숙박 및 음식점업	숙박 및 음식점업 전체 업종
3. 제조업	양복점업 등 기획재정부령으로 정하는 업종
4. 건설업	실내건축 및 건축마무리 공사업
5. 도매업	자동차중개업
6. 부동산업 및 임대업	가. 부동산 중개 및 대리업 나. 부동산 투자 자문업 다. 부동산 감정평가업(감정평가사업을 포함한다) 라. 의류 임대업
7. 운수업	가. 전세버스 운송업 나. 「화물자동차 운수사업법 시행령」 제3조 제1호에 따른 이사화물운송주선사업 다. 특수여객자동차 운송업(장의차량 운영업) 라. 주차장 운영업 마. 여행사업 바. 기타 여행보조 및 예약 서비스업

구 분	업 종
	사. 여객 자동차 터미널 운영업
	아. 소화물 전문 운송업
	자. 기타 해상 운송업(낚시어선업으로 한정함) 23 신설 ('24. 1. 1.부터 시행)
8. 전문·과학 및 기술서비스업	가. 변호사업
	나. 변리사업
	다. 공증인업
	라. 법무사업
	마. 행정사업
	바. 공인노무사업
	사. 공인회계사업(기장대리를 포함한다)
	아. 세무사업(기장대리를 포함한다)
	자. 건축설계 및 관련 서비스업
	차. 기술사업
	카. 심판변론인업
	타. 경영지도사업
	파. 기술지도사업
	하. 손해사정인업
	거. 통관업
	너. 측량사업
	더. 인물 사진 및 행사용 영상 촬영업
	러. 사진처리업
9. 교육서비스업	가. 컴퓨터학원
	나. 속기학원 등 그 외 기타 분류 안 된 교육기관
	다. 운전학원
	라. 자동차정비학원 등 기타 기술 및 직업훈련학원
	마. 일반 교과 학원
	바. 외국어학원
	사. 방문 교육 학원
	아. 온라인 교육 학원
	자. 기타 교습학원
	차. 예술 학원
	카. 태권도 및 무술 교육기관
	타. 기타 스포츠 교육기관
	파. 청소년 수련시설 운영업(교육목적용으로 한정한다)
	하. 기타 교육지원 서비스업
10. 보건업 및 사회복지서비스업	가. 종합병원
	나. 일반병원
	다. 치과병원
	라. 한방병원
	마. 요양병원

구 분	업 종
	바. 일반의원(일반과, 내과, 소아청소년과, 일반외과, 정형외과, 신경과, 정신건강의학과, 피부과, 비뇨의학과, 안과, 이비인후과, 산부인과, 방사선과 및 성형외과)
	사. 기타의원(마취통증의학과, 결핵과, 가정의학과, 재활의학과 등 달리 분류되지 아니한 병과)
	아. 치과의원
	자. 한의원
	차. 수의업
	타. 앰뷸런스 서비스업 23 신설 ('24. 1. 1.부터 시행)
11. 예술, 스포츠 및 여가 관련 서비스업	가. 영화관 운영업
	나. 비디오물 감상실 운영업
	다. 독서실 운영업(스터디카페 포함) 23 신설 ('24. 1. 1.부터 시행)
	라. 박물관 운영업
	마. 식물원 및 동물원 운영업
	바. 실내 경기장 운영업
	사. 실외 경기장 운영업
	아. 경주장 운영업(경마장 운영업 포함)
	자. 골프장 운영업
	차. 스키장 운영업
	카. 체력단련시설 운영업
	타. 수영장 운영업
	파. 볼링장 운영업
	하. 당구장 운영업
	거. 종합 스포츠시설 운영업
	너. 골프연습장 운영업
	더. 스쿼시장 등 그외 기타 스포츠시설 운영업
	러. 컴퓨터 게임방 운영업
	머. 노래연습장 운영업
	버. 오락사격장 등 기타 오락장 운영업
	서. 해수욕장 운영 등 기타 수상오락 서비스업
	어. 낚시장 운영업
	저. 무도장 운영업
	처. 유원지 및 테마파크 운영업
	커. 기원 운영업
12. 협회 및 단체, 수리 및 기타 개인서비스업	가. 컴퓨터 및 주변 기기 수리업
	나. 통신장비 수리업
	다. 자동차 종합 수리업
	라. 자동차 전문 수리업
	마. 자동차 세차업
	바. 모터사이클 수리업

구 분	업 종
	사. 가전제품 수리업
	아. 의복 및 기타 가정용 직물제품 수리업
	자. 가죽, 가방 및 신발수리업
	차. 시계, 귀금속 및 악기 수리업
	카. 보일러수리 등 그 외 기타 개인 및 가정용품 수리업
	타. 이용업
	파. 두발 미용업
	하. 피부 미용업
	거. 손·발톱 관리 등 기타 미용업
	너. 욕탕업
	더. 마사지업
	러. 비만 관리 센터 등 기타 신체관리 서비스업
	머. 가정용 세탁업
	버. 세탁물 공급업
	서. 장례식장 및 장의관련 서비스업
	어. 화장터 운영, 묘지 분양 및 관리업
	저. 예식장업
	처. 점술 및 유사 서비스업
	커. 산후 조리원
	터. 결혼 상담 및 준비 서비스업
	퍼. 애완 동물 장묘 및 보호 서비스 24 신설 ('25. 1. 1. 이후 공급하는 분부터 적용)
13. 가구내 고용활동	놀이방·어린이집(「영유아보육법」 제13조에 따라 설치·인가된 경우는 제외한다)

비고 : 업종의 구분은 한국표준산업분류를 기준으로 한다. 다만, 위 표에서 특별히 규정하는 업종의 경우에는 그러하지 아니하다.

개정 **소비자 상대업종 추가**(소령 별표 3의2)

종 전	개 정
□ 소비자 상대업종*	□ 대상 업종 추가
* 현금영수증 가맹점 가입의무 등 부여	
○ 소매업, 숙박 및 음식점업 등 199개 업종	○ (좌 동)
<추 가>	○ 애완동물 장묘·보호서비스업
<개정이유> 소득파악 및 세원양성화 제고	
<적용시기> '25. 1. 1. 이후 재화·용역을 공급하는 분부터 적용	

2. 신용카드 거래 거부 및 사실과 다르게 발급받은 내용의 신고 및 처리

(1) 신용카드 거래 거부 및 사실과 다르게 발급받은 내용의 신고

신용카드가맹점으로부터 신용카드에 의한 거래가 거부되거나 신용카드 매출전표를 사실과 다르게 발급받은 자는 그 거래 내용을 국세청장, 지방국세청장 또는 세무서장에게 신고할 수 있다(법법 §117③). 신용카드가맹점으로부터 신용카드에 의한 거래가 거부되거나 사실과 다르게 신용카드매출전표를 발급받은 자가 그 내용을 신고하려는 때에는 다음의 사항이 포함된 신고서에 관련 사실을 증명할 수 있는 서류 또는 자료를 첨부하여 그 거래가 거부되거나 사실과 다르게 발급받은 날부터 1개월 이내에 국세청장 · 지방국세청장 또는 세무서장에게 제출하여야 한다. 다만, 증명서류나 자료는 가능한 경우에만 첨부한다(법령 §159④).

① 신고자 성명
② 신용카드가맹점 명칭
③ 신용카드에 의한 거래가 거부되거나 사실과 다르게 발급받은 일시 · 거래내용 및 금액

(2) 신용카드 거래 거부 및 사실과 다르게 발급받은 내용의 신고를 받은 경우의 처리

신용카드 거래 거부 및 사실과 다르게 발급받은 내용의 신고를 받은 자는 신용카드가맹점의 납세지 관할 세무서장에게 이를 통보하여야 하며, 납세지 관할 세무서장은 해당 사업연도의 신고금액을 해당 신용카드가맹점에 그 사업연도 종료 후 2개월 이내에 통보하여야 한다(법법 §117④, 법령 §159⑤). 국세청장은 신용카드에 의한 거래를 거부하거나 신용카드 매출전표를 사실과 다르게 발급한 신용카드가맹점에 대하여 그 시정에 필요한 명령을 할 수 있다(법법 §117⑤).

☞ 신용카드 관련 가산세는 제18장 가산세 "7-1"을 참조할 것.

9. 현금영수증가맹점 가입 및 현금영수증발급의무

1. 현금영수증 제도의 이해

현금영수증제도란 건전한 소비문화 정착과 투명한 조세정의 실현을 위해 2005년부터 시행되는 제도이다. 소비자대상 업종을 영위하는 사업자가 사업과 관련하여 재화 또는 용역을 공급하고 거래상대방으로부터 현금을 지급받은 후 거래상대방이 현금영수증 발급을 요청하면 현금영수증가맹점은 현금영수증발급장치를 통해 현금영수증을 발급해야 한다. 현금영수증을 발급하면 그 건별 내역이 국세청에 통보되어 거래가 투명하게 노출된다.

◉ 현금영수증 발급의 세부내용 ◉

구 분	내 용
• 발급대상금액	1원 이상
• 발급방법	최종 소비자에게는 "현금(소득공제)"를, 사업자에게는 "현금(지출증빙)"을 표기하여 발급함.
• 기재사항	승인번호, 가맹점 인적사항(사업자등록번호·상호·성명·소재지 등), 거래일자, 공급가액, 부가가치세, 소비자 인증수단(카드번호·주민번호·사업자번호·휴대전화번호 중 하나)
• 취소방법	당초 승인거래의 승인번호, 승인일자, 취소사유(1 : 거래취소, 2 : 오류발급, 3 : 기타)를 입력하고 "현금결제취소"표기를 하여야 함.
• 자진발급	소비자가 현금영수증 발급을 요청하지 아니하는 경우에도 휴대폰번호 등이 아닌 국세청 지정 코드(010 - 000 - 1234)로 발급 가능. 자진발급 기한은 현금을 받은 날부터 5일 이내임.

2. 현금영수증가맹점 가입

소비자대상업종(소득세법 시행령 별표 3의2에 열거된 업종)을 영위하는 법인은 그 요건에 해당하는 날의 말일부터 3개월 이내에 현금영수증가맹점으로 가입하여야 한다(법법 §117의2①, 법령 §159의2①). 다만, 국가, 지방자치단체 및 현금영수증가맹점으로 가입하기 곤란한 경우로서 다음에 해당하는 법인은 제외한다(법칙 §79의2).

① 국가 및 지방자치단체

② 항공운송업을 영위하는 법인(외국을 항행하는 항공기 안에서 영위하는 소매업만 해당한다)

③ 법인세법 제117조의2 제3항 단서[23]에 따라 사실과 다르게 발급한 것으로 보지 아니하는 사업자를 통하여 현금영수증을 발급하는 법인

이에 따라 현금영수증가맹점으로 가입한 법인은 국세청장이 정하는 바에 따라 현금영수증가맹점을 나타내는 표지를 게시하여야 한다(법법 §117의2②).

3. 현금영수증의 발행

현금영수증가맹점은 사업과 관련하여 재화나 용역을 공급하고, 그 상대방이 대금을 현금으로 지급한 후 현금영수증 발급을 요청하는 경우에는 이를 거부하거나 사실과 다르게 발급하여서는 아니 된다. 다만, 항공운송업을 영위하는 법인이 항공기에서 재화를 판매하는 경우에는 현금영수증을 발급하지 아니할 수 있고,「유통산업발전법」제2조에 따른 대규모 점포 또는「체육시설의 설치·이용에 관한 법률」제3조에 따른 체육시설을 운영하는 사업자가 전사적기업자원관리설비 또는 판매시점정보관리시스템설비를 설치·운영하는 방법으로 다른 사업자의 매출과 합산하여 현금영수증을 발급한 경우에는 사실과 다르게 발급한 것으로 보지 아니한다(법법 §117의2②, 법령 §159의2②~④).

현금영수증가맹점으로 가입한 법인은 재화 또는 용역을 공급받은 상대방이 현금영수증의 발급을 요청하지 아니하는 경우에도 그 대금을 받은 날부터 5일 이내에 무기명(01000001234)으로 현금영수증을 발급할 수 있다(법법 §117의2⑦, 법령 §159의2⑧).

4. 현금영수증 미발행 및 거부 신고

현금영수증가맹점 또는 법인세법 제117조의2 제4항에 따라 현금영수증을 발급해야 하는 내국법인으로부터 재화나 용역을 공급받은 자는 그 대가를 현금으로 지급한 후 현금영수증 발급이 거부되거나 사실과 다르게 발급받은 경우에는 그 현금거래 내용을 국세청장, 지방국세청장 또는 세무서장에게 신고할 수 있다(법법 §117의2⑤). 이 경우 현금영수증가맹점으로부터 현금영수증 발급이 거부되거나 사실과 다른 현금영수증을 발급받은 자가 그 거래내용을 신고하려는 때에는 다음의 사항이 포함된 신고서에 관련 사실을 증명할 수 있는 서류 또는 자료를 첨부하여 현금영수증 발급이 거부되거나 사실과 다르게 발급받은 날부터 5년 이내에 국세청장·지방국세청장 또는 세무서장에게 제

---

23)「유통산업발전법」제2조에 따른 대규모 점포 또는「체육시설의 설치·이용에 관한 법률」제3조에 따른 체육시설을 운영하는 사업자가 전사적기업자원관리설비 또는 판매시점정보관리시스템설비를 설치·운영하는 방법으로 다른 사업자의 매출과 합산하여 현금영수증을 발급한 경우에는 사실과 다르게 발급한 것으로 보지 아니한다(법법 §117의2③, 법령 §159의2②~④).

출하여야 한다(법령 §159의2⑦). 24 개정 (밑줄 친 부분 추가)

① 신고자 성명

② 현금영수증가맹점 또는 법인세법 제117조의2 제4항에 따라 현금영수증을 발급해야 하는 내국법인의 상호 24 개정 (밑줄 친 부분 추가)

③ 현금영수증 발급이 거부되거나 사실과 다르게 발급받은 일자·거래내용 및 금액

신고를 받은 자는 현금영수증가맹점의 납세지 관할 세무서장에게 이를 통보하여야 한다. 이 경우 납세지 관할 세무서장은 해당 사업연도의 신고금액을 해당 현금영수증가맹점에 통보하여야 한다(법법 §117의2⑥).

5. 현금영수증 미발행 및 거부신고에 대한 처리

현금영수증 미발행 및 거부신고를 받은 자는 현금영수증가맹점의 납세지 관할 세무서장에게 이를 통보하여야 한다. 이 경우 납세지 관할 세무서장은 해당 사업연도의 신고금액을 해당 현금영수증가맹점에 통보하여야 한다(법법 §117의2⑥).

☞ 현금영수증 관련 가산세는 제18장 가산세 "7-2"를 참조할 것

10. 가상자산 거래내역 등의 제출

　「특정 금융거래정보의 보고 및 이용 등에 관한 법률」 제7조에 따라 신고가 수리된 가상자산사업자는 가상자산 거래내역 등 법인세 부과에 필요한 자료를 기획재정부령으로 정하는 가상자산거래명세서 및 가상자산거래집계표를 거래가 발생한 날이 속하는 분기 <u>또는 연도</u>의 종료일의 다음다음 달 말일까지 납세지 관할 세무서장에게 제출하여야 한다(법법 §120의4, 법령 §163의3). 24 개정 (밑줄 친 부분 추가)

11. 해외현지법인등의 자료 제출의무

2023. 12. 31. 국조법 개정시 해외신탁명세 제출의무 규정이 신설되었으나, 그 규정은 2025. 1. 1.부터 시행되므로 2025년판에 반영할 계획이므로 2024년판에는 그 내용을 다루지 않았다.

1. 해외직접투자명세등의 제출

해외직접투자(외국환거래법 §3①(18))를 한 거주자(외국인단기거주자 제외) 또는 내국법인은 「소득세법」에 따른 과세기간 또는 「법인세법」에 따른 사업연도 종료일이 속하는 달의 말일부터 6개월 이내에 다음의 자료(이하 "해외직접투자명세등"이라 함)를 납세지 관할 세무서장에게 제출하여야 한다(국조법 §58①).

구 분	해외직접투자명세등
① 「외국환거래법」 제3조 제1항 제18호 가목[24]에 따른 해외직접투자를 한 거주자 또는 내국법인	해외현지법인명세서(국조칙 별지 제47호 서식)
② ①에 해당하는 거주자 또는 내국법인 중 다음 중 어느 하나에 해당하는 거주자 또는 내국법인 ㉮ 피투자법인의 발행주식 총수 또는 출자총액의 10% 이상을 소유하고 그 투자금액이 1억원 이상인 거주자 또는 내국법인 ㉯ 피투자법인의 발행주식 총수 또는 출자총액의 10% 이상을 직접 또는 간접으로 소유하고 있고, 피투자법인과 특수관계(국조법 §2①(3))에 있는 거주자 또는 내국법인	해외현지법인명세서(국조칙 별지 제47호 서식)와 해외현지법인 재무상황표(국조칙 별지 제48호 서식)
③ ②의 ㉯에 해당하는 거주자 또는 내국법인 중 해외직접투자를 한 거주자 또는 내국법인의 손실거래(해외직접투자를 받은 외국법인과의 거래에서 발생한 손실거래로 한정함) 또는 해외직접투자를 받은 외국법인의 손실거래(해외직접투자를 한 내국법인과의 거래에서 발생한 손실거래는 제외함)의 건별 손실금액이 다음 구분에 따른 요건을 갖춘 거주자 또는 내국법인	해외현지법인 명세서(국조칙 별지 제47호 서식), 해외현지법인 재무상황표와 손실거래명세서(국조칙 별지 제49호 서식)

---

[24] 외국환거래법 §3①(18)가 : 외국법령에 따라 설립된 법인(설립 중인 법인을 포함함)이 발행한 증권을 취득하거나 그 법인에 대한 금전의 대여 등을 통하여 그 법인과 지속적인 경제관계를 맺기 위하여 하는 거래 또는 행위로서 대통령령으로 정하는 것

구 분	해외직접투자명세등
㉮ 거주자 : 손실거래금액이 단일 과세기간에 10억원 이상이거나 최초 손실이 발생한 과세기간부터 5년이 되는 날이 속하는 과세기간까지의 누적 손실금액이 20억원 이상일 것 ㉯ 내국법인 : 손실거래금액이 단일 사업연도에 50억원 이상이거나 최초 손실이 발생한 사업연도부터 5년이 되는 날이 속하는 사업연도까지의 누적 손실금액이 100억원 이상일 것	
④ 「외국환거래법」 제3조 제1항 제18호 나목[25]에 따른 해외직접투자를 한 거주자 또는 내국법인	해외영업소 설치현황표(국조칙 별지 제50호 서식)

세부내용 손실거래금액의 범위 및 산정방법

손실거래금액은 다음에 따른 손실을 말한다(국조령 §98③).

① 자산의 매입·처분·증여·평가·감액 등으로 인한 손실. 다만, 다음에 해당하는 손실은 제외한다.
  ㉮ 사업목적에 따른 재고자산의 매입·판매로 인한 손실
  ㉯ 사업목적으로 사용되는 유형자산 및 무형자산의 감가상각비
  ㉰ 유가증권시장(외국유가증권시장 포함)에서 거래되는 유가증권의 처분·평가·감액으로 인한 손실
  ㉱ 화폐성 외화자산의 환율변동에 의한 평가로 인한 손실
② 부채(충당금을 포함하며, 미지급 법인세는 제외함) 인식·평가·상환 등으로 인한 손실. 다만, 화폐성 외화부채의 환율변동에 의한 평가로 인한 손실은 제외한다.
③ 증자·감자·합병·분할 등 자본거래로 인한 손실

손실거래금액은 거주자 또는 내국법인의 경우에는 기업회계기준에 따라 산출하고, 피투자법인의 경우에는 피투자법인의 거주지국에서 재무제표를 작성할 때 일반적으로 인정되는 회계원칙에 따라 산출한다. 다만, 그 거주지국에서 일반적으로 인정되는 회계원칙이 우리나라의 기업회계기준과 현저히 다른 경우에는 우리나라의 기업회계기준을 적용하여 산출한다.

2. 해외부동산등명세의 제출

자본거래(외국환거래법 §3①(19))에 따른 외국에 있는 부동산 또는 이에 관한 권리(이하 "해외부동산등"이라 함)를 취득하여 보유하고 있거나 처분한 거주자 또는 내국법인이 다음 중 어느 하나에 해당하는 경우에는 「소득세법」에 따른 과세기간 또는 「법인세법」에 따른 사업연도 종료일이 속하는 달의 말일부터 6개월 이내에 해외부동산등의 취득·보유·투자운용(임대) 및 처분 명세서를 납세지 관할 세무서장에게 제출하여야 한다(국조법 §58②).

---

25) 외국에서 영업소를 설치·확장·운영하거나 해외사업 활동을 하기 위하여 자금을 지급하는 행위로서 대통령령으로 정하는 것

구　분	해외부동산등명세등
① 해외부동산등의 취득가액이 2억원 이상인 경우	해외부동산등의 취득·투자운용(임대 포함)·처분 명세 및 과세기간 또는 사업연도 종료일 현재 보유현황
② 해외부동산등의 취득가액이 2억원 미만으로서 처분가액이 2억원 이상인 경우	해외부동산등의 처분 명세

취득가액 및 처분가액은 다음과 같이 계산한다. 이 경우 외화의 원화 환산은 외화를 수령하거나 지급한 날의 기준환율 또는 재정환율을 적용하여 계산한다(국조법 §58⑦).

① 취득가액 : 다음의 구분에 따른 금액

　㉮ 거주자 : 「소득세법」 제118조의4 제1항 제1호에 따른 취득가액

　㉯ 내국법인 : 「법인세법」 제41조에 따른 취득가액

② 처분가액 : 「소득세법」 제118조의3에 따른 양도가액

3. 해외현지법인 등의 자료 제출 및 보완 요구

과세당국은 거주자 또는 내국법인이 해외직접투자자명세등·해외부동산등명세(이하 "해외현지법인명세서등"이라 함)를 제출하지 아니하거나 거짓된 해외현지법인명세서등을 제출한 경우에는 해외현지법인명세서등의 제출이나 보완을 요구할 수 있다. 다만, 자료 제출기한의 다음 날부터 2년이 지난 경우에는 해외현지법인명세서등의 제출이나 보완을 요구할 수 없다(국조법 §58⑤). 이 규정에 따라 자료 제출 또는 보완을 요구받은 자는 그 요구를 받은 날부터 60일 이내에 해당 자료를 제출하여야 한다(국조법 §58⑥).

4. 해외현지법인 등의 자료 제출의무 불이행 시 취득자금 출처에 대한 소명

(1) 취득자금 출처에 대한 소명요구

과세당국은 거주자 또는 내국법인이 소명 요구일 전 10년 이내에 해외직접투자를 받은 외국법인의 주식 또는 출자지분을 취득하거나 해외부동산등을 취득한 경우로서 다음 중 어느 하나에 해당하는 경우에는 그 거주자 또는 내국법인에 다음 구분에 따른 금액(「외국환거래법」 제18조에 따라 신고한 금액은 제외하며, 이하 "취득자금출처소명대상금액"이라 한다)의 출처에 관하여 소명을 요구할 수 있다(국조법 §59①).

① 「외국환거래법」 제3조 제1항 제18호 가목에 따른 해외직접투자를 한 거주자 또는 내

국법인이 해외직접투자를 받은 법인의 발행주식 총수 또는 출자총액의 10% 이상을 직접 또는 간접으로 소유한 경우로서 해외현지법인 등에 대한 자료제출기한까지 자료를 제출하지 아니하거나 거짓된 자료를 제출한 경우 : 「외국환거래법」 제3조 제1항 제18호 가목에 따른 해외직접투자를 받은 외국법인의 주식 또는 출자지분의 취득에 든 금액

② 해외부동산등에 대한 자료제출기한까지 자료를 제출하지 아니하거나 거짓된 자료를 제출한 경우 : 해외부동산등의 취득에 든 금액

(2) 소명기한

소명을 요구받은 거주자 또는 내국법인은 통지를 받은 날부터 90일 이내(이하 "소명기간"이라 한다)에 취득자금 소명대상 금액의 출처 확인서를 제출하여 소명을 하여야 한다. 이 경우 소명을 요구받은 내국법인이 소명을 요구받은 금액의 80% 이상에 대하여 출처를 소명한 경우에는 소명을 요구받은 전액에 대하여 소명한 것으로 본다(국조법 §59②).

(3) 소명기한의 연장

내국법인이 자료의 수집·작성에 상당한 기간이 걸리는 등 대통령령으로 정하는 부득이한 사유로 소명기간의 연장을 신청하는 경우에는 납세지 관할 세무서장은 60일의 범위에서 한 차례만 연장할 수 있다(국조법 §59③, 국조령 §99②, 국조령 §97③).

① 화재·재난 및 도난 등의 사유로 자료를 제출할 수 없는 경우

② 사업이 중대한 위기에 처하여 자료를 제출하기 매우 곤란한 경우

③ 관련 장부·서류가 권한 있는 기관에 압수되거나 영치된 경우

④ 자료의 수집·작성에 상당한 기간이 걸려 기한까지 자료를 제출할 수 없는 경우

⑤ 위 ①부터 ④까지의 규정에 따른 사유와 유사한 사유가 있어 기한까지 자료를 제출할 수 없다고 판단되는 경우

5. 자료 제출의무 불이행에 대한 과태료

해외현지법인등의 자료 제출의무 불이행시 다음과 같이 과태료를 부과한다. 이 규정에 따른 과태료를 과세당국이 부과·징수한다(국조법 §59⑤).

(1) 해외직접투자명세등 자료제출 의무 불이행에 대한 과태료

해외직접투자명세등의 자료 제출의무가 있는 거주자 또는 내국법인(같은 항 제1호부터 제4호까지의 규정에 따른 자료는 「외국환거래법」 제3조 제1항 제18호에 따른 해외직접투자

를 한 거주자 또는 내국법인이 해외직접투자를 받은 법인의 발행주식 총수 또는 출자총액의 10% 이상을 직접 또는 간접으로 소유한 경우만 해당함)이 다음 중 어느 하나에 해당하는 경우 그 거주자 또는 그 내국법인에는 5천만원 이하의 과태료를 부과한다. 다만, 자료제출기한 또는 자료 제출 및 보완 요구를 받은 제출기한까지 자료 제출이 불가능하다고 인정되는 경우 등 대통령령으로 정하는 부득이한 사유[26]가 있는 경우에는 과태료를 부과하지 아니한다(국조법 §59③).

① 제출기한까지 해외직접투자명세등을 제출하지 아니하거나 거짓된 해외직접투자명세등을 제출하는 경우

② 자료 제출 또는 보완을 요구받고 제출기한까지 해당 자료를 제출하지 아니하거나 거짓된 자료를 제출하는 경우

(2) 해외직접투자명세등 자료제출 의무 불이행에 대한 과태료

해외부동산등명세를 제출할 의무가 있는 거주자 또는 내국법인이 다음 중 어느 하나에 해당하는 경우 그 거주자 또는 내국법인에는 해외부동산등의 취득가액, 처분가액 및 투자운용 소득의 10% 이하의 과태료(1억원 한도)를 부과한다. 다만, 자료제출기한 또는 자료 제출 및 보완 요구를 받은 제출기한까지 자료 제출이 불가능하다고 인정되는 경우 등 대통령령으로 정하는 부득이한 사유가 있는 경우에는 과태료를 부과하지 아니한다(국조법 §59③).

① 제출기한까지 해외부동산등명세를 제출하지 아니하거나 거짓된 해외부동산등명세를 제출하는 경우

② 자료 제출 또는 보완을 요구받고 제출기한까지 해당 자료를 제출하지 아니하거나 거짓된 자료를 제출하는 경우

(3) 취득자금출처를 소명하지 않은 경우 과태료

거주자 또는 내국법인이 법령을 위반하여 취득자금출처소명대상금액의 출처에 대하여 소명하지 아니하거나 거짓으로 소명한 경우에는 소명하지 아니하거나 거짓으로 소명한 금액의 20%에 상당하는 과태료를 부과한다. 다만, 천재지변 등 대통령령으로 정하는 부득이한 사유가 있는 경우[27]에는 과태료를 부과하지 아니한다.

---

26) "기한까지 자료 제출이 불가능하다고 인정되는 경우 등 대통령령으로 정하는 부득이한 사유"란 다음의 사유를 말한다(국조령 §148②).
 ① 화재·재난 및 도난 등의 사유로 자료를 제출할 수 없는 경우
 ② 사업이 중대한 위기에 처하여 자료를 제출하기 매우 곤란한 경우
 ③ 관련 장부·서류가 권한 있는 기관에 압수되거나 영치된 경우
 ④ 자료의 수집·작성에 상당한 기간이 걸려 기한까지 자료를 제출할 수 없는 경우
 ⑤ ①부터 ②까지의 규정에 따른 사유와 유사한 사유가 있어 기한까지 자료를 제출할 수 없다고 인정되는 경우
27) "천재지변 등 대통령령으로 정하는 부득이한 사유가 있는 경우"란 다음의 경우를 말한다(국조령 §148⑤).
 ① 천재지변, 화재·재난, 도난 등 불가항력적인 사유로 증명서류 등이 없어져 소명이 불가능한 경우

(4) 구체적인 과태료부과기준

[별표] (2024. 2. 29. 개정)

◎ 과태료의 부과기준(제104조 제1항 관련) ◎

위반행위		근거 법조문	과태료	
			거주자인 경우	내국법인인 경우
1. 해외직접투자명세 등의 자료 제출의무가 있는 거주자 또는 내국법인인 경우	가. 법 제58조 제1항에 따른 기한까지 다음의 자료를 제출하지 않거나 거짓된 자료를 제출한 경우 1) 해외현지법인 명세서 2) 해외현지법인 재무상황표 3) 손실거래명세서 4) 해외영업소 설치 현황표	법 제91조 제1항 제1호	건별 500만원	건별 1천만원
	나. 법 제58조 제5항에 따라 자료 제출 또는 보완을 요구받은 날부터 60일 이내에 다음의 자료를 제출하지 않거나 거짓된 자료를 제출한 경우 (2024. 2. 29. 개정) 1) 해외현지법인 명세서 2) 해외현지법인 재무상황표 3) 손실거래명세서 4) 해외영업소 설치 현황표	법 제91조 제1항 제2호	건별 500만원	건별 1천만원
2. 해외부동산등명세의 자료 제출의무가 있는 거주자 또는 내국법인인 경우	가. 법 제58조 제2항 각 호 외의 부분에 따른 기한까지 다음의 자료를 제출하지 않거나 거짓된 자료를 제출한 경우 1) 해외부동산등 취득명세	법 제91조 제2항 제1호	해외부동산등 취득가액의 10퍼센트 (1억원을 한도로 한다)	
	2) 해외부동산등 보유명세		해외부동산등 취득가액의 10퍼센트 (1억원을 한도로 한다)	
	3) 해외부동산등 투자운용(임대)명세		해외부동산등 투자운용 소득의 10퍼센트 (1억원을 한도로 한다)	
	4) 해외부동산등 처분명세		해외부동산등 처분가액의 10퍼센트 (1억원을 한도로 한다)	

② 해당 해외현지법인, 해외부동산등 또는 해외신탁재산의 소재 국가의 사정 등으로 소명이 불가능한 경우

위반행위	근거 법조문	과태료	
		거주자인 경우	내국법인 인 경우
나. 법 제58조 제5항에 따라 자료 제출 또는 보완을 요구받은 날부터 60일 이내에 다음의 자료를 제출하지 않거나 거짓된 자료를 제출한 경우 (2024. 2. 29. 개정)	법 제91조 제2항 제2호		
1) 해외부동산등 취득명세		해외부동산등 취득가액의 10퍼센트 (1억원을 한도로 한다)	
2) 해외부동산등 보유명세		해외부동산등 취득가액의 10퍼센트 (1억원을 한도로 한다)	
3) 해외부동산등 투자운용(임대)명세		해외부동산등 투자운용 소득의 10퍼센트 (1억원을 한도로 한다)	
4) 해외부동산등 처분명세		해외부동산등 처분가액의 10퍼센트 (1억원을 한도로 한다)	

12. 법인의 설립·설치신고 및 사업자등록신청

1. 법인의 설립 또는 설치신고

(1) 내국법인의 경우

내국법인은 그 설립등기일(사업의 실질적 관리장소를 두게 되는 경우에는 그 실질적 관리장소를 두게 된 날을 말하며, 법인과세신탁재산의 경우에는 설립일을 말한다)부터 2개월 이내에 다음의 사항을 적은 법인설립신고서에 대통령령으로 정하는 주주 등의 명세서와 사업자등록서류 등을 첨부하여 납세지 관할 세무서장에게 신고하여야 한다. 이 경우 「법인세법」 제111조에 따른 사업자등록을 한 때에는 법인 설립신고를 한 것으로 본다(법법 §109①).

① 법인의 명칭과 대표자의 성명[법인과세 신탁재산의 경우에는 법인과세 수탁자(둘 이상의 수탁자가 있는 경우 대표수탁자 및 그 외의 모든 수탁자를 말한다)의 명칭과 대표자의 성명을 말한다][28]

② 본점이나 주사무소 또는 사업의 실질적 관리장소의 소재지(법인과세 신탁재산의 경우 법인과세 수탁자의 본점이나 주사무소 또는 사업의 실질적 관리장소의 소재지를 말한다)

③ 사업목적

④ 설립일

여기서 "대통령령으로 정하는 주주 등의 명세서"란 주식 등의 실제소유자를 기준으로 다음의 내용을 적은 서류로서 기획재정부령으로 정하는 주주 등의 명세서를 말한다(법령 §152①).

① 주주 등의 성명 또는 법인명, 주민등록번호·사업자등록번호 또는 고유번호

② 주주 등별 주식 등의 보유현황

(2) 외국법인의 경우

외국법인이 국내사업장을 가지게 된 때에는 그 날부터 2개월 이내에 다음의 사항을 적은 국내사업장설치신고서에 국내사업장을 가지게 된 날 현재의 재무상태표, 본점 등의 등기에 관한 서류, 정관을 첨부하여 이를 납세지 관할 세무서장에게 신고하여야 한다. 이 경우 「법인세법」 제94조 제3항에 따른 사업장을 가지게 된 외국법인은 국내사업장 설치신고서만 제출할 수 있다(법법 §109②, 법령 §152④).

---

[28] 유한책임회사를 대표할 업무집행자가 법인이거나 협동조합법인을 대표할 임원인 이사장이 법인인 경우 해당 유한책임회사 등이 「법인세법」에 따른 법인설립신고 또는 사업자등록을 하는 때에는 업무집행자 등인 법인을 대표자로 한다(법규-882, 2014. 8. 14.).

① 법인의 명칭과 대표자의 성명

② 본점 또는 주사무소의 소재지

③ 국내에서 수행하는 사업이나 국내에 있는 자산의 경영 또는 관리책임자의 성명

④ 국내사업의 목적 및 종류와 국내자산의 종류 및 소재지

⑤ 국내사업을 시작하거나 국내자산을 가지게 된 날

(3) 비영리법인의 경우

비영리내국법인은 수익사업에 대해 각 사업연도 소득에 대한 법인세를 납부할 의무가 있으며, 법인으로 보는 단체가 부가가치세 과세대상인 수익사업을 새로 시작한 경우 납세지 관할 세무서장에게 수익사업 개시신고 및 신고를 하여야 한다(법인-560, 2013. 10. 15.).

이 경우 비영리내국법인과 비영리외국법인의 경우도 새로 수익사업을 시작한 때에는 그 개시일로부터 2개월 이내에 신고를 하여야 한다(법법 §110).

(4) 「법인세법」에 따른 국내사업장 설치신고의 경우

「부가가치세법」 제8조에 따른 사업자등록신청과 「법인세법」 제109조에 따른 국내사업장 설치신고는 별개의 규정으로 해당 법에서 규정한 요건에 해당하는 경우 해당 법에 따라 등록 또는 신고를 하여야 한다(국제세원-297, 2009. 2. 10.).

2. 사업자등록신청[29]

(1) 개 요

신규로 사업을 개시하는 법인은 사업장마다 당해 사업의 개시일로부터 20일 이내에 사업자등록신청서를 관할 세무서장에게 제출하여 사업자등록을 하여야 한다.[30], [31]

이 경우 내국법인이 「법인세법」 제109조 제1항(전술한 "1"의 "(1)"를 말한다)에 따른 법인 설립하기 전에 등록하는 때에는 같은 항에 따른 주주 등의 명세서를 제출하여야 한다(법법 §111①). 또한 「부가가치세법」에 따라 사업자등록을 한 사업자는 당해 사업에 관하여 등록을 한 것으로 보며(법법 §111②), [32] 「부가가치세법」에 따라 법인과세 수탁자로서 사업자등록

---

29) 법인으로 보는 단체의 대표자가 확정되지 않아 사업자등록신청을 거부함은 정당하다(감사원 2001-20, 2001. 3. 13.).

30) 지점에서 상품 주문 및 거래처의 수주획득만 목적으로 소수의 영업직원만 상주시켜도 그 지점은 거래의 일부를 행하는 장소로 보아 「법인세법」 제111조에 따른 등록된 사업장에 해당한다(서면2팀-654, 2005. 5. 4.).

31) 법인의 대표자 변경시 즉시 사업자등록정정신고를 하여야 하며, 사업자등록 명의자와 실제사업자가 다르면 사실상의 사업자를 납세의무자로 본다(법인 46012-2892, 1996. 10. 18.).

32) 「부가가치세법」에 따른 사업자등록신청과 「법인세법」에 따른 국내사업장설치신고는 별개의 규정으로 요건에 해당하는 경우 해당 법에 따라 등록 또는 신고를 하여야 한다(국제세원-297, 2009. 2. 10.).

을 한 경우에는 그 법인과세 신탁재산에 관하여 등록을 한 것으로 본다(법법 §111③).

「부가가치세법」 제8조 및 「부가가치세법 시행령」 제11조부터 제16조까지의 규정은 「법인세법」의 규정에 따라 사업자등록을 하는 법인에 관하여 이를 준용한다(법법 §111③, 법령 §154②). 법인세법에 따라 법인설립신고를 한 경우에는 사업자등록신청을 한 것으로 본다.[33]

지점법인 사업자등록시 이사회 의사록 사본을 첨부할 수 없는 경우 지점임을 객관적으로 입증할 수 있는 서류를 제출할 수 있다(법인 46012-1615, 1998. 6. 18.). 그리고, 사업자등록증 상의 업종은 법인이 실제로 영위하는 사업의 내용을 기재하며(법인 46012-1885, 1998. 7. 9.), 법인이 영위하는 사업의 종류에 변동이 있는 때에는 지체없이 사업자등록정정신고를 하여야 한다(법인 46012-2056, 1997. 7. 25.).

(2) 2인 이상의 공동대표이사가 있는 경우

법인의 등기부상에 2인 이상의 공동대표이사로 등재되어 있는 경우에도 사업자등록증의 대표자란에는 사실상의 대표자 1인을 기재하여야 한다.

다만, 2인 이상의 대표이사가 담당사무별로 사실상 대표권을 행사하고 있는 경우에는 대표이사 전원을 기재할 수 있으며 이 경우 사업자등록증의 교부사유란에 각자의 담당사무를 기재하여야 한다(법기통 111-154…1).

(3) 두 개의 서로 다른 법인이 공동계약에 의해 공동사업을 하는 경우

두 개의 서로 다른 갑·을법인이 공동계약에 의하여 공동사업을 하는 경우, 당해 공동사업과 관련된 사업자등록은 갑·을법인과는 별개의 사업체로서 공동사업체의 인격에 따라 법인이나 개인으로 등록하여야 한다(재소비 46015-65, 2002. 3. 15.).

(4) 폐업 후 재개업하는 경우

폐업신고 후 재개업하는 경우 사업자등록증상의 개업일은 재개업일을 적은 것이며, 폐업 전 사업연도의 결손금은 공제가능하다(서면2팀-391, 2004. 3. 8.).

이 경우 종전의 사업자등록번호를 부여받아야 한다(서이 46012-10298, 2002. 2. 22.).

(5) 부동산임대업자의 하나의 사업장 지번이 인접한 경우

부동산임대업 사업자등록은 지번별로 하나 지번이 인접하여 있어 사실상 한 사업장으로 볼 수 있을 때에는 전체를 하나의 사업장으로 사업자등록 할 수 있다(법인-2894, 2008. 10. 15.).

---

33) 부가가치세 면제사업자가 「법인세법」상 법인설립신고하고 사업자등록증을 교부받은 것은 「부가가치세법」상 사업자등록 한 것으로 볼 수 없어, 과세사업 관련 매입세액을 공제받은 경우에는 등록전 매입세액으로 불공제함은 정당하다(심사 2002-2204, 2003. 2. 14.).

(6) 비영리법인의 경우

비영리법인이 「법인세법」 제3조 제3항 제1호 및 제7호와 「법인세법 시행령」 제2조 제1항에 따른 수익사업이 있는 경우에는 사업자등록증을 발급받아야 하는 것이며, 다만, 「법인세법 시행령」 제2조 제1항 단서에 해당되는 경우에는 고유번호증을 발급받을 수 있다.

이 경우 수익발생 여부에 관계없이 계약 등에 의하여 그 대가를 받고 연구 및 개발용역을 제공하는 사업을 영위하는 비영리법인은 수익사업을 영위하는 것이므로 사업자등록증을 발급받아야 한다.

그리고 고유번호증은 수익사업이 없는 비영리법인이 발급받는 것으로 동 비영리법인은 통상 법인세 신고의무가 없으며, 사업자등록증을 발급받은 비영리법인은 수익사업에 대한 법인세 신고의무가 있다(법인-1520, 2008. 7. 10.).

따라서 고유번호증을 발급받은 비영리법인 내에 특별회계로 운영되고 있는 협회기금은 별도의 고유번호를 부여하지 않는다(법인-357, 2009. 3. 27.).

제 18 장

가 산 세

1. 가산세의 개요

1. 개 념

조세행정의 편의, 징세비용의 절감 및 세수를 적기(適期)에 확보하기 위하여 납세자에게 장부의 비치·기장, 원천징수, 지급명세서의 제출, 계산서나 세금계산서의 발급 및 합계표의 제출, 적격지출증명서류 수취 및 보관, 현금영수증 가맹점으로의 가입 등 여러 가지 협력의무를 부여하고 있다. 이러한 협력의무를 위반한 자에 대하여는 가산세를 부과하는 등의 제재를 하고 있다.

가산세(加算稅)는 국세기본법 및 세법에서 규정하는 의무의 성실한 이행을 확보하기 위하여 세법에 따라 산출한 세액에 가산하여 징수하는 금액을 말하며(국기법 §2(4)), 가산세는 해당 의무가 규정된 세법의 해당 국세의 세목(稅目)으로 한다. 따라서 법인세에 대한 가산세는 법인세이고, 소득세에 대한 가산세는 소득세이다. 그러나 법인세나 소득세를 감면하는 경우에도 가산세는 별도의 규정이 없으면 감면대상 세액에는 포함시키지 않는다(국기법 §47②). 가산세는 납부할 세액에 가산하거나 환급받을 세액에서 공제해야 한다(국기법 §47③).

가산세는 그 형식이 세금이기는 하나 그 법적 성격은 과세권의 행사 및 조세채권의 실현을 용이하게 하기 위하여 납세자가 정당한 이유 없이 법에 규정된 신고·납세의무 등을 위반한 경우에 법령에 따라 부과하는 행정상의 제재이다(대법원 2001두 1918, 2002. 11. 13., 대법원 2001두 403, 2003. 9. 5.). 가산세는 의무를 규정한 각 세법에 규정되어 있으나, 신고와 납부와 관련된 가산세는 모든 국세의 공통적인 내용이므로 국세기본법에 규정되어 있다(국기법 §47의2~§47의5).

가산세 부과 시 납세자의 고의·과실은 고려되지 아니한다. 의무불이행에 대한 정당한 사유가 있는 경우에는 가산세를 감면하나, 법령의 부지·착오 등은 그 의무위반을 탓할 수 없는 정당한 사유에 해당하지 아니한다(대법원 2002두 10780, 2004. 6. 24.).

2. 가산세부과의 기준…비례의 원칙(과잉금지의 원칙)

국민의 모든 자유와 권리는 국가안전보장·질서유지 또는 공공복리를 위하여 필요한 경우에 한하여 법률로써 제한할 수 있으며, 제한하는 경우에도 자유와 권리의 본질적인 내용을 침해할 수 없다(헌법 §37②). 가산세는 그 형식이 세금이기는 하나 그 실질적 성격은 과세권의 행사 및 조세채권의 실현을 용이하게 하기 위하여 납세자가 정당한 이유 없이 법에 규정된 신고·납세의무 등을 위반한 경우에 법이 정하는 바에 의하여 부과하는 행정상의 제재라 할 것인데, 의무위반에 대한 책임의 추궁에 있어서는 의무위반의 정도와 부과되는 제재 사이에 적정한 비례관계가 유지되어야 하므로, 조세의 형식으로 부과되는 금전적 제재인 가산세 역시 의무위반의 정도에 비례하는 결과를 이끌어내는 그러한 비율에 의하여 산출되어야 하고, 그렇지 못한 경우에는 비례의 원칙에 어긋나서 재산권에 대한 침해가 된다(헌법재판소 2005. 11. 24. 선고 2004헌가 7 전원재판부 결정 참조).

비례의 원칙(과잉금지의 원칙)은 국가가 국민의 기본권을 제한하는 내용의 입법활동을 함에 있어서 준수하여야 할 기본원칙 내지 입법활동의 한계를 의미하는 것으로서, 국민의 기본권을 제한하려는 입법의 목적이 헌법 및 법률의 체제상 그 정당성이 인정되어야 하고 (목적의 정당성), 그 목적의 달성을 위한 수단이 효과적이고 적절하여야 하며(수단의 적합성), 입법권자가 선택한 기본권 제한의 조치가 입법목적달성을 위하여 적절하다 할지라도 보다 완화된 형태나 수단을 모색함으로써 기본권의 제한은 필요한 최소한도에 그치도록 하여야 하며(피해의 최소성), 그 입법에 의하여 보호하려는 공익과 침해되는 사익을 비교형량 할 때 보호되는 공익이 더 커야 한다(법익의 균형성)는 헌법상의 원칙이다(헌재 89헌가 95, 1990. 9. 3.).

○ 비례의 원칙에 따른 판례의 예 ○

구 분	내 용		
증명서류수취 불성실가산세 (법법 §75의5)를 부가가치세를 포함한 금액에 대하여 부과하는 것이 비례의 원칙에 위배되는지 여부	관할 세무서는 지방국세청 감사관실로부터 감사를 받으면서 "법인세법의 증명서류 수취 불성실가산세규정에서 말하는 '사실과 다르게 받은 금액'은 공급가액에 부가가치세를 합한 공급대가라고 해석하여 가산세를 부과하여야 한다"는 취지의 지적을 받고, 세금계산서의 공급대가를 기준으로 가산세액을 다시 계산하여 가산세를 부과하였다. 이에 납세자는 조세심판원에 심판청구를 하였으나 기각되자 행정소송을 제기하였다. 행정소송의 진행상황은 다음과 같다.		
	1심	2심	3심
	울산지방법원 2016구합 6515 (2017. 4. 20.)	부산고등법원 2017누 21524, 2017. 8. 9.	대법원 2017두 58717, 2017. 12. 7.
	국패	국패	국패(심리불속행)
	부산고등법원은 법인세 과세표준과 관련이 없는 부가가치세 부분에 대하여도 가산세는 부과하는 것은 비례의 원칙에 반하므로 정규증빙미수취 가산세는 부가가치세를 포함하지 않은 공급가액을 기준으로 부과해야 한다고 판결하였다.		
법인이 토지나 건축물을 공급하면서 그에 관한 계산서를 교부하지 아니한 경우	법인이 재화를 공급함에 있어 계산서 등을 교부하도록 요구하고 있는 규정의 취지가 과세자료의 확보에 있는 점과 법인이 토지 또는 건축물을 공급하는 경우에는 부동산등기법이나 부동산등기특별조치법에 의하여 등기소나		

구 분	내 용
계산서미교부가산세를 부과하도록 정한 구 법인세법 제76조 제9항 제1호 규정 부분이 과잉금지의 원칙에 위배되는지 여부	검인관청으로부터 거래자료가 과세관청에 송부되도록 보장되어 있는 등의 사정에 비추어 보면, 법인이 토지 또는 건축물을 공급하는 경우에도 위와 같이 계산서를 교부하도록 강제하거나 그에 관하여 미교부가산세를 부과하는 것은 과잉금지의 원칙에 위배된다고 할 것이다(**헌법재판소 2002헌바 80, 2006. 6. 29.**). 그렇다면 위 계산서미교부가산세의 부과에 관한 규정은 토지나 건축물이 아닌 재화를 공급하는 경우에만 적용되는 규정이라고 봄이 상당하므로(**대법원 2003두 12820, 2006. 10. 13.**), 이와 달리 원고가 이 사건 토지 및 건물을 공급하면서 그 계산서를 교부하지 아니한 데에 대하여 위 법 규정에 근거하여 가산세를 부과한 이 사건 처분이 적법하다고 판단한 원심은 위법하여 더 이상 유지될 수 없다(**대법원 2003두 12820, 2006. 10. 13.**). ※ 현재는 토지와 건축물은 계산서 발급대상이 아니다(법령 §164③).

3. 가산세와 조세형벌의 병과가 이중처벌인지 여부

모든 국민은 동일한 범죄에 대하여 거듭 처벌받지 아니하는데(**헌법 §13①**), 이를 '이중처벌 금지의 원칙'이라고 한다. 세법을 위반한 자에 대하여 가산세를 부과하고 다시 조세범처벌법에 따라 처분하는 것이 이중처벌금지에 해당하는가?

종전에 실물거래 없이 가공세금계산서를 발급한 사업자에게 가산세를 부과하고 또 조세범처벌법에 따라 처벌하였는데 납세자는 이는 이중처벌금지원칙에 반하여 위법하다고 취지로 행정소송을 제기하였다. 이에 서울행정법원은 조세법상의 가산세는 납세의무자에게 신고의무, 납부의무, 원천징수의무, 과세자료 제출의무 등 각종 협력의무를 부과하고 그 의무의 성실한 이행을 확보하기 위하여 의무위반에 대하여 부과하는 행정상의 제재이므로 국가형벌권 행사로서의 조세범처벌법에 따른 처벌과는 별개이므로 조세범처벌법의 형사처벌과 아울러 가산세의 부과처분을 하더라도 이것이 이중처벌금지원칙에 위반된다고 할 수 없다(**서울행정법원 2006구합 12234, 2006. 9. 22.**)고 판결하였다. 서울고등법원도 1심 판결을 그대로 인용하였고(**서울고등법원 2006누 24987, 2007. 4. 13.**) 납세자는 상고를 포기하여 소송은 종결되었다.

4. 가산세에 대한 불복절차

(1) 가산세에 대한 불복절차

가산세는 세법에 따라 성립·확정되는 국세와 본질적으로 그 성질이 다르므로 가산세 부과처분은 본세의 부과처분과 별개의 과세처분이다(대법원 95누 917, 1995. 4. 25., 대법원 91누 9596, 1992. 5. 26., 대법원 2000두 7520, 2001. 10. 26., 대법원 2004두 2356, 2005. 9. 30.). 따라서 본세의 부과처분에 대한 불복이 가산세의 부과처분에 대한 불복에 영향을 미치지 않으므로 가산세의 부과처분에 대해서는 본세와는 별도의 불복절차로 다투어야 한다.

부과처분에 대한 심사청구 및 심판청구를 함에 있어서 본세에 관한 부분에 대하여는 불복사유를 전혀 기재하지 아니하고 가산세의 부과처분만이 위법하다고 주장한 후 행정소송에서 청구를 변경하여 종합소득세 부과처분 전부(본세 포함)의 취소를 구하는 것에 대하여 대법원은 본세에 관한 부분에 관하여는 그 전심절차를 거치지 아니하여 부적법한 것으로 보고 있다(대법원 82누 0315, 1982. 12. 14.).

(2) 본세가 취소되는 경우 가산세의 취소 여부

가산세는 종류에 따라 본세 납세의무와 무관하게 별도의 협력의무 위반에 대한 제재로서 부과되는 가산세도 있고, 본세가 유효하게 확정되어 있을 것을 전제로 납세의무자가 법정기한까지 과세표준과 세액을 신고하거나 납부하지 않은 것을 요건으로 하는 가산세(예를 들면, 무신고가산세, 과소신고·초과환급신고가산세, 납부지연가산세)도 있다. 이와 같이 본세가 유효하게 확정되어 있을 것을 전제로 하는 가산세인 무신고가산세, 과소신고·초과환급신고가산세, 납부지연가산세는 신고·납부할 본세의 납세의무가 인정되지 아니하는 경우에 이를 따로 부과할 수 없다고 할 것이므로(대법원 2015두 56120, 2018. 11. 29.), 본세의 부과처분이 취소되면 신고와 납부 관련 가산세에 대한 처분도 효력을 상실한다고 보아야 한다.

2. 가산세의 감면

1. 가산세의 면제

정부는 국세기본법 또는 세법에 따라 가산세를 부과하는 경우 그 부과의 원인이 되는 사유가 다음 중 어느 하나에 해당하는 경우에는 해당 가산세를 부과하지 아니한다(국기법 §48①).

1-1. 천재 등으로 인한 기한의 연장 사유에 해당하는 경우

(1) 천재 등으로 인한 기한연장사유에 해당하는 경우 가산세 감면

세법의 규정에 의한 의무의 이행기한 내에 「국세기본법」 제6조에 따른 기한연장사유가 발생한 경우에는 가산세를 감면할 수 있으며(국기법 §48①(1)), 그 승인된 기한까지는 가산세를 부과하지 아니한다(국기통 48-0…1). 기한연장사유가 집단적으로 발생한 경우에는 납세자의 신청이 없는 경우에도 세무서장이 조사하여 직권으로 가산세를 감면할 수 있다. 다만, 조세포탈을 위한 증거인멸목적 또는 납세자의 고의적인 행동에 의하여 기한연장사유가 발생한 경우에는 가산세 감면규정을 적용하지 아니한다(국기통 48-0…3).

(2) 기한연장 요건, 신청절차 및 승인 관련 규정

1) 천재 등으로 인한 기한의 연장사유

관할 세무서장은 천재지변이나 그 밖에 다음의 사유로 국세기본법 또는 세법에서 규정하는 신고, 신청, 청구, 그 밖에 서류의 제출 또는 통지를 정하여진 기한까지 할 수 없다고 인정하는 경우나 납세자가 기한 연장을 신청한 경우에는 대통령령으로 정하는 바에 따라 그 기한을 연장할 수 있다(국기법 §6, 국기령 §2).

① 납세자가 화재, 전화(戰禍), 그 밖의 재해를 입거나 도난을 당한 경우
② 납세자 또는 그 동거가족이 질병이나 중상해로 6개월 이상의 치료가 필요하거나 사망하여 상중(喪中)인 경우
③ 정전, 프로그램의 오류나 그 밖의 부득이한 사유로 한국은행(그 대리점을 포함한다) 및 체신관서의 정보통신망의 정상적인 가동이 불가능한 경우
④ 금융회사 등(한국은행 국고대리점 및 국고수납대리점인 금융회사 등만 해당한다) 또는 체신관서의 휴무나 그 밖의 부득이한 사유로 정상적인 세금납부가 곤란하다고 국세청장이 인정하는 경우

⑤ 권한 있는 기관에 장부나 서류가 압수 또는 영치된 경우

⑥ 「세무사법」 제2조 제3호에 따라 납세자의 장부 작성을 대행하는 세무사(같은 법 제16조의4에 따라 등록한 세무법인을 포함한다) 또는 같은 법 제20조의2에 따른 공인회계사(「공인회계사법」 제24조에 따라 등록한 회계법인을 포함한다)가 화재, 전화, 그 밖의 재해를 입거나 도난을 당한 경우

⑦ 그 밖에 ①, ② 또는 ⑤에 준하는 사유가 있는 경우

2) 기한연장신청

법 제6조에 따라 기한의 연장을 받으려는 자는 기한 만료일 3일 전까지 "기한연장 승인 신청서"(별지 제1호 서식)으로 해당 행정기관의 장에게 신청하여야 한다. 이 경우 해당 행정기관의 장은 기한연장을 신청하는 자가 기한 만료일 3일 전까지 신청할 수 없다고 인정하는 경우에는 기한의 만료일까지 신청하게 할 수 있다(국기령 §3, 국기칙 §1의2).

3) 기한연장의 승인

행정기관의 장은 기한을 연장하였을 때에는 기한연장승인(기각)통지서를 지체 없이 관계인에게 통지하여야 하며, 기한 만료일 3일 전까지 한 신청에 대해서는 기한 만료일 전에 그 승인 여부를 통지하여야 한다(국기령 §4①).

행정기관의 장은 다음 중 어느 하나에 해당하는 경우에는 위의 규정에도 불구하고 관보 또는 일간신문에 공고하는 방법으로 통지를 갈음할 수 있다(국기령 §4②).

① 정전, 프로그램의 오류나 그 밖의 부득이한 사유로 한국은행(그 대리점을 포함한다) 및 체신관서의 정보통신망의 정상적인 가동이 불가능한 사유가 전국적으로 일시에 발생하는 경우

② 기한연장의 통지대상자가 불특정 다수인 경우

③ 기한연장의 사실을 그 대상자에게 개별적으로 통지할 시간적 여유가 없는 경우

1-2. 납세자가 의무를 이행하지 아니한 데에 정당한 사유가 있는 경우

(1) 납세자가 의무를 이행하지 아니한 데에 정당한 사유가 있는 경우

납세자가 의무를 이행하지 아니한 데 대한 정당한 사유가 있는 경우에는 가산세를 부과하지 아니한다(국기법 §48①(2)). 납세자가 그 의무를 알지 못하는 것이 무리가 아니었다고 할 수 있어서 그를 정당화할 수 있는 사정이 있을 때 또는 그 의무의 이행을 그 당사자에게 기대하는 것이 무리라고 하는 사정이 있을 때 등 <u>그 의무해태를 탓할 수 없는 정당한 사유가 있는 경우</u>를 말하나, 납세자의 고의·과실과 법령의 부지나 오해는 정당한 사유에 해당하지 아니한다. 가산세는 세법에서 규정한 신고·납세 등 의무 위반에 대한 제재인 점, 구 국세기본법이

세법에 따른 신고기한이나 납부기한까지 과세표준 등의 신고의무나 국세의 납부의무를 이행하지 않은 경우에 가산세를 부과하도록 정하고 있는 점 등에 비추어 보면, 가산세를 면할 정당한 사유가 있는지 여부는 특별한 사정이 없는 한 <u>개별 세법에 따른 신고·납부기한을 기준으로 판단</u>하여야 한다(대법원 2017두 41108, 2022. 1. 14.).

(2) 납세자가 의무를 이행하지 아니한 데에 정당한 사유가 있는 경우

구 분	내 용
일반	① 법률의 오해나 부지를 넘어 세법해석상의 의의(疑意)가 있는 경우(국기집 48-0-4 ①) ② 행위 당시에는 적법한 의무이행이었으나 사정변경으로 인하여 소급적으로 부적법한 것이 되어 외관상 의무이행이 없었던 것처럼 된 경우(국기집 48-0-4 ②, 대법원 86누 460, 1987. 10. 28.) ③ 의무이행이 수용, 도시계획이나 법률규정 때문에 불가능한 경우(국기집 48-0-4 ④) ④ 납세의무자가 과세표준확정신고를 하는데 있어 필요한 장부와 증빙서류가 수사기관이나 과세관청에 압수 또는 영치되어 있는 관계로 의무이행을 하지 못한 경우(국기집 48-0-4 ⑥, 대법원 85누 229, 1987. 2. 24.)
법인세	원고가 이 사건 포합주식의 취득가액을 피합병법인의 청산소득에 포함시켜 법인세를 신고·납부한 후 행정소송으로써 이 사건 포합주식의 취득가액을 포함하는 청산소득이 구 조세감면규제법(1998. 12. 28. 법률 제5584호로 전문 개정되기 전의 것, 이하 '구조감법'이라 한다)상 비과세대상에 해당하는지에 대하여 다투었는데, 이에 대하여 제1심과 항소심 법원도 견해가 나뉘었던 점, 이는 단순히 사실관계의 오인이나 법률상의 부지·오해에서 비롯된 것이 아니라 세법 해석의 어려움에 기인하는 점, 이러한 상황에서 이 사건 포합주식의 취득가액이 청산소득에는 해당하나 그 청산소득이 구 조감법상 비과세대상이라는 내용의 판결이 확정되었다는 이유로 피고가 곧바로 위 청산소득을 법인세 과세대상으로 보았던 종전의 입장을 변경하여 그 감면세액을 과세표준으로 한 농어촌특별세를 부과하면서 이에 대한 미납부가산세까지 부과하는 것은 지나치게 가혹하다는 점 등을 종합하여 볼 때, 원고에게 농어촌특별세 납부의무의 해태를 탓할 수 없는 정당한 사유가 있다(대법원 2006두 17840, 2008. 12. 11.).
원천징수	원고가 외국납부세액 환급 신청을 할 당시 MHD○○○이 제공한 원천징수확인서에 기재된 미국 납부 원천징수세를 기준으로 하였는바, 원고가 고의 혹은 과실로 환급 신청을 과다하게 하였다고 볼 수 없는 점, 원고는 2013년 초순경 미국에서 납부한 원천징수세가 과다 납부된 점을 발견하였고, 그제서야 미국 과세당국에 환급을 신청한 점, 미국에서 납부한 원천징수세가 과다 납부된 것을 발견한 것은 미국 현지 회계법인에 의한 것이었고, 이는 미국 세법상의 법률적인 문제이므로 원고가 이를 알 수 있었을 것으로 보이지 않는 점, 원고는 피고로부터 외국납부세액을 과다하게 환급받은 사실을 알게 되자 바로 이를 반영하여 신고한 점 등을 종합하여 보면 원고에게 외국납부세액 환급 신청에 관하여 원고의 의무 해태를 탓할 수 없는 정당한 사유가 있는 것으로 보인다. 따라서 원고가 과다하게 환급 신청한 것에 대하여 가산세를 부과할 수 없으므로 이 사건 거부처분은 위법하다(대법원 2016두 38051, 2016. 7. 14. 심리불속행).

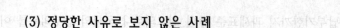
(3) 정당한 사유로 보지 않은 사례

구 분	내 용
일반	① 법령의 부지·착오(국기집 48-0-5 ①, 대법원 91누 5341, 1991. 11. 26.) ② 세무공무원의 잘못된 설명을 믿고 그 신고납부 의무를 이행하지 아니하였다 하더라도 그것이 관계법령에 어긋나는 것임이 명백한 경우(국기집 48-0-5 ②) ③ 쟁송중이어서 납세의무의 이행을 기대할 수 없다거나 회사정리절차개시 단계에 있었던 경우(국기집 48-0-5 ④) ④ 징수유예사유가 발생하였다는 사정이 있다거나 납부기간 경과 전에 징수유예신청을 한 경우라도 과세관청이 납부기한 경과 전에 징수유예결정을 하지 않은 경우(국기집 48-0-5 ⑤) ⑤ 납세자가 형사범으로 수감되어 세법상 의무이행을 법정신고기한까지 못한 경우(국기집 48-0-5 ⑥, 대법원 90구 2705, 1990. 10. 23.) ⑥ 인터넷 국세종합상담센터의 답변에 따라 세액을 과소신고·납부하게 된 경우(대법원 2007두 3107, 2009. 4. 23.)
원천징수	과세관청이 기재누락을 시정할 수 있었다하더라도 납세자측의 과실로 근로소득원천징수영수증에 소득자의 주소나 주민등록번호를 기재할 의무를 제대로 이행하지 못한 경우(국기집 48-0-5 ③)

1-3. 그 밖에 "1-1" 및 "1-2"와 유사한 경우로서 대통령령으로 정하는 경우

"대통령령으로 정하는 경우"란 다음 중 어느 하나에 해당하는 경우를 말한다(국기법 §48①(3), 국기령 §28①).

① 국세기본법 시행령 제10조에 따른 세법해석에 관한 질의·회신 등에 따라 신고·납부하였으나 이후 다른 과세처분을 하는 경우

② 「공익사업을 위한 토지 등의 취득 및 보상에 관한 법률」에 따른 토지 등의 수용 또는 사용, 「국토의 계획 및 이용에 관한 법률」에 따른 도시·군계획 또는 그 밖의 법령 등으로 인해 세법상 의무를 이행할 수 없게 된 경우

2. 수정신고시 과소신고·초과환급신고가산세의 감면

2-1. 수정신고

(1) 수정신고대상 및 수정신고 방법

과세표준신고서를 법정신고기한까지 제출한 자(소득세법 제73조 제1항 제1호부터 제7호

까지의 어느 하나에 해당하는 자[1]를 포함한다) 및 기한후과세표준신고서를 제출한 자는 다음 중 어느 하나에 해당할 때에는 관할 세무서장이 각 세법에 따라 해당 국세의 과세표준과 세액을 결정 또는 경정하여 통지하기 전으로서 제26조의2【국세의 부과제척기간】제1항부터 제4항까지의 규정에 따른 기간이 끝나기 전까지 과세표준수정신고서를 제출할 수 있다(국기법 §45①, 국기령 §25②).

① 과세표준신고서 또는 기한후과세표준신고서에 기재된 과세표준 및 세액이 세법에 따라 신고하여야 할 과세표준 및 세액에 미치지 못할 때

② 과세표준신고서 또는 기한후과세표준신고서에 기재된 결손금액 또는 환급세액이 세법에 따라 신고하여야 할 결손금액이나 환급세액을 초과할 때

③ 원천징수의무자가 정산 과정에서 「소득세법」 제73조【과세표준확정신고의 예외】제1항 제1호부터 제7호까지의 어느 하나에 해당하는 자의 소득을 누락한 것

④ 다음에 해당하는 과세표준의 변동이 없는 불완전신고를 한 경우

㉮ 세무조정 과정에서 「법인세법」 제36조 제1항에 따른 국고보조금등과 같은 법 제37조 제1항에 따른 공사부담금에 상당하는 금액을 익금과 손금에 동시에 산입하지 아니한 경우

㉯ 「법인세법」 제44조, 제46조, 제47조 및 제47조의2에 따라 합병, 분할, 물적분할 및 현물출자에 따른 양도차익[「법인세법」(법률 제9898호 법인세법 일부개정법률로 개정되기 전의 것을 말한다) 제44조 및 제46조에 따른 합병평가차익 또는 분할평가차익을 포함한다]에 대하여 과세를 이연(移延)받는 경우로서 세무조정과정에서 양도차익의 전부 또는 일부에 상당하는 금액을 익금과 손금에 동시에 산입하지 아니한 것을 말한다. 다만, 다음의 모두에 해당하는 경우는 제외한다(국기칙 §12①).

ⓐ 정당한 사유 없이 「법인세법 시행령」 제80조, 제82조, 제83조의2, 제84조 및 제84조의2에 따라 과세특례를 신청하지 아니한 경우[「법인세법 시행령」(대통령령 제22184호 법인세법 시행령 일부개정령으로 개정되기 전의 것을 말한다) 제80조, 제82조, 제83조 및 제83조의2에 따라 과세특례를 적용받기 위한 관련 명세서를 제출하지 아니한 경우를 포함한다]

ⓑ 경정할 것을 미리 알고 제출한 경우 : 이는 다음 중 어느 하나에 해당하는 경

---

[1] 소득세법 제73조【과세표준확정신고의 예외】제1항 제1호부터 제7호까지의 어느 하나에 해당하는 자는 다음의 자를 말한다.
① 근로소득만 있는 자
② 퇴직소득만 있는 자
③ 공적연금소득만 있는 자
④ 원천징수되는 사업소득으로서 연말정산대상 사업소득만 있는 자
⑤ 원천징수되는 기타소득으로서 종교인소득만 있는 자
⑥ ① 및 ②의 소득만 있는 자
⑦ ② 및 ③의 소득만 있는 자
⑧ ② 및 ④의 소득만 있는 자

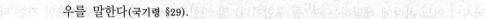

우를 말한다(국기령 §29).

㉠ 해당 국세에 관하여 세무공무원이 조사에 착수한 것을 알고 과세표준수정신고서 또는 기한후과세표준신고서를 제출한 경우

㉡ 해당 국세에 관하여 관할 세무서장으로부터 과세자료 해명 통지를 받고 과세표준수정신고서를 제출한 경우

사례 » **국고보조금과 일시상각충당금에 대한 세무조정누락 시 수정신고**

A법인은 제23기초에 지방재정법에 따라 지방자치단체로부터 국고보조금 2,000을 받아 전액 차량 취득에 사용하고 국고보조금을 차량차감계정으로 회계처리하였다. A법인은 차량을 제24기 초에 처분하였다. A법인의 회계처리는 다음과 같다.

① 정부보조금 수령

| (차) 예 금 | 2,000 | (대) 국고보조금 (예금차감) | 2,000 |

② 차량 취득

| (차) 차 량 | 2,000 | (대) 예 금 | 2,000 |

③ 정부보조금계정의 대체

| (차) 국고보조금 (예금차감) | 2,000 | (대) 국고보조금 (차량차감) | 2,000 |

④ 감가상각비

| (차) 감가상각비 | 400 | (대) 감가상각누계액 | 400 |
| (차) 국고보조금 (차량차감) | 400 | (대) 감가상각비 | 400 |

④ 차량처분

(차) 현 금	2,000	(대) 차량운반구	2,000
감가상각누계액	400	처분이익	2,000
국고보조금 (차량차감)	1,600		

A법인이 국고보조금에 대하여 익금산입과 손금산입(일시상각충당금)으로 동시에 세무조정하지 못하고 법인세를 신고한 경우 이에 대하여 수정신고할 수 있는가?

│ 해답 │

법인세법 제36조 제1항의 규정에 의한 국고보조금으로 고정자산을 취득한 법인이 재무상태표를 작성함에 있어서 기업회계기준 해석 61-71(2001. 12. 27)에 따라 국고보조금을 취득한 고정자산에서 차감하는 형식으로 표시한 경우 동 국고보조금 및 같은법 시행령 제64조 제3항 및 제98조 제2항의 규정에 의한 일시상각충당금(압축기장충당금)에 대한 세무조정은 참고 세무조정 사례와 같이 처리하는 것이며, 법인이 국고보조금에 대한 익금과 손금을 동시에 산입하지 아니한 경우에는 국세기본법 제45조의 규정에 의하여 수정신고할 수 있다(서이 46012-11042, 2003. 5. 23.).

◉ 세무조정 ◉

구 분	결산상 회계처리	세무조정					
		익금산입 및 손금불산입			손금산입 및 익금불산입		
		과목	금액	소득처분	과목	금액	소득처분
국고보조금 수령시	(차) 예　금　　　2,000 　(대) 국고보조금　　2,000 　　(예금차감계정)	국고보조금 (예금차감계정)	2,000	유보			
자산취득시	(차) 차량운반구　　2,000 　(대) 예　금　　2,000				일시상각충당금	2,000	유보
	(차) 국고보조금　　2,000 　(예금차감계정) 　(대) 국고보조금　　2,000 　　(차량차감계정)	국고보조금 (차량차감계정)	2,000	유보	국고보조금 (예금차감계정)	2,000	유보
감가상각	(차) 감가상각비　　400 　(대) 감가상각누계액　400	일시상각충당금	400	유보			
	(차) 국고보조금　　400 　(차량차감계정) 　(대) 감가상각비　　400				국고보조금 (차량차감계정)	400	유보
매각시	(차) 현　금　　2,000 　감가상각누계액　400 　국고보조금　1,600 　(대) 차량운반구　　2,000 　　처분이익　　2,000	일시상각충당금	1,600	유보	국고보조금 (차량차감계정)	1,600	유보

(2) 과세표준수정신고서

과세표준수정신고서에는 다음 사항을 적어야 하며, 수정한 부분에 관하여 당초의 과세표준신고서에 첨부하여야 할 서류가 있는 경우에는 이를 수정한 서류를 첨부하여야 한다(국기령 §25①).

① 당초 신고한 과세표준과 세액

② 수정신고하는 과세표준과 세액

③ 그 밖에 필요한 사항

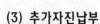

(3) 추가자진납부

세법에 따라 과세표준신고액에 상당하는 세액을 자진납부하는 국세에 관하여 과세표준수정신고서를 제출하는 납세자는 이미 납부한 세액이 수정신고하는 세액에 미치지 못할 때에는 그 부족한 금액과 가산세를 추가하여 납부하여야 한다(국기법 §46①).

2-2. 수정신고시 과소신고·초과환급신고가산세의 감면

(1) 가산세의 감면액

과세표준신고서를 법정신고기한까지 제출한 자가 법정신고기한이 지난 후 국세기본법 제45조【수정신고】에 따라 수정신고한 경우에는 과소신고·초과환급신고가산세에 대하여 다음 감면율에 상당하는 금액을 감면한다(국기법 §48②(1)).

구 분	과소신고·초과환급신고가산세에 대한 감면율
법정신고기한이 지난 후 1개월 이내 수정신고	90%
법정신고기한이 지난 후 1개월 초과 3개월 이내 수정신고	75%
법정신고기한이 지난 후 3개월 초과 6개월 이내 수정신고	50%
법정신고기한이 지난 후 6개월 초과 1년 이내 수정신고	30%
법정신고기한이 지난 후 1년 초과 1년 6개월 이내 수정신고	20%
법정신고기한이 지난 후 1년 6개월 초과 2년 이내 수정신고	10%

(2) 가산세 감면의 배제

과세표준과 세액을 경정할 것을 미리 알고 과세표준수정신고서를 제출한 경우는 가산세 감면대상에서 제외한다(국기법 §48②(1)). 경정할 것을 미리 알고 제출한 경우란 다음 중 어느 하나에 해당하는 경우를 말한다(국기령 §29).

① 해당 국세에 관하여 세무공무원이 조사에 착수한 것을 알고 과세표준수정신고서를 제출한 경우
② 해당 국세에 관하여 관할 세무서장으로부터 과세자료 해명 통지를 받고 과세표준수정신고서를 제출한 경우

3. 기한 후 신고시 무신고가산세의 감면

3-1. 기한 후 신고

법정신고기한까지 과세표준신고서를 제출하지 아니한 자는 관할 세무서장이 세법에 따라 해당 국세의 과세표준과 세액(가산세 포함)을 결정하여 통지하기 전까지 기한후과세표준신고서를 제출할 수 있다(국기법 §45의3①). 이에 따라 기한후과세표준신고서를 제출한 자로서 세법에 따라 납부하여야 할 세액이 있는 자는 그 세액을 납부하여야 한다(국기법 §45의3②). 기한후과세표준신고서를 제출하거나 기한후과세표준신고서를 제출한 자가 과세표준수정신고서를 제출한 경우 관할 세무서장은 세법에 따라 신고일부터 3개월 이내에 해당 국세의 과세표준과 세액을 결정 또는 경정하여 신고인에게 통지하여야 한다. 다만, 그 과세표준과 세액을 조사할 때 조사 등에 장기간이 걸리는 등 부득이한 사유로 신고일부터 3개월 이내에 결정 또는 경정할 수 없는 경우에는 그 사유를 신고인에게 통지하여야 한다(국기법 §45의2③).

3-2. 기한 후 신고 시 무신고가산세의 감면

과세표준신고서를 법정신고기한까지 제출하지 아니한 자가 법정신고기한이 지난 후 국세기본법 제45조의3에 따라 기한 후 신고를 한 경우에는 무신고가산세에 대하여 다음 감면율에 상당하는 금액을 감면한다(국기법 §48②(2)).

기한 후 신고 내용	무신고가산세 감면율
법정신고기한이 지난 후 1개월 이내 신고	50%
법정신고기한이 지난 후 1개월 초과 3개월 이내 신고	30%
법정신고기한이 지난 후 3개월 초과 6개월 이내 신고	20%

3-3. 가산세 감면 배제

과세표준과 세액을 결정할 것을 미리 알고 기한후과세표준신고서를 제출한 경우는 가산세 감면대상에서 제외한다(국기법 §48②(1)). 이 경우 과세표준과 세액을 결정할 것을 미리 알고 제출한 경우란 해당 국세에 관하여 세무공무원이 조사에 착수한 것을 알고 기한후과세표준신고서를 제출한 경우를 말한다(국기령 §29).

4. 과세전적부심사 결정·통지기간 내에 그 결과를 통지하지 아니한 경우 납부지연가산세의 감면

4-1. 과세전적부심사

세무조사 결과에 대한 서면통지 또는 과세예고통지를 받은 자는 통지를 받은 날부터 30일 이내에 통지를 한 세무서장이나 지방국세청장에게 과세전적부심사(課稅前適否審査)를 청구할 수 있다. 다만, 법령과 관련하여 국세청장의 유권해석을 변경하여야 하거나 새로운 해석이 필요한 경우 등 다음 중 어느 하나에 해당하는 경우에는 국세청장에게 과세전적부심사를 청구할 수 있다(국기법 §81의15②, 국기령 §63의15①).

① 법령과 관련하여 국세청장의 유권해석을 변경하여야 하거나 새로운 해석이 필요한 것

② 국세청장의 훈령·예규·고시 등과 관련하여 새로운 해석이 필요한 것

③ 세무서 또는 지방국세청에 대한 국세청장의 업무감사 결과(현지에서 시정조치하는 경우를 포함한다)에 따라 세무서장 또는 지방국세청장이 하는 과세예고 통지에 관한 것

④ ①부터 ③까지의 규정에 해당하지 아니하는 사항 중 과세전적부심사 청구금액이 10억원 이상인 것

⑤ 「감사원법」 제33조에 따른 시정요구에 따라 세무서장 또는 지방국세청장이 과세처분하는 경우로서 시정 요구 전에 과세처분 대상자가 감사원의 지적사항에 대한 소명안내를 받지 못한 것

과세전적부심사 청구를 받은 세무서장, 지방국세청장 또는 국세청장은 각각 국세심사위원회의 심사를 거쳐 결정을 하고 그 결과를 청구를 받은 날부터 30일 이내에 청구인에게 통지하여야 한다(국기법 §81의15④).

4-2. 과세전적부심사 결정통지 지연 시 납부지연가산세의 감면

세무서장 등이 과세전적부심사 결정·통지기간에 그 결과를 통지하지 않은 경우 그 지연기간은 납세자의 귀책사유로 보기 곤란하므로 납부지연가산세의 50%[2]를 감면한다(국기법 §48②(3)가).

---

2) 과세전적부심사의 결정·통지가 지연된 것은 세무서장 등 과세관청에 귀책사유가 있다고 볼 수 있다. 과세관청의 귀책사유를 이유로 지연기간에 대하여 납부지연가산세를 전액 감면할 경우 과세전적부심사제도를 남용할 우려가 있다고 보아 납부지연가산세의 50%만 감면하도록 하였다.

5. 기한이 지난 후 1개월 이내에 의무를 이행하는 경우 가산세의 감면

세법에 따른 제출·신고·가입·등록·개설의 기한이 지난 후 1개월 이내에 해당 세법에 따른 제출 등의 의무를 이행하는 경우 제출 등의 의무 위반에 대하여 세법에 따라 부과되는 가산세액의 50%를 감면한다(국기법 §48②(3)나).

◎ 법인세와 관련된 세법에 따른 제출·신고·가입·등록의 예시◎

구 분	내 용
제출	• 업무용승용차 관련비용 명세서의 제출(**법법** §27의2⑥) • 주식등변동상황명세서의 제출(**법법** §119) • 지급명세서의 제출(**법법** §120)
가입	• 현금영수증가맹점 가입(**법법** §117의2)

6. 가산세 감면절차

6-1. 신청에 의한 가산세 감면

국세기본법 제48조 제1항 또는 제2항에 따라 가산세의 감면 등을 받으려는 자는 다음 사항을 적은 "가산세감면신청서"(별지 제17호 서식)를 관할 세무서장(세관장 또는 지방자치단체의 장 포함)에게 제출하여야 한다(국기령 §28②).

① 감면을 받으려는 가산세와 관계되는 국세의 세목 및 부과연도와 가산세의 종류 및 금액

② 해당 의무를 이행할 수 없었던 사유(기한연장사유에 해당하는 경우, 납세자가 의무를 이행하지 아니한 것에 정당한 사유가 있는 경우, 그 밖에 국기령 제28조 제1항의 사유가 있는 경우만 해당한다). 이 경우 사유를 증명할 수 있는 서류가 있을 때에는 이를 첨부하여야 한다(국기령 §28③).

관할 세무서장은 가산세 감면 신청서를 제출받은 경우에는 그 승인여부를 "가산세 감면 등에 대한 승인여부 통지서"(별지 제18호 서식)로 통지하여야 한다(국기령 §28④).

6-2. 직권에 의한 가산세 감면

국세기본법 제6조【천재 등으로 인한 기한의 연장】에 따른 사유가 집단적으로 발생한 경우에는 납세자의 신청이 없는 경우에도 세무서장이 조사하여 직권으로 가산세를 감면할 수

있다(국기집 48-0-7).

7. 법인세 관련 가산세 한도

법 소정 가산세에 대해서는 그 의무 위반의 종류별로 각각 5천만원(중소기업기본법에 따른 중소기업이 아닌 기업은 1억원)을 한도로 한다. 다만, 해당 의무를 <u>**고의적으로 위반**</u>한 경우에는 가산세 한도규정을 적용하지 아니한다(국기법 §49①). 이 경우 "고의적으로 위반"한 것인지 여부의 증명책임은 과세관청에게 있는 것이고, 이 때의 "고의"는 일정한 결과가 발생하리라는 것을 알면서 이를 행하거나 행하지 아니하는 심리상태를 의미하는 것으로 고의가 있는지 여부는 관련 사실관계를 종합적으로 고려하여 사실판단할 사항이다(서면-2017-**법령해석기본**-1200, 2017. 5. 18.).

법인세법상 가산세 중 한도 적용 가산세와 한도 미적용가산세를 나누면 다음과 같다.

가산세 한도 적용 가산세	가산세 한도 미적용 가산세
① 주주 등의 명세서 등 제출 불성실 가산세(**법법** §75의2)	① 업무용승용차 관련비용 명세서 제출 불성실 가산세(**법법** §74의2)
② 기부금영수증 발급·작성·보관 불성실 가산세(**법법** §75의4)	② 성실신고확인서 제출 불성실 가산세(**법법** §75)
③ 증명서류 수취 불성실 가산세(**법법** §75의5)	③ 장부의 기록·보관 불성실 가산세(**법법** §75의3)
④ 지급명세서 제출 불성실 가산세(**법법** §75의7)	④ 신용카드 및 현금영수증 발급 불성실 가산세(**법법** §75의6)
⑤ 계산서 등 제출 불성실 가산세(**법법** §75의8)(<u>다만, 제1항 제4호에 따른 가산세는 같은 호 가목에 해당하는 가산세 중 계산서의 발급시기가 지난 후 해당 재화 또는 용역의 공급시기가 속하는 사업연도 말의 다음 달 25일까지 계산서를 발급한 경우에 부과되는 가산세만 해당함</u>) `24 개정`	⑤ 종이계산서 발급가산세, 계산서 미발급 가산세, 계산서 등의 가공발급·가공수취 가산세, 계산서 등의 위장발급·위장수취 가산세(**법법** §75의8①(4))
⑥ 특정외국법인의 유보소득 계산 명세서 제출 불성실 가산세(**법법** §75의9)	

법인세는 과세기간 단위로 구분하여 가산세 한도규정을 적용한다(국기법 §49②).

3. 「국세기본법」상 가산세

1. 무신고가산세

(1) 무신고가산세 적용요건

법인이 법정신고기한까지 법인세과세표준 및 세액신고(중간신고 포함)를 하지 아니한 경우에 무신고가산세를 적용한다(국기법 §47의2①).

(2) 무신고가산세의 계산

법인세에 대한 무신고가산세는 부정행위가 있는 경우와 없는 경우로 구분하여 다음과 같이 계산한다(국기법 §47의2①).

1) 부정행위가 없는 경우 : Max[①, ②]
　① 무신고납부세액[*1] × 20%
　② 수입금액[*3] × 0.07%
2) 부정행위가 있는 경우 : Max[①, ②]
　① 무신고납부세액[*1] × 40%(역외거래[*2]에서 발생한 부정행위인 경우 60%)
　② 수입금액[*3] × 0.14%

[*1] 무신고납부세액이란 법인세 신고로 납부하여야 할 세액(가산세와 세법에 따른 이자상당가산액은 제외함)을 말한다.
[*2] 역외거래란 「국제조세조정에 관한 법률」 제2조 제1항 제1호에 따른 국제거래 및 거래 당사자 양쪽이 거주자(내국법인과 외국법인의 국내사업장을 포함함)인 거래로서 국외에 있는 자산의 매매·임대차, 국외에서 제공하는 용역과 관련된 거래를 말한다(국기법 §26의2① 단서).
[*3] "수입금액"이란 「법인세법」 제60조, 제76조의17 및 제97조에 따라 법인세 과세표준 및 세액신고서에 적어야 할 해당 법인의 수입금액을 말한다(국기법 §47의4②(1)).

(3) 부정행위의 범위

부정행위란 다음 중 어느 하나에 해당하는 행위로서 조세의 부과와 징수를 불가능하게 하거나 현저히 곤란하게 하는 적극적 행위를 말한다(국기법 §26의2①(1) 및 조처법 §3⑥).
① 이중장부의 작성 등 장부의 거짓 기장
② 거짓 증빙 또는 거짓 문서의 작성 및 수취
③ 장부와 기록의 파기

④ 재산의 은닉, 소득·수익·행위·거래의 조작 또는 은폐

⑤ 고의적으로 장부를 작성하지 아니하거나 비치하지 아니하는 행위 또는 계산서, 세금계산서 또는 계산서합계표, 세금계산서합계표의 조작

⑥ 「조세특례제한법」 제24조 제1항 제4호에 따른 전사적 기업자원관리설비의 조작 또는 전자세금계산서의 조작

⑦ 그 밖에 위계(僞計)에 의한 행위 또는 부정한 행위

(4) 가산세 중복적용 배제

무신고가산세를 적용할 때 장부의 기록·보관 불성실가산세규정(법법 §75의3)이 동시에 적용되는 경우에는 그중 가산세액이 큰 가산세만 적용하고, 가산세액이 같은 경우에는 무신고가산세만 적용한다(국기법 §47의2⑥).

2. 과소신고·초과환급신고가산세

(1) 적용요건

법인이 법정신고기한까지 법인세 과세표준 신고(중간신고 포함)를 한 경우로서 납부할 세액을 신고하여야 할 세액보다 적게 신고(이하 "과소신고"라 한다)하거나 환급받을 세액을 신고하여야 할 금액보다 많이 신고(이하 "초과신고"라 한다)한 경우에는 과소신고·초과환급신고가산세로 한다(국기법 §47의3).

(2) 과소신고·초과환급신고가산세의 계산

과소신고·초과환급신고가산세는 부정행위가 있는 경우와 없는 경우로 구분하여 다음과 같이 계산한다(국기법 §47의2①).

1) 부정행위가 없는 경우 : 과소신고납부세액등[*1] × 10%

2) 부정행위가 있는 경우 :
   ① 부정과소신고가산세 : Max[㉮, ㉯]
      ㉮ 부정행위로 인한 과소신고납부세액등[*1] × 40%(역외거래[*2]에서 발생한 부정행위시 60%)
      ㉯ 부정행위로 과소신고된 과세표준과 관련된 수입금액[*3] × 0.14%
   ② 일반과소신고가산세 : (과소신고납부세액등－부정행위로 인한 과소신고납부세액등) × 10%

[*1] 과소신고납부세액등이란 과소신고한 납부세액과 초과신고한 환급세액을 합한 금액(가산세와 세법에 따른 이자상당 가산액은 제외함)을 말한다.

*2 역외거래란 「국제조세조정에 관한 법률」 제2조 제1항 제1호에 따른 국제거래 및 거래 당사자 양쪽이 거주자(내국법인과 외국법인의 국내사업장을 포함함)인 거래로서 국외에 있는 자산의 매매·임대차, 국외에서 제공하는 용역과 관련된 거래를 말한다(국기법 §26의2① 단서).

*3 "수입금액"이란 「법인세법」 제60조, 제76조의17 및 제97조에 따라 법인세 과세표준 및 세액신고서에 적어야 할 해당 법인의 수입금액을 말한다(국기법 §47의4②(1)).

(3) 과소신고납부세액등을 부정과소신고납부세액등과 일반과소신고납부세액등으로 구분하는 방법

신고 중 부정행위로 과소신고·초과신고한 경우 과소신고납부세액등 중에 부정행위로 인한 과소신고납부세액등(이하 "부정과소신고납부세액"이라 한다)과 그 외의 과소신고납부세액등(이하 "일반과소신고납부세액"이라 한다)이 있는 경우로서 부정과소신고납부세액과 일반과소신고납부세액을 구분하기 곤란한 경우 부정과소신고납부세액은 다음 계산식에 따라 계산한 금액으로 한다(국기령 §27의2③).

$$\text{과소신고납부세액등} \times \frac{\text{부정행위로 인하여 과소신고한 과세표준}}{\text{과소신고한 과세표준}}$$

공제감면세액이나 기납부세액을 부정행위로 과다공제받은 경우에 위의 계산식을 사용하면 부정행위로 인한 과소신고납부세액 중 일부가 일반과고신고납부세액으로 구분되므로 위의 계산식은 산출세액의 과소신고분까지만 적용하고, 세액계산 단계의 과소신고분은 부정행위 여부를 직접 구분하여 가산세를 적용하는 것이 합리적이다. 이에 따라 법인세 신고서 별지 제9호 서식[가산세액계산서]에서는 다음과 같이 과소신고·초과환급신고가산세를 계산하도록 하고 있다.

2. 과소신고 납부세액 계산

⑦ 구분		⑧ 과소신고 납부세액	과소신고 과세표준금액				과소신고 납부세액			
			⑨ 계	⑩ 일반	⑪ 부정	⑫ 부정 (국제 거래)	⑬ 계	⑭ 일반 (⑧×(⑩/ ⑨))	⑮ 부정 (⑧×(⑪/ ⑨))	⑯ 부정 (국제거래) (⑧×(⑫/⑨))
각 사업연도 소득	과소신고									
	기납부세액 과다 등*									
토지 등 양도소득	과소신고									

* 과세표준의 변동과 관계없는 과소신고한 납부세액(공제감면세액 및 기납부세액 과다공제 등)과 관련한 과소신고납부세액은 ⑦ 구분란의 '기납부세액 과다 등'의 칸에 적습니다.

■ 사례 » 과소신고 · 초과환급신고가산세

㈜한공은 제24기 사업연도(2024. 1. 1.~2024. 12. 31.)에 대한 법인세를 법정신고기한까지 신고하였다. 관할 세무서에서 세무조사시 다음과 같이 과세표준 및 세액이 경정된 경우 과소신고가산세를 구하시오.

구 분	당초 신고	부정과소	일반과소	경정
과 세 표 준	300,000,000	100,000,000*	100,000,000	500,000,000
산 출 세 액	37,000,000			75,000,000
세 액 공 제	(−) 10,000,000		3,000,000	(−) 7,000,000
기 납 부 세 액	(−) 5,000,000			(−) 5,000,000
신 고 납 부 세 액	22,000,000			63,000,000

* 부정과소신고된 과세표준에는 역외거래로 인한 부정과소신고분은 없으며 부정행위로 과소신고된 과세표준과 관련된 수입금액은 400,000,000원이다.

▌해답 ▌

① 부정과소신고가산세 : Max[㉮, ㉯] = 7,600,000

  ㉮ 부정행위로 인한 과소신고납부세액등×40%(역외거래에서 발생한 부정행위시 60%)

  $$= (75,000,000 - 37,000,000) \times \frac{100,000,000}{200,000,000} \times 40\% = 7,600,000$$

  ㉯ 부정행위로 과소신고된 과세표준과 관련된 수입금액 × 0.14%
  = 400,000,000×0.14% = 560,000

② 일반과소신고가산세
  (과소신고납부세액등 − 부정행위로 인한 과소신고납부세액등) × 10%

  $$= \{(75,000,000 - 37,000,000) \times \frac{100,000,000}{200,000,000} + 3,000,000\} \times 10\%$$

  = 2,200,000

③ 과소신고가산세 : ① + ② = 9,800,000

▌해설 ▌

산출세액의 차액 38,000,000원은 과소신고된 과세표준의 비율로 나눠서 일반과소신고세액과 부정과소신고세액을 구분한다. 과다신고된 세액공제는 과세표준 변동과 관련이 없으므로 직접 부정과소신고분인지 아니면 일반과소신고분인지 구분한다. 과다신고된 세액공제는 일반과소신고분이라고 되어 있으므로 일반과소신고세액에 더한다.

(4) 과소신고 · 초과환급신고가산세와 무기장가산세가 동시에 적용되는 경우

과소신고 · 초과환급신고가산세를 적용할 때 장부의 기록 · 보관 불성실가산세가 동시에 적용되는 경우에는 그중 가산세액이 큰 가산세만 적용하고, 가산세액이 같은 경우에는 무신고가산세만 적용한다(국기법 §47의3⑥).

(5) 과소신고 · 초과환급신고가산세 적용배제

「조세특례제한법 시행령」 제21조 제13항 후단에 따라 신성장사업화시설 또는 국가전략기술사업화시설의 인정을 받을 것을 조건으로 그 인정을 받기 전에 통합투자세액공제를 신청하여 세액공제를 받았으나, 그 이후 인정 대상 시설의 일부 또는 전부에 대해 그 인정을 받지 못한 경우에는 이와 관련하여 과소신고하거나 초과신고한 부분에 대해서는 과소신고 · 초과환급신고가산세를 적용하지 아니한다(국기법 §47의3④(4), 국기령 §27의2④). `24 신설`

3. 납부지연가산세

(1) 납부지연가산세

법인(연대납세의무자, 납세자를 갈음하여 납부할 의무가 생긴 제2차 납세의무자 및 보증인을 포함한다)이 법정납부기한까지 국세의 납부(중간예납 · 중간신고납부를 포함한다)를 하지 아니하거나 납부하여야 할 세액보다 적게 납부(이하 "과소납부"라 한다)하거나 환급받아야 할 세액보다 많이 환급(이하 "초과환급"이라 한다)받은 경우에는 다음의 금액을 납부지연가산세로 한다(국기법 §47의4①).

> 납부지연가산세 : ①+②+③
> ① 납부하지 아니한 세액 또는 과소납부분 세액(세법에 따라 가산하여 납부하여야 할 이자상당가산액이 있는 경우에는 그 금액을 더한다) × 법정납부기한의 다음 날부터 납부일까지의 기간(납부고지일부터 납부고지서에 따른 납부기한까지의 기간은 제외한다)[*1] × 0.022%[*2]
> ② 초과환급받은 세액(세법에 따라 가산하여 납부하여야 할 이자상당가산액이 있는 경우에는 그 금액을 더한다) × 환급받은 날의 다음 날부터 납부일까지의 기간(납부고지일부터 납부고지서에 따른 납부기한까지의 기간은 제외한다)[*1] × 0.022%[*2]
> ③ 법정납부기한까지 납부하여야 할 세액(세법에 따라 가산하여 납부하여야 할 이자상당가산액이 있는 경우에는 그 금액을 더한다) 중 납부고지서에 따른 납부기한까지 납부하지 아니한 세액 또는 과소납부분 세액 × 3%(국세를 납부고지서에 따른 납부기한까지 완납하지 아니한 경우에 한정한다)

[*1] 납부고지서에 따른 납부기한의 다음 날부터 납부일까지의 기간(「국세징수법」 제13조에 따라 지정납부기한과 독촉장에서 정하는 기한을 연장한 경우에는 그 연장기간은 제외한다)이 5년을 초과하는 경우에는 그 기간은 5년으로 한다(국기법 §47의4⑦).

*2 이자율은 종전에 일 0.03%이었으나 납세자의 부담을 경감하기 위하여 2019. 2. 12.에 일 0.025%로, 다시 2022. 2. 15.에 일 0.022%로 인하되었다. 개정 전에 발생한 사유로 개정 후에 세액을 납부 또는 부과하는 경우 개정규정 시행일 전일까지의 기간분은 개정 규정에도 불구하고 종전 규정에 따른다(2019. 2. 12. 국기령 개정부칙 §9, 2022. 2. 15. 국기령 개정부칙 §6). 이자율은 다음과 같이 적용한다.

구 분	2019. 2. 11.까지의 기간	2019. 2. 12.부터 2022. 2. 14.까지의 기간	2022. 2. 15. 이후 기간
이자율	일 0.03%	일 0.025%	일 0.022%

*3 체납된 국세의 납부고지서별·세목별 세액이 150만원 미만인 경우에는 ① 및 ②의 가산세를 적용하지 아니한다(국기법 §47의4⑧).

(2) 납부지연가산세 적용배제

원천징수 등 납부지연가산세가 부과되는 부분에 대하여는 법인세의 납부와 관련하여 납부지연가산세를 부과하지 아니한다(국기법 §47의4④).

(3) 중간예납 등에 대한 납부지연가산세를 징수한 경우

중간예납 및 중간신고납부와 관련하여 납부지연가산세가 부과되는 부분에 대하여는 확정신고납부와 관련하여 납부지연가산세를 부과하지 아니한다(국기법 §47의4⑤).

4. 원천징수 등 납부지연가산세

(1) 원천징수 등 납부지연가산세

국세를 징수하여 납부할 의무를 지는 자가 징수하여야 할 세액(납세조합은 징수한 세액)을 법정납부기한까지 납부하지 아니하거나 과소납부한 경우에는 다음과 같이 계산한 금액을 원천징수 등 납부지연가산세로 한다(국기법 §47의5①).

Min[①, ②]
① 미납부세액[*1] × 3% + 미납부세액[*1] × 미납부일수[*2] × 0.022%[*3]
② 미납부세액[*1] × 50%(법정납부기한의 다음 날부터 납부고지일까지의 기간에 해당하는 금액은 10%)

*1 미납부세액이란 징수의무자가 징수하여야 할 세액(납세조합은 징수한 세액)을 법정납부기한까지 납부하지 아니한 세액 또는 과소납부분 세액을 말한다.

*2 미납부일수란 법정납부기한의 다음 날부터 납부일까지의 기간(납부고지일부터 납부고지서에 따른 납부기한까지의 기간은 제외함)을 말한다. 다만, 납부고지서에 따른 납부기한의 다음 날부터 납부일까지의 기간(「국세징수법」 제13조에 따라 지정납부기한과 독촉장에서 정하는 납부기한을 연장한 경우에는 그 연장한 기간은 제외한다)이 5년을 초과하는 경우에는 그 기간은 5년으로 한다(국기법 §47의5④).

*3 이자율은 종전에 일 0.03%이었으나 납세자의 부담을 경감하기 위하여 2019. 2. 12.에 일 0.025%로, 다시 2022. 2. 15.에 일 0.022%로 인하되었다. 개정 전에 발생한 사유로 개정 후에 세액을 납부 또는 부과하는 경우 개정규정 시행일 전일까지의 기간분은 개정 규정에도 불구하고 종전 규정에 따른다(2019. 2. 12. 국기령 개정부칙 §9, 2022. 2. 15. 국기령 개정부칙 §6). 이자율은 다음과 같이 적용한다.

구 분	2019. 2. 11.까지의 기간	2019. 2. 12.부터 2022. 2. 14.까지의 기간	2022. 2. 15. 이후 기간
이자율	일 0.03%	일 0.025%	일 0.022%

(2) 국세를 징수하여 납부할 의무의 범위

"국세를 징수하여 납부할 의무"란, 다음의 어느 하나에 해당하는 의무를 말한다(국기법 §47의5②).

① 소득세 또는 법인세를 원천징수하여 납부할 의무

② 납세조합(소법 §149)이 소득세를 징수하여 납부할 의무

③ 부가가치세법에 따라 용역등을 공급받는 자가 부가가치세를 징수하여 납부할 의무(대리납부의무)(부법 §52)

(3) 체납된 국세가 150만원 미만인 경우 원천징수 등 납부지연가산세 적용배제

체납된 국세의 납부고지서별·세목별 세액이 150만원 미만인 경우에는 (1)의 ① 및 ②의 가산세를 적용하지 아니한다(국기법 §47의4⑧).

(4) 원천징수 등 납부지연가산세 적용배제

다음의 어느 하나에 해당하는 경우에는 위 "(1)"을 적용하지 아니한다(국기법 §47의5③).

① 소득세를 원천징수하여야 할 자가 우리나라에 주둔하는 미군인 경우

② 소득세를 원천징수하여야 할 자가 공적연금소득 또는 퇴직소득에 해당하는 공적연금 일시금을 지급하는 경우

③ 소득세 또는 법인세를 원천징수하여야 할 자가 국가, 지방자치단체 또는 지방자치단체조합인 경우. 다만, 원천징수의무자 또는 소득세법 제156조 및 제156조의3부터 제156조의6까지의 규정에 따라 원천징수하여야 할 자가 국가·지방자치단체 또는 지방자치단체조합(이하 "국가등"이라 한다)인 경우로서 국가등으로부터 근로소득을 받는 사람이 근로소득자 소득·세액 공제신고서를 사실과 다르게 기재하여 부당하게 소득공제 또는 세액공제를 받아 국가등이 원천징수하여야 할 세액을 정해진 기간에 납부하지 아니하거나 미달하게 납부한 경우에는 국가등은 징수하여야 할 세액에 원천징수 등 납부지연가산세를 더한 금액을 그 근로소득자로부터 징수하여 납부하여야 한다.

4. 「법인세법」상 가산세

1. 업무용승용차 관련비용 명세서 제출 불성실 가산세

(1) 입법취지

법인의 업무용승용차 관련 비용을 손금으로 인정받기 위해서는 업무전용자동차보험에 가입해야 하고, 업무용승용차 관련 비용이 운행기록을 작성하지 않으면 연 1,500만원 초과액은 손금불산입한다. 고가차량에 대한 규제 목적으로 감가상각비 및 처분손실은 연 800만원 한도내에서 손금에 산입하고 있다. 업무용승용차 관련비용을 손금에 산입한 법인은 업무용승용차 관련비용 등에 관한 명세서를 납세지 관할 세무서장에게 제출하도록 하고 있다.

과세당국은 법인이 업무용승용차 관련비용을 적절하게 산정하여 손금산입하고 있는지 확인하기 위해서는 법인이 제출한 업무용승용차 관련비용 명세서로 적정성을 확인한다. 이에 따라 납세자가 업무용승용차 관련비용 명세서를 성실하게 작성하여 제출하도록 유도하기 위하여 업무용 승용차 관련비용 명세서 제출 불성실가산세 규정을 신설하여 2022. 1. 1. 이후 개시하는 사업연도부터 적용하도록 하였다.

(2) 업무용승용차 관련비용 명세서 제출 불성실 가산세 관련 규정

법인세법 제27조의2 제1항부터 제5항까지의 규정에 따라 업무용승용차 관련비용 등을 손금에 산입한 내국법인이 업무용승용차 관련비용 등에 관한 명세서를 제출하지 아니하거나 사실과 다르게 제출한 경우에는 다음 구분에 따른 금액을 가산세로 해당 사업연도의 법인세액에 더하여 납부하여야 한다(법법 §74의2①).

① 명세서를 제출하지 아니한 경우 : 해당 내국법인이 법인세법 제60조에 따라 과세표준 등을 신고할 때 업무용승용차 관련비용 등으로 손금에 산입한 금액의 1%

② 명세서를 사실과 다르게 제출한 경우 : 해당 내국법인이 법인세법 제60조에 따라 과세표준 등을 신고를 할 때 업무용승용차 관련비용 등으로 손금에 산입한 금액 중 해당 명세서에 사실과 다르게 적은 금액의 1%

이 가산세는 산출세액이 없는 경우에도 적용한다(법법 §74의2②).

2. 성실신고확인서 제출 불성실 가산세

성실신고 확인대상인 내국법인이 각 사업연도의 종료일이 속하는 달의 말일부터 4개월 이내에 성실신고확인서를 납세지 관할 세무서장에게 제출하지 아니한 경우에는 다음 중 큰 금액을 가산세로 해당 사업연도의 법인세액에 더하여 납부하여야 한다(**법법 §75①**).

① 법인세 산출세액(토지 등 양도소득에 대한 법인세액 및 투자·상생협력 촉진을 위한 과세특례를 적용하여 계산한 법인세액은 제외한다)의 100분의 5

② 수입금액의 1만분의 2

경정으로 산출세액이 0보다 크게 된 경우에는 경정된 산출세액을 기준으로 가산세를 계산한다(**법법 §75②**). 이 가산세는 산출세액이 없는 경우에도 적용한다(**법법 §75③**).

3. 주주 등의 명세서 제출 불성실가산세

3-1. 법인설립시 주주 등 명세서 미제출·불분명가산세

납세지 관할 세무서장은 「법인세법」 제109조【법인의 설립 또는 설치신고】 제1항 또는 제111조【사업자등록】 제1항 후단에 따라 사업자 등록을 한 때에는 주주 등의 명세서(이하 "명세서"라 한다)를 제출하여야 하는 내국법인이 다음의 어느 하나에 해당하는 경우에는 해당 주주 등이 보유한 주식 등의 액면금액(무액면주식인 경우에는 그 주식을 발행한 법인의 자본금을 발행주식총수로 나누어 계산한 금액을 말한다) 또는 출자가액의 0.5%에 해당하는 금액을 설립일이 속하는 사업연도의 법인세에 가산하여 징수한다. 이 경우 산출세액이 없는 경우에도 가산세는 징수한다(**법법 §75의2①**).

① 명세서를 제출하지 아니한 경우

② 명세서에 주주 등의 명세의 전부 또는 일부를 누락하여 제출한 경우

③ 제출한 명세서가 다음의 어느 하나에 해당하는 경우. 다만, 내국법인이 주식 등의 실제소유자를 알 수 없는 경우 등 정당한 사유가 있는 경우는 제외한다(**법령 §120①**).

㉮ 제출된 주주 등의 명세서에 「법인세법」 제109조 제1항에 따라 제출된 주주 등의 명세서의 「법인세법 시행령」 제152조 제2항 제1호 및 제2호의 기재사항(이하 "필요적 기재사항"이라 한다)의 전부 또는 일부를 기재하지 아니하였거나 잘못 기재하여 주주 등의 명세를 확인할 수 없는 경우

㉯ 제출된 주주 등의 명세서의 필요적 기재사항이 주식 등의 실제소유자에 대한 사항과 다르게 기재되어 주주 등의 명세를 확인할 수 없는 경우

이를 계산식으로 표시하면 다음과 같다.

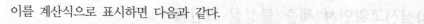

미제출·누락제출 및 불분명주식 등의 액면금액 × 0.5%

3-2. 주식등변동상황명세서 제출 불성실가산세

(1) 개 요

납세지 관할 세무서장은 사업연도 중에 주식 등의 변동사항이 있을 때 주식등변동상황명세서(이하 "명세서"라 한다)를 제출하여야 하는 내국법인이 다음의 어느 하나의 경우에 해당하면 미제출, 누락제출 및 불분명하게 제출한 주식 등의 액면금액 또는 출자가액의 1%에 상당하는 금액을 가산한 금액을 법인세로서 징수하여야 한다. 이 경우 산출세액이 없는 경우에도 가산세는 징수한다(법법 §75의2②).

① 명세서를 제출하지 아니한 경우
② 명세서에 주식 등의 변동사항을 누락하여 제출한 경우
③ 제출한 명세서가 세법으로 정하는 불분명한 경우(후술하는 "(2)"를 말한다)에 해당하는 경우

이를 계산식으로 표시하면 다음과 같다.

$$\text{주식등변동상황명세서 제출 불성실가산세} = \text{미제출, 누락제출 및 불분명하게 제출한 주식 등의 액면금액 또는 출자가액} \times 1\%$$

이와 같이 변동상황명세서를 제출하도록 하는 기본취지는 주식 등의 변동사항과 관련하여 발생하는 과세자료를 수집하기 위한 것이므로, 이는 내국법인에 한하여 적용되며 외국법인의 국내지점에 대하여는 적용되지 아니한다(국일 22601-127, 1991. 3. 8.).

(2) 주식등변동상황명세서가 불분명한 경우

가산세가 적용되는 "변동상황명세서가 불분명한 경우"란 다음에 해당하는 경우를 말한다(법령 §120⑤).

① 제출된 변동상황명세서에 다음에 규정하는 기재사항(이하 "필요적 기재사항"이라 한다)의 전부 또는 일부를 기재하지 아니하였거나 잘못 기재하여 주식 등의 변동상황을 확인할 수 없는 경우
  ㉮ 주주 등의 성명 또는 법인명, 주민등록번호·사업자등록번호 또는 고유번호
  ㉯ 주주 등별 주식 등의 보유현황

㉰ 사업연도 중의 주식 등의 변동사항

② 제출된 변동상황명세서의 필요적 기재사항이 주주 등의 실제 소유자에 대한 사항과 다르게 기재되어 주식 등의 변동사항을 확인할 수 없는 경우

다만, 내국법인이 주식 등의 실제소유자를 알 수 없는 경우 등 정당한 사유가 있는 경우에는 제외한다(법령 §120⑤).

(3) 주식등변동상황명세서 제출 불성실가산세가 배제되는 법인

다음의 어느 하나에 해당하는 법인은 주식등변동상황명세서 제출 불성실가산세가 배제된다(법령 §161① 및 법칙 §79의3).

① 「법인세법 시행령」 제1조 제1호부터 제11호까지의 법인(그 중앙회 및 연합회는 제외한다)

② 「자본시장과 금융투자업에 관한 법률」에 따른 투자회사, 투자유한회사, 투자합자회사 및 투자전문회사(같은 법 제9조 제18항 제7호의 사모투자전문회사는 제외한다)

③ 기업구조조정투자회사 등 「자본시장과 금융투자업에 관한 법률」 제6조 제5항 각호의 어느 하나에 해당하는 경우의 법인

④ 해당 법인의 주주 등이 다음의 공공기관 또는 기관투자자와 주권상장법인의 소액주주로 구성된 법인 등

㉠ 「공공기관의 운영에 관한 법률」에 따른 공공기관으로서 [별표 11]의 공공기관

㉡ 「법인세법 시행령」 제61조 제2항 제1호부터 제11호까지, 제21호 및 제28호의 금융기관

㉢ 「자본시장과 금융투자업에 관한 법률」에 따른 집합투자업자 또는 증권금융회사

㉣ 「법인세법 시행규칙」 제56조의2 제1항 각호의 법인

㉤ 「법인세법 시행규칙」 제56조의2 제2항 각호의 법인

(4) 주식등변동상황명세서 제출 불성실가산세가 적용배제되는 주식 등의 범위

다음의 어느 하나에 해당하는 주식 등에 대하여는 주식등변동상황명세서 제출 불성실가산세를 적용하지 아니한다(법법 §119②).

① 주권상장법인으로서 해당 사업연도 중 주식의 명의개선 또는 변경을 취급하는 자를 통하여 1회 이상 주주명부를 작성하는 법인 : 지배주주(그 특수관계인을 포함한다) 외의 주주 등이 소유하는 주식 등

② 위 "①" 외의 법인 : 해당 법인의 소액주주가 소유하는 주식 등

여기서 "지배주주(그 특수관계인을 포함한다)"란 지배주주 등(「법인세법 시행령」 제

43조 제7항을 말한다)을 말하며, "소액주주"란 소액주주 등으로서 다음의 어느 하나에 해당하는 주주 등을 말한다(법령 §161③·④).

㉮ 유가증권시장상장법인의 경우 보유하고 있는 주식의 액면금액의 합계액이 3억원에 미달하고 그 주식의 시가(「법인세법 시행규칙」으로 정하는 시가를 말한다)의 합계액이 100억원 미만인 주주

㉯ 코스닥시장상장법인의 경우 보유하고 있는 주식의 액면금액의 합계액이 3억원에 미달하고 그 주식의 시가(「법인세법 시행규칙」으로 정하는 시가를 말한다)의 합계액이 100억원 미만인 주주. 다만, 코스닥시장상장 전에 주식을 취득한 경우에는 해당 주식의 액면금액의 합계액이 500만원 이하인 주주와 중소기업의 주식을 코스닥시장을 통하여 양도한 주주

위 "㉮"와 "㉯"에서 「법인세법 시행규칙」으로 정하는 시가란, 다음의 어느 하나에 해당하는 가액을 말한다.

㉠ 주권상장법인의 주식 등의 경우에는 주식 등의 양도일이 속하는 사업연도의 직전 사업연도 종료일 현재의 최종시세가액. 다만, 직전 사업연도 종료일 현재의 최종시세가액이 없는 경우에는 직전거래일의 최종시세가액에 따른다.

㉡ 위 "㉮" 외의 주식 등의 경우에는 「소득세법 시행령」 제165조 제4항의 규정에 의한 평가액

㉢ 위 "㉮" 및 "㉯" 외의 법인의 경우 보유하고 있는 주식의 액면금액 또는 출자총액의 합계액이 500만원 이하인 주주 등

그리고 위 "②"에서 지배주주 등 또는 소액주주 등과 액면금액·시가 또는 출자총액은 해당 법인의 사업연도 개시일과 사업연도 종료일 현재의 현황에 의한다.

이 경우 어느 한 날이라도 지배주주 등에 해당하면 제3항에 따른 지배주주 등으로 보고, 어느 한 날이라도 소액주주 등에 해당하지 아니하면 제4항에 따른 소액주주 등으로 보지 아니한다(법령 §161⑤).

(5) 주식 등의 변동명세서의 기재사항

주식 등의 변동명세서에는 주식 등의 실제 소유자를 기준으로 다음의 내용을 기재하여야 한다(법령 §161⑥).

① 주주 등의 성명 또는 법인명, 주민등록번호·사업자등록번호 또는 고유번호

② 주주 등별 주식 등의 보유현황

③ 사업연도 중의 주식 등의 변동사항

위에서 주식 등의 변동사항이란 매매·증자·감자·상속·증여 및 출자 등에 의하여 주

주 등·지분비율·보유주식액면총액 및 보유출자총액 등이 변동되는 경우를 말한다(법령 §161⑥).

4. 장부의 기록·보관 불성실가산세

(1) 개 요

「법인세법」에서는 납세의무자의 조세부담을 공평히 하고 또한 조세부과를 근거있게 하기 위하여 장부비치·보존의 의무를 부여하고 있다(법법 §112). 그러나 법인이 장부의 비치·기장(記帳)의무를 이행하지 아니한 경우에는 납세지 관할 세무서장이 결정한 산출세액(「법인세법」 제55조의2에 따른 토지 등 양도소득에 대한 법인세액 및 「조세특례제한법」 제100조의32에 따른 투자·상생협력 촉진을 위한 과세특례를 적용하여 계산한 법인세액은 제외한다)의 20%에 상당하는 금액(그 금액이 당해 법인의 수입금액의 0.07%에 미달하거나 산출세액이 없는 때에는 그 수입금액의 0.07%에 상당하는 금액을 말한다)을 가산한 금액을 법인세로서 징수하여야 한다(법법 §75의3①). 이를 계산식으로 표시하면 다음과 같다.

> 다음 "①"과 "②" 중 큰 금액
> ① 산출세액기준 : 산출세액 × 20%
> ② 수입금액기준 : 수입금액 × 0.07%

(2) 비영리내국법인의 기장·불성실가산세 적용배제

비영리내국법인에 대하여는 장부의 기록·보관 불성실가산세를 적용하지 아니한다(법법 §75의3①).

(3) 무기장가산세 적용배제

「법인세법」 또는 다른 법률에 따라 법인세가 비과세되거나 전액 면제되는 소득만이 있는 법인에 대하여는 장부의 기록·보관 불성실가산세를 적용하지 아니한다. 이 경우 "법인세가 비과세되거나 전액 면제되는 소득만이 있는 법인"에는 국고보조금수입, 이자수입, 잡수입 등과 같은 과세소득이 있는 법인은 포함하지 아니한다(법집 75의3-120-1).

(4) 복식부기장부를 기장·비치하고 있으나 표준소득률에 의해 과세표준을 신고한 경우

일본법인이 한국에의 기계판매와 관련하여 보조업무인 기계에 대한 수선용역을 수행하는 국내사업장을 가지고 있는 경우, 국내사업장이 수행한 수선용역에 대하여는 매출액과 그에

대응되는 비용을 복식부기에 의한 장부를 기장하여 비치하고 있고, 국내사업장의 소득금액이 결손으로 인하여 과세표준금액을 표준소득률에 의하여 계산하여 신고한 경우에도 상업장부의 비치·기장의무를 이행하지 아니한 경우에 적용되는 무기장가산세는 적용되지 아니한다(국일 46017-201, 1997. 6. 26.).

5. 기부금 영수증 발급 및 발급명세 작성·보관 불성실가산세

(1) 기부금영수증 발급·작성·보관 불성실 가산세

납세지 관할 세무서장은 기부금영수증을 발급하는 법인이 기부금영수증을 사실과 다르게 적어 발급(기부금액 또는 기부자의 인적사항 등 주요사항을 적지 아니하고 발급하는 경우를 포함한다)하거나 기부자별 발급명세를 제112조의2 제1항에 따라 작성·보관하지 아니한 경우에는 다음의 구분에 따른 금액을 산출세액 또는 결정세액에 가산하여 징수하여야 한다. 이 경우 산출세액 또는 결정세액이 없는 경우에도 가산세를 징수하며, 「상속세 및 증여세법」 제78조 제3항에 따라 보고서 제출의무를 이행하지 아니하거나 같은 조 제5항에 따라 출연받은 재산에 대한 장부의 작성·비치 의무를 이행하지 아니하여 가산세가 부과되는 경우 아래 "2)"의 규정은 이를 적용하지 아니한다(법법 §75의4).

1) 기부금영수증의 경우

① 기부금액을 사실과 다르게 적어 발급한 경우 : 사실과 다르게 발급된 금액[영수증에 실제 적힌 금액(영수증에 금액이 적혀 있지 아니한 경우에는 기부금영수증을 발급받은 자가 기부금을 손금에 산입 또는 필요경비에 산입하거나 기부금 세액공제를 신청한 해당 금액으로 한다)과 건별로 발급하여야 할 금액과의 차액을 말한다]의 5%에 해당하는 금액

② 기부자의 인적사항 등을 사실과 다르게 적어 발급하는 등 위 "①" 외의 경우 : 영수증에 적힌 금액의 5%에 해당하는 금액

2) 기부자별 발급명세의 경우

작성·보관하지 아니한 금액의 0.2%

(2) 기부금영수증의 범위

기부금영수증이란 다음 중 어느 하나에 해당하는 영수증을 말하며, 전자적 방법으로 발급한 기부금영수증(이하 "전자기부금영수증"이라 한다)을 포함한다(법법 §75의4②).
① 「법인세법」 제24조에 따라 기부금을 손금에 산입하기 위하여 필요한 영수증

② 「소득세법」 제34조 및 제59조의4 제4항에 따라 기부금을 필요경비에 산입하거나 기부금세액공제를 받기 위하여 필요한 영수증

6. 증명서류 수취 불성실가산세

(1) 개 요

납세지 관할 세무서장은 법인[아래 "(2)"의 법인은 제외한다]이 사업과 관련하여 세법으로 정하는 사업자[아래 "(3)"의 사업자를 말한다]로부터 재화 또는 용역을 공급받고 신용카드매출전표(직불카드·외국에서 발행된 신용카드 등)·현금영수증·세금계산서 또는 계산서를 증명서류를 받지 아니하거나 사실과 다른 증명서류를 받은 경우에는 그 받지 아니하거나 사실과 다르게 받은 금액으로 손금에 산입하는 것이 인정되는 금액(건별로 받아야 할 금액과의 차액을 말한다)의 2%에 상당하는 금액을 법인세에 가산하여 징수하거나 환급할 법인세액에서 공제한다. 이 경우 산출세액이 없는 경우에도 가산세는 징수한다(법법 §75의5②).

이를 계산식으로 표시하면 다음과 같다.

적격증명서류 미수취·불분명 금액 × 2%

(2) 적격증명서류 미수취가산세 적용제외 법인

"적격증명서류 미수취가산세가 적용되지 아니하는 법인"이란, 다음에 해당하는 법인을 말한다(법령 §120③).
① 국가 및 지방자치단체
② 비영리법인(「법인세법 시행령」 제2조 제1항에 해당하는 수익사업과 관련된 부분은 제외)

(3) 세법으로 정하는 사업자의 범위

위 "(1)"에서 "세법으로 정하는 사업자"란 「법인세법 시행령」 제158조 제1항[전술한 제17장 7의 "3. 지출증명서류 수취대상법인"을 말함]에 따른 사업자를 말한다.

(4) 증명서류의 범위

법인이 위 "(3)"의 사업자로부터 재화 또는 용역을 공급받고 그 대가를 지급하는 경우에는 다음의 어느 하나에 해당하는 증명서류를 보관하여야 한다(법법 §116②).

① 「여신전문금융업법」에 따른 신용카드 매출전표(신용카드와 유사한 것으로서 세법이 정하는 것을 사용하여 거래하는 경우에는 그 증명서류를 포함한다)
② 현금영수증
③ 「부가가치세법」 제32조에 따른 세금계산서
④ 「법인세법」 제121조 및 「소득세법」 제163조에 따른 계산서

그리고 법인이 세금계산서를 교부받지 못한 경우 「조세특례제한법」 제126조의4 제1항에 따른 매입자 발행 세금계산서를 발행하여 보관하면 이는 수취·보관의무를 이행한 것으로 본다(법법 §116③).

(5) 적격증명서류 미수취가산세 적용배제 증명서류의 범위

「법인세법 시행령」 제158조 제2항에 해당하는 다음의 적격증명서류의 수취·보관의무면제에 대하여는 가산세 적용을 배제된다.

① 공급받은 재화 또는 용역의 건당 거래금액(부가가치세를 포함한다)이 3만원 이하인 경우
② 농·어민(한국표준산업분류에 의한 농업 중 작물재배업·축산업·복합농업, 임업 또는 어업에 종사하는 자를 말하며, 법인을 제외한다)으로부터 재화 또는 용역을 직접 공급받은 경우
③ 「소득세법」 제127조 제1항 제3호에 규정된 원천징수대상 사업소득자로부터 용역을 공급받은 경우(원천징수한 것에 한한다)
④ 「법인세법 시행령」 제164조 제7항 제1호의 규정에 의한 용역을 공급받는 경우
⑤ 다음의 어느 하나에 해당하는 경우
  ⑦ 「부가가치세법」 제10조의 규정에 의하여 재화의 공급으로 보지 아니하는 사업의 양도에 의하여 재화를 공급받는 경우
  ⑭ 「부가가치세법」 제26조 제1항 제8호에 따른 방송용역을 제공받은 경우
  ⑮ 「전기통신사업법」에 의한 전기통신사업자로부터 전기통신용역을 공급받은 경우. 다만, 「전자상거래 등에서의 소비자보호에 관한 법률」에 따른 통신판매업자가 「전기통신사업법」에 따른 부가통신사업자로부터 동법 제4조 제4항에 따른 부가통신 역무를 제공받는 경우를 제외한다.
  ㉑ 국외에서 재화 또는 용역을 공급받은 경우(세관장이 세금계산서 또는 계산서를 교부한 경우는 제외한다)
  ㉒ 공매·경매 또는 수용에 의하여 재화를 공급받은 경우
  ㉓ 토지 또는 주택을 구입하거나 주택의 임대업을 영위하는 자(법인을 제외한다)로부터 주택임대용역을 공급받은 경우

㉚ 택시운송용역을 제공받은 경우

㉙ 건물(토지를 함께 공급받은 경우에는 당해 토지를 포함하며, 주택을 제외한다)을 구입하는 경우로서 거래내용이 확인되는 매매계약서 사본을 「법인세법」 제60조의 규정에 의한 법인세 과세표준신고서에 첨부하여 납세지 관할 세무서장에게 제출하는 경우

㉛ 「소득세법 시행령」 제208조의2 제1항 제3호의 규정에 의한 금융·보험용역을 제공받은 경우

㉜ 항공기의 항행용역을 제공받은 경우

㉝ 부동산임대용역을 제공받은 경우로서 「부가가치세법 시행령」 제65조 제1항을 적용받는 전세금 또는 임대보증금에 대한 부가가치세액을 임차인이 부담하는 경우

㉞ 재화공급계약·용역제공계약 등에 의하여 확정된 대가의 지급지연으로 인하여 연체이자를 지급하는 경우

㉟ 「한국철도공사법」에 의한 한국철도공사로부터 철도의 여객운송용역을 공급받는 경우

㊱ 다음의 어느 하나에 해당하는 경우로서 공급받은 재화 또는 용역의 거래금액을 「금융실명거래 및 비밀보장에 관한 법률」에 의한 금융기관을 통하여 지급한 경우로서 법인세 과세표준신고서에 송금사실을 기재한 경비 등의 송금명세서를 첨부하여 납세지 관할 세무서장에게 제출하는 경우

　㉠ 간이과세자로부터 부동산임대용역을 제공받은 경우

　㉡ 임가공용역을 제공받은 경우(법인과의 거래는 제외)

　㉢ 운수업을 영위하는 자(간이과세규정을 적용받는 사업자에 한함)가 제공하는 운송용역을 공급받은 경우(위 "㉚"의 규정을 적용받는 경우를 제외한다)

　㉣ 간이과세규정을 적용받는 사업자로부터 재활용폐자원 등이나 재활용가능자원(동법 시행규칙 [별표 1] 제1호 내지 제9호에 열거된 것에 한함)을 공급받은 경우

　㉤ 「항공법」에 의한 상업서류 송달용역을 제공받는 경우

　㉥ 「공인중개사의 업무 및 부동산 거래신고에 관한 법률」에 따른 중개업자에게 수수료를 지급하는 경우

　㉦ 「복권 및 복권기금법」에 의한 복권사업자가 복권을 판매하는 자에게 수수료를 지급하는 경우

　㉧ 「전자상거래 등에서의 소비자보호에 관한 법률」 제2조 제2호 본문에 따른 통신판매에 따라 재화 또는 용역을 공급받은 경우

　㉨ 그 밖에 국세청장이 정하여 고시하는 경우

㊲ 「유료도로법」에 따른 유료도로를 이용하고 통행료를 지급하는 경우

(6) 지출증명서류 수취 및 보관이 면제되는 건당 거래금액 3만원 이하 거래를 월 단위 정산하는 경우

법인이 사업자로부터 건당 거래금액 3만원을 초과하는 재화 또는 용역을 제공받고 그 대가를 지급하는 경우에는 세금계산서, 계산서, 신용카드매출전표, 현금영수증(이하 "세금계산서 등"이라 함) 중 하나를 증명서류로 수취하여야 하는 것이며, 법인이 식사 용역을 제공받고 거래상대방으로부터 세금계산서 등이 아닌 영수증을 교부받는 경우에는 「부가가치세법」제36조에 따라 용역을 공급받은 때마다 영수증을 교부받아야 하는 것이므로 그 용역의 대가를 월 단위로 합산하여 정산하더라도 교부받은 영수증상의 거래금액을 기준으로 지출증명서류 미수취가산세를 적용한다(법규법인 2012-393, 2012. 11. 1.).

7. 신용카드 및 현금영수증 발급 불성실 가산세

7-1. 신용카드 발급 불성실 가산세

(1) 거래거부 및 사실과 다르게 발급한 내용의 통보

신용카드가맹점으로부터 신용카드에 의한 거래가 거부되거나 신용카드 매출전표를 사실과 다르게 발급받은 자는 그 거래 내용을 국세청장, 지방국세청장 또는 세무서장에게 신고할 수 있다. 신고를 받은 자는 신용카드가맹점의 납세지 관할 세무서장에게 이를 통보하여야 한다. 이 경우 납세지 관할 세무서장은 해당 사업연도의 신고금액을 해당 신용카드가맹점에 통보하여야 한다(법법 §117③ · ④).

(2) 가산세

신용카드가맹점으로 가입한 내국법인이 신용카드에 의한 거래를 거부하거나 신용카드 매출전표를 사실과 다르게 발급하여 납세지 관할 세무서장으로부터 통보받은 경우에는 통보받은 건별 거부 금액 또는 신용카드 매출전표를 사실과 다르게 발급한 금액(건별로 발급하여야 할 금액과의 차액을 말한다)의 100분의 5(건별로 계산한 금액이 5천원 미만이면 5천원으로 한다)를 가산세로 해당 사업연도의 법인세액에 더하여 납부하여야 한다(법법 §75의6①).

7-2. 현금영수증 미가맹·발급불성실가산세

(1) 현금영수증 가맹의무

소비자대상업종(소령 별표 3의2에 열거된 업종)을 영위하는 법인은 그 요건에 해당하는 날의 말일부터 3개월 이내에 현금영수증가맹점으로 가입하여야 한다(법법 §117의2①, 법령 §159

의2①). 다만, 국가, 지방자치단체 및 현금영수증가맹점으로 가입하기 곤란한 경우로서 다음에 해당하는 법인은 제외한다.

① 국가 및 지방자치단체
② 항공운송업을 영위하는 법인(외국을 항행하는 항공기 안에서 영위하는 소매업만 해당한다)
③ 법인세법 제117조의2 제3항 단서에 따라 사실과 다르게 발급한 것으로 보지 아니하는 사업자를 통하여 현금영수증을 발급하는 법인

(2) 현금영수증의 발행

현금영수증가맹점은 사업과 관련하여 재화나 용역을 공급하고, 그 상대방이 대금을 현금으로 지급한 후 현금영수증 발급을 요청하는 경우에는 이를 거부하거나 사실과 다르게 발급하여서는 아니 된다. 다만, 항공운송업을 영위하는 법인이 항공기에서 재화를 판매하는 경우에는 현금영수증을 발급하지 아니할 수 있고, 유통산업발전법 제2조에 따른 대규모 점포 또는 「체육시설의 설치·이용에 관한 법률」 제3조에 따른 체육시설을 운영하는 사업자가 전사적기업자원관리설비 또는 판매시점정보관리시스템설비를 설치·운영하는 방법으로 다른 사업자의 매출과 합산하여 현금영수증을 발급한 경우에는 사실과 다르게 발급한 것으로 보지 아니한다(법법 §117의2③, 법령 §159의2②·③·④).

현금영수증가맹점으로 가입한 법인은 재화 또는 용역을 공급받은 상대방이 현금영수증의 발급을 요청하지 아니하는 경우에도 무기명(01000001234)으로 현금영수증을 발급할 수 있다.

(3) 현금영수증 미발행 및 거부 통보

현금영수증가맹점으로부터 재화나 용역을 공급받은 자는 그 대가를 현금으로 지급한 후 현금영수증 발급이 거부되거나 사실과 다르게 발급받은 경우에는 그 현금거래 내용을 국세청장, 지방국세청장 또는 세무서장에게 신고할 수 있다(법법 §117의2⑤). 신고를 받은 자는 현금영수증가맹점의 납세지 관할 세무서장에게 이를 통보하여야 한다. 이 경우 납세지 관할 세무서장은 해당 사업연도의 신고금액을 해당 현금영수증가맹점에 통보하여야 한다(법법 §117의2⑥).

(4) 현금영수증 가입·발급 불성실 가산세

1) 현금영수증 가입 불성실 가산세

현금영수증가맹점으로 가입하여야 할 법인이 가입하지 아니하거나 그 가입기간이 지나서 가입한 경우에는 가입하지 아니한 사업연도의 수입금액(둘 이상의 업종을 하는 법인인 경

우에는「소득세법 시행령」별표 3의2에 따른 소비자상대업종에서 발생한 수입금액만 해당하며, 계산서 발급분 또는 세금계산서 발급분은 제외한다)의 100분의 1에 가맹하지 아니한 사업연도의 일수에서 가입 요건(법법 §117의2①)에 해당하는 날부터 3개월이 지난 날의 다음 날부터 가맹한 날의 전일까지의 일수(그 기간이 2 이상의 사업연도에 걸쳐 있는 경우 각 사업연도 별로 적용한다)가 차지하는 비율을 곱한 금액을 가산세로 한다(법법 §75의6②(1), 법령 §120⑤·⑥·⑦).

$$\text{가맹하지 아니한 사업연도의 소비자대상업종의 수입금액} \times \text{100분의 1} \times \frac{\text{미가맹일수*}}{\text{사업연도일수}}$$

* 현금영수증 가맹요건에 해당하는 날부터 3개월이 지난 날의 다음날부터 가맹한 날의 전일까지의 일수

2) 현금영수증 발급 불성실 가산세

현금영수증 발급을 거부하거나 사실과 다르게 발급하여 납세지 관할 세무서장으로부터 통보받은 경우(현금영수증의 발급대상 금액이 건당 5천원 이상인 경우만 해당하며, 현금영수증 의무발급대상자의 발급의무 위반 가산세에 해당하는 경우는 제외한다)에는 통보받은 건별 발급 거부 금액 또는 사실과 다르게 발급한 금액(건별로 발급하여야 할 금액과의 차액을 말한다)의 100분의 5(건별로 계산한 금액이 5천원 미만이면 5천원으로 한다)를 가산세로 하여 해당 사업연도의 법인세액에 더하여 납부하여야 한다(법법 §75의6②(2)).

3) 현금영수증 의무발급대상자의 발급의무 위반 가산세

① 현금영수증 의무발행대상

현금영수증 의무발행업종을 경영하는 내국법인이 건당 거래금액(부가가치세액 포함)이 10만원 이상인 재화 또는 용역을 공급하고 그 대금을 현금으로 받은 경우에는 상대방이 현금영수증 발급을 요청하지 아니하더라도 무기명(01000001234)으로 현금영수증을 발급하여야 한다. 다만, 법인세법, 소득세법 또는 부가가치세법에 따라 사업자등록을 한 자에게 재화나 용역을 공급하고 계산서 또는 세금계산서를 발급한 경우에는 현금영수증을 발급하지 아니할 수 있다(법법 §117의2④).

② 현금영수증 의무발급대상자의 발급의무 위반가산세

현금영수증 의무발급대상 업종을 경영하는 내국법인이 건당 거래금액(부가가치세액을 포함한다)이 10만원 이상인 재화 또는 용역을 공급하고 그 대금을 현금으로 받은 경우에는 상대방이 현금영수증 발급을 요청하지 아니하더라도 현금영수증을 발급하여야 한다. 다만, 사업자등록을 한 자에게 재화나 용역을 공급하고 계산서·세금계산서를 발급한 경우에는

현금영수증을 발급하지 아니할 수 있다. 이 규정을 위반하여 현금영수증을 발급하지 아니한 경우에는 미발급금액의 100분의 20(착오나 누락으로 인하여 거래대금을 받은 날부터 **10일(2021. 12. 31. 이전 자진발급분은 7일)** 이내에 관할 세무서에 자진 신고하거나 현금영수증을 자진 발급한 경우에는 100분의 10으로 한다)를 가산세로 하여 해당 사업연도의 법인세액에 더하여 납부하여야 한다(**법법 §75의6②(3)**). 22 개정 다만, 다음 중 어느 하나에 해당하는 경우에는 거래가 파악되므로 가산세 부과대상에서 제외한다(**법령 §120⑧**).

㉮ 국민건강보험법에 따른 보험급여

㉯ 의료급여법에 따른 의료급여

㉰ 긴급복지지원법에 따른 의료지원비

㉱ 응급의료에 관한 법률에 따른 대지급금

㉲ 「자동차손해배상 보장법」에 따른 보험금 및 공제금(같은 법 제2조 제6호의 「여객자동차 운수사업법」 및 「화물자동차 운수사업법」에 따른 공제사업자의 공제금에 한정한다)

● 「소득세법 시행령」 [별표 3의3] 현금영수증 의무발행업종(2024. 2. 29. 개정) ●

구 분	현금영수증 의무발행업종
1. 사업서비스업	가. 변호사업 나. 공인회계사업 다. 세무사업 라. 변리사업 마. 건축사업 바. 법무사업 사. 심판변론인업 아. 경영지도사업 자. 기술지도사업 차. 감정평가사업 카. 손해사정인업 타. 통관업 파. 기술사업 하. 측량사업 거. 공인노무사업 너. 행정사(2023. 1. 1. 이후 공급분부터 적용)
2. 보건업	가. 종합병원 나. 일반병원 다. 치과병원 라. 한방병원 마. 요양병원 바. 일반의원(일반과, 내과, 소아과, 일반외과, 정형외과, 신경과, 정신과, 피부과, 비뇨기과, 안과, 이비인후과, 산부인과, 방사선과 및 성형외과)

구 분	현금영수증 의무발행업종
	사. 기타의원(마취과, 결핵과, 가정의학과, 재활의학과 등 달리 분류되지 아니한 병과)
	아. 치과의원
	자. 한의원
	차. 수의업
	카. 앰뷸런스 서비스업 24 신설 (2025. 1. 1. 이후 적용)
3. 숙박 및 음식점업	가. 일반유흥 주점업(「식품위생법 시행령」 제21조 제8호 다목에 따른 단란주점영업을 포함)
	나. 무도유흥 주점업
	다. 일반 및 생활 숙박시설운영업
	라. 출장 음식 서비스업
	마. 기숙사 및 고시원 운영업(고시원에 한정)
	바. 숙박공유업(2023. 1. 1. 이후 공급분부터 적용)
4. 교육서비스업	가. 일반 교습 학원
	나. 예술 학원
	다. 외국어학원 및 기타 교습학원
	라. 운전학원
	마. 태권도 및 무술 교육기관
	바. 기타 스포츠 교육기관(2017. 7. 1. 이후 공급분부터 적용)
	사. 기타 교육지원 서비스업(2017. 7. 1. 이후 공급분부터 적용)
	아. 청소년 수련시설 운영업(교육목적으로 한정)
	자. 기타 기술 및 직업훈련학교(2020. 1. 1. 이후 공급분부터 적용)
	차. 컴퓨터 학원(2020. 1. 1. 이후 공급분부터 적용)
	카. 그 외 기타 분류 안 된 교육기간(2020. 1. 1. 이후 공급분부터 적용)
5. 그 밖의 업종	가. 골프장 운영업
	나. 골프 연습장 운영업(2019. 1. 1. 이후 공급분부터 적용)
	다. 장례식장 및 장의관련 서비스업
	라. 예식장업
	마. 부동산 중개 및 대리업
	바. 부동산 투자 자문업
	사. 산후조리원
	아. 시계 및 귀금속 소매업
	자. 피부미용업
	차. 손·발톱 관리 미용업 등 기타 미용업(2019. 1. 1. 이후 공급분부터 적용)
	카. 비만 관리 센터 등 기타 신체 관리 서비스업
	타. 마사지업(발 마사지업 및 스포츠 마사지업으로 한정)
	파. 실내건축 및 건축마무리 공사업(도배업만 영위하는 경우는 제외)
	하. 인물 사진 및 행사용 영상 촬영업(결혼사진 및 비디오 촬영업에 한정하였으나, 2019. 1. 1. 이후 공급분부터 확대)
	거. 결혼 상담 및 준비 서비스업

구 분	현금영수증 의무발행업종
	너. 의류 임대업
	더. 「화물자동차 운수사업법 시행령」 제2조 제4호에 따른 화물자동차 운송주선사업(이사화물에 관한 운송주선사업으로 한정)
	러. 자동차 부품 및 내장품 판매업
	머. 자동차 종합 수리업
	버. 자동차 전문 수리업
	서. 전세버스 운송업
	어. 가구 소매업
	저. 전기용품 및 조명장치 소매업
	처. 의료용 기구 소매업
	커. 페인트, 창호 및 기타 건설자재 소매업
	터. 주방용품, 가정용 유리, 요업 제품 소매업[거울 및 액자(내용물 없는 것) 소매업, 주방용 유리제품 소매업, 관상용 어항 소매업으로 한정]
	퍼. 안경 및 렌즈 소매업
	허. 운동 및 경기용품 소매업
	고. 예술품 및 골동품 소매업
	노. 중고자동차 소매업 및 중개업
	도. 악기 소매업
	로. 자전거 및 기타 운송장비 소매업
	모. 체력단련시설 운영업
	보. 화장터 운영, 묘지 분양 및 관리업(묘지 분양 및 관리업에 한정)
	소. 특수여객자동차 운송업
	오. 가전제품 소매업
	조. 의약품 및 의료용품 소매업
	초. 독서실 운영업(스터디카페 포함. 2025. 1. 1. 이후 적용) 24 개정
	코. 두발 미용업
	토. 철물 및 난방용구 소매업
	포. 신발 소매업
	호. 애완용 동물 및 관련용품 소매업
	구. 의복 소매업
	누. 컴퓨터 및 주변장치, 소프트웨어 소매업
	두. 통신기기 소매업
	루. 건강보조식품 소매업
	무. 자동차 세차업
	부. 벽지, 마루덮개 및 장판류 소매업(2022. 1. 1. 이후 공급분부터 적용)
	수. 공구 소매업(2022. 1. 1. 이후 공급분부터 적용)
	우. 가방 및 기타 가죽제품 소매업(2022. 1. 1. 이후 공급분부터 적용)
	주. 중고가구 소매업(2022. 1. 1. 이후 공급분부터 적용)
	추. 사진기 및 사진용품 소매업(2022. 1. 1. 이후 공급분부터 적용)
	쿠. 모터사이클 수리업(2022. 1. 1. 이후 공급분부터 적용)
	투. 가전제품 수리업(2023. 1. 1. 이후 공급분부터 적용)

구 분	현금영수증 의무발행업종
	푸. 가정용 직물제품 소매업(2023. 1. 1. 이후 공급분부터 적용) 후. 가죽, 가방 및 신발 수리업(2023. 1. 1. 이후 공급분부터 적용) 그. 게임용구, 인형 및 장난감 소매업(2023. 1. 1. 이후부터 적용) 느. 구두류 제조업(2023. 1. 1. 이후부터 적용) 드. 남자용 겉옷 제조업(2023. 1. 1. 이후부터 적용) 르. 여자용 겉옷 제조업(2023. 1. 1. 이후부터 적용) 므. 모터사이클 및 부품 소매업(부품 판매업으로 한정)(2023. 1. 1. 이후부터 적용) 브. 시계, 귀금속 및 악기 수리업(2023. 1. 1. 이후부터 적용) 스. 운송장비용 주유소 운영업(2023. 1. 1. 이후부터 적용) 으. 의복 및 기타 가정용 직물제품 수리업(2023. 1. 1. 이후부터 적용) 즈. 중고 가전제품 및 통신장비 소매업(2023. 1. 1. 이후부터 적용) 츠. 백화점(2024. 1. 1. 이후부터 적용) 크. 대형마트(2024. 1. 1. 이후부터 적용) 트. 체인화편의점(2024. 1. 1. 이후부터 적용) 프. 기타 대형 종합소매업(2024. 1. 1. 이후부터 적용) 흐. 서적·신문 및 잡지류 소매업(2024. 1. 1. 이후부터 적용) 기. 곡물·곡분 및 가축사료 소매업(2024. 1. 1. 이후부터 적용) 니. 육류 소매업(2024. 1. 1. 이후부터 적용) 디. 자동차 중개업(2024. 1. 1. 이후부터 적용) 리. 주차장 운영업(2024. 1. 1. 이후부터 적용) 미. 여객 자동차 터미널 운영업(2024. 1. 1. 이후부터 적용) 비. 통신장비 수리업(2024. 1. 1. 이후부터 적용) 시. 보일러수리 등 기타 가정용품 수리업(2024. 1. 1. 이후부터 적용) 이. 컴퓨터 및 주변 기기 수리업(2025. 1. 1. 이후 적용) 24 신설 지. 의복 액세서리 및 모조 장신구 소매업(2025. 1. 1. 이후 적용) 24 신설 치. 여행사업(2025. 1. 1. 이후 적용) 24 신설 키. 기타 여행 보조 및 예약 서비스업(2025. 1. 1. 이후 적용) 24 신설 티. 실내 경기장 운영업(2025. 1. 1. 이후 적용) 24 신설 피. 실외 경기장 운영업(2025. 1. 1. 이후 적용) 24 신설 히. 스키장 운영업(2025. 1. 1. 이후 적용) 24 신설 갸. 종합 스포츠시설 운영업(2025. 1. 1. 이후 적용) 24 신설 냐. 수영장 운영업(2025. 1. 1. 이후 적용) 24 신설 댜. 볼링장 운영업(2025. 1. 1. 이후 적용) 24 신설 랴. 스쿼시장 등 그 외 기타 스포츠시설 운영업(2025. 1. 1. 이후 적용) 24 신설 먀. 애완 동물 장묘 및 보호 서비스업(2025. 1. 1. 이후 적용) 24 신설
6. 통신판매업	1~5에 따른 업종에서 사업자가 공급하는 재화·용역을 공급하는 경우에 한함 가. 전자상거래 소매업 나. 전자상거래 소매 중개업(2023. 1. 1. 이후 공급분부터 적용) 다. 기타 통신 판매업(2023. 1. 1. 이후 공급분부터 적용)

8. 지급명세서 제출 불성실가산세

(1) 개 요

지급명세서를 제출하여야 할 내국법인이 다음의 어느 하나에 해당하는 경우에는 다음의 구분에 따른 금액을 지급명세서 제출불성실가산세로 하여 징수한다(법법 §75의7①). 이 경우 산출세액이 없는 경우에도 가산세는 징수한다.

1) 지급명세서의 경우(법법 §75의7①(1)가)

구 분	가산세
일용근로소득	미제출 분의 지급금액 × 0.25%(제출기한이 지난 후 1개월 이내에 제출시 0.125%)
그 밖의 소득	미제출 분의 지급금액 × 1%(제출기한이 지난 후 3개월 이내에 제출시 0.5%)

2) 간이지급명세서의 경우(법법 §75의7①(1)나)

구 분	가산세		
	2023. 12. 31. 이전 지급하는 소득에 대한 간이지급명세서	2024. 1. 1. 이후 지급하는 소득에 대한 간이지급명세서	2026. 1. 1. 이후 지급하는 소득에 대한 간이지급명세서
상용근로소득	미제출 분의 지급금액 × 0.25%(제출기한이 지난 후 **3개월** 이내에 제출시 0.125%) 24 개정		
원천징수대상 사업소득	미제출 분의 지급금액 × 0.25%(제출기한이 지난 후 **1개월** 이내에 제출시 0.125%)	미제출 분의 지급금액 × 0.25%(제출기한이 지난 후 **1개월** 이내에 제출시 0.125%)	미제출 분의 지급금액 × 0.25%(제출기한이 지난 후 **1개월** 이내에 제출시 0.125%)
인적용역 관련 기타소득	제출대상 아님		

(2) 제출된 명세서가 불분명한 경우에 해당하거나 제출된 명세서에 기재된 지급금액이 사실과 다른 경우

1) 지급명세서의 경우(법법 §75의7①(2)가)

구 분	가산세
일용근로소득	불분명 또는 사실과 다른 지급금액 × 0.25%
그 밖의 소득	불분명 또는 사실과 다른 지급금액 × 1%

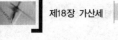

2) 간이지급명세서의 경우(법법 §75의7①(2)나)

불분명 또는 사실과 다른 지급금액 × 0.25%

(3) 법령으로 정하는 지급명세서가 불분명한 경우

"법령으로 정하는 지급명세서가 불분명한 경우"란, 다음의 어느 하나에 해당하는 경우를 말한다(법령 §120⑨).

① 제출된 지급명세서에 지급자 또는 소득자의 주소, 성명, 고유번호(주민등록번호로 갈음하는 경우에는 주민등록번호)나 사업자등록번호, 소득의 종류, 소득귀속연도 또는 지급액을 적지 아니하였거나 잘못 적어 지급사실을 확인할 수 없는 경우

② 제출된 지급명세서 및 이자·배당소득 지급명세서에 유가증권표준코드를 적지 아니하였거나 잘못 적어 유가증권의 발행자를 확인할 수 없는 경우

③ 내국법인인 금융회사 등으로부터 제출된 이자·배당소득 지급명세서에 해당 금융회사 등이 과세구분을 적지 아니하였거나 잘못 적은 경우

④ 「소득세법 시행령」 제203조의2 제1항에 따른 이연퇴직소득세를 적지 아니하였거나 잘못 적은 경우

그러나 다음의 어느 하나에 해당하는 경우는 불분명한 경우로 보지 아니한다(법령 §120⑩).

① 지급일 현재 사업자등록증의 발급을 받은 자 또는 고유번호를 부여받은 자에게 지급한 경우

② 위 "①" 외의 지급으로서 지급 후에 그 지급받은 자가 소재불명으로 확인된 경우

(4) 가산세의 한시적 면제

다음에 해당하는 경우에는 간이지급명세서 미제출 가산세는 부과하지 아니한다(법법 §75의7③).

① 2026. 1. 1.부터 2026. 12. 31.(소득세법 제128조 제2항에 따라 원천징수세액을 반기별로 납부하는 원천징수의무자의 경우에는 2027. 12. 31.)까지 상용근로소득을 지급하는 경우로서 해당 소득에 대한 간이지급명세서를 그 소득 지급일(소득세법 제135조【근로소득 원천징수시기에 대한 특례】를 적용받는 소득에 대해서는 해당 소득에 대한 과세기간 종료일을 말한다)이 속하는 반기의 마지막 달의 다음 달 말일(휴업, 폐업 또는 해산한 경우에는 휴업일, 폐업일 또는 해산일이 속하는 반기의 마지막 달의 다음 달 말일)까지 제출하는 경우 24 개정 (2024 → 2026, 2025 → 2027)

② 2024. 1. 1.부터 2024. 12. 31.까지 소득세법 제164조의3 제1항 제3호의 소득(인적용

역 관련 기타소득)을 지급하는 경우로서 해당 소득에 대한 지급명세서를 그 소득 지급일이 속하는 과세연도의 다음 연도 2월 말일(휴업, 폐업 또는 해산한 경우에는 휴업일, 폐업일 또는 해산일이 속하는 달의 다음다음 달 말일)까지 제출하는 경우

(5) 불분명한 금액 비율이 5% 이하인 경우 가산세 면제(법법 §75의7④)

제출한 간이지급명세서가 불분명하거나 사실과 다른 경우로서 명세서에 기재된 각각의 총 지급금액에서 불분명하거나 사실과 다른 부분에 해당하는 분의 지급금액이 차지하는 비율이 5% 이하인 경우에는 지급명세서 등 불분명하거나 사실과 다른 경우에 부과하는 가산세(법법 §81의11①(2)의 가산세)는 부과하지 아니한다(법법 §75의7⑤, 법령 §120⑪).

2023. 12. 31.까지 지급하는 소득	2024. 1. 1.~2025. 12. 31.에 지급하는 소득	2026. 1. 1. 이후 지급하는 소득
• 일용근로소득 • 원천징수대상 사업소득	• 일용근로소득 • 원천징수대상 사업소득 • 인적용역 관련 기타소득	• 일용근로소득 • 원천징수대상 사업소득 • 인적용역 관련 기타소득 • 상용근로소득 24 개정

(6) 지급명세서 제출 불성실 가산세와 간이지급명세서 제출 불성실 가산세의 중복적용 배제

지급명세서 등 제출 불성실 가산세를 적용할 때 원천징수대상 사업소득(연말정산대상 사업소득 제외) 또는 인적용역 관련 기타소득에 대한 지급명세서등의 제출의무가 있는 자에 대하여 지급명세서 제출 불성실 가산세가 부과되는 부분에 대해서는 간이지급명세서 제출 불성실 가산세를 부과하지 아니하고, 지급명세서 불분명·사실과 다른 분에 대하여 지급명세서 제출 불성실 가산세가 부과되는 부분에 대해서는 간이지급명세서 불분명·사실과 다른 분에 대한 간이지급명세서 제출 불성실 가산세를 부과하지 아니한다(법법 §75의7⑤). (2022. 12. 31. 신설, 원천징수대상 사업소득에 대한 규정은 2023. 1. 1. 이후 지급하는 소득부터 적용하고, 인적용역 관련 기타소득에 대한 규정은 2024. 1. 1. 이후 지급하는 소득부터 적용함)

9. 계산서 교부 및 매출 · 매입처별계산서합계표 미제출 · 불성실 가산세

9-1. 개 요

법인(법령으로 정하는 법인[3]은 제외한다)이 다음의 구분에 따른 금액을 가산하여 법인세로서 징수하여야 한다. 이 경우 산출세액이 없는 경우에도 가산세는 징수하되, 「법인세법」 제75조의5의 증명서류 수취 불성실가산세 또는 「부가가치세법」 제60조 제3항·제5항부터 제7항까지 규정에 따라 가산세가 부과되는 부분을 제외한다(법법 §75의8①).

① 매입처별 세금계산서합계표의 부실기재 및 미제출의 경우(아래 "④"가 적용되는 분의 매입가액은 제외한다)(법법 §75의8①(1)) : 공급가액의 0.5%

② 발급한 계산서 등에 적어야 할 사항의 전부 또는 일부를 적지 아니한 경우 등(아래 "②"가 적용되는 분은 제외한다)(법법 §75의8①(2)) : 공급가액의 1%

③ 매출·매입처별계산서합계표의 미제출 및 부실기재의 경우(아래 "④"가 적용되는 분의 매출가액 또는 매입가액은 제외한다)(법법 §75의8①(3)) : 공급가액의 0.5%

④ 다음 중 어느 하나에 해당하는 경우 : 공급가액의 2%. 다만, "②"를 적용할 때 전자계산서를 발급하지 아니하였으나 전자계산서 외의 계산서를 발급한 경우와 계산서의 발급시기가 지난 후 해당 재화 또는 용역의 공급시기가 속하는 사업연도 말의 다음 달 25일까지 계산서를 발급한 경우는 1%로 한다(법법 §75의8①(4)).

㉮ 재화 또는 용역을 공급한 자가 계산서 등을 발급시기(법법 §121⑧)에 발급하지 아니한 경우

㉯ 재화 또는 용역을 공급하지 아니하고 계산서 등을 발급한 경우

㉰ 재화 또는 용역을 공급받지 아니하고 계산서 등을 발급받은 경우

㉱ 재화 또는 용역을 공급하고 실제로 재화 또는 용역을 공급하는 법인이 아닌 법인의 명의로 계산서 등을 발급한 경우

㉲ 재화 또는 용역을 공급받고 실제로 재화 또는 용역을 공급하는 자가 아닌 자의 명의로 계산서 등을 발급받은 경우

⑤ 「법인세법」 제121조 제7항에 따른 제출기한 후 재화 또는 용역의 공급시기가 속하는 사업연도말의 다음달 11일까지 전자계산서 발급명세를 전송하는 경우(법법 §75의8①(5))(위 "④"가 적용되는 분은 제외한다) : 공급가액의 0.3%. 다만, 2016. 12. 31. 이전에 재화 또는 용역을 공급하는 분에 대해서는 0.1%로 한다.

---

3) "법령으로 정하는 법인"이란, 다음에 해당하는 법인을 말한다(법령 §120②).
  ① 국가 및 지방자치단체
  ② 비영리법인(「법인세법 시행령」 제2조 제1항의 규정에 해당하는 수익사업과 관련된 부분은 제외)

⑥ 위 "⑤"의 경우 해당 사업연도 말의 다음달 11일까지 전자계산서 발급명세를 전송하지 아니한 경우(법법 §75의8①(6))(위 "④"가 적용되는 분은 제외한다) : 공급가액의 0.5%. 다만, 2016. 12. 31. 이전에 재화 또는 용역을 공급하는 분에 대해서는 0.3%로 한다.

9-2. 가산세 적용 대상의 내용

(1) 매입처별 세금계산서합계표의 부실기재 및 미제출의 경우

매입처별세금계산서합계표를 기한까지 제출하지 아니한 경우 또는 제출하였더라도 그 매입처별 세금계산서합계표에 세법이 정하는 적어야 할 사항의 전부 또는 일부를 적지 아니하거나 사실과 다르게 적은 경우에는 위 공급가액의 0.5%의 가산세를 적용한다. 다만, 아래 "(4)"가 적용되는 분의 매입가액은 제외한다(법법 §75의8①(1)).

여기서 "세법이 정하는 적어야 할 사항의 전부 또는 일부를 적지 아니하거나 사실과 다르게 적은 경우"란 거래처별 사업자등록번호 또는 공급가액을 적지 아니하거나 사실과 다르게 적은 경우를 말한다. 다만, 제출된 매입처별세금계산서합계표에 적어야 할 사항을 착오로 사실과 다르게 적은 경우로서 교부받은 세금계산서에 의하여 거래사실이 확인되는 경우를 제외한다(법령 §120⑪).

(2) 발급한 계산서 등에 적어야 할 사항의 전부 또는 일부를 적지 아니한 경우 등

법인이 재화 또는 용역을 공급하고 발급한 계산서 등에 다음의 필요적 기재사항의 전부 또는 일부를 적지 아니하거나 사실과 다르게 적은 경우에는 가산세를 적용한다. 다만, "(3)"이 적용되는 분은 제외한다(법법 §75의8①(2)).

만일, 교부한 계산서의 필요적 기재사항 중 일부가 착오로 사실과 다르게 기재되었으나 당해 계산서의 그밖의 기재사항으로 보아 거래사실이 확인되는 경우에는 사실과 다르게 기재된 경우로 보지 아니한다(법령 §120⑨).[4]

① 공급하는 사업자의 등록번호와 성명 또는 명칭
② 공급받는 자의 등록번호와 성명 또는 명칭
③ 공급가액
④ 작성연월일
⑤ 기타 참고사항

---

4) 과세·면세 겸영사업자인 신청법인이 사업자단위과세적용사업자로 등록한 이후 면세용역을 제공하고 계산서 교부시 비고란에 임의적 기재사항을 기재하지 않거나 사실과 다르게 기재한 경우 가산세를 적용하지 아니한다(법규법인 2010-270, 2010. 9. 17.).

(3) 매출 · 매입처별계산서합계표의 미제출 및 부실기재의 경우

법인이 매출·매입처별계산서합계표를 기한까지 제출하지 아니한 경우 또는 제출하였더라도 그 합계표에 거래처별 사업자등록번호 및 공급가액의 적어야 할 사항 전부 또는 일부를 적지 아니하거나 사실과 다르게 적은 경우에는 공급가액의 0.5%의 가산세를 적용한다. 다만, 아래 "(4)"가 적용되는 분의 매출가액 또는 매입가액은 제외한다(법법 §75의8①(3)). 그리고 제출된 매출·매입처별계산서합계표의 기재사항이 착오로 사실과 다르게 기재된 경우로서 교부한 또는 교부받은 계산서에 의하여 거래사실이 확인되는 경우에는 사실과 다르게 기재된 경우로 보지 아니한다(법령 §120⑩).

(4) 계산서 등의 미발급 · 선발급 및 허위발급 등의 경우

다음의 계산서 등의 미발급·선발급 및 허위발급 등의 경우에는 위 "9-1"의 "④"의 가산세를 적용한다(법법 §78의8①(4)).

① 재화 또는 용역을 공급한 자가 「법인세법 시행령」 제121조 제1항 또는 제2항에 따른 계산서 등(이하 "계산서 등"이라 한다)을 발급하지 아니한 경우
② 재화 또는 용역을 공급하지 아니하고 계산서 등을 발급한 경우
③ 재화 또는 용역을 공급받지 아니하고 계산서 등을 발급받은 경우
④ 재화 또는 용역을 공급하고 실제로 재화 또는 용역을 공급하는 법인이 아닌 법인의 명의로 계산서 등을 발급한 경우
⑤ 재화 또는 용역을 공급받고 실제로 재화 또는 용역을 공급하는 자가 아닌 자의 명의로 계산서 등을 발급받은 경우

(5) 전자계산서 발급명세 지연전송의 경우

「법인세법」 제121조 제1항 후단에서 정하는 전자계산서를 발급하였을 때에는 전자계산서 발급일의 다음날까지 전자계산서 발급명세를 국세청장에게 전송하여야 한다(법법 §121⑦ 및 법령 §164⑤).

그러나 위 전송 기한이 지난 후 재화 또는 용역의 공급시기가 속하는 사업연도 말의 다음 달 25일까지 국세청장에게 전자계산서 발급명세를 전송하는 경우[위 "(4)"가 적용되는 분은 제외한다]에는 위 가산세를 적용한다(법법 §75의8①(5)).

(6) 전자계산서 발급명세 미전송의 경우

위 "(5)"의 전자계산서 명세 제출기한까지 전송하지 아니한 경우[위 "(4)"가 적용되는 분은 제외한다]에는 위 가산세를 적용한다(법법 §75의8①(6)).

9-3. 중도매인과 시장도매인에 대한 계산서 미교부에 관한 가산세의 특례

(1) 중도매인에 대한 계산서 미교부에 대한 가산세의 특례

계산서 등 제출불성실가산세를 적용할 때 「농수산물 유통 및 가격안정에 관한 법률」 제2조에 따른 중도매인이 2002년 1월 1일부터 2002년 12월 31일까지의 기간 중에 종료하는 사업연도부터 2026년 1월 1일부터 2026년 12월 31일까지의 기간 중에 종료하는 사업연도까지는 각 사업연도별로 계산서를 발급하고 관할세무서장에게 매출처별 계산서 합계표를 제출한 금액이 다음 중 어느 하나에 해당하는 비율 이상인 경우 해당 사업연도에는 계산서 등 제출불성실 가산세 대상이 아닌 법인으로 보되, 이 경우 중도매인이 각 사업연도별로 계산서 발급비율이 다음 중 어느 하나에 해당하는 비율에 미달하는 경우에는 각 사업연도별로 총매출액에 다음 중 어느 하나에 해당하는 비율을 적용하여 계산한 금액과 매출처별 계산서 합계표를 제출한 금액과의 차액을 공급가액으로 보아 가산세를 부과한다(대통령령 제15970호 법령 부칙 §14). **24 개정**

1) 「농수산물 유통 및 가격안정에 관한 법률」에 따른 서울특별시 소재 중앙도매시장의 중도매인

사업연도	비율
2002년 1월 1일부터 2002년 12월 31일까지의 기간 중에 종료하는 사업연도	100분의 10
2003년 1월 1일부터 2003년 12월 31일까지의 기간 중에 종료하는 사업연도	100분의 20
2004년 1월 1일부터 2004년 12월 31일까지의 기간 중에 종료하는 사업연도	100분의 40
2005년 1월 1일부터 2005년 12월 31일까지의 기간 중에 종료하는 사업연도	100분의 40
2006년 1월 1일부터 2006년 12월 31일까지의 기간 중에 종료하는 사업연도	100분의 40
2007년 1월 1일부터 2007년 12월 31일까지의 기간 중에 종료하는 사업연도	100분의 45
2008년 1월 1일부터 2008년 12월 31일까지의 기간 중에 종료하는 사업연도	100분의 50
2009년 1월 1일부터 2009년 12월 31일까지의 기간 중에 종료하는 사업연도	100분의 55
2010년 1월 1일부터 2010년 12월 31일까지의 기간 중에 종료하는 사업연도	100분의 60
2011년 1월 1일부터 2011년 12월 31일까지의 기간 중에 종료하는 사업연도	100분의 65
2012년 1월 1일부터 2012년 12월 31일까지의 기간 중에 종료하는 사업연도	100분의 70
2013년 1월 1일부터 2016년 12월 31일까지의 기간 중에 종료하는 사업연도	100분의 75
2017년 1월 1일부터 2018년 12월 31일까지의 기간 중에 종료하는 사업연도	100분의 80
2019년 1월 1일부터 2019년 12월 31일까지의 기간 중에 종료하는 사업연도	100분의 85
2020년 1월 1일부터 2021년 12월 31일까지의 기간 중에 종료하는 사업연도	100분의 90
2022년 1월 1일부터 2023년 12월 31일까지의 기간 중에 종료하는 사업연도	100분의 95
2024년 1월 1일부터 2026년 12월 31일까지의 기간 중에 종료하는 사업연도	100분의 95

<u>2) 1) 외의 중도매인</u>

사업연도	비율
2002년 1월 1일부터 2002년 12월 31일까지의 기간 중에 종료하는 사업연도	100분의 10
2003년 1월 1일부터 2003년 12월 31일까지의 기간 중에 종료하는 사업연도	100분의 20
2004년 1월 1일부터 2004년 12월 31일까지의 기간 중에 종료하는 사업연도	100분의 40
2005년 1월 1일부터 2005년 12월 31일까지의 기간 중에 종료하는 사업연도	100분의 20
2006년 1월 1일부터 2006년 12월 31일까지의 기간 중에 종료하는 사업연도	100분의 20
2007년 1월 1일부터 2007년 12월 31일까지의 기간 중에 종료하는 사업연도	100분의 25
2008년 1월 1일부터 2008년 12월 31일까지의 기간 중에 종료하는 사업연도	100분의 30
2009년 1월 1일부터 2009년 12월 31일까지의 기간 중에 종료하는 사업연도	100분의 35
2010년 1월 1일부터 2010년 12월 31일까지의 기간 중에 종료하는 사업연도	100분의 40
2011년 1월 1일부터 2011년 12월 31일까지의 기간 중에 종료하는 사업연도	100분의 45
2012년 1월 1일부터 2012년 12월 31일까지의 기간 중에 종료하는 사업연도	100분의 50
2013년 1월 1일부터 2016년 12월 31일까지의 기간 중에 종료하는 사업연도	100분의 55
2017년 1월 1일부터 2018년 12월 31일까지의 기간 중에 종료하는 사업연도	100분의 60
2019년 1월 1일부터 2019년 12월 31일까지의 기간 중에 종료하는 사업연도	100분의 65
2020년 1월 1일부터 2021년 12월 31일까지의 기간 중에 종료하는 사업연도	100분의 70
2022년 1월 1일부터 2023년 12월 31일까지의 기간 중에 종료하는 사업연도	100분의 75
2024년 1월 1일부터 2025년 12월 31일까지의 기간 중에 종료하는 사업연도	100분의 80
2026년 1월 1일부터 2026년 12월 31일까지의 기간 중에 종료하는 사업연도	100분의 85

(2) 시장도매인의 계산서미교부에 대한 가산세의 특례

계산서 불성실가산세를 적용할 때 「농수산물 유통 및 가격안정에 관한 법률」 제2조에 따른 시장도매인에 대하여 2004년 1월 1일부터 2004년 12월 31일까지의 기간 중에 종료하는 사업연도부터 <u>2026년 1월 1일부터 2026년 12월 31일까지의 기간</u> 중에 종료하는 사업연도까지는 각 사업연도별로 계산서를 발급하고 관할세무서장에게 매출처별계산서합계표를 제출한 금액이 총매출액에서 차지하는 비율(이하 "계산서 발급비율"이라 함)이 다음의 비율 이상인 경우 해당 사업연도에는 계산서 등 제출불성실 가산세 대상이 아닌 법인으로 보되, 이 경우 시장도매인이 각 사업연도별로 계산서 발급비율이 다음 비율에 미달하는 경우에는 각 사업연도별로 총매출액에서 다음 비율을 적용하여 계산한 금액과 매출처별계산서합계표를 제출한 금액과의 차액을 공급가액으로 보아 가산세를 부과한다(대통령령 제18706호 법령 부칙 §14).

사업연도	비율
2004년 1월 1일부터 2005년 12월 31일까지의 기간 중에 종료하는 사업연도	100분의 40
2006년 1월 1일부터 2006년 12월 31일까지의 기간 중에 종료하는 사업연도	100분의 40
2007년 1월 1일부터 2007년 12월 31일까지의 기간 중에 종료하는 사업연도	100분의 45
2008년 1월 1일부터 2008년 12월 31일까지의 기간 중에 종료하는 사업연도	100분의 50
2009년 1월 1일부터 2009년 12월 31일까지의 기간 중에 종료하는 사업연도	100분의 55
2010년 1월 1일부터 2010년 12월 31일까지의 기간 중에 종료하는 사업연도	100분의 60
2011년 1월 1일부터 2011년 12월 31일까지의 기간 중에 종료하는 사업연도	100분의 65
2012년 1월 1일부터 2012년 12월 31일까지의 기간 중에 종료하는 사업연도	100분의 70
2013년 1월 1일부터 2016년 12월 31일까지의 기간 중에 종료하는 사업연도	100분의 75
2017년 1월 1일부터 2018년 12월 31일까지의 기간 중에 종료하는 사업연도	100분의 80
2019년 1월 1일부터 2019년 12월 31일까지의 기간 중에 종료하는 사업연도	100분의 85
2020년 1월 1일부터 2021년 12월 31일까지의 기간 중에 종료하는 사업연도	100분의 90
2022년 1월 1일부터 2023년 12월 31일까지의 기간 중에 종료하는 사업연도	100분의 95
2024년 1월 1일부터 2026년 12월 31일까지의 기간 중에 종료하는 사업연도	100분의 95

9-4. 미발급계산서에 대한 가산세 중복 적용 및 사례

(1) 실물거래 없이 교부한 계산서에 대한 가산세의 적용

법인이 실물거래 없이 가공으로 계산서를 교부한 경우에는 그 교부금액에 대하여 계산서 미교부가산세를 적용하며, 만약 가공으로 계산서를 교부받은 후 매입처별계산서합계표를 기재하여 제출한 법인에 대하여도 동일하게 적용한다(법기통 76-120…1).

(2) 착오로 교부한 계산서에 대한 세금계산서 미교부가산세 적용시 가산세 중복 적용배제

법인이 세금계산서 교부대상 재화를 공급하면서 착오로 계산서를 교부함에 따라 「부가가치세법」 제60조 제3항 제1호의 세금계산서 미교부가산세가 적용되는 부분에 대하여는 「법인세법」상 계산서 미교부가산세를 적용하지 아니한다. 또한, 착오로 교부받은 계산서를 교부받은 법인의 경우 이를 매입처별계산서합계표에 기재하여 제출하지 아니한 때에는 당해 가산세가 적용된다(법기통 76-120…2).

(3) 계산서 미교부가산세의 적용배제

다음에 해당하는 재화 또는 용역의 공급에 대하여는 계산서를 교부하지 아니하는 경우에도 계산서 미교부가산세를 부과하지 아니한다(법기통 76-120…4).

① 본·지점 간 재화의 이동

② 사업을 포괄적으로 양도하는 경우

③ 상품권 등 유가증권을 매매하는 경우(상품권매매업자 포함)

(4) 계산서합계표 제출 불성실가산세의 적용배제

재화나 용역의 공급자로부터 계산서를 교부받지 못하여 매입처별계산서합계표를 제출하지 못한 경우에는 계산서합계표 제출 불성실가산세를 적용하지 아니한다(법기통 76-120…3).

10. 특정외국법인의 유보소득 계산 명세서 제출 불성실 가산세

납세지 관할 세무서장은 「국제조세조정에 관한 법률」 제20조의2 제3호에 따른 특정외국법인의 유보소득 계산 명세서(이하 "명세서"라 한다)를 「법인세법」 제60조에 따른 신고기한까지 납세지 관할 세무서장에게 제출하여야 하는 내국법인이 그 제출기한까지 제출하지 아니하거나 제출한 명세서의 전부 또는 일부를 적지 아니하는 등 제출한 명세서가 세법으로 정하는 불분명한 경우에 해당할 때에는 해당 특정외국법인의 배당 가능한 유보소득금액의 1천분의 5에 상당하는 금액을 가산한 금액을 법인세로서 징수하여야 한다.

이 경우 산출세액이 없는 경우에도 가산세는 징수한다(법법 §75의9).

제 **19** 장

토지 등 양도소득에
대한 법인세

1. 개 요

1. 토지 등 양도소득에 대한 법인세

1-1. 입법취지

내국법인이 주택, 별장, 비사업용 토지, 주택을 취득하기 위한 권리로서 조합원입주권 및 분양권을 양도한 경우에는 토지 등 양도소득에 대한 법인세를 각 사업연도 소득에 대한 법인세액에 추가하여 납부하여야 한다.[1] 하나의 자산이 둘 이상에 해당할 때에는 그중 가장 높은 세액을 적용한다(법법 §55의2①).

주택, 별장, 비사업용 토지, 조합원입주권과 분양권의 양도소득에 각 사업연도 소득에 대한 법인세와 토지 등 양도소득세를 이중으로 과세하는 것은 부동산투기를 억제하기 위함이다. 다만, 2009. 3. 16.부터 2012. 12. 31.까지 취득한 자산을 양도함으로써 발생하는 소득에 대하여는 위의 규정을 적용하지 아니한다(법법 부칙 §4, 법률 제9673호, 2009. 5. 21.).

> **입법취지** 조합원입주권과 분양권을 토지 등 양도소득에 대한 법인세에 추가
>
> 개인과 법인 간의 세부담 차이를 이용한 조세회피를 방지하기 위하여 2021. 1. 1. 이후 양도분부터 조합원입주권과 분양권의 양도소득에도 20%의 세율로 토지 등 양도소득에 대한 법인세를 과세하도록 하고, 주택, 별장의 양도소득에 대한 토지 등 양도소득에 대한 법인세의 세율을 10%에서 20%로 인상하였다.
>
> | 구 분 | 2020년 | 2021년 이후 |
> |---|---|---|
> | 주택, 별장 | 10%* | 20%* |
> | 비사업용 토지 | 10%* | 10%* |
> | 조합원입주권과 분양권 | 과세 제외 | 20% |
>
> * 미등기자산은 40%

1-2. 토지 등 양도소득에 대한 법인세 과세대상

(1) 주택 및 별장

주택(주택부수토지 포함) 및 별장(주거용 건축물로서 상시 주거용으로 사용하지 아니하고

---

[1] 비영리내국법인이 고정자산[처분일 현재 3년 이상 계속하여 법령 또는 정관에 규정된 고유목적사업(수익사업 제외)에 직접 사용한 것을 제외]을 처분하여 발생한 수입에서 생기는 소득에 대하여는 법인세를 부과한다(법인-76, 2012. 1. 19.).

휴양·피서·위락 등의 용도로 사용하는 건축물을 말한다)을 양도한 경우에는 토지 등의 양도소득에 20%(미등기 토지 등의 양도소득에 대하여는 40%)를 곱하여 산출한 세액을 법인세액에 추가하여 납부하여야 한다(법법 §55의2①(2)). 다만, 「지방자치법」 제3조 제3항 및 제4항에 따른 읍 또는 면에 있으면서 다음의 범위 및 기준에 해당하는 농어촌주택(그 부속토지를 포함한다)은 제외한다(법법 §55의2①(2), 법령 §92의10).

① 건물의 연면적이 150㎡ 이내이고 그 건물의 부속토지의 면적이 660㎡ 이내일 것

② 건물과 그 부속토지의 가액이 기준시가 2억원 이하일 것

③ 취득 당시 다음의 어느 하나에 해당하는 지역을 제외한 지역으로서 「지방자치법」 제3조 제3항 및 제4항에 따른 읍·면 또는 인구 규모 등을 고려하여 대통령령으로 정하는 동에 소재할 것

　㉮ 수도권지역. 다만, 「접경지역 지원 특별법」 제2조에 따른 접경지역 중 부동산가격 동향 등을 고려하여 대통령령으로 정하는 지역은 제외한다.

　㉯ 「국토의 계획 및 이용에 관한 법률」 제6조에 따른 도시지역

　㉰ 「소득세법」 제104조의2 제1항에 따른 지정지역

　㉱ 「부동산 거래신고 등에 관한 법률」 제10조에 따른 허가구역

　㉲ 그 밖에 관광단지 등 부동산가격안정이 필요하다고 인정되어 대통령령으로 정하는 지역

(2) 비사업용 토지[2]

비사업용 토지를 양도하는 경우에는 토지 등의 양도소득에 대한 10%(미등기 토지 등의 양도소득에 대하여는 40%)를 곱하여 산출한 세액(법법 §55의2①(3))

(3) 조합원입주권과 분양권

주택을 취득하기 위한 권리로서 다음의 조합원입주권 및 분양권을 양도한 경우에는 토지 등의 양도소득에 20%를 곱하여 산출한 세액

① 조합원입주권 : 「도시 및 주거환경정비법」 제74조에 따른 관리처분계획의 인가 및 「빈집 및 소규모주택 정비에 관한 특례법」 제29조에 따른 사업시행계획인가로 인하여 취득한 입주자로 선정된 지위를 말한다. 이 경우 「도시 및 주거환경정비법」에 따른 재건축사업 또는 재개발사업, 「빈집 및 소규모주택 정비에 관한 특례법」에 따른 소규모재건축사업을 시행하는 정비사업조합의 조합원으로서 취득한 것(그 조합원으로부터

---

[2] 비영리내국법인이 비사업용 토지를 양도하고 「법인세법」 제62조의2에 따라 자산양도 소득을 신고하는 경우로서 「소득세법」 제104조 제4항에 규정된 가중된 세율이 적용되지 않은 경우에는 「법인세법」 제55조의2 제1항 제3호에 따라 토지 등 양도소득에 대한 추가납부 규정이 적용된다(법규법인 2014-92, 2014. 7. 11.).

취득한 것을 포함한다)으로 한정하며, 이에 딸린 토지를 포함한다(소법 §88(8)).

② 분양권 : 다음의 법률에 따른 주택에 대한 공급계약을 통하여 주택을 공급받는 자로 선정된 지위(해당 지위를 매매 또는 증여 등의 방법으로 취득한 것을 포함한다)를 말한다(소법 §88(10), 소령 §152의4).

㉮ 「건축물의 분양에 관한 법률」

㉯ 「공공주택 특별법」

㉰ 「도시개발법」

㉱ 「도시 및 주거환경정비법」

㉲ 「빈집 및 소규모주택 정비에 관한 특례법」

㉳ 「산업입지 및 개발에 관한 법률」

㉴ 「주택법」

㉵ 「택지개발촉진법」

1-3. 미등기 토지 등 범위

"미등기 토지 등"이란 토지 등을 취득한 법인이 그 취득에 관한 등기를 하지 아니하고 양도하는 토지 등을 말한다. 다만, 장기할부조건으로 취득한 토지 등으로서 그 계약조건에 의하여 양도 당시 그 토지 등의 취득등기가 불가능한 토지 등 다음에 해당하는 토지 등을 제외한다(법법 §55의2⑤ 및 법령 §92의2⑤).

① 법률의 규정 또는 법원의 결정에 의하여 양도 당시 취득에 관한 등기가 불가능한 토지 등

② 「법인세법」 제55조의2 제4항 제2호의 규정에 의한 농지

2. 청산으로 비사업용부동산 등을 양도하는 경우

(1) 일반법인이 청산하는 경우

주택과 비사업용 토지를 보유하고 있는 법인이 해산등기를 하고, 청산절차를 밟아 법인을 소멸시키는 경우로서 청산절차에 따라 잔여재산 중 「법인세법」 제55조의2 제1항의 규정에 의하여 토지 및 건물을 양도한 경우에는 같은 조 같은 항 각호에 의하여 계산한 세액을 토지 등 양도소득에 대한 법인세로 하여 「법인세법」 제13조의 규정에 의한 과세표준에 같은 법 제55조의 규정에 의한 세율을 적용하여 계산한 법인세액에 추가하여 납부하여야 한다(서면2팀-334, 2007. 2. 23.).

(2) 비영리법인이 청산하는 경우

내국법인이 해산등기 후 청산하는 과정에서 보유 부동산을 처분하여 발생한 소득은 청산소득에 해당하므로 청산소득에 대한 납세의무가 없지만「법인세법」제55조의2 제1항에 따른 부동산 양도에 대하여는 같은 항 각호에 의해 계산한 "토지 등 양도소득에 대한 법인세"를 납부하여야 한다(법인 - 458, 2013. 8. 30.).

2. 지정지역

기획재정부장관은 해당 지역의 부동산가격상승률이 전국 소비자물가 상승률보다 높은 지역으로서 전국 부동산 가격상승률 등을 고려할 때 그 지역의 부동산 가격이 급등하였거나 급등할 우려가 있는 경우에는 지정지역 지정의 기준 및 방법에 따라 지정지역으로 지정할 수 있다(소법 §104의2①).

그러나 2024. 5. 1. 현재 지정지역으로 지정한 곳은 없다.

3. 과세대상 주택의 범위

토지 등 양도소득에 대한 과세특례가 적용되는 "주택"[3]이란 국내에 소재하는 주택으로서 다음 중 어느 하나에 해당하지 않는 주택을 말한다. 다만, "(1), (2), (4)" 및 "(12)"에 해당하는 임대주택(법률 제17482호 민간임대주택에 관한 특별법 일부개정법률 부칙 제5조 제1항이 적용되는 주택으로 한정한다)으로서 「민간임대주택에 관한 특별법」 제6조 제5항에 따라 임대의무기간이 종료한 날에 등록이 말소되는 경우에는 임대의무기간이 종료한 날에 임대기간요건을 갖춘 것으로 본다(법법 §55의2①(2), 법령 §92의2②).[4], [5]

(1) 장기매입임대주택의 경우

해당 법인이 임대하는 「민간임대주택에 관한 특별법」 제2조 제3호에 따른 민간매입임대주택 또는 「공공주택 특별법」 제2조 제1호의3에 따른 공공매입임대주택으로서 다음의 요건을 모두 갖춘 주택. 다만, 「민간임대주택에 관한 특별법」 제2조 제7호에 따른 임대사업자의 경우에는 2018. 3. 31. 이전에 같은 법 제5조에 따른 임대사업자 등록과 「법인세법」 제111조에 따른 사업자등록을 한 주택으로 한정한다(법령 §92의2②(1)).

① 5년 이상 임대한 주택일 것
② 「민간임대주택에 관한 특별법」 제5조에 따라 민간임대주택으로 등록하거나 「공공주택 특별법」 제2조 제1호 가목에 따른 공공임대주택으로 건설 또는 매입되어 임대를 개시한 날의 해당 주택 및 이에 딸린 토지의 기준시가(「소득세법」 제99조에 따른 기준시가를 말한다)의 합계액이 6억원(「수도권정비계획법」 제2조 제1호에 따른 수도권 밖의 지역인 경우에는 3억원) 이하일 것

(2) 건설임대주택의 2호 이상 임대의 경우

해당 법인이 임대하는 「민간임대주택에 관한 특별법」 제2조 제2호에 따른 민간건설임대주택 또는 「공공주택 특별법」 제2조 제1호의2에 따른 공공건설임대주택으로서 다음의 요건을 모두 갖춘 주택이 2호 이상인 경우 그 주택은 과세대상으로 보지 아니한다(법령 §92의2②

---

3) 주택을 개조하여 본사사옥으로 사용되는 건물이 주택에 해당되는지 여부는 건물의 공부상 용도구분에 관계없이 실제 용도가 사실상 주거에 공하는 건물인가에 의하여 판단하여야 하고, 일시적으로 주거가 아닌 다른 용도로 사용되고 있다 하더라도 그 구조·기능이나 시설 등이 본래 주거용으로서 주거용에 적합한 상태에 있고 주거기능이 그대로 유지·관리되고 있어 언제든지 본인이나 제3자가 주택으로 사용할 수 있는 경우에는 이를 주택으로 본다(법인-241, 2010. 3. 17.).
4) 법인이 자기의 책임과 계산하에 건설업자에게 도급을 주어 주택을 신축 판매하는 경우 토지 등 양도소득에 대한 과세특례 규정을 적용하지 아니한다(서면2팀-681, 2006. 4. 28.).
5) 비영리내국법인이 「법인세법」 제55조의2 제1항 제2호에 해당하는 주택(수익사업해당 여부 관계없이)을 양도하는 경우에는 토지 등 양도소득에 대한 과세특례가 적용된다(법인-76, 2012. 1. 19., 법인-3610, 2008. 11. 25.).

(1)의2).

다만, 「민간임대주택에 관한 특별법」 제2조 제7호에 따른 임대사업자의 경우에는 2018. 3. 31. 이전에 사업자등록 등을 한 주택으로 한정한다.

① 대지면적이 298㎡ 이하이고 주택의 연면적(「소득세법 시행령」 제154조 제3항 본문에 따라 주택으로 보는 부분과 주거전용으로 사용되는 지하실부분의 면적을 포함하고, 공동주택의 경우에는 전용면적을 말한다)이 149㎡ 이하일 것

② 5년 이상 임대하는 것일 것. 이 경우 인적분할로 임대주택을 분할신설법인이 승계하여 주택임대사업을 계속 영위하는 경우 분할법인의 임대기간을 포함하여 계산한다(법인-1334, 2009. 11. 30.).

③ 「민간임대주택에 관한 특별법」 제5조에 따라 민간임대주택으로 등록하거나 「공공주택 특별법」 제2조 제1호 가목에 따른 공공임대주택으로 건설 또는 매입되어 임대를 개시한 날의 해당 주택 및 이에 딸린 토지의 기준시가의 합계액이 6억원 이하일 것

(3) 2008. 1. 1.부터 2008. 12. 31.까지 취득한 매입임대주택의 5호 이상 임대하는 경우

「부동산투자회사법」 제2조 제1호에 따른 부동산투자회사 또는 「간접투자자산 운용업법」 제27조 제3호에 따른 부동산간접투자기구가 2008. 1. 1.부터 2008. 12. 31.까지 취득 및 임대하는 「민간임대주택에 관한 특별법」 제2조 제3호에 따른 민간매입임대주택 또는 「공공주택 특별법」 제2조 제1호의3에 따른 공공매입임대주택으로서 다음의 요건을 모두 갖춘 주택이 5호 이상인 경우 그 주택은 과세대상으로 보지 아니한다(법령 §92의2②(1)의3).

① 대지면적이 298㎡ 이하이고 주택의 연면적(「소득세법 시행령」 제154조 제3항 본문에 따라 주택으로 보는 부분과 주거전용으로 사용되는 지하실부분의 면적을 포함하고, 공동주택의 경우에는 전용면적을 말한다)이 149㎡ 이하일 것

② 10년 이상 임대하는 것일 것

③ 수도권 밖의 지역에 소재할 것

(4) 2008. 6. 11.부터 2009. 6. 30.까지 미분양주택을 매입한 임대주택

「민간임대주택에 관한 특별법」 제2조 제3호에 따른 민간매입임대주택 또는 「공공주택 특별법」 제2조 제1호의3에 따른 공공매입임대주택[미분양주택(주택법 제54조에 따른 사업주체가 같은 조에 따라 공급하는 주택으로서 입주자모집공고에 따른 입주자의 계약일이 지난 주택단지에서 2008. 6. 10.까지 분양계약이 체결되지 아니하여 선착순의 방법으로 공급하는 주택을 말한다)으로서 2008. 6. 11.부터 2009. 6. 30.까지 최초로 분양계약을 체결하고 계약금을 납부한 주택에 한정한다]으로서 다음의 요건을 모두 갖춘 주택은 과세대상주택으로

보지 아니한다(법령 §92의2②(1)의4).

이 경우 해당 주택을 양도하는 법인은 해당 주택을 양도하는 날이 속하는 사업연도 과세표준신고 시 시장·군수 또는 구청장이 발행한 미분양주택 확인서 사본 및 미분양주택 매입 시의 매매계약서 사본을 납세지 관할 세무서장에게 제출해야 한다.

① 대지면적이 298㎡ 이하이고 주택의 연면적(「소득세법 시행령」 제154조 제3항 본문에 따라 주택으로 보는 부분과 주거전용으로 사용되는 지하실부분의 면적을 포함하고, 공동주택의 경우에는 전용면적을 말한다)이 149㎡ 이하일 것

② 5년 이상 임대하는 것일 것

③ 수도권 밖의 지역에 소재할 것

④ 위 "①"부터 "③"까지의 요건을 모두 갖춘 매입임대주택(이하 "미분양매입임대주택"이라 한다)이 같은 시(특별시 및 광역시를 포함한다)·군에서 5호 이상일 것[위 "(1)"에 따른 매입임대주택이 5호 이상이거나 위 "(3)"에 따른 매입임대주택이 5호 이상인 경우에는 위 "(1)" 또는 "(3)"에 따른 매입임대주택과 미분양매입임대주택을 합산하여 5호 이상일 것]

⑤ 2020. 7. 11. 이후 종전의 「민간임대주택에 관한 특별법」(법률 제17482호 민간임대주택에 관한 특별법 일부개정법률에 따라 개정되기 전의 것을 말한다) 제5조에 따른 임대사업자등록 신청(임대할 주택을 추가하기 위해 등록사항의 변경 신고를 한 경우를 포함한다)을 한 같은 법 제2조 제5호에 따른 장기일반민간임대주택 중 아파트를 임대하는 민간매입임대주택 또는 같은 조 제6호에 따른 단기민간임대주택이 아닐 것

⑥ 종전의 「민간임대주택에 관한 특별법」 제5조에 따라 등록을 한 같은 법 제2조 제6호에 따른 단기민간임대주택을 같은 법 제5조 제3항에 따라 2020. 7. 11. 이후 장기일반민간임대주택등으로 변경 신고한 주택이 아닐 것

(5) 기업구조조정부동산투자회사 등이 2010. 2. 11.까지 직접 취득한 미분양주택

다음의 요건을 모두 갖춘 부동산투자회사법 제2조 제1호 다목에 따른 기업구조조정부동산투자회사 또는 「자본시장과 금융투자업에 관한 법률」 제229조 제2호에 따른 부동산집합투자기구(이하 "기업구조조정부동산투자회사 등"이라 한다)가 2010. 2. 11.까지 직접 취득(2010. 2. 11.까지 매매계약을 체결하고 계약금을 납부한 경우를 포함한다)하는 미분양주택(주택법 제54조에 따른 사업주체가 같은 조에 따라 공급하는 주택으로서 입주자모집공고에 따른 입주자의 계약일이 지나 선착순의 방법으로 공급하는 주택을 말한다)은 과세대상주택으로 보지 아니한다(법령 §92의2②(1)의5).

① 취득하는 부동산이 모두 서울특별시 밖의 지역(소득세법 제104조의2에 따른 지정지역은 제외한다)에 있는 미분양주택으로서 그중 수도권 밖의 지역에 있는 주택수의 비율

이 100분의 60 이상일 것

② 존립기간이 5년 이내일 것

(6) 위 "(5)" 또는 아래 "(8)" 및 "(10)"의 기업구조조정부동산투자회사 등이 매입 약정에 따라 미분양주택을 취득한 경우로서 3년 이내의 주택

위 "(5)" 또는 아래 "(8)" 및 "(10)"에 따라 기업구조조정부동산투자회사 등이 미분양주 택을 취득할 당시 매입약정을 체결한 자가 그 매입약정에 따라 미분양주택(아래 "(8)"의 경 우에는 수도권 밖의 지역에 있는 미분양주택만 해당한다)을 취득한 경우로서 그 취득일부 터 3년 이내인 주택은 과세대상 주택으로 보지 아니한다(법령 §92의2②(1)의6).

(7) 신탁업자가 2010. 2. 11.까지 취득한 미분양주택

다음의 요건을 모두 갖춘 신탁계약에 따른 신탁재산으로 「자본시장과 금융투자업에 관한 법률」에 따른 신탁업자(이하 "신탁업자"라 한다)가 2010. 2. 11.까지 직접 취득(2010. 2. 11. 까지 매매계약을 체결하고 계약금을 납부한 경우를 포함한다)하는 미분양주택은 과세대상 주택으로 보지 아니한다(법령 §92의2②(1)의7).

① 주택의 시공자(이하 "시공자"라 한다)가 채권을 발행하여 조달한 금전을 신탁업자에 게 신탁하고, 해당 시공자가 발행하는 채권을 한국주택금융공사법에 따른 한국주택금 융공사의 신용보증을 받아 「자산유동화에 관한 법률」에 따라 유동화할 것

② 신탁업자가 신탁재산으로 취득하는 부동산은 모두 서울특별시 밖의 지역에 있는 미분 양주택(「주택도시기금법」에 따른 주택도시보증공사가 분양보증을 하여 준공하는 주택 만 해당한다)으로서 그중 수도권 밖의 지역에 있는 주택수의 비율(신탁업자가 다수의 시공자로부터 금전을 신탁받은 경우에는 해당 신탁업자가 신탁재산으로 취득한 전체 미분양주택을 기준으로 한다)이 100분의 60 이상일 것

③ 신탁재산의 운용기간(신탁계약이 연장되는 경우 그 연장되는 기간을 포함한다)이 5년 이내일 것

(8) 기업구조조정부동산투자회사 등이 2011. 4. 30.까지 취득한 수도권 밖의 미분양주택

다음의 요건을 모두 갖춘 기업구조조정부동산투자회사 등이 2011. 4. 30.까지 직접 취득 (2011. 4. 30.까지 매매계약을 체결하고 계약금을 납부한 경우를 포함한다)하는 수도권 밖의 지역에 있는 미분양주택은 과세대상 주택으로 보지 아니한다(법령 §92의2②(1)의8).

① 취득하는 부동산이 모두 서울특별시 밖의 지역에 있는 2010. 2. 11. 현재 미분양주택 으로서 그중 수도권 밖의 지역에 있는 주택수의 비율이 100분의 50 이상일 것

② 존립기간이 5년 이내일 것

(9) 신탁업자가 2011. 4. 30.까지 취득한 수도권 밖의 미분양주택

다음의 요건을 모두 갖춘 신탁계약에 따른 신탁재산으로「자본시장과 금융투자업에 관한 법률」에 따른 신탁업자(이하 "신탁업자"라 한다)가 2011. 4. 30.까지 직접 취득(2011. 4. 30. 까지 매매계약을 체결하고 계약금을 납부한 경우를 포함한다)하는 수도권 밖의 지역에 있는 미분양주택은 과세대상 주택으로 보지 아니한다(법령 §92의2②(1)의9).

① 시공자가 채권을 발행하여 조달한 금전을 신탁업자에게 신탁하고, 해당 시공자가 발행하는 채권을 한국주택금융공사법에 따른 한국주택금융공사의 신용보증을 받아「자산유동화에 관한 법률」에 따라 유동화할 것

② 신탁업자가 신탁재산으로 취득하는 부동산은 모두 서울특별시 밖의 지역에 있는 2010. 2. 11. 현재 미분양주택(「주택도시기금법」에 따른 주택도시보증공사가 분양보증을 하여 준공하는 주택만 해당한다)으로서 그중 수도권 밖의 지역에 있는 주택수의 비율(신탁업자가 다수의 시공자로부터 금전을 신탁받은 경우에는 해당 신탁업자가 신탁재산으로 취득한 전체 미분양주택을 기준으로 한다)이 100분의 50 이상일 것

③ 신탁재산의 운용기간(신탁계약이 연장되는 경우 그 연장되는 기간을 포함한다)은 5년 이내일 것

(10) 기업구조조정부동산투자회사 등이 2012. 12. 31.까지 취득한 미분양주택

다음의 요건을 모두 갖춘 기업구조조정부동산투자회사 등이 2012. 12. 31.까지 직접 취득(2012. 12. 31.까지 매매계약을 체결하고 계약금을 납부한 경우를 포함한다)하는 미분양주택(법령 §92의2②(1)의10)

① 취득하는 부동산이 모두 미분양주택일 것

② 존립기간이 5년 이내일 것

(11) 신탁업자가 2012. 12. 31.까지 취득한 미분양주택

다음의 요건을 모두 갖춘 신탁계약에 따른 신탁재산으로「자본시장과 금융투자업에 관한 법률」에 따른 신탁업자(이하 "신탁업자"라 한다)가 2012. 12. 31.까지 직접 취득(2012. 12. 31.까지 매매계약을 체결하고 계약금을 납부한 경우를 포함한다)하는 미분양주택(「주택도시기금법」에 따른 주택도시보증공사가 분양보증을 하여 준공하는 주택만 해당한다)(법령 §92의2②(1)의11).

① 시공자가 채권을 발행하여 조달한 금전을 신탁업자에게 신탁하고, 해당 시공자가 발행하는 채권을 한국주택금융공사법에 따른 한국주택금융공사의 신용보증을 받아「자산유동화에 관한 법률」에 따라 유동화할 것

② 신탁재산의 운용기간(신탁계약이 연장되는 경우 그 연장되는 기간을 포함한다)이 5년

이내일 것

(12) 일정요건을 구비한 공공지원민간임대주택 또는 장기일반민간임대주택

「민간임대주택에 관한 특별법」 제2조 제3호에 따른 민간매입임대주택 중 같은 조 제4호에 따른 공공지원민간임대주택 또는 같은 조 제5호에 따른 장기일반민간임대주택(이하 "장기일반민간임대주택등"이라 한다)으로서 다음의 요건을 모두 갖춘 주택[「민간임대주택에 관한 특별법」 제2조 제5호에 따른 장기일반민간임대주택의 경우에는 2020. 6. 17. 이전에 사업자등록등을 신청(임대할 주택을 추가하기 위해 등록사항의 변경 신고를 한 경우를 포함한다)한 주택으로 한정한다]. 다만, 종전의 「민간임대주택에 관한 특별법」 제5조에 따라 등록을 한 같은 법 제2조 제6호에 따른 단기민간임대주택을 같은 법 제5조 제3항에 따라 2020. 7. 11. 이후 장기일반민간임대주택등으로 변경 신고한 주택은 제외한다(법령 §92의2②(1)의12).

① 10년 이상 임대한 주택일 것

② 「민간임대주택에 관한 특별법」 제5조에 따라 민간임대주택으로 등록하여 해당 주택의 임대를 개시한 날의 해당 주택 및 이에 딸린 토지의 기준시가의 합계액이 6억원(수도권 밖의 지역인 경우에는 3억원) 이하일 것

(13) 일정요건을 구비한 민간건설임대주택

「민간임대주택에 관한 특별법」 제2조 제2호에 따른 민간건설임대주택 중 장기일반민간임대주택등으로서 다음의 요건을 모두 갖춘 주택이 2호 이상인 경우 그 주택. 다만, 종전의 「민간임대주택에 관한 특별법」 제5조에 따라 등록을 한 같은 법 제2조 제6호에 따른 단기민간임대주택을 같은 법 제5조 제3항에 따라 2020. 7. 11. 이후 장기일반민간임대주택등으로 변경 신고한 주택은 제외한다(법령 §92의2②(1)의13).

① 대지면적이 298제곱미터 이하이고 주택의 연면적(「소득세법 시행령」 제154조 제3항 본문에 따라 주택으로 보는 부분과 주거전용으로 사용되는 지하실부분의 면적을 포함하고, 공동주택의 경우에는 전용면적을 말한다)이 149제곱미터 이하일 것

② 10년 이상 임대하는 것일 것

③ 「민간임대주택에 관한 특별법」 제5조에 따라 민간임대주택으로 등록하여 해당 주택의 임대를 개시한 날의 해당 주택 및 이에 딸린 토지의 기준시가의 합계액이 9억원 이하일 것 23 개정 (2022. 8. 2.부터 시행)

④ 직전 임대차계약 대비 임대보증금 또는 임대료(이하 "임대료등"이라 함)의 증가율이 5%를 초과하는 임대차계약을 체결하지 않았을 것. 이 경우 임대료등을 증액하는 임대차계약을 체결하면서 임대보증금과 월임대료를 서로 전환하는 경우에는 「민간임대

주택에 관한 특별법」 제44조 제4항에서 정하는 기준에 따라 임대료등의 증가율을 계산한다. 23 신설 (2022. 8. 2. 이후 임대차계약을 체결하거나 갱신하는 경우부터 적용함)

⑤ 임대차계약을 체결한 후 또는 약정에 따라 임대료등의 증액이 있은 후 1년 이내에 임대료등을 증액하는 임대차계약을 체결하지 않았을 것 22 신설 (2022. 8. 2. 이후 임대차계약을 체결하거나 갱신하는 경우부터 적용함)

(14) 의무임대기간 내 등록말소 신청으로 등록이 말소된 후 1년 이내 양도하는 주택

제1호, 제1호의2, 제1호의4 및 제1호의12에 해당하는 임대주택(법률 제17482호 민간임대주택에 관한 특별법 일부개정법률 부칙 제5조 제1항이 적용되는 주택으로 한정한다)으로서 「민간임대주택에 관한 특별법」 제6조 제1항 제11호에 따라 임대사업자의 임대의무기간 내 등록 말소 신청으로 등록이 말소된 경우(같은 법 제43조에 따른 임대의무기간의 2분의 1 이상을 임대한 경우에 한정한다)에는 해당 등록 말소 이후 1년 이내 양도하는 주택(**법령 §92의2②(1)의14**)

(15) 임직원에게 사택 및 무상으로 제공하는 주택의 경우

1) 개 요

주주 등이나 출연자가 아닌 임원(소액주주 등인 임원을 포함한다) 및 직원에게 제공하는 사택 및 그 밖에 무상으로 제공하는 법인 소유의 주택으로서 사택제공기간 또는 무상제공기간이 10년 이상인 주택은 과세대상 주택으로 보지 아니한다(**법령 §92의2②(2)**).[6)]

2) 사택제공기간의 계산

물적 분할로 신설된 법인이 분할 전 직원에게 제공되던 사택을 승계하여 주주 등이나 출연자가 아닌 임원(소액주주인 임원을 포함한다) 및 직원에게 제공하는 경우 사택제공기간은 분할 전의 사택제공기간을 포함하여 계산한다(서이-1189, 2005. 7. 22.).

그리고 개인사업을 사업양수도 방법으로 법인전환하여 신설된 법인이 양수 전 사업자의 직원에게 제공되던 사택을 승계하여 직원 등에게 제공하는 경우 사택제공기간은 양수 전의 사택제공기간을 포함하여 계산한다(서이-1569, 2005. 9. 29.).

(16) 저당권 실행으로 취득한 3년 미경과주택

저당권의 실행으로 인하여 취득하거나 채권변제를 대신하여 취득한 주택으로서 취득일부터 3년이 경과하지 아니한 주택은 과세대상 주택으로 보지 아니한다(**법령 §92의2②(3)**).

---

6) 법인이 10년 이상 임직원의 사택용으로 제공한 주택을 사업장의 해외이전으로 인해 일반인에게 일시 임대 후 양도하는 경우에는 법인세 추가과세의 적용대상이 아니다(서면2팀-673, 2007. 4. 17.).

(17) 그 밖에 부득이한 사유로 보유한 경우

「주택도시기금법」에 따른 주택도시보증공사가 같은 법 시행령 제22조 제1항 제1호에 따라 매입한 주택은 토지 등 양도소득에 대한 법인세 과세대상으로 보지 아니한다(법령 §92의2 ②(4), 법칙 §45의2①).

4. 비사업용 토지

1. 개 요

비사업용 토지란 토지 양도자가 토지를 소유하는 기간 중에 법령이 정하는 일정기간 동안 지목 본래의 용도에 사용하지 않은 토지를 말한다. 토지를 양도한 경우 비과세, 감면 등 과세요건 해당여부는 양도당시를 기준으로 판정하나, 비사업용 토지는 해당 토지의 보유기간 중 일정기간 이상 비사업용으로 사용되었는지 여부(이를 "기간기준"이라고 한다)로 판정한다. 다만, 사업에 사용하지 못하는 부득이한 사유가 있어서 기간기준을 적용하지 않고 무조건 사업용 토지로 보는 경우에는 양도당시의 현황(수용, 경영정상화계획의 이행을 위한 양도, 회생계획을 위한 양도 등)을 기준으로 하는 경우가 있다.

2. 비사업용 토지의 판단방법

(step 1) 사실상 지목 판정

- 토지의 지목이 농지, 임야, 목장용지, 주택부수토지, 별장부수토지, 기타토지(나대지, 잡종지 등)인지 확인할 것
- 토지지목의 판정은 사실상의 현황에 의하며, 사실상의 현황이 분명하지 아니한 경우에는 공부상의 등재현황에 의한다(법령 §92의4).

(step 2) 기간기준에 관계없이 무조건 비사업용 토지에서 제외되는 토지인지 확인

- 법 소정 요건에 해당하는 토지는 무조건 사업용 토지로 구분함. 이에 해당하는 경우 기간기준을 검토할 필요 없음.
  예 공장의 가동에 따른 소음·분진·악취 등으로 인하여 생활환경의 오염피해가 발생되는 지역 안의 토지로서 그 토지소유자의 요구에 따라 취득한 공장용 부속토지의 인접토지(법칙 §46의2③(13))

(step 3) 기간기준 확인

- 토지의 소유기간이 5년 이상, 3년 이상 5년 이하, 2년 이상 3년 이하, 2년 미만 중 어디에 해당하는지 확인하여 기간기준을 적용할 것(**법령 §92의3**)
- 부득이하게 사업에 사용하지 못한 경우 예외규정 적용
  (1) 일정기간을 사업용으로 사용한 것으로 간주(**법령 §92의11①**)
    토지 취득 후 사업에 사용하지 못한 부득이한 사유가 있는 경우 해당 기간을 사업에 사용한 것으로 간주
    예 토지 취득 후 법령에 따라 사용이 금지 또는 제한된 경우 : 금지 또는 제한된 기간은 사업에 사용한 것으로 간주
  (2) 양도일의제(**법령 §92의11②**)
    경매 등으로 사업에 사용하지 못하게 된 경우 그 사유 발생 전의 기간으로 비사업용 여부를 판단
    예 경매, 공매에 의하여 양도된 경우 최초의 경매기일을 양도일로 보아 기간기준을 적용하여 비사업용 토지 여부를 판단함.

(step 4) 기간기준에 적용하여 비사업용 토지 여부의 판정

- 토지를 사실상 지목에 따라 농지(**법령 §92의5**), 임야(**법령 §92의6**), 목장용지(**법령 §92의7**), 사업에 사용하는 그 밖의 토지(**법령 §92의7**), 주택부수토지(**법령 §92의8**), 별장부수토지(**법령 §92의9**)로 구분하여 기간기준을 적용하여 비사업용 토지인지 판단
- 지목별로 기간기준 적용시 비사업용 토지로 보는 기준이 다름. 토지의 소유기간 중 지목이 변경된 경우에는 각각의 지목별로 비사업용 기간을 판단하여 지목별 비사업용 기간을 합산하여 비사업용 토지 여부를 판정함.

3. 사실상 지목의 판정

비사업용 토지에 대한 규정을 적용하는 경우 농지·임야·목장용지 및 그 밖의 토지의 판정은 법인세법 시행령에 특별한 규정이 있는 경우를 제외하고는 사실상의 현황에 의한다. 다만, 사실상의 현황이 분명하지 아니한 경우에는 공부상의 등재현황에 의한다(**법령 §92의4**).

4. 기간기준에 관계 없이 무조건 사업용 토지로 보는 경우

토지를 취득한 후 법령에 따라 사용이 금지되거나 그 밖에 대통령령으로 정하는 부득이한 사유가 있어 비사업용 토지에 해당하는 경우에는 대통령령으로 정하는 바에 따라 비사업용 토지로 보지 아니할 수 있다(**법법 §55의2③**). 대통령령이 정하는 비사업용 토지로 보지

않는 토지는 다음과 같다(법령 §92의11③).

① 토지를 취득한 날부터 3년 이내에 법인의 합병 또는 분할로 인하여 양도되는 토지

② 「공익사업을 위한 토지 등의 취득 및 보상에 관한 법률」 및 그 밖의 법률에 따라 협의 매수 또는 수용되는 토지로서 다음 중 어느 하나에 해당하는 토지

   ㉮ 사업인정고시일이 2006. 12. 31. 이전인 토지

   ㉯ 취득일이 사업인정고시일부터 5년 이전인 토지

③ 법 제55조의2 제2항 제1호 나목에 해당하는 농지로서 종중이 소유한 농지(2005. 12. 31. 이전에 취득한 것에 한한다)

④ 「사립학교법」에 따른 학교법인이 기부(출연을 포함한다)받은 토지

⑤ 「기업구조조정 촉진법」에 따른 부실징후기업과 채권금융기관협의회가 같은 법 제10조에 따라 해당 부실징후기업의 경영정상화계획 이행을 위한 약정을 체결하고 그 부실징후기업이 해당 약정에 따라 양도하는 토지(2008. 12. 31. 이전에 취득한 것에 한정한다)

⑥ 채권은행 간 거래기업의 신용위험평가 및 기업구조조정방안 등에 대한 협의와 거래기업에 대한 채권은행 공동관리절차를 규정한 「채권은행협의회 운영협약」에 따른 관리대상기업과 채권은행자율협의회가 같은 협약 제19조에 따라 해당 관리대상기업의 경영정상화계획 이행을 위한 특별약정을 체결하고 그 관리대상기업이 해당 약정에 따라 양도하는 토지

⑦ 「금융산업의 구조개선에 관한 법률」에 따른 금융기관이 같은 법 제10조 제1항에 따라 금융위원회로부터 적기시정조치를 받고 그 이행계획 등에 따라 양도하는 토지

⑧ 「신용협동조합법」에 따른 신용협동조합중앙회가 같은 법 제83조의3 제2항에 따라 금융위원회로부터 경영개선상태의 개선을 위한 조치를 이행하도록 명령받고 그 명령에 따라 양도하는 토지

⑨ 「신용협동조합법」에 따른 신용협동조합이 같은 법 제86조 제1항에 따라 금융위원회로부터 경영관리를 받거나, 같은 법 제89조 제4항에 따라 신용협동조합중앙회장으로부터 재무상태의 개선을 위한 조치를 하도록 요청받고 그에 따라 양도하는 토지

⑩ 「농업협동조합의 구조개선에 관한 법률」에 따른 조합이 같은 법 제4조 제1항에 따라 농림축산식품부장관으로부터 적기시정조치를 받고 그 이행계획 등에 따라 양도하는 토지

⑪ 「수산업협동조합의 구조개선에 관한 법률」에 따른 조합이 같은 법 제4조 제1항에 따라 해양수산부장관으로부터 적기시정조치를 받고 그 이행계획 등에 따라 양도하는 토지

⑫ 「산림조합의 구조개선에 관한 법률」에 따른 조합이 같은 법 제4조 제1항에 따라 산림청장으로부터 적기시정조치를 받고 그 이행계획 등에 따라 양도하는 토지

⑬ 「새마을금고법」에 따른 새마을금고 또는 중앙회가 같은 법 제77조 제3항 또는 제80조

제1항에 따라 행정안전부장관으로부터 경영상태 개선을 위한 조치 이행 명령 또는 경영지도를 받거나, 같은 법 제79조 제6항에 따라 중앙회장으로부터 경영개선 요구 또는 합병 권고 등 조치를 받고 그에 따라 양도하는 토지

⑭ 「산업집적활성화 및 공장설립에 관한 법률」 제39조에 따라 산업시설구역의 산업용지를 소유하고 있는 입주기업체가 산업용지를 같은 법 제2조에 따른 관리기관(같은 법 제39조 제2항 각 호의 유관기관을 포함한다)에 양도하는 토지

⑮ 「과학기술분야 정부출연연구기관 등의 설립·운영 및 육성에 관한 법률」에 따라 설립된 한국원자력연구원이 소유한 시험농장용 토지

⑯ 공장의 가동에 따른 소음·분진·악취 등으로 생활환경의 오염피해가 발생되는 지역의 토지로서 해당 토지소유자의 요구에 따라 취득한 공장용 부속토지의 인접토지

⑰ 「채무자의 회생 및 파산에 관한 법률」 제242조에 따른 회생계획인가 결정에 따라 회생계획의 수행을 위하여 양도하는 토지

5. 비사업용 토지의 기간기준

(1) 기간기준

1) 기간기준의 의미

양도소득의 비과세, 감면 등 과세요건은 양도시기를 기준으로 판정하는 것이 원칙이다. 그러나 비사업용 토지의 판정은 해당 토지의 소유기간 중 일정기간 동안 비사업용인지를 기준으로 판정하는데 이를 비사업용 토지의 기간기준이라고 한다. 기간기준은 소유기간이 5년 이상인 경우, 3년 이상 5년 미만인 경우, 2년 이상 3년 미만인 경우, 2년 미만인 경우로 구분하여 적용한다. 기간기준은 비사업용 토지 판정에 공통적인 기준이기는 하지만 절대적인 기준은 아니다. 왜냐하면, 사업에 사용할 수 없는 부득이한 사유가 있는 경우에는 기준에 관계없이 무조건 사업용 토지로 보며, 경매·공매 등에 의하여 양도된 경우에는 최초의 경매개시일을 양도일로 의제하는 특례규정을 두고 있기 때문이다.

2) 기간기준

비사업용 토지란 다음에 해당하는 기간 동안 비사업용에 해당하는 토지를 말한다. 이 경우 기간의 계산은 일수로 하며, 초일은 불산입하고 말일은 산입한다(소령 §168의6, §168의14②, 소집 104의3-168의6-2).

가. 토지의 소유기간이 5년 이상인 경우

비사업용 토지의 판정기준	사업용 토지의 판정기준
다음의 모두에 해당하는 토지는 비사업용 토지임	다음 중 어느 하나에 해당하는 토지는 사업용 토지임
① 양도일 직전 3년 중 1년을 초과하는 기간 동안 비사업용 토지	① 양도일 직전 3년 중 2년 이상 사업용으로 사용한 토지
② 양도일 직전 5년 중 2년을 초과하는 기간 동안 비사업용 토지	② 양도일 직전 5년 중 3년 이상 사업용으로 사용한 토지
③ 토지의 소유기간의 40%에 상당하는 기간을 초과하는 기간 동안 비사업용 토지(일수로 계산)	③ 토지의 소유기간의 60% 이상 사업용으로 사용한 토지(일수로 계산)

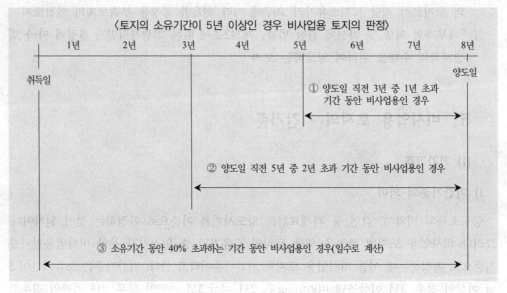

〈토지의 소유기간이 5년 이상인 경우 비사업용 토지의 판정〉

■ **사례** » 토지의 소유기간이 5년 이상인 경우 비사업용 토지의 판정

- 보유기간 : 2014. 1. 1.(취득)~2023. 12. 31.(양도) → 3,651일(초일불산입, 말일산입)
- 비사업용 기간 : 2021. 1. 1.~2023. 12. 31. → 1,095일

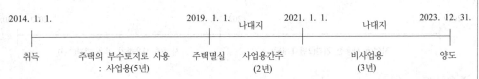

2014. 1. 1.　　　　　　　　　　　　2019. 1. 1.　　　　　2021. 1. 1.　　　　　　　　2023. 12. 31.

취득　　　　주택의 부수토지로 사용　주택멸실　사업용간주　　　　비사업용　　　　양도
　　　　　　 : 사업용(5년)　　　　　　　　　　　(2년)　　　　　 (3년)
　　　　　　　　　　　　　　　　　　　　　　　나대지　　　　　　　　나대지

■ **해답** ■

① 양도일 직전 3년 중 1년을 초과하는 기간 동안 비사업용인지 여부 : 비사업용 3년 → 해당
② 양도일 직전 5년 중 2년을 초과하는 기간 동안 비사업용인지 여부 : 비사업용 3년 → 해당
③ 토지의 소유기간의 40%에 상당하는 기간을 초과하는 기간 동안 비사업용인지 여부

$$\frac{\text{비사업용기간 일수}}{\text{소유기간 일수}} = \frac{1,095^{*2}}{3,651^{*1}} = 29.9\% \rightarrow 40\%를 초과하지 않으므로 해당하지 않음.$$

*1 364+365+366+365+365+365+366+365+365+365=3,651
*2 365+365+365=1,095

[판정] 위의 요건을 모두 충족하지 않으므로 비사업용 토지가 아님.

나. 토지의 소유기간이 3년 이상이고 5년 미만인 경우

비사업용 토지의 판정기준	사업용 토지의 판정기준
다음의 모두에 해당하는 토지는 비사업용 토지임	다음 중 어느 하나에 해당하는 토지는 사업용 토지임
① 토지의 소유기간에서 3년을 차감한 기간을 초과하는 기간 동안 비사업용인 토지	① 토지의 소유기간 중 3년 이상 사업용으로 사용한 토지
② 양도일 직전 3년 중 1년을 초과하는 기간 동안 비사업용인 토지	② 양도일 직전 3년 중 2년 이상 사업용으로 사용한 토지
③ 토지의 소유기간의 40%에 상당하는 기간을 초과하는 기간 동안 비사업용인 토지(일수로 계산)	③ 토지의 소유기간의 60% 이상 사업용으로 사용한 토지(일수로 계산)

┌───┐

■ 사례 》 토지의 소유기간이 3년 이상 5년 미만인 경우 비사업용 토지의 판정

- 보유기간 : 2019. 4. 1.(취득)~2023. 4. 30.(양도) → 1,490일(초일불산입, 말일산입)
- 비사업용 기간 : 2021. 5. 1.~2023. 4. 30. → 730일

2019. 4. 1.	2021. 5. 1.	2023. 4. 30.
사업에 사용한 기간(2년 1개월)	사업에 사용하지 않은 기간(2년)	

■ 해답 ■

① 토지의 소유기간에서 3년을 차감한 기간을 초과하는 기간 동안 비사업용인지 여부 : 토지의 소유기간(4년1개월)에서 3년을 차감하면 1년 1개월임. 비사업용기간이 2년이므로 요건 충족
② 양도일 직전 3년 중 1년을 초과하는 기간 동안 비사업용인지 여부 : 양도일 직전 3년 중 비사업용인 기간이 2년이므로 요건충족
③ 토지의 소유기간의 40%에 상당하는 기간을 초과하는 기간 : 토지의 소유기간 중 비사업용인 기간이 40%를 초과하므로 요건충족

$$\frac{\text{비사업용기간 일수}}{\text{소유기간 일수}} = \frac{730^{*2}}{1,490^{*1}} = 48.99\% \rightarrow 40\%를\ 초과하므로\ 요건\ 충족$$

*1 274+366+365+365+120=1,490
*2 245+365+120=730

[판정] 위의 요건을 모두 충족하므로 비사업용 토지임.

└───┘

다. 토지의 소유기간이 2년 이상 3년 미만인 경우에는 모두에 해당하는 기간

비사업용 토지의 판정기준	사업용 토지의 판정기준
다음의 모두에 해당하는 토지는 비사업용 토지임 ① 토지의 소유기간에서 2년을 차감한 기간을 초과하는 기간 동안 비사업용인 토지 ② 토지의 소유기간의 40%에 상당하는 기간을 초과하는 기간 동안 비사업용인 토지	다음 중 어느 하나에 해당하는 토지는 사업용 토지임 ① 2년 이상을 사업용으로 사용한 토지 ② 토지의 소유기간의 60% 이상 사업용으로 사용한 토지

■ 사례 》 토지의 소유기간이 2년 이상 3년 미만인 경우 비사업용 토지의 판정

- 보유기간 : 2020. 10. 1.(취득)~2023. 4. 30.(양도) → 941일(초일불산입, 말일산입)
- 비사업용 기간 : 2022. 5. 1.~2023. 4. 30.→ 365일

| 2020. 10. 1. | 2022. 5. 1. | 2023. 4. 30. |

사업에 사용한 기간(1년 7개월) / 사업에 사용하지 않은 기간(1년)

■ 해답 ■

① 토지의 소유기간에서 2년을 차감한 기간을 초과하는 기간 동안 비사업용인 토지 : 토지의 소유기간 2년 7개월에서 2년을 차감하면 7개월임. 비사업용 기간이 1년이므로 요건충족

② 토지의 소유기간의 40%에 상당하는 기간을 초과하는 기간 동안 비사업용인 토지

$$\frac{\text{비사업용기간 일수}}{\text{소유기간 일수}} = \frac{365^{*2}}{941^{*1}} = 38.788\% \to 40\%를 초과하지 않음. 비사업용 토지 아님$$

*1 91+365+365+120=941
*2 365

[판정] 위의 요건을 모두 충족하지는 않으므로 비사업용 토지가 아님.

라. 토지의 소유기간이 2년 미만인 경우

비사업용 토지의 판정기준	사업용 토지의 판정기준
토지의 소유기간의 40%에 상당하는 기간을 초과하는 기간 동안 비사업용인 토지(일수로 계산)	토지의 소유기간의 60% 이상 사업용으로 사용한 토지(일수로 계산)

■ 사례 》 토지의 소유기간이 2년 미만인 경우 비사업용 토지의 판정

- 보유기간 : 2022. 4. 1.(취득)~2023. 12. 31.(양도) → 639일(초일불산입, 말일산입)
- 비사업용 기간 : 2022. 4. 1.(취득)~2023. 1. 31.→305일

| 2022. 4. 1. | 2023. 1. 31. | 2023. 12. 31. |

사업에 사용하지 않은 기간(306일) / 사업에 사용한 기간(335일)

■ 해답 ■

토지의 소유기간의 40%에 상당하는 기간을 초과하는 기간 동안 비사업용인 토지

$$\frac{\text{비사업용기간 일수}}{\text{소유기간 일수}} = \frac{305^{*2}}{639^{*1}} = 47.7\% \to 40\%를 초과$$

*1 274+365=639
*2 274+31=305

[판정] 위의 요건을 충족하므로 비사업용 토지임.

1283

(2) 양도일 의제

사업에 사용하지 못하는 부득이한 사유가 발생한 경우 부득이한 사유가 발생하기 전의 기간을 기준으로 기간기준을 적용하여 비사업용 토지 여부를 판정하는데 이를 양도일 의제라고 한다. 다음 중 어느 하나에 해당하는 토지에 대하여는 다음에 규정한 날을 양도일로 보아 기간기준을 적용한다(법령 §92의11②, 법칙 §46의2②).

구 분	부득이한 사유일
① 「민사집행법」에 따른 경매에 따라 양도된 토지	최초의 경매기일
② 「국세징수법」에 따른 공매에 따라 양도된 토지	최초의 공매일
③ 「농업협동조합법」에 따른 조합, 농업협동조합중앙회, 농협은행, 농협생명보험 또는 농협손해보험이 「농업협동조합의 구조개선에 관한 법률」에 따른 농업협동조합자산관리회사에 매각을 위임한 토지 : 매각을 위임한 날	매각을 위임한 날
④ 한국자산관리공사에 매각을 위임한 토지	매각을 위임한 날
⑤ 전국을 보급지역으로 하는 일간신문을 포함한 3개 이상의 일간신문에 다음의 조건으로 매각을 3일 이상 공고하고, 공고일(공고일이 서로 다른 경우에는 최초의 공고일)부터 1년 이내에 매각계약을 체결한 토지 ㉮ 매각예정가격이 소득세법 시행령 제167조 제5항의 규정에 따른 시가 이하일 것 ㉯ 매각대금의 70% 이상을 매각계약 체결일부터 6월 이후에 결제할 것	최초의 공고일
⑥ 위 ⑤에 따른 토지로서 ⑤의 요건을 갖추어 매년 매각을 재공고(직전 매각 공고시의 매각예정가격에서 동 금액의 10%를 차감한 금액 이하로 매각을 재공고한 경우에 한한다)하고, 재공고일부터 1년 이내에 매각계약을 체결한 토지	최초의 공고일

(3) 사업으로 사용한 것으로 간주되는 기간

1) 토지를 취득한 후 법령에 따라 사용이 금지 또는 제한된 토지

토지를 취득한 후 법령에 따라 사용이 금지 또는 제한된 경우 그 사용이 금지 또는 제한된 기간 동안은 사업용으로 사용한 것으로 본다(법령 §92의11①(1)). 토지를 취득한 후 법령에 따라 사용이 금지 또는 제한된 경우에도 경작 등 토지 본래의 용도로 사용이 금지 또는 제한되지 아니한 때에는 법령에 따라 사용이 금지 또는 제한된 토지에 해당되지 아니한다.

2) 토지를 취득한 후 「문화유산의 보존 및 활용에 관한 법률」 또는 「자연유산의 보존 및 활용에 관한 법률」에 따라 지정된 보호구역 안의 토지

토지를 취득한 후 「문화유산의 보존 및 활용에 관한 법률」 또는 「자연유산의 보존 및 활용에 관한 법률」에 따라 지정된 보호구역 안의 토지인 경우 보호구역으로 지정된 기간 동안은 사업에 사용한 것으로 보아 기간기준을 적용한다(법령 §92의11①(2)).

3) 건축허가가 제한된 토지

토지를 취득한 후 법령에 따라 당해 사업과 관련된 인가·허가(건축허가 포함)·면허 등을 신청한 자가 「건축법」 제18조 및 행정지도에 따라 건축허가가 제한됨에 따라 건축을 할 수 없게 된 토지의 경우 건축허가가 제한된 기간은 사업에 사용한 것으로 보아 기간기준을 적용한다(법칙 §46의2①(1)). 다만, 부동산매매업(한국표준산업분류에 따른 건물건설업 및 부동산공급업을 말한다)을 영위하는 자가 취득한 매매용부동산에 대하여는 이 규정을 적용하지 아니한다(법칙 §46의2① 본문 단서).

4) 건축자재의 수급조절을 위한 행정지도로 착공이 제한된 토지

토지를 취득한 후 법령에 따라 당해 사업과 관련된 인가·허가·면허 등을 받았으나 건축자재의 수급조절을 위한 행정지도에 따라 착공이 제한된 토지의 경우 착공이 제한된 기간은 사업에 사용한 것으로 보아 기간기준을 적용한다(소칙 §83의5①(2)). 다만, 부동산매매업(한국표준산업분류에 따른 건물건설업 및 부동산공급업을 말한다)을 영위하는 자가 취득한 매매용부동산에 대하여는 이 규정을 적용하지 아니한다(소칙 §83의5②).

5) 도로로 사용되는 토지

사업장(임시 작업장 제외)의 진입도로로서 「사도법」에 따른 사도 또는 불특정다수인이 이용하는 도로인 경우 사도 또는 도로로 이용되는 기간은 사업에 사용한 것으로 보아 기간기준을 적용한다(법칙 §46의2①(3)). 사도란 국도, 지방도 등 일반인의 교통을 위하여 제공되는 도로나 도로법의 준용을 받는 도로가 아닌 것으로서 그 도로에 연결되는 길을 말한다(소집 104의3 - 168의14 - 14).

6) 건축허가를 받을 당시 공공용지로 제공한 토지

「건축법」에 따라 건축허가를 받을 당시에 공공공지(公共空地)로 제공한 토지인 경우 당해 건축물의 착공일부터 공공공지로의 제공이 끝나는 날까지의 기간은 사업에 사용한 것으로 보아 기간기준을 적용한다(법칙 §46의2①(4)). 공공공지(公共空地)란 시·군내의 주요시설물 또는 환경의 보호, 경관의 유지, 재해대책, 보행자의 통행과 주민의 일시적 휴식공간의 확보를 위하여 설치하는 시설을 말한다(도시·군계획시설의 결정·구조 및 설치기준에 관한 규칙 §59).

7) 건설공사에 착공한 토지

지상에 건축물이 정착되어 있지 아니한 토지를 취득하여 사업용으로 사용하기 위하여 건설에 착공(착공일이 불분명한 경우에는 착공신고서 제출일을 기준으로 한다)한 토지인 경우 당해 토지의 취득일부터 2년 및 착공일 이후 건설이 진행 중인 기간(천재지변, 민원의 발생 그 밖의 정당한 사유로 인하여 건설을 중단한 경우에는 중단한 기간을 포함한다)은 사업에 사용한 것으로 보아 기간기준을 적용한다(법칙 §46의2①(5)). 이 경우 착공이란 건축 공정상 일련의 행정절차를 마친 다음 건물 신축을 위한 실질적인 공사의 실행이라 볼 수 있는 행위로서 신축할 건물을 유지할 수 있는 최소한의 정도로 부지를 파내는 정도의 굴착공사나 터파기공사에 착수하는 것을 말한다(대법원 2013두 2723, 2013. 5. 23., 대법원 96누 15558, 1997. 9. 9.).

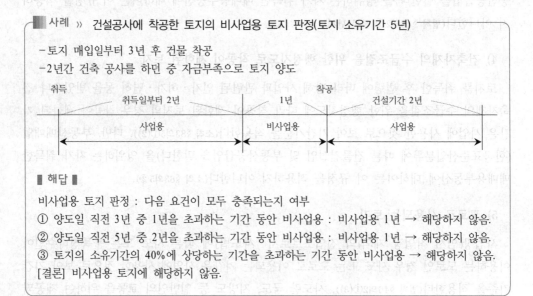

■ 사례 ≫ 건설공사에 착공한 토지의 비사업용 토지 판정(토지 소유기간 5년)

- 토지 매입일부터 3년 후 건물 착공
- 2년간 건축 공사를 하던 중 자금부족으로 토지 양도

■ 해답 ■

비사업용 토지 판정 : 다음 요건이 모두 충족되는지 여부
① 양도일 직전 3년 중 1년을 초과하는 기간 동안 비사업용 : 비사업용 1년 → 해당하지 않음.
② 양도일 직전 5년 중 2년을 초과하는 기간 동안 비사업용 : 비사업용 1년 → 해당하지 않음.
③ 토지의 소유기간의 40%에 상당하는 기간을 초과하는 기간 동안 비사업용 → 해당하지 않음.
[결론] 비사업용 토지에 해당하지 않음.

8) 채권을 변제받기 위하여 취득한 토지 등

저당권의 실행 그 밖에 채권을 변제받기 위하여 취득한 토지 및 청산절차에 따라 잔여재산의 분배로 인하여 취득한 토지는 취득일부터 2년간은 사업에 사용한 것으로 보아 기간기준을 적용한다(법칙 §46의2①(6)).

9) 토지를 취득한 후 소유권에 관한 소송이 계속 중인 토지

당해 토지를 취득한 후 소유권에 관한 소송이 계속(係屬) 중인 토지인 경우 법원에 소송이 계속되거나 법원에 의하여 사용이 금지된 기간은 사업에 사용한 것으로 보아 기간기준을 적용한다(법칙 §46의2①(7)).

10) 도시개발법에 따른 환지된 토지

「도시개발법」에 따른 도시개발구역 안의 토지로서 환지방식에 따라 시행되는 도시개발사업이 구획단위로 사실상 완료되어 건축이 가능한 토지인 경우 건축이 가능한 날부터 2년간은 사업에 사용한 것으로 보아 기간기준을 적용한다(법칙 §46의2①(8)).

◎ 도시개발법에 따라 환지된 토지 ◎

구 분	토지 취득 후 환지된 토지	토지 취득 전 환지된 토지
사업지구로 지정된 날 ~ 건축이 가능한 날	사업에 사용한 기간으로 간주 (법칙 §46의2①(1))	해당 없음
건축이 가능한 날~2년	사업에 사용한 기간으로 간주 (법칙 §46의2①(8))	사업에 사용한 기간으로 간주 (법칙 §46의2①(8))

11) 건축물이 멸실·철거되거나 무너진 토지

건축물이 멸실·철거되거나 무너진 토지인 경우 당해 건축물이 멸실·철거되거나 무너진 날부터 2년간은 사업에 사용한 것으로 보아 기간기준을 적용한다(법칙 §46의2①(9)).

12) 휴업·폐업 및 이전에 따라 사업에 사용하지 아니하게 된 토지

거주자가 2년 이상 사업에 사용한 토지로서 사업의 일부 또는 전부를 휴업·폐업 또는 이전함에 따라 사업에 직접 사용하지 아니하게 된 토지인 경우 휴업·폐업 또는 이전일부터 2년간은 사업에 사용한 것으로 보아 기간기준을 적용한다(법칙 §46의2①(10)).

13) 부실금융기관으로부터 취득한 토지

다음 중 어느 하나에 해당하는 기관이 「금융산업의 구조개선에 관한 법률」 제10조의 규정에 따른 적기시정조치 또는 같은 법 제14조 제2항의 규정에 따른 계약이전의 결정에 따라 같은 법 제2조 제2호에 따른 부실금융기관으로부터 취득한 토지는 취득일부터 2년간 사업에 사용한 것으로 보아 기간기준을 적용한다(법칙 §46의2①(10)).

① 「예금자보호법」 제3조의 규정에 따른 예금보험공사
② 「예금자보호법」 제36조의3의 규정에 따른 정리금융기관
③ 「금융산업의 구조개선에 관한 법률」 제2조 제1호의 규정에 따른 금융기관

14) 유동화전문회사가 자산유동화계획에 따라 자산보유자로부터 취득한 토지

「자산유동화에 관한 법률」에 따른 유동화전문회사가 같은 법 제3조의 규정에 따른 자산유동화계획에 따라 자산보유자로부터 취득한 토지는 취득일부터 3년간은 사업에 사용한 것으로 보아 기간기준을 적용한다.

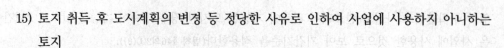

15) 토지 취득 후 도시계획의 변경 등 정당한 사유로 인하여 사업에 사용하지 아니하는 토지

당해 토지를 취득한 후 위의 3) 내지 14) 사유 외에 도시계획의 변경 등 정당한 사유로 인하여 사업에 사용하지 아니하는 토지인 경우 당해 사유가 발생한 기간은 사업에 사용한 것으로 보아 기간기준을 적용한다(법칙 §46의2①(12)).

6. 지목별 비사업용 토지의 판정[7]

토지 등 양도소득에 대한 과세특례 규정이 적용되는 법인의 비사업용 토지에는 다음과 같이 세법에서 규정하는 농지·임야·목장용지(이하 "농지"라 한다) 및 그 밖에 토지 등으로 구분할 수 있다.

6-1. 농 지[8]

논밭 및 과수원(이하 "농지"라 한다)으로서 다음의 어느 하나에 해당하는 토지(법법 §55의2②(1))는 세법상 법인의 비사업용 토지로 본다(법령 §92의5).

(1) 농업을 주된 사업[9]으로 하지 아니하는 법인이 소유하는 토지

농업을 주된 사업으로 하지 아니하는 법인이 소유하는 농지는 비사업용 토지로 본다. 그러나 「농지법」이나 그 밖의 법률에 따라 소유할 수 있는 다음의 어느 하나에 해당하는 농지는 제외한다(법법 §55의2②(1)가 및 법령 §92의5③).

① 「농지법」 제6조 제2항 제2호·제6호·제10호 가목 또는 다목에 해당하는 농지

② 「농지법」 제6조 제2항 제7호에 따른 농지전용허가를 받거나 농지전용신고를 한 법인이 소유한 농지 또는 같은 법 제6조 제2항 제8호에 따른 농지전용협의를 완료한 농지

---

7) 비사업용 토지를 판정함에 있어서 저당권의 실행을 위하여 취득한 토지의 취득일부터 3년 동안의 기간과 「지방세법」 제182조 제1항 제2호 및 제3호에 따른 재산세 별도합산 또는 분리과세대상이 되는 기간은 토지의 소유기간으로 보지 아니한다(서면2팀-275, 2007. 2. 7.).

8) "농지"란 지적공부상의 지목에 관계없이 실제로 경작에 사용되는 토지를 말한다. 이 경우 농지의 경영에 직접 필요한 농막·퇴비사·양수장·지소(池沼)·농도·수로 등의 토지 부분을 포함한다(법령 §92의5①).

9) 이 경우 "농업을 주업으로 하는 것"이란 다음의 기준에 따라 판정한다(법령 §92의5②).

① 2 이상의 서로 다른 사업을 영위하는 경우에는 주업은 사업별 사업수입금액이 큰 사업으로 한다.

② 위 "①"에 불구하고 당해 법인이 농업에 직접 사용한 농지에서 생산한 농산물을 당해 법인이 제조·생산하는 제품의 원료로 사용하고 그 농업과 제조업 등을 구분하여 경리하는 경우에는 농업을 주업으로 하는 것으로 본다. 이 경우 당해 법인이 생산한 농산물 중 당해 법인이 제조하는 제품의 원재료로 사용하는 것의 비율(이하 "사용비율"이라 한다)이 100분의 50 미만인 경우에는 당해 농지의 면적 중 그 사용비율에 상당하는 면적의 2배 이내의 농지에 한하여 농업을 주업으로 하는 것으로 본다.

로서 당해 전용목적으로 사용되는 토지

③ 「농지법」 제6조 제2항 제10호 라목부터 바목까지의 규정에 따라 취득한 농지로서 당해 사업목적으로 사용되는 토지

④ 종중이 소유한 농지(2005. 12. 31. 이전에 취득한 것에 한한다)

⑤ 제사 · 종교 · 자선 · 학술 · 기예 밖의 공익사업을 목적으로 하는 「지방세법 시행령」 제22조에 따른 비영리사업자가 그 사업에 직접 사용하는 농지

⑥ 「농지법」 그 밖의 법률에 따라 소유할 수 있는 농지로서 기획재정부령이 정하는 농지

(2) 특별시, 광역시, 특별자치도 등 및 시지역 중 도시지역 안의 농지

특별시, 광역시(광역시에 있는 군지역은 제외한다), 특별자치시(특별자치시에 있는 읍 · 면지역은 제외한다), 특별자치도(「제주특별자치도 설치 및 국제자유도시 조성을 위한 특별법」 제15조 제2항에 따라 설치된 행정시의 읍 · 면지역은 제외한다) 및 시지역(「지방자치법」 제3조 제4항에 따른 도농복합형태의 시의 읍 · 면 지역은 제외한다) 중 「국토의 계획 및 이용에 관한 법률」 제6조 제1호에 따른 도시지역(「국토의 계획 및 이용에 관한 법률」에 따른 녹지지역 및 개발제한구역은 제외한다)에 있는 농지는 비사업용 토지로 본다(**법법 §55의2②(1) 나 및 법령 §92의3④**).

그러나 특별시, 광역시, 특별자치시, 특별자치도 및 시지역의 도시지역에 편입된 날부터 3년이 경과되지 아니한 농지를 제외한다(**법령 §92의3⑤**).

6-2. 임 야

임야는 세법상 비사업용 토지로 본다. 그러나 다음의 어느 하나에 해당하는 임야는 제외한다(**법법 §55의2②(2)**).

(1) 산림유전자원보호림 · 보안림 · 채종림 · 시험림 및 공익상 필요한 임야 등

「산림자원의 조성 및 관리에 관한 법률」에 따라 지정된 채종림 · 시험림, 「산림보호법」 제7조에 따른 산림보호구역, 그 밖에 공익상 필요하거나 산림의 보호 · 육성을 위하여 필요한 임야로서 다음의 어느 하나에 해당하는 임야(**법법 §55의2②(2)가 및 법령 §92의6①**).

① 「산림자원의 조성 및 관리에 관한 법률」에 따른 채종림(採種林) · 시험림과 산림보험법에 따른 산림보호구역

② 사찰림 또는 동유림(洞有林)

③ 「자연공원법」에 따른 공원자연보존지구 및 공원자연환경지구 안의 임야

④ 「도시공원 및 녹지 등에 관한 법률」에 따른 도시공원 안의 임야

⑤ 「문화유산의 보존 및 활용에 관한 법률」에 따른 보호구역 또는 「자연유산의 보존 및 활용에 관한 법률」에 따른 보호구역 안의 임야

⑥ 「전통사찰의 보존 및 지원에 관한 법률」에 따라 전통사찰이 소유하고 있는 경내지

⑦ 「개발제한구역의 지정 및 관리에 관한 특별조치법」에 따른 개발제한구역 안의 임야

⑧ 「군사기지 및 군사시설 보호법」에 따른 군사기지 및 군사시설 보호구역 안의 임야

⑨ 「도로법」에 따른 접도 구역 안의 임야

⑩ 「철도안전법」에 따른 철도보호지구 안의 임야

⑪ 「하천법」에 따른 홍수관리구역 안의 임야

⑫ 「수도법」에 따른 상수원보호구역 안의 임야

⑬ 그 밖에 공익상 필요 또는 산림의 보호·육성을 위하여 필요한 임야로서 세법이 정하는 것

(2) 임업을 주된 사업으로 하는 법인 또는 독립가인 법인 소유임야

임업을 주된 사업으로 하는 법인이나 「산림자원의 조성 및 관리에 관한 법률」에 따른 독림가인 법인이 소유하는 산지관리법에 따른 산지 안의 임야로서 다음 어느 하나에 해당하는 임야. 다만, 「국토의 계획 및 이용에 관한 법률」에 따른 도시지역(동법 시행령 제30조의 규정에 따른 보전녹지지역을 제외한다) 안의 임야로서 도시지역으로 편입된 날부터 3년이 경과한 임야는 제외한다(법법 §55의2②(2)나 및 법령 §92의6③).

① 「산림자원의 조성 및 관리에 관한 법률」에 따른 산림경영계획인가를 받아 시업(施業) 중인 임야

② 「산림자원의 조성 및 관리에 관한 법률」에 따른 특수개발지역 안의 임야

이 경우 임업을 주업으로 하는 법인의 경우 주업은 2 이상의 서로 다른 사업을 영위하는 경우에는 사업연도 종료일 현재 당해 법인의 총자산가액 중 당해 사업에 공여되는 자산의 가액이 큰 사업으로 한다(법령 §92의6②).

(3) 토지소유 정황 등으로 법인의 업무에 직접 관련이 있는 경우

토지의 소유자·소재지·이용상황·보유기간 및 면적 등을 고려하여 법인의 업무와 직접 관련이 있다고 인정할 만한 상당한 이유가 있는 임야로서 다음의 어느 하나에 해당하는 토지(법법 §55의2②(2)다, 법령 §92의6④).

① 「산림자원의 조성 및 관리에 관한 법률」에 따른 종·묘 생산업자가 산림용 종자 또는 산림용 묘목의 생산에 사용하는 임야

② 「산림자원의 조성 및 관리에 관한 법률」에 따른 자연휴양림을 조성 또는 관리·운영 하는 사업에 사용되는 임야

③「수목정원조성 및 진흥에 관한 법률」에 따른 수목원을 조성 또는 관리·운영하는 사업에 사용되는 임야
④ 산림조합 및 산림계가 그 고유목적에 직접 사용하는 임야
⑤ 제사·종교·자선·학술·기예 그 밖의 공익사업을 목적으로 하는「지방세법 시행령」제22조의 규정에 따른 비영리사업자가 그 사업에 직접 사용하는 임야
⑥ 종중이 소유한 임야(2005. 12. 31. 이전에 취득한 것에 한한다)
⑦ 그 밖에 토지의 소유자, 소재지, 이용상황, 소유기간 및 면적 등을 고려하여 법인의 업무에 직접 관련이 있는 임야로서 세법으로 정하는 임야

6-3. 목장용지

(1) 비사업용 토지로 보는 목장용지

다음 어느 하나에 해당하는 목장용지[10]는 세법상 비사업용 토지로 본다(법법 §55의2②(3)).
① 축산업을 주된 사업으로 하는 법인이 소유하는 목장용지로서「법인세법 시행령」[별표 1의2]에 규정된 가축별 기준면적과 가축두수를 적용하여 계산한 축산용 토지의 기준면적을 초과하거나 특별시, 광역시, 특별자치시, 특별자치도 및 시지역의 도시지역(「국토의 계획 및 이용에 관한 법률」에 따른 녹지지역 및 개발제한구역을 제외한다)에 있는 목장용지(도시지역에 편입된 날부터 3년이 지나지 아니한 경우를 제외한다)
② 축산업을 주된 사업으로 하지 아니하는 법인이 소유하는 목장용지

(2) 주된 사업의 판정

축산업을 주된 사업으로 하는 법인의 판정은 다음에 따른다(법령 §92의7③).
① 2 이상의 서로 다른 사업을 영위하는 경우에는 주된 사업은 사업별 사업수입금액이 큰 사업으로 한다. 다만,「농업협동조합법」에 의하여 설립된 농업협동조합과 농업협동조합중앙회는 이를 축산업을 주된 사업으로 하는 법인으로 본다.
② 위 "①" 본문의 규정에 불구하고 당해 법인이 축산업에 직접 사용한 목장용지에서 생산한 축산물을 당해 법인이 제조하는 제품의 원재료로 사용하고 그 축산업과 제조업 등을 구분하여 경리하는 경우에는 축산업을 주된 사업으로 하는 것으로 본다. 이 경우 당해 법인이 생산한 축산물 중 당해 법인이 제조하는 제품의 원재료로 사용하는 것의 비율(이하 "사용비율"이라 한다)이 100분의 50 미만인 경우에는 당해 목장용지의 면적 중 그 사용비율에 상당하는 면적의 2배 이내의 목장용지에 한하여 축산업을 주된 사업으로 하는 것으로 본다.

---

10) 여기서 "목장용지"란 축산용으로 사용되는 축사와 부대시설의 토지·초지 및 사료포를 포함한다(법령 §92의7①).

(3) 비사업용 토지로 보지 아니하는 목장용지

목장토지의 소유자·소재지·이용상황·보유기간 및 면적 등을 고려하여 법인의 업무와 직접 관련이 있다고 인정할 만한 상당한 이유가 있는 목장용지로서 다음의 어느 하나에 해당하는 것은 비사업용 토지로 보지 아니한다(법법 §55의2②(3) 및 법령 §92의7②).

① 종중이 소유한 목장용지(2005. 12. 31. 이전에 취득한 것에 한한다)

② 「초·중등교육법과 고등교육법」에 따른 학교 및 「축산법」에 따른 가축개량총괄기관과 가축개량기관이 시험·연구·실습지로 사용하는 목장용지

③ 제사·종교·자선·학술·기예 그 밖의 공익사업을 목적으로 하는 「지방세법」 제186조 제1호 본문의 규정에 따른 비영리사업자가 그 사업에 직접 사용하는 목장용지

④ 그 밖에 토지의 소유자, 소재지, 이용상황, 소유기간 및 면적 등을 고려하여 법인의 업무와 직접 관련이 있는 목장용지로서 세법으로 정하는 것

6-4. 그 밖에 비사업용 토지에 해당하지 아니한 것

(1) 개 요

위 비사업용 토지로 보는 농지·임야 및 목장용지 외의 토지 중 다음의 토지 외의 토지는 비사업용 토지로 본다(법법 §55의2②(7)).

① 「지방세법」이나 관계 법률에 따라 재산세가 비과세 되거나 면제되는 토지

② 「지방세법」 제182조 제1항 제2호 및 제3호에 따른 재산세 별도합산 과세대상 또는 분리과세대상이 되는 토지[11]

법인이 보유하는 비사업용 토지(나대지)가 「지방세법」 제182조 제1항 제1호에서 규정하는 종합합산 과세대상인 경우에는 비사업용 토지에 해당한다(서면2팀-1942, 2006. 9. 28.).

③ 토지의 이용상황·관계 법률의 의무이행 여부 및 수입금액 등을 고려하여 세법으로 정하는 토지

---

11) 토지의 소유기간이 3년 미만인 경우에는 「법인세법 시행령」 제92조의3 제3호 각목의 모두에 해당하는 기간이 「법인세법」 제55조의2 제2항에 해당하는 토지는 비사업용 토지로 보는 것이며, 저당권의 실행을 위하여 취득한 토지의 취득일부터 2년 동안의 기간과 「지방세법」 제182조 제1항 제2호 및 제3호의 규정에 의한 재산세 별도합산 또는 분리과세대상이 되는 기간은 「법인세법」 제55조의2 제2항에 해당하는 토지의 소유기간으로 보지 아니한다(서이-275, 2007. 2. 7.).

(2) 토지의 이용상황·관계 법률의 의무이행 여부 및 수입금액 등을 고려하여 세법으로 정하는 토지

1) 운동장·경기장 등 체육시설용 토지

운동장·경기장 등 체육시설용 토지로서 다음의 어느 하나에 해당하는 토지는 비사업용 토지로 보지 아니한다(법령 §92의8①(1)).

가. 선수전용 체육시설용 토지

① 「국민체육진흥법」에 따라 직장운동경기부를 설치한 법인이 선수전용으로 계속하여 제공하고 있는 체육시설용 토지로서 선수전용체육시설의 기준면적 [별표 7] 이내의 토지. 다만, 직장운동경기부가 다음의 선수·지도자 등에 관한 모든 요건에 해당하지 아니하는 경우에는 그러하지 아니하다(법칙 §46① 및 ②).

㉮ 선수는 대한체육회에 가맹된 경기단체에 등록되어 있는 자일 것

㉯ 경기종목별 선수의 수는 당해 종목의 경기정원 이상일 것

㉰ 경기종목별로 경기지도자가 1인 이상일 것

② 운동경기업을 영위하는 법인이 선수훈련에 직접 사용하는 체육시설로서 기준면적[별표 8] 이내의 토지

나. 종업원 체육시설용 토지

종업원의 복지후생을 위하여 설치한 체육시설용 토지 중 정하는 종업원 체육시설의 기준면적 [별표 9] 이내의 토지. 다만, 다음의 종업원 체육시설의 기준에 적합하지 아니하는 경우에는 그러하지 아니하다(법칙 §46④ 및 ⑤).

① 운동장과 코트는 축구·배구·테니스 경기를 할 수 있는 시설을 갖출 것

② 실내체육시설은 영구적인 시설물이어야 하고, 탁구대를 2면 이상 둘 수 있는 규모일 것

다. 「체육시설의 설치·이용에 관한 법률」에 따른 체육시설업을 영위하는 법인이 동법의 규정에 따른 적합한 시설 및 설비를 갖추고 당해 사업에 직접 사용하는 토지

라. 경기장운영업을 영위하는 법인이 당해 사업에 직접 사용하는 토지

2) 주차장용 토지

주차장용 토지로서 다음의 어느 하나에 해당하는 토지는 비사업용 토지로 보지 아니한다(법령 §92의8①(2)).

① 「주차장법」에 따른 부설주차장(주택의 부설주차장을 제외한다)으로서 동법에 따른 부설주차장 설치기준면적 이내의 토지. 다만, 다음의 "6)"의 규정에 따른 휴양시설업용

1293

토지 안의 부설주차장용 토지에 대하여는 다음의 "6)"에서 정하는 바에 의한다.

② 「지방세법 시행령」 제101조 제3항 제1호에 따른 사업자 외의 법인으로서 업무용자동차(승용자동차·이륜자동차 및 종업원의 통근용 승합자동차를 제외한다)를 필수적으로 보유하여야 하는 사업에 제공되는 업무용자동차의 주차장용 토지. 다만, 소유하는 업무용자동차의 차종별 대수에 「여객자동차 운수사업법」 또는 「화물자동차 운수사업법」에 규정된 차종별 대당 최저보유차고면적기준을 곱하여 계산한 면적을 합한 면적(이하 "최저차고기준면적"이라 한다)에 1.5를 곱하여 계산한 면적 이내의 토지에 한한다.

③ 주차장운영업을 주업으로 하는 법인이 소유하고, 주차장법에 따른 노외주차장으로 사용하는 토지로서 토지의 가액에 대한 1년간의 수입금액의 비율이 100분의 3 이상인 토지(법칙 §46⑥)

3) 「사회기반시설에 대한 민간투자법」에 따라 지정된 사업시행자가 조성한 토지

「사회기반시설에 대한 민간투자법」에 따라 지정된 사업시행자가 동법에서 규정하는 민간투자사업의 시행으로 조성한 토지 및 그 밖의 법률에 의하여 사업시행자가 조성하는 토지로서 다음의 어느 하나에 해당하는 토지는 비사업용 토지로 보지 아니한다(법령 §92의8①(3)). 다만, 토지의 조성이 완료된 날부터 2년이 경과한 토지를 제외한다(법칙 §46⑦).

① 「경제자유구역의 지정 및 운영에 관한 법률」에 따른 개발사업시행자가 경제자유구역 개발계획에 따라 경제자유구역 안에서 조성한 토지

② 「관광진흥법」에 따른 사업시행자가 관광단지 안에서 조성한 토지

③ 「기업도시개발특별법」에 따라 지정된 개발사업시행자가 개발구역 안에서 조성한 토지

④ 「유통단지개발 촉진법」에 따른 유통단지개발사업시행자가 당해 유통단지 안에서 조성한 토지

⑤ 「중소기업진흥에 관한 법률」에 따라 단지조성사업의 실시계획이 승인된 지역의 사업시행자가 조성한 토지

⑥ 「지역균형개발 및 지방중소기업 육성에 관한 법률」에 따라 지정된 개발촉진지구 안의 사업시행자가 조성한 토지

⑦ 「한국컨테이너부두공단법」에 따라 설립된 한국컨테이너부두공단이 조성한 토지

⑧ 「친수구역 활용에 관한 특별법」에 따라 지정된 사업시행자가 친수구역 안에서 조성한 토지

4) 청소년수련시설용 토지

「청소년활동진흥법」에 따른 청소년수련시설용 토지로서 동법에 따른 시설·설비기준을 갖춘 토지는 비사업용 토지로 보지 아니한다(법령 §92의8①(4)). 다만, 수용정원에 200㎡를 곱한 기준면적을 초과하는 토지를 제외한다.

5) 예비군훈련용 토지

종업원 등의 예비군훈련을 실시하기 위하여 소유하는 토지로서 다음의 요건을 모두 갖춘 토지는 비사업용 토지로 보지 아니한다(법령 §92의8①(5)).

① 지목이 대지 또는 공장용지가 아닐 것
② 「국토의 계획 및 이용에 관한 법률」에 따른 도시지역의 주거지역·상업지역 및 공업 지역 안에 소재하지 아니할 것
③ 일정 시설기준 [별표 10] 제1호 및 일정 기준면적 [별표 10] 제2호
④ 수임 군부대의 장으로부터 예비군훈련의 실시를 위임받은 자가 소유할 것

6) 관광진흥법에 따른 휴양시설업용의 토지

「관광진흥법」에 따른 전문휴양업·종합휴양업 등 「관광진흥법」에 따른 전문휴양업·종 합휴양업 그 밖의 이와 유사한 시설을 갖추고 타인의 휴양이나 여가선용을 위하여 이를 이 용하게 하는 사업용 토지(「관광진흥법」에 따른 전문휴양업·종합휴양업 그 밖에 이와 유사 한 휴양시설업의 일부로 운영되는 스키장업 또는 수영장업용 토지를 포함하며, 온천장용 토 지를 제외한다)로서 다음의 기준면적을 합한 면적 이내의 토지는 비사업용 토지로 보지 아 니한다(법령 §92의8①(6) 및 법칙 §46⑫).

① 옥외 동물방목장 및 옥외 식물원이 있는 경우 그에 사용되는 토지의 면적
② 부설주차장이 있는 경우 주차장법에 따른 부설주차장 설치기준면적의 2배 이내의 부 설주차장용 토지의 면적. 다만, 「도시교통정비 촉진법」에 따라 교통영향분석·개선대 책이 수립된 주차장의 경우에는 같은 법 제16조 제4항에 따라 해당 사업자에게 통보 된 주차장용 토지면적으로 한다.
③ 「지방세법 시행령」 제101조 제1항 제2호에 따른 건축물이 있는 경우 재산세 종합합산 과세대상 토지 중 건축물의 바닥면적(건물 외의 시설물인 경우에는 그 수평투영면적 을 말한다)에 동조 제2항의 규정에 따른 용도지역별 배율을 곱하여 산정한 면적 범위 안의 건축물 부속토지의 면적

7) 하치장용 등의 토지

물품의 보관·관리를 위하여 별도로 설치·사용되는 하치장·야적장·적치장 등(「건축법」에 따른 건축허가를 받거나 신고를 하여야 하는 건축물로서 허가 또는 신고 없이 건축한 창고용 건축물의 부속토지를 포함한다)으로서 당해 사업연도 중 물품의 보관·관리에 사용된 최대면 적의 100분의 120 이내의 토지는 비사업용 토지로 보지 아니한다(법령 §92의8①(7)).

8) 골재채취장용 토지

「골재채취법」에 따라 시장·군수 또는 구청장(자치구의 구청장에 한한다)으로부터 골재

채취의 허가를 받은 법인이 허가 받은 바에 따라 골재채취에 사용하는 토지는 비사업용 토지로 보지 아니한다(법령 §92의8①(8)).

9) 폐기물처리용 토지

「폐기물관리법」에 따라 허가를 받아 폐기물처리업을 영위하는 법인이 당해 사업에 사용하는 토지는 비사업용 토지로 보지 아니한다(법령 §92의8①(9)).

10) 광천지용 토지

광천지[鑛泉地(청량음료제조업·온천장업 등에 사용되는 토지로서 지하에서 온수·약수 등이 용출되는 용출구 및 그 유지를 위한 부지를 말한다)]로서 토지의 가액에 대한 1년간의 수입금액(후술하는 "(3) 수입금액 기준을 적용받는 토지의 수입금액비율 계산" 참조)의 비율이 100분의 4 이상인 토지는 비사업용 토지로 보지 아니한다(법령 §92의8①(10) 및 법칙 §46 ⑬).

11) 양어장 또는 지소용 토지

「공간정보의 구축 및 관리 등에 관한 법률」에 따른 양어장 또는 지소(池沼)용 토지(내수면양식업·낚시터운영업 등에 사용되는 댐·저수지·소류지(小溜池) 및 자연적으로 형성된 호소와 이들의 유지를 위한 부지를 말한다)로서 다음의 어느 하나에 해당하는 토지는 비사업용 토지로 보지 아니한다(법령 §92의8①(11)).

① 「양식산업발전법」에 따라 허가를 받은 육상해수양식어업 또는 「수산종자산업육성법」에 따라 허가를 받은 수산종자생산업에 사용되는 토지

② 「내수면어업법」에 따라 시장·군수 또는 구청장(자치구의 구청장을 말하며, 서울특별시의 한강의 경우에는 한강관리에 관한 업무를 관장하는 기관의 장을 말한다. 이하 이 목에서 같다)으로부터 면허 또는 허가를 받거나 시장·군수 또는 구청장에게 신고한 자가 당해 면허어업·허가어업 및 신고어업에 사용하는 토지

③ 위 "①" 및 "②" 외의 토지로서 토지의 가액에 대한 1년간의 수입금액(후술하는 "(3) 수입금액 기준을 적용받는 토지의 수입금액비율 계산" 참조)의 비율이 100분의 4 이상인 토지

12) 블록·석물·토관제조업용 토지 등

블록·석물·토관제조업용 토지, 화훼판매시설업용 토지, 조경작물식재업용 토지, 자동차정비·중장비정비·중장비운전 또는 농업에 관한 과정을 교습하는 학원용 토지 그 밖에 이와 유사한 토지로서 블록·석물·토관·벽돌·콘크리트제품·옹기·철근·비철금속·플라스틱파이프·골재·조경작물·화훼·분재·농산물·수산물·축산물의 도매업 및 소매업용

(농산물·수산물 및 축산물의 경우에는 「유통산업발전법」에 따른 시장과 그 밖에 이와 유사한 장소에서 운영하는 경우에 한한다) 토지의 경우에는 토지의 가액에 대한 1년간의 수입금액(후술하는 "(3) 수입금액 기준을 적용받는 토지의 수입금액비율 계산" 참조)의 비율이 다음의 율 이상인 토지는 비사업용 토지로 보지 아니한다(법령 §92의8①(12)).

① 블록·석물 및 토관제조업용 토지 : 100분의 20
② 조경작물식재업용 토지 및 화훼판매시설업용 토지 : 100분의 7
③ 자동차정비·중장비정비·중장비운전에 관한 과정을 교습하는 학원용 토지 : 100분의 10
④ 농업에 관한 과정을 교습하는 학원용 토지 : 100분의 7
⑤ 블록·석물·토관·벽돌·콘크리트제품·옹기·철근·비철금속·플라스틱파이프·골재·조경작물·화훼·분재·농산물·수산물·축산물의 도매업 및 소매업용(농산물·수산물 및 축산물의 경우에는 「유통산업발전법」에 따른 시장과 그 밖에 이와 유사한 장소에서 운영하는 경우에 한한다) 토지 : 100분의 10

13) 기타의 토지

그 밖에 "1)" 내지 "12)"와 유사한 토지로서 토지의 이용상황 및 관계법령의 이행 여부 등을 고려하여 사업과 직접 관련이 있다고 인정할 만한 토지로서 「세법」이 정하는 토지는 비사업용 토지로 보지 아니한다(법령 §92의8①(13)).[12]

(3) 수입금액 기준을 적용받는 토지의 수입금액비율 계산

1) 수입금액 기준 대상 토지의 범위

비사업용 토지 판정시 수입금액기준을 적용받는 토지는 다음과 같다(법령 §92의8②).
① 주차장운영업용 토지[위 "6-4. (2) 2) ③"의 토지를 말한다]
② 광천지용 토지[위 "6-4. (2) 10)"의 토지를 말한다]
③ 양어장 및 지소장용 토지[위 "6-4. (2) 11) ③"에 해당되는 토지를 말한다]
④ 블록·석물·토관 제조업용 토지 등[위 "6-4. (2) 12)"의 토지를 말한다]

2) 수입금액비율 계산

위 "1)"에 대하여 비사업용 토지 판단이 되는 수입금액을 적용함에 있어서 "토지의 가액에 대한 1년간의 수입금액의 비율(이하 "수입금액비율"이라 한다)"은 사업연도별로 계산하되, 다음의 계산식 중 큰 것으로 한다. 이 경우 당해 토지에서 발생한 수입금액을 토지의 필지별로 구분할 수 있는 경우에는 필지별로 수입금액비율을 계산한다(법령 §92의8② 및 ③).

---

12) 토지취득 후 해당 토지를 컨테이너 장치장으로 사용하던 법인이 토지의 유류오염에 따라 관할 구청장으로부터 오염토양 정화명령을 받아 오염토양 정화를 함으로써 토지를 사용할 수 없는 경우 해당 토지는 정화기간 동안 비사업용 토지로 보지 아니한다(법규법인 2014-73, 2014. 4. 18.).

다음의 "①"과 "②" 중 큰 금액
① 당해 사업연도의 연간수입금액을 당해 사업연도의 토지가액으로 나눈 비율

$$② \frac{(당해\ 사업연도의\ 연간수입금액\ +\ 직전\ 사업연도의\ 연간수입금액)}{(당해\ 사업연도의\ 토지가액\ +\ 직전\ 사업연도의\ 토지가액)}$$

위 계산식에서 "연간수입금액"이란, 다음에서 규정한 방법에 따라 계산한 금액을 말한다.
① 당해 토지 및 건축물·시설물 등에 관련된 사업의 1사업연도의 수입금액으로 하되, 당해 토지 및 건축물·시설물 등에 대하여 전세 또는 임대계약을 체결하여 전세금 또는 보증금을 받는 경우에는 다음의 계산식을 준용(부령 §65①)하여 계산한 금액을 합산한다.

$$연간수입 = \begin{matrix} 해당\ 기간의\ 전세금 \\ 또는\ 임대보증금 \end{matrix} \times \begin{matrix} 과세대상기 \\ 간의\ 일수 \end{matrix} \times \frac{\begin{matrix} 계약기간\ 1년의\ 정기예금이자율 \\ (해당\ 예정신고기간\ 또는 \\ 과세\ 기간\ 종료일\ 현재) \end{matrix}}{365(윤년의\ 경우에는\ 366)}$$

② 1사업연도의 수입금액이 당해 토지 및 건축물·시설물 등(이하 "당해 토지 등"이라 한다)과 그 밖의 토지 및 건축물·시설물 등(이하 "기타 토지 등"이라 한다)에 공통으로 관련되고 있어 그 실지귀속을 구분할 수 없는 경우에는 당해 토지 등에 관련된 1사업연도의 수입금액은 다음 계산식에 따라 계산한다.

$$\begin{matrix} 당해\ 토지\ 등에\ 관련된 \\ 1사업연도의\ 수입금액 \end{matrix} = \begin{matrix} 당해\ 토지\ 등과\ 기타\ 토지 \\ 등에\ 공통으로\ 관련된 \\ 1사업연도의\ 수입금액 \end{matrix} \times \frac{당해\ 사업연도의\ 당해\ 토지의\ 가액}{\begin{matrix} 당해\ 사업연도의\ 당해\ 토지의\ 가액과 \\ 그\ 밖의\ 토지의\ 가액의\ 합계액 \end{matrix}}$$

주 : 위 계산식을 적용함에 있어서 "당해 과세기간의 토지가액"이란 당해 사업연도 종료일(사업연도 중에 양도한 경우에는 양도일)의 기준시기를 말한다(법령 §92의8④).

③ 사업의 신규개시·폐업, 토지의 양도 또는 법령에 따른 토지의 사용금지 그 밖의 부득이한 사유로 인하여 1사업연도 중 당해 토지에서 사업을 영위한 기간이 1년 미만인 경우에는 당해 기간 중의 수입금액을 1년간으로 환산하여 연간수입금액을 계산한다.

6-5. 비사업용 토지로 보는 지역별 배율초과 주택 부속토지

「지방세법」 제182조 제2항에 따른 주택 부속토지 중 주택이 정착된 면적에 지역별로 다

음의 배율을 곱하여 산정한 면적을 초과하는 토지는 비사업용 토지로 본다(법법 §55의2②(5) 및 법령 §92의9).

① 도시지역 안의 토지 : 5배
② 도시지역 밖의 토지 : 10배

6-6. 연접한 다수의 필지가 하나의 용도에 일괄 사용하는 경우 비사업용 대상 토지 판정 기준

"비사업용 대상토지"를 적용함에 있어서 연접하여 있는 다수 필지의 토지가 하나의 용도에 일괄하여 사용되고 그 총면적이 비사업용 토지 해당 여부의 판정기준이 되는 면적(이하 "기준면적"이라 한다)을 초과하는 경우에는 다음의 구분에 따라 해당 순위에 따른 토지의 전부 또는 일부를 기준면적 초과부분으로 본다(법령 §92의8⑤).

가. 토지 위에 건축물 및 시설물이 없는 경우

① 취득시기가 늦은 토지
② 취득시기가 동일한 경우에는 법인이 선택하는 토지

나. 토지 위에 건축물 또는 시설물이 있는 경우

① 건축물의 바닥면적 또는 시설물의 수평투영면적을 제외한 토지 중 취득시기가 늦은 토지
② 취득시기가 동일한 경우에는 법인이 선택하는 토지

6-7. 복합용도의 건축물에 대한 비사업용 대상 토지 계산

"비사업용 대상토지"를 적용함에 있어서 토지 위에 하나 이상의 건축물(시설물 등을 포함한다)이 있고, 그 건축물이 법인의 특정 사업에 사용되는 부분(다수의 건축물 중 특정 사업에 사용되는 일부 건축물을 포함한다. "특정용도분"이라 한다)과 그러하지 아니한 부분이 함께 있는 경우 건축물의 바닥면적 및 부속토지면적(이하 "부속토지면적 등"이라 한다) 중 특정용도분의 부속토지면적 등의 계산은 다음 계산식에 의한다(법령 §92의8⑥).

가. 하나의 건축물이 복합용도로 사용되는 경우

$$\text{특정용도분의 부속토지면적 등} = \text{건축물의 부속토지면적 등} \times \frac{\text{특정용도분의 연면적}}{\text{건축물의 연면적}}$$

나. 동일경계 안에 용도가 다른 다수의 건축물이 있는 경우

$$특정용도분의\ 부속토지면적 = 다수의\ 건축물의\ 전체\ 부속토지면적 \times \frac{특정용도분의\ 바닥면적}{다수의\ 건축물의\ 전체\ 바닥면적}$$

6-8. 별장의 부속토지

별장의 부속토지는 비사업용 토지로 본다. 다만, 별장에 부속된 토지의 경계가 명확하지 아니한 경우에는 그 건축물 바닥면적의 10배에 해당하는 토지를 부속토지로 보아 비사업용 토지에 해당한다(법법 §55의2②(6)).

그러나 「지방자치법」 제3조 제3항 및 제4항에 따른 읍 또는 면에 있으면서 세법으로 정하는 다음의 범위 및 기준에 해당하는 농어촌주택과 그 부속토지란 다음의 요건을 모두 갖춘 주택과 그 부속토지는 비사업용 토지로 보지 아니한다(법령 §92의10).

① 건물의 연면적이 150㎡ 이내이고 그 건물의 부속토지의 면적이 660㎡ 이내일 것

② 건물과 그 부속토지의 가액이 기준시가 2억원 이하일 것

③ 다음의 어느 하나에 해당하는 지역을 제외한 지역에 소재할 것

㉮ 취득 당시 다음의 어느 하나에 해당하는 지역을 제외한 지역으로서 「지방자치법」 제3조 제3항 및 제4항에 따른 읍 또는 면에 소재할 것

㉠ 수도권지역. 다만, 「접경지역지원법」 제2조에 따른 접경지역 중 부동산가격동향 등을 고려하여 경기도 연천군, 인천광역시 옹진군 및 그 밖에 지역특성이 이와 유사한 지역으로서 기획재정부령으로 정하는 지역을 제외한다.

㉡ 「국토의 계획 및 이용에 관한 법률」 제6조 및 같은 법 제117조에 따른 도시지역 및 허가구역

㉢ 「소득세법」 제104조의2 제1항에 따른 지정지역

㉣ 그 밖에 관광단지 등 부동산가격안정이 필요하다고 인정되어 「관광진흥법」 제2조에 따른 관광단지

㉯ 대지면적이 660㎡ 이내이고, 주택의 면적이 주택의 연면적이 150㎡(공동주택의 경우에는 전용면적 116㎡) 이내일 것

㉰ 주택 및 이에 딸린 토지의 가액(「소득세법」 제99조에 따른 기준시가를 말한다)의 합계액이 해당 주택의 취득 당시 2억원을 초과하지 아니할 것

5. 토지 등 양도소득에 대한 과세특례 배제

다음에 해당하는 토지 등의 양도소득에 대하여는 법인세 과세특례 규정을 적용하지 아니한다. 다만, 미등기 토지 등에 대한 토지 등 양도소득에 대하여는 그러하지 아니하다(법법 §55의2④).

(1) 파산선고에 의한 토지 등의 처분으로 인하여 발생하는 소득

(2) 법인이 직접 경작하던 농지의 교환 또는 분할·통합으로 인하여 발생하는 소득

법인이 직접 경작하던 농지로서 다음의 어느 하나에 해당하는 농지를 교환 또는 분합하는 경우로서 교환 또는 분합하는 쌍방토지가액의 차액이 큰 편의 4분의 1 이하인 교환 또는 분합으로 인하여 발생하는 소득은 토지 등 양도소득에 대한 법인세과세 특례규정을 적용하지 아니한다(법령 §92의2③).

① 국가 또는 지방자치단체가 시행하는 사업으로 인하여 교환 또는 분합하는 농지
② 국가 또는 지방자치단체가 소유하는 토지와 교환 또는 분합하는 농지
③ 경작상 필요에 의하여 교환하는 농지. 다만, 교환에 의하여 새로이 취득하는 농지를 3년 이상 경작하는 경우에 한한다.
④ 「농어촌정비법」·「농지법」·「한국농촌공사 및 농지관리기금법」 또는 「농업협동조합법」에 의하여 교환 또는 분합하는 농지

(3) 환지처분 등으로 지목 등이 변경되거나 체비지로 충당됨에 따라 발생하는 소득 등

「도시 및 주거환경 정비법」 그 밖의 법률의 규정에 의한 환지처분 등 대통령령으로 정하는 사유로 인하여 발생하는 소득은 토지 등 양도소득에 대한 법인세 과세특례를 적용하지 아니한다. "대통령령으로 정하는 사유로 인하여 발생하는 소득"이란 다음에 해당하는 소득을 말한다(법령 §92의2④).

① 「도시개발법」 그 밖의 법률에 의한 환지처분으로 지목 또는 지번이 변경되거나 체비지로 충당됨으로써 발생하는 소득. 이 경우 환지처분 및 체비지는 「소득세법 시행령」 제152조의 규정에 의한 것으로 한다.[13]
② 「소득세법 시행령」 제152조 제3항의 규정에 따른 교환으로 발생하는 소득

---

13) 대규모 도시개발사업에 대한 실시계획을 지방자치단체로부터 승인받아 해당 계획에 따라 순차진행하던 중 효율적인 개발 및 가속진행을 위해 미착공된 일부 토지를 지방자치단체에 다시 환매하는 경우 양도되는 토지는 정당한 사유에 해당하여 비사업용 토지로 보지 아니한다(법규법인 2013-414, 2013. 11. 7.).

③ 적격분할·적격합병·적격물적분할·적격현물출자·조직변경 및 교환(「법인세법」 제50조의 요건을 갖춘 것에 한한다)으로 인하여 발생하는 소득

④ 「한국토지주택공사법」에 따른 한국토지주택공사가 같은 법에 따른 개발사업으로 조성한 토지 중 주택건설용지로 양도함으로써 발생하는 소득

⑤ 「민간임대주택에 관한 특별법」 제2조 제8호에 따른 기업형임대사업자에게 토지를 양도하여 발생하는 소득

⑥ 주택을 신축하여 판매(「민간임대주택에 관한 특별법」 제2조 제2호에 따른 민간건설임대주택 또는 「공공주택 특별법」 제2조 제1호의2에 따른 공공건설임대주택을 동법에 따라 분양하거나 다른 임대사업자에게 매각하는 경우를 포함한다)하는 법인이 그 주택 및 주택에 부수되는 토지로서 그 면적이 다음의 면적 중 넓은 면적 이내의 토지를 양도함으로써 발생하는 소득

㉮ 주택의 연면적(지하층의 면적, 지상층의 주차용으로 사용되는 면적 및 「주택건설기준 등에 관한 규정」 제2조 제3호의 규정에 따른 주민공동시설의 면적을 제외한다)

㉯ 건물이 정착된 면적에 5배(「국토의 계획 및 이용에 관한 법률」 제6조의 규정에 따른 도시지역 밖의 토지의 경우에는 10배)를 곱하여 산정한 면적

⑦ 「민간임대주택에 관한 특별법」 제2조 제7호에 따른 임대사업자로서 장기일반민간임대주택등을 300호 또는 300세대 이상 취득하였거나 취득하려는 자에게 토지를 양도하여 발생하는 소득

⑧ 「공공주택 특별법」 제2조 제1호의3에 따른 공공매입임대주택(이하 "공공매입임대주택"이라 한다)을 건설할 자(같은 법 제4조에 따른 공공주택사업자와 공공매입임대주택을 건설하여 양도하기로 약정을 체결한 자로 한정한다)에게 2024. 12. 31.까지 주택건설을 위한 토지를 양도하여 발생하는 소득 23 개정

⑨ 그 밖에 공공목적을 위한 양도 등 기획재정부령이 정하는 사유로 인하여 발생하는 소득

6. 토지 등 양도소득의 계산구조

1. 일반적인 경우

토지 등에 양도소득에 대한 법인세 과세특례를 적용함에 있어서 토지 등 양도소득[14]은 토지 등의 양도금액에서 양도 당시의 장부가액을 차감한 금액으로 한다(법법 §55의2⑥).[15]

여기서 "장부가액"이란 세무상 장부가액을 말하며(서면2팀-2192, 2005. 12. 28.), 양도를 위하여 지출하는 판매수수료 등 부대비용은 포함하지 않는다(대법원 2010두 28601, 2013. 5. 23., 서면2팀-587, 2007. 4. 3.).

2. 비영리내국법인의 경우

비영리내국법인이 「법인세법」 제55조의2 제1항에 해당하는 토지 등 양도소득은 토지 등의 양도금액에서 양도 당시의 장부가액을 뺀 금액으로 한다. 다만, 비영리내국법인이 1990. 12. 31. 이전에 취득한 토지 등 양도소득은 양도금액에서 장부가액과 1991. 1. 1. 현재 「상속세 및 증여세법」 제60조와 같은 법 제61조 제1항에 따라 평가한 가액 중 큰 가액을 뺀 금액으로 한다(법법 §55의2⑥).

이 경우 양도 당시의 장부가액은 세법상 장부가액을 말하는 것으로 해당 토지 등이 비영리사업에 속하여 손금산입하지 아니한 감가상각비는 세법상 장부가액에서 차감하지 않는다(법인-278, 2009. 3. 16.).

3. 양도차손의 통산

법인이 각 사업연도에 비사업용 토지의 토지 등을 양도소득에 대한 과세특례를 적용받는 2 이상의 해당 토지 등을 양도하는 경우에 있어서 해당 토지 등 양도소득은 해당 사업연도에

---

[14] 비사업용 토지에 대하여 토지 등 양도소득에 대한 과세특례가 적용되는 임야를 매매시 임지와 임목을 일괄하여 양도한 경우 임목의 양도가액은 임야의 양도가액에 포함된다(법인-413, 2009. 4. 8.). 그리고 주택신축판매업자가 사업용 아파트 부지 매입시 토지소유자에게 토지대금 이외에 양도소득세 등을 매수자가 부담하기로 약정하고 이를 실지로 지급하였을 경우 매도자는 동 양도소득세 상당액을 포함한 가액을 양도가액으로 본다(법인-374, 2009. 3. 31.). 이 경우 양도소득세 상당액은 1회에 한해서 합산한다(서면2팀-725, 2008. 4. 17.).

[15] 비영리내국법인이 비사업용 토지를 2001. 1. 1. 전에 양도한 경우 양도 당시의 장부가액은 「법인세법」 부칙(법률 제5581호, 1998. 12. 28.) 제3조 제2항(장부가액과 1991. 1. 1. 현재 상증법상 평가한 가액 중 큰 금액)의 규정은 적용되지 않는다(서울행법 2009구합 18264, 2009. 10. 1.).

양도한 자산별로 위 "1. 일반적인 경우"에 따라 계산한 금액을 합산한 금액으로 한다.

이 경우 양도한 자산 중 양도 당시의 장부가액이 양도금액을 초과하는 토지 등이 있는 경우에는 그 초과하는 금액(이하 "양도차손"이라 한다)을 다음의 자산의 양도소득에서 순차로 차감하여 토지 등 양도소득을 계산한다(법령 §92의2⑨).

① 양도차손이 발생한 자산과 같은 세율을 적용받는 자산의 양도소득
② 양도차손이 발생한 자산과 다른 세율을 적용받는 자산의 양도소득

4. 양도소득 계산 관련 사례

(1) 토지의 양도가액과 손실보상금을 구분하여 지급받은 경우 양도가액

법인이 아파트 부지로 사용하기 위해 취득한 토지를 양도함에 있어 매매계약서상 당해 토지의 양도가액을 토지가액과는 별도로 설계비, 수수료, 지급이자, 일반관리비 등 기 지출된 금액과 기대이익에 대한 대가를 포함한 금액을 손실보상금 명목으로 구분하여 지급받는 경우, 당해 손실보상금에 대응되는 토지와는 별개의 재산적 가치가 있는 자산을 양도한 것이 아닌 경우에는 당해 토지의 매매계약서상 토지가액과 손실보상금으로 구분하여 지급받았다 하더라도 그 손실보상금은 토지의 양도가액을 포함한다(재법인-61, 2004. 1. 16.).

(2) 주택과 주택 외의 자산을 일괄양도한 경우 양도가액

주택과 주택 이외의 용도로 사용하는 겸용건물의 일괄양도로 인하여 주택에 대한 양도소득을 산정할 수 없는 경우 「법인세법 시행령」 제89조 제1항에 규정한 시가를 기준으로 개별자산별 취득가액 및 양도가액을 안분계산하되, 시가가 불분명한 경우에는 같은 조 제2항에 규정한 금액을 기준으로 안분계산한다(법인-241, 2010. 3. 17.).

(3) 재평가한 토지를 양도한 경우 토지의 장부가액

2000년 말까지 적용되었던 「자산재평가법」에 따라 토지를 재평가하고 재평가차액의 1% 재평가세율이 적용된 토지를 양도한 경우 토지 등 양도소득에 대한 법인세를 계산할 때 토지의 장부가액을 재평가 전의 금액으로 할 것인지 아니면 재평가 후의 금액으로 할 것인지가 문제가 된다. 이에 대하여 국세청은 「자산재평가법」에 의하여 재평가한 토지 등을 매도하는 내국법인이 「법인세법」 제55조의2 제6항 규정의 토지 등 양도소득을 계산함에 있어서 같은 규정의 "양도 당시의 장부가액"은 당해 자산에 대한 자산재평가 후의 장부가액으로 한다고 유권해석하고 있다(법인세과-593, 2017. 6. 22.).

7. 양도소득의 귀속 사업연도와 양도시기 및 취득시기

1. 일반적인 경우

비사업용 토지의 토지 등 양도소득에 대한 법인세 과세특례 규정을 적용함에 있어서 토지 등 양도소득의 귀속 사업연도에 대한 양도시기 및 취득시기는 「법인세법 시행령」 제68조의 규정을 준용한다.

2. 장기할부조건판매의 경우

「법인세법 시행령」 제68조 제4항의 규정에 의한 장기할부조건에 의한 토지 등의 양도의 경우에는 「법인세법 시행령」 제68조 제2항의 규정에 불구하고 제1항 제3호의 "상품 등 외의 자산의 양도"에 따른다(**법법 §55의2⑦ 및 법령 §92의2⑥**).

3. 예약매출의 경우

예약매출에 의하여 토지 등을 양도하는 경우에는 그 계약일에 토지 등이 양도된 것으로 본다(**법령 §92의2⑦**).

이때 계약일에 토지 등이 양도되는 것으로 보는 경우의 토지 등 양도소득은 「법인세법 시행령」 제69조 제2항에 따른 작업진행률을 기준으로 하여 계산한 수익과 비용 중 「법인세법 시행령」 제92조의2 제1항에 규정된 지가가 급등하거나 급등할 우려가 있는 지역지역에 포함되는 기간에 상응하는 수익과 비용을 각각 해당 사업연도의 익금과 손금으로 하여 계산한다. 다만, 「법인세법 시행령」 제69조 제2항에 따른 작업진행률을 계산할 수 없다고 인정되는 경우로서 법인이 비치·기장한 장부가 없거나 비치·기장한 장부의 내용이 충분하지 아니하여 당해 사업연도 종료일까지 실제로 소요된 총공사비누적액을 확인할 수 없는 경우에는 계약금액 및 총공사예정비를 그 목적물의 착수일부터 인도일까지의 기간에 균등하게 배분한 금액 중 지가급등 지역에 포함되는 기간에 상응하는 금액을 각각 해당 사업연도의 익금과 손금으로 하여 계산한다(**법령 §92의2⑧ 및 법칙 §45의2**).

제20장

미환류소득에 대한
법인세

1. 개 요

우리나라 경제의 저성장이 고착화될 우려가 있고 기업의 소득과 가계의 소득 간 격차가 확대되고 있어서 기업의 소득이 임금, 투자 또는 배당 등을 통하여 가계로 흘러 들어가는 선순환 구조가 되도록 할 필요성이 커졌다. 우리나라 경제의 저성장이 고착화될 우려가 있고 기업의 소득과 가계의 소득 간 격차가 확대되고 있어서 기업의 소득이 임금, 투자 또는 배당 등을 통하여 가계로 흘러 들어가는 선순환 구조가 되도록 할 필요성이 커졌다.

이에 따라 2014년 말에 미환류소득에 대한 법인세를 도입하여 2015. 1. 1.부터 2017. 12. 31.까지 한시적으로 적용하도록 하였다. 그러나 적용시한이 계속 연장되어 현재는 2025. 12. 31.(차기환류적립금의 미사용으로 인한 추가납부 규정은 2027. 12. 31.)을 적용시한으로 하고 있다.

종전에는 상호출자제한기업집단에 속하는 내국법인과 사업연도말 자기자본이 500억원을 초과하는 내국법인(중소기업 등 일정한 법인 제외)으로 하였으나, 중견기업에 대한 세부담을 완화하기 위하여 2023. 1. 1. 이후 개시하는 사업연도부터 상호출자제한기업집단에 속하는 법인만 과세대상으로 미환류세제의 적용대상을 축소하였다.

2. 미환류소득에 대한 법인세에 대한 과세대상법인

각 사업연도 종료일 현재 「독점규제 및 공정거래에 관한 법률」 제31조 제1항에 따른 상호출자제한 기업집단에 속하는 법인이 있는 미환류소득에 대한 법인세의 납세의무자이다(조특법 §100의32①). 23 개정

□ 투자·상생협력촉진세제 적용제외대상 법인의 이월된 차기환류적립금 납부방법(서면-2023 -법규법인-2496 [법규과-2880], 2023. 11. 17.)

【질의】

질의법인은 건설업을 영위하고 있으며, 자기자본이 500억원을 초과하나, 「독점규제 및 공정거래에 관한 법률」 제31조 제1항에 따른 상호출자제한기업집단에 속하는 내국법인은 아님. 한편, 질의법인은 '22사업연도까지 미환류소득에 대한 법인세를 다음과 같이 신고함.

▶ ('21사업연도) 미환류소득 14.7억원을 차기환류적립금으로 신고

▶ ('22사업연도) 초과환류액 1.6억원 신고

조특법 개정으로 질의법인은 '23사업연도부터 미환류소득에 대한 법인세 납부대상에서 제외되었으나 기 신고한 차기환류적립금에 대해 법인세 납부의무가 있으며, '23사업연도에는 상생협력기금 4.4억원을 출연할 예정임. 조특법 개정으로 '23사업연도 투자·상생협력촉진세제 적용대상에서 제외된 법인이 기 신고한 차기환류적립금이 있는 경우, '23사업연도 미환류소득에 대한 법인세 계산방법은?

【회신】

「조세특례제한법」이 법률 제19199호(2022. 12. 31.)로 개정됨에 따라 제100조의32 제1항의 투자·상생협력 촉진을 위한 과세특례 적용대상에서 제외된 법인이 2021년 12월 31일이 속하는 사업연도 및 2022년 12월 31일이 속하는 사업연도에 적립한 차기환류적립금이 있는 경우에는 같은조 제6항에 따라 차기환류적립금에서 해당 사업연도의 초과환류액을 차감한 잔액에 100분의 20을 곱하여 산출된 금액을 법인세액에 추가하여 납부하는 것임.

【요지】

조특법 §100의32②에 따라 산정한 금액이 초과환류액인 경우 이월된 차기환류적립금에서 해당 초과환류액을 차감하여 법인세를 계산하나, 미환류소득이 산정된 경우 해당 미환류소득은 고려하지 않고 이월된 차기환류적립금만으로 법인세를 계산함.

구 분	'21사업연도	'22사업연도	'23사업연도
상황 1	차기환류적립금 14.7억원	초과환류액 1.6억원	초과환류액 3.1억원
	<'23사업연도 미환류소득에 대한 법인세> 납부세액 = (14.7억원 - 1.6억원 - 3.1억원)* × 20% = 2억원 * '21사업연도에 적립한 차기환류적립금 중 '23사업연도까지 사용하지 못한 금액에 대한 법인세를 납부하여야 한다.		
상황 2	차기환류적립금 14.7억원	초과환류액 1.6억원	미환류소득 3.1억원
	<'23사업연도 미환류소득에 대한 법인세> 납부세액 = (14.7억원 - 1.6억원)* × 20% = 2.62억원 * '23사업연도에는 미환류소득에 대한 법인세의 납세의무가 없으므로 '23사업연도의 미환 류소득은 고려하지 않는다. '21사업연도에 적립한 차기환류적립금 중 '23사업연도까지 미사용한 금액에 대하여 미환류소득에 대한 법인세를 납부하여야 한다.		

3. 미환류소득에 대한 법인세 계산구조

내국법인이 미환류소득에 대한 법인세로서 납부하여야 할 금액을 계산식으로 나타내면 다음과 같다(조특법 §100의32②).

```
미    환    류    소    득 …… 투자포함 방식과 투자제외 방식
(-) 전  기  초  과  환  류  액
(-) 차  기  환  류  적  립  금 …… 당기에 적립한 금액
     과     세     표     준
(×) 세                  율 …… 20%
미 환 류 소 득 에  대 한  법 인 세
```

3-1. 미환류소득

(1) 미환류소득 계산방법

미환류소득에 대한 법인세의 과세대상 법인은 다음 두 가지 방법 중 어느 한 방법을 선택하여 미환류소득(음수인 경우에는 "초과환류소득"이라고 한다)을 계산한다(조특법 §100의32②, 조특령 §100의32⑥).

〈투자포함방법〉
[기업소득 × 70% - (투자액 + 임금증가액 + 상생협력을 위한 지출액)]

〈투자제외방법〉
[기업소득 × 15% - (임금증가액 + 상생협력을 위한 지출액)]

(2) 미환류소득 계산방법의 선택과 변경

1) 미환류소득 계산방법의 선택

내국법인이 위의 두 가지 방법 중 한 가지를 선택하여 신고한 경우에는 다음의 기간까지는 그 선택한 방법을 계속 적용하여야 한다(조특법 §100의32③, 조특령 §100의32⑮).

① 투자포함방법을 선택하여 신고한 경우 : 3년이 되는 날이 속하는 사업연도
② 투자제외방법을 선택하여 신고한 경우 : 1년이 되는 날이 속하는 사업연도

위와 같이 투자포함방식을 선택한 경우에는 선택한 방법을 3년간 변경할 수 없으나, 투자제외방식을 선택한 경우에는 그 다음 사업연도에 투자포함방식으로 변경할 수 있도록 한 것은 투자촉진을 위해서이다.

2) 미환류소득 계산방법을 신고하지 않은 경우

위의 두 가지 방법 중 어느 하나의 방법을 선택하지 아니한 내국법인의 경우에는 해당 법인이 최초로 과세대상에 해당하게 되는 사업연도에 미환류소득이 적게 산정되거나 초과환류액이 많게 산정되는 방법을 선택하여 신고한 것으로 본다(조특법 §100의32④, 조특령 §100의32⑰).

3) 미환류소득 계산방법의 변경

합병법인 또는 사업양수 법인이 해당 사업연도에 합병 또는 사업양수의 대가로 기업소득의 50%를 초과하는 금액을 금전으로 지급하는 경우에는 그 선택한 방법을 변경할 수 있다(조특령 §100의32⑯).

(3) 기업소득의 계산

기업소득은 각 사업연도의 소득에 가산항목 합계액을 더한 금액에서 차감항목 합계액을 뺀 금액(그 수가 음수인 경우 영으로 한다(조특령 §100의32④). 다만, 연결납세방식을 적용받는 연결법인으로서 각 연결법인의 기업소득 합계액이 3천억원을 초과하는 경우에는 다음 계산식에 따라 계산한 금액으로 하고, 그 밖의 법인의 경우로서 기업소득이 3천억원을 초과하는 경우에는 3천억원으로 한다(조특령 §100의32④). 2018년부터 과세표준 3천억원 초과분에는 22%의 법인세율을 25%로 인상한 점을 고려하여 3천억원을 초과하는 기업소득을 과세대상에서 제외하였다.

$$3천억원 \times \frac{해당 연결법인의 기업소득}{각 연결법인의 기업소득 합계액}$$

각 사업연도 소득금액	
(+) 가산항목	① 국세·지방세 과오납금 환급금 이자 ② 특례기부금과 일반기부금의 한도초과액 이월액 중 해당 사업연도의 손금산입액 ③ 해당 사업연도에 투자포함방식을 적용받은 자산에 대한 감가상각비로서 해당 사업연도에 손금으로 산입한 금액[*1]
(−) 차감항목	① 해당 사업연도의 기획재정부령으로 정하는 법인세액(「법인세법」 제57조에 따라 내국법인이 직접 납부한 외국법인세액으로서 손금에 산입하지 아니한 세액과 익금에 산입한 간접외국법인세액 포함), 법인세 감면에 대한 농어촌특별세 및 기획재정부령으로 정하는 법인지방소득세 〈기획재정부령으로 정하는 법인세액과 법인지방소득세액〉 ㉮ 기획재정부령으로 정하는 법인세액 : 과세표준(법법 §13)에 세율

각 사업연도 소득금액	
	(**법법 §55①**)을 적용하여 계산한 금액에서 해당 사업연도의 감면세액과 세액공제액을 차감하고 가산세를 더한 금액(**조특칙 §45의9②**) ㉯ 기획재정부령으로 정하는 법인지방소득세액 : 과세표준(**법법 §13**)에 세율(**법법 §55①**)을 적용하여 계산한 금액의 100분의 10에 해당하는 금액

② 상법에 따라 해당 사업연도에 의무적으로 적립하는 이익준비금[1]

③ 법령에 따라 의무적으로 적립하는 적립금으로서 은행법 등 개별 법령 등이 정하는 바에 따라 의무적으로 적립해야 하는 금액 한도 이내에서 적립하는 다음 중 어느 하나에 해당하는 금액(해당 사업연도에 손금에 산입하지 않는 금액으로 한정한다)[*2] (**조특칙 §45의9④**)

㉮ 은행법 등 개별 법령에 따른 해당 사업연도의 이익준비금(이익준비금으로 적립하는 금액 제외)

㉯ 금융회사 또는 공제조합이 해당 사업연도에 대손충당금 또는 대손준비금 등으로 의무적으로 적립하는 금액

㉰ 보험업을 영위하는 법인이 해당 사업연도에 보험업법에 따라 배당보험손실보전준비금과 보증준비금으로 의무적으로 적립하는 금액

㉱ 「지방공기업법」 제67조 제1항 제3호에 따라 지방공사가 감채적립금으로 의무적으로 적립하는 금액

㉲ 「자본시장과 금융투자업에 관한 법률」에 따른 부동산신탁업을 경영하는 법인이 같은 법에 따라 해당 사업연도에 신탁사업적립금으로 의무적으로 적립하는 금액

④ 「법인세법」 제13조 제1항 제1호에 따라 해당 사업연도에 공제할 수 있는 결손금. 이 경우 같은 조 제1항 각 호 외의 부분 단서의 한도는 적용하지 않으며, 합병법인 등의 경우에는 같은 법 제45조 제1항·제2항과 제46조의4 제1항에 따른 공제제한 규정은 적용하지 않는다.

⑤ 합병에 따른 의제배당금액(합병대가 중 주식 등으로 받은 부분만 해당함)으로서 해당 사업연도에 익금에 산입한 금액(「법인세법」 제18조의3에 따른 수입배당금 익금불산입을 적용하기 전의 금액을 말함)

⑥ 인적분할에 따른 의제배당금액(분할대가 중 주식 등으로 받은 부분만 해당함)으로서 해당 사업연도에 익금에 산입한 금액(「법인세법」 제18조의2에 따른 수입배당금 익금불산입을 적용하기 전의 금액을 말함)

⑦ 특례기부금 및 일반기부금 한도초과액

⑧ 합병에 따른 양도손익으로서 해당 사업연도에 익금에 산입한 금액

⑨ 인적분할에 따른 양도손익으로서 해당 사업연도에 익금에 산입한 금액

⑩ 「조세특례제한법」 제104조의31 【프로젝트금융투자회사에 대한 소득공제】 또는 「법인세법」 제51조의2 【유동화전문회사 등에 대한 소득공제】

---

[1] 미환류소득에 대한 법인세를 계산함에 있어 이익준비금은 의무적으로 적립하는 금액만을 말한다(서면-2016-법령해석법인-603, 2017. 7. 5.).

각 사업연도 소득금액	
	제1항에 따라 배당한 금액 ⑪ 「공적자금관리 특별법」 제2조 제1호에 따른 공적자금의 상환과 관련하여 지출하는 금액으로서 다음 중 어느 하나에 해당하는 금액 　㉮ 「수산업협동조합법」 제141조의4에 따른 수협은행이 같은 법 제167조에 따른 신용사업특별회계에 법률 제14242호 수산업협동조합법 일부개정법률 부칙 제6조 제4항에 따른 경영정상화계획 등에 관한 약정에 따라 해당 사업연도의 잉여금처분으로 배당하는 금액 　㉯ 「보험업법」 제4조에 따른 보증보험업 허가를 받은 보험회사가 「공적자금관리 특별법」 제17조에 따른 경영정상화계획에 관한 약정에 따라 해당 사업연도의 잉여금처분으로 배당하는 금액
= 기업소득	

*1 투자포함방식에서 투자액을 미환류소득 계산시 공제하므로 그 자산에 대한 감가상각비가 손금에 산입되어 이중으로 차감되는 문제가 있어서 그 감가상각비를 가산조정하는 것이다. 그러나 투자제외방식인 경우에는 투자액을 차감하지 않았으므로 감가상각비를 더하지 아니한다. 주의해야 할 것은 투자액을 차감한 사업연도에만 그 자산에 대한 감가상각비를 더하므로 내용연수 기간 전체에 걸쳐서 감가상각비를 더하는 것은 아니다.
*2 보험업을 영위하는 법인이 보험업법 및 보험업감독규정에 따라 적립하는 배당보험손실보전준비금과 보증준비금은 「법인세법 시행규칙」 제46조의3 제2항 제2호의 "금융회사 또는 공제조합이 해당 사업연도에 대손충당금 또는 대손준비금 등으로 의무적으로 적립하는 금액"에 해당한다(재법인-312, 2016. 3. 30.).

(4) 투자액

1) 사업용 고정자산

국내사업장에서 사용하기 위하여 새로이 취득하는 사업용 자산(중고품 및 「조세특례제한법 시행령」 제3조에 따른 금융리스 외의 리스자산은 제외하며, 「조세특례제한법」 제104조의10에 따라 해운기업에 대한 법인세 과세표준 계산 특례를 적용받는 내국법인의 경우에는 비해운소득을 재원으로 취득한 자산으로 한정한다)으로서 다음의 자산.

다만, "가"의 자산(해당 사업연도 이전에 취득한 자산을 포함한다)에 대한 「법인세법 시행령」 제31조 제2항에 따른 자본적 지출을 포함하되, 같은 조 제4항·제6항에 따라 해당 사업연도에 즉시상각된 분은 제외한다(조특령 §100의32⑥). 투자가 2개 이상의 사업연도에 걸쳐서 이루어지는 경우에는 그 투자가 이루어지는 사업연도마다 해당 사업연도에 실제 지출한 금액을 기준으로 투자 합계액을 계산한다(조특령 §100의32⑦).

가. 사업용 유형고정자산

① 기계 및 장치, 공구, 기구 및 비품, 차량 및 운반구, 선박 및 항공기, 그 밖에 이와 유사한 사업용 유형고정자산
② 신축·증축하는 업무용 건축물 : "신축·증축하는 업무용 건축물"이란 공장, 영업장,

사무실 등 해당 법인이 「법인세법 시행규칙」 제26조 제2항에 따른 업무에 직접 사용하기 위하여 신축 또는 증축하는 건축물을 말한다. 이 경우 법인이 해당 건축물을 임대하거나 업무의 위탁 등을 통하여 해당 건축물을 실질적으로 사용하지 아니하는 경우에는 업무에 직접 사용하지 아니하는 것으로 보되, 한국표준산업분류상 부동산업, 건설업 또는 종합소매업을 주된 사업(둘 이상의 서로 다른 사업을 영위하는 경우 해당 사업연도의 부동산업, 건설업 또는 종합소매업의 수입금액의 합계액이 총 수입금액의 50% 이상인 경우를 말한다)으로 하는 법인이 해당 건축물을 임대하는 경우(종합소매업의 경우에는 영업장을 임대하는 것으로 임대료를 매출액과 연계하여 수수하는 경우로 한정한다)에는 업무에 직접 사용하는 것으로 본다(조특칙 §45의9⑧).

건축물 중 직접 업무에 사용하는 부분과 그러하지 아니한 부분이 함께 있거나 해당 건축물을 공동으로 소유하는 경우 해당 사업연도의 업무용신증축건축물에 대한 투자금액은 다음 계산식에 따른다. 다만, 해당 건축물 중 해당 법인이 직접 업무에 사용하는 부분의 연면적을 해당 건축물의 전체 연면적으로 나눈 비율(이하 "직접업무사용비율"이라 한다)이 90% 이상인 경우에는 100%로 보고, 해당 건축물을 공동으로 소유하는 경우에는 직접업무사용 비율은 해당 법인의 지분율을 한도로 한다(조특칙 §45의9⑨).

$$\text{해당 건축물을 신축 또는 증축하기 위하여} \atop \text{해당 법인이 해당 사업연도에 지출한 건축비} \times \text{직접업무사용 비율}$$

나. 무형고정자산

무형고정자산은 다음에 해당하는 자산을 말한다. 다만, 영업권(합병 또는 분할로 인하여 합병법인 등이 계상한 영업권을 포함한다)은 제외한다(조특령 §100의32⑥(1)나).

① 영업권(합병 또는 분할로 인하여 합병법인 등이 계상한 영업권은 제외한다), 디자인권, 실용신안권, 상표권

② 특허권, 어업권, 「해저광물자원 개발법」에 의한 채취권, 유료도로관리권, 수리권, 전기가스공급시설이용권, 공업용수도시설이용권, 수도시설이용권, 열공급시설이용권

③ 광업권, 전신전화전용시설이용권, 전용측선이용권, 하수종말처리장시설관리권, 수도시설관리권

④ 댐사용권

⑤ 개발비

※ 사용수익기부자산가액, 주파수이용권 및 공항시설관리권, 항만시설관리권은 투자액으로 보지 아니한다.

2) 벤처기업의 주식

「벤처기업육성에 관한 특별조치법」제2조 제1항에 따른 벤처기업이 다음 중 어느 하나에 해당하는 방법으로 출자(창업·벤처전문 사모집합투자기구 또는 창투조합 등을 통한 출자를 포함한다)하여 취득한 주식 등

① 해당 기업의 설립 시에 자본금으로 납입하는 방법
② 해당 기업이 설립된 후 유상증자하는 경우로서 증자대금을 납입하는 방법

(5) 임금증가액

임금증가금액은 해당 사업연도의 임금지급액 합계액이 직전 사업연도 대비 증가한 금액으로 한다.

1) 상시근로자의 범위

상시근로자란 「근로기준법」에 따라 근로계약을 체결한 근로자(다음 중 어느 하나에 해당하는 자는 제외)를 말하며, 청년 상시근로자는 15세 이상 29세 이하인 상시근로자를 말한다(법령 §93⑧·⑪, 조특령 §26의4②).

① 임원(법령 §20①(4))
② 해당 기업의 최대주주 또는 최대출자자(개인사업자의 경우에는 대표자) 및 그와 친족관계인 근로자
③ 근로소득원천징수부에 의하여 근로소득세를 원천징수한 사실이 확인되지 아니하는 근로자
④ 근로계약기간이 1년 미만인 근로자(다만, 근로계약의 연속된 갱신으로 인하여 그 근로계약의 총 기간이 1년 이상인 근로자 제외)
⑤ 「근로기준법」에 따른 단시간근로자
⑥ 「소득세법」제20조 제1항 제1호 및 제2호에 따른 근로소득의 금액이 8천만원 이상인 근로자. 다만, 해당 과세연도의 근로제공기간이 1년 미만인 근로자의 경우에는 해당 근로자의 근로소득의 금액을 해당 과세연도 근무제공월수로 나눈 금액에 12를 곱하여 산출한 금액을 기준으로 판단한다(조특령 §100의32⑧(2)).

2) 임금증가액의 계산방법

임금증가금액은 해당 사업연도의 매월 말 기준 상시근로자에게 지급한 「소득세법」제20조 제1항 제1호 및 제2호에 따른 근로소득(「법인세법 시행령」제19조 제16호에 따른 우리사주조합에 출연하는 자사주의 장부가액 또는 금품을 포함하며, 해당 법인이 손금으로 산입한 금액에 한정함. 다만, 조특령 제26조의4 제2항 각호의 어느 하나에 해당하는 자에게 지

급하는 자사주의 장부가액과 금품의 합계액은 제외함)의 합계액(이하 "임금지급액"이라 함)으로서 직전 사업연도 대비 증가한 금액으로 한다. 24 개정

근로소득(소법 §20①)	근로소득에 포함 여부
(1호) 근로를 제공함으로써 받는 봉급·급료·보수·세비·임금·상여·수당과 이와 유사한 성질의 급여	○
(2호) 법인의 주주총회·사원총회 또는 이에 준하는 의결기관의 결의에 따라 상여로 받는 소득	○
(3호) 「법인세법」에 따라 상여로 처분된 금액	×
(4호) 퇴직함으로써 받는 소득으로서 퇴직소득에 속하지 아니하는 소득	×
(5호) 종업원 등 또는 대학의 교직원이 지급받는 직무발명보상금	×

가. 상시근로자의 해당 사업연도 임금이 증가한 경우

① 해당 사업연도의 상시근로자 수가 직전 사업연도의 상시근로자 수보다 증가하지 아니한 경우 : 상시근로자 임금증가금액

② 해당 사업연도의 상시근로자 수가 직전 사업연도의 상시근로자 수보다 증가한 경우 : 기존 상시근로자 임금증가금액에 150%을 곱한 금액과 신규 상시근로자 임금증가금액에 200%를 곱한 금액을 합한 금액

기존 상시근로자 임금증가금액과 신규 상시근로자 임금증가금액은 다음 구분에 따라 계산한 금액으로 한다. 이 경우 "④"에 따라 계산한 금액은 해당 연도 상시근로자 임금증가금액을 한도로 한다(조특칙 §45의9⑪).

㉮ 기존 상시근로자 임금증가금액
　　해당 연도 상시근로자 임금증가금액－"④"에서 계산한 신규 상시근로자 임금증가금액
④ 신규 상시근로자 임금증가금액
　　(해당 연도 상시근로자 수－직전 연도 상시근로자 수)×신규 상시근로자에 대한 임금지급액의 평균액*

$$* \text{ 임금지급액의 평균액} = \frac{\text{신규 상시근로자에 대한 임금지급액}}{\text{신규 상시근로자 수}}$$

위의 계산식에서 신규 상시근로자란 해당 사업연도에 최초로 「근로기준법」에 따라 근로계약을 체결한 상시근로자를 말하나, 근로계약을 갱신하는 경우는 제외한다.

나. 해당 사업연도에 청년정규직근로자 수가 직전 사업연도의 청년정규직근로자 수보다 증가한 경우 : 해당 사업연도의 청년정규직근로자에 대한 임금증가금액

청년정규직근로자란 정규직 근로자로서 15세 이상 29세 이하인 자를 말한다. 다만, 해당 근로자가 병역을 이행한 경우에는 그 기간(6년을 한도로 한다)을 현재 연령에서 빼고 계산한 연령이 29세 이하인 사람을 포함한다(조특령 §100의32⑫, 조특령 §26의5③).

상시근로자 수와 청년 상시근로자 수는 다음과 같이 계산한다(조특령 §26의4③).

$$- \text{상시근로자 수} = \frac{\text{해당 기간의 매월 말 현재 상시근로자 수의 합}}{\text{해당 사업연도의 개월수}}$$

$$- \text{청년정규직근로자 수} = \frac{\text{해당 기간의 매월 말 현재 청년정규직근로자 수의 합}}{\text{해당 사업연도의 개월수}}$$

다. 해당 사업연도에 정규직 전환 근로자[2]가 있는 경우 : 정규직 전환 근로자(청년정규직근로 자는 제외한다)에 대한 임금증가금액

3) 임금의 범위

임금은 「소득세법」 제20조 제1항 제1호 및 제2호에 따른 근로소득(「법인세법 시행령」 제 19조 제16호에 따른 우리사주조합에 출연하는 자사주의 장부가액 또는 금품으로서 해당 법 인이 손금으로 산입한 금액을 포함하되, 「조세특례제한법 시행령」 제26조의4 제2항 각호의 어느 하나에 해당하는 자[3]에게 지급한 자사주의 장부가액 또는 금품의 합계액은 제외한다) 의 합계액으로 한다(조특칙 §45의9⑩).

(6) 상생협력을 위한 지출액

당해 사업연도에 지출한 다음 중 어느 하나에 해당하는 출연금의 300%를 곱한 금액을 말한다. 다만, 해당 금액이 「법인세법 시행령」 제2조 제5항에 따른 특수관계인을 지원하기 위하여 사용된 경우는 제외한다(조특법 §100의32, 조특령 §100의32⑭).

① 「조세특례제한법」 제8조의3 제1항에 따라 같은 항 각호의 어느 하나에 해당하는 출연 을 하는 경우 그 출연금

---

2) 정규직 전환 근로자란 「근로기준법」에 따라 근로계약을 체결한 근로자로서, 다음 요건을 모두 갖춘 자를 말한다(조특령 §26의4⑬).
   ① 직전 과세연도 개시일부터 해당 과세연도 종료일까지 계속하여 근무한 자로서 「소득세법 시행령」 제196조의 근로소득 원천징수부에 따라 매월분의 근로소득세를 원천징수한 사실이 확인될 것
   ② 해당 과세연도 중에 비정규직 근로자(「기간제 및 단시간근로자 보호 등에 관한 법률」에 따른 기간제근로자 또는 단시 간근로자를 말한다)에서 비정규직 근로자가 아닌 근로자로 전환하였을 것
   ③ 직전 과세연도 또는 해당 과세연도 중에 제2항 제1호부터 제3호까지의 어느 하나에 해당하는 자가 아닐 것
3) 「조세특례제한법 시행령」 제26조의4 제2항에 해당하는 자는 다음과 같다.
   ① 「법인세법 시행령」 제42조 제1항 각호의 어느 하나에 해당하는 임원
   ② 「소득세법」 제20조 제1항 제1호 및 제2호에 따른 근로소득의 금액이 7천만원 이상인 근로자
   ③ 기획재정부령으로 정하는 해당 기업의 최대주주 또는 최대출자자(개인사업자의 경우에는 대표자를 말한다) 및 그와 「국세기본법 시행령」 제1조의2 제1항에 따른 친족관계인 근로자
   ④ 「소득세법 시행령」 제196조에 따른 근로소득원천징수부에 의하여 근로소득세를 원천징수한 사실이 확인되지 아니하는 근로자
   ⑤ 근로계약기간이 1년 미만인 근로자(다만, 근로계약의 연속된 갱신으로 인하여 그 근로계약의 총 기간이 1년 이상인 근 로자는 제외한다)
   ⑥ 「근로기준법」 제2조 제1항 제8호에 따른 단시간근로자

② 「조세특례제한법」제8조의3 제1항 제1호에 따른 협력중소기업의 사내근로복지기금에 출연하는 경우 그 출연금

③ 「근로복지기본법」제86조의2에 따른 공동근로복지기금에 출연하는 경우 그 출연금

④ 다음의 구분에 따른 법인이 기획재정부령으로 정하는 바[4]에 따라 중소기업에 대한 보증 또는 대출지원을 목적으로 출연하는 경우 그 출연금

㉮ 「신용보증기금법」에 따른 신용보증기금에 출연하는 경우 : 같은 법 제2조 제3호에 따른 금융회사 등

㉯ 「기술보증기금법」에 따른 기술보증기금에 출연하는 경우 : 같은 법 제2조 제3호에 따른 금융회사

㉰ 「지역신용보증재단법」에 따른 신용보증재단 및 신용보증재단중앙회에 출연하는 경우 : 같은 법 제2조 제4호에 따른 금융회사 등

⑤ 그 밖에 상생협력을 위하여 지출하는 금액으로서 기획재정부령으로 정하는 금액

3-2. 전기 초과환류액

초과환류액(초과환류액으로 차기환류적립금을 공제한 경우 공제 후 잔액)은 그 다음 2개 사업연도까지 이월하여 그 다음 2개 사업연도 동안 미환류소득에서 공제할 수 있다(조특법 §100의32⑦). 따라서 전기 초과환류액은 당기에 미환류소득에서 공제할 수 있다.

---

4) 「조세특례제한법 시행령」제2조에 따른 중소기업으로서, 다음 중 어느 하나에 해당하는 중소기업에 대한 보증 또는 대출지원을 목적으로 하는 협약을 제2호 각목에 따른 보증기관과 체결하여 같은 목의 해당 출연금으로 출연하는 경우를 말한다 (조특칙 §45의9⑫).
① 다음 중 어느 하나에 해당하는 중소기업
㉮ 「소상공인 보호 및 지원에 관한 법률」에 따른 소상공인
㉯ 「벤처기업육성에 관한 특별조치법」에 따른 벤처기업 및 신기술창업전문회사
㉰ 「기술보증기금법」에 따른 신기술사업자
㉱ 설립된 후 7년 이내인 중소기업
㉲ 해당 과세연도의 상시근로자 수가 직전 과세연도 보다 증가한 중소기업
㉳ 조특령 별표 7에 따른 신성장·원천기술을 연구하는 중소기업(조특령 제9조 제12항에 따라 신성장·원천기술심의위원회의 심의를 거쳐 기획재정부장관 및 산업통상자원부장관이 신성장·원천기술 연구개발비로 인정한 경우로 한정한다)
㉴ 「중소기업 기술혁신 촉진법」제15조에 따라 기술혁신형 중소기업으로 선정된 기업
② 다음 중 어느 하나에 해당하는 출연금
㉮ 「신용보증기금법」제2조 제3호에 따른 금융회사 등이 같은 법에 따른 신용보증기금에 출연하는 출연금(같은 법 제6조 제3항에 따라 출연하여야 하는 금액을 제외한다)
㉯ 「기술보증기금법」제2조 제3호에 따른 금융회사가 같은 법에 따른 기술보증기금에 출연하는 출연금(같은 법 제13조 제3항에 따라 출연하여야 하는 금액을 제외한다)
㉰ 「지역신용보증재단법 시행령」제3조 제5호에 따른 상호저축은행 및 같은 영 제5조의2 제1항에 따른 은행등이 「지역신용보증재단법」에 따른 신용보증재단 및 신용보증재단중앙회에 출연하는 출연금(같은 법 제7조 제3항에 따라 출연해야 하는 금액을 제외한다)

3-3. 차기환류적립금

미환류소득에 대한 계산방법을 신고한 법인은 당기의 미환류소득의 전부 또는 일부를 차기에 투자, 임금 또는 배당으로 환류하기 위하여 차기환류적립금을 적립한 경우에는 그 금액을 당기 미환류소득에서 공제한다(조특법 §100의32⑤).

해당 사업연도에 차기환류적립금을 적립하여 미환류소득에서 공제한 내국법인이 다음 2개 사업연도에「독점규제 및 공정거래에 관한 법률」제31조 제1항에 따른 상호출자제한기업집단에 속하는 내국법인에 해당하지 아니하게 되는 경우에도 미환류소득에 대한 법인세를 납부하여야 한다(조특령 §100의32⑱).

4. 전기에 적립한 차기환류적립금을 당기에 사용하지 않은 경우 추가납부

직전 2개 사업연도에 차기환류적립금을 적립한 경우 다음 계산식에 따라 계산한 금액(음수인 경우 영으로 본다)을 해당 사업연도의 법인세액에 추가하여 납부하여야 한다(조특법 §100의32⑥).

$$(차기환류적립금 - 해당 사업연도의 초과환류액) \times 20\%$$

> **예규 및 판례** 미환류소득에 대한 법인세
>
> ❶ 기업소득이 3천억원을 초과하는 경우 이월결손금 공제 여부
>
> 「조세특례제한법 시행령」제100조의32에 따라 기업소득을 계산함에 있어 기업소득이 3천억원을 초과하는 경우, 해당 사업연도에 이월결손금을 공제하지 않고 다음 사업연도로 이월 가능한지 여부
>
> (1안) 해당 사업연도에 이월결손금을 공제하여야 함.
>
> (2안) 해당 사업연도에 이월결손금을 공제하지 않을 수 있음.
>
> 질의의 경우 1안이 타당함(**기획재정부 법인세제과-565, 2023. 10. 5.**).
>
> ❷ 한 사업연도만 상시근로자에게 제외되는 임직원이 있는 경우
>
> 미환류소득에 대한 법인세 적용대상 사업연도와 직전 사업연도 중 어느 한 사업연도에 임원 등 상시근로자에서 제외되는 자가 있는 경우에는 양 사업연도에서 모두 제외한 근로자의 근로소득의 합계액으로서 직전 사업연도 대비 증가한 금액으로 산출한다(**기획재정부 법인세제과-312, 2016. 3. 30.**).

❸ 전기퇴직자의 임금을 직전 사업연도의 임금총액에 포함하는지 여부

「조세특례제한법」 제100조의32 제2항 제1호 나목에 따른 '상시근로자의 해당 사업연도 임금증가금액' 계산 시 직전 사업연도 퇴직자에 대한 임금 총액 반영 방법

(1안) 직전 사업연도 임금 총액에 포함

(2안) 직전 사업연도 임금 총액에 포함하지 않음.

질의의 경우 2안이 타당함(**기획재정부 법인세제과-349, 2022. 8. 31.**).

❹ 직전사업연도 퇴직자를 상시근로자수에 포함하는지 여부

「조세특례제한법」 제100조의32 제2항 제1호 나목에 따른 '상시근로자의 해당 사업연도 임금증가금액' 계산 시 직전 사업연도 퇴직자에 대한 상시근로자의 수 산정 방법

(1안) 직전 사업연도 상시근로자 수에 포함

(2안) 직전 사업연도 상시근로자 수에서 제외

질의의 경우 1안이 타당함(**기획재정부 법인세제과-488, 2023. 9. 5.**).

❺ 차기환류적립금의 환류기간 만료 전 차기환류적립금의 소급적립을 위한 경정청구 가능여부

「조세특례제한법」 제100조의32 제1항 각 호에 따른 내국법인이 해당 사업연도(2021년)의 '미환류소득에 대한 법인세'의 최초신고 및 수정신고 당시 해당 미환류소득을 차기환류적립금으로 적립하지 아니한 경우, 그 다음다음 사업연도(2023년)중에는 해당 사업연도(2021년)의 미환류소득(최초신고분과 수정신고분)의 전부 또는 일부를 차기환류적립금으로 적립하기 위하여 「국세기본법」 제45조의2 제1항에 따라 경정청구를 할 수 있는 것임. 다만, 그 다음다음 사업연도(2023년)의 다음 사업연도(2024년) 이후 경정청구를 할 경우에는 '다음 2개 사업연도(2022년~2023년)에 발생한 초과환류액'의 한도 내에서, 해당 사업연도(2021년)의 미환류소득(당초신고분과 수정신고분)을 차기환류적립금으로 적립하기 위한 경정청구를 할 수 있는 것임(**서면-2023-법규법인-0040, 2023. 8. 25.**).

5. 투자한 자산 처분시 추가납부

(1) 추가납부사유

내국법인이 미환류소득 계산시 투자액으로 공제한 자산을 처분한 경우 등 다음의 사유에 해당에는 경우에는 그 자산투자금액의 공제로 인하여 납부하지 아니한 세액에 이자상당액을 가산하여 납부하여야 한다(**조특법 §100의32⑧, 조특령 §100의32⑳**).

구 분	추징사유
사업용 유형고정자산과 무형고정자산	기계장치 등 사업용 유형고정자산은 투자완료일, 무형고정자산(매입한 자산에 한정)은 매입일 또는 벤처기업 주식은 취득일부터 2년이 지나기 전에 해당 자산을 양도하거나 대여하는 경우.[5] 다만, 다음 중 어느 하나에 해당하는 경우는 제외한다(**조특령 §100의32⑳**).

구 분	추징사유
	① 「조세특례제한법 시행령」 제137조 제1항에 따라 다음의 투자세액공제 추징 배제사유에 해당하는 경우 ㉮ 현물출자, 합병, 분할, 분할합병, 「법인세법」 제50조의 적용을 받는 교환, 통합, 사업전환 또는 사업의 승계로 인하여 당해 자산의 소유권이 이전되는 경우 ㉯ 내용연수가 경과된 자산을 처분하는 경우 ㉰ 국가·지방자치단체 또는 「법인세법 시행령」 제36조 제1항 제1호 나목에 따른 학교 등에 기부하고 그 자산을 사용하는 경우 ② 기계장치 등 사업용 유형고정자산을 「대·중소기업 상생협력 촉진에 관한 법률」 제2조 제6호에 따른 수탁기업(「법인세법 시행령」 제87조에 따른 특수관계인 제외)에 무상양도 또는 무상대여하는 경우 ③ 천재지변, 화재 등으로 멸실되거나 파손되어 사용이 불가능한 자산을 처분하는 경우 '23 신설 ④ 한국표준산업분류상 해당 자산의 임대업이 주된 사업(2 이상의 서로 다른 사업을 영위하는 경우 해당 사업연도의 기계 및 장치, 공구, 기구 및 비품, 차량 및 운반구, 선박 및 항공기, 그 밖에 이와 유사한 사업용 유형고정자산의 임대업의 수입금액이 총 수입금액의 50% 이상인 경우를 말한다)인 법인이 해당 자산을 대여하는 경우(조특칙 §45의9⑭)
업무용 건축물과 토지	업무용 건축물에 해당하지 아니하게 되거나 업무용 토지의 요건을 충족하지 못하게 되는 다음 중 어느 하나에 해당하는 경우(조특칙 §45의9⑮) ① 해당 법인이 업무용신증축건축물을 준공 후 2년 이내에 임대하거나 위탁하는 등 업무에 직접 사용하지 아니하는 경우. 다만, 한국표준산업분류상 부동산업, 건설업 또는 종합소매업을 주된 사업으로 하는 법인이 해당 건축물을 임대하는 경우는 제외한다. ② 업무용신증축건축물을 준공 전에 처분하거나 준공 후 2년 이내에 처분하는 경우. 다만, 국가·지방자치단체에 기부하고 그 업무용신증축건축물을 사용하는 경우는 제외한다. ③ 업무용신증축건축물의 건설에 착공한 후 천재지변이나 그 밖의 정당한 사유없이 건설을 중단한 경우

(2) 이자상당액

내국법인은 위 "(1)"의 추가납부사유가 발생한 경우 그 자산에 대한 투자금액의 공제로 인하여 납부하지 아니한 세액에 이자상당액을 다음의 사유가 발생한 날이 속하는 사업연도의 법인세 과세표준 신고를 할 때 납부하여야 한다(조특법 §100의32⑧, 조특령 §100의32㉑).

① 「조세특례제한법 시행령」 제100조의32 제20항 제1호에 따라 자산을 양도하거나 대여한 날

---

5) 「여신전문금융업법」에 따른 시설대여업을 영위하는 내국법인이 리스대상자산을 취득하여 리스이용자에게 운용리스의 형태로 제공하는 경우에는 「조세특례제한법」 제100조의32 제8항 및 같은 법 시행령 제100조의32 제20항 제1호에 따른 "투자완료일로부터 2년이 지나기 전에 해당 자산을 양도하거나 대여하는 경우"에 해당하지 않는 것임(서면-2021-법인-6992 [법인세과-1972], 2021. 11. 10.).

② 업무용신증축건축물을 임대하거나 위탁하는 날 등 업무에 직접 사용하지 아니한 날

③ 업무용신증축건축물을 처분한 날

④ 업무용신증축건축물의 건설을 중단한 날부터 6개월이 되는 날

이 경우 이자상당액은 다음과 같이 계산한다.

이자상당가산액 = 투자액의 공제로 납부하지 아니한 세액×일수[*1]× 0.022%[*2]

[*1] 일수는 투자금액을 공제받은 사업연도의 법인세 과세표준 신고일의 다음 날부터 이자상당액 납부일까지의 기간을 말한다.

[*2] 이자율은 종전에 일 0.03%이었으나 납세자의 부담을 경감하기 위하여 2019. 2. 12.에 일 0.025%로, 다시 2022. 2. 15.에 일 0.025%에서 일 0.022%로 인하되었다. 개정 전에 발생한 사유로 개정 후에 세액을 납부 또는 부과하는 경우 개정규정 시행일 전일까지의 기간분은 개정 규정에도 불구하고 종전 규정에 따른다(2019. 2. 12. 조특령 개정부칙 §25, 2022. 2. 15. 조특령 개정부칙 §21). 이자율은 다음과 같이 적용한다.

구 분	2019. 2. 11.까지의 기간	2019. 2. 12.부터 2022. 2. 14.까지의 기간	2022. 2. 15. 이후 기간
이자율	일 0.03%	일 0.025%	일 0.022%

6. 미환류소득에 대한 법인세의 신고·납부

내국법인은 미환류소득이 있는 경우 미환류소득에 대한 법인세를 각 사업연도 소득에 대한 법인세에 추가하여 신고·납부하여야 한다(조특법 §100의32①). 연결납세가 적용되는 연결법인의 경우 미환류소득에 대한 법인세 신고는 연결과세표준 신고를 할 때 미환류소득에 대한 법인세 신고서를 납세지 관할 세무서장에게 제출(사업연도 종료일로부터 4개월 이내)하여야 한다(재법인-312, 2016. 3. 30.).

7. 합병 또는 분할시 미환류소득 및 초과환류액 승계

합병 또는 분할에 따라 피합병법인 또는 분할법인이 소멸하는 경우 합병법인 또는 분할신설법인은 다음과 같이 미환류소득 및 초과환류액을 승계할 수 있다(조특령 §100의32㉓, 조특칙 §45의9⑰).

① 피합병법인의 미환류소득 등(합병등기일을 사업연도 종료일로 보고 계산한 금액으로서 임금증가액은 포함하지 아니하고 계산한 금액을 말한다)을 합병법인의 해당 사업연도 말 미환류소득 등에 합산한다.

② 분할법인의 미환류소득 등(분할등기일을 사업연도 종료일로 보고 계산한 금액으로서 임금증가액은 포함하지 아니하고 계산한 금액을 말한다)을 분할되는 각 사업부문의 재무상태표상 자기자본의 비율에 따라 분할신설법인 또는 분할합병의 상대방법인의 해당 사업연도 말 미환류소득 등에 합산한다.

■ 사례 »

주권상장법인인 ㈜한라(지주회사가 아님)는 제24기 사업연도(2024. 1. 1.~2024. 12. 31.) 종료일 현재 「독점규제 및 공정거래에 관한 법률」에 따른 상호출자제한기업집단에 속하는 법인이다. 이 자료를 이용하여 아래 요구사항에 답하시오.

■ 자료 ■

1. ㈜한라의 제24기 각 사업연도 소득금액 및 과세표준의 내역은 다음과 같다.

(단위 : 원)

익금산입 및 손금불산입			손금산입 및 익금불산입		
과 목	금 액	소득처분	과 목	금 액	소득처분
법인세비용*1	380,000,000	기타사외유출	내국법인 수입배당금액	40,000,000	기타
기업업무추진비 한도초과액	30,000,000	기타사외유출	국세환급금이자	13,000,000	기타
인정이자	10,000,000	상여	전기대손충당금 한도초과액	7,000,000	유보
직접외국 납부세액*2	24,000,000	기타사외유출			
간접외국 납부세액*3	16,000,000	기타			
계	460,000,000		계	60,000,000	

*1 손익계산서에 법인세비용으로 계상한 금액이다. 법인세비용에는 수정신고시 추가납부한 제23기분 법인세 추납액 10,000,000원이 포함되어 있다.

*2 직접외국납부세액은 국외에서 직접 납부한 외국법인세액이다.

*3 간접외국납부세액은 외국자회사로부터 받은 배당금(외국자회사 수입배당금액 익금불산입대상이 아님)에 대하여 외국자회사가 납부한 법인세 상당액으로 외국납부세액공제를 적용하기 위하여 익금에 산입한 금액이다.

2. ㈜한라의 제24기 각 사업연도 소득금액, 과세표준 및 세액 계산 내역은 다음과 같다.

(단위 : 원)

항목		금액
당기순이익		2,040,000,000
익금산입·손금불산입	(+)	460,000,000
손금산입·익금불산입	(−)	60,000,000
차가감소득금액		2,440,000,000
일반기부금 한도초과액	(+)	30,000,000
특례기부금한도초과이월액 손금산입	(−)	50,000,000
각사업연도소득금액		2,420,000,000
이월결손금	(−)	80,000,000
과세표준		2,340,000,000
산출세액		424,600,000
외국납부세액공제액		40,000,000
총부담세액		384,600,000

법인세 감면분에 대한 농어촌특별세는 없다.

3. 제24기 사업연도의 이익잉여금 처분계산서

이익잉여금처분계산서

(단위 : 원)

항 목	금 액	
Ⅰ. 미처분 이익잉여금		2,400,000,000
1. 전기이월 미처분 이익잉여금	360,000,000	
2. 당기순이익	2,040,000,000	
Ⅱ. 임의적립금등의 이입액	−	
합 계		2,400,000,000
Ⅲ. 이익잉여금처분액		340,000,000
1. 이익준비금	40,000,000 *	
2. 배당금		
가. 현금배당	200,000,000	
나. 주식배당	100,000,000	
Ⅳ. 차기이월 미처분 이익잉여금		2,060,000,000

* 당기 재무상태표의 이익준비금잔액은 자본금의 2분의 1에 미달한다.

4. 제24기 사업용 자산 투자 및 감가상각비 내역

(단위 : 원)

과 목	취득가액	감가상각비
기계장치	800,000,000	60,000,000
비품	50,000,000	10,000,000
계	850,000,000	70,000,000

① 기계장치는 금융리스에 의한 리스자산이다. 비품 중 10,000,000원은 중고자산 취득액이고, 중고자산의 감가상각비는 3,000,000원이다.
② 사업용 자산에 대한 감가상각비는 상각범위액 이내 금액으로 전액 손금에 산입된다.

5. 제23기와 제24기의 임금지급액 내역

(단위 : 원)

구 분		제23기	제24기
임원		500,000,000	600,000,000
직원	청년정규직근로자	600,000,000	650,000,000
	그 밖의 상시근로자	1,230,000,000	1,250,000,000
계		2,330,000,000	2,500,000,000

직원 중에는 근로소득의 금액이 8천만원 이상인 근로자는 없으며, 해당 사업연도 상시근로자 수가 직전 사업연도의 상시근로자 수보다 증가하였으며, 청년정규직근로자 수도 직전 사업연도의 청년정규직근로자 수보다 증가하였다. 상시근로자 수가 증가한 것은 기존 상시근로자 수의 퇴직 없이 신규 상시근로자 수의 증가로 인한 것이며, 임금증가액은 모두 신규 상시근로자에 대한 임금증가액으로 「조세특례제한법 시행령」에 따른 신규 상시근로자의 임금증가금액과 일치한다. 한편 해당 사업연도에 정규직 전환 근로자는 없다.

6. 회사가 제24기 사업연도 중 협력중소기업의 사내근로복지기금에 출연한 금액은 10,000,000원이다.

〈요구사항 1〉

제24기의 기업소득을 투자포함 방식(미환류소득 계산시 투자액을 차감하는 방식)을 적용하여 다음의 답안 양식에 따라 제시하시오.

(답안 양식)

항 목	금 액
1. 각 사업연도 소득금액	
2. 가산항목 　① _____ 　　　⋮ 　　　⋮	
3. 차감항목 　① _____ 　　　⋮ 　　　⋮ 　　　⋮	
4. 기업소득	

〈요구사항 2〉

제24기의 미환류소득 계산을 위한 투자액, 임금증가액 및 상생협력출연금액을 다음의 답안 양식에 따라 제시하시오.

(답안 양식)

투자액	
임금증가액	
상생협력출연금액	

〈요구사항 3〉

제24기의 미환류소득을 투자포함 방식(미환류소득 계산시 투자액을 차감하는 방식)과 투자제외 방식(미환류소득 계산시 투자액을 차감하지 않는 방식)에 의하여 각각 계산하고, 다음의 답안 양식에 따라 제시하시오.

(답안 양식)

미환류소득(투자포함 방식)	
미환류소득(투자제외 방식)	

▌ 해답 ▌

⟨요구사항 1⟩ 투자포함방식에 의한 기업소득

항 목	금 액
1. 각 사업연도 소득금액	2,420,000,000
2. 가산항목	130,000,000
① 국세환급금이자	13,000,000
② 특례기부금한도초과이월액의 손금산입액	50,000,000
③ 투자자산의 감가상각비	67,000,000*1
3. 차감항목	597,060,000
① 법인세액·법인지방소득세액	467,060,000*2
② 일반기부금 한도초과액	30,000,000
③ 이월결손금	80,000,000
④ 이익준비금적립액	20,000,000*3
4. 기업소득	1,952,940,000

*1 $60,000,000 + 10,000,000 - 3,000,000 = 67,000,000$

*2 법 인 세 액 : $384,600,000$(총부담세액) $+ 24,000,000$(직접외국납부세액) $+ 16,000,000$
　　　　　　　(간접외국납부세액) $= 424,600,000$
　법인지방소득세액 : $2,340,000,000 \times$ 법인세율$\times 10\% = 42,460,000$
　　합 계　　 : $467,060,000$

*3 $Min[40,000,000, \quad 200,000,000 \times 10\%] = 20,000,000$

⟨요구사항 2⟩

투자액	$850,000,000 - 10,000,000 = 840,000,000$
임금증가액	$190,000,000*$
상생협력출연금액	$10,000,000 \times 300\% = 30,000,000$

* 임금증가액 : ①+②+③ $= 190,000,000$
　① 상시근로자임금증가액의 200% : $(1,900,000,000 - 1,830,000,000) \times 200\%$ 　$= 140,000,000$
　② 청년정규직근로자의 임금증가액 : $50,000,000 \times 100\%$ 　　　　　　　$= 50,000,000$
　③ 정규직 전환 근로자의 임금증가액 : 0

⟨요구사항 3⟩

미환류소득 (투자포함방식)	$1,952,940,000 \times 70\% - (840,000,000 + 190,000,000 + 30,000,000)$ $= 307,058,000$
미환류소득 (투자제외방식)	$1,885,940,000* \times 15\% - (190,000,000 + 30,000,000)$ $= 62,891,000$

* $1,952,940,000 - 67,000,000 = 1,885,940,000$

사 업 연 도	· · ~ · · ·	미환류소득에 대한 법인세 신고서	법 인 명	
			사업자등록번호	

1. 적용대상	① 자기자본 500억원 초과 법인(중소기업, 비영리법인 등 제외)	일반[ ], 연결[ ]
	② 상호출자제한기업집단 소속기업	일반[ ], 연결[ ]
2. 과세방식 선택	③ 투자포함 방식(A방식)	[ ]
	④ 투자제외 방식(B방식)	[ ]

3. 미환류소득에 대한 법인세 계산

	⑤ 사업연도 소득		
과세대상 소 득	가산항목	⑥ 국세등 환급금 이자	
		⑦ 수입배당금 익금불산입액	
		⑧ 기부금 이월 손금산입액	
		⑨ 투자자산 감가상각분(A방식만 적용)	
		⑩ 소계(⑥+⑦+⑧+⑨)	
	차감항목	⑪ 법인세액등	
		⑫ 상법상 이익준비금 적립액	
		⑬ 법령상 의무적립금	
		⑭ 이월결손금 공제액	
		⑮ 피합병법인(분할법인)의 주주인 법인의 의제배당소득	
		⑯ 기부금 손금한도 초과액	
		⑰ 피합병법인(분할법인)의 양도차익	
		⑱ 유동화전문회사 등이 배당한 금액	
		⑲ 공적자금 상환액	
		⑳ 소계(⑪+⑫+⑬+⑭+⑮+⑯+⑰+⑱+⑲)	
	㉑ 기업소득(⑤+⑩ − ⑳)		
	㉒ 연결법인 기업소득 합계액		
	㉓ 과세대상 소득(㉑×70%또는15%, ㉒×㉑/㉒×70%또는15%)		
투자금액	유형자산	㉔ 기계 및 장치 등	
		㉕ 업무용 건물 건축비	
		㉖ 벤처기업에 대한 신규출자	
	㉗ 무형자산		
	㉘ 소계(㉔+㉕+㉖+㉗)		
임금증가 금 액	상시근로자 임금 증가 금액 계산	㉙ 해당 사업연도 상시근로자 수	
		㉚ 직전 사업연도 상시근로자 수	
		㉛ 해당 사업연도 상시근로자 임금지급액	
		㉜ 직전 사업연도 상시근로자 임금지급액	
		㉝ 해당 사업연도 신규 상시근로자 임금지급평균액	
		㉞ 임금증가 계산금액 [(㉙−㉚) ≤ 0 인 경우 : (㉛−㉜), (㉙−㉚) > 0 인 경우 : {(㉛−㉜)−(㉙−㉚)×㉝}×1.5+(㉙−㉚)×㉝×2]	
	청년정규직 임금 증가 금액 계산	㉟ 해당 사업연도 청년정규직근로자 수	
		㊱ 직전 사업연도 청년정규직근로자 수	
		㊲ 해당 사업연도 청년정규직근로자 임금지급액	
		㊳ 직전 사업연도 청년정규직근로자 임금지급액	
		㊴ 임금증가 계산금액[(㉟−㊱) > 0 인 경우만 (㊲−㊳)]	
	㊵ 정규직 전환 근로자(청년정규직 근로자 제외) 임금증가금액		
	㊶ 소계(㉞+㊴+㊵)		
상생협력 지출금액	㊷ 상생협력출연금		
	㊸ 사내근로복지기금 및 공동근로복지기금 출연금		
	㊹ 신용보증기금에 대한 출연금 등		
	㊺ 상생협력 지출금액 계산((㊷+㊸+㊹)×3]		

210mm×297mm[백상지 80g/㎡ 또는 중질지 80g/㎡]

(뒤쪽)

미환류소득	㊻ A방식(70% 적용)[㉓ - (㉘+㊶+㊺)]		㊽ 차기환류적립금	적립	[ ]
	㊼ B방식(15% 적용)[㉓ - (㊶+㊺)]			금액	
㊾ 초과환류액	A방식				
	B방식				

	직전전 사업연도	직전 사업연도	해당 사업연도
㊿ 미환류소득			
51 이월된 초과환류액			
52 차기환류적립금			
53 이월된 차기환류적립금			
54 초과환류액(=㊾)			
55 과세대상 미환류소득 (㊿ - 51 - 52 + 53 - 54)			

4. 미환류소득에 대한 법인세 납부액 (55×20%) 　　　　56

「조세특례제한법 시행령」 제100조의32 제3항에 따라 미환류소득에 대한 법인세 신고서를 제출합니다.

　　　　　　　　　　　　　　　　　　　　　　　　　　　　　년　　　월　　　일

　　　　　　　　신고인(법　인)　　　　　　　　　　　　　　　　　(인)
　　　　　　　　신고인(대표자)　　　　　　　　　　　　　　　　　(서명)

세무대리인은 조세전문자격자로서 위 신고서를 성실하고 공정하게 작성하였음을 확인합니다.
　　　　　　　　세무대리인　　　　　　　　　　　　　　　　(서명 또는 인)

세무서장 귀하

작성방법

1. 해당 법인이 ①,②에 해당하는 경우 각각 표시합니다.

2. 해당 법인이 선택하는 과세방식을 ③,④란에 표시합니다.

3. ⑦은 2023.1.1. 이후 개시하는 사업연도부터는 가산항목에서 제외되므로 기재하지 않습니다.

4. ⑩을 계산할 때 해당 법인이 투자제외 방식을 선택한 경우 ⑨ 투자자산 감가상각분을 가산하지 않습니다.

5. ㉓ 과세대상 소득은 투자포함 방식 선택시 70%를, 투자제외 방식 선택시 15%를 ㉑ 기업소득에 곱하여 계산합니다. 연결법인의 경우 기업소득은 연결법인 기업소득 합계액(3천억원 초과시 3천억원) × 개별연결법인 기업소득 ÷ 연결법인 기업소득 합계액으로 계산합니다.

6. 미환류소득은 투자포함 방식 선택시 ㊻란에, 투자제외 방식 선택 시 ㊼란에 적습니다.

7. 「조세특례제한법」 제100조의32 제5항에 따라 해당 사업연도의 미환류소득의 전부 또는 일부를 다음 2개 사업연도에 투자, 임금 또는 상생협력 지출금액 등으로 환류하기 위해 차기환류적립금을 적립하여 해당 사업연도의 미환류소득에서 공제하는 경우 52차기환류적립금란에 표시하고 적립금액을 적습니다.

8. ㊿ 및 54란에 매 사업연도의 미환류소득(차기환류적립금 적립액) 또는 초과환류액을 적되, 「조세특례제한법 시행령」 제100조의32 제23항에 따라 합병법인 또는 분할신설법인이 미환류소득 또는 초과환류액을 승계한 경우에는 해당 승계금액을 포함하여 적습니다.
　그리고, 피합병법인 또는 분할법인이 합병법인 또는 분할신설법인에게 미환류소득을 승계한 경우에는 해당 승계금액을 52차기환류적립금에 적습니다.

9. 51란은 「조세특례제한법」 제100조의32 제7항 및 제9항에 따라 당기로 이월된 초과환류액을 의미합니다.

10. 53 이월된 차기환류적립금란에는 「조세특례제한법」 제100조의32 제5항 및 제6항에 따라 당기로 이월된 차기환류적립금을 적습니다.

11. 56이 음수인 경우에는 "0"으로 적습니다.

210mm×297mm[백상지 80g/㎡ 또는 중질지 80g/㎡]

제21장

신탁소득에 대한
법인세

1. 신탁의 개념

신탁(Trust)이란 신탁을 설정하는 자("위탁자")와 신탁을 인수하는 자("수탁자")간의 신임관계에 기하여 위탁자가 수탁자에게 특정의 재산(영업이나 저작재산권의 일부 포함)을 이전하거나 담보권의 설정 또는 그 밖의 처분을 하고 수탁자로 하여금 일정한 자("수익자")의 이익 또는 특정의 목적을 위하여 그 재산의 관리, 처분, 운용, 개발, 그 밖에 신탁 목적의 달성을 위하여 필요한 행위를 하게 하는 법률관계를 말한다(신탁법 §2).

신탁에는 재산을 신탁한 위탁자, 위탁자로부터 위탁받은 신탁재산을 관리·처분하는 수탁자, 신탁의 이익을 받을 수익자가 있다.

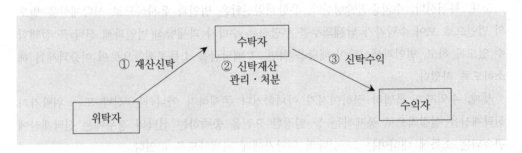

신탁재산은 「신탁법」에 따라 수탁자 및 위탁자등 신탁관계인의 재산권은 물론 수탁자의 다른 신탁재산과도 분리된 독립적인 법적지위를 가지고 있다.

2. 신탁과세제도의 개편

신탁법이 1961년 제정된 후 약 50년 동안 개정내용이 전혀 없었다. 변화된 경제현실을 반영하고 신탁제도를 글로벌스탠다드에 부합하도록 하기 위하여 2011년도에 「신탁법」이 전부 개정되었다. 개정된 신탁법에서는 수탁자의 의무를 강화하고 수익자의 의사결정방법 및 신탁당사자 간의 법률관계를 구체화하였으며 신탁의 합병·분할, 목적신탁[1], 수익증권발행신탁[2], 유한책임신탁[3] 등 새로운 제도를 도입하였다.

이와 같이 신탁제도는 2011년부터 전면 개편되었으나 「법인세법」은 1968년에 "신탁소득을 그 신탁의 이익을 받을 수익자(수익자가 특정되지 아니하거나 존재하지 아니한 경우에는 그 신탁의 위탁자 또는 상속인)가 그 재산을 가진 것으로 보고 이 법을 적용한다"는 규

---

[1] 목적신탁이란 수익자가 없는 특정의 목적을 위한 신탁을 말하며, 위탁자와 수탁자간의 계약, 위탁자의 유언 등으로 설정할 수 있다(신탁법 §3① 단서).
[2] 수익증권발행신탁은 수익권을 표시하는 수익증권을 발행하는 신탁이다(신탁법 §78②).
[3] 유한책임신탁은 수탁자가 신탁재산에 속하는 채무에 대하여 신탁재산만으로 책임지는 신탁을 말한다(신탁법 §114)

정(법법 §4)을 신설한 이래 2020년까지 약 52년간 조문만 제4조에서 제5조로 바꾸고 종전 내용을 그대로 유지하였다. 이에 따라 실질적으로 법인과 같은 형태의 신탁이 출현하는데도 세법은 수익자 과세방식(예외적 위탁자 과세방식)이어서, 실제 신탁의 운용내용과 과세방법에 괴리가 있었다.

「신탁법」상 다양한 신탁유형을 반영하고, 신탁의 경제적 실질에 맞게 과세체계를 정비하기 위하여 2020년말 세법의 신탁에 대한 과세제도를 전면 개편하였는데, 법인세제와 관련된 내용은 다음과 같다.

첫째, 신탁이 도관으로 인정되는 신탁(수익자 과세신탁)에 대해서는 종전과 같이 수익자 과세를 원칙으로 하였다.

둘째, 목적신탁, 수익증권발행신탁, 유한책임신탁은 법인과 유사하므로 신탁재산을 별도의 법인으로 보아 수탁자가 납세의무를 부담하는 수탁자 과세방식(법인과세 신탁)을 선택할 수 있도록 하고, 법인과세신탁이 배당을 하면 그 배당금을 소득공제함으로써 이중과세를 해소하도록 하였다.

셋째, 수익자가 특별히 정하여지지 아니하거나 존재하지 아니하는 신탁 또는 위탁자가 신탁재산을 실질적으로 통제하는 등 일정한 요건을 충족하는 신탁의 경우에는 신탁재산에 귀속되는 소득에 대하여는 그 신탁의 위탁자에게 과세하도록 하였다.

◉ 신탁소득에 대한 과세제도 ◉

구 분	신 탁	납세의무자
수익자 과세신탁	신탁이 도관의 역할을 하는 일반적인 신탁	수익자
법인과세 신탁재산	목적신탁, 수익증권발행신탁, 유한책임신탁	① 신탁재산을 법인으로 보아 수탁자가 법인세의 납세의무를 짐. 법인과세 신탁재산이 배당을 하면 배당금을 소득공제함 ② 법인과세 신탁재산으로부터 받는 배당금은 배당소득으로 과세
위탁자 과세신탁	위탁자가 신탁에 대한 지배권과 통제권을 보유한 신탁	위탁자

3. 법인과세 신탁재산의 각 사업연도의 소득에 대한 법인세 과세특례

3-1. 통 칙

(1) 적용관계

내국법인으로 보는 신탁재산(이하 "법인과세 신탁재산"이라 한다) 및 이에 귀속되는 소득에 대하여 법인세를 납부하는 신탁의 수탁자(이하 "법인과세 수탁자"라 한다)에 대해서는 이 규정을 다른 규정에 우선하여 적용한다(법법 §75의10).

(2) 신탁재산에 대한 법인세 과세방식의 적용

1) 법인과세 수탁자의 납세의무

법인과세 수탁자는 법인과세 신탁재산에 귀속되는 소득에 대하여 그 밖의 소득과 구분하여 법인세를 납부하여야 한다(법법 §75의11①).

2) 수익자의 제2차 납세의무

재산의 처분 등에 따라 법인과세 수탁자가 법인과세 신탁재산의 재산으로 그 법인과세 신탁재산에 부과되거나 그 법인과세 신탁재산이 납부할 법인세 및 강제징수비를 충당하여도 부족한 경우에는 그 신탁의 수익자(「신탁법」 제101조에 따라 신탁이 종료되어 신탁재산이 귀속되는 자를 포함한다)는 분배받은 재산가액 및 이익을 한도로 그 부족한 금액에 대하여 제2차 납세의무를 진다(법법 §75의11②).

3) 법인과세 신탁재산의 수익분배금을 배당으로 간주

법인과세 신탁재산이 그 이익을 수익자에게 분배하는 경우에는 배당으로 본다(법법 §75의11③).

4) 신탁계약의 변경으로 법인과세 신탁재산이 신탁에 해당하지 아니하게 된 경우

신탁계약의 변경 등으로 법인과세 신탁재산이 신탁에 해당하지 아니하게 되는 경우에는 그 사유가 발생한 날이 속하는 사업연도분부터 법인과세 신탁재산에 관한 규정을 적용하지 아니한다(법법 §75의11④).

(3) 법인과세 신탁재산의 설립과 해산

1) 법인과세 신탁재산의 설립

법인과세 신탁재산은 「신탁법」 제3조에 따라 그 신탁이 설정된 날에 설립된 것으로 본다 (법법 §75의12①). 이 경우 법인과세 신탁재산의 최초 사업연도의 개시일은 「신탁법」 제3조에 따라 그 신탁이 설정된 날로 한다(법령 §120의2).

2) 법인과세 신탁재산의 해산

법인과세 신탁재산은 「신탁법」 제98조부터 제100조까지의 규정에 따라 그 신탁이 종료된 날(신탁이 종료된 날이 분명하지 아니한 경우에는 「부가가치세법」 제5조 제3항에 따른 폐업일을 말한다)에 해산된 것으로 본다(법법 §75의12②).

3) 사업연도 신고

법인과세 수탁자는 법인과세 신탁재산에 대한 사업연도를 따로 정하여 법인 설립신고(법법 §109) 또는 사업자등록(법법 §111)과 함께 납세지 관할 세무서장에게 사업연도를 신고하여야 한다. 이 경우 사업연도의 기간은 1년을 초과하지 못한다(법법 §75의12③).

4) 법인과세 신탁재산의 납세지

법인과세 신탁재산의 법인세 납세지는 그 법인과세 수탁자의 납세지로 한다(법법 §75의12④).

5) 법인과세 신탁재산의 납세지의 지정

관할 지방국세청장이나 국세청장은 법인과세 신탁재산의 납세지가 그 법인과세 신탁재산의 납세지로 적당하지 않다고 인정되는 경우로서 다음 중 어느 하나에 해당하는 경우에는 그 납세지를 지정할 수 있다(법령 §120의3).
① 법인과세 수탁자의 본점 등의 소재지가 등기된 주소와 동일하지 않은 경우
② 법인과세 수탁자의 본점 등의 소재지가 자산 또는 사업장과 분리되어 있어 조세포탈의 우려가 있다고 인정되는 경우

(4) 공동수탁자가 있는 법인과세 신탁재산에 대한 적용

하나의 법인과세 신탁재산에 「신탁법」 제50조에 따라 둘 이상의 수탁자가 있는 경우에는 수탁자 중 신탁사무를 주로 처리하는 수탁자(이하 "대표수탁자"라 한다)로 신고한 자가 법인과세 신탁재산에 귀속되는 소득에 대하여 법인세를 납부하여야 한다(법법 §75의13①). 이 경우 대표수탁자 외의 수탁자는 법인과세 신탁재산에 관계되는 법인세에 대하여 연대하여 납부할 의무가 있다(법법 §75의13②).

3-2. 과세표준과 그 계산

(1) 법인과세 신탁재산에 대한 소득공제

1) 법인과세 신탁재산에 대한 소득공제

법인과세 신탁재산이 수익자에게 배당한 경우에는 그 금액을 해당 배당을 결의한 잉여금 처분의 대상이 되는 사업연도의 소득금액에서 공제한다(법법 §75의14①). 공제하는 배당금액 이 해당 배당을 결의한 잉여금 처분의 대상이 되는 사업연도의 소득금액을 초과하는 경우 그 초과금액은 없는 것으로 본다(법령 §120의4①).

그러나 배당을 받은 법인과세 신탁재산의 수익자에 대하여 「법인세법」 또는 「조세특례제 한법」에 따라 그 배당에 대한 소득세 또는 법인세가 비과세되는 경우에는 소득공제규정을 적용하지 아니한다(법법 §75의14②). 다만, 배당을 받은 수익자가 동업기업과세특례를 적용받 는 동업기업인 경우로서 그 동업자들(그 동업자들의 전부 또는 일부가 상위 동업기업에 해 당하는 경우에는 그 상위 동업기업에 출자한 동업자들을 말함)에 대하여 배분받은 배당에 해당하는 소득에 대한 소득세 또는 법인세가 전부 과세되는 경우에는 소득공제규정을 적용 한다(법법 §75의14②). <u>24 개정</u> (밑줄 친 부분 추가)

2) 소득공제의 신청

법인과세 신탁재산에 대한 소득공제를 적용받으려는 법인과세 신탁재산의 수탁자는 법인 세 과세표준신고와 함께 소득공제신청서를 납세지 관할 세무서장에게 제출하여 소득공제 신청을 해야 한다(법령 §120의4②). 배당을 받은 수익자가 「조세특례제한법」 제100조의15 제1 항의 동업기업과세특례를 적용받는 동업기업인 경우로서 그 동업자들에 대하여 배분받은 배당에 해당하는 소득에 대한 소득세 또는 법인세가 전부 과세되는 경우에 소득공제 규정 을 적용받으려는 법인과세 수탁자는 소득공제신청서에 배당을 받은 동업기업으로부터 제출 받은(「조세특례제한법」 제100조의23 제1항에 따른 신고기한까지 제출받은 것을 말한다) 동 업기업과세특례적용 및 동업자과세여부 확인서를 첨부하여 소득공제를 신청해야 한다(법령 §120의4③).

(2) 신탁의 합병과 분할

1) 신탁의 합병

법인과세 신탁재산에 대한 「신탁법」 제90조에 따른 신탁의 합병은 법인의 합병으로 보아 이 법을 적용한다. 이 경우 신탁이 합병되기 전의 법인과세 신탁재산은 피합병법인으로 보 고, 신탁이 합병된 후의 법인과세 신탁재산은 합병법인으로 본다(법법 §75의15①).

2) 신탁의 분할

법인과세 신탁재산에 대한 「신탁법」 제94조에 따른 신탁의 분할(분할합병 포함)은 법인의 분할로 보아 법인세법을 적용한다. 이 경우 신탁의 분할에 따라 새로운 신탁으로 이전하는 법인과세 신탁재산은 분할법인등으로 보고, 신탁의 분할에 따라 그 법인과세 신탁재산을 이전받은 법인과세 신탁재산은 분할신설법인등으로 본다(법법 §75의15②).

(3) 법인과세 신탁재산의 소득금액 계산

수탁자의 변경에 따라 법인과세 신탁재산의 수탁자가 그 법인과세 신탁재산에 대한 자산과 부채를 변경되는 수탁자에게 이전하는 경우 그 자산과 부채의 이전가액을 수탁자 변경일 현재의 장부가액으로 보아 이전에 따른 손익은 없는 것으로 한다(법법 §75의16).

3-3. 신고·납부 및 징수

(1) 법인과세 신탁재산의 신고 및 납부

법인과세 신탁재산에 대해서는 제60조의2【성실신고확인서 제출】및 제63조【중간예납 의무】를 적용하지 아니한다(법법 §75의17).

(2) 법인과세 신탁재산에 대한 원천징수

1) 법인과세 신탁재산의 원천징수

법인세법의 원천징수규정(법법 §73①)에도 불구하고 법인과세 신탁재산이 다음의 소득을 지급받고, 법인과세 신탁재산의 수탁자가 「법인세법 시행령」 제111조 제1항 각 호의 금융회사 등인 경우에는 원천징수하지 아니한다(법법 §75의18①).

① 「소득세법」 제16조 제1항에 따른 이자소득의 금액(금융보험업을 하는 법인의 수입금액을 포함한다). 다만, 원천징수대상채권등(단기사채등 중 같은 법 제2조 제1호 나목에 해당하는 것으로서 만기 1개월 이내의 것은 제외한다)의 이자등을 「자본시장과 금융투자업에 관한 법률」에 따른 투자회사 또는 「조세특례제한법」 제104조의3 제1항에 따른 자본확충목적회사가 아닌 법인에 지급하는 경우는 제외한다.

② 집합투자기구로부터의 이익 중 투자신탁의 이익의 금액

2) 법인과세 신탁재산의 원천징수대상 채권등을 매도하는 경우 원천징수

채권보유기간의 이자상당액에 대한 규정을 적용하는 경우에는 법인과세 신탁재산에 속한 원천징수대상채권등을 매도하는 경우 법인과세 수탁자를 원천징수의무자로 본다(법법 §75의18②).

3) 신탁재산에 속한 원천징수대상채권 등을 매도하는 경우

① 수익자 과세신탁 및 위탁자 과세신탁의 경우 : 신탁재산에 속한 원천징수대상채권 등을 매도하는 경우 신탁업자와 다음의 자 간에 대리 또는 위임의 관계가 있는 것으로 본다 (법법 §73의2④).

    ㉮ 수익자 과세신탁의 신탁재산 : 해당 신탁재산의 수익자

    ㉯ 위탁자 과세신탁의 신탁재산 : 해당 신탁재산의 위탁자

② 수탁자 과세신탁의 경우 : 법인과세 신탁재산에 속한 원천징수대상채권 등을 매도하는 경우 법인과세 수탁자를 원천징수의무자로 본다(법법 §75의18②).

3-4. 그 밖의 법인과세 신탁재산에 대한 특례

(1) 법인과세 신탁재산에 간접투자회사 등의 외국납부세액공제 규정 적용

법인과세 신탁재산이 국외의 자산에 투자하여 얻은 소득에 대하여 납부한 외국법인세액이 있는 경우에는 "간접투자회사 등의 외국납부세액공제 및 환급 특례" 규정을 적용한다(법법 §57의2①).

(2) 법인과세 신탁재산의 설립신고

법인과세 신탁재산은 그 설립일부터 2개월 이내에 납세지 관할 세무서장에게 법인 설립신고를 하여야 한다. 이 경우 사업자등록을 한 때에는 신고를 한 것으로 본다(법법 §109①).

(3) 사업자등록

「부가가치세법」에 따라 법인과세 수탁자로서 사업자등록을 한 경우에는 그 법인과세 신탁재산에 관하여 「법인세법」의 사업자등록을 한 것으로 본다(법법 §111③).

(4) 구분경리

법인과세 수탁자는 법인과세 신탁재산별로 신탁재산에 귀속되는 소득을 각각 다른 회계로 구분하여 기록하여야 한다(법법 §113⑥).

(5) 법인과세 신탁재산의 수탁자 변경신고

1) 신수탁자 선임신고

법인과세 신탁재산에 새로운 수탁자(이하 "신수탁자"라 한다)가 선임된 경우 신수탁자는

선임일 이후 2개월 이내에 다음 사항을 적은 신고서에 신수탁자로 선임된 사실을 증명하는 서류 등을 첨부하여 납세지 관할 세무서장에게 신고하여야 한다(법법 §109의2①).
① 신수탁자의 명칭과 대표자의 성명
② 법인과세 신탁재산의 명칭
③ 신수탁자의 본점이나 주사무소 또는 사업의 실질적 관리장소의 소재지
④ 신수탁자에게 신탁사무를 승계한 새로운 수탁자가 선임되기 전의 수탁자(이하 "전수탁자"라 한다)의 명칭
⑤ 신수탁자 선임일
⑥ 신수탁자 선임사유

2) 전수탁자 임무종료 신고

법인과세 신탁재산에 대하여 전수탁자의 임무가 종료된 경우 그 임무의 종료에 따라 신탁사무를 승계한 신수탁자는 승계일 이후 2개월 이내에 다음 사항을 적은 신고서에 전수탁자의 임무가 종료된 사실을 증명하는 서류 등을 첨부하여 납세지 관할 세무서장에게 신고하여야 한다(법법 §109의2②).
① 전수탁자의 명칭과 대표자의 성명
② 법인과세 신탁재산의 명칭
③ 전수탁자의 본점이나 주사무소 또는 사업의 실질적 관리장소의 소재지
④ 신탁사무를 승계받은 신수탁자의 명칭
⑤ 신탁사무 승계일
⑥ 전수탁자 종료사유

3) 대표수탁자 변경신고

둘 이상의 수탁자가 있는 법인과세 신탁재산의 대표수탁자가 변경되는 경우 그 변경 전의 대표수탁자와 변경 후의 대표수탁자는 각각 변경일 이후 2개월 이내에 다음 사항을 적은 신고서에 변경사실을 증명하는 서류 등을 첨부하여 납세지 관할 세무서장에게 신고하여야 한다(법법 §109의2③).
① 변경 전 또는 변경 후의 대표수탁자의 명칭과 대표자의 성명
② 법인과세 신탁재산의 명칭
③ 변경 전 또는 변경 후의 대표수탁자의 본점이나 주사무소 또는 사업의 실질적 관리장소의 소재지
④ 대표수탁자 변경일
⑤ 대표수탁자 변경사유

(6) 신탁수익자명부변동상황명세서의 제출

신탁의 수탁자는 신탁 수익권에 대하여 신탁이 설정된 경우와 수익권의 양도 등으로 인하여 신탁 수익자의 변동사항이 있는 경우 다음의 내용이 포함된 수익자명부 변동상황명세서를 작성·보관하여야 하며, 신탁 설정 또는 수익자 변동이 발생한 과세기간의 다음 연도 5월 1일부터 5월 31일(법인과세 신탁재산의 수탁자의 경우에는 「법인세법」 제60조에 따른 신고기한을 말한다)까지 수익자명부 변동상황명세서를 납세지 관할 세무서장에게 제출하여야 한다(소법 §115의2, 소령 §177의3).

① 위탁자의 성명 또는 명칭 및 주소
② 수탁자의 성명 또는 명칭 및 주소
③ 수익자의 성명 또는 명칭 및 주소
④ 수익자별 수익권 또는 수익증권의 보유현황 및 내용
⑤ 과세기간 중 수익자의 변동사항

제 **22** 장

비영리법인의
법인세

1. 비영리법인의 범위

비영리법인이란 다음에 해당하는 법인을 말한다(법법 §2⑵,⑷ 및 법령 §2, 조특법 §104의7②).

1) 비영리내국법인

① 「민법」 제32조에 따라 설립한 법인

② 「사립학교법」이나 그 밖의 특별법에 따라 설립된 법인으로서 「민법」 제32조에 규정된 목적과 유사한 목적을 가진 법인. 그러나 그 주주·사원 또는 출자자에게 이익을 배당할 수 있는 법인[1]은 비영리법인에서 제외한다. 다만, 다음에 해당하는 조합법인은 이익을 배당하는 경우에도 비영리법인으로 본다.

㉮ 「농업협동조합법」에 따라 설립된 조합(조합공동사업 법인 포함)과 중앙회

㉯ 「소비자생활협동조합법」에 따라 설립된 조합과 그 연합회 및 전국연합회

㉰ 「수산업협동조합법」에 따라 설립된 조합(어촌계와 조합공동사업 법인 포함)과 그 중앙회

㉱ 「산림조합법」에 따라 설립된 산림조합(산림계 포함)과 그 중앙회

㉲ 「엽연초생산협동조합법」에 따라 설립된 엽연초생산협동조합과 그 중앙회

㉳ 「중소기업협동조합법」에 따라 설립된 조합과 연합회 및 중앙회

㉴ 「신용협동조합법」에 따라 설립된 신용협동조합과 그 연합회 및 중앙회

㉵ 「새마을금고법」에 따라 설립된 새마을금고와 그 연합회

㉶ 「염업조합법」에 따라 설립된 대한염업조합

③ 「국세기본법」 제13조 제4항에 따른 법인으로 보는 단체

④ 다음 중 어느 하나에 해당하는 정비사업조합(조특법 §104의7②)

㉮ 「도시 및 주거환경정비법」 제35조에 따라 설립된 조합(전환정비사업조합 포함)

㉯ 「빈집 및 소규모주택 정비에 관한 특례법」 제23조에 따라 설립된 조합

⑤ 특별법에 따라 설립된 법인으로서 출자금 전액을 국가에서 출자한 법인이 정관을 변경하여 이월결손금 보전 및 이익준비금 적립 후의 잉여금 잔액을 국고에 납입하는 경우(법집 2-0-2 ④)

2) 비영리외국법인

외국법인 중 외국의 정부·지방자치단체 및 영리를 목적으로 하지 아니하는 법인(법인으로 보는 단체 포함)(법법 §2⑷)

---

1) "주주·사원 또는 출자자에게 이익을 배당할 수 있는 법인"이란 자본금 또는 출자금이 있고 그 자본금 또는 출자금이 주식 또는 출자지분으로 구성되어 있으며, 경영성과를 출자비율에 따라 출자자 등에게 분배 가능한 법인을 말하며 이익배당에는 구성원의 탈퇴시 출자금 외에 출자비율에 따라 잉여금 등 그동안의 경영성과를 반환할 수 있는 경우를 포함한다(법집 2-0-2 ③).

2. 수익사업소득

1. 개 요

비영리법인은 각 사업연도 소득에 대한 법인세는 수익사업소득에 대해서만 납세의무를 진다. 비영리법인은 소득을 얻어도 학술, 종교, 자선 등에 사용하므로 법인세를 과세하지 않는 것을 원칙으로 한다. 다만, 비영리법인이 영리법인과 경쟁이 되는 사업을 하는 경우 비영리법인에게 과세하지 않으면 비영리법인과 영리법인의 공정경쟁을 유도할 수 없으므로 비영리법인은 수익사업소득에 대해서만 법인세를 과세하고 있다.

2. 수익사업의 범위

(1) 수익사업의 범위

비영리법인의 수익사업의 범위는 다음과 같다(법법 §4③).

수익사업	비수익사업
① 제조업, 건설업, 도매 및 소매업 등 한국표준산업분류에 따른 사업[*1](비수익사업 제외)	① 축산업(축산관련서비스업 포함) 외의 농업 24 개정
② 「소득세법」 제16조 제1항에 따른 이자소득	② 연구개발업(계약 등에 의하여 그 대가를 받고 연구 및 개발용역을 제공하는 사업을 제외함)
③ 「소득세법」 제17조 제1항에 따른 배당소득	③ 선급검사용역을 공급하는 사업(종전에는 상호주의에 의해 선급검사용역을 수익사업에서 제외하였으나, 2022. 1. 1. 이후 개시하는 사업연도분부터는 무조건 수익사업에서 제외함)
④ 주식·신주인수권 또는 출자지분의 양도로 인한 수입	④ 사회보장보험업 중 국민건강보험에 의한 의료보험사업과 산업재해보상보험사업
⑤ 유형자산 및 무형자산의 처분으로 인한 수입. 다만, 해당 유형자산 및 무형자산의 처분일(「지방자치분권 및 지역균형발전에 관한 특별법」에 따라 이전하는 공공기관의 경우에는 공공기관 이전일) 현재 3년 이상 계속하여 법령 또는 정관에 규정된 고유목적사업(수익사업 제외)에 직접 사용(해당 자산의 유지·관리 등을 위한 관람료·입장료수입 등 부수수익이 있는 경우에도 이를 고유목적사업에 직접 사용한 자산으로 봄)한 유형자산 및 무형자산의 처분으로 인하여 생기는 수입은 제외함.	⑤ 주무관청에 등록된 종교단체(그 소속단체 포함)가 공급하는 용역 중 「부가가치세법」 제26조 제1항 제18호에 따라 부가가치세가 면제되는 용역을 공급하는 사업
⑥ 양도소득세 과세대상인 부동산에 관한 권리 및 기타자산의 양도로 인한 수입	⑥ 유치원 또는 학교에서 해당 법률에 따른 교육과정에 따라 제공하는 교육서비스업[*2]
	⑦ 사회복지시설에서 제공하는 사회복지사업[*2]
	⑧ 연금업 및 공제업 중 법 소정 사업[*2]
	⑨ 금융 및 보험 관련서비스업 중 법 소정 사업[*2]
	⑩ 주택담보노후연금보증 등 그 밖의 사업[*2]

수익사업	비수익사업
⑦ 그 밖에 대가(對價)를 얻는 계속적 행위로 인한 수입으로서 채권·증권의 매매차익(비수익사업의 예금보호기금 등의 법 소정 사업에 귀속되는 채권 등의 매매차익 제외)	

*1 사업은 그 사업활동이 각 사업연도의 전 기간에 걸쳐 계속하여 행하여지는 사업 외에 상당기간에 걸쳐 계속적으로 행하여지거나 정기적 또는 부정기적으로 상당 횟수에 걸쳐 행하여지는 사업을 포함하는 것으로 한다. 따라서 일시적·우발적인 소득은 사업소득으로 보지 아니한다. 이 경우 "상당기간에 걸쳐 계속적으로 행하여지거나 정기적 또는 부정기적으로 상당횟수에 걸쳐 행하여진 사업"을 예시하면 다음과 같다(법기통 4-3…2).
 ㉮ 하절기에 있어서만 행하여지는 해수욕장에 있어서의 장소임대수입
 ㉯ 큰 행사에 있어서의 물품판매
*2 유치원 및 학교에서 제공하는 교육서비스업, 사회복지시설에서 제공하는 사회복지사업, 연금 및 공제업, 금융 및 보험 관련 서비스업 중 비수익사업

구 분	비수익사업
교육서비스업	다음 중 어느 하나에 해당하는 교육기관에서 해당 법률에 따른 교육과정에 따라 제공하는 교육서비스업 ① 「유아교육법」에 따른 유치원 ② 「초·중등교육법」 및 「고등교육법」에 따른 학교 ③ 「경제자유구역 및 제주국제자유도시의 외국교육기관 설립·운영에 관한 특별법」에 따라 설립된 외국교육기관(정관 등에 따라 잉여금을 국외 본교로 송금할 수 있거나 실제로 송금하는 경우는 제외함) ④ 「제주특별자치도 설치 및 국제자유도시 조성을 위한 특별법」에 따라 설립된 비영리법인이 운영하는 국제학교 ⑤ 「평생교육법」에 따른 전공대학 형태의 평생교육시설 및 원격대학 형태의 평생교육시설
사회복지사업	보건업 및 사회복지 서비스업 중 다음 중 어느 하나에 해당하는 사회복지시설에서 제공하는 사회복지사업 ① 「사회복지사업법」 제34조에 따른 사회복지시설 중 사회복지관, 부랑인·노숙인 시설 및 결핵·한센인 시설 ② 「국민기초생활보장법」 제15조의2 제1항 및 제16조 제1항에 따른 중앙자활센터 및 지역자활센터 ③ 「아동복지법」 제52조 제1항에 따른 아동복지시설 ④ 「노인복지법」 제31조에 따른 노인복지시설(노인전문병원 제외) ⑤ 「노인장기요양보험법」 제2조 제4호에 따른 장기요양기관 ⑥ 「장애인복지법」 제58조 제1항에 따른 장애인복지시설 및 같은 법 제63조 제1항에 따른 장애인복지단체가 운영하는 「중증장애인생산품 우선구매 특별법」 제2조 제2항에 따른 중증장애인생산품 생산시설 ⑦ 「한부모가족지원법」 제19조 제1항에 따른 한부모가족복지시설 ⑧ 「영유아보육법」 제10조에 따른 어린이집 ⑨ 「성매매방지 및 피해자보호 등에 관한 법률」 제9조 제1항에 따른 지원시설, 제15조 제2항에 따른 자활지원센터 및 제17조 제2항에 따른 성매매피해상담소 ⑩ 「정신건강증진 및 정신질환자 복지서비스 지원에 관한 법률」 제3조 제6호 및 제7호에 따른 정신요양시설 및 정신재활시설 ⑪ 「성폭력방지 및 피해자보호 등에 관한 법률」 제10조 제2항 및 제12조 제2항에 따른 성폭력피해상담소 및 성폭력피해자보호시설 ⑫ 「입양특례법」 제20조 제1항에 따른 입양기관

구 분	비수익사업
	⑬ 「가정폭력방지 및 피해자보호 등에 관한 법률」 제5조 제2항 및 제7조 제2항에 따른 가정폭력 관련 상담소 및 보호시설
	⑭ 「다문화가족지원법」 제12조 제1항에 따른 다문화가족지원센터
	⑮ 「건강가정기본법」 제35조 제1항에 따른 건강가정지원센터
연금 및 공제업	연금업 및 공제업 중 다음 중 어느 하나에 해당하는 사업 ① 「국민연금법」에 의한 국민연금사업 ② 특별법에 의하거나 정부로부터 인가 또는 허가를 받아 설립된 단체가 영위하는 사업(기금조성 및 급여사업에 한함) ③ 「근로자퇴직급여보장법」에 따른 중소기업퇴직연금기금을 운용하는 사업
금융 및 보험 관련 서비스업	금융 및 보험 관련서비스업 중 다음 중 어느 하나에 해당하는 사업 ① 「예금자보호법」에 의한 예금보험기금 및 예금보험기금채권상환기금을 통한 예금보험 및 이와 관련된 자금지원·채무정리 등 예금보험제도를 운영하는 사업 ② 「농업협동조합의 구조개선에 관한 법률」 및 「수산업협동조합법」에 의한 상호금융예금자보호기금을 통한 예금보험 및 자금지원 등 예금보험제도를 운영하는 사업 ③ 「새마을금고법」에 의한 예금자보호준비금을 통한 예금보험 및 자금지원 등 예금보험제도를 운영하는 사업 ④ 「한국자산관리공사 설립 등에 관한 법률」 제43조의2에 따른 구조조정기금을 통한 부실자산 등의 인수 및 정리와 관련한 사업 ⑤ 「신용협동조합법」에 의한 신용협동조합예금자보호기금을 통한 예금보험 및 자금지원 등 예금보험제도를 운영하는 사업 ⑥ 「산림조합법」에 의한 상호금융예금자보호기금을 통한 예금보험 및 자금지원 등 예금보험제도를 운영하는 사업
주택담보노후 연금보증 등 그 밖의 사업	① 「혈액관리법」 제6조 제3항에 따라 보건복지부장관으로부터 혈액원 개설 허가를 받은 자가 행하는 혈액사업 `'23 신설` ② 「한국주택금융공사법」에 따른 주택담보노후연금보증계정을 통하여 주택담보노후연금보증제도를 운영하는 사업(보증사업과 주택담보노후연금을 지급하는 사업에 한한다) ③ 「국민기초생활 보장법」 제2조에 따른 수급권자·차상위계층 등 다음의 어느 하나에 해당하는 자에게 창업비 등의 용도로 대출하는 사업으로서 기획재정부령으로 정하는 요건[2]을 갖춘 사업 ㉮ 「국민기초생활 보장법」 제2조에 따른 수급권자 및 차상위 계층 ㉯ 「조세특례제한법」 제100조의3에 따른 근로장려금 신청자격 요건에 해당하는 자 ㉰ 「신용정보의 이용 및 보호에 관한 법률」 제25조 제2항 제1호에 따른 종합신용정보집중기관(이하 "종합신용정보집중기관"이라 한다)에 연체·부도의 신용정보가 등록된 자 ㉱ 종합신용정보집중기관에 신용정보가 등록되어 있지 아니한 자 ㉲ 「신용정보의 이용 및 보호에 관한 법률」 제22조 제1항에 따른 신용조회회사가 산정한 신용등급(이하 "신용등급"이라 한다)이 하위 50%에 해당하는 자 중에서 금융위원회가 기획재정부장관과 협의하여 고시하는 지원 대상자 ④ 비영리법인(사립학교의 신축·증축, 시설확충, 그 밖에 교육환경 개선을 목적으로 설립된 법인에 한한다)이 외국인학교의 운영자에게 학교시설을 제공하는 사업 ⑤ 「국민체육진흥법」 제33조에 따른 대한체육회에 가맹한 경기단체 및 「태권도 진흥 및 태권도공원조성에 관한 법률」에 따른 국기원의 승단·승급·승품 심사사업 ⑥ 「수도권매립지관리공사의 설립 및 운영 등에 관한 법률」에 따른 수도권매립지관리공사가 행하는 폐기물처리와 관련한 사업 ⑦ 「한국장학재단 설립 등에 관한 법률」에 따른 한국장학재단이 같은 법 제24조의2에 따른 학자금대출계정을 통하여 운영하는 학자금 대출사업

---

2) "기획재정부령으로 정하는 요건"이란 다음의 요건을 말한다(법칙 §2②).

(2) 사업에서 발생하는 수익사업소득

1) 사업에서 발생하는 수익사업소득의 범위

사업에서 발생하는 수익사업소득은 한국표준산업분류에 의한 사업에서 발생하는 영업수익(매출액)에서 발생하는 소득을 말하므로 영업외수익을 말하는 것은 아니다. 예를 들면, 제조업의 경우 제품매출손익, 판매업의 경우 상품매출손익, 건설업의 경우 건설용역제공으로 인한 손익만 말한다. 그러므로 비영리법인이 한국표준산업분류에 의한 사업을 경영하는 경우 그 사업에서 발생하는 영업외수익에 관하여 법인세 납세의무에 대하여는 「법인세법」에 규정된 수익사업인 경우에 한하여 과세한다.

비영리내국법인의 수익사업에 속하는 사업 또는 수입을 예시하면 다음과 같다(법기통 4 - 3…3 1).

① 학교법인의 임야에서 발생한 수입과 임업수입

② 학교부설 연구소의 원가계산 등의 용역수입

③ 학교에서 전문의를 고용하여 운영하는 의료수입 및 매장운영수입(서면3팀 - 2317, 2006. 9. 28.)

④ 주무관청에 등록된 종교단체 등의 임대수입. 다만 「법인세법 시행령」 제2조 제1항 제7호에 해당되는 경우는 제외한다.

⑤ 전답을 대여 또는 이용하게 함으로써 생긴 소득

⑥ 정기간행물 발행사업. 다만 특별히 정해진 법률상의 자격을 가진 자를 회원으로 하는 법인이 그 대부분을 소속회원에게 배포하기 위하여 주로 회원의 소식 기타 이에 준하는 내용을 기사로 하는 회보 또는 회원명부(이하 "회보 등"이라 한다) 발간사업과 학술, 종교의 보급, 자선, 기타 공익을 목적으로 하는 법인이 그 고유목적을 달성하기 위하여 회보 등을 발간하고 이를 회원 또는 불특정다수인에게 무상으로 배포하는 것으로서 통상 상품으로 판매되지 아니하는 것은 제외한다.

⑦ 광고수입

⑧ 회원에게 실비제공하는 구내식당 운영수입

⑨ 급수시설에 의한 용역대가로 받는 수입

---

① 사업을 영위하는 비영리법인과 「법인세법 시행령」 제87조 제1항 각호의 어느 하나의 관계에 있지 아니한 금융소외계층에 대출할 것

② 담보나 보증을 설정하지 아니할 것. 다만, 금융소외계층이 지원받은 대출금으로 취득한 재산에 대하여 담보를 설정하거나 사업을 영위하는 비영리법인의 부담으로 보증보험에 가입하는 경우는 제외한다.

③ 1인에 대한 총대출금액이 1억원을 넘지 아니하는 범위에서 금융위원회가 기획재정부장관과 협의하여 고시하는 대출상한금액 이하일 것

④ 대출금리는 신용등급이 가장 낮은 금융소외계층에 대하여 적용되는 이자율이 「대부업 등의 등록 및 금융이용자 보호에 관한 법률 시행령」 제9조 제1항에 따른 이자율의 40%를 넘지 아니하는 범위에서 금융위원회가 기획재정부장관과 협의하여 고시하는 기준금리 이하일 것

⑤ 대출사업에서 발생한 소득을 전액 고유목적사업에 활용할 것

⑩ 운동경기의 중계료, 입장료

⑪ 회원에게 대부한 융자금의 이자수입

⑫ 유가증권대여로 인한 수수료수입

⑬ 조합공판장 판매수수료수입

⑭ 교육훈련에 따른 수수료수입

2) 수익사업으로 보는 부수수익의 범위

수익사업과 직접 관련하여 생긴 부수수익도 수익사업에서 생긴 소득에 해당하므로 비영리법인의 과세소득에 포함된다. 이를 예시하면 다음과 같다(법기통 4 - 3…1 ② 및 4 - 3…4 등).

① 부산물, 작업폐물 등의 매출액 및 역무제공에 의한 수입 등과 같이 기업회계관행상 영업수입금액에 포함하는 금액

② 수익사업과 관련하여 발생하는 채무면제익, 외환차익, 국고보조금, 매입할인, 원가차익 및 상각채권추심이익 등

③ 수익사업과 관련하여 지출한 손금 중 환입된 금액

④ 수익사업의 손금에 산입한 제준비금 및 충당금 등의 환입액

⑤ 수익사업용자산의 멸실 또는 손괴로 인하여 발생한 보험차익

⑥ 수익사업에 속하는 수입금액의 회수지연으로 인하여 지급받는 연체이자 또는 연체료 수입(수익사업과 관련된 계약의 위약, 해약으로 받는 위약금과 배상금 등을 포함한다)

⑦ 비영리내국법인이 간행물 등을 발간하여 직접적인 대가를 받지 아니하고 회비 등의 명목으로 그 대가를 징수하는 경우에는 다음의 규정에 따라 수입금액을 계산한다. 따라서 회비 외의 대가를 받고 간행물을 발간하는 경우에는 수익사업에서 생긴 소득으로 본다(법기통 4 - 3…4).

㉮ 회원으로부터 그 대가를 받지 아니하고 별도의 회비를 징수하는 경우에는 그 회비 중 당해 간행물 등의 대가상당액을 수입금액으로 본다.

㉯ 회원 이외의 자로부터 그 대가를 받지 아니하고 회비 등의 명목으로 금전을 수수하는 경우에는 그 수수하는 금액을 수입금액으로 본다. 이 경우 "회비 등의 명목으로 그 대가를 징수하는 경우"라 함은 다음에 게기하는 것으로 한다.

㉠ 회원에게 배포한 간행물 등이 독립된 상품적 가치가 있다고 인정되는 것으로서 그 대가상당액을 별도의 회비명목으로 징수하는 경우

㉡ 건전한 사회통념에 비추어 보아 소속회원에게 봉사하는 정도를 넘는 회비를 징수하고 간행물 등을 배포하는 경우

(3) 유형자산 및 무형자산의 처분으로 인한 수입

1) 개 요

유형자산 및 무형자산의 처분으로 인한 수입은 수익사업에서 생긴 소득이므로 법인세가 과세된다. 다만, 해당 유형자산 및 무형자산의 처분일(「국가균형발전 특별법」 제18조에 따라 이전하는 공공기관의 경우에는 공공기관 이전일을 말함) 현재 3년 이상 계속하여 법령 또는 정관에 규정된 고유목적사업(법인세법 시행령 제3조 제1항에 사업수입에 해당하는 수익사업은 제외함)에 직접 사용한 유형자산 및 무형자산의 처분으로 인하여 생기는 수입은 수익사업에서 제외한다(법법 §4③(5)). 이 경우 해당 자산의 유지·관리 등을 위한 관람료·입장료수입 등 부수수익이 있는 경우에도 이를 고유목적사업에 직접 사용한 자산으로 보며, 비영리법인이 수익사업에 속하는 자산을 고유목적사업에 전입한 후 처분하는 경우에는 전입 시 시가로 평가한 가액을 그 자산의 취득가액으로 하여 처분으로 인하여 생기는 수입을 계산한다(법령 §3②).

여기서 "고유목적사업에 자산을 직접 사용한 시점"은 건물이 준공되어 법령 또는 정관상의 고유목적사업에 실질적으로 공한 때를 말한다(법인 46012-1101, 1995. 4. 20.). 따라서 법인으로 승인받은 법인격 없는 단체(수익사업을 영위하지 아니한다)가 법인으로 승인받기 전에 취득하여 처분일 현재 3년 이상 계속하여 법령 또는 정관에 규정된 고유목적사업에 직접 사용한 유형자산 및 무형자산을 양도하는 경우 당해 자산의 처분으로 인한 수익은 법인세 과세대상에 해당되지 않는다(법인-203, 2014. 4. 28.).

2) 수익사업의 고정자산을 고유목적사업으로 전출 후 3년간 사용하고 처분하는 경우의 자산처분수입의 과세방법

원래부터 고유목적사업에 사용하던 유형자산 및 무형자산을 3년 이상 고유목적사업에 직접 사용한 후 처분한 경우의 자산처분수입은 전액 수익사업소득으로 보지 아니한다. 수익사업에 사용하던 유형자산과 무형자산을 고유목적사업에 전입하여 3년 이상 사용한 후 처분한 경우 종전에는 양도가액과 최초 취득시 취득가액과의 차액을 전액 비과세하였으나, 자산처분수입에 대한 과세를 합리화하기 위하여 2018. 2. 13. 이후 고유목적사업에 전입분부터는 고유목적사업으로 전출한 후에 발생한 처분수입(양도가액에서 전출당시 시가를 뺀 금액)을 비과세하도록 하였다.

● 고유목적사업에 3년 이상 사용 후 처분시 비과세소득 ●

구 분	내 용
원래부터 고유목적사업에 사용하던 유형자산 및 무형자산을 3년 이상 고유목적사업에 직접 사용시 처분수입	처분이익 전액 비과세 비과세 처분이익 = 양도가액 − 최초 취득시 취득가액
수익사업에서 고유목적사업으로 전출한 고정자산	3년 이상 고유목적사업에 직접 사용 후 처분시 고유목적사업 전출 이후 발생한 처분이익만 비과세 비과세 처분이익 = 양도가액 − 고유목적사업 전출시 시가

■ 사례 » 비영리법인의 유형자산 처분수입

A비영리법인이 토지 및 건물을 양도한 경우 다음 자료로 처분이익 중 비과세되는 금액을 구하시오.

기 간	내 용	비 고
2016. 1. 1.	매입	취득가액 1억원
2016. 1. 1.~2020. 12. 31.	수익사업에 사용	
2021. 1. 1.	고유목적사업 전출	시가 3억원
2021. 1. 1.~2024. 12. 31.	고유목적사업에 사용	
2025. 1. 1.	양도	양도가액 6억원

■ 해답 ■

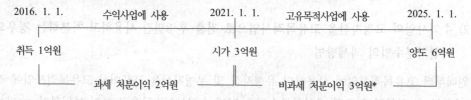

* 비영리법인이 수익사업에 속하는 자산을 고유목적사업에 전입한 후 처분하는 경우에는 전입 시 시가로 평가한 가액을 그 자산의 취득가액으로 하여 처분으로 인하여 생기는 수입을 계산한다.

3) 고유목적사업의 사용기간

유형자산 및 무형자산의 처분일 현재 고유목적사업에 3년 이상 계속하여 사용되었는지 여부를 판단함에 있어서 고유목적사업에 사용된 기간은 법인이 그 자산을 취득한 날부터 기산하고, 증여로 인한 취득의 경우에는 소유권이전등기일을 취득일로 하여 고유목적사업에 직접 사용한 경우를 말한다(재법인-30, 2005. 1. 12.). 이 경우 고유목적사업의 사용기간에 관한 내용을 살펴보면 다음과 같다.

① 고유목적사업 사용기간 계산시 임대사용기간은 포함하지 아니한다(법인-644, 2011. 8. 31., 법인 46012-2295, 1997. 8. 28.).

② 법인격 없는 단체가 법인으로 승인받기 전에 취득한 부동산을 처분하는 경우 법인으로 보는 단체로 승인받기 전부터 사실상 고유목적사업에 직접 사용한 때에는 고유목적사업에 사용한 날부터 기산한다(서면2팀-739, 2007. 4. 26., 법집 4-3-5 ②).

③ 보유기간 중 고유목적사업에 직접 사용하지 못한 부득이한 사유발생은 동 규정 적용의 고려대상이 아니다(법인-50, 2010. 1. 15.).

④ 비영리법인이 관련 법률의 개정으로 해산하고 해산법인의 모든 재산과 법률상 권리·의무가 신설된 법인으로 포괄 승계되는 조직변경의 경우 고유목적사업의 직접 사용기간은 조직변경 전의 사용기간을 포함한다(법인-254, 2010. 3. 18., 법인-254, 2010. 3. 17.).

⑤ 비영리법인이 환지 방법으로 취득한 유형자산을 고유목적사업에 사용하다가 처분한 경우 재건축 이전의 소유한 유형자산을 고유목적사업에 사용한 기간은 포함한다(재법인-586, 2010. 7. 7.).

4) 수익사업과 고유목적사업에 공동으로 사용한 후 처분한 경우

비영리내국법인이 수익사업과 고유목적사업에 공동으로 사용하던 부동산(청사, 사택)을 양도하는 경우 양도일 현재 고유목적사업에 3년 이상 계속하여 사용하던 부분에 대하여는 각 사업연도소득에 대한 법인세가 과세되지 아니한다(법인-313, 2012. 5. 22., 법규과-341, 2012. 4. 6.).

예규 및 판례 **비영리법인의 유형자산과 무형자산의 처분수입**

❶ 비영리법인의 고정자산 처분수입 비과세 범위 산정

【질의】

질의법인은 토지 및 건물을 2010년 **월 **일 증여로 취득하였으며, 이후 2022년 *월 **일에 쟁점부동산을 ****에 양도한바, 쟁점부동산의 취득시부터 양도시까지 사용현황은 아래와 같음.

연번	기 간	사용 현황	사용 구분	비고
①	'10. **. **. ~ '16. **. **.	교회교육관	고유목적사업	(질의) 비과세 여부
②	'16. **. **. ~ '18. **. **.	임대사업	수익사업	–
③	'18. **. **. ~ '22. **. **.	교회교육관	고유목적사업	–

질의법인이 쟁점부동산을 취득 후 고유목적사업에 사용하다가 수익사업에 전입하여 일정기간 임대업에 사용한 후, 또 다시 고유목적사업에 전입하여 3년 이상 고유목적사업에 직접사용 후 처분하는 경우 질의법인이 쟁점부동산을 수익사업에 전입하기 전 과거 고유목적사업에 사용한 기간동안의 처분수입이 비과세되는지 여부

【회신】

비영리내국법인이 토지 및 건물(이하 "쟁점부동산")을 취득한 후 고유목적사업에 사용하다가 수익사업에 전입하여 일정기간 임대업에 사용한 후, 또 다시 고유목적사업에 전입하여 3년 이상 고유목적사업에 직접 사용 후 처분하는 경우 쟁점부동산의 처분수입 중 쟁점부동산을 취득한 이후부터 수익사업에 전입하기 전까지의 기간동안 발생한 처분수입은 「법인세법」 제4조 제3항 제5호 단서에 따른 비과세대상에 해당하지 않는 것임(사전-2022-법규법인-1250, 2023. 3. 29.).

❷ 종중이 법인으로 보는 단체로 승인받은 후 선산을 양도한 경우 양도소득의 비과세 여부

【질의】

△△공파 후손 △△재문중은 '21. 6. 30. 법인으로 보는 단체로 승인 받음('93. 8. 30. 설립). '21. 7. 19. 5대 조비 묘가 있는 종중소유 임야 14,083㎡를 양도하고 5대 조비의 묘지는 임야 소유권 등기이전 선산으로 이장함.

〈 임야 취득 및 양도 내역 〉

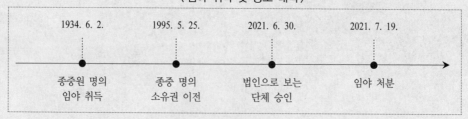

종중이 임야를 양도하는 경우 법인세 과세소득에서 제외되는지 여부

【회신】

종중 소유 부동산을 처분일로부터 소급하여 3년 이상 계속 고유목적사업에 직접 사용한 경우에는 「법인세법」 제4조 제3항 제5호 단서 및 같은 법 시행령 제3조 제2항에 따라 해당 부동산 양

도소득은 법인세 과세소득에서 제외되는 것이며, 해당 부동산이 고유목적사업에 직접 사용되었는지 여부는 사용용도·기간·면적·사용현황, 임대차 여부 등 제반사항을 고려하여 사실판단할 사항임(서면－2022－법인－1603, 2022. 4. 13.).

세부내용 **수익사업소득계산의 특례**

① 1988. 12. 31. 이전에 취득한 주식 또는 출자증권의 취득가액 계산 : 1988. 12. 31. 이전에는 비영리법인이 소유한 주식 또는 출자지분을 양도하는 경우라 하더라도 그 양도로 인하여 생긴 소득에 대하여는 법인세를 과세하지 아니하였다. 그러나 「법인세법」 개정(**법률 제4020호, 1988. 12. 26. 공포**)에 따라 비영리법인이 1989. 1. 1. 이후 최초로 주식 또는 출자지분을 양도하는 경우 그 양도에서 생긴 소득에 대하여 비영리법인의 수익사업에서 생긴 소득으로 보아 법인세가 과세하게 되었다. 비영리법인이 1988. 12. 31. 이전에 취득한 주식 또는 출자지분을 양도하는 경우 그 양도에서 발생된 소득을 적정하게 계산하기 위하여 개정 「법인세법」(**법률 제4020호, 1988. 12. 26. 공포**) 부칙 제13조에서 주식 또는 출자지분의 취득가액 산정에 관한 특례규정을 다음과 같이 두었고 또 그 후 개정 「법인세법」 (**법률 제5581호, 1998. 12. 28. 공포**) 부칙 제8조에서 같은 내용의 특례규정을 두었다.

구 「법인세법」 부칙 제13조 (법률 제4020호, 1988. 12. 26. 공포)	구 「법인세법」 부칙 제8조 제1항 (법률 제5581호, 1998. 12. 28. 공포)
제13조 【주식 또는 출자지분의 취득가액산정에 관한 특례】 제1조 제1항 제5호의 개정규정을 적용함에 있어서 1988. 12. 31. 이전에 취득한 주식 또는 출자지분의 취득가액은 장부가액과 다음 각호의1에 규정하는 금액 중 높은 금액으로 할 수 있다. 1. 증권거래소에 상장되는 주식이나 출자지분의 경우에는 1988. 12. 31. 증권거래소 최종시세가액(거래실적의 유무를 불문한다)과 1988년 12월 중 공표된 매일의 증권거래소 최종시세가액의 평균액 중 높은 금액 2. 증권거래소에 상장되지 아니하는 주식이나 출자지분의 경우에는 1989. 1. 1. 현재로 상속세법 제9조 제1항의 가액으로 평가한 금액	제8조 【수익사업소득계산에 관한 특례】 ① 제3조 제2항 제4호의 개정규정을 적용함에 있어서 1988. 12. 31. 이전에 취득한 주식 또는 출자지분의 취득가액은 장부가액과 다음 각호의 금액 중 높은 금액으로 할 수 있다. 1. 증권거래소에 상장된 주식이나 출자지분의 경우에는 1988. 12. 31.의 증권거래소 최종시세가액(거래실적의 유무를 불문한다)과 1988년 12월 중 공표된 매일의 증권거래소 최종시세가액의 평균액 중 높은 금액 2. 증권거래소에 상장되지 아니한 주식이나 출자지분의 경우에는 1989. 1. 1. 현재 상속세 및 증여세법 제60조 및 동법 제63조 제1항 제1호 나목 및 다목의 가액으로 평가한 가액

② 1988. 12. 31. 이전 또는 1990. 12. 31. 이전에 취득한 자산의 취득가액 계산 : 1988. 12. 31. 이전에는 비영리법인이 소유한 자산을 양도하는 경우라 하더라도 그 양도로 인하여 생긴 소득에 대하여는 법인세를 과세하지 아니하였다. 그러나 「법인세법」 개정(**법률 제4020호, 1988. 12. 26. 공포**)에 따라 비영리법인이 1989. 1. 1. 이후 최초로 수익사업용 고정자산(고유목적사업용 고정자산은 제외)을 양도하는 경우 그 양도로 인하여 생긴 소득에 대하여 법인세를 과세하도록 되어 있으며 그 후 그 범위가 확대하여 수익사업용 고정자산이 아니더라도 그 고정자산의 양도일 현재 3년 이상 계속하여 법령 또는 정관에 규정한 고유목적사업에 직접 사용하지 아니한 경우에는 그 고정자산의 양도로 인하여 생긴 소득을 비영리법인의 수익사업의 수익으로 보아 법인세가 과세되었다. 이와 같이 고정자산의 양도로 인하여 생긴 소득에 대하여 비영리법인의 과세소득 범위에 포함하고 있기 때문에 그 양도

소득금액을 적정하게 계산하기 위해 개정 「법인세법」(법률 제4020호, 1988. 12. 26. 공포) 부칙 제14조와 개정 「법인세법」(법률 제5581호, 1998. 12. 28. 공포) 부칙 제8조 제2항에서 고정자산의 취득가액 산정에 관한 특례규정을 다음과 같이 두었다.

구 「법인세법」 부칙 제14조 (법률 제4020호, 1988. 12. 26. 공포)	구 「법인세법」 부칙 제8조 제2항 (법률 제5581호, 1998. 12. 28. 공포)
제14조【수익사업용 고정자산의 취득가액산정에 관한 특례】제1조 제1항 제6호의 개정규정을 적용함에 있어서 1988. 12. 31. 이전에 취득한 토지 및 건물(부속시설물과 구축물을 포함한다)의 취득가액은 장부가액과 1989. 1. 1. 현재로 상속세법 제9조 제1항의 가액으로 평가한 금액 중 높은 금액으로 할 수 있다.	[부칙 제8조 제1항 생략] ② 제3조 제2항 제5호의 개정규정을 적용함에 있어서 1988. 12. 31. 이전에 취득한 토지 및 건물(부속시설물과 구축물을 포함한다)의 취득가액은 장부가액과 1989. 1. 1. 현재 「상속세 및 증여세법」 제60조 및 동법 제61조 제1항 내지 제3항의 가액으로 평가한 가액 중 큰 금액으로 할 수 있다. 다만, 1990. 12. 31. 이전에 취득한 토지 및 건물로서 수익사업용이 아닌 것의 취득가액은 장부가액과 1991. 1. 1. 현재 상속세 및 증여세법 제60조 및 동법 제61조 제1항 내지 제3항의 가액으로 평가한 가액 중 큰 금액으로 할 수 있다.

3. 비영리법인의 법인세과세표준 계산과 세액 신고

1. 개 요

비영리법인의 소득 중 「소득세법」 제16조 제1항에 따른 이자·할인액 및 이익(비영업대금의 이익을 제외하고, 투자신탁의 이익을 포함한다. 이하 "이자소득"이라 한다)으로서 「법인세법」 제73조에 따라 원천징수된 이자소득에 대하여는 「법인세법」 제60조 제1항에 불구하고 과세표준의 신고를 하지 아니할 수 있다(법법 §62①).

따라서 비영리내국법인이 신고서를 법정신고기한을 경과하여 제출한 경우에는 이자소득에 대해 원천징수의 방법을 선택한 것으로 보아 분리과세한다(국심판 2002광 580, 2002. 5. 22., 국심판 99전 2366, 2000. 5. 12.).

2. 지급시기 이후 원천징수된 이자소득의 기한 후 신고 가능 여부

이자소득 외에 수익사업이 없는 비영리내국법인이 원천징수되지 아니한 원천징수대상 이자소득에 대하여 「법인세법」 제62조에 따라 과세표준확정신고를 하지 아니하였으나 과세표준확정신고기한이 지난 후 해당 이자소득에 대하여 원천징수의무자에게 과세된 경우 그 원천징수대상 이자소득은 과세표준신고를 하지 아니한 이자소득에 대하여는 수정신고, 기한 후 신고 또는 경정 등에 의하여 이를 과세표준에 포함시킬 수 없다(법령 §99②).

그 이유는 비영리내국법인이 원천징수된 이자소득에 대하여 법인세 과세표준 신고를 하지 아니한 경우에는 이미 원천징수방법으로 분리과세되어 납세의무가 종결된 것으로 보아 수정신고, 기한 후 신고 또는 경정 등에 의하여 각 사업연도의 소득금액 계산시 과세표준에 포함시킬 수 없기 때문이다.

3. 이자소득 중 일부만 수익사업과 합산하여 과세표준신고한 경우

비영리내국법인은 원천징수된 이자소득 중 일부에 대하여도 분리과세를 적용하여 이에 상당하는 금액을 과세표준신고금액에 포함하지 아니할 수 있다(법령 §99①). 그러므로 비영리법인이 법인세 과세표준신고시 이자소득에 해당되는 부분만 분리과세 원천징수 방법을 선택한 경우에는 분리과세 이자소득을 익금불산입하고 동 원천징수세액 상당액은 손금불산입을 하는 세무조정을 하여야 한다(법인 46012-2720, 1993. 9. 10.).[3]

따라서 비영리내국법인이 과세표준신고를 하는 경우 원천징수된 이자소득 중 일부만을 다른 수익사업소득과 합산하여 과세표준신고를 한 경우 과세표준신고를 하지 아니한 이자소득에 대해서는 원천징수방법으로 과세하는 것으로 인정한다(법인 22631-1123, 1990. 11. 16.).

4. 이자소득만 있는 비영리법인의 신고시 첨부서류

이자소득만 있는 비영리법인은 「법인세법 시행규칙」 제82조 제2항에 따라 간이신고서식에 의하여 법인세를 신고할 수 있으며, 이 경우 포괄손익계산서·이익잉여금처분계산서 및 세무조정계산서를 첨부하지 아니하여도 된다.

---

3) 비영리법인이 이자소득을 법인세 신고시 소득금액에 포함시키지 않고 고유목적사업준비금을 설정해 손금산입한 경우에는 이를 손금불산입한다(국심판 2000서 2464, 2001. 5. 7.).

4. 비영리내국법인의 자산양도소득에 대한 신고특례

1. 자산양도소득에 대한 신고세특례

비영리내국법인(사업소득에 해당하는 수익사업을 하는 비영리내국법인은 제외함)이 자산양도소득에 대한 신고특례법 소정 자산을 양도함에 따라 발생한 자산양도소득에 대하여 다음의 두 가지 중 한 방법을 선택하여 신고할 수 있다(법법 §62의2).

(방법 1) 각 사업연도 소득에 대하여 법인세를 신고·납부하는 방법
(방법 2) 「소득세법」에 따른 양도소득세 상당액을 법인세로 납부하는 방법

이 경우 수익사업을 영위하지 아니하는 비영리내국법인이 고유목적사업에 사용하지 아니한 토지를 양도하는 경우에도 과세특례 규정을 적용할 수 있으나(법인-703, 2010. 7. 26.) 사업소득에 해당하는 수익사업을 하는 비영리내국법인의 경우에는 이를 적용할 수 없다. 예를 들어, 비영리법인이 임대수익이 발생한 토지를 양도한 경우에는 자산양도소득에 대한 신고특례를 적용받을 수 없다(서면2팀-2590, 2006. 12. 14.).

2. 자산양도소득에 대한 신고특례 대상자산

비영리내국법인이 양도소득에 대하여 법인세 과세표준 신고를 하지 아니하고 「소득세법」의 양도소득세 과세방식을 적용할 수 있는 자산은 다음과 같다(법법 §62의2①, 법령 §99의2①).

구 분	자산양도소득 신고특례 대상자산
토지와 건물	토지 또는 건물(건물에 부속된 시설물과 구축물 포함)
부동산에 관한 권리	① 지상권과 전세권 ② 등기된 부동산임차권 : 부동산임차권은 채권이므로 양도소득세 과세대상이 아니다. 그러나 부동산임차권을 등기하면 전세권과 효력이 같아지므로 부동산임차권은 등기한 경우에만 양도소득세 과세대상이다. 등기하지 않은 임차권을 양도한 경우 점포임차권의 양도소득은 기타소득으로 보고, 그 이외의 임차권은 과세하지 않는다. ③ 부동산을 취득할 수 있는 권리 : 미래에 일정한 요건을 구비하면 부동산을 취득할 수 있는 권리인 아파트당첨권, 토지상환채권, 주택상환채권, 부동산매매계약을 체결한 자가 계약금만을 지급한 상태에서 양도하는 권리가 부동산을 취득할 수 있는 권리에 해당한다.

구 분	자산양도소득 신고특례 대상자산

① 특정주식 : 특정주식(주식에는 출자지분, 신주인수권 및 증권예탁증권을 포함)은 다음과 같이 A와 B의 두 가지 종류가 있으며, 다음의 요건을 모두 충족하여야 한다.

기타자산

요 건	특정주식 A	특정주식 B
업종요건	업종 요건 없음 → 모든 업종	골프장업, 스키장업, 휴양콘도미니엄, 전문휴양시설을 건설 또는 취득하여 직접 경영하거나 분양 또는 임대하는 사업을 할 것
자산요건	자산총액 중 부동산과 부동산권리의 비율이 50% 이상일 것	자산총액 중 부동산과 부동산권리의 비율이 80% 이상일 것
지분율 요건	과점주주(1주주와 특수관계인의 지분율이 50%를 초과하는 주주)일 것	지분율 요건 없음 → 1주만 보유해도 해당
양도요건	과점주주가 3년 이내에 총발행주식의 50% 이상을 과점주주 외의 자에게 양도할 것*	양도 요건 없음 → 1주만 양도해도 해당

* 과점주주가 다른 과점주주에게 양도한 후 양수한 과점주주가 과점주주 외의 자에게 다시 양도하는 경우로서 과점주주가 주식의 50% 이상을 과점주주 외의 자에게 양도한 주식 중에서 양도하는 날(여러 번에 걸쳐 양도하는 경우에는 그 양도로 양도한 주식이 전체 주식의 50% 이상이 된 날을 말함)부터 소급해 3년 내에 해당 법인의 과점주주 간에 해당 법인의 주식을 양도한 경우를 포함한다(소령 §158③).

② 특정시설물이용권 : 특정시설물이용권이란 이용권·회원권 그 밖에 그 명칭에 관계 없이 시설물을 배타적으로 이용하거나 일반이용자에 비하여 유리한 조건으로 이용할 수 있는 시설물이용권(주주회원권 포함)을 말한다. 골프회원권, 콘도회원권, 종합체육시설이용회원권, 고급사교장회원권이 이에 해당한다.

③ 사업에 사용하는 토지, 건물, 부동산에 관한 권리와 함께 양도하는 영업권 : 영업권을 사업에 사용하는 토지, 건물, 부동산에 관한 권리와 함께 양도한 경우에는 양도소득으로 본다.

④ 이축권 : 「개발제한구역의 지정 및 관리에 관한 특별조치법」에 따른 이축권*을 토지 또는 건물과 함께 양도하는 경우에는 양도소득으로 보나, 해당 이축권 가액을 감정평가업자가 감정한 가액(감정한 가액이 2이상인 경우에는 그 감정한 가액의 평균액)으로 별도로 구분하여 신고하는 경우는 기타소득으로 본다.

* 이축권 : 인근 지역으로 옮겨 건물을 지을 수 있는 권리

일반주식	다음에 해당하는 일반주식(2025. 1. 1. 전에 양도분에 적용하고 2025. 1. 1. 이후 양도분은 제외) `23 개정` ㉠ 주권상장법인의 주식 또는 출자금액(소법 §94①(3)가) ㉡ 주권상장법인이 아닌 법인의 주식 또는 출자증권(소법 §94①(3)나)

세부내용 **특정주식 요건**

① 자산요건 : 법인의 자산총액 중 다음의 합계액이 차지하는 비율이 50% 이상일 것

> (가) 토지, 건물, 부동산에 관한 권리(이하 '부동산등'이라 한다)의 가액
> (나) 해당 법인이 직접 또는 간접으로 보유한 다른 법인의 주식가액 × 그 다른 법인의 부동산등 보유비율(소령 §158⑦)*
>
> $$* \ 다른\ 법인의\ 부동산등\ 보유비율 = \frac{A + B}{C}$$
>
> A : 다른 법인이 보유하고 있는 부동산 등의 가액
> B : 다른 법인이 보유하고 있는 국세기본법 시행령에 따른 경영지배관계인 법인이 발행한 주식가액에 그 경영지배관계에 있는 법인의 부동산등 보유비율을 곱하여 산출한 가액
> C : 다른 법인의 자산총액

자산가액은 장부가액(토지와 건물의 기준시가가 장부가액보다 큰 경우에는 기준시가)으로 계산한다. 다만, 다음의 금액은 자산총액에 포함하지 아니한다. 동일인에 대한 업무무관 가지급금 등과 가수금이 함께 있는 경우에는 이를 상계한 금액으로 하되, 동일인에 대한 가지급금 등과 가수금의 발생시에 각각 상환기간 및 이자율 등에 관한 약정이 있는 경우에는 이를 상계하지 아니한다(소령 §158⑤).

(가) 무형자산 중 개발비와 사용수익기부자산의 금액
(나) 양도일부터 소급하여 1년 이내에 차입금 또는 증자에 의하여 증가한 현금·대여금 및 기획재정부령으로 정하는 금융재산

② 지분율요건 : 법인의 주주 1인 및 기타주주가 소유하고 있는 주식등의 합계액이 해당 법인의 주식등의 합계액의 50%를 초과하는 경우 그 주주 1인 및 기타주주(이하 '과점주주'라 한다)를 말한다(소령 §158①).

③ 양도요건 : 과점주주가 주식을 과점주주 외의 자에게 여러 번에 걸쳐 양도하는 경우에는 과점주주 중 1인이 주식을 양도하는 날부터 소급해 3년 내에 과점주주가 양도한 주식을 더하여 양도비율이 총발행주식의 50% 이상인지 판단한다. 위 ①과 ②의 요건을 충족하는지는 합산하는 기간 중 최초로 양도하는 날을 기준으로 판단한다(소령 §158②).

3. 과세특례적용기간

자산의 양도소득에 대한 과세특례는 자산의 양도일이 속하는 각 사업연도 단위별로 이를 적용하며 각 사업연도 단위별로 이를 적용하지 아니한 때에는 해당 사업연도의 양도소득에 대하여는 위 비영리내국법인의 자산양도소득에 대한 과세특례의 규정을 적용하지 아니한다 (법령 §99의2②).

4. 양도소득세 과세방법을 선택한 경우 법인세액의 계산

(1) 양도소득세 과세방법

양도소득세 과세방식을 선택하는 경우 "양도소득세 과세표준계산"규정(소법 §92)을 준용하여 과세표준을 계산하고, 그 과세표준에 양도소득세율(법법 §104① 각호의 세율을 말함)을 적용하여 계산한 금액을 법인세로 납부하여야 한다. 이 경우 소득세법 제104조 제4항에 따라 가중된 세율을 적용하는 경우에는 토지등 양도소득에 대한 법인세 규정은 적용하지 아니한다(법법 §62의2③).

구 분	내 용	비 고
1단계 양도차익 계 산	양 도 가 액 (-) 취 득 가 액 (-) 기 타 필 요 경 비	…… 매입가액(건설원가) + 취득부대비용 …… 자본적 지출과 양도비용
2단계 과세표준 계 산	양 도 차 익 (-) 장 기 보 유 특 별 공 제 양 도 소 득 금 액 (-) 양 도 차 손 양 도 소 득 금 액 (-) 양 도 소 득 기 본 공 제	…… 다른 자산의 양도차손 …… 그룹별 연 250만원 공제
3단계 세 액 계 산	양 도 소 득 과 세 표 준 (×) 세 율 양 도 소 득 산 출 세 액 (-) 감 면 공 제 세 액 양 도 소 득 결 정 세 액 (+) 가 산 세 양 도 소 득 총 결 정 세 액 (-) 기 납 부 세 액 양 도 소 득 차 감 납 부 세 액	…… 같은 세율 적용 과세표준을 합하여 계산

위 계산식을 적용함에 있어서 「상속세 및 증여세법」에 따라 상속세과세가액 또는 증여세과세가액에 산입되지 아니한 재산을 출연받은 비영리내국법인이 세법으로 정하는 자산을 양도하는 경우에는 그 자산을 출연한 출연자의 취득가액을 당해 법인의 취득가액으로 하며, 법인으로 보는 단체(국기법 §13②)의 경우에는 법인으로 승인받기 전의 당초 취득한 가액을 취득가액으로 한다(법법 §62의2④ 단서). 그러나 「상속세 및 증여세법」에 따라 상속세과세가액 또는 증여세과세가액에 산입되지 아니한 출연재산이 그 후에 과세요인이 발생하여 그 과세

가액에 산입되지 아니한 상속세 또는 증여세의 전액 상당액이 부과되는 경우에는 위의 규정을 적용하지 아니한다(법령 §99의2④).

(2) 취득가액

1) 일반적인 경우

비영리내국법인이 「법인세법」 제62조의2에 따라 과세특례 신청을 하는 경우 양도소득금액을 계산할 때 취득가액은 「소득세법」 제96조부터 제98조까지 및 제100조를 준용한다.

2) 3년 이내 출연받은 자산을 양도하는 경우

수익사업을 영위하지 않는 비영리내국법인으로서 「상속세 및 증여세법」에 의하여 상속세과세가액 또는 증여세과세가액에 산입되지 아니한 재산을 출연받은 법인이 자산을 양도하는 경우 당해 자산을 출연한 출연자의 취득가액을 당해 법인의 취득가액으로 한다. 그러나 「상속세 및 증여세법」에 의하여 상속세과세가액 또는 증여세과세가액에 산입되지 아니한 출연재산이 그 후에 과세요인이 발생하여 그 과세가액에 산입되지 아니한 상속세 또는 증여세의 전액 상당액이 부과되는 경우에는 위 규정을 적용하지 아니한다(법령 §99의2④).

그러나 출연받은 자산을 1년 이상 다음에 해당하는 사업(보건업 외에 「법인세법 시행령」 제3조 제1항의 규정에 해당하는 수익사업을 제외한다)에 직접 사용한 자산을 제외한다(법령 §99의2③).

① 법령에서 직접 사업을 정한 경우에는 그 법령에 규정된 사업

② 행정관청으로부터 허가·인가 등을 받은 경우에는 그 허가·인가 등을 받은 사업

③ 위 "①" 또는 "②" 외의 경우에는 법인등기부상 목적사업으로 정하여진 사업

(3) 부당행위계산 부인 및 양도소득금액의 구분계산

소득세법의 양도소득 과세방식으로 과세특례 적용시 자산양도소득에 대한 과세표준에 관하여는 「소득세법」 제101조【양도소득의 부당행위계산】 및 같은 법 제102조【양도소득금액의 구분 계산 등】을 준용하고, 자산양도소득에 대한 세액계산에 관하여는 「소득세법」 제93조【양도소득세액 계산의 순서】를 준용한다(법법 §62의2⑤).

(4) 세액감면

비영리내국법인이 「법인세법」 제62조의2 자산양도소득에 대한 신고특례를 적용하는 경우 「조세특례제한법」 제77조【공익사업용 토지 등에 대한 양도소득세의 감면】 제1항 각호의 양도소득에 해당하는 경우에는 세액감면을 적용받을 수 있으나(법인-703, 2010. 7. 26.) 자경

농지에 대한 양도소득세 감면규정을 적용할 수는 없다(법인-602, 2009. 5. 21.).

5. 자산양도소득에 대한 신고

(1) 예정신고 및 확정신고

비영리내국법인이 「소득세법」 규정에 근거하여 양도소득과세표준 예정신고를 한 경우에는 법인세 과세표준에 대한 신고를 한 것으로 본다. 따라서 「소득세법」의 양도소득세 과세방식으로 계산한 법인세는 「소득세법」 제105조부터 제107조까지의 규정에 의한 "양도소득과세표준의 예정신고와 자진납부"를 준용하여 양도소득과세표준 예정신고 및 자진납부를 하여야 한다. 그리고 「소득세법」의 누진세율 적용대상 자산에 대한 예정신고를 2회 이상 하는 경우로서 이미 신고한 양도소득과 합산하여 신고를 하지 아니한 경우에는 법인세 과세표준에 대한 신고를 하여야 한다(법법 §62의2⑧).

만일, 예정신고기간이 경과된 자산이 있는 경우에는 「법인세법」 제60조 제1항의 규정에 의하여 신고를 하여야 한다(법인-638, 2009. 5. 28.).

(2) 예정신고하였으나 정규 법인세 신고를 하려는 경우

비영리내국법인이 양도소득과세표준 예정신고 및 자진납부를 한 경우에도 법인세 신고규정에 의하여 과세표준의 신고를 할 수 있다. 이 경우 예정신고납부세액은 납부할 세액에서 이를 공제한다(법령 §99의2⑤).

5. 고유목적사업준비금

1. 개 요

비영리내국법인(법인으로 보는 단체의 경우에는 세법이 정하는 단체만 해당함)이 각 사업연도의 결산을 확정할 때 그 법인의 고유목적사업이나 일반기부금(이하 "고유목적사업 등"이라 한다)에 지출하기 위하여 고유목적사업준비금을 손비로 계상한 경우에는 법 소정 금액을 한도로 그 계상한 고유목적사업준비금을 해당 사업연도의 소득금액을 계산할 때 이를 손금에 산입한다(**법법 §29①**). 다만, 당기순이익과세를 적용받은 조합법인과 청산중에 있는 비영리내국법인은 고유목적사업준비금을 손금에 산입할 수 없다(**법기통 29-56…1**).

2. 고유목적준비금 설정대상법인

모든 비영리내국법인은 원칙적으로 고유목적사업준비금을 설정할 수 있다. 그러나 법인으로 보는 단체의 경우에는 다음의 단체에 한하여 고유목적사업준비금을 설정할 수 있다(**법법 §29①, 법령 §56①**).

① 「법인세법 시행령」 제39조 제1항 제1호에 해당하는 일반기부금 단체
② 법령에 의하여 설치된 기금
③ 「주택법」 제2조 제1항 제1호 가목에 따른 공동주택의 입주자 대표회의 또는 임차인 대표회의 또는 이와 유사한 관리기구

3. 고유목적사업준비금의 손금산입범위액

비영리법인의 고유목적사업준비금의 손금산입범위액은 「법인세법」상 고유목적사업준비금의 손금산입범위액과 「조세특례제한법」상 고유목적사업준비금의 손금산입범위액으로 구분할 수 있다(**법법 §29① 및 조특법 §74①,②**).

3-1. 「법인세법」상 고유목적사업준비금의 손금한도액

(1) 개 요

고유목적사업준비금은 다음 금액의 합계액(②의 수익사업에서 결손금이 발생하는 경우에는 ①에서 그 결손금을 차감한 금액)의 범위에서 그 계상한 고유목적사업준비금을 해당 사업연도의 소득금액을 계산할 때 손금에 산입한다(법법 §29①, 법령 §56).

고유목적사업준비금 한도액 = ① + ②

① (이자소득의 금액 + 배당소득의 금액+특별법에 따라 설립된 비영리내국법인의 법률에 따른 복지사업으로서 회원·조합원에 대출한 융자금에서 발생한 이자금액) × 100%
② [수익사업소득금액(고유목적사업준비금과 특례기부금 손금산입 전) – ①의 소득금액 – 이월결손금 – 특례기부금] × 50%

(2) 이자소득금액의 범위

이자소득금액의 범위는 다음과 같다(법법 §29①(1), 법령 §56②).

① 「소득세법」제16조 제1항 각호(비영업대금의 이익 제외)에 따른 이자소득의 금액(법법 §29①(1), 법령 §56②).
② 금융 및 보험업을 영위하는 비영리내국법인이 한국표준산업분류상 금융보험업을 영위하는 법인의 계약기간이 3개월 이하인 금융상품(계약기간이 없는 요구불예금을 포함한다)에 자금을 운용함에 따라 발생하는 이자소득금액
③ 특별법에 의하거나 정부로부터 인가 또는 허가를 받아 설립된 단체가 영위하는 사업(기금조성 및 급여사업에 한한다)(법인세법 시행령 제3조 제1항 제5호 나목에 따른 사업)을 영위하는 자가 자금을 운용함에 따라 발생하는 이자소득금액
④ 「한국주택금융공사법」에 따른 주택금융신용보증기금이 동법 제43조의8 제1항 및 제2항에 따른 보증료의 수입을 운용함에 따라 발생하는 이자소득금액

(3) 배당소득금액의 범위

「소득세법」제17조 제1항 각호에 따른 배당소득금액. 다만, 「상속세 및 증여세법」제16조 또는 같은 법 제48조에 따라 상속세 과세가액 또는 증여세 과세가액에 산입되거나 증여세가 부과되는 주식 등으로부터 발생한 배당소득금액을 제외한다(법법 §29①(1)나).

(4) 복지사업으로서 회원·조합원에 대출한 융자금에서 발생한 이자금액

특별법에 따라 설립된 비영리내국법인이 해당 법률에 따른 복지사업으로서, 그 회원이나

조합원에게 대출한 융자금에서 발생한 이자금액(법법 §29①(1)다)

(5) 그 밖의 수익사업에서 발생한 소득에 50%(또는 80%)를 곱하여 산출한 금액

그 밖의 수익사업에서 발생한 소득에 50%(「공익법인의 설립·운영에 관한 법률」에 따라 설립된 법인으로서 고유목적사업 등에 대한 지출액 중 50% 이상의 금액을 장학금으로 지출하는 법인의 경우에는 80%)를 곱하여 산출한 금액(법법 §29①(2))

3-2. 「조세특례제한법」상 고유목적사업준비금의 손금한도액

(1) 개 요

「조세특례제한법」은 사립학교 등 공익성이 큰 비영리법인인 경우에는 「법인세법」의 고유목적사업준비금 한도액보다 우대하는 특례규정을 「조세특례제한법」에 두고 있다.

(2) 다음의 「사립학교법」에 따른 학교법인 등의 고유목적사업준비금 한도액

다음에 해당하는 법인에 대해서는 2025. 12. 31. 이전에 끝나는 사업연도까지 당해 법인의 수익사업(아래 "④" 및 "⑤"의 경우에는 해당 사업과 해당 사업시설 안에서 그 시설을 이용하는 자를 대상으로 영위하는 수익사업에 해당하고, "⑥"의 체육단체의 경우에는 국가대표의 활동과 관련된 수익사업만 해당한다)에서 발생한 소득을 고유목적사업준비금으로 손금에 산입할 수 있다(조특법 §74①).

① 다음 중 어느 하나에 해당하는 법인
  ㉮ 「사립학교법」에 따른 학교법인
  ㉯ 「산업교육진흥 및 산학연력촉진에 관한 법률」에 따른 산학협력단
  ㉰ 「평생교육법」에 따른 원격대학 형태의 평생교육시설을 운영하는 「민법」 제32조에 따른 비영리법인
  ㉱ 「국립대학법인 서울대학교 설립·운영에 관한 법률」에 따른 국립대학법인 서울대학교 및 발전기금
  ㉲ 「국립대학법인 인천대학교 설립·운영에 관한 법률」에 따른 국립대학법인 인천대학교 및 발전기금
② 「사회복지사업법」에 따른 사회복지법인
③ 다음 중 어느 하나에 해당하는 법인
  ㉮ 「국립대학교병원설치법」에 따른 국립대학교병원 및 「국립대학치과병원설치법」에 따른 국립대학치과병원
  ㉯ 「서울대학교병원설치법」에 따른 서울대학교병원

㉰ 「서울대학교치과병원설치법」에 따른 서울대학교치과병원

　　㉱ 「국립암센터법」에 따른 국립암센터

　　㉲ 「지방의료원의 설치 및 운영에 관한 법률」에 따른 지방의료원

　　㉳ 「대한적십자사 조직법」에 따른 대한적십자사가 운영하는 병원

　　㉴ 「국립중앙의료원의 설립 및 운영에 관한 법률」에 따른 국립중앙의료원

④ 「도서관법」에 따라 등록한 도서관을 운영하는 법인

⑤ 「박물관 및 미술관진흥법」에 따라 등록한 박물관 또는 미술관을 운영하는 법인

⑥ 정부로부터 허가 또는 인가를 받은 문화예술단체 및 체육단체로서 다음 중 어느 하나
　에 해당하는 법인 또는 단체로서 기획재정부장관이 문화체육관광부장관과 협의하여
　고시하는 법인 또는 단체 `23 개정`

　　㉮ 「지방문화원진흥법」에 의하여 주무부장관의 인가를 받아 설립된 지방문화원

　　㉯ 「문화예술진흥법」 제23조의2의 규정에 의한 예술의 전당

　　㉰ 「국민체육진흥법」 제33조 및 제34조에 따른 대한체육회 및 대한장애인체육회
　　　`23 신설`

　　㉱ 다음 중 어느 하나에 해당하는 법인 또는 단체로서 기획재정부장관이 문화체육관
　　　광부장관과 협의하여 고시하는 법인 또는 단체

　　　ⓐ 「문화예술진흥법」 제7조에 따라 지정된 전문예술법인 또는 전문예술단체

　　　ⓑ 「국민체육진흥법」 제33조 또는 제34조에 따른 대한체육회 또는 대한장애인체
　　　육회에 가맹된 체육단체 `23 신설`

⑦ 「국제경기대회 지원법」에 따라 설립된 조직위원회로서 기획재정부장관이 효율적인 준
　비와 운영을 위하여 필요하다고 인정하여 고시한 조직위원회

⑧ 「공익법인의 설립·운영에 관한 법률」에 따라 설립된 법인으로서 해당 사업연도의 고
　유목적사업이나 일반기부금에 대한 지출액 중 80% 이상의 금액을 장학금으로 지출한
　법인

⑨ 다음의 어느 하나에 해당하는 법인

　　㉮ 「공무원연금법」에 따른 공무원연금공단

　　㉯ 「사립학교교직원연금법」에 따른 사립학교교직원연금공단

(3) 농업협동조합중앙회의 수익사업에서 생긴 소득

농업협동조합중앙회에 대해서는 「법인세법」 제29조를 적용하는 경우 다음의 금액을 합한
금액의 범위에서 고유목적사업준비금을 손금에 산입할 수 있다(조특법 §121의23⑥).

① 소득금액 전액에 대하여 고유목적사업준비금 설정대상인 이자소득의 금액(법법 §29①(1)
　가)과 배당소득의 금액(법법 §29①(1)나)

② 「농업협동조합법」 제159조의2에 따라 농업협동조합의 명칭을 사용하는 법인에 대해서 부과하는 명칭사용료 수입금액에 70%에서 100%까지의 범위에서 기획재정부장관과 농림축산식품부장관이 협의하여 비율(조특칙 제51조의9에는 그 비율을 100%로 규정하고 있음)을 곱하여 산출한 금액

③ 위 "①" 및 "②"에 규정된 것 외의 수익사업에서 발생한 소득에 50%를 곱하여 산출한 금액

이 경우 농업협동조합중앙회에 대해서는 「법인세법」 제29조를 적용할 때, 「농업협동조합법」 제68조에 따라 회원에게 배당하는 금액 등 세법으로 정하는 금액[4]을 고유목적사업준비금으로 세무조정계산서에 계상하면 해당 금액은 손금으로 계상한 것으로서 고유목적사업에 지출 또는 사용된 금액으로 본다(조특법 §121의23⑦).

(4) 수산업협동조합중앙회의 수익사업에서 생긴 소득

수산업협동조합중앙회에 대해서는 「법인세법」 제29조를 적용하는 경우 다음의 금액을 합한 금액의 범위에서 고유목적사업준비금을 손금에 산입할 수 있다(조특법 §121의25④).

① 소득금액 전액에 대하여 고유목적사업준비금 설정대상인 이자소득의 금액(법법 §29①(1)가)과 배당소득의 금액(법법 §29①(1)나)

② 「수산업협동조합법」 제162조의2에 따라 수산업협동조합의 명칭을 사용하는 법인에 대해서 부과하는 명칭사용료 수입금액에 70%에서 100%까지의 범위에서 기획재정부장관과 해양수산부장관이 협의하여 정하는 비율(조특칙 제51조의10에는 그 비율을 100%로 규정하고 있음)을 곱하여 산출한 금액

③ 위 "①" 및 "②"에서 규정된 것 외의 수익사업에서 발생한 소득에 50%를 곱하여 산출한 금액

이 경우 수산업협동조합중앙회에 대해서는 「법인세법」 제29조를 적용할 때 다음의 금액으로서 세법으로 정하는 금액을 고유목적사업준비금으로 세무조정계산서에 계상하면 해당 금액은 손금으로 계상한 것으로서 고유목적사업에 지출 또는 사용된 금액으로 본다(조특법 §121의25⑤).

① 수산업협동조합중앙회가 수산업협동조합법 제166조에 따라 회원에게 배당하는 금액으

---

[4] "세법으로 정하는 금액"이란 다음의 금액을 합한 금액을 말한다(조특령 §116의28).
  ① 농업협동조합법에 따른 농업협동조합중앙회가 같은 법 제161조에 따라 같은 법 제68조를 준용하여 해당 사업연도의 다음 사업연도에 회원에게 배당하는 금액
  ② 2012. 3. 2. 이후 개시하는 사업연도부터 해당 사업연도까지 농업협동조합법 제161조에 따라 같은 법 제68조를 준용하여 회원에게 배당하는 금액의 합계액에서 2012. 3. 2.이 속하는 사업연도부터 해당 사업연도의 직전 사업연도까지 「조세특례제한법」 제121조의23 제4항에 따라 고유목적사업준비금으로 세무조정계산서에 계상된 금액의 합계액을 뺀 금액(그 수가 음수이면 영으로 본다)

로서 수산업협동조합중앙회가 「수산업협동조합법」 제168조에 따라 같은 법 제71조를 준용하여 해당 사업연도의 다음 사업연도에 회원에게 배당하는 금액

② 「공적자금관리 특별법」에 따른 공적자금으로서 대통령령으로 정하는 금액의 상환을 위해 지출하는 금액

(5) 수도권 과밀억제권역 및 광역시를 제외한 인구 30만명 이하인 시에 국립대학병원 등을 개설한 경우 수익사업에서 생긴 소득

수도권 과밀억제권역 및 광역시를 제외하고 인구 등을 고려하여 다음의 요건을 갖춘 지역에 의료법 제3조 제2항 제1호 또는 제3호의 의료기관을 개설하여 의료업을 영위하는 비영리내국법인[전술한 "(2)"의 비영리내국법인은 제외한다]에 대하여는 2025. 12. 31. 이전에 끝나는 사업연도까지 「법인세법」 제29조를 적용하는 경우 그 법인의 수익사업에서 발생한 소득을 고유목적사업준비금으로 손금에 산입할 수 있다(조특법 §74④ 및 조특령 §70⑤).

① 인구수가 30만명 이하인 시(「제주특별자치도 설치 및 국제자유도시 조성을 위한 특별법」 제10조 제2항에 따라 제주특별자치도에 두는 행정시를 포함한다)·군 지역

② 「국립대학병원 설치법」에 따른 국립대학병원 또는 사립학교법에 따른 사립학교가 운영하는 병원이 소재하고 있지 아니한 지역

고유목적사업준비금 손금한도액을 요약하면 다음과 같다.

소득금액	고유목적사업준비금설정률	근거법
① 이자소득(비영업대금의 이익 제외) ② 배당소득 ③ 비영리법인의 복지사업으로서 그 회원 등에게 대출한 융자금에서 발생한 이자	이자소득 등의 100%. 다만, 설정대상 배당소득금액은 수입배당금의 익금불산입액을 차감한 후 금액을 한도로 손금산입한다(서면2팀-938, 2007. 5. 15.).	법법 §29①(1) 내지 (3)
④ 학교법인 등 및 국제행사조직위원회 등 세법으로 정하는 비영리법인의 수익사업에서 생긴 소득	2025. 12. 31. 이전에 끝나는 사업연도까지 수익사업에서 생긴 소득금액의 100%	조특법 §74①
⑤ 농업협동조합중앙회	다음의 금액 • 이자소득 및 배당소득의 100% • 명칭사용료 수익의 100% • 그 밖의 수익사업소득의 50%	조특법 §121의23⑥
⑥ 수산업협동조합중앙회	상동	조특법 §121의25④

소득금액	고유목적사업준비금설정률	근거법
⑦ 기타 수익사업에서 생긴 소득금액 * (위 비영업대금의 이익을 포함한다)	수익사업에서 생긴 소득금액의 50%. 다만, 공익법인이 고유목적사업비지출 중 50% 이상 장학금으로 지출하는 법인은 80%	법법 §29①(4)
⑧ 인구 30만명 이하 지역 국립대학병원의 수익사업에서 생긴 소득	2025. 12. 31. 이전에 끝나는 사업연도까지 생긴 소득	조특법 §74④

* 위 "④"부터 "⑥"까지 이외의 비영리법인의 수익사업에서 생긴 소득금액을 말한다(법법 §29①(4)).

4. 고유목적사업준비금의 손금산입기준이 되는 소득금액의 계산

수익사업에서 발생한 소득에 50%(공익법인으로서 고유목적사업비 지출액 중 50% 이상의 금액을 장학금으로 지출하는 법인의 경우 80%)에 상당하는 고유목적사업준비금을 손금산입하는 경우 "수익사업에서 발생한 소득"이란 해당 사업연도의 수익사업에서 발생한 소득금액(고유목적사업준비금과 특례기부금을 손금에 산입하기 전의 소득금액에서 경정으로 증가된 소득금액 중 해당 법인의 특수관계인에게 상여 및 기타소득으로 처분된 금액은 제외한다)에서 소득금액의 100%를 고유목적사업준비금으로 설정하는 이자소득의 금액, 배당소득의 금액 및 특별법에 따라 설립된 비영리내국법인의 법률에 따른 복지사업으로서 회원·조합원에 대출한 융자금에서 발생한 이자금액, 이월결손금과 특례기부금을 뺀 금액을 말한다(법령 §56③). 이 경우 이월결손금은 법인세법 제13조 제1항에 따른 이월결손금을 말한다. 다만, 법인세법 제13조 제1항 각 호 외의 부분 단서에 따라 각 사업연도 소득의 80%를 이월결손금 공제한도로 적용받는 법인은 공제한도 적용으로 인해 공제받지 못하고 이월된 결손금을 차감한 금액을 말한다. 23 개정

입법취지 전기에 한도초과로 공제받지 못하고 이월된 결손금을 이월결손금에서 차감

> 소득금액의 80%의 이월결손금 공제한도를 적용받는 비영리내국법인이 전기에 고유목적사업준비금 한도액 계산시 이월결손금을 차감하였는데, 그 이월결손금이 소득금액의 80%를 초과하여 당해 사업연도로 이월된 경우 고유목적사업준비금 한도액 계산시 다시 그 이월된 결손금을 공제하면 이중으로 불이익을 당하는 문제가 생기므로 전기 한도초과로 이월된 결손금은 당해 사업연도의 고유목적사업준비금 한도액 계산시 차감하지 않도록 하였다.

이를 산식으로 표시하면 다음과 같다(별지 제27호 서식).

① 소득금액	×××	별지 제3호 서식의 ⑩번란의 금액
② 당기 계상 고유목적사업준비금	(+) ×××	
③ 특례기부금	(+) ×××	
④ 해당 사업연도 소득금액(①+②+③)	×××	
⑤ 고유목적사업준비금 100% 설정대상 금액(법법 §29①(1))	(−) ×××	
⑥ 이월결손금 중 공제대상액	(−) ×××	
⑦ 특례기부금	(−) ×××	
⑧ 조특법 제121조의23 및 제121조의25에 따른 금액 (농협, 수협의 고유목적사업준비금 100% 설정액)	(−) ×××	
⑨ 수익사업소득금액(④-⑤-⑥-⑦-⑧)	×××	

5. 고유목적사업준비금의 손금산입방법

5-1. 결산조정에 의한 손금산입

비영리내국법인이 「법인세법」 또는 「조세특례제한법」상 고유목적사업준비금을 손금에 산입하고자 할 때에는 고유목적사업준비금에 상당하는 금액을 손익계산서상 비용으로 계산하는 한편 이에 상당하는 금액을 부채로 하여 고유목적사업준비금을 설정하여야 한다.

따라서 손금에 산입하는 고유목적사업준비금은 비영리법인이 결산조정에 따라 손비로 계상한 경우에 손금산입하는 것으로 당해 비영리법인이 결산시 동 준비금을 손금한도액에 미달하게 계상한 경우에는 그 후 「국세기본법」 제45조의2의 규정에 의한 경정청구에 의해서 그 과소계상한 준비금상당액을 손금에 산입할 수 없다(법인-101, 2014. 3. 5.).

5-2. 잉여금처분에 의한 신고조정

(1) 손금산입

「주식회사 등의 외부감사에 관한 법률」 제2조 제7호 및 제9조에 따른 감사인의 회계감사를 받는 비영리내국법인이 고유목적사업준비금을 세무조정계산서에 계상하고 그 금액 상당액을 해당 사업연도의 이익처분을 할 때 그 준비금 등으로 적립한 경우에는 그 금액을 결산을 확정할 때 손비로 계상한 것으로 본다(법법 §29②). 이 경우 비영리내국법인은 해당 사업연도의 소득금액을 계산한 때 손비로 계상한 것으로 보는 준비금 등을 손금에 산입하는 세무조정을 해야 하는데, 이를 잉여금처분에 의한 신고조정이라고 한다(법법 §61①).

다만, 그 사업연도에 처분가능이익이 없거나 부족한 경우 준비금 등을 전액 손금에 산입하되, 처분가능이익을 한도로 준비금 등을 적립할 수 있으며, 부족액은 그 후 사업연도에 처분가능이익이 발생하면 추가로 적립하여야 한다.

(2) 익금산입

준비금을 익금에 산입하는 경우에는 동 적립금을 이익잉여금으로 이입하고 준비금을 익금산입하여야 한다. 환입하여야 할 금액보다 적립금을 과소이입한 경우에는 이입액에 관계없이 환입해야 할 금액을 익금에 산입한다. 그러나 과다이입한 경우에는 준비금을 설정한 사업연도에 적립금을 적립하지 않은 것으로 보아 손금산입한 사업연도에 준비금을 손금불산입한다(법령 §98①).

6. 고유목적사업준비금 한도초과액의 세무처리

세법상 고유목적사업준비금의 범위액을 초과하여 손금으로 계상한 고유목적사업준비금으로서 각 사업연도의 소득금액 계산시 손금불산입된 금액은 그 이후의 사업연도에 있어서 이를 손금으로 추인하지 아니한다.

다만, 동 금액을 환입하여 수익으로 계상한 경우에는 이를 이월익금으로 보아 익금에 산입하지 아니한다(법기통 29-56…3).

또한 「주식회사의 외부감사에 관한 법률」 제3조에 따라 감사인의 회계감사를 받는 비영리내국법인이 「법인세법」 제61조에 따라 고유목적사업준비금을 세무조정계산서에 계상하였으나 처분가능이익의 부족으로 준비금에 상당하는 적립금을 적립하지 못한 경우로서 해당 사업연도의 소득금액 계산시 손금산입 한도액을 초과하여 손금불산입된 금액은 이후 그 사업연도의 소득금액을 증액경정하는 경우 손금으로 추인할 수 없다(법규과-686, 2014. 6. 30.).

7. 고유목적사업준비금의 승계

고유목적사업준비금을 손금에 산입한 법인이 사업에 관한 모든 권리와 의무를 다른 비영리내국법인에게 포괄적으로 양도하고 해산하는 경우에는 해산등기일 현재의 고유목적사업준비금 잔액은 그 다른 비영리내국법인이 승계할 수 있다(법법 §29③).

예컨대, 비영리내국법인이 관련 법률의 개정으로 해산하고 신설되는 비영리내국법인에게 포괄 승계하는 경우에는 고유목적사업준비금 잔액은 신설되는 비영리내국법인에게 승계할 수 있다(법인-541, 2010. 6. 10.).

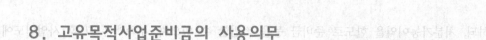

8. 고유목적사업준비금의 사용의무

8-1. 사용의 범위

(1) 일반적인 경우

비영리법인이 손금에 산입한 고유목적사업준비금은 그 준비금을 손금에 산입한 사업연도 종료일 이후 5년이 되는 날까지 고유목적사업 또는 일반기부금으로 지출 또는 사용하여야 한다(법법 §29⑤(4)).

다음의 금액은 고유목적사업에 지출 또는 사용한 금액으로 본다. 다만, 비영리내국법인이 유형자산 및 무형자산 취득 후 법령 또는 정관에 규정된 고유목적사업이나 보건업[보건업을 영위하는 비영리내국법인(이하 "의료법인"이라 한다)에 한정한다]에 3년 이상 자산을 직접 사용하지 아니하고 처분하는 경우에는 ① 또는 ③의 금액을 고유목적사업에 지출 또는 사용한 금액으로 보지 아니한다(법령 §56⑥).

① 비영리내국법인이 해당 고유목적사업의 수행에 직접 소요되는 유형자산 및 무형자산 취득비용(자본적 지출 포함) 및 인건비 등 필요경비로 사용하는 금액

② 특별법에 따라 설립된 법인(해당 법인에 설치되어 운영되는 기금 중 「국세기본법」 제13조에 따라 법인으로 보는 단체를 포함한다)으로서 건강보험·연금관리·공제사업 및 제3조 제1항 제8호에 따른 사업을 영위하는 비영리내국법인이 손금으로 계상한 고유목적사업준비금을 법령에 의하여 기금 또는 준비금으로 적립한 금액

③ 의료법인이 지출하는 다음 중 어느 하나에 해당하는 금액

 ㉮ 의료기기 등 다음의 자산을 취득하기 위하여 지출하는 금액

  ⓐ 병원 건물 및 부속토지

  ⓑ 「의료기기법」에 따른 의료기기

  ⓒ 「보건의료기본법」에 따른 보건의료정보의 관리를 위한 정보시스템 설비

  ⓓ 산부인과 병원·의원 또는 조산원을 운영하는 의료법인이 취득하는 「모자보건법」 제2조 제10호에 따른 산후조리원 건물 및 부속토지 23 신설

 ㉯ 「의료 해외진출 및 외국인환자 유치 지원에 관한 법률」 제2조 제1호에 따른 의료 해외진출을 위하여 해외에서 사용하기 위하여 다음의 용도로 지출하는 금액

  ⓐ 병원 건물 및 부속토지를 임차하거나 인테리어 하는 경우

  ⓑ 「의료기기법」에 따른 의료기기 또는 「보건의료기본법」에 따른 보건의료정보의 관리를 위한 정보시스템 설비를 임차하는 경우

 ㉰ 「조세특례제한법 시행령」 별표 6 제1호 가목에 따른 자체연구개발사업과 같은 호 나목에 따른 위탁 및 공동연구개발사업을 위하여 지출하는 금액

④ 「농업협동조합법」에 따른 농업협동조합중앙회가 법 제29조 제2항에 따라 계상한 고유

목적사업준비금을 회원에게 무상으로 대여하는 금액

⑤ 「농업협동조합법」에 의한 농업협동조합중앙회가 「농업협동조합의 구조개선에 관한 법률」에 의한 상호금융예금자보호기금에 출연하는 금액

⑥ 「수산업협동조합법」에 의한 수산업협동조합중앙회가 「수산업협동조합의 구조개선에 관한 법률」에 의한 상호금융예금자보호기금에 출연하는 금액

⑦ 「신용협동조합법」에 의한 신용협동조합중앙회가 동법에 의한 신용협동조합예금자보호기금에 출연하는 금액

⑧ 「새마을금고법」에 의한 새마을금고중앙회가 동법에 의한 예금자보호준비금에 출연하는 금액

⑨ 「산림조합법」에 의한 산림조합중앙회가 동법에 의한 상호금융예금자보호기금에 출연하는 금액

⑩ 「제주특별자치도 설치 및 국제자유도시 조성을 위한 특별법」 제166조에 따라 설립된 제주국제자유도시 개발센터가 같은 법 제170조 제1항 제1호, 같은 항 제2호 라목·마목(관련 토지의 취득·비축을 포함한다) 및 같은 항 제3호의 업무에 지출하는 금액

(2) 고유목적사업준비금 잔액을 초과하여 고유목적사업 등에 지출한 경우

비영리내국법인이 당해 법인의 고유목적사업이나 일반기부금으로 지출하는 금액은 「법인세법」 제29조 제1항에 따라 계상한 고유목적사업준비금과 상계하여야 한다. 이 경우 직전 사업연도 종료일 현재의 고유목적사업준비금의 잔액을 초과하여 지출한 금액은 당해 사업연도에 계상할 고유목적사업준비금에서 지출한 것이므로, 해당 사업연도의 고유목적사업준비금의 손금산입범위를 초과하여 지출하는 금액은 손금에 산입하지 아니한다(**법법** §29② 및 **법기통** 29 - 56…7).

그러나 신규로 설립되어 고유목적사업준비금 잔액이 없는 비영리내국법인이 당해 법인의 고유목적사업이나 일반기부금으로 지출한 경우에는 당해 사업연도에 계상할 고유목적사업준비금에서 지출한 것으로 보지만, 고유목적사업준비금 손금한도액을 초과하여 지급한 경우에는 손금에 산입하지 아니한다(법인-651, 2011. 9. 5.).

(3) 고유목적사업준비금을 손금에 계상하지 아니하고 고유목적사업 등에 직접 지출한 경우

비영리내국법인이 고유목적사업준비금을 손금으로 계상하지 아니하고 수익사업에서 생긴 소득을 당해 법인의 고유목적사업 등에 직접 지출한 경우에 그 금액은 고유목적사업준비금을 계상하여 지출한 것으로 본다. 이 경우 고유목적사업준비금 한도액을 초과하여 지출한 금액은 이를 손금에 산입하지 아니한다(조심판 2014중 5671, 2015. 6. 8., 서면2팀-717, 2007. 4. 24.).

(4) 수익사업자산처분금액의 수입을 고유목적사업준비금에 계상한 후 고유목적사업의 기본재산에 편입한 경우

고유목적사업에 직접 사용하는 유형자산 및 무형자산의 취득비용은 고유목적사업에 지출 또는 사용한 것으로 본다(법령 §56⑥(1)).

8-2. 고유목적사업준비금의 사용순서

고유목적사업준비금을 손금에 산입한 비영리내국법인이 고유목적사업 등에 지출한 금액이 있는 경우에는 그 금액을 먼저 계상한 사업연도의 고유목적사업준비금부터 차례로 상계(相計)하여야 한다. 이 경우 고유목적사업 등에 지출한 금액이 직전 사업연도 종료일 현재의 고유목적사업준비금의 잔액을 초과한 경우 초과하는 금액은 그 사업연도에 계상할 고유목적사업준비금에서 지출한 것으로 본다(법법 §29③).

8-3. 고유목적사업 지출로 보지 않는 과다 인건비

(1) 개 요

비영리내국법인이 당해 고유목적사업의 수행에 직접 소요되는 인건비를 고유목적사업준비금 중에서 지출한 경우, 이는 고유목적사업에 지출 또는 사용한 금액으로 본다(법령 §56⑥(1)).

그러나 해당 사업연도에 다음의 어느 하나에 해당하는 법인의 임원 및 직원이 지급받는 「소득세법」 제20조 제1항 각호의 소득의 금액의 합계액(이하 "총급여액"이라 하며, 해당 사업연도의 근로기간이 1년 미만인 경우에는 총급여액을 근로기간의 월수로 나눈 금액에 12를 곱하여 계산한 금액으로 한다. 이 경우 개월수는 태양력에 따라 계산하되, 1개월 미만의 일수는 1개월로 한다)이 8천만원을 초과하는 경우 그 초과하는 인건비는 고유목적사업준비금으로 지급 또는 사용한 것으로 보지 아니한다. 다만, 해당 법인이 해당 사업연도의 「법인세법」 제60조에 따른 과세표준을 신고하기 전에 해당 임원 및 종업원의 인건비 지급규정에 대하여 주무관청으로부터 승인받은 경우에는 그러하지 아니하다(법령 §56⑪).

① 「법인세법」 제29조 제1항 제2호에 따라 수익사업에서 발생한 소득에 대하여 50%를 곱한 금액을 초과하여 고유목적사업준비금으로 손금산입하는 비영리내국법인

② 「조세특례제한법」 제74조 제1항 제2호 및 제8호에 해당하여 수익사업에서 발생한 소득에 대하여 50%을 곱한 금액을 초과하여 고유목적사업준비금으로 손금산입하는 비영리내국법인

(2) 승인 및 제출서류

승인을 요청받은 주무관청은 해당 인건비 지급규정이 사회통념상 타당하다고 인정되는 경우 이를 승인하여야 한다(법령 §56⑫).

그리고 위의 인건비 지급규정을 승인받은 자는 승인받은 날부터 3년이 지날 때마다 다시 승인을 받아야 한다. 다만, 그 기간 내에 인건비 지급규정이 변경되는 경우에는 그 사유가 발생한 날이 속하는 사업연도의 「법인세법」 제60조에 따른 과세표준 신고기한까지 다시 승인을 받아야 한다(법령 §56⑬).

또한, 주무관청의 승인을 받은 법인은 「법인세법」 제60조에 따른 신고를 할 때 인건비 지급규정 및 주무관청의 승인사실을 확인할 수 있는 서류를 납세지 관할 세무서장에게 제출하여야 한다(법령 §56⑭).

9. 고유목적사업준비금의 환입 및 이자상당액

9-1. 환 입

(1) 일반적 환입

손금에 산입한 고유목적사업준비금의 잔액이 있는 비영리내국법인이 다음에 해당하게 된 경우에는 그 잔액(⑤의 경우에는 고유목적사업등이 아닌 용도에 사용한 금액을 말한다)은 해당 사유가 발생한 날이 속하는 사업연도의 소득금액계산에 있어서 이를 익금에 산입한다 (법법 §29⑤). `'23 개정`

① 해산한 때(고유목적사업준비금을 승계한 경우는 제외한다)

② 고유목적사업을 전부 폐지한 경우

③ 법인으로 보는 단체가 법인 승인이 취소(국기법 §13③)되거나 거주자로 변경된 경우

④ 미사용 : 고유목적사업준비금을 손금에 산입한 사업연도의 종료일 이후 5년이 되는 날까지 고유목적사업 등에 사용하지 아니한 경우(5년 내 사용하지 아니한 잔액으로 한정한다)

⑤ 임의사용 : 고유목적사업준비금을 고유목적사업등이 아닌 용도에 사용한 경우 `'23 신설`

(2) 임의환입

손금에 산입한 고유목적사업준비금의 잔액이 있는 비영리내국법인은 고유목적사업준비금을 손금에 산입한 사업연도의 종료일 이후 5년 이내에 그 잔액 중 일부를 감소시켜 익금에 산입할 수 있다.

이 경우 먼저 손금에 산입한 사업연도의 잔액부터 차례로 감소시킨 것으로 본다(법법 §29 ⑥). 고유목적사업준비금을 임의환입하는 것은 고유목적사업준비금을 사용하지 못한 경우에 부담해야 하는 이자상당액을 줄이기 위한 것이다.

9-2. 이자상당액의 납부

(1) 일반적인 경우

고유목적사업준비금의 환입사유 중 (1) 일반적 환입의 ④ 미사용과 ⑤ 임의사용 및 (2) 임의환입 규정에 따라 고유목적사업준비금 잔액을 익금에 산입하는 경우에는 다음 계산식에 따라 계산한 이자상당액을 해당 사업연도의 법인세에 더하여 납부하여야 한다(법법 §29 ⑦, 법령 §56⑦).

$$
\text{이자상당액} =
\begin{array}{c}
\text{당해 고유목적사업준비금의 잔} \\
\text{액을 손금에 산입한 사업연도} \\
\text{에 그 잔액을 손금에 산입함에} \\
\text{따라 발생한 법인세액의 차액}
\end{array}
\times
\begin{array}{c}
\text{손금에 산입한 사업연도의 다음} \\
\text{사업연도의 개시일부터 익금에} \\
\text{산입한 사업연도의 종료일까지} \\
\text{의 기간}
\end{array}
\times 0.022\%^*
$$

* 이자율은 종전에 일 0.03%이었으나 납세자의 부담을 경감하기 위하여 2019. 2. 12.에 일 0.025%로, 다시 2022. 2. 15.에 일 0.025%에서 일 0.022%로 인하되었다. 개정 전에 발생한 사유로 개정 후에 세액을 납부 또는 부과하는 경우 개정규정 시행일 전일까지의 기간분은 개정 규정에도 불구하고 종전 규정에 따른다(2019. 2. 12. 법령 개정부칙 §17, 2022. 2. 15. 법령 개정부칙 §8①). 이자율은 다음과 같이 적용한다.

구 분	2019. 2. 11.까지의 기간	2019. 2. 12.부터 2022. 2. 14.까지의 기간	2022. 2. 15. 이후 기간
이자율	일 0.03%	일 0.025%	일 0.022%

환입사유		이자상당액 납부
일반환입	해산한 때	×
	고유목적사업을 전부 폐지한 경우	×
	법인으로 보는 단체가 법인 승인이 취소되거나 거주자로 변경된 경우	×
	고유목적사업준비금을 손금에 산입한 사업연도의 종료일 이후 5년이 되는 날까지 고유목적사업 등에 사용하지 아니한 경우	○
	고유목적사업준비금을 고유목적사업등이 아닌 용도에 사용한 경우	○
임의환입	고유목적사업준비금을 사용기간 내에 익금산입하는 경우	○

(2) 처분가능이익이 없어 준비금을 적립하지 못하던 중 환입시기가 도래된 경우

고유목적사업준비금을 신고조정으로 손금에 산입한 외부회계감사대상인 비영리내국법인이 처분가능이익이 없어 당해 준비금을 적립하지 못하여 환입하는 경우에는 환입한 사업연도의 익금에 산입하고, 위 "(1)"의 이자상당액을 해당 사업연도의 법인세에 가산하여 납부하여야 한다(서면2팀-1957, 2005. 11. 30.).

6. 비영리법인의 절차규정

1. 비영리법인의 수익사업개시신고

비영리내국법인과 비영리외국법인(국내사업장을 가지고 있는 외국법인만 해당한다)이 새로 수익사업(「법인세법」 제4조 제3항 제1호 및 제7호에 따른 수익사업만 해당한다)을 시작한 경우에는 그 개시일부터 2개월 이내에 다음에 규정하는 사항을 기재한 신고서에 그 사업개시일 현재의 그 수익사업에 관련된 재무상태표와 그 밖의 서류를 첨부하여 이를 납세지 관할 세무서장에게 신고하여야 한다(법법 §110).

① 법인의 명칭
② 본점 또는 주사무소의 소재지
③ 대표자의 성명과 경영 또는 대리책임자의 성명
④ 고유사업의 목적
⑤ 수익사업의 종류
⑥ 수익사업개시일
⑦ 수익사업의 사업장

2. 「법인세법」상의 신고의무 등

2-1. 법인세과세표준 신고

납세의무가 있는 내국법인(국가 등을 제외한 비영리법인은 모두 해당한다)은 각 사업연도의 종료일이 속하는 달의 말일부터 3개월 이내에 당해 사업연도의 소득에 대한 법인세의 과세표준과 세액을 납세지 관할 세무서장에게 신고하여야 한다(법법 §60①).

이 경우 「주식회사 등의 외부감사에 관한 법률」 제4조에 따른 외부감사 대상 법인이 「국세기본법」 제2조 제19호에 따른 전자신고를 통하여 법인세 과세표준과 세액을 신고하는 때에는 그 신고서에 대표자가 서명날인하여 서면으로 납세지 관할 세무서장에게 제출하여야 한다(법령 §97① 후단).

2-2. 계산서 합계표 제출

비영리법인이 교부하였거나, 교부받은 계산서의 매출·매입처별합계표(이하 "매출·매입처별계산서합계표"라 한다)를 매년 2월 10일까지 납세지 관할 세무서장에게 제출하여야 한다(법법 §121⑤, 법령 §164④).

2-3. 매입처별세금계산서합계표의 제출

「부가가치세법」및「조세특례제한법」에 따라 부가가치세가 면제되는 사업을 하는 법인은 재화나 용역을 공급받고「부가가치세법」제32조 제1항·제7항 및 제35조 제1항에 따라 세금계산서를 발급받은 경우에는 매년 2월 10일까지 매입처별세금계산서합계표(부가가치세법 제54조에 따른 매입처별세금계산서합계표를 말한다)를 납세지 관할 세무서장에게 제출하여야 한다. 다만,「부가가치세법」제54조 제5항에 따라 제출한 경우에는 그러하지 아니하다 (법법 §120의3).

2-4. 비영리내국법인이 해산하는 경우

고유목적사업준비금을 손금에 산입한 비영리내국법인이 해산하는 경우에는 그 고유목적사업준비금 중 해산일까지 당해 법인의 고유목적사업 또는 일반기부금으로 지출하지 아니한 금액은 해산일이 속하는 사업연도의 소득금액계산에 있어서 이를 익금에 산입한다(재법인 46012-21, 2000. 2. 7.).

이 경우 고유목적사업준비금을 승계한 경우에는 제외한다.

2-5. 기부금 영수증 보관의무

「법인세법」제24조에 따라 기부금을 지출한 법인이 손금산입을 하고자 하는 경우에는 재정경제부령이 정하는 기부금영수증[별지 제63호의 3 서식]을 받아서 보관하여야 한다.

그러나 장학사업 및 교육기관지원을 위한 고유목적사업으로 설립된 비영리법인이 고유목적사업준비금에서 사립학교법에 의한 사립학교에 지원하는 금액은「법인세법 시행령」제36조 제4항의 규정을 적용하지 아니하므로 기부금 영수증을 받지 아니하여도 된다(서면2팀-2269, 2006. 11. 7.).

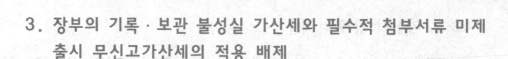

3. 장부의 기록·보관 불성실 가산세와 필수적 첨부서류 미제 출시 무신고가산세의 적용 배제

① 모든 비영리내국법인에 대하여 장부의 기록·보관 불성실 가산세를 적용하지 아니한 다(법법 §75의3①).

② 계속적인 행위로 인하여 생기는 수익사업소득과 채권매매익이 없는 비영리법인은 법 인세 신고시 필수적 첨부서류를 첨부하지 않아도 무신고로 보지 아니한다(법법 §60⑤).

4. 비영리법인의 구분경리

4-1. 개 요

비영리법인은 수익사업에서 생긴 소득에 대해서만 법인세의 납세의무가 있기 때문에, 수 익사업에서 생긴 소득과 비영리법인의 고유목적사업에서 생긴 소득이 함께 있는 경우에는 수익사업에서 생긴 소득을 구분계산하지 않으면 안된다. 따라서 비영리법인이 수익사업을 영위하는 경우에는 자산·부채 및 손익을 그 수익사업에 속하는 것과 수익사업이 아닌 그 밖의 사업에 속하는 것을 각각 구분·기록하여야 한다(법법 §113①). 여기서 구분경리할 때에 는 구분하여야 할 사업 또는 재산별로 자산·부채 및 손익을 법인의 장부상 각각 독립된 계 정과목에 의하여 구분하여 기장하는 것을 말한다(법칙 §75①).

그리고 각 사업별로 구분할 수 없는 공통되는 익금과 손금은 구분경리할 수 없지만 세법 에서 정하는 일정한 방법에 따라 구분계산하도록 규정하고 있다.

4-2. 자산·부채 및 자본의 구분경리

수익사업과 비영리사업의 자산·부채 및 자본의 구분경리는 다음과 같이 하여야 한다.

비영리법인이 구분경리하는 경우 수익사업과 기타의 사업에 공통되는 자산과 부채는 이 를 수익사업에 속하는 것으로 한다(법칙 §76).

(1) 수익사업의 자산 및 부채

수익사업의 자산 및 부채 중 "수익사업에 속하는 자산"이란 수익사업의 수익을 창출하기 위하여 제공되는 자산으로서 수익사업의 소득발생의 원천이 되는 자산을 말한다.

그리고 "수익사업에 속하는 부채"란 수익사업의 수익을 창출하기 위하여 부담하고 있는 부채로서 앞으로 상환하여야 할 모든 부채를 말한다.

이 경우 수익사업에 종사하는 직원이 비영리사업으로 전출한 경우에는 그 종업원의 퇴직급여충당금 및 퇴직전환금도 비영리사업으로 전출하여야 한다(법인 46012-3104, 1997. 12. 2.).

(2) 수익사업의 자본금

비영리법인은 영리법인과 달리 자본금이라는 개념이 없지만 비영리법인이 수익사업을 경영하는 경우 세법상으로는 수익사업에 속하는 자산의 합계액에서 수익사업에 속하는 부채(충당금을 포함한다)의 합계액을 공제한 금액을 수익사업의 자본금으로 한다(법칙 §76②).

(3) 비영리사업에 속하는 자산을 수익사업에 지출 또는 전입하는 경우

1) 개 요

비영리법인이 비영리사업에 속하는 자산을 수익사업에 지출 또는 전입한 때에는 그 자산가액은 자본의 원입으로 경리한다. 이 경우 자산가액은 시가에 의하며(법칙 §76③), 시가가 불분명한 경우에는 「법인세법 시행령」 제89조 제2항의 규정을 준용하여 평가한 가액으로 한다(법기통 113-156…2). 여기서 "수익사업에 지출"이란 비영리사업에 속하는 현금성자산을 수익사업에 직접 지출하는 경우를 말하며, "수익사업에 전입"이란 비영리사업에 속하는 자산을 수익사업부문으로 이전하는 것을 말한다.

2) 비수익사업에 속하는 자산을 수익사업에 전출하는 경우 회계처리

비영리법인이 비영리사업에 속하는 자산을 수익사업에 전출하는 경우 비영리사업부문과 수익사업부문의 회계처리는 각각 다음과 같이 하여야 한다.

구 분	비영리사업부문 회계처리	수익사업부문 회계처리
수익사업에 전출하는 자산의 장부가액과 시가가 일치하는 경우 (시가 = 장부가액)	(차) 수익사업출자금 ××× 　(대) ○○자산　　　×××	
수익사업에 전출하는 자산의 시가가 장부가액을 초과하는 경우 (시가 > 장부가액)	(차) 수익사업출자금 ××× 　(대) ○○자산　　　××× 　　　자산평가이익　×××	(차) ○○자산 ××× * 　(대) 비수익사업출자금 ××× * 자산가액은 시가로 한다.
수익사업에 전출하는 자산의 시가가 장부가액에 미달하는 경우 (시가 < 장부가액)	(차) 수익사업출자금 ××× 　　　자산평가차손　××× 　(대) ○○자산　　　×××	

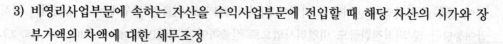

3) 비영리사업부문에 속하는 자산을 수익사업부문에 전입할 때 해당 자산의 시가와 장부가액의 차액에 대한 세무조정

가. 개 요

「법인세법 시행규칙」 제76조 제3항에 따르면 비영리법인이 비영리사업부문에 속하는 자산을 수익사업부문으로 전입할 때 그 자산의 시가로 회계처리하도록 규정하고 있다(법칙 §76 ③). 따라서 비영리사업에서 수익사업으로 전입한 자산 중 시가와 장부가액이 차이가 생기게 되는데, 이 경우 다음과 같이 세무조정하여야 한다.

나. 시가가 장부가액을 초과하는 경우 세무조정

해당 자산의 시가와 장부가액의 차액 상당액을 손금산입(△유보)하는 한편 동 금액 상당액을 익금산입(기타)한다. 이와 같이 세무조정을 함으로써 비영리법인이 수익사업의 각 사업연도의 소득금액을 계산할 때 비영리사업으로부터 전입된 감가상각대상자산의 장부가액과 시가의 차액에 대한 감가상각비 상당액을 각 사업연도의 소득금액을 계산할 때 손금에 산입하지 않도록 하기 위한 것이며, 또한 감가상각대상자산이 아닌 토지의 경우에는 해당 자산을 양도할 때 전입자산의 장부가액과 시가의 차액 상당액을 각 사업연도의 소득금액을 계산할 때 손금에 산입하지 않도록 하기 위한 것이다.

다. 시가가 장부가액에 미달하는 경우 세무조정

해당 자산의 장부가액과 시가의 차액 상당액을 익금산입(유보)으로 세무조정하는 한편 동 금액 상당액을 손금산입(기타)한다. 이와 같이 세무조정을 함으로써 비영리법인이 수익사업의 각 사업연도의 소득금액을 계산할 때 비영리사업으로부터 전입된 감가상각대상자산의 장부가액과 시가의 차액에 대한 감가상각비 상당액을 각 사업연도의 소득금액을 계산할 때 손금에 산입하도록 하기 위한 것이며, 감가상각대상자산이 아닌 토지의 경우에는 해당 자산을 양도할 때 전입자산의 시가와 장부가액의 차액을 각 사업연도의 소득금액을 계산할 때 손금에 산입하기 위해서이다.

(4) 비영리법인의 수익사업에 속하는 자산을 비영리사업부문에 전출할 때 자산평가이익에 대한 과세 여부

비영리법인은 「법인세법」 제3조 제3항에 따른 수익사업에서 생기는 소득에 대하여만 법인세 납세의무가 있다. 그러나 비영리법인이 비영리사업과 수익사업을 함께 하는 경우에는 수익사업에서 생긴 소득이 얼마인지를 알 수가 없기 때문에 「법인세법」 제113조에서 비영리법인이 수익사업을 하는 경우에는 자산·부채 및 손익을 그 수익사업에 속하는 것과 수익사업이 아닌 그 밖의 사업에 속하는 것을 각각 다른 회계로 구분하여 기록하도록 규정하고 있으며, 수익사업에서 생기는 소득을 계산할 때 「법인세법 시행규칙」 제76조 제2항부터 제6항에 따라 처리하도록 규정하고 있다.

따라서 비영리법인이 비수익사업과 수익사업을 구분하여 회계처리하는 기본 취지는 수익사업에서 생기는 소득금액을 적정히 계산하기 위한 것이다.

(5) 수익사업에 속하는 자산을 비영리사업에 지출하는 경우

1) 개 요

「법인세법 시행규칙」 제76조 제4항을 살펴보면 비영리법인이 수익사업에 속하는 자산을 비영리사업에 지출하는 경우 학교법인 외의 비영리법인과 학교법인의 경우로 구분하여 규정하고 있다.

2) 학교법인 외의 비영리법인의 경우

학교법인 외의 비영리법인이 수익사업에 속하는 자산을 비영리사업으로 지출할 때 수익사업의 소득금액(잉여금을 포함한다) 범위액 내에서는 수익사업의 소득금액이 지출된 것으로 보고, 해당 자산의 지출가액이 수익사업의 소득금액을 초과하는 경우에는 자본의 원입액의 반환으로 보고 있다.

그리고 법인세법 기본통칙 113−156…3에 따르면 비영리법인이 수익사업에 속하는 자산을 비영리사업에 지출한 때에는 당해 자산가액을 다음에 규정하는 금액을 순차적으로 상계처리하여야 한다(법기통 113−156…3 ②)라고 규정하고 있다.

① 고유목적사업준비금 중 「법인세법」 제29조에 따라 손금산입된 금액(「법인세법」 제29조 제2항 후단의 금액을 포함한다)

② 고유목적사업준비금 중 손금부인된 금액

③ 법인세 과세 후의 수익사업소득금액(잉여금을 포함한다)

④ 자본의 원입액

3) 학교법인의 경우

비영리법인이 수익사업에 속하는 자산을 비영리사업에 지출한 경우 그 자산가액 중 수익사업의 소득금액(잉여금을 포함한다)을 초과하는 금액은 자본의 원입액의 반환으로 한다. 이 경우 「조세특례제한법」 제74조 제1항 제1호의 규정을 적용받는 법인(이하 "학교법인"이라 한다)이 수익사업회계에 속하는 자산을 비영리사업회계에 전입한 경우에는 이를 비영리사업에 지출한 것으로 본다(법칙 §76④)라고 규정하고 있다.

(6) 손익의 구분경리

1) 개 요

수익사업과 비영리사업의 손익의 구분경리는 그 법인의 장부상 각각 독립된 계정과목에 의하여 구분기장하여야 하고 공통되는 손익은 일정 기준에 따라 구분계산하여야 한다. 다만, 공통익금 또는 공통손금의 구분계산에 있어서 개별손금(공통손금 이외의 손금의 합계액을 말한다)이 없는 경우나 그 밖의 사유 등으로 적용할 수 없거나 적용하는 것이 불합리한 경우에는 공통익금의 수입항목 또는 공통손금의 비용항목에 따라 국세청장이 정하는 작업시간·사용시간·사용면적 등의 기준에 의하여 안분계산한다(법칙 §76⑥).

이때 수개의 업종을 겸업하고 있는 법인의 공통손익은 먼저 업종별로 안분계산을 한 후에 다시 동일업종 내의 공통손익을 안분계산한다(법기통 113-156…5).

2) 공통익금 및 공통손금의 구분계산

수익사업과 비영리사업의 손익을 구분경리하는 경우 공통되는 익금과 손금은 다음의 규정에 의하여 구분계산하여야 한다. 다만, 공통익금 또는 손금의 구분계산에 있어서 개별손금(공통손금 외의 손금의 합계액을 말한다)이 없는 경우나 기타의 사유로 다음의 규정을 적용할 수 없거나 적용하는 것이 불합리한 경우에는 공통익금의 수입항목 또는 공통손금의 비용항목에 따라 국세청장이 정하는 작업시간·사용시간·사용면적 등의 기준에 의하여 안분계산한다(법칙 §76⑥).

가. 공통익금의 경우

수익사업과 기타의 사업의 공통익금은 수익사업과 기타사업의 수입금액 또는 매출액에 비례하여 안분계산한다(법칙 §76⑥(1)).

나. 공통손금의 경우

① 수익사업과 기타 사업의 업종이 동일한 경우

수익사업과 기타의 사업의 업종이 동일한 경우의 공통손금은 수익사업과 기타의 사업의 수입금액 또는 매출액에 비례하여 안분계산한다(법칙 §76⑥(2)).

② 수익사업과 기타사업의 업종이 다른 경우

수익사업과 기타의 사업의 업종이 다른 경우의 공통손금은 수익사업과 기타의 사업의 개별손금액에 비례하여 안분계산한다(법칙 §76⑥(3)).

다. 수개의 업종을 겸영하는 경우 공통손익의 계산

수개의 업종을 겸영하고 있는 법인의 공통손익은 먼저 업종별로 안분계산하고 다음에 동일업종 내의 공통손익을 안분계산하며(법기통 113 - 156…5), 업종의 구분은 한국표준산업분류에 의한 소분류에 의하되, 소분류에 해당 업종이 없는 경우에는 중분류에 의한다(법칙 §75② 후단).

(7) 구분경리의 요약

비영리법인의 수익사업과 비영리사업의 구분경리를 요약하면 다음 표와 같다.

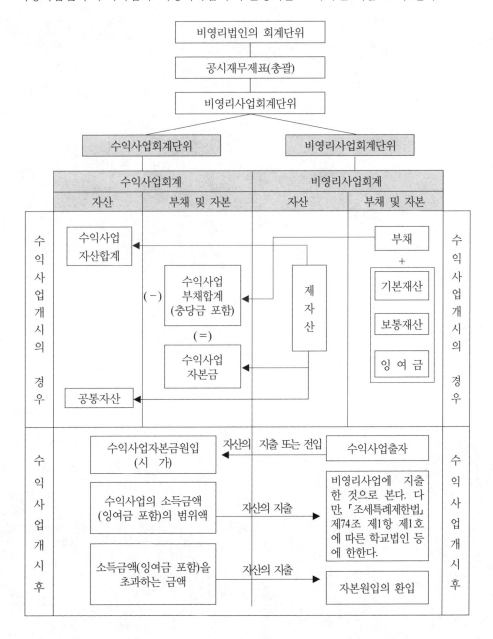

제**23**장

연결납세방식

□ 연결납세방식의 개정

종전에는 내국법인이 완전지배하는 다른 내국법인이 연결납세대상이나 2024. 1. 1. 이후 개시하는 사업연도부터는 90% 이상 지배(연결지배)하는 다른 내국법인으로 연결납세방식 적용대상을 확대하였다. 연결대상이 90% 이상 지분을 보유한 내국법인으로 확대됨에 따라 결손금이 있는 연결법인에게 세액을 지급할 수 있도록 연결소득 배분방법을 개정하였다.

1. 연결납세방식의 개요

연결납세방식(consolidated tax return)이란 둘 이상의 회사가 법률적으로는 경제적으로 하나의 실체인 경우에 그 경제적 실질에 따라 그 회사들을 하나의 회사로 보아 법인세를 과세하는 제도를 말한다.

종전에 우리나라는 법인단위로 과세하는 개별납세방식(separate tax return)만 시행하였다. 그런데 개별납세방식은 기업조직을 사업부제와 자회사 중 어떤 형태를 선택할지에 따라 조세부담이 달라진다. 기업조직에 대한 조세의 중립성을 보장하여 기업경영의 효율화를 기하고, 세제를 선진화할 필요가 있었다. 이에 따라 2010년부터 연결납세방식을 도입하였다.

OECD 국가들의 연결납세방식은 소득통산형과 손익대체형으로 나누어지는데 이를 비교하면 다음 표와 같다.

구 분	내 용	장단점	적용 국가
소득통산형	모회사의 자회사를 하나의 법인으로 보아 연결소득을 산출한 후 연결세액을 계산하는 방식	연결납세이론에 충실하며 정교한 산출방식이 요구됨.	미국, 프랑스, 일본 등
손익대체형	개별적으로 과세소득을 산출한 후 연결법인 간 결손금만 대체하는 방식	연결이론에 부합하지 않으나, 적용이 단순함.	영국, 독일 등

우리나라는 소득통산형을 기본으로 하여, 기업의 업무부담을 덜어 주기 위하여 최대한 간편하게 연결납세방식을 설계하였다.

2. 연결납세방식의 적용

2-1. 연결납세방식 적용대상

(1) 연결납세방식 적용대상

다른 내국법인을 연결지배하는 내국법인(이하 "연결가능모법인"이라 함)과 그 다른 내국법인(이하 "연결가능자법인"이라 함)은 연결가능모법인의 납세지 관할 지방국세청장의 승인을 받아 연결납세방식을 적용할 수 있다. 연결납세방식을 적용하는 경우 연결가능자법인이 둘 이상일 때에는 해당 법인 모두가 연결납세방식을 적용해야 하므로, 연결가능자법인의 일부만을 선택하여 연결납세방식을 적용할 수는 없다(**법법 §76의8①**). 24 개정

다만, 다음의 법인은 연결가능모법인이나 연결가능자법인이 될 수 없다(**법법 §76의8①, 법령 §120의12① · ②**).

구 분	내 용
연결가능모법인이 될 수 없는 법인	① 비영리내국법인 ② 해산으로 청산 중인 법인 ③ 「법인세법」 제51조의2【유동화전문회사 등에 대한 소득공제】제1항 각 호의 어느 하나에 해당하는 법인이거나 「조세특례제한법」 제104조의31【프로젝트금융투자회사에 대한 소득공제】제1항에 따른 법인 ④ 다른 내국법인(비영리내국법인은 제외한다)으로부터 연결지배를 받는 법인* ⑤ 동업기업과세특례(**조특법 §100의15**) 제1항을 적용하는 동업기업 ⑥ 해운기업에 대한 법인세 과세표준 계산특례(**조특법 §104의10**) 제2항의 과세표준 계산특례를 적용하는 법인
연결가능자법인이 될 수 없는 법인	① 해산으로 청산 중인 법인 ② 「법인세법」 제51조의2 【유동화전문회사 등에 대한 소득공제】제1항 각 호의 어느 하나에 해당하는 법인이거나 「조세특례제한법」 제104조의31【프로젝트금융투자회사에 대한 소득공제】제1항에 따른 법인 ③ 동업기업과세특례(**조특법 §100의15**) 제1항을 적용하는 동업기업 ④ 해운기업에 대한 법인세 과세표준 계산특례(**조특법 §104의10**) 제2항의 과세표준 계산특례를 적용하는 법인

(2) 연결지배의 개념

"연결지배"란 내국법인이 다른 내국법인의 발행주식총수 또는 출자총액의 90% 이상을 보유하고 있는 경우를 말한다.[1] 이 경우 그 보유비율은 다음에서 정하는 바에 따라 계산한

---

1) 2024. 1. 1. 당시 종전의 법 제2조 제10호에 따른 연결자법인 외에 다른 내국법인을 법 제2조 제10호의2의 개정규정에 따라 연결지배하고 있는 연결모법인이 2024. 1. 1. 이후 개시하는 사업연도부터 연결납세방식을 적용하지 아니하려는 경우에는 법 제76조의10 제1항 본문을 적용할 때 "사업연도 개시일 전 3개월이 되는 날"을 "2024년 1월 1일 이후 개시하는 사업연도

다(**법법 §2(10)의2**). `24 개정`

① 의결권 없는 주식 또는 출자지분을 포함할 것

② 「상법」 또는 「자본시장과 금융투자업에 관한 법률」에 따라 보유하는 자기주식은 제외할 것

③ 「근로복지기본법」에 따른 우리사주조합을 통하여 근로자가 취득한 주식 및 그 밖에 대통령령으로 정하는 주식으로서 발행주식총수의 5% 이내의 주식은 해당 법인이 보유한 것으로 볼 것

  ㉮ 「근로복지기본법」에 따른 우리사주조합(이하 "우리사주조합"이라 한다)이 보유한 주식

  ㉯ 「법인세법 시행령」 제19조 제19호의2 각 목 외의 부분 본문에 따른 주식매수선택권의 행사에 따라 발행되거나 양도된 주식(주식매수선택권을 행사한 자가 제3자에게 양도한 주식을 포함함)

④ 다른 내국법인을 통하여 또 다른 내국법인의 주식 또는 출자지분을 간접적으로 보유하는 경우로서 연결가능모법인이 연결가능자법인을 통해 보유하고 있는 또 다른 내국법인에 대한 주식 또는 출자지분의 보유비율은 다음 계산식에 따라 계산한다. 이 경우 연결가능자법인이 둘 이상인 경우에는 각 연결가능자법인별로 다음 계산식에 따라 계산한 비율을 합산한다(**법령 §2⑦**).

$$
\begin{array}{c}
\text{연결가능모법인의 연결가능자법인에 대한} \\
\text{주식 또는 출자지분 보유비율}
\end{array}
\times
\begin{array}{c}
\text{연결가능자법인의 또 다른 내국법인에 대한} \\
\text{주식 또는 출자지분 보유비율}
\end{array}
$$

사례 **연결납세방식 적용대상 판단**

1. 간접소유

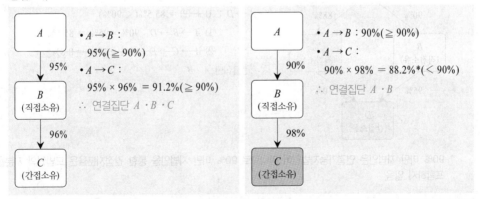

* 연결가능자법인이 손자법인을 90% 이상 지배하더라도 모법인의 손자법인에 대한 지분비율이 90%에 미달하는 경우 연결 불가

개시일 이후 2개월이 되는 날"로 보며, 같은 항 단서는 적용하지 아니한다(법 부칙(2022. 12. 31.) §15의2①).

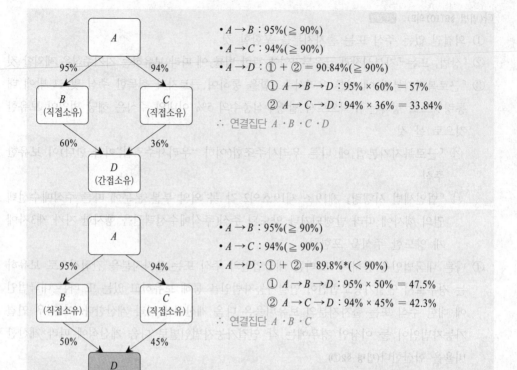

* 연결가능자법인이 손자법인을 90% 이상 지배하더라도 모법인의 손자법인에 대한 지분비율이 90%에 미달하는 경우 연결 불가

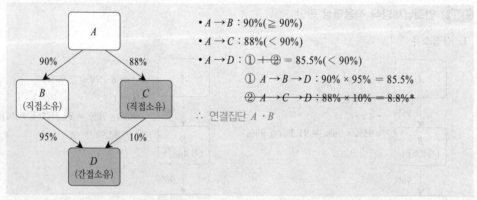

* 90% 미만 자법인은 연결가능자법인이 아니므로 90% 미만 자법인을 통한 간접지분율은 모법인의 지분율에 포함하지 않음.

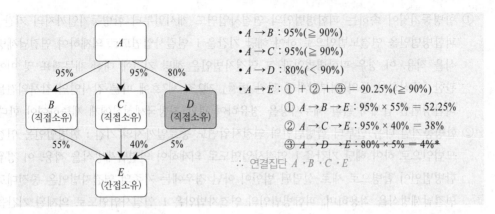

$\cdot A \rightarrow B : 95\% (\geqq 90\%)$

$\cdot A \rightarrow C : 95\% (\geqq 90\%)$

$\cdot A \rightarrow D : 80\% (< 90\%)$

$\cdot A \rightarrow E : ① + ② + ③ = 90.25\% (\geqq 90\%)$

   ① $A \rightarrow B \rightarrow E : 95\% \times 55\% = 52.25\%$

   ② $A \rightarrow C \rightarrow E : 95\% \times 40\% = 38\%$

   ③ $A \rightarrow D \rightarrow E : 80\% \times 5\% = 4\%*$

∴ 연결집단 $A \cdot B \cdot C \cdot E$

* 90% 미만 자법인을 통해 모법인이 손자법인의 지분을 간접적으로 보유하는 경우 모법인의 지분율에 포함하지 않음.

2. 합동소유

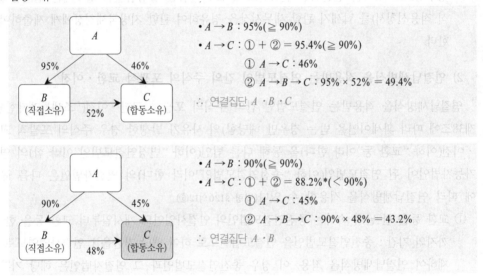

$\cdot A \rightarrow B : 95\% (\geqq 90\%)$

$\cdot A \rightarrow C : ① + ② = 95.4\% (\geqq 90\%)$

   ① $A \rightarrow C : 46\%$

   ② $A \rightarrow B \rightarrow C : 95\% \times 52\% = 49.4\%$

∴ 연결집단 $A \cdot B \cdot C$

$\cdot A \rightarrow B : 90\% (\geqq 90\%)$

$\cdot A \rightarrow C : ① + ② = 88.2\%* (< 90\%)$

   ① $A \rightarrow C : 45\%$

   ② $A \rightarrow B \rightarrow C : 90\% \times 48\% = 43.2\%$

∴ 연결집단 $A \cdot B$

* 90% 이상 자법인과의 합동 지분율이 90% 이상이더라도 모법인의 지분율이 90% 미달 시 연결 불가

(3) 합병, 분할 또는 주식의 포괄적 교환·이전의 경우 연결납세방식의 적용 여부

다음 중 어느 하나에 해당하는 합병, 분할 또는 주식의 포괄적 교환·이전의 경우에는 그 합병일, 분할일 또는 교환·이전일이 속하는 연결사업연도에 한정하여 연결납세방식을 적용할 수 있다(법법 §76의8⑥).

1) 연결납세방식을 적용받는 연결모법인 간의 적격합병

연결납세방식을 적용받는 연결모법인 간의 적격합병의 사유가 발생한 경우 피합병법인의 연결자법인은 다음 규정에 따라 연결납세방식을 적용할 수 있다(법령 §120의12⑤).

① 합병등기일이 속하는 피합병법인의 연결사업연도 개시일부터 합병등기일까지의 기간 : 피합병법인을 연결모법인으로 하여 해당 기간을 1 연결사업연도로 의제하여 연결납세방식을 적용. 이 경우 피합병법인과 그 연결자법인은 해당 기간에 대한 재무제표 및 이에 관한 「주식회사 등의 외부감사에 관한 법률」 제2조 제7호에 따른 감사인의 감사의견을 피합병법인 납세지 관할 세무서장을 경유하여 관할 지방국세청장에게 제출하여야 한다.

② 합병등기일 다음 날부터 합병법인의 연결사업연도 종료일까지의 기간 : 합병법인을 연결모법인으로 하여 해당 기간을 1 연결사업연도로 의제하여 연결납세방식을 적용. 이 경우 합병법인이 합병으로 새로 설립된 법인이 아닌 경우에는 기존의 연결자법인은 종전대로 연결납세방식을 적용하며, 피합병법인의 연결자법인은 1 연결사업연도로 의제된 기간을 통산하여 연결납세방식을 적용한다.

③ ②에 따라 연결납세방식을 적용받으려는 합병법인은 합병등기일부터 1개월 내에 기획재정부령으로 정하는 연결법인 변경신고서(새로 설립된 합병법인인 경우에는 연결납세방식 적용신청서)를 납세지 관할 세무서장을 경유하여 관할 지방국세청장에게 제출하여야 한다.

2) 연결납세방식을 적용받는 연결모법인 간의 주식의 포괄적 교환·이전

연결납세방식을 적용받는 연결모법인 간의 주식의 포괄적 교환·이전(「조세특례제한법」 제38조에 따라 과세이연을 받는 경우만 해당함)의 사유가 발생한 경우 주식의 포괄적 교환·이전(이하 "교환 등"이라 한다)을 통해 다른 법인(이하 "변경연결모법인"이라 함)의 연결가능자법인이 된 연결모법인(이하 "종전연결모법인"이라 한다)의 연결자법인은 다음 규정에 따라 연결납세방식을 적용할 수 있다(법령 §120의12⑥).

① 교환 등을 한 날이 속하는 종전연결모법인의 연결사업연도 개시일부터 교환 등을 한 날까지의 기간 : 종전연결모법인을 연결모법인으로 하여 해당 기간을 1 연결사업연도로 의제하여 연결납세방식을 적용. 이 경우 종전연결모법인과 그 연결자법인은 해당 기간에 대한 재무제표 및 이에 관한 「주식회사 등의 외부감사에 관한 법률」 제2조 제7호에 따른 감사인의 감사의견을 종전연결모법인 납세지 관할 세무서장을 경유하여 관할 지방국세청장에게 제출하여야 한다.

② 교환 등을 한 날의 다음 날부터 변경연결모법인의 연결사업연도 종료일까지의 기간 : 변경연결모법인을 연결모법인으로 하여 해당 기간을 1 연결사업연도로 의제하여 연결납세방식을 적용. 이 경우 주식의 포괄적 교환을 한 변경연결모법인의 경우에는 기존의 연결자법인은 종전대로 연결납세방식을 적용하며, 종전연결모법인과 그 연결자법인은 1 연결사업연도로 의제된 기간을 통산하여 연결납세방식을 적용한다.

③ 위 ②에 따라 연결납세방식을 적용받으려는 변경연결모법인은 교환 등을 한 날부터 1개월 내에 기획재정부령으로 정하는 연결법인 변경신고서(주식의 포괄적 이전을 통해 새

로 설립된 변경연결모법인의 경우에는 연결납세방식 적용신청서)를 납세지 관할 세무서장을 경유하여 관할 지방국세청장에게 제출하여야 한다.

3) 연결납세방식을 적용받는 연결모법인의 적격분할

연결납세방식을 적용받는 연결모법인의 적격분할의 사유가 발생한 경우 분할로 인하여 분할신설법인의 연결가능자법인으로 된 분할법인의 연결자법인은 다음에 따라 연결납세방식을 적용할 수 있다(법령 §120의12⑦).

① 분할등기일이 속하는 분할법인의 연결사업연도 개시일부터 분할등기일까지의 기간 : 분할법인을 연결모법인으로 하여 해당 기간을 1 연결사업연도로 의제하여 연결납세방식을 적용. 이 경우 분할법인이 분할 후 소멸하지 않는 경우에는 기존의 연결자법인은 종전대로 연결납세방식을 적용하며, 분할신설법인의 연결자법인으로 되는 분할법인의 연결자법인은 1 연결사업연도로 의제된 기간을 통산하여 연결납세방식을 적용한다.

② 분할등기일 다음 날부터 분할신설법인의 연결사업연도 종료일까지의 기간 : 분할신설법인을 연결모법인으로 하여 해당 기간을 1 연결사업연도로 의제하여 연결납세방식을 적용. 이 경우 연결납세방식을 적용받으려는 분할신설법인은 분할등기일부터 1개월 내에 기획재정부령으로 정하는 연결납세방식 적용신청서를 납세지 관할 세무서장을 경유하여 관할 지방국세청장에게 제출하여야 한다.

③ 위 ①의 경우로서 분할법인이 분할 후 소멸하는 경우에는 분할법인과 그 연결자법인은 해당 기간에 대한 재무제표 및 이에 관한 「주식회사 등의 외부감사에 관한 법률」 제2조 제7호에 따른 감사인의 감사의견을 분할법인 납세지 관할 세무서장을 경유하여 관할 지방국세청장에게 제출하여야 한다.

2-2. 연결사업연도

연결사업연도란 연결집단의 소득을 계산하는 1회계기간을 말하며, 그 기간은 1년을 초과할 수 없다(법법 §76의8②).

연결납세방식을 적용받는 각 연결법인의 사업연도는 연결사업연도와 일치해야 한다. 다만, 금융회사는 관계법령 등에서 회계연도를 강제하는 경우가 있으므로 사업연도를 연결사업연도와 일치시킬 수 없을 수도 있다. 이에 따라 「자본시장과 금융투자업에 관한 법률」에 따른 금융투자업(신탁업은 제외한다)을 영위하는 법인, 「보험업법」에 따른 보험회사 및 「상호저축은행법」에 따른 상호저축은행이 다음 요건을 모두 갖춘 경우에는 연결사업연도를 해당 내국법인의 사업연도로 보아 연결납세방식을 적용할 수 있도록 예외를 두고 있다(법법 §76의8③, 법령 §120의12③, 법칙 §60의2).

① 사업연도가 법령 등에 규정되어 있어 임의로 변경하는 것이 불가능할 것

② 법령 등에 따라 연결사업연도 말에 분기 또는 반기별 재무제표를 작성하여 「주식회사의 외부감사에 관한 법률」에 따른 감사인의 감사의견을 받을 것

연결사업연도 변경은 개별납세방식의 사업연도 변경규정(법법 §7)을 준용한다(법법 §76의8②).

2-3. 연결납세방식의 적용신청과 승인통지

연결납세방식을 적용하려는 내국법인과 해당 내국법인의 연결가능자법인은 최초의 연결사업연도 개시일부터 10일 이내 연결납세방식 적용신청서를 해당 내국법인의 납세지 관할 세무서장을 경유하여 내국법인의 납세지 관할 지방국세청장에게 제출하여야 한다(법령 §120의13①). 연결납세방식 적용신청서를 제출하는 연결대상법인 등은 연결사업연도를 함께 신고하여야 한다. 연결사업연도와 사업연도가 다른 연결대상법인이 연결사업연도를 신고한 경우에는 사업연도 변경신고를 한 것으로 본다(법령 §120의13②).

내국법인의 납세지 관할 지방국세청장은 연결납세방식의 적용신청을 받은 경우 최초의 연결사업연도 개시일부터 2개월이 되는 날까지 승인 여부를 서면으로 통지하여야 하며, 통지하지 않은 경우 승인한 것으로 본다(법령 §120의13③).

2-4. 연결납세방식의 취소

(1) 취소사유

연결모법인의 납세지 관할 지방국세청장은 다음 중 어느 하나에 해당하는 경우에는 연결납세방식의 적용승인을 취소할 수 있다(법법 §76의9①).
① 연결법인의 사업연도가 연결사업연도와 일치하지 아니하는 경우
② 연결모법인이 연결지배하지 아니하는 내국법인에 대하여 연결납세방식을 적용하는 경우
③ 연결모법인의 연결가능자법인에 대하여 연결납세방식을 적용하지 아니하는 경우
④ 추계조사결정 사유로 장부 그 밖의 증명서류에 의하여 연결법인의 소득금액을 계산할 수 없는 경우
⑤ 연결법인에 수시부과사유가 있는 경우
⑥ 연결모법인이 다른 내국법인(비영리내국법인 제외)의 연결지배를 받는 경우

(2) 연결납세방식 취소시 연결법인 간 결손금 공제액의 환원

연결납세방식을 적용받은 각 연결법인은 연결납세방식을 적용받은 연결사업연도와 그 다음 연결사업연도의 개시일부터 4년 이내에 끝나는 연결사업연도 중에 연결납세방식의 적용

승인이 취소된 경우 다음의 구분에 따라 소득금액이나 결손금을 연결납세방식의 적용 승인이 취소된 사업연도의 익금 또는 손금에 각각 산입하여야 한다. 다만, 연결모법인이 다른 내국법인(비영리내국법인 제외)의 연결지배를 받는 사유로 연결납세방식의 적용 승인이 취소된 연결집단이 취소된 날로부터 1개월 이내에 새로운 모법인을 기준으로 연결납세방식의 적용 신청서를 제출하여 승인받은 경우에는 그러하지 아니한다(법법 §76의9②).

① 연결사업연도 동안 다른 연결법인의 결손금과 합한 해당 법인의 소득금액 : 익금에 산입
② 연결사업연도 동안 다른 연결법인의 소득금액과 합한 해당 법인의 결손금 : 손금에 산입

(3) 연결납세방식 재적용의 제한

연결납세방식의 적용승인이 취소된 연결법인은 취소된 날이 속하는 사업연도와 그 다음 사업연도의 개시일부터 4년 이내에 종료하는 사업연도까지는 연결납세방식의 적용 당시와 동일한 법인을 연결모법인으로 하여 연결납세방식을 적용할 수 없다(법법 §76의9③).

연결모법인의 납세지 관할 지방국세청장이 연결납세방식의 적용승인을 취소하는 때에는 그 사유를 연결모법인에 서면으로 통지하여야 한다(법령 §120의14①).

(4) 연결납세방식 취소시 이월결손금의 구분

연결납세방식의 적용승인이 취소된 경우 연결사업연도의 미공제 결손금 중 각 연결법인에 귀속하는 금액은 해당 연결법인의 결손금으로 본다(법법 §76의9④).

(5) 연결납세방식 취소시 중간예납세액의 구분

납부한 연결중간예납세액 중 연결법인별 중간예납세액은 각 연결법인의 중간예납세액으로 본다(법법 §76의9⑤).

(6) 연결납세방식 취소시 사업연도 의제

사업연도 불일치가 인정되는 금융회사 등에 대하여 연결납세방식의 적용승인이 취소된 경우 취소된 날이 속하는 연결사업연도의 개시일부터 그 연결사업연도의 종료일까지의 기간과 취소된 날이 속하는 연결사업연도 종료일의 다음 날부터 본래 사업연도 개시일의 전일까지의 기간을 각각 1사업연도로 본다(법법§ 76의9⑥).

2-5. 연결납세방식의 포기

(1) 연결납세방식의 포기신청

연결납세방식의 적용을 포기하려는 경우 연결모법인은 연결납세방식을 적용하지 않으려는 사업연도 개시일 전 3개월이 되는 날까지 연결납세방식포기신고서를 납세지 관할 세무서장을 경유하여 연결모법인의 납세지 관할 지방국세청장에게 신고하여야 한다. 다만, 연결납세방식을 최초로 적용받은 연결사업연도와 그 다음 연결사업연도의 개시일부터 4년 이내에 종료하는 연결사업연도까지는 연결납세방식의 적용을 포기할 수 없다(법법 §76의10①).

(2) 연결납세방식 포기시 연결납세방식 재적용의 제한과 이월결손금의 구분

연결납세방식의 적용을 포기한 경우 연결납세방식 재적용의 제한과 이월결손금 등의 구분은 2-4. 연결납세방식의 취소의 "(3) 연결납세방식 재적용의 제한"과 "(4) 연결납세방식 취소시 이월결손금의 구분" 규정을 준용한다(법법 §76의10②).

(3) 연결납세방식 포기시 사업연도 의제

연결납세방식을 적용받은 연결법인이 연결납세방식의 적용을 포기하는 경우 연결모법인의 납세지 관할 지방국세청장에게 신고한 날이 속하는 연결사업연도의 종료일 다음 날부터 본래 사업연도 개시일 전날까지의 기간을 1사업연도로 본다(법법 §76의10③).

2-6. 연결자법인의 추가

연결모법인이 새로 다른 내국법인을 연결지배하게 된 경우, 다음과 같이 연결납세방식을 적용해야 한다(법법 §76의11).[2)]

① 기존 법인이 새로 연결지배를 받게 된 경우 : 연결지배가 성립한 날이 속하는 연결사업연도의 다음 연결사업연도부터 연결납세방식 적용
② 연결지배를 받는 자법인을 설립한 경우 : 설립등기일이 속하는 사업연도부터 연결납세방식 적용

연결모법인은 위에 따라 연결자회사가 변경된 경우 변경일 이후 중간예납기간 종료일과 사업연도 종료일 중 먼저 도래하는 날부터 1개월 이내에 연결법인 변경신고서를 납세지 관

---

2) 연결납세방식을 적용받는 연결모법인 간의 적격합병, 연결납세방식을 적용받는 연결모법인 간의 주식의 포괄적 교환·이전(과세이연을 받는 경우에 한함) 또는 연결납세방식을 적용받는 연결모법인의 적격분할의 경우에는 연결자법인의 추가 및 배제규정에 불구하고 그 합병일, 분할일 또는 교환·이전일이 속하는 연결사업연도에 한정하여 연결납세방식을 적용할 수 있다(법법 §76의8⑥).

할 세무서장을 경유하여 연결모법인의 납세지 관할 지방국세청장에게 제출하여야 한다(법령 §120의16).

2-7. 연결자법인의 배제

(1) 연결자법인의 배제사유

연결모법인의 연결지배를 받지 아니하게 되거나 해산한 연결자법인은 해당 사유가 발생한 날이 속하는 연결사업연도의 개시일부터 연결납세방식을 적용하지 아니한다. 다만, 연결자법인이 다른 연결법인에 흡수합병되어 해산하는 경우에는 해산등기일이 속하는 연결사업연도에 연결납세방식을 적용할 수 있다(법법 §76의12①).

(2) 연결자법인 배제시 연결법인 간 결손금 공제액의 환원

연결납세방식을 적용받은 연결사업연도와 그 다음 연결사업연도의 개시일부터 4년 이내에 끝나는 연결사업연도 중에 연결자법인 배제규정에 따라 연결납세방식을 적용하지 아니하는 경우 다음의 구분에 따라 소득금액 또는 결손금을 해당 사유가 발생한 날이 속하는 사업연도의 익금 또는 손금에 각각 산입하여야 한다.

다만, 연결자법인이 파산함에 따라 해산하는 경우 또는 연결자법인이 다른 연결법인에 흡수합병되어 해산하는 경우에는 그러하지 아니한다(법법 §76의12②, 법령 §120의16②).

① 연결사업연도 동안 다른 연결법인의 결손금과 합한 연결배제법인(연결납세방식을 적용하지 아니하게 된 개별법인을 말한다)의 소득금액 : 연결배제법인의 익금에 산입
② 연결사업연도 동안 다른 연결법인의 소득금액과 합한 연결배제법인의 결손금 : 연결배제법인의 손금에 산입
③ 연결사업연도 동안 연결배제법인의 결손금과 합한 해당 법인의 소득금액 : 해당 법인의 익금에 산입
④ 연결사업연도 동안 연결배제법인의 소득금액과 합한 해당 법인의 결손금 : 해당 법인의 손금에 산입

(3) 연결법인 변경신고

연결모법인은 연결자법인이 연결대상에서 배제된 경우 1개월 이내에 연결법인 변경신고서를 납세지 관할 세무서장을 경유하여 연결모법인의 납세지 관할 지방국세청장에게 제출하여야 한다(법법 §76의12④).

연결자법인의 배제의 경우에는 "2-4. 연결납세방식의 취소 (3)~(6)"의 규정을 준용한다.

3. 연결소득금액의 계산

● 연결소득금액 계산구조 ●

[1단계]	연결 전 소득금액 계산 ·········	각 사업연도 소득금액
[2단계]	연결조정항목인 세무조정사항의 제거 ······	(+) 수입배당금액 익금불산입 (−) 기업업무추진비 손금불산입 (+) 기부금한도초과이월액의 손금산입 (−) 기부금 손금불산입
[3단계]	연결법인 간의 거래손익 조정 ······	(−) 다른 연결법인으로부터 받은 수입배당금액 (+) 다른 연결법인에 대한 기업업무추진비 (+) 다른 연결법인에 대하여 설정한 대손충당금 (±) 자산양도손익의 이연
[4단계]	연결조정과 연결조정 금액의 연결법인별 배분 ······	(−) 수입배당금액 익금불산입 (+) 기업업무추진비 손금불산입 (+) 기부금 손금불산입 (−) 기부금한도초과이월액의 손금산입
[5단계]	연결소득금액 계산 ·········	(=) 연결소득 개별귀속액

연결납세방식을 적용하는 경우 다음과 같이 연결소득금액을 계산한다.

[1단계] 개별납세방식에 따라 연결법인별로 각 사업연도 소득금액(또는 결손금)을 계산한다.

[2단계] 수입배당금액 익금불산입, 기업업무추진비와 기부금은 연결단위로 세무조정을 하므로 개별납세방식에 따라 세무조정한 금액을 제거한다.

[3단계] 연결법인 간 거래손익을 제거하고, 제거한 손익이 실현되면 제거시와 반대로 처리한다.

[4단계] 연결단위로 수입배당금액 익금불산입, 기업업무추진비와 기부금에 대한 세무조정을 하고, 그 세무조정금액을 연결법인별로 배분한다.

[5단계] 각 사업연도 소득금액에 2단계에서 4단계까지의 내용을 반영하여 연결소득금액(또는 연결결손금)을 계산한다.

3-1. 연결법인별 각 사업연도 소득금액 계산

연결법인별로 개별납세방식에 따라 세무조정을 하여 각 사업연도 소득금액(또는 결손금)을 계산한다(법법 §76의14①(1)).

3-2. 연결조정항목인 세무조정사항의 제거

수입배당금액 익금불산입·기업업무추진비와 기부금은 연결단위로 세무조정을 하므로 개별납세방식에 따라 세무조정한 금액을 제거한다. 당초의 세무조정에 반대되는 세무조정을 하면 당초 세무조정은 제거된다(법법 §76의14①(2)).

① 수입배당금액 익금불산입 : 「법인세법」 제18조의2【내국법인 수입배당금액의 익금불산입】에 따라 익금에 산입하지 아니한 각 연결법인의 수입배당금액 상당액을 익금에 산입
② 기업업무추진비 손금불산입 : 「법인세법」 제25조【기업업무추진비의 손금불산입】에 따라 손금산입한도를 초과하여 손금에 산입하지 아니한 기업업무추진비 상당액을 손금에 산입
③ 기부금 손금불산입 : 「법인세법」 제24조【기부금의 손금불산입】에 따라 손금산입한도를 초과하여 손금에 산입하지 아니한 기부금을 손금에 산입

3-3. 연결법인 간의 거래손익 조정

연결납세방식에서는 연결집단을 하나의 법인으로 보므로 연결법인 간의 거래로 인한 손익을 모두 제거해야 정확한 연결소득을 계산할 수 있다. 그러나 연결법인 간의 거래손익을 모두 제거하는 것이 실무상 거의 불가능한 점을 고려하여 법인세법은 연결법인 간의 거래손익 중 다음의 손익만 제거하도록 하고 있다.

① 수입배당금액 : 다른 연결법인으로부터 받은 수입배당금액 상당액을 익금에 불산입
② 기업업무추진비 : 다른 연결법인에 지급한 기업업무추진비 상당액을 손금에 불산입
③ 대손충당금 : 다른 연결법인에 대한 채권에 대하여 설정한 「법인세법」 제34조에 따른 대손충당금 상당액을 손금에 불산입
④ 일정한 자산의 양도손익 : 유형자산 및 무형자산 등 법령으로 정하는 자산을 다른 연결법인에 양도함에 따라 발생하는 손익을 익금 또는 손금에 불산입

(1) 수입배당금액, 기업업무추진비, 대손충당금에 대한 조정

연결납세방식에서는 연결그룹을 하나의 법인으로 보므로 연결법인이 다른 연결법인에서 받은 수입배당금액은 익금불산입하고, 연결법인이 다른 법인에 대한 기업업무추진비와 연

결법인에 대하여 설정한 대손충당금은 손금불산입한다(법법 §76의14①(3)).

① 연결법인이 다른 연결법인으로부터 받은 수입배당금액 : 익금불산입(−)

② 다른 연결법인에 대한 기업업무추진비 : 손금불산입(+)

③ 다른 연결법인의 채권에 대하여 설정한 대손충당금* : 손금불산입(+)

> * 연결법인이 대손충당금 한도초과액이 있는 경우에는 당초 손금으로 계상한 채권별 대손충당금의 크기에 비례하여 한도초과액을 배분하고 다른 연결법인에 대한 채권에 대하여 계상한 대손충당금 상당액에서 배분된 한도초과액을 뺀 금액을 손금불산입한다.

(2) 일정한 자산의 양도손익 조정

1) 양도손익 이연대상

양도손익 이연대상 자산은 다음 중 어느 하나에 해당하는 자산을 말한다(법령 §120의18①).

구 분	대상자산	내부손익 제거대상
양도시점에 국내에 소재하는 자산	① 감가상각자산인 유형자산(건축물 제외) ② 감가상각자산인 무형자산 ③ 매출채권, 대여금, 미수금 등의 채권	모든 자산. 다만, 거래 건별 장부가액이 1억원 이하인 자산은 양도손익이연자산에서 제외할 수 있음.
	④ 「자본시장과 금융투자업에 관한 법률」 제3조 제1항에 따른 금융투자상품 ⑤ 토지와 건축물	모든 자산(장부가액 불문)
외국법인주식	⑥ 다른 연결법인에 전액 양도하는 외국법인의 주식등 24 신설 ('24. 2. 29. 이후 양도하는 경우부터 적용)	

입법취지 재고자산의 양도손익을 제거하지 않는 이유

> 원재료와 같은 재고자산은 거래 횟수가 많고 매수법인이 제품 생산에 사용하는 경우 원재료·재공품·제품 등의 형태로 남아 있어서 양도손익을 제거하기가 곤란하며, 소액자산은 양도손익을 제거할 실익이 없다. 이에 따라 법인세법은 위의 자산의 양도손익만 제거대상으로 규정하고 있다.

2) 양도손익의 이연에 대한 조정

양도손익이연자산을 다른 연결법인(이하 "양수법인"이라 한다)에 양도함에 따라 발생한 연결법인(이하 "양도법인"이라 한다)의 양도소득 또는 양도손실은 익금 또는 손금에 산입하지 아니하고, 양수법인에게 다음 중 어느 하나의 사유가 발생한 날이 속하는 사업연도에 다음의 계산식에 따라 계산한 금액을 양도법인의 익금 또는 손금에 산입한다. 다만, 해당 양도손익이연자산의 양도에 대하여 「법인세법」 제52조【부당행위계산의 부인】이 적용되는 경우에는 그러하지 아니하다(법령 §120의18②).

구 분	익금 또는 손금으로 산입할 금액
양도손익이연자산을 감가상각하는 경우	다음 ①과 ② 중 선택 ① 감가상각액 기준 양도소득 또는 양도손실 × $\dfrac{\text{감가상각액}}{\text{양수법인의 장부가액}}$ ② 상각월수 기준 양도소득 또는 양도손실 × $\dfrac{\text{해당 사업연도의 월수*}}{\substack{\text{양도손익 이연자산의 내용연수 중} \\ \text{경과하지 않은 기간의 월수*}}}$ * 월수는 역에 따라 계산하되 1개월 미만은 1개월로 한다.
양도손익 이연자산을 양도 (다른 연결법인에 양도되는 경우 제외)하는 경우	양도소득 또는 양도손실 × 양도자산의 양도비율
양도손익 이연자산에 대손이 발생하거나 멸실된 경우	양도소득 또는 양도손실 × $\dfrac{\text{평가감액, 대손금액, 멸실금액}}{\text{양수법인의 장부가액}}$
양도한 채권의 지급기일이 도래하는 경우	양도법인의 양도가액 − 양도법인의 장부가액
양도손익이연자산을 「상법」 제343조에 따라 소각하는 경우	양도소득 또는 양도손실 × $\dfrac{\text{소각자산의 장부가액}}{\text{양수법인의 장부가액}}$

3) 양도손익 이연자산과 기존 보유자산의 양도 순서

양도손익 이연자산을 양수한 법인이 연결법인으로부터 매입한 자산과 연결법인 외의 자로부터 매입한 자산이 함께 있는 경우에는 연결법인으로부터 매입한 자산을 먼저 양도한 것으로 본다(법칙 §60의3①).

4) 연결납세방식을 적용받지 않거나 합병 또는 분할된 경우 이연된 양도손익의 처리

구 분	이연된 양도손익의 처리
① 양도법인 또는 양수법인이 연결납세방식을 적용받지 않 게 된 경우 (법령 §120의18④)	이연된 양도손익 잔액은 그 적용을 받지 않게 된 연결사업연도의 익금 또는 손금에 산입함.
② 양도법인 또는 양수법인이 합병되는 경우 (법령 §120의18⑤)	양도법인 또는 양수법인을 다른 연결법인이 합병하는 경우 합병법인을 양도법인 또는 양수법인으로 보아 양도손익 이연규정을 적용함.

구 분	이연된 양도손익의 처리
③ 양도법인 또는 양수법인이 분할되는 경우 (법령 §120의18⑥)	• 양도법인이 분할되는 경우에는 분할법인과 분할신설법인(분할합병의 상대방법인 포함)이 분할등기일 현재 순자산가액을 기준으로 이연된 양도손익을 안분하여 각각 승계함. • 양수법인이 분할하는 경우로서 분할신설법인이 양도손익 이연자산을 승계하는 경우에는 분할신설법인이 해당 자산을 양수한 것으로 보아 양도손익 이연규정을 적용함.

5) 처분손실 공제의 제한

다음 중 어느 하나에 해당하는 처분손실은 다음 금액을 한도로 해당 연결사업연도의 소득금액을 계산할 때 손금에 산입한다. 이 경우 한도를 초과하여 손금에 산입하지 아니한 처분손실은 결손금으로 보고 이월결손금 공제한도 내에서 이후 연결사업연도의 과세표준에서 공제한다(법법 §76의14②).

① 내국법인이 다른 내국법인의 연결가능자법인이 된(설립등기일부터 연결가능자법인이 된 경우는 제외한다) 이후 연결납세방식을 적용한 경우 연결납세방식을 적용한 사업연도와 그 다음 사업연도의 개시일부터 4년 이내에 끝나는 연결사업연도에 발생한 자산(연결납세방식을 적용하기 전 취득한 자산으로 한정한다)의 처분손실 : 다음의 구분에 따른 금액(해당 처분손실을 공제하기 전 귀속액을 말하되, 처분손실을 결손금으로 보고 이후 연결사업연도의 과세표준에서 공제하는 경우에는 그러하지 아니하다)

㉮ 연결모법인의 자산처분 손실의 경우 해당 연결모법인의 연결소득개별귀속액

㉯ 연결자법인의 자산처분 손실의 경우 해당 연결자법인의 연결소득개별귀속액

② 연결모법인이 다른 내국법인(합병등기일 현재 연결법인이 아닌 법인으로 한정한다)을 적격합병(연결모법인을 분할합병의 상대방 법인으로 하여 적격분할합병하는 경우를 포함한다)하는 경우 합병등기일 이후 5년 이내에 끝나는 연결사업연도에 발생한 합병 전 연결모법인 및 연결자법인(이하 "기존연결법인"이라 한다)과 피합병법인(분할법인을 포함한다)이 합병 전 각각 보유하던 자산의 처분손실(합병등기일 현재 해당 자산의 시가가 장부가액보다 낮은 경우로서 그 차액을 한도로 한다) : 다음 구분에 따른 소득금액(해당 처분손실을 공제하기 전 소득금액을 말하되, 처분손실을 결손금으로 보고 이후 연결사업연도의 과세표준에서 공제하는 경우에는 그러하지 아니하다)

㉮ 기존연결법인의 자산처분 손실의 경우 기존연결법인의 소득금액(연결모법인의 연결소득개별귀속액 중 합병 전 연결모법인의 사업에서 발생한 소득금액 및 연결자법인의 연결소득개별귀속액을 말한다)

㉯ 피합병법인이 합병 전 보유하던 자산의 처분손실의 경우 연결모법인의 연결소득개별귀속액 중 피합병법인으로부터 승계받은 사업에서 발생한 소득금액

3-4. 연결조정과 연결조정금액의 연결법인별 배분

연결그룹을 하나의 법인으로 간주하여 수입배당금액 익금불산입, 기업업무추진비 손금불산입 및 기부금 손금불산입에 대한 세무조정을 한다(법법 §76의14①(4)).

(1) 수입배당금액 익금불산입

1) 연결집단의 수입배당금액 익금불산입액의 계산

연결집단을 하나의 내국법인으로 보아 연결법인이 아닌 법인에서 받은 수입배당금액 익금불산입액을 계산한다(법법 §76의14①(4)).

$$(수입배당금액 - 지급이자^{*1} \times \frac{주식적수}{자산총액적수^{*2}}) \times 익금불산입률^{*3}$$

*1 지급이자는 각 연결법인의 지급이자합계액에서 연결법인 간의 지급이재(해당 차입거래에 대해 부당행위계산의 부인규정이 적용되는 경우 제외)를 차감한 금액으로 한다.

*2 자산총액은 각 연결법인의 재무상태표상의 자산총액 합계액에서 연결법인에 대한 매출채권, 대여금, 미수금 등의 채권과 연결법인이 발행한 주식을 제거한 금액으로 한다.

*3 각 연결법인이 수입배당금액을 지급한 내국법인에 대한 지분율을 더하여 계산한 지분율로 익금불산입률을 정한다.

2) 수입배당금액 익금불산입액의 연결법인별 배분

수입배당금액 익금불산입액은 다음과 같이 수입배당금액을 지급한 내국법인에 대한 연결법인별 출자비율에 따라 해당 연결법인에 배분한다(법령 §120의19①).

$$연결집단의 수입배당금액 익금불산입액 \times \frac{해당 연결법인의 출자비율}{각 연결법인의 출자비율 합계액}$$

(2) 연결법인의 기업업무추진비 세무조정

1) 연결집단의 기업업무추진비 손금불산입액의 계산

연결집단을 하나의 내국법인으로 보아 기업업무추진비 손금불산입 규정에 따라 다음과 같이 기업업무추진비 손금불산입액을 계산한다.

[1단계] 기업업무추진비 총액^{*1} 중 증명서류요건 미비분 손금불산입
[2단계] 기업업무추진비 한도초과액 = 기업업무추진비 해당액^{*2} - 기업업무추진비 한도액^{*3}

*1 기업업무추진비 총액은 각 연결법인의 기업업무추진비 합계액에서 연결법인 간 거래손익에서 이미 손금불산입한

다른 연결법인에게 지급한 기업업무추진비를 뺀 금액을 말한다.

*2 기업업무추진비 해당액은 기업업무추진비 총액에서 [1단계] 증명서류요건 미비분 손금불산입액을 뺀 금액이다.

*3 기업업무추진비 한도액 계산시 중소기업인지는 "9. 중소기업 관련 규정의 적용"에 따라 판단하며, 수입금액은 각 연결법인의 수입금액의 합계액에서 연결법인 간 양도손익 이연자산의 양도에 따른 수입금액을 뺀 금액으로 한다 (법령 §120의21②).

2) 기업업무추진비 손금불산입액의 연결법인별 배분

연결집단의 기업업무추진비 손금불산입액은 다음과 같이 연결법인에게 배분한다.

① 적격증명서류 미수취로 인한 손금불산입액 : 지출한 연결법인에 직접 배분

② 기업업무추진비 한도초과액 : 기업업무추진비 지출액(기업업무추진비 해당액으로 보는 것이 논리적으로 타당하다)의 비율로 배분

$$\text{연결집단의 기업업무추진비 한도초과액} \times \frac{\text{해당 연결법인의 기업업무추진비 해당액}}{\text{연결집단의 기업업무추진비 해당액}}$$

(3) 연결법인의 기부금 세무조정

1) 연결집단의 기부금 손금불산입액의 계산

연결집단을 하나의 내국법인으로 보아 기부금 규정을 준용하여 기부금에 대한 세무조정을 한다.

2) 기부금 손금불산입액의 연결법인별 배분

기부금 손금불산입액은 다음과 같이 연결법인에 배분한다.

① 비지정기부금 : 지출한 연결법인이 직접 배분

② 특례기부금과 일반기부금 한도초과액 : 해당 기부금 지출액에 따라 배분

$$\bullet \text{연결집단의 특례기부금 한도초과액} \times \frac{\text{해당 연결법인의 특례기부금 지출액}}{\text{연결집단의 특례기부금 지출액}}$$

$$\bullet \text{연결집단의 일반기부금 한도초과액} \times \frac{\text{해당 연결법인의 일반기부금 지출액}}{\text{연결집단의 일반기부금 지출액}}$$

3) 기부금 한도초과이월액의 손금산입

전기 특례기부금 및 일반기부금의 한도초과액을 이월하여 손금에 산입하는 경우 먼저 발생한 사업연도의 한도초과액부터 손금에 산입하며, 그 이월하여 손금에 산입하는 금액은 다음 계산식에 따라 배분한다.

$$\text{연결집단을 하나의 내국법인으로 보아 계산한 기부금 한도초과이월액 중 손금산입액} \times \frac{\text{해당 연결법인의 기부금 한도초과이월액}}{\text{연결집단의 기부금 한도초과이월액}}$$

4. 과세표준의 계산

연결사업연도의 과세표준은 각 연결소득금액에서 다음 금액을 차례로 차감한 금액으로 한다. 다만, 「조세특례제한법」에 따른 중소기업 등 일정한 법인*을 제외한 연결법인의 경우 이월결손금의 공제범위는 연결소득개별귀속액의 80%로 한다(**법법 §76의13①**). **'23 개정**

```
        연 결 소 득 금 액
  (-)   연 결 이 월 결 손 금 ······ 각 연결사업연도 개시일 전 15년 이내 발생분
  (-)   비 과 세 소 득 ······ 각 연결법인의 비과세소득 합계액
  (-)   소 득 공 제 ······ 각 연결법인의 소득공제 합계액
  ─────────────────────
        연 결 과 세 표 준
```

* 이월결손금을 연결소득금액의 100%를 한도로 공제하는 연결법인은 개별납세방식의 이월결손금 규정과 같다.

4-1. 연결이월결손금

(1) 공제대상 이월결손금

연결이월결손금은 각 연결사업연도의 개시일 전 <u>15년(2019. 12. 31. 이전에 개시한 사업연도에서 발생한 결손금은 10년)</u> 이내에 개시한 연결사업연도에서 발생한 결손금(연결법인의 연결납세방식의 적용 전에 발생한 결손금 포함)으로서 그 후의 연결사업연도(사업연도 포함)의 과세표준을 계산할 때 공제되지 아니한 금액을 말한다. 이 경우 결손금은 신고(수정신고 포함)하거나 결정·경정된 금액이어야 한다(**법법 §76의13①(1)**).

연결납세방식 적용 전에 발생한 이월결손금은 결손금이 발생한 연결법인의 연결소득 개별귀속액을 한도로 공제한다(**법령 §120의17④**).

$$\text{연결소득 개별귀속액} = \text{연결집단의 연결소득금액} \times \frac{\text{해당 법인의 소득금액}}{\text{연결집단의 소득금액(0보다 큰 것만 합산)}}$$

결손금 이월 공제기간 확대

코로나-19 피해기업을 지원하고 법인의 세부담을 경감하기 위하여 결손금 이월공제기간을 10년에서 15년으로 연장하여 2020. 1. 1. 이후 개시한 사업연도에서 발생한 결손금부터 적용하기로 하였다.

(2) 연결결손금의 연결법인별 배분

연결결손금[연결소득금액이 0(영)보다 작은 경우 해당 금액]은 다음 산식에 따라 연결법인별로 배분한다(법령 §120의17⑤).

$$결손금\ 개별귀속액 = 연결집단의\ 결손금 \times \frac{해당\ 법인의\ 결손금}{연결집단의\ 결손금\ 합계(0보다\ 작은\ 것만\ 합산)}$$

(3) 이월결손금 공제 순서

연결과세표준을 계산할 때 먼저 발생한 사업연도의 이월결손금부터 공제한다. 같은 사업연도에 2 이상의 연결법인에서 발생한 결손금은 해당 연결법인에서 발생한 결손금부터 연결소득 개별귀속액을 한도로 먼저 공제하고, 해당 연결법인에서 발생하지 아니한 2 이상의 다른 연결법인의 결손금은 해당 결손금의 크기에 비례하여 각각 공제된 것으로 본다(법령 §120의17①·⑤).

● 합병·분할시 자산처분손실과 이월결손금 공제 제한(법법 §76의13③, §76의14②) ●

구 분	공제제한
① 연결모법인이 적격합병 요건에 따라 승계한 피합병법인(합병등기일 현재 연결법인이 아닌 법인만 해당한다)의 이월결손금	연결모법인의 연결소득 개별귀속액 중 피합병법인으로부터 승계받은 사업에서 발생한 소득금액을 한도로 공제
② 연결모법인이 다른 법인을 분할합병한 경우에 승계받은 이월결손금	연결모법인의 연결소득 개별귀속액 중 소멸한 분할법인으로부터 승계받은 사업에서 발생한 소득금액을 한도로 공제
③ 연결모법인이 다른 내국법인(합병등기일 현재 연결법인이 아닌 법인만 한정한다)을 적격합병(연결모법인을 분할합병의 상대방법인으로 하여 적격분할합병하는 경우 포함)하는 경우 합병등기일 이후 5년 이내에 끝나는 연결사업연도에 발생한 합병 전 연결모법인 및 연결자법인(이하 '기존연결법인')과 피합	해당 처분손실은 다음 구분에 따른 소득금액(해당 처분손실을 공제하기 전 소득금액을 말함)을 한도로 연결사업연도의 소득금액을 계산할 때 손금에 산입한다. 이 경우 손금에 산입하지 아니한 처분손실은 결손금으로 보고 다음 금액을 한도로 이후 연결사업연도의 과세표준에서 공제한다. ① 기존연결법인의 자산처분 손실의 경우 기존연결법

구 분	공제제한
병법인(분할법인 포함)이 합병 전 각각 보유하던 자산의 처분손실(합병등기일 현재 해당 자산의 시가가 장부가액보다 낮은 경우로서 그 차액을 한도로 한다)	인의 소득금액(연결모법인의 연결소득개별귀속액 중 합병 전 연결모법인의 사업에서 발생한 소득금액 및 연결자법인의 연결소득개별귀속액을 말함) ② 피합병법인이 합병 전 보유하던 자산의 처분손실의 경우 연결모법인의 연결소득개별귀속액 중 피합병법인으로부터 승계받은 사업에서 발생한 소득금액
④ 내국법인이 다른 내국법인의 연결가능자법인(설립등기일부터 연결가능자법인이 된 경우 제외)이 된 후에 연결납세방식을 적용한 경우 연결납세방식을 적용한 사업연도와 그 다음 사업연도의 개시일부터 4년 이내에 끝나는 연결사업연도에 발생한 자산(연결가능자법인이 되기 전에 취득한 자산에 한한다)의 처분손실	해당 처분손실은 다음 구분에 따른 금액(해당 처분손실을 공제하기 전 귀속액을 말함)을 한도로 해당 연결사업연도의 소득금액을 계산할 때 손금에 산입한다. 이 경우 손금에 산입하지 아니한 처분손실은 결손금으로 보고 다음 금액을 한도로 이후 연결사업연도의 과세표준에서 공제한다. ① 연결모법인의 자산처분 손실의 경우 해당 연결모법인의 연결소득개별귀속액 ② 연결자법인의 자산처분 손실의 경우 해당 연결자법인의 연결소득개별귀속액

4-2. 비과세소득

비과세소득은 법인세법 및 조세특례제한법에 따른 각 연결법인의 비과세소득 합계액을 말한다(**법법** §76의13①(2)).

4-3. 소득공제

소득공제는 법인세법 및 조세특례제한법에 따른 각 연결법인의 소득공제액 합계액을 말한다(**법법** §76의13①(3)).

5. 세액의 계산

연 결 과 세 표 준	……	연결집단의 연결과세표준
(×) 세　　　　　율	……	법인세 세율
연 결 산 출 세 액	……	토지 등 양도소득에 대한 법인세와 미환류소득에 대한 법인세 가산
(−) 세액감면 및 세액공제액	……	각 연결법인별 세액감면과 세액공제의 합계액
(+) 가　　산　　세	……	각 연결법인별 가산세의 합계액
연 결 총 부 담 세 액		
(−) 연 결 중 간 예 납 세 액		
(−) 연결법인의 원천납부세액	……	각 연결법인별 원천징수세액 합계액
차 감 납 부 할 세 액		

5-1. 연결산출세액

(1) 연결산출세액

연결과세표준에 법인세율을 곱하여 연결산출세액을 계산한다. 사업연도가 1년 미만인 경우에는 개별납세방식의 산출세액 계산방법을 준용하여 산출세액을 계산한다.

연결법인이 토지 등 양도소득에 대한 법인세 과세대상인 부동산을 양도한 경우에는 연결법인 간 거래손익 조정 여부에 불구하고 토지 등 양도소득에 대한 법인세와 미환류소득(연결납세방식을 적용하지 아니하고 계산한 미환류소득을 말한다)에 대한 법인세를 합한 금액을 연결산출세액으로 한다(법법 §76의15).

(2) 연결법인별 산출세액

연결산출세액 중 연결법인에 귀속되는 금액(연결법인별 산출세액)은 다음과 같이 계산한다(법법 §76의15④, 법령 §120의22②).

과세표준 개별귀속액[1] × 연결세율[2] + 토지 등 양도소득에 대한 법인세

[1] 과세표준 개별귀속액 : 해당 연결법인의 연결소득개별귀속액에서 각 연결사업연도의 과세표준 계산시 공제된 결손금(해당 연결법인의 연결소득개별귀속액에서 공제된 금액을 말한다)과 해당 연결법인의 비과세소득 및 소득공제액을 뺀 금액을 말한다. 각 연결법인의 과세표준 개별귀속액을 계산할 때 2 이상의 연결법인의 연결소득개별귀속액에서 다른 연결법인의 결손금을 공제하는 경우에는 각 연결소득개별귀속액(해당 법인에서 발생한 결손금을 뺀 금액을 말함)의 크기에 비례하여 공제한다.

[2] 연결세율 : 연결사업연도의 소득에 대한 과세표준에 대한 연결산출세액(토지 등 양도소득에 대한 법인세는 제외한다)의 비율

(3) 결손금을 배분받거나 지급한 연결법인이 있는 경우 `24 신설`

결손금을 배분받거나 지급한 연결법인이 있는 경우 그 연결법인에 대한 연결법인별 산출세액은 다음 표의 금액으로 한다. 이 경우 해당 연결법인에 「토지 등 양도소득에 대한 법인세」가 있는 경우에는 이를 가산한다(법령 §120의22④, ⑤). 이는 연결법인별로 자신의 소득에서 공제한 결손금을 제외한 결손금(다른 연결법인의 결손금)을 공제하지 않았다고 가정했을 경우에 납부해야 할 산출세액에서 결손금을 공제한 후 납부해야 하는 산출세액의 차액을 결손금 공제의 대가로 정산하도록 하기 위한 것이다.

구 분	연결법인별 산출세액[3]

① 결손금을 배분받은 연결법인[1]	각 연결법인별 조정 과세표준 상당액① × 조정연결세율②
	
	① 각 연결법인별 조정 과세표준 상당액 :
	  각 연결법인별 연결조정 후 소득
	  − 각 연결사업연도의 과세표준 계산 시 공제한 결손금(해당 법인에서 발생한 결손금으로서 해당 법인의 소득에서 공제한 금액으로 한정함)
	  − 비과세소득
	  − 소득공제액
	  = 각 연결법인별 조정 과세표준상당액
	② 조정연결세율 :
	
	 $$\dfrac{\text{조정연결산출세액}}{\text{조정 과세표준 상당액(각 연결법인별 조정 과세표준 상당액의 합계액)}}$$
	 • 조정연결산출세액 :
	  각 연결법인별 조정 과세표준 상당액의 합계액 × 법인세율(9~24%)

② 결손금을 지급한 연결법인[2]	$$\text{결손금 조정세액} \times \dfrac{\text{각 연결법인별 결손금 공제액}}{\text{총 결손금 공제액}}$$ • 결손금 조정세액 = 연결산출세액 − 조정연결산출세액 • 각 연결법인별 결손금 공제액 : 다른 연결법인의 소득금액에 합쳐진 결손금과 다른 연결법인의 연결소득개별귀속액에서 공제된 결손금의 합계액 • 총 결손금 공제액 : 각 연결법인별 결손금 공제액을 모두 더한 금액
③ ①과 ②에 모두 해당하는 연결법인	①과 ②에 따른 연결법인별 연결산출세액을 합한 금액

*1 결손금을 배분받은 연결법인 : 다음 중 어느 하나에 해당하는 연결자법인
  ⓐ 연결자법인의 해당 연결사업연도 소득금액에 다른 연결법인의 결손금이 합하여진 경우
  ⓑ 연결자법인의 연결소득 개별귀속액에서 다른 연결법인의 결손금이 공제된 경우
*2 다음 중 어느 하나에 해당하는 연결자법인이 있는 경우
  ⓐ 연결자법인의 해당 연결사업연도 결손금이 다른 연결법인의 소득금액에 합하여진 경우
  ⓑ 연결자법인의 결손금이 다른 연결법인의 연결소득 개별귀속액에서 공제된 경우

*3 이 규정에도 불구하고 다음 중 어느 하나에 해당하는 경우에는 위 (2)에 따라 계산한 금액을 연결법인별 연결산출세액으로 할 수 있다.

ⓐ 연결모법인이 모든 연결자법인을 완전지배하는 경우. 이 경우 완전지배란 내국법인이 다른 내국법인의 발행주식총수(주식회사가 아닌 법인인 경우에는 출자총액을 말하며, 의결권 없는 주식을 포함함)의 전부(우리사주조합을 통하여 근로자가 취득한 주식 등 기획재정부령으로 정하는 주식[3])로서 발행주식총수의 5% 이내의 주식은 제외함)를 보유하는 경우를 말하며, 내국법인과 그 내국법인의 완전지배를 받는 법인이 보유한 다른 내국법인의 주식등의 합계가 그 다른 내국법인의 발행주식총수의 전부인 경우를 포함한다.

ⓑ 각 연결사업연도 결산 전에 연결자법인의 주주(연결법인에 해당하지 않는 자로 한정함) 전부의 동의를 받은 경우

입법취지 **연결법인의 결손금 공제에 따라 감소된 세액의 정산규정 도입**

> 연결납세방식을 적용하는 경우 결손법인의 결손금을 다른 연결법인이 공제하면 다른 연결법인의 법인세 부담이 감소한다. 종전에는 완전지배하는 자회사를 연결대상으로 하였으므로 소수주주가 존재하지 않았으므로 결손금으로 감소된 법인세를 지급하는 제도가 없었다. 그러나 2024년부터는 90% 이상 지분을 소유한 경우 연결대상이 됨에 따라 소수주주가 존재하므로 결손법인의 소수주주는 공제가능한 결손금을 다른 연결법인이 공제함에 따라 미래의 법인세 부담액이 증가되므로 주가가 하락할 수 있다. 이에 따라 결손법인의 소수주주의 주식가치 하락을 막기 위하여 다른 연결법인의 결손금을 공제함에 따라 감소된 세액을 지급하는 제도를 도입하였다.

■ 사례 » **연결법인세액의 정산**

다음은 연결납세방식을 적용하고 있는 ㈜갑, ㈜을, ㈜병 및 ㈜정 법인세 신고와 관련된 자료이다. 각 법인의 사업연도는 1월 1일부터 12월 31일까지이다. ㈜갑, ㈜을, ㈜병 및 ㈜정에 대한 지분율은 모두 90%이며, 2024년 사업연도부터 연결납세방식을 적용하고 있다. 다음의 자료를 기초로 물음에 답하시오.

(물음 1) 연결법인 간에 정산금을 지급하는 경우 결손금을 배분받은 연결법인인 ㈜갑과 ㈜을이 ㈜병과 ㈜정에 지급할 정산금을 구하시오.

〈자료 1〉

구 분	㈜갑	㈜을	㈜병	㈜정	연결단위
각 연결사업연도 소득	300,000,000	200,000,000	△150,000,000	△50,000,000	300,000,000
연결산출세액					37,000,000

(물음 2) 연결법인 간에 정산금을 지급하는 경우 결손금을 배분받은 ㈜갑과 ㈜을이 ㈜병과 ㈜정에 지급할 정산금을 구하시오.

---

3) 기획재정부령으로 정하는 주식이란 다음의 어느 하나에 해당하는 주식을 말한다(법칙 §60의5) 24 신설
① 우리사주조합이 보유한 주식
② 우리사주조합을 통하여 근로자가 취득한 주식
③ 법인세법 시행령 제19조 제19호의2 각 목 외의 부분 본문에 해당하는 주식매수선택권의 행사에 따라 발행되거나 양도된 주식(주식매수선택권을 행사한 자가 제3자에게 양도한 주식을 포함함)

〈자료 2〉

구 분	㈜갑	㈜을	㈜병	㈜정	연결단위
각 연결사업연도 소득	300,000,000	200,000,000	△700,000,000	△100,000,000	△300,000,000
연결산출세액					–

▌ 해답 ▌

(물음 1)

구 분	결손금을 배분받은 법인			결손금을 지급한 법인			연결단위
	㈜갑	㈜을	소계	㈜병	㈜정	소계	
〈연결산출세액 계산〉							
각 연결사업연도소득	300,000,000	200,000,000		△150,000,000	△50,000,000		300,000,000
연결산출세액							37,000,000[*1]
〈연결세액의 납부 및 정산〉							
연결조정과세표준상당액 (연결법인결손금)	300,000,000	200,000,000	500,000,000	△150,000,000	△50,000,000	−200,000,000	
조정연결산출세액			75,000,000[*2]				
조정연결세율	–		15%				
연결법인별 산출세액	45,000,000	30,000,000		△28,500,000[*3]	△9,500,000		

*1 18,000,000 + (300,000,000 − 200,000,000) × 19% = 37,000,000

*2 18,000,000 + (500,000,000 − 200,000,000) × 19% = 75,000,000

*3 (조정연결산출세액 − 연결산출세액) × $\dfrac{\text{해당 연결법인의 결손금공제액}}{\text{결손금공제액}}$

= (75,000,000 − 37,000,000) × $\dfrac{150,000,000}{200,000,000}$

= 28,500,000

조정연결산출세액 75,000,000원과 연결산출세액 37,000,000원의 차액 38,000,000원은 결손금 200,000,000원을 공제해서 감소한 세액이므로 그 세액은 결손금을 지급한 법인에게 지급해야 한다.

(물음 2)

구 분	결손금을 배분받은 법인			결손금을 지급한 법인			연결단위
	㈜갑	㈜을	소계	㈜병	㈜정	소계	
〈연결산출세액 계산〉							
각 연결사업연도소득	300,000,000	200,000,000		△700,000,000	△100,000,000		

구분	결손금을 배분받은 법인			결손금을 지급한 법인			연결단위
	㈜갑	㈜을	소계	㈜병	㈜정	소계	
결손금공제 후 과 세 표 준	300,000,000	200,000,000		△437,500,000[*1]	△62,500,000		-
연 결 산 출 세 액							-
〈연결세액의 납부 및 정산〉							
연 결 조 정 과세표준상당액 (연결법인결손금)	300,000,000	200,000,000	500,000,000	△437,500,000	△62,500,000	△500,000,000	
조정연결산출세액			75,000,000[*2]				
조 정 연 결 세 율	-		15%				
연 결 법 인 별 산 출 세 액	45,000,000	30,000,000		△65,625,000[*2]	△9,375,000		-

*1 연결자법인 ㈜병의 결손금공제액 : $500,000,000 \times \dfrac{700,000,000}{800,000,000} = 437,500,000$

　　같은 사업연도에 2 이상의 연결법인에서 발생한 결손금이 있는 경우에는 연결사업연도의 과세표준을 계산할 때 해당 연결법인에서 발생하지 아니한 2 이상의 다른 연결법인의 결손금은 해당 결손금의 크기에 비례하여 각각 공제된 것으로 봄(법령 §120의17⑥).

*2 (조정연결산출세액 – 연결산출세액) $\times \dfrac{\text{해당 연결법인의 결손금공제액}}{\text{결손금공제액}}$

　　$= (75,000,000 - 0) \times \dfrac{437,500,000}{500,000,000}$

　　$= 65,625,000$

조정연결산출세액 75,000,000원과 연결산출세액 0원의 차액 75,000,000원은 결손금 500,000,000원을 공제해서 감소한 세액이므로 그 세액은 결손금을 지급한 법인에게 지급해야 한다.

5-2. 세액감면 및 세액공제액

(1) 세액감면 및 세액공제액

　　세액감면과 세액공제액은 각 연결법인별로 계산한 세액감면과 세액공제액의 합계액으로 한다(법법 §76의16①). 각 연결법인별 감면공제세액은 연결법인별 산출세액에 대하여 법인세법 및 조세특례제한법에 따른 세액감면과 세액공제를 적용하여 계산한 금액으로 하여 산출한다.

　　각 연결법인의 감면세액은 감면소득(과세표준 개별귀속액 한도)에 연결세율과 감면율을 곱해서 계산한다(법법 §76의16, 법령 §120의23). 연결세율은 토지 등 양도소득에 대한 법인세를 제외한 연결산출세액을 연결과세표준으로 나누어 계산한다.

연결세율 = 연결산출세액 ÷ 연결과세표준

■ 사례 » **연결법인의 감면세액**

연결과세표준 5억원(그중 A법인의 과세표준 개별귀속액 3억원, A법인의 감면소득은 2억원)이고 감면율이 20%인 경우 감면세액 계산

• 감면세액 = Min[감면소득, 과세표준 개별귀속액] × 연결세율 × 감면율
　　　　　 = 200,000,000 × 15%* × 20%
　　　　　 = 6,000,000

* ┌ 연결산출세액 : 18,000,000 + (5억원 − 2억원) × 19% = 75,000,000
　└ 연결세율 : 75,000,000 ÷ 500,000,000 = 15%

---

(2) 세액감면과 세액공제의 적용순서

세액감면과 세액공제의 적용순서는 개별납세방식의 세액감면과 세액공제규정(법법 §59①)을 준용하며, 연결법인의 적격합병과 적격분할에 따른 세액감면과 세액공제의 승계는 개별납세방식의 적격합병과 적격분할시 세액감면과 세액공제승계규정(법법 §44의3②, §46의3②, §59①)을 준용한다(법법 §76의16③).

5-3. 최저한세

법인세 최저한세액에 미달하여 세액공제 또는 세액감면 등을 하지 아니하는 세액 중 연결법인별 배분액은 다음 계산식에 따른 금액으로 한다. 이 경우 「조세특례제한법」 제132조 제1항 제1호 및 제2호에 따른 손금산입 및 소득공제 등에 따라 감소된 세액을 포함하여 계산하며, 감소된 세액은 손금산입 및 소득공제 등의 금액에 연결세율을 곱하여 계산한 금액으로 한다(법령 §120의23④).

$$\text{최저한세로 인한 공제 · 감면 등의 배제액} \times \frac{\text{해당 연결법인의 공제 · 감면세액 등}}{\text{각 연결법인의 공제 · 감면세액 등의 합계액}}$$

입법취지 연결납세방식 적용시 최저한세 계산방법

> 종전에는 연결납세방식을 적용하는 경우에도 각 연결법인별로 최저한세규정을 적용하였다. 연결납세방식은 연결집단을 하나의 법인으로 보는 취지에 맞도록 2016. 1. 1. 이후 개시하는 사업연도부터 연결집단을 하나의 법인으로 보아 최저한세를 적용하도록 하였다.

6. 연결납세방식의 신고와 납부

6-1. 연결법인세 신고

(1) 신고기한

연결모법인은 각 연결사업연도의 종료일이 속하는 달의 말일부터 4개월 이내에 연결사업연도의 소득에 대한 법인세의 과세표준과 세액을 연결모법인의 납세지 관할 세무서장에게 신고하여야 한다. 연결사업연도의 소득금액이 없거나 결손금이 있는 경우에도 신고의무가 있다(법법 §76의17④).

외부회계감사 대상 연결모법인 또는 연결자법인이 해당 사업연도의 감사가 종결되지 아니하여 결산이 확정되지 않은 경우에 신고기한의 종료일 3일 전까지 신고기한의 연장을 신청한 때에는 1개월의 범위에서 신고기한을 연장할 수 있다. 신고기한을 연장한 경우 연장된 기간에 대한 이자상당가산액은 개별납세방식을 준용한다(법법 §76의17①).

(2) 신고서류

연결모법인이 연결법인세를 신고할 때에는 각 연결사업연도의 소득에 대한 법인세 과세표준 및 세액신고서에 다음의 서류를 첨부해야 한다(법법 §76의17②).
① 연결소득금액 조정명세서
② 각 연결법인의 재무상태표·포괄손익계산서·이익잉여금처분계산서·법인세 과세표준 및 세액조정계산서
③ 연결법인 간 출자현황신고서 및 연결법인 간 거래명세서
필수적 첨부서류인 ①부터 ②까지의 서류를 첨부하지 않으면 무신고로 본다(법법 §76의17③).

(3) 주식등변동상황명세서의 제출

연결모법인은 개별납세 규정에도 불구하고 연결법인세의 신고기한까지 주식등변동상황명세서(연결자법인의 주식 등 변동사항 포함)를 제출할 수 있다(법법 §76의17⑤).

6-2. 연결법인세액의 납부 및 정산

(1) 연결모법인의 법인세 납부

연결모법인은 연결산출세액에서 다음의 법인세액(가산세 제외)을 공제한 금액을 각 연결사업연도의 소득에 대한 법인세로서 신고기한까지 납세지 관할 세무서 등에 납부하여야 한다(법법 §76의19①).

① 해당 연결사업연도의 감면세액·세액공제액

② 연결사업연도의 중간예납세액

③ 해당 연결사업연도의 각 연결법인의 원천징수된 세액의 합계액

(2) 연결모법인과 연결자법인의 납부세액 정산

연결자법인은 연결법인세 신고기한까지 연결법인별 산출세액에서 다음 금액을 뺀 금액에 가산세를 가산하여 연결모법인에게 지급하여야 한다(법법 §76의19②). 이에 따라 계산한 금액이 음의 수인 경우 연결모법인은 음의 부호를 뗀 금액을 연결법인세 신고기한까지 연결자법인에 지급하여야 한다(법법 §76의19③).

① 해당 연결사업연도의 해당 법인의 감면세액

② 해당 연결사업연도의 연결법인의 중간예납세액

③ 해당 연결사업연도의 해당 법인의 원천징수된 세액

(3) 연결산출세액이 없는 경우의 결손금 이전에 따른 정산금 지급 24 신설

연결산출세액이 없는 경우로서 다음에 해당하는 경우에는 결손금 이전에 따른 손익을 정산한 금액(이하 '정산금'이라 함)을 다음에 따라 연결법인별로 배분하여야 한다(법법 §76의19⑤, 법령 §120의26). 연결산출세액이 없는 경우에도 소득이 있는 연결법인이 다른 연결법인의 결손금을 공제하지 않았을 경우 납부해야 할 세액을 결손금이 발생한 연결법인에 지급하도록 하기 위해 정산금 지급제도를 마련하였다.

구 분	내　용
① 결손금을 배분받은 연결법인	해당 연결자법인이 다음의 정산금*을 연결과세표준과 세액의 신고기한까지 연결모법인에 지급 각 연결법인별 조정 과세표준 상당액 × 조정연결세율
② 결손금을 지급한 연결법인	연결모법인이 다음의 정산금*을 연결과세표준과 세액의 신고기한까지 해당 연결자법인에 지급 결손금 조정세액 × $\dfrac{\text{각 연결법인별 결손금 공제액}}{\text{총 결손금 공제액}}$

* 이 규정에도 불구하고 다음 중 어느 하나에 해당하는 경우에는 정산금을 "0"으로 할 수 있다(법령 §120의26③).
　ⓐ 연결모법인이 모든 연결자법인을 완전지배하는 경우
　ⓑ 각 연결사업연도 결산 전에 연결자법인의 주주(연결법인에 해당하지 않는 자로 한정함) 전부의 동의를 받은 경우

(4) 연대납세의무

연결법인은 각 연결사업연도 소득에 대한 법인세(각 연결법인의 토지 등 양도소득에 대한 법인세를 포함한다)를 연대하여 납부할 의무가 있다(법법 §3④).

(5) 연결법인세액의 분납

연결법인세의 분납에 대해서는 개별납세 규정을 준용한다(법법 §76의19③).

7. 연결중간예납

(1) 중간예납대상 연결모법인

연결사업연도가 6개월을 초과하는 연결모법인은 각 연결사업연도 개시일부터 6개월이 되는 날까지를 중간예납기간으로 하여 다음 중 어느 하나에 해당하는 방법을 선택하여 계산한 금액을 중간예납기간이 지난 날부터 2개월 이내에 납세지 관할 세무서 등에 납부하여야 한다(법법 §76의18①).

1) 직전 연결사업연도의 산출세액을 기준으로 하는 방법

$$연결중간예납세액 \ = (A - B - C) \ \times \frac{6}{D}$$

A : 해당 연결사업연도의 직전 연결사업연도에 대한 법인세로서 확정된 연결산출세액(가산세를 포함하고, 토지등 양도소득에 대한 법인세액 및 미환류소득에 대한 법인세액은 제외)

B : 해당 연결사업연도의 직전 연결사업연도에 감면된 법인세액(소득에서 공제되는 금액은 제외한다)

C : 해당 연결사업연도의 직전 연결사업연도에 각 연결법인이 법인세로서 납부한 원천징수세액의 합계액

D : 직전 연결사업연도의 개월 수. 이 경우 개월 수는 역에 따라 계산하되, 1개월 미만의 일수는 1개월로 한다.

2) 해당 중간예납기간의 법인세액을 기준으로 하는 방법

$$연결중간예납세액 \ = (A - B - C)$$

A : 해당 중간예납기간을 1연결사업연도로 보고 산출한 법인세액

B : 해당 중간예납기간에 감면된 법인세액(소득에서 공제되는 금액은 제외)

C : 해당 중간예납기간에 각 연결법인이 법인세로서 납부한 원천징수세액의 합계액

직전 연결사업연도의 확정된 연결산출세액이 없거나 해당 중간예납기간의 만료일까지 직전 연결사업연도의 연결산출세액이 확정되지 아니한 경우에는 해당 중간예납기간의 법인세액을 기준으로 하는 방법에 따라 중간예납세액을 계산한다(**법법 §76의18②**).

(2) 연결납세방식 최초 적용 또는 연결법인의 변동시 중간예납세액의 계산방법

구 분	공제제한
① 연결납세방식을 처음 적용받는 경우	개별납세방식에 따른 각 연결법인의 중간예납세액 합계액을 중간예납세액으로 함(**법법 §76의18③**)
② 연결법인이 추가된 경우	직전 연결사업연도 기준 연결중간예납세액 + 추가된 연결법인의 개별납세방식에 따른 중간예납세액(**법법 §76의18③**)
③ 연결법인이 중간예납기간이 지나기 전에 연결가능자법인이 해당하지 아니하게 된 경우 또는 해산한 경우	해당 연결법인의 중간예납 귀속분*을 빼고 납부할 수 있음(**법법 §76의18④**, **법령 §120의25①**).

* 연결가능자법인이 아닌 법인의 중간예납 귀속분

$$\left(\begin{array}{c} 직전 \ 연결사업연도의 \\ 연결법인별 \ 산출세액 \end{array} - \begin{array}{c} 직전 \ 연결사업연도의 \\ 해당 \ 연결법인의 \\ 감면공제세액 \end{array} - \begin{array}{c} 직전 \ 연결사업연도의 \\ 해당 \ 연결법인의 \\ 원천납부세액 \end{array} \right) \times \frac{12}{직전 \ 사업연도 \ 월수}$$

8. 연결법인세의 결정·경정·징수 및 환급

각 연결사업연도 소득에 대한 법인세의 결정·경정·징수 및 환급에 관하여는 개별납세 규정을 준용하나 추계결정, 수시부과결정, 결손금소급공제규정은 개별납세 규정을 준용하지 아니한다(**법법 §76의20**).

연결모법인은 각 연결법인별로 가산세 규정을 준용하여 계산한 금액의 합계액을 각 연결 사업연도 소득에 대한 법인세액에 가산하여 납부하여야 한다(**법법 §76의21**).

□ 연결납세방식 적용시 가산세 한도 적용방법

「법인세법」 제76조의21에서 가산세 산정시 연결모법인은 각 연결법인별로 계산한 금액의 합계액을 각 연결사업연도의 소득에 대한 법인세액에 더하여 납부하도록 규정하고 있는 점, 연결법인세 신고와 관련한 의무를 제외하고 모든 세법상 의무는 고유의 법인격을 갖고 있는 각자의 법인에게 있는 점 등에 비추어 청구법인의 연결자법인인 ○○○의 가산세를 합산하여 가산세 한도를 적용하여야 한다는 청구주장은 받아들이기 어려운 것으로 판단된다(**조심 2016서 3490, 2016. 12. 29.**).

---

9. 중소기업 관련 규정의 적용

각 연결사업연도의 소득에 대한 법인세액을 계산하는 경우 법인세법 및 조세특례제한법 의 중소기업에 관한 규정은 연결집단을 하나의 내국법인으로 보아 중소기업에 해당하는 경 우에만 적용한다.

이 경우 연결납세방식을 적용하는 최초의 연결사업연도의 직전 사업연도 당시 중소기업 에 해당하는 법인이 연결납세방식을 적용함에 따라 중소기업에 관한 규정을 적용받지 못하 게 되는 경우에는 연결납세방식을 적용하는 최초의 연결사업연도와 그 다음 연결사업연도 의 개시일부터 3년 이내에 종료하는 연결사업연도까지는 중소기업에 관한 규정을 적용한다 (**법법 §76의22**).

제**24**장

청산소득에 대한
법인세

1. 청산소득에 대한 법인세

영리내국법인에 대한 청산소득에 대하여 법인세를 과세한다. 그러나 비영리내국법인과 외국법인은 청산소득에 대하여 법인세를 부과하지 아니한다(**법법** §4①).

세법상 청산소득은 영리법인이 다음의 어느 하나에 해당하는 경우에 발생한다.

① 법인의 조직변경으로 인한 청산소득(**법법** §78)

② 해산에 의한 청산소득(**법법** §79)

2. 법인의 조직변경으로 인한 청산소득

내국법인이 다음에 해당하는 법인의 조직변경으로 인한 청산소득에 대하여는 법인세를 과세하지 아니한다(**법법** §78, **법령** §120의26).

① 「상법」의 규정에 따라 조직변경하는 경우

② 특별법에 따라 설립된 법인이 그 특별법의 개정이나 폐지로 인하여 「상법」에 따른 회사로 조직변경하는 경우. 예컨대, 「상법」상의 합자회사 또는 합명회사로 조직변경하는 경우 청산소득에 대한 법인세는 과세하지 아니한다(법인-461, 2012. 7. 18.).

③ 「변호사법」에 따라 법무법인이 법무법인(유한)으로 조직변경하는 경우

④ 「관세사법」에 따라 관세사법인이 관세법인으로 조직변경하는 경우

⑤ 「변리사법」 따라 특허법인이 특허법인(유한)으로 조직변경하는 경우

⑥ 「협동조합 기본법」 제60조의2 제1항에 따라 법인 등이 협동조합으로 조직변경하는 경우

⑦ 「지방공기업법」 제80조에 따라 지방공사가 지방공단으로 조직변경하거나 지방공단이 지방공사로 조직변경하는 경우

따라서 비영리법인이 설립근거법의 개정으로 해산됨에 따라 해산 법인의 모든 재산과 법률상의 권리·의무가 포괄 승계되어 다른 비영리법인으로 조직변경되는 경우에는 청산소득에 대한 법인세의 신고·납부의무는 없다(법인-353, 2009. 3. 26.).

3. 해산에 의한 청산소득

3-1. 개 요

회사의 청산이란 회사가 해산되어 본래의 영업활동을 정지시키는 경우, 회사의 재산(자산과 부채)을 정리함으로써 자산을 환가하여 부채를 변제하고 잔여재산을 각 주주에게 분배

하는 절차를 말한다.

회사의 청산방법에는 임의청산과 법정청산방법 두 가지가 있다.

"임의청산"이란 정관 또는 총사원(인적회사의 사원을 말함)의 동의에 따라 임의로 하는 청산방법을 말하며, "법정청산"이란 청산인에 의하여 법정절차를 밟아 행하는 청산방법을 말한다.

인적회사는 임의청산에 의하는 것이 보통이나, 물적회사의 청산은 반드시 법정절차에 의하지 않으면 안된다.

3-2. 청산소득의 개념

내국법인이 해산에 의하여 소멸할 때, 해당 법인의 청산소득에 대하여 과세를 하게 된다.

세법에서 청산소득을 과세소득의 범위로 규정하고 있는 것은 법인의 각 사업연도 소득에 대하여 법인세를 부과할 때 착오 또는 오류 등으로 과세되지 않은 소득이 있을 수 있는데, 이와 같은 소득을 법인으로서의 인격이 종식될 때 과세하고자 하는 목적을 가지고 있다. 또 법인이 설립한 날로부터 해산한 날까지의 각 사업연도 소득금액의 계산은 미실현이익인 인플레소득에 대하여는 세법으로 정한 것을 제외하고 익금에 산입하지 아니한다. 그러나 법인이 해산될 때에는 미실현소득이 그 법인의 소득으로 실현되는 경우가 있으므로 그 소득에 대하여 법인세를 부과하여야 한다. 그러므로 법인이 해산한 때 이와 같은 유형의 소득이 없는 경우에는 청산소득에 대한 법인세를 부과할 수 없는 것이다. 또한, 조직변경시에는 법인이 해산되거나 소멸되는 것이 아니므로 과세문제가 발생하지 않는다.

3-3. 청산소득의 계산

(1) 개 요

내국법인이 해산(합병이나 분할에 의한 해산 제외)할 경우에는 그 청산소득의 금액은 그 법인의 해산에 의한 잔여재산의 가액에서 해산일 현재 자본금 또는 출자금과 잉여금의 합계 금액(이하 "자기자본"이라 한다)을 공제한 금액으로 한다(법법 §79①).

> 해산의 경우 청산소득 = 잔여재산의 가액 - 해산등기일 현재 자기자본의 총액*

* "자기자본의 총액"이란 자본금 또는 출자금과 잉여금(자본잉여금 포함)의 합계액을 말한다. 이 경우 해산등기일 현재 자기자본 총액에는 재평가적립금이 포함되나 손금산입하는 재평가세율 1% 적용대상 토지의 재평가차액 상당액은 제외한다(법인-3683, 2008. 11. 28., 서이 46012-11315, 2003. 7. 11.)

이 경우 「상법」 제520조의2에 따라 해산등기 후 내국법인 소유 부동산을 매각함으로 인한 소득은 「법인세법 시행규칙」 제61조에 의해 청산소득에 포함된다(법인-2724, 2008. 10. 2.).

(2) 사업을 계속하는 경우

해산으로 인하여 청산중에 있는 내국법인이 그 해산에 의한 잔여재산의 일부를 주주 등에게 분배한 후 「상법」 제229조·제285조·제287조의40·제519조 또는 제610조에 따라 사업을 계속하는 경우에는 그 해산등기일부터 계속등기일까지의 사이에 분배한 잔여재산의 분배액의 총합계액에서 해산등기일 현재의 자기자본의 총액을 공제한 금액을 그 법인의 해산에 의한 청산소득의 금액으로 한다(법법 §79②).

(3) 잔여재산의 개념

법인이 해산하게 되면 그때부터 법인의 사업활동을 중지하고 청산업무를 수행하게 된다. 청산업무에는 현존사무의 종결, 채권의 추심과 채무의 변제, 재산의 환가처분 및 잔여자산의 분배 등을 들 수 있다.

이와 같이 해산법인이 해산시의 잔여처리를 종결하기 위하여 수입·지출을 하고 채권추심, 채무변제 및 청산인의 보수와 기타 청산에 관련된 제비용을 지급한 후 해산법인에 최종으로 남은 적극적 재산을 잔여재산이라 한다.

따라서 이것은 주주에게 귀속되는 재산이라 할 수 있다.

(4) 잔여재산의 가액

잔여재산의 가액은 자산총액에서 부채총액을 공제한 금액으로 하고 청산기간 중에 「국세기본법」에 따라 환급되는 법인세액이 있는 경우 이에 상당하는 금액은 가산한다(법법 §79③). 이 경우 자산총액은 해산등기일 현재의 자산의 합계액이나, 추심할 채권과 환가처분할 자산에 대하여는 다음과 같이 평가한 금액으로 한다(법령 §121① 및 ②).

① 추심할 채권[1]과 환가처분할 자산은 추심 또는 환가처분한 날 현재의 금액[2]
② 추심 또는 환가처분 전에 분배한 경우에는 그 분배한 날 현재의 시가에 의하여 평가한 금액. 이 경우 해산하는 내국법인이 그 청산소득을 계산함에 있어서 시가가 불분명한 비상장주식을 환가처분하기 전에 분배한 경우에 자산총액에 포함하는 당해 주식

---

1) 법인이 해산등기를 하고 청산 중 환급금이 발생된 경우 대표청산인에게 과오납금을 환부하여야 하나, 청산종결등기가 필한 때에는 과오납금을 환급할 수 없다(징세 01254-4454, 1986. 9. 29.).
2) 해산에 의한 청산을 하는 경우 특수관계인인 청산법인에 업무와 관련이 없이 지출한 대여금은 각 사업연도 소득금액계산상 대손금으로 계상할 수 없고 대여금의 이자수입은 청산등기일까지 계산하는 것이며, 특수관계인이 아닌 청산법인에 대한 대여금은 「법인세법 시행령」 제62조 제1항 제8호에 따른 사업의 폐지로 인하여 대손처리하는 경우는 대손추정일이 속하는 사업연도의 손금에 산입한다. 이때 대여금의 이자수입계산은 청산등기일까지 한다(법인 1264.21-3484, 1984. 11. 1.).

의 가액은 그 분배한 날 현재의 「상속세 및 증여세법」 제63조의 규정을 준용하여 평가한 가액에 의한다(법인-1374, 2009. 12. 4., 법인 46012-2418, 1999. 6. 26.).

그리고 법인이 해산등기일 현재의 자산을 청산기간 중에 처분한 금액(환가를 위한 재고자산의 처분액을 포함한다)은 이를 청산소득에 포함한다. 다만, 청산기간 중에 해산 전의 사업을 계속하여 영위하는 경우 당해 사업에서 발생한 사업수입이나 임대수입, 공·사채 및 예금의 이자수입 등은 그러하지 아니하다(법칙 §61).

따라서 내국법인이 해산에 의하여 청산하는 경우 해산등기일 현재 「법인세법」상 익금에 산입하지 아니한 미수이자수익 및 유가증권평가익을 기업회계에 따라 수익으로 계상한 경우 동 금액은 「법인세법」 제79조 제1항에 따른 청산소득금액을 계산할 때 자기자본총액에서 차감한다(법인 46012-712, 2001. 5. 16.).

(5) 잔여재산의 확정일

"잔여재산의 확정일"이란 다음에 계기하는 날을 말한다(법령 §124③).
① 해산등기일 현재의 잔여재산의 추심 또는 환가처분을 완료한 날
② 해산등기일 현재의 잔여재산을 그대로 분배하는 경우에는 그 분배를 완료한 날

따라서 부동산 양도계약한 법인이 해산등기 후 매매잔금을 수령하고 당해 잔금수령일 이후 정기예금을 중도해지하여 원금 및 이자를 수령한 경우 잔여재산가액 확정일은 부동산 매매잔금을 수령한 날로 본다(서이 46012-11453, 2003. 8. 4.).

(6) 잔여재산의 평가

청산절차의 종결로 법인은 소멸하는데, 잔여재산이란 청산절차에 의하여 주주 또는 사원에게 분배될 재산의 가액을 말한다.

이 경우 금전 이외의 자산에 대하여는 잔여재산 확정시의 시가로 계산하고, 만일 잔여재산의 확정 전에 각 주주 또는 출자자에게 당해 현물에 대하여 분배한 때에는 분배한 날 현재의 시가에 의하여 평가한다. 이때의 시가는 처분가액을 의미한다.

(7) 해산 당시의 자기자본

1) 개 요

위 "(1)"의 계산식에서 잔여재산의 가액에서 공제되는 자기자본[3]은 자본금과 잉여금으로

---

[3] 청산시 비상위험준비금의 세무상 부인액은 자기자본에 가산하는 것으로 손금불산입 사항이며, 사업양수법인에 승계되지 않는다(법인 46012-2421, 2000. 12. 21.).

구성되는데, 청산기간 중 「국세기본법」에 따라 환급되는 법인세액이 있을 때에는 이에 상당하는 금액은 그 법인이 해산등기일 현재의 자기자본의 총액에 가산하게 된다(법인-331, 2009. 3. 24.). 그런데, 만일 해산한 날 현재 당해 내국법인에 세법이 정하는 이월결손금(「법인세법 시행령」 제16조 제1항의 규정에 의한 이월결손금을 말한다)이 있는 경우에는 그 이월결손금은 그날 현재의 그 법인의 자기자본총액에서 그에 상당하는 금액과 상계하여야 한다. 다만, 이때 상계하는 이월결손금의 금액이 자기자본의 총액 중 잉여금의 총액을 초과할 때에는 잉여금을 한도로 하여 상계하며, 잔여미공제 이월결손금은 이를 없는 것으로 본다(법법 §79③ 및 ④).

따라서 해산등기일 현재 미지급배당금으로 인하여 잔여재산가액이 부수(-)가 발생하여 청산법인이 동 미지급배당금에 대하여 채무를 면제받은 경우, 해산등기일 현재 잔여재산가액이 자기자본총액을 초과하지 않는 경우에는 청산소득에 대한 법인세가 과세되지 않는다(서면2팀-2118, 2005. 10. 19.).

2) 해산등기일 전 2년 이내에 무상증자한 경우

해산일 현재 청산소득금액을 계산할 때 해산등기일 전 2년 이내에 자본금 또는 출자금에 전입한 잉여금이 있는 경우에는 해당 금액을 자본금 또는 출자금에 전입하지 아니한 것으로 본다(법법 §79⑤).

이월결손금은 잉여금의 범위 내에서 자기자본과 상계하므로 잉여금을 자본금에 전입하는 방법으로 이월결손금과 잉여금의 상계를 회피할 수 있다. 이와 같이 잉여금을 편법으로 축소시켜 청산소득을 줄이는 형태의 조세회피를 방지하기 위하여 2012년부터 해산등기일 전 2년 이내에 잉여금을 자본전입한 경우에는 자본전입하지 않은 상태로 만들어 청산소득을 계산하도록 하고 있다.

(8) 청산소득금액 계산시 자기주식의 처리방법

해산에 의한 청산소득금액을 계산함에 있어서 보유중인 자기주식의 가액은 「법인세법」 제79조 제1항에 규정된 해산등기일 현재의 자본금 또는 출자금에서 차감하지 아니하며, 잔여재산가액 계산시의 자산총액에도 포함하지 아니한다(법기통 79-0…3).

(9) 청산기간 중에 계속등기를 하는 경우 자본금의 계산

청산기간 중에 잔여재산의 일부를 주주에게 분배한 후 「상법」 제519조의 규정에 의하여 계속등기를 한 경우의 자본금은 「상법」의 규정에 의해 계산한다(법기통 79-0…1).

3-4. 이익잉여금에서 상계되거나 자본잉여금 등의 보전된 이월결손금

(1) 이월결손금의 범위

잉여금과 상계할 이월결손금의 범위는 각 사업연도 소득금액 계산에 있어서 손금의 총액이 익금의 총액을 초과한 금액으로써 그 후의 사업연도의 소득금액 계산상 손금에 산입하지 아니하였거나 법인세 과세표준 계산에 있어서 공제하지 아니한 금액이라고 세무상 규정하고 있다(재법인-70, 2005. 8. 31., 법인 22601-3829, 1985. 12. 19.). 그런데, 해산법인의 재무상태표상으로는 이월결손금이 계상되어 있지 아니한 경우라도 「자본금과 적립금조정명세서(갑)」[별지 제50호 서식(갑)]상 법인의 각 사업연도 소득금액 계산에서 공제하지 아니한 이월결손금이 있을 수 있다. 예컨대 재평가적립금을 이월결손금과 상계한 경우이거나 법인이 자본잉여금 또는 이익잉여금으로 이월결손금을 보전할 때 등을 들 수 있다.

이와 같은 경우에도 「자본금과 적립금조정명세서(갑)」[별지 제50호 서식(갑)]상 이월결손금이 그대로 남아 있는 이유는 법인이 자본잉여금 또는 이익잉여금 등으로 이월결손금을 보전한 경우라 할지라도 법인세 과세표준 계산에 있어서 공제하지 아니한 이월결손금은 그후 사업연도의 법인세 과세표준 계산에 있어서 공제할 수 있도록 하기 위한 것이다.

그리고 내국법인이 해산에 의한 청산소득 금액을 계산하는 경우 이월결손금 중 일부가 기존에 손금불산입하였던 대손충당금을 이후 대손요건 충족으로 손금 추인함으로써 발생한 금액이라는 이유로 해당 금액에 상당하는 이월결손금을 "자기자본 총액에서 이미 상계되었거나 상계된 것으로 보는 이월결손금"으로 볼 수 없다(법규법인 2012-418, 2012. 12. 10.).

(2) 이익잉여금 또는 자본잉여금으로 보전되어 소멸한 결손금의 경우

이월결손금이 보전되어 법인이 재무상태표상 이월결손금이 없는 금액을 청산소득 계산에 있어서도 잉여금과 상계한다는 것은 청산소득에 대한 과세근거에 어긋나고 있기 때문에 「자본금과 적립금조정명세서(갑)」[별지 제50호 서식(갑)]상 이월결손금이 있다 할지라도 당해 법인의 재무상태표상 계상되지 아니한 이월결손금은 청산소득 계산에 있어서 잉여금과 상계하여서는 안된다(법령 §121③).

즉, 내국법인이 해산에 의한 청산소득 금액을 계산함에 있어, 세무상 이월결손금 중 기업회계기준에 따라 이익잉여금과 상계되거나 자본잉여금 등으로 보전되어 소멸한 결손금 상당액은 자기자본총액에서 이미 상계되었거나 상계된 것으로 본다(법규법인 2014-395, 2014. 9. 19.).

3-5. 청산 중의 각 사업연도 소득에 대한 과세

(1) 일반적인 경우

내국법인의 해산에 의한 청산소득의 금액을 계산할 때 그 청산기간에 생기는 각 사업연도의 소득금액이 있는 경우에는 그 법인의 해당 각 사업연도의 소득금액에 산입한다(법법 §79⑥). 그러므로 해산한 날 현재의 자산을 청산기간 중에 처분한 금액(환가를 위한 재고자산의 처분액을 포함한다)과 해산일 현재의 부채에 대하여 청산기간 중에 면제받은 금액(법인 46012-2876, 1993. 9. 23., 법인 22601-1667, 1990. 8. 21.)과 청산기간 중에 발생한 자산수증익(법인 46012-2462, 1996. 9. 4.)은 청산소득에 포함하지만, 청산기간 중에 해산 전의 사업을 계속하여 영위하는 경우 당해 사업에서 발생하는 사업수입이나 임대수입, 공·사채 및 예금의 이자수입 등과 이에 관련한 손비는 이를 각 사업연도의 소득금액계산상 익금 또는 손금에 산입한다(법기통 79-0…2 ①, 법인 46012-816, 2000. 3. 29.).

(2) 청산등기일 전에 수령한 폐업보상금

폐업일 이후 청산등기일 전에 수령한 폐업보상금은 법인의 각 사업연도 소득에 해당되며 휴업한 경우에도 사업연도별로 법인세 과세표준신고를 하여야 한다(서면2팀-1849, 2007. 10. 12.).

(3) 해산 전 계속사업으로 인한 사업비용

해산법인의 청산기간 중에 해산 전 계속사업과 관련하여 생긴 손비는 청산소득에 포함되지 아니하고 각 사업연도 소득금액에 산입하여 계산한다(법인 22601-696, 1992. 3. 25.).

3-6. 준용규정

청산소득의 금액과 청산기간에 생기는 각 사업연도의 소득금액을 계산할 때에는「법인세법」제79조 제1항부터 제6항까지에서 규정하는 것을 제외하고는「법인세법」제14조부터 제18조까지, 제18조의2, 제18조의3, 제19조, 제19조의2, 제20조부터 제30조까지, 제33조부터 제38조까지, 제40조부터 제42조까지, 제42조의2, 제43조, 제44조, 제44조의2, 제44조의3, 제45조, 제46조, 제46조의2부터 제46조의5까지, 제47조, 제47조의2, 제50조, 제51조, 제51조의2, 제52조, 제53조, 제53조의2, 제53조의3, 제54조 및「조세특례제한법」제104조의31을 준용한다(법법 §79⑦).

3-7. 청산소득금액 및 의제사업연도와 신고의무

(1) 개 요

법인이 해산하면 목적사업을 계속할 수 없게 되지만 청산사무를 수행하는 데 필요한 범위 내에서 권리·의무능력을 가지며 청산 또는 파산의 절차를 종료한 때에 완전히 권리·의무능력을 상실하게 된다.

따라서 내국법인이 사업연도 중에 해산하는 경우에는 그 사업연도의 개시일부터 해산등기일까지의 기간과 해산등기일의 다음 날부터 사업연도 종료일까지의 기간을 각각 1사업연도로 보며, 청산 중에 있는 내국법인의 잔여재산의 가액이 사업연도 중에 확정된 경우에는 그 사업연도 개시일부터 잔여재산의 가액이 확정된 날까지의 기간을 1사업연도로 본다(법법 §8①).

(2) 의제사업연도 기간의 각 사업연도소득과 청산소득에 대한 법인세 신고

법인의 합병으로 인하여 해산하는 경우 의제사업연도 기간에 해당하는 각 사업연도 소득과 청산소득에 대한 법인세의 과세표준과 세액은 납세의무자인 법인이 「법인세법」 제60조 및 같은 법 제84조의 규정에 의하여 납세지 관할 세무서장에게 신고하여야 한다.

3-8. 청산소득의 중간신고

(1) 신고대상법인

내국법인(「법인세법」 제51조의2 【유동화전문회사 등에 대한 소득공제】 제1항 각호 또는 「조세특례제한법」 제104조의31 【프로젝트금융투자회사에 대한 소득공제】 제1항의 법인은 제외함)이 다음에 해당하는 경우에는 다음의 날이 속하는 달의 말일부터 1개월 이내에 세법으로 정하는 바에 따라 이를 납세지 관할 세무서장에게 신고하여야 한다. 다만, 「국유재산법」 제80조에 규정된 청산절차에 따라 청산한 법인의 경우에는 아래 "②"의 규정은 적용하지 아니한다(법법 §85①).

① 해산에 의한 잔여재산가액이 확정되기 전에 그 일부를 주주 등에게 분배한 경우 : 그 분배한 날[4]

② 해산등기일로부터 1년이 되는 날까지 잔여재산가액이 확정되지 아니한 경우 : 그 1년이 되는 날. 이 경우 잔여재산가액 예정액은 해산등기일로부터 1년이 되는 날 현재

---

4) 내국법인이 해산에 의한 잔여재산가액이 확정되기 전에 잔여재산의 일부를 주주에게 분배한 경우 「법인세법」 제85조 【중간신고】의 규정을 적용함에 있어 당해 주주가 해산법인의 잔여재산의 분배로서 취득하는 금전 기타 재산의 가액이 그 해산법인의 주식을 취득하기 위하여 소요된 금액을 초과하는 금액은 배당소득에 해당하는 것이며 당해 배당소득금액의 수입시기는 그 잔여재산의 일부를 주주에게 실제로 분배한 날이 된다(서면2팀-2557, 2004. 12. 7.).

자산을 시가에 의하여 평가한 금액의 합계액에서 부채총액을 공제한 금액으로 한다(서이 46012-10245, 2002. 2. 9.).

(2) 잔여재산가액이 확정되기 전에 일부를 분배한 경우

위 "(1)의 ①"의 신고의무가 있는 내국법인으로서 그 분배하는 잔여재산의 가액(전에 분배한 잔여재산의 가액이 있을 때에는 그 합계액)이 해산등기일 현재의 자기자본의 총액을 초과하는 경우에 그 초과하는 금액에 법인세율을 적용하여 계산한 금액(전에 잔여재산의 일부를 분배함으로써 납부한 법인세액이 있는 경우에는 그 세액의 합계액을 공제한 금액)을 그 신고기한까지 납세지 관할세무서 등에 납부하여야 한다(법법 §86③).

(3) 해산등기일부터 1년 이내에 잔여재산가액이 확정되지 아니한 경우

위 "(1)의 ②"의 신고의무가 있는 내국법인으로서 해산등기일부터 1년이 되는 날 현재의 잔여재산가액 예정액이 해산등기일 현재의 자기자본의 총액을 초과하는 경우에 그 초과하는 금액에 법인세율을 적용하여 계산한 금액을 그 신고기한 내에 납세지 관할세무서 등에 납부하여야 한다(법법 §86④).[5]

(4) 중간신고 불이행으로 인한 경정

법인이 해산등기를 하였으나 잔여재산의 분배를 하지 아니하고 「상법」의 규정에 따라 회사계속등기를 하고 사업을 계속함으로써 청산소득에 대한 납세의무가 발생하지 아니한 경우, 당초 「법인세법」 제85조에 따른 청산소득에 대한 중간신고 불이행으로 중간 결정한 법인세는 「법인세법」 제66조 제4항에 따라 경정하여야 한다(법인 46012-2418, 1993. 8. 16.).

(5) 잔여재산가액 확정 전에 잔여재산을 분배 후 누락된 부동산 환가처분하여 추가 분배한 경우

법인이 해산에 의한 잔여재산가액이 확정되기 전에 잔여재산을 분배한 후, 해산등기일 현재 장부상 계상되지 않은 부동산을 환가처분하여 추가로 분배하는 경우 그 자산가액은 당해 법인의 누락일이 속하는 사업연도의 각 사업연도 소득금액 계산에 있어서 익금에 산입하고, 동 자산의 환가처분한 날 현재의 금액을 잔여재산가액에 포함하여 청산소득에 대한 법인세를 신고납부하여야 한다(서이 46012-11578, 2003. 9. 1.).

---

5) 법인이 해산등기일부터 1년이 되는 날까지 잔여재산가액이 확정되지 않은 경우로써 그 1년이 되는 날까지 청산소득 중간신고를 하지 않은 경우에는 관할 세무서장은 청산소득에 대한 법인세를 결정한다(서이 46012-10578, 2002. 3. 21.).

(6) 제출서류

청산소득에 대한 중간신고에 있어서 그 신고일에 해산등기일 및 그 분배한 날 또는 해산등기일로부터 1년이 되는 날 현재의 재무상태표와 그 밖에 청산소득 신고에 필요한 서류를 첨부하여야 한다(법법 §85②).

3-9. 세율적용

청산소득에 대한 법인세 세율은 해산등기일이 속하는 사업연도에 적용되는 세율로 한다 (법인 46012-1758, 1997. 6. 28.).

3-10. 청산소득의 확정신고 및 제출서류

(1) 신고기한

1) 잔여재산이 확정한 경우

해산에 의한 청산소득금액은 다음의 잔여재산가액 확정일이 속하는 달의 말일부터 3개월 이내 청산소득에 대한 법인세의 과세표준과 세액을 납세지 관할 세무서장에게 신고하여야 한다(법법 §84①(1) 및 법령 §124③).

① 해산등기일 현재의 잔여재산의 추심 또는 환가처분을 완료한 날

② 해산등기일 현재의 잔여재산을 그대로 분배하는 경우에는 그 분배를 완료한 날

따라서 법인의 청산중에 토지 등을 양도하는 경우에는 해산에 의한 청산소득의 법인세를 납부하는 것이며, 동 청산소득의 법인세는 잔여재산가액 확정일이 속하는 달의 말일부터 3개월 이내에 신고하고 해산법인의 개인주주는 의제배당에 대한 소득세를 납부하는 것이다 (서이 46012-11406, 2003. 7. 25.).

2) 해산에 의한 잔여재산의 일부를 주주들에게 분배한 후 사업을 계속하는 경우

계속등기일이 속하는 달의 말일부터 3개월 이내 청산소득에 대한 법인세의 과세표준과 세액을 납세지 관할 세무서장에게 신고하여야 한다.

(2) 제출서류

청산소득에 대한 확정신고시 청산소득에 대한 법인세과세표준 및 세액신고서에 잔여재산가액 확정일 또는 계속등기일 현재의 재무상태표와 해산한 법인의 본점 등의 소재지, 청산인의 성명 및 주소 또는 거소, 잔여재산가액의 확정일 및 분배예정일 등을 기재한 서류를

첨부하여야 한다(법령 §124).

3-11. 청산종결등기 완료 전 미배당금에서 발생한 수입이자 등의 처리

내국법인이 청산소득에 대한 법인세를 신고·납부한 후, 청산종결등기가 완료되지 않은 상태에서 주주에 대한 미배당금액을 금융기관에 예치함에 따라 발생하는 수입이자는 각 사업연도 소득에 해당하므로 법인세과세표준 및 세액을 신고·납부하여야 한다(법인 46012-3556, 1998. 11. 20.).

그리고 「상법」에 따라 해산 및 청산등기가 종결된 후 보유하고 있는 부동산을 양도하는 경우에는 청산소득에 대한 법인세를 납부하여야 한다(서면2팀-699, 2008. 4. 15.).

제25장

중소기업과
중견기업의 범위

1. 중소기업

1. 중소기업의 개념

우리나라의 중소기업은 2020년도 기준으로 기업체 7,295,393개 중 약 99.9%인 7,286,023개를 차지하고 있으면서 일자리의 81.3%를 담당하고 있으므로, 중소기업은 국민 전체를 뒷받침하는 산업의 뿌리라고 할 수 있다.

그러나 중소기업은 대기업이나 중견기업에 비하여 경영여건이 상대적으로 취약하기 때문에 정부에서는 자생력을 가질 수 있도록 기업의 창업·자금·경영·판로·R&D 지원 및 동반성장 등 경제적·사회적으로 다양한 정책을 마련하여 지원하고 있다.[1] 또한 중소기업에 대한 세제지원을 위하여 「조세특례제한법」, 「법인세법」 등 세법에서 다양한 조세지원제도를 두고 있다. 중소기업 여부에 대한 판단을 잘못하면 세무조정을 제대로 할 수 없으므로 중소기업의 범위를 정확히 이해할 필요가 있다.

기업회계에서도 일반기업회계기준 제31장에 중소기업이 하기 어려운 여러 가지 회계처리를 간편하게 할 수 있는 특례규정(중소기업 회계처리 특례규정)을 두고 있다.

2. 「중소기업기본법」의 중소기업과 「조세특례제한법」의 중소기업

중소기업특별세액감면, 결손금소급공제 등 「조세특례제한법」과 「법인세법」 등의 세제지원 대상인 중소기업은 「조세특례제한법」의 중소기업을 말한다. 다만, 다음의 규정은 「중소기업기본법」상 중소기업을 대상으로 한다.

조 문	내 용
조특법 §30	중소기업 취업자에 대한 소득세 감면
조특법 §30의3	고용유지 중소기업 등에 대한 과세특례
조특법 §31	중소기업 간의 통합에 대한 양도소득세의 이월과세
소법 §94①(3)나, 소령 §157의2	한국금융투자협회가 행하는 장외매매거래로 양도하는 중소기업과 중견기업의 주식에 대한 양도소득세 비과세
소령 §167의8	중소기업의 주식 양도시 양도소득세율 10%(대주주는 과세표준 3억원 이하 20%, 3억원 초과 25%) 적용

---

1) 중소기업청 간, 「알기 쉽게 풀어 쓴 중소기업 범위해설」, 2015년 개정판, p.8

조 문	내 용
국기법 §49	「국세기본법」 제49조에 열거된 가산세는 의무위반 종류별로 중소기업 5천만원, 비중소기업 1억원 한도

　그 밖의 중소기업에 대한 규정(기업업무추진비 기본한도액 우대, 대손요건의 완화, 결손금소급공제, 분납기간의 연장, 중소기업에 대한 특별세액감면 등)은 모두 조세특례제한법상 중소기업을 대상으로 한다.

　일반기업회계기준 제31장【중소기업회계처리특례】에는 이해관계자가 적은 중소기업의 회계처리 부담을 완화하기 위하여 중소기업의 회계처리 및 공시사항을 간소하게 정하고 있는데, 그 규정의 적용대상인 중소기업도 「중소기업기본법」의 중소기업을 말한다(일반기업회계기준 문단 31.2).

2. 「중소기업기본법」의 중소기업의 범위

1. 개 요

「중소기업기본법」상 중소기업이란 다음의 요건을 모두 갖춘 기업을 말한다. 다만, 「독점규제 및 공정거래에 관한 법률」 제31조 제1항에 따른 공시대상기업집단에 속하는 회사 또는 같은 법 제33조에 따라 공시대상기업집단의 국내 계열회사로 편입·통지된 것으로 보는 회사는 제외한다(중기법 §2①, 중기령 §3①).

① 규모기준 : 해당 기업이 영위하는 주된 업종과 해당 기업의 평균매출액 또는 연간매출액 (이하 "평균매출액 등"이라 한다)이 별표 1의 기준에 맞고, 자산총액이 5천억원 미만일 것
② 독립성요건 : 지분 소유나 출자 관계 등 소유와 경영의 실질적인 독립성이 「중소기업 기본법 시행령」 제3조 제1항 제2호의 기준에 맞을 것

「중소기업기본법」의 중소기업은 영리를 목적으로 하는 기업을 대상으로 하므로 영리를 목적으로 하지 않는 기업은 중소기업이 될 수 없다. 다만, 「사회적기업 육성법」 제2조 제1호에 따른 사회적기업과 「협동조합 기본법」 제2조에 따른 협동조합, 협동조합연합회, 사회적협동조합, 사회적협동조합연합회는 영리를 목적으로 하지 않는 경우에도 규모요건과 독립성요건(「중소기업기본법 시행령」 제3조 제1항 제2호 가목과 나목에 해당하지 않는 것을 말한다)을 갖추면 중소기업을 본다(중기령 §3② · ③).

2. 규모요건

2-1. 개 요

규모기준은 「중소기업기본법 시행령」 제3조 제1항 제1호에 따른 [별표 1]의 주된 업종별 평균매출액 등의 규모기준과 자산총액의 상한기준으로 구분된다. 이 경우 주된 업종별 평균 매출액 등의 규모기준을 충족하더라도 상한기준인 자산총액 5천억원 미만을 충족하지 못하면 중소기업에 해당하지 아니한다.

2-2. 주된 업종별 평균매출액 등 규모기준

중소기업의 매출액 규모는 한국표준산업분류의 대분류 또는 중분류를 기준으로 업종별로 매출액 규모를 다르게 정하고 있다.

중소기업 해당 기업의 주된 업종에 따른 평균매출액 등 규모기준은 다음과 같다.

[별표 1] (2017. 10. 17. 개정)

◉ 주된 업종별 평균 매출액 기준(「중소기업기본법 시행령」 별표 1) ◉

해당 기업의 주된 업종	분류기호	규모기준
1. 의복, 의복액세서리 및 모피제품 제조업	C14	평균매출액 등 1,500억원 이하
2. 가죽, 가방 및 신발 제조업	C15	
3. 펄프, 종이 및 종이제품 제조업	C17	
4. 1차 금속 제조업	C24	
5. 전기장비 제조업	C28	
6. 가구 제조업	C32	
7. 농업, 임업 및 어업	A	평균매출액 등 1,000억원 이하
8. 광업	B	
9. 식료품 제조업	C10	
10. 담배 제조업	C12	
11. 섬유제품 제조업(의복 제조업은 제외한다)	C13	
12. 목재 및 나무제품 제조업(가구 제조업은 제외한다)	C16	
13. 코크스, 연탄 및 석유정제품 제조업	C19	
14. 화학물질 및 화학제품 제조업(의약품 제조업은 제외한다)	C20	
15. 고무제품 및 플라스틱제품 제조업	C22	
16. 금속가공제품 제조업(기계 및 가구 제조업은 제외한다)	C25	
17. 전자부품, 컴퓨터, 영상, 음향 및 통신장비 제조업	C26	
18. 그 밖의 기계 및 장비 제조업	C29	
19. 자동차 및 트레일러 제조업	C30	
20. 그 밖의 운송장비 제조업	C31	
21. 전기, 가스, 증기 및 공기조절 공급업	D	
22. 수도업	E36	
23. 건설업	F	
24. 도매 및 소매업	G	
25. 음료 제조업	C11	평균매출액 등 800억원 이하
26. 인쇄 및 기록매체 복제업	C18	
27. 의료용 물질 및 의약품 제조업	C21	
28. 비금속 광물제품 제조업	C23	
29. 의료, 정밀, 광학기기 및 시계 제조업	C27	
30. 그 밖의 제품 제조업	C33	

해당 기업의 주된 업종	분류기호	규모기준
31. 수도, 하수 및 폐기물 처리, 원료재생업(수도업은 제외한다)	E (E36 제외)	평균매출액 등 600억원 이하
32. 운수 및 창고업	H	
33. 정보통신업	J	
34. 산업용 기계 및 장비 수리업	C34	
35. 전문, 과학 및 기술 서비스업	M	
36. 사업시설관리, 사업지원 및 임대 서비스업(임대업은 제외한다)	N (N76 제외)	
37. 보건업 및 사회복지 서비스업	Q	
38. 예술, 스포츠 및 여가 관련 서비스업	R	
39. 수리(修理) 및 기타 개인 서비스업	S	
40. 숙박 및 음식점업	I	평균매출액 등 400억원 이하
41. 금융 및 보험업	K	
42. 부동산업	L	
43. 임대업	N76	
44. 교육 서비스업	P	

비고
1. 해당 기업의 주된 업종의 분류 및 분류기호는 「통계법」 제22조에 따라 통계청장이 고시한 한국표준산업분류에 따른다.
2. 위 표 제19호 및 제20호에도 불구하고 자동차용 신품 의자 제조업(C30393), 철도 차량 부품 및 관련 장치물 제조업(C31202) 중 철도 차량용 의자 제조업, 항공기용 부품 제조업(C31322) 중 항공기용 의자 제조업의 규모 기준은 평균매출액 등 1,500억원 이하로 한다.

2-3. 주된 업종별 평균매출액 등의 산정

(1) 주된 업종의 기준

하나의 기업이 둘 이상의 서로 다른 업종을 영위하는 경우 주된 업종의 판단은 평균매출액 등이 가장 큰 업종을 기준으로 한다(중기령 §4①). 이 경우 「중소기업기본법 시행령」 [별표 1]을 적용할 때에는 주된 업종의 매출액이 아닌 전체 매출액이 주된 업종의 규모기준을 충족하는지를 판단하여야 한다.

예컨대 갑법인이 운송장비제조업(분류기호: C31)과 운수업(H)을 함께 경영하고 있으며, 3년 전체 평균매출액이 1,300억원으로서, 운송장비 제조업 평균매출액이 900억원이고 운수업의 평균매출액이 400억원인 경우 갑법인의 주된 업종은 평균매출액이 큰 운송장비제조업(분류번호: C31)이며 전체 평균매출액 1,300억원이 주업종인 운송장비 제조업 매출액 기준 1,000억원을 초과하므로 갑법인은 중소기업에 해당하지 아니한다.

그리고 「중소기업기본법 시행령」 제3조 제1항 제2호 다목에 따른 지배기업과 종속기업의 주된 업종을 판단하는 경우에도 평균매출액 등이 큰 기업의 주된 업종을 지배기업과 종속기업의 주된 업종으로 본다(중기령 §4②).

(2) 평균매출액 등의 산정

1) 매출액의 범위

평균매출액 등을 산정하는 경우 매출액은 일반적으로 공정·타당하다고 인정되는 회계관행(이하 "회계관행"이라 한다)에 따라 작성한 손익계산서상의 매출액을 말한다. 다만, 업종의 특성에 따라 매출액에 준하는 영업수익 등을 사용하는 경우에는 영업수익 등을 말한다(중기령 §7①).

2) 평균매출액 등의 산정[2]

가. 일반적인 경우

평균매출액 등은 다음의 구분에 따른 방법에 따라 산정한다(중기령 §7②).

① 직전 3개 사업연도의 총 사업기간이 36개월인 경우 : 직전 3개 사업연도의 총 매출액을 3으로 나눈 금액

② 직전 사업연도 말일 현재 총 사업기간이 12개월 이상이면서 36개월 미만인 경우(직전 사업연도에 창업하거나 합병 또는 분할한 경우로서 창업일, 합병일 또는 분할일부터 12개월 이상이 지난 경우는 제외한다) : 사업기간이 12개월인 사업연도의 총 매출액을 사업기간이 12개월인 사업연도 수로 나눈 금액

③ 직전 사업연도 또는 해당 사업연도에 창업하거나 합병 또는 분할한 경우로서 위 "②"에 해당하지 아니하는 경우 : 다음의 구분에 따라 연간매출액으로 환산하여 산정한 금액

㉮ 창업일, 합병일 또는 분할일부터 12개월 이상이 지난 경우 : 「중소기업기본법 시행령」 제3조에 따른 중소기업 해당 여부에 대하여 판단하는 날(이하 "산정일"이라 한다)이 속하는 달의 직전 달부터 역산하여 12개월이 되는 달까지의 기간의 월 매출액을 합한 금액

㉯ 창업일, 합병일 또는 분할일부터 12개월이 되지 아니한 경우 : 창업일이나 합병일 또는 분할일이 속하는 달의 다음달부터 산정일이 속하는 달의 직전 달까지의 기간의 월 매출액을 합하여 해당 월수로 나눈 금액에 12를 곱한 금액. 다만, 다음 중 어느 하나에 해당하는 경우에는 창업일이나 합병일 또는 분할일부터 산정일까지의 기간의 매출액을 합한 금액을 해당 일수로 나눈 금액에 365를 곱한 금액으로 한다.

---

2) 간편장부 작성 대상기업과 같이 재무제표(손익계산서)가 없는 기업은 회계장부나 부가가치세 신고·납부실적 등의 자료를 활용하여 매출액을 산정할 수 있다(중소기업청 간, 「알기 쉽게 풀어 쓴 중소기업 범위해설」, 2015년 개정판, p.23).

㉠ 산정일이 창업일, 합병일 또는 분할일이 속하는 달에 포함되는 경우

㉡ 산정일이 창업일, 합병일 또는 분할일이 속사는 달의 다음 달에 포함되는 경우

나. 관계기업의 전체 평균매출액 등의 계산

관계기업에 속하는 지배기업과 자회사의 평균매출액 등의 산정은 「중소기업기본법 시행령」 [별표 2]에 따라 산정한다(중기령 §7의4①). 이 경우 평균매출액은 「중소기업기본법 시행령」 제 7조(위 "2) 평균매출액 등의 산정"을 말한다)에 따라 산정한 지배기업과 종속기업 각각의 평균매출액 등을 말하며 이에 관하여는 후술하는 "3-2. 관계기업의 전체 평균매출액 등의 계산"(p.1449)을 참조하기 바란다.

3. 독립성 요건

3-1. 독립성 요건

중소기업은 소유와 경영의 실질적인 독립성이 「중소기업기본법 시행령」 제3조 제1항 제2 호에 적합하여야 한다. 이 경우 「중소기업기본법 시행령」 제3조 제1항 제2호 나목의 주식 등의 간접소유 비율을 계산할 때 「자본시장과 금융투자업에 관한 법률」에 따른 집합투자기 구를 통하여 간접소유한 경우는 제외하며, 「중소기업기본법 시행령」 제3조 제1항 제2호 다 목을 적용할 때 "평균매출액 등이 별표 1의 기준에 맞지 아니하는 기업"은 "매출액이 「조 세특례제한법 시행령」 제2조 제1항 제1호에 따른 중소기업기준에 맞지 아니하는 기업"으로 본다(조특령 §2①(3)).

〈「중소기업기본법 시행령」 제3조 제1항 제2호〉

① 자산총액이 5천억원 이상인 법인(외국법인을 포함하되, 비영리법인 및 제3조의2 제3항 각호의 어느 하나에 해당하는 자는 제외한다)이 주식 등의 30% 이상을 직접적 또는 간접적으로 소유 한 경우로서 최다출자자인 기업. 이 경우 최다출자자는 해당 기업의 주식 등을 소유한 법인 또 는 개인으로서 단독으로 또는 다음의 어느 하나에 해당하는 자와 합산하여 해당 기업의 주식 등을 가장 많이 소유한 자를 말하며, 주식 등의 간접소유 비율에 관하여는 「국제조세조정에 관한 법률 시행령」 제2조 제3항을 준용한다.
㉮ 주식 등을 소유한 자가 법인인 경우 : 그 법인의 임원
㉯ 주식 등을 소유한 자가 ㉮에 해당하지 아니하는 개인인 경우 : 그 개인의 친족
② 관계기업에 속하는 기업의 경우에는 제7조의4에 따라 산정한 평균매출액 등이 별표 1의 기준 에 맞지 아니하는 기업

---

(1) 자산총액 5천억원 이상인 법인이 주식 등의 30% 이상을 소유하고 최다출자자인 기업

1) 원 칙

자산총액이 5천억원[*1] 이상인 법인(외국법인을 포함하되, 비영리법인 및 2)의 예외규정에 해당하는 자는 제외한다)이 주식 등[*2]의 30% 이상을 직접적 또는 간접적으로 소유한 경우로서 최다출자자인 기업. 이 경우 최다출자자는 해당 기업의 주식 등을 소유한 법인 또는 개인으로서 단독으로 또는 다음의 어느 하나에 해당하는 자와 합산하여 해당 기업의 주식 등을 가장 많이 소유한 자를 말하며, 주식 등의 간접소유 비율에 관하여는 「국제조세조정에 관한 법률 시행령」 제2조 제3항을 준용한다(중기령 §3(2)나).

① 주식 등을 소유한 자가 법인인 경우 : 그 법인의 임원. 임원이란 주식회사와 유한회사는 등기된 이사(사외이사 제외)를 말하고, 그 외의 기업은 무한책임사원과 업무집행자를 말한다.

② 주식 등을 소유한 자가 "①"에 해당하지 아니하는 개인인 경우 : 그 개인의 친족

*1) 외국법인의 자산총액을 원화로 환산할 때는 직전 사업연도 말일의 환율과 직전 사업연도 연평균 환율 중 낮은 환율을 적용한다.
*2) "주식 등"이란 주식회사는 발행주식(의결권 없는 우선주 제외) 총수, 주식회사 외의 회사는 출자총액을 말한다. 따라서 관계기업 제도는 주식회사뿐만 아니라 유한회사, 유한책임회사, 합명회사, 합자회사에도 적용된다.

2) 예외규정

중소기업의 원활한 투자유치와 M&A의 활성화를 위하여 자산총액이 5천억원 이상인 법인이 다음의 회사인 경우에는 이 규정을 적용하지 아니한다(중기령 §3의2③).

① 「벤처투자 촉진에 관한 법률」 제2조 제10호에 따른 중소기업창업투자회사

② 「여신전문금융업법」에 따른 신기술사업금융업자

③ 「벤처기업육성에 관한 특별조치법」에 따른 신기술창업전문회사

④ 「산업교육진흥 및 산학연협력촉진에 관한 법률」에 따른 산학협력기술지주회사

⑤ 그 밖에 "①"부터 "④"까지의 규정에 준하는 경우로서 중소기업 육성을 위하여 중소벤처기업부장관이 정하여 고시하는 자

〈중소기업 범위 및 확인에 관한 규정(중소벤처기업부고시 제2021-46호, 2021. 7. 12.)〉

제2조(지배기업으로 보지 아니하는 자)

영 제3조의2 제3항 제5호에 따라 지배기업으로 보지 아니하는 자는 다음 각 호의 어느 하나에 해당하는 자를 말한다.

1. 「자본시장 및 금융투자업에 관한 법률」 제8조에 따른 금융투자업자(다만, 금융두자업자가 금융 및 보험업 이외의 업종을 영위하는 기업의 주식등을 소유한 경우로서 해당 기업과의

관계에 한정한다)

2. 「자본시장 및 금융투자업에 관한 법률」 제9조 제19항에 따른 사모집합투자기구(같은 법 제279조에 따라 금융위원회에 등록한 외국 사모집합투자기구를 포함한다)

3. 「기업구조조정 촉진법」 제2조 제3호에 따른 채권금융기관(다만, 채권금융기관이 다음 각 목의 어느 하나에 해당하는 기업의 주식등을 소유한 경우로서 해당 기업과의 관계에 한정한다)

　　가. 「기업구조조정 촉진법」 제2조 제7호에 따른 부실징후기업

　　나. 채권금융기관으로부터 받은 신용공여액의 합계가 500억원 미만으로서 「기업구조조정 촉진법」을 준용하여 기업구조조정 중인 기업

　　다. 「채무자 회생 및 파산에 관한 법률」에 따라 법원으로부터 회생절차 개시의 결정을 받은 기업

3) 주식 등의 소유비율의 계산방법

자산총액 5천억원 이상인 법인이 30% 이상 출자한지 여부를 판단할 때 주식소유비율은 직접소유비율과 간접소유비율을 합한 비율을 말한다. 이 경우 간접소유비율은 다음과 같이 계산한다(중기령 §3①(2)나, 국조령 §2③).

① 어느 한쪽 법인이 다른 쪽 법인의 주주인 법인("주주법인")의 의결권 있는 주식 등의 50% 이상을 소유하고 있는 경우 : 주주법인의 주식소유비율을 간접소유비율로 한다.

② 어느 한쪽 법인이 다른 쪽 법인의 주주법인의 의결권 있는 주식 등의 50% 미만을 소유하고 있는 경우 : 그 소유비율에 주주법인의 주식소유비율을 곱한 비율을 간접소유비율로 한다. 다만, 주주법인이 둘 이상인 경우에는 주주법인별로 계산한 비율을 합계한 비율을 어느 한쪽 법인의 다른 쪽 법인에 대한 간접소유비율로 한다.

③ 다른 쪽 법인의 주주법인과 어느 한쪽 법인 사이에 하나 이상의 법인이 개재되어 있고 이들 법인이 주식소유관계를 통하여 연결되어 있는 경우에도 위 "①"과 "②"의 계산방법을 준용한다.

(2) 관계기업에 속하는 기업의 경우에는 「중소기업기본법 시행령」 제7조의4에 따라 산정한 매출액이 별표 1의 기준에 해당하지 아니하는 기업

1) 의 의

종전에는 한 기업이 다른 기업을 지배하는 경우에도 세법상 중소기업 판정시 개별 기업 단위로 중소기업규모와 졸업기준을 판단하였다. 그러나 2012. 1. 1. 이후 최초로 개시하는 사업연도부터 관계기업제도를 도입해서 지배회사의 매출액과 종속회사의 매출액을 합하여 중소기업규모를 판단하도록 하였다.

2) 관계기업 요건

관계기업이란 외부회계감사대상인 지배기업이 당해 사업연도 말일 현재 다른 국내기업을 다음과 같이 지배하는 경우에 그 기업집단을 말한다. 다만, 주권상장법인으로서 「주식회사의 외부감사에 관한 법률」 제2조 제3호 및 같은 법 시행령 제3조 제1항에 따라 연결재무제표를 작성하여야 하는 기업과 그 연결재무제표에 포함되는 국내기업은 관계기업으로 본다(중기령 §3의2①).

① 지배기업이 단독으로 또는 그 지배기업의 특수관계자와 합산하여 주식 등을 30% 이상 소유하면서 최다출자자인 경우. 이 경우 특수관계자란 다음에 해당하는 자를 말한다.
  ㉮ 단독으로 또는 친족과 합산하여 지배회사의 주식 등을 30% 이상 소유하면서 최다출자자인 개인
  ㉯ 위 "㉮"에 해당하는 개인의 친족
② 지배기업이 "①"에 해당하는 종속기업("자회사") 및 지배기업의 특수관계자와 합산하여 주식 등을 30% 이상 소유하면서 최다출자자인 경우
③ 자회사가 단독으로 또는 다른 자회사와 합산하여 주식 등을 30% 이상 소유하면서 최다출자자인 경우
④ 지배기업의 특수관계자가 자회사와 합산하여 주식 등을 30% 이상 소유하면서 최다출자자인 경우

3) 관계기업으로 보지 않는 경우

중소기업의 원활한 투자유치와 M&A의 활성화를 위하여 "(2)의 2) 예외규정"에 해당하는 자가 다른 국내기업의 주식 등을 소유하고 있는 경우에는 그 기업과 그 다른 국내기업은 지배기업과 종속기업의 관계로 보지 아니한다(중기령 §3의2③).

4) 관계기업에 속하는 기업의 판정시기와 관계기업 매출액

관계기업에 속하는 기업인지의 판단은 과세연도 종료일 현재를 기준으로 한다(조특칙 §2⑧).

「중소기업기본법」은 3년 평균 매출액을 기준으로 하나, 「조세특례제한법」은 매출액을 기준으로 하므로 관계기업의 매출액을 합산하는 경우에 합산하는 방법은 「중소기업기본법 시행령」 제7조의4에 따르나, 3년 평균 매출액이 아닌 해당 사업연도의 매출액을 기준으로 관계기업의 매출액을 계산해야 한다.

5) 관계기업의 경우 주된 업종의 판단

관계기업의 경우에는 지배기업과 종속기업 중 매출액이 큰 기업의 주된 업종을 지배기업과 종속기업의 주된 업종으로 본다(중기령 §4②).

〈관계기업 핵심 포인트〉

1. 지배·종속관계가 성립하는 경우에도 지배기업이 외부회계감사대상인 경우에만 관계기업에 해당하므로 지배기업이 외부회계감사대상이 아닌 경우에는 관계기업으로 보지 아니한다. 그러나 지배기업은 외부회계감사대상이고 종속기업이 외부회계감사대상이 아닌 경우에는 관계기업에 해당한다.
2. 종속기업은 국내기업에 해당해야 하므로 외국에 소재한 기업이 종속기업인 경우에는 관계기업으로 보지 아니한다.
3. 개인이 외부회계감사대상인 A기업과 B기업의 주식을 각각 100% 소유한 경우에는 관계기업으로 보지 아니한다. 개인은 지배기업이 될 수 없기 때문이다.
4. 중소기업창업투자회사가 내국법인의 주식 등을 30% 이상 소유하고 최다출자자인 경우에는 중소기업의 창업과 투자지원목적에 따라 관계기업으로 보지 아니한다.
5. 관계기업 여부는 당해 과세연도 종료일 현재를 기준으로 판단한다.

☞ 관계기업에 대한 더 자세한 내용은 중소벤처기업부 홈페이지(http://www.mss.go.kr)의 법령정보의 중소기업범위 해설을 참조할 것

3-2. 관계기업의 전체 평균매출액 등의 계산

관계기업에 속하는 지배기업과 종속기업의 평균매출액 등의 산정은 「중소기업기본법 시행령」 [별표 2]에 따라 계산한다. 이 경우 평균매출액은 위 "2-3. 주된 업종별 평균매출액 등의 산정"에 따라 산정한 지배기업과 종속기업 각각의 평균매출액 등을 말한다.

「중소기업기본법 시행령」 [별표 2]에 따르면 지배기업이 종속기업을 직접 지배하고 실질적 지배를 하느냐의 여부에 따라 지배기업과 종속기업의 평균매출액 등은 다음과 같이 계산한다.

〈중소기업기본법 시행령 [별표 2]〉

관계기업의 평균매출액 등의 산정기준(제7조의4 제1항 관련)

1. 이 표에서 사용하는 용어의 뜻은 다음과 같다.
    가. "형식적 지배"란 지배기업이 종속기업의 주식 등을 100분의 50 미만으로 소유하고 있는 것을 말한다.
    나. "실질적 지배"란 지배기업이 종속기업의 주식 등을 100분의 50 이상으로 소유하고 있는 것을 말한다.
    다. "직접 지배"란 지배기업이 자회사(지배기업의 종속기업을 말한다. 이하 이 표에서 같다) 또는 손자기업(자회사의 종속기업을 말하며, 지배기업의 종속기업으로 되는 경우를 포함한다. 이하 이 표에서 같다)의 주식 등을 직접 소유하고 있는 것을 말한다.
    라. "간접 지배"란 지배기업이 손자기업의 주주인 자회사의 주식 등을 직접 소유하고 있는 것을 말한다.

2. 지배기업이 종속기업에 대하여 <u>직접 지배하되 형식적 지배</u>를 하는 경우에는 지배기업 또는 종속기업의 평균매출액 등으로 보아야 할 평균매출액 등(이하 "전체 평균매출액 등"이라 한다)은 다음 각목에 따라 계산한다.

　가. 지배기업의 전체 평균매출액 등은 그 지배기업의 평균매출액 등에 지배기업의 종속기업에 대한 주식 등의 소유비율과 종속기업의 평균매출액 등을 곱하여 산출한 평균매출액 등을 합산한다.

　나. 종속기업의 전체 평균매출액 등은 그 종속기업의 평균매출액 등에 지배기업의 종속기업에 대한 주식 등의 소유비율과 지배기업의 평균매출액 등을 곱하여 산출한 평균매출액 등을 합산한다.

3. 지배기업이 종속기업에 대하여 <u>직접 지배하되 실질적 지배</u>를 하는 경우에는 지배기업 또는 종속기업의 전체 평균매출액 등은 다음 각목에 따라 계산한다.

　가. 지배기업의 전체 평균매출액 등은 그 지배기업의 평균매출액 등에 종속기업의 평균매출액 등을 합산한다.

　나. 종속기업의 전체 평균매출액 등은 그 종속기업의 평균매출액 등에 지배기업의 평균매출액 등을 합산한다.

4. 지배기업이 손자기업에 대하여 <u>간접 지배</u>를 하는 경우에는 지배기업 또는 손자기업의 전체 평균매출액 등은 다음 각목에 따라 계산한다.

　가. 지배기업의 전체 평균매출액 등은 그 지배기업의 평균매출액 등에 지배기업의 손자기업에 대한 주식 등의 간접 소유비율과 손자기업의 평균매출액 등을 곱하여 산출한 평균매출액 등을 합산한다.

　나. 손자기업의 전체 평균매출액 등은 그 손자기업의 평균매출액 등에 지배기업의 손자기업에 대한 주식 등의 간접 소유비율과 지배기업의 평균매출액 등을 곱하여 산출한 평균매출액 등을 합산한다.

5. 제4호에서 지배기업의 손자기업에 대한 주식 등의 <u>간접 소유비율</u>은 다음과 같다. 다만, 자회사가 둘 이상인 경우에는 각 자회사별로 계산한 소유비율을 합한 비율로 한다.

　가. 지배기업이 자회사에 대하여 실질적 지배를 하는 경우에는 그 자회사가 소유하고 있는 손자기업의 주식 등의 소유비율

　나. 지배기업이 자회사에 대하여 형식적 지배를 하는 경우에는 그 소유비율과 그 자회사의 손자기업에 대한 주식 등의 소유비율을 곱한 비율

1) 지배기업이 종속기업에 대하여 직접 지배하고 실질적 지배를 하는 경우

지배기업이 종속기업을 직접 지배하고 실질적 지배를 하는 경우에는 지배기업 또는 종속기업의 전체 평균매출액 등은 다음과 같이 계산한다(중기령 §7의4① 및 중기령 [별표 2] 제3호).

① 지배기업의 전체 평균매출액 등은 그 지배기업의 평균매출액 등에 종속기업의 평균매출액 등을 합산한다.

② 종속기업의 전체 평균매출액 등은 그 종속기업의 평균매출액 등에 지배기업의 평균매출액 등을 합산한다.

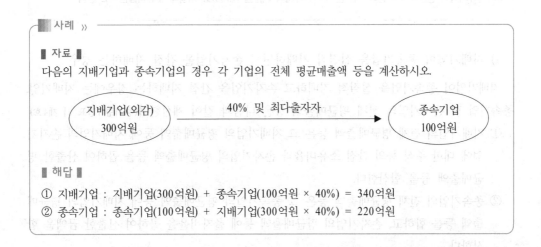

▌ 사례 》

▌ 자료 ▌

다음의 지배기업과 종속기업의 경우 각 기업의 전체 평균매출액 등을 계산하시오.

지배기업(외감)
300억원

50% 이상

종속기업
100억원

▌ 해답 ▌

① 지배기업 : 지배기업(300억원) + 종속기업(100억원) = 400억원
② 종속기업 : 종속기업(100억원) + 지배기업(300억원) = 400억원

2) 지배기업이 종속기업을 단독으로 직접 지배하되 형식적 지배를 하는 경우

지배기업이 종속기업에 대하여 단독으로 직접 지배하되 형식적 지배를 하는 경우에는 지배기업 또는 종속기업의 평균매출액 등으로 보아야 할 전체 평균매출액 등은 다음과 같이 계산한다(중기령 [별표 2] 제2호).

① 지배기업의 전체 평균매출액 등은 그 지배기업의 평균매출액 등에 지배기업의 종속기업에 대한 주식 등의 소유비율과 종속기업의 평균매출액 등을 곱하여 산출한 평균매출액 등을 합산한다.
② 종속기업의 전체 평균매출액 등은 그 종속기업의 평균매출액 등에 지배기업의 종속기업에 대한 주식 등의 소유비율과 지배기업의 평균매출액 등을 곱하여 산출한 평균매출액 등을 합산한다.

▌ 사례 》

▌ 자료 ▌

다음의 지배기업과 종속기업의 경우 각 기업의 전체 평균매출액 등을 계산하시오.

지배기업(외감)
300억원

40% 및 최다출자자

종속기업
100억원

▌ 해답 ▌

① 지배기업 : 지배기업(300억원) + 종속기업(100억원 × 40%) = 340억원
② 종속기업 : 종속기업(100억원) + 지배기업(300억원 × 40%) = 220억원

3) 지배기업이 종속기업을 지배회사의 출자자 및 그 출자자의 특수관계자와 함께
    직접 지배하되 형식적 지배를 하는 경우

지배기업이 종속기업을 형식적 지배하되 지배기업의 출자자와 그 친족의 출자비율이 100
분의 50 이상인 경우에는 직접 지배에 해당한다.

그러나 지배기업과 종속기업의 전체 평균매출액 등의 계산은 지배기업의 출자자와 그 친
족의 부분은 계산하지 아니한다.

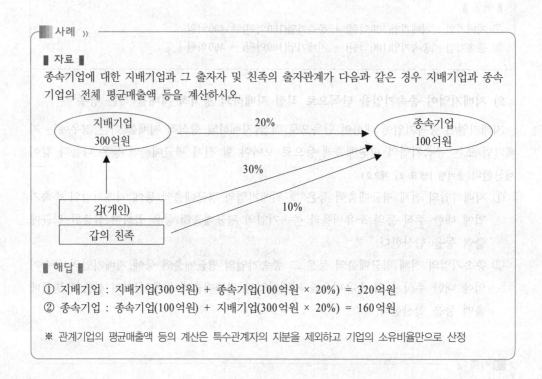

▌사례 》

▌자료▌
종속기업에 대한 지배기업과 그 출자자 및 친족의 출자관계가 다음과 같은 경우 지배기업과 종속
기업의 전체 평균매출액 등을 계산하시오.

▌해답▌
① 지배기업 : 지배기업(300억원) + 종속기업(100억원 × 20%) = 320억원
② 종속기업 : 종속기업(100억원) + 지배기업(300억원 × 20%) = 160억원

※ 관계기업의 평균매출액 등의 계산은 특수관계자의 지분을 제외하고 기업의 소유비율만으로 산정

4) 지배기업이 종속기업을 실질적 지배하면서 손자기업을 간접 지배하는 경우

지배기업이 종속기업을 실질적 지배하고 손자기업을 간접 지배하는 경우에는 지배기업,
종속기업 및 손자기업의 전체 평균매출액 등은 다음과 같이 계산한다(중기령 [별표 2] 제4호).
① 지배기업의 전체 평균매출액 등은 그 지배기업의 평균매출액 등에 지배기업의 손자기
   업에 대한 주식 등의 간접 소유비율과 손자기업의 평균매출액 등을 곱하여 산출한 평
   균매출액 등을 합산한다.
② 종속기업의 전체 평균매출액 등은 그 종속기업의 평균매출액 등에 지배기업의 평균매
   출액 등을 합하고, 손자기업의 평균매출액 등에 출자비율을 곱하여 산출한 금액을 합
   산한다.
③ 손자기업의 전체 평균매출액 등은 그 손자기업의 평균매출액 등에 지배기업의 손자기

업에 대한 주식 등의 간접 소유비율과 지배기업의 평균매출액 등을 곱하여 산출한 평균매출액 등을 합산한다.

│ 사례 》

▌자료 ▌

다음과 같이 지배기업이 종속기업을 실질적 지배하고 손자기업을 간접 지배하는 경우, 각 기업의 전체 평균매출액 등을 계산하시오.

지배기업(외감) 300억원 — 50% 이상 → 종속기업(외감대상기업) 200억원 — 40% 최다출자자 → 손자기업 100억원

▌해답 ▌

① 지배기업 : 지배기업(300억원) + 종속기업(200억원) + 손자기업(100억원 × 40%)*
       = 540억원

  * 간접소유비율 : 100% × 40% = 40%

② 종속기업 : 종속기업(200억원) + 지배기업(300억원) + 손자기업(100억원 × 40%)
       = 540억원

③ 손자기업 : 손자기업(100억원) + 종속기업(200억원 × 40%) + 지배기업(300억원 × 40%)
       = 300억원

※ 종속기업이 외부감사대상 기업이므로 종속기업과 손자기업 간 관계기업이 성립한다.

---

5) 지배기업이 종속기업을 형식적 지배하면서 손자기업을 간접 지배하는 경우

지배기업이 종속기업을 형식적 지배하고 손자기업을 간접 지배하는 경우에는 지배기업, 종속기업 및 손자기업의 평균매출액 등은 다음과 같이 계산한다.

① 지배기업의 전체 평균매출액 등은 그 지배기업의 평균매출액 등에 종속기업의 평균매출액 등에 지배기업의 종속기업에 대한 출자비율을 곱하여 산출한 평균매출액 등과 손자기업의 평균매출액 등에 손자기업에 대한 출자비율을 곱한 평균매출액 등을 합산한다.

② 종속기업의 평균매출액 등은 그 종속기업의 평균매출액 등에 지배기업의 평균매출액 등에 지배회사의 종속기업에 대한 출자비율을 곱하여 산출한 평균매출액 등과 손자기업의 평균매출액 등에 종속기업의 손자기업에 대한 출자비율을 곱하여 산출한 평균매출액 등을 합산한다.

③ 손자기업의 평균매출액 등은 그 손자기업의 평균매출액 등에 지배기업의 평균매출액 등에 종속기업의 손자기업에 대한 출자비율을 곱하여 산출한 평균매출액 등과 지배기업의 평균매출액 등에 지배기업의 손자기업에 대한 간접출자비율을 곱하여 산출한 평균매출액 등을 합산한다.

┃사례 ≫

┃자료┃

다음과 같이 지배기업이 종속기업을 형식적 지배하고 손자기업을 간접 지배하는 경우, 각 기업의 전체 평균매출액 등을 계산하시오.

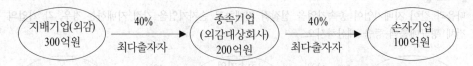

┃해답┃

① 지배기업 : 지배기업(300억원) + 종속기업(200억원 × 40%) + 손자기업(100억원 × 16%)*
  = 396억원

  * 간접소유비율 : 40% × 40% = 16%

② 종속기업 : 종속기업(200억원) + 지배기업(300억원 × 40%) + 손자기업(100억원 × 40%)
  = 360억원

③ 손자기업 : 손자기업(100억원) + 종속기업(200억원 × 40%) + 지배기업(300억원 × 16%)
  = 300억원

6) 지배기업 및 종속기업이 손자기업을 직접 또는 간접 지배하는 경우

지배기업 및 종속기업이 손자기업을 직접 또는 간접 지배하는 경우에는 지배기업, 종속기업 및 손자기업의 평균매출액 등은 다음과 같이 계산한다.

① 지배기업의 전체 평균매출액 등은 그 지배기업의 평균매출액 등에 종속기업의 평균매출액 등에 지배기업의 평균매출액 등에 지배기업의 종속기업에 대한 출자비율을 곱하여 산출한 평균매출액 등과 손자기업의 평균매출액 등에 지배기업의 손자기업에 대한 간접출자비율을 곱하여 산출한 평균매출액 등을 합산한다.

② 종속기업의 전체 평균매출액 등은 그 종속기업의 평균매출액 등에 지배기업의 평균매출액 등에 지배기업의 종속기업에 대한 출자금액을 곱하여 산출한 평균매출액 등과 손자기업의 평균매출액 등에 종속기업의 손자기업에 대한 출자비율을 곱하여 산출한 평균매출액 등을 합산한다.

③ 손자기업의 전체 평균매출액 등은 그 손자기업의 평균매출액 등에 자회사의 평균매출액 등에 종속기업의 손자기업에 대한 출자비율을 곱하여 산출한 평균매출액 등에 지배기업의 평균매출액 등에 지배기업의 손자기업에 대한 간접출자비율을 곱하여 산출한 평균매출액 등을 합산한다.

사례 »

┃ 자료 ┃

다음과 같이 지배기업이 종속기업을 형식적 지배하고 손자기업을 간접 지배하는 경우, 각 기업의 전체 평균매출액 등을 계산하시오.

┃ 해답 ┃

① 지배기업 : 지배기업(300억원) + 종속기업(200억원 × 40%) + 손자기업(100억원 × 46%)*
　　　　　　 = 426억원

　* 지배기업과 손자기업 출자비율 : 직접 30% + 간접 16%(40% × 40%) = 46%

② 종속기업 : 종속기업(200억원) + 지배기업(300억원 × 40%) + 손자기업(100억원 × 40%)
　　　　　　　 = 360억원

③ 손자기업 : 손자기업(100억원) + 종속기업(200억원 × 40%) + 지배기업(300억원 × 46%)
　　　　　　　 = 338억원

7) 기업 간 상호출자로 인한 지배기업·종속기업의 관계가 성립하는 경우

지배기업과 종속기업이 상호출자관계에 있는 경우 지배기업과 종속기업의 전체 평균매출액 등의 계산은 각 기업의 평균매출액 등에 지배기업과 종속기업의 출자비율 중 큰 값을 곱하여 산출한 평균매출액 등을 합산한다.

사례 »

┃ 자료 ┃

다음과 같이 지배기업과 종속기업이 상호 간에 주식 등을 소유하는 경우 각 기업의 전체 평균매출액 등을 계산하시오.

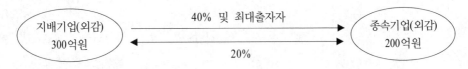

┃ 해답 ┃

① 지배기업 : 지배기업(300억원) + 종속기업(200억원 × 40%) = 380억원
② 종속기업 : 종속기업(200억원) + 지배기업(300억원 × 40%) = 320억원

4. 중소기업 여부의 적용기간 등

중소기업 여부의 적용기간은 직전 사업연도 말일에서 3개월이 경과한 날부터 1년간으로 한다(중기령 §3의3①).

5. 유예기간 및 기존 중소기업에 관한 특례 등

중소기업이 그 규모의 확대 등으로 중소기업에 해당하지 아니하게 된 경우 그 사유가 발생한 연도의 다음 연도부터 3년간은 중소기업으로 본다. 다만, 다음의 사유로 중소기업에 해당하지 아니하게 된 경우에는 그러하지 아니하다(중기법 §2③, 중기령 §9).

① 중소기업이 중소기업으로 보는 기간 중에 있는 기업을 흡수합병한 경우로서 중소기업으로 보는 기간 중에 있는 기업이 당초 중소기업에 해당하지 아니하게 된 사유가 발생한 연도의 다음 연도부터 3년이 지난 경우

② 중소기업이 「독점규제 및 공정거래에 관한 법률」 제31조 제1항에 따른 공시대상기업집단에 속하는 회사 또는 같은 법 제33조에 따라 공시대상기업집단의 소속회사로 편입·통지된 것으로 보는 회사에 해당하게 된 경우

③ 중소기업에 해당하지 아니하게 되어 그 사유가 발생한 연도의 다음 연도부터 3년간은 중소기업으로 보았던 기업이 중소기업이 되었다가 그 평균매출액등의 증가 등으로 다시 중소기업에 해당하지 아니하게 된 경우

3. 「조세특례제한법」상 중소기업

1. 개 요

「조세특례제한법」상 중소기업이란 다음의 요건을 모두 충족하는 기업을 말한다(조특령 §2①).

① 업종요건 : 종전에는 중소기업 업종을 열거하였으나, 2017. 1. 1. 이후 개시한 사업연
도부터는 소비성서비스업을 제외한 모든 업종으로 중소기업업종을 확대하였다.

구 분	2016. 12. 31. 이전에 개시한 사업연도까지	2017. 1. 1. 이후 개시하는 사업연도부터
규정방식	Positive 방식	Negative 방식
중소기업 업종	조특령 제2조의 열거된 사업 49가지 업종*을 주된 사업으로 영위할 것	소비성 서비스업 등을 주된 사업으로 영위하지 아니할 것

* 종전의 중소기업업종 : 작물재배업, 축산업, 어업, 광업, 제조업, 하수·폐기물 처리(재활용 포함)·원료재생 및 환경복원업, 건설업, 도매 및 소매업, 운수업 중 여객운송업, 음식점업 등 「조세특례제한법 시행령」 제2조에 열거된 49개 업종

② 규모요건 : 해당 과세기간의 매출액이 업종별로 「중소기업기본법 시행령」 별표 1에
따른 규모 기준 이내이고 자산총액이 5천억원 미만일 것

③ 독립성요건 : 실질적인 독립성이 「중소기업기본법 시행령」 제3조 제1항 제2호에 적합
할 것. 이 경우 「중소기업기본법 시행령」 제3조 제1항 제2호 나목의 주식 등의 간접
소유 비율을 계산할 때 「자본시장과 금융투자업에 관한 법률」에 따른 집합투자기구를
통하여 간접소유한 경우는 제외하며, 「중소기업기본법 시행령」 제3조 제1항 제2호 다
목을 적용할 때 "평균매출액 등이 별표 1의 기준에 맞지 아니하는 기업"은 "매출액이
「조세특례제한법 시행령」 제2조 제1항 제1호에 따른 중소기업기준에 맞지 아니하는
기업"으로 본다.

2. 업종요건

(1) 주된 사업

중소기업이 되려면 다음의 소비성서비스업을 주된 사업으로 영위하지 아니하여야 한다
(조특법 §2①(3)).

① 호텔업 및 여관업(「관광진흥법」에 따른 관광숙박업은 제외한다)

② 주점업(일반유흥주점업, 무도유흥주점업 및 「식품위생법 시행령」 제21조에 따른 단란
주점 영업만 해당하되, 「관광진흥법」에 따른 외국인전용유흥음식점업 및 관광유흥음
식점업은 제외한다)

③ 다음에 해당하는 사업 24 신설 (2024. 3. 22. 이후 개시하는 사업연도부터 적용)

㉮ 무도장 운영업

㉯ 기타 사행시설 관리 및 운영업(「관광진흥법」 제5조 또는 「폐광지역 개발 지원에
관한 특별법」 제11조에 따라 허가를 받은 카지노업은 제외함)

㉰ 유사 의료업 중 안마를 시술하는 업

㉱ 마사지업

(2) 둘 이상의 사업을 영위하는 경우 주된 사업의 판정

주된 사업이란 사업별 사업수입금액(기업회계기준에 따라 작성한 손익계산서상의 매출
액)이 큰 사업을 말한다(조특령 §2③). 「조세특례제한법」에서 사용되는 업종의 분류는 「조세
특례제한법」에 특별한 규정이 있는 경우를 제외하고는 「통계법」 제22조에 따라 통계청장이
고시하는 한국표준산업분류에 따른다. 다만, 한국표준산업분류가 변경되어 이 법에 따른 조
세특례를 적용받지 못하게 되는 업종에 대해서는 한국표준산업분류가 변경된 과세연도와
그 다음 과세연도까지는 변경 전의 한국표준산업분류에 따른 업종에 따라 조세특례를 적용
한다(조특법 §2③).

▌ 사례 ≫

㈜한공의 제21기 사업연도의 자산총액과 매출액은 다음과 같다. ㈜한공의 주된 사업을 판단하시오.

구 분	도매업	무도유흥주점업
재무상태표상 자산총액	300억원	150억원
손익계산서상 매출액	500억원	100억원

▌ 해답 ▌

주된사업 : 도매업

(이유) 도매업의 매출액이 소비성서비스업인 무도유흥주점업의 매출액보다 크므로 도매업을 주된
사업으로 본다.

3. 규모요건

중소기업은 매출액이 업종별로 「중소기업기본법 시행령」 별표 1에 따른 규모 기준으로 한다. 다만, 「중소기업기본법」은 3년 평균매출액을 기준으로 하나, 「조세특례제한법」은 당해 사업연도의 매출액을 기준으로 한다. 이 경우 매출액은 기업회계기준에 따라 작성한 해당 사업연도의 손익계산서상의 매출액으로 한다. 다만, 창업·분할·합병의 경우 그 등기일의 다음 날(창업의 경우에는 창업일)이 속하는 과세연도의 매출액을 연간 매출액으로 환산한 금액을 말한다(조특칙 §2④).

종전에는 규모기준으로 상시근로자 수 또는 자본금(매출액) 조건 중 어느 하나만 충족하면 되는 중소기업으로 보았으나, 2015. 1. 1.부터 매출액 기준으로 변경하였다.

이 경우 수개의 공장을 운영하던 법인이 100% 종속기업인 법인을 흡수합병한 후 동일 사업연도에 일부의 공장을 인적분할한 경우 중소기업 판정 시 매출액기준은 분할등기일 이후 매출액을 연간매출액으로 환산한 금액으로 하는 것이며(법인-3034, 2008. 10. 23.), 합병 후 존속하는 법인의 합병한 사업연도의 매출액은 합병 후 매출액을 연간 매출액으로 환산한 금액에 의하여 합산하여야 한다(서이 46012-10830, 2001. 12. 28.).

그리고 사업연도를 변경하는 경우 변경 후 최초 사업연도의 매출액은 그 최초 사업연도의 매출액을 연간 매출액으로 환산한 금액을 말한다(재조특-586, 2011. 6. 24., 법인-208, 2011. 3. 23.).[3]

4. 독립성요건

실질적인 독립성이 「중소기업기본법 시행령」 제3조 제1항 제2호(독립성요건)에 적합하여야 한다. 다만, 다음은 중소기업기본법과 다르다.

① 관계기업의 판단 : 「중소기업기본법」은 직전 사업연도 종료일을 기준으로 관계기업 여부를 판단하나, 「조세특례제한법」은 해당 사업연도 종료일 현재를 기준으로 관계기업 여부를 판단한다(조특칙 §2⑧).

② 집합투자기구를 통한 간접소유 : 자산총액이 5천억원 이상인 법인이 주식 등의 30% 이상을 직접적 또는 간접적으로 소유한 경우로서 최다출자자의 간접소유 비율을 계산할 때 「자본시장과 금융투자업에 관한 법률」에 따른 집합투자기구를 통하여 간접소유한 경우에는 「중소기업기본법」은 포함하나, 「조세특례제한법」은 제외한다(조특령 §2①(3)).

③ 외국법인 자산총액의 원화 환산 : 외국법인 자산총액을 원화로 환산하는 경우 중소기

---

[3] 관계기업에 대한 매출액 기준 중소기업 판단은 관계기업을 구성하는 기업 전체의 매출액을 기준으로 하는 것이 그 제도의 취지에 부합하는 점 등에 비추어 중소기업 판정을 위한 관계기업 매출액 산정시 관계회사간 내부거래 매출액을 포함한다(조심 2015전 1262, 2015. 7. 7.).

업기본법은 직전 사업연도 말일 현재 자산총액을 직전 5개 사업연도의 평균환율을 적용하여 환산한다. 반면에 <u>조세특례제한법은 해당 과세연도 종료일 현재 기업회계기준에 따라 작성한 재무상태표상 외화로 표시된 자산총액을 해당 과세연도 종료일 현재의 매매기준율(기획재정부장관이 정하여 고시하는 외국환 거래에 관한 규정에 따른 매매기준율을 말한다)로 환산한 금액으로 한다</u>(조특칙 §2⑨). 24 신설

④ 매출액 : 「중소기업기본법 시행령」은 3년 평균 매출액을 사용하나, 「조세특례제한법」은 해당 사업연도의 매출액을 사용한다(조특령 §2①(3)).

4. 「중소기업기본법」상 중소기업과 「조세특례제한법」상 중소기업의 비교

「중소기업기본법」과 「조세특례제한법」상의 중소기업요건을 살펴보면 다음과 같다.

구 분	「중소기업기본법」상 중소기업	「조세특례제한법」상 중소기업
영리목적 유무	영리목적이 아닌 기업은 중소기업이 될 수 없음(다만, 사회적기업, 협동조합, 협동조합연합회 및 이종(異種) 협동조합연합회(중소기업을 회원으로 하는 경우로 한정함)는 영리목적이 아닌 경우에도 중소기업이 될 수 있음). 공시대상기업집단에 속하는 회사 또는 공시대상기업집단의 소속회사로 편입·통지된 것으로 보는 회사는 제외함.	비영리법인도 중소기업이 될 수 있음(서면2팀-391, 2006. 2. 21.).
적용업종	모든 업종	소비성서비스업을 주된 사업으로 하지 말 것
주업종	3년 평균 매출액이 큰 업종	당해 사업연도의 매출액이 큰 업종
규모요건	중소기업기본법 시행령 별표 1의 업종별 규모의 평균매출액	중소기업기본법 시행령 별표 1의 업종별 규모의 매출액 ※ 해당 사업연도 매출액으로 함.
	자산총액 5천억원	자산총액 5천억원
독립성요건	-	공시대상기업집단에 속하는 회사 또는 공시대상기업집단의 소속회사로 편입·통지된 것으로 보는 회사
	자산총액 5천억원 이상인 회사가 30% 이상의 지분을 직·간접적으로 소유하면서 최다출자자인 회사 제외	좌동 (간접소유비율 계산 시 집합투자기구를 통한 간접소유비율은 제외)
	관계기업간에 합산한 평균매출액이 업종별 규모기준을 초과하면 제외	좌동(단, 평균매출액을 매출액으로 함)
	직전 사업연도 종료일을 기준으로 관계기업을 판단함.	해당 사업연도 종료일을 기준으로 판단함.
유예기간	사유 발생연도의 다음 연도부터 3년간 중소기업으로 봄(최초 1회에 한함).	사유가 발생한 날이 속하는 과세연도와 그 다음 3개 과세연도까지는 이를 중소기업으로 봄(최초 1회에 한함).

구 분	「중소기업기본법」상 중소기업	「조세특례제한법」상 중소기업
유예배제 사유	① 중소기업이 중소기업으로 보는 기간 중에 있는 기업을 흡수합병한 경우로서 중소기업으로 보는 기간 중에 있는 기업이 당초 중소기업에 해당하지 아니하게 된 사유가 발생한 연도의 다음 연도부터 3년이 지난 경우 ② 중소기업이 공시대상기업집단에 속하는 회사 또는 공시대상기업집단의 소속회사로 편입·통지된 것으로 보는 회사에 해당하게 된 경우 ③ 중소기업에 해당하지 아니하게 되어 그 사유가 발생한 연도의 다음 연도부터 3년간은 중소기업으로 보았던 기업이 중소기업이 되었다가 그 평균매출액등의 증가 등으로 다시 중소기업에 해당하지 아니하게 된 경우	① 중소기업기본법의 규정에 의한 중소기업 외의 기업과 합병하는 경우 ② 유예기간 중에 있는 기업과 합병하는 경우 ③ 독립성요건을 갖추지 못하게 되는 경우 (다만, 「중소기업기본법 시행령」 제3조 제1항 제2호 다목의 관계기업 규정 요건은 제외함) ④ 창업일이 속하는 과세연도 종료일부터 2년 이내의 과세연도 종료일 현재 중소기업기준을 초과하는 경우

5. 규모의 확대 등의 경우 중소기업 유예 적용

1. 개 요

중소기업이 규모의 확대 등으로 중소기업에 해당하지 않게 된 경우 즉시 중소기업에서 제외되면 그동안 중소기업으로서 지원받던 세제상 지원이 일시에 중단되어 경영상의 어려움을 겪을 수 있으므로 중소기업이 중소기업에서 벗어난 경우에도 일정기간 중소기업으로 보는 유예제도를 두고 있다.

2. 중소기업이 그 규모의 확대 등으로 중소기업에 해당하지 않게 된 경우 중소기업의 유예

중소기업이 자산총액이 5천억원 이상이 되거나 매출액 규모 요건에 해당하지 않게 되거나 독립성 요건(「중소기업기본법 시행령」 제3조 제1항 제2호 다목의 관계기업 규정으로 한정한다)의 요건을 갖추지 못하게 되어 중소기업에 해당하지 아니하게 된 때에는 최초로 그 사유가 발생한 과세연도와 그 다음 3개 과세연도까지는 이를 중소기업으로 보고, 동 기간("유예기간")이 경과한 후에는 과세연도별로 중소기업 해당 여부를 판정한다. 다만, 중소기업이 다음 중 어느 하나의 사유로 중소기업에 해당하지 아니하게 된 경우에는 유예기간을 적용하지 아니하고, 유예기간 중에 있는 기업에 대해서는 해당 사유가 발생한 날("②"에 따른 유예기간 중에 있는 기업이 중소기업과 합병하는 경우에는 합병일로 한다)이 속하는 과세연도부터 유예기간을 적용하지 아니한다(조특령 §2②).

① 「중소기업기본법」의 규정에 의한 중소기업 외의 기업과 합병하는 경우

② 유예기간 중에 있는 기업과 합병하는 경우[4]

③ 독립성요건을 갖추지 못하게 되는 경우. 다만, 관계기업 규정에 의하여 독립성요건을 갖추지 못한 경우 종전에는 유예규정을 적용하지 않았으나, 2015. 2. 3. 이후 최초로 중소기업에 해당하지 않게 된 경우에는 유예규정을 적용한다.

④ 창업일이 속하는 과세연도 종료일부터 2년 이내의 과세연도 종료일 현재 중소기업기준을 초과하는 경우

---

[4] 중소기업 유예기간 중에 있던 법인이 업종별규모기준의 축소로 다시 중소기업 요건을 갖춘 상태에서 다른 중소기업에 피합병되는 경우에는 「조세특례제한법 시행령」 제2조 제2항 제2호의 합병에 해당하지 아니한다(법인-283, 2010. 3. 24.).

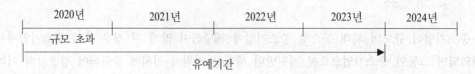

■ 사례 » 규모 초과로 인하여 중소기업에 해당하지 않게 된 경우

(1) 2020년에 규모 초과로 중소기업에서 최초로 벗어나게 된 경우
   ☞ 2020년과 그 후 3년간(2021년, 2022년, 2023년)까지는 중소기업으로 봄. 2024년 이후에는 중소기업 요건을 충족하는 과세연도만 중소기업으로 봄.

| 2020년 | 2021년 | 2022년 | 2023년 | 2024년 |

규모 초과

유예기간

(2) 2020년에 최초로 중소기업에서 벗어난 후 2021년 중소기업으로 복귀하였다가 다시 2022년 일반기업이 된 경우
   ☞ 2020년과 그 후 3년인 2023년까지는 유예규정에 따라 중소기업으로 봄.

(3) 2023년까지 중소기업에 대한 유예규정을 적용받은 후 2025년에 다시 중소기업이 된 후 2026년에 중소기업에서 벗어난 경우 : 중소기업 유예기간이 지난 후에는 중소기업이 된 사업연도만 중소기업으로 보며, 유예는 다시 적용되지 아니한다. 따라서 2025년만 중소기업이고 2026년은 유예가 적용되지 않으므로 중소기업이 아니다.

3. 중소기업기본법 별표의 개정으로 중소기업에 해당하게 되거나 해당하지 않게 된 경우

중소기업이 「중소기업기본법 시행령」 제3조 제1항 제2호, [별표 1] 및 [별표 2]의 개정으로 새로이 중소기업에 해당하게 되는 때에는 그 사유가 발생한 날이 속하는 과세연도부터 중소기업으로 보고, 중소기업에 해당하지 아니하게 되는 때에는 그 사유가 발생한 날이 속하는 과세연도와 그 다음 3개 과세연도까지 중소기업으로 본다(조특령 §2⑤).

4. 중소기업 유예 관련 사례

(1) 사업연도 중에 주업종이 변경되어 다른 중소기업의 업종으로 변경되어 중소기업에 해당하지 아니하게 된 경우 유예기간 적용 여부

중소기업의 주된 사업이 중소기업 해당 업종인 다른 업종으로 변경됨으로써 중소기업에 해당하지 아니하게 된 경우에는 유예기간을 적용한다. 다만, 주된 사업이 중소기업 해당 사업이 아닌 사업으로 변경되어 중소기업에 해당하지 않는 경우에는 그러하지 아니하다(조특집 5-2-4 ①). 그러나 중소기업 해당 업종을 2개 이상 겸영하다가 중소기업의 범위를 초과하

게 되어 사업별로 분리하여 별도의 법인을 설립한 후 사업을 계속하는 경우에도 각 법인이 중소기업기준에 적합하게 된 경우에는 그 사업연도의 개시일부터 중소기업으로 본다(법인 46012-1091, 1998. 4. 30.).

(2) 중소기업 유예기간 중이 아닌 사업연도에 2개의 중소기업이 합병시 상한기준을 초과하는 경우

중소기업 유예기간 중이 아닌 사업연도에 2개의 중소기업이 합병하여 합병한 사업연도의 환산매출액이 업종별 중소기업기준을 초과하는 경우, 그 사유발생 사업연도와 그 다음 3개 사업연도까지는 중소기업으로 본다(서이 46012-10830, 2001. 12. 28.).

(3) 중소기업 규모 초과로 중소기업 유예기간 중인 분할법인에서 물적분할로 설립된 분할신설법인이 사업개시연도에 중소기업규모를 초과한 경우

「조세특례제한법 시행령」 제2조 제1항에 따른 중소기업이 「법인세법」 제47조 제1항의 요건을 갖춰 적격물적분할을 함에 있어서, 분할신설법인이 「조세특례제한법 시행령」 제2조 제1항 각호 외의 부분단서에 해당하거나 같은 항 제1호의 기준을 초과함에 따라 중소기업에 해당하지 아니하게 된 경우 해당 분할신설법인은 같은 조 제2항에 따라 그 사유가 발생한 날이 속하는 사업연도와 그 다음 3개 사업연도까지는 중소기업으로 본다(법인-776, 2010. 8. 20., 법규-136, 2010. 1. 27.).

① 실질적인 독립성(「중소기업기본법 시행령」 제3조 제1항 제2호 다목의 규정은 제외한다)의 요건을 갖추지 못하게 되는 경우
② 창업일이 속하는 사업연도 종료일부터 2년 이내의 사업연도 종료일 현재 중소기업 기준을 초과하는 경우

(4) 중소기업 유예규정 배제와 관련한 실무상 사례

다음의 경우에는 중소기업의 유예규정을 적용할 수 없으므로 중소기업에 해당되지 않는 사유가 발생한 날이 속하는 사업연도부터 중소기업으로 보지 않는다.

① 중소기업 해당 사업(주된 사업)과 기타의 사업을 겸영하여 중소기업에 해당하던 기업이 주된 사업인 중소기업 해당 사업을 처분함에 따라 중소기업에 해당되지 않는 경우 (법인 46012-3334, 1993. 11. 3.)
② 중소기업에 해당되지 않는 업종의 수입금액이 더 많아져서 중소기업에 해당하지 않게 되는 경우(법인 46012-3643, 1996. 12. 27.)
③ 대규모기업집단에 속한 중소기업으로서 소유 및 경영의 실질적인 독립성 기준에 적합하지 못하다고 인정하여 산업자원부장관이 고시한 기업(법인 46012-518, 1997. 2. 20.)

이 경우 당해 사업연도 종료일 현재 대규모기업집단에 속하는 회사로 통지를 받은 경우를 말하며(재조예 46070-45, 1998. 2. 20., 법인 46012-488, 1998. 2. 26.), 그 지정일이 속하는 사업연도부터 중소기업으로 보지 아니한다(법인 46012-2038, 1998. 7. 22.). 이와 반대로 사업연도 중에 대규모기업집단에서 제외되는 때에는 해당 사업연도 개시일부터 중소기업으로 본다(법인 46012-1038, 1998. 4. 25.).

(5) 중소기업에 해당하는 개인기업이 법인전환한 경우

중소기업에 해당하는 개인기업이 법인전환을 하였으나 법인전환의 상태에서 중소기업에 해당하지 아니한 때에도 당해 법인의 사업연도 개시일부터 3년간은 중소기업으로 본다(법인 22601-956, 1992. 4. 28.).

(6) 중소기업판정 유예기간 중에 사업연도를 변경한 경우

중소기업판정 유예기간 계산시 법인의 사업연도 변경 등의 경우에는 그 사유가 발생한 날이 속하는 사업연도 개시일부터 3개 사업연도 초과시는 3개 사업연도까지로 한다(대법원 99두11202, 2001. 2. 9.).

(7) 중소기업 법인이 비중소기업을 인수한 경우

중소기업에 해당하는 법인이 상장회사의 사업부문을 인수함에 따라 매출규모가 확대되어 중소기업에 해당하지 아니하게 된 경우에 「조세특례제한법 시행령」 제2조 제2항 제1호에 규정된 중소기업기본법의 규정에 의한 중소기업 외의 기업과 합병하는 경우에 해당하지 아니한다(서이 46012-12010, 2003. 11. 21.).

(8) 중소기업 유예기간 중 독립성 요건을 위배한 경우 유예기간 계속 적용 여부

「조세특례제한법 시행령」(2012. 2. 2. 대통령령 제23590호로 개정되어 2015. 2. 3. 제26070호로 개정되기 전의 것) 제2조 제2항 본문에 따라 유예기간을 적용받던 기업은 유예기간 중 같은 영 제2조 제2항 제3호(관계기업 규정)에 해당하는 경우에도 유예기간을 계속 적용한다(기획재정부 조세특례제도과-264, 2018. 4. 6.).

■ 사례 » 중소기업 판정 사례

다음은 ㈜한방의 제24기 사업연도(2024. 1. 1.~2024. 12. 31.)의 중소기업 판정과 관련된 자료이다. 이 자료로 ㈜한방이 제23기 사업연도에 중소기업인지를 판단하고, 「법인세법 시행규칙」 서식 제51호[중소기업 등 기준검토표]를 작성하시오.

(1) ㈜한방의 제23기 사업연도의 재무현황자료

구 분	도매업 (커피 및 차)	무도유흥주점업 (나이트클럽)	합 계
기준경비율 업종코드	512273	552203	
자산총액	300억원	100억원	400억원
매출액	700억원	80억원	780억원
상시사용하는 종업원수	220명	50명	270명

(2) ㈜한방은 소유 및 경영의 실질적인 독립성요건을 갖추고 있다.

■ 해답 ■

(1) 업종요건 : 도매업 → 요건 충족
    (이유) 도매업의 매출액이 소비성서비스업의 매출액보다 크므로 도매업이 주된 사업임.

(2) 규모요건 : 매출액 780억원 〈 도매업(G)의 매출기준 1,000억원 → 요건 충족
    기업 전체의 매출액이 「중소기업기본법 시행령」 [별표 1]의 중소기업 규모에 해당함.

(3) 독립성요건 : 요건 충족

(4) 졸업요건 : 자산총액 400억원 〈 졸업기준 5,000억원 → 요건 충족

    위의 네 가지 요건을 모두 충족하였으므로, ㈜한방은 중소기업이다.

[별지 제51호 서식] (2022. 3. 18. 개정)
※ 제3쪽의 작성방법을 읽고 작성해 주시기 바랍니다. (4쪽 중 제1쪽)

사업연도	2024. 1. 1. ~ 2024. 12. 31.	중소기업 등 기준검토표	법 인 명	(주)한빛
			사업자등록번호	

구분	① 요 건	② 검 토 내 용	③ 적합여부	④ 적정여부
중소기업	⑩ 사업요건 •「조세특례제한법 시행령」 제29조 제3항에 따른 소비성 서비스업에 해당하지 않는 사업	<table><tr><td colspan="2">구분 업태별</td><td>기준경비율 코드</td><td>사 업 수입금액</td></tr><tr><td colspan="2">(01) (도매)업</td><td>(04) 512273</td><td>(07) 70,000,000,000</td></tr><tr><td colspan="2">(02) (일반유흥주점)업</td><td>(05) 552203</td><td>(08) 8,000,000,000</td></tr><tr><td colspan="2">(03) 그 밖의 사업</td><td>(06)</td><td>(09)</td></tr><tr><td colspan="2">계</td><td></td><td></td></tr></table>	(17) 적 합 (Y) 부적합 (N)	(26)
	⑪ 규모요건 • 아래 요건 ①, ②를 동시에 충족할 것 ① 매출액이 업종별로 「중소기업기본법 시행령」 별표 1의 규모기준("평균매출액 등"은 "매출액"으로 봄) 이내일 것 ② 졸업제도 – 자산총액 5천억원 미만	가. 매 출 액 – 당 회사(10) (780억원) – 「중소기업기본법 시행령」 별표 1의 규모기준(11) (1,000억원) 이하 나. 자산총액(12) (400억원)	(18) 적 합 (Y) 부적합 (N)	적 (Y)
	⑬ 독립성요건 •「조세특례제한법 시행령」 제2조 제1항 제3호에 적합한 기업일 것	•「독점규제 및 공정거래에 관한 법률」 제14조 제1항에 따른 상호출자제한기업집단에 속하는 회사 또는 같은 법 제14조의3에 따라 상호출자제한기업집단등의 소속회사로 편입·통지된 것으로 보는 회사에 해당하지 아니할 것 • 자산총액 5천억원 이상인 법인이 주식 등의 30퍼센트 이상을 직·간접적으로 소유한 경우로서 최다출자자인 기업이 아닐 것 •「중소기업기본법 시행령」 제2조 제3호에 따른 관계기업에 속하는 기업으로서 같은 영 제7조의4에 따라 산정한 매출액이 「조세특례제한법 시행령」 제2조 제1항 제1호에 따른 중소기업기준(⑪의① 기준) 이내일 것	(19) 적 합 (Y) 부적합 (N)	부 (N)
	⑭ 유예기간 ① 중소기업이 규모의 확대 등으로 ⑪의 기준을 초과하는 경우 최초 그 사유가 발생한 사업연도와 그 다음 3개 사업연도까지 중소기업으로 보고 그 후에는 매년마다 판단 ②「중소기업기본법 시행령」 제3조 제1항 제2호, 별표 1 및 별표 2의 개정으로 중소기업에 해당하지 아니하게 되는 때에는 그 사유가 발생한 날이 속하는 사업연도와 그 다음 3개 사업연도까지 중소기업으로 봄	• 사유발생 연도(13) (년)	(20) 적 합 (Y) 부적합 (N)	
소기업	⑮ 사업요건 및 독립성요건을 충족할 것	중소기업 업종(⑩)을 주된사업으로 영위하고, 독립성요건(⑬)을 충족하는지 여부	(21) (Y), (N)	(27) 적 (Y) 부 (N)
	⑯ 자산총액이 5천억원 미만으로서 매출액이 업종별로 「중소기업기본법 시행령」 별표 3의 규모기준("평균매출액 등"은 "매출액"으로 본다) 이내일 것	• 매 출 액 – 당 회사(14) (억원) – 「중소기업기본법 시행령」 별표 3의 규모기준(15) (억원) 이하	(22) (Y), (N)	

구분	① 요 건	② 검 토 내 용	③ 적합여부	④ 적정여부
중견기업	⑯ 「조세특례제한법」상 중소기업 업종을 주된 사업으로 영위할 것	중소기업이 아니고, 중소기업 업종(⑯)을 주된 사업으로 영위하는지 여부	(23) (Y), (N)	(28) 적 (Y) 부 (N)
	⑰ 소유와 경영의 실질적인 독립성이 「중견기업 성장촉진 및 경쟁력 강화에 관한 특별법 시행령」 제2조 제2항 제1호에 적합할 것	• 「독점규제 및 공정거래에 관한 법률」 제31조 제1항에 따른 공시대상기업집단에 속하는 회사 또는 같은 법 제33조에 따라 공시대상기업집단의 국내 계열회사로 편입·통지된 것으로 보는 회사에 해당하지 않을 것 • 「독점규제 및 공정거래에 관한 법률 시행령」 제17조 제1항에 따른 상호출자제한기업진단 지정기준인 자산총액 이상인 법인이 주식 등의 30%이상을 직·간접적으로 소유한 경우로서 최다출자자인 기업이 아닐 것(「중견기업 성장촉진 및 경쟁력 강화에 관한 특별법 시행령」 제2조 제3항에 해당하는 기업은 제외)	(24) (Y), (N)	
	⑱ 직전 3년 평균 매출액이 다음의 중견기업 대상 세액공제 요건을 충족할 것 ① 중소기업 등 투자세액공제(법 제5조 제1항): 1천5백억원 미만(신규상장 중견기업에 한함) ② 연구·인력개발비에 대한 세액공제(법 제10조 제1항 제3호 나목 3)): 5천억원 미만 ③ 기타 중견기업 대상 세액공제 : 3천억원 미만	직전 3년 과세연도 매출액의 평균금액 <table><tr><td>직전 3년</td><td>직전 2년</td><td>직전 1년</td><td>평균</td></tr><tr><td>(억원)</td><td>(억원)</td><td>(억원)</td><td>(억원)</td></tr></table>	(25) (Y), (N)	

작 성 방 법

1. ① 요건란의 소비성 서비스업은 아래의 사업을 말하며, ② 검토내용란에는 사업내용을 적습니다. 둘 이상의 사업을 겸영하는 경우에는 사업수입금액이 큰 사업을 주된 사업으로 합니다.

   - 호텔업 및 여관업(「관광진흥법」에 따른 관광숙박업은 제외합니다), 주점업(일반유흥주점업, 무도유흥주점업 및 「식품위생법 시행령」 제21조에 따른 단란주점업을 말하며, 「관광진흥법」에 따른 외국인전용유흥음식점업 및 관광유흥음식점업은 제외합니다) 등

2. ② 검토내용란의 ⑩ 독립성요건에서 관계기업 여부는 2012년 1월 1일 이후 최초로 개시한 사업연도 분부터 검토합니다.

3. ② 검토내용란의 ⑭ 유예기간의 사유발생 연도는 최초로 사유가 발생한 연도를 적습니다. 「조세특례제한법 시행령」 제2조 제2항 단서에 따른 사유에 해당하는 경우에는 유예기간을 적용하지 않습니다.

4. ③ 적합여부란은 요건의 충족여부에 따라 "적합" 또는 "부적합"에 "○"표시를 합니다. 이 경우 (25)란은 ① 요건란 ⑩의 ① ~ ③의 요건 중 어느 하나에 해당되는 경우 "(Y)"에 "○"표시하며, ⑩의 ① ~ ③의 세액공제 대상에 해당하지 아니하는 경우에는 ③의 금액을 기준으로 작성합니다.

5. ④ 적정여부의 (26)란은 ① 요건란의 ⑩·⑩·⑩의 요건이 동시에 충족되거나, ① 요건란의 ⑭ 요건(유예기간)이 충족되는 경우에만 "적(Y)"에 "○"표시를 합니다.

6. ④ 적정여부의 (27)란은 ① 요건란 ⑩ 및 ⑩의 요건이 동시에 충족되는 경우에만 "적(Y)"에 "○"표시를 합니다.

7. ④ 적정여부의 (28)란은 중소기업이 아닌[(26)에 "부(N)"로 기재] 기업으로서 ①요건란의 ⑩, ⑩, ⑩의 요건이 동시에 충족되는 경우에만 "적(Y)"에 "○"표시를 합니다.

※ 「중소기업기본법 시행령」 별표 1 중소기업 규모기준 ("평균매출액 등"은 "매출액"으로 봅니다)

해당 기업의 주된 업종	분류기호	규모 기준	해당 기업의 주된 업종	분류기호	규모 기준
1. 의복, 의복액세서리 및 모피제품 제조업	C14	평균매출액 등 1,500억원 이하	25. 음료 제조업	C11	평균매출액 등 800억원 이하
2. 가죽, 가방 및 신발 제조업	C15		26. 인쇄 및 기록매체 복제업	C18	
3. 펄프, 종이 및 종이제품 제조업	C17		27. 의료용 물질 및 의약품 제조업	C21	
4. 1차 금속 제조업	C24		28. 비금속 광물제품 제조업	C23	
5. 전기장비 제조업	C28		29. 의료, 정밀, 광학기기 및 시계 제조업	C27	
6. 가구 제조업	C32		30. 그 밖의 제품 제조업	C33	
7. 농업, 임업 및 어업	A	평균매출액 등 1,000억원 이하	31. 수도, 하수 및 폐기물 처리, 원료재생업(수도업은 제외한다)	E (E36제외)	
8. 광업	B		32. 운수 및 창고업	H	
9. 식료품 제조업	C10		33. 정보통신업	J	
10. 담배 제조업	C12		34. 산업용 기계 및 장비 수리업	C34	평균매출액 등 600억원 이하
11. 섬유제품 제조업(의복 제조업은 제외한다)	C13		35. 전문, 과학 및 기술 서비스업	M	
12. 목재 및 나무제품 제조업(가구 제조업은 제외한다)	C16		36. 사업시설관리, 사업지원 및 임대 서비스업(임대업은 제외한다)	N (N76 제외)	
13. 코크스, 연탄 및 석유정제품 제조업	C19		37. 보건업 및 사회복지 서비스업	Q	
14. 화학물질 및 화학제품 제조업(의약품 제조업은 제외한다)	C20		38. 예술, 스포츠 및 여가 관련 서비스업	R	
15. 고무제품 및 플라스틱제품 제조업	C22		39. 수리(修理) 및 기타 개인 서비스업	S	
16. 금속가공제품 제조업(기계 및 가구 제조업은 제외한다)	C25		40. 숙박 및 음식점업	I	평균매출액 등 400억원 이하
17. 전자부품, 컴퓨터, 영상, 음향 및 통신장비 제조업	C26		41. 금융 및 보험업	K	
18. 그 밖의 기계 및 장비 제조업	C29		42. 부동산업	L	
19. 자동차 및 트레일러 제조업	C30		43. 임대업	N76	
20. 그 밖의 운송장비 제조업	C31		44. 교육 서비스업	P	
21. 전기, 가스, 증기 및 공기조절 공급업	D				
22. 수도업	E36				
23. 건설업	F				
24. 도매 및 소매업	G				

* 해당 업종의 분류 및 분류부호는 「통계법」 제22조에 따라 통계청장이 고시한 한국표준산업분류에 따릅니다.

작 성 방 법

※「중소기업기본법 시행령」별표 3 소기업 규모기준("평균매출액등"은 "매출액"으로 봅니다)

해당 기업의 주된 업종	분류기호	규모 기준	해당 기업의 주된 업종	분류기호	규모 기준
1. 식료품 제조업	C10	평균매출액등 120억원 이하	18. 농업,임업 및 어업	A	평균매출액등 80억원 이하
2. 음료 제조업	C11		19. 광업	B	
			20. 담배 제조업	C12	
3. 의복, 의복액세서리 및 모피제품 제조업	C14		21. 섬유제품 제조업(의복 제조업은 제외한다)	C13	
4. 가죽, 가방 및 신발 제조업	C15		22. 목재 및 나무제품 제조업(가구 제조업은 제외한다)	C16	
5. 코크스, 연탄 및 석유정제품 제조업	C19		23. 펄프, 종이 및 종이제품 제조업	C17	
			24. 인쇄 및 기록매체 복제업	C18	
6. 화학물질 및 화학제품 제조업(의약품 제조업은 제외한다)	C20		25. 고무제품, 및 플라스틱제품 제조업	C22	
7. 의료용 물질 및 의약품 제조업	C21		26. 의료, 정밀, 광학기기 및 시계 제조업	C27	
8. 비금속 광물제품 제조업	C23		27. 그 밖의 운송장비 제조업	C31	
9. 1차 금속 제조업	C24		28. 그 밖의 제품 제조업	C33	
10. 금속가공제품 제조업(기계 및 가구 제조업은 제외한다)	C25		29. 건설업	F	
			30. 운수 및 창고업	H	
11. 전자부품, 컴퓨터, 영상, 음향 및 통신장비 제조업	C26		31. 금융 및 보험업	K	
			32. 도매 및 소매업	G	평균매출액등 50억원 이하
12. 전기장비 제조업	C28		33. 정보통신업	J	
			34. 수도, 하수 및 폐기물 처리, 원료재생업(수도업은 제외한다)	E (E36제외)	평균매출액등 30억원 이하
13. 그 밖의 기계 및 장비 제조업	C29		35. 부동산업	L	
			36. 전문과학 및 기술 서비스업	M	
			37. 사업시설관리, 사업지원 및 임대 서비스업	N	
14. 자동차 및 트레일러 제조업	C30		38. 예술, 스포츠 및 여가 관련 서비스업	R	
			39. 산업용 기계 및 장비 수리업	C34	평균매출액등 10억원 이하
15. 가구 제조업	C32		40. 숙박 및 음식점업	I	
			41. 교육 서비스업	P	
16. 전기, 가스, 증기 및 공기조절 공급업	D		42. 보건업 및 사회복지 서비스업	Q	
17. 수도업	E36		43. 수리(修理) 및 기타 개인 서비스업	S	

* 해당 업종의 분류 및 분류부호는 「통계법」 제22조에 따라 통계청장이 고시한 한국표준산업분류에 따릅니다.

6. 중견기업

1. 개 요

중소기업이 규모 등의 확대로 인하여 중소기업의 범위를 벗어나게 되는 경우 「조세특례제한법」상으로는 해당 사업연도와 그 다음 3개 사업연도에 대하여는 중소기업유예기간을 두어 세제상 중소기업으로서 조세특례규정을 부여하고 있다.

그러나 중소기업의 유예기간도 지나가게 되면 종전에 적용받았던 조세특례규정을 일시에 적용받지 못하게 되기 때문에 대기업과 경쟁하여 경영하여야 하는 환경에 놓이게 되어 중견기업이 성장할 수 있는 기업생태계의 조성이 어려워, 중견기업으로의 진입과 동시에 중소기업으로 다시 회귀하려는 현상이 뚜렷이 나타나고 있다.

그러나 중견기업은 세계적 경제위기 이후 전문분야와 틈새시장이 확대되면서 글로벌 경영환경에서도 다품목 소량생산에 강점이 있기 때문에 국민 경제적 차원에서 중견기업의 성장 촉진과 경쟁력 강화를 위한 특별한 조치가 필요함을 느끼게 되었다.

따라서 정부에서는 법률 제12307호(2014. 1. 21. 공포)로 「중견기업성장촉진 및 경쟁력 강화에 관한 특별법」을 제정하고, 2014. 7. 22.부터 시행하게 되었고, 중견기업에 대하여도 「조세특례제한법」상 조세특례규정을 마련하였다.

2. 중견기업의 범위

2-1. 「중견기업성장촉진 및 경쟁력 강화에 관한 특별법」상 중견기업의 범위

(1) 개 요

「중견기업성장촉진 및 경쟁력 강화에 관한 특별법」상 "중견기업"이란, 다음의 요건을 모두 갖추고 영리를 목적으로 사업을 하는 기업을 말한다(중견특법 §2(1)).

① 「중소기업기본법」 제2조에 따른 중소기업이 아닐 것

② 「공공기관의 운영에 관한 법률」 제4조에 따른 공공기관이 아닐 것

③ 기업의 지분 소유와 경영이 「중견기업성장촉진 및 경쟁력강화에 관한 특별법 시행령」으로 정하는 기준에 적합할 것

(2) 독립성기준에 적합한 기업의 범위

"지분 소유나 출자관계 등이 「중견기업 성장촉진 및 경쟁력 강화에 관한 특별법 시행령」이 정하는 기준에 적합한 기업"이란, 다음 요건을 모두 갖춘 기업을 말한다(중견특령 §2②).

① 소유와 경영의 실질적인 독립성이 다음의 어느 하나에 해당하지 아니하는 기업일 것

  ㉮ 「독점규제 및 공정거래에 관한 법률」 제31조 제1항에 따른 상호출자제한기업집단에 속하는 기업

  ㉯ 「독점규제 및 공정거래에 관한 법률 시행령」 제38조 제2항에 따른 상호출자제한기업집단 지정기준인 자산총액 이상인 기업 또는 법인(외국법인을 포함한다)이 해당 기업의 주식(「상법」 제344조의3에 따른 의결권 없는 주식은 제외한다) 또는 출자지분(이하 "주식 등"이라 한다)의 30% 이상을 직접적 또는 간접적으로 소유하면서 최다출자자인 기업. 이 경우 최다출자자는 해당 기업의 주식 등을 소유한 법인 또는 개인으로서 단독으로 또는 다음의 어느 하나에 해당하는 자와 합산하여 해당 기업의 주식 등을 가장 많이 소유한 자로 하며, 주식 등의 간접소유비율에 관하여는 「국제조세조정에 관한 법률 시행령」 제2조 제3항을 준용한다.

    ⓐ 주식 등을 소유한 자가 법인인 경우 : 그 법인의 임원

    ⓑ 주식 등을 소유한 자가 개인인 경우 : 그 개인의 친족

② 「통계법」 제22조에 따라 통계청장이 고시하는 한국표준산업분류에 따른 다음의 어느 하나에 해당하는 업종을 영위하는 기업(「독점규제 및 공정거래에 관한 법률」 제18조 제2항 제5호에 따른 일반지주회사는 제외한다)이 아닐 것

  ㉮ 금융업

  ㉯ 보험 및 연금업

  ㉰ 금융 및 보험 관련 서비스업

(3) 「조세특례제한법」상 중견기업에 대한 조세특례규정

「조세특례제한법」상 비중소기업인 일반기업과 차별화하여 적용하는 중견기업에 대한 조세특례규정의 주요내용을 살펴보면 다음과 같다.

① 상생결제 지급금액에 대한 세액공제(조특법 §7의4)

② 수탁기업에 설치하는 검사대 또는 연구시설투자에 대한 세액공제(조특법 §8의3③)

③ 연구·인력개발비에 대한 세액공제(조특법 §10①(3)나3))

④ 기술이전 및 기술취득 등에 대한 과세특례(조특법 §12)

⑤ 내국법인의 소재·부품·장비전문기업 등에의 출자·인수에 대한 과세특례(조특법 §13의3)

⑥ 통합투자세액공제(조특법 §24)

⑦ 영상콘텐츠 제작비용에 대한 세액공제(조특법 §25의6)

⑧ 중소·중견기업 설비투자자산의 감가상각비 손금산입 특례(조특법 §28의2)

⑨ 설비투자자산의 감가상각비 손금산입 특례(조특법 §28의3)

⑩ 산업수요맞춤형고등학교 등 졸업자를 병역 이행 후 복직시킨 기업에 대한 세액공제(조특법 §29의2)

⑪ 경력단절 여성 재고용 기업에 대한 세액공제(조특법 §29의3)

⑫ 근로소득을 증대시킨 기업에 대한 세액공제(조특법 §29의4)

⑬ 고용을 증대시킨 기업에 대한 세액공제(조특법 §29의7)

⑭ 통합고용세액공제(조특법 §29의8) `23 신설`

⑮ 고용유지기업에 대한 과세특례(조특법 §30의3)

⑯ 제3자물류비용에 대한 세액공제(조특법 §104의14)

⑰ 해외진출기업의 국내복귀에 대한 관세감면(조특법 §118의2)

2-2. 「조세특례제한법」상 중견기업의 범위

「조세특례제한법」상 중견기업의 범위는 다음과 같이 공통된 기준이 있고, 세액공제에 따라 매출액 규모기준이 있다.

(1) 공통된 기준

조세특례제한법상 중견기업의 범위를 정하는 경우 공통기준이란 다음의 요건을 모두 갖춘 기업을 말한다(조특령 §6의4①).

① 중소기업이 아닐 것

② 중견기업법 시행령 제2조 제1항 제1호 또는 제2호[5]에 해당하는 기관이 아닐 것

③ 다음 중 어느 하나에 해당하는 업종을 주된 사업으로 경영하지 않을 것. 이 경우 둘 이상의 서로 다른 사업을 경영하는 경우에는 사업별 사업수입금액이 큰 사업을 주된 사업으로 본다.

⑦ 조특령 제29조 제3항에 따른 소비성서비스업[6]

⑭ 중견기업법 시행령 제2조 제2항 제2호 각 목의 업종[7]

---

5) 중견기업법 시행령 제2조【중견기업 및 중견기업 후보기업의 범위】
   (1호) 「공공기관의 운영에 관한 법률」 제4조에 따른 공공기관
   (2호) 「지방공기업법」에 따른 지방공기업
6) "소비성서비스업"이란 다음 중 어느 하나에 해당하는 사업을 말한다(조특령 §29③).
   ① 호텔업 및 여관업(「관광진흥법」에 따른 관광숙박업은 제외한다)
   ② 주점업(일반유흥주점업, 무도유흥주점업 및 「식품위생법 시행령」 제21조에 따른 단란주점 영업만 해당하되, 「관광진흥법」에 따른 외국인전용유흥음식점업 및 관광유흥음식점업은 제외한다)
7) 금융업, 보험 및 연금업, 금융 및 보험 관련 서비스업

④ 소유와 경영의 실질적인 독립성이 중견기업법 시행령 제2조 제2항 제1호에 적합할 것

(2) 매출액 등의 기준

1) 개 요

중견기업의 매출액기준은 직전 3개 사업연도의 매출액[8](사업연도가 1년 미만인 사업연도의 매출액은 1년으로 환산한 매출액을 말한다)의 평균액에 의하는데, 조세지원에 따라 다음과 같이 3천억원 미만과 5천억원 미만의 두 가지로 규정하고 있다. 이와 같이 매출액규모를 다르게 규정한 것은 기업의 성장에 따라 조세지원이 일시에 중단되는 조세절벽 문제를 해소하기 위한 것이다.

매출액 기준	세액공제 내용
3천억원 미만	상생결제 지급금액에 대한 세액공제(**조특법 §7의4**)
	기술이전 및 기술취득 등에 대한 과세특례(**조특법 §12**)
	통합투자세액공제(**조특법 §24**)
	영상콘텐츠 제작비용에 대한 세액공제(**조특법 §25의6**)
	경력단절 여성 재고용 기업에 대한 세액공제(**조특법 §29의3**)
	근로소득을 증대시킨 기업에 대한 세액공제(**조특법 §29의4**)
	고용을 증대시킨 기업에 대한 세액공제(**조특법 §29의7**)
	정규직 근로자로의 전환에 따른 세액공제(**조특법 §30의2**)
	고용유지기업에 대한 과세특례(**조특법 §30의3**)
	해외진출기업의 국내복귀에 대한 관세감면(**조특법 §118의2**)
5천억원 미만	연구·인력개발비에 대한 세액공제(**조특법 §10**)

2) 분할법인 및 분할신설법인의 직전 3개 사업연도의 매출액 계산

분할신설법인은 분할 전 발생한 매출액 중 승계한 사업부문에 상당하는 매출액을 기준으로 직전 3개 과세연도 매출액의 평균금액을 계산하며, 승계한 사업부문의 매출액이 구분경리되지 않은 경우에는 각 사업연도 말 승계사업의 자산가액이 총자산가액에서 차지하는 비율로 각 사업연도의 매출액을 안분한다.

이때, 분할법인은 분할신설법인이 적용한 매출액을 제외한 후의 매출액을 기준으로 직전 3개 과세연도 매출액의 평균금액을 계산한다(법인-313, 2014. 7. 10.).

---

8) "직전 3개 과세연도의 매출액"을 계산할 때 관계기업에 속하는 기업의 매출액은 합산하지 아니한다(서면-2014-법령해석법인-20575, 2015. 4. 6.).

(3) 매출액의 계산

중견기업의 매출액은 중소기업 판정시 매출액 계산방법에 따르면 사업연도가 1년 미만인 경우 1년으로 환산한 매출액을 말한다(조특령 §6의4①(4)).

제26장

법인세 관련
조세특례제한법의
주요내용

1. 조세특례제한법 총칙

1. 조세특례제한법의 목적

이 법은 조세(租稅)의 감면 또는 중과(重課) 등 조세특례와 이의 제한에 관한 사항을 규정하여 과세(課稅)의 공평을 도모하고 조세정책을 효율적으로 수행함으로써 국민경제의 건전한 발전에 이바지함을 목적으로 한다.

2. 정 의

(1) 용어의 정의

조세특례제한법에서 사용하는 용어의 뜻은 다음과 같다.

1) 내국인

내국인이란 「소득세법」에 따른 거주자 및 「법인세법」에 따른 내국법인을 말한다(조특법 §2①(1)).

구 분	내 용
거주자	국내에 주소가 있거나 183일 이상 거소가 있는 자(소법 §1의2①(1)) ※ 국적이나 영주권 취득은 거주자 판정기준이 아님
내국법인	본점, 주사무소 또는 사업의 실질적 관리장소가 국내에 있는 법인(법법 §2(1))

2) 과세연도

과세연도란 「소득세법」에 따른 과세기간 또는 「법인세법」에 따른 사업연도를 말한다(조특법 §2①(2)).

구 분	내 용
과세기간	소득세의 과세기간은 1월 1일부터 12월 31일까지 1년으로 한다. 다만, 거주자가 사망한 경우의 과세기간은 1월 1일부터 사망한 날까지로 하고, 거주자가 주소 또는 거소를 국외로 이전("출국")하여 비거주자가 되는 경우의 과세기간은 1월 1일부터 출국한 날까지로 한다(소법 §5).
사업연도	사업연도는 법령이나 법인의 정관(定款) 등에서 정하는 1회계기간으로 한다(법법 §6①).

3) 과세표준신고

과세표준신고란 「소득세법」 제70조【종합소득 과세표준확정신고】, 제71조【퇴직소득과세표준 확정신고】, 제74조【과세표준확정신고의 특례】 및 제110조【양도소득과세표준 확정신고】에 따른 과세표준확정신고 및 「법인세법」 제60조【과세표준 등의 신고】에 따른 과세표준의 신고를 말한다(조특법 §2①(3)).

4) 익금

익금(益金)이란 「소득세법」 제24조에 따른 총수입금액 또는 「법인세법」 제14조에 따른 익금을 말한다(조특법 §2①(4)).

5) 손금

손금(損金)이란 「소득세법」 제27조에 따른 필요경비 또는 「법인세법」 제14조에 따른 손금을 말한다(조특법 §2①(5)).

6) 이월과세

이월과세(移越課稅)란 개인이 해당 사업에 사용되는 사업용고정자산 등(이하 "종전사업용고정자산등"이라 한다)을 현물출자(現物出資) 등을 통하여 법인에 양도하는 경우 이를 양도하는 개인에 대해서는 「소득세법」 제94조에 따른 양도소득세를 과세하지 아니하고, 그 대신 이를 양수한 법인이 그 사업용고정자산 등을 양도하는 경우 개인이 종전사업용고정자산등을 그 법인에 양도한 날이 속하는 과세기간에 다른 양도자산이 없다고 보아 계산한 소득세법 제104조에 따른 양도소득 산출세액 상당액을 법인세로 납부하는 것을 말한다(조특법 §2①(6)).

7) 과세이연

과세이연(課稅移延)이란 공장의 이전 등을 위하여 개인이 해당 사업에 사용되는 사업용고정자산 등("종전사업용고정자산등")을 양도하고 그 양도가액(讓渡價額)으로 다른 사업용고정자산 등("신사업용고정자산등")을 대체 취득한 경우 종전사업용고정자산등의 양도에 따른 양도차익(讓渡差益) 중 다음의 계산식에 따라 계산한 금액(신사업용고정자산등의 취득가액이 종전사업용고정자산등의 양도가액을 초과하는 경우에는 종전사업용고정자산등의 양도에 따른 양도차익을 한도로 한다. 이하 "과세이연금액"이라 한다)에 대해서는 양도소득세를 과세하지 아니하되, 신사업용고정자산등을 양도할 때 신사업용고정자산등의 취득가액에서 과세이연금액을 뺀 금액을 취득가액으로 보고 양도소득세를 과세하는 것을 말한다(조특법 §2①(7)).

$$\text{종전사업용고정자산등의 양도에 따른 양도차익} \times \frac{\text{신사업용고정자산등의 취득가액}}{\text{종전사업용고정자산등의 양도가액}}$$

8) 조세특례

조세특례란 일정한 요건에 해당하는 경우의 특례세율 적용, 세액감면, 세액공제, 소득공제, 준비금의 손금산입(損金算入) 등의 조세감면과 특정 목적을 위한 익금산입, 손금불산입(損金不算入) 등의 중과세(重課稅)를 말한다(조특법 §2①(8)).

9) 수도권

수도권이란 서울특별시, 인천광역시와 경기도를 말한다(조특법 §2①(9), 수도권정비계획법 §2(1), 수도권정비계획법시행령 §2).

10) 수도권과밀억제권역

수도권과밀억제권역이란 「수도권정비계획법」 제6조 제1항 제1호에 따른 과밀억제권역을 말한다(조특법 §2①(10)).

수도권정비계획법 시행령 [별표 1]

● 과밀억제권역, 성장관리권역 및 자연보전권역의 범위(제9조 관련) ●

과밀억제권역	성장관리권역	자연보전권역
1. 서울특별시 2. 인천광역시[강화군, 옹진군, 서구 대곡동·불로동·마전동·금곡동·오류동·왕길동·당하동·원당동, 인천경제자유구역(경제자유구역에서 해제된 지역을 포함한다) 및 남동 국가산업단지는 제외한다] 3. 의정부시 4. 구리시 5. 남양주시(호평동, 평내동, 금곡동, 일패동, 이패동, 삼패동, 가운동, 수석동, 지금동 및 도농동만 해당한다) 6. 하남시 7. 고양시 8. 수원시	1. 인천광역시[강화군, 옹진군, 서구 대곡동·불로동·마전동·금곡동·오류동·왕길동·당하동·원당동, 인천경제자유구역(경제자유구역에서 해제된 지역을 포함한다) 및 남동 국가산업단지만 해당한다] 2. 동두천시 3. 안산시 4. 오산시 5. 평택시 6. 파주시 7. 남양주시(별내동, 와부읍, 진전읍, 별내면, 퇴계원면, 진건읍 및 오남읍만 해당한다) 8. 용인시(신갈동, 하갈동, 영덕동, 구갈동, 상갈동, 보라동, 지곡동,	1. 이천시 2. 남양주시(화도읍, 수동면 및 조안면만 해당한다) 3. 용인시(김량장동, 남동, 역북동, 삼가동, 유방동, 고림동, 마평동, 운학동, 호동, 해곡동, 포곡읍, 모현면, 백암면, 양지면 및 원삼면 가재월리·사암리·미평리·좌항리·맹리·두창리만 해당한다) 4. 가평군 5. 양평군 6. 여주시 7. 광주시 8. 안성시(일죽면, 죽산면 죽산리·용설리·장계리·매산리·장릉리·장원리·두현리

과밀억제권역	성장관리권역	자연보전권역
9. 성남시 10. 안양시 11. 부천시 12. 광명시 13. 과천시 14. 의왕시 15. 군포시 16. 시흥시[반월특수지역(반월특수지역에서 해제된 지역을 포함한다)은 제외한다]	공세동, 고매동, 농서동, 서천동, 언남동, 청덕동, 마북동, 동백동, 중동, 상하동, 보정동, 풍덕천동, 신봉동, 죽전동, 동천동, 고기동, 상현동, 성복동, 남사면, 이동면 및 원삼면 목신리·죽릉리·학일리·독성리·고당리·문촌리만 해당한다) 9. 연천군 10. 포천시 11. 양주시 12. 김포시 13. 화성시 14. 안성시(가사동, 가현동, 명륜동, 숭인동, 봉남동, 구포동, 동본동, 영동, 봉산동, 성남동, 창전동, 낙원동, 옥천동, 현수동, 발화동, 옥산동, 석정동, 서인동, 인지동, 아양동, 신흥동, 도기동, 계동, 중리동, 사곡동, 금석동, 당왕동, 신모산동, 신소현동, 신건지동, 금산동, 연지동, 대천동, 대덕면, 미양면, 공도읍, 원곡면, 보개면, 금광면, 서운면, 양성면, 고삼면, 죽산면 두교리·당목리·칠장리 및 삼죽면 마전리·미장리·진촌리·기술리·내강리만 해당한다) 15. 시흥시 중 반월특수지역(반월특수지역에서 해제된 지역을 포함한다)	및 삼죽면 용월리·덕산리·율곡리·내장리·배태리만 해당한다)

◎ 권역구분 현황도 ◎

11) 연구개발

연구개발이란 과학적 또는 기술적 진전을 이루기 위한 활동과 새로운 서비스 및 서비스 전달체계를 개발하기 위한 활동을 말하며, 다음의 활동을 제외한다(조특법 §2①(11), 조특령 §1 의2).

① 일반적인 관리 및 지원활동

② 시장조사, 판촉활동 및 일상적인 품질시험

③ 반복적인 정보수집 활동

④ 경영이나 사업의 효율성을 조사·분석하는 활동

⑤ 특허권의 신청·보호 등 법률 및 행정 업무

⑥ 광물 등 자원 매장량 확인, 위치 확인 등 조사·탐사 활동

⑦ 위탁받아 수행하는 연구활동

⑧ 이미 기획된 콘텐츠를 단순 제작하는 활동

⑨ 기존에 상품화 또는 서비스화된 소프트웨어 등을 복제하여 반복적으로 제작하는 활동

12) 인력개발

인력개발이란 내국인이 고용하고 있는 임원 또는 사용인을 교육·훈련시키는 활동을 말한다(조특법 §2①(12)).

13) 그 밖의 용어

위에 규정된 용어 외의 용어에 관하여는 「조세특례제한법」에서 특별히 정하는 경우를 제외하고는 조세특례의 제한(조특법 제3조 제1항 제1호부터 제19호까지에 규정된 법률에서 사용하는 용어의 예에 따른다(조특법 §2①(13)).

(2) 업종의 분류

「조세특례제한법」에서 사용되는 업종의 분류는 이 법에 특별한 규정이 있는 경우를 제외하고는 「통계법」 제22조에 따라 통계청장이 고시하는 한국표준산업분류에 따른다. 다만, 한국표준산업분류가 변경되어 「조세특례제한법」에 따른 조세특례를 적용받지 못하게 되는 업종에 대해서는 한국표준산업분류가 변경된 과세연도와 그 다음 과세연도까지는 변경 전의 한국표준산업분류에 따른 업종에 따라 조세특례를 적용한다(조특법 §2②).

3. 조세특례의 제한

(1) 조세특례의 제한

「조세특례제한법」, 「국세기본법」 및 조약과 다음의 법률에 따르지 아니하고는 조세특례를 정할 수 없다(조특법 §3①).
① 「소득세법」
② 「법인세법」
③ 「상속세 및 증여세법」
④ 「부가가치세법」
⑤ 「개별소비세법」
⑥ 「주세법」
⑦ 「인지세법」
⑧ 「증권거래세법」
⑨ 「국세징수법」
⑩ 「교통·에너지·환경세법」
⑪ 「관세법」
⑫ 「지방세특례제한법」
⑬ 「임시수입부가세법」
⑭ 「국제조세조정에 관한 법률」
⑮ 「금융실명거래 및 비밀보장에 관한 법률」

⑯ 「교육세법」

⑰ 「농어촌특별세법」

⑱ 「남북교류협력에 관한 법률」

⑲ 「자유무역지역의 지정 및 운영에 관한 법률」

⑳ 「제주특별자치도 설치 및 국제자유도시 조성을 위한 특별법」(제주특별자치도세에 관한 규정만 해당한다)

㉑ 「종합부동산세법」

(2) 가산세와 양도소득세의 감면제한

「조세특례제한법」,「국세기본법」 및 조약과 위 (1)의 법률에 따라 감면되는 조세의 범위에는 해당 법률이나 조약에 특별한 규정이 있는 경우를 제외하고는 가산세와 양도소득세는 포함되지 아니한다(조특법 §3②).

2. 조특법의 조세특례 및 감면 개관

저자주 조세특례 및 감면의 주요내용에 대한 추가적인 설명

파란색으로 칠해진 도표는 실무상 중요한 내용이므로 자세한 내용을 설명한 것을 나타낸다. 실무상 해당 규정을 적용하는 경우 상세내용을 참고할 것.
- 조세특례제한법상 세액감면의 주요내용(p.1519)
- 조세특례제한법상 세액공제의 주요내용(p.1571)
- 그 밖의 조세특례의 주요내용
  - 조합법인에 대한 당기순이익과세제도(p.1649)
  - 해운기업에 대한 과세표준 계산특례(p.1655)
  - 동업기업과세특례(p.1664)
  - 정비사업조합에 대한 과세특례(p.1678)

1. 「조세특례제한법」상 익금불산입

규 정	익금불산입	사후관리
연구개발 관련 출연금의 과세특례 (조특법 §10의2)	내국인이 2026. 12. 31.까지 연구개발 등의 목적으로 다음의 법률에 따라 연구개발출연금등을 받은 경우 연구개발출연금을 익금에 산입하지 아니할 수 있음. 24 개정 ① 「기초연구진흥 및 기술개발지원에 관한 법률」 ② 「산업기술혁신 촉진법」 ③ 「정보통신산업 진흥법」 ④ 「중소기업기술혁신 촉진법」 ⑤ 「소재·부품·장비산업 경쟁력 강화 및 공급망 안정화를 위한 특별조치법」 ⑥ 「연구개발특구의 육성에 관한 특별법」 ⑦ 「기초연구진흥 및 기술개발 지원에 관한 법률」	익금에 산입하지 아니한 연구개발 출연금은 다음과 같이 익금산입함. • 연구개발출연금을 연구개발비로 지출하는 경우 : 지출액 상당액을 익금산입 • 연구개발출연금으로 연구개발에 사용되는 자산을 취득하는 경우 : 손금에 산입하는 감가상각비 상당액을 익금산입하고, 자산 처분 시 잔액을 익금산입함. • 연구개발출연금을 연구 외 목적에 사용하거나 연구개발에 사용하기 전에 폐업하거나 해산하는 경우 : 미사용액 전액 익금산입 (단, 합병 또는 분할시 합병법인 등이 승계한 경우 제외)
사업전환 무역조정지원기업에 대한 과세특례 (조특법 §33)	무역조정지원기업이 경영하던 전환전사업을 조특법 §6③ 각호의 사업(전환사업)으로 전환하기 위하여 해당 전환전사업에 직접 사용하는 사업용 고정자산을 2023. 12. 31.까지 양도하고 양도일부터 1년 이내에	양도일이 속하는 사업연도 종료일 이후 3년이 되는 날이 속하는 사업연도부터 3개 사업연도의 기간 동안 균분한 금액 이상을 익금에 산입

규 정	익금불산입	사후관리
	전환사업에 직접 사용할 사업용 고정자산을 취득하는 경우 전환전사업의 고정자산을 양도함에 따라 발생하는 양도차익 중 다음 금액은 익금에 산입하지 아니할 수 있음. [양도차익 − 이월결손금(**법법** §13①(1))] × $\dfrac{전환사업용 고정자산 취득가액}{양도가액}$	
내국법인의 금융채무 상환을 위한 자산매각시 양도차익의 분할익금 (**조특법** §34)	내국법인이 재무구조를 개선하기 위하여 2026. 12. 31. 이전에 재무구조개선계획에 따라 자산을 양도한 경우에는 그 양도차익 중 채무상환액에 상당하는 금액으로서 이월결손금(**법법** §13①(1))을 초과하는 금액은 익금에 산입하지 아니함.	해당 사업연도와 그 다음 3개 사업연도의 기간 중 익금에 산입하지 않고, 그 다음 3개 사업연도의 기간 동안 균분한 금액 이상 익금산입
채무인수·변제 등에 대한 과세특례 (**조특법** §39)	내국법인의 법인주주가 해당 내국법인의 채무를 인수·변제하는 경우로서 다음 요건을 갖춘 경우에는 내국법인의 채무감소액 중 이월결손금(**법법** §16①)을 초과하는 금액 ① 법 소정 재무구조개선계획에 따라 2026. 12. 31.까지 해당 내국법인의 지배주주·출자자 및 그 특수관계인의 소유주식 또는 출자지분을 특수관계인 외의 자에게 전부 양도할 것 ② 법인청산계획서를 해당 내국법인의 납세지 관할세무서장에게 제출하고 2027. 12. 31.까지 해당 내국법인의 청산을 종결할 것	해당 사업연도와 그 다음 3개 사업연도의 기간 중 익금에 산입하지 않고 그 다음 3개 사업연도의 기간 동안 균분한 금액 이상 익금산입
주주 등의 자산 양도에 대한 법인세 등 과세특례 (**조특법** §40)	내국법인이 주주 또는 출자자로부터 2026. 12. 31. 이전에 다음의 요건을 모두 갖추어 자산을 무상으로 받은 경우의 자산수증이익 중 이월결손금(**법법** §16①)을 초과하는 금액 ① 법 소정 재무구조개선계획에 따라 주주 등의 자산증여 및 법인의 채무상환이 이루어 질 것 ② 재무구조개선계획에는 수증받은 금전이나 수증받은 자산의 양도대금을 일정한 기한까지 금융채권자에 대한 부채의 상환에 전액 사용(부득이한 사유가 있는 경우에는 그 사유가 종료한 날의 다음 날에 부채의 상환에 전액 사용을 말함)한다는 내용이 포함되어 있을 것	해당 사업연도와 그 다음 3개 사업연도의 기간 중 익금에 산입하지 않고 그 다음 3개 사업연도의 기간 동안 균분한 금액 이상 익금산입

규 정	익금불산입	사후관리
재무구조개선계획 등에 따른 기업의 채무면제익에 대한 과세특례 (조특법 §44)	2026. 12. 31.까지 내국법인이 금융채권자로부터 채무의 일부를 면제받은 경우로서 다음 중 어느 하나에 해당하는 경우에는 이월결손금(법법 §16①)을 뺀 금액을 초과하는 채무면제이익 ① 회생계획인가의 결정을 받은 법인이 금융채권자로부터 채무의 일부를 면제받은 경우로서 그 결정에 채무의 면제액이 포함된 경우 ② 기업개선계획의 이행을 위한 약정을 체결한 부실징후기업이 금융채권자로부터 채무의 일부를 면제받은 경우로서 그 약정에 채무의 면제액이 포함된 경우 및 반대채권자의 채권매수청구권의 행사와 관련하여 채무의 일부를 면제받은 경우 ③ 내국법인이 채권을 보유한 금융채권자 간의 합의에 따라 채무를 면제받은 경우 ④ 그 밖에 내국법인이 관계 법률에 따라 채무를 면제받은 경우로서 적기시정조치에 따라 채무를 면제받은 경우	해당 사업연도와 그 다음 3개 사업연도의 기간 중 익금에 산입하지 않고 그 다음 3개 사업연도의 기간 동안 균분한 금액 이상 익금산입
공장의 대도시 밖 이전에 대한 양도차익의 익금불산입 (조특법 §60)	대도시* 안에서 공장시설을 갖추고 사업을 영위하는 내국법인이 대도시 공장을 대도시 밖으로 이전하기 위하여 해당 공장의 대지와 건물을 2025. 12. 31.까지 양도함으로써 발생하는 양도차익 중 다음 금액 $$[양도차익 - 이월결손금(법법 §13①(1))] \times \frac{공장기설\ 이전비용 + 이전한\ 공장의\ 취득 \cdot 개축 \cdot 증축 \cdot 증설에\ 소요된\ 금액}{양도가액}$$ * 대도시의 범위: 다음 중 어느 하나에 해당하는 지역 ① 수도권과밀억제권역 ② 수도권과밀억제권역 외의 지역으로서 부산광역시(기장군 제외), 대구광역시(달성군 및 군위군 제외), 광주광역시, 대전광역시 및 울산광역시의 관할구역(다만, 해당 지역에 위치한 산업단지는 제외)	양도일이 속하는 사업연도 종료일 이후 5년이 되는 사업연도부터 5개 사업연도의 기간 동안 균분한 금액 이상 익금산입
법인 본사의 수도권과밀억제권역 밖 이전에 따른 양도	수도권과밀억제권역에 본점 또는 주사무소를 둔 법인이 본점 또는 주사무소를 수도권과밀억제권역 밖으로 이전하기 위하여	양도일이 속하는 사업연도 종료일 이후 5년이 되는 날이 속하는 사업연도부터 5개 사업연도의 기간 동안

규 정	익금불산입	사후관리
차익의 익금불산입 (조특법 §61③)	해당 본점 또는 주사무소의 대지와 건물을 2025. 12. 31.까지 양도함으로써 발생한 양도차익 중 다음 금액 $[양도차익 - 이월결손금(법법 §13①(1))] \times$ $\dfrac{이전\ 본사의\ 취득개액,\ 임차보증금,\ 본사의\ 사업용\ 고정자산\ 취득가액}{양도가액}$	균분한 금액 이상 익금산입
공공기관이 혁신도시 등으로 이전하는 경우의 양도차익 금불산입 (조특법 §62①)	이전공공기관이 본점 또는 주사무소를 혁신도시 또는 세종특별자치시로 이전하기 위하여 종전 부동산을 2026. 12. 31.까지 양도함으로써 발생하는 양도차익 중 다음 금액 $[양도차익 - 이월결손금(법법 §13①(1))] \times$ $\dfrac{이전\ 본사의\ 취득개액,\ 임차보증금,\ 본사의\ 사업용\ 고정자산\ 취득가액}{양도가액}$	해당 금액은 양도일이 속하는 사업연도 종료일 이후 5년이 되는 날이 속하는 사업연도부터 5개 사업연도의 기간 동안 균분한 금액 이상 익금산입
수도권 밖으로 본사를 이전하는 법인에 대한 익금불산입 (조특법 §63의2④)	수도권과밀억제권역에 3년 이상 계속하여 본사를 둔 법인이 본사를 수도권 밖으로 이전하여 2025. 12. 31.(본사를 신축하는 경우로서 본사의 부지를 2025. 12. 31.까지 보유하고 2025. 12. 31.이 속하는 과세연도의 과세표준신고를 할 때 이전계획서를 제출하는 경우에는 2028. 12. 31.)까지 사업을 개시하는 경우 본사를 양도함으로써 발생한 양도차익 중 다음 금액 $[양도차익 - 이월결손금(법법 §13①(1))] \times$ $\dfrac{이전\ 본사의\ 취득개액,\ 임차보증금,\ 본사의\ 사업용\ 고정자산\ 취득가액}{양도가액}$	양도일이 속하는 사업연도 종료일 이후 5년이 되는 사업연도부터 5개 사업연도의 기간 동안 균분한 금액 이상 익금산입
공익사업을 위한 수용 등에 따른 공장이전에 대한 과세특례 (조특법 §85의7)	공익사업의 시행으로 해당 공익사업지역 안에서 그 사업인정고시일부터 소급하여 2년 이상 가동한 공장을 법 소정 지역으로 이전하기 위하여 해당 공장의 대지와 건물을 해당 공익사업의 사업시행자에게 양도함으로써 발생하는 양도차익 중 다음 금액 $[양도차익 - 이월결손금(법법 §13①(1))] \times$ $\dfrac{지방공장의\ 취득가액}{기존공장의\ 양도가액}$ (100% 한도)	양도일이 속하는 사업연도 이후 5년이 되는 날이 속하는 사업연도부터 5년간 균분한 금액 이상 익금산입
중소기업의 공장이전에 대한	2년 이상 공장시설을 갖추고 사업을 하는 중소기업이 수도권과밀억제권역 외의 지역	양도일이 속하는 사업연도 이후 5년이 되는 날이 속하는 사업연도부터

규 정	익금불산입	사후관리
과세특례 (조특법 §85의8)	으로 공장을 이전하거나 산업단지에서 2년 이상 계속하여 공장시설을 갖추고 사업을 하는 중소기업이 동일한 산업단지 내 다른 공장으로 이전하는 경우 해당 공장의 대지와 건물을 양도함으로써 발생하는 양도차익	5년간 균분한 금액 이상 익금산입
공익사업을 위한 수용 등에 따른 물류시설 이전에 대한 과세특례 (조특법 §85의9)	공익사업의 시행으로 해당 공익사업지역에서 그 사업인정고시일(사업인정고시일 전에 양도하는 경우에는 양도일)부터 소급하여 5년 이상 사용한 물류시설을 법 소정 지역으로 이전하기 위하여 그 물류시설의 대지와 건물을 그 공익사업의 사업시행자에게 2026. 12. 31.까지 양도(공장 대지의 일부만 양도하는 경우 포함)함으로써 발생하는 양도차익 중 다음 금액 $[양도차익 - 이월결손금(법법 §13①(1))] \times \dfrac{지방물류시설의 취득가액}{기존공장의 양도가액}$ (100% 한도)	양도일이 속하는 사업연도 종료일 이후 3년이 되는 날이 속하는 사업연도부터 3개 사업연도의 기간 동안 균분한 금액 이상 익금산입
감염병 예방 조치에 따른 소상공인 손실보상금 익금산입 특례 (조특법 §99의13) 24 신설 ('24. 1. 1. 이후 받는 손실보상금부터 적용)	내국인이 「소상공인 보호 및 지원에 관한 법률」에 따라 감염병예방을 위한 집합 제한 및 금지 조치*로 인해 지급받은 손실보상금은 익금불산입함. 과세표준신고 시 손실보상금익금불산입명세서를 함께 제출 * 운영시간의 전부 또는 일부를 제한하는 조치, 이용자의 밀집도를 낮추기 위한 조치로서 손실보상 심의위원회가 심의·의결한 조치	그 후에 익금산입하지 않음
대학재정 건전화를 위한 과세특례 (조특법 §104의16)	고등교육법에 따른 학교법인이 수익용 기본재산을 양도하고 양도일부터 1년 이내에 다른 수익용 기본재산을 취득하는 경우 보유하였던 수익용 기본재산을 양도하여 발생하는 양도차익 중 다음 금액 $[양도차익 - 이월결손금(법법 §13①(1))] \times \dfrac{수익용 기본재산 취득가액}{처분가액}$	양도일이 속하는 사업연도 이후 3년이 되는 날이 속하는 사업연도부터 3년간 균분한 금액 이상 익금산입
내국법인의 금융채무 상환 및 투자를 위한 자산매각에 대한 과세특례 (조특법 §121의26)	내국법인이 법 소정 사업재편계획에 따라 2026. 12. 31. 이전에 자산을 양도한 경우 해당 자산을 양도함으로써 발생하는 양도차익 중 다음 금액 $[양도차익 - 이월결손금(법법 §13①(1))] \times$	해당 사업연도와 해당 사업연도의 종료일 이후 3개 사업연도의 기간 중 익금에 산입하지 아니하고, 그 다음 3개 사업연도의 기간 동안 균분한 금액 이상 익금산입

규 정	익금불산입	사후관리
	$\dfrac{계획채무상환액 + 계획투자금액}{양도가액}$	
채무의 인수·변제에 대한 과세특례 (조특법 §121의27)	내국법인의 주주 또는 출자자(법인인 경우로 한정함)가 해당 내국법인의 채무를 인수·변제하는 경우로서 2026. 12. 31.까지 사업재편계획에 따라 해당 내국법인의 지배주주 및 그 특수관계인의 소유 주식을 특수관계인 외의 자에게 전부 양도하는 경우 채무가 인수·변제되어 채무가 감소한 내국법인의 채무감소액에서 이월결손금(법법 §16①)을 뺀 금액	해당 사업연도와 해당 사업연도의 종료일 이후 3개 사업연도의 기간 중 익금에 산입하지 아니하고, 그 다음 3개 사업연도의 기간 동안 균분한 금액 이상 익금산입
주주 등의 자산양도에 관한 법인세 등 과세특례 (조특법 §121의28①)	내국법인이 주주로부터 사업재편계획에 따라 자산을 무상으로 받은 경우에는 자산수증이익에서 이월결손금(법법 §16①)을 뺀 금액	자산을 증여받은 날이 속하는 사업연도의 종료일 이후 3개 사업연도의 기간 중 익금에 산입하지 아니하고, 그 다음 3개 사업연도의 기간 동안 균분한 금액 이상 익금산입
사업재편계획에 따른 기업의 채무면제익에 대한 과세특례 (조특법 §121의29)	사업재편계획을 이행 중인 내국법인이 금융채권자로부터 채무의 일부를 면제받은 경우 그 채무면제이익에서 이월결손금(법법 §16①)을 뺀 금액	해당 사업연도와 해당 사업연도의 종료일 이후 3개 사업연도의 기간 중 익금에 산입하지 아니하고, 그 다음 3개 사업연도의 기간 동안 균분한 금액 이상 익금산입
합병에 따른 중복자산의 양도에 대한 과세특례 (조특법 §121의31)	사업재편계획에 따라 내국법인 간에 2026. 12. 31.까지 합병(분할합병을 포함하며, 같은 업종 간의 합병으로 한정함)함에 따라 중복자산이 발생한 경우로서 합병법인이 합병등기일부터 1년 이내에 그 중복자산을 양도하는 경우 그 중복자산을 양도함에 따라 발생하는 양도차익(그 중복자산에 대한 합병평가차익 및 분할평가차익을 포함함)으로서 다음 ①과 ②를 합한 금액 ① [양도차익 − 이월결손금(법법 §13①(1))] $\times \dfrac{계획채무상환액 + 계획투자금액}{양도가액}$ ② 피합병법인으로부터 승계받은 중복자산의 경우 해당 자산에 대한 합병평가차익상당액 및 분할평가차익상당액	양도일이 속하는 사업연도의 종료일 이후 3년이 되는 날이 속하는 사업연도부터 3개 사업연도의 기간 동안 균분한 금액 이상 익금산입

2. 조세특례제한법상 손금산입제도

규 정	대 상	손금산입액
채무의 인수·변제에 대한 과세특례 (조특법 §39①)	내국법인의 주주(법인인 경우에 한정함)가 해당 법인의 채무를 인수·변제하는 경우로서 다음 중 어느 하나의 요건을 갖춘 때에는 주주가 인수·변제한 금융채권자채무금액을 한도로 주주의 소득금액을 계산할 때 손금산입함. ① 재무구조개선계획에 따라 2026. 12. 31.까지 해당 내국법인의 지배주주·출자자 및 그 특수관계인의 소유주식 또는 출자지분을 특수관계인 외의 자에게 전부 양도할 것 ② 법인청산계획서를 해당 내국법인의 납세지 관할세무서장에게 제출하고 2027. 12. 31.까지 해당 내국법인의 청산을 종결할 것	주주등이 인수·변제한 양도 등 대상법인의 금융채권자 채무금액
주주 등의 자산양도에 관한 법인세 등 과세특례 (조특법 §40)	내국법인이 주주등이 2026. 12. 31. 이전에 다음의 요건을 모두 갖추어 자산을 무상으로 증여한 경우 ① 재무구조개선계획에 따라 주주등의 자산증여 및 법인의 채무상환이 이루어 질 것 ② 재무구조개선계획에는 증여받은 금전이나 증여받은 자산의 양도대금을 법 소정 기한까지 금융채권자에 대한 부채의 상환에 전액 사용(부득이한 사유가 있는 경우에는 그 사유가 종료한 날의 다음 날에 부채의 상환에 전액 사용을 말함)한다는 내용이 포함되어 있을 것	증여한 자산의 장부가액
금융기관의 자산·부채 인수에 대한 법인세 과세특례 (조특법 §52)	적기시정조치 중 계약이전에 관한 명령 또는 계약이전의 결정에 따라 인수금융기관이 2026. 12. 31.까지 부실금융기관으로부터 자산의 가액을 초과하는 부채를 이전받은 경우로서 다음 요건을 갖춘 경우 ① 인수금융기관이 예금보험공사로부터 순부채액에 상당하는 금액을 보전(補塡)받을 것 ② 인수금융기관이 이전받은 자산과 부채의 가액이 금융감독원장이 확인한 가액일 것	이전받은 부채 중 이전받은 자산가액을 초과하는 금액("순부채액")
신용회복목적회사 출연시 손금산입 특례 (조특법 §104의11)	한국자산관리공사 및 금융회사등이 2024. 12. 31.까지 신용회복목적회사에 출연하는 경우 24 개정 (금융회사 추가)	출연금
자법인이 고등교육법상 학교법인에 출연하는 금액의 손금산입 (조특법 §104의16④)	고등교육법에 따른 학교법인이 발행주식총수의 50% 이상을 출자하여 설립한 법인이 해당 법인에 출자한 학교법인에 출연하는 금액	해당 사업연도의 소득금액(기부금을 손금에 산입하기 전의 금액) - 이월결손금(법법 §13①(1)) 및 기부금 합계액

규 정	대 상	손금산입액
정비사업조합 설립인가 등의 취소에 따른 채권의 손금산입 (조특법 §104의26)	「도시 및 주거환경정비법」 제22조에 따라 추진위원회의 승인 또는 조합 설립인가가 취소된 경우 해당 정비사업과 관련하여 선정된 설계자·시공자 또는 정비사업전문관리업자가 다음에 따라 2024. 12. 31.까지 추진위원회 또는 조합(연대보증인 포함)에 대한 채권을 포기하는 경우 ① 시공자 등이 「도시 및 주거환경정비법」 제133조에 따른 채권확인서를 시장·군수에게 제출하고 해당 채권확인서에 따라 조합 등에 대한 채권을 포기하는 경우 ② 시공자 등이 과세표준신고와 함께 채권의 포기에 관한 확인서를 납세지 관할 세무서장에게 제출한 경우	포기한 채권의 가액은 시공자 등이 해당 사업연도의 소득금액을 계산할 때 손금산입

해외건설자회사에 지급한 대여금 등에 대한 손금산입 특례 (조특법 §104의33)
`24 신설`
	해외건설사업자인 내국법인이 해외건설자회사*에 대한 채권으로서 다음의 요건을 모두 갖춘 대여금, 그 이자 및 해외건설사업자가 해외건설자회사에 파견한 임직원에게 해외건설자회사를 대신하여 지급한 인건비로 인하여 발생한 채권("대여금등")의 대손에 충당하기 위하여 대손충당금을 손비로 계상한 경우
	① 해외건설자회사의 공사 또는 운영자금으로 사용되었을 것
	② 특수관계인에 대한 업무무관 가지급금(법법 §28①(4)나)에 해당하는 금액이 아닐 것
	③ 2022. 12. 31. 이전에 지급한 대여금으로서 최초 회수기일부터 5년이 경과한 후에도 회수하지 못하였을 것
	④ 해외건설사업자인 내국법인이 대손충당금을 손금에 산입한 사업연도 종료일 직전 10년 동안에 해외건설자회사가 계속하여 자본잠식(사업연도말 자산총액에서 부채총액을 뺀 금액이 0이거나 0보다 작은 경우를 말함)인 경우 등 회수가 현저히 곤란하다고 인정되는 경우로서 다음 중 어느 하나에 해당하는 경우에 해당할 것
	㉮ 대손충당금을 손금에 산입한 사업연도 종료일 직전 10년 동안 해외건설자회사가 계속하여 자본잠식인 경우
	㉯ ㉮와 유사한 경우로서 해외채권추심기관으로부터 해외건설자회사의 대여금등의 회수가 불가능하다는 확인을 받은 경우
	  * 해외건설자회사 : 다음 요건을 모두 갖춘 법인
	    ㉮ 「해외건설 촉진법」 제2조 제6호에 따른 현지법인일 것
	    ㉯ 「해외건설 촉진법」 제2조 제5호에 따른 해외건설사업자가 출자총액의 90% 이상을 출자하거나 발행주식총수의 90% 이상을 보유한 법인일 것(해외건설사업자가 물적분할로 신설되는 경우에는 분할존속법인이 지주회사로서 해외건설자회사의 출자총액의 90% 이상을 출자하거나 발행주식총수의 90% 이
		대손충당금 손금산입 한도=[해당 사업연도 종료일 현재 대여금 등의 채권잔액 – 해외건설자회사의 순자산 장부가액(차입금 등을 제외한 순자산 장부가액을 말하며, 0보다 작은 경우에는 0으로 함)]×손금산입률*
		* 2024. 1. 1.이 속하는 사업연도는 10%. 이후 사업연도는 100%를 한도로 10%씩 가산한 율로 함.
		※ 대손충당금을 손금에 산입한 내국법인은 해당 대여금 등의 대손금이 발생한 경우 그 대손금을 손금에 산입한 대손충당금과 먼저 상계하고, 남은 금액은 다음 사업연도에 익금에 산입함.

규 정	대 상	손금산입액
	상을 보유하고 있는 경우를 포함한다)을 모두 갖춘 법인	
채무의 인수·변제에 대한 과세특례 (조특법 §121의27①)	내국법인의 주주 또는 출자자(법인인 경우로 한정함)가 해당 내국법인의 채무를 인수·변제하는 경우로서 사업재편계획에 따라 2026. 12. 31.까지 해당 내국법인의 지배주주 및 그 특수관계인의 소유 주식을 특수관계인 외의 자에게 전부 양도하는 경우 해당 내국법인의 채무금액 중 해당 주주가 인수·변제한 금액	해당 연도 주주의 소득금액을 계산할 때 양도대상법인의 금융기관채무 중 해당 주주등이 인수·변제한 금액을 손금산입
주주 등의 자산양도에 관한 법인세 등 과세특례 (조특법 §121의28②)	내국법인이 주주등이 다음의 요건을 모두 갖추어 2026. 12. 31. 이전에 자산을 무상으로 증여한 경우 ① 사업재편계획에 따라 주주등의 자산증여 및 법인의 채무상환이 이루어 질 것 ② 사업재편계획에는 증여받은 금전이나 증여받은 자산의 양도대금을 법 소정 기한까지 금융채권자에 대한 부채의 상환에 전액 사용(부득이한 사유가 있는 경우에는 그 사유가 종료한 날의 다음 날에 부채의 상환에 전액 사용을 말함)한다는 내용이 포함되어 있을 것	증여한 자산의 장부가액

3. 「조세특례제한법」상 일시상각충당금 등의 손금산입

규 정	대 상	충당금 설정 한도액
주식의 포괄적 교환·이전에 대한 과세특례 (조특법 §38)	내국법인이 다음 요건을 모두 갖추어 주식의 포괄적 교환 또는 주식의 포괄적 이전에 따라 주식의 포괄적 교환등의 상대방 법인의 완전자회사로 되는 경우 ① 주식의 포괄적 교환·이전일 현재 1년 이상 계속하여 사업을 하던 내국법인 간의 주식의 포괄적 교환등일 것 다만, 주식의 포괄적 이전으로 신설되는 완전모회사는 제외한다. ② 완전자회사의 주주가 완전모회사로부터 교환·이전대가를 받은 경우 그 교환·이전대가의 총합계액 중 완전모회사 주식의 가액이 80% 이상이거나 그 완전모회사의 완전모회사 주식의 가액이 80% 이상으로서 그 주식이 완전자회사의 지배주주 등에게 지분비율 이상이 배정되고, 완전모회사 및 완전자회사의 지배주주 등이 주식의 포괄적 교환등으로 취득한 주식을 교환·이전일이 속하는 사업연도의 종료일까지 보유할 것 ③ 완전자회사가 교환·이전일이 속하는 사업연도의 종료일까지 사업을 계속할 것	양도차익 − Min(양도차익, 교환·이전 대가 중 완전자회사의 주식 외의 금전과 그 밖의 재산가액의 합계액) * 양도차익 = 교환·이전대가 − 포괄적 교환 등으로 양도한 완전자회사의 주식의 취득가액

규 정	대 상	충당금 설정 한도액
주식의 현물출자 등에 의한 지주회사의 설립 등에 대한 과세특례 **(조특법 §38의2)**	내국법인의 내국인 주주가 2026. 12. 31.까지 다음의 요건을 모두 갖추어 주식을 현물출자함에 따라 지주회사를 새로 설립하거나 기존의 내국법인을 지주회사로 전환하는 경우 ① 지주회사 및 현물출자를 한 주주 중 대통령으로 정하는 주주가 현물출자로 취득한 주식을 현물출자일이 속하는 사업연도의 종료일까지 보유할 것 ② 현물출자로 인하여 지주회사의 자회사로 된 내국법인(이하 "자회사"라 한다)이 현물출자일이 속하는 사업연도의 종료일까지 사업을 계속할 것	현물출자로 인하여 취득한 주식의 가액 중 그 현물출자로 인하여 발생한 양도차익에 상당하는 금액
해외자원개발투자에 대한 과세특례 **(조특법 §104의15)**	해외자원개발사업자가 「에너지 및 자원사업 특별회계법」에 따른 보조금을 받아 「외국환거래법」 제3조 제1항 제18호에 따른 해외직접투자로 주식 또는 출자지분을 취득하는 경우	해당 주식 또는 출자지분의 취득가액
기업 간 주식 등의 교환에 대한 과세특례 **(조특법 §121의30)**	내국법인의 지배주주·출자자 및 그 특수관계인이 2026. 12. 31. 이전에 사업재편계획에 따라 그 소유 주식 또는 출자지분 전부를 양도하고 교환대상법인의 특수관계인이 아닌 다른 내국법인의 주식등을 다음 중 어느 하나에 해당하는 방법으로 그 소유비율에 따라 양수하는 경우 ① 교환양수법인이 이미 보유하거나 새롭게 발행한 주식등을 양수하는 방법 ② 교환양수법인의 지배주주등이 보유한 주식등의 전부를 양수하는 방법(교환대상법인 및 교환양수법인이 서로 다른 기업집단에 소속되어 있는 경우로 한정함)	주식등의 양도차익
기회발전특구로 이전하는 기업에 대한 과세특례 **(조특법 §121의34)** `24 신설`	수도권에서 3년(중소기업은 2년) 이상 계속하여 사업을 한 내국인이 기회발전특구로 이전하기 위하여 수도권에 있는 종전사업용 부동산을 2026. 12. 31.까지 양도하는 경우 ※ 일시상각충당금(비상각자산은 압축기장충당금)을 설정	종전사업용부동산의 양도에 따른 양도차익 중 다음 금액 [양도차익 − 이월결손금(법법 §13①(1))] × $\dfrac{\text{기회발전특구 소재 부동산 취득가액}}{\text{양도가액}}$

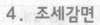

4. 조세감면

(1) 기간제한이 없는 감면

구 분	감면대상	감면율
중소기업특별세액 감면 (조특법 §7)	중소기업 중 감면업종을 경영하는 기업에 대해서는 2025. 12. 31. 이전에 끝나는 과세연도까지 해당 사업장에서 발생한 소득에 대한 소득세 또는 법인세 ※ 감면한도 ① 해당 과세연도의 상시근로자수가 직전 과세연도의 상시근로자 수보다 감소한 경우 : 1억원 – (감소한 상시근로자수 × 5백만원) ☞ (음수인 경우 0으로 함) ② 그 밖의 경우 : 1억원	5% ~ 30%
기술이전에 대한 감면 (조특법 §12)	중소기업 및 중견기업이 자체 연구·개발한 특허권, 실용신안권, 기술비법 또는 기술을 2026. 12. 31.까지 내국인에게 이전(특수관계인에게 이전한 경우 제외)함으로써 발생하는 소득에 대한 소득세 또는 법인세 24 개정	50%
	중소기업 및 중견기업이 자체 연구·개발한 특허권 등을 2026. 12. 31.까지 대여(특수관계인에게 대여한 경우 제외)함으로써 발생하는 소득에 대한 소득세 또는 법인세 24 개정	25%
공공차관도입에 따른 과세특례 (조특법 §20)	공공차관의 도입과 직접 관련하여 대주가 부담하여야 할 조세와 공공차관의 도입과 관련하여 외국인에게 지급되는 기술 또는 용역의 대가에 대한 법인세 또는 소득세	공공차관 협약에 따라 감면
국제금융거래에 따른 이자소득 등에 대한 법인세 면제 (조특법 §21)	다음 소득을 지급받는 자(거주자, 내국법인 및 외국법인의 국내사업장 제외)에 대한 법인세 또는 소득세 ① 국가·지방자치단체 또는 내국법인이 국외에서 발행하는 외화표시채권의 이자와 수수료 ② 외국환취급기관이 외국환업무를 하기 위하여 외국금융기관으로부터 차입하여 외화로 상환하여야 할 외화채무에 대하여 지급하는 이자와 수수료 ③ 금융회사 등이 국외에서 발행하거나 매각하는 외화표시어음과 외화예금증서의 이자 및 수수료	100%
영농조합법인에 대한 면제 (조특법 §66①)	영농조합법인의 2026. 12. 31. 이전에 종료하는 과세연도까지 다음의 소득에 대한 법인세 24 개정 ① 곡물 및 식량작물재배업의 소득 : 전액 ② 기타 작물재배업의 소득 : 식량작물재배업 외의 작물재배업에서 발생하는 소득금액 × {6억원 × 조합원 수 × (사업연도 월수 ÷ 12) ÷ 식량작물재배업 외의 작물재배업에서 발생하는 수입금액} ③ 작물재배업 외의 소득 : {1천 200만원 × 조합원 수 × (사업연도 월수 ÷ 12)}	100%

구 분	감면대상	감면율
영어조합법인에 대한 면제 (조특법 §67①) `24 개정`	영어조합법인의 2026. 12. 31. 이전에 종료하는 과세연도까지 각 사업연도 소득 중 다음 계산식에 따른 금액에 대한 법인세 ① 어로어업소득(연근해어업과 내수면어업에서 발생하는 소득금액) : {3,00만원 × 조합원 수 × (사업연도 월수 ÷ 12)} ② 어로어업소득을 제외한 소득금액 : {1천 200만원 × 조합원 수 × (사업연도 월수 ÷ 12)}	100%
소형주택임대사업자에 대한 세액감면 (조특법 §96)	내국인이 일정한 임대주택을 1호 이상 임대하는 경우 2025. 12. 31. 이전에 끝나는 과세연도까지 임대사업에서 발생한 소득에 대한 법인세 또는 소득세 〈감면율〉 <table><tr><td>구 분</td><td>임대주택을 1호 임대하는 경우</td><td>임대주택을 2호 이상 임대하는 경우</td></tr><tr><td>공공지원민간임대주택 또는 장기일반민간임대주택의 경우</td><td>75%</td><td>50%</td></tr><tr><td>위 외의 경우</td><td>30%</td><td>20%</td></tr></table>	좌측 표 참조

세부내용 중소기업특별세액감면의 감면율

소재지	업종	중기업	소기업[*2]
수도권[*1]	• 도매 및 소매업, 의료업	–	10%
	• 제조업 등 기타 감면업종	–	20%
지 방	• 도매 및 소매업, 의료업	5%	10%
	• 제조업 등 기타 감면업종	15%	30%

*1 수도권이란 서울특별시, 인천광역시와 경기도를 말한다(조특령 §2①(10)).

*2 소기업이란 중소기업 중 매출액이 업종별로 중소기업기본법 시행령 [별표 3]을 준용하여 산정한 규모 기준 이내인 기업을 말한다. 이 경우 "평균매출액등"은 "매출액"으로 본다(조특령 §6⑤).

〈특수한 경우의 감면율〉

① 통관 대리 및 관련 서비스업을 경영하는 사업장의 경우 감면율은 위 15%, 20%, 30%에 해당하는 감면율에 50%를 곱한 율로 한다(조특법 §7①(2)).

② 일정한 요건을 충족하는 장수성실 중소기업의 경우에는 위의 감면율에 100분의 110을 곱한 감면율을 적용한다(조특법 §7②).

(2) 기간제한이 있는 감면

구 분	감면대상	감면기간	감면율
창업중소기업 등에 대한 세액감면 (조특법 §6)	2024. 12. 31. 이전에 창업한 창업중소기업과 창업보육센터사업자로 지정받은 내국인의 해당 사업에서 발생한 소득에 대한 법인세 또는 소득세 ① 창업중소기업 　㉮ 수도권과밀억제권역 외의 지역에서 창업한 청년창업중소기업	최초로 소득이 발생한 과세연도와 그 다음 과세연도의 개시일부터 4년간	100%
	㉯ 수도권과밀억제권역에서 창업한 청년창업중소기업 및 수도권과밀억제권역 외의 지역에서 창업한 창업중소기업		50%
	② 창업보육센터사업자		50%
	창업 후 3년 이내에 2024. 12. 31.까지 벤처기업으로 확인받은 창업벤처중소기업의 해당 사업에서 발생한 소득에 대한 법인세 또는 소득세	최초로 소득이 발생한 과세연도와 그 다음 과세연도의 개시일부터 4년간	50%
	창업일이 속하는 과세연도와 그 다음 3개 과세연도가 지나지 아니한 중소기업으로서 2024. 12. 31.까지 에너지신기술중소기업에 해당하는 경우 해당 사업에서 발생한 소득에 대한 소득세 또는 법인세	에너지신기술중소기업에 해당하는 날 이후 최초로 해당 사업에서 소득이 발생한 과세연도와 그 다음 과세연도의 개시일부터 4년간	50%
	2024. 12. 31. 이전에 수도권과밀억제권역 외의 지역에서 창업한 창업중소기업(청년창업중소기업은 제외), 2024. 12. 31.까지 벤처기업으로 확인받은 창업벤처중소기업 및 2024. 12. 31.까지 에너지신기술중소기업에 해당하는 경우로서 신성장 서비스업을 영위하는 기업의 소득세 또는 법인세	최초로 세액을 감면받는 과세연도와 그 다음 과세연도의 개시일부터 2년간	75%
		그 다음 2년간	50%
	2024. 12. 31. 이전에 창업한 창업중소기업(청년창업중소기업 제외)에 대해서는 감면기간에 속하는 과세연도의 수입금액(과세기간이 1년 미만인 경우 1년으로 환산한 금액)이 8,000만원 이하인 경우 그 과세연도에 대한 소득세 또는 법인세 ① 수도권과밀억제권역 외의 지역에서 창업한 창업중소기업	최초로 소득이 발생한 과세연도와 그 다음 과세연도의 개시일부터 4년 이내에 끝나는 과세연도까지의 기간	100%
	② 수도권과밀억제권역에서 창업한 창업중소기업의 경우		50%

구 분	감면대상	감면기간	감면율
	<고용창출시 추가감면> 업종별 최소고용인원(광업·제조업·건설업 및 물류산업은 10명, 그 밖의 업종은 5명) 이상을 고용하는 수도권과밀억제권역 외에서 창업한 창업중소기업(청년창업중소기업은 제외), 창업보육센터사업자, 창업벤처중소기업 및 에너지신기술중소기업의 감면기간 중 해당 과세연도의 상시근로자 수가 직전 과세연도의 상시근로자 수보다 큰 경우에는 다음의 금액을 위의 감면세액에 더하여 감면함. 다만, 100%의 감면을 받는 과세연도는 추가감면규정을 적용하지 아니함. • 추가감면액 = ⓐ × ⓑ ⓐ 해당 사업에서 발생한 소득에 대한 소득세 또는 법인세 ⓑ $\dfrac{\text{당기 상시근로자 수} - \text{전기 상시근로자 수}}{\text{전기 상시근로자 수}}$ 다만, ⓑ는 50%(위에서 75%에 상당하는 세액을 감면받는 과세연도의 경우에는 25%)를 한도로 하고, 1% 미만인 부분은 없는 것으로 봄		
연구개발특구에 입주하는 첨단기술기업 등에 대한 감면 **(조특법 §12의2)**	연구개발특구에 입주한 기업으로서 2025. 12. 31.까지 지정받은 첨단기술기업과 2025. 12. 31.까지 등록한 연구소기업이 해당 구역의 사업장에서 감면대상 사업을 하는 경우에 발생한 소득에 대한 법인세 또는 소득세 24 개정 ※ 감면기간 동안 감면받는 세액 합계액의 한도 = ① + ② ① 투자누계액 × 50% ② 감면대상 사업장의 상시근로자 수 × 1,500만원(청년상시근로자와 서비스업의 상시근로자는 2,000만원)	최초로 소득이 발생한 과세연도의 개시일부터 3년간	100%
		그 다음 2년간	50%
공공기관이 혁신도시로 이전하는 경우의 법인세 등 감면 **(조특법 §62)**	성장관리권역에 본사가 소재하는 이전공공기관이 2018. 12. 31.까지 혁신도시로 본사를 이전하는 경우 이전일 이후 발생한 소득에 대한 법인세 ※ 이전일 이후 5년이 되는 날이 속하는 과세연도까지 소득이 발생하지 않으면 이전일부터 5년이 되는 날이 속하는 과세연도부터 감면기간을 기산	이전일 이후 최초로 소득이 발생한 과세연도와 그 후 2년간	100%
		그 다음 2년간	50%
수도권 밖으로 공장을 이전하는 기업에 대한 세액감면 **(조특법 §63)**	공장이전기업이 공장을 이전하여 2025. 12. 31.(공장을 신축하는 경우로서 공장의 부지를 2025. 12. 31.까지 보유하고 2025. 12. 31.이 속하는 과세연도의 과세표준 신고를 할 때 이전계획서를 제출하는 경우에는 2028. 12. 31.)까지 사업을 개시하는 경우에는 이전 후의 공장에서 발생하는 소득(공장이전기업이 이전 후 합병·분할·현물출자 또는 사업의 양수를 통하여 사업을 승계하는 경우 승계한 사업장에서 발생한 소득은 제외)에 대한 소득세와 법인세(단, 법	이전일 이후 해당 공장에서 최초로 소득이 발생한 과세연도의 개시일부터 일정한 기간* * 일정한 기간 ① 수도권 등으로 이전하는 경우 : 5년 ② 수도권 밖에 소재하는 광역시 등으로 이전하는 경우 ⓐ 성장촉진지역 등	100%

구 분	감면대상	감면기간	감면율
	소정의 부동산업, 건설업, 소비성서비스업, 무점포판매업 및 해운중개업을 경영하는 내국인인 경우에는 그렇지 않음) ※ 이전일 이후 5년이 되는 날이 속하는 과세연도까지 소득이 발생하지 않으면 이전일부터 5년이 되는 날이 속하는 과세연도부터 감면기간을 기산	으로 이전하는 경우 : 7년 ⓑ ⓐ 외의 지역으로 이전하는 경우 : 5년 ③ ① 또는 ② 외의 지역으로 이전하는 경우 ⓐ 성장촉진지역 등으로 이전하는 경우 : 10년 ⓑ ⓐ 외의 지역으로 이전하는 경우 : 7년	
		그 다음 2년간(또는 3년간*) * 위 ②.ⓐ 또는 ③.ⓑ에 해당하는 경우	50%
수도권 밖으로 본사를 이전하는 법인에 대한 세액감면 (조특법 §63의2)	법 소정의 요건을 모두 갖추어 본사를 이전하여 2025. 12. 31.(본사를 신축하는 경우로서 본사의 부지를 2025. 12. 31.까지 보유하고 2025. 12. 31.이 속하는 과세연도의 과세표준신고를 할 때 이전계획서를 제출하는 경우에는 2028. 12. 31.)까지 사업을 개시하는 법인(이하 '본사이전법인'이라 함)의 감면대상소득(이전 후 합병·분할·현물출자 또는 사업의 양수를 통하여 사업을 승계하는 경우 승계한 사업장에서 발생한 소득은 제외함)에 대한 법인세(단, 법 소정의 부동산업, 건설업, 소비성서비스업, 무점포판매업 및 해운중개업을 경영하는 법인인 경우에는 그렇지 않음) ※ 이전일 이후 5년이 되는 날이 속하는 과세연도까지 소득이 발생하지 않으면 이전일부터 5년이 되는 날이 속하는 과세연도부터 감면기간을 기산	이전일 이후 본사이전법인에서 최초로 소득이 발생한 과세연도의 개시일부터 일정한 기간* * 일정한 기간 ① 수도권 등으로 이전하는 경우 : 5년 ② 수도권 밖에 소재하는 광역시 등으로 이전하는 경우 ⓐ 성장촉진지역 등으로 이전하는 경우 : 7년 ⓑ ⓐ 외의 지역으로 이전하는 경우 : 5년 ③ ① 또는 ② 외의 지역으로 이전하는 경우 ⓐ 성장촉진지역 등으로 이전하는 경우 : 10년 ⓑ ⓐ 외의 지역으로 이전하는 경우 : 7년	100%
		그 다음 2년간(또는 3년간*) * 위 ②.ⓐ 또는 ③.ⓑ에 해당하는 경우	50%
농공단지입주 기업감면 (조특법 §64)	2025. 12. 31.까지 농공단지에 입주하여 농어촌소득원개발사업을 영위하는 내국인과 2025. 12. 31.까지 중소기업특별지원지역에 입주하여	최초로 소득이 발생한 과세연도의 개시일부터 5년 이내에 끝나는 과세연도	50%

구 분	감면대상	감면기간	감면율
	사업을 영위하는 중소기업의 해당 사업에서 발생한 법인세 또는 소득세 [24 개정] ※ 감면기간 동안 감면받는 세액 합계액의 　한도 = ① + ② 　① 투자누계액 × 50% 　② 감면적용대상 사업장의 상시근로자 수 × 　　1,500만원(청년상시근로자와 서비스업의 상 　　시근로자는 2,000만원) ※ 적용순서 및 사후관리 : ①, ②의 순서로 적용함. 　②를 적용받은 경우에는 감면받은 과세연도의 종 　료일부터 2년이 되는 과세연도 종료일까지 상시 　근로자수가 감소한 경우 감면세액 추가납부	까지	
농업회사법인에 대한 면제 (조특법 §68①)	농업회사법인의 2026. 12. 31. 이전에 종료하는 과세연도까지 다음의 소득에 대한 법인세 [24 개정] ① 곡물 및 기타식량작물재배업의 소득 : 전액 ② 기타 작물재배업의 소득 : 식량작물재배업 외의 작물재배업에서 발생하는 소득금액 × {50억원 × (사업연도　월수÷12) ÷ 식량작물재배업 외의 작물재배업에서 발생하는 수입금액}	기간 제한 없음	100%
	2026. 12. 31. 이전에 종료하는 과세연도까지 작물재배업 외의 소득 중 대통령령으로 정하는 소득 [24 개정]	최초로 소득이 발생한 과세연도와 그 다음 과세연도 개시일부터 4년간	50%
행정중심복합도시 · 혁신도시개발예정 지구 내 공장의 지방 이전에 대한 감면 (조특법 §85의2)	행정중심복합도시·혁신도시개발예정지구　내에서 공장시설을 갖추고 사업을 영위하던 내국인이 지방으로 이전하여 사업을 개시하는 경우 이전사업에서 발생하는 소득 ※ 이 규정은 2020. 1. 1.부터 삭제되었으나, 종전의 규정에 따라 행정중심복합도시 등에서 지방으로 이전하여 사업을 개시한 경우에는 개정규정에도 불구하고 종전의 규정에 따른다.	이전일 이후 최초로 소득이 발생한 과세연도와 그 다음 3년간	50%
사회적기업 및 장애인 표준 사업장에 대한 법인세 등의 감면 (조특법 §85의6)	2025. 12. 31.까지 사회적기업으로 인증을 받거나 장애인 표준사업장으로 인증받은 내국인의 해당 사업에서 발생한 소득에 대한 법인세 또는 소득세	최초로 소득이 발생한 과세연도와 그 다음 2년간	100%
		그 다음 2년간	50%
위기지역 창업기업에 대한 법인세 등의 감면 (조특법 §99의9)	위기지역에 2025. 12. 31.까지 창업중소기업 감면대상 사업으로 창업하거나 사업장을 신설(기존 사업장을 이전하는 경우는 제외하며, 위기지역으로 지정 또는 선포된 기간에 창업하거나	최초로 소득이 발생한 과세연도의 개시일부터 5년 이내에 끝나는 과세연도까지	100%

구 분	감면대상	감면기간	감면율
	사업장을 신설하는 경우로 한정함)하는 기업에 대해서는 법인세 또는 소득세를 감면함 `24 개정` ※ 중소기업 외의 기업의 감면한도 = ① + ② 　① 투자누계액 × 50% 　② 감면적용대상 사업장의 상시근로자 수 × 　　1,500만원(청년상시근로자와 서비스업의 　　상시근로자는 2,000만원) ※ 적용순서 및 사후관리 : ①, ②의 순서로 적용함. 　②를 적용받은 경우에는 감면받은 과세연도의 종 　료일부터 2년이 되는 과세연도 종료일까지 상시 　근로자수가 감소한 경우 감면세액 추가납부	그 다음 2년간	50%
해외진출기업의 국내복귀에 대한 세액감면 (조특법 §104의24)	대한민국 국민 등 일정한 자가 국외에서 2년 이상 계속하여 경영하던 사업장을 국내로 이전하는 경우로서 2024. 12. 31.까지 국내(수도권과밀억제권역은 제외)에서 창업하거나 사업장을 신설 또는 증설(증설한 부분에서 발생하는 소득을 구분경리하는 경우로 한정함)하는 경우 이전 후의 사업장에서 발생하는 소득(기존 사업장을 증설하는 경우에는 증설한 부분에서 발생하는 소득)에 대한 소득세 또는 법인세 ※ 이전일 이후 5년이 되는 날이 속하는 과세연도까지 소득이 발생하지 않으면 이전일부터 5년이 되는 날이 속하는 과세연도부터 감면기간을 기산	이전일 이후 해당 사업(기존 사업장을 증설하는 경우에는 증설한 부분)에서 최초로 소득이 발생한 과세연도와 그 후 6년간 `24 개정`	100%
		그 다음 3년간 `24 개정`	50%
	대한민국 국민 등 일정한 자가 국외에서 2년 이상 계속하여 경영하던 사업장을 부분 축소 또는 유지하면서 국내로 복귀하는 경우로서 2024. 12. 31.까지 국내(수도권과밀억제권역은 제외)에서 창업하거나 사업장을 신설 또는 증설(증설한 부분에서 발생하는 소득을 구분경리하는 경우로 한정함)하는 경우 복귀 후의 사업장에서 발생하는 소득(기존 사업장을 증설하는 경우에는 증설한 부분에서 발생하는 소득)에 대한 소득세 또는 법인세 ※ 복귀일 이후 5년이 되는 날이 속하는 과세연도까지 소득이 발생하지 않으면 이전일부터 5년이 되는 날이 속하는 과세연도부터 감면기간을 기산	복귀일 이후 해당 사업장(기존 사업장을 증설하는 경우에는 증설한 부분)에서 최초로 소득이 발생한 과세연도와 그 후 6년(수도권 내의 지역에서 창업하거나 사업장을 신설 또는 증설하는 경우 2년)간 `24 개정`	100%
		그 다음 3년(수도권 내의 지역에서 창업하거나 사업장을 신설 또는 증설하는 경우 2년)간 `24 개정`	50%
외국인투자에 대한 법인세 등의 감면 (조특법 §121의2)	2018. 12. 31.까지 조세감면신청을 한 외국인투자기업이 신성장동력산업기술을 수반하는 사업 등 감면대상이 되는 사업을 함으로써 발생한 소득에 대한 법인세 또는 소득세 상당금액에 외국인투자비율을 곱하여 산출한 감면대상 세액	최초로 소득이 발생한 과세연도의 개시일부터 5년간	100%
		그 다음 2년간	50%

구 분	감면대상	감면기간	감면율
	2018. 12. 31.까지 조세감면신청을 한 외국인투자기업이 경제자유구역 등에 입주하여 경영하는 사업 등 감면대상이 되는 사업을 함으로써 발생한 소득에 대한 법인세 또는 소득세 상당액에 외국인투자비율을 곱하여 산출한 감면대상 세액	최초로 소득이 발생한 과세연도의 개시일부터 3년간	100%
		그 다음 2년간	50%
	2018. 12. 31.까지 조세감면신청을 한 외국인투자기업이 사업양수도방식에 의한 외국인투자기업의 감면대상 사업에서 발생한 소득에 대한 법인세 또는 소득세 상당액에 외국인투자비율을 곱하여 산출한 감면대상 세액	최초로 소득이 발생한 과세연도의 개시일부터 3년간	50%
		그 다음 2년간	30%
제주첨단과학기술단지 입주기업에 대한 법인세 등의 감면 (조특법 §121의8)	제주투자진흥지구 또는 제주자유무역지역에 2025. 12. 31.까지 입주한 기업이 영위하는 감면대상 사업에서 발생한 소득에 대한 법인세 또는 소득세 24 개정 ※ 감면기간 동안 감면받는 세액 합계액의 한도 = ① + ② ① 투자누계액 × 50% ② 감면대상 사업장의 상시근로자 수 × 1,500만원(청년상시근로자와 서비스업의 상시근로자는 2,000만원)	최초로 소득이 발생한 과세연도의 개시일부터 3년간	100%
		그 다음 2년간	50%
제주투자진흥지구·제주자유무역지역입주기업에 대한 법인세 등의 감면 (조특법 §121의9)	제주투자진흥지구 또는 제주자유무역지역에 2025. 12. 31.까지 입주한 기업이 영위하는 감면대상 사업에서 발생한 소득에 대한 법인세 또는 소득세 24 개정 ※ 감면기간 동안 감면받는 세액 합계액의 한도 = ① + ② ① 투자누계액 × 50% ② 감면대상 사업장의 상시근로자 수 × 1,500만원(청년상시근로자와 서비스업의 상시근로자는 2,000만원)	최초로 소득이 발생한 과세연도의 개시일부터 3년간	100% (개발사업시행자 50%)
		그 다음 2년간	50% (개발사업시행자 25%)
기업도시개발구역 등의창업기업에 대한 법인세 등의 감면 (조특법 §121의17)	다음의 감면대상 사업에서 발생한 소득에 대한 법인세와 소득세 ① 기업도시개발구역에 2025. 12. 31.까지 창업하거나 사업장을 신설(기존 사업장 이전 제외)하는 기업이 그 구역의 사업장에서 하는 사업 24 개정 ② 낙후지역 중 지역개발사업구역의 지역개발사업 또는 지역활성화지역에 2025. 12. 31.까지 창업하거나 사업장을 신설(기존	최초로 소득이 발생한 과세연도의 개시일부터 3년간	100%
		그 다음 2년간	50%

구 분	감면대상	감면기간	감면율
	사업장을 이전하는 경우 제외)하는 기업 (폐광지역진흥지구에 개발사업시행자로 선정되어 입주하는 경우에는 관광숙박업 및 종합휴양업과 축산업을 경영하는 내국인 포함)이 그 구역 또는 지역 안의 사업장에서 하는 사업과 낙후지역 중 「주한미군 공여구역주변지역 등 지원 특별법」에 따른 사업계획에 따른 대통령령으로 정하는 구역 안에서 2025. 12. 31.까지 창업하거나 사업장을 신설(기존 사업장을 이전하는 경우 제외)하는 기업이 그 구역 안의 사업장에서 하는 사업 24 개정 ③ 해양박람회특구에 2025. 12. 31.까지 창업하거나 사업장을 신설(기존 사업장 이전 제외)하는 기업이 그 구역 안의 사업장에서 하는 사업 24 개정 ④ 새만금투자진흥지구에 2025. 12. 31.까지 창업하거나 사업장을 신설하는 기업이 해당 구역 안의 사업장에서 하는 사업 24 개정 ⑤ 평화경제특구에 2025. 12. 31.까지 창업하거나 사업장을 신설(기존 사업장을 이전하는 경우 제외)하는 기업이 해당 구역 안의 사업장에서 하는 사업 24 신설		
	⑥ 기업도시개발사업 시행자가 하는 기업도시개발사업	최초로 소득이 발생한 과세연도의 개시일부터 3년간	50%
	⑦ 지역개발사업구역과 지역활성화지역에서 지정된 사업시행자가 하는 지역개발사업과 낙후지역 내에서 「주한미군 공여구역주변지역 등 지원 특별법」에 따른 사업시행자가 하는 같은 법 제10조 제2항에 따른 사업 ⑧ 「여수세계박람회 지원 및 사후활용에 관한 특별법」에 따른 사업시행자가 박람회 사후활용에 관하여 시행하는 사업 ⑨ 「새만금사업 추진 및 지원에 관한 특별법」에 따라 지정된 사업시행자가 하는 새만금사업 ⑩ 「평화경제특별구역의 지정 및 운영에 관한 법률」에 따라 지정되는 개발사업시행자가 시행하는 평화경제특구개발사업 24 신설 ※ 감면기간 동안 감면받는 세액 합계액의	그 다음 2년간	25%

구 분	감면대상	감면기간	감면율
	한도 = ① + ② ① 투자누계액 × 50% ② 감면대상 사업장의 상시근로자 수 × 1,500만원(청년상시근로자와 서비스업의 상시근로자는 2,000만원)		
아시아문화 중심도시투자진흥 지구 입주기업 등에 대한 감면 **(조특법 §121의20)**	「아시아문화중심도시 조성에 관한 특별법」에 따른 투자진흥지구에 2025. 12. 31.까지 입주하는 기업의 감면대상 사업에서 발생한 소득에 대해서는 사업개시일 이후 해당 감면대상 사업에서 발생하는 소득에 대한 법인세 또는 소득세 [24 개정] ※ 감면기간 동안 감면받는 세액 합계액의 한도 = ① + ② ① 투자누계액 × 50% ② 감면대상 사업장의 상시근로자 수 × 1,500만원(청년상시근로자와 서비스업의 상시근로자는 2,000만원)	최초로 소득이 발생한 과세연도와 그 다음 과세연도의 개시일부터 3년간	100%
		그 다음 2년간	50%
금융중심지 창업기업 등에 대한 감면 **(조특법 §121의21)**	금융중심지(수도권과밀억제권역 안의 금융중심지 제외)에 2025. 12. 31.까지 창업하거나 사업장을 신설(기존 사업장 이전 제외)하여 해당 구역 안의 사업장에서 일정한 기준을 충족하는 금융 및 보험업을 영위하는 경우에 발생하는 소득에 대한 법인세 또는 소득세 [24 개정] ※ 감면기간 동안 감면받는 세액 합계액의 한도 = ① + ② ① 투자누계액 × 50% ② 감면대상 사업장의 상시근로자 수 × 1,500만원(청년상시근로자와 서비스업의 상시근로자는 2,000만원)	최초로 소득이 발생한 과세연도의 개시일부터 3년간	100%
		그 다음 2년간	50%
첨단의료복합단지 및 국가식품클러스터 입주기업에 대한 법인세 등의 감면 **(조특법 §121의22)**	다음 중 어느 하나에 해당하는 사업을 하는 경우에 발생하는 소득에 대한 법인세 또는 소득세 ① 첨단의료복합단지에 2025. 12. 31.까지 입주한 기업이 첨단의료복합단지에 위치한 사업장에서 보건의료기술과 관련된 사업 [24 개정] ② 국가식품클러스터에 2025. 12. 31.까지 입주한 기업이 국가식품클러스터에 위치한 사업장에서 하는 식품산업과 그에 관련된 사업 [24 개정] ※ 감면기간 동안 감면받는 세액 합계액의 한도 = ① + ② ① 투자누계액 × 50%	최초로 소득이 발생한 과세연도의 개시일부터 3년간	100%
		그 다음 2년간	50%

구 분	감면대상	감면기간	감면율
	② 감면대상 사업장의 상시근로자 수 × 1,500만 원(청년상시근로자와 서비스업의 상시근로자는 2,000만원)		
기회발전특구의 창업기업 등에 대한 법인세 등의 감면 **(조특법 §121의33)** 24 신설	기회발전특구에 <u>2026. 12. 31.까지</u> 제조업 등 대통령령으로 정하는 업종으로 창업하거나 사업장을 신설(기존 사업장을 이전하는 경우 제외, 기회발전특구로 지정된 기간에 창업하거나 사업장을 신설하는 경우로 한정)하는 기업 ※ 감면기간 동안 감면받는 세액 합계액의 한도 = ① + ② ① 투자누계액 × 50% ② 감면대상 사업장의 상시근로자 수 × 1,500만 원(청년상시근로자와 서비스업의 상시근로자는 2,000만원)	최초로 소득이 발생한 과세 연도의 개시일부터 5년간	100%
		그 다음 2년간	50%

5. 조세특례제한법상 세액공제

구 분	공제대상	세액공제액

상생결제 지급금액에 대한 세액공제
(조특법 §7의4)
	중소기업 및 중견기업을 경영하는 내국인이 2025. 12. 31.까지 중소기업 및 중견기업에 지급한 구매대금 중 상생결제제도를 통하여 지급한 금액이 있는 경우로서 해당 과세연도에 지급한 구매대금 중 약속어음으로 결제한 금액이 차지하는 비율이 직전 과세연도보다 증가하지 않은 경우	Min[①, ②]
		① ㉮ + ㉯ + ㉰
		 ㉮ (A − B) × 0.5%
		  A : 상생결제제도를 통한 지급금액 중 지급기한이 세금계산서등의 작성일부터 15일 이내인 금액
		  B : 전기에 지급한 현금성결제 금액이 당기의 현금성결제 금액을 초과하는 경우 그 초과하는 금액
		 ㉯ (C − D) × 0.3%
		  C : 상생결제제도를 통한 지급금액 중 지급기한이 세금계산서등의 작성일부터 15일 초과 30일 이내인 금액
		  D : ㉮에 따른 B가 A를 초과하는 경우 그 초과하는 금액
		 ㉰ (E − F) × 0.15%
		  E : 상생결제제도를 통한 지급금액 중 지급기한이 세금

구 분	공제대상	세액공제액
		계산서등의 작성일부터 30일 초과 60일 이내인 금액 F : ⑭에 따른 D가 C를 초과하는 경우 그 초과하는 금액 ② 법인세 또는 소득세 × 10%
상생협력을 위한 기금 출연 등에 대한 세액공제 **(조특법 §8의3)**	내국법인이 상생협력을 위하여 2025. 12. 31.까지 다음 중 어느 하나에 해당하는 출연하는 경우(다만, 해당 출연금이 특수관계인을 지원하기 위하여 사용된 경우 세액공제 제외) ① 중소기업에 대한 보증 또는 대출목적 등으로 신용보증기금·기술보증기금에 출연하는 경우 ② 대·중소기업·농어업협력재단에 출연하는 경우 ③ 상생중소기업이 설립한 사내근로복지기금에 출연하거나 상생중소기업 간에 공동으로 설립한 공동근로복지기금에 출연하는 경우 ④ 공동사업지원자금에 출연하는 경우	출연금액 × 10%
	내국법인이 협력중소기업(해당 내국법인의 특수관계인인 경우는 제외함)을 지원하기 위하여 2025. 12. 31.까지 대통령령으로 정하는 유형고정자산을 무상으로 임대하는 경우	유형자산 장부가액 × 3% ※ 무상임대를 개시한 사업연도에 세액공제
	내국인이 「대·중소기업 상생협력 촉진에 관한 법률」에 따른 수탁·위탁거래의 상대방인 수탁기업에 설치(무상임대하는 경우는 제외)하는 검사대 또는 연구시설에 2025. 12. 31.까지 투자(중고품 및 금융리스 이외의 리스에 의한 투자는 제외)하는 경우	투자금액 × 1%(중견기업의 경우에는 3%, 중소기업의 경우에는 7%)
	내국법인이 사업에 사용하던 자산 중 반도체 관련 연구·교육에 직접 사용하기 위한 시설·장비로서 별표 1에 따른 시설·장비를 법 소정 교육기관에 무상으로 기증하는 경우 `'23 신설`	기증한 자산의 시가 × 10%

구 분	공제대상	세액공제액
연구·인력개발비에 대한 세액공제 (조특법 §10)	연구·인력개발비가 있는 경우	연구·인력개발비세액공제 = ① + ② + ③ ① 신성장·원천기술 연구개발비에 대한 세액공제액 : 해당 사업연도에 발생한 신성장·원천기술 연구개발비 × 공제율(20%~40%) ② 국가전략기술 연구개발비 세액공제액 : 해당 사업연도에 발생한 국가전략기술 연구개발비 × 공제율(30%~50%) ③ 일반연구·인력개발비에 대한 세액공제액 : 다음 중 선택 ㉮ 증가분방식 : (해당 사업연도 발생액 − 직전 사업연도 발생액) × 공제율(대기업 25%, 중견기업 40%, 중소기업 50%) ㉯ 당기분방식 : 해당 사업연도 발생액 × 공제율* * 공제율

구분	중소 기업 (유예기간 포함)	최초로 중소기업에 해당하지 않게 된 경우		중견 기업	일반 기업
		3년 간	그후 2년간		
공제율	25%	15%	10%	8%	0~2%

구 분	공제대상	세액공제액
기술혁신형 합병에 대한 세액공제 (조특법 §12의3)	내국법인이 기술혁신형 중소기업을 일정한 요건을 갖추어 합병하는 경우	피합병법인에게 지급한 양도가액 중 기술가치금액 × 10%
기술혁신형주식 취득에 대한 세액공제 (조특법 §12의4)	내국법인(인수법인)이 기술혁신형 중소기업의 주식을 일정한 요건을 갖추어 취득하는 경우	주식 등의 매입가액 중 기술가치금액 × 10%
내국법인의 벤처기업 등에의 출자에 대한 세액공제 (조특법 §13의2)	내국법인이 창업기업, 신기술사업자, 벤처기업, 신기술창업전문회사, 창업·벤처전문사모집합투자기구, 창업투자조합 등(민간재간접벤처투자조합 제외)를 통하여 창업기업·신기술사업자·벤처기업·신기술창업전문회사의 주식 또는 출자지분을 취득하는 경우(단, 특수관계	주식 등의 취득가액 × 5%

구 분	공제대상	세액공제액
	인의 주식 등을 취득하는 경우 제외) 24 개정	
	내국법인이 2025. 12. 31.까지 민간재간접벤처투자조합을 통하여 창업기업, 신기술사업자, 벤처기업 또는 신기술창업전문회사에 출자함으로써 주식 또는 출자지분을 취득하는 경우 24 신설	세액공제액 = ① + ② ① Max[해당 주식 또는 출자지분의 취득가액, 민간재간접벤처투자조합에 투자한 금액 × 60%] × 5% ② 해당 사업연도에 취득한 해당 주식 또는 출자지분의 취득가액이 직전 3개 사업연도의 해당 주식 또는 출자지분 취득가액의 평균액을 초과하는 경우 그 초과하는 금액 × 3%
내국법인의 소재·부품·장비전문기업에의 출자·인수에 대한 세액공제 (조특법 §13의3)	둘 이상의 내국법인(투자기업)이 법 소정 요건을 모두 갖추어 소재·부품·장비 관련 중소·중견기업(투자대상기업)의 주식 등을 공동으로 취득하는 경우(단, 특수관계인의 주식 등을 취득하는 경우 제외)	주식 등의 취득가액 × 5%
	내국법인(외국법인이 특수관계인인 법인과 금융 및 보험업을 영위하는 법인은 제외)이 일정한 요건을 갖추어 2025. 12. 31.까지 소재·부품·장비 또는 국가전략기술 관련 외국법인(내국법인이 특수관계인인 경우는 제외)의 주식을 취득하거나 동 외국법인의 소재·부품·장비 또는 국가전략기술 관련 사업의 양수 또는 사업의 양수에 준하는 자산의 양수를 하는 경우	주식 취득가액 또는 사업·자산의 양수가액 × 5%(중견기업 7%, 중소기업 10%)
성과공유 중소기업의 경영성과급에 대한 세액공제 (조특법 §19)	「중소기업 인력지원 특별법」에 따른 중소기업으로서 영업이익(성과급 지급을 약정한 과세연도의 기업회계기준에 따른 영업이익)이 발생한 기업이 상시근로자에게 2024. 12. 31.까지 경영성과급을 지급하는 경우. 다만, 성과공유 중소기업의 해당 과세연도의 상시근로자 수가 직전 과세연도의 상시근로자 수보다 감소한 경우에는 공제하지 아니함	경영성과급 × 15%
통합투자 세액공제 (조특법 §24)	소비성서비스업 및 부동산임대·공급업 외의 사업을 영위하는 내국인이 법 소정 자산에 투자(중고품 및 금융리스 이외의 리스에 의한 투자는 제외)하는 경우 <공제대상 자산> ① 기계장치 등 사업용 유형자산. 다만, 토지와 건축물 등 기획재정부령으로 정하는 자산은 제외함	세액공제액 = 기본공제액 + 추가공제액 ① 기본공제 : 해당 과세연도 투자액[*1] × 기본공제율[*2] ② 추가공제 : (해당 과세연도 투자액[*1] − 직전 3년간 연평균투자액) × 추가공제율[*2] *1 공제율 24 개정

구 분	공제대상	세액공제액

		구 분	기본공제율(%)			추가 공제율
			대	중견	중소	
	② 위 ①에 해당하지 않는 유형자산과 무형 자산으로서 다음의 자산 ⓐ 연구·시험, 직업훈련, 에너지 절약, 환경보전 또는 근로자복지 증진 등 의 목적으로 사용되는 사업용자산으 로서 기획재정부령으로 정하는 자산 ⓑ 운수업을 경영하는 자가 사업에 직 접 사용하는 차량 및 운반구 등 기획 재정부령으로 정하는 자산 ⓒ 중소기업 및 중견기업이 취득한 다음의 자산(특수관계인으로부터 취득한 자산은 제외) : 내국인이 국 내에서 연구·개발하여 최초로 설 정등록받은 특허권·실용신안권· 디자인권	일 반	3%	7%	12%	10%
		신성장·원천기술	6%	10%	18%	
		국가전략기술	15%	15%	25%	

②에 이어지는 설명:

*2 해당 과세연도의 투자액 = ① - ②
① Max[총투자금액에 작업진행률에 의
하여 계산한 금액, 해당 과세연도까
지 실제로 지출한 금액]
② ⓐ + ⓑ
ⓐ 해당 과세연도 전에 투자세액공
제를 적용받은 투자금액
ⓑ 해당 과세연도 전의 투자분으로서
ⓐ의 금액을 제외한 투자분에 대
하여 ①를 준용하여 계산한 금액
※ 추가공제액은 기본공제 금액의 2배
를 한도로 함
※ 투자가 2개 이상의 과세연도에 걸쳐
서 이루어지는 경우에는 그 투자가
이루어지는 과세연도마다 해당 과세
연도에 투자한 금액에 대하여 세액
공제를 적용함

구 분	공제대상	세액공제액
영상콘텐츠 제작비용에 대한 세액공제 (조특법 §25의6)	법 소정 요건을 갖춘 영상제작자가 2025. 12. 31.까지 다음의 영상콘텐츠의 제작을 위하 여 국내외에서 발생한 비용 중 영상콘텐츠 제작비용이 있는 경우 ① 방송프로그램으로서 텔레비전방송으로 방송된 드라마, 애니메이션, 다큐멘터리, 오락을 위한 프로그램 ② 영화 ③ 등급분류를 받고 온라인 동영상 서비스 를 통하여 시청에 제공된 비디오물	세액공제액 = ① + ② 24 개정 ① 기본공제금액 : 영상콘텐츠 제작비 용×5%(중견기업 10%, 중소기업 15%) ② 추가공제금액 : 대통령령으로 정하 는 요건*을 충족하는 영상콘텐츠 제 작비용×10%(중소기업 15%) * 대통령령으로 정하는 요건 : 다음의 요건을 모두 충족하는 경우 ㉮ 촬영제작에 든 비용 중 국내에서 지출한 비용이 차지하는 비율이 80% 이상일 것 ㉯ 다음의 요건 중 3개 이상의 요건 을 충족할 것 ⓐ 작가 및 주요 스태프에게 지 급한 인건비 중 내국인에게 지급한 인건비가 차지하는 비 율이 80% 이상일 것 ⓑ 배우 출연료 중 내국인에게 지급한 출연료가 차지하는 비 율이 80% 이상일 것 ㉰ 후반제작에 든 비용 중 국내에서 지출한 비용이 차지하는 비율이

구 분	공제대상	세액공제액
		80% 이상일 것 ④ 복제권, 공연권, 방송권, 전송권, 배포권 및 2차적저작물작성권 중 영상콘텐츠 제작자가 보유한 권리의 수가 3개 이상일 것
내국법인의 문화산업전문회사에의 출자에 대한 세액공제 (조특법 §25의7) 24 신설	중소기업 또는 중견기업이 다음의 영상콘텐츠를 제작하는 문화산업전문회사에 2025. 12.31.까지 출자하는 경우 ① 방송프로그램으로서 텔레비전방송으로 방송된 드라마, 애니메이션, 다큐멘터리, 오락을 위한 프로그램 ② 영화 ③ 등급분류를 받고 온라인 동영상 서비스를 통하여 시청에 제공된 비디오물	해당 중소기업 또는 중견기업이 문화산업전문회사에 출자한 금액 × 해당 영상콘텐츠 제작비용비용을 해당 문화산업전문회사의 총 출자금액으로 나눈 비율 × 3%
근로소득을 증대시킨 기업에 대한 세액공제 (조특법 §29의4)	중소기업 또는 중견기업이 직전 다음 요건을 모두 충족하는 경우 2025.12.31.이 속하는 과세연도까지 세액공제 ① 상시근로자*의 해당 과세연도의 평균임금 증가율이 직전 3개 과세연도의 평균임금 증가율의 평균보다 클 것 ② 해당 과세연도의 상시근로자 수*가 직전 과세연도의 상시 근로자 수보다 크거나 같을 것 * 상시근로자 : 근로기준법에 따라 근로계약을 체결한 근로자(다만, 임원, 근로소득 1억2천만원 이상인 자, 최대주주(개인사업자는 대표자) 및 그 친족관계인 근로자, 근로계약기간 1년 미만인 자, 단시간근로자 제외)	직전 3년 임금증가율 평균 초과 임금증가분 × 20%(중견기업 10%)
		직전 3년 평균 초과 임금증가분* × 20%(중견기업 10%) * 직전 3년 평균 초과 임금증가분 = [해당 과세연도 상시근로자의 평균임금 − 직전 과세연도 상시근로자의 평균임금 × (1 + 직전 3년 평균임금 증가율의 평균)] × 직전 과세연도 상시근로자 수 ※ 중소기업이 다음 요건을 모두 충족하는 경우에는 2025. 12. 31.이 속하는 과세연도까지 "전체 중소기업의 평균임금증가분을 초과하는 임금증가분의 20%"를 위의 금액 대신 공제할 수 있음 ⓐ 상시근로자의 해당 과세연도의 평균

구 분	공제대상	세액공제액
		임금 증가율이 전체 중소기업의 직전 3년 평균임금증가율을 고려하여 기획재정부령으로 정하는 비율보다 클 것 ⓑ 해당 과세연도의 상시근로자 수가 직전 과세연도의 상시 근로자 수보다 크거나 같을 것 ⓒ 직전 과세연도의 평균임금 증가율이 음수가 아닐 것
	중소기업 또는 중견기업이 다음 요건을 모두 충족하는 경우에는 2025. 12. 31.이 속하는 과세연도까지 세액공제 ① 해당 과세연도에 정규직 전환 근로자가 있을 것 ② 해당 과세연도의 상시근로자 수가 직전 과세연도의 상시 근로자 수보다 크거나 같을 것	정규직 전환 근로자의 임금증가분 합계액 × 20%(중견기업 10%)
고용을 증대시킨 기업에 대한 세액공제 (조특법 §29의7)	해당 사업연도의 상시근로자의 수가 직전 사업연도의 전기 상시근로자의 수보다 증가한 경우에는 해당 사업연도와 해당 사업연도의 종료일부터 1년(중소기업 및 중견기업의 경우에는 2년)이 되는 날이 속하는 사업연도까지 세액공제(다만, 소비성서비스업종을 경영하는 경우 공제대상에서 제외)	ⓐ + ⓑ ⓐ 청년등 상시근로자의 증가인원수(증가한 상시근로자의 인원수 한도) × 공제액 ⓑ 청년등 외 상시근로자의 증가 인원수(증가한 상시근로자의 인원 수 한도) × 공제액 (단위:백만원) *1 청년정규직 근로자, 장애인 근로자, 60세 이상 근로자 *2 '21년과 '22년의 세액공제액

(단위:백만원)

구 분	중소기업 (3년 지원)		중견기업 (3년 지원)		대기업 (2년 지원)	
	수도권	지방	수도권	지방	수도권	지방
청년등 상시 근로자*1	11	12 (13*2)	8	8 (9*2)	4	4 (5*2)
그 밖의 상시 근로자	7	7.7	4.5	4.5	–	–

구 분	공제대상	세액공제액
통합고용세액 공제 (조특법 §29의8) [23 신설]	내국인(소비성서비스업을 경영하는 내국인 제외)의 2025. 12. 31.이 속하는 과세연도까지의 기간 중 해당 과세연도의 상시근로자의 수가 직전 과세연도의 상시근로자의 수보다 증가한 경우 ※ 이 규정은 고용을 증대시킨 기업에 대한 세액공제(조특법 §29의7) 또는 중소기업 사회	○ (기본공제) : 고용증가인원 × 1인당 세액공제액 (단위:백만원)

(단위:백만원)

구 분	중소기업 (3년 지원)		중견기업 (3년 지원)	대기업 (2년 지원)
	수도권	지방	전국	전국
청년등	14.5	15.5	8	4

구　분	공제대상	세액공제액
	보험료 세액공제(조특법 §30의4)를 받지 아니한 경우에만 적용함	<table><tr><th rowspan="2">구 분</th><th colspan="2">중소기업 (3년 지원)</th><th>중견기업 (3년 지원)</th><th>대기업 (2년 지원)</th></tr><tr><th>수도권</th><th>지방</th><th>전국</th><th>전국</th></tr><tr><td>상시 근로자*</td><td></td><td></td><td></td><td></td></tr><tr><td>그 밖의 상시 근로자</td><td>8.5</td><td>9.5</td><td>4.5</td><td>-</td></tr></table> * 청년정규직 근로자, 장애인 근로자, 60세 이상 근로자, 경력단절여성 - 공제 후 2년 이내 상시근로자 수가 감소하는 경우 공제금액 상당액을 추징
	중소기업 또는 중견기업이 <u>2023. 6. 30.</u> 당시 고용하고 있는 기간제근로자 및 단시간근로자, 파견근로자, 수급사업자에게 고용된 기간제근로자 및 단시간근로자를 <u>2024. 1. 1.부터 2024. 12. 31.까지</u> 정규직 근로자로 전환하는 경우 `24 개정`	○ (추가공제) : 정규직 전환·육아휴직 복귀자 인원 × 공제액 * 전체 상시근로자 수 미감소 시 (단위:백만원) <table><tr><th>구 분</th><th>중소기업</th><th>중견기업</th></tr><tr><td>정규직전환자 (1년 지원)</td><td rowspan="2">13</td><td rowspan="2">9</td></tr><tr><td>육아휴직복귀자 (1년 지원)</td></tr></table> - 전환일·복귀일로부터 2년 이내 해당 근로자와의 근로관계 종료 시 공제금액 상당액 추징
	중소기업 또는 중견기업이 일정한 요건을 충족하는 육아휴직 복귀자를 2025. 12. 31.까지 복직시키는 경우	
고용유지중소기업에 대한 세액공제 (조특법 §30의3)	중소기업기본법에 따른 중소기업과 위기지역 내 중견기업의 사업장으로서 다음의 요건을 모두 충족하는 경우 <u>2026. 12. 31.</u>이 속하는 과세연도까지 세액공제 `24 개정` ① 해당 과세연도의 상시근로자(해당 과세연도 중에 근로관계가 성립한 상시근로자 제외) 1인당 시간당 임금이 직전 과세연도에 비하여 감소하지 아니한 경우 ② 해당 과세연도의 상시근로자 수가 직전 과세연도의 상시근로자 수와 비교하여 감소하지 아니한 경우 ③ 해당 과세연도의 상시근로자(해당 과세연도 중에 근로관계가 성립한 상시근로자 제외) 1인당 연간 임금총액이 직전 과세연도에 비하여 감소한 경우	세액공제액 = ① + ②(해당 금액이 음수인 경우에는 영으로 봄) ① (직전 사업연도의 상시근로자 1인당 연간 임금총액 - 해당 사업연도의 상시근로자 1인당 연간 임금총액) × 해당 사업연도 상시근로자 수 × 10% ② (해당 사업연도 상시근로자 1인당 시간당 임금 - 직전 사업연도 상시근로자 1인당 시간당 임금 × 105%) × 해당 사업연도 전체 상시근로자의 근로시간 합계 × 15%

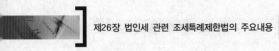

구 분	공제대상	세액공제액
중소기업 사회보험료 세액공제 (조특법 §30의4)	중소기업이 2024. 12. 31.이 속하는 과세연도까지의 기간 중 해당 과세연도의 상시근로자 수가 직전 과세연도의 상시근로자 수보다 증가한 경우 해당 과세연도와 해당 과세연도의 종료일부터 1년이 되는 날이 속하는 과세연도까지 세액공제	① 청년 및 경력단절여성 상시근로자 고용증가인원에 대한 사용자의 사회보험료 부담금액 × 100% ② 청년 및 경력단절여성 외 상시근로자고용증가인원에 대하여 사용자가 부담하는 사회보험료 상당액 × 50%(신성장 서비스업을 영위하는 중소기업 75%) ※ 최초로 공제를 받은 과세연도의 종료일부터 1년이 되는 날이 속하는 과세연도의 종료일까지의 기간 중 전체 상시근로자의 수가 최초로 공제를 받은 과세연도에 비하여 감소한 경우에는 감소한 과세연도에 대하여 ①과 ②를 적용하지 아니하고, 청년 및 경력단절여성 상시근로자의 수가 최초로 공제를 받은 과세연도에 비하여 감소한 경우에는 감소한 과세연도에 대하여 ①을 적용하지 아니함. 이 경우 공제받은 세액 상당액을 법인세로 납부하여야 함.
상가임대료를 인하한 임대사업자에 대한 세액공제 (조특법 §96의3)	상가건물에 대한 부동산임대업의 사업자등록을 한 상가임대인이 상가건물에 대한 임대료를 임차인(소상공인에 한정함)으로부터 2020. 1. 1.부터 2024. 12. 31.까지 인하하여 지급받는 경우 24 개정	임대료 인하액 × 70%
지급명세서 등에 대한 세액공제 (조특법 §104의5, 2026. 1. 1.부터 시행) 24 개정	소규모 사업자(세액공제를 받으려는 과세연도의 상시 고용인원이 20명 이하인 원천징수의무자)가 2026. 1. 1.부터 2027. 12. 31.까지 지급하는 간이지급명세서를 제출기한까지 국세정보통신망을 이용하여 직접 제출하는 경우	간이지급명세서상의 소득자 인원수 × 200원 ※ 간이지급명세서 제출자별로 연 1만원 미만인 때에는 1만원으로 하고, 연 300만원을 초과하는 때에는 그 초과하는 금액은 이를 없는 것으로 함
전자신고세액공제 (조특법 §104의8)	납세자 또는 세무대리인이 직접 전자신고의 방법으로 법인세 과세표준 신고를 하는 경우	• 납세자가 직접 신고한 경우 : 2만원 (납부할 세액 한도) • 세무대리인이 신고를 대행한 경우 : 세무대리인 본인의 소득·법인세 신고월이 속하는 사업연도의 직전 사업연도 동안 법인세·소득세를 신고대행한 경우 납세자 1인당 2만원(부가가치세 신고대리에 따른 세액공제를 포함하여 연 300만원 한도, 세무·회계법인은 연 750만원 한도)

구 분	공제대상	세액공제액
해외자원 개발투자에 대한 세액공제 **(조특법** **§104의15)** 24 신설	(1) 세액공제대상 　해외자원개발사업자가 해외자원개발을 　위하여 2024. 1. 1.부터 2026. 12. 31.까지 　다음 중 어느 하나에 해당하는 투자나 　출자를 하는 경우 　① 광업권과 조광권을 취득하는 투자 　② 광업권 또는 조광권을 취득하기 위 　　한 외국법인에 대한 출자로서 대통 　　령령으로 정하는 투자 　③ 내국인의 외국자회사에 대한 해외직 　　접투자로서 외국환거래법에 따라 대 　　통령령으로 정하는 투자. 다만, 내국 　　인의 외국자회사가 ①과 ②의 방법 　　으로 광업권 또는 조광권을 취득하 　　는 경우로 한정함 (2) 세액공제 대상 출자 또는 투자범위 　① (출자) 출자비율 10% 이상 또는 임직 　　원파견을 동반하는 경우로서 다음 ㉮ 　　와 ㉯를 모두 충족한 외국법인에 출자 　㉮ 광업권 또는 조광권 소유 　㉯ 광구 개발·운영 목적 설립 　② (투자) 외국자회사*에 대한 다음의 　　투자 　　* 외국자회사는 내국인이 발행주식총수 　　　등의 100%를 직접 출자한 외국법인 　　　에 한정 　　- 내국인*의 외국자회사 증자에 참 　　　여 하는 투자 　　- 내국인*의 상환기간 5년 이상 금 　　　전대여 투자 　　- 다른 해외자원개발사업자가 내국 　　　인*과 공동으로 상환기간 5년 이 　　　상으로 금전을 대여하는 투자 　　　* 외국자회사의 발행주식총수 등의 　　　　100%를 보유한 내국인 (3) 세액공제액과 이자의 추징 : ① + ② 　① (세액공제액 상당액) 　　- 투자자산 또는 출자지분 이전· 　　　회수한 경우 : 세액공제액×이전· 　　　회수된 투자자산 또는 출자지분	투자금액 또는 출자금액 × 3%

구 분	공제대상	세액공제액
	총 투자자산 또는 출자지분 - 광업권 또는 조광권을 취득하지 못한 경우 : 세액공제액 전액 ② (이자상당가산액) 세액공제 신청일 다음날부터 추징사 유 발생일 과세연도 과세표준 신고일 까지 일수 × 1일 0.022%	
기업의 운동경기부 등 운영비용에 대한 세액공제 (조특법 §104의22)	내국법인이 일정한 종목의 운동경기부를 설치 하는 경우 설치한 사업연도와 그 다음 2년간	운동경기부 운영비용 × 10%
	내국법인이 법 소정 장애인운동경기부를 설 치하는 경우 설치한 날이 속하는 사업연도 와 그 다음 사업연도의 개시일부터 4년 이 내에 끝나는 사업연도까지	장애인운동경기부 운영비용 × 20%
	내국법인이 이스포츠경기부를 설치하는 경 우 설치한 날이 속하는 사업연도와 그 다음 사업연도의 개시일부터 2년 이내에 끝나는 사업연도까지	이스포츠경기부 운영비용 × 10%
석유제품전자상 거래에 대한 세액공제 (조특법 §104의25)	석유판매업자 중 일반대리점·주유소·일 반판매소가 석유제품 전자결제망을 이용하 여 석유제품을 공급하거나 공급받는 경우	공급가액 × 0.3% 23 개정 ※ 세액공제액은 법인세의 10% 한도
우수 선화주기업 인증을 받은 화주기업에 대한 세액공제 (조특법 §104의30)	우수 선화주기업 인증을 받은 화주기업(국 제물류주선업자로 등록한 기업으로 한정함) 중 직전 사업연도의 매출액이 있는 기업이 다음의 요건을 모두 충족하는 경우 ① 화주기업이 해당 사업연도에 외항정기화 물운송사업자에게 지출한 해상운송비용 이 전체 해상운송비용의 40% 이상일 것 ② 화주기업이 해당 사업연도에 지출한 해 상운송비용 중 외항정기화물운송사업자 에게 지출한 비용이 차지하는 비율이 직 전 사업연도보다 증가할 것	Min[①, ②] ① ㉮ + ㉯ 　㉮ 외항정기화물운송사업자에게 수 　　출입을 위하여 지출한 운송비용 　　× 1% 　㉯ 직전 사업연도에 비하여 증가한 　　운송비용 × 3% ② 한도 : 법인세의 10%
용역제공자에 관한 과세자료의 제출에 대한 세액공제 (조특법 §104의32)	용역제공자에 관한 과세자료를 제출하여 야 할 자가 제출기한 내에 국세정보통신 망을 통하여 2026. 12. 31.까지 수입금액 또 는 소득금액이 발생하는 용역에 관한 과세 자료를 제출하는 경우 24 개정	Min[①, ②] ① 제출하는 각각의 과세자료에 기재 　된 용역제공자 인원 수 × 300원 ② 한도 : 200만원

구 분	공제대상	세액공제액
성실신고확인비용에 대한 세액공제 (조특법 §126의6)	성실신고확인대상 내국법인이 성실신고확인서를 제출하는 경우	Min[①, ②] ① 성실신고 확인비용 × 60% ② 한도 : 150만원

6. 그 밖의 조세특례

구 분	조세특례
조합법인에 대한 당기순이익과세 (조특법 §72)	신용협동조합, 새마을금고, 농업협동조합, 수산업협동조합, 산림협동조합 등 법 소정 조합법인의 각 사업연도의 소득에 대한 법인세는 2025. 12. 31. 이전에 끝나는 사업연도까지 해당 법인의 결산재무제표상 당기순이익(법인세 등을 공제하지 아니한 당기순이익을 말함)에 다음의 세무조정금액을 합한 금액에 9%(해당금액이 20억원을 초과하는 경우 그 초과분에 대해서는 12%)의 세율을 적용하여 과세(이하 "당기순이익과세"라 한다)한다. ① 구상채권과 특수관계인 업무무관 가지급금에 대한 대손금 손금불산입(법법 §19의2②) ② 기부금 손금불산입(법법 §24)(해당 법인의 수익사업과 관련된 것만 해당한다) ③ 기업업무추진비 손금불산입(법법 §25)(해당 법인의 수익사업과 관련된 것만 해당한다) ④ 과다경비 등의 손금불산입(법법 §26) ⑤ 업무무관비용 손금불산입(법법 §27) ⑥ 지급이자 손금불산입(법법 §28) ⑦ 퇴직급여충당금(법법 §33) ⑧ 구상채권과 특수관계인 업무무관 가지급금에 대한 대손충당금 손금불산입(법법 §19의2②) ※ 조합법인등이 해당 법인이 당기순이익과세를 포기한 경우에는 그 이후의 사업연도에 대하여 당기순이익과세를 하지 아니한다.
해운기업에 대한 과세표준 계산특례(톤세제도) (조특법 §104의10)	일정한 요건을 갖춘 해운기업의 법인세과세표준은 2024. 12. 31.까지 다음 금액을 합한 금액으로 할 수 있다. ① 해운소득 : 선박별로 다음 계산식을 적용하여 계산한 개별선박표준이익의 합계액("선박표준이익") 개별선박표준이익＝개별선박순톤수×톤당 1운항일 이익×운항일수×사용률 ② 비해운소득 : 「법인세법」 제13조부터 제54조까지의 규정에 따라 계산한 금액
동업기업과세특례 (조특법 제10절의3)	동업기업과세특례(partnership taxation)란 동업기업을 도관으로 보아 동업기업에는 과세하지 않고, 그 소득을 동업자에게 배분하여 동업자에게만 과세하는 제도이다. 동업기업과세특례는 동업기업으로서 다음 중 어느 하나에 해당하는 단체가 적용신청을 한 경우 해당 동업기업 및 그 동업자에 대하여 적용한다.

구 분	조세특례
	① 민법에 따른 조합
	② 상법에 따른 합자조합 및 익명조합(투자합자조합과 투자익명조합 제외)
	③ 상법에 따른 합명회사 및 합자회사(투자합자회사 중 기관전용 사모투자전문회사가 아닌 것 제외)
	④ 인적용역을 제공하는 다음의 단체 : 법무법인, 법무조합, 법무법인(유한) 특허법인, 노무법인, 법무사합동법인, 회계법인, 세무법인, 관세법인
	⑤ 외국법인 또는 비거주자로 보는 법인 아닌 단체 중 위의 단체와 유사한 단체로서 일정한 기준에 해당하는 외국단체
정비사업조합에 대한 과세특례 (조특법 §104의7)	다음 중 어느 하나에 해당하는 조합(이하 "정비사업조합"이라 한다)에 대해서는 비영리내국법인으로 보아 「법인세법」[법인세법 제29조(내국비영리법인의 고유목적사업준비금)는 제외]을 적용한다. ① 「도시 및 주거환경정비법」 제35조에 따라 설립된 조합(전환정비사업조합 포함) ② 「빈집 및 소규모주택 정비에 관한 특례법」 제23조에 따라 설립된 조합 정비사업조합이 「도시 및 주거환경정비법」 또는 「빈집 및 소규모주택 정비에 관한 특례법」에 따라 해당 정비사업에 관한 관리처분계획에 따라 조합원에게 종전의 토지를 대신하여 토지 및 건축물을 공급하는 사업은 수익사업이 아닌 것으로 본다.

3. 「조세특례제한법」상 세액감면의 주요내용

1. 창업중소기업 등에 대한 세액감면

(1) 개 요

창업중소기업 등에 대한 세액감면은 중소기업의 창업을 지원하고, 중소기업이 성장·발전할 수 있도록 지원하기 위하여 창업 후 일정기간 소득세 또는 법인세를 감면하는 제도이다. 2017년 이후 개정내용은 다음과 같다.

개정일	개정내용
2017. 1. 1.	① **청년창업중소기업**에 대한 감면율을 5년간 50%에서 3년간 75%, 2년간 50%로 상향조정하여 2017. 1. 1. 이후 창업하는 분부터 적용하도록 함 ② 청년창업기업의 창업자를 창업당시 15세 이상 29세 이하*로 정함 　* 병역 이행시 해당 기간(최장 6년)을 빼고 계산함
2018. 1. 1.	① **신성장 서비스업 창업 중소기업**에 대해서는 창업 후 최초로 소득이 발생한 과세연도와 그 이후 2년간 적용되는 감면율을 50%에서 75%로 상향 조정하여 2018. 1. 1. 이후 창업하는 분부터 적용하도록 함 ② 고용창출을 유인하기 위하여 2018. 1. 1. 이후 창업하는 분부터 일정 인원 이상을 고용하는 창업 중소기업 등에 대해서는 직전 과세연도 대비 상시근로자수 증가율을 고려하여 산출한 감면율을 추가로 적용하도록 함 ③ 임직원이 일정요건을 구비하여 분사시 창업으로 인정하도록 하여 2018. 1. 1. 이후 창업하는 분부터 적용하도록 함
2018. 5. 29. (시행령 2018. 8. 28.)	① 청년의 창업에 대한 지원을 강화하기 위하여 청년창업 중소기업에 대한 세액감면율을 3년간 75%, 그 이후 2년간 50%에서 2018. 5. 29. 이후 창업하는 분부터 5년간 100%로 상향 조정함. 또한 수도권과밀억제권역 내에서 창업한 청년창업 중소기업에 대해서는 종전에 감면을 배제하였으나 2018. 5. 29. 이후 창업하는 분부터 5년간 50%의 세액감면을 적용하도록 함 ② 창업의 활성화를 위하여 창업 중소기업 등에 대한 세액감면의 대상 업종에 통신판매업, 개인 및 소비용품 수리업, 이용 및 미용업을 추가하여 2018. 5. 29. 이후 창업하는 분부터 적용하도록 함 ③ 생계형 창업중소기업에 대한 지원을 강화하기 위하여 2018. 5. 29. 이후 창업하는 분부터 최초 소득이 발생한 과세연도부터 5년간 수입금액이 4,800만원 이하인 과세연도에 대해서는 수도권과밀억제권 내에서 창업한 경우 50%, 수도권과밀억제권역 외 지역에서 창업한 경우에는 100%의 감면율을 적용하도록 함.
	청년창업중소기업의 청년을 29세 이하에서 34세 이하로 조정하여 2018. 5. 29. 이후 창업하는 분부터 적용하도록 함

개정일	개정내용
2019. 1. 1.	블록체인 기반 암호화자산 매매·중개업을 창업중소기업 감면대상에서 제외하여 2019. 1. 1. 이후 개시하는 과세연도부터 적용하도록 함
2020. 1. 1.	다음과 같이 적용대상 서비스업 업종 확대(세세분류기준 97개 업종 추가)하여 2020. 1. 1. 이후 창업하는 분부터 적용하도록 함 ① 정보통신을 활용하여 금융서비스를 제공하는 업종 ㉮ 「전자금융거래법」 제2조 제1호에 따른 전자금융업 ㉯ 「자본시장법」 제9조 제27항에 따른 온라인 소액투자 중개업 ㉰ 「외국환거래법 시행령」 제15조의2에 따른 소액해외송금업 ② 물류산업 확대 ㉮ 화물운송업 → 육상·수상·항공운송업 ㉯ 화물터미널 운영업 → 육상·수상·항공운송 지원서비스업 ③ 번역 및 통역서비스업, 경영컨설팅업, 콜센터 및 텔레마케팅 서비스업 신설
2022. 1. 1.	생계형 창업 기준을 연간 수입금액 4,800만원 이하에서 8,000만원 이하로 완화하여 2022. 1. 1. 이후 개시하는 과세연도부터 적용하도록 함

(2) 창업중소기업 및 창업보육센터사업자의 세액감면

1) 창업중소기업 및 창업보육센터사업자에 대한 세액감면액

중소기업 중 감면대상 업종으로 창업한 중소기업과 「중소기업창업 지원법」 제53조 제1항에 따라 창업보육센터사업자로 지정받은 내국인(이하 "창업보육센터사업자"라 한다)에 대해서는 해당 사업에서 최초로 소득이 발생한 과세연도[1](사업 개시일부터 5년이 되는 날이 속하는 과세연도까지 해당 사업에서 소득이 발생하지 아니하는 경우에는 5년이 되는 날이 속하는 과세연도를 말한다)와 그 다음 과세연도의 개시일부터 4년 이내에 끝나는 과세연도까지 해당 사업에서 발생한 소득[2]에 대한 소득세 또는 법인세에 다음 구분에 따른 비율을 곱한 금액에 상당하는 세액을 감면한다(조특법 §6①).

---

[1] "당해사업에서 최초로 소득이 발생한 날이 속하는 과세연도"란 감면대상 사업에서 소득이 최초로 발생한 날이 속하는 과세연도를 말하는 것임(사전-2021-법령해석소득-0773, 2021. 10. 27.).

[2] "해당 사업에서 발생한 소득"이란 감면대상사업에서 발생한 소득을 말함(사전-2021-법령해석소득-1453, 2021. 12. 28.).

① 창업중소기업 : 다음 구분에 따른 비율

구 분		'16. 12. 31. 이전 창업	'17. 1. 1.~ '18. 5. 28. 창업	'18. 5. 29. 이후 창업
청년창업 중소기업	수도권과밀억제권역 내 창업	감면배제	감면배제	5년간 50%
	수도권과밀억제권역 외 지역 내 창업	5년간 50%	2년간 75%, 그 후 3년간 50%	5년간 100%
일반창업 중소기업	수도권과밀억제권역 내 창업	감면배제		
	수도권과밀억제권역 외 창업	5년간 50%		

② 창업보육센터사업자 : 50%

※ 창업보육센터사업자는 지역 제한 없음.

▌사례 » **감면기간**

(1) 2018. 6. 5.에 수도권과밀억제권역 외의 지역에서 창업한 창업중소기업으로 2021년에 감면소득이 최초로 발생한 경우 감면기간은?

(2) 2018. 6. 5.에 수도권과밀억제권역 외의 지역에서 창업한 창업중소기업으로 2024년에 감면소득이 최초로 발생한 경우 감면기간은?

▌해답 ▌

(1) 2021년에 최초로 감면소득이 발생한 경우의 감면기간

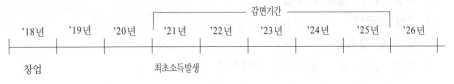

(2) 2024년에 최초로 감면소득이 발생한 경우의 감면기간
사업개시일부터 5년이 되는 날이 속하는 과세연도('23년)까지 소득이 발생하지 않았으므로 '23년부터 5년간('23년~'27년) 감면됨

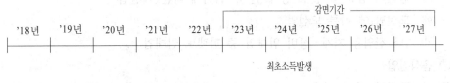

2) 창업중소기업과 창업벤처중소기업의 감면대상업종

"창업중소기업"과 "창업벤처중소기업" 중 창업중소기업 등에 대한 세액감면이 적용되는 업종은 다음과 같다(조특법 §6③ 및 조특령 §5⑥ 내지 ⑧).

① 광업

② 제조업

> 제조업에는 자기가 제품을 직접 제조하지 아니하고 제조업체(사업장이 국내 또는 「개성공업지구 지원에 관한 법률」 제2조 제1호에 따른 개성공업지구에 소재하는 업체에 한정한다)에 의뢰하여 제조하는 사업으로서 그 사업이 다음 요건을 충족하는 경우를 말한다(조특령 §5⑥, 조특칙 §4의2).
> 1. 생산할 제품을 직접 기획(고안·디자인 및 견본제작 등을 말한다)할 것
> 2. 해당 제품을 자기명의로 제조할 것
> 3. 해당 제품을 인수하여 자기책임하에 직접 판매할 것

③ 수도, 하수 및 폐기물 처리, 원료 재생업

④ 건설업

> 〈한국표준산업분류상 건설업과 부동산공급업의 구분〉
> • 직접 건설활동을 수행하지 않더라도 건설공사에 대한 총괄적인 책임을 지면서 건설공사 분야별로 도급 또는 하도급을 주어 전체적으로 건설공사를 관리하는 경우 : 건설업 → 감면대상
> • 직접적인 건설활동을 수행하지 않고 일괄 도급하여 개발한 농장·택지·공업용지 등의 토지와 건물 등을 분양·판매하는 산업활동 : 부동산 개발 및 공급업 → 감면대상이 아님

⑤ 통신판매업[3](2018. 5. 29. 이후 창업한 경우 적용)

⑥ 물류산업 : 물류산업이란 다음 중 어느 하나에 해당하는 업종을 말한다(조특령 §5⑦).
　㉮ 육상·수상·항공 운송업
　㉯ 화물 취급업
　㉰ 보관 및 창고업
　㉱ 육상·수상·항공 운송지원 서비스업
　㉲ 화물운송 중개·대리 및 관련 서비스업
　㉳ 화물포장·검수 및 계량 서비스업
　㉴ 「선박의 입항 및 출항 등에 관한 법률」에 따른 예선업
　㉵ 「도선법」에 따른 도선업
　㉶ 기타 산업용 기계·장비 임대업 중 파렛트 임대업

⑦ 음식점업

⑧ 정보통신업. 다만, 다음 중 어느 하나에 해당하는 업종은 제외한다.

---

3) 내국법인이 상품을 매입하여 고정된 매장 또는 점포에서 일반 소비자에게 직접 판매하지 않고 온라인 쇼핑몰을 통하여 소매하는 경우 해당 상품의 소매업은 「조세특례제한법」 제6조 제3항 제5호에 따른 통신판매업에 해당하는 것임(사전-2021-법령해석법인-0705, 2016. 6. 17.).

⑦ 비디오물 감상실 운영업

⑭ 뉴스제공업

⑮ 블록체인 기반 암호화자산 매매 및 중개업(2019. 1. 1. 이후 개시하는 과세연도부터 감면대상에서 제외)

⑨ 금융 및 보험업 중 정보통신을 활용하여 금융서비스를 하는 다음의 업종

⑦ 「전자금융거래법」 제2조 제1호에 따른 전자금융업무

⑭ 「자본시장과 금융투자업에 관한 법률」 제9조 제27항에 따른 온라인소액투자중개

⑮ 「외국환거래법 시행령」 제15조의2 제1항에 따른 소액해외송금업무

⑩ 전문, 과학 및 기술 서비스업[「엔지니어링산업 진흥법」에 따른 엔지니어링활동(「기술사법」의 적용을 받는 기술사의 엔지니어링활동을 포함한다)을 제공하는 사업을 포함한다]. 다만, 다음 중 어느 하나에 해당하는 업종은 제외한다.

⑦ 변호사업

⑭ 변리사업

⑮ 법무사업

⑯ 공인회계사업

⑰ 세무사업

⑱ 수의업

⑲ 「행정사법」 제14조에 따라 설치된 사무소를 운영하는 사업

⑳ 「건축사법」 제23조에 따라 신고된 건축사사무소를 운영하는 사업

⑪ 사업시설 관리, 사업 지원 및 임대 서비스업 중 다음 중 어느 하나에 해당하는 업종

⑦ 사업시설 관리 및 조경 서비스업

⑭ 사업 지원 서비스업(고용 알선업 및 인력 공급업은 농업노동자 공급업을 포함한다)

⑫ 사회복지 서비스업

⑬ 예술, 스포츠 및 여가관련 서비스업. 다만, 다음 중 어느 하나에 해당하는 업종은 제외한다.

⑦ 자영예술가

⑭ 오락장 운영업

⑮ 수상오락 서비스업

⑯ 사행시설 관리 및 운영업

⑰ 그 외 기타 오락관련 서비스업

⑭ 협회 및 단체, 수리 및 기타 개인 서비스업 중 다음 중 어느 하나에 해당하는 업종

⑦ 개인 및 소비용품 수리업(2018. 5. 29. 이후 창업한 경우 적용)

⑭ 이용 및 미용업(2018. 5. 29. 이후 창업한 경우 적용)

⑮ 「학원의 설립·운영 및 과외교습에 관한 법률」에 따른 직업기술 분야를 교습하는 학

원을 운영하는 사업 또는 「국민 평생 직업능력 개발법」에 따른 직업능력개발훈련시설을 운영하는 사업(직업능력개발훈련을 주된 사업으로 하는 경우로 한정한다)

⑯ 「관광진흥법」에 따른 관광숙박업, 국제회의업, 테마파크업 및 「관광진흥법 시행령」 제2조에 따른 전문휴양업, 종합휴양업, 자동차야영장업, 관광유람선업과 관광공연장업 `24 개정` (종전 : 유원시설업)

⑰ 「노인복지법」에 따른 노인복지시설을 운영하는 사업

⑱ 「전시산업발전법」에 따른 전시산업

〈업종의 분류〉

조세특례제한법에서 사용되는 업종의 분류는 이 법에 특별한 규정이 있는 경우를 제외하고는 「통계법」 제22조에 따라 통계청장이 고시하는 한국표준산업분류에 따른다. 다만, 한국표준산업분류가 변경되어 이 법에 따른 조세특례를 적용받지 못하게 되는 업종에 대해서는 한국표준산업분류가 변경된 과세연도와 그 다음 과세연도까지는 변경 전의 한국표준산업분류에 따른 업종에 따라 조세특례를 적용한다(조특법 §2③).

---

3) 창업의 범위

창업이란 중소기업을 새로이 설립하는 것을 말하는 것으로서 법인의 경우 창업일은 <u>법인설립등기일</u>이고 개인사업자의 경우 「소득세법」 또는 「부가가치세법」에 따른 <u>사업자등록을 한 날</u>이 된다(조특집 6-0-2 ①). 다만, 다음 중 어느 하나에 해당하는 경우는 창업으로 보지 아니한다(조특법 §6⑩).

① 합병·분할·현물출자 또는 사업의 양수를 통하여 종전의 사업을 승계하거나 종전의 사업에 사용되던 자산을 인수 또는 매입하여 같은 종류의 사업을 하는 경우. 다만, 다음 중 어느 하나에 해당하는 경우에는 창업으로 본다(조특법 §6⑩(1)).

㉮ 종전의 사업에 사용되던 자산을 인수하거나 매입하여 같은 종류의 사업을 하는 경우 그 자산가액의 합계가 사업 개시 당시 토지와 「법인세법 시행령」 제24조에 따른 감가상각자산의 총가액에서 차지하는 비율이 30% 이하인 경우[4](조특령 §5⑲, ⑳)

$$\text{창업으로 인정되는 자산인수가액비율} = \frac{\text{인수 또는 매입한 자산가액}}{\text{창업당시 토지와 감가상각자산의 가액}} \leq 30\%$$

㉯ 사업의 일부를 분리하여 해당 기업의 임직원이 사업을 개시하는 경우로서 다음 요

---

[4] 거주자가 사업장을 폐업 후 사업의 양수를 통한 새로운 법인을 설립하여 종전의 사업에 사용되던 자산을 인수 또는 매입하여 동종의 사업을 영위하는 경우에는 당해 자산가액의 합이 사업개시 당시 토지 및 감가상각자산의 총가액에서 차지하는 비율보다 30% 이하인 경우에는 조세특례제한법 제6조 제4항 제1호 단서의 규정에 의하여 창업의 범위에 해당하는 것이나, 귀 질의의 경우가 이에 해당하는지 여부는 사실관계를 종합적으로 검토하여 판단하여야 하는 것임(서면인터넷방문상담2팀-488, 2006. 3. 13.).

건을 모두 갖춘 경우(조특령 §5㉑)(2018. 1. 1. 이후 창업분부터 적용)

ⓐ 기업과 사업을 개시하는 해당 기업의 임직원 간에 사업 분리에 관한 계약을 체결할 것

ⓑ 사업을 개시하는 임직원이 새로 설립되는 기업의 대표자로서 「법인세법 시행령」 제43조 제7항에 따른 지배주주 등에 해당하는 해당 법인의 최대주주 또는 최대출자자(개인사업자의 경우에는 대표자를 말함)일 것. 이 규정을 적용할 때 사업을 개시하는 자가 이 요건을 충족하지 못하게 된 경우에는 해당 사유가 발생한 날이 속하는 과세연도부터 감면을 적용하지 않는다(조특령 §5㉒).

② 거주자가 하던 사업을 법인으로 전환하여 새로운 법인을 설립하는 경우(조특법 §6⑩(2))

③ 폐업 후 사업을 다시 개시하여 폐업 전의 사업과 같은 종류의 사업을 하는 경우(조특법 §6⑩(3))

④ 사업을 확장하거나 다른 업종을 추가하는 경우 등 새로운 사업을 최초로 개시하는 것으로 보기 곤란한 경우(조특법 §6⑩(4))

위의 규정을 적용할 때 같은 종류의 사업의 분류는 「통계법」 제22조에 따라 통계청장이 작성·고시하는 표준분류(이하 "한국표준산업분류"라 한다)에 따른 세분류를 따른다[5](조특령 §5㉓).

한국표준산업분류(통계청)의 예시

F. 건설업(41~42) 대분류(영문 대문자)

　41. 종합 건설업 중분류(2자리 숫자)

　　411. 건물 건설업 소분류(3자리 숫자)

　　　4111. 주거용 건물 건설업 세분류(4자리 숫자)

　　　　41111. 단독 주택 건설업 세세분류(5자리 숫자)

　　　　41112. 아파트 건설업

　　　　41119. 기타 공동 주택 건설업

　　　4112. 비주거용 건물 건설업

　　　　41121. 사무·상업용 및 공공기관용 건물 건설업

　　　　41122. 제조업 및 유사 산업용 건물 건설업

　　　　41129. 기타 비주거용 건물 건설업

　　412. 토목건설업

　42. 전문직별 공사업

---

[5] 신설법인이 다른 사업자가 사용하던 사업용자산을 매입하여 해당 사업자와 한국표준산업분류상 세분류가 같은 사업을 영위하는 경우로서, 그 매입한 자산가액의 합계가 사업개시 당시 조세특례제한법 시행령 제5조 제13항에 의한 사업용자산의 총 가액에서 차지하는 비율이 30%를 초과하는 경우에는 「조세특례제한법」 제6조 제6항 제1호에 따라 '창업'으로 보지 아니하는 것이므로 같은 법의 창업중소기업 등에 대한 세액 감면을 적용받을 수 없는 것임(법규법인 2010-0258, 2010. 9. 2.).

4) 청년창업중소기업

가. 청년창업중소기업의 범위

"청년창업중소기업"이란 대표자(공동사업장의 경우에는 손익분배비율이 가장 큰 사업자를 말하며, 손익분배비율이 가장 큰 사업자가 둘 이상인 경우에는 그 모두를 말함)가 다음 구분에 따른 요건을 충족하는 기업(이하 "청년창업중소기업"이라 한다)을 말한다(조특령 §5①).

① 개인사업자로 창업하는 경우 : 창업 당시 15세 이상 34세(2017. 1. 1.부터 2018. 5. 28. 이전 창업하는 경우 29세) 이하인 사람. 다만, 병역[6]을 이행한 경우에는 그 기간 (6년 한도)을 창업 당시 연령에서 빼고 계산한 연령이 34세 이하(2018. 5. 28. 이전 창업하는 경우 29세)인 사람을 포함한다.

② 법인으로 창업하는 경우 : 다음 요건을 모두 갖춘 사람

㉮ ①의 요건을 갖출 것

㉯ 「법인세법 시행령」 제43조 제7항에 따른 지배주주등[7]으로서 해당 법인의 최대주주 또는 최대출자자일 것

나. 감면기간 중 청년창업중소기업에서의 이탈된 경우

수도권과밀억제권역 외의 지역에서 창업한 청년창업중소기업의 대표자가 감면기간 중 "지배주주 등으로서 해당 법인의 최대주주 또는 최대출자자일 것이라는 요건"을 충족하지 못하게 되거나 개인사업자로서 손익분배비율이 가장 큰 사업자가 아니게 된 경우에는 해당 사유가 발생한 날이 속하는 과세연도부터 남은 감면기간 동안 청년창업중소기업이 아닌 창업중소기업으로 보므로 다음과 같이 처리한다(조특령 §5② · ③).

① 수도권과밀억제권역 외의 지역에서 창업한 청년창업중소기업인 경우 : 100%의 감면을 적용하지 아니하고, 해당 사유가 발생한 날이 속하는 과세연도부터 남은 감면기간 동안 50%에 따른 감면을 적용함(조특령 §5②).

② 수도권과밀억제권역에서 창업한 청년창업중소기업인 경우 : 해당 사유가 발생한 날이 속하는 과세연도부터 남은 감면기간 동안 창업중소기업에 대한 감면을 적용하지 않음 (조특령 §5③).

---

[6] 병역이란 다음 중 어느 하나에 해당하는 병역을 말한다(조특령 §27①(1)).
  ① 「병역법」 제16조 또는 제20조에 따른 현역병(같은 법 제21조, 제25조에 따라 복무한 상근예비역 및 의무경찰 · 의무소방원을 포함함)
  ② 「병역법」 제26조 제1항에 따른 사회복무요원
  ③ 「군인사법」 제2조 제1호에 따른 현역에 복무하는 장교, 준사관 및 부사관
[7] "지배주주등"이란 법인의 발행주식총수 또는 출자총액의 1% 이상의 주식 또는 출자지분을 소유한 주주등으로서 그와 특수관계에 있는 자와의 소유 주식 또는 출자지분의 합계가 해당 법인의 주주등 중 가장 많은 경우의 해당 주주등을 말한다(법령 §43⑦).

(3) 창업벤처중소기업의 세액감면

1) 세액감면액

「벤처기업육성에 관한 특별법」 제2조 제1항에 따른 벤처기업(이하 "벤처기업"이라 한다) 중 다음에 해당하는 기업으로서 **창업 후 3년 이내에 같은 법 제25조에 따라 벤처기업으로 확인받은 기업**(이하 "창업벤처중소기업"이라 한다)의 경우에는 그 확인받은 날 이후 최초로 소득이 발생한 과세연도(벤처기업으로 확인받은 날부터 5년이 되는 날이 속하는 과세연도까지 해당 사업에서 소득이 발생하지 아니한 경우에는 5년이 되는 날이 속하는 과세연도)와 그 다음 과세연도 개시일부터 4년 이내에 끝나는 과세연도까지 해당 사업에서 발생한 소득에 대한 소득세 또는 법인세의 50%에 상당하는 세액을 감면한다. 다만, 앞의 "창업중소기업에 대한 감면"을 받은 경우에는 이 규정을 적용하지 아니한다(조특법 §6②, 조특령 §5④).

① 「벤처기업육성에 관한 특별조치법」 제2조의2의 요건을 갖춘 중소기업(같은 조 제1항 제2호 나목에 해당하는 중소기업을 제외한다)

② 연구개발 및 인력개발을 위한 비용으로서 「조세특례제한법 시행령」 [별표 6]의 비용 (이하 "연구개발비"라 함)이 당해 과세연도의 수입금액의 5% 이상인 중소기업. 이 규정은 「벤처기업육성에 관한 특별조치법」 제25조의 규정에 의한 벤처기업 해당 여부의 확인을 받은 날이 속하는 과세연도부터 연구개발비가 계속하여 5% 이상을 유지하는 경우에 한하여 적용한다(조특령 §5⑤).

※ 벤처기업은 수도권과밀억제권역에서 창업해도 감면이 가능한 점에 유의하여야 함.

2) 감면 배제

감면기간 중 다음의 사유가 있는 경우에는 다음의 구분에 따른 날이 속하는 과세연도부터 감면을 적용하지 아니한다(조특법 §6②).

① 벤처기업의 확인이 취소된 경우 : 취소일

② 「벤처기업육성에 관한 특별조치법」 제25조 제2항에 따른 벤처기업확인서의 유효기간이 만료된 경우(해당 과세연도 종료일 현재 벤처기업으로 재확인받은 경우는 제외한다) : 유효기간 만료일

(4) 에너지신기술중소기업의 세액감면

1) 세액감면액

창업일이 속하는 과세연도와 그 다음 3개 과세연도가 지나지 아니한 중소기업으로서 에너지신기술중소기업에 해당하는 경우에는 그 해당하는 날 이후 최초로 해당 사업에서 소득이 발생한 과세연도(에너지신기술중소기업에 해당하는 날부터 5년이 되는 날이 속하는 과세연도까지 해당 사업에서 소득이 발생하지 아니하는 경우에는 5년이 되는 날이 속하는 과

세연도)와 그 다음 과세연도의 개시일부터 4년 이내에 끝나는 과세연도까지 해당 사업에서 발생한 소득에 대한 소득세 또는 법인세의 50%에 상당하는 세액을 감면한다. 다만, 창업중소기업, 창업보육센터사업자 또는 창업벤처중소기업으로서 법인세를 감면받는 경우는 제외하며, 감면기간 중 에너지신기술중소기업에 해당하지 않게 되는 경우에는 그 날이 속하는 과세연도부터 감면하지 아니한다(조특법 §6④).

※ 에너지신기술중소기업은 수도권과밀억제권역에서 창업해도 감면이 가능함.

2) 에너지신기술중소기업의 요건

"에너지신기술중소기업"이란 다음의 제품을 제조하는 중소기업을 말한다(조특령 §5⑪).

① 「에너지이용 합리화법」 제15조에 따른 에너지소비효율 1등급 제품 및 같은 법 제22조에 따라 고효율에너지 기자재로 인증받은 제품

② 「신에너지 및 재생에너지 개발·이용·보급 촉진법」 제13조에 따라 신·재생에너지설비로 인증받은 제품

3) 에너지신기술중소기업의 감면소득금액 계산

에너지신기술중소기업에서 발생한 소득의 계산은 다음과 같이 한다(조특령 §5⑮). 이 경우 고효율제품 등의 매출액은 제조업분야의 다른 제품의 매출액과 구분 경리하여야 한다(조특령 §5⑯).

$$\text{감면소득금액} = \frac{\text{해당 과세연도의}}{\text{제조업에서 발생한 소득}} \times \frac{\text{해당 과세연도의 고효율제품 등의 매출액}}{\text{해당 과세연도의 제조업에서 발생한 총매출액}}$$

(5) 신성장서비스업 창업기업에 대한 세액감면

1) 신성장서비스업에 대한 세액감면액

2018. 1. 1. 이후 수도권과밀억제권역 외의 지역에서 창업한 창업중소기업(청년창업중소기업 제외), 벤처기업으로 확인받은 창업벤처중소기업 및 에너지신기술중소기업에 해당하는 경우로서 신성장 서비스업을 영위하는 기업의 경우에는 최초로 세액을 감면받는 과세연도와 그 다음 과세연도의 개시일부터 2년 이내에 끝나는 과세연도에는 소득세 또는 법인세의 75%에 상당하는 세액을 감면하고, 그 다음 2년 이내에 끝나는 과세연도에는 소득세 또는 법인세의 50%에 상당하는 세액을 감면한다(조특법 §6⑤).

2) 신성장서비스업을 영위하는 기업의 범위

"신성장서비스업을 영위하는 기업"이란 다음 중 어느 하나에 해당하는 사업(이하 "신성장서비스업종"이라 한다)을 주된 사업으로 영위하는 중소기업을 말한다. 이 경우 둘 이상의 서로 다른 사업을 영위하는 경우에는 사업별 사업수입금액이 큰 사업을 주된 사업으로 본다(조특령 §5⑫).

〈신성장서비스업〉
① 컴퓨터 프로그래밍, 시스템 통합 및 관리업, 소프트웨어 개발 및 공급업, 정보서비스업(뉴스제공업 제외) 또는 전기통신업
② 창작 및 예술관련 서비스업(자영예술가 제외), 영화·비디오물 및 방송 프로그램 제작업, 오디오물 출판 및 원판 녹음업 또는 방송업
③ 엔지니어링사업, 전문 디자인업, 보안 시스템 서비스업 또는 광고업 중 광고물 문안, 도안, 설계 등 작성업
④ 서적, 잡지 및 기타 인쇄물 출판업, 연구개발업, 「학원의 설립·운영 및 과외교습에 관한 법률」에 따른 직업기술 분야를 교습하는 학원을 운영하는 사업 또는 「국민 평생 직업능력 개발법」에 따른 직업능력개발훈련시설을 운영하는 사업(직업능력개발훈련을 주된 사업으로 하는 경우로 한정함)
⑤ 물류산업
⑥ 「관광진흥법」에 따른 관광숙박업, 국제회의업, 유원시설업 또는 관광객이용시설업
⑦ 그 밖에 다음의 신성장 서비스업(조특칙 §4의3)
　㉮ 「전시산업발전법」에 따른 전시산업
　㉯ 기타 과학기술서비스업
　㉰ 시장조사 및 여론조사업
　㉱ 광고업 중 광고대행업, 옥외 및 전시 광고

3) 신성장서비스업종 외의 업종으로 주된 업종을 변경하는 경우의 처리

신성장서비스업을 영위하는 기업에 대한 감면기간 중 신성장서비스업종 이외의 업종으로 주된 사업이 변경되는 경우에는 신성장서비스업에 대한 감면을 적용하지 아니하고, 해당 사유가 발생한 날이 속하는 과세연도부터 남은 감면기간 동안 "(2), (3)" 또는 "(4)"에 따른 감면을 적용한다(조특령 §5⑬).

(6) 생계형 창업중소기업에 대한 세액감면

2018. 5. 29. 이후 창업한 창업중소기업(청년창업중소기업 제외)에 대해서는 최초로 소득이 발생한 과세연도와 그 다음 과세연도의 개시일부터 4년 이내에 끝나는 과세연도까지의 기간에 속하는 과세연도의 수입금액(과세기간이 1년 미만인 과세연도의 수입금액은 1년으로 환산한 총수입금액을 말한다)이 8천만원(2021. 12. 31. 이전에 개시하는 과세기간은 4,800만원) 이하인 경우 그 과세연도에 대한 소득세 또는 법인세에 다음 구분에 따른 비율을 곱한 금액에 상당하는 세액을 감면한다. 다만, "창업벤처중소기업에 대한 세액감면" 또

는 "에너지신기술 중소기업에 대한 세액감면"을 적용받는 경우는 제외한다(조특법 §6⑥).

구 분	감면율
① 수도권과밀억제권역 외의 지역에서 창업한 창업중소기업의 경우	100%
② 수도권과밀억제권역에서 창업한 창업중소기업의 경우	50%

(7) 고용창출기업에 대한 추가감면

1) 고용창출기업에 대한 추가감면

2018. 1. 1. 이후 창업분부터 창업중소기업에 대한 특별세액감면을 적용받는 업종별최소고용인원[*1] 이상을 고용하는 수도권과밀억제권역 외의 지역에서 창업한 창업중소기업(청년창업중소기업 제외), 창업보육센터사업자, 창업벤처중소기업 및 에너지신기술중소기업의 감면기간 중 해당 과세연도의 상시근로자 수가 직전 과세연도의 상시근로자 수(직전 과세연도의 상시근로자 수가 업종별최소고용인원에 미달하는 경우에는 업종별최소고용인원을 직전 과세연도의 상시근로자 수로 함)보다 큰 경우에는 다음의 감면세액에 더하여 감면한다. 다만, 생계형창업중소기업에 대한 세액감면규정에 따라 100%에 상당하는 세액을 감면받는 과세연도에는 고용창출기업에 대한 추가감면을 적용하지 아니한다(조특법 §6⑦).

$$\text{해당 사업에서 발생한 소득에 대한 법인세} \times \frac{\text{해당 과세연도의 상시근로자 수} - \text{직전 과세연도의 상시근로자 수}}{\text{직전 과세연도의 상시근로자 수}} \times 50\%^{*2}$$

*1 업종별 최소고용인원(조특령 §5⑭) : 광업·제조업·건설업 및 물류산업의 경우 10명, 그 밖의 업종의 경우 5명
*2 75%에 상당하는 세액을 감면받는 과세연도의 경우에는 25%를 한도로 하고, 1% 미만인 부분은 없는 것으로 본다.

2) 상시근로자의 범위 및 상시근로자 수의 계산방법

① 상시근로자의 범위 및 상시근로자 수의 계산방법은 조특령 제23조 제10항부터 제13항까지의 규정을 준용한다(조특령 §5⑰).

② 상시근로자의 수를 계산할 때 해당 과세연도에 법인전환 또는 사업의 승계 등을 한 내국인의 경우에는 다음의 구분에 따른 수를 직전 또는 해당 과세연도의 상시근로자 수로 본다(조특령 §5⑱).

㉮ 거주자가 하던 사업을 법인으로 전환하여 새로운 법인을 설립하는 경우의 직전 과세연도의 상시근로자 수 : 법인전환 전의 사업의 직전 과세연도 상시근로자 수

㉯ 다음 중 어느 하나에 해당하는 경우의 직전 또는 해당 과세연도의 상시근로자 수 : 직전 과세연도의 상시근로자 수는 승계시킨 기업의 경우에는 직전 과세연도 상시근로자 수에 승계시킨 상시근로자 수를 뺀 수로 하고, 승계한 기업의 경우에는 직전 과세연도 상시근로자 수에 승계한 상시근로자 수를 더한 수로 하며, 해당 과

세연도의 상시근로자 수는 해당 과세연도 개시일에 상시근로자를 승계시키거나 승계한 것으로 보아 계산한 상시근로자 수로 한다.

ⓐ 해당 과세연도에 합병·분할·현물출자 또는 사업의 양수 등에 의하여 종전의 사업부문에서 종사하던 상시근로자를 승계하는 경우

ⓑ 조특령 제11조 제1항에 따른 특수관계인[8]으로부터 상시근로자를 승계하는 경우

◉ 창업중소기업 등에 대한 세액감면 요약 ◉

구 분	대 상	감면세액				
		구 분		'16. 12. 31. 이전 창업	'17.1.1. 이후 창업	'18.5.29. 이후 창업
창업중소기업과 창업보육센터 사업자 (조특법 §6①)	감면대상업종으로 창업한 중소기업	청년창업 중소기업	수도권과밀억 제권역내 창업	감면배제	감면배제	5년간 50%
			수도권과밀억 제권역외 창업	5년간 50%	2년간 75%, 그 후 3년간 50%	5년간 100%
		창업 중소기업	수도권과밀억 제권역내 창업	감면배제		
			수도권과밀억 제권역외 창업	5년간 50%		
	창업보육센터사업자로 지정받은 내국인	5년간 50%				
창업벤처중소기업 (조특법 §6②)	감면대상업종을 영위하는 중소기업으로서 창업한 후 3년 이내에 벤처기업으로 확인받은 기업	5년간 50%				
에너지신기술 중소기업 (조특법 §6④)	창업일이 속하는 과세연도와 그 다음 3개 과세연도가 지나지 아니한 중소기업으로서 에너지신기술중소기업에 해당하는 경우	5년간 50%				
신성장서비스업 (조특법 §6⑤) (2018. 1. 1. 이후 창업분부터 적용)	수도권과밀억제권역 외의 지역에서 창업한 중소기업(청년창업중소기업 제외), 창업벤처중소기업, 에너지신기술중소기업으로서 신성장서비스업에 해당하는 경우	3년간 75%, 그 후 2년간 50%				

---

[8] 특수관계인이란 「법인세법 시행령」 제2조 제5항 및 「소득세법 시행령」 제98조 제1항에 따른 특수관계인을 말한다. 이 경우 「법인세법 시행령」 제2조 제5항 제2호의 소액주주등을 판정할 때 「법인세법 시행령」 제50조 제2항 중 "100분의 1"은 "100분의 30"으로 본다(조특령 §11①).

구 분	대 상	감면세액
생계형창업중소기업(조특법 §6⑥) (2018. 5. 29. 이후 창업분부터 적용)	창업중소기업(청년창업중소기업 제외)의 수입금액이 연간 8천만원 이하인 경우(2021년까지 4천800만원)	• 수도권과밀억제권역 외의 지역에서 창업한 중소기업 5년간 100% • 수도권과밀억제권역에서 창업한 중소기업 5년간 50%
고용창출 기업에 대한 추가감면 (2018. 1. 1. 이후 창업분부터 적용)	업종별 최소고용인원 이상을 고용하는 수도권과밀억제권역 외의 지역에서 창업한 중소기업, 창업보육센터사업자, 창업벤처중소기업, 에너지신기술중소기업의 감면기간 중 상시근로자 수가 증가한 경우 추가감면	<추가감면율> $$\frac{\text{당기 상시근로자 수} - \text{전기 상시근로자 수}}{\text{전기 상시근로자 수}} \times 50\%$$ <추가감면율 한도> 50% 감면시 50% 한도, 75% 감면시 25% 한도, 100% 감면시 적용배제

(8) 감면세액계산방법

창업중소기업 등에 대한 법인세 감면세액은 다음과 같이 계산한다.

$$감면세액 = 산출세액^{*1} \times \frac{감면소득^{*2}}{과세표준} \left(\frac{100}{100} \text{을 한도로 한다} \right) \times 감면비율$$

*1 토지 등 양도소득에 대한 법인세액과 조특법 제100조의32에 따른 투자·상생협력 촉진을 위한 과세특례를 적용하여 계산한 산출세액은 제외한다.

*2 감면 또는 면제세액을 계산할 때 각 사업연도의 과세표준계산 시 공제한 이월결손금·비과세소득 또는 소득공제액(이하 "공제액등"이라 한다)이 있는 경우 감면 또는 면제되는 소득은 다음의 금액을 공제한 금액으로 한다(법령 §96).
① 공제액등이 감면사업 또는 면제사업에서 발생한 경우에는 공제액 전액
② 공제액등이 감면사업 또는 면제사업에서 발생한 것인지가 불분명한 경우에는 소득금액에 비례하여 안분계산한 금액

〈조특집 6-0-3【감면대상소득의 범위】〉

① 창업중소기업 등에 대한 세액감면, 중소기업에 대한 특별세액감면을 적용함에 있어 감면대상 소득계산 시 이자수익·유가증권처분이익·유가증권처분손실 등은 포함하지 아니한다.
② 창업중소기업에 대한 세액감면 규정 적용시 감면사업 관련 설비투자 과정에서 발생한 외환차익은 당해 감면사업에서 발생한 소득에 해당한다.

(9) 창업중소기업이 사업장을 이전한 경우

1) 수도권과밀억제권역 외의 지역에서 창업한 후 수도권과밀억제권역으로 이전하는 경우

창업중소기업에 대한 세액감면을 적용할 때 수도권과밀억제권역 외의 지역에서 창업한 창업중소기업이 창업 이후 다음 중 어느 하나에 해당하는 사유가 발생한 경우에는 해당 사유가 발생한 날이 속하는 과세연도부터 남은 감면기간 동안 해당 창업중소기업은 수도권과밀억제권역에서 창업한 창업중소기업으로 본다(조특령 §5㉕).

① 창업중소기업이 사업장을 수도권과밀억제권역으로 이전한 경우

② 창업중소기업이 수도권과밀억제권역에 지점 또는 사업장을 설치(합병·분할·현물출자 또는 사업의 양수를 포함한다)한 경우

2) 수도권과밀억제권역 외의 지역에서 창업한 후 수도권과밀억제권역으로 이전하는 경우

수도권과밀억제권역에서 창업한 청년창업중소기업이 수도권과밀억제권역 외의 지역으로 사업장을 이전한 경우 「조세특례제한법」 제6조 제1항 제1호 나목의 감면비율을 적용하는 것임(사전-2021-법령해석소득-0140, 2021. 5. 11.). ➡ 감면율 50%

(10) 감면의 중단

창업중소기업 등에 대한 감면을 적용받은 기업이 다음의 사유에 따라 중소기업에 해당하지 아니하게 된 경우에는 해당 사유 발생일이 속하는 과세연도부터 감면하지 아니한다(조특법 §6⑪, 조특령 §5㉔, §2②).

① 「중소기업기본법」의 규정에 의한 중소기업 외의 기업과 합병하는 경우

② 유예기간 중에 있는 기업과 합병하는 경우

③ 독립성요건(「중소기업기본법 시행령」 제3조 제1항 제2호 다목의 관계기업규정은 제외한다)의 요건을 갖추지 못하게 되는 경우

④ 창업일이 속하는 과세연도 종료일부터 2년 이내의 과세연도 종료일 현재 중소기업기준을 초과하는 경우

(11) 감면신청

창업중소기업 등에 대한 감면규정에 따라 법인세를 감면받으려는 자는 과세표준신고와 함께 기획재정부령으로 정하는 세액감면신청서를 납세지 관할세무서장에게 제출하여야 한다(조특법 §6⑫, 조특령 §5㉖). 그러나 신청이 감면요건이 아니므로 감면요건에 해당되는 경우에는 세액감면신청서를 제출하지 아니한 때에도 창업중소기업 등에 대한 세액감면을 받을 수 있다(소득세과 22601-45, 1991. 1. 9., 소득세과 46011-4258, 1995. 11. 20.).

(12) 감면의 제한 등

구 분	내 용
세액공제와의 중복적용 배제	내국인이 동일한 과세연도에 "창업중소기업 등에 대한 세액감면"규정에 따라 법인세가 감면되는 경우와 통합투자세액공제 등 일정한 세액공제규정에 따라 법인세가 공제되는 경우를 동시에 적용받을 수 있는 경우에는 그 중 하나만을 선택하여 적용받을 수 있다(조특법 §127④).

구 분	내 용
다른 세액감면과 중복적용 배제	내국인의 동일한 사업장에 대하여 동일한 과세연도에 "창업중소기업 등에 대한 세액감면"과 다른 일정한 세액감면이 규정 중 둘 이상의 규정이 적용될 수 있는 경우에는 그 중 하나만을 선택하여 적용받을 수 있다(조특법 §127⑤).
고용창출에 대한 추가감면과 고용증대세액공제의 중복적용 배제	"고용창출기업에 대한 추가감면"규정(조특법 §6⑦)에 따라 법인세를 감면받는 경우에는 "고용을 증대시킨 기업에 대한 세액공제"(조특법 §29의7) 또는 통합고용세액공제의 기본공제(조특법 §29의8①)를 동시에 적용하지 아니한다(조특법 §127④ 단서).
결정 또는 기한 후 신고시 적용배제	법인세법에 따라 결정을 하는 경우와 국세기본법에 따라 기한 후 신고를 하는 경우에는 "창업중소기업 등에 대한 세액감면"을 적용하지 아니한다(조특법 §128②).
경정하는 경우와 경정할 것을 미리 알고 수정신고하는 경우	법인세법에 따라 경정을 하는 경우와 과세표준 수정신고서를 제출한 과세표준과 세액을 경정할 것을 미리 알고 제출한 경우에는 과소신고금액(법인의 경우에는 국세기본법 제47조의3 제2항 제1호에 따른 부정과소신고과세표준을 말함)에 대하여 "창업중소기업 등에 대한 세액감면"을 적용하지 아니한다(조특법 §128③).
사업용계좌 신고의무 미이행, 현금영수증가맹점 또는 신용카드가맹점의무 위반시 감면배제	법인세법 제117조의2 제1항에 따라 현금영수증가맹점으로 가입하여야 할 사업자가 이를 이행하지 아니한 경우에는 해당 과세기간의 해당 사업장에 대하여 "창업중소기업 등에 대한 세액감면"을 적용하지 아니한다. 다만, 의무 불이행에 대하여 정당한 사유가 있는 경우에는 그러하지 아니하다(조특법 §128④).
최저한세 적용여부	창업중소기업 등에 대한 세액감면은 최저한세대상이다. 다만, 법인세의 100분의 100에 상당하는 세액을 감면받는 과세연도의 경우에는 최저한세대상이 아니다(조특법 §132①(4), ②(4)).
농어촌특별세 과세여부	창업중소기업에 대한 세액감면은 농어촌특별세가 비과세된다(농특세법 §4(3)).

(13) 창업중소기업 등에 대한 감면과 관련된 예규

1) 창업중소기업 등에 대한 감면의 적용

구 분	내 용
법인설립등기 이후 감면사업을 영위하는 지점을 설치하는 경우 창업중소기업감면 적용 여부	「조세특례제한법」 제6조 제1항의 창업중소기업 등에 대한 세액감면을 적용할 때, 창업이란 중소기업을 새로 설립하는 것으로서 법인의 창업일은 법인설립등기일을 말하는 것이며, 해당 세액감면은 창업당시부터 같은 법 같은 조 제3항 각 호의 업종(이하 "감면사업"이라 함)을 영위하는 중소기업에 대하여 적용하는 것이므로 법인설립 후 지점을 설치하여 다른 업종을 추가하는 경우 해당 지점에서 발생하는 소득에 대해서는 해당 세액감면을 적용하지 않는 것임. 다만, 법인설립 당시부터 지점을 설치하여 감면사업을 영위하기로 사업계획하고 일시적으로 지점설치 및 지점등기가 지연된 경우로서 사실상 법인설립 당시부터 해당 감면사업을 영위한 것으로 인정되는 경우에는 해당 세액감면을 적용할 수 있는 것임. 귀 서면질의의 경우가 어디에 해당하는지는 법인설립 당시 해당 감

구 분	내 용
	면사업 영위 여부 및 지점설치 목적·경위 등 제반사항을 고려하여 사실판단할 사항임(서면-2015-법령해석법인-0433 [법령해석과-2005], 2015. 8. 18.).
타 감면 이후 창업중소기업 등에 대한 세액감면 적용가능 여부	조세특례제한법 제6조의 규정에 의한 창업중소기업이 최초로 소득이 발생한 사업연도에 동 규정에 의한 세액감면을 적용받지 않았다 하더라도 잔존 감면기간 내에 같은 법 제6조 제7항의 규정에 따라 감면신청을 하는 경우에는 같은 법 같은 조 제1항의 규정에 의한 세액감면을 적용받을 수 있는 것이며 창업중소기업이 2012사업연도에 해당 사업에서 최초로 소득이 발생한 경우 그 다음 과세연도의 개시일부터 3년 이내에 끝나는 과세연도까지 해당 사업에서 발생한 소득에 대한 감면이 가능한 것임. 또한, 제조업과 도매업을 겸영하고 업종별로 구분경리를 하는 경우에는 같은 법 같은 조 제3항에 규정된 제조업 소득에 대하여만 창업중소기업 등에 대한 세액감면을 적용할 수 있는 것임(서면-2014-법인-22091 [법인세과-807], 2015. 5. 18.).
최초로 소득이 발생한 사업연도에 감면을 받지 않은 중소기업이 그 후 사업연도에 감면을 받을 수 있는 지 여부	조세감면규제법시행령 제6조 제2항의 규정에 의한 기술집약형 중소기업을 1994사업연도에 창업한 내국법인이 최초로 소득이 발생한 사업연도에 조세감면규제법 제6조 제2항 제1호의 규정에 의한 조세특례를 적용받지 않았다 하더라도 잔존감면기간 내에 조세감면규제법 제6조 제4항의 규정에 따라 감면신청을 하는 경우에는 조세감면규제법 제6조 제2항의 규정에 의한 조세특례를 적용받을 수 있는 것임(법인 46012-764, 1997. 3. 17.).
사업별로 다른 감면을 적용받을 수 있는지 여부	내국인이 동일사업장에서 제조업과 도매업을 겸영하고 업종별로 구분경리를 하는 경우에는 동일한 과세연도에 제조업 소득에 대하여는 「조세특례제한법」 제6조에 의한 '창업중소기업 등에 대한 세액감면'을 적용하고, 도매업 소득은 같은 법 제7조에 의한 '중소기업에 대한 특별세액감면'을 적용할 수 있는 것임(법인세과-768, 2009. 7. 3.).

2) 창업의 범위

구 분	내 용
커피숍의 부진으로 사업을 중단하고 치킨 전문점으로 업종을 변경한 경우 창업에 해당 여부	비알코올 음료점업(커피숍)을 운영하던 사업자가 사업부진으로 커피숍 영업을 중단하고 해당 장소에서 기타 간이 음식점업(치킨 전문점)으로 업종을 변경한 경우 「조세특례제한법」 제6조의 창업중소기업 등에 대한 세액감면이 적용되는 '창업'에 해당하는 것임. 다만, 새로운 사업의 개시가 「조세특례제한법」 제6조 제10항의 '사업을 확장하거나 다른 업종을 추가하는 경우 등 새로운 사업을 최초로 개시한 것으로 보기 곤란한 경우'에 해당하는 경우 '창업'으로 보지 아니하며 이에 해당하는지 여부는 기존 사업과의 연관성, 위치, 업종 등을 종합적으로 고려하여 사실판단할 사항임(사전-2019-법령해석소득-0733, 2019. 12. 31.).
개인사업자가 새로운 법인을 설립하는 경우 창업 해당 여부	개인사업자가 종전의 사업을 계속하면서 종전 사업장과 다른 사업장에 제조업을 영위하기 위한 법인을 설립하여 사업을 새로이 개시하는 경우 「조세특례제한법」 제6조에 따른 창업중소기업 등에 대한 세액감면 대상 창업에 해당하는 것임(사전-2016-법령해석법인-0179, 2016. 5. 10.).

구 분	내 용
	개인사업자가 사업을 계속하면서 수도권과밀억제권역 외의 다른 지역에 별도의 법인을 설립하여 개인사업자와 동일한 업종을 영위하는 경우 창업중소기업에 해당하는 것임(**법인세과-117, 2011. 2. 15.**).
	중소제조업을 영위하는 개인사업자가 그 사업을 계속하면서 다른 지역에 별도의 법인을 설립하여 사업을 새로이 개시하는 경우 사업을 새로이 개시하는 법인은 조세특례제한법 제6조의 규정을 적용함에 있어서 창업에 해당하는 것이나 사업을 새로이 개시하지 아니하고 개인사업자가 영위하던 사업의 전부 또는 일부를 승계 또는 인수하여 동종의 사업을 영위하는 경우에는 창업에 해당하지 아니하는 것임(**제도 46012-12677, 2001. 8. 16.**).
개인사업자가 법인을 설립한 경우 창업 해당 여부	기존 개인사업자가 설립하여 대표이사로 있는 신설법인이 기존 개인사업자로부터 인적·물적 설비를 승계하지 않고 별도의 사업장을 구비하여 한국표준산업분류의 세분류가 다른 업종의 사업을 영위하며 창업 후 3년 이내에 벤처중소기업으로 확인받은 경우 해당 신설법인은 「조세특례제한법」 제6조 제2항에 따른 창업벤처중소기업에 대한 세액감면을 적용받을 수 있는 것이나, 기존 개인사업자와 분리되어 독립적인 경영을 하지 않거나 실질적으로 인적·물적 설비를 승계하여 사업을 영위하는 등 같은 법 제6조 제6항 각 호에 해당하는 경우에는 창업에 해당하지 않아 동 감면을 받을 수 없는 것으로, 귀 질의의 경우가 이에 해당하는지는 해당 신설법인의 설립 경위, 사업의 규모와 실태, 경영관계 등을 감안하여 실질내용에 따라 사실판단할 사항임(**법규법인 2014-44, 2014. 3. 27.**).
개인사업을 폐업한 후 다른 장소에서 폐업 전 사업과 동일한 사업을 하는 경우 창업 해당 여부	제조업을 경영하는 거주자가 해당 사업장을 폐업한 후 다른 장소에서 사업을 다시 개시하여 폐업 전의 사업과 같은 종류의 사업을 하는 경우 신규로 개업한 사업장에 대하여 「조세특례제한법」 제6조에 따른 창업중소기업에 대한 세액감면을 적용할 수 없는 것임(**법규소득 2011-105, 2011. 3. 28.**).
기존공장을 경매로 취득하거나 임차하여 종전 사업자와 동일한 사업을 하는 경우 창업 해당 여부	기존공장을 취득(경매에 의한 취득을 포함)하거나 임차하여 종전 사업자와 동일한 사업을 영위하는 경우에는 창업중소기업에 대하여 세액감면적용이 되지 아니함(**재조예 46019-36, 1999. 9. 30.**).

3) 창업벤처중소기업

구 분	내 용
창업중소기업에 대한 세액감면을 적용받은 기업이 벤처기업으로 확인받은 경우 창업중소기업에 대한 세액감면을 수정신고로 취소하고 창업벤처중소기업에 대한 세액감면을 적용할 수 있는지 여부	「조세특례제한법」 제6조 제1항의 창업중소기업에 대한 세액감면을 적용받은 기업이 「조세특례제한법」 제6조 제2항의 벤처기업으로 확인받은 경우로서, 당초 감면받은 세액에 대하여 「국세기본법」 제45조에 따른 수정신고를 하는 경우에는 벤처기업으로 확인받은 날 이후 최초로 소득이 발생한 과세연도(벤처기업으로 확인받은 날부터 5년이 되는 날이 속하는 과세연도까지 해당 사업에서 소득이 발생하지 아니하는 경우에는 5년이 되는 날이 속하는 과세연도)와 그 다음 과세연도의 개시일부터 4년 이내에 끝나는 과세연도까지 해당 사업에서 발생한 소득에 대한 소득세 또는 법인세를 감면받을 수 있는 것임(**기획재정부 조세특례제도과-411, 2019. 5. 23.**).

구 분	내 용
조특법에 따라 법인으로 전환하지 않은 경우 감면승계 여부	「조세특례제한법」 제6조 제2항에 따른 세액감면을 적용받던 개인기업이 감면기간이 지나기 전에 중소기업인 법인으로 전환 시, 동법 제32조 및 동법 시행령 제29조 제2항 및 제5항에서 규정한 법인 전환에 해당하지 아니한 경우에는 전환 후 법인은 남은 감면기간에 대하여 동법 제6조 제2항을 적용받을 수 없는 것임(서면－2018－법인－3657 [법인세과－3112], 2019. 10. 31.).
벤처기업 유형 변경시 창업중소기업 세액감면 여부	「조세특례제한법 시행령」 제5조 제4항 제2호의 적용을 받는 벤처기업이 벤처확인기간이 만료되는 경우 연구개발비 지출 여부에 관계없이 만료일이 속하는 사업연도부터 감면을 적용받을 수 없는 것이나, 잔존감면기간 중 다른 유형으로 벤처기업 확인을 받는 경우에는 그 사유가 발생한 날이 속하는 사업연도부터 잔존감면기간 동안 창업중소기업에 대한 세액감면을 받을 수 있는 것임(서면－2019－법인－1741 [법인세과－2561], 2019. 9. 19.).

4) 청년창업중소기업

구 분	내 용
창업 당시 청년창업요건을 갖추지 못한 기업이 이후 청년창업중소기업 요건을 갖춘 경우 청년창업감면 여부	창업당시 「조세특례제한법」 제6조 제1항의 청년창업중소기업에 해당하지 아니한 경우에는 창업 이후 동법 시행령 제5조 제1항의 요건을 갖추어도 청년창업중소기업으로써 세액감면을 적용받을 수 없는 것임(서면－2018－법인－3040 [법인세과－1357], 2019. 6. 5.).

5) 사업장 이전 등

구 분	내 용
수도권과밀억제권역에서 창업한 후 다른 지역으로 이전한 경우 감면 여부	「조세특례제한법」 제6조 제1항의 규정에 따른 창업중소기업은 창업당시부터 수도권과밀억제권역 외의 지역에서 창업하여 같은 법 제6조 제3항 각 호의 업종을 영위하는 중소기업에 한하여 적용하는 것이며, 수도권과밀억제권역 내의 지역에서 법인설립등기를 한 법인이 법인의 소재지를 수도권과밀억제권역 외의 지역으로 이전하여 사업을 영위하는 경우에는 적용되지 않는 것임(법인세과－196, 2011. 3. 17.).
세액감면기간 중 수도권과밀억제권역 내에 지점을 설치한 후 동일 과세기간에 지점을 폐쇄하는 경우 창업중소기업 세액감면 적용 여부	「조세특례제한법」 제6조 제1항에 따른 창업중소기업에 대한 세액감면을 적용받던 중소기업이 수도권과밀억제권역에 지점을 설치한 후 동일 사업연도 내에 해당 지점을 폐쇄한 경우에는 같은 규정에 의한 세액감면을 적용받을 수 있는 것임(서면－2018－법령해석법인－3607 [법령해석과－358], 2019. 2. 15.).
행정구역의 변경에 따라 수도권과밀억제권역이 된 경우	창업 당시 해당 내국법인이 소재한 곳은 수도권과밀억제권역 외의 지역이었으나 그 후 행정구역의 변경으로 인하여 수도권과밀억제권역으로 변경된 경우에는 계속하여 창업중소기업으로 본다(조특통 6－0…1 ②).

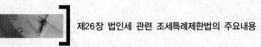

6) 감면승계 여부

구 분	내 용
조특법에 따라 법인으로 전환하지 않은 경우 감면승계 여부	「조세특례제한법」 제6조 제2항에 따른 세액감면을 적용받던 개인기업이 감면기간이 지나기 전에 중소기업인 법인으로 전환 시, 동법 제32조 및 동법 시행령 제29조 제2항 및 제5항에서 규정한 법인 전환에 해당하지 아니한 경우에는 전환 후 법인은 남은 감면기간에 대하여 동법 제6조 제2항을 적용받을 수 없는 것임(서면-2018-법인-3657 [법인세과-3112], 2019. 10. 31.).
조특법에 따라 법인전환한 경우 감면승계 여부	2003년에 창업하여 창업중소기업 등에 대한 세액감면을 적용 받던 개인기업이 2005년 중에 「조세특례제한법」 제32조 및 같은 법 시행령 제29조 제2항 제4호에 규정하는 법인전환요건에 따라 중소기업인 법인으로 전환하는 경우 개인기업 창업일을 기산일로 하여 잔존기간 동안 계속 세액감면의 적용을 받을 수 있는 것임(서면 인터넷방문상담2팀-1580, 2005. 10. 5.).
조특법에 따라 법인전환 후 벤처기업 확인을 받은 경우 감면 여부	개인사업자가 「조세특례제한법」 제6조 제3항의 규정에 해당하는 업종을 창업한 후 법인으로 전환한 경우에는 동법 제31조 및 제32조와 동법 시행령 제29조 제2항 및 제4항에 규정하는 법인전환요건에 따라 중소기업 법인으로 전환하고 개인사업의 창업일부터 2년 이내에 벤처기업을 확인받는 경우에 동법 제6조 제2항의 창업벤처중소기업 세액감면을 적용받을 수 있는 것임(재조예-441, 2004. 6. 29.).
감면기간 중 벤처기업 확인서의 유효기간이 만료된 경우	「벤처기업육성에 관한 특별조치법」 제25조에 따라 벤처기업으로 확인받은 기업이 「조세특례제한법」 제6조 제2항에 따른 세액감면을 적용받는 감면기간 중에 벤처기업확인서의 유효기간이 만료되어 해당 사업연도 종료일 현재 벤처기업에 해당하지 않는 경우에는 그 사유가 발생한 날이 속하는 사업연도부터 창업벤처중소기업에 대한 세액감면을 적용받을 수 없는 것임(법규법인 2010-009, 2010. 4. 7.).
감면기간 중 벤처기업 확인서의 유효기간이 만료되었으나 벤처기업 확인서를 재발급받은 경우	벤처기업육성에 관한 「특별조치법」 제25조의 규정에 의하여 벤처기업으로 확인받은 중소기업이 「조세특례제한법」 제6조 제2항의 규정에 의한 세액감면을 적용받는 감면기간 중에 벤처기업확인서의 유효기간이 만료되었으나 벤처기업확인서를 재발급받음에 따라 감면기간 동안 계속하여 벤처기업에 해당하는 경우에는 잔존감면기간 동안 동 규정에 의한 세액감면을 적용받을 수 있는 것임(서이 46012-10311, 2011. 10. 8., 서면2팀-2104, 2004. 10. 18.).
창업벤처기업이 인적분할하여 분할신설법인이 벤처기업확인서를 재발급받은 경우	창업일로부터 2년 이내에 벤처기업으로 확인을 받아 「조세특례제한법」 제6조 제2항 규정의 적용대상이 되는 법인이 인적분할하여 분할된 신설법인이 벤처기업확인서를 재발급받은 경우 분할된 신설법인은 잔존감면기간 동안 같은 법 제6조의 규정에 의한 세액감면을 적용받을 수 있음(법인 46012-403, 2002. 7. 20., 서이 46012-11431, 2002. 7. 25.).
연구개발기업 유형의 벤처기업이 과세연도 중에 벤처확인기간이 만료되어 다른 유형으로 벤처 확인을 받는 경우	「조세특례제한법 시행령」 제5조 제4항 제2호의 적용을 받는 벤처기업이 벤처확인기간이 만료되는 경우 연구개발비 지출여부에 관계없이 만료일이 속하는 사업연도부터 감면을 적용받을 수 없는 것이나, 잔존감면기간 중 다른 유형으로 벤처기업 확인을 받는 경우에는 그 사유가 발생한 날이 속하는 사업연도부터 잔존감면기간 동안 창업중소기업에 대한 세액감면을 받을 수 있는 것임(서면-2019-법인-1741, 2019. 9. 19.).

2. 중소기업에 대한 특별세액감면

(1) 개 요

중소기업에 대한 특별세액감면제도는 일정한 업종을 영위하는 중소기업에 업종, 지역, 규모에 따라 소득세 또는 법인세를 감면하는 제도이다. 이 제도를 처음 도입한 1992년에는 2년간 한시적으로 적용하기 위해 도입되었으나 적용시한이 계속 연장되어 중소기업에 대한 조세지원제도로 고착화되어 이익이 많이 발생하는 중소기업에 더 큰 혜택이 돌아간다는 비판이 있었다. 이에 따라 2018. 1. 1. 이후 개시하는 과세연도부터는 1억원을 한도로 감면을 하되, 고용인원이 감소한 경우 감소된 인원 1인당 500만원을 감면세액에서 차감하도록 하였다. 종전에는 고용창출투자세액공제·사회보험료세액공제와 중복적용받을 수 없었으나, 2018. 1. 1. 이후 개시하는 과세연도부터는 고용증대세액공제·사회보험료세액공제와 중복적용을 허용하였다.

창업중소기업 등에 대한 세액감면 규정의 2017년 이후 개정내용은 다음과 같다.

개정규정 시행일	개정내용
2017. 1. 1.	• 의원·치과의원·한의원(수입금액에서 요양급여비용이 차지하는 비율이 80% 이상이고, 종합소득금액이 1억원 이하인 경우에 한함)을 감면대상에 추가하여 2017. 1. 1. 이후 개시하는 과세연도부터 적용함 • 장수성실중소기업에 대한 감면율을 상향(1.1배)하여 2017. 1. 1. 이후 개시하는 과세연도부터 적용함
2018. 1. 1.	• 중소기업특별세액감면의 한도규정을 신설하여 감면한도를 1억원으로 하되, 고용인원 감소시 1인당 500만원 한도를 축소하도록 하여 2018. 1. 1. 이후 개시하는 과세연도부터 적용함 • 종전에는 중소기업에 대한 특별세액감면을 고용창출투자세액공제 및 사회보험료세액공제와 중복적용을 배제하였으나, 2018. 1. 1. 이후 개시하는 과세연도부터 고용증대세제공제 및 사회보험료세액공제와 중복적용을 허용함
2019. 1. 1.	• 블록체인 기반 암호화자산 매매·중개업을 중소기업특별세액감면대상에서 제외하여 2019. 1. 1. 이후 개시하는 과세연도부터 적용함
2021. 1. 1.	• 통관 대리 및 관련 서비스업을 감면대상(감면율은 물류산업의 50% 수준으로 설정)에 추가하여 2019. 1. 1. 이후 개시하는 과세연도부터 소급적용하도록 함 • 종전에는 전기차 50% 이상 보유한 자동차 임대업은 별도로 규정하였으나 이를 감면업종에 반영함
2023. 1. 1.	• 지식기반산업을 영위하는 수도권 중기업에 대한 세액감면 폐지 • 알뜰주유소 특례 신설('22년 중 일반주유소가 알뜰주유소로 전환 시 '23년까지 발생하는 소득에 대해 감면율 + 10%p)

(2) 중소기업에 대한 특별세액감면

조세특례제한법에 따른 중소기업 중 감면대상업종을 경영하는 기업에 대해서는 해당 사업장에서 발생한 소득[9]에 대한 소득세 또는 법인세에 감면비율을 곱하여 계산한 세액상당액을 감면한도 내에서 감면한다. 다만, 내국법인의 본점 또는 주사무소가 수도권에 있는 경우에는 모든 사업장이 수도권에 있는 것으로 보고 감면비율을 적용한다(조특법 §7①).

※ 중소기업이 감면대상이 아닌 사업을 주된 사업으로 하는 경우에도 감면대상에서 발생하는 소득에 대해서는 감면이 적용된다(서이 46012-10184, 2002. 1. 31.).

(3) 감면대상업종

감면대상업종은 열거하면 다음과 같다(조특법 §7①(1)).

가. 작물재배업

나. 축산업

다. 어업

라. 광업

마. 제조업

제조업에는 제조업과 유사한 사업으로서 대통령령이 정하는 사업을 포함한다(조특법 §6③(2)). 대통령령이 정하는 사업은 자기가 제품을 직접 제조하지 아니하고 제조업체(사업장이 국내 또는 「개성공업지구 지원에 관한 법률」 제2조 제1호에 따른 개성공업지구에 소재하는 업체에 한정한다)에 의뢰하여 제조하는 사업으로서 그 사업이 다음의 요건을 모두 충족하는 경우에는 제조업에 포함한다(조특령 §5⑥, 조특칙 §4의2).

1. 생산할 제품을 직접 기획(고안·디자인 및 견본제작 등을 말한다)할 것
2. 해당 제품을 자기명의로 제조할 것
3. 해당 제품을 인수하여 자기책임하에 직접 판매할 것

바. 하수·폐기물 처리(재활용 포함), 원료재생 및 환경복원업

사. 건설업

아. 도매 및 소매업

자. 운수업 중 여객운송업

차. 출판업

카. 영상·오디오 기록물 제작 및 배급업(비디오물 감상실 운영업 제외)

타. 방송업

파. 전기통신업

하. 컴퓨터프로그래밍, 시스템 통합 및 관리업

---

9) 조세특례제한법 제7조 중소기업에 대한 특별세액감면을 적용함에 있어 제7조 제1항의 "해당 사업장에서 발생한 소득"에는 고정자산처분이익, 이자수익이 포함되지 않는 것임(기획재정부 조세특례제도과-336, 2010. 4. 12.).

거. 정보서비스업(블록체인 기반 암호화자산 매매 및 중개업 제외)

너. 연구개발업

더. 광고업

러. 기타 과학기술서비스업 `24 개정` (종전 : 그 밖의)

머. 포장 및 충전업

버. 전문디자인업

서. 창작 및 예술관련 서비스업(자영예술가제외)

어. 주문자상표부착방식에 따른 수탁생산업 : 위탁자로부터 주문자상표부착방식에 따른 제품생산을 위탁받아 이를 재위탁하여 제품을 생산·공급하는 사업을 말함(조특령 §6①).

저. 엔지니어링사업

처. 물류산업

커. 「학원의 설립·운영 및 과외교습에 관한 법률」에 따른 직업기술 분야를 교습하는 학원을 운영하는 사업 또는 「국민 평생 직업능력 개발법」에 따른 직업능력개발훈련시설을 운영하는 사업(직업능력개발훈련을 주된 사업으로 하는 경우에 한한다)

터. 자동차정비공장을 운영하는 사업 : 「자동차관리법 시행규칙」 제131조의 규정에 의한 자동차종합정비업 또는 소형자동차정비업의 사업장을 말함(조특령 §6②, 조특칙 §22).

퍼. 「해운법」에 따른 선박관리업

허. 「의료법」에 따른 의료기관을 운영하는 사업[의원·치과의원 및 한의원은 해당 과세연도의 수입금액(기업회계기준에 따라 계산한 매출액을 말함)에서 「국민건강보험법」 제47조에 따라 지급받는 요양급여비용이 차지하는 비율이 80% 이상으로서 해당 과세연도의 종합소득금액이 1억원 이하인 경우에 한정한다. 이하 "의료업"이라 한다]

고. 「관광진흥법」에 따른 관광사업(카지노, 관광유흥음식점 및 외국인전용유흥음식점업은 제외한다)

노. 「노인복지법」에 따른 노인복지시설을 운영하는 사업

도. 「전시산업발전법」에 따른 전시산업

로. 인력공급 및 고용알선업(농업노동자 공급업 포함)

모. 콜센터 및 텔레마케팅 서비스업

보. 「에너지이용 합리화법」 제25조에 따른 에너지절약전문기업이 하는 사업

소. 「노인장기요양보험법」 제32조에 따른 재가장기요양기관을 운영하는 사업

오. 건물 및 산업설비 청소업

조. 경비 및 경호 서비스업

초. 시장조사 및 여론조사사업

코. 사회복지 서비스업

토. 무형재산권 임대업(「지식재산 기본법」 제3조 제1호에 따른 지식재산을 임대하는 경

우로 한정한다)

포. 「연구산업진흥법」제2조 제1호 나목의 산업

호. 개인 간병 및 유사 서비스업, 사회교육시설, 직원훈련기관, 기타 기술 및 직업훈련 학원, 도서관·사적지 및 유사 여가 관련 서비스업(독서실 운영업은 제외한다)

구. 「민간 임대주택에 관한 특별법」에 따른 주택임대관리업

누. 「신에너지 및 재생에너지 개발·이용·보급 촉진법」에 따른 신·재생에너지 발전사업

두. 보안시스템 서비스업

루. 임업

무. 통관 대리 및 관련 서비스업(2020. 12. 29. 신설, 2019. 1. 1. 이후 개시하는 과세연도부터 소급적용)

> 종전에는 통관대리 및 관련서비스업에 대해서도 물류산업으로 보아 중소기업특별세액감면을 적용하였으나, 2017년 한국표준산업분류가 변경되어 의도하지 않게 2019년부터 중소기업특별세액감면대상에서 제외되었다. 2020년말 조세특례제한법을 개정하여 통관대리 및 관련서비스업에 대해서도 중소기업특별세액감면을 하도록 하되, 감면율은 일반적인 감면율의 50%만 적용하도록 하였다. 개정규정은 **2019. 1. 1. 이후 개시하는 과세연도부터 소급적용한다.**

부. 자동차 임대업(「여객자동차 운수사업법」제31조 제1항에 따른 자동차대여사업자로서 같은 법 제28조에 따라 등록한 자동차 중 50% 이상을 「환경친화적 자동차의 개발 및 보급 촉진에 관한 법률」제2조 제3호에 따른 전기자동차 또는 같은 조 제6호에 따른 수소전기자동차로 보유한 경우로 한정한다)

(4) 감면비율

1) 감면비율

중소기업에 대한 특별세액감면의 감면비율은 다음과 같다(조특법 §7①(2)). 기업규모, 업종, 사업장별로 소재지에 따라 감면비율을 적용한다. 다만, 내국법인의 본점 또는 주사무소가 수도권에 있는 경우에는 모든 사업장이 수도권에 있는 것으로 보고 감면비율을 적용한다(조특법 §7①(1)).

기업규모	업 종	감면비율		장수성실중소기업[2]	통관대리 및 관련서비스업
		수도권[1]	수도권 외		
소기업	도매 및 소매업, 의료업	10%	10%	감면비율의 1.1배	감면비율의 50%
	도매 및 소매업, 의료업을 제외한 업종	20%	30%		
중기업	도매 및 소매업, 의료업	감면배제	5%		
	도매 및 소매업, 의료업을 제외한 업종	감면배제	15%		

*1 수도권이란 서울특별시, 인천광역시, 경기도를 말함(조특법 §2①(9), 수도권정비계획법 §2(1), 수도권정비계획법 시행령 §2).
*2 장수성실중소기업 : 다음의 요건을 모두 충족하는 중소기업(조특법 §7②)
  ① 해당 과세연도 개시일 현재 10년 이상 계속하여 해당 업종을 경영한 기업일 것
  ② 해당 과세연도의 종합소득금액이 1억원 이하일 것
  ③「소득세법」제59조의4 제9항에 따른 성실사업자로서 「조세특례제한법」제122조의3 제1항 제2호 및 제4호의 요건을 모두 갖춘 자일 것

2) 소기업과 중기업의 구분

가. 소기업

"소기업"이란 중소기업 중 매출액이 업종별로 「중소기업기본법 시행령」 [별표 3]을 준용하여 산정한 규모기준 이내인 기업을 말한다(조특령 §6⑤). 여기서 「중소기업기본법 시행령」 [별표 3]의 주된 업종별 매출액의 소기업 규모 기준은 다음과 같다.

중소기업기본법 시행령 [별표 3]

◎ 주된 업종별 평균매출액 등의 소기업 규모 기준(제8조 제1항 관련) ◎

해당 기업의 주된 업종	분류기호	규모 기준
1. 식료품 제조업	C10	평균매출액 등 120억원 이하
2. 음료 제조업	C11	
3. 의복, 의복액세서리 및 모피제품 제조업	C14	
4. 가죽, 가방 및 신발 제조업	C15	
5. 코크스, 연탄 및 석유정제품 제조업	C19	
6. 화학물질 및 화학제품 제조업(의약품 제조업은 제외한다)	C20	
7. 의료용 물질 및 의약품 제조업	C21	
8. 비금속 광물제품 제조업	C23	
9. 1차 금속 제조업	C24	
10. 금속가공제품 제조업(기계 및 가구 제조업은 제외한다)	C25	
11. 전자부품, 컴퓨터, 영상, 음향 및 통신장비 제조업	C26	
12. 전기장비 제조업	C28	
13. 그 밖의 기계 및 장비 제조업	C29	
14. 자동차 및 트레일러 제조업	C30	
15. 가구 제조업	C32	
16. 전기, 가스, 증기 및 공기조절 공급업	D	
17. 수도업	E36	
18. 농업, 임업 및 어업	A	평균매출액 등 80억원 이하
19. 광업	B	
20. 담배 제조업	C12	
21. 섬유제품 제조업(의복 제조업은 제외한다)	C13	

해당 기업의 주된 업종	분류기호	규모 기준
22. 목재 및 나무제품 제조업(가구 제조업은 제외한다)	C16	
23. 펄프, 종이 및 종이제품 제조업	C17	
24. 인쇄 및 기록매체 복제업	C18	
25. 고무제품, 및 플라스틱제품 제조업	C22	
26. 의료, 정밀, 광학기기 및 시계 제조업	C27	
27. 그 밖의 운송장비 제조업	C31	
28. 그 밖의 제품 제조업	C33	
29. 건설업	F	
30. 운수 및 창고업	H	
31. 금융 및 보험업	K	
32. 도매 및 소매업	G	평균매출액 등
33. 정보통신업	J	50억원 이하
34. 수도, 하수 및 폐기물 처리, 원료재생업(수도업은 제외한다)	E(E36 제외)	
35. 부동산업	L	
36. 전문·과학 및 기술 서비스업	M	평균매출액 등
37. 사업시설관리, 사업지원 및 임대 서비스업	N	30억원 이하
38. 예술, 스포츠 및 여가 관련 서비스업	R	
39. 산업용 기계 및 장비 수리업	C34	
40. 숙박 및 음식점업	I	
41. 교육 서비스업	P	평균매출액 등
42. 보건업 및 사회복지 서비스업	Q	10억원 이하
43. 수리(修理) 및 기타 개인 서비스업	S	

비고

1. 해당 기업의 주된 업종의 분류 및 분류기호는 「통계법」 제22조에 따라 통계청장이 고시한 한국표준산업분류에 따른다.

2. 위 표 제27호에도 불구하고 철도 차량 부품 및 관련 장치물 제조업(C31202) 중 철도 차량용 의자 제조업, 항공기용 부품 제조업(C31322) 중 항공기용 의자 제조업의 규모 기준은 평균매출액 등 120억원 이하로 한다.

매출액은 과세연도 종료일 현재 기업회계기준에 따라 작성한 해당 과세연도 손익계산서상의 매출액으로 한다. 다만, 창업·분할·합병의 경우 그 등기일의 다음 날(창업의 경우에는 창업일)이 속하는 과세연도의 매출액을 연간 매출액으로 환산한 금액을 말한다(조특칙 §5, §2④).

□ 둘 이상의 사업을 영위하는 경우 소기업 판정(조특집 7-0-4 ②)

법인이 2 이상의 서로 다른 사업을 영위하는 경우 소기업에 해당하는지 여부는 사업별 사업수입 금액이 큰 사업을 주된 사업으로 보아 당해 법인이 영위하는 사업 전체의 매출액을 기준으로 소기업 해당여부를 판정한다.

> **사례** » 소기업 판정 사례
>
> 갑법인은 수도권 외의 지역에서 소매업과 음식점업을 겸영하고 있다. 2024년의 소매업 매출액은 40억원이고 음식점 매출액은 10억원인 경우 중소기업에 대한 특별세액감면율은?
>
> **┃해답┃**
>
> ① 주된 사업의 기준 매출액 확인 : 매출액이 큰 소매업이 주된 사업이므로 소기업 기준 매출액은 50억원 이하, 중기업 기준 매출액은 50억원 초과 1,000억원 이하임.
> ② 소기업 또는 중기업의 판단 : 법인 전체 매출액은 50억원이므로 소기업에 해당함.
> ③ 감면율 적용 : 소매업의 소득에는 10%, 음식점업의 소득에는 30%의 감면율을 적용함

□ **소기업의 범위에 관한 경과조치(2016. 2. 5. 조특령 개정 부칙 §22)**

종전에는 매출액 100억원 미만의 중소기업 중 업종별로 상시 종업원수가 일정 요건을 충족하는 기업을 소기업으로 보아 왔으나, 2015년 세법개정을 통하여 소기업 기준을 매출액 기준으로 변경하였으며, 이와 같이 변경된 소기업 판정기준은 2016. 1. 1. 이후 개시하는 과세연도부터 적용하되, 경과조치를 두어 2019. 1. 1.이 속하는 과세연도까지 각 과세연도별로 개정 규정에 따라 소기업에 해당하지 않으나, 종전 규정에 따른 소기업에 해당하는 경우에는 소기업으로 본다(**조특집 7 - 0 - 4**).

나. 중기업의 범위

중소기업 중 소기업을 제외한 기업을 중기업이라 한다.

(5) 감면한도

중소기업에 대한 특별세액감면은 다음 구분에 따른 금액을 한도로 한다(**조특법 §7①(3)**).
① 해당 과세연도의 상시근로자 수가 직전 과세연도의 상시근로자 수보다 감소한 경우

$$감면한도^* = 1억원 - 감소한\ 상시근로자수 \times 5,000,000원$$

* 해당 금액이 음수인 경우에는 영으로 함.

② 그 밖의 경우 : 1억원

(6) 감면세액계산방법

법인인 중소기업에 대한 특별세액감면의 감면세액은 다음과 같이 계산한다.

$$감면세액 = 산출세액^* \times \frac{감면소득}{과세표준} \left(\frac{100}{100} 을 \ 한도로 \ 한다\right) \times 감면비율$$

* 토지 등 양도소득에 대한 법인세액과 조특법 제100조의32에 따른 투자·상생협력 촉진을 위한 과세특례를 적용하여 계산한 산출세액은 제외함.

□ 조특집 7 - 0 - 6 【감면대상소득의 계산사례】

① 건설업을 영위하는 중소기업이 건설용역을 대가로 수령한 공사대금을 어음으로 수령함에 있어 어음할인 등에 따른 손실보상 차원에서 공사대금에 가산하여 받는 금액과 동 어음 할인비용은 감면사업에 직접 관련하여 발생하는 부수수익 및 비용이므로 중소기업 특별세액 감면대상 소득계산 시 이를 가감한다.

② 잡이익과 잡손실은 직접 관련 여부에 따라 제조업 및 기타사업의 개별익금 또는 개별손금으로, 지급이자는 차입한 자금의 실제 사용용도를 기준으로 제조업 및 기타사업의 개별 또는 공통손금으로 구분하여 계산한다.

③ 제조업 등을 영위하는 중소기업이 관계법령에 따라 정부와 협약을 체결하여 기술개발용역사업을 수행하면서 사업비로 지급받는 정부출연금은 당해 법인의 제조업 등에서 발생한 소득에 해당하지 아니하는 것이나, 당해 법인의 기술개발사업을 수행한 용역이 한국표준산업분류상 연구 및 개발업(분류코드 73)에 해당하는 경우에는 감면소득에 해당한다.

④ 「부가가치세법」 제32조의2에 따른 신용카드의 사용에 따른 세액공제액은 당해 사업에서 발생한 소득이 아니므로 중소기업에 대한 특별세액감면 대상소득에 해당하지 아니한다.

⑤ 건설업 영위 법인이 공사계약 파기에 따른 배상금으로 하도급업체에 지급한 금액은 감면사업(건설업)의 개별손금으로 구분하여 중소기업에 대한 특별세액감면 규정을 적용할 때 감면소득을 계산한다.

⑥ 중소기업에 대한 특별세액감면 적용대상 사업인 제조업과 기타의 사업을 겸영하는 법인이 구분경리하는 경우 외화를 차입하여 감면사업인 제조업에 사용하는 기계를 수입한 경우에는 당해 외화차입금의 환율변동에 따른 환율조정차상각액은 감면사업의 개별손금에 해당하나, 당해 법인의 사업과 직접 관련없이 지출한 기부금은 감면사업과 기타의 사업의 공통손금에 해당한다.

⑦ 조세특례제한법 제7조의 규정을 적용받는 사업과 기타의 사업을 겸영하는 경우 감면사업과 과세사업의 소득구분시 이월결손금은 이월된 당해 결손금의 범위내에서 이월결손금이 발생한 사업의 소득에서 공제한다.

⑧ 각 사업연도소득에 대한 법인세 과세표준과 세액을 납세지 관할세무서장에게 신고한 법인이, 중소기업 등에 대한 특별세액감면 대상소득이 있는 경우에, 경정 등의 청구의 방법으로 동 감면을 적용 받을 수 있다.

⑨ 「법인세법」 제66조 제2항에 의하여 경정하는 경우 감면세액은 경정후의 산출세액, 과세표준, 감면대상소득을 기준으로 「법인세법」 제59조의 규정에 따라 재계산한다.

(7) 감면의 제한 등

구 분	내 용
(1) 세액공제와의 중복 적용 배제	내국인이 동일한 과세연도에 중소기업에 대한 특별세액감면규정에 따라 소득세 또는 법인세가 감면되는 경우와 통합투자세액공제 등 일정한 세액공제 규정에 따라 소득세 또는 법인세가 공제되는 경우를 동시에 적용받을 수 있는 경우에는 그 중 하나만을 선택하여 적용받을 수 있다(**조특법** §127④).
(2) 다른 세액감면과 중복 적용 배제	내국인의 동일한 사업장에 대하여 동일한 과세연도에 중소기업에 대한 특별세액감면과 다른 일정한 세액감면이 규정 중 둘 이상의 규정이 적용될 수 있는 경우에는 그 중 하나만을 선택하여 적용받을 수 있다(**조특법** §127⑤).
(3) 결정 또는 기한 후 신고시 적용배제	소득세법 또는 법인세법에 따라 결정을 하는 경우와 국세기본법에 따라 기한 후 신고를 하는 경우에는 중소기업에 대한 특별세액감면을 적용하지 아니한다(**조특법** §128②).
(4) 경정하는 경우와 경정 할 것을 미리 알고 수 정신고하는 경우	소득세법 또는 법인세법에 따라 경정((5)의 ①~③의 어느 하나에 해당되어 경정하는 경우는 제외)을 하는 경우와 과세표준 수정신고서를 제출한 과세표준과 세액을 경정할 것을 미리 알고 제출한 경우에는 과소신고금액(법인의 경우에는 국세기본법 제47조의3 제2항 제1호에 따른 부정과소신고과세표준을 말하며, 개인의 경우에는 이를 준용하여 계산한 금액을 말함)에 대하여 중소기업에 대한 특별세액감면을 적용하지 아니한다(**조특법** §128③).
(5) 사업용계좌 신고의무 미이행, 현금영수증가 맹점 또는 신용카드 가맹점의무 위반시 감면배제	사업자가 다음 중 어느 하나에 해당하는 경우에는 해당 과세기간의 해당 사업장에 대하여 중소기업에 대한 특별세액감면을 적용하지 아니한다. 다만, 사업자가 ① 또는 ②의 의무 불이행에 대하여 정당한 사유가 있는 경우에는 그러하지 아니하다(**조특법** §128④). ① 소득세법 제160조의5 제3항에 따라 사업용계좌를 신고하여야 할 사업자가 이를 이행하지 아니한 경우 ② 소득세법 제162조의3 제1항 또는 법인세법 제117조의2 제1항에 따라 현금영수증가맹점으로 가입하여야 할 사업자가 이를 이행하지 아니한 경우 ③ 소득세법 제162조의2 제2항 및 법인세법 제117조에 따른 신용카드가맹점으로 가입한 사업자 또는 소득세법 제162조의3 제1항 또는 「법인세법」 제117조의2에 따라 현금영수증가맹점으로 가입한 사업자가 다음 중 어느 하나에 해당하는 경우로서 그 횟수·금액 등을 고려하여 대통령령으로 정하는 때에 해당하는 경우[10] ㉠ 신용카드에 의한 거래를 거부하거나 신용카드매출전표를 사실과 다르게 발급한 경우 ㉡ 현금영수증의 발급요청을 거부하거나 사실과 다르게 발급한 경우
최저한세 적용여부	중소기업에 대한 특별세액감면을 최저한세대상이다(**조특법** §132①(4), ②(4)).
농어촌특별세 과세여부	중소기업에 대한 특별세액감면은 농어촌특별세가 비과세된다(**농특세법** §4(3)).

10) "대통령령으로 정하는 때에 해당하는 경우"란 신용카드가맹점 또는 현금영수증가맹점으로 가입한 사업자 중 신용카드에 의한 거래 또는 현금영수증의 발급을 거부하거나 신용카드매출전표 또는 현금영수증을 사실과 다르게 발급한 것을 이유

(8) 중소기업에 대한 특별세액감면 관련 사례

1) 동일사업장에서 제조업과 도매업을 함께하는 경우

내국법인이 사업개시부터 동일사업장에서 제조업과 도매업을 함께하고 업종별로 구분경리를 하는 경우에는 동일한 사업연도에 제조업 소득에 대하여는 「조세특례제한법」 제6조에 따른 '창업중소기업 등에 대한 세액감면'을 적용하고, 도매업 소득은 「조세특례제한법」 제7조에 따른 '중소기업에 대한 특별세액감면'을 적용할 수 있다(법인-763, 2009. 7. 3.).

2) 각 사업장별로 감면소득을 계산할 수 있는지 여부

「조세특례제한법」상 중소제조업 등에 대한 특별세액감면 대상 업종을 함께 하는 법인은 어떤 사업을 임의로 선택하여 감면받을 수 없다. 따라서 해당 사업 모두를 감면되는 사업으로 분류하여 감면소득을 계산하는 것이며 결손사업장을 제외하고 감면소득을 계산할 수 없다(조심 2013전 4882, 2014. 3. 10.).

3) 이월결손금의 처리

「조세특례제한법」 제7조에 따른 중소기업특별세액 감면사업과 기타의 사업을 함께하는 경우 감면사업과 과세사업의 소득구분시 이월결손금은 이월된 당해 결손금의 범위 내에서 이월결손금이 발생한 사업의 소득에서 공제한다(조특집 7-0-6 ⑦). 따라서 감면비율이 서로 다른 제조업과 도매업을 함께 하는 중소기업이 '중소기업에 대한 특별세액감면'을 적용함에 있어서 도매업종에서 결손금이 발생한 경우에 감면대상 소득은 제조업 소득금액에서 도매업의 결손금을 공제한 금액으로 한다(법인-338, 2010. 4. 7.).

4) 잡이익, 잡손실 및 차입금이자, 기부금 등에 대한 구분경리

잡이익과 잡손실은 직접 관련 여부에 따라 제조업 및 기타사업의 개별익금 또는 개별손금으로, 지급이자는 차입한 자금의 실제 사용용도를 기준으로 제조업 및 기타사업의 개별 또는 공통손금으로 구분하여 계산한다(조특집 7-0-6 ②).

그리고 중소기업에 대한 특별세액감면 적용대상 사업인 제조업과 기타의 사업을 겸영하는 법인이 구분경리하는 경우 외화를 차입하여 감면사업인 제조업에 사용하는 기계를 수입한 경우에는 당해 외화차입금의 환율변동에 따른 환율조정차상각액은 감면사업의 개별손금

로 「소득세법」 제162조의2 제4항 후단ㆍ제162조의3 제6항 후단ㆍ「법인세법」 제117조 제4항 후단 및 제117조의2 제5항에 따라 관할세무서장으로부터 신고금액을 통보받은 사업자로서 다음 각 호의 어느 하나에 해당하는 경우를 말한다(조특령 §122②).

1. 해당 과세연도(신용카드에 의한 거래 또는 현금영수증의 발급을 거부하거나 신용카드매출전표 또는 현금영수증을 사실과 다르게 발급한 날이 속하는 해당 과세연도를 말한다. 이하 이 항에서 같다)에 신고금액을 3회 이상 통보받은 경우로서 그 금액의 합계액이 100만원 이상인 경우

2. 해당 과세연도에 신고금액을 5회 이상 통보받은 경우

에 해당하나, 당해 법인의 사업과 직접 관련없이 지출한 기부금은 감면사업과 기타의 사업의 공통손금에 해당한다(조특집 7-0-6 ⑥).

5) 정부출연금 등

제조업 등을 영위하는 중소기업이 관계법령에 따라 정부와 협약을 체결하여 기술개발용역사업을 수행하면서 사업비로 지급받는 정부출연금은 당해 법인의 제조업 등에서 발생한 소득에 해당하지 아니하는 것이나, 당해 법인의 기술개발사업을 수행한 용역이 한국표준산업분류상 연구 및 개발업(분류코드 73)에 해당하는 경우에는 감면소득에 해당한다(조특집 7-0-6 ③, 법인 46012-10411, 2002. 3. 7.).

6) 보조금 등

감면소득에 포함되는 보조금 등	감면대상이 아닌 보조금 등
① 정부의 연탄가격안정지원금(법인 46012-1994, 1995. 5. 17.)	① 외국인투자법인이 해외모기업으로부터 결손보전 목적으로 지원받는 보조금(서면2팀-1607, 2004. 7. 30.)
② 제조업을 주업으로 하는 법인이 해외자회사에 법인의 사업과 관련한 노하우를 제공하고 발생한 로얄티 수입(국심 2002서 779, 2002. 6. 19.)	② 한국장애인고용촉진공단으로부터 받는 국고보조금과 이와 유사한 성격으로 장애인을 고용함으로써 받는 관리비용, 노동청의 종합고용지원센터에서 받는 휴업수당지원금(법인-1257, 2009. 11. 9.)
③ 화물운송업 법인이 지급받는 유가보조금(서면2팀-2095, 2006. 10. 18., 재조특-379, 2008. 7. 8.)	③ 중소제조업을 영위하는 내국법인이 보조금의 예산 및 관리에 관한 법률의 규정에 따라 지급받은 국고보조금(서면2팀-491, 2004. 3. 18.)
④ 축산사업자가 받은 살처분보상금(법칙-430, 2011. 4. 12.)	
⑤ 신·재생에너지 발전사업을 영위하는 사업자가 「전기사업법」 제48조에 따른 전력산업기반기금에서 지원받는 발전차액(서면-2017-법령해석법인-1386, 2017. 12. 22.)	
⑥ 정부로부터 받는 시내버스 재정지원금(국심 2005부 1037, 2005. 9. 13.)	
⑦ 여객자동차운수사업자에게 발생하는 손실을 정부가 보전해 주기 위하여 지급하는 보조금(국심 2006서 1152, 2006. 7. 20.)	
⑧ 여객운송업에 해당하는 시내버스 운송사업을 영위하는 내국법인이 지방자치단체와 '시내버스 준공영제 협약'을 체결·시행함에 있어 해당 법인의 운송수입금이 당초 지자체가 정한 표준운송원가에 미달하여 그 차액분을 지자체로부터 보전받는 경우 해당 운송수입 보전금(서면법규-365, 2013. 3. 29.)	
⑨ 마을버스 운송사업자가 서울시로부터 받는 환	

감면소득에 포함되는 보조금 등	감면대상이 아닌 보조금 등
승할인 보조금과 차 없는 날 보조금(법인-31, 2013. 1. 14., 법인-339, 2010. 4. 7.) ⑩ 일반택시운송사업자의 부가가치세 경감세액과 여객운수사업법에 따라 지급받는 유가보조금 (서면2팀-1993, 2006. 10. 2.) ⑪ 여객운송업을 영위하는 내국법인이 지방자치단체로부터 택시운송사업의 발전에 관한 법률 제11조에 따라 지급받는 감차보상금(서면법령법인-1556, 2015. 10. 15.)	

7) 그 밖의 실무사례

그 밖의 실무상 중소기업에 대한 특별세액감면 대상소득에 대한 사례를 살펴보면 다음과 같다.

가. 감면대상소득으로 보는 경우

다음의 소득은 실무상 중소기업의 감면대상소득으로 본다.

① 제조업 등 사업과 관련된 준비금 및 충당금의 환입액(소득 46011-268, 1994. 1. 25.)

② 중소기업이 특정거래처에서 요구하는 제품을 별도 제조하기 위하여 소요되는 비용 중 일부(금형제작비용)를 그 거래처에서 먼저 부담하고 그 제품판매시에는 일반판매가격에서 먼저 부담한 비용상당액을 반영하여 산정한 가격으로 판매함에 따라 발생하는 소득(법인 46012-660, 1994. 3. 8.)

③ 학습지 프로그램을 CD-ROM으로 제작하는 것이 범용성 소프트웨어의 복제생산에 해당하거나 특정한 컴퓨터프로그램을 자체개발해 공급하는 사업(법인 46012-3462, 1999. 9. 7.)

④ 음식쓰레기를 가공처리하여 단미사료 등을 생산하여 제공하는 사업(법인 46012-508, 2001. 3. 8.)

⑤ 레미콘제조업 중소기업이 외화를 차입해 운영 및 시설자금에 사용한 경우 그 외환차손익, 외화환산손익, 환율조정차는 제조업소득에 해당하며, 레미콘 제조장비를 일시 임대한 수익은 제조업소득에 해당하지 않는다(서이 46012-10016, 2002. 1. 3.).

⑥ 해외의 자회사에게 기술을 제공하고 대가로 수령한 로열티(국심 2002서 779, 2002. 6. 19.)

⑦ 외국자회사로부터 제품생산을 위탁받아 해외 현지법인에 재위탁하여 제품을 생산하는 주문자 상표 부착 방식의 수확생산법소득(재조예-805, 2004. 12. 1., 재조특-635, 2010. 7. 1.)

⑧ 선박관리, 해운대리 및 해운중개업을 등록한 법인이 해운중개업을 영위하는 법인의

소득(서면2팀-2545, 2004. 12. 6.)

⑨ 원료 수입대금의 결제와 관련하여 환차손으로 인한 영업손실의 방지를 위하여 체결한 헷지거래에서 발생한 소득(대법원 2005두 12824, 2006. 2. 10.)과 감면사업관련 설비의 투자과정에서 발생한 외환차손익(서면1팀-916, 2007. 7. 2.)

⑩ 레미콘제조업을 영위하는 자가 원재료 매입처인 시멘트제조업체로부터 지급받는 판매장려금(서면1팀-1398, 2007. 10. 11.)

⑪ 감면사업인 건설업을 영위하는 법인의 분양계약의 해지로 인한 위약금수입(법인-77, 2010. 1. 27.)

⑫ 건설업을 영위하는 중소기업이 건설용역을 대가로 수령한 공사대금을 어음으로 수령함에 있어 어음할인 등에 따른 손실보상 차원에서 공사대금에 가산하여 받는 금액. 이 경우 어음할인비용은 감면사업에 직접 관련하여 발생하는 비용이다(법인-200, 2010. 3. 8.).

나. 감면대상소득으로 보지 아니하는 경우

다음의 소득은 실무상 중소기업에 대한 특별세액감면 대상소득으로 보지 아니한다.

① 고정자산처분익 및 제품생산과 관련한 예금이자수입(법인 46012-1741, 1993. 6. 24., 조심 2009구 4150, 2010. 2. 17.), 또한 받을어음의 만기일의 하도급관련 법률 위반으로 추가 지급받은 이자상당액(제도 46012-11373, 2001. 6. 7.)

② 공장과 다른 곳에 애프터 서비스 부서를 별도 설치하고 판매한 제품에 대한 고장수리 및 부품교환 등의 용역을 제공함에 따라 발생하는 소득(법인 46012-1994, 1994. 7. 12., 법인 46012-3674, 1999. 10. 7.)

③ 중소기업자가 제조시설과 별도의 판매시설을 갖추어 자기제조 제품의 판매로써 얻는 소득(국심 94서 2457, 1994. 11. 4.)

④ 투입된 연구개발비의 보상금(법인 46012-3185, 1995. 8. 9.)

⑤ 대표자 가수금의 수령포기로 인한 채무면제익(심사 부산 96-509, 1996. 10. 25.)

⑥ 제조업소득을 원천으로 하여 발생한 수입이자(감사원 2000-35, 2000. 2. 29., 법인 46012-2691, 1997. 10. 18.)

⑦ 저축성보험에 가입하여 중도해지함으로써 발생한 해약손실(법인 46012-1630, 2000. 7. 24.)

⑧ 컴퓨터와 관련부품을 구입하여 컴퓨터에 동 관련제품을 단순히 조립 또는 부착하여 판매하는 경우(법인 46012-651, 2001. 4. 19.)

⑨ 감면대상사업에 직접 관련 없는 화폐성 외화부채의 평가손익(서이 46012-10034, 2001. 8. 28.)

⑩ 외국소재 모법인으로부터 지원받은 광고선전보조금(국심 2003서 974, 2003. 6. 3.)

⑪ 주택건설업을 영위하는 내국법인이 보유 중인 토지를 해당 사업에 직접 사용하지 아니하고 양도함에 따라 발생한 소득(법인-1190, 2009. 10. 26.)

⑫ 자동차 정기·수시 검사와 교통사고관련 통지 및 보험관리, 국세 등 제세신고 및 사업자등록 관리 업무를 대행해 주고 차종 및 화물적재량에 따라 받는 지입료 명목 등의 수입(법인-780, 2010. 8. 23.)

⑬ 특정거래처 주문제품을 별도로 제작하기 위하여 구입한 금형의 처분이익(법인-945, 2011. 11. 28.)

8) 법인세과세표준 및 세액신고 후 소득금액이 증액된 경우 세액감면 여부

결산확정일 이후 세무조정으로 소득금액이 증액된 경우(법인 46012-1177, 1996. 4. 17.) 또는 정부결정으로 소득금액이 변동되는 때에는 그 결정으로 증가된 소득금액에 대하여 특별세액감면을 받을 수 있으나(소득 46011-1751, 1995. 6. 28., 소득 46011-3763, 1995. 10. 5.), 폐업연도 전의 소득이 폐업일 이후의 경정으로 인해 증가된 경우 그 증가된 소득분은 세액감면 대상이 아니다(국심 2001서 805, 2001. 12. 6.).

그리고 법인세 경정시 부당과소신고금액(심사 법인 2003-71, 2003. 11. 24.)과 이월결손금의 부당공제로 인한 과세관청의 경정시 당해 과소신고 소득금액(서일 46011-11210, 2003. 9. 2.)은 중소기업 특별세액감면의 적용대상이 아니다.

9) 수도권과 수도권 외 지역에서 각각 별도의 공장을 운영하는 경우

수도권과 수도권 외 지역에서 각각 별도의 공장을 운영하면서 중소기업 특별세액감면을 적용하던 중소기업이 수도권 안 공장의 지방이전으로 인해 지방소재 공장과 동일부지 내에 입주하게 된 경우 각 제품별로 제조설비 및 공장건물을 별도로 설치하고 제조공정이 서로 무관한 제품을 생산하여 구분경리가 가능한 경우에는 기존의 공장은 중소기업 특별세액감면을 적용받을 수 있는 것이며, 이전 후 공장은 수도권 외 지역이전 중소기업 세액감면과 중소기업 특별세액감면 중 선택하여 적용할 수 있다(재조예 46019-281, 2000. 8. 9.).

3. 수도권 밖으로 공장을 이전하는 기업에 대한 세액감면

(1) 개 요

국토의 균형적인 발전과 수도권의 과밀억제를 위하여 수도권과밀억제권역 소재 공장을 수도권(중소기업은 수도권과밀억제권역) 밖으로 이전하는 경우 다음과 같이 세제혜택을 주고 있다.

구 분	세제혜택
이전단계	구공장 양도차익을 5년이 되는 사업연도부터 5년간 분할 익금산입
이전 후 단계	이전한 공장에서 발생한 소득에 대하여 일정기간 법인세 감면

(2) 감면요건

다음의 요건을 갖춘 내국법인이 공장을 이전하여 2025. 12. 31.(공장을 신축하는 경우로서 공장의 부지를 2025. 12. 31.까지 보유하고 2025. 12. 31.이 속하는 과세연도의 과세표준 신고를 할 때 이전계획서를 제출하는 경우에는 2028. 12. 31.)까지 사업을 개시하는 경우에는 이전 후의 공장에서 발생하는 소득(공장이전기업이 이전 후 합병·분할·현물출자 또는 사업의 양수를 통하여 사업을 승계하는 경우 승계한 사업장에서 발생한 소득은 제외한다)에 대하여 법인세를 감면한다(조특법 §63① 본문).

① 수도권과밀억제권역에 3년(중소기업은 2년) 이상 계속하여 공장시설을 갖추고 사업을 한 기업일 것. 이 경우 수도권과밀억제권역 안에 소재하는 공장시설을 수도권 밖(중소기업의 경우 수도권과밀억제권역 밖을 말한다)으로 이전하기 위하여 조업을 중단한 날부터 소급하여 3년(중소기업의 경우 2년) 이상 계속 조업(「대기환경보전법」,「물환경보전법」 또는 「소음·진동관리법」에 따라 배출시설이나 오염물질배출방지시설의 개선·이전 또는 조업정지명령을 받아 조업을 중단한 기간은 이를 조업한 것으로 본다)한 실적이 있어야 한다(조특령 §60②). 이 경우 공장이란 제조장 또는 자동차정비공장으로서 제조 또는 사업단위로 독립된 것으로 말한다(조특령 §54①). 자동차정비공장은 「자동차관리법 시행규칙」 제131조의 규정에 의한 자동차종합정비업 또는 소형자동차정비업의 사업장을 말한다(조특칙 §22).

② 공장시설의 전부를 수도권(중소기업은 수도권과밀억제권역) 밖으로 다음 중 어느 하나의 요건을 갖추어 이전할 것(조특령 §60③)

㉮ 선이전 후 양도 : 수도권 밖으로 공장을 이전하여 사업을 개시한 날부터 2년 이내에 수도권과밀억제권역 안의 공장을 양도하거나 수도권과밀억제권역 안에 남아 있는 공장시설의 전부를 철거 또는 폐쇄하여 해당 공장시설에 의한 조업이 불가능한 상태일 것. 이 경우 공장이전일이란 수도권과밀억제권역 안의 공장시설을 수도권과밀억제권역 밖의 지역으로 전부이전하여 이전 후의 공장에서 제조를 개시한 날을 말하며, 사업을 개시한 날이란 공장 시설을 이용하여 정상상품을 판매할 수 있는 완성품제조를 개시한 날을 말한다. 양도일은 소득세법상의 양도일(소법 §98, 소령 §162)을 말하고, 철거 또는 폐쇄일이란 조업이 불가능한 상태에 있게 된 사실상의 철거 또는 폐쇄일을 말한다(조특집 63-60-2).

㉯ 선양도후 이전 : 수도권과밀억제권역 안의 공장을 양도 또는 폐쇄한 날(공장의 대

지 또는 건물을 임차하여 자기공장시설을 갖추고 있는 경우에는 공장이전을 위하여 조업을 중단한 날을 말한다)부터 2년 이내에 수도권 밖에서 사업을 개시할 것. 다만, 공장을 신축하여 이전하는 경우에는 수도권과밀억제권역 안의 공장을 양도 또는 폐쇄한 날부터 3년 이내에 사업을 개시해야 한다.

③ 다음의 어느 하나에 해당하는 경우 다음의 구분에 따른 요건을 갖출 것

㉮ 중소기업이 공장시설을 수도권 안(수도권과밀억제권역은 제외한다)으로 이전하는 경우로서 본점이나 주사무소(이하 "본사"라 한다)가 수도권과밀억제권역에 있는 경우 : 해당 본사도 공장시설과 함께 이전할 것

㉯ 중소기업이 아닌 기업이 광역시로 이전하는 경우 : 「산업입지 및 개발에 관한 법률」 제2조 제8호에 따른 산업단지로 이전할 것

④ 업종요건 : 한국표준산업분류상의 세분류를 기준으로 이전 전의 공장에서 영위하던 업종과 이전 후의 공장에서 영위하는 업종이 같을 것(조특법 §63⑦, 조특령 §60⑪).

(3) 감면배제 사업

다음의 사업을 경영하는 내국법인은 이 규정에 따른 세액감면을 적용받을 수 없다. 다만, 「혁신도시 조성 및 발전에 관한 특별법」 제2조 제2호의 이전공공기관이 경영하는 다음 중 어느 하나에 해당하는 사업은 제외한다(조특법 §63① 단서, 조특령 §60①).

① 부동산임대업

② 부동산중개업

③ 「소득세법 시행령」 제122조 제1항에 따른 부동산매매업

④ 건설업[한국표준산업분류에 따른 주거용 건물 개발 및 공급업(구입한 주거용 건물을 재판매하는 경우는 제외한다)을 포함한다]

⑤ 소비성서비스업

⑥ 「유통산업발전법」 제2조 제9호에 따른 무점포판매에 해당하는 사업

⑦ 「해운법」 제2조 제5호에 따른 해운중개업

(4) 감면기간 및 감면세액

수도권 밖으로 공장을 이전하는 기업에 대한 세액기간과 감면세액은 다음과 같다(조특법 §63①(2)).

공장 이전일 이후 해당 공장에서 최초로 소득이 발생한 과세연도(공장 이전일부터 5년이 되는 날이 속하는 과세연도까지 소득이 발생하지 아니한 경우에는 이전일부터 5년이 되는 날이 속하는 과세연도)의 개시일부터 ❶의 기간 동안 법인세의 100%에 상당하는 세액을 감면하고, 그 다음 ❷의 기간 동안 법인세의 50%에 상당하는 세액을 감면한다(조특령 §63①(2)).

구 분		❶ 100% 감면기간	❷ 50% 감면기간
㉮ 수도권 중 성장관리권역·자연보전권역(중소기업에 한정함), 수도권 연접도시*1로 이전하는 경우		5년	그 후 2년
㉯ 지방 광역시, 지방중규모 도시*2로 이전하는 경우	ⓐ 위기지역, 「국가균형발전 특별법」에 따른 성장촉진지역 또는 인구감소지역으로 이전하는 경우	7년	그 후 3년
	ⓑ ⓐ 외의 지역으로 이전하는 경우	5년	그 후 2년
㉰ ㉮ 또는 ㉯에 따른 지역 외의 지역으로 이전하는 경우	ⓐ 위기지역, 「국가균형발전 특별법」에 따른 성장촉진지역 또는 인구감소지역으로 이전하는 경우	10년	그 후 2년
	ⓑ ⓐ 외의 지역으로 이전하는 경우	7년	그 후 3년

*1 당진시, 아산시, 원주시, 음성군, 진천군, 천안시, 춘천시, 충주시, 홍천군(내면 제외), 횡성군
*2 구미시, 김해시, 전주시, 제주시, 진주시, 창원시, 청주시, 포항시

(5) 사후관리

1) 법인세 추가납부

이 규정에 따른 세액감면을 적용받은 공장이전기업이 다음 중 어느 하나에 해당하는 경우에는 그 사유가 발생한 사업연도의 과세표준신고를 할 때 다음의 추가납부세액을 법인세로 납부하여야 한다(조특법 §63②, 조특령 §60④).

추가납부사유	추가납부세액
① 공장을 이전하여 사업을 개시한 날부터 3년 이내에 그 사업을 폐업하거나 법인이 해산한 경우. 다만, 합병·분할 또는 분할합병으로 인한 경우에는 그러하지 아니하다.	폐업일 또는 법인해산일부터 소급하여 3년 이내에 감면된 세액
② 공장을 수도권(중소기업은 수도권과밀억제권역) 밖으로 이전하여 사업을 개시하지 아니한 경우(이는 (2)의 ③의 요건을 구비하지 못한 경우를 말함)	요건을 갖추지 못하게 된 날부터 소급하여 5년 이내에 감면된 세액
③ 수도권(중소기업은 수도권과밀억제권역)에 이전한 공장에서 생산하는 제품과 같은 제품을 생산하는 공장(중소기업이 수도권 안으로 이전한 경우에는 공장 또는 본사)을 설치한 경우	공장설치일(중소기업이 공장과 함께 본점 또는 주사무소를 이전한 경우에는 본점 또는 주사무소 설치일을 포함한다)부터 소급하여 5년 이내에 감면된 세액. 이 경우 이전한 공장이 둘 이상이고 해당 공장에서 서로 다른 제품을 생산하는 경우에는 수도권(중소기업의 경우 수도권과밀억제권역) 안의 공장에서 생산하는 제품과 동일한 제품을 생산하는 공장의 이전으로 인하여 감면받은 분에 한정한다.

2) 이자상당가산액

감면받은 법인세액을 납부하는 경우에는 다음과 같이 계산한 이자상당가산액을 법인세에 가산하여 납부하여야 하며, 해당 세액은 「법인세법」 제64조에 따라 납부하여야 할 세액으로 본다(조특법 §63③, 조특령 §60⑦).

$$이자상당가산액 = 추가납부세액 \times 일수^{*1} \times 0.022\%^{*2}$$

*1 감면을 받은 사업연도의 종료일 다음 날부터 법 제63조 제2항에 해당하는 사유가 발생한 날이 속하는 사업연도의 종료일까지의 기간

*2 이자율은 종전에 일 0.03%이었으나 납세자의 부담을 경감하기 위하여 2019. 2. 12.에 일 0.025%로, 다시 2022. 2. 15.에 일 0.022%로 인하되었다. 개정 전에 발생한 사유로 개정 후에 세액을 납부 또는 부과하는 경우 개정규정 시행일 전일까지의 기간분은 개정 규정에도 불구하고 종전 규정에 따른다(2019. 2. 12. 조특령 개정부칙 §25, 2022. 2. 15. 조특령 개정부칙 §21). 이자율은 다음과 같이 적용한다.

구 분	2019. 2. 11.까지의 기간	2019. 2. 12.부터 2022. 2. 14.까지의 기간	2022. 2. 15. 이후 기간
이자율	일 0.03%	일 0.025%	일 0.022%

(6) 감면중단

이 규정에 따른 감면을 적용받은 중소기업이 수도권 안으로 이전한 경우로서 다음 사유에 따라 중소기업에 해당하지 아니하게 된 경우에는 해당 사유 발생일이 속하는 사업연도부터 감면하지 아니한다(조특법 §63⑧, 조특령 §60⑬).

① 「중소기업기본법」의 규정에 의한 중소기업외의 기업과 합병하는 경우

② 유예기간 중에 있는 기업과 합병하는 경우

③ 조특령 제1항 제3호(「중소기업기본법 시행령」 제3조 제1항 제2호 다목의 규정은 제외한다)의 요건을 갖추지 못하게 되는 경우

④ 창업일이 속하는 사업연도 종료일부터 2년 이내의 사업연도 종료일 현재 중소기업기준을 초과하는 경우

(7) 감면신청

이 규정에 따른 세액감면을 적용받으려는 자는 과세표준신고와 함께 세액감면신청서 및 감면세액계산서를 납세지 관할 세무서장에게 제출해야 한다(조특령 §60⑨).

(8) 이 규정과 관련된 예규 및 판례

1) 공장을 임대한 경우

수도권과밀억제권역 안의 공장시설 전부를 철거 또는 폐쇄하고 구공장을 매각하려고 하였으나, 매각이 어려워서 다른 사람에게 임대하였는데, 임차인이 구공장에서 제조업을 영위

하는 경우에도 감면을 받을 수 있는가?

종전에 국세청은 이전일로부터 1년 이내에 구공장에 남아 있는 공장시설의 전부를 철거 또는 폐쇄하여 당초의 사업을 할 수 없는 상태에서 공장용이 아닌 다른 용도로 임대하는 경우에는 감면을 받을 수 있으나, 공장 용도로 임대하는 경우에는 감면을 받을 수 없다고 해석하였다(서면법규과-1044, 2013. 9. 27.).

그러나 조세심판원은 구공장의 주요 기계・설비 등을 해체・철거하여 수도권과밀억제권역 밖으로 이전하여 더 이상 그 시설로 조업이 불가능한 상태인 경우에는 임차인이 그 공장건물에서 제조업을 하는 경우에도 감면을 받을 수 있다고 2016년에 결정한 후, 또 2017년에도 동일한 결정을 하였다(조심 2015중 4129, 2016. 7. 6., 조심 2017중 1001, 2017. 6. 12.).

조세심판원에서 국세청의 예규와 상반된 결정을 반복함에 따라 기획재정부에서는 조세심판례를 반영한 새로운 예규를 발표하였으므로 구공장을 공장으로 임대한 경우에도 감면을 받을 수 있는 점에 유의하여야 한다(재조세특례-371, 2017. 4. 5.).

삭제 사례 (서면법규과-1044, 2013. 9. 27.) (법인 46012-1462, 1998. 6. 3.)	유지 사례 (재조세특례-371, 2017. 4. 5.)
「조세특례제한법」 제63조의 규정을 적용함에 있어 수도권과밀억제권역 안에서 2년 이상 계속하여 공장시설을 갖추고 사업을 영위하는 중소기업이 수도권과밀억제권역 외의 지역으로 공장시설을 전부 이전하고 이전일로부터 1년 이내에 구공장에 남아 있는 공장시설의 전부를 철거 또는 폐쇄하여 당초의 사업을 할 수 없는 상태에서 공장용이 아닌 다른 용도로 임대하는 경우에는 같은 법에 의한 감면을 받을 수 있으나, 공장 용도로 임대하는 경우에는 감면을 받을 수 없음.	구공장이 공장시설 전부를 철거 또는 폐쇄하여 당해 공장시설에 의한 조업이 불가능한 상태에 있는 구공장을 공장으로 임대한 경우 「조세특례제한법」 제63조의 세액감면을 적용받을 수 있는 것임.

2) 지방이전 후 적격분할의 경우

법인의 공장을 수도권과밀억제권역 밖으로 이전 후 다음의 그림과 같이 적격분할하는 경우, 분할신설법인이 승계받은 사업관련 소득은 분할 당시의 남은 감면기간 내에 끝나는 각 사업연도분까지 그 감면을 적용하며, 분할신설법인의 사업영위기간은 분할 전 분할법인의 사업기간을 포함하여 계산한다(조예-366, 2007. 5. 25.).

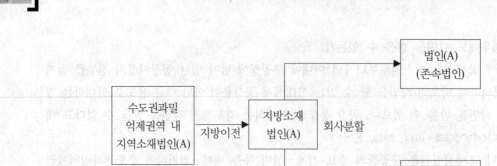

3) 2년 이상 계속 조업한 실적이 있는 공장의 범위

"2년 이상 계속 조업한 실적이 있는 공장"이란 제조장단위별로 2년 이상 조업한 경우를 말하며, 제조시설 중 일부가 2년 미만 조업한 경우에도 당해 제조장을 2년 이상 조업한 경우에는 2년 이상 조업한 것으로 본다(조특통 63-60…1 ①).

그리고 위 규정을 적용함에 있어서 개인사업자가 대도시 안에서 영위하던 사업을 「조세특례제한법」제32조에 따라 법인으로 전환하고 당해 공장시설을 지방으로 이전하는 경우에는 당해 개인사업자가 조업한 기간을 합산한다(조특통 63-60…1 ②).

4) 개인기업의 법인전환의 경우

① 지방 이전 전에 법인으로 전환한 경우 : 개인사업자가 대도시 안에서 영위하던 사업을 조특법 제32조의 규정에 따라 법인으로 전환하고 당해 공장시설을 지방으로 이전하는 경우에는 당해 개인사업자가 조업한 기간을 합산한다(조특통 63-60…1 ②).

② 지방 이전 후 감면기간에 법인으로 전환한 경우 : 개인사업자가 법인전환시 전환으로 설립된 법인은 전환 전 사업자의 잔존감면기간에 대하여 세액감면을 적용받을 수 있다(법인-153, 2014. 4. 2.).

5) 사업연도 중 이전한 경우 감면소득

사업연도 도중에 수도권과밀억제권역 밖으로 이전한 중소기업에 대한 세액감면은 이전 후의 공장에서 발생한 소득만이 적용대상이다(서면2팀-1531, 2006. 8. 17., 법인 46012-847, 2000. 4. 3.). "이전 후의 공장에서 발생하는 소득"이란 수도권 안의 공장시설을 수도권 외의 지역으로 최종적으로 전부 이전 완료한 후 이전 후의 공장에서 발생하는 소득을 말하며(법인 46012-3604, 1999. 9. 30.), 사업연도 중에 이전한 경우에는 이전 전 소득과 이전 후 소득을 구분정리하여 이전 후 소득에 대해서만 감면을 적용한다(조특집 63-60-3 ③).

6) 수도권과밀억제권역의 구공장을 임대 또는 아파트형 공장으로 신축하여 분양·매각·임대의 경우

수도권과밀억제권역에서 2년 이상 계속하여 공장시설을 갖추고 사업을 영위하는 중소기업이 기업부설연구소를 제외하고 수도권과밀억제권역 밖으로 본사 및 공장을 함께 이전하는 경우로서, 구공장의 시설 전부를 철거하거나 폐쇄하여 수도권과밀억제권역 밖으로 이전함으로써 수도권 내 기존 공장시설에 의한 조업이 불가능한 상태에서 잔여시설 또는 토지를 임대하거나 구공장을 철거 후 아파트형공장을 신축하여 분양·매각·임대하는 경우에는 이전 후의 공장에서 발생하는 소득에 대하여 세액감면을 받을 수 있다(법인-850, 2009. 7. 22.).

따라서 수도권과밀억제권역에서 2년 이상 계속하여 공장시설을 갖추고 사업을 영위하는 중소기업법인이 수도권과밀억제권역 밖으로 그 공장시설을 전부 이전하는 경우에 구공장 양수자가 어떤 업종을 영위하는지 여부는 당해 세액감면 적용에 영향이 없다(서면2팀-2363, 2006. 11. 17.).

7) 사업연도 중에 이전하는 경우 이전 전·후 사업의 구분경리

수도권과밀억제권역 밖으로 공장을 이전한 중소기업에 대한 법인세 감면은 수도권과밀억제권역 밖으로 이전한 후의 공장에서 발생하는 소득에 한하여 적용하는 것이므로 공장을 이전한 사업연도에 있어서는 이전 전의 소득과 이전 후의 소득을 「조세특례제한법」 제143조에 따라 구분경리하여야 한다(법인 46012-1329, 1993. 5. 12.).

이 경우 동일한 제품을 생산하는 수도권과밀억제권역에 있는 공장과 수도권과밀억제권역 밖에 있는 공장을 수도권과밀억제권역 밖으로 동시에 이전하여 하나의 공장을 설립한 후, 이전한 공장에서 생산하던 제품과 동일한 제품을 생산하는 경우, 감면사업에 속하는 손익과 기타사업에 속하는 손익은 이전일 또는 조업중단일이 속하는 사업연도의 직전 사업연도 이전한 공장별 동 제품의 매출액에 비례하여 안분계산한다(서면2팀-517, 2007. 3. 27., 법인 46012-171, 2003. 3. 11.).

8) 영업활동의 주된 사무소를 수도권과밀억제권역에 두고 제조공장을 수도권과밀억제권역 밖으로 이전한 경우

영업활동을 하는 주된 사무소를 수도권과밀억제권역에 두고 제조공장을 수도권과밀억제권역 밖으로 이전하는 경우 사실상 본점 또는 주사무소의 역할을 하는 영업소가 이전 당시 수도권과밀억제권역에 소재하는 경우에는 당해 세액감면 규정을 적용받을 수 없다(서이 46012-11577, 2003. 9. 1.).

9) 수도권과밀억제권역 밖 공장이전 소재 동일부지 위에 별도 제조설비에 대한 공장이전 세액감면과 중소제조업 세액감면 적용 여부

수도권과 수도권 외 지역에서 각각 별도의 공장을 운영하면서 중소제조업 특별세액감면을 적용하던 중소기업이 수도권 안 공장의 지방이전으로 인해 지방소재 공장과 동일부지 내에 입지하게 된 경우 각 제품별로 제조설비 및 공장건물을 별도로 설치하고 제조공정이 서로 무관한 제품을 생산하여 구분경리가 가능한 경우에는 기존의 공장은 중소제조업 특별세액감면을 적용받을 수 있는 것이며, 이전 후 공장은 지방이전 중소기업 세액감면과 중소제조업 특별세액감면 중 하나를 선택하여 적용받을 수 있다(재조예 46019-281, 2000. 8. 9.).

10) 그 밖의 사례

구 분	내 용
공장시설 전부이전의 범위	법 제63조 및 제63조의2 제1항 제2호에서 "공장시설의 전부이전"은 서로 다른 여러 종류의 제품 중 한 제품만을 생산하는 독립된 공장시설을 완전히 이전하고 당해 공장건물을 사무실이나 창고 등으로 사용하는 경우에는 동 부분에 한하여 공장시설을 전부 이전한 것으로 본다(조특통 63-0…1).
공장 이전 후 추가한 업종에서 발생한 소득의 감면 여부	수도권과밀억제권역에서 공장시설을 갖추고 제조업을 영위하던 법인이 당해 공장시설과 수도권과밀억제권역 안에 소재하던 본점을 수도권과밀억제권역 밖으로 함께 이전한 후 한국표준산업분류상의 세분류를 기준으로 이전전의 업종과 다른 새로운 업종을 추가한 경우, 그 추가한 업종에서 발생한 소득에 대하여는 법 제63조 규정의 수도권과밀억제권역 밖으로 이전하는 중소기업에 대한 세액감면을 적용하지 아니한다(조특통 63-0…2).
공동사업을 단독사업으로 전환 후 공장이전시 2년의 기산일	수도권과밀억제권역에서 2년 이상 계속하여 공장시설을 갖추고 공동사업을 하던 내국인이 단독사업으로 전환한 후 수도권과밀억제권역 밖으로 해당 공장시설을 전부 이전하여 2011년 12월 31일까지 사업을 개시한 경우, 해당 내국인에 대하여 「조세특례제한법」(2010. 12. 27. 법률 제10406호로 일부개정된 것) 제63조 제1항을 적용함에 있어서 "2년"의 기산일은 단독사업 전환 전의 해당 공동사업을 개시한 날이 되는 것임(기획재정부 조세특례제도과-0063, 2012. 1. 27.).
이전계획서만 제출시 감면 적용 대상 여부 및 재이전시 감면 유지 여부	「조세특례제한법」 제63조 규정에 따라 수도권과밀억제권역 밖 이전 중소기업에 대한 세액감면을 적용받던 중 수도권과밀억제권역 밖 지역으로 재이전하거나 이전한 공장 중 일부를 임대하는 경우에도 당초 세액감면 적용대상 과세기간에 발생한 법인세에 대하여는 세액감면을 받을 수 있는 것임. 다만, 감면을 받는 기간 중에 한국표준산업분류상의 세분류를 기준으로 이전 전의 업종과 다른 새로운 업종을 추가한 경우에는 같은 법 제63조 제1항에 따라 감면이 배제되는 것임(서면-2020-법인-3497 [법인세과-3802], 2020. 10. 27.).

구 분	내 용
기업부설연구소외 본사 및 공장만 이전시 감면 여부 등	수도권과밀억제권역 안에서 2년 이상 계속하여 공장시설을 갖추고 사업을 영위하는 중소기업이 기업부설연구소를 제외하고 수도권과밀억제권역 외의 지역으로 본사 및 공장을 함께 이전하는 경우로서 구공장의 시설 전부를 철거 또는 폐쇄하여 수도권과밀억제권역 밖으로 이전함으로써 수도권내 기존 공장시설에 의한 조업이 불가능한 상태에서 잔여시설 또는 토지를 임대하거나 구공장을 철거후 아파트형공장을 신축하여 분양·매각·임대하는 경우에는 이전 후의 공장에서 발생하는 소득에 대하여 「조세특례제한법」 제63조 제1항의 규정에 의하여 세액감면을 받을 수 있는 것임(법인세과-850, 2009. 7. 22.).
본점의 일부 인력이 수도권과밀억제권역 내 잔류시 「조세특례제한법」 제63조 적용가능 여부	「조세특례제한법」 제63조의 조세감면을 받기 위해서는 수도권과밀억제권역 내 본점 또는 주사무소가 있는 경우 본점 또는 주사무소를 공장시설과 함께 이전하여야 하며, 사실상 주사무소 역할을 하는 조직이 수도권과밀억제권역 안에 소재하는 경우 세액감면을 받을 수 없는 것임. 이때 사실상의 주사무소가 수도권과밀억제권역 내에 존재하는지 여부는 사업수행에 필요한 중요한 관리 및 결정이 이루어지는 장소 즉, 경영계획, 재무투자, 자산부채의 관리, 주요 회의 개최, 대표자 및 주요 임직원의 통상적 업무 수행, 회계 서류등 주요 서류를 일상
	적으로 기록관리 등이 수행되는 장소가 수도권과밀억제권역 내에 존재하는지 제반 사정을 종합적으로 고려하여 구체적 사안에 따라 개별적으로 판단하는 것임(사전-2016-법령해석소득-0576, 2017. 3. 16.).
본점이전일	실질과세원칙상 본점 이전일은 법인등기부상 등기이전일이 아니라 실제 이전일이라 할 것이므로 조세특례제한법 제63조에 의한 중소기업에 대한 세액감면 규정의 적용을 배제한 처분은 잘못이 있다고 판단됨(조심 2009중 2030, 2009. 8. 28.).
중소기업이 공장을 성수동에서 인천남동유치지역으로 이전한 경우 감면 여부	수도권과밀억제권역 안(성수동)에서 공장시설을 갖추고 사업을 영위하는 중소기업(내국인에 한함)이 수도권 성장관리권역인 남동유치지역으로 그 공장시설을 전부 이전하는 경우에는 「조세특례제한법」 제63조의2에 따라 세액감면을 받을 수 없고, 같은 법 제63조에 따라 세액감면을 받을 수 있으며 세액감면시 같은 법 제132조에 따라 최저한세가 적용되는 것임(법인세과-87, 2009. 1. 8.).
수도권 밖 이전하여 감면받는 기간 경과 후 수도권 안으로 재이전시 감면세액 추징여부	2002년 수도권 밖으로 공장 및 본사를 이전하여 「조세특례제한법」 제63조의 '수도권외 지역 이전 중소기업에 대한 세액감면'을 2010년까지 적용받고, 감면기간 경과 후에 수도권 안에 같은 법 제1항의 규정에 따라 이전한 공장에서 생산하는 제품과 동일한 제품을 생산하는 공장을 설치하거나 본사를 설치한 때에는 감면세액을 추징하지 아니하는 것임(법인세과-1102, 2010. 11. 30.).
감면기간 중 분할하여 분할신설분할법인이 수도권과밀억제권역으로 이전하는 경우	법인이 수도권과밀억제권역 밖으로 그 공장시설을 전부 이전한 후 일부 사업부문을 적격분할하여 신설된 분할신설법인을 지방 이전 후 감면을 받는 기간 중에 수도권과밀억제권역으로 이전하는 경우 감면받은 세액을 추징함(서면2팀-426, 2006. 2. 27.).

4. 영농조합법인에 대한 법인세 면제

「농어업경영체 육성 및 지원에 관한 법률」에 따른 영농조합법인에 대해서는 2026. 12. 31. 이전에 끝나는 사업연도까지 다음의 소득에 대하여 법인세를 면제한다(조특법 §66①, 조특령 §63①).

① 곡물 및 기타 식량작물재배업에서 발생하는 소득(이하 "식량작물재배업소득"이라 한다) 전액

② 「농어업경영체육성 및 지원에 관한 법률 시행령」 제20조의5 제1항에 따른 영농조합법인의 사업에서 발생한 소득 중 각 사업연도별로 다음의 어느 하나에 해당하는 금액

　㉮ 곡물 및 기타 식량작물재배업(이하 "식량작물재배업"이라 한다) 외의 작물재배업에서 발생하는 소득금액으로서 각 사업연도별로 다음의 계산식에 따라 계산한 금액 이하의 금액

$$\text{식량작물재배업 외의 작물재배업에서 발생하는 소득금액} \times \left\{ \cfrac{6억원 \times 조합원수^* \times \cfrac{사업연도\ 월수}{12}}{\text{식량작물재배업 외의 작물재배업에서 발생하는 수입금액}} \right\}$$

* 사업연도 중 증자에 참여하여 조합원수가 증가한 경우 조합원수는 매사업연도 종료일의 인원을 기준으로 하여 계산하는 것이며, 이때 "조합원"이란 「농업·농촌기본법」 제15조 제3항에서 정하는 조합원으로서 준조합원은 이에 해당하지 아니한다(서이 46012-11967, 2002. 10. 29.).

여기서 "식량작물재배업소득"이란 농지세가 과세되는 농지에서 농작물을 재배하거나 재배하게 함으로써 얻은 소득으로서 다음의 것을 말한다(법인 46012-2595, 1998. 9. 15.).

ⓐ 조합원으로부터 농업용 기자재 판매대금의 회수지연에 따른 이자 명목으로 수취한 소득(조심 2013광 2766, 2014. 2. 20.)

ⓑ 영농조합법인이 경작하던 농지가 수용되어 지방자치단체로부터 지급받은 영농손실보상금(서면법규-515, 2014. 5. 23.)

그러나 다음의 소득은 식량작물재배업소득으로 보지 아니한다.

ⓐ 국가 또는 지방자치단체로부터 농기구 구입자금으로 지급받은 국고보조금(사업개발비 보조금 등을 포함한다)(법인-604, 2010. 6. 29., 법인 46012-469, 1998. 2. 24.)

ⓑ 버섯재배에서 얻는 소득(법인-817, 2012. 12. 31., 법인 46012-3757, 1999. 10. 19.)

ⓒ 종묘 수입 시 납부한 부가가치세를 「조세특례제한법」 제105조의2에 따라 환급받는 경우 동 부가가치세(법인-3071, 2008. 10. 24.)

ⓓ 「농어업경영체 육성 및 지원에 관한 법률」에 따른 영농조합법인이 부동산 수용
에 따라 받는 보상수익(서면법인-21937, 2015. 11. 26.)

㉯ 작물재배업에서 발생하는 소득을 제외한 소득금액으로서 각 사업연도별로 다음의
계산식에 따라 계산한 금액 이하의 금액

$$1,200만원 \times 조합원수^* \times \frac{사업연도\ 월수}{12}$$

* 위 계산식에서 조합원수를 계산함에 있어서 해당 사업연도 중 증자에 참여하여 조합원수가 증가한 경우 조
합원수는 매사업연도 종료일의 인원을 기준으로 하여 계산한다.

5. 영어조합법인에 대한 법인세 면제

「농어업경영체 육성 및 지원에 관한 법률」에 따른 영어조합법인(營漁組合法人)에 대해서
는 2026. 12. 31. 이전에 끝나는 과세연도까지 각 사업연도의 소득 중 「농어업경영체 육성
및 지원에 관한 법률 시행령」 제20조의5 제2항 각 호의 사업에서 발생한 소득으로서 각 사
업연도별로 다음 중 어느 하나에 해당하는 소득금액에 대하여 법인세를 면제한다(조특령 §64
①). 24 개정

① 한국표준산업분류에 따른 연근해어업, 내수면어업 또는 <u>양식어업</u>에서 발생하는 소득
금액(이하 "어업소득"이라 한다)으로서 각 사업연도별로 다음의 계산식에 따라 계산
한 금액 이하의 금액 24 개정 (양식어업 추가)

$$3천만원 \times 조합원수 \times \frac{사업연도\ 월수}{12}$$

② 어업소득을 제외한 소득금액으로서 각 사업연도별로 다음의 계산식에 따라 계산한 금
액 이하의 금액

$$1천200만원 \times 조합원수 \times \frac{사업연도\ 월수}{12}$$

6. 농업회사법인에 대한 법인세 감면

(1) 작물재배업소득에 대한 법인세 면제

「농어업경영체 육성 및 지원에 관한 법률」에 의한 농업회사법인(이하 "농업회사법인"이

라 한다)에 대하여는 2026. 12. 31. 이전에 끝나는 사업연도까지 다음 소득에 대한 법인세를 면제한다(조특법 §68①, 조특령 §65①). 24 개정

① 식량작물재배업소득 : 전액

② 식량작물재배업소득 외의 작물재배업에서 발생하는 소득 : 다음의 계산식에 따라 계산한 금액

$$\text{식량작물재배업 외의 작물재배} \times \left[\frac{50억원 \times \dfrac{\text{사업연도 개월수}}{12}}{\text{식량작물재배업 외의 작물재배업에서 발생하는 수입금액}} \right]$$

(2) 작물재배업에서 발생하는 소득 외 부대사업 등 소득에 대한 법인세 감면

1) 세액감면액

농업회사법인이 작물재배업에서 발생하는 소득 외의 소득 중 다음의 소득에 대하여는 최초로 해당 소득이 발생한 과세연도(사업개시일부터 5년이 되는 날이 속하는 과세연도까지 해당 소득이 발생하지 아니하는 경우에는 5년이 되는 날이 속하는 과세연도를 말한다)와 그 다음 과세연도의 개시일부터 4년 이내에 끝나는 과세연도까지 해당 소득에 대한 법인세의 50%에 상당하는 세액을 감면한다(조특법 §68①, 조특령 §65②).

① 「농어업·농어촌 및 식품산업 기본법 시행령」 제2조에 따른 축산업, 임업에서 발생한 소득

② 「농어업경영체 육성 및 지원에 관한 법률 시행령」 제20조의5 제1항에 따른 농업회사법인(이하 "농업회사법인"이라 한다)의 부대사업에서 발생한 소득

③ 「농어업경영체 육성 및 지원에 관한 법률」 제19조 제1항에 따른 농산물 유통·가공·판매 및 농작업 대행에서 발생한 소득. 다만, 수입 농산물의 유통 및 판매에서 발생하는 소득은 제외한다. 24 신설 (밑줄친 부분 신설)

2) 감면배제

농업인이 아닌 자가 지배하는 농업회사로서 출자총액이 80억원을 초과하고 출자총액 중 「농어업경영체 육성 및 지원에 관한 법률」 제2조 제1호에 따른 농업인 및 「농업·농촌 및 식품산업 기본법」 제3조 제4호에 따른 농업 관련 생산자단체의 출자지분 합계의 비중이 50% 미만인 농업회사법인의 도·소매업 및 서비스업(작물재배 관련 서비스업 제외)에서 발생하는 소득은 감면대상에서 제외한다(조특령 §65②, 조특칙 §26).

(3) 일반법인이 농업회사법인 전환시 감면기산일

상법상 일반주식회사를 농업회사법인으로 전환한 경우 작물재배업 외 소득에 대한 감면을 언제부터 기산할 것인가?

종전에 국세청은 「상법」상 주식회사가 「농어업경영체 육성 및 지원에 관한 법률」에 따라 농업회사법인으로 전환한 경우 당해 법인의 사업은 법인설립등기 등에 상관없이 전환 전 사업이 계속되는 것이므로 "전환 전 법인에게 해당 사업에서 최초로 소득이 발생한 과세연도" 또는 "전환전 법인의 사업개시일로부터 5년이 되는 날이 속하는 과세연도"를 말한다고 보아야 할 것이라고 해석(법인세과-368, 2012. 6. 8.)하였고, 조세심판원도 동일한 취지로 결정한 바 있다(조심 2013부 771, 2013. 6. 20.). 그러나 최근 기획재정부는 「조세특례제한법」 제6조 제1항에 따라 세액감면을 적용받지 않은 「상법」에 따른 주식회사가 「농어업경영체 육성 및 지원에 관한 법률」에 따른 농업회사법인으로 전환하여 「조세특례제한법」 제68조 제1항에 따라 식량작물재배업에서 발생하는 소득 외의 소득에 대해 법인세를 감면받는 경우, 감면기간의 기산은 농업회사법인으로 전환 후 최초로 소득이 발생한 사업연도를 기준으로 적용한다는 새로운 해석을 내놓았다(재법인-6, 2017. 1. 4.).

새로운 해석은 상법상 일반주식회사가 창업중소기업에 대한 감면을 받지 못한 상태에서 농업회사법인으로 전환된 경우에 적용되는 점에 유의해야 한다. 일반주식회사가 「조세특례제한법」 제6조에 따른 창업중소기업에 대한 세액감면을 받은 후 농업회사로 전환된 후 작물재배업 외의 소득에 대하여 또 다시 창업중소기업에 대한 감면을 받는 것은 허용되지 않는다고 보아야 할 것이다.

새로운 기획재정부의 예규가 나옴에 따라 국세청은 2017년 2월 세법해석사례 정비시 새로운 예규와 상충되는 예규 3건을 삭제하였다.

삭제 사례 (서면법인 2015-1552, 2016. 3. 18.) (법인-781, 2012. 12. 17.) (법인-368, 2012. 6. 8.)	유지 사례 (법인세제과-6, 2017. 1. 4.)
「상법」상 주식회사가 「농어업경영체 육성 및 지원에 관한 법률」에 따른 농업회사법인의 설립요건을 갖추어 농업회사법인으로 전환한 경우 「조세특례제한법」 제68조 제1항에 따라 같은 법 시행령 제65조 제1항에 규정하고 있는 농업소득 외의 소득에 대해 같은 법 제6조 제1항을 준용하여 법인세를 감면함에 있어서 해당 감면기간의 기산은 전환 전 법인에서 최초로 소득이 발생한 과세연도를 기준으로 하는 것임.	「조세특례제한법」 제6조 제1항에 따라 세액감면을 적용받지 않은 「상법」에 따른 주식회사가 「농어업경영체 육성 및 지원에 관한 법률」에 따른 농업회사법인으로 전환하여 「조세특례제한법」 제68조 제1항에 따라 식량작물재배업에서 발생하는 소득 외의 소득에 대해 법인세를 감면받는 경우, 감면기간의 기산은 농업회사법인으로 전환 후 최초로 소득이 발생한 사업연도를 기준으로 적용하는 것임.

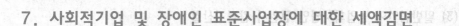

7. 사회적기업 및 장애인 표준사업장에 대한 세액감면

(1) 사회적기업에 대한 법인세 감면

1) 세액감면액

「사회적기업 육성법」 제2조 제1호에 따라 2025. 12. 31.까지 사회적기업으로 인증받은 내국법인은 해당 사업에서 최초로 소득이 발생한 사업연도(인증을 받은 날부터 5년이 되는 날이 속하는 사업연도까지 해당 사업에서 소득이 발생하지 아니한 경우에는 5년이 되는 날이 속하는 사업연도)와 그 다음 사업연도의 개시일부터 2년 이내에 끝나는 사업연도까지 해당 사업에서 발생한 소득에 대한 법인세의 100%에 상당하는 세액을 감면하고 그 다음 2년 이내에 끝나는 사업연도에는 법인세의 50%에 상당하는 세액을 감면한다(조특법 §85의6①).

2) 사회적기업의 범위

"사회적기업"이란 취약계층에게 사회서비스 또는 일자리를 제공하거나 지역사회에 공헌함으로써 지역주민의 삶의 질을 높이는 등의 사회적 목적을 추구하면서 재화 및 서비스의 생산·판매 등 영업활동을 하는 기업으로서 「사회적기업육성법」 제7조에 따라 인증받은 기업을 말한다.

(2) 장애인 표준사업장에 대한 법인세 감면

1) 세액감면액

「장애인고용촉진 및 직업재활법」 제22조의4 제1항에 따라 2025. 12. 31.까지 장애인 표준사업장으로 인증받은 내국법인은 해당 사업에서 최초로 소득이 발생한 사업연도(인증을 받은 날부터 5년이 되는 날이 속하는 사업연도까지 해당 사업에서 소득이 발생하지 아니한 경우에는 5년이 되는 날이 속하는 사업연도)와 그 다음 사업연도의 개시일부터 2년 이내에 끝나는 사업연도까지 해당 사업에서 발생한 소득에 대한 법인세의 100분의 100에 상당하는 세액을 감면하고 그 다음 2년 이내에 끝나는 사업연도에는 법인세의 100분의 50에 상당하는 세액을 감면한다(조특법 §85의6②).

2) 장애인 표준사업장의 범위

"장애인 표준사업장"이란 장애인 고용 인원·고용비율 및 시설·임금에 관하여 고용노동부령으로 정하는 기준에 해당하는 사업장(「장애인복지법」 제58조 제1항 제3호에 따른 장애인 직업재활시설은 제외한다)을 말한다.

(3) 감면한도

(1)과 (2)가 적용되는 감면기간 동안 해당 과세연도에 감면받는 소득세 또는 법인세는 다음 구분에 따른 금액을 한도로 한다(조특법 §85의6③).

① 사회적기업으로 인증받은 내국인의 경우 : 1억원 + 「사회적기업 육성법」 제2조 제2호에 따른 취약계층에 해당하는 상시근로자 수 × 2천만원

② 장애인 표준사업장으로 인증받은 내국인의 경우 : 1억원 + 「장애인고용촉진 및 직업재활법」 제2조 제1호에 따른 장애인에 해당하는 상시근로자 수 × 2천만원

이 규정을 적용할 때 상시근로자의 범위는 제23조【고용창출투자세액공제】제10항을 준용하며, 상시근로자 수는 다음의 계산식에 따라 계산한 수(100분의 1 미만의 부분은 없는 것으로 한다)로 한다(조특령 §79의7①).

$$\frac{해당\ 사업연도의\ 매월\ 말\ 현재\ 상시근로자\ 수의\ 합}{해당\ 사업연도의\ 개월\ 수}$$

(4) 감면배제

1) 사회적기업의 경우

사회적기업이 「조세특례제한법」 제85조의6에 따라 법인세 감면기간 중 다음의 어느 하나에 해당하여 「사회적기업 육성법」 제18조에 따라 사회적기업의 인증이 취소되었을 때에는 해당 사업연도부터 법인세를 감면하지 아니한다(조특법 §85의6④).

① 거짓이나 그 밖의 부정한 방법으로 인증을 받은 경우

② 「사회적기업 육성법」 제8조의 인증요건을 갖추지 못하게 된 경우

2) 장애인 표준사업장의 경우

장애인 표준사업장이 「조세특례제한법」 제85조의6에 따라 법인세 감면기간 중 다음의 어느 하나에 해당하는 경우에는 해당 사업연도부터 법인세를 감면하지 아니한다(조특법 §85의6④).

① 「장애인고용촉진 및 직업재활법」 제21조 또는 제22조에 따른 융자 또는 지원을 거짓이나 그 밖의 부정한 방법으로 받은 경우

② 사업주가 「장애인고용촉진 및 직업재활법」 제21조 또는 제22조에 따라 받은 융자금 또는 지원금을 같은 규정에 따른 용도에 사용하지 아니한 경우

③ 「장애인고용촉진 및 직업재활법」 제22조의4 제2항에 따라 인증이 취소된 경우

(5) 이자상당가산액의 납부

"(4) 감면배제"가 적용되는 경우에는 그 사유가 발생한 사업연도의 과세표준신고를 할 때 감면받은 세액에 「조세특례제한법」 제33조의2 제4항의 이자상당가산액에 관한 규정을 준용하여 계산한 금액을 가산하여 법인세로 납부하여야 한다(조특법 §85의6⑥).

8. 위기지역 창업기업에 대한 세액감면

(1) 개 요

위기지역 창업을 통한 경제활성화를 지원하기 위하여 고용위기지역이나 산업위기대응특별지역 등에서 창업하거나 사업장을 신설한 기업에 대하여 5년간 법인세를 100% 감면하는 제도를 도입하여 2018. 1. 1. 이후 지정 또는 선포된 위기지역의 지정일 또는 선포일이 속하는 과세연도의 과세표준을 2019. 1. 1. 이후 신고하는 경우부터 적용하도록 하였다(2018. 12. 24. 조특법 개정부칙 §24). 창업활성화를 통해 어려움을 겪는 위기지역의 경제회복 지원 강화하기 위하여 2019. 12. 31.에 다시 5년간 100%, 그 후 2년간 50%를 감면하도록 하고, 100% 감면기간에는 최저한세를 적용하지 않도록 조세특례제한법을 개정하여 2020. 1. 1. 이후 개시하는 사업연도부터 적용하도록 하였다.

(2) 감면대상

위기지역에 2025. 12. 31.까지 창업중소기업 등에 대한 세액감면 대상 업종(조특법 제6조 제3항 각호에 따른 업종)으로 창업하거나 사업장을 신설(기존 사업장을 이전하는 경우는 제외하며, 위기지역으로 지정 또는 선포된 기간에 창업하거나 사업장을 신설하는 경우로 한정한다)하는 기업에 대해서는 감면대상사업에서 발생한 소득에 대하여 감면대상사업에서 최초로 소득이 발생한 사업연도(사업개시일부터 5년이 되는 날이 속하는 사업연도까지 그 사업에서 소득이 발생하지 아니한 경우에는 5년이 되는 날이 속하는 사업연도를 말한다)의 개시일부터 5년 이내에 끝나는 과세연도까지는 법인세의 100%에 상당하는 세액을 감면하고, 그 다음 2년 이내에 끝나는 과세연도까지는 소득세 또는 법인세의 50%에 상당하는 세액을 감면한다(조특법 §99의9①·②). 이 경우 "감면대상사업에서 발생한 소득"이란 감면대상 사업을 경영하기 위하여 위기지역에 투자한 사업장에서 발생한 소득을 말한다(조특령 §99의8 ①). 24 개정

(3) 감면한도

중소기업 외의 기업이 감면기간 동안 감면받는 법인세의 총합계액은 "①"과 "②"의 금액

을 합한 금액을 한도로 한다(조특법 §99의9③).

① 사업용자산[11]에 대한 투자누계액의 50%

② 해당 과세연도의 감면대상사업장의 상시근로자 수 × 1천5백만원(청년 상시근로자와 서비스업을 하는 감면대상사업장의 상시근로자의 경우에는 2천만원)

각 과세연도에 감면받을 소득세 또는 법인세에 대하여 감면한도를 적용할 때에는 ①의 금액을 먼저 적용한 후 ②의 금액을 적용한다.

(4) 감면세액의 추가납부

1) 2년 이내 상시근로자 수가 감소한 경우

이 규정에 따라 법인세를 감면받은 기업이 감면받은 사업연도 종료일부터 2년이 되는 날이 속하는 사업연도 종료일까지의 기간 중 각 사업연도의 감면대상사업장의 상시근로자 수가 감면받은 사업연도의 상시근로자 수보다 감소한 경우에는 감면받은 세액에 상당하는 금액을 법인세로 납부하여야 한다(조특법 §99의9⑤). 이 경우 납부하여야 할 법인세액은 다음의 계산식에 따라 계산한 금액(그 수가 음수이면 영으로 보고, 감면받은 사업연도 종료일 이후 2개 사업연도 연속으로 상시근로자 수가 감소한 경우에는 두 번째 사업연도에는 첫 번째 사업연도에 납부한 금액을 뺀 금액을 말한다)으로 하며, 이를 상시근로자 수가 감소한 사업연도의 과세표준을 신고할 때 법인세로 납부하여야 한다(조특령 §99의8③).

| 해당 기업의 상시근로자 수가 감소한 사업연도의 직전 2년 이내의 사업연도에 감면받은 세액의 합계액 | − | [상시근로자 수가 감소한 사업연도의 감면대상 사업장의 상시근로자 수 | × | 1천5백만원[청년상시 근로자와 서비스업의 경우에는 2천만원] |

2) 해산 또는 위기지역 외의 지역으로 이전한 경우

법인세를 감면받은 기업이 다음 중 어느 하나에 해당하는 경우에는 그 사유가 발생한 과세연도의 과세표준신고를 할 때 다음의 세액을 법인세로 납부하여야 한다. 이 경우 조특법 제12조의2【연구개발특구에 입주하는 첨단기술기업 등에 대한 법인세 등의 감면】제8항의 이자상당가산액 등에 관한 규정을 준용한다(조특법 §99의9⑧, 조특령 §99의8⑥).

① 감면대상사업장의 사업을 폐업하거나 법인이 해산한 경우(법인의 합병·분할 또는 분할합병으로 인한 경우는 제외) : 폐업일 또는 법인해산일부터 소급하여 3년 이내에 감

---

11) 사업용자산이란, 다음의 어느 하나에 해당하는 자산을 말한다(조특칙 §8의3).
    ① 해당 특구 등에 소재하거나 해당 특구 등에서 해당 사업에 주로 사용하는 사업용 유형자산
    ② 해당 특구 등에 소재하거나 해당 특구 등에서 해당 사업에 주로 사용하기 위해 건설 중인 자산
    ③ 「법인세법 시행규칙」 [별표 3]에 따른 무형자산

면된 세액

② 감면대상사업장을 위기지역 외의 지역으로 이전한 경우 : 이전일부터 소급하여 5년 이내에 감면된 세액

(5) 창업의 범위

창업의 범위에 관하여는 제6조【창업중소기업 등에 대한 세액감면】제10항을 준용한다 (조특법 §99의9⑦).

(6) 감면신청

법인세 감면을 받으려는 자는 과세표준신고와 함께 세액감면신청서를 납세지 관할 세무서장에게 제출해야 한다(조특령 §99의8⑦).

4. 「조세특례제한법」상 세액공제의 주요내용

1. 연구·인력개발비에 대한 세액공제

1-1. 개 요

연구개발 및 인력개발을 통해 창출된 새로운 지식과 기술은 기업의 이윤을 창출할 뿐만 아니라 국가경제의 발전을 견인한다. 그러나 연구 및 인력개발의 투자는 성공의 불확실성이 높아서 연구 및 인력개발에 대한 투자가 충분히 이루어지지 않을 수 있다. 이에 따라 연구개발과 인력개발을 지원하기 위하여 「연구·인력개발비에 대한 세액공제」 제도를 두고 있다.

1-2. 연구·인력개발비에 대한 세액공제 대상 기업

연구·인력개발비에 대한 세액공제는 업종을 제한하지 않으므로, 내국법인이 어떤 사업을 하든 관계없이 연구·인력개발비에 대한 세액공제를 적용받을 수 있다.

1-3. 연구·인력개발비에 대한 세액공제액의 계산방법

(1) 계산방법의 선택

내국법인에게 연구·인력개발비가 있는 경우에 신성장·원천기술연구개발비, 국가전략기술 연구개발비(2021. 7. 1. 이후 발생한 연구개발비부터 적용)와 일반연구인력개발비로 구분하여 세액공제액을 계산한다. 이와 같이 구분하는 것은 경제발전을 견인하는 신성장·원천기술연구개발비와 국가안보 및 국민경제에 중대한 영향을 미치는 국가전략기술에 대한 연구개발비에 더 큰 혜택을 주기 위한 것이다. 다만, 신성장·원천기술연구개발비와 국가전략연구개발비에 대하여 일반연구·인력개발비방식으로 세액공제액을 계산하는 것을 선택할 수 있도록 하고 있다(조특법 §10①(3)).

(2) 세액공제액의 계산방법

연구·인력개발비에 대한 세액공제액은 다음 "1)~3)"의 금액을 합한 금액으로 한다. 이 경우 1)과 2)를 동시에 적용받을 수 있는 경우에는 납세의무자의 선택에 따라 그 중 하나만을 적용한다(조특법 §10①). 연구 및 인력개발비에 대한 세액공제는 연구·인력개발비가 발생된 각 사업연도마다 적용하며, 연구·인력개발비를 자산계정으로 처리한 경우에도 세액공제를 적용한다(조특통 10-0…1 ②).

1) 신성장·원천기술연구개발비에 대한 세액공제액

신성장·원천기술연구개발비에 대한 세액공제액은 해당 사업연도에 발생한 신성장·원천기술연구개발비에 공제율을 곱한 금액을 공제한다(조특법 §10①(1)).

> 신성장·원천기술연구개발비에 대한 세액공제 = 신성장·원천기술연구개발비 당기 발생액 × 공제율*

* 공제율

① 중소기업 : 30% + Min[$\dfrac{\text{신성장·원천기술연구개발비}}{\text{해당 사업연도의 수입금액*}}$ × 3, 10%]

② 코스닥상장중견기업 : 25% + Min[$\dfrac{\text{신성장·원천기술연구개발비}}{\text{해당 사업연도의 수입금액*}}$ × 3, 15%]

③ 그 밖의 기업 : 20% + Min[$\dfrac{\text{신성장·원천기술연구개발비}}{\text{해당 사업연도의 수입금액*}}$ × 3, 10%]

* 수입금액은 기업회계기준(법법 §43)에 따라 계산한 매출액을 말한다.

2) 국가전략기술연구개발비에 대한 세액공제

국가전략기술연구개발비에 대해서는 해당 사업연도에 발생한 국가전략기술연구개발비에 공제율을 곱하여 계산한 금액을 공제한다(조특법 §10①(2)).

> 국가전략기술연구개발비에 대한 세액공제 = 국가전략기술연구개발비 당기 발생액 × 공제율*

* 공제율

① 중소기업 : 40% + Min[$\dfrac{\text{국가전략기술연구개발비}}{\text{해당 사업연도의 수입금액}}$ × 3, 10%]

② 그 밖의 기업 : 30% + Min[$\dfrac{\text{국가전략기술연구개발비}}{\text{해당 사업연도의 수입금액}}$ × 3, 10%]

3) 일반연구·인력개발비에 대한 세액공제

신성장·원천기술연구개발비 및 국가전략연구개발비에 해당하지 아니하거나 신성장·원천기술 연구개발비 및 국가전략연구개발비에 대한 세액공제를 선택하지 아니한 내국인의 연구·인력개발비("일반연구·인력개발비")의 경우에는 다음과 같이 세액공제액을 계산한다(조특법 §10①(3)).

가. 증가분방식과 당기분방식 중 선택하는 방법에 의하는 경우

"나"의 당기분방식만 적용하는 법인이 아닌 경우에는, 증가분방식과 당기분방식 중에서 선택하는 방법으로 세액공제액을 계산한다.

> 일반연구·인력개발비에 대한 세액공제 : ①과 ② 중 선택
>
> ① 증가분방식 세액공제 = (당기 발생액 - 직전기 발생액) × 25%(중견기업[*1] 40%, 중소기업 50%)
>
> ② 당기분방식 세액공제 = 당기 발생액 × 공제율[*2]

[*1] 중견기업 : 다음 요건을 모두 갖춘 기업(조특령 §9③)

① 중소기업이 아닐 것

② 「중견기업 성장촉진 및 경쟁력 강화에 관한 특별법 시행령」 제2조 제1항 제1호 또는 제2호에 해당하는 기관이 아닐 것 `23 신설`

③ 다음 중 어느 하나에 해당하는 업종을 주된 사업으로 영위하지 아니할 것. 이 경우 둘 이상의 서로 다른 사업을 영위하는 경우에는 사업별 사업수입금액이 큰 사업을 주된 사업으로 본다.

　㉮ 소비성서비스업

　㉯ 「중견기업 성장촉진 및 경쟁력 강화에 관한 특별법 시행령」 제2조 제2항 제2호 각목의 업종*을 주된 사업으로 영위하지 아니할 것

　　* 금융업, 보험과 연금업, 금융 및 보험 관련 서비스업을 말함.

④ 소유와 경영의 실질적인 독립성이 「중견기업 성장촉진 및 경쟁력 강화에 관한 특별법 시행령」 제2조 제2항 제1호에 적합할 것

⑤ 직전 3개 사업연도의 매출액의 평균금액이 5천억원 미만인 기업일 것. 이 경우 매출액은 기업회계기준에 따라 작성한 손익계산서상의 매출액으로 한다. 다만, 창업·분할·합병의 경우 그 등기일의 다음 날(창업의 경우에는 창업일)이 속하는 사업연도의 매출액을 연간 매출액으로 환산한 금액을 말한다(조특칙 §2④).

[*2] 공제율

① 중소기업 : 25%

② 중소기업이 최초로 중소기업에 해당하지 아니하게 된 경우(중소기업에 해당하지 아니하게 된 사유가 발생한 날이 속하는 사업연도와 그 다음 3개 사업연도가 경과한 경우) : 3년 이내에 끝나는 사업연도까지 15%, 그 후 2년 이내에 끝나는 사업연도까지 10%

③ 중견기업이 "②"에 해당하지 아니하는 경우 : 8%

④ 위에 해당하지 아니하는 경우 : $\dfrac{\text{일반연구·인력개발비}}{\text{해당사업연도의 수입금액}} \times \dfrac{1}{2}$ → 2% 한도

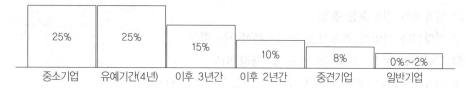

중소기업	유예기간(4년)	이후 3년간	이후 2년간	중견기업	일반기업
25%	25%	15%	10%	8%	0%~2%

나. 당기분방식만을 적용하는 경우

다음 중 어느 하나에 해당하는 경우에는 당기분방식으로 연구·인력개발비를 계산하여야 한다(조특법 §10①(3) 단서).

① 당기 개시일부터 소급하여 4년간 일반연구·인력개발비가 발생하지 않은 경우

② 직전 사업연도에 발생한 일반연구·인력개발비가 당기 개시일부터 소급하여 4년간 발생한 일반연구·인력개발비의 연평균 발생액보다 적은 경우. 이는 직전 과세기간의 연구·인력개발비를 적게 지출하는 방법으로 증가분방식에 따른 세액공제액을 조절시키는 것을 막기 위한 규정이다. 일반연구·인력개발비의 4년간 연평균 발생액의 계산은 다음의 계산식에 따른다(조특령 §9⑨).

$$\frac{\text{해당 사업연도 개시일부터 소급하여 4년간}}{\text{당기 개시일부터 소급하여 4년간 일반연구 · 인력개발비가 발생한}} \times \frac{\text{당기 사업연도의}}{12}$$
$$\frac{\text{발생한 일반연구 · 인력개발비의 합계액*}}{\text{사업연도의 수(그 수가 4 이상인 경우 4로 한다)}}$$

* 합병법인, 분할신설법인, 분할합병의 상대방법인, 사업양수법인 또는 사업장별로 그 사업에 관한 권리(미수금 제외)와 의무(미지급금 제외)를 포괄적으로 현물출자를 받은 법인의 경우에는 합병, 분할, 분할합병, 사업양도 또는 현물출자를 하기 전에 피합병법인, 분할법인, 사업양도인 또는 현물출자자로부터 발생한 일반연구 · 인력개발비는 합병법인등에서 발생한 것으로 본다. 다만, 피합병법인 등이 운영하던 사업의 일부를 승계한 경우로서 합병 등을 하기 전에 피합병법인 등의 해당 승계사업에서 발생한 일반연구 · 인력개발비를 구분하기 어려운 경우에는 피합병법인 등에서 합병 등을 하기 전에 발생한 일반연구 · 인력개발비에 각 사업연도의 승계사업의 매출액이 총매출액에서 차지하는 비율과 각 사업연도말 승계사업의 자산가액이 총자산가액에서 차지하는 비율 중 큰 것을 곱한 금액을 피합병법인 등에서 발생한 일반연구 · 인력개발비로 본다(조특령 §9⑩).

1-4. 세액공제대상 연구 · 인력개발비의 범위

(1) 연구개발의 범위

연구개발은 과학적 또는 기술적 진전을 이루기 위한 활동과 새로운 서비스 및 서비스 전달체계를 개발하기 위한 활동을 말하고(조특법 §2(11)), 인력개발은 고용하고 있는 임직원을 교육 · 훈련시키는 활동을 말한다(조특법 §2(12)). 다만, 다음의 활동은 연구개발에 포함하지 아니한다(조특령 §1의2).

① 일반적인 관리 및 지원활동
② 시장조사와 판촉활동 및 일상적인 품질시험
③ 반복적인 정보수집 활동
④ 경영이나 사업의 효율성을 조사 · 분석하는 활동
⑤ 특허권의 신청 · 보호 등 법률 및 행정 업무
⑥ 광물 등 자원 매장량 확인, 위치확인 등을 조사 · 탐사하는 활동
⑦ 위탁받아 수행하는 연구활동
⑧ 이미 기획된 콘텐츠를 단순 제작하는 활동
⑨ 기존에 상품화 또는 서비스화된 소프트웨어 등을 복제하여 반복적으로 제작하는 활동

(2) 연구 · 인력개발비의 범위

연구 · 인력개발비란 연구개발 및 인력개발을 위한 비용으로서 조특령 [별표 6]의 비용을 말한다. 다만, 연구 · 인력개발비에 대한 세액공제를 적용할 때 새로운 서비스 및 서비스 전달체계를 개발하기 위한 활동을 위하여 발생한 비용 중 과학기술분야와 결합되어 있지 아니한 금액에 대해서는 자체 연구개발을 위하여 발생한 것에 한정한다(조특법 §10⑤).

1) 연구개발비

구 분		범 위
자체연구 개발비	인건비	연구개발 또는 문화산업 진흥 등을 위한 연구소 또는 전담부서[*1]에서 근무하는 직원(다만, 연구개발과제를 직접 수행하거나 보조하지 않고 행정 사무를 담당하는 자는 제외한다) 및 연구개발서비스업에 종사하는 전담요원으로서 전담부서 등에서 연구업무에 종사하는 연구요원(산업디자인전문회사의 경우 연구업무에 종사하는 「산업디자인진흥법 시행규칙」 제9조 제1항 제1호에 따른 전문인력을 말함) 및 이들의 연구업무를 직접적으로 지원하는 자와 연구개발서비스업에 종사하는 전담요원(조특칙 7조 3항)에 대한 인건비[*2]. 다만, 주주인 임원으로서 다음에 해당하는 사람에 대한 인건비는 제외한다(조특칙 7조 3항). ① 부여받은 주식매수선택권을 모두 행사하는 경우 당해 법인의 총 발행주식의 10%를 초과하여 소유하게 되는 자 ② 당해 법인의 주주로서 지배주주등(법령 43조 7항) 및 당해 법인의 총발행주식의 10%를 초과하여 소유하는 주주 ③ 위 ②에 해당하는 자(법인 포함)와 소득세법 또는 법인세법에 따른 특수관계인. 이 경우, 「법인세법 시행령」 제2조 제5항 제7호에 해당하는 자가 당해 법인의 임원인 경우를 제외한다.
	사회보험료 사용자 부담금 24 신설 ('24. 2. 29.이 속하는 사업연도 분부터 적용)	인건비가 연구·인력개발비 세액공제대상인 직원 및 전담요원이 가입한 다음의 사회보험에 대해 사용자가 부담하는 사회보험료 상당액 ① 「국민연금법」에 따른 국민연금 ② 「고용보험법」에 따른 고용보험 ③ 「산업재해보상보험법」에 따른 산업재해보상보험 ④ 「국민건강보험법」에 따른 국민건강보험 ※ 「노인장기요양보험법」에 따른 장기요양보험은 규정되어 있지 않음.
	재료비	전담부서 등 및 연구개발서비스업자가 연구용으로 사용하는 견본품·부품·원재료와 시약류구입비(시범제작에 소요되는 외주가공비 포함) 및 소프트웨어(「문화산업진흥 기본법」에 따른 문화상품 제작을 목적으로 사용하는 경우에 한정한다)·서체·음원·이미지의 대여·구입비
	연구·시험용 시설비용	전담부서 등 및 연구개발서비스업자가 직접 사용하기 위한 연구·시험용 시설(제25조의3 제3항 제2호 가목에 따른 시설을 말한다. 이하 같다)의 임차 또는 나목 1)에 규정된 기관의 연구·시험용 시설의 이용에 필요한 비용
위탁 및 공동연구 개발비		① 법 소정 위탁·공동연구기관에 과학기술 및 산업디자인 분야의 연구개발용역을 위탁(재위탁 포함)함에 따른 비용(전사적 기업자원 관리설비, 판매시점 정보관리 시스템 설비 등 기업의 사업운영·관리·지원 활동과 관련된 시스템 개발을 위한 위탁비용은 제외한다) 및 이들 기관과의 공동연구개발을 수행함에 따른 비용 ② 대학 또는 전문대학에 소속된 개인(조교수 이상에 한정한다)에게 과학기술분야의 연구개발용역을 위탁함에 따른 비용

구 분	범 위
그 밖의 연구개발비	① 해당 기업이 그 종업원 또는 종업원 외의 자에게 직무발명 보상금으로 지출한 금액 ② 기술정보비(기술자문비 포함) 또는 도입기술의 소화개량비로서 일정한 기술자문료 ③ 중소기업이 한국생산기술연구원과 전문생산기술연구소의 기술지도 또는 「중소기업진흥에 관한 법률」에 따른 기술지도를 받고 지출한 비용 ④ 중소기업에 대한 공업 및 상품디자인 개발지도를 위하여 지출한 비용 ⑤ 중소기업이 「발명진흥법」에 따라 지정된 산업재산권 진단기관의 특허조사·분석을 받음에 따라 발생한 비용

*1 연구소 또는 전담부서 : 다음 중 어느 하나에 해당하는 연구소 및 전담부서(조특칙 §7①)
  ① 과학기술정보통신부장관의 인정을 받은 기업부설연구소 또는 연구개발전담부서(「기초연구진흥 및 기술개발지원에 관한 법률」 §14의2①)
  ② 「문화산업진흥 기본법」 제17조의3 제1항에 따른 기업부설창작연구소 또는 기업창작전담부서
  ③ 「산업디자인진흥법」 제9조에 따른 산업디자인전문회사
*2 인건비의 범위 : 명칭여하에 불구하고 근로의 제공으로 인하여 지급하는 비용. 다만, 다음의 인건비를 제외한다.
  ① 「소득세법」 제22조에 따른 퇴직소득에 해당하는 금액
  ② 「소득세법」 제29조 및 「법인세법」 제33조에 따른 퇴직급여충당금
  ③ 「법인세법 시행령」 제44조의2 제2항에 따른 퇴직연금 등의 부담금 및 「소득세법 시행령」 제40조의2 제1항 제2호에 따른 퇴직연금계좌에 납부한 부담금

2) 인력개발비

구 분	범 위
위탁훈련비	다음의 위탁훈련비(전담부서 등에서 연구업무에 종사하는 연구요원에 한함) ① 국내외의 전문연구기관 또는 대학에의 위탁교육훈련비 ② 「국민 평생 직업 능력 개발법」에 따른 직업훈련기관에 위탁훈련비 ③ 「국민 평생 직업 능력 개발법」에 따라 고용노동부장관의 승인을 받아 위탁훈련하는 경우의 위탁훈련비 ④ 중소기업이 「중소기업진흥에 관한 법률」에 따른 기술연수를 받기 위하여 지출한 비용 ⑤ 그 밖에 자체기술능력향상을 목적으로 한 국내외 위탁훈련비로서 전담부서 등에서 연구업무에 종사하는 연구요원이 훈련을 목적으로 지출하는 다음 중 어느 하나에 해당하는 비용 　(가) 국내외기업(국내기업의 경우에는 전담부서 등을 보유한 기업에 한한다)에의 위탁훈련비 　(나) 한국생산성본부에의 위탁훈련비
사내직업능력개발훈련 실시 및 직업능력개발훈련 관련사업 실시에 소요되는 비용	「국민 평생 직업 능력 개발법」 또는 「고용보험법」에 따른 사내직업능력개발훈련 실시 및 직업능력개발훈련 관련사업 실시에 소요되는 비용으로서 다음의 비용 ① 사업주가 단독 또는 다른 사업주와 공동으로 직업능력개발훈련을 실시하는 경우의 실습재료비(해당 기업이 생산 또는 제조하는 물품의 제조원가 중 직접 재료비를 구성하지 아니하는 것에 한한다) ② 기술자격검정의 지원을 위한 필요경비 ③ 직업능력개발훈련교사의 급여 ④ 사업주가 단독 또는 다른 사업주와 공동으로 실시하는 직업능력개발훈련으로서

구 분	범 위
	고용노동부장관의 인정을 받은 훈련과정의 직업능력개발훈련을 받는 훈련생에게 지급하는 훈련수당·식비·훈련교재비 및 직업훈련용품비
중소기업에 대한 인력개발 및 기술지도를 위하여 지출하는 비용	중소기업에 대한 인력개발 및 기술지도를 위하여 지출하는 다음의 비용 ① 지도요원의 인건비 및 지도관련 경비 ② 직업능력개발훈련의 훈련교재비 및 실습재료비 ③ 직업능력개발훈련시설의 임차비용 ④ 중소기업이 「중소기업 인력지원 특별법」에 따라 중소기업 핵심인력 성과보상기금에 납입하는 비용. 다만 (가)에 해당하는 납입비용은 세액공제 대상에서 제외하고, (나)에 따른 환급받은 금액은 납입비용에서 뺀다. (가) 해당 기업의 최대주주 또는 최대출자자(개인사업자의 경우에는 대표자)와 그 배우자, 그 사람의 직계존비속(그 배우자 포함) 또는 그 사람과 친족(국기령 §1의2①)에 따른 관계에 있는 사람에 대한 납입비용 (나) 중소기업 핵심인력 성과보상기금에 가입한 이후 5년 이내에 중도해지를 이유로 중소기업이 환급받은 금액(환급받은 금액 중 이전 사업연도에 빼지 못한 금액이 있는 경우에는 해당 금액을 포함한다) ⑤ 내국인이 사용하지 아니하는 자기의 특허권 및 실용신안권을 중소기업(법인세법 및 소득세법에 따른 특수관계인이 아닌 경우에 한함)에게 무상으로 이전하는 경우 그 특허권 및 실용신안권의 장부상 가액 ⑥ 「산업발전법」 제19조에 따른 지속가능경영과 관련한 임직원 교육 경비 및 경영수준진단·컨설팅 비용
생산성향상을 위한 인력개발비	다음에 해당하는 생산성향상을 위한 인력개발비(다만, 교육훈련시간이 24시간 이상인 교육과정의 것에 한함)(조특칙 §7⑪) ① 품질관리·생산관리·설비관리·물류관리·소프트웨어관리·데이터관리·보안관리에 관한 회사 내 자체교육비로서 조특칙 제7조 제13항 각호의 비용에 준하는 것 ② 법 소정 품질관리훈련기관에 품질관리 등에 관한 훈련을 위탁하는 경우의 그 위탁훈련비. 다만, 「국민 평생 직업능력개발법」에 따른 위탁훈련비와 한국생산성본부에의 위탁훈련비를 제외한다. ③ 한국콘텐츠진흥원에 교육을 위탁하는 경우 그 위탁교육비용 ④ 「항공법」에 따른 조종사의 운항자격 정기심사를 받기 위한 위탁교육훈련비용 ⑤ 해외 호텔 및 해외 음식점에서 조리법을 배우기 위한 위탁교육훈련비용
사내기술대학(대학원 포함) 및 사내대학의 운영에 필요한 비용	법 소정 사내기술대학(대학원 포함) 및 사내대학의 운영에 필요한 비용으로서 다음의 것(조특칙 §7⑬) ① 교육훈련용 교재비·실험실습비 및 교육용품비 ② 강사에게 지급하는 강의료 ③ 사내기술대학 등에서 직접 사용하기 위한 실험실습용 물품·자재·장비 또는 시설의 임차비 ④ 사내기술대학 등의 교육훈련생에게 교육훈련기간 중 지급한 교육훈련수당 및 식비
산업수요맞춤형 고등학교 등 관련 비용	① 「산업교육진흥 및 산학연협력촉진에 관한 법률 시행령」 제2조 제1항 제3호 및 제4호에 따른 학교 또는 산업수요 맞춤형 고등학교 등과의 계약을 통해 설치·운영되는 직업교육훈련과정 또는 학과 등의 운영비로 지출한 비용 ② 산업수요 맞춤형 고등학교 등과 기획재정부령으로 정하는 사전 취업계약 등을 체

구 분	범 위
	결한 후, 직업교육훈련을 받는 해당 산업수요 맞춤형 고등학교의 재학생에게 해당 훈련기간 중 지급한 훈련수당, 식비, 교재비 또는 실습재료비(생산 또는 제조하는 물품의 제조원가 중 직접 재료비를 구성하지 않는 것만 해당한다)
	③ 현장실습산업체가 교육부장관이 정하는 표준화된 운영기준을 준수하는 현장실습을 실시하는 산업교육기관 등과 사전 취업약정 등을 체결하고 해당 현장실습 종료 후 현장실습을 이수한 대학생을 채용한 경우 현장실습 기간 중 해당 대학생에게 같은 조 제3항에 따라 지급한 현장실습 지원비(생산 또는 제조하는 물품의 제조원가 중 직접 재료비를 구성하지 않는 것만 해당한다)
	④ 대학과의 계약을 통해 설치·운영되는 계약학과등의 운영비로 발생한 비용 23 신설

(3) 신성장·원천기술연구개발비의 범위

조특령 [별표 7]에 따른 신성장·원천기술의 연구개발업무를 위한 연구개발비를 신성장·원천기술연구개발비라고 하며 그 범위는 다음과 같다(조특령 §9③).

① 자체 연구개발의 경우 : 다음의 비용

㉮ 연구소 또는 전담부서 및 연구개발서비스업을 영위하는 기업으로서 신성장·원천기술연구개발업무만을 수행하는 국내 소재 전담부서 등 및 연구개발서비스업을 영위하는 기업에서 **[별표 7]에 따른 신성장·원천기술 분야별 대상기술**의 연구개발업무에 종사하는 연구원 및 이들의 연구개발업무를 직접적으로 지원하는 사람에 대한 인건비. 다만, 다음에 해당하는 사람의 인건비는 제외한다.

ⓐ 주주인 임원으로서 다음에 해당하는 사람

㉠ 부여받은 주식매수선택권을 모두 행사하는 경우 당해 법인의 총발행주식의 10%를 초과하여 소유하게 되는 자

㉡ 당해 법인의 주주로서 지배주주등(법령 §43⑦) 및 당해 법인의 총발행주식의 10%를 초과하여 소유하는 주주

㉢ 위 ㉡에 해당하는 자(법인 포함)와 소득세법 또는 법인세법에 따른 특수관계인. 이 경우 「법인세법 시행령」 제2조 제5항 제7호에 해당하는 자가 당해 법인의 임원인 경우를 제외한다.

ⓑ 신성장·원천기술연구개발업무와 일반연구개발업무를 모두 수행하는 전담부서 등 및 연구개발서비스업의 경우 신성장·원천기술연구개발업무와 일반연구개발업무를 동시에 수행한 사람

㉯ 신성장·원천기술연구개발업무를 위하여 사용하는 견본품, 부품, 원재료와 시약류 구입비 및 소프트웨어(문화상품 제작을 목적으로 사용하는 경우에 한정함)·서체·음원·이미지의 대여·구입비

② 위탁 및 공동연구개발의 경우 : 법 소정 위탁·공동연구기관에 신성장·원천기술연구

개발업무를 위탁(재위탁 포함)함에 따른 비용(전사적 기업자원 관리설비, 판매시점 정보관리 시스템 설비 등 기업의 사업운영·관리·지원 활동과 관련된 시스템 개발을 위한 위탁비용은 제외한다) 및 이들 기관과의 공동연구개발을 수행함에 따른 비용

일반연구개발을 수행하는 전담부서 등 및 연구개발서비스업을 영위하는 기업의 경우에는 다음의 구분에 따른 조직을 신성장·원천기술연구개발 전담부서 등으로 본다(조특칙 §7②).

① 해당 업무에 관한 별도의 조직을 구분하여 운영하는 경우 : 그 내부 조직
② 위 ① 외의 경우 : 해당 업무 및 일반연구개발을 모두 수행하는 전담부서 등 및 연구개발서비스업을 영위하는 기업

(4) 국가전략기술연구개발비

"국가전략기술을 얻기 위한 연구개발비"란 다음의 구분에 따른 비용을 말한다. 다만, 연구개발출연금 등을 지급받아 연구개발비로 지출하는 금액은 제외한다(조특령 §9⑦).

① 자체 연구개발의 경우 : 다음의 비용

㉮ 기획재정부령으로 정하는 연구소 또는 전담부서에서 [별표 7의2]에 따른 국가전략기술[반도체, 이차전지, 백신, 디스플레이, 수소, 미래형 이동수단 및 그 밖에 대통령령으로 정하는 분야와 관련된 기술로서 국가안보 차원의 전략적 중요성이 인정되고 국민경제 전반에 중대한 영향을 미치는 대통령령으로 정하는 기술(이하 "국가전략기술"이라 함)]의 연구개발업무(이하 "국가전략기술연구개발업무"라 함)에 종사하는 연구원 및 이들의 연구개발업무를 직접적으로 지원하는 사람에 대한 인건비. 다만, 다음에 해당하는 사람에 대한 인건비는 제외한다. 23 개정

ⓐ 주주인 임원으로서 다음에 해당하는 사람

㉠ 부여받은 주식매수선택권을 모두 행사하는 경우 당해 법인의 총발행주식의 10%를 초과하여 소유하게 되는 자

㉡ 당해 법인의 주주로서 지배주주등(법령 §43⑦) 및 당해 법인의 총발행주식의 10%를 초과하여 소유하는 주주

㉢ 위 ㉡에 해당하는 자(법인 포함)와 소득세법 또는 법인세법에 따른 특수관계인. 이 경우 「법인세법 시행령」 제2조 제5항 제7호에 해당하는 자가 당해 법인의 임원인 경우를 제외한다.

ⓑ 국가전략기술연구개발업무와 신성장·원천기술연구개발업무 또는 일반연구개발을 동시에 수행한 사람을 말한다.

㉯ 국가전략기술연구개발업무를 위하여 사용하는 견본품, 부품, 원재료와 시약류 구입비

② 위탁 및 공동연구개발의 경우 : 법 소정 기관에 국가전략기술연구개발업무를 위탁(재위탁 포함)함에 따른 비용(전사적 기업자원 관리설비, 판매시점 정보관리 시스템 설비

등 기업의 사업운영·관리·지원 활동과 관련된 시스템 개발을 위한 위탁비용은 제외함) 및 이들 기관과의 공동연구개발을 수행함에 따른 비용

(5) 연구개발출연금을 지급받아 연구개발비를 지출하는 경우 세액공제대상에서 제외

다음에 해당하는 비용은 신성장·원천기술연구개발비 및 일반연구·인력개발비에서 제외한다(조특령 §9①).

① 연구개발목적으로 다음의 법률에 따른 연구개발출연금 등을 지급받아 연구개발비로 지출하는 금액(조특법 §10의2, 조특령 §9의2)

  ㉮ 「기초연구진흥 및 기술개발지원에 관한 법률」

  ㉯ 「산업기술혁신 촉진법」

  ㉰ 「정보통신산업 진흥법」

  ㉱ 「중소기업기술혁신 촉진법」

  ㉲ 「소재·부품·장비산업 경쟁력 강화를 위한 특별조치법」

  ㉳ 「연구개발특구의 육성에 관한 특별법」

  ㉴ 「기초연구진흥 및 기술개발 지원에 관한 법률」

② 국가, 지방자치단체, 「공공기관의 운영에 관한 법률」에 따른 공공기관 및 「지방공기업법」에 따른 지방공기업으로부터 출연금 등의 자산을 지급받아 연구개발비 또는 인력개발비로 지출하는 금액 `23 개정`

1-5. 연구·인력개발비의 세액공제 배제

자체 연구개발에 지출하는 연구개발비가 다음의 사유로 인하여 연구개발비에 해당하지 아니하게 되는 경우에는 배제시점 이후에 지출하는 금액에 대하여 연구·인력개발비에 대한 세액공제를 적용하지 아니한다(조특법 §10⑥, 조특령 §9⑱·⑲).

(1) 배제사유

① 「기초연구진흥 및 기술개발지원에 관한 법률」 제14조의3 제1항 각 호의 어느 하나에 해당하는 사유로 기업부설연구소 또는 연구개발전담부서의 인정이 취소된 경우

② 「문화산업진흥 기본법」 제17조의3 제4항 각 호의 어느 하나에 해당하는 사유로 기업부설창작연구소 또는 기업창작전담부서의 인정이 취소된 경우

(2) 배제시점

① 「기초연구진흥 및 기술개발지원에 관한 법률」 제14조의3 제1항 제1호 또는 「문화산

업진흥 기본법」 제17조의3 제4항 제1호에 따라 인정이 취소된 경우 : 인정일이 속하는 사업연도의 개시일
② 「기초연구진흥 및 기술개발지원에 관한 법률」 제14조의3 제1항 제2호, 제3호, 제5호, 제6호 및 제8호에 따라 인정이 취소된 경우 : 인정취소일
③ 「기초연구진흥 및 기술개발지원에 관한 법률」 제14조의3 제1항 제4호·제7호 또는 「문화산업진흥 기본법」 제17조의3 제4항 제2호에 따라 인정이 취소된 경우 : 인정취소일이 속하는 사업연도의 개시일

1-6. 구분경리

신성장·원천기술연구개발비 또는 국가전략기술 연구개발비에 대한 세액공제 규정을 적용받으려는 내국인은 일반연구·인력개발비, 신성장·원천기술연구개발비 및 국가전략기술연구개발비를 각각 별개의 회계로 구분경리해야 한다(조특법 §9④). 이 경우 신성장·원천기술연구개발비, 국가전략기술연구개발비 및 일반연구·인력개발비가 공통되는 경우에는 해당 비용을 다음과 같이 구분경리해야 한다(조특령 §8⑫, 조특칙 §7⑯).
① 인건비 및 위탁·공동연구개발비에 해당하는 공통비용의 경우 : 다음의 구분에 따른다.
㉮ 일반연구·인력개발비와 신성장·원천기술연구개발비 또는 국가전략기술연구개발비의 공통비용 : 전액 일반연구·인력개발비
㉯ 신성장·원천기술연구개발비와 국가전략기술연구개발비의 공통비용 : 전액 신성장·원천기술연구개발비
② 인건비 및 위탁·공동연구개발비 외의 공통비용의 경우 : 다음 구분에 따른다.
㉮ 신성장·원천기술연구개발비 : 다음의 계산식에 따른 비용

$$인건비 및 위탁·공동연구개발비 외의 공통비용 \times \frac{신성장·원천기술연구개발비 중 자체연구개발비}{법인의 자체연구개발비 합계}$$

㉯ 국가전략기술연구개발비 : 다음의 계산식에 따른 비용

$$인건비 및 위탁·공동연구개발비 외의 공통비용 \times \frac{국가전략기술연구개발비 중 자체연구개발비}{법인의 자체연구개발비 합계}$$

㉰ 일반연구·인력개발비 : 인건비 및 위탁·공동연구개발비 외의 공통비용에서 ㉮와 ㉯를 제외한 비용

1-7. 연구·인력개발비에 대한 세액공제에 관한 그 밖의 규정

(1) 최저한세 적용

연구·인력개발비에 대한 세액공제에 대하여 최저한세를 적용하나, 중소기업에 대하여는 최저한세를 적용하지 않는다(조특법 §132①(3)).

(2) 미공제분의 이월공제

해당 사업연도에 납부할 세액이 없거나 최저한세액에 미달하여 공제받지 못한 부분에 상당하는 금액은 해당 사업연도의 다음 사업연도 개시일부터 10년 이내에 끝나는 각 사업연도에 이월하여 그 이월된 각 사업연도의 법인세에서 공제한다(조특법 §144①).

(3) 농어촌특별세 비과세

연구·인력개발비에 대한 세액공제는 농어촌특별세 과세대상이 아니다(농특세령 §4⑥(1)).

(4) 추계과세 시 세액공제의 적용배제

추계결정 및 경정의 경우 연구·인력개발비에 대한 세액공제를 적용하지 아니한다(조특법 §128①).

1-8. 연구·인력개발비 세액공제 사후관리

연구·인력개발비 세액공제를 적용받으려는 내국인은 해당 사업연도에 수행한 연구개발 과제별로 연구개발계획서, 연구개발보고서 및 연구노트를 작성(일반연구·인력개발비에 대한 세액공제를 적용받는 경우에는 연구개발계획서 및 연구개발보고서만 작성함)하고 해당 사업연도의 종료일로부터 5년 동안 보관해야 한다(조특령 §9⑬, 조특칙 §7⑰).

1-9. 세액공제 신청, 사전 심사제도 등

(1) 세액공제의 신청

연구·인력개발비 세액공제를 적용받으려는 내국인은 과세표준신고를 할 때 세액공제신청서, 연구 및 인력개발비명세서 및 증거서류를 납세지 관할 세무서장에게 제출하여야 한다(조특법 §10③, 조특령 §9⑭). 그러나 납세의무자로 하여금 공제신청에 필요한 서류를 정부에 제출하도록 협력의무를 부과한 것에 불과하므로 연구·인력개발비에 대한 세액공제는 요건만 충족되면 당연히 공제되고 공제신청이 있어야만 공제되는 것은 아니다(대법원 2000두 3115, 2002. 1. 22.).

연구·인력개발비에 대한 세액공제 요건을 충족한 내국법인이 법정신고기한 내에 법인세 신고를 하였으나 세액공제를 적용받지 못한 경우에는 경정청구할 수 있다(서면2팀-300, 2006. 3. 6.). 예를 들어, 중소기업이 연구·인력개발비에 대한 세액공제에 최저한세가 적용되는 것으로 잘못 알고 세액공제를 받지 않은 경우 경정청구를 통하여 추가로 세액공제받을 수 있으며, 경정청구 결과 납부할 세액이 없는 경우에는 미공제분은 이월공제할 수 있다(서면2팀-452, 2006. 3. 3.).

(2) 연구·인력개발비 세액공제의 사전심사제도

연구·인력개발비에 대한 세액공제를 적용받으려는 내국인은 2020. 1. 1. 이후 개시하는 사업연도부터 세액공제에 대한 신고를 하기 전에 지출한 비용이 연구·인력개발비에 해당하는지 여부 등에 관해 국세청장에게 미리 심사하여 줄 것을 요청할 수 있다. 이 경우 심사방법 및 요청 절차 등에 필요한 사항은 국세청장이 정한다(조특령 §9⑰).

1-10. 연구·인력개발비에 대한 세액공제에 대한 핵심 검토 사항

(1) 자체연구개발비에 대하여 세액공제를 받는 경우 연구전담부서 등의 확인

1) 당해 연도 중 기업부설연구소 등을 설치한 경우

자체연구개발의 경우 연구전담부서 등이 설치되어 있더라도 관련 법에 따라 과학기술정보통신부장관에게 신고하지 않은 경우에는 세액공제를 받을 수 없다. 당해 사업연도 중에 적법하게 신고하여 확인서를 교부받은 경우에는 신고일 이후 발생되는 비용에 대하여 연구 및 인력개발비 세액공제를 적용받을 수 있으나(법규과-1543, 2011. 11. 22.), 신고 전에 발생한 비용은 연구 및 인력개발비 세액공제를 받을 수 없다(서면2팀-474, 2007. 3. 21.).

2) 연구원 등의 범위

① 전담부서 등에서 근무하는 연구원 및 이들의 연구개발업무를 직접적으로 지원하는 사람 및 연구개발서비스업에 종사하는 전담요원의 인건비는 세액공제대상이나, 연구개발과제를 직접 수행하거나 보조하지 않고 행정 사무를 담당하는 자, 수위, 청소원, 운전기사 등의 인건비의 세액공제대상이 아니다. 연구업무만 전담하지 아니하고 다른 업무를 겸직하는 연구원의 인건비도 세액공제대상이 아니며(조심 2014중 3244, 2014. 8. 11.), 전담부서에서 근무하다가 전담부서가 아닌 곳으로 이동하여 전담부서의 연구용역을 수행하는 경우에도 세액공제대상이 아니다(법인세과-912, 2009. 8. 18). 국세청에

서는 세액공제를 적용받은 연구전담요원, 연구보조요원 등이 연구소 등에 상시적으로 근무하는지를 조직도(연구소 조직도), 인사발령서류(근무부서, 발령일), 연구소 내부 도면 등을 통해 확인하므로 이에 관한 입증자료를 준비해 두어야 한다.

② 연구원 및 연구개발업무를 직접적으로 지원하는 사람이라도 <u>주주인 임원으로서 지분율이 10% 초과하는</u> 등 일정한 요건에 해당하는 사람의 인건비는 세액공제대상이 아니다. 예를 들어, 연구원이 해당 법인의 총발행주식의 10%를 초과하여 소유하는 경우 또는 10% 초과 소유하는 자의 배우자 등 특수관계인인 경우에는 전담부서 등에 근무하는 직원에서 제외된다(서면-2017-법인-2178, 2017. 11. 29.). 그러나 전담부서에서 연구전담요원이 사업연도 중 당해 법인의 주식을 취득하여 그 소유지분이 총발행주식의 10%를 초과하게 되어 연구인력개발비 세액공제 대상 연구전담요원에서 제외되는 경우 그 제외사유 발생일 이전 기간에 상당하는 인건비에 대해서는 연구인력개발비 세액공제를 적용할 수 있다(서면법규과-01017, 2014. 9. 21.).

3) 인건비의 범위

가. 인건비에 비과세 근로소득의 포함 여부

연구·인력개발비에 대한 세액공제 대상이 되는 인건비는 명칭여하에 불구하고 근로의 제공으로 인하여 지급하는 비용을 말하는 것으로 비과세 근로소득을 포함한다. 따라서 「국민건강보험법」에 따라 사용자인 법인이 부담하는 건강보험료 등 소득세법상 비과세 근로소득이지만 세액공제의 대상이 되는 인건비에 포함한다(서면법규과-752, 2014. 7. 17.).

나. 국민연금 사용자 부담금이 연구·인력개발비 세액공제 대상인 인건비인지 여부

연구·인력개발비 세액공제의 대상이 되는 인건비란 명칭여하에 불구하고 근로의 제공으로 인하여 지급하는 비용을 뜻하고, 「국민연금법」에 따라 사용자가 의무적으로 부담하여야 하는 국민연금보험료 사용자부담금은 이러한 인건비의 범위에 포함되는 것이 타당하므로 연구·인력개발비 세액공제대상에 해당한다(조심 2016광 1337, 2016. 12. 16., 조심 2018중 0635, 2018. 6. 8.).

다. 연구개발을 수행하는 과정에서 시제품을 공급하고 받은 대가를 연구인력개발비에서 차감해야 하는지 여부(예규 변경)

상품화 개발을 수행하는 과정에서 생산한 시제품을 고객사에서 검사를 하여 검사에 합격하면 제품 양산계약을 체결하여 제품을 납품하게 되고, 검사에 불합격하면 다시 시제품을 제작하게 된다. 시제품이 검사에서 합격되어 고객사로부터 보상금을 받은 경우 그 보상금을 세액공제대상인 연구개발비에서 차감해야 하는가? 종전에 국세청은 연구개발과정에서 법인이 실질적으로 부담한 금액만 세액공제대상이라고 해석하고 있으므로 시제품으로 인하여

받은 보상금은 연구개발비에서 차감하는 것으로 보았다(서면법인-26, 2015. 9. 17.).

그러나 기획재정부는 납품업체가 자체연구개발에 따른 특허권 등을 소유·사용하면서 납품조건을 충족시키는 개발품(시제품)만을 공급하고 받은 대가는 연구개발비에서 차감하지 아니한다는 새로운 예규를 발표하였다(기획재정부 조세특례-177, 2017. 2. 9.). 만일, 시제품을 공급하고 받은 대가를 연구·인력개발비에서 차감하여 세액공제를 계산하였다면 경정청구하여 법인세를 환급받아야 할 것이다.

4) 인건비 외의 비용

전담부서 등이 연구용으로 사용하는 견본품·부품·원재료와 시약류구입비(시범제작에 소요되는 외주가공비 포함)는 세액공제대상이나 연구전담부서의 소모품비, 복리후생비는 세액공제대상이 아니다.

그리고 연구전담부서에서 직접 사용하기 위한 컴퓨터하드웨어 또는 소프트웨어 등 연구·시험용 시설의 구입비용은 세액공제대상이 아니나, 전담부서 등이 직접 사용하기 위한 연구·시험용 시설의 임차 또는 위탁연구기관의 연구·시험용 시설의 이용에 필요한 비용은 세액공제대상이다.

(2) 거래처의 제품 납품과 관련된 연구개발비

납품업체가 자기의 책임과 비용으로 거래처의 납품의뢰에 따라서 선행개발된 기술을 바탕으로 자체기술로 상품화개발 등을 수행하는 과정에서 발생한 연구개발 전담부서의 연구개발 관련비용은 자체연구개발 비용에 해당한다(기획재정부 조세특례제도과-177 [기획재정부 조세특례제도과-177], 2017. 2. 9.).

(3) 수탁연구개발에 대한 비용

내국법인이 타인으로부터 수탁받은 연구개발용역을 수행하는 과정에서 당해 법인의 전담부서에서 발생한 인건비 등은 연구 인력개발비 세액공제 대상 비용이 아니다(법인세과-319, 2009. 7. 3.).

이와 같이 수탁연구개발 관련 비용에 대하여 세액공제를 하지 않는 것은 그 연구개발을 위탁한 위탁자가 위탁연구비로서 세액공제를 받기 때문이다.

연구개발 전담부서에서 자체연구개발과 수탁연구개발을 함께 수행하는 경우 타인으로부터 수탁받은 연구개발용역을 수행하는 자의 인건비로 지출하는 비용은 연구·인력개발비 세액공제를 적용받을 수 없으므로 수탁받은 연구개발용역을 수행하는 자의 인건비는 연구개발 수행기간·시간 등 합리적인 방법으로 안분계산하여야 한다(법인세과-272, 2012. 4. 18.).

(4) 위탁연구비

1) 특수관계법인에 대한 위탁연구비

내국법인이 특수관계 있는 국내 기업의 전담부서 등에 과학기술분야의 연구개발용역을 위탁하여 수탁법인의 전담부서 등에서 해당 용역을 직접 수행하는 경우 그 용역대가로 지급한 비용 중 「법인세법 시행령」 제89조에 따른 시가 범위 내의 금액은 연구·인력개발비에 대한 세액공제를 적용받을 수 있다(서면-2015-법령해석법인-0399, 2015. 6. 19.).

2) 위탁연구기관이 재위탁한 경우 재위탁기관도 연구개발전담부서 등의 요건을 구비해야 하는지 여부

용역위탁계약을 체결한 수탁업체가 연구기관 또는 전담부서를 보유하지 않은 재수탁업체에게 재위탁한 부분도 세액공제대상인가?

법원에서는 2007년과 2008년 귀속분에 대한 사건에서 「조세특례제한법 시행령」 [별표 6]에는 국내외 기업의 연구기관 또는 전담부서에 기술개발용역을 위탁함에 따른 비용이라고 규정하고 있는바, 문언 해석상 원고가 지출한 비용이 국내외 기업의 연구기관 또는 전담부서에 기술개발용역을 위탁함에 따른 비용에 해당하기만 하면 연구개발비 세액공제 대상에 해당하는 것이므로, 수탁업체(국내외 기업의 연구기관 또는 전담부서)는 수탁받은 연구개발용역을 모두 자신의 전담부서에서 수행할 필요는 없고, 전담부서 외의 다른 부서 또는 재수탁업체(전담부서 보유 불문)로 하여금 수행하게 할 수 있다고 판결하였다(대법원 2014두 7510, 2014. 10. 15., 대법원 2014두 4320, 2014. 5. 29.).

정부는 이러한 법원의 판결을 수용할 수 없어서 2013. 2. 15. 「조세특례제한법 시행령」 [별표 6] 제1호 나목 1) "마) 국내외 기업의 연구기관 또는 전담부서 부분"을 "국내외 기업의 연구기관 또는 전담부서 등(전담부서 등에서 직접 수행한 부분에 한정한다)"으로 개정하여 재수탁업체의 비전담부서에서 수행한 연구개발용역에 관한 비용을 명시적으로 세액공제 대상에서 배제시켰다.

2. 내국법인의 벤처기업 등에의 출자에 대한 세액공제

(1) 개 요

벤처기업의 설립이나 증자시 자금조달을 원활하도록 하기 위하여 내국법인이 직접 또는 창업·벤처전문 경영참여형 사모집합투자기구 등을 통하여 벤처기업 등에 출자하는 경우 출자액의 5%를 법인세에서 세액공제하는 제도를 도입하여 2017년부터 적용하고 있다.

(2) 벤처기업 등에의 출자에 대한 세액공제요건

1) 세액공제요건

중소기업창업투자회사 등을 제외한 내국법인*이 2017. 1. 1.부터 2025. 12. 31.까지 다음 중 어느 하나에 해당하는 주식 또는 출자지분을 취득하는 경우 벤처기업 등에의 출자에 대한 세액공제를 받을 수 있다. 다만, 「법인세법 시행령」 제2조 제5항에 따른 특수관계인의 주식 또는 출자지분을 취득하는 경우 그 금액에 대해서는 공제하지 아니한다(조특법 §13의2①).

① 창업기업, 신기술사업자, 벤처기업 또는 신기술창업전문회사에 출자함으로써 취득한 주식 또는 출자지분

② 「자본시장과 금융투자업에 관한 법률」 제249조의23에 따른 창업·벤처전문 경영참여형 사모집합투자기구(이하 "창업·벤처전문 경영참여형 사모집합투자기구"라 한다) 또는 창투조합 등을 통하여 창업기업, 신기술사업자, 벤처기업 또는 신기술창업전문회사에 출자함으로써 취득한 주식 또는 출자지분

> * 중소기업창업투자회사 등 법 소정 내국법인 : 다음의 자를 제외한 내국법인을 말한다(조특령 §12의2①).
> ① 조특법 제13조 제1항 제1호에 따른 중소기업창업투자회사
> ② 조특법 제13조 제1항 제2호에 따른 신기술사업금융업자
> ③ 조특법 제13조 제1항 제3호 각목 외의 부분에 따른 벤처기업출자유한회사
> ④ 조특법 제13조 제1항 제4호에 따른 기금운용법인 등

2) 출자방법

출자는 내국법인이 다음 중 어느 하나에 해당하는 방법으로 주식 또는 출자지분을 취득하는 것으로 하되, 타인 소유의 주식 또는 출자지분을 매입에 의하여 취득하는 경우는 제외한다(조특법 §13의2②).

① 해당 기업의 설립시에 자본금으로 납입하는 방법

② 해당 기업이 설립된 후 7년 이내에 유상증자하는 경우로서 증자대금을 납입하는 방법

(3) 세액공제액

위의 요건을 갖춘 주식 또는 출자지분을 취득하는 경우 주식 또는 출자지분 취득가액의 5%에 상당하는 금액을 해당 사업연도의 법인세에서 공제한다(조특법 §13의2①).

세액공제액 = 주식·출자지분 취득가액 × 5%

(4) 세액공제액의 추징

이 규정에 따라 법인세를 공제받은 내국법인이 주식 또는 출자지분을 취득한 후 5년 이내에 피출자법인의 「법인세법 시행령」 제43조 제7항에 따른 지배주주 등에 해당하는 경우에는 지배주주 등이 되는 날이 속하는 사업연도의 과세표준신고를 할 때 주식 또는 출자지분에 대한 세액공제액 상당액에 이자상당가산액을 더하여 법인세로 납부하여야 하며, 해당 세액은 「법인세법」 제64조에 따라 납부하여야 할 세액으로 본다(조특법 §13의2③).

이자상당가산액은 공제받은 세액에 ①의 기간 및 ②의 율을 곱하여 계산한 금액을 말한다(조특령 §12의2③).

① 공제받은 사업연도의 과세표준신고일의 다음 날부터 피출자법인의 지배주주 등에 해당하게 된 날이 속하는 사업연도의 과세표준신고일까지의 기간

② 0.022%*

* 이자율은 종전에 일 0.03%이었으나 납세자의 부담을 경감하기 위하여 2019. 2. 12.에 일 0.025%로, 다시 2022. 2. 15.에 일 0.022%로 인하되었다. 개정 전에 발생한 사유로 개정 후에 세액을 납부 또는 부과하는 경우 개정규정 시행일 전일까지의 기간분은 개정 규정에도 불구하고 종전 규정에 따른다(2019. 2. 12. 조특령 개정부칙 §25, 2022. 2. 15. 조특령 개정부칙 §21). 이자율은 다음과 같이 적용한다.

구 분	2019. 2. 11.까지의 기간	2019. 2. 12.부터 2022. 2. 14.까지의 기간	2022. 2. 15. 이후 기간
이자율	일 0.03%	일 0.025%	일 0.022%

(5) 세액공제의 신청

이 규정에 따라 세액공제를 적용받으려는 내국법인은 과세표준 신고와 함께 세액공제신청서를 제출하여야 한다(조특법 §13의2④, 조특령 §12의2⑤).

3. 성과공유 중소기업의 경영성과급에 대한 세액공제 등

(1) 개 요

성과공유제 확산을 통한 중소기업의 우수인력 유입을 지원하기 위하여 상시근로자에게 경영성과급을 지급하는 성과공유 중소기업에 대한 세액공제 제도를 도입하여 2019. 1. 1. 이후 경영성과급을 지급하는 분부터 적용하도록 하였다. 성과공유제 중 세제지원 대상이 되는 경영성과급은 중소기업 사업주와 근로자 간에 경영목표(영업이익, 매출액 등) 및 경영목표 달성에 따른 성과급 지급을 사전에 서면으로 약정하고 이에 따라 지급하는 성과급을 말한다.

(2) 경영성과급에 대한 세액공제 요건 및 세액공제액

「중소기업 인력지원 특별법」 제27조의2 제1항에 따른 중소기업(이하 "성과공유 중소기

업"이라 한다)이 상시근로자에게 2019. 1. 1.부터 2024. 12. 31.까지 경영성과급을 지급하는 경우 그 경영성과급의 15%에 상당하는 금액을 해당 과세연도의 소득세(사업소득에 대한 소득세만 해당한다) 또는 법인세에서 공제한다. 다만, 성과공유 중소기업의 해당 과세연도의 상시근로자 수가 직전 과세연도의 상시근로자 수보다 감소한 경우에는 공제하지 아니한다(조특법 §19①).

$$\text{세액공제액} = \text{경영성과급} \times 15\%(\text{종전} : 10\%)$$

1) 상시근로자의 범위

상시근로자란 「근로기준법」에 따라 근로계약을 체결한 내국인 근로자를 말한다. 다만, 다음 중 어느 하나에 해당하는 사람은 제외한다(조특령 §17①).
① 근로계약기간이 1년 미만인 근로자. 다만, 근로계약의 연속된 갱신으로 인하여 그 근로계약의 총 기간이 1년 이상인 근로자는 제외한다.
② 「근로기준법」 제2조 제1항 제9호에 따른 단시간근로자. 다만, 1개월간의 소정근로시간이 60시간 이상인 근로자는 상시근로자로 본다.
③ 「법인세법 시행령」 제40조 제1항 각호의 어느 하나에 해당하는 임원
④ 해당 기업의 최대주주 또는 최대출자자(개인사업자의 경우에는 대표자를 말한다)와 그 배우자
⑤ 제4호에 해당하는 자의 직계존비속(그 배우자를 포함한다) 및 「국세기본법 시행령」 제1조의2 제1항에 따른 친족관계인 사람
⑥ 「소득세법 시행령」 제196조에 따른 근로소득원천징수부에 의하여 근로소득세를 원천징수한 사실이 확인되지 않고, 다음 중 어느 하나에 해당하는 금액의 납부사실도 확인되지 않은 자
　㉮ 「국민연금법」 제3조 제1항 제11호 및 제12호에 따른 부담금 및 기여금
　㉯ 「국민건강보험법」 제69조에 따른 직장가입자의 보험료
⑦ 해당 과세기간의 총급여액이 7천만원을 초과하는 근로자

2) 경영성과급

경영성과급이란, 다음의 요건을 모두 충족하는 성과급을 말한다(조특령 §17②).
① 「중소기업 인력지원 특별법 시행령」 제26조의2 제1항 제1호에 따른 성과급일 것
② 영업이익(①의 성과급 지급을 약정한 과세연도의 기업회계기준에 따른 영업이익을 말한다)이 발생한 기업이 지급하는 성과급일 것

3) 상시근로자 수

상시근로자의 수는 다음의 계산식에 따라 계산한 수(100분의 1 미만의 부분은 없는 것으로 한다)로 한다(조특령 §17③).

$$\frac{\text{해당 사업연도의 매월 말 현재 상시근로자 수의 합}}{\text{해당 사업연도의 월수}}$$

(3) 경영성과급에 대한 세액공제의 신청

세액공제를 받으려는 자는 과세표준신고와 함께 기획재정부령으로 정하는 세액공제신청서 및 공제세액계산서를 납세지 관할 세무서장에게 제출해야 한다(조특령 §17⑤).

(4) 중복지원의 배제

동일한 과세연도에 경영성과급에 대한 세액공제와 근로소득을 증대시킨 기업에 대한 세액공제가 동시에 적용되는 경우에는 그 중 하나만을 선택하여 적용받을 수 있다(조특법 §127②).

4. 통합투자세액공제

4-1. 투자세액공제 개편

투자세액공제를 단순화하여 기업의 투자를 활성화하기 위하여 종전의 중소기업 등 투자세액공제(조특법 §5), 특정 시설 투자 등에 대한 세액공제(조특법 §25), 의약품 품질관리개선시설 투자에 대한 세액공제(조특법 §25의4), 신성장기술 사업화를 위한 시설 투자에 대한 세액공제(조특법 §25의5), 초연결 네트워크구축을 위한 시설 투자에 대한 세액공제(조특법 §25의7)를 통합하여 통합투자세액공제 제도를 신설하였다.

종전 투자세액공제	새로운 투자세액공제
① 중소기업 등 투자세액공제(**조특법 §5**) ② 특정 시설 투자 등에 대한 세액공제(**조특법 §25**) ③ 의약품 품질관리개선시설 투자에 대한 세액공제(**조특법 §25의4**) ④ 신성장기술 사업화를 위한 시설 투자에 대한 세액공제(**조특법 §25의5**) ⑤ 초연결 네트워크구축을 위한 시설 투자에 대한 세액공제(**조특법 §25의7**)	통합투자세액공제(**조특법 §24**)

4-2. 통합투자세액공제

(1) 적용대상자

다음의 업종 외의 사업을 경영하는 내국인이 일정한 자산에 투자(중고품 및 조특칙 제3조의2에 따른 금융리스를 제외한 리스에 의한 투자는 제외함)한 경우에는 통합투자세액공제를 받을 수 있다(조특법 §24①, 조특령 §21①).

① 소비성서비스업 : 호텔업 및 여관업(관광숙박업 제외), 주점업(일반유흥주점업, 무도유흥주점업 및 단란주점 영업만 해당하되, 외국인전용유흥음식점업 및 관광유흥음식점업은 제외)

② 부동산임대 및 공급업

(2) 공제대상자산

1) 기계장치 등 사업용 유형자산. 다만, 토지와 조특칙 [별표 1]의 자산은 세액공제대상에서 제외한다(조특칙 §12①).

[별표 1] (2021. 3. 16. 개정)

건축물 등 사업용 유형자산(제12조 제1항 관련)	
구분	구조 또는 자산명
1	차량 및 운반구, 공구, 기구 및 비품
2	선박 및 항공기
3	연와조, 블록조, 콘크리트조, 토조, 토벽조, 목조, 목골모르타르조, 철골·철근콘크리트조, 철근콘크리트조, 석조, 연와석조, 철골조, 기타 조의 모든 건물(부속설비를 포함한다)과 구축물

비고
1. 제1호를 적용할 때 취득가액이 거래단위(취득한 자가 그 취득한 자산을 독립적으로 사업에 직접 사용할 수 있는 것)별로 20만원 이상으로서 그 고유업무의 성질상 대량으로 보유하고 그 자산으로부터 직접 수익을 얻는 비품은 제1호의 비품에 포함하지 않는다.
2. 제3호를 적용할 때 부속설비에는 해당 건물과 관련된 전기설비, 급배수·위생설비, 가스설비, 냉방·난방·통풍 및 보일러설비, 승강기설비 등 모든 부속설비를 포함한다.
3. 제3호를 적용할 때 구축물에는 하수도, 굴뚝, 경륜장, 포장도로, 교량, 도크, 방벽, 철탑, 터널 그 밖에 토지에 정착한 모든 토목설비나 공작물을 포함하되, 기계·장치 등 설비에 필수적이고 전용으로 사용되는 구축물은 제외한다.

2) 위 1)에 해당하지 아니하는 유형자산과 무형자산으로서 다음에 해당하는 자산

가. 다음 중 어느 하나에 해당하는 시설(조특칙 §12②)

구 분	내 용
① 연구·시험 및 직업 훈련시설	제13조의10 제1항 및 제2항에 따른 시설
② 에너지절약 시설	다음의 어느 하나에 해당하는 시설 가. 「에너지이용 합리화법」 제14조 제1항에 따른 에너지절약형 시설투자(에너지절약전문기업이 대가를 분할상환받은 후 소유권을 이전하는 조건으로 같은 법 제25조에 따라 설치한 경우를 포함한다) 및 에너지절약형 기자재 나. 「물의 재이용 촉진 및 지원에 관한 법률」 제2조 제4호에 따른 중수도
③ 환경보전 시설	별표 2에 따른 환경보전시설
④ 근로자복지 증진 시설	다음의 어느 하나에 해당하는 시설 가. 무주택 종업원(출자자인 임원은 제외한다)에게 임대하기 위한 「주택법」에 따른 국민주택 규모의 주택 나. 종업원용 기숙사 다. 장애인·노인·임산부 등의 편의 증진을 위한 시설 또는 장애인을 고용하기 위한 시설로서 별표 3에 따른 시설 라. 종업원용 휴게실, 체력단련실, 샤워시설 또는 목욕시설(건물 등의 구조를 변경하여 해당시설을 취득하는 경우를 포함한다) 마. 종업원의 건강관리를 위해 「의료법」 제35조에 따라 개설한 부속 의료기관 바. 「영유아보육법」 제10조 제4호에 따른 직장어린이집
⑤ 안전시설	별표 4에 따른 안전시설

나. 다음 중 어느 하나에 해당하는 시설(조특칙 §12③)

구 분	내 용
① 운수업을 주된 사업으로 하는 중소기업	차량 및 운반구(「개별소비세법」 제1조 제3항 제3호에 따른 자동차로서 자가용인 것을 제외한다)와 선박
② 어업을 주된 사업으로 하는 중소기업	선박
③ 건설업	「지방세법 시행규칙」 제3조에 따른 기계장비
④ 도매업·소매업·물류산업	별표 5에 따른 유통산업합리화시설
⑤ 「관광진흥법」에 따라 등록한 관광숙박업 및 국제회의기획업	건축물과 당해 건축물에 부착·설치된 시설물 중 「지방세법 시행령」 제6조에 따른 시설물안전시설

구 분	내 용
⑥ 「관광진흥법」에 따라 등록한 전문휴양업 또는 종합휴양업	「관광진흥법 시행령」 제2조 제1항 제3호 가목 또는 제5호 가목에 따른 숙박시설, 전문휴양시설(골프장 시설은 제외) 및 종합유원시설업의 시설
⑦ 중소기업이 해당 업종의 사업에 직접 사용하는 소프트웨어	다만, 다음 중 어느 하나에 해당하는 소프트웨어는 공제대상에서 제외함. ㉠ 인사, 급여, 회계 및 재무 등 지원업무에 사용하는 소프트웨어 ㉡ 문서, 도표 및 발표용 자료 작성 등 일반 사무에 사용하는 소프트웨어 ㉢ 컴퓨터 등의 구동을 위한 기본운영체제(Operating System) 소프트웨어

다. 중소기업 및 중견기업이 취득한 다음의 자산(특수관계인*으로부터 취득한 자산은 제외한다)

① 내국인이 국내에서 연구·개발하여 「특허법」에 따라 최초로 설정등록받은 특허권

② 내국인이 국내에서 연구·개발하여 「실용신안법」에 따라 최초로 설정등록받은 실용신안권

③ 내국인이 국내에서 연구·개발하여 「디자인보호법」에 따라 최초로 설정등록받은 디자인권

* 「법인세법 시행령」 제2조 제5항 및 「소득세법 시행령」 제98조 제1항에 따른 특수관계인을 말한다. 이 경우 「법인세법 시행령」 제2조 제5항 제2호의 소액주주등을 판정할 때 「법인세법 시행령」 제50조 제2항 중 "100분의 1"은 "100분의 30"으로 본다.

(3) 통합투자세액공제액

1) 통합투자세액공제액 : 기본공제금액 + 추가공제금액

구 분	내 용
기본공제금액	• 일반 투자분 : 해당 사업연도의 투자금액[*1] × 1%(중견 3%, 중소 10%) • 신성장·원천기술 사업화시설[*2] 투자분 : 해당 사업연도 투자금액 × 3%(중견 6%, 중소 12%) `23 개정` • 국가전략기술사업화시설[*3] 투자분(2024. 12. 31.까지 투자분) : 해당 사업연도 투자금액 × 15%(중소 25%) `23 개정`
추가공제금액	Min[①, ②] ① [당해 사업연도 투자금액 - 직전 3년 평균 투자금액[*4]] × 추가공제율(모든 기업 3%, 국가전략기술사업화시설은 4%) ② 추가공제액한도 : 기본공제금액의 2배

◎ 임시투자세액공제(2023. 12. 31.이 속하는 과세연도의 투자분에 적용) 〔23 신설〕 ◎

2023년 12월 31일이 속하는 과세연도에 투자하는 경우에는 다음의 기본공제 금액과 추가공제 금액을 합한 금액을 공제한다.

구 분	내 용
기본공제금액	• 일반 투자분 : 해당 사업연도의 투자금액[*1] × 3%(중견 7%, 중소 12%) • 신성장·원천기술 사업화시설[*2] 투자분 : 해당 사업연도 투자금액 × 6%(중견 10%, 중소 18%) • 국가전략기술사업화시설[*3] 투자분 : 해당 사업연도 투자금액 × 15%(중소 25%)
추가공제금액	Min[①, ②] ① [당해 사업연도 투자금액 − 직전 3년 평균 투자금액[*4]] × 10% ② 추가공제액한도 : 기본공제금액의 2배

*1 투자금액 : 투자금액은 ①의 금액에서 ②의 금액을 뺀 금액으로 함.
　① 총투자금액에 「법인세법 시행령」 제69조 제1항에 따른 작업진행률에 의하여 계산한 금액과 해당 과세연도까지 실제로 지출한 금액 중 큰 금액
　② 다음의 금액을 더한 금액
　　㉮ 해당 과세연도 전에 법 제24조를 적용받은 투자금액
　　㉯ 해당 과세연도 전의 투자분으로서 ㉮의 금액을 제외한 투자분에 대하여 ①을 준용하여 계산한 금액
*2 신성장·원천기술의 사업화를 위한 시설 : 다음의 시설을 말함.
　① 조특칙 별표 7에 따른 신성장·원천기술을 사업화하는 시설로서 제9조 제12항에 따른 신성장·원천기술심의위원회의 심의를 거쳐 기획재정부장관과 산업통상자원부장관이 공동으로 인정하는 시설(이하에서 "신성장사업화시설"이라 한다)
　② 별표 7 제6호 가목 1) 및 2)의 기술이 적용된 5세대 이동통신 기지국(이와 연동된 교환시설을 포함한다)을 운용하기 위해 필요한 설비로서 「전기통신사업 회계정리 및 보고에 관한 규정」 제8조에 따른 전기통신설비 중 같은 조 제1호, 제2호 및 제6호에 따른 교환설비, 전송설비 및 전원설비
*3 국가전략기술사업화시설 : 조특칙 별표 6의2에 따른 국가전략기술을 사업화하는 시설(국가전략기술을 사용하여 생산하는 제품 외에 다른 제품의 생산에도 사용되는 시설을 포함한다)로서 연구개발세액공제기술심의위원회의 심의를 거쳐 기획재정부장관과 산업통상자원부장관이 공동으로 인정하는 시설
*4 3년간 연 평균 투자금액 : 3년간 연 평균 투자금액의 계산은 다음 계산식에 따른다. 이 경우 내국인의 투자금액이 최초로 발생한 과세연도의 개시일부터 세액공제를 받으려는 해당 과세연도 개시일까지의 기간이 36개월 미만인 경우에는 그 기간에 투자한 금액의 합계액을 36개월로 환산한 금액을 해당 과세연도의 개시일부터 소급하여 3년간 투자한 금액의 합계액으로 보며, 합병법인, 분할신설법인, 분할합병의 상대방법인, 사업양수법인 또는 현물출자를 받은 법인(이하 "합병법인등"이라 한다)의 경우에는 합병, 분할, 분할합병, 사업양도 또는 현물출자를 하기 전에 피합병법인, 분할법인, 사업양도인 또는 현물출자자가 투자한 금액은 합병법인등이 투자한 것으로 본다. 〔23 개정〕

$$\frac{\text{해당 과세연도의 개시일부터 소급하여 3년간 투자한 금액의 합계액}}{3} \times \frac{\text{해당 과세연도의 개월수}}{12}$$

3년간 투자한 연 평균 투자금액이 없는 경우에는 추가공제 금액이 없는 것으로 한다(조특령 §21⑨).

2) 투자가 2개 이상의 과세연도에 걸쳐 이루어지는 경우 투자세액공제 적용방법

그 투자가 이루어지는 과세연도마다 해당 과세연도에 투자한 금액에 대하여 통합투자세액공제를 적용한다(조특법 §24②).

3) 투자의 개시시기

투자의 개시시기는 다음 중 어느 하나에 해당하는 때로 한다(조특령 §21⑩, §23⑭).

① 국내·국외 제작계약에 따라 발주하는 경우에는 발주자가 최초로 주문서를 발송한 때

② ①의 규정에 의한 발주에 의하지 아니하고 매매계약에 의하여 매입하는 경우에는 계약금 또는 대가의 일부를 지급한 때(계약금 또는 대가의 일부를 지급하기 전에 당해 시설을 인수한 경우에는 실제로 인수한 때)

③ 당해 시설을 수입하는 경우로서 승인을 얻어야 하는 경우에는 수입승인을 얻은 때

④ 자기가 직접 건설 또는 제작하는 경우에는 실제로 건설 또는 제작에 착수한 때. 이 경우 사업의 타당성 및 예비적 준비를 위한 것은 착수한 때에 포함하지 아니한다.

⑤ 타인에게 건설을 의뢰하는 경우에는 실제로 건설에 착공한 때. 이 경우 사업의 타당성 및 예비적 준비를 위한 것은 착공한 때에 포함하지 아니한다.

(4) 신성장사업화시설 또는 국가전략기술사업화시설 중 해당 기술을 사용하여 생산하는 제품 외에 다른 제품의 생산에도 사용되는 시설에 대한 세액공제 적용시 생산량 실적자료의 제출

신성장사업화시설 또는 국가전략기술사업화시설 중 해당 기술을 사용하여 생산하는 제품 외에 다른 제품의 생산에도 사용되는 시설에 대하여 통합투자세액공제를 적용받으려는 자는 해당 시설에서 생산되는 모든 제품의 생산량을 다음과 같이 측정하여 생산량실적자료를 작성하여 측정기간 종료일부터 5년 동안 보관해야 하며, 투자완료일이 속하는 사업연도의 다음 3개 사업연도의 종료일까지의 기간 중 마지막 사업연도의 과세표준신고를 할 때 생산량 실적 자료를 납세지 관할 세무서장에게 제출해야 한다(조특령 §21⑭, 조특칙 §12의2④).

① 해당 시설을 거쳐 저장·판매가 가능한 형태로 생산된 제품 또는 반제품(그 제품 또는 반제품을 사용하여 생산한 다른 제품 또는 반제품은 제외한다)을 측정 대상으로 할 것

② 해당 시설의 투자완료일(투자완료일이 2022. 4. 1. 이전인 경우에는 2022. 4. 1.)부터 그 날이 속하는 사업연도의 다음 3개 사업연도의 종료일까지 측정할 것

③ 다음의 구분에 따른 단위로 측정할 것

㉮ 고체류 : 개수

㉯ 액체류 및 기체류 : 부피 단위 또는 해당 제품을 담은 동일한 부피의 용기 등의 개수

(5) 세액공제의 신청

통합투자세액공제를 적용받으려는 자는 해당 과세연도의 과세표준신고서와 함께 통합투자세액공제신청서[조특칙 별지 제8호의9 서식]를 납세지 관할 세무서장에게 제출해야 한다. 이 경우 신성장사업화시설 또는 국가전략기술사업화시설의 인정을 받을 것을 조건으로 그 인정을 받기 전에 세액공제를 신청하는 자는 투자완료일이 속하는 달의 말일부터 3개월 이내에 기획재정부장관과 산업통상자원부장관에게 신성장사업화시설 또는 국가전략기술사업화시설의 인정을 신청해야 한다. 다만, 동일한 과세연도에 완료된 둘 이상의 투자에 대하여 각각 영 제21조 제13항 후단에 따라 세액공제를 신청하는 경우에는 가장 늦게 완료된 투자의 투자완료일이 속하는 달의 말일부터 3개월 이내에 인정을 신청할 수 있다(조특령 §21⑬, 조특칙 §13①). 이 규정에도 불구하고 투자가 2개 이상의 과세연도에 걸쳐 이루어지는 경우로서 그 투자가 이루어지는 과세연도(투자완료일이 속하는 과세연도는 제외한다)에 투자한 금액에 대하여 세액공제를 신청하는 경우에는 해당 과세연도 종료일부터 3개월 이내에 제1항에 따른 인정을 신청해야 한다. 다만, 다음의 어느 하나에 해당하는 경우에는 해당 과세연도의 다음 과세연도 종료일(다음 과세연도가 투자완료일이 속하는 과세연도인 경우에는 투자완료일이 속하는 달의 말일)부터 3개월 이내에 인정을 신청할 수 있다(조특칙 §13②). 〔23 개정〕

① 투자개시일이 속하는 과세연도의 경우
② 직전 과세연도에 투자한 금액에 대하여 신성장사업화시설 또는 국가전략기술사업화시설의 인정을 받은 경우

(6) 사후관리

1) 추가납부

통합투자세액공제를 받은 자가 투자완료일부터 다음의 기간 내에 그 자산을 다른 목적으로 전용하는 경우에는 공제받은 세액공제액 상당액에 이자상당가산액을 가산하여 소득세 또는 법인세로 납부하여야 한다. 이 경우 해당 세액은 「법인세법」 제64조에 따라 납부하여야 할 세액으로 본다(조특법 §24③, 조특령 §21⑤).

구 분	대 상	사후관리기간
건축물과 구축물	① 근로자복지증진 시설(조특칙 §12②(3)) ② 창고시설(조특칙 §12③(4)) ③ 숙박시설, 전문휴양시설, 종합유원시설업의 시설(조특칙 §12③)	5년
신성장사업화시설 또는 국가전략기술사업화시설 중 다른 제품 생산에도 사용되는 시설	신성장사업화시설 또는 국가전략기술사업화시설 중 해당 기술을 사용하여 생산하는 제품 외에 다른 제품의 생산에도 사용되는 시설	투자완료일이 속하는 사업연도의 다음 3개 사업연도의 종료일까지의 기간
그 밖의 자산		2년

이자상당가산액은 다음과 같이 계산한다(조특령 §21⑥).

$$\text{공제받은 세액} \times \text{일수}^{*1} \times 1\text{일 } 0.022\%^{*2}$$

*1 일수는 공제받은 과세연도의 과세표준신고일의 다음 날부터 법 제24조 제3항의 사유가 발생한 날이 속하는 과세연도의 과세표준신고일까지의 기간을 말한다(조특령 §21⑥(1)).

*2 이자율은 종전에 일 0.03%이었으나 납세자의 부담을 경감하기 위하여 2019. 2. 12.에 일 0.025%로, 다시 2022. 2. 15.에 일 0.022%로 인하되었다. 개정 전에 발생한 사유로 개정 후에 세액을 납부 또는 부과하는 경우 개정규정 시행일 전일까지의 기간분은 개정 규정에도 불구하고 종전 규정에 따른다(2019. 2. 12. 조특령 개정부칙 §25, 2022. 2. 15. 조특령 개정부칙 §21). 이자율은 다음과 같이 적용한다.

구 분	2019. 2. 11.까지의 기간	2019. 2. 12.부터 2022. 2. 14.까지의 기간	2022. 2. 15. 이후 기간
이자율	일 0.03%	일 0.025%	일 0.022%

2) 신성장사업화시설 또는 국가전략기술사업화시설을 다른 목적으로 전용한 것으로 보는 경우

신성장사업화시설 또는 국가전략기술사업화시설이 다음 중 어느 하나에 해당하면 다음에서 정한 기간이 끝나는 날에 그 시설을 다른 목적으로 전용한 것으로 본다. 다만, 천재지변으로 인한 시설의 멸실, 시설의 투자완료일부터 투자완료일이 속하는 사업연도의 다음 3개 사업연도의 종료일까지의 기간 중 화재 등으로 해당 시설이 파손되어 가동이 불가능한 경우에는 전용한 것으로 보지 않는다(조특령 §21⑩, 조특칙 §12의2③).

① 신성장사업화시설의 경우 : 투자완료일(투자완료일이 2022. 4. 1. 이전인 경우에는 2022. 4. 1.)부터 투자완료일이 속하는 사업연도의 다음 3개 사업연도의 종료일까지의 기간 동안 해당 시설에서 생산된 모든 제품의 총생산량에서 신성장·원천기술을 사용하여 생산한 제품과 국가전략기술을 사용하여 생산한 제품의 생산량의 합이 차지하는 비율이 100분의 50 이하인 경우

② 국가전략기술사업화시설의 경우 : 투자완료일(투자완료일이 2022. 4. 1. 이전인 경우에는 2022. 4. 1.)부터 투자완료일이 속하는 사업연도의 다음 3개 사업연도의 종료일까지의 기간 동안 해당 시설에서 생산된 모든 제품의 총생산량에서 국가전략기술을

사용하여 생산한 제품의 생산량이 차지하는 비율이 100분의 50 이하인 경우

신성장사업화시설 또는 국가전략기술사업화시설을 다른 목적으로 전용한 것으로 보는 경우의 "공제받은 세액공제액 상당액"은 다음의 구분에 따라 계산한 금액으로 한다(조특령 §21⑪).

① 신성장사업화시설의 경우 : 공제받은 세액공제액에서 해당 시설이 신성장사업화시설 또는 국가전략기술사업화시설이 아닌 시설(이하 "일반시설"이라 한다)인 경우에 공제받을 수 있는 세액공제액을 뺀 금액

② 국가전략사업화시설의 경우 : 공제받은 세액공제액에서 해당 시설이 일반시설인 경우에 공제받을 수 있는 세액공제액(해당 시설에서 생산된 모든 제품의 총생산량에서 신성장·원천기술을 사용하여 생산한 제품과 국가전략기술을 사용하여 생산한 제품의 생산량의 합이 차지하는 비율이 100분의 50을 초과하는 경우에는 신성장사업화시설로서 공제받을 수 있는 세액공제액)을 뺀 금액

5. 근로소득을 증대시킨 기업에 대한 세액공제

(1) 직전 3년 평균 초과 임금 증가분에 대한 세액공제

1) 개 요

이 제도는 근로자의 근로소득 증대를 지원하기 위하여 해당 연도의 평균임금 증가율이 직전 3년간 평균임금의 증가율의 평균보다 크고 상시근로자의 수가 직전 연도에 비하여 줄어들지 않은 기업에 대하여 직전 3년 평균임금의 증가율의 평균을 초과하여 임금을 증가시킨 금액의 5%(중견기업 10%, 중소기업 20%)에 상당하는 금액을 세액에서 공제하도록 하는 제도이다. 이 제도를 처음 시행한 2015년에는 세액공제율을 5%(중견기업과 중소기업 10%)로 하였으나, 2018년부터는 중소기업의 세액공제율을 10%에서 20%로 인상하였다. 2023년부터는 대기업을 적용대상에서 제외하였다.

2) 세액공제 요건 및 세액공제액

중소기업 또는 중견기업이 다음의 요건을 모두 충족하는 경우에는 2025. 12. 31.이 속하는 사업연도까지 직전 3년 평균 초과 임금증가분의 20%(중견기업 10%)에 상당하는 금액을 해당 사업연도의 법인세에서 공제한다(조특법 §29의4①). 23 개정 (대기업 제외)

① 상시근로자의 해당 사업연도의 평균임금 증가율이 직전 3개 사업연도의 평균임금 증가율의 평균(이하 "직전 3년 평균임금 증가율의 평균"이라 한다)보다 클 것

② 해당 사업연도의 상시근로자 수가 직전 사업연도의 상시근로자 수보다 크거나 같을 것

3) 중소기업에 대한 세액공제 특례

"2)"에도 불구하고 중소기업이 다음 요건을 모두 충족하는 경우에는 2025. 12. 31.이 속하는 사업연도까지 전체 중소기업의 평균임금증가분을 초과하는 임금증가분의 20%에 상당하는 금액을 법인세에서 공제할 수 있다(조특법 §29의4⑤).

① 상시근로자의 해당 사업연도의 평균임금 증가율이 전체 중소기업 임금증가율을 고려하여 정한 비율(3.2%)보다 클 것(조특령 §26의4⑯, 조특칙 §14의2③) 23 개정
② 해당 사업연도의 상시근로자 수가 직전 사업연도의 상시근로자 수보다 크거나 같을 것
③ 직전 사업연도의 평균임금 증가율이 음수가 아닐 것

전체 중소기업의 평균임금증가분을 초과하는 임금증가분은 다음 계산식에 따라 계산한 금액으로 한다. 23 개정

$$
\text{전체 중소기업의 평균임금증가분을 초과하는 임금증가분} = \left[\text{해당 사업연도 상시근로자의 평균임금} - \text{직전 사업연도 상시근로자의 평균임금} \times \left(1 + 3.2\% \right) \right] \times \text{직전 사업연도 상시근로자 수}
$$

4) 직전 3년 평균임금 증가분의 계산

가. 개 요

전술한 "1)"에서 직전 3년 평균 초과 임금증가분은 다음 계산식에 따라 계산한 금액으로 한다.

$$
\text{직전 3년 평균 초과임금증가분} = \left[\text{해당 사업연도 상시근로자의 평균임금} - \text{직전 사업연도 상시근로자의 평균임금} \times \left(1 + \text{직전 3년 평균 임금증가율의 평균} \right) \right] \times \text{직전 사업연도 상시근로자 수}
$$

나. 임금 및 평균임금

"임금"은 「소득세법」 제20조 제1항 제1호 및 제2호에 따른 소득의 합계액(비과세소득의 금액 제외)을 말하며, 평균임금은 다음 계산식에 따라 계산한 금액으로 한다. 이 경우 1천원 이하 부분은 없는 것으로 한다(조특령 §26의4④ 및 ⑤). 23 개정

$$
\text{평균임금} = \frac{\text{해당 사업연도 상시근로자의 임금의 합계}}{\text{후술하는 "(3)"에 따른 해당 사업연도의 상시근로자 수}}
$$

이 경우 평균임금을 계산할 때 해당 사업연도의 근로제공기간이 1년 미만인 상시근로자

가 있는 경우에는 해당 상시근로자의 근로소득의 금액 또는 임금을 해당 사업연도 근무제 공월수로 나눈 금액에 12를 곱하여 산출한 금액을 해당 상시근로자의 임금으로 본다(조특령 §26의4⑨).

다. 평균임금 증가율

평균임금 증가율은 다음 계산식에 따라 계산하며, 1만분의 1 미만의 부분은 없는 것으로 한다(조특령 §26의4⑥).

$$평균임금\ 증가율\ =\ \frac{해당\ 사업연도\ 평균임금 - 직전\ 사업연도\ 평균임금}{직전\ 사업연도\ 평균임금}$$

라. 직전 3년 평균임금 증가율의 평균

직전 3개 사업연도의 평균임금 증가율의 평균(이하 "직전 3년 평균임금 증가율의 평균"이라 한다)은 다음 계산식에 따라 계산하며, 1만분의 1 미만의 부분은 없는 것으로 한다(조특령 §26의4⑦).

이 경우 직전 2년 사업연도 평균임금 증가율 또는 직전 3년 사업연도 평균임금 증가율이 음수인 경우에는 영으로 보아 계산한다.

$$\begin{array}{c}직전\ 3년\ 평균 \\ 임금\ 증가율\end{array}\ =\ \frac{\begin{array}{c}직전\ 사업연도\ 평균임금\ 증가율\ +\ 직전\ 2년\ 사업연도 \\ 평균임금\ 증가율\ +\ 직전\ 3년\ 사업연도\ 평균임금\ 증가율\end{array}}{3}$$

마. 평균임금 증가율 등이 음수인 경우[12]

「조세특례제한법 시행령」 제26조의4 제5항부터 제7항까지의 규정에도 불구하고 직전 사업연도의 평균임금 증가율이 음수 또는 직전 3년 평균임금 증가율의 평균(양수인 경우로 한정한다)의 30% 미만인 경우에는 다음에 따라 각각 평균임금 및 평균임금 증가율, 직전 3년 평균임금 증가율의 평균 및 「조세특례제한법 시행령」 제29조의4 제2항에 따라 직전 3년 평균 초과 임금증가분을 계산한다(조특령 §26의4⑧).

직전 사업연도의 평균임금 증가율이 음수 또는 직전 3년 평균임금 증가율의 평균(양수인 경우로 한정한다)의 30% 미만인 경우에는 다음의 계산식에 따라 각각 평균임금, 평균임금 증가율, 직전 3개 사업연도의 평균임금 증가율의 평균(이하 "직전 3년 평균임금 증가율의 평균"

---

12) 창업 및 휴업 등의 사유로 직전 3년 평균임금 증가율의 평균을 계산할 수 없는 경우에는 세액공제를 적용하지 아니한다(조특령 §26의4①).

이라 한다) 및 「조세특례제한법」 제29조의4 제2항에 따른 직전 3년 평균 초과 임금증가분(이하 "직전 3년 평균 초과 임금증가분"이라 한다)을 계산한다(조특칙 §14의2②).

① 평균임금

$$\frac{\text{해당 사업연도 평균임금 + 직전 사업연도 평균임금}}{2}$$

② 평균임금 증가율

$$\frac{\text{위 "①"에 따른 평균임금 - 직전 2년 사업연도 평균임금}}{\text{직전 2년 사업연도 평균임금}}$$

③ 직전 3년 평균임금 증가율의 평균[직전 2년 사업연도 평균임금 증가율 또는 직전 3년 사업연도 평균임금 증가율이 음수인 경우에는 각각 영(零)으로 보아 계산한다]

$$\frac{\text{직전 2년 사업연도 평균임금 증가율 + 직전 3년 사업연도 평균임금 증가율}}{2}$$

④ 직전 3년 평균 초과 임금증가분

$$\left[\text{위 "①"에 따른 평균임금} - \text{직전 2년 사업연도 상시근로자의 평균임금} \times \left(1 + \text{직전 3년 평균 임금증가율의 평균} \right) \right] \times \text{직전 사업연도 상시근로자 수}$$

(2) 정규직 전환 근로자에 대한 임금증가분에 대한 세액공제

1) 개 요

비정규직 근로자는 정규직 근로자에 비하여 낮은 임금수준과 고용의 불안정성으로 인하여 어려움을 겪고 있으므로, 양질의 일자리를 확산시키기 위해서 비정규직을 정규직으로 전환하는 경우에 정규직 근로자 임금증가분 합계액의 5%(중견기업 10%, 중소기업 20%)를 세액공제하고 있다.

2) 세액공제요건과 세액공제액

중소기업 또는 중견기업이 다음의 요건을 모두 충족하는 경우에는 2025. 12. 31.이 속하는 사업연도까지 근로기간 및 근로형태 등 세법으로 정하는 요건을 충족하는 정규직 전환

근로자(이하 "정규직 전환 근로자"라 한다)에 대한 임금증가분 합계액의 20%(중견기업은 10%)에 상당하는 금액을 해당 사업연도의 법인세에서 공제한다(조특법 §29의4③). [23 개정]

① 해당 사업연도에 정규직 전환 근로자가 있을 것

② 해당 사업연도의 상시근로자 수가 직전 사업연도의 상시근로자 수보다 크거나 같을 것

3) 정규직 전환 근로자

정규직 전환 근로자란 근로기준법에 따라 근로계약을 체결한 근로자로서, 다음의 요건을 모두 갖춘 자(이하 "정규직 전환 근로자"라 한다)를 말한다(조특령 §26의4⑬).

① 직전 사업연도 개시일부터 해당 사업연도 종료일까지 계속하여 근무한 자로서 「소득세법 시행령」 제196조의 근로소득원천징수부에 따라 매월분의 근로소득세를 원천징수한 사실이 확인될 것

② 해당 사업연도 중에 비정규직 근로자(「기간제 및 단시간근로자 보호 등에 관한 법률」에 따른 기간제근로자 또는 단시간근로자를 말한다)에서 비정규직 근로자가 아닌 근로자로 전환하였을 것

③ 직전 사업연도 또는 해당 사업연도 중에 후술하는 "(3) 상시근로자"의 "①"부터 "③"까지의 어느 하나에 해당하는 자가 아닐 것

4) 정규직 전환 근로자의 임금 증가분 합계액 계산

정규직 전환 근로자의 임금 증가분 합계액은 정규직 전환 근로자의 해당 사업연도 임금 합계액에서 직전 사업연도 임금 합계액을 뺀 금액을 말한다. 이 경우 직전 사업연도 또는 해당 사업연도의 기간이 1년 미만인 경우에는 임금 합계액을 그 사업연도의 월수(1월 미만의 일수는 1월로 한다)로 나눈 금액에 12를 곱하여 산출한 금액을 임금 합계액으로 본다(조특령 §26의4⑭).

5) 공제받은 세액의 추가납부

위 "1)"에 따라 법인세를 공제받은 중소기업 또는 중견기업이 공제를 받은 사업연도 종료일부터 1년이 되는 날이 속하는 사업연도의 종료일까지의 기간 중 정규직 전환 근로자와의 근로관계를 종료하는 경우에는 근로관계가 종료한 날이 속하는 사업연도의 과세표준신고를 할 때 다음에 따라 계산한 세액을 법인세로 납부하여야 한다(조특령 §29의4④ 및 조특령 §26의4⑮).

$$
\text{법 제29조의4 제3항에 따라 공제받은 세액} \times \frac{\text{공제받은 사업연도의 정규직 전환 근로자 중 근로관계를 종료한 근로자 수}}{\text{공제받은 사업연도의 정규직 전환 근로자 수}}
$$

(3) 상시근로자

1) 개 요

"상시근로자"란 근로기준법에 따라 근로계약을 체결한 근로자(다음의 어느 하나에 해당하는 자는 제외하며, 이하 "상시근로자"라 한다)를 말한다(조특령 §26의4②).

① 「법인세법 시행령」 제40조 제1항 각호의 어느 하나에 해당하는 임원

② 「소득세법」 제20조 제1항 제1호 및 제2호에 따른 근로소득의 금액(비과세소득의 금액 제외)이 7천만원 이상인 근로자. 해당 사업연도의 근로제공기간이 1년 미만인 상시근로자가 있는 경우에는 해당 상시근로자의 근로소득의 금액 또는 임금을 해당 사업연도 근무제공월수로 나눈 금액에 12를 곱하여 산출한 금액을 해당 상시근로자의 근로소득의 금액으로 본다(조특령 §26의4⑨). `23 개정`

③ 해당 기업의 최대주주 또는 최대출자자[13](개인사업자의 경우에는 대표자를 말한다) 및 그와 「국세기본법 시행령」 제1조의2 제1항에 따른 친족관계인 근로자

④ 「소득세법 시행령」 제196조에 따른 근로소득 원천징수부에 의하여 근로소득세를 원천징수한 사실이 확인되지 아니하는 근로자

⑤ 근로계약기간이 1년 미만인 근로자(다만, 근로계약의 연속된 갱신으로 인하여 그 근로계약의 총 기간이 1년 이상인 근로자는 제외한다)

⑥ 근로기준법 제2조 제1항 제9호에 따른 단시간근로자

2) 합병법인 등이 승계한 경우

합병, 분할, 현물출자 또는 사업의 양수 등으로 인하여 종전의 사업부문에서 종사하던 상시근로자를 합병법인, 분할신설법인, 피출자법인 등(이하 "합병법인 등"이라 한다)이 승계하는 경우에는 해당 상시근로자는 종전부터 합병법인 등에 근무한 것으로 본다(조특령 §26의4⑪).

(4) 상시근로자 수의 계산

전술한 "(1) 및 (2)"를 적용할 때 상시근로자 수는 다음의 계산식에 따라 계산한다(조특령 §26의4③). 이 경우 100분의 1 미만의 부분은 없는 것으로 한다.

---

13) "해당 기업의 최대주주 또는 최대출자자"란 다음의 어느 하나에 해당하는 자를 말한다(조특칙 §14의2①).
　① 해당 법인에 대한 직접보유비율[보유하고 있는 법인의 주식 또는 출자지분(이하 "주식 등"이라 한다)을 그 법인의 발행주식총수 또는 출자총액(자기주식과 자기출자지분은 제외한다)으로 나눈 비율을 말한다]이 가장 높은 자가 개인인 경우에는 그 개인
　② 해당 법인에 대한 직접보유비율이 가장 높은 자가 법인인 경우에는 해당 법인에 대한 직접보유비율과 「국제조세조정에 관한 법률 시행령」 제2조 제2항을 준용하여 계산한 간접소유비율을 합하여 계산한 비율이 가장 높은 개인

$$상시근로자 \ 수 \ = \ \frac{해당 \ 사업연도의 \ 매월 \ 말 \ 현재 \ 상시근로자 \ 수의 \ 합}{해당 \ 사업연도의 \ 개월 \ 수}$$

(5) 상시근로자 수 및 평균임금의 배제

1) 세액공제를 받으려는 해당 사업연도 5년 이내 기간 중 퇴사자 등이 있는 경우

근로소득을 증대시킨 기업에 대한 세액공제를 받으려는 사업연도의 종료일 전 5년 이내의 기간 중에 퇴사하거나 상시근로자에서 제외되는 근로자(임원, 근로소득이 7천만원 이상인 근로자, 최대주주 등의 친족인 근로자, 근로소득세를 원천징수한 사실이 확인되지 아니하는 근로자)에 해당하게 된 근로자가 있는 경우에는 상시근로자 수 및 평균임금을 계산할 때 해당 근로자를 제외하고 계산한다(조특령 §26의4⑩).

2) 세액공제를 받으려는 해당 사업연도 5년 이내 기간 중 입사자가 있는 경우

세액공제를 받으려는 사업연도의 종료일 전 5년 이내의 기간 중에 입사한 근로자가 있는 경우에는 해당 근로자가 입사한 사업연도의 평균임금 증가율을 계산할 때 해당 근로자를 제외하고 계산한다(조특령 §26의4⑩).

6. 고용을 증대시킨 기업에 대한 세액공제

6-1. 개 요

종전의 고용창출투자세액공제(조특법 §26)는 고용을 증대시켜도 투자를 하지 않으면 세액공제를 받지 못하였다. 신규 일자리 창출을 지원하기 위하여 고용창출투자세액공제와 청년고용을 증대시킨 기업에 대한 세액공제(조특법 §29의5)를 통합하여 고용을 증대시킨 경우 투자가 없더라도 세액공제를 하는 "고용을 증대시킨 기업에 대한 세액공제(이하 "고용증대세액공제"라고 함)"를 신설하여 2018. 1. 1. 이후 개시하는 과세연도 분부터 적용하도록 하였다. 신설 및 개정내용은 다음과 같다.

구 분	개정내용
신설	내국인(소비성서비스업 제외)의 해당 과세연도의 상시근로자 수가 직전 과세연도보다 증가한 경우 소득세(부동산임대업을 제외한 사업소득에 대한 소득세) 또는 법인세에서 공제하는 제도(고용증대세액공제)를 도입함 • 청년등 상시근로자 : 1인당 300만원(중견기업 700만원, 중소기업 1,000만원으로 하되 수도권 밖의 지역 1,100만원)

구 분	개정내용
	• 청년등 외 상시근로자 : 0원(중견기업 450만원, 중소기업은 700만원으로 하되 수도권 밖의 지역은 770만원) 그 다음 과세연도에 상시근로자 수가 감소하지 않으면 중소기업과 중견기업은 그 다음 1년간 추가로 공제함
2019년 개정	• 고용증대세액공제의 적용기간의 연장(2019. 1. 1. 이후 과세표준을 신고하는 경우부터 적용) 중소기업과 중견기업 : 2년 → 3년, 대기업 : 1년→ 2년 • 청년등 상시근로자에 대한 세액공제액 인상 : 1명당 세액공제액 100만원 인상(2019. 1. 1. 이후 과세표준을 신고하는 경우부터 적용)
2020년 개정	• 사후관리시 상시근로자 수 감소의 기준연도를 공제받은 직전 과세연도에서 최초 공제받은 과세연도로 변경(2020. 1. 1. 이후 신고분부터 적용) • 추징세액 계산방법을 보완(2020. 2. 11. 이후 신고분부터 적용) • 시간의 경과에 따라 청년 근로자 수의 자연감소를 막기 위하여 추징세액 계산시 공제받은 과세연도에 청년인 경우 이후 과세연도에도 청년으로 간주(2020. 1. 1. 이후 신고하는 분부터 적용) • 청년등 상시근로자와 청년등 외의 상시근로자의 증가분은 전체 상시근로자 증가분을 한도로 함을 명확히 함
2021년 개정	• 2020년 고용이 감소한 경우 2020년에는 사후관리하지 않고 1년을 유예하도록 함 • 60세 이상 고령자를 청년등에 포함함(2021. 1. 1. 이후 개시하는 과세연도부터 적용)
2022년 개정	수도권 외의 지역의 청년등의 상시근로자에 대한 세액공제액을 2021년과 2022년에 한정하여 100만원씩 인상함

6-2. 세액공제요건

내국인(소비성서비스업을 경영하는 내국인은 제외)이 2018. 1. 1. 이후 개시하는 과세연도부터 해당 과세연도의 상시근로자의 수가 직전 과세연도의 상시근로자의 수보다 증가한 경우에 고용증대세액공제를 적용한다(조특법 §29의7①).

6-3. 세액공제액

(1) 고용을 증가시킨 과세연도의 세액공제액

고용을 증가시킨 기업에 대한 세액공제는 다음 금액을 더한 금액을 해당 과세연도의 소득세(부동산임대업을 제외한 사업소득에 대한 소득세만 해당함) 또는 법인세에서 공제한다(조특법 §29의7①).

◉ 고용증가인원 1인당 세액공제액 ◉

구 분	중소기업		중견기업		대기업	
	수도권[*3] 내의 지역	수도권 밖의 지역	수도권[*3] 내의 지역	수도권 밖의 지역	수도권[*3] 내의 지역	수도권 밖의 지역
청년등 상시근로자[*1, *2]	1,100만원	1,200만원	800만원	800만원	400만원	400만원
그 밖의 상시근로자[*2]	700만원	770만원	450만원	450만원	–	–

*1 청년등 상시근로자 : 청년 정규직 근로자, 장애인 근로자, 60세 이상인 근로자
*2 청년등 상시근로자의 증가인원 수는 전체 상시근로자의 증가인원 수를 한도로 하고, 청년등 외 상시근로자 증가인원 수도 전체 상시근로자의 증가인원 수를 한도로 함.
*3 수도권이란 서울특별시, 인천광역시, 경기도를 말함(조특법 §2①(9), 수도권정비계획법 §2조(1), 수도권정비계획법 시행령 §2).

◉ 2021. 12. 31.이 속하는 과세연도와 2022. 12. 31.이 속하는 과세연도의 고용증가인원 1인당 세액공제액 ◉

구 분	중소기업		중견기업		대기업	
	수도권 내의 지역	수도권 밖의 지역	수도권 내의 지역	수도권 밖의 지역	수도권 내의 지역	수도권 밖의 지역
청년등 상시근로자	1,100만원	1,300만원	800만원	900만원	400만원	500만원
청년등 외 상시근로자	700만원	770만원	450만원	450만원	–	–

▌사례 》 상시근로자 증가인원수 계산

수도권 내에 소재한 중소기업의 2023년의 고용증대세액공제액을 구하시오. 2018년부터 2022년까지는 고용이 증가하지 않았다.

구 분	2022년	2023년
청년등 상시근로자 수	10명	13명
청년등 외 상시근로자 수	10명	9명
전체 상시근로자 수	20명	22명

▌해답▌

Min[청년등 증가인원수 3명, 전체 상시근로자 증가인원수 2명] × 1,100만원 = 2,200만원

(2) 사후관리 규정

해당 과세연도의 상시근로자 수가 직전 과세연도의 상시근로자 수보다 증가된 경우에는 그 과세연도(1차 연도)에만 고용증대세액공제를 적용하는 것이 아니라, 그 과세연도의 종료일부터 1년(중소기업 및 중견기업[14])의 경우에는 2년)이 되는 날이 속하는 과세연도에도 고

용증대세액공제를 받을 수 있다. 다만, 고용을 증대시킨 기업에 대한 세액공제를 받은 내국인이 최초로 공제를 받은 과세연도의 종료일부터 2년이 되는 날이 속하는 과세연도의 종료일까지의 기간 중 전체 상시근로자의 수가 최초로 공제를 받은 과세연도에 비하여 감소한 경우에는 감소한 과세연도부터 고용을 증대시킨 기업에 대한 세액공제를 적용하지 아니하고, 청년등 상시근로자의 수가 최초로 공제를 받은 과세연도에 비하여 감소한 경우에는 감소한 과세연도부터 청년등 상시근로자에 대한 고용을 증대시킨 기업에 대한 세액공제를 적용하지 아니한다. 이 경우 대통령령으로 정하는 바에 따라 공제받은 세액에 상당하는 금액을 소득세 또는 법인세로 납부하여야 한다(조특법 §29의7②).

사례 » 추가공제

고용증대세액공제를 적용받은 과세연도의 다음 연도에 상시근로자 수가 다음과 같이 변동된 경우 추가공제 여부는?

구 분	case 1	case 2	case 3	case 4	case 5	case 6
청년등 상시근로자 수	증가	증가	감소	증가	감소	감소
청년등 외 상시근로자 수	증가	감소	증가	감소	증가	감소
전체 상시근로자 수	증가	증가	증가	감소	감소	감소

---

14) 중견기업이란 다음의 요건을 모두 갖춘 기업을 말한다(조특령 §6의4①).
   ① 중소기업이 아닐 것
   ② 「중견기업 성장촉진 및 경쟁력 강화에 관한 특별법 시행령」 제2조 제1항 제1호 또는 제2호에 해당하는 기관이 아닐 것 [23 신설]
   ③ 다음 중 어느 하나에 해당하는 업종을 주된 사업으로 경영하지 않을 것. 이 경우 둘 이상의 서로 다른 사업을 경영하는 경우에는 사업별 사업수입금액이 큰 사업을 주된 사업으로 본다.
   ㉮ 소비성서비스업(조특령 §29③)
   ㉯ 금융업, 보험 및 연금업, 금융 및 보험 관련 서비스업(「중견기업 성장촉진 및 경쟁력 강화에 관한 특별법 시행령」 §2②(2))
   ④ 소유와 경영의 다음 중 어느 하나에 해당하지 아니하는 기업일 것(「중견기업 성장촉진 및 경쟁력 강화에 관한 특별법 시행령」 §2②(1))
   ㉮ 상호출자제한기업집단에 속하는 기업
   ㉯ 상호출자제한기업집단 지정기준인 자산총액 이상인 기업 또는 법인(외국법인 포함)이 해당 기업의 주식(「상법」 제344조의 3에 따른 의결권 없는 주식은 제외) 또는 출자지분의 30% 이상을 직접적 또는 간접적으로 소유하면서 최다출자자인 기업. 이 경우 최다출자자는 해당 기업의 주식등을 소유한 법인 또는 개인으로서 단독으로 또는 다음의 어느 하나에 해당하는 자와 합산하여 해당 기업의 주식등을 가장 많이 소유한 자로 하며, 주식등의 간접소유비율에 관하여는 「국제조세조정에 관한 법률 시행령」 제2조 제3항을 준용한다.
   1) 주식등을 소유한 자가 법인인 경우 : 그 법인의 임원
   2) 주식등을 소유한 자가 개인인 경우 : 그 개인의 친족
   ⑤ 직전 3개 과세연도의 매출액(매출액은 조특령 2조 4항에 따른 계산방법으로 산출하며, 과세연도가 1년 미만인 과세연도의 매출액은 1년으로 환산한 매출액을 말한다)의 평균금액이 3천억원 미만인 기업일 것

▌해답 ▌

(case 1) 추가공제 가능

(case 2) 추가공제 가능

(case 3) 청년등 상시근로자에 대한 추가공제 불가능

(case 4∼case 6) 추가공제 불가능

6-4. 상시근로자 수의 계산

(1) 상시근로자의 범위(조특령 §23⑩ 준용)

상시근로자는 「근로기준법」에 따라 근로계약을 체결한 내국인[15] 근로자로 한다. 다만, 다음 중 어느 하나에 해당하는 사람은 제외한다(조특령 §26의7②, §23⑩).

① 근로계약기간이 1년 미만인 근로자(근로계약의 연속된 갱신으로 인하여 그 근로계약의 총 기간이 1년 이상인 근로자는 제외한다)

② 「근로기준법」 제2조 제1항 제9호에 따른 단시간근로자.[16] 다만, 1개월간의 소정근로시간이 60시간 이상인 근로자는 상시근로자로 본다.

③ 「법인세법 시행령」 제40조 제1항 각 호의 어느 하나에 해당하는 임원[17]

④ 해당 기업의 최대주주 또는 최대출자자(개인기업의 경우에는 대표자)와 그 배우자

⑤ ④에 해당하는 자의 직계존비속(그 배우자 포함) 및 「국세기본법 시행령」 제1조의2 제1항에 따른 친족관계[18]인 사람

⑥ 「소득세법 시행령」 제196조에 따른 근로소득원천징수부에 의하여 근로소득세를 원천징수한 사실이 확인되지 아니하고, 다음 중 어느 하나에 해당하는 금액의 납부사실도 확인되지 아니하는 자

---

15) 내국인 근로자란 「소득세법」에 따른 거주자인 근로자를 말한다(조특법 §2①(1)). 따라서 외국인도 소득세법상 거주자에 해당하고 상시근로자 제외사유(조세특례제한법 시행령 §23⑩ 각 호)에 해당하지 않는다면 상시근로자에 포함된다.

16) "단시간근로자"란 1주 동안의 소정근로시간이 그 사업장에서 같은 종류의 업무에 종사하는 통상 근로자의 1주 동안의 소정근로시간에 비하여 짧은 근로자를 말한다(근로기준법 §2①(9)).

17) 임원이란 다음 중 어느 하나에 해당하는 직무에 종사하는 자를 말한다(법령 §40①).
 ① 법인의 회장, 사장, 부사장, 이사장, 대표이사, 전무이사 및 상무이사 등 이사회의 구성원 전원과 청산인
 ② 합명회사, 합자회사 및 유한회사의 업무집행사원 또는 이사
 ③ 유한책임회사의 업무집행자
 ④ 감사
 ⑤ 그 밖에 ①부터 ④까지의 규정에 준하는 직무에 종사하는 자

18) 친족관계란 다음에 해당하는 관계를 말한다(국기령 §1의2①).
 ① 4촌 이내의 혈족 23 개정
 ② 3촌 이내의 인척 23 개정
 ③ 배우자(사실상의 혼인관계에 있는 자를 포함함)
 ④ 친생자로서 다른 사람에게 친양자 입양된 자 및 그 배우자·직계비속
 ⑤ 본인이 「민법」에 따라 인지한 혼인 외 출생자의 생부나 생모(본인의 금전이나 그 밖의 재산으로 생계를 유지하는 사람 또는 생계를 함께하는 사람으로 한정한다) 23 신설

㉮ 「국민연금법」 제3조 제1항 제11호 및 제12호에 따른 부담금 및 기여금

㉯ 「국민건강보험법」 제69조에 따른 직장가입자의 보험료

(2) 청년등 상시근로자의 범위

청년등 상시근로자란 다음 중 어느 하나에 해당하는 사람을 말한다(조특령 §26의7③).

① **청년 정규직 근로자** : 15세 이상 29세 이하[19]인 사람 중 다음의 어느 하나에 해당하는 사람을 제외한 사람. 다만, 해당 근로자가 병역[20]을 이행한 경우에는 그 기간(6년 한도)을 현재 연령에서 빼고 계산한 연령이 29세 이하인 사람을 포함한다(조특령 §26의7③(1)).

㉮ 「기간제 및 단시간근로자 보호 등에 관한 법률」에 따른 기간제근로자 및 단시간근로자

㉯ 「파견근로자보호 등에 관한 법률」에 따른 파견근로자

㉰ 「청소년 보호법」 제2조 제5호 각 목에 따른 업소[21]에 근무하는 같은 조 제1호에 따른 청소년

② **장애인근로자** : 「장애인복지법」의 적용을 받는 장애인과 「국가유공자 등 예우 및 지원에 관한 법률」에 따른 상이자, 「5·18민주유공자예우에 관한 법률」 제4조 제2호에 따른 5·18민주화운동부상자와 「고엽제후유의증 등 환자지원 및 단체설립에 관한 법률」 제2조 제3호에 따른 고엽제후유의증환자로서 장애등급 판정을 받은 사람

③ **60세 이상인 근로자** : 근로계약 체결일 현재 연령이 60세 이상인 사람

---

19) 청년등 상시근로자는 만 15세에서 만 29세 이하인 정규직 근로자를 말한다. 만 29세 이하는 만 30세 미만을 의미하므로 만 29세 11개월인 근로자는 만 30세 미만에 해당하는바 생일이 지난 달의 전달까지는 청년등 상시근로자에 포함된다(기획재정부 소득세제과-163, 2013. 4. 1.).

20) 병역의 범위(조특령 §27①(1))
① 「병역법」 제16조 또는 제20조에 따른 현역병(같은 법 제21조, 제25조에 따라 복무한 상근예비역 및 의무경찰·의무소방원을 포함한다)
② 「병역법」 제26조 제1항에 따른 사회복무요원
③ 「군인사법」 제2조 제1호에 따른 현역에 복무하는 장교, 준사관 및 부사관

21) 청소년 유해업소로서 청소년 출입·고용금지업소와 청소년고용금지업소를 말한다. 예를 들면, 일반게임제공업, 사행행위영업, 단란주점영업 및 유흥주점영업, 비디오물감상실업, 제한관람가비디오물소극장업, 복합영상물제공업, 무도학원, 무도장업 등이 청소년유해업소에 해당된다.

□ 청년 정규직 근로자가 해당 사업연도 중에 30세 이상이 된 경우의 상시근로자 수 계산

예를 들어 ㈜한공(사업연도 : 1. 1.~12. 31.)에 2022년 1월부터 근무하는 청년 정규직 근로자가 2022년 3월 20일에 만30세가 된 경우 상시근로자 수는 다음과 같이 계산한다.

(1) 고용증대세액공제액 계산시 상시근로자 수

연도	근로자	1월	2월	3월	4월	5월	6월	7월	8월	9월	10월	11월	12월	근로자 수
2022	청년	1	1	1										3 / 12 = 0.25
	일반				1	1	1	1	1	1	1	1	1	9 / 12 = 0.75
2023	청년	0	0	0	0	0	0	0	0	0	0	0	0	0
	일반	1	1	1	1	1	1	1	1	1	1	1	1	12 / 12 = 1.00

구 분	고용증대세액공제액 계산시 상시근로자 수
2022년	① 상시근로자 수 : 12/12 = 1명 ② 청년등 상시근로자 수 : 3/12 = 0.25명 ③ 청년등 외 상시근로자 수 : ① - ② = 0.75명
2023년	① 상시근로자 수 ➡ 12/12 = 1명 ② 청년등 상시근로자 수 ➡ 0/12 = 0명 ③ 청년등 외 상시근로자 수 : ① - ② = 1명

※ 정규직이 아닌 경우에는 30세 미만인 경우에도 청년등 외 상시근로자로 계산함.

(2) 사후관리에 따른 추가납부세액 계산시 청년등 상시근로자 수

사후관리에 따른 추가납부세액을 계산하는 경우에는 최초로 공제받은 과세연도에 청년등 상시근로자에 해당한 자는 그 이후 사업연도에도 청년등 상시근로자로 보아 청년등 상시근로자 수를 계산한다(조특령 §26의7⑥, 기준-2021-법령해석법인-0135, 2021. 8. 20.).

연도	근로자	1월	2월	3월	4월	5월	6월	7월	8월	9월	10월	11월	12월	근로자 수
2022	청년	1	1	1										3 / 12 = 0.25
	일반				1	1	1	1	1	1	1	1	1	9 / 12 = 0.75
2023	청년	1	1	1										3 / 12 = 0.25
	일반				1	1	1	1	1	1	1	1	1	9 / 12 = 0.75

구 분	고용증대세액공제액 계산시 상시근로자 수
2022년	① 상시근로자 수 : 12/12 = 1명 ② 청년등 상시근로자 수 : 3/12 = 0.25명 ③ 청년등 외 상시근로자 수 : ① - ② = 0.75명
2023년	① 상시근로자 수 ➡ 12/12 = 1명 ② 청년등 상시근로자 수 ➡ 3/12 = 0.25명 (추징세액을 계산하는 경우 2022년에 청년등 상시근로자로 본 기간 (1월~3월)만큼 2023년에도 청년등 상시근로자로 봄) ③ 청년등 외 상시근로자 수 : ① - ② = 0.75명
추징세액	없음

(3) 상시근로자 수와 청년등 상시근로자 수의 계산방법

1) 상시근로자 수와 청년등 상시근로자 수의 계산

이 규정을 적용할 때 상시근로자 수, 청년등 상시근로자 수는 다음 구분에 따른 계산식에 따라 계산한 수(100분의 1 미만의 부분은 없는 것으로 한다)로 한다(조특령 §26의7⑦).

① 상시근로자 수 = $\dfrac{\text{해당 과세연도의 매월 말 현재 상시근로자 수}^{22)}\text{의 합}}{\text{해당 과세연도의 개월 수}}$

② 청년등 상시근로자 수 = $\dfrac{\text{해당 과세연도의 매월 말 현재 청년등 상시근로자 수의 합}}{\text{해당 과세연도의 개월 수}}$

2) 과세연도의 개월 수 계산

① "과세연도"란 「소득세법」에 따른 과세기간 또는 「법인세법」에 따른 사업연도를 말한다(조특법 §2①(2)). 상시근로자 수를 계산함에 있어 신규로 사업을 개시한 개인사업자의 "해당 과세연도의 개월 수"는 「소득세법」 제5조에 따른 과세기간 개시일부터 과세기간 종료일까지의 개월 수를 의미하고(서면-2020-법령해석소득-3817, 2020. 12. 31., 기재부 조세특례제도과-183, 2019. 2. 28.), 신설 내국법인은 「법인세법」 제6조에 따른 사업연도 개시일(설립등기일)부터 종료일까지의 개월 수를 의미한다(서면-2021-법인-7994, 2022. 4. 21.).

② 음식업을 운영하는 자가 과세연도 중에 2개월간 영업정지 행정명령을 받은 경우에도 고용을 증대시킨 기업에 대한 세액공제를 적용함에 있어 상시근로자 수 계산시 해당 과세연도의 개월수에서 영업정지기간을 차감하지 않는다(사전-2020-법령해석소득-0603, 2020. 8. 7.).

3) 단시간 근로자

근로기준법 제2조 제1항 제9호에 따른 단시간 근로자[23]는 상시근로자 수 계산시 다음과 같이 한다(조특령 §23⑩·⑪).

---

22) 상시근로자 수 계산은 매월 말 현재 근무인원을 기준으로 계산한다. 따라서, 3월 20일 퇴사자는 직전 월인 2월까지 상시근로자 수에 포함하고, 퇴사 월인 3월부터는 상시근로자 수에서 제외한다. 그러나 3월 말일 퇴사자는 3월의 상시근로자 수에 포함된다.
23) "단시간근로자"란 1주 동안의 소정근로시간이 그 사업장에서 같은 종류의 업무에 종사하는 통상 근로자의 1주 동안의 소정근로시간에 비하여 짧은 근로자를 말한다(근로기준법 §2①(9)).

구 분	상시근로자 수
1개월 간의 소정근로시간이 60시간 미만인 경우	0명
1개월 간 소정근로시간이 60시간 이상인 경우	0.5명
일정한 지원요건*을 모두 충족하는 경우	0.75명

* 지원요건(조특령 §26의7⑧, §23⑪(2))
  ① 해당 과세연도의 상시근로자 수(1개월간의 소정근로시간이 60시간 이상인 근로자는 제외한다)가 직전 과세연도의 상시근로자 수(1개월간의 소정근로시간이 60시간 이상인 근로자는 제외한다)보다 감소하지 아니하였을 것
  ② 기간의 정함이 없는 근로계약을 체결하였을 것
  ③ 상시근로자와 시간당 임금(「근로기준법」 제2조 제1항 제5호에 따른 임금, 정기상여금·명절상여금 등 정기적으로 지급되는 상여금과 경영성과에 따른 성과금을 포함한다), 그 밖에 근로조건과 복리후생 등에 관한 사항에서 「기간제 및 단시간근로자 보호 등에 관한 법률」 제2조 제3호에 따른 차별적 처우가 없을 것
  ④ 시간당 임금이 「최저임금법」 제5조에 따른 최저임금액의 130%(중소기업은 120%) 이상일 것

사례 » 상시근로자 수의 계산

제조업을 영위하는 갑법인의 매월말 상시근로자는 다음과 같다. 갑은 2021년 7월 2일에 창업하였으며, 중소기업에 해당한다. 다음 자료로 2021년과 2022년의 청년등 상시근로자 수, 청년등 외 상시근로자 수와 전체 상시근로자 수를 구하시오. 정관상 사업연도는 1월 1일부터 12월 31일까지이다.

구 분		1월	2월	3월	4월	5월	6월	7월	8월	9월	10월	11월	12월
2021년	청년등							3	3	3	4	4	4
	청년등 외							2	2	2	3	3	3
	전체							5	5	5	7	7	7
2022년	청년등	4	4	5	5	5	5	5	5	4	4	4	4
	청년등 외	3	3	3	4	4	4	4	4	3	3	3	3
	전체	7	7	8	9	9	9	9	9	7	7	7	7

해답

구 분		1월	2월	3월	4월	5월	6월	7월	8월	9월	10월	11월	12월	합계	상시 근로자 수
2021년	청년등							3	3	3	4	4	4	21	3.5명[*1]
	청년등 외							2	2	2	3	3	3	15	2.5명
	전체							5	5	5	7	7	7	36	6명[*2]
2022년	청년등	4	4	5	5	5	5	5	5	4	4	4	4	54	4.5명[*3]
	청년등 외	3	3	3	4	4	4	4	4	3	3	3	3	41	3.41명
	전체	7	7	8	9	9	9	9	9	7	7	7	7	95	7.91명[*4]

*1 $\dfrac{21}{6}$ = 3.5명

*2 $\dfrac{36}{6}$ = 6명

*3 $\dfrac{54}{12}$ = 4.5명

*4 $\dfrac{95}{12}$ = 7.916명 → 7.91명(100분의 1의 부분은 없는 것으로 봄)

※ 고용증대 세액공제 관련 규정에는 전체 상시근로자 수와 청년등 상시근로자 수 계산 방법만 규정되어 있으므로 청년등 외 상시근로자 수는 전체 상시근로자 수에서 청년등 상시근로자 수를 차감하여 계산한다.

4) 해당 과세연도에 창업 등을 한 경우 상시근로자 수의 계산(조특령 §23⑬ 준용)

해당 과세연도에 창업 등을 한 내국인의 경우에는 다음의 구분에 따른 수를 직전 또는 해당 과세연도의 상시근로자 수로 본다(조특령 §26의7⑨, §23⑬).

① 창업(조특법 제6조 제10항 제1호부터 제3호까지의 규정에 해당하는 경우는 제외한다) 한 경우의 직전 과세연도의 상시근로자 수 : 0

┌─ 〈조특법 제6조 제10항 제1호부터 제3호까지 규정〉 ─

1. 합병·분할·현물출자 또는 사업의 양수를 통하여 종전의 사업을 승계하거나 종전의 사업에 사용되던 자산을 인수 또는 매입하여 같은 종류의 사업을 하는 경우. 다만, 다음의 어느 하나에 해당하는 경우는 제외한다.
   가. 종전의 사업에 사용되던 자산을 인수하거나 매입하여 같은 종류의 사업을 하는 경우 그 자산가액의 합계가 사업 개시 당시 토지와 감가상각자산의 총가액에서 차지하는 비율이 30% 이하인 경우
   나. 사업의 일부를 분리하여 해당 기업의 임직원이 사업을 개시하는 경우로서 다음 요건을 모두 갖춘 경우
      ① 기업과 사업을 개시하는 해당 기업의 임직원 간에 사업 분리에 관한 계약을 체결할 것
      ② 사업을 개시하는 임직원이 새로 설립되는 기업의 대표자로서 지배주주등(법령 §43⑦)에 해당하는 해당 법인의 최대주주 또는 최대출자자(개인사업자의 경우에는 대표자)일 것
2. 거주자가 하던 사업을 법인으로 전환하여 새로운 법인을 설립하는 경우
3. 폐업 후 사업을 다시 개시하여 폐업 전의 사업과 같은 종류의 사업을 하는 경우

② 조특법 제6조 제10항 제1호(합병·분할·현물출자 또는 사업의 양수 등을 통하여 종전의 사업을 승계하는 경우는 제외한다)부터 제3호까지의 어느 하나에 해당하는 경우의 직전 과세연도의 상시근로자 수 : 종전 사업, 법인전환 전의 사업 또는 폐업 전의 사업의 직전 과세연도 상시근로자 수

③ 다음 중 어느 하나에 해당하는 경우의 직전 또는 해당 과세연도의 상시근로자 수 : 직전 과세연도의 상시근로자 수는 승계시킨 기업의 경우에는 직전 과세연도 상시근로자

수에 승계시킨 상시근로자 수를 뺀 수로 하고, 승계한 기업의 경우에는 직전 과세연도 상시근로자 수에 승계한 상시근로자 수를 더한 수로 하며, 해당 과세연도의 상시근로자 수는 해당 과세연도 개시일에 상시근로자를 승계시키거나 승계한 것으로 보아 계산한 상시근로자 수로 한다.

㉮ 해당 과세연도에 합병·분할·현물출자 또는 사업의 양수 등에 의하여 종전의 사업부문에서 종사하던 상시근로자를 승계하는 경우

㉯ 특수관계인(법령 §2⑤ 또는 소령 §98①)으로부터 상시근로자를 승계하는 경우. 이 경우 법인세법 시행령에 따른 소액주주등(법령 §2⑤(2))을 판정할 때 1%는 30%로 본다.

6-5. 상시근로자 수 감소 시 추가납부세액 계산

고용증대세액공제를 받은 과세연도 종료일부터 2년 이내에 전체 상시근로자 수 또는 청년등 상시근로자 수가 감소하면 다음과 같이 계산한 금액을 법인세로 납부하여야 한다(조특법 §29의7②).

(1) 1년 이내 전체 상시근로자 수 또는 청년등 상시근로자 수가 감소하는 경우

다음의 구분에 따라 계산한 금액(해당 과세연도의 직전 1년 이내의 과세연도에 공제받은 세액을 한도로 한다)

❶ 전체 상시근로자 수가 감소하는 경우 : 다음의 구분에 따라 계산한 금액

❶-1 청년 등 상시근로자의 감소 인원 수가 상시근로자의 감소 인원 수 이상인 경우

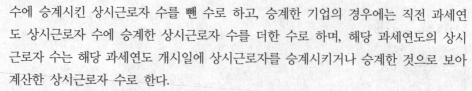

$$\left(\begin{matrix} 최초로 \ 공제받은 \\ 과세연도 \ 대비 \\ 청년등상시근로 \\ 자 \ 감소 \ 인원 \ 수^* \end{matrix} - \begin{matrix} 상시근로 \\ 자 \ 감소 \\ 인원 \ 수 \end{matrix} \right) \times \left(\begin{matrix} 청년등상시 \\ 근로자 \\ 1인당 \\ 세액공제액 \end{matrix} - \begin{matrix} 청년등상시근로 \\ 자 \ 외 \ 상시근로자 \\ 1인당 \\ 세액공제액 \end{matrix} \right) + \left(\begin{matrix} 상시근로 \\ 자 \ 감소 \\ 인원 \ 수 \end{matrix} \times \begin{matrix} 청년등상시 \\ 근로자의 \\ 1인당 \\ 세액공제액 \end{matrix} \right)$$

* 최초로 공제받은 과세연도에 청년등 상시근로자의 증가한 인원 수를 한도로 함.

이는 청년등 상시근로자는 감소, 청년등 외 상시근로자는 증가, 전체 상시근로자는 감소한 경우를 말한다. 예를 들어, 청년등 상시근로자는 5명이 감소하고 청년등 외 상시근로자는 3명이 증가하여 전체 상시근로자 수가 2명이 감소한 경우 청년등 상시근로자 3명은 청년 등외 상시근로자로 교체되었으므로 청년등 상시근로자에 대한 세액공제액과 청년등 외 상시근로자에 대한 세액공제액의 차액에 대하여 추가납부세액을 계산하고, 청년등 상시근로자 2명(전체 상시근로자 감소분임)은 청년등에 대한 세액공제액으로 추가납부세액을 계산한다는

의미이다.

❶-2 그 밖의 경우 : 다음의 계산식에 따라 계산한 금액

$$\left(\begin{array}{c}\text{최초로 공제받은 과세연도}\\\text{대비 청년등상시근로자}\\\text{감소 인원 수*}\end{array}\times\begin{array}{c}\text{청년등상시}\\\text{근로자 1인당}\\\text{세액공제액}\end{array}\right)+\left(\begin{array}{c}\text{청년등외}\\\text{상시근로자}\\\text{감소 인원 수*}\end{array}\times\begin{array}{c}\text{청년등외}\\\text{상시근로자의}\\\text{1인당 세액공제액}\end{array}\right)$$

* 상시근로자 감소한 인원 수를 한도로 함.

이는 다음 두 가지 경우를 말한다.

① 청년등 상시근로자는 증가하였으나 청년등 외 상시근로자가 감소하여 전체 상시근로자가 감소한 경우

② 청년등 상시근로자와 청년등 외 상시근로자가 모두 감소한 경우

예를 들어, 청년등 상시근로자 수는 3명이 증가하고 청년등 외 상시근로자 수는 5명이 감소하여 전체 상시근로자가 2명이 감소한 경우가 ①에 해당한다. 이 경우 청년 외 상시근로자 중 3명은 청년등 상시근로자로 교체되었으나 그 세액공제액 차액에 대해서는 추가공제하지 않으며, 청년등 외 상시근로자 감소분 2명에 대해서 추가납부세액을 계산한다.

❷ 전체 상시근로자 수는 감소하지 않았으나 청년등 상시근로자 수가 감소한 경우 : 다음의 계산식에 따라 계산한 금액

$$\begin{array}{c}\text{최초로 공제받은 과세연도}\\\text{대비 청년등상시근로자의}\\\text{감소한 인원 수*}\end{array}\times\left(\begin{array}{c}\text{청년등상시근로자의}\\\text{1인당 세액공제액}\end{array}-\begin{array}{c}\text{청년등상시근로자}\\\text{외 상시근로자의}\\\text{1인당 세액공제액}\end{array}\right)$$

* 최초로 공제받은 과세연도에 청년등 상시근로자의 증가한 인원 수를 한도로 함.

예를 들어, 청년등 상시근로자 수는 3명이 감소하고 청년등 외 상시근로자 수는 5명이 증가하여 전체 상시근로자가 2명이 증가한 경우가 이에 해당한다. 이 경우 청년등 상시근로자 중 3명은 청년등 외 상시근로자로 교체되었으나 그 세액공제액 차액에 대하여 추가납부세액을 계산한다.

(2) 2년 이내 전체 상시근로자 수 또는 청년등 상시근로자 수가 감소하는 경우

다음의 구분에 따라 계산한 금액((1)에 따라 계산한 금액이 있는 경우 그 금액을 제외하며, 해당 과세연도의 직전 2년 이내의 과세연도에 공제받은 세액의 합계액을 한도로 한다)

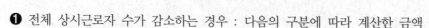

❶ 전체 상시근로자 수가 감소하는 경우 : 다음의 구분에 따라 계산한 금액

❶-1 청년등 상시근로자의 감소한 인원 수가 전체 상시근로자의 감소한 인원 수 이상인 경우 : 다음의 계산식에 따라 계산한 금액

$$
\left(\begin{array}{c}\text{최초로 공제받은}\\\text{과세연도 대비}\\\text{청년등상시근로자}\\\text{감소 인원 수*}\end{array} - \begin{array}{c}\text{전체상시근}\\\text{로자 감소}\\\text{인원 수}\end{array}\right) \times \left(\begin{array}{c}\text{청년등}\\\text{상시근로자}\\\text{1인당}\\\text{세액공제액}\end{array} - \begin{array}{c}\text{청년등외}\\\text{상시근로자}\\\text{1인당}\\\text{세액공제액}\end{array}\right) \times \begin{array}{c}\text{2년}\\\text{이내에}\\\text{공제받은}\\\text{횟수}\end{array} + \left(\begin{array}{c}\text{전체상시}\\\text{로자 감소}\\\text{인원 수}\end{array}\right) \times \begin{array}{c}\text{청년등외}\\\text{상시근로자}\\\text{의 1인당}\\\text{세액공제액}\end{array} \times \begin{array}{c}\text{2년 이내에}\\\text{공제받은}\\\text{횟수}\end{array}
$$

* 최초로 공제받은 과세연도에 청년등 상시근로자의 증가한 인원 수를 한도로 함.

❶-2 그 밖의 경우

최초로 공제받은 과세연도 대비 청년등상시근로자 및 청년등상시근로자 외 상시근로자의 감소한 인원 수
(상시근로자의 감소한 인원 수를 한도로 한다)에 대해 직전 2년 이내의 과세연도에 공제받은 세액의 합계액

❷ 상시근로자 수는 감소하지 않으면서 청년등 상시근로자 수가 감소한 경우 : 다음의 계산식에 따라 계산한 금액

$$
\begin{array}{c}\text{최초로 공제받은}\\\text{과세연도 대비}\\\text{청년등상시근로자의}\\\text{감소한 인원 수*}\end{array} \times \left(\begin{array}{c}\text{청년등상시근}\\\text{로자의 1인당}\\\text{세액공제액}\end{array} - \begin{array}{c}\text{청년등외}\\\text{상시근로자의}\\\text{1인당 세액공제액}\end{array}\right) \times \begin{array}{c}\text{직전 2년 이내의}\\\text{과세연도에}\\\text{공제받은 횟수}\end{array}
$$

* 최초로 공제받은 과세연도에 청년등 상시근로자의 증가한 인원 수를 한도로 함.

6-6. 2020년의 사후관리 규정 적용 유예

2020년 코로나바이러스감염증-19의 확산에 따른 고용위기 상황을 고려하여 2019년에 고용증가에 따른 세액공제 혜택을 받은 기업이 2020년에 2019년 대비 고용이 감소하더라도 2020년에 한정하여 사후관리규정을 적용하지 않고 1년 유예하며, 2021년 이후 고용인원이 2019년 수준을 유지하는 경우 세액공제를 계속하여 적용받을 수 있고, 2021년과 2022년까지 사후관리를 하여 2019년 대비 고용이 감소하면 공제받은 세액공제액을 추징하도록 하였다(조특법 §29의7⑤~⑦).

사례 》

'19년	'20년	'21년	'22년
최초 세액공제 적용	(사후관리) 고용유지시 '20년 세액공제 적용	(사후관리) 고용유지시 중소기업과 중견기업은 '21년 세액공제 적용	
		고용감소시 '19년과 '20년에 공제받은 세액공제액 추징	
최초 세액공제 적용	고용감소시 사후관리 유예 (추징배제)	(사후관리) 고용유지시 '21년 세액공제 적용	(사후관리) 고용유지시 중소기업과 중견기업은 '22년 세액공제 적용
			고용감소시 '19년과 '21년에 공제받은 세액공제액 추징
		고용인원 감소시 '19년에 공제받은 세액공제액 추징	

6-7. 공제신청

이 규정에 따라 세액공제를 적용받으려는 과세표준 신고와 함께 기획재정부령으로 정하는 세액공제신청서 및 공제세액계산서를 납세지 관할 세무서장에게 제출하여야 한다(조특법 §29의7④, 조특령 §26의7⑩).

사례 1 》 고용증대세액공제(3년간 계속 증가, 3년 이내 전체 상시근로자 수 감소)

제조업을 영위하는 중소기업인 ㈜한공(수도권 소재)의 과세연도는 매년 1월 1일부터 12월말까지이다. ㈜한공의 상시근로자 수는 다음과 같은 경우 2021년부터 2023년까지 고용증대세액공제액과 추가납부세액을 계산하시오.

구 분	2021년(설립)	2022년	2023년
청년등 상시근로자	10	14	13
청년등 외 상시근로자	20	21	19
전체 상시근로자	30	35	32

∥ 해답 ∥

(1) 2021년 고용증대분(2021년부터 2023년까지 3년간 공제가능)

  1) 2021년(1차 연도)

구 분	2020년 ②	2021년 ①	증가인원수③ (①-②)	1인당 세액공제액④	세액공제액 (③×④)
청년등 상시근로자	0*	10	10	11,000,000	110,000,000
청년등 외 상시근로자	0*	20	20	7,000,000	140,000,000
합계	0*	30	30		250,000,000

* 창업한 경우의 직전 과세연도의 상시근로자 수는 0으로 함(조특령 §23⑬(1)).

2) 2022년(2차 연도)
① 공제요건 검토

구 분	2021년 (최초로 공제받은 과세연도)	2022년	증감	최초로 공제받은 과세연도 대비 감소 여부
청년등 상시근로자	10	14	+4	감소하지 않음
청년등 외 상시근로자	20	21	+1	–
전체 상시근로자	30	35	+5	감소하지 않음

2022년의 상시근로자 수가 최초로 공제받은 과세연도(2021년)에 비하여 감소하지 않았고, 청년등 상시근로자 수도 감소하지 않았으므로 공제 가능
② 세액공제액 : 250,000,000원(1차 연도에 공제받은 금액)

3) 2023년(3차 연도)
① 공제요건 검토

구 분	2021년 (최초로 공제받은 과세연도)	2023년	증감	최초로 공제받은 과세연도 대비 감소 여부
청년등 상시근로자	10	13	+3	감소하지 않음
청년등 외 상시근로자	20	19	-1	–
전체 상시근로자	30	32	+2	감소하지 않음

2023년의 상시근로자 수가 최초로 공제받은 과세연도에 비하여 감소하지 않았고, 청년등 상시근로자 수도 감소하지 않았으므로 공제 가능
② 세액공제액 : 250,000,000원(1차 연도에 공제받은 금액)

(2) 2022년 고용증대분(2022년~2024년까지 공제가능)
1) 2022년(1차 연도)

구 분	2021년 ②	2022년 ①	증가인원수③ (①-②)	1인당 세액공제액④	세액공제액 (③×④)
청년등 상시근로자	10	14	+4	11,000,000	44,000,000
청년등 외 상시근로자	20	21	+1	7,000,000	7,000,000
합계	30	35	+5		51,000,000

2) 2023년(2차 연도)
① 공제요건 검토

구 분	2022년 (최초로 공제받은 과세연도)	2023년	증감	최초로 공제받은 과세연도 대비 감소 여부
청년등 상시근로자	14	13	-1	감소
청년등 외 상시근로자	21	19	-2	-
전체 상시근로자	35	32	-3	감소

2023년의 상시근로자 수가 최초로 공제받은 과세연도에 비하여 감소하였으므로 감소한 과세연도(2023년)부터는 고용증대세액공제를 적용하지 아니함.
② 추가납부세액
2차연도인 2023년에 최초 공제받은 과세연도(2022년) 대비 청년등 상시근로자가 3명 감소하였으므로 다음 금액을 추가납부해야 함.
1명×11,000,000+2명×7,000,000=25,000,000

(3) 2023년 고용증대분
1) 2023년(1차 연도)

구 분	2022년 ②	2023년 ①	증가인원수③ (①-②)	1인당 세액공제액④	세액공제액 (③×④)
청년등 상시근로자	14	13	-1	11,000,000	-
청년등 외 상시근로자	21	19	-2	7,000,000	-
합계	35	32	-3		

2023년의 상시근로자 수가 2022년(직전 과세연도)에 비하여 감소하였으므로 고용증대세액 공제를 적용하지 않음.

(4) 고용증대세액공제액 및 추가납부세액 정리
① 고용증대세액공제액

구 분	2021년의 세액공제액	2022년 세액공제액	2023년 세액공제액
2021년 고용증대분	250,000,000원 (1차연도)	250,000,000원 (2차연도)	250,000,000원 (3차연도)
2022년 고용증대분		51,000,000원 (1차연도)	0원 (2차연도)
2023년 고용증대분			0원 (1차연도)
합계	250,000,000원	301,000,000원	250,000,000원

② 추가납부세액

구 분	2021년의 추가납부세액	2022년 추가납부세액	2023년 추가납부세액
2022년 고용증대분			25,000,000원
2023년 고용증대분			
합계			25,000,000원

사례 2 »   고용증대세액공제(청년등 상시근로자 감소, 청년등 외 상시근로자 증가, 전체상시근로자 증가)

제조업을 영위하는 중소기업인 ㈜한공(수도권 소재)의 과세연도는 매년 1월 1일부터 12월말까지이다. ㈜한공의 상시근로자 수가 다음과 같은 경우 2023년까지 고용증대세액공제액과 추가납부세액을 계산하시오. 다만, 2021년까지는 고용이 증가하지 않았다.

구 분	2021년	2022년	2023년
청년등 상시근로자	10	15	13
청년등 외 상시근로자	20	23	26
전체 상시근로자	30	38	39

▌해답▐

(1) 2022년 고용증대분(2022년~2024년 공제 가능)

1) 2022년(1차 연도)

구 분	2021년 ②	2022년 ①	증가인원수③ (①-②)	1인당 세액공제액④	세액공제액 (③×④)
청년등 상시근로자	10	15	+5	11,000,000	55,000,000
청년등 외 상시근로자	20	23	+3	7,000,000	21,000,000
합계	30	38	+8		76,000,000

2) 2023년(2차 연도)

① 공제요건 검토

구 분	2022년 (최초로 공제받은 과세연도)	2023년	증감	최초로 공제받은 과세연도 대비 감소 여부
청년등 상시근로자	15	13	-2	감소
청년등 외 상시근로자	23	26	+3	-
전체 상시근로자	38	39	+1	증가

2023년의 전체 상시근로자 수가 최초로 공제받은 과세연도에 비하여 감소하지 않았으나, 청년등 상시근로자가 감소하였으므로 감소한 과세연도(2023년)부터 청년등 상시근로자에 대한 고용증대세액공제를 적용하지 아니함. 그러나 기획재정부 예규(기획재정부

조세특례제도과-215, 2023. 3. 6.)에 따라 2023년부터 청년등 외 상시근로자에 대한 세액공제를 적용받을 수 있음.

② 공제세액

청년등 외 상시근로자에 대한 고용증대세액공제액 : 8명×7,000,000원=56,000,000원

구 분	2021년	2022년	2023년	2023년 추가공제
청년등 외 상시근로자	30	38 (8명 증가)	39 (2022년대비 감소되지 않음)	추가공제 가능

〈기획재정부 조세특례제도과-215, 2023. 3. 6.〉
내국인이 해당 과세연도의 청년등 상시근로자 증가인원에 대해 「조세특례제한법」 제29조의7 제1항 제1호에 따른 세액공제(청년등 상시근로자에 대한 고용증대세액공제)를 적용받은 후 다음 과세연도에 청년등 상시근로자의 수는 감소(최초 과세연도에는 29세 이하였으나, 이후 과세연도에 30세 이상이 되어 청년 수가 감소하는 경우를 포함)하였으나 전체 상시근로자의 수는 유지되는 경우, 잔여 공제연도에 대해서는 제29조의7 제1항 제2호의 공제액(청년등 외 상시근로자에 대한 고용증대세액공제)을 적용하여 공제가 가능함.

③ 추가납부세액

2차연도인 2022년에 최초 공제받은 과세연도(2021년) 대비 상시근로자 수는 감소하지 않으면서 청년등 상시근로자 수가 감소하였으므로 다음 금액을 추가납부해야 함.
최초로 공제받은 과세연도 대비 청년등 상시근로자의 감소한 인원수(최로로 공제받은 과세연도의 청년등 상시근로자의 증가한 인원수 한도) × (청년등 상시근로자에 대한 세액공제액 − 청년등 외 상시근로자에 대한 세액공제액)
= Min[2명, 5명]×(11,000,000−7,000,000)=8,000,000

(2) 2023년 고용증대분(2023년~2025년 공제 가능)

1) 2023년(1차 연도)

구 분	2022년 ②	2023년 ①	증가인원수③ (①−②)	1인당 세액공제액④	세액공제액 (③×④)
청년등 상시근로자	15	13	−2	11,000,000	−
청년등 외 상시근로자	23	26	+3➡1명 한도*	7,000,000	7,000,000
합계	38	39	+1		7,000,000

* 청년등 외 상시근로자의 증가인원 수는 전체 상시근로자의 증가인원 수를 한도로 함.

(3) 고용증대세액공제액 및 추가납부세액 정리
① 고용증대세액공제액

구 분	2022년의 세액공제액	2023년 세액공제액	2024년 세액공제액
2022년 고용증대분	76,000,000원(1차연도)	56,000,000원(2차연도)	?(3차연도)
2023년 고용증대분		7,000,000원(1차연도)	?(2차연도)
합계	76,000,000원	63,000,000원	

② 추가납부세액

구 분	2022년의 추가납부세액	2023년 추가납부세액	2024년 추가납부세액
2022년 고용증대분		8,000,000원	?
2023년 고용증대분			?
합계		8,000,000원	?

사례 3 » 고용증대세액공제(2020년 고용감소로 사후관리 유예 적용)

제조업을 영위하는 중소기업인 ㈜한공의 사업연도는 매년 1월 1일부터 12월말까지이며 수도권에 소재하고 있다. ㈜한공의 상시근로자 수는 다음과 같다. ㈜한공의 2019년부터 2023년까지 고용증대세액공제액과 추징세액을 계산하시오. 2018년에는 고용이 증가하지 않았으며, 2020년에는 사후관리를 유예하였다.

구 분	2018년	2019년	2020년 (사후관리유예)	2021년	2022년	2023년
청년등 상시근로자	1명	2명	1명	3명	2명	2명
청년등 외 상시근로자	2명	4명	1명	3명	3명	3명
전체 상시근로자	3명	6명	2명	6명	5명	5명

해답

(1) 2019년 고용증대분(2019년, 2021년과 2022년의 3년간 공제가능)
1) 2019년(1차 연도)

구 분	2018년 ②	2019년 ①	증가인원수③ (①-②)	1인당 세액공제액④	세액공제액 (③×④)
청년등 상시근로자	1명	2명	+1명	11,000,000	11,000,000
청년등 외 상시근로자	2명	4명	+2명	7,000,000	14,000,000
합계	3명	6명	+3명		25,000,000

2) 2020년(사후관리 유예)
2021년의 전체 상시근로자 수가 최초로 공제받은 과세연도에 비하여 감소하고, 청년등 상시근로자 수도 감소함. 2020년에 사후관리 유예적용
3) 2021년(2차 연도)

① 공제요건 검토

구 분	2019년 (최초로 공제받은 과세연도)	2021년	증감	최초로 공제받은 과세연도 대비 감소 여부
청년등 상시근로자	2명	3명	+1명	감소하지 않음
청년등 외 상시근로자	4명	3명	−1명	−
전체 상시근로자	6명	6명	0명	감소하지 않음

2022년의 전체 상시근로자 수가 최초로 공제받은 과세연도에 비하여 감소하지 않았고, 청년등 상시근로자 수도 감소하지 않았으므로 공제 가능

② 세액공제액 : 25,000,000원(1차 연도에 공제받은 금액)

③ 추가납부세액 : 0원

4) 2022년(3차 연도)

① 공제요건 검토

구 분	2019년 (최초로 공제받은 과세연도)	2022년	증감	최초로 공제받은 과세연도 대비 감소 여부
청년등 상시근로자	2명	2	0	감소하지 않음
청년등 외 상시근로자	4명	3	−1	−
전체 상시근로자	6명	5	−1	감소

2022년의 전체 상시근로자 수가 최초로 공제받은 과세연도에 비하여 감소하였으므로 감소한 과세연도부터 고용증대세액공제를 적용하지 않음.

② 고용증대세액공제 : 0원

③ 추가납부세액

최초로 공제받은 과세연도 대비 청년등 상시근로자 및 청년등 상시근로자 외 상시근로자의 감소한 인원 수(전체 상시근로자의 감소한 인원 수를 한도로 한다)에 대해 직전 2년 이내의 과세연도에 공제받은 세액의 합계액

=1명×7,000,000×2회(2019년, 2021년)

=14,000,000원

(2) 2021년 고용증대분(2021년~2023년의 3년간 공제가능)

1) 2021년(1차 연도)

구 분	2020년 ②	2021년 ①	증가인원수③ (①−②)	1인당 세액공제액 ④	세액공제액 (③×④)
청년등 상시근로자	1명	3명	+2명	11,000,000	22,000,000
청년등 외 상시근로자	1명	3명	+2명	7,000,000	14,000,000
합계	2명	6명	+4명		36,000,000

2) 2022년(2차 연도)
① 공제요건 검토

구 분	2021년 (최초로 공제받은 과세연도)	2022년	증감	최초로 공제받은 과세연도 대비 감소 여부
청년등 상시근로자	3명	2명	-1명	감소
청년등 외 상시근로자	3명	3명	0명	-
전체 상시근로자	6명	5명	-1명	감소

2022년의 전체 상시근로자 수가 최초로 공제받은 과세연도에 비하여 감소하였으므로
감소한 과세연도(2022년)부터는 고용증대세액공제를 적용하지 아니함.
② 추가납부세액
2차연도인 2022년에 최초 공제받은 과세연도(2021년) 대비 청년등 상시근로자가 1명
감소하였으므로 다음 금액을 추가납부해야 함.
1명×11,000,000원=11,000,000원

(3) 2022년 고용증대분
1) 2022년(1차 연도)

구 분	2021년 ②	2022년 ①	증가인원수③ (①-②)	1인당 세액공제액④	세액공제액 (③×④)
청년등 상시근로자	3명	2명	-1	11,000,000	-
청년등 외 상시근로자	3명	3명	0	7,000,000	-
합계	6명	5명	-1		-

2022년의 상시근로자 수가 2021년(직전 과세연도)에 비하여 감소하였으므로 고용증대세액
공제를 적용하지 않음.

(4) 2023년 고용증대분
1) 2023년(1차 연도)

구 분	2022년 ②	2023년 ①	증가인원수③ (①-②)	1인당 세액공제액④	세액공제액 (③×④)
청년등 상시근로자	2명	2명	0	11,000,000	-
청년등 외 상시근로자	3명	3명	0	7,000,000	-
합계	5명	5명	0		-

2023년의 상시근로자 수가 2022년(직전 과세연도)에 비하여 감소하였으므로 고용증대세액
공제를 적용하지 않음.

(5) 고용증대세액공제액 및 추가납부세액 정리
① 고용증대세액공제액

구 분	2019년의 세액공제액	2021년 세액공제액	2022년 세액공제액	2023년 세액공제액
2019년 고용증대분	25,000,000원 (1차연도)	25,000,000원 (2차연도)	0원(3차연도)	
2021년 고용증대분		36,000,000원 (1차연도)	0원(2차연도)	
2022년 고용증대분			0원(1차연도)	
2023년 고용증대분				0원(1차연도)
합계	25,000,000원	61,000,000원	0원	

② 추가납부세액

구 분	2020년의 추가납부세액 (유예)	2021년 추가납부세액	2022년 추가납부세액	2023년 추가납부세액
2019년 고용증대분		0원	14,000,000원	0원
2021년 고용증대분			11,000,000원	0원
합계		0원	25,000,000원	0원

7. 통합고용세액공제 23 신설

7-1. 개 요

정부는 2022. 12. 31. 조세특례제한법을 개정하여 종전의 고용지원을 위한 세액공제제도인 경력단절여성세액공제(조특법 §29의3①), 육아휴직복귀자세액공제(조특법 §29의3②), 고용증대세액공제(조특법 §29의7), 사회보험료세액공제(조특법 §30의4), 정규직전환세액공제(조특법 §30의2)를 통합하여 통합고용세액공제 제도를 신설하였다.

종전의 정규직전환세액공제(조특법 §30의2), 경력단절여성세액공제 및 육아휴직복귀자세액공제(조특법 §29의3)는 2022년말로 일몰되어 2023. 1. 1. 이후 개시한 사업연도에는 적용되지 않으므로 통합고용세액공제의 추가공제를 받아야 하며, 적용기한이 2024년말인 고용증대세액공제(조특법 §29의7)와 사회보험료세액공제(조특법 §30의4)는 통합고용세액공제의 기본공제와 선택하여 적용할 수 있다.

7-2. 통합고용세액공제 기본공제

(1) 통합고용세액공제 기본공제

내국법인(소비성서비스업을 경영하는 내국인 제외)이 2023. 1. 1. 이후 개시하는 사업연도부터 2025. 12. 31.이 속하는 사업연도까지의 기간 중에 해당 사업연도의 상시근로자의 수가 직전 사업연도의 상시근로자의 수보다 증가한 경우에 해당 사업연도와 해당 사업연도의 종료일부터 1년(중소기업 및 중견기업의 경우에는 2년)이 되는 날이 속하는 사업연도까지 세액공제한다(조특법 §29의8①).

(단위:백만원)

구 분	중소기업		중견기업	대기업
	수도권*3 내의 지역	수도권 밖의 지역	전국	전국
청년등 상시근로자*1·*2	14.5	15.5	8	4
청년등 외 상시근로자*2	8.5	9.5	4.5	–

*1 청년등 상시근로자 : 청년 정규직 근로자, 장애인 근로자, 60세 이상인 근로자, 경력단절여성
*2 청년등 상시근로자의 증가인원 수는 전체 상시근로자의 증가인원 수를 한도로 하고, 청년등 외 상시근로자 증가인원 수도 전체 상시근로자의 증가인원 수를 한도로 한다.
*3 수도권 : 서울특별시, 인천광역시, 경기도(조특법 §2①(9)), 수도권정비계획법 시행령 §2)

사례 》 상시근로자 증가인원 수 계산

수도권 내에 소재한 중소기업의 2024년의 통합고용세액공제액을 구하시오.

구 분	2023년	2024년
청년등 상시근로자 수	10명	13명
청년등 외 상시근로자 수	10명	9명
전체 상시근로자 수	20명	22명

해답

Min[청년등 증가인원 수 3명, 전체 상시근로자 증가인원 수 2명] × 14,500,000 = 29,000,000

(2) 사후관리

법인세에서 통합고용세액공제 기본공제를 공제받은 내국법인이 최초로 공제를 받은 사업연도의 종료일부터 2년이 되는 날이 속하는 사업연도의 종료일까지의 기간 중 전체 상시근로자의 수가 최초로 공제를 받은 과세연도에 비하여 감소한 경우에는 감소한 사업연도부터 통합고용세액공제 기본공제를 적용하지 아니하고, 청년등 상시근로자의 수가 최초로 공제를 받은 과세연도에 비하여 감소한 경우에는 감소한 과세연도부터 "(1)"의 청년등 상시근로

자에 대한 세액공제를 적용하지 아니한다. 이 경우 대통령령으로 정하는 바에 따라 공제받은 세액에 상당하는 금액("(1)"에 따른 공제금액 중 공제받지 못하고 이월된 금액이 있는 경우에는 그 금액을 차감한 후의 금액을 말함)을 소득세 또는 법인세로 납부하여야 한다(조특법 §29의8②).

사례 》 상시근로자 수 변동시 통합고용세액공제 기본공제 추가적용 여부

통합고용세액공제를 적용받은 사업연도의 다음 사업연도에 상시근로자 수가 다음과 같이 변동된 경우 추가공제 여부는?

구 분	case 1	case 2	case 3	case 4	case 5	case 6
청년등 상시근로자 수	증가	증가	감소	증가	감소	감소
청년등 외 상시근로자 수	증가	감소	증가	감소	증가	감소
전체 상시근로자 수	증가	증가	증가	감소	감소	감소

■ 해답 ■

(case 1) 추가공제 가능
(case 2) 추가공제 가능
(case 3) 청년등 상시근로자에 대한 추가공제 불가능
(case 4~case 6) 추가공제 불가능

---

(3) 상시근로자 수의 계산

1) 상시근로자의 범위(조특령 §23⑩ 준용)

상시근로자는 「근로기준법」에 따라 근로계약을 체결한 내국인(「소득세법」에 따른 거주자를 말함) 근로자로 한다. 다만, 다음 중 어느 하나에 해당하는 사람은 제외한다(조특령 §26의8②, §23⑩).

① 근로계약기간이 1년 미만인 근로자(근로계약의 연속된 갱신으로 인하여 그 근로계약의 총 기간이 1년 이상인 근로자는 제외한다)

② 「근로기준법」 제2조 제1항 제9호에 따른 단시간근로자.[24] 다만, 1개월간의 소정근로시간이 60시간 이상인 근로자는 상시근로자로 본다.

③ 「법인세법 시행령」 제40조 제1항 각 호의 어느 하나에 해당하는 임원[25]

---

24) "단시간근로자"란 1주 동안의 소정근로시간이 그 사업장에서 같은 종류의 업무에 종사하는 통상 근로자의 1주 동안의 소정근로시간에 비하여 짧은 근로자를 말한다(근로기준법 §2①(9)).
25) 임원이란 다음 중 어느 하나에 해당하는 직무에 종사하는 자를 말한다(법령 §40①).
 ① 법인의 회장, 사장, 부사장, 이사장, 대표이사, 전무이사 및 상무이사 등 이사회의 구성원 전원과 청산인
 ② 합명회사, 합자회사 및 유한회사의 업무집행사원 또는 이사
 ③ 유한책임회사의 업무집행자

④ 해당 기업의 최대주주 또는 최대출자자(개인기업의 경우에는 대표자)와 그 배우자

⑤ ④에 해당하는 자의 직계존비속(그 배우자 포함) 및 「국세기본법 시행령」 제1조의2 제1항에 따른 친족관계[26]인 사람

⑥ 「소득세법 시행령」 제196조에 따른 근로소득원천징수부에 의하여 근로소득세를 원천징수한 사실이 확인되지 아니하고, 다음 중 어느 하나에 해당하는 금액의 납부사실도 확인되지 아니하는 자

㉮ 「국민연금법」 제3조 제1항 제11호 및 제12호에 따른 부담금 및 기여금

㉯ 「국민건강보험법」 제69조에 따른 직장가입자의 보험료

2) 청년등 상시근로자의 범위

청년등 상시근로자란 다음 중 어느 하나에 해당하는 사람을 말한다(조특령 §26의8③).

① 청년 정규직 근로자 : 15세 이상 34세 이하인 사람 중 다음의 어느 하나에 해당하는 사람을 제외한 사람. 다만, 해당 근로자가 병역[27]을 이행한 경우에는 그 기간(6년 한도)을 현재 연령에서 빼고 계산한 연령이 29세 이하인 사람을 포함한다(조특령 §26의8③ (1)).

㉮ 「기간제 및 단시간근로자 보호 등에 관한 법률」에 따른 기간제근로자 및 단시간근로자

㉯ 「파견근로자보호 등에 관한 법률」에 따른 파견근로자

㉰ 「청소년 보호법」 제2조 제5호 각목에 따른 업소[28]에 근무하는 같은 조 제1호에 따른 청소년

② 장애인근로자 : 「장애인복지법」의 적용을 받는 장애인과 「국가유공자 등 예우 및 지원에 관한 법률」에 따른 상이자, 「5·18민주유공자예우에 관한 법률」 제4조 제2호에 따른 5·18민주화운동부상자와 「고엽제후유의증 등 환자지원 및 단체설립에 관한 법

---

④ 감사

⑤ 그 밖에 ①부터 ④까지의 규정에 준하는 직무에 종사하는 자

26) 친족관계란 다음에 해당하는 관계를 말한다(국기령 §1의2①).

① 4촌 이내의 혈족

② 3촌 이내의 인척

③ 배우자(사실상의 혼인관계에 있는 자를 포함함)

④ 친생자로서 다른 사람에게 친양자 입양된 자 및 그 배우자·직계비속

⑤ 본인이 「민법」에 따라 인지한 혼인 외 출생자의 생부나 생모(본인의 금전이나 그 밖의 재산으로 생계를 유지하는 사람 또는 생계를 함께하는 사람으로 한정함)

27) 병역의 범위(조특령 §27①(1))

① 「병역법」 제16조 또는 제20조에 따른 현역병(같은 법 제21조, 제25조에 따라 복무한 상근예비역 및 의무경찰·의무소방원을 포함한다)

② 「병역법」 제26조 제1항에 따른 사회복무요원

③ 「군인사법」 제2조 제1호에 따른 현역에 복무하는 장교, 준사관 및 부사관

28) 청소년 유해업소로서 청소년 출입·고용금지업소와 청소년고용금지업소를 말한다. 예를 들면, 일반게임제공업, 사행행위영업, 단란주점영업 및 유흥주점영업, 비디오물감상실업, 제한관람가비디오물소극장업, 복합영상물제공업, 무도학원, 무도장업 등이 청소년유해업소에 해당된다.

률」제2조 제3호에 따른 고엽제후유의증환자로서 장애등급 판정을 받은 사람

③ 60세 이상인 근로자 : 근로계약 체결일 현재 연령이 60세 이상인 사람

④ 경력단절 여성 : 다음의 요건을 모두 충족하는 여성을 말한다.

㉮ 해당 기업 또는 해당 기업과 한국표준산업분류상의 중분류를 기준으로 동일한 업종의 기업에서 1년 이상 근무(근로소득원천징수부를 통하여 근로소득세를 원천징수한 사실이 확인되는 경우로 한정함)한 후 다음의 결혼·임신·출산·육아 및 자녀교육의 사유로 퇴직하였을 것

ⓐ 퇴직한 날부터 1년 이내에 혼인한 경우(가족관계기록사항에 관한 증명서를 통하여 확인되는 경우로 한정함)

ⓑ 퇴직한 날부터 2년 이내에 임신하거나 「모자보건법」에 따른 보조생식술을 받은 경우(의료기관의 진단서 또는 확인서를 통하여 확인되는 경우에 한정함)

ⓒ 퇴직일 당시 임신한 상태인 경우(의료기관의 진단서를 통하여 확인되는 경우로 한정함)

ⓓ 퇴직일 당시 8세 이하의 자녀가 있는 경우

ⓔ 퇴직일 당시 「초·중등교육법」 제2조에 따른 학교에 재학 중인 자녀가 있는 경우

㉯ ㉮에 따른 사유로 퇴직한 날부터 2년 이상 15년 미만의 기간이 지났을 것

㉰ 해당 기업의 최대주주 또는 최대출자자(개인사업자의 경우에는 대표자를 말한다)나 그와 「국세기본법 시행령」 제1조의2 제1항에 따른 친족관계인 사람이 아닐 것

3) 상시근로자 수와 청년등 상시근로자 수의 계산방법

① 상시근로자 수와 청년등 상시근로자 수의 계산 : 이 규정을 적용할 때 상시근로자 수, 청년등 상시근로자 수는 다음 구분에 따른 계산식에 따라 계산한 수(100분의 1 미만의 부분은 없는 것으로 함)로 한다(조특령 §26의8⑥).

$$① \ 상시근로자 \ 수 = \frac{해당 \ 과세연도의 \ 매월 \ 말 \ 현재 \ 상시근로자 \ 수의 \ 합}{해당 \ 과세연도의 \ 개월 \ 수}$$

$$② \ 청년등 \ 상시근로자 \ 수 = \frac{해당 \ 과세연도의 \ 매월 \ 말 \ 현재 \ 청년등 \ 상시근로자 \ 수의 \ 합}{해당 \ 과세연도의 \ 개월 \ 수}$$

② 사업연도의 개월수 계산 : 법인인 경우 "과세연도"란 「법인세법」에 따른 사업연도를 하므로(조특법 §2①(2)), 신설 내국법인은 사업연도 개시일(설립등기일)부터 종료일까지의 개월 수를 의미한다(서면-2021-법인-7994, 2022. 4. 21.).

4) 단시간 근로자

근로기준법 제2조 제1항 제9호에 따른 단시간 근로자[29]는 상시근로자 수 계산시 다음과 같이 한다(조특령 §26의8⑦, §23⑪).

구 분	상시근로자 수
1개월 간의 소정근로시간이 60시간 미만인 경우	0명
1개월 간 소정근로시간이 60시간 이상인 경우	0.5명
일정한 지원요건*을 모두 충족하는 경우	0.75명

* 지원요건(조특령 §26의8⑦, §23⑪(2)).
　① 해당 사업연도의 상시근로자 수(1개월간의 소정근로시간이 60시간 이상인 근로자는 제외한다)가 직전 사업연도의 상시근로자 수(1개월간의 소정근로시간이 60시간 이상인 근로자는 제외한다)보다 감소하지 아니하였을 것
　② 기간의 정함이 없는 근로계약을 체결하였을 것
　③ 상시근로자와 시간당 임금(「근로기준법」 제2조 제1항 제5호에 따른 임금, 정기상여금·명절상여금 등 정기적으로 지급되는 상여금과 경영성과에 따른 성과금을 포함한다), 그 밖에 근로조건과 복리후생 등에 관한 사항에서 「기간제 및 단시간근로자 보호 등에 관한 법률」 제2조 제3호에 따른 차별적 처우가 없을 것
　④ 시간당 임금이 「최저임금법」 제5조에 따른 최저임금액의 130%(중소기업은 120%) 이상일 것

사례 » 상시근로자 수의 계산

제조업을 영위하는 ㈜한공의 매월말 상시근로자는 다음과 같다. ㈜한공은 2023년 7월 2일에 설립등기를 하였으며, 중소기업에 해당한다. 다음 자료로 2023년과 2024년의 청년등 상시근로자 수, 청년등 외 상시근로자 수와 전체 상시근로자 수를 구하시오. 다만, ㈜한공의 정관상 사업연도는 매년 1월 1일부터 12월 31일까지이다.

구 분		1월	2월	3월	4월	5월	6월	7월	8월	9월	10월	11월	12월
'23년	청년등							3	3	3	4	4	4
	청년등 외							2	2	2	3	3	3
	전체							5	5	5	7	7	7
'24년	청년등	4	4	5	5	5	5	5	5	4	4	4	4
	청년등 외	3	3	3	4	4	4	4	4	3	3	3	3
	전체	7	7	8	9	9	9	9	9	7	7	7	7

---

29) "단시간근로자"란 1주 동안의 소정근로시간이 그 사업장에서 같은 종류의 업무에 종사하는 통상 근로자의 1주 동안의 소정근로시간에 비하여 짧은 근로자를 말한다(근로기준법 §2①(9)).

■ 해답 ■

구 분		1월	2월	3월	4월	5월	6월	7월	8월	9월	10월	11월	12월	합계	상시 근로자 수
'23년	청년등							3	3	3	4	4	4	21	3.5명[*1]
	청년등 외							2	2	2	3	3	3	15	2.5명
	전체							5	5	5	7	7	7	36	6명[*2]
'24년	청년등	4	4	5	5	5	5	5	5	4	4	4	4	54	4.5명[*3]
	청년등 외	3	3	3	4	4	4	4	4	3	3	3	3	41	3.41명
	전체	7	7	8	9	9	9	9	9	7	7	7	7	95	7.91명[*4]

[*1] $\dfrac{21}{6}$ = 3.5명

[*2] $\dfrac{36}{6}$ = 6명

[*3] $\dfrac{54}{12}$ = 4.5명

[*4] $\dfrac{95}{12}$ = 7.916명 → 7.91명(100분의 1의 부분은 없는 것으로 봄)

5) 해당 사업연도에 창업 등을 한 내국인의 경우 상시근로자 수의 계산(조특령 §23⑬)

해당 사업연도에 창업 등을 한 내국인의 경우에는 다음의 구분에 따른 수를 직전 또는 해당 사업연도의 상시근로자 수로 본다(조특령 §26의8⑧, §23⑬).

① 창업(조특법 제6조 제10항 제1호부터 제3호까지의 규정에 해당하는 경우는 제외함)한 경우의 직전 사업연도의 상시근로자 수 : 0

┌─〈조특법 제6조 제10항 제1호부터 제3호까지 규정〉─

1. 합병·분할·현물출자 또는 사업의 양수를 통하여 종전의 사업을 승계하거나 종전의 사업에 사용되던 자산을 인수 또는 매입하여 같은 종류의 사업을 하는 경우. 다만, 다음 중 어느 하나에 해당하는 경우는 제외한다.
   가. 종전의 사업에 사용되던 자산을 인수하거나 매입하여 같은 종류의 사업을 하는 경우 그 자산가액의 합계가 사업 개시 당시 토지와 감가상각자산의 총가액에서 차지하는 비율이 30% 이하인 경우
   나. 사업의 일부를 분리하여 해당 기업의 임직원이 사업을 개시하는 경우로서 다음 요건을 모두 갖춘 경우
      ⓐ 기업과 사업을 개시하는 해당 기업의 임직원 간에 사업 분리에 관한 계약을 체결할 것
      ⓑ 사업을 개시하는 임직원이 새로 설립되는 기업의 대표자로서 「법인세법 시행령」 제43조 제7항에 따른 지배주주등에 해당하는 해당 법인의 최대주주 또는 최대출자자(개인사업자의 경우에는 대표자를 말함)일 것

> 2. 거주자가 하던 사업을 법인으로 전환하여 새로운 법인을 설립하는 경우
> 3. 폐업 후 사업을 다시 개시하여 폐업 전의 사업과 같은 종류의 사업을 하는 경우

② 조특법 제6조 제10항 제1호(합병·분할·현물출자 또는 사업의 양수 등을 통하여 종전의 사업을 승계하는 경우는 제외한다)부터 제3호까지의 어느 하나에 해당하는 경우의 직전 사업연도의 상시근로자 수 : 종전 사업, 법인전환 전의 사업 또는 폐업 전의 사업의 직전 사업연도 상시근로자 수

③ 다음 중 어느 하나에 해당하는 경우의 직전 또는 해당 사업연도의 상시근로자 수 : 직전 사업연도의 상시근로자 수는 승계시킨 기업의 경우에는 직전 사업연도 상시근로자 수에 승계시킨 상시근로자 수를 뺀 수로 하고, 승계한 기업의 경우에는 직전 사업연도 상시근로자 수에 승계한 상시근로자 수를 더한 수로 하며, 해당 사업연도의 상시근로자 수는 해당 사업연도 개시일에 상시근로자를 승계시키거나 승계한 것으로 보아 계산한 상시근로자 수로 한다.

㉮ 해당 사업연도에 합병·분할·현물출자 또는 사업의 양수 등에 의하여 종전의 사업부문에서 종사하던 상시근로자를 승계하는 경우

㉯ 「법인세법 시행령」 제2조 제5항 및 「소득세법 시행령」 제98조 제1항에 따른 특수관계인으로부터 상시근로자를 승계하는 경우. 이 경우 「법인세법 시행령」 제2조 제5항 제2호의 소액주주등을 판정할 때 「법인세법 시행령」 제50조 제2항 중 "100분의 1"은 "100분의 30"으로 본다.

(4) 상시근로자 수 또는 청년등 상시근로자 수 감소시 추가납부

법인세를 공제받은 내국법인이 최초로 공제를 받은 과세연도의 종료일부터 2년이 되는 날이 속하는 과세연도의 종료일까지의 기간 중 전체 상시근로자의 수가 최초로 공제를 받은 과세연도에 비하여 감소하거나 청년등 상시근로자의 수가 최초로 공제를 받은 과세연도에 비하여 감소한 경우에는 다음과 같이 계산한 금액(공제금액 중 공제받지 못하고 이월된 금액이 있는 경우에는 그 금액을 차감한 후의 금액을 말함)을 해당 사업연도의 법인세로 납부하여야 한다(조특령 §26의8④).

이 규정을 적용할 때 최초로 공제받은 사업연도에 청년등 상시근로자에 해당한 자는 최초로 공제받은 과세연도 이후의 과세연도에도 청년등 상시근로자로 보아 청년등 상시근로자 수를 계산한다(조특령 §26의8⑤).

◉ [사후관리의 case별 분석] (최초 공제받은 사업연도 대비 상시근로자 수) ◉

구분	❶ 전체 상시근로자 수가 감소한 경우			전체 상시근로자 수가 감소하지 않은 경우		
	case ❶-1	case ❶-2	case ❶-2	case ❷	case ❸	case ❸
청년등	− 3	+ 2	− 2	− 2	+ 2	+ 2
청년등 외	+ 2	− 3	− 1	+ 3	− 1	+ 1
전체	− 1	− 1	− 3	+ 1	+ 1	+ 3
추가납부 세액	청년 2명은 청년 외로 대체되었으므로 차액을 추징하고, 청년 1명은 청년분 추징	청년 외 1명이 감소하였으므로 청년 외 1명분을 추징함	청년 2명과 청년 외 1명분 추징	청년 2명이 청년 외로 대체되었으므로 차액을 추징함	추징 없음	추징 없음
2차 연도 공제 여부	배제	배제	배제	청년 외만 공제*	공제	공제

* 최초로 공제받은 연도의 청년등 상시근로자는 청년등 외 상시근로자로 보아 2차 연도에 공제함.

1) 1년 이내 전체 상시근로자 수 또는 청년등 상시근로자 수가 감소하는 경우

다음의 구분에 따라 계산한 금액(해당 과세연도의 직전 1년 이내의 과세연도에 공제받은 세액을 한도로 함)

❶ 전체 상시근로자 수가 감소하는 경우 : 다음의 구분에 따라 계산한 금액

❶-1 청년등 상시근로자의 감소 인원 수가 전체 상시근로자의 감소 인원 수 이상인 경우

예를 들면, 청년등 상시근로자 3명 감소하였으나 청년등 외 상시근로자 2명이 증가하여 전체 상시근로자 1명이 감소한 경우 청년등 상시근로자 2명은 청년등 외 상시근로자로 대체되었으므로 청년등 공제세액과 청년등 외 공제세액의 차액을 추가납부하고 청년등 상시근로자 1명은 그냥 감소하였으므로 청년등 세액공제액을 추가납부해야 한다. 이를 계산식으로 만들면 다음과 같다.

$$\left(\begin{array}{c} \text{최초로 공제받은} \\ \text{사업연도 대비} \\ \text{청년등상시근로} \\ \text{자 감소 인원 수*} \end{array} - \begin{array}{c} \text{상시근로} \\ \text{자 감소} \\ \text{인원 수} \end{array} \right) \times \left(\begin{array}{c} \text{청년등상시} \\ \text{근로자} \\ \text{1인당} \\ \text{세액공제액} \end{array} - \begin{array}{c} \text{청년등상시} \\ \text{근로자 외} \\ \text{상시근로자} \\ \text{1인당 세액공제액} \end{array} \right) + \left(\begin{array}{c} \text{상시근로} \\ \text{자 감소} \\ \text{인원 수} \end{array} \times \begin{array}{c} \text{청년등상시} \\ \text{근로자의} \\ \text{1인당} \\ \text{세액공제액} \end{array} \right)$$

* 최초로 공제받은 사업연도에 청년등 상시근로자의 증가한 인원 수를 한도로 함.

이는 청년등 상시근로자는 감소, 청년등 외 상시근로자는 증가, 전체 상시근로자는 감소한 경우를 말한다. 예를 들어, (case ❶-1)에서 청년등 상시근로자는 3명이 감소하고 청년등 외 상시근로자는 2명이 증가하여 전체 상시근로자 수가 1명이 감소하였다. 이 경우 청년등 상시근로자 2명은 청년등 외 상시근로자로 교체되었으므로 청년등 상시근로자에 대한 세액공제액과 청년등 외 상시근로자에 대한 세액공제액의 차액으로 추가납부세액을 계산하고, 청년등 상시근로자 1명(전체 상시근로자 감소분임)은 청년등에 대한 세액공제액으로 추가납부세액을 계산해야 한다.

❶-2 그 밖의 경우 : 다음의 계산식에 따라 계산한 금액

$$\left(\begin{array}{c}\text{최초로 공제받은 과세연도} \\ \text{대비 청년등상시근로자} \\ \text{감소 인원 수*}\end{array} \times \begin{array}{c}\text{청년등상시} \\ \text{근로자 1인당} \\ \text{세액공제액}\end{array}\right) + \left(\begin{array}{c}\text{청년등외} \\ \text{상시근로자} \\ \text{감소 인원 수*}\end{array} \times \begin{array}{c}\text{청년등외} \\ \text{상시근로자의} \\ \text{1인당 세액공제액}\end{array}\right)$$

* 상시근로자 감소한 인원 수를 한도로 함.

이는 다음 두 가지 경우를 말한다.

① 청년등 상시근로자는 증가하였으나 청년등 외 상시근로자가 감소하여 전체 상시근로자가 감소한 경우(case ❶-2)

② 청년등 상시근로자와 청년등 외 상시근로자가 모두 감소한 경우(case ❶-3)

❷ 전체 상시근로자 수는 감소하지 않았으나 청년등 상시근로자 수가 감소한 경우 : 다음의 계산식에 따라 계산한 금액

$$\begin{array}{c}\text{최초로 공제받은 사업연도} \\ \text{대비 청년등상시근로자의} \\ \text{감소한 인원 수*}\end{array} \times \left(\begin{array}{c}\text{청년등상시근로자의} \\ \text{1인당 세액공제액}\end{array} - \begin{array}{c}\text{청년등상시근로자} \\ \text{외 상시근로자의 1} \\ \text{인당 세액공제액}\end{array}\right)$$

* 최초로 공제받은 사업연도에 청년등 상시근로자의 증가한 인원 수를 한도로 함.

예를 들어, (case ❷)와 같이 청년등 상시근로자 수는 2명이 감소하고 청년등 외 상시근로자 수는 3명이 증가하여 전체 상시근로자가 1명이 증가한 경우가 있다. 이 경우 청년등 상시근로자 중 2명은 청년등 외 상시근로자로 교체되었으나 그 세액공제액 차액에 대하여 추가납부세액을 계산한다.

2) 2년 이내 전체 상시근로자 수 또는 청년등 상시근로자 수가 감소하는 경우

다음의 구분에 따라 계산한 금액("1")에 따라 계산한 금액이 있는 경우 그 금액을 제외하며, 해당 과세연도의 직전 2년 이내의 사업연도에 공제받은 세액의 합계액을 한도로 한다)

❶ 전체 상시근로자 수가 감소하는 경우 : 다음의 구분에 따라 계산한 금액

　　❶-1 청년등 상시근로자의 감소한 인원 수가 전체 상시근로자의 감소한 인원 수 이상인 경우 : 다음의 계산식에 따라 계산한 금액

$$\left(\begin{array}{c}\text{최초로 공제받은}\\\text{사업연도 대비}\\\text{청년등상시근로자}\\\text{감소 인원 수}^*\end{array}-\begin{array}{c}\text{전체상시}\\\text{근로자 감소}\\\text{인원 수}\end{array}\right)\times\left(\begin{array}{c}\text{청년등}\\\text{상시근로자}\\\text{1인당}\\\text{세액공제액}\end{array}-\begin{array}{c}\text{청년등외}\\\text{상시근로자}\\\text{1인당}\\\text{세액공제액}\end{array}\right)\times\begin{array}{c}\text{직전 2년}\\\text{이내의}\\\text{과세연도에}\\\text{공제받은 횟수}\end{array}+\left(\begin{array}{c}\text{전체상시}\\\text{근로자 감소}\\\text{인원 수}\end{array}\times\begin{array}{c}\text{청년등외}\\\text{상시근로자}\\\text{의 1인당}\\\text{세액공제액}\end{array}\times\begin{array}{c}\text{직전 2년 이내의}\\\text{과세연도에}\\\text{공제받은 횟수}\end{array}\right)$$

* 최초로 공제받은 사업연도에 청년등 상시근로자의 증가한 인원 수를 한도로 함.

　　❶-2 그 밖의 경우

최초로 공제받은 사업연도 대비 청년등상시근로자 및 청년등상시근로자 외 상시근로자의 감소한 인원 수(상시근로자의 감소한 인원 수를 한도로 한다)에 대해 직전 2년 이내의 과세연도에 공제받은 세액의 합계액

❷ 상시근로자 수는 감소하지 않으면서 청년등 상시근로자 수가 감소한 경우 : 다음의 계산식에 따라 계산한 금액

$$\begin{array}{c}\text{최초로 공제받은}\\\text{사업연도 대비}\\\text{청년등상시근로자의}\\\text{감소한 인원 수}^*\end{array}\times\left(\begin{array}{c}\text{청년등상시근}\\\text{로자의 1인당}\\\text{세액공제액}\end{array}-\begin{array}{c}\text{청년등외}\\\text{상시근로자의}\\\text{1인당 세액공제액}\end{array}\right)\times\begin{array}{c}\text{직전 2년 이내의}\\\text{사업연도에}\\\text{공제받은 횟수}\end{array}$$

* 최초로 공제받은 사업연도에 청년등 상시근로자의 증가한 인원 수를 한도로 함.

□ 사업연도 중 30세가 되는 청년 정규직 근로자를 고용한 후 다음 사업연도에 추가 납부 시, 청년 상시근로자 수 산정방법(기준-2021-법령해석법인-0135, 2021. 8. 20.)

【질의】

1. 사실관계

A법인은 수도권 내에 소재하는 중소기업으로서 '19. 1. 1. 29세인 청년 근로자 1명을 추가 고용하였고 해당 근로자는 '19. 4. 1. 30세가 되었음. A법인은 '19사업연도에 대한 법인세 신고 시 「조세특례제한법」 제29조의7 제1항 제1호 및 제2호에 따른 고용을 증대시킨 기업에 대한 세액공제를 적용받았음. 이후, A법인은 '20사업연도에 전체 상시근로자의 수 또는 청년등 상시근로자의 수가 감소함에 따라 「조세특례제한법」(2020. 12. 29. 법률 제17759호로 개정되기 전의 것) 제29조의7 제2항에 따른 **추가납부세액을 계산하는 경우** 사업연도 중 30세 이상이 되는 상시근로자에 대해 같은 법 시행령(2020. 2. 11. 대통령령 제30390호로 개정된 것) 제26조의7 제5항 및 제6항에 따른 청년등 상시근로자의 수 산정방법에 대해 질의함.

2. 질의요지

내국법인이 당해 사업연도에 기간의 경과로 30세가 되는 29세의 청년 정규직 근로자를 고용하

고 「조세특례제한법」 제29조의7에 따른 고용을 증대시킨 기업에 대한 세액공제를 적용받았으나 다음 사업연도에 상시근로자의 수가 감소함에 따라 추가납부세액을 계산하는 경우 청년 등 상시근로자(이하 "청년근로자")의 수 산정방법

(제1안) 청년근로자를 고용한 사업연도와 동일하게 다음 사업연도에도 청년근로자 또는 청년 외 상시근로자(이하 "일반근로자")로 봄. 이하, '19. 1. 1. 고용된 29세 청년근로자는 '19. 4. 1. 30세가 되며, '21. 3. 16. 개정된 조특법 제29조의7 제5항 단서('20. 12. 31.이 속하는 사업연도는 추징하지 않음)가 적용되지 않음을 가정

(단위 : 명)

연도	근로자	1월	2월	3월	4월	5월	6월	7월	8월	9월	10월	11월	12월	근로자 수
'19	청년	1	1	1										3 / 12 = 0.25
	일반				1	1	1	1	1	1	1	1	1	9 / 12 = 0.75
'20	청년	1	1	1										3 / 12 = 0.25
	일반				1	1	1	1	1	1	1	1	1	9 / 12 = 0.75

(제2안) 청년근로자를 고용한 사업연도는 월별로 청년근로자 수를 계산하고 그 다음 사업연도부터 모두 청년근로자로 봄.

(단위 : 명)

연도	근로자	1월	2월	3월	4월	5월	6월	7월	8월	9월	10월	11월	12월	근로자 수
'19	청년	1	1	1										3 / 12 = 0.25
	일반				1	1	1	1	1	1	1	1	1	9 / 12 = 0.75
'20	청년	1	1	1	1	1	1	1	1	1	1	1	1	12 / 12 = 1.00
	일반													0

(제3안) 청년근로자를 고용한 날이 속하는 월부터 모두 청년근로자로 보아 청년근로자 수를 계산함.

(단위 : 명)

연도	근로자	1월	2월	3월	4월	5월	6월	7월	8월	9월	10월	11월	12월	근로자 수
'19	청년	1	1	1	1	1	1	1	1	1	1	1	1	12 / 12 = 1.00
	일반													0
'20	청년	1	1	1	1	1	1	1	1	1	1	1	1	12 / 12 = 1.00
	일반													0

【회신】

내국법인이 사업연도 중에 30세 이상이 되는 청년 정규직 근로자를 고용하고 「조세특례제한법」 제29조의7 제1항에 따른 세액공제를 적용받은 후 다음 사업연도에 전체 상시근로자 또는 청년 등 상시근로자의 수가 감소함에 따라 같은 법 시행령(2020. 2. 11. 대통령령 제30390호로 개정된 것) **제26조의7 제5항**을 적용할 때 질의요지의 (제1안)과 같이 최초로 공제받은 사업연도의 일부 기간 동안 같은 조 제3항 제1호에 따른 청년등 상시근로자에 해당한 자는 이후 사업연도에도 <u>최초로 공제받은 사업연도와 동일한 기간 동안 청년등 상시근로자로 보아 청년등 상시근로자 수를 계산하는 것임.</u>

□ 고용증대 세액공제 적용시 청년 정규직근로자 해당여부

【질의】

질의법인은 수도권 소재 중소기업으로 '19년에 고용이 증가함에 따라 고용증대세액공제 신청. '19년 10월 입사한 A근로자가 만 29세로 입사 당시 청년에 해당하여 청년 상시근로자 수에 산입하여 공제 신청. A근로자는 '20.1월말까지는 29세였으나, 2월말에는 만 30세가 됨. 만 29세로서 청년이었던 근로자가 다음 사업연도에 만 30세가 된 경우 다음 사업연도에 청년 상시근로자로 보아 제도를 적용하는지 여부?

【회신】

직전 사업연도에 29세(직전사업연도 중에 30세 이상이 되는 경우를 포함)인 청년 정규직 근로자가 해당 사업연도에 30세 이상이 되는 경우 「조세특례제한법」 제29조의7 제1항 제1호의 "청년등 상시근로자 수" 계산 시 같은 법 시행령 제26조의7 제6항의 규정이 적용되지 아니하는 것이며, 같은 법 시행령 제26조의7 제5항을 적용할 때 최초로 공제받은 사업연도에 청년등 상시근로자에 해당한 자는 이후 사업연도에도 청년등 상시근로자로 보아 청년등 상시근로자 수를 계산하는 것임.

7-3. 통합고용세액공제의 추가공제

(1) 정규직 전환 추가공제

중소기업 또는 중견기업이 2023년 6월 30일 당시 고용하고 있는 「기간제 및 단시간근로자 보호 등에 관한 법률」에 따른 기간제근로자 및 단시간근로자(이하 "기간제근로자 및 단시간근로자"라 한다), 「파견근로자 보호 등에 관한 법률」에 따른 파견근로자, 「하도급거래 공정화에 관한 법률」에 따른 수급사업자에게 고용된 기간제근로자 및 단시간근로자를 2024년 1월 1일부터 2024년 12월 31일까지 기간의 정함이 없는 근로계약을 체결한 근로자로 전환하거나 「파견근로자 보호 등에 관한 법률」에 따라 사용사업주가 직접 고용하거나 「하도급거래 공정화에 관한 법률」 제2조 제2항 제2호에 따른 원사업자가 기간의 정함이 없는 근로계약을 체결하여 직접 고용하는 경우(이하 "정규직 근로자로의 전환"이라 한다)에는 정규직 근로자로의 전환에 해당하는 인원[해당 기업의 최대주주 또는 최대출자자나 그와 「국세기본법 시행령」 제1조의2 제1항에 따른 친족관계에 있는 사람은 제외함]에 1,300만원(중견기업의 경우에는 900만원)을 곱한 금액을 해당 사업연도의 법인세에서 공제한다(조특령 §26의8⑨). 다만, 해당 과세연도에 해당 중소기업 또는 중견기업의 상시근로자 수가 직전 과세연도의 상시근로자 수보다 감소한 경우에는 공제하지 아니한다(조특법 §29의8③).

(2) 육아휴직 복귀자 추가공제

중소기업 또는 중견기업이 다음의 요건을 모두 충족하는 사람(이하 "육아휴직 복귀자"라 한다)을 2025년 12월 31일까지 복직시키는 경우에는 육아휴직 복귀자 인원에 1,300만원(중견기업은 900만원)을 곱한 금액을 복직한 날이 속하는 사업연도의 법인세에서 공제한다. 다만, 해당 사업연도에 해당 중소기업 또는 중견기업의 상시근로자 수가 직전 사업연도의 상시근로자 수보다 감소한 경우에는 공제하지 아니한다(조특법 §29의8④).

① 해당 기업에서 1년 이상 근무하였을 것(근로소득원천징수부를 통하여 해당 기업이 육아휴직 복귀자의 근로소득세를 원천징수하였던 사실이 확인되는 경우로 한정함)

② 「남녀고용평등과 일·가정 양립 지원에 관한 법률」 제19조 제1항에 따라 육아휴직한 경우로서 육아휴직 기간이 연속하여 6개월 이상일 것

③ 해당 기업의 최대주주 또는 최대출자자나 그와 「국세기본법 시행령」 제1조의2 제1항에 따른 친족관계에 있는 사람이 아닐 것

육아휴직 복귀자에 대한 추가공제는 육아휴직 복귀자의 자녀 1명당 한 차례에 한정하여 적용한다.

□ 출산휴가자 대체인력에 대한 통합고용세액공제 추가공제시 상시근로자수 계산

통합고용세액공제 추가공제를 적용할 때 출산전후휴가를 사용 중인 상시근로자를 대체하는 상시근로자가 있는 경우 해당 출산전후휴가를 사용 중인 상시근로자는 상시근로자 수와 청년등상시근로자 수에서 제외한다(조특령 §26의8⑦). 24 신설 ('24. 2. 29. 이후 과세표준을 신고하는 경우부터 적용)

(3) 추가공제에 대한 사후관리

정규직 전환 추가공제 또는 육아휴직 복귀자 추가공제규정에 따라 법인세를 공제받은 자가 각각 정규직 근로자로의 전환일 또는 육아휴직 복직일부터 2년이 지나기 전에 해당 근로자와의 근로관계를 종료하는 경우에는 근로관계가 종료한 날이 속하는 사업연도의 과세표준신고를 할 때 공제받은 세액에 상당하는 금액(공제금액 중 공제받지 못하고 이월된 금액이 있는 경우에는 그 금액을 차감한 후의 금액을 말함)을 법인세로 납부하여야 한다(조특법 §29의8⑥).

7-4. 공제신청

이 규정에 따라 세액공제를 적용받으려는 과세표준 신고와 함께 기획재정부령으로 정하는 세액공제신청서 및 공제세액계산서를 납세지 관할 세무서장에게 제출하여야 한다(조특법 §29의8⑧, 조특령 §26의8⑪).

> **사례 »** 통합고용세액공제(3년간 계속 증가, 3년 이내 전체 상시근로자 수 감소)

제조업을 영위하는 중소기업인 ㈜한공(수도권 소재)의 사업연도는 매년 1월 1일부터 12월말까지이다. ㈜한공의 상시근로자 수는 다음과 같은 경우 2023년부터 2025년까지 통합고용세액공제액과 추가납부세액을 계산하시오. 정규직 전환 근로자와 육아휴직복귀자는 없다고 가정한다.

구 분	2023년(설립)	2024년	2025년
청년등 상시근로자	10	14	13
청년등 외 상시근로자	20	21	19
전체 상시근로자	30	35	32

▌해답 ▌

(1) 2023년 고용증대분(2023년부터 2025년까지 3년간 공제가능)

1) 2023년(1차 연도)

구 분	2022년 ②	2023년 ①	증가인원수③ (①－②)	1인당 세액공제액④	세액공제액 (③×④)
청년등 상시근로자	0*	10	10	14,500,000	145,000,000
청년등 외 상시근로자	0*	20	20	8,500,000	170,000,000
합계	0*	30	30		315,000,000

  * 창업한 경우의 직전 사업연도의 상시근로자 수는 0으로 함(조특령 §23⑬(1)).

2) 2024년(2차 연도)

① 공제요건 검토

구 분	2023년 (최초로 공제받은 사업연도)	2024년	증감	최초로 공제받은 사업연도 대비 감소 여부
청년등 상시근로자	10	14	+4	감소하지 않음
청년등 외 상시근로자	20	21	+1	－
전체 상시근로자	30	35	+5	감소하지 않음

2024년의 상시근로자 수가 최초로 공제받은 사업연도(2023년)에 비하여 감소하지 않았고, 청년등 상시근로자 수도 감소하지 않았으므로 공제 가능

② 세액공제액 : 315,000,000원(1차 연도에 공제받은 금액)

3) 2025년(3차 연도)

① 공제요건 검토

구 분	2023년 (최초로 공제받은 사업연도)	2025년	증감	최초로 공제받은 사업연도 대비 감소 여부
청년등 상시근로자	10	13	+3	감소하지 않음
청년등 외 상시근로자	20	19	－1	－
전체 상시근로자	30	32	+2	감소하지 않음

2022년의 상시근로자 수가 최초로 공제받은 사업연도에 비하여 감소하지 않았고, 청년
등 상시근로자 수도 감소하지 않았으므로 공제 가능
② 세액공제액 : 315,000,000원(1차 연도에 공제받은 금액)

(2) 2024년 고용증대분(2024년~2026년까지 공제가능)

1) 2024년(1차 연도)

구 분	2023년 ②	2024년 ①	증가인원수③ (①-②)	1인당 세액공제액④	세액공제액 (③×④)
청년등 상시근로자	10	14	+4	14,500,000	58,000,000
청년등 외 상시근로자	20	21	+1	8,500,000	8,500,000
합계	30	35	+5		66,500,000

2) 2025년(2차 연도)

① 공제요건 검토

구 분	2024년 (최초로 공제받은 사업연도)	2025년	증감	최초로 공제받은 사업연도 대비 감소 여부
청년등 상시근로자	14	13	-1	감소
청년등 외 상시근로자	21	19	-2	-
전체 상시근로자	35	32	-3	감소

2025년의 상시근로자 수가 최초로 공제받은 사업연도에 비하여 감소하였으므로 감소한
사업연도(2024년)부터는 고용증대세액공제를 적용하지 아니함.

② 추가납부세액

2차연도인 2025년에 최초 공제받은 사업연도(2024년) 대비 청년등 상시근로자가 3명
감소하였으므로 다음 금액을 추가납부해야 함.
1명×14,500,000+2명×8,500,000=31,500,000

(3) 2025년 고용증대분

1) 2025년(1차 연도)

구 분	2024년 ②	2025년 ①	증가인원수③ (①-②)	1인당 세액공제액④	세액공제액 (③×④)
청년등 상시근로자	14	13	-1	14,500,000	-
청년등 외 상시근로자	21	19	-2	8,500,000	-
합계	35	32	-3		-

2025년의 상시근로자 수가 2024년(직전 사업연도)에 비하여 감소하였으므로 고용증대세액
공제를 적용하지 않음.

(4) 고용증대세액공제액 및 추가납부세액 정리

① 고용증대세액공제액

구 분	2023년의 세액공제액	2024년 세액공제액	2025년 세액공제액
2023년 고용증대분	315,000,000원 (1차연도)	315,000,000원 (2차연도)	315,000,000원 (3차연도)
2024년 고용증대분		66,500,000원 (1차연도)	0원(2차연도)
2025년 고용증대분			0원(1차연도)
합계	315,000,000원	381,500,000원	315,000,000원

② 추가납부세액

구 분	2023년의 추가납부세액	2024년 추가납부세액	2025년 추가납부세액
2023년 고용증대분			
2024년 고용증대분			31,500,000원
합계			31,500,000원

7-5. 통합고용세액공제에 대한 조세특례의 제한 등

구 분	내 용
세액감면과의 중복적용여부	조특법 제6조(창업중소기업에 대한 세액감면)의 제7항(고용증가분에 대한 세액감면)에 따라 법인세를 감면받은 경우 고용증대세액공제 또는 통합고용세액공제의 기본공제를 동시에 적용하지 아니함(조특법 §127④)
고용증대세액공제, 중소기업 사회보험료세액 공제와 중복적용배제	통합고용세액공제의 기본공제(조특법 §29의8①)는 고용증대세액공제(조특법 §29의7) 또는 중소기업 사회보험료세액공제(조특법 §30의4)에 따른 공제를 받지 아니한 경우에만 적용함(조특법 §127⑪)
추계시 적용배제	「법인세법」 제66조 제3항 단서에 따라 추계(推計)를 하는 경우에는 통합고용세액공제를 적용하지 아니함(조특법 §128①)
최저한세 적용여부	통합고용세액공제는 최저한세대상임(조특법 §132①(3))
세액공제의 이월공제	해당 사업연도에 납부할 세액이 없거나 최저한세액에 미달하여 공제받지 못한 통합고용세액공제는 그 다음 사업연도 개시일부터 10년 이내에 끝나는 각 사업연도에 이월하여 그 이월된 사업연도의 법인세에서 공제함(조특법 §144①)
농어촌특별세 과세여부	통합고용세액공제는 농어촌특별세 과세대상임

8. 중소기업 사회보험료 세액공제

(1) 개 요

이 제도는 중소기업이 전년 대비 고용을 증가시킨 경우 증가한 인원에 대하여 부담하는 사회보험료에 대하여 세액공제를 함으로써 중소기업의 일자리 창출을 지원하기 위한 제도이다.

종전에는 고용 후 1년간만 세액공제하였으나, 2018. 1. 1. 이후 개시하는 사업연도부터는 고용인원이 유지되는 경우에는 그 다음 해에도 세액공제를 하도록 하였고, 사회보험 신규가입자에 대한 사회보험료세액공제를 신설하였다.

(2) 고용증가인원에 대한 사회보험료 세액공제

중소기업이 2024. 12. 31.이 속하는 사업연도까지의 기간 중 해당 사업연도의 상시근로자 수가 직전 사업연도의 상시근로자 수보다 증가한 경우에는 다음 "①"과 "②"의 합계액을 해당 사업연도와 해당 사업연도부터 1년이 되는 날이 속하는 사업연도의 법인세에서 공제한다(조특법 §30의4①).[30)]

① 청년 및 경력단절여성(이하 "청년 등"이라고 한다) 상시근로자 고용증가 인원에 대하여 사용자가 부담하는 사회보험료 상당액 : 다음 계산식에 따라 계산한 금액(조특법 §30의4①(1)).

$$\text{사회보험료 세액공제액} = \text{청년 등 상시근로자}^{*1} \text{ 고용 증가인원}^{*2} \times \text{청년 등 상시근로자 고용증가인원에 대한 사용자의 사회보험료}^{*3} \text{ 부담금액}^{*4} \times 100\%$$

*1 청년 등 상시근로자 : 다음에 해당하는 자를 말한다.
  ㉮ 청년 상시근로자 : 15세 이상 29세 이하인 상시근로자(병역[31)]을 이행한 경우에는 그 기간(6년을 한도로 한다)을 근로계약 체결일 현재의 연령에서 빼고 계산한 연령이 29세 이하인 사람을 포함한다)를 말한다(조특령 §27의4②).
  ㉯ 경력단절여성 상시근로자 : 「조세특례제한법」 제29조의3 제1항에 따른 경력단절 여성의 경력단절여성인 상시근로자

*2 "고용증가인원"이란 해당 사업연도에 직전 사업연도 대비 증가한 청년 상시근로자 수(그 수가 음수인 경우 영으로 본다)를 말한다. 다만, 해당 사업연도에 직전 사업연도 대비 증가한 상시근로자 수를 한도로 한다(조특령 §27의4③).
*3 사회보험이란 다음의 것을 말한다(조특법 §30의4④).
  ① 「국민연금법」에 따른 국민연금

---

30) 「조세특례제한법」 제26조에 따른 고용창출투자세액공제와 동시에 적용할 수 없다(조특법 §127② 후단).
31) 다음의 어느 하나에 해당하는 병역을 말한다(조특령 §27①(1)).
  ① 「병역법」 제16조 또는 제20조에 따른 현역병(같은 법 제21조, 제24조, 제25조에 따라 복무한 상근예비역 및 경비교도·전투경찰순경·의무소방원을 포함한다)
  ② 「병역법」 제26조 제1항에 따른 사회복무요원
  ③ 「군인사법」 제2조 제1호에 따른 현역에 복무하는 장교, 준사관 및 부사관

② 「고용보험법」에 따른 고용보험

③ 「산업재해보상보험법」에 따른 산업재해보상보험

④ 「국민건강보험법」에 따른 국민건강보험

⑤ 「노인장기요양보험법」에 따른 장기요양보험

*4 사회보험료 부담금액이란, 다음의 계산식에 따라 계산한 금액(해당 과세연도에 청년 등 상시근로자를 대상으로 법 제30조의4 제4항 각 호의 어느 하나에 해당하는 사회보험에 사용자가 부담하는 사회보험료 상당액에 대하여 국가 및 「공공기관의 운영에 관한 법률」 제4조에 따른 공공기관이 지급했거나 지급하기로 한 보조금 및 감면액의 합계액은 제외한다)을 말한다(조특령 §27의4⑦).

$$\text{사용자의 사회보험료 부담금액} = \frac{\text{해당 사업연도에 청년 등 상시근로자에게 지급하는 「소득세법」 제20조 제1항에 따른 총급여액}}{\text{해당 사업연도의 청년 등 상시근로자 수}} \times \text{사회보험료율}$$

위 계산식에서 "사회보험료율"은 해당 사업연도 종료일 현재 적용되는 다음의 수를 더한 수로 한다(조특령 §27의4⑨).

㉮ 「국민건강보험법 시행령」 제44조 제1항에 따른 보험료율의 2분의 1

㉯ "㉮"의 수에 「노인장기요양보험법 시행령」 제4조에 따른 장기요양보험료율을 곱한 수

㉰ 「국민연금법」 제88조에 따른 보험료율

㉱ 「고용보험 및 산업재해보상보험의 보험료 징수 등에 관한 법률」 제13조 제4항 각호에 따른 수를 합한 수

㉲ 「고용보험 및 산업재해보상보험의 보험료 징수 등에 관한 법률」 제14조 제3항에 따른 산재보험료율

② 청년 등 외 상시근로자 고용증가 인원에 대하여 사용자가 부담하는 사회보험료 상당액 : "청년 등 외 상시근로자"란 위 "①"에서 청년 등 상시근로자가 아닌 상시근로자를 말한다(조특법 §30의4①(2)).

$$\text{사회보험료 세액공제액} = \text{청년 등 외 상시근로자 고용증가인원}^{*1} \times \text{청년 등 외 상시근로자 고용증가인원에 대한 사용자의 사회보험료 부담금액}^{*2} \times 50\%(\text{신성장서비스업을 영위하는 중소기업}^{*3}\ 75\%)$$

*1 위 계산식에서 "청년 등 외 상시근로자 고용증가인원"이란 해당 사업연도에 직전 사업연도 대비 증가한 상시근로자 수에서 해당 사업연도에 직전 사업연도 대비 증가한 청년 상시근로자 수를 뺀 수(그 수가 음수인 경우 영으로 본다)를 말한다(조특령 §27의4④).

2 "청년 등 외 상시근로자 고용증가인원에 대한 사용자의 사회보험료 부담금액"이란, 다음 계산식에 따라 계산한 금액(해당 과세연도에 청년 등 외 상시근로자를 대상으로 법 제30조의4 제4항 각 호의 어느 하나에 해당하는 사회보험에 사용자가 부담하는 사회보험료 상당액에 대하여 국가 및 「공공기관의 운영에 관한 법률」 제4조에 따른 공공기관이 지급했거나 지급하기로 한 보조금 및 감면액의 합계액은 제외한다)을 말한다(조특령 §27의4⑧).

$$\text{사용자의 사회보험료 부담금액} = \frac{\text{해당 사업연도에 청년 외 상시근로자에게 지급하는 소득세법 제20조 제1항에 따른 총급여액}}{\text{해당 사업연도의 상시근로자 수} - \text{해당 사업연도의 청년 상시근로자 수}} \times \text{사회보험료율}$$

*3 신성장서비스업을 영위하는 중소기업 : 신성장 서비스업을 영위하는 중소기업이란, 다음 중 어느 하나에 해당하는 사업을 주된 사업으로 영위하는 중소기업을 말한다. 이 경우 둘 이상의 서로 다른 사업을 영위하는 경우에는 사업별 사업수입금액이 큰 사업을 주된 사업으로 본다(조특령 §27의4⑤).

① 컴퓨터 프로그래밍, 시스템 통합 및 관리업, 소프트웨어 개발 및 공급업, 정보서비스업 또는 전기통신업

② 창작 및 예술관련 서비스업(자영예술가는 제외한다), 영화·비디오물 및 방송프로그램 제작업, 오디오물 출판 및 원판 녹음업 또는 방송업

③ 엔지니어링사업, 전문디자인업, 보안시스템 서비스업 또는 광고업 중 광고물 작성업
④ 서적, 잡지 및 기타 인쇄물출판업, 연구개발업, 「학원의 설립·운영 및 과외교습에 관한 법률」에 따른 직업기술 분야를 교습하는 학원을 운영하는 사업 또는 「국민 평생 직업능력 개발법」에 따른 직업능력개발훈련시설을 운영하는 사업(직업능력개발훈련을 주된 사업으로 하는 경우로 한정한다)
⑤ 관광진흥법에 따른 관광숙박업, 국제회의업, 유원시설업 또는 법 제6조 제3항 제20호에 따른 관광객이용시설업
⑥ 「조세특례제한법 시행령」 제5조 제7항에 따른 물류산업
⑦ 그밖에 기획재정부령으로 정하는 신성장 서비스업

(3) 사후관리

법인세를 공제받은 중소기업이 최초로 공제를 받은 사업연도의 종료일부터 1년이 되는 날이 속하는 사업연도의 종료일까지의 기간 중 전체 상시근로자의 수가 최초로 공제를 받은 사업연도에 비하여 감소한 경우에는 감소한 사업연도에 대하여 (2)의 규정을 적용하지 아니하고, 청년등상시근로자의 수가 최초로 공제를 받은 사업연도에 비하여 감소한 경우에는 감소한 사업연도에 대하여 (2)의 ①를 적용하지 아니한다. 이 경우 납부해야 할 법인세액은 다음 구분에 따라 계산한 금액(해당 사업연도의 직전 사업연도에 공제받은 세액을 한도로 한다)으로 하며, 이를 해당 사업연도의 과세표준을 신고할 때 법인세로 납부해야 한다 (조특법 §30의4②, 조특령 §27의4⑪).

1) 상시근로자 수가 감소한 경우 : 다음 구분에 따라 계산한 금액

가. 감소한 청년등 상시근로자의 수가 감소한 상시근로자 수 이상인 경우 : 다음의 계산식에 따라 계산한 금액

$$A - B + C$$

A : 최초로 공제받은 사업연도(이하 "최초공제연도"라 한다)에 비해 감소한 청년등 상시근로자 수(최초공제연도에 청년등 상시근로자가 증가한 수를 한도로 한다)에서 최초공제연도에 비해 감소한 상시근로자 수를 뺀 인원수(이하 이 계산식에서 "차감인원수"라 한다)에 대하여 (2)의 ①의 계산식을 준용하여 계산한 금액
B : 차감인원수에 대하여 청년등 외 상시근로자 고용증가인원에 대한 (2)의 ②의 계산식을 준용하여 계산한 금액
C : 최초공제연도에 비해 감소한 상시근로자 수에 대하여 (2)의 ①의 계산식을 준용하여 계산한 금액

나. 그 밖의 경우 : 다음의 계산식에 따라 계산한 금액

$$A + B$$

A : 최초공제연도에 비해 감소한 청년등 상시근로자 수(최초공제연도에 청년등 상시근로자가 증가한 수를 한도로 한다)에 대하여 (2)의 ①의 계산식을 준용하여 계산한 금액
B : 최초공제연도에 비해 감소한 청년등 상시근로자 외의 상시근로자 수(최초공제연도에 비해 감소한 상시근로자 수를 한도로 한다)에 대하여 (2)의 ②의 계산식을 준용하여 계산한 금액

2) 상시근로자 수는 감소하지 않으면서 청년등 상시근로자 수가 감소한 경우 : 다음의 계산식에 따라 계산한 금액

$$A - B$$

A : 최초공제연도에 비해 감소한 청년등 상시근로자 수(최초공제연도에 청년등 상시근로자가 증가한 수를 한도로 하며, 이하 이 계산식에서 "청년감소인원수"라 한다)에 대하여 (2)의 ①의 계산식을 준용하여 계산한 금액
B : 청년감소인원수에 대하여 (2)의 ②의 계산식을 준용하여 계산한 금액

※ 사후관리규정을 적용할 때 최초공제연도에 청년등 상시근로자에 해당한 사람은 이후 과세연도에도 청년등 상시근로자로 보아 청년등 상시근로자 수를 계산한다.

(4) 조세특례의 제한 등

구 분	내 용
감면과 중복적용배제	동일한 과세연도에 여러 가지 세액감면과 중소기업 사회보험료 세액공제가 동시에 적용되는 경우에는 그 중 하나만을 선택하여 적용받을 수 있음(조특법 §127④)
추계시 적용배제	「법인세법」 제66조 제3항 단서에 따라 추계(推計)를 하는 경우에는 중소기업 사회보험료 세액공제를 적용하지 아니함(조특법 §128①)
최저한세 적용여부	중소기업 사회보험료 세액공제는 최저한세대상임(조특법 §132①(3))
세액공제의 이월공제	중소기업 사회보험료 세액공제는 해당 사업연도에 납부할 세액이 없거나 최저한세액에 미달하여 공제받지 못한 세액공제는 그 다음 사업연도 개시일부터 10년 이내에 끝나는 각 사업연도에 이월하여 그 이월된 사업연도의 법인세에서 공제함(조특법 §144①)
농어촌특별세 과세여부	중소기업 사회보험료 세액공제는 농어촌특별세 비과세대상임(농특세법 §4(11)의3)

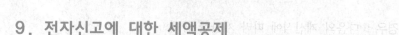

9. 전자신고에 대한 세액공제

(1) 납세자가 직접 전자신고한 경우

① 납세자가 직접 「국세기본법」 제5조의2에 따른 전자신고(이하 "전자신고"라 한다)의 방법으로 종합소득 과세표준, 양도소득 과세표준 또는 법인세 과세표준 신고를 하는 경우에는 해당 납부세액에서 2만원(「소득세법」 제73조에 따라 과세표준확정신고의 예외에 해당하는 자가 과세표준확정신고를 한 경우에는 추가로 납부하거나 환급받은 결정세액과 1만원 중 적은 금액)을 공제한다. 이 경우 납부할 세액이 음수인 경우에는 이를 없는 것으로 한다(조특법 §104의8①, 조특령 §104의5① · ②).

② 납세자가 직접 전자신고의 방법으로 「부가가치세법」 제49조에 따른 확정신고 및 같은 법 제67조에 따른 신고를 하는 경우에는 해당 납부세액에서 1만원을 공제하거나 환급세액에 가산한다. 다만, 매출가액과 매입가액이 없는 「부가가치세법」 제2조 제5호에 따른 일반과세자에 대하여는 본문을 적용하지 아니하며, 같은 조 제4호에 따른 간이과세자에 대하여는 공제세액이 납부세액에 같은 법 제63조 제3항, 제64조 및 제65조에 따른 금액을 가감(加減)한 후의 금액을 초과할 때에는 그 초과하는 금액은 없는 것으로 본다(조특법 §104의8②, 조특령 §104의5③ · ④).

(2) 회계법인 및 세무법인이 납세자를 대리하여 전자신고한 경우

「세무사법」에 따른 세무법인 및 「공인회계사법」에 따른 회계법인이 납세자를 대리하여 전자신고의 방법으로 직전 과세연도 동안 종합소득 과세표준, 양도소득 과세표준 또는 법인세 과세표준 신고를 한 경우에는 해당 세무법인 및 회계법인의 법인세의 납부세액에서 건당 2만원을 공제하고, 직전 과세기간 동안 부가가치세를 신고한 경우에는 당해 세무사의 부가가치세 납부세액에서 건당 1만원을 공제한다(조특법 §104의8③ 및 조특령 §104의5). 이 경우 세무사가 공제받을 수 있는 연간 공제 한도액(해당 세무사가 소득세 또는 법인세의 납부세액에서 공제받을 금액 및 부가가치세에서 공제받을 금액을 합한 금액)은 3백만원(「세무사법」에 따른 세무법인 또는 「공인회계사법」에 따른 회계법인인 경우에는 750만원)으로 한다(조특법 §104의8③ 및 조특령 §104의5⑤).

(3) 조세특례의 제한

구 분	내 용
최저한세 적용 여부	전자신고세액공제는 최저한세대상임(조특법 §132①(3))
세액공제의 이월공제	전자신고세액공제는 해당 사업연도에 납부할 세액이 없거나 최저한세액에 미달하여 공제받지 못한 전자신고세액공제는 그 다음 사업연도 개시일부터 10년 이내에 끝나는 각 사업연도에 이월하여 그 이월된 사업연도의 법인세에서 공제함(조특법 §144①)
농어촌특별세 과세여부	전자신고세액공제는 농어촌특별세 비과세대상임(농특세령 §4⑦(1))

(4) 세액공제 신청

전자신고에 대한 세액공제를 받고자 하는 자는 전자신고를 하는 때(세무법인과 회계법인이 납세자를 대리하여 전자신고하고 세액공제를 받고자 하는 경우에는 세무사 본인의 과세표준신고를 하는 때를 말한다)에 세액공제신청서를 관할 세무서장에게 제출하여야 한다(조특령 §104의5⑥).

10. 성실신고확인비용에 대한 세액공제

(1) 세액공제 요건 및 세액공제액

「법인세법」 제60조의2 제1항에 따른 성실신고확인대상 내국법인이 성실신고확인서를 제출하는 경우에는 성실신고 확인에 직접 사용한 비용의 60%에 해당하는 금액을 150만원의 한도 내에서 해당 사업연도의 법인세에서 공제한다(조특법 §126의6①).

□ 성실신고확인비용에 대한 세액공제 : Min[①, ②]
① 성실신고확인비용 × 60%
② 한도액 : 150만원

(2) 세액공제액의 추징

성실신고확인비용에 대한 세액공제를 받은 성실신고확인대상자가 해당 사업연도의 「법인세법」 제13조에 따른 과세표준을 과소신고한 경우로서 그 과소신고한 과세표준이 경정(수정신고로 인한 경우 포함)된 과세표준의 10% 이상인 경우에는 공제받은 금액에 상당하는 세액을 전액 추징한다(조특법 §126의6②). 그리고 과세표준이 경정된 성실신고확인대상자에 대해서는 경정일이 속하는 사업연도의 다음 사업연도부터 3개 사업연도 동안 성실신고 확인비용에 대한 세액공제를 하지 아니한다(조특법 §126의6③).

(3) 조세특례의 제한 등

구 분	내 용
최저한세 적용여부	성실신고 확인비용에 대한 세액공제는 최저한세대상이 아님(조특법 §132①(3))
세액공제의 이월공제	성실신고 확인비용에 대한 세액공제는 해당 사업연도에 납부할 세액이 없거나 최저한세액에 미달하여 공제받지 못한 세액공제는 그 다음 사업연도 개시일부터 10년 이내에 끝나는 각 사업연도에 이월하여 그 이월된 사업연도의 법인세에서 공제함(조특법 §144①)
농어촌특별세 과세여부	성실신고 확인비용에 대한 세액공제는 농어촌특별세 비과세대상임(농특세령 §4⑦(1))

(4) 세액공제의 신청

성실신고확인비용에 대한 세액공제를 적용받으려는 자는 「소득세법」 제70조의2 제1항 또는 「법인세법」 제60조의2 제1항에 따른 성실신고확인서를 제출할 때 성실신고 확인비용세액공제신청서를 납세지 관할 세무서장에게 제출하여야 한다(조특법 §126의6④, 조특령 §121의6②).

5. 조합법인에 대한 당기순이익과세제도

1. 개 요

법인의 각 사업연도의 소득은 결산상 당기순이익을 기초로 하여 기업회계와 세무회계의 차이를 조정하여 산출하게 된다. 그러나 법인의 조직규모가 취약하여 기장능력이 없고, 전문적 회계와 세법지식이 없는 소규모 법인도 결산상 당기순이익을 기초로 하여 기업회계와 세무회계의 차이를 조정하여 각 사업연도 소득을 계산하도록 하는 것은 효율성이 없다. 이에 따라 일정한 조합법인에 대하여는 2025. 12. 31. 이전에 끝나는 사업연도까지 「법인세법」의 규정에 불구하고 결산재무제표상 당기순이익(법인세 등을 공제하지 아니한 당기순이익을 말한다)에 기부금의 손금불산입 및 기업업무추진비 손금불산입 등 일정한 세무조정을 하여 간편하게 과세표준을 계산하고, 세율도 9%(20억원 초과분은 12%)를 적용하도록 하고 있다. 이 제도는 2025. 12. 31. 이전에 끝나는 사업연도까지 한시적으로 적용하며, 조합법인이 당기순이익 과세를 포기한 경우에는 일반법인과 같이 세무조정을 해서 법인세를 계산하게 된다.

2. 당기순이익 과세대상 조합법인 등의 범위

당기순이익 과세특례 대상인 조합법인 등의 범위는 다음과 같다(조특법 §72①). 조합법인 해당 여부는 사업연도 종료일을 기준으로 판단한다(서면2팀-731, 2004. 4. 8.).
① 「신용협동조합법」에 따라 설립된 신용협동조합 및 「새마을금고법」에 따라 설립된 새마을금고
② 「농업협동조합법」에 따라 설립된 조합 및 조합공동사업법인
③ 「수산업협동조합법」에 따라 설립된 조합(어촌계 포함) 및 조합공동사업법인
④ 「중소기업협동조합법」에 따라 설립된 조합·사업협동조합 및 협동조합연합회
⑤ 「산림조합법」에 따라 설립된 산림조합(산림계 포함) 및 조합공동사업법인
⑥ 「엽연초생산협동조합법」에 따라 설립된 엽연초생산협동조합
⑦ 「소비자생활협동조합법」에 따라 설립된 소비자생활협동조합

이외에 실무에서 당기순이익을 과세표준으로 하는 조합법인을 살펴보면 다음과 같다.
① 한국유리공업협동조합(국심 2003서 3125, 2004. 1. 16.)
② 의료소비자협동조합(서면2팀-324, 2006. 2. 10.)

3. 당기순이익 과세의 내용

당기순이익 과세대상 조합법인의 각 사업연도의 소득에 대한 법인세는 「법인세법」 제13조【과세표준】 및 같은 법 제55조【세율】에도 불구하고 해당 법인의 결산재무제표상 당기순이익[법인세 등을 공제하지 아니한 당기순이익(當期純利益)을 말한다]에 다음의 손금의 계산에 관한 규정을 적용하여 계산한 금액(해당 법인의 수익사업과 관련된 것만 해당한다)을 합한 금액에 9%[해당 금액이 20억원(2016. 12. 31. 이전에 조합법인간 합병하는 경우로서 합병에 따라 설립되거나 합병 후 존속하는 조합법인의 합병등기일이 속하는 사업연도와 그 다음 사업연도에 대하여는 40억원을 말한다)을 초과하는 경우 그 초과분에 대해서는 12%]의 세율(이하 "특례세율"이라 한다)을 적용하여 법인세로서 과세(이하 "당기순이익과세"라 한다)한다(조특법 §72①).

① 「법인세법」 제19조의2 제2항에 따른 채무보증(「법인세법 시행령」 제19조의2 제6항의 채무보증 제외)으로 발생한 구상채권 및 특수관계인에 대한 가지급금의 대손금 손금불산입액

② 「법인세법」 제24조에 따른 기부금의 손금불산입액

③ 「법인세법」 제25조에 따른 기업업무추진비의 손금불산입액

④ 「법인세법」 제26조에 따른 과다경비 등의 손금불산입액

⑤ 「법인세법」 제27조에 따른 업무와 관련없는 비용의 손금불산입액

⑥ 「법인세법」 제27조의2에 따른 업무용 승용차 관련비용의 손금불산입 등 특례

⑦ 「법인세법」 제28조에 따른 지급이자 손금불산입액

⑧ 「법인세법」 제33조에 따른 퇴직급여충당금의 손금한도초과액 등의 손금불산입액

⑨ 「법인세법」 제34조 제3항에 따른 「법인세법」 제19조의2 제2항에 따른 채무보증(「법인세법 시행령」 제19조의2 제6항의 채무보증 제외)으로 발생한 구상채권 및 특수관계인에 대한 가지급금의 대손충당금의 손금한도초과액의 손금불산입액

그러나 해당 법인이 당기순이익과세를 포기한 때에는 그 이후의 사업연도에 대하여 당기순이익과세를 하지 아니한다(조특법 §72①).

위 내용을 계산식으로 표시하면 다음과 같다.

$$\text{조합법인 등의 당기순이익 과세금액에 대한 산출세액} = \left(\text{결산재무제표상 당기순이익} + \text{법인세법 제24조 기부금 등 일정한 항목의 손금불산입액(수익사업관련된 것만 해당함)} \right) \times 9\% (\text{20억원 초과분은 12\%})$$

(1) 결산재무제표상 당기순이익의 범위

"결산재무제표상 당기순이익"이란 법인세법 시행령 제79조【기업회계기준과 관행의 범위】에 의한 기업회계기준 또는 관행에 의하여 작성한 결산재무제표상 법인세비용 차감 전 순이익을 말한다.[32] 이 경우 당해 법인이 수익사업과 비수익사업을 구분경리한 경우에는 각 사업의 당기순손익을 합산한 금액을 과세표준으로 하며, 법인이 법인세추가납부세액을 영업 외 비용으로 계상한 경우 이를 결산재무제표상 법인세비용 차감전순이익에 가산한다.

과세표준에는「법인세법」제3조 제2항 제5호 및 같은 법 시행령 제2조 제2항에 따른 3년 이상 고유목적사업에 직접 사용하던 고정자산의 처분익을 포함한다. 기업회계기준상 당기순손익을 과소계상한 조합법인이 그 다음 사업연도 결산시 당해 과소계상상당액을 전기오류수정손익으로 이익잉여금처분계산서에 계상한 경우 법인세 과세표준계산은 국세기본법상 수정신고 또는 경정청구를 통해 과소계상한 사업연도의 과세표준을 조정하여야 한다(조특통 72-0…1 ①부터 ④까지).

(2) 조합법인의 기부금 및 기업업무추진비 시부인 계산시 유의할 점

① 조합법인이 조합법인 등의 설립에 관한 법률 또는 정관(당해 법령 또는 정관의 위임을 받아 제정된 규정을 포함한다)에 규정된 설립목적을 직접 수행하는 사업(「법인세법 시행령」제2조 제1항의 규정에 의한 수익사업 외의 사업에 한한다)을 위하여 지출하는 금액은「법인세법」제24조 또는 동법 제25조의 규정에 의한 기부금 또는 기업업무추진비로 보지 아니한다(조특령 §69③).

② 조합법인 등에 출자한 조합원 또는 회원과의 거래에서 발생한 수입금액은 기업업무추진비 한도액 계산시 이를 특수관계인과의 거래에서 발생한 수입금액으로 보지 아니한다(조특령 §69③).

③ 조합법인 등의 기부금의 손금산입 한도를 계산하는 경우 소득금액은 조합법인 등의 결산재무제표상 당기순이익에 특례기부금, 일반기부금과 정치자금기부금(조특법 §96)을 합한 금액으로 한다(조특령 §69④).

(3) 당기순이익과세 조합법인의 과세표준 계산 관련 사례

구 분	내 용
부당행위계산 부인규정 적용 배제	기업회계에 따라 적정하게 작성한 결산재무제표상 당기순이익에 당해 법인의 수익사업과 관련된 기부금 또는 접대비 등의 손금불산입액을 합한 금액을 과세표준으로 하여 법인세를 과세하는 경우에는 부당행위계산의 부인규정을 적용하지 아니한다(조특통 72-0…2 ①).

---

[32] 새마을금고가 조합법인 등에 대한 과세특례를 적용하는 경우 결산재무제표상 당기순이익은 새마을금고연합회장이 정한 회계준칙 및 회계업무방법서에 의해 작성된 결산재무제표상 법인세비용 차감 전 당기순이익으로 한다(법인-1302, 2009. 11. 27.).

구 분	내 용
기부금한도초과이월액의 손금산입 규정 적용 여부	당기순이익과세법인의 기부금손금불산입액을 계산함에 있어 법인세법상 전기 기부금한도초과액의 이월공제 규정은 적용되지 아니한다(조특통 72 - 0… 2 ②).
당기순이익 과세법인이 퇴직연금충당금을 손금에 산입할 수 있는지 여부	「조세특례제한법」 제72조의 적용을 받는 내국법인은 「법인세법 시행령」 제44조의2에 따라 확정급여형 퇴직연금의 부담금(퇴직연금충당금)에 대하여 손금산입 할 수 있는 것임(서면 - 2016 - 법령해석법인 - 4380, 2017. 6. 28.).
가지급금 인정이자 익금산입 여부	2013. 1. 1. 이후 개시하는 사업연도에 「조세특례제한법」 제72조에 따라 당기순이익과세를 적용하는 법인에 대해서는 「법인세법」 제52조 부당행위계산의 부인규정을 적용하지 아니함(서면법규과 - 1135, 2013. 10. 18.).
당기순이익에 고정자산처분이익의 포함 여부	"당기순이익 과세"가 적용되는 공공법인에 대하여는 수익사업과 비수익사업의 구분없이 재무제표상 기업회계기준에 의하여 작성한 결산재무제표상 당기순이익을 과세표준으로 하여 법인세가 과세되는 것으로 고정자산처분익을 포함하여 계산하는 것임(재법인 46012 - 80, 1999. 5. 28.).
새마을금고의 당기순이익	「새마을금고법」에 의하여 설립된 새마을금고가 「조세특례제한법」 제72조를 적용하는 경우에 같은 조 제1항의 "결산재무제표상 당기순이익"은 「새마을금고법 시행령」 제17조에 따라 새마을금고연합회장이 정한 '회계준칙' 및 '회계업무방법서'에 의해 작성한 결산재무제표상 법인세비용 차감 전 당기순이익으로 함(법인세과 - 1302, 2009. 11. 27., 법인세과 - 972, 2009. 9. 1).
전기오류수정손익을 이월이익잉여금으로 계상한 경우	「조세특례제한법」 제72조의 규정에 의한 조합법인등 당기순이익 과세법인이 기업회계기준에 의하여 전기오류수정손익을 이월이익잉여금으로 계상한 경우 2001. 3. 11. 이후 납세의무가 성립한 분부터 수정신고 또는 경정청구를 하여야 하며, 전기오류수정손익의 중대성 여부에 불구하고 전기오류수정손익을 이월이익잉여금에 계상한 경우에는 수정신고 또는 경정청구 대상임(재법인 46012 - 154, 2003. 9. 26.).
법인세추가납부세액을 영업외비용으로 계상한 경우	「조세특례제한법」 제72조 조합법인 등에 대한 법인세 과세특례 규정을 적용받는 법인이 기업회계기준에 따라 법인세추가납부세액을 영업외비용으로 계상한 경우, 법인세 과세표준계산시 결산재무제표상 당기순이익은 법인세법 시행령 제79조의 규정에 의한 기업회계기준 또는 관행에 의하여 작성한 결산재무제표상 당기순이익에 영업외비용으로 계상한 법인세추가납부세액을 가산한 금액으로 하는 것임(서이 46012 - 11075, 2003. 5. 29.).
이월결손금 공제 여부	법인이 「조세특례제한법」 제72조 제1항 각호의 규정에 의한 조합법인(이하 "당기순이익과세법인")이 당기순이익과세 포기 등의 사유로 당기순이익과세법인에서 제외된 경우 당기순이익과세법인에서 제외된 사업연도 이후에 발생한 결손금에 대하여만 「법인세법」 제13조 제1호의 규정을 적용하는 것임(서면인터넷방문상담2팀 - 274, 2006. 2. 3.).

4. 조합법인 등 당기순이익과세법인에 대한 조세특례규정의 배제

당기순이익과세법인에 대하여는 「조세특례제한법」 제5조의2, 제6조, 제7조, 제7조의2, 제7조의4, 제8조, 제8조의2, 제8조의3, 제10조, 제10조의2, 제12조, 제12조의2부터 제12조의4까지, 제13조, 제14조, 제19조, 제22조, 제24조, 제25조의6, 제26조, 제28조, 제28조의3, 제29조의2부터 제29조의4까지, 제29조의8 제3항·제4항, 제30조의4, 제31조 제4항부터 제6항까지, 제32조 제4항, 제33조, 제63조, 제63조의2, 제63조의3, 제64조, 제66조부터 제68조까지, 제99조의9, 제102조, 제104조의14 및 제104조의15를 적용하지 아니한다(조특법 §72②). 이 경우 당기순이익과세를 포기한 법인은 제외한다. 23 개정

5. 조합법인 등의 기장의무규정

「조세특례제한법」 제72조 제1항에 규정하는 당기순이익과세법인은 복식부기에 의한 기장을 하여야 한다.

6. 농어촌특별세 감면세액계산

「조세특례제한법」 제72조 제1항의 규정에 의한 조합법인 등의 경우에는 다음의 "①"의 세액에서 "②"에 규정된 세액을 차감한 금액을 감면세액으로 하여 농어촌특별세를 계산한다(농특법 §5②).

① 당해 법인의 각 사업연도 과세표준금액에 「법인세법」 제55조 제1항에 규정된 세율을 적용하여 계산한 법인세액

② 당해 법인의 각 사업연도 과세표준금액에 「조세특례제한법」 제72조 제1항에 규정된 세율을 적용하여 계산한 법인세액

7. 당기순이익과세를 포기한 조합법인

(1) 개 요

조합법인 등 중 복식부기에 의한 장부의 기장·비치와 수익사업과 비영리사업의 구분경리 등 기장능력이 있는 법인에게도 결산재무제표상 당기순이익을 법인세 과세표준으로 하여 법인세를 부담하게 하는 경우에는 조세를 과중하게 부담하는 경우가 초래된다.

이와 같은 불이익을 받지 않게 하기 위하여 당기순이익과세법인이라 하더라도 이를 포기하려는 경우 당기순이익과세를 적용받지 아니하고자 하는 사업연도의 직전 사업연도 종료일(신설법인의 경우는 사업자등록증 교부신청일)까지 당기순이익과세포기신청서를 관할 세무서장에게 제출(국세정보통신망에 의한 제출을 포함한다)하여 당기순이익과세법인의 적용을 받지 아니할 수도 있다(조특령 §69②).

이 경우에는 그 후 사업연도에 대하여 당기순이익과세를 적용받을 수 없다.

(2) 당기순이익과세포기를 신청한 조합법인 등의 고유목적사업준비금 설정 여부

당기순이익과세법인은 고유목적사업준비금을 손금으로 계상할 수 없다(법인 46012-1619, 1996. 6. 4.).

그러나 「조세특례제한법 시행령」 제69조에 따라 당기순이익과세를 포기한 조합법인 등은 「법인세법」상 고유목적사업준비금을 설정할 수 있다(법인 46012-3875, 1995. 10. 17., 법인 46012-3693, 1998. 11. 30.).

(3) 당기순이익과세를 포기한 법인의 법인세 과세표준 계산

조합법인 등이 당기순이익과세를 포기한 경우 당해 조합법인 등의 법인세 과세표준의 계산은 각 사업연도의 소득금액에서 당기순이익과세를 포기한 사업연도 이후에 발생한 결손금에 대하여만 차감한다(서면2팀-274, 2006. 2. 3.).

6. 해운기업의 법인세 과세표준 계산특례(톤세제도)

1. 개 요

톤세제도(tonnage tax system)란 해운기업의 해운소득에 대하여 실제로 얻은 이익에 과세하지 아니하고 선박의 순톤수와 운항일수를 기준으로 톤당이익을 곱해 산출한 추정이익에 대하여 법인세를 과세하는 제도이다.

주요 해운강국이 톤세제도를 시행하는 점을 고려하여 경쟁해운국과 대등한 조세환경을 구축하기 위하여 우리나라는 2005년에 톤세제도를 도입하였다. 톤세제도를 적용하는 경우에도 비해운소득에 대해서는 일반기업과 같은 방식으로 세무조정에 의하여 법인세를 납부해야 한다. 톤세제도를 선택하지 않은 해운기업은 일반기업과 같은 방식으로 법인세를 납부해야 하나, 해운기업이 원할 경우 언제든지 관할 세무서에 톤세제도의 적용을 신청함으로써 톤세제도를 적용받을 수 있다.

톤세제도를 적용하면 해운호황기에는 세제혜택을 받게 되나, 해운불황기에는 손실이 발생해도 법인세를 납부해야 한다. 톤세제도를 선택한 기업은 5년간 톤세제도를 의무적용해야 하므로 톤세제도의 적용 여부를 신중하게 결정해야 한다. 다만, 최근 해운업계의 불황으로 해운업계의 구조조정이 시급한 점을 고려하여 2017. 1. 1. 이후 신고하는 사업연도분부터 2017. 12. 31.이 속하는 사업연도까지 톤세제도의 적용을 한시적으로 포기할 수 있도록 하였다.

2. 법인세 과세표준계산 특례규정의 내용

해운기업의 법인세 과세표준은 2024. 12. 31.까지 다음 금액의 합계금액으로 할 수 있다 (조특법 §104의10①).

가. 해운소득에 대하여는 각 선박별선박표준이익의 합계액

해운소득의 개별선박표준이익 = 개별선박의 순톤수 × 1톤당 1운항일이익 × 운항일수 × 사용률

나. 비해운소득에 대하여 「법인세법」 제13조 내지 제54조의 규정에 의하여 계산한 금액

3. 법인세 과세표준 특례규정을 적용받을 수 있는 대상 법인

「해운법」상 외항운송 사업의 영위 등 해운기업이 법인세 과세표준계산 특례 규정을 적용받을 수 있는 법인이란, 다음의 어느 하나에 해당하는 사업을 영위하는 「해운법」상 외항운송사업을 영위하는 해운기업으로서 해당 기업이 용선(다른 해운기업이 기획재정부령으로 정하는 공동운항[33])에 투입한 선박을 사용하는 경우를 포함한다)한 선박의 연간운항순톤수(선박의 순톤수에 연간 운항일수와 사용률을 곱하여 계산한 톤수를 말한다)의 합계가 해당 기업이 소유한 선박 등 기획재정부령으로 정하는 기준선박[34])의 연간운항순톤수 합계의 5배를 초과하지 아니하는 해운기업을 말한다(조특령 §104의7①).

① 「해운법」 제3조에 따른 외항정기여객운송사업 또는 외항부정기여객운송사업

② 「해운법」 제23조에 따른 외항정기화물운송사업 또는 외항부정기화물운송사업. 다만, 수산물운송사업은 제외한다. 이 경우 수산물운송사업은 「해운법 시행규칙」 제19조 [별표 3] 해상화물운송사업의 등록기준에 따른 "외항정기(부정기)화물운송사업" 중 "수산물운송"을 말한다(재법인-388, 2016. 5. 3.).

③ 「크루즈산업의 육성 및 지원에 관한 법률」 제2조 제4호에 따른 국제순항 크루즈선운항사업

> 연간운항순톤수 = 순톤수 × 연간운항일수* × 사용률

* 개별선박 표준이익을 산정함에 있어 "운항일수"란, 「조세특례제한법 시행령」 제104조의8 제3항에 따라 특례적용기업이 소유하는 선박의 경우에는 소유기간의 일수를, 용선한 선박의 경우에는 용선기간의 일수를 말한다. 다만, 정비·개량·보수·그 밖의 불가피한 사유로 30일 이상 연속하여 선박을 운항하지 아니한 경우 그 기간은 제외한다(법규-823, 2009. 3. 5.).

연간운항순톤수의 산출 시점은 과세표준계산특례 적용신청기한(요건명세서 제출기한)이 속하는 사업연도의 직전 사업연도 종료일을 기준으로 한다.

---

33) "기획재정부령으로 정하는 공동운항"이란 2개 이상의 해운기업이 각 1척 이상의 선박을 투입하여 공동배선계획에 따라 운항하면서 다른 해운기업이 투입한 선박에 대하여도 상호 일정한 선복을 사용할 수 있도록 계약된 운항형태를 말한다(조특칙 §46의3①).

34) "해당 기업이 소유한 선박 등 기획재정부령으로 정하는 기준선박"이란 국제선박등록법 제4조에 따라 등록한 국제선박으로서 다음에 해당하는 선박을 말한다(조특칙 §46의3②).
① 해당 기업이 소유한 선박
② 해당 기업 명의의 국적취득조건부 나용선
③ 해당 기업이 여신전문금융업법 제3조 제2항에 따라 시설대여업 등록을 한 자로부터 소유권이전 연불조건부로 리스한 선박 이외에 국제선박등록법 제4조에 따라 등록한 국제선박으로서, 국내선주의 국적취득조건부 나용선을 2년 이상 용선한 선박과 다른 해운기업에 대선한 기간을 제외하고 연속하여 2년 이상의 기간으로 용선한 선박과 국내선주로부터 국적선을 2년 이상 용선하였으나 선주의 사정에 의하여 불가피하게 1년 정도 경과 후 국적취득조건부 나용선으로 소급하여 변경하고 국제선박등록을 한 경우에는 동 기준선박에 포함된다(법인-1143, 2009. 10. 15.).

4. 해운소득의 범위

해운기업이 과세표준계산특례 규정을 적용받는 경우 해운소득의 범위는 다음의 소득 "(1)" 또는 "(2)"에 해당하는 활동으로 발생한 소득과 "(3)"에 해당하는 소득을 합한 금액이다(조특령 §104의7②).

(1) 외항해상운송활동으로 발생한 소득

외항해상운송활동(외항해상운송에 사용하기 위한 해운법 제2조 제4호에 따른 용대선(傭貸船)을 포함한다)으로 발생한 소득은 해운소득에 포함한다.

(2) 외항해상운송활동과 연계된 선적·하역 및 매각 등의 소득

외항해상운송활동과 연계된 다음의 활동으로 발생한 소득은 해운소득에 포함한다(조특령 §104의7②(2)).
① 화물의 유치·선적·하역·유지 및 관리와 관련된 활동
② 외항해상운송활동을 위해 필요한 컨테이너의 임대차와 관련된 활동
③ 직원의 모집·교육 및 훈련과 관련된 활동
④ 선박의 취득·유지·관리 및 폐기와 관련된 활동
⑤ 선박의 매각과 관련된 활동. 23 개정 [35] 다만, 「조세특례제한법」 제104조의10 제1항에 따른 해운기업의 과세표준 계산의 특례(이하 "과세표준계산특례"라 한다)의 적용 이전부터 소유하고 있던 선박을 매각하는 경우에는 다음의 계산식에 따라 계산한 금액 (이하 "특례적용 전 기간분"이라 한다)은 비해운소득으로 한다.

$$\text{해당 선박의 매각손익} \times \frac{\text{해당 선박의 과세표준계산특례가 적용되기 전의 기간}}{\text{해당 선박의 총 소유기간}}$$

그리고 매각대금으로 해당 선박의 매각일이 속하는 사업연도의 종료일까지 새로운 선박을 취득하는 경우에는 다음의 계산식에 따라 계산한 금액에 상당하는 금액은 해운소득으로 한다.[36]

---

[35] 해운기업에 대한 법인세 과세표준 계산특례를 적용받고 있는 법인이 외항운송활동에 사용하기 위하여 건조 중인 선박의 매각차익은 해운소득에 해당하지 않는다(서면2팀-1691, 2006. 9. 7.).

[36] 이 경우 선박침몰로 선박의 매각손익을 안분계산시 과세표준 계산특례의 적용기간 종료일은 선박침몰시까지로 한다(서면2팀-1489, 2007. 8. 10.).

$$특례적용\ 전\ 기간분\ \times\ \frac{새로운\ 선박의\ 취득에\ 사용된\ 매각대금}{해당\ 선박의\ 매각대금}\ \times\ \frac{8}{100}$$

⑥ 단일 운송계약에 의한 선박과 항공기·철도차량 또는 자동차 등 2가지 이상의 운송수단을 이용하는 복합운송활동

⑦ 외항해상운송활동을 위하여 필요한 컨테이너의 매각과 관련된 활동

(3) 외항해상운송활동과 관련한 이자소득 등 및 외화환산손익 등

외항해상운송활동과 관련하여 발생한 다음의 이자소득 등 및 외화환산손익 등은 해운소득에 포함한다(조특령 §104의7②(3)).

① 외항해상운송활동과 관련하여 발생한 「소득세법」 제16조의 이자소득, 동법 제17조 제1항 제5호의 투자신탁수익의 분배금(이하 "이자소득등"이라 한다) 및 지급이자. 다만, 기업회계기준에 따른 유동자산에서 발생하는 이자소득등을 포함하되, 기업회계기준에 따른 비유동자산 중 투자자산에서 발생하는 이자소득등과 그 밖에 기획재정부령이 정하는 이자소득등은 제외한다. `23 개정`

② 외항해상운송활동과 관련하여 발생한 기업회계기준에 따른 화폐성 외화자산·부채를 평가함에 따라 발생하는 원화평가금액과 원화기장액의 차익 또는 차손[37]

③ 외항해상운송활동과 관련하여 상환받거나 상환하는 외화 채권·채무의 원화금액과 원화기장액의 차익 또는 차손

④ 외항해상운송활동과 관련하여 이자율 변동, 통화의 환율변동, 운임의 변동, 선박 연료유 등 주요 원자재의 가격변동의 위험을 회피하기 위하여 체결한 기업회계에 의한 파생상품거래로 인한 손익

(4) 감가상각비 과세특례 적용과 해운소득의 계산

「조세특례제한법 시행령」 제104조의7 제2항 제2호 마목의 규정에 따라 감가상각비를 과세표준계산특례의 적용기간과 적용되지 않는 기간별로 안분하여 각각 해운소득과 비해운소득으로 하여 그 비해운소득에 대하여만 「조세특례제한법」 제30조【감가상각비 손금산입 특례】규정을 적용하며, 톤세적용기간 이전에 법인세계산상 유보로 처분되어 자본금과 적립금명세서(을) 유보잔액을 톤세적용기간에 익금 또는 손금으로 세무조정할 사유가 발생한 경우 비해

---

37) 2014. 2. 21. 전에 외항해상운송활동과 관련하여 발생한 화폐성 외화자산·부채를 「법인세법 시행령」 제76조 제2항 제2호 및 제4항의 방법에 따라 익금 또는 손금에 산입한 법인은 「조세특례제한법 시행령」 제104조의7의 개정규정에도 불구하고 2014. 2. 21. 전에 산입한 해당 익금 또는 손금의 합계액을 상계할 때까지 종전의 규정에 따른다. 다만, 2019. 1. 1. 이후에는 그러하지 아니하다(조특령 부칙 제18조, 대통령령 제25211호 2014. 2. 21. 공포).

운소득부문 해당액에 대해서만 세무조정하되, 해운소득과 비해운소득부문을 구분할 수 없을 때에는 「법인세법 시행규칙」 제76조 제6항에 따라 안분계산한다(서면2팀-189, 2008. 1. 29.).

5. 선박·순톤수·운항일수 및 사용률의 개념

해운기업이 과세표준계산특례규정을 적용할 경우 선박표준이익의 산출에 있어서 선박·순톤수·운항일수 및 사용률의 개념을 살펴보면 다음과 같다.

1) 선 박

"선박"은 과세표준계산특례를 적용받는 기업(이하 "특례적용기업"이라 한다)이 소유하거나 용선한 선박을 말한다(조특령 §104의7③(1)).

2) 순톤수

"순톤수"는 「선박법」 제3조 제1항 제3호에 따른 순톤수를 말한다(조특령 §104의7③(2)).

3) 운항일수

"운항일수"는 다음의 어느 하나의 기간에 속하는 일수를 말한다. 다만, 정비·개량·보수 그 밖의 불가피한 사유로 30일 이상 연속하여 선박을 운항하지 아니한 경우 그 기간은 제외한다(조특령 §104의7③(3)).
① 특례적용기업이 소유한 선박의 경우에는 소유기간
② 특례적용기업이 용선한 선박의 경우에는 용선기간

이 경우 운항일수는 「국제선박등록법」 제4조에 따라 국제선박으로 등록한 날부터 기산하는 것이며(서면2팀-173, 2006. 1. 23.), 자사의 수출화물을 선박을 이용하여 수송하는 경우에는 당해 운항일수에 포함되지 아니한다(서면2팀-248, 2006. 2. 1.).

4) 사용률

사용률은 다음의 어느 하나의 비율을 말한다(조특령 §104의7③(4)).
① 특례적용기업이 선박을 소유하거나 선박 전체를 용선한 경우 : 100%
② 특례적용기업이 선박의 일부를 용선한 경우 : 해당 선박의 최대 적재량에서 특례적용기업이 해당 선박에 적재한 물량이 차지하는 비율. 다만, 특례적용기업이 컨테이너 수량을 기준으로 용선을 한 경우에는 해당 선박에 적재할 수 있는 최대 컨테이너 수(선박 건조 시 설계서에 명시된 적재능력의 75%에 해당하는 컨테이너 수를 말한다)에서 특례적용기업이 해당 선박에 적재한 컨테이너 수가 차지하는 비율로 한다.

6. 1톤당 1운항일 이익계산

1톤당 1운항일 이익계산은 다음의 금액을 말한다(조특령 §104의7④).

개별선박의 순톤수	1톤당 1운항일 이익
1,000톤 이하분	14원
1,000톤 초과 10,000톤 이하분	11원
10,000톤 초과 25,000톤 이하분	7원
25,000톤 초과분	4원

7. 특례적용 대상기간

해운기업의 과세표준계산의 특례(이하 "과세표준계산특례"라 한다)를 적용받으려는 법인은 과세표준계산특례 적용을 신청하여야 하며, 과세표준계산특례를 적용받으려는 사업연도부터 연속하여 5개 사업연도(이하 "과세표준계산특례 적용기간"이라 한다) 동안 과세표준계산특례를 적용받아야 한다. 다만, 과세표준계산특례를 적용받고 있는 해운기업은 2017. 1. 1. 이후 신고분부터 2017. 12. 31.이 속하는 사업연도까지 후술하는 "13."에 따라 과세표준계산특례의 적용을 포기할 수 있다(조특법 §104의10②).

그러나 보유 중인 선박양도차익에 대하여 법인세 신고기한까지 해운기업의 법인세 과세표준계산특례적용신청서를 제출하지 아니한 경우 해당 법인은 일반적인 법인세 신고를 선택한 것이며 신고기한 경과 후 특례대상임을 알았다 하여 다시 과세방법을 변경할 수는 없다(조심 2011서 376, 2011. 10. 11.).

8. 과세특례 적용배제

해운기업이 과세표준특례 규정을 받는 경우에는 다음의 세법상 규정을 적용하지 아니한다(조특법 §104의10④ 및 ⑤).

① 비해운소득에서 발생한 결손금은 선박표준이익과 합산하지 아니한다.

② 해운소득에 대하여는 「조세특례제한법」, 「국세기본법」 및 조약과 「조세특례제한법」 제3조 제1항 각호의 법률에 의한 조세특례를 적용하지 아니한다.

③ 해운소득에 원천징수된 소득이 포함되어 있는 경우에는 그 소득에 대한 원천징수세액은 법인세 산출시 이미 납부한 세액으로 공제하지 아니한다.

④ 특례적용을 받기 전에 발생한 이월결손금은 당해 사업연도의 과세표준계산시 공제하

지 아니한다.

⑤ 국제선박으로 등록한 선박을 양도하는 경우 「조세특례제한법」 제23조에 국제선박 양
도차익의 손금산입 규정이 적용되는 것이나, 해운기업에 대한 과세표준계산특례를 적
용받는 과세기간에는 「조세특례제한법」 제23조에 따른 국제선박 양도차익의 손금산
입 규정을 적용받을 수 없다(서면2팀-173, 2006. 1. 23.).

9. 과세표준계산특례 요건 위반시 규제

해운기업의 법인세 과세특례적용기간 동안 위 "3. 법인세 과세표준 특례규정을 적용받을
수 있는 대상 법인"의 요건을 2개 사업연도 이상 위반하는 경우에는 2회째 위반하게 된 사
업연도부터 당해 특례적용기간의 남은 기간과 다음 5개 사업연도 기간은 특례를 적용받을
수 없다(조특법 §104의10⑥).

10. 해운기업의 법인세중간예납특례

해운기업에 대한 법인세 과세표준계산특례를 적용받은 법인이 「법인세법」 제63조의2 제1
항 제2호의 방법으로 중간예납을 하는 경우 당해 법인의 중간예납의 과세표준은 「조세특례
제한법」 제104조의10 제1항부터 제5항까지의 규정에 따라 계산한 금액으로 하고, 「법인세
법」 제63조의2 제1항 제2호의 계산식에서 감면된 법인세액과 관련된 원천납부세액은 비해
운소득 부분에 대해서만 적용한다(조특법 §104의10⑦).

11. 구분계산

해운기업에 대한 법인세 과세표준계산특례 적용받은 법인의 경우에는 해운소득과 비해운
소득을 각각 별개의 회계로 구분 경리하여야 하고, 해운소득과 비해운소득에 공통되는 익금
과 손금은 「법인세법 시행규칙」 제76조 제6항을 준용하여 안분계산을 하여야 한다(조특법
§104의10⑨). 또한 해운기업의 법인세 과세표준 계산특례의 적용 이전부터 소유하고 있던 선
박의 매각손익은 「조세특례제한법 시행령」 제104조의7 제2항 제2호 마목에 따라 과세표준
계산특례의 적용기간과 「법인세법」의 적용기간별로 안분하여 그 비율에 따라 각각 해운소
득과 비해운소득으로 한다(서면2팀-2282, 2006. 11. 9.).

12. 적용신청

(1) 일반적인 경우

해운기업이 과세표준계산특례를 적용받고자 할 때에는 특례적용 대상기간 중 최초 사업연도의 과세표준신고기한까지 전술한 "3."의 적용요건 충족 여부에 관한 해양수산부장관의 확인서를 첨부하여 납세지 관할 세무서장에게 신청하여야 한다(조특령 §104의7⑤).

따라서 보유 중인 선박양도차익에 대하여 법인세 신고기한까지 해운기업의 법인세 과세표준계산특례 적용신청서를 제출하지 아니한 해당 법인은 일반적인 법인세 신고를 선택한 것이며 신고기한 경과 후 다시 과세방법을 변경할 수 없다(조심 2011서 376, 2011. 10. 11.).

(2) 분할신설법인의 경우

분할신설법인이 분할법인의 해운기업에 대한 법인세 과세표준계산특례를 승계하여 적용하는 경우, 별도의 특례적용 신청을 하지 아니한다(법인-95, 2009. 1. 8.).

13. 과세표준계산특례 적용의 포기

해운업을 경영하는 법인이 「조세특례제한법」 제104조의10 제2항 단서에 따라 과세표준계산특례의 적용을 포기하려는 때에는 과세표준계산특례를 적용받지 아니하려는 최초 사업연도의 과세표준신고기한까지 해운기업의 법인세 과세표준계산특례 포기신청서를 납세지관할 세무서장에게 제출하여야 한다(조특령 §104의7⑦).

14. 과세표준특례를 적용받지 못하는 경우 사업연도의 소득금액계산

해운업을 경영하는 법인이 과세표준특례기간이 종료되거나 전술한 "3."의 요건을 위반하거나 과세표준특례의 적용을 포기함으로써 과세표준특례를 적용받지 아니하고 「법인세법」을 적용받게 되는 경우에는 과세표준 특례적용기간에도 계속하여 「법인세법」을 적용받은 것으로 보고 각 사업연도의 소득금액을 계산한다(조특령 §104의7⑧).

다만, 다음의 「법인세법」 규정을 적용하는 때에는 각각의 계산방법에 따른다.

① 「법인세법」 제19조의2를 적용할 때에는 같은 조 제1항의 대손금으로서 같은 법 시행령 제19조의2 제1항 각호의 채권을 회수할 수 없는 사유가 특례적용기간에 발생한 경

우에는 같은 조 제3항에도 불구하고 해당 사유가 발생한 사업연도에 손금에 산입한 것으로 본다.

② 「법인세법」 제23조를 적용할 때 같은 조 제1항의 상각범위액은 같은 법 시행령 제30조를 준용하여 계산한다. 이 경우 특례적용기간에 「법인세법 시행령」 제26조 제1항 각호의 구분을 달리하는 감가상각자산이나 같은 법 시행령 제28조 제1항 제2호의 자산별·업종별 구분에 따른 기준내용연수가 다른 감가상각자산을 새로 취득한 경우에는 같은 법 시행령 제26조 제3항 및 제28조 제3항에도 불구하고 해당 자산에 관한 감가상각방법신고서 또는 내용연수신고서를 「법인세법」을 적용받게 된 최초 사업연도의 법인세 과세표준신고기한까지 납세지 관할 세무서장에게 제출(국세정보통신망에 의한 제출을 포함한다)할 수 있다.

③ 「법인세법」 제33조를 적용할 때 특례적용기간에는 같은 법 시행령 제60조 제1항부터 제3항까지의 규정에 따라 계산한 각 사업연도의 퇴직급여충당금의 손금산입 한도액에 해당하는 금액을 해당 사업연도에 퇴직급여충당금으로서 손금에 산입한 것으로 보고 같은 조 제2항의 퇴직급여충당금의 누적액을 계산한다.

④ 「법인세법」 제13조·제34조 및 이 법 제144조를 적용할 때에는 다음에 따른다. 다만, 해당 법인이 「법인세법」을 적용받게 된 최초 사업연도의 과세표준신고기한까지 특례적용기간에 관하여 「법인세법」 제60조 제2항 제2호에 따른 세무조정계산서 등 「법인세법 시행규칙」으로 정하는 서류를 작성하여 같은 조 제1항에 따른 신고와 함께 납세지 관할 세무서장에게 제출하는 경우에는 특례적용기간에도 계속하여 「법인세법」을 적용받은 것으로 보고 같은 법 제13조·제34조 및 이 법 제144조를 적용한다.

㉮ 「법인세법」 제13조를 적용할 때에는 같은 조 제1항 제1호에도 불구하고 특례적용 기간의 종료일 현재의 같은 법 시행령 제16조 제1항에 따른 이월결손금의 잔액은 없는 것으로 본다.

㉯ 「법인세법」 제34조를 적용할 때에는 같은 조 제3항에도 불구하고 과세표준계산특례를 적용받기 직전 사업연도 종료일 현재의 대손충당금 잔액은 「법인세법」을 적용받게 된 최초 사업연도의 소득금액을 계산할 때 익금에 산입한다.

㉰ 「조세특례제한법」 제144조를 적용할 때에는 같은 조 제1항에도 불구하고 같은 항에 따라 이월된 특례적용기간의 종료일 현재의 미공제금액은 없는 것으로 본다.

7. 동업기업과세특례

1. 개 요

법인이 소득을 얻은 경우 법인에게 법인세를 과세하고, 그 소득을 주주에게 배당을 하면 주주에게 소득세(또는 법인세)를 과세한다. 이와 같이 배당소득은 법인단계와 주주단계에서 이중으로 과세되므로 배당세액공제나 수입배당금액 익금불산입제도에 의하여 이중과세를 조정한다. 그러나 동업기업과세특례(partnership taxation)를 적용하는 경우에는 동업기업을 도관으로 보아 동업기업에는 과세하지 않고, 그 소득을 동업자에게 배분하여 동업자에게만 과세한다. 동업기업과세특례를 적용한 경우 배분된 소득에 대해서는 이중과세되지 않으므로 이중과세를 조정하지 아니한다.

2. 용어의 뜻

(1) 동업기업

동업기업(partnership)이란 2명 이상이 금전이나 그 밖의 재산 또는 노무 등을 출자하여 공동사업을 경영하면서 발생한 이익 또는 손실을 배분받기 위하여 설립한 단체를 말한다(조특법 §100의14(1)).

(2) 동업자와 동업자군

동업자(partner)란 동업기업의 출자자인 내국법인·거주자·외국법인·비거주자를 말한다. 동업기업과세특례를 적용하는 경우 동업자가 단독사업자로서 소득을 얻은 경우와 동업기업을 통하여 소득을 얻은 경우의 소득구분이 달라지지 않도록 동업자를 네 개의 동업자군(partner group)으로 구분한다(조특법 §100의14(2)·(4)).

(3) 배분과 분배

동업기업과세특례에서는 배분과 분배를 구별해야 한다. 배분(allocation)이란 동업기업의 소득금액·결손금을 각 과세연도의 종료일에 동업자의 소득금액 또는 결손금으로 강제로 배분하는 것을 말한다(조특법 §100의14⑶). 반면에, 분배(distribution)란 동업기업이 동업자에게 자산을 실제로 이전하는 것을 말한다(조특법 §100의14⑻).

(4) 지분가액

지분가액(outside basis)이란 동업자가 보유하는 동업기업 지분의 세무상 장부가액을 말한다. 지분가액은 동업기업 지분을 양도하거나 동업기업의 자산을 분배하는 경우의 과세소득 계산의 기초가 된다(조특법 §100의14⑺).

3. 적용범위

동업기업과세특례는 다음 중 어느 하나에 해당하는 단체가 적용신청을 한 경우에 적용한다. 다만, 동업기업과세특례를 적용받는 동업기업의 동업자는 동업기업의 자격으로 동업기업과세특례를 적용받을 수 없으며, ⑤의 외국단체의 경우 국내사업장을 하나의 동업기업으로 보아 해당 국내사업장과 실질적으로 관련되거나 해당 국내사업장에 귀속하는 소득으로 한정하여 동업기업과세특례를 적용한다(조특법 §100의15).
① 민법에 따른 조합
② 상법에 따른 합자조합 및 익명조합(투자합자조합과 투자익명조합 제외)
③ 상법에 따른 합명회사 및 합자회사(투자합자회사 중 기관전용 사모투자전문회사가 아닌 것 제외)
④ 인적용역을 제공하는 다음의 단체 : 법무법인, 법무조합, 법무법인(유한) 특허법인, 노무법인, 법무사합동법인, 회계법인, 세무법인, 관세법인
⑤ 외국법인 또는 비거주자로
보는 법인 아닌 단체 중 위의 단체와 유사한 단체로서 일정한 기준에 해당하는 외국단체
동업기업과세특례를 적용받는 동업기업과 동업자에 대해서는 각 세법의 규정에 우선하여 동업기업과세특례 규정을 우선 적용한다(조특법 §100의15②).

세부내용 자펀드에 투자하는 모펀드도 동업기업 과세특례 적용 [24 신설]

동업기업과세특례를 적용받는 동업기업에 출자한 동업자가 기관전용 사모집합투자기구로서 개인(외국인, 해당 기관전용 사모집합투자기구의 업무집행사원의 임원 또는 운용인력을 포함함)이 아닌 자만을 사원으로 하는 투자합자회사인 경우 그 투자합자회사는 자기에게 출자한 동업자와의 관계에서

1665

동업기업의 자격으로 동업기업과세특례를 적용받을 수 있다(조특법 §100의15②). 이 경우 해당 투자합자회사의 동업자는 동업기업의 자격으로 동업기업과세특례를 적용받을 수 없다. 이 경우 동업자인 동시에 동업기업의 자격으로 동업기업과세특례를 적용받는 자는 동업자의 자격으로 자기가 출자한 동업기업(동업기업과세특례를 적용받는 동업기업을 말함)과의 관계에서 "상위 동업기업"이라 하고, 그 출자를 받은 동업기업은 상위 동업기업과의 관계에서 "하위 동업기업"이라 한다(조특법 §100의15③).

4. 동업기업과세특례의 적용 및 포기신청

(1) 적용신청

동업기업과세특례를 적용받으려는 기업은 동업기업과세특례를 적용받으려는 최초의 과세연도의 개시일 이전(기업을 설립하는 경우로서 기업의 설립일이 속하는 과세연도부터 적용받으려는 경우에는 그 과세연도의 개시일부터 1개월 이내)에 동업자 전원의 동의서와 함께 동업기업과세특례 적용신청서를 납세지 관할 세무서장에게 제출하여야 한다(조특령 §100의16①).

(2) 포기신청

동업기업과세특례를 적용받고 있는 동업기업이 적용을 포기하려면 동업기업과세특례를 적용받지 않으려는 최초의 과세연도의 개시일 이전에 동업자 전원의 동의서와 함께 동업기업과세특례 포기신청서를 납세지 관할 세무서장에게 제출하여야 한다. 다만, 과세방법의 자의적인 변경을 통한 조세회피를 방지하기 위하여 동업기업과세특례를 최초로 적용받은 과세연도와 그 다음 과세연도 개시일부터 4년 이내에 종료하는 과세연도까지는 동업기업과세특례의 적용을 포기할 수 없다(조특법 §100의17②).

5. 동업기업 전환법인에 대한 준청산소득에 대한 법인세의 납세의무

동업기업과세특례를 적용받는 경우 내국법인은 해산에 의한 청산소득에 준하여 계산한 과세표준에 법인세율을 적용하여 계산한 준청산소득에 대한 법인세를 납부할 의무가 있다(조특법 §100의16③). 동업기업은 동업기업과세특례를 적용받는 최초 사업연도의 직전 사업연도 종료일 이후 3개월이 되는 날까지 준청산소득에 대한 법인세를 신고하고, 준청산소득에 대한 법인세를 신고기한부터 3년간 균등액 이상 납부(3년간 분할납부)해야 한다(조특법 §100의16④·⑤).

6. 동업기업 소득금액 및 세액의 배분

소득세법 및 법인세법의 규정에 불구하고 동업기업의 소득에는 소득세 또는 법인세를 부과하지 아니하고, 동업기업의 소득을 동업자에게 배분하여 동업자(상위 동업기업인 동업자는 제외함)가 배분된 소득에 대한 소득세 또는 법인세의 납세의무를 진다(조특법 §100의16① · ②). 또한 동업기업의 세액감면과 세액공제, 원천징수세액 및 가산세도 동업자에게 배분하여, 동업자가 배분받은 금액을 세액 계산시 빼거나 더한다. 24 개정 (밑줄 친 부분 추가)

(1) 동업기업의 소득금액 또는 결손금의 배분방법

동업기업의 소득금액(또는 결손금)은 다음과 같이 배분한다.

| [1단계] 동업자군별 동업기업의 소득금액(또는 결손금)의 계산 | → | 동업자군별로 동업기업을 각각 1내국법인 · 1거주자 · 1외국법인 · 1비거주자로 보아 소득금액(또는 결손금) 계산 |

⇩

| [2단계] 동업자군별 배분대상 소득금액(또는 결손금)의 계산 | → | 동업자군별 동업기업 소득금액(또는 결손금) × 동업자군별 손익배분비율 |

⇩

| [3단계] 동업자별 소득금액(또는 결손금)의 계산 | → | 동업자군별 배분배상 소득금액(또는 결손금) × 동업자의 손익배분비율 |

[1단계] 동업자군별 동업기업의 소득금액(또는 결손금)의 계산

동업기업을 각각 1내국법인 · 1거주자 · 1외국법인 · 1비거주자로 보아 소득세법 또는 법인세법에 따라 소득금액(또는 결손금)을 계산한다. 이와 같이 동업기업의 소득금액(또는 결손금)을 네 개의 동업자군으로 구분하여 계산하는 것은 동업자가 직접 사업을 한 경우와 동업기업을 통하여 사업을 한 경우에 소득구분을 동일하게 하기 위한 것이다.

동업자군별 동업기업의 소득금액과 결손금은 다음과 같이 구분한다.

동업자군	동업자군별 소득금액	동업자군별 결손금
내국법인군	각 사업연도 소득	결손금
거주자군	이자소득 · 배당소득 · 사업소득 · 기타소득 · 양도소득	사업소득 · 양도소득의 결손금
비거주자군	이자소득 · 배당소득 · 부동산소득 · 선박 등의 임대소득 · 사업소득 · 인적용역소득	부동산소득 · 선박 등 임대소득 · 사업소득 · 인적용역소득 · 사용료소득 · 유가증

동업자군	동업자군별 소득금액	동업자군별 결손금
	·사용료소득·유가증권양도소득·기타소득·부동산 등의 양도소득	권의 양도소득·부동산 등의 양도소득의 결손금
외국법인군	이자소득·배당소득·부동산소득·선박 등의 임대소득·사업소득·인적용역소득·사용료소득·유가증권양도소득·기타소득·부동산 등의 양도소득	부동산소득·선박 등 임대소득·사업소득·인적용역소득·사용료소득·유가증권의 양도소득·부동산 등의 양도소득의 결손금

[2단계] 동업자군별 배분대상 소득금액(또는 결손금)의 계산

동업자군별 소득금액(또는 결손금)에 동업자군별 손익분배비율을 곱하여 동업자군별 배분대상 소득금액(또는 결손금)을 계산한다.

> 동업자군별 소득금액 × 동업자군별 손익분배비율 = 동업자군별 배분대상 소득금액

동업자군별 손익분배비율이란 동업자군별로 해당 군에 속하는 동업자들의 손익분배비율을 합한 비율을 말한다. 손익분배비율은 원칙적으로 동업기업이 동업기업 소득의 계산 및 배분명세 신고시 신고한 비율(이하 "약정손익분배비율"이라고 함)을 적용하고, 손익분배비율이 없는 경우에는 출자지분의 비율에 따른다(조특령 §100의17①).

> **세부내용** **조세회피의 우려가 있는 경우의 손익분배비율**

조세회피의 우려가 있다고 인정되어 다음 중 어느 하나에 해당하는 경우로서 직전 과세연도의 손익분배비율과 해당 과세연도의 손익분배비율을 달리 적용하는 경우에는 해당 사유가 발생한 과세연도에 대하여는 직전 과세연도의 손익분배비율에 따른다(조특령 §100의17②, 조특칙 §46).
① 해당 동업기업 내 어느 하나의 동업자군의 동업자군별 동업기업 소득금액 및 결손금의 합계가 직전 과세연도에는 영(零)보다 크고 해당 과세연도에는 영보다 적은 경우
② 해당 동업기업 내 어느 하나의 동업자군의 동업자군별 동업기업 소득금액 및 결손금의 합계가 직전 과세연도에는 영보다 적고 해당 과세연도에는 영보다 큰 경우
이 규정의 위의 사유가 발생한 동업자군에 속하는 동업자에 한하여 적용하며, 해당 과세연도 중 동업자가 가입하거나 탈퇴하여 변경된 경우에는 변경되지 아니한 동업자에 한하여 적용한다(조특칙 §46②).

[3단계] 동업자별 소득금액(또는 결손금)의 계산

동업자군별 배분대상 소득금액(또는 결손금)에 동업자의 손익분배비율을 곱하여 동업자별 소득금액(또는 결손금)을 계산한다. 다만, 수동적 사업자에게는 결손금을 배분하지 아니하되, 해당 과세연도의 종료일부터 15년(2021. 1. 1. 전에 개시한 과세연도에 발생한 결손금은 10년) 이내에 끝나는 각 과세연도에 그 수동적 동업자에게 소득금액을 배분할 때 배분되지 않은 결손금을 그 배분대상 소득금액에서 공제하고 배분한다(조특법 §100의18①).

> 동업자군별 배분대상 소득금액 × 동업자별 손익분배비율* = 동업자별 소득금액

* 동업자별 손익분배비율은 약정한 비율에 의한다. 다만, 어느 동업자의 출자지분과 그와 특수관계인(소득세법 또는 법인세법상 특수관계인)인 동업자의 출자지분의 합계가 가장 큰 경우에는 그 동업자와 특수관계인인 동업자 간에는 출자비율을 적용한다.

세부내용 **수동적 사업자**

수동적 사업자란 다음 중 어느 하나에 해당하는 동업자를 말한다(조특령 §100의18①).
① 다음의 요건을 모두 갖춘 동업자
   (가) 동업기업에 성명 또는 상호를 사용하게 하지 아니할 것
   (나) 동업기업의 사업에서 발생한 채무에 대하여 무한책임을 부담하기로 약정하지 아니할 것
   (다) 임원 또는 이에 준하는 자가 아닐 것
② 해당 동업기업이 사모투자전문회사인 경우에는 그 유한책임사원

사례 》 동업기업과세특례

서울합자회사는 제9기(2024. 1. 1.~2024. 12. 31.) 사업연도부터 조세특례제한법상 동업기업과세특례의 적용을 받는다. 갑합자회사의 제9기와 관련된 다음의 자료를 이용하여 물음에 답하시오.

(1) 동업자별 손익배분비율은 다음과 같다.

동업자 구분	손익배분비율	비 고
박 씨	40%	거주자
최 씨	30%	거주자(김씨와 특수관계인)
갑법인	30%	내국법인

(2) 서울합자회사의 제9기 사업연도의 소득금액의 내역은 다음과 같다.

소득 구분	금 액	비 고
사업소득	100,000,000	
부동산양도소득	20,000,000	
손해배상금수입	10,000,000	명예훼손 관련
합 계	130,000,000	

〈요구사항〉
1. 동업자군을 구분하고 '동업자군별 동업기업 소득금액'을 계산하시오.
2. '동업자군별 배분대상 소득금액'을 계산하시오.
3. 동업자에게 배분할 소득금액을 계산하시오. 단, 박 씨와 최 씨는 세법상 특수관계인이 아니다. 서울합자회사는 '사모투자전문회사'가 아니다.

▎해답▎

1. 동업자군별 동업기업의 소득금액
   (1) 동업자군
      ① 거주자군 : 박 씨와 최 씨   ② 내국법인군 : 갑법인
   (2) 동업자군별 동업기업의 소득금액
      ① 거주자군
         • 사업소득금액 : 100,000,000
         • 양도소득금액 : 20,000,000
      ② 내국법인군
         • 각 사업연도 소득금액 : 130,000,000
      ※ 명예훼손 관련 손해배상금은 법인은 익금이나 개인은 과세대상이 아니다.

2. 동업자군별 배분대상 소득금액
   ① 거주자군
      • 사업소득금액 : 100,000,000 × 70% = 70,000,000
      • 양도소득금액 : 20,000,000 × 70% = 14,000,000
   ② 내국법인군
      • 각 사업연도 소득금액 : 130,000,000 × 30% = 39,000,000

3. 동업자에게 배분할 소득금액
   ① 박 씨
      • 사업소득금액 : 70,000,000 × 40% / 70% = 40,000,000
      • 양도소득금액 : 14,000,000 × 40% / 70% = 8,000,000
   ② 최 씨
      • 사업소득금액 : 70,000,000 × 30% / 70% = 30,000,000
      • 양도소득금액 : 14,000,000 × 30% / 70% = 6,000,000
   ③ 갑법인
      • 각 사업연도소득 : 39,000,000(익금)

(2) 결손금의 배분한도 및 이월배분

동업기업의 결손금은 해당 과세연도 종료일 현재 해당 동업자의 지분가액을 한도로 배분하고, 배분한도를 초과하는 결손금은 15년(2021. 1. 1. 전에 발생한 결손금은 10년)간 이월하여 각 과세연도에 배분하는 결손금이 지분가액에 미달할 때 그 미달하는 금액의 범위 내에서 추가로 배분한다. 동업자별로 둘 이상 구분된 결손금이 발생한 경우 배분한도 초과 결손금은 각각의 구분된 결손금의 크기에 비례하여 발생한 것으로 간주한다(조특령 §100의17⑥).

(3) 동업자의 소득금액(또는 결손금)의 구분

동업자는 동업기업의 과세연도 종료일이 속하는 과세연도의 소득세 또는 법인세의 과세

표준을 계산하는 때에 배분받은 소득금액 또는 결손금을 소득세법 또는 법인세법상 구분에 따른 소득에 대한 해당 동업자의 익금(개인사업자는 총수입금액) 또는 손금(개인사업자는 필요경비)으로 본다. 다만, 수동적 동업자(「자본시장과 금융투자업에 관한 법률」에 따른 사모투자전문회사의 수동적 동업자 중 우리나라와 조세조약이 체결된 국가에서 설립된 연금·기금 등으로서 배분받는 소득이 해당 국가에서 과세되지 아니하는 대통령령으로 정하는 수동적 동업자는 제외한다)는 배분받은 소득금액을 배당소득으로 구분한다(**조특법** §100의18④).

(4) 동업기업의 세액 등의 배분

소득의 계산 및 배분 단계에서는 반영할 수 없는 동업기업 관련 세액감면·세액공제·원천징수세액·가산세·토지 등 양도소득에 대한 법인세는 동업기업을 하나의 내국법인으로 보아 계산하여 손익분배비율에 따라 동업자에게 배분하여 동업자의 소득세·법인세에서 빼거나 더한다. 다만, 토지 등 양도소득에 대한 법인세는 동업자가 법인인 경우에 한하여 배분한다(**조특법** §100의18⑤).

동업기업 단위로 계산한 세액 × 동업자별 손익분배비율 = 동업자별 세액

7. 지분가액의 조정·지분의 양도 및 동업기업의 자산의 배분

동업기업과세제도에서는 과세연도 말에 소득금액(결손금)을 강제로 배분하여 과세(공제)하므로 실제 자산분배시 또는 지분양도시 이중과세(공제)되지 않도록 지분가액을 조정해야 한다.

(1) 기초 지분가액의 결정

동업기업과세특례를 적용받는 최초의 과세연도의 직전 과세연도 종료일(동업기업의 설립일이 속하는 과세연도부터 동업기업과세특례를 적용받는 경우에는 그 과세연도 개시일) 현재 동업기업의 출자총액에 해당 동업자의 출자비율을 곱한 금액을 기초 지분가액으로 한다(**조특령** §100의21①).

(2) 지분가액의 조정

동업자의 지분은 다음과 같이 증액 또는 감액조정한다(**조특령** §100의21②·③).

구 분	사 유	지분의 증액 또는 감액금액
증액조정	자산의 출자	출자하는 자산의 시가
	지분의 매입	지분의 매입가액
	상속·증여에 의한 지분 취득	상속·증여받은 지분의 시가
	소득(비과세소득 포함)의 배분	배분받은 소득의 금액
감액조정	자산의 분배	분배받는 자산의 시가
	양도·상속·증여에 의한 지분 감소	양도·상속·증여한 지분가액
	결손금의 배분	배분받은 결손금

例 지분가액 조정 : 동업자 A(내국법인)의 동업기업의 제1기 초 지분가액 100(손익분배비율 40%)

구 분	내 용	A의 소득금액	지분가액
제1기 초	최초 출자	–	100
제1기 말	동업기업의 소득금액 200 발생	200 × 40% = 80	100 + 80(증액조정) = 180
제2기 초	동업기업은 A에게 자산(시가 50) 분배	–	180 − 50(감액조정) = 130
제2기 말	동업기업의 결손금 100 발생	△100 × 40% = △40	130 − 40(감액조정) = 90
제3기 초	A는 지분 전부를 200에 양도	200 − 90 = 110	

(3) 지분가액의 조정 순서

지분가액 조정사유가 동시에 발생한 경우에는 다음 순서에 따라 적용한다(조특령 §100의21④).

① 자산출자 등에 대한 증액조정

② 자산분배 등에 대한 감액조정

③ 소득금액의 배분에 따른 증액조정

④ 결손금의 배분에 따른 감액조정

다만, 동업자의 지위가 소멸되는 청산시 자산분배의 감액조정(②)은 다른 조정을 먼저 한 후 가장 나중에 적용한다.

事例 지분가액 조정 순서

동업자인 A법인의 기초지분가액은 100이고, 자산분배 70과 결손금배분 10이 동시에 발생한 경우 적용 순서.

동업자 지위 유지		동업자 지위 소멸	
구 분	회계처리	구 분	회계처리
자 산 분 배	(차) 자산 70　　(대) 지분 70	결손금배분	(차) 비용 10　　(대) 지분 10
결손금배분	(차) 비용 10　　(대) 지분 10	자 산 분 배	(차) 자산 70　　(대) 지분 90 비용 20

입법취지 지분가액 조정 순서

자산출자와 분배는 기중에 발생하고, 소득금액과 결손금의 배분은 기말에 이루어지므로 자산출자와 분배에 대한 조정을 먼저하고, 소득금액과 결손금의 배분을 나중에 하도록 한 것이다. 그러나 동업자의 지위가 소멸되는 청산시 자산분배는 모든 조정이 반영된 후 최종 지분가액을 기준으로 이익과 손실을 인식해야 하므로 가장 나중에 하는 것이다.

(4) 동업기업 지분의 양도

동업자가 동업기업의 지분을 타인에게 양도하는 경우 해당 지분의 양도소득에 대해서는 동업자에 따라 다음과 같이 과세한다(조특법 §100의21①).

① 내국법인인 동업자 : 각 사업연도 소득으로 과세
② 거주자인 동업자 : 특정주식 또는 일반주식을 양도한 것으로 보아 양도소득으로 과세
③ 외국법인 또는 비거주자인 동업자 : 부동산주식(자산총액 중 부동산이 50% 이상인 법인의 주식)이나 일반주식을 양도한 것으로 보아 법인세나 소득세 과세

(5) 동업기업의 자산의 분배

동업자가 동업기업으로부터 자산을 분배받은 경우에는 다음과 같이 처리한다(조특법 §100의22).

구 분		동업자의 처리
분배받은 자산의 시가가 지분가액을 초과하는 경우		그 초과액을 배당소득으로 보아 동업자에게 과세
분배받은 자산의 시가가 지분가액에 미달하는 경우	동업자의 지위가 소멸되는 경우*	그 미달액을 주식양도차손으로 처리
	동업자의 지위가 유지되는 경우	지분가액에서 감액조정하고 손실을 인식할 수 없음

* 동업자의 지위가 소멸되는 경우란 동업기업이 청산·분할·합병으로 소멸되는 경우와 동업자가 동업기업에서 탈퇴하는 경우를 말한다.

예 자산분배 : 동업자 A(내국법인)의 지분가액은 100인데, 다음과 같이 자산을 분배받은 경우

> (가) 분배받은 자산의 시가가 120인 경우 : 지분가액 100을 감액하고 초과액 20을 배당소득으로 봄
> (나) 분배받은 자산의 시가가 80인 경우
> • 동업자 지위가 소멸되는 경우 : 지분가액 80을 감액하고 미달액 20을 주식양도차손으로 봄
> • 동업자 지위가 유지되는 경우 : 지분가액 80을 감액조정하고 손실은 인식할 수 없음

8. 동업기업과 동업자 간의 거래

(1) 손익의 인식

세무상 동업기업은 소득계산 및 신고 이외에는 도관으로 보므로 동업자와 동업기업은 상호거래에서 발생한 손익을 인식할 수 없는 것을 원칙으로 한다. 그러나 동업자가 동업자가 아닌 제3자의 자격으로 거래한 것으로 인정되는 경우에는 손익을 인식할 수 있다(조특법 §100의19①).

(2) 제3자 자격 거래

"동업자가 동업자의 자격이 아닌 제3자의 자격으로 동업기업과 거래하는 경우"란 동업자가 동업기업으로부터 얻는 거래대가가 동업기업의 소득과 관계없이 해당 거래를 통하여 공급되는 재화 또는 용역의 가치에 따라 결정되는 경우로서 다음의 거래를 말한다(조특령 §100의20①).

① 자산의 양도 · 양수
② 금전 기타 자산을 대부 · 임대 · 차입 · 임차
③ 용역제공(단, 동업자가 해당 동업기업이 영위하는 사업에 해당하는 용역을 제공하는 거래는 제외)

위의 거래에 한하여 제3자 자격 거래가 인정되는 것이므로 동업자가 동업기업에 근로제공을 하는 것은 제3자 거래로 인정되지 않는다. 따라서 동업기업이 동업자에게 급여를 지급하고 손비로 처리하는 것은 인정되지 않는다.

> **세부내용** 사모투자전문회사의 업무집행사원이 제공하는 업무
>
> 사모투자전문회사의 업무집행사원의 업무집행에 관한 용역거래는 동업자의 자격이 아닌 제3자의 자격으로 동업기업과 거래하는 것으로 본다. 다만, 성과보수를 받는 부분은 제외한다.

(3) 부당행위계산 부인규정의 준용

동업자가 동업기업과 제3자 자격으로 거래하는 경우 동업자와 동업기업은 특수관계인이므로 부당거래로 인정되면 법인세법상 부당행위계산 부인규정을 적용할 수 있다(조특법 §100의19②).

9. 절차규정

(1) 소득계산 및 배분명세 신고

동업기업은 각 과세연도 종료일이 속하는 달의 말일부터 3개월이 되는 날이 속하는 달의 15일까지 해당 과세연도의 소득의 계산 및 배분명세에 다음의 서류를 첨부하여 관할 세무서장에게 신고하여야 한다. 동업기업의 소득이 없거나 결손금이 발생한 경우에도 신고하여야 한다(조특법 §100의23①).

① 기업회계기준을 준용하여 작성한 재무상태표와 손익계산서

② 지분가액조정명세서

동업기업이 위의 ① 및 ②의 서류를 첨부하지 아니하면 이 규정에 따른 신고로 보지 아니한다.

예 신고기한 : 동업기업과 동업자가 모두 사업연도가 1. 1.부터 12. 31.까지인 법인인 경우

> • 동업기업의 소득계산 및 배분명세 신고기한 : 3월 15일
> • 동업자의 과세표준 신고기한 : 3월 31일

(2) 비거주자 또는 외국법인인 동업자에 대한 원천징수

동업기업은 국내사업장이 없는 비거주자 또는 외국법인인 동업자에게 배분된 소득에 대하여 다음과 같이 원천징수한다(조특법 §100의24).

구 분	국내사업장 간주 여부	소득배분시 원천징수	정 산
수동적 동업자	국내사업장 간주 배제	배당소득으로 보아 20% 세율로 원천징수	–
능동적 동업자	동업기업의 국내사업장을 국내사업장으로 간주	소득세 최고세율 또는 법인세 최고세율로 원천징수	동업자는 배분된 소득을 해당 과세기간의 소득으로 신고하고 원천징수세액을 정산

☐ 조세부담을 부당히 감소시킨 것으로 인정되는 수동적 동업자에 대한 특례

구 분	내 용
적용요건	다음 중 어느 하나에 해당하는 수동적 동업자 ① 수동적 동업자가 소득을 직접 받지 아니하고 동업기업을 통하여 받음으로써 소득세 또는 법인세를 부당하게 감소시킨 것으로 인정되는 수동적 동업자 ② 「자본시장과 금융투자업에 관한 법률」에 따른 사모투자전문회사의 수동적 동업자 중 우리나라와 조세조약이 체결된 국가에서 설립된 연금·기금 등으로서 배분받는 소득이 해당 국가에서 과세되지 아니하는 수동적 동업자

구 분	내 용
소득구분	배당소득으로 보지 아니하고, 동업기업이 받는 소득을 기준으로 국외원천소득의 구분에 따른다(조특법 §100의24③ · §100의18③).
원천징수세율	법인세법 또는 소득세법의 국내원천소득에 대한 원천징수세율을 적용한다.
과세방법	소득이 부동산소득 또는 부동산(부동산주식 포함)의 양도소득인 경우에는 원천징수하지 아니하고 다음 방법에 따른다. ① 부동산소득인 경우 : 동업자가 신고 · 납부하는 방법 ② 부동산(부동산주식 포함)의 양도소득인 경우 : 동업기업이 조세특례제한법 제100조의24 제1항 제1호의 세율로 원천징수하고 동업자가 신고 · 납부하는 방법

비거주자 또는 외국법인인 동업자가 국내사업장이 있고 동업자에게 배분된 소득이 그 국내사업장에 귀속되는 소득인 경우에는 원천징수 규정을 적용하지 아니하고 그 국내사업장의 과세표준에 합산하여 신고 · 납부하여야 한다(조특법 §100의24⑧).

10. 가산세

(1) 무신고 · 과소신고가산세

관할 세무서장은 동업기업이 동업기업의 소득의 계산 및 배분명세 신고를 하지 아니하거나 신고하여야 할 소득금액보다 적게 신고한 경우 다음 금액을 가산세로 징수하여야 한다(조특법 §100의25①).

구 분	가산세
무신고가산세	신고하여야 할 소득금액*의 4%
과소신고가산세	신고하여야 할 소득금액*의 2%

* 동업자군별 배분대상 소득금액의 합계액 기준

(2) 원천징수납부지연가산세

관할 세무서장은 동업기업이 원천징수하였거나 원천징수하여야 할 세액을 납부기한에 납부하지 아니하거나 적게 납부하는 경우에는 납부하지 아니하거나 적게 납부한 세액의 10%를 한도로 다음 금액을 가산세로 징수하여야 한다(조특법 §100의25②).

납부하지 아니하거나 적게 납부한 세액 × 미납기간 × 0.022% + 납부하지 아니하거나 적게 납부한 세액 × 3%

11. 준용규정

법인이 아닌 동업기업의 경우 과세연도, 납세지, 사업자등록, 세액공제, 세액감면, 원천징수, 가산세, 토지 등 양도소득에 대한 법인세 등 법 소정 사항에 대해서는 해당 동업기업을 하나의 내국법인(외국단체인 동업기업의 경우에는 외국법인)으로 보아 법인세법과 조세특례제한법의 해당 규정을 준용한다(조특법 §100의26).

8. 정비사업조합에 대한 과세특례

1. 개 요

2003. 6. 30. 이전에 주택건설촉진법(법률 제6852호로 개정되기 전의 것을 말한다) 제44 조 제1항에 따라 조합설립의 인가를 받은 재건축조합으로서 「도시 및 주거환경정비법」 제 38조에 따라 법인으로 등기한 조합(이하 "전환정비사업조합"이라 한다)에 대해서는 「법인 세법」 제2조에도 불구하고 전환정비사업조합 및 그 조합원을 각각 「소득세법」 제87조 제1 항 및 같은 법 제43조 제3항에 따른 공동사업장 및 공동사업자로 보아 「소득세법」을 적용 한다. 다만, 전환정비사업조합이 「법인세법」 제60조에 따라 해당 사업연도의 소득에 대한 과세표준과 세액을 납세지 관할 세무서장에게 신고하는 경우 해당 사업연도 이후부터는 그 러하지 아니하다(조특법 §104의7①).

2. 비영리 내국법인으로 보는 정비사업조합

다음 중 어느 하나에 해당하는 조합(이하 "정비사업조합"이라 한다)에 대해서는 「법인세 법」 제2조에도 불구하고 비영리내국법인으로 보아 「법인세법」(같은 법 제29조【비영리내국 법인의 고유목적사업준비금의 손금산입】은 제외한다)을 적용한다. 이 경우 전환정비사업조 합은 「법인세법」 제60조에 따라 해당 사업연도의 소득에 대한 과세표준과 세액을 납세지 관할 세무서장에게 신고하는 경우만 해당한다(조특법 §104의7②).
① 「도시 및 주거환경정비법」 제35조에 따라 설립된 조합(전환정비사업조합을 포함한다)
② 「빈집 및 소규모주택 정비에 관한 특례법」 제23조에 따라 설립된 조합

이 경우 정비사업조합이 「도시 및 주거환경정비법」에 따라 해당 정비사업에 관한 관리처 분계획에 따라 조합원에게 종전의 토지를 대신하여 토지 및 건축물을 공급하는 사업은 「법 인세법」 제3조 제3항에 따른 수익사업이 아닌 것으로 본다(조특령 §104의4).

3. 제2차 납세의무

정비사업조합이 관리처분계획에 따라 해당 정비사업의 시행으로 조성된 토지 및 건축물 의 소유권을 타인에게 모두 이전한 경우로서 그 정비사업조합이 납부할 국세 또는 강제징 수비를 납부하지 아니하고 그 남은 재산을 분배하거나 인도한 경우에는 그 정비사업조합에

대하여 강제징수를 하여도 징수할 금액이 부족한 경우에만 그 남은 재산의 분배 또는 인도를 받은 자가 그 부족액에 대하여 제2차 납세의무를 진다. 이 경우 해당 제2차 납세의무는 그 남은 재산을 분배 또는 인도받은 가액을 한도로 한다(조특법 §104의7④).

9. 중복지원의 배제

1. 개 요

정부는 내국법인에게 「조세특례제한법」에 따라 여러 가지 형태로 조세지원을 한다. 그러나 동일한 투자자산, 동일한 사업연도 또는 동일한 사업장에 대한 중복적으로 조세지원이 적용되는 경우에는 중복적용을 배제하는 규정을 두고 있다(조특법 §127①부터 ⑥).

2. 국가 등의 보조금 등으로 투자한 금액에 대한 중복지원 배제

(1) 개 요

세출예산과 조세지출의 연계를 통하여 재정운용의 효율성을 강화하고 자체 비용으로 투자하는 기업과의 형평성을 고려하여 국가, 지방자치단체, 공공기관, 지방공기업으로부터(이하 "국가 등 보조금 등"이라 한다) 보조금, 이자지원, 저리융자 등에 따라 지원을 하는 경우 다음의 투자세액공제대상 시설에 투자한 금액에서 그 보조금이나 이자지원금에 상당하는 투자금액에 대하여 아래 "(2), (3)" 및 "(4)"의 금액을 투자금액 또는 취득금액에서 차감한다(조특법 §127①).

① 상생협력을 위한 기금 출연 등에 대한 세액공제 중 수탁기업에 설치하는 시설 투자에 대한 세액공제(조특법 §8의3③)
② 통합투자세액공제(조특법 §24)
③ 고용창출투자세액공제(조특법 §26)

(2) 국가 등 보조금 등의 범위

내국법인이 자산에 대한 투자를 목적으로 다음의 어느 하나에 해당되는 국가 등(이하 "국가 등"이라 한다)으로부터 출연금 등의 자산을 지급받아 투자에 지출하는 경우, 출연금 등의 자산을 투자에 지출한 금액에 상당하는 금액을 말한다(조특법 §127①(1)).

① 국가
② 지방자치단체
③ 「공공기관의 운영에 관한 법률」에 따른 공공기관
④ 「지방공기업법」에 따른 지방공기업

(3) 이자지원금의 범위

내국법인이 자산에 대한 투자를 목적으로 「금융실명거래 및 비밀보장에 관한 법률」 제2조 제1호 각목의 어느 하나에 해당하는 금융회사 등(이하 "금융회사 등"이라 한다)으로부터 융자를 받아 투자에 지출하고 금융회사 등에 지급하여야 할 이자비용의 전부 또는 일부를 국가 등이 내국법인을 대신하여 지급하는 경우에 위 "(2)"의 어느 하나에 해당하는 국가 등이 지급하였거나 지급하기로 한 이자비용의 합계액에 상당하는 금액을 말한다(조특법 §127①(2), 조특령 §123①).

(4) 저리융자 등에 따른 이자지원금

내국법인이 자산에 대한 투자를 목적으로 국가 등으로부터 융자를 받아 투자에 지출하는 경우에는 다음과 같이 계산한 국가 등이 지원하는 이자지원금에 상당하는 금액[해당 금액이 음수(陰數)인 경우에는 영으로 본다]은 투자금액 또는 취득금액에서 차감한다(조특법 §127①(3), 조특령 §123②).

이자지원금	=	융자받은 시점의 「법인세법 시행령」 제89조 제3항에 따른 이자율*을 적용하여 계산한 원리금 합계액	−	융자받은 시점의 실제 융자받은 이자율을 적용하여 계산한 원리금 합계액

* 인정이자 계산시 적용하는 이자율인 가중평균차입이자율(가중평균차입이자율의 적용이 불가능한 경우 등 일정한 경우에는 당좌대출이자율을 말한다(법령 §89③).

3. 공사부담금을 제공받아 투자한 금액에 대한 중복지원 배제

내국인이 「법인세법」 제37조【공사부담금으로 취득한 사업용자산가액의 손금산입】제1항 각 호의 어느 하나에 해당하는 사업에 필요한 자산에 대한 투자를 목적으로 해당 자산의 수요자 또는 편익을 받는 자로부터 같은 항에 따른 공사부담금을 제공받아 투자에 지출하는 경우에는 투자금액 또는 취득가액에서 공사부담금을 투자에 지출한 금액에 상당하는 금액을 차감한다(조특법 §127①(4)).

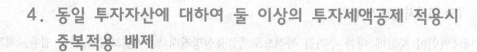

4. 동일 투자자산에 대하여 둘 이상의 투자세액공제 적용시 중복적용 배제

내국법인이 「조세특례제한법」에 따라 투자한 동일한 사업용 자산에 대하여 다음의 규정이 동시에 적용할 때 그중 하나만을 선택하여 적용받을 수 있다(조특법 §127②).³⁸⁾ 이 경우 여러 가지 자산에 투자한 경우에는 그 투자별로 투자세액공제 중 하나만을 선택하여 적용한다(서일 46011 – 11737, 2003. 12. 1.).

① 상생협력을 위한 기금 출연 등에 대한 세액공제 중 수탁기업에 설치하는 시설 투자에 대한 세액공제(조특법 §8의3③)
② 통합투자세액공제(조특법 §24)
③ 고용창출투자세액공제(조특법 §26)

5. 성과공유 중소기업의 경영성과급에 대한 세액공제와 근로소득을 증대시킨 기업에 대한 세액공제 등 일정한 세액공제의 중복적용 배제

내국법인이 동일한 사업연도에 성과공유 중소기업의 경영성과급에 대한 세액공제(조특법 §19①)와 근로소득을 증대시킨 기업에 대한 세액공제(조특법 §29의4), 고용창출투자세액공제(조특법 §26)와 청년고용을 증대시킨 기업에 대한 세액공제(조특법 §29의5), 고용창출투자세액공제(조특법 §26)와 중소기업 고용증가 인원에 대한 사회보험료 세액공제(조특법 §30의4)가 동시에 적용되는 경우에는 각각 그 중 하나만을 선택하여 적용받을 수 있다(조특법 §127②).

6. 외국인투자에 대한 법인세감면과 투자세액공제의 중복적용 배제

내국법인에 대하여 동일한 사업연도에 다음의 투자세액공제규정을 적용할 때 「조세특례제한법」 제121조의2 또는 제121조의4에 따라 법인세를 감면하는 경우에는 해당 규정에 따라 공제할 세액에 해당 기업의 총주식 또는 총지분에 대한 내국인투자자의 소유주식 또는 지분의 비율을 곱하여 계산한 금액을 공제한다(조특법 §127③).

---

38) 고용창출투자세액공제와 동시에 다른 투자세액공제 적용대상 자산에 해당시, 고용창출투자세액공제 적용기간 외에 투자하는 금액은 다른 투자세액공제가 적용 가능하다(조특통 127 – 0…1).

$$외국인\ 투자기업의\ 투자세액공제 = 투자금액 \times 공제율 \times \frac{내국인지분주식수}{총주식수}$$

① 상생협력을 위한 기금 출연 등에 대한 세액공제 중 수탁기업에 설치하는 시설 투자에 대한 세액공제(조특법 §8의3③)

② 통합투자세액공제(조특법 §24)

③ 고용창출투자세액공제(조특법 §26)

④ 청년고용을 증대시킨 기업에 대한 세액공제(조특법 §29의5)

⑤ 고용을 증대시킨 기업에 대한 세액공제(조특법 §29의7)

⑥ 통합고용세액공제의 기본공제(조특법 §29의8①) 23 신설

⑦ 중소기업 사회보험료 세액공제(조특법 §30의4)

⑧ 제3자물류비용에 대한 세액공제(조특법 §104의14)

⑨ 해외자원개발투자세액공제(조특법 §104의15)

위의 규정을 적용할 때 세액감면을 적용받는 사업과 그 밖의 사업을 구분경리하는 경우로서 그 밖의 사업에 공제규정이 적용되는 경우에는 해당 세액감면과 공제는 중복지원에 해당하지 아니한다(조특법 §127⑩).

만일 「조세특례제한법」 제121조의2 또는 제121조의4의 법인세 감면대상에 해당하여 감면결정을 통지받은 법인이 실제 조세감면을 받지 아니한 경우에는 세액공제를 전액 받을 수 있다(조특통 127-0…4).

7. 동일한 사업연도에 세액감면과 세액공제를 동시에 적용받을 수 있는 경우의 중복적용 배제

내국법인이 동일한 사업연도에 다음 "1)"의 세액감면과 "2)"의 세액공제를 받을 수 있는 경우에는 그중 하나만을 선택하여 적용받을 수 있다. 다만, "창업중소기업 등에 대한 세액감면 중 고용증가시 추가세액감면규정"(조특법 §6⑦)에 따라 법인세를 감면받는 경우에는 "고용을 증대시킨 기업에 대한 세액공제"(조특법 §29의7) 또는 "통합고용세액공제의 기본공제"(조특법 §29의8①)를 동시에 적용하지 아니한다(조특법 §127④). 23 개정

(1) 세액감면

① 창업중소기업 등에 대한 세액감면(조특법 §6)

② 중소기업에 대한 특별 세액감면(조특법 §7)

③ 연구개발특구에 입주하는 첨단기술기업에 대한 세액감면(조특법 §12의2)

④ 창업중소기업 및 창업벤처기업이「조세특례제한법」제6조에 따라 세액감면기간 중 농공단지 입주기업 등이 세액감면 중 중소기업통합으로 감면 잔여기간의 세액감면 (조특법 §31④)

⑤ 수도권과밀억제권역 밖으로 중소기업 또는 농업회사법인이 감면기간이 지나기 전에 중소기업통합으로 감면 잔여기간의 세액감면(조특법 §31⑤)

⑥ 법인전환에 따라 양도소득세의 이월과세를 받은 법인의 위 "⑤"에 따른 세액감면 (조특법 §32④)

⑦ 공공기관이 혁신도시 등으로 이전하는 경우 법인세 감면(조특법 §62④)

⑧ 수도권과밀억제권역 밖 지역이전 중소기업에 대한 세액감면(조특법 §63①)

⑨ 법인의 공장 및 본사의 수도권 밖 지역이전에 대한 임시특별세액감면(조특법 §63의2①)

⑩ 농공단지입주기업에 대한 세액감면(조특법 §64)

⑪ 영농조합법인 등에 대한 법인세 면제(조특법 §66)

⑫ 영어조합법인 등에 대한 법인세 면제(조특법 §67)

⑬ 농업회사법인에 대한 법인세의 감면(조특법 §68)

⑭ 사회적 기업 및 장애인 표준사업장에 대한 세액감면(조특법 §85의6① · ②)

⑮ 위기지역 창업기업에 대한 법인세 등의 감면(조특법 §99의9②)

⑯ 감염병 피해에 따른 특별재난지역의 중소기업에 대한 법인세 등의 감면(조특법 §99의11①)

⑰ 해외진출기업의 국내복귀에 대한 세액감면(조특법 §104의24①)

⑱ 제주첨단과학기술단지입주기업에 대한 세액감면(조특법 §121의8)

⑲ 제주투자진흥지구 또는 제주자유무역지역입주기업에 대한 세액감면(조특법 §121의9②)

⑳ 기업도시개발구역입주기업 등에 대한 세액감면(조특법 §121의17②)

㉑ 아시아문화중심도시 투자진흥지구 안 입주기업 등에 대한 세액감면(조특법 §121의20②)

㉒ 금융중심지 창업기업 등에 대한 세액감면(조특법 §121의21②)

㉓ 첨단의료 복합단지 입주기업에 대한 법인세 등의 감면(조특법 §121의22②)

(2) 세액공제

① 대 · 중소기업 상생협력을 위한 기금출연에 대한 세액공제(조특법 §8의3)

② 내국법인의 벤처기업 등에의 출자에 대한 세액공제(조특법 §13의2)

③ 통합투자세액공제(조특법 §24)

④ 영상콘텐츠 제작비용에 대한 세액공제(조특법 §25의6)

⑤ 고용창출투자세액공제(조특법 §26)

⑥ 중소기업 고용증가 인원에 대한 사회보험료 세액공제(조특법 §30의4)

(중소기업에 대한 특별세액감면과 동시에 적용되는 경우는 제외한다)

⑦ 제3자물류비용에 대한 세액공제(조특법 §104의14)

⑧ 해외자원개발투자세액공제(조특법 §104의15)

⑨ 기업의 운동경기부 설치·운영비에 대한 세액공제(조특법 §104의22)

⑩ 석유제품 전자상거래에 대한 세액공제(조특법 §104의25)

⑪ 금 및 구리스크랩사업수입금액증가에 대한 세액공제(조특법 §122의4①)

⑫ 금현물시장에서 거래되는 금지금에 대한 세액공제(조특법 §126의7⑧)

(3) 구분경리한 경우 중복지원

위의 규정을 적용할 때 세액감면을 적용받는 사업과 그 밖의 사업을 구분경리하는 경우로서 그 밖의 사업에 공제규정이 적용되는 경우에는 해당 세액감면과 공제는 중복지원에 해당하지 아니한다(조특법 §127⑩).

8. 동일한 사업장에 대하여 동일한 사업연도에 둘 이상의 세액 감면이 적용되는 경우의 중복적용 배제

내국법인이 동일한 사업장에 대하여 동일한 사업연도에 다음의 감면 중 둘 이상의 규정이 적용되는 경우에는 그 중 하나만을 선택하여 적용받을 수 있다(조특법 §127⑤).[39]

① 창업중소기업 등에 대한 세액감면(조특법 §6)

② 중소기업에 대한 세액감면(조특법 §7)

③ 연구개발특구에 입주하는 첨단기술기업 등에 대한 세액감면(조특법 §12의2)

④ 중소기업 간의 통합으로 잔존감면기간에 대한 세액감면(조특법 §31④ 및 ⑤)

⑤ 법인전환으로 잔존감면기간에 대한 세액감면(조특법 §32④)

⑥ 공공기관이 혁신도시로 이전하는 경우 법인세 감면(조특법 §62④)

⑦ 수도권 밖으로 공장을 이전하는 기업에 대한 세액감면 등(조특법 §63①)

⑧ 수도권 밖으로 본사를 이전하는 법인에 대한 세액감면 등(조특법 §63의2①)

⑨ 농공단지입주기업 등에 대한 세액감면(조특법 §64)

⑩ 사회적기업 및 장애인 표준사업장에 대한 세액감면(조특법 §85의6①·②)

⑪ 위기지역 창업기업에 대한 법인세 등의 감면(조특법 §99의9②)

⑫ 감염병 피해에 따른 특별재난지역의 중소기업에 대한 법인세 등의 감면(조특법 §99의11 ①)

---

39) 따라서 영농조합법인이 중소기업에 해당되는 경우 농업소득 이외의 소득에 대하여는 「조세특례제한법」 제7조의 중소기업에 대한 특별세액감면과 같은 법 제66조의 법인세 일부면제규정을 동시에 적용받을 수 있다(법인-127, 2014. 3. 21.).

⑬ 해외진출기업의 국내복귀에 대한 세액감면(조특법 §104의24①)

⑭ 제주첨단과학기술단지 입주기업에 대한 법인세 감면(조특법 §121의8)

⑮ 제주투자진흥지구 또는 제주자유무역지역 입주기업에 대한 법인세 감면(조특법 §121의9②)

⑯ 기업도시개발구역 등의 창업기업 등에 대한 법인세 감면(조특법 §121의17②)

⑰ 아시아문화중심도시 투자진흥지구입주기업 등에 대한 법인세 감면(조특법 §121의20②)

⑱ 금융중심지 창업기업 등에 대한 법인세 감면(조특법 §121의21②)

⑲ 첨단의료복합단지 입주기업에 대한 법인세 감면(조특법 §121의22②)

⑳ 외국인투자기업에 대한 법인세 감면(조특법 §121의2 및 §121의4)[40)]

9. 통합고용세액공제의 기본공제와 다른 고용 관련 세액공제의 중복적용 배제

통합고용세액공제의 기본공제(조특법 §29의8①)는 고용을 증대시킨 기업에 대한 세액공제(조특법 §29의7) 또는 중소기업 사회보험료 세액공제(조특법 §30의4)에 따른 공제를 받지 아니한 경우에만 적용한다(조특법 §127⑪). `'23 신설`

---

40) 외국인투자기업의 경우 외자도입법에 의한 법인세 감면기간 중 기존의 외국인투자기업감면을 배제하고 중소제조업 특별세액감면을 선택해 감면적용받을 수 있다(국심 2003광 801, 2003. 6. 27.).

10. 추계과세 시 등의 감면배제

1. 추계결정 및 경정의 경우 세액공제의 적용배제

법인소득금액을 추계결정하거나 추계경정한 경우에는 당해 법인이 세액공제의 적용을 받을 수 있는 법인이라 할지라도 다음의 세액공제를 하지 아니한다(조특법 §128①).

① 기업의 어음제도개선을 위한 세액공제(조특법 §7의2)

② 상생결제 지급금액에 대한 세액공제(조특법 §7의4)

③ 상생협력을 위한 기금 출연 등에 대한 세액공제 중 수탁기업에 설치하는 시설 투자에 대한 세액공제(조특법 §8의3③)

④ 연구·인력개발비에 대한 세액공제(조특법 §10)

⑤ 기술취득 등에 대한 세액공제(조특법 §12②)

⑥ 기술혁신형 중소기업 합병에 대한 세액공제(조특법 §12의3)

⑦ 기술혁신형 중소기업 주식취득에 대한 세액공제(조특법 §12의4)

⑧ 내국법인의 벤처기업 등에의 출자에 대한 세액공제(조특법 §13의2)

⑨ 내국법인의 소재·부품·장비전문기업에의 출자·인수에 대한 세액공제(조특법 §13의3)

⑩ 성과공유 중소기업의 경영성과급에 대한 세액공제 등(조특법 §19①)

⑪ 통합투자세액공제(조특법 §24)

⑫ 영상콘텐츠 제작비용에 대한 세액공제(조특법 §25의6)

⑬ 고용창출투자세액공제(조특법 §26)

⑭ 산업수요맞춤형고등학교 등 졸업자를 병역이행 후 복직시킨 중소기업에 대한 세액공제(조특법 §29의2)

⑮ 경력단절여성재고용 중소기업에 대한 세액공제(조특법 §29의3)

⑯ 근로소득을 증대시킨 기업에 대한 세액공제(조특법 §29의4)

⑰ 청년고용을 증대시킨 기업에 대한 세액공제(조특법 §29의5)

⑱ 고용을 증대시킨 기업에 대한 세액공제(조특법 §29의7)

⑲ 통합고용세액공제(조특법 §29의8) 23 신설

⑳ 고용유지중소기업 등에 대한 세액공제(조특법 §30의3)

㉑ 고용증대세액공제(조특법 §30의4)

㉒ 상가임대료를 인하한 임대사업자에 대한 세액공제(조특법 §96의3)

㉓ 선결제 금액에 대한 세액공제(조특법 §99의12)

㉔ 제3자물류비용 세액공제(조특법 §104의14)

㉕ 해외자원개발 투자세액공제(조특법 §104의15)

㉖ 석유제품 전자상거래에 대한 세액공제(조특법 §104의25)

㉗ 우수 선화주기업 인증을 받은 화주 기업에 대한 세액공제(조특법 §104의30)

㉘ 금사업자와 스크랩등사업자의 수입금액의 증가 등에 대한 세액공제(조특법 §122의4①)

㉙ 금현물시장에서 거래되는 금지금에 대한 세액공제(조특법 §126의7⑧)

2. 결정 및 기한후신고의 경우 법인세 감면 등 배제

「법인세법」제66조 제1항에 따라 결정을 하는 경우와「국세기본법」제45조의3에 따라 기한후신고를 하는 경우에는 다음의 법인세감면을 적용하지 아니한다(조특법 §128②).[41]

① 창업중소기업 등에 대한 법인세 감면(조특법 §6)

② 중소기업에 대한 특별 법인세 감면(조특법 §7)

③ 특허권 등 이전으로 발생한 소득에 대한 세액감면(조특법 §12① · ③)

④ 연구개발특구에 입주하는 첨단기술기업 등에 대한 세액감면(조특법 §12의2)

⑤ 중소기업 간의 통합으로 잔존감면기간에 대한 세액감면(조특법 §31④ 및 ⑤)

⑥ 법인전환기업의 잔존감면세액의 감면(조특법 §32④)

⑦ 공공기관이 혁신도시로 이전하는 경우 법인세 감면(조특법 §62④)

⑧ 수도권 밖으로 공장을 이전하는 기업에 대한 세액감면(조특법 §63①)

⑩ 수도권 밖으로 본사를 이전하는 법인에 대한 세액감면(조특법 §63의2①)

⑪ 농공단지입주기업 등에 대한 법인세 감면(조특법 §64)

⑫ 영농조합법인 등에 대한 법인세 면제(조특법 §66)

⑬ 영어조합법인 등에 대한 법인세 면제(조특법 §67)

⑭ 농업회사법인에 대한 법인세 면제 등(조특법 §68)

⑮ 사회적기업 및 장애인 표준사업장에 대한 세액감면(조특법 §85의6① 및 ②)

⑯ 소형주택 임대사업자에 대한 세액감면(조특법 §96)

⑰ 상가건물 장기 임대사업자에 대한 세액감면(조특법 §96의2)

⑱ 상가임대료를 인하한 임대사업자에 대한 세액공제(조특법 §96의3)

⑲ 위기지역 창업기업에 대한 법인세 등의 감면(조특법 §99의2②)

⑳ 감염병 피해에 따른 특별재난지역의 중소기업에 대한 법인세 등의 감면(조특법 §99의11①)

---

41) 부당과소신고금액으로서 과세관청이 중소기업특별감면을 배제하고 이를 경정·고지한 것을 다시 경정청구를 통해 추가로 중소기업특별감면을 적용할 수는 없다(심사법인 2007 – 118, 2007. 12. 28.). 또한, 세무조사 사전통지를 받은 후 수정신고를 하는 경우에는 과소신고금액에 대하여 중소기업특별세액감면을 배제한다(서면1팀 – 496, 2007. 4. 17.). 그러나 관할 세무서장으로부터 과세자료 소명 안내문을 송달받은 후 과소신고소득금액을 수정신고하는 경우에는 「조세특례제한법」제128조 제3항 규정의 감면배제사유에 해당하지 아니한다(서면2팀 – 6, 2006. 1. 3.).

㉑ 선결제 금액에 대한 세액공제(**조특법** §99의12)

㉒ 산림개발소득에 대한 법인세 감면(**조특법** §102)

㉓ 해외진출기업의 국내복귀에 대한 세액감면(**조특법** §104의24①)

㉔ 제주첨단과학기술단지입주기업에 대한 법인세 감면(**조특법** §121의8)

㉕ 제주투자진흥지구 또는 제주자유무역지역입주기업에 대한 법인세 감면
   (**조특법** §121의9②)

㉖ 기업도시개발구역입주기업 등에 대한 법인세 감면(**조특법** §121의17②)

㉗ 아시아문화중심도시 투자진흥지구입주기업 등에 대한 법인세 감면(**조특법** §121의20②)

㉘ 금융중심지 창업기업 등에 대한 법인세 감면(**조특법** §121의21②)

㉙ 첨단의료복합단지 및 국가식품클러스터 입주기업에 대한 법인세 등의 감면(**조특법** §121
   의22②)

3. 경정 및 수정신고하는 경우

「법인세법」 제66조 제2항에 따라 경정(후술하는 "4. 현금영수증가맹점으로 가입하여야
할 사업자가 가입하지 않은 경우 등의 법인세 감면 배제"를 제외한다)을 하는 경우와 과세
표준 수정신고를 제출한 과세표준과 세액을 경정할 것을 미리 알고 제출한 경우 「국세기본
법」 제47조의3 제2항 제1호에 따른 부정과소신고과세표준[42]에 대해서는 다음의 법인세 감
면을 적용하지 아니한다(**조특법** §128③).

① 창업중소기업 등에 대한 법인세 감면(**조특법** §6)

② 중소기업에 대한 특별 법인세 감면(**조특법** §7)

③ 특허권 등 이전으로 발생한 소득에 대한 세액감면(**조특법** §12① · ③)

④ 연구개발특구에 입주하는 첨단기술기업 등에 대한 세액감면(**조특법** §12의2)

⑤ 중소기업 간의 통합으로 잔존감면기간에 대한 세액감면(**조특법** §31④ 및 ⑤)

⑥ 법인전환기업의 잔존감면세액의 감면(**조특법** §32④)

⑦ 공공기관이 혁신도시로 이전하는 경우 법인세 감면(**조특법** §62④)

⑧ 수도권 밖으로 공장을 이전하는 기업에 대한 세액감면(**조특법** §63①)

⑨ 수도권 밖으로 본사를 이전하는 법인에 대한 세액감면(**조특법** §63의2①)

⑩ 농공단지입주기업 등에 대한 법인세 감면(**조특법** §64)

⑪ 영농조합법인 등에 대한 법인세 면제(**조특법** §66)

---

42) 부정과소신고금액으로서 과세관청이 중소기업특별감면을 배제하고 이를 경정 · 고지한 것을 다시 경정청구를 통해 추가
   로 중소기업특별감면을 적용할 수 없다(심사법인 2007-118, 2007. 12. 28.). 또한, 세무조사 사전통지를 받은 후 수정신고
   를 하는 경우에는 과소신고금액에 대하여 중소기업특별세액감면을 배제한다(서면1팀-496, 2007. 4. 17.). 그러나 경정을
   하는 경우와 세무조사 사전통지를 받은 후 수정신고하는 경우 감면 배제되나 그 밖의 사유로 수정신고하는 경우에는 감
   면 배제되지 않는다(서면2팀-1804, 2006. 9. 15.).

⑫ 영어조합법인 등에 대한 법인세 면제(조특법 §67)

⑬ 농업회사법인에 대한 법인세 면제 등(조특법 §68)

⑭ 사회적기업 및 장애인 표준사업장에 대한 세액감면(조특법 §85의6① 및 ②)

⑮ 소형주택 임대사업자에 대한 세액감면(조특법 §96)

⑯ 상가건물 장기 임대사업자에 대한 세액감면(조특법 §96의2)

⑰ 상가임대료를 인하한 임대사업자에 대한 세액공제(조특법 §96의3)

⑱ 위기지역 창업기업에 대한 법인세 등의 감면(조특법 §99의9②)

⑲ 감염병 피해에 따른 특별재난지역의 중소기업에 대한 법인세 등의 감면(조특법 §99의11 ①)

⑳ 선결제 금액에 대한 세액공제(조특법 §99의12)

㉑ 산림개발소득에 대한 법인세 감면(조특법 §102)

㉒ 해외진출기업의 국내복귀에 대한 세액감면(조특법 §104의24①)

㉓ 제주첨단과학기술단지입주기업에 대한 법인세 감면(조특법 §121의8)

㉔ 제주투자진흥지구 또는 제주자유무역지역입주기업에 대한 법인세 감면 (조특법 §121의9②)

㉕ 기업도시개발구역입주기업 등에 대한 법인세 감면(조특법 §121의17②)

㉖ 아시아문화중심도시 투자진흥지구입주기업 등에 대한 법인세 감면(조특법 §121의20②)

㉗ 금융중심지 창업기업 등에 대한 법인세 감면(조특법 §121의21②)

㉘ 첨단의료복합단지 및 국가식품클러스터 입주기업에 대한 법인세 등의 감면(조특법 §121 의22②)

4. 현금영수증가맹점으로 가입하여야 할 사업자가 가입하지 않은 경우 등의 법인세 감면 배제

(1) 감면배제 요건

사업자가 다음의 어느 하나에 해당하는 경우에는 해당 과세기간의 해당 사업장에 대하여 법인세감면 규정을 적용하지 아니한다. 다만, 사업자가 "①"의 의무불이행에 대하여 정당한 사유가 있는 경우에는 그러하지 아니하다(조특법 §128④).

① 현금영수증가맹점으로 가입하여야 할 사업자가 이를 이행하지 아니한 경우

② 신용카드가맹점으로 가입한 사업자 또는 현금영수증가맹점으로 가입한 사업자가 신용카드에 의한 거래를 거부하거나 신용카드매출전표를 사실과 다르게 발급한 경우 또는 현금영수증의 발급요청을 거부하거나 사실과 다르게 발급한 경우에 해당하여 법인세법 제117조 제4항 후단 및 제117조의2 제5항에 따라 납세지 관할 세무서장으로부터 통

보받은 사업자로서 다음 중 어느 하나에 해당하는 경우(조특령 §122②)

㉮ 해당 사업연도(신용카드에 의한 거래 또는 현금영수증의 발급을 거부하거나 신용 카드매출전표 또는 현금영수증을 사실과 다르게 발급한 날이 속하는 해당 사업연 도를 말한다)에 신고금액을 3회 이상 통보받은 경우로서 그 금액의 합계액이 100 만원 이상인 경우

㉯ 해당 사업연도에 신고금액을 5회 이상 통보받은 경우

(2) 법인세 감면 배제

이 규정에 의한 배제 대상 감면은 다음과 같다(조특법 §128④).

① 창업중소기업 등에 대한 법인세 감면(조특법 §6)

② 중소기업에 대한 특별 법인세 감면(조특법 §7)

③ 특허권 등 이전으로 발생한 소득에 대한 세액감면(조특법 §12① · ③)

④ 연구개발특구에 입주하는 첨단기술기업 등에 대한 세액감면(조특법 §12의2)

⑤ 중소기업 간의 통합으로 잔존감면기간에 대한 세액감면(조특법 §31④ 및 ⑤)

⑥ 법인전환기업의 잔존감면세액의 감면(조특법 §32④)

⑦ 공공기관이 혁신도시로 이전하는 경우 법인세 감면(조특법 §62④)

⑧ 수도권 밖으로 공장을 이전하는 기업에 대한 세액감면(조특법 §63①)

⑨ 수도권 밖으로 본사를 이전하는 법인에 대한 세액감면(조특법 §63의2①)

⑩ 농공단지입주기업 등에 대한 법인세 감면(조특법 §64)

⑪ 영농조합법인 등에 대한 법인세 면제(조특법 §66)

⑫ 영어조합법인 등에 대한 법인세 면제(조특법 §67)

⑬ 농업회사법인에 대한 법인세 면제 등(조특법 §68)

⑭ 사회적기업 및 장애인 표준사업장에 대한 세액감면(조특법 §85의6① 및 ②)

⑮ 소형주택 임대사업자에 대한 세액감면(조특법 §96)

⑯ 상가건물 장기 임대사업자에 대한 세액감면(조특법 §96의2)

⑰ 상가임대료를 인하한 임대사업자에 대한 세액공제(조특법 §96의3)

⑱ 위기지역 창업기업에 대한 법인세 등의 감면(조특법 §99의9②)

⑲ 감염병 피해에 따른 특별재난지역의 중소기업에 대한 법인세 등의 감면(조특법 §99의11 ①)

⑳ 선결제 금액에 대한 세액공제(조특법 §99의12)

㉑ 산림개발소득에 대한 법인세 감면(조특법 §102)

㉒ 해외진출기업의 국내복귀에 대한 세액감면(조특법 §104의24①)

㉓ 제주첨단과학기술단지입주기업에 대한 법인세 감면(조특법 §121의8)

㉔ 제주투자진흥지구 또는 제주자유무역지역입주기업에 대한 법인세 감면
(조특법 §121의9②)

㉕ 기업도시개발구역입주기업 등에 대한 법인세 감면(조특법 §121의17②)

㉖ 아시아문화중심도시 투자진흥지구입주기업 등에 대한 법인세 감면(조특법 §121의20②)

㉗ 금융중심지 창업기업 등에 대한 법인세 감면(조특법 §121의21②)

㉘ 첨단의료복합단지 및 국가식품클러스터 입주기업에 대한 법인세 등의 감면(조특법 §121
의22②)

11. 수도권과밀억제권역의 투자에 대한 조세감면배제[43)]

1. 1989. 12. 31. 이전에 사업장을 설치한 내국법인 및 1990년 이후에 사업장을 설치한 중소기업 등의 경우

(1) 조세감면의 배제

1989. 12. 31. 이전부터 수도권과밀억제권역에서 계속하여 사업을 경영하고 있는 내국법인과 1990. 1. 1. 이후 수도권과밀억제권역에서 새로 사업장을 설치하여 사업[44)]을 개시하거나 종전의 사업장(1989. 12. 31. 이전에 설치한 사업장을 포함한다)을 이전하여 설치하는 중소기업(이하 "1990년 이후 중소기업 등"이라 한다)이 수도권과밀억제권역에 있는 해당 사업장에서 사용하기 위하여 취득하는 사업용 고정자산(디지털방송장비 및 정보통신장비는 제외한다)으로서 증설투자(아래 "(2)"를 말한다)에 해당하는 것에 대하여는 통합투자세액공제규정을 적용하지 아니한다(조특법 §130①). 다만, 산업단지 또는 공업지역 안에서 증설투자를 하는 경우와 다음의 사업용 고정자산을 취득하는 경우에는에는 그러하지 아니하다(조특법 §130① 및 조특령 §124③).

① 디지털방송을 위한 프로그램의 제작·편집·송신 등에 사용하기 위하여 취득하는 방송장비

② 「전기통신사업 회계정리 및 보고에 관한 규정」 제8조에 따른 전기통신설비 중 같은 조 제1호부터 제3호까지 및 제5호에 따른 교환설비, 전송설비, 선로설비 및 정보처리설비

③ 조특령 제21조 제3항 제1호에 따른 연구·시험, 직업훈련, 에너지 절약, 환경보전 또는 근로자복지 증진 등의 목적으로 사용되는 사업용자산으로서 기획재정부령으로 정하는 자산

④ 조특칙 제13조의10 제3항 및 제4항 중 어느 하나에 해당하는 에너지절약시설과 신에너지 및 재생에너지를 생산하기 위한 시설을 제조하는 시설

⑤ 조특칙 별표 11에 따른 의약품 품질관리 개선시설

---

43) 수도권과밀억제권역 외의 지역에 있는 법인의 하치장에서 직접 사용하기 위하여 취득하는 사업용 고정자산은 법인의 업무총괄장소가 수도권과밀억제권역 안에 있는 경우에도 수도권과밀억제권역 안의 투자에 대한 조세감면 배제가 적용되지 아니한다(서면2팀-2030, 2005. 12. 12.).

44) 1989. 12. 31. 이전에 수도권에 사업장을 설치해 사업을 경영하던 중 1990. 1. 1. 이후에 포괄적인 사업양수도 등에 의해 해당 사업장의 소유주가 변경됐으나, 사업의 동일성이 유지된 경우(재조예 46019-227, 2002. 12. 23.)와 1990. 1. 1. 이전 수도권에서 창업한 개인기업을 1990. 1. 1. 이후 법인으로 전환해 동종의 사업을 계속 경영하는 경우(서일-746, 2005. 11. 2.)에는 새로이 사업장을 설치하여 사업을 개시한 것에 해당하지 아니한다.

(2) 수도권과밀억제권역의 범위

수도권과밀억제권역은 p.1481을 참조할 것.

(3) 일반적인 증설투자의 범위

위 "(1)"에서 세액공제가 배제되는 "증설투자"란, 다음의 구분에 따른 투자를 말한다(조특령 §124①).

① 「산업집적활성화 및 공장설립에 관한 법률」 제2조 제1호에 의한 공장인 사업장의 경우에는 사업용고정자산만을 새로 설치함으로써 해당 공장의 연면적이 증가되는 투자. 여기서 "해당 공장의 연면적"이라 함은 공장부지면적 또는 공장부지 안에 있는 건축물 각층의 바닥면적을 말한다. 다만, 식당·휴게실·목욕실·세탁장·의료실·옥외체육시설 및 기숙사 등 종업원의 후생복지증진에 공여되는 시설의 면적과 대피소·무기고·탄약고 및 교육시설의 면적은 당해 공장의 연면적에 포함하지 아니한다.

② 위 "①" 외의 공장 외의 사업장인 경우에는 사업용 고정자산을 새로 설치함으로써 사업용고정자산의 수량 또는 사업장의 연면적이 증가되는 투자

이 외에 증설투자범위에 대하여 실무상 내용을 살펴보면 다음과 같다.

① 1989. 12. 31. 이전부터 수도권과밀억제권역에서 여객운송업을 영위하고 있는 중소기업이 기존 영업용차량의 노후로 폐차를 하고 신규차량을 취득하는 경우에는 중소기업투자세액공제가 적용되는 것이나, 증차에 의하여 취득한 차량에 대하여는 증설투자에 해당하는 것이므로 수도권과밀억제권역의 중소기업투자세액공제가 적용되지 않는다 (재조예 46019-101, 2003. 4. 23.).

② 기존사업용자산(X-Ray)의 수량에는 변동이 없으면서 기능이 향상된 동일 종류의 사업용자산으로 교체한 것은 증설투자에 해당하지 아니하지만, 기존사업용자산(X-Ray) 1대를 폐기하고 전혀 다른 종류의 사업용자산(유닛체어) 1대를 구입한 것은 수량에는 변동이 없으나 기존사업용자산과 용도 또는 목적이 동일한 자산이 아닌 새로운 투자로 수도권과밀억제권역 안에서의 증설투자에 해당한다(서면1팀-355, 2005. 3. 31.).

(4) 산업단지 또는 공업지역에서 증설투자의 범위

위 "(2)"에서 세액공제가 배제되는 증설투자 중 세액공제가 인정되는 "산업단지 또는 공업지역"이란, 수도권과밀억제권역에 소재하는 다음에 해당하는 산업단지 또는 공업지역을 말한다(조특령 §124②).

① 「산업입지 및 개발에 관한 법률」에 의한 산업단지

② 「국토의 계획 및 이용에 관한 법률」 제36조 제1항 제1호의 규정에 의한 공업지역 및

동법 제51조 제3항의 제2종 지구단위 계획구역 중 산업시설의 입지로 이용되는 구역

2. 비중소기업이 1990. 1. 1. 이후 수도권과밀억제권역에서 사업장을 신규로 설치하는 경우 및 이전한 경우 등

중소기업이 아닌 자가 1990. 1. 1. 이후 수도권과밀억제권역에서 새로 사업장을 설치하여 사업을 개시하거나 종전의 사업장을 이전하여 설치하는 경우 수도권과밀억제권역에 있는 해당 사업장에서 사용하기 위하여 취득하는 사업용 고정자산에 대해서는 통합투자세액공제 규정을 적용하지 아니한다. 다만, 다음의 사업용 고정자산을 취득하는 경우에는 그러하지 아니하다(조특법 §130② 및 조특령 §124③).

① 디지털방송을 위한 프로그램의 제작·편집·송신 등에 사용하기 위하여 취득하는 방송장비
② 「전기통신사업 회계정리 및 보고에 관한 규정」 제8조에 따른 전기통신설비 중 같은 조 제1호부터 제3호까지 및 제5호에 따른 교환설비, 전송설비, 선로설비 및 정보처리설비
③ 조특령 제21조 제3항 제1호에 따른 연구·시험, 직업훈련, 에너지 절약, 환경보전 또는 근로자복지 증진 등의 목적으로 사용되는 사업용자산으로서 기획재정부령으로 정하는 자산
④ 조특칙 제13조의10 제3항 및 제4항 중 어느 하나에 해당하는 에너지절약시설과 신에너지 및 재생에너지를 생산하기 위한 시설을 제조하는 시설
⑤ 조특칙 별표 11에 따른 의약품 품질관리 개선시설

3. 수도권과밀억제권역 투자세액공제의 실무내용

(1) 1989. 12. 31. 이전에 수도권과밀억제권역 본점과 지점 중 본점을 폐업하고 지점에서 사용하기 위해 대체취득한 고정자산의 경우

수도권과밀억제권역의 본점과 지점사업장에서 동일한 제품을 생산하는 법인이 본점사업장을 폐쇄하고 지점사업장을 본점으로 변경하는 것은 새로운 사업장을 설치하는 경우에 해당하지 않는 것이므로 해당 사업장이 1989. 12. 31. 이전에 설치된 경우에는 변경된 본점사업장에서 사용하기 위한 사업용 고정자산의 대체취득에 대하여는 고용창출투자세액공제가 적용될 수 있다(서면2팀-322, 2006. 2. 10.).

(2) 1989. 12. 31. 이전에 수도권과밀억제권역에서 사업을 영위하던 중 분할신설법인이 분할 전 사업을 계속 영위한 경우

1989. 12. 31. 이전부터 수도권에서 사업을 영위하는 법인의 사업부문을 분할하여 동일한 장소에서 분할 전 사업을 계속 영위하는 분할신설법인은 새로이 사업장을 설치하여 사업을 개시한 것으로 보지 아니한다(조특통 130 – 0…1).

(3) 지점제조시설의 이전없이 본점과 지점의 사업장만 각각 변경한 경우

수도권과밀억제권역에 소재하는 내국법인의 본점과 수도권과밀억제권역 밖에 소재하는 지점 간의 사업장 소재지를 서로 변경하는 경우에 있어서 고용창출투자세액공제를 받아온 지점의 사업용자산을 이전하지 아니하고 본점의 이전 후 사업에 계속하여 사용하는 때에는 종전의 지점 사업장에서 발생한 고용창출투자세액공제를 이월하여 적용받을 수 있다(법인-1236, 2009. 11. 6.).

(4) 수도권과밀억제권역 투자세액공제 후 수도권과밀억제권역으로 이전한 경우

수도권과밀억제권역 밖의 지역에서 수도권과밀억제권역으로 이전시 세액공제요건을 충족하여 기 공제받은 고용창출투자세액공제액의 경우에는 투자자산의 이전일 이전에 이미 종전 사업장에서 투자가 완료되어 사업에 사용하던 자산에 한하여 세액의 추징이 배제되며, 동 세액이 이월된 경우에는 중소기업특별세액감면과 중복하여 적용받을 수 있다(서이 46012 –10142, 2003. 1. 22.).

(5) 본점이 수도권과밀억제권역에 있는 경우

수도권과밀억제권역 밖의 지역에 있는 법인의 사업장에서 직접 사용하기 위하여 취득하는 사업용고정자산이 당해 법인의 업무를 총괄하는 장소가 수도권과밀억제권역에 있는 경우(서면2팀 – 810. 2006. 5. 11.)에도 해당 투자에 대하여는 조세감면규정이 적용된다.

따라서 업무를 총괄하는 장소가 수도권과밀억제권역에 있는 전기통신사업법에 의한 이동통신역무를 제공하는 내국법인이 수도권과밀억제권역 밖의 지역에 당해 사업용고정자산[45]인 전기통신설비를 설치하는 경우 당해 설비를 설치하는 곳을 기준으로 수도권과밀억제권역 여부를 판단하므로 수도권과밀억제권역의 투자에 대한 조세감면규정이 적용된다(법인-886, 2009. 7. 31.).

---

45) 수도권과밀억제권역의 투자에 대한 조세감면배제 규정의 "수도권에 소재하는 당해 사업용 고정자산"의 해석에 있어서, 건설업 · 운수업에서 사용되는 건설기계나 자동차 등과 같은 기계류의 경우에는 당해 고정자산인 기계류 자체가 수도권에 소재하는 것을 의미하는 것이 아니라, 당해 고정자산을 사용하기 위한 사업장이 수도권에 소재하는 경우를 의미한다 (대법원 2004두 8231, 2005. 10. 7.).

또한 해상화물운송업을 영위하는 중소기업이 취득한 선박이 본점소재지인 수도권과밀억제권역에서 사용하지 않는 사업용자산인 경우 중소기업투자세액공제를 적용받을 수 있다(서면2팀-1070, 2005. 7. 12.).

그러나 컨테이너가 주로 수도권 밖에서 사용된다 하더라도 그 업무를 주관하는 사업장인 본점소재지가 수도권과밀억제권역에 있는 경우에는 수도권과밀억제권역의 투자에 대한 조세감면배제규정을 적용한다(국심 2007서 2615, 2007. 10. 5.).

12. 세액공제액의 이월공제

1. 「조세특례제한법」상 세액공제액의 이월공제

(1) 세액공제 중 이월공제의 대상

세액공제액 중 이월공제가 인정되는 것을 열거하면 다음과 같다(조특법 §144①).

① 기업의 어음제도개선을 위한 세액공제(조특법 §7의2)

② 상생결제 지급금액에 대한 세액공제(조특법 §7의4)

③ 대·중소기업 상생협력을 위한 기금 출연시 세액공제(조특법 §8의3)

④ 연구 및 인력개발비에 대한 세액공제(조특법 §10)

⑤ 특허권취득금액에 대한 세액공제(조특법 §12②)

⑥ 기술혁신형 중소기업 합병에 대한 세액공제(조특법 §12의3)

⑦ 기술혁신형 중소기업 주식취득에 대한 세액공제(조특법 §12의4)

⑧ 내국법인의 벤처기업 등에의 출자에 대한 세액공제(조특법 §13의2)

⑨ 내국법인의 소재·부품·장비전문기업에의 출자·인수에 대한 세액공제(조특법 §13의3)

⑩ 성과공유 중소기업의 경영성과급에 대한 세액공제(조특법 §19①)

⑪ 통합투자세액공제(조특법 §24)

⑫ 영상콘텐츠 제작비용에 대한 세액공제(조특법 §25의6)

⑬ 고용창출투자세액공제(조특법 §26)

⑭ 산업수요맞춤형고등학교 등 졸업자의 병역이행 후 복직시킨 중소기업에 대한 세액공제
   (조특법 §29의2)

⑮ 경력단절여성 재고용 중소기업에 대한 세액공제(조특법 §29의3)

⑯ 근로소득을 증대시킨 기업에 대한 세액공제(조특법 §29의4)

⑰ 청년고용을 증대시킨 기업에 대한 세액공제(조특법 §25의5)

⑱ 고용을 증대시킨 기업에 대한 세액공제(조특법 §29의7)

⑲ 통합고용세액공제(조특법 §29의8) 23 신설

⑳ 고용유지중소기업 등에 대한 세액공제(조특법 §30의3)

㉑ 고용증대세액공제(조특법 §30의4)

㉒ 상가임대료를 인하한 임대사업자에 대한 세액공제(조특법 §96의3)

㉓ 선결제금액에 대한 세액공제(조특법 §99의12)

㉔ 지급명세서등에 대한 세액공제(조특법 §104의5) 23 신설 (2024. 1. 1. 이후 간이지급명세서
   를 제출하는 분부터 적용)

㉕ 전자신고에 대한 세액공제(조특법 §104의8)

㉖ 제3자물류비용에 대한 세액공제(조특법 §104의14)

㉗ 해외자원개발투자에 대한 세액공제(조특법 §104의15)

㉘ 기업의 운동경기부 설치·운영비에 대한 세액공제(조특법 §104의22)

㉙ 석유제품 전자상거래에 대한 세액공제(조특법 §104의25)

㉚ 우수선화주기업 인증을 받은 화주기업에 대한 세액공제(조특법 §104의30)

㉛ 금사업자와 스크랩등사업자의 수입금액의 증가등에 대한 세액공제(조특법 §122의4①)

㉜ 성실신고확인비용에 대한 세액공제(조특법 §126의6)

㉝ 금현물시장에서 거래되는 금지금에 대한 세액공제(조특법 §126의7⑧)

㉞ 구조세감면규제법(법률 제5584호) 부칙 제12조 제2항(종전 제37조의 개정 규정에 한한
다)의 규정을 적용받은 세액공제(법률 제5584호, 1998. 12. 28. 공포)

(2) 이월공제사유 및 이월공제기간

해당 사업연도에 납부할 세액이 없거나 최저한세액에 미달하여 세액공제를 받지 못한 경우[46] 공제받지 못한 위 "(1)"의 세액공제는 해당 사업연도의 다음 사업연도 개시일로부터 다음 기간 10년 이내에 끝나는 각 과세연도에 이월하여 그 이월된 각 과세연도의 법인세에서 공제한다(조특법 §144①).

종전에는 세액공제의 이월공제기간은 5년을 원칙으로 하되, 창업초기 중소기업은 결손이 발생하는 점을 고려하여 이월공제기간을 투자세액공제는 7년, 연구·인력개발비에 대한 세액공제는 10년으로 하고, 신성장·원천기술 연구·인력개발비에 대한 세액공제는 국가경제에 매우 중요하므로 이월공제기간을 10년으로 하였다. 그러나 2020년에 코로나-19의 확산으로 기업들이 대규모 결손이 발생될 것으로 예상되므로 세액공제의 이월공제기간을 모두 10년으로 연장하여 2021. 1. 1. 이후 과세표준을 신고하는 경우부터 적용하도록 하였다 (2020. 12. 29. 조특법 개정부칙 §35). 다만, 2021. 1. 1. 전에 종전의 규정에 따라 이월공제기간이 지난 세액에 대해서는 개정규정에도 불구하고 종전의 규정에 따른다(2020. 12. 29. 조특법 개정부칙 §51).

---

[46] 법인이 전년도에 일반기업의 최저한세 적용으로 인하여 공제받지 못한 부분에 상당하는 금액은 당해연도에 중소기업에 해당하여 중소기업에 대한 최저한세 범위 내에서 이월하여 공제받을 수 있다(서면2팀-574, 2006. 4. 3.).

구 분	이월공제기간		2020. 12. 29. 개정 규정
	종전 규정		
① 중소기업이 설립일부터 5년이 되는 날이 속하는 과세연도까지 공제받지 못한 중소기업투자세액공제와 연구·인력개발비세액공제	중소기업 등 투자세액공제 : 7년		10년*
	연구·인력개발비에 대한 세액공제 : 10년		
② 연구·인력개발비 중 신성장·원천기술을 얻기 위한 연구개발비에 대한 세액공제(중소기업의 연구·인력개발비에 대한 세액공제 제외)	10년		
③ 그 밖의 조특법상 세액공제	5년		

* 2021. 1. 1. 전에 이월공제기간이 지나지 않은 세액공제의 이월공제기간은 모두 10년임.

2. 해당 사업연도의 세액공제와 이월된 세액공제의 공제순서

해당 사업연도의 세액공제 금액과 이월된 미공제 세액공제 금액이 중복되는 경우에는 이월된 미공제 금액을 먼저 공제하고 그 이월된 미공제 금액 간에 중복되는 경우에는 먼저 발생한 것부터 차례대로 공제한다(조특법 §144②).

3. 세액공제의 이월공제 관련 사례

(1) 최저한세 적용으로 세액공제신청서를 지연제출한 경우

투자세액공제의 이월공제규정을 적용함에 있어서 해당 사업연도에 납부할 세액이 없거나 최저한세 적용으로 인하여 공제받지 못한 부분에 상당하는 금액에 대하여는 당해 사업연도에 세액공제신청서를 제출하지 아니하고 지연하여 제출한 경우에도 이월하여 공제받을 수 있다(서면2팀-457, 2005. 3. 29.).

(2) 이월공제기한 이내에 공제신청서를 제출하는 경우

'고용창출투자세액공제'를 적용함에 있어 사업용자산의 투자가 이루어진 날이 속한 사업연도분에 대하여 고용창출투자세액공제를 적용받을 수 있었으나 세액공제를 받지 아니한 경우로서 세액공제를 신청하지 않는 경우 '이월공제 기한' 이내 사업연도의 법인세 신고기한까지 당초 공제받지 못한 투자세액의 공제신청서를 제출한 때에는 관할 세무서장이 이를 경정하는 것이며, 해당 법인이 동 기한까지 공제신청서를 제출하지 못한 경우에는 이월공제에 의한 투자세액공제대상 사업연도분에 대하여 「국세기본법」 제45조의2에 따른 경정청구에 의해 투자세액공제를 적용받을 수 있다(서면2팀-589, 2007. 4. 3.).

(3) 이월투자세액공제의 경정청구 여부[47]

1) 경정청구 기간 내의 경우

해당 사업연도의 과세표준이나 세액에는 변동이 없더라도 다음 사업연도 이후의 과세표준이나 세액의 감소사유에 해당하는 경우이거나, 법인이 결손으로 인하여 고용창출투자세액공제를 신청하지 않고, 최저한세 적용으로 이월공제액이 발생한 경우에는 이월공제기간 동안 이월하여 세액공제를 받을 수 있으며, 「국세기본법」 제45조의2에 따라 법정신고기한이 지난 후 5년 이내에 법인에 과세표준 및 세액의 결정을 관할 세무서장에게 청구할 수 있다(서면2팀-1172, 2006. 6. 21., 서면2팀-116, 2005. 1. 17.).

당초 신고시 최저한세 적용으로 이월공제액이 발생한 경우로서 수정신고·경정결정으로 인하여 당해 사업연도의 공제한도가 증가하는 경우에는 이를 추가로 공제하여 경정결정할 수 있다(조특통 144-0…1). 따라서 이월공제기간 내의 사업연도의 법인세 신고기한까지 당초 공제받지 못한 투자세액의 공제신청서를 제출하지 못한 경우에는 이월공제에 따른 투자세액 공제대상 사업연도분에 대하여 「국세기본법」 제45조의2에 따른 경정청구에 의해 투자세액공제를 적용받을 수 있다(서면2팀-753, 2007. 1. 4.).

2) 경정청구 기간이 지난 경우

연구·인력개발비를 지출한 후 해당 사업연도 법인세 신고시 이월공제 신청 및 그 후 경정청구도 하지 아니하였으나 지출한 연구·인력개발비를 과거 4년간 지출한 금액에 포함하여 경정하는 경우에는 당해 사업연도의 세액공제액 범위 내의 금액에 대해서는 이월공제가 가능하다고 보아야 하며, 연구·인력개발비 세액공제의 경우 연구·인력개발비의 투자에 대하여 사업자에게 보다 많은 세액공제의 혜택을 줌으로써 연구·인력개발을 촉진하는 데 있으므로 사업자가 세액공제 신청을 하지 아니하였거나 공제방법을 달리 선택하여 신고하였더라도 과세청의 경정시에는 사업자에게 유리한 공제방법으로 계산한 세액을 이월세액으로 하여 공제하는 것이 타당하다(국심 2005구 2799, 2006. 6. 30.).

---

[47] 고용창출투자세액공제 대상 세액공제를 신청하고 최저한세 적용으로 인하여 이월한 투자세액공제에 대하여 수정신고로 인하여 공제대상세액이 증가하는 수정신고대상 사업연도에 중소기업특별세액감면을 적용하는 경우에도 세액공제를 적용받을 수 있다(서면2팀-1512, 2005. 9. 21.).

(4) 세액감면과 세액공제의 중복적용 배제로 공제받지 못한 세액공제의 이월공제 여부

「조세특례제한법」상 이월공제는 적법하게 공제가능한 세액 중 해당 사업연도에 납부할 세액이 없거나 최저한세의 적용으로 공제받지 못한 부분에 대하여 이월공제를 허용하는 것으로 중복지원이 배제되는 법인세 감면과 공제 중 하나만을 선택하여야 할 경우로서 해당 법인이 법인세 감면규정을 적용하는 경우에는 이월공제대상에 해당하지 아니한다(조심 2011 전 2847, 2011. 12. 27.).

13. 감면세액의 추징

1. 추징사유

다음의 투자세액공제를 받은 법인이 투자 완료일부터 2년(조특칙 제12조의3 각호의 어느 하나에 해당하는 건물과 구축물[48]은 5년)이 지나기 전에 해당 자산을 처분한 경우(임대하는 경우를 포함하며 후술하는 "3. 감면세액의 추징배제"의 경우를 제외한다)에는 처분한 날이 속하는 사업연도의 과세표준신고를 할 때 해당 자산에 대한 세액공제상당액에 이자상당가산액을 가산하여 법인세로 납부하여야 하며, 「법인세법」 제64조에 따라 납부[49]할 세액으로 본다(조특법 §146).

① 상생협력을 위한 설비 투자에 대한 세액공제(조특법 §8의3③)

② 통합투자세액공제(조특법 §24)

③ 고용창출투자세액공제(조특법 §26)

④ 법률 제5584호 「조세감면규제법」 개정법률 부칙 제12조 제2항의 세액공제

2. 이자상당가산액의 계산

투자세액공제를 적용받은 후 감면세액의 추징사유에 해당하여 법인세로 납부하여야 할 이자상당가산액은 다음의 계산식에 따라 계산한 금액으로 한다(조특령 §137③).

$$
\text{법인세로 납부할 이자상당가산액} = \text{공제받은 사업연도 과세표준신고일의 다음 날부터 감면세액의 추징사유가 발생한 날이 속하는 사업연도의 과세표준신고일까지의 기간} \times 1\text{일 } 0.022\%^*
$$

* 이자율은 종전에 일 0.03%이었으나 납세자의 부담을 경감하기 위하여 2019. 2. 12.에 일 0.025%로, 다시 2022. 2. 15.에 일 0.022%로 인하되었다. 개정 전에 발생한 사유로 개정 후에 세액을 납부 또는 부과하는 경우 개정규정 시행일 전일까지의 기간분은 개정 규정에도 불구하고 종전 규정에 따른다(2019. 2. 12. 조특령 개정부칙 §25, 2022. 2. 15. 조특령 개정부칙 §21). 이자율은 다음과 같이 적용한다.

---

48) 조특칙 제12조의3 각호의 건물과 구축물
  ① 조특칙 제12조 제2항 제4호에 따른 근로자복지 증진 시설
  ② 조특칙 제12조 제3항 제4호에 따른 유통산업합리화시설 중 창고시설 등
  ③ 조특칙 제12조 제3항 제6호에 따른 숙박시설, 전문휴양시설(골프장 시설은 제외한다) 및 종합유원시설업의 시설
49) 감면분 추가납부세액은 당해 추가납부사유가 발생한 사업연도분 세액공제액으로서 이월공제되는 세액과 상계할 수 없다(서면2팀 - 1462, 2004. 7. 14.).

구 분	2019. 2. 11.까지의 기간	2019. 2. 12.부터 2022. 2. 14.까지의 기간	2022. 2. 15. 이후 기간
이자율	일 0.03%	일 0.025%	일 0.022%

3. 감면세액의 추징배제

다음의 경우에는 감면세액의 추징을 배제한다(조특령 §137①).
① 현물출자, 합병, 분할, 분할합병, 「법인세법」 제50조의 적용을 받는 교환, 통합, 사업전환 또는 사업의 승계50)로 인하여 당해 자산의 소유권이 이전되는 경우
② 내용연수가 경과된 자산을 처분하는 경우
③ 국가·지방자치단체 또는 「법인세법 시행령」 제39조 제1항 제1호 나목에 따른 학교 등에 기부하고 그 자산을 사용하는 경우

4. 감면세액의 추징 관련 사례

(1) 추징사유로 보는 처분

투자세액공제를 적용받은 법인이 투자 완료일부터 2년(세법으로 정하는 건물과 구축물의 경우에는 5년)이 지나기 전에 영업환경의 악화 등으로 인하여 제품 생산을 중단하고 생산라인을 철거한 후 당해 생산라인을 매각 또는 폐기하지 아니하고 창고 등에 보관하는 경우에는 자산의 처분으로 보지 아니한다. 이 경우 "처분"이란 무상 또는 유상으로 소유권이 이전되거나 폐기처분하는 것을 말한다(서면2팀-35, 2004. 1. 16.).

또한 유리기판을 제조하는 법인이 고용창출투자세액공제 적용을 받은 용해로설비로 기술수명주기가 매우 짧은 당해 산업의 특성상 실질적인 경제적 내용연수가 경과되면 정상적인 가동이 불가능하게 되어 대체투자를 위해 폐기하는 경우(서면2팀-1660, 2006. 8. 30.)는 추징사유인 처분에 해당하지 않는다.

그러나 법인이 제조업의 사업용자산으로 고용창출투자세액공제 적용을 받은 해상크레인을 2년(세법으로 정하는 건물과 구축물의 경우에는 5년)이 경과되기 전에 당초 사업목적대

---

50) '사업의 승계'란 사업의 계속성을 유지하기 위하여 계약의 명칭이나 형식에 관계없이 사업장별로 사실상 그 사업에 관한 모든 권리(미수금에 관한 것을 제외한다)와 모든 의무(미지급에 관한 것을 제외한다) 일체를 포괄적으로 양도·양수하는 것을 말한다(소득 46011-2424, 1999. 6. 26.). 그리고 두 개 이상의 독립된 사업장 중에서 1개의 사업장에 관련한 모든 권리와 의무를 포괄적으로 양도하는 경우(법인 1264.21-293, 1984. 1. 25.)와 고용창출투자세액공제를 적용받은 내국법인이 그 투자를 완료한 날부터 2년(세법으로 정하는 건물과 구축물의 경우에는 5년)이 지나기 전에 경영합리화조치에 따라 사업부문별로 3개의 법인으로 분리함에 있어서 그중 광업부문의 경우 「농지이전 및 보전에 관한 법률」과 여신관리규정에 따른 제한 등 부득이한 사유로 농지 등 일부토지를 제외하고 나머지 사업용자산 일체를 새로이 분리된 광업법인에 그대로 양도·양수하여 그 사업의 동질성이 유지되었다면, 이는 사업의 승계로 인하여 당해 자산의 소유권이 이전되는 경우에 해당된다(법인 46012-138, 1994. 1. 14.). 그러나 사업양도시 미수금과 미지급금 이외의 일부자산(받을어음 등)을 제외하고 양도하는 경우에는 사업의 승계에 해당되지 아니한다(법인 22601-2474, 1987. 9. 11., 법인 46012-1822, 1999. 5. 14.).

로 사용하지 아니하는 경우(서면2팀-1615, 2005. 10. 10.)와 고용창출투자세액공제받은 기계장치를 리스회사에 매각함과 동시에 금융리스한 판매 후 리스의 경우에는 자금을 차입하고 담보를 제공하는 수단으로 볼 수 없으므로 처분으로 본다(국심 96구 2763, 1996. 12. 18.).

(2) 추징사유로 보는 임대

내국법인이 「조세특례제한법」 제146조 제1항에 따라 투자세액공제를 적용받은 법인이 투자완료일부터 2년(세법으로 정하는 건물과 구축물의 경우에는 5년)이 지나기 전에 해당 자산을 임대한 경우 해당 자산에 대한 투자세액공제상당액에 이자 상당 가산액을 가산하여 법인세로 납부한다(법인-158, 2014. 4. 8.). 그리고 제조업을 영위하는 내국법인이 기계설비를 취득하여 제조업에 직접 사용하다가 취득일이 속하는 사업연도의 종료일로부터 2년(세법으로 정하는 건물과 구축물의 경우에는 5년) 내에 국외 임가공업체에 반출하는 경우(서면2팀-1992, 2005. 12. 6.)에는 감면세액이 추징된다.

그러나 고용창출투자세액공제 적용자산을 수탁가공업체에 임대형식으로 설치한 경우라도 투자기업이 시설의 유지·관리비를 부담하고, 수탁가공업체는 동 자산을 투자기업의 제품생산에만 사용하며 동 제품을 투자기업에 전량 납품하는 경우에는 기감면세액이 추징되지 않는다(조특통 146-0…2, 재조예-398, 2005. 11. 2.).

(3) 추징사유로 보는 실질적 폐업

사업용 자산에 대하여 고용창출투자세액공제를 적용받은 내국법인이 해산으로 인하여 청산 중인 경우, 투자완료일로부터 2년(세법으로 정하는 건물과 구축물의 경우에는 5년)이 지나기 전에 사업을 실질적으로 폐업함으로써 당해 사업용 자산을 당초 사업목적대로 사용하지 아니하는 경우에는 감면세액을 추징한다(서면2팀-2230, 2006. 11. 1.). 그러나 단독사업을 폐업하고 공동사업으로 전환하는 경우(사업의 동질성 유지 및 감면세액 상당액을 종전과 같이 고정자산 매입 및 차입금 상환에 사용함), 단독사업시 감면받은 감면세액을 추징하는 것은 부당하다(국심 2003구 2528, 2003. 12. 11.)는 판시 내용도 있다.

(4) 투자 중인 에너지절약시설을 양수한 자가 투자를 완료하고 동 시설을 사업에 사용하는 경우

갑법인이 투자 중인 에너지절약시설 또는 사업용자산을 을법인이 양수하여 투자를 완료하고 해당 시설을 사업에 사용하는 경우로서 갑법인의 양도가 「조세특례제한법」 제146조에 따른 감면세액 추징사유에 해당하는 경우 에너지절약시설투자세액공제 또는 고용창출투자세액공제 방법은 양수법인인 을법인이 양수금액을 포함한 전체 투자금액에 대하여 에너지절약시설투자세액공제 또는 고용창출투자세액공제를 적용하고, 양도법인인 갑법인에는 감면세액을 추징한다(법인-908, 2009. 3. 5.).

(5) 수도권과밀억제권역에서 이미 세액공제받은 자산을 수도권으로 이전하는 경우

「조세특례제한법」 제130조에 따른 수도권과밀억제권역에서 수도권으로 이전시 고용창출투자세액공제 요건을 충족하여 기공제받은 고용창출투자세액공제의 경우에는 투자자산의 이전일 이전에 이미 종전 사업장에서 투자가 완료되어 사업에 사용하던 자산에 한하여 감면세액추징이 배제된다(서이 46012-10142, 2003. 1. 22.).

(6) 세액공제받은 연구개발시설을 생산시설로 전용한 경우

내국법인이 연구개발을 위해 전담부서에서 직접 사용하기 위한 연구시험용 시설에 투자하고 「조세특례제한법」 제11조에 따라 세액공제를 적용받다가 연구개발 완료로 인해 더 이상 필요없는 당해 시설을 투자완료일로부터 2년(세법으로 정하는 건물과 구축물의 경우에는 5년)이 지나기 전에 공장으로 이전하여 생산시설로 전용한 경우에는 감면세액 추징 규정을 적용할 수 없다(법인-1008, 2010. 10. 29.).

(7) 콘도사업자가 사업용자산을 신축 후 공유제로 분양한 경우

「관광진흥법」에 따른 휴양 콘도미니엄업을 영위하는 자가 당해 사업에 직접 사용하는 사업용자산(건축물)에 투자하여 고용창출투자세액공제를 적용받은 후, 해당 사업용자산을 「관광진흥법」에 따른 공유제 방식으로 분양한 경우에는 감면세액의 추징을 적용하지 않는다(재조특-90, 2010. 2. 9.).

(8) 세액공제받은 자산을 다른 법인에 현물출자한 주식을 다른 법인에 출자한 경우

내국법인이 「조세특례제한법」 제11조에 따라 세액공제받은 자산을 다른 법인에 현물출자한 후 그 대가로 받은 주식을 다른 법인에게 다시 현물출자하는 경우 세액공제받은 자산을 현물출자하는 것에 대해서는 같은 법 시행령 제137조 제1항 제1호에 따라 감면세액이 추징되지 아니하는 것이며, 현물출자로 받은 주식은 현물출자한 투자세액공제 대상자산과 별개의 것으로 해당 주식의 처분에 대해서는 감면세액의 추징이 적용되지 아니한다(서면법규-936, 2013. 9. 2.).

또한, 사업용자산에 투자를 진행하면서 연구 및 인력개발을 위한 설비투자에 대한 세액공제를 받다가 해당 건설 중인 자산을 다른 내국법인에 현물출자하는 경우에는 감면세액의 추징대상이 되지 아니한다(서면법규-225, 2013. 3. 5.).

(9) 그 밖의 사례

① 공장 간의 기계이동은 자산의 처분으로 보지 아니한다(법인 22601-1615, 1987. 6. 19.).

② 고용창출투자세액공제 후 화재로 기계장치가 소실된 경우에는 추징사유가 아니다(법인 46012-3154, 1993. 10. 19.). 그러나 고용창출투자세액공제를 적용받던 자산이 천재·지변으로 사용불가능하게 되어 폐기처분한 경우에는 추징사유에 해당된다[51](국심 91부 404, 1991. 3. 18.).

③ 당해 자산의 내용연수가 경과된 자산을 처분한 경우에는 추징사유가 아니다(법인 46012-2904, 1998. 10. 8.).

④ 고용창출투자세액공제 적용받은 자산 중 일부를 처분함으로써 추징하는 경우 이월된 세액공제액을 먼저 상계하고 추가납부할 세액을 계산한다(법인 46012-1872, 2000. 9. 5.).

⑤ 생산성향상시설투자에 대한 세액공제를 받은 법인이 기업구조조정을 위하여 당해 자산을 투자 완료일부터 2년(세법으로 정하는 건물과 구축물의 경우에는 5년)이 지나기 전에 처분한 경우에는 동 규정에 의한 추징제외사유에 해당되지 아니한다(서이 46012-10731, 2003. 4. 8.).

---

51) 그러나 선박을 제조하는 법인이 고용창출투자세액공제를 적용받은 사업용 고정자산이 투자완료일부터 2년(세법으로 정하는 건물과 구축물의 경우에는 5년)이 지나기 전에 천재지변에 속하는 강풍으로 훼손되어 폐기처분하는 경우 감면세액 추징사유가 아니라는 내용이 생산되었다(법인-1118, 2009. 10. 12.).

14. 법인세 감면에 대한 농어촌특별세

1. 개 요

농어촌특별세는 농어업의 경쟁력 강화와 농어촌의 산업기반시설의 확충에 필요한 재원에 충당하기 위하여 2024. 6. 30.까지 과세하는 목적세이다. 「조세특례제한법」에 따라 법인세를 감면받은 경우에는 농어촌특별세의 과세대상이 될 수 있다.

2. 과세대상

조세특례제한법에 따라 법인세를 감면받는 경우 감면세액에 대하여 20%의 농어촌특별세가 과세된다(농특세법 §3). 농어촌특별세의 과세대상인 감면이란 비과세·소득공제·세액감면·세액공제·특례세율을 적용받아 세액이 감소하는 것을 말한다. 그러나 준비금·익금불산입 및 손금산입은 대부분 과세이연에 불과하므로 농어촌특별세 과세대상인 감면으로 보지 않는다.

구 분	조세특례 및 감면	농특세 과세 여부
법인세법	비과세·소득공제·세액공제	비과세
조세특례제한법	준비금·익금불산입·손금산입	비과세
	비과세·소득공제·세액감면·세액공제·특례세율*	과 세

* 특례세율이란 조합법인 등에 대한 특례세율을 적용하는 경우를 말한다(농특세법 §2①).

3. 비과세

농어촌특별세는 농어업의 경쟁력 강화 등을 위한 제도이나. 농어촌 못지않게 중소기업도 중요하므로 중소기업 감면에는 농어촌특별세를 비과세한다. 연구 및 인력개발은 국가경쟁력 강화에, 지방이전은 국토의 균형적인 발전에 필요하고, 농어촌기업은 농어촌에서 어려움을 겪고 있으므로 이러한 감면에도 농어촌특별세를 비과세한다. 농어촌특별세 비과세의 주요 내용은 다음과 같다(농특세법 §4).

구 분	비과세
중소기업에 대한 감면 (농특세법 §4(3), 농특세 령 §4⑥(1))	• 창업중소기업 등에 대한 세액감면(조특법 §6) • 중소기업특별세액감면(조특법 §7) • 중소기업 및 중견기업의 특허권 등 이전소득에 대한 세액감면(조특법 §12①) • 중소기업의 특허권 대여소득에 대한 세액감면(조특법 §12③) • 중소기업창업투자회사 등의 주식양도차익 등에 대한 비과세(조특법 §13) • 중소기업창업투자회사 등에 대한 출자에 대한 과세특례(조특법 §14) • 중소기업·중견기업 정규직 근로자 전환에 따른 세액공제(조특법 §30의2) • 고용유지중소기업에 대한 세액공제(조특법 §30의3) • 중소기업 사회보험료 세액공제(조특법 §30의4) ※ 성과공유중소기업의 경영성과급에 대한 세액공제(조특법 §19①)는 농어촌특별세 　과세대상임
연구 및 인력개발을 위한 감면 (농특세령 §4⑥(1))	• 연구·인력개발비세액공제(조특법 §10) • 기술취득에 대한 세액공제(조특법 §12②) • 연구개발특구에 입주하는 첨단기술기업 등에 대한 세액감면(조특법 §12의2)
지방이전에 대한 감면 (농특세령 §4⑥(1))	• 수도권 밖으로 공장을 이전하는 기업에 대한 세액감면(조특법 §63) • 수도권 밖으로 본사를 이전하는 법인에 대한 세액감면(조특법 §63의2) • 농공단지입주기업에 대한 세액감면(조특법 §64)
농어촌 지원을 위한 감면 (농특세령 §4①(1))	• 영농조합법인에 대한 세액감면(조특법 §66) • 영어조합법인에 대한 세액감면(조특법 §67) • 농업회사법인에 대한 감면(조특법 §68) • 산림개발소득에 대한 감면(조특법 §102)
소액감면 등 (농특세령 §4①(1))	• 전자신고세액공제(조특법 §104의8) • 성실신고 확인비용에 대한 세액공제(조특법 §126의6)

4. 농어촌특별세 과세표준과 세율

「조세특례제한법」에 따라 법인세를 감면받은 경우에는 법인세 감면세액의 20%를 농어촌특별세로 한다. 농어촌특별세의 과세표준인 감면세액은 다음과 같이 계산한다(농특세법 §5①(1)).

(1) 세액감면 및 세액공제를 적용받은 경우

조세특례제한법에 따라 세액감면 및 세액공제를 적용받는 경우에는 감면세액과 공제세액이 농어촌특별세 과세표준인 감면세액이다.

(2) 조합법인이 특례세율을 적용받은 경우

「조세특례제한법」 제72조 제1항에 따른 조합법인 등의 경우에는 ①에 규정된 세액에서 ②에 규정된 세액을 차감한 금액을 감면을 받는 세액으로 본다(농특세법 §5②).

① 해당 법인의 각 사업연도 과세표준금액에 「법인세법」 제55조 제1항에 규정된 세율을 적용하여 계산한 법인세액

② 해당 법인의 각 사업연도 과세표준금액에 「조세특례제한법」 제72조 제1항에 규정된 세율을 적용하여 계산한 법인세액

(3) 비과세 및 소득공제를 적용받은 경우

비과세 및 소득공제를 받는 경우에는 다음 산식에 의하여 계산한 금액을 감면을 받는 세액으로 본다(농특세법 §5③, 농특세령 §5).

| 비과세소득 및 소득공제액을 과세표준에 산입하여 계산한 세액 | − | 비과세소득·소득공제액을 과세표준에서 제외하고 계산한 세액 |

5. 본세에 따른 신고·납부절차

농어촌특별세는 해당 본세를 신고·납부(중간예납 제외)하는 때에 그에 대한 농어촌특별세도 함께 신고·납부하여야 하며, 신고·납부할 본세가 없는 경우에는 해당 본세의 신고·납부의 예에 따라 신고·납부하여야 한다(농특세법 §7①).

6. 농어촌특별세의 분납

법인세의 납세의무자가 법인세를 분납하는 경우에는 농어촌특별세도 그 분납금액의 비율에 의하여 법인세의 분납의 예에 따라 분납할 수 있다(농특세법 §9①).

법인세가 1천만원 이하이어서 법인세를 분납하지 아니하는 경우에도 농어촌특별세의 세액이 500만원을 초과하는 경우에는 법인세의 분납기간 이내에 다음의 세액을 분납할 수 있다(농특세법 §9②, 농특세령 §8).

① 농어촌특별세의 세액이 1천만원 이하인 때에는 500만원을 초과하는 금액

② 농어촌특별세의 세액이 1천만원을 초과하는 때에는 그 세액의 100분의 50 이하의 금액

7. 농어촌특별세의 환급

농어촌특별세의 과오납금 등(감면을 받은 세액을 추징함에 따라 발생하는 환급금을 포함한다)에 대한 환급은 본세의 환급의 예에 따른다(농특세법 §12).

8. 손금불산입

「법인세법」에 따라 손금에 산입되지 아니하는 본세에 대한 농어촌특별세는 「법인세법」에 따른 소득금액계산에 있어서 손금에 산입하지 아니한다(농특세법 §13). 법인세가 손금불산입항목이므로 법인세감면에 대한 농어촌특별세도 손금불산입항목이다.

사 업 연 도	·　·　· ·　·　·	농어촌특별세 과세대상 감면세액 합계표	법 인 명	
			사업자등록번호	

1. 일반법인의 감면세액

① 구 분	② 감 면 내 용	③「조세특례제한법」 근거 조항	코 드	④ 감 면 세 액 (소 득 금 액)	비 고
⑤ 비과세	⑩ 기업구조조정전문회사의 양도차익 비과세	법률 제9272호 부칙 제10조·제40조	604	(　　　　　)	「법인세법 시행규칙」 별지 제6호 서식의 ⑩란 해당 금액
	⑫ 중소기업창업투자회사 등의 소재·부품·장비전문기업 주식양도차익 등에 대한 비과세	제13조의4	62Q	(　　　　　)	
	⑬		606		
⑥ 소 득 공 제	⑭ 국민주택임대소득공제	제55조의2 제4항	460	(　　　　　)	「법인세법 시행규칙」 별지 제7호 서식의 ⑧란 해당 금액
	⑮ 주택임대소득공제(연면적 149㎡ 이하)	제55조의2 제5항	463	(　　　　　)	
	⑯			(　　　　　)	
	⑰		458		
⑦ 비과세·소득공제분 감면세액			6A1		(과세표준+소득금액) ×세율－산출세액
⑧ 세 액 감 면	⑩ 국제금융거래이자소득 면제	제21조	123		「법인세법 시행규칙」 별지 제8호 서식 (갑)의 ④란 해당 금액
	⑨ 해외자원개발배당 감면	제22조	103		
	⑩ 사업전환 중소기업에 대한 세액감면	구 제33조의2	192		
	⑪ 무역조정지원기업의 사업전환 세액감면	구 제33조의2	13A		
	⑫ 기업구조조정전문회사의 주식양도차익 감면	법률 제9272호 부칙 제10조·제40조	13B		
	⑬ 혁신도시 이전 공공기관 세액감면	제62조 제4항	13F		
	⑭ 행정중심복합도시 등 공장이전 조세감면	제85조의2(19. 12. 31. 법률 제16835호로 개정 되기 전의 것)	11A		
	⑮ 사회적 기업에 대한 감면	제85조의6	11L		
	⑯ 장애인 표준사업장에 대한 감면	제85조의6	11M		
	⑰ 소형주택 임대사업자에 대한 세액감면	제96조	13I		
	⑱ 상가건물 장기 임대사업자에 대한 감면	제96조의2	13N		
	⑲ 제주첨단과학기술단지입주기업 조세감면(최저한세적용제외)	제121조의8	181		
	⑳ 제주투자진흥지구 등 입주기업 조세감면(최저한세적용제외)	제121조의9	182		
	㉑ 기업도시개발구역 등 입주기업 감면(최저한세적용제외)	제121조의17 제1항 제1호·제3호·제5호	197		
	㉒ 기업도시개발사업 등 시행자 감면	제121조의17 제1항 제2호·제4호·제6호· 제7호	198		
	㉓ 아시아문화중심도시 투자진흥지구 입주기업 감면(최저한세적용제외)	제121조의20 제1항	11C		
	㉔ 금융중심지 창업기업에 대한 감면(최저한세적용제외)	제121조의21 제1항	11G		
	㉕ 첨단의료복합단지 입주기업에 대한 감면(최저한세적용제외)	제121조의22	17A		
	㉖ 국가식품클러스터 입주기업에 대한 감면(최저한세적용제외)	제121조의22	17B		
	㉗ 첨단의료복합단지 입주기업에 대한 감면(최저한세적용대상)	제121조의22	13H		
	㉘ 국가식품클러스터 입주기업에 대한 감면(최저한세적용대상)	제121조의22	13V		
	㉙ 제주첨단과학기술단지입주기업 조세감면(최저한세적용대상)	제121조의8	13P		
	㉚ 제주투자진흥지구 등 입주기업 조세감면(최저한세적용대상)	제121조의9	13Q		
	㉛ 기업도시개발구역 등 입주기업 감면(최저한세적용대상)	제121조의17 제1항 제1호·제3호·제5호	13R		
	㉜ 금융중심지 창업기업에 대한 감면(최저한세적용대상)	제121조의21 제1항	13U		
	㉝ 아시아문화중심도시 투자진흥지구 입주기업 감면(최저한세적용대상)	제121조의20 제1항	13T		
	㉞ 기회발전특구 창업기업 등에 대한 법인세 등의 감면(최저한세적용제외)	제121조의33	1D1		
	㉟ 기회발전특구 창업기업 등에 대한 법인세 등의 감면(최저한세적용대상)	제121조의33	1C1		
	㊱		164		

210mm×297mm[백상지 80g/㎡ 또는 중질지 80g/㎡]

① 구 분	② 감 면 내 용	③「조세특례제한법」 근거 조항	코드	④ 감 면 세 액 (소 득 금 액)	비 고
⑨ 세 액 공 제	⑬ 중소기업투자세액공제	구 제5조	131		「법인세법 시행규칙」 별지 제8호 서식(갑)의 ④·⑦란 세액공제 해당 금액
	⑬ 상생결제 지급금액에 대한 세액공제	제7조의4	14Z		
	⑬ 대중소기업 상생협력을 위한 기금출연 세액공제	제8조의3 제1항	14M		
	⑭ 협력중소기업에 대한 유형고정자산 무상임대 세액공제	제8조의3 제2항	18D		
	⑭ 수탁기업에 설치하는 시설에 대한 세액공제	제8조의3 제3항	18L		
	⑭ 교육기관에 무상 기증하는 중고자산에 대한 세액공제	제8조의3 제4항	18R		
	⑭ 기술혁신형 합병에 대한 세액공제	제12조의3	14T		
	⑭ 기술혁신형 주식취득에 대한 세액공제	제12조의4	14U		
	⑮ 벤처기업 등 출자에 대한 세액공제	제13조의2	18E		
	⑯ 성과공유 중소기업 경영성과급 세액공제	제19조	18H		
	⑰ 에너지절약시설투자 세액공제	구 제25조 제1항 제2호	177		
	⑱ 환경보전시설투자 세액공제	구 제25조 제1항 제3호	14A		
	⑲ 근로자복지증진시설투자 세액공제	구 제25조 제1항 제4호	142		
	⑳ 안전시설투자 세액공제	구 제25조 제1항 제5호	136		
	⑮ 생산성향상시설투자세액공제	구 제25조 제1항 제6호	135		
	⑮ 의약품 품질관리시설투자 세액공제	구 제25조의4	14B		
	⑮ 신성장기술 사업화를 위한 시설투자 세액공제	구 제25조의5	18B		
	⑮ 영상콘텐츠 제작비용에 대한 세액공제(기본공제)	제25조의6	18C		
	⑮ 영상콘텐츠 제작비용에 대한 세액공제(추가공제)	제25조의6	1B8		
	⑮ 초연결 네크워크 시설투자에 대한 세액공제	구 제25조의7	18I		
	⑮ 고용창출투자세액공제	제26조	14N		
	⑮ 산업수요맞춤형고등학교등 졸업자 복직 중소기업 세액공제	제29조의2	14S		
	⑮ 경력단절 여성 고용 기업 등에 대한 세액공제	제29조의3 제1항	14X		
	⑯ 육아휴직 후 고용유지 기업에 대한 인건비 세액공제	제29조의3 제2항	18J		
	⑯ 근로소득을 증대시킨 기업에 대한 세액공제	제29조의4	14Y		
	⑯ 청년고용을 증대시킨 기업에 대한 세액공제	제29조의5	18A		
	⑯ 고용을 증대시킨 기업에 대한 세액공제	제29조의7	18F		
	⑯ 통합고용세액공제	제29조의8	18S		
	⑯ 통합고용세액공제(정규직 전환)	제29조의8	1B4		
	⑯ 통합고용세액공제(육아휴직복귀)	제29조의8	1B5		
	⑯ 제3자 물류비용 세액공제	제104조의14	14E		
	⑯ 대학 맞춤형 교육비용 등 세액공제	구 제104조의18제1항	14I		
	⑯ 대학등 기부설비에 대한 세액공제	구 제104조의18제2항	14K		
	⑰ 산업수요맞춤형 고등학교 등 재학생에 대한 현장훈련수당 등 세액공제	구 제104조의18제4항	14R		
	⑰ 기업의 경기부 설치운영비용 세액공제	제104조의22	14O		
	⑰ 석유제품 전자상거래에 대한 세액공제	제104조의25	14P		
	⑰ 금 현물시장에서 거래되는 금지금에 대한 과세특례	제126조의7 제8항	14V		
	⑰ 금사업자와 스크랩등사업자의 수입금액의 증가 등에 대한 세액공제	제122조의4	14W		
	⑰ 우수 선화주 인증 국제물류주선업자 세액공제	제104조의30	18M		
	⑰ 용역제공자에 관한 과세자료의 제출에 대한 세액공제	제104조의32	10C		
	⑰ 소재·부품·장비 수요기업 공동출자 세액공제	제13조의3 제1항	18N		
	⑰ 소재·부품·장비 외국법인 인수세액 공제	제13조의3 제3항	18P		
	⑰ 상가임대료를 인하한 임대사업자에 대한 세액공제	제96조의3	10B		
	⑱ 선결제 금액에 대한 세액공제	제99조의12	18Q		
	⑱ 통합투자세액공제(일반)	제24조	13W		
	⑱ 임시통합투자세액공제(일반)	제24조	1B1		
	⑱ 통합투자세액공제(신성장·원천기술)	제24조	13X		
	⑱ 임시통합투자세액공제(신성장·원천기술)	제24조	1B2		
	⑱ 통합투자세액공제(국가전략기술)	제24조	13Y		
	⑱ 임시통합투자세액공제(국가전략기술)	제24조	1B3		
	⑱ 해외자원개발투자에 대한 과세특례	제104조의15	1B6		
	⑱ 문화산업전문회사 출자자에 대한 세액공제	제25조의7	1B7		
	⑱		165		
	⑩ 감 면 세 액 합 계			1A2	

2. 조합법인 등의 감면세액

① 법인세 과세표준	②「조세특례제한법」 제72조 세율	③ 산출세액 (①×②)	④ 과세표준		⑤「법인세법」 제55조의 세율	⑥ 산출세액	⑦ 감면세액 (⑥-③)
			구 분	금 액			
			2억원 이하				
			200억원 이하				
			3천억원 이하				
			3천억원 초과				
합 계			합 계				

210mm×297mm[백상지 80g/㎡ 또는 중질지 80g/㎡]

(3쪽 중 제3쪽)

3. 조합법인에 대한 공제세액

⑧ 공제내용	코드	⑨ 공제세액	비 고
청년고용을 증대시킨 기업에 대한 세액공제	18A		「법인세법 시행규칙」별지 제8호 서식(갑)의 ⑦란 공제세액 해당 금액
고용을 증대시킨 기업에 대한 세액공제	18F		「법인세법 시행규칙」별지 제8호 서식(갑)의 ⑦란 공제세액 해당 금액
기업의 경기부 설치운영비용 세액공제	14O		「법인세법 시행규칙」별지 제8호 서식(갑)의 ⑦란 공제세액 해당 금액
상가임대료를 인하한 임대사업자에 대한 세액공제	10B		「법인세법 시행규칙」별지 제8호 서식(갑)의 ④란 감면(공제)세액 해당 금액
선결제금액에 대한 세액공제	18Q		「법인세법 시행규칙」별지 제8호 서식(갑)의 ⑦란 공제세액 해당 금액
통합고용세액공제	18S		「조세특례제한법 시행규칙」별지 제10호의9 서식의 ④란 공제세액 해당 금액
합 계			

작 성 방 법

1. 일반법인의 감면세액 계산

  가. ⑦란 중 ④ 감면세액(소득금액)란의 금액은 각 사업연도 소득에 대한 법인세 과세표준[법인세 과세표준 및 세액조정계산서(별지 제3호 서식)의 ⑬란의 금액을 말합니다]에 ⑤란의 비과세 소득금액과 ⑥란의 소득공제금액을 합산한 조정과세표준에 대한 산출세액에서 법인세 과세표준 및 세액조정계산서(별지 제3호 서식)의 ⑮란의 산출세액의 금액을 빼서 적습니다.

  나. 그밖에 ⑤ 비과세, ⑥ 소득공제, ⑧ 세액감면, ⑨ 세액공제의 빈 란에는 「조세특례제한법」의 개정으로 추가하여 감면세액이 발생되거나 개정 전 규정의 부칙에 따라 적용되는 감면세액이 농어촌특별세 과세대상에 해당하는 경우에 해당 감면세액을 각각 적습니다.

2. 조합법인 등의 감면세액 계산 : ⑤ 「법인세법」제55조의 세율은 다음과 같이 적용합니다.

  가. 2012년 1월 1일 이후 개시하는 사업연도

과세표준	세 율
2억원 이하	과세표준의 100분의 10
2억원 초과 200억원 이하	2천만원 + (2억원 초과 200억원 이하 금액의 100분의 20)
200억원 초과	39억 8천만원 + (200억원을 초과하는 금액의 100분의 22)

  나. 2018년 1월 1일 이후 개시하는 사업연도

과세표준	세 율
2억원 이하	과세표준의 100분의 10
2억원 초과 200억원 이하	2천만원 + (2억원 초과 200억원 이하 금액의 100분의 20)
200억원 초과 3천억원 이하	39억8천만원 + (200억원을 초과하는 금액의 100분의 22)
3천억원 초과	655억8천만원 + (3천억원을 초과하는 금액의 100분의 25)

  다. 2023년 1월 1일 이후 개시하는 사업연도

과세표준	세 율
2억원 이하	과세표준의 100분의 9
2억원 초과 200억원 이하	1천8백만원 + (2억원 초과 200억원 이하 금액의 100분의 19)
200억원 초과 3천억원 이하	37억8천만원 + (200억원을 초과하는 금액의 100분의 21)
3천억원 초과	625억8천만원 + (3천억원을 초과하는 금액의 100분의 24)

3. 조합법인 등의 공제세액 계산 : 「조세특례제한법」의 개정으로 조합법인 등에 추가로 공제되는 공제세액이 농어촌특별세 과세대상에 해당하는 공제세액을 적습니다.

※ 근거법조항 중 "구"는 「조세특례제한법」(2020. 12. 29. 법률 제17759호로 개정되기 전의 것)에 따른 조항을 의미합니다.

210mm×297mm[백상지 80g/㎡ 또는 중질지 80g/㎡]

[별지 제12호 서식] (2017. 3. 10. 개정)

(앞 쪽)

| 사 업
연 도 | · · ·
~
· · · | 농어촌특별세과세표준 및
세액조정계산서 | 법 인 명 | |
| | | | 사업자등록번호 | |

농어촌특별세 과세표준 및 세액 조정내역

①법 인 유 형	②과 세 표 준		세 율	③세 액
	구 분	금 액		
④일 반 법 인	⑤법 인 세 감 면 세 액		20%	
	⑥			
	⑦			
	⑧소 계			
⑨조 합 법 인 등	⑩ 법인세 공제·감면세액		20%	
	⑫소 계			

작 성 방 법

1. ②란 중 ⑤법인세감면세액란에는 농어촌특별세과세대상감면세액합계표[별지 제13호 서식]상의 ⑩감면세액합계란의 금액을 옮겨 적습니다.

2. ②란 중 ⑩법인세공제·감면세액란에는 농어촌특별세과세대상감면세액합계표[별지 제13호 서식] 2. 조합법인 등 감면세액중 ⑦감면세액란의 합계금액과 3. 조합법인 등 공제세액중 ⑨ 공제세액란 합계금액을 더하여 기입합니다.

210mm×297mm[백상지 80g/㎡ 또는 중질지 80g/㎡]

[별지 제2호 서식] (2024. 3. 22. 개정)

농어촌특별세 과세표준 및 세액신고서

※ 뒤쪽의 신고안내 및 작성방법을 읽고 작성하여 주시기 바랍니다. (앞쪽)

1. 신고인 인적사항

①소　재　지			
②법　인　명		③대 표 자 성 명	
④사업자등록번호	⑤사 업 연 도		⑥전 화 번 호

2. 농어촌특별세 과세표준 및 세액 조정내역

⑦과　세　표　준	
⑧산　출　세　액	
(미납세액, 미납일수, 세율) ⑨가　산　세　액	(　　　　　　,　　　　　　, 2.2/10,000)
⑩총　부　담　세　액	
⑪기　납　부　세　액	
⑫환　급　예　정　세　액	
⑬차 감 납 부 할 세 액	
⑭분　납　할　세　액	
⑮차 감 납 부 세 액	
⑯충 당 후 납 부 세 액	
⑰국　세　환　급　금 　　충　당　신　청	환 급 법 인 세	
	충당할　농어촌특별세	

　　신고인은 「농어촌특별세법」 제7조에 따라 위의 내용을 신고하며, 위 내용을 충분히 검토하였고 신고인이 알고 있는 사실 그대로를 정확하게 적었음을 확인합니다.

년　　월　　일

신고인(대표자)　　　　　　　　　　　　　　(서명 또는 인)

　　세무대리인은 조세전문자격자로서 위 신고서를 성실하고 공정하게 작성하였음을 확인합니다.

세무대리인　　　　　　　　　　　　　　(서명 또는 인)

세무서장 귀하

210mm×297mm[백상지 80g/㎡ 또는 중질지 80g/㎡]

(뒤쪽)

작 성 방 법

1. ⑦과세표준란 및 ⑧산출세액란 : "농어촌특별세과세표준 및 세액조정계산서(별지 제12호 서식)"의 ⑧·⑫소계란 중 ②과세표준란 및 ③세액란의 금액을 옮겨 적습니다.

2. ⑩총부담세액란 : ⑧산출세액란의 금액에「국세기본법」제47조의4 및 제48조에 따른 가산세액(⑨)을 더하여 적습니다.

 * 가산세액(⑨)은 미납세액에 가산세율(2.2/10,000를 적용하되, 2019년 2월 11일까지의 기간에 대해서는 3/10,000을, 2019년 2월 12일부터 2022년 2월 14일까지의 기간에 대해서는 2.5/10,000를 적용합니다)과 미납일수를 곱하여 계산합니다.

3. ⑫환급예정세액란 :「농어촌특별세법」제5조 제1항 제1호에 따라 계산한 세액(=「조세특례제한법」등에 따른 감면세액 × 20%)을 납부한 이후 감면분 추가납부 등으로 환급이 예정되어 있는 농어촌특별세액이 있는 경우 그 금액을 적습니다.

4. ⑭분납할 세액란 :「농어촌특별세법」제9조에 따라 분납할 세액을 적습니다.

5. ⑯충당 후 납부세액란 : ⑮차감납부세액란의 금액에서 ⑰란 중 충당할 농어촌특별세란의 금액을 뺀 금액을 적습니다.

6. ⑰국세환급금 충당신청란 : 법인세를 환급받는 법인이 법인세분 농어촌특별세를 납부해야 하는 경우 해당 환급금 중 농어촌특별세에 충당하려는 금액(⑰충당할 농어촌특별세≤⑮차감납부세액)을 적습니다.

1. 개 요

　"구분경리"란 각 세법의 규정에 따라 구분하여야 할 사업 또는 자산별로 자산과 부채 및 손익을 법인의 장부상 각각 독립된 계정과목에 의하여 구분기장하는 것을 말한다. 이 경우 각 사업 또는 수입에 공통되는 익금과 손금은 그러하지 아니한다(법령 §156 및 법칙 §75①).

　따라서 공통익금과 공통손금은 구분경리의 대상이 되지 않지만, 각 사업에 배분하여야 하기 때문에 사업연도 중에는 이를 하나의 계정과목에 기장하였다가 결산시 공통손익의 계산방법에 따라 배분계산하여야 한다.

2. 구분경리의 대상

세법상 구분경리의 대상은 「법인세법」 또는 「조세특례제한법」에 따라 구분된다.

1. 「법인세법」상 구분경리의 대상

「법인세법」상 구분경리대상은 다음의 경우로 한다(법법 §113).

1-1. 비영리법인의 경우

비영리법인이 수익사업을 하는 경우에는 자산·부채 및 손익을 그 수익사업에 속하는 것과 수익사업이 아닌 그 밖의 사업에 속하는 것을 각각 다른 회계로 구분하여 기록하여야 한다(법법 §113①).

1-2. 신탁재산귀속 소득의 경우

「자본시장과 금융투자업에 관한 법률」의 적용을 받는 법인은 각 사업연도의 소득금액을 계산할 때 신탁재산에 귀속되는 소득과 그 밖의 소득을 각각 다른 회계로 구분하여 기록하여야 한다(법법 §113②).

1-3. 법인과세 수탁자의 경우

법인과세 수탁자는 법인과세 신탁재산별로 신탁재산에 귀속되는 소득을 각각 다른 회계로 구분하여 기록하여야 한다(법법 §113⑥).

1-4. 사업양수법인인 경우

법인세법 제50조의2 【사업양수 시 이월결손금 공제 제한】에 해당하는 다른 내국법인의 사업을 양수하는 내국법인은 사업양수일 현재 과세표준에서 공제가능한 이월결손금이 있는 경우 그 결손금을 공제받는 기간 동안 자산·부채 및 손익을 양도법인으로부터 양수한 사업에 속하는 것과 그 밖의 사업에 속하는 것을 각각 다른 회계로 구분하여 기록하여야 한다. 다만, 중소기업 간 또는 동일사업을 하는 법인 간에 사업을 양수하는 경우에는 회계를 구분하여 기록하지 아니할 수 있다(**법법** §113⑦).

1-5. 합병법인과 분할신설법인 등의 경우

합병법인과 분할신설법인 등의 구분경리에 대하여는 후술하는 "p.1733"을 참조하기 바란다.

1-6. 연결모법인의 경우

연결모법인이 다른 내국법인(합병등기일 현재 연결법인이 아닌 경우만 해당한다)을 합병(연결모법인을 분할합병의 상대방법인으로 하는 분할합병을 포함함)한 경우에는 다음의 구분에 따른 기간 동안 자산·부채 및 손익을 피합병법인(분할법인 포함)으로부터 승계받은 사업에 속하는 것과 그 밖의 사업에 속하는 것을 각각 별개의 회계로 구분하여 기록하여야 한다(**법법** §113⑤). 다만, 중소기업 간 또는 동일사업을 하는 법인 간에 합병하는 경우에는 회계를 구분하여 기록하지 아니할 수 있다(**법법** §113⑤). 24 개정 (밑줄 친 부분 추가)

① 합병등기일 현재 「법인세법」 제76조의13 제1항 제1호의 결손금이 있는 경우 또는 같은 법 제76조의13 제3항 제2호에 따라 피합병법인의 이월결손금을 공제받으려는 경우 : 그 결손금 또는 이월결손금을 공제받는 기간
② 그 밖의 경우 : 합병 후 5년간

2. 「조세특례제한법」상 구분경리의 대상

2-1. 감면사업과 그 밖의 사업을 겸업하는 경우

내국법인이 「조세특례제한법」에 따라 세액감면을 적용받는 사업(감면비율이 2개 이상인 경우 각각의 사업을 말하며, 이하 "감면대상사업"이라 한다)과 그 밖의 사업을 겸업하는 경우에는 「법인세법」 제113조에 따라 구분하여 기록한다(**조특법** §143①).

감면사업을 구분경리하는 경우 감면사업에 직접 관련된 외화외상매출채권의 회수 시 발생한 외환차손익은 외국환은행에 당해 외화를 매각할 수 있는 시점까지 당해 외화외상매출채권이 발생된 사업의 개별손익으로 할 수 있는 것이며, 이 경우 외화를 외국환은행에 매각할 수 있는 시점에는 회수한 당해 외화를 정상적으로 매각하기 위하여 필수적으로 소요되는 기간을 포함하는 것이나, 보유목적으로 소지하는 기간은 포함하지 아니하므로 외화외상매출채권을 회수하여 원화로 환전하지 아니하고 다시 외화예금으로 입금하여 보유하다가 인출시 원화로 환전하는 경우에 발생하는 외환차손익은 감면사업에 직접 관련되는 외환차

손익에 해당하지 않는다(법인-834, 2011. 10. 28.).

2-2. 소비성서비스업과 그 밖의 사업을 겸업하는 경우

소비성서비스업과 그 밖의 사업을 함께 하는 내국법인은 자산·부채 및 손익을 각각의 사업별로 구분하여 기록하여야 한다(조특법 §143②).

이 경우 구분경리는 「법인세법」 제113조의 규정을 준용한다(조특령 §136①).

2-3. 대·중소기업 상생협력을 위한 기금을 출연한 신용보증기금 등의 구분경리

대·중소기업 상생협력을 위한 기금출연금에 대한 세액공제를 받은 경우에는 신용보증기금, 기술신용보증기금 및 협력재단은 세액공제를 적용받은 해당 출연금을 회계처리할 때에는 다른 자금과 구분경리하여야 한다(조특법 §8의3②).

2-4. 연구·인력개발비의 구분경리

신성장·원천기술연구개발비 또는 국가전략기술 연구개발비에 대한 세액공제 규정을 적용받으려는 내국인은 일반연구·인력개발비, 신성장·원천기술연구개발비 및 국가전략기술 연구개발비를 각각 별개의 회계로 구분경리해야 한다(조특법 §9④).

2-5. 연구개발출연금 등의 구분경리

연구개발출연금 등을 받은 경우로서 이를 구분경리하는 경우에는 동 연구개발출연금에 상당하는 금액을 해당 사업연도의 소득금액을 계산할 때 익금에 산입하지 아니할 수 있다(조특법 §10의2①).

2-6. 특례적용해운기업의 경우

해운소득과 비해운소득을 각각 별개의 회계로 구분하여 경리하여야 하며 해운소득과 비해운소득에 공통되는 익금과 손금은 비영리법인의 구분경리(법칙 §76⑥)의 규정을 준용하는 방법에 의하여 안분계산한다(조특법 §104의10⑨).

위 해운기업에 대한 법인세 과세표준 계산특례를 적용받던 법인이 해운소득과 비해운소득에 공통으로 사용하던 자산을 처분한 경우 감가상각비 한도초과액의 손금추인 금액은 각 사업연도에 손금불산입되어 유보처분된 비해운소득관련 유보금액의 합계액으로 한다(법인-815, 2010. 8. 30.).

3. 구분경리의 요령

1. 비영리법인의 수익사업과 비영리사업의 구분경리 요령

비영리법인의 수익사업과 비영리사업의 구분경리에 관하여는 "제22장 비영리법인의 법인세 4. 구분경리(p.1382)"를 참조하기 바란다.

2. 감면법인의 감면사업과 기타사업의 구분경리 요령

2-1. 개 요

조세특례제한법상 구분경리를 요하는 소득공제 및 세액감면의 적용을 받는 사업과 기타의 사업을 겸영하는 경우에는 「법인세법」상의 규정을 준용하여 구분하여 기록하여야 한다(조특법 §143 및 조특령 §136).[1]

2-2. 익금과 손금의 구분계산

감면사업과 과세사업을 함께 경영하는 법인의 익금과 손금의 구분계산은 세법에서 특별히 규정한 것을 제외하고는 법인세법 기본통칙 113–156…6에 따른다(조특통 143–0…1).

(1) 개별익금

1) 매출액 또는 수입금액은 소득구분계산의 기준으로써 이는 개별익금으로 구분한다.

2) 감면사업 또는 과세사업에 직접 관련하여 발생하는 다음의 부수수익은 개별익금으로 구분하여 예시하면 다음과 같다.

① 부산물·작업폐물의 매출액

② 채무면제익

③ 원가차익

④ 채권추심익

---

[1] 「조세특례제한법」제121조의2에 따라 조세감면을 적용받는 외국인 투자기업이 다른 내국법인과 합병한 경우에는 「법인세법 시행령」제96조 제2항 제1호에 따라 합병법인이 합병전 외국인투자기업으로부터 승계받은 감면사업에서 발생한 소득에 대하여 잔존감면기간 동안 감면을 적용받을 수 있는 것이며, 다른 내국법인으로부터 승계받은 과세사업에서 발생한 소득은 감면되지 아니한다(국조(재)–448, 2009. 11. 2.).

⑤ 지출된 손금 중 환입된 금액

⑥ 준비금 및 충당금의 환입액

⑦ 건설업을 영위하는 중소기업이 수령한 공사대금을 어음으로 수령함에 있어 어음할인 등에 따른 손실보상 차원에서 공사대금에 가산하여 받는 금액(법인-200, 2010. 3. 8.)

⑧ 감면사업인 건설업을 영위하는 법인의 분양계약의 해지로 인한 위약금수입(법인-77, 2010. 1. 27.)

⑨ 감면적용 대상법인이 침몰된 사업용선박과 관련된 보험차익, 사업장 수용으로 인한 영업손실보상금·사업장이전보상금을 수령한 경우, 동 보험차익 등은 감면소득의 개별익금이 아닌 기타사업의 개별익금으로 보아 감면소득을 계산한다(법인 46012-133, 2003. 2. 24.).

⑩ 농업회사법인이 농업소득에서 발생한 매출채권 지연회수시 받는 연체이자 상당액은 수입이자로써 농업 외 소득의 개별익금에 해당한다(서면2팀-839, 2005. 6. 17.).

3) 영업외수익과 특별이익[2] 중 과세사업의 개별익금으로 구분하는 것을 예시하면 다음과 같다.

① 수입배당금

② 수입이자

③ 유가증권처분익

④ 수입임대료

⑤ 가지급금인정이자

⑥ 유형자산 및 무형자산의 처분익

⑦ 수증익

(2) 공통익금

감면사업과 과세사업에 공통으로 발생되는 수익이나 귀속이 불분명한 부수수익은 공통익금으로 구분하며, 이를 예시하면 다음과 같다.

① 귀속이 불분명한 부산물·작업폐물의 매출액

② 귀속이 불분명한 원가차익, 채무면제익

③ 공통손금의 환입액

④ 기타 개별익금으로 구분하는 것이 불합리한 수익

---

2) 비영리법인이 국고보조금을 지원받아 취득한 사업용자산가액을 감가상각 등의 방법으로 손금산입하기 위해서는 수익사업에 해당하여야 한다(서면2팀-710, 2004. 4. 6.).

(3) 개별손금

감면사업 또는 과세사업에 직접 관련하여 발생한 비용은 당해 사업의 개별손금으로 구분하며, 이를 예시하면 다음과 같다.

① 매출원가
② 특정사업에 전용되는 유형자산 및 무형자산에 대한 제비용
③ 특정사업에 관련하여 손금산입하는 준비금[3] · 충당금전입액
④ 그 밖의 귀속이 분명한 제비용
⑤ 재해손실(법인 46012 - 728, 1996. 3. 7.)
⑥ 건설업 경영하는 법인이 공사계약 파기에 따른 배상금으로 하도급업체에 지급한 금액
　(법인 46012 - 133, 2003. 2. 24.)

그리고 영업외비용과 특별손실 중 과세사업의 개별손금으로 구분하는 것을 예시하면 다음과 같다.

① 유가증권처분손실(법인 46012 - 1560, 2000. 7. 13., 법인 46012 - 1136, 2000. 5. 12.)
② 유형자산 및 무형자산의 처분손실(법인 46012 - 1560, 2000. 7. 13.)
③ 저축성보험에 가입하여 중도해지함으로써 발생한 해약손실(법인 46012 - 1630, 2000. 7. 24.)
④ 신주인수권부사채를 발행하여 감면사업에 사용한 경우, 당해 신주인수권부사채의 사채할인발행차금 상각액 및 신주인수권조정 상각액 등 관련비용(재법인 - 853, 2015. 10. 2.)

(4) 공통손금

1) 개 요

감면사업과 과세사업에 공통으로 발생되는 비용이나 귀속이 불분명한 비용은 공통손금으로 구분하며, 이를 예시하면 다음과 같다.

① 사채발행비상각
② 사채할인발행차금상각
③ 기타 개별손금으로 구분하는 것이 불합리한 비용
④ 대손충당금(대법원 2005두 5130, 2006. 12. 7.)
⑤ 기부금(서면2팀 - 614, 2007. 4. 9., 조특집 7 - 0 - 6 ⑥)

2) 공통손금의 안분계산

비영리내국법인이 수익사업과 그 밖의 사업을 함께 경영하는 경우 구분경리하여야 하며,

---

3) 사업손실준비금을 손금에 산입하는 경우, 동 사업손실준비금은 감면사업의 개별손금으로 보아 감면소득을 계산한다(법인 46012 - 133, 2003. 2. 24.).

이 경우 공통손금은 수익사업과 그 밖의 사업이 동종업종인 경우에는 수익사업과 그 밖의 사업의 수입금액 또는 매출액에 비례하여 안분계산한다. 만일 동종업종이 아닌 경우에는 수익사업과 그 밖의 사업의 개별손금액에 비례하여 안분계산한다.

그리고 동종업종의 구분은 한국표준산업분류에 의한 소분류에 의하되, 소분류에 해당 업종이 없는 경우에는 중분류에 의한다(법인-384, 2009. 1. 29.).

2-3. 구분경리의 적용례

(1) 지급이자의 경우

차입금에 대한 지급이자는 그 이자의 발생장소에 따라 구분하거나 그 이자전액을 공통손금으로 구분할 수 없으며, 차입한 자금의 실제 사용용도를 기준으로 사실판단하여 과세 및 감면사업의 개별 또는 공통손금으로 구분한다(국심 96서 3925, 1997. 6. 11.).

따라서 감면사업과 그 밖의 사업에 공통으로 발생한 지급이자는 그 사업별 개별손금에 비례하여 구분계산한다(법인 46012-3475, 1996. 12. 13.).

(2) 수입이자의 경우

감면사업과 그 밖의 사업의 소득을 구분계산함에 있어서 수입이자 등 영업외수익의 경우에는 당해 감면사업의 정상적인 업무에서 발생한 소득이라고 보기 어려울 뿐더러 근본적으로 이자소득은 감면사업이든 그 밖의 사업이든 어떠한 사업부분에서 발생한 것인지 불문하고 과세대상소득이 된다(국심 96서 3925, 1997. 6. 11., 국심 92광 670, 1992. 6. 23.).

따라서 외화획득사업을 영위하는 내국법인이 유산스자금 상환을 위하여 제2금융권에 예치한 자금에 대한 수입이자는 그 밖의 사업에서 발생한 개별익금으로 본다(법인 46012-3403, 1995. 9. 1.).

(3) 외환차손익의 경우

① 감면사업 또는 과세사업에 직접 관련되는 외환차손익은 해당 사업의 개별손익으로 구분한다(서면2팀-894, 2005. 6. 23.).
② 외상매출채권의 회수와 관련된 외환차손익(공사수입의 본사송금거래로 인한 외환차손익 포함)은 외국환은행에 해당 외화를 매각할 수 있는 시점[4]까지는 해당 외상매출채권이 발생된 사업의 개별손익으로 하고, 그 이후에 발생되는 외환차손익은 과세사업의 개별손익으로 구분한다(법인 46012-1585, 2000. 7. 18.).

---

4) "외화를 외국환은행에 매각할 수 있는 시점"에는 회수한 해당 외화를 정상적으로 매각하기 위하여 필수적으로 소요되는 기간을 포함하는 것이나, 보유목적으로 소지하는 기간은 포함되지 아니한다(법인 46012-1585, 2000. 7. 18.).

③ 외상매출채권을 제외한 그 밖의 외화채권과 관련하여 발생하는 외환차손익은 과세사업의 개별손익으로 구분한다.

④ 외상매입채무의 변제와 관련된 외환차손익은 당해 외상매입채무와 관련된 사업의 개별손익으로 구분한다.

⑤ 외상매입채무를 제외한 그 밖의 외화채무와 관련하여 발생하는 외환차손익은 외화채무의 용도에 따라 감면사업 또는 과세사업의 개별손익으로 구분하고, 용도가 불분명한 경우에는 공통손익으로 구분한다.

⑥ 외환증서, 외화표시예금, 외화표시유가증권 등과 관련하여 발생하는 외환차손익은 과세사업의 개별손익으로 구분한다.

⑦ 감면사업의 손익수정에 따른 외환차손익은 감면사업의 개별손익으로 구분한다.

한편, 세무조정사항은 익금산입항목 및 손금불산입항목과 손금산입항목 및 익금불산입항목으로 분류할 수 있는데, 이는 매출액, 매출원가, 개별비 및 공통손익의 전반에 관련하여 발생하는 것이다. 따라서 외화획득소득을 정확히 계산하기 위하여는 세무조정액을 매출액, 매출원가, 개별비, 공통손익 등 직접 관련 있는 항목에서 가감하여야 할 것이다.

(4) 이월결손금·비과세소득 또는 소득공제액의 계산

「법인세법」 제59조 제2항에 따라 감면 또는 면제세액을 계산함에 있어서 각 사업연도의 과세표준계산시 공제한 이월결손금·비과세소득 또는 소득공제액(이하 "공제액 등"이라 한다)이 있는 경우 감면 또는 면제되는 소득은 다음의 금액을 공제한 금액으로 한다(법령 §96①).

① 공제액 등이 감면사업 또는 면제사업에서 발생한 경우에는 공제액 전액

② 공제액 등이 감면사업 또는 면제사업에서 발생한 것인지의 여부가 불분명한 경우에는 소득금액에 비례하여 안분계산한 금액

(5) 여러 업종을 경영하는 법인의 공통손익

여러 업종을 경영하는 법인의 공통손익은 먼저 업종별로 안분계산한 후 동일업종 내의 공통손익을 안분계산하며, 공통손금은 업종별 개별손금액에 비례하여 안분계산한다(서이46012-11261, 2003. 7. 4.).

(6) 수입배당금의 경우

내국법인으로부터 받는 이익이나 잉여금의 배당 또는 분배금은 「법인세법」상 수익사업에 해당하며, 비영리법인이 수익사업을 하는 경우에는 자산·부채 및 손익을 수익사업에 속하는 것과 수익사업이 아닌 그 밖의 사업에 속하는 것을 각각 다른 회계로 구분경리한다(서면법인-22493, 2015. 5. 8.).

(7) 기타충당금 부인액의 안분계산

개별손금인지 개별익금에 해당하는지 여부는 세무조정 후의 손금과 익금총액을 기준으로 판단하는 것이며, 「법인세법」에서 손금불산입된 기타충당금을 사용한 금액은 손금산입(△유보)하고 개별손금항목으로 소득구분하며, 충당금의 환입액은 익금불산입(△유보)하고 개별익금항목으로 소득구분한다(서이-1962, 2005. 11. 30.).

(8) 감면사업과 그 밖의 사업에 공통되는 영업권의 감가상각비 시인부족액의 처리

법인세가 감면되는 사업과 그 밖의 사업에 공통으로 사용하는 영업권에 대하여 「법인세법」 제23조에 따라 손금으로 계상한 감가상각비가 「법인세법 시행령」 제26조에서 규정하는 상각범위액에 미달하여 시인부족액이 발생되는 경우에는 동 시인부족액을 「법인세법 시행규칙」 제76조 제6항 제2호 또는 제3호에 따라 감면사업과 그 밖의 사업으로 안분계산하여 감면사업 부분에 상당하는 시인부족액은 「법인세법 시행령」 제30조에 따른 감가상각의 의제로 보는 것이며, 감가상각의 의제로 인하여 손금불산입되는 감가상각비는 동 영업권을 양도하거나 영업권의 자산가치가 사실상 소멸되어 「법인세법 시행령」 제31조 제7항에 따라 이를 폐기한 날이 속하는 사업연도의 손금에 산입한다(서이 46012-10705, 2003. 4. 4.).

2-4. 「조세특례제한법」상 구분경리에 관한 내용[5]

「조세특례제한법상」 구분경리에 관련한 실무상 내용을 살펴보면 다음과 같다.

(1) 「조세특례제한법」 집행기준의 내용

잡이익과 잡손실은 직접 관련 여부에 따라 제조업 및 기타사업의 개별익금 또는 개별손금으로, 지급이자는 차입한 자금의 실제 사용용도를 기준으로 제조업 및 기타사업의 개별 또는 공통손금으로 구분하여 계산한다(조특집 7-0-5 ②).

그리고 중소기업에 대한 특별세액감면 적용대상 사업인 제조업과 그 밖의 사업을 겸영하는 법인이 구분경리하는 경우 외화를 차입하여 감면사업인 제조업에 사용하는 기계를 수입한 경우에는 해당 외화차입금의 환율변동에 따른 환율조정차상각액은 감면사업의 개별손금에 해당한다(조특집 7-0-5 ⑥).

(2) 그 밖의 실무상 내용

① 감면사업과 그 밖의 사업 간에 내부거래가 있는 경우에는 감면사업과 그 밖의 사업이

---

5) 감면대상 소득계산시 이자수익·유가증권처분이익·유가증권처분손실 등은 포함하지 아니한다(조특통 6-0…2).

특수관계가 없는 서로 독립된 사업으로 경영되고 있는 것으로 보아 감면사업에서 반출하는 제품의 가격은 독립된 사업자 간의 통상거래조건에 따라 매매할 경우 적용하는 시가에 의하고 공통손금에 대하여는 「법인세법 시행규칙」 제76조 제6항 및 제7항의 규정을 준용하여 안분계산한다(법인 46012-968, 1994. 4. 1.).

② 법인본사 지방이전 후 합병 또는 사업의 양수로 기존 사업을 승계·인수한 사업분에서 발생하는 소득(재조예 46019-42, 2001. 3. 7.)과 법인본사가 수도권생활지역 외의 지역으로 이전 후 타법인 합병시 피합병법인 사업부문의 발생소득은 감면대상이 아니므로 구분경리를 해야 한다(법인 46012-585, 2001. 3. 22.).

③ 감면사업에 직접 관련되어 발생하는 외환차손익, 관세환급금과 대손충당금환입액은 당해 감면사업의 개별손익으로 한다(서이 46012-10086, 2001. 9. 3.).

④ 제조업 등 영위 중소기업이 정부와 협약에 의해 기술개발용역사업을 수행하면서 사업비로 지급받는 '정부출연금'은 제조업 등에서 발생한 감면소득에 해당하지 아니한다(서이 46012-10523, 2003. 3. 17.). 그러나 제조업을 주업으로 영위하는 중소법인이 부품·소재기술개발사업을 수행하고 그 대가로 받은 정부출연금은 제조업에서 발생한 소득에 해당하지 않으나 당해 사업을 수행한 용역이 연구 및 개발업인 경우에는 감면소득에 해당한다(서이 46012-11513, 2003. 8. 20.).

⑤ 창업중소기업 세액감면의 구분경리시, 국고보조금 및 이자수익 등은 감면소득에 포함하지 않는다(서이 46012-10642, 2003. 3. 28.).

⑥ 외국인투자기업이 자금을 정기예금 또는 외화정기예금에 예치하여 수입이자 또는 외화환산손익이 발생한 경우 동 소득이 감면대상소득에 해당하는지 여부는 자금의 원천이 인가사업과 직·간접으로 관련되거나 인가사업목적 수행과정에서 발생하였는지 여부에 따라 판단한다(서이 46017-10720, 2003. 4. 7.).

⑦ 감면대상 사업에 사용한 기계장치를 매각하여 유형자산처분손익이 발생한 경우 유형자산처분손익이 감면대상이 되는 인가사업과 연관을 갖고 정상적인 업무수행과정에서 발생하였거나 당초 인가사업의 원활한 추진을 위하여 매각함에 따른 것임이 인정되는 경우에는 감면대상소득에 해당하는 것이다(서이 46017-10720, 2003. 4. 7., 소득 46017-44, 2003. 3. 31.).

⑧ 소득구분시 중계무역(도매업) 수입금액이 발생되는 경우 공통익금은 수입금액(중계무역수입포함)에 비례하며, 공통손금은 감면과 그 밖의 사업의 개별손금에 비례하여 안분계산한다(서이 46012-11271, 2003. 7. 7.).

⑨ 새로운 고도기술을 도입한 경우라도 생산제품이 고도기술 도입 이전과 동일하며, 제조공정에 새로운 고도기술이 도입됨으로써 추가로 새로운 원재료가 투입되는 경우에는 새로운 원재료의 사용비율을 기준으로 감면대상 익금·손금을 구분할 수 있다(서면 2팀-246, 2004. 11. 4.).

⑩ 감면대상 사업을 영위하는 외국인투자기업이 「국제조세조정에 관한 법률」 제14조에 따라 배당으로 간주된 이자를 손금불산입하는 경우에는 감면사업과 과세사업으로 구분경리한 당초의 기준에 따라 증가된 소득을 구분계산한다(서면2팀-2570, 2004. 12. 8.).

⑪ 당해 법인이 공장을 수도권 외의 지역으로 이전하기 전의 사업연도에 손금에 산입한 연구 및 인력개발준비금을 공장이전 후의 사업연도에 환입하는 경우, 당해 준비금의 환입액은 동 규정에 의한 감면대상소득에 포함되지 아니한다(서면2팀-1040, 2007. 5. 29.).

⑫ 외국인투자기업이 경제자유구역위원회 등의 의결을 거쳐 특정 사용용도를 지정하여 지급받는 보조금을 비감면사업의 개별익금으로 계상한 이후 특정된 용도에 부합하게 지출하고 계상한 손금은 비감면사업의 개별손금이다(국제세원-5, 2010. 1. 7.).

2-5. 법인세 신고시 소득구분계산서를 미첨부한 경우

합병법인이 피합병법인의 이월결손금 승계에 관한 「법인세법」 제45조를 적용함에 있어 피합병법인으로부터 승계받은 사업과 그 밖의 사업을 같은 법에 따라 구분경리하고 있는 사실이 당해 법인의 전산시스템, 원시자료 등에 의하여 객관적으로 인정되는 경우에는, 당초 법인세 과세표준 등의 신고기한까지 소득구분계산서(법칙 별지 제48호 서식)를 작성·제출하지 못한 경우에도 구분하여 기록한 것으로 본다(서면2팀 46019-10827, 2002. 5. 17.).

3. 합병법인 및 분할신설법인 등의 구분경리 요령

3-1. 합병법인의 경우

(1) 개 요

다른 내국법인을 합병하는 법인은 다음의 구분에 따른 기간 동안 자산·부채 및 손익을 피합병법인으로부터 승계받은 사업에 속하는 것과 그 밖에 사업에 속하는 것을 각각 다른 회계로 구분하여 기록하여야 한다.[6)]

다만, 중소기업 간 또는 동일사업을 영위하는 법인 간[7)]에 합병하는 경우에는 회계를 구

[6)] 합병 후 발생한 공통손금은 「법인세법 시행규칙」 제76조 제6항의 규정에 의한 개별손금의 비율에 따라 안분계산하여야 하는 바, 개별손금은 손금에 대응되는 익금을 상계한 순액이 아니라 총액에 의하여 계산한다(서면2팀-1383, 2005. 8. 26.).

[7)] 중소기업의 판정은 합병 전의 현황에 따르고, 동일사업을 영위하는 법인의 판정은 실질적으로 동일한 사업을 영위하는 것으로서 기획재정부령으로 정하는 경우 외에는 한국표준산업분류에 따른 세분류에 따른다. 이 경우 합병법인 또는 피합병법인이 2 이상의 세분류에 해당하는 사업을 영위하는 경우에는 사업용자산가액 중 동일사업에 사용하는 사업용자산가액의 비율이 각각 70%를 초과하는 경우에만 동일사업을 영위하는 것으로 본다(법령 §156②).

실질적으로 동일한 사업을 영위하는 것으로서 기획재정부령이 정하는 경우란 「한국산업은행법」(2014. 5. 21. 법률 제12663호로 개정된 것을 말한다) 부칙 제3조에 따라 한국산업은행, 산은금융지주회사 및 「한국정책금융공사법」에 따른 한국정책금융공사가 각각 영위하던 사업을 말하며, "사업용자산"이란 한국표준산업분류에 따른 세분류에 해당하는 사업에 직접 사

분하여 기록하지 아니할 수 있다(법법 §113③).[8)]

① 합병등기일 현재 「법인세법」 제13조 제1항 제1호의 결손금이 있는 경우 또는 같은 법 제45조 제2항에 따라 피합병법인의 이월결손금을 공제받으려는 경우 : 그 결손금 또는 이월결손금을 공제받는 기간

② 그 밖의 경우 : 합병 후 5년간

(2) 합병법인이 소유한 자산을 공동으로 사용하는 경우 동 자산의 양도손익

합병등기일 현재 「법인세법」 제13조 제1항 제1호의 결손금을 보유한 합병법인이 합병 전부터 소유하던 건물 및 그 부속토지를 합병 후 피합병법인으로부터 승계받은 사업에 공동으로 사용하다가 처분하여 발생하는 양도차익은 합병법인의 사업에 속하는 개별 익금으로 구분한다(재법인-182, 2013. 3. 11.).

(3) 합병법인이 합병 후 피합병법인들로부터 승계받은 사업을 사업부별로 사업을 영위할 경우

내국법인이 2개 이상의 다른 내국법인을 합병함에 있어 합병당사법인 간에 「법인세법 시행령」 제156조 제2항에 따른 동일사업을 영위하지 아니하는 경우 합병법인이 피합병법인으로부터 이월결손금을 승계함에 있어 각 피합병법인으로부터 승계받은 사업에 속하는 것과 그 밖의 사업에 속하는 것을 각각 다른 회계로 구분하여 기록하여야 한다(법인-840, 2011. 10. 28.).

(4) 합병법인이 동일 사업연도에 2회 이상 합병할 경우로서 구분경리를 하지 아니한 경우

합병법인이 동일 사업연도에 2회 이상 합병하고 「법인세법」 제113조 제3항 단서에 해당되어 회계를 구분하여 기록하지 아니한 경우에는 매 합병시점의 합병법인과 피합병법인의 사업용자산가액을 기준으로 안분비율을 순차적으로 적용한다(사전법령법인-21574, 2015. 3. 2.).

3-2. 분할신설법인 등의 경우

내국법인이 분할합병하는 경우 분할신설법인 또는 분할합병의 상대방 법인("분할신설법인 등"이라 한다)은 다음의 구분에 따른 기간 동안 자산·부채 및 손익을 분할법인 등으로부터 승계받은 사업에 속하는 것과 그 밖의 사업에 속하는 것을 각각 별개의 회계로 구분하여 기록

용하는 토지와 같은 법 시행령 제24조에 규정한 유형자산과 무형자산을 말하며, 사업에 직접 사용되지 않는 공통(일반관리 부문)의 자산은 포함되지 않는다(법인-1195, 2009. 10. 6.).

8) 이 경우 「법인세법」 제113조 제3항 단서에 해당되어 회계를 구분하여 기록하지 아니한 경우 그 소득금액을 같은 법 시행령 제81조 제1항에서 정하는 자산가액 비율로 안분계산한 금액을 피합병법인으로부터 승계받은 사업에서 발생한 소득금액으로 보아 같은 법 제45조 제2항을 적용한다(법인-397, 2014. 9. 19.).

하여야 한다.

다만, 중소기업 간 또는 동일사업을 하는 법인 간[9]에 분할합병하는 경우에는 회계를 구분하여 기록하지 아니할 수 있다.

① 「법인세법」 제46조의4 제2항에 따라 분할법인 등의 이월결손금을 공제받으려는 경우
: 그 이월결손금을 공제받는 기간

② 그 밖의 경우 : 분할 후 5년간

3-3. 구분경리 요령

(1) 자산·부채 및 손익의 구분계산

「법인세법」 제113조 제3항에 따라 합병법인이 피합병법인으로부터 승계받은 사업과 그 밖의 사업을 구분경리함에 있어서 자산·부채 및 손익의 구분계산은 다음에 따른다(법칙 §77①).

① 유형자산과 무형자산 및 부채는 용도에 따라 각 사업별로 구분하되, 용도가 분명하지 아니한 차입금은 총수입금액에서 각 사업의 당해 사업연도의 수입금액이 차지하는 비율에 따라 안분계산

② 현금·예금 등 당좌자산 및 투자자산은 자금의 원천에 따라 각 사업별로 구분하되, 그 구분이 분명하지 아니한 경우에는 총수입금액에서 각 사업의 당해 사업연도의 수입금액이 차지하는 비율에 따라 안분계산

③ 위 "①" 및 "②" 외의 자산 및 잉여금 등은 용도·발생원천 또는 기업회계기준에 따라 계산

④ 각 사업에 속하는 익금과 손금은 각각 독립된 계정과목에 의하여 구분기장하되, 각 사업에 공통되는 익금과 손금은 같은 법 시행규칙 제76조 제6항 및 제7항의 규정을 준용하여 구분계산. 다만, 합병등기일 전부터 소유하던 유형자산 및 무형자산의 양도손익은 합병등기일 전에 자산을 소유하던 사업부문에 속하는 익금과 손금으로 본다.

(2) 인건비

수익사업과 비영리사업을 겸영하는 경우 종사원에 대한 급여상당액(복리후생비, 퇴직금 및 퇴직급여충당금 전입액을 포함한다)은 근로의 제공내용을 기준으로 구분한다. 이 경우 근로의 제공이 주로 수익사업에 관련된 것인 때에는 이를 수익사업의 비용으로 하고 근로

---

9) 중소기업의 판정은 분할합병 전의 현황에 따르고, 동일사업을 영위하는 법인(분할법인의 경우 승계된 사업분에 한정한다)의 판정은 실질적으로 동일한 사업을 영위하는 것으로서 기획재정부령으로 정하는 경우 외에는 한국표준산업분류에 따른 세분류에 따른다. 이 경우 분할법인(승계된 사업분에 한정한다) 또는 분할합병의 상대방법인이 2 이상의 세분류에 해당하는 사업을 영위하는 경우에는 사업용자산가액 중 동일사업에 사용하는 사업용자산가액의 비율이 각각 70%를 초과하는 경우에만 동일사업을 영위하는 것으로 본다(법령 §156②).

의 제공이 주로 비영리사업에 관련된 것인 때에는 이를 비영리사업에 속한 비용으로 한다 (법기통 113 – 156…1).

(3) 피합병법인의 이월결손금을 공제하는 경우

1) 개 요

합병법인은 위 "(1)"에도 불구하고 다음의 방법으로 구분경리할 수 있다. 이 경우 합병법 인은 피합병법인의 이월결손금을 공제받고자 하는 사업연도가 종료할 때(연결모법인의 경 우에는 합병 후 5년간을 말한다)까지 계속 적용하여야 한다(법칙 §77②).

① 피합병법인으로부터 승계받은 사업장과 그 밖의 사업장별로 자산·부채 및 손익을 각 각 독립된 회계처리에 의하여 구분계산. 이 경우 피합병법인으로부터 승계받은 사업 장의 자산·부채 및 손익은 이를 피합병법인으로부터 승계받은 사업에 속하는 것으로 한다.

② 본점 등에서 발생한 익금과 손금 등 각 사업장에 공통되는 익금과 손금은 「법인세법 시행규칙」 제76조 제6항 및 제7항의 규정을 준용하여 안분계산. 다만, 합병등기일 전 부터 소유하던 유형자산 및 무형자산의 양도손익은 합병등기일 전에 자산을 소유하던 사업부문에 속하는 익금과 손금으로 본다.

③ 위 "①" 및 "②"의 규정을 적용함에 있어서 합병등기일 이후 새로이 사업장을 설치하 거나 기존 사업장을 통합한 경우에는 그 주된 사업내용에 따라 피합병법인으로부터 승계받은 사업장, 그 밖의 사업장 또는 공통사업장으로 구분. 이 경우 주된 사업내용 을 판정하기 곤란한 경우에는 다음에 의한다.

㉮ 새로이 사업장을 설치한 경우에는 합병법인의 사업장으로 보아 구분경리

㉯ 기존 사업장을 통합한 경우에는 통합한 날이 속하는 사업연도의 직전 사업연도의 각 사업장별 수입금액(수입금액이 없는 사업장이 있는 경우에는 각 사업장별 자산 총액을 말한다)이 많은 법인의 사업장으로 보아 구분경리

2) 합병법인이 이월결손금 승계를 위한 구분경리 중 공통손금의 배분

한국표준분류표상 소분류가 상이한 업종 간의 합병으로서 「법인세법」 제45조 제1항의 규 정에 의하여 피합병법인의 이월결손금을 공제받고자 하는 합병법인은 자산·부채 및 손익 을 피합병법인으로부터 승계받은 사업에 속하는 것과 그 밖의 사업에 속하는 것으로 각각 구분하여 기록하여야 한다.

이와 관련하여 합병 후 발생한 공통손금은 「법인세법 시행규칙」 제76조 제6항에 따른 개 별손금의 비율에 따라 안분계산하여야 하는 바, 개별손금은 손금에 대응되는 익금을 상계한 순액이 아니라 총액에 의하여 계산한다(서면2팀 –1383, 2005. 8. 26.).

3) 퇴직급여충당금의 안분계산

「법인세법」 제45조 제1항에 따라 피합병법인의 이월결손금을 공제받고자 하는 합병법인이 같은 법 제113조 제3항에 따라 자산·부채 및 손익을 구분경리함에 있어서 퇴직급여충당금의 손금산입범위액은 합병 이후 법인의 전체를 기준으로 산정하는 것이며, 이에 따라 손금산입되지 아니한 퇴직급여충당금 한도초과액은 피합병법인으로부터 승계받은 사업과 그 밖의 사업에 속하는 「법인세법 시행령」 제60조 제2항의 퇴직급여로 지급되어야 할 금액의 추계액을 기준으로 해당사업에 안분한다(서이 46012 - 10836, 2001. 12. 28.).

따라서 합병법인이 피합병법인으로부터 승계받은 사업과 그 밖의 사업을 구분경리함에 있어서 자산·부채는 용도에 따라 각 사업별로 구분하여야 하므로, 퇴직급여충당금의 용도는 퇴직급여 지급준비에 있으므로 미래에 지급해야 할 퇴직급여에 따라 안분한다.

4) 기업업무추진비지출액의 안분계산

법인이 각 사업연도에 지출한 기업업무추진비총액 중 「법인세법」 제25조 제1항의 규정에 의하여 손금으로 인정되는 기업업무추진비 지출금액을 계산한 후 그중 피합병법인으로부터 승계받은 사업과 공통으로 지출된 금액을 위 "(1)"에 따라 안분계산한 금액을 구분경리하는 것이며, 같은 법 제25조 제2항 각호의 1에 해당하는 기업업무추진비 지출금액은 당해 법인이 1회에 지출한 기업업무추진비 금액을 기준으로 판정한다(법인 46012 - 2170, 2000. 10. 24.).

5) 기부금지출액의 안분계산

법인이 「법인세법」 제45조 제1항 각호의 요건을 충족한 합병인 경우에 피합병법인으로부터 승계받은 이월결손금을 같은 법 시행령 제81조에 따라 합병법인의 각 사업연도의 과세표준을 계산할 때 이를 공제하는 경우 합병법인이 피합병법인으로부터 승계받은 사업에서 발생한 소득금액은 독립된 계정과목에 의해 구분기장된 익금 및 손금에 의하여 계산하되, 법인이 각 사업연도에 기부금 등으로 지출한 총액 중 손금으로 인정되는 금액을 계산한 후 그중 피합병법인으로부터 승계받은 사업과 그 밖의 사업에 공통되는 익금과 손금은 위 "(1)"에 따라 안분계산한 금액을 구분경리한다(제도 46012 - 11463, 2001. 6. 12.).

6) 지급이자의 안분계산

합병법인이 피합병법인으로부터 승계한 이월결손금 관련 사업부문을 합병법인의 사업부문과 분리하여 별도의 조직을 갖추고 그 조직 내에서 자금관리를 맡은 별도의 파트에서 자금을 조달하여 운용하고 관련이자를 합병법인의 회계와 구분하여 지출하는 경우의 이자비용은 피합병법인으로부터 인수한 사업과 관련한 사업부문의 개별비용에 해당한다(서이 - 1035, 2005. 7. 8.).

7) 미지급 배당금의 안분계산

합병법인이 피합병법인의 이월결손금을 공제받고자 하는 경우 자산·부채 및 손익을 피합병법인으로부터 승계받은 사업에 속하는 것과 기타의 사업에 속하는 것을 각각 별개의 회계로 구분하여 경리함에 있어서 합병일 이후 발생한 미지급배당금은 배당가능잉여금 중 각 사업에 해당하는 배당가능잉여금이 차지하는 비율에 따라 안분하여 구분계산하여야 한다(법인 46012-553, 2001. 3. 15.).

8) 사업자 간 대체되는 제품시가

합병법인이 피합병법인으로부터 승계받은 사업장의 손익 등을 구분경리함에 있어서 수입금액 또는 매출액에 따른 안분계산방법에 의하여 구분경리하는 경우에 피합병법인으로부터 승계받은 사업장에서 기타의 사업장으로 대체되는 반제품 등의 가격은 독립된 사업자 간에 통상의 거래조건에 따라 매매할 경우 적용하는 시가에 의한다(서이 46012-11445, 2003. 8. 1.).

9) 합병법인이 피합병법인으로부터 승계한 자기주식을 처분한 경우

합병법인이 피합병법인이 소유하던 자기주식(피합병법인 주식)에 합병대가로 합병법인의 신주를 교부함에 따라 자기주식(합병법인 주식)을 승계한 후 「법인세법」 제113조 제3항에 따라 구분경리하는 경우, 해당 자기주식을 처분하여 발생하는 양도손익은 피합병법인으로부터 승계받은 사업부문에 속하는 익금과 손금으로 본다(서면법령법인-22120, 2015. 7. 28.).

(4) 분할신설법인 등이 분할법인 등으로부터 승계받은 사업 등이 있는 경우

「법인세법」 제113조 제4항에 따라 분할신설법인 등이 분할법인 등으로부터 승계받은 사업과 그 밖의 사업을 구분경리하는 경우에는 위 "(1)" 및 "(2)"를 준용한다(법칙 §77③).

4. 소비성서비스업과 그 밖의 사업의 구분경리 요령

4-1. 개 요

소비성서비스업과 그 밖의 사업을 함께 경영하는 법인의 경우에는 차입금·자기자본 등을 별도로 구분하여 기록하여야만 세제상 불이익을 받지 않게 된다. 따라서 일반적인 구분경리방법에 의하지 못하는 자금의 용도 등이 불분명한 경우에는 다음의 방법에 의해서 구분하여 기록하여야 한다(조특법 §143②).

4-2. 일반적인 구분경리방법

소비성서비스업과 그 밖의 사업을 함께 영위하는 법인은 자산·부채 및 손익을 각각의 사업별로 별개의 회계로 구분하여 경리하며(조특법 §143②), 이 경우 자산·부채, 수익·비용의 구분계산은 다음의 방법에 의한다(법칙 §77).

(1) 용도가 분명하지 아니한 차입금의 경우

유형자산 및 무형자산과 부채는 용도에 따라 각 사업별로 구분하되, 용도가 분명하지 아니한 차입금은 총수입금액에서 각 사업의 당해 사업연도의 수입금액이 차지하는 비율에 따라 안분한다(법칙 §77①(1)).

(2) 현금·예금, 투자자산 등의 구분계산

부동산업 등과 그 밖의 사업을 겸영하는 법인의 현금·예금, 투자자산 등은 자금의 원천에 따라 각 사업별로 구분함을 원칙으로 하되, 그 구분이 분명하지 아니한 경우에는 총수입금액에서 각 사업의 당해 사업연도의 수입금액이 차지하는 비율에 따라 안분계산한다(법칙 §77①(2)).

(3) 위 "(1)" 및 "(2)" 외의 자산 및 잉여금 등의 경우

위 "(1)" 및 "(2)" 외의 자산 및 잉여금 등은 용도, 발생원천 및 기업회계기준에 따라 안분계산한다(법칙 §77①(3)).

사례 》

갑법인은 제조업을 영위하고 있는 중소기업법인으로서 중소기업에 대한 특별세액감면을 받고자 한다. 다음 자료에 의하여 소득구분계산서 [별지 제48호 서식]을 작성하시오.

1. 제12기 손익계산서(20×6. 1. 1.~ 20×6. 12. 31.)

과 목		제12(당)기
		금 액
Ⅰ. 매 출 액		11,971,934,725
1. 제 품 매 출	11,791,158,510	
2. 임 대 수 입	180,776,215	
Ⅱ. 매 출 원 가		9,681,144,141
Ⅲ. 매 출 총 이 익		2,290,790,584
Ⅳ. 판 매 비 와 관 리 비		1,013,118,133
1. 급 료	385,236,370	
2. 상 여 금	63,112,400	
3. 퇴 직 급 여	41,348,062	
4. 복 리 후 생 비	30,460,840	
5. 여 비 교 통 비	22,381,226	
6. 차 량 유 지 비	35,979,382	
7. 접 대 비	30,341,120	
8. 교 육 훈 련 비	5,810,280	
9. 통 신 비	21,476,780	
10. 수 도 광 열 비	30,571,324	
11. 수 선 비	31,405,809	
12. 소 모 품 비	15,191,277	
13. 도 서 인 쇄 비	1,748,160	
14. 세 금 과 공 과	49,004,553	
15. 보 험 료	25,448,539	
16. 지 급 수 수 료	44,217,943	
17. 회 비	1,971,000	
18. 대 손 상 각	81,126,582	
19. 감 가 상 각 비	55,971,586	
20. 운 반 비	39,565,500	
21. 잡 비	749,400	
Ⅴ. 영 업 이 익		1,277,672,451
Ⅵ. 영 업 외 수 익		62,221,669
1. 이 자 수 익	46,660,121	
2. 수 입 배 당 금	1,389,920	
3. 유 형 자 산 자 산 처 분 이 익	1,384,274	
4. 잡 이 익	12,787,354	
Ⅶ. 영 업 외 비 용		390,925,494
1. 이 자 비 용	309,016,774	
2. 외 환 차 손	555,814	
3. 기 부 금	830,000	
4. 유 형 자 산 처 분 손 실	74,415,587	
5. 잡 손 실	6,107,319	
Ⅷ. 경 상 이 익		948,968,626
Ⅸ. 법 인 세 비 용 차 감 전 순 이 익		948,968,626
Ⅹ. 법 인 세 비 용		193,107,890
Ⅺ. 당 기 순 이 익		755,860,736

2. 세무조정 내용

익금산입 및 손금불산입			손금산입 및 익금불산입		
과 목	금 액	처 분	과 목	금 액	처 분
법 인 세 비 용	193,107,890	기타사 유외출	미 수 수 익	30,032,090	유보
퇴 직 급 여 충 당 금	14,153,999	유보	수 선 비	31,349,429	유보
세 금 과 공 과	1,177,000	기타사 유외출	대 손 상 각	7,584,280	유보
잡 손 실	2,175,600	기타사 유외출	수 입 배 당 금	694,960	기타
미 수 수 익	24,654,955	유보			
감 가 상 각 비	12,497,315	유보			
합 계	247,766,759		합 계	69,660,759	

3. 소득구분의 기준금액은 다음과 같다.

구 분	소득구분 기준금액				비 고
	감 면	기 타	공 통	소 계	
1. 매 출 액	11,791,158,510	180,776,215		11,971,934,725	*1 잡이익 계정금액임. *2 이자비용, 기부금, 잡손실 계정금액의 합계액임.
2. 매 출 원 가	9,681,144,141			9,681,144,141	
3. 판매비와관리비	913,123,373	99,994,760		1,013,118,133	
4. 영 업 외 수 익		49,434,315	12,787,354*1	62,221,669	
5. 영 업 외 비 용		74,971,401	315,954,093*2	390,925,494	

4. 이월결손금, 비과세소득, 소득공제액은 없다.

▌ 해답 ▐

1. 세무조정사항 정리

구 분	세무조정 과목	손익계산서	세무조정금액		합 계
			익금 및 손금불산입	손금 및 익금불산입	
1. 매 출		11,971,934,725			11,971,934,925
2. 매 출 원 가		9,681,144,141			9,681,144,141
3. 매 출 총 이 익		2,290,790,584			2,290,790,584
4. 판매비와 관리비	퇴 직 급 여		14,153,999		
	감 가 상 각 비		12,497,315		
	세 금 과 공 과		1,177,000		
	수 선 비			31,349,429	
	대 손 상 각			7,584,280	
	계	1,013,118,133	27,828,314	38,933,709	1,024,223,528
5. 영 업 이 익		1,277,672,451	27,828,314	38,933,709	1,266,567,056
6. 영업외수익	미 수 수 익		24,654,955	30,032,090	
	수 입 배 당 금		–	694,960	
	계	62,221,669	24,654,955	30,727,050	56,149,574
7. 영 업 외 비 용					
	잡 손 실		2,175,600		
	계	390,925,494	2,175,600	0	388,749,894
8. 경 상 이 익		948,968,626	54,658,869	69,660,759	933,966,736
9. 법인세비용 차감전이익		948,968,626			933,966,736
10. 법 인 세 비 용		193,107,890	193,107,890		0
11. 당 기 순 이 익		755,860,736	247,766,759	69,660,759	933,966,736

2. 개별손금 중 감면사업 및 그 밖의 사업 비율계산

구 분	개별손금합계액(A)	개별손금 중 감면사업분(B)	공통손금 중 감면사업비율(B/A)
매 출 원 가	9,681,144,141	9,681,144,141	
판매비와 관리비	1,024,223,528	923,132,665	98.37%
영 업 외 비 용	74,971,401		
계	10,780,339,070	10,604,276,806	

3. 구분소득

구 분	감 면	비 율	기 타	비 율	계
1. 매　　출　　액	11,791,158,510	98.49%	180,776,215	1.51%	11,971,934,725
2. 매　출　원　가	9,681,144,141				9,681,144,141
3. 매　출　총　이　익	2,110,014,369		180,776,215		2,290,790,584
4. 판 매 비 와 관 리 비	923,132,665	90.13%	101,090,863	9.87%	1,024,223,528
<개별분>					
① 세 무 조 정 전 금 액	913,123,373	90.13%	99,994,760	9.87%	1,013,118,133
② 세 무 조 정 금 액	10,009,292	90.13%	1,096,103	9.87%	11,105,395
퇴 직 급 여	(△12,756,999)		(△1,397,000)		(△14,153,999)
감 가 상 각	(△11,263,830)		(△1,233,485)		(△12,497,315)
세 금 과 공 과	(△1,060,830)		(△116,170)		(△1,177,000)
대 손 상 각	(6,835,711)		(748,569)		(7,584,280)
수 선 비	(28,255,240)		(3,094,189)		(31,349,429)
③ 세무조정후개별분(①+②)	923,132,665		101,090,863		1,024,223,528
5. 영　업　이　익	1,186,881,704		79,685,352		1,266,567,056
6. 영 업 외 수 익	12,594,265		43,555,309		56,149,574
<개별분>					
① 세 무 조 정 전 금 액			49,434,315		49,434,315
② 세 무 조 정 금 액			△6,072,095		△6,072,095
미 수 수 익 (전 기)			(24,654,955)		(24,654,955)
미 수 수 익 (당 기)			(△30,032,090)		(△30,032,090)
수 입 배 당 금			(△694,960)		(△694,960)
③ 세무조정후개별분(①+②)			43,362,220		43,362,220
<공통분>					
① 세 무 조 정 전 금 액	12,594,265	98.49%	193,089	1.51%	12,787,354
7. 영업외비용	308,663,903		80,085,991		388,749,894
<개별분>					
① 세 무 조 정 전 금 액			74,971,401		74,971,401
<공통분>					
① 세 무 조 정 전 금 액	310,804,041	98.37%	5,150,052	1.63%	315,954,093
② 세 무 조 정 금 액	△2,140,138		△35,462		△2,175,600
잡 손 실	(△2,140,138)	(98.37%)	(△35,462)	(1.63%)	(△2,175,600)
③ 세무조정후공통분(①+②)	308,663,903		5,114,590		313,778,493
8. 경　상　이　익	890,812,066		43,154,670		933,966,736
9. 각 사 업 연 도 소 득 금 액	890,812,066		43,154,670		933,966,736

[별지 제48호 서식] (2004. 3. 5. 개정)

사업연도			소득구분계산서	법인명	갑법인
20×6. 1. 1. ~ 20×6. 12. 31.				사업자등록번호	

① 과 목	② 구분	코드	③ 합계	감면분 또는 합병 승계사업 해당분 등						기 타 분		비고
				감면분						⑥ 금액	⑦ 비율	
				④ 금액	⑤ 비율	④ 금액	⑤ 비율	④ 금액	⑤ 비율			
(1) 매 출 액		01	11,971,934,725	11,791,158,510	98.49%					180,776,215	1.51%	
(2) 매 출 원 가		02	9,681,144,141	9,681,144,141								
(3) 매출총이익 {(1)−(2)}		03	2,290,790,584	2,110,014,369						180,776,215		
(4) 판 매 비 와 관 리 비	개별분	04	1,024,223,528	923,132,665						101,090,863		
	공통분	05										
	계	06	1,024,223,528	923,132,665						101,090,863		
(5) 영 업 손 익 {(3)−(4)}		07	1,266,567,056	1,186,881,704						79,685,352		
(6) 영 업 외 수 익	개별분	08	43,362,220							43,362,220		
	공통분	09	12,787,354	12,594,265	98.49%					193,089	1.51%	
	계	10	56,149,574	12,594,265						43,555,309		
(7) 영 업 외 비 용	개별분	11	74,971,401							74,971,401		
	공통분	12	313,778,493	308,663,903	98.37%					5,114,590	1.63%	
	계	13	388,749,894	308,663,903						80,085,991		
(8) 각 사업연도 소득 또는 설정전 소득 {(5)+(6)−(7)}		21	933,966,736	890,812,066						42,996,065		
(9) 이 월 결 손 금		22										
(10) 비과세소득		23										
(11) 소득공제액		24										
(12) 과 세 표 준 {(8)−(9)−(10)−(11)}		25	933,966,736	890,812,066						43,154,670		

$$* \quad \frac{9{,}681{,}144{,}141 + 923{,}132{,}665 = 10{,}604{,}276{,}806}{9{,}681{,}144{,}141 + 1{,}024{,}223{,}528 + 74{,}971{,}401 = 10{,}780{,}339{,}070} = 98.37\%$$

제**28**장

벌 칙

1. 해외현지법인 등의 자료제출 의무 불이행 등에 대한 과태료

다음의 과태료는 법령으로 정하는 바에 따라 과세당국이 부과·징수한다(국조법 §87③).

1-1. 해외현지법인명세서 등 제출 불성실 과태료

해외현지법인명세서 등(해외부동산 등의 투자 명세 및 해외부동산 등과 관련된 자료는 제외한다)의 자료제출 의무가 있는 법인(해외직접투자를 한 경우에는 해외직접투자를 한 내국법인이 해외직접투자를 받은 법인의 발행주식총수 또는 출자총액의 10% 이상을 직접 또는 간접으로 소유한 경우만 해당한다)이 다음 중 어느 하나에 해당하는 경우 그 법인에 대해서는 5천만원 이하의 과태료를 부과한다(국조법 §91①).

① 법인세 신고기한까지 해외현지법인명세서 등을 제출하지 아니하거나 거짓된 해외현지법인명세서 등을 제출하는 경우
② 자료제출 또는 보완을 요구받아 60일 이내에 해당 자료를 제출하지 아니하거나 거짓된 자료를 제출하는 경우

다만, 다음의 부득이한 사유가 있는 경우에는 과태료를 부과하지 아니한다(국조법 §91① 단서, 국조령 §104②).

① 계좌신고의무자가 화재·재난 및 도난 등의 사유로 자료를 제출할 수 없는 경우
② 계좌신고의무자가 사업이 중대한 위기에 처하여 자료를 제출하기 매우 곤란한 경우
③ 관련 장부·서류가 권한 있는 기관에 압수되거나 영치된 경우
④ 자료의 수집·작성에 상당한 기간이 걸려 기한까지 자료를 제출할 수 없는 경우
⑤ 위 ①부터 ④까지의 규정에 따른 사유와 유사한 사유가 있어 기한까지 자료를 제출할 수 없다고 판단되는 경우

1-2. 해외부동산 등 투자명세서 등 제출 불성실 과태료

해외부동산 등의 투자 명세 및 해외부동산 등과 관련된 자료(이하 '해외부동산 등의 투자 명세 등'이라 한다)의 제출의무가 있는 법인이 다음 중 어느 하나에 해당하는 경우 그 법인에 대해서는 법령으로 정하는 해외부동산 등의 취득가액, 처분가액 및 투자운용 소득의 10% 이하의 과태료(1억원 한도)를 부과한다(국조법 §91②).

① 법인세신고기한까지 해외부동산 등의 투자 명세 등을 제출하지 아니하거나 거짓된 해외부동산 등의 투자 명세 등을 제출하는 경우
② 자료제출 또는 보완을 요구받아 60일 이내에 해당 자료를 제출하지 아니하거나 거짓된

자료를 제출하는 경우

다만, 자료를 제출하지 못한 것에 대한 부득이한 사유가 있는 경우에는 과태료를 부과하지 아니한다.

1-3. 취득자금 출처 소명 관련 과태료

내국법인이 취득자금 출처에 대한 소명대상 금액의 출처에 대하여 소명하지 아니하거나 거짓으로 소명한 경우에는, 소명하지 아니하거나 거짓으로 소명한 금액의 20%에 상당하는 과태료를 부과한다. 다만, 다음에 해당하는 부득이한 사유가 있는 경우에는 과태료를 부과하지 아니한다(국조법 §91③, 국조령 §104④).

① 천재지변, 재난 및 도난 등 불가항력적 사유로 증명서류 등이 멸실되어 소명이 불가능한 경우
② 해당 해외현지법인 또는 해외부동산 등의 소재 국가의 사정 등으로 소명이 불가능한 경우

2. 명령사항위반에 대한 과태료

2-1. 신용카드가맹점에 대한 명령

국세청장은 신용카드에 의한 거래를 거부하거나 신용카드 매출전표를 사실과 다르게 발급한 신용카드가맹점에 대하여 그 시정에 필요한 사항에 관한 명할 수 있다(법법 §117⑤). 납세지 관할 세무서장은 이 명령을 위반한 법인에 2천만원 이하의 과태료를 부과·징수한다(법법 §124(1)).

2-2. 현금영수증가맹점에 대한 명령

국세청장은 현금영수증가맹점으로 가입한 법인에게 현금영수증 발급 요령, 현금영수증가맹점 표지 게시방법 등 현금영수증가맹점으로 가입한 법인이 준수하여야 할 사항과 관련하여 필요한 명령을 할 수 있다(법법 §117의2⑧). 납세지 관할 세무서장은 이 명령을 위반한 법인에 2천만원 이하의 과태료를 부과·징수한다(법법 §124(2)).

색 인

ㅅ